# Les grands textes de droit international privé

*1re édition*

*2014*



**Sandrine Clavel**
**Professeur à l'Université de Versailles Saint-Quentin et membre du Laboratoire de droit des affaires et nouvelles technologies**

**Estelle Gallant**
**Maître de conférences HDR à l'Université Paris I**

DALLOZ

DALLOZ

31-35, rue Froidevaux 75685 Paris cedex 14


978-2-247-13478-6

# PRÉFACE

Le droit international privé français a longtemps été – et reste à certains égards – une matière de source *nationale* et *jurisprudentielle* (1) : nationale, car les sources supranationales étaient exceptionnelles et éparses ; jurisprudentielle, car les grands codes nationaux ne comportaient que quelques rares dispositions appréhendant spécifiquement les situations internationales. Il est donc revenu à la Cour de cassation de développer, sur des fondements textuels limités dont l'article 3 du Code civil constituait le pivot, l'ensemble des principes destinés à organiser, en France, le règlement des relations internationales entre personnes privées. Dans un tel contexte, on ne s'étonnera pas que la publication des *Grands arrêts du droit international privé français* (2) ait précédé, de beaucoup, celle des *Grands textes de droit international privé français* qui constitue l'objet du présent ouvrage. Et l'on s'autorisera à évoquer la préface offerte par le professeur Batiffol à la première édition des *Grands arrêts*, où il saluait le travail des auteurs qui « *affirment la continuité et la cohérence de la jurisprudence française en droit international privé* […] et *présentent un éloge de la formation du droit par la jurisprudence* ». Car le contraste avec la situation actuelle est saisissant.

Depuis plusieurs décennies, en effet, se développe un droit international privé de source *supranationale* et *textuelle* (3). Les sources supranationales sont aujourd'hui foisonnantes, conséquence de l'activité conjuguée d'organisations internationales telles que l'ONU (en particulier la CNUDCI), UNIDROIT, la Conférence de La Haye de droit international privé, ou la Commission Internationale de l'État Civil (CIEC) pour ne citer que quelques-unes d'entre elles, et d'organisations régionales, notamment l'Union européenne. Il en résulte une inflation des sources textuelles, car c'est la voie privilégiée d'intervention des organisations internationales et régionales, lesquelles sont à l'origine de conventions internationales, de règlements,

---

(1) Sur les sources du droit international privé et leur évolution, v. : B. Audit, L. d'Avout, *Droit international privé*, Economica, 7e éd., 2013, n[os] 19 s. ; S. Clavel, *Droit international privé*, Dalloz « Hypercours », 3e éd., 2012, n[os] 40 s. ; P. Mayer, V. Heuzé, *Droit international privé*, Montchrestien, 10 éd., 2010, n[os] 25 s. ; Y. Loussouarn, P. Bourel, P. de Vareilles-Sommières, *Droit international privé*, Dalloz « Précis », 10 éd., 2013, n[os] 27 s. ; M. L. Niboyet, G. Geouffre de La Pradelle, *Droit international privé*, LGDJ, 4e éd., 2013, n[os] 8 s.

(2) B. Ancel, Y. Lequette, *Les grands arrêts de la jurisprudence française de droit international privé*, Sirey, 1re éd., 1987 ; l'ouvrage en est aujourd'hui à sa 5e édition (2006).

(3) Sur ce mouvement, v. les ouvrages précités note 1.

de directives… Et le législateur français n'est pas en reste, puisqu'il a lui-même multiplié, avec plus ou moins de bonheur, les règles de droit international privé d'origine législative.

Il n'est pas sans intérêt de s'arrêter un instant sur les raisons du développement exponentiel des sources supranationales du droit international privé. C'est en effet principalement le souci de garantir la *sécurité juridique* des justiciables qui a conduit à l'inflation de ces textes. La diversité des ordres juridiques, traduite par la variété des règles matérielles régissant les situations juridiques, mais aussi des règles de conflit utilisées pour désigner le droit matériel applicable ou le tribunal compétent (1), crée assurément une réelle imprévisibilité pour les justiciables. L'harmonisation matérielle du droit a pu apparaître une réponse adaptée à cette difficulté, et elle a connu un certain succès, notamment pour la réglementation des relations commerciales internationales. Mais elle s'avère en définitive limitée, soit qu'elle ne supprime pas nécessairement le conflit de lois (2), soit qu'elle ait échoué à toucher tous les domaines du droit (3). Elle doit donc être assortie d'une harmonisation des règles de conflit. Les conventions internationales de droit international privé complètent ainsi les conventions internationales de droit matériel; et les règlements et directives européens s'intéressent aujourd'hui tout autant à l'harmonisation matérielle du droit des États membres, qu'à l'harmonisation des règles de conflits de lois et de juridictions qui s'y appliquent. Toutefois, si l'objectif d'accroître la sécurité juridique est assurément louable, il est permis de douter que le but soit réellement atteint. La multiplication et la transformation des sources du droit international privé génèrent en effet deux principales difficultés touchant à l'accès aux sources, d'une part, et à la coordination de sources, d'autre part.

*L'accès aux sources* est particulièrement complexe en raison de la combinaison de trois facteurs : leur éparpillement – les sources sont internes, européennes, internationales et, parmi ces dernières, issues d'organisations très diverses –; leur instabilité – de nouvelles conventions internationales sont régulièrement conclues, révisées ou dénoncées, des directives et règlements européens sont modifiés, refondus, consolidés, remplacés –; et la variabilité de leur périmètre d'application – certaines conventions ne s'appliquent qu'à des situations spéci-

(1) Conséquence de l'origine nationale du droit international privé : v. P. Mayer, V. Heuzé, *op. cit.*, n° 32; Y. Loussouarn, P. Bourel, P. de Vareilles-Sommières, *op. cit.*, n^os^ 81 s.

(2) L'harmonisation des textes matériels ne s'accompagnant pas nécessairement d'une harmonisation des applications jurisprudentielles faites de ces textes; v. à cet égard le célèbre arrêt *Hocke* (Com. 4 mars 1963, *Rev. crit. DIP* 1964. 264; *JDI* 1964. 806, note B. Goldman).

(3) La matière familiale est en particulier restée presque totalement en dehors de ce mouvement d'harmonisation substantielle d'origine supranationale.

fiques, d'autres ne jouent que dans les rapports avec certains pays, ou dans des versions différentes selon les pays en cause. Et il n'existe aucun « portail » unique permettant d'embrasser, simplement, la totalité des sources du droit international privé français contemporain (1).

Même si ce portail existait, la problématique de *la coordination des sources* n'en resterait pas moins prégnante. Il convient en effet, pour chaque situation, d'identifier la source qui fournira les règles, de conflit ou matérielles, pertinentes. Or le foisonnement des sources rend cette opération particulièrement délicate. Deux étapes sont potentiellement nécessaires. La première consiste à vérifier, au regard des domaines d'application matériel, temporel et spatial de chaque texte intéressant le droit international privé, quel est celui ou quels sont ceux qui entend(ent) saisir la situation pour la réglementer. On comprendra que cette opération n'est pas toujours aisée, les domaines d'application n'étant pas nécessairement clairement définis. La seconde étape consiste, si la situation entre dans le domaine d'application de plusieurs textes, à sélectionner l'un d'entre eux pour l'appliquer. À cet effet, il est souvent possible de recourir à la hiérarchie des normes, et notamment au principe de primauté des textes supranationaux et européens. Mais si plusieurs textes potentiellement applicables ont la même valeur dans cette hiérarchie (par ex. deux conventions internationales), il est nécessaire de recourir à d'autres expédients. Parfois, les textes organisent eux-mêmes leur coordination, en intégrant des « clauses de neutralisation »; les textes de l'Union européenne prévoient ainsi, le plus souvent, de s'effacer devant les conventions internationales antérieurement conclues par les États membres. Mais lorsque tel n'est pas le cas, il faut procéder au délicat règlement du « conflit de conventions », dont la doctrine a mis en exergue toute la complexité (2).

En définitive, le développement d'un droit international privé supranational et textuel, loin de répondre au besoin de simplification de ce droit pour garantir la sécurité juridique, conduit à renforcer l'image d'un droit international privé hypersophistiqué, dont la maîtrise est réservée à un petit nombre (3). *L'objectif de cet ouvrage* est, pour lutter contre cette complexification, de constituer un « portail » des sources, afin de guider l'utilisateur du droit international privé,

---

(1) V. toutefois : M. Attal, J. Bauchy, *Code de droit international privé*, Bruylant, 1re éd., 2011.

(2) D. Bureau, « Les conflits de conventions », *Trav. Com. fr. DIP* 1999-2000, p. 201; C. Brière, Les conflits de conventions internationales en droit privé, LGDJ, 2001; E. Gallant, *Responsabilité parentale et protection des enfants en droit international privé*, Defrénois, 2004, p. 51 et s.; A. Malan, *La concurrence des conventions internationales dans le droit des conflits de lois*, PUAM, 2002.

(3) En ce sens, et sur l'hyperjudiciarisation qui en résulte : S. Clavel, « La simplification du droit à l'épreuve de l'harmonisation d'origine supranationale : le mirage d'un "droit commun" », *in* D. Bert, M. Chagny, A. Constantin (dir.), *La simplification du droit*, LGDJ, 2014.

qu'il soit universitaire, étudiant ou praticien, dans ses méandres. L'entreprise est colossale, on l'aura compris. Elle nécessite de circonscrire, dans un premier temps, les domaines couverts, puis d'ordonner, dans un second temps, les textes présentés.

*Définir les domaines couverts* par le présent ouvrage s'est avéré une tâche délicate, ne serait-ce que parce que le droit international privé reçoit deux acceptions. Une approche étroite y rattache les seules règles de conflit de lois et de juridictions, tandis qu'une approche large conduit à y intégrer certaines règles matérielles, celles qui sont internationales par leur objet (en ce qu'elles sont conçues pour régir spécifiquement les situations internationales) ou par leur source (en ce qu'elles sont édictées par une organisation supranationale ou par une collectivité d'États, qu'elles visent alors les situations internes comme internationales). En outre, les frontières entre le droit international privé et d'autres matières, comme le droit pénal international ou le droit du commerce international par exemple, sont poreuses, et il n'est pas toujours facile de décider où fixer les limites du catalogue des sources. L'approche qui a été choisie est relativement large, mais elle a conduit à un certain nombre d'exclusions sur lesquelles le lecteur doit être alerté. Quant aux *matières couvertes*, tout d'abord, le parti a été pris de n'envisager que les seuls textes ayant une incidence directe sur les relations privées entre les personnes; les textes ou dispositions qui ont une incidence même indirecte sur ces relations – par exemple, les règles relatives à l'accès au marché, ou les règles de sécurité sociale – mais qui relèvent plutôt du droit public, ont par principe été écartés. Pour la même raison, le présent ouvrage ne comporte aucun texte relatif à la fiscalité internationale, ou au droit pénal international – à l'exception, dans ce dernier cas, des dispositions régissant la coopération judiciaire en matière pénale, qu'il est apparu difficile de dissocier de la coopération judiciaire en matière civile. Le droit de la nationalité et le droit de la condition des étrangers ont également été écartés, quoiqu'ils soient traditionnellement rattachés au droit international privé, en raison de leur très grande spécificité. Quant à *la nature des textes présentés*, le choix a été fait d'envisager non seulement les règles de conflit de lois et de juridictions, mais également les règles matérielles de droit international privé. À cet égard, ce sont principalement les règles matérielles applicables aux situations internationales qui sont ici intégrées (internationales par l'objet, que leur source soit elle-même supranationale ou nationale), mais aussi, quoique de façon moins exhaustive (et parfois sans reproduction du texte ou uniquement sous forme d'extraits), certaines règles matérielles internationales par la source ayant vocation à régir des situations aussi bien internes qu'internationales (par ex. les règlements de l'Union européenne en matière de transport ou les directives relatives aux contrats de consommation). L'intégration des conventions bilatérales signées par la France, fort nombreuses, a été réalisée *a minima* : le lecteur trouvera dans cet ouvrage la liste de ces principales conventions, mais pas leur texte intégral ; les indications données faciliteront toutefois, espérons-le, sa recherche. Les accords de siège conclus par la France avec des organisations internationales ne sont pas reproduits, ni même listés. Enfin, quant à *la valeur juridique des textes sélectionnés*, il a été décidé que seuls les textes effectivement applicables en France seraient reproduits (la date d'entrée en vigueur ou d'application mentionnée s'entend *pour la France*). Sont exclus tous les textes de *soft law*, ainsi que toutes les conventions internationales qui ne sont pas entrées en vigueur ou qui, entrées en vigueur dans d'autres pays, ne sont pas applicables en France car elles n'y ont pas été ratifiées et publiées ; la seule exception concerne la Convention de La Haye sur les accords d'élection de for, incluse alors qu'elle n'est pas encore applicable. De la même façon, les textes de l'Union européenne n'ont été intégrés que lorsqu'ils sont effectivement applicables. Les textes qui ne s'appliquent plus ne sont pas présentés, pas plus que les textes en préparation. En revanche, les textes non encore applicables mais dont la date d'entrée en application est connue et imminente ont été intégrés (Refonte du Règlement « Bruxelles I », règlement Successions et règlement sur le règlement en ligne des litiges liés à la consommation). Il a en outre été choisi de reproduire les règlements européens avec leur préambule, quoique leur portée juridique puisse être questionnée (1), car ces préambules sont importants pour la bonne compréhension de ces règlements. Enfin, pour les textes qui ont subi des modifications dans le temps, une version consolidée – incluant ces modifications – est présentée lorsque cela s'est avéré possible. Toutefois, certaines conventions s'appliquent dans des versions différentes selon les États en cause (c'est le cas en matière de transport, notamment, lorsque les protocoles modificatifs n'ont pas été ratifiés par tous) ; il a alors été jugé préférable de présenter le texte d'origine, et ses protocoles modificatifs successifs.

*L'ordonnancement de cette grande quantité de textes* très diversifiés a suscité d'importantes hésitations. Les choix opérés l'ont été avec la volonté d'éviter les redites et/ou les va-et-vient qu'auraient rendu nécessaires de trop nombreux renvois internes, conjugué au souci évident d'offrir au lecteur un instrument efficace lui permettant tout à la fois d'embrasser d'un seul coup d'œil la totalité des textes concernant une question particulière, et de retrouver rapidement un texte connu de lui. C'est pourquoi cet ouvrage comporte *une numérotation* au fil des textes. Par ailleurs, *l'index thématique* liste, par mots-clés, les textes applicables à chaque question considérée. Le lecteur souhaitant connaître par exemple l'état des textes applicables au transport aérien est invité à se référer à l'entrée « Transport

---

(1) S. Lemaire, « Interrogations sur la portée juridique du préambule du règlement Rome I », *D.* 2008. 2157.

aérien », où se trouvent présentés par ordre chronologique d'adoption (avec un renvoi aux pages de l'ouvrage où ces textes sont insérés) toutes les dispositions applicables en France aux transports aériens. *La table des matières* présente pour sa part, par très grandes catégories (matière civile et commerciale; droit patrimonial et extrapatrimonial de la famille; procédure et coopération judiciaire; arbitrage), l'ensemble des textes par *ordre chronologique d'adoption*, sans classement thématique interne mais en distinguant selon que la source du texte est interne, européenne, ou internationale. L'ordre de présentation matérielle des textes dans le corps de l'ouvrage suit l'ordre de la table des matières. La distinction traditionnelle entre conflits de lois, conflits de juridictions et droit matériel n'a pas été retenue, car de nombreux textes incluent des dispositions se rattachant à la fois aux uns et aux autres. *L'index des liens internet et bases de données*, enfin, permettra au lecteur de retrouver plus aisément les textes qui n'ont pas été reproduits dans cet ouvrage, mais qui ont néanmoins été listés pour en faciliter la recherche.

En conclusion, il est important de signaler que cet ouvrage ne prétend pas à l'exhaustivité. Certains textes ont été volontairement écartés, d'autres ont pu être oubliés. En toute hypothèse, tous les textes doivent être replacés dans leur contexte; leur application doit être opérée en considération de leur domaine d'application, le cas échéant après règlement d'un éventuel conflit de sources (v. *supra* sur la coordination) et en tenant compte de l'interprétation jurisprudentielle qui en est donnée par les cours nationales et supranationales.

Les auteurs recevront volontiers les commentaires et suggestions à l'adresse suivante : universitaire.dalloz@dalloz.fr

SANDRINE CLAVEL

ESTELLE GALLANT

# TABLE DES MATIÈRES

## II – DIRECTIVES

### II – CONVENTION BILATÉRALE



### I – RÈGLEMENTS

## II – CONVENTIONS BILATÉRALES

## II – RÈGLEMENTS

## III – DIRECTIVES



## IV – DÉCISIONS

## I – CONVENTIONS MULTILATÉRALES

## II – CONVENTIONS BILATÉRALES

# Première partie

# LA MATIÈRE CIVILE ET COMMERCIALE

# SOUS-PARTIE I
# UNION EUROPÉENNE

# I – Règlements

## 1 Règlement (CEE) nº 2137/85 du Conseil du 25 juillet 1985 relatif à l'institution d'un groupement européen d'intérêt économique

### Applicable depuis le 1er juillet 1989

*Le Conseil des communautés européennes,*

Vu le traité instituant la Communauté économique européenne, et notamment son article 235,

Vu la proposition de la Commission (1),

Vu l'avis de l'Assemblée (2),

Vu l'avis du Comité économique et social (3),

Considérant qu'un développement harmonieux des activités économiques et une expansion continue et équilibrée dans l'ensemble de la Communauté dépendent de l'établissement et du bon fonctionnement d'un marché commun offrant des conditions analogues à celles d'un marché national; que la réalisation de ce marché unique et le renforcement de son unité rendent notamment souhaitable la création, à l'intention des personnes physiques, sociétés et autres entités juridiques, d'un cadre juridique qui facilite l'adaptation de leurs activités aux conditions économiques de la Communauté; que, à cet effet, il est nécessaire que ces personnes physiques, sociétés et autres entités juridiques puissent effectivement coopérer par-delà les frontières;

Considérant qu'une telle coopération peut rencontrer des difficultés d'ordre juridique, fiscal ou psychologique; que la création d'un instrument juridique approprié au niveau communautaire sous la forme d'un groupement européen d'intérêt économique contribue à la réalisation des objectifs précités et apparaît donc nécessaire;

Considérant que le traité n'a pas prévu de pouvoirs d'action spécifiques pour la création d'un tel instrument juridique;

Considérant que la capacité d'adaptation du groupement aux conditions économiques doit être garantie par la grande liberté qu'auront ses membres d'organiser leurs rapports contractuels et le fonctionnement interne du groupement;

Considérant que le groupement se distingue d'une société principalement par son but, qui est seulement de faciliter ou de développer l'activité économique de ses membres pour permettre à ceux-ci d'accroître leurs propres résultats; que, en raison de ce caractère auxiliaire, l'activité du groupement doit se rattacher à l'activité économique de ses membres et non s'y substituer et, dans cette mesure, par exemple, le groupement ne peut pas lui-même exercer, à l'égard des tiers, de profession libérale, la notion d'activité économique devant être interprétée dans le sens le plus large;

Considérant que l'accès au groupement doit être ouvert aussi largement que possible aux personnes physiques, sociétés et autres entités juridiques, dans le respect des finalités du présent règlement; que celui-ci ne porte toutefois pas préjudice à l'application, au niveau national, des règles légales et/ou déontologiques relatives aux conditions d'exercice d'une activité ou d'une profession;

Considérant que le présent règlement, à lui seul, ne confère à quiconque le droit de participer à un groupement, même lorsque les conditions qu'il prévoit sont remplies;

Considérant que la faculté, prévue dans le présent règlement, d'interdire ou de limiter, pour des raisons d'intérêt public, la participation à des groupements ne porte pas atteinte à la législation des États membres régissant l'exercice d'activités, laquelle peut prévoir d'autres interdictions ou limitations ou bien contrôler ou surveiller de toute autre manière la participation à un groupement d'une personne physique, d'une société ou d'une autre entité juridique, ou d'une catégorie quelconque de celles-ci;

Considérant que, pour permettre au groupement d'atteindre son but, il convient de le doter d'une capacité juridique propre et de prévoir qu'un organe juridiquement distinct de ses membres le représentera à l'égard des tiers;

Considérant que la protection des tiers exige qu'une large publicité soit assurée et que les membres du groupement répondent indéfiniment et solidairement des dettes de celui-ci, y compris celles en matière fiscale et de sécurité sociale, sans toutefois que ce principe touche à la liberté d'exclure ou de restreindre, par contrat spécifique entre le groupement et un tiers, la responsabilité d'un ou de plusieurs de ses membres pour une dette déterminée;

Considérant que les questions relatives à l'état et à la capacité des personnes physiques et à la capacité des personnes morales sont régies par la loi nationale;

Considérant qu'il convient de régler les causes de dissolution propres au groupement tout en renvoyant au droit national pour la liquidation et la clôture de celle-ci;

Considérant que le groupement est soumis aux dispositions du droit national régissant l'insolvabilité et la cessation des paiements et que ce droit peut prévoir d'autres causes de dissolution du groupement;

Considérant que le présent règlement établit que le résultat provenant des activités du groupement n'est imposable qu'au niveau des membres; qu'il est entendu que, pour le reste, c'est le droit fiscal national qui s'applique, notamment en ce qui concerne la répartition des bénéfices, les procédures fiscales et toutes les obligations que les législations fiscales nationales imposent;

Considérant que, dans les domaines non couverts par le présent règlement, les dispositions du droit des États membres et du droit communautaire sont applicables, par exemple en ce qui concerne :

– le domaine du droit social et du droit du travail,
– le domaine du droit de la concurrence,
– le domaine du droit de la propriété intellectuelle;

Considérant que l'activité du groupement est soumise aux dispositions du droit des États membres relatives à l'exercice d'une activité et au contrôle de celle-ci; que, dans l'hypothèse d'un abus ou d'un contournement par un groupement ou par ses membres de la loi d'un État membre, celui-ci peut prendre des sanctions appropriées;

Considérant que les États membres sont libres d'appliquer ou de prendre toute mesure législative, réglementaire ou administrative n'entrant pas en contradiction avec la portée et les objectifs du présent règlement;

Considérant que le présent règlement doit entrer en vigueur immédiatement dans tous ses éléments; que l'application de certaines de ses dispositions doit cependant être différée pour permettre la mise en place préalable par les États membres des mécanismes nécessaires pour l'immatriculation de groupements sur leur territoire et la publicité des actes de ceux-ci; que, à partir de la date d'application du présent règlement, les groupements constitués peuvent opérer sans restriction territoriale,

A *arrêté le présent règlement :*

**Article premier –** 1. Les groupements européens d'intérêt économique sont constitués dans les conditions, selon les modalités et avec les effets prévus par le présent règlement.

À cette fin, ceux qui entendent constituer un groupement doivent conclure un contrat et faire procéder à l'immatriculation prévue à l'article 6.

2. Le groupement ainsi constitué a la capacité, en son propre nom, d'être titulaire de droits et d'obligations de toute nature, de passer des contrats ou d'accomplir d'autres actes juridiques et d'ester en justice, à dater de l'immatriculation prévue à l'article 6.

3. Les États membres déterminent si les groupements immatriculés à leurs registres en vertu de l'article 6 ont ou non la personnalité juridique.

**Article 2 –** 1. Sous réserve des dispositions du présent règlement, la loi applicable, d'une part au contrat de groupement, sauf pour les questions relatives à l'état et à la capacité des personnes physiques et à la capacité des personnes morales, d'autre part au fonctionnement interne du groupement, est la loi interne de l'État du siège fixé par le contrat de groupement.

2. Lorsqu'un État comprend plusieurs unités territoriales dont chacune a ses propres règles applicables aux matières visées au paragraphe 1, chaque unité territoriale est considérée comme un État aux fins de la détermination de la loi applicable selon le présent article.

**Article 3 –** 1. Le but du groupement est de faciliter ou de développer l'activité économique de ses membres, d'améliorer ou d'accroître les résultats de cette activité; il n'est pas de réaliser des bénéfices pour lui-même. Son activité doit se rattacher à l'activité économique de ses membres et ne peut avoir qu'un caractère auxiliaire par rapport à celle-ci.

2. En conséquence, le groupement ne peut :

a) exercer, directement ou indirectement, le pouvoir de direction ou de contrôle des activités propres de ses membres ou des activités d'une autre entreprise, notamment dans les domaines relatifs au personnel, aux finances et aux investissements;

b) détenir, directement ou indirectement, à quelque titre que ce soit, aucune part ou action, quelle qu'en soit la forme, dans une entreprise membre; la détention de parts ou d'actions dans une autre entreprise n'est possible que dans la mesure où elle est nécessaire pour atteindre l'objectif du groupement et où elle a lieu pour le compte de ses membres;

c) employer plus de cinq cents salariés;

d) être utilisé par une société pour faire un prêt à un dirigeant d'une société, ou à toute personne liée à lui, lorsque de tels prêts sont sujets à restriction ou à contrôle selon les lois des États membres applicables aux sociétés; un groupement ne doit pas non plus être utilisé pour le transfert d'un bien entre une société et un dirigeant, ou toute personne liée à lui, sauf dans la mesure permise par les lois des États membres applicables aux sociétés. Aux fins de la présente disposition, le prêt englobe toute opération d'effet similaire et le bien peut avoir un caractère mobilier ou immobilier;

e) être membre d'un autre groupement européen d'intérêt économique.

**Article 4 –** 1. Peuvent seules être membres d'un groupement :

a) les sociétés, au sens de l'article 58 deuxième alinéa du traité, ainsi que les autres entités juridiques de droit public ou privé, constituées en conformité avec la législation d'un État membre, qui ont leur siège statutaire ou légal et leur administration centrale dans la Communauté; lorsque, selon la législation d'un État membre, une société ou autre entité juridique n'est pas tenue d'avoir un siège statutaire ou légal, il suffit que cette société ou autre entité juridique ait son administration centrale dans la Communauté;

b) les personnes physiques exerçant une activité industrielle, commerciale, artisanale, agricole, de profession libérale ou d'autres services dans la Communauté.

2. Un groupement doit être composé au moins :

a) de deux sociétés ou autres entités juridiques, au sens du paragraphe 1, ayant leur administration centrale dans des États membres différents;

b) de deux personnes physiques, au sens du paragraphe 1, exerçant leur activité à titre principal dans des États membres différents;

c) au sens du paragraphe 1, d'une société ou d'une autre entité juridique et d'une personne physique, dont la première a son administration centrale dans un État membre et la seconde exerce son activité à titre principal dans un État membre différent.

3. Un État membre peut prévoir que les groupements immatriculés à ses registres conformément à l'article 6 ne peuvent avoir plus de vingt membres. À cette fin, cet État membre peut prévoir que, conformément à sa législation, chaque membre d'une entité juridique constituée en conformité avec sa législation, autre qu'une société immatriculée, soit traité comme membre individuel du groupement.

4. Tout État membre est autorisé à exclure ou restreindre, pour des raisons tenant à son intérêt public, la participation de certaines catégories de personnes physiques, de sociétés ou d'autres entités juridiques à tout groupement.

**Article 5 –** Doivent figurer dans le contrat de groupement, au moins :

a) la dénomination du groupement précédée ou suivie, soit des mots « groupement européen d'intérêt économique », soit du sigle « GEIE », à moins que ces mots ou ce sigle ne figurent déjà dans la dénomination;

b) le siège du groupement;

c) l'objet en vue duquel le groupement est formé;

d) les nom, raison ou dénomination sociale, la forme juridique, le domicile ou siège social et, le cas échéant, le numéro et le lieu d'immatriculation de chacun des membres du groupement;

e) la durée du groupement, lorsqu'elle n'est pas indéterminée.

**Article 6 –** Le groupement est immatriculé dans l'État du siège au registre désigné en vertu de l'article 39 paragraphe 1.

**Article 7 –** Le contrat de groupement est déposé au registre visé à l'article 6.

Doivent également faire l'objet d'un dépôt à ce registre les actes et indications suivants :

a) toute modification du contrat de groupement, y compris tout changement dans la composition du groupement;

b) la création et la suppression de tout établissement du groupement;

c) la décision judiciaire constatant ou prononçant la nullité du groupement, conformément à l'article 15;

d) la nomination du ou des gérants du groupement, leur nom et tout autre renseignement d'identité exigé par la loi de l'État membre dans lequel le registre est tenu, l'indication qu'ils peuvent agir seuls ou doivent agir conjointement, ainsi que la cessation de leurs fonctions;

e) toute cession par un membre de sa participation dans le groupement ou d'une fraction de celle-ci, conformément à l'article 22 paragraphe 1;

f) la décision des membres prononçant ou constatant la dissolution du groupement, conformément à l'article 31, ou la décision judiciaire prononçant cette dissolution, conformément aux articles 31 ou 32;

g) la nomination du ou des liquidateurs du groupement visés à l'article 35, leur nom et tout autre renseignement d'identité exigé par la loi de l'État membre dans lequel le registre est tenu, ainsi que la cessation de leurs fonctions;

h) la clôture de la liquidation du groupement, visée à l'article 35 paragraphe 2;

i) le projet de transfert de siège, visé à l'article 14 paragraphe 1;

j) la clause exonérant un nouveau membre du paiement des dettes nées antérieurement à son entrée, conformément à l'article 26 paragraphe 2.

**Article 8 –** Doivent faire l'objet d'une publication, dans les conditions prévues à l'article 39, au bulletin visé au paragraphe 1 de cet article :

a) les mentions devant obligatoirement figurer dans le contrat de groupement en vertu de l'article 5, ainsi que leurs modifications;

b) le numéro, la date et le lieu d'immatriculation, ainsi que la radiation de l'immatriculation;

c) les actes et indications visés à l'article 7 points b) à j).

Les indications visées aux points a) et b) doivent faire l'objet d'une publication intégrale. Les actes et indications visés au point c) peuvent faire l'objet d'une publication soit intégrale, soit sous forme d'extrait ou de mention de leur dépôt au registre, selon la législation nationale applicable.

**Article 9 –** 1. Les actes et indications soumis à publication par le présent règlement sont opposables aux tiers par le groupement dans les conditions prévues par le droit national applicable, conformément à l'article 3 paragraphes 5 et 7 de la directive 68/151/CEE du Conseil, du 9 mars 1968, tendant à coordonner, pour les rendre équivalentes, les garanties qui sont exigées, dans les États membres, des sociétés au sens de l'article 58 deuxième alinéa du traité, pour protéger les intérêts tant des associés que des tiers (1).

2. Si des actes ont été accomplis au nom d'un groupement avant son immatriculation conformément à l'article 6 et si le groupement ne reprend pas après son immatriculation les engagements résultant de tels actes, les personnes physiques, sociétés ou autres entités juridiques qui les ont accomplis en sont solidairement et indéfiniment responsables.

**Article 10 –** Tout établissement du groupement situé dans un État membre autre que celui du siège fait l'objet d'une immatriculation dans cet État. En vue de cette immatriculation, le groupement dépose au registre compétent de ce dernier une copie des documents dont le dépôt au registre de l'État membre du siège est obligatoire, accompagnée, si nécessaire, d'une traduction établie conformément aux usages existant au registre d'immatriculation de l'établissement.

**Article 11 –** La constitution et la clôture de la liquidation d'un groupement, avec indication du numéro, de la date et du lieu de l'immatriculation de celui-ci, ainsi que de la date, du lieu et du titre de la publication, sont publiées au *Journal officiel* des Communautés européennes après la publication au bulletin visé à l'article 39 paragraphe 1.

**Article 12 –** Le siège mentionné par le contrat de groupement doit être situé dans la Communauté.

Ce siège doit être fixé :

a) soit au lieu où le groupement a son administration centrale;

b) soit au lieu où l'un des membres du groupement a son administration centrale ou, lorsqu'il s'agit d'une personne physique, son activité à titre principal, à condition que le groupement y ait une activité réelle.

**Article 13 –** Le siège du groupement peut être transféré à l'intérieur de la Communauté.

Lorsque ce transfert n'a pas pour conséquence un changement de la loi applicable en vertu de l'article 2, la décision de transfert est prise dans les conditions prévues au contrat de groupement.

**Article 14 –** 1. Lorsque le transfert du siège a pour conséquence un changement de la loi applicable en vertu de l'article 2, un projet de transfert doit être établi et faire l'objet d'un dépôt et d'une publication dans les conditions prévues aux articles 7 et 8.

La décision de transfert ne peut intervenir que deux mois après la publication dudit projet. Elle doit être prise à l'unanimité des membres du groupement. Le transfert prend effet à la date à laquelle le groupement est immatriculé, conformément à l'article 6, au registre du nouveau siège. Cette immatriculation ne peut s'effectuer que sur preuve de la publication du projet de transfert du siège.

2. La radiation de l'immatriculation du groupement au registre du précédent siège ne peut s'effectuer que sur preuve de l'immatriculation du groupement au registre du nouveau siège.

3. La publication de la nouvelle immatriculation du groupement rend le nouveau siège opposable aux tiers dans les conditions visées à l'article 9 paragraphe 1 ; toutefois, tant que la publication de la radiation de l'immatriculation au registre du précédent siège n'a pas eu lieu, les tiers peuvent continuer de se prévaloir de l'ancien siège, à moins que le groupement ne prouve que les tiers avaient connaissance du nouveau siège.

4. La législation d'un État membre peut prévoir, en ce qui concerne les groupements immatriculés dans ce dernier conformément à l'article 6, qu'un transfert du siège, dont résulterait un changement de la loi applicable, ne prend pas effet si, dans le délai de deux mois visé au paragraphe 1, une autorité compétente de cet État s'y oppose. Cette opposition ne peut avoir lieu que pour des raisons d'intérêt public. Elle doit être susceptible de recours devant une autorité judiciaire.

**Article 15 –** 1. Lorsque la loi applicable au groupement en vertu de l'article 2 prévoit la nullité du groupement, cette nullité doit être constatée ou prononcée par décision judiciaire. Toutefois, le tribunal saisi doit, lorsqu'une régularisation de la situation du groupement est possible, accorder un délai permettant de procéder à cette régularisation.

2. La nullité du groupement entraîne la liquidation de celui-ci dans les conditions prévues à l'article 35.

3. La décision constatant ou prononçant la nullité du groupement est opposable aux tiers dans les conditions visées à l'article 9 paragraphe 1.

Cette décision ne porte pas atteinte par elle-même à la validité des obligations nées à la charge ou au profit du groupement antérieurement à la date à laquelle elle devient opposable aux tiers dans les conditions visées à l'alinéa précédent.

**Article 16 –** 1. Les organes du groupement sont les membres agissant collégialement et le ou les gérants.

Le contrat de groupement peut prévoir d'autres organes; il en détermine alors les pouvoirs.

2. Les membres du groupement, agissant en tant qu'organe, peuvent prendre toute décision en vue de la réalisation de l'objet du groupement.

**Article 17 –** 1. Chaque membre dispose d'une voix. Le contrat de groupement peut toutefois attribuer plusieurs voix à certains membres, à condition qu'aucun d'eux ne détienne la majorité des voix.

2. Les membres ne peuvent décider qu'à l'unanimité de :

a) modifier l'objet du groupement;

b) modifier le nombre de voix attribué à chacun d'eux;

c) modifier les conditions de la prise de décision;

d) proroger la durée du groupement au-delà du terme fixé dans le contrat de groupement;

e) modifier la part contributive de chacun des membres ou de certains d'entre eux au financement du groupement;

f) modifier toute autre obligation d'un membre, à moins que le contrat de groupement n'en dispose autrement;

g) procéder à toute modification du contrat de groupement non visée au présent paragraphe, à moins que ce contrat n'en dispose autrement.

3. Dans tous les cas où le présent règlement ne prévoit pas que les décisions doivent être prises à l'unanimité, le contrat de groupement peut déterminer les conditions de *quorum* et de majorité dans lesquelles les décisions, ou certaines d'entre elles, seront prises. Dans le silence du contrat, les décisions sont prises à l'unanimité.

4. À l'initiative d'un gérant ou à la demande d'un membre, le ou les gérants doivent organiser une consultation des membres afin que ces derniers prennent une décision.

**Article 18 –** Chaque membre a le droit d'obtenir des gérants des renseignements sur les affaires du groupement et de prendre connaissance des livres et documents d'affaires.

**Article 19 –** 1. Le groupement est géré par une ou plusieurs personnes physiques nommées dans le contrat de groupement ou par une décision des membres.

Ne peuvent être gérants d'un groupement les personnes qui :
– selon la loi qui leur est applicable,
ou
– selon la loi interne de l'État du siège du groupement,
ou
– à la suite d'une décision judiciaire ou administrative rendue ou reconnue dans un État membre,

ne peuvent faire partie de l'organe d'administration ou de direction d'une société, ne peuvent gérer une entreprise ou ne peuvent agir en qualité de gérant d'un groupement européen d'intérêt économique.

2. Un État membre peut prévoir, pour les groupements immatriculés à ses registres en vertu de l'article 6, qu'une personne morale peut être gérant, à condition qu'elle désigne un ou des représentants, personnes physiques, qui doivent faire l'objet de la mention prévue à l'article 7 point d).

Si un État membre exerce cette option, il doit prévoir que ce ou ces représentants encourent la même responsabilité que s'ils étaient eux-mêmes gérants du groupement.

Les interdictions prévues au paragraphe 1 s'appliquent également à ces représentants.

3. Le contrat de groupement ou, à défaut, une décision unanime des membres détermine les conditions de nomination et de révocation du ou des gérants et fixe leurs pouvoirs.

**Article 20 –** 1. À l'égard des tiers, seul le gérant ou, s'ils sont plusieurs, chacun des gérants représente le groupement.

Chacun des gérants engage le groupement envers les tiers lorsqu'il agit au nom du groupement, même si ses actes ne relèvent pas de l'objet de celui-ci, à moins que le groupement ne prouve que le tiers savait que l'acte dépassait les limites de l'objet du groupement ou ne pouvait l'ignorer, compte tenu des circonstances, étant exclu que la seule publication de la mention visée à l'article 5 point c) suffise à constituer cette preuve.

Toute limitation, apportée par le contrat de groupement ou par une décision des membres, aux pouvoirs du ou des gérants est inopposable aux tiers, même si elle est publiée.

2. Le contrat de groupement peut prévoir que le groupement n'est valablement engagé que par deux ou plusieurs gérants agissant conjointement. Cette clause n'est opposable aux tiers, dans les conditions visées à l'article 9 paragraphe 1, que si elle est publiée conformément à l'article 8.

**Article 21 –** 1. Les bénéfices provenant des activités du groupement sont considérés comme bénéfices des membres et répartis entre eux dans la proportion prévue au contrat de groupement ou, à défaut, par parts égales.

2. Les membres du groupement contribuent au règlement de l'excédent des dépenses sur les recettes dans la proportion prévue au contrat de groupement ou, à défaut, par parts égales.

**Article 22 –** 1. Tout membre du groupement peut céder sa participation dans le groupement, ou une fraction de celle-ci, soit à un autre membre, soit à un tiers;

l'effet de la cession est subordonné à une autorisation donnée à l'unanimité par les autres membres.

2. Un membre du groupement ne peut constituer une sûreté sur sa participation dans le groupement qu'après autorisation donnée à l'unanimité par les autres membres, à moins que le contrat de groupement n'en dispose autrement. Le titulaire de la sûreté ne peut, à aucun moment, devenir membre du groupement du fait de cette sûreté.

**Article 23 –** Le groupement ne peut faire publiquement appel à l'épargne.

**Article 24 –** 1. Les membres du groupement répondent indéfiniment et solidairement des dettes de toute nature de celui-ci. La loi nationale détermine les conséquences de cette responsabilité.

2. Jusqu'à la clôture de la liquidation du groupement, les créanciers du groupement ne peuvent poursuivre le paiement des dettes contre un membre, dans les conditions prévues au paragraphe 1, qu'après avoir demandé au groupement de payer et que si le paiement n'a pas été effectué dans un délai suffisant.

**Article 25 –** Les lettres, notes de commande et documents similaires doivent indiquer lisiblement :

a) la dénomination du groupement précédée ou suivie, soit des mots « groupement européen d'intérêt économique », soit du sigle « GEIE », à moins que ces mots ou ce sigle ne figurent déjà dans la dénomination;

b) le lieu du registre visé à l'article 6 où le groupement est immatriculé, ainsi que le numéro d'inscription du groupement à ce registre;

c) l'adresse du siège du groupement;

d) le cas échéant, la mention que les gérants doivent agir conjointement;

e) le cas échéant, la mention que le groupement est en liquidation en vertu des articles 15, 31, 32 ou 36.

Tout établissement du groupement, lorsqu'il est immatriculé conformément à l'article 10, doit faire figurer les indications visées ci-dessus, accompagnées de celles relatives à sa propre immatriculation, sur les documents visés au premier alinéa du présent article qui émanent de cet établissement.

**Article 26 –** 1. La décision d'admettre de nouveaux membres est prise à l'unanimité des membres du groupement.

2. Tout nouveau membre répond, dans les conditions prévues à l'article 24, des dettes du groupement, y compris celles découlant de l'activité du groupement antérieure à son entrée.

Il peut toutefois être exonéré, par une clause du contrat de groupement ou de l'acte d'admission, du paiement des dettes nées antérieurement à son entrée. Cette clause n'est opposable aux tiers, dans les conditions visées à l'article 9 paragraphe 1, que si elle est publiée conformément à l'article 8.

**Article 27 –** 1. La démission d'un membre du groupement est possible dans les conditions prévues au contrat de groupement ou, à défaut, avec l'accord unanime des autres membres.

Tout membre du groupement peut, en outre, démissionner pour juste motif.

2. Tout membre du groupement peut être exclu pour des motifs énumérés dans le contrat de groupement et, en tout cas, lorsqu'il contrevient gravement à ses obliga-

tions ou lorsqu'il cause ou menace de causer des troubles graves dans le fonctionnement du groupement.

Cette exclusion ne peut avoir lieu que sur décision du tribunal prise à la demande conjointe de la majorité des autres membres, à moins que le contrat de groupement n'en dispose autrement.

**Article 28 –** 1. Tout membre du groupement cesse d'en faire partie au moment de son décès ou au moment où il ne répond plus aux conditions fixées à l'article 4 paragraphe 1.

En outre, un État membre peut prévoir, pour les besoins de sa législation en matière de liquidation, de dissolution, d'insolvabilité ou de cessation des paiements, qu'un membre d'un groupement cesse d'en faire partie au moment fixé par ladite législation.

2. En cas de décès d'une personne physique membre du groupement, nul ne peut prendre sa place dans le groupement si ce n'est dans les conditions prévues au contrat de groupement ou, à défaut, avec l'accord unanime des membres restants.

**Article 29 –** Dès qu'un membre cesse de faire partie du groupement, le ou les gérants doivent notifier cette situation aux autres membres; ils doivent également mettre en œuvre les obligations appropriées énoncées aux articles 7 et 8. En outre, tout intéressé peut mettre en œuvre lesdites obligations.

**Article 30 –** Sauf disposition contraire du contrat de groupement et sans préjudice des droits acquis par une personne en vertu de l'article 22 paragraphe 1 ou de l'article 28 paragraphe 2, le groupement subsiste entre les membres restants, après qu'un membre a cessé d'en faire partie, dans les conditions prévues par le contrat de groupement ou déterminées par une décision unanime des membres considérés.

**Article 31 –** 1. Le groupement peut être dissous par une décision de ses membres prononçant cette dissolution. Cette décision est prise à l'unanimité, à moins que le contrat de groupement n'en dispose autrement.

2. Le groupement doit être dissous par une décision de ses membres :

a) constatant l'arrivée du terme fixé dans le contrat de groupement ou de toute autre cause de dissolution prévue par ce contrat,

ou

b) constatant la réalisation de l'objet du groupement ou l'impossibilité de le poursuivre.

Si, trois mois après la survenance d'une des situations visées à l'alinéa précédent, la décision des membres constatant la dissolution du groupement n'a pas été prise, tout membre peut demander au tribunal de prononcer cette dissolution.

3. Le groupement doit également être dissous par une décision de ses membres ou du membre restant lorsque les conditions de l'article 4 paragraphe 2 ne sont plus remplies.

4. Après dissolution du groupement par une décision de ses membres, le ou les gérants doivent mettre en œuvre les obligations appropriées énoncées aux articles 7 et 8. En outre, tout intéressé peut mettre en œuvre lesdites obligations.

**Article 32 –** 1. À la demande de tout intéressé ou d'une autorité compétente, le tribunal doit prononcer la dissolution du groupement en cas de violation des articles 3 ou 12 ou de l'article 31 paragraphe 3, à moins qu'une régularisation de la situation du groupement ne soit possible et n'intervienne avant qu'il ait été statué sur le fond.

2. Sur demande d'un membre, le tribunal peut prononcer la dissolution du groupement pour juste motif.

3. Un État membre peut prévoir que le tribunal peut, sur demande d'une autorité compétente, prononcer la dissolution d'un groupement ayant son siège dans l'État dont relève cette autorité dans tous les cas où le groupement, par son activité, contrevient à l'intérêt public de cet État, si une telle possibilité existe dans la législation de ce dernier pour des sociétés immatriculées ou d'autres entités juridiques soumises à cette législation.

**Article 33 –** Lorsqu'un membre cesse de faire partie du groupement pour une cause autre que la cession de ses droits dans les conditions prévues à l'article 22 paragraphe 1, la valeur des droits qui lui reviennent ou des obligations qui lui incombent est déterminée sur la base du patrimoine du groupement tel qu'il se présente au moment où ce membre cesse d'en faire partie.

La valeur des droits et obligations du membre sortant ne peut être fixée forfaitairement à l'avance.

**Article 34 –** Sans préjudice de l'article 37 paragraphe 1, tout membre qui cesse de faire partie du groupement reste tenu, dans les conditions prévues à l'article 24, des dettes découlant de l'activité du groupement antérieure à la cessation de sa qualité de membre.

**Article 35 –** 1. La dissolution du groupement entraîne sa liquidation.

2. La liquidation du groupement et la clôture de cette liquidation sont régies par le droit national.

3. La capacité du groupement, au sens de l'article 1er paragraphe 2, subsiste jusqu'à la clôture de la liquidation.

4. Le ou les liquidateurs mettent en œuvre les obligations appropriées énoncées aux articles 7 et 8.

**Article 36 –** Les groupements européens d'intérêt économique sont soumis aux dispositions du droit national régissant l'insolvabilité et la cessation des paiements. L'ouverture d'une procédure à l'encontre d'un groupement en raison de son insolvabilité ou de sa cessation des paiements n'entraîne pas d'elle-même l'ouverture d'une telle procédure à l'encontre des membres de ce groupement.

**Article 37 –** 1. Est substitué à tout délai plus long éventuellement prévu par le droit national applicable, le délai de prescription de cinq ans à compter de la publication, conformément à l'article 8, du départ d'un membre du groupement pour les actions contre ce membre relatives aux dettes qui découlent de l'activité du groupement antérieure à la cessation de sa qualité de membre.

2. Est substitué à tout délai plus long éventuellement prévu par le droit national applicable, le délai de prescription de cinq ans à compter de la publication, conformément à l'article 8, de la clôture de la liquidation du groupement pour les actions contre un membre du groupement relatives aux dettes qui découlent de l'activité de ce groupement.

**Article 38 –** Lorsqu'un groupement exerce, dans un État membre, une activité qui contrevient à l'intérêt public de cet État, une autorité compétente de celui-ci peut interdire cette activité. La décision de l'autorité compétente doit être susceptible de recours devant une autorité judiciaire.

**Article 39 –** 1. Les États membres désignent le ou les registres compétents pour procéder à l'immatriculation visée aux articles 6 et 10 et déterminent les règles applicables à celle-ci. Ils fixent les conditions dans lesquelles s'effectue le dépôt des documents visés aux articles 7 et 10. Ils s'assurent que les actes et indications visés à l'article 8 sont publiés dans le bulletin officiel approprié de l'État membre où le groupement a son siège, et prévoient éventuellement les modes de publication des actes et indications visés à l'article 8 point c).

En outre, les États membres s'assurent que chacun peut prendre connaissance, au registre compétent en vertu de l'article 6 ou, le cas échéant, de l'article 10, des documents visés à l'article 7 et en obtenir, même par la poste, copie intégrale ou partielle.

Les États membres peuvent prévoir le paiement des frais afférents aux opérations visées aux alinéas précédents, sans que le montant de ces frais puisse être supérieur au coût administratif.

2. Les États membres s'assurent que les indications qui doivent être publiées au *Journal officiel* des Communautés européennes en vertu de l'article 11 sont communiquées à l'Office des publications officielles des Communautés européennes dans le mois suivant la publication au bulletin officiel visé au paragraphe 1.

3. Les États membres prévoient les sanctions appropriées en cas de manquement aux dispositions des articles 7, 8 et 10 en matière de publicité et en cas de manquement aux dispositions de l'article 25.

**Article 40 –** Le résultat provenant de l'activité du groupement n'est imposable qu'au niveau de ses membres.

**Article 41 –** 1. Les États membres prennent les mesures requises en vertu de l'article 39 avant le 1er juillet 1989. Ils les communiquent immédiatement à la Commission.

2. À titre d'information, les États membres communiquent à la Commission les catégories de personnes physiques, de sociétés et d'autres entités juridiques qu'ils excluent de la participation à un groupement conformément à l'article 4 paragraphe 4.

La Commission en informe les autres États membres.

**Article 42 –** 1. Il est institué auprès de la Commission, dès l'adoption du présent règlement, un comité de contact ayant pour mission :

a) de faciliter, sans préjudice des articles 169 et 170 du traité, la mise en œuvre du présent règlement par une concertation régulière portant notamment sur les problèmes concrets de cette mise en œuvre ;

b) de conseiller, si nécessaire, la Commission au sujet des compléments ou amendements à apporter au présent règlement.

2. Le comité de contact est composé de représentants des États membres ainsi que de représentants de la Commission.

La présidence est assurée par un représentant de la Commission.

Le secrétariat est assuré par les services de la Commission.

3. Le comité de contact est convoqué par son président, soit à l'initiative de celui-ci, soit à la demande d'un de ses membres.

**Article 43 –** Le présent règlement entre en vigueur le troisième jour suivant celui de sa publication au *Journal officiel* des Communautés européennes.

Le présent règlement est applicable à partir du 1er juillet 1989, à l'exception des articles 39, 41 et 42 qui sont applicables dès l'entrée en vigueur du présent règlement.

Le présent règlement est obligatoire dans tous ses éléments et directement applicable dans tout État membre.

### Références

(1) *JO* C 14 du 15 févr. 1974, p. 30 et *JO* C 103 du 28 avr. 1978, p. 4.
(2) *JO* C 163 du 11 juill. 1977, p. 17.
(3) *JO* C 108 du 15 mai 1975, p. 46.
(1) *JO* L 65 du 14 mars 1968, p. 8.
(3) *JO* C 108 du 15 mai 1975, p. 46.
(1) *JO* L 65 du 14 mars 1968, p. 8.

# 2 Règlement (CE) n° 2027/97 du Conseil du 9 octobre 1997 relatif à la responsabilité des transporteurs aériens en cas d'accident

Applicable du 18 octobre 1998 au 27 juin 2004

Version modifiée par Règlement (CE) n° 889/2002 (v. *infra* n° 7), applicable depuis le 28 juin 2004

Vu le traité instituant la Communauté européenne, et notamment son article 84 paragraphe 2,

Vu la proposition de la Commission (1),

Vu l'avis du Comité économique et social (2),

Statuant conformément à la procédure visée à l'article 189 C du traité (3),

(1) considérant que, dans le cadre de la politique commune des transports, il est nécessaire d'améliorer le niveau de protection des passagers victimes d'accidents aériens;

(2) considérant que les règles en matière de responsabilité en cas d'accident sont régies par la convention pour l'unification de certaines règles relatives au transport aérien international, signée à Varsovie le 12 octobre 1929, ou par cette convention telle qu'elle a été modifiée à La Haye le 28 septembre 1955 et par la convention de Guadalajara du 18 septembre 1961, selon la convention qui est applicable dans le cas d'espèce, chacune étant dénommée ci-après « convention de Varsovie »; que la convention de Varsovie est appliquée dans le monde entier au profit tant des voyageurs que des transporteurs aériens;

(3) considérant que les limites de la responsabilité telles qu'elles sont fixées par la convention de Varsovie sont trop basses eu égard aux conditions économiques et sociales actuelles et conduisent souvent à des actions en justice de longue durée qui nuisent à l'image des transports aériens; que les États membres ont en conséquence relevé ces limites dans des proportions différentes et ont ainsi établi des conditions de transport qui varient au sein du marché intérieur de l'aviation;

(4) considérant en outre que la convention de Varsovie ne s'applique qu'aux transports internationaux; que la distinction entre transports nationaux et internationaux n'existe plus dans le marché intérieur de l'aviation; qu'il convient donc que la nature et le degré de responsabilité soient identiques pour les transports nationaux et les transports internationaux;

(5) considérant qu'un réexamen et une révision approfondis de la convention de Varsovie sont depuis longtemps attendus et constitueraient à long terme, à l'échelle internationale, une réponse plus homogène et plus facilement applicable à la question de la responsabilité des transporteurs aériens en cas d'accident; qu'il convient de poursuivre, par la voie de négociations multilatérales, les efforts entrepris pour relever les limites de la responsabilité imposées par la convention de Varsovie;

(6) considérant que, conformément au principe de subsidiarité, une action de la Communauté est souhaitable afin de parvenir à harmoniser le domaine de la respon-

sabilité des transporteurs aériens et pourrait servir d'exemple pour une protection renforcée des voyageurs au niveau mondial;

(7) considérant qu'il convient d'éliminer toutes les limitations pécuniaires de responsabilité prévues par l'article 22 paragraphe 1 de la convention de Varsovie ou toute autre limitation juridique ou contractuelle, conformément aux tendances actuelles au niveau international;

(8) considérant que, afin d'éviter que des victimes d'accidents ne soient pas dédommagées, les transporteurs aériens de la Communauté doivent, lors de toute demande de dommages-intérêts, pour la mort, les blessures ou toute autre lésion corporelle subie par un voyageur au sens de l'article 17 de la convention de Varsovie, renoncer aux défenses prévues à l'article 20 paragraphe 1 de la convention de Varsovie à concurrence d'un certain montant;

(9) considérant que les transporteurs aériens de la Communauté peuvent être exonérés de leur responsabilité en cas de faute du passager concerné;

(10) considérant qu'il est nécessaire de préciser les obligations découlant du présent règlement à la lumière de l'article 7 du règlement (CEE) n° 2407/92 du Conseil, du 23 juillet 1992, concernant les licences des transporteurs aériens (4); qu'à cet égard les transporteurs aériens de la Communauté devraient être assurés jusqu'à concurrence d'un certain montant fixé par le présent règlement;

(11) considérant que les transporteurs aériens de la Communauté devraient toujours pouvoir engager une action récursoire;

(12) considérant que le versement rapide d'avances peut aider dans une large mesure les passagers blessés ou les personnes physiques ayant droit à un dédommagement à faire face aux dépenses immédiates qui font suite à un accident aérien;

(13) considérant que les règles relatives à la nature et à la limitation de la responsabilité en cas de décès, de blessure ou de toute autre lésion corporelle d'un voyageur font partie des conditions de transport fixées dans le contrat de transport entre le transporteur et le voyageur; que, afin de réduire les risques de distorsion de concurrence, les transporteurs de pays tiers devraient informer convenablement les voyageurs de leurs conditions de transport;

(14) considérant qu'il est utile et nécessaire que les limites pécuniaires indiquées dans le présent règlement soient réexaminées afin de tenir compte de l'évolution de la situation économique et de l'évolution dans les enceintes internationales;

(15) considérant que la révision de la convention de Varsovie est en cours au sein de l'Organisation internationale de l'aviation civile (OACI); que, en prenant entretemps des mesures intérimaires, la Communauté accroîtra la protection des voyageurs; que le Conseil devrait revoir le présent règlement le plus rapidement possible après la révision de la convention de Varsovie par l'OACI,

*A arrêté le présent règlement :*

**Article premier –** Le présent règlement fixe les obligations des transporteurs aériens de la Communauté en ce qui concerne leur responsabilité à l'égard des voyageurs pour les préjudices subis lors d'accidents en cas de décès, de blessure, ou de toute autre lésion corporelle d'un voyageur dès lors que l'accident qui est à l'origine dudit préjudice a eu lieu à bord d'un aéronef ou pendant toute opération d'embarquement ou de débarquement.

Le présent règlement précise également certaines exigences en matière d'assurance des transporteurs aériens de la Communauté.

En outre, le présent règlement fixe des exigences en ce qui concerne les informations que doivent fournir les transporteurs aériens établis en dehors de la Communauté et opérant en provenance, à destination ou à l'intérieur de celle-ci.

**Article 2 –** 1. Aux fins du présent règlement, on entend par :

a) « transporteur aérien », une entreprise de transport aérien titulaire d'une licence d'exploitation valable ;

b) « transporteur aérien de la Communauté », un transporteur aérien titulaire d'une licence d'exploitation valable délivrée par un État membre conformément aux dispositions du règlement (CEE) n° 2407/92 ;

c) « personne ayant droit à indemnisation », le voyageur ou toute personne pouvant prétendre à réparation au titre dudit voyageur conformément au droit applicable ;

d) « écu », l'unité de compte adoptée lors de l'établissement du budget général des Communautés européennes conformément aux articles 207 et 209 du traité ;

e) « DTS », les droits de tirage spéciaux tels que définis par le Fonds monétaire international ;

f) « convention de Varsovie », la convention pour l'unification de certaines règles relatives au transport aérien international, signée à Varsovie le 12 octobre 1929, ou la convention de Varsovie, telle que modifiée à La Haye le 28 septembre 1955 ou encore la convention complémentaire à la convention de Varsovie, signée à Guadalajara le 18 septembre 1961, selon que l'une ou l'autre est applicable au contrat de transport de voyageurs en cause, ainsi que l'ensemble des instruments internationaux en vigueur qui les complètent ou en découlent.

2. Les notions contenues dans le présent règlement qui ne sont pas définies au paragraphe 1 sont équivalentes à celles utilisées dans la convention de Varsovie.

**Article 3 –** 1. a) La responsabilité d'un transporteur aérien de la Communauté pour un dommage subi, en cas de décès, de blessure ou de toute autre lésion corporelle, par un voyageur à l'occasion d'un accident ne peut faire l'objet d'aucune limite pécuniaire, même si celle-ci est fixée par voie législative, conventionnelle ou contractuelle.

b) L'obligation d'assurance visée à l'article 7 du règlement (CEE) n° 2407/92 s'entend de l'obligation pour un transporteur aérien de la Communauté d'être assuré à hauteur de la limite de responsabilité prévue au paragraphe 2 et au-delà pour un montant raisonnable.

2. Pour tout dommage à concurrence de l'équivalent en écus de 100 000 DTS, le transporteur aérien de la Communauté ne peut exclure ou limiter sa responsabilité en prouvant que lui-même ou ses agents ont pris toutes les mesures nécessaires pour éviter le dommage ou qu'il leur était impossible de les prendre.

3. Nonobstant les dispositions du paragraphe 2, le transporteur aérien de la Communauté peut être déchargé, entièrement ou en partie, de sa responsabilité conformément au droit applicable, s'il apporte la preuve que la faute du voyageur blessé ou décédé constitue le fait générateur du dommage ou y a concouru.

**Article 4 –** En cas de décès, de blessure ou de toute autre lésion corporelle d'un voyageur survenus à l'occasion d'un accident, aucune disposition du présent règlement ne peut être interprétée :

a) comme désignant le transporteur aérien de la Communauté seule partie redevable de dommages-intérêts

ou

b) comme limitant le droit d'un transporteur aérien de la Communauté de demander à un tiers réparation conformément au droit applicable.

**Article 5 –** 1. Avec toute diligence nécessaire et, en tout état de cause, au plus tard quinze jours après que la personne physique ayant droit à indemnisation a été identifiée, le transporteur aérien de la Communauté verse à cette personne une avance lui permettant de faire face à ses besoins immédiats, en proportion du préjudice matériel subi.

2. Sans préjudice du paragraphe 1, l'avance n'est pas inférieure à l'équivalent en écus de 15 000 DTS par voyageur en cas de décès.

3. Le versement d'une avance ne constitue pas une reconnaissance de responsabilité et l'avance peut être déduite de toute somme payée ultérieurement en fonction de la responsabilité du transporteur aérien de la Communauté; elle n'est pas remboursable, sauf dans les cas visés à l'article 3 paragraphe 3 ou lorsqu'il est prouvé par la suite que la faute de la personne à laquelle l'avance a été versée constitue le fait générateur du dommage ou y a concouru ou que cette personne n'avait pas droit à indemnisation.

**Article 6 –** 1. Les dispositions des articles 3 et 5 doivent figurer dans les conditions de transport du transporteur aérien de la Communauté.

2. Une information adéquate concernant les dispositions des articles 3 et 5 est fournie aux voyageurs, à leur demande, par les agences du transporteur aérien de la Communauté, par les agences de voyage, aux comptoirs d'embarquement et aux points de vente. Le titre de transport ou le document équivalent comporte un résumé des prescriptions rédigé en termes simples et intelligibles.

3. Les transporteurs aériens qui sont établis hors de la Communauté, qui opèrent en provenance, à destination ou à l'intérieur de celle-ci et qui n'appliquent pas les dispositions des articles 3 et 5 en informent clairement et expressément les voyageurs au moment de l'achat du billet dans les agences du transporteur, dans les agences de voyage ou aux comptoirs d'embarquement situés sur le territoire d'un État membre. Les transporteurs aériens fournissent aux voyageurs un formulaire précisant leurs conditions. Le fait que le titre de transport, ou le document équivalent, indique seulement que la responsabilité est limitée ne constitue pas une information suffisante.

**Article 7 –** Au plus tard deux ans après l'entrée en vigueur du présent règlement, la Commission établit un rapport sur l'application du présent règlement, qui tient compte, entre autres, de l'évolution de la situation économique et de l'évolution des travaux dans les enceintes internationales. Ce rapport peut être assorti de propositions de révision du présent règlement.

**Article 8 –** Le présent règlement entre en vigueur un an après la date de sa publication au *Journal officiel* des Communautés européennes.

Le présent règlement est obligatoire dans tous ses éléments et directement applicable dans tout État membre.

**Références**

(1) *JO* C 104 du 10 avr. 1996, p. 18 et *JO* C 29 du 30 janv. 1997, p. 10.

(2) *JO* C 212 du 22 juill. 1996, p. 38.

(3) Avis du Parlement européen du 17 septembre 1996 (*JO* C 320 du 28 oct. 1996, p. 30), position commune du Conseil du 24 février 1997 (*JO* C 123 du 21 avr. 1997, p. 89) et décision du Parlement européen du 29 mai 1997 (*JO* C 182 du 16 juin 1997).

(4) *JO* L 240 du 24 août 1992, p. 1.

# 3 Règlement (CE) nº 1346/2000 du Conseil du 29 mai 2000 relatif aux procédures d'insolvabilité

## Applicable depuis le 31 mai 2002



*Le Conseil de l'Union européenne,*

Vu le traité instituant la Communauté européenne, et notamment son article 61, point c), et son article 67, paragraphe 1,

Vu l'initiative de la République fédérale d'Allemagne et de la République de Finlande,

Vu l'avis du Parlement européen (1),

Vu l'avis du Comité économique et social (2),

Considérant ce qui suit :

(1) L'Union européenne s'est fixée pour but d'établir un espace de liberté, de sécurité et de justice.

(2) Le bon fonctionnement du marché intérieur exige que les procédures d'insolvabilité transfrontalières fonctionnent efficacement et effectivement et l'adoption du présent règlement est nécessaire pour atteindre cet objectif qui relève du domaine de la coopération judiciaire civile au sens de l'article 65 du traité.

(3) Les activités des entreprises ont de plus en plus souvent des effets transfrontaliers et sont dès lors de plus en plus réglementées par le droit communautaire. L'insolvabilité de telles entreprises affectant également le bon fonctionnement du marché intérieur, il est nécessaire d'établir un acte communautaire qui exige la coordination des mesures à prendre concernant le patrimoine d'un débiteur insolvable.

(4) Il est nécessaire, pour assurer le bon fonctionnement du marché intérieur, d'éviter que les parties ne soient incitées à déplacer des avoirs ou des procédures judiciaires d'un État à un autre en vue d'améliorer leur situation juridique (forum shopping).

(5) Ces objectifs ne peuvent pas être réalisés d'une manière suffisante au niveau national et une action au niveau communautaire est donc justifiée.

(6) Conformément au principe de proportionnalité, le présent règlement devrait se limiter à des dispositions qui règlent la compétence pour l'ouverture de procédures d'insolvabilité et la prise des décisions qui dérivent directement de la procédure d'insolvabilité et qui s'y insèrent étroitement. Le présent règlement devrait, en

outre, contenir des dispositions relatives à la reconnaissance de ces décisions et au droit applicable, qui satisfont également à ce principe.

(7) Les procédures d'insolvabilité relatives à la faillite d'entreprises insolvables ou d'autres personnes morales, les concordats et les autres procédures analogues sont exclues du champ d'application de la convention de Bruxelles de 1968 sur la compétence judiciaire et l'exécution des décisions en matière civile et commerciale (3), modifiée par les conventions relatives à l'adhésion à cette convention (4).

(8) Pour réaliser l'objectif visant à améliorer et à accélérer les procédures d'insolvabilité ayant des effets transfrontaliers, il paraît nécessaire et approprié que les dispositions relatives à la compétence, à la reconnaissance et au droit applicable dans ce domaine soient contenues dans un acte juridique communautaire qui soit obligatoire et directement applicable dans tout État membre.

(9) Le présent règlement devrait s'appliquer aux procédures d'insolvabilité, que le débiteur soit une personne physique ou morale, un commerçant ou un particulier. Les procédures d'insolvabilité auxquelles s'applique le présent règlement sont énumérées aux annexes. Les procédures d'insolvabilité qui concernent les entreprises d'assurance et les établissements de crédit, les entreprises d'investissement qui fournissent des services impliquant la détention de fonds ou de valeurs mobilières de tiers, ainsi que les organismes de placement collectif, devraient être exclues du champ d'application du présent règlement. Ces entreprises ne sont pas couvertes par le présent règlement parce qu'elles sont soumises à un régime particulier et que les autorités de contrôle nationales disposent, en partie, de pouvoirs d'intervention très étendus.

(10) Les procédures d'insolvabilités n'impliquent pas nécessairement l'intervention d'une autorité judiciaire; l'expression « juridiction », utilisée dans le présent règlement devrait être prise au sens large et comprendre une personne ou un organe habilités par le droit national à ouvrir la procédure d'insolvabilité. Aux fins de l'application du présent règlement, les procédures (comprenant les actes et les formalités fixés par la loi) devraient non seulement se conformer aux dispositions du présent règlement, mais être officiellement reconnues et exécutoires dans l'État membre dans lequel les procédures d'insolvabilité sont ouvertes et être des procédures collectives d'insolvabilité qui entraînent le dessaisissement partiel ou total du débiteur ainsi que la désignation du syndic.

(11) Le présent règlement tient compte du fait que, en raison des divergences considérables entre les droits matériels, il n'est pas pratique de mettre en place une procédure d'insolvabilité unique ayant une portée universelle pour toute la Communauté. L'application sans exception du droit de l'État d'ouverture susciterait dès lors fréquemment des difficultés. Cela vaut notamment pour les sûretés très différenciées qui existent dans la Communauté. Par ailleurs, les droits préférentiels dont jouissent certains créanciers sont, dans certains cas, conçus de manière très différente. Le présent règlement devrait en tenir compte de deux manières en prévoyant, d'une part, des règles spéciales relatives à la loi applicable pour certains droits et situations juridiques particulièrement importants (par exemple, les droits réels et les contrats de travail) et en autorisant, d'autre part, outre une procédure d'insolvabilité principale de portée universelle, également des procédures nationales qui ne concernent que les actifs situés dans l'État d'ouverture.

(12) Le présent règlement permet d'ouvrir les procédures d'insolvabilité principales dans l'État membre où se situe le centre des intérêts principaux du débiteur. Ces procédures ont une portée universelle et visent à inclure tous les actifs du débi-

teur. En vue de protéger les différents intérêts, le présent règlement permet d'ouvrir des procédures secondaires parallèlement à la procédure principale. Des procédures secondaires peuvent être ouvertes dans l'État membre dans lequel le débiteur a un établissement. Les effets des procédures secondaires se limitent aux actifs situés dans cet État. Des règles impératives de coordination avec les procédures principales satisfont l'unité nécessaire au sein de la Communauté.

(13) Le centre des intérêts principaux devrait correspondre au lieu où le débiteur gère habituellement ses intérêts et qui est donc vérifiable par les tiers.

(14) Le présent règlement s'applique uniquement aux procédures dans lesquelles le centre des intérêts principaux du débiteur est situé dans la Communauté.

(15) Les règles de compétence contenues dans le présent règlement ne fixent que la compétence internationale, c'est-à-dire qu'elles désignent les États membres dont les juridictions peuvent ouvrir une procédure d'insolvabilité. La compétence territoriale au sein de cet État membre doit être déterminée par la loi nationale de l'État concerné.

(16) La juridiction compétente pour ouvrir une procédure d'insolvabilité principale devrait être habilitée à ordonner des mesures provisoires et conservatoires dès le moment de la demande d'ouverture de la procédure. Des mesures conservatoires ordonnées tant avant qu'après le début de la procédure d'insolvabilité sont très importantes pour en garantir l'efficacité. Le présent règlement devrait prévoir à cet égard deux possibilités : d'une part, la juridiction compétente pour la procédure principale peut ordonner des mesures conservatoires provisoires également en ce qui concerne les biens situés sur le territoire d'autres États membres, d'autre part, un syndic provisoire désigné avant l'ouverture de la procédure principale peut, dans les États membres dans lesquels le débiteur possède un établissement, demander les mesures conservatoires prévues par la loi de ces États.

(17) Avant l'ouverture de la procédure d'insolvabilité principale, l'ouverture d'une procédure d'insolvabilité dans l'État membre où le débiteur a un établissement ne devrait pouvoir être demandée que par les créanciers locaux et les créanciers de l'établissement local ou lorsque le droit de l'État membre où le débiteur a son centre d'intérêt principal ne permet pas d'ouvrir une procédure principale. Cette limitation est justifiée par le fait que l'on vise à limiter au strict minimum les cas dans lesquels des procédures territoriales indépendantes sont demandées avant la procédure d'insolvabilité principale; si une procédure d'insolvabilité principale est ouverte, les procédures territoriales deviennent secondaires.

(18) Après l'ouverture de la procédure d'insolvabilité principale, le présent règlement ne fait pas obstacle à la demande d'ouverture d'une procédure d'insolvabilité dans l'État membre où le débiteur a un établissement. Le syndic de la procédure principale ou toute autre personne habilitée à cet effet par la législation nationale de cet État membre peut demander l'ouverture d'une procédure d'insolvabilité secondaire.

(19) Hormis la protection des intérêts locaux, les procédures d'insolvabilité secondaires peuvent poursuivre d'autres objectifs. Ce pourrait être le cas lorsque le patrimoine du débiteur est trop complexe pour être administré en bloc, ou lorsque les différences entre les systèmes juridiques concernés sont à ce point importantes que des difficultés peuvent résulter de l'extension des effets de la loi de l'État d'ouverture aux autres États où se trouvent les actifs. Pour cette raison, le syndic de la procédure principale peut demander l'ouverture d'une procédure secondaire dans l'intérêt d'une administration efficace du patrimoine.

(20) Les procédures principales et les procédures secondaires ne peuvent, toutefois, contribuer à une réalisation efficace de la masse que si toutes les procédures parallèles en cours sont coordonnées. La condition principale ici est une coopération étroite entre les différents syndics qui doit notamment comprendre un échange d'informations suffisant. Pour garantir le rôle prédominant de la procédure principale, le syndic de cette procédure devrait se voir conférer plusieurs possibilités d'influer sur les procédures secondaires en cours. Il devrait pouvoir, par exemple, proposer un plan de redressement ou un concordat ou demander la suspension de la liquidation de la masse dans la procédure secondaire.

(21) Tout créancier, ayant sa résidence habituelle, son domicile ou son siège dans la Communauté, devrait avoir le droit de déclarer ses créances dans toute procédure d'insolvabilité pendante dans la Communauté en ce qui concerne les biens du débiteur. Cela devrait s'appliquer également aux autorités fiscales et aux organismes de sécurité sociale. Aux fins de l'égalité de traitement des créanciers, il faut, toutefois, coordonner la répartition du produit de la réalisation. Chaque créancier devrait pouvoir effectivement conserver ce qu'il a obtenu dans une procédure d'insolvabilité, mais il ne devrait pouvoir participer à la répartition de la masse effectuée dans une autre procédure tant que les créanciers du même rang n'auront pas obtenu, en pourcentage, un dividende équivalent.

(22) Le présent règlement devrait prévoir la reconnaissance immédiate des décisions relatives à l'ouverture, au déroulement et à la clôture d'une procédure d'insolvabilité qui relève de son champ d'application, ainsi que des décisions qui ont un lien direct avec cette procédure d'insolvabilité. La reconnaissance automatique devrait entraîner dès lors l'extension à tous les autres États membres des effets attribués à cette procédure par la loi de l'État d'ouverture de la procédure. La reconnaissance des décisions rendues par les juridictions des États membres devrait reposer sur le principe de la confiance mutuelle. À cet égard, les motifs de non-reconnaissance devraient être réduits au minimum nécessaire. Il convient également de régler conformément à ce principe tout conflit qui existe lorsque les juridictions de deux États membres se considèrent comme compétentes pour ouvrir une procédure principale. La décision de la juridiction qui ouvre la première la procédure devrait être reconnue dans tous les autres États membres, sans que ceux-ci aient la faculté de soumettre la décision de cette juridiction à un contrôle.

(23) Le présent règlement, dans les matières visées par celui-ci, devrait établir des règles de conflit de lois uniformes qui remplacent – dans le cadre de leur champ d'application – les règles nationales du droit international privé ; sauf disposition contraire, la loi de l'État membre d'ouverture de la procédure devrait être applicable (*lex concursus*). Cette règle de conflit de lois devrait s'appliquer tant à la procédure principale qu'aux procédures locales. La *lex concursus* détermine tous les effets de la procédure d'insolvabilité, qu'ils soient procéduraux ou substantiels, sur les personnes et les rapports juridiques concernés. Cette loi régit toutes les conditions de l'ouverture, du déroulement et de la clôture de la procédure d'insolvabilité.

(24) La reconnaissance automatique d'une procédure d'insolvabilité à laquelle est normalement applicable la loi de l'État d'ouverture peut interférer avec les règles en vertu desquelles les transactions sont réalisées dans ces États. Pour protéger la confiance légitime et la sécurité des transactions dans des États différents de celui de l'ouverture, il convient de prévoir des dispositions visant un certain nombre d'exceptions à la règle générale.

(25) Il est particulièrement nécessaire de prévoir pour les droits réels un rattachement particulier qui déroge à la loi de l'État d'ouverture, étant donné que ces droits revêtent une importance considérable pour l'octroi de crédits. La justification, la validité et la portée d'un tel droit réel devraient se déterminer dès lors normalement en vertu de la loi du lieu où il est situé et ne pas être affectés par l'ouverture d'une procédure d'insolvabilité. Le titulaire du droit réel devrait pouvoir ainsi continuer de faire valoir son droit de séparer la garantie de la masse. Si, en vertu de la loi de l'État de situation, les actifs sont soumis à des droits réels, mais que la procédure principale est effectuée dans un autre État membre, le syndic de la procédure principale devrait pouvoir demander l'ouverture d'une procédure secondaire dans la juridiction où sont nés les droits réels dans la mesure où le débiteur a un établissement dans cet État. Si une procédure secondaire n'est pas ouverte, l'excédent du produit de la vente du bien soumis aux droits réels doit être versé au syndic de la procédure principale.

(26) Si la loi de l'État d'ouverture n'admet pas la compensation, un créancier a néanmoins droit à une compensation si celle-ci est possible en vertu de la loi applicable à la créance du débiteur insolvable. La compensation devient ainsi une sorte de garantie régie par une loi dont le créancier concerné peut se prévaloir au moment de la naissance de la créance.

(27) Il existe aussi un besoin de protection particulier en ce qui concerne les systèmes de paiement et les marchés financiers. Cela s'applique à la compensation et à la liquidation prévues dans ces systèmes, ainsi qu'à la cession de titres et aux sûretés constituées pour ces transactions, conformément, notamment, à la directive 98/26/CE du Parlement européen et du Conseil du 19 mai 1998 concernant le caractère définitif du règlement dans les systèmes de paiement et de règlement des opérations sur titres (5). Seule la loi applicable au système ou au marché concerné devrait s'appliquer à ces transactions. Cette disposition vise à éviter toute modification des mécanismes de règlement et de liquidation des transactions prévus dans des systèmes de paiement ou de règlement ou sur les marchés financiers des États membres, en cas d'insolvabilité d'une des parties à une transaction. La directive 98/26/CE contient des dispositions particulières qui supplantent les dispositions générales du présent règlement.

(28) Aux fins de la protection des travailleurs et des emplois de travail, les effets de la procédure d'insolvabilité sur la poursuite ou la cessation des relations de travail et sur les droits et les obligations de chaque partie découlant de ces relations doivent être déterminés par la loi applicable au contrat en vertu des règles générales de conflit de lois. D'autres questions d'insolvabilité, telles que, par exemple, celle de savoir si les créances des travailleurs sont garanties par un privilège et quel est le rang éventuel de ce privilège, devraient être déterminées conformément à la loi de l'État d'ouverture.

(29) Dans l'intérêt des transactions, il convient, à la demande du syndic, de publier dans les autres États membres le contenu essentiel de la décision ouvrant la procédure. S'il existe un établissement sur le territoire de l'État membre concerné, une publication obligatoire peut être prescrite. Dans les deux cas, la publication ne devrait toutefois pas être une condition de la reconnaissance de la procédure menée dans un autre État membre.

(30) Dans certains cas, une partie des personnes concernées peut ne pas être au courant de l'ouverture de la procédure et agir de bonne foi en contradiction avec les nouvelles circonstances. Afin de protéger ces personnes qui, dans l'ignorance de

l'ouverture de la procédure dans un autre État membre, exécutent une obligation au profit du débiteur alors qu'elle aurait dû être exécutée au profit du syndic de la procédure dans un autre État membre, il convient de prévoir le caractère libératoire de cette exécution ou de ce paiement.

(31) Le présent règlement devrait contenir des annexes qui concernent l'organisation des procédures d'insolvabilité. Ces annexes devant faire exclusivement référence à la législation des États membres, il existe des motifs spécifiques et légitimes pour que le Conseil se réserve le droit de les modifier afin de tenir compte de modifications éventuelles du droit interne des États membres.

(32) Conformément à l'article 3 du protocole sur la position du Royaume-Uni et de l'Irlande annexé au traité sur l'Union européenne et au traité instituant la Communauté européenne, le Royaume-Uni et l'Irlande ont notifié leur souhait de participer à l'adoption et à l'application du présent règlement.

(33) Conformément aux articles 1^er^ et 2 du protocole sur la position du Danemark, annexé au traité sur l'Union européenne et au traité instituant la Communauté européenne, cet État membre ne participe pas à l'adoption du présent règlement. Par conséquent, le présent règlement ne lie pas le Danemark et n'est pas applicable à son égard,

*A arrêté le présent règlement :*

CHAPITRE PREMIER

## Dispositions générales

### Article premier – Champ d'application

1. Le présent règlement s'applique aux procédures collectives fondées sur l'insolvabilité du débiteur qui entraînent le dessaisissement partiel ou total de ce débiteur ainsi que la désignation d'un syndic.

2. Le présent règlement ne s'applique pas aux procédures d'insolvabilité qui concernent les entreprises d'assurance et les établissements de crédit, les entreprises d'investissement qui fournissent des services impliquant la détention de fonds ou de valeurs mobilières de tiers, ainsi qu'aux organismes de placement collectif.

### Article 2 – Définitions

Aux fins du présent règlement, on entend par :

a) « procédure d'insolvabilité » : les procédures collectives visées à l'article 1^er^, paragraphe 1. La liste de ces procédures figure à l'annexe A;

b) « syndic » : toute personne ou tout organe dont la fonction est d'administrer ou de liquider les biens dont le débiteur est dessaisi ou de surveiller la gestion de ses affaires. La liste de ces personnes et organes figure à l'annexe C;

c) « procédure de liquidation » : une procédure d'insolvabilité au sens du point a) qui entraîne la liquidation des biens du débiteur, y compris lorsque cette procédure est clôturée par un concordat ou une autre mesure mettant fin à l'insolvabilité, ou est clôturée en raison de l'insuffisance de l'actif. La liste de ces procédures figure à l'annexe B;

d) « juridiction » : l'organe judiciaire ou toute autre autorité compétente d'un État membre habilité(e) à ouvrir une procédure d'insolvabilité ou à prendre des décisions au cours de cette procédure;

e) « décision » : lorsqu'il s'agit de l'ouverture d'une procédure d'insolvabilité ou de la nomination d'un syndic, la décision de toute juridiction compétente pour ouvrir une telle procédure ou pour nommer un syndic ;

f) « moment de l'ouverture de la procédure » : le moment où la décision d'ouverture prend effet, que cette décision soit ou non définitive ;

g) « État membre dans lequel se trouve un bien » :

– pour les bien corporels, l'État membre sur le territoire duquel le bien est situé,
– pour les biens et les droits que le propriétaire ou le titulaire doit faire inscrire dans un registre public, l'État membre sous l'autorité duquel ce registre est tenu,
– pour les créances, l'État membre sur le territoire duquel se trouve le centre des intérêts principaux du tiers débiteur, tel qu'il est déterminé à l'article C, paragraphe 1 ;

h) « établissement » : tout lieu d'opérations où le débiteur exerce de façon non transitoire une activité économique avec des moyens humains et des biens.

## Article 3 – Compétence internationale

1. Les juridictions de l'État membre sur le territoire duquel est situé le centre des intérêts principaux du débiteur sont compétentes pour ouvrir la procédure d'insolvabilité. Pour les sociétés et les personnes morales, le centre des intérêts principaux est présumé, jusqu'à preuve contraire, être le lieu du siège statutaire.

2. Lorsque le centre des intérêts principaux du débiteur est situé sur le territoire d'un État membre, les juridictions d'un autre État membre ne sont compétentes pour ouvrir une procédure d'insolvabilité à l'égard de ce débiteur que si celui-ci possède un établissement sur le territoire de cet autre État membre. Les effets de cette procédure sont limités aux biens du débiteur se trouvant sur ce dernier territoire.

3. Lorsqu'une procédure d'insolvabilité est ouverte en application du paragraphe 1, toute procédure d'insolvabilité ouverte ultérieurement en application du paragraphe 2 est une procédure secondaire. Cette procédure doit être une procédure de liquidation.

4. Une procédure territoriale d'insolvabilité visée au paragraphe 2 ne peut être ouverte avant l'ouverture d'une procédure principale d'insolvabilité en application du paragraphe 1 que :

a) si une procédure d'insolvabilité ne peut pas être ouverte en application du paragraphe 1 en raison des conditions établies par la loi de l'État membre sur le territoire duquel est situé le centre des intérêts principaux du débiteur

ou

b) si l'ouverture de la procédure territoriale d'insolvabilité est demandée par un créancier dont le domicile, la résidence habituelle ou le siège se trouve dans l'État membre sur le territoire duquel est situé l'établissement concerné, ou dont la créance a son origine dans l'exploitation de cet établissement.

## Article 4 – Loi applicable

1. Sauf disposition contraire du présent règlement, la loi applicable à la procédure d'insolvabilité et à ses effets est celle de l'État membre sur le territoire duquel la procédure est ouverte, ci-après dénommé « État d'ouverture ».

2. La loi de l'État d'ouverture détermine les conditions d'ouverture, le déroulement et la clôture de la procédure d'insolvabilité. Elle détermine notamment :

a) les débiteurs susceptibles de faire l'objet d'une procédure d'insolvabilité du fait de leur qualité;

b) les biens qui font l'objet du dessaisissement et le sort des biens acquis par le débiteur après l'ouverture de la procédure d'insolvabilité;

c) les pouvoirs respectifs du débiteur et du syndic;

d) les conditions d'opposabilité d'une compensation;

e) les effets de la procédure d'insolvabilité sur les contrats en cours auxquels le débiteur est partie;

f) les effets de la procédure d'insolvabilité sur les poursuites individuelles, à l'exception des instances en cours;

g) les créances à produire au passif du débiteur et le sort des créances nées après l'ouverture de la procédure d'insolvabilité;

h) les règles concernant la production, la vérification et l'admission des créances;

i) les règles de distribution du produit de la réalisation des biens, le rang des créances et les droits des créanciers qui ont été partiellement désintéressés après l'ouverture de la procédure d'insolvabilité en vertu d'un droit réel ou par l'effet d'une compensation;

j) les conditions et les effets de la clôture de la procédure d'insolvabilité, notamment par concordat;

k) les droits des créanciers après la clôture de la procédure d'insolvabilité;

l) la charge des frais et des dépenses de la procédure d'insolvabilité;

m) les règles relatives à la nullité, à l'annulation ou à l'inopposabilité des actes préjudiciables à l'ensemble des créanciers.

## Article 5 – Droits réels des tiers

1. L'ouverture de la procédure d'insolvabilité n'affecte pas le droit réel d'un créancier ou d'un tiers sur des biens corporels ou incorporels, meubles ou immeubles – à la fois des biens déterminés et des ensembles de biens indéterminés dont la composition est sujette à modification – appartenant au débiteur, et qui se trouvent, au moment de l'ouverture de la procédure, sur le territoire d'un autre État membre.

2. Les droits visés au paragraphe 1 sont notamment :

a) le droit de réaliser ou de faire réaliser le bien et d'être désintéressé par le produit ou les revenus de ce bien, en particulier en vertu d'un gage ou d'une hypothèque;

b) le droit exclusif de recouvrer une créance, notamment en vertu de la mise en gage ou de la cession de cette créance à titre de garantie;

c) le droit de revendiquer le bien et/ou d'en réclamer la restitution entre les mains de quiconque le détient ou en jouit contre la volonté de l'ayant droit;

d) le droit réel de percevoir les fruits d'un bien.

3. Est assimilé à un droit réel, le droit, inscrit dans un registre public et opposable aux tiers, permettant d'obtenir un droit réel au sens du paragraphe 1.

4. Le paragraphe 1 ne fait pas obstacle aux actions en nullité, en annulation ou en inopposabilité visées à l'article 4, paragraphe 2, point m).

### Article 6 – Compensation

1. L'ouverture de la procédure d'insolvabilité n'affecte pas le droit d'un créancier d'invoquer la compensation de sa créance avec la créance du débiteur, lorsque cette compensation est permise par la loi applicable à la créance du débiteur insolvable.

2. Le paragraphe 1 ne fait pas obstacle aux actions en nullité, en annulation ou en inopposabilité visées à l'article 4, paragraphe 2, point m).

### Article 7 – Réserve de propriété

1. L'ouverture d'une procédure d'insolvabilité contre l'acheteur d'un bien n'affecte pas les droits du vendeur fondés sur une réserve de propriété, lorsque ce bien se trouve, au moment de l'ouverture de la procédure, sur le territoire d'un autre État membre que l'État d'ouverture.

2. L'ouverture d'une procédure d'insolvabilité contre le vendeur d'un bien, après la livraison de ce bien, ne constitue pas une cause de résolution ou de résiliation de la vente et ne fait pas obstacle à l'acquisition par l'acheteur de la propriété du bien vendu, lorsque ce bien se trouve au moment de l'ouverture de la procédure sur le territoire d'un autre État membre que l'État d'ouverture.

3. Les paragraphes 1 et 2 ne font pas obstacle aux actions en nullité, en annulation ou en inopposabilité visées à l'article 4, paragraphe 2, point m).

### Article 8 – Contrat portant sur un bien immobilier

Les effets de la procédure d'insolvabilité sur un contrat donnant le droit d'acquérir un bien immobilier ou d'en jouir sont régis exclusivement par la loi de l'État membre sur le territoire duquel ce bien est situé.

### Article 9 – Systèmes de paiement et marchés financiers

1. Sans préjudice de l'article 5, les effets de la procédure d'insolvabilité sur les droits et obligations des participants à un système de paiement ou de règlement ou à un marché financier sont régis exclusivement par la loi de l'État membre applicable audit système ou marché.

2. Le paragraphe 1 ne fait pas obstacle à l'exercice d'une action en nullité, en annulation ou en inopposabilité des paiements ou des transactions en vertu de la loi applicable au système de paiement ou au marché financier concerné.

### Article 10 – Contrat de travail

Les effets de la procédure d'insolvabilité sur un contrat de travail et sur le rapport de travail sont régis exclusivement par la loi de l'État membre applicable au contrat de travail.

### Article 11 – Effets sur les droits soumis à enregistrement

Les effets de la procédure d'insolvabilité concernant les droits du débiteur sur un bien immobilier, un navire ou un aéronef, qui sont soumis à inscription dans un registre public, sont régis par la loi de l'État membre sous l'autorité duquel ce registre est tenu.

### Article 12 – Brevets et marques communautaires

Aux fins du présent règlement, un brevet communautaire, une marque communautaire, ou tout autre droit analogue établi par des dispositions communautaires ne peut être inclus que dans une procédure visée à l'article 3, paragraphe 1.

## Article 13 – Actes préjudiciables

L'article 4, paragraphe 2, point m), n'est pas applicable lorsque celui qui a bénéficié d'un acte préjudiciable à l'ensemble des créanciers apporte la preuve que :
– cet acte est soumis à la loi d'un autre État membre que l'État d'ouverture, et que
– cette loi ne permet en l'espèce, par aucun moyen, d'attaquer cet acte.

## Article 14 – Protection du tiers acquéreur

Lorsque, par un acte conclu après l'ouverture de la procédure d'insolvabilité, le débiteur dispose à titre onéreux :
– d'un bien immobilier,
– d'un navire ou d'un aéronef soumis à inscription dans un registre public, ou
– de valeurs mobilières dont l'existence suppose une inscription dans un registre prévu par la loi,
la validité de cet acte est régie par la loi de l'État sur le territoire duquel ce bien immobilier est situé, ou sous l'autorité duquel ce registre est tenu.

## Article 15 – Effets de la procédure d'insolvabilité sur les instances en cours

Les effets de la procédure d'insolvabilité sur une instance en cours concernant un bien ou un droit dont le débiteur est dessaisi sont régis exclusivement par la loi de l'État membre dans lequel cette instance est en cours.

CHAPITRE II

# Reconnaissance de la procédure d'insolvabilité

## Article 16 – Principe

1. Toute décision ouvrant une procédure d'insolvabilité prise par une juridiction d'un État membre compétente en vertu de l'article 3 est reconnue dans tous les autres États membres, dès qu'elle produit ses effets dans l'État d'ouverture.

Cette règle s'applique également lorsque le débiteur, du fait de sa qualité, n'est pas susceptible de faire l'objet d'une procédure d'insolvabilité dans les autres États membres.

2. La reconnaissance d'une procédure visée à l'article 3, paragraphe 1, ne fait pas obstacle à l'ouverture d'une procédure visée à l'article 3, paragraphe 2, par une juridiction d'un autre État membre. Dans ce cas cette dernière procédure est une procédure secondaire d'insolvabilité au sens du chapitre III.

## Article 17 – Effets de la reconnaissance

1. La décision d'ouverture d'une procédure visée à l'article 3, paragraphe 1, produit, sans aucune autre formalité, dans tout autre État membre les effets que lui attribue la loi de l'État d'ouverture, sauf disposition contraire du présent règlement et aussi longtemps qu'aucune procédure visée à l'article 3, paragraphe 2, n'est ouverte dans cet autre État membre.

2. Les effets d'une procédure visée à l'article 3, paragraphe 2, ne peuvent être contestés dans les autres États membres. Toute limitation des droits des créanciers,

notamment un sursis des paiements ou une remise de dette résultant de cette procédure, ne peut être opposée, quant aux biens situés sur le territoire d'un autre État membre, qu'aux créanciers qui ont exprimé leur accord.

## Article 18 – Pouvoirs du syndic

1. Le syndic désigné par une juridiction compétente en vertu de l'article 3, paragraphe 1, peut exercer sur le territoire d'un autre État membre tous les pouvoirs qui lui sont conférés par la loi de l'État d'ouverture, aussi longtemps qu'aucune autre procédure d'insolvabilité n'y a été ouverte ou qu'aucune mesure conservatoire contraire n'y a été prise à la suite d'une demande d'ouverture d'une procédure d'insolvabilité dans cet État. Il peut notamment déplacer les biens du débiteur hors du territoire de l'État membre sur lequel ils se trouvent, sous réserve des articles 5 et 7.

2. Le syndic désigné par une juridiction compétente en vertu de l'article 3, paragraphe 2, peut, dans tout autre État membre faire valoir par voie judiciaire ou extrajudiciaire, qu'un bien mobilier a été transféré du territoire de l'État d'ouverture sur le territoire de cet autre État membre après l'ouverture de la procédure d'insolvabilité. Il peut également exercer toute action révocatoire utile aux intérêts des créanciers.

3. Dans l'exercice de ses pouvoirs, le syndic doit respecter la loi de l'État membre sur le territoire duquel il entend agir, en particulier quant aux modalités de réalisation des biens. Ces pouvoirs ne peuvent inclure l'emploi de moyens contraignants, ni le droit de statuer sur un litige ou un différend.

## Article 19 – Preuve de la nomination du syndic

La nomination du syndic est établie par la présentation d'une copie, certifiée conforme à l'original, de la décision qui le nomme, ou par tout autre certificat établi par la juridiction compétente.

Une traduction dans la langue officielle ou une des langues officielles de l'État membre sur le territoire duquel le syndic entend agir peut être exigée. Aucune légalisation ou autre formalité analogue n'est requise.

## Article 20 – Restitution et imputation

1. Le créancier qui, après l'ouverture d'une procédure visée à l'article 3, paragraphe 1, obtient par tout moyen, notamment par des voies d'exécution, satisfaction totale ou partielle en ce qui concerne sa créance sur des biens du débiteur qui se trouvent sur le territoire d'un autre État membre, doit restituer ce qu'il a obtenu au syndic, sous réserve des articles 5 et 7.

2. Afin d'assurer un traitement égal des créanciers, le créancier qui a obtenu, dans une procédure d'insolvabilité, un dividende sur sa créance, ne participe aux répartitions ouvertes dans une autre procédure, que lorsque les créanciers de même rang ou de même catégorie ont obtenu, dans cette autre procédure, un dividende équivalent.

## Article 21 – Publicité

1. Le syndic peut demander que le contenu essentiel de la décision ouvrant la procédure d'insolvabilité et, le cas échéant, de la décision qui le nomme soit publié dans tout autre État membre, selon les modalités de publication prévues dans cet État. Ces mesures de publicité indiquent en outre le syndic désigné et précisent si la règle de compétence appliquée est celle de l'article 3, paragraphe 1 ou 2.

2. Toutefois, la publication obligatoire peut être prévue par tout État membre sur le territoire duquel le débiteur a un établissement. Dans ce cas, le syndic ou toute autorité habilitée à cet effet dans l'État membre où la procédure visée à l'article 3, paragraphe 1, a été ouverte doit prendre les mesures nécessaires pour assurer cette publication.

### Article 22 – Inscription dans un registre public

1. Le syndic peut demander que la décision ouvrant une procédure visée à l'article 3, paragraphe 1, soit inscrite au livre foncier, au registre du commerce et à tout autre registre public tenu dans les autres États membres.

2. Toutefois, l'inscription obligatoire peut être prévue par tout État membre. Dans ce cas, le syndic ou toute autorité habilitée à cet effet dans l'État membre où la procédure visée à l'article 3, paragraphe 1, a été ouverte doit prendre les mesures nécessaires pour assurer cette inscription.

### Article 23 – Frais

Les frais des mesures de publicité et d'inscription prévues aux articles 21 et 22 sont considérés comme des frais et dépenses de la procédure.

### Article 24 – Exécution au profit du débiteur

1. Celui qui, dans un État membre, exécute une obligation au profit du débiteur soumis à une procédure d'insolvabilité ouverte dans un autre État membre, alors qu'il aurait dû le faire au profit du syndic de cette procédure, est libéré s'il ignorait l'ouverture de la procédure.

2. Celui qui a exécuté cette obligation avant les mesures de publicité prévues à l'article 21 est présumé, jusqu'à preuve contraire, avoir ignoré l'ouverture de la procédure d'insolvabilité; celui qui l'a exécutée après ces mesures de publicité est présumé jusqu'à preuve contraire, avoir eu connaissance de l'ouverture de la procédure.

### Article 25 – Reconnaissance et caractère exécutoire d'autres décisions

1. Les décisions relatives au déroulement et à la clôture d'une procédure d'insolvabilité rendues par une juridiction dont la décision d'ouverture est reconnue conformément à l'article 16 ainsi qu'un concordat approuvé par une telle juridiction sont reconnus également sans aucune autre formalité. Ces décisions sont exécutées conformément aux articles 31 à 51 (à l'exception de l'article 34, paragraphe 2) de la convention de Bruxelles concernant la compétence judiciaire et l'exécution des décisions en matière civile et commerciale, modifiée par les conventions relatives à l'adhésion à cette convention.

Le premier alinéa s'applique également aux décisions qui dérivent directement de la procédure d'insolvabilité et qui s'y insèrent étroitement, même si elles sont rendues par une autre juridiction.

Le premier alinéa s'applique également aux décisions relatives aux mesures conservatoires prises après la demande d'ouverture d'une procédure d'insolvabilité.

2. La reconnaissance et l'exécution des décisions autres que celles visées au paragraphe 1 sont régies par la convention visée au paragraphe 1, pour autant que cette convention soit applicable.

3. Les États membres ne sont pas tenus de reconnaître ou d'exécuter une décision visée au paragraphe 1, qui aurait pour effet de limiter la liberté individuelle ou le secret postal.

### Article 26 (6) – Ordre public

Tout État membre peut refuser de reconnaître une procédure d'insolvabilité ouverte dans un autre État membre ou d'exécuter une décision prise dans le cadre d'une telle procédure, lorsque cette reconnaissance ou cette exécution produirait des effets manifestement contraires à son ordre public, en particulier à ses principes fondamentaux ou aux droits et aux libertés individuelles garantis par sa constitution.

## CHAPITRE III

## Procédures secondaires d'insolvabilité

### Article 27 – Ouverture

La procédure visée à l'article 3, paragraphe 1, qui est ouverte par une juridiction d'un État membre et reconnue dans un autre État membre (procédure principale) permet d'ouvrir, dans cet autre État membre, dont une juridiction serait compétente en vertu de l'article 3, paragraphe 2, une procédure secondaire d'insolvabilité sans que l'insolvabilité du débiteur soit examinée dans cet autre État. Cette procédure doit être une des procédures mentionnées à l'annexe B. Ses effets sont limités aux biens du débiteur situés sur le territoire de cet autre État membre.

### Article 28 – Loi applicable

Sauf disposition contraire du présent règlement, la loi applicable à la procédure secondaire est celle de l'État membre sur le territoire duquel la procédure secondaire est ouverte.

### Article 29 – Droit de demander l'ouverture

L'ouverture d'une procédure secondaire peut être demandée par :

a) le syndic de la procédure principale;

b) toute autre personne ou autorité habilitée à demander l'ouverture d'une procédure d'insolvabilité en vertu de la loi de l'État membre sur le territoire duquel l'ouverture de la procédure secondaire est demandée.

### Article 30 – Avance de frais et dépens

Lorsque la loi de l'État membre où l'ouverture d'une procédure secondaire est demandée exige que l'actif du débiteur soit suffisant pour couvrir en tout ou en partie les frais et dépens de la procédure, la juridiction saisie d'une telle demande peut exiger du demandeur une avance de frais ou une garantie d'un montant approprié.

### Article 31 – Devoir de coopération et d'information

1. Sous réserve des règles limitant la communication de renseignements, le syndic de la procédure principale et les syndics des procédures secondaires sont tenus d'un devoir d'information réciproque. Ils doivent communiquer sans délai tout renseignement qui peut être utile à l'autre procédure, notamment l'état de la production et de la vérification des créances et les mesures visant à mettre fin à la procédure.

2. Sous réserve des règles applicables à chacune des procédures, le syndic de la procédure principale et les syndics des procédures secondaires sont tenus d'un devoir de coopération réciproque.

3. Le syndic d'une procédure secondaire doit en temps utile permettre au syndic de la procédure principale de présenter des propositions relatives à la liquidation ou à toute utilisation des actifs de la procédure secondaire.

### Article 32 – Exercice des droits des créanciers

1. Tout créancier peut produire sa créance à la procédure principale et à toute procédure secondaire.

2. Les syndics de la procédure principale et des procédures secondaires produisent dans les autres procédures les créances déjà produites dans la procédure pour laquelle ils ont été désignés, dans la mesure où cette production est utile aux créanciers de la procédure pour laquelle ils ont été désignés et sous réserve du droit de ceux-ci de s'y opposer ou de retirer leur production, lorsque la loi applicable le prévoit.

3. Le syndic d'une procédure principale ou secondaire est habilité à participer, au même titre que tout créancier, à une autre procédure, notamment en prenant part à une assemblée de créanciers.

### Article 33 – Suspension de la liquidation

1. La juridiction qui a ouvert la procédure secondaire suspend en tout ou en partie les opérations de liquidation, sur la demande du syndic de la procédure principale, sous réserve de la faculté d'exiger en ce cas du syndic de la procédure principale toute mesure adéquate pour garantir les intérêts des créanciers de la procédure secondaire et de certains groupes de créanciers. La demande du syndic de la procédure principale ne peut être rejetée que si elle est manifestement sans intérêt pour les créanciers de la procédure principale. La suspension de la liquidation peut être ordonnée pour une durée maximale de trois mois. Elle peut être prolongée ou renouvelée pour des périodes de même durée.

2. La juridiction visée au paragraphe 1 met fin à la suspension des opérations de liquidation :

– à la demande du syndic de la procédure principale,
– d'office, à la demande d'un créancier ou à la demande du syndic de la procédure secondaire, si cette mesure n'apparaît plus justifiée, notamment par l'intérêt des créanciers de la procédure principale ou de ceux de la procédure secondaire.

### Article 34 – Mesures mettant fin à la procédure secondaire d'insolvabilité

1. Lorsque la loi applicable à la procédure secondaire prévoit la possibilité de clôturer cette procédure sans liquidation par un plan de redressement, un concordat ou une mesure comparable, une telle mesure peut être proposée par le syndic de la procédure principale.

La clôture de la procédure secondaire par une mesure visée au premier alinéa ne devient définitive qu'avec l'accord du syndic de la procédure principale, ou, à défaut de son accord, lorsque la mesure proposée n'affecte pas les intérêts financiers des créanciers de la procédure principale.

2. Toute limitation des droits des créanciers, tels qu'un sursis de paiement ou une remise de dette, découlant d'une mesure visée au paragraphe 1 et proposée dans une procédure secondaire ne peut produire ses effets sur les biens du débiteur qui ne sont pas visés par cette procédure qu'avec l'accord de tous les créanciers intéressés.

3. Durant la suspension des opérations de liquidation ordonnée en vertu de l'article 33, seul le syndic de la procédure principale, ou le débiteur avec son accord, peut proposer dans la procédure secondaire des mesures prévues au paragraphe 1 du présent article ; aucune autre proposition visant une telle mesure ne peut être soumise au vote ni homologuée.

### Article 35 – Surplus d'actif de la procédure secondaire

Si la liquidation des actifs de la procédure secondaire permet de payer toutes les créances admises dans cette procédure, le syndic désigné dans cette procédure transfère sans délai le surplus d'actif au syndic de la procédure principale.

### Article 36 – Ouverture ultérieure de la procédure principale

Lorsqu'une procédure visée à l'article 3, paragraphe 1, est ouverte après l'ouverture d'une procédure visée à l'article 3, paragraphe 2, dans un autre État membre, les articles 31 à 35 s'appliquent à la procédure ouverte en premier, dans la mesure où l'état de cette procédure le permet.

### Article 37 (7) – Conversion de la procédure antérieure

Le syndic de la procédure principale peut demander la conversion en une procédure de liquidation d'une procédure mentionnée à l'annexe A antérieurement ouverte dans un autre État membre, si cette conversion s'avère utile aux intérêts des créanciers de la procédure principale.

La juridiction compétente en vertu de l'article 3, paragraphe 2, ordonne la conversion en une des procédures mentionnées à l'annexe B.

### Article 38 – Mesures conservatoires

Lorsque la juridiction d'un État membre compétente en vertu de l'article 3, paragraphe 1, désigne un syndic provisoire en vue d'assurer la conservation des biens du débiteur, ce syndic provisoire est habilité à demander toute mesure de conservation ou de protection sur les biens du débiteur qui se trouvent dans un autre État membre prévue par la loi de cet État, pour la période séparant la demande d'ouverture d'une procédure d'insolvabilité de la décision d'ouverture.

## CHAPITRE IV
## Information des créanciers et production de leurs créances

### Article 39 – Droit de produire les créances

Tout créancier qui a sa résidence habituelle, son domicile ou son siège dans un État membre autre que l'État d'ouverture, y compris les autorités fiscales et les organismes de sécurité sociale des États membres, ont le droit de produire leurs créances par écrit dans la procédure d'insolvabilité.

### Article 40 – Obligation d'informer les créanciers

1. Dès qu'une procédure d'insolvabilité est ouverte dans un État membre, la juridiction compétente de cet État ou le syndic nommé par celle-ci informe sans délai les créanciers connus qui ont leur résidence habituelle, leur domicile ou leur siège dans les autres États membres.

2. Cette information, assurée par l'envoi individuel d'une note, porte notamment sur les délais à observer, les sanctions prévues quant à ces délais, l'organe ou l'autorité habilité à recevoir la production des créances et les autres mesures prescrites. Cette note indique également si les créanciers dont la créance est garantie par un privilège ou une sûreté réelle doivent produire leur créance.

### Article 41 – Contenu de la production d'une créance

Le créancier envoie une copie des pièces justificatives, s'il en existe, et indique la nature de la créance, sa date de naissance et son montant; il indique également s'il revendique, pour cette créance, un privilège, une sûreté réelle ou une réserve de propriété, et quels sont les biens sur lesquels porte la garantie qu'il invoque.

### Article 42 – Langues

1. L'information prévue à l'article 40 est assurée dans la ou dans une des langue(s) officielle(s) de l'État d'ouverture. Un formulaire portant, dans toutes les langues officielles des institutions de l'Union européenne, le titre « Invitation à produire une créance. Délais à respecter », est utilisé à cet effet.

2. Tout créancier qui a sa résidence habituelle, son domicile ou son siège dans un autre État membre que l'État d'ouverture peut produire sa créance dans la ou dans une des langue(s) officielle(s) de cet autre État. Dans ce cas, la production de sa créance doit néanmoins porter le titre « Production de créance » dans la ou dans une des langue(s) officielle(s) de l'État d'ouverture. En outre, une traduction dans la ou une des langue(s) officielle(s) de l'État d'ouverture peut lui être réclamée.

CHAPITRE V

## Dispositions transitoires et finales

### Article 43 – Application dans le temps

Les dispositions du présent règlement ne sont applicables qu'aux procédures d'insolvabilité ouvertes postérieurement à son entrée en vigueur. Les actes accomplis par le débiteur avant l'entrée en vigueur du présent règlement continuent d'être régis par la loi qui leur était applicable au moment où ils ont été accomplis.

### Article 44 – Relations avec les conventions

1. Après son entrée en vigueur, le présent règlement remplace dans les relations entre les États membres, pour les matières auxquelles il se réfère, les conventions conclues entre deux ou plusieurs de ces États, à savoir :

a) la convention entre la Belgique et la France sur la compétence judiciaire, sur l'autorité et l'exécution des décisions judiciaires, des sentences arbitrales et des actes authentiques, signée à Paris, le 8 juillet 1899;

b) la convention entre la Belgique et l'Autriche sur la faillite, le concordat et le sursis de paiement (avec protocole additionnel du 13 juin 1973), signée à Bruxelles le 16 juillet 1969;

c) la convention entre la Belgique et les Pays-Bas sur la compétence judiciaire territoriale, sur la faillite, ainsi que sur l'autorité et l'exécution des décisions judiciaires, des sentences arbitrales et des actes authentiques, signée à Bruxelles, le 28 mars 1925;

d) le traité entre l'Allemagne et l'Autriche en matière de faillite et de concordat, signé à Vienne le 25 mai 1979;

e) la convention entre la France et l'Autriche sur la compétence judiciaire, la reconnaissance et l'exécution des décisions en matière de faillite, signée à Vienne le 27 février 1979;

f) la convention entre la France et l'Italie sur l'exécution des jugements en matière civile et commerciale, signée à Rome, le 3 juin 1930;

g) la convention entre l'Italie et l'Autriche en matière de faillite et de concordat, signée à Rome le 12 juillet 1977;

h) la convention entre le Royaume des Pays-Bas et la République fédérale d'Allemagne sur la reconnaissance et l'exécution mutuelles des décisions judiciaires et autres titres exécutoires en matière civile et commerciale, signée à La Haye, le 30 août 1962;

i) la convention entre le Royaume-Uni et le Royaume de Belgique sur l'exécution réciproque des jugements en matière civile et commerciale, et son protocole, signée à Bruxelles, le 2 mai 1934;

j) la convention entre le Danemark, la Finlande, la Norvège, la Suède et l'Islande, relative à la faillite, signée à Copenhague le 11 novembre 1933;

k) la convention européenne sur certains aspects internationaux de la faillite, signée à Istanbul le 5 juin 1990.

2. Les conventions visées au paragraphe 1 continuent à produire leurs effets en ce qui concerne les procédures ouvertes avant l'entrée en vigueur du présent règlement.

3. Le présent règlement n'est pas applicable :

a) dans tout État membre, dans la mesure où il est incompatible avec les obligations en matière de faillite résultant d'une convention conclue antérieurement à son entrée en vigueur par cet État avec un ou plusieurs pays tiers;

b) au Royaume-Uni de Grande-Bretagne et d'Irlande du Nord, dans la mesure où il est incompatible avec les obligations en matière de faillite et de liquidation de sociétés insolvables résultant d'accords avec le Commonwealth applicables au moment de l'entrée en vigueur du présent règlement.

### Article 45 – Modification des annexes

Le Conseil, statuant à la majorité qualifiée, à l'initiative d'un ou de plusieurs de ses membres ou sur proposition de la Commission, peut modifier les annexes.

### Article 46 – Rapport

Au plus tard le 1er juin 2012, et ensuite tous les cinq ans, la Commission présente au Parlement européen, au Conseil et au Comité économique et social un rapport relatif à l'application du présent règlement. Ce rapport est accompagné, le cas échéant, de propositions visant à adapter le présent règlement.

## Article 47 – Entrée en vigueur

Le présent règlement entre en vigueur le 31 mai 2002.

Le présent règlement est obligatoire dans tous ses éléments et directement applicable dans tout État membre conformément au traité instituant la Communauté européenne.

Références

(1) Avis rendu le 2 mars 2000 (non encore paru au *Journal officiel*).

(2) Avis rendu le 26 janvier 2000 (non encore paru au *Journal officiel*).

(3) *JO* L 299 du 31 déc. 1972, p. 32.

(4) *JO* L 204 du 2 août 1975, p. 28;
*JO* L 304 du 30 oct. 1978, p. 1;
*JO* L 388 du 31 déc. 1982, p. 1;
*JO* L 285 du 3 oct. 1989, p. 1;
*JO* C 15 du 15 janv. 1997, p. 1.

(5) *JO* L 166 du 11 juin 1998, p. 45.

(6) Voir la déclaration du Portugal concernant l'application des articles 26 et 37 (*JO* C 183 du 30 juin 2000, p. 1).

(7) Voir la déclaration du Portugal concernant l'application des articles 26 et 37 (*JO* C 183 du 30 juin 2000, p. 1).

Annexe…

# 4 Règlement (CE) nº 44/2001 du Conseil du 22 décembre 2000 concernant la compétence judiciaire, la reconnaissance et l'exécution des décisions en matière civile et commerciale

Applicable depuis le 1er mars 2002



*Le Conseil de l'Union européenne,*

Vu le traité instituant la Communauté européenne, et notamment son article 61, point c), et son article 67, paragraphe 1,

Vu la proposition de la Commission (1),

Vu l'avis du Parlement européen (2),

Vu l'avis du Comité économique et social (3),

Considérant ce qui suit :

(1) La Communauté s'est donné pour objectif de maintenir et de développer un espace de liberté, de sécurité et de justice au sein duquel la libre circulation des

personnes est assurée. Pour mettre en place progressivement un tel espace, il convient que la Communauté adopte, entre autres, les mesures dans le domaine de la coopération judiciaire en matière civile qui sont nécessaires au bon fonctionnement du marché intérieur.

(2) Certaines différences entre les règles nationales en matière de compétence judiciaire et de reconnaissance des décisions rendent plus difficile le bon fonctionnement du marché intérieur. Des dispositions permettant d'unifier les règles de conflit de juridictions en matière civile et commerciale ainsi que de simplifier les formalités en vue de la reconnaissance et de l'exécution rapides et simples des décisions émanant des États membres liés par le présent règlement sont indispensables.

(3) Cette matière relève du domaine de la coopération judiciaire en matière civile au sens de l'article 65 du traité.

(4) Conformément au principe de subsidiarité et au principe de proportionnalité tels qu'énoncés à l'article 5 du traité, les objectifs du présent règlement ne peuvent pas être réalisés de manière suffisante par les États membres et peuvent donc être mieux réalisés au niveau communautaire. Le présent règlement se limite au minimum requis pour atteindre ces objectifs et n'excède pas ce qui est nécessaire à cette fin.

(5) Les États membres ont conclu le 27 septembre 1968, dans le cadre de l'article 293, quatrième tiret, du traité, la convention de Bruxelles concernant la compétence judiciaire et l'exécution des décisions en matière civile et commerciale, qui a été modifiée par les conventions relatives à l'adhésion des nouveaux États membres à cette convention (4) (ci-après dénommée « convention de Bruxelles »). Les États membres et les États de l'AELE ont conclu le 16 septembre 1988 la convention de Lugano concernant la compétence judiciaire et l'exécution des décisions en matière civile et commerciale, qui est une convention parallèle à la convention de Bruxelles de 1968. Ces conventions ont fait l'objet de travaux de révision et le Conseil a marqué son accord sur le contenu du texte révisé. Il y a lieu d'assurer la continuité des résultats obtenus dans le cadre de cette révision.

(6) Pour atteindre l'objectif de la libre circulation des décisions en matière civile et commerciale, il est nécessaire et approprié que les règles relatives à la compétence judiciaire, à la reconnaissance et à l'exécution des décisions soient déterminées par un instrument juridique communautaire contraignant et directement applicable.

(7) Il est important d'inclure dans le champ d'application matériel du présent règlement l'essentiel de la matière civile et commerciale, à l'exception de certaines matières bien définies.

(8) Il doit exister un lien entre les litiges couverts par le présent règlement et le territoire des États membres qu'il lie. Les règles communes en matière de compétence doivent donc s'appliquer en principe lorsque le défendeur est domicilié dans un de ces États membres.

(9) Les défendeurs non domiciliés dans un État membre sont généralement soumis aux règles nationales de compétence applicables sur le territoire de l'État membre de la juridiction saisie et les défendeurs domiciliés dans un État membre non lié par le présent règlement doivent continuer à être soumis à la convention de Bruxelles.

(10) Aux fins de la libre circulation des jugements, les décisions rendues dans un État membre lié par le présent règlement doivent être reconnues et exécutées dans un autre État membre lié par le présent règlement, même si le débiteur condamné est domicilié dans un État tiers.

(11) Les règles de compétence doivent présenter un haut degré de prévisibilité et s'articuler autour de la compétence de principe du domicile du défendeur et cette

compétence doit toujours être disponible, sauf dans quelques cas bien déterminés où la matière en litige ou l'autonomie des parties justifie un autre critère de rattachement. S'agissant des personnes morales, le domicile doit être défini de façon autonome de manière à accroître la transparence des règles communes et à éviter les conflits de juridictions.

(12) Le for du domicile du défendeur doit être complété par d'autres fors autorisés en raison du lien étroit entre la juridiction et le litige ou en vue de faciliter une bonne administration de la justice.

(13) S'agissant des contrats d'assurance, de consommation et de travail, il est opportun de protéger la partie la plus faible au moyen de règles de compétence plus favorables à ses intérêts que ne le sont les règles générales.

(14) L'autonomie des parties à un contrat autre qu'un contrat d'assurance, de consommation et de travail pour lequel n'est prévue qu'une autonomie limitée quant à la détermination de la juridiction compétente doit être respectée sous réserve des fors de compétence exclusifs prévus dans le présent règlement.

(15) Le fonctionnement harmonieux de la justice commande de réduire au maximum la possibilité de procédures concurrentes et d'éviter que des décisions inconciliables ne soient rendues dans deux États membres. Il importe de prévoir un mécanisme clair et efficace pour résoudre les cas de litispendance et de connexité et pour parer aux problèmes résultant des divergences nationales quant à la date à laquelle une affaire est considérée comme pendante. Aux fins du présent règlement, il convient de définir cette date de manière autonome.

(16) La confiance réciproque dans la justice au sein de la Communauté justifie que les décisions rendues dans un État membre soient reconnues de plein droit, sans qu'il soit nécessaire, sauf en cas de contestation, de recourir à aucune procédure.

(17) Cette même confiance réciproque justifie que la procédure visant à rendre exécutoire, dans un État membre, une décision rendue dans un autre État membre soit efficace et rapide. À cette fin, la déclaration relative à la force exécutoire d'une décision devrait être délivrée de manière quasi automatique, après un simple contrôle formel des documents fournis, sans qu'il soit possible pour la juridiction de soulever d'office un des motifs de non-exécution prévus par le présent règlement.

(18) Le respect des droits de la défense impose toutefois que le défendeur puisse, le cas échéant, former un recours, examiné de façon contradictoire, contre la déclaration constatant la force exécutoire, s'il considère qu'un des motifs de non-exécution est établi. Une faculté de recours doit également être reconnue au requérant si la déclaration constatant la force exécutoire a été refusée.

(19) Pour assurer la continuité nécessaire entre la convention de Bruxelles et le présent règlement, il convient de prévoir des dispositions transitoires. La même continuité doit être assurée en ce qui concerne l'interprétation des dispositions de la convention de Bruxelles par la Cour de justice des Communautés européennes et le protocole de 1971 (5) doit continuer à s'appliquer également aux procédures déjà pendantes à la date d'entrée en vigueur du présent règlement.

(20) Le Royaume-Uni et l'Irlande, conformément à l'article 3 du protocole sur la position du Royaume-Uni et de l'Irlande annexé au traité sur l'Union européenne et au traité instituant la Communauté européenne, ont notifié leur souhait de participer à l'adoption et à l'application du présent règlement.

(21) Le Danemark, conformément aux articles 1er et 2 du protocole sur la position du Danemark annexé au traité sur l'Union européenne et au traité instituant la Com-

munauté européenne, ne participe pas à l'adoption du présent règlement, lequel ne lie donc pas le Danemark et n'est pas applicable à son égard.

(22) Étant donné que la convention de Bruxelles est en vigueur dans les relations entre le Danemark et les États membres liés par le présent règlement, cette Convention ainsi que le protocole de 1971 continuent à s'appliquer entre le Danemark et les États membres liés par le présent règlement.

(23) La Convention de Bruxelles continue également à s'appliquer en ce qui concerne les territoires des États membres qui entrent dans le champ d'application territorial de cette convention et qui sont exclus du présent règlement en vertu de l'article 299 du traité.

(24) Le même souci de cohérence commande que le présent règlement n'affecte pas les règles sur la compétence et la reconnaissance des décisions contenues dans des instruments communautaires spécifiques.

(25) Le respect des engagements internationaux souscrits par les États membres justifie que le présent règlement n'affecte pas les conventions auxquelles les États membres sont parties et qui portent sur des matières spéciales.

(26) Il convient d'apporter les assouplissements nécessaires aux règles de principe prévues par le présent règlement, pour tenir compte des particularités procédurales de certains États membres. À cette fin, il convient d'introduire dans le règlement certaines dispositions prévues par le protocole annexé à la convention de Bruxelles.

(27) Afin de permettre une transition harmonieuse dans certains domaines qui faisaient l'objet de dispositions particulières dans le protocole annexé à la convention de Bruxelles, le présent règlement prévoit, pendant une période transitoire, des dispositions prenant en considération la situation spécifique dans certains États membres.

(28) Au plus tard cinq ans après l'entrée en vigueur du présent règlement, la Commission présentera un rapport sur son application et proposera éventuellement, s'il en est besoin, des propositions d'adaptation.

(29) La Commission devra modifier les annexes I à IV relatives aux règles de compétence nationales, aux juridictions ou autorités compétentes et aux voies de recours en se fondant sur les amendements transmis par l'État membre concerné. Les modifications apportées aux annexes V et VI devront être adoptées conformément à la décision 1999/468/CE du Conseil du 28 juin 1999 fixant les modalités de l'exercice des compétences d'exécution conférées à la Commission (6),

*A arrêté le présent règlement :*

## CHAPITRE PREMIER
## Champ d'application

**Article premier –** 1. Le présent règlement s'applique en matière civile et commerciale et quelle que soit la nature de la juridiction. Il ne recouvre notamment pas les matières fiscales, douanières ou administratives.

2. Sont exclus de son application :

a) l'état et la capacité des personnes physiques, les régimes matrimoniaux, les testaments et les successions;

b) les faillites, concordats et autres procédures analogues;

c) la sécurité sociale;

d) l'arbitrage.

3. Dans le présent règlement, on entend par « État membre » tous les États membres à l'exception du Danemark.

CHAPITRE II

## Compétence

*Section 1*

### Dispositions générales

**Article 2 –** 1. Sous réserve des dispositions du présent règlement, les personnes domiciliées sur le territoire d'un État membre sont attraites, quelle que soit leur nationalité, devant les juridictions de cet État membre.

2. Les personnes qui ne possèdent pas la nationalité de l'État membre dans lequel elles sont domiciliées y sont soumises aux règles de compétence applicables aux nationaux.

**Article 3 –** 1. Les personnes domiciliées sur le territoire d'un État membre ne peuvent être attraites devant les tribunaux d'un autre État membre qu'en vertu des règles énoncées aux sections 2 à 7 du présent chapitre.

2. Ne peuvent être invoquées contre elles notamment les règles de compétence nationales figurant à l'annexe I.

**Article 4 –** 1. Si le défendeur n'est pas domicilié sur le territoire d'un État membre, la compétence est, dans chaque État membre, réglée par la loi de cet État membre, sous réserve de l'application des dispositions des articles 22 et 23.

2. Toute personne, quelle que soit sa nationalité, domiciliée sur le territoire d'un État membre, peut, comme les nationaux, y invoquer contre ce défendeur les règles de compétence qui y sont en vigueur et notamment celles prévues à l'annexe I.

*Section 2*

### Compétences spéciales

**Article 5 –** Une personne domiciliée sur le territoire d'un État membre peut être attraite, dans un autre État membre :

1) a) en matière contractuelle, devant le tribunal du lieu où l'obligation qui sert de base à la demande a été ou doit être exécutée;

b) aux fins de l'application de la présente disposition, et sauf convention contraire, le lieu d'exécution de l'obligation qui sert de base à la demande est :

– pour la vente de marchandises, le lieu d'un État membre où, en vertu du contrat, les marchandises ont été ou auraient dû être livrées,
– pour la fourniture de services, le lieu d'un État membre où, en vertu du contrat, les services ont été ou auraient dû être fournis;

c) le point a) s'applique si le point b) ne s'applique pas;

2) en matière d'obligation alimentaire, devant le tribunal du lieu où le créancier d'aliments a son domicile ou sa résidence habituelle ou, s'il s'agit d'une demande accessoire à une action relative à l'état des personnes, devant le tribunal compétent selon la loi du for pour en connaître, sauf si cette compétence est uniquement fondée sur la nationalité d'une des parties;

3) en matière délictuelle ou quasi délictuelle, devant le tribunal du lieu où le fait dommageable s'est produit ou risque de se produire;

4) s'il s'agit d'une action en réparation de dommage ou d'une action en restitution fondées sur une infraction, devant le tribunal saisi de l'action publique, dans la mesure où, selon sa loi, ce tribunal peut connaître de l'action civile;

5) s'il s'agit d'une contestation relative à l'exploitation d'une succursale, d'une agence ou de tout autre établissement, devant le tribunal du lieu de leur situation;

6) en sa qualité de fondateur, de *trustee* ou de bénéficiaire d'un trust constitué soit en application de la loi, soit par écrit ou par une convention verbale, confirmée par écrit, devant les tribunaux de l'État membre sur le territoire duquel le trust a son domicile;

7) s'il s'agit d'une contestation relative au paiement de la rémunération réclamé en raison de l'assistance ou du sauvetage dont a bénéficié une cargaison ou un fret, devant le tribunal dans le ressort duquel cette cargaison ou le fret s'y rapportant :

a) a été saisi pour garantir ce paiement, ou

b) aurait pu être saisi à cet effet, mais une caution ou une autre sûreté a été donnée,

cette disposition ne s'applique que s'il est prétendu que le défendeur a un droit sur la cargaison ou sur le fret ou qu'il avait un tel droit au moment de cette assistance ou de ce sauvetage.

**Article 6 –** Cette même personne peut aussi être attraite :

1) s'il y a plusieurs défendeurs, devant le tribunal du domicile de l'un d'eux, à condition que les demandes soient liées entre elles par un rapport si étroit qu'il y a intérêt à les instruire et à les juger en même temps afin d'éviter des solutions qui pourraient être inconciliables si les causes étaient jugées séparément;

2) s'il s'agit d'une demande en garantie ou d'une demande en intervention, devant le tribunal saisi de la demande originaire, à moins qu'elle n'ait été formée que pour traduire hors de son tribunal celui qui a été appelé;

3) s'il s'agit d'une demande reconventionnelle qui dérive du contrat ou du fait sur lequel est fondée la demande originaire, devant le tribunal saisi de celle-ci;

4) en matière contractuelle, si l'action peut être jointe à une action en matière de droits réels immobiliers dirigée contre le même défendeur, devant le tribunal de l'État membre sur le territoire duquel l'immeuble est situé.

**Article 7 –** Lorsque, en vertu du présent règlement, un tribunal d'un État membre est compétent pour connaître des actions en responsabilité du fait de l'utilisation ou de l'exploitation d'un navire, ce tribunal ou tout autre que lui substitue la loi interne de cet État membre connaît aussi des demandes relatives à la limitation de cette responsabilité.

## *Section 3*

## Compétence en matière d'assurances

**Article 8 –** En matière d'assurances, la compétence est déterminée par la présente section, sans préjudice des dispositions de l'article 4 et de l'article 5, point 5.

**Article 9 –** 1. L'assureur domicilié sur le territoire d'un État membre peut être attrait :

a) devant les tribunaux de l'État membre où il a son domicile, ou

b) dans un autre État membre, en cas d'actions intentées par le preneur d'assurance, l'assuré ou un bénéficiaire, devant le tribunal du lieu où le demandeur a son domicile, ou

c) s'il s'agit d'un coassureur, devant le tribunal d'un État membre saisi de l'action formée contre l'apériteur de la coassurance.

2. Lorsque l'assureur n'est pas domicilié sur le territoire d'un État membre, mais possède une succursale, une agence ou tout autre établissement dans un État membre, il est considéré pour les contestations relatives à leur exploitation comme ayant son domicile sur le territoire de cet État membre.

**Article 10 –** L'assureur peut, en outre, être attrait devant le tribunal du lieu où le fait dommageable s'est produit s'il s'agit d'assurance de responsabilité ou d'assurance portant sur des immeubles. Il en est de même si l'assurance porte à la fois sur des immeubles et des meubles couverts par une même police et atteints par le même sinistre.

**Article 11 –** 1. En matière d'assurance de responsabilité, l'assureur peut également être appelé devant le tribunal saisi de l'action de la personne lésée contre l'assuré, si la loi de ce tribunal le permet.

2. Les dispositions des articles 8, 9 et 10 sont applicables en cas d'action directe intentée par la victime contre l'assureur, lorsque l'action directe est possible.

3. Si la loi relative à cette action directe prévoit la mise en cause du preneur d'assurance ou de l'assuré, le même tribunal sera aussi compétent à leur égard.

**Article 12 –** 1. Sous réserve des dispositions de l'article 11, paragraphe 3, l'action de l'assureur ne peut être portée que devant les tribunaux de l'État membre sur le territoire duquel est domicilié le défendeur, qu'il soit preneur d'assurance, assuré ou bénéficiaire.

2. Les dispositions de la présente section ne portent pas atteinte au droit d'introduire une demande reconventionnelle devant le tribunal saisi d'une demande originaire conformément à la présente section.

**Article 13 –** Il ne peut être dérogé aux dispositions de la présente section que par des conventions :

1) postérieures à la naissance du différend, ou

2) qui permettent au preneur d'assurance, à l'assuré ou au bénéficiaire de saisir d'autres tribunaux que ceux indiqués à la présente section, ou

3) qui, passées entre un preneur d'assurance et un assureur ayant, au moment de la conclusion du contrat, leur domicile ou leur résidence habituelle dans un même État membre, ont pour effet, alors même que le fait dommageable se produirait à l'étranger, d'attribuer compétence aux tribunaux de cet État sauf si la loi de celui-ci interdit de telles conventions, ou

4) conclues par un preneur d'assurance n'ayant pas son domicile dans un État membre, sauf s'il s'agit d'une assurance obligatoire ou qui porte sur un immeuble situé dans un État membre, ou

5) qui concernent un contrat d'assurance en tant que celui-ci couvre un ou plusieurs des risques énumérés à l'article 14.

**Article 14 –** Les risques visés à l'article 13, point 5, sont les suivants :

1) tout dommage :

a) aux navires de mer, aux installations au large des côtes et en haute mer ou aux aéronefs, causé par des événements survenant en relation avec leur utilisation à des fins commerciales ;

b) aux marchandises autres que les bagages des passagers, durant un transport réalisé par ces navires ou aéronefs soit en totalité, soit en combinaison avec d'autres modes de transport;

2) toute responsabilité, à l'exception de celle des dommages corporels aux passagers ou des dommages à leurs bagages,

a) résultant de l'utilisation ou de l'exploitation des navires, installations ou aéronefs, conformément au point 1 a) visé ci-dessus, pour autant que, en ce qui concerne les derniers, la loi de l'État membre d'immatriculation de l'aéronef n'interdise pas les clauses attributives de juridiction dans l'assurance de tels risques;

b) du fait de marchandises durant un transport visé au point 1 b) énoncé ci-dessus;

3) toute perte pécuniaire liée à l'utilisation ou à l'exploitation des navires, installations ou aéronefs conformément au point 1 a) visé ci-dessus, notamment celle du fret ou du bénéfice d'affrètement;

4) tout risque lié accessoirement à l'un de ceux visés aux points 1 à 3 énoncés ci-dessus;

5) sans préjudice des points 1 à 4, tous les « grands risques » au sens de la directive 73/239/CEE du Conseil (7), modifiée par les directives 88/357/CEE (8) et 90/618/CEE (9), dans leur dernière version en vigueur.

*Section 4*

## Compétence en matière de contrats conclus par les consommateurs

**Article 15 –** 1. En matière de contrat conclu par une personne, le consommateur, pour un usage pouvant être considéré comme étranger à son activité professionnelle, la compétence est déterminée par la présente section, sans préjudice des dispositions de l'article 4 et de l'article 5, point 5 :

a) lorsqu'il s'agit d'une vente à tempérament d'objets mobiliers corporels;

b) lorsqu'il s'agit d'un prêt à tempérament ou d'une autre opération de crédit liés au financement d'une vente de tels objets;

c) lorsque, dans tous les autres cas, le contrat a été conclu avec une personne qui exerce des activités commerciales ou professionnelles dans l'État membre sur le territoire duquel le consommateur a son domicile ou qui, par tout moyen, dirige ces activités vers cet État membre ou vers plusieurs États, dont cet État membre, et que le contrat entre dans le cadre de ces activités.

2. Lorsque le cocontractant du consommateur n'est pas domicilié sur le territoire d'un État membre, mais possède une succursale, une agence ou tout autre établissement dans un État membre, il est considéré pour les contestations relatives à leur exploitation comme ayant son domicile sur le territoire de cet État.

3. La présente section ne s'applique pas aux contrats de transport autres que ceux qui, pour un prix forfaitaire, combinent voyage et hébergement.

**Article 16 –** 1. L'action intentée par un consommateur contre l'autre partie au contrat peut être portée soit devant les tribunaux de l'État membre sur le territoire duquel est domiciliée cette partie, soit devant le tribunal du lieu où le consommateur est domicilié.

2. L'action intentée contre le consommateur par l'autre partie au contrat ne peut être portée que devant les tribunaux de l'État membre sur le territoire duquel est domicilié le consommateur.

3. Les dispositions du présent article ne portent pas atteinte au droit d'introduire une demande reconventionnelle devant le tribunal saisi d'une demande originaire conformément à la présente section.

**Article 17 –** Il ne peut être dérogé aux dispositions de la présente section que par des conventions :

1) postérieures à la naissance du différend, ou

2) qui permettent au consommateur de saisir d'autres tribunaux que ceux indiqués à la présente section, ou

3) qui, passées entre le consommateur et son cocontractant ayant, au moment de la conclusion du contrat, leur domicile ou leur résidence habituelle dans un même État membre, attribuent compétence aux tribunaux de cet État membre, sauf si la loi de celui-ci interdit de telles conventions.

### *Section 5*
### Compétence en matière de contrats individuels de travail

**Article 18 –** 1. En matière de contrats individuels de travail, la compétence est déterminée par la présente section, sans préjudice de l'article 4 et de l'article 5, point 5.

2. Lorsqu'un travailleur conclut un contrat individuel de travail avec un employeur qui n'est pas domicilié dans un État membre mais possède une succursale, une agence ou tout autre établissement dans un État membre, l'employeur est considéré, pour les contestations relatives à leur exploitation comme ayant son domicile dans cet État membre.

**Article 19 –** Un employeur ayant son domicile sur le territoire d'un État membre peut être attrait :

1) devant les tribunaux de l'État membre où il a son domicile, ou

2) dans un autre État membre :

a) devant le tribunal du lieu où le travailleur accomplit habituellement son travail ou devant le tribunal du dernier lieu où il a accompli habituellement son travail, ou

b) lorsque le travailleur n'accomplit pas ou n'a pas accompli habituellement son travail dans un même pays, devant le tribunal du lieu où se trouve ou se trouvait l'établissement qui a embauché le travailleur.

**Article 20 –** 1. L'action de l'employeur ne peut être portée que devant les tribunaux de l'État membre sur le territoire duquel le travailleur a son domicile.

2. Les dispositions de la présente section ne portent pas atteinte au droit d'introduire une demande reconventionnelle devant le tribunal saisi de la demande originaire conformément à la présente section.

**Article 21 –** Il ne peut être dérogé aux dispositions de la présente section que par des conventions attributives de juridiction :

1) postérieures à la naissance du différend, ou

2) qui permettent au travailleur de saisir d'autres tribunaux que ceux indiqués à la présente section.

## *Section 6*
## Compétences exclusives

**Article 22 –** Sont seuls compétents, sans considération de domicile :

1) en matière de droits réels immobiliers et de baux d'immeubles, les tribunaux de l'État membre où l'immeuble est situé.

Toutefois, en matière de baux d'immeubles conclus en vue d'un usage personnel temporaire pour une période maximale de six mois consécutifs, sont également compétents les tribunaux de l'État membre dans lequel le défendeur est domicilié, à condition que le locataire soit une personne physique et que le propriétaire et le locataire soient domiciliés dans le même État membre;

2) en matière de validité, de nullité ou de dissolution des sociétés ou personnes morales ayant leur siège sur le territoire d'un État membre, ou de validité des décisions de leurs organes, les tribunaux de cet État membre. Pour déterminer le siège, le juge applique les règles de son droit international privé;

3) en matière de validité des inscriptions sur les registres publics, les tribunaux de l'État membre sur le territoire duquel ces registres sont tenus;

4) en matière d'inscription ou de validité des brevets, marques, dessins et modèles, et autres droits analogues donnant lieu à dépôt ou à un enregistrement, les juridictions de l'État membre sur le territoire duquel le dépôt ou l'enregistrement a été demandé, a été effectué ou est réputé avoir été effectué aux termes d'un instrument communautaire ou d'une convention internationale.

Sans préjudice de la compétence de l'Office européen des brevets selon la convention sur la délivrance des brevets européens, signée à Munich le 5 octobre 1973, les juridictions de chaque État membre sont seules compétentes, sans considération de domicile, en matière d'inscription ou de validité d'un brevet européen délivré pour cet État;

5) en matière d'exécution des décisions, les tribunaux de l'État membre du lieu de l'exécution.

## *Section 7*
## Prorogation de compétence

**Article 23 –** 1. Si les parties, dont l'une au moins a son domicile sur le territoire d'un État membre, sont convenues d'un tribunal ou de tribunaux d'un État membre pour connaître des différends nés ou à naître à l'occasion d'un rapport de droit déterminé, ce tribunal ou les tribunaux de cet État membre sont compétents. Cette compétence est exclusive, sauf convention contraire des parties. Cette convention attributive de juridiction est conclue :

a) par écrit ou verbalement avec confirmation écrite, ou

b) sous une forme qui soit conforme aux habitudes que les parties ont établies entre elles, ou

c) dans le commerce international, sous une forme qui soit conforme à un usage dont les parties avaient connaissance ou étaient censées avoir connaissance et qui est largement connu et régulièrement observé dans ce type de commerce par les parties à des contrats du même type dans la branche commerciale considérée.

2. Toute transmission par voie électronique qui permet de consigner durablement la convention est considérée comme revêtant une forme écrite.

3. Lorsqu'une telle convention est conclue par des parties dont aucune n'a son domicile sur le territoire d'un État membre, les tribunaux des autres États membres ne peuvent connaître du différend tant que le tribunal ou les tribunaux désignés n'ont pas décliné leur compétence.

4. Le tribunal ou les tribunaux d'un État membre auxquels l'acte constitutif d'un trust attribue compétence sont exclusivement compétents pour connaître d'une action contre un fondateur, un *trustee* ou un bénéficiaire d'un trust, s'il s'agit des relations entre ces personnes ou de leurs droits ou obligations dans le cadre du trust;

5. Les conventions attributives de juridiction ainsi que les stipulations similaires d'actes constitutifs de trust sont sans effet si elles sont contraires aux dispositions des articles 13, 17 et 21 ou si les tribunaux à la compétence desquels elles dérogent sont exclusivement compétents en vertu de l'article 22.

**Article 24 –** Outre les cas où sa compétence résulte d'autres dispositions du présent règlement, le juge d'un État membre devant lequel le défendeur comparaît est compétent. Cette règle n'est pas applicable si la comparution a pour objet de contester la compétence ou s'il existe une autre juridiction exclusivement compétente en vertu de l'article 22.

*Section 8*

## Vérification de la compétence et de la recevabilité

**Article 25 –** Le juge d'un État membre, saisi à titre principal d'un litige pour lequel une juridiction d'un autre État membre est exclusivement compétente en vertu de l'article 22, se déclare d'office incompétent.

**Article 26 –** 1. Lorsque le défendeur domicilié sur le territoire d'un État membre est attrait devant une juridiction d'un autre État membre et ne comparaît pas, le juge se déclare d'office incompétent si sa compétence n'est pas fondée aux termes du présent règlement.

2. Le juge est tenu de surseoir à statuer aussi longtemps qu'il n'est pas établi que ce défendeur a été mis à même de recevoir l'acte introductif d'instance ou un acte équivalent en temps utile pour se défendre ou que toute diligence a été faite à cette fin.

3. L'article 19 du règlement (CE) n° 1348/2000 du Conseil du 29 mai 2000 relatif à la signification et à la notification dans les États membres des actes judiciaires et extrajudiciaires en matière civile ou commerciale (10) s'applique en lieu et place des dispositions du paragraphe 2 si l'acte introductif d'instance ou un acte équivalent a dû être transmis d'un État membre à un autre en exécution de ce règlement.

4. Lorsque les dispositions du règlement (CE) n° 1348/2000 ne sont pas applicables, l'article 15 de la convention de La Haye du 15 novembre 1965 relative à la signification et à la notification à l'étranger des actes judiciaires et extrajudiciaires en matière civile ou commerciale s'applique si l'acte introductif d'instance ou un acte équivalent a dû être transmis en exécution de cette convention.

*Section 9*

## Litispendance et connexité

**Article 27 –** 1. Lorsque des demandes ayant le même objet et la même cause sont formées entre les mêmes parties devant des juridictions d'États membres différents, la juridiction saisie en second lieu sursoit d'office à statuer jusqu'à ce que la compétence du tribunal premier saisi soit établie.

2. Lorsque la compétence du tribunal premier saisi est établie, le tribunal saisi en second lieu se dessaisit en faveur de celui-ci.

**Article 28 –** 1. Lorsque des demandes connexes sont pendantes devant des juridictions d'États membres différents, la juridiction saisie en second lieu peut surseoir à statuer.

2. Lorsque ces demandes sont pendantes au premier degré, la juridiction saisie en second lieu peut également se dessaisir, à la demande de l'une des parties, à condition que le tribunal premier saisi soit compétent pour connaître des demandes en question et que sa loi permette leur jonction.

3. Sont connexes, au sens du présent article, les demandes liées entre elles par un rapport si étroit qu'il y a intérêt à les instruire et à les juger en même temps afin d'éviter des solutions qui pourraient être inconciliables si les causes étaient jugées séparément.

**Article 29 –** Lorsque les demandes relèvent de la compétence exclusive de plusieurs juridictions, le dessaisissement a lieu en faveur de la juridiction première saisie.

**Article 30 –** Aux fins de la présente section, une juridiction est réputée saisie :

1) à la date à laquelle l'acte introductif d'instance ou un acte équivalent est déposé auprès de la juridiction, à condition que le demandeur n'ait pas négligé par la suite de prendre les mesures qu'il était tenu de prendre pour que l'acte soit notifié ou signifié au défendeur, ou

2) si l'acte doit être notifié ou signifié avant d'être déposé auprès de la juridiction, à la date à laquelle il est reçu par l'autorité chargée de la notification ou de la signification, à condition que le demandeur n'ait pas négligé par la suite de prendre les mesures qu'il était tenu de prendre pour que l'acte soit déposé auprès de la juridiction.

*Section 10*

## Mesures provisoires et conservatoires

**Article 31 –** Les mesures provisoires ou conservatoires prévues par la loi d'un État membre peuvent être demandées aux autorités judiciaires de cet État, même si, en vertu du présent règlement, une juridiction d'un autre État membre est compétente pour connaître du fond.

CHAPITRE III

## Reconnaissance et exécution

**Article 32 –** On entend par décision, au sens du présent règlement, toute décision rendue par une juridiction d'un État membre quelle que soit la dénomination qui lui est donnée, telle qu'arrêt, jugement, ordonnance ou mandat d'exécution, ainsi que la fixation par le greffier du montant des frais du procès.

## *Section 1*
## Reconnaissance

**Article 33 –** 1. Les décisions rendues dans un État membre sont reconnues dans les autres États membres, sans qu'il soit nécessaire de recourir à aucune procédure.

2. En cas de contestation, toute partie intéressée qui invoque la reconnaissance à titre principal peut faire constater, selon les procédures prévues aux sections 2 et 3 du présent chapitre, que la décision doit être reconnue.

3. Si la reconnaissance est invoquée de façon incidente devant une juridiction d'un État membre, celle-ci est compétente pour en connaître.

**Article 34 –** Une décision n'est pas reconnue si :

1) la reconnaissance est manifestement contraire à l'ordre public de l'État membre requis;

2) l'acte introductif d'instance ou un acte équivalent n'a pas été signifié ou notifié au défendeur défaillant en temps utile et de telle manière qu'il puisse se défendre, à moins qu'il n'ait pas exercé de recours à l'encontre de la décision alors qu'il était en mesure de le faire;

3) elle est inconciliable avec une décision rendue entre les mêmes parties dans l'État membre requis;

4) elle est inconciliable avec une décision rendue antérieurement dans un autre État membre ou dans un État tiers entre les mêmes parties dans un litige ayant le même objet et la même cause, lorsque la décision rendue antérieurement réunit les conditions nécessaires à sa reconnaissance dans l'État membre requis.

**Article 35 –** 1. De même, les décisions ne sont pas reconnues si les dispositions des sections 3, 4 et 6 du chapitre II ont été méconnues, ainsi que dans le cas prévu à l'article 72.

2. Lors de l'appréciation des compétences mentionnées au paragraphe précédent, l'autorité requise est liée par les constatations de fait sur lesquelles la juridiction de l'État membre d'origine a fondé sa compétence.

3. Sans préjudice des dispositions du paragraphe 1, il ne peut être procédé au contrôle de la compétence des juridictions de l'État membre d'origine. Le critère de l'ordre public visé à l'article 34, point 1, ne peut être appliqué aux règles de compétence.

**Article 36 –** En aucun cas, la décision étrangère ne peut faire l'objet d'une révision au fond.

**Article 37 –** 1. L'autorité judiciaire d'un État membre devant laquelle est invoquée la reconnaissance d'une décision rendue dans un autre État membre peut surseoir à statuer si cette décision fait l'objet d'un recours ordinaire.

2. L'autorité judiciaire d'un État membre devant laquelle est invoquée la reconnaissance d'une décision rendue en Irlande ou au Royaume-Uni et dont l'exécution est suspendue dans l'État membre d'origine du fait de l'exercice d'un recours, peut surseoir à statuer.

### *Section 2*
### Exécution

**Article 38 –** 1. Les décisions rendues dans un État membre et qui y sont exécutoires sont mises à exécution dans un autre État membre après y avoir été déclarées exécutoires sur requête de toute partie intéressée.

2. Toutefois, au Royaume-Uni, ces décisions sont mises à exécution en Angleterre et au pays de Galles, en Écosse ou en Irlande du Nord, après avoir été enregistrées en vue de leur exécution, sur requête de toute partie intéressée, dans l'une ou l'autre de ces parties du Royaume-Uni, suivant le cas.

**Article 39 –** 1. La requête est présentée à la juridiction ou à l'autorité compétente indiquée sur la liste figurant à l'annexe II.

2. La compétence territoriale est déterminée par le domicile de la partie contre laquelle l'exécution est demandée, ou par le lieu de l'exécution.

**Article 40 –** 1. Les modalités du dépôt de la requête sont déterminées par la loi de l'État membre requis.

2. Le requérant doit faire élection de domicile dans le ressort de la juridiction saisie. Toutefois, si la loi de l'État membre requis ne connaît pas l'élection de domicile, le requérant désigne un mandataire *ad litem*.

3. Les documents mentionnés à l'article 53 sont joints à la requête.

**Article 41 –** La décision est déclarée exécutoire dès l'achèvement des formalités prévues à l'article 53, sans examen au titre des articles 34 et 35. La partie contre laquelle l'exécution est demandée ne peut, en cet état de la procédure, présenter d'observations.

**Article 42 –** 1. La décision relative à la demande de déclaration constatant la force exécutoire est aussitôt portée à la connaissance du requérant suivant les modalités déterminées par la loi de l'État membre requis.

2. La déclaration constatant la force exécutoire est signifiée ou notifiée à la partie contre laquelle l'exécution est demandée, accompagnée de la décision si celle-ci n'a pas encore été signifiée ou notifiée à cette partie.

**Article 43 –** 1. L'une ou l'autre partie peut former un recours contre la décision relative à la demande de déclaration constatant la force exécutoire.

2. Le recours est porté devant la juridiction indiquée sur la liste figurant à l'annexe III.

3. Le recours est examiné selon les règles de la procédure contradictoire.

4. Si la partie contre laquelle l'exécution est demandée ne comparaît pas devant la juridiction saisie du recours formé par le requérant, les dispositions de l'article 26, paragraphes 2 à 4, sont d'application, même si la partie contre laquelle l'exécution est demandée n'est pas domiciliée sur le territoire de l'un des États membres.

5. Le recours contre la déclaration constatant la force exécutoire doit être formé dans un délai d'un mois à compter de sa signification. Si la partie contre laquelle l'exécution est demandée est domiciliée sur le territoire d'un autre État membre que celui dans lequel la déclaration constatant la force exécutoire a été délivrée, le délai est de deux mois et court à compter du jour où la signification a été faite à personne ou à domicile. Ce délai ne comporte pas de prorogation à raison de la distance.

**Article 44 –** La décision rendue sur le recours ne peut faire l'objet que du recours visé à l'annexe IV.

**Article 45 –** 1. La juridiction saisie d'un recours prévu à l'article 43 ou 44 ne peut refuser ou révoquer une déclaration constatant la force exécutoire que pour l'un des motifs prévus aux articles 34 et 35. Elle statue à bref délai.

2. En aucun cas la décision étrangère ne peut faire l'objet d'une révision au fond.

**Article 46 –** 1. La juridiction saisie d'un recours prévu à l'article 43 ou 44 peut, à la requête de la partie contre laquelle l'exécution est demandée, surseoir à statuer, si la décision étrangère fait, dans l'État membre d'origine, l'objet d'un recours ordinaire ou si le délai pour le former n'est pas expiré ; dans ce dernier cas, la juridiction peut impartir un délai pour former ce recours.

2. Lorsque la décision a été rendue en Irlande ou au Royaume-Uni, toute voie de recours prévue dans l'État membre d'origine est considérée comme un recours ordinaire pour l'application du paragraphe 1.

3. Cette juridiction peut également subordonner l'exécution à la constitution d'une garantie qu'elle détermine.

**Article 47 –** 1. Lorsqu'une décision doit être reconnue en application du présent règlement, rien n'empêche le requérant de demander qu'il soit procédé à des mesures provisoires, ou conservatoires, prévues par la loi de l'État membre requis, sans qu'il soit nécessaire que cette décision soit déclarée exécutoire au sens de l'article 41.

2. La déclaration constatant la force exécutoire emporte l'autorisation de procéder à des mesures conservatoires.

3. Pendant le délai du recours prévu à l'article 43, paragraphe 5, contre la déclaration constatant la force exécutoire et jusqu'à ce qu'il ait été statué sur celui-ci, il ne peut être procédé qu'à des mesures conservatoires sur les biens de la partie contre laquelle l'exécution est demandée.

**Article 48 –** 1. Lorsque la décision étrangère a statué sur plusieurs chefs de la demande et que la déclaration constatant la force exécutoire ne peut être délivrée pour le tout, la juridiction ou l'autorité compétente la délivre pour un ou plusieurs d'entre eux.

2. Le requérant peut demander que la déclaration constatant la force exécutoire soit limitée à certaines parties d'une décision.

**Article 49 –** Les décisions étrangères condamnant à une astreinte ne sont exécutoires dans l'État membre requis que si le montant en a été définitivement fixé par les tribunaux de l'État membre d'origine.

**Article 50 –** Le requérant qui, dans l'État membre d'origine, a bénéficié en tout ou en partie de l'assistance judiciaire ou d'une exemption de frais et dépens bénéficie, dans la procédure prévue à la présente section, de l'assistance la plus favorable ou de l'exemption la plus large prévue par le droit de l'État membre requis.

**Article 51 –** Aucune caution ni aucun dépôt, sous quelque dénomination que ce soit, ne peuvent être imposés en raison, soit de la qualité d'étranger, soit du défaut de domicile ou de résidence dans le pays, à la partie qui demande l'exécution dans un État membre d'une décision rendue dans un autre État membre.

**Article 52 –** Aucun impôt, droit ou taxe proportionnel à la valeur du litige n'est perçu dans l'État membre requis à l'occasion de la procédure tendant à la délivrance d'une déclaration constatant la force exécutoire.

### *Section 3*
### Dispositions communes

**Article 53 –** 1. La partie qui invoque la reconnaissance d'une décision ou sollicite la délivrance d'une déclaration constatant sa force exécutoire doit produire une expédition de celle-ci réunissant les conditions nécessaires à son authenticité.

2. La partie qui sollicite la délivrance d'une déclaration constatant la force exécutoire d'une décision doit aussi produire le certificat visé à l'article 54, sans préjudice de l'article 55.

**Article 54 –** La juridiction ou l'autorité compétente d'un État membre dans lequel une décision a été rendue délivre, à la requête de toute partie intéressée, un certificat en utilisant le formulaire dont le modèle figure à l'annexe V du présent règlement.

**Article 55 –** 1. À défaut de production du certificat visé à l'article 54, la juridiction ou l'autorité compétente peut impartir un délai pour le produire ou accepter un document équivalent ou, si elle s'estime suffisamment éclairée, en dispenser.

2. Il est produit une traduction des documents si la juridiction ou l'autorité compétente l'exige. La traduction est certifiée par une personne habilitée à cet effet dans l'un des États membres.

**Article 56 –** Aucune légalisation ni formalité analogue n'est exigée en ce qui concerne les documents mentionnés à l'article 53, ou à l'article 55, paragraphe 2, ou, le cas échéant, la procuration *ad litem*.

## CHAPITRE IV
## Actes authentiques et transactions judiciaires

**Article 57 –** 1. Les actes authentiques reçus et exécutoires dans un État membre sont, sur requête, déclarés exécutoires dans un autre État membre, conformément à la procédure prévue aux articles 38 et suivants. La juridiction auprès de laquelle un recours est formé en vertu des articles 43 ou 44 ne refuse ou révoque une déclaration constatant la force exécutoire que si l'exécution de l'acte authentique est manifestement contraire à l'ordre public de l'État membre requis.

2. Sont également considérées comme des actes authentiques au sens du paragraphe 1, les conventions en matière d'obligations alimentaires conclues devant des autorités administratives ou authentifiées par elles.

3. L'acte produit doit réunir les conditions nécessaires à son authenticité dans l'État membre d'origine.

4. Les dispositions de la section 3 du chapitre III sont applicables, en tant que de besoin. L'autorité compétente de l'État membre dans lequel un acte authentique a été reçu établit, à la requête de toute partie intéressée, un certificat en utilisant le formulaire dont le modèle figure à l'annexe VI du présent règlement.

**Article 58 –** Les transactions conclues devant le juge au cours d'un procès et exécutoires dans l'État membre d'origine sont exécutoires dans l'État membre requis aux mêmes conditions que les actes authentiques. La juridiction ou l'autorité compétente d'un État membre dans lequel une transaction a été conclue délivre, à la requête de toute partie intéressée, un certificat en utilisant le formulaire dont le modèle figure à l'annexe V du présent règlement.

CHAPITRE V

## Dispositions générales

**Article 59 –** 1. Pour déterminer si une partie a un domicile sur le territoire de l'État membre dont les tribunaux sont saisis, le juge applique sa loi interne.

2. Lorsqu'une partie n'a pas de domicile dans l'État membre dont les tribunaux sont saisis, le juge, pour déterminer si elle a un domicile dans un autre État membre, applique la loi de cet État membre.

**Article 60 –** 1. Pour l'application du présent règlement, les sociétés et les personnes morales sont domiciliées là ou est situé :

a) leur siège statutaire ;
b) leur administration centrale, ou
c) leur principal établissement.

2. Pour le Royaume-Uni et l'Irlande, on entend par « siège statutaire » le *registered office* ou, s'il n'existe nulle part de *registered office*, le place of incorporation (le lieu d'acquisition de la personnalité morale) ou, s'il n'existe nulle part de lieu d'acquisition de la personnalité morale, le lieu selon la loi duquel la formation (la constitution) a été effectuée.

3. Pour déterminer si un trust a son domicile sur le territoire d'un État membre dont les tribunaux sont saisis, le juge applique les règles de son droit international privé.

**Article 61 –** Sans préjudice de dispositions nationales plus favorables, les personnes domiciliées sur le territoire d'un État membre et poursuivies pour une infraction involontaire devant les juridictions répressives d'un autre État membre dont elles ne sont pas les nationaux peuvent se faire défendre par les personnes habilitées à cette fin, même si elles ne comparaissent pas personnellement. Toutefois, la juridiction saisie peut ordonner la comparution personnelle ; si celle-ci n'a pas eu lieu, la décision rendue sur l'action civile sans que la personne en cause ait eu la possibilité de se défendre pourra ne pas être reconnue ni exécutée dans les autres États membres.

**Article 62 –** En Suède, dans les procédures sommaires concernant les injonctions de payer (*betalningsföreläggande*) et l'assistance (*handräckning*), les termes « juge », « tribunal » et « juridiction » comprennent le service public suédois de recouvrement forcé (*kronofogdemyndighet*).

**Article 63 –** 1. Une personne domiciliée sur le territoire du Luxembourg et attraite devant le tribunal d'un autre État membre en application de l'article 5, point 1, a la faculté de décliner la compétence de ce tribunal lorsque le lieu final de livraison de la marchandise ou de la prestation de service se situe au Luxembourg.

2. Lorsqu'en application du paragraphe 1, le lieu final de livraison de la marchandise ou de la prestation de service se situe au Luxembourg, toute convention attributive de juridiction, pour être valable, doit être acceptée par écrit ou verbalement avec confirmation écrite, au sens de l'article 23, paragraphe 1, point a).

3. Les dispositions du présent article ne sont pas applicables aux contrats de prestation de services financiers.

4. Les dispositions du présent article sont applicables pour une durée de six ans à compter de l'entrée en vigueur du présent règlement.

**Article 64 –** 1. Dans les litiges entre le capitaine et un membre d'équipage d'un navire de mer immatriculé en Grèce ou au Portugal, relatif aux rémunérations ou autres conditions de service, les juridictions d'un État membre doivent contrôler si l'agent diplomatique ou consulaire dont relève le navire a été informé du litige. Elles peuvent statuer dès que cet agent a été informé.

2. Les dispositions du présent article sont applicables pour une durée de six ans à compter de l'entrée en vigueur du présent règlement.

**Article 65 –** 1. La compétence judiciaire prévue à l'article 6, point 2, et à l'article 11 pour la demande en garantie ou la demande en intervention ne peut être invoquée ni en Allemagne ni en Autriche. Toute personne domiciliée sur le territoire d'un autre État membre peut être appelée devant les tribunaux :

a) d'Allemagne, en application de l'article 68 et des articles 72 à 74 du Code de procédure civile (*Zivilprozessordnung*) concernant la *litis denuntiatio*;

b) d'Autriche, conformément à l'article 21 du Code de procédure civile (*Zivilprozessordnung*) concernant la *litis denuntiatio*.

2. Les décisions rendues dans les autres États membres en vertu de l'article 6, point 2, et de l'article 11 sont reconnues et exécutées en Allemagne et en Autriche conformément au chapitre III. Les effets produits à l'égard des tiers, en application du paragraphe 1, par des jugements rendus dans ces États sont également reconnus dans les autres États membres.

CHAPITRE VI

## Dispositions transitoires

**Article 66 –** 1. Les dispositions du présent règlement ne sont applicables qu'aux actions judiciaires intentées et aux actes authentiques reçus postérieurement à son entrée en vigueur.

2. Toutefois, si l'action dans l'État membre d'origine a été intentée avant la date d'entrée en vigueur du présent règlement, les décisions rendues après cette date sont reconnues et exécutées conformément aux dispositions du chapitre III :

a) dès lors que l'action dans l'État membre d'origine a été intentée après l'entrée en vigueur de la convention de Bruxelles ou de la convention de Lugano à la fois dans l'État membre d'origine et dans l'État membre requis;

b) dans tous les autres cas, dès lors que les règles de compétence appliquées sont conformes à celles prévues soit par le chapitre II, soit par une convention qui était en vigueur entre l'État membre d'origine et l'État membre requis au moment où l'action a été intentée.

CHAPITRE VII

## Relations avec les autres instruments

**Article 67 –** Le présent règlement ne préjuge pas de l'application des dispositions qui, dans des matières particulières, règlent la compétence judiciaire, la reconnaissance et l'exécution des décisions et qui sont contenues dans les actes communautaires ou dans les législations nationales harmonisées en exécution de ces actes.

**Article 68 –** 1. Le présent règlement remplace, entre les États membres, la convention de Bruxelles, sauf en ce qui concerne les territoires des États membres qui entrent dans le champ d'application territorial de cette convention et qui sont exclus du présent règlement en vertu de l'article 299 du traité.

2. Dans la mesure où le présent règlement remplace entre les États membres les dispositions de la convention de Bruxelles, toute référence faite à celle-ci s'entend comme faite au présent règlement.

**Article 69 –** Sans préjudice des dispositions de l'article 66, paragraphe 2, et de l'article 70, le présent règlement remplace entre les États membres les conventions et le traité suivants :

– la convention entre la Belgique et la France sur la compétence judiciaire, sur l'autorité et l'exécution des décisions judiciaires, des sentences arbitrales et des actes authentiques, signée à Paris le 8 juillet 1899,

– la convention entre la Belgique et les Pays-Bas sur la compétence judiciaire territoriale, sur la faillite, ainsi que sur l'autorité et l'exécution des décisions judiciaires, des sentences arbitrales et des actes authentiques, signée à Bruxelles le 28 mars 1925,

– la convention entre la France et l'Italie sur l'exécution des jugements en matière civile et commerciale, signée à Rome le 3 juin 1930,

– la convention entre l'Allemagne et l'Italie sur la reconnaissance et l'exécution des décisions judiciaires en matière civile et commerciale, signée à Rome le 9 mars 1936,

– la convention entre la Belgique et l'Autriche sur la reconnaissance et l'exécution réciproques des décisions judiciaires et des actes authentiques en matière d'obligations alimentaires, signée à Vienne le 25 octobre 1957,

– la convention entre l'Allemagne et la Belgique concernant la reconnaissance et l'exécution réciproques en matière civile et commerciale des décisions judiciaires, sentences arbitrales et actes authentiques, signée à Bonn le 30 juin 1958,

– la convention entre les Pays-Bas et l'Italie sur la reconnaissance et l'exécution des décisions judiciaires en matière civile et commerciale, signée à Rome le 17 avril 1959,

– la convention entre l'Allemagne et l'Autriche sur la reconnaissance et l'exécution réciproques des décisions et transactions judiciaires et des actes authentiques en matière civile et commerciale, signée à Vienne le 6 juin 1959,

– la convention entre la Belgique et l'Autriche sur la reconnaissance et l'exécution réciproques des décisions judiciaires, sentences arbitrales et actes authentiques en matière civile et commerciale, signée à Vienne le 16 juin 1959,

- la convention entre la Grèce et l'Allemagne sur la reconnaissance et l'exécution réciproques des jugements, transactions et actes authentiques en matière civile et commerciale, signée à Athènes le 4 novembre 1961,
- la convention entre la Belgique et l'Italie concernant la reconnaissance et l'exécution des décisions judiciaires et d'autres titres exécutoires en matière civile et commerciale, signée à Rome le 6 avril 1962,
- la convention entre les Pays-Bas et l'Allemagne sur la reconnaissance et l'exécution mutuelles des décisions judiciaires et autres titres exécutoires en matière civile et commerciale, signée à La Haye le 30 août 1962,
- la convention entre les Pays-Bas et l'Autriche sur la reconnaissance et l'exécution réciproques des décisions judiciaires et des actes authentiques en matière civile et commerciale, signée à La Haye le 6 février 1963,
- la convention entre la France et l'Autriche sur la reconnaissance et l'exécution des décisions judiciaires et des actes authentiques en matière civile et commerciale, signée à Vienne le 15 juillet 1966,
- la convention entre l'Espagne et la France sur la reconnaissance et l'exécution de jugements et de sentences arbitrales en matière civile et commerciale, signée à Paris le 28 mai 1969,
- la convention entre le Luxembourg et l'Autriche sur la reconnaissance et l'exécution des décisions judiciaires et des actes authentiques en matière civile et commerciale, signée à Luxembourg le 29 juillet 1971,
- la convention entre l'Italie et l'Autriche sur la reconnaissance et l'exécution des décisions judiciaires en matière civile et commerciale, des transactions judiciaires et des actes notariés, signée à Rome le 16 novembre 1971,
- la convention entre l'Espagne et l'Italie en matière d'assistance judiciaire et de reconnaissance et d'exécution des jugements en matière civile et commerciale, signée à Madrid le 22 mai 1973,
- la convention entre la Finlande, l'Islande, la Norvège, la Suède et le Danemark sur la reconnaissance et l'exécution des décisions en matière civile, signée à Copenhague le 11 octobre 1977,
- la convention entre l'Autriche et la Suède sur la reconnaissance et l'exécution des jugements en matière civile, signée à Stockholm le 16 septembre 1982,
- la convention entre l'Espagne et l'Allemagne sur la reconnaissance et l'exécution de décisions et transactions judiciaires, et d'actes authentiques exécutoires en matière civile et commerciale, signée à Bonn le 14 novembre 1983,
- la convention entre l'Autriche et l'Espagne sur la reconnaissance et l'exécution des décisions et transactions judiciaires et des actes authentiques exécutoires en matière civile et commerciale, signée à Vienne le 17 février 1984,
- la convention entre la Finlande et l'Autriche sur la reconnaissance et l'exécution des jugements en matière civile, signée à Vienne le 17 novembre 1986, et
- le traité entre la Belgique, les Pays-Bas et le Luxembourg sur la compétence judiciaire, sur la faillite, sur l'autorité et l'exécution des décisions judiciaires, des sentences arbitrales et des actes authentiques, signé à Bruxelles le 24 novembre 1961, pour autant qu'il est en vigueur.

**Article 70 –** 1. Les conventions et le traité mentionnés à l'article 69 continuent à produire leurs effets dans les matières auxquelles le présent règlement n'est pas applicable.

2. Ils continuent à produire leurs effets en ce qui concerne les décisions rendues et les actes authentiques reçus avant l'entrée en vigueur du présent règlement.

**Article 71 –** 1. Le présent règlement n'affecte pas les conventions auxquelles les États membres sont parties et qui, dans des matières particulières, règlent la compétence judiciaire, la reconnaissance ou l'exécution des décisions.

2. En vue d'assurer son interprétation uniforme, le paragraphe 1 est appliqué de la manière suivante :

a) le présent règlement ne fait pas obstacle à ce qu'un tribunal d'un État membre, partie à une convention relative à une matière particulière, puisse fonder sa compétence sur une telle convention, même si le défendeur est domicilié sur le territoire d'un État membre non partie à une telle convention. Le tribunal saisi applique, en tout cas, l'article 26 du présent règlement;

b) les décisions rendues dans un État membre par un tribunal ayant fondé sa compétence sur une convention relative à une matière particulière sont reconnues et exécutées dans les autres États membres conformément au présent règlement.

Si une convention relative à une matière particulière et à laquelle sont parties l'État membre d'origine et l'État membre requis détermine les conditions de reconnaissance et d'exécution des décisions, il est fait application de ces conditions. Il peut, en tout cas, être fait application des dispositions du présent règlement qui concernent la procédure relative à la reconnaissance et à l'exécution des décisions.

**Article 72 –** Le présent règlement n'affecte pas les accords par lesquels les États membres se sont engagés, avant l'entrée en vigueur du présent règlement, en vertu de l'article 59 de la convention de Bruxelles, à ne pas reconnaître une décision rendue, notamment dans un autre État contractant à ladite convention, contre un défendeur qui a son domicile ou sa résidence habituelle dans un pays tiers lorsque, dans un cas prévu à l'article 4 de cette convention, la décision n'a pu être fondée que sur une compétence visée à l'article 3, deuxième alinéa, de cette même convention.

## CHAPITRE VIII
## Dispositions finales

**Article 73 –** Au plus tard cinq ans après l'entrée en vigueur du présent règlement, la Commission présente au Parlement européen, au Conseil et au Comité économique et social un rapport relatif à l'application du présent règlement. Ce rapport est accompagné, le cas échéant, de propositions visant à adapter le règlement.

**Article 74 –** 1. Les États membres notifient à la Commission les textes modifiant les listes figurant dans les annexes I à IV. La Commission adapte les annexes concernées en conséquence.

2. La mise à jour ou l'adaptation technique des formulaires, dont les modèles figurent dans les annexes V et VI, sont adoptées conformément à la procédure consultative visée à l'article 75, paragraphe 2.

**Article 75 –** 1. La Commission est assistée d'un comité.

2. Dans le cas où il est fait référence au présent paragraphe, les articles 3 et 7 de la décision 1999/468/CE s'appliquent.

3. Le comité adopte son règlement intérieur.

**Article 76 –** Le présent règlement entre en vigueur le 1er mars 2002.

Le présent règlement est obligatoire dans tous ses éléments et directement applicable dans les États membres conformément au traité instituant la Communauté européenne.

Références

(1) *JO* C 376 du 28 déc. 1999, p. 1.

(2) Avis rendu le 21 septembre 2000 (non encore paru au *Journal officiel*).

(3) *JO* C 117 du 26 avr. 2000, p. 6.

(4) *JO* L 299 du 31 déc. 1972, p. 32; *JO* L 304 du 30 oct. 1978, p. 1;
*JO* L 388 du 31 déc. 1982, p. 1; *JO* L 285 du 3 oct. 1989, p. 1;
*JO* C 15 du 15 janv. 1997, p. 1; Pour le texte consolidé, voir *JO* C 27 du 26 janv. 1998, p. 1.

(5) *JO* L 204 du 2 août 1975, p. 28; *JO* L 304 du 30 oct. 1978, p. 1;
*JO* L 388 du 31 déc. 1982, p. 1; *JO* L 285 du 3 oct. 1989, p. 1;
*JO* C 15 du 15 janv. 1997, p. 1.
Pour le texte consolidé, voir *JO* C 27 du 26 janv. 1998, p. 28.

(6) *JO* L 184 du 17 juill. 1999, p. 23.

(7) *JO* L 228 du 16 août 1973, p. 3. Directive modifiée en dernier lieu par la directive 2000/26/CE du Parlement européen et du Conseil (*JO* L 181 du 20 juill. 2000, p. 65).

(8) *JO* L 172 du 4 juill. 1988, p. 1. Directive modifiée en dernier lieu par la directive 2000/26/CE.

(9) *JO* L 330 du 29 nov. 1990, p. 44.

(10) *JO* L 160 du 30 juin 2000, p. 37.

Annexe…

## 5 Règlement (CE) n° 2157/2001 du Conseil du 8 octobre 2001 relatif au statut de la société européenne

### Applicable depuis le 8 octobre 2001

*Le Conseil de l'Union européenne,*

Vu le traité instituant la Communauté européenne, et notamment son article 308,

Vu la proposition de la Commission (1),

Vu l'avis du Parlement européen (2),

Vu l'avis du Comité économique et social (3),

Considérant ce qui suit :

(1) L'achèvement du marché intérieur et l'amélioration de la situation économique et sociale qu'il entraîne dans l'ensemble de la Communauté impliquent, outre l'élimination des entraves aux échanges, une adaptation des structures de production à la dimension de la Communauté. À cette fin, il est indispensable que les entreprises dont l'activité n'est pas limitée à la satisfaction de besoins purement locaux puissent concevoir et entreprendre la réorganisation de leurs activités au niveau communautaire.

(2) Une telle réorganisation suppose que les entreprises existantes d'États membres différents aient la faculté de mettre en commun leur potentiel par voie de fusion. De telles opérations ne peuvent être réalisées que dans le respect des règles de concurrence du traité.

(3) La réalisation d'opérations de restructuration et de coopération impliquant des entreprises d'États membres différents se heurte à des difficultés d'ordre juridique, psychologique et fiscal. Le rapprochement du droit des sociétés des États membres par voie de directives fondées sur l'article 44 du traité est de nature à remédier à certaines de ces difficultés. Ce rapprochement ne dispense toutefois pas les entreprises relevant de législations différentes de choisir une forme de société régie par une législation nationale déterminée.

(4) Le cadre juridique dans lequel les entreprises doivent exercer leurs activités dans la Communauté reste principalement fondé sur des législations nationales et ne correspond donc plus au cadre économique dans lequel elles doivent se développer pour permettre la réalisation des objectifs énoncés à l'article 18 du traité. Cette situation entrave considérablement le regroupement entre sociétés d'États membres différents.

(5) Les États membres sont tenus de veiller à ce que les dispositions applicables aux sociétés européennes en vertu du présent règlement n'aboutissent ni à des discriminations résultant de l'application d'un traitement différent injustifié aux sociétés européennes par rapport aux sociétés anonymes, ni à des restrictions disproportionnées à la formation d'une société européenne ou au transfert de son siège statutaire.

(6) Il est essentiel de faire en sorte, dans toute la mesure du possible, que l'unité économique et l'unité juridique de l'entreprise dans la Communauté coïncident. Il convient à cet effet de prévoir la création, à côté des sociétés relevant d'un droit national donné, de sociétés dont la constitution et les activités sont régies par le droit résultant d'un règlement communautaire directement applicable dans tous les États membres.

(7) Les dispositions d'un tel règlement permettront la création et la gestion de sociétés de dimension européenne en dehors de toute entrave résultant de la disparité et de l'application territoriale limitée du droit national des sociétés.

(8) Le statut de la société anonyme européenne (ci-après dénommée « SE ») figure parmi les actes que le Conseil devait adopter avant 1992 aux termes du Livre blanc de la Commission sur l'achèvement du marché intérieur qui a été approuvé par le Conseil européen qui s'est réuni en juin 1985 à Milan. Lors de sa réunion de Bruxelles en 1987, le Conseil européen a manifesté le souhait qu'un tel statut soit rapidement mis en place.

(9) Depuis que la Commission a présenté, en 1970, une proposition, modifiée en 1975, de règlement portant un statut des sociétés anonymes européennes, les travaux portant sur le rapprochement du droit national des sociétés ont notablement progressé, de sorte que, dans des domaines où le fonctionnement d'une SE n'exige pas de règles communautaires uniformes, il peut être renvoyé à la législation régissant les sociétés anonymes de l'État membre du siège statutaire de la SE.

(10) L'objectif essentiel poursuivi par le régime juridique régissant la SE exige, au minimum, sans préjudice des nécessités économiques qui pourraient apparaître à l'avenir, qu'une SE puisse être constituée aussi bien pour permettre à des sociétés d'États membres différents de fusionner ou de créer une société holding que pour donner la possibilité à des sociétés et à d'autres personnes morales exerçant une activité économique et relevant du droit d'États membres différents de créer des filiales communes.

(11) Dans le même esprit, il convient de permettre à une société anonyme ayant son siège statutaire et son administration centrale dans la Communauté de se transformer en SE sans passer par une dissolution, à condition que cette société ait une filiale dans un État membre autre que celui de son siège statutaire.

(12) Les dispositions nationales applicables aux sociétés anonymes qui proposent leurs titres au public ainsi qu'aux transactions de titres doivent également s'appliquer lorsque la SE est constituée par la voie d'une offre de titres au public ainsi qu'aux SE qui souhaitent faire usage de ce type d'instruments financiers.

(13) La SE elle-même doit avoir la forme d'une société de capitaux par actions, qui répond le mieux, du point de vue du financement et de la gestion, aux besoins d'une entreprise exerçant ses activités à l'échelle européenne. Pour assurer que ces sociétés ont une dimension raisonnable, il convient de fixer un capital minimum de sorte qu'elles disposent d'un patrimoine suffisant, sans pour autant entraver les constitutions de SE par des petites et moyennes entreprises.

(14) Une SE doit faire l'objet d'une gestion efficace et d'une surveillance adéquate. Il y a lieu de tenir compte du fait qu'il existe actuellement dans la Communauté deux systèmes différents pour ce qui concerne l'administration des sociétés anonymes. Il convient, tout en permettant à la SE de choisir entre les deux systèmes, d'opérer une délimitation claire entre les responsabilités des personnes chargées de la gestion et de celles chargées de la surveillance.

(15) En vertu des règles et des principes généraux du droit international privé, lorsqu'une entreprise contrôle une autre entreprise relevant d'un ordre juridique différent, ses droits et obligations en matière de protection des actionnaires minoritaires et des tiers sont régis par le droit dont relève l'entreprise contrôlée, sans préjudice des obligations auxquelles l'entreprise qui exerce le contrôle est soumise en vertu des dispositions du droit dont elle relève, par exemple en matière d'établissement de comptes consolidés.

(16) Sans préjudice des conséquences de toute coordination ultérieure du droit des États membres, une réglementation spécifique pour la SE n'est actuellement pas requise dans ce domaine. Il convient dès lors que les règles et principes généraux du droit international privé s'appliquent tant dans le cas où la SE exerce le contrôle que dans le cas où la SE est la société contrôlée.

(17) Il y a lieu de préciser le régime effectivement applicable dans le cas où la SE est contrôlée par une autre entreprise et de renvoyer à cet effet au droit applicable aux sociétés anonymes dans l'État membre du siège statutaire de la SE.

(18) Chaque État membre doit être tenu d'appliquer, pour les infractions aux dispositions du présent règlement, les sanctions applicables aux sociétés anonymes relevant de sa législation.

(19) Les règles relatives à l'implication des travailleurs dans la SE font l'objet de la directive 2001/86/CE du Conseil du 8 octobre 2001 complétant le statut de la société européenne pour ce qui concerne l'implication des travailleurs (4). Ces dispositions forment dès lors un complément indissociable du présent règlement et elles doivent être appliquées de manière concomitante.

(20) Le présent règlement ne couvre pas d'autres domaines du droit tels que la fiscalité, la concurrence, la propriété intellectuelle, ou l'insolvabilité. Par conséquent, les dispositions du droit des États membres et du droit communautaire sont applicables dans ces domaines, ainsi que dans d'autres domaines non couverts par le présent règlement.

(21) La directive 2001/86/CE vise à assurer aux travailleurs un droit d'implication en ce qui concerne les questions et décisions affectant la vie de la SE. Les autres questions relevant du droit social et du droit du travail, notamment le droit à l'information et à la consultation des travailleurs tel qu'il est organisé dans les États membres, sont régies par les dispositions nationales applicables, dans les mêmes conditions, aux sociétés anonymes.

(22) L'entrée en vigueur du règlement doit être différée pour permettre à chaque État membre de transposer en droit national les dispositions de la directive 2001/86/CE et de mettre en place au préalable les mécanismes nécessaires pour la constitution et le fonctionnement des SE ayant leur siège statutaire sur son territoire, de sorte que le règlement et la directive puissent être appliqués de manière concomitante.

(23) Une société n'ayant pas son administration centrale dans la Communauté doit être autorisée à participer à la constitution d'une SE à condition qu'elle soit constituée selon le droit d'un État membre, qu'elle ait son siège statutaire dans cet État membre et qu'elle ait un lien effectif et continu avec l'économie d'un État membre conformément aux principes établis dans le programme général de 1962 pour la suppression des restrictions à la liberté d'établissement. Un tel lien existe notamment si la société a un établissement dans l'État membre à partir duquel elle mène des opérations.

(24) Une SE doit avoir la possibilité de transférer son siège statutaire dans un autre État membre. La protection appropriée des intérêts des actionnaires minoritaires qui s'opposent au transfert des créanciers et des titulaires d'autres droits doit s'inscrire dans des limites raisonnables. Le transfert ne doit pas affecter les droits nés avant le transfert.

(25) Le présent règlement ne préjuge pas les dispositions qui seront éventuellement insérées dans la Convention de Bruxelles de 1968 ou dans tout texte adopté par les États membres ou par le Conseil qui se substituerait à cette convention,

concernant les règles de compétence applicables en cas de transfert du siège statutaire d'une société anonyme d'un État membre vers un autre.

(26) Les activités des établissements financiers sont régies par des directives spécifiques et les dispositions nationales transposant lesdites directives et les règles nationales supplémentaires régissant lesdites activités sont pleinement applicables à une SE.

(27) Compte tenu de la nature spécifique et communautaire de la SE, le régime du siège réel retenu pour la SE par le présent règlement ne porte pas préjudice aux législations des États membres et ne préjuge pas les choix qui pourront être faits pour d'autres textes communautaires en matière de droit des sociétés.

(28) Le traité ne prévoit pas, pour l'adoption du présent règlement, d'autres pouvoirs d'action que ceux de l'article 308.

(29) Étant donné que les objectifs de l'action envisagée, tels qu'esquissés ci-dessus, ne peuvent pas être réalisés de manière suffisante par les États membres dans la mesure où il s'agit d'établir la SE au niveau européen et peuvent donc, en raison de l'échelle et de l'incidence de celle-ci, être mieux réalisés au niveau communautaire, la Communauté peut prendre des mesures, conformément au principe de subsidiarité consacré à l'article 5 du traité. Conformément au principe de proportionnalité tel qu'énoncé audit article, le présent règlement n'excède pas ce qui est nécessaire pour atteindre ces objectifs,

*A arrêté le présent règlement :*

## TITRE PREMIER
## DISPOSITIONS GÉNÉRALES

**Article premier –** 1. Une société peut être constituée sur le territoire de la Communauté sous la forme d'une société anonyme européenne (*Societas Europaea*, ci-après dénommée « SE ») dans les conditions et selon les modalités prévues par le présent règlement.

2. La SE est une société dont le capital est divisé en actions. Chaque actionnaire ne s'engage qu'à concurrence du capital qu'il a souscrit.

3. La SE a la personnalité juridique.

4. L'implication des travailleurs dans une SE est régie par les dispositions de la directive 2001/86/CE.

**Article 2 –** 1. Les sociétés anonymes qui figurent à l'annexe I, constituées selon le droit d'un État membre et ayant leur siège statutaire et leur administration centrale dans la Communauté, peuvent constituer une SE par voie de fusion si deux d'entre elles au moins relèvent du droit d'États membres différents.

2. Les sociétés anonymes et les sociétés à responsabilité limitée qui figurent à l'annexe II, constituées selon le droit d'un État membre et ayant leur siège statutaire et leur administration centrale dans la Communauté, peuvent promouvoir la constitution d'une SE holding si deux d'entre elles au moins :

a) relèvent du droit d'États membres différents, ou

b) ont depuis au moins deux ans une société filiale relevant du droit d'un autre État membre ou une succursale située dans un autre État membre.

3. Les sociétés, au sens de l'article 48, deuxième alinéa, du traité, ainsi que d'autres entités juridiques de droit public ou privé, constituées selon le droit d'un

État membre et ayant leur siège statutaire et leur administration centrale dans la Communauté, peuvent constituer une SE filiale en souscrivant ses actions, si deux d'entre elles au moins :

a) relèvent du droit d'États membres différents, ou

b) ont depuis au moins deux ans une société filiale relevant du droit d'un autre État membre ou une succursale située dans un autre État membre.

4. Une société anonyme, constituée selon le droit d'un État membre et ayant son siège statutaire et son administration centrale dans la Communauté, peut se transformer en SE si elle a depuis au moins deux ans une société filiale relevant du droit d'un autre État membre.

5. Un État membre peut prévoir qu'une société n'ayant pas son administration centrale dans la Communauté peut participer à la constitution d'une SE, si elle est constituée selon le droit d'un État membre, a son siège statutaire dans ce même État membre et a un lien effectif et continu avec l'économie d'un État membre.

**Article 3 –** 1. Aux fins de l'article 2, paragraphes 1, 2 et 3, la SE est considérée comme une société anonyme relevant du droit de l'État membre de son siège statutaire.

2. Une SE peut elle-même constituer une ou plusieurs filiales sous forme de SE. Les dispositions de l'État membre du siège statutaire de la SE filiale exigeant qu'une société anonyme ait plus d'un actionnaire ne sont pas d'application pour la SE filiale. Les dispositions nationales adoptées conformément à la douzième directive 89/667/CEE du Conseil du 21 décembre 1989 en matière de droit des sociétés concernant les sociétés à responsabilité limitée à un seul associé (5) s'appliquent *mutatis mutandis* aux SE.

**Article 4 –** 1. Le capital de la SE est exprimé en euros.

2. Le capital souscrit doit être d'au moins 120 000 euros.

3. La législation d'un État membre prévoyant un capital souscrit plus élevé pour les sociétés exerçant certains types d'activités s'applique aux SE ayant leur siège statutaire dans cet État membre.

**Article 5 –** Sous réserve de l'article 4, paragraphes 1 et 2, le capital de la SE, son maintien, ses modifications ainsi que les actions, les obligations et autres titres assimilables de la SE sont régis par les dispositions qui s'appliqueraient à une société anonyme ayant son siège statutaire dans l'État membre où la SE est immatriculée.

**Article 6 –** Aux fins du présent règlement, l'expression « statuts de la SE » désigne à la fois l'acte constitutif et, lorsqu'ils font l'objet d'un acte séparé, les statuts proprement dits de la SE.

**Article 7 –** Le siège statutaire de la SE est situé à l'intérieur de la Communauté, dans le même État membre que l'administration centrale. Un État membre peut en outre imposer aux SE immatriculées sur son territoire l'obligation d'avoir leur administration centrale et leur siège statutaire au même endroit.

**Article 8 –** 1. Le siège statutaire de la SE peut être transféré dans un autre État membre conformément aux paragraphes 2 à 13. Ce transfert ne donne lieu ni à dissolution ni à création d'une personne morale nouvelle.

2. Un projet de transfert doit être établi par l'organe de direction ou d'administration et faire l'objet d'une publicité conformément à l'article 13, sans préjudice de

formes de publicité additionnelles prévues par l'État membre du siège. Ce projet mentionne la dénomination sociale, le siège statutaire et le numéro d'immatriculation actuels de la SE et comprend :

a) le siège statutaire envisagé pour la SE;

b) les statuts envisagés pour la SE, y compris, le cas échéant, sa nouvelle dénomination sociale;

c) les conséquences que le transfert pourrait avoir pour l'implication des travailleurs dans la SE;

d) le calendrier envisagé pour le transfert;

e) tous les droits prévus en matière de protection des actionnaires et/ou des créanciers.

3. L'organe de direction ou d'administration établit un rapport expliquant et justifiant les aspects juridiques et économiques du transfert et expliquant les conséquences du transfert pour les actionnaires, les créanciers et les travailleurs.

4. Les actionnaires et les créanciers de la SE ont, au moins un mois avant l'assemblée générale appelée à se prononcer sur le transfert, le droit d'examiner, au siège de la SE, le projet de transfert et le rapport établi en application du paragraphe 3, et d'obtenir gratuitement, à leur demande, des copies de ces documents.

5. Un État membre peut adopter, en ce qui concerne les SE immatriculées sur son territoire, des dispositions destinées à assurer une protection appropriée aux actionnaires minoritaires qui se sont prononcés contre le transfert.

6. La décision de transfert ne peut intervenir que deux mois après la publication du projet. Elle doit être prise dans les conditions prévues à l'article 59.

7. Avant que l'autorité compétente ne délivre le certificat visé au paragraphe 8, la SE doit prouver qu'en ce qui concerne les créances nées antérieurement à la publication du projet de transfert, les intérêts des créanciers et titulaires d'autres droits envers la SE (y compris ceux des entités publiques) bénéficient d'une protection adéquate conformément aux dispositions prévues par l'État membre où la SE a son siège statutaire avant le transfert.

Un État membre peut étendre l'application du premier alinéa aux créances nées (ou susceptibles de naître) avant le transfert.

Le premier et le deuxième alinéas sont sans préjudice de l'application aux SE de la législation nationale des États membres en ce qui concerne le désintéressement ou la garantie des paiements en faveur des entités publiques.

8. Dans l'État membre du siège statutaire de la SE, un tribunal, un notaire ou une autre autorité compétente délivre un certificat attestant d'une manière concluante l'accomplissement des actes et des formalités préalables au transfert.

9. La nouvelle immatriculation ne peut s'effectuer que sur présentation du certificat visé au paragraphe 8 ainsi que sur preuve de l'accomplissement des formalités exigées pour l'immatriculation dans le pays du nouveau siège statutaire.

10. Le transfert du siège statutaire de la SE, ainsi que la modification des statuts qui en résulte, prennent effet à la date à laquelle la SE est immatriculée, conformément à l'article 12, au registre du nouveau siège.

11. Lorsque la nouvelle immatriculation de la SE a été effectuée, le registre de la nouvelle immatriculation le notifie au registre de l'ancienne immatriculation. La radiation de l'ancienne immatriculation s'effectue dès réception de la notification, mais pas avant.

12. La nouvelle immatriculation et la radiation de l'ancienne immatriculation sont publiées dans les États membres concernés conformément à l'article 13.

13. La publication de la nouvelle immatriculation de la SE rend le nouveau siège statutaire opposable aux tiers. Toutefois, tant que la publication de la radiation de l'immatriculation au registre du précédent siège n'a pas eu lieu, les tiers peuvent continuer de se prévaloir de l'ancien siège, à moins que la SE ne prouve que ceux-ci avaient connaissance du nouveau siège.

14. La législation d'un État membre peut prévoir, en ce qui concerne les SE immatriculées dans celui-ci, qu'un transfert du siège statutaire, dont résulterait un changement du droit applicable, ne prend pas effet si, dans le délai de deux mois visé au paragraphe 6, une autorité compétente de cet État s'y oppose. Cette opposition ne peut avoir lieu que pour des raisons d'intérêt public.

Lorsqu'une SE est soumise au contrôle d'une autorité nationale de surveillance financière conformément aux directives communautaires, le droit de s'opposer au transfert du siège statutaire s'applique également à cette autorité.

L'opposition est susceptible de recours devant une autorité judiciaire.

15. Une SE à l'égard de laquelle a été entamée une procédure de dissolution, de liquidation, d'insolvabilité, de suspension de paiements ou d'autres procédures analogues ne peut transférer son siège statutaire.

16. Une SE qui a transféré son siège statutaire dans un autre État membre est considérée, aux fins de tout litige survenant avant le transfert tel qu'il est déterminé au paragraphe 10, comme ayant son siège statutaire dans l'État membre où la SE était immatriculée avant le transfert, même si une action est intentée contre la SE après le transfert.

**Article 9 –** 1. La SE est régie :

a) par les dispositions du présent règlement;

b) lorsque le présent règlement l'autorise expressément, par les dispositions des statuts de la SE,

ou

c) pour les matières non réglées par le présent règlement ou, lorsqu'une matière l'est partiellement, pour les aspects non couverts par le présent règlement par :

i) les dispositions de loi adoptées par les États membres en application de mesures communautaires visant spécifiquement les SE;

ii) les dispositions de loi des États membres qui s'appliqueraient à une société anonyme constituée selon le droit de l'État membre dans lequel la SE a son siège statutaire;

iii) les dispositions des statuts de la SE, dans les mêmes conditions que pour une société anonyme constituée selon le droit de l'État membre dans lequel la SE a son siège statutaire.

2. Les dispositions de loi adoptées par les États membres spécifiquement pour la SE doivent être conformes aux directives applicables aux sociétés anonymes figurant à l'annexe I.

3. Si la nature des activités exercées par une SE est régie par des dispositions spécifiques de la législation nationale, celles-ci s'appliquent intégralement à la SE.

**Article 10 –** Sous réserve des dispositions du présent règlement, une SE est traitée dans chaque État membre comme une société anonyme constituée selon le droit de l'État membre dans lequel la SE a son siège statutaire.

**Article 11 –** 1. La SE doit faire précéder ou suivre sa dénomination sociale du sigle « SE ».

2. Seules les SE peuvent faire figurer le sigle « SE » dans leur dénomination sociale.

3. Néanmoins, les sociétés et les autres entités juridiques immatriculées dans un État membre avant la date d'entrée en vigueur du présent règlement, dans la dénomination sociale desquelles figure le sigle « SE », ne sont pas tenues de modifier leur dénomination sociale.

**Article 12 –** 1. Toute SE est immatriculée dans l'État membre de son siège statutaire dans un registre désigné par la législation de cet État membre conformément à l'article 3 de la directive 68/151/CEE du Conseil du 9 mars 1968 tendant à coordonner, pour les rendre équivalentes, les garanties qui sont exigées, dans les États membres, des sociétés au sens de l'article 58, deuxième alinéa du traité, pour protéger les intérêts tant des associés que des tiers (6).

2. Une SE ne peut être immatriculée que si un accord sur les modalités relatives à l'implication des travailleurs au sens de l'article 4 de la directive 2001/86/CE a été conclu, ou si une décision au titre de l'article 3, paragraphe 6, de ladite directive a été prise, ou encore si la période prévue à l'article 5 de ladite directive pour mener les négociations est arrivée à expiration sans qu'un accord n'ait été conclu.

3. Pour qu'une SE puisse être immatriculée dans un État membre ayant fait usage de la faculté visée à l'article 7, paragraphe 3, de la directive 2001/86/CE, il faut qu'un accord, au sens de l'article 4 de ladite directive, sur les modalités relatives à l'implication des travailleurs, y compris la participation, ait été conclu, ou qu'aucune des sociétés participantes n'ait été régie par des règles de participation avant l'immatriculation de la SE.

4. Les statuts de la SE ne doivent à aucun moment entrer en conflit avec les modalités relatives à l'implication des travailleurs qui ont été fixées. Lorsque de nouvelles modalités fixées conformément à la directive 2001/86/CE entrent en conflit avec les statuts existants, ceux-ci sont modifiés dans la mesure nécessaire.

En pareil cas, un État membre peut prévoir que l'organe de direction ou l'organe d'administration de la SE a le droit d'apporter des modifications aux statuts sans nouvelle décision de l'assemblée générale des actionnaires.

**Article 13 –** Les actes et indications concernant la SE, soumis à publicité par le présent règlement, font l'objet d'une publicité effectuée selon les modes prévus par la législation de l'État membre du siège statutaire de la SE conformément à la directive 68/151/CEE.

**Article 14 –** 1. L'immatriculation et la radiation de l'immatriculation d'une SE font l'objet d'un avis publié pour information au *Journal officiel* des Communautés européennes après la publication effectuée conformément à l'article 13. Cet avis comporte la dénomination sociale, le numéro, la date et le lieu d'immatriculation de la SE, la date, le lieu et le titre de la publication, ainsi que le siège statutaire et le secteur d'activité de la SE.

2. Le transfert du siège statutaire de la SE dans les conditions prévues à l'article 8 donne lieu à un avis comportant les indications prévues au paragraphe 1, ainsi que celles relatives à la nouvelle immatriculation.

3. Les indications visées au paragraphe 1 sont communiquées à l'Office des publications officielles des Communautés européennes dans le mois suivant la publication visée à l'article 13.

# TITRE II
# CONSTITUTION

## *Section 1*
## Généralités

**Article 15 –** 1. Sous réserve des dispositions du présent règlement, la constitution d'une SE est régie par la loi applicable aux sociétés anonymes de l'État où la SE fixe son siège statutaire.

2. L'immatriculation d'une SE fait l'objet d'une publicité conformément à l'article 13.

**Article 16 –** 1. La SE acquiert la personnalité juridique le jour de son immatriculation au registre visé à l'article 12.

2. Si des actes ont été accomplis au nom de la SE avant son immatriculation conformément à l'article 12 et si la SE ne reprend pas, après cette immatriculation, les engagements résultant de tels actes, les personnes physiques, sociétés ou autres entités juridiques qui les ont accomplis en sont solidairement et indéfiniment responsables, sauf convention contraire.

## *Section 2*
## Constitution d'une SE par voie de fusion

**Article 17 –** 1. Une SE peut être constituée par voie de fusion conformément à l'article 2, paragraphe 1.

2. La fusion peut être réalisée :

a) selon la procédure de fusion par absorption conformément à l'article 3, paragraphe 1, de la directive 78/855/CEE (7), ou

b) selon la procédure de fusion par constitution d'une nouvelle société conformément à l'article 4, paragraphe 1, de ladite directive.

Dans le cas d'une fusion par absorption, la société absorbante prend la forme de SE simultanément à la fusion. Dans le cas d'une fusion par constitution d'une nouvelle société, la SE est la nouvelle société.

**Article 18 –** Pour les matières non couvertes par la présente section ou, lorsqu'une matière l'est partiellement, pour les aspects non couverts par elle, chaque société participant à la constitution d'une SE par voie de fusion est soumise aux dispositions du droit de l'État membre dont elle relève qui sont applicables à la fusion de sociétés anonymes conformément à la directive 78/855/CEE.

**Article 19 –** La législation d'un État membre peut prévoir qu'une société relevant du droit de cet État membre ne peut participer à la constitution d'une SE par voie de fusion si une autorité compétente de cet État membre s'y oppose avant la délivrance du certificat visé à l'article 25, paragraphe 2.

Cette opposition ne peut avoir lieu que pour des raisons d'intérêt public. Elle est susceptible de recours devant une autorité judiciaire.

**Article 20 –** 1. Les organes de direction ou d'administration des sociétés qui fusionnent établissent un projet de fusion. Ce projet comprend :

a) la dénomination sociale et le siège statutaire des sociétés qui fusionnent ainsi que ceux envisagés pour la SE;

b) le rapport d'échange des actions et, le cas échéant, le montant de la soulte;

c) les modalités de remise des actions de la SE;

d) la date à partir de laquelle ces actions donnent le droit de participer aux bénéfices ainsi que toute modalité particulière relative à ce droit;

e) la date à partir de laquelle les opérations des sociétés qui fusionnent sont considérées du point de vue comptable comme accomplies pour le compte de la SE;

f) les droits assurés par la SE aux actionnaires ayant des droits spéciaux et aux porteurs de titres autres que des actions ou les mesures envisagées à leur égard;

g) tout avantage particulier attribué aux experts qui examinent le projet de fusion ainsi qu'aux membres des organes d'administration, de direction, de surveillance ou de contrôle des sociétés qui fusionnent;

h) les statuts de la SE;

i) des informations sur les procédures selon lesquelles les modalités relatives à l'implication des travailleurs sont fixées conformément à la directive 2001/86/CE.

2. Les sociétés qui fusionnent peuvent ajouter d'autres éléments au projet de fusion.

**Article 21 –** Pour chacune des sociétés qui fusionnent et sous réserve des exigences supplémentaires imposées par l'État membre dont relève la société concernée, les indications suivantes doivent être publiées dans le bulletin national de cet État membre :

a) la forme, la dénomination sociale et le siège statutaire de chacune des sociétés qui fusionnent;

b) le registre auprès duquel les actes visés à l'article 3, paragraphe 2, de la directive 68/151/CEE ont été déposés pour chacune des sociétés qui fusionnent, ainsi que le numéro d'inscription dans ce registre;

c) une indication des modalités d'exercice des droits des créanciers de la société en question, fixées conformément à l'article 24, ainsi que l'adresse à laquelle peut être obtenue, gratuitement, une information exhaustive sur ces modalités;

d) une indication des modalités d'exercice des droits des actionnaires minoritaires de la société en question, fixées conformément à l'article 24, ainsi que l'adresse à laquelle peut être obtenue, sans frais, une information exhaustive sur ces modalités;

e) la dénomination sociale et le siège statutaire envisagés pour la SE.

**Article 22 –** En lieu et place des experts opérant pour le compte de chacune des sociétés qui fusionnent, un ou plusieurs experts indépendants, au sens de l'article 10 de la directive 78/855/CEE, désignés à cet effet et sur demande conjointe de ces sociétés par une autorité judiciaire ou administrative de l'État membre dont relève l'une des sociétés qui fusionnent ou la future SE, peuvent examiner le projet de fusion et établir un rapport unique destiné à l'ensemble des actionnaires.

Les experts ont le droit de demander à chacune des sociétés qui fusionnent toute information qu'ils jugent nécessaire pour leur permettre de remplir leur mission.

**Article 23 –** 1. L'assemblée générale de chacune des sociétés qui fusionnent approuve le projet de fusion.

2. L'implication des travailleurs dans la SE est décidée conformément à la directive 2001/86/CE. L'assemblée générale de chacune des sociétés qui fusionnent peut subordonner le droit à l'immatriculation de la SE à la condition qu'elle entérine expressément les modalités ainsi décidées.

**Article 24 –** 1. Le droit de l'État membre dont relève chacune des sociétés qui fusionnent s'applique comme en cas de fusion de sociétés anonymes, compte tenu du caractère transfrontière de la fusion, en ce qui concerne la protection des intérêts :

a) des créanciers des sociétés qui fusionnent;

b) des obligataires des sociétés qui fusionnent;

c) des porteurs de titres, autres que des actions, auxquels sont attachés des droits spéciaux dans les sociétés qui fusionnent.

2. Un État membre peut adopter, en ce qui concerne les sociétés qui fusionnent et qui relèvent de son droit, des dispositions destinées à assurer une protection appropriée aux actionnaires minoritaires qui se sont prononcés contre la fusion.

**Article 25 –** 1. Le contrôle de la légalité de la fusion est effectué, pour la partie de la procédure relative à chaque société qui fusionne, conformément à la loi relative à la fusion des sociétés anonymes qui est applicable dans l'État membre dont elle relève.

2. Dans chaque État membre concerné, un tribunal, un notaire ou une autre autorité compétente délivre un certificat attestant d'une manière concluante l'accomplissement des actes et des formalités préalables à la fusion.

3. Si le droit d'un État membre dont relève une société qui fusionne prévoit une procédure permettant d'analyser et de modifier le rapport d'échange des actions, ou une procédure visant à indemniser les actionnaires minoritaires, sans empêcher l'immatriculation de la fusion, ces procédures ne s'appliquent que si les autres sociétés qui fusionnent et qui sont situées dans un État membre ne prévoyant pas ce type de procédures acceptent explicitement, lorsqu'elles approuvent le projet de fusion conformément à l'article 23, paragraphe 1, la possibilité offerte aux actionnaires de la société qui fusionne dont il est question d'avoir recours auxdites procédures. Dans ce cas, un tribunal, un notaire ou une autre autorité compétente peut délivrer le certificat visé au paragraphe 2, même si une procédure de ce type a été engagée. Le certificat doit cependant mentionner que la procédure est en cours. La décision prise à l'issue de la procédure lie la société absorbante et l'ensemble de ses actionnaires.

**Article 26 –** 1. Le contrôle de la légalité de la fusion est effectué, pour la partie de la procédure relative à la réalisation de la fusion et à la constitution de la SE, par un tribunal, un notaire ou une autre autorité compétente dans l'État membre du futur siège statutaire de la SE pour contrôler cet aspect de la légalité de la fusion de sociétés anonymes.

2. À cette fin, chaque société qui fusionne remet à cette autorité le certificat visé à l'article 25, paragraphe 2, dans un délai de six mois à compter de sa délivrance ainsi qu'une copie du projet de fusion, approuvé par la société.

3. L'autorité visée au paragraphe 1 contrôle en particulier que les sociétés qui fusionnent ont approuvé un projet de fusion dans les mêmes termes et que des modalités relatives à l'implication des travailleurs ont été fixées conformément à la directive 2001/86/CE.

4. Cette autorité contrôle en outre que la constitution de la SE répond aux conditions fixées par la loi de l'État membre du siège, conformément à l'article 15.

**Article 27 –** 1. La fusion et la constitution simultanée de la SE prennent effet à la date à laquelle la SE est immatriculée conformément à l'article 12.

2. La SE ne peut être immatriculée qu'après l'accomplissement de toutes les formalités prévues aux articles 25 et 26.

**Article 28 –** Pour chacune des sociétés qui fusionnent, la réalisation de la fusion fait l'objet d'une publicité effectuée selon les modalités prévues par la loi de chaque État membre, conformément à l'article 3 de la directive 68/151/CEE.

**Article 29 –** 1. La fusion réalisée conformément à l'article 17, paragraphe 2, point a), entraîne *ipso jure* et simultanément les effets suivants :

a) la transmission universelle à la société absorbante de l'ensemble du patrimoine actif et passif de chaque société absorbée ;

b) les actionnaires de la société absorbée deviennent actionnaires de la société absorbante ;

c) la société absorbée cesse d'exister ;

d) la société absorbante prend la forme de SE.

2. La fusion réalisée conformément à l'article 17, paragraphe 2, point b), entraîne *ipso jure* et simultanément les effets suivants :

a) la transmission universelle de l'ensemble du patrimoine actif et passif des sociétés qui fusionnent à la SE ;

b) les actionnaires des sociétés qui fusionnent deviennent actionnaires de la SE ;

c) les sociétés qui fusionnent cessent d'exister.

3. Lorsqu'en cas de fusion de sociétés anonymes, la loi d'un État membre requiert des formalités particulières pour l'opposabilité aux tiers du transfert de certains biens, droits et obligations apportés par les sociétés qui fusionnent, ces formalités s'appliquent et sont effectuées, soit par les sociétés qui fusionnent, soit par la SE à dater de son immatriculation.

4. Les droits et obligations des sociétés participantes en matière de conditions d'emploi résultant de la législation, de la pratique et de contrats de travail individuels ou des relations de travail au niveau national et existant à la date de l'immatriculation sont transférés à la SE au moment de l'immatriculation du fait même de celle-ci.

**Article 30 –** La nullité d'une fusion au sens de l'article 2, paragraphe 1, ne peut être prononcée lorsque la SE a été immatriculée.

L'absence de contrôle de la légalité de la fusion conformément aux articles 25 et 26 peut constituer une cause de dissolution de la SE.

**Article 31 –** 1. Lorsqu'une fusion conformément à l'article 17, paragraphe 2, point a), est réalisée par une société qui détient toutes les actions et autres titres conférant des droits de vote dans l'assemblée générale d'une autre société, les dispositions de l'article 20, paragraphe 1, points b), c) et d), de l'article 22, et de l'article 29, paragraphe 1, point b), ne sont pas d'application. Toutefois, les dispositions nationales dont relève chacune des sociétés qui fusionnent et qui régissent les fusions de sociétés anonymes conformément à l'article 24 de la directive 78/855/CEE s'appliquent.

2. Lorsqu'une fusion par absorption est effectuée par une société qui détient 90 % ou plus mais pas la totalité des actions ou autres titres conférant un droit de vote dans l'assemblée générale d'une autre société, les rapports de l'organe de direction ou d'administration, les rapports d'un ou de plusieurs experts indépendants ainsi que les documents nécessaires pour le contrôle seront requis uniquement

dans la mesure où ils sont requis par la loi nationale dont relève la société absorbante ou par la loi nationale dont relève la société absorbée.

Les États membres peuvent toutefois prévoir que le présent paragraphe peut s'appliquer lorsqu'une société détient des actions conférant 90 % ou plus mais pas la totalité des droits de vote.

*Section 3*

## Constitution d'une SE holding

**Article 32 –** 1. Une SE peut être constituée conformément à l'article 2, paragraphe 2.

Les sociétés qui promeuvent la constitution d'une SE, conformément à l'article 2, paragraphe 2, subsistent.

2. Les organes de direction ou d'administration des sociétés qui promeuvent l'opération établissent dans les mêmes termes un projet de constitution de la SE. Ce projet comporte un rapport expliquant et justifiant les aspects juridiques et économiques de la constitution et indiquant les conséquences pour les actionnaires et pour les travailleurs de l'adoption de la forme de SE. Ce projet comporte en outre les indications prévues à l'article 20, paragraphe 1, points a), b), c), f), g), h) et i), et fixe le pourcentage minimal des actions ou parts de chacune des sociétés promouvant l'opération que les actionnaires devront apporter pour que la SE soit constituée. Ce pourcentage doit consister en actions conférant plus de 50 % des droits de vote permanents.

3. Pour chacune des sociétés promouvant l'opération, le projet de constitution de SE fait l'objet d'une publicité effectuée selon les modalités prévues par la loi de chaque État membre, conformément à l'article 3 de la directive 68/151/CEE, un mois au moins avant la date de la réunion de l'assemblée générale appelée à se prononcer sur l'opération.

4. Un ou plusieurs experts indépendants des sociétés promouvant l'opération, désignés ou agréés par une autorité judiciaire ou administrative de l'État membre dont relève chaque société selon les dispositions nationales adoptées en application de la directive 78/855/CEE, examinent le projet de constitution établi conformément au paragraphe 2 et établissent un rapport écrit destiné aux actionnaires de chaque société. Par accord entre les sociétés qui promeuvent l'opération, un rapport écrit peut être établi, pour les actionnaires de l'ensemble des sociétés, par un ou plusieurs experts indépendants désignés ou agréés par une autorité judiciaire ou administrative de l'État membre dont relève l'une des sociétés promouvant l'opération ou la future SE selon les dispositions nationales adoptées en application de la directive 78/855/CEE.

5. Le rapport doit indiquer les difficultés particulières d'évaluation et déclarer si le rapport d'échange d'actions ou de parts envisagé est ou non pertinent et raisonnable, en précisant les méthodes suivies pour sa détermination et si ces méthodes sont adéquates en l'espèce.

6. L'assemblée générale de chacune des sociétés qui promeuvent l'opération approuve le projet de constitution de SE.

L'implication des travailleurs dans la SE est décidée conformément aux dispositions de la directive 2001/86/CE. L'assemblée générale de chacune des sociétés qui promeuvent l'opération peut subordonner le droit à l'immatriculation de la SE à la condition qu'elle entérine expressément les modalités ainsi décidées.

7. Les dispositions du présent article s'appliquent, *mutatis mutandis*, aux sociétés à responsabilité limitée.

**Article 33 –** 1. Les actionnaires ou porteurs de parts des sociétés qui promeuvent l'opération disposent d'un délai de trois mois pendant lequel ils peuvent communiquer aux sociétés promotrices leur intention d'apporter leurs actions ou parts en vue de la constitution de la SE. Ce délai commence à courir à la date à laquelle l'acte de constitution de la SE a été établi conformément à l'article 32.

2. La SE n'est constituée que si, dans le délai visé au paragraphe 1, les actionnaires ou les porteurs de parts des sociétés qui promeuvent l'opération ont apporté le pourcentage minimal d'actions ou parts de chaque société fixé conformément au projet de constitution et si toutes les autres conditions sont remplies.

3. Si les conditions pour la constitution de la SE sont toutes remplies conformément au paragraphe 2, ceci fait l'objet, pour chacune des sociétés promotrices, d'une publicité effectuée selon les modalités prévues par le droit national dont relève chacune de ces sociétés, qui ont été adoptées conformément à l'article 3 de la directive 68/151/CEE.

Les actionnaires ou porteurs de parts des sociétés qui promeuvent l'opération, qui n'ont pas communiqué dans le délai visé au paragraphe 1 leur intention de mettre leurs actions ou parts à la disposition des sociétés promotrices en vue de la constitution de la SE, bénéficient d'un délai supplémentaire d'un mois pour le faire.

4. Les actionnaires ou porteurs de parts ayant apporté leurs titres en vue de la constitution de la SE reçoivent des actions de celle-ci.

5. La SE ne peut être immatriculée que sur preuve de l'accomplissement des formalités visées à l'article 32 et des conditions visées au paragraphe 2.

**Article 34 –** Un État membre peut adopter, en ce qui concerne les sociétés qui promeuvent l'opération, des dispositions destinées à assurer la protection des actionnaires minoritaires qui s'opposent à l'opération, des créanciers et des travailleurs.

### *Section 4*

### Constitution d'une SE/filiale

**Article 35 –** Une SE peut être constituée conformément à l'article 2, paragraphe 3.

**Article 36 –** Sont applicables aux sociétés ou autres entités juridiques participant à l'opération les dispositions qui régissent leur participation à la constitution d'une filiale ayant la forme d'une société anonyme en vertu du droit national.

### *Section 5*

### Transformation d'une société anonyme en SE

**Article 37 –** 1. Une SE peut être constituée conformément à l'article 2, paragraphe 4.

2. Sans préjudice de l'article 12, la transformation d'une société anonyme en SE ne donne lieu ni à dissolution ni à création d'une personne morale nouvelle.

3. Le siège statutaire ne peut pas être transféré d'un État membre à un autre conformément à l'article 8 à l'occasion de la transformation.

4. L'organe de direction ou d'administration de la société considérée établit un projet de transformation et un rapport expliquant et justifiant les aspects juridiques

et économiques de la transformation et indiquant les conséquences pour les actionnaires et pour les travailleurs de l'adoption de la forme de la SE.

5. Le projet de transformation fait l'objet d'une publicité effectuée selon les modalités prévues par la loi de chaque État membre, conformément à l'article 3 de la directive 68/151/CEE, un mois au moins avant la date de la réunion de l'assemblée générale appelée à se prononcer sur la transformation.

6. Avant l'assemblée générale visée au paragraphe 7, un ou plusieurs experts indépendants désignés ou agréés, selon les dispositions nationales adoptées en application de l'article 10 de la directive 78/855/CEE, par une autorité judiciaire ou administrative de l'État membre dont relève la société qui se transforme en SE, attestent, conformément à la directive 77/91/CE (8), *mutatis mutandis*, que la société dispose d'actifs nets au moins équivalents au capital augmenté des réserves que la loi ou les statuts ne permettent pas de distribuer.

7. L'assemblée générale de la société considérée approuve le projet de transformation ainsi que les statuts de la SE. La décision de l'assemblée générale doit être prise dans les conditions prévues par les dispositions nationales adoptées en application de l'article 7 de la directive 78/855/CEE.

8. Les États membres peuvent subordonner une transformation au vote favorable d'une majorité qualifiée ou de l'unanimité des membres au sein de l'organe de la société à transformer dans lequel la participation des travailleurs est organisée.

9. Les droits et obligations de la société à transformer en matière de conditions d'emploi résultant de la législation, de la pratique et de contrats de travail individuels ou des relations de travail au niveau national et existant à la date de l'immatriculation sont transférés à la SE du fait même de cette immatriculation.

## TITRE III
## STRUCTURE DE LA SE

**Article 38 –** La SE comporte dans les conditions prévues par le présent règlement :

a) une assemblée générale des actionnaires, et

b) soit un organe de surveillance et un organe de direction (système dualiste), soit un organe d'administration (système moniste) selon l'option retenue par les statuts.

### *Section 1*
### Système dualiste

**Article 39 –** 1. L'organe de direction est responsable de la gestion de la SE. Un État membre peut prévoir qu'un directeur général ou des directeurs généraux sont responsables de la gestion courante dans les mêmes conditions que pour les sociétés anonymes ayant leur siège statutaire sur son territoire.

2. Le ou les membres de l'organe de direction sont nommés et révoqués par l'organe de surveillance.

Toutefois, un État membre peut prévoir, ou donner aux statuts la possibilité de prévoir, que le ou les membres de l'organe de direction sont nommés et révoqués par l'assemblée générale dans les mêmes conditions que pour les sociétés anonymes ayant leur siège statutaire sur son territoire.

3. Nul ne peut simultanément être membre de l'organe de direction et de l'organe de surveillance de la SE. Toutefois, l'organe de surveillance peut, en cas de vacance,

désigner un de ses membres pour exercer les fonctions de membre de l'organe de direction. Au cours de cette période, les fonctions de l'intéressé en sa qualité de membre de l'organe de surveillance sont suspendues. Un État membre peut prévoir que cette période est limitée dans le temps.

4. Le nombre des membres de l'organe de direction ou les règles pour sa détermination sont fixés par les statuts de la SE. Un État membre peut toutefois fixer un nombre minimal et/ou maximal de membres.

5. En l'absence de dispositions relatives à un système dualiste en ce qui concerne les sociétés anonymes ayant un siège statutaire sur son territoire, un État membre peut adopter les mesures appropriées concernant les SE.

**Article 40 –** 1. L'organe de surveillance contrôle la gestion assurée par l'organe de direction. Il ne peut exercer lui-même le pouvoir de gestion de la SE.

2. Les membres de l'organe de surveillance sont nommés par l'assemblée générale. Toutefois, les membres du premier organe de surveillance peuvent être désignés par les statuts. La présente disposition vaut sans préjudice de l'article 47, paragraphe 4, ou, le cas échéant, des modalités de participation des travailleurs fixées conformément à la directive 2001/86/CE.

3. Le nombre des membres de l'organe de surveillance ou les règles pour sa détermination sont fixés par les statuts. Un État membre peut toutefois fixer le nombre des membres de l'organe de surveillance pour les SE immatriculées sur son territoire ou un nombre minimal et/ou maximal de membres.

**Article 41 –** 1. L'organe de direction informe l'organe de surveillance au moins tous les trois mois de la marche des affaires de la SE et de leur évolution prévisible.

2. Outre l'information périodique visée au paragraphe 1, l'organe de direction communique en temps utile à l'organe de surveillance toute information sur des événements susceptibles d'avoir des répercussions sensibles sur la situation de la SE.

3. L'organe de surveillance peut demander à l'organe de direction les informations de toute nature nécessaires au contrôle qu'il exerce conformément à l'article 40, paragraphe 1. Un État membre peut prévoir que chaque membre de l'organe de surveillance peut également bénéficier de cette faculté.

4. L'organe de surveillance peut procéder ou faire procéder aux vérifications nécessaires à l'accomplissement de sa mission.

5. Chacun des membres de l'organe de surveillance peut prendre connaissance de toutes les informations transmises à cet organe.

**Article 42 –** L'organe de surveillance élit en son sein un président. Si la moitié des membres ont été désignés par les travailleurs, seul un membre désigné par l'assemblée générale des actionnaires peut être élu président.

*Section 2*

## Système moniste

**Article 43 –** 1. L'organe d'administration gère la SE. Un État membre peut prévoir qu'un directeur général ou des directeurs généraux sont responsables de la gestion courante dans les mêmes conditions que pour les sociétés anonymes ayant un siège statutaire sur son territoire.

2. Le nombre des membres de l'organe d'administration ou les règles pour sa détermination sont fixés par les statuts de la SE. Un État membre peut toutefois fixer un nombre minimal et, le cas échéant, maximal de membres.

Néanmoins, cet organe doit être composé de trois membres au moins, lorsque la participation des travailleurs dans la SE est organisée conformément à la directive 2001/86/CE.

3. Le ou les membres de l'organe d'administration sont nommés par l'assemblée générale. Toutefois, les membres du premier organe d'administration peuvent être désignés par les statuts. La présente disposition vaut sans préjudice de l'article 47, paragraphe 4, ou, le cas échéant, des modalités de participation des travailleurs fixées conformément à la directive 2001/86/CE.

4. En l'absence de dispositions relatives à un système moniste en ce qui concerne les sociétés anonymes ayant un siège statutaire sur son territoire, un État membre peut adopter les mesures appropriées concernant les SE.

**Article 44 –** 1. L'organe d'administration se réunit au moins tous les trois mois selon une périodicité fixée par les statuts pour délibérer de la marche des affaires de la SE et de leur évolution prévisible.

2. Chacun des membres de l'organe d'administration peut prendre connaissance de toutes les informations transmises à cet organe.

**Article 45 –** L'organe d'administration élit en son sein un président. Si la moitié des membres ont été désignés par les travailleurs, seul un membre désigné par l'assemblée générale des actionnaires peut être élu président.

*Section 3*

## Règles communes aux systèmes moniste et dualiste

**Article 46 –** 1. Les membres des organes de la société sont nommés pour une période fixée par les statuts, qui ne peut excéder six ans.

2. Sauf restrictions prévues par les statuts, les membres peuvent être renommés une ou plusieurs fois pour la période fixée en application du paragraphe 1.

**Article 47 –** 1. Les statuts de la SE peuvent prévoir qu'une société ou autre entité juridique peut être membre d'un de ses organes, à moins que la loi de l'État membre du siège de la SE applicable aux sociétés anonymes n'en dispose autrement.

La société ou autre entité juridique désigne une personne physique pour l'exercice des pouvoirs dans l'organe concerné.

2. Ne peuvent être membres d'un organe de la SE, ni représentants d'un membre au sens du paragraphe 1, les personnes qui :

a) ne peuvent faire partie, selon la loi de l'État membre du siège de la SE, de l'organe correspondant d'une société anonyme relevant du droit de cet État membre;

b) ne peuvent faire partie de l'organe correspondant d'une société anonyme relevant du droit d'un État membre en raison d'une décision judiciaire ou administrative rendue dans un État membre.

3. Les statuts de la SE peuvent fixer, à l'instar de ce qui est prévu par la loi de l'État membre du siège de la SE pour les sociétés anonymes, des conditions particulières d'éligibilité pour les membres qui représentent les actionnaires.

4. Le présent règlement ne porte pas atteinte aux législations nationales qui permettent à une minorité d'actionnaires ou à d'autres personnes ou autorités de nommer une partie des membres des organes.

**Article 48 –** 1. Les statuts de la SE énumèrent les catégories d'opérations qui donnent lieu à autorisation de l'organe de direction par l'organe de surveillance, dans le système dualiste, ou à décision expresse de l'organe d'administration, dans le système moniste.

Toutefois, un État membre peut prévoir que, dans le système dualiste, l'organe de surveillance peut soumettre lui-même à autorisation certaines catégories d'opérations.

2. Un État membre peut déterminer les catégories d'opérations devant au minimum figurer dans les statuts des SE immatriculées sur son territoire.

**Article 49 –** Les membres des organes de la SE sont tenus de ne pas divulguer, même après la cessation de leurs fonctions, les informations dont ils disposent sur la SE et dont la divulgation serait susceptible de porter préjudice aux intérêts de la société, à l'exclusion des cas dans lesquels une telle divulgation est exigée ou admise par les dispositions du droit national applicables aux sociétés anonymes ou dans l'intérêt public.

**Article 50 –** 1. Sauf dans les cas où le présent règlement ou les statuts en disposent autrement, les règles internes concernant le *quorum* et la prise de décision des organes de la SE sont les suivantes :

a) *quorum* : la moitié au moins des membres doivent être présents ou représentés;

b) prise de décision : elle se fait à la majorité des membres présents ou représentés.

2. En l'absence de disposition statutaire en la matière, la voix du président de chaque organe est prépondérante en cas de partage des voix. Toutefois, aucune disposition statutaire contraire n'est possible lorsque l'organe de surveillance est composé pour moitié de représentants des travailleurs.

3. Lorsque la participation des travailleurs est organisée conformément à la directive 2001/86/CE, un État membre peut prévoir que le *quorum* et la prise de décision de l'organe de surveillance sont, par dérogation aux paragraphes 1 et 2, soumis aux règles applicables, dans les mêmes conditions, aux sociétés anonymes relevant du droit de l'État membre concerné.

**Article 51 –** Les membres de l'organe de direction, de surveillance ou d'administration répondent, selon les dispositions de l'État membre du siège de la SE applicables aux sociétés anonymes, du préjudice subi par la SE par suite de la violation par eux des obligations légales, statutaires ou autres inhérentes à leurs fonctions.

### *Section 4*

### L'assemblée générale

**Article 52 –** L'assemblée générale décide dans les matières pour lesquelles une compétence spécifique lui est conférée par :

a) le présent règlement,

b) les dispositions de la législation de l'État membre où la SE a son siège statutaire, prises en application de la directive 2001/86/CE.

En outre, l'assemblée générale décide dans les matières pour lesquelles une compétence est conférée à l'assemblée générale d'une société anonyme relevant du droit de l'État membre où la SE a son siège statutaire, soit par la loi de cet État membre, soit par les statuts conformément à cette même loi.

**Article 53 –** Sans préjudice des règles prévues par la présente section, l'organisation et le déroulement de l'assemblée générale ainsi que les procédures de vote sont régis par la loi de l'État membre du siège statutaire de la SE applicable aux sociétés anonymes.

**Article 54 –** 1. L'assemblée générale a lieu au moins une fois par année calendrier, dans les six mois de la clôture de l'exercice, à moins que la loi de l'État membre du siège applicable aux sociétés anonymes exerçant le même type d'activité que la SE ne prévoie une fréquence supérieure. Toutefois, un État membre peut prévoir que la première assemblée générale peut avoir lieu dans les dix-huit mois suivant la constitution de la SE.

2. L'assemblée générale peut être convoquée à tout moment par l'organe de direction, par l'organe d'administration, par l'organe de surveillance, ou par tout autre organe ou autorité compétente conformément à la loi nationale de l'État membre du siège statutaire de la SE applicable aux sociétés anonymes.

**Article 55 –** 1. La convocation de l'assemblée générale et la fixation de l'ordre du jour peuvent être demandées par un ou plusieurs actionnaires disposant ensemble d'actions représentant 10 % au moins du capital souscrit, un pourcentage plus bas pouvant être prévu par les statuts ou par la loi nationale dans les mêmes conditions que celles applicables aux sociétés anonymes.

2. La demande de convocation doit préciser les points à faire figurer à l'ordre du jour.

3. Si, à la suite de la demande formulée selon le paragraphe 1, l'assemblée générale n'est pas tenue en temps utile et en tout cas dans un délai maximum de deux mois, l'autorité judiciaire ou administrative compétente du siège statutaire de la SE peut ordonner la convocation dans un délai déterminé ou donner l'autorisation de la convoquer, soit aux actionnaires qui en ont formulé la demande, soit à un mandataire de ceux-ci. Cela ne préjuge pas des dispositions nationales qui prévoient éventuellement la possibilité pour les actionnaires mêmes de procéder à la convocation de l'assemblée générale.

**Article 56 –** Un ou plusieurs actionnaires disposant ensemble de 10 % au moins du capital souscrit peuvent demander l'inscription d'un ou plusieurs nouveaux points à l'ordre du jour de toute assemblée générale. Les procédures et délais applicables à cette demande sont fixés par la loi nationale de l'État membre du siège statutaire de la SE ou, à défaut, par les statuts de la SE. Le pourcentage visé ci-dessus peut être abaissé par les statuts ou par la loi de l'État membre du siège dans les mêmes conditions que celles applicables aux sociétés anonymes.

**Article 57 –** Les décisions de l'assemblée générale sont prises à la majorité des voix valablement exprimées, à moins que le présent règlement ou, à défaut, la loi applicable aux sociétés anonymes dans l'État membre du siège statutaire de la SE ne requière une majorité plus élevée.

**Article 58 –** Les voix exprimées ne comprennent pas celles attachées aux actions pour lesquelles l'actionnaire n'a pas pris part au vote ou s'est abstenu ou a voté blanc ou nul.

**Article 59 –** 1. La modification des statuts requiert une décision de l'assemblée générale prise à une majorité qui ne peut être inférieure aux deux tiers des voix exprimées, à moins que la loi applicable aux sociétés anonymes relevant du droit de l'État membre du siège statutaire de la SE ne prévoie ou ne permette une majorité plus élevée.

2. Toutefois, un État membre peut prévoir que, lorsque la moitié au moins du capital souscrit est représentée, une majorité simple des voix indiquées au paragraphe 1 est suffisante.

3. Toute modification des statuts de la SE fait l'objet d'une publicité conformément à l'article 13.

**Article 60 –** 1. Lorsqu'il existe plusieurs catégories d'actions, toute décision de l'assemblée générale est subordonnée à un vote séparé pour chaque catégorie d'actionnaires aux droits spécifiques desquels la décision porte atteinte.

2. Lorsque la décision de l'assemblée générale requiert la majorité des voix prévue à l'article 59, paragraphe 1 ou 2, cette majorité doit être également requise pour le vote séparé de chaque catégorie d'actionnaires aux droits spécifiques desquels la décision porte atteinte.

## TITRE IV
## COMPTES ANNUELS ET COMPTES CONSOLIDÉS

**Article 61 –** Sous réserve de l'article 62, la SE est assujettie, en ce qui concerne l'établissement de ses comptes annuels et, le cas échéant, de ses comptes consolidés, y compris le rapport de gestion les accompagnant, leur contrôle et leur publicité, aux règles applicables aux sociétés anonymes relevant du droit de l'État membre de son siège statutaire.

**Article 62 –** 1. Les SE qui sont des établissements de crédit ou des établissements financiers sont assujetties, en ce qui concerne l'établissement de leurs comptes annuels et, le cas échéant, de leurs comptes consolidés, y compris le rapport de gestion les accompagnant, leur contrôle et leur publicité, aux règles prévues dans le droit national de l'État membre du siège en application de la directive 2000/12/CE du Parlement européen et du Conseil du 20 mars 2000 concernant l'accès à l'activité des établissements de crédit et son exercice (9).

2. Les SE qui sont des entreprises d'assurances sont assujetties, en ce qui concerne l'établissement de leurs comptes annuels et, le cas échéant, de leurs comptes consolidés, y compris le rapport de gestion les accompagnant, leur contrôle et leur publicité, aux règles prévues dans le droit national de l'État membre du siège en application de la directive 91/674/CEE du Conseil, concernant les comptes annuels et les comptes consolidés des entreprises d'assurance (10).

# TITRE V
## DISSOLUTION, LIQUIDATION, INSOLVABILITÉ ET CESSATION DES PAIEMENTS

**Article 63 –** En ce qui concerne la dissolution, la liquidation, l'insolvabilité, la cessation des paiements et les procédures analogues, la SE est soumise aux dispositions de loi qui s'appliqueraient à une société anonyme constituée selon le droit de l'État membre dans lequel la SE a son siège statutaire, y compris celles relatives à la prise de décision par l'assemblée générale.

**Article 64 –** 1. Lorsqu'une SE ne remplit plus l'obligation de l'article 7, l'État membre dans lequel la SE a son siège statutaire prend les mesures appropriées pour obliger la SE à régulariser la situation dans un délai déterminé :

a) soit en rétablissant son administration centrale dans l'État membre du siège;

b) soit en procédant au transfert du siège statutaire par la procédure prévue à l'article 8.

2. L'État membre du siège prend les mesures nécessaires pour assurer qu'une SE qui ne régulariserait pas sa situation, conformément au paragraphe 1, soit mise en liquidation.

3. L'État membre du siège statutaire institue un recours juridictionnel contre tout constat d'infraction à l'article 7. Ce recours a un effet suspensif sur les procédures prévues aux paragraphes 1 et 2.

4. Lorsqu'il est constaté, soit à l'initiative des autorités, soit à l'initiative de toute partie intéressée, qu'une SE a son administration centrale sur le territoire d'un État membre en infraction à l'article 7, les autorités de cet État membre en informent sans délai l'État membre où est situé le siège statutaire de la SE.

**Article 65 –** L'ouverture d'une procédure de dissolution, de liquidation, d'insolvabilité ou de cessation des paiements, ainsi que sa clôture et la décision de poursuite de l'activité, font l'objet d'une publicité conformément à l'article 13, sans préjudice des dispositions de droit national imposant des mesures de publicité additionnelles.

**Article 66 –** 1. La SE peut se transformer en société anonyme relevant du droit de l'État membre de son siège statutaire. La décision concernant la transformation ne peut être prise avant deux ans à partir de son immatriculation et avant que les deux premiers comptes annuels n'aient été approuvés.

2. La transformation d'une SE en société anonyme ne donne lieu ni à dissolution ni à création d'une personne morale nouvelle.

3. L'organe de direction ou d'administration de la SE établit un projet de transformation et un rapport expliquant et justifiant les aspects juridiques et économiques de la transformation et indiquant les conséquences pour les actionnaires et pour les travailleurs de l'adoption de la forme de société anonyme.

4. Le projet de transformation fait l'objet d'une publicité effectuée selon les modalités prévues par la loi de chaque État membre, conformément à l'article 3 de la directive 68/151/CEE, un mois au moins avant la date de la réunion de l'assemblée générale appelée à se prononcer sur la transformation.

5. Avant l'assemblée générale visée au paragraphe 6, un ou plusieurs experts indépendants désignés ou agréés, selon les dispositions nationales adoptées en

application de l'article 10 de la directive 78/855/CEE, par une autorité judiciaire ou administrative de l'État membre dont relève la SE qui se transforme en société anonyme, attestent que la société dispose d'actifs au moins équivalents au capital.

6. L'assemblée générale de la SE approuve le projet de transformation ainsi que les statuts de la société anonyme. La décision de l'assemblée générale doit être prise dans les conditions prévues par les dispositions nationales adoptées en application de l'article 7 de la directive 78/855/CEE.

## TITRE VI
## DISPOSITIONS COMPLÉMENTAIRES ET TRANSITOIRES

**Article 67 –** 1. Chaque État membre peut, si et aussi longtemps que la troisième phase de l'Union économique et monétaire (UEM) ne lui est pas applicable, appliquer aux SE ayant leur siège statutaire sur son territoire les dispositions applicables aux sociétés anonymes relevant de son droit en ce qui concerne l'expression de leur capital. La SE peut en tout cas exprimer son capital également en euros. Dans ce cas, le taux de conversion entre la monnaie nationale et l'euro est celui du dernier jour du mois précédant la constitution de la SE.

2. Si et aussi longtemps que la troisième phase de l'UEM n'est pas applicable à l'État membre du siège statutaire de la SE, celle-ci peut cependant établir et publier ses comptes annuels et, le cas échéant, ses comptes consolidés en euros. L'État membre peut exiger que les comptes annuels et, le cas échéant, les comptes consolidés de la SE soient établis et publiés dans la monnaie nationale dans les mêmes conditions que celles prévues pour les sociétés anonymes relevant du droit de cet État membre. Ceci ne préjuge pas de la possibilité additionnelle pour la SE de publier, conformément à la directive 90/604/CEE (11), ses comptes annuels et, le cas échéant, ses comptes consolidés en euros.

## TITRE VII
## DISPOSITIONS FINALES

**Article 68 –** 1. Les États membres prennent toute disposition appropriée pour assurer la mise en œuvre effective du présent règlement.

2. Chaque État membre désigne les autorités compétentes au sens des articles 8, 25, 26, 54, 55 et 64. Il en informe la Commission et les autres États membres.

**Article 69 –** Au plus tard cinq ans après l'entrée en vigueur du présent règlement, la Commission présente au Conseil et au Parlement européen un rapport sur l'application du règlement et, le cas échéant, des propositions de modifications. Le rapport examine en particulier s'il convient :

a) de permettre à une SE d'avoir son administration centrale et son siège statutaire dans des États membres différents ;

b) d'élargir la définition de la fusion prévue à l'article 17, paragraphe 2, afin d'inclure également des types de fusion autres que ceux définis à l'article 3, paragraphe 1, et à l'article 4, paragraphe 1, de la directive 78/855/CEE ;

c) de réviser la règle de compétence figurant à l'article 8, paragraphe 16, à la lumière de toute disposition qui aura pu être insérée dans la convention de Bruxelles de 1968 ou de tout texte remplaçant cette convention qui serait adopté par les États membres ou par le Conseil;

d) de permettre qu'un État membre autorise, dans la législation qu'il adopte conformément aux pouvoirs conférés par le présent règlement ou pour assurer l'application effective du présent règlement à une SE, l'insertion, dans les statuts de la SE, de dispositions qui dérogent à ladite législation ou qui la complètent, alors même que des dispositions de ce type ne seraient pas autorisées dans les statuts d'une société anonyme ayant son siège dans l'État membre en question.

**Article 70 –** Le présent règlement entre en vigueur le 8 octobre 2001.
Le présent règlement est obligatoire dans tous ses éléments et directement applicable dans tout État membre.

Références

(1) *JO* C 263 du 16 oct. 1989, p. 41 et *JO* C 176 du 8 juill. 1991, p. 1.
(2) Avis du 4 sept. 2001 (pas encore publié dans le *Journal officiel*).
(3) *JO* C 124 du 21 mai 1990, p. 34.
(4) Voir page 22 du présent *Journal officiel*.
(5) *JO* L 395 du 30 déc. 1989, p. 40. Directive modifiée en dernier lieu par l'acte d'adhésion de 1994.
(6) *JO* L 65 du 14 mars 1968, p. 8.
(7) Troisième directive 78/855/CEE du Conseil du 9 octobre 1978 fondée sur l'article 54, paragraphe 3, point g), du traité et concernant les fusions des sociétés anonymes (*JO* L 295 du 20 oct. 1978, p. 36). Directive modifiée en dernier lieu par l'acte d'adhésion de 1994.
(8) Deuxième directive 77/91/CEE du Conseil du 13 décembre 1976 tendant à coordonner pour les rendre équivalentes les garanties qui sont exigées dans les États membres des sociétés au sens de l'article 58, deuxième alinéa du traité, en vue de la protection des intérêts tant des associés que des tiers, en ce qui concerne la constitution de la société anonyme ainsi que le maintien et les modifications de son capital (*JO* L 26 du 31 janv. 1977, p. 1). Directive modifiée en dernier lieu par l'acte d'adhésion de 1994.
(9) *JO* L 126 du 26 mai 2000, p. 1.
(10) *JO* L 374 du 31 déc. 1991, p. 7.
(11) Directive 90/604/CEE du Conseil du 8 novembre 1990 modifiant la directive 78/660/CEE sur les comptes annuels et la directive 83/349/CEE sur les comptes consolidés en ce qui concerne les dérogations en faveur des petites et moyennes sociétés ainsi que la publication des comptes en écus (*JO* L 317 du 16 nov. 1990, p. 57).

Annexe…

# 6 Règlement (CE) nº 6/2002 du Conseil du 12 décembre 2001 sur les dessins ou modèles communautaires

Applicable depuis le 6 mars 2002

*Le Conseil de l'Union européenne,*

Vu le traité instituant la Communauté européenne, et notamment son article 308,

Vu la proposition de la Commission (1),

Vu l'avis du Parlement européen (2),

Vu l'avis du Comité économique et social (3),

Considérant ce qui suit :

(1) Un système unifié d'obtention d'un dessin ou modèle communautaire bénéficiant d'une protection uniforme et produisant des effets uniformes sur tout le territoire de la Communauté contribue à la réalisation des objectifs de la Communauté définis dans le traité.

(2) Seuls les pays du Benelux ont introduit une législation uniforme pour protéger les dessins ou modèles. Dans tous les autres États membres, la protection des dessins ou modèles relève du droit national et est limitée au territoire de l'État membre concerné. Les dessins ou modèles identiques peuvent donc bénéficier d'une protection qui diffère selon l'État membre et couvre des propriétaires différents, ce qui entraîne inévitablement des conflits lors des échanges entre États membres.

(3) Les différences substantielles existant entre les législations des États membres qui régissent les dessins ou modèles constituent autant d'obstacles et de sources de distorsion de la concurrence au niveau communautaire. À la différence du commerce intérieur des produits intégrant un dessin ou un modèle et de la concurrence entre ces produits au niveau national, le commerce et la concurrence dans la Communauté sont empêchés et faussés par le nombre important de demandes, de bureaux, de procédures, de réglementations, de droits exclusifs limités à un pays ainsi que par les dépenses administratives cumulées qui entraînent pour le demandeur des frais et taxes élevés. La directive 98/71/CE du Parlement européen et du Conseil du 13 octobre 1998 sur la protection juridique des dessins ou modèles (4) contribue à remédier à cette situation.

(4) La limitation de la protection des dessins ou modèles au territoire des différents États membres, que leurs législations soient ou non rapprochées, peut entraîner une division du marché intérieur dans le cas de produits qui incorporent un dessin ou modèle faisant l'objet de droits nationaux détenus par des personnes différentes, ce qui est de nature à faire obstacle à la libre circulation des marchandises.

(5) Il est donc nécessaire de créer un dessin ou modèle communautaire directement applicable dans chaque État membre parce que ce n'est qu'ainsi que l'on pourra, en présentant une demande unique devant l'Office de l'harmonisation dans le marché intérieur (marques, dessins et modèles) suivant une procédure unique en vertu d'une législation unique, obtenir une protection d'un dessin ou d'un modèle pour un territoire unique comprenant tous les États membres.

(6) Étant donné que les objectifs de l'action envisagée, à savoir notamment une protection d'un dessin ou d'un modèle pour un territoire unique comprenant tous les États membres, ne peuvent pas être réalisés de manière suffisante par les États membres en raison de l'importance et des effets de la création d'un dessin ou modèle communautaire et d'une autorité communautaire en la matière, et peuvent donc être mieux réalisés au niveau communautaire, la Communauté peut prendre des mesures conformément au principe de subsidiarité consacré à l'article 5 du traité. Conformément au principe de proportionnalité tel qu'énoncé audit article, le présent règlement n'excède pas ce qui est nécessaire pour atteindre ces objectifs.

(7) Une protection accrue de l'esthétique industrielle a pour effet non seulement d'encourager les créateurs individuels à contribuer à établir la supériorité commu-

nautaire dans ce domaine, mais également de favoriser l'innovation et le développement de nouveaux produits et l'investissement dans leur production.

(8) Un système de protection des dessins ou modèles plus accessible et mieux adapté aux nécessités du marché intérieur est de ce fait essentiel pour l'économie communautaire.

(9) Les dispositions matérielles du présent règlement relatives à la législation sur les dessins ou modèles devraient être alignées sur les dispositions correspondantes de la directive 98/71/CE.

(10) L'innovation technologique ne devrait pas être entravée par l'octroi de la protection des dessins ou modèles à des caractéristiques imposées exclusivement par une fonction technique, étant entendu qu'il n'en résulte pas qu'un dessin ou modèle doit présenter un caractère esthétique. De même, l'interopérabilité de produits de fabrications différentes ne devrait pas être entravée par l'extension de la protection aux dessins ou modèles des raccords mécaniques. Par conséquent, les caractéristiques d'un dessin ou modèle qui sont exclues de la protection pour ces motifs ne devraient pas être prises en considération pour apprécier si d'autres caractéristiques de ce dessin ou modèle remplissent les conditions d'obtention de la protection.

(11) Toutefois, les raccords mécaniques de produits modulaires peuvent constituer un élément important des caractéristiques innovatrices de produits modulaires et un atout précieux pour leur commercialisation, de sorte qu'ils devraient être admis à bénéficier de la protection.

(12) La protection ne devrait pas être étendue aux pièces qui ne sont pas visibles lors d'une utilisation normale d'un produit ni aux caractéristiques d'une pièce qui ne sont pas visibles lorsque celle-ci est montée, ni aux caractéristiques des pièces qui ne rempliraient pas, en tant que telles, les exigences de nouveauté et de caractère individuel. Les caractéristiques d'un dessin ou modèle qui sont exclues de la protection pour ces motifs ne devraient, par conséquent, pas être prises en considération pour apprécier si d'autres caractéristiques de ce dessin ou modèle remplissent les conditions d'obtention de la protection.

(13) La directive 98/71/CE ne permet pas de procéder à un rapprochement total des législations des États membres relatives à l'utilisation de dessins ou modèles protégés dans le but de permettre la réparation d'un produit complexe en vue de lui rendre son apparence initiale, lorsque le dessin ou modèle est appliqué à un produit ou incorporé dans un produit qui constitue une pièce d'un produit complexe dont l'apparence conditionne le dessin ou modèle protégé. Dans le cadre de la procédure de conciliation concernant ladite directive, la Commission s'est engagée à analyser l'impact des dispositions de cette directive trois ans après la date limite de transposition de celle-ci, en particulier sur les secteurs industriels les plus concernés. Dans ces conditions, il convient de ne pas conférer de protection au titre de dessin ou modèle communautaire à l'égard d'un dessin ou modèle qui est appliqué à un produit, ou incorporé dans un produit qui constitue une pièce d'un produit complexe dont l'apparence conditionne le dessin ou modèle et qui est utilisée dans le but de permettre la réparation d'un produit complexe en vue de lui rendre son apparence initiale, tant que le Conseil n'a pas arrêté sa politique en la matière sur la base d'une proposition de la Commission.

(14) L'appréciation du caractère individuel d'un dessin ou modèle devrait consister à déterminer s'il existe une différence claire entre l'impression globale qu'il produit sur un utilisateur averti qui le regarde et celle produite sur lui par le patrimoine des dessins ou modèles, compte tenu de la nature du produit auquel le dessin ou

modèle s'applique ou dans lequel celui-ci est incorporé et, notamment, du secteur industriel dont il relève et du degré de liberté du créateur dans l'élaboration du dessin ou modèle.

(15) Le dessin ou modèle communautaire devrait autant que possible répondre aux besoins de tous les secteurs de l'économie de la Communauté.

(16) Certains de ces secteurs produisent d'importantes quantités de dessins ou modèles destinés à des produits qui ont souvent un cycle de vie économique court, pour lesquels il est avantageux d'obtenir la protection sans devoir supporter les formalités d'enregistrement et pour lesquels la durée de protection joue un rôle secondaire. En revanche, il existe des secteurs qui apprécient les avantages de l'enregistrement en raison du degré plus élevé de sécurité juridique qu'il procure et qui demandent à bénéficier d'une protection plus longue correspondant à la durée de vie prévisible de leurs produits sur le marché.

(17) Cette situation requiert deux formes de protection, à savoir une protection à court terme correspondant au dessin ou modèle non enregistré et une protection à plus long terme correspondant au dessin ou modèle enregistré.

(18) Un dessin ou modèle communautaire enregistré exige la création et la tenue d'un registre sur lequel seront inscrites toutes les demandes qui satisfont à des conditions formelles et ont obtenu une date de dépôt de demande d'enregistrement. En principe, le système d'enregistrement ne devrait pas être basé sur un examen visant à déterminer préalablement à l'enregistrement si le dessin ou modèle remplit les conditions d'obtention de la protection, ce qui permettrait de réduire au minimum les modalités de l'enregistrement et autres démarches à accomplir par le demandeur.

(19) Pour être valide, un dessin ou modèle communautaire devrait être nouveau et posséder un caractère individuel par rapport à d'autres dessins ou modèles.

(20) Il est également nécessaire de permettre au créateur ou à son ayant droit de tester les produits intégrant le dessin ou modèle sur le marché avant de décider si la protection offerte par l'enregistrement communautaire est souhaitable. À cette fin, il est nécessaire de prévoir que la divulgation du dessin ou modèle par le créateur ou son ayant droit, ou la divulgation abusive pendant une période de douze mois précédant la date de dépôt de la demande d'enregistrement, ne devrait pas empêcher d'évaluer la nouveauté ou le caractère individuel du dessin ou modèle en question.

(21) La nature exclusive du droit conféré par le dessin ou modèle communautaire enregistré correspond à la volonté de lui donner une sécurité juridique plus grande. En revanche, le dessin ou modèle communautaire non enregistré ne devrait conférer que le droit d'empêcher la copie. La protection ne peut donc s'étendre à des produits auxquels sont appliqués des dessins ou modèles qui sont le résultat d'un dessin ou modèle conçu de manière indépendante par un deuxième créateur. Ce droit devrait également être étendu au commerce des produits auxquels sont appliqués des dessins ou modèles délictueux.

(22) Les mesures destinées à garantir l'exercice de ces droits sont du ressort du législateur national. Il est donc nécessaire de prévoir certaines sanctions de base uniformes dans tous les États membres. Ces sanctions devraient permettre, quelle que soit la juridiction saisie, de mettre fin aux actes délictueux.

(23) Tout tiers qui établit avoir commencé à utiliser de bonne foi, même dans le commerce, dans la Communauté – ou fait des préparatifs sérieux et effectifs à cette fin – un dessin ou modèle qui est compris dans l'étendue de la protection d'un dessin ou modèle communautaire enregistré et qui ne constitue pas une copie de ce dernier, peut bénéficier d'un droit d'exploitation limité de ce dessin ou modèle.

(24) L'un des objectifs fondamentaux du présent règlement est que la procédure à suivre pour faire enregistrer un dessin ou modèle communautaire s'accompagne pour le demandeur d'un minimum de frais et de difficultés, afin de la rendre facilement accessible aux petites et moyennes entreprises ainsi qu'aux créateurs indépendants.

(25) Les secteurs de l'économie qui produisent, sur de brèves périodes de temps, un grand nombre de dessins ou modèles à cycle de vie relativement court, dont une faible proportion seulement sera finalement commercialisée, trouveront avantage à utiliser le dessin ou modèle communautaire non enregistré. Ces secteurs ont également besoin de pouvoir recourir plus facilement aux dessins ou modèles communautaires enregistrés. Ce besoin serait, par conséquent, satisfait par la possibilité de combiner plusieurs dessins ou modèles dans une demande multiple. Les dessins ou modèles compris dans une demande multiple peuvent, toutefois, être traités indépendamment les uns des autres en ce qui concerne la mise en œuvre, les licences, les droits réels, l'exécution forcée, les procédures d'insolvabilité, la renonciation, le renouvellement, la cession, l'ajournement de la publication ou la déclaration de nullité.

(26) La publication normale après enregistrement d'un dessin ou modèle communautaire pourrait dans certains cas ruiner ou mettre en péril le succès d'une opération commerciale englobant ce dessin ou ce modèle. Dans de tels cas, la solution consisterait à obtenir l'ajournement de la publication pendant un délai raisonnable.

(27) L'examen des recours en nullité d'un dessin ou modèle communautaire enregistré par une seule instance se traduirait par des économies de coût et de temps par rapport aux procédures faisant intervenir des tribunaux nationaux différents.

(28) Il est de ce fait nécessaire de prévoir des garanties comprenant un droit de recours auprès d'une chambre de recours et, en dernier ressort, auprès de la Cour de justice. Cette solution contribuerait à une interprétation uniforme des conditions de validité des dessins ou modèles communautaires.

(29) Il est essentiel que l'exercice des droits conférés par un dessin ou modèle communautaire puisse être garanti d'une manière efficace sur tout le territoire de la Communauté.

(30) Le système de règlement des litiges devrait éviter dans toute la mesure du possible le « *forum shopping* ». Il est donc nécessaire d'établir des règles claires de compétence internationale.

(31) Le présent règlement n'exclut pas l'application aux dessins ou modèles protégés par le dessin ou modèle communautaire des réglementations relatives à la propriété industrielle ou d'autres réglementations pertinentes des États membres, telles que celles relatives à la protection acquise par voie d'enregistrement ou celles relatives aux dessins ou modèles non enregistrés, aux marques commerciales, aux brevets et aux modèles d'utilité, à la concurrence déloyale et à la responsabilité civile.

(32) Il importe, en l'absence d'une harmonisation complète du droit d'auteur, de consacrer le principe du cumul de la protection spécifique des dessins ou modèles communautaires et de la protection par le droit d'auteur, tout en laissant aux États membres toute liberté pour déterminer l'étendue de la protection par le droit d'auteur et les conditions auxquelles cette protection est accordée.

(33) Les mesures nécessaires pour la mise en œuvre du présent règlement sont arrêtées en conformité avec la décision 1999/468/CE du Conseil du 28 juin 1999 fixant les modalités de l'exercice des compétences d'exécution conférées à la Commission (5),

*A arrêté le présent règlement :*

## TITRE PREMIER
## DISPOSITIONS GÉNÉRALES

### Article premier – Dessin ou modèle communautaire

1. Les dessins ou modèles qui remplissent les conditions énoncées dans le présent règlement sont ci-après dénommés « dessins ou modèles communautaires ».

2. Un dessin ou modèle communautaire est protégé :

a) en qualité de « dessin ou modèle communautaire non enregistré », s'il est divulgué au public selon les modalités prévues par le présent règlement;

b) en qualité de « dessin ou modèle communautaire enregistré », s'il est enregistré selon les modalités prévues par le présent règlement.

3. Le dessin ou modèle communautaire a un caractère unitaire. Il produit les mêmes effets dans l'ensemble de la Communauté. Il ne peut être enregistré, transféré, faire l'objet d'une renonciation ou d'une décision de nullité et son usage ne peut être interdit que pour l'ensemble de la Communauté. Ce principe s'applique sauf disposition contraire du présent règlement.

### Article 2 – Office

L'Office de l'harmonisation dans le marché intérieur (marques, dessins et modèles), ci-après dénommé « Office », institué par le règlement (CE) n° 40/94 du Conseil du 20 décembre 1993 sur la marque communautaire (6), ci-après dénommé « règlement sur la marque communautaire », accomplit les tâches qui lui sont dévolues par le présent règlement.

## TITRE II
## DROIT DES DESSINS ET MODÈLES

### *Section 1*
### Conditions de protection

### Article 3 – Définitions

Aux fins du présent règlement, on entend par :

a) « dessin ou modèle » : l'apparence d'un produit ou d'une partie de produit que lui confèrent, en particulier, les caractéristiques des lignes, des contours, des couleurs, de la forme, de la texture et/ou des matériaux du produit lui-même et/ou de son ornementation;

b) « produit » : tout article industriel ou artisanal, y compris, entre autres, les pièces conçues pour être assemblées en un produit complexe, emballage, présentation, symboles graphiques et caractères typographiques, à l'exclusion, toutefois, des programmes d'ordinateur;

c) « produit complexe » : un produit se composant de pièces multiples qui peuvent être remplacées de manière à permettre le démontage et le remontage du produit.

## Article 4 – Conditions de protection

1. La protection d'un dessin ou modèle par un dessin ou modèle communautaire n'est assurée que dans la mesure où il est nouveau et présente un caractère individuel.

2. Un dessin ou modèle appliqué à un produit ou incorporé dans un produit qui constitue une pièce d'un produit complexe n'est considéré comme nouveau et présentant un caractère individuel que dans la mesure où :

a) la pièce, une fois incorporée dans le produit complexe, reste visible lors d'une utilisation normale de ce produit, et

b) les caractéristiques visibles de la pièce remplissent en tant que telles les conditions de nouveauté et de caractère individuel.

3. Par « utilisation normale » au sens du paragraphe 2, point a), on entend l'utilisation par l'utilisateur final, à l'exception de l'entretien, du service ou de la réparation.

## Article 5 – Nouveauté

1. Un dessin ou modèle est considéré comme nouveau si aucun dessin ou modèle identique n'a été divulgué au public :

a) dans le cas d'un dessin ou modèle communautaire non enregistré, avant la date à laquelle le dessin ou modèle pour lequel la protection est revendiquée a été divulgué au public pour la première fois;

b) dans le cas d'un dessin ou modèle communautaire enregistré, avant la date de dépôt de la demande d'enregistrement du dessin ou modèle pour lequel la protection est demandée ou, si une priorité est revendiquée, la date de priorité.

2. Des dessins ou modèles sont considérés comme identiques lorsque leurs caractéristiques ne diffèrent que par des détails insignifiants.

## Article 6 – Caractère individuel

1. Un dessin ou modèle est considéré comme présentant un caractère individuel si l'impression globale qu'il produit sur l'utilisateur averti diffère de celle que produit sur un tel utilisateur tout dessin ou modèle qui a été divulgué au public :

a) dans le cas d'un dessin ou modèle communautaire non enregistré, avant la date à laquelle le dessin ou modèle pour lequel la protection est revendiquée a été divulgué au public pour la première fois;

b) dans le cas d'un dessin ou modèle communautaire enregistré, avant la date de dépôt de la demande d'enregistrement ou, si une priorité est revendiquée, avant la date de priorité.

2. Pour apprécier le caractère individuel, il est tenu compte du degré de liberté du créateur dans l'élaboration du dessin ou modèle.

## Article 7 – Divulgation

1. Aux fins de l'application des articles 5 et 6, un dessin ou modèle est réputé avoir été divulgué au public s'il a été publié à la suite de l'enregistrement ou autrement, ou exposé, utilisé dans le commerce ou rendu public de toute autre manière, avant la date visée à l'article 5, paragraphe 1, point a), et à l'article 6, paragraphe 1,

point a), ou à l'article 5, paragraphe 1, point b), et à l'article 6, paragraphe 1, point b), selon le cas, sauf si ces faits, dans la pratique normale des affaires, ne pouvaient raisonnablement être connus des milieux spécialisés du secteur concerné, opérant dans la Communauté. Toutefois, le dessin ou modèle n'est pas réputé avoir été divulgué au public s'il a seulement été divulgué à un tiers sous des conditions explicites ou implicites de secret.

2. Aux fins des articles 5 et 6, il n'est pas tenu compte d'une divulgation si un dessin ou modèle pour lequel la protection est revendiquée au titre de dessin ou modèle communautaire enregistré a été divulgué au public :

a) par le créateur ou son ayant droit ou par un tiers sur la base d'informations fournies ou d'actes accomplis par le créateur ou son ayant droit, et ce,

b) pendant la période de douze mois précédant la date de dépôt de la demande d'enregistrement ou la date de priorité, si une priorité est revendiquée.

3. Le paragraphe 2 est également applicable lorsque le dessin ou modèle a été divulgué au public à la suite d'une conduite abusive à l'égard du créateur ou de son ayant droit.

### Article 8 – Dessins ou modèles imposés par leur fonction technique et dessins ou modèles d'interconnexions

1. Un dessin ou modèle communautaire ne confère pas de droits sur les caractéristiques de l'apparence d'un produit qui sont exclusivement imposées par sa fonction technique.

2. Un dessin ou modèle communautaire ne confère pas de droits sur les caractéristiques de l'apparence d'un produit qui doivent nécessairement être reproduites dans leur forme et leurs dimensions exactes pour que le produit dans lequel est incorporé ou auquel est appliqué le dessin ou modèle puisse mécaniquement être raccordé à un autre produit, être placé à l'intérieur ou autour d'un autre produit, ou être mis en contact avec un autre produit, de manière que chaque produit puisse remplir sa fonction.

3. Par dérogation au paragraphe 2, un dessin ou modèle communautaire confère des droits sur un dessin ou modèle répondant aux conditions fixées aux articles 5 et 6, qui a pour objet de permettre l'assemblage ou la connexion multiples de produits interchangeables à l'intérieur d'un système modulaire.

### Article 9 – Dessins ou modèles contraires à l'ordre public ou aux bonnes mœurs

Un dessin ou modèle communautaire ne confère pas de droits lorsque le dessin ou modèle est contraire à l'ordre public ou aux bonnes mœurs.

## *Section 2*

## Étendue et durée de la protection

### Article 10 – Étendue de la protection

1. La protection conférée par le dessin ou modèle communautaire s'étend à tout dessin ou modèle qui ne produit pas sur l'utilisateur averti une impression visuelle globale différente.

2. Pour apprécier l'étendue de la protection, il est tenu compte du degré de liberté du créateur dans l'élaboration du dessin ou modèle.

### Article 11 – Durée de la protection du dessin ou modèle communautaire non enregistré

1. Un dessin ou modèle qui remplit les conditions énoncées dans la section 1 est protégé en qualité de dessin ou modèle communautaire non enregistré pendant une période de trois ans à compter de la date à laquelle le dessin ou modèle a été divulgué au public pour la première fois au sein de la Communauté.

2. Aux fins du paragraphe 1, un dessin ou modèle est réputé avoir été divulgué au public au sein de la Communauté s'il a été publié, exposé, utilisé dans le commerce ou rendu public de toute autre manière de telle sorte que, dans la pratique normale des affaires, ces faits pouvaient raisonnablement être connus des milieux spécialisés du secteur concerné, opérant dans la Communauté. Toutefois, le dessin ou modèle n'est pas réputé avoir été divulgué au public uniquement parce qu'il a été divulgué à un tiers à des conditions explicites ou implicites de secret.

### Article 12 – Durée de la protection du dessin ou modèle communautaire enregistré

Par l'enregistrement par l'Office, un dessin ou modèle qui remplit les conditions énoncées dans la section 1 est protégé en qualité de dessin ou modèle communautaire enregistré pendant une période de cinq ans à compter de la date de dépôt de la demande d'enregistrement. Le titulaire du droit peut faire proroger la durée de la protection d'une ou de plusieurs périodes de cinq ans jusqu'à un maximum de vingt-cinq ans à compter de la date de dépôt de la demande.

### Article 13 – Renouvellement

1. L'enregistrement du dessin ou modèle communautaire est renouvelé sur demande du titulaire ou de toute personne expressément autorisée par lui, pour autant que la taxe de renouvellement ait été acquittée.

2. En temps utile avant l'expiration de l'enregistrement, l'Office informe de cette expiration le titulaire du dessin ou modèle communautaire enregistré ainsi que tout titulaire d'un droit inscrit au registre des dessins ou modèles communautaires, visé à l'article 72, ci-après dénommé « registre », sur ce dessin ou modèle communautaire enregistré. L'absence d'information n'engage pas la responsabilité de l'Office.

3. La demande de renouvellement est à présenter et la taxe de renouvellement à acquitter dans un délai de six mois expirant le dernier jour du mois au cours duquel la période de protection prend fin. À défaut, la demande peut encore être présentée et la taxe acquittée dans un délai supplémentaire de six mois prenant cours le lendemain du jour visé dans la première phrase, sous réserve du paiement d'une surtaxe au cours dudit délai supplémentaire.

4. Le renouvellement prend effet le jour suivant la date d'expiration de l'enregistrement. Il est inscrit au registre.

## *Section 3*

## Droit au dessin ou modèle communautaire

### Article 14 – Droit au dessin ou modèle communautaire

1. Le droit au dessin ou modèle communautaire appartient au créateur ou à son ayant droit.

2. Si plusieurs personnes ont réalisé conjointement un dessin ou modèle, le droit au dessin ou modèle communautaire leur appartient conjointement.

3. Cependant, lorsqu'un dessin ou modèle est réalisé par un salarié dans l'exercice de ses obligations ou suivant les instructions de son employeur, le droit au dessin ou modèle appartient à l'employeur, sauf convention contraire ou sauf disposition contraire de la législation nationale applicable.

### Article 15 – Revendication du droit à un dessin ou modèle communautaire

1. Si un dessin ou modèle communautaire non enregistré est divulgué ou revendiqué par une personne qui n'est pas habilitée en vertu de l'article 14 ou si un dessin ou modèle communautaire enregistré a été déposé ou enregistré au nom d'une telle personne, la personne habilitée aux termes dudit article peut, sans préjudice de tous autres droits ou actions, revendiquer d'être reconnue en tant que titulaire légitime du dessin ou modèle communautaire.

2. Lorsqu'une personne possède conjointement à une autre le droit à un dessin ou modèle communautaire, elle peut, conformément au paragraphe 1, revendiquer d'être reconnue en tant que cotitulaire.

3. Les actions visées aux paragraphes 1 ou 2 se prescrivent par trois ans à compter de la date de la publication pour un dessin ou modèle communautaire enregistré ou de la date de la divulgation pour le dessin ou modèle communautaire non enregistré. Cette disposition ne s'applique pas si la personne qui n'a pas droit au dessin ou modèle communautaire était de mauvaise foi au moment où ce dessin ou ce modèle a été déposé ou divulgué, ou lui a été transféré.

4. Dans le cas d'un dessin ou d'un modèle communautaire enregistré, les éléments suivants font l'objet d'une inscription au registre :

a) la mention de l'introduction d'une demande en justice en vertu du paragraphe 1;

b) la décision passée en force de chose jugée concernant la demande en justice ou toute autre mesure mettant fin à la procédure;

c) tout changement de propriété du dessin ou modèle communautaire enregistré dû à la décision passée en force de chose jugée.

### Article 16 – Effets de la décision de justice sur la titularité au dessin ou modèle communautaire enregistré

1. Lorsqu'un changement intégral de propriété d'un dessin ou modèle communautaire enregistré intervient à la suite d'une demande en justice formée en application de l'article 15, paragraphe 1, les licences et autres droits s'éteignent par l'inscription de la personne habilitée au registre.

2. Si, avant l'inscription au registre de l'introduction de la demande en justice prévue à l'article 15, paragraphe 1, le titulaire du dessin ou modèle communautaire enregistré ou un licencié a exploité le dessin ou modèle dans la Communauté ou fait des préparatifs effectifs et sérieux à cette fin, il peut poursuivre cette exploitation à condition de demander, dans le délai prescrit par le règlement d'exécution, une licence non exclusive au nouveau titulaire inscrit au registre. La licence doit être concédée pour une période et à des conditions raisonnables.

3. Le paragraphe 2 n'est pas applicable si le titulaire du dessin ou modèle communautaire enregistré ou de la licence était de mauvaise foi au moment du début de l'exploitation ou des préparatifs effectués à cette fin.

### Article 17 – Présomption en faveur du titulaire enregistré

La personne au nom de laquelle le dessin ou modèle communautaire est enregistré ou, avant l'enregistrement, la personne au nom de laquelle la demande d'enregistrement d'un dessin ou modèle communautaire a été déposée est réputée être la personne possédant la titularité du droit dans toute procédure devant l'Office ainsi que dans toute autre procédure.

### Article 18 – Droit du créateur d'être désigné

Le créateur a le droit, à l'instar du demandeur ou du titulaire du dessin ou modèle communautaire enregistré, d'être désigné en tant que tel auprès de l'Office et dans le registre. Si le dessin ou modèle résulte d'un travail d'équipe, la désignation du créateur peut être remplacée par la désignation de l'équipe.

*Section 4*

## Effets du dessin ou modèle communautaire

### Article 19 – Droits conférés par le dessin ou modèle communautaire

1. Le dessin ou modèle communautaire enregistré confère à son titulaire le droit exclusif de l'utiliser et d'interdire à tout tiers de l'utiliser sans son consentement. Par utilisation au sens de la présente disposition, on entend en particulier la fabrication, l'offre, la mise sur le marché, l'importation, l'exportation ou l'utilisation d'un produit dans lequel le dessin ou modèle est incorporé ou auquel celui-ci est appliqué, ou le stockage du produit à ces mêmes fins.

2. Le dessin ou modèle communautaire non enregistré ne confère cependant à son titulaire le droit d'interdire les actes visés au paragraphe 1 que si l'utilisation contestée résulte d'une copie du dessin ou modèle protégé.

L'utilisation contestée n'est pas considérée comme résultant d'une copie du dessin ou modèle protégé si elle résulte d'un travail de création indépendant réalisé par un créateur dont on peut raisonnablement penser qu'il ne connaissait pas le dessin ou modèle divulgué par le titulaire.

3. Le paragraphe 2 s'applique également à un dessin ou modèle communautaire enregistré soumis à un ajournement de publication tant que les inscriptions pertinentes au registre et le dossier n'ont pas été divulgués au public conformément à l'article 50, paragraphe 4.

### Article 20 – Limitation des droits conférés par le dessin ou modèle communautaire

1. Les droits conférés par un dessin ou modèle communautaire ne s'exercent pas à l'égard :

a) d'actes accomplis à titre privé et à des fins non commerciales;

b) d'actes accomplis à des fins expérimentales;

c) d'actes de reproduction à des fins d'illustration ou d'enseignement, pour autant que ces actes soient compatibles avec les pratiques commerciales loyales, ne portent pas indûment préjudice à l'exploitation normale du dessin ou modèle et que la source en soit indiquée.

2. En outre, les droits conférés par un dessin ou modèle communautaire ne s'exercent pas à l'égard :

a) des équipements à bord de navires ou d'aéronefs immatriculés dans un pays tiers, lorsqu'ils pénètrent temporairement sur le territoire de la Communauté ;

b) de l'importation, dans la Communauté, de pièces détachées et d'accessoires aux fins de réparation de ces véhicules ;

c) de l'exécution de réparations sur ces véhicules.

### Article 21 – Épuisement des droits

Les droits conférés par le dessin ou modèle communautaire ne s'étendent pas aux actes portant sur un produit dans lequel est incorporé ou auquel s'applique un dessin ou modèle entrant dans le champ de la protection du dessin ou modèle communautaire, lorsque le produit a été mis sur le marché, sur le territoire de la Communauté, par le titulaire du dessin ou modèle communautaire ou avec son consentement.

### Article 22 – Droits au dessin ou modèle communautaire enregistré fondés sur une utilisation antérieure

1. Peut se prévaloir d'un droit fondé sur une utilisation antérieure, tout tiers qui établit avoir, avant la date de dépôt de la demande, ou, si la priorité est revendiquée, avant la date de priorité, commencé à utiliser de bonne foi dans la Communauté – ou effectué des préparatifs sérieux et effectifs à cette fin – un dessin ou modèle qui est compris dans l'étendue de la protection d'un dessin ou modèle communautaire enregistré et qui ne constitue pas une copie de ce dernier.

2. Le droit fondé sur une utilisation antérieure donne la faculté à ce tiers d'exploiter le dessin ou le modèle aux fins pour lesquelles il avait commencé à utiliser celui-ci ou pour lesquelles il avait réalisé des préparatifs sérieux et effectifs avant la date de dépôt ou la date de priorité du dessin ou modèle communautaire enregistré.

3. Le droit fondé sur une utilisation antérieure ne donne pas la faculté d'octroyer une licence à autrui aux fins de l'exploitation du dessin ou modèle.

4. Le droit fondé sur une utilisation antérieure ne peut être transféré, si le tiers concerné est une entreprise, qu'avec la partie de l'activité de ladite entreprise dans le cadre de laquelle l'utilisation a été faite ou les préparatifs réalisés.

### Article 23 – Utilisation par le gouvernement

Toute disposition du droit d'un État membre autorisant l'utilisation de dessins ou modèles nationaux par le gouvernement ou pour le compte de celui-ci peut être appliquée aux dessins ou modèles communautaires, mais uniquement dans la mesure où cette utilisation est nécessaire à des fins essentielles de défense ou de sécurité.

## *Section 5*
## Nullité

### Article 24 – Déclaration de la nullité

1. Un dessin ou modèle communautaire enregistré est déclaré nul sur demande introduite auprès de l'Office, conformément à la procédure prévue aux titres VI

et VII, ou par un tribunal des dessins ou modèles communautaires à la suite d'une demande reconventionnelle dans le cadre d'une action en contrefaçon.

2. La nullité de l'enregistrement d'un dessin ou modèle communautaire peut être prononcée même après extinction du droit ou renonciation à ce droit.

3. Un dessin ou modèle communautaire non enregistré est déclaré nul par un tribunal des dessins ou modèles communautaires sur demande introduite auprès dudit tribunal ou à la suite d'une demande reconventionnelle dans le cadre d'une action en contrefaçon.

## Article 25 – Motifs de nullité

1. Un dessin ou modèle communautaire ne peut être déclaré nul que :

a) si le dessin ou modèle ne répond pas à la définition visée à l'article 3, point a);

b) s'il ne remplit pas les conditions fixées aux articles 4 à 9;

c) si, en vertu d'une décision de justice, le titulaire ne possède pas le droit au dessin ou modèle communautaire au sens de l'article 14;

d) si le dessin ou modèle communautaire est en conflit avec un dessin ou modèle antérieur qui a fait l'objet d'une divulgation au public après la date de dépôt de la demande d'enregistrement ou après la date de priorité du dessin ou modèle communautaire, si une priorité est revendiquée, et qui est protégé depuis une date antérieure par l'enregistrement d'un dessin ou modèle communautaire ou par une demande d'enregistrement d'un tel dessin ou modèle, ou par l'enregistrement d'un dessin ou modèle dans un État membre ou par une demande d'obtention du droit afférent;

e) s'il est fait usage d'un signe distinctif dans un dessin ou modèle ultérieur et que le droit communautaire ou la législation de l'État membre concerné régissant ce signe confère au titulaire du signe le droit d'interdire cette utilisation;

f) si le dessin ou modèle constitue une utilisation non autorisée d'une œuvre protégée par la législation sur le droit d'auteur d'un État membre;

g) si le dessin ou modèle constitue un usage abusif de l'un des éléments qui sont énumérés à l'article 6 *ter* de la convention de Paris pour la protection de la propriété industrielle, (ci-après dénommée « convention de Paris ») ou un usage abusif de signes, emblèmes et armoiries autres que ceux visés audit article 6 *ter*, et qui présentent un intérêt public particulier pour un État membre.

2. Le motif prévu au paragraphe 1, point c), peut être invoqué uniquement par la personne qui est titulaire du dessin ou modèle communautaire au regard de l'article 14.

3. Les motifs prévus au paragraphe 1, points d), e) et f), peuvent être invoqués uniquement par le demandeur ou le titulaire du droit antérieur.

4. Le motif prévu au paragraphe 1, point g), peut être invoqué uniquement par la personne ou l'organe concerné par l'usage.

5. Les paragraphes 3 et 4 ne portent pas atteinte à la liberté des États membres de prévoir que les motifs visés au paragraphe 1, points d) et g), peuvent également être invoqués d'office par l'autorité compétente de l'État membre en question.

6. Un dessin ou modèle communautaire enregistré qui a été annulé conformément au paragraphe 1, point b), e), f) ou g), peut être maintenu sous une forme modifiée si, sous ladite forme, il répond aux critères d'octroi de la protection et que l'identité du dessin ou modèle est conservée. Par « maintien sous une forme modifiée », on entend l'enregistrement assorti d'une renonciation partielle de la part du titulaire du dessin ou modèle communautaire enregistré ou l'inscription au

registre d'une décision judiciaire ou d'une décision de l'Office prononçant la nullité partielle du dessin ou modèle communautaire enregistré.

### Article 26 – Effets de la nullité

1. Un dessin ou modèle communautaire est réputé n'avoir pas eu, dès l'origine, les effets prévus par le présent règlement, dès lors qu'il a été déclaré nul.

2. Sous réserve des dispositions nationales relatives soit aux recours en réparation du préjudice causé par la faute ou la mauvaise foi du titulaire du dessin ou modèle communautaire, soit à l'enrichissement sans cause, l'effet rétroactif de la nullité du dessin ou modèle communautaire n'affecte pas :

a) les décisions en contrefaçon ayant acquis l'autorité de la chose jugée et exécutées antérieurement à la décision de nullité ;

b) les contrats conclus antérieurement à la décision de nullité, dans la mesure où ils ont été exécutés antérieurement à cette décision ; toutefois, la restitution de sommes versées en vertu du contrat, dans la mesure où les circonstances le justifient, peut être réclamée pour des raisons d'équité.

## TITRE III
## DES DESSINS ET MODÈLES COMMUNAUTAIRES COMME OBJETS DE PROPRIÉTÉ

### Article 27 – Assimilation des dessins ou modèles communautaires à des dessins ou modèles nationaux

1. Sauf dispositions contraires prévues par les articles 28, 29, 30, 31 et 32, le dessin ou modèle communautaire en tant qu'objet de propriété est considéré en sa totalité et pour l'ensemble de la Communauté comme l'enregistrement d'un dessin ou modèle de l'État membre sur le territoire duquel :

a) le titulaire a son siège ou son domicile à la date considérée, ou

b) si le point a) n'est pas applicable, le titulaire a un établissement à la date considérée.

2. S'il s'agit d'un dessin ou modèle communautaire enregistré, l'application du paragraphe 1 se fait sur la base des inscriptions faites au registre.

3. En cas de cotitularité, si plusieurs titulaires remplissent la condition énoncée au paragraphe 1, l'État membre visé dans ce paragraphe est déterminé :

a) s'il s'agit d'un dessin ou modèle communautaire non enregistré, par référence au cotitulaire désigné d'un commun accord par les titulaires ;

b) s'il s'agit d'un dessin ou d'un modèle communautaire enregistré, par référence au premier des cotitulaires dans l'ordre de leur inscription au registre.

4. Lorsque les paragraphes 1, 2 et 3 ne sont pas applicables, l'État membre visé au paragraphe 1 est celui sur le territoire duquel l'Office a son siège.

### Article 28 – Transfert du dessin ou modèle communautaire enregistré

Le transfert d'un dessin ou modèle communautaire enregistré est soumis aux dispositions suivantes :

a) sur demande d'une des parties le transfert est inscrit au registre et publié ;

b) tant que le transfert n'a pas été inscrit au registre, l'ayant cause ne peut se prévaloir des droits découlant de l'enregistrement du dessin ou modèle communautaire ;

c) lorsque des délais doivent être observés vis-à-vis de l'Office, l'ayant cause peut faire à l'Office les déclarations prévues à cet effet dès que celui-ci a reçu la demande d'enregistrement du transfert;

d) tous les documents qui, en vertu de l'article 66, doivent être notifiés au titulaire du dessin ou modèle communautaire enregistré sont adressés par l'Office à la personne enregistrée en qualité de titulaire ou, le cas échéant, à son représentant.

### Article 29 – Droits réels sur un dessin ou modèle communautaire enregistré

1. Le dessin ou modèle communautaire enregistré peut être donné en gage ou faire l'objet de droits réels.

2. Sur demande d'une des parties, les droits visés au paragraphe 1 sont inscrits au registre et publiés.

### Article 30 – Exécution forcée

1. Le dessin ou modèle communautaire enregistré peut faire l'objet de mesures d'exécution forcée.

2. En matière de procédure d'exécution forcée sur un dessin ou modèle communautaire enregistré, la compétence exclusive appartient aux tribunaux et aux autorités de l'État membre déterminé en application de l'article 27.

3. Sur requête d'une des parties, l'exécution forcée est inscrite au registre et publiée.

### Article 31 – Procédure d'insolvabilité

1. La seule procédure d'insolvabilité dans laquelle un dessin ou modèle communautaire peut être inclus est celle qui a été ouverte dans l'État membre sur le territoire duquel est situé le centre des intérêts principaux du débiteur.

2. En cas de copropriété d'un dessin ou modèle communautaire, le paragraphe 1 est applicable à la part du copropriétaire.

3. Lorsqu'un dessin ou modèle communautaire est compris dans une procédure d'insolvabilité, une inscription en ce sens doit être portée au registre et publiée au Bulletin des dessins ou modèles communautaires visé à l'article 73, paragraphe 1, sur demande de l'autorité nationale compétente.

### Article 32 – Licences

1. Le dessin ou modèle communautaire peut faire l'objet de licences pour tout ou partie de la Communauté. Les licences peuvent être exclusives ou non exclusives.

2. Sans préjudice d'éventuelles actions fondées sur le droit du contrat, le titulaire peut invoquer les droits conférés par le dessin ou modèle communautaire à l'encontre d'un licencié qui enfreint l'une des clauses du contrat de licence en ce qui concerne sa durée, la forme couverte par le dessin ou modèle, la gamme des produits pour lesquels la licence est octroyée et la qualité des produits fabriqués par le licencié.

3. Sans préjudice des stipulations du contrat de licence, le licencié ne peut engager une procédure relative à la contrefaçon d'un dessin ou modèle communautaire qu'avec le consentement du titulaire de celui-ci. Toutefois, le titulaire d'une licence exclusive peut engager une telle procédure si, après mise en demeure, le titulaire du dessin ou modèle communautaire n'agit pas lui-même en contrefaçon dans le délai approprié.

4. Tout licencié est recevable à intervenir dans l'instance en contrefaçon engagée par le titulaire du dessin ou modèle communautaire afin d'obtenir réparation du préjudice qui lui est propre.

5. Sur requête d'une des parties, l'octroi ou le transfert d'une licence de dessin ou modèle communautaire enregistré est inscrit au registre et publié.

### Article 33 – Opposabilité aux tiers

1. L'opposabilité aux tiers des actes juridiques visés aux articles 28, 29, 30 et 32 est régie par la législation de l'État membre déterminé conformément à l'article 27.

2. Pour les dessins ou modèles communautaires enregistrés, les actes juridiques visés aux articles 28, 29 et 32 ne sont opposables aux tiers, dans tous les États membres, qu'après leur inscription au registre. Toutefois, avant son inscription, un tel acte est opposable aux tiers qui ont acquis des droits sur le dessin ou modèle communautaire enregistré après la date de cet acte, mais qui avaient connaissance de celui-ci lors de l'acquisition de ces droits.

3. Le paragraphe 2 n'est pas applicable à l'égard d'une personne qui acquiert le dessin ou modèle communautaire enregistré ou un droit sur le dessin ou modèle communautaire enregistré par transfert de l'entreprise dans sa totalité ou par toute autre succession à titre universel.

4. Jusqu'à l'entrée en vigueur dans les États membres de dispositions communes en matière d'insolvabilité, l'opposabilité aux tiers d'une procédure d'insolvabilité est régie par le droit de l'État membre où en premier lieu une telle procédure a été ouverte au sens de la loi nationale ou des réglementations applicables en la matière.

### Article 34 – La demande d'enregistrement d'un dessin ou modèle communautaire en tant qu'objet de propriété

1. La demande d'enregistrement d'un dessin ou modèle communautaire en tant qu'objet de propriété est considérée, en sa totalité et pour l'ensemble du territoire de la Communauté, comme l'enregistrement d'un dessin ou modèle de l'État membre déterminé conformément à l'article 27.

2. Les articles 28, 29, 30, 31, 32 et 33 s'appliquent, *mutatis mutandis*, aux demandes d'enregistrement de dessins ou modèles communautaires. Lorsque la mise en œuvre de l'une de ces dispositions est subordonnée à l'inscription au registre, cette formalité doit être accomplie lors de l'enregistrement du dessin ou modèle communautaire.

## TITRE IV

## DEMANDE D'ENREGISTREMENT D'UN DESSIN OU MODÈLE COMMUNAUTAIRE

*Section 1*

### Dépôt de la demande et conditions auxquelles elle doit satisfaire

### Article 35 – Dépôt et transmission de la demande d'enregistrement

1. La demande d'enregistrement d'un dessin ou modèle communautaire est déposée, au choix du demandeur :

a) auprès de l'Office, ou

b) auprès du service central de la propriété industrielle d'un État membre, ou

c) dans les pays du Benelux, auprès du Bureau Benelux des dessins ou modèles.

2. Lorsque la demande est déposée auprès du service central de la propriété industrielle d'un État membre ou auprès du Bureau Benelux des dessins ou modèles, ce service ou ce Bureau prend toutes les mesures nécessaires pour transmettre la demande à l'Office dans un délai de deux semaines après son dépôt. Il peut exiger du demandeur une taxe qui ne dépasse pas le coût administratif correspondant à la réception et à la transmission de la demande.

3. Dès réception par l'Office d'une demande transmise par un service central de la propriété industrielle d'un État membre ou par le Bureau Benelux des dessins ou modèles, l'Office en informe le demandeur en indiquant la date de réception de la demande.

4. Dix ans après l'entrée en vigueur du présent règlement, la Commission établit un rapport sur le fonctionnement du système de dépôt des demandes d'enregistrement de dessins ou modèles communautaires assorti, le cas échéant, de propositions visant à modifier ce système.

### Article 36 – Conditions auxquelles la demande doit satisfaire

1. La demande d'enregistrement d'un dessin ou modèle communautaire doit contenir :

a) une requête en enregistrement,

b) les indications qui permettent d'identifier le demandeur,

c) une représentation du dessin ou modèle apte à être reproduite. Toutefois, si la demande porte sur un dessin et qu'elle contient une demande d'ajournement de la publication en vertu de l'article 50, la représentation du dessin peut être remplacée par un spécimen.

2. La demande doit également contenir l'indication des produits dans lesquels le dessin ou modèle est destiné à être incorporé ou auxquels il est destiné à être appliqué.

3. En outre, la demande peut contenir :

a) une description expliquant la représentation ou le spécimen;

b) une demande d'ajournement de la publication de l'enregistrement conforme à l'article 50;

c) des indications permettant d'identifier le représentant si le demandeur en a désigné un;

d) une classification en classes des produits dans lesquels le dessin ou modèle est destiné à être incorporé ou auxquels il est destiné à être appliqué;

e) la désignation du créateur ou de l'équipe de créateurs ou une déclaration sous la responsabilité du demandeur attestant que le créateur ou l'équipe de créateurs a renoncé au droit à être désigné.

4. La demande donne lieu au paiement de la taxe d'enregistrement et de la taxe de publication. Lorsqu'une demande d'ajournement est faite conformément au paragraphe 3, point b), la taxe de publication est remplacée par la taxe d'ajournement de la publication.

5. La demande doit satisfaire aux conditions prévues par le règlement d'exécution.

6. Les informations visées au paragraphe 2 et au paragraphe 3, points a) et d), ne portent pas atteinte à l'étendue de la protection du dessin ou du modèle en tant que tel.

### Article 37 – Demande multiple

1. Plusieurs dessins et modèles peuvent être combinés en une demande d'enregistrement multiple de dessins ou modèles communautaires. Sauf lorsqu'il s'agit

d'ornementations, cette possibilité est subordonnée à la condition que les produits dans lesquels les dessins ou modèles sont destinés à être incorporés ou auxquels ils sont destinés à être appliqués fassent tous partie de la même classe de la classification internationale pour les dessins et modèles industriels.

2. Outre le paiement des taxes visées à l'article 36, paragraphe 4, la demande d'enregistrement multiple donne lieu au paiement d'une taxe supplémentaire d'enregistrement et d'une taxe supplémentaire de publication. Pour autant que la demande d'enregistrement multiple contient une demande d'ajournement de la publication, la taxe supplémentaire de publication est remplacée par la taxe supplémentaire d'ajournement de la publication. Les taxes supplémentaires correspondent à un pourcentage des taxes de base exigibles pour chaque dessin ou modèle supplémentaire.

3. La demande d'enregistrement multiple doit satisfaire aux conditions prévues par le règlement d'exécution.

4. Chacun des dessins ou modèles compris dans une demande multiple ou un enregistrement multiple peut être traité indépendamment des autres aux fins du présent règlement. Il peut notamment, indépendamment des autres, être mis en œuvre, faire l'objet de licences, de droits réels, d'une exécution forcée, être compris dans une procédure d'insolvabilité, faire l'objet d'une renonciation, d'un renouvellement, d'une cession, d'un ajournement de la publication ou être déclaré nul. Une demande multiple ou un enregistrement multiple ne peut être divisé en demandes indépendantes ou en enregistrements indépendants que dans les conditions prévues par le règlement d'exécution.

## Article 38 – Date de dépôt

1. La date de dépôt de la demande d'enregistrement d'un dessin ou modèle communautaire est celle à laquelle les documents contenant les informations prévues à l'article 36, paragraphe 1, sont déposés auprès de l'Office ou, si la demande est déposée auprès du service central de la propriété industrielle d'un État membre ou auprès du Bureau Benelux des dessins ou modèles, auprès de ce service ou de ce bureau.

2. Lorsque la demande est déposée au service central de la propriété industrielle d'un État membre ou au Bureau Benelux des dessins ou modèles et parvient à l'Office plus de deux mois après le dépôt des documents contenant les éléments visés à l'article 36, paragraphe 1, la date de dépôt de la demande est celle à laquelle l'Office reçoit ces documents, par dérogation au paragraphe 1.

## Article 39 – Valeur de dépôt national du dépôt communautaire

La demande d'enregistrement d'un dessin ou modèle communautaire à laquelle une date de dépôt a été accordée a, dans les États membres, la valeur d'un dépôt national régulier compte tenu, le cas échéant, du droit de priorité invoqué à l'appui de cette demande.

## Article 40 – Classification

L'annexe de l'arrangement de Locarno du 8 octobre 1968 instituant une classification internationale pour les dessins et modèles industriels s'applique aux fins du présent règlement.

## *Section 2*
## Priorité

### Article 41 – Droit de priorité

1. Celui qui a régulièrement déposé une demande d'enregistrement d'un dessin ou modèle ou d'un modèle d'utilité dans ou pour l'un des États parties à la convention de Paris ou à l'accord instituant l'Organisation mondiale du commerce, ou son ayant cause, jouit, pour effectuer le dépôt d'une demande d'enregistrement d'un dessin ou modèle communautaire pour le même dessin ou modèle ou pour le même modèle d'utilité, d'un droit de priorité pendant un délai de six mois à compter de la date de dépôt de la première demande.

2. Est reconnu comme donnant naissance au droit de priorité, tout dépôt ayant la valeur d'un dépôt national régulier en vertu de la législation nationale de l'État dans lequel il a été effectué ou en vertu d'accords bilatéraux ou multilatéraux.

3. Par « dépôt national régulier », on entend tout dépôt qui suffit à établir la date à laquelle la demande a été déposée, quel que soit le sort ultérieur réservé à cette demande.

4. Afin de déterminer la priorité, est considérée comme première demande, une demande ultérieure d'enregistrement d'un dessin ou modèle qui a déjà fait l'objet d'une première demande antérieure dans ou pour le même État, sous réserve que, à la date de dépôt de la demande ultérieure, la demande antérieure ait été retirée, abandonnée ou refusée sans avoir été soumise à l'inspection publique et sans laisser subsister de droits et qu'elle n'ait pas encore servi de base pour la revendication du droit de priorité. La demande antérieure ne peut plus servir alors pour la revendication du droit de priorité.

5. Si le premier dépôt a été effectué dans un État qui n'est pas partie à la convention de Paris ou à l'accord instituant l'Organisation mondiale du commerce, les paragraphes 1 à 4 ne s'appliquent que dans la mesure où cet État, selon des constatations publiées, accorde, sur la base d'un dépôt effectué auprès de l'Office, un droit de priorité soumis à des conditions et ayant des effets équivalents à ceux prévus par le présent règlement.

### Article 42 – Revendication de priorité

Le demandeur d'enregistrement d'un dessin ou modèle communautaire qui veut se prévaloir de la priorité d'une demande antérieure est tenu de produire une déclaration de priorité et une copie de la demande antérieure. Si la langue de la demande antérieure n'est pas une des langues de l'Office, celui-ci peut exiger une traduction de la demande antérieure dans une de ces langues.

### Article 43 – Effet du droit de priorité

Par l'effet du droit de priorité, la date de priorité est considérée comme date de dépôt de la demande d'enregistrement d'un dessin ou modèle communautaire, aux fins des articles 5, 6, 7 et 22, de l'article 25, paragraphe 1, point d), et de l'article 50, paragraphe 1.

### Article 44 – Priorité d'exposition

1. Si le demandeur d'un dessin ou modèle communautaire enregistré a divulgué des produits dans lesquels le dessin ou le modèle est incorporé ou auxquels il est

appliqué, lors d'une exposition internationale officielle ou officiellement reconnue au sens de la convention sur les expositions internationales signée à Paris le 22 novembre 1928, il peut, à condition de déposer la demande dans un délai de six mois à compter de la date de la première divulgation de ces produits, se prévaloir à partir de cette date d'un droit de priorité au sens de l'article 43.

2. Tout demandeur qui souhaite se prévaloir de la priorité conformément au paragraphe 1 doit, dans les conditions fixées par le règlement d'exécution, apporter la preuve qu'il a présenté à l'exposition les produits dans lesquels le dessin ou modèle est incorporé ou auxquels il est appliqué.

3. Une priorité d'exposition accordée dans un État membre ou dans un pays tiers ne prolonge pas le délai de priorité prévu à l'article 41.

# TITRE V
# PROCÉDURE D'ENREGISTREMENT

## Article 45 – Examen de la conformité de la demande aux conditions de forme relatives au dépôt

1. L'Office examine si la demande répond aux conditions pour qu'il lui soit accordé une date de dépôt, conformément à l'article 36, paragraphe 1.

2. L'Office examine si :

a) la demande satisfait aux autres conditions prévues à l'article 36, paragraphes 2, 3, 4 et 5, et, en cas de demande multiple, à l'article 37, paragraphes 1 et 2;

b) la demande satisfait aux conditions de forme établies par le règlement d'exécution pour l'application des articles 36 et 37;

c) les conditions visées à l'article 77, paragraphe 2, sont remplies;

d) au cas où une priorité est revendiquée, il est satisfait aux exigences relatives à cette revendication.

3. Le règlement d'exécution détermine les modalités de l'examen de la conformité de la demande avec les conditions de forme relatives au dépôt.

## Article 46 – Irrégularités auxquelles il peut être remédié

1. Lorsque l'Office constate, dans le cadre de l'examen prévu à l'article 45, des irrégularités qui peuvent être rectifiées, il invite le demandeur à y remédier dans le délai prescrit.

2. Si les irrégularités portent sur les conditions visées à l'article 36, paragraphe 1, et si le demandeur se conforme à l'invitation de l'Office dans le délai prescrit, celui-ci accorde comme date de dépôt la date à laquelle il est remédié aux irrégularités constatées. S'il n'est pas remédié aux irrégularités dans le délai prescrit, la demande n'est pas traitée en tant que demande d'enregistrement d'un dessin ou modèle communautaire.

3. Si les irrégularités portent sur les conditions visées à l'article 45, paragraphe 2, points a), b) et c), y compris le paiement des taxes, et si le demandeur se conforme à l'invitation de l'Office dans le délai prescrit, celui-ci accorde comme date de dépôt la date initiale de dépôt de la demande. S'il n'est pas remédié, dans le délai prescrit, aux irrégularités ou au défaut de paiement constatés, l'Office rejette la demande.

4. Si les irrégularités portent sur les conditions visées à l'article 45, paragraphe 2, point d), et si le demandeur n'y remédie pas dans le délai prescrit, le droit de priorité pour la demande est perdu.

### Article 47 – Motifs de rejet des demandes d'enregistrement

1. Si l'Office constate, dans le cadre de l'examen prévu à l'article 45, que le dessin ou modèle qui fait l'objet d'une demande de protection :

a) ne répond pas à la définition visée à l'article 3, point a), ou

b) est contraire à l'ordre public ou aux bonnes mœurs,

l'Office rejette la demande.

2. La demande ne peut être rejetée qu'après que le demandeur a été mis en mesure de retirer ou de modifier sa demande ou de présenter ses observations.

### Article 48 – Enregistrement

Si la demande satisfait aux conditions que doit remplir une demande d'enregistrement d'un dessin ou modèle communautaire et dans la mesure où cette demande n'a pas été rejetée en vertu de l'article 47, l'Office inscrit la demande au registre des dessins ou modèles communautaires en qualité de dessin ou modèle communautaire enregistré. L'inscription au registre porte la date de dépôt de la demande visée à l'article 38.

### Article 49 – Publication

Dès son enregistrement, le dessin ou modèle communautaire est publié par l'Office dans le Bulletin des dessins ou modèles communautaires, conformément à l'article 73, paragraphe 1. Le règlement d'exécution spécifie les éléments qui doivent faire l'objet de la publication.

### Article 50 – Ajournement de la publication

1. Le demandeur d'un dessin ou modèle communautaire enregistré peut demander, au moment du dépôt de sa demande, l'ajournement de la publication du dessin ou modèle communautaire enregistré pendant un délai de trente mois à compter de la date de dépôt de la demande ou, si une priorité a été revendiquée, à compter de la date de priorité.

2. À la suite de cette demande, si les conditions visées à l'article 48 sont remplies, le dessin ou modèle communautaire enregistré est inscrit au registre, mais ni la représentation du dessin ou modèle, ni aucun dossier relatif à la demande n'est ouvert à l'inspection publique, sous réserve de l'article 74, paragraphe 2.

3. L'Office publie dans le Bulletin des dessins ou modèles communautaires la mention de l'ajournement de la publication du dessin ou modèle communautaire enregistré. Cette mention est accompagnée d'informations permettant d'identifier le titulaire du dessin ou modèle communautaire enregistré, la date de dépôt de la demande et tous autres renseignements prescrits par le règlement d'exécution.

4. À l'expiration du délai d'ajournement, ou à toute date antérieure à la demande du titulaire, l'Office ouvre à l'inspection publique toutes les inscriptions au registre et le dossier concernant la demande d'enregistrement et publie le dessin ou modèle communautaire enregistré dans le Bulletin des dessins ou modèles communautaires, à condition que, dans le délai prescrit par le règlement d'exécution :

a) la taxe de publication et, dans le cas d'une demande multiple, la taxe supplémentaire de publication aient été payées;

b) en cas d'utilisation de la faculté ouverte par l'article 36, paragraphe 1, point c), le titulaire ait déposé la représentation du dessin auprès de l'Office.

Si le titulaire ne se conforme pas à ces dispositions, le dessin ou modèle communautaire enregistré est réputé ne pas avoir eu, dès l'origine, les effets mentionnés dans le présent règlement.

5. Dans le cas d'une demande multiple, le paragraphe 4 peut ne s'appliquer qu'à certains des dessins ou modèles qui en font partie.

6. L'introduction d'actions en justice sur la base du dessin ou modèle communautaire enregistré pendant le délai d'ajournement de la publication est subordonnée à la condition que les informations contenues dans le registre et dans le dossier relatif à la demande aient été communiquées à la personne contre laquelle l'action est dirigée.

TITRE VI

# RENONCIATION ET NULLITÉ DU DESSIN OU MODÈLE COMMUNAUTAIRE ENREGISTRÉ

## Article 51 – Renonciation

1. La renonciation à un dessin ou modèle communautaire enregistré est déclarée par écrit à l'Office par le titulaire. Elle n'a d'effet qu'après son inscription au registre.

2. En cas de renonciation à un dessin ou modèle communautaire dont la publication est ajournée, ledit dessin ou modèle communautaire est réputé ne pas avoir eu, dès l'origine, les effets mentionnés dans le présent règlement.

3. Un dessin ou modèle communautaire enregistré peut faire l'objet d'une renonciation partielle, à condition que la forme modifiée de ce dessin ou modèle réponde aux critères d'octroi de la protection et que l'identité du dessin ou modèle soit conservée.

4. La renonciation n'est inscrite au registre qu'avec l'accord du titulaire d'un droit inscrit au registre des dessins ou modèles communautaires. Si une licence a été inscrite au registre, la renonciation n'y est inscrite que si le titulaire du dessin ou modèle communautaire enregistré justifie qu'il a informé le licencié de son intention de renoncer. L'inscription est faite à l'issue du délai prescrit par le règlement d'exécution.

5. Si une action en revendication du droit à un dessin ou modèle communautaire enregistré en application de l'article 14 a été intentée devant un tribunal des dessins ou modèles communautaires, l'Office n'effectue pas l'inscription de la renonciation au registre sans l'accord du demandeur.

## Article 52 – Demande en nullité

1. Sous réserve de l'article 25, paragraphes 2, 3, 4 et 5, toute personne physique ou morale, ainsi qu'une autorité publique habilitée à cet effet, peut présenter à l'Office une demande en nullité d'un dessin ou modèle communautaire enregistré.

2. La demande est présentée par écrit et motivée. Elle n'est réputée présentée qu'après paiement de la taxe relative à la demande en nullité.

3. La demande en nullité est irrecevable si un tribunal des dessins ou modèles communautaires a statué entre les mêmes parties sur une demande ayant le même objet et la même cause et que cette décision a acquis l'autorité de la chose jugée.

### Article 53 – Examen de la demande

1. Si l'Office juge la demande en nullité recevable, il examine si les motifs de nullité visés à l'article 25 s'opposent au maintien du dessin ou modèle communautaire enregistré.

2. Au cours de l'examen de la demande, effectué conformément au règlement d'exécution, l'Office invite les parties, aussi souvent qu'il est nécessaire, à présenter, dans le délai qu'il leur impartit, leurs observations sur les communications qui émanent des autres parties ou qu'il leur a adressées.

3. La décision prononçant la nullité du dessin ou modèle communautaire enregistré est inscrite au registre des dessins ou modèles communautaires lorsqu'elle est définitive.

### Article 54 – Participation à la procédure du contrefacteur présumé

1. Au cas où une demande en nullité d'un dessin ou modèle communautaire enregistré a été présentée et aussi longtemps que l'Office n'a pas pris de décision définitive, tout tiers qui apporte la preuve qu'une procédure en contrefaçon fondée sur le même dessin ou modèle communautaire a été engagée à son encontre peut participer à la procédure de nullité, à condition qu'il en fasse la demande dans un délai de trois mois à compter de la date à laquelle l'action en contrefaçon a été introduite.

Cette disposition s'applique à tout tiers qui apporte la preuve que, après avoir été requis par le titulaire du dessin ou modèle communautaire de cesser la contrefaçon présumée dudit dessin ou modèle, il introduit à l'encontre dudit titulaire une action tendant à faire constater judiciairement qu'il n'est pas contrefacteur.

2. La demande de participation à l'instance doit être présentée par écrit et motivée. Elle ne prend effet qu'après paiement de la taxe visée à l'article 52, paragraphe 2. La demande est ensuite traitée, sous réserve des exceptions prévues par le règlement d'exécution, comme une demande en nullité.

## TITRE VII
## RECOURS

### Article 55 – Décisions susceptibles de recours

1. Les décisions des examinateurs, de la division de l'administration des marques, dessins et modèles et des questions juridiques, ainsi que des divisions d'annulation sont susceptibles de recours. Le recours a un effet suspensif.

2. Une décision qui ne met pas fin à une procédure à l'égard de l'une des parties ne peut faire l'objet d'un recours qu'avec la décision finale, à moins que ladite décision ne prévoie un recours indépendant.

### Article 56 – Personnes admises à former le recours et à être parties à l'instance

Toute partie à la procédure ayant conduit à une décision peut recourir contre cette décision pour autant que cette dernière n'ait pas fait droit à ses prétentions. Les autres parties à ladite procédure sont, de droit, parties à la procédure de recours.

### Article 57 – Délai et forme du recours

Le recours doit être formé par écrit auprès de l'Office dans un délai de deux mois à compter du jour de la notification de la décision. Le recours n'est considéré comme formé qu'après paiement de la taxe de recours. Un mémoire exposant les motifs du recours doit être déposé dans un délai de quatre mois à compter de la date de notification de la décision.

### Article 58 – Révision préjudicielle

1. Si l'instance dont la décision est attaquée considère le recours comme recevable et fondé, elle doit y faire droit. Cette disposition ne s'applique pas lorsque la procédure oppose celui qui a introduit le recours à une autre partie.

2. S'il n'est pas fait droit au recours dans le délai d'un mois à compter de la réception du mémoire exposant les motifs, le recours doit être immédiatement déféré à la chambre de recours, sans avis sur le fond.

### Article 59 – Examen du recours

1. Si le recours est recevable, la chambre de recours examine s'il peut y être fait droit.

2. Au cours de l'examen du recours, la chambre de recours invite les parties, aussi souvent qu'il est nécessaire, à présenter, dans le délai qu'elle leur impartit, leurs observations sur les communications qui émanent des autres parties ou qu'elle leur a adressées.

### Article 60 – Décision sur le recours

1. À la suite de l'examen au fond du recours, la chambre de recours statue sur celui-ci. Elle peut soit exercer les compétences de l'instance qui a pris la décision attaquée, soit renvoyer l'affaire à ladite instance pour suite à donner.

2. Si la chambre de recours renvoie l'affaire pour suite à donner à l'instance qui a pris la décision attaquée, cette instance est liée par les motifs et le dispositif de la décision de la chambre de recours, pour autant que les faits de la cause soient les mêmes.

3. Les décisions des chambres de recours ne prennent effet qu'à dater de l'expiration du délai visé à l'article 61, paragraphe 5, ou, si un recours a été introduit devant la Cour de justice pendant ce délai, à compter du rejet de celui-ci.

### Article 61 – Recours devant la Cour de justice

1. Les décisions des chambres de recours statuant sur un recours sont susceptibles d'un recours devant la Cour de justice.

2. Le recours est ouvert pour incompétence, violation des formes substantielles, violation du traité, du présent règlement ou de toute règle de droit relative à leur application, ou détournement de pouvoir.

3. La Cour de justice est compétente aussi bien pour annuler que pour réformer la décision attaquée.

4. Le recours est ouvert à toute partie à la procédure devant la chambre de recours pour autant que la décision de celle-ci n'ait pas fait droit à ses prétentions.

5. Le recours est formé devant la Cour de justice dans un délai de deux mois à compter de la notification de la décision de la chambre de recours.

6. L'Office est tenu de prendre les mesures que comporte l'exécution de l'arrêt de la Cour de justice.

# TITRE VIII
# PROCÉDURE DEVANT L'OFFICE

## *Section 1*
## Dispositions générales

### Article 62 – Motivation des décisions

Les décisions de l'Office sont motivées. Elles ne peuvent être fondées que sur des motifs ou des preuves au sujet desquels les parties ont pu prendre position.

### Article 63 – Examen d'office des faits

1. Au cours de la procédure, l'Office procède à l'examen d'office des faits. Toutefois, dans une action en nullité, l'examen est limité aux moyens invoqués et aux demandes présentées par les parties.

2. L'Office peut ne pas tenir compte des faits que les parties n'ont pas invoqués ou des preuves qu'elles n'ont pas produites en temps utile.

### Article 64 – Procédure orale

1. L'Office recourt à la procédure orale, soit d'office, soit sur requête d'une des parties à la procédure, à condition qu'il le juge utile.

2. La procédure orale, y compris le prononcé de la décision, est publique, sauf décision contraire de l'instance saisie, au cas où la publicité de l'audience pourrait présenter, notamment pour une partie à la procédure, des inconvénients graves et injustifiés.

### Article 65 – Instruction

1. Dans toute procédure devant l'Office, les mesures d'instruction suivantes peuvent notamment être prises :

a) l'audition des parties;

b) la demande de renseignements;

c) la production de documents et de moyens de preuve;

d) l'audition de témoins;

e) l'expertise;

f) les déclarations écrites faites sous serment ou solennellement ou qui ont un effet équivalent d'après la législation de l'État dans lequel elles sont faites.

2. L'instance compétente de l'Office peut charger un de ses membres de procéder aux mesures d'instruction.

3. Si l'Office estime nécessaire qu'une partie, un témoin ou un expert dépose oralement, il cite la personne concernée à comparaître devant lui.

4. Les parties sont informées de l'audition d'un témoin ou d'un expert devant l'Office. Elles ont le droit d'être présentes et de poser des questions au témoin ou à l'expert.

### Article 66 – Notification

L'Office notifie d'office aux personnes concernées toutes les décisions et invitations à comparaître devant lui ainsi que les communications qui font courir un délai ou dont la notification est prévue par d'autres dispositions du présent règlement ou par le règlement d'exécution, ou prescrite par le président de l'Office.

## Article 67 – *Restitutio in integrum*

1. Le demandeur ou le titulaire d'un dessin ou modèle communautaire enregistré ou toute autre partie à une procédure devant l'Office qui, bien qu'ayant fait preuve de toute la vigilance nécessitée par les circonstances, n'a pas été en mesure d'observer un délai à l'égard de l'Office est, sur requête, rétabli dans ses droits si l'empêchement a eu pour conséquence directe, en vertu du présent règlement, la perte d'un droit ou celle d'un moyen de recours.

2. La requête doit être présentée par écrit dans un délai de deux mois à compter de la cessation de l'empêchement. L'acte non accompli doit être réalisé dans ce délai. La requête n'est recevable que dans un délai d'un an à compter de l'expiration du délai non observé. En cas de non-présentation de la demande de renouvellement de l'enregistrement ou de non-paiement d'une taxe de renouvellement, le délai supplémentaire de six mois prévu à l'article 13, paragraphe 3, seconde phrase, est déduit de la période d'une année.

3. La requête doit être motivée et indiquer les faits et les justifications de fait invoqués à son appui. Elle n'est réputée présentée qu'après paiement de la taxe de *restitutio in integrum*.

4. L'instance qui est compétente pour statuer sur l'acte non accompli statue sur la requête.

5. Les dispositions du présent article ne sont pas applicables aux délais prévus à son paragraphe 2 et à l'article 41, paragraphe 1.

6. Lorsque le demandeur ou le titulaire d'un dessin ou modèle communautaire enregistré est rétabli dans ses droits, il ne peut invoquer ses droits contre un tiers qui, de bonne foi, pendant la période comprise entre la perte des droits sur la demande ou sur l'enregistrement du dessin ou modèle communautaire et la publication de la mention du rétablissement de ce droit, a mis dans le commerce des produits dans lesquels est incorporé ou auxquels est appliqué un dessin ou un modèle compris dans l'étendue de la protection du dessin ou modèle communautaire enregistré.

7. Le tiers qui peut se prévaloir du paragraphe 6 peut former tierce opposition contre la décision rétablissant dans ses droits le demandeur ou le titulaire du dessin ou modèle communautaire enregistré, dans un délai de deux mois à compter de la date de publication de la mention du rétablissement du droit.

8. Aucune disposition du présent article n'affecte le droit pour un État membre d'accorder la *restitutio in integrum* quant aux délais prévus par le présent règlement et qui doivent être observés vis-à-vis des autorités de cet État.

## Article 68 – Référence aux principes généraux

En l'absence de dispositions de procédure dans le présent règlement, le règlement d'exécution, le règlement relatif aux taxes ou le règlement de procédure des chambres de recours, l'Office prend en considération les principes généralement admis en la matière dans les États membres.

## Article 69 – Fin des obligations financières

1. Le droit de l'Office d'exiger le paiement des taxes se prescrit par quatre ans à compter de la fin de l'année civile au cours de laquelle la taxe est devenue exigible.

2. Les droits à l'encontre de l'Office en matière de remboursement de taxes ou de trop-perçu par celui-ci lors du paiement de taxes se prescrivent par quatre ans à compter de la fin de l'année civile au cours de laquelle les droits ont pris naissance.

3. Le délai prévu aux paragraphes 1 et 2 est interrompu, dans le cas visé au paragraphe l, par une invitation à acquitter la taxe et, dans le cas visé au paragraphe 2, par une requête écrite en vue de faire valoir ce droit. Ce délai recommence à courir à compter de la date de son interruption. Il expire au plus tard au terme d'une période de six ans calculée à compter de la fin de l'année civile au cours de laquelle il a commencé à courir initialement, à moins qu'une action en justice n'ait été engagée entre-temps pour faire valoir ce droit. Dans ce cas, le délai expire au plus tôt au terme d'une période d'une année à compter de la date à laquelle la décision est passée en force de chose jugée.

### *Section 2*

## Frais

### Article 70 – Répartition des frais

1. La partie perdante dans une action en nullité d'un dessin ou modèle communautaire enregistré ou dans un recours supporte les taxes exposées par l'autre partie, ainsi que tous les frais exposés par celle-ci, indispensables aux fins des procédures, y compris les frais de déplacement et de séjour et la rémunération d'un agent, conseil ou avocat, dans la limite des tarifs fixés pour chaque catégorie de frais, dans les conditions prévues par le règlement d'exécution.

2. Toutefois, dans la mesure où les parties succombent respectivement sur un ou plusieurs chefs ou dans la mesure où l'équité l'exige, la division d'annulation ou la chambre de recours décide d'une répartition différente des frais.

3. La partie qui met fin à une procédure par la renonciation au dessin ou modèle communautaire enregistré, ou par le non renouvellement de son enregistrement ou par le retrait de la demande en nullité ou le recours, supporte les taxes ainsi que les frais encourus par l'autre partie, dans les conditions prévues aux paragraphes 1 et 2.

4. En cas de non-lieu à statuer, la division d'annulation ou la chambre de recours règle librement les frais.

5. Lorsque les parties concluent devant la division d'annulation ou la chambre de recours un règlement des frais différent de celui résultant de l'application des paragraphes 1, 2, 3 et 4, l'instance concernée prend acte de cet accord.

6. Sur requête, le greffe de la division d'annulation ou de la chambre de recours fixe le montant des frais à rembourser en vertu des paragraphes 1, 2, 3, 4 et 5. Ce montant peut, sur requête présentée dans le délai prescrit par le règlement d'exécution, être révisé par décision de la division d'annulation ou de la chambre de recours.

### Article 71 – Exécution des décisions fixant le montant des frais

1. Toute décision définitive de l'Office qui fixe le montant des frais forme titre exécutoire.

2. L'exécution forcée est régie par les règles de la procédure civile en vigueur dans l'État sur le territoire duquel elle a lieu. La formule exécutoire est apposée, sans autre contrôle que celui de la vérification de l'authenticité du titre, par l'autorité nationale que le gouvernement de chacun des États membres désigne à cet effet et dont il donnera connaissance à l'Office et à la Cour de justice.

3. Après l'accomplissement de ces formalités à la demande de l'intéressé, celui-ci peut poursuivre l'exécution forcée en saisissant directement l'organe compétent, suivant la législation nationale.

4. L'exécution forcée ne peut être suspendue qu'en vertu d'une décision de la Cour de justice. Toutefois, le contrôle de la régularité des mesures d'exécution relève de la compétence des juridictions de l'État membre concerné.

*Section 3*

## Information du public et des autorités des États membres

### Article 72 – Registre des dessins ou modèles communautaires

L'Office tient un registre, dénommé registre des dessins ou modèles communautaires, où sont portées les indications dont l'inscription est prévue par le présent règlement ou le règlement d'exécution. Le registre est ouvert à l'inspection publique, sous réserve de l'article 50, paragraphe 2.

### Article 73 – Publications périodiques

1. L'Office publie périodiquement un Bulletin des dessins ou modèles communautaires contenant les inscriptions ouvertes à l'inspection publique dans le registre des dessins ou modèles communautaires ainsi que toutes les autres indications dont la publication est prescrite par le présent règlement ou par le règlement d'exécution.

2. Les communications et les informations d'ordre général émanant du président de l'Office, ainsi que toutes autres informations relatives au présent règlement et à son application sont publiées au *Journal officiel* de l'Office.

### Article 74 – Inspection publique

1. Les dossiers relatifs à des demandes d'enregistrement de dessins ou modèles communautaires qui n'ont pas encore été publiées ainsi que les dossiers relatifs à des dessins ou modèles communautaires enregistrés qui font l'objet d'une mesure d'ajournement de publication conformément à l'article 50 ou qui, pendant l'application de cette mesure, ont fait l'objet d'une renonciation avant ou à l'expiration du délai d'ajournement, ne peuvent être ouverts à l'inspection publique qu'avec l'accord du demandeur ou du titulaire du dessin ou modèle communautaire enregistré.

2. Quiconque justifie d'un intérêt légitime peut procéder à l'inspection du dossier sans le consentement du demandeur ou du titulaire du dessin ou modèle communautaire enregistré avant la publication de celui-ci ou après la renonciation à celui-ci dans le cas prévu au paragraphe 1.

Cette disposition s'applique en particulier si l'intéressé prouve que le demandeur ou le titulaire du dessin ou modèle communautaire enregistré a entrepris des démarches pour se prévaloir, à son encontre, des droits conférés par le dessin ou modèle communautaire enregistré.

3. Après la publication du dessin ou modèle communautaire enregistré, le dossier est, sur requête, ouvert à l'inspection publique.

4. Toutefois, lorsque le dossier est ouvert à l'inspection publique conformément aux paragraphes 2 ou 3, des pièces du dossier peuvent en être exclues selon le règlement d'exécution.

### Article 75 – Coopération administrative

Sauf dispositions contraires du présent règlement ou des législations nationales, l'Office et les juridictions ou autres autorités compétentes des États membres s'assistent mutuellement, sur demande, en se communiquant des informations ou en se donnant mutuellement accès à leurs dossiers.

Lorsque l'Office donne accès à ses dossiers aux juridictions, aux ministères publics ou aux services centraux de la propriété industrielle, cet accès n'est pas soumis aux restrictions prévues à l'article 74.

### Article 76 – Échange de publications

1. L'Office et les services centraux de la propriété industrielle des États membres échangent, sur requête, pour leurs propres besoins et gratuitement, un ou plusieurs exemplaires de leurs publications respectives.

2. L'Office peut conclure des accords portant sur l'échange ou l'envoi de publications.

## *Section 4*
## Représentation

### Article 77 – Principes généraux relatifs à la représentation

1. Sous réserve du paragraphe 2, nul n'est tenu de se faire représenter devant l'Office.

2. Sans préjudice du paragraphe 3, deuxième alinéa, les personnes physiques ou morales qui n'ont ni domicile ni siège ni établissement industriel ou commercial effectif et sérieux dans la Communauté doivent être représentées devant l'Office, conformément à l'article 78, paragraphe 1, dans toute procédure auprès de l'Office instituée par le présent règlement, sauf pour le dépôt d'une demande d'enregistrement de dessin ou modèle communautaire. D'autres exceptions peuvent être prévues par le règlement d'exécution.

3. Les personnes physiques ou morales qui ont leur domicile, ou leur siège ou un établissement industriel ou commercial effectif et sérieux dans la Communauté peuvent agir devant l'Office par l'entremise d'un employé, qui dépose auprès de l'Office un pouvoir signé qui doit être versé au dossier et dont les modalités sont précisées par le règlement d'exécution.

L'employé d'une personne morale visé au présent paragraphe peut agir également pour d'autres personnes morales qui sont économiquement liées à cette personne, même si ces autres personnes morales n'ont ni domicile, ni siège ni établissement industriel ou commercial effectif et sérieux dans la Communauté.

### Article 78 – Représentation professionnelle

1. La représentation des personnes physiques ou morales dans le cadre des procédures introduites auprès de l'Office conformément au présent règlement ne peut être assurée que :

a) par un avocat habilité à exercer sur le territoire de l'un des États membres et possédant son domicile professionnel dans la Communauté, dans la mesure où il peut agir dans ledit État en qualité de mandataire en matière de propriété industrielle ;

b) par tout mandataire agréé inscrit sur la liste visée à l'article 89, paragraphe 1, point b), du règlement sur la marque communautaire ;

c) par toute personne inscrite sur la liste spécifique des mandataires agréés en matière de dessins ou modèles prévue au paragraphe 4.

2. Les personnes visées au paragraphe 1, point c), ne sont habilitées à représenter des tiers que dans le cadre des procédures en matière de dessins ou modèles dont est saisi l'Office.

3. Le règlement d'exécution disposera si, et à quelles conditions, les représentants sont tenus de déposer auprès de l'Office un pouvoir signé à verser au dossier.

4. Peut être inscrite sur la liste spécifique des mandataires agréés en matière de dessins ou modèles, toute personne physique qui :

a) a la nationalité de l'un des États membres;

b) a son domicile professionnel ou le lieu de son emploi dans la Communauté;

c) est habilitée à représenter des personnes physiques ou morales en matière de dessins ou modèles devant le service central de la propriété industrielle d'un État membre ou devant le Bureau Benelux des dessins ou modèles. Lorsque, dans cet État, l'habilitation à représenter des personnes physiques ou morales en matière de dessins ou modèles n'est pas subordonnée à l'exigence d'une qualification professionnelle spéciale, les personnes demandant leur inscription sur la liste doivent avoir exercé à titre habituel en matière de dessins ou modèles devant le service central de la propriété industrielle dudit État pendant cinq ans au moins. Toutefois, sont dispensées de cette condition d'exercice de la profession, les personnes dont la qualification professionnelle pour assurer, en matière de dessins ou modèles, la représentation des personnes physiques ou morales devant le service central de la propriété industrielle de l'un des États membres est officiellement reconnue conformément à la réglementation de cet État.

5. L'inscription sur la liste prévue au paragraphe 4 est effectuée sur requête accompagnée d'une attestation fournie par le service central de la propriété industrielle de l'État membre concerné, indiquant que les conditions visées audit paragraphe sont remplies.

6. Le président de l'Office peut accorder une dérogation :

a) à l'exigence visée au paragraphe 4, point a), dans des circonstances spéciales;

b) à l'exigence visée au paragraphe 4, point c), deuxième phrase, lorsque le requérant fournit la preuve qu'il a acquis la qualification requise d'une autre manière.

7. Le règlement d'exécution définit les conditions dans lesquelles une personne peut être radiée de la liste.

## TITRE IX
## COMPÉTENCE ET PROCÉDURE POUR LES ACTIONS EN JUSTICE RELATIVES AUX DESSINS ET MODÈLES COMMUNAUTAIRES

*Section 1*

### Compétence judiciaire et exécution des décisions

#### Article 79 – Application de la convention d'exécution

1. À moins que le présent règlement n'en dispose autrement, les dispositions de la convention concernant la compétence judiciaire et l'exécution des décisions en matière civile et commerciale, signée à Bruxelles le 27 septembre 1968 (7), ci-après dénommée « la convention d'exécution », sont applicables aux procédures concer-

nant les dessins ou modèles communautaires et aux demandes d'enregistrement de dessins ou modèles communautaires, ainsi qu'aux procédures concernant les actions intentées sur la base de dessins ou modèles communautaires et de dessins ou modèles nationaux bénéficiant d'un cumul de protection.

2. Les dispositions de la convention d'exécution, applicables en vertu du paragraphe 1, ne produisent leurs effets à l'égard d'un État membre que dans le texte de la convention qui est en vigueur à l'égard de cet État à un moment donné.

3. En ce qui concerne les procédures résultant des actions et demandes visées à l'article 81 :

a) les articles 2 et 4, l'article 5, points 1, 3, 4 et 5, l'article 16, point 4, ainsi que l'article 24 de la convention d'exécution ne sont pas applicables;

b) les articles 17 et 18 de la convention d'exécution sont applicables dans les limites prévues à l'article 82, paragraphe 4, du présent règlement;

c) les dispositions du titre II de la convention d'exécution qui s'appliquent aux personnes domiciliées dans un État membre s'appliquent également aux personnes qui ne sont pas domiciliées dans un État membre, mais qui y ont un établissement.

4. Les dispositions de la convention d'exécution ne produisent pas leurs effets à l'égard d'un État membre dans lequel ladite convention n'est pas encore en application. Jusqu'à l'entrée en vigueur de ladite convention, les procédures visées au paragraphe 1 du présent article sont régies dans cet État membre par toute convention bilatérale ou multilatérale régissant ses relations avec un autre État membre concerné ou, à défaut d'une telle convention, par sa législation nationale en matière de compétence, de reconnaissance et d'exécution des décisions.

*Section 2*

## Litiges en matière de contrefaçon et de nullité des dessins ou modèles communautaires

### Article 80 – Tribunaux des dessins ou modèles communautaires

1. Les États membres désignent sur leurs territoires un nombre aussi limité que possible de juridictions nationales de première et deuxième instance (tribunaux des dessins ou modèles communautaires), chargées de remplir les fonctions qui leur sont attribuées par le présent règlement.

2. Chaque État membre communique à la Commission au plus tard le 6 mars 2005 une liste des tribunaux des dessins ou modèles communautaires contenant l'indication de leur dénomination et de leur compétence territoriale.

3. Tout changement intervenant après la communication visée au paragraphe 2 et relatif au nombre, à la dénomination ou à la compétence territoriale desdits tribunaux est communiqué sans délai par l'État membre concerné à la Commission.

4. Les informations visées aux paragraphes 2 et 3 sont notifiées par la Commission aux États membres et publiées au *Journal officiel* des Communautés européennes.

5. Aussi longtemps qu'un État membre n'a pas procédé à la communication prévue au paragraphe 2, toute procédure résultant d'une action visée à l'article 81 et pour laquelle les tribunaux de cet État sont compétents en application de l'article 82, est portée devant le tribunal de cet État qui aurait compétence territo-

riale et d'attribution s'il s'agissait d'une procédure relative à un enregistrement de dessin ou modèle de l'État concerné.

## Article 81 – Compétence en matière de contrefaçon et de nullité

Les tribunaux des dessins ou modèles communautaires ont compétence exclusive :

a) pour les actions en contrefaçon et – si la législation nationale les admet – en menace de contrefaçon d'un dessin ou modèle communautaire;

b) pour les actions en constatation de non-contrefaçon, si la législation nationale les admet;

c) pour les actions en nullité d'un dessin ou modèle communautaire non enregistré;

d) pour les demandes reconventionnelles en nullité d'un dessin ou modèle communautaire présentées dans le cadre des actions visées au point a).

## Article 82 – Compétence internationale

1. Sous réserve des dispositions du présent règlement ainsi que des dispositions de la convention d'exécution applicables en vertu de l'article 79, les procédures résultant des actions et demandes visées à l'article 81 sont portées devant les tribunaux de l'État membre sur le territoire duquel le défendeur a son domicile ou, si celui-ci n'est pas domicilié dans l'un des États membres, de tout État membre sur le territoire duquel il a un établissement.

2. Si le défendeur n'a ni son domicile ni un établissement sur le territoire d'un État membre, ces procédures sont portées devant les tribunaux de l'État membre sur le territoire duquel le demandeur a son domicile ou, si ce dernier n'est pas domicilié dans l'un des États membres, de tout État membre sur le territoire duquel il a un établissement.

3. Si ni le défendeur ni le demandeur ne sont ainsi domiciliés ou n'ont un tel établissement, ces procédures sont portées devant les tribunaux de l'État membre dans lequel l'Office a son siège.

4. Nonobstant les paragraphes 1, 2 et 3 :

a) l'article 17 de la convention d'exécution est applicable si les parties conviennent qu'un autre tribunal des dessins ou modèles communautaires est compétent;

b) l'article 18 de la convention d'exécution est applicable si le défendeur comparaît devant un autre tribunal des dessins ou modèles communautaires.

5. Les procédures résultant des actions et demandes visées à l'article 81, points a) et d), peuvent également être portées devant les tribunaux de l'État membre sur le territoire duquel le fait de contrefaçon a été commis ou menace d'être commis.

## Article 83 – Étendue de la compétence en matière de contrefaçon

1. Un tribunal des dessins ou modèles communautaires dont la compétence est fondée sur l'article 82, paragraphes 1, 2, 3 ou 4, est compétent pour statuer sur les faits de contrefaçon commis ou menaçant d'être commis sur le territoire de tout État membre.

2. Un tribunal des dessins ou modèles communautaires dont la compétence est fondée sur l'article 82, paragraphe 5, est compétent uniquement pour statuer sur les faits de contrefaçon commis ou menaçant d'être commis sur le territoire de l'État membre dans lequel est situé ce tribunal.

### Article 84 – Action ou demande reconventionnelle en nullité d'un dessin ou modèle communautaire

1. L'action ou la demande reconventionnelle en nullité d'un dessin ou modèle communautaire ne peut être fondée que sur les motifs de nullité énoncés à l'article 25.

2. Dans les cas visés à l'article 25, paragraphes 2, 3, 4 et 5, l'action ou la demande reconventionnelle ne peut être introduite que par la personne habilitée en vertu de ces dispositions.

3. Si la demande reconventionnelle est introduite dans un litige auquel le titulaire du dessin ou modèle communautaire n'est pas déjà partie, il en est informé et peut intervenir au litige conformément aux conditions prévues par la législation de l'État membre où le tribunal a son siège.

4. La validité d'un dessin ou modèle communautaire ne peut être contestée par une action en constatation de non-contrefaçon.

### Article 85 – Présomption de validité – Défense au fond

1. Dans les procédures résultant d'actions en contrefaçon ou en menace de contrefaçon d'un dessin ou modèle communautaire enregistré, les tribunaux des dessins ou modèles communautaires considèrent le dessin ou modèle communautaire comme valide. La validité ne peut être contestée que par une demande reconventionnelle en nullité. Toutefois, l'exception de nullité du dessin ou modèle communautaire présentée par une voie autre qu'une demande reconventionnelle est recevable dans la mesure où le défendeur fait valoir que le dessin ou modèle communautaire pourrait être déclaré nul en raison de l'existence d'un droit national antérieur du défendeur au sens de l'article 25, paragraphe 1, point d).

2. Dans les procédures résultant d'actions en contrefaçon ou en menace de contrefaçon d'un dessin ou modèle communautaire non enregistré, les tribunaux des dessins ou modèles communautaires considèrent le dessin ou modèle communautaire comme valide si le titulaire du dessin ou modèle apporte la preuve que les conditions prévues à l'article 11 sont remplies et s'il indique en quoi son dessin ou modèle communautaire présente un caractère individuel. Le défendeur peut, toutefois, en contester la validité par voie d'exception ou par une demande reconventionnelle en nullité.

### Article 86 – Décisions en matière de nullité

1. Lorsque, dans une procédure devant un tribunal des dessins ou modèles communautaires, la validité du dessin ou modèle communautaire a été contestée par une demande reconventionnelle :

a) si le tribunal estime qu'un des motifs de nullité visés à l'article 25 s'oppose au maintien du dessin ou modèle communautaire, il déclare la nullité du dessin ou du modèle communautaire;

b) si le tribunal estime qu'aucun des motifs de nullité visés à l'article 25 ne s'oppose au maintien du dessin ou du modèle communautaire, il rejette la demande reconventionnelle.

2. Le tribunal des dessins ou modèles communautaires saisi d'une demande reconventionnelle en nullité d'un dessin ou modèle communautaire enregistré communique à l'Office la date à laquelle la demande a été introduite. L'Office inscrit ce fait au registre des dessins ou modèles communautaires.

3. Un tribunal des dessins ou modèles communautaires saisi d'une demande reconventionnelle en nullité d'un dessin ou modèle communautaire enregistré peut, à la demande du titulaire du dessin ou modèle communautaire enregistré et après audition des autres parties, surseoir à statuer et inviter le défendeur à présenter une demande en nullité à l'Office dans un délai que le tribunal lui impartit. Si cette demande n'est pas présentée dans ce délai, la procédure est poursuivie ; la demande reconventionnelle est réputée retirée. L'article 91, paragraphe 3, est applicable.

4. Lorsqu'un tribunal des dessins ou modèles communautaires a rendu une décision passée en force de chose jugée sur une demande reconventionnelle en nullité d'un dessin ou modèle communautaire enregistré, une copie de la décision est transmise à l'Office. Toute partie peut demander des informations quant à cette transmission. L'Office inscrit au registre des dessins ou modèles communautaires la mention de la décision dans les conditions prévues par le règlement d'exécution.

5. Aucune demande reconventionnelle en nullité d'un dessin ou modèle communautaire enregistré ne peut être introduite si une décision passée en force de chose jugée a déjà été rendue par l'Office entre les mêmes parties sur une demande ayant le même objet et la même cause.

### Article 87 – Effets de la décision en matière de nullité

Lorsque la décision d'un tribunal des dessins ou modèles communautaires déclare la nullité d'un dessin ou modèle communautaire est passée en force de chose jugée, elle produit dans tous les États membres les effets énoncés à l'article 26.

### Article 88 – Droit applicable

1. Les tribunaux des dessins ou modèles communautaires appliquent les dispositions du présent règlement.

2. Pour toutes les questions qui n'entrent pas dans le champ d'application du présent règlement, le tribunal des dessins ou modèles communautaires applique son droit national, y compris son droit international privé.

3. À moins que le présent règlement n'en dispose autrement, le tribunal des dessins ou modèles communautaires applique les règles de procédure applicables au même type de procédures relatives à un enregistrement de dessin ou modèle dans l'État membre sur le territoire duquel ce tribunal est situé.

### Article 89 – Sanctions de l'action en contrefaçon

1. Lorsque, dans une action en contrefaçon ou en menace de contrefaçon, un tribunal des dessins ou modèles communautaires constate que le défendeur a contrefait ou menacé de contrefaire un dessin ou modèle communautaire, il rend, sauf s'il y a des raisons particulières de ne pas agir de la sorte, les ordonnances suivantes :

a) une ordonnance interdisant au défendeur de poursuivre les actes de contrefaçon ou de menace de contrefaçon ;

b) une ordonnance de saisie des produits de contrefaçon ;

c) une ordonnance de saisie des matériaux et instruments ayant principalement servi à la création ou à la fabrication des marchandises de contrefaçon, si leur propriétaire connaissait le but de l'utilisation de ces matériaux ou instruments ou si ce but était flagrant dans les circonstances considérées ;

d) toute ordonnance infligeant d'autres sanctions indiquées dans le cas d'espèce et prévues par la loi, y compris le droit international privé, de l'État membre dans lequel les actes de contrefaçon ou de menace de contrefaçon ont été commis.

2. Le tribunal des dessins ou modèles communautaires prend, conformément à la loi nationale, les mesures propres à garantir le respect des ordonnances visées au paragraphe 1.

## Article 90 – Mesures provisoires et conservatoires

1. Les mesures provisoires et conservatoires prévues par la loi d'un État membre à propos des dessins ou modèles nationaux peuvent être demandées, à propos d'un dessin ou modèle communautaire, aux autorités judiciaires, y compris les tribunaux des dessins ou modèles communautaires de cet État, même si en vertu du présent règlement une juridiction des dessins ou modèles communautaires d'un autre État membre est compétente pour connaître du fond.

2. Dans les procédures concernant des mesures provisoires et conservatoires, l'exception de nullité d'un dessin ou modèle communautaire soulevée par le défendeur autrement que par la voie d'une demande reconventionnelle est recevable. L'article 85, paragraphe 2, s'applique *mutatis mutandis*.

3. Un tribunal des dessins ou modèles communautaires dont la compétence est fondée sur l'article 82, paragraphes 1, 2, 3 ou 4, est compétent pour ordonner des mesures provisoires ou conservatoires qui, sous réserve de toute procédure requise aux fins de la reconnaissance et de l'exécution conformément au titre III de la convention d'exécution, sont applicables sur le territoire de tout État membre. Cette compétence n'appartient à aucune autre juridiction.

## Article 91 – Règles spécifiques en matière de connexité

1. Sauf s'il existe des raisons particulières de poursuivre la procédure, un tribunal des dessins ou modèles communautaires saisi d'une action visée à l'article 81, à l'exception d'une action en constatation de non-contrefaçon, sursoit à statuer de sa propre initiative après audition des parties ou à la demande de l'une des parties et après audition des autres parties, lorsque la validité du dessin ou modèle communautaire est déjà contestée par une demande reconventionnelle devant un autre tribunal des dessins ou modèles communautaires ou que, s'agissant d'un dessin ou modèle communautaire enregistré, une demande en nullité a déjà été introduite auprès de l'Office.

2. Sauf s'il existe des raisons particulières de poursuivre la procédure, l'Office saisi d'une demande en nullité d'un dessin ou modèle communautaire enregistré sursoit à statuer de sa propre initiative après audition des parties ou à la demande de l'une des parties et après audition des autres parties, lorsque la validité du dessin ou modèle communautaire enregistré est déjà contestée par une demande reconventionnelle devant un tribunal des dessins ou modèles communautaires. Toutefois, si l'une des parties à la procédure devant le tribunal des dessins ou modèles communautaires le demande, le tribunal peut, après audition des autres parties à cette procédure, surseoir à statuer. Dans ce cas, l'Office poursuit la procédure pendant devant lui.

3. Le tribunal des dessins ou modèles communautaires qui sursoit à statuer peut ordonner des mesures provisoires ou conservatoires pour la durée de la suspension.

### Article 92 – Compétence des tribunaux des dessins ou modèles communautaires de deuxième instance – Pourvoi en cassation

1. Les décisions des tribunaux des dessins ou modèles communautaires de première instance rendues dans les procédures résultant des actions et demandes visées à l'article 81 sont susceptibles de recours devant les tribunaux des dessins ou modèles communautaires de deuxième instance.

2. Les conditions dans lesquelles un recours peut être formé devant un tribunal des dessins ou modèles communautaires de deuxième instance sont déterminées par la loi nationale de l'État membre sur le territoire duquel ce tribunal est situé.

3. Les dispositions nationales relatives au pourvoi en cassation sont applicables aux décisions des tribunaux des dessins ou modèles communautaires de deuxième instance.

## *Section 3*
## Autres litiges relatifs aux dessins et modèles communautaires

### Article 93 – Dispositions complémentaires concernant la compétence des tribunaux nationaux autres que les tribunaux des dessins ou modèles communautaires

1. Dans l'État membre dont les tribunaux sont compétents conformément à l'article 79, paragraphes 1 ou 4, les actions en matière de dessins ou modèles communautaires autres que celles visées à l'article 81 sont portées devant les tribunaux qui auraient compétence territoriale et d'attribution s'il s'agissait d'actions relatives aux enregistrements nationaux de dessins ou modèles dans l'État concerné.

2. Lorsque, en vertu de l'article 79, paragraphes 1 et 4, et du paragraphe 1 du présent article, aucun tribunal n'est compétent pour connaître d'une action relative à un dessin ou modèle communautaire autre que celles visées à l'article 81, cette action peut être portée devant les tribunaux de l'État membre sur le territoire duquel l'Office a son siège.

### Article 94 – Obligation du tribunal national

Le tribunal national saisi d'une action relative à un dessin ou modèle communautaire autre que les actions visées à l'article 81 doit tenir ce dessin ou modèle communautaire pour valide. L'article 85, paragraphe 2, et l'article 90, paragraphe 2, sont, toutefois, applicables *mutatis mutandis*.

## TITRE X
## INCIDENCES SUR LE DROIT DES ÉTATS MEMBRES

### Article 95 – Actions intentées parallèlement sur la base des dessins ou modèles communautaires et sur la base d'enregistrements nationaux de dessins ou modèles

1. Lorsque des actions en contrefaçon ou en menace de contrefaçon sont formées pour les mêmes faits et entre les mêmes parties devant des juridictions d'États membres différents saisies l'une sur la base d'un dessin ou modèle communautaire

et l'autre sur la base d'un enregistrement national de dessin ou modèle ouvrant droit à un cumul de protection, la juridiction saisie en second lieu doit, même d'office, se dessaisir en faveur du tribunal premier saisi. La juridiction qui devrait se dessaisir peut surseoir à statuer si la compétence de l'autre juridiction est contestée.

2. Le tribunal des dessins ou modèles communautaires saisi d'une action en contrefaçon ou en menace de contrefaçon sur la base d'un dessin ou modèle communautaire rejette l'action si, sur les mêmes faits, un jugement définitif a été rendu sur le fond entre les mêmes parties sur la base d'un enregistrement national d'un sujet d'un dessin ou modèle ouvrant droit à un cumul de protection.

3. La juridiction saisie d'une action en contrefaçon ou en menace de contrefaçon sur la base de l'enregistrement national d'un dessin ou modèle rejette l'action si, sur les mêmes faits, un jugement définitif a été rendu sur le fond entre les mêmes parties sur la base d'un dessin ou modèle communautaire ouvrant droit à un cumul de protection.

4. Les paragraphes 1, 2 et 3 ne s'appliquent pas aux mesures provisoires et conservatoires.

### Article 96 – Rapports avec les autres formes de protection prévues par les législations nationales

1. Le présent règlement s'applique sans préjudice des dispositions du droit communautaire ou du droit de l'État membre concerné applicables aux dessins ou modèles non enregistrés, aux marques et autres signes distinctifs, aux brevets et modèles d'utilité, aux caractères typographiques, à la responsabilité civile et à la concurrence déloyale.

2. Un dessin ou modèle protégé par un dessin ou modèle communautaire bénéficie également de la protection accordée par la législation sur le droit d'auteur des États membres à partir de la date à laquelle il a été créé ou fixé sous une forme quelconque. La portée et les conditions d'obtention de cette protection, y compris le degré d'originalité requis, sont déterminées par chaque État membre.

## TITRE XI
## DISPOSITIONS ADDITIONNELLES RELATIVES À L'OFFICE

### *Section 1*
### Dispositions générales

### Article 97 – Disposition générale

Sauf dispositions contraires du présent titre, le titre XII du règlement sur la marque communautaire s'applique à l'Office en ce qui concerne les missions qui lui sont dévolues en vertu du présent règlement.

### Article 98 – Langue de procédure

1. La demande d'enregistrement d'un dessin ou modèle communautaire est déposée dans une des langues officielles de la Communauté.

2. Le demandeur doit indiquer une deuxième langue qui est une langue de l'Office, dont il accepte l'usage comme langue éventuelle de procédure devant l'Office.

Si la demande a été faite dans une langue qui n'est pas une langue de l'Office, celui-ci veille à assurer la traduction de la demande dans la langue indiquée par le demandeur.

3. Lorsque l'auteur d'une demande d'enregistrement de dessin ou modèle communautaire est la seule partie aux procédures devant l'Office, la langue de procédure est la langue utilisée pour le dépôt de la demande d'enregistrement. Si le dépôt a été fait dans une langue autre que celles de l'Office, l'Office peut envoyer des communications écrites au demandeur dans la deuxième langue indiquée par lui dans la demande.

4. Dans le cas des procédures en nullité, la langue de procédure est la langue utilisée pour le dépôt de la demande d'enregistrement si celle-ci est une langue de l'Office. Si le dépôt a été fait dans une langue autre que celles de l'Office, la langue de procédure est la deuxième langue indiquée dans la demande.

La demande de nullité est déposée dans la langue de procédure.

Lorsque la langue de procédure n'est pas la langue utilisée pour le dépôt, le titulaire du dessin ou modèle communautaire peut produire des observations dans la langue de dépôt. L'Office veille à assurer la traduction de ces observations dans la langue de procédure.

Le règlement d'exécution peut prévoir que les dépenses de traduction mises à la charge de l'Office ne peuvent, sauf dérogation accordée par l'Office lorsque la complexité de l'affaire le justifie, dépasser un montant qui est fixé pour chaque type de procédure en fonction de la taille moyenne des mémoires reçus par l'Office. Les dépenses allant au-delà de ce montant pourront être mises à la charge de la partie perdante conformément à l'article 70.

5. Les parties dans la procédure en nullité peuvent convenir qu'une autre langue officielle de la Communauté soit la langue de procédure.

### Article 99 – Publication et registre

1. Toutes les informations dont la publication est prescrite par le présent règlement ou par le règlement d'exécution sont publiées dans toutes les langues officielles de la Communauté.

2. Toutes les inscriptions au registre des dessins ou modèles communautaires sont faites dans toutes les langues officielles de la Communauté.

3. En cas de doute, le texte dans la langue de l'Office dans lequel la demande de dessin ou modèle communautaire a été déposée fait foi. Si le dépôt a eu lieu dans une langue officielle de la Communauté autre que l'une des langues de l'Office, le texte établi dans la deuxième langue indiquée par le demandeur fait foi.

### Article 100 – Compétences supplémentaires du président

En complément des fonctions et des compétences octroyées au président de l'Office par l'article 119 du règlement sur la marque communautaire, le président peut soumettre à la Commission tout projet de modification du présent règlement, du règlement d'exécution, du règlement relatif aux taxes, ou toute autre réglementation pour autant qu'elle s'applique aux dessins ou modèles communautaires enregistrés, après avoir entendu le conseil d'administration et, en ce qui concerne le règlement relatif au taxes, le comité budgétaire.

### Article 101 – Compétences supplémentaires du conseil d'administration

En complément des compétences qui lui sont octroyées par l'article 121 et suivants du règlement sur la marque communautaire ou par d'autres dispositions du présent règlement, le conseil d'administration :

a) fixe la date à partir de laquelle les demandes d'enregistrement de dessins ou modèles communautaires peuvent être déposées conformément à l'article 111, paragraphe 2;

b) est consulté avant l'adoption des directives relatives à l'examen des conditions de forme, à l'examen des motifs de refus d'enregistrement et aux actions en nullité qui se déroulent devant l'Office ainsi que dans les autres cas prévus par le présent règlement.

## *Section 2*

## Procédures

### Article 102 – Compétence

Sont compétents pour prendre toute décision dans le cadre des procédures prescrites par le présent règlement :

a) les examinateurs;

b) la division de l'administration des marques, dessins et modèles et des questions juridiques;

c) les divisions d'annulation;

d) les chambres de recours.

### Article 103 – Examinateurs

L'examinateur est compétent pour prendre au nom de l'Office toute décision concernant les demandes d'enregistrement d'un dessin ou modèle communautaire.

### Article 104 – Division de l'administration des marques, dessins et modèles et des questions juridiques

1. La division de l'administration des marques et des questions juridiques prévue par l'article 128 du règlement sur la marque communautaire devient la division de l'administration des marques, dessins et modèles et des questions juridiques.

2. En complément des compétences qui lui sont octroyées par le règlement sur la marque communautaire, elle est compétente pour toute décision requise par le présent règlement et qui ne relève pas de la compétence d'un examinateur ou d'une division d'annulation. Elle est compétente, en particulier, pour toute décision relative aux inscriptions au registre des dessins ou modèles communautaires.

### Article 105 – Divisions d'annulation

1. Une division d'annulation est compétente pour toute décision relative aux demandes en nullité d'un dessin ou modèle communautaire enregistré.

2. Une division d'annulation se compose de trois membres. Au moins l'un de ses membres est juriste.

## Article 106 – Chambres de recours

En complément des compétences qui leur sont octroyées par l'article 131 du règlement sur la marque communautaire, les chambres de recours instaurées par ledit règlement sont compétentes pour statuer sur les recours formés contre les décisions relatives aux dessins ou modèles communautaires rendues par les examinateurs, les divisions d'annulation et la division de l'administration des marques, dessins et modèles et des questions juridiques.

# TITRE XII
# DISPOSITIONS FINALES

## Article 107 – Règlement d'exécution

1. Les modalités d'application du présent règlement sont fixées par un règlement d'exécution.

2. Outre les taxes déjà prévues par le présent règlement, des taxes sont exigibles, selon les modalités d'application fixées par le règlement d'exécution et par un règlement relatif aux taxes, dans les cas suivants :

a) paiement tardif de la taxe d'enregistrement;

b) paiement tardif de la taxe de publication;

c) paiement tardif de la taxe d'ajournement de la publication;

d) paiement tardif des taxes additionnelles pour les demandes multiples;

e) délivrance d'une copie du certificat d'enregistrement;

f) enregistrement du transfert du dessin ou modèle communautaire enregistré;

g) enregistrement d'une licence ou d'un autre droit sur un dessin ou modèle communautaire enregistré;

h) radiation de l'enregistrement d'une licence ou d'un autre droit;

i) délivrance d'un extrait du registre;

j) inspection des dossiers;

k) délivrance de copies de documents de dépôt;

l) communication d'informations contenues dans un dossier;

m) réexamen de la fixation des frais de procédure à rembourser;

n) délivrance de copies certifiées d'une demande.

3. Le règlement d'exécution et le règlement relatif aux taxes sont adoptés et modifiés conformément à la procédure prévue à l'article 109, paragraphe 2.

## Article 108 – Règlements de procédure des chambres de recours

Les règlements de procédure des chambres de recours s'appliquent aux recours dont sont saisies ces instances en vertu du présent règlement, sans préjudice de toute modification nécessaire ou de toute disposition supplémentaire, et sont adoptés conformément à la procédure prévue à l'article 109, paragraphe 2.

## Article 109 – Comité

1. La Commission est assistée par un comité.

2. Dans le cas où il est fait référence au présent paragraphe, les articles 5 et 7 de la décision 1999/468/CE s'appliquent.

La période prévue à l'article 5, paragraphe 6, de la décision 1999/468/CE est fixée à trois mois.

3. Le comité adopte son règlement intérieur.

## Article 110 – Disposition transitoire

1. Jusqu'à la date d'entrée en vigueur des modifications apportées au présent règlement, sur proposition de la Commission à ce sujet, une protection au titre de dessin ou modèle communautaire n'existe pas à l'égard d'un dessin ou modèle qui constitue une pièce d'un produit complexe qui est utilisée au sens de l'article 19, paragraphe 1, dans le but de permettre la réparation de ce produit complexe en vue de lui rendre son apparence initiale.

2. La proposition de la Commission, visée au paragraphe 1, sera présentée en même temps que les changements que la Commission soumettra sur le même sujet conformément à l'article 18 de la directive 98/71/CE et tiendra compte de ces changements.

## Article 111 – Entrée en vigueur

1. Le présent règlement entre en vigueur le soixantième jour suivant celui de sa publication au *Journal officiel* des Communautés européennes.

2. Les demandes d'enregistrement des dessins ou modèles communautaires peuvent être déposées à l'Office à compter de la date fixée par le conseil d'administration sur recommandation du président de l'Office.

3. Les demandes d'enregistrement des dessins ou modèles communautaires déposées dans les trois mois précédant la date visée au paragraphe 2 sont réputées avoir été présentées à cette date.

Le présent règlement est obligatoire dans tous ses éléments et directement applicable dans tout État membre.

### Références

(1) *JO* C 29 du 31 janv. 1994, p. 20 et *JO* C 248 du 29 août 2000, p. 3.

(2) *JO* C 67 du 1er mars 2001, p. 318.

(3) *JO* C 110 du 2 mai 1995 et *JO* C 75 du 15 mars 2000, p. 35.

(4) *JO* L 289 du 28 oct. 1998, p. 28.

(5) *JO* L 184 du 17 juill. 1999, p. 23.

(6) *JO* L 11 du 14 janv. 1994, p. 1. Règlement modifié en dernier lieu par le règlement (CE) nº 3288/94 (*JO* L 349 du 31 déc. 1994, p. 83).

(7) *JO* L 299 du 31 déc. 1972, p. 32. Convention modifiée par les conventions relatives à l'adhésion à cette convention des États adhérant aux Communautés européennes.

# 7 Règlement (CE) nº 889/2002 du Parlement européen et du Conseil du 13 mai 2002 modifiant le règlement (CE) nº 2027/97 du Conseil relatif à la responsabilité des transporteurs aériens en cas d'accident

## Applicable depuis le 28 juin 2004

*(Texte présentant de l'intérêt pour l'EEE)*

*Le Parlement européen et le Conseil de l'Union européenne,*

Vu le traité instituant la Communauté européenne, et notamment son article 80, paragraphe 2,

Vu la proposition de la Commission (1),

Vu l'avis du Comité économique et social (2),

Après consultation du Comité des régions,

Statuant conformément à la procédure visée à l'article 251 du traité (3),

Considérant ce qui suit :

(1) Dans le cadre de la politique commune des transports, il importe d'assurer un niveau approprié d'indemnisation pour les passagers victimes d'accidents aériens.

(2) Une nouvelle convention pour l'unification de certaines règles relatives au transport aérien international a été signée à Montréal le 28 mai 1999 fixant de nouvelles règles internationales sur la responsabilité en cas d'accidents pour les transports aériens internationaux, en remplacement de celles prévues dans la convention de Varsovie de 1929 et ses modifications ultérieures (4).

(3) La convention de Varsovie continuera de coexister avec la convention de Montréal durant une période indéterminée.

(4) La convention de Montréal prévoit un régime de responsabilité illimitée en cas de décès ou de blessure des passagers aériens.

(5) La Communauté a signé la convention de Montréal en manifestant son intention de devenir partie à l'accord en le ratifiant.

(6) Il est nécessaire de modifier le règlement (CE) nº 2027/97 du Conseil du 9 octobre 1997 relatif à la responsabilité des transporteurs aériens en cas d'accident (5) afin de l'aligner sur les dispositions de la convention de Montréal, en créant ainsi un système uniforme de responsabilité pour les transports aériens internationaux.

(7) Le présent règlement et la convention de Montréal renforcent la protection des passagers et de leurs ayants droit et ne peuvent être interprétés d'une façon qui affaiblirait leur protection par rapport à la législation en vigueur à la date d'adoption du présent règlement.

(8) Sur le marché intérieur de l'aviation, la distinction entre transport national et international a été éliminée et il est donc opportun d'avoir le même niveau et la même nature de responsabilité dans le transport international et national au sein de la Communauté.

(9) Conformément au principe de subsidiarité, une action au niveau communautaire est souhaitable afin de créer un ensemble unique de règles pour tous les transporteurs aériens communautaires.

(10) Un système de responsabilité illimitée en cas de décès ou de blessure des passagers est approprié dans le cadre d'un système de transport aérien sûr et moderne.

(11) Le transporteur aérien communautaire ne devrait pas pouvoir se prévaloir de l'article 21, paragraphe 2, de la convention de Montréal, sauf s'il prouve que le dommage n'était pas dû à la négligence ou à un autre acte ou omission préjudiciable du transporteur ou de ses préposés ou mandataires.

(12) Des limites uniformes de responsabilité en cas de perte, détérioration ou destruction des bagages et pour les dommages occasionnés par des retards, s'appliquant à toutes les opérations réalisées par les transporteurs communautaires, constitueront des règles simples et claires tant pour les passagers que pour les compagnies aériennes et permettront aux passagers de déterminer si une assurance supplémentaire est nécessaire.

(13) Il serait impraticable pour les transporteurs aériens communautaires et déroutant pour leurs passagers d'appliquer au sein de leurs réseaux des régimes de responsabilité différents selon les liaisons desservies.

(14) Il est souhaitable d'aider les victimes d'accidents et leurs ayants droit à faire face à leurs besoins financiers à court terme dans la période qui suit immédiatement un accident.

(15) L'article 50 de la convention de Montréal exige des parties qu'elles veillent à ce que les transporteurs aériens soient convenablement assurés, et il importe de tenir compte de l'article 7 du règlement (CEE) n° 2407/92 du Conseil du 23 juillet 1992 concernant les licences des transporteurs aériens (6) dans l'application de cette disposition.

(16) Il est souhaitable de fournir des informations de base sur les règles de responsabilité applicables à chaque passager pour qu'il puisse prendre des dispositions supplémentaires en matière d'assurance avant le voyage, s'il y a lieu.

(17) Il sera nécessaire de réviser les montants fixés dans le présent règlement afin de tenir compte de l'inflation et de toute révision des limites de responsabilité dans la convention de Montréal.

(18) Il incombe aux États membres de prévoir les dispositions supplémentaires éventuellement nécessaires pour mettre en œuvre la convention de Montréal sur des points qui ne sont pas couverts par le règlement (CE) n° 2027/97,

*Ont arrêté le présent règlement :*

**Article premier –** Le règlement (CE) n° 2027/97 est modifié comme suit :

1) Le titre est remplacé par le texte suivant : « Règlement (CE) n° 2027/97 du Conseil du 9 octobre 1997 relatif à la responsabilité des transporteurs aériens en ce qui concerne le transport aérien de passagers et de leurs bagages ».

**2) L'article 1er est remplacé par le texte suivant : « Article premier**

Le présent règlement met en œuvre les dispositions pertinentes de la convention de Montréal relatives au transport aérien de passagers et de leurs bagages, et fixe certaines dispositions supplémentaires. Il étend également l'application de ces dispositions aux transports aériens effectués sur le territoire d'un seul État membre. »

**3) L'article 2 est remplacé par le texte suivant : « Article 2**

1. Aux fins du présent règlement, on entend par :

a) "transporteur aérien" : une entreprise de transport aérien titulaire d'une licence d'exploitation valable ;

b) “transporteur aérien communautaire” : un transporteur aérien titulaire d’une licence d’exploitation valable délivrée par un État membre conformément aux dispositions du règlement (CEE) n° 2407/92;

c) “personne ayant droit à indemnisation” : le passager ou toute personne pouvant prétendre à réparation au titre dudit passager conformément au droit applicable;

d) “bagages” : à défaut d’autre définition, tout bagage enregistré ou non au sens de l’article 17, paragraphe 4, de la convention de Montréal;

e) “DTS” : les droits de tirage spéciaux tels que définis par le Fonds monétaire international;

f) “convention de Varsovie” : la convention pour l’unification de certaines règles relatives au transport aérien international, signée à Varsovie le 12 octobre 1929, ou la convention de Varsovie, telle que modifiée à La Haye le 28 septembre 1955, ou encore la convention complémentaire à la convention de Varsovie, signée à Guadalajara le 18 septembre 1961;

g) “convention de Montréal” : la convention pour l’unification de certaines règles relatives au transport aérien international, signée à Montréal le 28 mai 1999.

2. Les notions contenues dans le présent règlement qui ne sont pas définies au paragraphe 1 sont équivalentes à celles utilisées dans la convention de Montréal. »

### 4) L’article 3 est remplacé par le texte suivant : « Article 3

1. La responsabilité d’un transporteur aérien communautaire envers les passagers et leurs bagages est régie par toutes les dispositions de la convention de Montréal relatives à cette responsabilité.

2. L’obligation d’assurance visée à l’article 7 du règlement (CEE) n° 2407/92, pour autant qu’elle concerne la responsabilité envers les passagers, s’entend de l’obligation pour un transporteur aérien communautaire d’être assuré à hauteur du montant permettant de garantir que toutes les personnes ayant droit à indemnisation reçoivent la totalité de la somme à laquelle elles peuvent prétendre en vertu du présent règlement. »

### 5) L’article 3 *bis* suivant est inséré : « Article 3 *bis*

La somme supplémentaire qui, conformément à l’article 22, paragraphe 2, de la convention de Montréal, peut être demandée par un transporteur aérien communautaire quand un passager fait une déclaration spéciale d’intérêt pour la livraison de ses bagages à destination, est basée sur un tarif qui est fonction des coûts supplémentaires entraînés par le transport et l’assurance des bagages concernés, en plus de ceux supportés pour les bagages évalués à concurrence de la limite de responsabilité. Le tarif est communiqué aux passagers sur demande. »

### 6) L’article 4 est supprimé.

### 7) L’article 5 est remplacé par le texte suivant : « Article 5

1. Avec toute la diligence nécessaire et, en tout état de cause, au plus tard quinze jours après que la personne physique ayant droit à indemnisation a été identifiée, le transporteur aérien communautaire verse à cette personne une avance lui permettant de faire face à ses besoins immédiats, en proportion du préjudice matériel subi.

2. Sans préjudice du paragraphe 1, l’avance n’est pas inférieure à l’équivalent en euros de 16 000 DTS par passager en cas de décès.

3. Le versement d'une avance ne constitue pas une reconnaissance de responsabilité, et l'avance peut être déduite de toute somme payée ultérieurement en fonction de la responsabilité du transporteur aérien communautaire; elle n'est pas remboursable, sauf dans les cas visés à l'article 20 de la convention de Montréal, ou lorsque la personne à laquelle l'avance a été versée n'avait pas droit à indemnisation. »

### 8) L'article 6 est remplacé par le texte suivant : « Article 6

1. Tout transporteur aérien, lorsqu'il vend des services de transport aérien dans la Communauté, fait en sorte qu'un résumé des principales dispositions régissant la responsabilité pour les passagers et leurs bagages, notamment les délais prévus pour intenter une action en indemnisation et la possibilité de faire une déclaration spéciale pour les bagages, soit disponible à l'intention des passagers à tous les points de vente, y compris la vente par téléphone ou par Internet. En vue de se conformer à cette obligation d'information, les transporteurs aériens communautaires font usage de la note figurant à l'annexe. Ce résumé ou cette note ne sauraient servir de base pour prétendre à une indemnisation, ni être utilisés pour interpréter les dispositions du présent règlement ou de la convention de Montréal.

2. Outre les exigences d'information fixées au paragraphe 1, tous les transporteurs aériens, eu égard aux services de transport aérien vendus ou achetés dans la Communauté, indiquent par écrit à chaque passager :

- la limite applicable pour le vol concerné à la responsabilité du transporteur en cas de décès ou de blessure, si une telle limite existe,
- la limite applicable pour le vol concerné à la responsabilité du transporteur en cas de destruction, perte ou détérioration d'un bagage ainsi que l'avertissement que tout bagage dont la valeur est supérieure devrait être signalé à la compagnie aérienne au moment de l'enregistrement ou être assuré entièrement par le passager avant le voyage,
- la limite applicable pour le vol concerné à la responsabilité du transporteur en cas de dommage occasionné par un retard.

3. Pour toutes les opérations de transport réalisées par les transporteurs aériens communautaires, les limites indiquées, conformément aux exigences d'information visées aux paragraphes 1 et 2, sont celles établies par le présent règlement, à moins que le transporteur aérien communautaire ne fixe, de son propre chef, des limites plus élevées. Pour toutes les opérations de transport réalisées par des transporteurs aériens non communautaires, les paragraphes 1 et 2 ne s'appliquent qu'en ce qui concerne les transports effectués en provenance, à destination ou à l'intérieur de la Communauté. »

### 9) L'article 7 est remplacé par le texte suivant : « Article 7

Au plus tard trois ans après la date à laquelle le règlement (CE) n° 889/2002 (7) commence à s'appliquer, la Commission établit un rapport sur application du présent règlement. La Commission examine notamment la nécessité de réviser les montants mentionnés dans les articles correspondants de la convention de Montréal à la lumière de l'évolution de la situation économique et des notifications du dépositaire de l'OACI. »

10) L'annexe suivante est ajoutée :

« ANNEXE

*Responsabilité du transporteur aérien à l'égard des passagers et de leurs bagages*

La présente note d'information résume les règles de responsabilité appliquées par les transporteurs aériens communautaires comme l'exigent la législation communautaire et la convention de Montréal.

*Indemnisation en cas de décès ou de blessure*

Aucune limite financière n'est fixée à la responsabilité, en cas de blessure ou de décès d'un passager. Pour tout dommage à concurrence de 100 000 DTS (équivalent approximatif en monnaie locale), le transporteur aérien ne peut contester les demandes d'indemnisation. Au-delà de ce montant, le transporteur aérien peut se défendre contre une plainte en apportant la preuve qu'il n'a pas été négligent ou fautif d'une autre manière.

*Versement d'avances*

En cas de décès ou de blessure d'un passager, le transporteur aérien doit verser une avance pour couvrir les besoins économiques immédiats dans un délai de quinze jours à compter de l'identification de la personne ayant droit à indemnisation. En cas de décès, cette avance ne peut être inférieure à 16 000 DTS (équivalent approximatif en monnaie locale).

*Retard des passagers*

En cas de retard des passagers, le transporteur aérien est responsable des dommages, sauf s'il a pris toutes les mesures raisonnablement envisageables pour les éviter ou s'il était impossible de prendre de telles mesures. La responsabilité en cas de retard des passagers est limitée à 4 150 DTS (équivalent approximatif en monnaie locale).

*Retard des bagages*

En cas de retard des bagages, le transporteur aérien est responsable des dommages, sauf s'il a pris toutes les mesures raisonnables pour les éviter ou s'il était impossible de prendre de telles mesures. La responsabilité en cas de retard des bagages est limitée à 1 000 DTS (équivalent approximatif en monnaie locale).

*Destruction, perte ou détérioration des bagages*

Le transporteur aérien est responsable en cas de destruction, perte ou détérioration des bagages, à concurrence de 1 000 DTS (équivalent approximatif en monnaie locale). Dans le cas de bagages enregistrés, il est responsable même s'il n'y a pas faute de sa part, sauf si les bagages étaient défectueux. Dans le cas de bagages non enregistrés, le transporteur n'est responsable que s'il y a faute de sa part.

*Limites de responsabilité plus élevées pour les bagages*

Un passager peut bénéficier d'une limite de responsabilité plus élevée en faisant une déclaration spéciale au plus tard au moment de l'enregistrement et en acquittant une redevance supplémentaire.

*Plaintes concernant des bagages*

En cas de détérioration, retard, perte ou destruction des bagages, le passager concerné doit se plaindre par écrit auprès du transporteur aérien dès que possible. En cas de dommages survenus à des bagages enregistrés et en cas de retard dans l'acheminement des bagages, le passager doit se plaindre par écrit dans un délai respectivement de sept jours et de vingt et un jours à compter de la date à laquelle ils ont été mis à sa disposition.

*Responsabilité respective du transporteur avec lequel un contrat a été conclu et du transporteur effectif*

Si le transporteur aérien effectuant le vol n'est pas le même que celui avec lequel un contrat a été conclu, le passager a le droit d'adresser une plainte ou une réclamation à l'un ou à l'autre. Si le nom ou le code d'un transporteur aérien figure sur le billet, ce transporteur est celui avec lequel un contrat a été conclu.

*Délai de recours*

Toute action en dommages et intérêts doit être intentée dans les deux ans suivant la date d'arrivée de l'avion, ou suivant la date à laquelle l'avion aurait dû atterrir.

*Base des règles susmentionnées*

Les règles décrites ci-dessus reposent sur la convention de Montréal du 28 mai 1999, mise en œuvre dans la Communauté par le règlement (CE) nº 2027/97 [tel que modifié par le règlement (CE) nº 889/2002] et par la législation nationale des États membres. »

**Article 2 –** Le présent règlement entre en vigueur le jour de sa publication au *Journal officiel* des Communautés européennes.

Il s'applique à compter de la date de son entrée en vigueur ou de l'entrée en vigueur de la convention de Montréal pour la Communauté, selon celle qui a lieu en dernier.

Le présent règlement est obligatoire dans tous ses éléments et directement applicable dans tout État membre.

Références

(1) *JO* C 337 E du 28 nov. 2000, p. 68; *JO* C 213 E du 31 juill. 2001, p. 298.

(2) *JO* C 123 du 25 avr. 2001, p. 47.

(3) Avis du Parlement européen du 5 avril 2001 (*JO* C 21 du 24 janv. 2002, p. 256), position commune du Conseil du 19 décembre 2001 (*JO* C 58 E du 5 mars 2002, p. 8) et décision du Parlement européen du 12 mars 2002.

(4) *JO* L 194 du 18 juill. 2001, p. 38.

(5) *JO* L 285 du 17 oct. 1997, p. 1.

(6) *JO* L 240 du 24 août 1992, p. 1.

(7) *JO* L 140 du 30 mai 2002, p. 2.

# 8 Règlement (CE) n° 1435/2003 du Conseil du 22 juillet 2003 relatif au statut de la société coopérative européenne

## Applicable depuis le 18 août 2006

*Le Conseil de l'Union européenne,*

Vu le traité instituant la Communauté européenne, et notamment son article 308,

Vu la proposition de la Commission (1),

Vu l'avis du Parlement européen (2),

Vu l'avis du Comité économique et social européen (3),

Considérant ce qui suit :

(1) Le Parlement européen a adopté le 13 avril 1983 une résolution sur les coopératives dans la Communauté européenne (4), le 9 juillet 1987 une résolution sur la contribution des coopératives au développement régional (5), le 26 mai 1989 une résolution sur le rôle des femmes dans les coopératives et les initiatives locales d'emploi (6), le 11 février 1994 une résolution sur la contribution des coopératives au développement régional (7) et le 18 septembre 1998 une résolution sur le rôle des coopératives dans la croissance de l'emploi chez les femmes (8).

(2) L'achèvement du marché intérieur et l'amélioration de la situation économique et sociale dans l'ensemble de la Communauté qui en découle impliquent non seulement que les obstacles aux échanges commerciaux devraient être éliminés, mais aussi que les structures de production devraient être adaptées à la dimension communautaire du marché. À cette fin, il est essentiel que les entreprises, quelle qu'en soit la forme, dont les activités ne sont pas destinées à répondre exclusivement à des besoins existant au niveau local, soient en mesure de planifier et de réorganiser leurs activités à l'échelle de la Communauté.

(3) Le cadre juridique dans lequel les entreprises devraient exercer leurs activités dans la Communauté reste principalement fondé sur des législations nationales et ne correspond donc plus au cadre économique dans lequel elles doivent se développer pour permettre la réalisation des objectifs énoncés à l'article 18 du traité. Cette situation entrave considérablement le regroupement entre sociétés d'États membres différents.

(4) Le Conseil a adopté le règlement (CE) n° 2157/2001 (9) relatif au statut de la société européenne. Selon les principes généraux applicables aux sociétés anonymes le règlement n'est pas un instrument adapté à la spécificité des entreprises coopératives.

(5) Si le groupement européen d'intérêt économique (GEIE) tel que prévu par le règlement (CEE) n° 2137/85 (10) permet à des entreprises de promouvoir en commun certaines activités tout en préservant leur autonomie, il ne répond toutefois pas aux exigences spécifiques de l'entreprise coopérative.

(6) La Communauté, soucieuse de garantir l'égalité des conditions de concurrence et de contribuer à son développement économique, devrait doter les coopératives, entités normalement reconnues dans tous les États membres, d'instruments juridiques adéquats et propres à faciliter le développement de leurs activités transnationales. Les Nations unies ont encouragé tous les gouvernements à assurer un envi-

ronnement propice au développement des coopératives dans lequel elles puissent participer à la vie économique sur un pied d'égalité avec les autres formes de sociétés (11).

(7) Les coopératives sont avant tout des groupements de personnes physiques ou morales qui obéissent à des principes de fonctionnement particuliers, différents de ceux des autres opérateurs économiques. On citera, par exemple, les principes de la structure et du contrôle démocratiques ainsi que de la distribution équitable des bénéfices nets de l'exercice.

(8) Ces principes particuliers concernent notamment le principe de la prééminence de la personne, qui se concrétise par des dispositions spécifiques concernant les conditions d'adhésion, de retrait et d'exclusion des membres; il se traduit par l'énoncé de la règle « un homme, une voix », le droit de vote étant attaché à la personne et il implique l'impossibilité pour les membres d'exercer des droits sur l'actif de la société coopérative.

(9) Les coopératives détiennent un capital social et leurs membres peuvent être des personnes physiques ou morales. Leurs membres peuvent être pour partie ou en totalité des clients, des travailleurs ou des fournisseurs. Lorsqu'une coopérative est constituée de membres qui sont eux-mêmes des sociétés coopératives, il s'agit d'une coopérative dite « de deuxième degré ». Dans certaines conditions, les coopératives peuvent également compter parmi leurs membres une proportion définie de membres investisseurs non usagers ou de tiers bénéficiant de leur activité ou exécutant un travail pour le compte des coopératives.

(10) Une société coopérative européenne (ci-après dénommée « SEC ») devrait avoir pour objet principal la satisfaction des besoins de ses membres et/ou le développement de leurs activités économiques et sociales, dans le respect des principes suivants :

- ses activités devraient avoir pour finalité le bénéfice mutuel de ses membres afin que chacun d'entre eux bénéficie des activités de la SEC en fonction de sa participation,
- ses membres devraient également être des clients, travailleurs ou fournisseurs ou sont, d'une manière ou d'une autre, impliqués dans les activités de la SEC,
- son contrôle devrait être assumé à parts égales entre ses membres, un vote pondéré pouvant toutefois être prévu, afin de refléter la contribution de chaque membre à la SEC,
- la rémunération du capital emprunté et des participations devrait être limitée,
- ses bénéfices devraient être distribués en fonction des activités réalisées avec la SEC ou utilisés pour satisfaire les besoins de ses membres,
- il ne devrait pas y avoir de barrières artificielles à l'adhésion,
- en cas de dissolution, l'actif net et les réserves devraient être distribués selon le principe de dévolution désintéressée, c'est-à-dire à une autre entité coopérative poursuivant des fins ou des objectifs d'intérêt général similaires.

(11) La coopération transnationale entre coopératives se heurte actuellement dans la Communauté à des difficultés d'ordre juridique et administratif qu'il convient d'éliminer dans un marché sans frontières.

(12) L'instauration d'une forme juridique européenne, fondée sur des principes communs, mais prenant en compte les spécificités des coopératives, devrait permettre à celles-ci d'opérer au-delà de leurs frontières nationales, sur tout ou une partie du territoire de la Communauté.

(13) L'objet essentiel du présent règlement est de permettre la création d'une SEC par des personnes physiques résidant dans des États membres différents ou des personnes morales relevant du droit d'États membres différents. Il permettra également la création d'une SEC par fusion de deux coopératives existantes, ou par transformation d'une coopérative nationale, sans passer par une dissolution, dès lors que cette coopérative a son siège statutaire et son administration centrale dans un État membre et un établissement ou une filiale dans un autre État membre.

(14) Compte tenu de la nature spécifique et communautaire de la SEC, le régime du « siège réel » retenu pour la SEC par le présent règlement est sans préjudice des législations des États membres et ne préjuge pas les choix qui pourront être faits pour d'autres textes communautaires en matière de droit des sociétés.

(15) Aux fins du présent règlement, le terme « capital » devrait désigner uniquement le « capital souscrit ». En aucun cas, il ne devrait couvrir d'éventuels actifs communs ou fonds propres non distribués détenus par la SEC.

(16) Le présent règlement ne couvre pas d'autres domaines du droit tels que la fiscalité, la concurrence, la propriété intellectuelle, ou l'insolvabilité. Par conséquent, les dispositions du droit des États membres et du droit communautaire sont applicables dans ces domaines, ainsi que dans d'autres domaines non couverts par le présent règlement.

(17) Les règles relatives à l'implication des travailleurs dans la société coopérative européenne font l'objet de la directive 2003/72/CE (12) ; ces dispositions forment donc un complément indissociable du présent règlement et elles doivent être appliquées de manière concomitante.

(18) Les travaux de rapprochement du droit national des sociétés ont notablement progressé, ce qui permet en ce qui concerne la SEC, dans des domaines où son fonctionnement n'exige pas de règles communautaires uniformes, de renvoyer, par analogie, à certaines dispositions de l'État membre du siège de la SEC prises en vue de mettre en œuvre les directives sur les sociétés commerciales, dans la mesure où ces dispositions sont pertinentes du point de vue de la réglementation applicable à la SEC, en particulier :

- la première directive 68/151/CEE du Conseil du 9 mars 1968 tendant à coordonner, pour les rendre équivalentes, les garanties qui sont exigées, dans les États membres, des sociétés au sens de l'article 48, deuxième alinéa, du traité, pour protéger les intérêts tant des associés que des tiers (13),
- la quatrième directive 78/660/CEE du Conseil du 25 juillet 1978 concernant les comptes annuels de certaines formes de sociétés (14),
- la septième directive 83/349/CEE du Conseil du 13 juin 1983 concernant les comptes consolidés (15),
- la huitième directive 84/253/CEE du Conseil du 10 avril 1984 concernant l'agrément des personnes chargées du contrôle légal des documents comptables (16),
- la onzième directive 89/666/CEE du Conseil du 21 décembre 1989 concernant la publicité des succursales créées dans un État membre par certaines formes de société relevant du droit d'un autre État (17).

(19) Les activités dans le secteur des services financiers, notamment en ce qui concerne les établissements de crédit et les entreprises d'assurance, ont été l'objet de mesures législatives prévues par les directives suivantes :

- la directive 86/635/CEE du Conseil du 8 décembre 1986 concernant les comptes annuels et les comptes consolidés des banques et autres établissements financiers (18),

– la directive 92/49/CEE du Conseil du 18 juin 1992 portant coordination des dispositions législatives, réglementaires et administratives concernant l'assurance directe autre que l'assurance sur la vie (troisième directive « assurance non vie ») (19).

(20) Le recours au présent statut devrait être facultatif,

*A arrêté le présent règlement :*

CHAPITRE PREMIER

## Dispositions générales

### Article premier – Nature de la SEC

1. Une société coopérative peut être constituée sur le territoire de la Communauté sous la forme d'une société coopérative européenne (ci-après dénommée « SEC ») dans les conditions et selon les modalités prévues par le présent règlement.

2. La SEC est une société dont le capital souscrit est divisé en parts.

Le nombre des membres ainsi que le capital de la SEC sont variables.

Sauf dispositions contraires des statuts de la SEC, au moment de sa constitution, chaque membre ne s'engage qu'à concurrence du capital qu'il a souscrit. Lorsque les membres de la SEC ont une responsabilité limitée, la dénomination sociale de la SEC est suivie des termes « à responsabilité limitée ».

3. La SEC a pour objet principal la satisfaction des besoins et/ou le développement des activités économiques et/ou sociales de ses membres notamment par la conclusion d'accords avec ceux-ci en vue de la fourniture de biens ou de services ou de l'exécution de travaux dans le cadre de l'activité que la SEC exerce ou fait exercer. La SEC peut aussi avoir pour objet de répondre aux besoins de ses membres en favorisant, de la même manière, leur participation à des activités économiques dans une ou plusieurs SEC et/ou coopératives nationales. La SEC peut mener ses activités par l'intermédiaire d'une filiale.

4. La SEC ne peut admettre des non membres au bénéfice de ses activités ou permettre à ceux-ci de participer à ses opérations, sauf dispositions contraires des statuts.

5. La SEC a la personnalité juridique.

6. L'implication des travailleurs dans une SEC est régie par les dispositions de la directive 2003/72/CE.

### Article 2 – Constitution

1. La SEC peut être constituée comme suit :

– par au moins cinq personnes physiques résidant dans au moins deux États membres,

– par au moins cinq personnes physiques et sociétés au sens de l'article 48, deuxième alinéa, du traité, ainsi que d'autres entités juridiques de droit public ou privé, constituées selon le droit d'un État membre, qui résident dans au moins deux États membres ou sont régies par la législation d'au moins deux États membres,

– par des sociétés au sens de l'article 48, deuxième alinéa, du traité, ainsi que d'autres entités juridiques de droit public ou privé, constituées selon le droit d'un État membre, qui résident dans au moins deux États membres ou sont régies par la législation d'au moins deux États membres,

– par fusion de coopératives constituées selon le droit d'un État membre et ayant leur siège statutaire et leur administration centrale dans la Communauté, si deux d'entre elles au moins relèvent du droit d'États membres différents,
– par transformation d'une coopérative constituée selon le droit d'un État membre et ayant son siège statutaire et son administration centrale dans la Communauté, si elle a depuis au moins deux ans un établissement ou une filiale relevant du droit d'un autre État membre.

2. Un État membre peut prévoir qu'une entité juridique n'ayant pas son administration centrale dans la Communauté peut participer à la constitution d'une SEC, si elle est constituée selon le droit d'un État membre, a son siège statutaire dans ce même État membre et a un lien effectif et continu avec l'économie d'un État membre.

## Article 3 – Capital minimal

1. Le capital de la SEC est exprimé dans la monnaie nationale. Une SEC dont le siège statutaire est situé hors de la zone euro peut également exprimer son capital en euros.

2. Le capital souscrit est d'au moins 30 000 euros.

3. La législation d'un État membre prévoyant un capital souscrit plus élevé pour les entités juridiques exerçant certains types d'activités s'applique aux SEC ayant leur siège statutaire dans cet État membre.

4. Les statuts fixent une somme au-dessous de laquelle le capital souscrit ne pourra être réduit par le remboursement de parts des membres qui cessent de faire partie de la SEC. Cette somme ne pourra être inférieure au montant fixé au paragraphe 2. L'échéance fixée à l'article 16 du droit de remboursement des membres qui cessent de faire partie de la SEC est suspendue tant que le remboursement entraînerait la réduction du capital souscrit au-dessous de la limite prescrite.

5. Le capital est susceptible d'augmentation par des versements successifs des membres ou l'admission de nouveaux membres et de diminution par le remboursement total ou partiel des apports, effectués sous réserve de l'application du paragraphe 4.

Les variations du montant du capital ne nécessitent pas de modifications des statuts ni de publicité.

## Article 4 – Capital de la SEC

1. Le capital souscrit de la SEC est représenté par les parts des membres, exprimées en monnaie nationale. Une SEC dont le siège est situé hors de la zone euro peut également exprimer son capital en euros. Il peut être émis plusieurs catégories de parts.

Des dispositions statutaires peuvent stipuler que des catégories de parts confèrent des droits différents en ce qui concerne la répartition des résultats. Les parts conférant les mêmes droits constituent une catégorie.

2. Le capital ne peut être constitué que par des éléments d'actifs susceptibles d'évaluation économique. Les parts des membres ne peuvent être émises en contrepartie d'engagements concernant l'exécution de travaux ou la prestation de services.

3. Les parts sont obligatoirement nominatives. Leur valeur nominale est identique pour chaque catégorie de parts. Elle est fixée dans les statuts. Les parts ne peuvent pas être émises pour un montant inférieur à leur valeur nominale.

4. Les parts émises en contrepartie d'apports en numéraire sont libérées au jour de la souscription à concurrence d'au moins 25 % de leur valeur nominale. Le solde

est libéré dans un délai maximal de cinq ans, sauf si le statut prévoit un délai plus court.

5. Les parts émises en contrepartie d'apports en nature sont intégralement libérées à la souscription.

6. Le droit applicable aux sociétés anonymes, dans l'État membre où la SEC a son siège statutaire, en ce qui concerne la désignation d'experts et l'évaluation des apports autres qu'en numéraire s'applique par analogie à la SEC.

7. Les statuts fixent le nombre minimal de parts à souscrire pour accéder à la qualité de membre. S'ils prévoient que la majorité dans les assemblées générales est réservée aux personnes physiques membres, et s'ils comportent une obligation de souscription liée à la participation des membres à l'activité de la SEC, ils ne peuvent imposer pour l'acquisition de la qualité de membre la souscription de plus d'une part.

8. Une résolution de l'assemblée générale annuelle statuant sur les comptes de l'exercice constate le montant du capital à la clôture de l'exercice et sa variation par rapport à l'exercice précédent.

Sur proposition de l'organe d'administration ou de direction, le capital souscrit peut être augmenté par incorporation de tout ou partie des réserves partageables à la suite d'une décision de l'assemblée générale, conformément au *quorum* et à la majorité requises pour la modification des statuts. Les parts nouvelles reviennent aux membres au prorata des parts dont ils disposaient jusqu'alors dans le capital.

9. La valeur nominale des parts peut être augmentée par regroupement de parts émises. Lorsqu'une telle augmentation nécessite l'appel de versements complémentaires des membres au capital selon des dispositions prévues dans les statuts, l'assemblée générale doit décider en respectant les conditions de *quorum* et de majorité requises pour la modification des statuts.

10. La valeur nominale des parts peut être réduite par division des parts émises.

11. Dans les conditions fixées par les statuts et avec l'accord soit de l'assemblée générale, soit de l'organe de direction ou d'administration, les parts sont cessibles ou négociables à quiconque acquiert la qualité de membre.

12. Sont interdits la souscription, l'achat, et la prise en gage par la SEC de ses propres parts, soit directement soit par une personne agissant en son propre nom, mais pour le compte de la SEC.

Toutefois, la prise en gage est autorisée pour les opérations courantes des SEC établissements de crédit.

### Article 5 – Statuts

1. Aux fins du présent règlement, l'expression « statuts de la SEC » désigne à la fois l'acte constitutif et, lorsqu'ils font l'objet d'un acte séparé, les statuts proprement dits de la SEC.

2. Les membres fondateurs établissent les statuts de la SEC, conformément aux dispositions prévues pour la constitution des coopératives relevant de la législation de l'État membre du siège de la SEC. Ils sont établis par écrit et signés par les membres fondateurs.

3. Le droit applicable, dans l'État membre où la SEC a son siège statutaire, aux fins du contrôle préventif d'une société anonyme pendant la phase de constitution s'applique par analogie au contrôle de la constitution de la SEC.

4. Les statuts de la SEC contiennent au moins :

– la dénomination sociale précédée ou suivie du sigle « SEC » et, le cas échéant, des termes « à responsabilité limitée »,

– l'indication de son objet,
– le nom des personnes physiques et la dénomination sociale des entités qui sont membres fondateurs de la SEC, avec indication, dans le dernier cas, de l'objet et du siège statutaire,
– l'adresse du siège statutaire de la SEC,
– les conditions et modalités applicables à l'admission, à l'exclusion et au retrait des membres,
– les droits et les obligations des membres et, le cas échéant, leurs différentes catégories, ainsi que les droits et obligations attachés à chaque catégorie,
– la valeur nominale des parts souscrites ainsi que le montant du capital souscrit et l'indication de la variabilité du capital,
– les règles spécifiques concernant le prélèvement sur les excédents à affecter, le cas échéant, à la réserve légale,
– les pouvoirs et compétences des membres de chacun des organes,
– les conditions de nomination et de révocation des membres des organes,
– les règles de majorité et de *quorum*,
– la durée de vie de la société, lorsque cette durée est limitée.

### Article 6 – Siège statutaire

Le siège statutaire de la SEC est situé à l'intérieur de la Communauté, dans le même État membre que son administration centrale. Un État membre peut, en outre, imposer aux SEC immatriculées sur son territoire l'obligation d'avoir leur administration centrale et leur siège statutaire au même endroit.

### Article 7 – Transfert du siège statutaire

1. Le siège statutaire de la SEC peut être transféré dans un autre État membre conformément aux paragraphes 2 à 16. Ce transfert ne donne lieu ni à dissolution ni à création d'une personne morale nouvelle.

2. Un projet de transfert est établi par l'organe de direction ou d'administration et fait l'objet d'une publicité conformément à l'article 12, sans préjudice de formes de publicité additionnelles prévues par l'État membre du siège. Ce projet mentionne la dénomination sociale, le siège statutaire et le numéro d'immatriculation actuels de la SEC et comprend :

a) le siège statutaire proposé pour la SEC ;

b) les statuts proposés pour la SEC, y compris, le cas échéant, sa nouvelle dénomination sociale ;

c) le calendrier proposé pour le transfert ;

d) les conséquences que le transfert pourrait avoir pour l'implication des travailleurs dans la SEC ;

e) tous les droits prévus en matière de protection des membres, des créanciers et des titulaires d'autres droits.

3. L'organe de direction ou d'administration établit un rapport expliquant et justifiant les aspects juridiques et économiques du transfert, ainsi que ses conséquences en matière d'emploi et expliquant les conséquences du transfert pour les membres, les créanciers, les travailleurs et les titulaires d'autres droits.

4. Les membres et les créanciers de la SEC et les titulaires d'autres droits, ainsi que toute autre entité habilitée en vertu du droit national à exercer un tel droit, ont, au moins un mois avant l'assemblée générale appelée à se prononcer sur le transfert, le droit d'examiner, au siège de la SEC, la proposition de transfert et le rapport éta-

bli en application du paragraphe 3 et d'obtenir gratuitement, à leur demande, des copies de ces documents.

5. Tout membre qui s'est opposé à la décision de transfert lors de l'assemblée générale ou de l'assemblée de section ou de branche peut déclarer son retrait dans un délai de deux mois à compter de la décision de l'assemblée générale. La qualité de membre prend fin au terme de l'exercice au cours duquel le retrait a été déclaré; le transfert ne prend pas effet à l'égard de ce membre. Le retrait ouvre droit au remboursement de parts dans les conditions prévues à l'article 4, paragraphe 4, et à l'article 16.

6. La décision de transfert ne peut intervenir que deux mois après la publication de la proposition. Elle doit être prise dans les conditions prévues à l'article 62, paragraphe 4.

7. Avant que l'autorité compétente ne délivre le certificat visé au paragraphe 8, la SEC doit prouver qu'en ce qui concerne les créances nées antérieurement à la publication de la proposition de transfert, les intérêts des créanciers et titulaires d'autres droits envers la SEC (y compris ceux des entités publiques) bénéficient d'une protection adéquate conformément aux dispositions prévues par l'État membre où la SEC a son siège statutaire avant le transfert.

Un État membre peut étendre l'application du premier alinéa aux créances nées, ou susceptibles de naître, avant le transfert.

Le premier et le deuxième alinéas s'appliquent sans préjudice de l'application aux SEC de la législation nationale des États membres en ce qui concerne le désintéressement ou la garantie des paiements en faveur des entités publiques.

8. Dans l'État membre du siège statutaire de la SEC, un tribunal, un notaire ou une autre autorité compétente délivre un certificat attestant d'une manière concluante l'accomplissement des actes et des formalités préalables au transfert.

9. La nouvelle immatriculation ne peut s'effectuer que sur présentation du certificat visé au paragraphe 8 ainsi que sur preuve de l'accomplissement des formalités exigées pour l'immatriculation dans le pays du nouveau siège.

10. Le transfert du siège de la SEC, ainsi que la modification des statuts qui en résulte, prennent effet à la date à laquelle la SEC est immatriculée conformément à l'article 11, paragraphe 1, au registre du nouveau siège.

11. Lorsque la nouvelle immatriculation de la SEC a été effectuée, le registre de la nouvelle immatriculation le notifie au registre de l'ancienne immatriculation. La radiation de l'ancienne immatriculation s'effectue dès réception de la notification, mais pas avant.

12. La nouvelle immatriculation et la radiation de l'ancienne immatriculation sont publiées dans les États membres concernés conformément à l'article 12.

13. La publication de la nouvelle immatriculation de la SEC rend le nouveau siège opposable aux tiers. Toutefois, tant que la publication de la radiation de l'immatriculation au registre du précédent siège n'a pas eu lieu, les tiers peuvent continuer de se prévaloir de l'ancien siège, à moins que la SEC ne prouve que les tiers avaient connaissance du nouveau siège.

14. La législation d'un État membre peut prévoir, en ce qui concerne les SEC immatriculées dans ce dernier, qu'un transfert du siège, dont résulterait un changement du droit applicable, ne prend pas effet si, dans le délai de deux mois visé au paragraphe 6, une autorité compétente de cet État s'y oppose. Cette opposition ne peut avoir lieu que pour des raisons d'intérêt public.

Lorsqu'une SEC est soumise au contrôle d'une autorité nationale de surveillance financière conformément aux directives communautaires, le droit de s'opposer au transfert du siège statutaire s'applique également à cette autorité.

Elle est susceptible de recours devant une autorité judiciaire.

15. Une SEC, à l'égard de laquelle a été entamée une procédure de dissolution, de liquidation, y compris la liquidation volontaire, d'insolvabilité, de suspension de paiements ou d'autres procédures analogues ne peut transférer son siège.

16. Une SEC qui a transféré son siège statutaire dans un autre État membre est considérée, aux fins de tout litige survenant avant le transfert tel qu'il est déterminé au paragraphe 10, comme ayant son siège statutaire dans l'État membre où la SEC était immatriculée avant le transfert, même si une action est intentée contre la SEC après le transfert.

## Article 8 – Loi applicable

1. La SEC est régie :

a) par le présent règlement;

b) lorsque le présent règlement l'autorise expressément, par les dispositions des statuts de la SEC;

c) pour les matières non réglées par le présent règlement ou, lorsqu'une matière l'est partiellement, pour les aspects non couverts par le présent règlement par :

i) les lois adoptées par les États membres en application de mesures communautaires visant spécifiquement les SEC;

ii) les lois des États membres qui s'appliqueraient à une société coopérative constituée selon le droit de l'État membre dans lequel la SEC a son siège statutaire;

iii) les dispositions des statuts de la SEC, dans les mêmes conditions que pour une coopérative constituée selon le droit de l'État membre dans lequel la SEC a son siège statutaire.

2. Si la législation nationale prévoit des règles et/ou restrictions spécifiques liées à la nature des activités exercées par une SEC ou une forme de contrôle exercée par une autorité de surveillance, cette législation s'applique intégralement à la SEC.

## Article 9 – Principe de non-discrimination

Sous réserve du présent règlement, une SEC est traitée dans chaque État membre comme une coopérative constituée conformément à la législation de l'État membre dans lequel la SEC a son siège statutaire.

## Article 10 – Mentions à faire figurer sur les documents

1. Le droit applicable, dans l'État membre où la SEC a son siège statutaire, aux sociétés anonymes en ce qui concerne le contenu des lettres et documents destinés aux tiers s'applique par analogie à la SEC. La dénomination sociale est précédée ou suivie du sigle « SEC » et, le cas échéant, des termes « à responsabilité limitée ».

2. Seules les SEC peuvent faire figurer le sigle « SEC » avant ou après leur dénomination sociale afin d'en préciser la forme juridique.

3. Néanmoins, les sociétés et les autres entités juridiques immatriculées dans un État membre avant la date d'entrée en vigueur du présent règlement, dans la dénomination sociale desquelles figure le sigle « SEC », ne sont pas tenues de modifier leur dénomination sociale.

## Article 11 – Immatriculation et contenu de la publicité

1. Toute SEC est immatriculée dans l'État membre de son siège statutaire dans un registre désigné par la législation de cet État membre conformément au droit applicable aux sociétés anonymes.

2. Une SEC ne peut être immatriculée que si un accord sur les modalités relatives à l'implication des travailleurs au sens de l'article 4 de la directive 2003/72/CE a été conclu, ou si une décision au titre de l'article 3, paragraphe 6, de ladite directive a été prise, ou encore si la période prévue à l'article 5 de ladite directive pour mener les négociations est arrivée à expiration sans qu'un accord n'ait été conclu.

3. Pour qu'une SEC constituée par voie de fusion puisse être immatriculée dans un État membre ayant fait usage de la faculté visée à l'article 7, paragraphe 3, de la directive 2003/72/CE, il faut qu'un accord, au sens de l'article 4 de ladite directive, sur les modalités relatives à l'implication des travailleurs, y compris la participation, ait été conclu, ou qu'aucune des coopératives participantes n'ait été régie par des règles de participation avant l'immatriculation de la SEC.

4. Les statuts de la SEC ne doivent à aucun moment entrer en conflit avec les modalités relatives à l'implication des travailleurs qui ont été fixées. Lorsque de nouvelles modalités fixées conformément à la directive 2003/72/CE entrent en conflit avec les statuts existants, ceux-ci sont modifiés dans la mesure nécessaire.

En pareil cas, un État membre peut prévoir que l'organe de direction ou l'organe d'administration de la SEC a le droit d'apporter des modifications aux statuts sans nouvelle décision de l'assemblée générale des actionnaires.

5. Le droit applicable, dans l'État membre où la SEC a son siège statutaire, aux sociétés anonymes en ce qui concerne les exigences en matière de publicité des actes et indications s'applique par analogie à la SEC.

## Article 12 – Publicité des actes dans les États membres

1. Les actes et indications concernant la SEC soumis à publicité par le présent règlement font l'objet d'une publicité effectuée selon les modes prévus par la législation de l'État membre du siège statutaire de la SEC relative aux sociétés anonymes.

2. Les dispositions nationales prises en application de la directive 89/666/CEE s'appliquent aux succursales de la SEC créées dans un État membre autre que celui de son siège. Toutefois, les États membres peuvent prévoir des dérogations aux dispositions nationales d'application de ladite directive pour tenir compte des spécificités des coopératives.

## Article 13 – Publication au Journal officiel de l'Union européenne

1. L'immatriculation et la radiation de l'immatriculation d'une SEC font l'objet d'un avis publié pour information au *Journal officiel* de l'Union européenne après la publication effectuée conformément à l'article 12. Cet avis comporte la dénomination sociale, le numéro, la date et le lieu d'immatriculation de la SEC, la date, le lieu et le titre de la publication, ainsi que le siège et son secteur d'activité.

2. Le transfert du siège statutaire de la SEC dans les conditions prévues à l'article 7 donne lieu à un avis comportant les indications prévues au paragraphe 1, ainsi que celles relatives à la nouvelle immatriculation.

3. Les indications visées au paragraphe 1 sont communiquées à l'Office des publications officielles des Communautés européennes dans le mois suivant la publication visée à l'article 12, paragraphe 1.

## Article 14 – Acquisition de la qualité de membre

1. Sans préjudice de l'article 33, paragraphe 1, point b), l'acquisition de la qualité de membre de la SEC est soumise à l'agrément de l'organe de direction ou d'administration. Les décisions de refus peuvent faire l'objet d'un recours devant l'assemblée générale qui suit la demande d'admission.

Les statuts peuvent stipuler que, lorsque la législation de l'État membre où se trouve le siège de la SEC le permet, des personnes n'ayant pas vocation à utiliser ou à produire les biens et les services de la SEC peuvent être admis en qualité de membres investisseurs (non-usagers). Dans ce cas, l'acquisition de la qualité de membre est subordonnée à l'approbation de l'assemblée générale ou de tout autre organe agissant par délégation sur décision de l'assemblée générale ou en vertu des statuts.

Les membres qui sont des entités juridiques sont considérés comme ayant la qualité d'usagers du fait qu'ils représentent leurs propres membres, à condition que les personnes physiques qui sont leurs membres aient la qualité d'usagers.

À moins que les statuts n'en disposent autrement, la qualité de membre d'une SEC peut être acquise par des personnes physiques ou des entités juridiques.

2. Les statuts peuvent subordonner l'admission à d'autres conditions, notamment :
- la souscription d'un montant minimal de capital,
- des conditions en relation avec l'objet de la SEC.

3. Lorsque les statuts en disposent ainsi, des demandes de participation complémentaire au capital peuvent être adressées aux membres.

4. Un fichier alphabétique de tous les membres est tenu au siège de la SEC mentionnant leur adresse, le nombre et, s'il y a lieu, la catégorie des parts qu'ils détiennent. Toute personne ayant un intérêt légitime direct peut, sur demande, prendre connaissance de ce fichier et en obtenir une copie intégrale ou partielle sans que le coût de cette copie puisse être supérieur au coût administratif.

5. Toutes les opérations ayant pour effet de modifier l'affiliation et la répartition du capital, son augmentation ou sa réduction donnent lieu à inscription sur le fichier des membres, prévu au paragraphe 4, au plus tard dans le mois suivant la modification.

6. Les opérations prévues au paragraphe 5 ne prennent effet tant à l'égard de la SEC que des tiers ayant un intérêt légitime direct qu'à dater de leur inscription sur le fichier prévu au paragraphe 4.

7. Une attestation écrite d'inscription est délivrée, sur demande, au membre.

## Article 15 – Perte de la qualité de membre

1. La qualité de membre se perd :
- par le retrait,
- par l'exclusion, lorsque le membre contrevient gravement à ses obligations ou commet des actes contraires aux intérêts de la SEC,
- lorsqu'elle est autorisée par les statuts, par la cession de toutes les parts détenues à un membre ou à une personne physique ou entité juridique qui acquiert la qualité de membre,
- par la dissolution d'un membre n'ayant pas la qualité de personne physique,
- par faillite,

– par décès,
– et dans tout autre cas prévu par les statuts ou par la législation concernant les coopératives de l'État membre du siège de la SEC.

2. Tout membre minoritaire qui, lors de l'assemblée générale, s'est opposé à une modification des statuts selon laquelle :

i) de nouvelles obligations en matière de versements ou autres prestations ont été instituées, ou

ii) les obligations existantes des membres ont été étendues de manière substantielle, ou

iii) le délai de préavis pour se retirer de la SEC a été porté à une durée supérieure à cinq ans,

peut déclarer son retrait dans un délai de deux mois à compter de la décision de l'assemblée générale.

La qualité de membre prend fin au terme de l'exercice en cours dans les cas visés au premier alinéa, points i) et ii), et au terme du délai de préavis en vigueur avant la modification des statuts dans le cas visé au premier alinéa, point iii). La modification des statuts ne prend pas effet à l'égard de ce membre. Le retrait ouvre droit au remboursement de parts dans les conditions prévues à l'article 3, paragraphe 4, et à l'article 16.

3. Le membre est exclu par décision d'administration ou de l'organe de direction après avoir été entendu. Il peut faire appel de cette décision devant l'assemblée générale.

### Article 16 – Droits pécuniaires des membres en cas de retrait ou d'exclusion

1. Sauf en cas de cession de parts et sous réserve de l'article 3, la perte de la qualité de membre ouvre droit au remboursement de sa part du capital souscrit, réduite en proportion de toute perte imputable sur le capital social de la SEC.

2. Les montants déduits en vertu du paragraphe 1 sont calculés en fonction du bilan de l'exercice au cours duquel le droit au remboursement a pris naissance.

3. Les statuts prévoient les modalités et les conditions de l'exercice du droit de retrait et impartissent le délai, d'un maximum de trois ans, dans lequel le remboursement doit s'effectuer. En tout cas, la SEC n'est pas tenue d'effectuer le remboursement avant les six mois suivant l'approbation du bilan postérieur à la perte de la qualité de membre.

4. Les paragraphes 1, 2 et 3 s'appliquent également en cas de remboursement d'une partie seulement des parts détenues par un membre.

CHAPITRE II

## Constitution

*Section 1*

### Généralités

### Article 17 – Droit applicable durant la constitution

1. Sous réserve du présent règlement, la constitution d'une SEC est régie par la loi applicable aux coopératives de l'État où la SEC fixe son siège statutaire.

2. L'immatriculation d'une SEC fait l'objet d'une publicité conformément à l'article 12.

### Article 18 – Acquisition de la personnalité juridique

1. La SEC acquiert la personnalité juridique le jour de son immatriculation dans l'État du siège au registre désigné par cet État selon l'article 11, paragraphe 1.

2. Si des actes ont été accomplis au nom de la SEC avant son immatriculation conformément à l'article 11 et si la SEC ne reprend pas, après cette immatriculation, les engagements résultant de tels actes, les personnes physiques, sociétés ou autres entités juridiques qui les ont accomplis en sont solidairement et indéfiniment responsables, sauf convention contraire.

*Section 2*

## Constitution par voie de fusion

### Article 19 – Procédures de constitution par voie de fusion

Une SEC peut être constituée par voie de fusion réalisée :
– soit selon la procédure de fusion par absorption,
– soit selon la procédure de fusion par constitution d'une nouvelle personne morale.

Dans le cas d'une fusion par absorption, la coopérative absorbante prend la forme de SEC simultanément à la fusion. Dans le cas d'une fusion par constitution d'une nouvelle personne morale, cette dernière prend la forme d'une SEC.

### Article 20 – Droit applicable en cas de fusion

Pour les matières non couvertes par la présente section ou, lorsqu'une matière l'est partiellement, pour les aspects non couverts par elle, chaque coopérative participant à la constitution d'une SEC par voie de fusion est soumise aux dispositions applicables à la fusion de coopératives du droit de l'État membre dont elle relève et, à défaut, aux dispositions applicables aux fusions internes des sociétés anonymes du droit dudit État.

### Article 21 – Raisons pouvant motiver l'opposition à une fusion

La législation d'un État membre peut prévoir qu'une société coopérative relevant du droit de cet État membre ne peut participer à la constitution d'une SEC par voie de fusion si une autorité compétente de cet État membre s'y oppose avant la délivrance du certificat visé à l'article 29, paragraphe 2.

Cette opposition ne peut avoir lieu que pour des raisons d'intérêt public. Elle est susceptible de recours devant une autorité judiciaire.

### Article 22 – Conditions de fusion

1. L'organe de direction ou d'administration des coopératives qui fusionnent établit un projet de fusion. Ce projet comprend :

a) la dénomination et le siège des coopératives qui fusionnent, ainsi que ceux envisagés pour la SEC ;

b) le rapport d'échange des parts du capital souscrit et le montant de la soulte. Lorsqu'il n'existe pas de parts, la répartition exacte des actifs et sa valeur correspondante en parts ;

c) les modalités de remise des parts de la SEC ;

d) la date à partir de laquelle les actions de la SEC donnent le droit de participer aux résultats ainsi que toute modalité particulière relative à ce droit;

e) la date à partir de laquelle les opérations des coopératives qui fusionnent sont considérées du point de vue comptable comme accomplies pour le compte de la SEC;

f) les modalités ou avantages particuliers qui concernent les obligations ou les titres autres que des actions qui, en vertu de l'article 66, ne confèrent pas la qualité de membre;

g) les droits assurés par la SEC aux actionnaires ayant des droits spéciaux et aux porteurs de titres autres que des actions ou les mesures envisagées à leur égard;

h) les formes de protection des droits des créanciers des coopératives qui fusionnent;

i) tous les avantages particuliers attribués aux experts qui examinent le projet de fusion, ainsi qu'aux membres des organes d'administration, de direction, de surveillance et de contrôle des coopératives qui fusionnent;

j) les statuts de la SEC;

k) des informations sur les procédures selon lesquelles les modalités relatives à l'implication des travailleurs sont fixées conformément à la directive 2003/72/CE.

2. Les coopératives qui fusionnent peuvent ajouter d'autres éléments au projet de fusion.

3. Le droit applicable aux sociétés anonymes en ce qui concerne les projets de fusion s'applique par analogie aux fusions transfrontalières de coopératives en vue de la création d'une SEC.

### Article 23 – Explication et justification du projet de fusion

Les organes d'administration ou de direction de chacune des coopératives qui fusionnent établissent un rapport écrit détaillé expliquant et justifiant du point de vue juridique et économique le projet de fusion et, en particulier, le rapport d'échange des parts. Le rapport indique, en outre, toute difficulté particulière d'évaluation.

### Article 24 – Publication

1. Le droit applicable aux sociétés anonymes en ce qui concerne les exigences en matière de publicité des projets de fusion s'applique par analogie à chacune des coopératives qui fusionnent, sous réserve des exigences supplémentaires imposées par l'État membre dont relève la coopérative concernée.

2. La publication du projet dans le bulletin national comporte toutefois, pour chacune des coopératives qui fusionnent, les indications suivantes :

a) la forme, la dénomination et le siège statutaire de la coopérative qui fusionne;

b) l'adresse du lieu ou du registre auprès duquel les statuts et tous les autres actes et indications ont été déposés pour chacune des coopératives qui fusionnent, ainsi que le numéro d'inscription dans ce registre;

c) une indication des modalités d'exercice des droits des créanciers de la coopérative en question conformément à l'article 28 ainsi que l'adresse à laquelle peut être obtenue, sans frais, une information exhaustive sur ces modalités;

d) une indication des modalités d'exercice des droits des membres de la coopérative en question, fixées conformément à l'article 28, ainsi que l'adresse à laquelle peut être obtenue, sans frais, une information exhaustive sur ces modalités;

e) la dénomination et le siège envisagés pour la SEC;

f) les conditions qui déterminent conformément à l'article 31 la date à laquelle la fusion prend effet.

## Article 25 – Exigences en matière d'information

1. Tout membre a le droit, un mois au moins avant la date de la réunion de l'assemblée générale appelée à se prononcer sur la fusion, de consulter au siège statutaire les documents suivants :

a) le projet de fusion visé à l'article 22;

b) les comptes annuels et les rapports de gestion des trois derniers exercices des coopératives qui fusionnent;

c) un état comptable, qui est rédigé conformément aux dispositions applicables aux fusions internes des sociétés anonymes, dans la mesure où un tel état comptable est exigé par lesdites dispositions;

d) le rapport des experts sur la valeur des parts à distribuer en échange des actifs des coopératives fusionnées ou le rapport d'échange des parts, prévu par l'article 26;

e) le rapport des organes d'administration ou de direction de la coopérative, prévu par l'article 23.

2. Une copie intégrale ou, s'il le désire, partielle des documents visés au paragraphe 1 peut être obtenue par tout membre sans frais et sur simple demande.

## Article 26 – Rapport d'experts indépendants

1. Pour chacune des coopératives qui fusionnent, un ou plusieurs experts indépendants désigné(s) par la coopérative concernée conformément à l'article 4, paragraphe 6, examinent le projet de fusion et établissent un rapport écrit destiné aux membres.

2. Un rapport unique pour toutes les coopératives qui fusionnent peut être établi, lorsque les législations des États membres dont relèvent ces coopératives le permettent.

3. Le droit applicable aux fusions de sociétés anonymes en ce qui concerne les droits et obligations des experts est applicable, par analogie, aux fusions de coopératives.

## Article 27 – Approbation du projet de fusion

1. L'assemblée générale de chacune des coopératives qui fusionnent approuve le projet de fusion.

2. L'implication des travailleurs dans la SEC est décidée conformément à la directive 2003/72/CE. L'assemblée générale de chacune des sociétés qui fusionnent peut subordonner le droit à l'immatriculation de la SEC à la condition qu'elle entérine expressément les modalités ainsi décidées.

## Article 28 – Droit applicable en cas de constitution par fusion

1. Le droit de l'État membre dont relève chacune des coopératives qui fusionnent s'applique comme en cas de fusion de sociétés anonymes, compte tenu du caractère transfrontalier de la fusion, en ce qui concerne la protection des intérêts :

– des créanciers des coopératives qui fusionnent,

– des obligataires des coopératives qui fusionnent.

2. Un État membre peut adopter, en ce qui concerne les coopératives participant à la fusion qui relèvent de son droit, des dispositions destinées à assurer une protection appropriée aux membres qui se sont prononcés contre la fusion.

### Article 29 – Contrôle de la procédure de fusion

1. Le contrôle de la légalité de la fusion est effectué, pour la partie de la procédure relative à chaque coopérative qui fusionne, conformément à la loi applicable dans l'État dont elle relève en cas de fusion de coopératives et, à défaut, aux dispositions applicables aux fusions internes des sociétés anonymes aux termes de la loi de cet État.

2. Dans chaque État membre concerné, le tribunal, le notaire ou une autre autorité compétente délivre un certificat attestant l'accomplissement des actes et des formalités préalables à la fusion.

3. Si le droit d'un État membre dont relève une coopérative qui fusionne prévoit une procédure permettant d'analyser et de modifier le rapport d'échange des actions ou une procédure visant à indemniser les membres minoritaires, sans empêcher l'immatriculation de la fusion, ces procédures ne s'appliquent que si les autres coopératives qui fusionnent et qui sont situées dans un État membre ne prévoyant pas ce type de procédures acceptent explicitement, lorsqu'elles approuvent le projet de fusion conformément à l'article 27, paragraphe 1, la possibilité offerte aux membres de la coopérative qui fusionne dont il est question d'avoir recours auxdites procédures. Dans ce cas, un tribunal, un notaire ou une autre autorité compétente peut délivrer le certificat visé au paragraphe 2, même si une procédure de ce type a été engagée. Le certificat doit cependant mentionner que la procédure est en cours. La décision prise à l'issue de la procédure lie la coopérative absorbante et l'ensemble de ses membres.

### Article 30 – Contrôle de la légalité d'une fusion

1. Le contrôle de la légalité de la fusion est effectué, pour la partie de la procédure relative à la réalisation de la fusion et à la constitution de la SEC, par le tribunal, le notaire ou une autre autorité de l'État membre du futur siège de la SEC compétent pour contrôler cet aspect de la légalité de la fusion de coopératives, et, à défaut, de la fusion de sociétés anonymes.

2. À cette fin, chaque coopérative qui fusionne remet à cette autorité le certificat visé à l'article 29, paragraphe 2, dans un délai de six mois à compter de sa délivrance, ainsi qu'une copie du projet de fusion approuvé par la coopérative.

3. L'autorité visée au paragraphe 1 contrôle en particulier que les coopératives qui fusionnent ont approuvé un projet de fusion dans les mêmes termes et que des modalités relatives à l'implication des travailleurs ont été fixées conformément à la directive 2003/72/CE.

4. Ladite autorité contrôle, en outre, que la constitution de la SEC répond aux conditions fixées par la loi de l'État membre du siège.

### Article 31 – Immatriculation de la fusion

1. La fusion et la constitution simultanée de la SEC prennent effet à la date à laquelle la SEC est immatriculée conformément à l'article 11, paragraphe 1.

2. La SEC ne peut être immatriculée qu'après l'accomplissement de toutes les formalités prévues aux articles 29 et 30.

### Article 32 – Publication

Pour chacune des coopératives qui fusionnent, la réalisation de la fusion fait l'objet d'une publicité effectuée selon les modalités prévues par la loi de l'État membre concerné conformément aux lois régissant la fusion de sociétés anonymes.

## Article 33 – Effets d'une fusion

1. La fusion réalisée comme prévu à l'article 19, premier alinéa, premier tiret, entraîne *ipso jure* et simultanément les effets suivants :

a) la transmission universelle à la personne morale absorbante de l'ensemble du patrimoine actif et passif de chaque coopérative absorbée;

b) les membres de chaque coopérative absorbée deviennent membres de la personne morale absorbante;

c) les coopératives absorbées cessent d'exister;

d) la personne morale absorbante prend la forme d'une SEC.

2. La fusion réalisée comme prévu à l'article 19, premier alinéa, deuxième tiret, entraîne *ipso jure* et simultanément les effets suivants :

a) la transmission universelle à la SEC de l'ensemble du patrimoine actif et passif des coopératives qui fusionnent;

b) les membres des coopératives qui fusionnent deviennent membres de la SEC;

c) les coopératives qui fusionnent cessent d'exister.

3. Lorsqu'en cas de fusion de coopératives, la loi d'un État membre requiert des formalités particulières pour l'opposabilité aux tiers du transfert de certains biens, droits et obligations apportés par les coopératives qui fusionnent, ces formalités s'appliquent et sont effectuées soit par les coopératives qui fusionnent, soit par la SEC à dater de son immatriculation.

4. Les droits et obligations des coopératives participantes en matière de conditions d'emploi, aussi bien individuelles que collectives, résultant de la législation, de la pratique et de contrats de travail individuels ou des relations de travail au niveau national et existant à la date de l'immatriculation sont transférés à la SEC du fait même de l'immatriculation.

Le premier alinéa ne s'applique pas au droit que l'article 59, paragraphe 4, confère aux représentants des travailleurs de participer aux assemblées générales ou aux assemblées de section ou de branche.

5. Lorsque la fusion a été immatriculée, la SEC informe sans délai les membres de la coopérative absorbée de leur inscription au fichier des membres ainsi que du nombre de leurs parts.

## Article 34 – Légalité de la fusion

1. La nullité d'une fusion au sens de l'article 2, paragraphe 1, quatrième tiret, ne peut être prononcée lorsque la SEC a été immatriculée.

2. L'absence de contrôle de la légalité de la fusion conformément aux articles 29 et 30 constitue l'une des causes de dissolution de la SEC, conformément à l'article 74.

*Section 3*

## Transformation d'une coopérative existante en une SEC

## Article 35 – Procédures de constitution par transformation

1. Sans préjudice de l'article 11, la transformation d'une coopérative en SEC ne donne lieu ni à dissolution de la coopérative ni à création d'une personne morale nouvelle.

2. Le siège statutaire ne peut pas être transféré d'un État membre à un autre conformément à l'article 7 à l'occasion de la transformation.

3. L'organe de direction ou d'administration de la coopérative considérée établit un projet de transformation et un rapport expliquant et justifiant les aspects juridiques et économiques de la transformation, ainsi que les conséquences sur l'emploi, et indiquant les conséquences pour les membres et pour les travailleurs de l'adoption de la forme de la SEC.

4. Le projet de transformation fait l'objet d'une publicité effectuée selon les modalités prévues par la loi de chaque État membre, un mois au moins avant la date de la réunion de l'assemblée générale appelée à se prononcer sur la transformation.

5. Avant l'assemblée générale visée au paragraphe 6, un ou plusieurs experts indépendants désignés ou agréés, conformément aux dispositions nationales, par une autorité judiciaire ou administrative de l'État membre dont relève la coopérative qui se transforme en SEC, attestent, *mutatis mutandis*, que les dispositions de l'article 22, paragraphe 1, point b), sont respectées.

6. L'assemblée générale de la coopérative considérée approuve le projet de transformation ainsi que les statuts de la SEC.

7. Les États membres peuvent subordonner une transformation au vote favorable d'une majorité qualifiée ou de l'unanimité au sein de l'organe de contrôle de la coopérative à transformer dans lequel la participation des travailleurs est organisée.

8. Les droits et obligations de la coopérative à transformer en matière de conditions d'emploi, aussi bien individuelles que collectives, résultant de la législation, de la pratique et de contrats de travail individuels ou des relations de travail au niveau national et existant à la date de l'immatriculation sont transférés à la SEC du fait même de cette immatriculation.

CHAPITRE III

## Structure de la SEC

### Article 36 – Structure des organes

Dans les conditions prévues par le présent règlement, une SEC comporte :

a) une assemblée générale, et

b) soit un organe de surveillance et un organe de direction (système dualiste), soit un organe d'administration (système moniste) selon l'option retenue par les statuts.

*Section 1*

## Système dualiste

### Article 37 – Fonctions de l'organe de direction et désignation des membres

1. L'organe de direction est responsable de la gestion de la SEC et la représente à l'égard des tiers et en justice. Un État membre peut prévoir qu'un directeur général est responsable de la gestion courante dans les mêmes conditions que pour les coopératives ayant leur siège statutaire sur son territoire.

2. Le ou les membres de l'organe de direction sont nommés et révoqués par l'organe de surveillance.

Toutefois, un État membre peut prévoir ou donner aux statuts la possibilité de prévoir que le ou les membres de l'organe de direction sont nommés par l'assemblée générale dans les mêmes conditions que pour les coopératives ayant leur siège statutaire sur son territoire.

3. Nul ne peut simultanément exercer la fonction de membre de l'organe de direction et celle de membre de l'organe de surveillance de la SEC. Toutefois, l'organe de surveillance peut, en cas de vacance, désigner un de ses membres pour exercer les fonctions de membre de l'organe de direction. Au cours de cette période, les fonctions de l'intéressé en sa qualité de membre de l'organe de surveillance sont suspendues. Un État membre peut prévoir que cette période est limitée dans le temps.

4. Le nombre des membres de l'organe de direction ou les règles pour sa détermination sont fixés par les statuts de la SEC. Un État membre peut toutefois fixer un nombre minimal et/ou maximal de membres.

5. En l'absence de dispositions relatives à un système dualiste en ce qui concerne les coopératives ayant un siège statutaire sur son territoire, un État membre peut adopter les mesures appropriées concernant les SEC.

### Article 38 – Présidence et convocation des réunions des organes de direction

1. L'organe de direction élit en son sein un président, conformément aux dispositions statutaires.

2. Le président convoque une réunion de l'organe de direction dans les conditions prévues dans les statuts, soit d'office, soit à la demande d'un membre. Une telle demande indique les motifs de la convocation. S'il n'est pas satisfait à cette demande dans un délai de quinze jours, la réunion de l'organe de direction peut être convoquée par le ou les membres qui en ont fait la demande.

### Article 39 – Fonctions et désignation de l'organe de surveillance

1. L'organe de surveillance contrôle la gestion assurée par l'organe de direction. Il ne peut exercer lui-même le pouvoir de gestion de la SEC. L'organe de surveillance ne peut représenter la SEC à l'égard des tiers. Il la représente à l'égard de l'organe de direction ou des membres qui le composent, en cas de litige ou lors de la conclusion de contrats.

2. Les membres de l'organe de surveillance sont nommés et révoqués par l'assemblée générale. Toutefois, les membres du premier organe de surveillance peuvent être désignés par les statuts. La présente disposition vaut sans préjudice, le cas échéant, des modalités de participation des travailleurs fixées conformément à la directive 2003/72/CE.

3. L'organe de surveillance ne peut compter parmi ses membres des membres non usagers qu'à concurrence du quart des postes à pourvoir.

4. Les statuts fixent le nombre des membres de l'organe de surveillance ou les règles pour sa détermination. Un État membre peut, toutefois, fixer le nombre des membres de l'organe de surveillance ou sa composition pour les SEC ayant leur siège statutaire sur son territoire ou un nombre de membres minimal et/ou maximal.

### Article 40 – Droit à l'information

1. L'organe de direction informe l'organe de surveillance, au moins tous les trois mois, de la marche des affaires de la SEC et de son évolution prévisible, en tenant

compte des informations relatives aux entreprises contrôlées par la SEC pouvant avoir une incidence significative sur la marche des affaires de cette dernière.

2. Outre l'information périodique visée au paragraphe 1, l'organe de direction communique sans délai à l'organe de surveillance toute information sur des événements susceptibles d'avoir des répercussions sensibles sur la SEC.

3. L'organe de surveillance peut demander à l'organe de direction la communication de renseignements de toute nature nécessaires au contrôle qu'il exerce conformément à l'article 39, paragraphe 1. Un État membre peut prévoir que chaque membre de l'organe de surveillance peut également bénéficier de cette faculté.

4. L'organe de surveillance peut procéder ou faire procéder à toutes les vérifications nécessaires à l'accomplissement de sa mission.

5. Chacun des membres de l'organe de surveillance peut prendre connaissance de toutes les informations transmises à celui-ci.

### Article 41 – Présidence et convocation des réunions de l'organe de surveillance

1. L'organe de surveillance élit en son sein un président. Si la moitié des membres ont été désignés par les travailleurs, seul un membre désigné par l'assemblée générale peut être élu président.

2. Le président convoque l'organe de surveillance dans les conditions prévues par les statuts, soit d'office, soit à la demande d'au moins un tiers de ses membres, soit à la demande de l'organe de direction. La demande indique les motifs de la convocation. S'il n'est pas satisfait à cette demande dans un délai de quinze jours, l'organe de surveillance peut être convoqué par ceux qui en ont fait la demande.

## *Section 2*
## Système moniste

### Article 42 – Fonctions et désignation de l'organe d'administration

1. L'organe d'administration assure la gestion de la SEC et la représente à l'égard des tiers et en justice. Un État membre peut prévoir qu'un directeur général est responsable de la gestion courante dans les mêmes conditions que pour les coopératives ayant leur siège statutaire sur son territoire.

2. Le nombre des membres de l'organe d'administration ou les règles pour le déterminer sont fixés par les statuts de la SEC. Toutefois, un État membre peut fixer le nombre minimal et, le cas échéant, maximal, des membres. L'organe d'administration ne peut compter parmi ses membres des membres non usagers qu'à concurrence du quart des postes à pourvoir.

Néanmoins, cet organe doit être composé de trois membres au moins, lorsque la participation des travailleurs dans la SEC est organisée conformément à la directive 2003/72/CE.

3. Les membres de l'organe d'administration ainsi que, lorsque les statuts en disposent ainsi, leurs suppléants, sont nommés par l'assemblée générale. Toutefois, les membres du premier organe d'administration peuvent être désignés par les statuts. La présente disposition vaut sans préjudice des modalités de participation des travailleurs fixées conformément à la directive 2003/72/CE.

4. En l'absence de dispositions relatives à un système moniste en ce qui concerne les coopératives ayant un siège statutaire sur son territoire, un État membre peut adopter les mesures appropriées concernant les SEC.

### Article 43 – Périodicité des réunions et droit à l'information

1. L'organe d'administration se réunit au moins tous les trois mois selon une périodicité fixée par les statuts pour délibérer sur la marche des affaires de la SEC et leur évolution prévisible, en tenant compte, le cas échéant, des informations relatives aux entreprises contrôlées par la SEC pouvant avoir une incidence significative sur la marche de ses affaires.

2. Chaque membre de l'organe d'administration peut prendre connaissance de tous les rapports, documents et renseignements transmis à cet organe.

### Article 44 – Présidence et convocation des réunions de l'organe d'administration

1. L'organe d'administration élit en son sein un président. Si la moitié des membres ont été désignés par les travailleurs, seul un membre désigné par l'assemblée générale peut être élu président.

2. Le président convoque l'organe d'administration dans les conditions prévues par les statuts, soit d'office, soit à la demande d'un tiers au moins de ses membres. La demande doit indiquer les motifs de la convocation. S'il n'est pas satisfait à cette demande dans un délai de quinze jours, l'organe d'administration peut être convoqué par ceux qui en ont fait la demande.

*Section 3*

## Règles communes aux systèmes dualiste et moniste

### Article 45 – Durée du mandat

1. Les membres des organes de la SEC sont nommés pour une période fixée par les statuts qui ne peut dépasser six ans.

2. Sauf restrictions prévues par les statuts, les membres peuvent être renommés une ou plusieurs fois pour la période fixée en application du paragraphe 1.

### Article 46 – Conditions d'éligibilité

1. Les statuts de la SEC peuvent prévoir qu'une société au sens de l'article 48 du traité peut être membre d'un de ses organes, à moins que la loi de l'État membre du siège de la SEC applicable aux coopératives n'en dispose autrement.

Cette société désigne une personne physique comme représentant pour l'exercice des pouvoirs dans l'organe concerné. Ce représentant est soumis aux mêmes conditions et obligations que s'il était personnellement membre de cet organe.

2. Ne peuvent être membres d'un organe déterminé de la SEC, ni représentants d'un membre au sens du paragraphe 1, les personnes qui :
– ne peuvent faire partie, selon la loi de l'État membre du siège de la SEC, de l'organe correspondant d'une coopérative relevant du droit de cet État,
– ne peuvent faire partie de l'organe correspondant d'une coopérative relevant du droit d'un État membre en raison d'une décision judiciaire ou administrative rendue dans un État membre.

3. Les statuts de la SEC peuvent fixer, à l'instar de ce qui est prévu par la loi de l'État membre applicable aux coopératives, des conditions particulières d'éligibilité pour les membres qui représentent l'organe d'administration.

### Article 47 – Pouvoir de représentation et responsabilité de la SEC

1. Lorsque l'exercice du pouvoir de représentation de la SEC à l'égard des tiers, conformément à l'article 37, paragraphe 1, et à l'article 42, paragraphe 1, est confié à plus d'un membre, ces membres exercent ce pouvoir à titre collectif, à moins que le droit de l'État du siège de la SEC ne permette aux statuts d'en disposer autrement, auquel cas cette clause peut être opposable aux tiers lorsqu'elle fait l'objet d'une publicité conformément à l'article 11, paragraphe 5, et à l'article 12.

2. La SEC est engagée vis-à-vis des tiers par les actes de ses organes, même si ces actes ne relèvent pas de l'objet social de cette société, à condition que lesdits actes n'excèdent pas les pouvoirs que la loi de l'État membre du siège statutaire de la SEC attribue ou permet d'attribuer à ces organes.

Toutefois, les États membres peuvent prévoir que la SEC n'est pas engagée lorsque ces actes dépassent les limites de l'objet social de la SEC, si cette dernière prouve que le tiers savait que l'acte dépassait cet objet ou ne pouvait l'ignorer, compte tenu des circonstances, étant exclu que la seule publication des statuts suffise à constituer cette preuve.

3. Les limitations aux pouvoirs des organes de la SEC qui résultent des statuts ou d'une décision des organes compétents ne sont jamais opposables aux tiers, même si elles sont publiées.

4. Un État membre peut prévoir que le pouvoir de représentation de la SEC peut être attribué par les statuts à une seule personne ou à plusieurs personnes agissant conjointement. Cette législation peut prévoir l'opposabilité de cette disposition des statuts aux tiers, à condition qu'elle concerne le pouvoir général de représentation. L'opposabilité ou non d'une telle disposition aux tiers est réglée par l'article 12.

### Article 48 – Opérations soumises à autorisation

1. Les statuts de la SEC énumèrent les catégories d'opérations qui requièrent :
- dans le système dualiste, une autorisation accordée par l'organe de surveillance ou l'assemblée générale à l'organe de direction,
- dans le système moniste, une décision expresse adoptée par l'organe d'administration ou une autorisation accordée par l'assemblée générale.

2. Le paragraphe 1 s'entend sans préjudice de l'article 47.

3. Toutefois, un État membre peut déterminer les catégories d'opérations ainsi que l'organe qui donne l'autorisation devant au minimum figurer dans les statuts des SEC immatriculées sur son territoire et/ou prévoir que, dans le système dualiste, l'organe de surveillance peut déterminer lui-même les catégories d'opérations qui doivent être soumises à autorisation.

### Article 49 – Confidentialité

Les membres des organes de la SEC sont tenus de ne pas divulguer, même après la cessation de leurs fonctions, les informations dont ils disposent sur la SEC et dont la divulgation serait susceptible de porter préjudice aux intérêts de la coopérative ou de ses membres, à l'exclusion des cas dans lesquels une telle divulgation est exigée ou admise par les dispositions du droit national applicables aux coopératives ou aux sociétés ou dans l'intérêt public.

### Article 50 – Délibération des organes

1. Sauf dans les cas où le présent règlement ou les statuts en disposent autrement, les règles internes concernant le *quorum* et la prise de décision des organes de la SEC sont les suivantes :

a) *quorum* : la moitié au moins des membres ayant voix délibérative doivent être présents ou représentés,

b) prise de décision : elle se fait à la majorité des membres ayant voix délibérative présents ou représentés.

Les membres absents peuvent prendre part aux décisions en donnant pouvoir de les représenter à un autre membre de l'organe ou aux suppléants qui ont été nommés en même temps.

2. En l'absence d'une disposition statutaire en la matière, la voix du président de chaque organe est prépondérante en cas de partage des voix. Toutefois, aucune disposition statutaire contraire n'est possible lorsque l'organe de surveillance est composé pour moitié de représentants des travailleurs.

3. Lorsque la participation des travailleurs est organisée conformément à la directive 2003/72/CE, un État membre peut prévoir que le *quorum* et la prise de décision de l'organe de surveillance sont, par dérogation aux paragraphes 1 et 2, soumis aux règles applicables, dans les mêmes conditions, aux coopératives relevant du droit de l'État membre concerné.

### Article 51 – Responsabilité civile

Les membres de l'organe de direction, de surveillance ou d'administration répondent, selon les dispositions de l'État membre du siège de la SEC applicables aux coopératives, du préjudice subi par la SEC par suite de la violation par eux des obligations légales, statutaires ou autres inhérentes à leurs fonctions.

*Section 4*

## Assemblée générale

### Article 52 – Compétence

L'assemblée générale décide dans les matières pour lesquelles une compétence spécifique lui est conférée par :

a) le présent règlement, ou

b) la législation de l'État membre où la SEC a son siège statutaire, adoptée au titre de la directive 2003/72/CEE.

En outre, l'assemblée générale décide dans les matières pour lesquelles une compétence est conférée à l'assemblée générale d'une société coopérative relevant du droit de l'État où la SEC a son siège, soit par la loi de cet État, soit par les statuts conformément à cette même loi.

### Article 53 – Conduite de l'assemblée générale

Sans préjudice des règles prévues par la présente section, l'organisation et le déroulement de l'assemblée générale ainsi que les procédures de vote sont régis par la loi de l'État membre du siège statutaire de la SEC applicable aux coopératives.

### Article 54 – Convocation de l'assemblée générale

1. L'assemblée générale a lieu au moins une fois par année calendrier, dans les six mois de la clôture de l'exercice, à moins que la loi de l'État membre du siège statutaire de la SEC applicable aux coopératives exerçant le même type d'activité que la SEC ne prévoie une fréquence supérieure. Toutefois, un État membre peut prévoir que la première assemblée générale peut avoir lieu dans les dix-huit mois suivant la constitution de la SEC.

2. L'assemblée générale peut être convoquée à tout moment par l'organe de direction, par l'organe d'administration, par l'organe de surveillance, ou par tout autre organe ou autorité compétente conformément à la loi nationale de l'État membre du siège statutaire de la SEC applicable aux coopératives. À la demande de l'organe de surveillance, l'organe de direction est tenu de la convoquer.

3. Lors de l'assemblée se réunissant après la clôture de l'exercice, l'ordre du jour porte au moins sur l'approbation des comptes annuels et l'affectation des résultats.

4. L'assemblée générale, peut, lors d'une réunion, décider qu'une nouvelle réunion sera convoquée à une date et avec un ordre du jour qu'elle fixe elle-même.

### Article 55 – Convocation par la minorité des membres

Des membres de la SEC représentant ensemble plus de 5 000 personnes ou détenant au moins 10 % du nombre total de voix, peuvent demander à la SEC la convocation d'une assemblée générale et établir l'ordre du jour de celle-ci. Cependant les statuts peuvent fixer des seuils inférieurs.

### Article 56 – Forme et délai de convocation

1. La convocation se fait par tous moyens de communication écrite adressée à quiconque est habilité à participer à l'assemblée générale de la SEC selon l'article 58, paragraphes 1 et 2, et conformément aux dispositions statutaires. La convocation peut se faire par voie d'insertion dans la publication officielle interne de la SEC.

2. La convocation contient au moins les mentions suivantes :
- la dénomination sociale et le siège de la SEC,
- le lieu, la date et l'heure de la réunion,
- le cas échéant, la nature de l'assemblée générale,
- l'ordre du jour avec indication des sujets à traiter ainsi que des propositions de décision.

3. Le délai entre la date d'envoi de la convocation visée au paragraphe 1 et la date de la première réunion de l'assemblée générale doit être de trente jours au moins. Toutefois, ce délai peut être ramené à quinze jours en cas d'urgence. Lorsque les dispositions de l'article 61, paragraphe 4, relatives aux règles de *quorum* s'appliquent, le délai entre une première et une deuxième réunion convoquées pour examiner le même ordre du jour peut être réduit conformément à la loi de l'État membre du siège de la SEC.

### Article 57 – Inscription de nouveaux points à l'ordre du jour

Des membres de la SEC représentant ensemble plus de 5 000 personnes, ou détenant 10 % au moins du nombre total des voix, peuvent demander l'inscription d'un ou plusieurs nouveaux points à l'ordre du jour de toute assemblée générale. Cependant les statuts peuvent fixer des seuils inférieurs.

### Article 58 – Participation et représentation

1. Tous les membres sont habilités à participer à l'assemblée avec voix délibérative pour les points inscrits à l'ordre du jour.

2. Les membres des organes de la SEC et les titulaires de titres autres que des actions et obligations au sens de l'article 64, ainsi que, si les statuts le permettent, toute autre personne habilitée par la loi de l'État du siège de la SEC peuvent assister à l'assemblée générale sans droit de vote.

3. Les personnes ayant le droit de vote peuvent se faire représenter à l'assemblée par un mandataire selon les modalités prévues dans les statuts.

Les statuts fixent le nombre maximal de pouvoirs que peut recevoir un mandataire.

4. Les statuts peuvent admettre le vote par correspondance ou le vote électronique et en fixent les modalités.

### Article 59 – Droit de vote

1. Chaque membre de la SEC dispose d'une voix, quel que soit le nombre de parts qu'il détient.

2. Lorsque la loi de l'État membre dans lequel la SEC a son siège le permet, les statuts peuvent prévoir qu'un membre dispose d'un nombre de voix qui est déterminé par sa participation aux activités de la coopérative, à l'exclusion de sa participation sous forme de contribution au capital. Les voix ainsi attribuées ne peuvent dépasser le nombre de cinq par membre, ou 30 % du total des droits de vote, la valeur la plus faible étant retenue.

Lorsque la loi de l'État membre dans lequel la SEC a son siège le permet, les statuts des SEC participant à des activités dans le domaine financier ou de l'assurance peuvent prévoir que le nombre de voix est déterminé par la participation du membre aux activités de la coopérative, y compris sous forme de participation au capital de la SEC. Les voix ainsi attribuées ne peuvent dépasser le nombre de cinq par membre, ou 20 % du total des droits de vote, la valeur la plus faible étant retenue.

Lorsque la loi de l'État membre dans lequel la SEC a son siège le permet, les statuts des SEC dont les membres sont majoritairement des coopératives peuvent prévoir que le nombre de voix est déterminé en fonction de la participation des membres aux activités exercées par la coopérative, y compris sous forme de participation au capital de la SEC, et/ou du nombre de membres de chaque entité constitutive.

3. En ce qui concerne les droits de vote que les statuts peuvent attribuer aux membres (investisseurs) non usagers, la SEC est régie par le droit de l'État membre dans lequel la SEC a son siège. Néanmoins, on ne peut attribuer aux non usagers (investisseurs) plus de 25 % du total des droits de vote.

4. Si, au moment de l'entrée en vigueur du présent règlement, la loi de l'État membre dans lequel la SEC a son siège le permet, les statuts de ladite SEC peuvent prévoir la participation de représentants des travailleurs aux assemblées générales ou aux assemblées de section ou de branche, à condition qu'ensemble, les représentants des travailleurs ne contrôlent pas plus de 15 % du total des droits de vote. Ce droit de participation cesse d'être applicable dès lors que le siège de la SEC est transféré dans un État membre dont la loi ne prévoit pas la participation des travailleurs.

### Article 60 – Droit à l'information

1. Tout membre qui en formule la demande lors de la réunion de l'assemblée a le droit d'obtenir de la part de l'organe de direction ou de l'organe d'administration des renseignements sur les activités de la SEC ayant un rapport avec les sujets sur lesquels l'assemblée générale peut prendre une décision conformément à l'article 61, paragraphe 1. Dans la mesure du possible, les renseignements sont fournis lors de l'assemblée générale en question.

2. L'organe de direction ou l'organe d'administration ne peut refuser la communication d'un renseignement que si :

– elle est de nature à porter un préjudice grave à la SEC,

– elle est incompatible avec une obligation légale de secret.

3. Lorsque l'information est refusée à un membre, celui-ci peut demander l'inscription au procès-verbal de l'assemblée générale de sa question et du motif de refus qui lui a été opposé.

4. Dans les dix jours qui précèdent l'assemblée générale appelée à se prononcer sur la clôture de l'exercice, les membres peuvent prendre connaissance du bilan, du compte de pertes et profits et son annexe, du rapport de gestion, des conclusions du contrôle des comptes effectué par la personne qu'en est chargée ainsi que, s'il s'agit d'une entreprise mère au sens de la directive 83/349/CEE, des comptes consolidés.

### Article 61 – Prise de décision

1. L'assemblée générale peut adopter des résolutions sur les points inscrits à son ordre du jour. L'assemblée générale peut également délibérer et prendre des décisions concernant des points inscrits à l'ordre du jour de la réunion par une minorité de membres conformément à l'article 57.

2. L'assemblée générale statue à la majorité des voix valablement exprimées par les membres présents ou représentés.

3. Les statuts prévoient les règles de *quorum* et de majorité applicables aux assemblées générales.

Lorsque les statuts prévoient que la SEC peut admettre des membres investisseurs (non usagers) ou attribuer les droits de vote en fonction de la contribution au capital des SEC participant à des activités dans le domaine financier ou de l'assurance, les statuts peuvent également comporter des dispositions particulières relatives au *quorum* à atteindre par les membres autres que les membres investisseurs (non usagers) ou les membres disposant de droits de vote en fonction de la contribution au capital des SEC participant à des activités dans le domaine financier ou de l'assurance. Les États membres sont libres de définir ce *quorum* pour les SEC qui ont établi leur siège sur leur territoire.

4. L'assemblée générale appelée à se prononcer sur une décision entraînant la modification des statuts ne délibère valablement sur première convocation que si les membres présents ou représentés représentent au moins la moitié du nombre total des inscrits à la date de la convocation; lors d'une deuxième convocation portant sur le même ordre du jour, aucune condition de *quorum* n'est requise.

Dans les cas visés au premier alinéa, l'assemblée générale statue à la majorité des deux tiers des voix valablement exprimées, à moins que la loi applicable aux coopératives dans l'État membre du siège de la SEC ne requière une majorité plus élevée.

### Article 62 – Procès-verbal

1. Il est établi un procès-verbal de chaque réunion de l'assemblée générale. Le procès-verbal contient au minimum les informations suivantes :

– la date et le lieu de la réunion,

– l'objet des décisions,

– le résultat des votes.

2. Au procès-verbal sont annexés la feuille de présence, les documents relatifs à la convocation de l'assemblée générale ainsi que les rapports soumis aux membres sur les points à l'ordre du jour.

3. Le procès-verbal ainsi que les documents annexés sont conservés pendant au moins cinq ans. Copie du procès-verbal ainsi que des documents annexés peuvent être obtenus par tout membre sur simple demande et contre remboursement du coût administratif.

4. Le procès-verbal est signé par le président de l'assemblée.

### Article 63 – Assemblée de branche ou de section

1. Lorsque la SEC exerce différentes activités ou exerce ses activités sur plus d'une unité territoriale, ou lorsqu'elle a plusieurs établissements ou que le nombre de ses membres est supérieur à cinq cent, ses statuts peuvent prévoir des assemblées de branche ou de section, si la législation de l'État membre concerné le permet. Les statuts déterminent la répartition en branches ou sections et le nombre de délégués dont celles-ci disposent.

2. Les assemblées de branche ou de section élisent leurs délégués pour une durée maximale de quatre ans, sauf révocation anticipée. Les délégués ainsi élus constituent l'assemblée générale de la SEC et représentent en son sein leur branche ou leur section, qu'ils informent des résultats de l'assemblée générale. Les dispositions de la section 4 du chapitre III s'appliquent au fonctionnement des assemblées de branche et de section.

CHAPITRE IV

## Émission de titres à avantages particuliers

### Article 64 – Titres autres que les actions et obligations conférant à leurs détenteurs des avantages particuliers

1. Les statuts peuvent prévoir l'émission de titres autres que les actions et d'obligations dont les détenteurs n'ont pas de droit de vote. Ces titres peuvent être souscrits par les membres ou par toute personne extérieure à la SEC. Leur acquisition ne confère pas la qualité de membre. Les statuts fixent également les modalités de remboursement.

2. Les détenteurs des titres ou obligations visés au paragraphe 1 peuvent bénéficier d'avantages particuliers conformément aux statuts ou aux conditions établies lors de l'émission de ces titres ou obligations.

3. Le montant nominal total des titres ou obligations visés au paragraphe 1 ainsi détenus ne peut dépasser le montant stipulé dans les statuts.

4. Sans préjudice du droit d'assister à l'assemblée générale prévu à l'article 58, paragraphe 2, les statuts peuvent prévoir la réunion des détenteurs de titres ou obligations visés au paragraphe 1 en assemblée spéciale. L'assemblée spéciale peut

émettre un avis avant toute décision de l'assemblée générale concernant les droits et les intérêts de ces détenteurs, et cet avis est porté par ses mandataires à la connaissance de cette dernière.

L'avis visé à premier alinéa fait l'objet d'une mention au procès-verbal de l'assemblée générale.

CHAPITRE V

## Affectation du résultat

### Article 65 – Réserve légale

1. Sans préjudice des dispositions obligatoires de la législation nationale, les statuts déterminent les règles d'affectation de l'excédent de l'exercice.

2. En cas d'excédent, les statuts prévoient avant toute autre affectation la constitution d'une réserve légale par prélèvement sur celui-ci.

Tant que cette réserve n'atteint pas le capital visé à l'article 3, paragraphe 2, le prélèvement opéré à son profit ne peut être inférieur à 15 % de l'excédent pour l'exercice considéré après déduction des reports de pertes.

3. Les membres sortants ne peuvent prétendre à aucun droit sur les sommes ainsi affectées à la réserve légale.

### Article 66 – Ristourne

Les statuts peuvent prévoir le versement d'une ristourne aux membres proportionnellement aux opérations faites par eux avec la SEC ou au travail effectué en faveur de cette dernière.

### Article 67 – Affectation de l'excédent

1. Le solde de l'excédent après dotation à la réserve légale, éventuellement diminué des sommes ristournées, le cas échéant augmenté des reports bénéficiaires et des prélèvements sur les réserves, ou diminué des reports de pertes, constituent les résultats distribuables.

2. L'assemblée générale appelée à statuer sur les comptes de l'exercice a la faculté d'affecter l'excédent dans l'ordre et la proportion déterminés par les statuts, et notamment :

– à un nouveau report,
– à la dotation de tous fonds de réserves légales ou statutaires,
– à la rémunération de capitaux libérés et des capitaux assimilés, le paiement pouvant intervenir en numéraire ou par attribution de parts.

3. Les statuts peuvent également exclure toute distribution.

CHAPITRE VI

## Comptes annuels et comptes consolidés

### Article 68 – Établissement des comptes annuels et consolidés

1. La SEC est assujettie, en ce qui concerne l'établissement de ses comptes annuels et, le cas échéant, consolidés, y compris le rapport de gestion les accompagnant, leur contrôle et leur publicité, aux dispositions législatives adoptées dans

l'État membre de son siège pour mettre en œuvre les directives 78/660/CEE et 83/349/CEE. Toutefois, les États membres peuvent prévoir des modifications des dispositions nationales d'application de ces directives pour tenir compte des spécificités des coopératives.

2. Lorsque la SEC n'est pas soumise par la législation de l'État membre dans lequel elle a son siège à une obligation de publicité analogue à celle prévue à l'article 3 de la directive 68/151/CEE, la SEC doit au moins tenir les documents relatifs aux comptes annuels à la disposition du public à son siège. Copie de ces documents doit pouvoir être obtenue sur simple demande. Le prix réclamé pour cette copie ne peut excéder son coût administratif.

3. La SEC établit ses comptes annuels, et le cas échéant ses comptes consolidés, dans la monnaie nationale. La SEC dont le siège est situé en dehors de la zone euro peut également établir ses comptes annuels et, le cas échéant, ses comptes consolidés, en euros. Dans ce cas, l'annexe doit préciser les bases de conversion utilisées pour l'expression en euros des éléments contenus dans les comptes qui sont, ou étaient à l'origine, exprimés dans une autre monnaie.

### Article 69 – Comptes des SEC exerçant des activités de crédit ou des activités financières

1. Les SEC qui sont des établissements de crédit ou des établissements financiers sont assujetties, en ce qui concerne l'établissement de leurs comptes annuels et, le cas échéant, de leurs comptes consolidés, y compris le rapport de gestion les accompagnant, leur contrôle et leur publicité, aux règles prévues dans le droit national de l'État membre du siège en application des directives concernant l'accès à l'activité des établissements de crédit et son exercice.

2. Les SEC qui sont des entreprises d'assurance sont assujetties, en ce qui concerne l'établissement de leurs comptes annuels et, le cas échéant, de leurs comptes consolidés, y compris le rapport de gestion les accompagnant, leur contrôle et leur publicité, aux règles prévues dans le droit national de l'État membre du siège au titre des directives concernant les comptes annuels et les comptes consolidés des entreprises d'assurance.

### Article 70 – Contrôle légal des comptes

Le contrôle légal des comptes annuels et, le cas échéant, consolidés de la SEC est effectué par une ou plusieurs personnes agréées dans l'État membre dans lequel la SEC a son siège conformément aux dispositions prises par cet État pour mettre en œuvre les directives 84/253/CEE et 89/48/CEE.

### Article 71 – Système de révision et de contrôle

Dès lors que le droit d'un État membre fait obligation à l'ensemble des sociétés coopératives, ou à un certain type de sociétés coopératives, relevant du droit de cet État d'adhérer à un organisme extérieur légalement habilité et de se soumettre à un mode spécifique de révision et de contrôle exercé par cet organisme, ces dispositions sont de droit applicables à la SEC dont le siège statutaire est situé dans cet État membre, à condition que cet organisme réponde aux critères énoncés dans la directive 84/253/CEE.

CHAPITRE VII

# Dissolution, liquidation, insolvabilité et cessation des paiements

## Article 72 – Dissolution, insolvabilité et procédures analogues

En ce qui concerne la dissolution, la liquidation, l'insolvabilité, la cessation des paiements et les procédures analogues, la SEC est soumise aux dispositions légales qui s'appliqueraient à une coopérative constituée selon le droit de l'État membre dans lequel la SEC a son siège statutaire, y compris celles relatives à la prise de décision par l'assemblée générale.

## Article 73 – Dissolution par le tribunal ou par une autre autorité compétente de l'État membre du siège de la SEC

1. À la demande de toute personne ayant un intérêt légitime ou d'une autorité compétente, le tribunal ou toute autorité administrative compétente de l'État membre du siège de la SEC prononce la dissolution de cette dernière lorsqu'il constate que l'article 2, paragraphe 1, et/ou l'article 3, paragraphe 2, ont été violés, ainsi que dans les cas visés à l'article 34.

Le tribunal ou l'autorité administrative compétente peut accorder un délai à la SEC pour régulariser sa situation. Si la régularisation n'intervient pas au cours de ce délai, le tribunal ou l'autorité administrative compétente prononce la dissolution.

2. Lorsqu'une SEC ne remplit plus l'obligation prévue à l'article 6, l'État membre où la SEC a son siège statutaire prend les mesures appropriées pour obliger la SEC à régulariser sa situation dans un délai déterminé :

– soit en rétablissant son administration centrale dans l'État membre du siège,

– soit en procédant au transfert du siège statutaire par la procédure prévue à l'article 7.

3. L'État membre du siège de la SEC prend les mesures nécessaires pour garantir qu'une SEC qui ne régulariserait pas sa situation, conformément au paragraphe 2, est mise en liquidation.

4. L'État membre du siège statutaire de la SEC peut former un recours juridictionnel ou faire appel à tout autre moyen juridique adéquat en cas de violation constatée de l'article 6. Ce recours a un effet suspensif sur les procédures prévues aux paragraphes 2 et 3.

5. Lorsqu'il est constaté, à l'initiative soit des autorités, soit de toute partie intéressée, qu'une SEC a son administration centrale sur le territoire d'un État membre en violation de l'article 6, les autorités de cet État membre en informent sans délai l'État membre où se trouve le siège statutaire de la SEC.

## Article 74 – Publicité de la dissolution

L'ouverture d'une procédure de dissolution, y compris la dissolution volontaire, de liquidation, d'insolvabilité ou de cessation des paiements, ainsi que sa clôture et la décision de poursuite de l'activité, font l'objet d'une publicité conformément à l'article 12, sans préjudice des dispositions de droit national imposant des mesures de publicité additionnelles.

### Article 75 – Dévolution de l'actif

L'actif net est dévolu en fonction du principe de dévolution désintéressée ou, lorsque la loi de l'État membre du siège de la SEC le permet, selon d'autres modalités définies dans les statuts de la SEC. Aux fins du présent article, l'actif net comprend les actifs résiduels après paiement de tous les montants dus aux créanciers et remboursement aux membres de leurs contributions au capital.

### Article 76 – Transformation en coopérative

1. La SEC peut se transformer en coopérative relevant du droit de l'État membre de son siège statutaire. La décision concernant la transformation ne peut être prise avant deux ans à partir de son immatriculation et avant que les deux premiers comptes annuels n'aient été approuvés.

2. La transformation d'une SEC en coopérative ne donne lieu ni à dissolution, ni à création d'une personne morale nouvelle.

3. L'organe de direction ou d'administration de la SEC établit un projet de transformation et un rapport expliquant et justifiant les aspects juridiques et économiques de la transformation, ainsi que ses conséquences en matière d'emploi, et indiquant les conséquences de l'adoption de la forme de coopérative pour les membres et les titulaires des titres de l'article 14 ainsi que pour les travailleurs.

4. Le projet de transformation fait l'objet d'une publicité effectuée selon le mode prévu par la législation de chaque État membre, un mois au moins avant la date de la réunion de l'assemblée générale appelée à se prononcer sur la transformation.

5. Avant l'assemblée générale visée au paragraphe 6, un ou plusieurs experts indépendants désignés ou agréés, selon les dispositions nationales, par une autorité judiciaire ou administrative de l'État membre dont relève la SEC qui se transforme en coopérative, attestent que cette dernière dispose d'actifs correspondant au moins au capital.

6. L'assemblée générale de la SEC approuve le projet de transformation ainsi que les statuts de la coopérative. La décision de l'assemblée générale est prise dans les conditions prévues par les dispositions nationales.

## CHAPITRE VIII
## Dispositions complémentaires et transitoires

### Article 77 – Union économique et monétaire

1. Chaque État membre peut, si la troisième phase de l'Union économique et monétaire (UEM) ne lui est pas applicable, et aussi longtemps qu'il en est ainsi, appliquer aux SEC ayant leur siège statutaire sur son territoire les dispositions applicables aux coopératives ou aux sociétés anonymes relevant de son droit en ce qui concerne l'expression de leur capital. La SEC peut en tout cas exprimer son capital également en euros. Dans ce cas, le taux de conversion entre la monnaie nationale et l'euro est celui du dernier jour du mois précédant la constitution de la SEC.

2. Si la troisième phase de l'UEM n'est pas applicable à l'État membre du siège statutaire de la SEC, et aussi longtemps qu'il en est ainsi, celle-ci peut cependant établir et publier ses comptes annuels et, le cas échéant, ses comptes consolidés en

euros. L'État membre peut exiger que les comptes annuels et, le cas échéant, les comptes consolidés de la SEC soient établis et publiés dans la monnaie nationale dans les mêmes conditions que celles prévues pour les coopératives ou les sociétés anonymes relevant du droit de cet État membre. Cela ne préjuge pas de la possibilité additionnelle pour la SEC de publier, conformément à la directive 90/604/CEE du Conseil du 8 novembre 1990 modifiant la directive 78/660/CEE sur les comptes annuels et la directive 83/349/CEE sur les comptes consolidés en ce qui concerne les dérogations en faveur des petites et moyennes sociétés ainsi que la publication des comptes en écus, ses comptes annuels et, le cas échéant, ses comptes consolidés en euros (20).

## CHAPITRE IX
## Dispositions finales

### Article 78 – Dispositions nationales d'application

1. Les États membres prennent toute disposition appropriée pour assurer la mise en application effective du présent règlement.

2. Chaque État membre désigne les autorités compétentes au sens des articles 7, 21, 29, 30, 54 et 73. Il en informe la Commission et les autres États membres.

### Article 79 – Réexamen du règlement

Au plus tard cinq ans après l'entrée en vigueur du présent règlement, la Commission présente au Parlement européen et au Conseil un rapport sur l'application du présent règlement et, le cas échéant, des propositions de modifications. Le rapport examine en particulier s'il convient :

a) de permettre à une SEC d'avoir son administration centrale et son siège statutaire dans des États membres différents ;

b) de permettre qu'un État membre autorise, dans la législation qu'il adopte conformément aux pouvoirs conférés par le présent règlement ou pour assurer l'application effective du présent règlement à une SEC, l'insertion, dans les statuts de la SEC, de dispositions qui dérogent à ladite législation ou qui la complètent, alors même que des dispositions de ce type ne seraient pas autorisées dans les statuts d'une coopérative ayant son siège dans l'État membre en question ;

c) de permettre qu'un État membre adopte des dispositions permettant à la SEC de se scinder en plusieurs coopératives nationales ;

d) de permettre qu'un État membre prévoie un recours juridictionnel spécifique en cas de fraude ou d'erreur lors de l'immatriculation d'une SEC constituée par voie de fusion.

### Article 80 – Entrée en vigueur

Le présent règlement entre en vigueur le troisième jour suivant celui de sa publication au *Journal officiel* de l'Union européenne.

Le présent règlement est applicable à partir du 18 août 2006.

Le présent règlement est obligatoire dans tous ses éléments et directement applicable dans tout État membre.

Références


(1) *JO* C 99 du 21 avr. 1992, p. 17 et *JO* C 236 du 31 août 1993, p. 17.

(2) *JO* C 42 du 15 févr. 1993, p. 75 et avis rendu le 14 mai 2003 (non encore paru au *Journal officiel*).

(3) *JO* C 223 du 31 août 1992, p. 42.

(4) *JO* C 128 du 16 mai 1983, p. 51.

(5) *JO* C 246 du 14 sept. 1987, p. 94.

(6) *JO* C 158 du 26 juin 1989, p. 380.

(7) *JO* C 61 du 28 févr. 1994, p. 231.

(8) *JO* C 313 du 12 oct. 1998, p. 234.

(9) *JO* L 294 du 10 nov. 2001, p. 1.

(10) *JO* L 199 du 31 juill. 1985, p. 1.

(11) Résolution adoptée par l'assemblée générale lors de la quatre-vingt-huitième session plénière des Nations unies, en date du 19 décembre 2001 (A/RES/56/114).

(12) Voir page 25 du présent *Journal officiel*.

(13) *JO* L 65 du 14 mars 1968, p. 8. Directive modifiée en dernier lieu par l'acte d'adhésion de 1994.

(14) *JO* L 222 du 14 août 1978, p. 11. Directive modifiée en dernier lieu par la directive 2001/65/CE (*JO* L 283 du 27 oct. 2001, p. 28).

(15) *JO* L 193 du 18 juill. 1983, p. 1. Directive modifiée en dernier lieu par la directive 2001/65/CE.

(16) *JO* L 126 du 12 mai 1984, p. 20.

(17) *JO* L 395 du 30 déc. 1989, p. 36.

(18) *JO* L 372 du 31 déc. 1986, p. 1. Directive modifiée en dernier lieu par la directive 2001/65/CE.

(19) *JO* L 228 du 11 août 1992, p. 1. Directive modifiée en dernier lieu par la directive 2002/13/CE (*JO* L 77 du 20 mars 2002, p. 17).

(20) *JO* L 317 du 16 nov. 1990, p. 57.

# 9 Règlement (CE) n° 261/2004 du Parlement européen et du Conseil du 11 février 2004 établissant des règles communes en matière d'indemnisation et d'assistance des passagers en cas de refus d'embarquement et d'annulation ou de retard important d'un vol, et abrogeant le règlement (CEE) n° 295/91

Applicable depuis le 17 février 2005

*(Texte présentant de l'intérêt pour l'EEE)*

*Le Parlement européen et le Conseil de l'Union européenne,*

Vu le traité instituant la Communauté européenne, et notamment son article 80, paragraphe 2,

Vu la proposition de la Commission (1),

Vu l'avis du Comité économique et social européen (2),

Après consultation du Comité des régions,

Statuant conformément à la procédure visée à l'article 251 du traité (3), au vu du projet commun approuvé le 1er décembre 2003 par le comité de conciliation,

Considérant ce qui suit :

(1) L'action de la Communauté dans le domaine des transports aériens devrait notamment viser à garantir un niveau élevé de protection des passagers. Il convient en outre de tenir pleinement compte des exigences de protection des consommateurs en général.

(2) Le refus d'embarquement et l'annulation ou le retard important d'un vol entraînent des difficultés et des désagréments sérieux pour les passagers.

(3) Bien que le règlement (CEE) n° 295/91 du Conseil du 4 février 1991 établissant des règles communes relatives à un système de compensation pour refus d'embarquement dans les transports aériens réguliers (4) ait mis en place une protection de base pour les passagers, le nombre de passagers refusés à l'embarquement contre leur volonté reste trop élevé, ainsi que le nombre de passagers concernés par des annulations sans avertissement préalable et des retards importants.

(4) La Communauté devrait, par conséquent, relever les normes de protection fixées par ledit règlement, à la fois pour renforcer les droits des passagers et pour faire en sorte que les transporteurs aériens puissent exercer leurs activités dans des conditions équivalentes sur un marché libéralisé.

(5) Dans la mesure où la distinction entre services aériens réguliers et non réguliers tend à s'estomper, cette protection devrait s'appliquer non seulement aux passagers des vols réguliers, mais aussi à ceux des vols non réguliers, y compris les vols faisant partie de circuits à forfait.

(6) La protection accordée aux passagers partant d'un aéroport situé dans un État membre devrait être étendue à ceux qui quittent un aéroport situé dans un pays tiers à destination d'un aéroport situé dans un État membre, lorsque le vol est assuré par un transporteur communautaire.

(7) Afin de garantir l'application effective du présent règlement, les obligations qui en découlent devraient incomber au transporteur aérien effectif qui réalise ou a l'intention de réaliser un vol, indépendamment du fait qu'il soit propriétaire de l'avion, que l'avion fasse l'objet d'un contrat de location coque nue (*dry lease*) ou avec équipage (*wet lease*), ou s'inscrive dans le cadre de tout autre régime.

(8) Le présent règlement ne devrait pas limiter le droit du transporteur aérien effectif de demander réparation à toute personne, y compris un tiers, conformément à la législation applicable.

(9) Il convient de réduire le nombre de passagers refusés à l'embarquement contre leur volonté en exigeant des transporteurs aériens qu'ils fassent appel à des volontaires acceptant de renoncer à leur réservation en contrepartie de certains avantages, au lieu de refuser des passagers à l'embarquement, et en assurant l'indemnisation complète des passagers finalement refusés à l'embarquement.

(10) Les passagers refusés à l'embarquement contre leur volonté devraient avoir la possibilité d'annuler leur vol et de se faire rembourser leur billet ou de le poursuivre dans des conditions satisfaisantes, et devraient bénéficier d'une prise en charge adéquate durant l'attente d'un vol ultérieur.

(11) Les volontaires devraient également avoir la possibilité d'annuler leur vol, ou de le poursuivre dans des conditions satisfaisantes, puisqu'ils se trouvent confrontés aux mêmes difficultés de déplacement que les passagers refusés à l'embarquement contre leur volonté.

(12) Il convient également d'atténuer les difficultés et les désagréments pour les passagers, occasionnés par les annulations de vols. Il y a lieu à cet effet d'inciter les transporteurs à informer les passagers des annulations avant l'heure de départ prévue et en outre, leur proposer un réacheminement raisonnable, de sorte que les passagers puissent prendre d'autres dispositions. S'ils n'y parviennent pas, les transporteurs aériens devraient indemniser les passagers, sauf lorsque l'annulation est due à des circonstances extraordinaires qui n'auraient pas pu être évitées même si toutes les mesures raisonnables avaient été prises.

(13) Les passagers dont le vol est annulé devraient avoir la possibilité de se faire rembourser leur billet ou d'obtenir un réacheminement dans des conditions satisfaisantes, et devraient bénéficier d'une prise en charge adéquate durant l'attente d'un vol ultérieur.

(14) Tout comme dans le cadre de la convention de Montréal, les obligations des transporteurs aériens effectifs devraient être limitées ou leur responsabilité exonérée dans les cas où un événement est dû à des circonstances extraordinaires qui n'auraient pas pu être évitées même si toutes les mesures raisonnables avaient été prises. De telles circonstances peuvent se produire, en particulier, en cas d'instabilité politique, de conditions météorologiques incompatibles avec la réalisation du vol concerné, de risques liés à la sécurité, de défaillances imprévues pouvant affecter la sécurité du vol, ainsi que de grèves ayant une incidence sur les opérations d'un transporteur aérien effectif.

(15) Il devrait être considéré qu'il y a circonstance extraordinaire, lorsqu'une décision relative à la gestion du trafic aérien concernant un avion précis pour une journée précise génère un retard important, un retard jusqu'au lendemain ou l'annulation d'un ou de plusieurs vols de cet avion, bien que toutes les mesures raisonnables aient été prises par le transporteur aérien afin d'éviter ces retards ou annulations.

(16) En cas d'annulation d'un voyage à forfait pour des raisons autres que l'annulation d'un vol, le présent règlement ne devrait pas s'appliquer.

(17) Les passagers dont le vol est retardé d'un laps de temps défini devraient bénéficier d'une prise en charge adéquate et avoir la possibilité d'annuler leur vol et de se faire rembourser le prix de leur billet ou de le poursuivre dans des conditions satisfaisantes.

(18) La prise en charge des passagers qui attendent un vol de remplacement ou un vol retardé peut être limitée ou refusée si cette prise en charge est susceptible de prolonger le retard.

(19) Les transporteurs aériens effectifs devraient veiller aux besoins particuliers des passagers à mobilité réduite et toutes personnes qui les accompagnent.

(20) Les passagers devraient être pleinement informés de leurs droits en cas de refus d'embarquement et d'annulation ou de retard important d'un vol, afin d'être en mesure d'exercer efficacement ces droits.

(21) Les États membres devraient définir le régime des sanctions applicables en cas de violation du présent règlement et veiller à ce qu'elles soient appliquées. Ces sanctions doivent être efficaces, proportionnées et dissuasives.

(22) Les États membres devraient veiller à l'application générale par leurs transporteurs aériens du présent règlement, contrôler son application et désigner un organisme approprié chargé de le faire appliquer. Le contrôle ne devrait pas porter atteinte aux droits des passagers et des transporteurs de demander réparation auprès des tribunaux conformément aux procédures prévues par le droit national.

(23) La Commission devrait analyser l'application du présent règlement et évaluer en particulier l'opportunité d'étendre son champ d'application à tous les passagers liés par contrat à un organisateur de voyages ou un transporteur communautaire, qui partent d'un aéroport situé dans un pays tiers à destination d'un aéroport situé sur le territoire d'un État membre.

(24) Des arrangements prévoyant une coopération accrue concernant l'utilisation de l'aéroport de Gibraltar ont été conclus le 2 décembre 1987 à Londres par le Royaume d'Espagne et le Royaume-Uni dans une déclaration commune des ministres des affaires étrangères des deux pays. Ces arrangements ne sont toutefois pas encore entrés en vigueur.

(25) Le règlement (CEE) n° 295/91 devrait être abrogé en conséquence,

*Ont arrêté le présent règlement :*

## Article premier – Objet

1. Le présent règlement reconnaît, dans les conditions qui y sont spécifiées, des droits minimums aux passagers dans les situations suivantes :

a) en cas de refus d'embarquement contre leur volonté ;

b) en cas d'annulation de leur vol ;

c) en cas de vol retardé.

2. L'application du présent règlement à l'aéroport de Gibraltar s'entend sans préjudice des positions juridiques respectives du Royaume d'Espagne et du Royaume-Uni concernant le conflit relatif à la souveraineté sur le territoire sur lequel l'aéroport est situé.

3. L'application du présent règlement à l'aéroport de Gibraltar est différée jusqu'à la mise en application des arrangements convenus dans la déclaration commune, du 2 décembre 1987, faite par les ministres des affaires étrangères du Royaume d'Espagne et du Royaume-Uni. Les gouvernements du Royaume d'Espagne et du Royaume-Uni informeront le Conseil de la date de cette mise en application.

## Article 2 – Définitions

Aux fins du présent règlement, on entend par :

a) « transporteur aérien », une entreprise de transport aérien possédant une licence d'exploitation en cours de validité ;

b) « transporteur aérien effectif », un transporteur aérien qui réalise ou a l'intention de réaliser un vol dans le cadre d'un contrat conclu avec un passager, ou au nom d'une autre personne, morale ou physique, qui a conclu un contrat avec ce passager ;

c) « transporteur communautaire », un transporteur aérien possédant une licence d'exploitation en cours de validité, délivrée par un État membre conformément aux dispositions du règlement (CEE) n° 2407/92 du Conseil du 23 juillet 1992 concernant les licences des transporteurs aériens (5) ;

d) « organisateur de voyages », à l'exclusion d'un transporteur aérien, un organisateur au sens de l'article 2, point 2, de la directive 90/314/CEE du Conseil du 13 juin 1990 concernant les voyages, vacances et circuits à forfait (6) ;

e) « forfait », les services définis à l'article 2, point 1, de la directive 90/314/CEE ;

f) « billet », un document en cours de validité établissant le droit au transport, ou quelque chose d'équivalent sous forme immatérielle, y compris électronique, délivré ou autorisé par le transporteur aérien ou son agent agréé ;

g) « réservation », le fait pour un passager d'être en possession d'un billet, ou d'une autre preuve, indiquant que la réservation a été acceptée et enregistrée par le transporteur aérien ou l'organisateur de voyages ;

h) « destination finale », la destination figurant sur le billet présenté au comptoir d'enregistrement, ou, dans le cas des vols avec correspondances, la destination du dernier vol ; les vols avec correspondances disponibles comme solution de remplacement ne sont pas pris en compte si l'heure d'arrivée initialement prévue est respectée ;

i) « personne à mobilité réduite », toute personne dont la mobilité est réduite lorsqu'elle utilise un moyen de transport en raison d'un handicap physique (sensoriel ou locomoteur, permanent ou temporaire), d'une déficience intellectuelle, de son âge ou de tout autre cause de handicap et dont la situation exige une attention spéciale et l'adaptation à ses besoins des services mis à la disposition de tous les passagers ;

j) « refus d'embarquement », le refus de transporter des passagers sur un vol, bien qu'ils se soient présentés à l'embarquement dans les conditions fixées à l'article 3, paragraphe 2, sauf s'il est raisonnablement justifié de refuser l'embarquement, notamment pour des raisons de santé, de sûreté ou de sécurité, ou de documents de voyages inadéquats ;

k) « volontaire », une personne qui s'est présentée à l'embarquement dans les conditions fixées à l'article 3, paragraphe 2, et qui est prête à céder, à la demande du transporteur aérien, sa réservation confirmée, en échange de prestations ;

l) « annulation », le fait qu'un vol qui était prévu initialement et sur lequel au moins une place était réservée n'a pas été effectué.

## Article 3 – Champ d'application

1. Le présent règlement s'applique :

a) aux passagers au départ d'un aéroport situé sur le territoire d'un État membre soumis aux dispositions du traité ;

b) aux passagers au départ d'un aéroport situé dans un pays tiers et à destination d'un aéroport situé sur le territoire d'un État membre soumis aux dispositions du traité, à moins que ces passagers ne bénéficient de prestations ou d'une indemnisation et d'une assistance dans ce pays tiers, si le transporteur aérien effectif qui réalise le vol est un transporteur communautaire.

2. Le paragraphe 1 s'applique à condition que les passagers :

a) disposent d'une réservation confirmée pour le vol concerné et se présentent, sauf en cas d'annulation visée à l'article 5, à l'enregistrement :

– comme spécifié et à l'heure indiquée à l'avance et par écrit (y compris par voie électronique) par le transporteur aérien, l'organisateur de voyages ou un agent de voyages autorisé,

ou, en l'absence d'indication d'heure,

– au plus tard quarante-cinq minutes avant l'heure de départ publiée, ou

b) aient été transférés par le transporteur aérien ou l'organisateur de voyages, du vol pour lequel ils possédaient une réservation vers un autre vol, quelle qu'en soit la raison.

3. Le présent règlement ne s'applique pas aux passagers qui voyagent gratuitement ou à un tarif réduit non directement ou indirectement accessible au public. Toutefois, il s'applique aux passagers en possession d'un billet émis par un transporteur aérien ou un organisateur de voyages dans le cadre d'un programme de fidélisation ou d'autres programmes commerciaux.

4. Le présent règlement ne s'applique qu'aux passagers transportés sur des avions motorisés à ailes fixes.

5. Le présent règlement s'applique à tout transporteur aérien effectif assurant le transport des passagers visés aux paragraphes 1 et 2. Lorsqu'un transporteur aérien effectif qui n'a pas conclu de contrat avec le passager remplit des obligations découlant du présent règlement, il est réputé agir au nom de la personne qui a conclu le contrat avec le passager concerné.

6. Le présent règlement ne porte pas atteinte aux droits des passagers établis par la directive 90/314/CEE. Le présent règlement ne s'applique pas lorsqu'un voyage à forfait est annulé pour des raisons autres que l'annulation du vol.

## Article 4 – Refus d'embarquement

1. Lorsqu'un transporteur aérien effectif prévoit raisonnablement de refuser l'embarquement sur un vol, il fait d'abord appel aux volontaires acceptant de renoncer à leur réservation en échange de certaines prestations, suivant des modalités à convenir entre les passagers concernés et le transporteur aérien effectif. Les volontaires bénéficient, en plus des prestations mentionnées au présent paragraphe, d'une assistance conformément à l'article 8.

2. Lorsque le nombre de volontaires n'est pas suffisant pour permettre l'embarquement des autres passagers disposant d'une réservation, le transporteur aérien effectif peut refuser l'embarquement de passagers contre leur volonté.

3. S'il refuse des passagers à l'embarquement contre leur volonté, le transporteur aérien effectif indemnise immédiatement ces derniers conformément à l'article 7, et leur offre une assistance conformément aux articles 8 et 9.

## Article 5 – Annulations

1. En cas d'annulation d'un vol, les passagers concernés :

a) se voient offrir par le transporteur aérien effectif une assistance conformément à l'article 8;

b) se voient offrir par le transporteur aérien effectif une assistance conformément à l'article 9, paragraphe 1, point a), et paragraphe 2, de même que, dans le cas d'un réacheminement lorsque l'heure de départ raisonnablement attendue du nouveau vol est au moins le jour suivant le départ planifié pour le vol annulé, l'assistance prévue à l'article 9, paragraphe 1, points b) et c), et

c) ont droit à une indemnisation du transporteur aérien effectif conformément là l'article 7, à moins qu'ils soient informés de l'annulation du vol :

i) au moins deux semaines avant l'heure de départ prévue, ou

ii) de deux semaines à sept jours avant l'heure de départ prévue si on leur offre un réacheminement leur permettant de partir au plus tôt deux heures avant l'heure de départ prévue et d'atteindre leur destination finale moins de quatre heures après l'heure d'arrivée prévue, ou

iii) moins de sept jours avant l'heure de départ prévue si on leur offre un réacheminement leur permettant de partir au plus tôt une heure avant l'heure de départ prévue et d'atteindre leur destination finale moins de deux heures après l'heure prévue d'arrivée.

2. Lorsque les passagers sont informés de l'annulation d'un vol, des renseignements leur sont fournis concernant d'autres transports possibles.

3. Un transporteur aérien effectif n'est pas tenu de verser l'indemnisation prévue à l'article 7 s'il est en mesure de prouver que l'annulation est due à des circonstances extraordinaires qui n'auraient pas pu être évitées même si toutes les mesures raisonnables avaient été prises.

4. Il incombe au transporteur aérien effectif de prouver qu'il a informé les passagers de l'annulation d'un vol ainsi que le délai dans lequel il l'a fait.

## Article 6 – Retards

1. Lorsqu'un transporteur aérien effectif prévoit raisonnablement qu'un vol sera retardé par rapport à l'heure de départ prévue :

a) de deux heures ou plus pour tous les vols de 1 500 kilomètres ou moins, ou

b) de trois heures ou plus pour tous les vols intracommunautaires de plus de 1 500 km et pour tous les autres vols de 1 500 à 3 500 km, ou

c) de quatre heures ou plus pour tous les vols qui ne relèvent pas des points a) ou b),

les passagers se voient proposer par le transporteur aérien effectif :

i) l'assistance prévue à l'article 9, paragraphe 1, point a), et paragraphe 2, et

ii) lorsque l'heure de départ raisonnablement attendue est au moins le jour suivant l'heure de départ initialement annoncée, l'assistance prévue à l'article 9, paragraphe 1, points b) et c), et

iii) lorsque le retard est d'au moins cinq heures, l'assistance prévue à l'article 8, paragraphe 1, point a).

2. En tout état de cause, cette assistance est proposée dans les limites fixées ci-dessus compte tenu de la distance du vol.

## Article 7 – Droit à indemnisation

1. Lorsqu'il est fait référence au présent article, les passagers reçoivent une indemnisation dont le montant est fixé à :

a) 250 euros pour tous les vols de 1 500 kilomètres ou moins;

b) 400 euros pour tous les vols intracommunautaires de plus de 1 500 kilomètres et pour tous les autres vols de 1 500 à 3 500 kilomètres;

c) 600 euros pour tous les vols qui ne relèvent pas des points a) ou b).

Pour déterminer la distance à prendre en considération, il est tenu compte de la dernière destination où le passager arrivera après l'heure prévue du fait du refus d'embarquement ou de l'annulation.

2. Lorsque, en application de l'article 8, un passager se voit proposer un réacheminement vers sa destination finale sur un autre vol dont l'heure d'arrivée ne dépasse pas l'heure d'arrivée prévue du vol initialement réservé :

a) de deux heures pour tous les vols de 1 500 kilomètres ou moins, ou

b) de trois heures pour tous les vols intracommunautaires de plus de 1 500 kilomètres et pour tous les autres vols de 1 500 à 3 500 kilomètres, ou

c) de quatre heures pour tous les vols ne relevant pas des points a) ou b),

le transporteur aérien effectif peut réduire de 50 % le montant de l'indemnisation prévue au paragraphe 1.

3. L'indemnisation visée au paragraphe 1 est payée en espèces, par virement bancaire électronique, par virement bancaire ou par chèque, ou, avec l'accord signé du passager, sous forme de bons de voyage et/ou d'autres services.

4. Les distances indiquées aux paragraphes 1 et 2 sont mesurées selon la méthode de la route orthodromique.

### Article 8 – Assistance : droit au remboursement ou au réacheminement

1. Lorsqu'il est fait référence au présent article, les passagers se voient proposer le choix entre :

a) – le remboursement du billet, dans un délai de sept jours, selon les modalités visées à l'article 7, paragraphe 3, au prix auquel il a été acheté, pour la ou les parties du voyage non effectuées et pour la ou les parties du voyage déjà effectuées et devenues inutiles par rapport à leur plan de voyage initial, ainsi que, le cas échéant,

– un vol retour vers leur point de départ initial dans les meilleurs délais ;

b) un réacheminement vers leur destination finale, dans des conditions de transport comparables et dans les meilleurs délais, ou

c) un réacheminement vers leur destination finale dans des conditions de transport comparables à une date ultérieure, à leur convenance, sous réserve de la disponibilité de sièges.

2. Le paragraphe 1, point a), s'applique également aux passagers dont le vol fait partie d'un voyage à forfait hormis en ce qui concerne le droit au remboursement si un tel droit découle de la directive 90/314/CEE.

3. Dans le cas d'une ville, d'une agglomération ou d'une région desservie par plusieurs aéroports, si le transporteur aérien effectif propose au passager un vol à destination d'un aéroport autre que celui qui était initialement prévu, le transporteur aérien effectif prend à sa charge les frais de transfert des passagers entre l'aéroport d'arrivée et l'aéroport initialement prévu ou une autre destination proche convenue avec le passager.

### Article 9 – Droit à une prise en charge

1. Lorsqu'il est fait référence au présent article, les passagers se voient offrir gratuitement :

a) des rafraîchissements et des possibilités de se restaurer en suffisance compte tenu du délai d'attente ;

b) un hébergement à l'hôtel aux cas où :

– un séjour d'attente d'une ou plusieurs nuits est nécessaire, ou

– lorsqu'un séjour s'ajoutant à celui prévu par le passager est nécessaire;

c) le transport depuis l'aéroport jusqu'au lieu d'hébergement (hôtel ou autre).

2. En outre, le passager se voit proposer la possibilité d'effectuer gratuitement deux appels téléphoniques ou d'envoyer gratuitement deux télex, deux télécopies ou deux messages électroniques.

3. En appliquant le présent article, le transporteur aérien effectif veille tout particulièrement aux besoins des personnes à mobilité réduite ou de toutes les personnes qui les accompagnent, ainsi qu'aux besoins des enfants non accompagnés.

## Article 10 – Surclassement et déclassement

1. Si un transporteur aérien effectif place un passager dans une classe supérieure à celle pour laquelle le billet a été acheté, il ne peut réclamer aucun supplément.

2. Si un transporteur aérien effectif place un passager dans une classe inférieure à celle pour laquelle le billet a été acheté, il rembourse, dans un délai de sept jours et selon les modalités visées à l'article 7, paragraphe 3 :

a) 30 % du prix du billet pour tous les vols de 1 500 kilomètres ou moins, ou

b) 50 % du prix du billet pour tous les vols intracommunautaires de plus de 1 500 kilomètres, à l'exception des vols entre le territoire européen des États membres et les départements français d'outre-mer, ainsi que pour tous les autres vols de 1 500 kilomètres à 3 500 kilomètres, ou

c) 75 % du prix du billet pour tous les vols ne relevant pas des points a) ou b), y compris les vols entre le territoire européen des États membres et les départements français d'outre-mer.

## Article 11 – Personnes à mobilité réduite et autres personnes ayant des besoins particuliers

1. Les transporteurs aériens effectifs donnent la priorité aux personnes à mobilité réduite et à toutes les personnes ou les chiens guides certifiés qui les accompagnent ainsi qu'aux enfants non accompagnés.

2. En cas de refus d'embarquement, d'annulation ou de retard, quelle que soit la durée de celui-ci, les personnes à mobilité réduite et toutes les personnes qui les accompagnent, ainsi que les enfants non accompagnés, ont droit à une prise en charge prévue à l'article 9, qui leur est fournie dès que possible.

## Article 12 – Indemnisation complémentaire

1. Le présent règlement s'applique sans préjudice du droit d'un passager à une indemnisation complémentaire. L'indemnisation accordée en vertu du présent règlement peut être déduite d'une telle indemnisation.

2. Sans préjudice des principes et règles pertinents du droit national, y compris la jurisprudence, le paragraphe 1 ne s'applique pas aux passagers qui ont volontairement renoncé à leur réservation conformément à l'article 4, paragraphe 1.

## Article 13 – Droit à la réparation des dommages

Lorsqu'un transporteur aérien effectif verse une indemnité ou s'acquitte d'autres obligations lui incombant en vertu du présent règlement, aucune disposition de ce dernier ne peut être interprétée comme limitant son droit à demander réparation à toute personne, y compris des tiers, conformément au droit national applicable. En particulier, le présent règlement ne limite aucunement le droit du transporteur aérien effectif de demander réparation à un organisateur de voyages ou une autre personne avec laquelle le transporteur aérien effectif a conclu un contrat. De même, aucune disposition du présent règlement ne peut être interprétée comme limitant le droit d'un organisateur de voyages ou d'un tiers, autre que le passager avec lequel un transporteur aérien effectif a conclu un contrat, de demander réparation au transporteur aérien effectif conformément aux lois pertinentes applicables.

### Article 14 – Obligation d'informer les passagers de leurs droits

1. Le transporteur aérien effectif veille à ce qu'un avis reprenant le texte suivant, imprimé en caractères bien lisibles, soit affiché bien en vue dans la zone d'enregistrement : « Si vous êtes refusé à l'embarquement ou si votre vol est annulé ou retardé d'au moins deux heures, demandez au comptoir d'enregistrement ou à la porte d'embarquement le texte énonçant vos droits, notamment en matière d'indemnisation et d'assistance. »

2. Le transporteur aérien effectif qui refuse l'embarquement ou qui annule un vol présente à chaque passager concerné une notice écrite reprenant les règles d'indemnisation et d'assistance conformément aux dispositions du présent règlement. Il présente également cette notice à tout passager subissant un retard d'au moins deux heures. Les coordonnées de l'organisme national désigné visé à l'article 16 sont également fournies par écrit au passager.

3. En ce qui concerne les non-voyants et les malvoyants, les dispositions du présent article s'appliquent avec d'autres moyens appropriés.

### Article 15 – Irrecevabilité des dérogations

1. Les obligations envers les passagers qui sont énoncées par le présent règlement ne peuvent être limitées ou levées, notamment par une dérogation ou une clause restrictive figurant dans le contrat de transport.

2. Si toutefois une telle dérogation ou une telle clause restrictive est appliquée à l'égard d'un passager, ou si un passager n'est pas dûment informé de ses droits et accepte, par conséquent, une indemnisation inférieure à celle prévue par le présent règlement, ce passager a le droit d'entreprendre les démarches nécessaires auprès des tribunaux ou des organismes compétents en vue d'obtenir une indemnisation complémentaire.

### Article 16 – Violations

1. Chaque État membre désigne un organisme chargé de l'application du présent règlement en ce qui concerne les vols au départ d'aéroports situés sur son territoire ainsi que les vols à destination de ces mêmes aéroports et provenant d'un pays tiers. Le cas échéant, cet organisme prend les mesures nécessaires au respect des droits des passagers. Les États membres notifient à la Commission l'organisme qui a été désigné en application du présent paragraphe.

2. Sans préjudice de l'article 12, tout passager peut saisir tout organisme désigné en application du paragraphe 1, ou tout autre organisme compétent désigné par un État membre, d'une plainte concernant une violation du présent règlement survenue dans tout aéroport situé sur le territoire d'un État membre ou concernant tout vol à destination d'un aéroport situé sur ce territoire et provenant d'un pays tiers.

3. Les sanctions établies par les États membres pour les violations du présent règlement sont efficaces, proportionnées et dissuasives.

### Article 17 – Rapports

La Commission fait rapport au Parlement européen et au Conseil, au plus tard le 1er janvier 2007, sur le fonctionnement et les résultats du présent règlement, en particulier en ce qui concerne :
- l'incidence des refus d'embarquement et des annulations de vols,
- l'extension éventuelle du champ d'application du présent règlement aux passagers liés par contrat à un transporteur communautaire ou ayant réservé un vol qui fait partie d'un « circuit à forfait » relevant de la directive 90/314/CEE, qui partent d'un aéroport situé dans un pays tiers à destination d'un aéroport situé dans un État membre, sur des vols qui ne sont pas assurés par des transporteurs aériens communautaires,
- la révision éventuelle des montants des indemnisations mentionnés à l'article 7, paragraphe 1.

Ce rapport est au besoin accompagné de propositions législatives.

### Article 18 – Abrogation

Le règlement (CEE) no 295/91 est abrogé.

### Article 19 – Entrée en vigueur

Le présent règlement entre en vigueur le 17 février 2005.

Le présent règlement est obligatoire dans tous ses éléments et directement applicable dans tout État membre.

Références

(1) *JO* C 103 E du 30 avr. 2002, p. 225 et *JO* C 71 E du 25 mars 2003, p. 188.

(2) *JO* C 241 du 7 oct. 2002, p. 29.

(3) Avis du Parlement européen du 24 octobre 2002 (*JO* C 300 E du 11 déc. 2003, p. 443), position commune du Conseil du 18 mars 2003 (*JO* C 125 E du 27 mai 2003, p. 63) et position du Parlement européen du 3 juillet 2003 (non encore parue au *Journal officiel*). Résolution législative du Parlement européen du 18 décembre 2003 et décision du Conseil du 26 janvier 2004.

(4) *JO* L 36 du 8 févr. 1991, p. 5.

(5) *JO* L 240 du 24 août 1992, p. 1.

(6) *JO* L 158 du 23 juin 1990, p. 59.

*Déclaration de la Commission*

La Commission rappelle son intention de promouvoir des engagements volontaires ou de faire des propositions pour étendre les mesures communautaires en faveur de la protection des passagers à d'autres modes de transport que les transports aériens, notamment les transports ferroviaires et maritimes.

## 10 Règlement (CE) nº 785/2004 du Parlement européen et du Conseil du 21 avril 2004 relatif aux exigences en matière d'assurance applicables aux transporteurs aériens et aux exploitants d'aéronefs

Applicable depuis le 30 avril 2005

Non reproduit. Consultable sur :
http://europa.eu/eu-law/legislation/index_fr.htm

## 11 Règlement (CE) nº 1891/2006 du Conseil du 18 décembre 2006 modifiant les règlements (CE) nº 6/2002 et (CE) nº 40/94 en vue de donner effet à l'adhésion de la Communauté européenne à l'acte de Genève de l'arrangement de La Haye concernant l'enregistrement international des dessins et modèles industriels

Applicable depuis le 1er janvier 2008

*Le Conseil de l'Union européenne,*
Vu le traité instituant la Communauté européenne, et notamment son article 308,
Vu la proposition de la Commission,
Vu l'avis du Parlement européen,
Vu l'avis du Comité économique et social européen,

Considérant ce qui suit :

(1) Le règlement CE nº 6/2002 du Conseil du 12 décembre 2001 sur les dessins ou modèles communautaires [1] a institué le système de dessins ou modèles communautaires qui confère aux entreprises le droit d'acquérir, selon une procédure unique, des dessins ou modèles communautaires qui jouissent d'une protection uniforme et produisent leurs effets sur tout le territoire de la Communauté.

(2) Au terme des travaux préparatoires engagés par l'Organisation mondiale de la propriété intellectuelle, avec la participation des États membres parties à l'Union de La Haye, des États membres qui ne sont pas parties à l'Union de La Haye et de la Communauté européenne, la conférence diplomatique convoquée à cette fin à Genève a adopté, le 2 juillet 1999 à Genève, l'acte de Genève de l'arrangement de Madrid concernant l'enregistrement international des dessins et modèles industriels (ci-après dénommé « acte de Genève »).

(3) Par la décision [2], le Conseil a approuvé l'adhésion de la Communauté européenne à l'acte de Genève de l'arrangement de La Haye concernant l'enregistrement international des dessins et modèles industriels et a autorisé le président du Conseil à déposer l'instrument d'adhésion auprès du directeur général de l'OMPI à

partir de la date à laquelle le Conseil a adopté les mesures qui sont nécessaires pour donner effet à l'adhésion de la Communauté à l'acte de Genève. Ces mesures sont contenues dans le présent règlement.

(4) Il convient que des mesures appropriées soient intégrées dans le règlement (CE) n° 6/2002 par l'ajout d'un nouveau titre relatif à l'« Enregistrement international des dessins ou modèles ».

(5) Les règles et procédures qui régissent les enregistrements internationaux désignant la Communauté devraient, en principe, être les mêmes que les règles et procédures applicables aux demandes de dessins ou modèles communautaires. Conformément à ce principe, un enregistrement international désignant la Communauté devrait faire l'objet d'un examen relatif aux motifs de rejet avant de produire les mêmes effets qu'un dessin ou modèle communautaire enregistré. De même, un enregistrement international produisant les mêmes effets qu'un dessin ou modèle communautaire enregistré devrait être régi par les mêmes règles d'invalidation qu'un dessin ou modèle communautaire enregistré.

(6) Le règlement (CE) n° 2/2000 devrait, dès lors, être modifié en conséquence.

(7) L'adhésion de la Communauté à l'acte de Genève créera une nouvelle source de recettes pour l'Office de l'harmonisation dans le marché intérieur (marques, dessins et modèles). Le règlement (CE) n° 40/94 du Conseil du 20 décembre 1993 sur la marque communautaire [3] devrait donc être modifié en conséquence,

*A arrêté le présent règlement :*

**Article premier –** À l'article 134 du règlement (CE) n° 40/94, le paragraphe 3 est remplacé par le texte suivant :

« 3. Les recettes comprennent, sans préjudice d'autres types de recettes, le produit des taxes dues en vertu du règlement relatif aux taxes, le produit des taxes dues en vertu du protocole de Madrid mentionnées à l'article 140 pour un enregistrement international désignant la Communauté européenne ainsi que les autres paiements faits aux parties contractantes du protocole de Madrid, le produit des taxes dues en vertu de l'acte de Genève, visé à l'article 106 *quater* du règlement (CE) n° 6/2000, pour un enregistrement international désignant la Communauté européenne et les autres paiements faits aux parties contractantes de l'acte de Genève et, en tant que de besoin, une subvention inscrite au budget général des Communautés européennes, section Commission, sous une ligne budgétaire spécifique. »

**Article 2 –** Le règlement (CE) n° 6/2002 est modifié comme suit :

1) À l'article 25, paragraphe 1, le point d) est remplacé par le texte suivant :

« d) si le dessin ou modèle communautaire est en conflit avec un dessin ou modèle antérieur qui a fait l'objet d'une divulgation au public après la date de dépôt de la demande d'enregistrement ou après la date de priorité du dessin ou modèle communautaire, si une priorité est revendiquée, et qui est protégé depuis une date antérieure :

i) par l'enregistrement d'un dessin ou modèle communautaire ou par une demande d'enregistrement d'un tel dessin ou modèle;

ou

ii) par l'enregistrement d'un dessin ou modèle dans un État membre ou par une demande d'obtention du droit afférent;

ou

iii) par un dessin ou modèle enregistré au titre de l'acte de Genève de l'arrangement de La Haye concernant l'enregistrement international des dessins et modèles industriels, adopté à Genève le 2 juillet 1999, ci-après dénommé « l'acte de Genève », qui a été approuvé par la décision 954/2006 du Conseil et qui produit ses effets dans la Communauté, ou par une demande d'obtention du droit afférent; »

2) Le titre suivant est inséré après le titre XI :

TITRE XI *BIS*

# ENREGISTREMENT INTERNATIONAL DES DESSINS OU MODÈLES

*Section 1*

## Généralités

### Article 106 *bis* – Application des dispositions

1. Sauf disposition contraire dans le présent titre, le présent règlement et tout règlement d'exécution de celui-ci, adopté conformément à l'article 109, est applicable, *mutatis mutandis*, à tout enregistrement de dessins ou modèles industriels au registre international tenu par le bureau international de l'Organisation mondiale de la propriété intellectuelle (ci-après dénommés respectivement « l'enregistrement international » et « Bureau international ») désignant la Communauté, au titre de l'acte de Genève.

2. Toute inscription d'un enregistrement international désignant la Communauté au registre international produit les mêmes effets que si elle avait été effectuée au registre des dessins ou modèles communautaires de l'Office, et toute publication d'un enregistrement international désignant la Communauté au Bulletin du bureau international produit les mêmes effets qu'une publication au Bulletin des dessins et modèles communautaires.

*Section 2*

## Enregistrements internationaux désignant la communauté

### Article 106 *ter* – Procédure de dépôt de la demande internationale

Les demandes internationales faites conformément à l'article 4, paragraphe 1, de l'acte de Genève sont déposées directement auprès du bureau international.

### Article 106 *quater* – Taxes de désignation

Les taxes de désignation prescrites, visées à l'article 7, paragraphe 1, de l'acte de Genève, sont remplacées par une taxe de désignation individuelle.

### Article 106 *quinquies* – Effets d'un enregistrement international désignant la Communauté européenne

1. À partir de la date d'enregistrement visée à l'article 10, paragraphe 2, de l'acte de Genève, un enregistrement international désignant la Communauté produit les mêmes effets qu'une demande d'enregistrement d'un dessin ou modèle communautaire.

2. Si aucun refus n'a été notifié ou si un refus éventuel a été retiré, l'enregistrement international d'un dessin ou modèle désignant la Communauté produit, à partir de la date visée au paragraphe 1, les mêmes effets que l'enregistrement d'un dessin ou modèle en tant que dessin ou modèle communautaire enregistré.

3. L'Office fournit des informations sur les enregistrements internationaux visés au paragraphe 2, conformément aux conditions énoncées dans le règlement d'exécution.

### Article 106 *sexies* – Rejet

1. Les notifications de refus sont transmises par l'Office au bureau international dans un délai ne dépassant pas six mois à compter de la date de publication de l'enregistrement international si, lors de l'examen d'un enregistrement international, l'Office constate que le dessin ou modèle faisant l'objet de la demande de protection ne répond pas à la définition visée à l'article 3, point a), ou qu'il est contraire à l'ordre public ou aux bonnes mœurs.

La notification indique les motifs sur lesquels le refus est fondé.

2. Les effets d'un enregistrement international dans la Communauté ne sont pas refusés tant que le titulaire n'a pas été mis en mesure de renoncer à l'enregistrement international en ce qui concerne la Communauté ou de présenter ses observations.

3. Les conditions de l'examen relatif aux motifs de rejet sont énoncées dans le règlement d'exécution.

### Article 106 *septies* – Invalidation des effets d'un enregistrement international

1. Les effets d'un enregistrement international dans la Communauté peuvent être déclarés invalides en tout ou partie, conformément à la procédure visée aux titres VI et VII, ou par un tribunal des dessins ou modèles communautaires sur la base d'une demande reconventionnelle dans le cadre d'une action en contrefaçon.

2. Lorsque l'Office a connaissance de la nullité, il en informe le bureau international. »

**Article 3 –** Le présent règlement entre en vigueur à la date d'entrée en vigueur de l'acte de Genève en ce qui concerne la Communauté européenne.

La date d'entrée en vigueur du présent règlement est publiée au *Journal officiel* de l'Union européenne.

Le présent règlement est obligatoire dans tous ses éléments et directement applicable dans tout État membre.

Références

[1] *JO* L 3 du 5 janv. 2002, p. 1. Règlement modifié en dernier lieu par l'acte d'adhésion de 2005.

[2] Voir p. 28 du présent *Journal officiel*.

[3] *JO* L 11 du 14 janv. 1994, p. 1. Règlement modifié en dernier lieu par l'acte d'adhésion de 2005.

# 12 Règlement n° 864/2007 du Parlement européen et du Conseil du 11 juillet 2007 sur la loi applicable aux obligations non contractuelles (« Rome II »)

Applicable depuis le 11 janvier 2009



*Le Parlement européen et le Conseil de l'Union européenne,*

Vu le traité instituant la Communauté européenne, et notamment son article 61, point c), et son article 67,

Vu la proposition de la Commission,

Vu l'avis du Comité économique et social européen [1],

Statuant conformément à la procédure visée à l'article 251 du traité au vu du projet commun approuvé le 25 juin 2007 par le comité de conciliation [2],

Considérant ce qui suit :

(1) La Communauté s'est donné pour objectif de maintenir et de développer un espace de liberté, de sécurité et de justice. Pour la mise en place progressive de cet espace, la Communauté doit adopter des mesures relevant du domaine de la coopération judiciaire dans les matières civiles ayant une incidence transfrontalière, dans la mesure nécessaire au bon fonctionnement du marché intérieur.

(2) Conformément à l'article 65, point b), du traité, ces mesures doivent viser, entre autres, à favoriser la compatibilité des règles applicables dans les États membres en matière de conflit de lois et de compétence.

(3) Le Conseil européen, réuni à Tampere les 15 et 16 octobre 1999, a approuvé le principe de reconnaissance mutuelle des jugements et des autres décisions émanant des autorités judiciaires en tant que pierre angulaire de la coopération judiciaire en matière civile et a invité le Conseil et la Commission à adopter un programme de mesures destinées à mettre en œuvre le principe de reconnaissance mutuelle.

(4) Le 30 novembre 2000, le Conseil a adopté un programme commun de mesures de la Commission et du Conseil destiné à mettre en œuvre le principe de reconnaissance mutuelle des décisions en matière civile et commerciale [3]. Le programme décrit les mesures relatives à l'harmonisation des règles de conflit de lois comme des mesures facilitant la reconnaissance mutuelle des décisions.

(5) Le programme de La Haye [4], adopté par le Conseil européen le 5 novembre 2004, préconise que les travaux sur les règles de conflit de lois en ce qui concerne les obligations non contractuelles (« Rome II ») soient poursuivis avec détermination.

(6) Le bon fonctionnement du marché intérieur exige, afin de favoriser la prévisibilité de l'issue des litiges, la sécurité quant au droit applicable et la libre circulation des jugements, que les règles de conflit de lois en vigueur dans les États membres désignent la même loi nationale, quel que soit le pays dans lequel l'action est introduite.

(7) Le champ d'application matériel et les dispositions du présent règlement devraient être cohérents par rapport au règlement (CE) n° 44/2001 du Conseil du 22 décembre 2000 concernant la compétence judiciaire, la reconnaissance et l'exécution des décisions en matière civile et commerciale [5] (Bruxelles I) et les instruments relatifs à la loi applicable aux obligations contractuelles.

(8) Le présent règlement devrait s'appliquer quelle que soit la nature de la cour ou du tribunal saisi.

(9) Les actions fondées sur des actes accomplis dans l'exercice de la puissance publique (« *acta iure imperii* ») devraient englober les cas où sont mis en cause des fonctionnaires agissant au nom de l'État ainsi que la responsabilité de l'État, y compris lorsqu'il s'agit d'actes commis par des agents publics officiellement mandatés. Par conséquent, ces cas devraient être exclus du champ d'application du présent règlement.

(10) Les relations de famille devraient englober les liens de filiation, de mariage, d'alliance et les liens collatéraux. La mention, à l'article 1er, paragraphe 2, des relations qui ont des effets comparables au mariage et aux autres relations de famille devrait être interprétée conformément au droit de l'État membre dans lequel le tribunal est saisi.

(11) Le concept d'obligation non contractuelle varie d'un État membre à l'autre. Celui-ci devrait donc être entendu, aux fins du présent règlement, comme un concept autonome. Les règles relatives aux conflits de lois contenues dans le présent règlement devraient s'appliquer également aux obligations non contractuelles fondées sur la responsabilité objective.

(12) La loi applicable devrait également s'appliquer à la responsabilité délictuelle.

(13) L'application de règles uniformes, quelle que soit la loi désignée, permet d'éviter des risques de distorsions de concurrence entre les justiciables de la Communauté.

(14) L'exigence de sécurité juridique et la nécessité de rendre la justice en fonction de cas individuels sont des éléments essentiels d'un espace de justice. Le présent règlement prévoit que les facteurs de rattachement les plus appropriés permettent d'atteindre ces objectifs. Par conséquent, le présent règlement prévoit une règle générale et des règles spécifiques ainsi que, pour certaines dispositions, une « clause dérogatoire » qui permet de s'écarter de ces règles s'il résulte de l'ensemble des circonstances que le fait dommageable présente des liens manifestement plus étroits avec un autre pays. Cet ensemble de règles crée donc un cadre flexible de règles de conflit de lois. Dans le même temps, la juridiction saisie est à même de traiter les cas individuels de manière appropriée.

(15) Si le principe « *lex loci delicti commissi* » est la solution de base en matière d'obligations non contractuelles dans la quasi-totalité des États membres, l'applica-

tion concrète de ce principe en cas de dispersion des critères de rattachement dans plusieurs pays varie. Cette situation est source d'insécurité quant au droit applicable.

(16) Le recours à des règles uniformes devrait améliorer la prévisibilité des décisions de justice et assurer un équilibre raisonnable entre les intérêts de la personne dont la responsabilité est invoquée et ceux de la personne lésée. Le rattachement au pays du lieu où le dommage direct est survenu (« *lex loci damni* ») crée un juste équilibre entre les intérêts de la personne dont la responsabilité est invoquée et ceux de la personne lésée et correspond également à la conception moderne du droit de la responsabilité civile et au développement des systèmes de responsabilité objective.

(17) Il convient de déterminer la loi applicable en fonction du lieu où le dommage survient, indépendamment du ou des pays où pourraient survenir des conséquences indirectes. Ainsi, en cas de blessures physiques causées à une personne ou de dommages aux biens, le pays où les blessures ont été subies ou les biens endommagés devrait être entendu comme celui où le dommage survient.

(18) La règle générale consacrée par le présent règlement devrait être la « *lex loci damni* », prévue à l'article 4, paragraphe 1. L'article 4, paragraphe 2, devrait être considéré comme créant une exception à ce principe général, en ce qu'il établit un rattachement spécial lorsque les parties ont leur résidence habituelle dans le même pays. L'article 4, paragraphe 3, devrait être entendu comme une « clause dérogatoire » à l'article 4, paragraphes 1 et 2, applicable s'il résulte de l'ensemble des circonstances que le fait dommageable présente des liens manifestement plus étroits avec un autre pays.

(19) Il convient de prévoir des règles spécifiques pour les faits dommageables pour lesquels la règle générale ne permet pas de trouver un équilibre raisonnable entre les intérêts en présence.

(20) En matière de responsabilité du fait des produits, la règle de conflit de lois devrait prendre en compte les objectifs que sont la juste répartition des risques dans une société moderne caractérisée par un degré élevé de technicité, la protection de la santé des consommateurs, la stimulation de l'innovation, la garantie d'une concurrence non faussée et la facilitation des échanges commerciaux. La mise en place d'un système en cascade de facteurs de rattachement, assorti d'une clause de prévisibilité, constitue une solution équilibrée eu égard à ces objectifs. Le premier critère dont il convient de tenir compte est la loi du pays dans lequel la personne lésée avait sa résidence habituelle quand le dommage est survenu, si le produit a été commercialisé dans ce pays. Les autres critères de la cascade sont pris en considération si le produit n'a pas été commercialisé dans ce pays, sans préjudice de l'article 4, paragraphe 2, et indépendamment de la possibilité d'un lien manifestement plus étroit avec un autre pays.

(21) La règle spéciale prévue à l'article 6 ne déroge pas à la règle générale énoncée à l'article 4, paragraphe 1, mais elle la précise. En matière de concurrence déloyale et d'actes restreignant la libre concurrence, la règle de conflit de lois devrait protéger les concurrents, les consommateurs et le public en général, et garantir le bon fonctionnement de l'économie de marché. Le rattachement à la loi du pays sur le territoire duquel les relations de concurrence ou les intérêts collectifs des consommateurs sont affectés ou susceptibles de l'être permet, d'une manière générale, de réaliser ces objectifs.

(22) Les obligations non contractuelles résultant d'actes restreignant la concurrence, prévues à l'article 6, paragraphe 3, devraient s'appliquer aux infractions au

droit de la concurrence tant national que communautaire. La loi applicable aux obligations non contractuelles de ce type devrait être celle du pays du marché affecté ou susceptible de l'être. Au cas où le marché est affecté ou susceptible de l'être dans plus d'un pays, le demandeur devrait pouvoir, dans certains cas, choisir de fonder sa demande sur la loi de la juridiction saisie.

(23) Aux fins du présent règlement, la notion de restriction du jeu de la concurrence devrait couvrir les interdictions visant les accords entre entreprises, décisions d'associations d'entreprises et pratiques concertées qui ont pour objet ou pour effet d'empêcher, de restreindre ou de fausser le jeu de la concurrence dans un État membre ou dans le marché intérieur, ainsi que l'interdiction d'exploiter de façon abusive une position dominante dans un État membre ou dans le marché intérieur lorsque de tels accords, décisions, pratiques concertées ou abus sont interdits par les articles 81 et 82 du traité ou par la loi d'un État membre.

(24) Le « dommage environnemental » devrait être entendu comme une modification négative d'une ressource naturelle telle que l'eau, les sols ou l'air, une détérioration d'une fonction assurée par cette ressource au bénéfice d'une autre ressource naturelle ou du public, ou une détérioration de la diversité biologique.

(25) En matière d'atteintes à l'environnement, l'article 174 du traité, qui postule un niveau de protection élevé et qui est fondé sur les principes de précaution et d'action préventive, sur le principe de correction à la source et sur le principe du pollueur-payeur, justifie pleinement le recours au principe du traitement favorable à la personne lésée. Le moment où le demandeur en réparation peut choisir la loi applicable devrait être déterminé conformément à la loi de l'État membre où se trouve le tribunal saisi.

(26) En ce qui concerne les atteintes aux droits de propriété intellectuelle, il convient de préserver le principe « *lex loci protectionis* », qui est universellement reconnu. Aux fins du présent règlement, l'expression « droits de propriété intellectuelle » devrait être interprétée comme visant notamment le droit d'auteur, les droits voisins, le droit *sui generis* pour la protection des bases de données ainsi que les droits de propriété industrielle.

(27) Le concept exact d'action en responsabilité du fait de grève ou de lock-out varie d'un État membre à l'autre et est régi par les règles internes de chaque État membre. C'est pourquoi le présent règlement considère comme un principe général que, pour protéger les droits et obligations des travailleurs et des employeurs, c'est la loi du pays dans lequel ladite action a été engagée qui doit s'appliquer.

(28) La règle spéciale sur les actions en responsabilité du fait de grève ou de lock-out qui est énoncée à l'article 9 l'est sans préjudice des conditions auxquelles l'exercice de telles actions est soumis, selon la législation nationale, et sans préjudice du statut juridique des organisations représentatives des travailleurs ou des syndicats prévu dans le droit des États membres.

(29) Il convient de prévoir des règles spéciales en cas de dommage causé par un fait autre qu'un fait dommageable, tel qu'un enrichissement sans cause, une gestion d'affaires ou une « *culpa in contrahendo* ».

(30) Le concept de « *culpa in contrahendo* » est autonome aux fins du présent règlement, et il ne devrait pas nécessairement être interprété au sens du droit national. Il devrait inclure la violation du devoir d'informer et la rupture de négociations contractuelles. L'article 12 ne s'applique qu'aux obligations non contractuelles présentant un lien direct avec les tractations menées avant la conclusion d'un contrat. Par conséquent, si une personne subit des dommages corporels au cours de la négo-

ciation d'un contrat, l'article 4 ou d'autres dispositions pertinentes du présent règlement devraient s'appliquer.

(31) Afin de respecter le principe de l'autonomie des parties et de renforcer la sécurité juridique, les parties devraient pouvoir choisir la loi applicable à une obligation non contractuelle. Ce choix devrait être exprès ou résulter de façon certaine des circonstances de la cause. Lorsque la juridiction établit l'existence d'un accord convenu entre les parties, elle est tenue de respecter leurs intentions. Il convient de protéger les parties faibles en entourant ce choix de certaines conditions.

(32) Des considérations d'intérêt public justifient, dans des circonstances exceptionnelles, le recours par les tribunaux des États membres aux mécanismes que sont l'exception d'ordre public et les lois de police. En particulier, l'application d'une disposition de la loi désignée par le présent règlement qui conduirait à l'octroi de dommages et intérêts exemplaires ou punitifs non compensatoires excessifs peut être considérée comme contraire à l'ordre public du for, compte tenu des circonstances de l'espèce et de l'ordre juridique de l'État membre de la juridiction saisie.

(33) En vertu des règles nationales existantes en matière d'indemnisation des victimes d'accidents de la circulation routière, lors de la quantification des dommages-intérêts accordés au titre du préjudice corporel dans les cas où l'accident survient dans un État autre que celui où la victime a sa résidence habituelle, la juridiction saisie devrait prendre en compte toutes les circonstances de fait pertinentes concernant ladite victime, y compris, notamment, les pertes totales et les coûts du traitement et des soins médicaux.

(34) En vue d'assurer un équilibre raisonnable entre les parties, il convient de tenir compte, le cas échéant, des règles de sécurité et de comportement en vigueur dans le pays où l'acte dommageable a été commis, même lorsque l'obligation non contractuelle est régie par la loi d'un autre pays. Il convient d'interpréter l'expression « règles de sécurité et de comportement » comme renvoyant à toute la réglementation ayant un lien avec la sécurité et le comportement, y compris, par exemple, les règles en matière de sécurité routière en cas d'accident.

(35) Il convient d'éviter une situation où les règles de conflits de lois sont dispersées entre de multiples instruments et où il existe des différences entre ces règles. Toutefois, le présent règlement n'exclut pas la possibilité d'insérer des règles de conflits de lois en matière d'obligations non contractuelles dans les dispositions de droit communautaire concernant des matières particulières.

Le présent règlement ne devrait pas affecter l'application d'autres instruments fixant des dispositions destinées à favoriser le bon fonctionnement du marché intérieur, dans la mesure où ces dispositions ne peuvent s'appliquer conjointement avec la loi désignée par les règles du présent règlement. L'application des dispositions de la loi applicable désignée par les règles du présent règlement ne devraient pas restreindre la libre circulation des biens et des services telle qu'elle est réglementée par les instruments communautaires, par exemple la directive 2000/31/CE du Parlement européen et du Conseil du 8 juin 2000 relative à certains aspects juridiques des services de la société de l'information, et notamment du commerce électronique, dans le marché intérieur (« directive sur le commerce électronique ») [6].

(36) Le respect des engagements internationaux souscrits par les États membres justifie que le présent règlement n'affecte pas les conventions internationales auxquelles un ou plusieurs États membres sont parties au moment de l'adoption du présent règlement. Afin de rendre les règles en vigueur en la matière plus accessibles, la Commission devrait publier la liste des conventions concernées au *Journal offi-*

*ciel* de l'Union européenne, en se fondant sur les informations transmises par les États membres.

(37) La Commission soumettra au Parlement européen et au Conseil une proposition concernant les procédures et conditions selon lesquelles les États membres seraient autorisés à négocier et à conclure en leur propre nom avec des pays tiers, à titre individuel et dans des cas exceptionnels, des accords portant sur des questions sectorielles et contenant des dispositions relatives à la loi applicable aux obligations non contractuelles.

(38) Étant donné que l'objectif du présent règlement ne peut pas être réalisé de manière suffisante par les États membres et peut donc, en raison des dimensions ou des effets du présent règlement, être mieux réalisé au niveau communautaire, la Communauté peut adopter des mesures, conformément au principe de subsidiarité consacré à l'article 5 du traité. Conformément au principe de proportionnalité tel qu'énoncé audit article, le présent règlement n'excède pas ce qui est nécessaire pour atteindre cet objectif.

(39) Conformément à l'article 3 du protocole sur la position du Royaume-Uni et de l'Irlande annexé au traité sur l'Union européenne et au traité instituant la Communauté européenne, le Royaume-Uni et l'Irlande participent à l'adoption et à l'application du présent règlement.

(40) Conformément aux articles 1er et 2 du protocole sur la position du Danemark annexé au traité sur l'Union européenne et au traité instituant la Communauté européenne, le Danemark ne participe pas à l'adoption du présent règlement et n'est pas lié par celui-ci ni soumis à son application,

*Ont arrêté le présent règlement :*

CHAPITRE PREMIER

## Champ d'application

### Article premier – Champ d'application

1. Le présent règlement s'applique, dans les situations comportant un conflit de lois, aux obligations non contractuelles relevant de la matière civile et commerciale. Il ne s'applique pas, en particulier, aux matières fiscales, douanières et administratives, ni à la responsabilité encourue par l'État pour les actes et omissions commis dans l'exercice de la puissance publique (« *acta iure imperii* »).

2. Sont exclues du champ d'application du présent règlement :

a) les obligations non contractuelles découlant de relations de famille ou de relations qui, selon la loi qui leur est applicable, ont des effets comparables, y compris les obligations alimentaires;

b) les obligations non contractuelles découlant des régimes matrimoniaux, des régimes patrimoniaux relatifs aux relations qui, selon la loi qui leur est applicable, ont des effets comparables au mariage et aux successions;

c) les obligations non contractuelles nées de lettres de change, de chèques, de billets à ordre ainsi que d'autres instruments négociables, dans la mesure où les obligations nées de ces autres instruments dérivent de leur caractère négociable;

d) les obligations non contractuelles découlant du droit des sociétés, des associations et des personnes morales concernant des matières telles que la constitution, par enregistrement ou autrement, la capacité juridique, le fonctionnement interne et la dissolution des sociétés, des associations et des personnes morales, de la responsabilité personnelle des associés et des organes pour les dettes de la société, de l'association ou de la personne morale et de la responsabilité personnelle des auditeurs vis-à-vis de la société ou vis-à-vis de ses organes chargés du contrôle légal des documents comptables;

e) les obligations non contractuelles découlant des relations entre les constituants, les *trustees* et les bénéficiaires d'un trust créé volontairement;

f) les obligations non contractuelles découlant d'un dommage nucléaire;

g) les obligations non contractuelles découlant d'atteintes à la vie privée et aux droits de la personnalité, y compris la diffamation.

3. Le présent règlement ne s'applique pas à la preuve et à la procédure, sans préjudice des articles 21 et 22.

4. Aux fins du présent règlement, on entend par « État membre », tous les États membres, à l'exception du Danemark.

### Article 2 – Obligations non contractuelles

1. Aux fins du présent règlement, le dommage vise toute atteinte résultant d'un fait dommageable, d'un enrichissement sans cause, d'une gestion d'affaires ou d'une « *culpa in contrahendo* ».

2. Le présent règlement s'applique également aux obligations non contractuelles susceptibles de survenir.

3. Toute mention dans le présent règlement :

a) d'un fait générateur de dommage concerne également le fait générateur du dommage susceptible de se produire; et

b) d'un dommage concerne également le dommage susceptible de survenir.

### Article 3 – Caractère universel

La loi désignée par le présent règlement s'applique, même si cette loi n'est pas celle d'un État membre.

CHAPITRE II

## Faits dommageables

### Article 4 – Règle générale

1. Sauf dispositions contraires du présent règlement, la loi applicable à une obligation non contractuelle résultant d'un fait dommageable est celle du pays où le dommage survient, quel que soit le pays où le fait générateur du dommage se produit et quels que soient le ou les pays dans lesquels des conséquences indirectes de ce fait surviennent.

2. Toutefois, lorsque la personne dont la responsabilité est invoquée et la personne lésée ont leur résidence habituelle dans le même pays au moment de la survenance du dommage, la loi de ce pays s'applique.

3. S'il résulte de l'ensemble des circonstances que le fait dommageable présente des liens manifestement plus étroits avec un pays autre que celui visé aux paragraphes 1 ou 2, la loi de cet autre pays s'applique. Un lien manifestement plus étroit avec un autre pays pourrait se fonder, notamment, sur une relation préexis-

tante entre les parties, telle qu'un contrat, présentant un lien étroit avec le fait dommageable en question.

### Article 5 – Responsabilité du fait des produits

1. Sans préjudice de l'article 4, paragraphe 2, la loi applicable à une obligation non contractuelle découlant d'un dommage causé par un produit est :

a) la loi du pays dans lequel la personne lésée avait sa résidence habituelle au jour du dommage, si le produit a été commercialisé dans ce pays ; ou à défaut

b) la loi du pays dans lequel le produit a été acheté, si le produit a été commercialisé dans ce pays ; ou à défaut

c) la loi du pays dans lequel le dommage est survenu, si le produit a été commercialisé dans ce pays.

Toutefois, la loi applicable est celle du pays dans lequel la personne dont la responsabilité est invoquée a sa résidence habituelle, si cette personne ne pouvait raisonnablement pas prévoir la commercialisation du produit ou d'un produit du même type dans le pays dont la loi est applicable en vertu des points a), b) ou c).

2. S'il résulte de toutes les circonstances que le fait dommageable présente des liens manifestement plus étroits avec un pays autre que celui visé au paragraphe 1, la loi de cet autre pays s'applique. Un lien manifestement plus étroit avec un autre pays pourrait se fonder, notamment, sur une relation préexistante entre les parties, telle qu'un contrat, présentant un lien étroit avec le fait dommageable en question.

### Article 6 – Concurrence déloyale et actes restreignant la libre concurrence

1. La loi applicable à une obligation non contractuelle résultant d'un acte de concurrence déloyale est celle du pays sur le territoire duquel les relations de concurrence ou les intérêts collectifs des consommateurs sont affectés ou susceptibles de l'être.

2. Lorsqu'un acte de concurrence déloyale affecte exclusivement les intérêts d'un concurrent déterminé, l'article 4 est applicable.

3. a) La loi applicable à une obligation non contractuelle résultant d'un acte restreignant la concurrence est celle du pays dans lequel le marché est affecté ou susceptible de l'être.

b) Lorsque le marché est affecté ou susceptible de l'être dans plus d'un pays, le demandeur en réparation qui intente l'action devant la juridiction du domicile du défendeur peut choisir de fonder sa demande sur la loi de la juridiction saisie, pourvu que le marché de cet État membre compte parmi ceux qui sont affectés de manière directe et substantielle par la restriction du jeu de la concurrence dont résulte l'obligation non contractuelle sur laquelle la demande est fondée. Lorsque le demandeur, conformément aux règles applicables en matière de compétence judiciaire, cite plusieurs défendeurs devant cette juridiction, il peut uniquement choisir de fonder sa demande sur la loi de cette juridiction si l'acte restreignant la concurrence auquel se rapporte l'action intentée contre chacun de ces défendeurs affecte également de manière directe et substantielle le marché de l'État membre de cette juridiction.

4. Il ne peut être dérogé à la loi applicable en vertu du présent article par un accord tel que mentionné à l'article 14.

### Article 7 – Atteinte à l'environnement

La loi applicable à une obligation non contractuelle découlant d'un dommage environnemental ou de dommages subséquents subis par des personnes ou causés à des biens est celle qui résulte de l'application de l'article 4, paragraphe 1, à moins que le demandeur en réparation n'ait choisi de fonder ses prétentions sur la loi du pays dans lequel le fait générateur du dommage s'est produit.

### Article 8 – Atteinte aux droits de propriété intellectuelle

1. La loi applicable à une obligation non contractuelle résultant d'une atteinte à un droit de propriété intellectuelle est celle du pays pour lequel la protection est revendiquée.
2. En cas d'obligation non contractuelle résultant d'une atteinte à un droit de propriété intellectuelle communautaire à caractère unitaire, la loi applicable à toute question qui n'est pas régie par l'instrument communautaire pertinent est la loi du pays dans lequel il a été porté atteinte à ce droit.
3. Il ne peut être dérogé à la loi applicable en vertu du présent article par un accord tel que mentionné à l'article 14.

### Article 9 – Responsabilité du fait de grève ou de *lock out*

Sans préjudice de l'article 4, paragraphe 2, la loi applicable à l'obligation non contractuelle relative à la responsabilité d'une personne agissant en qualité de travailleur ou d'employeur ou celle d'une organisation représentant les intérêts professionnels des personnes susvisées du fait des dommages causés par une grève ou un lock-out en cours ou terminé est la loi du pays dans lequel cette grève ou ce lock-out est ou a été engagé.

## CHAPITRE III
## Enrichissement sans cause, gestion d'affaires et « *culpa in contrahendo* »

### Article 10 – Enrichissement sans cause

1. Lorsqu'une obligation non contractuelle découlant d'un enrichissement sans cause, y compris un paiement indu, se rattache à une relation existante entre les parties, telle qu'une obligation découlant d'un contrat ou d'un fait dommageable présentant un lien étroit avec cet enrichissement sans cause, la loi applicable est celle qui régit cette relation.
2. Si la loi applicable ne peut être déterminée sur la base du paragraphe 1 et que les parties ont leur résidence habituelle dans le même pays au moment où le fait donnant lieu à l'enrichissement sans cause survient, la loi applicable est celle de ce pays.
3. Si la loi applicable ne peut être déterminée sur la base des paragraphes 1 ou 2, la loi applicable est celle du pays dans lequel l'enrichissement sans cause s'est produit.
4. S'il résulte de toutes les circonstances que l'obligation non contractuelle découlant d'un enrichissement sans cause présente des liens manifestement plus étroits avec un pays autre que celui visé aux paragraphes 1, 2 et 3, la loi de cet autre pays s'applique.

### Article 11 – Gestion d'affaires

1. Lorsqu'une obligation non contractuelle découlant d'une gestion d'affaires se rattache à une relation existante entre les parties, telle qu'une obligation découlant d'un contrat ou d'un fait dommageable présentant un lien étroit avec cette obligation non contractuelle, la loi applicable est celle qui régit cette relation.

2. Si la loi applicable ne peut être déterminée sur la base du paragraphe 1 et que les parties ont leur résidence habituelle dans le même pays au moment où le fait donnant lieu au dommage survient, la loi applicable est celle de ce pays.

3. Si la loi applicable ne peut être déterminée sur la base des paragraphes 1 ou 2, la loi applicable est celle du pays dans lequel la gestion d'affaires s'est produite.

4. S'il résulte de toutes les circonstances que l'obligation non contractuelle découlant d'une gestion d'affaires présente des liens manifestement plus étroits avec un pays autre que celui visé aux paragraphes 1, 2 et 3, la loi de cet autre pays s'applique.

### Article 12 – « *Culpa in contrahendo* »

1. La loi applicable à une obligation non contractuelle découlant de tractations menées avant la conclusion d'un contrat est, que le contrat soit effectivement conclu ou non, la loi qui s'applique au contrat ou qui aurait été applicable si le contrat avait été conclu.

2. Si la loi applicable ne peut être déterminée sur la base du paragraphe 1, la loi applicable est :

a) celle du pays dans lequel le dommage survient, quel que soit le pays où le fait générateur du dommage se produit et quels que soient le ou les pays dans le(s)quel(s) des conséquences indirectes de ce fait surviennent; ou

b) lorsque les parties ont leur résidence habituelle dans le même pays au moment où le fait générateur du dommage se produit, la loi de ce pays; ou

c) s'il résulte de toutes les circonstances que l'obligation non contractuelle découlant de tractations menées avant la conclusion d'un contrat présente des liens manifestement plus étroits avec un pays autre que celui visé aux points a) et b), la loi de cet autre pays.

### Article 13 – Applicabilité de l'article 8

Aux fins du présent chapitre, l'article 8 s'applique aux obligations non contractuelles résultant d'une atteinte à un droit de propriété intellectuelle.

## CHAPITRE IV
## Liberté de choix

### Article 14 – Liberté de choix

1. Les parties peuvent choisir la loi applicable à l'obligation non contractuelle :

a) par un accord postérieur à la survenance du fait générateur du dommage ;
ou

b) lorsqu'elles exercent toutes une activité commerciale, par un accord librement négocié avant la survenance du fait générateur du dommage.

Ce choix est exprès ou résulte de façon certaine des circonstances et ne porte pas préjudice aux droits des tiers.

2. Lorsque tous les éléments de la situation étaient, au moment de la survenance du fait générateur du dommage, localisés dans un pays autre que celui dont la loi a été choisie, le choix d'une loi par les parties ne peut porter atteinte à l'application des dispositions auxquelles la loi de cet autre pays ne permet pas de déroger par accord.

3. Lorsque tous les éléments de la situation étaient, au moment de la survenance du fait générateur du dommage, localisés dans un ou plusieurs États membres, le choix par les parties de la loi d'un pays tiers ne peut, le cas échéant, porter atteinte à l'application des dispositions du droit communautaire auxquelles il ne peut être dérogé par un accord, et telles qu'elles ont été mises en œuvre dans l'État membre du for.

CHAPITRE V

## Règles communes

### Article 15 – Portée de la loi applicable

La loi applicable à une obligation non contractuelle en vertu du présent règlement régit notamment :

a) les conditions et l'étendue de la responsabilité, y compris la détermination des personnes susceptibles d'être déclarées responsables des actes qu'elles commettent;

b) les causes d'exonération, de limitation et de partage de responsabilité;

c) l'existence, la nature et l'évaluation des dommages, ou la réparation demandée;

d) dans les limites des pouvoirs conférés au tribunal par le droit procédural de l'État dont il relève, les mesures que ce tribunal peut prendre pour assurer la prévention, la cessation du dommage ou sa réparation;

e) la transmissibilité du droit à réparation, y compris par succession;

f) les personnes ayant droit à réparation du dommage qu'elles ont personnellement subi;

g) la responsabilité du fait d'autrui;

h) le mode d'extinction des obligations ainsi que les règles de prescription et de déchéance fondées sur l'expiration d'un délai, y compris les règles relatives au point de départ, à l'interruption et à la suspension d'un délai de prescription ou de déchéance.

### Article 16 – Dispositions impératives dérogatoires

Les dispositions du présent règlement ne portent pas atteinte à l'application des dispositions de la loi du for qui régissent impérativement la situation, quelle que soit la loi applicable à l'obligation non contractuelle.

### Article 17 – Règles de sécurité et de comportement

Pour évaluer le comportement de la personne dont la responsabilité est invoquée, il est tenu compte, en tant qu'élément de fait et pour autant que de besoin des règles de sécurité et de comportement en vigueur au lieu et au jour de la survenance du fait qui a entraîné la responsabilité.

### Article 18 – Action directe contre l'assureur du responsable

La personne lésée peut agir directement contre l'assureur de la personne devant réparation si la loi applicable à l'obligation non contractuelle ou la loi applicable au contrat d'assurance le prévoit.

### Article 19 – Subrogation

Lorsqu'en vertu d'une obligation non contractuelle, une personne (« le créancier ») a des droits à l'égard d'une autre personne (« le débiteur ») et qu'un tiers a l'obligation de désintéresser le créancier ou encore que le tiers a désintéressé le créancier en exécution de cette obligation, la loi applicable à cette obligation du tiers détermine si et dans quelle mesure celui-ci peut exercer les droits détenus par le créancier contre le débiteur selon la loi régissant leurs relations.

### Article 20 – Responsabilité multiple

Si un créancier a des droits à l'égard de plusieurs débiteurs responsables au titre de la même obligation et que l'un de ceux-ci l'a désintéressé en totalité ou en partie, le droit qu'a ce dernier d'exiger une compensation de la part des autres débiteurs est régi par la loi applicable à son obligation non contractuelle envers le créancier.

### Article 21 – Validité formelle

Un acte juridique unilatéral relatif à une obligation non contractuelle est valable quant à la forme s'il satisfait aux conditions de forme de la loi qui régit l'obligation non contractuelle en question ou de la loi du pays dans lequel cet acte est intervenu.

### Article 22 – Charge de la preuve

1. La loi régissant l'obligation non contractuelle en vertu du présent règlement s'applique dans la mesure où, en matière d'obligations non contractuelles, elle établit des présomptions légales ou répartit la charge de la preuve.

2. Les actes juridiques peuvent être prouvés par tout mode de preuve admis soit par la loi du for, soit par l'une des lois visées par l'article 21, selon laquelle l'acte est valable quant à la forme, pour autant que la preuve puisse être administrée selon ce mode devant le tribunal saisi.

CHAPITRE VI

## Autres dispositions

### Article 23 – Résidence habituelle

1. Aux fins du présent règlement, la résidence habituelle d'une société, association ou personne morale est le lieu où elle a établi son administration centrale.

Lorsque le fait générateur a été commis ou que le dommage a été subi dans le cadre de l'exploitation d'une succursale, d'une agence ou de tout autre établissement, le lieu où est situé cette succursale, cette agence ou tout autre établissement est traité comme résidence habituelle.

2. Aux fins du présent règlement, la résidence habituelle d'une personne physique agissant dans l'exercice de son activité professionnelle est le lieu où cette personne a son établissement principal.

### Article 24 – Exclusion du renvoi

Lorsque le présent règlement prescrit l'application de la loi d'un pays, il entend les règles de droit en vigueur dans ce pays, à l'exclusion des règles de droit international privé.

### Article 25 – Systèmes non unifiés

1. Lorsqu'un État comprend plusieurs unités territoriales dont chacune a ses propres règles de droit en matière d'obligations non contractuelles, chaque unité territoriale est considérée comme un pays aux fins de la détermination de la loi applicable selon le présent règlement.

2. Un État membre dans lequel différentes unités territoriales ont leurs propres règles de droit en matière d'obligations non contractuelles ne sera pas tenu d'appliquer le présent règlement aux conflits de lois concernant uniquement ces unités territoriales.

### Article 26 – Ordre public du for

L'application d'une disposition de la loi d'un pays désignée par le présent règlement ne peut être écartée que si cette application est manifestement incompatible avec l'ordre public du for.

### Article 27 – Relation avec d'autres dispositions du droit communautaire

Le présent règlement n'affecte pas l'application des dispositions de droit communautaire qui, dans des matières particulières, règlent les conflits de lois en matière d'obligations non contractuelles.

### Article 28 – Relation avec des conventions internationales existantes

1. Le présent règlement n'affecte pas l'application des conventions internationales auxquelles un ou plusieurs États membres sont parties lors de l'adoption du présent règlement et qui règlent les conflits de lois en matière d'obligations non contractuelles.

2. Toutefois, le présent règlement prévaut entre les États membres sur les conventions conclues exclusivement entre deux ou plusieurs d'entre eux dans la mesure où elles concernent des matières réglées par le présent règlement.

CHAPITRE VII

## Dispositions finales

### Article 29 – Liste des conventions

1. Au plus tard le 11 juillet 2008, les États membres communiquent à la Commission les conventions visées à l'article 28, paragraphe 1. Après cette date, les États membres communiquent à la Commission toute dénonciation de ces conventions.

2. Dans un délai de six mois après leur réception, la Commission publie au *Journal officiel* de l'Union européenne :

i) la liste des conventions visées au paragraphe 1 ;

ii) les dénonciations visées au paragraphe 1.

## Article 30 – Clause de révision

1. Au plus tard le 20 août 2011, la Commission présente au Parlement européen, au Conseil et au Comité économique et social européen un rapport relatif à l'application du présent règlement. Ce rapport est accompagné, le cas échéant, de propositions visant à adapter le présent règlement. Ce rapport contient :

i) une étude sur la manière dont est pris en compte le droit étranger par les différentes juridictions et sur la mesure dans laquelle les juridictions des États membres mettent en pratique le droit étranger conformément au présent règlement ;

ii) une étude sur les effets de l'article 28 du présent règlement en ce qui concerne la convention de La Haye du 4 mai 1971 sur la loi applicable en matière d'accidents de la circulation routière.

2. Au plus tard le 31 décembre 2008, la Commission présente au Parlement européen, au Conseil et au Comité économique et social européen une étude relative à la loi applicable aux obligations non contractuelles découlant des atteintes à la vie privée et aux droits de la personnalité, en prenant en compte les règles applicables à la liberté de la presse ainsi qu'à la liberté d'expression dans les médias et les questions de conflit de loi liées à la directive 95/46/CE du Parlement européen et du Conseil, du 24 octobre 1995, relative à la protection des personnes physiques à l'égard du traitement des données à caractère personnel et à la libre circulation de ces données [7].

## Article 31 – Application dans le temps

Le présent règlement s'applique aux faits générateurs de dommages survenus après son entrée en vigueur.

## Article 32 – Date d'application

Le présent règlement est applicable à partir du 11 janvier 2009, à l'exception de l'article 29, lequel est applicable à partir du 11 juillet 2008.

Le présent règlement est obligatoire dans tous ses éléments et directement applicable dans les États membres, conformément au traité instituant la Communauté européenne.

### Références

[1] *JO* C 241 du 28 sept. 2004, p. 1.

[2] Avis du Parlement européen du 6 juillet 2005 (*JO* C 157 E du 6 juill. 2006, p. 371), position commune du Conseil du 25 septembre 2006 (*JO* C 289 E du 28 nov. 2006, p. 68) et position du Parlement européen du 18 janvier 2007 (non encore parue au *Journal officiel*). Résolution législative du Parlement européen du 10 juillet 2007 et décision du Conseil du 28 juin 2007.

[3] *JO* C 12 du 15 janv. 2001, p. 1.

[4] *JO* C 53 du 3 mars 2005, p. 1.

[5] *JO* L 12 du 16 janv. 2001, p. 1. Règlement modifié en dernier lieu par le règlement (CE) n° 1791/2006 (*JO* L 363 du 20 déc. 2006, p. 1).

[6] *JO* L 178 du 17 juill. 2000, p. 1.

[7] *JO* L 281 du 23 nov. 1995, p. 31.

### Déclaration de la Commission sur la clause de réexamen (Article 30)

La Commission, sur l'invitation du Parlement européen et du Conseil dans le cadre de l'article 30 du règlement « Rome II », soumettra, au plus tard en décembre 2008, une étude sur la situation dans le domaine de la loi applicable aux obligations non contractuelles résultant d'atteintes à la vie privée et aux droits de la personnalité. Elle tiendra compte de tous les aspects de la situation et prendra des mesures appropriées en cas de besoin.

### Déclaration de la commission sur les accidents de la route

Consciente de la disparité des pratiques suivies dans les États membres en ce qui concerne le niveau des indemnisations accordées aux victimes d'accidents de la route, la Commission est disposée à examiner les problèmes spécifiques que rencontrent les résidents de l'UE impliqués dans des accidents de la route dans un État membre autre que celui où ils résident habituellement. À cet effet, elle mettra à la disposition du Parlement européen et du Conseil, avant la fin de l'année 2008, une étude portant sur toutes les possibilités, notamment en matière d'assurance, d'améliorer la situation des victimes transfrontalières; cette étude préparerait la voie à un livre vert.

### Déclaration de la Commission sur le traitement de la loi étrangère

Consciente de la disparité des pratiques suivies dans les États membres en ce qui concerne le traitement de la loi étrangère, la Commission publiera, au plus tard quatre ans après l'entrée en vigueur du règlement « Rome II » et en tout cas dès qu'elle sera disponible, une étude horizontale sur l'application de la loi étrangère en matière civile et commerciale par les juridictions des États membres, eu égard aux objectifs du programme de La Haye. Elle est également disposée à prendre des mesures appropriées en cas de besoin.

# 13 Règlement (CE) nº 1371/2007 du Parlement européen et du Conseil du 23 octobre 2007 sur les droits et obligations des voyageurs ferroviaires

## Applicable depuis le 3 décembre 2009

*Le Parlement européen et le Conseil de l'Union européenne,*

Vu le traité instituant la Communauté européenne, et notamment son article 71, paragraphe 1,

Vu la proposition de la Commission,

Vu l'avis du Comité économique et social européen [1],

Vu l'avis du Comité des régions [2],

Statuant conformément à la procédure visée à l'article 251 du traité, au vu du projet commun approuvé par le comité de conciliation, le 31 juillet 2007 [3],

Considérant ce qui suit :

(1) Dans le cadre de la politique commune des transports, il importe de sauvegarder les droits des voyageurs ferroviaires et d'améliorer la qualité et l'efficacité des services ferroviaires de voyageurs afin d'aider à accroître la part du transport ferroviaire par rapport aux autres modes de transport.

(2) La communication de la Commission intitulée « Stratégie pour la politique des consommateurs 2002-2006 » [4] fixe l'objectif d'un niveau élevé de protection des consommateurs dans le domaine des transports, conformément à l'article 153, paragraphe 2, du traité.

(3) Le voyageur ferroviaire étant la partie faible du contrat de transport, il convient de sauvegarder ses droits à cet égard.

(4) Les droits des usagers des services ferroviaires comprennent la réception d'informations concernant le service avant et pendant le voyage. Dans la mesure du possible, les entreprises ferroviaires et les vendeurs de billets devraient fournir ces informations à l'avance et dans les meilleurs délais.

(5) Des exigences plus précises concernant la fourniture d'informations sur les voyages seront définies dans les spécifications techniques d'interopérabilité (STI) visées par la directive 2001/16/CE du Parlement européen et du Conseil du 19 mars 2001 relative à l'interopérabilité du système ferroviaire conventionnel [5].

(6) Le renforcement des droits des voyageurs ferroviaires devrait reposer sur le système de droit international existant à ce sujet qui figure à l'appendice A – règles uniformes concernant le contrat de transport international ferroviaire des voyageurs et des bagages (CIV) de la convention relative aux transports internationaux ferroviaires (COTIF) du 9 mai 1980, telle que modifiée par le protocole portant modifi-

cation de la COTIF du 3 juin 1999 (protocole de 1999). Il est cependant souhaitable d'étendre le champ d'application du présent règlement afin de protéger non seulement les voyageurs internationaux, mais aussi les voyageurs nationaux.

(7) Les entreprises ferroviaires devraient coopérer en vue de faciliter le transfert des voyageurs ferroviaires d'un opérateur à l'autre par la fourniture de billets directs, dans la mesure du possible.

(8) La fourniture d'informations et de billets aux voyageurs ferroviaires devrait être facilitée par l'adaptation des systèmes informatiques à une spécification commune.

(9) La poursuite de la mise en œuvre des systèmes d'information des voyageurs et de réservation devrait se faire conformément aux STI.

(10) Il convient que les services ferroviaires de transport de voyageurs profitent aux citoyens en général. Par conséquent, les personnes handicapées et les personnes à mobilité réduite, du fait d'un handicap, de l'âge ou de tout autre facteur, devraient accéder aux transports ferroviaires dans des conditions comparables à celles des autres citoyens. Les personnes handicapées et les personnes à mobilité réduite ont le même droit que tous les autres citoyens à la libre circulation, à la liberté de choix et à la non-discrimination. Entre autres, il y a lieu de veiller en particulier à ce que les personnes handicapées et les personnes à mobilité réduite reçoivent des informations sur l'accessibilité des services ferroviaires, les conditions d'accès au matériel roulant et les équipements à bord. Afin de communiquer le mieux possible les informations concernant les retards aux personnes souffrant de handicaps sensoriels, il conviendrait de recourir à des systèmes audio et visuels, en tant que de besoin. Les personnes handicapées et les personnes à mobilité réduite devraient avoir la possibilité d'acheter leur billet à bord des trains sans supplément de prix.

(11) Les entreprises ferroviaires et les gestionnaires des gares devraient tenir compte des besoins des personnes handicapées ou à mobilité réduite, en se conformant aux STI pour les personnes à mobilité réduite, en vue de garantir que, conformément aux règles communautaires pour les marchés publics, tous les bâtiments et tout le matériel roulant soient rendus accessibles en éliminant progressivement les obstacles physiques et fonctionnels lors de l'acquisition de nouveau matériel ou lors de l'exécution de travaux de construction ou de rénovation majeure.

(12) Les entreprises ferroviaires devraient être obligées d'être assurées ou d'avoir pris des dispositions équivalentes pour couvrir leur responsabilité envers les voyageurs ferroviaires en cas d'accident. Le montant d'assurance minimal pour les entreprises ferroviaires devrait être soumis à un réexamen dans le futur.

(13) Le renforcement des droits en matière d'indemnisation et d'assistance en cas de retard, de correspondance manquée ou d'annulation d'un service devrait aboutir à un accroissement des incitations en faveur du marché des services ferroviaires de transport de voyageurs, au bénéfice des voyageurs.

(14) Il est souhaitable que le présent règlement crée un système d'indemnisation pour les voyageurs en cas de retard, qui soit lié à la responsabilité de l'entreprise ferroviaire, sur la même base que le système international prévu par la COTIF et en particulier son appendice CIV relatif aux droits des voyageurs.

(15) Lorsqu'un État membre dispense une entreprise ferroviaire de l'application des dispositions du présent règlement, il devrait, en consultation avec les organisations représentant les voyageurs, encourager ladite entreprise à prendre des dispositions en vue d'octroyer une compensation et une assistance lors d'une perturbation majeure d'un service ferroviaire.

(16) Il est également souhaitable d'aider les victimes d'accident et les personnes à leur charge à faire face à leurs besoins financiers à court terme dans la période qui suit immédiatement un accident.

(17) Il est dans l'intérêt des voyageurs ferroviaires que des mesures adéquates soient prises, en accord avec les autorités publiques, pour garantir leur sécurité personnelle dans les gares ainsi qu'à bord des trains.

(18) Les voyageurs ferroviaires devraient pouvoir déposer auprès de toute entreprise ferroviaire concernée une plainte relative aux droits et aux obligations prévus par le présent règlement et être en droit de recevoir une réponse dans un délai raisonnable.

(19) Les entreprises ferroviaires devraient définir, gérer et contrôler les normes de qualité du service pour les services ferroviaires de transport de voyageurs.

(20) Le contenu du présent règlement devrait être réexaminé en ce qui concerne l'ajustement des montants financiers à l'inflation et les exigences en matière d'informations et de qualité du service à la lumière des évolutions du marché ainsi que des effets du présent règlement sur la qualité du service.

(21) Il y a lieu que le présent règlement s'applique sans préjudice de la directive 95/46/CE du Parlement européen et du Conseil du 24 octobre 1995 relative à la protection des personnes physiques à l'égard du traitement des données à caractère personnel et à la libre circulation de ces données [6].

(22) Les États membres devraient déterminer les sanctions applicables en cas de violation des dispositions du présent règlement et veiller à l'application de ces sanctions. Lesdites sanctions, qui pourraient inclure le paiement d'une indemnisation à la personne concernée, devraient être effectives, proportionnées et dissuasives.

(23) Étant donné que les objectifs du présent règlement, à savoir le développement des chemins de fer communautaires et l'instauration de droits des voyageurs, ne peuvent pas être réalisés de manière suffisante par les États membres et peuvent donc être mieux réalisés au niveau communautaire, la Communauté peut prendre des mesures, conformément au principe de subsidiarité consacré à l'article 5 du traité. Conformément au principe de proportionnalité tel qu'énoncé audit article, le présent règlement n'excède pas ce qui est nécessaire pour atteindre ces objectifs.

(24) Le présent règlement a pour but d'améliorer les services ferroviaires de transport de voyageurs dans la Communauté. Par conséquent, les États membres devraient pouvoir accorder des dérogations pour les services dans les régions où une partie importante du service est effectuée en dehors de la Communauté.

(25) Dans certains États membres, les entreprises ferroviaires pourraient rencontrer des difficultés dans la mise en œuvre de l'ensemble des dispositions du présent règlement, lors de son entrée en vigueur. Par conséquent, les États membres devraient pouvoir temporairement dispenser de l'application des dispositions du présent règlement les services ferroviaires intérieurs de transport de voyageurs à longue distance. La dispense temporaire ne devrait toutefois pas s'étendre aux dispositions du présent règlement relatives à l'accès au voyage ferroviaire des personnes handicapées et des personnes à mobilité réduite, ni aux dispositions concernant le droit pour les personnes qui souhaitent acheter un billet de train de le faire sans difficultés excessives, ni aux dispositions relatives à la responsabilité des entreprises ferroviaires en ce qui concerne les voyageurs et leurs bagages, à l'obligation des entreprises d'être assurées de manière adéquate, et à l'exigence pour ces entreprises de prendre les mesures nécessaires en vue d'assurer la sécurité personnelle des voyageurs dans les gares et les trains ainsi que de gérer les risques.

(26) Les services ferroviaires urbains, suburbains et régionaux de transport de voyageurs ont un caractère différent des services à longue distance. Par conséquent, à l'exception de certaines dispositions qui devraient s'appliquer à tous les services ferroviaires de transport de voyageurs dans l'ensemble de la Communauté, les États membres devraient pouvoir temporairement dispenser les services ferroviaires urbains, suburbains et régionaux de transport de voyageurs de l'application des dispositions du présent règlement.

(27) Il y a lieu d'arrêter les mesures nécessaires pour la mise en œuvre du présent règlement en conformité avec la décision 1999/468/CE du Conseil du 28 juin 1999 fixant les modalités de l'exercice des compétences d'exécution conférées à la Commission [7].

(28) Il convient en particulier d'habiliter la Commission à arrêter des mesures d'exécution. Ces mesures ayant une portée générale et ayant pour objet de modifier des éléments non essentiels du présent règlement, ou de le compléter par l'ajout de nouveaux éléments non essentiels, elles doivent être arrêtées selon la procédure de réglementation avec contrôle prévue à l'article 5 *bis* de la décision 1999/468/CE,

*Ont arrêté le présent règlement :*

CHAPITRE PREMIER

## Dispositions générales

### Article premier – Objet

Le présent règlement établit des règles en ce qui concerne :

a) les informations que doivent fournir les entreprises ferroviaires, la conclusion de contrats de transport, l'émission de billets et la mise en œuvre d'un système informatisé d'information et de réservation pour les transports ferroviaires;

b) la responsabilité des entreprises ferroviaires et leurs obligations en matière d'assurance pour les voyageurs et leurs bagages;

c) les obligations des entreprises ferroviaires envers les voyageurs en cas de retard;

d) la protection des personnes handicapées et des personnes à mobilité réduite voyageant en train et l'assistance à ces personnes;

e) la définition et le contrôle des normes de qualité du service, la gestion des risques pour la sécurité personnelle des voyageurs ainsi que le traitement des plaintes; et

f) les règles générales en matière d'exécution.

### Article 2 – Champ d'application

1. Le présent règlement s'applique dans toute la Communauté à tous les voyages et services ferroviaires assurés par une ou plusieurs entreprises ferroviaires ayant obtenu une licence conformément à la directive 95/18/CE du Conseil du 19 juin 1995 concernant les licences des entreprises ferroviaires [8].

2. Le présent règlement ne s'applique pas aux services de transport et aux entreprises ferroviaires qui n'ont pas obtenu une licence au titre de la directive 95/18/CE.

3. À partir de l'entrée en vigueur du présent règlement, les articles 9, 11, 12, et 19, l'article 20, paragraphe 1, et l'article 26 s'appliquent dans l'ensemble de la Communauté à tous les services ferroviaires de transport de voyageurs.

4. Sauf en ce qui concerne les dispositions visées au paragraphe 3, un État membre peut, selon des modalités transparentes et non discriminatoires, octroyer

une dérogation pendant une période ne dépassant pas cinq ans, renouvelable deux fois pour une période maximale de cinq ans à chaque fois, à l'application des dispositions du présent règlement en ce qui concerne les services ferroviaires intérieurs de transport de voyageurs.

5. Sauf en ce qui concerne les dispositions visées au paragraphe 3, un État membre peut déroger à l'application des dispositions du présent règlement en ce qui concerne les services ferroviaires urbains, suburbains et régionaux de transport de voyageurs. Afin de faire la distinction entre les services ferroviaires urbains, suburbains et régionaux de transport de voyageurs, les États membres appliquent les définitions figurant dans la directive 91/440/CEE du Conseil du 29 juillet 1991 relative au développement de chemins de fer communautaires [9]. Pour l'application de ces définitions, les États membres utilisent les critères suivants : distance, fréquence des services offerts, nombre d'arrêts prévus, matériel roulant employé, systèmes de billetterie, variations du nombre de voyageurs entre les services en heures de pointe et en heures creuses, codes des trains et horaires.

6. Pour une durée maximale de cinq ans, un État membre peut, selon des modalités transparentes et non discriminatoires, accorder une dérogation, qui peut être renouvelée, à l'application de certaines dispositions du présent règlement à des services ou à des voyages spécifiques, parce qu'une partie importante du service ferroviaire de transport de voyageurs, y compris au moins un arrêt prévu dans une gare, est effectuée en dehors de la Communauté.

7. Les États membres notifient à la Commission les dérogations accordées conformément aux paragraphes 4, 5 et 6. La Commission prend les mesures appropriées si une dérogation n'est pas jugée conforme aux dispositions du présent article. Au plus tard le 3 décembre 2014, la Commission soumet au Parlement européen et au Conseil un rapport sur les dérogations accordées conformément aux paragraphes 4, 5 et 6.

### Article 3 – Définitions

Aux fins du présent règlement, on entend par :

1) « entreprise ferroviaire » : une entreprise ferroviaire au sens de l'article 2 de la directive 2001/14/CE [10] et toute autre entreprise à statut public ou privé, dont l'activité est la fourniture de services de transport de marchandises et/ou de voyageurs par chemin de fer, la traction devant obligatoirement être assurée par cette entreprise; cette expression englobe également les entreprises qui assurent uniquement la traction;

2) « transporteur » : l'entreprise ferroviaire contractuelle avec laquelle le voyageur a conclu le contrat de transport ou une série d'entreprises ferroviaires successives qui sont responsables en vertu de ce contrat;

3) « transporteur de remplacement » : une entreprise ferroviaire qui n'a pas conclu de contrat de transport avec le voyageur, mais à laquelle l'entreprise ferroviaire partie au contrat a confié, en tout ou en partie, l'exécution du transport ferroviaire;

4) « gestionnaire de l'infrastructure » : toute entité ou entreprise chargée en particulier de l'établissement et de l'entretien de l'infrastructure ferroviaire, ou d'une partie de celle-ci, telle qu'elle est définie à l'article 3 de la directive 91/440/CEE, ce qui peut comprendre également la gestion des systèmes de régulation et de sécurité de l'infrastructure; les fonctions du gestionnaire de l'infrastructure sur un réseau ou une partie de réseau peuvent être attribuées à des entités ou à des entreprises différentes;

5) « gestionnaire des gares » : une entité organisationnelle dans un État membre chargée de la gestion de gares ferroviaires et qui peut être le gestionnaire de l'infrastructure ;

6) « voyagiste » : un organisateur ou un détaillant, autre qu'une entreprise ferroviaire, au sens de l'article 2, points 2) et 3), de la directive 90/314/CEE [11] ;

7) « vendeur de billets » : tout détaillant de services de transport ferroviaire qui conclut des contrats de transport et vend des billets pour le compte d'une entreprise ferroviaire ou pour son propre compte ;

8) « contrat de transport » : un contrat de transport à titre onéreux ou gratuit entre une entreprise ferroviaire ou un vendeur de billets et le voyageur en vue de la fourniture d'un ou de plusieurs services de transport ;

9) « réservation » : une autorisation, sur papier ou dans une version électronique, donnant droit au transport selon des modalités de transport personnalisées ayant fait l'objet d'une confirmation ;

10) « billet direct » : un ou plusieurs billets représentant un contrat de transport portant sur la prestation de services ferroviaires successifs par une ou plusieurs entreprises ferroviaires ;

11) « service ferroviaire intérieur de transport de voyageurs » : un service ferroviaire de transport de voyageurs dans le cadre duquel le train ne traverse pas la frontière d'un État membre ;

12) « retard » : la différence de temps entre l'heure à laquelle le voyageur devait arriver d'après l'horaire publié et l'heure de son arrivée réelle ou prévue ;

13) « carte de transport » ou « abonnement » : un billet pour un nombre illimité de voyages, qui permet au détenteur autorisé de voyager par chemin de fer sur un itinéraire ou un réseau particulier durant une période déterminée ;

14) « système informatisé d'information et de réservation pour les transports ferroviaires » : un système informatisé contenant des informations sur les services ferroviaires offerts par les entreprises ferroviaires ; les informations relatives aux services pour voyageurs stockées dans ce système sont notamment les suivantes :

a) calendriers et horaires des services pour voyageurs ;

b) disponibilité de sièges sur les services pour voyageurs ;

c) tarifs et conditions particulières ;

d) accessibilité des trains pour les personnes handicapées et les personnes à mobilité réduite ;

e) dispositifs à l'aide desquels il est possible d'effectuer des réservations ou d'émettre des billets ou des billets directs, pour autant qu'une partie ou la totalité de ces dispositifs soient mis à la disposition des usagers ;

15) « personne handicapée » ou « personne à mobilité réduite » : toute personne dont la mobilité est réduite, lors de l'usage d'un moyen de transport, en raison de tout handicap physique (sensoriel ou moteur, permanent ou temporaire) ou de tout handicap ou déficience intellectuels, ou de toute autre cause de handicap, ou de l'âge, et dont la situation requiert une attention appropriée et l'adaptation à ses besoins particuliers du service mis à la disposition de tous les voyageurs ;

16) « conditions générales de transport » : les conditions du transporteur, qui se présentent sous la forme de conditions générales ou de tarifs juridiquement applicables dans chaque État membre et qui, par la conclusion du contrat de transport, sont devenues partie intégrante de celui-ci ;

17) « véhicule » : un véhicule motorisé ou une remorque transporté à l'occasion du transport de voyageurs.

CHAPITRE II

## Contrat de transport, informations et billets

### Article 4 – Contrat de transport

Sous réserve des dispositions du présent chapitre, la conclusion et l'exécution d'un contrat de transport ainsi que la fourniture d'informations et de billets sont régies par les dispositions des titres II et III de l'annexe I.

### Article 5 – Bicyclettes

Les entreprises ferroviaires autorisent les voyageurs à emporter leur bicyclette dans le train, si elles sont faciles à manipuler, si cela ne porte pas préjudice au service ferroviaire spécifique et si le matériel roulant le permet, et moyennant un paiement éventuel.

### Article 6 – Exclusion des exonérations et stipulations de limitations

1. Les obligations envers les voyageurs résultant du présent règlement ne peuvent pas faire l'objet d'une limitation ou d'une exonération, notamment par une dérogation ou une clause restrictive figurant dans le contrat de transport.

2. Les entreprises ferroviaires peuvent offrir des conditions contractuelles plus favorables au voyageur que celles fixées dans le présent règlement.

### Article 7 – Obligation d'information concernant l'interruption de services

Les entreprises ferroviaires ou, le cas échéant, les autorités compétentes responsables d'un contrat de service public ferroviaire, rendent publiques, par des moyens appropriés et avant leur mise en œuvre, les décisions d'interrompre des services.

### Article 8 – Informations sur les voyages

1. Sur demande, et sans préjudice de l'article 10, les entreprises ferroviaires et les vendeurs de billets qui proposent des contrats de transport pour le compte d'une ou de plusieurs entreprises ferroviaires fournissent au voyageur au moins les informations mentionnées à l'annexe II, partie I, en ce qui concerne les voyages pour lesquels un contrat de transport est proposé par l'entreprise ferroviaire concernée. Les vendeurs de billets qui proposent des contrats de transport pour leur propre compte, ainsi que les voyagistes, fournissent ces informations lorsqu'elles sont disponibles.

2. Les entreprises ferroviaires fournissent au voyageur, pendant le voyage, au moins les informations mentionnées à l'annexe II, partie II.

3. Les informations visées aux paragraphes 1 et 2 sont communiquées sous la forme la plus appropriée. Une attention particulière est accordée aux besoins des personnes souffrant d'une déficience auditive et/ou visuelle.

### Article 9 – Disponibilité des billets, des billets directs et des réservations

1. Les entreprises ferroviaires et les vendeurs de billets proposent, pour autant qu'ils soient disponibles, des billets, des billets directs et des réservations.

2. Sans préjudice du paragraphe 4, les entreprises ferroviaires délivrent les billets aux voyageurs via au moins un des canaux suivants :

a) guichets ou guichets automatiques;

b) téléphone, internet ou toute autre technologie de l'information largement disponible;

c) à bord des trains.

3. Sans préjudice des paragraphes 4 et 5, les entreprises ferroviaires délivrent des billets pour les services prévus dans le cadre de contrats de service public via au moins un des canaux suivants :

a) guichets ou guichets automatiques;

b) à bord des trains.

4. Les entreprises ferroviaires offrent la possibilité d'obtenir des billets pour le service concerné à bord du train, à moins que cette possibilité ne soit limitée ou refusée pour des raisons liées à la sécurité ou à la lutte contre la fraude, des raisons de réservation obligatoire ou des motifs commerciaux raisonnables.

5. En l'absence de guichet ou de guichet automatique dans la gare de départ, les voyageurs doivent être informés dans la gare :

a) sur la possibilité d'acheter un billet par téléphone, par l'internet ou à bord du train et les modalités de cet achat;

b) sur la gare ferroviaire ou l'endroit le plus proche où des guichets et/ou des guichets automatiques sont mis à disposition.

## Article 10 – Systèmes d'information des voyageurs et de réservation

1. Pour fournir les informations et émettre les billets visés par le présent règlement, les entreprises ferroviaires et les vendeurs de billets utilisent le système informatisé d'information et de réservation pour les transports ferroviaires, qui doit être établi selon les procédures visées au présent article.

2. Les spécifications techniques d'interopérabilité (STI) visées dans la directive 2001/16/CE sont appliquées aux fins du présent règlement.

3. Au plus tard le 3 décembre 2010, la Commission adopte, sur proposition de l'Agence ferroviaire européenne, les STI des applications télématiques au service des voyageurs. Les STI permettent la fourniture des informations mentionnées à l'annexe II et l'émission des billets conformément au présent règlement.

4. Les entreprises ferroviaires adaptent leur système informatisé d'information et de réservation pour les transports ferroviaires selon les exigences fixées dans les STI, conformément à un plan de mise en œuvre défini dans les STI.

5. Sous réserve des dispositions de la directive 95/46/CE, une entreprise ferroviaire ainsi qu'un vendeur de billets ne divulguent aucune information à caractère personnel sur des réservations à d'autres entreprises ferroviaires et/ou vendeurs de billets.

CHAPITRE III

# Responsabilité des entreprises ferroviaires relative aux voyageurs et à leurs bagages

## Article 11 – Responsabilité relative aux voyageurs et aux bagages

Sous réserve des dispositions du présent chapitre, et sans préjudice du droit national octroyant aux voyageurs une plus grande indemnisation pour les dommages subis, la responsabilité des entreprises ferroviaires relative aux voyageurs et à leurs bagages est régie par le titre IV, chapitres I, III et IV, ainsi que les titres VI et VII de l'annexe I.

## Article 12 – Assurance

1. L'obligation exposée à l'article 9 de la directive 95/18/CE s'entend, dans la mesure où elle concerne la responsabilité relative aux voyageurs, comme imposant à une entreprise ferroviaire d'être assurée de manière adéquate ou d'avoir pris des dispositions équivalentes pour pouvoir couvrir les responsabilités qui lui incombent en vertu du présent règlement.

2. Au plus tard le 3 décembre 2010, la Commission présente au Parlement européen et au Conseil un rapport sur la fixation d'un montant d'assurance minimal pour les entreprises ferroviaires. Le cas échéant, ce rapport est assorti de propositions ou de recommandations appropriées en la matière.

## Article 13 – Versement d'avances

1. Si un voyageur est tué ou blessé, l'entreprise ferroviaire visée à l'article 26, paragraphe 5, de l'annexe I verse sans délai, et en tout état de cause au plus tard quinze jours après l'identification de la personne physique ayant droit à une indemnisation, toute avance qui serait nécessaire pour couvrir des besoins économiques immédiats, proportionnellement au préjudice subi.

2. Sans préjudice du paragraphe 1, l'avance n'est pas, en cas de décès, inférieure à 21 000 EUR par voyageur.

3. Le versement d'une avance ne constitue pas une reconnaissance de responsabilité, et l'avance peut être déduite de toute somme payée ultérieurement en vertu du présent règlement, mais elle n'est pas remboursable, sauf lorsque le préjudice a été causé par la négligence ou la faute du voyageur ou que la personne à laquelle l'avance a été versée n'était pas celle ayant droit à une indemnisation.

## Article 14 – Contestation de responsabilité

Même si l'entreprise ferroviaire conteste sa responsabilité quant au préjudice corporel subi par un voyageur qu'elle transporte, elle s'efforce, dans la mesure du raisonnable, d'assister le voyageur réclamant une indemnisation à des tiers.

# CHAPITRE IV
# Retards, correspondances manquées et annulations

## Article 15 – Responsabilité en matière de retards, de correspondances manquées et d'annulations

Sous réserve des dispositions du présent chapitre, la responsabilité des entreprises ferroviaires en ce qui concerne les retards, les correspondances manquées et les annulations est régie par le titre IV, chapitre II, de l'annexe I.

## Article 16 – Remboursement et réacheminement

Lorsqu'on peut raisonnablement s'attendre à ce qu'un train arrive avec plus de soixante minutes de retard à la destination finale prévue dans le contrat de transport, les voyageurs ont immédiatement le choix entre :

a) le remboursement intégral du billet, au tarif auquel il a été acheté, pour la ou les parties non effectuées de leur voyage et pour la ou les parties déjà effectuées si le voyage ne présente plus aucun intérêt par rapport au plan de voyage initial des voyageurs, ainsi que, s'il y a lieu, un voyage de retour jusqu'au point de départ initial dans les meilleurs délais. Le remboursement s'effectue dans les mêmes conditions que le paiement de l'indemnisation visée à l'article 17; ou

b) la poursuite du voyage ou un réacheminement vers la destination finale, dans des conditions de transport comparables et dans les meilleurs délais; ou

c) la poursuite du voyage ou un réacheminement vers la destination finale, dans des conditions de transport comparables et à une date ultérieure, à leur convenance.

## Article 17 – Indemnisation relative au prix du billet

1. Lorsque le retard n'a pas donné lieu au remboursement du billet conformément à l'article 16, le voyageur qui subit un retard entre le lieu de départ et le lieu de destination indiqués sur le billet peut, sans perdre son droit au transport, exiger une indemnisation de l'entreprise ferroviaire. Les indemnisations minimales pour cause de retard sont les suivantes :

a) 25 % du prix du billet en cas de retard d'une durée comprise entre 60 et 119 minutes;

b) 50 % du prix du billet en cas de retard de 120 minutes ou plus.

Les voyageurs qui détiennent une carte de transport ou un abonnement et sont confrontés à des retards ou à des annulations récurrents pendant sa durée de validité peuvent demander une indemnisation adéquate conformément aux dispositions des entreprises ferroviaires en matière d'indemnisation. Ces dispositions fixent les critères applicables en matière de retard et de calcul de l'indemnisation.

L'indemnisation d'un retard est calculée par rapport au prix que le voyageur a réellement payé pour le service ayant subi un retard.

Lorsque le contrat de transport porte sur un voyage aller et retour, le montant de l'indemnisation à payer en cas de retard à l'aller ou au retour est calculé par rapport à la moitié du prix payé pour le billet. De la même manière, le montant de l'indemnisation à payer en cas de retard du service dans le cadre de tout autre type de contrat de transport permettant d'effectuer plusieurs voyages ultérieurs est calculé proportionnellement au prix total.

Le calcul de la durée du retard ne tient pas compte des retards dont l'entreprise ferroviaire peut prouver qu'ils se sont produits en dehors des territoires dans lesquels le traité instituant la Communauté européenne est d'application.

2. L'indemnisation relative au prix du billet est payée dans le mois qui suit le dépôt de la demande d'indemnisation. Elle peut être payée sous la forme de bons et/ou d'autres services si les conditions sont souples (notamment en ce qui concerne la période de validité et la destination). Elle est payée en espèces à la demande du voyageur.

3. L'indemnisation relative au prix du billet n'est pas grevée de coûts de transaction financière tels que redevances, frais de téléphone ou timbres. Les entreprises ferroviaires peuvent fixer un seuil minimal au-dessous duquel aucune indemnisation n'est payée. Ce seuil ne dépasse pas 4 EUR.

4. Le voyageur n'a droit à aucune indemnisation s'il a été informé du retard avant d'acheter le billet ou si le retard imputable à la poursuite du voyage à bord d'un autre train ou à un réacheminement reste inférieur à soixante minutes.

## Article 18 – Assistance

1. En cas de retard de l'arrivée ou du départ, l'entreprise ferroviaire ou le gestionnaire des gares tient les voyageurs informés de la situation ainsi que des heures de départ et d'arrivée prévues, dès que ces informations sont disponibles.

2. En cas de retard visé au paragraphe 1, de plus de soixante minutes, les voyageurs se voient offrir gratuitement :

a) des repas et des rafraîchissements en quantité raisonnable compte tenu du délai d'attente, s'il y en a à bord du train ou dans la gare, ou s'ils peuvent raisonnablement être livrés;

b) un hébergement à l'hôtel ou ailleurs, ainsi que le transport entre la gare et le lieu d'hébergement, si un séjour d'une ou de plusieurs nuits devient nécessaire ou qu'un séjour supplémentaire s'impose, lorsque c'est matériellement possible;

c) si le train est bloqué sur la voie, le transport entre le lieu où se trouve le train et la gare, l'autre point de départ ou la destination finale du service, lorsque c'est matériellement possible.

3. Si le service ferroviaire ne peut plus se poursuivre, les entreprises ferroviaires mettent en place dès que possible d'autres services de transport pour les voyageurs.

4. À la demande du voyageur, l'entreprise ferroviaire certifie sur le billet que le service ferroviaire a été retardé, qu'il a fait manquer une correspondance ou qu'il a été annulé, selon le cas.

5. Lors de l'application des paragraphes 1, 2 et 3, l'entreprise ferroviaire concernée accorde une attention particulière aux besoins des personnes handicapées et des personnes à mobilité réduite et des personnes qui les accompagnent.

CHAPITRE V

## Personnes handicapées et personnes à mobilité réduite

### Article 19 – Droit au transport

1. Les entreprises ferroviaires et les gestionnaires des gares établissent ou mettent en place des règles d'accès non discriminatoires applicables au transport de personnes handicapées et de personnes à mobilité réduite, avec la participation active d'organisations représentatives des personnes handicapées et des personnes à mobilité réduite.

2. Les personnes handicapées et les personnes à mobilité réduite ne se voient compter aucun supplément pour leurs réservations et leurs billets. Une entreprise ferroviaire, un vendeur de billets ou un voyagiste ne peut refuser d'accepter une réservation ou d'émettre un billet pour une personne handicapée ou une personne à mobilité réduite ou requérir qu'une telle personne soit accompagnée par une autre personne, sauf si cela est strictement nécessaire pour satisfaire aux règles d'accès visées au paragraphe 1.

### Article 20 – Communication d'informations aux personnes handicapées et aux personnes à mobilité réduite

1. Sur demande, une entreprise ferroviaire, un vendeur de billets ou un voyagiste fournit aux personnes handicapées et aux personnes à mobilité réduite des informations sur l'accessibilité des services ferroviaires ainsi que sur les conditions d'accès au matériel roulant conformément aux règles d'accès visées à l'article 19, paragraphe 1, et informe les personnes handicapées et les personnes à mobilité réduite des équipements à bord.

2. Lorsqu'une entreprise ferroviaire, un vendeur de billets et/ou un voyagiste exerce la dérogation prévue à l'article 19, paragraphe 2, il en communique, sur

demande, les raisons par écrit à la personne handicapée ou à mobilité réduite concernée, dans un délai de cinq jours ouvrables à compter de la date à laquelle la réservation ou l'émission du billet a été refusée ou à laquelle la condition d'accompagnement a été imposée.

### Article 21 – Accessibilité

1. Les entreprises ferroviaires et les gestionnaires des gares veillent, par le respect des STI pour les personnes à mobilité réduite, à assurer l'accès des gares, des quais, du matériel roulant et des autres équipements aux personnes handicapées et aux personnes à mobilité réduite.

2. En l'absence de personnel d'accompagnement à bord d'un train ou de personnel dans une gare, les entreprises ferroviaires et les gestionnaires des gares s'efforcent, dans la mesure du raisonnable, de permettre aux personnes handicapées ou aux personnes à mobilité réduite d'avoir accès au transport ferroviaire.

### Article 22 – Assistance dans les gares

1. Lorsqu'une personne handicapée ou une personne à mobilité réduite part d'une gare dotée de personnel, y transite ou y arrive, le gestionnaire des gares lui fournit gratuitement l'assistance nécessaire pour embarquer dans le train pour lequel elle a acheté un billet ou débarquer d'un tel train, sans préjudice des règles d'accès visées à l'article 19, paragraphe 1.

2. Les États membres peuvent prévoir une dérogation au paragraphe 1 dans le cas des personnes voyageant au moyen de services faisant l'objet d'un contrat de service public attribué conformément à la législation communautaire, à condition que l'autorité compétente ait pris d'autres mesures ou dispositions qui permettent de garantir la fourniture de services de transport d'un niveau d'accessibilité équivalent ou supérieur.

3. Dans les gares non dotées de personnel, l'entreprise ferroviaire et le gestionnaire des gares veillent à ce que des informations aisément accessibles soient affichées conformément aux règles d'accès visées à l'article 19, paragraphe 1, en ce qui concerne les gares dotées de personnel les plus proches et l'assistance mise directement à la disposition des personnes handicapées et des personnes à mobilité réduite.

### Article 23 – Assistance à bord

Sans préjudice des règles d'accès visées à l'article 19, paragraphe 1, les entreprises ferroviaires fournissent gratuitement une assistance aux personnes handicapées et aux personnes à mobilité réduite, à bord du train et lors de l'embarquement et du débarquement.

Aux fins du présent article, on entend par assistance à bord les efforts faits, dans la mesure du raisonnable, pour permettre à une personne handicapée ou à une personne à mobilité réduite d'avoir accès aux mêmes services à bord du train que ceux dont bénéficient les autres voyageurs si son handicap est tel ou sa mobilité est réduite à un point tel qu'elle ne peut avoir accès à ces services de façon autonome et sûre.

### Article 24 – Conditions auxquelles est fournie l'assistance

Les entreprises ferroviaires, les gestionnaires des gares, les vendeurs de billets et les voyagistes coopèrent afin de fournir aux personnes handicapées et aux personnes à mobilité réduite l'assistance prévue aux articles 22 et 23 conformément aux points suivants :

a) l'assistance est fournie à condition que l'entreprise ferroviaire, le gestionnaire des gares, le vendeur de billets ou le voyagiste auprès duquel le billet a été acheté se soit vu notifier, au moins quarante-huit heures à l'avance, le besoin d'assistance de la personne handicapée ou à mobilité réduite. Lorsque le billet permet d'effectuer plusieurs voyages, une seule notification suffit, pour autant que des informations suffisantes soient fournies sur les horaires des voyages ultérieurs;

b) les entreprises ferroviaires, les gestionnaires des gares, les vendeurs de billets et les voyagistes prennent toutes les mesures nécessaires pour la réception des notifications;

c) si aucune notification n'est effectuée conformément au point a), l'entreprise ferroviaire et le gestionnaire des gares s'efforcent, dans la mesure du raisonnable, de fournir à la personne handicapée ou à la personne à mobilité réduite une assistance qui lui permette de voyager;

d) sans préjudice des pouvoirs d'autres entités en ce qui concerne les zones situées en dehors de la gare, le gestionnaire des gares ou toute autre personne autorisée indique les endroits, à l'intérieur et à l'extérieur de la gare, où les personnes handicapées et les personnes à mobilité réduite peuvent annoncer leur arrivée à la gare et, au besoin, demander une assistance;

e) une assistance est fournie à condition que la personne handicapée ou la personne à mobilité réduite se présente à l'endroit indiqué à une heure fixée par l'entreprise ferroviaire ou le gestionnaire de la gare qui fournit l'assistance. L'heure fixée ne doit pas précéder de plus de soixante minutes l'heure de départ annoncée ou l'heure à laquelle tous les voyageurs ont été invités à se présenter à l'enregistrement. Si aucune heure n'a été fixée à la personne handicapée ou à la personne à mobilité réduite, celle-ci se présente à l'endroit indiqué au moins trente minutes avant l'heure de départ annoncée ou avant l'heure à laquelle tous les voyageurs ont été invités à se présenter à l'enregistrement.

### Article 25 – Indemnisation relative à l'équipement de mobilité ou à un autre équipement spécifique

Si l'entreprise ferroviaire est responsable de la perte ou de l'endommagement, total ou partiel, d'un équipement de mobilité ou d'un autre équipement spécifique utilisé par les personnes handicapées ou les personnes à mobilité réduite, aucune limite financière n'est applicable.

## CHAPITRE VI

## Sécurité, plaintes et qualité du service

### Article 26 – Sécurité personnelle des voyageurs

Les entreprises ferroviaires, les gestionnaires de l'infrastructure et les gestionnaires des gares prennent, en accord avec les autorités publiques, les mesures appropriées dans leurs domaines de compétence respectifs et les adaptent en fonction du niveau de sécurité défini par les autorités publiques pour assurer la sécurité personnelle des voyageurs dans les gares et à bord des trains, ainsi que pour gérer les risques. Ils coopèrent et s'échangent des informations sur les meilleures pratiques en matière de prévention des actes susceptibles de compromettre la sécurité.

### Article 27 – Plaintes

1. Les entreprises ferroviaires établissent un mécanisme de traitement des plaintes concernant les droits et obligations énoncés dans le présent règlement. Elles informent amplement les voyageurs de leurs coordonnées et de leur(s) langue(s) de travail.

2. Un voyageur peut déposer une plainte auprès de toute entreprise ferroviaire concernée. Dans un délai d'un mois, le destinataire de la plainte donne une réponse motivée ou, lorsque la situation le justifie, informe le voyageur de la date pour laquelle il peut s'attendre à une réponse, laquelle doit lui être donnée dans un délai de moins de trois mois à compter de la date de sa plainte.

3. L'entreprise ferroviaire publie, dans le rapport annuel visé à l'article 28, le nombre et les types de plaintes reçues, les plaintes traitées, les délais de réponse et les éventuelles mesures prises pour améliorer la situation.

### Article 28 – Normes de qualité du service

1. Les entreprises ferroviaires définissent des normes de qualité du service et mettent en œuvre un système de gestion de la qualité pour maintenir la qualité du service. Les normes de qualité du service couvrent au moins les points énumérés à l'annexe III.

2. Les entreprises ferroviaires évaluent leurs propres activités d'après les normes de qualité du service. Chaque année, elles publient à cet égard un rapport d'évaluation, qui accompagne leur rapport annuel. Les rapports sur la qualité du service sont publiés sur le site internet des entreprises ferroviaires. En outre, ces rapports sont mis à disposition sur le site internet de l'Agence ferroviaire européenne.

## CHAPITRE VII
## Information et application

### Article 29 – Information des voyageurs sur leurs droits

1. Lorsqu'ils vendent des billets de transport ferroviaire, les entreprises ferroviaires, les gestionnaires des gares et les voyagistes informent les voyageurs des droits et des obligations que leur confère le présent règlement. Afin de se conformer à cette obligation d'information, les entreprises ferroviaires, les gestionnaires des gares et les voyagistes peuvent utiliser un résumé des dispositions du présent règlement préparé par la Commission dans toutes les langues officielles des institutions de l'Union européenne et mis à leur disposition.

2. Les entreprises ferroviaires et les gestionnaires des gares informent les voyageurs de manière adéquate, dans la gare et à bord du train, des coordonnées permettant de contacter l'organisme ou les organismes désignés par les États membres en vertu de l'article 30.

### Article 30 – Application

1. Chaque État membre désigne un ou plusieurs organismes chargés de l'application du présent règlement. Chaque organisme prend les mesures nécessaires pour garantir le respect des droits des voyageurs.

Chaque organisme est indépendant de tout gestionnaire de l'infrastructure, organisme de tarification, organisme de répartition ou entreprise ferroviaire en ce qui concerne son organisation, ses décisions de financement, sa structure juridique et ses décisions.

Les États membres informent la Commission de la désignation d'un ou de plusieurs organismes conformément au présent paragraphe et de ses ou de leurs responsabilités.

2. Chaque voyageur peut porter plainte pour infraction alléguée au présent règlement auprès de l'organisme compétent désigné en vertu du paragraphe 1 ou auprès de tout autre organisme compétent désigné par un État membre.

### Article 31 – Coopération entre organismes chargés de l'application

Les organismes chargés de l'application visés à l'article 30 s'échangent des informations sur leurs travaux ainsi que sur leurs principes et pratiques de décision aux fins de coordonner leurs principes de décision dans toute la Communauté. La Commission les assiste dans cette tâche.

CHAPITRE VIII

## Dispositions finales

### Article 32 – Sanctions

Les États membres déterminent le régime des sanctions applicables en cas de violation des dispositions du présent règlement et prennent toute mesure nécessaire pour en assurer la mise en œuvre. Les sanctions prévues doivent être effectives, proportionnées et dissuasives. Les États membres notifient ces régime et mesures à la Commission, au plus tard le 3 juin 2010, et lui communiquent sans délai toute modification ultérieure les concernant.

### Article 33 – Annexes

Les mesures ayant pour objet de modifier des éléments non essentiels du présent règlement en en adaptant les annexes, à l'exception de l'annexe I, sont arrêtées en conformité avec la procédure de réglementation avec contrôle visée à l'article 35, paragraphe 2.

### Article 34 – Dispositions modificatives

1. Les mesures ayant pour objet de modifier des éléments non essentiels du présent règlement en le complétant et nécessaires à la mise en œuvre des articles 2, 10 et 12 sont arrêtées en conformité avec la procédure de réglementation avec contrôle visée à l'article 35, paragraphe 2.

2. Les mesures ayant pour objet de modifier des éléments non essentiels du présent règlement en adaptant les montants financiers visés dans le présent règlement, autres que ceux visés à l'annexe I, en fonction de l'inflation, sont arrêtées en conformité avec la procédure de réglementation avec contrôle visée à l'article 35, paragraphe 2.

### Article 35 – Comité

1. La Commission est assistée par le comité institué par l'article 11 *bis* de la directive 91/440/CEE.

2. Dans le cas où il est fait référence au présent paragraphe, l'article 5 *bis*, paragraphes 1 à 4, et l'article 7 de la décision 1999/468/CE s'appliquent, dans le respect des dispositions de l'article 8 de celle-ci.

## Article 36 – Rapport

La Commission fait rapport au Parlement européen et au Conseil sur la mise en œuvre et les résultats du présent règlement, au plus tard le 3 décembre 2012, et notamment en ce qui concerne les normes de qualité du service.

Le rapport est fondé sur les informations qui doivent être fournies conformément au présent règlement et à l'article 10 *ter* de la directive 91/440/CEE. Il est assorti, le cas échéant, de propositions appropriées.

## Article 37 – Entrée en vigueur

Le présent règlement entre en vigueur vingt-quatre mois après la date de sa publication au *Journal officiel* de l'Union européenne.

Le présent règlement est obligatoire dans tous ses éléments et directement applicable dans tout État membre.

### Références

[1] *JO* C 221 du 8 sept. 2005, p. 8.

[2] *JO* C 71 du 22 mars 2005, p. 26.

[3] Avis du Parlement européen du 28 septembre 2005 (*JO* C 227 E du 21 sept. 2006, p. 490), position commune du Conseil du 24 juillet 2006 (*JO* C 289 E du 28 nov. 2006, p. 1), position du Parlement européen du 18 janvier 2007 (non encore parue au *Journal officiel*), résolution législative du Parlement européen du 25 septembre 2007 et décision du Conseil du 26 septembre 2007.

[4] *JO* C 137 du 8 juin 2002, p. 2.

[5] *JO* L 110 du 20 avr. 2001, p. 1. Directive modifiée en dernier lieu par la directive 2007/32/CE de la Commission (*JO* L 141 du 2 juin 2007, p. 63).

[6] *JO* L 281 du 23 nov. 1995, p. 31. Directive modifiée par le règlement (CE) n° 1882/2003 (*JO* L 284 du 31 oct. 2003, p. 1).

[7] *JO* L 184 du 17 juill. 1999, p. 23. Décision modifiée par la décision 2006/512/CE (*JO* L 200 du 22 juill. 2006, p. 11).

[8] *JO* L 143 du 27 juin 1995, p. 70. Directive modifiée en dernier lieu par la directive 2004/49/CE du Parlement européen et du Conseil (*JO* L 164 du 30 avr. 2004, p. 44).

[9] *JO* L 237 du 24 août 1991, p. 25. Directive modifiée en dernier lieu par la directive 2006/103/CE (*JO* L 363 du 20 déc. 2006, p. 344).

[10] Directive 2001/14/CE du Parlement européen et du Conseil du 26 février 2001 concernant la répartition des capacités d'infrastructure ferroviaire et la tarification de l'infrastructure ferroviaire (*JO* L 75 du 15 mars 2001, p. 29). Directive modifiée en dernier lieu par la directive 2004/49/CE.

[11] Directive 90/314/CEE du Conseil du 13 juin 1990 concernant les voyages, vacances et circuits à forfait (*JO* L 158 du 23 juin 1990, p. 59).

ANNEXE I

EXTRAIT DES RÈGLES UNIFORMES
CONCERNANT LE CONTRAT DE TRANSPORT INTERNATIONAL
FERROVIAIRE DES VOYAGEURS ET DES BAGAGES (CIV)

APPENDICE A DE LA CONVENTION RELATIVE AUX TRANSPORTS INTERNATIONAUX FERROVIAIRES (COTIF) DU 9 MAI 1980, TELLE QUE MODIFIÉE PAR LE PROTOCOLE PORTANT MODIFICATION DE LA COTIF DU 3 JUIN 1999

TITRE II

## CONCLUSION ET EXÉCUTION DU CONTRAT DE TRANSPORT

### Article 6 – Contrat de transport

1. Par le contrat de transport, le transporteur s'engage à transporter le voyageur ainsi que, le cas échéant, des bagages et des véhicules au lieu de destination et à livrer les bagages et les véhicules au lieu de destination.

2. Le contrat de transport doit être constaté par un ou plusieurs titres de transport remis au voyageur. Toutefois, sans préjudice de l'article 9, l'absence, l'irrégularité ou la perte du titre de transport n'affecte ni l'existence ni la validité du contrat, qui reste soumis aux présentes règles uniformes.

3. Le titre de transport fait foi, jusqu'à preuve du contraire, de la conclusion et du contenu du contrat de transport.

### Article 7 – Titre de transport

1. Les Conditions générales de transport déterminent la forme et le contenu des titres de transport ainsi que la langue et les caractères dans lesquels ils doivent être imprimés et remplis.

2. Doivent au moins être inscrits sur le titre de transport :

a) le transporteur ou les transporteurs;

b) l'indication que le transport est soumis, nonobstant toute clause contraire, aux présentes règles uniformes; cela peut se faire par le sigle CIV;

c) toute autre indication nécessaire pour prouver la conclusion et le contenu du contrat de transport et permettant au voyageur de faire valoir les droits résultant de ce contrat.

3. Le voyageur doit s'assurer, à la réception du titre de transport, que celui-ci a été établi selon ses indications.

4. Le titre de transport est cessible s'il n'est pas nominatif et si le voyage n'a pas commencé.

5. Le titre de transport peut être établi sous forme d'enregistrement électronique des données, qui peuvent être transformées en signes d'écriture lisibles. Les procédés employés pour l'enregistrement et le traitement des données doivent être équivalents du point de vue fonctionnel, notamment en ce qui concerne la force probante du titre de transport représenté par ces données.

### Article 8 – Paiement et remboursement du prix de transport

1. Sauf convention contraire entre le voyageur et le transporteur, le prix de transport est payable à l'avance.

2. Les Conditions générales de transport déterminent dans quelles conditions un remboursement du prix de transport a lieu.

### Article 9 – Droit au transport. Exclusion du transport

1. Dès le commencement du voyage, le voyageur doit être muni d'un titre de transport valable et doit le présenter lors du contrôle des titres de transport. Les Conditions générales de transport peuvent prévoir :

a) qu'un voyageur qui ne présente pas un titre de transport valable doit payer, outre le prix de transport, une surtaxe;

b) qu'un voyageur qui refuse le paiement immédiat du prix de transport ou de la surtaxe peut être exclu du transport;

c) si et dans quelles conditions un remboursement de la surtaxe a lieu.

2. Les Conditions générales de transport peuvent prévoir que sont exclus du transport, ou peuvent être exclus du transport en cours de route, les voyageurs qui :

a) présentent un danger pour la sécurité et le bon fonctionnement de l'exploitation ou pour la sécurité des autres voyageurs;

b) incommodent de manière intolérable les autres voyageurs,

et que ces personnes n'ont droit au remboursement ni du prix de transport ni du prix qu'elles ont payé pour le transport de leurs bagages.

### Article 10 – Accomplissement des formalités administratives

Le voyageur doit se conformer aux formalités exigées par les douanes ou par d'autres autorités administratives.

### Article 11 – Suppression et retard d'un train. Correspondance manquée

Le transporteur doit, s'il y a lieu, certifier sur le titre de transport que le train a été supprimé ou la correspondance manquée.

## TITRE III
## TRANSPORT DE COLIS À MAIN, D'ANIMAUX, DE BAGAGES ET DE VÉHICULES

### CHAPITRE PREMIER
### Dispositions communes

### Article 12 – Objets et animaux admis

1. Le voyageur peut prendre avec lui des objets faciles à porter (colis à main) ainsi que des animaux vivants, conformément aux Conditions générales de transport. Par ailleurs, le voyageur peut prendre avec lui des objets encombrants conformément aux dispositions particulières, contenues dans les Conditions générales de transport. Sont exclus du transport les objets ou animaux de nature à gêner ou à incommoder les voyageurs ou à causer un dommage.

2. Le voyageur peut expédier, en tant que bagages, des objets et des animaux conformément aux Conditions générales de transport.

3. Le transporteur peut admettre le transport de véhicules à l'occasion d'un transport de voyageurs conformément aux dispositions particulières contenues dans les Conditions générales de transport.

4. Le transport de marchandises dangereuses en tant que colis à main, bagages ainsi que dans ou sur des véhicules qui, conformément à ce titre, sont transportées par rail, doit être conforme au règlement concernant le transport international ferroviaire des marchandises dangereuses (RID).

### Article 13 – Vérification

1. Le transporteur a le droit, en cas de présomption grave de non-respect des conditions de transport, de vérifier si les objets (colis à main, bagages, véhicules, y compris leur chargement) et animaux transportés répondent aux conditions de transport lorsque les lois et prescriptions de l'État où la vérification doit avoir lieu ne l'interdisent pas. Le voyageur doit être invité à assister à la vérification. S'il ne se présente pas ou s'il ne peut être atteint, le transporteur doit faire appel à deux témoins indépendants.

2. Lorsqu'il est constaté que les conditions de transport n'ont pas été respectées, le transporteur peut exiger du voyageur le paiement des frais occasionnés par la vérification.

### Article 14 – Accomplissement des formalités administratives

Le voyageur doit se conformer aux formalités exigées par les douanes ou par d'autres autorités administratives lors du transport, à l'occasion de son transport, d'objets (colis à main, bagages, véhicules, y compris leur chargement) et d'animaux. Il doit assister à la visite de ces objets, sauf exception prévue par les lois et prescriptions de chaque État.

CHAPITRE II

## Colis à main et animaux

### Article 15 – Surveillance

La surveillance des colis à main et des animaux qu'il prend avec lui incombe au voyageur.

CHAPITRE III

## Bagages

### Article 16 – Expédition des bagages

1. Les obligations contractuelles relatives à l'acheminement des bagages doivent être constatées par un bulletin de bagages remis au voyageur.

2. Sans préjudice de l'article 22, l'absence, l'irrégularité ou la perte du bulletin de bagages n'affecte ni l'existence ni la validité des conventions concernant l'acheminement des bagages, qui restent soumis aux présentes règles uniformes.

3. Le bulletin de bagages fait foi, jusqu'à preuve du contraire, de l'enregistrement des bagages et des conditions de leur transport.

4. Jusqu'à preuve du contraire, il est présumé que lors de la prise en charge par le transporteur, les bagages étaient en bon état apparent et que le nombre et la masse des colis correspondaient aux mentions portées sur le bulletin de bagages.

### Article 17 – Bulletin de bagages

1. Les Conditions générales de transport déterminent la forme et le contenu du bulletin de bagages ainsi que la langue et les caractères dans lesquels il doit être imprimé et rempli. L'article 7, paragraphe 5, s'applique par analogie.

2. Doivent au moins être inscrits sur le bulletin de bagages :

a) le transporteur ou les transporteurs;

b) l'indication que le transport est soumis, nonobstant toute clause contraire, aux présentes règles uniformes; cela peut se faire par le sigle CIV;

c) toute autre indication nécessaire pour prouver les obligations contractuelles relatives à l'acheminement des bagages et permettant au voyageur de faire valoir les droits résultant du contrat de transport.

3. Le voyageur doit s'assurer, à la réception du bulletin de bagages, que celui-ci a été émis selon ses indications.

### Article 18 – Enregistrement et transport

1. Sauf exception prévue par les Conditions générales de transport, l'enregistrement des bagages n'a lieu que sur la présentation d'un titre de transport valable au moins jusqu'au lieu de destination des bagages. Par ailleurs, l'enregistrement s'effectue d'après les prescriptions en vigueur au lieu d'expédition.

2. Lorsque les Conditions générales de transport prévoient que des bagages peuvent être admis au transport sans présentation d'un titre de transport, les dispositions des présentes règles uniformes fixant les droits et obligations du voyageur relatifs à ses bagages s'appliquent par analogie à l'expéditeur de bagages.

3. Le transporteur peut acheminer les bagages avec un autre train ou un autre moyen de transport et par un autre itinéraire que ceux empruntés par le voyageur.

### Article 19 – Paiement du prix pour le transport des bagages

Sauf convention contraire entre le voyageur et le transporteur, le prix pour le transport des bagages est payable lors de l'enregistrement.

### Article 20 – Marquage des bagages

Le voyageur doit indiquer sur chaque colis, en un endroit bien visible et d'une manière suffisamment fixe et claire :

a) son nom et son adresse;

b) le lieu de destination.

### Article 21 – Droit de disposer des bagages

1. Si les circonstances le permettent et les prescriptions des douanes ou d'autres autorités administratives ne s'y opposent pas, le voyageur peut demander la restitution des bagages au lieu d'expédition, contre remise du bulletin de bagages et, lorsque cela est prévu par les Conditions générales de transport, sur présentation du titre de transport.

2. Les Conditions générales de transport peuvent prévoir d'autres dispositions concernant le droit de disposer des bagages, notamment des modifications du lieu de destination et les éventuelles conséquences financières à supporter par le voyageur.

### Article 22 – Livraison

1. La livraison des bagages a lieu contre remise du bulletin de bagages et, le cas échéant, contre paiement des frais qui grèvent l'envoi.

Le transporteur a le droit, sans y être tenu, de vérifier si le détenteur du bulletin a qualité pour prendre livraison.

2. Sont assimilés à la livraison au détenteur du bulletin de bagages, lorsqu'ils sont effectués conformément aux prescriptions en vigueur au lieu de destination :

a) la remise des bagages aux autorités de douane ou d'octroi dans leurs locaux d'expédition ou dans leurs entrepôts, lorsque ceux-ci ne se trouvent pas sous la garde du transporteur;

b) le fait de confier des animaux vivants à un tiers.

3. Le détenteur du bulletin de bagages peut demander la livraison des bagages au lieu de destination aussitôt que s'est écoulé le temps convenu ainsi que, le cas échéant, le temps nécessaire pour les opérations effectuées par les douanes ou par d'autres autorités administratives.

4. À défaut de remise du bulletin de bagages, le transporteur n'est tenu de livrer les bagages qu'à celui qui justifie de son droit; si cette justification semble insuffisante, le transporteur peut exiger une caution.

5. Les bagages sont livrés au lieu de destination pour lequel ils ont été enregistrés.

6. Le détenteur du bulletin de bagages auquel les bagages ne sont pas livrés peut exiger la constatation, sur le bulletin de bagages, du jour et de l'heure auxquels il a demandé la livraison conformément au paragraphe 3.

7. L'ayant droit peut refuser la réception des bagages, si le transporteur ne donne pas suite à sa demande de procéder à la vérification des bagages en vue de constater un dommage allégué.

8. Par ailleurs, la livraison des bagages est effectuée conformément aux prescriptions en vigueur au lieu de destination.

## CHAPITRE IV
## Véhicules

### Article 23 – Conditions de transport

Les dispositions particulières pour le transport des véhicules, contenues dans les Conditions générales de transport, déterminent notamment les conditions d'admission au transport, d'enregistrement, de chargement et de transport, de déchargement et de livraison, ainsi que les obligations du voyageur.

### Article 24 – Bulletin de transport

1. Les obligations contractuelles relatives au transport de véhicules doivent être constatées par un bulletin de transport remis au voyageur. Le bulletin de transport peut être intégré dans le titre de transport du voyageur.

2. Les dispositions particulières pour le transport de véhicules contenues dans les Conditions générales de transport déterminent la forme et le contenu du bulletin de

transport ainsi que la langue et les caractères dans lesquels il doit être imprimé et rempli. L'article 7, paragraphe 5, s'applique par analogie.

3. Doivent au moins être inscrits sur le bulletin de transport :

a) le transporteur ou les transporteurs;

b) l'indication que le transport est soumis, nonobstant toute clause contraire, aux présentes règles uniformes; cela peut se faire par le sigle CIV;

c) toute autre indication nécessaire pour prouver les obligations contractuelles relatives au transport des véhicules et permettant au voyageur de faire valoir les droits résultant du contrat de transport.

4. Le voyageur doit s'assurer, à la réception du bulletin de transport, que celui-ci a été émis selon ses indications.

### Article 25 – Droit applicable

Sous réserve des dispositions du présent chapitre, les dispositions du chapitre III relatives au transport des bagages s'appliquent aux véhicules.

## TITRE IV
## RESPONSABILITÉ DU TRANSPORTEUR

### CHAPITRE PREMIER
### Responsabilité en cas de mort et de blessures de voyageurs

### Article 26 – Fondement de la responsabilité

1. Le transporteur est responsable du dommage résultant de la mort, des blessures ou de toute autre atteinte à l'intégrité physique ou psychique du voyageur causé par un accident en relation avec l'exploitation ferroviaire survenu pendant que le voyageur séjourne dans les véhicules ferroviaires, qu'il y entre ou qu'il en sorte et quelle que soit l'infrastructure ferroviaire utilisée.

2. Le transporteur est déchargé de cette responsabilité :

a) si l'accident a été causé par des circonstances extérieures à l'exploitation ferroviaire que le transporteur, en dépit de la diligence requise d'après les particularités de l'espèce, ne pouvait pas éviter et aux conséquences desquelles il ne pouvait pas obvier;

b) dans la mesure où l'accident est dû à une faute du voyageur;

c) si l'accident est dû au comportement d'un tiers que le transporteur, en dépit de la diligence requise d'après les particularités de l'espèce, ne pouvait pas éviter et aux conséquences duquel il ne pouvait pas obvier; une autre entreprise utilisant la même infrastructure ferroviaire n'est pas considérée comme un tiers; le droit de recours n'est pas affecté.

3. Si l'accident est dû au comportement d'un tiers et si, en dépit de cela, le transporteur n'est pas entièrement déchargé de sa responsabilité conformément au paragraphe 2, lettre c), il répond pour le tout dans les limites des présentes règles uniformes et sans préjudice de son recours éventuel contre le tiers.

4. Les présentes règles uniformes n'affectent pas la responsabilité qui peut incomber au transporteur pour les cas non prévus au paragraphe 1.

5. Lorsqu'un transport faisant l'objet d'un contrat de transport unique est effectué par des transporteurs subséquents, est responsable, en cas de mort et de bles-

sures de voyageurs, le transporteur à qui incombait, selon le contrat de transport, la prestation de service de transport au cours de laquelle l'accident s'est produit. Lorsque cette prestation n'a pas été réalisée par le transporteur, mais par un transporteur substitué, les deux transporteurs sont responsables solidairement, conformément aux présentes règles uniformes.

### Article 27 – Dommages-intérêts en cas de mort

1. En cas de mort du voyageur, les dommages-intérêts comprennent :

a) les frais nécessaires consécutifs au décès, notamment ceux du transport du corps et des obsèques;

b) si la mort n'est pas survenue immédiatement, les dommages-intérêts prévus à l'article 28.

2. Si, par la mort du voyageur, des personnes envers lesquelles il avait ou aurait eu à l'avenir une obligation alimentaire, en vertu de la loi, sont privées de leur soutien, il y a également lieu de les indemniser de cette perte. L'action en dommages-intérêts des personnes dont le voyageur assumait l'entretien sans y être tenu par la loi reste soumise au droit national.

### Article 28 – Dommages-intérêts en cas de blessures

En cas de blessures ou de toute autre atteinte à l'intégrité physique ou psychique du voyageur, les dommages-intérêts comprennent :

a) les frais nécessaires, notamment ceux de traitement et de transport;

b) la réparation du préjudice causé, soit par l'incapacité de travail totale ou partielle, soit par l'accroissement des besoins.

### Article 29 – Réparation d'autres préjudices corporels

Le droit national détermine si, et dans quelle mesure, le transporteur doit verser des dommages-intérêts pour des préjudices corporels autres que ceux prévus aux articles 27 et 28.

### Article 30 – Forme et montant des dommages-intérêts en cas de mort et de blessures

1. Les dommages-intérêts prévus à l'article 27, paragraphe 2, et à l'article 28, lettre b), doivent être alloués sous forme de capital. Toutefois, si le droit national permet l'allocation d'une rente, ils sont alloués sous cette forme lorsque le voyageur lésé ou les ayants droit visés à l'article 27, paragraphe 2, le demandent.

2. Le montant des dommages-intérêts à allouer en vertu du paragraphe 1 est déterminé selon le droit national. Toutefois, pour l'application des présentes règles uniformes, il est fixé une limite maximale de 175000 unités de compte en capital ou en rente annuelle correspondant à ce capital, pour chaque voyageur, dans le cas où le droit national prévoit une limite maximale d'un montant inférieur.

### Article 31 – Autres moyens de transport

1. Sous réserve du paragraphe 2, les dispositions relatives à la responsabilité en cas de mort et de blessures de voyageurs ne s'appliquent pas aux dommages survenus pendant le transport qui, conformément au contrat de transport, n'était pas un transport ferroviaire.

2. Toutefois, lorsque les véhicules ferroviaires sont transportés par ferry-boat, les dispositions relatives à la responsabilité en cas de mort et de blessures de voyageurs s'appliquent aux dommages visés à l'article 26, paragraphe 1, et à l'article 33, paragraphe 1, causés par un accident en relation avec l'exploitation ferroviaire survenu pendant que le voyageur séjourne dans ledit véhicule, qu'il y entre ou qu'il en sorte.

3. Lorsque, par suite de circonstances exceptionnelles, l'exploitation ferroviaire est provisoirement interrompue et que les voyageurs sont transportés par un autre moyen de transport, le transporteur est responsable en vertu des présentes règles uniformes.

CHAPITRE II

## Responsabilité en cas d'inobservation de l'horaire

### Article 32 – Responsabilité en cas de suppression, de retard ou de correspondance manquée

1. Le transporteur est responsable envers le voyageur du dommage résultant du fait qu'en raison de la suppression, du retard ou du manquement d'une correspondance, le voyage ne peut se poursuivre le même jour, ou que sa poursuite n'est pas raisonnablement exigible le même jour à cause des circonstances données. Les dommages-intérêts comprennent les frais raisonnables d'hébergement ainsi que les frais raisonnables occasionnés par l'avertissement des personnes attendant le voyageur.

2. Le transporteur est déchargé de cette responsabilité, lorsque la suppression, le retard ou le manquement d'une correspondance sont imputables à l'une des causes suivantes :

a) des circonstances extérieures à l'exploitation ferroviaire que le transporteur, en dépit de la diligence requise d'après les particularités de l'espèce, ne pouvait pas éviter et aux conséquences desquelles il ne pouvait pas obvier;

b) une faute du voyageur; ou

c) le comportement d'un tiers que le transporteur, en dépit de la diligence requise d'après les particularités de l'espèce, ne pouvait pas éviter et aux conséquences duquel il ne pouvait pas obvier; une autre entreprise utilisant la même infrastructure ferroviaire n'est pas considérée comme un tiers; le droit de recours n'est pas affecté.

3. Le droit national détermine, si et dans quelle mesure, le transporteur doit verser des dommages-intérêts pour des préjudices autres que ceux prévus au paragraphe 1. Cette disposition ne porte pas atteinte à l'article 44.

CHAPITRE III

## Responsabilité pour les colis à main, les animaux, les bagages et les véhicules

*Section 1*

## Colis à main et animaux

### Article 33 – Responsabilité

1. En cas de mort et de blessures de voyageurs, le transporteur est, en outre, responsable du dommage résultant de la perte totale ou partielle ou de l'avarie des objets que le voyageur avait, soit sur lui, soit avec lui comme colis à main; ceci vaut

également pour les animaux que le voyageur avait pris avec lui. L'article 26 s'applique par analogie.

2. Par ailleurs, le transporteur n'est responsable du dommage résultant de la perte totale ou partielle ou de l'avarie des objets, des colis à main ou des animaux dont la surveillance incombe au voyageur conformément à l'article 15 que si ce dommage est causé par une faute du transporteur. Les autres articles du titre IV, à l'exception de l'article 51, et le titre VI ne sont pas applicables dans ce cas.

### Article 34 – Limitation des dommages-intérêts en cas de perte ou d'avarie d'objets

Lorsque le transporteur est responsable en vertu de l'article 33, paragraphe 1, il doit réparer le dommage jusqu'à concurrence de 1 400 unités de compte pour chaque voyageur.

### Article 35 – Exonération de responsabilité

Le transporteur n'est pas responsable, à l'égard du voyageur, du dommage résultant du fait que le voyageur ne se conforme pas aux prescriptions des douanes ou d'autres autorités administratives.

## *Section 2*
## Bagages

### Article 36 – Fondement de la responsabilité

1. Le transporteur est responsable du dommage résultant de la perte totale ou partielle et de l'avarie des bagages survenues à partir de la prise en charge par le transporteur jusqu'à la livraison, ainsi que du retard à la livraison.

2. Le transporteur est déchargé de cette responsabilité dans la mesure où la perte, l'avarie ou le retard à la livraison a eu pour cause une faute du voyageur, un ordre de celui-ci ne résultant pas d'une faute du transporteur, un vice propre aux bagages ou des circonstances que le transporteur ne pouvait pas éviter et aux conséquences desquelles il ne pouvait pas obvier.

3. Le transporteur est déchargé de cette responsabilité dans la mesure où la perte ou l'avarie résulte des risques particuliers inhérents à un ou à plusieurs des faits ci-après :

a) absence ou défectuosité de l'emballage;

b) nature spéciale des bagages;

c) expédition comme bagages d'objets exclus du transport.

### Article 37 – Charge de la preuve

1. La preuve que la perte, l'avarie ou le retard à la livraison a eu pour cause un des faits prévus à l'article 36, paragraphe 2, incombe au transporteur.

2. Lorsque le transporteur établit que la perte ou l'avarie a pu résulter, étant donné les circonstances de fait, d'un ou de plusieurs des risques particuliers prévus à l'article 36, paragraphe 3, il y a présomption qu'elle en résulte. L'ayant droit conserve toutefois le droit de prouver que le dommage n'a pas eu pour cause, totalement ou partiellement, l'un de ces risques.

### Article 38 – Transporteurs subséquents

Lorsqu'un transport faisant l'objet d'un contrat de transport unique est effectué par plusieurs transporteurs subséquents, chaque transporteur, prenant en charge les bagages avec le bulletin de bagages ou le véhicule avec le bulletin de transport, participe, quant à l'acheminement des bagages ou au transport des véhicules, au contrat de transport conformément aux stipulations du bulletin de bagages ou du bulletin de transport et assume les obligations qui en découlent. Dans ce cas, chaque transporteur répond de l'exécution du transport sur le parcours total jusqu'à la livraison.

### Article 39 – Transporteur substitué

1. Lorsque le transporteur a confié, en tout ou en partie, l'exécution du transport à un transporteur substitué, que ce soit ou non dans l'exercice d'une faculté qui lui est reconnue dans le contrat de transport, le transporteur n'en demeure pas moins responsable de la totalité du transport.

2. Toutes les dispositions des présentes règles uniformes régissant la responsabilité du transporteur s'appliquent également à la responsabilité du transporteur substitué pour le transport effectué par ses soins. Les articles 48 et 52 s'appliquent lorsqu'une action est intentée contre les agents et toute autre personne au service de laquelle le transporteur substitué recourt pour l'exécution du transport.

3. Toute convention particulière par laquelle le transporteur assume des obligations qui ne lui incombent pas en vertu des présentes règles uniformes, ou renonce à des droits qui lui sont conférés par ces règles uniformes, est sans effet à l'égard du transporteur substitué qui ne l'a pas acceptée expressément et par écrit. Que le transporteur substitué ait ou non accepté cette convention, le transporteur reste néanmoins lié par les obligations ou les renonciations qui résultent de ladite convention particulière.

4. Lorsque et pour autant que le transporteur et le transporteur substitué sont responsables, leur responsabilité est solidaire.

5. Le montant total de l'indemnité dû par le transporteur, le transporteur substitué ainsi que leurs agents et les autres personnes au service desquelles ils recourent pour l'exécution du transport, n'excède pas les limites prévues aux présentes règles uniformes.

6. Le présent article ne porte pas atteinte aux droits de recours pouvant exister entre le transporteur et le transporteur substitué.

### Article 40 – Présomption de perte

1. L'ayant droit peut, sans avoir à fournir d'autres preuves, considérer un colis comme perdu quand il n'a pas été livré ou tenu à sa disposition dans les quatorze jours qui suivent la demande de livraison présentée conformément à l'article 22, paragraphe 3.

2. Si un colis réputé perdu est retrouvé au cours de l'année qui suit la demande de livraison, le transporteur doit aviser l'ayant droit, lorsque son adresse est connue ou peut être découverte.

3. Dans les trente jours qui suivent la réception de l'avis visé au paragraphe 2, l'ayant droit peut exiger que le colis lui soit livré. Dans ce cas, il doit payer les frais afférents au transport du colis depuis le lieu d'expédition jusqu'à celui où a lieu la livraison et restituer l'indemnité reçue, déduction faite, le cas échéant, des frais qui auraient été compris dans cette indemnité. Néanmoins, il conserve ses droits à indemnité pour retard à la livraison prévus à l'article 43.

4. Si le colis retrouvé n'a pas été réclamé dans le délai prévu au paragraphe 3 ou si le colis est retrouvé plus d'un an après la demande de livraison, le transporteur en dispose conformément aux lois et aux prescriptions en vigueur au lieu où se trouve le colis.

### Article 41 – Indemnité en cas de perte

1. En cas de perte totale ou partielle des bagages, le transporteur doit payer, à l'exclusion de tous autres dommages-intérêts :

a) si le montant du dommage est prouvé, une indemnité égale à ce montant sans qu'elle excède toutefois 80 unités de compte par kilogramme manquant de masse brute ou 1 200 unités de compte par colis;

b) si le montant du dommage n'est pas prouvé, une indemnité forfaitaire de 20 unités de compte par kilogramme manquant de masse brute ou de 300 unités de compte par colis.

Le mode d'indemnisation, par kilogramme manquant ou par colis, est déterminé dans les Conditions générales de transport.

2. Le transporteur doit restituer, en outre, le prix pour le transport des bagages et les autres sommes déboursées en relation avec le transport du colis perdu ainsi que les droits de douane et les droits d'accise déjà acquittés.

### Article 42 – Indemnité en cas d'avarie

1. En cas d'avarie des bagages, le transporteur doit payer, à l'exclusion de tous autres dommages-intérêts, une indemnité équivalente à la dépréciation des bagages.

2. L'indemnité n'excède pas :

a) si la totalité des bagages est dépréciée par l'avarie, le montant qu'elle aurait atteint en cas de perte totale;

b) si une partie seulement des bagages est dépréciée par l'avarie, le montant qu'elle aurait atteint en cas de perte de la partie dépréciée.

### Article 43 – Indemnité en cas de retard à la livraison

1. En cas de retard à la livraison des bagages, le transporteur doit payer, par période indivisible de vingt-quatre heures à compter de la demande de livraison, mais avec un maximum de quatorze jours :

a) si l'ayant droit prouve qu'un dommage, y compris une avarie, en est résulté, une indemnité égale au montant du dommage jusqu'à un maximum de 0,80 unité de compte par kilogramme de masse brute des bagages ou de 14 unités de compte par colis, livrés en retard;

b) si l'ayant droit ne prouve pas qu'un dommage en est résulté, une indemnité forfaitaire de 0,14 unité de compte par kilogramme de masse brute des bagages ou de 2,80 unités de compte par colis, livrés en retard.

Le mode d'indemnisation, par kilogramme ou par colis, est déterminé dans les Conditions générales de transport.

2. En cas de perte totale des bagages, l'indemnité prévue au paragraphe 1 ne se cumule pas avec celle prévue à l'article 41.

3. En cas de perte partielle des bagages, l'indemnité prévue au paragraphe 1 est payée pour la partie non perdue.

4. En cas d'avarie des bagages ne résultant pas du retard à la livraison, l'indemnité prévue au paragraphe 1 se cumule, s'il y a lieu, avec celle prévue à l'article 42.

5. En aucun cas, le cumul de l'indemnité prévue au paragraphe 1 avec celles prévues aux articles 41 et 42 ne donne lieu au paiement d'une indemnité excédant celle qui serait due en cas de perte totale des bagages.

*Section 3*

## Véhicules

### Article 44 – Indemnité en cas de retard

1. En cas de retard dans le chargement pour une cause imputable au transporteur ou de retard à la livraison d'un véhicule, le transporteur doit payer, lorsque l'ayant droit prouve qu'un dommage en est résulté, une indemnité dont le montant n'excède pas le prix du transport.

2. Si l'ayant droit renonce au contrat de transport, en cas de retard dans le chargement pour une cause imputable au transporteur, le prix du transport est remboursé à l'ayant droit. En outre, celui-ci peut réclamer, lorsqu'il prouve qu'un dommage est résulté de ce retard, une indemnité dont le montant n'excède pas le prix du transport.

### Article 45 – Indemnité en cas de perte

En cas de perte totale ou partielle d'un véhicule, l'indemnité à payer à l'ayant droit pour le dommage prouvé est calculée d'après la valeur usuelle du véhicule. Elle n'excède pas 8 000 unités de compte. Une remorque avec ou sans chargement est considérée comme un véhicule indépendant.

### Article 46 – Responsabilité en ce qui concerne d'autres objets

1. En ce qui concerne les objets laissés dans le véhicule ou se trouvant dans des coffres (par exemple, coffres à bagages ou à skis), solidement arrimés au véhicule, le transporteur n'est responsable que du dommage causé par sa faute. L'indemnité totale à payer n'excède pas 1 400 unités de compte.

2. En ce qui concerne les objets arrimés à l'extérieur du véhicule y compris les coffres visés au paragraphe 1, le transporteur n'est responsable que s'il est prouvé que le dommage résulte d'un acte ou d'une omission que le transporteur a commis, soit avec l'intention de provoquer un tel dommage, soit témérairement et avec conscience qu'un tel dommage en résulterait probablement.

### Article 47 – Droit applicable

Sous réserve des dispositions de la présente section, les dispositions de la section 2 relatives à la responsabilité pour les bagages s'appliquent aux véhicules.

CHAPITRE IV

## Dispositions communes

### Article 48 – Déchéance du droit d'invoquer les limites de responsabilité

Les limites de responsabilité prévues aux présentes règles uniformes ainsi que les dispositions du droit national qui limitent les indemnités à un montant déterminé ne s'appliquent pas, s'il est prouvé que le dommage résulte d'un acte ou d'une omission que le transporteur a commis, soit avec l'intention de provoquer un tel dommage, soit témérairement et avec conscience qu'un tel dommage en résulterait probablement.

### Article 49 – Conversion et intérêts

1. Lorsque le calcul de l'indemnité implique la conversion des sommes exprimées en unités monétaires étrangères, celle-ci est faite d'après le cours au jour et au lieu du paiement de l'indemnité.

2. L'ayant droit peut demander des intérêts de l'indemnité, calculés à raison de cinq pour cent l'an, à partir du jour de la réclamation prévue à l'article 55 ou, s'il n'y a pas eu de réclamation, du jour de la demande en justice.

3. Toutefois, pour les indemnités dues en vertu des articles 27 et 28, les intérêts ne courent que du jour où les faits qui ont servi à la détermination du montant de l'indemnité se sont produits, si ce jour est postérieur à celui de la réclamation ou de la demande en justice.

4. En ce qui concerne les bagages, les intérêts ne sont dus que si l'indemnité excède 16 unités de compte par bulletin de bagages.

5. En ce qui concerne les bagages, si l'ayant droit ne remet pas au transporteur, dans un délai convenable qui lui est fixé, les pièces justificatives nécessaires pour la liquidation définitive de la réclamation, les intérêts ne courent pas entre l'expiration du délai fixé et la remise effective de ces pièces.

### Article 50 – Responsabilité en cas d'accident nucléaire

Le transporteur est déchargé de la responsabilité qui lui incombe en vertu des présentes règles uniformes lorsque le dommage a été causé par un accident nucléaire et qu'en application des lois et des prescriptions d'un État réglant la responsabilité dans le domaine de l'énergie nucléaire, l'exploitant d'une installation nucléaire ou une autre personne qui lui est substituée est responsable de ce dommage.

### Article 51 – Personnes dont répond le transporteur

Le transporteur est responsable de ses agents et des autres personnes au service desquelles il recourt pour l'exécution du transport lorsque ces agents ou ces autres personnes agissent dans l'exercice de leurs fonctions. Les gestionnaires de l'infrastructure ferroviaire sur laquelle est effectué le transport sont considérés comme des personnes au service desquelles le transporteur recourt pour l'exécution du transport.

### Article 52 – Autres actions

1. Dans tous les cas où les présentes règles uniformes s'appliquent, toute action en responsabilité, à quelque titre que ce soit, ne peut être exercée contre le transporteur que dans les conditions et limitations de ces règles uniformes.

2. Il en est de même pour toute action exercée contre les agents et les autres personnes dont le transporteur répond en vertu de l'article 51.

## TITRE V
## RESPONSABILITÉ DU VOYAGEUR

### Article 53 – Principes particuliers de responsabilité

Le voyageur est responsable envers le transporteur pour tout dommage :

a) résultant du non-respect de ses obligations en vertu

1. des articles 10, 14 et 20;

2. des dispositions particulières pour le transport des véhicules, contenues dans les Conditions générales de transport; ou

3. du règlement concernant le transport international ferroviaire des marchandises dangereuses (RID); ou

b) causé par les objets ou les animaux qu'il prend avec lui,

à moins qu'il ne prouve que le dommage a été causé par des circonstances qu'il ne pouvait pas éviter et aux conséquences desquelles il ne pouvait pas obvier, en dépit du fait qu'il a fait preuve de la diligence exigée d'un voyageur consciencieux. Cette disposition n'affecte pas la responsabilité qui peut incomber au transporteur en vertu des articles 26 et 33, paragraphe 1.

## TITRE VI
## EXERCICE DES DROITS

### Article 54 – Constatation de perte partielle ou d'avarie

1. Lorsqu'une perte partielle ou une avarie d'un objet transporté sous la garde du transporteur (bagages, véhicules) est découverte ou présumée par le transporteur ou que l'ayant droit en allègue l'existence, le transporteur doit dresser sans délai et, si possible, en présence de l'ayant droit, un procès-verbal constatant, suivant la nature du dommage, l'état de l'objet, et, autant que possible, l'importance du dommage, sa cause et le moment où il s'est produit.

2. Une copie du procès-verbal de constatation doit être remise gratuitement à l'ayant droit.

3. Lorsque l'ayant droit n'accepte pas les constatations du procès-verbal, il peut demander que l'état des bagages ou du véhicule, ainsi que la cause et le montant du dommage, soient constatés par un expert nommé par les parties au contrat de transport ou par voie judiciaire. La procédure est soumise aux lois et aux prescriptions de l'État où la constatation a lieu.

### Article 55 – Réclamations

1. Les réclamations relatives à la responsabilité du transporteur en cas de mort et de blessures de voyageurs doivent être adressées par écrit au transporteur contre qui l'action judiciaire peut être exercée. Dans le cas d'un transport faisant l'objet d'un contrat unique et effectué par des transporteurs subséquents, les réclamations peuvent également être adressées au premier ou au dernier transporteur ainsi qu'au transporteur ayant, dans l'État de domicile ou de résidence habituelle du voyageur, son siège principal ou la succursale ou l'établissement qui a conclu le contrat de transport.

2. Les autres réclamations relatives au contrat de transport doivent être adressées par écrit au transporteur désigné à l'article 56, paragraphes 2 et 3.

3. Les pièces que l'ayant droit juge utile de joindre à la réclamation doivent être présentées soit en originaux, soit en copies, le cas échéant, dûment certifiées conformes si le transporteur le demande. Lors du règlement de la réclamation, le transporteur peut exiger la restitution du titre de transport, du bulletin de bagages et du bulletin de transport.

### Article 56 – Transporteurs qui peuvent être actionnés

1. L'action judiciaire fondée sur la responsabilité du transporteur en cas de mort et de blessures de voyageurs ne peut être exercée que contre un transporteur responsable au sens de l'article 26, paragraphe 5.

2. Sous réserve du paragraphe 4, les autres actions judiciaires des voyageurs fondées sur le contrat de transport peuvent être exercées uniquement contre le premier ou le dernier transporteur ou contre celui qui exécutait la partie du transport au cours de laquelle s'est produit le fait générateur de l'action.

3. Lorsque, dans le cas de transports exécutés par des transporteurs subséquents, le transporteur devant livrer le bagage ou le véhicule est inscrit avec son consentement sur le bulletin de bagages ou sur le bulletin de transport, celui-ci peut être actionné conformément au paragraphe 2, même s'il n'a pas reçu le bagage ou le véhicule.

4. L'action judiciaire en restitution d'une somme payée en vertu du contrat de transport peut être exercée contre le transporteur qui a perçu cette somme ou contre celui au profit duquel elle a été perçue.

5. L'action judiciaire peut être exercée contre un transporteur autre que ceux visés aux paragraphes 2 et 4, lorsqu'elle est présentée comme demande reconventionnelle ou comme exception dans l'instance relative à une demande principale fondée sur le même contrat de transport.

6. Dans la mesure où les présentes règles uniformes s'appliquent au transporteur substitué, celui-ci peut également être actionné.

7. Si le demandeur a le choix entre plusieurs transporteurs, son droit d'option s'éteint dès que l'action judiciaire est intentée contre l'un d'eux; cela vaut également si le demandeur a le choix entre un ou plusieurs transporteurs et un transporteur substitué.

### Article 58 – Extinction de l'action en cas de mort et de blessures

1. Toute action de l'ayant droit fondée sur la responsabilité du transporteur en cas de mort ou de blessures de voyageurs est éteinte s'il ne signale pas l'accident survenu au voyageur, dans les douze mois à compter de la connaissance du dommage, à l'un des transporteurs auxquels une réclamation peut être présentée selon l'article 55, paragraphe 1. Lorsque l'ayant droit signale verbalement l'accident au transporteur, celui-ci doit lui délivrer une attestation de cet avis verbal.

2. Toutefois, l'action n'est pas éteinte si :

a) dans le délai prévu au paragraphe 1, l'ayant droit a présenté une réclamation auprès de l'un des transporteurs désignés à l'article 55, paragraphe 1;

b) dans le délai prévu au paragraphe 1, le transporteur responsable a eu connaissance, par une autre voie, de l'accident survenu au voyageur;

c) l'accident n'a pas été signalé ou a été signalé tardivement, à la suite de circonstances qui ne sont pas imputables à l'ayant droit;

d) l'ayant droit prouve que l'accident a eu pour cause une faute du transporteur.

### Article 59 – Extinction de l'action née du transport des bagages

1. L'acceptation des bagages par l'ayant droit éteint toute action contre le transporteur, née du contrat de transport, en cas de perte partielle, d'avarie ou de retard à la livraison.

2. Toutefois, l'action n'est pas éteinte :

a) en cas de perte partielle ou d'avarie, si :

1. la perte ou l'avarie a été constatée conformément à l'article 54 avant la réception des bagages par l'ayant droit;

2. la constatation qui aurait dû être faite conformément à l'article 54 n'a été omise que par la faute du transporteur;

b) en cas de dommage non apparent dont l'existence est constatée après l'acceptation des bagages par l'ayant droit, si celui-ci :

1. demande la constatation conformément à l'article 54 immédiatement après la découverte du dommage et au plus tard dans les trois jours qui suivent la réception des bagages; et

2. prouve, en outre, que le dommage s'est produit entre la prise en charge par le transporteur et la livraison;

c) en cas de retard à la livraison, si l'ayant droit a, dans les vingt et un jours, fait valoir ses droits auprès de l'un des transporteurs désignés à l'article 56, paragraphe 3;

d) si l'ayant droit prouve que le dommage a pour cause une faute du transporteur.

### Article 60 – Prescription

1. La période de validité des actions en dommages-intérêts fondées sur la responsabilité du transporteur en cas de mort et de blessures de voyageurs est :

a) pour le voyageur, de trois ans à compter du lendemain de l'accident;

b) pour les autres ayants droit, de trois ans à compter du lendemain du décès du voyageur, sans que ce délai puisse toutefois dépasser cinq ans à compter du lendemain de l'accident.

2. La période de validité des autres actions nées du contrat de transport est d'un an. Toutefois, la prescription est de deux ans s'il s'agit d'une action en raison d'un dommage résultant d'un acte ou d'une omission commis soit avec l'intention de provoquer un tel dommage, soit témérairement et avec conscience qu'un tel dommage en résulterait probablement.

3. La prescription prévue au paragraphe 2 court pour l'action :

a) en indemnité pour perte totale : du quatorzième jour qui suit l'expiration du délai prévu à l'article 22, paragraphe 3;

b) en indemnité pour perte partielle, avarie ou retard à la livraison : du jour où la livraison a eu lieu;

c) dans tous les autres cas concernant le transport des voyageurs : du jour de l'expiration de la validité du titre de transport.

Le jour indiqué comme point de départ de la prescription n'est jamais compris dans le délai.

4. […]

5. […]

6. Par ailleurs, la suspension et l'interruption de la prescription sont réglées par le droit national.

## TITRE VII
## RAPPORTS DES TRANSPORTEURS ENTRE EUX

### Article 61 – Partage du prix de transport

1. Tout transporteur doit payer aux transporteurs intéressés la part qui leur revient sur un prix de transport qu'il a encaissé ou qu'il aurait dû encaisser. Les modalités de paiement sont fixées par convention entre les transporteurs.

2. L'article 6, paragraphe 3, l'article 16, paragraphe 3, et l'article 25 s'appliquent également aux relations entre les transporteurs subséquents.

### Article 62 – Droit de recours

1. Le transporteur qui a payé une indemnité en vertu des présentes règles uniformes a un droit de recours contre les transporteurs ayant participé au transport conformément aux dispositions suivantes :

a) le transporteur qui a causé le dommage en est seul responsable ;

b) lorsque le dommage a été causé par plusieurs transporteurs, chacun d'eux répond du dommage qu'il a causé ; si la distinction est impossible, l'indemnité est répartie entre eux conformément à la lettre c) ;

c) s'il ne peut être prouvé lequel des transporteurs a causé le dommage, l'indemnité est répartie entre tous les transporteurs ayant participé au transport, à l'exception de ceux qui prouvent que le dommage n'a pas été causé par eux ; la répartition est faite proportionnellement à la part du prix de transport qui revient à chacun des transporteurs.

2. Dans le cas d'insolvabilité de l'un de ces transporteurs, la part lui incombant et non payée par lui est répartie entre tous les autres transporteurs ayant participé au transport, proportionnellement à la part du prix de transport qui revient à chacun d'eux.

### Article 63 – Procédure de recours

1. Le bien-fondé du paiement effectué par le transporteur exerçant un recours en vertu de l'article 62 ne peut être contesté par le transporteur contre lequel le recours est exercé, lorsque l'indemnité a été fixée judiciairement et que ce dernier transporteur, dûment assigné, a été mis à même d'intervenir au procès. Le juge, saisi de l'action principale, fixe les délais impartis pour la signification de l'assignation et pour l'intervention.

2. Le transporteur qui exerce son recours doit former sa demande dans une seule et même instance contre tous les transporteurs avec lesquels il n'a pas transigé, sous peine de perdre son recours contre ceux qu'il n'aurait pas assignés.

3. Le juge doit statuer par un seul et même jugement sur tous les recours dont il est saisi.

4. Le transporteur qui désire faire valoir son droit de recours peut saisir les juridictions de l'État sur le territoire duquel un des transporteurs participant au transport a son siège principal ou la succursale ou l'établissement qui a conclu le contrat de transport.

5. Lorsque l'action doit être intentée contre plusieurs transporteurs, le transporteur qui exerce le droit de recours peut choisir entre les juridictions compétentes, selon le paragraphe 4, celle devant laquelle il introduira son recours.

6. Des recours ne peuvent pas être introduits dans l'instance relative à la demande en indemnité exercée par l'ayant droit au contrat de transport.

### Article 64 – Accords au sujet des recours

Les transporteurs sont libres de convenir entre eux de dispositions dérogeant aux articles 61 et 62.

ANNEXE II

INFORMATIONS MINIMALES QUE DOIVENT FOURNIR
LES ENTREPRISES FERROVIAIRES ET/OU LES VENDEURS DE BILLETS

PREMIÈRE PARTIE

## INFORMATIONS PRÉALABLES AU VOYAGE

Conditions générales applicables au contrat

Horaires et conditions pour le voyage le plus rapide

Horaires et conditions pour les tarifs les plus bas

Accessibilité, conditions d'accès et disponibilité à bord d'équipements pour les personnes handicapées et les personnes à mobilité réduite

Accessibilité et conditions d'accès pour les bicyclettes

Disponibilité de sièges en zones fumeur et non fumeur, en première et en deuxième classes, ainsi que de couchettes et de places en wagons-lits

Toute activité susceptible d'interrompre ou de retarder les services

Disponibilité de services à bord

Procédures de réclamation pour les bagages perdus

Procédures de dépôt des plaintes

DEUXIÈME PARTIE

## INFORMATIONS PENDANT LE VOYAGE

Services à bord

Gare suivante

Retards

Correspondances principales

Questions relatives à la sécurité et à la sûreté

ANNEXE III

NORMES MINIMALES DE QUALITÉ DU SERVICE

Informations et billets

Ponctualité des services et principes généraux en vue de faire face à des perturbations des services

Annulations de services

Propreté du matériel roulant et des équipements des gares (qualité de l'air dans les voitures, hygiène des équipements sanitaires, etc.)

Enquête de satisfaction de la clientèle

Traitement des plaintes, remboursements et indemnisation en cas de non-respect des normes de qualité du service

Assistance aux personnes handicapées et aux personnes à mobilité réduite

## 14 Règlement (CE) nº 1107/2006 du Parlement européen et du Conseil du 5 juillet 2006, concernant les droits des personnes handicapées et des personnes à mobilité réduite lorsqu'elles font des voyages aériens

Applicable depuis le 26 juillet 2008

Non reproduit. Consultable sur :
http://europa.eu/eu-law/legislation/index_fr.htm

## 15 Règlement (CE) nº 593/2008 du Parlement européen et du Conseil du 17 juin 2008 sur la loi applicable aux obligations contractuelles (Rome I)

Applicable à partir du 17 décembre 2009

*Le Parlement européen et le Conseil de l'Union européenne,*

Vu le traité instituant la Communauté européenne, et notamment son article 61, point c), et son article 67, paragraphe 5, second tiret,

Vu la proposition de la Commission,

Vu l'avis du Comité économique et social européen [1],

Statuant conformément à la procédure visée à l'article 251 du traité [2],

Considérant ce qui suit :

(1) La Communauté s'est donné pour objectif de maintenir et de développer un espace de liberté, de sécurité et de justice. En vue de l'établissement progressif de cet espace, la Communauté doit adopter des mesures relevant du domaine de la coopération judiciaire dans les matières civiles ayant une incidence transfrontalière, dans la mesure nécessaire au bon fonctionnement du marché intérieur.

(2) Conformément à l'article 65, point b), du traité, ces mesures doivent viser entre autres à favoriser la compatibilité des règles applicables dans les États membres en matière de conflit de lois et de compétence.

(3) Le Conseil européen, réuni à Tampere les 15 et 16 octobre 1999, a approuvé le principe de reconnaissance mutuelle des jugements et des autres décisions émanant des autorités judiciaires en tant que pierre angulaire de la coopération judiciaire en matière civile et a invité le Conseil et la Commission à adopter un programme de mesures destinées à mettre en œuvre ce principe.

(4) Le 30 novembre 2000, le Conseil a adopté un programme commun de mesures de la Commission et du Conseil destiné à mettre en œuvre le principe de reconnaissance mutuelle des décisions en matière civile et commerciale [3]. Le programme décrit les mesures relatives à l'harmonisation des règles de conflit de lois comme facilitant la reconnaissance mutuelle des décisions.

(5) Le programme de La Haye [4], adopté par le Conseil européen le 5 novembre 2004, préconise que les travaux sur les règles de conflit de lois en ce qui concerne les obligations contractuelles soient poursuivis avec détermination (Rome I).

(6) Le bon fonctionnement du marché intérieur exige, afin de favoriser la prévisibilité de l'issue des litiges, la sécurité quant au droit applicable et la libre circulation des jugements, que les règles de conflit de lois en vigueur dans les États membres désignent la même loi nationale quel que soit le pays dans lequel l'action est introduite.

(7) Le champ d'application matériel et les dispositions du présent règlement devraient être cohérents par rapport au règlement (CE) n° 44/2001 du Conseil du 22 décembre 2000 concernant la compétence judiciaire, la reconnaissance et l'exécution des décisions en matière civile et commerciale [5] (Bruxelles I) et au règlement (CE) n° 864/2007 du Parlement et du Conseil du 11 juillet 2007 sur la loi applicable aux obligations non contractuelles (Rome II) [6].

(8) Les relations de famille devraient englober les liens de filiation, de mariage, d'alliance et les liens collatéraux. La mention, à l'article 1er, paragraphe 2, des relations qui ont des effets comparables au mariage et aux autres relations de famille devrait être interprétée conformément au droit de l'État membre dans lequel la juridiction est saisie.

(9) Les obligations liées à des lettres de change, chèques, billets à ordre ainsi que d'autres instruments négociables devraient aussi englober les lettres de transport, lorsque les obligations liées aux lettres de transport dérivent de leur caractère négociable.

(10) Les obligations découlant de tractations menées avant la conclusion d'un contrat sont couvertes par l'article 12 du règlement (CE) n° 864/2007. Ces obligations devraient donc être exclues du champ d'application du présent règlement.

(11) La liberté des parties de choisir le droit applicable devrait constituer l'une des pierres angulaires du système de règles de conflit de lois en matière d'obligations contractuelles.

(12) Un accord entre les parties visant à donner compétence exclusive à une ou plusieurs juridictions d'un État membre pour connaître des différends liés au contrat devrait être l'un des facteurs à prendre en compte pour déterminer si le choix de la loi a été clairement énoncé.

(13) Le présent règlement n'interdit pas aux parties d'intégrer par référence dans leur contrat un droit non étatique ou une convention internationale.

(14) Si la Communauté adopte dans un instrument juridique spécifique des règles matérielles de droit des contrats, y compris des conditions générales et clauses types, cet instrument peut prévoir que les parties peuvent choisir d'appliquer ces règles.

(15) Lorsque la loi d'un pays est choisie et que tous les autres éléments de la situation sont localisés dans un autre pays, le choix de la loi applicable ne doit pas porter atteinte à l'application des dispositions auxquelles la loi de ce pays ne permet pas de déroger par accord. Cette règle devrait s'appliquer indépendamment du fait que le choix de la loi est ou non assorti du choix d'une juridiction. Comme il ne s'agit pas d'une modification de fond par rapport à l'article 3, paragraphe 3, de la convention de 1980 sur la loi applicable aux obligations contractuelles [7] (convention de Rome), le texte du présent règlement devrait être aligné dans la mesure du possible sur l'article 14 du règlement (CE) n° 864/2007.

(16) Afin de contribuer à l'objectif général du présent règlement qu'est la sécurité juridique dans l'espace de justice européen, les règles de conflit de lois devraient présenter un haut degré de prévisibilité. Le juge devrait toutefois disposer d'une marge d'appréciation afin de déterminer la loi qui présente les liens les plus étroits avec la situation.

(17) S'agissant de la loi applicable à défaut de choix, les notions de « prestation de services » et de « vente de biens » devraient recevoir la même interprétation que celle retenue pour l'application de l'article 5 du règlement (CE) n° 44/2001, dans la mesure où ce dernier couvre la vente de biens et la fourniture de services. Les contrats de franchise ou de distribution, bien qu'ils soient des contrats de services, font l'objet de règles particulières.

(18) S'agissant de la loi applicable en l'absence de choix, les systèmes multilatéraux devraient être ceux au sein desquels des opérations commerciales sont conduites tels que les marchés réglementés et les systèmes multilatéraux de négociation mentionnés à l'article 4 de la directive 2004/39/CE du Parlement européen et du Conseil du 21 avril 2004 concernant les marchés d'instruments financiers [8], qu'ils reposent ou non sur une contrepartie centrale.

(19) En l'absence de choix, la loi applicable au contrat doit être déterminée en suivant la règle prévue en fonction des catégories de contrat. Lorsque le contrat ne peut être classé dans l'une des catégories définies, ou que ses caractéristiques le font appartenir à plusieurs des catégories définies, le contrat devrait être régi par la loi du pays dans lequel la partie qui doit fournir la prestation caractéristique du contrat a sa résidence habituelle. Dans le cas d'un contrat consistant en un faisceau de droits et d'obligations qui peuvent être rattachés à plusieurs des catégories de contrat définies, la prestation caractéristique du contrat devrait être déterminée par rapport à son centre de gravité.

(20) Lorsque le contrat présente des liens manifestement plus étroits avec un pays autre que celui indiqué à l'article 4, paragraphe 1 ou 2, une clause d'exception devrait prévoir que c'est la loi de cet autre pays qui doit s'appliquer. Afin de déterminer ce pays, il convient de prendre en compte, notamment, l'existence de liens étroits du contrat avec un ou plusieurs autres contrats.

(21) En l'absence de choix, lorsque la loi applicable ne peut être déterminée en raison de l'impossibilité de classer le contrat dans l'une des catégories définies ou de déterminer la résidence habituelle de la partie qui doit fournir la prestation caractéristique du contrat, alors le contrat devrait être régi par la loi du pays avec lequel il présente les liens les plus étroits. Pour déterminer ce pays, il convient de prendre en compte, notamment, l'existence de liens plus étroits avec un ou plusieurs autres contrats.

(22) En ce qui concerne l'interprétation de la notion de contrat de transport de marchandises, aucune modification sur le fond n'est envisagée par rapport à l'article 4, paragraphe 4, troisième phrase, de la convention de Rome. Par conséquent, les contrats d'affrètement pour un seul voyage et les autres contrats dont l'objectif principal est le transport de marchandises devraient être considérés comme des contrats concernant le transport de marchandises. Aux fins du présent règlement, le terme « expéditeur » devrait désigner toute personne qui conclut un contrat de transport avec le transporteur et le terme « transporteur » devrait désigner la partie au contrat qui se charge d'effectuer le transport de marchandises, qu'il l'assure lui-même ou non.

(23) S'agissant des contrats conclus avec des parties considérées comme plus faibles, celles-ci devraient être protégées par des règles de conflit de lois plus favorables à leurs intérêts que ne le sont les règles générales.

(24) S'agissant plus particulièrement des contrats de consommation, la règle de conflit de lois devrait permettre de réduire les coûts engendrés par la résolution de ces litiges, qui sont souvent de faible valeur, et prendre en compte l'évolution des techniques de commercialisation à distance. La cohérence avec le règlement (CE) n° 44/2001 exige, d'une part, qu'il soit fait référence à la notion d'« activité dirigée » comme condition d'application de la règle de protection du consommateur et, d'autre part, que cette notion fasse l'objet d'une interprétation harmonieuse dans le règlement (CE) n° 44/2001 et le présent règlement, étant précisé qu'une déclaration conjointe du Conseil et de la Commission relative à l'article 15 du règlement (CE) n° 44/2001 précise que « pour que l'article 15, paragraphe 1, point c), soit applicable, il ne suffit pas qu'une entreprise dirige ses activités vers l'État membre du domicile du consommateur, ou vers plusieurs États dont cet État membre, il faut également qu'un contrat ait été conclu dans le cadre de ces activités ». La déclaration rappelle également que « le simple fait qu'un site internet soit accessible ne suffit pas pour rendre applicable l'article 15, encore faut-il que ce site internet invite à la conclusion de contrats à distance et qu'un contrat ait effectivement été conclu à distance, par tout moyen. À cet égard, la langue ou la monnaie utilisée par un site internet ne constitue pas un élément pertinent. ».

(25) Les consommateurs devraient être protégés par les dispositions du pays de leur résidence habituelle auxquelles il ne peut être dérogé par accord, à condition que le contrat de consommation ait été conclu dans le cadre des activités commerciales ou professionnelles exercées par le professionnel dans le pays en question. La même protection devrait être garantie dans le cas où le professionnel, tout en n'exerçant pas ses activités commerciales ou professionnelles dans le pays où le consommateur a sa résidence habituelle, dirige ses activités par tout moyen vers ce pays ou vers plusieurs pays dont ce pays, et où le contrat est conclu dans le cadre de ces activités.

(26) Aux fins du présent règlement, les services financiers tels que les services et activités d'investissement et les services connexes fournis par un professionnel à un consommateur et visés aux sections A et B de l'annexe I de la directive 2004/39/CE et les contrats de vente de parts de fonds communs de placement, qu'ils soient ou non couverts par la directive 85/611/CEE du Conseil du 20 décembre 1985 portant coordination des dispositions législatives, réglementaires et administratives concernant certains organismes de placement collectif en valeurs mobilières (OPCVM) [9], devraient être soumis à l'article 6 du présent règlement. Par conséquent, lorsqu'il est fait référence aux modalités et conditions d'émission ou d'offre au public de valeurs négociables, ou à la souscription et au remboursement de parts de fonds communs de placement, cette référence devrait englober tous les aspects liant l'émetteur ou l'offrant au consommateur, à l'exclusion de ceux touchant à la fourniture de services financiers.

(27) Plusieurs exceptions devraient être apportées à la règle générale de conflit de lois s'agissant des contrats conclus par les consommateurs. En vertu de l'une de ces exceptions, la règle générale ne devrait pas s'appliquer aux contrats concernant les droits réels immobiliers ou les baux d'immeubles sauf si le contrat se réfère au droit d'utiliser les biens immobiliers à temps partiel au sens de la directive 94/47/CE du Parlement européen et du Conseil du 26 octobre 1994 concernant la protection des

acquéreurs pour certains aspects des droits portant sur l'acquisition d'un droit d'utilisation à temps partiel de biens immobiliers [10].

(28) Il est important de veiller à ce que les droits et obligations qui constituent un instrument financier ne soient pas couverts par la règle générale applicable aux contrats avec les consommateurs étant donné que ceux-ci pourraient conduire à l'applicabilité de différentes lois à chacun des instruments émis, modifiant ainsi leur nature et empêchant leur commercialisation et leur offre fongibles. De la même façon, lorsque de tels instruments sont émis ou offerts, la relation contractuelle établie entre l'émetteur ou l'offrant et le consommateur ne devrait pas nécessairement être soumise à l'application obligatoire de la loi en vigueur dans le pays de résidence habituelle du consommateur, étant donné la nécessité de garantir l'uniformité des modalités et conditions d'une émission ou d'une offre. Le même principe devrait s'appliquer en ce qui concerne les systèmes multilatéraux couverts par l'article 4, paragraphe 1, point h), pour lesquels on devrait garantir que la loi en vigueur dans le pays de résidence habituelle du consommateur n'interférera pas avec les règles applicables aux contrats conclus au sein de ces systèmes ou avec l'opérateur de tels systèmes.

(29) Aux fins du présent règlement, les références aux droits et obligations constituant les modalités et conditions d'émission, d'offre au public ou d'offre publique d'achat de valeurs négociables, ainsi qu'à la souscription et au remboursement de parts de fonds communs de placement, devraient englober les dispositions régissant notamment l'attribution des valeurs ou des parts, les droits en cas de sursouscription, les droits de retrait et les aspects similaires dans le contexte de l'offre ainsi que les aspects visés aux articles 10, 11, 12 et 13, de manière à assurer que tous les aspects contractuels pertinents d'une offre liant l'émetteur ou l'offrant au consommateur soient régis par une loi unique.

(30) Aux fins du présent règlement, les instruments financiers et les valeurs mobilières sont les instruments visés à l'article 4 de la directive 2004/39/CE.

(31) Le présent règlement est sans préjudice du fonctionnement d'un accord formel conçu comme un système au sens de l'article 2, point a), de la directive 98/26/CE du Parlement européen et du Conseil du 19 mai 1998 concernant le caractère définitif du règlement dans les systèmes de paiement et de règlement des opérations sur titres [11].

(32) En raison de la nature particulière des contrats de transport et d'assurance, des dispositions spécifiques devraient garantir un niveau suffisant de protection des passagers et des preneurs d'assurance. Par conséquent, l'article 6 ne devrait pas s'appliquer dans le contexte de ces contrats spécifiques.

(33) Lorsqu'un contrat d'assurance ne couvrant pas un grand risque couvre plusieurs risques, dont au moins un de ces risques est situé dans un État membre et au moins un est situé dans un pays tiers, les dispositions spéciales du présent règlement relatives aux contrats d'assurance ne devraient s'appliquer qu'au risque ou aux risques situé(s) dans le ou les États membres concernés.

(34) La règle relative au contrat individuel de travail ne devrait pas porter atteinte à l'application des lois de police du pays de détachement, prévue par la directive 96/71/CE du Parlement européen et du Conseil du 16 décembre 1996 concernant le détachement des travailleurs effectué dans le cadre d'une prestation de services [12].

(35) Les salariés ne devraient pas être privés de la protection des dispositions auxquelles il ne peut être dérogé par accord ou auxquelles il ne peut être dérogé qu'à leur bénéfice.

(36) S'agissant des contrats individuels de travail, l'accomplissement du travail dans un autre pays devrait être considéré comme temporaire lorsque le travailleur est censé reprendre son travail dans le pays d'origine après l'accomplissement de ses tâches à l'étranger. La conclusion d'un nouveau contrat de travail avec l'employeur d'origine ou avec un employeur appartenant au même groupe de sociétés que l'employeur d'origine ne devrait pas empêcher de considérer que le travailleur accomplit son travail dans un autre pays de façon temporaire.

(37) Des considérations d'intérêt public justifient, dans des circonstances exceptionnelles, le recours par les tribunaux des États membres aux mécanismes que sont l'exception d'ordre public et les lois de police. La notion de « lois de police » devrait être distinguée de celle de « dispositions auxquelles il ne peut être dérogé par accord » et devrait être interprétée de façon plus restrictive.

(38) S'agissant de la cession de créance, le terme « relations » devrait indiquer clairement que l'article 14, paragraphe 1, s'applique également aux aspects de droit réel d'une cession de créance entre cédant et cessionnaire dans les ordres juridiques dans lesquels de tels aspects sont traités séparément des aspects relevant du droit des obligations. Toutefois, le terme « relations » ne devrait pas être compris comme se rapportant à toute relation pouvant exister entre cédant et cessionnaire. En particulier, il ne devrait pas couvrir les questions préalables en ce qui concerne une cession de créance ou une subrogation conventionnelle. Le terme devrait être strictement limité aux aspects qui concernent directement la cession de créance ou la subrogation conventionnelle en question.

(39) La sécurité juridique exige qu'une définition claire de la résidence habituelle soit posée, notamment pour les sociétés, associations et personnes morales. Contrairement à l'article 60, paragraphe 1, du règlement (CE) n° 44/2001, qui propose trois critères, la règle de conflit de lois devrait se limiter à un seul critère; dans le cas contraire, les parties seraient dans l'impossibilité de prévoir la loi applicable à leur situation.

(40) Il convient d'éviter une situation où les règles de conflit de lois seraient dispersées entre de multiples instruments et où il existerait des incohérences entre ces règles. Toutefois, le présent règlement n'exclut pas la possibilité d'insérer des règles de conflit de lois en matière d'obligations contractuelles dans les dispositions de droit communautaire concernant des matières particulières.

Le présent règlement ne devrait pas affecter l'application d'autres instruments fixant des dispositions destinées à favoriser le bon fonctionnement du marché intérieur, dans la mesure où ces dispositions ne peuvent s'appliquer conjointement avec la loi désignée par les règles du présent règlement. L'application des dispositions de la loi applicable désignée par les règles du présent règlement ne devrait pas restreindre la libre circulation des biens et des services telle qu'elle est réglementée par les instruments communautaires, par exemple la directive 2000/31/CE du Parlement européen et du Conseil du 8 juin 2000 relative à certains aspects juridiques des services de la société de l'information, et notamment du commerce électronique, dans le marché intérieur (« directive sur le commerce électronique ») [13].

(41) Le respect des engagements internationaux souscrits par les États membres justifie que le présent règlement n'affecte pas les conventions internationales auxquelles un ou plusieurs États membres sont parties au moment de l'adoption du présent règlement. Afin d'en rendre les règles plus accessibles, la Commission devrait publier, en se fondant sur les informations transmises par les États membres, une liste des conventions concernées au *Journal officiel* de l'Union européenne.

(42) La Commission soumettra au Parlement européen et au Conseil une proposition concernant les procédures et conditions selon lesquelles les États membres seraient autorisés à négocier et à conclure en leur propre nom avec des pays tiers, à titre individuel et dans des cas exceptionnels, des accords portant sur des questions sectorielles et contenant des dispositions relatives à la loi applicable aux obligations contractuelles.

(43) Étant donné que l'objectif du présent règlement ne peut être réalisé de manière suffisante par les États membres et peut donc, en raison des dimensions et des effets du présent règlement, être mieux réalisé au niveau communautaire, la Communauté peut prendre des mesures, conformément au principe de subsidiarité consacré à l'article 5 du traité. Conformément au principe de proportionnalité tel qu'énoncé audit article, le présent règlement n'excède pas ce qui est nécessaire pour atteindre cet objectif.

(44) Conformément à l'article 3 du protocole sur la position du Royaume-Uni et de l'Irlande annexé au traité sur l'Union européenne et au traité instituant la Communauté européenne, l'Irlande a notifié son souhait de participer à l'adoption et à l'application du présent règlement.

(45) Conformément aux articles 1er et 2 dudit protocole sur la position du Royaume-Uni et de l'Irlande annexé au traité sur l'Union européenne et au traité instituant la Communauté européenne et sans préjudice de l'article 4 de ce protocole, le Royaume-Uni ne participe pas à l'adoption du présent règlement et n'est pas lié par celui-ci ni soumis à son application.

(46) Conformément aux articles 1er et 2 du protocole sur la position du Danemark annexé au traité sur l'Union européenne et au traité instituant la Communauté européenne, le Danemark ne participe pas à l'adoption du présent règlement et n'est pas lié par celui-ci ni soumis à son application,

*Ont arrêté le présent règlement :*

CHAPITRE PREMIER

## Champ d'application

### Article premier – Champ d'application matériel

1. Le présent règlement s'applique, dans des situations comportant un conflit de lois, aux obligations contractuelles relevant de la matière civile et commerciale.

Il ne s'applique pas, notamment, aux matières fiscales, douanières et administratives.

2. Sont exclus du champ d'application du présent règlement :

a) l'état et la capacité juridique des personnes physiques, sous réserve de l'article 13 ;

b) les obligations découlant des relations de famille ou des relations réputées avoir, en vertu de la loi applicable, des effets comparables, y compris les obligations alimentaires ;

c) les obligations découlant des régimes matrimoniaux, des régimes patrimoniaux relatifs aux relations qui, selon la loi qui leur est applicable, ont des effets comparables au mariage et aux successions ;

d) les obligations nées des lettres de change, chèques, billets à ordre ainsi que d'autres instruments négociables, dans la mesure où les obligations nées de ces autres instruments négociables dérivent de leur caractère négociable ;

e) les conventions d'arbitrage et d'élection de for ;

f) les questions relevant du droit des sociétés, associations et personnes morales, telles que la constitution, par enregistrement ou autrement, la capacité juridique, le fonctionnement interne et la dissolution des sociétés, associations et personnes morales, ainsi que la responsabilité personnelle légale des associés et des agents pour les dettes de la société, association ou personne morale ;

g) la question de savoir si un représentant peut engager, envers les tiers, la personne pour le compte de laquelle il prétend agir ou si un organe d'une société, d'une association ou d'une personne morale peut engager, envers les tiers, cette société, association ou personne morale ;

h) la constitution des trusts et les relations qu'ils créent entre les constituants, les *trustees* et les bénéficiaires ;

i) les obligations découlant de tractations menées avant la conclusion d'un contrat ;

j) les contrats d'assurance découlant des activités menées par des organismes autres que les entreprises visées à l'article 2 de la directive 2002/83/CE du Parlement européen et du Conseil du 5 novembre 2002 concernant l'assurance directe sur la vie [14], ayant pour objet de verser des prestations à des personnes salariées ou à des personnes indépendantes faisant partie d'une entreprise ou d'un groupe d'entreprises, en cas de décès, en cas de vie, en cas de cessation ou de réduction d'activités, en cas de maladie professionnelle ou d'accident du travail.

3. Le présent règlement ne s'applique pas à la preuve et à la procédure, sans préjudice de l'article 18.

4. Dans le présent règlement, on entend par « État membre » tous les États membres auxquels le présent règlement s'applique. Toutefois, à l'article 3, paragraphe 4, ainsi qu'à l'article 7, ce terme désigne tous les États membres.

### Article 2 – Caractère universel

La loi désignée par le présent règlement s'applique même si cette loi n'est pas celle d'un État membre.

CHAPITRE II

## Règles uniformes

### Article 3 – Liberté de choix

1. Le contrat est régi par la loi choisie par les parties. Le choix est exprès ou résulte de façon certaine des dispositions du contrat ou des circonstances de la cause. Par ce choix, les parties peuvent désigner la loi applicable à la totalité ou à une partie seulement de leur contrat.

2. Les parties peuvent convenir, à tout moment, de faire régir le contrat par une loi autre que celle qui le régissait auparavant soit en vertu d'un choix antérieur selon le présent article, soit en vertu d'autres dispositions du présent règlement. Toute modification quant à la détermination de la loi applicable, intervenue postérieurement à la conclusion du contrat, n'affecte pas la validité formelle du contrat au sens de l'article 11 et ne porte pas atteinte aux droits des tiers.

3. Lorsque tous les autres éléments de la situation sont localisés, au moment de ce choix, dans un pays autre que celui dont la loi est choisie, le choix des parties ne

porte pas atteinte à l'application des dispositions auxquelles la loi de cet autre pays ne permet pas de déroger par accord.

4. Lorsque tous les autres éléments de la situation sont localisés, au moment de ce choix, dans un ou plusieurs États membres, le choix par les parties d'une autre loi applicable que celle d'un État membre ne porte pas atteinte, le cas échéant, à l'application des dispositions du droit communautaire auxquelles il n'est pas permis de déroger par accord, et telles que mises en œuvre par l'État membre du for.

5. L'existence et la validité du consentement des parties quant au choix de la loi applicable sont régies par les dispositions établies aux articles 10, 11 et 13.

### Article 4 – Loi applicable à défaut de choix

1. À défaut de choix exercé conformément à l'article 3 et sans préjudice des articles 5 à 8, la loi applicable au contrat suivant est déterminée comme suit :

a) le contrat de vente de biens est régi par la loi du pays dans lequel le vendeur a sa résidence habituelle;

b) le contrat de prestation de services est régi par la loi du pays dans lequel le prestataire de services a sa résidence habituelle;

c) le contrat ayant pour objet un droit réel immobilier ou un bail d'immeuble est régi par la loi du pays dans lequel est situé l'immeuble;

d) nonobstant le point c), le bail d'immeuble conclu en vue de l'usage personnel temporaire pour une période maximale de six mois consécutifs est régi par la loi du pays dans lequel le propriétaire a sa résidence habituelle, à condition que le locataire soit une personne physique et qu'il ait sa résidence habituelle dans ce même pays;

e) le contrat de franchise est régi par la loi du pays dans lequel le franchisé a sa résidence habituelle;

f) le contrat de distribution est régi par la loi du pays dans lequel le distributeur a sa résidence habituelle;

g) le contrat de vente de biens aux enchères est régi par la loi du pays où la vente aux enchères a lieu, si ce lieu peut être déterminé;

h) le contrat conclu au sein d'un système multilatéral qui assure ou facilite la rencontre de multiples intérêts acheteurs et vendeurs exprimés par des tiers pour des instruments financiers, au sens de l'article 4, paragraphe 1, point 17), de la directive 2004/39/CE, selon des règles non discrétionnaires et qui est régi par la loi d'un seul pays, est régi par cette loi.

2. Lorsque le contrat n'est pas couvert par le paragraphe 1 ou que les éléments du contrat sont couverts par plusieurs des points a) à h) du paragraphe 1, le contrat est régi par la loi du pays dans lequel la partie qui doit fournir la prestation caractéristique a sa résidence habituelle.

3. Lorsqu'il résulte de l'ensemble des circonstances de la cause que le contrat présente des liens manifestement plus étroits avec un pays autre que celui visé au paragraphe 1 ou 2, la loi de cet autre pays s'applique.

4. Lorsque la loi applicable ne peut être déterminée sur la base du paragraphe 1 ou 2, le contrat est régi par la loi du pays avec lequel il présente les liens les plus étroits.

### Article 5 – Contrats de transport

1. À défaut de choix exercé conformément à l'article 3, la loi applicable au contrat de transport de marchandises est la loi du pays dans lequel le transporteur a sa résidence habituelle, pourvu que le lieu de chargement ou le lieu de livraison ou

encore la résidence habituelle de l'expéditeur se situe aussi dans ce pays. Si ces conditions ne sont pas satisfaites, la loi du pays dans lequel se situe le lieu de livraison convenu par les parties s'applique.

2. À défaut de choix exercé conformément au deuxième alinéa du présent paragraphe, la loi applicable au contrat de transport de passagers est la loi du pays dans lequel le passager a sa résidence habituelle, pourvu que le lieu de départ ou le lieu d'arrivée se situe dans ce pays. Si ces conditions ne sont pas satisfaites, la loi du pays dans lequel le transporteur a sa résidence habituelle s'applique.

Les parties ne peuvent choisir comme loi applicable au contrat de transport de passagers, conformément à l'article 3, que la loi du pays dans lequel :

a) le passager a sa résidence habituelle, ou

b) le transporteur a sa résidence habituelle, ou

c) le transporteur a son lieu d'administration centrale, ou

d) le lieu de départ est situé, ou

e) le lieu de destination est situé.

3. S'il résulte de l'ensemble des circonstances de la cause que le contrat présente des liens manifestement plus étroits avec un pays autre que celui visé au paragraphe 1 ou 2, la loi de cet autre pays s'applique.

## Article 6 – Contrats de consommation

1. Sans préjudice des articles 5 et 7, un contrat conclu par une personne physique (ci-après « le consommateur »), pour un usage pouvant être considéré comme étranger à son activité professionnelle, avec une autre personne (ci-après « le professionnel »), agissant dans l'exercice de son activité professionnelle, est régi par la loi du pays où le consommateur a sa résidence habituelle, à condition que le professionnel :

a) exerce son activité professionnelle dans le pays dans lequel le consommateur a sa résidence habituelle, ou

b) par tout moyen, dirige cette activité vers ce pays ou vers plusieurs pays, dont celui-ci,

et que le contrat rentre dans le cadre de cette activité.

2. Nonobstant les dispositions du paragraphe 1, les parties peuvent choisir la loi applicable à un contrat satisfaisant aux conditions du paragraphe 1, conformément à l'article 3. Ce choix ne peut cependant avoir pour résultat de priver le consommateur de la protection que lui assurent les dispositions auxquelles il ne peut être dérogé par accord en vertu de la loi qui aurait été applicable, en l'absence de choix, sur la base du paragraphe 1.

3. Si les conditions établies au paragraphe 1, point a) ou b), ne sont pas remplies, la loi applicable à un contrat entre un consommateur et un professionnel est déterminée conformément aux articles 3 et 4.

4. Les paragraphes 1 et 2 ne s'appliquent pas :

a) au contrat de fourniture de services lorsque les services dus au consommateur doivent être fournis exclusivement dans un pays autre que celui dans lequel il a sa résidence habituelle;

b) au contrat de transport autre qu'un contrat portant sur un voyage à forfait au sens de la directive 90/314/CEE du Conseil du 13 juin 1990 concernant les voyages, vacances et circuits à forfait [15];

c) au contrat ayant pour objet un droit réel immobilier ou un bail d'immeuble autre qu'un contrat ayant pour objet un droit d'utilisation à temps partiel de biens immobiliers au sens de la directive 94/47/CE;

d) aux droits et obligations qui constituent des instruments financiers, et aux droits et obligations qui constituent les modalités et conditions qui régissent l'émission ou l'offre au public et les offres publiques d'achat de valeurs mobilières, et la souscription et le remboursement de parts d'organismes de placement collectif, dans la mesure où ces activités ne constituent pas la fourniture d'un service financier;

e) au contrat conclu dans le cadre du type de système relevant du champ d'application de l'article 4, paragraphe 1, point h).

## Article 7 – Contrats d'assurance

1. Le présent article s'applique aux contrats visés au paragraphe 2, que le risque couvert soit situé ou non dans un État membre, et à tous les autres contrats d'assurance couvrant des risques situés à l'intérieur du territoire des États membres. Il ne s'applique pas aux contrats de réassurance.

2. Les contrats d'assurance couvrant des grands risques, tels que définis à l'article 5, point d), de la première directive 73/239/CEE du Conseil du 24 juillet 1973, portant coordination des dispositions législatives, réglementaires et administratives concernant l'accès à l'activité de l'assurance directe autre que l'assurance sur la vie, et son exercice [16] sont régis par la loi choisie par les parties conformément à l'article 3 du présent règlement.

À défaut de choix par les parties de la loi applicable, le contrat d'assurance est régi par la loi du pays où l'assureur a sa résidence habituelle. S'il résulte de l'ensemble des circonstances que le contrat présente des liens manifestement plus étroits avec un autre pays, la loi de cet autre pays s'applique.

3. Dans le cas d'un contrat d'assurance autre qu'un contrat relevant du paragraphe 2, les parties peuvent uniquement choisir comme loi applicable conformément à l'article 3 :

a) la loi de tout État membre où le risque est situé au moment de la conclusion du contrat;

b) la loi du pays dans lequel le preneur d'assurance a sa résidence habituelle;

c) dans le cas d'un contrat d'assurance vie, la loi de l'État membre dont le preneur d'assurance est ressortissant;

d) dans le cas d'un contrat d'assurance couvrant des risques limités à des sinistres survenant dans un État membre autre que celui où le risque est situé, la loi de l'État membre de survenance;

e) lorsque le titulaire d'un contrat d'assurance relevant du présent paragraphe exerce une activité commerciale, industrielle ou libérale et que le contrat d'assurance couvre deux ou plusieurs risques relatifs à ces activités et situés dans différents États membres, la loi de l'un des États membres concernés ou la loi du pays de résidence habituelle du preneur d'assurance.

Lorsque, dans les cas visés aux points a), b) ou e), les États membres mentionnés accordent une plus large liberté de choix de la loi applicable au contrat d'assurance, les parties peuvent faire usage de cette liberté.

À défaut de choix par les parties de la loi applicable conformément au présent paragraphe, le contrat est régi par la loi de l'État membre où le risque est situé au moment de la conclusion du contrat.

4. Les règles supplémentaires suivantes s'appliquent aux contrats d'assurance couvrant des risques pour lesquels un État membre impose l'obligation de souscrire une assurance :

a) le contrat d'assurance ne satisfait à l'obligation de souscrire une assurance que s'il est conforme aux dispositions spécifiques relatives à cette assurance prévues par l'État membre qui impose l'obligation. Lorsqu'il y a contradiction entre la loi de l'État membre où le risque est situé et celle de l'État membre qui impose l'obligation de souscrire une assurance, cette dernière prévaut;

b) par dérogation aux paragraphes 2 et 3, un État membre peut disposer que le contrat d'assurance est régi par la loi de l'État membre qui impose l'obligation de souscrire une assurance.

5. Aux fins du paragraphe 3, troisième alinéa, et du paragraphe 4, lorsque le contrat couvre des risques situés dans plus d'un État membre, le contrat est considéré comme constituant plusieurs contrats dont chacun ne se rapporte qu'à un seul État membre.

6. Aux fins du présent article, le pays où le risque est situé est déterminé conformément à l'article 2, point d), de la deuxième directive 88/357/CEE du Conseil du 22 juin 1988 portant coordination des dispositions législatives, réglementaires et administratives concernant l'assurance directe autre que l'assurance vie et fixant les dispositions destinées à faciliter l'exercice effectif de la libre prestation de services [17] et, dans le cas de l'assurance vie, le pays où le risque est situé est le pays de l'engagement, au sens de l'article 1er, paragraphe 1, point g), de la directive 2002/83/CE.

## Article 8 – Contrats individuels de travail

1. Le contrat individuel de travail est régi par la loi choisie par les parties conformément à l'article 3. Ce choix ne peut toutefois avoir pour résultat de priver le travailleur de la protection que lui assurent les dispositions auxquelles il ne peut être dérogé par accord en vertu de la loi qui, à défaut de choix, aurait été applicable selon les paragraphes 2, 3 et 4 du présent article.

2. À défaut de choix exercé par les parties, le contrat individuel de travail est régi par la loi du pays dans lequel ou, à défaut, à partir duquel le travailleur, en exécution du contrat, accomplit habituellement son travail. Le pays dans lequel le travail est habituellement accompli n'est pas réputé changer lorsque le travailleur accomplit son travail de façon temporaire dans un autre pays.

3. Si la loi applicable ne peut être déterminée sur la base du paragraphe 2, le contrat est régi par la loi du pays dans lequel est situé l'établissement qui a embauché le travailleur.

4. S'il résulte de l'ensemble des circonstances que le contrat présente des liens plus étroits avec un autre pays que celui visé au paragraphe 2 ou 3, la loi de cet autre pays s'applique.

## Article 9 – Lois de police

1. Une loi de police est une disposition impérative dont le respect est jugé crucial par un pays pour la sauvegarde de ses intérêts publics, tels que son organisation politique, sociale ou économique, au point d'en exiger l'application à toute situation entrant dans son champ d'application, quelle que soit par ailleurs la loi applicable au contrat d'après le présent règlement.

2. Les dispositions du présent règlement ne pourront porter atteinte à l'application des lois de police du juge saisi.

3. Il pourra également être donné effet aux lois de police du pays dans lequel les obligations découlant du contrat doivent être ou ont été exécutées, dans la mesure où lesdites lois de police rendent l'exécution du contrat illégale. Pour décider si

effet doit être donné à ces lois de police, il est tenu compte de leur nature et de leur objet, ainsi que des conséquences de leur application ou de leur non-application.

### Article 10 – Consentement et validité au fond

1. L'existence et la validité du contrat ou d'une disposition de celui-ci sont soumises à la loi qui serait applicable en vertu du présent règlement si le contrat ou la disposition étaient valables.

2. Toutefois, pour établir qu'elle n'a pas consenti, une partie peut se référer à la loi du pays dans lequel elle a sa résidence habituelle s'il résulte des circonstances qu'il ne serait pas raisonnable de déterminer l'effet du comportement de cette partie d'après la loi prévue au paragraphe 1.

### Article 11 – Validité formelle

1. Un contrat conclu entre des personnes ou leurs représentants, qui se trouvent dans le même pays au moment de sa conclusion, est valable quant à la forme s'il satisfait aux conditions de forme de la loi qui le régit au fond en vertu du présent règlement ou de la loi du pays dans lequel il a été conclu.

2. Un contrat conclu entre des personnes ou leurs représentants, qui se trouvent dans des pays différents au moment de sa conclusion, est valable quant à la forme s'il satisfait aux conditions de forme de la loi qui le régit au fond en vertu du présent règlement ou de la loi d'un des pays dans lequel se trouve l'une ou l'autre des parties ou son représentant au moment de sa conclusion ou de la loi du pays dans lequel l'une ou l'autre des parties avait sa résidence habituelle à ce moment-là.

3. Un acte juridique unilatéral relatif à un contrat conclu ou à conclure est valable quant à la forme s'il satisfait aux conditions de forme de la loi qui régit ou régirait au fond le contrat en vertu du présent règlement ou de la loi du pays dans lequel cet acte est intervenu ou de la loi du pays dans lequel la personne qui l'a accompli avait sa résidence habituelle à ce moment.

4. Les dispositions des paragraphes 1, 2 et 3 du présent article ne s'appliquent pas aux contrats qui entrent dans le champ d'application de l'article 6. La forme de ces contrats est régie par la loi du pays dans lequel le consommateur a sa résidence habituelle.

5. Nonobstant les dispositions des paragraphes 1 à 4, tout contrat ayant pour objet un droit réel immobilier ou un bail d'immeuble est soumis aux règles de forme de la loi du pays où l'immeuble est situé, pour autant que, selon cette loi :

a) ces règles s'appliquent quels que soient le lieu de conclusion du contrat et la loi le régissant au fond, et

b) ne peut être dérogé à ces règles par accord.

### Article 12 – Domaine de la loi du contrat

1. La loi applicable au contrat en vertu du présent règlement régit notamment :

a) son interprétation;

b) l'exécution des obligations qu'il engendre;

c) dans les limites des pouvoirs attribués à la juridiction saisie par son droit procédural, les conséquences de l'inexécution totale ou partielle de ces obligations, y compris l'évaluation du dommage dans la mesure où des règles de droit la gouvernent;

d) les divers modes d'extinction des obligations, ainsi que les prescriptions et déchéances fondées sur l'expiration d'un délai;

e) les conséquences de la nullité du contrat.

2. En ce qui concerne les modalités d'exécution et les mesures à prendre par le créancier en cas de défaut dans l'exécution, on aura égard à la loi du pays où l'exécution a lieu.

### Article 13 – Incapacité

Dans un contrat conclu entre personnes se trouvant dans un même pays, une personne physique qui serait capable selon la loi de ce pays ne peut invoquer son incapacité résultant de la loi d'un autre pays que si, au moment de la conclusion du contrat, le cocontractant a connu cette incapacité ou ne l'a ignorée qu'en raison d'une imprudence de sa part.

### Article 14 – Cession de créances et subrogation conventionnelle

1. Les relations entre le cédant et le cessionnaire ou entre le subrogeant et le subrogé se rapportant à une créance détenue envers un tiers (« le débiteur ») sont régies par la loi qui, en vertu du présent règlement, s'applique au contrat qui les lie.

2. La loi qui régit la créance faisant l'objet de la cession ou de la subrogation détermine le caractère cessible de celle-ci, les rapports entre cessionnaire ou subrogé et débiteur, les conditions d'opposabilité de la cession ou subrogation au débiteur et le caractère libératoire de la prestation faite par le débiteur.

3. La notion de cession au sens du présent article inclut les transferts de créances purs et simples ou à titre de garantie, ainsi que les nantissements ou autres sûretés sur les créances.

### Article 15 – Subrogation légale

Lorsqu'en vertu d'un contrat une personne (« le créancier ») a des droits à l'égard d'une autre personne (« le débiteur ») et qu'un tiers a l'obligation de désintéresser le créancier ou encore que le tiers a désintéressé le créancier en exécution de cette obligation, la loi applicable à cette obligation du tiers détermine si et dans quelle mesure celui-ci peut exercer les droits détenus par le créancier contre le débiteur selon la loi régissant leurs relations.

### Article 16 – Pluralité de débiteurs

Lorsqu'un créancier a des droits à l'égard de plusieurs débiteurs qui sont tenus à la même obligation et que l'un d'entre eux l'a déjà désintéressé en totalité ou en partie, la loi applicable à l'obligation de ce débiteur envers le créancier régit également le droit du débiteur d'exercer une action récursoire contre les autres débiteurs. Les autres débiteurs peuvent faire valoir les droits dont ils disposaient à l'égard du créancier dans la mesure prévue par la loi régissant leurs obligations envers le créancier.

### Article 17 – Compensation légale

À défaut d'accord entre les parties sur la possibilité de procéder à une compensation, la compensation est régie par la loi applicable à l'obligation contre laquelle elle est invoquée.

### Article 18 – Charge de la preuve

1. La loi régissant l'obligation contractuelle en vertu du présent règlement s'applique dans la mesure où, en matière d'obligations contractuelles, elle établit des présomptions légales ou répartit la charge de la preuve.

2. Les actes juridiques peuvent être prouvés par tout mode de preuve admis soit par la loi du for, soit par l'une des lois visées à l'article 11, selon laquelle l'acte est valable quant à la forme, pour autant que la preuve puisse être administrée selon ce mode devant la juridiction saisie.

## CHAPITRE III
## Autres dispositions

### Article 19 – Résidence habituelle

1. Aux fins du présent règlement, la résidence habituelle d'une société, association ou personne morale est le lieu où elle a établi son administration centrale.

La résidence habituelle d'une personne physique agissant dans l'exercice de son activité professionnelle est le lieu où cette personne a son établissement principal.

2. Lorsque le contrat est conclu dans le cadre de l'exploitation d'une succursale, d'une agence ou de tout autre établissement, ou si, selon le contrat, la prestation doit être fournie par lesdits succursale, agence ou autre établissement, le lieu où est situé cette succursale, cette agence ou tout autre établissement est traité comme résidence habituelle.

3. La résidence habituelle est déterminée au moment de la conclusion du contrat.

### Article 20 – Exclusion du renvoi

Lorsque le présent règlement prescrit l'application de la loi d'un pays, elle entend les règles de droit matériel en vigueur dans ce pays à l'exclusion des règles de droit international privé, sauf disposition contraire du présent règlement.

### Article 21 – Ordre public du for

L'application d'une disposition de la loi désignée par le présent règlement ne peut être écartée que si cette application est manifestement incompatible avec l'ordre public du for.

### Article 22 – Systèmes non unifiés

1. Lorsqu'un État comprend plusieurs unités territoriales dont chacune a ses propres règles en matière d'obligations contractuelles, chaque unité territoriale est considérée comme un pays aux fins de la détermination de la loi applicable selon le présent règlement.

2. Un État membre dans lequel différentes unités territoriales ont leurs propres règles juridiques en matière d'obligations contractuelles n'est pas tenu d'appliquer le présent règlement aux conflits concernant uniquement les lois de ces unités.

### Article 23 – Relation avec d'autres dispositions du droit communautaire

À l'exception de l'article 7, le présent règlement n'affecte pas l'application des dispositions de droit communautaire qui, dans des domaines particuliers, règlent les conflits de lois en matière d'obligations contractuelles.

### Article 24 – Relation avec la convention de Rome

1. Le présent règlement remplace, entre les États membres, la convention de Rome, sauf en ce qui concerne les territoires des États membres qui entrent dans le champ d'application territorial de cette convention et qui sont exclus du présent règlement en vertu de l'article 299 du traité.

2. Dans la mesure où le présent règlement remplace entre les États membres les dispositions de la convention de Rome, toute référence faite à celle-ci s'entend comme faite au présent règlement.

### Article 25 – Relation avec des conventions internationales existantes

1. Le présent règlement n'affecte pas l'application des conventions internationales auxquelles un ou plusieurs États membres sont parties lors de l'adoption du présent règlement et qui règlent les conflits de lois en matière d'obligations contractuelles.

2. Toutefois, le présent règlement prévaut entre les États membres sur les conventions conclues exclusivement entre deux ou plusieurs d'entre eux dans la mesure où elles concernent des matières réglées par le présent règlement.

### Article 26 – Liste des conventions

1. Au plus tard le 17 juin 2009, les États membres communiquent à la Commission les conventions visées à l'article 25, paragraphe 1. Après cette date, les États membres communiquent à la Commission toute dénonciation de ces conventions.

2. Dans un délai de six mois après réception des communications visées au paragraphe 1, la Commission publie au *Journal officiel* de l'Union européenne :

a) la liste des conventions visées au paragraphe 1 ;

b) les dénonciations visées au paragraphe 1.

### Article 27 – Clause de réexamen

1. Au plus tard le 17 juin 2013, la Commission présente au Parlement européen, au Conseil et au Comité économique et social européen un rapport relatif à l'application du présent règlement. Ce rapport est accompagné, le cas échéant, de propositions visant à modifier le présent règlement. Il comprend :

a) une étude sur la loi applicable aux contrats d'assurance et une évaluation de l'impact des dispositions à introduire, le cas échéant, et

b) une évaluation de l'application de l'article 6, en particulier en ce qui concerne la cohérence du droit communautaire dans le domaine de la protection des consommateurs.

2. Au plus tard le 17 juin 2010, la Commission présente au Parlement européen, au Conseil et au Comité économique et social européen un rapport relatif à la question de l'opposabilité d'une cession ou subrogation aux tiers, ainsi que du rang de la créance faisant l'objet de ladite cession ou subrogation par rapport aux droits détenus par d'autres personnes. Ce rapport est accompagné, le cas échéant, d'une proposition de modification du présent règlement et d'une évaluation de l'impact des dispositions à introduire.

### Article 28 – Application dans le temps

Le présent règlement s'applique aux contrats conclus après le 17 décembre 2009.

CHAPITRE IV

## Dispositions finales

### Article 29 – Entrée en vigueur et application

Le présent règlement entre en vigueur le vingtième jour suivant celui de sa publication au *Journal officiel* de l'Union européenne.

Il est applicable à partir du 17 décembre 2009, à l'exception de l'article 26, qui s'applique à partir du 17 juin 2009.

Le présent règlement est obligatoire dans tous ses éléments et directement applicable dans tout État membre conformément au traité instituant la Communauté européenne.

#### Références

[1] *JO* C 318 du 23 déc. 2006, p. 56.

[2] Avis du Parlement européen du 29 novembre 2007 (non encore paru au *Journal officiel*) et décision du Conseil du 5 juin 2008.

[3] *JO* C 12 du 15 janv. 2001, p. 1.

[4] *JO* C 53 du 3 mars 2005, p. 1.

[5] *JO* L 12 du 16 janv. 2001, p. 1. Règlement modifié en dernier lieu par le règlement (CE) n° 1791/2006 (*JO* L 363 du 20 déc. 2006, p. 1).

[6] *JO* L 199 du 31 juill. 2007, p. 40.

[7] *JO* C 334 du 30 déc. 2005, p. 1.

[8] *JO* L 145 du 30 avr. 2004, p. 1. Directive modifiée en dernier lieu par la directive 2008/10/CE (*JO* L 76 du 19 mars 2008, p. 33).

[9] *JO* L 375 du 31 déc. 1985, p. 3. Directive modifiée en dernier lieu par la directive 2008/18/CE du Parlement européen et du Conseil (*JO* L 76 du 19 mars 2008, p. 42).

[10] *JO* L 280 du 29 oct. 1994, p. 83.

[11] *JO* L 166 du 11 juin 1998, p. 45.

[12] *JO* L 18 du 21 janv. 1997, p. 1.

[13] *JO* L 178 du 17 juill. 2000, p. 1.

[14] *JO* L 345 du 19 déc. 2002, p. 1. Directive modifiée en dernier lieu par la directive 2008/19/CE (*JO* L 76 du 19 mars 2008, p. 44).

[15] *JO* L 158 du 23 juin 1990, p. 59.

[16] *JO* L 228 du 16 août 1973, p. 3. Directive modifiée en dernier lieu par la directive 2005/68/CE du Parlement européen et du Conseil (*JO* L 323 du 9 déc. 2005, p. 1).

[17] *JO* L 172 du 4 juill. 1988, p. 1. Directive modifiée en dernier lieu par la directive 2005/14/CE du Parlement européen et du Conseil (*JO* L 149 du 11 juin 2005, p. 14).

# 16 Règlement (CE) nº 207/2009 du Conseil du 26 février 2009 sur la marque communautaire (version codifiée)

## Applicable depuis le 13 avril 2009

*(Texte présentant de l'intérêt pour l'EEE)*

*Le Conseil de l'Union européenne,*

Vu le traité instituant la Communauté européenne, et notamment son article 308,
Vu la proposition de la Commission,
Vu l'avis du Parlement européen [1],

Considérant ce qui suit :

(1) Le règlement (CE) n° 40/94 du Conseil du 20 décembre 1993 sur la marque communautaire [2] a été modifié à plusieurs reprises et de façon substantielle [3]. Il convient, dans un souci de clarté et de rationalité, de procéder à la codification dudit règlement.

(2) Il convient de promouvoir un développement harmonieux des activités économiques dans l'ensemble de la Communauté et une expansion continue et équilibrée par l'achèvement et le bon fonctionnement d'un marché intérieur offrant des conditions analogues à celles qui existent dans un marché national. La réalisation d'un tel marché et le renforcement de son unité impliquent non seulement l'élimination des obstacles à la libre circulation des marchandises et à la libre prestation des services

ainsi que l'établissement d'un régime assurant que la concurrence n'est pas faussée, mais également l'instauration de conditions juridiques qui permettent aux entreprises d'adapter d'emblée leurs activités de fabrication et de distribution de biens ou de fourniture de services aux dimensions de la Communauté. Parmi les instruments juridiques dont les entreprises devraient disposer à ces fins, des marques leur permettant d'identifier leurs produits ou leurs services de manière identique dans l'ensemble de la Communauté, sans considération de frontières, sont particulièrement appropriées.

(3) Pour poursuivre les objectifs précités de la Communauté, il apparaît nécessaire de prévoir un régime communautaire des marques conférant aux entreprises le droit d'acquérir, selon une procédure unique, des marques communautaires qui jouissent d'une protection uniforme et produisent leurs effets sur tout le territoire de la Communauté. Le principe du caractère unitaire de la marque communautaire ainsi exprimé devrait s'appliquer sauf disposition contraire du présent règlement.

(4) Le rapprochement des législations nationales est impuissant à lever l'obstacle de la territorialité des droits que les législations des États membres confèrent aux titulaires de marques. Afin de permettre aux entreprises d'exercer sans entraves une activité économique dans l'ensemble du marché intérieur, des marques régies par un droit communautaire unique, directement applicable dans tous les États membres, sont nécessaires.

(5) Le traité n'ayant pas prévu de pouvoirs d'action spécifiques pour la création d'un tel instrument juridique, il convient de faire recours à l'article 308 du traité.

(6) Le droit communautaire des marques ne se substitue toutefois pas aux droits des marques des États membres. En effet, il n'apparaît pas justifié d'obliger les entreprises à déposer leurs marques comme marques communautaires, les marques nationales demeurant nécessaires aux entreprises ne désirant pas une protection de leurs marques à l'échelle de la Communauté.

(7) Le droit sur la marque communautaire ne peut s'acquérir que par l'enregistrement, et celui-ci est refusé notamment si la marque est dépourvue de caractère distinctif, si elle est illicite ou si des droits antérieurs s'y opposent.

(8) La protection conférée par la marque communautaire, dont le but est notamment de garantir la fonction d'origine de la marque, devrait être absolue en cas d'identité entre la marque et le signe et entre les produits ou services. La protection devrait valoir également en cas de similitude entre la marque et le signe et entre les produits ou services. Il y a lieu d'interpréter la notion de similitude en relation avec le risque de confusion. Le risque de confusion, dont l'appréciation dépend de nombreux facteurs et notamment de la connaissance de la marque sur le marché, de l'association qui peut en être faite avec le signe utilisé ou enregistré, du degré de similitude entre la marque et le signe et entre les produits ou services désignés, devrait constituer la condition spécifique de la protection.

(9) Il découle du principe de libre circulation des marchandises que le titulaire d'une marque communautaire ne peut en interdire l'usage à un tiers pour des produits qui ont été mis dans le commerce dans la Communauté, sous la marque, par lui-même ou avec son consentement, à moins que des motifs légitimes justifient que le titulaire s'oppose à la commercialisation ultérieure des produits.

(10) Il n'est justifié de protéger les marques communautaires et, contre celles-ci, toute marque enregistrée qui leur est antérieure, que dans la mesure où ces marques sont effectivement utilisées.

(11) La marque communautaire devrait être traitée comme un objet de propriété indépendant de l'entreprise dont elle désigne les produits ou les services. Elle

devrait pouvoir être transférée, sous réserve de la nécessité supérieure de ne pas induire le public en erreur en raison du transfert. Elle devrait en outre pouvoir être donnée en gage à un tiers ou faire l'objet de licences.

(12) Le droit des marques créé par le présent règlement requiert, pour chaque marque, des mesures administratives d'exécution au niveau de la Communauté. Il est par conséquent indispensable, tout en conservant la structure institutionnelle existante de la Communauté et l'équilibre des pouvoirs, de prévoir un Office de l'harmonisation dans le marché intérieur (marques, dessins et modèles) indépendant sur le plan technique et doté d'une autonomie juridique, administrative et financière suffisante. À cet effet, il est nécessaire et approprié que ledit Office ait la forme d'un organisme de la Communauté ayant la personnalité juridique et exerçant les pouvoirs d'exécution que lui confère le présent règlement, dans le cadre du droit communautaire et sans porter atteinte aux compétences exercées par les institutions de la Communauté.

(13) Il convient de garantir aux parties concernées par les décisions de l'Office une protection juridique adaptée à la particularité du droit des marques. À cet effet, il est prévu que les décisions des examinateurs et des différentes divisions de l'Office sont susceptibles de recours. Dans la mesure où l'instance dont la décision est attaquée ne fait pas droit au recours, elle la défère à une chambre de recours de l'Office qui statue. Les décisions des chambres de recours sont, quant à elles, susceptibles d'un recours devant la Cour de justice des Communautés européennes, celle-ci ayant compétence aussi bien pour annuler que pour réformer la décision attaquée.

(14) En vertu de l'article 225, paragraphe 1, premier alinéa, du traité CE, le Tribunal de première instance des Communautés européennes est compétent pour connaître en première instance des recours visés notamment à l'article 230 du traité CE, à l'exception de ceux qui sont attribués à une chambre juridictionnelle et de ceux que le statut réserve à la Cour de justice. En conséquence, les compétences attribuées par le présent règlement à la Cour de justice pour annuler et réformer les décisions des chambres de recours sont exercées, en première instance, par le Tribunal.

(15) Pour renforcer la protection des marques communautaires, il convient que les États membres désignent, eu égard à leur système national, un nombre aussi limité que possible de tribunaux nationaux de première et de deuxième instance compétents en matière de contrefaçon et de validité de la marque communautaire.

(16) Il est indispensable que les décisions sur la validité et la contrefaçon des marques communautaires produisent effet et s'étendent à l'ensemble de la Communauté, seul moyen d'éviter des décisions contradictoires des tribunaux et de l'Office, et des atteintes au caractère unitaire des marques communautaires. Ce sont les dispositions du règlement (CE) n° 44/2001 du Conseil du 22 décembre 2000 concernant la compétence judiciaire, la reconnaissance et l'exécution des décisions en matière civile et commerciale [4] qui devraient s'appliquer à toutes les actions en justice relatives aux marques communautaires, sauf si le présent règlement y déroge.

(17) Il convient d'éviter que des jugements contradictoires soient rendus à la suite d'actions dans lesquelles sont impliquées les mêmes parties et qui sont formées pour les mêmes faits sur la base d'une marque communautaire et de marques nationales parallèles. À cet effet, lorsque les actions sont formées dans le même État membre, les moyens pour atteindre cet objectif sont à rechercher dans les règles de procédure nationales, auxquelles le présent règlement ne porte pas atteinte, alors que, lorsque les actions sont formées dans des États membres différents, des dispositions inspirées des règles en matière de litispendance et de connexité du règlement (CE) n° 44/2001 apparaissent appropriées.

(18) En vue d'assurer la pleine autonomie et l'indépendance de l'Office, il est considéré nécessaire de le doter d'un budget autonome dont les recettes comprennent principalement le produit des taxes dues par les utilisateurs du système. Cependant, la procédure budgétaire communautaire reste d'application en ce qui concerne les subventions éventuelles à charge du budget général des Communautés européennes. Par ailleurs, il convient que la vérification des comptes soit effectuée par la Cour des comptes.

(19) Il y a lieu d'arrêter les mesures nécessaires pour la mise en œuvre du présent règlement, et notamment en ce qui concerne l'adoption et la modification d'un règlement relatif aux taxes et d'un règlement d'exécution, en conformité avec la décision 1999/468/CE du Conseil du 28 juin 1999 fixant les modalités de l'exercice des compétences d'exécution conférées à la Commission [5],

*A arrêté le présent règlement :*

## TITRE PREMIER
## DISPOSITIONS GÉNÉRALES

### Article premier – Marque communautaire

1. Les marques de produits ou de services enregistrées dans les conditions et selon les modalités prévues par le présent règlement sont ci-après dénommées « marques communautaires ».

2. La marque communautaire a un caractère unitaire. Elle produit les mêmes effets dans l'ensemble de la Communauté : elle ne peut être enregistrée, transférée, faire l'objet d'une renonciation, d'une décision de déchéance des droits du titulaire ou de nullité, et son usage ne peut être interdit, que pour l'ensemble de la Communauté. Ce principe s'applique sauf disposition contraire du présent règlement.

### Article 2 – Office

Il est institué un Office de l'harmonisation dans le marché intérieur (marques, dessins et modèles), ci-après dénommé « Office ».

### Article 3 – Capacité d'agir

Aux fins de la mise en œuvre du présent règlement sont assimilées à des personnes morales les sociétés et les autres entités juridiques qui, aux termes de la législation qui leur est applicable, ont la capacité, en leur propre nom, d'être titulaires de droits et d'obligations de toute nature, de passer des contrats ou d'accomplir d'autres actes juridiques et d'ester en justice.

## TITRE II
## DROIT DES MARQUES

### *Section 1*
### Définition et acquisition de la marque communautaire

### Article 4 – Signes susceptibles de constituer une marque communautaire

Peuvent constituer des marques communautaires tous les signes susceptibles d'une représentation graphique, notamment les mots, y compris les noms de personnes, les dessins, les lettres, les chiffres, la forme du produit ou de son conditionnement, à condition que de tels signes soient propres à distinguer les produits ou les services d'une entreprise de ceux d'autres entreprises.

### Article 5 – Titulaires de marques communautaires

Toute personne physique ou morale, y compris les entités de droit public, peut être titulaire d'une marque communautaire.

### Article 6 – Mode d'acquisition de la marque communautaire

La marque communautaire s'acquiert par l'enregistrement.

### Article 7 – Motifs absolus de refus

1. Sont refusés à l'enregistrement :

a) les signes qui ne sont pas conformes à l'article 4;

b) les marques qui sont dépourvues de caractère distinctif;

c) les marques qui sont composées exclusivement de signes ou d'indications pouvant servir, dans le commerce, pour désigner l'espèce, la qualité, la quantité, la destination, la valeur, la provenance géographique ou l'époque de la production du produit ou de la prestation du service, ou d'autres caractéristiques de ceux-ci;

d) les marques qui sont composées exclusivement de signes ou d'indications devenus usuels dans le langage courant ou dans les habitudes loyales et constantes du commerce;

e) les signes constitués exclusivement :

i) par la forme imposée par la nature même du produit,

ii) par la forme du produit nécessaire à l'obtention d'un résultat technique,

iii) par la forme qui donne une valeur substantielle au produit;

f) les marques qui sont contraires à l'ordre public ou aux bonnes mœurs;

g) les marques qui sont de nature à tromper le public, par exemple sur la nature, la qualité ou la provenance géographique du produit ou du service;

h) les marques qui, à défaut d'autorisation des autorités compétentes, sont à refuser en vertu de l'article 6 *ter* de la convention de Paris pour la protection de la propriété industrielle, ci-après dénommée « convention de Paris »;

i) les marques qui comportent des badges, emblèmes ou écussons autres que ceux visés par l'article 6 *ter* de la convention de Paris et présentant un intérêt public particulier, à moins que leur enregistrement ait été autorisé par l'autorité compétente;

j) les marques de vins qui comportent ou qui sont composées d'indications géographiques destinées à identifier les vins, ou les marques de spiritueux qui comportent ou qui sont composées d'indications géographiques destinées à identifier les spiritueux, lorsque ces vins ou spiritueux n'ont pas ces origines;

k) les marques qui comportent ou qui sont composées d'une appellation d'origine ou d'une indication géographique enregistrée conformément au règlement (CE) n° 510/2006 du Conseil du 20 mars 2006 relatif à la protection des indications géographiques et des appellations d'origine des produits agricoles et des denrées alimentaires [6] lorsqu'elles correspondent à l'une des situations visées à l'article 13 dudit règlement et concernant le même type de produit, à condition que la demande d'enregistrement de la marque soit présentée après la date de dépôt, à la Commission, de la demande d'enregistrement de l'appellation d'origine ou de l'indication géographique.

2. Le paragraphe 1 est applicable même si les motifs de refus n'existent que dans une partie de la Communauté.

3. Le paragraphe 1, points b), c) et d) n'est pas applicable si la marque a acquis pour les produits ou services pour lesquels est demandé l'enregistrement un caractère distinctif après l'usage qui en a été fait.

### Article 8 – Motifs relatifs de refus

1. Sur opposition du titulaire d'une marque antérieure, la marque demandée est refusée à l'enregistrement :

a) lorsqu'elle est identique à la marque antérieure et que les produits ou les services pour lesquels la marque a été demandée sont identiques à ceux pour lesquels la marque antérieure est protégée;

b) lorsqu'en raison de son identité ou de sa similitude avec la marque antérieure et en raison de l'identité ou de la similitude des produits ou des services que les deux marques désignent, il existe un risque de confusion dans l'esprit du public du territoire dans lequel la marque antérieure est protégée; le risque de confusion comprend le risque d'association avec la marque antérieure.

2. Aux fins du paragraphe 1, on entend par « marques antérieures » :

a) les marques dont la date de dépôt est antérieure à celle de la demande de marque communautaire, compte tenu, le cas échéant, du droit de priorité invoqué à l'appui de ces marques, et qui appartiennent aux catégories suivantes :

i) les marques communautaires,

ii) les marques enregistrées dans un État membre ou, pour ce qui concerne la Belgique, le Luxembourg et les Pays-Bas, auprès de l'Office Benelux de la propriété intellectuelle,

iii) les marques qui ont fait l'objet d'un enregistrement international ayant effet dans un État membre,

iv) les marques qui ont fait l'objet d'un enregistrement international ayant effet dans la Communauté;

b) les demandes de marques visées au point a), sous réserve de leur enregistrement;

c) les marques qui, à la date de dépôt de la demande de marque communautaire ou, le cas échéant, à la date de la priorité invoquée à l'appui de la demande de marque communautaire, sont « notoirement connues » dans un État membre au sens de l'article 6 *bis* de la convention de Paris.

3. Sur opposition du titulaire de la marque, une marque est refusée à l'enregistrement lorsqu'elle est demandée par l'agent ou le représentant du titulaire de la marque, en son propre nom et sans le consentement du titulaire, à moins que cet agent ou ce représentant ne justifie de ses agissements.

4. Sur opposition du titulaire d'une marque non enregistrée ou d'un autre signe utilisé dans la vie des affaires dont la portée n'est pas seulement locale, la marque demandée est refusée à l'enregistrement, lorsque et dans la mesure où, selon la législation communautaire ou le droit de l'État membre qui est applicable à ce signe :

a) des droits à ce signe ont été acquis avant la date de dépôt de la demande de marque communautaire ou, le cas échéant, avant la date de la priorité invoquée à l'appui de la demande de marque communautaire;

b) ce signe donne à son titulaire le droit d'interdire l'utilisation d'une marque plus récente.

5. Sur opposition du titulaire d'une marque antérieure au sens du paragraphe 2, la marque demandée est également refusée à l'enregistrement si elle est identique ou similaire à la marque antérieure et si elle est destinée à être enregistrée pour des produits ou des services qui ne sont pas similaires à ceux pour lesquels la marque anté-

rieure est enregistrée, lorsque, dans le cas d'une marque communautaire antérieure, elle jouit d'une renommée dans la Communauté et, dans le cas d'une marque nationale antérieure, elle jouit d'une renommée dans l'État membre concerné et que l'usage sans juste motif de la marque demandée tirerait indûment profit du caractère distinctif ou de la renommée de la marque antérieure ou qu'il leur porterait préjudice.

## *Section 2*

## Effets de la marque communautaire

### Article 9 – Droit conféré par la marque communautaire

1. La marque communautaire confère à son titulaire un droit exclusif. Le titulaire est habilité à interdire à tout tiers, en l'absence de son consentement, de faire usage dans la vie des affaires :

a) d'un signe identique à la marque communautaire pour des produits ou des services identiques à ceux pour lesquels celle-ci est enregistrée;

b) d'un signe pour lequel, en raison de son identité ou de sa similitude avec la marque communautaire et en raison de l'identité ou de la similitude des produits ou des services couverts par la marque communautaire et le signe, il existe un risque de confusion dans l'esprit du public; le risque de confusion comprend le risque d'association entre le signe et la marque;

c) d'un signe identique ou similaire à la marque communautaire pour des produits ou des services qui ne sont pas similaires à ceux pour lesquels la marque communautaire est enregistrée, lorsque celle-ci jouit d'une renommée dans la Communauté et que l'usage du signe sans juste motif tire indûment profit du caractère distinctif ou de la renommée de la marque communautaire ou leur porte préjudice.

2. Il peut notamment être interdit, si les conditions énoncées au paragraphe 1 sont remplies :

a) d'apposer le signe sur les produits ou sur leur conditionnement;

b) d'offrir les produits ou de les mettre dans le commerce ou de les détenir à ces fins ou d'offrir ou de fournir des services sous le signe;

c) d'importer ou d'exporter les produits sous le signe;

d) d'utiliser le signe dans les papiers d'affaires et la publicité.

3. Le droit conféré par la marque communautaire n'est opposable aux tiers qu'à compter de la publication de l'enregistrement de la marque. Toutefois, une indemnité raisonnable peut être exigée pour des faits postérieurs à la publication d'une demande de marque communautaire qui, après la publication de l'enregistrement de la marque, seraient interdits en vertu de celle-ci. Le tribunal saisi ne peut statuer au fond tant que l'enregistrement n'a pas été publié.

### Article 10 – Reproduction de la marque communautaire dans les dictionnaires

Si la reproduction d'une marque communautaire dans un dictionnaire, une encyclopédie ou un ouvrage à consulter similaire donne l'impression qu'elle constitue le terme générique des biens ou services pour lesquels la marque est enregistrée, l'éditeur veille, sur demande du titulaire de la marque communautaire, à ce que la reproduction de la marque communautaire soit, au plus tard lors de l'édition suivante de l'ouvrage, accompagnée de l'indication qu'il s'agit d'une marque enregistrée.

### Article 11 – Interdiction d'utiliser la marque communautaire enregistrée au nom d'un agent ou d'un représentant

Si une marque communautaire a été enregistrée au nom de l'agent ou du représentant de celui qui est titulaire de cette marque, sans l'autorisation du titulaire, celui-ci a le droit de s'opposer à l'utilisation de sa marque par son agent ou représentant, s'il n'a pas autorisé cette utilisation, à moins que l'agent ou le représentant ne justifie de ses agissements.

### Article 12 – Limitation des effets de la marque communautaire

Le droit conféré par la marque communautaire ne permet pas à son titulaire d'interdire à un tiers l'usage, dans la vie des affaires :

a) de son nom ou de son adresse;

b) d'indications relatives à l'espèce, à la qualité, à la quantité, à la destination, à la valeur, à la provenance géographique, à l'époque de la production du produit ou de la prestation du service ou à d'autres caractéristiques de ceux-ci;

c) de la marque lorsqu'il est nécessaire pour indiquer la destination d'un produit ou d'un service, notamment en tant qu'accessoire ou pièce détachée,

pour autant que cet usage soit fait conformément aux usages honnêtes en matière industrielle ou commerciale.

### Article 13 – Épuisement du droit conféré par la marque communautaire

1. Le droit conféré par la marque communautaire ne permet pas à son titulaire d'interdire l'usage de celle-ci pour des produits qui ont été mis dans le commerce dans la Communauté sous cette marque par le titulaire ou avec son consentement.

2. Le paragraphe 1 n'est pas applicable lorsque des motifs légitimes justifient que le titulaire s'oppose à la commercialisation ultérieure des produits, notamment lorsque l'état des produits est modifié ou altéré après leur mise dans le commerce.

### Article 14 – Application complémentaire du droit national en matière de contrefaçon

1. Les effets de la marque communautaire sont exclusivement déterminés par les dispositions du présent règlement. Par ailleurs, les atteintes à une marque communautaire sont régies par le droit national concernant les atteintes à une marque nationale conformément aux dispositions du titre X.

2. Le présent règlement n'exclut pas que des actions portant sur une marque communautaire soient intentées sur la base du droit des États membres concernant notamment la responsabilité civile et la concurrence déloyale.

3. Les règles de procédure applicables sont déterminées conformément aux dispositions du titre X.

## *Section 3*

## Usage de la marque communautaire

### Article 15 – Usage de la marque communautaire

1. Si, dans un délai de cinq ans à compter de l'enregistrement, la marque communautaire n'a pas fait l'objet par le titulaire d'un usage sérieux dans la Communauté pour les produits ou les services pour lesquels elle est enregistrée, ou si un tel usage a été suspendu pendant un délai ininterrompu de cinq ans, la marque communau-

taire est soumise aux sanctions prévues au présent règlement, sauf juste motif pour le non-usage.

Sont également considérés comme usage au sens du premier alinéa :

a) l'usage de la marque communautaire sous une forme qui diffère par des éléments n'altérant pas le caractère distinctif de la marque dans la forme sous laquelle celle-ci a été enregistrée ;

b) l'apposition de la marque communautaire sur les produits ou sur leur conditionnement dans la Communauté dans le seul but de l'exportation.

2. L'usage de la marque communautaire avec le consentement du titulaire est considéré comme fait par le titulaire.

*Section 4*

## La marque communautaire comme objet de propriété

### Article 16 – Assimilation de la marque communautaire à la marque nationale

1. Sauf disposition contraire des articles 17 à 24, la marque communautaire en tant qu'objet de propriété est considérée en sa totalité et pour l'ensemble du territoire de la Communauté comme une marque nationale enregistrée dans l'État membre dans lequel, selon le registre des marques communautaires :

a) le titulaire a son siège ou son domicile à la date considérée ;

b) si le point a) n'est pas applicable, le titulaire a un établissement à la date considérée.

2. Dans les cas non prévus au paragraphe 1, l'État membre visé audit paragraphe est celui dans lequel l'Office a son siège.

3. Si plusieurs personnes sont inscrites au registre des marques communautaires en tant que cotitulaires, le paragraphe 1 est applicable au premier inscrit ; à défaut, il s'applique dans l'ordre de leur inscription aux cotitulaires suivants. Lorsque le paragraphe 1 ne s'applique à aucun des cotitulaires, le paragraphe 2 est applicable.

### Article 17 – Transfert

1. La marque communautaire peut, indépendamment du transfert de l'entreprise, être transférée pour tout ou pour partie des produits ou des services pour lesquels elle est enregistrée.

2. Le transfert de l'entreprise dans sa totalité implique le transfert de la marque communautaire, sauf si, en conformité avec la législation applicable au transfert, il existe une convention contraire ou si cela ressort clairement des circonstances. Cette disposition s'applique à l'obligation contractuelle de transférer l'entreprise.

3. Sans préjudice du paragraphe 2, la cession de la marque communautaire doit être faite par écrit et requiert la signature des parties au contrat, sauf si elle résulte d'un jugement ; à défaut, la cession est nulle.

4. S'il résulte de façon manifeste des pièces établissant le transfert qu'en raison de celui-ci la marque communautaire sera propre à induire le public en erreur, notamment sur la nature, la qualité ou la provenance géographique des produits ou des services pour lesquels elle est enregistrée, l'Office refuse d'enregistrer le transfert, à moins que l'ayant cause n'accepte de limiter l'enregistrement de la marque communautaire à des produits ou à des services pour lesquels elle ne sera pas trompeuse.

5. Sur requête d'une des parties, le transfert est inscrit au registre et publié.

6. Tant que le transfert n'a pas été inscrit au registre, l'ayant cause ne peut pas se prévaloir des droits découlant de l'enregistrement de la marque communautaire.

7. Lorsque des délais doivent être observés vis-à-vis de l'Office, l'ayant cause peut faire à l'Office les déclarations prévues à cet effet dès que celui-ci a reçu la demande d'enregistrement du transfert.

8. Tous les documents qui doivent être notifiés au titulaire de la marque communautaire, conformément à l'article 79, sont adressés à la personne enregistrée en qualité de titulaire.

### Article 18 – Transfert d'une marque enregistrée au nom d'un agent

Si une marque communautaire a été enregistrée au nom de l'agent ou du représentant de celui qui est titulaire de cette marque, sans l'autorisation du titulaire, celui-ci a le droit de réclamer le transfert à son profit dudit enregistrement, à moins que cet agent ou représentant ne justifie de ses agissements.

### Article 19 – Droits réels

1. La marque communautaire peut, indépendamment de l'entreprise, être donnée en gage ou faire l'objet d'un autre droit réel.

2. Sur requête d'une des parties, les droits visés au paragraphe 1 sont inscrits au registre et publiés.

### Article 20 – Exécution forcée

1. La marque communautaire peut faire l'objet de mesures d'exécution forcée.

2. En matière de procédure d'exécution forcée sur une marque communautaire, la compétence exclusive appartient aux tribunaux et aux autorités de l'État membre déterminé en application de l'article 16.

3. Sur requête d'une des parties, l'exécution forcée est inscrite au registre et publiée.

### Article 21 – Procédure d'insolvabilité

1. La seule procédure d'insolvabilité dans laquelle une marque communautaire peut être incluse est celle qui a été ouverte dans l'État membre sur le territoire duquel est situé le centre des intérêts principaux du débiteur.

Cependant, lorsque le débiteur est une entreprise d'assurance ou un établissement de crédit tels que définis respectivement par la directive 2001/17/CE du Parlement européen et du Conseil du 19 mars 2001 concernant l'assainissement et la liquidation des entreprises d'assurance [7] et par la directive 2001/24/CE du Parlement européen et du Conseil du 4 avril 2001 concernant l'assainissement et la liquidation des établissements de crédit [8], la seule procédure d'insolvabilité dans laquelle une marque communautaire peut être incluse est celle qui a été ouverte dans l'État membre où cette entreprise ou cet établissement ont été agréés.

2. En cas de copropriété d'une marque communautaire, le paragraphe 1 est applicable à la part du copropriétaire.

3. Lorsqu'une marque communautaire est incluse dans une procédure d'insolvabilité, une inscription en ce sens est portée au registre et publiée au Bulletin des

marques communautaires visé à l'article 89, sur demande de l'autorité nationale compétente.

### Article 22 – Licence

1. La marque communautaire peut faire l'objet de licences pour tout ou partie des produits ou des services pour lesquels elle est enregistrée et pour tout ou partie de la Communauté. Les licences peuvent être exclusives ou non exclusives.

2. Le titulaire de la marque communautaire peut invoquer les droits conférés par cette marque à l'encontre d'un licencié qui enfreint l'une des clauses du contrat de licence en ce qui concerne :

a) sa durée;

b) la forme couverte par l'enregistrement sous laquelle la marque peut être utilisée;

c) la nature des produits ou des services pour lesquels la licence est octroyée;

d) le territoire sur lequel la marque peut être apposée; ou

e) la qualité des produits fabriqués ou des services fournis par le licencié.

3. Sans préjudice des stipulations du contrat de licence, le licencié ne peut engager une procédure relative à la contrefaçon d'une marque communautaire qu'avec le consentement du titulaire de celle-ci. Toutefois, le titulaire d'une licence exclusive peut engager une telle procédure si, après mise en demeure, le titulaire de la marque n'agit pas lui-même en contrefaçon dans un délai approprié.

4. Tout licencié est recevable à intervenir dans la procédure en contrefaçon engagée par le titulaire de la marque communautaire afin d'obtenir réparation du préjudice qui lui est propre.

5. Sur requête d'une des parties, l'octroi ou le transfert d'une licence de marque communautaire est inscrit au registre et publié.

### Article 23 – Opposabilité aux tiers

1. Les actes juridiques concernant la marque communautaire visés aux articles 17, 19 et 22 ne sont opposables aux tiers dans tous les États membres qu'après leur inscription au registre. Toutefois, avant son inscription, un tel acte est opposable aux tiers qui ont acquis des droits sur la marque après la date de cet acte mais qui avaient connaissance de celui-ci lors de l'acquisition de ces droits.

2. Le paragraphe 1 n'est pas applicable à l'égard d'une personne qui acquiert la marque communautaire ou un droit sur la marque communautaire par transfert de l'entreprise dans sa totalité ou par toute autre succession à titre universel.

3. L'opposabilité aux tiers des actes juridiques visés à l'article 20 est régie par le droit de l'État membre déterminé en application de l'article 16.

4. Jusqu'à l'entrée en vigueur entre les États membres de dispositions communes en matière de faillite, l'opposabilité aux tiers d'une procédure de faillite ou de procédures analogues est réglée par le droit de l'État membre où en premier lieu une telle procédure a été ouverte au sens de la loi nationale ou des conventions applicables en la matière.

### Article 24 – Demande de marque communautaire comme objet de propriété

Les articles 16 à 23 sont applicables aux demandes de marque communautaire.

# TITRE III
# LA DEMANDE DE MARQUE COMMUNAUTAIRE

## *Section 1*
## Dépôt de la demande et conditions auxquelles elle doit satisfaire

### Article 25 – Dépôt de la demande

1. La demande de marque communautaire est déposée, au choix du demandeur :

a) auprès de l'Office ;

b) auprès du service central de la propriété industrielle d'un État membre ou auprès de l'Office Benelux de la propriété intellectuelle. Une demande ainsi déposée a les mêmes effets que si elle avait été déposée à la même date à l'Office.

2. Lorsque la demande est déposée auprès du service central de la propriété industrielle d'un État membre ou auprès de l'Office Benelux de la propriété intellectuelle, ce service ou cet office prend toutes les mesures nécessaires pour transmettre la demande à l'Office dans un délai de deux semaines après le dépôt. Il peut exiger du demandeur une taxe qui ne dépasse pas le coût administratif afférent à la réception et à la transmission de la demande.

3. Les demandes visées au paragraphe 2 qui parviennent à l'Office après l'expiration d'un délai de deux mois après leur dépôt sont réputées être présentées à la date à laquelle la demande est arrivée à l'Office.

4. Dix ans après l'entrée en vigueur du règlement (CE) n° 40/94, la Commission établit un rapport sur le fonctionnement du système de dépôt des demandes de marque communautaire assorti, le cas échéant, de propositions visant à modifier ce système.

### Article 26 – Conditions auxquelles la demande doit satisfaire

1. La demande de marque communautaire doit contenir :

a) une requête en enregistrement d'une marque communautaire ;

b) les indications qui permettent d'identifier le demandeur ;

c) la liste des produits ou des services pour lesquels l'enregistrement est demandé ;

d) la reproduction de la marque.

2. La demande de marque communautaire donne lieu au paiement d'une taxe de dépôt et, le cas échéant, d'une ou de plusieurs taxes par classe.

3. La demande de marque communautaire doit satisfaire aux conditions prévues par le règlement d'exécution visé à l'article 162, paragraphe 1, ci-après dénommé « le règlement d'exécution ».

### Article 27 – Date de dépôt

La date de dépôt de la demande de marque communautaire est celle à laquelle le demandeur a produit à l'Office ou, si la demande a été déposée auprès du service central de la propriété industrielle d'un État membre ou auprès de l'Office Benelux de la propriété intellectuelle à celui-ci, des documents qui contiennent les éléments visés à l'article 26, paragraphe 1, sous réserve du paiement de la taxe de dépôt dans un délai d'un mois à compter de la production des documents susvisés.

### Article 28 – Classification

Les produits et les services pour lesquels des marques communautaires sont déposées sont classés selon la classification prévue par le règlement d'exécution.

*Section 2*

## Priorité

### Article 29 – Droit de priorité

1. Une personne qui a régulièrement déposé une marque dans ou pour un des États parties à la convention de Paris ou à l'accord établissant l'Organisation mondiale du commerce, ou son ayant cause, jouit, pour effectuer le dépôt d'une demande de marque communautaire pour la même marque et pour des produits ou des services identiques à ceux pour lesquels cette marque est déposée ou contenus dans ces derniers, d'un droit de priorité pendant un délai de six mois à compter de la date de dépôt de la première demande.

2. Est reconnu comme donnant naissance au droit de priorité tout dépôt ayant la valeur d'un dépôt national régulier en vertu de la législation nationale de l'État dans lequel il a été effectué ou d'accords bilatéraux ou multilatéraux.

3. Par dépôt national régulier, on doit entendre tout dépôt qui suffit à établir la date à laquelle la demande a été déposée, quel que soit le sort ultérieur de cette demande.

4. Est considérée comme première demande, dont la date de dépôt est le point de départ du délai de priorité, une demande ultérieure déposée pour la même marque, pour des produits ou des services identiques et dans ou pour le même État qu'une première demande antérieure, à la condition que cette demande antérieure, à la date du dépôt de la demande ultérieure, ait été retirée, abandonnée ou refusée, sans avoir été soumise à l'inspection publique et sans laisser subsister de droits, et qu'elle n'ait pas encore servi de base pour la revendication du droit de priorité. La demande antérieure ne peut plus alors servir de base pour la revendication du droit de priorité.

5. Si le premier dépôt a été effectué dans un État qui n'est pas partie à la convention de Paris ou à l'accord établissant l'Organisation mondiale du commerce, les dispositions des paragraphes 1 à 4 ne s'appliquent que dans la mesure où cet État, selon des constatations publiées, accorde, sur la base d'un premier dépôt effectué auprès de l'Office, un droit de priorité soumis à des conditions et ayant des effets équivalents à ceux prévus par le présent règlement.

### Article 30 – Revendication de priorité

Le demandeur qui veut se prévaloir de la priorité d'un dépôt antérieur est tenu de produire une déclaration de priorité et une copie de la demande antérieure. Si la langue de la demande antérieure n'est pas une des langues de l'Office, le demandeur est tenu de produire une traduction de la demande antérieure dans une de ces langues.

### Article 31 – Effet du droit de priorité

Par l'effet du droit de priorité, la date de priorité est considérée comme celle du dépôt de la demande de marque communautaire aux fins de la détermination de l'antériorité des droits.

## Article 32 – Valeur de dépôt national de la demande

La demande de marque communautaire à laquelle une date de dépôt a été accordée a, dans les États membres, la valeur d'un dépôt national régulier, compte tenu, le cas échéant, du droit de priorité invoqué à l'appui de la demande de marque communautaire.

*Section 3*

### Priorité d'exposition

## Article 33 – Priorité d'exposition

1. Si le demandeur d'une marque communautaire a présenté, sous la marque déposée, des produits ou des services lors d'une exposition internationale officielle ou officiellement reconnue au sens de la convention concernant les expositions internationales, signée à Paris le 22 novembre 1928 et révisée en dernier lieu le 30 novembre 1972, il peut, à condition de déposer la demande dans un délai de six mois à compter de la date de la première présentation des produits ou des services sous la marque déposée, se prévaloir, à partir de cette date, d'un droit de priorité au sens de l'article 31.

2. Tout demandeur qui souhaite se prévaloir de la priorité conformément au paragraphe 1 doit, dans les conditions fixées par le règlement d'exécution, apporter la preuve que les produits ou les services ont été présentés à l'exposition sous la marque déposée.

3. Une priorité d'exposition accordée dans un État membre ou dans un pays tiers ne prolonge pas le délai de priorité prévu à l'article 29.

*Section 4*

### Revendication de l'ancienneté de la marque nationale

## Article 34 – Revendication de l'ancienneté de la marque nationale

1. Le titulaire d'une marque antérieure enregistrée dans un État membre, y compris une marque enregistrée sur le territoire du Benelux, ou d'une marque antérieure qui a fait l'objet d'un enregistrement international ayant effet dans un État membre, qui dépose une demande de marque identique destinée à être enregistrée en tant que marque communautaire pour des produits ou services identiques à ceux pour lesquels la marque antérieure a été enregistrée ou contenus dans ceux-ci, peut se prévaloir pour la marque communautaire de l'ancienneté de la marque antérieure en ce qui concerne l'État membre dans lequel ou pour lequel elle a été enregistrée.

2. Le seul effet de l'ancienneté, en vertu du présent règlement, est que, dans le cas où le titulaire de la marque communautaire renonce à la marque antérieure ou la laisse s'éteindre, il est réputé continuer à bénéficier des mêmes droits que ceux qu'il aurait eus si la marque antérieure avait continué à être enregistrée.

3. L'ancienneté revendiquée pour la marque communautaire s'éteint lorsque le titulaire de la marque antérieure dont l'ancienneté a été revendiquée est déclaré déchu de ses droits ou lorsque cette marque est déclarée nulle ou lorsqu'il y est renoncé avant l'enregistrement de la marque communautaire.

### Article 35 – Revendication de l'ancienneté après l'enregistrement de la marque communautaire

1. Le titulaire d'une marque communautaire qui est titulaire d'une marque antérieure identique, enregistrée dans un État membre, y compris une marque enregistrée sur le territoire du Benelux, ou d'une marque identique antérieure qui a fait l'objet d'un enregistrement international ayant effet dans un État membre, pour des produits ou des services identiques à ceux pour lesquels la marque antérieure a été enregistrée ou contenus dans ceux-ci, peut se prévaloir de l'ancienneté de la marque antérieure en ce qui concerne l'État membre dans lequel ou pour lequel elle a été enregistrée.

2. L'article 34, paragraphes 2 et 3, est applicable.

## TITRE IV
## PROCÉDURE D'ENREGISTREMENT

### *Section 1*
### Examen de la demande

### Article 36 – Examen des conditions de dépôt

1. L'Office examine :

a) si la demande de marque communautaire remplit les conditions pour qu'il lui soit accordé une date de dépôt conformément à l'article 27 ;

b) si la demande de marque communautaire satisfait aux conditions prévues au présent règlement et aux conditions prévues au règlement d'exécution ;

c) si les taxes par classe, le cas échéant, ont été acquittées dans le délai prescrit.

2. Si la demande de marque communautaire ne satisfait pas aux exigences visées au paragraphe 1, l'Office invite le demandeur à remédier dans les délais prescrits aux irrégularités ou au défaut de paiement constatés.

3. S'il n'est pas remédié dans ces délais aux irrégularités ou au défaut de paiement constatés en application du paragraphe 1, point a), la demande n'est pas traitée en tant que demande de marque communautaire. Si le demandeur se conforme à l'invitation de l'Office, celui-ci accorde comme date de dépôt de la demande la date à laquelle il est remédié aux irrégularités ou au défaut de paiement constatés.

4. S'il n'est pas remédié, dans les délais prescrits, aux irrégularités constatées en application du paragraphe 1, point b), l'Office rejette la demande.

5. S'il n'est pas remédié, dans les délais prescrits, au défaut de paiement constaté en application du paragraphe 1, point c), la demande est réputée retirée à moins qu'il ne ressorte clairement quelles sont les classes de produits ou de services que le montant payé est destiné à couvrir.

6. L'inobservation des dispositions concernant la revendication de priorité entraîne la perte du droit de priorité pour la demande.

7. S'il n'est pas satisfait aux conditions relatives à la revendication de l'ancienneté d'une marque nationale, ce droit de revendication ne pourra plus être invoqué pour la demande.

### Article 37 – Examen relatif aux motifs absolus de refus

1. Si la marque est exclue de l'enregistrement en vertu de l'article 7 pour tout ou partie des produits ou des services pour lesquels la marque communautaire est demandée, la demande est rejetée pour ces produits ou ces services.

2. Lorsque la marque comporte un élément qui est dépourvu de caractère distinctif et que l'inclusion de cet élément dans la marque peut créer des doutes sur l'étendue de la protection de la marque, l'Office peut demander comme condition à l'enregistrement de la marque que le demandeur déclare qu'il n'invoquera pas de droit exclusif sur cet élément. Cette déclaration est publiée en même temps que la demande ou, le cas échéant, que l'enregistrement de la marque communautaire.

3. La demande ne peut être rejetée qu'après que le demandeur a été mis en mesure de retirer ou de modifier sa demande ou de présenter ses observations.

## *Section 2*

## Recherche

### Article 38 – Recherche

1. Lorsque l'Office a accordé une date de dépôt à une demande de marque communautaire, il établit un rapport de recherche communautaire dans lequel sont mentionnées les marques communautaires ou les demandes de marque communautaire antérieures dont l'existence a été découverte et qui sont susceptibles d'être opposées conformément à l'article 8 à l'enregistrement de la marque communautaire faisant l'objet de la demande.

2. Si, au moment du dépôt d'une demande de marque communautaire, le demandeur requiert également l'établissement d'un rapport de recherche par les services centraux de la propriété industrielle des États membres et si la taxe de recherche à cet effet a été payée dans le délai prévu pour le paiement de la taxe de dépôt, l'Office, dès qu'une date de dépôt a été accordée à la demande de marque communautaire, en transmet une copie au service central de la propriété industrielle de tous les États membres qui ont communiqué à l'Office leur décision d'effectuer une recherche dans leur propre registre des marques pour les demandes de marque communautaire.

3. Chacun des services centraux de la propriété industrielle visés au paragraphe 2 communique à l'Office, dans un délai de deux mois à compter de la date de réception par lui d'une demande de marque communautaire, un rapport de recherche qui soit mentionne les marques nationales antérieures ou les demandes de marque nationale antérieures dont l'existence a été découverte et qui sont susceptibles d'être opposées conformément à l'article 8 à l'enregistrement de la marque communautaire faisant l'objet de la demande, soit constate que la recherche n'a fourni aucune indication de tels droits.

4. Le rapport de recherche visé au paragraphe 3 est rédigé en utilisant un formulaire normalisé établi par l'Office, après consultation du conseil d'administration prévu à l'article 126, paragraphe 1, ci-après dénommé « le conseil d'administration ». Les éléments essentiels de ce formulaire sont précisés dans le règlement d'exécution.

5. L'Office verse un certain montant à chaque service central de la propriété industrielle pour chaque rapport de recherche communiqué par ce service conformément au paragraphe 3. Ce montant, qui est le même pour chaque service central,

est fixé par le comité budgétaire, par une décision prise à la majorité des trois quarts des représentants des États membres.

6. L'Office communique sans délai au demandeur d'une marque communautaire le rapport de recherche communautaire ainsi que, sur demande, les rapports nationaux de recherche qui lui ont été communiqués dans le délai prévu au paragraphe 3.

7. À la publication de la demande de marque communautaire, qui ne peut avoir lieu avant l'expiration d'une période d'un mois à compter de la date à laquelle l'Office communique les rapports de recherche au demandeur, l'Office informe de la publication de la demande de marque communautaire les titulaires des marques communautaires ou des demandes de marque communautaire antérieures mentionnées dans le rapport de recherche communautaire.

## *Section 3*

## Publication de la demande

### Article 39 – Publication de la demande

1. Si les conditions auxquelles la demande de marque communautaire doit satisfaire sont remplies et si la période visée à l'article 38, paragraphe 7, a expiré, la demande, dans la mesure où elle n'est pas rejetée conformément à l'article 37, est publiée.

2. Si, après avoir été publiée, la demande est rejetée conformément à l'article 37, la décision de rejet est publiée lorsqu'elle devient définitive.

## *Section 4*

## Observations des tiers et opposition

### Article 40 – Observations des tiers

1. Toute personne physique ou morale ainsi que les groupements représentant des fabricants, des producteurs, des prestataires de services, des commerçants ou des consommateurs peuvent, après la publication de la demande de marque communautaire, adresser à l'Office des observations écrites, précisant les motifs selon lesquels la marque devrait être refusée d'office à l'enregistrement et notamment en vertu de l'article 7. Ils n'acquièrent pas la qualité de parties à la procédure devant l'Office.

2. Les observations visées au paragraphe 1 sont notifiées au demandeur qui peut prendre position.

### Article 41 – Opposition

1. Une opposition à l'enregistrement de la marque peut être formée dans un délai de trois mois à compter de la publication de la demande de marque communautaire, au motif que la marque devrait être refusée à l'enregistrement en vertu de l'article 8 :

a) dans les cas de l'article 8, paragraphes 1 et 5, par les titulaires de marques antérieures visées à l'article 8, paragraphe 2, ainsi que par les licenciés habilités par les titulaires de ces marques ;

b) dans les cas de l'article 8, paragraphe 3, par les titulaires de marques visées à cette disposition ;

c) dans les cas de l'article 8, paragraphe 4, par les titulaires de marques ou de signes antérieurs visés à cette disposition, ainsi que par les personnes autorisées, en vertu du droit national applicable, à exercer ces droits.

2. Une opposition à l'enregistrement de la marque peut également être formée dans les conditions fixées au paragraphe 1 en cas de publication d'une demande modifiée conformément à l'article 43, paragraphe 2, deuxième phrase.

3. L'opposition doit être formée par écrit et motivée. Elle n'est réputée formée qu'après paiement de la taxe d'opposition. Dans un délai imparti par l'Office, celui qui a formé opposition peut présenter à son appui des faits, preuves et observations.

### Article 42 – Examen de l'opposition

1. Au cours de l'examen de l'opposition, l'Office invite les parties, aussi souvent que cela est nécessaire, à présenter, dans un délai qu'il leur impartit, des observations sur les communications émanant des autres parties ou de lui-même.

2. Sur requête du demandeur, le titulaire d'une marque communautaire antérieure qui a formé opposition apporte la preuve que, au cours des cinq années qui précèdent la publication de la demande de marque communautaire, la marque communautaire antérieure a fait l'objet d'un usage sérieux dans la Communauté pour les produits ou les services pour lesquels elle est enregistrée et sur lesquels l'opposition est fondée, ou qu'il existe de justes motifs pour le non-usage, pour autant qu'à cette date la marque antérieure était enregistrée depuis cinq ans au moins. À défaut d'une telle preuve, l'opposition est rejetée. Si la marque communautaire antérieure n'a été utilisée que pour une partie des produits ou des services pour lesquels elle est enregistrée, elle n'est réputée enregistrée, aux fins de l'examen de l'opposition, que pour cette partie des produits ou services.

3. Le paragraphe 2 s'applique aux marques nationales antérieures visées à l'article 8, paragraphe 2, point a), étant entendu que l'usage dans la Communauté est remplacé par l'usage dans l'État membre où la marque nationale antérieure est protégée.

4. S'il le juge utile, l'Office invite les parties à se concilier.

5. S'il résulte de l'examen de l'opposition que la marque est exclue de l'enregistrement pour tout ou partie des produits ou des services pour lesquels la marque communautaire est demandée, la demande est rejetée pour les produits ou les services concernés. Dans le cas contraire, l'opposition est rejetée.

6. La décision de rejet de la demande est publiée lorsqu'elle est définitive.

## *Section 5*
## Retrait, limitation, modification et division de la demande

### Article 43 – Retrait, limitation et modification de la demande

1. Le demandeur peut à tout moment retirer sa demande de marque communautaire ou limiter la liste des produits ou services qu'elle contient. Lorsque la demande a déjà été publiée, le retrait ou la limitation sont également publiés.

2. Par ailleurs, la demande de marque communautaire ne peut être modifiée, à la requête du demandeur, que pour rectifier le nom et l'adresse du demandeur, des fautes d'expression ou de transcription ou des erreurs manifestes pour autant qu'une telle rectification n'affecte pas substantiellement la marque ou n'étende pas la liste des produits ou services. Si les modifications portent sur la représentation de la marque ou la liste des produits ou services, et lorsque ces modifications sont apportées après la publication de la demande, celle-ci est publiée telle que modifiée.

### Article 44 – Division de la demande

1. Le demandeur peut diviser la demande en déclarant qu'une partie des produits ou services inclus dans la demande originale fera l'objet d'une ou plusieurs demandes divisionnaires. Les produits ou services de la demande divisionnaire ne peuvent recouvrir les produits ou services demeurant dans la demande originale ou figurant dans d'autres demandes divisionnaires.

2. La déclaration de division n'est pas recevable :

a) si, dans le cas où une opposition a été formée contre la demande originale, cette déclaration a pour effet d'introduire une division parmi les produits ou services qui font l'objet de cette opposition, jusqu'à ce que la décision de la division d'opposition soit devenue définitive ou jusqu'à l'abandon de la procédure d'opposition;

b) durant les périodes prévues dans le règlement d'exécution.

3. La déclaration de division doit être conforme aux dispositions prévues dans le règlement d'exécution.

4. La déclaration de division est soumise à une taxe. La déclaration est réputée ne pas avoir été faite tant que la taxe n'a pas été acquittée.

5. La division prend effet à la date à laquelle elle est transcrite dans les dossiers conservés par l'Office concernant la demande d'origine.

6. Toutes les requêtes et demandes effectuées et toutes les taxes payées en ce qui concerne la demande d'origine avant la date de réception par l'Office de la déclaration de division sont réputées avoir été introduites ou payées également en ce qui concerne la demande ou les demandes divisionnaires. Les taxes dûment acquittées pour la demande d'origine avant la date de réception de la déclaration de division ne sont pas remboursables.

7. La demande divisionnaire conserve la date de dépôt et toute date de priorité et d'ancienneté de la demande d'origine.

## *Section 6*
## Enregistrement

### Article 45 – Enregistrement

Lorsque la demande satisfait aux dispositions du présent règlement, et lorsqu'aucune opposition n'a été formée dans le délai visé à l'article 41, paragraphe 1, ou lorsqu'une opposition a été rejetée par une décision définitive, la marque est enregistrée en tant que marque communautaire, à condition que la taxe d'enregistrement ait été acquittée dans le délai prescrit. À défaut du paiement de la taxe dans ce délai, la demande est réputée retirée.

# TITRE V
# DURÉE, RENOUVELLEMENT, MODIFICATION ET DIVISION DE LA MARQUE COMMUNAUTAIRE

### Article 46 – Durée de l'enregistrement

La durée de l'enregistrement de la marque communautaire est de dix années à partir de la date du dépôt de la demande. L'enregistrement peut être renouvelé, conformément à l'article 47, pour des périodes de dix années.

## Article 47 – Renouvellement

1. L'enregistrement de la marque communautaire est renouvelé sur demande du titulaire de la marque ou de toute personne expressément autorisée par lui, pour autant que les taxes aient été payées.

2. L'Office informe le titulaire de la marque communautaire et tout titulaire d'un droit enregistré sur la marque communautaire de l'expiration de l'enregistrement, en temps utile avant ladite expiration. L'absence d'information n'engage pas la responsabilité de l'Office.

3. La demande de renouvellement est à présenter dans un délai de six mois expirant le dernier jour du mois au cours duquel la période de protection prend fin. Les taxes doivent également être acquittées dans ce délai. À défaut, la demande peut encore être présentée et les taxes acquittées dans un délai supplémentaire de six mois prenant cours le lendemain du jour visé dans la première phrase, sous réserve du paiement d'une surtaxe au cours dudit délai supplémentaire.

4. Si la demande n'est présentée ou si les taxes ne sont acquittées que pour une partie des produits ou des services pour lesquels la marque communautaire est enregistrée, l'enregistrement n'est renouvelé que pour les produits ou les services concernés.

5. Le renouvellement prend effet le jour suivant la date d'expiration de l'enregistrement. II est enregistré.

## Article 48 – Modification

1. La marque communautaire n'est pas modifiée dans le registre pendant la durée de l'enregistrement ni lors du renouvellement de celui-ci.

2. Néanmoins, si la marque communautaire comporte le nom et l'adresse du titulaire, toute modification de ceux-ci n'affectant pas substantiellement l'identité de la marque telle qu'elle a été enregistrée à l'origine peut être enregistrée à la requête du titulaire.

3. La publication de l'enregistrement de la modification contient une reproduction de la marque communautaire modifiée. Les tiers dont les droits peuvent être affectés par la modification peuvent contester l'enregistrement de celle-ci dans un délai de trois mois à compter de la publication.

## Article 49 – Division de l'enregistrement

1. Le titulaire de la marque communautaire peut diviser l'enregistrement en déclarant que certains des produits ou services inclus dans l'enregistrement d'origine feront l'objet d'un ou plusieurs enregistrements divisionnaires. Les produits ou services de l'enregistrement divisionnaire ne peuvent recouvrir les produits ou services demeurant dans l'enregistrement d'origine ou figurant dans d'autres enregistrements divisionnaires.

2. La déclaration de division n'est pas recevable :

a) si, dans le cas où une demande en déchéance ou en nullité a été présentée à l'Office contre l'enregistrement d'origine, cette déclaration a pour effet d'introduire une division parmi les produits ou services qui font l'objet de la demande en déchéance ou en nullité jusqu'à ce que la décision de la division d'annulation soit devenue définitive ou jusqu'à ce que la procédure soit terminée d'une autre manière;

b) si, dans le cas où une demande reconventionnelle en déchéance ou en nullité a été déposée dans le cadre d'une action devant un tribunal des marques communautaires, cette déclaration a pour effet d'introduire une division parmi les produits ou services qui font l'objet de la demande reconventionnelle, jusqu'à ce que la mention de la décision du tribunal des marques communautaires ait été inscrite au registre conformément à l'article 100, paragraphe 6.

3. La déclaration de division doit être conforme aux dispositions prévues dans le règlement d'exécution.

4. La déclaration de division est soumise à une taxe. La déclaration est réputée ne pas avoir été faite tant que la taxe n'a pas été acquittée.

5. La division prend effet à la date à laquelle elle est consignée au registre.

6. Toutes les requêtes et demandes effectuées et toutes les taxes payées en ce qui concerne l'enregistrement d'origine avant la date de réception par l'Office de la déclaration de division sont réputées avoir été introduites ou payées également en ce qui concerne l'enregistrement ou les enregistrements divisionnaires. Les taxes dûment acquittées pour l'enregistrement d'origine avant la date de réception de la déclaration de division ne sont pas remboursables.

7. L'enregistrement divisionnaire conserve la date de dépôt et toute date de priorité et d'ancienneté de l'enregistrement d'origine.

## TITRE VI
## RENONCIATION, DÉCHÉANCE ET NULLITÉ

### *Section 1*
### Renonciation

#### Article 50 – Renonciation

1. La marque communautaire peut faire l'objet d'une renonciation pour tout ou partie des produits ou des services pour lesquels elle est enregistrée.

2. La renonciation est déclarée par écrit à l'Office par le titulaire de la marque. Elle n'a d'effet qu'après son enregistrement.

3. La renonciation n'est enregistrée qu'avec l'accord du titulaire d'un droit inscrit au registre. Si une licence a été enregistrée, la renonciation n'est inscrite au registre que si le titulaire de la marque justifie qu'il a informé le licencié de son intention de renoncer; l'inscription est faite à l'issue du délai prescrit par le règlement d'exécution.

### *Section 2*
### Causes de déchéance

#### Article 51 – Causes de déchéance

1. Le titulaire de la marque communautaire est déclaré déchu de ses droits, sur demande présentée auprès de l'Office ou sur demande reconventionnelle dans une action en contrefaçon :

a) si, pendant une période ininterrompue de cinq ans, la marque n'a pas fait l'objet d'un usage sérieux dans la Communauté pour les produits ou les services pour lesquels elle est enregistrée, et qu'il n'existe pas de justes motifs pour le non-usage ; toutefois, nul ne peut faire valoir que le titulaire est déchu de ses droits, si, entre l'expiration de cette période et la présentation de la demande ou de la demande reconventionnelle, la marque a fait l'objet d'un commencement ou d'une reprise d'usage sérieux ; cependant, le commencement ou la reprise d'usage fait dans un délai de trois mois avant la présentation de la demande ou de la demande reconventionnelle, ce délai commençant à courir au plus tôt à l'expiration de la période ininterrompue de cinq ans de non-usage, n'est pas pris en considération lorsque des préparatifs pour le commencement ou la reprise de l'usage interviennent seulement après que le titulaire a appris que la demande ou la demande reconventionnelle pourrait être présentée ;

b) si la marque est devenue, par le fait de l'activité ou de l'inactivité de son titulaire, la désignation usuelle dans le commerce d'un produit ou d'un service pour lequel elle est enregistrée ;

c) si, par suite de l'usage qui en est fait par le titulaire de la marque ou avec son consentement pour les produits ou les services pour lesquels elle est enregistrée, la marque est propre à induire le public en erreur notamment sur la nature, la qualité ou la provenance géographique de ces produits ou de ces services.

2. Si la cause de déchéance n'existe que pour une partie des produits ou des services pour lesquels la marque communautaire est enregistrée, le titulaire n'est déclaré déchu de ses droits que pour les produits ou les services concernés.

*Section 3*

## Causes de nullité

### Article 52 – Causes de nullité absolue

1. La nullité de la marque communautaire est déclarée, sur demande présentée auprès de l'Office ou sur demande reconventionnelle dans une action en contrefaçon :

a) lorsque la marque communautaire a été enregistrée contrairement aux dispositions de l'article 7 ;

b) lorsque le demandeur était de mauvaise foi lors du dépôt de la demande de marque.

2. Lorsque la marque communautaire a été enregistrée contrairement à l'article 7, paragraphe 1, point b), c) ou d), elle ne peut toutefois être déclarée nulle si, par l'usage qui en a été fait, elle a acquis après son enregistrement un caractère distinctif pour les produits ou les services pour lesquels elle est enregistrée.

3. Si la cause de nullité n'existe que pour une partie des produits ou des services pour lesquels la marque communautaire est enregistrée, la nullité de la marque ne peut être déclarée que pour les produits ou les services concernés.

### Article 53 – Causes de nullité relative

1. La marque communautaire est déclarée nulle sur demande présentée auprès de l'Office ou sur demande reconventionnelle dans une action en contrefaçon :

a) lorsqu'il existe une marque antérieure visée à l'article 8, paragraphe 2, et que les conditions énoncées au paragraphe 1 ou au paragraphe 5 dudit article sont remplies ;

b) lorsqu'il existe une marque visée à l'article 8, paragraphe 3, et que les conditions énoncées audit paragraphe sont remplies ;

c) lorsqu'il existe un droit antérieur visé à l'article 8, paragraphe 4, et que les conditions énoncées audit paragraphe sont remplies.

2. La marque communautaire est également déclarée nulle sur demande présentée auprès de l'Office ou sur demande reconventionnelle dans une action en contrefaçon si son usage peut être interdit en vertu d'un autre droit antérieur selon la législation communautaire ou le droit national qui en régit la protection, et notamment :

a) d'un droit au nom;

b) d'un droit à l'image;

c) d'un droit d'auteur;

d) d'un droit de propriété industrielle.

3. La marque communautaire ne peut pas être déclarée nulle lorsque le titulaire d'un droit visé aux paragraphes 1 ou 2 donne expressément son consentement à l'enregistrement de cette marque avant la présentation de la demande en nullité ou de la demande reconventionnelle.

4. Le titulaire de l'un des droits visés aux paragraphes 1 ou 2, qui a préalablement demandé la nullité de la marque communautaire ou introduit une demande reconventionnelle dans une action en contrefaçon, ne peut présenter une nouvelle demande en nullité ou introduire une demande reconventionnelle fondée sur un autre de ces droits qu'il aurait pu invoquer à l'appui de la première demande.

5. L'article 52, paragraphe 3, est applicable.

### Article 54 – Forclusion par tolérance

1. Le titulaire d'une marque communautaire qui a toléré pendant cinq années consécutives l'usage d'une marque communautaire postérieure dans la Communauté en connaissance de cet usage ne peut plus demander la nullité ni s'opposer à l'usage de la marque postérieure sur la base de cette marque antérieure pour les produits ou les services pour lesquels la marque postérieure a été utilisée, à moins que le dépôt de la marque communautaire postérieure n'ait été effectué de mauvaise foi.

2. Le titulaire d'une marque nationale antérieure visée à l'article 8, paragraphe 2, ou d'un autre signe antérieur visé à l'article 8, paragraphe 4, qui a toléré pendant cinq années consécutives l'usage d'une marque communautaire postérieure dans l'État membre où cette marque antérieure ou l'autre signe antérieur est protégé, en connaissance de cet usage, ne peut plus demander la nullité ni s'opposer à l'usage de la marque postérieure sur la base de la marque antérieure ou de l'autre signe antérieur pour les produits ou les services pour lesquels la marque postérieure a été utilisée, à moins que le dépôt de la marque communautaire postérieure n'ait été effectué de mauvaise foi.

3. Dans les cas visés aux paragraphes 1 ou 2, le titulaire de la marque communautaire postérieure ne peut pas s'opposer à l'usage du droit antérieur bien que ce droit ne puisse plus être invoqué contre la marque communautaire postérieure.

## *Section 4*
## Effets de la déchéance et de la nullité

### Article 55 – Effets de la déchéance et de la nullité

1. La marque communautaire est réputée n'avoir pas eu, à compter de la date de la demande en déchéance ou de la demande reconventionnelle, les effets prévus au présent règlement, selon que le titulaire est déclaré déchu de ses droits en tout ou en

partie. Une date antérieure, à laquelle est survenue l'une des causes de la déchéance, peut être fixée dans la décision, sur demande d'une partie.

2. La marque communautaire est réputée n'avoir pas eu, dès l'origine, les effets prévus au présent règlement, selon que la marque a été déclarée nulle en tout ou en partie.

3. Sous réserve des dispositions nationales relatives soit aux recours en réparation du préjudice causé par la faute ou la mauvaise foi du titulaire de la marque, soit à l'enrichissement sans cause, l'effet rétroactif de la déchéance ou de la nullité de la marque n'affecte pas :

a) les décisions en contrefaçon ayant acquis l'autorité de la chose jugée et exécutées antérieurement à la décision de déchéance ou de nullité;

b) les contrats conclus antérieurement à la décision de déchéance ou de nullité, dans la mesure où ils ont été exécutés antérieurement à cette décision; toutefois, la restitution de sommes versées en vertu du contrat, dans la mesure où les circonstances le justifient, peut être réclamée pour des raisons d'équité.

*Section 5*

## Procédure de déchéance et de nullité devant l'Office

### Article 56 – Demande en déchéance ou en nullité

1. Une demande en déchéance ou en nullité de la marque communautaire peut être présentée auprès de l'Office :

a) dans les cas définis aux articles 51 et 52, par toute personne physique ou morale ainsi que par tout groupement constitué pour la représentation des intérêts de fabricants, de producteurs, de prestataires de services, de commerçants ou de consommateurs et qui, aux termes de la législation qui lui est applicable, a la capacité d'ester en justice;

b) dans les cas définis à l'article 53, paragraphe 1, par les personnes visées à l'article 41, paragraphe 1;

c) dans les cas définis à l'article 53, paragraphe 2, par les titulaires des droits antérieurs visés dans cette disposition ou par les personnes habilitées à exercer les droits en question en vertu de la législation de l'État membre concerné.

2. La demande est présentée par écrit et motivée. Elle n'est réputée présentée qu'après paiement de la taxe.

3. La demande en déchéance ou en nullité est irrecevable si une demande ayant le même objet et la même cause a été tranchée entre les mêmes parties par une juridiction d'un État membre et que cette décision a acquis l'autorité de la chose jugée.

### Article 57 – Examen de la demande

1. Au cours de l'examen de la demande en déchéance ou en nullité, l'Office invite les parties, aussi souvent qu'il est nécessaire, à présenter, dans un délai qu'il leur impartit, leurs observations sur les notifications qu'il leur a adressées ou sur les communications qui émanent des autres parties.

2. Sur requête du titulaire de la marque communautaire, le titulaire d'une marque communautaire antérieure, partie à la procédure de nullité, apporte la preuve que, au cours des cinq années qui précèdent la date de la demande en nullité, la marque communautaire antérieure a fait l'objet d'un usage sérieux dans la Communauté pour les produits ou les services pour lesquels elle est enregistrée et sur lesquels la

demande en nullité est fondée, ou qu'il existe de justes motifs pour le non-usage, pour autant qu'à cette date la marque communautaire antérieure était enregistrée depuis cinq ans au moins. En outre, si la marque communautaire antérieure était enregistrée depuis cinq ans au moins à la date de publication de la demande de marque communautaire, le titulaire de la marque communautaire antérieure apporte également la preuve que les conditions énoncées à l'article 42, paragraphe 2, étaient remplies à cette date. À défaut d'une telle preuve, la demande en nullité est rejetée. Si la marque communautaire antérieure n'a été utilisée que pour une partie des produits ou des services pour lesquels elle est enregistrée, elle n'est réputée enregistrée que pour cette partie des produits et services, aux fins de l'examen de la demande en nullité.

3. Le paragraphe 2 s'applique aux marques nationales antérieures visées à l'article 8, paragraphe 2, point a), étant entendu que l'usage dans la Communauté est remplacé par l'usage dans l'État membre où la marque nationale antérieure est protégée.

4. S'il le juge utile, l'Office peut inviter les parties à se concilier.

5. S'il résulte de l'examen de la demande en déchéance ou en nullité que la marque aurait dû être refusée à l'enregistrement pour tout ou partie des produits ou des services pour lesquels elle est enregistrée, les droits du titulaire de la marque communautaire sont déclarés déchus ou la nullité de la marque est déclarée pour les produits ou les services concernés. Dans le cas contraire, la demande en déchéance ou en nullité est rejetée.

6. Une mention de la décision de l'Office concernant la demande en déchéance ou en nullité est inscrite au registre lorsqu'elle est définitive.

## TITRE VII
## PROCÉDURE DE RECOURS

### Article 58 – Décisions susceptibles de recours

1. Les décisions des examinateurs, des divisions d'opposition, de la division d'administration des marques et des questions juridiques et des divisions d'annulation sont susceptibles de recours. Le recours a un effet suspensif.

2. Une décision qui ne met pas fin à une procédure à l'égard d'une des parties ne peut faire l'objet d'un recours qu'avec la décision finale, à moins que ladite décision ne prévoie un recours indépendant.

### Article 59 – Personnes admises à former le recours et à être parties à la procédure

Toute partie à une procédure ayant conduit à une décision peut recourir contre cette décision pour autant que cette dernière n'a pas fait droit à ses prétentions. Les autres parties à ladite procédure sont de droit parties à la procédure de recours.

### Article 60 – Délai et forme

Le recours doit être formé par écrit auprès de l'Office dans un délai de deux mois à compter du jour de la notification de la décision. Le recours n'est considéré comme formé qu'après paiement de la taxe de recours. Un mémoire exposant les motifs du recours doit être déposé par écrit dans un délai de quatre mois à compter de la date de la notification de la décision.

### Article 61 – Révision des décisions dans des cas ex parte

1. Si la partie qui a introduit le recours est la seule partie à la procédure et si l'instance dont la décision est attaquée considère le recours comme recevable et fondé, l'instance doit y faire droit.

2. S'il n'est pas fait droit au recours dans un délai d'un mois après la réception du mémoire exposant les motifs, le recours doit être immédiatement déféré à la chambre de recours, sans avis sur le fond.

### Article 62 – Révision des décisions dans des cas *inter partes*

1. Lorsque la procédure oppose la partie qui a introduit le recours à une autre partie et si l'instance dont la décision est attaquée considère le recours comme recevable et fondé, elle doit y faire droit.

2. Il peut y être fait droit uniquement si l'instance dont la décision est attaquée notifie à l'autre partie l'intention d'y faire droit et que celle-ci l'accepte dans un délai de deux mois à partir de la date de réception de la notification.

3. Si l'autre partie n'accepte pas dans un délai de deux mois après réception de la notification visée au paragraphe 2 qu'il soit fait droit au recours et émet une déclaration en ce sens, ou ne fait aucune déclaration dans le délai imparti, le recours doit être immédiatement déféré à la chambre de recours, sans avis sur le fond.

4. Cependant, si l'instance dont la décision est attaquée ne considère pas le recours comme recevable et fondé dans un délai d'un mois après la réception du mémoire exposant les motifs, elle défère immédiatement le recours à la chambre de recours, sans avis sur le fond, au lieu de prendre les mesures prévues aux paragraphes 2 et 3.

### Article 63 – Examen du recours

1. Si le recours est recevable, la chambre de recours examine s'il peut y être fait droit.

2. Au cours de l'examen du recours, la chambre de recours invite les parties, aussi souvent qu'il est nécessaire, à présenter, dans un délai qu'elle leur impartit, leurs observations sur les notifications qu'elle leur a adressées ou sur les communications qui émanent des autres parties.

### Article 64 – Décision sur le recours

1. À la suite de l'examen au fond du recours, la chambre de recours statue sur le recours. Elle peut, soit exercer les compétences de l'instance qui a pris la décision attaquée, soit renvoyer l'affaire à ladite instance pour à la suite de donner.

2. Si la chambre de recours renvoie l'affaire pour à la suite de donner à l'instance qui a pris la décision attaquée, cette instance est liée par les motifs et le dispositif de la décision de la chambre de recours pour autant que les faits de la cause sont les mêmes.

3. Les décisions des chambres de recours ne prennent effet qu'à compter de l'expiration du délai visé à l'article 65, paragraphe 5, ou, si un recours devant la Cour de justice a été introduit dans ce délai, à compter du rejet de celui-ci.

### Article 65 – Recours devant la Cour de justice

1. Les décisions des chambres de recours statuant sur un recours sont susceptibles d'un recours devant la Cour de justice.

2. Le recours est ouvert pour incompétence, violation des formes substantielles, violation du traité, du présent règlement ou de toute règle de droit relative à leur application, ou détournement de pouvoir.

3. La Cour de justice a compétence aussi bien pour annuler que pour réformer la décision attaquée.

4. Le recours est ouvert à toute partie à la procédure devant la chambre de recours pour autant que la décision de celle-ci n'a pas fait droit à ses prétentions.

5. Le recours est formé devant la Cour de justice dans un délai de deux mois à compter de la notification de la décision de la chambre de recours.

6. L'Office est tenu de prendre les mesures que comporte l'exécution de l'arrêt de la Cour de justice.

# TITRE VIII

# MARQUES COMMUNAUTAIRES COLLECTIVES

## Article 66 – Marques communautaires collectives

1. Peuvent constituer des marques communautaires collectives les marques communautaires ainsi désignées lors du dépôt et propres à distinguer les produits ou les services des membres de l'association qui en est le titulaire de ceux d'autres entreprises. Peuvent déposer des marques communautaires collectives les associations de fabricants, de producteurs, de prestataires de services ou de commerçants, qui, aux termes de la législation qui leur est applicable, ont la capacité, en leur propre nom, d'être titulaires de droits et d'obligations de toute nature, de passer des contrats ou d'accomplir d'autres actes juridiques et d'ester en justice, de même que les personnes morales relevant du droit public.

2. Par dérogation à l'article 7, paragraphe 1, point c), peuvent constituer des marques communautaires collectives au sens du paragraphe 1 des signes ou indications pouvant servir, dans le commerce, à désigner la provenance géographique des produits ou des services. Une marque collective n'autorise pas le titulaire à interdire à un tiers d'utiliser dans le commerce ces signes ou indications, pour autant que cet usage soit fait conformément aux usages honnêtes en matière industrielle ou commerciale; en particulier, une telle marque ne peut être opposée à un tiers habilité à utiliser une dénomination géographique.

3. Les dispositions du présent règlement s'appliquent aux marques communautaires collectives, sauf disposition contraire prévue aux articles 67 à 74.

## Article 67 – Règlement d'usage de la marque

1. Le demandeur d'une marque communautaire collective doit présenter un règlement d'usage dans le délai prescrit.

2. Le règlement d'usage indique les personnes autorisées à utiliser la marque, les conditions d'affiliation à l'association ainsi que, dans la mesure où elles existent, les conditions d'usage de la marque, y compris les sanctions. Le règlement d'usage d'une marque visée à l'article 66, paragraphe 2, doit autoriser toute personne dont les produits ou services proviennent de la zone géographique concernée, à devenir membre de l'association qui est titulaire de la marque.

### Article 68 – Rejet de la demande

1. Outre les motifs de rejet d'une demande de marque communautaire prévus aux articles 36 et 37, la demande de marque communautaire collective est rejetée lorsqu'il n'est pas satisfait aux dispositions de l'article 66 ou de l'article 67 ou que le règlement d'usage est contraire à l'ordre public ou aux bonnes mœurs.

2. La demande de marque communautaire collective est rejetée en outre lorsque le public risque d'être induit en erreur sur le caractère ou la signification de la marque, notamment lorsqu'elle est susceptible d'apparaître comme étant autre chose qu'une marque collective.

3. La demande n'est pas rejetée, si le demandeur, par une modification du règlement d'usage, répond aux exigences énoncées aux paragraphes 1 et 2.

### Article 69 – Observations des tiers

Outre les cas mentionnés à l'article 40, toute personne ou tout groupement visé à cet article peut adresser à l'Office des observations écrites fondées sur le motif particulier selon lequel la demande de marque communautaire collective devrait être rejetée en vertu de l'article 68.

### Article 70 – Usage de la marque

L'usage de la marque communautaire collective fait par toute personne habilitée à utiliser cette marque satisfait aux dispositions du présent règlement, pour autant que les autres conditions auxquelles celui-ci soumet l'usage de la marque communautaire soient remplies.

### Article 71 – Modification du règlement d'usage de la marque

1. Le titulaire de la marque communautaire collective doit soumettre à l'Office tout règlement d'usage modifié.

2. La modification n'est pas mentionnée au registre, si le règlement d'usage modifié ne satisfait pas aux prescriptions de l'article 67 ou comporte un motif de rejet visé à l'article 68.

3. L'article 69 est applicable au règlement d'usage modifié.

4. Aux fins de l'application du présent règlement, la modification du règlement d'usage ne prend effet qu'à compter de la date d'inscription de la mention de la modification au registre.

### Article 72 – Exercice de l'action en contrefaçon

1. Les dispositions de l'article 22, paragraphes 3 et 4, relatives aux droits des licenciés s'appliquent à toute personne habilitée à utiliser une marque communautaire collective.

2. Le titulaire d'une marque communautaire collective peut réclamer, au nom des personnes habilitées à utiliser la marque, réparation du dommage subi par celles-ci du fait de l'usage non autorisé de la marque.

### Article 73 – Causes de déchéance

Outre les causes de déchéance prévues à l'article 51, le titulaire de la marque communautaire collective est déclaré déchu de ses droits sur demande auprès de l'Office ou sur demande reconventionnelle dans une action en contrefaçon lorsque :

a) le titulaire ne prend pas de mesures raisonnables en vue de prévenir un usage de la marque qui ne serait pas compatible avec les conditions d'usage prévues par le règlement d'usage, dont la modification a été, le cas échéant, mentionnée au registre;

b) la manière selon laquelle la marque a été utilisée par le titulaire a eu pour conséquence qu'elle est devenue susceptible d'induire le public en erreur au sens de l'article 68, paragraphe 2;

c) la modification du règlement d'usage a été mentionnée au registre contrairement aux dispositions de l'article 71, paragraphe 2, sauf si le titulaire de la marque répond, par une nouvelle modification du règlement d'usage, aux exigences fixées par ces dispositions.

### Article 74 – Causes de nullité

Outre les causes de nullité prévues aux articles 52 et 53, la marque communautaire collective est déclarée nulle sur demande présentée auprès de l'Office ou sur demande reconventionnelle dans une action en contrefaçon lorsqu'elle a été enregistrée contrairement aux dispositions de l'article 68, sauf si le titulaire de la marque répond, par une modification du règlement d'usage, aux exigences fixées par ces dispositions.

# TITRE IX
# DISPOSITIONS DE PROCÉDURE

## *Section 1*
## Dispositions générales

### Article 75 – Motivation des décisions

Les décisions de l'Office sont motivées. Elles ne peuvent être fondées que sur des motifs sur lesquels les parties ont pu prendre position.

### Article 76 – Examen d'office des faits

1. Au cours de la procédure, l'Office procède à l'examen d'office des faits; toutefois, dans une procédure concernant des motifs relatifs de refus d'enregistrement, l'examen est limité aux moyens invoqués et aux demandes présentées par les parties.

2. L'Office peut ne pas tenir compte des faits que les parties n'ont pas invoqués ou des preuves qu'elles n'ont pas produites en temps utile.

### Article 77 – Procédure orale

1. L'Office recourt à la procédure orale, soit d'office, soit sur requête d'une partie à la procédure, à condition qu'il le juge utile.

2. La procédure orale devant les examinateurs, la division d'opposition et la division de l'administration des marques et des questions juridiques n'est pas publique.

3. La procédure orale, y compris le prononcé de la décision, est publique devant la division d'annulation et les chambres de recours, sauf décision contraire de l'instance saisie au cas où la publicité pourrait présenter, notamment pour une partie à la procédure, des inconvénients graves et injustifiés.

## Article 78 – Instruction

1. Dans toute procédure devant l'Office, les mesures d'instruction suivantes peuvent notamment être prises :

a) l'audition des parties;

b) la demande de renseignements;

c) la production de documents et d'échantillons;

d) l'audition de témoins;

e) l'expertise;

f) les déclarations écrites faites sous serment ou solennellement ou qui ont un effet équivalent d'après la législation de l'État dans lequel elles sont faites.

2. Le service saisi peut charger un de ses membres de procéder aux mesures d'instruction.

3. Si l'Office estime nécessaire qu'une partie, un témoin ou un expert dépose oralement, il invite la personne concernée à comparaître devant lui.

4. Les parties sont informées de l'audition d'un témoin ou expert devant l'Office. Elles ont le droit d'être présentes et de poser des questions au témoin ou à l'expert.

## Article 79 – Notification

L'Office notifie d'office toutes les décisions et invitations à comparaître devant lui ainsi que les communications qui font courir un délai ou dont la notification est prévue par d'autres dispositions du présent règlement ou par le règlement, ou prescrite par le président de l'Office.

## Article 80 – Suppression ou révocation

1. Lorsque l'Office effectue une inscription dans le registre ou prend une décision entachées d'une erreur de procédure manifeste, qui lui est imputable, il se charge de supprimer une telle inscription ou de révoquer cette décision. Dans le cas où il n'y a qu'une seule partie à la procédure dont les droits sont lésés par l'inscription ou l'acte, la suppression de l'inscription ou la révocation de la décision est ordonnée même si, pour la partie, l'erreur n'était pas manifeste.

2. La suppression de l'inscription ou la révocation de la décision, visées au paragraphe 1, sont ordonnées, d'office ou à la demande de l'une des parties à la procédure, par l'instance ayant procédé à l'inscription ou ayant adopté la décision. La suppression ou la révocation sont ordonnées dans un délai de six mois à partir de la date d'inscription au registre ou de l'adoption de la décision, après avoir entendu les parties à la procédure ainsi que les éventuels titulaires de droits sur la marque communautaire en question qui sont inscrits au registre.

3. Le présent article ne porte pas atteinte au droit qu'ont les parties de former un recours en application des articles 58 et 65 ni à la possibilité, conformément aux modalités et aux conditions fixées par le règlement d'exécution d'obtenir la correction des erreurs linguistiques ou de transcription et des erreurs manifestes figurant dans les décisions de l'Office, ainsi que des erreurs imputables à l'Office lors de l'enregistrement de la marque ou de la publication de cet enregistrement.

## Article 81 – *Restitutio in integrum*

1. Le demandeur ou le titulaire d'une marque communautaire ou toute autre partie à une procédure devant l'Office qui, bien qu'ayant fait preuve de toute la vigilance nécessitée par les circonstances, n'a pas été en mesure d'observer un délai à

l'égard de l'Office est, sur requête, rétabli dans ses droits si l'empêchement a eu pour conséquence directe, en vertu des dispositions du présent règlement, la perte d'un droit ou celle d'un moyen de recours.

2. La requête doit être présentée par écrit dans un délai de deux mois à compter de la cessation de l'empêchement. L'acte non accompli doit l'être dans ce délai. La requête n'est recevable que dans un délai d'un an à compter de l'expiration du délai non observé. En cas de non-présentation de la demande de renouvellement de l'enregistrement ou de non-paiement d'une taxe de renouvellement, le délai supplémentaire de six mois prévu à l'article 47, paragraphe 3, troisième phrase, est déduit de la période d'une année.

3. La requête doit être motivée et indiquer les faits et les justifications invoquées à son appui. Elle n'est réputée présentée qu'après paiement de la taxe de *restitutio in integrum*.

4. L'instance qui est compétente pour statuer sur l'acte non accompli décide sur la requête.

5. Le présent article n'est pas applicable aux délais prévus au paragraphe 2 ni à l'article 41, paragraphes 1 et 3, ni à l'article 82.

6. Lorsque le demandeur ou le titulaire d'une marque communautaire est rétabli dans ses droits, il ne peut invoquer ses droits contre un tiers qui, de bonne foi, a mis des produits dans le commerce ou a fourni des services sous un signe identique ou similaire à la marque communautaire pendant la période comprise entre la perte du droit sur la demande ou sur la marque communautaire et la publication de la mention du rétablissement de ce droit.

7. Le tiers qui peut se prévaloir des dispositions du paragraphe 6 peut former tierce opposition contre la décision rétablissant dans ses droits le demandeur ou le titulaire d'une marque communautaire dans un délai de deux mois à compter de la date de publication de la mention du rétablissement du droit.

8. Le présent article n'affecte pas le droit pour un État membre d'accorder la *restitutio in integrum* quant aux délais prévus par le présent règlement et qui doivent être observés vis-à-vis des autorités de cet État.

## Article 82 – Poursuite de la procédure

1. Le demandeur ou le titulaire d'une marque communautaire ou toute autre partie à une procédure devant l'Office qui a omis d'observer un délai à l'égard de l'Office peut obtenir, sur requête, la poursuite de la procédure, à condition que, au moment où la requête est introduite, l'acte omis ait été accompli. La requête en poursuite de procédure est uniquement recevable lorsqu'elle est présentée dans un délai de deux mois à compter de la date d'expiration du délai non observé. La requête n'est réputée présentée qu'après paiement d'une taxe de poursuite de la procédure.

2. Le présent article n'est pas applicable aux délais prévus à l'article 25, paragraphe 3, à l'article 27, à l'article 29, paragraphe 1, à l'article 33, paragraphe 1, à l'article 36, paragraphe 2, aux articles 41 et 42, à l'article 47, paragraphe 3, aux articles 60 et 62, à l'article 65, paragraphe 5, aux articles 81 et 112, aux délais prévus dans le présent article et aux délais prévus par le règlement d'exécution pour se prévaloir, après le dépôt de la demande, d'une priorité en application de l'article 30, d'une priorité d'exposition en vertu de l'article 33 ou d'une ancienneté au sens de l'article 34.

3. L'instance qui est compétente pour statuer sur l'acte omis se prononce sur la requête.

4. Dans le cas où l'Office fait droit à la requête, les conséquences de l'inobservation du délai sont réputées ne pas s'être produites.

5. Dans le cas où l'Office rejette la requête, la taxe est remboursée.

### Article 83 – Référence aux principes généraux

En l'absence d'une disposition de procédure dans le présent règlement, le règlement d'exécution, le règlement relatif aux taxes ou le règlement de procédure des chambres de recours, l'Office prend en considération les principes généralement admis en la matière dans les États membres.

### Article 84 – Fin des obligations financières

1. Le droit de l'Office d'exiger le paiement de taxes se prescrit par quatre ans à compter de la fin de l'année civile au cours de laquelle la taxe est devenue exigible.

2. Les droits à l'encontre de l'Office en matière de remboursement de taxes ou de trop-perçu par celui-ci lors du paiement de taxes se prescrivent par quatre ans à compter de la fin de l'année civile au cours de laquelle le droit a pris naissance.

3. Le délai prévu aux paragraphes 1 et 2 est interrompu dans le cas visé au paragraphe 1 par une invitation à acquitter la taxe, et dans le cas visé au paragraphe 2 par une requête écrite en vue de faire valoir ce droit. Ce délai recommence à courir à compter de la date de son interruption; il expire au plus tard au terme d'une période de six ans calculée à compter de la fin de l'année civile au cours de laquelle il a commencé à courir initialement, à moins qu'une action en justice n'ait été engagée pour faire valoir ce droit; en pareil cas, le délai expire au plus tôt au terme d'une période d'une année calculée à compter de la date à laquelle la décision est passée en force de chose jugée.

*Section 2*

## Frais

### Article 85 – Répartition des frais

1. La partie perdante dans une procédure d'opposition, de déchéance, de nullité ou de recours supporte les taxes exposées par l'autre partie, ainsi que, sans préjudice des dispositions de l'article 119, paragraphe 6, tous les frais exposés par celle-ci indispensables aux fins des procédures, y compris les frais de déplacement et de séjour et la rémunération d'un agent, conseil ou avocat, dans la limite des tarifs fixés pour chaque catégorie de frais dans les conditions prévues par le règlement d'exécution.

2. Toutefois, dans la mesure où les parties succombent respectivement sur un ou plusieurs chefs ou dans la mesure où l'équité l'exige, la division d'opposition ou la division d'annulation ou la chambre de recours décide d'une répartition différente des frais.

3. La partie qui met fin à une procédure par le retrait de la demande de marque communautaire, de l'opposition, de la demande en déchéance ou en nullité, ou du recours, par le non-renouvellement de l'enregistrement de la marque communautaire ou par la renonciation à celle-ci, supporte les taxes ainsi que les frais exposés par l'autre partie dans les conditions prévues aux paragraphes 1 et 2.

4. En cas de non-lieu à statuer, la division d'opposition, la division d'annulation ou la chambre de recours règle librement les frais.

5. Lorsque les parties concluent devant la division d'opposition, la division d'annulation ou la chambre de recours un accord sur les frais différent de celui résultant de l'application des paragraphes précédents, l'instance concernée prend acte de cet accord.

6. La division d'opposition ou la division d'annulation ou la chambre de recours fixe le montant des frais à rembourser en vertu des paragraphes précédents lorsque ces frais se limitent aux taxes payées à l'Office et aux frais de représentation. Dans tous les autres cas, le greffe de la chambre de recours ou un membre du personnel de la division d'opposition ou de la division d'annulation fixe le montant des frais à rembourser sur requête. La requête n'est recevable que lorsqu'elle est présentée dans un délai de deux mois à partir de la date à laquelle la décision faisant l'objet de la demande de fixation des frais devient définitive. Ce montant peut, sur requête présentée dans le délai prescrit, être révisé par décision de la division d'opposition, de la division d'annulation ou de la chambre de recours.

### Article 86 – Exécution des décisions fixant le montant des frais

1. Toute décision définitive de l'Office qui fixe le montant des frais forme titre exécutoire.

2. L'exécution forcée est régie par les règles de la procédure civile en vigueur dans l'État sur le territoire duquel elle a lieu. La formule exécutoire est apposée, sans autre contrôle que celui de la vérification de l'authenticité du titre, par l'autorité nationale que le gouvernement de chacun des États membres désigne à cet effet et dont il donne connaissance à l'Office et à la Cour de justice.

3. Après l'accomplissement de ces formalités à la demande de la partie concernée, celle-ci peut poursuivre l'exécution forcée en saisissant directement l'organe compétent, suivant la législation nationale.

4. L'exécution forcée ne peut être suspendue qu'en vertu d'une décision de la Cour de justice. Toutefois, le contrôle de la régularité des mesures d'exécution relève de la compétence des juridictions du pays concerné.

## *Section 3*

## Information du public et des autorités des États membres

### Article 87 – Registre des marques communautaires

L'Office tient un registre, dénommé registre des marques communautaires, où sont portées les indications dont l'enregistrement ou la mention est prévu par le présent règlement ou le règlement d'exécution. Le registre est ouvert à l'inspection publique.

### Article 88 – Inspection publique

1. Les dossiers relatifs à des demandes de marques communautaires qui n'ont pas encore été publiées ne peuvent être ouverts à l'inspection publique qu'avec l'accord du demandeur.

2. Quiconque prouve que le demandeur d'une marque communautaire a affirmé qu'après l'enregistrement de la marque il se prévaudra de celle-ci à son encontre

peut consulter le dossier avant la publication de la demande et sans l'accord du demandeur.

3. Après la publication de la demande de marque communautaire, les dossiers de cette demande et de la marque à laquelle elle a donné lieu peuvent, sur requête, être ouverts à l'inspection publique.

4. Toutefois, lorsque les dossiers sont ouverts à l'inspection publique conformément aux paragraphes 2 ou 3, des pièces du dossier peuvent en être exclues selon les dispositions du règlement d'exécution.

### Article 89 – Publications périodiques

L'Office publie périodiquement :

a) un Bulletin des marques communautaires contenant les inscriptions portées au registre des marques communautaires ainsi que toutes les autres indications dont la publication est prescrite par le présent règlement ou par le règlement d'exécution;

b) un *Journal officiel* contenant les communications et les informations d'ordre général émanant du président de l'Office ainsi que toutes autres informations relatives au présent règlement et à son application.

### Article 90 – Coopération administrative

Sauf dispositions contraires du présent règlement ou des législations nationales, l'Office et les juridictions ou autres autorités compétentes des États membres s'assistent mutuellement, sur demande, en se communiquant des informations ou des dossiers. Lorsque l'Office communique les dossiers aux juridictions, aux ministères publics ou aux services centraux de la propriété industrielle, la communication n'est pas soumise aux restrictions prévues à l'article 88.

### Article 91 – Échange de publications

1. L'Office et les services centraux de la propriété industrielle des États membres échangent, sur requête, pour leurs propres besoins et gratuitement, un ou plusieurs exemplaires de leurs publications respectives.

2. L'Office peut conclure des accords portant sur l'échange ou l'envoi de publications.

## *Section 4*
## Représentation

### Article 92 – Principes généraux relatifs à la représentation

1. Sous réserve des dispositions du paragraphe 2, nul n'est tenu de se faire représenter devant l'Office.

2. Sans préjudice des dispositions du paragraphe 3, deuxième phrase, les personnes physiques et morales qui n'ont ni domicile ni siège ni établissement industriel ou commercial effectif et sérieux dans la Communauté doivent être représentées devant l'Office conformément à l'article 93, paragraphe 1, dans toute procédure instituée par le présent règlement, sauf pour le dépôt d'une demande de marque communautaire; d'autres exceptions peuvent être prévues par le règlement d'exécution.

3. Les personnes physiques et morales qui ont leur domicile ou leur siège ou un établissement industriel ou commercial effectif et sérieux dans la Communauté

peuvent agir, devant l'Office, par l'entremise d'un employé. L'employé d'une personne morale visée au présent paragraphe peut agir également pour d'autres personnes morales qui sont économiquement liées à cette personne, même si ces autres personnes morales n'ont ni domicile ni siège ni établissement industriel ou commercial effectif et sérieux dans la Communauté.

4. Le règlement d'exécution précise si et à quelles conditions un employé doit déposer auprès de l'Office un pouvoir signé qui doit être versé au dossier.

### Article 93 – Représentation professionnelle

1. La représentation des personnes physiques ou morales devant l'Office ne peut être assurée que :

a) par tout avocat habilité à exercer sur le territoire de l'un des États membres et possédant son domicile professionnel dans la Communauté, dans la mesure où il peut agir dans ledit État en qualité de mandataire en matière de marques;

b) par les mandataires agréés inscrits sur une liste tenue à cet effet par l'Office. Le règlement d'exécution précise si et à quelles conditions les représentants devant l'Office déposent auprès de cet Office un pouvoir signé qui doit être versé au dossier.

Les représentants devant l'Office déposent auprès de cet Office un pouvoir signé qui doit être versé au dossier et dont les modalités sont précisées par le règlement d'exécution.

2. Peut être inscrite sur la liste des mandataires agréés toute personne physique qui :

a) possède la nationalité de l'un des États membres;

b) a son domicile professionnel ou le lieu de son emploi dans la Communauté;

c) est habilitée à représenter, en matière de marques, des personnes physiques ou morales devant le service central de la propriété industrielle d'un État membre. Lorsque, dans cet État, l'habilitation n'est pas subordonnée à l'exigence d'une qualification professionnelle spéciale, les personnes demandant leur inscription sur la liste de l'Office qui agissent en matière de marques devant le service central de la propriété industrielle dudit État doivent avoir exercé à titre habituel pendant cinq ans au moins. Toutefois, sont dispensées de cette condition relative à l'exercice de la profession, les personnes dont la qualification professionnelle pour assurer, en matière de marques, la représentation des personnes physiques ou morales devant le service central de la propriété industrielle de l'un des États membres, est reconnue officiellement conformément à la réglementation établie par cet État.

3. L'inscription est faite sur requête accompagnée d'une attestation fournie par le service central de la propriété industrielle de l'État membre concerné indiquant que les conditions visées au paragraphe 2 sont remplies.

4. Le président de l'Office peut accorder une dérogation :

a) à l'exigence visée au paragraphe 2, point c), deuxième phrase, lorsque le requérant fournit la preuve qu'il a acquis la qualification requise d'une autre manière;

b) dans des cas tenant à une situation particulière, à l'exigence visée au paragraphe 2, point a).

5. Le règlement d'exécution définit les conditions dans lesquelles une personne peut être radiée de la liste des mandataires agréés.

# TITRE X
# COMPÉTENCE ET PROCÉDURE CONCERNANT LES ACTIONS EN JUSTICE RELATIVES AUX MARQUES COMMUNAUTAIRES

*Section 1*

## Application du règlement (CE) nº 44/2001

### Article 94 – Application du règlement (CE) nº 44/2001

1. À moins que le présent règlement n'en dispose autrement, les dispositions du règlement (CE) nº 44/2001 sont applicables aux procédures concernant les marques communautaires et les demandes de marque communautaire ainsi qu'aux procédures concernant les actions simultanées ou successives menées sur la base de marques communautaires et de marques nationales.

2. En ce qui concerne les procédures résultant des actions et demandes visées à l'article 96 :

a) l'article 2, l'article 4, l'article 5, points 1, 3, 4 et 5, et l'article 31 du règlement (CE) nº 44/2001 ne sont pas applicables;

b) les articles 23 et 24 du règlement (CE) nº 44/2001 sont applicables dans les limites prévues à l'article 97, paragraphe 4, du présent règlement;

c) les dispositions du chapitre II du règlement (CE) nº 44/2001 qui s'appliquent aux personnes domiciliées dans un État membre s'appliquent également aux personnes qui ne sont pas domiciliées dans un État membre, mais qui y ont un établissement.

*Section 2*

## Litiges en matière de contrefaçon et de validité des marques communautaires

### Article 95 – Tribunaux des marques communautaires

1. Les États membres désignent sur leurs territoires un nombre aussi limité que possible de juridictions nationales de première et de deuxième instance, ci-après dénommées « tribunaux des marques communautaires », chargées de remplir les fonctions qui leur sont attribuées par le présent règlement.

2. Chaque État membre communique à la Commission dans un délai de trois ans à compter de l'entrée en vigueur du règlement (CE) nº 40/94 une liste des tribunaux des marques communautaires contenant l'indication de leur dénomination et de leur compétence territoriale.

3. Tout changement intervenant après la communication de la liste visée au paragraphe 2 et relatif au nombre, à la dénomination ou à la compétence territoriale desdits tribunaux est communiqué sans délai par l'État membre concerné à la Commission.

4. Les informations visées aux paragraphes 2 et 3 sont notifiées par la Commission aux États membres et publiées au *Journal officiel* de l'Union européenne.

5. Aussi longtemps qu'un État membre n'a pas procédé à la communication prévue au paragraphe 2, toute procédure résultant d'une action ou demande visées à l'article 96 et pour laquelle les tribunaux de cet État sont compétents en application

de l'article 97 est portée devant le tribunal de cet État qui aurait compétence territoriale et d'attribution s'il s'agissait d'une procédure relative à une marque nationale enregistrée dans l'État concerné.

### Article 96 – Compétence en matière de contrefaçon et de validité

Les tribunaux des marques communautaires ont compétence exclusive :

a) pour toutes les actions en contrefaçon et – si la loi nationale les admet – en menace de contrefaçon d'une marque communautaire;

b) pour les actions en constatation de non-contrefaçon, si la loi nationale les admet;

c) pour toutes les actions intentées à la suite de faits visés à l'article 9, paragraphe 3, deuxième phrase;

d) pour les demandes reconventionnelles en déchéance ou en nullité de la marque communautaire visées à l'article 100.

### Article 97 – Compétence internationale

1. Sous réserve des dispositions du présent règlement ainsi que des dispositions du règlement (CE) n° 44/2001 applicables en vertu de l'article 94, les procédures résultant des actions et demandes visées à l'article 96 sont portées devant les tribunaux de l'État membre sur le territoire duquel le défendeur a son domicile ou, si celui-ci n'est pas domicilié dans l'un des États membres, de l'État membre sur le territoire duquel il a un établissement.

2. Si le défendeur n'a ni son domicile, ni un établissement sur le territoire d'un État membre, ces procédures sont portées devant les tribunaux de l'État membre sur le territoire duquel le demandeur a son domicile ou, si ce dernier n'est pas domicilié dans l'un des États membres, de l'État membre sur le territoire duquel il a un établissement.

3. Si ni le défendeur, ni le demandeur ne sont ainsi domiciliés ou n'ont un tel établissement, ces procédures sont portées devant les tribunaux de l'État membre dans lequel l'Office a son siège.

4. Nonobstant les dispositions des paragraphes 1, 2 et 3 :

a) l'article 23 du règlement (CE) n° 44/2001 est applicable si les parties conviennent qu'un autre tribunal des marques communautaires est compétent;

b) l'article 24 du règlement (CE) n° 44/2001 est applicable si le défendeur comparaît devant un autre tribunal des marques communautaires.

5. Les procédures résultant des actions et demandes visées à l'article 96, à l'exception des actions en déclaration de non-contrefaçon d'une marque communautaire, peuvent également être portées devant les tribunaux de l'État membre sur le territoire duquel le fait de contrefaçon a été commis ou menace d'être commis ou sur le territoire duquel un fait visé à l'article 9, paragraphe 3, deuxième phrase, a été commis.

### Article 98 – Étendue de la compétence

1. Un tribunal des marques communautaires dont la compétence est fondée sur l'article 97, paragraphes 1 à 4, est compétent pour statuer sur :

a) les faits de contrefaçon commis ou menaçant d'être commis sur le territoire de tout État membre;

b) les faits visés à l'article 9, paragraphe 3, deuxième phrase, commis sur le territoire de tout État membre.

2. Un tribunal des marques communautaires dont la compétence est fondée sur l'article 97, paragraphe 5, est compétent uniquement pour statuer sur les faits commis ou menaçant d'être commis sur le territoire de l'État membre dans lequel est situé ce tribunal.

### Article 99 – Présomption de validité – Défenses au fond

1. Les tribunaux des marques communautaires considèrent la marque communautaire comme valide, à moins que le défendeur n'en conteste la validité par une demande reconventionnelle en déchéance ou en nullité.

2. La validité d'une marque communautaire ne peut être contestée par une action en constatation de non-contrefaçon.

3. Dans les actions visées à l'article 96, points a) et c), l'exception de déchéance ou de nullité de la marque communautaire, présentée par une voie autre qu'une demande reconventionnelle, est recevable dans la mesure où le défendeur fait valoir que le titulaire de la marque communautaire pourrait être déchu de ses droits pour usage insuffisant ou que la marque pourrait être déclarée nulle en raison de l'existence d'un droit antérieur du défendeur.

### Article 100 – Demande reconventionnelle

1. La demande reconventionnelle en déchéance ou en nullité ne peut être fondée que sur les causes de déchéance ou de nullité prévues par le présent règlement.

2. Un tribunal des marques communautaires rejette une demande reconventionnelle en déchéance ou en nullité, si une décision rendue par l'Office entre les mêmes parties sur une demande ayant le même objet et la même cause est déjà devenue définitive.

3. Si la demande reconventionnelle est introduite dans un litige auquel le titulaire de la marque n'est pas déjà partie, il en est informé et peut intervenir au litige conformément aux conditions prévues par la loi nationale.

4. Le tribunal des marques communautaires devant lequel une demande reconventionnelle en déchéance ou en nullité de la marque communautaire a été introduite communique à l'Office la date à laquelle cette demande reconventionnelle a été introduite. L'Office inscrit ce fait au registre des marques communautaires.

5. Les dispositions de l'article 57, paragraphes 2 à 5, sont applicables.

6. Lorsqu'un tribunal des marques communautaires a rendu une décision passée en force de chose jugée sur une demande reconventionnelle en déchéance ou en nullité d'une marque communautaire, une copie de la décision est transmise à l'Office. Toute partie peut demander des informations quant à cette transmission. L'Office inscrit au registre des marques communautaires la mention de la décision dans les conditions prévues au règlement d'exécution.

7. Le tribunal des marques communautaires saisi d'une demande reconventionnelle en déchéance ou en nullité peut surseoir à statuer à la demande du titulaire de la marque communautaire et après audition des autres parties et inviter le défendeur à présenter une demande en déchéance ou en nullité à l'Office dans un délai qu'il lui impartit. Si cette demande n'est pas présentée dans ce délai, la procédure est poursuivie; la demande reconventionnelle est considérée comme retirée. L'article 104, paragraphe 3, est applicable.

### Article 101 – Droit applicable

1. Les tribunaux des marques communautaires appliquent les dispositions du présent règlement.

2. Pour toutes les questions qui n'entrent pas dans le champ d'application du présent règlement, le tribunal des marques communautaires applique son droit national, y compris son droit international privé.

3. À moins que le présent règlement n'en dispose autrement, le tribunal des marques communautaires applique les règles de procédure applicables au même type d'actions relatives à une marque nationale dans l'État membre sur le territoire duquel ce tribunal est situé.

### Article 102 – Sanctions

1. Lorsqu'un tribunal des marques communautaires constate que le défendeur a contrefait ou menacé de contrefaire une marque communautaire, il rend, sauf s'il y a des raisons particulières de ne pas agir de la sorte, une ordonnance lui interdisant de poursuivre les actes de contrefaçon ou de menace de contrefaçon. Il prend également, conformément à la loi nationale, les mesures propres à garantir le respect de cette interdiction.

2. Par ailleurs, le tribunal des marques communautaires applique la loi de l'État membre, y compris son droit international privé, dans lequel les actes de contrefaçon ou de menace de contrefaçon ont été commis.

### Article 103 – Mesures provisoires et conservatoires

1. Les mesures provisoires et conservatoires prévues par la loi d'un État membre à propos d'une marque nationale peuvent être demandées, à propos d'une marque communautaire ou d'une demande de marque communautaire, aux autorités judiciaires, y compris aux tribunaux des marques communautaires, de cet État, même si, en vertu du présent règlement, un tribunal des marques communautaires d'un autre État membre est compétent pour connaître du fond.

2. Un tribunal des marques communautaires dont la compétence est fondée sur l'article 97, paragraphes 1, 2, 3 ou 4, est compétent pour ordonner des mesures provisoires et conservatoires qui, sous réserve de toute procédure requise aux fins de la reconnaissance et de l'exécution conformément au titre III du règlement (CE) n° 44/2001, sont applicables sur le territoire de tout État membre. Cette compétence n'appartient à aucune autre juridiction.

### Article 104 – Règles spécifiques en matière de connexité

1. Sauf s'il existe des raisons particulières de poursuivre la procédure, un tribunal des marques communautaires saisi d'une action visée à l'article 96, à l'exception d'une action en constatation de non-contrefaçon, sursoit à statuer, de sa propre initiative après audition des parties ou à la demande de l'une des parties et après audition des autres parties, lorsque la validité de la marque communautaire est déjà contestée devant un autre tribunal des marques communautaires par une demande reconventionnelle ou qu'une demande en déchéance ou en nullité a déjà été introduite auprès de l'Office.

2. Sauf s'il existe des raisons particulières de poursuivre la procédure, l'Office saisi d'une demande en déchéance ou en nullité sursoit à statuer, de sa propre initiative après audition des parties ou à la demande de l'une des parties et après audition

des autres parties, lorsque la validité de la marque communautaire est déjà contestée devant un tribunal des marques communautaires par une demande reconventionnelle. Toutefois, si l'une des parties à la procédure devant le tribunal des marques communautaires le demande, le tribunal peut, après audition des autres parties à cette procédure, suspendre la procédure. Dans ce cas, l'Office poursuit la procédure pendante devant lui.

3. Le tribunal des marques communautaires qui sursoit à statuer peut ordonner des mesures provisoires et conservatoires pour la durée de la suspension.

### Article 105 – Compétence des tribunaux des marques communautaires de deuxième instance – Pourvoi en cassation

1. Les décisions des tribunaux des marques communautaires de première instance rendues dans les procédures résultant des actions et demandes visées à l'article 96 sont susceptibles de recours devant les tribunaux des marques communautaires de deuxième instance.

2. Les conditions dans lesquelles un recours peut être formé devant un tribunal des marques communautaires de deuxième instance sont déterminées par la loi nationale de l'État membre sur le territoire duquel ce tribunal est situé.

3. Les dispositions nationales relatives au pourvoi en cassation sont applicables aux décisions des tribunaux des marques communautaires de deuxième instance.

## *Section 3*

## Autres litiges relatifs aux marques communautaires

### Article 106 – Dispositions complémentaires concernant la compétence des tribunaux nationaux autres que les tribunaux des marques communautaires

1. Dans l'État membre dont les tribunaux sont compétents conformément à l'article 94, paragraphe 1, les actions autres que celles visées à l'article 96 sont portées devant les tribunaux qui auraient compétence territoriale et d'attribution s'il s'agissait d'actions relatives à des marques nationales enregistrées dans l'État concerné.

2. Lorsque, en vertu de l'article 94, paragraphe 1, et du paragraphe 1 du présent article, aucun tribunal n'est compétent pour connaître d'une action autre que celles visées à l'article 96 et relative à une marque communautaire, cette action peut être portée devant les tribunaux de l'État membre dans lequel l'Office a son siège.

### Article 107 – Obligation du tribunal national

Le tribunal national saisi d'une action autre que celles visées à l'article 96 et relative à une marque communautaire doit tenir cette marque pour valide.

## *Section 4*

## Disposition transitoire

### Article 108 – Disposition transitoire concernant l'application du règlement (CE) n° 44/2001

Les dispositions du règlement (CE) n° 44/2001, applicables en vertu des articles précédents, ne produisent leurs effets à l'égard d'un État membre que dans le texte dudit règlement qui est en vigueur à l'égard de cet État à un moment donné.

# TITRE XI
# INCIDENCES SUR LE DROIT DES ÉTATS MEMBRES

## *Section 1*
## Actions civiles sur la base de plusieurs marques

### Article 109 – Actions civiles simultanées et successives sur la base de marques communautaires et de marques nationales

1. Lorsque des actions en contrefaçon sont formées pour les mêmes faits entre les mêmes parties devant des juridictions d'États membres différents saisies l'une sur la base d'une marque communautaire et l'autre sur la base d'une marque nationale :

a) la juridiction saisie en second lieu doit, même d'office, se dessaisir en faveur de la juridiction première saisie lorsque les marques en cause sont identiques et valables pour des produits ou services identiques. La juridiction qui devrait se dessaisir peut surseoir à statuer si la compétence de l'autre juridiction est contestée ;

b) la juridiction saisie en second lieu peut surseoir à statuer lorsque les marques en cause sont identiques et valables pour des produits ou services similaires ainsi que lorsque les marques en cause sont similaires et valables pour des produits ou services identiques ou similaires.

2. La juridiction saisie d'une action en contrefaçon sur la base d'une marque communautaire rejette l'action si, sur les mêmes faits, un jugement définitif a été rendu sur le fond entre les mêmes parties sur la base d'une marque nationale identique, valable pour des produits ou services identiques.

3. La juridiction saisie d'une action en contrefaçon sur la base d'une marque nationale rejette l'action si, sur les mêmes faits, un jugement définitif a été rendu sur le fond entre les mêmes parties sur la base d'une marque communautaire identique, valable pour des produits ou services identiques.

4. Les paragraphes 1, 2 et 3 ne s'appliquent pas aux mesures provisoires et conservatoires.

## *Section 2*
## Application du droit national aux fins d'interdiction de l'usage des marques communautaires

### Article 110 – Interdiction de l'usage des marques communautaires

1. Sauf disposition contraire, le présent règlement n'affecte pas le droit, existant en vertu de la loi des États membres, d'intenter des actions en violation de droits antérieurs au sens de l'article 8 ou de l'article 53, paragraphe 2, contre l'usage d'une marque communautaire postérieure. Des actions en violation de droits antérieurs au sens de l'article 8, paragraphes 2 et 4, ne peuvent toutefois plus être intentées lorsque le titulaire du droit antérieur ne peut plus, en vertu de l'article 54, paragraphe 2, demander la nullité de la marque communautaire.

2. Sauf disposition contraire, le présent règlement n'affecte pas le droit d'intenter sur la base du droit civil, administratif ou pénal d'un État membre ou sur la base de

dispositions de droit communautaire, des actions ayant pour objet d'interdire l'usage d'une marque communautaire dans la mesure où le droit de cet État membre ou le droit communautaire peut être invoqué pour interdire l'usage d'une marque nationale.

### Article 111 – Droits antérieurs de portée locale

1. Le titulaire d'un droit antérieur de portée locale peut s'opposer à l'usage de la marque communautaire sur le territoire où ce droit est protégé dans la mesure où le droit de l'État membre concerné le permet.

2. Le paragraphe 1 cesse d'être applicable si le titulaire du droit antérieur a toléré l'usage de la marque communautaire sur le territoire où ce droit est protégé, pendant cinq années consécutives en connaissance de cet usage, à moins que le dépôt de la marque communautaire n'ait été effectué de mauvaise foi.

3. Le titulaire de la marque communautaire ne peut pas s'opposer à l'usage du droit visé au paragraphe 1, même si ce droit ne peut plus être invoqué contre la marque communautaire.

## *Section 3*

## Transformation en demande de marque nationale

### Article 112 – Requête en vue de l'engagement de la procédure nationale

1. Le demandeur ou le titulaire d'une marque communautaire peut requérir la transformation de sa demande ou de sa marque communautaire en demande de marque nationale :

a) dans la mesure où la demande de marque communautaire est rejetée, retirée ou réputée retirée ;

b) dans la mesure où la marque communautaire cesse de produire ses effets.

2. La transformation n'a pas lieu :

a) lorsque le titulaire de la marque communautaire a été déchu de ses droits pour défaut d'usage de cette marque, à moins que dans l'État membre pour lequel la transformation a été demandée la marque communautaire n'ait été utilisée dans des conditions qui constituent un usage sérieux au sens de la législation dudit État membre ;

b) en vue d'une protection dans un État membre où, selon la décision de l'Office ou de la juridiction nationale, la demande ou la marque communautaire est frappée d'un motif de refus d'enregistrement, de révocation ou de nullité.

3. La demande de marque nationale issue de la transformation d'une demande ou d'une marque communautaire bénéficie, dans l'État membre concerné, de la date de dépôt ou de la date de priorité de cette demande ou de cette marque et, le cas échéant, de l'ancienneté d'une marque de cet État revendiquée conformément à l'article 34 ou à l'article 35.

4. Dans les cas où une demande de marque communautaire est réputée retirée, l'Office adresse au demandeur une communication lui impartissant un délai de trois mois à compter de cette communication pour présenter une requête en transformation.

5. Lorsque la demande de marque communautaire est retirée ou que la marque communautaire cesse de produire ses effets du fait de l'inscription d'une renonciation ou du non-renouvellement de l'enregistrement, la requête en transformation est

déposée dans un délai de trois mois à compter de la date à laquelle la demande de marque communautaire a été retirée ou à laquelle la marque communautaire cesse de produire ses effets.

6. Lorsque la demande de marque communautaire est refusée par une décision de l'Office ou que la marque communautaire cesse de produire ses effets du fait d'une décision de l'Office ou d'un tribunal des marques communautaires, la requête en transformation doit être présentée dans un délai de trois mois à compter de la date à laquelle cette décision est passée en force de chose jugée.

7. La disposition faisant l'objet de l'article 32 cesse de produire ses effets si la requête n'est pas présentée dans le délai imparti.

### Article 113 – Présentation, publication et transmission de la requête en transformation

1. La requête en transformation est présentée à l'Office; les États membres dans lesquels le requérant entend que soit engagée la procédure d'enregistrement d'une marque nationale sont mentionnés dans la requête. Cette requête n'est réputée présentée qu'après le paiement de la taxe de transformation.

2. Si la demande de marque communautaire a été publiée, il est fait mention, le cas échéant, au registre des marques communautaires de la réception de la requête en transformation, et cette requête est publiée.

3. L'Office vérifie si la transformation demandée remplit les conditions du présent règlement, notamment de l'article 112, paragraphes 1, 2, 4, 5 et 6, et du paragraphe 1 du présent article, ainsi que les conditions formelles prévues par le règlement d'exécution. Si ces conditions sont remplies, l'Office transmet la requête en transformation aux services de la propriété industrielle des États membres qui y sont mentionnés.

### Article 114 – Conditions de forme de la transformation

1. Tout service central de la propriété industrielle auquel la requête en transformation est transmise peut obtenir de l'Office toute information additionnelle concernant cette requête lorsqu'elle est de nature à permettre à ce service de se prononcer sur la marque nationale qui résulte de la transformation.

2. La demande ou la marque communautaire, transmise conformément à l'article 113, ne peut, quant à sa forme, être soumise par la loi nationale à des conditions différentes de celles qui sont prévues par le présent règlement ou par le règlement d'exécution ou à des conditions supplémentaires.

3. Le service central de la propriété industrielle auquel la requête est transmise peut exiger que, dans un délai qui ne peut être inférieur à deux mois, le demandeur :

a) acquitte la taxe nationale de dépôt;

b) produise, dans l'une des langues officielles de l'État en cause, une traduction de la requête et des pièces jointes à celle-ci;

c) élise domicile dans l'État en question;

d) fournisse une reproduction de la marque en un nombre d'exemplaires précisé par l'État en question.

# TITRE XII
# L'OFFICE

## *Section 1*
## Dispositions générales

### Article 115 – Statut juridique

1. L'Office est un organisme de la Communauté. Il a la personnalité juridique.

2. Dans chacun des États membres, il possède la capacité juridique la plus large reconnue aux personnes morales par les législations nationales; il peut notamment acquérir ou aliéner des biens immobiliers et mobiliers et ester en justice.

3. L'Office est représenté par son président.

### Article 116 – Personnel

1. Sans préjudice de l'application de l'article 136 aux membres des chambres de recours, le statut des fonctionnaires des Communautés européennes, ci-après dénommé « le statut », le régime applicable aux autres agents des Communautés européennes et les réglementations d'exécution de ces dispositions, arrêtées d'un commun accord par les institutions des Communautés européennes, s'appliquent au personnel de l'Office.

2. Les pouvoirs dévolus à chaque institution par le statut et par le régime applicable aux autres agents sont exercés par l'Office à l'égard de son personnel, sans préjudice de l'article 125.

### Article 117 – Privilèges et immunités

Le protocole sur les privilèges et immunités des Communautés européennes est applicable à l'Office.

### Article 118 – Responsabilité

1. La responsabilité contractuelle de l'Office est régie par la loi applicable au contrat en cause.

2. La Cour de justice est compétente pour statuer en vertu d'une clause compromissoire contenue dans un contrat passé par l'Office.

3. En matière de responsabilité non contractuelle, l'Office doit réparer, conformément aux principes généraux communs aux droits des États membres, les dommages causés par ses services ou par ses agents dans l'exercice de leurs fonctions.

4. La Cour de justice est compétente pour connaître des litiges relatifs à la réparation des dommages visés au paragraphe 3.

5. La responsabilité personnelle des agents envers l'Office est réglée dans les dispositions fixant leur statut ou le régime qui leur est applicable.

### Article 119 – Langues

1. Les demandes de marque communautaire sont déposées dans une des langues officielles de la Communauté européenne.

2. Les langues de l'Office sont l'allemand, l'anglais, l'espagnol, le français et l'italien.

3. Le demandeur doit indiquer une deuxième langue, qui est une langue de l'Office et dont il accepte l'usage comme langue éventuelle de procédure pour les procédures d'opposition, de déchéance et d'annulation.

Si le dépôt a été fait dans une langue qui n'est pas une langue de l'Office, celui-ci veille à assurer la traduction de la demande, telle que décrite à l'article 26, paragraphe 1, dans la langue indiquée par le demandeur.

4. Lorsque le demandeur d'une marque communautaire est la seule partie aux procédures devant l'Office, la langue de procédure est la langue utilisée pour le dépôt de la demande de marque communautaire. Si le dépôt a été fait dans une langue autre que celles de l'Office, l'Office peut envoyer des communications écrites au demandeur dans la deuxième langue indiquée par lui dans la demande.

5. L'acte d'opposition et la demande en déchéance ou en nullité sont déposés dans une des langues de l'Office.

6. Si la langue choisie, conformément au paragraphe 5, pour l'acte d'opposition ou la demande en déchéance ou en nullité est la langue de la demande de marque ou la deuxième langue indiquée lors du dépôt de cette demande, cette langue sera la langue de procédure.

Si la langue choisie, conformément au paragraphe 5, pour l'acte d'opposition ou la demande en déchéance ou en nullité n'est ni la langue de la demande de marque ni la deuxième langue indiquée lors du dépôt de cette demande, l'opposant ou le requérant en déchéance ou en nullité est tenu de produire à ses frais une traduction de son acte soit dans la langue de la demande de marque, à condition qu'elle soit une langue de l'Office, soit dans la deuxième langue indiquée lors du dépôt de la demande de marque; la traduction est produite dans le délai prévu par le règlement d'exécution. La langue vers laquelle l'acte a été traduit devient alors la langue de procédure.

7. Les parties dans les procédures d'opposition, de déchéance, de nullité et de recours peuvent convenir qu'une autre langue officielle de la Communauté européenne soit la langue de procédure.

### Article 120 – Publication et enregistrements

1. La demande de marque communautaire, telle que décrite dans l'article 26, paragraphe 1, et toutes les autres informations dont la publication est prescrite par le présent règlement ou par le règlement d'exécution sont publiées dans toutes les langues officielles de la Communauté européenne.

2. Toutes les inscriptions au registre des marques communautaires sont faites dans toutes les langues officielles de la Communauté européenne.

3. En cas de doute, le texte dans la langue de l'Office dans laquelle la demande de marque communautaire a été déposée fait foi. Si le dépôt a eu lieu dans une langue officielle de la Communauté européenne autre que l'une des langues de l'Office, le texte établi dans la deuxième langue indiquée par le demandeur fait foi.

**Article 121 –** Les services de traduction nécessaires au fonctionnement de l'Office sont assurés par le Centre de traduction des organes de l'Union européenne.

### Article 122 – Contrôle de la légalité

1. La Commission contrôle la légalité des actes du président de l'Office à l'égard desquels le droit communautaire ne prévoit pas de contrôle de la légalité par un

autre organe, ainsi que les actes du comité budgétaire institué au sein de l'Office conformément à l'article 138.

2. Elle demande la modification ou le retrait des actes visés au paragraphe 1 lorsqu'ils sont illégaux.

3. Tout acte visé au paragraphe 1, implicite ou explicite, est susceptible d'être déféré devant la Commission par tout État membre ou tout tiers directement et individuellement concerné, en vue d'un contrôle de la légalité. La Commission doit être saisie dans un délai d'un mois à compter du jour où l'intéressé a eu pour la première fois connaissance de l'acte en question. La Commission prend une décision dans un délai de trois mois. L'absence de décision dans ce délai vaut décision implicite de rejet.

### Article 123 – Accès aux documents

1. Le règlement (CE) n° 1049/2001 du Parlement européen et du Conseil du 30 mai 2001 relatif à l'accès du public aux documents du Parlement européen, du Conseil et de la Commission [9] s'applique aux documents détenus par l'Office.

2. Le conseil d'administration arrête les modalités pratiques d'application du règlement (CE) n° 1049/2001 en ce qui concerne le présent règlement.

3. Les décisions prises par l'Office en application de l'article 8 du règlement (CE) n° 1049/2001 peuvent faire l'objet d'une plainte auprès du Médiateur ou d'un recours devant la Cour de justice, dans les conditions prévues respectivement aux articles 195 et 230 du traité.

*Section 2*

## Direction de l'Office

### Article 124 – Compétences du président

1. La direction de l'Office est assurée par un président.

2. À cet effet, le président a notamment les compétences mentionnées ci-après :

a) il prend toutes mesures utiles, notamment l'adoption d'instructions administratives internes et la publication de communications, en vue d'assurer le fonctionnement de l'Office ;

b) il peut soumettre à la Commission tout projet de modification du présent règlement, du règlement d'exécution, du règlement de procédure des chambres de recours et du règlement relatif aux taxes ainsi que de toute autre réglementation relative à la marque communautaire après avoir entendu le conseil d'administration et, en ce qui concerne le règlement relatif aux taxes et les dispositions budgétaires du présent règlement, le comité budgétaire ;

c) il dresse l'état prévisionnel des recettes et dépenses de l'Office et exécute le budget ;

d) il soumet, chaque année, un rapport d'activité à la Commission, au Parlement européen et au conseil d'administration ;

e) il exerce, à l'égard du personnel, les pouvoirs prévus à l'article 116, paragraphe 2 ;

f) il peut déléguer ses pouvoirs.

3. Le président est assisté d'un ou de plusieurs vice-présidents. En cas d'absence ou d'empêchement du président, le vice-président ou un des vice-présidents assume ses fonctions suivant la procédure fixée par le conseil d'administration.

### Article 125 – Nomination de hauts fonctionnaires

1. Le président de l'Office est nommé par le Conseil sur la base d'une liste de trois candidats au maximum, que le conseil d'administration a dressée. Il est révoqué par le Conseil, sur proposition du conseil d'administration.

2. La durée du mandat du président est de cinq ans au maximum. Ce mandat est renouvelable.

3. Le ou les vice-présidents de l'Office sont nommés et révoqués selon la procédure prévue au paragraphe 1, après que le président a été entendu.

4. Le Conseil exerce le pouvoir disciplinaire sur les fonctionnaires visés aux paragraphes 1 et 3.

## *Section 3*
## Conseil d'administration

### Article 126 – Institution et compétence

1. Un conseil d'administration est institué au sein de l'Office. Sans préjudice des compétences qui sont attribuées au comité budgétaire dans la section 5 « Budget et contrôle financier », le conseil d'administration a les compétences définies ci-après.

2. Le conseil d'administration dresse les listes de candidats prévues à l'article 125.

3. Il conseille le président sur les matières relevant de la compétence de l'Office.

4. Il est consulté avant l'adoption des directives relatives à l'examen pratiqué à l'Office ainsi que dans les autres cas prévus au présent règlement.

5. Il peut présenter des avis et demander des informations au président et à la Commission, s'il l'estime nécessaire.

### Article 127 – Composition

1. Le conseil d'administration se compose d'un représentant de chaque État membre et d'un représentant de la Commission ainsi que de leurs suppléants.

2. Les membres du conseil d'administration peuvent se faire assister de conseillers ou d'experts dans les limites prévues par son règlement intérieur.

### Article 128 – Présidence

1. Le conseil d'administration élit parmi ses membres un président et un vice-président. Le vice-président remplace de droit le président en cas d'empêchement.

2. La durée du mandat du président et du vice-président est de trois ans. Ce mandat est renouvelable.

### Article 129 – Sessions

1. Le conseil d'administration se réunit sur convocation de son président.

2. Le président de l'Office prend part aux délibérations à moins que le conseil d'administration n'en décide autrement.

3. Le conseil d'administration tient une session ordinaire une fois par an; en outre, il se réunit à l'initiative de son président ou à la demande de la Commission ou du tiers des États membres.

4. Le conseil d'administration arrête son règlement intérieur.

5. Le conseil d'administration prend ses décisions à la majorité simple des représentants des États membres. Toutefois, les décisions que le conseil d'administration est compétent pour prendre en vertu de l'article 125, paragraphes 1 et 3, requièrent

la majorité des trois quarts des représentants des États membres. Dans les deux cas, chaque État membre dispose d'une seule voix.

6. Le conseil d'administration peut inviter des observateurs à participer à ses sessions.

7. Le secrétariat du conseil d'administration est assuré par l'Office.

*Section 4*

## Application des procédures

### Article 130 – Compétence

Sont compétents pour prendre toute décision dans le cadre des procédures prescrites par le présent règlement :

a) les examinateurs;

b) les divisions d'opposition;

c) la division de l'administration des marques et des questions juridiques;

d) les divisions d'annulation;

e) les chambres de recours.

### Article 131 – Examinateurs

L'examinateur est compétent pour prendre au nom de l'Office toute décision concernant les demandes d'enregistrement d'une marque communautaire y compris les questions visées aux articles 36, 37 et 68, sauf dans la mesure où une division d'opposition est compétente.

### Article 132 – Divisions d'opposition

1. Une division d'opposition est compétente pour toute décision concernant l'opposition à une demande d'enregistrement d'une marque communautaire.

2. Les divisions d'opposition prennent leurs décisions en formation composée de trois membres. Au moins un de ces membres est juriste. Dans certains cas particuliers prévus par le règlement d'exécution, les décisions sont prises par un seul membre.

### Article 133 – Division de l'administration des marques et des questions juridiques

1. La division de l'administration des marques et des questions juridiques est compétente pour toute décision requise par le présent règlement et qui ne relève pas de la compétence d'un examinateur, d'une division d'opposition ou d'une division d'annulation. Elle est compétente en particulier pour toute décision relative aux mentions à porter sur le registre des marques communautaires.

2. Elle est également compétente pour tenir la liste des mandataires agréés visée à l'article 93.

3. Les décisions de la division sont prises par un membre.

### Article 134 – Divisions d'annulation

1. Une division d'annulation est compétente pour toute décision relative aux demandes en déchéance et en nullité d'une marque communautaire.

2. Les divisions d'annulation prennent leurs décisions en formation composée de trois membres. Au moins un de ces membres est juriste. Dans certains cas particu-

liers prévus par le règlement d'exécution, les décisions sont prises par un seul membre.

### Article 135 – Chambres de recours

1. Les chambres de recours sont compétentes pour statuer sur les recours formés contre les décisions des examinateurs, des divisions d'opposition, de la division de l'administration des marques et des questions juridiques et des divisions d'annulation.

2. Les chambres de recours prennent leurs décisions en chambre composée de trois membres. Au moins deux de ces membres sont juristes. Dans certains cas particuliers, les décisions sont prises en formation de chambre élargie présidée par le président des chambres de recours ou sont prises par un seul membre, celui-ci devant être juriste.

3. Pour déterminer les cas particuliers relevant de la compétence de la chambre élargie, il convient de tenir compte de la difficulté en droit, de l'importance de l'affaire ou de circonstances particulières qui le justifient. Ces affaires peuvent être déférées à la chambre élargie :

a) par l'instance des chambres de recours créée en vertu du règlement de procédure des chambres visé à l'article 162, paragraphe 3, ou

b) par la chambre chargée de l'affaire.

4. La composition de la chambre élargie et les règles relatives à sa saisine sont fixées conformément au règlement de procédure des chambres visé à l'article 162, paragraphe 3.

5. Pour déterminer les cas particuliers relevant de la compétence d'un seul membre, il convient de tenir compte de l'absence de difficulté des questions de droit ou de fait soulevées, de l'importance limitée du cas d'espèce et de l'absence d'autres circonstances particulières. La décision d'attribuer une affaire à un seul membre dans les cas cités est prise par la chambre chargée de l'affaire. Des modalités plus précises sont fixées dans le règlement de procédure des chambres visé à l'article 162, paragraphe 3.

### Article 136 – Indépendance des membres des chambres de recours

1. Le président des chambres de recours et le président de chaque chambre sont nommés pour une période de cinq ans, selon la procédure prévue à l'article 125 pour la nomination du président de l'Office. Ils ne peuvent être relevés de leurs fonctions pendant la période de leur mandat sauf pour motifs graves et si la Cour de justice, saisie par l'institution qui les a nommés, prend une décision en ce sens. Le mandat du président des chambres de recours et du président de chaque chambre peut être renouvelé pour des périodes additionnelles de cinq ans ou jusqu'à leur départ à la retraite si l'âge de ce départ est atteint durant le nouveau mandat.

Le président des chambres de recours a notamment des pouvoirs de gestion et d'organisation, consistant principalement à :

a) présider l'instance des chambres de recours chargée de fixer les règles et d'organiser le travail des chambres, qui est prévue par le règlement de procédure des chambres visé à l'article 162, paragraphe 3 ;

b) veiller à l'exécution des décisions de cette instance ;

c) attribuer les affaires à une chambre sur la base des critères objectifs fixés par l'instance des chambres de recours ;

d) communiquer au président de l'Office les besoins de dépenses des chambres afin d'établir l'état prévisionnel des dépenses.

Le président des chambres de recours préside la chambre élargie.

Des modalités plus précises sont fixées dans le règlement de procédure des chambres visé à l'article 162, paragraphe 3.

2. Les membres des chambres de recours sont nommés pour une période de cinq ans par le conseil d'administration. Leur mandat peut être renouvelé pour des périodes additionnelles de cinq ans ou jusqu'à leur départ à la retraite si l'âge de ce départ est atteint durant le nouveau mandat.

3. Les membres des chambres de recours ne peuvent être relevés de leurs fonctions sauf pour motifs graves et si la Cour de justice, saisie par le conseil d'administration agissant sur proposition du président des chambres de recours, après avoir consulté le président de la chambre à laquelle appartient le membre concerné, prend une décision à cet effet.

4. Le président des chambres de recours et le président de chaque chambre ainsi que les membres des chambres de recours sont indépendants. Dans leurs décisions, ils ne sont liés par aucune instruction.

5. Le président des chambres de recours et le président de chaque chambre ainsi que les membres des chambres de recours ne peuvent être examinateurs ou membres des divisions d'opposition, de la division de l'administration des marques et des questions juridiques ou des divisions d'annulation.

## Article 137 – Exclusion et récusation

1. Les examinateurs et les membres des divisions instituées au sein de l'Office et des chambres de recours ne peuvent participer au règlement d'une affaire s'ils y possèdent un intérêt personnel, ou s'ils y sont antérieurement intervenus en qualité de représentants d'une des parties. Deux des trois membres d'une division d'opposition ne doivent pas avoir participé à l'examen de la demande. Les membres des divisions d'annulation ne peuvent participer au règlement d'une affaire s'ils ont participé à la décision finale sur cette affaire dans le cadre de la procédure d'enregistrement de la marque ou de la procédure d'opposition. Les membres des chambres de recours ne peuvent prendre part à une procédure de recours s'ils ont pris part à la décision qui fait l'objet du recours.

2. Si, pour l'une des raisons mentionnées au paragraphe 1 ou pour tout autre motif, un membre d'une division ou d'une chambre de recours estime ne pas pouvoir participer au règlement d'une affaire, il en avertit la division ou la chambre.

3. Les examinateurs et les membres des divisions ou d'une chambre de recours peuvent être récusés par toute partie pour l'une des raisons mentionnées au paragraphe 1 ou s'ils peuvent être suspectés de partialité. La récusation n'est pas recevable lorsque la partie en cause a fait des actes de procédure, bien qu'elle ait déjà eu connaissance du motif de récusation. Aucune récusation ne peut être fondée sur la nationalité des examinateurs ou des membres.

4. Les divisions et les chambres de recours statuent, dans les cas visés aux paragraphes 2 et 3, sans la participation du membre intéressé. Pour prendre cette décision, le membre qui s'abstient ou qui est récusé est remplacé, au sein de la division ou de la chambre, par son suppléant.

*Section 5*

## Budget et contrôle financier

### Article 138 – Comité budgétaire

1. Un comité budgétaire est institué au sein de l'Office. Le comité budgétaire a les compétences qui lui sont attribuées dans la présente section ainsi qu'à l'article 38, paragraphe 4.

2. L'article 126, paragraphe 6, les articles 127, 128 et l'article 129, paragraphes 1 à 4, 6 et 7, sont applicables au comité budgétaire.

3. Le comité budgétaire prend ses décisions à la majorité simple des représentants des États membres. Toutefois, les décisions que le comité budgétaire est compétent pour prendre en vertu de l'article 38, paragraphe 4, de l'article 140, paragraphe 3, et de l'article 143 requièrent la majorité des trois quarts des représentants des États membres. Dans les deux cas, chaque État membre dispose d'une seule voix.

### Article 139 – Budget

1. Toutes les recettes et les dépenses de l'Office doivent faire l'objet de prévisions pour chaque exercice budgétaire, celui-ci coïncidant avec l'année civile, et être inscrites au budget de l'Office.

2. Le budget doit être équilibré en recettes et en dépenses.

3. Les recettes comprennent, sans préjudice d'autres types de recettes, le produit des taxes dues en vertu du règlement relatif aux taxes, le produit des taxes dues en vertu du protocole de Madrid mentionnées à l'article 140 pour un enregistrement international désignant la Communauté européenne ainsi que les autres paiements faits aux parties contractantes du protocole de Madrid, le produit des taxes dues en vertu de l'acte de Genève, visé à l'article 106 *quater* du règlement (CE) n° 6/2002 du Conseil du 12 décembre 2001 sur les dessins ou modèles communautaires [10], pour un enregistrement international désignant la Communauté européenne et les autres paiements faits aux parties contractantes de l'acte de Genève et, en tant que de besoin, une subvention inscrite au budget général des Communautés européennes, section Commission, sous une ligne budgétaire spécifique.

### Article 140 – Établissement du budget

1. Le président dresse, chaque année, un état prévisionnel des recettes et des dépenses de l'Office pour l'exercice suivant et le transmet au comité budgétaire, accompagné d'un tableau des effectifs, le 31 mars au plus tard.

2. Pour autant que les prévisions budgétaires prévoient une subvention communautaire, le comité budgétaire transmet cet état prévisionnel sans délai à la Commission qui le transmet à l'autorité budgétaire des Communautés. La Commission peut joindre à celui-ci un avis comportant des prévisions divergentes.

3. Le comité budgétaire arrête le budget qui comprend également le tableau des effectifs de l'Office. Pour autant que les prévisions budgétaires comportent une subvention à la charge du budget général des Communautés, le budget de l'Office est, le cas échéant, ajusté.

### Article 141 – Audit et contrôle

1. Au sein de l'Office, il est créé une fonction d'audit interne qui doit être exercée dans le respect des normes internationales pertinentes. L'auditeur interne, dési-

gné par le président, est responsable envers celui-ci de la vérification du bon fonctionnement des systèmes et des procédures d'exécution du budget de l'Office.

2. L'auditeur interne conseille le président dans la maîtrise des risques, en formulant des avis indépendants portant sur la qualité des systèmes de gestion et de contrôle et en émettant des recommandations pour améliorer les conditions d'exécution des opérations et promouvoir la bonne gestion financière.

3. La responsabilité de mettre en place des systèmes et procédures de contrôle interne adaptés à l'exécution de ses tâches incombe à l'ordonnateur.

### Article 142 – Vérification des comptes

1. Le 31 mars de chaque année au plus tard, le président adresse à la Commission, au Parlement européen, au comité budgétaire et à la Cour des comptes les comptes de la totalité des recettes et dépenses de l'Office pour l'exercice écoulé. La Cour des comptes les examine conformément à l'article 248 du traité.

2. Le comité budgétaire donne décharge au président de l'Office sur l'exécution du budget.

### Article 143 – Dispositions financières

Le comité budgétaire arrête, après avis de la Commission et de la Cour des comptes des Communautés européennes, les dispositions financières internes spécifiant notamment les modalités relatives à l'établissement et à l'exécution du budget de l'Office. Les dispositions financières s'inspirent, dans la mesure compatible avec le caractère propre de l'Office, des règlements financiers adoptés pour d'autres organismes créés par la Communauté.

### Article 144 – Règlement relatif aux taxes

1. Le règlement relatif aux taxes fixe notamment le montant des taxes et leur mode de perception.

2. Le montant des taxes doit être fixé de telle façon que les recettes correspondantes permettent d'assurer, en principe, l'équilibre du budget de l'Office.

3. Le règlement relatif aux taxes est adopté et modifié selon la procédure visée à l'article 163, paragraphe 2.

## TITRE XIII
## ENREGISTREMENT INTERNATIONAL DES MARQUES

*Section 1*

### Dispositions générales

### Article 145 – Dispositions applicables

Sauf si le présent titre en dispose autrement, le présent règlement et ses règlements d'exécution s'appliquent à toute demande d'enregistrement international déposée en vertu du protocole relatif à l'arrangement de Madrid concernant l'enregistrement international des marques, adopté à Madrid le 27 juin 1989 (ci-après dénommés respectivement « demande internationale » et « protocole de Madrid »), et fondée sur une demande de marque communautaire ou sur une marque communautaire, ainsi qu'à l'enregistrement, dans le registre international tenu par le

Bureau international de l'Organisation mondiale de la propriété intellectuelle (ci-après dénommés respectivement « enregistrement international » et « Bureau international »), de marques désignant la Communauté européenne.

*Section 2*

## Enregistrement international fondé sur une demande de marque communautaire ou sur une marque communautaire

### Article 146 – Dépôt d'une demande internationale

1. Les demandes internationales au sens de l'article 3 du protocole de Madrid qui sont fondées sur une demande de marque communautaire ou sur une marque communautaire sont déposées auprès de l'Office.

2. Lorsqu'une demande internationale est déposée avant que la marque sur laquelle l'enregistrement international doit être fondé ait été enregistrée en tant que marque communautaire, le demandeur de l'enregistrement international doit indiquer si l'enregistrement international doit être fondé sur une demande ou un enregistrement de marque communautaire. Lorsque l'enregistrement international doit être fondé sur une marque communautaire une fois que celle-ci aura été enregistrée, la demande internationale est réputée être parvenue à l'Office à la date d'enregistrement de la marque communautaire.

### Article 147 – Forme et contenu de la demande internationale

1. La demande internationale est déposée dans une des langues officielles de la Communauté européenne au moyen d'un formulaire fourni par l'Office. Sauf indication contraire du demandeur portée sur ce formulaire lorsqu'il dépose la demande internationale, l'Office correspond avec le demandeur dans la langue de dépôt sous une forme normalisée.

2. Si la demande internationale est déposée dans une langue qui n'est pas une des langues autorisées par le protocole de Madrid, le demandeur doit indiquer une seconde langue parmi ces dernières. Cette seconde langue sera celle dans laquelle l'Office présente la demande internationale au Bureau international.

3. Lorsque la demande internationale est déposée dans une langue autre que l'une des langues autorisées par le protocole de Madrid pour le dépôt des demandes internationales, le demandeur peut fournir une traduction de la liste des produits ou des services dans la langue dans laquelle la demande internationale doit être présentée au Bureau international en vertu du paragraphe 2.

4. L'Office transmet la demande internationale au Bureau international dans les meilleurs délais.

5. Le dépôt d'une demande internationale donne lieu au paiement d'une taxe à l'Office. Dans le cas prévu à l'article 146, paragraphe 2, deuxième phrase, la taxe est due à la date d'enregistrement de la marque communautaire. La demande est réputée ne pas avoir été déposée tant que la taxe n'a pas été acquittée.

6. La demande internationale doit satisfaire aux conditions y relatives prévues par le règlement d'exécution.

### Article 148 – Inscription dans le dossier et au registre

1. La date et le numéro de l'enregistrement international fondé sur une demande de marque communautaire sont inscrits dans le dossier de cette demande. Lorsque

la demande aboutit à l'enregistrement d'une marque communautaire, la date et le numéro de l'enregistrement international sont inscrits au registre.

2. La date et le numéro de l'enregistrement international fondé sur une marque communautaire sont inscrits au registre.

### Article 149 – Requête en extension territoriale postérieure à l'enregistrement international

Toute requête en extension territoriale présentée, conformément à l'article 3 *ter*, paragraphe 2, du protocole de Madrid, postérieurement à l'enregistrement international, peut être introduite par l'intermédiaire de l'Office. La requête doit être déposée dans la langue dans laquelle la demande internationale a été déposée en application de l'article 147.

### Article 150 – Taxes internationales

Les taxes dues au Bureau international en vertu du protocole de Madrid sont payées directement à ce dernier.

*Section 3*

## Enregistrement international désignant la Communauté européenne

### Article 151 – Effets de l'enregistrement international désignant la Communauté européenne

1. Tout enregistrement international désignant la Communauté européenne produit, à compter de la date d'enregistrement visée à l'article 3, paragraphe 4, du protocole de Madrid ou de la date d'extension postérieure à la Communauté européenne prévue à l'article 3 *ter*, paragraphe 2, du protocole de Madrid, les mêmes effets qu'une demande de marque communautaire.

2. Si aucun refus n'est notifié en vertu de l'article 5, paragraphes 1 et 2, du protocole de Madrid ou si, en cas de refus, celui-ci est levé, l'enregistrement international d'une marque désignant la Communauté européenne produit, à compter de la date visée au paragraphe 1, les mêmes effets que l'enregistrement d'une marque en tant que marque communautaire.

3. Aux fins de l'article 9, paragraphe 3, la publication des indications de l'enregistrement international désignant la Communauté européenne prévues à l'article 152, paragraphe 1, se substitue à la publication d'une demande de marque communautaire et la publication de l'indication visée à l'article 152, paragraphe 2, se substitue à la publication de l'enregistrement d'une marque communautaire.

### Article 152 – Publication

1. L'Office publie la date de l'enregistrement d'une marque désignant la Communauté européenne visée à l'article 3, paragraphe 4, du protocole de Madrid ou la date d'extension postérieure à la Communauté européenne prévue à l'article 3 *ter*, paragraphe 2, du protocole de Madrid, la langue de dépôt de la demande internationale et la seconde langue indiquée par le déposant, ainsi que le numéro de l'enregistrement international et la date de publication de cet enregistrement dans la gazette éditée par le Bureau international, une reproduction de la marque, ainsi que les numéros des classes des produits ou des services pour lesquels la protection est revendiquée.

2. Si aucun refus de protection d'un enregistrement international désignant la Communauté européenne n'est notifié en vertu de l'article 5, paragraphes 1 et 2, du protocole de Madrid ou si, en cas de refus, ce dernier est levé, l'Office publie ce fait, ainsi que le numéro de l'enregistrement international et, le cas échéant, la date de publication de cet enregistrement dans la gazette éditée par le Bureau international.

### Article 153 – Ancienneté d'une marque

1. Le demandeur d'un enregistrement international désignant la Communauté européenne peut se prévaloir, dans la demande internationale, de l'ancienneté d'une marque antérieure enregistrée dans un État membre, y compris une marque enregistrée sur le territoire du Benelux, ou d'une marque antérieure qui a fait l'objet d'un enregistrement international ayant effet dans un État membre, en vertu de l'article 34.

2. Le titulaire d'un enregistrement international désignant la Communauté européenne peut, dès la date de la publication des effets d'un tel enregistrement en vertu de l'article 152, paragraphe 2, se prévaloir, auprès de l'Office, de l'ancienneté d'une marque antérieure enregistrée dans un État membre, y compris une marque enregistrée sur le territoire du Benelux, ou d'une marque antérieure qui a fait l'objet d'un enregistrement international ayant effet dans un État membre en vertu de l'article 35. L'Office en avertira le Bureau international.

### Article 154 – Examen relatif aux motifs absolus de refus

1. Tout enregistrement international désignant la Communauté européenne est subordonné à un examen relatif aux motifs absolus de refus, suivant la même procédure que pour les demandes de marque communautaire.

2. La protection d'un enregistrement international ne peut être refusée qu'après que le titulaire de l'enregistrement international a été mis en mesure de renoncer à la protection ou d'en limiter l'étendue pour ce qui concerne la Communauté européenne ou de présenter ses observations.

3. Le refus de la protection vaut rejet d'une demande de marque communautaire.

4. Lorsqu'une décision de rejet de la protection d'un enregistrement international rendue en vertu du présent article est définitive ou que le titulaire d'un enregistrement international a renoncé à la protection de la Communauté européenne en application du paragraphe 2, l'Office rembourse au titulaire une partie de la taxe individuelle qui sera fixée par le règlement d'exécution.

### Article 155 – Recherche

1. Dès que l'Office a reçu notification d'un enregistrement international désignant la Communauté européenne, il établit un rapport de recherche communautaire, conformément à l'article 38, paragraphe 1.

2. Dès que l'Office a reçu notification d'un enregistrement international désignant la Communauté européenne, il en transmet une copie au service central de la propriété industrielle de tous les États membres qui ont communiqué à l'Office leur décision d'effectuer une recherche dans leur propre registre des marques, conformément à l'article 38, paragraphe 2.

3. L'article 38, paragraphes 3 à 6, s'applique *mutatis mutandis*.

4. L'Office informe les titulaires d'une marque communautaire antérieure ou d'une demande de marque communautaire antérieure, cités dans le rapport de

recherche communautaire, de la publication, en vertu de l'article 152, paragraphe 1, de l'enregistrement international désignant la Communauté européenne.

### Article 156 – Opposition

1. Tout enregistrement international désignant la Communauté européenne est soumis à la même procédure d'opposition que les demandes de marque communautaire publiées.

2. L'opposition est formée dans un délai de trois mois qui commence à courir six mois après la date de la publication prévue à l'article 152, paragraphe 1. L'opposition n'est réputée formée qu'après paiement de la taxe d'opposition.

3. Le refus de la protection vaut rejet d'une demande de marque communautaire.

4. Lorsqu'une décision de rejet de la protection d'un enregistrement international rendue en vertu du présent article est définitive ou que le titulaire d'un enregistrement international a renoncé à la protection de la Communauté européenne avant qu'une décision rendue en application du présent article soit définitive, l'Office rembourse au titulaire une partie de la taxe individuelle qui sera fixée par le règlement d'exécution.

### Article 157 – Remplacement d'un enregistrement de marque communautaire par un enregistrement international

Sur demande, l'Office est tenu de noter, dans le registre, qu'une marque communautaire est réputée avoir été remplacée par un enregistrement international, conformément à l'article 4 *bis* du protocole de Madrid.

### Article 158 – Invalidation des effets d'un enregistrement international

1. La nullité des effets d'un enregistrement international désignant la Communauté européenne peut être prononcée.

2. La demande en nullité des effets d'un enregistrement international désignant la Communauté européenne tient lieu de demande en déchéance en vertu de l'article 51 ou de demande en nullité en vertu de l'article 52 ou 53.

### Article 159 – Transformation d'une désignation de la Communauté européenne opérée par le biais d'un enregistrement international en demande de marque nationale ou en désignation d'États membres

1. Lorsqu'une désignation de la Communauté européenne par le biais d'un enregistrement international est rejetée ou cesse de produire ses effets, le titulaire de l'enregistrement international peut demander la transformation de la désignation de la Communauté européenne :

a) en demande de marque nationale en vertu des articles 112, 113 et 114 ;

b) en désignation d'un État membre partie au protocole de Madrid ou à l'arrangement de Madrid concernant l'enregistrement international des marques adopté à Madrid le 14 avril 1891, dans sa version révisée et modifiée (ci-après dénommé « arrangement de Madrid »), dans la mesure où, à la date de la demande de transformation, il était possible de désigner directement cet État membre sur la base du protocole de Madrid ou de l'arrangement de Madrid. Les articles 112, 113 et 114 s'appliquent.

2. La demande de marque nationale ou la désignation d'un État membre partie au protocole de Madrid ou à l'arrangement de Madrid issue de la transformation de la

désignation de la Communauté européenne opérée par le biais d'un enregistrement international bénéficie, dans l'État membre concerné, de la date de l'enregistrement international prévue à l'article 3, paragraphe 4, du protocole de Madrid, de la date d'extension à la Communauté européenne en vertu de l'article 3 *ter*, paragraphe 2, du protocole de Madrid si celle-ci est postérieure à l'enregistrement international ou de la date de priorité de cet enregistrement et, le cas échéant, de l'ancienneté d'une marque de cet État revendiquée conformément à l'article 153.

3. La requête en transformation est publiée.

### Article 160 – Usage d'une marque faisant l'objet d'un enregistrement international

Aux fins de l'article 15, paragraphe 1, de l'article 42, paragraphe 2, de l'article 51, paragraphe 1, point a), et de l'article 57, paragraphe 2, la date de publication prévue à l'article 152, paragraphe 2, tient lieu de date d'enregistrement en vue de l'établissement de la date à partir de laquelle doit commencer l'usage sérieux dans la Communauté de la marque qui fait l'objet de l'enregistrement international désignant la Communauté européenne.

### Article 161 – Transformation

1. Sous réserve du paragraphe 2, les dispositions applicables aux demandes de marque communautaire s'appliquent *mutatis mutandis* aux requêtes en transformation d'un enregistrement international en demande de marque communautaire, en vertu de l'article 9 *quinquies* du protocole de Madrid.

2. Lorsque la requête en transformation porte sur un enregistrement international désignant la Communauté européenne dont les indications ont été publiées conformément à l'article 152, paragraphe 2, les articles 37 à 42 ne sont pas applicables.

## TITRE XIV
## DISPOSITIONS FINALES

### Article 162 – Dispositions communautaires d'exécution

1. Les modalités d'application du présent règlement sont fixées par un règlement d'exécution.

2. Outre les taxes prévues dans les articles précédents, des taxes sont perçues, selon les modalités d'application fixées dans le règlement d'exécution, dans les cas énumérés ci-après :

a) paiement tardif de la taxe d'enregistrement ;
b) délivrance d'une copie du certificat d'enregistrement ;
c) enregistrement d'une licence ou d'un autre droit sur une marque communautaire ;
d) enregistrement d'une licence ou d'un autre droit sur une demande de marque communautaire ;
e) radiation de l'inscription d'une licence ou d'un autre droit ;
f) modification d'une marque communautaire enregistrée ;
g) délivrance d'un extrait du registre ;
h) inspection publique d'un dossier ;
i) délivrance d'une copie des pièces des dossiers ;
j) délivrance d'une copie certifiée conforme de la demande ;

k) communication d'informations contenues dans un dossier;

l) réexamen de la fixation des frais de procédure à rembourser.

3. Le règlement d'exécution et le règlement de procédure des chambres de recours sont adoptés et modifiés selon la procédure visée à l'article 163, paragraphe 2.

## Article 163 – Institution d'un comité et procédure d'adoption des règlements d'exécution

1. La Commission est assistée par un comité, dénommé « comité pour les questions relatives aux taxes, aux règles d'exécution et à la procédure des chambres de recours de l'Office de l'harmonisation dans le marché intérieur (marques, dessins et modèles) ».

2. Dans le cas où il est fait référence au présent paragraphe, les articles 5 et 7 de la décision 1999/468/CE s'appliquent.

La période prévue à l'article 5, paragraphe 6, de la décision 1999/468/CE est fixée à trois mois.

## Article 164 – Compatibilité avec d'autres dispositions du droit communautaire

Les dispositions du règlement (CE) n° 510/2006, et notamment l'article 14, ne sont pas affectées par le présent règlement.

## Article 165 – Dispositions concernant l'élargissement de la Communauté

1. À compter de la date d'adhésion de la Bulgarie, de la République tchèque, de l'Estonie, de Chypre, de la Lettonie, de la Lituanie, de la Hongrie, de Malte, de la Pologne, de la Roumanie, de la Slovénie et de la Slovaquie (ci-après dénommés « nouvel État membre », « nouveaux États membres »), une marque communautaire enregistrée ou déposée conformément au présent règlement avant les dates respectives d'adhésion est étendue au territoire de ces États membres afin d'avoir le même effet dans toute la Communauté.

2. L'enregistrement d'une marque communautaire qui fait l'objet d'une demande d'enregistrement à la date d'adhésion ne peut être refusé pour les motifs absolus de refus énumérés à l'article 7, paragraphe 1, si ces motifs sont nés uniquement de l'adhésion d'un nouvel État membre.

3. Lorsqu'une demande d'enregistrement d'une marque communautaire a été déposée au cours des six mois précédant la date d'adhésion, une opposition peut être formée en vertu de l'article 41 si une marque antérieure ou un autre droit antérieur au sens de l'article 8 a été acquis dans un nouvel État membre avant l'adhésion, à condition qu'elle ou il ait été acquis(e) de bonne foi et que la date de dépôt ou, le cas échéant, la date de priorité ou la date d'acquisition dans le nouvel État membre de la marque antérieure ou de l'autre droit antérieur précède la date de dépôt ou, le cas échéant, la date de priorité de la marque communautaire faisant l'objet de la demande.

4. Une marque communautaire visée au paragraphe 1 ne peut faire l'objet d'une déclaration de nullité :

a) en vertu de l'article 52, si les motifs de l'invalidité sont devenus applicables simplement à cause de l'adhésion;

b) en vertu de l'article 53, paragraphes 1 et 2, si le droit national antérieur a été enregistré, demandé ou acquis dans un nouvel État membre avant la date d'adhésion.

5. L'utilisation d'une marque communautaire visée au paragraphe 1 peut être interdite, en vertu des articles 110 et 111, si la marque antérieure ou l'autre droit antérieur a été enregistré(e), demandé(e) ou acquis(e) de bonne foi dans le nouvel État membre avant la date d'adhésion de cet État; ou, le cas échéant, à une date de priorité antérieure à la date d'adhésion de cet État.

## Article 166 – Abrogation

Le règlement (CE) n° 40/94, tel que modifié par les actes figurant à l'annexe I, est abrogé.

Les références faites au règlement abrogé s'entendent comme faites au présent règlement et sont à lire selon le tableau de correspondance figurant à l'annexe II.

## Article 167 – Entrée en vigueur

1. Le présent règlement entre en vigueur le vingtième jour suivant celui de sa publication au *Journal officiel* de l'Union européenne.

2. Les États membres mettent en vigueur les mesures requises pour la mise en œuvre des articles 95 et 114 dans un délai de trois ans à compter de l'entrée en vigueur du règlement (CE) n° 40/94.

Le présent règlement est obligatoire dans tous ses éléments et directement applicable dans tout État membre.

Références

[1] *JO* C 146 E du 12 juin 2008, p. 79.
[2] *JO* L 11 du 14 janv. 1994, p. 1.
[3] Voir annexe I.
[4] *JO* L 12 du 16 janv. 2001, p. 1.
[5] *JO* L 184 du 17 juill. 1999, p. 23.
[6] *JO* L 93 du 31 mars 2006, p. 12.
[7] *JO* L 110 du 20 avr. 2001, p. 28.
[8] *JO* L 125 du 5 mai 2001, p. 15.
[9] *JO* L 145 du 31 mai 2001, p. 43.
[10] *JO* L 3 du 5 janv. 2002, p. 1.

# 17 Règlement (CE) nº 392/2009 du Parlement européen et du Conseil du 23 avril 2009 relatif à la responsabilité des transporteurs de passagers par mer en cas d'accident

## Applicable depuis le 31 décembre 2012

*(Texte présentant de l'intérêt pour l'EEE)*

*Le Parlement européen et le Conseil de l'Union européenne,*

Vu le traité instituant la Communauté européenne, et notamment son article 80, paragraphe 2,

Vu la proposition de la Commission,

Vu l'avis du Comité économique et social européen [1],

Vu l'avis du Comité des régions [2],

Statuant conformément à la procédure visée à l'article 251 du traité [3], au vu du projet commun approuvé le 3 février 2009 par le comité de conciliation,

Considérant ce qui suit :

(1) Dans le cadre de la politique commune des transports, il est nécessaire d'arrêter des mesures supplémentaires pour accroître la sécurité des transports maritimes. Ces mesures devraient comprendre des règles de responsabilité concernant les dommages causés aux passagers, puisqu'il est important d'assurer un niveau d'indemnisation approprié aux passagers victimes d'accidents en mer.

(2) Le protocole de 2002 à la convention d'Athènes de 1974 relative au transport par mer de passagers et de leurs bagages a été adopté, le 1er novembre 2002, sous les auspices de l'Organisation maritime internationale (OMI). La Communauté et ses États membres se préparent à prendre une décision quant à l'adhésion à ce protocole ou à sa ratification. En tout état de cause, ses dispositions, incorporées par le présent règlement, devraient s'appliquer, en ce qui concerne la Communauté, au plus tard le 31 décembre 2012.

(3) La convention d'Athènes de 1974 relative au transport par mer de passagers et de leurs bagages, telle que modifiée par le protocole de 2002 (« convention d'Athènes »), s'applique uniquement aux transports internationaux. La distinction entre transports nationaux et internationaux ayant été supprimée au sein du marché intérieur des services de transport maritime, il convient d'avoir le même niveau et la même nature de responsabilité dans les transports internationaux et nationaux au sein de la Communauté.

(4) Les assurances exigées par la convention d'Athènes doivent tenir compte des moyens financiers des propriétaires de navires et des compagnies d'assurances. Les propriétaires de navires doivent être en mesure de gérer leurs assurances d'une façon qui soit économiquement viable et, s'agissant en particulier des petites compagnies de navigation effectuant des transports nationaux, il convient de prendre en considération le caractère saisonnier de leurs activités. Lors de l'établissement des assurances au titre du présent règlement, il y a lieu de tenir compte des différentes classes de navires.

(5) Il convient d'obliger le transporteur à payer des avances en cas de décès ou de lésions corporelles d'un passager, sous réserve que cette avance ne constitue pas une reconnaissance de responsabilité.

(6) Les passagers devraient disposer, avant d'entamer leur voyage, ou, lorsque cela est impossible, au plus tard au moment du départ, d'informations appropriées sur les droits qui leur sont conférés.

(7) Le comité juridique de l'OMI a adopté, le 19 octobre 2006, une réserve et des lignes directrices pour l'application de la convention d'Athènes (« lignes directrices de l'OMI ») afin de traiter certaines questions relevant de la convention d'Athènes, telles que, en particulier, l'indemnisation des dommages liés au terrorisme. Les lignes directrices de l'OMI peuvent, à ce titre, être considérées comme une *lex specialis*.

(8) Le présent règlement intègre des parties des lignes directrices de l'OMI, qu'il rend obligatoires. À cet effet, dans les lignes directrices de l'OMI, il convient, en particulier, de comprendre l'usage du conditionnel « devrait » comme traduisant une obligation juridique.

(9) Les dispositions de la convention d'Athènes (annexe I) et des lignes directrices de l'OMI (annexe II) devraient être considérées comme s'appliquant *mutatis mutandis* dans le cadre de la législation communautaire.

(10) Le régime de responsabilité prévu par le présent règlement devrait être étendu progressivement aux différentes classes de navires prévues à l'article 4 de la directive 98/18/CE du Conseil du 17 mars 1998 établissant des règles et normes de sécurité pour les navires à passagers [4]. Il convient de tenir compte des conséquences pour le prix du billet et la capacité du marché d'obtenir une couverture d'assurance abordable au niveau requis, par rapport au contexte politique de renforcement des droits des passagers ainsi qu'à la nature saisonnière d'une partie du trafic.

(11) Les matières couvertes par les articles 17 et 17 *bis* de la convention d'Athènes relèvent de la compétence exclusive de la Communauté dans la mesure où ces articles affectent les règles établies par le règlement (CE) n° 44/2001 du Conseil du 22 décembre 2000 concernant la compétence judiciaire, la reconnaissance et l'exécution des décisions en matière civile et commerciale [5]. À cet égard, les dispositions de ces deux articles feront partie intégrante de l'ordre juridique communautaire au moment de l'adhésion de la Communauté à la convention d'Athènes.

(12) Aux fins du présent règlement, il y a lieu de comprendre les termes « ou est immatriculé dans celui-ci » comme signifiant que l'État du pavillon, aux fins de l'inscription d'un navire au registre d'immatriculation au titre de bâtiment en affrètement coque nue (externe), est soit un État membre, soit une partie contractante à la convention d'Athènes. Les États membres et la Commission devraient prendre les mesures nécessaires afin d'inviter l'OMI à élaborer des lignes directrices concernant l'inscription de navires au registre d'immatriculation au titre de bâtiments en affrètement coque nue (externe).

(13) Aux fins du présent règlement, les « équipements de mobilité » ne devraient être compris ni comme des bagages ni comme des véhicules au sens de l'article 8 de la convention d'Athènes.

(14) Il y a lieu d'arrêter les mesures nécessaires pour la mise en œuvre du présent règlement en conformité avec la décision 1999/468/CE du Conseil du 28 juin 1999 fixant les modalités de l'exercice des compétences d'exécution conférées à la Commission [6].

(15) Il convient en particulier d'habiliter la Commission à modifier le présent règlement afin d'y incorporer les amendements ultérieurs apportés aux conventions internationales, aux protocoles, aux codes et aux résolutions y afférents. Ces mesures ayant une portée générale et ayant pour objet de modifier des éléments non essentiels du présent règlement, y compris en le complétant par l'ajout de nouveaux éléments non essentiels, elles doivent être arrêtées selon la procédure de réglementation avec contrôle prévue à l'article 5 *bis* de la décision 1999/468/CE.

(16) L'Agence européenne pour la sécurité maritime, instituée par le règlement (CE) n° 1406/2002 du Parlement européen et du Conseil [7], devrait assister la Commission dans la préparation et l'établissement du rapport sur le fonctionnement des règles fixées par le présent règlement.

(17) Les autorités nationales, notamment les autorités portuaires, jouent un rôle fondamental et crucial dans la détermination et la gestion des différents risques touchant la sécurité maritime.

(18) Les États membres se sont fermement engagés, dans leur déclaration sur la sécurité maritime du 9 octobre 2008, à consentir, au plus tard le 1er janvier 2012, à se voir liés par la convention internationale de 1976 sur la limitation de la responsabilité en matière de créances maritimes, telle que modifiée par le protocole de 1996. Les États membres peuvent faire usage de la faculté prévue à l'article 15, paragraphe 3 *bis*, de cette convention, afin de stipuler, au moyen de dispositions expresses du présent règlement, le régime de limitation de la responsabilité applicable aux passagers.

(19) Étant donné que l'objectif du présent règlement, à savoir établir un ensemble unique de règles régissant les droits des transporteurs par mer et de leurs passagers en cas d'accident, ne peut pas être réalisé de manière suffisante par les États membres et peut donc, en raison de ses dimensions et de ses effets, être mieux réalisé au niveau communautaire, la Communauté peut prendre des mesures, conformément au principe de subsidiarité consacré à l'article 5 du traité. Conformément au principe de proportionnalité tel qu'énoncé audit article, le présent règlement n'excède pas ce qui est nécessaire pour atteindre cet objectif,

*A arrêté le présent règlement :*

## Article premier – Objet

1. Le présent règlement établit un régime communautaire de responsabilité et d'assurance applicable au transport de passagers par mer tel que prévu dans les dispositions pertinentes :

a) de la convention d'Athènes de 1974 relative au transport par mer de passagers et de leurs bagages, telle que modifiée par le protocole de 2002 (« convention d'Athènes »), dont le texte figure à l'annexe I; et

b) de la réserve et des lignes directrices de l'OMI pour l'application de la convention d'Athènes, adoptées par le comité juridique de l'OMI le 19 octobre 2006 (« lignes directrices de l'OMI »), dont le texte figure à l'annexe II.

2. En outre, le présent règlement étend l'application de ces dispositions au transport de passagers par mer à l'intérieur d'un seul État membre à bord de navires des classes A et B au titre de l'article 4 de la directive 98/18/CE et établit certaines exigences supplémentaires.

3. Au plus tard le 30 juin 2013, la Commission présente si nécessaire une proposition législative visant, notamment, à étendre le champ d'application du présent règlement aux navires des classes C et D au titre de l'article 4 de la directive 98/18/CE.

### Article 2 – Champ d'application

Le présent règlement s'applique à tout transport international au sens de l'article 1er, point 9, de la convention d'Athènes ainsi qu'au transport par mer à l'intérieur d'un seul État membre à bord de navires des classes A et B au titre de l'article 4 de la directive 98/18/CE lorsque :

a) le navire bat pavillon d'un État membre ou est immatriculé dans celui-ci;

b) le contrat de transport a été conclu dans un État membre; ou

c) selon le contrat de transport, le lieu de départ ou de destination se trouve dans un État membre.

Les États membres peuvent appliquer le présent règlement à l'ensemble des voyages maritimes nationaux.

### Article 3 – Responsabilité et assurance

1. Le régime de responsabilité à l'égard des passagers, de leurs bagages et de leurs véhicules ainsi que les règles en matière d'assurance ou autre garantie financière sont régis par le présent règlement, par les articles 1er et 1 *bis*, l'article 2, paragraphe 2, les articles 3 à 16 et les articles 18, 20 et 21 de la convention d'Athènes, dont le texte figure à l'annexe I, et par les dispositions des lignes directrices de l'OMI, dont le texte figure à l'annexe II.

2. Les lignes directrices de l'OMI figurant à l'annexe II sont contraignantes.

### Article 4 – Indemnisation pour l'équipement de mobilité ou tout autre équipement spécifique

En cas de perte ou de dommage d'un équipement de mobilité ou de tout autre équipement spécifique utilisé par un passager à mobilité réduite, la responsabilité du transporteur est régie par l'article 3, paragraphe 3, de la convention d'Athènes. L'indemnisation correspond à la valeur de remplacement de l'équipement en question ou, le cas échéant, aux coûts liés à la réparation.

### Article 5 – Limitation globale de la responsabilité

1. Le présent règlement ne modifie en rien les droits et obligations du transporteur ou du transporteur substitué tels qu'ils résultent de la législation nationale mettant en œuvre la convention de 1976 sur la limitation de la responsabilité en matière de créances maritimes, telle que modifiée par le protocole de 1996, y inclus toute modification future de ladite convention.

En l'absence de législation nationale applicable de ce type, la responsabilité du transporteur ou du transporteur substitué est uniquement régie par l'article 3 du présent règlement.

2. Pour ce qui est des réparations en cas de décès ou de lésions corporelles de passagers causés par l'un des risques visés au paragraphe 2.2 des lignes directrices de l'OMI, le transporteur et le transporteur substitué peuvent limiter leur responsabilité conformément aux dispositions visées au paragraphe 1 du présent article.

## Article 6 – Avance

1. Lorsque le décès ou les lésions corporelles d'un passager sont causés par un événement maritime, le transporteur ayant assuré effectivement tout ou partie du transport au cours duquel l'événement maritime s'est produit verse une avance d'un montant suffisant pour couvrir les besoins économiques immédiats, sur une base proportionnelle aux dommages subis, dans un délai de quinze jours à compter de l'identification de la personne ayant droit à l'indemnisation. En cas de décès, cette avance ne peut être inférieure à 21 000 EUR.

La présente disposition s'applique également lorsque le transporteur est établi dans la Communauté.

2. Le versement d'une avance ne constitue pas une reconnaissance de responsabilité, et l'avance peut être déduite de toute somme payée ultérieurement sur la base du présent règlement. Elle n'est pas remboursable, sauf dans les cas prévus à l'article 3, paragraphe 1, à l'article 6 de la convention d'Athènes, à l'appendice A des lignes directrices de l'OMI, ou lorsque la personne à laquelle elle a été versée n'avait pas droit à indemnisation.

## Article 7 – Information des passagers

Sans préjudice des obligations des voyagistes spécifiées dans la directive 90/314/CEE du Conseil du 13 juin 1990 concernant les voyages, vacances et circuits à forfait [8], le transporteur et/ou le transporteur substitué veillent à ce que les passagers reçoivent des informations pertinentes et compréhensibles concernant leurs droits au titre du présent règlement.

Lorsque le contrat de transport est conclu dans un État membre, ces informations sont fournies dans tous les points de vente, y compris par téléphone et internet. Lorsque le lieu de départ se trouve dans un État membre, ces informations sont fournies avant le départ. Dans tous les autres cas, elles sont fournies au plus tard au moment du départ. Dans la mesure où les informations requises au titre du présent article ont été fournies par le transporteur ou par le transporteur substitué, l'autre transporteur n'est pas tenu de les fournir. Les informations sont communiquées sous la forme la plus appropriée.

Afin de respecter l'exigence en matière d'information au titre du présent article, le transporteur et le transporteur substitué communiquent aux passagers au moins les informations figurant dans un résumé des dispositions du présent règlement élaboré par la Commission et rendu public.

## Article 8 – Rapports

Au plus tard trois ans après la date d'application du présent règlement, la Commission établit un rapport sur l'application du présent règlement, qui tient compte, entre autres, de l'évolution de la situation économique et de l'évolution des travaux dans les enceintes internationales.

Ce rapport peut être accompagné d'une proposition de modification du présent règlement, ou d'une proposition à soumettre par la Communauté aux enceintes internationales compétentes.

## Article 9 – Modifications

1. Les mesures visant à modifier les éléments non essentiels du présent règlement et concernant l'insertion de modifications aux limites fixées à l'article 3,

paragraphe 1, à l'article 4 *bis*, paragraphe 1, à l'article 7, paragraphe 1, et à l'article 8 de la convention d'Athènes afin de tenir compte des décisions adoptées en vertu de l'article 23 de ladite convention, ainsi que les mises à jour correspondantes de l'annexe I du présent règlement, sont arrêtées en conformité avec la procédure de réglementation avec contrôle visée à l'article 10, paragraphe 2, du présent règlement.

En tenant compte des conséquences pour le prix du billet et la capacité du marché d'obtenir une couverture d'assurance abordable au niveau requis, par rapport au contexte politique de renforcement des droits des passagers ainsi qu'à la nature saisonnière d'une partie du trafic, la Commission adopte, sur la base d'une analyse d'impact appropriée, au plus tard le 31 décembre 2016, une mesure relative aux limites fixées à l'annexe I pour les navires de la classe B au titre de l'article 4 de la directive 98/18/CE. Cette mesure, visant à modifier des éléments non essentiels du présent règlement, est arrêtée en conformité avec la procédure de réglementation avec contrôle visée à l'article 10, paragraphe 2, du présent règlement.

2. Les mesures visant à modifier les éléments non essentiels du présent règlement et concernant l'insertion de modifications aux dispositions des lignes directrices de l'OMI, dont le texte figure à l'annexe II, sont arrêtées en conformité avec la procédure de réglementation avec contrôle visée à l'article 10, paragraphe 2.

## Article 10 – Procédure de comité

1. La Commission est assistée par le comité pour la sécurité maritime et la prévention de la pollution par les navires (COSS), institué par le règlement (CE) nº 2099/2002 du Parlement européen et du Conseil [9].

2. Dans le cas où il est fait référence au présent paragraphe, l'article 5 *bis*, paragraphes 1 à 4, et l'article 7 de la décision 1999/468/CE s'appliquent, dans le respect des dispositions de l'article 8 de celle-ci.

## Article 11 – Dispositions transitoires

1. Pour ce qui est du transport par mer à l'intérieur d'un seul État membre à bord de navires de la classe A au titre de l'article 4 de la directive 98/18/CE, les États membres peuvent décider de différer l'application du présent règlement jusqu'à quatre ans après la date d'application du présent règlement.

2. Pour ce qui est du transport par mer à l'intérieur d'un seul État membre à bord de navires de la classe B au titre de l'article 4 de la directive 98/18/CE, les États membres peuvent décider de différer l'application du présent règlement jusqu'au 31 décembre 2018.

## Article 12 – Entrée en vigueur

Le présent règlement entre en vigueur le jour suivant celui de sa publication au *Journal officiel* de l'Union européenne.

Il est applicable à partir de la date d'entrée en vigueur de la convention d'Athènes pour la Communauté, et en tout état de cause, au plus tard le 31 décembre 2012.

Le présent règlement est obligatoire dans tous ses éléments et directement applicable dans tout État membre.

### Références

[1] *JO* C 318 du 23 déc. 2006, p. 195.

[2] *JO* C 229 du 22 sept. 2006, p. 38.

[3] Avis du Parlement européen du 25 avril 2007 (*JO* C 74 E du 20 mars 2008, p. 562), position commune du Conseil du 6 juin 2008 (*JO* C 190 E du 29 juill. 2008, p. 17), position du Parlement européen du 24 septembre 2008 (non encore parue au *Journal officiel*), décision du Conseil du 26 février 2009 et résolution législative du Parlement européen du 11 mars 2009 (non encore parue au *Journal officiel*).

[4] *JO* L 144 du 15 mai 1998, p. 1.

[5] *JO* L 12 du 16 janv. 2001, p. 1.

[6] *JO* L 184 du 17 juill. 1999, p. 23.

[7] *JO* L 208 du 5 août 2002, p. 1.

[8] *JO* L 158 du 23 juin 1990, p. 59.

[9] *JO* L 324 du 29 nov. 2002, p. 1.

## ANNEXE I

## DISPOSITIONS DE LA CONVENTION D'ATHÈNES RELATIVE AU TRANSPORT PAR MER DE PASSAGERS ET DE LEURS BAGAGES PERTINENTES POUR L'APPLICATION DU PRÉSENT RÈGLEMENT

## (TEXTE CONSOLIDÉ DE LA CONVENTION D'ATHÈNES DE 1974 RELATIVE AU TRANSPORT PAR MER DE PASSAGERS ET DE LEURS BAGAGES ET DU PROTOCOLE DE 2002 À CETTE CONVENTION)

## ANNEXE À LA CONVENTION D'ATHÈNES

## CERTIFICAT D'ASSURANCE OU AUTRE GARANTIE FINANCIÈRE RELATIVE À LA RESPONSABILITÉ EN CAS DE MORT ET DE LÉSIONS CORPORELLES DES PASSAGERS

## ANNEXE II

## EXTRAIT DE LA RÉSERVE ET DES LIGNES DIRECTRICES DE L'OMI POUR L'APPLICATION DE LA CONVENTION D'ATHÈNES ADOPTÉES PAR LE COMITÉ JURIDIQUE DE L'ORGANISATION MARITIME INTERNATIONALE, LE 19 OCTOBRE 2006

# 18 Règlement (UE) n° 1177/2010 du Parlement européen et du Conseil du 24 novembre 2010 concernant les droits des passagers voyageant par mer ou par voie de navigation intérieure

Applicable depuis le 18 décembre 2012

*(Texte présentant de l'intérêt pour l'EEE)*

*Le Parlement européen et le Conseil de l'Union européenne,*

Vu le traité sur le fonctionnement de l'Union européenne, et notamment son article 91, paragraphe 1, et son article 100, paragraphe 2,

Vu la proposition de la Commission européenne,

Vu l'avis du Comité économique et social européen [1],

Après consultation du Comité des régions,

Statuant conformément à la procédure législative ordinaire [2],

Considérant ce qui suit :

(1) L'action de l'Union dans le domaine du transport maritime et du transport par voie de navigation intérieure devrait viser, entre autres, à assurer un niveau élevé de protection des passagers, comparable à celui des autres modes de transport. En outre, il convient de tenir pleinement compte des exigences de protection des consommateurs en général.

(2) Le passager voyageant par mer ou par voie de navigation intérieure étant la partie faible au contrat de transport, il convient d'accorder à tous les passagers un niveau minimal de protection. Rien ne devrait empêcher les transporteurs d'accorder au passager des conditions contractuelles plus favorables que celles fixées dans le présent règlement. Toutefois, le présent règlement ne vise pas à intervenir dans les relations commerciales d'entreprise à entreprise touchant au transport de marchandises. Plus particulièrement, les accords entre un transporteur routier et un transporteur ne devraient pas s'entendre comme des contrats de transport aux fins du présent règlement et ne devraient dès lors pas conférer au transporteur routier ou à ses employés le droit à une indemnisation en cas de retard, en vertu du présent règlement.

(3) La protection des passagers devrait s'étendre non seulement aux services de transport de passagers entre des ports situés sur le territoire des États membres, mais aussi aux services de transport de passagers entre ces ports et des ports situés hors du territoire des États membres, compte tenu des risques de distorsion de concurrence sur le marché du transport de passagers. Par conséquent, l'expression « transporteur de l'Union » devrait, aux fins du présent règlement, être interprétée le plus largement possible, sans, toutefois, que cela ait une incidence sur d'autres actes juridiques de l'Union, tels que le règlement (CEE) n° 4056/86 du Conseil du 22 décembre 1986 déterminant les modalités d'application des articles 85 et 86 du traité aux transports maritimes [3] et le règlement (CEE) n° 3577/92 du Conseil du 7 décembre 1992 concernant l'application du principe de la libre circulation des services aux transports maritimes à l'intérieur des États membres (cabotage maritime) [4].

(4) Le marché intérieur des services de transport de passagers par mer ou par voie de navigation intérieure devrait profiter aux citoyens en général. Par conséquent, les

personnes handicapées et les personnes à mobilité réduite, que ce soit du fait d'un handicap, de l'âge ou de tout autre facteur, devraient avoir la possibilité d'utiliser les services de transport de passagers ou de faire une croisière dans des conditions comparables à celles des autres citoyens. Les personnes handicapées et les personnes à mobilité réduite ont les mêmes droits que tous les autres citoyens en matière de libre circulation, de liberté de choix et de non-discrimination.

(5) Les États membres devraient promouvoir le recours au transport public et l'utilisation de billets intégrés de manière à optimiser l'usage et l'interopérabilité des différents modes de transport et de leurs exploitants.

(6) À la lumière de l'article 9 de la convention des Nations unies relative aux droits des personnes handicapées et afin de donner aux personnes handicapées et aux personnes à mobilité réduite la possibilité de voyager par mer et par voie de navigation intérieure dans des conditions comparables à celles des autres citoyens, il convient d'établir des règles en vue d'assurer la non-discrimination et une assistance au cours de leur voyage. Ces personnes devraient, par conséquent, être acceptées à l'embarquement et ne pas se voir opposer un refus de transport, sauf pour des motifs justifiés par des raisons de sécurité et établis par les autorités compétentes. Elles devraient bénéficier d'un droit à une assistance dans les ports, et à bord des navires à passagers. Dans l'intérêt de l'intégration sociale, les personnes concernées devraient bénéficier de cette assistance gratuitement. Les transporteurs devraient établir des conditions d'accès, en se servant, de préférence, du système européen de normalisation.

(7) Lors de l'adoption de décisions concernant la conception de nouveaux ports et terminaux, et dans le cadre de travaux de rénovation majeure, les organismes responsables de ces installations devraient prendre en compte les besoins des personnes handicapées et des personnes à mobilité réduite, notamment en ce qui concerne l'accessibilité, en tenant particulièrement compte des exigences en matière de « conception pour tous ». Les transporteurs devraient prendre en compte ces besoins dans les décisions concernant la conception de navires à passagers neufs et rénovés conformément à la directive 2006/87/CE du Parlement européen et du Conseil du 12 décembre 2006 établissant les prescriptions techniques des bateaux de la navigation intérieure [5] et à la directive 2009/45/CE du Parlement européen et du Conseil du 6 mai 2009 établissant des règles et normes de sécurité pour les navires à passagers [6].

(8) L'assistance fournie dans les ports situés sur le territoire d'un État membre devrait, entre autres, permettre aux personnes handicapées et aux personnes à mobilité réduite de se déplacer d'un point d'arrivée donné dans un port vers un navire à passagers et d'un navire à passagers vers un point de départ donné dans un port, embarquement et débarquement compris.

(9) Dans le cadre de l'organisation de l'assistance aux personnes handicapées et aux personnes à mobilité réduite, ainsi que de la formation de leur personnel, les transporteurs devraient coopérer avec les organisations représentatives des personnes handicapées ou des personnes à mobilité réduite. Ce faisant, ils devraient également tenir compte des dispositions pertinentes de la convention internationale et du code sur les normes de formation des gens de mer, de délivrance des brevets et de veille, ainsi que de la recommandation de l'Organisation maritime internationale (OMI) relative à la conception et à l'exploitation des navires à passagers en fonction des besoins spécifiques des personnes âgées et des personnes handicapées.

(10) Les dispositions relatives à l'embarquement de personnes handicapées ou à mobilité réduite devraient s'entendre sans préjudice des règles générales s'appliquant à l'embarquement des passagers, établies par les règles internationales, de l'Union ou nationales en vigueur.

(11) Les actes juridiques de l'Union en matière de droits des passagers devraient tenir compte des besoins des passagers, notamment de ceux des personnes handicapées et des personnes à mobilité réduite, qui doivent utiliser différents modes de transports et disposer de correspondances commodes entre ceux-ci, sous réserve des règles de sécurité applicables à l'exploitation des navires.

(12) Les passagers devraient être informés de manière adéquate en cas d'annulation ou de retard d'un service de transport de passagers ou d'une croisière. Cette information devrait les aider à prendre les dispositions requises et, si nécessaire, à obtenir des informations concernant d'autres correspondances.

(13) Il convient de limiter les désagréments occasionnés aux passagers en raison d'une annulation ou d'un retard important de leur voyage. À cette fin, les passagers devraient bénéficier d'une assistance adéquate et être en mesure d'annuler leur voyage et de se faire rembourser leurs billets ou d'obtenir un réacheminement dans des conditions satisfaisantes. Un hébergement adéquat des passagers n'implique pas nécessairement des chambres d'hôtels mais peut désigner tout autre hébergement adapté disponible, en fonction plus particulièrement des circonstances liées à chaque situation spécifique, des véhicules des passagers et des caractéristiques du navire. À cet égard et dans les cas dûment justifiés de circonstances extraordinaires et urgentes, les transporteurs devraient être en mesure d'utiliser pleinement les installations appropriées disponibles, en coopération avec les autorités civiles.

(14) Les transporteurs devraient, en cas d'annulation ou de retard d'un service de transport de passagers, prévoir le versement aux passagers d'une indemnisation équivalant à un pourcentage du prix du billet, sauf si l'annulation ou le retard intervient en raison de conditions météorologiques compromettant l'exploitation du navire en toute sécurité ou dans des circonstances extraordinaires, qui n'auraient pas pu être évitées même si toutes les mesures raisonnables avaient été prises.

(15) Les transporteurs devraient, conformément aux principes communément admis, avoir la charge de prouver que l'annulation ou le retard sont dus auxdites conditions météorologiques ou circonstances extraordinaires.

(16) Les conditions météorologiques compromettant l'exploitation du navire en toute sécurité devraient inclure, sans s'y limiter, des vents de forte puissance, une mer agitée, des courants de forte intensité, des conditions de gel difficiles et un niveau des eaux extrêmement haut ou bas, les ouragans, tornades et inondations.

(17) Les circonstances extraordinaires devraient inclure, sans s'y limiter, les catastrophes naturelles telles que les incendies et les tremblements de terre, les attentats terroristes, les guerres et les conflits armés militaires ou civils, les insurrections, les confiscations militaires ou illégales, les conflits sociaux, le débarquement de personnes malades, blessées ou décédées, les opérations de recherche et de sauvetage en mer ou sur les voies de navigation intérieure, les mesures nécessaires pour la protection de l'environnement, les décisions prises par les organismes de gestion du trafic ou par les autorités portuaires ou encore les décisions arrêtées par les autorités compétentes en matière d'ordre public et de sécurité publique, ainsi que pour répondre à des besoins de transports urgents.

(18) Les transporteurs devraient coopérer, avec la participation des parties prenantes, d'associations professionnelles et d'associations représentant les consom-

mateurs, les passagers, les personnes handicapées et les personnes à mobilité réduite, en vue de l'adoption de dispositions au niveau national ou européen visant à améliorer la prise en charge des passagers et l'assistance aux passagers en cas d'interruption de leur voyage, notamment en cas de retards importants ou d'annulation du voyage. Les organismes nationaux chargés de l'application devraient être informés de ces dispositions.

(19) La Cour de justice de l'Union européenne a déjà statué sur les problèmes entraînant des annulations ou des retards considérant que ceux-ci peuvent relever de la notion de circonstances extraordinaires seulement s'ils découlent d'événements qui ne sont pas inhérents à l'exercice normal de l'activité du transporteur concerné et qui échappent à la maîtrise effective de ce dernier. Il y a lieu de relever que les conditions météorologiques compromettant l'exploitation du navire en toute sécurité échappent en effet à la maîtrise effective du transporteur.

(20) Le présent règlement ne devrait pas porter atteinte aux droits des passagers établis par la directive 90/314/CEE du Conseil du 13 juin 1990 concernant les voyages, vacances et circuits à forfait [7]. Le présent règlement ne devrait pas s'appliquer lorsqu'un circuit à forfait est annulé pour des raisons autres que l'annulation du service de transport de passagers ou de la croisière.

(21) Les passagers devraient être pleinement informés, dans des formats accessibles à tous, de leurs droits en vertu du présent règlement, de manière à pouvoir exercer ces droits d'une manière effective. Il convient que l'obtention d'informations concernant le service de transport de passagers ou la croisière avant et pendant le voyage figure parmi les droits des passagers. Toutes les informations essentielles fournies aux passagers devraient également être fournies dans des formats accessibles aux personnes handicapées et aux personnes à mobilité réduite permettant à ces passagers d'avoir accès aux mêmes informations grâce, par exemple, aux formats texte, braille, audio, vidéo et/ou électroniques.

(22) Il convient que les passagers soient en mesure d'exercer leurs droits au moyen de procédures de plainte appropriées et accessibles mises en œuvre par les transporteurs et les exploitants de terminaux dans leurs domaines respectifs de compétence, ou, le cas échéant, en déposant une plainte auprès de l'organisme ou des organismes désignés à cette fin par l'État membre concerné. Les transporteurs et les exploitants de terminaux devraient être tenus de répondre dans un délai fixé aux plaintes des passagers, étant entendu que l'absence de réaction pourrait être retenue contre eux.

(23) Compte tenu des procédures mises en place dans un État membre pour le dépôt de plaintes, il y a lieu qu'une plainte relative à l'assistance fournie dans un port ou à bord d'un navire soit adressée de préférence à l'organisme ou aux organismes chargés de l'application du présent règlement dans l'État membre dans lequel est situé le port d'embarquement et, pour les services de transport de passagers en provenance d'un pays tiers, dans l'État membre dans lequel est situé le port de débarquement.

(24) Les États membres devraient veiller au respect du présent règlement et désigner un ou des organismes compétents chargés de son contrôle et de son application. Cela ne porte pas atteinte aux droits des passagers de recourir à une procédure judiciaire devant les tribunaux en vertu du droit national.

(25) L'organisme ou les organismes chargés de l'application du présent règlement devraient être indépendants d'intérêts commerciaux. Chaque État membre devrait désigner au moins un organisme qui, le cas échéant, devrait avoir le pouvoir et la

faculté d'examiner les plaintes individuelles et de faciliter le règlement des litiges. Les passagers devraient pouvoir recevoir une réponse motivée de la part de l'organisme désigné, dans un délai raisonnable. Compte tenu de l'importance que revêtent des statistiques fiables pour le contrôle de l'application du présent règlement, en particulier en vue d'assurer une mise en œuvre cohérente dans toute l'Union, les rapports élaborés par ces organismes devraient inclure, si possible, des statistiques sur les plaintes déposées et leur issue.

(26) Les États membres devraient déterminer les sanctions applicables en cas de violation du présent règlement et veiller à leur application. Ces sanctions devraient être effectives, proportionnées et dissuasives.

(27) Étant donné que les objectifs du présent règlement, à savoir assurer un niveau élevé de protection et d'assistance aux passagers dans l'ensemble des États membres et s'assurer que les acteurs économiques opèrent dans des conditions harmonisées au sein du marché intérieur, ne peuvent pas être réalisés de manière suffisante par les États membres et peuvent donc, en raison des dimensions et des effets de l'action, être mieux réalisés au niveau de l'Union, celle-ci peut prendre des mesures, conformément au principe de subsidiarité consacré à l'article 5 du traité sur l'Union européenne. Conformément au principe de proportionnalité tel qu'énoncé audit article, le présent règlement n'excède pas ce qui est nécessaire pour atteindre ces objectifs.

(28) Il convient de fonder l'application du présent règlement sur le règlement (CE) n° 2006/2004 du Parlement européen et du Conseil du 27 octobre 2004 relatif à la coopération entre les autorités nationales chargées de veiller à l'application de la législation en matière de protection des consommateurs (« Règlement relatif à la coopération en matière de protection des consommateurs ») [8]. Ledit règlement devrait donc être modifié en conséquence.

(29) Il y a lieu de respecter et d'appliquer strictement la directive 95/46/CE du Parlement européen et du Conseil du 24 octobre 1995 relative à la protection des personnes physiques à l'égard du traitement des données à caractère personnel et à la libre circulation de ces données [9] afin de garantir le respect de la vie privée des personnes physiques et morales, et de s'assurer que les informations et les rapports requis servent uniquement à satisfaire aux obligations établies par le présent règlement et ne sont pas employés au détriment desdites personnes.

(30) Le présent règlement respecte les droits fondamentaux et les principes consacrés notamment par la charte des droits fondamentaux de l'Union européenne, tels que visés à l'article 6 du traité sur l'Union européenne,

*Ont adopté le présent règlement :*

CHAPITRE PREMIER

## Dispositions générales

### Article premier – Objet

Le présent règlement établit des règles pour le transport par voie maritime ou voie de navigation intérieure en ce qui concerne :

a) la non-discrimination entre les passagers pour ce qui est des conditions de transport offertes par les transporteurs;

b) la non-discrimination et l'assistance pour les personnes handicapées et les personnes à mobilité réduite;
c) les droits des passagers en cas d'annulation ou de retard;
d) les informations minimales à fournir aux passagers;
e) le traitement des plaintes;
f) les règles générales en matière d'application.

## Article 2 – Champ d'application

1. Le présent règlement s'applique aux passagers :
a) utilisant des services de transport de passagers lorsque le port d'embarquement est situé sur le territoire d'un État membre;
b) utilisant des services de transport de passagers lorsque le port d'embarquement est situé hors du territoire d'un État membre et que le port de débarquement est situé sur le territoire d'un État membre, pour autant que le service soit exploité par un transporteur de l'Union tel que défini à l'article 3, point e);
c) participant à une croisière lorsque le port d'embarquement est situé sur le territoire d'un État membre. Toutefois, l'article 16, paragraphe 2, les articles 18 et 19 et l'article 20, paragraphes 1 et 4, ne s'appliquent pas à ces passagers.
2. Le présent règlement ne s'applique pas aux passagers voyageant :
a) sur des navires autorisés à transporter jusqu'à douze passagers;
b) sur des navires dont l'équipage chargé de l'exploitation du navire ne comprend pas plus de trois personnes ou lorsque la longueur totale du service de transport de passagers est inférieure à 500 mètres par aller simple;
c) dans le cadre d'excursions ou de visites touristiques autres que des croisières; ou
d) sur des navires qui ne sont pas propulsés par des moyens mécaniques ainsi que sur des navires à passagers historiques originaux ou des copies individuelles de ces navires conçus avant 1965 et construits essentiellement en matériaux d'origine, autorisés à transporter jusqu'à trente-six passagers.
3. Les États membres peuvent, pendant une période de deux ans à partir du 18 décembre 2012, exempter de l'application du présent règlement les navires de mer de moins de 300 tonnes de jauge brute exploités pour le transport national, à condition que le droit national garantisse d'une manière appropriée les droits des passagers en vertu du présent règlement.
4. Les États membres peuvent exempter de l'application du présent règlement les services de transport de passagers visés par des obligations de service public, des contrats de service public ou des services intégrés, à condition que le droit national garantisse d'une manière comparable les droits des passagers en vertu du présent règlement.
5. Sans préjudice de la directive 2006/87/CE et de la directive 2009/45/CE, aucune disposition du présent règlement ne peut être interprétée comme constituant une prescription technique imposant aux transporteurs, aux exploitants de terminaux ou à d'autres entités de modifier ou de remplacer les navires, les infrastructures, les ports ou les terminaux portuaires.

## Article 3 – Définitions

Aux fins du présent règlement, on entend par :
a) « personne handicapée » ou « personne à mobilité réduite », toute personne dont la mobilité est réduite lors de l'utilisation d'un moyen de transport, en raison de tout handicap physique (sensoriel ou moteur, permanent ou temporaire), ou de

tout handicap ou déficience intellectuels, ou de toute autre cause de handicap, ou encore de son âge, et dont la situation requiert une attention appropriée et l'adaptation à ses besoins particuliers du service mis à la disposition de l'ensemble des passagers;

b) « territoire d'un État membre », un territoire auquel s'applique le traité sur le fonctionnement de l'Union européenne, tel que visé à son article 355, selon les conditions qui y sont énoncées;

c) « conditions d'accès », les normes, lignes directrices et informations pertinentes relatives à l'accessibilité des terminaux portuaires et des navires, y compris en ce qui concerne les installations destinées aux personnes handicapées ou aux personnes à mobilité réduite;

d) « transporteur », une personne physique ou morale, autre qu'un voyagiste, un agent de voyage ou un vendeur de billets, proposant au public un transport au moyen de services de transport de passagers ou de croisières;

e) « transporteur de l'Union », un transporteur établi sur le territoire d'un État membre ou proposant un transport au moyen de services de transport de passagers exploités à destination ou à partir du territoire d'un État membre;

f) « service de transport de passagers », un service commercial de transport de passagers par mer ou par voie de navigation intérieure assuré selon un horaire publié;

g) « services intégrés », des services de transport en correspondance dans une zone géographique déterminée comprenant un service unique d'information, de billetterie et d'horaires;

h) « transporteur exécutant », une personne, autre que le transporteur, qui exécute effectivement la totalité ou une partie du transport;

i) « voie de navigation intérieure », une masse d'eau intérieure navigable naturelle ou artificielle ou un système de masses d'eau reliées entre elles, utilisées pour le transport, telles que des lacs, des fleuves ou rivières, des canaux ou toute combinaison de ceux-ci;

j) « port », un lieu ou une zone géographique comportant des aménagements et des installations permettant la réception de navires, à partir duquel des passagers embarquent ou débarquent régulièrement;

k) « terminal portuaire », un terminal doté de personnel par un transporteur ou un exploitant de terminal, situé dans un port comportant des installations, comme des comptoirs d'enregistrement et de vente de billets ou des salons, et du personnel pour l'embarquement ou le débarquement de passagers utilisant des services de transport de passagers ou faisant une croisière;

l) « navire », un bâtiment utilisé pour la navigation en mer ou sur les voies de navigation intérieure;

m) « contrat de transport », un contrat de transport entre un transporteur et un passager en vue de la fourniture d'un ou de plusieurs services de transport de passagers ou de croisières;

n) « billet », un document en cours de validité ou toute autre preuve de l'existence d'un contrat de transport;

o) « vendeur de billets », tout détaillant qui conclut des contrats de transport pour le compte d'un transporteur;

p) « agent de voyages », un détaillant agissant pour le compte d'un passager ou d'un voyagiste en vue de la conclusion de contrats de transport;

q) « voyagiste », un organisateur ou un détaillant, autre qu'un transporteur, au sens de l'article 2, points 2) et 3), de la directive 90/314/CEE;

r) « réservation », la réservation d'un départ donné sur un service de transport de passagers ou une croisière ;

s) « exploitant de terminal », un organisme public ou privé sur le territoire d'un État membre chargé de l'administration et de la gestion d'un terminal portuaire ;

t) « croisière », un service de transport par mer ou par voie de navigation intérieure exploité exclusivement à des fins de plaisance ou de loisirs, complété par un hébergement et d'autres prestations, consistant en plus de deux nuitées à bord ;

u) « événement maritime », le naufrage, le chavirement, l'abordage ou l'échouement du navire, une explosion ou un incendie à bord du navire ou un défaut du navire.

### Article 4 – Billets et conditions contractuelles non discriminatoires

1. Les transporteurs délivrent un billet au passager, à moins que le droit national ne prévoie d'autres documents établissant le droit au transport. Un billet peut être délivré sous forme électronique.

2. Sans préjudice des tarifs sociaux, les conditions contractuelles et les tarifs appliqués par les transporteurs ou les vendeurs de billets sont proposés au public sans discrimination directe ou indirecte fondée sur la nationalité du client final, ni sur le lieu d'établissement des transporteurs ou des vendeurs de billets au sein de l'Union.

### Article 5 – Autres parties exécutantes

1. Lorsque l'exécution des obligations en vertu du présent règlement a été confiée à un transporteur exécutant, un vendeur de billets ou toute autre personne, le transporteur, l'agent de voyages, le voyagiste ou l'exploitant de terminal qui a délégué lesdites obligations est néanmoins responsable des actes et des omissions de cette partie exécutante agissant dans le cadre de son travail.

2. Outre le paragraphe 1, la partie qui s'est vu confier l'exécution d'une obligation par le transporteur, l'agent de voyages, le voyagiste ou l'exploitant de terminal est soumise aux dispositions du présent règlement, y compris les dispositions relatives à la responsabilité et aux moyens de s'en exonérer, pour ce qui est de l'obligation qui lui a été confiée.

### Article 6 – Exclusion de la renonciation

Les droits et les obligations au titre du présent règlement ne peuvent pas faire l'objet d'une renonciation ou d'une limitation, notamment par une dérogation ou une clause restrictive figurant dans le contrat de transport.

## CHAPITRE II

## Droits des personnes handicapées et des personnes à mobilité réduite

### Article 7 – Droit au transport

1. Les transporteurs, agents de voyages et voyagistes ne peuvent refuser d'accepter une réservation, de délivrer ou fournir un billet ou d'embarquer des personnes au seul motif de leur handicap ou de leur mobilité réduite.

2. Les réservations et les billets sont proposés aux personnes handicapées et aux personnes à mobilité réduite sans supplément et aux mêmes conditions qu'aux autres passagers.

## Article 8 – Exceptions et conditions spéciales

1. Par dérogation à l'article 7, paragraphe 1, les transporteurs, agents de voyages et voyagistes peuvent refuser d'accepter une réservation, de délivrer ou fournir un billet ou d'embarquer une personne handicapée ou à mobilité réduite :

a) afin de respecter les exigences applicables en matière de sécurité prévues par le droit international, le droit de l'Union ou le droit national, ou afin de respecter les exigences en matière de sécurité établies par les autorités compétentes;

b) si la conception du navire à passagers ou les infrastructures et les équipements du port, y compris les terminaux portuaires, rendent l'embarquement, le débarquement ou le transport de la personne concernée impossible dans des conditions sûres ou réalisables sur le plan opérationnel.

2. En cas de refus d'accepter une réservation ou de délivrer ou fournir un billet pour les motifs visés au paragraphe 1, les transporteurs, agents de voyages ou voyagistes s'efforcent, dans toute la mesure du raisonnable, de proposer à la personne concernée un transport alternatif acceptable par le biais d'un service de transport de passagers ou d'une croisière exploités par le transporteur.

3. Si une personne handicapée ou une personne à mobilité réduite qui dispose d'une réservation ou d'un billet et qui s'est conformée aux exigences visées à l'article 11, paragraphe 2, se voit néanmoins opposer un refus d'embarquement sur la base du présent règlement, celle-ci, et toute personne l'accompagnant visée au paragraphe 4, se voient proposer de choisir entre un remboursement et un réacheminement comme le prévoit l'annexe I. Le droit de choisir entre un trajet retour ou un réacheminement est conditionné par le respect de toutes les exigences de sécurité.

4. En cas de stricte nécessité et dans les mêmes conditions que celles énoncées au paragraphe 1, les transporteurs, agents de voyage et voyagistes peuvent demander qu'une personne handicapée ou une personne à mobilité réduite soit accompagnée par une autre personne capable de fournir l'assistance requise par la personne handicapée ou la personne à mobilité réduite. En ce qui concerne les services de transport de passagers, l'accompagnant est transporté gratuitement.

5. Lorsqu'un transporteur, un agent de voyages ou un voyagiste a recours aux paragraphes 1 ou 4, il en communique immédiatement les raisons précises à la personne handicapée ou à la personne à mobilité réduite. Sur demande, ces raisons sont notifiées par écrit à la personne handicapée ou à la personne à mobilité réduite au plus tard cinq jours ouvrables à partir de la demande. En cas de refus conformément au paragraphe 1, point a), il est fait référence aux exigences applicables en matière de sécurité.

## Article 9 – Accessibilité et information

1. En collaboration avec les organisations représentatives des personnes handicapées ou des personnes à mobilité réduite, les transporteurs et les exploitants de terminaux établissent, le cas échéant par l'intermédiaire de leurs organisations, ou maintiennent, des conditions d'accès non discriminatoires applicables au transport de personnes handicapées et de personnes à mobilité réduite, ainsi que des personnes qui les accompagnent. Les conditions d'accès sont communiquées, sur demande, aux organismes nationaux chargés de l'application.

2. Les conditions d'accès prévues au paragraphe 1 sont portées à la connaissance du public par les transporteurs et les exploitants de terminaux, directement ou sur l'internet, dans des formats accessibles sur demande et dans les mêmes langues que celles dans lesquelles les informations sont généralement fournies à l'ensemble des passagers. Une attention particulière est accordée aux besoins des personnes handicapées et des personnes à mobilité réduite.

3. Les voyagistes mettent à disposition les conditions d'accès prévues au paragraphe 1 qui s'appliquent aux trajets inclus dans les voyages, vacances et circuits à forfait qu'ils organisent, commercialisent ou proposent à la vente.

4. Les transporteurs, les agents de voyages et les voyagistes veillent à ce que toutes les informations pertinentes, y compris pour les réservations et les informations en ligne, concernant les conditions de transport, les informations sur les trajets et les conditions d'accès soient mises à la disposition des personnes handicapées et des personnes à mobilité réduite, dans des formats appropriés et accessibles. Les personnes ayant besoin d'assistance reçoivent la confirmation de celle-ci par tout moyen disponible, y compris par voie électronique ou par SMS.

### Article 10 – Droit à une assistance dans les ports et à bord des navires

Sous réserve des conditions d'accès prévues à l'article 9, paragraphe 1, les transporteurs et les exploitants de terminaux fournissent gratuitement, dans leurs domaines respectifs de compétence, aux personnes handicapées et aux personnes à mobilité réduite une assistance, telle que définie aux annexes II et III, dans les ports, y compris lors de l'embarquement et du débarquement, et à bord des navires. Cette assistance est adaptée, si possible, aux besoins particuliers de la personne handicapée ou de la personne à mobilité réduite.

### Article 11 – Conditions selon lesquelles est fournie l'assistance

1. Les transporteurs et les exploitants de terminaux fournissent, dans leurs domaines respectifs de compétence, aux personnes handicapées et aux personnes à mobilité réduite l'assistance visée à l'article 10 selon les conditions suivantes :

a) le transporteur ou l'exploitant de terminal s'est vu notifier, par tout moyen disponible, y compris par voie électronique ou par SMS, au moins quarante-huit heures à l'avance, le besoin d'assistance de la personne, à moins qu'un délai plus court ne soit convenu entre le passager et le transporteur ou l'exploitant de terminal; et

b) la personne handicapée ou la personne à mobilité réduite se présente elle-même au port ou à l'endroit visé à l'article 12, paragraphe 3 :

i) à une heure fixée par écrit par le transporteur, qui ne doit pas précéder de plus de soixante minutes l'heure d'embarquement annoncée; ou

ii) si aucune heure n'a été fixée pour l'embarquement, au moins soixante minutes avant l'heure de départ annoncée, à moins qu'un délai plus court ne soit convenu entre le passager et le transporteur ou l'exploitant de terminal.

2. Outre le paragraphe 1, la personne handicapée ou la personne à mobilité réduite notifie au transporteur, lors de la réservation ou de la prévente du billet, ses besoins particuliers en ce qui concerne la cabine, la place assise, les services requis ou la nécessité d'emporter du matériel médical, pour autant que ce besoin soit connu à ce moment-là.

3. Une notification effectuée conformément au paragraphe 1, point a), et au paragraphe 2 peut toujours être soumise à l'agent de voyages ou au voyagiste auprès duquel le billet a été acheté. Lorsque le billet permet d'effectuer plusieurs trajets,

une seule notification suffit, pour autant que des informations suffisantes soient fournies sur les horaires des trajets ultérieurs. Le passager reçoit une confirmation indiquant que les besoins d'assistance ont été dûment notifiés conformément au paragraphe 1, point a), et au paragraphe 2.

4. Si aucune notification n'est effectuée conformément au paragraphe 1, point a), et au paragraphe 2, le transporteur et l'exploitant du terminal s'efforcent néanmoins, dans la mesure du raisonnable, de fournir à la personne handicapée ou à la personne à mobilité réduite une assistance qui lui permette d'embarquer sur le navire, de débarquer du navire et de voyager à bord de celui-ci.

5. Si une personne handicapée ou une personne à mobilité réduite est accompagnée d'un chien d'assistance reconnu, celui-ci est accueilli à bord avec la personne, sous réserve que le transporteur, l'agent de voyages ou le voyagiste ait été informé conformément aux règles nationales applicables en matière de transport des chiens d'assistance reconnus à bord des navires à passagers, si de telles règles existent.

## Article 12 – Réception de notifications et indication des points de rendez-vous

1. Les transporteurs, les exploitants de terminaux, les agents de voyages et les voyagistes prennent toutes les mesures nécessaires afin de faciliter les demandes de notification et les réceptions des notifications effectuées conformément à l'article 11, paragraphe 1, point a), et à l'article 11, paragraphe 2. Cette obligation s'applique dans l'ensemble de leurs points de vente, y compris à la vente par téléphone et par l'internet.

2. Si un agent de voyages ou un voyagiste reçoit les notifications visées au paragraphe 1, il transmet l'information sans retard au transporteur ou à l'exploitant du terminal pendant les heures normales de bureau.

3. Les transporteurs et les exploitants de terminaux indiquent l'endroit, à l'intérieur ou à l'extérieur des terminaux portuaires, où les personnes handicapées ou les personnes à mobilité réduite peuvent annoncer leur arrivée et demander une assistance. Cet endroit est clairement signalé et fournit, dans des formats accessibles, des informations de base sur le terminal portuaire et l'assistance offerte.

## Article 13 – Normes de qualité applicables à l'assistance

1. Les exploitants de terminaux et les transporteurs exploitant des terminaux portuaires ou des services de transport de passagers ayant totalisé plus de 100 000 mouvements commerciaux de passagers au cours de l'année civile précédente définissent, dans leurs domaines respectifs de compétence, des normes de qualité pour l'assistance prévue aux annexes II et III, et déterminent, le cas échéant par le biais de leurs organisations, les exigences en matière de ressources requises pour respecter ces normes en collaboration avec les organisations représentatives des personnes handicapées ou des personnes à mobilité réduite.

2. Lors de la définition de ces normes de qualité, il convient de tenir pleinement compte des politiques et codes de conduite reconnus au niveau international concernant la simplification du transport des personnes handicapées ou des personnes à mobilité réduite, notamment la recommandation de l'OMI concernant la conception et l'exploitation des navires à passagers en vue de répondre aux besoins des personnes âgées et des personnes handicapées.

3. Les normes de qualité prévues au paragraphe 1 sont portées à la connaissance du public par les exploitants de terminaux et les transporteurs directement ou sur l'inter-

net dans des formats accessibles directement et dans les mêmes langues que celles dans lesquelles les informations sont généralement fournies à l'ensemble des passagers.

### Article 14 – Formation et consignes

Sans préjudice de la convention internationale et du code sur les normes de formation des gens de mer, de délivrance des brevets et de veille, ni des règlements adoptés au titre de la convention révisée pour la navigation du Rhin et de la convention relative au régime de la navigation sur le Danube, les transporteurs et, le cas échéant, les exploitants de terminaux fixent des procédures de formation, y compris des consignes, sur le handicap, et veillent :

a) à ce que leur personnel, y compris les personnes employées par toute autre partie exécutante, qui fournit une assistance directe aux personnes handicapées et aux personnes à mobilité réduite reçoive une formation ou dispose de consignes conformément à l'annexe IV, parties A et B ;

b) à ce que leur personnel chargé de la réservation et de la vente des billets, ainsi que des opérations d'embarquement et de débarquement, y compris les personnes employées par toute autre partie exécutante, reçoive une formation ou dispose de consignes conformément à l'annexe IV, partie A ; et

c) à ce que les catégories de personnel visées aux points a) et b) maintiennent leurs compétences, par exemple en disposant de consignes ou en recevant des cours de remise à niveau, le cas échéant.

### Article 15 – Indemnisation pour l'équipement de mobilité ou tout autre équipement spécifique

1. Le transporteur et l'exploitant du terminal sont responsables du préjudice résultant de la perte ou de la détérioration de l'équipement de mobilité, ou de tout autre équipement spécifique, utilisé par une personne handicapée ou une personne à mobilité réduite, si l'événement générateur du préjudice est imputable à la faute ou à la négligence du transporteur ou de l'exploitant du terminal. Il y a présomption de faute ou de négligence du transporteur en cas de préjudice causé par un événement maritime.

2. L'indemnisation visée au paragraphe 1 correspond à la valeur de remplacement de l'équipement concerné ou, le cas échéant, aux coûts liés à la réparation.

3. Les paragraphes 1 et 2 ne s'appliquent pas lorsque l'article 4 du règlement (CE) n° 392/2009 du Parlement européen et du Conseil du 23 avril 2009 relatif à la responsabilité des transporteurs de passagers par mer en cas d'accident [10] s'applique.

4. En outre, tous les efforts sont déployés pour fournir rapidement un équipement de remplacement temporaire qui constitue une solution de rechange adéquate.

CHAPITRE III

## Obligations des transporteurs et des exploitants de terminaux en cas d'interruption de voyage

### Article 16 – Information en cas de départs annulés ou retardés

1. En cas d'annulation ou de départ retardé d'un service de transport de passagers ou d'une croisière, les passagers partant de terminaux portuaires ou, si possible, les

passagers partant de ports, sont informés de la situation par le transporteur ou, le cas échéant, par l'exploitant du terminal, dans les plus brefs délais et, en tout état de cause, au plus tard trente minutes après l'heure prévue de départ, ainsi que de l'heure estimée de départ et de l'heure estimée d'arrivée, dès que ces informations sont disponibles.

2. Si des passagers manquent un service de correspondance dans le cadre du transport en raison d'une annulation ou d'un retard, le transporteur et, le cas échéant, l'exploitant du terminal s'efforcent, dans la mesure du raisonnable, d'informer les passagers concernés des autres correspondances disponibles.

3. Le transporteur ou, le cas échéant, l'exploitant du terminal veille à ce que les personnes handicapées ou les personnes à mobilité réduite reçoivent, dans des formats accessibles, les informations requises en vertu des paragraphes 1 et 2.

### Article 17 – Assistance en cas de départs annulés ou retardés

1. Lorsqu'un transporteur peut raisonnablement s'attendre à ce que le départ d'un service de transport de passagers ou d'une croisière soit annulé ou retardé de plus de quatre-vingt-dix minutes par rapport à l'heure de départ prévue, les passagers partant de terminaux portuaires se voient offrir gratuitement des collations, des repas ou des rafraîchissements en suffisance compte tenu du délai d'attente, à condition que ceux-ci soient disponibles ou qu'ils puissent raisonnablement être livrés.

2. En cas d'annulation ou de départ retardé, si un séjour d'une nuit ou plus devient nécessaire ou qu'un séjour supplémentaire par rapport à celui prévu par le passager s'impose, si et quand cela est matériellement possible, le transporteur offre gratuitement aux passagers partant de terminaux portuaires un hébergement à bord ou à terre, ainsi que le transport dans les deux sens entre le terminal portuaire et le lieu d'hébergement, outre les collations, repas ou rafraîchissements prévus au paragraphe 1. Pour chaque passager, le transporteur peut limiter à un montant de 80 EUR par nuit, pour un maximum de trois nuits, le coût total de l'hébergement à terre, non compris le transport dans les deux sens entre le terminal portuaire et le lieu d'hébergement.

3. Lors de l'application des paragraphes 1 et 2, le transporteur accorde une attention particulière aux besoins des personnes handicapées et des personnes à mobilité réduite, ainsi qu'aux personnes qui les accompagnent.

### Article 18 – Réacheminement et remboursement en cas de départs annulés ou retardés

1. Lorsqu'un transporteur peut raisonnablement s'attendre à ce qu'un service de transport de passagers soit annulé ou à ce que son départ d'un terminal portuaire soit retardé de plus de quatre-vingt-dix minutes, le passager se voit immédiatement offrir le choix entre :

a) un réacheminement vers la destination finale, telle qu'établie dans le contrat de transport, sans aucun supplément, dans des conditions comparables et dans les meilleurs délais;

b) le remboursement du prix du billet et, s'il y a lieu, un service de transport de retour gratuit dans les meilleurs délais jusqu'au point de départ initial tel qu'établi dans le contrat de transport.

2. Lorsqu'un service de transport de passagers est annulé ou si son départ d'un port est retardé de plus de quatre-vingt-dix minutes, les passagers ont droit au réacheminement ou au remboursement du prix du billet de la part du transporteur.

3. Le remboursement intégral du billet prévu au paragraphe 1, point b), et au paragraphe 2 s'effectue dans un délai de sept jours en espèces, par virement bancaire électronique, mandat ou chèque bancaires, au tarif auquel il a été acheté, pour la ou les parties non effectuées du trajet ainsi que pour la ou les parties déjà effectuées si le trajet ne présente plus aucun intérêt par rapport au plan de voyage initial du passager. Avec l'accord du passager, le remboursement intégral du billet peut également être fait sous forme de bons et/ou d'autres services d'un montant équivalent au tarif auquel il a été acheté, à condition que les conditions soient flexibles, notamment en ce qui concerne la période de validité et la destination.

### Article 19 – Indemnisation relative au prix du billet en cas de retard à l'arrivée

1. Les passagers qui subissent un retard à l'arrivée à la destination finale telle qu'établie dans le contrat de transport peuvent, sans perdre leur droit au transport, demander une indemnisation au transporteur. Les indemnisations minimales sont équivalentes à 25 % du prix du billet en cas de retard d'au moins :

a) une heure dans le cas d'un voyage dont la durée prévue est inférieure ou égale à quatre heures;

b) deux heures dans le cas d'un voyage dont la durée prévue est supérieure à quatre heures, mais inférieure ou égale à huit heures;

c) trois heures dans le cas d'un voyage dont la durée prévue est supérieure à huit heures mais n'excède pas vingt-quatre heures; ou

d) six heures dans le cas d'un voyage dont la durée prévue est supérieure à vingt-quatre heures.

Si le retard est supérieur au double des valeurs énoncées aux points a) à d), l'indemnisation est égale à 50 % du prix du billet.

2. Les passagers qui détiennent une carte de transport ou un abonnement et sont confrontés à des retards répétés à l'arrivée pendant sa durée de validité peuvent demander une indemnisation adéquate conformément aux dispositions prises par le transporteur en matière d'indemnisation. Ces dispositions fixent les critères applicables en matière de retard à l'arrivée et de calcul de l'indemnisation.

3. L'indemnisation est calculée par rapport au prix que le passager a réellement payé pour le service de transport de passagers ayant subi un retard.

4. Lorsque le transport porte sur un trajet aller-retour, l'indemnisation en cas de retard à l'arrivée, à l'aller ou au retour, est calculée par rapport à la moitié du prix payé pour le transport effectué au moyen du service de transport de passagers.

5. L'indemnisation est payée dans le mois qui suit le dépôt de la demande d'indemnisation. Elle peut être payée sous la forme de bons et/ou d'autres services à condition que les conditions soient flexibles, notamment en ce qui concerne la période de validité et la destination. Elle est payée en argent à la demande du passager.

6. L'indemnisation relative au prix du billet n'est pas grevée de coûts de transaction financière tels que redevances, frais de téléphone ou timbres. Les transporteurs peuvent fixer un seuil minimal en dessous duquel aucune indemnisation n'est payée. Ce seuil ne dépasse pas 6 EUR.

### Article 20 – Exemptions

1. Les articles 17, 18 et 19 ne s'appliquent pas aux passagers munis de billets ouverts pour autant que l'heure de départ ne soit pas indiquée, à l'exception des passagers détenant une carte de transport ou un abonnement.

2. Les articles 17 et 19 ne s'appliquent pas si le passager est informé de l'annulation ou du retard avant l'achat du billet ou si l'annulation ou le retard est dû à la faute du passager.

3. L'article 17, paragraphe 2, ne s'applique pas lorsque le transporteur prouve que l'annulation ou le retard sont dus à des conditions météorologiques compromettant l'exploitation du navire en toute sécurité.

4. L'article 19 ne s'applique pas lorsque le transporteur prouve que l'annulation ou le retard sont dus à des conditions météorologiques compromettant l'exploitation du navire en toute sécurité ou à des circonstances extraordinaires empêchant l'exécution du service de transport de passagers, qui n'auraient pas pu être évitées même si toutes les mesures raisonnables avaient été prises.

### Article 21 – Autres voies de recours

Le présent règlement ne saurait en rien empêcher les passagers de saisir les juridictions nationales pour demander des dommages-intérêts conformément au droit national en réparation du préjudice résultant de l'annulation ou du retard de services de transport, y compris en vertu de la directive 90/314/CEE.

CHAPITRE IV

## Règles générales concernant l'information et les plaintes

### Article 22 – Droit à l'information sur les voyages

Les transporteurs et les exploitants de terminaux, dans leurs domaines respectifs de compétence, fournissent aux passagers, tout au long de leur voyage, des informations adéquates dans des formats accessibles à tous et dans les mêmes langues que celles dans lesquelles les informations sont généralement fournies à l'ensemble des passagers. Une attention particulière est accordée aux besoins des personnes handicapées et des personnes à mobilité réduite.

### Article 23 – Informations relatives aux droits des passagers

1. Les transporteurs, les exploitants de terminaux et, le cas échéant, les autorités portuaires veillent, dans leurs domaines respectifs de compétence, à ce que les informations relatives aux droits des passagers en vertu du présent règlement soient mises à la disposition du public à bord des navires, si possible dans les ports et dans les terminaux portuaires. Les informations sont fournies dans la mesure du possible dans des formats accessibles et dans les mêmes langues que celles dans lesquelles les informations sont généralement fournies à l'ensemble des passagers. Lorsque ces informations sont fournies, une attention particulière est accordée aux besoins des personnes handicapées et des personnes à mobilité réduite.

2. Afin de se conformer à l'obligation d'information visée au paragraphe 1, les transporteurs, les exploitants de terminaux et, le cas échéant, les autorités portuaires peuvent utiliser un résumé des dispositions du présent règlement établi par la Com-

mission dans toutes les langues officielles de l'Union européenne et mis à leur disposition.

3. Les transporteurs, les exploitants de terminaux et, le cas échéant, les autorités portuaires informent les passagers d'une manière appropriée à bord des navires, si possible dans les ports et dans les terminaux portuaires, des coordonnées de l'organisme chargé de l'application désigné par l'État membre concerné conformément à l'article 25, paragraphe 1.

### Article 24 – Plaintes

1. Les transporteurs et les exploitants de terminaux établissent ou mettent en place un mécanisme accessible de traitement des plaintes concernant les droits et les obligations visés par le présent règlement.

2. Un passager visé par le présent règlement qui souhaite déposer une plainte auprès du transporteur ou de l'exploitant d'un terminal l'introduit dans un délai de deux mois à partir de la date à laquelle le service a été exécuté ou aurait dû être exécuté. Dans un délai d'un mois suivant la réception de la plainte, le transporteur ou l'exploitant de terminal informe le passager que sa plainte a été retenue, rejetée ou est toujours à l'examen. La réponse définitive lui est donnée dans un délai de deux mois au maximum à partir de la date de réception de la plainte.

CHAPITRE V

## Application et organismes nationaux chargés de l'application

### Article 25 – Organismes nationaux chargés de l'application

1. Chaque État membre désigne un ou plusieurs organismes, nouveaux ou existants, chargés de l'application du présent règlement en ce qui concerne les services de transport de passagers et les croisières à partir de ports situés sur son territoire et les services de transport de passagers en provenance d'un pays tiers à destination de ces ports. Chaque organisme prend les mesures nécessaires pour assurer le respect du présent règlement.

Chaque organisme est indépendant d'intérêts commerciaux en ce qui concerne son organisation, ses décisions de financement, sa structure juridique et son processus de prise de décision.

2. Les États membres informent la Commission de l'organisme ou des organismes désignés conformément au présent article.

3. Tout passager peut déposer une plainte pour infraction alléguée au présent règlement, conformément à son droit national, auprès de l'organisme compétent désigné en vertu du paragraphe 1 ou auprès de tout autre organisme compétent désigné par un État membre. L'organisme compétent fournit aux passagers une réponse motivée à leur plainte dans un délai raisonnable.

Un État membre peut décider :

a) que le passager est tenu, dans un premier temps, de déposer la plainte relevant du présent règlement auprès du transporteur ou de l'exploitant de terminal; et/ou

b) que l'organisme national chargé de l'application ou tout autre organisme compétent désigné par l'État membre agit en tant qu'instance de recours pour les plaintes n'ayant pas été réglées en vertu de l'article 24.

4. Les États membres ayant choisi d'exempter certains services en application de l'article 2, paragraphe 4, assurent la mise en place d'un mécanisme comparable d'application des droits des passagers.

### Article 26 – Rapport sur l'application

Les organismes chargés de l'application désignés en vertu de l'article 25 publient, au plus tard le 1er juin 2015 et tous les deux ans à partir de cette date, un rapport concernant leurs activités des deux années civiles précédentes, contenant, notamment, une description des mesures prises pour faire appliquer les dispositions du présent règlement, les détails des sanctions appliquées ainsi que les statistiques sur les plaintes et les sanctions appliquées.

### Article 27 – Coopération entre organismes chargés de l'application

Les organismes nationaux chargés de l'application visés à l'article 25, paragraphe 1, échangent des informations sur leurs travaux ainsi que sur leurs principes et pratiques de prise de décision dans la mesure nécessaire à l'application cohérente du présent règlement. La Commission les assiste dans cette tâche.

### Article 28 – Sanctions

Les États membres déterminent le régime des sanctions applicables aux violations des dispositions du présent règlement et prennent toutes les mesures nécessaires pour assurer leur application. Les sanctions ainsi prévues sont effectives, proportionnées et dissuasives. Les États membres notifient ce régime et ces mesures à la Commission au plus tard le 18 décembre 2012 et l'informent, sans délai, de toute modification ultérieure les concernant.

## CHAPITRE VI
## Dispositions finales

### Article 29 – Rapport

La Commission fait rapport au Parlement européen et au Conseil sur le fonctionnement et les effets du présent règlement, au plus tard le 19 décembre 2015. Le rapport est assorti, le cas échéant, de propositions législatives destinées à mettre en œuvre de manière plus détaillée les dispositions du présent règlement ou à le modifier.

### Article 30 – Modification du règlement (CE) nº 2006/2004

À l'annexe du règlement (CE) nº 2006/2004, le point suivant est ajouté :

« 18. Règlement (UE) nº 1177/2010 du Parlement européen et du Conseil du 24 novembre 2010 concernant les droits des passagers voyageant par mer ou par voie de navigation intérieure []. »

### Article 31 – Entrée en vigueur

Le présent règlement entre en vigueur le vingtième jour suivant celui de sa publication au *Journal officiel* de l'Union européenne.

Il est applicable à partir du 18 décembre 2012.

Le présent règlement est obligatoire dans tous ses éléments et directement applicable dans tout État membre.

### Références

[1] *JO* C 317 du 23 déc. 2009, p. 89.

[2] Position du Parlement européen du 23 avril 2009 (*JO* C 184 E du 8 juill. 2010, p. 293), position du Conseil en première lecture du 11 mars 2010 (*JO* C 122 E du 11 mai 2010, p. 19), position du Parlement européen du 6 juillet 2010 (non encore parue au *Journal officiel*) et décision du Conseil du 11 octobre 2010.

[3] *JO* L 378 du 31 déc. 1986, p. 4.

[4] *JO* L 364 du 12 déc. 1992, p. 7.

[5] *JO* L 389 du 30 déc. 2006, p. 1.

[6] *JO* L 163 du 25 juin 2009, p. 1.

[7] *JO* L 158 du 23 juin 1990, p. 59.

[8] *JO* L 364 du 9 déc. 2004, p. 1.

[9] *JO* L 281 du 23 nov. 1995, p. 31.

[10] *JO* L 131 du 28 mai 2009, p. 24.

[] *JO* L 334 du 17 déc. 2010, p. 1.

## ANNEXE I

## DROIT AU REMBOURSEMENT OU AU RÉACHEMINEMENT POUR LES PERSONNES HANDICAPÉES ET LES PERSONNES À MOBILITÉ RÉDUITE, VISÉ À L'ARTICLE 8

## ANNEXE II

## ASSISTANCE DANS LES PORTS, Y COMPRIS LORS DE L'EMBARQUEMENT ET DU DÉBARQUEMENT, VISÉE AUX ARTICLES 10 ET 13

## ANNEXE III

## ASSISTANCE À BORD DES NAVIRES VISÉE AUX ARTICLES 10 ET 13

## ANNEXE IV

## FORMATION, Y COMPRIS CONSIGNES, SUR LE HANDICAP, VISÉE À L'ARTICLE 14

# 19 Règlement (UE) n° 181/2011 du Parlement et du Conseil du 16 février 2011 concernant les droits des passagers dans le transport par autocar et modifiant le règlement (CE) n° 2006/2004

Applicable depuis le 1er mars 2013



*(Texte présentant de l'intérêt pour l'EEE)*

*Le Parlement européen et le Conseil de l'Union européenne,*

Vu le traité sur le fonctionnement de l'Union européenne, et notamment son article 91, paragraphe 1,

Vu la proposition de la Commission européenne,

Vu l'avis du Comité économique et social européen [1],

Après consultation du Comité des régions,

Statuant conformément à la procédure législative ordinaire, au vu du projet commun approuvé le 24 janvier 2011 par le comité de conciliation [2],

Considérant ce qui suit :

(1) L'action de l'Union dans le domaine du transport par autobus et autocar devrait viser, entre autres, à garantir un niveau élevé de protection des passagers, comparable à celui des autres modes de transport, quelle que soit la destination. De plus, il convient de tenir pleinement compte des exigences de la protection des consommateurs en général.

(2) Le passager voyageant par autobus ou autocar étant la partie faible du contrat de transport, il convient d'accorder à tous les passagers un niveau minimal de protection.

(3) Les actions de l'Union visant à améliorer les droits des passagers dans les transports par autobus et autocar devraient prendre en compte les spécificités de ce secteur, essentiellement constitué de petites et moyennes entreprises.

(4) Les passagers et, au minimum, les personnes qu'un passager était ou aurait été légalement tenu d'entretenir devraient bénéficier d'une protection adéquate en cas d'accident résultant de l'utilisation d'un autobus ou autocar, compte tenu de la directive 2009/103/CE du Parlement européen et du Conseil du 16 septembre 2009 concernant l'assurance de la responsabilité civile résultant de la circulation de véhicules automoteurs et le contrôle de l'obligation d'assurer cette responsabilité [3].

(5) En choisissant le droit national applicable à l'indemnisation en cas de décès, y compris un montant raisonnable pour les frais funéraires, ou de lésion corporelle ainsi qu'en cas de perte ou de détérioration de bagages dus à des accidents résultant de l'utilisation d'un autobus ou autocar, il convient de tenir compte du règlement (CE) n° 864/2007 du Parlement européen et du Conseil du 11 juillet 2007 sur la loi applicable aux obligations non contractuelles (Rome II) [4] et du règlement (CE) n° 593/2008 du Parlement européen et du Conseil du 17 juin 2008 sur la loi applicable aux obligations contractuelles (Rome I) [5].

(6) Outre l'indemnisation prévue par le droit national applicable en cas de décès ou de lésion corporelle ou en cas de perte ou de détérioration de bagages dus à des accidents résultant de l'utilisation d'un autobus ou autocar, les passagers devraient pouvoir bénéficier d'une assistance répondant à leurs besoins concrets immédiats à la suite d'un accident. Cette assistance devrait englober, si nécessaire, les premiers secours, l'hébergement, la nourriture, les vêtements et le transport.

(7) Les services de transport de passagers par autobus et autocar devraient profiter aux citoyens en général. Par conséquent, les personnes handicapées et les personnes à mobilité réduite, que ce soit du fait d'un handicap, de l'âge ou de tout autre facteur, devraient avoir la possibilité d'utiliser les services de transport par autobus et autocar dans des conditions comparables à celles des autres citoyens. Ces personnes ont les mêmes droits que tous les autres citoyens quant à la libre circulation, à la liberté de choix et à la non-discrimination.

(8) À la lumière de l'article 9 de la convention des Nations unies relative aux droits des personnes handicapées et afin de donner aux personnes handicapées et aux personnes à mobilité réduite la possibilité de voyager par autobus et autocar dans des conditions comparables à celles des autres citoyens, il convient d'établir des règles de non-discrimination et d'assistance au cours de leur voyage. Ces personnes devraient par conséquent être acceptées au transport et ne pas se voir opposer un refus de transport au motif de leur handicap ou de leur mobilité réduite, sauf pour des motifs de sécurité ou qui tiennent à la conception du véhicule ou de l'infrastructure. Dans le cadre de la législation applicable en matière de protection des travailleurs, les personnes handicapées et les personnes à mobilité réduite devraient bénéficier d'un droit à une assistance dans les stations et à bord des véhicules. Dans un souci d'intégration sociale, cette assistance devrait être fournie gratuitement aux personnes concernées. Les transporteurs devraient établir des conditions d'accès, en se servant de préférence du système européen de normalisation.

(9) Lorsqu'elles décident de la conception de nouvelles stations, ainsi que dans le cadre de réaménagements importants, les entités gestionnaires de stations devraient s'efforcer de tenir compte des besoins des personnes handicapées et des personnes à mobilité réduite conformément aux exigences de la conception pour tous les usages.

Dans tous les cas, les entités gestionnaires de stations devraient indiquer les endroits où ces personnes peuvent annoncer leur arrivée et demander de l'assistance.

(10) De la même manière, sans préjudice de la législation actuelle ou future en matière d'exigences techniques pour les autobus et autocars, les transporteurs devraient tenir compte de ces besoins lorsqu'ils décident de la conception de nouveaux véhicules ou du réaménagement de véhicules.

(11) Les États membres devraient s'efforcer d'améliorer les infrastructures existantes, lorsque cela s'avère nécessaire pour permettre aux transporteurs d'assurer un accès aux personnes handicapées et aux personnes à mobilité réduite ainsi que de fournir une assistance adaptée.

(12) Afin de répondre aux besoins des personnes handicapées et des personnes à mobilité réduite, il convient que le personnel reçoive une formation appropriée. En vue de faciliter la reconnaissance mutuelle des qualifications nationales des chauffeurs, une formation de sensibilisation au handicap pourrait être prévue dans le cadre de la qualification initiale ou de la formation continue visée par la directive 2003/59/CE du Parlement européen et du Conseil du 15 juillet 2003 relative à la qualification initiale et à la formation continue des conducteurs de certains véhicules routiers affectés aux transports de marchandises ou de voyageurs [6]. Afin d'assurer la cohérence entre l'introduction des exigences de formation et les délais fixés par ladite directive, une possibilité de dérogation pendant une période limitée devrait être permise.

(13) Les organisations représentant les personnes handicapées ou les personnes à mobilité réduite devraient être consultées pour l'élaboration du contenu de la formation relative au handicap ou y être associées.

(14) Parmi les droits des passagers dans le transport par autobus et autocar devrait figurer l'obtention d'informations concernant le service avant et pendant le voyage. Toutes les informations essentielles communiquées aux passagers voyageant par autobus et autocar devraient également être fournies, sur demande, sous d'autres formats accessibles aux personnes handicapées et aux personnes à mobilité réduite, comme des informations en gros caractères, en langage clair, en braille, ou des communications sous forme électronique qui peuvent être lues à l'aide de technologies adaptatives, ou sur bande audio.

(15) Le présent règlement ne devrait pas limiter le droit des transporteurs de demander réparation à toute personne, y compris un tiers, conformément à la législation nationale applicable.

(16) Il convient de réduire les désagréments auxquels sont confrontés les passagers en cas d'annulation ou de retard important de leur voyage. À cette fin, les passagers partant de stations devraient bénéficier d'une assistance appropriée et être informés d'une manière accessible à tous. Ils devraient également pouvoir annuler leur voyage et obtenir le remboursement de leur billet ou bien poursuivre leur voyage ou être réacheminés dans des conditions satisfaisantes. Si le transporteur n'apporte pas l'assistance requise aux passagers, ceux-ci devraient avoir droit à une indemnisation financière.

(17) Avec la participation des parties prenantes, d'associations professionnelles et d'associations représentant les clients, les passagers, les personnes handicapées et les personnes à mobilité réduite, les transporteurs devraient coopérer en vue de l'adoption de dispositions à l'échelon national ou européen. Lesdites dispositions devraient viser à améliorer l'information et la prise en charge des passagers ainsi que l'assistance qui leur est fournie en cas d'interruption de leur voyage, en particu-

lier en cas de retards importants ou d'annulation du voyage, priorité étant donnée aux passagers ayant des besoins spécifiques dus à un handicap, à une mobilité réduite, à une maladie, à un âge avancé et à une grossesse, ainsi qu'aux passagers accompagnants et aux passagers voyageant avec de jeunes enfants. Les organismes nationaux chargés de l'application devraient être informés de ces dispositions.

(18) Le présent règlement ne devrait pas porter atteinte aux droits des passagers établis par la directive 90/314/CEE du Conseil du 13 juin 1990 concernant les voyages, vacances et circuits à forfait [7]. Le présent règlement ne devrait pas s'appliquer en cas d'annulation d'un voyage à forfait pour des raisons autres que l'annulation du service de transport par autobus ou autocar.

(19) Les passagers devraient être pleinement informés des droits que leur confère le présent règlement, afin d'être en mesure de les exercer effectivement.

(20) Les passagers devraient pouvoir exercer leurs droits au moyen de procédures de plainte appropriées mises en œuvre par les transporteurs ou, le cas échéant, en déposant une plainte auprès de l'organisme ou des organismes désignés à cette fin par l'État membre concerné.

(21) Les États membres devraient veiller au respect du présent règlement et désigner un ou des organismes compétents chargés de son contrôle et de son application. Cela ne porte pas atteinte aux droits des passagers de saisir une juridiction pour demander réparation conformément au droit national.

(22) Compte tenu des procédures établies par les États membres pour le dépôt de plaintes, il y a lieu qu'une plainte portant sur l'assistance soit adressée de préférence à l'organisme ou aux organismes désignés pour assurer l'application du présent règlement dans l'État membre dans lequel a lieu la montée ou la descente des passagers.

(23) Les États membres devraient promouvoir l'utilisation des transports publics et l'utilisation d'informations et de billets intégrés, afin d'optimiser l'utilisation et l'interopérabilité des différents modes de transport et opérateurs.

(24) Les États membres devraient établir des sanctions applicables en cas de violations du présent règlement et veiller à ce que lesdites sanctions soient appliquées. Ces sanctions devraient être effectives, proportionnées et dissuasives.

(25) Étant donné que l'objectif du présent règlement, à savoir garantir un niveau uniforme de protection et d'assistance pour les passagers dans le transport par autobus et autocar dans tous les États membres, ne peut pas être réalisé de manière suffisante par les États membres et peut donc, en raison de la portée et des effets de l'action, être mieux réalisé au niveau de l'Union, celle-ci peut prendre des mesures, conformément au principe de subsidiarité consacré à l'article 5 du traité sur l'Union européenne. Conformément au principe de proportionnalité tel qu'énoncé audit article, le présent règlement n'excède pas ce qui est nécessaire pour atteindre cet objectif.

(26) Il y a lieu que le présent règlement s'applique sans préjudice de la directive 95/46/CE du Parlement européen et du Conseil du 24 octobre 1995 relative à la protection des personnes physiques à l'égard du traitement des données à caractère personnel et à la libre circulation de ces données [8].

(27) Le contrôle de l'application du présent règlement devrait être fondé sur le règlement (CE) n$^{o}$ 2006/2004 du Parlement européen et du Conseil du 27 octobre 2004 relatif à la coopération entre les autorités nationales chargées de veiller à l'application de la législation en matière de protection des consommateurs (« Règlement relatif à la coopération en matière de protection des consommateurs ») [9]. Il convient donc de modifier en conséquence ledit règlement.

(28) Le présent règlement respecte les droits fondamentaux et observe les principes consacrés notamment par la charte des droits fondamentaux de l'Union européenne, tels qu'ils sont visés à l'article 6 du traité sur l'Union européenne, gardant également à l'esprit la directive 2000/43/CE du Conseil du 29 juin 2000 relative à la mise en œuvre du principe de l'égalité de traitement entre les personnes sans distinction de race ou d'origine ethnique [10] et la directive 2004/113/CE du Conseil du 13 décembre 2004 mettant en œuvre le principe de l'égalité de traitement entre les femmes et les hommes dans l'accès à des biens et services et la fourniture de biens et services [11],

*Ont adopté le présent règlement :*

CHAPITRE PREMIER

## Dispositions générales

### Article premier – Objet

Le présent règlement établit des règles applicables au transport par autobus et par autocar en ce qui concerne :

a) la non-discrimination entre les passagers pour ce qui est des conditions de transport offertes par les transporteurs;

b) les droits des passagers en cas d'accident résultant de l'utilisation d'un autobus ou autocar et entraînant le décès ou une lésion corporelle ou la perte ou la détérioration de bagages;

c) la non-discrimination et l'assistance obligatoire pour les personnes handicapées et les personnes à mobilité réduite;

d) les droits des passagers en cas d'annulation ou de retard;

e) les informations minimales à fournir aux passagers;

f) le traitement des plaintes;

g) les règles générales en matière d'application.

### Article 2 – Champ d'application

1. Le présent règlement s'applique aux passagers qui voyagent en empruntant des services réguliers destinés à des catégories non déterminées de passagers lorsque la montée ou la descente du passager a lieu sur le territoire d'un État membre et lorsque la distance prévue à parcourir dans le cadre du service est supérieure ou égale à 250 kilomètres.

2. S'agissant des services visés au paragraphe 1, mais lorsque la distance prévue à parcourir dans le cadre du service est inférieure à 250 kilomètres, l'article 4, paragraphe 2, l'article 9, l'article 10, paragraphe 1, l'article 16, paragraphe 1, point b), l'article 16, paragraphe 2, l'article 17, paragraphes 1 et 2, ainsi que les articles 24 à 28, sont applicables.

3. En outre, à l'exception des articles 9 à 16, de l'article 17, paragraphe 3, et des chapitres IV, V et VI, le présent règlement s'applique aux passagers qui voyagent dans le cadre de services occasionnels lorsque la montée initiale ou la descente finale du passager a lieu sur le territoire d'un État membre.

4. À l'exception de l'article 4, paragraphe 2, de l'article 9, de l'article 10, paragraphe 1, de l'article 16, paragraphe 1, point b), de l'article 16, paragraphe 2, de l'article 17, paragraphes 1 et 2, ainsi que des articles 24 à 28, les États membres

peuvent, selon des modalités transparentes et non discriminatoires, octroyer une dérogation à l'application du présent règlement en ce qui concerne les services réguliers nationaux. Ces dérogations peuvent être octroyées, à compter de la date d'application du présent règlement, pour une durée maximale de quatre ans renouvelable une fois.

5. Pour une période d'une durée maximale de quatre ans à compter de la date d'application du présent règlement, les États membres peuvent, selon des modalités transparentes et non discriminatoires, octroyer une dérogation à l'application du présent règlement en ce qui concerne certains services réguliers parce qu'une part importante desdits services, y compris au moins un arrêt prévu, est effectuée en dehors de l'Union. Ces dérogations sont renouvelables une fois.

6. Les États membres informent la Commission des dérogations octroyées pour les différents types de services en application des paragraphes 4 et 5. La Commission prend les mesures appropriées si une dérogation n'est pas jugée conforme aux dispositions du présent article. Au plus tard le 2 mars 2018, la Commission soumet au Parlement européen et au Conseil un rapport sur les dérogations accordées conformément aux paragraphes 4 et 5.

7. Aucune disposition du présent règlement ne peut être interprétée comme étant contraire à la législation en vigueur relative aux prescriptions techniques pour les autobus ou les autocars ou les infrastructures ou encore l'équipement des arrêts d'autobus et des stations, ou comme instaurant de nouvelles prescriptions en sus de celles prévues par cette législation.

8. Le présent règlement ne porte pas atteinte aux droits des passagers établis par la directive 90/314/CEE et ne s'applique pas dans les cas où un voyage à forfait visé par ladite directive est annulé pour des motifs autres que l'annulation d'un service régulier.

### Article 3 – Définitions

Aux fins du présent règlement, on entend par :

a) « services réguliers », les services qui assurent le transport de passagers par autobus ou autocar selon une fréquence et sur un trajet déterminés, les passagers pouvant être pris en charge et déposés à des arrêts préalablement fixés;

b) « services occasionnels », les services qui ne répondent pas à la définition des services réguliers et qui ont pour principale caractéristique de transporter par autobus ou autocar des groupes de passagers constitués à l'initiative d'un donneur d'ordre ou du transporteur lui-même;

c) « contrat de transport », un contrat entre un transporteur et un passager en vue de la fourniture d'un ou de plusieurs services réguliers ou occasionnels;

d) « billet », un document en cours de validité ou toute autre preuve de l'existence d'un contrat de transport;

e) « transporteur », une personne physique ou morale, autre qu'un voyagiste, un agent de voyages ou un vendeur de billet, proposant au public des transports au moyen de services réguliers ou occasionnels;

f) « transporteur exécutant », une personne physique ou morale autre que le transporteur, qui exécute effectivement tout ou partie du transport;

g) « vendeur de billets », tout intermédiaire qui conclut des contrats de transport pour le compte d'un transporteur;

h) « agent de voyages », tout intermédiaire agissant pour le compte d'un passager en vue de la conclusion de contrats de transport;

i) « voyagiste », un organisateur ou un détaillant, autre qu'un transporteur, au sens de l'article 2, points 2) et 3), de la directive 90/314/CEE;

j) « personne handicapé » ou « personne à mobilité réduite », toute personne dont la mobilité est réduite lors de l'usage d'un moyen de transport, en raison de tout handicap physique (sensoriel ou moteur, permanent ou temporaire), d'un retard mental ou d'une déficience intellectuelle, ou de toute autre cause de handicap, ou encore de l'âge, et dont la situation requiert une attention appropriée et l'adaptation à ses besoins particuliers des services mis à la disposition de l'ensemble des passagers;

k) « conditions d'accès », les normes, lignes directrices et informations pertinentes relatives à l'accessibilité des autobus et/ou des stations désignées, y compris en ce qui concerne les équipements destinés aux personnes handicapées ou aux personnes à mobilité réduite;

l) « réservation », la réservation d'une place assise à bord d'un autobus ou d'un autocar pour un service régulier à une heure de départ donnée;

m) « station », une station dotée de personnel, dans laquelle, selon l'itinéraire indiqué, il est prévu qu'un service régulier effectue un arrêt pour la montée ou la descente de passagers, et équipée d'installations telles que des comptoirs d'enregistrement, des salles d'attente ou des comptoirs de vente de billets;

n) « arrêt d'autobus », tout point autre qu'une station auquel, selon l'itinéraire indiqué, il est prévu qu'un service régulier effectue un arrêt pour la montée ou la descente de passagers;

o) « entité gestionnaire de station », une entité organisationnelle dans un État membre chargée de la gestion d'une station désignée;

p) « annulation », la non-exécution d'un service régulier précédemment planifié;

q) « retard », la différence de temps entre l'heure à laquelle le service régulier devait partir d'après l'horaire publié et l'heure de son départ réel.

### Article 4 – Billets et conditions contractuelles non discriminatoires

1. Les transporteurs émettent un billet au passager, à moins que ne soient prévus d'autres documents établissant le droit au transport. Un billet peut être émis sous forme électronique.

2. Sans préjudice des tarifs sociaux, les conditions contractuelles et les tarifs appliqués par les transporteurs sont proposés au public sans discrimination directe ou indirecte fondée sur la nationalité du client final ou sur le lieu d'établissement des transporteurs ou des vendeurs de billets dans l'Union.

### Article 5 – Autres parties exécutantes

1. Si l'exécution des obligations prévues par le présent règlement a été confiée à un transporteur exécutant, un vendeur de billets ou toute autre personne, le transporteur, l'agent de voyages, le voyagiste ou l'entité gestionnaire de station qui a délégué lesdites obligations est néanmoins responsable des actes et des omissions de cette partie exécutante.

2. En outre, la partie qui s'est vu confier l'exécution d'une obligation par le transporteur, l'agent de voyages, le voyagiste ou l'entité gestionnaire de station est soumise aux dispositions du présent règlement pour ce qui est de l'obligation qui lui a été confiée.

### Article 6 – Irrecevabilité des dérogations

1. Les obligations à l'égard des passagers énoncées par le présent règlement ne peuvent être limitées ou levées, notamment par une dérogation ou une clause restrictive figurant dans le contrat de transport.

2. Les transporteurs peuvent offrir des conditions contractuelles plus favorables au passager que celles fixées dans le présent règlement.

CHAPITRE II

## Indemnisation et assistance en cas d'accident

### Article 7 – Décès ou lésion corporelle de passagers et perte ou détérioration de bagages

1. Conformément au droit national applicable, les passagers ont droit à une indemnisation en cas de décès, y compris un montant raisonnable pour les frais funéraires, ou de lésion corporelle ainsi qu'en cas de perte ou de détérioration de bagages dus à des accidents résultant de l'utilisation d'un autobus ou d'un autocar. En cas de décès d'un passager, ce droit s'applique au minimum aux personnes que ce passager était ou aurait été légalement tenu d'entretenir.

2. Le montant de l'indemnisation est calculé conformément au droit national applicable. Le montant maximal prévu par le droit national pour l'indemnisation en cas de décès ou de lésion corporelle ou en cas de perte ou de détérioration de bagages n'est pas inférieur, pour un événement donné, à :

a) 220 000 EUR par passager ;

b) 1 200 EUR par bagage. En cas de détérioration de fauteuils roulants, de tout autre équipement de mobilité ou dispositif d'assistance, le montant de l'indemnisation est toujours égal au coût de remplacement ou de réparation de l'équipement perdu ou détérioré.

### Article 8 – Besoins concrets immédiats des passagers

En cas d'accident résultant de l'utilisation d'un autobus ou d'un autocar, le transporteur fournit une assistance raisonnable et proportionnée portant sur les besoins concrets immédiats des passagers à la suite de l'accident. Cette assistance englobe, si nécessaire, l'hébergement, la nourriture, les vêtements, le transport et la facilitation des premiers secours. L'assistance fournie ne constitue pas une reconnaissance de responsabilité.

Pour chaque passager, le transporteur peut limiter le coût total de l'hébergement à un montant de 80 EUR par nuit et pour deux nuits au plus.

CHAPITRE III

## Droits des personnes handicapées et des personnes à mobilité réduite

### Article 9 – Droit au transport

1. Les transporteurs, agents de voyages et voyagistes ne peuvent refuser d'accepter une réservation, d'émettre ou fournir un billet ou de faire monter à bord une personne au motif de son handicap ou de sa mobilité réduite.

2. Aucun supplément n'est demandé aux personnes handicapées et aux personnes à mobilité réduite pour leurs réservations et leurs billets.

### Article 10 – Exceptions et conditions particulières

1. Nonobstant l'article 9, paragraphe 1, les transporteurs, agents de voyages et voyagistes peuvent refuser d'accepter une réservation, d'émettre ou fournir un billet ou de faire monter à bord une personne au motif de son handicap ou de sa mobilité réduite :

a) afin de respecter les exigences applicables en matière de sécurité prévues par le droit international, le droit de l'Union ou le droit national ou afin de respecter les exigences en matière de santé et de sécurité établies par les autorités compétentes;

b) lorsque la conception du véhicule ou les infrastructures, y compris les arrêts et stations d'autobus, rendent physiquement impossible la montée, la descente ou le transport de la personne handicapée ou de la personne à mobilité réduite dans des conditions sûres et réalisables sur le plan opérationnel.

2. En cas de refus d'accepter une réservation ou d'émettre ou fournir un billet pour les motifs indiqués au paragraphe 1, les transporteurs, agents de voyages et voyagistes informent la personne concernée de tout service de substitution acceptable exploité par le transporteur.

3. Si une personne handicapée ou une personne à mobilité réduite qui dispose d'une réservation ou d'un billet et qui s'est conformée aux exigences de l'article 14, paragraphe 1, point a), se voit néanmoins refuser la permission de monter au motif de son handicap ou de sa mobilité réduite, ladite personne et toute personne l'accompagnant conformément au paragraphe 4 du présent article se voient offrir le choix entre :

a) le droit au remboursement et, s'il y a lieu, un service de transport de retour gratuit dans les meilleurs délais jusqu'au point de départ initial tel qu'établi dans le contrat de transport; ou

b) la poursuite du voyage ou le réacheminement par d'autres services de transport raisonnables jusqu'au lieu de destination, tel qu'établi dans le contrat de transport, excepté dans les cas où cela s'avère impossible.

Le droit au remboursement de la somme versée pour le billet n'est pas affecté par l'absence de notification en vertu de l'article 14, paragraphe 1, point a).

4. Si un transporteur, un agent de voyages ou un voyagiste refuse d'accepter une réservation, d'émettre ou fournir un billet ou de faire monter à bord une personne au motif de son handicap ou de sa mobilité réduite pour les raisons visées au paragraphe 1, cette personne peut demander à être accompagnée par une autre personne de son choix capable de lui fournir l'assistance qu'elle requiert de telle sorte que les raisons visées au paragraphe 1 ne soient plus applicables.

Cet accompagnant est transporté gratuitement et, dans la mesure du possible, une place lui est attribuée à côté de la personne handicapée ou de la personne à mobilité réduite.

5. Lorsque les transporteurs, les agents de voyages ou les voyagistes ont recours au paragraphe 1, ils en communiquent immédiatement les raisons à la personne handicapée ou à la personne à mobilité réduite, et, sur demande, l'en informe par écrit dans un délai de cinq jours ouvrables à compter de sa demande.

## Article 11 – Accessibilité et information

1. En collaboration avec les organisations représentatives des personnes handicapées ou des personnes à mobilité réduite, les transporteurs et les entités gestionnaires de stations établissent, le cas échéant par l'intermédiaire de leurs organisations, des conditions d'accès non discriminatoires applicables au transport de personnes handicapées et de personnes à mobilité réduite, ou disposent déjà de telles conditions.

2. Les conditions d'accès prévues au paragraphe 1, y compris le texte des législations adoptées aux niveaux international, de l'Union et national fixant des exigences en matière de sécurité et sur lesquelles reposent ces conditions d'accès non discriminatoires, sont portées à la connaissance du public par les transporteurs et les entités gestionnaires de stations directement ou sur l'internet, dans des formats accessibles sur demande, dans les mêmes langues que celles dans lesquelles les informations sont généralement fournies à l'ensemble des passagers. Lors de la fourniture de ces informations, une attention particulière est accordée aux besoins des personnes handicapées et des personnes à mobilité réduite.

3. Les voyagistes mettent à disposition les conditions d'accès prévues au paragraphe 1 qui s'appliquent aux trajets inclus dans les voyages, vacances et circuits à forfait qu'ils organisent, commercialisent ou proposent à la vente.

4. Les informations relatives aux conditions d'accès visées aux paragraphes 2 et 3 sont communiquées sous une forme matérielle à la demande du passager.

5. Les transporteurs, les agents de voyages et les voyagistes veillent à ce que toutes les informations générales pertinentes concernant les trajets et les conditions de transport soient mises à la disposition des personnes handicapées et des personnes à mobilité réduite, dans des formats appropriés et accessibles, y compris, le cas échéant, pour les réservations et les informations en ligne. Les informations sont communiquées au moyen d'un support matériel à la demande du passager.

## Article 12 – Désignation des stations

Les États membres désignent les stations d'autobus et d'autocar dans lesquelles une assistance est fournie aux personnes handicapées et aux personnes à mobilité réduite. Les États membres en informent la Commission. La Commission diffuse sur l'internet une liste des stations d'autobus et d'autocars ainsi désignées.

## Article 13 – Droit à une assistance dans les stations désignées et à bord des autobus et des autocars

1. Sous réserve des conditions d'accès prévues à l'article 11, paragraphe 1, les transporteurs et les entités gestionnaires de stations fournissent gratuitement, dans le cadre de leurs compétences respectives, dans les stations désignées par les États membres, au moins l'assistance visée à l'annexe I, point a), aux personnes handicapées et aux personnes à mobilité réduite.

2. Sous réserve des conditions d'accès prévues à l'article 11, paragraphe 1, les transporteurs fournissent gratuitement, à bord des autobus et des autocars, au moins l'assistance visée à l'annexe I, point b), aux personnes handicapées et aux personnes à mobilité réduite.

## Article 14 – Conditions auxquelles est fournie l'assistance

1. Les transporteurs et les entités gestionnaires de stations coopèrent afin de fournir une assistance aux personnes handicapées et aux personnes à mobilité réduite, à condition que :

a) le besoin d'assistance de la personne soit notifié aux transporteurs, entités gestionnaires de stations, agents de voyages ou voyagistes au plus tard trente-six heures à l'avance ; et

b) les personnes concernées se présentent à l'endroit indiqué :

i) à l'heure fixée à l'avance par le transporteur, qui ne doit pas précéder de plus de soixante minutes l'heure de départ annoncée, à moins que le transporteur et le passager ne se soient mis d'accord sur une période plus courte ; ou

ii) si aucune heure n'a été fixée, au moins trente minutes avant l'heure de départ annoncée.

2. Outre le paragraphe 1, la personne handicapée ou la personne à mobilité réduite informe le transporteur, l'agent de voyages ou le voyagiste de ses besoins particuliers en ce qui concerne la place assise lors de la réservation ou de l'achat à l'avance du billet, pour autant que ce besoin soit connu à ce moment-là.

3. Les transporteurs, entités gestionnaires de stations, agents de voyages et voyagistes prennent toutes les mesures nécessaires pour faciliter la réception des notifications effectuées par des personnes handicapées ou des personnes à mobilité réduite faisant état de leur besoin d'assistance. Cette obligation s'applique dans l'ensemble des stations désignées et de leurs points de vente, y compris à la vente par téléphone et sur l'internet.

4. À défaut de la notification visée au paragraphe 1, point a), et au paragraphe 2, les transporteurs, les entités gestionnaires de stations, les agents de voyages et les voyagistes s'efforcent dans la mesure du possible de fournir à la personne handicapée ou à la personne à mobilité réduite l'assistance nécessaire pour pouvoir monter, obtenir sa correspondance ou descendre pour le service pour lequel elle a acheté un billet.

5. L'entité gestionnaire de la station indique l'endroit, à l'intérieur ou à l'extérieur de la station, où les personnes handicapées ou les personnes à mobilité réduite peuvent annoncer leur arrivée et demander une assistance. Cet endroit est clairement signalé et fournit, dans des formats accessibles, des informations de base sur la station et l'assistance offerte.

## Article 15 – Transmission d'informations aux tiers

Si un agent de voyages ou un voyagiste reçoit une notification visée à l'article 14, paragraphe 1, point a), il transmet l'information au transporteur ou à l'entité gestionnaire de station dans les meilleurs délais, pendant les heures normales de bureau.

## Article 16 – Formation

1. Les transporteurs et, le cas échéant, les entités gestionnaires de stations, fixent des procédures de formation au handicap, y compris des consignes, et veillent à ce que :

a) leur personnel, à l'exception des chauffeurs, y compris les personnes employées par toute autre partie exécutante, qui fournit une assistance directe aux personnes handicapées et aux personnes à mobilité réduite, reçoive une formation ou dispose de consignes, conformément à l'annexe II, points a) et b) ; et

b) leur personnel, y compris les chauffeurs, qui travaille en contact direct avec les voyageurs ou traitent les questions en rapport avec les voyageurs, reçoive une formation ou dispose de consignes, conformément à l'annexe II, point a).

2. Un État membre peut, pour une période maximale de cinq ans à compter du 1er mars 2013, octroyer une dérogation à l'application du paragraphe 1, point b), concernant la formation des chauffeurs.

### Article 17 – Indemnisation pour les fauteuils roulants et les autres équipements de mobilité

1. Les transporteurs et les entités gestionnaires de stations sont responsables lorsqu'ils ont causé la perte ou la détérioration de fauteuils roulants, de tout autre équipement de mobilité ou de dispositifs d'assistance. La perte ou la détérioration est indemnisée par le transporteur ou l'entité gestionnaire de station qui en est responsable.

2. L'indemnisation visée au paragraphe 1 équivaut au coût de remplacement ou de réparation de l'équipement ou des dispositifs perdus ou endommagés.

3. Le cas échéant, tout est mis en œuvre pour mettre rapidement à disposition un équipement ou des dispositifs de remplacement, à titre temporaire. Les fauteuils roulants, les autres équipements de mobilité ou dispositifs d'assistance présentent, dans la mesure du possible, des caractéristiques techniques et fonctionnelles similaires à ceux qui ont été perdus ou endommagés.

### Article 18 – Dérogations

1. Sans préjudice de l'article 2, paragraphe 2, les États membres peuvent octroyer une dérogation à l'application de tout ou partie des dispositions du présent chapitre en ce qui concerne les services réguliers nationaux, à condition qu'ils s'assurent que le niveau de protection des personnes handicapées et des personnes à mobilité réduite garanti par leur législation nationale est au moins le même que celui garanti par le présent règlement.

2. Les États membres informent la Commission des dérogations octroyées conformément au paragraphe 1. La Commission prend les mesures appropriées si une dérogation n'est pas jugée conforme aux dispositions du présent article. Au plus tard le 2 mars 2018, la Commission soumet au Parlement européen et au Conseil un rapport sur les dérogations octroyées conformément au paragraphe 1.

CHAPITRE IV

## Droits des passagers en cas d'annulation ou de retard

### Article 19 – Poursuite du voyage, réacheminement et remboursement

1. Lorsqu'un transporteur peut raisonnablement s'attendre à ce qu'un service régulier soit annulé ou à ce que son départ d'une station soit retardé de plus de cent vingt minutes ou encore en cas de surréservation, les passagers se voient immédiatement offrir le choix entre :

a) la poursuite du voyage ou le réacheminement vers la destination finale telle qu'établie dans le contrat de transport, sans coût supplémentaire, dans des conditions comparables et dans les meilleurs délais ;

b) le remboursement du prix du billet et, s'il y a lieu, un service de transport de retour gratuit, en autobus ou en autocar, dans les meilleurs délais, jusqu'au point de départ initial tel qu'établi dans le contrat de transport.

2. Si le transporteur n'offre pas au passager le choix visé au paragraphe 1, le passager a droit à une indemnisation équivalente à 50 % du prix du billet, en sus du remboursement visé au paragraphe 1, point b). Ce montant est payé par le transporteur dans le mois qui suit le dépôt de la demande d'indemnisation.

3. Lorsque l'autobus ou l'autocar devient inutilisable au cours du voyage, le transporteur propose soit la poursuite du service, dans un autre véhicule, à partir du point où le véhicule est immobilisé, soit le transport entre le point où le véhicule est immobilisé et un point d'attente ou une station adaptés, lieu à partir duquel la poursuite du voyage devient possible.

4. Lorsqu'un service régulier est annulé ou si son départ d'un arrêt d'autobus est retardé de plus de cent vingt minutes, les passagers ont droit à la poursuite du voyage ou au réacheminement ou au remboursement du prix du billet par le transporteur, conformément au paragraphe 1.

5. Le remboursement du billet prévu au paragraphe 1, point b), et au paragraphe 4 s'effectue dans un délai de quatorze jours après que l'offre en a été faite ou que la demande en a été reçue. Le remboursement couvre la totalité du coût du billet au tarif auquel il a été acheté, pour la ou les parties non effectuées du trajet et pour la ou les parties déjà effectuées si le trajet ne présente plus aucun intérêt par rapport au plan de voyage initial du passager. En cas de carte de transport ou d'abonnement, le remboursement équivaut à la proportion que représente le trajet dans le coût total de la carte ou de l'abonnement. Le remboursement s'effectue en espèces, à moins que le passager accepte une autre forme de remboursement.

### Article 20 – Information

1. En cas d'annulation ou de départ retardé d'un service régulier, les passagers partant de stations sont informés de la situation par le transporteur ou, le cas échéant, par l'entité gestionnaire de station, dans les plus brefs délais et en tout état de cause au plus tard trente minutes après l'heure de départ prévue, ainsi que de l'heure estimée de départ, dès que cette information est disponible.

2. Si des passagers manquent un service de correspondance établi en fonction des horaires en raison d'une annulation ou d'un retard, le transporteur ou, le cas échéant, l'entité gestionnaire de station s'efforce, dans la mesure du raisonnable, d'informer les passagers concernés des autres correspondances disponibles.

3. Le transporteur ou, le cas échéant, l'entité gestionnaire de station, veille à ce que les personnes handicapées et les personnes à mobilité réduite reçoivent, dans des formats accessibles, les informations requises en vertu des paragraphes 1 et 2.

4. Dans la mesure du possible, les informations requises en vertu des paragraphes 1 et 2 sont communiquées par voie électronique à l'ensemble des passagers, y compris les passagers qui partent d'arrêts d'autobus, dans les délais prévus au paragraphe 1, lorsque le passager en a fait la demande et a fourni au transporteur les coordonnées nécessaires.

### Article 21 – Assistance en cas d'annulation ou de départs retardés

En cas d'annulation ou de départ d'une station retardé de plus de quatre-vingt-dix minutes pour un voyage dont la durée prévue excède trois heures, le transporteur offre gratuitement au passager :

a) des collations, des repas ou des rafraîchissements en quantité raisonnable compte tenu du délai d'attente ou du retard, pour autant qu'il y en ait à bord du bus ou dans la station ou qu'ils puissent raisonnablement être livrés ;

b) une chambre d'hôtel ou une autre forme d'hébergement ainsi qu'une aide pour assurer son transport entre la station et le lieu d'hébergement si un séjour d'une nuit ou plus s'avère nécessaire. Pour chaque passager, le transporteur peut limiter à un montant de 80 EUR par nuit et pour deux nuits au plus le coût total de l'hébergement, non compris le transport dans les deux sens entre la station et le lieu d'hébergement.

Lors de l'application du présent article, le transporteur accorde une attention particulière aux besoins des personnes handicapées et des personnes à mobilité réduite, ainsi que de toute personne les accompagnant.

### Article 22 – Autres voies de recours

Aucune disposition du présent chapitre ne saurait empêcher les passagers de saisir les juridictions nationales pour demander des dommages-intérêts conformément au droit national en réparation du préjudice résultant de l'annulation ou du retard de services réguliers.

### Article 23 – Dérogations

1. Les articles 19 et 21 ne s'appliquent pas aux passagers munis de billets ouverts pour autant que l'heure de départ ne soit pas indiquée, à l'exception des passagers détenant une carte de transport ou un abonnement.

2. L'article 21, point b), ne s'applique pas lorsque le transporteur prouve que l'annulation ou le retard est dû à des conditions météorologiques sévères ou à des catastrophes naturelles majeures compromettant l'exploitation du service d'autobus ou d'autocar en toute sécurité.

CHAPITRE V

## Règles générales concernant l'information et les plaintes

### Article 24 – Droit à l'information sur le voyage

Les transporteurs et les entités gestionnaires de stations, dans leurs domaines respectifs de compétence, fournissent aux passagers des informations adéquates tout au long du voyage. Dans la mesure du possible, ces informations sont fournies sur demande dans des formats appropriés.

### Article 25 – Informations sur les droits des passagers

1. Les transporteurs et entités gestionnaires de stations veillent, dans leurs domaines respectifs de compétences, à ce que les passagers reçoivent, au plus tard au moment du départ, des informations pertinentes et compréhensibles concernant leurs droits au titre du présent règlement. Ces informations sont communiquées dans les stations et, le cas échéant, sur l'internet. À la demande d'une personne handicapée ou d'une personne à mobilité réduite, les informations sont communiquées, dans la mesure du possible, dans un format accessible. Parmi ces informations, figurent les coordonnées de l'organisme ou des organismes chargés de l'application désignés par l'État membre en vertu de l'article 28, paragraphe 1.

2. Afin de se conformer à l'obligation d'information visée au paragraphe 1, les transporteurs et les entités gestionnaires de stations peuvent utiliser un résumé des

dispositions du présent règlement établi par la Commission dans toutes les langues officielles des institutions de l'Union européenne et mis à leur disposition.

### Article 26 – Plaintes

Les transporteurs établissent un mécanisme de traitement des plaintes concernant les droits et obligations prévus par le présent règlement, ou disposent déjà d'un tel mécanisme.

### Article 27 – Dépôt des plaintes

Sans préjudice des demandes d'indemnisation en vertu de l'article 7, si un passager visé par le présent règlement souhaite déposer une plainte auprès du transporteur, il l'introduit dans un délai de trois mois à compter de la date à laquelle le service régulier a été exécuté ou aurait dû être exécuté. Dans un délai d'un mois suivant la réception de la plainte, le transporteur informe le passager que sa plainte a été retenue, rejetée ou est toujours à l'examen. La réponse définitive doit lui être donnée dans un délai de trois mois maximum à compter de la date de réception de la plainte.

## CHAPITRE VI
## Application et organismes nationaux chargés de l'application

### Article 28 – Organismes nationaux chargés de l'application

1. Chaque État membre désigne un ou plusieurs organismes, nouveaux ou existants, chargés de l'application du présent règlement en ce qui concerne les services réguliers à partir de lieux situés sur son territoire et les services réguliers en provenance d'un pays tiers à destination de ces lieux. Chaque organisme prend les mesures nécessaires pour assurer le respect du présent règlement.

Chaque organisme est indépendant des transporteurs, voyagistes et entités gestionnaires de stations en ce qui concerne son organisation, ses décisions de financement, sa structure juridique et son processus de prise de décision.

2. Les États membres informent la Commission de l'organisme ou des organismes désignés conformément au présent article.

3. Tout passager peut déposer une plainte pour violation alléguée du présent règlement, conformément à son droit national, auprès de l'organisme compétent désigné en vertu du paragraphe 1 ou auprès de tout autre organisme compétent désigné par un État membre.

Un État membre peut décider que le passager est tenu, dans un premier temps, de déposer une plainte auprès du transporteur, auquel cas l'organisme national chargé de l'application ou tout autre organisme compétent désigné par l'État membre agit en tant qu'instance de recours pour les plaintes n'ayant pas été réglées en application de l'article 27.

### Article 29 – Rapport sur l'application

Les organismes chargés de l'application désignés en vertu de l'article 28, paragraphe 1, publient, au plus tard le 1er juin 2015 et, par la suite, tous les deux ans, un rapport concernant leurs activités des deux années civiles précédentes, contenant en particulier une description des mesures prises pour faire appliquer le présent règlement, et des statistiques sur les plaintes et les sanctions appliquées.

### Article 30 – Coopération entre les organismes chargés de l'application

Les organismes nationaux chargés de l'application visés à l'article 28, paragraphe 1, s'échangent, le cas échéant, des informations sur leurs travaux ainsi que sur leurs principes et pratiques de prise de décision. La Commission les assiste dans cette tâche.

### Article 31 – Sanctions

Les États membres déterminent le régime des sanctions applicables aux violations des dispositions du présent règlement et prennent toutes les mesures nécessaires pour assurer leur application. Les sanctions ainsi prévues sont effectives, proportionnées et dissuasives. Les États membres notifient ce régime de sanctions et ces mesures à la Commission au plus tard le 1er mars 2013 et l'informent sans délai de toute modification ultérieure les concernant.

CHAPITRE VII

## Dispositions finales

### Article 32 – Rapport

La Commission fait rapport au Parlement européen et au Conseil sur le fonctionnement et les effets du présent règlement, au plus tard le 2 mars 2016. Le rapport est assorti, le cas échéant, de propositions législatives destinées à mettre en œuvre de manière plus détaillée les dispositions du présent règlement ou à le modifier.

### Article 33 – Modification du règlement (CE) n° 2006/2004

À l'annexe du règlement (CE) n° 2006/2004, le point suivant est ajouté :

« 19. Règlement (UE) n° 181/2011 du Parlement européen et du Conseil du 16 février 2011 concernant les droits des passagers dans le transport par autobus et autocar [12]. »

### Article 34 – Entrée en vigueur

Le présent règlement entre en vigueur le vingtième jour suivant celui de sa publication au *Journal officiel* de l'Union européenne.

Il est applicable à partir du 1er mars 2013.

Le présent règlement est obligatoire dans tous ses éléments et directement applicable dans tout État membre.

Références

[1] *JO* C 317 du 23 déc. 2009, p. 99.

[2] Position du Parlement européen du 23 avril 2009 (*JO* C 184 E du 8 juill. 2010, p. 312) et position du Conseil en première lecture du 11 mars 2010 (*JO* C 122 E du 11 mai 2010, p. 1). Position du Parlement européen du 6 juillet 2010 (non encore parue au *Journal officiel*), décision du Conseil du 31 janvier 2011 et résolution législative du Parlement européen du 15 février 2011 (non encore parue au *Journal officiel*).

[3] *JO* L 263 du 7 oct. 2009, p. 11.

[4] *JO* L 199 du 31 juill. 2007, p. 40.
[5] *JO* L 177 du 4 juill. 2008, p. 6.
[6] *JO* L 226 du 10 sept. 2003, p. 4.
[7] *JO* L 158 du 23 juin 1990, p. 59.
[8] *JO* L 281 du 23 nov. 1995, p. 31.
[9] *JO* L 364 du 9 déc. 2004, p. 1.
[10] *JO* L 180 du 19 juill. 2000, p. 22.
[11] *JO* L 373 du 21 déc. 2004, p. 37.
[12] *JO* L 55 du 28 févr. 2011, p. 1.

## ANNEXE I

## ASSISTANCE AUX PERSONNES HANDICAPÉES ET AUX PERSONNES À MOBILITÉ RÉDUITE

## ANNEXE II

## FORMATION SUR LE HANDICAP

# 20 Règlement (UE) n° 1215/2012 du Parlement européen et du Conseil du 12 décembre 2012 concernant la compétence judiciaire, la reconnaissance et l'exécution des décisions en matière civile et commerciale (refonte)

Applicable à partir du 10 janvier 2015

*Le Parlement européen et le Conseil de l'Union européenne,*

Vu le traité sur le fonctionnement de l'Union européenne, et notamment son article 67, paragraphe 4, et son article 81, paragraphe 2, points a), c) et e),

Vu la proposition de la Commission européenne,

Après transmission du projet d'acte législatif aux parlements nationaux,

Vu l'avis du Comité économique et social européen [1],

Statuant conformément à la procédure législative ordinaire [2],

Considérant ce qui suit :

(1) Le 21 avril 2009, la Commission a adopté un rapport sur l'application du règlement (CE) n° 44/2001 du Conseil du 22 décembre 2000 concernant la compétence judiciaire, la reconnaissance et l'exécution des décisions en matière civile et commerciale [3]. Selon les conclusions de ce rapport, le fonctionnement dudit règlement est satisfaisant d'une manière générale, mais il convient d'améliorer l'application de certaines de ses dispositions, de faciliter davantage la libre circulation des décisions et de favoriser encore l'accès à la justice. Ledit règlement doit faire l'objet de plusieurs modifications substantielles. Dans un souci de clarté, il convient de procéder à la refonte dudit règlement.

(2) Réuni à Bruxelles les 10 et 11 décembre 2009, le Conseil européen a adopté un nouveau programme pluriannuel intitulé « Le programme de Stockholm – Une Europe ouverte et sûre qui sert et protège les citoyens » [4]. Dans le programme de Stockholm, le Conseil européen estimait que le processus de suppression de toutes les mesures intermédiaires (l'*exequatur*) devrait se poursuivre pendant la période couverte par ledit programme. Dans le même temps, la suppression de l'*exequatur* devrait également être assortie d'une série de garanties.

(3) L'Union s'est donné pour objectif de maintenir et de développer un espace de liberté, de sécurité et de justice, entre autres en facilitant l'accès à la justice, notamment par le principe de reconnaissance mutuelle des décisions judiciaires et extrajudiciaires en matière civile. En vue de l'établissement progressif de cet espace, l'Union doit adopter des mesures relevant du domaine de la coopération judiciaire dans les matières civiles ayant une incidence transfrontière, notamment lorsque cela est nécessaire au bon fonctionnement du marché intérieur.

(4) Certaines différences entre les règles nationales en matière de compétence judiciaire et de reconnaissance des décisions rendent plus difficile le bon fonctionnement du marché intérieur. Des dispositions permettant d'unifier les règles de conflit de juridictions en matière civile et commerciale ainsi que de garantir la reconnaissance et l'exécution rapides et simples des décisions rendues dans un État membre sont indispensables.

(5) De telles dispositions relèvent du domaine de la coopération judiciaire en matière civile au sens de l'article 81 du traité sur le fonctionnement de l'Union européenne (TFUE).

(6) Pour atteindre l'objectif de la libre circulation des décisions en matière civile et commerciale, il est nécessaire et approprié que les règles relatives à la compétence judiciaire, à la reconnaissance et à l'exécution des décisions soient déterminées par un instrument juridique de l'Union contraignant et directement applicable.

(7) Les États membres à l'époque des Communautés européennes ont conclu le 27 septembre 1968, dans le cadre de l'article 220, quatrième tiret, du traité instituant la Communauté économique européenne, la convention de Bruxelles concernant la compétence judiciaire et l'exécution des décisions en matière civile et commerciale, qui a été ensuite modifiée par les conventions relatives à l'adhésion de

nouveaux États membres à cette convention [5] (ci-après dénommée « convention de Bruxelles de 1968 »). Les États membres à l'époque des Communautés européennes et certains États de l'AELE ont conclu, le 16 septembre 1988, la convention de Lugano concernant la compétence judiciaire et l'exécution des décisions en matières civile et commerciale [6] (ci-après dénommée « convention de Lugano de 1988 »), qui est une convention parallèle à la convention de Bruxelles de 1968. La convention de Lugano de 1988 est devenue applicable à la Pologne le 1er février 2000.

(8) Le 22 décembre 2000, le Conseil a adopté le règlement (CE) nº 44/2001 qui remplace la convention de Bruxelles de 1968 en ce qui concerne les territoires des États membres couverts par le traité sur le fonctionnement de l'Union européenne, entre les États membres à l'exception du Danemark. Par la décision 2006/325/CE du Conseil [7], la Communauté a conclu avec le Danemark un accord garantissant l'application des dispositions du règlement (CE) nº 44/2001 à ce pays. La convention de Lugano de 1988 a été révisée par la convention concernant la compétence judiciaire, la reconnaissance et l'exécution des décisions en matière civile et commerciale [8], signée à Lugano le 30 octobre 2007 par la Communauté, le Danemark, l'Islande, la Norvège et la Suisse (ci-après dénommée « la convention de Lugano de 2007 »).

(9) La convention de Bruxelles de 1968 continue à s'appliquer en ce qui concerne les territoires des États membres qui entrent dans le champ d'application territorial de cette convention et qui sont exclus du présent règlement en vertu de l'article 355 du traité sur le fonctionnement de l'Union européenne.

(10) Il est important d'inclure dans le champ d'application matériel du présent règlement l'essentiel de la matière civile et commerciale, à l'exception de certaines matières bien définies, en particulier les obligations alimentaires, qui devraient être exclues du champ d'application du présent règlement à la suite de l'adoption du règlement (CE) nº 4/2009 du Conseil du 18 décembre 2008 relatif à la compétence, la loi applicable, la reconnaissance et l'exécution des décisions et la coopération en matière d'obligations alimentaires [9].

(11) Aux fins du présent règlement, les juridictions d'un État membre devraient comprendre les juridictions communes à plusieurs États membres, telles que la Cour de justice Benelux lorsqu'elle exerce sa compétence sur des questions qui entrent dans le champ d'application du présent règlement. Les décisions rendues par ces juridictions devraient donc être reconnues et exécutées conformément au présent règlement.

(12) Le présent règlement ne devrait pas s'appliquer à l'arbitrage. Rien dans le présent règlement ne devrait empêcher la juridiction d'un État membre, lorsqu'elle est saisie d'une demande faisant l'objet d'une convention d'arbitrage passée entre les parties, de renvoyer les parties à l'arbitrage, de surseoir à statuer, de mettre fin à l'instance ou d'examiner si la convention d'arbitrage est caduque, inopérante ou non susceptible d'être appliquée, conformément à son droit national.

Une décision rendue par une juridiction d'un État membre concernant la question de savoir si une convention d'arbitrage est caduque, inopérante ou non susceptible d'être appliquée ne devrait pas être soumise aux règles de reconnaissance et d'exécution inscrites dans le présent règlement, que la juridiction se soit prononcée sur cette question à titre principal ou incident.

Par ailleurs, si une juridiction d'un État membre, dans le cadre de l'exercice de sa compétence en vertu du présent règlement ou de son droit national, a constaté qu'une convention d'arbitrage est caduque, inopérante ou non susceptible d'être appliquée, cela ne devrait pas empêcher que sa décision au fond soit reconnue ou, le cas échéant, exécutée conformément au présent règlement. Cette règle devrait être sans préjudice du pouvoir des juridictions des États membres de statuer sur la reconnaissance et l'exécution des sentences arbitrales conformément à la convention pour la reconnaissance et l'exécution des sentences arbitrales étrangères signée à New York le 10 juin 1958 (ci-après dénommée « convention de New York de 1958 »), qui prime sur le présent règlement.

Le présent règlement ne devrait pas s'appliquer à une action ou demande accessoire portant, en particulier, sur la constitution d'un tribunal arbitral, les compétences des arbitres, le déroulement d'une procédure arbitrale ou tout autre aspect de cette procédure ni à une action ou une décision concernant l'annulation, la révision, la reconnaissance ou l'exécution d'une sentence arbitrale, ou l'appel formé contre celle-ci.

(13) Il doit y avoir un lien entre les procédures relevant du présent règlement et le territoire des États membres. Des règles communes en matière de compétence devraient donc s'appliquer en principe lorsque le défendeur est domicilié dans un État membre.

(14) D'une manière générale, le défendeur non domicilié dans un État membre devrait être soumis aux règles de compétence nationales applicables sur le territoire de l'État membre de la juridiction saisie.

Cependant, pour assurer la protection des consommateurs et des travailleurs, pour préserver la compétence des juridictions des États membres dans les cas où elles ont une compétence exclusive et pour respecter l'autonomie des parties, certaines règles de compétence inscrites dans le présent règlement devraient s'appliquer sans considération de domicile du défendeur.

(15) Les règles de compétence devraient présenter un haut degré de prévisibilité et s'articuler autour de la compétence de principe du domicile du défendeur. Cette compétence devrait toujours être disponible, sauf dans quelques cas bien déterminés où la matière en litige ou l'autonomie des parties justifie un autre critère de rattachement. S'agissant des personnes morales, le domicile doit être défini de façon autonome de manière à accroître la transparence des règles communes et à éviter les conflits de compétence.

(16) Le for du domicile du défendeur devrait être complété par d'autres fors autorisés en raison du lien étroit entre la juridiction et le litige ou en vue de faciliter la bonne administration de la justice. L'existence d'un lien étroit devrait garantir la sécurité juridique et éviter la possibilité que le défendeur soit attrait devant une juridiction d'un État membre qu'il ne pouvait pas raisonnablement prévoir. Cet aspect est important, en particulier dans les litiges concernant les obligations non contractuelles résultant d'atteintes à la vie privée et aux droits de la personnalité, notamment la diffamation.

(17) Le propriétaire d'un bien culturel au sens de l'article 1^er^, paragraphe 1, de la directive 93/7/CEE du Conseil du 15 mars 1993 relative à la restitution de biens culturels ayant quitté illicitement le territoire d'un État membre [10] devrait avoir la faculté, au titre du présent règlement, d'engager une procédure civile en récupération dudit bien culturel, fondée sur le droit de propriété, devant les juridictions du lieu où le bien culturel est situé au moment de la saisine. Une telle procédure devrait être sans préjudice d'une procédure engagée au titre de la directive 93/7/CEE.

(18) S'agissant des contrats d'assurance, de consommation et de travail, il est opportun de protéger la partie la plus faible au moyen de règles de compétence plus favorables à ses intérêts que ne le sont les règles générales.

(19) L'autonomie des parties à un contrat autre qu'un contrat d'assurance, de consommation et de travail pour lequel n'est prévue qu'une autonomie limitée quant à la détermination de la juridiction compétente devrait être respectée sous réserve des fors de compétence exclusifs prévus dans le présent règlement.

(20) Lorsque la question se pose de savoir si un accord d'élection de for en faveur d'une ou des juridictions d'un État membre est entaché de nullité quant à sa validité au fond, cette question devrait être tranchée conformément au droit de l'État membre de la ou des juridictions désignées dans l'accord, y compris conformément aux règles de conflit de lois de cet État membre.

(21) Le fonctionnement harmonieux de la justice commande de réduire au minimum la possibilité de procédures concurrentes et d'éviter que des décisions inconciliables ne soient rendues dans différents États membres. Il importe de prévoir un mécanisme clair et efficace pour résoudre les cas de litispendance et de connexité et pour parer aux problèmes résultant des divergences nationales quant à la date à laquelle une affaire est considérée comme pendante. Aux fins du présent règlement, il convient de définir cette date de manière autonome.

(22) Cependant, pour renforcer l'efficacité des accords exclusifs d'élection de for et éviter les manœuvres judiciaires, il est nécessaire de prévoir une exception à la règle générale de la litispendance de manière à traiter de manière satisfaisante une situation particulière pouvant donner lieu à des procédures concurrentes. Une telle situation voit le jour lorsqu'une juridiction non désignée dans un accord exclusif d'élection de for a été saisie d'une procédure et que la juridiction désignée est saisie en second lieu d'une procédure ayant le même objet et la même cause entre les mêmes parties. Dans un tel cas de figure, la juridiction saisie en premier lieu devrait être tenue de surseoir à statuer dès que la juridiction désignée est saisie et jusqu'à ce que cette dernière juridiction déclare qu'elle n'est pas compétente en vertu de l'accord exclusif d'élection de for. Cela vise à faire en sorte que, dans une telle situation, la juridiction désignée ait priorité pour décider de la validité de l'accord et de la mesure dans laquelle celui-ci s'applique au litige pendant devant elle. La juridiction désignée devrait être en mesure de poursuivre la procédure, que la juridiction non désignée ait déjà décidé ou non de surseoir à statuer.

Cette exception ne devrait pas s'appliquer aux situations dans lesquelles les parties ont conclu des accords exclusifs d'élection de for incompatibles ou lorsqu'une juridiction désignée dans un accord exclusif d'élection de for a été saisie en premier lieu. Dans de tels cas de figure, la règle générale de la litispendance prévue par le présent règlement devrait s'appliquer.

(23) Le présent règlement devrait prévoir un mécanisme souple permettant aux juridictions des États membres de tenir compte des procédures pendantes devant les juridictions d'États tiers, en prenant notamment en considération le fait qu'une décision d'un État tiers puisse ou non être reconnue et exécutée dans l'État membre concerné au titre du droit de cet État membre et de la bonne administration de la justice.

(24) Lorsqu'elle tient compte de la bonne administration de la justice, il convient que la juridiction de l'État membre concerné évalue l'ensemble des circonstances du cas d'espèce. Ces circonstances peuvent inclure les liens entre les faits du cas d'espèce, les parties et l'État tiers concerné, l'état d'avancement de la procédure

dans l'État tiers au moment où la procédure est engagée devant la juridiction de l'État membre et la probabilité que la juridiction de l'État tiers rende une décision dans un délai raisonnable.

Cette évaluation peut également porter sur la question de savoir si la juridiction de l'État tiers a une compétence exclusive dans le cas d'espèce dans des circonstances où la juridiction d'un État membre aurait une compétence exclusive.

(25) La notion de mesures provisoires et conservatoires devrait englober, par exemple, les mesures conservatoires visant à obtenir des informations ou à conserver des éléments de preuve, visées aux articles 6 et 7 de la directive 2004/48/CE du Parlement européen et du Conseil du 29 avril 2004 relative au respect des droits de propriété intellectuelle [11]. Elle ne devrait pas inclure de mesures ne revêtant pas un caractère conservatoire, telles que des mesures ordonnant l'audition d'un témoin. Ceci devrait s'entendre sans préjudice de l'application du règlement (CE) n° 1206/2001 du Conseil du 28 mai 2001 relatif à la coopération entre les juridictions des États membres dans le domaine de l'obtention des preuves en matière civile et commerciale [12].

(26) La confiance réciproque dans l'administration de la justice au sein de l'Union justifie le principe selon lequel les décisions rendues dans un État membre devraient être reconnues dans tous les États membres sans qu'une procédure spéciale ne soit nécessaire. En outre, la volonté de réduire la durée et les coûts des litiges transfrontières justifie la suppression de la déclaration constatant la force exécutoire préalable à l'exécution dans l'État membre requis. En conséquence, toute décision rendue par les juridictions d'un État membre devrait être traitée comme si elle avait été rendue dans l'État membre requis.

(27) Aux fins de la libre circulation des décisions, une décision rendue dans un État membre devrait être reconnue et exécutée dans un autre État membre même si elle est rendue à l'encontre d'une personne qui n'est pas domiciliée dans un État membre.

(28) Si une décision comporte une mesure ou une injonction qui est inconnue dans le droit de l'État membre requis, cette mesure ou injonction, y compris tout droit y figurant, devrait être adaptée autant que possible pour la rapprocher d'une mesure ou d'une injonction qui, dans le droit interne dudit État membre, a des effets équivalents et poursuit des objectifs similaires. Il devrait appartenir à chaque État membre de déterminer selon quelles modalités l'adaptation doit avoir lieu, et qui doit y procéder.

(29) L'exécution directe, dans l'État membre requis, d'une décision rendue dans un autre État membre sans déclaration constatant la force exécutoire ne devrait pas compromettre le respect des droits de la défense. Dès lors, la personne contre laquelle l'exécution est demandée devrait avoir la faculté de demander le refus de reconnaissance ou d'exécution d'une décision si elle estime que l'un des motifs de refus de reconnaissance est présent. Parmi ces motifs devrait figurer le fait qu'elle n'a pas eu la possibilité de se défendre lorsque la décision a été rendue par défaut dans une action civile liée à une procédure pénale. Les motifs de refus de reconnaissance devraient également inclure ceux qui pourraient être invoqués sur le fondement d'une convention entre l'État membre requis et un État tiers conclue en vertu de l'article 59 de la convention de Bruxelles de 1968.

(30) Une partie s'opposant à l'exécution d'une décision rendue dans un autre État membre devrait, dans la mesure du possible et conformément au système juridique de l'État membre requis, pouvoir invoquer, dans la même procédure, outre les

motifs de refus prévus par le présent règlement, ceux prévus par le droit national, dans les délais fixés par celui-ci.

Toutefois, la reconnaissance d'une décision ne devrait être refusée qu'en présence d'un ou de plusieurs des motifs de refus prévus par le présent règlement.

(31) En cas d'opposition à l'exécution d'une décision, les juridictions de l'État membre requis devraient avoir la faculté, pendant toute la procédure relative à cette opposition, y compris un éventuel appel, de permettre qu'il soit procédé à l'exécution mais en restreignant celle-ci ou en imposant la constitution d'une garantie.

(32) Pour informer la personne contre laquelle l'exécution est demandée de l'exécution d'une décision rendue dans un autre État membre, le certificat établi au titre du présent règlement, accompagné si nécessaire de la décision, devrait lui être signifié ou notifié dans un délai raisonnable avant la première mesure d'exécution. Dans ce contexte, il convient d'entendre, par première mesure d'exécution, la première mesure d'exécution qui suit la signification ou la notification.

(33) Lorsque des mesures provisoires ou conservatoires sont ordonnées par une juridiction compétente au fond, leur libre circulation devrait être assurée au titre du présent règlement. Cependant, les mesures provisoires ou conservatoires qui ont été ordonnées par une telle juridiction sans que le défendeur n'ait été cité à comparaître ne devraient pas être reconnues et exécutées au titre du présent règlement à moins que la décision contenant la mesure n'ait été signifiée ou notifiée au défendeur avant l'exécution. Ceci ne devrait pas empêcher la reconnaissance et l'exécution de telles mesures au titre du droit national. Lorsque des mesures provisoires ou conservatoires sont ordonnées par une juridiction d'un État membre non compétente au fond, leur effet devrait être limité, au titre du présent règlement, au territoire de cet État membre

(34) Pour assurer la continuité nécessaire entre la convention de Bruxelles de 1968, le règlement (CE) n° 44/2001 et le présent règlement, il convient de prévoir des dispositions transitoires. La même continuité doit être assurée en ce qui concerne l'interprétation par la Cour de justice de l'Union européenne de la convention de Bruxelles de 1968 et des règlements qui la remplacent.

(35) Le respect des engagements internationaux souscrits par les États membres justifie que le présent règlement n'affecte pas les conventions auxquelles les États membres sont parties et qui portent sur des matières spéciales.

(36) Sans préjudice des obligations des États membres au titre des traités, le présent règlement devrait être sans incidence sur l'application des conventions et accords bilatéraux conclus entre un État tiers et un État membre avant la date d'entrée en vigueur du règlement (CE) n° 44/2001 qui portent sur des matières régies par le présent règlement.

(37) Pour garantir la tenue à jour des certificats à utiliser dans le cadre de la reconnaissance ou de l'exécution des décisions, des actes authentiques et des transactions judiciaires au titre du présent règlement, il convient de déléguer à la Commission le pouvoir d'adopter des actes conformément à l'article 290 du traité sur le fonctionnement de l'Union européenne en ce qui concerne les modifications à apporter aux annexes I et II du présent règlement. Il importe particulièrement que la Commission procède aux consultations appropriées durant son travail préparatoire, y compris au niveau des experts. Il convient que, lorsqu'elle prépare et élabore des actes délégués, la Commission veille à ce que les documents pertinents soient transmis simultanément, en temps utile et de façon appropriée, au Parlement européen et au Conseil.

(38) Le présent règlement respecte les droits fondamentaux et observe les principes reconnus dans la charte des droits fondamentaux de l'Union européenne, en particulier le droit à un recours effectif et à accéder à un tribunal impartial garanti à l'article 47 de la charte.

(39) Étant donné que l'objectif du présent règlement ne peut pas être atteint de manière suffisante par les États membres et peut l'être mieux au niveau de l'Union, celle-ci peut adopter des mesures conformément au principe de subsidiarité consacré à l'article 5 du traité sur l'Union européenne. Conformément au principe de proportionnalité tel qu'énoncé audit article, le présent règlement n'excède pas ce qui est nécessaire pour atteindre cet objectif.

(40) Conformément à l'article 3 du protocole sur la position du Royaume-Uni et de l'Irlande annexé au traité sur l'Union européenne et à l'époque au traité instituant la Communauté européenne, le Royaume-Uni et l'Irlande ont participé à l'adoption et à l'application du règlement (CE) n° 44/2001. Conformément à l'article 3 du protocole n° 21 sur la position du Royaume-Uni et de l'Irlande à l'égard de l'espace de liberté, de sécurité et de justice, annexé au traité sur l'Union européenne et au traité sur le fonctionnement de l'Union européenne, ces États membres ont notifié leur souhait de participer à l'adoption et à l'application du présent règlement.

(41) Conformément aux articles 1er et 2 du protocole n° 22 sur la position du Danemark annexé au traité sur l'Union européenne et au traité sur le fonctionnement de l'Union européenne, le Danemark ne participe pas à l'adoption du présent règlement et n'est pas lié par celui-ci ni soumis à son application, sans préjudice de la possibilité pour le Danemark d'appliquer le contenu des modifications apportées au règlement (CE) n° 44/2001 en vertu de l'article 3 de l'accord du 19 octobre 2005 entre la Communauté européenne et le Royaume de Danemark sur la compétence judiciaire, la reconnaissance et l'exécution des décisions en matière civile et commerciale [13],

*Ont adopté le présent règlement :*

CHAPITRE PREMIER

## Portée et définitions

**Article premier –** 1. Le présent règlement s'applique en matière civile et commerciale et quelle que soit la nature de la juridiction. Il ne s'applique notamment ni aux matières fiscales, douanières ou administratives, ni à la responsabilité de l'État pour des actes ou des omissions commis dans l'exercice de la puissance publique (*acta jure imperii*).

2. Sont exclus de son application :

a) l'état et la capacité des personnes physiques, les régimes matrimoniaux ou les régimes patrimoniaux relatifs aux relations qui, selon la loi qui leur est applicable, sont réputés avoir des effets comparables au mariage;

b) les faillites, concordats et autres procédures analogues;

c) la sécurité sociale;

d) l'arbitrage;

e) les obligations alimentaires découlant de relations de famille, de parenté, de mariage ou d'alliance;

f) les testaments et les successions, y compris les obligations alimentaires résultant du décès.

**Article 2 –** Aux fins du présent règlement, on entend par :

a) « décision », toute décision rendue par une juridiction d'un État membre, quelle que soit la dénomination qui lui est donnée telle qu'arrêt, jugement, ordonnance ou mandat d'exécution, ainsi qu'une décision concernant la fixation par le greffier du montant des frais du procès.

Aux fins du chapitre III, le terme « décision » englobe les mesures provisoires ou les mesures conservatoires ordonnées par une juridiction qui, en vertu du présent règlement, est compétente au fond. Il ne vise pas une mesure provisoire ou conservatoire ordonnée par une telle juridiction sans que le défendeur soit cité à comparaître, à moins que la décision contenant la mesure n'ait été signifiée ou notifiée au défendeur avant l'exécution ;

b) « transaction judiciaire », une transaction approuvée par une juridiction d'un État membre ou conclue devant une juridiction d'un État membre en cours de procédure ;

c) « acte authentique », un acte dressé ou enregistré formellement en tant qu'acte authentique dans l'État membre d'origine et dont l'authenticité :

i) porte sur la signature et le contenu de l'acte, et

ii) a été établie par une autorité publique ou toute autre autorité habilitée à le faire ;

d) « État membre d'origine », l'État membre dans lequel, selon le cas, la décision a été rendue, la transaction judiciaire a été approuvée ou conclue, ou l'acte authentique a été dressé ou enregistré formellement ;

e) « État membre requis », l'État membre dans lequel la reconnaissance de la décision est invoquée ou dans lequel l'exécution de la décision, de la transaction judiciaire ou de l'acte authentique est demandée ;

f) « juridiction d'origine », la juridiction qui a rendu la décision dont la reconnaissance est invoquée ou l'exécution est demandée.

**Article 3 –** Aux fins du présent règlement, le terme « juridiction » comprend les autorités suivantes, dans la mesure où elles sont compétentes pour connaître des matières entrant dans le champ d'application du présent règlement :

a) en Hongrie, dans les procédures sommaires concernant les injonctions de payer (*fizetési meghagyásos eljárás*), le notaire (*közjegyzö*) ;

b) en Suède, dans les procédures sommaires concernant les injonctions de payer (*betalningsföreläggande*) et l'assistance (*handräckning*), l'autorité chargée du recouvrement forcé (*Kronofogdemyndigheten*).

CHAPITRE II

## Compétence

*Section 1*

### Dispositions générales

**Article 4 –** 1. Sous réserve du présent règlement, les personnes domiciliées sur le territoire d'un État membre sont attraites, quelle que soit leur nationalité, devant les juridictions de cet État membre.

2. Les personnes qui ne possèdent pas la nationalité de l'État membre dans lequel elles sont domiciliées sont soumises aux règles de compétence applicables aux ressortissants de cet État membre.

**Article 5 –** 1. Les personnes domiciliées sur le territoire d'un État membre ne peuvent être attraites devant les juridictions d'un autre État membre qu'en vertu des règles énoncées aux sections 2 à 7 du présent chapitre.

2. Ne peuvent être invoquées contre les personnes visées au paragraphe 1 notamment les règles de compétence nationales que les États membres doivent notifier à la Commission en vertu de l'article 76, paragraphe 1, point a).

**Article 6 –** 1. Si le défendeur n'est pas domicilié sur le territoire d'un État membre, la compétence est, dans chaque État membre, réglée par la loi de cet État membre, sous réserve de l'application de l'article 18, paragraphe 1, de l'article 21, paragraphe 2, et des articles 24 et 25.

2. Toute personne, quelle que soit sa nationalité, qui est domicilié sur le territoire d'un État membre, peut, comme les ressortissants de cet État membre, invoquer dans cet État membre contre ce défendeur les règles de compétence qui y sont en vigueur et notamment celles que les États membres doivent notifier à la Commission en vertu de l'article 76, paragraphe 1, point a).

*Section 2*

## Compétences spéciales

**Article 7 –** Une personne domiciliée sur le territoire d'un État membre peut être attraite dans un autre État membre :

1) a) en matière contractuelle, devant la juridiction du lieu d'exécution de l'obligation qui sert de base à la demande;

b) aux fins de l'application de la présente disposition, et sauf convention contraire, le lieu d'exécution de l'obligation qui sert de base à la demande est :
– pour la vente de marchandises, le lieu d'un État membre où, en vertu du contrat, les marchandises ont été ou auraient dû être livrées,
– pour la fourniture de services, le lieu d'un État membre où, en vertu du contrat, les services ont été ou auraient dû être fournis;

c) le point a) s'applique si le point b) ne s'applique pas;

2) en matière délictuelle ou quasi délictuelle, devant la juridiction du lieu où le fait dommageable s'est produit ou risque de se produire;

3) s'il s'agit d'une action en réparation de dommage ou d'une action en restitution fondées sur une infraction, devant la juridiction saisie de l'action publique, dans la mesure où, selon sa loi, cette juridiction peut connaître de l'action civile;

4) s'il s'agit d'une action civile, fondée sur le droit de propriété, en restitution d'un bien culturel au sens de l'article 1$^{er}$, point 1), de la directive 93/7/CEE, engagée par la personne revendiquant le droit de récupérer un tel bien, devant la juridiction du lieu où le bien culturel est situé au moment de la saisine;

5) s'il s'agit d'une contestation relative à l'exploitation d'une succursale, d'une agence ou de tout autre établissement, devant la juridiction du lieu de leur situation;

6) s'il s'agit d'une action engagée à l'encontre d'un fondateur, d'un trustee ou d'un bénéficiaire d'un trust constitué soit en application de la loi, soit par écrit ou

par une convention verbale, confirmée par écrit, devant les juridictions de l'État membre sur le territoire duquel le trust a son domicile;

7) s'il s'agit d'une contestation relative au paiement de la rémunération réclamée en raison de l'assistance ou du sauvetage dont a bénéficié une cargaison ou un fret, devant la juridiction dans le ressort duquel cette cargaison ou le fret s'y rapportant :

a) a été saisi pour garantir ce paiement; ou

b) aurait pu être saisi à cet effet, mais une caution ou une autre sûreté a été donnée,

cette disposition ne s'applique que s'il est prétendu que le défendeur a un droit sur la cargaison ou sur le fret ou qu'il avait un tel droit au moment de cette assistance ou de ce sauvetage.

**Article 8 – Une personne domiciliée sur le territoire d'un État membre peut aussi être attraite :**

1) s'il y a plusieurs défendeurs, devant la juridiction du domicile de l'un d'eux, à condition que les demandes soient liées entre elles par un rapport si étroit qu'il y a intérêt à les instruire et à les juger en même temps afin d'éviter des solutions qui pourraient être inconciliables si les causes étaient jugées séparément;

2) s'il s'agit d'une demande en garantie ou d'une demande en intervention, devant la juridiction saisie de la demande originaire, à moins qu'elle n'ait été formée que pour traduire celui qui a été appelé hors du ressort de la juridiction compétente;

3) s'il s'agit d'une demande reconventionnelle qui dérive du contrat ou du fait sur lequel est fondée la demande originaire, devant la juridiction saisie de celle-ci;

4) en matière contractuelle, si l'action peut être jointe à une action en matière de droits réels immobiliers dirigée contre le même défendeur, devant la juridiction de l'État membre sur le territoire duquel l'immeuble est situé.

**Article 9 –** Lorsque, en vertu du présent règlement, une juridiction d'un État membre est compétente pour connaître des actions en responsabilité du fait de l'utilisation ou de l'exploitation d'un navire, cette juridiction ou toute autre que lui substitue la loi interne de cet État membre connaît aussi des demandes relatives à la limitation de cette responsabilité.

## *Section 3*

## Compétence en matière d'assurances

**Article 10 –** En matière d'assurances, la compétence est déterminée par la présente section, sans préjudice de l'article 6 et de l'article 7, point 5).

**Article 11 –** 1. L'assureur domicilié sur le territoire d'un État membre peut être attrait :

a) devant les juridictions de l'État membre où il a son domicile;

b) dans un autre État membre, en cas d'actions intentées par le preneur d'assurance, l'assuré ou un bénéficiaire, devant la juridiction du lieu où le demandeur a son domicile; ou

c) s'il s'agit d'un coassureur, devant la juridiction d'un État membre saisie de l'action formée contre l'apériteur de la coassurance.

2. Lorsque l'assureur n'est pas domicilié sur le territoire d'un État membre, mais possède une succursale, une agence ou tout autre établissement dans un État

membre, il est considéré pour les contestations relatives à leur exploitation comme ayant son domicile sur le territoire de cet État membre.

**Article 12 –** L'assureur peut, en outre, être attrait devant la juridiction du lieu où le fait dommageable s'est produit s'il s'agit d'assurance de responsabilité ou d'assurance portant sur des immeubles. Il en est de même si l'assurance porte à la fois sur des immeubles et des meubles couverts par une même police et atteints par le même sinistre.

**Article 13 –** 1. En matière d'assurance de responsabilité, l'assureur peut également être appelé devant la juridiction saisie de l'action de la victime contre l'assuré, si la loi de cette juridiction le permet.

2. Les articles 10, 11 et 12 sont applicables en cas d'action directe intentée par la personne lésée contre l'assureur, lorsque l'action directe est possible.

3. Si la loi relative à cette action directe prévoit la mise en cause du preneur d'assurance ou de l'assuré, la même juridiction sera aussi compétente à leur égard.

**Article 14 –** 1. Sous réserve des dispositions de l'article 13, paragraphe 3, l'action de l'assureur ne peut être portée que devant les juridictions de l'État membre sur le territoire duquel est domicilié le défendeur, qu'il soit preneur d'assurance, assuré ou bénéficiaire.

2. Les dispositions de la présente section ne portent pas atteinte au droit d'introduire une demande reconventionnelle devant la juridiction saisie de la demande originaire conformément à la présente section.

**Article 15 –** Il ne peut être dérogé aux dispositions de la présente section que par des conventions :

1) postérieures à la naissance du différend;

2) qui permettent au preneur d'assurance, à l'assuré ou au bénéficiaire de saisir d'autres juridictions que celles indiquées à la présente section;

3) qui, passées entre un preneur d'assurance et un assureur ayant, au moment de la conclusion du contrat, leur domicile ou leur résidence habituelle dans un même État membre, ont pour effet, alors même que le fait dommageable se produirait à l'étranger, d'attribuer compétence aux juridictions de cet État membre sauf si la loi de celui-ci interdit de telles conventions;

4) conclues par un preneur d'assurance n'ayant pas son domicile dans un État membre, sauf s'il s'agit d'une assurance obligatoire ou qui porte sur un immeuble situé dans un État membre; ou

5) qui concernent un contrat d'assurance en tant que celui-ci couvre un ou plusieurs des risques énumérés à l'article 16.

**Article 16 –** Les risques visés à l'article 15, point 5), sont les suivants :

1) tout dommage :

a) aux navires de mer, aux installations au large des côtes et en haute mer ou aux aéronefs, causé par des événements survenant en relation avec leur utilisation à des fins commerciales,

b) aux marchandises autres que les bagages des passagers, durant un transport réalisé par ces navires ou aéronefs soit en totalité, soit en combinaison avec d'autres modes de transport;

2) toute responsabilité, à l'exception de celle des dommages corporels aux passagers ou des dommages à leurs bagages,

a) résultant de l'utilisation ou de l'exploitation des navires, installations ou aéronefs, conformément au point 1 a), pour autant que, en ce qui concerne ces derniers, la loi de l'État membre d'immatriculation de l'aéronef n'interdise pas les clauses attributives de compétence pour l'assurance de tels risques;

b) du fait de marchandises durant un transport visé au point 1 b);

3) toute perte pécuniaire liée à l'utilisation ou à l'exploitation des navires, installations ou aéronefs conformément au point 1 a), notamment celle du fret ou du bénéfice d'affrètement;

4) tout risque lié accessoirement à l'un de ceux visés aux points 1) à 3);

5) sans préjudice des points 1) à 4), tous les « grands risques » au sens de la directive 2009/138/CE du Parlement européen et du Conseil du 25 novembre 2009 sur l'accès aux activités de l'assurance et de la réassurance et leur exercice (solvabilité II) [14].

*Section 4*

**Compétence en matière de contrats conclus par les consommateurs**

**Article 17 –** 1. En matière de contrat conclu par une personne, le consommateur, pour un usage pouvant être considéré comme étranger à son activité professionnelle, la compétence est déterminée par la présente section, sans préjudice de l'article 6 et de l'article 7, point 5) :

a) lorsqu'il s'agit d'une vente à tempérament d'objets mobiliers corporels;

b) lorsqu'il s'agit d'un prêt à tempérament ou d'une autre opération de crédit liés au financement d'une vente de tels objets; ou

c) lorsque, dans tous les autres cas, le contrat a été conclu avec une personne qui exerce des activités commerciales ou professionnelles dans l'État membre sur le territoire duquel le consommateur a son domicile ou qui, par tout moyen, dirige ces activités vers cet État membre ou vers plusieurs États, dont cet État membre, et que le contrat entre dans le cadre de ces activités.

2. Lorsque le cocontractant du consommateur n'est pas domicilié sur le territoire d'un État membre mais possède une succursale, une agence ou tout autre établissement dans un État membre, il est considéré pour les contestations relatives à leur exploitation comme ayant son domicile sur le territoire de cet État membre.

3. La présente section ne s'applique pas aux contrats de transport autres que ceux qui, pour un prix forfaitaire, combinent voyage et hébergement.

**Article 18 –** 1. L'action intentée par un consommateur contre l'autre partie au contrat peut être portée soit devant les juridictions de l'État membre sur le territoire duquel est domiciliée cette partie, soit, quel que soit le domicile de l'autre partie, devant la juridiction du lieu où le consommateur est domicilié.

2. L'action intentée contre le consommateur par l'autre partie au contrat ne peut être portée que devant les juridictions de l'État membre sur le territoire duquel est domicilié le consommateur.

3. Le présent article ne porte pas atteinte au droit d'introduire une demande reconventionnelle devant la juridiction saisie de la demande originaire conformément à la présente section.

**Article 19 –** Il ne peut être dérogé aux dispositions de la présente section que par des conventions :

1) postérieures à la naissance du différend;

2) qui permettent au consommateur de saisir d'autres juridictions que celles indiquées à la présente section; ou

3) qui, passées entre le consommateur et son cocontractant ayant, au moment de la conclusion du contrat, leur domicile ou leur résidence habituelle dans un même État membre, attribuent compétence aux juridictions de cet État membre, sauf si la loi de celui-ci interdit de telles conventions.

*Section 5*

## Compétence en matière de contrats individuels de travail

**Article 20 –** 1. En matière de contrats individuels de travail, la compétence est déterminée par la présente section, sans préjudice de l'article 6, de l'article 7, point 5), et, dans le cas d'une action intentée à l'encontre d'un employeur, de l'article 8, point 1).

2. Lorsqu'un travailleur conclut un contrat individuel de travail avec un employeur qui n'est pas domicilié dans un État membre mais possède une succursale, une agence ou tout autre établissement dans un État membre, l'employeur est considéré, pour les contestations relatives à leur exploitation, comme ayant son domicile dans cet État membre.

**Article 21 –** 1. Un employeur domicilié sur le territoire d'un État membre peut être attrait :

a) devant les juridictions de l'État membre où il a son domicile; ou

b) dans un autre État membre :

i) devant la juridiction du lieu où ou à partir duquel le travailleur accomplit habituellement son travail ou devant la juridiction du dernier lieu où il a accompli habituellement son travail; ou

ii) lorsque le travailleur n'accomplit pas ou n'a pas accompli habituellement son travail dans un même pays, devant la juridiction du lieu où se trouve ou se trouvait l'établissement qui a embauché le travailleur.

2. Un employeur qui n'est pas domicilié sur le territoire d'un État membre peut être attrait devant les juridictions d'un État membre conformément au paragraphe 1, point b).

**Article 22 –** 1. L'action de l'employeur ne peut être portée que devant les juridictions de l'État membre sur le territoire duquel le travailleur a son domicile.

2. Les dispositions de la présente section ne portent pas atteinte au droit d'introduire une demande reconventionnelle devant la juridiction saisie de la demande originaire conformément à la présente section.

**Article 23 –** Il ne peut être dérogé aux dispositions de la présente section que par des conventions :

1) postérieures à la naissance du différend; ou

2) qui permettent au travailleur de saisir d'autres juridictions que celles indiquées à la présente section.

## *Section 6*
## Compétences exclusives

**Article 24 –** Sont seules compétentes les juridictions ci-après d'un État membre, sans considération de domicile des parties :

1) en matière de droits réels immobiliers et de baux d'immeubles, les juridictions de l'État membre où l'immeuble est situé.

Toutefois, en matière de baux d'immeubles conclus en vue d'un usage personnel temporaire pour une période maximale de six mois consécutifs, sont également compétentes les juridictions de l'État membre dans lequel le défendeur est domicilié, à condition que le locataire soit une personne physique et que le propriétaire et le locataire soient domiciliés dans le même État membre;

2) en matière de validité, de nullité ou de dissolution des sociétés ou personnes morales, ou de validité des décisions de leurs organes, les juridictions de l'État membre sur le territoire duquel celles-ci ont leur siège. Pour déterminer le siège, le juge applique les règles de son droit international privé;

3) en matière de validité des inscriptions sur les registres publics, les juridictions de l'État membre sur le territoire duquel ces registres sont tenus;

4) en matière d'inscription ou de validité des brevets, marques, dessins et modèles, et autres droits analogues donnant lieu à dépôt ou à un enregistrement, que la question soit soulevée par voie d'action ou d'exception, les juridictions de l'État membre sur le territoire duquel le dépôt ou l'enregistrement a été demandé, a été effectué ou est réputé avoir été effectué aux termes d'un instrument de l'Union ou d'une convention internationale.

Sans préjudice de la compétence reconnue à l'Office européen des brevets par la convention sur la délivrance des brevets européens, signée à Munich le 5 octobre 1973, les juridictions de chaque État membre sont seules compétentes en matière d'inscription ou de validité d'un brevet européen délivré pour cet État membre;

5) en matière d'exécution des décisions, les juridictions de l'État membre du lieu de l'exécution.

## *Section 7*
## Prorogation de compétence

**Article 25 –** 1. Si les parties, sans considération de leur domicile, sont convenues d'une juridiction ou de juridictions d'un État membre pour connaître des différends nés ou à naître à l'occasion d'un rapport de droit déterminé, ces juridictions sont compétentes, sauf si la validité de la convention attributive de juridiction est entachée de nullité quant au fond selon le droit de cet État membre. Cette compétence est exclusive, sauf convention contraire des parties. La convention attributive de juridiction est conclue :

a) par écrit ou verbalement avec confirmation écrite;

b) sous une forme qui soit conforme aux habitudes que les parties ont établies entre elles; ou

c) dans le commerce international, sous une forme qui soit conforme à un usage dont les parties ont connaissance ou étaient censées avoir connaissance et qui est largement connu et régulièrement observé dans ce type de commerce par les parties à des contrats du même type dans la branche commerciale considérée.

2. Toute transmission par voie électronique qui permet de consigner durablement la convention est considérée comme revêtant une forme écrite.

3. Les juridictions d'un État membre auxquelles l'acte constitutif d'un trust attribue compétence sont exclusivement compétentes pour connaître d'une action contre un fondateur, un trustee ou un bénéficiaire d'un trust, s'il s'agit des relations entre ces personnes ou de leurs droits ou obligations dans le cadre du trust.

4. Les conventions attributives de juridiction ainsi que les stipulations similaires d'actes constitutifs de trust sont sans effet si elles sont contraires aux dispositions des articles 15, 19 ou 23 ou si les juridictions à la compétence desquelles elles dérogent sont exclusivement compétentes en vertu de l'article 24.

5. Une convention attributive de juridiction faisant partie d'un contrat est considérée comme un accord distinct des autres clauses du contrat.

La validité de la convention attributive de juridiction ne peut être contestée au seul motif que le contrat n'est pas valable.

**Article 26 –** 1. Outre les cas où sa compétence résulte d'autres dispositions du présent règlement, la juridiction d'un État membre devant laquelle le défendeur comparaît est compétente. Cette règle n'est pas applicable si la comparution a pour objet de contester la compétence ou s'il existe une autre juridiction exclusivement compétente en vertu de l'article 24.

2. Dans les matières visées aux sections 3, 4 ou 5, lorsque le preneur d'assurance, l'assuré, un bénéficiaire du contrat d'assurance, la victime, le consommateur ou le travailleur est le défendeur, avant de se déclarer compétente en vertu du paragraphe 1, la juridiction s'assure que le défendeur est informé de son droit de contester la compétence de la juridiction et des conséquences d'une comparution ou d'une absence de comparution.

## *Section 8*
## Vérification de la compétence et de la recevabilité

**Article 27 –** La juridiction d'un État membre saisie à titre principal d'un litige pour lequel les juridictions d'un autre État membre sont exclusivement compétentes en vertu de l'article 24 se déclare d'office incompétente.

**Article 28 –** 1. Lorsque le défendeur domicilié sur le territoire d'un État membre est attrait devant une juridiction d'un autre État membre et ne comparaît pas, la juridiction se déclare d'office incompétente, sauf si sa compétence découle des dispositions du présent règlement.

2. La juridiction sursoit à statuer aussi longtemps qu'il n'est pas établi que le défendeur a été mis à même de recevoir l'acte introductif d'instance ou un acte équivalent en temps utile pour se défendre ou que toute diligence a été faite à cette fin.

3. L'article 19 du règlement (CE) n° 1393/2007 du Parlement européen et du Conseil du 13 novembre 2007 relatif à la signification et à la notification dans les

États membres des actes judiciaires et extrajudiciaires en matière civile ou commerciale (« signification ou notification des actes ») [15] s'applique en lieu et place du paragraphe 2 du présent article si l'acte introductif d'instance ou un acte équivalent a dû être transmis d'un État membre à un autre en exécution dudit règlement.

4. Lorsque le règlement (CE) n° 1393/2007 n'est pas applicable, l'article 15 de la convention de La Haye du 15 novembre 1965 relative à la signification et à la notification à l'étranger des actes judiciaires et extrajudiciaires en matière civile ou commerciale s'applique si l'acte introductif d'instance ou un acte équivalent a dû être transmis à l'étranger en exécution de cette convention.

## *Section 9*
## Litispendance et connexité

**Article 29 –** 1. Sans préjudice de l'article 31, paragraphe 2, lorsque des demandes ayant le même objet et la même cause sont formées entre les mêmes parties devant des juridictions d'États membres différents, la juridiction saisie en second lieu sursoit d'office à statuer jusqu'à ce que la compétence de la juridiction première saisie soit établie.

2. Dans les cas visés au paragraphe 1, à la demande d'une juridiction saisie du litige, toute autre juridiction saisie informe sans tarder la première juridiction de la date à laquelle elle a été saisie conformément à l'article 32.

3. Lorsque la compétence de la juridiction première saisie est établie, la juridiction saisie en second lieu se dessaisit en faveur de celle-ci.

**Article 30 –** 1. Lorsque des demandes connexes sont pendantes devant des juridictions d'États membres différents, la juridiction saisie en second lieu peut surseoir à statuer.

2. Lorsque la demande devant la juridiction première saisie est pendante au premier degré, toute autre juridiction peut également se dessaisir, à la demande de l'une des parties, à condition que la juridiction première saisie soit compétente pour connaître des demandes en question et que sa loi permette leur jonction.

3. Sont connexes, au sens du présent article, les demandes liées entre elles par un rapport si étroit qu'il y a intérêt à les instruire et à les juger en même temps afin d'éviter des solutions qui pourraient être inconciliables si les causes étaient jugées séparément.

**Article 31 –** 1. Lorsque les demandes relèvent de la compétence exclusive de plusieurs juridictions, le dessaisissement a lieu en faveur de la juridiction première saisie.

2. Sans préjudice de l'article 26, lorsqu'une juridiction d'un État membre à laquelle une convention visée à l'article 25 attribue une compétence exclusive est saisie, toute juridiction d'un autre État membre sursoit à statuer jusqu'à ce que la juridiction saisie sur le fondement de la convention déclare qu'elle n'est pas compétente en vertu de la convention.

3. Lorsque la juridiction désignée dans la convention a établi sa compétence conformément à la convention, toute juridiction d'un autre État membre se dessaisit en faveur de ladite juridiction.

4. Les paragraphes 2 et 3 ne s'appliquent pas aux matières visées dans les sections 3, 4 ou 5 lorsque le preneur d'assurance, l'assuré, un bénéficiaire du contrat

d'assurance, la victime, le consommateur ou le travailleur est le demandeur et que la convention n'est pas valide en vertu d'une disposition figurant dans lesdites sections.

**Article 32 –** 1. Aux fins de la présente section, une juridiction est réputée saisie :

a) à la date à laquelle l'acte introductif d'instance ou un acte équivalent est déposé auprès de la juridiction, à condition que le demandeur n'ait pas négligé par la suite de prendre les mesures qu'il était tenu de prendre pour que l'acte soit notifié ou signifié au défendeur; ou

b) si l'acte doit être notifié ou signifié avant d'être déposé auprès de la juridiction, à la date à laquelle il est reçu par l'autorité chargée de la notification ou de la signification, à condition que le demandeur n'ait pas négligé par la suite de prendre les mesures qu'il était tenu de prendre pour que l'acte soit déposé auprès de la juridiction.

L'autorité chargée de la notification ou de la signification visée au point b) est la première autorité ayant reçu les actes à notifier ou à signifier.

2. La juridiction ou l'autorité chargée de la notification ou de la signification visée au paragraphe 1, consigne respectivement la date du dépôt de l'acte introductif d'instance ou de l'acte équivalent ou la date de la réception des actes à notifier ou à signifier.

**Article 33 –** 1. Lorsque la compétence est fondée sur l'article 4 ou sur les articles 7, 8 ou 9 et qu'une procédure est pendante devant une juridiction d'un État tiers au moment où une juridiction d'un État membre est saisie d'une demande entre les mêmes parties ayant le même objet et la même cause que la demande portée devant la juridiction de l'État tiers, la juridiction de l'État membre peut surseoir à statuer si :

a) l'on s'attend à ce que la juridiction de l'État tiers rende une décision susceptible d'être reconnue et, le cas échéant, d'être exécutée dans ledit État membre; et

b) la juridiction de l'État membre est convaincue que le sursis à statuer est nécessaire pour une bonne administration de la justice.

2. La juridiction de l'État membre peut poursuivre l'instance à tout moment si :

a) l'instance devant la juridiction de l'État tiers fait elle-même l'objet d'un sursis à statuer ou d'un désistement;

b) la juridiction de l'État membre estime que la procédure devant la juridiction de l'État tiers ne pourra vraisemblablement pas être conclue dans un délai raisonnable; ou

c) la poursuite de l'instance est indispensable à une bonne administration de la justice.

3. La juridiction de l'État membre met fin à l'instance si la procédure devant la juridiction de l'État tiers est conclue et a donné lieu à une décision qui est susceptible d'être reconnue et, le cas échéant, d'être exécutée dans ledit État membre.

4. La juridiction de l'État membre applique le présent article soit à la demande d'une des parties, soit d'office, lorsque cette possibilité est prévue par le droit national.

**Article 34 –** 1. Lorsque la compétence est fondée sur l'article 4 ou sur les articles 7, 8 ou 9 et qu'une action est pendante devant une juridiction d'un État tiers au moment où une juridiction d'un État membre est saisie d'une demande connexe à celle portée devant la juridiction de l'État tiers, la juridiction de l'État membre peut surseoir à statuer si :

a) il y a intérêt à instruire et juger les demandes connexes en même temps afin d'éviter des solutions qui pourraient être inconciliables si les causes étaient jugées séparément;

b) l'on s'attend à ce que la juridiction de l'État tiers rende une décision susceptible d'être reconnue et, le cas échéant, d'être exécutée dans cet État membre; et

c) la juridiction de l'État tiers concernée est convaincue que le sursis à statuer est nécessaire pour une bonne administration de la justice.

2. La juridiction de l'État membre peut poursuivre l'instance à tout moment si :

a) elle estime qu'il n'existe plus de risque que les décisions soient inconciliables;

b) l'instance devant la juridiction de l'État tiers fait elle-même l'objet d'un sursis à statuer ou d'un désistement;

c) elle estime que la procédure devant la juridiction de l'État tiers ne pourra vraisemblablement pas être conclue dans un délai raisonnable; ou

d) la poursuite de l'instance est indispensable à une bonne administration de la justice.

3. La juridiction de l'État membre peut mettre fin à l'instance si la procédure devant la juridiction de l'État tiers est conclue et a donné lieu à une décision qui est susceptible d'être reconnue et, le cas échéant, d'être exécutée dans ledit État membre.

4. La juridiction de l'État membre applique le présent article soit à la demande d'une des parties, soit d'office, lorsque cette possibilité est prévue par le droit national.

### *Section 10*

### Mesures provisoires et conservatoires

**Article 35 –** Les mesures provisoires ou conservatoires prévues par la loi d'un État membre peuvent être demandées aux juridictions de cet État, même si les juridictions d'un autre État membre sont compétentes pour connaître du fond.

## CHAPITRE III

## Reconnaissance et exécution

### *Section 1*

### Reconnaissance

**Article 36 –** 1. Les décisions rendues dans un État membre sont reconnues dans les autres États membres sans qu'il soit nécessaire de recourir à aucune procédure.

2. Toute partie intéressée peut faire constater, selon la procédure prévue à la sous-section 2 de la section 3, l'absence de motifs de refus de reconnaissance visés à l'article 45.

3. Si le refus de reconnaissance est invoqué de façon incidente devant une juridiction d'un État membre, celle-ci est compétente pour en connaître.

**Article 37 –** 1. La partie qui entend invoquer, dans un État membre, une décision rendue dans un autre État membre produit :

a) une copie de la décision réunissant les conditions nécessaires pour en établir l'authenticité; et

b) le certificat délivré conformément à l'article 53.

2. La juridiction ou l'autorité devant laquelle une décision rendue dans un autre État membre est invoquée peut, au besoin, exiger que la partie qui l'invoque fournisse, conformément à l'article 57, une traduction ou une translittération du contenu du certificat visé au paragraphe 1, point b). La juridiction ou l'autorité peut exiger que la partie fournisse une traduction de la décision en lieu et place d'une traduction du contenu du certificat si elle ne peut agir sans une telle traduction.

**Article 38 –** La juridiction ou l'autorité devant laquelle est invoquée une décision rendue dans un autre État membre peut surseoir à statuer, intégralement ou partiellement, si :

a) la décision est contestée dans l'État membre d'origine; ou

b) une demande a été présentée aux fins d'obtenir une décision constatant l'absence de motifs de refus de reconnaissance visés à l'article 45 ou d'obtenir une décision visant à ce que la reconnaissance soit refusée sur le fondement de l'un de ces motifs.

### *Section 2*
### Exécution

**Article 39 –** Une décision rendue dans un État membre et qui est exécutoire dans cet État membre jouit de la force exécutoire dans les autres États membres sans qu'une déclaration constatant la force exécutoire soit nécessaire.

**Article 40 –** Une décision exécutoire emporte de plein droit l'autorisation de procéder aux mesures conservatoires prévues par la loi de l'État membre requis.

**Article 41 –** 1. Sous réserve des dispositions de la présente section, la procédure d'exécution des décisions rendues dans un autre État membre est régie par le droit de l'État membre requis. Une décision rendue dans un État membre et qui est exécutoire dans l'État membre requis est exécutée dans ce dernier dans les mêmes conditions qu'une décision rendue dans l'État membre requis.

2. Sans préjudice du paragraphe 1, les motifs de refus ou de suspension de l'exécution prévus par la loi de l'État membre requis s'appliquent dans la mesure où ils ne sont pas incompatibles avec les motifs visés à l'article 45.

3. La partie qui demande l'exécution d'une décision rendue dans un autre État membre n'est pas tenue d'avoir, dans l'État membre requis, une adresse postale. Elle n'est pas non plus tenue d'avoir, dans l'État membre requis, un représentant autorisé sauf si cette représentation est obligatoire indépendamment de la nationalité ou du domicile des parties.

**Article 42 –** 1. Aux fins de l'exécution dans un État membre d'une décision rendue dans un autre État membre, le demandeur communique à l'autorité compétente chargée de l'exécution :

a) une copie de la décision réunissant les conditions nécessaires pour en établir l'authenticité; et

b) le certificat, délivré conformément à l'article 53, attestant que la décision est exécutoire, et contenant un extrait de la décision ainsi que, s'il y a lieu, les informations utiles concernant les frais remboursables de la procédure et le calcul des intérêts.

2. Aux fins de l'exécution dans un État membre d'une décision rendue dans un autre État membre ordonnant une mesure provisoire ou conservatoire, le demandeur communique à l'autorité compétente chargée de l'exécution :

a) une copie de la décision réunissant les conditions nécessaires pour en établir l'authenticité;

b) le certificat, délivré conformément à l'article 53, contenant une description de la mesure et attestant que :

i) la juridiction est compétente pour connaître du fond,

ii) la décision est exécutoire dans l'État membre d'origine; et

c) lorsque la mesure a été ordonnée sans que le défendeur soit cité à comparaître, une preuve de la notification ou de la signification de la décision.

3. L'autorité compétente chargée de l'exécution peut, au besoin, exiger du demandeur, conformément à l'article 57, qu'il fournisse une traduction ou une translittération du contenu du certificat.

4. L'autorité compétente chargée de l'exécution ne peut exiger du demandeur qu'il fournisse une traduction de la décision que si elle ne peut agir sans une telle traduction.

**Article 43 –** 1. Lorsque l'exécution d'une décision rendue dans un autre État membre est demandée, le certificat délivré conformément à l'article 53 est notifié ou signifié, avant la première mesure d'exécution, à la personne contre laquelle l'exécution est demandée. Le certificat est accompagné de la décision si celle-ci n'a pas déjà été notifiée ou signifiée à la personne concernée.

2. Lorsque la personne contre laquelle l'exécution est demandée est domiciliée dans un État membre autre que l'État membre d'origine, elle peut demander une traduction de la décision afin d'en contester l'exécution si la décision n'est pas rédigée ou accompagnée d'une traduction dans l'une des langues suivantes :

a) une langue qu'elle comprend; ou

b) la langue officielle de l'État membre dans lequel elle est domiciliée ou, si l'État membre en question compte plusieurs langues officielles, dans la langue officielle ou l'une des langues officielles du lieu où elle est domiciliée.

Lorsqu'une traduction de la décision est demandée au titre du premier alinéa, aucune mesure d'exécution autre qu'une mesure conservatoire ne peut être prise jusqu'à ce que cette traduction ait été fournie à la personne contre laquelle l'exécution est demandée.

Le présent paragraphe ne s'applique pas si la décision a déjà été notifiée ou signifiée à la personne contre laquelle l'exécution est demandée dans l'une des langues visées au premier alinéa ou si elle est accompagnée d'une traduction dans l'une de ces langues.

3. Le présent article ne s'applique pas à l'exécution d'une mesure conservatoire figurant dans une décision ni lorsque la personne qui demande l'exécution procède à des mesures conservatoires conformément à l'article 40.

**Article 44 –** 1. En cas de demande de refus d'exécution d'une décision en vertu de la sous-section 2 de la section 3, la juridiction de l'État membre requis peut, à la demande de la personne contre laquelle l'exécution est demandée :

a) limiter la procédure d'exécution à des mesures conservatoires;

b) subordonner l'exécution à la constitution d'une sûreté qu'elle détermine; ou

c) suspendre, intégralement ou partiellement, la procédure d'exécution.

2. L'autorité compétente de l'État membre requis suspend, à la demande de la personne contre laquelle l'exécution est demandée, la procédure d'exécution si la force exécutoire de la décision est suspendue dans l'État membre d'origine.

*Section 3*

## Refus de reconnaissance et d'exécution

*Sous-section 1 – Refus de reconnaissance*

**Article 45 –** 1. À la demande de toute partie intéressée, la reconnaissance d'une décision est refusée :

a) si la reconnaissance est manifestement contraire à l'ordre public de l'État membre requis;

b) dans le cas où la décision a été rendue par défaut, si l'acte introductif d'instance ou un acte équivalent n'a pas été notifié ou signifié au défendeur en temps utile et de telle manière qu'il puisse se défendre, à moins qu'il n'ait pas exercé de recours à l'encontre de la décision alors qu'il était en mesure de le faire;

c) si la décision est inconciliable avec une décision rendue entre les mêmes parties dans l'État membre requis;

d) si la décision est inconciliable avec une décision rendue antérieurement dans un autre État membre ou dans un État tiers entre les mêmes parties dans un litige ayant le même objet et la même cause, lorsque la décision rendue antérieurement réunit les conditions nécessaires à sa reconnaissance dans l'État membre requis; ou

e) si la décision méconnaît :

i) les sections 3, 4 ou 5 du chapitre II lorsque le preneur d'assurance, l'assuré, un bénéficiaire du contrat d'assurance, la victime, le consommateur ou le travailleur était le défendeur, ou

ii) la section 6 du chapitre II.

2. Lors de l'appréciation des motifs de compétence visés au paragraphe 1, point e), la juridiction saisie de la demande est liée par les constatations de fait sur lesquelles la juridiction d'origine a fondé sa compétence.

3. Sans préjudice du paragraphe 1, point e), il ne peut être procédé au contrôle de la compétence de la juridiction d'origine. Le critère de l'ordre public visé au paragraphe 1, point a), ne peut être appliqué aux règles de compétence.

4. La demande de refus de reconnaissance est présentée selon la procédure prévue à la sous-section 2 et, s'il y a lieu, à la section 4.

*Sous-section 2 – Refus d'exécution*

**Article 46 –** À la demande de la personne contre laquelle l'exécution est demandée, l'exécution d'une décision est refusée lorsque l'existence de l'un des motifs visés à l'article 45 est constatée.

**Article 47 –** 1. La demande de refus d'exécution est portée devant la juridiction que l'État membre concerné a indiquée à la Commission en vertu de l'article 75, point a), comme étant la juridiction devant laquelle la demande doit être portée.

2. Dans la mesure où la procédure de refus d'exécution n'est pas régie par le présent règlement, elle relève de la loi de l'État membre requis.

3. Le demandeur fournit à la juridiction une copie de la décision et, s'il y a lieu, une traduction ou une translittération de ladite décision.

La juridiction peut dispenser le demandeur de la production des documents visés au premier alinéa s'ils sont déjà en sa possession ou si elle estime qu'il n'est pas raisonnable d'exiger du demander de les fournir. Dans ce dernier cas, la juridiction peut exiger de l'autre partie la communication de ces documents.

4. La partie qui demande le refus d'exécution d'une décision rendue dans un autre État membre n'est pas tenue d'avoir, dans l'État membre requis, une adresse postale. Elle n'est pas non plus tenue d'avoir, dans l'État membre requis, un représentant autorisé sauf si cette représentation est obligatoire indépendamment de la nationalité ou du domicile des parties.

**Article 48 –** La juridiction statue à bref délai sur la demande de refus d'exécution.

**Article 49 –** 1. L'une ou l'autre partie peut former un recours contre la décision rendue sur la demande de refus d'exécution.

2. Le recours est porté devant la juridiction que l'État membre concerné a indiquée à la Commission en vertu de l'article 75, point b), comme étant la juridiction devant laquelle ce recours doit être porté.

**Article 50 –** La décision rendue sur le recours ne peut faire l'objet d'un pourvoi que si les juridictions devant lesquelles le pourvoi doit être porté ont été indiquées par l'État membre concerné à la Commission en vertu de l'article 75, point c).

**Article 51 –** 1. La juridiction saisie d'une demande de refus d'exécution ou qui statue sur un recours au titre de l'article 49 ou sur un pourvoi au titre de l'article 50 peut surseoir à statuer si la décision fait l'objet d'un recours ordinaire dans l'État membre d'origine ou si le délai pour le former n'est pas expiré. Dans ce dernier cas, la juridiction peut impartir un délai pour former ce recours.

2. Lorsque la décision a été rendue en Irlande, à Chypre ou au Royaume-Uni, toute voie de recours prévue dans l'État membre d'origine est considérée comme un recours ordinaire pour l'application du paragraphe 1.

*Section 4*

## Dispositions communes

**Article 52 –** En aucun cas une décision rendue dans un État membre ne peut faire l'objet d'une révision au fond dans l'État membre requis.

**Article 53 –** À la demande de toute partie intéressée, la juridiction d'origine délivre le certificat qu'elle établit en utilisant le formulaire figurant à l'annexe I.

**Article 54 –** 1. Si une décision comporte une mesure ou une injonction qui est inconnue dans le droit de l'État membre requis, cette mesure ou injonction est adaptée autant que possible à une mesure ou une injonction connue dans le droit dudit État membre ayant des effets équivalents et poursuivant des objectifs et des intérêts similaires.

Cette adaptation ne peut pas entraîner d'effets allant au-delà de ceux prévus dans le droit de l'État membre d'origine.

2. Toute partie peut contester l'adaptation de la mesure ou de l'injonction devant une juridiction.

3. Au besoin, il peut être exigé de la partie invoquant la décision ou demandant son exécution qu'elle fournisse une traduction ou une translittération de la décision.

**Article 55 –** Les décisions rendues dans un État membre condamnant à une astreinte ne sont exécutoires dans l'État membre requis que si le montant en a été définitivement fixé par la juridiction d'origine.

**Article 56 –** Aucune caution ni aucun dépôt, sous quelque dénomination que ce soit, ne peuvent être imposés en raison, soit de la qualité d'étranger, soit du défaut de domicile ou de résidence dans l'État membre requis, à la partie qui demande l'exécution dans un État membre d'une décision rendue dans un autre État membre.

**Article 57 –** 1. Lorsqu'une traduction ou une translittération est exigée au titre du présent règlement, celle-ci est effectuée dans la langue officielle de l'État membre concerné ou, si celui-ci compte plusieurs langues officielles, dans la langue officielle ou l'une des langues officielles de la procédure judiciaire du lieu où une décision rendue dans un autre État membre est invoquée ou la demande portée, conformément au droit de cet État membre.

2. Pour ce qui concerne les formulaires visés aux articles 53 et 60, les traductions ou translittérations peuvent également être effectuées dans toute autre langue officielle des institutions de l'Union que l'État membre concerné aura déclaré pouvoir accepter.

3. Toute traduction faite en application du présent règlement l'est par une personne habilitée à effectuer des traductions dans l'un des États membres.

## CHAPITRE IV

## Actes authentiques et transactions judiciaires

**Article 58 –** 1. Les actes authentiques qui sont exécutoires dans l'État membre d'origine sont exécutoires dans les autres États membres, sans qu'une déclaration constatant la force exécutoire ne soit nécessaire. L'exécution d'un acte authentique ne peut être refusée que si celle-ci est manifestement contraire à l'ordre public de l'État membre requis.

Les dispositions de la section 2, de la section 3, sous-section 2, et de la section 4 du chapitre III s'appliquent, le cas échéant, aux actes authentiques.

2. L'acte authentique produit doit réunir les conditions nécessaires à son authenticité dans l'État membre d'origine.

**Article 59 –** Les transactions judiciaires exécutoires dans l'État membre d'origine sont exécutées dans les autres États membres aux mêmes conditions que les actes authentiques.

**Article 60 –** L'autorité compétente ou la juridiction de l'État membre d'origine délivre, à la demande de toute partie intéressée, le certificat qu'elle établit en utilisant le formulaire figurant à l'annexe II. Ce certificat contient un résumé de l'obligation exécutoire consignée dans l'acte authentique ou de l'accord conclu entre les parties consigné dans la transaction judiciaire.

CHAPITRE V

## Dispositions générales

**Article 61 –** Aucune légalisation ni formalité analogue n'est exigée pour les documents délivrés dans un État membre dans le cadre du présent règlement.

**Article 62 –** 1. Pour déterminer si une partie a un domicile sur le territoire de l'État membre dont les juridictions sont saisies, le juge applique sa loi interne.

2. Lorsqu'une partie n'a pas de domicile dans l'État membre dont les juridictions sont saisies, le juge, pour déterminer si elle a un domicile dans un autre État membre, applique la loi de cet État membre.

**Article 63 –** 1. Pour l'application du présent règlement, les sociétés et les personnes morales sont domiciliées là ou est situé :

a) leur siège statutaire;

b) leur administration centrale; ou

c) leur principal établissement.

2. Pour l'Irlande, Chypre et le Royaume-Uni, on entend par « siège statutaire » le *registered office* ou, s'il n'existe nulle part de *registered office*, le place of incorporation (le lieu d'acquisition de la personnalité morale) ou, s'il n'existe nulle part de lieu d'acquisition de la personnalité morale, le lieu selon la loi duquel la formation (la constitution) a été effectuée.

3. Pour déterminer si un trust a son domicile sur le territoire d'un État membre dont les juridictions sont saisies, le juge applique les règles de son droit international privé.

**Article 64 –** Sans préjudice de dispositions nationales plus favorables, les personnes domiciliées sur le territoire d'un État membre et poursuivies pour une infraction involontaire devant les juridictions répressives d'un autre État membre dont elles ne sont pas les ressortissants peuvent se faire défendre par les personnes habilitées à cette fin, même si elles ne comparaissent pas personnellement. Toutefois, la juridiction saisie peut ordonner la comparution personnelle; si celle-ci n'a pas eu lieu, la décision rendue sur l'action civile sans que la personne en cause ait eu la possibilité de se défendre pourra ne pas être reconnue ni exécutée dans les autres États membres.

**Article 65 –** 1. La compétence prévue à l'article 8, point 2), et à l'article 13 pour la demande en garantie ou la demande en intervention ne peut être invoquée dans les États membres figurant sur la liste établie par la Commission en vertu de l'article 76, paragraphe 1, point b), et de l'article 76, paragraphe 2, que dans la mesure où leur droit national le permet. Une personne domiciliée sur le territoire d'un autre État membre peut être invitée à se joindre à la procédure devant les juridictions de ces États membres en application des règles concernant l'appel en cause (*litis denunciatio*) visées dans ladite liste.

2. Les décisions rendues dans un État membre en vertu de l'article 8, point 2), et de l'article 13 sont reconnues et exécutées conformément au chapitre III dans tout autre État membre. Les effets que les décisions rendues dans les États membres figurant sur la liste visée au paragraphe 1 peuvent produire, conformément au droit de ces États membres, à l'égard des tiers, en application du paragraphe 1, sont reconnus dans tous les États membres.

3. Dans le cadre du réseau judiciaire européen en matière civile et commerciale créé par la décision 2001/470/CE du Conseil [16] (ci-après dénommé « réseau judiciaire

européen »), les États membres figurant sur la liste visée au paragraphe 1 fournissent des informations sur les moyens permettant de déterminer, conformément à leur droit national, les effets des décisions visés dans la deuxième phrase du paragraphe 2.

CHAPITRE VI

## Dispositions transitoires

**Article 66 –** 1. Le présent règlement n'est applicable qu'aux actions judiciaires intentées, aux actes authentiques dressés ou enregistrés formellement et aux transactions judiciaires approuvées ou conclues à compter du 10 janvier 2015.

2. Nonobstant l'article 80, le règlement (CE) n° 44/2001 continue à s'appliquer aux décisions rendues dans les actions judiciaires intentées, aux actes authentiques dressés ou enregistrés formellement et aux transactions judiciaires approuvées ou conclues avant le 10 janvier 2015 qui entrent dans le champ d'application dudit règlement.

CHAPITRE VII

## Relations avec les autres instruments

**Article 67 –** Le présent règlement ne préjuge pas de l'application des dispositions qui, dans des matières particulières, règlent la compétence judiciaire, la reconnaissance et l'exécution des décisions et qui sont contenues dans les actes de l'Union ou dans les législations nationales harmonisées en exécution de ces actes.

**Article 68 –** 1. Le présent règlement remplace, entre les États membres, la convention de Bruxelles de 1968, sauf en ce qui concerne les territoires des États membres qui entrent dans le champ d'application territorial de cette convention et qui sont exclus du présent règlement en vertu de l'article 355 du traité sur le fonctionnement de l'Union européenne.

2. Dans la mesure où le présent règlement remplace entre les États membres les dispositions de la convention de Bruxelles de 1968, toute référence faite à celle-ci s'entend comme faite au présent règlement.

**Article 69 –** Sous réserve des dispositions des articles 70 et 71, le présent règlement remplace entre les États membres les conventions qui couvrent les mêmes matières que celles auxquelles il s'applique. En particulier, les conventions figurant sur la liste établie par la Commission en vertu de l'article 76, paragraphe 1, point c), et de l'article 76, paragraphe 2, sont remplacées.

**Article 70 –** 1. Les conventions visées à l'article 69 continuent de produire leurs effets dans les matières auxquelles le présent règlement n'est pas applicable.

2. Elles continuent de produire leurs effets en ce qui concerne les décisions rendues, les actes authentiques dressés ou enregistrés formellement et les transactions judiciaires approuvées ou conclues avant la date d'entrée en vigueur du règlement (CE) n° 44/2001.

**Article 71 –** 1. Le présent règlement n'affecte pas les conventions auxquelles les États membres sont parties et qui, dans des matières particulières, règlent la compétence judiciaire, la reconnaissance ou l'exécution des décisions.

2. En vue d'assurer son interprétation uniforme, le paragraphe 1 est appliqué de la manière suivante :

a) le présent règlement ne fait pas obstacle à ce qu'une juridiction d'un État membre partie à une convention relative à une matière particulière puisse fonder sa compétence sur une telle convention, même si le défendeur est domicilié sur le territoire d'un autre État membre non partie à une telle convention. La juridiction saisie applique, en tout cas, l'article 28 du présent règlement;

b) les décisions rendues dans un État membre par une juridiction ayant fondé sa compétence sur une convention relative à une matière particulière sont reconnues et exécutées dans les autres États membres conformément au présent règlement.

Si une convention relative à une matière particulière et à laquelle sont parties l'État membre d'origine et l'État membre requis détermine les conditions de reconnaissance et d'exécution des décisions, il est fait application de ces conditions. Il peut, en tout cas, être fait application des dispositions du présent règlement relatives à la reconnaissance et à l'exécution des décisions.

**Article 72 –** Le présent règlement n'affecte pas les accords par lesquels les États membres, avant l'entrée en vigueur du règlement (CE) n° 44/2001, se sont engagés, en vertu de l'article 59 de la convention de Bruxelles de 1968, à ne pas reconnaître une décision rendue, notamment dans un autre État contractant à ladite convention, contre un défendeur qui a son domicile ou sa résidence habituelle dans un État tiers lorsque, dans un cas prévu à l'article 4 de cette convention, la décision n'a pu être fondée que sur une compétence visée à l'article 3, deuxième alinéa, de cette même convention.

**Article 73 –** 1. Le présent règlement n'affecte pas l'application de la convention de Lugano de 2007.

2. Le présent règlement n'affecte pas l'application de la convention de New York de 1958.

3. Le présent règlement n'affecte pas l'application des conventions et accords bilatéraux conclus entre un État tiers et un État membre avant la date d'entrée en vigueur du règlement (CE) n° 44/2001 qui portent sur des matières régies par le présent règlement.

## CHAPITRE VIII
## Dispositions finales

**Article 74 –** Les États membres fournissent, dans le cadre du réseau judiciaire européen et en vue de mettre ces informations à la disposition du public, une description des règles et procédures nationales d'exécution, y compris des informations concernant les autorités compétentes chargées de l'exécution et les limites éventuelles imposées en matière d'exécution, en particulier les règles sur la protection du débiteur et les délais de prescription.

Les États membres tiennent ces informations constamment à jour.

**Article 75 –** Le 10 janvier 2014 au plus tard, les États membres indiquent à la Commission :

a) les juridictions devant lesquelles la demande de refus d'exécution doit être portée, conformément à l'article 47, paragraphe 1 ;

b) les juridictions devant lesquelles le recours contre la décision relative à une demande de refus d'exécution doit être porté, conformément à l'article 49, paragraphe 2 ;

c) les juridictions auprès desquelles tout pourvoi doit être formé, conformément à l'article 50 ; et

d) les langues acceptées pour les traductions des formulaires visés à l'article 57, paragraphe 2.

La Commission met ces informations à la disposition du public par tout moyen approprié, notamment par le biais du réseau judiciaire européen.

**Article 76 –** 1. Les États membres notifient à la Commission :

a) les règles de compétence visées à l'article 5, paragraphe 2, et à l'article 6, paragraphe 2 ;

b) les règles concernant l'appel en cause visées à l'article 65 ; et

c) les conventions visées à l'article 69.

2. La Commission établit les listes correspondantes sur la base des notifications effectuées par les États membres visées au paragraphe 1.

3. Les États membres notifient à la Commission toute modification ultérieure à apporter à ces listes. La Commission modifie lesdites listes en conséquence.

4. La Commission publie les listes et toute modification ultérieure apportée à celles-ci au *Journal officiel* de l'Union européenne.

5. La Commission met à la disposition du public toutes les informations notifiées en vertu des paragraphes 1 et 3 par tout autre moyen approprié, notamment par le biais du réseau judiciaire européen.

**Article 77 –** La Commission est habilitée à adopter des actes délégués en conformité avec l'article 78 en ce qui concerne les modifications à apporter aux annexes I et II.

**Article 78 –** 1. Le pouvoir d'adopter des actes délégués conféré à la Commission est soumis aux conditions fixées au présent article.

2. Le pouvoir d'adopter des actes délégués visé à l'article 77 est conféré à la Commission pour une durée indéterminée à compter du 9 janvier 2013.

3. La délégation de pouvoir visée à l'article 77 peut être révoquée à tout moment par le Parlement européen ou le Conseil. La décision de révocation met fin à la délégation de pouvoir qui y est précisée. La révocation prend effet le jour suivant celui de la publication de ladite décision au *Journal officiel* de l'Union européenne ou à une date ultérieure qui est précisée dans ladite décision. Elle ne porte pas atteinte à la validité des actes délégués déjà en vigueur.

4. Aussitôt qu'elle adopte un acte délégué, la Commission le notifie au Parlement européen et au Conseil simultanément.

5. Un acte délégué adopté en vertu de l'article 77 n'entre en vigueur que si le Parlement européen ou le Conseil n'a pas exprimé d'objections dans un délai de deux mois à compter de la notification de cet acte au Parlement européen et au Conseil ou si, avant l'expiration de ce délai, le Parlement européen et le Conseil ont tous deux informé la Commission de leur intention de ne pas exprimer d'objections. Ce délai est prolongé de deux mois à l'initiative du Parlement européen ou du Conseil.

**Article 79 –** Le 11 janvier 2022 au plus tard, la Commission présente au Parlement européen, au Conseil et au Comité économique et social européen un rapport sur l'application du présent règlement. Elle y évalue notamment s'il est nécessaire d'étendre les règles de compétence aux défendeurs qui ne sont pas domiciliés sur le territoire d'un État membre en tenant compte de la mise en œuvre du présent règlement et des évolutions éventuelles au niveau international. Le rapport est accompagné, le cas échéant, d'une proposition de modification du présent règlement.

**Article 80 –** Le présent règlement abroge le règlement (CE) nº 44/2001. Les références faites au règlement abrogé s'entendent comme faites au présent règlement et sont à lire selon le tableau de correspondance figurant à l'annexe III.

**Article 81 –** Le présent règlement entre en vigueur le vingtième jour suivant celui de sa publication au *Journal officiel* de l'Union européenne.

Il est applicable à partir du 10 janvier 2015, à l'exception des articles 75 et 76, qui sont applicables à partir du 10 janvier 2014.

Le présent règlement est obligatoire dans tous ses éléments et directement applicable dans les États membres, conformément aux traités.

Références

[1] *JO* C 218 du 23 juill. 2011, p. 78.

[2] Position du Parlement européen du 20 novembre 2012 (non encore parue au *Journal officiel*) et décision du Conseil du 6 décembre 2012.

[3] *JO* L 12 du 16 janv. 2001, p. 1.

[4] *JO* C 115 du 4 mai 2010, p. 1.

[5] *JO* L 299 du 31 déc. 1972, p. 32. *JO* L 304 du 30 oct. 1978, p. 1. *JO* L 388 du 31 déc. 1982, p. 1. *JO* L 285 du 3 oct. 1989, p. 1. *JO* C 15 du 15 janv. 1997, p. 1. Pour le texte consolidé, voir *JO* C 27 du 26 janv. 1998, p. 1.

[6] *JO* L 319 du 25 nov. 1988, p. 9.

[7] *JO* L 120 du 5 mai 2006, p. 22.

[8] *JO* L 147 du 10 juin 2009, p. 5.

[9] *JO* L 7 du 10 janv. 2009, p. 1.

[10] *JO* L 74 du 27 mars 1993, p. 74.

[11] *JO* L 157 du 30 avr. 2004, p. 45.

[12] *JO* L 174 du 27 juin 2001, p. 1.

[13] *JO* L 299 du 16 nov. 2005, p. 62.

[14] *JO* L 335 du 17 déc. 2009, p. 1.

[15] *JO* L 324 du 10 déc. 2007, p. 79.

[16] *JO* L 174 du 27 juin 2001, p. 25.

## ANNEXE I

### CERTIFICAT RELATIF À UNE DÉCISION EN MATIÈRE CIVILE ET COMMERCIALE

## ANNEXE II

### CERTIFICAT RELATIF À UN ACTE AUTHENTIQUE/UNE TRANSACTION JUDICIAIRE (1) EN MATIÈRE CIVILE ET COMMERCIALE

# II – Directives

## 21 Directive 93/7/CEE du Conseil du 15 mars 1993 relative à la restitution des biens culturels ayant quitté illicitement le territoire d'un État membre

Non reproduite. Consultable sur :
http://europa.eu/eu-law/legislation/index_fr.htm

Voir *infra* n° 82, les dispositions du Code du patrimoine codifiant la loi française de transposition (Loi n° 95-877 du 3 août 1995 portant transposition de la directive 93/7 du 15 mars 1993 relative à la restitution des biens culturels ayant quitté illicitement le territoire).

## 22 Directive 93/12/CEE du Conseil du 5 avril 1993 concernant les clauses abusives dans les contrats conclus avec les consommateurs

Extraits reproduits : articles 6 et 8

Consultable sur :
http://europa.eu/eu-law/legislation/index_fr.htm

**Article 6 –** 1. Les États membres prévoient que les clauses abusives figurant dans un contrat conclu avec un consommateur par un professionnel ne lient pas les consommateurs, dans les conditions fixées par leurs droits nationaux, et que le contrat restera contraignant pour les parties selon les mêmes termes, s'il peut subsister sans les clauses abusives.

2. Les États membres prennent les mesures nécessaires pour que le consommateur ne soit pas privé de la protection accordée par la présente directive du fait du choix du droit d'un pays tiers comme droit applicable au contrat, lorsque le contrat présente un lien étroit avec le territoire des États membres.

**Article 8 –** Les États membres peuvent adopter ou maintenir, dans le domaine régi par la présente directive, des dispositions plus strictes, compatibles avec le traité, pour assurer un niveau de protection plus élevé au consommateur.

## 23 Directive 93/83/CE du Conseil du 27 septembre 1993 relative à la coordination de certaines règles du droit d'auteur et des droits voisins du droit d'auteur applicables à la radiodiffusion par satellite et à la retransmission par câble

Non reproduite. Consultable sur :
http://europa.eu/eu-law/legislation/index_fr.htm

## 24 Directive 96/71/CE du Parlement européen et du Conseil du 16 décembre 1996 concernant le détachement de travailleurs effectué dans le cadre d'une prestation de services

*Le Parlement européen et le Conseil de l'Union européenne,*

Vu le traité instituant la Communauté européenne, et notamment son article 57 paragraphe 2 et son article 66,

Vu la proposition de la Commission (1),

Vu l'avis du Comité économique et social (2),

Statuant conformément à la procédure prévue à l'article 189 B du traité (3),

(1) considérant que, en vertu de l'article 3 point c) du traité, l'abolition, entre les États membres, des obstacles à la libre circulation des personnes et des services constitue l'un des objectifs de la Communauté;

(2) considérant que, en ce qui concerne la prestation de services, toute restriction fondée sur la nationalité ou des conditions de résidence est interdite par le traité depuis la fin de la période de transition;

(3) considérant que la réalisation du marché intérieur offre un cadre dynamique à la prestation de services transnationale en invitant un nombre croissant d'entreprises à détacher des travailleurs en vue d'effectuer à titre temporaire un travail sur le territoire d'un État membre autre que l'État sur le territoire duquel ils accomplissent habituellement leur travail;

(4) considérant que la prestation de services peut consister soit dans l'exécution de travaux par une entreprise, pour son compte et sous sa direction, dans le cadre d'un contrat conclu entre cette entreprise et le destinataire de la prestation de services, soit dans la mise à disposition de travailleurs en vue de leur utilisation par une entreprise, dans le cadre d'un marché public ou d'un marché privé;

(5) considérant qu'une telle promotion de la prestation de services dans un cadre transnational nécessite une concurrence loyale et des mesures garantissant le respect des droits des travailleurs;

(6) considérant que la transnationalisation de la relation de travail soulève des problèmes quant au droit applicable à cette relation de travail et qu'il convient, dans l'intérêt des parties, de prévoir les conditions de travail et d'emploi applicables à la relation de travail envisagée;

(7) considérant que la convention de Rome, du 19 juin 1980, sur la loi applicable aux obligations contractuelles (4), signée par douze États membres, est entrée en vigueur le 1er avril 1991 dans la majorité des États membres;

(8) considérant que l'article 3 de cette convention prévoit, comme règle générale, le libre choix de la loi applicable par les parties; que, à défaut de choix, le contrat est régi, en vertu de l'article 6 paragraphe 2, par la loi du pays où le travailleur, en exécution du contrat, accomplit habituellement son travail, même s'il est détaché à titre temporaire dans un autre pays, ou, si le travailleur n'accomplit pas habituellement son travail dans un même pays, par la loi du pays où se trouve l'établissement qui a embauché le travailleur, à moins qu'il ne résulte de l'ensemble des circonstances que le contrat de travail présente des liens plus étroits avec un autre pays, auquel cas la loi de cet autre pays est applicable;

(9) considérant que, en vertu de l'article 6 paragraphe 1 de ladite convention, le choix par les parties de la loi applicable ne peut avoir pour résultat de priver le travailleur de la protection que lui assurent les dispositions impératives de la loi qui, en vertu du paragraphe 2 dudit article, serait applicable à défaut de choix;

(10) considérant que l'article 7 de ladite convention prévoit, sous certaines conditions, que soit donné effet, concurremment avec la loi déclarée applicable, aux règles de police d'une autre loi, en particulier celle de l'État membre sur le territoire duquel le travailleur est détaché à titre temporaire;

(11) considérant que, conformément au principe de priorité du droit communautaire énoncé à son article 20, ladite convention ne préjuge pas l'application des dispositions qui, dans des matières particulières, règlent les conflits de lois en matière d'obligations contractuelles et qui sont ou seront contenues dans les actes émanant des institutions des Communautés européennes ou dans des législations nationales harmonisées en exécution de ces actes;

(12) considérant que le droit communautaire ne s'oppose pas à ce que les États membres étendent le champ d'application de leur législation ou les conventions collectives de travail conclues par les partenaires sociaux à toute personne effectuant un travail salarié, y compris temporaire, sur leur territoire, même si l'employeur est établi dans un autre État membre; que le droit communautaire n'interdit pas aux États membres de garantir le respect de ces règles par les moyens appropriés;

(13) considérant que les législations des États membres doivent être coordonnées de manière à prévoir un noyau de règles impératives de protection minimale que doivent observer, dans le pays d'accueil, les employeurs qui détachent des travailleurs en vue d'effectuer un travail à titre temporaire sur le territoire de l'État membre de la prestation; qu'une telle coordination ne peut être assurée que par le droit communautaire;

(14) considérant qu'un « noyau dur » de règles protectrices, clairement définies, devrait être observé par le prestataire de services, nonobstant la durée du détachement du travailleur;

(15) considérant qu'il convient de prévoir que, dans certains cas délimités de travaux de montage et/ou d'installation d'un bien, les dispositions concernant les taux de salaire minimal et la durée minimale des congés annuels payés ne sont pas d'application;

(16) considérant que, en outre, il convient d'assurer une certaine souplesse dans l'application des dispositions concernant les taux de salaire minimal et la durée minimal des congés annuels payés; que, lorsque la durée du détachement ne dépasse pas un mois, les États membres peuvent, sous certaines conditions, déroger

aux dispositions concernant les taux de salaires minimal ou prévoir la possibilité de dérogation par voie de conventions collectives; que, en cas de faible ampleur des travaux à effectuer, les États membres peuvent déroger aux dispositions concernant les taux de salaire minimal et la durée minimale des congés annuels payés;

(17) considérant que les règles impératives de protection minimale en vigueur dans le pays d'accueil ne doivent pas empêcher l'application des conditions de travail et d'emploi plus favorables aux travailleurs;

(18) considérant qu'il convient de respecter le principe selon lequel les entreprises établies en dehors de la Communauté ne doivent pas obtenir un traitement plus favorable que les entreprises établies sur le territoire d'un État membre;

(19) considérant que, sans préjudice d'autres dispositions communautaires, la présente directive n'entraîne pas l'obligation de reconnaître légalement l'existence d'entreprises de travail temporaire, ni porte atteinte à l'application, par des États membres, de leur législation relative à la mise à disposition de travailleurs et d'entreprises de travail temporaire auprès d'entreprises non établies sur leur territoire, mais y exerçant des activités dans le cadre d'une prestation de services;

(20) considérant que la présente directive n'affecte ni les accords conclus par la Communauté avec des pays tiers ni les législations des États membres relatives à l'accès sur leur territoire de prestataires de services de pays tiers; que la présente directive ne porte pas non plus atteinte aux législations nationales relatives aux conditions d'entrée, de résidence et d'emploi de travailleurs ressortissant de pays tiers;

(21) considérant que le règlement (CEE) n° 1408/71 du Conseil, du 14 juin 1971, relatif à l'application des régimes de sécurité sociale aux travailleurs salariés, aux travailleurs non salariés et aux membres de leur famille qui se déplacent à l'intérieur de la Communauté (5), fixe les dispositions applicables en matière de prestations et de cotisations de sécurité sociale;

(22) considérant que la présente directive est sans préjudice du droit des États membres en matière d'action collective pour la défense des intérêts professionnels;

(23) considérant que les instances compétentes des différents États membres doivent collaborer entre elles à l'application de la présente directive; que les États membres doivent prévoir des mesures appropriées en cas de non-respect de la présente directive;

(24) considérant qu'il importe de garantir une bonne application de la présente directive et de prévoir, à cette fin, une collaboration étroite entre la Commission et les États membres;

(25) considérant que, au plus tard cinq ans après la date d'adoption de la présente directive, la Commission doit réexaminer les modalités d'application de la présente directive en vue de proposer, le cas échéant, les modifications nécessaires,

*Ont arrêté la présente directive :*

### Article premier – Champ d'application

1. La présente directive s'applique aux entreprises établies dans un État membre qui, dans le cadre d'une prestation de services transnationale, détachent des travailleurs, conformément au paragraphe 3, sur le territoire d'un État membre.

2. La présente directive ne s'applique pas aux entreprises de la marine marchande en ce qui concerne le personnel navigant.

3. La présente directive s'applique dans la mesure où les entreprises visées au paragraphe 1 prennent l'une des mesures transnationales suivantes :

a) détacher un travailleur, pour leur compte et sous leur direction, sur le territoire d'un État membre, dans le cadre d'un contrat conclu entre l'entreprise d'envoi et le destinataire de la prestation de services opérant dans cet État membre, pour autant qu'il existe une relation de travail entre l'entreprise d'envoi et le travailleur pendant la période de détachement

ou

b) détacher un travailleur sur le territoire d'un État membre, dans un établissement ou dans une entreprise appartenant au groupe, pour autant qu'il existe une relation de travail entre l'entreprise d'envoi et le travailleur pendant la période de détachement

ou

c) détacher, en tant qu'entreprise de travail intérimaire ou en tant qu'entreprise qui met un travailleur à disposition, un travailleur à une entreprise utilisatrice établie ou exerçant son activité sur le territoire d'un État membre, pour autant qu'il existe une relation de travail entre l'entreprise de travail intérimaire ou l'entreprise qui met un travailleur à disposition et le travailleur pendant la période de détachement.

4. Les entreprises dans un État non membre ne peuvent pas obtenir un traitement plus favorable que les entreprises établies dans un État membre.

### Article 2 – Définition

1. Aux fins de la présente directive, on entend par travailleur détaché, tout travailleur qui, pendant une période limitée, exécute son travail sur le territoire d'un État membre autre que l'État sur le territoire duquel il travaille habituellement.

2. Aux fins de la présente directive, la notion de travailleur est celle qui est d'application dans le droit de l'État membre sur le territoire duquel le travailleur est détaché.

### Article 3 – Conditions de travail et d'emploi

1. Les États membres veillent à ce que, quelle que soit la loi applicable à la relation de travail, les entreprises visées à l'article 1er paragraphe 1 garantissent aux travailleurs détachés sur leur territoire les conditions de travail et d'emploi concernant les matières visées ci-après qui, dans l'État membre sur le territoire duquel le travail est exécuté, sont fixées :

– par des dispositions législatives, réglementaires ou administratives

et/ou

– par des conventions collectives ou sentences arbitrales déclarées d'application générale au sens du paragraphe 8, dans la mesure où elles concernent les activités visées en annexe :

a) les périodes maximales de travail et les périodes minimales de repos ;

b) la durée minimale des congés annuels payés ;

c) les taux de salaire minimal, y compris ceux majorés pour les heures supplémentaires ; le présent point ne s'applique pas aux régimes complémentaires de retraite professionnels ;

d) les conditions de mise à disposition des travailleurs, notamment par des entreprises de travail intérimaire ;

e) la sécurité, la santé et l'hygiène au travail ;

f) les mesures protectrices applicables aux conditions de travail et d'emploi des femmes enceintes et des femmes venant d'accoucher, des enfants et des jeunes;

g) l'égalité de traitement entre hommes et femmes ainsi que d'autres dispositions en matière de non-discrimination.

Aux fins de la présente directive, la notion de taux de salaire minimal visée au second tiret point c) est définie par la législation et/ou la pratique nationale(s) de l'État membre sur le territoire duquel le travailleur est détaché.

2. Dans le cas de travaux de montage initial et/ou de première installation d'un bien, qui forment partie intégrante d'un contrat de fourniture de biens, qui sont indispensables pour la mise en fonctionnement du bien fourni et qui sont exécutés par les travailleurs qualifiés et/ou spécialisés de l'entreprise de fourniture, le paragraphe 1 second tiret points b) et c) ne s'applique pas, lorsque la durée du détachement n'est pas supérieure à huit jours.

Cette disposition ne s'applique pas aux activités dans le domaine de la construction visées en annexe.

3. Les États membres peuvent, après consultation des partenaires sociaux, conformément aux us et coutumes de chaque État membre, décider de ne pas appliquer le paragraphe 1 second tiret point c) dans les cas visés à l'article 1^er paragraphe 3 points a) et b), lorsque la durée du détachement n'est pas supérieure à un mois.

4. Les États membres peuvent, conformément aux législations et/ou pratiques nationales, prévoir qu'il peut être dérogé au paragraphe 1 second tiret point c) dans les cas visés à l'article 1^er paragraphe 3 points a) et b), ainsi qu'à une décision d'un État membre au sens du paragraphe 3 du présent article, par voie de conventions collectives, au sens du paragraphe 8, concernant un ou plusieurs secteurs d'activité, lorsque la durée du détachement n'est pas supérieure à un mois.

5. Les États membres peuvent prévoir l'octroi d'une dérogation au paragraphe 1 second tiret points a) et c) dans les cas visés à l'article 1^er paragraphe 3 points a) et b) en raison de la faible ampleur des travaux à effectuer.

Les États membres qui font usage de la faculté visée au premier alinéa fixent les modalités auxquelles les travaux à effectuer doivent répondre pour être considérés comme de « faible ampleur ».

6. La durée du détachement est calculée sur une période de référence d'une année après son commencement.

Lors du calcul de celle-ci, la durée d'un détachement éventuellement accompli par un travailleur à remplacer est prise en compte.

7. Les paragraphes 1 à 6 ne font pas obstacle à l'application de conditions d'emploi et de travail plus favorables pour les travailleurs.

Les allocations propres au détachement sont considérées comme faisant partie du salaire minimal, dans la mesure où elles ne sont pas versées à titre de remboursement des dépenses effectivement encourues à cause du détachement, telles que les dépenses de voyage, de logement ou de nourriture.

8. On entend par conventions collectives ou sentences arbitrales, déclarées d'application générale, les conventions collectives ou les sentences arbitrales qui doivent être respectées par toutes les entreprises appartenant au secteur ou à la profession concernés et relevant du champ d'application territoriale de celles-ci.

En l'absence d'un système de déclaration d'application générale de conventions collectives ou de sentences arbitrales au sens du premier alinéa, les États membres peuvent, s'ils décident ainsi, prendre pour base :

– les conventions collectives ou sentences arbitrales qui ont un effet général sur toutes les entreprises similaires appartenant au secteur ou à la profession concernés et relevant du champ d'application territoriale de celles-ci; et/ou;
– les conventions collectives qui sont conclues par les organisations des partenaires sociaux les plus représentatives au plan national et qui sont appliquées sur l'ensemble du territoire national; pour autant que leur application aux entreprises visées à l'article 1er paragraphe 1 garantisse, quant aux matières énumérées au paragraphe 1 premier alinéa du présent article, une égalité de traitement entre ces entreprises et les autres entreprises visées au présent alinéa se trouvant dans une situation similaire.

Il y a égalité de traitement, au sens du présent article, lorsque les entreprises nationales se trouvant dans une situation similaire :
– sont soumises, au lieu d'activité ou dans le secteur concernés, aux mêmes obligations, en ce qui concerne les matières énumérées au paragraphe 1 premier alinéa, que les entreprises visées par les détachements, et;
– se voient imposer lesdites obligations avec les mêmes effets.

9. Les États membres peuvent prévoir que les entreprises visées à l'article 1er paragraphe 1 garantissent aux travailleurs au sens de l'article 1er paragraphe 3 point c) le bénéfice des conditions qui sont applicables aux travailleurs intérimaires dans l'État membre sur le territoire duquel le travail est exécuté.

10. La présente directive ne fait pas obstacle à ce que les États membres, dans le respect du traité, imposent aux entreprises nationales et aux entreprises d'autres États, d'une façon égale :
– des conditions de travail et d'emploi concernant des matières autres que celles visées au paragraphe 1 premier alinéa, dans la mesure où il s'agit de dispositions d'ordre public;
– des conditions de travail et d'emploi fixées dans des conventions collectives ou sentences arbitrales au sens du paragraphe 8 et concernant des activités autres que celles visées à l'annexe.

## Article 4 – Coopération en matière d'information

1. Aux fins de la mise en œuvre de la présente directive, les États membres, conformément aux législations et/ou pratiques nationales, désignent un ou plusieurs bureaux de liaison ou une ou plusieurs instances nationales compétentes.

2. Les États membres prévoient une coopération entre les administrations publiques qui, conformément à la législation nationale, sont compétentes pour la surveillance des conditions de travail et d'emploi visées à l'article 3. Cette coopération consiste en particulier à répondre aux demandes d'informations motivées de ces administrations publiques relatives à la mise à disposition transnationale de travailleurs, y compris en ce qui concerne des abus manifestes ou des cas d'activités transnationales présumées illégales.

La Commission et les administrations publiques visées au premier alinéa collaborent étroitement en vue d'examiner les difficultés qui pourraient surgir dans l'application de l'article 3 paragraphe 10.

L'assistance administrative réciproque est fournie à titre gracieux.

3. Chaque État membre prend les mesures appropriées pour que les informations concernant les conditions de travail et d'emploi visées à l'article 3 soient généralement accessibles.

4. Chaque État membre communique aux autres États membres et à la Commission les bureaux de liaison et/ou les instances compétentes visés au paragraphe 1.

### Article 5 – Mesures

Les États membres prennent des mesures adéquates en cas de non-respect de la présente directive.

Ils veillent en particulier à ce que les travailleurs et/ou leurs représentants disposent de procédures adéquates aux fins de l'exécution des obligations prévues par la présente directive.

### Article 6 – Compétence judiciaire

Pour faire valoir le droit aux conditions de travail et d'emploi garanties à l'article 3, une action en justice peut être intentée dans l'État membre sur le territoire duquel le travailleur est ou était détaché, sans préjudice, le cas échéant, de la faculté d'intenter, conformément aux conventions internationales existantes en matière de compétence judiciaire une action en justice dans un autre État.

### Article 7 – Mise en œuvre

Les États membres adoptent les dispositions législatives, réglementaires et administratives nécessaires pour se conformer à la présente directive au plus tard le 16 décembre 1999.

Lorsque les États membres adoptent ces dispositions, celles-ci contiennent une référence à la présente directive ou sont accompagnées d'une telle référence lors de leur publication officielle. Les modalités de cette référence sont arrêtées par les États membres.

### Article 8 – Réexamen par la Commission

Au plus tard le 16 décembre 2001, la Commission réexamine les modalités d'application de la présente directive, en vue de proposer au Conseil, en tant que de besoin, les modifications nécessaires.

**Article 9 –** Les États membres sont destinataires de la présente directive.

Références

(1) *JO* C 225 du 30 août 1991, p. 6; *JO* C 187 du 9 juill. 1993, p. 5.

(2) *JO* C 49 du 24 févr. 1992, p. 41.

(3) Avis du Parlement européen du 10 février 1993 (*JO* C 72 du 15 mars 1993, p. 78), position commune du Conseil du 3 juin 1996 (*JO* C 220 du 29 juill. 1996, p. 1) et décision du Parlement européen du 18 septembre 1996 (*JO* C 320 du 28 oct. 1996, p. 73). Décision du Conseil du 24 septembre 1996.

(4) *JO* L 266 du 9 oct. 1980, p. 1.

(5) *JO* L 149 du 5 juill. 1971, p. 2. Règlement modifié en dernier lieu par le règlement (CE) n° 3096/95 (*JO* L 335 du 30 déc. 1995, p. 10).

**Annexe…**

# 25 Directive 97/7/CE du Parlement européen et du Conseil du 20 mai 1997 concernant la protection des consommateurs en matière de contrats à distance, (version consolidée)

*Ce document constitue un outil de documentation et n'engage pas la responsabilité des institutions.*

*Modifiée par :*

Directive 2002/65/CE du Parlement européen et du Conseil du 23 septembre 2002

Directive 2005/29/CE du Parlement européen et du Conseil du 11 mai 2005

Directive 2007/64/CE du Parlement européen et du Conseil du 13 novembre 2007

*Le Parlement européen et le Conseil de l'Union européenne,*

Vu le traité instituant la Communauté européenne, et notamment son article 100 A,

Vu la proposition de la Commission (1),

Vu l'avis du Comité économique et social (2),

Statuant conformément à la procédure prévue à l'article 189 B du traité (3), au vu du projet commun approuvé le 27 novembre 1996 par le comité de conciliation,

(1) considérant qu'il importe, dans le cadre de la réalisation des objectifs du marché intérieur, d'arrêter les mesures destinées à consolider progressivement ce marché;

(2) considérant que la libre circulation des biens et des services concerne non seulement le commerce professionnel mais également les particuliers; qu'elle implique, pour les consommateurs, de pouvoir accéder aux biens et aux services d'un autre État membre dans les mêmes conditions que la population de cet État;

(3) considérant que la vente transfrontalière à distance peut être l'une des principales manifestations concrètes pour les consommateurs de l'achèvement du marché intérieur, comme cela a été constaté, entre autres, dans la communication de la Commission au Conseil intitulée « Vers un marché unique de la distribution »; qu'il est indispensable, pour le bon fonctionnement du marché intérieur, que les consommateurs puissent s'adresser à une entreprise en dehors de leur pays, même si cette dernière dispose d'une filiale dans le pays de résidence du consommateur;

(4) considérant que l'introduction de nouvelles technologies entraîne une multiplication des moyens mis à la disposition des consommateurs pour connaître les offres faites partout dans la Communauté et pour passer leurs commandes; que certains États membres ont déjà pris des dispositions différentes ou divergentes de protection des consommateurs en matière de vente à distance, avec des incidences négatives sur la concurrence entre les entreprises dans le marché intérieur; qu'il est par conséquent nécessaire d'introduire un minimum de règles communes au niveau communautaire dans ce domaine;

---

(1) *JO* C 156 du 23 juin 1992, p. 14; *JO* C 308 du 15 nov. 1993, p. 18.

(2) *JO* C 19 du 25 janv. 1993, p. 111.

(3) Avis du Parlement européen du 26 mai 1993 (*JO* C 176 du 28 juin 1993, p. 95), position commune du Conseil du 29 juin 1995 (*JO* C 288 du 30 oct. 1995, p. 1) et décision du Parlement européen du 13 décembre 1995 (*JO* C 17 du 22 janv. 1996, p. 51). Décision du Parlement européen du 16 janvier 1997 et décision du Conseil du 20 janvier 1997.

(5) considérant que les points 18 et 19 de l'annexe de la résolution du Conseil, du 14 avril 1975, concernant un programme préliminaire de la Communauté économique européenne pour une politique de protection et d'information des consommateurs (1) font ressortir la nécessité de protéger les acheteurs de biens ou de services contre la demande de paiement de marchandises non commandées et les méthodes de vente agressives;

(6) considérant que la communication de la Commission au Conseil intitulée « Nouvelle impulsion pour la politique de protection des consommateurs », qui a été approuvée par la résolution du Conseil du 23 juin 1986 (2), annonce, au point 33, que la Commission présentera des propositions concernant l'utilisation de nouvelles technologies de l'information qui permettent aux consommateurs de passer, depuis leur domicile, des commandes à un fournisseur;

(7) considérant que la résolution du Conseil, du 9 novembre 1989, sur les priorités futures pour la relance de la politique de protection des consommateurs (3) invite la Commission à consacrer ses efforts en priorité aux domaines visés à l'annexe de ladite résolution; que cette annexe mentionne les nouvelles technologies permettant la vente à distance; que la Commission a donné suite à cette résolution par l'adoption d'un « plan d'action triennal pour la politique de protection des consommateurs dans la Communauté économique européenne (1990-1992) » et que ce plan prévoit l'adoption d'une directive en la matière;

(8) considérant que l'emploi des langues en matière de contrats à distance relève de la compétence des États membres;

(9) considérant que le contrat à distance se caractérise par l'utilisation d'une ou de plusieurs techniques de communication à distance; que ces différentes techniques sont utilisées dans le cadre d'un système organisé de vente ou de prestation de services à distance sans qu'il y ait présence simultanée du fournisseur et du consommateur; que l'évolution permanente de ces techniques ne permet pas d'en dresser une liste exhaustive mais nécessite de définir des principes valables même pour celles qui ne sont encore que peu utilisées;

(10) considérant qu'une même transaction comportant des opérations successives ou une série d'opérations distinctes à exécution échelonnée peut donner lieu à des descriptions juridiques différentes selon le droit des États membres; que les dispositions de la présente directive ne peuvent être appliquées différemment selon le droit des États membres, sous réserve de leur recours à l'article 14; que, à cette fin, il y a lieu de considérer qu'il doit y avoir au moins conformité avec les dispositions de la présente directive à la date de la première d'une série d'opérations successives ou de la première d'une série d'opérations distinctes à exécution échelonnée pouvant être considérées comme formant un tout, indépendamment du fait que cette opération ou cette série d'opérations fasse l'objet d'un seul contrat ou de plusieurs contrats successifs distincts;

(11) considérant que l'utilisation de techniques de communication à distance ne doit pas conduire à une diminution de l'information fournie au consommateur; qu'il convient donc de déterminer les informations qui doivent être obligatoirement transmises au consommateur, quelle que soit la technique de communication utilisée;

---

(1) *JO* C 92 du 25 avr. 1975, p. 1.
(2) *JO* C 167 du 5 juill. 1986, p. 1.
(3) *JO* C 294 du 22 nov. 1989, p. 1.

que l'information transmise doit en outre être faite en conformité avec les autres règles communautaires pertinentes, et en particulier avec celles de la directive 84/450/CEE du Conseil, du 10 septembre 1984, relative au rapprochement des dispositions législatives, réglementaires et administratives des États membres en matière de publicité trompeuse (1); que, si des exceptions sont apportées à l'obligation de fournir des informations, il appartient au consommateur, de façon discrétionnaire, de demander certaines informations de base telles que l'identité du fournisseur, les caractéristiques essentielles des marchandises ou des services et leurs prix;

(12) considérant que, dans le cas d'une communication par téléphone, il convient que le consommateur reçoive suffisamment d'informations au début de la conversation afin de décider s'il continue ou non celle-ci;

(13) considérant que l'information diffusée par certaines technologies électroniques a souvent un caractère éphémère dans la mesure où elle n'est pas reçue sur un support durable; qu'il est nécessaire que le consommateur reçoive par écrit, en temps utile, des informations nécessaires à la bonne exécution du contrat;

(14) considérant que le consommateur n'a pas la possibilité *in concreto* de voir le produit ou de prendre connaissance des caractéristiques du service avant la conclusion du contrat; qu'il convient de prévoir un droit de rétractation, sauf disposition contraire dans la présente directive; que, pour que ce droit ne reste pas de pure forme, les éventuels frais supportés par le consommateur lorsqu'il exerce son droit de rétractation doivent être limités aux frais directs de renvoi des marchandises; que ce droit de rétractation ne doit pas préjuger de l'application des droits dont le consommateur bénéficie en vertu de sa législation nationale, notamment en ce qui concerne la réception de produits endommagés, de services défectueux ou de produits ou services qui ne correspondent pas à la description qui en est faite dans l'offre; qu'il appartient aux États membres de déterminer les autres conditions et modalités consécutives à l'exercice du droit de rétractation;

(15) considérant qu'il est également nécessaire de prévoir un délai d'exécution du contrat si celui-ci n'a pas été défini lors de la commande;

(16) considérant que la technique promotionnelle consistant à envoyer un produit ou à fournir un service à titre onéreux au consommateur sans demande préalable ou accord explicite de sa part, pour autant qu'il ne s'agisse pas d'une fourniture de remplacement, ne peut être admise;

(17) considérant les principes établis par les articles 8 et 10 de la convention européenne de sauvegarde des droits de l'homme et des libertés fondamentales du 4 novembre 1950; qu'il y a lieu de reconnaître au consommateur un droit à la protection de la vie privée, notamment en ce qui concerne la tranquillité à l'égard de certaines techniques de communication particulièrement envahissantes; que, en conséquence, il y a lieu de préciser les limites spécifiques à l'usage de pareilles techniques; que les États membres devraient prendre les mesures nécessaires pour protéger efficacement contre le démarchage les consommateurs qui auront fait savoir qu'ils ne souhaitent pas être démarchés par certains moyens de communication, sans préjudice des sauvegardes particulières dont dispose le consommateur dans le cadre de la législation communautaire relative à la protection des données personnelles et de la vie privée;

---

(1) *JO* L 250 du 19 sept. 1984, p. 17.

(18) considérant qu'il est important que les règles de base contraignantes contenues dans la présente directive soient complétées, le cas échéant, par des dispositions volontaires des professionnels concernés, conformément à la recommandation 92/295/CEE de la Commission, du 7 avril 1992, concernant des codes de conduite pour la protection des consommateurs en matière de contrats négociés à distance (1);

(19) considérant qu'il est important, dans l'intérêt d'une protection optimale du consommateur, que celui-ci soit informé de façon satisfaisante sur les dispositions de la présente directive ainsi que sur les codes de pratique qui peuvent exister dans ce domaine;

(20) considérant que le non-respect des dispositions de la présente directive peut porter préjudice aux consommateurs mais aussi aux concurrents; que l'on peut donc prévoir des dispositions permettant à des organismes publics ou à leur représentant, ou à des organisations de consommateurs ayant, selon la législation nationale, un intérêt légitime à protéger les consommateurs, ou à des organisations professionnelles ayant un intérêt légitime à agir, de veiller à son application;

(21) considérant qu'il est important pour la protection des consommateurs de traiter, dès que possible, la question des plaintes transfrontalières; que la Commission a publié, le 14 février 1996, un plan d'action sur l'accès des consommateurs à la justice et le règlement des litiges de consommation dans le marché intérieur; que ce plan comporte des initiatives spécifiques visant à promouvoir les procédures extrajudiciaires; que des critères objectifs (annexe II) sont établis pour garantir la fiabilité de ces procédures et qu'il est prévu d'utiliser des formules de plainte standardisées (annexe III);

(22) considérant que, dans l'utilisation des nouvelles technologies, le consommateur n'a pas la maîtrise de la technique; qu'il est donc nécessaire de prévoir que la charge de la preuve peut incomber au fournisseur;

(23) considérant qu'il existe le risque, dans certains cas, de priver le consommateur de la protection accordée par la présente directive en désignant le droit d'un pays tiers comme droit applicable au contrat; que, en conséquence, il convient de prévoir dans la présente directive des dispositions visant à éviter ce risque;

(24) considérant qu'un État membre peut interdire, pour des raisons d'intérêt général, la commercialisation de certains produits et services sur son territoire par voie de contrat à distance; que cette interdiction doit se faire dans le respect des règles communautaires; que de telles interdictions sont déjà prévues, notamment en matière de médicaments par la directive 89/552/CEE du Conseil, du 3 octobre 1989, visant à la coordination de certaines dispositions législatives, réglementaires et administratives des États membres relatives à l'exercice d'activités de radiodiffusion télévisuelle (2) et par la directive 92/28/CEE du Conseil, du 31 mars 1992, concernant la publicité faite à l'égard des médicaments à usage humain (3),

*Ont arrêté la présente directive :*

## Article premier – Objet

La présente directive a pour objet de rapprocher les dispositions législatives, réglementaires et administratives des États membres concernant les contrats à distance entre consommateur et fournisseur.

---

(1) *JO* L 156 du 10 juin 1992, p. 21.
(2) *JO* L 298 du 17 oct. 1989, p. 23.
(3) *JO* L 113 du 30 avr. 1992, p. 13.

## Article 2 – Définitions

Aux fins de la présente directive, on entend par :

1) « contrat à distance » : tout contrat concernant des biens ou services conclu entre un fournisseur et un consommateur dans le cadre d'un système de vente ou de prestations de services à distance organisé par le fournisseur, qui, pour ce contrat, utilise exclusivement une ou plusieurs techniques de communication à distance jusqu'à la conclusion du contrat, y compris la conclusion du contrat elle-même ;

2) « consommateur » : toute personne physique qui, dans les contrats relevant de la présente directive, agit à des fins qui n'entrent pas dans le cadre de son activité professionnelle ;

3) « fournisseur » : toute personne physique ou morale qui, dans les contrats relevant de la présente directive, agit dans le cadre de son activité professionnelle ;

4) « technique de communication à distance » : tout moyen qui, sans présence physique et simultanée du fournisseur et du consommateur, peut être utilisé pour la conclusion du contrat entre ces parties. Une liste indicative des techniques visées par la présente directive figure à l'annexe I ;

5) « opérateur de technique de communication » : toute personne physique ou morale, publique ou privée, dont l'activité professionnelle consiste à mettre à la disposition des fournisseurs une ou plusieurs techniques de communication à distance.

## Article 3 – Exemptions

1. La présente directive ne s'applique pas aux contrats :

- portant sur un service financier auquel s'applique la directive 2002/65/CE du Parlement européen et du Conseil du 23 septembre 2002 concernant la commercialisation à distance de services financiers auprès des consommateurs, et modifiant les directives 90/619/CEE du Conseil, 97/7/CE et 98/27/CE (1),
- conclus par le moyen de distributeurs automatiques ou de locaux commerciaux automatisés,
- conclus avec les opérateurs de télécommunications du fait de l'utilisation des cabines téléphoniques publiques,
- conclus pour la construction et la vente des biens immobiliers ou portent sur d'autres droits relatifs à des biens immobiliers, à l'exception de la location,
- conclus lors d'une vente aux enchères.

2. Les articles 4, 5, 6 et l'article 7 paragraphe 1 ne s'appliquent pas :

- aux contrats de fourniture de denrées alimentaires, de boissons ou d'autres biens ménagers de consommation courante fournis au domicile d'un consommateur, à sa résidence ou à son lieu de travail par des distributeurs effectuant des tournées fréquentes et régulières,
- aux contrats de fourniture de services d'hébergement, de transports, de restauration, de loisirs, lorsque le fournisseur s'engage, lors de la conclusion du contrat, à fournir ces prestations à une date déterminée ou à une période spécifiée ; exceptionnellement, dans le cas d'activités de loisirs en plein air, le fournisseur peut se réserver le droit de ne pas appliquer l'article 7 paragraphe 2 dans des circonstances spécifiques.

---

(1) *JO* L 271 du 9 oct. 2002, p. 16.

## Article 4 – Informations préalables

1. En temps utile avant la conclusion de tout contrat à distance, le consommateur doit bénéficier des informations suivantes :

a) identité du fournisseur et, dans le cas de contrats nécessitant un paiement anticipé, son adresse ;

b) caractéristiques essentielles du bien ou du service ;

c) prix du bien ou du service, toutes taxes comprises ;

d) frais de livraison, le cas échéant ;

e) modalités de paiement, de livraison ou d'exécution ;

f) existence d'un droit de rétractation, sauf dans les cas visés à l'article 6 paragraphe 3 ;

g) coût de l'utilisation de la technique de communication à distance, lorsqu'il est calculé sur une base autre que le tarif de base ;

h) durée de validité de l'offre ou du prix ;

i) le cas échéant, durée minimale du contrat dans le cas de contrats portent sur la fourniture durable ou périodique d'un bien ou d'un service.

2. Les informations visées au paragraphe 1, dont le but commercial doit apparaître sans équivoque, doivent être fournies de manière claire et compréhensible par tout moyen adapté à la technique de communication à distance utilisée, dans le respect, notamment, des principes de loyauté en matière de transactions commerciales et des principes qui régissent la protection des personnes frappées d'incapacité juridique selon leur législation nationale, telles que les mineurs.

3. En outre, dans le cas de communications téléphoniques, le fournisseur indique explicitement au début de toute conversation avec le consommateur son identité et le but commercial de l'appel.

## Article 5 – Confirmation écrite des informations

1. Le consommateur doit recevoir, par écrit ou sur un autre support durable à sa disposition et auquel il a accès, confirmation des informations mentionnées à l'article 4 paragraphe 1 points a) à f), en temps utile lors de l'exécution du contrat et au plus tard au moment de la livraison en ce qui concerne les biens non destinés à la livraison à des tiers, à moins que ces informations n'aient déjà été fournies au consommateur préalablement à la conclusion du contrat par écrit ou sur un autre support durable à sa disposition et auquel il a accès.

En tout état de cause, doivent être fournies :

- une information écrite sur les conditions et les modalités d'exercice du droit de rétractation au sens de l'article 6, y compris les cas visés à l'article 6 paragraphe 3 premier tiret,
- l'adresse géographique de l'établissement du fournisseur où le consommateur peut présenter ses réclamations,
- les informations relatives aux services après-vente et aux garanties commerciales existants,
- les conditions de résiliation du contrat lorsque celui-ci est à durée indéterminée ou d'une durée supérieure à un an.

2. Le paragraphe 1 ne s'applique pas aux services dont l'exécution elle-même est réalisée au moyen d'une technique de communication à distance, lorsque ces services sont fournis en une seule fois, et dont la facturation est effectuée par l'opérateur de la technique de communication. Néanmoins, le consommateur doit en tout

cas pouvoir avoir connaissance de l'adresse géographique de l'établissement du fournisseur où le consommateur peut présenter ses réclamations.

### Article 6 – Droit de rétractation

1. Pour tout contrat à distance, le consommateur dispose d'un délai d'au moins sept jours ouvrables pour se rétracter sans pénalités et sans indication du motif. Les seuls frais qui peuvent être imputés au consommateur en raison de l'exercice de son droit de rétractation sont les frais directs de renvoi des marchandises.

Pour l'exercice de ce droit, le délai court :

– pour les biens, à compter du jour de leur réception par le consommateur lorsque les obligations visées à l'article 5 ont été remplies,
– pour les services, à compter du jour de la conclusion du contrat ou à partir du jour où les obligations prévues à l'article 5 ont été remplies si elles sont remplies après la conclusion du contrat, à condition que le délai n'excède pas le délai de trois mois indiqué à l'alinéa suivant.

Au cas où le fournisseur n'a pas rempli les obligations visées à l'article 5, le délai est de trois mois. Ce délai court :

– pour les biens, à compter du jour de leur réception par le consommateur,
– pour les services, à compter du jour de la conclusion du contrat.

Si, dans ce délai de trois mois, les informations visées à l'article 5 sont fournies, le délai de sept jours ouvrables indiqué au premier alinéa commence à courir dès ce moment.

2. Lorsque le droit de rétractation est exercé par le consommateur conformément au présent article, le fournisseur est tenu au remboursement des sommes versées par le consommateur, sans frais. Les seuls frais qui peuvent être imputés au consommateur en raison de l'exercice de son droit de rétractation sont les frais directs de renvoi des marchandises. Ce remboursement doit être effectué dans les meilleurs délais et, en tout cas, dans les trente jours.

3. Sauf si les parties en ont convenu autrement, le consommateur ne peut exercer le droit de rétractation prévu au paragraphe 1 pour les contrats :

– de fourniture de services dont l'exécution a commencé, avec l'accord du consommateur, avant la fin du délai de sept jours ouvrables prévu au paragraphe 1,
– de fourniture de biens ou de services dont le prix est fonction de fluctuations des taux du marché financier, que le fournisseur n'est pas en état de contrôler,
– de fourniture de biens confectionnés selon les spécifications du consommateur ou nettement personnalisés ou qui, du fait de leur nature, ne peuvent être réexpédiés ou sont susceptibles de se détériorer ou de se périmer rapidement,
– de fourniture d'enregistrements audio ou vidéo ou de logiciels informatiques descellés par le consommateur,
– de fourniture de journaux, de périodiques et de magazines,
– de services de paris et de loteries.

4. Les États membres prévoient dans leur législation que :

– si le prix d'un bien ou d'un service est entièrement ou partiellement couvert par un crédit accordé par le fournisseur

ou

– si ce prix est entièrement ou partiellement couvert par un crédit accordé au consommateur par un tiers sur la base d'un accord conclu entre le tiers et le fournisseur, le contrat de crédit est résilié, sans pénalité, lorsque le consommateur exerce son droit de rétractation conformément au paragraphe 1.

Les États membres déterminent les modalités de la résiliation du contrat de crédit.

### Article 7 – Exécution

1. Sauf si les parties en ont convenu autrement, le fournisseur doit exécuter la commande au plus tard dans un délai de trente jours à compter du jour suivant celui où le consommateur a transmis sa commande au fournisseur.

2. En cas de défaut d'exécution du contrat par un fournisseur résultant de l'indisponibilité du bien ou du service commandé, le consommateur doit être informé de cette indisponibilité et doit pouvoir être remboursé dans les meilleurs délais et, en tout cas, dans les trente jours, des sommes qu'il a, le cas échéant, versées en paiement.

3. Néanmoins, les États membres peuvent prévoir que le fournisseur peut fournir au consommateur un bien ou un service d'une qualité et d'un prix équivalents si la possibilité en a été prévue préalablement à la conclusion du contrat, ou dans le contrat. Le consommateur est informé de cette possibilité de manière claire et compréhensible. Les frais de retour consécutifs à l'exercice du droit de rétractation sont, dans ce cas, à la charge du fournisseur et le consommateur doit en être informé. Dans de tels cas, la fourniture d'un bien ou d'un service ne peut être assimilée à une fourniture non demandée au sens de l'article 9.

### Article 9 – Fourniture non demandée

Étant donné que les pratiques de fourniture non demandée sont interdites par la directive 2005/29/CE du Parlement européen et du Conseil du 11 mai 2005 relative aux pratiques commerciales déloyales des entreprises vis-à-vis des consommateurs dans le marché intérieur (1), les États membres prennent les mesures nécessaires pour dispenser le consommateur de toute contre-prestation en cas de fourniture non demandée, l'absence de réponse ne valant pas consentement.

### Article 10 – Limites à l'utilisation de certaines techniques de communication à distance

1. L'utilisation par un fournisseur des techniques suivantes nécessite le consentement préalable du consommateur :
– système automatisé d'appel sans intervention humaine (automate d'appel),
– télécopieur.

2. Les États membres veillent à ce que les techniques de communication à distance, autres que celles visées au paragraphe 1, lorsqu'elles permettent une communication individuelle, ne puissent être utilisées qu'en l'absence d'opposition manifeste du consommateur.

### Article 11 – Recours judiciaire ou administratif

1. Les États membres veillent à ce qu'il existe des moyens adéquats et efficaces pour faire respecter les dispositions de la présente directive dans l'intérêt des consommateurs.

2. Les moyens visés au paragraphe 1 comprennent des dispositions permettant à l'un ou plusieurs des organismes suivants, tels que déterminés par la législation

---

(1) *JO* L 149 du 11 juin 2005, p. 22.

nationale, de saisir selon le droit national les tribunaux ou les organismes administratifs compétents pour faire appliquer les dispositions nationales destinées à la mise en œuvre de la présente directive.

a) les organismes publics ou leurs représentants;

b) les organisations de consommateurs ayant un intérêt légitime à protéger les consommateurs;

c) les organisations professionnelles ayant un intérêt légitime à agir.

3. a) Les États membres peuvent établir que la production de la preuve de l'existence d'une information préalable, d'une confirmation écrite ou du respect des délais et du consentement du consommateur peut être à la charge du fournisseur.

b) Les États membres prennent les mesures nécessaires pour que les fournisseurs, ainsi que les opérateurs de techniques de communication lorsqu'ils sont en mesure de le faire, mettent fin aux pratiques non conformes aux dispositions prises en application de la présente directive.

4. Les États membres peuvent prévoir que le contrôle volontaire du respect des dispositions de la présente directive confié à des organismes autonomes et le recours à de tels organismes pour la solution de litiges s'ajoutent aux moyens que les États membres doivent prévoir pour assurer le respect des dispositions de la présente directive.

### Article 12 – Caractère contraignant des dispositions

1. Le consommateur ne peut renoncer aux droits qui lui sont conférés en vertu de la transposition en droit national de la présente directive.

2. Les États membres prennent les mesures nécessaires pour que le consommateur ne soit pas privé de la protection accordée par la présente directive du fait du choix du droit d'un pays tiers comme droit applicable au contrat, lorsque le contrat présente un lien étroit avec le territoire d'un ou de plusieurs des États membres.

### Article 13 – Règles communautaires

1. Les dispositions de la présente directive s'appliquent pour autant qu'il n'existe pas, dans le cadre de réglementations communautaires, des dispositions particulières qui régissent certains types de contrats à distance dans leur globalité.

2. Lorsqu'une réglementation communautaire spécifique contient des dispositions qui ne régissent que certains aspects de la fourniture de biens ou de services, ces dispositions s'appliquent, de préférence aux dispositions de la présente directive, à ces aspects précis des contrats à distance.

### Article 14 – Clause minimale

Les États membres peuvent adopter ou maintenir, dans le domaine régi par la présente directive, des dispositions plus strictes compatibles avec le traité, pour assurer un niveau de protection plus élevé au consommateur. Ces dispositions comprennent, le cas échéant, l'interdiction, pour des raisons d'intérêt général, de la commercialisation sur leur territoire par voie de contrats à distance de certains biens ou services, notamment des médicaments, dans le respect du traité.

### Article 15 – Mise en œuvre

1. Les États membres mettent en vigueur les dispositions législatives, réglementaires et administratives nécessaires pour se conformer à la présente directive au

plus tard trois ans après son entrée en vigueur. Ils en informent immédiatement la Commission.

2. Lorsque les États membres adoptent les dispositions visées au paragraphe 1, celles-ci contiennent une référence à la présente directive ou sont accompagnées d'une telle référence lors de leur publication officielle. Les modalités de cette référence sont arrêtées par les États membres.

3. Les États membres communiquent à la Commission le texte des dispositions de droit interne qu'ils adoptent dans le domaine régi par la présente directive.

4. Au plus tard quatre ans après l'entrée en vigueur de la présente directive, la Commission présente au Parlement européen et au Conseil un rapport sur l'application de la présente directive, accompagné, le cas échéant, d'une proposition de révision de la présente directive.

### Article 16 – Information du consommateur

Les États membres prennent les mesures appropriées pour informer le consommateur sur la législation nationale transposant la présente directive et incite, le cas échéant, les organisations professionnelles à informer les consommateurs sur leurs codes de pratique.

### Article 17 – Systèmes de réclamations

La Commission étudie la possibilité de mettre en place des moyens efficaces pour traiter les réclamations des consommateurs en matière de ventes à distance. Dans les deux ans suivant l'entrée en vigueur de la présente directive, la Commission soumet un rapport au Parlement européen et au Conseil sur les résultats des études réalisées, en l'accompagnant, le cas échéant, des propositions appropriées.

**Article 18 –** La présente directive entre en vigueur le jour de sa publication au *Journal officiel des Communautés européennes*.

**Article 19 –** Les États membres sont destinataires de la présente directive.

ANNEXE I

TECHNIQUES DE COMMUNICATION VISÉES À L'ARTICLE 2 POINT 4

– Imprimé non adressé
– Imprimé adressé
– Lettre standardisée
– Publicité presse avec bon de commande
– Catalogue
– Téléphone avec intervention humaine
– Téléphone sans intervention humaine (automate d'appel, audiotexte)
– Radio
– Visiophone (téléphone avec image)
– Vidéotexte (micro-ordinateur, écran de télévision) avec clavier ou écran tactile
– Courrier électronique
– Télécopieur
– Télévision (téléachat, télévente)

## 26 Directive 98/71/CE du Parlement européen et du Conseil du 13 octobre 1998 sur la protection juridique des dessins ou modèles

Non reproduite. Consultable sur :
http://europa.eu/eu-law/legislation/index_fr.htm

## 27 Directive 1999/44/CU du Parlement européen et du Conseil du 25 mai 1999 sur certains aspects de la vente et des garanties des biens de consommation

Extrait reproduit : article 7

Consultable sur :
http://europa.eu/eu-law/legislation/index_fr.htm

### Article 7 – Caractère contraignant

1. Les clauses contractuelles ou les accords conclus avec le vendeur, avant que le défaut de conformité ne soit porté à l'attention de celui-ci et qui écartent ou limitent directement ou indirectement les droits résultant de la présente directive, ne lient pas, dans les conditions prévues par le droit national, le consommateur.

Les États membres peuvent prévoir que, dans le cas de biens d'occasion, le vendeur et le consommateur peuvent convenir de clauses contractuelles ou passer des accords prévoyant, pour la responsabilité du vendeur, un délai plus court que celui prévu à l'article 5, paragraphe 1. Ce délai ne peut être inférieur à un an.

2. Les États membres prennent les mesures nécessaires pour que le consommateur ne soit pas privé de la protection accordée par la présente directive par le choix du droit d'un État non membre comme droit applicable au contrat, lorsque le contrat présente un lien étroit avec le territoire des États membres.

# 28 Directive 2000/31/CE du Parlement européen et du Conseil du 8 juin 2000 relative à certains aspects juridiques du commerce électronique dans le marché intérieur (« directive sur le commerce électronique »)



*Le Parlement européen et le Conseil de l'Union européenne,*

Vu le traité instituant la Communauté européenne, et notamment son article 47, paragraphe 2, son article 55 et son article 95,

Vu la proposition de la Commission (1),

Vu l'avis du Comité économique et social (2),

Statuant conformément à la procédure visée à l'article 251 du traité (3),

Considérant ce qui suit :

(1) L'Union européenne vise à établir des liens toujours plus étroits entre les États et les peuples européens et à assurer le progrès économique et social. Conformément à l'article 14, paragraphe 2, du traité, le marché intérieur comporte un espace sans frontières intérieures dans lequel la libre circulation des marchandises et des services ainsi que la liberté d'établissement sont assurées. Le développement des services de la société de l'information dans l'espace sans frontières intérieures est un moyen essentiel pour éliminer les barrières qui divisent les peuples européens.

(2) Le développement du commerce électronique dans la société de l'information offre des opportunités importantes pour l'emploi dans la Communauté, en particulier dans les petites et moyennes entreprises. Il facilitera la croissance économique des entreprises européennes ainsi que leurs investissements dans l'innovation, et il peut également renforcer la compétitivité des entreprises européennes, pour autant que tout le monde puisse accéder à l'Internet.

(3) Le droit communautaire et les caractéristiques de l'ordre juridique communautaire constituent un atout essentiel pour que les citoyens et les opérateurs européens puissent bénéficier pleinement, sans considération de frontières, des possibilités offertes par le commerce électronique. La présente directive a ainsi pour objet d'assurer un niveau élevé d'intégration juridique communautaire afin d'établir un réel espace sans frontières intérieures pour les services de la société de l'information.

(4) Il est important de veiller à ce que le commerce électronique puisse bénéficier dans sa globalité du marché intérieur et donc qu'au même titre que pour la directive 89/552/CEE du Conseil du 3 octobre 1989 visant à la coordination de certaines dispositions législatives, réglementaires et administratives des États membres relatives à l'exercice d'activités de radiodiffusion télévisuelle (4), un niveau élevé d'intégration communautaire soit obtenu.

(5) Le développement des services de la société de l'information dans la Communauté est limité par un certain nombre d'obstacles juridiques au bon fonctionnement du marché intérieur qui sont de nature à rendre moins attrayant l'exercice de la liberté d'établissement et de la libre prestation des services. Ces obstacles résident dans la divergence des législations ainsi que dans l'insécurité juridique des régimes nationaux applicables à ces services. En l'absence d'une coordination et d'un ajustement des législations dans les domaines concernés, des obstacles peuvent être justifiés au regard de la jurisprudence de la Cour de justice des Communautés européennes. Une insécurité juridique existe sur l'étendue du contrôle que les États membres peuvent opérer sur les services provenant d'un autre État membre.

(6) Il convient, au regard des objectifs communautaires, des articles 43 et 49 du traité et du droit communautaire dérivé, de supprimer ces obstacles par une coordination de certaines législations nationales et par une clarification au niveau communautaire de certains concepts juridiques, dans la mesure nécessaire au bon fonctionnement du marché intérieur. La présente directive, en ne traitant que certaines questions spécifiques qui soulèvent des problèmes pour le marché intérieur, est pleinement cohérente avec la nécessité de respecter le principe de subsidiarité tel qu'énoncé à l'article 5 du traité.

(7) Pour garantir la sécurité juridique et la confiance du consommateur, il y a lieu que la présente directive établisse un cadre général clair pour couvrir certains aspects juridiques du commerce électronique dans le marché intérieur.

(8) L'objectif de la présente directive est de créer un cadre juridique pour assurer la libre circulation des services de la société de l'information entre les États membres et non d'harmoniser le domaine du droit pénal en tant que tel.

(9) Dans bien des cas, la libre circulation des services de la société de l'information peut refléter spécifiquement, dans la législation communautaire, un principe plus général, à savoir la liberté d'expression, consacrée par l'article 10, paragraphe 1, de la convention de sauvegarde des droits de l'homme et des libertés fondamentales, qui a été ratifiée par tous les États membres. Pour cette raison, les directives couvrant la fourniture de services de la société de l'information doivent assurer que cette activité peut être exercée librement en vertu de l'article précité, sous réserve uniquement des restrictions prévues au paragraphe 2 du même article et à l'article 46, paragraphe 1, du traité. La présente directive n'entend pas porter atteinte aux règles et principes fondamentaux nationaux en matière de liberté d'expression.

(10) Conformément au principe de proportionnalité, les mesures prévues par la présente directive se limitent strictement au minimum requis pour atteindre l'objectif du bon fonctionnement du marché intérieur. Là où il est nécessaire d'intervenir au niveau communautaire, et afin de garantir un espace qui soit réellement sans frontières intérieures pour le commerce électronique, la directive doit assurer un haut niveau de protection des objectifs d'intérêt général, en particulier la protection des mineurs, de la dignité humaine, du consommateur et de la santé publique. Conformément à l'article 152 du traité, la protection de la santé publique est une composante essentielle des autres politiques de la Communauté.

(11) La présente directive est sans préjudice du niveau de protection existant notamment en matière de protection de la santé publique et des intérêts des consommateurs, établi par les instruments communautaires. Entre autres, la directive 93/13/CEE du Conseil du 5 avril 1993 concernant les clauses abusives dans les contrats conclus avec les consommateurs (5) et la directive 97/7/CE du Parlement européen et du Conseil du 20 mai 1997 concernant la protection des consommateurs en matière de contrats à distance (6) constituent un élément fondamental pour la protection des consommateurs en matière contractuelle. Ces directives sont également applicables, dans leur intégralité, aux services de la société de l'information. Ce même acquis communautaire, qui est pleinement applicable aux services de la société de l'information, englobe aussi notamment la directive 84/450/CEE du Conseil du 10 septembre 1984 relative à la publicité trompeuse et comparative (7), la directive 87/102/CEE du Conseil du 22 décembre 1986 relative au rapprochement des dispositions législatives, réglementaires et administratives des États membres en matière de crédit à la consommation (8), la directive 93/22/CEE du Conseil du 10 mai 1993 concernant les services d'investissement dans le domaine des valeurs mobilières (9), la directive 90/314/CEE du Conseil du 13 juin 1990 concernant les voyages, vacances et circuits à forfait (10), la directive 98/6/CE du Parlement européen et du Conseil du 16 février 1998 relative à la protection des consommateurs en matière d'indication des prix des produits offerts aux consommateurs (11), la directive 92/59/CEE du Conseil du 29 juin 1992 relative à la sécurité générale des produits (12), la directive 94/47/CE du Parlement européen et du Conseil du 26 octobre 1994 concernant la protection des acquéreurs pour certains aspects des contrats portant sur l'acquisition d'un droit d'utilisation à temps partiel de biens immobiliers (13), la directive 98/27/CE du Parlement européen et du Conseil du 19 mai 1998 relative aux actions en cessation en matière de protection des intérêts des consommateurs (14), la directive 85/374/CEE du Conseil du 25 juillet 1985 relative à la responsabilité du fait des produits défectueux (15), la directive 1999/44/CE du Parlement européen et du Conseil du 25 mai 1999 relative à certains aspects de la vente et aux garanties des biens de consommation (16), la future directive du Parlement européen et du Conseil concernant la vente à distance de services financiers aux consommateurs et la directive 92/28/CEE du Conseil du 31 mars 1992 concernant la publicité faite à l'égard des médicaments (17). La présente directive doit être sans préjudice de la directive 98/43/CE du Parlement européen et du Conseil du 6 juillet 1998 concernant le rapprochement des dispositions législatives, réglementaires et administratives des États membres en matière de publicité et de parrainage en faveur des produits du tabac (18) adoptée dans le cadre du marché intérieur ou des directives relatives à la protection de la santé publique. La présente directive complète les exigences d'information établies par les directives précitées et en particulier la directive 97/7/CE.

(12) Il est nécessaire d'exclure du champ d'application de la présente directive certaines activités compte tenu du fait que la libre prestation des services dans ces domaines ne peut être, à ce stade, garantie au regard du traité ou du droit communautaire dérivé existant. Cette exclusion doit être sans préjudice des éventuels instruments qui pourraient s'avérer nécessaires pour le bon fonctionnement du marché intérieur. La fiscalité, notamment la taxe sur la valeur ajoutée frappant un grand nombre des services visés par la présente directive, doit être exclue du champ d'application de la présente directive.

(13) La présente directive n'a pas pour but d'établir des règles en matière d'obligations fiscales ni ne préjuge de l'élaboration d'instruments communautaires relatifs aux aspects fiscaux du commerce électronique.

(14) La protection des personnes physiques à l'égard du traitement des données à caractère personnel est uniquement régie par la directive 95/46/CE du Parlement européen et du Conseil du 24 octobre 1995 relative à la protection des personnes physiques à l'égard du traitement des données à caractère personnel et à la libre circulation de ces données (19) et par la directive 97/66/CE du Parlement européen et du Conseil du 15 décembre 1997 concernant le traitement des données à caractère personnel et la protection de la vie privée dans le secteur des télécommunications (20), qui sont pleinement applicables aux services de la société de l'information. Ces directives établissent d'ores et déjà un cadre juridique communautaire dans le domaine des données à caractère personnel et, par conséquent, il n'est pas nécessaire de traiter cette question dans la présente directive afin d'assurer le bon fonctionnement du marché intérieur, et notamment la libre circulation des données à caractère personnel entre les États membres. La mise en œuvre et l'application de la présente directive devraient être conformes aux principes relatifs à la protection des données à caractère personnel, notamment pour ce qui est des communications commerciales non sollicitées et de la responsabilité des intermédiaires. La présente directive ne peut pas empêcher l'utilisation anonyme de réseaux ouverts tels qu'Internet.

(15) Le secret des communications est garanti par l'article 5 de la directive 97/66/CE. Conformément à cette directive, les États membres doivent interdire tout type d'interception illicite ou la surveillance de telles communications par d'autres que les expéditeurs et les récepteurs, sauf lorsque ces activités sont légalement autorisées.

(16) L'exclusion des activités de jeux d'argent du champ d'application de la présente directive couvre uniquement les jeux de hasard, les loteries et les transactions portant sur des paris, qui supposent des enjeux en valeur monétaire. Elle ne couvre pas les concours ou jeux promotionnels qui ont pour but d'encourager la vente de biens ou de services et pour lesquels les paiements, s'ils ont lieu, ne servent qu'à acquérir les biens ou les services en promotion.

(17) La définition des services de la société de l'information existe déjà en droit communautaire. Elle figure dans la directive 98/34/CE du Parlement européen et du Conseil du 22 juin 1998 prévoyant une procédure d'information dans le domaine des normes et réglementations techniques et des règles relatives aux services de la société de l'information (21) et dans la directive 98/84/CE du Parlement européen et du Conseil du 20 novembre 1998 concernant la protection juridique des services à accès conditionnel et des services d'accès conditionnel (22). Cette définition couvre tout service fourni, normalement contre rémunération, à distance au moyen d'équipement électronique de traitement (y compris la compression numérique) et de stockage des données, à la demande individuelle d'un destinataire de services. Les services visés dans la liste indicative figurant à l'annexe V de la directive 98/34/CE qui ne comportent pas de traitement et de stockage des données ne sont pas couverts par la présente définition.

(18) Les services de la société de l'information englobent un large éventail d'activités économiques qui ont lieu en ligne. Ces activités peuvent consister, en particulier, à vendre des biens en ligne. Les activités telles que la livraison de biens en tant que telle ou la fourniture de services hors ligne ne sont pas couvertes. Les services de la société de l'information ne se limitent pas exclusivement aux services donnant

lieu à la conclusion de contrats en ligne, mais, dans la mesure où ils représentent une activité économique, ils s'étendent à des services qui ne sont pas rémunérés par ceux qui les reçoivent, tels que les services qui fournissent des informations en ligne ou des communications commerciales, ou ceux qui fournissent des outils permettant la recherche, l'accès et la récupération des données. Les services de la société de l'information comportent également des services qui consistent à transmettre des informations par le biais d'un réseau de communication, à fournir un accès à un réseau de communication ou à héberger des informations fournies par un destinataire de services. Les services de télévision au sens de la directive 89/552/CEE et de radiodiffusion ne sont pas des services de la société de l'information car ils ne sont pas fournis sur demande individuelle. En revanche, les services transmis de point à point, tels que les services de vidéo à la demande ou la fourniture de communications commerciales par courrier électronique constituent des services de la société de l'information. L'utilisation du courrier électronique ou d'autres moyens de communication individuels équivalents par des personnes physiques agissant à des fins qui n'entrent pas dans le cadre de leurs activités commerciales ou professionnelles, y compris leur utilisation pour la conclusion de contrats entre ces personnes, n'est pas un service de la société de l'information. La relation contractuelle entre un employé et son employeur n'est pas un service de la société de l'information. Les activités qui, par leur nature, ne peuvent pas être réalisées à distance ou par voie électronique, telles que le contrôle légal des comptes d'une société ou la consultation médicale requérant un examen physique du patient, ne sont pas des services de la société de l'information.

(19) Le lieu d'établissement d'un prestataire devrait être déterminé conformément à la jurisprudence de la Cour de justice, selon laquelle le concept d'établissement implique l'exercice effectif d'une activité économique au moyen d'une installation stable et pour une durée indéterminée. Cette exigence est également remplie lorsqu'une société est constituée pour une période donnée. Le lieu d'établissement d'une société fournissant des services par le biais d'un site Internet n'est pas le lieu où se situe l'installation technologique servant de support au site ni le lieu où son site est accessible, mais le lieu où elle exerce son activité économique. Dans le cas où un prestataire a plusieurs lieux d'établissement, il est important de déterminer de quel lieu d'établissement le service concerné est presté. Dans les cas où il est difficile de déterminer, entre plusieurs lieux d'établissement, celui à partir duquel un service donné est fourni, le lieu d'établissement est celui dans lequel le prestataire a le centre de ses activités pour ce service spécifique.

(20) La définition du « destinataire d'un service » couvre tous les types d'utilisation des services de la société de l'information, tant par les personnes qui fournissent l'information sur les réseaux ouverts tels que l'Internet que par celles qui recherchent des informations sur l'Internet pour des raisons privées ou professionnelles.

(21) La portée du domaine coordonné est sans préjudice d'une future harmonisation communautaire concernant les services de la société de l'information et de futures législations adoptées au niveau national conformément au droit communautaire. Le domaine coordonné ne couvre que les exigences relatives aux activités en ligne, telles que l'information en ligne, la publicité en ligne, les achats en ligne, la conclusion de contrats en ligne et ne concerne pas les exigences juridiques des États membres relatives aux biens telles que les normes en matière de sécurité, les obligations en matière d'étiquetage ou la responsabilité du fait des produits, ni les exigences des États membres relatives à la livraison ou au transport de biens, y compris

la distribution de médicaments. Le domaine coordonné ne couvre pas l'exercice du droit de préemption par les pouvoirs publics concernant certains biens tels que les œuvres d'art.

(22) Le contrôle des services de la société de l'information doit se faire à la source de l'activité pour assurer une protection efficace des objectifs d'intérêt général. Pour cela, il est nécessaire de garantir que l'autorité compétente assure cette protection non seulement pour les citoyens de son propre pays, mais aussi pour l'ensemble des citoyens de la Communauté. Pour améliorer la confiance mutuelle entre les États membres, il est indispensable de préciser clairement cette responsabilité de l'État membre d'origine des services. En outre, afin d'assurer efficacement la libre prestation des services et une sécurité juridique pour les prestataires et leurs destinataires, ces services de la société de l'information doivent être soumis en principe au régime juridique de l'État membre dans lequel le prestataire est établi.

(23) La présente directive n'a pas pour objet d'établir des règles supplémentaires de droit international privé relatives aux conflits de loi ni de traiter de la compétence des tribunaux. Les dispositions du droit applicable désigné par les règles du droit international privé ne doivent pas restreindre la libre prestation des services de la société de l'information telle que prévue par la présente directive.

(24) Dans le cadre de la présente directive et nonobstant le principe du contrôle à la source de services de la société de l'information, il apparaît légitime, dans les conditions prévues par la présente directive, que les États membres prennent des mesures tendant à limiter la libre circulation des services de la société de l'information.

(25) Les juridictions nationales, y compris les juridictions civiles, statuant sur les différends de droit privé peuvent déroger à la libre prestation des services de la société de l'information, conformément aux conditions définies dans la présente directive.

(26) Les États membres peuvent, conformément aux conditions définies dans la présente directive, appliquer leurs règles nationales de droit pénal et de procédure pénale pour engager toutes les mesures d'enquêtes et autres nécessaires pour détecter et poursuivre les infractions en matière pénale, sans qu'il soit besoin de notifier ces mesures à la Commission.

(27) La présente directive, en liaison avec la future directive du Parlement européen et du Conseil concernant la vente à distance de services financiers aux consommateurs, contribue à la création d'un cadre juridique pour la prestation en ligne de services financiers. La présente directive ne préjuge pas de futures initiatives dans le domaine des services financiers, notamment en ce qui concerne l'harmonisation des règles de conduite dans ce domaine. La possibilité pour les États membres, établie par la présente directive, de restreindre, dans certaines circonstances, la libre prestation des services de la société de l'information aux fins de protection des consommateurs couvre également les mesures dans le domaine des services financiers, notamment des mesures visant à protéger les investisseurs.

(28) L'obligation faite aux États membres de ne pas soumettre l'accès à l'activité d'un prestataire de services de la société de l'information à une autorisation préalable ne concerne pas les services postaux couverts par la directive 97/67/CE du Parlement européen et du Conseil du 15 décembre 1997 concernant des règles communes pour le développement du marché intérieur des services postaux de la Communauté et l'amélioration de la qualité du service (23), consistant dans la remise physique d'un message imprimé par courrier électronique et n'affecte pas les

régimes d'accréditation volontaire, notamment pour les prestataires de services de signature électronique et de certification.

(29) Les communications commerciales sont essentielles pour le financement des services de la société de l'information et le développement d'une large variété de nouveaux services gratuits. Dans l'intérêt de la protection des consommateurs et de la loyauté des transactions, les communications commerciales, y compris les rabais, les offres, concours et jeux promotionnels, doivent respecter un certain nombre d'obligations relatives à la transparence. Ces obligations sont sans préjudice de la directive 97/7/CE. La présente directive ne doit pas affecter les directives existantes concernant les communications commerciales, en particulier la directive 98/43/CE.

(30) L'envoi par courrier électronique de communications commerciales non sollicitées peut être inopportun pour les consommateurs et pour les fournisseurs de services de la société de l'information et susceptible de perturber le bon fonctionnement des réseaux interactifs. La question du consentement du destinataire pour certaines formes de communication commerciale non sollicitée n'est pas traitée dans la présente directive, mais a déjà été traitée, en particulier, dans la directive 97/7/CE et dans la directive 97/66/CE. Dans les États membres qui autorisent l'envoi par courrier électronique de communications commerciales non sollicitées, la mise en place de dispositifs de filtrage approprié par les entreprises doit être encouragée et facilitée. Il faut en outre, en toute hypothèse, que les communications commerciales non sollicitées soient clairement identifiables en tant que telles afin d'améliorer la transparence et de faciliter le fonctionnement de tels dispositifs mis en place par les entreprises. L'envoi par courrier électronique de communications commerciales non sollicitées ne saurait entraîner de frais supplémentaires pour le destinataire.

(31) Les États membres qui autorisent l'envoi par courrier électronique, par des prestataires établis sur leur territoire, de communications commerciales non sollicitées sans le consentement préalable du destinataire, doivent veiller à ce que les prestataires consultent régulièrement les registres « *opt-out* » où les personnes physiques qui ne souhaitent pas recevoir ce type de communications commerciales peuvent s'inscrire, et respectent le souhait de ces personnes.

(32) Pour supprimer les entraves au développement des services transfrontaliers dans la Communauté que les membres des professions réglementées pourraient proposer sur l'Internet, il est nécessaire que le respect des règles professionnelles prévues pour protéger notamment le consommateur ou la santé publique soit garanti au niveau communautaire. Les codes de conduite au niveau communautaire constituent le meilleur instrument pour déterminer les règles déontologiques applicables à la communication commerciale. Il convient d'encourager leur élaboration ou, le cas échéant, leur adaptation, sans préjudice de l'autonomie des organismes et des associations professionnels.

(33) La présente directive complète le droit communautaire et le droit national relatif aux professions réglementées en maintenant un ensemble cohérent de règles applicables dans ce domaine.

(34) Chaque État membre doit ajuster sa législation qui contient des exigences, notamment de forme, susceptibles de gêner le recours à des contrats par voie électronique. Il convient que l'examen des législations nécessitant cet ajustement se fasse systématiquement et porte sur l'ensemble des étapes et des actes nécessaires au processus contractuel, y compris l'archivage du contrat. Il convient que le résultat de cet ajustement soit de rendre réalisables les contrats conclus par voie électronique. L'effet juridique des signatures électroniques fait l'objet de la directive 1999/

93/CE du Parlement européen et du Conseil du 13 décembre 1999 sur un cadre communautaire pour les signatures électroniques (24), l'accusé de réception par un prestataire peut être constitué par la fourniture en ligne d'un service payé.

(35) La présente directive n'affecte pas la possibilité pour les États membres de maintenir ou d'établir pour les contrats des exigences juridiques générales ou spécifiques qui peuvent être satisfaites par des moyens électroniques, notamment des exigences en matière de sécurité des signatures électroniques.

(36) Les États membres peuvent maintenir des restrictions à l'utilisation de contrats électroniques en ce qui concerne les contrats pour lesquels la loi requiert l'intervention de tribunaux, d'autorités publiques ou de professions exerçant une autorité publique. Cette possibilité couvre également les contrats requérant l'intervention de tribunaux, d'autorités publiques ou de professions exerçant une autorité publique afin de produire des effets à l'égard des tiers, aussi bien que les contrats requérant une certification juridique ou une attestation par un notaire.

(37) L'obligation faite aux États membres d'éliminer les obstacles à l'utilisation des contrats électroniques ne concerne que les obstacles résultant d'exigences juridiques et non pas les obstacles d'ordre pratique résultant d'une impossibilité d'utiliser les moyens électroniques dans certains cas.

(38) L'obligation faite aux États membres d'éliminer les obstacles à l'utilisation des contrats électroniques est mise en œuvre dans le respect des exigences juridiques pour les contrats, consacrées par le droit communautaire.

(39) Les exceptions aux dispositions relatives aux contrats passés exclusivement au moyen du courrier électronique ou au moyen de communications individuelles équivalentes prévues dans la présente directive, en ce qui concerne les informations à fournir et la passation d'une commande, ne sauraient avoir comme conséquence de permettre le contournement de ces dispositions par les prestataires de services de la société de l'information.

(40) Les divergences existantes et émergentes entre les législations et les jurisprudences des États membres dans le domaine de la responsabilité des prestataires de services agissant en qualité d'intermédiaires empêchent le bon fonctionnement du marché intérieur, en particulier en gênant le développement des services transfrontaliers et en produisant des distorsions de concurrence. Les prestataires des services ont, dans certains cas, le devoir d'agir pour éviter les activités illégales ou pour y mettre fin. La présente directive doit constituer la base adéquate pour l'élaboration de mécanismes rapides et fiables permettant de retirer les informations illicites et de rendre l'accès à celles-ci impossible. Il conviendrait que de tels mécanismes soient élaborés sur la base d'accords volontaires négociés entre toutes les parties concernées et qu'ils soient encouragés par les États membres. Il est dans l'intérêt de toutes les parties qui participent à la fourniture de services de la société de l'information d'adopter et d'appliquer de tels mécanismes. Les dispositions de la présente directive sur la responsabilité ne doivent pas faire obstacle au développement et à la mise en œuvre effective, par les différentes parties concernées, de systèmes techniques de protection et d'identification ainsi que d'instruments techniques de surveillance rendus possibles par les techniques numériques, dans le respect des limites établies par les directives 95/46/CE et 97/66/CE.

(41) La présente directive instaure un équilibre entre les différents intérêts en jeu et établit des principes qui peuvent servir de base aux normes et aux accords adoptés par les entreprises.

(42) Les dérogations en matière de responsabilité prévues par la présente directive ne couvrent que les cas où l'activité du prestataire de services dans le cadre de la société de l'information est limitée au processus technique d'exploitation et de fourniture d'un accès à un réseau de communication sur lequel les informations fournies par des tiers sont transmises ou stockées temporairement, dans le seul but d'améliorer l'efficacité de la transmission. Cette activité revêt un caractère purement technique, automatique et passif, qui implique que le prestataire de services de la société de l'information n'a pas la connaissance ni le contrôle des informations transmises ou stockées.

(43) Un prestataire de services peut bénéficier de dérogations pour le « simple transport » et pour la forme de stockage dite « *caching* » lorsqu'il n'est impliqué en aucune manière dans l'information transmise. Cela suppose, entre autres, qu'il ne modifie pas l'information qu'il transmet. Cette exigence ne couvre pas les manipulations à caractère technique qui ont lieu au cours de la transmission, car ces dernières n'altèrent pas l'intégrité de l'information contenue dans la transmission.

(44) Un prestataire de services qui collabore délibérément avec l'un des destinataires de son service afin de se livrer à des activités illégales va au-delà des activités de « simple transport » ou de « caching » et, dès lors, il ne peut pas bénéficier des dérogations en matière de responsabilité prévues pour ce type d'activité.

(45) Les limitations de responsabilité des prestataires de services intermédiaires prévues dans la présente directive sont sans préjudice de la possibilité d'actions en cessation de différents types. Ces actions en cessation peuvent notamment revêtir la forme de décisions de tribunaux ou d'autorités administratives exigeant qu'il soit mis un terme à toute violation ou que l'on prévienne toute violation, y compris en retirant les informations illicites ou en rendant l'accès à ces dernières impossible.

(46) Afin de bénéficier d'une limitation de responsabilité, le prestataire d'un service de la société de l'information consistant dans le stockage d'informations doit, dès qu'il prend effectivement connaissance ou conscience du caractère illicite des activités, agir promptement pour retirer les informations concernées ou rendre l'accès à celles-ci impossible. Il y a lieu de procéder à leur retrait ou de rendre leur accès impossible dans le respect du principe de la liberté d'expression et des procédures établies à cet effet au niveau national. La présente directive n'affecte pas la possibilité qu'ont les États membres de définir des exigences spécifiques auxquelles il doit être satisfait promptement avant de retirer des informations ou d'en rendre l'accès impossible.

(47) L'interdiction pour les États membres d'imposer aux prestataires de services une obligation de surveillance ne vaut que pour les obligations à caractère général. Elle ne concerne pas les obligations de surveillance applicables à un cas spécifique et, notamment, elle ne fait pas obstacle aux décisions des autorités nationales prises conformément à la législation nationale.

(48) La présente directive n'affecte en rien la possibilité qu'ont les États membres d'exiger des prestataires de services qui stockent des informations fournies par des destinataires de leurs services qu'ils agissent avec les précautions que l'on peut raisonnablement attendre d'eux et qui sont définies dans la législation nationale, et ce afin de détecter et d'empêcher certains types d'activités illicites.

(49) Les États membres et la Commission doivent encourager l'élaboration de codes de conduite. Cela ne porte pas atteinte au caractère volontaire de ces codes et

à la possibilité, pour les parties intéressées, de décider librement si elles adhèrent ou non à ces codes.

(50) Il est important que la proposition de directive sur l'harmonisation de certains aspects du droit d'auteur et des droits voisins dans la société de l'information et la présente directive entrent en vigueur au même moment afin d'établir un cadre réglementaire clair en ce qui concerne la responsabilité des intermédiaires en cas de violation du droit d'auteur et des droits voisins au niveau communautaire.

(51) Il doit incomber à chaque État membre, le cas échéant, de modifier toute législation susceptible de gêner l'utilisation des mécanismes de règlement extrajudiciaire des litiges par les voies électroniques. Le résultat de cette modification doit être de rendre réellement et effectivement possible, en droit et dans la pratique, le fonctionnement de tels mécanismes, y compris dans des situations transfrontalières.

(52) L'exercice effectif des libertés du marché intérieur nécessite de garantir aux victimes un accès efficace aux règlements des litiges. Les dommages qui peuvent se produire dans le cadre des services de la société de l'information se caractérisent à la fois par leur rapidité et leur étendue géographique. En raison de cette spécificité et de la nécessité de veiller à ce que les autorités nationales ne mettent pas en cause la confiance qu'elles doivent s'accorder mutuellement, la présente directive invite les États membres à faire en sorte que les recours juridictionnels appropriés soient disponibles. Les États membres doivent évaluer la nécessité de fournir un accès aux procédures juridictionnelles par les moyens électroniques appropriés.

(53) La directive 98/27/CE, applicable aux services de la société de l'information, prévoit un mécanisme relatif aux actions en cessation visant à protéger les intérêts collectifs des consommateurs. Ce mécanisme contribuera à la libre circulation des services de la société de l'information en assurant un niveau élevé de protection des consommateurs.

(54) Les sanctions prévues dans le cadre de la présente directive sont sans préjudice de toute autre sanction ou voie de droit prévue par le droit national. Les États membres ne sont pas tenus de prévoir des sanctions pénales pour la violation des dispositions nationales adoptées en application de la présente directive.

(55) La présente directive ne porte pas atteinte au droit applicable aux obligations contractuelles relatives aux contrats conclus par les consommateurs. En conséquence, la présente directive ne saurait avoir pour effet de priver le consommateur de la protection que lui procurent les règles impératives relatives aux obligations contractuelles prévues par le droit de l'État membre dans lequel il a sa résidence habituelle.

(56) En ce qui concerne la dérogation prévue par la présente directive pour les obligations contractuelles dans les contrats conclus par les consommateurs, celles-ci doivent être interprétées comme comprenant les informations sur les éléments essentiels du contenu du contrat, y compris les droits du consommateur, ayant une influence déterminante sur la décision de contracter.

(57) Conformément à une jurisprudence constante de la Cour de justice, un État membre conserve le droit de prendre des mesures à l'encontre d'un prestataire établi dans un autre État membre, mais dont l'activité est entièrement ou principalement tournée vers le territoire du premier État membre, lorsque le choix de cet établissement a été fait en vue de se soustraire aux règles qui seraient applicables à ce prestataire s'il s'était établi sur le territoire du premier État membre.

(58) La présente directive ne doit pas s'appliquer aux services fournis par des prestataires établis dans un pays tiers. Compte tenu de la dimension mondiale du service électronique, il convient toutefois d'assurer la cohérence des règles communautaires avec les règles internationales. La présente directive est sans préjudice des résultats des discussions en cours sur les aspects juridiques dans les organisations internationales (entre autres, OMC, OCDE, CNUDCI).

(59) En dépit de la nature planétaire des communications électroniques, la coordination au niveau de l'Union européenne des mesures réglementaires nationales est nécessaire afin d'éviter la fragmentation du marché intérieur et d'établir un cadre réglementaire européen approprié. Cette coordination doit également contribuer à l'établissement d'une position de négociation commune et forte dans les enceintes internationales.

(60) Pour permettre un développement sans entrave du commerce électronique, le cadre juridique doit être clair et simple, prévisible et cohérent avec les règles applicables au niveau international, de sorte qu'il ne porte pas atteinte à la compétitivité de l'industrie européenne et qu'il ne fasse pas obstacle à l'innovation dans ce secteur.

(61) Si le marché doit réellement fonctionner par des moyens électroniques dans un contexte mondialisé, l'Union européenne et les grands ensembles non européens ont besoin de se concerter pour rendre leurs législations et leurs procédures compatibles.

(62) La coopération avec les pays tiers doit être renforcée dans le domaine du commerce électronique, notamment avec les pays candidats, les pays en développement et les autres partenaires commerciaux de l'Union européenne.

(63) L'adoption de la présente directive ne saurait empêcher les États membres de prendre en compte les différentes implications sociales, sociétales et culturelles inhérentes à l'avènement de la société de l'information. En particulier, elle ne devrait pas porter atteinte aux mesures destinées à atteindre des objectifs sociaux, culturels et démocratiques que les États membres pourraient adopter, conformément au droit communautaire, en tenant compte de leur diversité linguistique, des spécificités nationales et régionales ainsi que de leurs patrimoines culturels, et à assurer et à maintenir l'accès du public à un éventail le plus large possible de services de la société de l'information. Le développement de la société de l'information doit assurer, en tout état de cause, l'accès des citoyens de la Communauté au patrimoine culturel européen fourni dans un environnement numérique.

(64) La communication électronique constitue pour les États membres un excellent moyen de fournir un service public dans les domaines culturel, éducatif et linguistique.

(65) Le Conseil, dans sa résolution du 19 janvier 1999 sur la dimension consumériste de la société de l'information (25), a souligné que la protection des consommateurs méritait une attention particulière dans le cadre de celle-ci. La Commission étudiera la mesure dans laquelle les règles de protection des consommateurs existantes fournissent une protection insuffisante au regard de la société de l'information et identifiera, le cas échéant, les lacunes de cette législation et les aspects pour lesquels des mesures additionnelles pourraient s'avérer nécessaires. En cas de besoin, la Commission devrait faire des propositions spécifiques additionnelles visant à combler les lacunes qu'elle aurait ainsi identifiées,

*A arrêté la présente directive :*

CHAPITRE PREMIER

## Dispositions générales

### Article premier – Objectif et champ d'application

1. La présente directive a pour objectif de contribuer au bon fonctionnement du marché intérieur en assurant la libre circulation des services de la société de l'information entre les États membres.

2. La présente directive rapproche, dans la mesure nécessaire à la réalisation de l'objectif visé au paragraphe 1, certaines dispositions nationales applicables aux services de la société de l'information et qui concernent le marché intérieur, l'établissement des prestataires, les communications commerciales, les contrats par voie électronique, la responsabilité des intermédiaires, les codes de conduite, le règlement extrajudiciaire des litiges, les recours juridictionnels et la coopération entre États membres.

3. La présente directive complète le droit communautaire applicable aux services de la société de l'information sans préjudice du niveau de protection, notamment en matière de santé publique et des intérêts des consommateurs, établi par les instruments communautaires et la législation nationale les mettant en œuvre dans la mesure où cela ne restreint pas la libre prestation de services de la société de l'information.

4. La présente directive n'établit pas de règles additionnelles de droit international privé et ne traite pas de la compétence des juridictions.

5. La présente directive n'est pas applicable :

a) au domaine de la fiscalité;

b) aux questions relatives aux services de la société de l'information couvertes par les directives 95/46/CE et 97/66/CE;

c) aux questions relatives aux accords ou pratiques régis par le droit sur les ententes;

d) aux activités suivantes des services de la société de l'information :

– les activités de notaire ou les professions équivalentes, dans la mesure où elles comportent une participation directe et spécifique à l'exercice de l'autorité publique,
– la représentation d'un client et la défense de ses intérêts devant les tribunaux,
– les activités de jeux d'argent impliquant des mises ayant une valeur monétaire dans des jeux de hasard, y compris les loteries et les transactions portant sur des paris.

6. La présente directive ne porte pas atteinte aux mesures prises au niveau communautaire ou au niveau national, dans le respect du droit communautaire, pour promouvoir la diversité culturelle et linguistique et assurer la défense du pluralisme.

### Article 2 – Définitions

Aux fins de la présente directive, on entend par :

a) « services de la société de l'information » : les services au sens de l'article 1er, paragraphe 2, de la directive 98/34/CE, telle que modifiée par la directive 98/48/CE;

b) « prestataire » : toute personne physique ou morale qui fournit un service de la société de l'information;

c) « prestataire établi » : prestataire qui exerce d'une manière effective une activité économique au moyen d'une installation stable pour une durée indéterminée. La présence et l'utilisation des moyens techniques et des technologies requis pour fournir le service ne constituent pas en tant que telles un établissement du prestataire ;

d) « destinataire du service » : toute personne physique ou morale qui, à des fins professionnelles ou non, utilise un service de la société de l'information, notamment pour rechercher une information ou la rendre accessible ;

e) « consommateur » : toute personne physique agissant à des fins qui n'entrent pas dans le cadre de son activité professionnelle ou commerciale ;

f) « communication commerciale » : toute forme de communication destinée à promouvoir, directement ou indirectement, des biens, des services, ou l'image d'une entreprise, d'une organisation ou d'une personne ayant une activité commerciale, industrielle, artisanale ou exerçant une profession réglementée. Ne constituent pas en tant que telles des communications commerciales :

– les informations permettant l'accès direct à l'activité de l'entreprise, de l'organisation ou de la personne, notamment un nom de domaine ou une adresse de courrier électronique,
– les communications relatives aux biens, aux services ou à l'image de l'entreprise, de l'organisation ou de la personne élaborées d'une manière indépendante, en particulier lorsqu'elles sont fournies sans contrepartie financière ;

g) « profession réglementée » : toute profession au sens, soit de l'article 1er, point d), de la directive 89/49/CEE du Conseil du 21 décembre 1988 relative à un système général de reconnaissance des diplômes d'enseignement supérieur qui sanctionne des formations professionnelles d'une durée minimale de trois ans (26), soit au sens de l'article 1er, point f), de la directive 92/51/CEE du Conseil du 18 juin 1992 relative à un deuxième système général de reconnaissance des formations professionnelles, qui complète la directive 89/48/CEE (27) ;

h) « domaine coordonné » : les exigences prévues par les systèmes juridiques des États membres et applicables aux prestataires des services de la société de l'information ou aux services de la société de l'information, qu'elles revêtent un caractère général ou qu'elles aient été spécifiquement conçues pour eux.

i) Le domaine coordonné a trait à des exigences que le prestataire doit satisfaire et qui concernent :

– l'accès à l'activité d'un service de la société de l'information, telles que les exigences en matière de qualification, d'autorisation ou de notification,
– l'exercice de l'activité d'un service de la société de l'information, telles que les exigences portant sur le comportement du prestataire, la qualité ou le contenu du service, y compris en matière de publicité et de contrat, ou sur la responsabilité du prestataire.

ii) Le domaine coordonnée ne couvre pas les exigences telles que :

– les exigences applicables aux biens en tant que tels,
– les exigences applicables à la livraison de biens,
– les exigences applicables aux services qui ne sont pas fournis par voie électronique.

## Article 3 – Marché intérieur

1. Chaque État membre veille à ce que les services de la société de l'information fournis par un prestataire établi sur son territoire respectent les dispositions nationales applicables dans cet État membre relevant du domaine coordonné.

2. Les État membres ne peuvent, pour des raisons relevant du domaine coordonné, restreindre la libre circulation des services de la société de l'information en provenance d'un autre État membre.

3. Les paragraphes 1 et 2 ne sont pas applicables aux domaines visés à l'annexe.

4. Les États membres peuvent prendre, à l'égard d'un service donné de la société de l'information, des mesures qui dérogent au paragraphe 2 si les conditions suivantes sont remplies :

a) les mesures doivent être :

i) nécessaires pour une des raisons suivantes :

- l'ordre public, en particulier la prévention, les investigations, la détection et les poursuites en matière pénale, notamment la protection des mineurs et la lutte contre l'incitation à la haine pour des raisons de race, de sexe, de religion ou de nationalité et contre les atteintes à la dignité de la personne humaine,
- la protection de la santé publique,
- la sécurité publique, y compris la protection de la sécurité et de la défense nationales,
- la protection des consommateurs, y compris des investisseurs;

ii) prises à l'encontre d'un service de la société de l'information qui porte atteinte aux objectifs visés au point i) ou qui constitue un risque sérieux et grave d'atteinte à ces objectifs;

iii) proportionnelles à ces objectifs;

b) l'État membre a préalablement et sans préjudice de la procédure judiciaire, y compris la procédure préliminaire et les actes accomplis dans le cadre d'une enquête pénale :

- demandé à l'État membre visé au paragraphe 1 de prendre des mesures et ce dernier n'en a pas pris ou elles n'ont pas été suffisantes,
- notifié à la Commission et à l'État membre visé au paragraphe 1 son intention de prendre de telles mesures.

5. Les États membres peuvent, en cas d'urgence, déroger aux conditions prévues au paragraphe 4, point b). Dans ce cas, les mesures sont notifiées dans les plus brefs délais à la Commission et à l'État membre visé au paragraphe 1, en indiquant les raisons pour lesquelles l'État membre estime qu'il y a urgence.

6. Sans préjudice de la faculté pour l'État membre de prendre et d'appliquer les mesures en question, la Commission doit examiner dans les plus brefs délais la compatibilité des mesures notifiées avec le droit communautaire; lorsqu'elle parvient à la conclusion que la mesure est incompatible avec le droit communautaire, la Commission demande à l'État membre concerné de s'abstenir de prendre les mesures envisagées ou de mettre fin d'urgence aux mesures en question.

## CHAPITRE II
## Principes

### *Section 1*
### Exigences en matière d'établissement et d'information

#### Article 4 – Principe de non-autorisation préalable

1. Les États membres veillent à ce que l'accès à l'activité d'un prestataire de services de la société de l'information et l'exercice de celle-ci ne puissent pas être sou-

mis à un régime d'autorisation préalable ou à toute autre exigence ayant un effet équivalent.

2. Le paragraphe 1 est sans préjudice des régimes d'autorisation qui ne visent pas spécifiquement et exclusivement les services de la société de l'information ou qui sont couverts par la directive 97/13/CE du Parlement européen et du Conseil du 10 avril 1997 relative à un cadre commun pour les autorisations générales et les licences individuelles dans le secteur des services des télécommunications (28).

## Article 5 – Informations générales à fournir

1. Outre les autres exigences en matière d'information prévues par le droit communautaire, les États membres veillent à ce que le prestataire rende possible un accès facile, direct et permanent, pour les destinataires du service et pour les autorités compétentes, au moins aux informations suivantes :

a) le nom du prestataire de services;

b) l'adresse géographique à laquelle le prestataire de services est établi;

c) les coordonnées du prestataire, y compris son adresse de courrier électronique, permettant d'entrer en contact rapidement et de communiquer directement et efficacement avec lui;

d) dans le cas où le prestataire est inscrit dans un registre de commerce ou dans un autre registre public similaire, le registre de commerce dans lequel il est inscrit et son numéro d'immatriculation, ou des moyens équivalents d'identification figurant dans ce registre;

e) dans le cas où l'activité est soumise à un régime d'autorisation, les coordonnées de l'autorité de surveillance compétente;

f) en ce qui concerne les professions réglementées :

– tout ordre professionnel ou organisme similaire auprès duquel le prestataire est inscrit,

– le titre professionnel et l'État membre dans lequel il a été octroyé,

– une référence aux règles professionnelles applicables dans l'État membre d'établissement et aux moyens d'y avoir accès;

g) dans le cas où le prestataire exerce une activité soumise à la TVA, le numéro d'identification visé à l'article 22, paragraphe 1, de la sixième directive 77/388/CEE du Conseil du 17 mai 1977 en matière d'harmonisation des législations des États membres relatives aux taxes sur le chiffre d'affaires – Système commun de taxe sur la valeur ajoutée : assiette uniforme (29).

2. Outre les autres exigences en matière d'information prévues par le droit communautaire, les États membres veillent au moins à ce que, lorsque les services de la société de l'information mentionnent des prix, ces derniers soient indiqués de manière claire et non ambiguë et précisent notamment si les taxes et les frais de livraison sont inclus.

### *Section 2*
### Communications commerciales

## Article 6 – Informations à fournir

Outre les autres exigences en matière d'information prévues par le droit communautaire, les États membres veillent à ce que les communications commerciales qui font partie d'un service de la société de l'information ou qui constituent un tel service répondent au moins aux conditions suivantes :

a) la communication commerciale doit être clairement identifiable comme telle;

b) la personne physique ou morale pour le compte de laquelle la communication commerciale est faite doit être clairement identifiable;

c) lorsqu'elles sont autorisées dans l'État membre où le prestataire est établi, les offres promotionnelles, telles que les rabais, les primes et les cadeaux, doivent être clairement identifiables comme telles et les conditions pour en bénéficier doivent être aisément accessibles et présentées de manière précise et non équivoque;

d) lorsqu'ils sont autorisés dans l'État membre où le prestataire est établi, les concours ou jeux promotionnels doivent être clairement identifiables comme tels et leurs conditions de participation doivent être aisément accessibles et présentées de manière précise et non équivoque.

### Article 7 – Communications commerciales non sollicitées

1. Outre les autres exigences prévues par le droit communautaire, les États membres qui autorisent les communications commerciales non sollicitées par courrier électronique veillent à ce que ces communications commerciales effectuées par un prestataire établi sur leur territoire puissent être identifiées de manière claire et non équivoque dès leur réception par le destinataire.

2. Sans préjudice de la directive 97/7/CE et de la directive 97/66/CE, les États membres prennent des mesures visant à garantir que les prestataires qui envoient par courrier électronique des communications commerciales non sollicitées consultent régulièrement les registres « *opt-out* » dans lesquels les personnes physiques qui ne souhaitent pas recevoir ce type de communications peuvent s'inscrire, et respectent le souhait de ces dernières.

### Article 8 – Professions réglementées

1. Les États membres veillent à ce que l'utilisation de communications commerciales qui font partie d'un service de la société de l'information fourni par un membre d'une profession réglementée, ou qui constituent un tel service, soit autorisée sous réserve du respect des règles professionnelles visant, notamment, l'indépendance, la dignité et l'honneur de la profession ainsi que le secret professionnel et la loyauté envers les clients et les autres membres de la profession.

2. Sans préjudice de l'autonomie des organismes et associations professionnels, les États membres et la Commission encouragent les associations et les organismes professionnels à élaborer des codes de conduite au niveau communautaire pour préciser les informations qui peuvent être données à des fins de communications commerciales dans le respect des règles visées au paragraphe 1.

3. Lors de l'élaboration de propositions relatives à des initiatives communautaires qui peuvent s'avérer nécessaires pour assurer le bon fonctionnement du marché intérieur au regard des informations visées au paragraphe 2, la Commission tient dûment compte des codes de conduite applicables au niveau communautaire et agit en étroite coopération avec les associations et organismes professionnels concernés.

4. La présente directive s'applique en sus des directives communautaires régissant l'accès aux activités des professions réglementées et l'exercice de celles-ci.

### *Section 3*

## Contrats par voie électronique

### Article 9 – Traitement des contrats

1. Les États membres veillent à ce que leur système juridique rende possible la conclusion des contrats par voie électronique. Les États membres veillent notamment à ce que le régime juridique applicable au processus contractuel ne fasse pas obstacle à l'utilisation des contrats électroniques ni ne conduise à priver d'effet et de validité juridiques de tels contrats pour le motif qu'ils sont passés par voie électronique.

2. Les États membres peuvent prévoir que le paragraphe 1 ne s'appliquent pas à tous les contrats ou à certains d'entre eux qui relèvent des catégories suivantes :

a) les contrats qui créent ou transfèrent des droits sur des biens immobiliers, à l'exception des droits de location;

b) les contrats pour lesquels la loi requiert l'intervention des tribunaux, des autorités publiques ou de professions exerçant une autorité publique;

c) les contrats de sûretés et garanties fournis par des personnes agissant à des fins qui n'entrent pas dans le cadre de leur activité professionnelle ou commerciale;

d) les contrats relevant du droit de la famille ou du droit des successions.

3. Les États membres indiquent à la Commission les catégories visées au paragraphe 2 auxquelles ils n'appliquent pas le paragraphe 1. Ils soumettent tous les cinq ans à la Commission un rapport sur l'application du paragraphe 2 en expliquant les raisons pour lesquelles ils estiment nécessaire de maintenir les catégories visées au paragraphe 2, point b), auxquelles ils n'appliquent pas le paragraphe 1.

### Article 10 – Informations à fournir

1. Outre les autres exigences en matière d'information prévues par le droit communautaire, les États membres veillent à ce que, sauf si les parties qui ne sont pas des consommateurs en ont convenu autrement, le prestataire de services fournisse au moins les informations mentionnées ci-après, formulées de manière claire, compréhensible et non équivoque et avant que le destinataire du service ne passe sa commande :

a) les différentes étapes techniques à suivre pour conclure le contrat;

b) si le contrat une fois conclu est archivé ou non par le prestataire de services et s'il est accessible ou non;

c) les moyens techniques pour identifier et corriger des erreurs commises dans la saisie des données avant que la commande ne soit passée;

d) les langues proposées pour la conclusion du contrat.

2. Les États membres veillent à ce que, sauf si les parties qui ne sont pas des consommateurs en ont convenu autrement, le prestataire indique les éventuels codes de conduite pertinents auxquels il est soumis ainsi que les informations sur la façon dont ces codes peuvent être consultés par voie électronique.

3. Les clauses contractuelles et les conditions générales fournies au destinataire doivent l'être d'une manière qui lui permette de les conserver et de les reproduire.

4. Les paragraphes 1 et 2 ne sont pas applicables à des contrats conclus exclusivement par le biais d'un échange de courriers électroniques ou par des communications individuelles équivalentes.

### Article 11 – Passation d'une commande

1. Les États membres veillent, sauf si les parties qui ne sont pas des consommateurs en ont convenu autrement, à ce que, dans les cas où un destinataire du service passe sa commande par des moyens technologiques, les principes suivants s'appliquent :

– le prestataire doit accuser réception de la commande du destinataire sans délai injustifié et par voie électronique,

– la commande et l'accusé de réception sont considérés comme étant reçus lorsque les parties auxquelles il sont adressés peuvent y avoir accès.

2. Les États membres veillent, sauf si les parties qui ne sont pas des consommateurs en ont convenu autrement, à ce que le prestataire mette à la disposition du destinataire du service des moyens techniques appropriés, efficaces et accessibles lui permettant d'identifier les erreurs commises dans la saisie des données et de les corriger, et ce avant la passation de la commande.

3. Le paragraphe 1, premier tiret, et le paragraphe 2 ne sont pas applicables à des contrats conclus exclusivement au moyen d'un échange de courriers électroniques ou au moyen de communications individuelles équivalentes.

## *Section 4*
## Responsabilité des prestataires intermédiaires

### Article 12 – Simple transport (« Mere conduit »)

1. Les États membres veillent à ce que, en cas de fourniture d'un service de la société de l'information consistant à transmettre, sur un réseau de communication, des informations fournies par le destinataire du service ou à fournir un accès au réseau de communication, le prestataire de services ne soit pas responsable des informations transmises, à condition que le prestataire :

a) ne soit pas à l'origine de la transmission;

b) ne sélectionne pas le destinataire de la transmission

et

c) ne sélectionne et ne modifie pas les informations faisant l'objet de la transmission.

2. Les activités de transmission et de fourniture d'accès visées au paragraphe 1 englobent le stockage automatique, intermédiaire et transitoire des informations transmises, pour autant que ce stockage serve exclusivement à l'exécution de la transmission sur le réseau de communication et que sa durée n'excède pas le temps raisonnablement nécessaire à la transmission.

3. Le présent article n'affecte pas la possibilité, pour une juridiction ou une autorité administrative, conformément aux systèmes juridiques des États membres, d'exiger du prestataire qu'il mette un terme à une violation ou qu'il prévienne une violation.

### Article 13 – Forme de stockage dite « caching »

1. Les États membre veillent à ce que, en cas de fourniture d'un service de la société de l'information consistant à transmettre, sur un réseau de communication, des informations fournies par un destinataire du service, le prestataire ne soit pas responsable au titre du stockage automatique, intermédiaire et temporaire de cette information fait dans le seul but de rendre plus efficace la transmission ultérieure de l'information à la demande d'autres destinataires du service, à condition que :

a) le prestataire ne modifie pas l'information;

b) le prestataire se conforme aux conditions d'accès à l'information;

c) le prestataire se conforme aux règles concernant la mise à jour de l'information, indiquées d'une manière largement reconnue et utilisées par les entreprises;

d) le prestataire n'entrave pas l'utilisation licite de la technologie, largement reconnue et utilisée par l'industrie, dans le but d'obtenir des données sur l'utilisation de l'information

et

e) le prestataire agisse promptement pour retirer l'information qu'il a stockée ou pour en rendre l'accès impossible dès qu'il a effectivement connaissance du fait que l'information à l'origine de la transmission a été retirée du réseau ou du fait que l'accès à l'information a été rendu impossible, ou du fait qu'un tribunal ou une autorité administrative a ordonné de retirer l'information ou d'en rendre l'accès impossible.

2. Le présent article n'affecte pas la possibilité, pour une juridiction ou une autorité administrative, conformément aux systèmes juridiques des États membres, d'exiger du prestataire qu'il mette fin à une violation ou qu'il prévienne une violation.

### Article 14 – Hébergement

1. Les États membres veillent à ce que, en cas de fourniture d'un service de la société de l'information consistant à stocker des informations fournies par un destinataire du service, le prestataire ne soit pas responsable des informations stockées à la demande d'un destinataire du service à condition que :

a) le prestataire n'ait pas effectivement connaissance de l'activité ou de l'information illicites et, en ce qui concerne une demande en dommages et intérêts, n'ait pas connaissance de faits ou de circonstances selon lesquels l'activité ou l'information illicite est apparente

ou

b) le prestataire, dès le moment où il a de telles connaissances, agisse promptement pour retirer les informations ou rendre l'accès à celles-ci impossible.

2. Le paragraphe 1 ne s'applique pas lorsque le destinataire du service agit sous l'autorité ou le contrôle du prestataire.

3. Le présent article n'affecte pas la possibilité, pour une juridiction ou une autorité administrative, conformément aux systèmes juridiques des États membres, d'exiger du prestataire qu'il mette un terme à une violation ou qu'il prévienne une violation et n'affecte pas non plus la possibilité, pour les États membres, d'instaurer des procédures régissant le retrait de ces informations ou les actions pour en rendre l'accès impossible.

### Article 15 – Absence d'obligation générale en matière de surveillance

1. Les États membres ne doivent pas imposer aux prestataires, pour la fourniture des services visée aux articles 12, 13 et 14, une obligation générale de surveiller les informations qu'ils transmettent ou stockent, ou une obligation générale de rechercher activement des faits ou des circonstances révélant des activités illicites.

2. Les États membres peuvent instaurer, pour les prestataires de services de la société de l'information, l'obligation d'informer promptement les autorités publiques compétentes d'activités illicites alléguées qu'exerceraient les destinataires de leurs

services ou d'informations illicites alléguées que ces derniers fourniraient ou de communiquer aux autorités compétentes, à leur demande, les informations permettant d'identifier les destinataires de leurs services avec lesquels ils ont conclu un accord d'hébergement.

CHAPITRE III

## Mise en œuvre

### Article 16 – Codes de conduite

1. Les États membres et la Commission encouragent :

a) l'élaboration, par les associations ou organisations d'entreprises, professionnelles ou de consommateurs, de codes de conduite au niveau communautaire, destinés à contribuer à la bonne application des articles 5 à 15;

b) la transmission volontaire à la Commission des projets de codes de conduite au niveau national ou communautaire;

c) l'accessibilité par voie électronique des codes de conduite dans les langues communautaires;

d) la communication aux États membres et à la Commission, par les associations ou organisations d'entreprises, professionnelles ou de consommateurs, de leurs évaluations de l'application de leurs codes de conduite et de leur impact sur les pratiques, les us ou les coutumes relatifs au commerce électronique;

e) l'établissement de codes de conduite pour ce qui a trait à la protection des mineurs et de la dignité humaine.

2. Les États membres et la Commission encouragent les associations ou les organisations représentant les consommateurs à participer à l'élaboration et à l'application des codes de conduite ayant des incidences sur leurs intérêts et élaborés en conformité avec le paragraphe 1, point a). Le cas échéant, les associations représentant les personnes souffrant d'un handicap visuel et, de manière générale, les personnes handicapées devraient être consultées afin de tenir compte de leurs besoins spécifiques.

### Article 17 – Règlement extrajudiciaire des litiges

1. Les États membres veillent à ce que, en cas de désaccord entre un prestataire de services de la société de l'information et le destinataire du service, leur législation ne fasse pas obstacle à l'utilisation des mécanismes de règlement extrajudiciaire pour le règlement des différends, disponibles dans le droit national, y compris par des moyens électroniques appropriés.

2. Les États membres encouragent les organes de règlement extrajudiciaire, notamment en ce qui concerne les litiges en matière de consommation, à fonctionner de manière à assurer les garanties procédurales appropriées pour les parties concernées.

3. Les États membres encouragent les organes de règlement extrajudiciaire des litiges à communiquer à la Commission les décisions importantes qu'ils prennent en matière de services de la société de l'information ainsi que toute autre information sur les pratiques, les us ou les coutumes relatifs au commerce électronique.

### Article 18 – Recours juridictionnels

1. Les États membres veillent à ce que les recours juridictionnels disponibles dans le droit national portant sur les activités des services de la société de l'information permettent l'adoption rapide de mesures, y compris par voie de référé, visant à mettre un terme à toute violation alléguée et à prévenir toute nouvelle atteinte aux intérêts concernés.

2. L'annexe de la directive 98/27/CE est complétée par le texte suivant :

« 11. Directive 2000/31/CE du Parlement européen et du Conseil du 8 juin 2000 relative à certains aspects des services de la société de l'information, et notamment du commerce électronique, dans le marché intérieur (directive sur le commerce électronique) (*JO* L 178 du 17 juill. 2000, p. 1). »

### Article 19 – Coopération

1. Les États membres disposent de moyens suffisants de contrôle et d'investigation nécessaires à la mise en œuvre efficace de la présente directive et veillent à ce que les prestataires leur fournissent les informations requises.

2. Les États membres coopèrent avec les autres États membres; à cette fin, ils désignent un ou plusieurs points de contact, dont ils communiquent les coordonnées aux autres États membres et à la Commission.

3. Les États membres fournissent dans les plus brefs délais et conformément au droit national l'assistance et les informations demandées par les autres États membres ou par la Commission, y compris par les voies électroniques appropriées.

4. Les États membres établissent des points de contact accessibles au moins par voie électronique auxquels les destinataires de services et les prestataires de services peuvent s'adresser pour :

a) obtenir des informations générales sur leurs droits et obligations en matière contractuelle ainsi que sur les procédures de réclamation et de recours disponibles en cas de différends, y compris sur les aspects pratiques liés à l'utilisation de ces procédures;

b) obtenir les coordonnées des autorités, associations ou organisations auprès desquelles ils peuvent obtenir d'autres informations ou une assistance pratique.

5. Les États membres encouragent la communication à la Commission des décisions administratives et judiciaires importantes prises sur leur territoire s'agissant des litiges relatifs aux services de la société de l'information ainsi que des pratiques, des us ou des coutumes relatifs au commerce électronique. La Commission communique ces décisions aux autres États membres.

### Article 20 – Sanctions

Les États membres déterminent le régime des sanctions applicable aux violations des dispositions nationales adoptées en application de la présente directive et prennent toutes mesures nécessaires pour assurer leur mise en œuvre. Les sanctions ainsi prévues doivent être effectives, proportionnées et dissuasives.

## CHAPITRE IV
## Dispositions finales

### Article 21 – Réexamen

1. Avant le 17 juillet 2003 et ensuite tous les deux ans, la Commission présente au Parlement européen, au Conseil et au Comité économique et social un rapport

relatif à l'application de la présente directive accompagné, le cas échéant, de propositions visant à l'adapter à l'évolution juridique, technique et économique dans le domaine des services de la société de l'information, notamment en ce qui concerne la prévention de la criminalité, la protection des mineurs, la protection des consommateurs et le bon fonctionnement du marché intérieur.

2. Ce rapport, en examinant la nécessité d'adapter la présente directive, analyse en particulier la nécessité de présenter des propositions relatives à la responsabilité des fournisseurs de liens d'hypertexte et de services de moteur de recherche, les procédures de notification et de retrait (notice and take down) et l'imputation de la responsabilité après le retrait du contenu. Le rapport analyse également la nécessité de prévoir des conditions supplémentaires pour l'exemption de responsabilité, prévue aux articles 12 et 13, compte tenu de l'évolution des techniques, et la possibilité d'appliquer les principes du marché intérieur à l'envoi par courrier électronique de communications commerciales non sollicitées.

### Article 22 – Transposition

1. Les États membres mettent en vigueur les dispositions législatives, réglementaires et administratives nécessaires pour se conformer à la présente directive avant le 17 janvier 2002. Ils en informent immédiatement la Commission.

2. Lorsque les États membres adoptent les dispositions visées au paragraphe 1, celles-ci contiennent une référence à la présente directive ou sont accompagnées d'une telle référence lors de leur publication officielle. Les modalités de cette référence sont arrêtées par les États membres.

### Article 23 – Entrée en vigueur

Le présente directive entre en vigueur le jour de sa publication au *Journal officiel* des Communautés européennes.

### Article 24 – Destinataires

Les États membres sont destinataires de la présente directive.

Références

(1) *JO* C 30 du 5 févr. 1999, p. 4.

(2) *JO* C 169 du 16 juin 1999, p. 36.

(3) Avis du Parlement européen du 6 mai 1999 (*JO* C 279 du 1er oct. 1999, p. 389), position commune du Conseil du 28 février 2000 (*JO* C 128 du 8 mai 2000, p. 32) et décision du Parlement européen du 4 mai 2000 (non encore parue au *Journal officiel*).

(4) *JO* L 298 du 17 oct. 1989, p. 23. Directive modifiée par la directive 97/36/CE du Parlement européen et du Conseil (*JO* L 202 du 30 juill. 1997, p. 60).

(5) *JO* L 95 du 21 avr. 1993, p. 29.

(6) *JO* L 144 du 4 juin 1997, p. 19.

(7) *JO* L 250 du 19 sept. 1984, p. 17. Directive modifiée par la directive 97/55/CE du Parlement européen et du Conseil (*JO* L 290 du 23 oct. 1997, p. 18).

(8) *JO* L 42 du 12 févr. 1987, p. 48. Directive modifiée en dernier lieu par la directive 98/7/CE du Parlement européen et du Conseil (*JO* L 101 du 1er avr. 1998, p. 17).

(9) *JO* L 141 du 11 juin 1993, p. 27. Directive modifiée en dernier lieu par la directive 97/9/CE du Parlement européen et du Conseil (*JO* L 84 du 26 mars 1997, p. 22).

(10) *JO* L 158 du 23 juin 1990, p. 59.
(11) *JO* L 80 du 18 mars 1998, p. 27.
(12) *JO* L 228 du 11 août 1992, p. 24.
(13) *JO* L 280 du 29 oct. 1994, p. 83.
(14) *JO* L 166 du 11 juin 1998, p. 51. Directive modifiée par la directive 1999/44/CE (*JO* L 171 du 7 juill. 1999, p. 12).
(15) *JO* L 210 du 7 août 1985, p. 29. Directive modifiée par la directive 1999/34/CE (*JO* L 141 du 4 juin 1999, p. 20).
(16) *JO* L 171 du 7 juill. 1999, p. 12.
(17) *JO* L 113 du 30 avr. 1992, p. 13.
(18) *JO* L 213 du 30 juill. 1998, p. 9.
(19) *JO* L 281 du 28 nov. 1995, p. 31.
(20) *JO* L 24 du 30 janv. 1998, p. 1.
(21) *JO* L 204 du 21 juill. 1998, p. 37. Directive modifiée par la directive 98/48/CE (*JO* L 217 du 5 août 1998, p. 18).
(22) *JO* L 320 du 28 nov. 1998, p. 54.
(23) *JO* L 15 du 21 janv. 1998, p. 14.
(24) *JO* L 13 du 19 janv. 2000, p. 12.
(25) *JO* C 23 du 28 janv. 1999, p. 1.
(26) *JO* L 19 du 24 janv. 1989, p. 16.
(27) *JO* L 209 du 24 juill. 1992, p. 25. Directive modifiée en dernier lieu par la directive 97/38/CE (*JO* L 184 du 12 juill. 1997, p. 31).
(28) *JO* L 117 du 7 mai 1997, p. 15.
(29) *JO* L 145 du 13 juin 1977, p. 1. Directive modifiée en dernier lieu par la directive 1999/85/CE (*JO* L 277 du 28 oct. 1999, p. 34).

## ANNEXE

## DÉROGATIONS À L'ARTICLE 3

## 29 Directive 2001/17/CE du Parlement européen et du Conseil du 19 mars 2001 concernant l'assainissement et la liquidation des entreprises d'assurance

Abrogée à partir du 1er novembre 2012 par la Directive 2009/138/CE (solvabilité II)

Non reproduite. Consultable sur :
http://europa.eu/eu-law/legislation/index_fr.htm

## 30 Directive 2001/24/CE du Parlement européen et du Conseil du 4 avril 2001 concernant l'assainissement et la liquidation des établissements de crédit

Non reproduite. Consultable sur :
http://europa.eu/eu-law/legislation/index_fr.htm

## 31 Directive 2001/86/CE du Conseil du 8 octobre 2001 complétant le statut de la société européenne pour ce qui concerne l'implication des travailleurs

Non reproduite. Consultable sur :
http://europa.eu/eu-law/legislation/index_fr.htm

## 32 Directive 2002/47/CE du Parlement européen et du Conseil du 6 juin 2002 concernant les contrats de garantie financière

Extrait reproduit : article 9

Consultable sur :
http://europa.eu/eu-law/legislation/index_fr.htm

### Article 9 – Conflits de lois

1. Toute question concernant l'un des éléments énumérés au paragraphe 2 qui se pose au sujet d'une garantie sous forme d'instruments financiers transmissibles par inscription en compte est réglée selon la loi du pays où le compte pertinent est situé.

La référence à la loi du pays désigne le droit interne de ce pays, nonobstant toute règle stipulant que la question considérée doit être tranchée selon la loi d'un autre pays.

2. Les éléments visés au paragraphe 1 sont les suivants :

a) la nature juridique et les effets patrimoniaux de la garantie sous forme d'instruments financiers transmissibles par inscription en compte ;

b) les exigences relatives à la mise au point d'un contrat de garantie financière concernant la garantie sous forme d'instruments financiers transmissibles par inscription en compte et la constitution d'une garantie sous forme d'instruments financiers transmissibles par inscription en compte en vertu d'un tel contrat et, plus généralement, l'achèvement des formalités nécessaires pour rendre un tel contrat et une telle constitution opposables aux tiers ;

c) le fait de savoir si le droit de propriété ou un autre droit d'une personne à une telle garantie sous forme d'instruments financiers transmissibles par inscription en compte est primé par un droit de propriété ou un autre droit concurrent ou lui est subordonné ou si une acquisition de bonne foi a eu lieu ;

d) les formalités requises pour la réalisation de la garantie sous forme d'instruments financiers transmissibles par inscription en compte à la suite de la survenance d'un événement entraînant l'exécution.

## 33 Directive 2002/65/CE du Parlement européen et du Conseil du 23 septembre 2002 concernant la commercialisation à distance de services financiers auprès des consommateurs

Extrait reproduit : article 12

Consultable sur :
http://europa.eu/eu-law/legislation/index_fr.htm

### Article 12 – Caractère impératif des dispositions de la présente directive

1. Le consommateur ne peut renoncer aux droits qui lui sont conférés en vertu de la présente directive.

2. Les États membres prennent les mesures nécessaires pour veiller à ce que le consommateur ne soit pas privé de la protection accordée par la présente directive du fait que la loi choisie pour régir le contrat serait la loi d'un État tiers, si le contrat présente un lien étroit avec le territoire d'un ou plusieurs États membres.

## 34 Directive 2003/6/CE du Parlement européen et du Conseil du 28 janvier 2003 sur les opérations d'initiés et les manipulations de marché (abus de marché)

Texte intégral consultable sur :
http://europa.eu/eu-law/legislation/index_fr.htm

## 35 Directive 2003/72/CE du Conseil du 22 juillet 2003 complétant le statut de la société coopérative européenne pour ce qui concerne l'implication des travailleurs

Non reproduite. Consultable sur :
http://europa.eu/eu-law/legislation/index_fr.htm

# 36 Directive 2005/56/CE du Parlement européen et du Conseil du 26 octobre 2005 sur les fusions transfrontalières de sociétés de capitaux (version consolidée)

*(Texte présentant de l'intérêt pour l'EEE)*

*JO* L 310 du 25 nov. 2005, p. 1

*Modifiée par :*

Directive 2009/109/CE du Parlement européen et du Conseil du 16 septembre 2009

Directive 2012/17/UE du Parlement européen et du Conseil du 13 juin 2012

*Le Parlement européen et le Conseil de l'Union européenne,*

Vu le traité instituant la Communauté européenne, et notamment son article 44,

Vu la proposition de la Commission,

Vu l'avis du Comité économique et social européen (1), statuant conformément à la procédure visée à l'article 251 du traité (2),

Considérant ce qui suit :

(1) Une coopération et un regroupement entre sociétés de capitaux d'États membres différents sont nécessaires. Cependant, les sociétés de capitaux éprouvent de nombreuses difficultés, aux niveaux législatif et administratif au sein de la Communauté, à réaliser des fusions transfrontalières entre elles. Il est donc nécessaire, pour assurer l'achèvement et le fonctionnement du marché intérieur, de prévoir des dispositions communautaires en vue de faciliter la réalisation de fusions transfrontalières entre sociétés de capitaux de différents types relevant de législations d'États membres différents.

(2) La présente directive facilite la fusion transfrontalière des sociétés de capitaux telles qu'elles sont ici définies. La législation des États membres doit autoriser la fusion transfrontalière d'une société de capitaux nationale avec une société de capitaux d'un autre État membre si la législation nationale des États membres concernés permet les fusions entre ces types de sociétés.

(3) Afin de faciliter les opérations de fusion transfrontalière, il convient de prévoir que, à moins que la présente directive n'en dispose autrement, chaque société participant à une fusion transfrontalière, ainsi que chaque tiers concerné, reste soumis aux dispositions et aux formalités de la législation nationale qui serait applicable à une fusion nationale. Il convient qu'aucune des dispositions et formalités de la législation nationale auxquelles il est fait référence dans la présente directive n'introduise de restrictions à la liberté d'établissement ou à la libre circulation des capitaux, à moins que ces restrictions puissent être justifiées conformément à la jurisprudence de la Cour de justice des Communautés européennes, notamment par des exigences d'intérêt général, et qu'elles soient à la fois nécessaires pour satisfaire à de telles exigences impératives et proportionnelles à celles-ci.

---

(1) *JO* C 117 du 30 avr. 2004, p. 43.

(2) Avis du Parlement européen du 10 mai 2005 (non encore paru au *Journal officiel*) et décision du Conseil du 19 septembre 2005.

(4) Le projet commun de fusion transfrontalière doit être élaboré dans les mêmes termes pour chacune des sociétés concernées dans les différents États membres. Il y a lieu dès lors de préciser le contenu minimal de ce projet commun, les sociétés en cause restant libres de se mettre d'accord sur d'autres éléments du projet.

(5) Pour protéger les intérêts tant des associés que des tiers, il est opportun que, pour chacune des sociétés qui fusionnent, tant le projet de fusion transfrontalière que la réalisation de la fusion transfrontalière fassent l'objet d'une publicité via une inscription dans le registre public approprié.

(6) La législation de tous les États membres devrait prévoir l'élaboration, à l'échelon national, d'un rapport sur le projet de fusion transfrontalière par un ou plusieurs experts pour chacune des sociétés qui fusionnent. Pour limiter les frais d'expert dans le cadre d'une fusion transfrontalière, il convient de prévoir la possibilité d'un rapport unique destiné à l'ensemble des associés des sociétés qui participent à une opération de fusion transfrontalière. Le projet commun de fusion transfrontalière doit être approuvé par l'assemblée générale de chacune de ces sociétés.

(7) Pour faciliter les opérations de fusion transfrontalière, il convient de prévoir que le contrôle de l'achèvement et de la légalité du processus décisionnel au sein de chaque société qui fusionne devrait être effectué par l'autorité nationale compétente pour chacune de ces sociétés, alors que le contrôle de l'achèvement et de la légalité de la fusion transfrontalière devrait être effectué par l'autorité nationale compétente pour la société issue de la fusion transfrontalière. L'autorité nationale en question peut être un tribunal, un notaire ou toute autre autorité compétente désignée par l'État membre concerné. La législation nationale en vertu de laquelle la date de prise d'effet de la fusion transfrontalière est déterminée devrait également être précisée; cette législation est celle dont relève la société issue de la fusion transfrontalière.

(8) Pour protéger les intérêts des associés et des tiers, il convient d'indiquer les effets juridiques de la fusion transfrontalière en établissant une distinction selon que la société issue de la fusion est une société absorbante ou une nouvelle société. Dans un souci de sécurité juridique, il convient d'interdire de prononcer la nullité d'une fusion transfrontalière après la date à laquelle la fusion transfrontalière a pris effet.

(9) La présente directive ne préjuge pas de l'application de la législation sur le contrôle des concentrations entre entreprises, tant au niveau communautaire, en vertu du règlement (CE) n° 139/2004 (1), qu'à l'échelon des États membres.

(10) La présente directive n'a pas d'incidence sur la législation communautaire régissant les intermédiaires de crédit et les autres établissements financiers ni sur les règles nationales élaborées ou instaurées en vertu de ladite législation.

(11) La présente directive s'applique sans préjudice des dispositions de la législation d'un État membre qui requièrent des informations relatives au lieu d'implantation de l'administration centrale ou du principal établissement envisagé pour la société issue de la fusion transfrontalière.

(12) Les droits des travailleurs autres que les droits de participation devraient rester organisés conformément aux dispositions nationales visées par la directive 98/

---

(1) Règlement (CE) n° 139/2004 du Conseil du 20 janvier 2004 relatif au contrôle des concentrations entre entreprises (« le règlement CE sur les concentrations ») (*JO* L 24 du 29 janv. 2004, p. 1).

59/CE du Conseil du 20 juillet 1998 relative aux licenciements collectifs (1), la directive 2001/23/CE du Conseil du 12 mars 2001 relative au maintien des droits des travailleurs en cas de transfert d'entreprises, d'établissements ou de parties d'entreprises ou d'établissements (2), la directive 2002/14/CE du Parlement européen et du Conseil du 11 mars 2002 établissant un cadre général relatif à l'information et à la consultation des travailleurs dans la Communauté européenne (3) ainsi que la directive 94/45/CE du Conseil du 22 septembre 1994 concernant l'institution d'un comité d'entreprise européen ou d'une procédure dans les entreprises de dimension communautaire et les groupes d'entreprises de dimension communautaire en vue d'informer et de consulter les travailleurs (4).

(13) Si les travailleurs ont des droits de participation dans une des sociétés qui fusionnent, dans les conditions fixées par la présente directive, et si la législation nationale de l'État membre dans lequel la société issue de la fusion transfrontalière a son siège statutaire ne prévoit pas le même niveau de participation que celui qui s'applique aux sociétés concernées qui fusionnent, y compris au sein des comités du conseil de surveillance ayant des pouvoirs de décision, ou ne prévoit pas que les travailleurs des établissements issus de la fusion transfrontalière peuvent exercer les mêmes droits, la participation des travailleurs dans la société issue de la fusion transfrontalière et leur implication dans la définition de ces droits doivent être réglementées. À cette fin, les principes et modalités prévus dans le règlement (CE) n° 2157/2001 du Conseil du 8 octobre 2001 relatif au statut de la société européenne (SE) (5) et dans la directive 2001/86/CE du Conseil du 8 octobre 2001 complétant le statut de la société européenne pour ce qui concerne l'implication des travailleurs (6) doivent être pris comme base, sous réserve, toutefois, des modifications qui sont jugées nécessaires en raison du fait que la société issue de la fusion relèvera de la législation nationale de l'État membre où elle a son siège statutaire. Les États membres peuvent prendre des dispositions conformément à l'article 3, paragraphe 2, point b), de la directive 2001/86/CE en vue de l'ouverture rapide de négociations en vertu de l'article 16 de la présente directive afin d'éviter de retarder inutilement des fusions.

(14) Afin de déterminer le niveau de participation des travailleurs qui s'applique dans les sociétés concernées dans le cadre de la fusion, il convient de prendre également en compte la proportion des représentants des travailleurs parmi les membres du groupe de direction qui gère les unités chargées d'atteindre des objectifs en termes de profit (profit units) dans ces sociétés, à condition qu'il y ait une représentation des travailleurs.

(15) Étant donné que l'objectif de l'action envisagée, à savoir établir une réglementation comportant des éléments communs applicables au niveau transnational, ne peut pas être réalisé de manière suffisante par les États membres et peut donc, en raison des dimensions et des effets de l'action envisagée, être mieux réalisé au

---

(1) *JO* L 225 du 12 août 1998, p. 16.
(2) *JO* L 82 du 22 mars 2001, p. 16.
(3) *JO* L 80 du 23 mars 2002, p. 29.
(4) *JO* L 254 du 30 sept. 1994, p. 64. Directive modifiée par la directive 97/74/CE (*JO* L 10 du 16 janv. 1998, p. 22).
(5) *JO* L 294 du 10 nov. 2001, p. 1. Règlement modifié par le règlement (CE) n° 885/2004 (*JO* L 168 du 1er mai 2004, p. 1).
(6) *JO* L 294 du 10 nov. 2001, p. 22.

niveau communautaire, la Communauté peut prendre des mesures conformément au principe de subsidiarité consacré à l'article 5 du traité. Conformément au principe de proportionnalité tel qu'énoncé audit article, la présente directive n'excède pas ce qui est nécessaire pour atteindre cet objectif.

(16) Il convient que, conformément au point 34 de l'accord interinstitutionnel « Mieux légiférer » (1), les États membres soient encouragés à établir, pour eux-mêmes et dans l'intérêt de la Communauté, leurs propres tableaux, qui illustrent, dans la mesure du possible, la concordance entre la directive et les mesures de transposition et à les rendre publics,

*Ont arrêté la présente directive :*

## Article premier – Champ d'application

La présente directive s'applique aux fusions de sociétés de capitaux constituées en conformité avec la législation d'un État membre et ayant leur siège statutaire, leur administration centrale ou leur principal établissement à l'intérieur de la Communauté, si deux d'entre elles au moins relèvent de la législation d'États membres différents (fusions ci-après dénommées « fusions transfrontalières »).

## Article 2 – Définitions

Aux fins de la présente directive, on entend par :

1) « société de capitaux », ci-après dénommée « société » :

a) une société telle que visée à l'article 1er de la directive 68/151/CEE (2), ou

b) une société avec un capital social, jouissant de la personnalité juridique, possédant un patrimoine séparé qui répond à lui seul des dettes de la société et soumise par sa législation nationale à des conditions de garanties telles qu'elles sont prévues par la directive 68/151/CEE, pour protéger les intérêts tant des associés que des tiers ;

2. « fusion », l'opération par laquelle :

a) une ou plusieurs sociétés transfèrent, par suite et au moment de leur dissolution sans liquidation, l'ensemble de leur patrimoine, activement et passivement, à une autre société préexistante – la société absorbante –, moyennant l'attribution à leurs associés de titres ou de parts représentatifs du capital social de l'autre société et éventuellement d'une soulte en espèces ne dépassant pas 10 % de la valeur nominale ou, à défaut de valeur nominale, du pair comptable de ces titres ou parts ; ou

b) deux ou plusieurs sociétés transfèrent, par suite et au moment de leur dissolution sans liquidation, l'ensemble de leur patrimoine, activement et passivement, à une société qu'elles constituent – la nouvelle société –, moyennant l'attribution à leurs associés de titres ou de parts représentatifs du capital social de cette nouvelle société et éventuellement d'une soulte en espèces ne dépassant pas 10 % de la valeur nominale ou, à défaut de valeur nominale, du pair comptable de ces titres ou parts ; ou

---

(1) *JO* C 321 du 31 déc. 2003, p. 1.

(2) Première directive 68/151/CEE du Conseil du 9 mars 1968 tendant à coordonner, pour les rendre équivalentes, les garanties qui sont exigées, dans les États membres, des sociétés au sens de l'article 58, deuxième alinéa, du traité, pour protéger les intérêts tant des associés que des tiers (*JO* L 65 du 14 mars 1968, p. 8). Directive modifiée en dernier lieu par l'acte d'adhésion de 2003.

c) une société transfère, par suite et au moment de sa dissolution sans liquidation, l'ensemble de son patrimoine, activement et passivement, à la société qui détient la totalité des titres ou des parts représentatifs de son capital social.

### Article 3 – Autres dispositions concernant le champ d'application

1. Nonobstant l'article 2, point 2), la présente directive s'applique également aux fusions transfrontalières lorsque la législation d'au moins un des États membres concernés permet que le versement de la soulte en espèces visée à l'article 2, point 2), a) et b), dépasse 10 % de la valeur nominale ou, à défaut de valeur nominale, du pair comptable de ces titres ou parts représentant le capital de la société issue de la fusion transfrontalière.

2. Les États membres peuvent décider de ne pas appliquer la présente directive aux fusions transfrontalières auxquelles participe une société coopérative, même dans les cas où cette dernière entre dans la définition de la « société de capitaux » énoncée à l'article 2, point 1).

3. La présente directive ne s'applique pas aux fusions transfrontalières auxquelles participe une société dont l'objet est le placement collectif des capitaux recueillis auprès du public, dont le fonctionnement est soumis au principe de la répartition des risques et dont les parts sont, à la demande des porteurs, rachetées ou remboursées, directement ou indirectement, à charge des actifs de cette société. Est assimilé à de tels rachats ou remboursements le fait pour une société d'agir afin que la valeur de ses parts en Bourse ne s'écarte pas sensiblement de leur valeur d'inventaire nette.

### Article 4 – Conditions liées aux fusions transfrontalières

1. Sauf disposition contraire de la présente directive,

a) les fusions transfrontalières ne sont possibles qu'entre types de sociétés qui peuvent fusionner en vertu de la législation nationale des États membres concernés ; et

b) une société participant à une fusion transfrontalière se conforme aux dispositions et aux formalités de la législation nationale dont elle relève. Lorsque la législation d'un État membre permet à ses autorités nationales de s'opposer, pour des raisons d'intérêt public, à une fusion au niveau national, cette législation s'applique également à une fusion transfrontalière lorsqu'au moins une des sociétés qui fusionnent relève de la législation de cet État membre. La présente disposition ne s'applique pas dans la mesure où l'article 21 du règlement (CE) n° 139/2004 est applicable.

2. Les dispositions et formalités visées au paragraphe 1, point b), concernent en particulier le processus décisionnel relatif à la fusion et, compte tenu de la nature transfrontalière de la fusion, la protection des créanciers des sociétés qui fusionnent, des obligataires et des porteurs de titres ou de parts, ainsi que des travailleurs pour ce qui est des droits autres que ceux régis par l'article 16. Un État membre peut adopter, pour les sociétés participant à une fusion transfrontalière et relevant de sa législation, des dispositions destinées à assurer une protection appropriée aux associés minoritaires qui se sont prononcés contre la fusion transfrontalière.

### Article 5 – Projet commun de fusion transfrontalière

Les organes de direction ou d'administration de chacune des sociétés qui fusionnent établissent un projet commun de fusion transfrontalière qui comprend au moins :

a) la forme, la dénomination et le siège statutaire des sociétés qui fusionnent et ceux envisagés pour la société issue de la fusion transfrontalière ;

b) le rapport d'échange des titres ou des parts représentatifs du capital social et, le cas échéant, le montant de toute soulte en espèces;

c) les modalités d'attribution des titres ou des parts représentatifs du capital social de la société issue de la fusion transfrontalière;

d) les effets probables de la fusion transfrontalière sur l'emploi;

e) la date à partir de laquelle ces titres ou parts représentatifs du capital social donnent le droit de participer aux bénéfices ainsi que toute modalité particulière relative à ce droit;

f) la date à partir de laquelle les opérations des sociétés qui fusionnent sont considérées du point de vue comptable comme accomplies pour le compte de la société issue de la fusion transfrontalière;

g) les droits assurés par la société issue de la fusion transfrontalière aux associés ayant des droits spéciaux et aux porteurs de titres autres que des actions ou des parts représentatifs du capital social ou les mesures proposées à leur égard;

h) tous avantages particuliers attribués aux experts qui examinent le projet de fusion transfrontalière, ainsi qu'aux membres des organes d'administration, de direction, de surveillance ou de contrôle des sociétés qui fusionnent;

i) les statuts de la société issue de la fusion transfrontalière;

j) le cas échéant, des informations sur les procédures selon lesquelles sont fixées, conformément à l'article 16, les modalités relatives à l'implication des travailleurs dans la définition de leurs droits de participation dans la société issue de la fusion transfrontalière;

k) des informations concernant l'évaluation du patrimoine actif et passif transféré à la société issue de la fusion transfrontalière;

l) les dates des comptes des sociétés qui fusionnent utilisés pour définir les conditions de la fusion transfrontalière.

## Article 6 – Publication

1. Pour chacune des sociétés qui fusionnent, le projet commun de fusion transfrontalière est publié selon les modalités prévues par la législation de chaque État membre conformément à l'article 3 de la directive 68/151/CEE, un mois au moins avant la date de l'assemblée générale qui doit se prononcer à ce sujet.

Une société qui fusionne est dispensée de l'obligation de publicité prévue par l'article 3 de la directive 68/151/CEE si, pendant une période continue commençant un mois au moins avant la date fixée pour l'assemblée générale appelée à se prononcer sur le projet commun de fusion transfrontalière et ne s'achevant pas avant la fin de cette assemblée, elle met gratuitement à la disposition du public ledit projet de fusion sur son site internet. Les États membres ne soumettent pas cette dispense à d'autres exigences ou contraintes que celles qui sont nécessaires pour garantir la sécurité du site internet et l'authenticité des documents et ils ne peuvent imposer de telles exigences ou contraintes que dans la mesure où elles sont proportionnées à la réalisation de ces objectifs.

Par dérogation au deuxième alinéa, les États membres peuvent exiger que la publicité soit assurée au moyen de la plate-forme électronique centrale visée à l'article 3, paragraphe 4, de la directive 68/151/CEE. Les États membres peuvent, en tant que méthode de remplacement, demander que cette publicité soit effectuée sur un autre site internet désigné par eux à cet effet. Lorsqu'ils ont recours à l'une de ces possibilités, les États membres veillent à ce qu'il ne soit pas demandé aux sociétés d'acquitter des frais spécifiques pour cette publicité.

En cas d'utilisation d'un autre site internet que la plate-forme électronique centrale, une référence permettant d'accéder à ce site internet est publiée sur la plate-forme électronique centrale, au moins un mois avant la date fixée pour l'assemblée générale. Ladite référence inclut la date de publication du projet commun de fusion transfrontalière sur le site internet et est accessible gratuitement au public. Il n'est pas demandé aux sociétés d'acquitter des frais spécifiques pour cette publicité.

L'interdiction de demander aux sociétés d'acquitter des frais spécifiques pour la publicité, prévue aux troisième et quatrième alinéas, ne porte pas atteinte à la faculté qu'ont les États membres de répercuter sur les sociétés les coûts liés à la plate-forme électronique centrale.

Les États membres peuvent exiger des sociétés qu'elles maintiennent ces informations, pendant une certaine période après l'assemblée générale, sur leur site internet ou, le cas échéant, sur la plate-forme électronique centrale ou l'autre site internet désigné par l'État membre concerné. Les États membres peuvent déterminer les conséquences d'une interruption temporaire, pour des raisons techniques ou autres, de l'accès au site internet ou à la plate-forme électronique centrale.

2. Pour chacune des sociétés qui fusionnent et sous réserve des exigences supplémentaires imposées par l'État membre auxquelles la société concernée est soumise, les indications suivantes sont publiées dans le bulletin national de cet État membre :

a) la forme, la dénomination et le siège statutaire de chaque société qui fusionne;

b) le registre auprès duquel les actes visés à l'article 3, paragraphe 2, de la directive 68/151/CEE ont été déposés pour chacune des sociétés qui fusionnent ainsi que le numéro d'inscription dans ce registre;

c) une indication, pour chacune des sociétés qui fusionnent, des modalités d'exercice des droits des créanciers et, le cas échéant, des associés minoritaires des sociétés qui fusionnent ainsi que l'adresse à laquelle peut être obtenue, sans frais, une information exhaustive sur ces modalités.

## Article 7 – Rapport de l'organe de direction ou d'administration

L'organe de direction ou d'administration de chacune des sociétés qui fusionnent établit un rapport à l'intention des associés expliquant et justifiant les aspects juridiques et économiques de la fusion transfrontalière et expliquant les conséquences de cette fusion transfrontalière pour les associés, les créanciers et les salariés.

Le rapport est mis à la disposition des associés et des représentants du personnel ou, s'il n'en existe pas, des salariés eux-mêmes au plus tard un mois avant la date de l'assemblée générale visée à l'article 9.

Si l'organe de direction ou d'administration de l'une ou de l'autre des sociétés qui fusionnent reçoit à temps un avis émis en vertu du droit national par les représentants de ses salariés, cet avis est annexé au rapport.

## Article 8 – Rapport de l'expert indépendant

1. Un rapport d'expert indépendant destiné aux associés et disponible un mois au moins avant la date de la réunion de l'assemblée générale visée à l'article 9 est établi pour chaque société qui fusionne. En fonction de la législation de chaque État membre, ces experts peuvent être des personnes physiques ou morales.

2. En lieu et place des experts agissant pour le compte de chacune des sociétés qui fusionnent, un ou plusieurs experts indépendants, désignés à cet effet sur demande conjointe de ces sociétés par une autorité judiciaire ou administrative de l'État membre dont relève l'une des sociétés qui fusionnent ou la société issue de la fusion

transfrontalière, ou agréés par une telle autorité, peuvent examiner le projet de fusion transfrontalière et établir un rapport écrit unique destiné à l'ensemble des associés.

3. Le rapport d'expert contient au moins les mentions prévues à l'article 10, paragraphe 2, de la directive 78/855/CEE du Conseil du 9 octobre 1978 concernant les fusions des sociétés anonymes (1). Les experts sont habilités à demander à chacune des sociétés qui fusionnent toutes les informations qu'ils jugent nécessaires dans l'exécution de leurs fonctions.

4. Ni un examen du projet de fusion transfrontalière par des experts indépendants ni un rapport d'expert ne sont requis si tous les associés de chacune des sociétés participant à la fusion transfrontalière en ont ainsi décidé.

### Article 9 – Approbation par l'assemblée générale

1. Après avoir pris connaissance des rapports visés aux articles 7 et 8, l'assemblée générale de chacune des sociétés qui fusionnent se prononce sur l'approbation du projet commun de fusion transfrontalière.

2. L'assemblée générale de chacune des sociétés qui fusionnent peut subordonner la réalisation de la fusion transfrontalière à la condition qu'elle entérine expressément les modalités décidées pour la participation des travailleurs dans la société issue de la fusion transfrontalière.

3. La législation d'un État membre peut ne pas imposer l'approbation de la fusion par l'assemblée générale de la société absorbante si les conditions prévues à l'article 8 de la directive 78/855/CEE sont remplies.

### Article 10 – Certificat préalable à la fusion

1. Chaque État membre désigne le tribunal, le notaire ou toute autre autorité compétente pour contrôler la légalité de la fusion transfrontalière pour la partie de la procédure relative à chacune des sociétés qui fusionnent et qui relèvent de sa législation nationale.

2. Dans chaque État membre concerné, l'autorité visée au paragraphe 1 délivre sans délai à chaque société qui fusionne et qui relève de sa législation nationale un certificat attestant de façon incontestable l'accomplissement correct des actes et des formalités préalables à la fusion.

3. Si le droit d'un État membre dont relève une société qui fusionne prévoit une procédure permettant d'analyser et de modifier le rapport d'échange des titres ou des parts, ou une procédure visant à indemniser les associés minoritaires, sans empêcher l'immatriculation de la fusion transfrontalière, cette procédure ne s'applique que si les autres sociétés qui fusionnent et qui sont situées dans un État membre ne prévoyant pas ce type de procédure acceptent explicitement, lorsqu'elles approuvent le projet de fusion transfrontalière conformément à l'article 9, paragraphe 1, la possibilité offerte aux associés de cette société qui fusionne d'avoir recours auxdites procédures à engager auprès du tribunal compétent pour cette société qui fusionne. Dans ce cas, l'autorité visée au paragraphe 1 peut délivrer le certificat visé au paragraphe 2, même si une procédure de ce type est engagée. Le certificat doit cependant indiquer que la procédure est en cours. La décision prise à l'issue de la procédure lie la société issue de la fusion transfrontalière et l'ensemble de ses associés.

(1) *JO* L 295 du 20 oct. 1978, p. 36. Directive modifiée en dernier lieu par l'acte d'adhésion de 2003.

### Article 11 – Contrôle de la légalité de la fusion transfrontalière

1. Chaque État membre désigne le tribunal, le notaire ou toute autre autorité compétente pour contrôler la légalité de la fusion transfrontalière pour la partie de la procédure relative à la réalisation de la fusion transfrontalière et, le cas échéant, à la constitution d'une nouvelle société issue de la fusion transfrontalière lorsque la société issue de la fusion transfrontalière relève de sa législation nationale. L'autorité en question contrôle en particulier que les sociétés qui fusionnent ont approuvé le projet commun de fusion transfrontalière dans les mêmes termes et, le cas échéant, que les modalités relatives à la participation des travailleurs ont été fixées conformément à l'article 16.

2. À cette fin, chaque société qui fusionne remet à l'autorité visée au paragraphe 1 le certificat prévu à l'article 10, paragraphe 2, dans un délai de six mois à compter de sa délivrance, ainsi que le projet commun de fusion transfrontalière, approuvé par l'assemblée générale visée à l'article 9.

### Article 12 – Prise d'effet de la fusion transfrontalière

La législation de l'État membre dont relève la société issue de la fusion transfrontalière détermine la date à laquelle la fusion transfrontalière prend effet. Cette date doit être postérieure à l'exécution des contrôles visés à l'article 11.

### Article 13 – Immatriculation

La législation de chacun des États membres dont relevaient les sociétés qui fusionnent détermine, en ce qui concerne le territoire de cet État et conformément à l'article 3 de la directive 2009/101/CE du Parlement européen et du Conseil du 16 septembre 2009 tendant à coordonner, pour les rendre équivalentes, les garanties qui sont exigées, dans les États membres, des sociétés au sens de l'article 54, deuxième alinéa, du traité, pour protéger les intérêts tant des associés que des tiers (1), les modalités de la publicité de la réalisation de la fusion transfrontalière dans le registre public auprès duquel chacune de ces sociétés était tenue de procéder au dépôt des actes.

Le registre destiné à l'immatriculation de la société issue de la fusion transfrontalière notifie sans délai au registre auprès duquel chacune des sociétés était tenue de procéder au dépôt des actes, au moyen du système d'interconnexion des registres centraux, du commerce et des sociétés établi conformément à l'article 4 *bis*, paragraphe 2, de la directive 2009/101/CE, que la fusion transfrontalière a pris effet. La radiation de l'ancienne immatriculation s'effectue, s'il y a lieu, dès réception de la notification, mais pas avant.

### Article 14 – Effets de la fusion transfrontalière

1. La fusion transfrontalière réalisée conformément à l'article 2, point 2), a) et c), entraîne, à partir de la date visée à l'article 12, les effets suivants :

a) l'ensemble du patrimoine actif et passif de la société absorbée est transféré à la société absorbante ;

---

(1) *JO* L 258 du 1er oct. 2009, p. 11.

*Note :* le titre de la directive 2009/101/CE a été aménagé pour tenir compte de la renumérotation des articles du traité instituant la Communauté européenne, conformément à l'article 5 du traité de Lisbonne ; il comportait à l'origine la mention de l'article 48, deuxième alinéa, du traité.

b) les associés de la société absorbée deviennent associés de la société absorbante;

c) la société absorbée cesse d'exister.

2. La fusion transfrontalière réalisée conformément à l'article 2, point 2) b), entraîne, à partir de la date visée à l'article 12, les effets suivants :

a) l'ensemble du patrimoine actif et passif des sociétés qui fusionnent est transféré à la nouvelle société;

b) les associés des sociétés qui fusionnent deviennent associés de la nouvelle société;

c) les sociétés qui fusionnent cessent d'exister.

3. Lorsque la législation des États membres requiert, en cas de fusion transfrontalière de sociétés visées par la présente directive, des formalités particulières pour l'opposabilité aux tiers du transfert de certains biens, droits et obligations apportés par les sociétés qui fusionnent, ces formalités sont accomplies par la société issue de la fusion transfrontalière.

4. Les droits et obligations des sociétés qui fusionnent résultant de contrats de travail ou de relations de travail et existant à la date à laquelle la fusion transfrontalière prend effet sont transmis, du fait de la prise d'effet de cette fusion transfrontalière, à la société issue de la fusion transfrontalière à la date de prise d'effet de la fusion transfrontalière.

5. Aucune part détenue dans la société absorbante ne peut être échangée contre des parts détenues dans la société absorbée :

a) soit par la société absorbante elle-même ou par l'intermédiaire d'une personne agissant en son nom propre mais pour le compte de la société;

b) soit par la société absorbée elle-même ou par l'intermédiaire d'une personne agissant en son nom propre mais pour le compte de la société.

## Article 15 – Formalités simplifiées

1. Lorsqu'une fusion transfrontalière par absorption est réalisée par une société qui détient toutes les parts et tous les autres titres conférant un droit de vote aux assemblées générales de la société ou des sociétés absorbées :

– les dispositions de l'article 5, points b), c) et e), de l'article 8, et de l'article 14, paragraphe 1, point b), ne s'appliquent pas,

– les dispositions de l'article 9, paragraphe 1, ne s'appliquent pas à la société ou aux sociétés absorbées.

2. Lorsqu'une fusion transfrontalière par absorption est réalisée par une société qui détient au moins 90 %, mais pas la totalité, des parts et des autres titres conférant un droit de vote aux assemblées générales de la société ou des sociétés absorbées, les rapports d'un expert indépendant ou des experts indépendants et les documents nécessaires pour le contrôle sont exigés uniquement dans la mesure où ils sont requis par la législation nationale dont relèvent la société absorbante ou la ou les sociétés absorbées, conformément à la directive 78/855/CEE.

## Article 16 – Participation des travailleurs

1. Sans préjudice du paragraphe 2, la société issue de la fusion transfrontalière est soumise aux règles éventuelles relatives à la participation des travailleurs qui sont en vigueur dans l'État membre où son siège statutaire est établi.

2. Toutefois, les règles éventuelles relatives à la participation des travailleurs qui sont en vigueur dans l'État membre où le siège statutaire de la société issue de la fusion est situé ne s'appliquent pas, si au moins une des sociétés qui fusionnent

emploie, pendant la période de six mois précédant la publication du projet de fusion transfrontalière tel que visé à l'article 6, un nombre moyen de travailleurs supérieur à cinq cents et est gérée selon un régime de participation des travailleurs au sens de l'article 2, point k), de la directive 2001/86/CE, ou si la législation nationale applicable à la société issue de la fusion transfrontalière :

a) ne prévoit pas au moins le même niveau de participation des travailleurs que celui qui s'applique aux sociétés concernées dans le cadre de la fusion, mesuré en fonction de la proportion des représentants des travailleurs parmi les membres du conseil d'administration, du conseil de surveillance, de leurs comités ou du groupe de direction qui gère les unités chargées d'atteindre des objectifs en termes de profit dans ces sociétés, à condition qu'il y ait une représentation des travailleurs; ou

b) ne prévoit pas que les travailleurs des établissements de la société issue de la fusion transfrontalière situés dans d'autres États membres peuvent exercer les mêmes droits de participation que ceux dont bénéficient les travailleurs employés dans l'État membre où le siège statutaire de la société issue de la fusion transfrontalière est établi.

3. Dans les cas visés au paragraphe 2, la participation des travailleurs dans la société issue de la fusion transfrontalière et leur implication dans la définition des droits y afférents sont réglementées par les États membres, *mutatis mutandis* et sous réserve des paragraphes 4 à 7, conformément aux principes et aux modalités prévus à l'article 12, paragraphes 2, 3 et 4, du règlement (CE) n° 2157/2001 et aux dispositions suivantes de la directive 2001/86/CE :

a) article 3, paragraphes 1, 2 et 3, paragraphe 4, premier alinéa, premier tiret, et deuxième alinéa, paragraphes 5 et 7;

b) article 4, paragraphe 1, paragraphe 2, points a), g) et h), et paragraphe 3;

c) article 5;

d) article 6;

e) article 7, paragraphe 1, paragraphe 2, premier alinéa, point b), et deuxième alinéa, et paragraphe 3. Toutefois, aux fins de la présente directive, les pourcentages requis au titre de l'article 7, paragraphe 2, premier alinéa, point b), de la directive 2001/86/CE pour l'application des dispositions de référence prévues dans la partie 3 de l'annexe de cette directive sont portés de 25 % à 33 1/3 %;

f) articles 8, 10 et 12;

g) article 13, paragraphe 4;

h) annexe, partie 3, point b).

4. Lorsqu'ils réglementent les principes et les procédures visés au paragraphe 3, les États membres :

a) accordent aux organes compétents des sociétés participant à la fusion le droit de choisir sans négociation préalable d'être directement soumis aux dispositions de référence relatives à la participation visées au paragraphe 3, point h), telles que fixées par la législation de l'État membre dans lequel le siège statutaire de la société issue de la fusion transfrontalière sera établi, et de respecter ces dispositions à compter de la date d'immatriculation;

b) accordent à l'organe spécial de négociation le droit de décider, à la majorité des deux tiers de ses membres représentant au moins deux tiers des travailleurs, y compris les voix des membres représentant les travailleurs dans au moins deux États membres différents, de ne pas ouvrir de négociations, ou de mettre fin aux négociations déjà engagées, et de se fonder sur les règles de participation qui sont en vigueur dans l'État membre où le siège statutaire de la société issue de la fusion transfrontalière sera établi;

c) peuvent, lorsque, à la suite de négociations préalables, les dispositions de référence relatives à la participation s'appliquent et nonobstant ces dispositions, décider de limiter la proportion de représentants des travailleurs au sein du conseil d'administration de la société issue de la fusion transfrontalière. Toutefois, si, dans l'une des sociétés qui fusionnent, les représentants des travailleurs constituent au moins un tiers de membres du conseil d'administration ou de surveillance, cette limitation ne peut jamais avoir pour effet que la proportion de représentants des travailleurs au sein de l'organe d'administration soit inférieure à un tiers.

5. L'extension des droits de participation aux travailleurs de la société issue de la fusion transfrontalière employés dans d'autres États membres, visée au paragraphe 2, point b), n'entraîne aucune obligation pour les États membres qui ont fait ce choix de prendre ces travailleurs en compte dans le calcul des seuils d'effectifs qui donnent lieu aux droits de participation en vertu de la législation nationale.

6. Si au moins une des sociétés qui fusionnent est gérée selon un régime de participation des travailleurs et si la société issue de la fusion transfrontalière est régie par un tel système conformément aux règles visées au paragraphe 2, cette dernière prend obligatoirement une forme juridique permettant l'exercice des droits de participation.

7. Lorsque la société issue de la fusion transfrontalière est gérée selon un régime de participation des travailleurs, cette société est tenue de prendre des mesures pour faire en sorte que les droits en matière de participation des travailleurs soient protégés en cas de fusions nationales ultérieures pendant un délai de trois ans après que la fusion transfrontalière a pris effet, en appliquant *mutatis mutandis* les règles fixées dans le présent article.

### Article 17 – Validité

La nullité d'une fusion transfrontalière ayant pris effet conformément à l'article 12 ne peut être prononcée.

### Article 17 *bis* – Protection des données

Le traitement des données à caractère personnel effectué dans le contexte de la présente directive est soumis aux dispositions de la directive 95/46/CE du Parlement européen et du Conseil du 24 octobre 1995 relative à la protection des personnes physiques à l'égard du traitement des données à caractère personnel et à la libre circulation de ces données (1).

### Article 18 – Révision

Cinq ans après la date prévue à l'article 19, premier alinéa, la Commission révise la présente directive à la lumière de l'expérience acquise dans son application et, si nécessaire, propose sa modification.

### Article 19 – Transposition

Les États membres mettent en vigueur les dispositions législatives, réglementaires et administratives nécessaires pour se conformer à la présente directive avant le 15 décembre 2007.

---

(1) *JO* L 281 du 23 nov. 1995, p. 31.

Lorsque les États membres adoptent ces dispositions, celles-ci contiennent une référence à la présente directive ou sont accompagnées d'une telle référence lors de leur publication officielle. Les modalités de cette référence sont arrêtées par les États membres.

### Article 20 – Entrée en vigueur

La présente directive entre en vigueur le vingtième jour suivant celui de sa publication au *Journal officiel de l'Union européenne*.

### Article 21 – Destinataires

Les États membres sont destinataires de la présente directive.

## 37 Directive 2006/115/CE du Parlement européen et du Conseil du 12 décembre 2006 relative au droit de location et de prêt et à certains droits voisins du droit d'auteur dans le domaine de la propriété intellectuelle

Non reproduite. Consultable sur :
http://europa.eu/eu-law/legislation/index_fr.htm

## 38 Directive 2006/116/CE du Parlement européen et du Conseil du 12 décembre 2006 relative à la durée de protection du droit d'auteur et de certains droits voisins

Non reproduite. Consultable sur :
http://europa.eu/eu-law/legislation/index_fr.htm

## 39 Directive 2006/123/CE du Parlement européen et du Conseil du 12 décembre 2006 relative aux services dans le marché intérieur

Extrait reproduit : article 3

Consultable sur :
http://europa.eu/eu-law/legislation/index_fr.htm

### Article 3 – Relation avec les autres dispositions du droit communautaire

1. Si les dispositions de la présente directive sont en conflit avec une disposition d'un autre acte communautaire régissant des aspects spécifiques de l'accès à une activité de services ou à son exercice dans des secteurs spécifiques ou pour des professions spécifiques, la disposition de l'autre acte communautaire prévaut et s'applique à ces secteurs ou professions spécifiques. Ces actes incluent :

a) la directive 96/71/CE;

b) le règlement (CEE) n° 1408/71;

c) la directive 89/552/CEE du Conseil du 3 octobre 1989 visant à la coordination de certaines dispositions législatives, réglementaires et administratives des États membres relatives à l'exercice d'activités de radiodiffusion télévisuelle [23];

d) la directive 2005/36/CE.

2. La présente directive ne porte pas sur les règles du droit international privé, en particulier les règles régissant le droit applicable aux obligations contractuelles et non contractuelles, y compris celles garantissant que les consommateurs bénéficient de la protection que leur accordent les règles de protection des consommateurs contenues dans la législation de la consommation en vigueur dans leur État membre.

3. Les États membres appliquent les dispositions de la présente directive conformément aux règles du traité régissant le droit d'établissement et la libre circulation des services.

# 40 Directive 2008/43/CU du Parlement et du Conseil du 23 avril 2008 concernant les contrats de crédit aux consommateurs et abrogeant la directive 87/102/CEE du Conseil

Extrait reproduit : article 22

Consultable sur :
http://europa.eu/eu-law/legislation/index_fr.htm

## Article 22 – Harmonisation et caractère impératif de la présente directive

1. Dans la mesure où la présente directive contient des dispositions harmonisées, les États membres ne peuvent maintenir ou introduire dans leur droit national d'autres dispositions que celles établies par la présente directive.

2. Les États membres veillent à ce que le consommateur ne puisse renoncer aux droits qui lui sont conférés en vertu des dispositions du droit national qui mettent en œuvre la présente directive ou qui lui correspondent.

3. Les États membres veillent, en outre, à ce que les dispositions qu'ils adoptent pour la mise en œuvre de la présente directive ne puissent être contournées par le biais du libellé des contrats, notamment en intégrant des prélèvements ou des contrats de crédit relevant du champ d'application de la présente directive dans des contrats de crédit dont le caractère ou le but permettrait d'éviter l'application de celle-ci.

4. Les États membres prennent les mesures nécessaires pour faire en sorte que le consommateur ne soit pas privé de la protection accordée par la présente directive du fait que la loi choisie pour régir le contrat de crédit serait celle d'un pays tiers, si le contrat de crédit présente un lien étroit avec le territoire d'un ou plusieurs États membres.

# 41 Directive 2008/95/CE du Parlement européen et du Conseil du 22 octobre 2008 rapprochant les législations des États membres sur les marques

Non reproduite. Consultable sur :
http://europa.eu/eu-law/legislation/index_fr.htm

## 42 Directive 2008/122/CE du Parlement européen et du Conseil du 14 janvier 2009 relative à la protection des consommateurs en ce qui concerne certains aspects des contrats d'utilisation de biens à temps partagé, des contrats de produits de vacances à long terme et des contrats de revente et d'échange

Extrait reproduit : article 12

Consultable sur :
http://europa.eu/eu-law/legislation/index_fr.htm

### Article 12 – Caractère impératif de la directive et application dans des cas ayant un caractère international

1. Lorsque la loi applicable au contrat est la loi d'un État membre, les États membres veillent à ce que le consommateur ne puisse renoncer aux droits qui lui sont conférés par la présente directive.

2. Lorsque la loi applicable est celle d'un pays tiers, le consommateur ne peut être privé de la protection accordée par la présente directive, telle qu'appliquée dans l'État membre du for si :

– l'un des biens immobiliers concernés est situé sur le territoire d'un État membre, ou

– dans le cas d'un contrat qui n'est pas directement lié à un bien immobilier, le professionnel exerce une activité commerciale ou professionnelle dans un État membre ou, de quelque manière que ce soit, dirige cette activité vers un État membre et que le contrat rentre dans le cadre de cette activité.

## 43 Directive 2009/103/CE du Parlement européen et du Conseil du 16 septembre 2009 concernant l'assurance de la responsabilité civile résultant de la circulation de véhicules automoteurs et le contrôle de l'obligation d'assurer cette responsabilité

Non reproduite. Consultable sur :
http://europa.eu/eu-law/legislation/index_fr.htm

## 44 Directive 2009/138/CE du Parlement européen et du Conseil du 25 novembre 2009 sur l'accès aux activités de l'assurance et de la réassurance et leur exercice (solvabilité II)

Non reproduite. Consultable sur :
http://europa.eu/eu-law/legislation/index_fr.htm

## 45 Directive 2011/83/UE du Parlement européen et du Conseil du 25 octobre 2011 relative aux droits du consommateur, modifiant la directive 93/13/CEE du Conseil et la directive 1999/44/CE du Parlement européen et du Conseil et abrogeant la directive 85/577/CUU du Conseil et la directive 97/7/CE du Parlement européen et du Conseil

Extrait reproduit : considérant 10 et article 25

Consultable sur :
http://europa.eu/eu-law/legislation/index_fr.htm

(Considérant 10) La présente directive devrait s'entendre sans préjudice du règlement (CE) n° 593/2008 du Parlement européen et du Conseil du 17 juin 2008 sur la loi applicable aux obligations contractuelles (Rome I)

### Article 25 – Caractère impératif de la directive

Si le droit applicable au contrat est le droit d'un État membre, le consommateur ne peut renoncer aux droits qui lui sont conférés par les dispositions nationales transposant la présente directive.

Toute clause contractuelle qui, d'une manière directe ou indirecte, écarte ou limite les droits découlant de la présente directive ne lie pas le consommateur.

# III – Décision

## 46 Décision n° 2001/470/CE du Conseil du 28 mai 2001 relative à la création d'un réseau judiciaire européen en matière civile et commerciale




(*JO* L 174 du 27 juin 2001, p. 25)

*Modifiée par :*

Décision n° 568/2009/CE du Parlement européen et du Conseil du 18 juin 2009


*Le Conseil de l'Union européenne,*

Vu le traité instituant la Communauté européenne, et notamment son article 61, points c) et d), son article 66 et son article 67, paragraphe 1,

Vu la proposition de la Commission (1),

Vu l'avis du Parlement européen (2),

Vu l'avis du Comité économique et social (3),

Considérant ce qui suit :

(1) L'Union européenne s'est donné pour objectif de se maintenir et de se développer comme un espace de liberté, de sécurité et de justice au sein duquel est assurée la libre circulation des personnes.

(2) La mise en place progressive de cet espace, ainsi que le bon fonctionnement du marché intérieur, exigent d'améliorer, de simplifier et d'accélérer la coopération judiciaire effective entre les États membres dans les matières civiles et commerciales.

(3) Le plan d'action du Conseil et de la Commission concernant les modalités optimales de mise en œuvre des dispositions du traité d'Amsterdam relatives à l'établissement d'un espace de liberté, de sécurité et de justice (4), qui a été adopté par le Conseil le 3 décembre 1998 et approuvé par le Conseil européen de Vienne des 11 et 12 décembre 1998, reconnaît que le renforcement de la coopération judiciaire en

---

(1) *JO* C 29 E du 30 janv. 2001, p. 281.

(2) Avis rendu le 5 avril 2001 (non encore paru au *Journal officiel*).

(3) *JO* C 139 du 11 mai 2001, p. 6.

(4) *JO* C 19 du 23 janv. 1999, p. 1.

matière civile représente une étape fondamentale dans la création d'un espace judiciaire européen au bénéfice tangible du citoyen de l'Union européenne.

(4) Une des mesures prévues au point 40, du plan d'action dans un délai de deux ans est d'examiner la possibilité d'étendre aux procédures civiles et commerciales le principe du réseau judiciaire européen en matière pénale.

(5) Dans les conclusions de sa réunion spéciale tenue à Tampere les 15 et 16 octobre 1999, le Conseil européen a recommandé la création d'un système d'information facile d'accès, dont l'entretien et la mise à jour seraient assurés par un réseau d'autorités nationales compétentes.

(6) Pour parvenir à améliorer, simplifier et accélérer la coopération judiciaire effective entre les États membres dans les matières civiles et commerciales, il est nécessaire de créer au niveau de la Communauté européenne une structure de coopération en réseau, à savoir le réseau judiciaire européen en matière civile et commerciale.

(7) Cette matière relève des mesures visées aux articles 65 et 66 du traité qui doivent être adoptées conformément à l'article 67.

(8) Afin d'assurer la réalisation des objectifs du réseau judiciaire européen en matière civile et commerciale, il est nécessaire que les règles concernant sa création soient établies par un instrument juridique communautaire contraignant.

(9) Étant donné que les objectifs de la présente décision, à savoir l'amélioration de la coopération judiciaire entre les États membres ainsi que l'accès effectif à la justice des personnes confrontées à des litiges transfrontières, ne peuvent être réalisés de manière suffisante par les États membres et ne peuvent donc être réalisés qu'au niveau communautaire, la Communauté peut prendre des mesures, conformément au principe de subsidiarité consacré à l'article 5 du traité. Conformément au principe de proportionnalité tel qu'énoncé audit article du traité, la présente décision n'excède pas ce qui est nécessaire pour atteindre ces objectifs.

(10) Le réseau judiciaire européen en matière civile et commerciale créé par la présente décision vise à faciliter la coopération judiciaire entre les États membres en matière civile et commerciale, tant dans les domaines couverts par des instruments en vigueur que dans ceux où aucun instrument n'est encore applicable.

(11) Dans certains domaines spécifiques, des actes communautaires et des instruments internationaux relatifs à la coopération judiciaire en matière civile et commerciale prévoient déjà certains mécanismes de coopération. Le réseau judiciaire européen en matière civile et commerciale n'a pas pour but de remplacer ces mécanismes, et doit opérer dans le plein respect de ceux-ci. La présente décision s'appliquent en conséquence sans préjudice des actes communautaires ou des instruments internationaux relatifs à la coopération judiciaire en matière civile ou commerciale.

(12) Il y a lieu de mettre en place le réseau judiciaire européen en matière civile et commerciale de manière progressive, et sur la base de la collaboration la plus étroite entre la Commission et les États membres. Il y a également lieu qu'il profite des possibilités offertes par les technologies modernes de communication et d'information.

(13) Pour atteindre ses objectifs, il est nécessaire que le réseau judiciaire européen en matière civile et commerciale s'appuie sur des points de contact nommés par les États membres, ainsi qu'il soit assuré de la participation de leurs autorités ayant des responsabilités spécifiques dans le domaine de la coopération judiciaire en matière civile et commerciale. Des contacts entre eux et des réunions périodiques sont indispensables au fonctionnement du Réseau.

(14) Il est essentiel que les efforts pour la création d'un espace de liberté, de sécurité et de justice aboutissent à des bénéfices tangibles pour les personnes confrontées à des litiges transfrontières. Il est par conséquent nécessaire que le réseau judiciaire européen en matière civile et commerciale s'efforce également de favoriser l'accès à la justice. À cette fin, et grâce aux informations communiquées et actualisées par les points de contact, le réseau met en place de manière progressive un système d'information destiné au public, tant au grand public qu'aux spécialistes.

(15) La présente décision n'exclut pas la mise à disposition, à l'intérieur du réseau judiciaire européen en matière civile et commerciale ou à destination du public, d'autres informations que celles qu'elle mentionne. Par conséquent, les mentions faites dans le titre III ne doivent pas être considérées comme exhaustives.

(16) Le traitement des informations et des données se fait conformément à la directive 95/46/CE du Parlement européen et du Conseil du 24 octobre 1995 relative à la protection des personnes physiques à l'égard du traitement des données à caractère personnel et à la libre circulation de ces données (1), et à la directive 97/66/CE du Parlement européen et du Conseil du 15 décembre 1997 concernant le traitement des données à caractère personnel et la protection de la vie privée dans le secteur des télécommunications (2).

(17) Afin de s'assurer que le réseau judiciaire européen en matière civile et commerciale reste un instrument efficace, incorpore les meilleures pratiques en matière de coopération judiciaire et de fonctionnement interne, et réponde aux attentes du public, il y a lieu de prévoir des évaluations périodiques du système, en vue de proposer, le cas échéant, les modifications nécessaires.

(18) En conformité avec l'article 3 du protocole sur la position du Royaume-Uni et de l'Irlande, annexé au traité sur l'Union européenne et au traité instituant la Communauté européenne, ces États ont notifié leur souhait de participer à l'adoption et à l'application de la présente décision.

(19) En conformité avec les articles 1er et 2 du protocole sur la position du Danemark, annexé au traité sur l'Union européenne et au traité instituant la Communauté européenne, cet État ne participe pas à l'adoption de la présente décision, laquelle, par conséquent, ne le lie pas et n'est pas applicable à son égard.

*A arrêté la présente décision :*

## TITRE PREMIER
## PRINCIPES DU RÉSEAU JUDICIAIRE EUROPÉEN EN MATIÈRE CIVILE ET COMMERCIALE

### Article premier – Création

1. Un réseau judiciaire européen en matière civile et commerciale, ci-après dénommé « le réseau » est créé entre les États membres.

2. Dans la présente décision, les termes « États membres » signifient les États membres à l'exception du Danemark.

---

(1) *JO* L 281 du 23 nov. 1995, p. 31.
(2) *JO* L 24 du 30 janv. 1998, p. 1.

## Article 2 – Composition

1. Le réseau est composé :

a) des points de contact désignés par les États membres, conformément au paragraphe 2;

b) des instances et des autorités centrales prévues dans des actes communautaires, des instruments internationaux auxquels les États membres sont parties ou des règles de droit interne dans le domaine de la coopération judiciaire en matière civile et commerciale;

c) des magistrats de liaison, visés par l'action commune 96/277/JAI du 22 avril 1996 concernant un cadre d'échange de magistrats de liaison visant à l'amélioration de la coopération judiciaire entre les États membres de l'Union européenne (1), ayant des responsabilités dans le domaine de la coopération judiciaire en matière civile et commerciale;

d) le cas échéant, de toute autre autorité judiciaire ou administrative ayant des responsabilités dans le domaine de la coopération judiciaire en matière civile et commerciale et dont l'appartenance au réseau est jugée utile par son État membre d'appartenance;

e) des ordres professionnels représentant au plan national dans les États membres les professionnels du droit concourant directement à l'application des actes communautaires et des instruments internationaux relatifs à la coopération judiciaire en matière civile et commerciale.

2. Chaque État membre désigne un point de contact. Chaque État membre peut toutefois désigner un nombre limité d'autres points de contact, s'il l'estime nécessaire en fonction de l'existence de systèmes juridiques différents, de la répartition interne des compétences, des missions qui seront confiées à ces points de contact, ou afin d'associer directement aux travaux des points de contact des organes judiciaires traitant fréquemment de litiges transfrontières.

Lorsqu'un État membre désigne plusieurs points de contact, il assure le fonctionnement de mécanismes de coordination appropriés entre eux.

Si le point de contact désigné en vertu du présent paragraphe n'est pas un juge, l'État membre concerné s'assure de l'établissement de liens effectifs avec les autorités judiciaires nationales. À cette fin, un État membre peut désigner un juge pour assurer cette fonction. Ce juge est membre du réseau.

2 *bis*. Les États membres s'assurent que les points de contact disposent de moyens suffisants et appropriés en personnel, en ressources et en moyens modernes de communication, pour remplir correctement leurs missions de points de contact.

3. Les États membres identifient les autorités mentionnées aux points b) et c) du paragraphe 1.

4. Les États membres désignent les autorités mentionnées au point d) du paragraphe 1.

4 *bis*. Les États membres déterminent les ordres professionnels visés au paragraphe 1, point e). À cette fin, ils recueillent l'accord des ordres professionnels concernés sur leur participation au réseau.

---

(1) *JO* L 105 du 27 avr. 1996, p. 1.

Lorsqu'il existe dans un État membre plusieurs ordres professionnels représentatifs d'une profession juridique, il appartient à cet État membre d'assurer une représentation appropriée de la profession concernée auprès du réseau.

5. Les États membres communiquent à la Commission, conformément à l'article 20, les noms et les adresses complètes des autorités visées aux paragraphes 1 et 2 du présent article, avec l'indication :

a) des moyens de communication dont ils disposent;

b) de leurs connaissances linguistiques, et

c) le cas échéant, de leurs fonctions particulières au sein du réseau, y compris, lorsqu'il y a plusieurs points de contact, leurs attributions respectives.

## Article 3 – Missions et activités du réseau

1. Le réseau a pour mission de :

a) faciliter la coopération judiciaire entre les États membres en matière civile et commerciale, et notamment de concevoir, mettre en place de manière progressive, et tenir à jour un système d'information destiné aux membres du réseau;

b) de faciliter l'accès effectif à la justice, par des actions d'information sur le fonctionnement des actes communautaires et des instruments internationaux relatifs à la coopération judiciaire en matière civile et commerciale.

2. Sans préjudice des autres actes communautaires ou des instruments internationaux relatifs à la coopération judiciaire en matière civile et commerciale, le réseau développe ses activités notamment aux fins suivantes :

a) le bon déroulement des procédures ayant une incidence transfrontière et faciliter les demandes de coopération judiciaire entre les États membres, en particulier lorsque ni un acte communautaire ni un instrument international n'est applicable;

b) l'application effective et concrète des actes communautaires ou des conventions en vigueur entre deux ou plusieurs États membres.

En particulier, lorsque la loi d'un autre État membre est applicable, les juridictions ou autorités saisies peuvent recourir au réseau afin d'obtenir des informations au sujet du contenu de cette loi;

c) la mise en place, l'entretien et la promotion d'un système d'information destiné au public sur la coopération judiciaire en matière civile et commerciale à l'intérieur de l'Union européenne, et sur les actes communautaires et les instruments internationaux pertinents, et sur le droit interne des États membres, notamment en ce qui concerne l'accès à la justice.

La principale source d'information est le site internet du réseau, qui contient des données régulièrement mises à jour dans toutes les langues officielles des institutions de l'Union.

## Article 4 – Modalités de fonctionnement du réseau

Le réseau remplit sa mission notamment selon les modalités suivantes :

1) il facilite l'établissement de contacts appropriés entre les autorités des États membres mentionnées à l'article 2, paragraphe 1, pour l'accomplissement des missions prévues à l'article 3;

2) il tient des réunions périodiques de ses points de contact et de ses membres selon les modalités prévues au titre II;

3) il élabore et tient à jour les informations concernant la coopération judiciaire en matière civile et commerciale et les systèmes juridiques des États membres visées au titre III, selon les modalités prévues audit titre.

## Article 5 – Points de contact

1. Les points de contact sont à la disposition des autorités visées à l'article 2, paragraphe 1, points b), c) et d), pour remplir les missions visées à l'article 3.

Les points de contact sont également à la disposition des autorités judiciaires locales de leur État membre, aux mêmes fins, selon des modalités décidées par chaque État membre.

2. En particulier, les points de contact ont pour fonction :

a) de s'assurer que les autorités judiciaires locales bénéficient d'une information générale concernant les actes communautaires et les instruments internationaux relatifs à la coopération judiciaire en matière civile et commerciale. En particulier, ils veillent à ce que le réseau, y compris son site internet, soit mieux connu des autorités judiciaires locales;

b) de fournir toute information nécessaire à la bonne coopération judiciaire entre les États membres, conformément à l'article 3, aux autres points de contact, aux autorités mentionnées à l'article 2, paragraphe 1, points b), c) et d), ainsi qu'aux autorités judiciaires locales de leur État membre, afin de leur permettre d'établir de façon efficace une demande de coopération judiciaire et les contacts directs les plus appropriés;

c) de fournir toute information afin de faciliter l'application du droit d'un autre État membre qui est applicable en vertu d'un acte communautaire ou d'un instrument international. À cet effet, le point de contact auquel une telle demande est adressée peut s'appuyer sur toute autre autorité de son État membre visée à l'article 2 pour la fourniture de l'information demandée. Les informations contenues dans la réponse ne lient ni les points de contact, ni les autorités consultées, ni l'autorité qui a formé la demande;

d) de rechercher des solutions aux difficultés qui peuvent se présenter à l'occasion d'une demande de coopération judiciaire, sans préjudice du paragraphe 4 du présent article et de l'article 6;

e) de faciliter la coordination du traitement des demandes de coopération judiciaire dans l'État membre concerné, notamment lorsque plusieurs demandes des autorités judiciaires de cet État membre doivent être exécutées dans un autre État membre;

f) de contribuer à l'information générale du public, au moyen du site internet du réseau, sur la coopération judiciaire en matière civile et commerciale à l'intérieur de l'Union européenne, sur les actes communautaires et les instruments internationaux pertinents et sur le droit interne des États membres, notamment en ce qui concerne l'accès à la justice;

g) de collaborer à l'organisation des réunions visées à l'article 9, et d'y participer;

h) de collaborer à la réalisation et à la mise à jour des informations mentionnées au titre III, et notamment du système d'information destiné au public, selon les modalités prévues audit titre;

i) d'assurer la coordination entre les membres du réseau au niveau national;

j) de préparer un rapport bisannuel sur leurs activités, incluant, le cas échéant, les meilleures pratiques développées au sein du réseau, de présenter ce rapport lors d'une réunion des membres du réseau et d'indiquer particulièrement les améliorations éventuelles à apporter au sein du réseau.

3. Lorsque qu'un point de contact reçoit d'un autre membre du réseau, une demande d'information à laquelle il n'est pas en mesure de donner une suite appro-

priée, il l'adresse au point de contact ou au membre du réseau le mieux placé pour le faire. Le point de contact reste disponible pour prêter toute assistance utile lors des contacts ultérieurs.

4. Dans les domaines où les actes communautaires ou les instruments internationaux régissant la coopération judiciaire prévoient déjà la désignation d'autorités chargées de faciliter la coopération judiciaire, les points de contact orientent les demandeurs vers ces autorités.

### Article 5 *bis* – Ordres professionnels

1. Afin de concourir à l'accomplissement des missions prévues à l'article 3, les points de contact établissent des contacts appropriés avec les ordres professionnels mentionnés à l'article 2, paragraphe 1, point e), selon des modalités décidées par chaque État membre.

2. En particulier, les contacts visés au paragraphe 1 peuvent comprendre les activités suivantes :

a) l'échange d'expériences et d'informations relatives à l'application effective et concrète des actes communautaires et des instruments internationaux;

b) la contribution à l'élaboration et à la mise à jour des fiches d'information visées à l'article 15;

c) la participation des ordres professionnels aux réunions pertinentes.

3. Les ordres professionnels ne demandent pas aux points de contact des informations relatives à un cas individuel.

### Article 6 – Autorités compétentes aux fins des actes communautaires ou des instruments internationaux relatifs à la coopération judiciaire en matière civile et commerciale

1. L'intégration des autorités compétentes prévues dans les actes communautaires ou dans les instruments internationaux relatifs à la coopération judiciaire en matière civile et commerciale dans le réseau ne porte pas préjudice aux compétences qui leur sont attribuées par l'acte ou l'instrument qui prévoit leur désignation.

Les contacts au sein du réseau s'effectuent sans préjudice des contacts réguliers ou occasionnels entre ces autorités compétentes.

2. Dans chaque État membre, les autorités prévues par les actes communautaires ou les instruments internationaux relatifs à la coopération judiciaire en matière civile et commerciale et les points de contact du réseau entretiennent des échanges de vues et des contacts réguliers, afin d'assurer la diffusion la plus large de leurs expériences respectives.

À cet effet, chaque État membre veille, selon des modalités qu'il décide, à ce que le ou les points de contact et les autorités compétentes disposent des moyens nécessaires pour se réunir régulièrement.

3. Les points de contact du réseau se tiennent à la disposition des autorités prévues par les actes communautaires ou les instruments internationaux relatifs à la coopération judiciaire en matière civile et commerciale, afin de leur prêter toute assistance utile.

### Article 7 – Connaissances linguistiques des points de contact

Afin de faciliter le fonctionnement pratique du réseau, chaque État membre veille à ce que ses points de contact aient une connaissance suffisante d'une langue officielle des institutions de l'Union autre que la leur, compte tenu du fait qu'ils doivent pouvoir communiquer avec les points de contact des autres États membres.

Les États membres facilitent et encouragent la formation linguistique spécialisée du personnel des points de contact et favorisent les échanges de collaborateurs entre les points de contact implantés dans les États membres.

### Article 8 – Traitement des demandes de coopération judiciaire

1. Les points de contact répondent à toutes les demandes qui leur sont présentées, sans tarder et au plus tard dans les quinze jours suivant leur réception. Si un point de contact n'est pas en mesure de répondre à une demande dans ce délai, il en informe succinctement le demandeur en indiquant le délai qu'il estime nécessaire pour y répondre, mais ce délai n'excède pas, en règle générale, trente jours.

2. Afin de répondre le plus efficacement et le plus rapidement possible aux demandes visées au paragraphe 1, les points de contact utilisent les moyens technologiques les plus appropriés qui sont mis à leur disposition par les États membres.

3. La Commission tient un registre électronique sécurisé et à accès limité des demandes de coopération judiciaire et des réponses visées à l'article 5, paragraphe 2, points b), c), d) et e). Les points de contact veillent à ce que les informations nécessaires à la constitution et au fonctionnement de ce registre soient fournies régulièrement à la Commission.

4. La Commission fournit aux points de contact des informations sur les statistiques des demandes de coopération judiciaire et les réponses visées au paragraphe 3, au moins une fois tous les six mois.

## TITRE II
## RÉUNIONS AU SEIN DU RÉSEAU

### Article 9 – Réunions des points de contact

1. Les points de contact du réseau se réunissent au moins une fois tous les six mois, conformément aux dispositions de l'article 12.

2. Chaque État membre est représenté à ces réunions par un ou plusieurs points de contact, qui peuvent se faire accompagner par d'autres membres du réseau, sans en aucun cas excéder le chiffre de six représentants par État membre.

### Article 10 – Objet des réunions périodiques des points de contact

1. Les réunions périodiques des points de contact ont pour but de :

a) leur permettre de se connaître et d'échanger leur expérience, notamment en ce qui concerne le fonctionnement du réseau ;

b) offrir une plate-forme de discussion pour les problèmes pratiques et juridiques rencontrés par les États membres dans le cadre de la coopération judiciaire, notamment en ce qui concerne l'application des mesures adoptées par la Communauté européenne ;

c) identifier les meilleures pratiques dans le domaine de la coopération judiciaire en matière civile et commerciale, et assurer la diffusion des informations y afférentes au sein du réseau ;

d) échanger des données et des points de vue notamment sur la structure, l'organisation et le contenu des informations disponibles mentionnées au titre III ainsi que sur l'accès à celles-ci ;

e) dégager des orientations pour l'élaboration progressive des fiches d'information mentionnées à l'article 15, notamment en ce qui concerne les sujets à traiter et la forme à donner à ces fiches ;

f) identifier des initiatives spécifiques autres que celles mentionnées au titre III, mais ayant des finalités analogues.

2. Les États membres veillent à ce que l'expérience acquise avec le fonctionnement des mécanismes spécifiques de coopération prévus dans des actes communautaires ou des instruments internationaux en vigueur soit partagée lors des réunions des points de contact.

### Article 11 – Réunion des membres du réseau

1. Des réunions ouvertes à tous les membres du réseau auront lieu afin de leur permettre de se connaître et d'échanger leur expérience, de leur offrir une plateforme de discussion pour les problèmes pratiques et juridiques rencontrés et pour traiter de questions spécifiques.

Des réunions peuvent également être consacrées à des questions particulières.

2. Les réunions sont convoquées selon les besoins et conformément aux dispositions de l'article 12.

3. La Commission, en étroite coopération avec la présidence du Conseil et les États membres, fixe le nombre maximum de participants pour chaque réunion.

### Article 11 *bis* – Participation d'observateurs aux réunions du réseau

1. Sans préjudice de l'article 1er, paragraphe 2, le Danemark peut se faire représenter aux réunions mentionnées aux articles 9 et 11.

2. Les pays en voie d'adhésion et les pays candidats peuvent être conviés à participer à ces réunions à titre d'observateurs. Les pays tiers parties à des accords internationaux relatifs à la coopération judiciaire en matière civile et commerciale conclus par la Communauté peuvent également être conviés à participer à titre d'observateurs à certaines réunions du réseau.

3. Chaque État observateur peut se faire représenter à ces réunions par une ou plusieurs personnes, sans en aucun cas excéder le chiffre de trois représentants par État.

### Article 12 – Organisation et déroulement des réunions au sein du réseau

1. La Commission, en étroite coopération avec la présidence du Conseil et les États membres, est chargée de la convocation et de l'organisation des réunions mentionnées aux articles 9 et 11. Elle en assure la présidence et le secrétariat.

2. Avant chaque réunion, la Commission établit le projet d'ordre du jour en accord avec la présidence du Conseil et en consultation avec les États membres, par le biais de leurs points de contact respectifs.

3. Le projet d'ordre du jour est communiqué aux points de contact préalablement à la réunion. Ceux-ci peuvent demander que des modifications y soient apportées ou que des points supplémentaires y soient ajoutés.

4. À l'issue de chaque réunion, la Commission établit un compte rendu qui est communiqué aux points de contact.

5. Des réunions des points de contact et des membres du réseau peuvent aussi être organisées dans les États membres.

### Article 12 *bis* – Relations avec les autres réseaux et les organisations internationales

1. Le réseau entretient des relations et partage ses expériences et ses meilleures pratiques avec les autres réseaux européens partageant ses objectifs, tel le réseau judiciaire européen en matière pénale. Le réseau entretient aussi des relations avec le réseau européen de formation judiciaire en vue de promouvoir, le cas échéant et sans préjudice des pratiques nationales, des sessions de formation relatives à la coopération judiciaire en matière civile et commerciale au profit des autorités judiciaires locales des États membres.

2. Le réseau entretient des relations avec le réseau des centres européens des consommateurs (réseau CEC). En particulier, afin de fournir toute information générale sur le fonctionnement des actes communautaires et des instruments internationaux de nature à faciliter l'accès des consommateurs à la justice, les points de contacts du réseau sont à la disposition des membres du réseau CEC.

3. Afin d'accomplir les missions visées à l'article 3 concernant les instruments internationaux relatifs à la coopération judiciaire en matière civile et commerciale, le réseau entretient des contacts et procède à des échanges d'expériences avec les autres réseaux de coopération judiciaire établis entre pays tiers et avec les organisations internationales qui promeuvent la coopération judiciaire internationale.

4. La Commission, en étroite coopération avec la présidence du Conseil et les États membres, est chargée de la mise en œuvre des dispositions du présent article.

## TITRE III

## INFORMATIONS DISPONIBLES AU SEIN DU RÉSEAU ET INFORMATIONS FOURNIES AU PUBLIC

### Article 13 – Informations diffusées au sein du réseau

1. Les informations diffusées au sein du réseau comprennent :

a) les informations mentionnées à l'article 2, paragraphe 5 ;

b) toute autre information jugée utile par les points de contact pour le bon fonctionnement du réseau ;

c) les informations visées à l'article 8.

2. Aux fins des dispositions du paragraphe 1, la Commission mettra progressivement en place, en consultation avec les points de contact, un système électronique d'échange d'informations, sécurisé et à accès limité.

### Article 13 *bis* – Information générale du public

Le réseau contribue à l'information générale du public par les moyens technologiques les plus appropriés afin de l'informer sur le contenu et le fonctionnement des actes communautaires ou des instruments internationaux relatifs à la coopération judiciaire en matière civile et commerciale.

À cette fin, et sans préjudice des dispositions de l'article 18, les points de contact assurent auprès du public la promotion du système d'information visé à l'article 14.

### Article 14 – Système d'information destiné au public

1. Un système d'information fondé sur l'Internet, destiné au public, comprenant le site propre du réseau, est mis en place progressivement conformément aux articles 17 et 18.

2. Ce système d'information comprend les éléments suivants :

a) les actes communautaires en vigueur ou en préparation relatifs à la coopération judiciaire en matière civile et commerciale;

b) les mesures nationales visant à mettre en œuvre, au plan interne, les instruments visés au point a) du présent paragraphe;

c) les instruments internationaux en vigueur relatifs à la coopération judiciaire en matière civile et commerciale auxquels les États membres sont parties, ainsi que les déclarations faites et les réserves exprimées dans le cadre de ces instruments;

d) les éléments pertinents de la jurisprudence communautaire dans le domaine de la coopération judiciaire en matière civile et commerciale;

e) les fiches d'information visées à l'article 15.

3. En ce qui concerne l'accès aux informations mentionnées au paragraphe 2, points a) à d), le réseau devrait, le cas échéant, établir sur son site propre, des liens vers les autres sites sur lesquels les informations originales se trouvent.

4. Par le même biais, le site propre au réseau facilitera l'accès à des initiatives analogues en matière d'information du public dans des domaines connexes, ainsi qu'à des sites contenant des informations sur les systèmes juridiques des États membres.

### Article 15 – Fiches d'information

1. Les fiches d'information sont établies par priorité sur des questions relatives à l'accès à la justice dans les États membres, et contiennent notamment des informations relatives aux modalités de saisine des tribunaux et à l'assistance judiciaire, sans préjudice des travaux déjà réalisés dans le cadre d'autres initiatives communautaires et dont le réseau tiendra le plus grand compte.

2. Les fiches d'information sont pratiques et concises. Elles sont établies dans une langue aisément compréhensible et contiennent des informations pratiques destinées au public. Elles sont progressivement établies sur, au moins, les sujets suivants :

a) les principes du système juridique et de l'organisation judiciaire des États membres;

b) les modalités de saisine des tribunaux, notamment en ce qui concerne les demandes de faible importance, et les procédures judiciaires subséquentes, y compris les voies et les procédures de recours;

c) les conditions et les modalités d'accès à l'assistance judiciaire, comprenant des descriptions des tâches des organisations non gouvernementales qui travaillent dans le domaine, en tenant compte des travaux déjà réalisés dans le cadre du dialogue avec les citoyens;

d) les règles nationales en matière de signification et de notification des actes;

e) les règles et les procédures pour l'exécution des décisions judiciaires d'un autre État membre;

f) les possibilités et les procédures pour l'obtention de mesures conservatoires, notamment la saisie des biens d'une personne en vue d'une exécution;

g) la possibilité de résoudre les litiges par des moyens alternatifs, et l'indication des centres d'information et d'assistance nationaux du réseau européen pour la résolution extrajudiciaire des litiges de consommation;

h) l'organisation et le fonctionnement des professions juridiques.

3. Le cas échéant, les fiches d'information comportent des éléments sur la jurisprudence pertinente des États membres.

4. Les fiches d'information peuvent comporter des informations plus détaillées à l'intention des spécialistes.

## Article 16 – Mise à jour des informations

Toutes les informations diffusées à l'intérieur du réseau et au public en vertu des articles 13 à 15 sont régulièrement actualisées.

## Article 17 – Rôle de la Commission dans le système d'information destiné au public

La Commission :

1) est responsable de la gestion du système d'information destiné au public;

2) établit, en consultation avec les points de contact, un site propre au réseau sur son site Internet;

3) fournit des informations sur les aspects pertinents du droit et des procédures communautaires, y compris sur la jurisprudence communautaire, conformément à l'article 14;

4) a) s'assure de la cohérence formelle des fiches d'information et veille à ce qu'elles comportent toutes les informations jugées nécessaires par le réseau;

b) s'assure de la traduction, dans les langues officielles des institutions de l'Union, des informations sur les aspects pertinents du droit et des procédures communautaires, y compris sur la jurisprudence communautaire, ainsi que des pages générales du système d'information et des fiches d'information visées à l'article 15, et les met à disposition sur le site internet propre au réseau.

## Article 18 – Rôle des points de contact dans le système d'information destiné au public

Les points de contact veillent à ce que :

1) les informations nécessaires à la constitution et au fonctionnement du système soient fournies à la Commission;

2) les informations introduites dans le système soient exactes;

3) les mises à jour éventuelles soient communiquées sans délai à la Commission dès qu'une information nécessite une modification;

4) les fiches d'information qui concernent leur État membre soient établies, conformément aux orientations mentionnées à l'article 10, paragraphe 1, point e);

5) les fiches d'information installées sur le site propre du réseau soient diffusées le plus largement possible dans leur État membre.

TITRE IV

## DISPOSITIONS FINALES

### Article 19 – Évaluation

Au plus tard le 1er janvier 2014, puis tous les trois ans, la Commission présente au Parlement européen, au Conseil et au Comité économique et social européen un rapport relatif aux activités du réseau. Ce rapport est accompagné, le cas échéant, de propositions visant à adapter la présente décision et inclut des informations sur les activités du réseau visant à améliorer la conception, le développement et la mise en œuvre de l'e-justice européenne, notamment pour faciliter l'accès à la justice.

### Article 20 – Communication

Au plus tard le 1er juillet 2010, les États membres communiquent à la Commission les informations visées à l'article 2, paragraphe 5.

### Article 21 – Date de mise en application

La présente décision est applicable à partir du 1er décembre 2002, à l'exception des articles 2 et 20 qui s'appliquent à partir de la date de la notification de la décision aux États membres qui en sont destinataires.

Les États membres sont destinataires de la présente décision conformément au traité instituant la Communauté européenne.

# SOUS-PARTIE II

# CONVENTIONS INTERNATIONALES

# I – Conventions multilatérales

## 47 Convention de Paris du 20 mars 1883, pour la protection de la propriété industrielle, révisée

(Successivement par les actes de Bruxelles le 14 décembre 1900, Washington le 2 juin 1911, La Haye le 6 novembre 1925, Londres le 2 juin 1934, Lisbonne le 31 octobre 1958, Stockholm le 14 juillet 1967)

Version d'origine en vigueur depuis le 7 juillet 1884, version actuelle depuis le 12 août 1975

## Article premier – Constitution de l'Union; domaine de la propriété industrielle [1]

(1) Les pays auxquels s'applique la présente Convention sont constitués à l'état d'Union pour la protection de la propriété industrielle.

(2) La protection de la propriété industrielle a pour objet les brevets d'invention, les modèles d'utilité, les dessins ou modèles industriels, les marques de fabrique ou de commerce, les marques de service, le nom commercial et les indications de provenance ou appellations d'origine, ainsi que la répression de la concurrence déloyale.

(3) La propriété industrielle s'entend dans l'acception la plus large et s'applique non seulement à l'industrie et au commerce proprement dits, mais également au domaine des industries agricoles et extractives et à tous produits fabriqués ou naturels, par exemple : vins, grains, feuilles de tabac, fruits, bestiaux, minéraux, eaux minérales, bières, fleurs, farines.

(4) Parmi les brevets d'invention sont comprises les diverses espèces de brevets industriels admises par les législations des pays de l'Union, telles que brevets d'importation, brevets de perfectionnement, brevets et certificats d'addition, etc.

## Article 2 – Traitement national pour les ressortissants des pays de l'Union

(1) Les ressortissants de chacun des pays de l'Union jouiront dans tous les autres pays de l'Union, en ce qui concerne la protection de la propriété industrielle, des avantages que les lois respectives accordent actuellement ou accorderont par la suite aux nationaux, le tout sans préjudice des droits spécialement prévus par la présente Convention. En conséquence, ils auront la même protection que ceux-ci et le même recours légal contre toute atteinte portée à leurs droits, sous réserve de l'accomplissement des conditions et formalités imposées aux nationaux.

(2) Toutefois, aucune condition de domicile ou d'établissement dans le pays où la protection est réclamée ne peut être exigée des ressortissants de l'Union pour la jouissance d'aucun des droits de propriété industrielle.

(3) Sont expressément réservées les dispositions de la législation de chacun des pays de l'Union relatives à la procédure judiciaire et administrative et à la compétence, ainsi qu'à l'élection de domicile ou à la constitution d'un mandataire, qui seraient requises par les lois sur la propriété industrielle.

### Article 3 – Assimilation de certaines catégories de personnes aux ressortissants des pays de l'Union

Sont assimilés aux ressortissants des pays de l'Union les ressortissants des pays ne faisant pas partie de l'Union qui sont domiciliés ou ont des établissements industriels ou commerciaux effectifs et sérieux sur le territoire de l'un des pays de l'Union.

### Article 4 – A. à I. Brevets, modèles d'utilité, dessins et modèles industriels, marques, certificats d'auteur d'invention : droit de priorité

### G. Brevets : division de la demande

**A.**

(1) Celui qui aura régulièrement fait le dépôt d'une demande de brevet d'invention, d'un modèle d'utilité, d'un dessin ou modèle industriel, d'une marque de fabrique ou de commerce, dans l'un des pays de l'Union, ou son ayant cause, jouira, pour effectuer le dépôt dans les autres pays, d'un droit de priorité pendant les délais déterminés ci-après.

(2) Est reconnu comme donnant naissance au droit de priorité tout dépôt ayant la valeur d'un dépôt national régulier, en vertu de la législation nationale de chaque pays de l'Union ou de traités bilatéraux ou multilatéraux conclus entre des pays de l'Union.

(3) Par dépôt national régulier on doit entendre tout dépôt qui suffit à établir la date à laquelle la demande a été déposée dans le pays en cause, quel que soit le sort ultérieur de cette demande.

**B.**

En conséquence, le dépôt ultérieurement opéré dans l'un des autres pays de l'Union, avant l'expiration de ces délais, ne pourra être invalidé par des faits accomplis dans l'intervalle, soit, notamment, par un autre dépôt, par la publication de l'invention ou son exploitation, par la mise en vente d'exemplaires du dessin ou du modèle, par l'emploi de la marque, et ces faits ne pourront faire naître aucun droit de tiers ni aucune possession personnelle. Les droits acquis par des tiers avant le jour de la première demande qui sert de base au droit de priorité sont réservés par l'effet de la législation intérieure de chaque pays de l'Union.

**C.**

(1) Les délais de priorité mentionnés ci-dessus seront de douze mois pour les brevets d'invention et les modèles d'utilité, et de six mois pour les dessins ou modèles industriels et pour les marques de fabrique ou de commerce.

(2) Ces délais commencent à courir de la date du dépôt de la première demande ; le jour du dépôt n'est pas compris dans le délai.

(3) Si le dernier jour du délai est un jour férié légal, ou un jour où le Bureau n'est pas ouvert pour recevoir le dépôt des demandes dans le pays où la protection est réclamée, le délai sera prorogé jusqu'au premier jour ouvrable qui suit.

(4) Doit être considérée comme première demande dont la date de dépôt sera le point de départ du délai de priorité, une demande ultérieure ayant le même objet qu'une première demande antérieure au sens de l'alinéa 2 ci-dessus, déposée dans le même pays de l'Union, à la condition que cette demande antérieure, à la date du dépôt de la demande ultérieure, ait été retirée, abandonnée, ou refusée, sans avoir été soumise à l'inspection publique et sans laisser subsister de droits, et qu'elle n'ait pas encore servi de base pour la revendication du droit de priorité. La demande antérieure ne pourra plus alors servir de base pour la revendication du droit de priorité.

**D.**

(1) Quiconque voudra se prévaloir de la priorité d'un dépôt antérieur sera tenu de faire une déclaration indiquant la date et le pays de ce dépôt. Chaque pays déterminera à quel moment, au plus tard, cette déclaration devra être effectuée.

(2) Ces indications seront mentionnées dans les publications émanant de l'Administration compétente, notamment sur les brevets et les descriptions y relatives.

(3) Les pays de l'Union pourront exiger de celui qui fait une déclaration de priorité la production d'une copie de la demande (description, dessins, etc.) déposée antérieurement. La copie, certifiée conforme par l'Administration qui aura reçu cette demande, sera dispensée de toute légalisation et elle pourra en tout cas être déposée, exempte de frais, à n'importe quel moment dans le délai de trois mois à dater du dépôt de la demande ultérieure. On pourra exiger qu'elle soit accompagnée d'un certificat de la date du dépôt émanant de cette Administration et d'une traduction.

(4) D'autres formalités ne pourront être requises pour la déclaration de priorité au moment du dépôt de la demande. Chaque pays de l'Union déterminera les conséquences de l'omission des formalités prévues par le présent article, sans que ses conséquences puissent excéder la perte du droit de priorité.

(5) Ultérieurement, d'autres justifications pourront être demandées.

Celui qui se prévaut de la priorité d'un dépôt antérieur sera tenu d'indiquer le numéro de ce dépôt; cette indication sera publiée dans les conditions prévues par l'alinéa 2) ci-dessus.

**E.**

(1) Lorsqu'un dessin ou modèle industriel aura été déposé dans un pays en vertu d'un droit de priorité basé sur le dépôt d'un modèle d'utilité, le délai de priorité ne sera que celui fixé pour les dessins ou modèles industriels.

(2) En outre, il est permis de déposer dans un pays un modèle d'utilité en vertu d'un droit de priorité basé sur le dépôt d'une demande de brevet et inversement.

**F.**

Aucun pays de l'Union ne pourra refuser une priorité ou une demande de brevet pour le motif que le déposant revendique des priorités multiples, même provenant de pays différents, ou pour le motif qu'une demande revendiquant une ou plusieurs priorités contient un ou plusieurs éléments qui n'étaient pas compris dans la ou les demandes dont la priorité est revendiquée, à la condition, dans les deux cas, qu'il y ait unité d'invention, au sens de la loi du pays.

En ce qui concerne les éléments non compris dans la ou les demandes dont la priorité est revendiquée, le dépôt de la demande ultérieure donne naissance à un droit de priorité dans les conditions ordinaires.

**G.**

(1) Si l'examen révèle qu'une demande de brevet est complexe, le demandeur pourra diviser la demande en un certain nombre de demandes divisionnaires, en conservant comme date de chacune la date de la demande initiale et, s'il y a lieu, le bénéfice du droit de priorité.

(2) Le demandeur pourra aussi, de sa propre initiative, diviser la demande de brevet, en conservant comme date de chaque demande divisionnaire la date de la demande initiale et, s'il y a lieu, le bénéfice du droit de priorité. Chaque pays de l'Union aura la faculté de déterminer les conditions auxquelles cette division sera autorisée.

**H.**

La priorité ne peut être refusée pour le motif que certains éléments de l'invention pour lesquels on revendique la priorité ne figurent pas parmi les revendications formulées dans la demande au pays d'origine, pourvu que l'ensemble des pièces de la demande révèle d'une façon précise lesdits éléments.

**I.**

(1) Les demandes de certificats d'auteur d'invention, déposées dans un pays où les déposants ont le droit de demander à leur choix soit un brevet, soit un certificat d'auteur d'invention, donneront naissance au droit de priorité institué par le présent article dans les mêmes conditions et avec les mêmes effets que les demandes de brevets d'invention.

(2) Dans un pays où les déposants ont le droit de demander à leur choix soit un brevet, soit un certificat d'auteur d'invention, le demandeur d'un certificat d'auteur d'invention bénéficiera, selon les dispositions du présent article applicables aux demandes de brevets, du droit de priorité basé sur le dépôt d'une demande de brevet d'invention, de modèle d'utilité ou de certificat d'auteur d'invention.

### Article 4 *bis* – Brevets : indépendance des brevets obtenus pour la même invention dans différents pays

(1) Les brevets demandés dans les différents pays de l'Union par des ressortissants de l'Union seront indépendants des brevets obtenus pour la même invention dans les autres pays, adhérents ou non à l'Union.

(2) Cette disposition doit s'entendre d'une façon absolue, notamment en ce sens que les brevets demandés pendant le délai de priorité sont indépendants, tant au point de vue des causes de nullité et de déchéance qu'au point de vue de la durée normale.

(3) Elle s'applique à tous les brevets existant au moment de sa mise en vigueur.

(4) Il en sera de même, en cas d'accession de nouveaux pays, pour les brevets existant de part et d'autre au moment de l'accession.

(5) Les brevets obtenus avec le bénéfice de la priorité jouiront, dans les différents pays de l'Union, d'une durée égale à celle dont ils jouiraient s'ils étaient demandés ou délivrés sans le bénéfice de la priorité.

### Article 4 *ter* – Brevets : mention de l'inventeur dans le brevet

L'inventeur a le droit d'être mentionné comme tel dans le brevet.

### Article 4 *quater* – Brevets : brevetabilité en cas de restriction légale de la vente

La délivrance d'un brevet ne pourra être refusée et un brevet ne pourra être invalidé pour le motif que la vente du produit breveté ou obtenu par un procédé breveté est soumise à des restrictions ou limitations résultant de la législation nationale.

### Article 5 – A. Brevets : introduction d'objets, défaut ou insuffisance d'exploitation, licences obligatoires

### B. Dessins et modèles industriels : défaut d'exploitation, introduction d'objets

### C. Marques : manque d'utilisation, formes différentes, emploi par copropriétaires

### D. Brevets, modèles d'utilité, marques, dessins et modèles industriels : signes et mentions

**A.**

(1) L'introduction, par le breveté, dans le pays où le brevet a été délivré, d'objets fabriqués dans l'un ou l'autre des pays de l'Union, n'entraînera pas la déchéance.

(2) Chacun des pays de l'Union aura la faculté de prendre des mesures législatives prévoyant la concession de licences obligatoires, pour prévenir les abus qui pourraient résulter de l'exercice du droit exclusif conféré par le brevet, par exemple faute d'exploitation.

(3) La déchéance du brevet ne pourra être prévue que pour le cas où la concession de licences obligatoires n'aurait pas suffi pour prévenir ces abus. Aucune action en déchéance ou en révocation d'un brevet ne pourra être introduite avant l'expiration de deux années à compter de la concession de la première licence obligatoire.

(4) Une licence obligatoire ne pourra pas être demandée pour cause de défaut ou d'insuffisance d'exploitation avant l'expiration d'un délai de quatre années à compter du dépôt de la demande de brevet, ou de trois années à compter de la délivrance du brevet, le délai qui expire le plus tard devant être appliqué ; elle sera refusée si le breveté justifie son inaction par des excuses légitimes. Une telle licence obligatoire sera non exclusive et ne pourra être transmise, même sous la forme de concession de sous-licence, qu'avec la partie de l'entreprise ou du fonds de commerce exploitant cette licence.

(5) Les dispositions qui précèdent seront applicables, sous réserve des modifications nécessaires, aux modèles d'utilité.

**B.**

La protection des dessins et modèles industriels ne peut être atteinte par une déchéance quelconque, soit pour défaut d'exploitation, soit pour introduction d'objets conformes à ceux qui sont protégés.

**C.**

(1) Si, dans un pays, l'utilisation de la marque enregistrée est obligatoire, l'enregistrement ne pourra être annulé qu'après un délai équitable et si l'intéressé ne justifie pas des causes de son inaction.

(2) L'emploi d'une marque de fabrique ou de commerce, par le propriétaire, sous une forme qui diffère, par des éléments n'altérant pas le caractère distinctif de la marque dans la forme sous laquelle celle-ci a été enregistrée dans l'un des pays de l'Union, n'entraînera pas l'invalidation de l'enregistrement et ne diminuera pas la protection accordée à la marque.

(3) L'emploi simultané de la même marque sur des produits identiques ou similaires, par des établissements industriels ou commerciaux considérés comme copropriétaires de la marque d'après les dispositions de la loi nationale du pays où la protection est réclamée, n'empêchera pas l'enregistrement, ni ne diminuera d'aucune façon la protection accordée à ladite marque dans n'importe quel pays de l'Union, pourvu que ledit emploi n'ait pas pour effet d'induire le public en erreur et qu'il ne soit pas contraire à l'intérêt public.

**D.**

Aucun signe ou mention du brevet, du modèle d'utilité, de l'enregistrement de la marque de fabrique ou de commerce, ou du dépôt du dessin ou modèle industriel ne sera exigé sur le produit pour la reconnaissance du droit.

## Article 5 *bis* – Tous les droits de propriété industrielle : – Délai de grâce pour le paiement de taxes pour le maintien des droits; Brevets : restauration

(1) Un délai de grâce, qui devra être au minimum de six mois, sera accordé pour le paiement des taxes prévues pour le maintien des droits de propriété industrielle, moyennant le versement d'une surtaxe, si la législation nationale en impose une.

(2) Les pays de l'Union ont la faculté de prévoir la restauration des brevets d'invention tombés en déchéance par suite de non-paiement de taxes.

## Article 5 *ter* – Brevets : introduction libre d'objets brevetés faisant partie de moyens de locomotion

Dans chacun des pays de l'Union ne seront pas considérés comme portant atteinte aux droits du breveté :

(i) l'emploi, à bord des navires des autres pays de l'Union, des moyens faisant l'objet de son brevet dans le corps du navire, dans les machines, agrès, apparaux et autres accessoires, lorsque ces navires pénétreront temporairement ou accidentellement dans les eaux du pays, sous réserve que ces moyens y soient employés exclusivement pour les besoins du navire;

(ii) l'emploi des moyens faisant l'objet du brevet dans la construction ou le fonctionnement des engins de locomotion aérienne ou terrestre des autres pays de l'Union ou des accessoires de ces engins, lorsque ceux-ci pénétreront temporairement ou accidentellement dans ce pays.

## Article 5 *quater* – Brevets : introduction de produits fabriqués en application d'un procédé breveté dans le pays d'importation

Lorsqu'un produit est introduit dans un pays de l'Union où il existe un brevet protégeant un procédé de fabrication dudit produit, le breveté aura, à l'égard du produit introduit, tous les droits que la législation du pays d'importation lui accorde, sur la base du brevet de procédé, à l'égard des produits fabriqués dans le pays même.

### Article 5 *quinquies* – Dessins et modèles industriels

Les dessins et modèles industriels seront protégés dans tous les pays de l'Union.

### Article 6 – Marques : conditions d'enregistrement, indépendance de la protection de la même marque dans différents pays

(1) Les conditions de dépôt et d'enregistrement des marques de fabrique ou de commerce seront déterminées dans chaque pays de l'Union par sa législation nationale.

(2) Toutefois, une marque déposée par un ressortissant d'un pays de l'Union dans un quelconque des pays de l'Union ne pourra être refusée ou invalidée pour le motif qu'elle n'aura pas été déposée, enregistrée ou renouvelée au pays d'origine.

(3) Une marque régulièrement enregistrée dans un pays de l'Union sera considérée comme indépendante des marques enregistrées dans les autres pays de l'Union, y compris le pays d'origine.

### Article 6 *bis* – Marques : marques notoirement connues

(1) Les pays de l'Union s'engagent, soit d'office si la législation du pays le permet, soit à la requête de l'intéressé, à refuser ou à invalider l'enregistrement et à interdire l'usage d'une marque de fabrique ou de commerce qui constitue la reproduction, l'imitation ou la traduction, susceptibles de créer une confusion, d'une marque que l'autorité compétente du pays de l'enregistrement ou de l'usage estimera y être notoirement connue comme étant déjà la marque d'une personne admise à bénéficier de la présente Convention et utilisée pour des produits identiques ou similaires. Il en sera de même lorsque la partie essentielle de la marque constitue la reproduction d'une telle marque notoirement connue ou une imitation susceptible de créer une confusion avec celle-ci.

(2) Un délai minimum de cinq années à compter de la date de l'enregistrement devra être accordé pour réclamer la radiation d'une telle marque. Les pays de l'Union ont la faculté de prévoir un délai dans lequel l'interdiction d'usage devra être réclamée.

(3) Il ne sera pas fixé de délai pour réclamer la radiation ou l'interdiction d'usage des marques enregistrées ou utilisées de mauvaise foi.

### Article 6 *ter* – Marques : interdictions quant aux emblèmes d'État, signes officiels de contrôle et emblèmes d'organisations intergouvernementales

(1)

(a) Les pays de l'Union conviennent de refuser ou d'invalider l'enregistrement et d'interdire, par des mesures appropriées, l'utilisation, à défaut d'autorisation des pouvoirs compétents, soit comme marque de fabrique ou de commerce, soit comme élément de ces marques, des armoiries, drapeaux et autres emblèmes d'État des pays de l'Union, signes et poinçons officiels de contrôle et de garantie adoptés par eux, ainsi que toute imitation au point de vue héraldique.

(b) Les dispositions figurant sous la lettre a) ci-dessus s'appliquent également aux armoiries, drapeaux et autres emblèmes, sigles ou dénominations des organisations internationales intergouvernementales dont un ou plusieurs pays de l'Union sont membres, à l'exception des armoiries, drapeaux et autres emblèmes, sigles ou dénominations qui ont déjà fait l'objet d'accords internationaux en vigueur destinés à assurer leur protection.

(c) Aucun pays de l'Union ne pourra être tenu d'appliquer des dispositions figurant sous la lettre b) ci-dessus au détriment des titulaires de droits acquis de bonne foi avant l'entrée en vigueur, dans ce pays, de la présente Convention. Les pays de l'Union ne sont pas tenus d'appliquer lesdites dispositions lorsque l'utilisation ou l'enregistrement visé sous la lettre a) ci-dessus n'est pas de nature à suggérer, dans l'esprit du public, un lien entre l'organisation en cause et les armoiries, drapeaux, emblèmes, sigles ou dénominations, ou si cette utilisation ou enregistrement n'est vraisemblablement pas de nature à abuser le public sur l'existence d'un lien entre l'utilisateur et l'organisation.

(2) L'interdiction des signes et poinçons officiels de contrôle et de garantie s'appliquera seulement dans les cas où les marques qui les comprendront seront destinées à être utilisées sur des marchandises du même genre ou d'un genre similaire.

(3)

(a) Pour l'application de ces dispositions, les pays de l'Union conviennent de se communiquer réciproquement, par l'intermédiaire du Bureau international, la liste des emblèmes d'État, signes et poinçons officiels de contrôle et de garantie, qu'ils désirent ou désireront placer, d'une façon absolue ou dans certaines limites, sous la protection du présent article, ainsi que toutes modifications ultérieures apportées à cette liste. Chaque pays de l'Union mettra à la disposition du public, en temps utile, les listes notifiées.

Toutefois, cette notification n'est pas obligatoire en ce qui concerne les drapeaux des États.

(b) Les dispositions figurant sous la lettre b) de l'alinéa 1) du présent article ne sont applicables qu'aux armoiries, drapeaux et autres emblèmes, sigles ou dénominations des organisations internationales intergouvernementales que celles-ci ont communiqués aux pays de l'Union par l'intermédiaire du Bureau international.

(4) Tout pays de l'Union pourra, dans un délai de douze mois à partir de la réception de la notification, transmettre, par l'intermédiaire du Bureau international, au pays ou à l'organisation internationale intergouvernementale intéressés, ses objections éventuelles.

(5) Pour les drapeaux d'État, les mesures prévues à l'alinéa 1) ci-dessus s'appliqueront seulement aux marques enregistrées après le 6 novembre 1925.

(6) Pour les emblèmes d'État autres que les drapeaux, pour les signes et poinçons officiels des pays de l'Union et pour les armoiries, drapeaux et autres emblèmes, sigles ou dénominations des organisations internationales intergouvernementales, ces dispositions ne seront applicables qu'aux marques enregistrées plus de deux mois après réception de la notification prévue à l'alinéa 3) ci-dessus.

(7) En cas de mauvaise foi, les pays auront la faculté de faire radier même les marques enregistrées avant le 6 novembre 1925 et comportant des emblèmes d'État, signes et poinçons.

(8) Les nationaux de chaque pays qui seraient autorisés à faire usage des emblèmes d'État, signes et poinçons de leur pays, pourront les utiliser, même s'il y avait similitude avec ceux d'un autre pays.

(9) Les pays de l'Union s'engagent à interdire l'usage non autorisé, dans le commerce, des armoiries d'État des autres pays de l'Union, lorsque cet usage sera de nature à induire en erreur sur l'origine des produits.

(10) Les dispositions qui précèdent ne font pas obstacle à l'exercice, par les pays, de la faculté de refuser ou d'invalider, par application du chiffre 3 de la lettre B de l'article 6 quinquies, les marques contenant, sans autorisation, des armoiries, drapeaux et autres emblèmes d'État, ou des signes et poinçons officiels adoptés par un pays de l'Union, ainsi que des signes distinctifs des organisations internationales intergouvernementales mentionnés à l'alinéa 1) ci-dessus.

### Article 6 *quater* – Marques : transfert de la marque

(1) Lorsque, conformément à la législation d'un pays de l'Union, la cession d'une marque n'est valable que si elle a lieu en même temps que le transfert de l'entreprise ou du fonds de commerce auquel la marque appartient, il suffira, pour que cette validité soit admise, que la partie de l'entreprise ou du fonds de commerce située dans ce pays soit transmise au cessionnaire avec le droit exclusif d'y fabriquer ou d'y vendre les produits portant la marque cédée.

(2) Cette disposition n'impose pas aux pays de l'Union l'obligation de considérer comme valable le transfert de toute marque dont l'usage par le cessionnaire serait, en fait, de nature à induire le public en erreur, notamment en ce qui concerne la provenance, la nature ou les qualités substantielles des produits auxquels la marque est appliquée.

### Article 6 *quinquies* – Marques : protection des marques enregistrées dans un pays de l'Union dans les autres pays de l'Union (clause « telle quelle »)

**A.**

(1) Toute marque de fabrique ou de commerce régulièrement enregistrée dans le pays d'origine sera admise au dépôt et protégée telle quelle dans les autres pays de l'Union, sous les réserves indiquées au présent article. Ces pays pourront, avant de procéder à l'enregistrement définitif, exiger la production d'un certificat d'enregistrement au pays d'origine, délivré par l'autorité compétente. Aucune légalisation ne sera requise pour ce certificat.

(2) Sera considéré comme pays d'origine le pays de l'Union où le déposant a un établissement industriel ou commercial effectif et sérieux, et, s'il n'a pas un tel établissement dans l'Union, le pays de l'Union où il a son domicile, et, s'il n'a pas de domicile dans l'Union, le pays de sa nationalité, au cas où il est ressortissant d'un pays de l'Union.

**B.**

Les marques de fabrique ou de commerce, visées par le présent article, ne pourront être refusées à l'enregistrement ou invalidées que dans les cas suivants :

(i) lorsqu'elles sont de nature à porter atteinte à des droits acquis par des tiers dans le pays où la protection est réclamée ;

(ii) lorsqu'elles sont dépourvues de tout caractère distinctif, ou bien composées exclusivement de signes ou d'indications pouvant servir, dans le commerce, pour désigner l'espèce, la qualité, la quantité, la destination, la valeur, le lieu d'origine des produits ou l'époque de production, ou devenus usuels dans le langage courant ou les habitudes loyales et constantes du commerce du pays où la protection est réclamée ;

(iii) lorsqu'elles sont contraires à la morale ou à l'ordre public et notamment de nature à tromper le public. Il est entendu qu'une marque ne pourra être considérée comme contraire à l'ordre public pour la seule raison qu'elle n'est pas conforme à quelque disposition de la législation sur les marques, sauf le cas où cette disposition elle-même concerne l'ordre public.

Est toutefois réservée l'application de l'article 10 *bis*.

**C.**

(1) Pour apprécier si la marque est susceptible de protection, on devra tenir compte de toutes les circonstances de fait, notamment de la durée de l'usage de la marque.

(2) Ne pourront être refusées dans les autres pays de l'Union les marques de fabrique ou de commerce pour le seul motif qu'elles ne diffèrent des marques protégées dans le pays d'origine que par des éléments n'altérant pas le caractère distinctif et ne touchant pas à l'identité des marques, dans la forme sous laquelle celles-ci ont été enregistrées audit pays d'origine.

**D.**

Nul ne pourra bénéficier des dispositions du présent article si la marque dont il revendique la protection n'est pas enregistrée au pays d'origine.

**E.**

Toutefois, en aucun cas, le renouvellement de l'enregistrement d'une marque dans le pays d'origine n'entraînera l'obligation de renouveler l'enregistrement dans les autres pays de l'Union où la marque aura été enregistrée.

**F.**

Le bénéfice de la priorité reste acquis aux dépôts de marques effectués dans le délai de l'article 4, même lorsque l'enregistrement dans le pays d'origine n'intervient qu'après l'expiration de ce délai.

## Article 6 *sexies* – Marques : marques de service

Les pays de l'Union s'engagent à protéger les marques de service. Ils ne sont pas tenus de prévoir l'enregistrement de ces marques.

## Article 6 *septies* – Marques : enregistrements effectués par l'agent ou le représentant du titulaire sans l'autorisation de celui-ci

(1) Si l'agent ou le représentant de celui qui est titulaire d'une marque dans un des pays de l'Union demande, sans l'autorisation de ce titulaire, l'enregistrement de cette marque en son propre nom, dans un ou plusieurs de ces pays, le titulaire aura le droit de s'opposer à l'enregistrement demandé ou de réclamer la radiation ou, si la loi du pays le permet, le transfert à son profit dudit enregistrement, à moins que cet agent ou représentant ne justifie de ses agissements.

(2) Le titulaire de la marque aura, sous les réserves de l'alinéa 1) ci-dessus, le droit de s'opposer à l'utilisation de sa marque par son agent ou représentant, s'il n'a pas autorisé cette utilisation.

(3) Les législations nationales ont la faculté de prévoir un délai équitable dans lequel le titulaire d'une marque devra faire valoir les droits prévus au présent article.

### Article 7 – Marques : nature du produit portant la marque

La nature du produit sur lequel la marque de fabrique ou de commerce doit être apposée ne peut, dans aucun cas, faire obstacle à l'enregistrement de la marque.

### Article 7 *bis* – Marques : marques collectives

(1) Les pays de l'Union s'engagent à admettre au dépôt et à protéger les marques collectives appartenant à des collectivités dont l'existence n'est pas contraire à la loi du pays d'origine, même si ces collectivités ne possèdent pas un établissement industriel ou commercial.

(2) Chaque pays sera juge des conditions particulières sous lesquelles une marque collective sera protégée, et il pourra refuser la protection si cette marque est contraire à l'intérêt public.

(3) Cependant, la protection de ces marques ne pourra être refusée à aucune collectivité dont l'existence n'est pas contraire à la loi du pays d'origine, pour le motif qu'elle n'est pas établie dans le pays où la protection est requise ou qu'elle n'est pas constituée conformément à la législation de ce pays.

### Article 8 – Noms commerciaux

Le nom commercial sera protégé dans tous les pays de l'Union sans obligation de dépôt ou d'enregistrement, qu'il fasse ou non partie d'une marque de fabrique ou de commerce.

### Article 9 – Marques, noms commerciaux : saisie à l'importation, etc., des produits portant illicitement une marque ou un nom commercial

(1) Tout produit portant illicitement une marque de fabrique ou de commerce ou un nom commercial, sera saisi à l'importation dans ceux des pays de l'Union dans lesquels cette marque ou ce nom commercial ont droit à la protection légale.

(2) La saisie sera également effectuée dans le pays où l'apposition illicite aura eu lieu, ou dans les pays où aura été importé le produit.

(3) La saisie aura lieu à la requête soit du Ministère public, soit de toute autre autorité compétente, soit d'une partie intéressée, personne physique ou morale, conformément à la législation intérieure de chaque pays.

(4) Les autorités ne seront pas tenues d'effectuer la saisie en cas de transit.

(5) Si la législation d'un pays n'admet pas la saisie à l'importation, la saisie sera remplacée par la prohibition d'importation ou la saisie à l'intérieur.

(6) Si la législation d'un pays n'admet ni la saisie à l'importation, ni la prohibition d'importation, ni la saisie à l'intérieur, et en attendant que cette législation soit modifiée en conséquence, ces mesures seront remplacées par les actions et moyens que la loi de ce pays assurerait en pareil cas aux nationaux.

### Article 10 – Indications fausses : saisie à l'importation, etc., des produits portant des indications fausses concernant la provenance des produits ou l'identité du producteur, etc.

(1) Les dispositions de l'article précédent seront applicables en cas d'utilisation directe ou indirecte d'une indication fausse concernant la provenance du produit ou l'identité du producteur, fabricant ou commerçant.

(2) Sera en tout cas reconnu comme partie intéressée, que ce soit une personne physique ou morale, tout producteur, fabricant ou commerçant engagé dans la production, la fabrication ou le commerce de ce produit et établi soit dans la localité faussement indiquée comme lieu de provenance, soit dans la région où cette localité est située, soit dans le pays faussement indiqué, soit dans le pays où la fausse indication de provenance est employée.

### Article 10 *bis* – Concurrence déloyale

(1) Les pays de l'Union sont tenus d'assurer aux ressortissants de l'Union une protection effective contre la concurrence déloyale.

(2) Constitue un acte de concurrence déloyale tout acte de concurrence contraire aux usages honnêtes en matière industrielle ou commerciale.

(3) Notamment devront être interdits :

(i) tous faits quelconques de nature à créer une confusion par n'importe quel moyen avec l'établissement, les produits ou l'activité industrielle ou commerciale d'un concurrent ;

(ii) les allégations fausses, dans l'exercice du commerce, de nature à discréditer l'établissement, les produits ou l'activité industrielle ou commerciale d'un concurrent ;

(iii) les indications ou allégations dont l'usage, dans l'exercice du commerce, est susceptible d'induire le public en erreur sur la nature, le mode de fabrication, les caractéristiques, l'aptitude à l'emploi ou la quantité des marchandises.

### Article 10 *ter* – Marques, noms commerciaux, indications fausses, concurrence déloyale : recours légaux ; droit d'agir en justice

(1) Les pays de l'Union s'engagent à assurer aux ressortissants des autres pays de l'Union des recours légaux appropriés pour réprimer efficacement tous les actes visés aux articles 9, 10 et 10 *bis*.

(2) Ils s'engagent, en outre, à prévoir des mesures pour permettre aux syndicats et associations représentant les industriels, producteurs ou commerçants intéressés et dont l'existence n'est pas contraire aux lois de leurs pays, d'agir en justice ou auprès des autorités administratives, en vue de la répression des actes prévus par les articles 9, 10 et 10 *bis* dans la mesure où la loi du pays dans lequel la protection est réclamée le permet aux syndicats et associations de ce pays.

### Article 11 – Inventions, modèles d'utilité, dessins et modèles industriels, marques : protection temporaire à certaines expositions internationales

(1) Les pays de l'Union accorderont, conformément à leur législation intérieure, une protection temporaire aux inventions brevetables, aux modèles d'utilité, aux dessins ou modèles industriels ainsi qu'aux marques de fabrique ou de commerce, pour les produits qui figureront aux expositions internationales officielles ou officiellement reconnues organisées sur le territoire de l'un d'eux.

(2) Cette protection temporaire ne prolongera pas les délais de l'article 4. Si, plus tard, le droit de priorité est invoqué, l'Administration de chaque pays pourra faire partir le délai de la date de l'introduction du produit dans l'exposition.

(3) Chaque pays pourra exiger, comme preuve de l'identité de l'objet exposé et de la date d'introduction, les pièces justificatives qu'il jugera nécessaires.

### Article 12 – Services nationaux spéciaux pour la propriété industrielle

(1) Chacun des pays de l'Union s'engage à établir un service spécial de la propriété industrielle et un dépôt central pour la communication au public des brevets d'invention, des modèles d'utilité, des dessins ou modèles industriels et des marques de fabrique ou de commerce.

(2) Ce service publiera une feuille périodique officielle. Il publiera régulièrement :

(*a*) les noms des titulaires des brevets délivrés, avec une brève désignation des inventions brevetées;

(*b*) les reproductions des marques enregistrées.

### Article 13 – Assemblée de l'Union

(1)

(*a*) L'Union a une Assemblée composée des pays de l'Union liés par les articles 13 à 17.

(*b*) Le Gouvernement de chaque pays est représenté par un délégué, qui peut être assisté de suppléants, de conseillers et d'experts.

(*c*) Les dépenses de chaque délégation sont supportées par le Gouvernement qui l'a désignée.

(2)

(*a*) L'Assemblée :

(i) traite de toutes les questions concernant le maintien et le développement de l'Union et l'application de la présente Convention;

(ii) donne au Bureau international de la propriété intellectuelle (ci-après dénommé « le Bureau international ») visé dans la Convention instituant l'Organisation Mondiale de la Propriété Intellectuelle (ci-après dénommée « l'Organisation ») des directives concernant la préparation des conférences de révision, compte étant dûment tenu des observations des pays de l'Union qui ne sont pas liés par les articles 13 à 17;

(iii) examine et approuve les rapports et les activités du Directeur général de l'Organisation relatifs à l'Union et lui donne toutes directives utiles concernant les questions de la compétence de l'Union;

(iv) élit les membres du Comité exécutif de l'Assemblée;

(v) examine et approuve les rapports et les activités de son Comité exécutif et lui donne des directives;

(vi) arrête le programme, adopte le budget biennal de l'Union et approuve ses comptes de clôture;

(vii) adopte le règlement financier de l'Union;

(viii) crée les comités d'experts et groupes de travail qu'elle juge utiles à la réalisation des objectifs de l'Union;

(ix) décide quels sont les pays non membres de l'Union et quelles sont les organisations intergouvernementales et internationales non gouvernementales qui peuvent être admis à ses réunions en qualité d'observateurs;

(x) adopte les modifications des articles 13 à 17;

(xi) entreprend toute autre action appropriée en vue d'atteindre les objectifs de l'Union;

(xii) s'acquitte de toutes autres tâches qu'implique la présente Convention;

(xiii) exerce, sous réserve qu'elle les accepte, les droits qui lui sont conférés par la Convention instituant l'Organisation.

(*b*) Sur les questions qui intéressent également d'autres Unions administrées par l'Organisation, l'Assemblée statue connaissance prise de l'avis du Comité de Coordination de l'Organisation.

(3)

(*a*) Sous réserve des dispositions du sous-alinéa b), un délégué ne peut représenter qu'un seul pays.

(*b*) Des pays de l'Union groupés en vertu d'un arrangement particulier au sein d'un office commun ayant pour chacun d'eux le caractère de service national spécial de la propriété industrielle visé à l'article 12 peuvent être, au cours des discussions, représentés dans leur ensemble par l'un d'eux.

(4)

(*a*) Chaque pays membre de l'Assemblée dispose d'une voix.

(*b*) La moitié des pays membres de l'Assemblée constitue le *quorum*.

(*c*) Nonobstant les dispositions du sous-alinéa b), si, lors d'une session, le nombre des pays représentés est inférieur à la moitié mais égal ou supérieur au tiers des pays membres de l'Assemblée, celle-ci peut prendre des décisions; toutefois, les décisions de l'Assemblée, à l'exception de celles qui concernent sa procédure, ne deviennent exécutoires que lorsque les conditions énoncées ci-après sont remplies. Le Bureau international communique lesdites décisions aux pays membres de l'Assemblée qui n'étaient pas représentés, en les invitant à exprimer par écrit, dans un délai de trois mois à compter de la date de ladite communication, leur vote ou leur abstention. Si, à l'expiration de ce délai, le nombre des pays ayant ainsi exprimé leur vote ou leur abstention est au moins égal au nombre de pays qui faisait défaut pour que le *quorum* fût atteint lors de la session, lesdites décisions deviennent exécutoires, pourvu qu'en même temps la majorité nécessaire reste acquise.

(*d*) Sous réserve des dispositions de l'article 17.2), les décisions de l'Assemblée sont prises à la majorité des deux tiers des votes exprimés.

(*e*) L'abstention n'est pas considérée comme un vote.

(5)

(*a*) Sous réserve du sous-alinéa b), un délégué ne peut voter qu'au nom d'un seul pays.

(*b*) Les pays de l'Union visés à l'alinéa 3)b) s'efforcent, en règle générale, de se faire représenter aux sessions de l'Assemblée par leurs propres délégations. Toutefois, si, pour des raisons exceptionnelles, l'un desdits pays ne peut se faire représenter par sa propre délégation, il peut donner à la délégation d'un autre de ces pays le pouvoir de voter en son nom, étant entendu qu'une délégation ne peut voter par procuration que pour un seul pays. Tout pouvoir à cet effet doit faire l'objet d'un acte signé par le chef de l'État ou par le ministre compétent.

(6) Les pays de l'Union qui ne sont pas membres de l'Assemblée sont admis à ses réunions en qualité d'observateurs.

(7)

(*a*) L'Assemblée se réunit une fois tous les deux ans en session ordinaire sur convocation du Directeur général et, sauf cas exceptionnels, pendant la même période et au même lieu que l'Assemblée générale de l'Organisation.

(*b*) L'Assemblée se réunit en session extraordinaire sur convocation adressée par le Directeur général, à la demande du Comité exécutif ou à la demande d'un quart des pays membres de l'Assemblée.

(8) L'Assemblée adopte son règlement intérieur.

## Article 14 – Comité exécutif

(1) L'Assemblée a un Comité exécutif.

(2)

(*a*) Le Comité exécutif est composé des pays élus par l'Assemblée parmi les pays membres de celle-ci. En outre, le pays sur le territoire duquel l'Organisation a son siège dispose, *ex officio*, d'un siège au Comité, sous réserve des dispositions de l'article 16.7)b).

(*b*) Le Gouvernement de chaque pays membre du Comité exécutif est représenté par un délégué, qui peut être assisté de suppléants, de conseillers et d'experts.

(*c*) Les dépenses de chaque délégation sont supportées par le Gouvernement qui l'a désignée.

(3) Le nombre des pays membres du Comité exécutif correspond au quart du nombre des pays membres de l'Assemblée. Dans le calcul des sièges à pourvoir, le reste subsistant après la division par quatre n'est pas pris en considération.

(4) Lors de l'élection des membres du Comité exécutif, l'Assemblée tient compte d'une répartition géographique équitable et de la nécessité pour tous les pays parties aux Arrangements particuliers établis en relation avec l'Union d'être parmi les pays constituant le Comité exécutif.

(5)

(*a*) Les membres du Comité exécutif restent en fonctions à partir de la clôture de la session de l'Assemblée au cours de laquelle ils ont été élus jusqu'au terme de la session ordinaire suivante de l'Assemblée.

(*b*) Les membres du Comité exécutif sont rééligibles dans la limite maximale des deux tiers d'entre eux.

(*c*) L'Assemblée réglemente les modalités de l'élection et de la réélection éventuelle des membres du Comité exécutif.

(6)

(*a*) Le Comité exécutif :

(i) prépare le projet d'ordre du jour de l'Assemblée ;

(ii) soumet à l'Assemblée des propositions relatives aux projets de programme et de budget biennal de l'Union préparés par le Directeur général ;

(iii) [supprimé]

(iv) soumet à l'Assemblée, avec les commentaires appropriés, les rapports périodiques du Directeur général et les rapports annuels de vérification des comptes ;

(v) prend toutes mesures utiles en vue de l'exécution du programme de l'Union par le Directeur général, conformément aux décisions de l'Assemblée et en tenant compte des circonstances survenant entre deux sessions ordinaires de ladite Assemblée ;

(vi) s'acquitte de toutes autres tâches qui lui sont attribuées dans le cadre de la présente Convention.

(*b*) Sur les questions qui intéressent également d'autres Unions administrées par l'Organisation, le Comité exécutif statue connaissance prise de l'avis du Comité de coordination de l'Organisation.

(7)

(*a*) Le Comité exécutif se réunit une fois par an en session ordinaire, sur convocation du Directeur général, autant que possible pendant la même période et au même lieu que le Comité de coordination de l'Organisation.

(*b*) Le Comité exécutif se réunit en session extraordinaire sur convocation adressée par le Directeur général soit à l'initiative de celui-ci, soit à la demande de son président ou d'un quart de ses membres.

(8)

(*a*) Chaque pays membre du Comité exécutif dispose d'une voix.

(*b*) La moitié des pays membres du Comité exécutif constitue le *quorum*.

(*c*) Les décisions sont prises à la majorité simple des votes exprimés.

(*d*) L'abstention n'est pas considérée comme un vote.

(*e*) Un délégué ne peut représenter qu'un seul pays et ne peut voter qu'au nom de celui-ci.

(9) Les pays de l'Union qui ne sont pas membres du Comité exécutif sont admis à ses réunions en qualité d'observateurs.

(10) Le Comité exécutif adopte son règlement intérieur.

## Article 15 – Bureau international

(1)

(*a*) Les tâches administratives incombant à l'Union sont assurées par le Bureau international, qui succède au Bureau de l'Union réuni avec le Bureau de l'Union institué par la Convention internationale pour la protection des œuvres littéraires et artistiques.

(*b*) Le Bureau international assure notamment le secrétariat des divers organes de l'Union.

(*c*) Le Directeur général de l'Organisation est le plus haut fonctionnaire de l'Union et la représente.

(2) Le Bureau international rassemble et publie les informations concernant la protection de la propriété industrielle. Chaque pays de l'Union communique aussitôt que possible au Bureau international le texte de toute nouvelle loi ainsi que tous textes officiels concernant la protection de la propriété industrielle. Il fournit, en outre, au Bureau international toutes publications de ses services compétents en matière de propriété industrielle qui touchent directement la protection de la propriété industrielle et sont jugées par le Bureau international comme présentant un intérêt pour ses activités.

(3) Le Bureau international publie un périodique mensuel.

(4) Le Bureau international fournit, à tout pays de l'Union, sur sa demande, des renseignements sur les questions relatives à la protection de la propriété industrielle.

(5) Le Bureau international procède à des études et fournit des services destinés à faciliter la protection de la propriété industrielle.

(6) Le Directeur général et tout membre du personnel désigné par lui prennent part, sans droit de vote, à toutes les réunions de l'Assemblée, du Comité exécutif et de tout autre comité d'experts ou groupe de travail. Le Directeur général ou un membre du personnel désigné par lui est d'office secrétaire de ces organes.

(7)

(*a*) Le Bureau international, selon les directives de l'Assemblée et en coopération avec le Comité exécutif, prépare les conférences de révision des dispositions de la Convention autres que les articles 13 à 17.

(*b*) Le Bureau international peut consulter des organisations intergouvernementales et internationales non gouvernementales sur la préparation des conférences de révision.

(*c*) Le Directeur général et les personnes désignées par lui prennent part, sans droit de vote, aux délibérations dans ces conférences.

(8) Le Bureau international exécute toutes autres tâches qui lui sont attribuées.

## Article 16 – Finances

(1)

(*a*) L'Union a un budget.

(*b*) Le budget de l'Union comprend les recettes et les dépenses propres à l'Union, sa contribution au budget des dépenses communes aux Unions, ainsi que, le cas échéant, la somme mise à la disposition du budget de la Conférence de l'Organisation.

(*c*) Sont considérées comme dépenses communes aux Unions les dépenses qui ne sont pas attribuées exclusivement à l'Union, mais également à une ou plusieurs autres Unions administrées par l'Organisation. La part de l'Union dans ces dépenses communes est proportionnelle à l'intérêt que ces dépenses présentent pour elle.

(2) Le budget de l'Union est arrêté compte tenu des exigences de coordination avec les budgets des autres Unions administrées par l'Organisation.

(3) Le budget de l'Union est financé par les ressources suivantes :

(i) les contributions des pays de l'Union;

(ii) les taxes et sommes dues pour les services rendus par le Bureau international au titre de l'Union;

(iii) le produit de la vente des publications du Bureau international concernant l'Union et les droits afférents à ces publications;

(iv) les dons, legs et subventions;

(v) les loyers, intérêts et autres revenus divers.

(4)

(*a*) Pour déterminer sa part contributive dans le budget, chaque pays de l'Union est rangé dans une classe et paie ses contributions annuelles sur la base d'un nombre d'unités fixé comme suit [2] :

Classe I… 25
Classe II… 20
Classe III… 15
Classe IV… 10
Classe V… 5
Classe VI… 3
Classe VII… 1

(*b*) À moins qu'il ne l'ait fait précédemment, chaque pays indique, au moment du dépôt de son instrument de ratification ou d'adhésion, la classe dans laquelle il désire être rangé. Il peut changer de classe. S'il choisit une classe inférieure, le pays doit en faire part à l'Assemblée lors d'une de ses sessions ordinaires. Un tel changement prend effet au début de l'année civile suivant ladite session.

(*c*) La contribution annuelle de chaque pays consiste en un montant dont le rapport à la somme totale des contributions annuelles au budget de l'Union de tous les pays est le même que le rapport entre le nombre des unités de la classe dans laquelle il est rangé et le nombre total des unités de l'ensemble des pays.

(*d*) Les contributions sont dues au premier janvier de chaque année.

(*e*) Un pays en retard dans le paiement de ses contributions ne peut exercer son droit de vote, dans aucun des organes de l'Union dont il est membre, si le montant de son arriéré est égal ou supérieur à celui des contributions dont il est redevable pour les deux années complètes écoulées. Cependant, un tel pays peut être autorisé à conserver l'exercice de son droit de vote au sein dudit organe aussi longtemps que ce dernier estime que le retard résulte de circonstances exceptionnelles et inévitables.

(*f*) Dans le cas où le budget n'est pas adopté avant le début d'un nouvel exercice, le budget de l'année précédente est reconduit selon les modalités prévues par le règlement financier.

(5) Le montant des taxes et sommes dues pour des services rendus par le Bureau international au titre de l'Union est fixé par le Directeur général, qui en fait rapport à l'Assemblée et au Comité exécutif.

(6)

(*a*) L'Union possède un fonds de roulement constitué par un versement unique effectué par chaque pays de l'Union. Si le fonds devient insuffisant, l'Assemblée décide de son augmentation.

(*b*) Le montant du versement initial de chaque pays au fonds précité ou de sa participation à l'augmentation de celui-ci est proportionnel à la contribution de ce pays pour l'année au cours de laquelle le fonds est constitué ou l'augmentation décidée.

(*c*) La proportion et les modalités de versement sont arrêtées par l'Assemblée sur proposition du Directeur général et après avis du Comité de coordination de l'Organisation.

(7)

(*a*) L'Accord de siège conclu avec le pays sur le territoire duquel l'Organisation a son siège prévoit que, si le fonds de roulement est insuffisant, ce pays accorde des avances. Le montant de ces avances et les conditions dans lesquelles elles sont accordées font l'objet, dans chaque cas, d'accords séparés entre le pays en cause et l'organisation. Aussi longtemps qu'il est tenu d'accorder des avances, ce pays dispose *ex officio* d'un siège au Comité exécutif.

(*b*) Le pays visé au sous-alinéa a) et l'Organisation ont chacun le droit de dénoncer l'engagement d'accorder des avances moyennant notification par écrit. La dénonciation prend effet trois ans après la fin de l'année au cours de laquelle elle a été notifiée.

(8) La vérification des comptes est assurée, selon les modalités prévues par le règlement financier, par un ou plusieurs pays de l'Union ou par des contrôleurs extérieurs, qui sont, avec leur consentement, désignés par l'Assemblée.

## Article 17 – Modification des articles 13 à 17

(1) Des propositions de modification des articles 13, 14, 15, 16 et du présent article peuvent être présentées par tout pays membre de l'Assemblée, par le Comité exécutif ou par le Directeur général. Ces propositions sont communiquées par ce dernier aux pays membres de l'Assemblée six mois au moins avant d'être soumises à l'examen de l'Assemblée.

(2) Toute modification des articles visés à l'alinéa 1) est adoptée par l'Assemblée. L'adoption requiert les trois quarts des votes exprimés; toutefois, toute modification de l'article 13 et du présent alinéa requiert les quatre cinquièmes des votes exprimés.

(3) Toute modification des articles visés à l'alinéa 1) entre en vigueur un mois après la réception par le Directeur général des notifications écrites d'acceptation, effectuée en conformité avec leurs règles constitutionnelles respectives, de la part des trois quarts des pays qui étaient membres de l'Assemblée au moment où la modification a été adoptée. Toute modification desdits articles ainsi acceptée lie

tous les pays qui sont membres de l'Assemblée au moment où la modification entre en vigueur ou qui en deviennent membres à une date ultérieure; toutefois, toute modification qui augmente les obligations financières des pays de l'Union ne lie que ceux d'entre eux qui ont notifié leur acceptation de ladite modification.

### Article 18 – Révision des articles 1 à 12 et 18 à 30

(1) La présente Convention sera soumise à des révisions en vue d'y introduire les améliorations de nature à perfectionner le système de l'Union.

(2) À cet effet, des conférences auront lieu, successivement, dans l'un des pays de l'Union, entre les délégués desdits pays.

(3) Les modifications des articles 13 à 17 sont régies par les dispositions de l'article 17.

### Article 19 – Arrangements particuliers

Il est entendu que les pays de l'Union se réservent le droit de prendre séparément, entre eux, des arrangements particuliers pour la protection de la propriété industrielle, en tant que ces arrangements ne contreviendraient pas aux dispositions de la présente Convention.

### Article 20 – Ratification ou adhésion par des pays de l'Union; entrée en vigueur

(1)

(*a*) Chacun des pays de l'Union qui a signé le présent Acte peut le ratifier et, s'il ne l'a pas signé, peut y adhérer. Les instruments de ratification et d'adhésion sont déposés auprès du Directeur général.

(*b*) Chacun des pays de l'Union peut déclarer, dans son instrument de ratification ou d'adhésion, que sa ratification ou son adhésion n'est pas applicable :

(i) aux articles 1 à 12 ou

(ii) aux articles 13 à 17.

(*c*) Chacun des pays de l'Union qui, conformément au sous-alinéa b), a exclu des effets de sa ratification ou de son adhésion l'un des deux groupes d'articles visés dans ledit sous-alinéa peut, à tout moment ultérieur, déclarer qu'il étend les effets de sa ratification ou de son adhésion à ce groupe d'articles. Une telle déclaration est déposée auprès du Directeur général.

(2)

(*a*) Les articles 1 à 12 entrent en vigueur, à l'égard des dix premiers pays de l'Union qui ont déposé des instruments de ratification ou d'adhésion sans faire une déclaration comme le permet l'alinéa 1)b)i) trois mois après le dépôt du dixième de ces instruments de ratification ou d'adhésion.

(*b*) Les articles 13 à 17 entrent en vigueur, à l'égard des dix premiers pays de l'Union qui ont déposé des instruments de ratification ou d'adhésion sans faire une déclaration comme le permet l'alinéa 1)b)ii), trois mois après le dépôt du dixième de ces instruments de ratification ou d'adhésion.

(*c*) Sous réserve de l'entrée en vigueur initiale, conformément aux dispositions des sous-alinéas a) et b), de chacun des deux groupes d'articles visés à l'alinéa 1) b) i) et ii), et sous réserve des dispositions de l'alinéa 1)b), les articles 1 à 17 entrent en vigueur à l'égard de tout pays de l'Union, autres que ceux visés aux sous-alinéas a) et b), qui dépose un instrument de ratification ou d'adhésion, ainsi qu'à l'égard de tout pays de l'Union qui dépose une déclaration en application de l'alinéa 1)c), trois mois après la date de la notification, par le Directeur général, d'un tel dépôt, à moins qu'une date postérieure n'ait été indiquée dans l'instrument ou la déclaration déposés. Dans ce dernier cas, le présent Acte entre en vigueur à l'égard de ce pays à la date ainsi indiquée.

(3) À l'égard de chaque pays de l'Union qui dépose un instrument de ratification ou d'adhésion, les articles 18 à 30 entrent en vigueur à la première date à laquelle l'un quelconque des groupes d'articles visés à l'alinéa 1)b) entre en vigueur à l'égard de ce pays conformément à l'alinéa 2)a), b), ou c).

## Article 21 – Adhésion par des pays étrangers à l'Union ; entrée en vigueur

(1) Tout pays étranger à l'Union peut adhérer au présent Acte et devenir, de ce fait, membre de l'Union. Les instruments d'adhésion sont déposés auprès du Directeur général.

(2)

(*a*) À l'égard de tout pays étranger à l'Union qui a déposé son instrument d'adhésion un mois ou plus avant la date d'entrée en vigueur des dispositions du présent Acte, celui-ci entre en vigueur à la date à laquelle les dispositions sont entrées en vigueur pour la première fois en application de l'article 20.2)a) ou b), à moins qu'une date postérieure n'ait été indiquée dans l'instrument d'adhésion ; toutefois :

(i) si les articles 1 à 12 ne sont pas entrés en vigueur à cette date, un tel pays sera lié, durant la période intérimaire avant l'entrée en vigueur de ces dispositions, et en remplacement de celles-ci, par les articles 1 à 12 de l'Acte de Lisbonne,

(ii) si les articles 13 à 17 ne sont pas entrés en vigueur à cette date, un tel pays sera lié, durant la période intérimaire avant l'entrée en vigueur de ces dispositions, et en remplacement de celles-ci, par les articles 13 et 14.3), 4) et 5) de l'Acte de Lisbonne.

Si un pays indique une date postérieure dans son instrument d'adhésion, le présent Acte entre en vigueur à l'égard de ce pays à la date ainsi indiquée.

(*b*) À l'égard de tout pays étranger à l'Union qui a déposé son instrument d'adhésion à une date postérieure à l'entrée en vigueur d'un seul groupe d'articles du présent Acte ou à une date qui la précède de moins d'un mois, le présent Acte entre en vigueur, sous réserve de ce qui est prévu au sous-alinéa a), trois mois après la date à laquelle son adhésion a été notifiée par le Directeur général, à moins qu'une date postérieure n'ait été indiquée dans l'instrument d'adhésion. Dans ce dernier cas, le présent Acte entre en vigueur à l'égard de ce pays à la date ainsi indiquée.

(3) À l'égard de tout pays étranger à l'Union qui a déposé son instrument d'adhésion après la date d'entrée en vigueur du présent Acte dans sa totalité, ou moins d'un mois avant cette date, le présent Acte entre en vigueur trois mois après la date à laquelle son adhésion a été notifiée par le Directeur général, à moins qu'une date postérieure n'ait été indiquée dans l'instrument d'adhésion. Dans ce dernier cas, le présent Acte entre en vigueur à l'égard de ce pays à la date ainsi indiquée.

## Article 22 – Effet de la ratification ou de l'adhésion

Sous réserve des exceptions possibles prévues aux articles 20.1)b) et 28.2), la ratification ou l'adhésion emporte de plein droit accession à toutes les clauses et admission à tous les avantages stipulés par le présent Acte.

### Article 23 – Adhésion à des Actes antérieurs

Après l'entrée en vigueur du présent Acte dans sa totalité, un pays ne peut adhérer à des Actes antérieurs de la présente Convention.

### Article 24 – Territoires

(1) Tout pays peut déclarer dans son instrument de ratification ou d'adhésion, ou peut informer le Directeur général par écrit à tout moment ultérieur, que la présente Convention est applicable à tout ou partie des territoires, désignés dans la déclaration ou la notification, pour lesquels il assume la responsabilité des relations extérieures.

(2) Tout pays qui a fait une telle déclaration ou effectué une telle notification peut, à tout moment, notifier au Directeur général que la présente Convention cesse d'être applicable à tout ou partie de ces territoires.

(3)

(*a*) Toute déclaration faite en vertu de l'alinéa 1) prend effet à la même date que la ratification ou l'adhésion dans l'instrument de laquelle elle a été incluse, et toute notification effectuée en vertu de cet alinéa prend effet trois mois après sa notification par le Directeur général.

(*b*) Toute notification effectuée en vertu de l'alinéa 2) prend effet douze mois après sa réception par le Directeur général.

### Article 25 – Application de la Convention sur le plan national

(1) Tout pays partie à la présente Convention s'engage à adopter, conformément à sa constitution, les mesures nécessaires pour assurer l'application de la présente Convention.

(2) Il est entendu qu'au moment où un pays dépose son instrument de ratification ou d'adhésion, il sera en mesure, conformément à sa législation interne, de donner effet aux dispositions de la présente Convention.

### Article 26 – Dénonciation

(1) La présente Convention demeure en vigueur sans limitation de durée.

(2) Tout pays peut dénoncer le présent Acte par notification adressée au Directeur général. Cette dénonciation emporte aussi dénonciation de tous les Actes antérieurs et ne produit son effet qu'à l'égard du pays qui l'a faite, la Convention restant en vigueur et exécutoire à l'égard des autres pays de l'Union.

(3) La dénonciation prend effet un an après le jour où le Directeur général a reçu la notification.

(4) La faculté de dénonciation prévue par le présent article ne peut être exercé par un pays avant l'expiration d'un délai de cinq ans à compter de la date à laquelle il est devenu membre de l'Union.

### Article 27 – Application des Actes antérieurs

(1) Le présent Acte remplace, dans les rapports entre les pays auxquels il s'applique, et dans la mesure où il s'applique, la Convention de Paris du 20 mars 1883 et les Actes de révision subséquents.

(2)

(*a*) À l'égard des pays auxquels le présent Acte n'est pas applicable, ou n'est pas applicable dans sa totalité, mais auxquels l'Acte de Lisbonne du 31 octobre 1958 est applicable, ce dernier reste en vigueur dans sa totalité, ou dans la mesure où le présent Acte ne le remplace pas en vertu de l'alinéa 1).

(*b*) De même, à l'égard des pays auxquels ni le présent Acte, ni des parties de celui-ci, ni l'Acte de Lisbonne ne sont applicables, l'Acte de Londres du 2 juin 1934 reste en vigueur dans sa totalité, ou dans la mesure où le présent Acte ne le remplace pas en vertu de l'alinéa 1).

(*c*) De même, à l'égard des pays auxquels ni le présent Acte, ni des parties de celui-ci, ni l'Acte de Lisbonne, ni l'Acte de Londres ne sont applicables, l'Acte de La Haye du 6 novembre 1925 reste en vigueur dans sa totalité, ou dans la mesure où le présent Acte ne le remplace pas en vertu de l'alinéa 1).

(3) Les pays étrangers à l'Union qui deviennent parties au présent Acte l'appliquent à l'égard de tout pays de l'Union qui n'est pas partie à cet Acte ou qui, bien qu'y étant partie, a fait la déclaration prévue à l'article 20.1)b)i). Lesdits pays admettent que le pays de l'Union considéré applique dans ses relations avec eux les dispositions de l'Acte le plus récent auquel il est partie.

## Article 28 – Différends

(1) Tout différend entre deux ou plusieurs pays de l'Union concernant l'interprétation ou l'application de la présente Convention qui ne sera pas réglé par voie de négociation peut être porté par l'un quelconque des pays en cause devant la Cour internationale de Justice par voie de requête conforme au Statut de la Cour, à moins que les pays en cause ne conviennent d'un autre mode de règlement. Le Bureau international sera informé par le pays requérant du différend soumis à la Cour; il en donnera connaissance aux autres pays de l'Union.

(2) Tout pays peut, au moment où il signe le présent Acte ou dépose son instrument de ratification ou d'adhésion, déclarer qu'il ne se considère pas lié par les dispositions de l'alinéa 1). En ce qui concerne tout différend entre un tel pays et tout autre pays de l'Union, les dispositions de l'alinéa 1) ne sont pas applicables.

(3) Tout pays qui a fait une déclaration conformément aux dispositions de l'alinéa 2) peut, à tout moment, la retirer par une notification adressée au Directeur général.

## Article 29 – Signature, langues, fonctions du dépositaire

(1)

(*a*) Le présent Acte est signé en un seul exemplaire en langue française et déposé auprès du Gouvernement de la Suède.

(*b*) Des textes officiels sont établis par le Directeur général, après consultation des Gouvernements intéressés, dans les langues allemande, anglaise, espagnole, italienne, portugaise et russe, et dans les autres langues que l'Assemblée pourra indiquer.

(*c*) En cas de contestation sur l'interprétation des divers textes, le texte français fait foi.

(2) Le présent Acte reste ouvert à la signature, à Stockholm, jusqu'au 13 janvier 1968.

(3) Le Directeur général transmet deux copies, certifiées conformes par le Gouvernement de la Suède, du texte signé du présent Acte aux Gouvernements de tous les pays de l'Union et, sur demande, au Gouvernement de tout autre pays.

(4) Le Directeur général fait enregistrer le présent Acte auprès du Secrétariat de l'Organisation des Nations unies.

(5) Le Directeur général notifie aux Gouvernements de tous les pays de l'Union les signatures, les dépôts d'instruments de ratification ou d'adhésion et de déclarations comprises dans ces instruments ou faites en application de l'article 20.1)c), l'entrée en vigueur de toutes dispositions du présent Acte, les notifications de dénonciation et les notifications faites en application de l'article 24.

### Article 30 – Mesures transitoires

(1) Jusqu'à l'entrée en fonction du premier Directeur général, les références, dans le présent Acte, au Bureau international de l'Organisation ou au Directeur général sont considérées comme se rapportant respectivement au Bureau de l'Union ou à son Directeur.

(2) Les pays de l'Union qui ne sont pas liés par les articles 13 à 17 peuvent, pendant cinq ans après l'entrée en vigueur de la Convention instituant l'Organisation, exercer, s'ils le désirent, les droits prévus par les articles 13 à 17 du présent Acte, comme s'ils étaient liés par ces articles. Tout pays qui désire exercer lesdits droits dépose à cette fin auprès du Directeur général une notification écrite qui prend effet à la date de sa réception. De tels pays sont réputés être membres de l'Assemblée jusqu'à l'expiration de ladite période.

(3) Aussi longtemps que tous les pays de l'Union ne sont pas devenus membres de l'Organisation, le Bureau international de l'Organisation agit également en tant que Bureau de l'Union, et le Directeur général en tant que Directeur de ce Bureau.

(4) Lorsque tous les pays de l'Union sont devenus membres de l'Organisation, les droits, obligations et biens du Bureau de l'Union sont dévolus au Bureau international de l'Organisation.

### Notes

[1] Des titres ont été ajoutés aux articles afin d'en faciliter l'identification. Le texte signé (en français) ne comporte pas de titres.

[2] Les organes directeurs de l'OMPI et des Unions administrées par l'OMPI ont adopté, avec effet à compter du 1er janvier 1994, un nouveau système de contribution qui remplace celui qui est défini à l'article 16.4) a), b) et c) de la Convention de Paris. Des précisions concernant ce système peuvent être obtenues auprès du Bureau international de l'OMPI (NDLR).

# 48 Convention de Berne du 9 septembre 1886 pour la protection des œuvres littéraires et artistiques, révisée

(Successivement à Paris le 4 mai 1896; Berlin le 13 novembre 1908, Berne le 20 mars 1914, Rome le 2 juin 1928, Bruxelles le 26 juin 1948, Stockholm le 14 juillet 1967, Paris le 24 juillet 1971)

Version d'origine en vigueur depuis le 5 décembre 1887, version actuelle en vigueur depuis le 10 octobre 1974

*Les pays de l'Union, également animés du désir de protéger d'une manière aussi efficace et aussi uniforme que possible les droits des auteurs sur leurs œuvres littéraires et artistiques,*

Reconnaissant l'importance des travaux de la Conférence de révision tenue à Stockholm en 1967,

Ont résolu de réviser l'Acte adopté par la Conférence de Stockholm, tout en laissant sans changement les articles 1 à 20 et 22 à 26 de cet Acte.

En conséquence, les Plénipotentiaires soussignés, après présentation de leurs pleins pouvoirs, reconnus en bonne et due forme, sont convenus de ce qui suit :

## Article premier – Constitution d'une Union [1]

Les pays auxquels s'applique la présente Convention sont constitués à l'état d'Union pour la protection des droits des auteurs sur leurs œuvres littéraires et artistiques.

## Article 2 – Œuvres protégées :

### 1. « Œuvres littéraires et artistiques »; 2. Possibilité d'exiger la fixation; 3. Œuvres dérivées; 4. Textes officiels; 5. Recueils; 6. Obligation de protéger; bénéficiaires de la protection; 7. Œuvres des arts appliqués et dessins et modèles industriels; 8. Nouvelles du jour

(1) Les termes « œuvres littéraires et artistiques » comprennent toutes les productions du domaine littéraire, scientifique et artistique, quel qu'en soit le mode ou la forme d'expression, telles que : les livres, brochures et autres écrits; les conférences, allocutions, sermons et autres œuvres de même nature; les œuvres dramatiques ou dramatico-musicales; les œuvres chorégraphiques et les pantomimes; les compositions musicales avec ou sans paroles; les œuvres cinématographiques, auxquelles sont assimilées les œuvres exprimées par un procédé analogue à la cinématographie; les œuvres de dessin, de peinture, d'architecture, de sculpture, de gravure, de lithographie; les œuvres photographiques, auxquelles sont assimilées les œuvres exprimées par un procédé analogue à la photographie; les œuvres des

arts appliqués; les illustrations, les cartes géographiques; les plans, croquis et ouvrages plastiques relatifs à la géographie, à la topographie, à l'architecture ou aux sciences.

(2) Est toutefois réservée aux législations des pays de l'Union la faculté de prescrire que les œuvres littéraires et artistiques ou bien l'une ou plusieurs catégories d'entre elles ne sont pas protégées tant qu'elles n'ont pas été fixées sur un support matériel.

(3) Sont protégés comme des œuvres originales, sans préjudice des droits de l'auteur de l'œuvre originale, les traductions, adaptations, arrangements de musique et autres transformations d'une œuvre littéraire ou artistique.

(4) Il est réservé aux législations des pays de l'Union de déterminer la protection à accorder aux textes officiels d'ordre législatif, administratif ou judiciaire, ainsi qu'aux traductions officielles de ces textes.

(5) Les recueils d'œuvres littéraires ou artistiques tels que les encyclopédies et anthologies qui, par le choix ou la disposition des matières, constituent des créations intellectuelles sont protégés comme telles, sans préjudice des droits des auteurs sur chacune des œuvres qui font partie de ces recueils.

(6) Les œuvres mentionnées ci-dessus jouissent de la protection dans tous les pays de l'Union. Cette protection s'exerce au profit de l'auteur et de ses ayants droit.

(7) Il est réservé aux législations des pays de l'Union de régler le champ d'application des lois concernant les œuvres des arts appliqués et les dessins et modèles industriels, ainsi que les conditions de protection de ces œuvres, dessins et modèles, compte tenu des dispositions de l'article 7.4) de la présente Convention. Pour les œuvres protégées uniquement comme dessins et modèles dans le pays d'origine, il ne peut être réclamé dans un autre pays de l'Union que la protection spéciale accordée dans ce pays aux dessins et modèles; toutefois, si une telle protection spéciale n'est pas accordée dans ce pays, ces œuvres seront protégées comme œuvres artistiques.

(8) La protection de la présente Convention ne s'applique pas aux nouvelles du jour ou aux faits divers qui ont le caractère de simples informations de presse.

## Article 2 *bis* – Possibilité de limiter la protection de certaines œuvres :

### 1. Certains discours; 2. Certaines utilisations des conférences et allocutions; 3. Droit de réunir ces œuvres en recueils

(1) Est réservée aux législations des pays de l'Union la faculté d'exclure partiellement ou totalement de la protection prévue à l'article précédent les discours politiques et les discours prononcés dans les débats judiciaires.

(2) Est réservée également aux législations des pays de l'Union la faculté de statuer sur les conditions dans lesquelles les conférences, allocutions et autres œuvres de même nature, prononcées en public, pourront être reproduites par la presse, radiodiffusées, transmises par fil au public et faire l'objet des communications publiques visées à l'article 11 *bis*. 1) de la présente Convention, lorsqu'une telle utilisation est justifiée par le but d'information à atteindre.

(3) Toutefois, l'auteur jouit du droit exclusif de réunir en recueil ses œuvres mentionnées aux alinéas précédents.

**Article 3 – Critères pour la protection :**

**1. Nationalité de l'auteur; lieu de publication de l'œuvre; 2. Résidence de l'auteur; 3. Œuvres « publiées »; 4. Œuvres « publiées simultanément »**

(1) Sont protégés en vertu de la présente Convention :

(*a*) les auteurs ressortissant à l'un des pays de l'Union, pour leurs œuvres, publiées ou non;

(*b*) les auteurs ne ressortissant pas à l'un des pays de l'Union, pour les œuvres qu'ils publient pour la première fois dans l'un de ces pays ou simultanément dans un pays étranger à l'Union et dans un pays de l'Union.

(2) Les auteurs ne ressortissant pas à l'un des pays de l'Union mais ayant leur résidence habituelle dans l'un de ceux-ci sont, pour l'application de la présente Convention, assimilés aux auteurs ressortissant audit pays.

(3) Par « œuvres publiées », il faut entendre les œuvres éditées avec le consentement de leurs auteurs, quel que soit le mode de fabrication des exemplaires, pourvu que la mise à disposition de ces derniers ait été telle qu'elle satisfasse les besoins raisonnables du public, compte tenu de la nature de l'œuvre. Ne constituent pas une publication la représentation d'une œuvre dramatique, dramatico-musicale ou cinématographique, l'exécution d'une œuvre musicale, la récitation publique d'une œuvre littéraire, la transmission ou la radiodiffusion des œuvres littéraires ou artistiques, l'exposition d'une œuvre d'art et la construction d'une œuvre d'architecture.

(4) Est considérée comme publiée simultanément dans plusieurs pays toute œuvre qui a paru dans deux ou plusieurs pays dans les trente jours de sa première publication.

**Article 4 – Critères pour la protection des œuvres cinématographiques, des œuvres d'architecture et de certaines œuvres des arts graphiques et plastiques**

Sont protégés en vertu de la présente Convention, même si les conditions prévues à l'article 3 ne sont pas remplies,

(*a*) les auteurs des œuvres cinématographiques dont le producteur a son siège ou sa résidence habituelle dans l'un des pays de l'Union;

(*b*) les auteurs des œuvres d'architecture édifiées dans un pays de l'Union ou des œuvres des arts graphiques et plastiques faisant corps avec un immeuble situé dans un pays de l'Union.

**Article 5 – Droits garantis :**

**1. et 2. En dehors du pays d'origine; 3. Dans le pays d'origine; 4. « Pays d'origine »**

(1) Les auteurs jouissent, en ce qui concerne les œuvres pour lesquelles ils sont protégés en vertu de la présente Convention, dans les pays de l'Union autres que le pays d'origine de l'œuvre, des droits que les lois respectives accordent actuellement ou accorderont par la suite aux nationaux, ainsi que des droits spécialement accordés par la présente Convention.

(2) La jouissance et l'exercice de ces droits ne sont subordonnés à aucune formalité; cette jouissance et cet exercice sont indépendants de l'existence de la protection dans le pays d'origine de l'œuvre. Par suite, en dehors des stipulations de la présente Convention, l'étendue de la protection ainsi que les moyens de recours garantis à l'auteur pour sauvegarder ses droits se règlent exclusivement d'après la législation du pays où la protection est réclamée.

(3) La protection dans le pays d'origine est réglée par la législation nationale. Toutefois, lorsque l'auteur ne ressortit pas au pays d'origine de l'œuvre pour laquelle il est protégé par la présente Convention, il aura, dans ce pays, les mêmes droits que les auteurs nationaux.

(4) Est considéré comme pays d'origine :

(*a*) pour les œuvres publiées pour la première fois dans l'un des pays de l'Union, ce dernier pays; toutefois, s'il s'agit d'œuvres publiées simultanément dans plusieurs pays de l'Union admettant des durées de protection différentes, celui d'entre eux dont la législation accorde la durée de protection la moins longue;

(*b*) pour les œuvres publiées simultanément dans un pays étranger à l'Union et dans un pays de l'Union, ce dernier pays;

(*c*) pour les œuvres non publiées ou pour les œuvres publiées pour la première fois dans un pays étranger à l'Union, sans publication simultanée dans un pays de l'Union, le pays de l'Union dont l'auteur est ressortissant; toutefois,

(i) s'il s'agit d'œuvres cinématographiques dont le producteur a son siège ou sa résidence habituelle dans un pays de l'Union, le pays d'origine sera ce dernier pays, et

(ii) s'il s'agit d'œuvres d'architecture édifiées dans un pays de l'Union ou d'œuvres des arts graphiques et plastiques faisant corps avec un immeuble situé dans un pays de l'Union, le pays d'origine sera ce dernier pays.

### Article 6 – Possibilité de restreindre la protection à l'égard de certaines œuvres des ressortissants de certaines œuvres des ressortissants, de certains pays étrangers à l'Union : 1. Dans le pays de la première publication et dans les autres pays; 2. Non-rétroactivité; 3. Notification

(1) Lorsqu'un pays étranger à l'Union ne protège pas d'une manière suffisante les œuvres des auteurs qui sont ressortissants de l'un des pays de l'Union, ce dernier pays pourra restreindre la protection des œuvres dont les auteurs sont, au moment de la première publication de ces œuvres, ressortissants de l'autre pays et n'ont pas leur résidence habituelle dans l'un des pays de l'Union. Si le pays de la première publication fait usage de cette faculté, les autres pays de l'Union ne seront pas tenus d'accorder aux œuvres ainsi soumises à un traitement spécial une protection plus large que celle qui leur est accordée dans le pays de la première publication.

(2) Aucune restriction, établie en vertu de l'alinéa précédent, ne devra porter préjudice aux droits qu'un auteur aura acquis sur une œuvre publiée dans un pays de l'Union avant la mise à exécution de cette restriction.

(3) Les pays de l'Union qui, en vertu du présent article, restreindront la protection des droits des auteurs, le notifieront au Directeur général de l'Organisation Mondiale de la Propriété Intellectuelle (ci-après désigné « le Directeur général ») par une déclaration écrite, où seront indiqués les pays vis-à-vis desquels la protection est restreinte, de même que les restrictions auxquelles les droits des auteurs ressor-

tissant à ces pays sont soumis. Le Directeur général communiquera aussitôt le fait à tous les pays de l'Union.

### Article 6 *bis* – Droits moraux

### 1. Droit de revendiquer la paternité de l'œuvre ; droit de s'opposer à certaines modifications de l'œuvre et à d'autres atteintes à celle-ci ;

### 2. Après la mort de l'auteur ; 3. Moyens de recours

(1) Indépendamment des droits patrimoniaux d'auteur, et même après la cession desdits droits, l'auteur conserve le droit de revendiquer la paternité de l'œuvre et de s'opposer à toute déformation, mutilation ou autre modification de cette œuvre ou à toute autre atteinte à la même œuvre, préjudiciables à son honneur ou à sa réputation.

(2) Les droits reconnus à l'auteur en vertu de l'alinéa 1) ci-dessus sont, après sa mort, maintenus au moins jusqu'à l'extinction des droits patrimoniaux et exercés par les personnes ou institutions auxquelles la législation nationale du pays où la protection est réclamée donne qualité. Toutefois, les pays dont la législation, en vigueur au moment de la ratification du présent Acte ou de l'adhésion à celui-ci, ne contient pas de dispositions assurant la protection après la mort de l'auteur de tous les droits reconnus en vertu de l'alinéa 1) ci-dessus ont la faculté de prévoir que certains de ces droits ne sont pas maintenus après la mort de l'auteur.

(3) Les moyens de recours pour sauvegarder les droits reconnus dans le présent article sont réglés par la législation du pays où la protection est réclamée.

### Article 7 – Durée de la protection :

### 1. En général ; 2. Pour les œuvres cinématographiques ; 3. Pour les œuvres anonymes et pseudonymes ;

### 4. Pour les œuvres photographiques et les œuvres des arts appliqués ; 5. Date à compter de laquelle sont calculés les délais ;

### 6. Durées supérieures ; 7. Durées inférieures ; 8. Législation applicable ; « comparaison » des délais

(1) La durée de la protection accordée par la présente Convention comprend la vie de l'auteur et cinquante ans après sa mort.

(2) Toutefois, pour les œuvres cinématographiques, les pays de l'Union ont la faculté de prévoir que la durée de la protection expire cinquante ans après que l'œuvre aura été rendue accessible au public avec le consentement de l'auteur, ou qu'à défaut d'un tel événement intervenu dans les cinquante ans à compter de la réalisation d'une telle œuvre, la durée de la protection expire cinquante ans après cette réalisation.

(3) Pour les œuvres anonymes ou pseudonymes, la durée de la protection accordée par la présente Convention expire cinquante ans après que l'œuvre a été licitement rendue accessible au public. Toutefois, quand le pseudonyme adopté par l'auteur ne laisse aucun doute sur son identité, la durée de la protection est celle prévue à l'alinéa 1). Si l'auteur d'une œuvre anonyme ou pseudonyme révèle son identité pendant la période ci-dessus indiquée, le délai de protection applicable est celui prévu à l'alinéa 1). Les pays de l'Union ne sont pas tenus de protéger les œuvres anonymes ou pseudonymes pour lesquelles il y a tout lieu de présumer que leur auteur est mort depuis cinquante ans.

(4) Est réservée aux législations des pays de l'Union la faculté de régler la durée de la protection des œuvres photographiques et celle des œuvres des arts appliqués protégées en tant qu'œuvres artistiques; toutefois, cette durée ne pourra être inférieure à une période de vingt-cinq ans à compter de la réalisation d'une telle œuvre.

(5) Le délai de protection postérieur à la mort de l'auteur et les délais prévus aux alinéas 2), 3) et ci-dessus commencent à courir à compter de la mort ou de l'événement visé par ces alinéas, mais la durée de ces délais n'est calculée qu'à partir du premier janvier de l'année qui suit la mort ou ledit événement.

(6) Les pays de l'Union ont la faculté d'accorder une durée de protection supérieure à celles prévues aux alinéas précédents.

(7) Les pays de l'Union liés par l'Acte de Rome de la présente Convention et qui accordent, dans leur législation nationale en vigueur au moment de la signature du présent Acte, des durées inférieures à celles prévues aux alinéas précédents ont la faculté de les maintenir en adhérant au présent Acte ou en le ratifiant.

(8) Dans tous les cas, la durée sera réglée par la loi du pays où la protection sera réclamée; toutefois, à moins que la législation de ce dernier pays n'en décide autrement, elle n'excédera pas la durée fixée dans le pays d'origine de l'œuvre.

### Article 7 *bis* – Durée de protection des œuvres de collaboration

Les dispositions de l'article précédent sont également applicables lorsque le droit d'auteur appartient en commun aux collaborateurs d'une œuvre, sous réserve que les délais consécutifs à la mort de l'auteur soient calculés à partir de la mort du dernier survivant des collaborateurs.

### Article 8 – Droit de traduction

Les auteurs d'œuvres littéraires et artistiques protégés par la présente Convention jouissent, pendant toute la durée de leurs droits sur l'œuvre originale, du droit exclusif de faire ou d'autoriser la traduction de leurs œuvres.

### Article 9 – Droit de reproduction :

### 1. En général; 2. Possibilité d'exceptions; 3. Enregistrements sonores et visuels

(1) Les auteurs d'œuvres littéraires et artistiques protégés par la présente Convention jouissent du droit exclusif d'autoriser la reproduction de ces œuvres, de quelque manière et sous quelque forme que ce soit.

(2) Est réservée aux législations des pays de l'Union la faculté de permettre la reproduction desdites œuvres dans certains cas spéciaux, pourvu qu'une telle reproduction ne porte pas atteinte à l'exploitation normale de l'œuvre ni ne cause un préjudice injustifié aux intérêts légitimes de l'auteur.

(3) Tout enregistrement sonore ou visuel est considéré comme une reproduction au sens de la présente Convention.

### Article 10 – Libre utilisation des œuvres dans certains cas :

### 1. Citations; 2. Illustration de l'enseignement; 3. Mention de la source et de l'auteur

(1) Sont licites les citations tirées d'une œuvre, déjà rendue licitement accessible au public, à condition qu'elles soient conformes aux bons usages et dans la mesure

justifiée par le but à atteindre, y compris les citations d'articles de journaux et recueils périodiques sous forme de revues de presse.

(2) Est réservé l'effet de la législation des pays de l'Union et des arrangements particuliers existants ou à conclure entre eux, en ce qui concerne la faculté d'utiliser licitement, dans la mesure justifiée par le but à atteindre, des œuvres littéraires ou artistiques à titre d'illustration de l'enseignement par le moyen de publications, d'émissions de radiodiffusion ou d'enregistrements sonores ou visuels, sous réserve qu'une telle utilisation soit conforme aux bons usages.

(3) Les citations et utilisations visées aux alinéas précédents devront faire mention de la source et du nom de l'auteur, si ce nom figure dans la source.

### Article 10 *bis* – Autres possibilités de libre utilisation des œuvres : 1. De certains articles et de certaines œuvres radiodiffusées; 2. D'œuvres vues ou entendues au cours d'événements d'actualité

(1) Est réservée aux législations des pays de l'Union la faculté de permettre la reproduction par la presse, ou la radiodiffusion ou la transmission par fil au public, des articles d'actualité de discussion économique, politique ou religieuse, publiés dans des journaux ou recueils périodiques, ou des œuvres radiodiffusées ayant le même caractère, dans les cas où la reproduction, la radiodiffusion ou ladite transmission n'en est pas expressément réservée. Toutefois, la source doit toujours être clairement indiquée; la sanction de cette obligation est déterminée par la législation du pays où la protection est réclamée.

(2) Il est également réservé aux législations des pays de l'Union de régler les conditions dans lesquelles, à l'occasion de comptes rendus des événements d'actualité par le moyen de la photographie ou de la cinématographie, ou par voie de radiodiffusion ou de transmission par fil au public, les œuvres littéraires ou artistiques vues ou entendues au cours de l'événement peuvent, dans la mesure justifiée par le but d'information à atteindre, être reproduites et rendues accessibles au public.

### Article 11 – Certains droits afférents aux œuvres dramatiques et musicales :

### 1. Droit de représentation ou d'exécution publiques et de transmission publique d'une représentation ou exécution; 2. Pour ce qui concerne les traductions

(1) Les auteurs d'œuvres dramatiques, dramatico-musicales et musicales jouissent du droit exclusif d'autoriser :

(i) la représentation et l'exécution publiques de leurs œuvres, y compris la représentation et l'exécution publiques par tous moyens ou procédés;

(ii) la transmission publique par tous moyens de la représentation et de l'exécution de leurs œuvres.

(2) Les mêmes droits sont accordés aux auteurs d'œuvres dramatiques ou dramatico-musicales pendant toute la durée de leurs droits sur l'œuvre originale, en ce qui concerne la traduction de leurs œuvres.

### Article 11 *bis* – Droits de radiodiffusion et droits connexes :

### 1. Radiodiffusion et autres communications sans fil; communication publique, soit par fil, soit sans fil, de l'œuvre radiodiffusée; com-

**munication publique, par haut-parleur ou par d'autres instruments analogues, de l'œuvre radiodiffusée; 2. Licences obligatoires; 3. Enregistrement; enregistrements éphémères**

(1) Les auteurs d'œuvres littéraires et artistiques jouissent du droit exclusif d'autoriser :

(i) la radiodiffusion de leurs œuvres ou la communication publique de ces œuvres par tout autre moyen servant à diffuser sans fil les signes, les sons ou les images;

(ii) toute communication publique, soit par fil, soit sans fil, de l'œuvre radiodiffusée, lorsque cette communication est faite par un autre organisme que celui d'origine;

(iii) la communication publique, par haut-parleur ou par tout autre instrument analogue transmetteur de signes, de sons ou d'images, de l'œuvre radiodiffusée.

(2) Il appartient aux législations des pays de l'Union de régler les conditions d'exercice des droits visés par l'alinéa 1) ci-dessus, mais ces conditions n'auront qu'un effet strictement limité au pays qui les aurait établies. Elles ne pourront en aucun cas porter atteinte au droit moral de l'auteur, ni au droit qui appartient à l'auteur d'obtenir une rémunération équitable fixée, à défaut d'accord amiable, par l'autorité compétente.

(3) Sauf stipulation contraire, une autorisation accordée conformément à l'alinéa 1) du présent article n'implique pas l'autorisation d'enregistrer, au moyen d'instruments portant fixation des sons ou des images, l'œuvre radiodiffusée. Est toutefois réservé aux législations des pays de l'Union le régime des enregistrements éphémères effectués par un organisme de radiodiffusion par ses propres moyens et pour ses émissions. Ces législations pourront autoriser la conservation de ces enregistrements dans des archives officielles en raison de leur caractère exceptionnel de documentation.

### Article 11 *ter* – Certains droits afférents aux œuvres littéraires : 1. Droit de récitation publique et de transmission publique d'une récitation; 2. Pour ce qui concerne les traductions

(1) Les auteurs d'œuvres littéraires jouissent du droit exclusif d'autoriser :

(i) la récitation publique de leurs œuvres, y compris la récitation publique par tous moyens ou procédés;

(ii) la transmission publique par tous moyens de la récitation de leurs œuvres.

(2) Les mêmes droits sont accordés aux auteurs d'œuvres littéraires pendant toute la durée de leurs droits sur l'œuvre originale, en ce qui concerne la traduction de leurs œuvres.

### Article 12 – Droit d'adaptation, d'arrangement et d'autres transformations

Les auteurs d'œuvres littéraires ou artistiques jouissent du droit exclusif d'autoriser les adaptations, arrangements et autres transformations de leurs œuvres.

### Article 13 – Possibilité de limiter le droit d'enregistrement des œuvres musicales et de toutes paroles qui les accompagnent : 1. Licences obligatoires; 2. Mesures transitoires; 3. Saisie à l'importation d'exemplaires fabriqués sans l'autorisation de l'auteur

(1) Chaque pays de l'Union peut, pour ce qui le concerne, établir des réserves et conditions relatives au droit exclusif de l'auteur d'une œuvre musicale et de l'auteur

des paroles, dont l'enregistrement avec l'œuvre musicale a déjà été autorisé par ce dernier, d'autoriser l'enregistrement sonore de ladite œuvre musicale, avec, le cas échéant, les paroles ; mais toutes réserves et conditions de cette nature n'auront qu'un effet strictement limité au pays qui les aurait établies et ne pourront en aucun cas porter atteinte au droit qui appartient à l'auteur d'obtenir une rémunération équitable fixée, à défaut d'accord amiable, par l'autorité compétente.

(2) Les enregistrements d'œuvres musicales qui auront été réalisés dans un pays de l'Union conformément à l'article 13.3) des Conventions signées à Rome le 2 juin 1928 et à Bruxelles le 26 juin 1948 pourront, dans ce pays, faire l'objet de reproductions sans le consentement de l'auteur de l'œuvre musicale jusqu'à l'expiration d'une période de deux années à partir de la date à laquelle ledit pays devient lié par le présent Acte.

(3) Les enregistrements faits en vertu des alinéas 1) et 2) du présent article et importés, sans autorisation des parties intéressées, dans un pays où ils ne seraient pas licites, pourront y être saisis.

### Article 14 – Droits cinématographiques et droits connexes :

### 1. Adaptation et reproduction cinématographiques; mise en circulation; représentation et exécution publiques et transmission par fil au public des œuvres ainsi adaptées ou reproduites; 2. Adaptation des réalisations cinématographiques; 3. Absence de licences obligatoires

(1) Les auteurs d'œuvres littéraires ou artistiques ont le droit exclusif d'autoriser :

(i) l'adaptation et la reproduction cinématographiques de ces œuvres et la mise en circulation des œuvres ainsi adaptées ou reproduites;

(ii) la représentation et l'exécution publiques et la transmission par fil au public des œuvres ainsi adaptées ou reproduites.

(2) L'adaptation sous toute autre forme artistique des réalisations cinématographiques tirées d'œuvres littéraires ou artistiques reste soumise, sans préjudice de l'autorisation de leurs auteurs, à l'autorisation des auteurs des œuvres originales.

(3) Les dispositions de l'article 13.1) ne sont pas applicables.

### Article 14 *bis* – Dispositions particulières concernant les œuvres cinématographiques :

### 1. Assimilation aux œuvres « originales »; 2. Titulaires du droit d'auteur; limitation de certains droits de certains auteurs de contributions; 3. Certains autres auteurs de contributions

(1) Sans préjudice des droits de l'auteur de toute œuvre qui pourrait avoir été adaptée ou reproduite, l'œuvre cinématographique est protégée comme une œuvre originale. Le titulaire du droit d'auteur sur l'œuvre cinématographique jouit des mêmes droits que l'auteur d'une œuvre originale, y compris les droits visés à l'article précédent.

(2)

(*a*) La détermination des titulaires du droit d'auteur sur l'œuvre cinématographique est réservée à la législation du pays où la protection est réclamée.

(*b*) Toutefois, dans les pays de l'Union où la législation reconnaît parmi ces titulaires les auteurs des contributions apportées à la réalisation de l'œuvre cinématographique, ceux-ci, s'ils se sont engagés à apporter de telles contributions, ne pourront, sauf stipulation contraire ou particulière, s'opposer à la reproduction, la mise en circulation, la représentation et l'exécution publiques, la transmission par fil au public, la radiodiffusion, la communication au public, le sous-titrage et le doublage des textes, de l'œuvre cinématographique.

(*c*) La question de savoir si la forme de l'engagement visé ci-dessus doit, pour l'application du sous-alinéa b) précédent, être ou non un contrat écrit ou un acte écrit équivalent est réglée par la législation du pays de l'Union où le producteur de l'œuvre cinématographique a son siège ou sa résidence habituelle. Est toutefois réservée à la législation du pays de l'Union où la protection est réclamée la faculté de prévoir que cet engagement doit être un contrat écrit ou un acte écrit équivalent. Les pays qui font usage de cette faculté devront le notifier au Directeur général par une déclaration écrite qui sera aussitôt communiquée par ce dernier à tous les autres pays de l'Union.

(*d*) Par « stipulation contraire ou particulière », il faut entendre toute condition restrictive dont peut être assorti ledit engagement.

(3) À moins que la législation nationale n'en décide autrement, les dispositions de l'alinéa 2)b) ci-dessus ne sont applicables ni aux auteurs des scénarios, des dialogues et des œuvres musicales, créés pour la réalisation de l'œuvre cinématographique, ni au réalisateur principal de celle-ci. Toutefois, les pays de l'Union dont la législation ne contient pas des dispositions prévoyant l'application de l'alinéa 2)b) précité audit réalisateur devront le notifier au Directeur général par une déclaration écrite qui sera aussitôt communiquée par ce dernier à tous les autres pays de l'Union.

### Article 14 *ter* – « Droit de suite » sur les œuvres d'art et les manuscrits :

#### 1. Droit à être intéressé aux opérations de revente; 2. Législation applicable; 3. Procédure

(1) En ce qui concerne les œuvres d'art originales et les manuscrits originaux des écrivains et compositeurs, l'auteur – ou, après sa mort, les personnes ou institutions auxquelles la législation nationale donne qualité – jouit d'un droit inaliénable à être intéressé aux opérations de vente dont l'œuvre est l'objet après la première cession opérée par l'auteur.

(2) La protection prévue à l'alinéa ci-dessus n'est exigible dans chaque pays de l'Union que si la législation nationale de l'auteur admet cette protection et dans la mesure où le permet la législation du pays où cette protection est réclamée.

(3) Les modalités et les taux de la perception sont déterminés par chaque législation nationale.

### Article 15 – Droit de faire valoir les droits protégés :

#### 1. Lorsque le nom de l'auteur est indiqué ou lorsque le pseudonyme ne laisse aucun doute sur l'identité de l'auteur; 2. Pour les œuvres cinématographiques; 3. Pour les œuvres anonymes et pseudonymes; 4. Pour certaines œuvres non publiées dont l'identité de l'auteur est inconnue

(1) Pour que les auteurs des œuvres littéraires et artistiques protégés par la présente Convention soient, sauf preuve contraire, considérés comme tels et admis en

conséquence devant les tribunaux des pays de l'Union à exercer des poursuites contre les contrefacteurs, il suffit que le nom soit indiqué sur l'œuvre en la manière usitée. Le présent alinéa est applicable, même si ce nom est un pseudonyme, dès lors que le pseudonyme adopté par l'auteur ne laisse aucun doute sur son identité.

(2) Est présumé producteur de l'œuvre cinématographique, sauf preuve contraire, la personne physique ou morale dont le nom est indiqué sur ladite œuvre en la manière usitée.

(3) Pour les œuvres anonymes et pour les œuvres pseudonymes autres que celles dont il est fait mention à l'alinéa 1) ci-dessus, l'éditeur dont le nom est indiqué sur l'œuvre est, sans autre preuve, réputé représenter l'auteur; en cette qualité, il est fondé à sauvegarder et à faire valoir les droits de celui-ci. La disposition du présent alinéa cesse d'être applicable quand l'auteur a révélé son identité et justifié de sa qualité.

(4)

(*a*) Pour les œuvres non publiées dont l'identité de l'auteur est inconnue, mais pour lesquelles il y a tout lieu de présumer que cet auteur est ressortissant d'un pays de l'Union, il est réservé à la législation de ce pays la faculté de désigner l'autorité compétente représentant cet auteur et fondée à sauvegarder et à faire valoir les droits de celui-ci dans les pays de l'Union.

(*b*) Les pays de l'Union qui, en vertu de cette disposition, procéderont à une telle désignation, le notifieront au Directeur général par une déclaration écrite où seront indiqués tous renseignements relatifs à l'autorité ainsi désignée. Le Directeur général communiquera aussitôt cette déclaration à tous les autres pays de l'Union.

### Article 16 – Œuvres contrefaites : 1. Saisie ; 2. Saisie à l'importation ; 3. Législation applicable

(1) Toute œuvre contrefaite peut être saisie dans les pays de l'Union où l'œuvre originale a droit à la protection légale.

(2) Les dispositions de l'alinéa précédent sont également applicables aux reproductions provenant d'un pays où l'œuvre n'est pas protégée ou a cessé de l'être.

(3) La saisie a lieu conformément à la législation de chaque pays.

### Article 17 – Possibilité de surveiller la circulation, la représentation et l'exposition d'œuvres

Les dispositions de la présente Convention ne peuvent porter préjudice, en quoi que ce soit, au droit qui appartient au Gouvernement de chacun des pays de l'Union de permettre, de surveiller ou d'interdire, par des mesures de législation ou de police intérieure, la circulation, la représentation, l'exposition de tout ouvrage ou production à l'égard desquels l'autorité compétente aurait à exercer ce droit.

### Article 18 – Œuvres qui existent au moment de l'entrée en vigueur de la Convention :

### 1. Peuvent être protégées lorsque la durée de protection n'est pas encore expirée dans le pays d'origine ;

### 2. Ne peuvent être protégées lorsque la protection est déjà expirée dans le pays où elle est réclamée ;

### 3. Application de ces principes ; 4. Cas particuliers

(1) La présente Convention s'applique à toutes les œuvres qui, au moment de son entrée en vigueur, ne sont pas encore tombées dans le domaine public de leur pays d'origine par l'expiration de la durée de la protection.

(2) Cependant, si une œuvre, par l'expiration de la durée de la protection qui lui était antérieurement reconnue, est tombée dans le domaine public du pays où la protection est réclamée, cette œuvre n'y sera pas protégée à nouveau.

(3) L'application de ce principe aura lieu conformément aux stipulations contenues dans les conventions spéciales existantes ou à conclure à cet effet entre pays de l'Union. À défaut de semblables stipulations, les pays respectifs régleront, chacun pour ce qui le concerne, les modalités relatives à cette application.

(4) Les dispositions qui précèdent s'appliquent également en cas de nouvelles accessions à l'Union et dans le cas où la protection serait étendue par application de l'article 7 ou par abandon de réserves.

## Article 19 – Protection plus large que celle qui découle de la Convention

Les dispositions de la présente Convention n'empêchent pas de revendiquer l'application de dispositions plus larges qui seraient édictées par la législation d'un pays de l'Union.

## Article 20 – Arrangements particuliers entre pays de l'Union

Les Gouvernements des pays de l'Union se réservent le droit de prendre entre eux des arrangements particuliers, en tant que ces arrangements conféreraient aux auteurs des droits plus étendus que ceux accordés par la Convention, ou qu'ils renfermeraient d'autres stipulations non contraires à la présente Convention. Les dispositions des arrangements existants qui répondent aux conditions précitées restent applicables.

## Article 21 – Dispositions particulières concernant les pays en voie de développement :

### 1. Référence à l'Annexe ; 2. L'Annexe partie intégrante de l'Acte –

(1) Des dispositions particulières concernant les pays en voie de développement figurent dans l'Annexe.

(2) Sous réserve des dispositions de l'article 28.1)b), l'Annexe forme partie intégrante du présent Acte.

## Article 22 – Assemblée :

### 1. Constitution et composition ; 2. Tâches ; 3. *Quorum*, vote, observateurs ; 4. Convocation ; 5. Règlement intérieur

(1)

(*a*) L'Union a une Assemblée composée des pays de l'Union liés par les articles 22 à 26.

(*b*) Le Gouvernement de chaque pays est représenté par un délégué, qui peut être assisté de suppléants, de conseillers et d'experts.

(*c*) Les dépenses de chaque délégation sont supportées par le Gouvernement qui l'a désignée.

(2)

(*a*) L'Assemblée :

(i) traite de toutes les questions concernant le maintien et le développement de l'Union et l'application de la présente Convention ;

(ii) donne au Bureau international de la propriété intellectuelle (ci-après dénommé « le Bureau international ») visé dans la Convention instituant l'Organisation Mondiale de la Propriété Intellectuelle (ci-après dénommée « l'Organisation ») des directives concernant la préparation des conférences de révision, compte étant dûment tenu des observations des pays de l'Union qui ne sont pas liés par les articles 22 à 26 ;

(iii) examine et approuve les rapports et les activités du Directeur général de l'Organisation relatifs à l'Union et lui donne toutes directives utiles concernant les questions de la compétence de l'Union ;

(iv) élit les membres du Comité exécutif de l'Assemblée ;

(v) examine et approuve les rapports et les activités de son Comité exécutif et lui donne des directives ;

(vi) arrête le programme, adopte le budget biennal de l'Union et approuve ses comptes de clôture ;

(vii) adopte le règlement financier de l'Union ;

(viii) crée les comités d'experts et groupes de travail qu'elle juge utiles à la réalisation des objectifs de l'Union ;

(ix) décide quels sont les pays non membres de l'Union et quelles sont les organisations intergouvernementales et internationales non gouvernementales qui peuvent être admis à ses réunions en qualité d'observateurs ;

(x) adopte les modifications des articles 22 à 26 ;

(xi) entreprend toute autre action appropriée en vue d'atteindre les objectifs de l'Union ;

(xii) s'acquitte de toutes autres tâches qu'implique la présente Convention ;

(xiii) exerce, sous réserve qu'elle les accepte, les droits qui lui sont conférés par la Convention instituant l'Organisation.

(*b*) Sur les questions qui intéressent également d'autres Unions administrées par l'Organisation, l'Assemblée statue connaissance prise de l'avis du Comité de coordination de l'Organisation.

(3)

(*a*) Chaque pays membre de l'Assemblée dispose d'une voix.

(*b*) La moitié des pays membres de l'Assemblée constitue le *quorum*.

(*c*) Nonobstant les dispositions du sous-alinéa b), si, lors d'une session, le nombre des pays représentés est inférieur à la moitié mais égal ou supérieur au tiers des pays membres de l'Assemblée, celle-ci peut prendre des décisions ; toutefois, les décisions de l'Assemblée, à l'exception de celles qui concernent sa procédure, ne deviennent exécutoires que lorsque les conditions énoncées ci-après sont remplies. Le Bureau international communique lesdites décisions aux pays membres de l'Assemblée qui n'étaient pas représentés, en les invitant à exprimer par écrit, dans un délai de trois mois à compter de la date de ladite communication, leur vote ou leur abstention. Si, à l'expiration de ce délai, le nombre des pays ayant ainsi exprimé leur vote ou leur abstention est au moins égal au nombre de pays qui faisait défaut pour que le *quorum* fût atteint lors de la session, lesdites décisions deviennent exécutoires, pourvu qu'en même temps la majorité nécessaire reste acquise.

(*d*) Sous réserve des dispositions de l'article 26.2), les décisions de l'Assemblée sont prises à la majorité des deux tiers des votes exprimés.

(*e*) L'abstention n'est pas considérée comme un vote.

(*f*) Un délégué ne peut représenter qu'un seul pays et ne peut voter qu'au nom de celui-ci.

(*g*) Les pays de l'Union qui ne sont pas membres de l'Assemblée sont admis à ses réunions en qualité d'observateurs.

(4)

(*a*) L'Assemblée se réunit une fois tous les deux ans en session ordinaire, sur convocation du Directeur général et, sauf cas exceptionnels, pendant la même période et au même lieu que l'Assemblée générale de l'Organisation.

(*b*) L'Assemblée se réunit en session extraordinaire sur convocation adressée par le Directeur général, à la demande du Comité exécutif ou à la demande d'un quart des pays membres de l'Assemblée.

(5) L'Assemblée adopte son règlement intérieur.

**Article 23 – Comité exécutif :**

**1. Constitution; 2. Composition; 3. Nombre de membres; 4. Répartition géographique; arrangements particuliers; 5. Durée des fonctions, limites de rééligibilité; modalités d'élection; 6. Tâches; 7. Convocation; 8. *Quorum*, vote; 9. Observateurs; 10. Règlement intérieur**

(1) L'Assemblée a un Comité exécutif.

(2)

(*a*) Le Comité exécutif est composé des pays élus par l'Assemblée parmi les pays membres de celle-ci. En outre, le pays sur le territoire duquel l'Organisation a son siège dispose, *ex officio*, d'un siège au Comité, sous réserve des dispositions de l'article 25.7)b).

(*b*) Le Gouvernement de chaque pays membre du Comité exécutif est représenté par un délégué, qui peut être assisté de suppléants, de conseillers et d'experts.

(*c*) Les dépenses de chaque délégation sont supportées par le Gouvernement qui l'a désignée.

(3) Le nombre des pays membres du Comité exécutif correspond au quart du nombre des pays membres de l'Assemblée. Dans le calcul des sièges à pourvoir, le reste subsistant après la division par quatre n'est pas pris en considération.

(4) Lors de l'élection des membres du Comité exécutif, l'Assemblée tient compte d'une répartition géographique équitable et de la nécessité pour les pays parties aux Arrangements particuliers qui pourraient être établis en relation avec l'Union d'être parmi les pays constituant le Comité exécutif.

(5)

(*a*) Les membres du Comité exécutif restent en fonctions à partir de la clôture de la session de l'Assemblée au cours de laquelle ils ont été élus jusqu'au terme de la session ordinaire suivante de l'Assemblée.

(*b*) Les membres du Comité exécutif sont rééligibles dans la limite maximale des deux tiers d'entre eux.

(*c*) L'Assemblée réglemente les modalités de l'élection et de la réélection éventuelle des membres du Comité exécutif.

(6)

(*a*) Le Comité exécutif :

(i) prépare le projet d'ordre du jour de l'Assemblée;

(ii) soumet à l'Assemblée des propositions relatives aux projets de programme et de budget biennal de l'Union préparés par le Directeur général ;

(iii) [supprimé]

(iv) soumet à l'Assemblée, avec les commentaires appropriés, les rapports périodiques du Directeur général et les rapports annuels de vérification des comptes ;

(v) prend toutes mesures utiles en vue de l'exécution du programme de l'Union par le Directeur général, conformément aux décisions de l'Assemblée et en tenant compte des circonstances survenant entre deux sessions ordinaires de ladite Assemblée ;

(vi) s'acquitte de toutes autres tâches qui lui sont attribuées dans le cadre de la présente Convention.

(*b*) Sur les questions qui intéressent également d'autres Unions administrées par l'Organisation, le Comité exécutif statue connaissance prise de l'avis du Comité de coordination de l'Organisation.

(7)

(*a*) Le Comité exécutif se réunit une fois par an en session ordinaire, sur convocation du Directeur général, autant que possible pendant la même période et au même lieu que le Comité de coordination de l'Organisation.

(*b*) Le Comité exécutif se réunit en session extraordinaire sur convocation adressée par le Directeur général, soit à l'initiative de celui-ci, soit à la demande de son président ou d'un quart de ses membres.

(8)

(*a*) Chaque pays membre du Comité exécutif dispose d'une voix.

(*b*) La moitié des pays membres du Comité exécutif constitue le *quorum*.

(*c*) Les décisions sont prises à la majorité simple des votes exprimés.

(*d*) L'abstention n'est pas considérée comme un vote.

(*e*) Un délégué ne peut représenter qu'un seul pays et ne peut voter qu'au nom de celui-ci.

(9) Les pays de l'Union qui ne sont pas membres du Comité exécutif sont admis à ses réunions en qualité d'observateurs.

(10) Le Comité exécutif adopte son règlement intérieur.

### Article 24 – Bureau international : 1. Tâches en général, Directeur général ; 2. Informations générales ; 3. Périodique ; 4. Renseignements fournis aux pays ; 5. Études et services ; 6. Participation aux réunions ; 7. Conférences de révision ; 8. Autres tâches

(1)

(*a*) Les tâches administratives incombant à l'Union sont assurées par le Bureau international, qui succède au Bureau de l'Union réuni avec le Bureau de l'Union institué par la Convention internationale pour la protection de la propriété industrielle.

(*b*) Le Bureau international assure notamment le secrétariat des divers organes de l'Union.

(*c*) Le Directeur général de l'Organisation est le plus haut fonctionnaire de l'Union et la représente.

(2) Le Bureau international rassemble et publie les informations concernant la protection du droit d'auteur. Chaque pays de l'Union communique aussitôt que pos-

sible au Bureau international le texte de toute nouvelle loi ainsi que tous textes officiels concernant la protection du droit d'auteur.

(3) Le Bureau international publie un périodique mensuel.

(4) Le Bureau international fournit à tout pays de l'Union, sur sa demande, des renseignements sur les questions relatives à la protection du droit d'auteur.

(5) Le Bureau international procède à des études et fournit des services destinés à faciliter la protection du droit d'auteur.

(6) Le Directeur général et tout membre du personnel désigné par lui prennent part, sans droit de vote, à toutes les réunions de l'Assemblée, du Comité exécutif et de tout autre comité d'experts ou groupe de travail. Le Directeur général ou un membre du personnel désigné par lui est d'office secrétaire de ces organes.

(7)

(*a*) Le Bureau international, selon les directives de l'Assemblée et en coopération avec le Comité exécutif, prépare les conférences de révision des dispositions de la Convention autres que les articles 22 à 26.

(*b*) Le Bureau international peut consulter des organisations intergouvernementales et internationales non gouvernementales sur la préparation des conférences de révision.

(*c*) Le Directeur général et les personnes désignées par lui prennent part, sans droit de vote, aux délibérations dans ces conférences.

(8) Le Bureau international exécute toutes autres tâches qui lui sont attribuées.

### Article 25 – Finances :

**1. Budget; 2. Coordination avec les autres Unions; 3. Ressources; 4. Contributions; possibilité de reconduction du budget; 5. Taxes et sommes dues; 6. Fonds de roulement; 7. Avances du Gouvernement hôte; 8. Vérification des comptes**

(1)

(*a*) L'Union a un budget.

(*b*) Le budget de l'Union comprend les recettes et les dépenses propres à l'Union, sa contribution au budget des dépenses communes aux Unions, ainsi que, le cas échéant, la somme mise à la disposition du budget de la Conférence de l'Organisation.

(*c*) Sont considérées comme dépenses communes aux Unions les dépenses qui ne sont pas attribuées exclusivement à l'Union mais également à une ou plusieurs autres Unions administrées par l'Organisation. La part de l'Union dans ces dépenses communes est proportionnelle à l'intérêt que ces dépenses présentent pour elle.

(2) Le budget de l'Union est arrêté compte tenu des exigences de coordination avec les budgets des autres Unions administrées par l'Organisation.

(3) Le budget de l'Union est financé par les ressources suivantes :

(i) les contributions des pays de l'Union;

(ii) les taxes et sommes dues pour les services rendus par le Bureau international au titre de l'Union;

(iii) le produit de la vente des publications du Bureau international concernant l'Union et les droits afférents à ces publications;

(iv) les dons, legs et subventions;

(v) les loyers, intérêts et autres revenus divers.

(4)

(*a*) Pour déterminer sa part contributive dans le budget, chaque pays de l'Union est rangé dans une classe et paie ses contributions annuelles sur la base d'un nombre d'unités fixé comme suit [2] :

Classe I… 25

Classe II… 20

Classe III… 15

Classe IV… 10

Classe V… 5

Classe VI… 3

Classe VII… 1

(*b*) À moins qu'il ne l'ait fait précédemment, chaque pays indique, au moment du dépôt de son instrument de ratification ou d'adhésion, la classe dans laquelle il désire être rangé. Il peut changer de classe. S'il choisit une classe inférieure, le pays doit en faire part à l'Assemblée lors d'une de ses sessions ordinaires. Un tel changement prend effet au début de l'année civile suivant ladite session.

(*c*) La contribution annuelle de chaque pays consiste en un montant dont le rapport à la somme totale des contributions annuelles au budget de l'Union de tous les pays est le même que le rapport entre le nombre des unités de la classe dans laquelle il est rangé et le nombre total des unités de l'ensemble des pays.

(*d*) Les contributions sont dues au premier janvier de chaque année.

(*e*) Un pays en retard dans le paiement de ses contributions ne peut exercer son droit de vote, dans aucun des organes de l'Union dont il est membre, si le montant de son arriéré est égal ou supérieur à celui des contributions dont il est redevable pour les deux années complètes écoulées. Cependant, un tel pays peut être autorisé à conserver l'exercice de son droit de vote au sein dudit organe aussi longtemps que ce dernier estime que le retard résulte de circonstances exceptionnelles et inévitables.

(*f*) Dans le cas où le budget n'est pas adopté avant le début d'un nouvel exercice, le budget de l'année précédente est reconduit selon les modalités prévues par le règlement financier.

(5) Le montant des taxes et sommes dues pour des services rendus par le Bureau international au titre de l'Union est fixé par le Directeur général, qui en fait rapport à l'Assemblée et au Comité exécutif.

(6)

(*a*) L'Union possède un fonds de roulement constitué par un versement unique effectué par chaque pays de l'Union. Si le fonds devient insuffisant, l'Assemblée décide de son augmentation.

(*b*) Le montant du versement initial de chaque pays au fonds précité ou de sa participation à l'augmentation de celui-ci est proportionnel à la contribution de ce pays pour l'année au cours de laquelle le fonds est constitué ou l'augmentation décidée.

(*c*) La proportion et les modalités de versement sont arrêtées par l'Assemblée, sur proposition du Directeur général et après avis du Comité de coordination de l'Organisation.

(7)

(*a*) L'Accord de siège conclu avec le pays sur le territoire duquel l'Organisation a son siège prévoit que, si le fonds de roulement est insuffisant, ce pays accorde des avances. Le montant de ces avances et les conditions dans lesquelles elles sont accordées font l'objet, dans chaque cas, d'accords séparés entre le pays en cause et l'Organisation. Aussi longtemps qu'il est tenu d'accorder des avances, ce pays dispose *ex officio* d'un siège au Comité exécutif.

(*b*) Le pays visé au sous-alinéa a) et l'Organisation ont chacun le droit de dénoncer l'engagement d'accorder des avances moyennant notification par écrit. La dénonciation prend effet trois ans après la fin de l'année au cours de laquelle elle a été notifiée.

(8) La vérification des comptes est assurée, selon les modalités prévues par le règlement financier, par un ou plusieurs pays de l'Union ou par des contrôleurs extérieurs, qui sont, avec leur consentement, désignés par l'Assemblée.

### Article 26 – Modifications :

#### 1. Dispositions pouvant être modifiées par l'Assemblée; propositions; 2. Adoption; 3. Entrée en vigueur

(1) Des propositions de modification des articles 22, 23, 24, 25 et du présent article peuvent être présentées par tout pays membre de l'Assemblée, par le Comité exécutif ou par le Directeur général. Ces propositions sont communiquées par ce dernier aux pays membres de l'Assemblée six mois au moins avant d'être soumises à l'examen de l'Assemblée.

(2) Toute modification des articles visés à l'alinéa 1) est adoptée par l'Assemblée. L'adoption requiert les trois quarts des votes exprimés; toutefois, toute modification de l'article 22 et du présent alinéa requiert les quatre cinquièmes des votes exprimés.

(3) Toute modification des articles visés à l'alinéa 1) entre en vigueur un mois après la réception par le Directeur général des notifications écrites d'acceptation, effectuée en conformité avec leurs règles constitutionnelles respectives, de la part des trois quarts des pays qui étaient membres de l'Assemblée au moment où la modification a été adoptée. Toute modification desdits articles ainsi acceptée lie tous les pays qui sont membres de l'Assemblée au moment où la modification entre en vigueur ou qui en deviennent membres à une date ultérieure; toutefois, toute modification qui augmente les obligations financières des pays de l'Union ne lie que ceux d'entre eux qui ont notifié leur acceptation de ladite modification.

### Article 27 – Révision :

#### 1. But; 2. Conférences; 3. Adoption

(1) La présente Convention sera soumise à des révisions en vue d'y introduire les améliorations de nature à perfectionner le système de l'Union.

(2) À cet effet, des conférences auront lieu, successivement, dans l'un des pays de l'Union, entre les délégués desdits pays.

(3) Sous réserve des dispositions de l'article 26 applicables à la modification des articles 22 à 26, toute révision du présent Acte, y compris l'Annexe, requiert l'unanimité des votes exprimés.

### Article 28 – Acceptation et entrée en vigueur de l'Acte pour les pays de l'Union :

#### 1. Ratification, adhésion; possibilité d'exclure certaines dispositions; retrait de l'exclusion; 2. Entrée en vigueur des articles 1 à 21 et de l'Annexe; 3. Entrée en vigueur des articles 22 à 38

(1)

(*a*) Chacun des pays de l'Union qui a signé le présent Acte peut le ratifier et, s'il ne l'a pas signé, peut y adhérer. Les instruments de ratification ou d'adhésion sont déposés auprès du Directeur général.

(*b*) Chacun des pays de l'Union peut déclarer dans son instrument de ratification ou d'adhésion que sa ratification ou son adhésion n'est pas applicable aux articles 1 à 21 et à l'Annexe; toutefois, si ce pays a déjà fait une déclaration selon l'article VI. 1) de l'Annexe, il peut seulement déclarer dans ledit instrument que sa ratification ou son adhésion ne s'applique pas aux articles 1 à 20.

(*c*) Chacun des pays de l'Union qui, conformément au sous-alinéa b), a exclu des effets de sa ratification ou de son adhésion les dispositions visées dans ledit sous-alinéa peut, à tout moment ultérieur, déclarer qu'il étend les effets de sa ratification ou de son adhésion à ces dispositions. Une telle déclaration est déposée auprès du Directeur général.

(2)

(*a*) Les articles 1 à 21 et l'Annexe entrent en vigueur trois mois après que les deux conditions suivantes ont été remplies :

(i) cinq pays de l'Union au moins ont ratifié le présent Acte ou y ont adhéré sans faire de déclaration selon l'alinéa 1)b),

(ii) l'Espagne, les États-Unis d'Amérique, la France et le Royaume-Uni de Grande-Bretagne et d'Irlande du Nord sont devenus liés par la Convention universelle sur le droit d'auteur, telle qu'elle a été révisée à Paris le 24 juillet 1971.

(*b*) L'entrée en vigueur visée au sous-alinéa a) est effective à l'égard des pays de l'Union qui, trois mois au moins avant ladite entrée en vigueur, ont déposé des instruments de ratification ou d'adhésion ne contenant pas de déclaration selon l'alinéa 1)b).

(*c*) À l'égard de tout pays de l'Union auquel le sous-alinéa b) n'est pas applicable et qui ratifie le présent Acte ou y adhère sans faire de déclaration selon l'alinéa 1)b), les articles 1 à 21 et l'Annexe entrent en vigueur trois mois après la date à laquelle le Directeur général a notifié le dépôt de l'instrument de ratification ou d'adhésion considéré, à moins qu'une date postérieure n'ait été indiquée dans l'instrument déposé. Dans ce dernier cas, les articles 1 à 21 et l'Annexe entrent en vigueur à l'égard de ce pays à la date ainsi indiquée.

(*d*) Les dispositions des sous-alinéas a) à c) n'affectent pas l'application de l'article VI de l'Annexe.

(3) À l'égard de tout pays de l'Union qui ratifie le présent Acte ou y adhère avec ou sans déclaration selon l'alinéa 1)b), les articles 22 à 38 entrent en vigueur trois mois après la date à laquelle le Directeur général a notifié le dépôt de l'instrument de ratification ou d'adhésion considéré, à moins qu'une date postérieure n'ait été indiquée dans l'instrument déposé. Dans ce dernier cas, les articles 22 à 38 entrent en vigueur à l'égard de ce pays à la date ainsi indiquée.

## Article 29 – Acceptation et entrée en vigueur pour les pays étrangers à l'Union :

### 1. Adhésion ; 2. Entrée en vigueur

(1) Tout pays étranger à l'Union peut adhérer au présent Acte et devenir, de ce fait, partie à la présente Convention et membre de l'Union. Les instruments d'adhésion sont déposés auprès du Directeur général.

(2)

(*a*) Sous réserve du sous-alinéa b), la présente Convention entre en vigueur à l'égard de tout pays étranger à l'Union trois mois après la date à laquelle le Directeur général a notifié le dépôt de son instrument d'adhésion, à moins qu'une date postérieure n'ait été indiquée dans l'instrument déposé. Dans ce dernier cas, la présente Convention entre en vigueur à l'égard de ce pays à la date ainsi indiquée.

(*b*) Si l'entrée en vigueur en application du sous-alinéa a) précède l'entrée en vigueur des articles 1 à 21 et de l'Annexe en application de l'article 28.2)a), ledit pays sera lié, dans l'intervalle, par les articles 1 à 20 de l'Acte de Bruxelles de la présente Convention, qui sont substitués aux articles 1 à 21 et à l'Annexe.

### Article 29 *bis* – Effet de l'acceptation de l'Acte aux fins de l'application de l'article 14.2) de la Convention établissant l'OMPI

La ratification du présent Acte ou l'adhésion à cet Acte par tout pays qui n'est pas lié par les articles 22 à 38 de l'Acte de Stockholm de la présente Convention vaut, à seule fin de pouvoir appliquer l'article 14.2) de la Convention instituant l'Organisation, ratification de l'Acte de Stockholm ou adhésion à cet Acte avec la limitation prévue par l'article 28.1)b)i) dudit Acte.

### Article 30 – Réserves

#### 1. Limites de la possibilité de faire des réserves ; 2. Réserves antérieures; réserve concernant le droit de traduction; retrait de la réserve

(1) Sous réserve des exceptions permises par l'alinéa 2) du présent article, par l'article 28.1)b), par l'article 33.2), ainsi que par l'Annexe, la ratification ou l'adhésion emporte de plein droit accession à toutes les clauses et admission à tous les avantages stipulés par la présente Convention.

(2)

(*a*) Tout pays de l'Union ratifiant le présent Acte ou y adhérant peut, sous réserve de l'article V. 2) de l'Annexe, conserver le bénéfice des réserves qu'il a formulées antérieurement, à la condition d'en faire la déclaration lors du dépôt de son instrument de ratification ou d'adhésion.

(*b*) Tout pays étranger à l'Union peut déclarer, en adhérant à la présente Convention et sous réserve de l'article V. 2) de l'Annexe, qu'il entend substituer, provisoirement au moins, à l'article 8 du présent Acte, concernant le droit de traduction, les dispositions de l'article 5 de la Convention d'Union de 1886 complétée à Paris en 1896, étant bien entendu que ces dispositions ne visent que la traduction dans que ces langue d'usage général dans ce pays. Sous réserve de l'article I. 6)b) de l'Annexe, tout pays a la faculté d'appliquer, en ce qui concerne le droit de traduction des œuvres ayant pour pays d'origine un pays faisant usage d'une telle réserve, une protection équivalente à celle accordée par ce dernier pays.

(*c*) Tout pays peut, à tout moment, retirer de telles réserves, par notification adressée au Directeur général.

### Article 31 – Applicabilité à certains territoires :

#### 1. Déclaration ; 2. Retrait de la déclaration ; 3. Date à laquelle prend effet la déclaration ou son retrait ; 4. Pas d'interprétation impliquant l'acceptation de situations de fait

(1) Tout pays peut déclarer dans son instrument de ratification ou d'adhésion, ou peut informer le Directeur général par notification écrite à tout moment ultérieur, que la présente Convention est applicable à tout ou partie des territoires, désignés

dans la déclaration ou la notification, pour lesquels il assume la responsabilité des relations extérieures.

(2) Tout pays qui a fait une telle déclaration ou effectué une telle notification peut, à tout moment, notifier au Directeur général que la présente Convention cesse d'être applicable à tout ou partie de ces territoires.

(3)

(*a*) Toute déclaration faite en vertu de l'alinéa 1) prend effet à la même date que la ratification ou l'adhésion dans l'instrument de laquelle elle a été incluse, et toute notification effectuée en vertu de cet alinéa prend effet trois mois après sa notification par le Directeur général.

(*b*) Toute notification effectuée en vertu de l'alinéa 2) prend effet douze mois après sa réception par le Directeur général.

(4) Le présent article ne saurait être interprété comme impliquant la reconnaissance ou l'acceptation tacite par l'un quelconque des pays de l'Union de la situation de fait de tout territoire auquel la présente Convention est rendue applicable par un autre pays de l'Union en vertu d'une déclaration faite en application de l'alinéa 1).

### Article 32 – Applicabilité du présent Acte et des Actes antérieurs :

### 1. Entre pays déjà membres de l'Union ; 2. Entre un pays devenant membre de l'Union et les autres pays membres de l'Union ; 3. Applicabilité de l'Annexe dans le cadre de certaines relations

(1) Le présent Acte remplace dans les rapports entre les pays de l'Union, et dans la mesure où il s'applique, la Convention de Berne du 9 septembre 1886 et les Actes de révision subséquents. Les Actes précédemment en vigueur conservent leur application, dans leur totalité ou dans la mesure où le présent Acte ne les remplace pas en vertu de la phrase précédente, dans les rapports avec les pays de l'Union qui ne ratifieraient pas le présent Acte ou n'y adhéreraient pas.

(2) Les pays étrangers à l'Union qui deviennent parties au présent Acte l'appliquent, sous réserve des dispositions de l'alinéa 3), à l'égard de tout pays de l'Union qui n'est pas lié par cet Acte ou qui, bien qu'en étant lié par celui-ci, a fait la déclaration prévue à l'article 28.1)b). Lesdits pays admettent que le pays de l'Union considéré, dans ses relations avec eux :

(i) applique les dispositions de l'Acte le plus récent par lequel il est lié, et

(ii) sous réserve de l'article I. 6 de l'Annexe, a la faculté d'adapter la protection au niveau prévu par le présent Acte.

(3) Tout pays qui a invoqué le bénéfice de l'une quelconque des facultés prévues par l'Annexe peut appliquer les dispositions de l'Annexe qui concernent la ou les facultés dont il a invoqué le bénéfice dans ses relations avec tout autre pays de l'Union qui n'est pas lié par le présent Acte, à condition que ce dernier pays ait accepté l'application desdites dispositions.

### Article 33 – Différends :

### 1. Compétence de la Cour internationale de Justice ; 2. Réserve concernant cette compétence ; 3. Retrait de la réserve

(1) Tout différend entre deux ou plusieurs pays de l'Union concernant l'interprétation ou l'application de la présente Convention, qui ne sera pas réglé par voie de négociation, peut être porté par l'un quelconque des pays en cause devant la Cour

internationale de Justice par voie de requête conforme au Statut de la Cour, à moins que les pays en cause ne conviennent d'un autre mode de règlement. Le Bureau international sera informé par le pays requérant du différend soumis à la Cour; il en donnera connaissance aux autres pays de l'Union.

(2) Tout pays peut, au moment où il signe le présent Acte ou dépose son instrument de ratification ou d'adhésion, déclarer qu'il ne se considère pas lié par les dispositions de l'alinéa 1). En ce qui concerne tout différend entre un tel pays et tout autre pays de l'Union, les dispositions de l'alinéa 1) ne sont pas applicables.

(3) Tout pays qui a fait une déclaration conformément aux dispositions de l'alinéa 2) peut, à tout moment, la retirer par une notification adressée au Directeur général.

### Article 34 – Clôture de certaines dispositions antérieures :

### 1. Des Actes antérieurs; 2. Du Protocole annexé à l'Acte de Stockholm

(1) Sous réserve de l'article 29 *bis*, aucun pays ne peut adhérer, après l'entrée en vigueur des articles 1 à 21 et de l'Annexe, à des Actes antérieurs de la présente Convention ni les ratifier.

(2) Après l'entrée en vigueur des articles 1 à21 et de l'Annexe, aucun pays ne peut faire de déclaration en vertu de l'article 5 du Protocole relatif aux pays en voie de développement annexé à l'Acte de Stockholm.

### Article 35 – Durée de la Convention; Dénonciation :

### 1. Durée illimitée; 2. Possibilité de dénonciation; 3. Date à laquelle la dénonciation prend effet; 4. Moratoire relatif à la dénonciation

(1) La présente Convention demeure en vigueur sans limitation de durée.

(2) Tout pays peut dénoncer le présent Acte par notification adressée au Directeur général. Cette dénonciation emporte aussi dénonciation de tous les Actes antérieurs et ne produit son effet qu'à l'égard du pays qui l'a faite, la Convention restant en vigueur et exécutoire à l'égard des autres pays de l'Union.

(3) La dénonciation prend effet un an après le jour où le Directeur général a reçu la notification.

(4) La faculté de dénonciation prévue par le présent article ne peut être exercée par un pays avant l'expiration d'un délai de cinq ans à compter de la date à laquelle il est devenu membre de l'Union.

### Article 36 – Application de la Convention :

### 1. Obligation d'adopter les mesures nécessaires; 2. Date à partir de laquelle cette obligation existe

(1) Tout pays partie à la présente Convention s'engage à adopter, conformément à sa constitution, les mesures nécessaires pour assurer l'application de la présente Convention.

(2) Il est entendu qu'au moment où un pays devient lié par la présente Convention, il doit être en mesure, conformément à sa législation interne, de donner effet aux dispositions de la présente Convention.

### Article 37 – Clauses finales :

### 1. Langues de l'Acte ; 2. Signature ; 3. Copies certifiées conformes ; 4. Enregistrement ; 5. Notifications

(1)

(*a*) Le présent Acte est signé en un seul exemplaire dans les langues anglaise et française et, sous réserve de l'alinéa 2), est déposé auprès du Directeur général.

(*b*) Des textes officiels sont établis par le Directeur général, après consultation des Gouvernements intéressés, dans les langues allemande, arabe, espagnole, italienne et portugaise, et dans les autres langues que l'Assemblée pourra indiquer.

(*c*) En cas de contestation sur l'interprétation des divers textes, le texte français fera foi.

(2) Le présent Acte reste ouvert à la signature jusqu'au 31 janvier 1972. Jusqu'à cette date, l'exemplaire visé à l'alinéa 1)a) sera déposé auprès du Gouvernement de la République française.

(3) Le Directeur général transmet deux copies certifiées conformes du texte signé du présent Acte aux Gouvernements de tous les pays de l'Union et, sur demande, au Gouvernement de tout autre pays.

(4) Le Directeur général fait enregistrer le présent Acte auprès du Secrétariat de l'Organisation des Nations unies.

(5) Le Directeur général notifie aux Gouvernements de tous les pays de l'Union les signatures, les dépôts d'instruments de ratification ou d'adhésion et de déclarations comprises dans ces instruments ou faites en application des articles 28.1)c), 30.2)a) et b), et 33.2), l'entrée en vigueur de toutes dispositions du présent Acte, les notifications de dénonciation et les notifications faites en application des articles 30.2)c), 31.1) et 2), 33.3) et 38.1), ainsi que les notifications visées dans l'Annexe.

### Article 38 – Dispositions transitoires :

### 1. Exercice du « privilège de cinq ans » ; 2. Bureau de l'Union, Directeur du Bureau ; 3. Succession du Bureau de l'Union

(1) Les pays de l'Union qui n'ont pas ratifié le présent Acte ou qui n'y ont pas adhéré et qui ne sont pas liés par les articles 22 à 26 de l'Acte de Stockholm peuvent, jusqu'au 26 avril 1975, exercer, s'ils le désirent, les droits prévus par lesdits articles comme s'ils étaient liés par eux. Tout pays qui désire exercer lesdits droits dépose à cette fin auprès du Directeur général une notification écrite qui prend effet à la date de sa réception. De tels pays sont réputés être membres de l'Assemblée jusqu'à ladite date.

(2) Aussi longtemps que tous les pays de l'Union ne sont pas devenus membres de l'Organisation, le Bureau international de l'Organisation agit également en tant que Bureau de l'Union, et le Directeur général en tant que Directeur de ce Bureau.

(3) Lorsque tous les pays de l'Union sont devenus membres de l'Organisation, les droits, obligations et biens du Bureau de l'Union sont dévolus au Bureau international de l'Organisation.

## ANNEXE
## DISPOSITIONS PARTICULIÈRES CONCERNANT LES PAYS EN VOIE DE DÉVELOPPEMENT

### Article I – Facultés offertes aux pays en voie de développement :

**1. Possibilité d'invoquer le bénéfice de certaines facultés; déclaration; 2. Durée de validité de la déclaration; 3. Pays ayant cessé d'être considéré comme pays en voie de développement; 4. Stocks d'exemplaires existants; 5. Déclarations concernant certains territoires; 6. Limites de la réciprocité**

(1) Tout pays considéré, conformément à la pratique établie de l'Assemblée générale des Nations unies, comme un pays en voie de développement, qui ratifie le présent Acte, dont la présente Annexe forme partie intégrante, ou qui y adhère et qui, eu égard à sa situation économique et à ses besoins sociaux ou culturels, ne s'estime pas en mesure dans l'immédiat de prendre les dispositions propres à assurer la protection de tous les droits tels que prévus dans le présent Acte, peut, par une notification déposée auprès du Directeur général, au moment du dépôt de son instrument de ratification ou d'adhésion ou, sous réserve de l'article V. 1)c), à toute date ultérieure, déclarer qu'il invoquera le bénéfice de la faculté prévue par l'article II ou de celle prévue par l'article III ou de l'une et l'autre de ces facultés. Il peut, au lieu d'invoquer le bénéfice de la faculté prévue par l'article II, faire une déclaration conformément à l'article V. 1)a).

(2)

(*a*) Toute déclaration faite aux termes de l'alinéa 1) et notifiée avant l'expiration d'une période de dix ans, à compter de l'entrée en vigueur des articles 1 à 21 et de la présente Annexe conformément à l'article 28.2), reste valable jusqu'à l'expiration de ladite période. Elle peut être renouvelée en tout ou en partie pour d'autres périodes successives de dix ans par notification déposée auprès du Directeur général pas plus de quinze mois mais pas moins de trois mois avant l'expiration de la période décennale en cours.

(*b*) Toute déclaration faite aux termes de l'alinéa 1) et notifiée après l'expiration d'une période de dix ans, à compter de l'entrée en vigueur des articles 1 à 21 et de la présente Annexe conformément à l'article 28.2), reste valable jusqu'à l'expiration de la période décennale en cours. Elle peut être renouvelée comme prévu dans la seconde phrase du sous-alinéa *a*).

(3) Tout pays de l'Union qui a cessé d'être considéré comme un pays en voie de développement tel que visé à l'alinéa 1) n'est plus habilité à renouveler sa déclaration telle que prévue à l'alinéa 2) et, qu'il retire ou non officiellement sa déclaration, ce pays perdra la possibilité d'invoquer le bénéfice des facultés visées à l'alinéa 1), soit à l'expiration de la période décennale en cours, soit trois ans après qu'il aura cessé d'être considéré comme un pays en voie de développement, le délai qui expire le plus tard devant être appliqué.

(4) Lorsqu'au moment où la déclaration faite aux termes de l'alinéa 1) ou de l'alinéa 2) cesse d'être valable il y a en stock des exemplaires produits sous l'empire d'une licence accordée en vertu des dispositions de la présente Annexe, de tels exemplaires pourront continuer d'être mis en circulation jusqu'à leur épuisement.

(5) Tout pays qui est lié par les dispositions du présent Acte et qui a déposé une déclaration ou une notification conformément à l'article 31.1) au sujet de l'application dudit Acte à un territoire particulier dont la situation peut être considérée comme analogue à celle des pays visés à l'alinéa 1) peut, à l'égard de ce territoire, faire la déclaration visée à l'alinéa 1) et la notification de renouvellement visée à l'alinéa 2). Tant que cette déclaration ou cette notification sera valable, les dispositions de la présente Annexe s'appliqueront au territoire à l'égard duquel elle a été faite.

(6)

(*a*) Le fait qu'un pays invoque le bénéfice de l'une des facultés visées à l'alinéa 1) ne permet pas à un autre pays de donner, aux œuvres dont le pays d'origine est le premier pays en question, une protection inférieure à celle qu'il est obligé d'accorder selon les articles 1 à 20.

(*b*) La faculté de réciprocité prévue par l'article 30.2)b), deuxième phrase, ne peut, jusqu'à la date à laquelle expire le délai applicable conformément à l'article I. 3), être exercée pour les œuvres dont le pays d'origine est un pays qui a fait une déclaration conformément à l'article V. 1)a).

**Article II – Limitations du droit de traduction :**

**1. Possibilité d'octroi de licences par l'autorité compétente; 2. à 4. Conditions auxquelles ces licences peuvent être accordées; 5. Usages pour lesquels des licences peuvent être accordées; 6. Expiration des licences; 7. Œuvres composées principalement d'illustrations; 8. Œuvres retirées de la circulation; 9. Licences pour les organismes de radiodiffusion**

(1) Tout pays qui a déclaré qu'il invoquera le bénéfice de la faculté prévue par le présent article sera habilité, pour ce qui concerne les œuvres publiées sous forme imprimée ou sous toute autre forme analogue de reproduction, à substituer au droit exclusif de traduction prévu par l'article 8 un régime de licences non exclusives et incessibles, accordées par l'autorité compétente dans les conditions ci-après et conformément à l'article IV.

(2)

(*a*) Sous réserve de l'alinéa 3), lorsque, à l'expiration d'une période de trois années ou d'une période plus longue déterminée par la législation nationale dudit pays, à compter de la première publication d'une œuvre, la traduction n'en a pas été publiée dans une langue d'usage général dans ce pays, par le titulaire du droit de traduction ou avec son autorisation, tout ressortissant dudit pays pourra obtenir une licence pour faire une traduction de l'œuvre dans ladite langue et publier cette traduction sous forme imprimée ou sous toute autre forme analogue de reproduction.

(*b*) Une licence peut aussi être accordée en vertu du présent article si toutes les éditions de la traduction publiée dans la langue concernée sont épuisées.

(3)

(*a*) Dans le cas de traductions dans une langue qui n'est pas d'usage général dans un ou plusieurs pays développés, membres de l'Union, une période d'une année sera substituée à la période de trois années visée à l'alinéa 2)a).

(*b*) Tout pays visé à l'alinéa 1) peut, avec l'accord unanime des pays développés, membres de l'Union, dans lesquels la même langue est d'usage général, remplacer, dans le cas de traductions vers cette langue, la période de trois ans visée à l'alinéa 2)a) par une période plus courte fixée conformément audit accord, cette période ne pouvant toutefois être inférieure à une année. Néanmoins, les dispositions de la phrase précédente ne sont pas applicables lorsque la langue dont il s'agit est l'anglais, l'espagnol ou le français. Tout accord en ce sens sera notifié au Directeur général par les Gouvernements qui l'auront conclu.

(4)

(*a*) Toute licence visée au présent article ne pourra être accordée avant l'expiration d'un délai supplémentaire de six mois, dans le cas où elle peut être obtenue à l'expiration d'une période de trois années, et de neuf mois, dans le cas où elle peut être obtenue à l'expiration d'une période d'une année,

(i) à compter de la date à laquelle le requérant accomplit les formalités prévues par l'article IV. 1);

(ii) ou bien, si l'identité ou l'adresse du titulaire du droit de traduction n'est pas connue, à compter de la date à laquelle le requérant procède, comme prévu à l'article IV. 2), à l'envoi des copies de la requête soumise par lui à l'autorité qui a compétence pour accorder la licence.

(*b*) Si, durant le délai de six ou de neuf mois, une traduction dans la langue pour laquelle la requête a été soumise est publiée par le titulaire du droit de traduction ou avec son autorisation, aucune licence ne sera accordée en vertu du présent article.

(5) Toute licence visée au présent article ne pourra être accordée qu'à l'usage scolaire, universitaire ou de la recherche.

(6) Si la traduction d'une œuvre est publiée par le titulaire du droit de traduction ou avec son autorisation à un prix comparable à celui qui est en usage dans le pays en cause pour des œuvres analogues, toute licence accordée en vertu du présent article prendra fin si cette traduction est dans la même langue et son contenu essentiellement le même que celle et celui de la traduction publiée en vertu de la licence. La mise en circulation de tous les exemplaires déjà produits avant l'expiration de la licence pourra se poursuivre jusqu'à leur épuisement.

(7) Pour les œuvres qui sont composées principalement d'illustrations, une licence pour faire et publier une traduction du texte et pour reproduire et publier les illustrations ne peut être accordée que si les conditions de l'article III sont également remplies.

(8) Aucune licence ne peut être accordée en vertu du présent article lorsque l'auteur a retiré de la circulation tous les exemplaires de son œuvre.

(9)

(*a*) Une licence pour faire une traduction d'une œuvre qui a été publiée sous forme imprimée ou sous toute autre forme analogue de reproduction peut aussi être accordée à tout organisme de radiodiffusion ayant son siège dans un pays visé à l'alinéa 1), à la suite d'une demande faite auprès de l'autorité compétente de ce pays par ledit organisme, pourvu que toutes les conditions suivantes soient remplies :

(i) la traduction est faite à partir d'un exemplaire produit et acquis en conformité avec la législation dudit pays;

(ii) la traduction est utilisable seulement dans les émissions destinées à l'enseignement ou à la diffusion d'informations à caractère scientifique ou technique destinées aux experts d'une profession déterminée;

(iii) la traduction est utilisée exclusivement aux fins énumérées au point ii) dans des émissions faites licitement et destinées aux bénéficiaires sur le territoire dudit pays, y compris les émissions faites au moyen d'enregistrements sonores ou visuels réalisés licitement et exclusivement pour de telles émissions;

(iv) toutes les utilisations faites de la traduction n'ont aucun caractère lucratif.

(*b*) Des enregistrements sonores ou visuels d'une traduction qui a été faite par un organisme de radiodiffusion sous l'empire d'une licence accordée en vertu du présent alinéa peuvent, aux fins et sous réserve des conditions énumérées dans le sous-alinéa a) et avec l'accord de cet organisme, être aussi utilisés par tout autre organisme de radiodiffusion ayant son siège dans le pays dont l'autorité compétente a accordé la licence en question.

(*c*) Pourvu que tous les critères et conditions énumérés au sous-alinéa a) soient respectés, une licence peut également être accordée à un organisme de radiodiffusion pour traduire tout texte incorporé dans une fixation audio-visuelle faite et publiée aux seules fins de l'usage scolaire et universitaire.

(*d*) Sous réserve des sous-alinéas a) à c), les dispositions des alinéas précédents sont applicables à l'octroi et à l'exercice de toute licence accordée en vertu du présent alinéa.

**Article III – Limitations du droit de reproduction :**

**1. Possibilité d'octroi de licences par l'autorité compétente; 2. à 5. Conditions auxquelles ces licences peuvent être accordées; 6. Expiration des licences; 7. Œuvres auxquelles s'applique le présent article**

(1) Tout pays qui a déclaré qu'il invoquera le bénéfice de la faculté prévue par le présent article sera habilité à substituer au droit exclusif de reproduction prévu à l'article 9 un régime de licences non exclusives et incessibles, accordées par l'autorité compétente dans les conditions ci-après et conformément à l'article IV.

(2)

(*a*) À l'égard d'une œuvre à laquelle le présent article est applicable en vertu de l'alinéa 7) et lorsque, à l'expiration

(i) de la période fixée à l'alinéa 3) et calculée à partir de la première publication d'une édition déterminée d'une telle œuvre, ou

(ii) d'une période plus longue fixée par la législation nationale du pays visé à l'alinéa 1) et calculée à partir de la même date, des exemplaires de cette édition n'ont pas été mis en vente, dans ce pays, pour répondre aux besoins, soit du grand public, soit de l'enseignement scolaire et universitaire, par le titulaire du droit de reproduction ou avec son autorisation, à un prix comparable à celui qui est en usage dans ledit pays pour des œuvres analogues, tout ressortissant dudit pays pourra obtenir une licence pour reproduire et publier cette édition, à ce prix ou à un prix inférieur, en vue de répondre aux besoins de l'enseignement scolaire et universitaire.

(*b*) Une licence pour reproduire et publier une édition qui a été mise en circulation comme le décrit le sous-alinéa a) peut aussi être accordée en vertu des conditions prévues par le présent article si, après l'expiration de la période applicable, des exemplaires autorisés de cette édition ne sont plus en vente, pendant une durée de six mois, dans le pays concerné pour répondre aux besoins, soit du grand public, soit de l'enseignement scolaire et universitaire, à un prix comparable à celui qui est demandé dans ledit pays pour des œuvres analogues.

(3) La période à laquelle se réfère l'alinéa 2)a)i) est de cinq années. Toutefois,

(i) pour les œuvres qui traitent des sciences exactes et naturelles et de la technologie, elle sera de trois années;

(ii) pour les œuvres qui appartiennent au domaine de l'imagination, telles que les romans, les œuvres poétiques, dramatiques et musicales, et pour les livres d'art, elle sera de sept années.

(4)

(*a*) Dans le cas où elle peut être obtenue à l'expiration d'une période de trois années, la licence ne pourra être accordée en vertu du présent article avant l'expiration d'un délai de six mois

(i) à compter de la date à laquelle le requérant accomplit les formalités prévues par l'article IV. 1);

(ii) ou bien, si l'identité ou l'adresse du titulaire du droit de reproduction n'est pas connue, à compter de la date à laquelle le requérant procède, comme prévu à l'article IV. 2), à l'envoi des copies de la requête soumise par lui à l'autorité qui a compétence pour accorder la licence.

(*b*) Dans les autres cas et si l'article IV. 2) est applicable, la licence ne pourra être accordée avant l'expiration d'un délai de trois mois à compter de l'envoi des copies de la requête.

(*c*) Si durant le délai de six ou de trois mois visé aux sous-alinéas a) et b) la mise en vente comme le décrit l'alinéa 2)a) a eu lieu, aucune licence ne sera accordée en vertu du présent article.

(*d*) Aucune licence ne peut être accordée lorsque l'auteur a retiré de la circulation tous les exemplaires de l'édition pour la reproduction et la publication de laquelle la licence a été demandée.

(5) Une licence en vue de reproduire et de publier une traduction d'une œuvre ne sera pas accordée, en vertu du présent article, dans les cas ci-après :

(i) lorsque la traduction dont il s'agit n'a pas été publiée par le titulaire du droit de traduction ou avec son autorisation;

(ii) lorsque la traduction n'est pas faite dans une langue d'usage général dans le pays où la licence est demandée.

(6) Si des exemplaires d'une édition d'une œuvre sont mis en vente dans le pays visé à l'alinéa 1) pour répondre aux besoins, soit du grand public, soit de l'enseignement scolaire et universitaire, par le titulaire du droit de reproduction ou avec son autorisation, à un prix comparable à celui qui est en usage dans ledit pays pour des œuvres analogues, toute licence accordée en vertu du présent article prendra fin si cette édition est dans la même langue et son contenu essentiellement le même que celle et celui de l'édition publiée en vertu de la licence. La mise en circulation de tous les exemplaires déjà produits avant l'expiration de la licence pourra se poursuivre jusqu'à leur épuisement.

(7)

(*a*) Sous réserve du sous-alinéa b), les œuvres auxquelles le présent article est applicable ne sont que les œuvres publiées sous forme imprimée ou sous toute autre forme analogue de reproduction.

(*b*) Le présent article est également applicable à la reproduction audio-visuelle de fixations licites audio-visuelles en tant qu'elles constituent ou incorporent des œuvres protégées ainsi qu'à la traduction du texte qui les accompagne dans une langue d'usage général dans le pays où la licence est demandée, étant bien entendu que les fixations audio-visuelles dont il s'agit ont été conçues et publiées aux seules fins de l'usage scolaire et universitaire.

### Article IV – Dispositions communes aux licences prévues aux l'article II et III :

### 1. et 2. Procédure ; 3. Indication du nom de l'auteur et du titre de l'œuvre ; 4. Exportation d'exemplaires ; 5. Mention ; 6. Rémunération

(1) Toute licence visée à l'article II ou à l'article III ne pourra être accordée que si le requérant, conformément aux dispositions en vigueur dans le pays en cause, justifie avoir demandé au titulaire du droit l'autorisation de faire une traduction et de la publier ou de reproduire et publier l'édition, selon le cas, et n'a pu obtenir son autorisation, ou, après dues diligences de sa part, n'a pu l'atteindre. En même temps qu'il fait cette demande au titulaire du droit, le requérant doit en informer tout centre national ou international d'information visé à l'alinéa 2).

(2) Si le titulaire du droit n'a pu être atteint par le requérant, celui-ci doit adresser, par la poste aérienne, sous pli recommandé, des copies de la requête soumise par lui à l'autorité qui a compétence pour accorder la licence, à l'éditeur dont le nom figure sur l'œuvre et à tout centre national ou international d'information qui peut avoir été désigné, dans une notification déposée à cet effet auprès du Directeur général, par le Gouvernement du pays où l'éditeur est présumé avoir le siège principal de ses opérations.

(3) Le nom de l'auteur doit être indiqué sur tous les exemplaires de la traduction ou de la reproduction publiée sous l'empire d'une licence accordée en vertu de l'article II ou de l'article III. Le titre de l'œuvre doit figurer sur tous ces exemplaires. S'il s'agit d'une traduction, le titre original de l'œuvre doit en tout cas figurer sur tous ceux-ci.

(4)

(*a*) Toute licence accordée en vertu de l'article II ou de l'article III ne s'étendra pas à l'exportation d'exemplaires et elle ne sera valable que pour la publication de la traduction ou de la reproduction, selon le cas, à l'intérieur du territoire du pays où cette licence a été demandée.

(*b*) Aux fins de l'application du sous-alinéa a), doit être regardé comme exportation l'envoi d'exemplaires à partir d'un territoire vers le pays qui, pour ce territoire, a fait une déclaration conformément à l'article I. 5).

(*c*) Lorsqu'un organisme gouvernemental ou tout autre organisme public d'un pays qui a accordé, conformément à l'article II, une licence de faire une traduction dans une langue autre que l'anglais, l'espagnol ou le français envoie des exemplaires de la traduction publiée en vertu d'une telle licence à un autre pays, une telle expédition ne sera pas considérée, aux fins du sous-alinéa a), comme étant une exportation si toutes les conditions suivantes sont remplies :

(i) les destinataires sont des particuliers ressortissants du pays dont l'autorité compétente a accordé la licence, ou des organisations groupant de tels ressortissants ;

(ii) les exemplaires ne sont utilisés que pour l'usage scolaire, universitaire ou de la recherche ;

(iii) l'envoi des exemplaires et leur distribution ultérieure aux destinataires n'ont aucun caractère lucratif ; et

(iv) le pays auquel les exemplaires ont été envoyés a conclu un accord avec le pays dont l'autorité compétente a délivré la licence pour en autoriser la réception, ou la distribution, ou ces deux opérations, et le Gouvernement de ce dernier pays a notifié au Directeur général un tel accord.

(5) Tout exemplaire publié sous l'empire d'une licence accordée en vertu de l'article II ou de l'article III doit contenir une mention dans la langue appropriée précisant que l'exemplaire n'est mis en circulation que dans le pays ou le territoire auquel ladite licence s'applique.

(6)

(*a*) Des mesures appropriées seront prises sur le plan national pour que

(i) la licence comporte en faveur du titulaire du droit de traduction ou de reproduction, selon le cas, une rémunération équitable et conforme à l'échelle des redevances normalement versées dans le cas de licences librement négociées entre les intéressés dans les deux pays concernés ; et

(ii) soient assurés le paiement et le transfert de cette rémunération ; s'il existe une réglementation nationale en matière de devises, l'autorité compétente ne ménagera aucun effort, en recourant aux mécanismes internationaux, pour assurer le transfert de la rémunération en monnaie internationalement convertible ou en son équivalent.

(*b*) Des mesures appropriées seront prises dans le cadre de la législation nationale pour que soit garantie une traduction correcte de l'œuvre ou une reproduction exacte de l'édition dont il s'agit, selon le cas.

### Article V – Autre possibilité de limitation du droit de traduction : 1. Régime prévu par les Actes de 1886 et de 1896 ; 2. Impossibilité de changer de régime après avoir choisi celui de l'article II ; 3. Délai pour choisir l'autre régime

(1)

(*a*) Tout pays habilité à déclarer qu'il invoquera le bénéfice de la faculté prévue par l'article II peut, lorsqu'il ratifie le présent Acte, ou y adhère, au lieu de faire une telle déclaration,

(i) faire, s'il est un pays auquel l'article 30.2)a) est applicable, une déclaration aux termes de cette disposition pour ce qui concerne le droit de traduction ;

(ii) faire, s'il est un pays auquel l'article 30.2)a) n'est pas applicable, et même s'il n'est pas un pays étranger à l'Union, une déclaration comme prévu par l'article 30.2)b), première phrase.

(*b*) Dans le cas d'un pays qui a cessé d'être considéré comme un pays en voie de développement tel que visé à l'article I. 1), une déclaration faite conformément au présent alinéa reste valable jusqu'à la date à laquelle expire le délai applicable conformément à l'article I. 3).

(*c*) Tout pays qui a fait une déclaration conformément au présent alinéa ne peut invoquer ultérieurement le bénéfice de la faculté prévue par l'article II, même s'il retire ladite déclaration.

(2) Sous réserve de l'alinéa 3), tout pays qui a invoqué le bénéfice de la faculté prévue par l'article II ne peut faire ultérieurement une déclaration conformément à l'alinéa 1).

(3) Tout pays qui a cessé d'être considéré comme un pays en voie de développement tel que visé à l'article I. 1) pourra, deux ans au plus tard avant l'expiration du délai applicable conformément à l'article I. 3), faire une déclaration au sens de l'article 30.2)b), première phrase, nonobstant le fait qu'il ne s'agit pas d'un pays étranger à l'Union. Cette déclaration prendra effet à la date à laquelle expire le délai applicable conformément à l'article I. 3).

### Article VI – Possibilités d'appliquer ou d'accepter l'application de certaines dispositions de l'Annexe avant de devenir lié par cette dernière :

### 1. Déclaration; 2. Dépositaire et date à laquelle la déclaration prend effet

(1) Tout pays de l'Union peut déclarer, à partir de la date du présent Acte et à tout moment avant de devenir lié par les articles 1 à 21 et par la présente Annexe :

(i) s'il s'agit d'un pays qui, s'il était lié par les articles 1 à 21 et par la présente Annexe, serait habilité à invoquer le bénéfice des facultés visées à l'article I. 1), qu'il appliquera les dispositions de l'article II ou de l'article III, ou bien des deux, aux œuvres dont le pays d'origine est un pays qui, en application du point ii) ci-après, accepte l'application de ces articles à de telles œuvres ou qui est lié par les articles 1 à 21 et par la présente Annexe; une telle déclaration peut se référer à l'article V au lieu de l'article II;

(ii) qu'il accepte l'application de la présente Annexe aux œuvres dont il est le pays d'origine, par les pays qui ont fait une déclaration en vertu du point i) ci-dessus ou une notification en vertu de l'article I.

(2) Toute déclaration selon l'alinéa 1) doit être faite par écrit et déposée auprès du Directeur général. Elle prend effet à la date de son dépôt.

#### Notes

[1] Des titres ont été ajoutés aux articles et à l'Annexe afin d'en faciliter l'identification. Le texte signé (en français) ne comporte pas de titres.

[2] Les organes directeurs de l'OMPI et des Unions administrées par l'OMPI ont adopté, avec effet à compter du 1^er^ janvier 1994, un nouveau système de contribution qui remplace celui qui est défini à l'article 25.4)*a), b)* et *c)* de la Convention de Berne. Des précisions concernant ce système peuvent être obtenues auprès du Bureau international de l'OMPI.

# 49 Convention de Bruxelles du 25 août 1924 pour l'unification de certaines règles en matière de connaissement (Règles de La Haye)

En vigueur depuis le 4 juillet 1937

**Article premier –** Dans la présente Convention les mots suivants sont employés dans le sens précis indiqué ci-dessous :

(a) « Transporteur » comprend le propriétaire du navire ou l'affréteur, partie à un contrat de transport avec un chargeur.

(b) « Contrat de transport » s'applique uniquement au contrat de transport constaté par un connaissement ou par tout document similaire formant titre pour le transport des marchandises par mer; il s'applique également au connaissement ou document similaire émis en vertu d'une charte-partie à partir du moment où ce titre régit les rapports du transporteur et du porteur du connaissement.

(c) « Marchandises » comprend biens, objets, marchandises et articles de nature quelconque, à l'exception des animaux vivants et de la cargaison qui, par le contrat de transport, est déclarée comme mise sur le pont et, en fait, est ainsi transportée.

(d) « Navire » signifie tout bâtiment employé pour le transport des marchandises par mer.

(e) « Transport de marchandises » couvre le temps écoulé depuis le chargement des marchandises à bord du navire jusqu'à leur déchargement du navire.

**Article 2 –** Sous réserve des dispositions de l'article 6, le transporteur dans tous les contrats de transport des marchandises par mer sera quant au chargement, à la manutention, à l'arrimage, au transport, à la garde, aux soins et au déchargement des dites marchandises, soumis aux responsabilités et obligations, comme il bénéficiera des droits et exonérations ci-dessous énoncés.

**Article 3 –** I. Le transporteur sera tenu avant et au début du voyage d'exercer une diligence raisonnable pour :

(a) Mettre le navire en état de navigabilité;

(b) Convenablement armer, équiper et approvisionner le navire;

(c) Approprier et mettre en bon état les cales, chambres froides et frigorifiques et toutes autres parties du navire où des marchandises sont chargées pour leur réception, transport et conservation.

2. Le transporteur, sous réserve des dispositions de l'article 4, procédera de façon appropriée et soigneuse au chargement, à la manutention, à l'arrimage, au transport, à la garde, aux soins et au déchargement des marchandises transportées.

3. Après avoir reçu et pris en charge les marchandises, le transporteur ou le capitaine ou agent du transporteur devra, sur demande du chargeur, délivrer au chargeur un connaissement portant entre autres choses :

(a) Les marques principales nécessaires à l'identification des marchandises telles qu'elles sont fournies par écrit par le chargeur avant que le chargement de ces marchandises ne commence, pourvu que ces marques soient imprimées ou apposées clairement de toute autre façon sur les marchandises non emballées ou sur les caisses ou emballages dans lesquelles les marchandises sont contenues, de telle sorte qu'elles devraient normalement rester lisibles jusqu'à la fin du voyage ;

(b) Ou le nombre de colis, ou de pièces, ou la quantité ou le poids, suivant les cas, tels qu'ils sont fournis par écrit par le chargeur ;

(c) L'état et le conditionnement apparent des marchandises.

Cependant, aucun transporteur, capitaine ou agent du transporteur ne sera tenu de déclarer ou de mentionner, dans le connaissement des marques, un nombre, une quantité ou un poids dont il a une raison sérieuse de soupçonner qu'ils ne représentent pas exactement les marchandises actuellement reçues par lui, ou qu'il n'a pas eu des moyens raisonnables de vérifier.

4. Un tel connaissement vaudra présomption, sauf preuve contraire, de la réception par le transporteur des marchandises telles qu'elles y sont décrites conformément au § 3, a), b) et c).

5. Le chargeur sera considéré avoir garanti au transporteur, au moment du chargement, l'exactitude des marques, du nombre, de la quantité et du poids tels qu'ils sont fournis par lui, et le chargeur indemnisera le transporteur de toutes pertes, dommages et dépenses provenant ou résultant d'inexactitudes sur ces points. Le droit du transporteur à pareille indemnité ne limitera d'aucune façon sa responsabilité et ses engagements sous l'empire du contrat de transport vis-à-vis de toute personne autre que le chargeur.

6. À moins qu'un avis des pertes ou dommages et de la nature générale de ces pertes ou dommages ne soit donné par écrit au transporteur ou à son agent au port de déchargement, avant ou au moment de l'enlèvement des marchandises, et de leur remise sous la garde de la personne ayant droit à la délivrance sous l'empire du contrat de transport, cet enlèvement constituera, jusqu'à preuve contraire, une présomption que les marchandises ont été délivrées par le transporteur telles qu'elles sont décrites au connaissement.

Si les pertes ou dommages ne sont pas apparents, l'avis doit être donné dans les trois jours de la délivrance.

Les réserves écrites sont inutiles si l'état de la marchandise a été contradictoirement constaté au moment de la réception.

En tout cas le transporteur et le navire seront déchargés de toute responsabilité pour pertes ou dommages à moins qu'une action ne soit intentée dans l'année de la délivrance des marchandises ou de la date à laquelle elles eussent dû être délivrées.

En cas de perte ou dommage certains ou présumés, le transporteur et le réceptionnaire se donneront réciproquement toutes les facilités raisonnables pour l'inspection de la marchandise et la vérification du nombre de colis.

7. Lorsque les marchandises auront été chargées, le connaissement que délivrera le transporteur, capitaine ou agent du transporteur au chargeur sera, si le chargeur le demande, un connaissement libellé « Embarqué » pourvu que, si le chargeur a auparavant reçu quelque document donnant droit à ces marchandises, il restitue ce document contre remise d'un connaissement « Embarqué ». Le transporteur, le capitaine ou l'agent aura également la faculté d'annoter au port d'embarquement, sur le document remis en premier lieu, le ou les noms du ou des navires sur lesquels les marchandises ont été embarquées et la date ou les dates de l'embarquement, et lorsque ce document sera ainsi annoté, il sera, s'il contient les mentions de l'article 3, § 3, considéré aux fins de cet article comme constituant un connaissement libellé « Embarqué ».

8. Toute clause, convention ou accord dans un contrat de transport exonérant le transporteur ou le navire de responsabilité pour perte ou dommage concernant des marchandises provenant de négligence, faute ou manquement aux devoirs ou obligations édictées dans cet article ou atténuant cette responsabilité autrement que ne le prescrit la présente Convention, sera nulle, non avenue et sans effet. Une clause cédant le bénéfice de l'assurance au transporteur ou toute clause semblable sera considérée comme exonérant le transporteur de sa responsabilité.

**Article 4 –** 1. Ni le transporteur ni le navire ne seront responsables des pertes ou dommages provenant ou résultant de l'état d'innavigabilité, à moins qu'il ne soit imputable à un manque de diligence raisonnable de la part du transporteur à mettre le navire en état de navigabilité ou à assurer au navire un armement, équipement ou approvisionnement convenables, ou à approprier et mettre en bon état les cales, chambres froides et frigorifiques et toutes autres parties du navire où des marchandises sont chargées, de façon qu'elles soient aptes à la réception, au transport et à la préservation des marchandises, le tout conformément aux prescriptions de l'article 3, § 1er. Toutes les fois qu'une perte ou un dommage aura résulté de l'innavigabilité, le fardeau de la preuve en ce qui concerne l'exercice de la diligence raisonnable tombera sur le transporteur ou sur toute autre personne se prévalant de l'exonération prévue au présent article.

2. Ni le transporteur ni le navire ne seront responsables pour perte ou dommage résultant ou provenant :

(a) Des actes, négligence ou défaut du capitaine, marin, pilote, ou des préposés du transporteur dans la navigation ou dans l'administration du navire ;

(b) D'un incendie, à moins qu'il ne soit causé par le fait ou la faute du transporteur ;

(c) Des périls, dangers ou accidents de la mer ou d'autres eaux navigables ;

(d) D'un « acte de Dieu » ;

(e) De faits de guerre ;

(f) Du fait d'ennemis publics ;

(g) D'un arrêt ou contrainte de prince, autorités ou peuple, ou d'une saisie judiciaire ;

(h) D'une restriction de quarantaine ;

(i) D'un acte ou d'une omission du chargeur ou propriétaire des marchandises, de son agent ou représentant ;

(j) De grèves ou lock-outs ou d'arrêts ou entraves apportés au travail, pour quelque cause que ce soit, partiellement ou complètement ;

(k) D'émeutes ou de troubles civils ;

(l) D'un sauvetage ou tentative de sauvetage de vies ou de biens en mer ;

(m) De la freinte en volume ou en poids ou de toute autre perte ou dommage résultant de vice caché, nature spéciale ou vice propre de la marchandise ;

(n) D'une insuffisance d'emballage ;

(o) D'une insuffisance ou imperfection de marques ;

(p) De vices cachés échappant à une diligence raisonnable ;

(q) De toute autre cause ne provenant pas du fait ou de la faute du transporteur ou du fait ou de la faute des agents ou préposés du transporteur, mais le fardeau de la preuve incombera à la personne réclamant le bénéfice de cette exception et il lui appartiendra de montrer que ni la faute personnelle ni le fait du transporteur ni la faute ou le fait des agents ou préposés du transporteur n'ont contribué à la perte ou au dommage.

3. Le chargeur ne sera pas responsable des pertes ou dommages subis par le transporteur ou le navire et qui proviendraient ou résulteraient de toute cause quelconque sans qu'il y ait acte, faute ou négligence du chargeur, de ses agents ou de ses préposés.

4. Aucun déroutement pour sauver ou tenter de sauver des vies ou des biens en mer, ni aucun déroutement raisonnable ne sera considéré comme une infraction à la présente Convention ou au contrat de transport, et le transporteur ne sera responsable d'aucune perte ou dommage en résultant.

5. Le transporteur comme le navire ne seront tenus en aucun cas des pertes ou dommages causés aux marchandises ou les concernant pour une somme dépassant 100 liv. sterl. par colis ou unité, ou l'équivalent de cette somme en une autre monnaie, à moins que la nature et la valeur de ces marchandises n'aient été déclarées par le chargeur avant leur embarquement et que cette déclaration ait été insérée au connaissement.

Cette déclaration ainsi insérée dans le connaissement constituera une présomption, sauf preuve contraire, mais elle ne liera pas le transporteur, qui pourra la contester.

Par convention entre le transporteur, capitaine ou agent du transporteur et le chargeur, une somme maximum différente de celle inscrite dans ce paragraphe peut être déterminée, pourvu que ce maximum conventionnel ne soit pas inférieur au chiffre ci-dessus fixé.

Ni le transporteur ni le navire ne seront en aucun cas responsables pour perte ou dommage causé aux marchandises ou les concernant, si dans le connaissement le chargeur a fait sciemment une déclaration fausse de leur nature ou de leur valeur.

6. Les marchandises de nature inflammable, explosive ou dangereuse à l'embarquement desquelles le transporteur, le capitaine ou l'agent du transporteur n'auraient pas consenti, en connaissant leur nature ou leur caractère, pourront à tout moment, avant déchargement, être débarquées à tout endroit ou détruites ou rendues inoffensives par le transport sans indemnité et le chargeur de ces marchandises sera responsable de tout dommage et dépenses provenant ou résultant directement ou indirectement de leur embarquement. Si quelqu'une de ces marchandises embarquées à la connaissance et avec le consentement du transporteur devenait un danger pour le navire ou la cargaison, elle pourrait de même façon être débarquée ou détruite ou rendue inoffensive par le transporteur, sans responsabilité de la part du transporteur si ce n'est du chef d'avaries communes, s'il y a lieu.

**Article 5 –** Un transporteur sera libre d'abandonner tout ou partie de ses droits et exonérations ou d'augmenter ses responsabilités et obligations tels que les uns et les autres sont prévus par la présente Convention, pourvu que cet abandon ou cette augmentation soit inséré dans le connaissement délivré au chargeur.

Aucune disposition de la présente Convention ne s'applique aux chartes-parties; mais si des connaissements sont émis dans le cas d'un navire sous l'empire d'une charte-partie, ils sont soumis aux termes de la présente Convention. Aucune disposition dans ces règles ne sera considérée comme empêchant l'insertion dans un connaissement d'une disposition licite quelconque au sujet d'avaries communes.

**Article 6 –** Nonobstant les dispositions des articles précédents, un transporteur, capitaine ou agent du transporteur et un chargeur seront libres, pour des marchandises déterminées, quelles qu'elles soient, de passer un contrat quelconque avec des conditions quelconques concernant la responsabilité et les obligations du transporteur pour ces marchandises, ainsi que les droits et exonérations du transporteur au sujet de ces mêmes marchandises, ou concernant ses obligations quant à l'état de navigabilité du navire dans la mesure où cette stipulation n'est pas contraire à l'ordre public, ou concernant les soins ou diligence de ses préposés ou agents quant au chargement, à la manutention, à l'arrimage, au transport, à la garde, aux soins et au déchargement des marchandises transportées par mer, pourvu qu'en ce cas aucun connaissement n'ait été ou ne soit émis et que les conditions de l'accord intervenu soient insérées dans un récépissé qui sera un document non négociable et portera mention de ce caractère.

Toute convention ainsi conclue aura plein effet légal.

Il est toutefois convenu que cet article ne s'appliquera pas aux cargaisons commerciales ordinaires, faites au cours d'opérations commerciales ordinaires, mais seulement à d'autres chargements où le caractère et la condition des biens à transporter et les circonstances, les termes et les conditions auxquels le transport doit se faire sont de nature à justifier une convention spéciale.

**Article 7 –** Aucune disposition de la présente Convention ne défend à un transporteur ou à un chargeur d'insérer dans un contrat des stipulations, conditions, réserves ou exonérations relatives aux obligations et responsabilités du transporteur ou du navire pour la perte ou les dommages survenant aux marchandises, ou concernant leur garde, soin et manutention, antérieurement au chargement et postérieurement au déchargement du navire sur lequel les marchandises sont transportées par mer.

**Article 8 –** Les dispositions de la présente Convention ne modifient ni les droits ni les obligations du transporteur tels qu'ils résultent de toute loi en vigueur en ce moment relativement à la limitation de la responsabilité des propriétaires de navires de mer.

**Article 9 –** Les unités monétaires dont il s'agit dans la présente Convention s'entendent valeur or.

Ceux des États contractants où la livre sterling n'est pas employée comme unité monétaire se réservent le droit de convertir en chiffres ronds d'après leur système monétaire, les sommes indiquées en livres sterling dans la présente Convention.

Les lois nationales peuvent réserver au débiteur la faculté de se libérer dans la monnaie nationale, d'après le cours du change au jour de l'arrivée du navire au port de déchargement de la marchandise dont il s'agit.

**Article 10 –** Les dispositions de la présente Convention s'appliqueront à tout connaissement créé dans un des États contractants.

**Article 11. –** À l'expiration du délai de deux ans au plus tard à compter du jour de la signature de la Convention, le Gouvernement belge entrera en rapport avec les Gouvernements des Hautes Parties contractantes qui se seront déclarées prêtes à la ratifier, à l'effet de faire décider s'il y a lieu de la mettre en vigueur. Les ratifications seront déposées à Bruxelles à la date qui sera fixée de commun accord entre les dits Gouvernements. Le premier dépôt de ratifications sera constaté par un procès-verbal signé par les représentants des États qui y prendront part et par le Ministre des Affaires Étrangères de Belgique.

Les dépôts ultérieurs se feront au moyen d'une notification écrite, adressée au Gouvernement belge et accompagnée de l'instrument de ratification.

Copie certifiée conforme au procès-verbal relatif au premier dépôt de ratifications, de notifications mentionnées à l'alinéa précédent, ainsi que des instruments de ratifications qui les accompagnent sera immédiatement, par les soins du Gouvernement belge et par la voie diplomatique, remise aux États qui ont signé la présente Convention ou qui y auront adhéré. Dans les cas visés à l'alinéa précédent, ledit Gouvernement fera connaître, en même temps, la date à laquelle il a reçu la notification.

**Article 12 –** Les États non signataires pourront adhérer à la présente Convention, qu'ils aient été ou non représentés à la Conférence internationale de Bruxelles.

L'État qui désire adhérer notifie par écrit son intention au Gouvernement belge, en lui transmettant l'acte d'adhésion, qui sera déposé dans les archives du dit Gouvernement.

Le Gouvernement belge transmettra immédiatement à tous les États signataires ou adhérents copie certifiée conforme de la notification ainsi que l'acte d'adhésion en indiquant la date à laquelle il a reçu la notification.

**Article 13 –** Les Hautes Parties contractantes peuvent, au moment de la signature du dépôt des ratifications ou lors de leur adhésion, déclarer que l'acceptation qu'elles donnent à la présente Convention ne s'applique pas soit à certains soit à aucun des Dominions autonomes, colonies, possessions, protectorats ou territoires d'outre-mer, se trouvant sous leur souveraineté ou autorité. En conséquence, elles peuvent ultérieurement adhérer séparément au nom de l'un ou de l'autre de ces Dominions autonomes, colonies, possessions, protectorats ou territoires d'outre-mer, ainsi exclus dans leur déclaration originale. Elles peuvent aussi, en se conformant à ces dispositions, dénoncer la présente Convention séparément pour l'un ou plusieurs des Dominions autonomes, colonies, possessions, protectorats ou territoires d'outre-mer se trouvant sous leur souveraineté ou autorité.

**Article 14 –** À l'égard des États qui auront participé au premier dépôt de ratifications, la présente Convention produira effet un an après la date du procès-verbal de ce dépôt. Quant aux États qui la ratifieront ultérieurement ou qui y adhéreront, ainsi que dans les cas où la mise en vigueur se fera ultérieurement et selon l'article 13, elle produira effet six mois après que les notifications prévues à l'article 11, alinéa 2, et à l'article 12, alinéa 2, auront été reçues par le Gouvernement belge.

**Article 15 –** S'il arrivait qu'un des États contractants voulût dénoncer la présente Convention, la dénonciation sera notifiée par écrit au Gouvernement belge, qui communiquera immédiatement copie certifiée conforme de la notification à tous les autres États, en leur faisant savoir la date à laquelle il l'a reçue.

La dénonciation produira ses effets à l'égard de l'État seul qui l'aura notifiée et un an après que la notification en sera parvenue au Gouvernement belge.

**Article 16 –** Chaque État contractant aura la faculté de provoquer la réunion d'une nouvelle conférence, dans le but de rechercher les améliorations qui pourraient être apportées à la présente Convention.

Celui des États qui ferait usage de cette faculté aurait à notifier un an à l'avance son intention aux autres États, par l'intermédiaire du Gouvernement belge, qui se chargerait de convoquer la conférence.

# 50 Convention de Varsovie du 12 octobre 1929 pour l'unification de certaines règles relatives au transport aérien international

## En vigueur depuis le 13 février 1933

CHAPITRE PREMIER

### Objet – Définitions

**Article premier –** 1. La présente Convention s'applique à tout transport international de personnes, bagages ou marchandises, effectué par aéronef contre rémunération. Elle s'applique également aux transports gratuits effectués par aéronef par une entreprise de transports aériens.

2. Est qualifié « transport international », au sens de la présente Convention, tout transport dans lequel, d'après les stipulations des parties, le point de départ et le point de destination, qu'il y ait ou non interruption de transport ou transbordement, sont situés soit sur le territoire de deux Hautes Parties Contractantes, soit sur le territoire d'une seule Haute Partie Contractante, si une escale est prévue dans un territoire soumis à la souveraineté, à la suzeraineté, au mandat ou à l'autorité d'une autre Puissance même non Contractante. Le transport sans une telle escale entre les territoires soumis à la souveraineté, à la suzeraineté, au mandat ou à l'autorité de la même Haute Partie Contractante n'est pas considéré comme international au sens de la présente Convention.

3. Le transport à exécuter par plusieurs transporteurs par air successifs est censé constituer pour l'application de cette Convention un transport unique lorsqu'il a été envisagé par les parties comme une seule opération, qu'il ait été conclu sous la forme d'un seul contrat ou d'une série de contrats et il ne perd pas son caractère international par le fait qu'un seul contrat ou une série de contrats doivent être exécutés intégralement dans un territoire soumis à la souveraineté, à la suzeraineté, au mandat ou à l'autorité d'une même Haute Partie Contractante.

**Article 2 –** 1. La Convention s'applique aux transports effectués par l'État ou les autres personnes juridiques de droit public, dans les conditions prévues à l'article 1er.

2. Sont exceptés de l'application de la présente Convention les transports effectués sous l'empire de conventions postales internationales.

CHAPITRE II

### Titre de transport

*Section 1*

#### Billet de passage

**Article 3 –** 1. Dans le transport de voyageurs, le transporteur est tenu de délivrer un billet de passage qui doit contenir les mentions suivantes :

(a) le lieu et la date de l'émission ;

(b) les points de départ et de destination ;

(c) les arrêts prévus, sous réserve de la faculté pour le transporteur de stipuler qu'il pourra les modifier en cas de nécessité et sans que cette modification puisse faire perdre au transport son caractère international;

(d) le nom et l'adresse du ou des transporteurs;

(e) l'indication que le transport est soumis au régime de la responsabilité établi par la présente Convention.

2. L'absence, l'irrégularité ou la perte du billet n'affecte ni l'existence, ni la validité du contrat de transport, qui n'en sera pas moins soumis aux règles de la présente Convention. Toutefois si le transporteur accepte le voyageur sans qu'il ait été délivré un billet de passage, il n'aura pas le droit de se prévaloir des dispositions de cette Convention qui excluent ou limitent sa responsabilité.

*Section 2*

## Bulletin de bagages

**Article 4 –** 1. Dans le transport de bagages, autres que les menus objets personnels dont le voyageur conserve la garde, le transporteur est tenu de délivrer un bulletin de bagages.

2. Le bulletin de bagages est établi en deux exemplaires, l'un pour le voyageur, l'autre pour le transporteur.

3. Il doit contenir les mentions suivantes :

(a) le lieu et la date de l'émission;

(b) les points de départ et de destination;

(c) le nom et l'adresse du ou des transporteurs;

(d) le numéro du billet de passage;

(e) l'indication que la livraison des bagages est faite au porteur du bulletin;

(f) le nombre et le poids des colis;

(g) le montant de la valeur déclarée conformément à l'article 22, alinéa 2;

(h) l'indication que le transport est soumis au régime de la responsabilité établi par la présente Convention.

4. L'absence, l'irrégularité ou la perte du bulletin n'affecte ni l'existence, ni la validité du contrat de transport qui n'en sera pas moins soumis aux règles de la présente Convention. Toutefois si le transporteur accepte les bagages sans qu'il ait été délivré un bulletin ou si le bulletin ne contient pas les mentions indiquées sous les lettres (d), (f), (h), le transporteur n'aura pas le droit de se prévaloir des dispositions de cette Convention qui excluent ou limitent sa responsabilité.

*Section 3*

## Lettre de transport aérien

**Article 5 –** 1. Tout transporteur de marchandises a le droit de demander à l'expéditeur l'établissement et la remise d'un titre appelé « lettre de transport aérien »; tout expéditeur a le droit de demander au transporteur l'acceptation de ce document.

2. Toutefois, l'absence, l'irrégularité ou la perte de ce titre n'affecte ni l'existence, ni la validité du contrat de transport qui n'en sera pas moins soumis aux règles de la présente Convention, sous réserve des dispositions de l'article 9.

**Article 6 –** 1. La lettre de transport aérien est établie par l'expéditeur en trois exemplaires originaux et remise avec la marchandise.

2. Le premier exemplaire porte la mention « pour le transporteur » ; il est signé par l'expéditeur. Le deuxième exemplaire porte la mention « pour le destinataire » ; il est signé par l'expéditeur et le transporteur et il accompagne la marchandise. Le troisième exemplaire est signé par le transporteur et remis par lui à l'expéditeur après acceptation de la marchandise.

3. La signature du transporteur doit être apposée dès l'acceptation de la marchandise.

4. La signature du transporteur peut être remplacée par un timbre ; celle de l'expéditeur peut être imprimée ou remplacée par un timbre.

5. Si, à la demande de l'expéditeur, le transporteur établit la lettre de transport aérien, il est considéré, jusqu'à preuve contraire, comme agissant pour le compte de l'expéditeur.

**Article 7 –** Le transporteur de marchandises a le droit de demander à l'expéditeur l'établissement de lettres de transport aérien différentes lorsqu'il y a plusieurs colis.

**Article 8 –** La lettre de transport aérien doit contenir les mentions suivantes :

(a) le lieu où le document a été créé et la date à laquelle il a été établi ;

(b) les points de départ et de destination ;

(c) les arrêts prévus, sous réserve de la faculté, pour le transporteur, de stipuler qu'il pourra les modifier en cas de nécessité et sans que cette modification puisse faire perdre au transport son caractère international ;

(d) le nom et l'adresse de l'expéditeur ;

(e) le nom et l'adresse du premier transporteur ;

(f) le nom et l'adresse du destinataire, s'il y a lieu ;

(g) la nature de la marchandise ;

(h) le nombre, le mode d'emballage, les marques particulières ou les numéros des colis ;

(i) le poids, la quantité, le volume ou les dimensions de la marchandise ;

(j) l'état apparent de la marchandise et de l'emballage ;

(k) le prix du transport s'il est stipulé, la date et le lieu de paiement et la personne qui doit payer ;

(l) si l'envoi est fait contre remboursement, le prix des marchandises et, éventuellement, le montant des frais ;

(m) le montant de la valeur déclarée conformément à l'article 22, alinéa 2 ;

(n) le nombre d'exemplaires de la lettre de transport aérien ;

(o) les documents transmis au transporteur pour accompagner la lettre de transport aérien ;

(p) le délai de transport et l'indication sommaire de la voie à suivre (via) s'ils ont été stipulés ;

(q) l'indication que le transport est soumis au régime de la responsabilité établi par la présente Convention.

**Article 9 –** Si le transporteur accepte des marchandises sans qu'il ait été établi une lettre de transport aérien, ou si celle-ci ne contient pas toutes les mentions indiquées par l'article 8 (a) à (i) inclusivement et (q), le transporteur n'aura pas le droit de se prévaloir des dispositions de cette Convention qui excluent ou limitent sa responsabilité.

**Article 10 –** 1. L'expéditeur est responsable de l'exactitude des indications et déclarations concernant la marchandise qu'il inscrit dans la lettre de transport aérien.

2. Il supportera la responsabilité de tout dommage subi par le transporteur ou toute autre personne à raison de ses indications et déclarations irrégulières, inexactes ou incomplètes.

**Article 11 –** 1. La lettre de transport aérien fait foi, jusqu'à preuve contraire, de la conclusion du contrat, de la réception de la marchandise et des conditions du transport.

2. Les énonciations de la lettre de transport aérien, relatives au poids, aux dimensions et à l'emballage de la marchandise ainsi qu'au nombre des colis font foi jusqu'à preuve contraire; celles relatives à la quantité, au volume et à l'état de la marchandise ne font preuve contre le transporteur qu'autant que la vérification en a été faite par lui en présence de l'expéditeur, et constatée sur la lettre de transport aérien, ou qu'il s'agit d'énonciations relatives à l'état apparent de la marchandise.

**Article 12 –** 1. L'expéditeur a le droit sous la condition d'exécuter toutes les obligations résultant du contrat de transport, de disposer de la marchandise, soit en la retirant à l'aérodrome de départ ou de destination, soit en l'arrêtant en cours de route lors d'un atterrissage, soit en la faisant délivrer au lieu de destination ou en cours de route à une personne autre que le destinataire indiqué sur la lettre de transport aérien, soit en demandant son retour à l'aérodrome de départ, pour autant que l'exercice de ce droit ne porte préjudice ni au transporteur, ni aux autres expéditeurs et avec l'obligation de rembourser les frais qui en résultent.

2. Dans le cas où l'exécution des ordres de l'expéditeur est impossible, le transporteur doit l'en aviser immédiatement.

3. Si le transporteur se conforme aux ordres de disposition de l'expéditeur, sans exiger la production de l'exemplaire de la lettre de transport aérien délivré à celui-ci, il sera responsable, sauf son recours contre l'expéditeur, du préjudice qui pourrait être causé par ce fait à celui qui est régulièrement en possession de la lettre de transport aérien.

4. Le droit de l'expéditeur cesse au moment où celui du destinataire commence, conformément à l'article 13 ci-dessous. Toutefois, si le destinataire refuse la lettre de transport ou la marchandise, ou s'il ne peut être atteint, l'expéditeur reprend son droit de disposition.

**Article 13 –** 1. Sauf dans les cas indiqués à l'article précédent, le destinataire a le droit, dès l'arrivée de la marchandise au point de destination, de demander au transporteur de lui remettre la lettre de transport aérien et de lui livrer la marchandise contre le paiement du montant des créances et contre l'exécution des conditions de transport indiquées dans la lettre de transport aérien.

2. Sauf stipulation contraire, le transporteur doit aviser le destinataire dès l'arrivée de la marchandise.

3. Si la perte de la marchandise est reconnue par le transporteur ou si, à l'expiration d'un délai de sept jours après qu'elle aurait dû arriver, la marchandise n'est pas

arrivée, le destinataire est autorisé à faire valoir vis-à-vis du transporteur les droits résultant du contrat de transport.

**Article 14 –** L'expéditeur et le destinataire peuvent faire valoir tous les droits qui leur sont respectivement conférés par les articles 12 et 13, chacun en son propre nom, qu'il agisse dans son propre intérêt ou dans l'intérêt d'autrui, à condition d'exécuter les obligations que le contrat impose.

**Article 15 –** 1. Les articles 12, 13 et 14 ne portent aucun préjudice ni aux rapports de l'expéditeur et du destinataire entre eux, ni aux rapports des tiers dont les droits proviennent, soit de l'expéditeur, soit du destinataire.

2. Toute clause dérogeant aux stipulations des articles 12, 13 et 14 doit être inscrite dans la lettre de transport aérien.

**Article 16 –** 1. L'expéditeur est tenu de fournir les renseignements et de joindre à la lettre de transport aérien les documents qui, avant la remise de la marchandise au destinataire, sont nécessaires à l'accomplissement de formalités de douane, d'octroi ou de police. L'expéditeur est responsable envers le transporteur de tous dommages qui pourraient résulter de l'absence, de l'insuffisance ou de l'irrégularité de ces renseignements et pièces, sauf le cas de faute de la part du transporteur ou de ses préposés.

2. Le transporteur n'est pas tenu d'examiner si ces renseignements et documents sont exacts ou suffisants.

CHAPITRE III

## Responsabilité du transporteur

**Article 17 –** Le transporteur est responsable du dommage survenu en cas de mort, de blessure ou de toute autre lésion corporelle subie par un voyageur lorsque l'accident qui a causé le dommage s'est produit à bord de l'aéronef ou au cours de toutes opérations d'embarquement et de débarquement.

**Article 18 –** 1. Le transporteur est responsable du dommage survenu en cas de destruction, perte ou avarie de bagages enregistrés ou de marchandises lorsque l'événement qui a causé le dommage s'est produit pendant le transport aérien.

2. Le transport aérien, au sens de l'alinéa précédent, comprend la période pendant laquelle les bagages ou marchandises se trouvent sous la garde du transporteur, que ce soit dans un aérodrome ou à bord d'un aéronef ou dans un lieu quelconque en cas d'atterrissage en dehors d'un aérodrome.

3. La période du transport aérien ne couvre aucun transport terrestre, maritime ou fluvial effectué en dehors d'un aérodrome. Toutefois lorsqu'un tel transport est effectué dans l'exécution du contrat de transport aérien en vue du chargement, de la livraison ou du transbordement, tout dommage est présumé, sauf preuve contraire, résulter d'un événement survenu pendant le transport aérien.

**Article 19 –** Le transporteur est responsable du dommage résultant d'un retard dans le transport aérien de voyageurs, bagages ou marchandises.

**Article 20 –** 1. Le transporteur n'est pas responsable s'il prouve que lui et ses préposés ont pris toutes les mesures nécessaires pour éviter le dommage ou qu'il leur était impossible de les prendre.

2. Dans les transports de marchandises et de bagages, le transporteur n'est pas responsable, s'il prouve que le dommage provient d'une faute de pilotage, de conduite de l'aéronef ou de navigation, et que, à tous autres égards, lui et ses préposés ont pris toutes les mesures nécessaires pour éviter le dommage.

**Article 21 –** Dans le cas où le transporteur fait la preuve que la faute de la personne lésée a causé le dommage ou y a contribué, le tribunal pourra, conformément aux dispositions de sa propre loi, écarter ou atténuer la responsabilité du transporteur.

**Article 22 –** 1. Dans le transport des personnes, la responsabilité du transporteur envers chaque voyageur est limitée à la somme de cent vingt-cinq mille francs. Dans le cas où, d'après la loi du tribunal saisi, l'indemnité peut être fixée sous forme de rente, le capital de la rente ne peut dépasser cette limite. Toutefois par une convention spéciale avec le transporteur, le voyageur pourra fixer une limite de responsabilité plus élevée.

2. Dans le transport de bagages enregistrés et de marchandises, la responsabilité du transporteur est limitée à la somme de deux cent cinquante francs par kilogramme, sauf déclaration spéciale d'intérêt à la livraison faite par l'expéditeur au moment de la remise du colis au transporteur et moyennant le paiement d'une taxe supplémentaire éventuelle. Dans ce cas, le transporteur sera tenu de payer jusqu'à concurrence de la somme déclarée, à moins qu'il ne prouve qu'elle est supérieure à l'intérêt réel de l'expéditeur à la livraison.

3. En ce qui concerne les objets dont le voyageur conserve la garde, la responsabilité du transporteur est limitée à cinq mille francs par voyageur.

4. Les sommes indiquées ci-dessus sont considérées comme se rapportant au franc français constitué par soixante-cinq et demi milligrammes d'or au titre de neuf cents millièmes de fin. Elles pourront être converties dans chaque monnaie nationale en chiffres ronds.

**Article 23 –** Toute clause tendant à exonérer le transporteur de sa responsabilité ou à établir une limite inférieure à celle qui est fixée dans la présente Convention est nulle et de nul effet, mais la nullité de cette clause n'entraîne pas la nullité du contrat qui reste soumis aux dispositions de la présente Convention.

**Article 24 –** 1. Dans les cas prévus aux articles 18 et 19 toute action en responsabilité, à quelque titre que ce soit, ne peut être exercée que dans les conditions et limites prévues par la présente Convention.

2. Dans les cas prévus à l'article 17, s'appliquent également les dispositions de l'alinéa précédent, sans préjudice de la détermination des personnes qui ont le droit d'agir et de leurs droits respectifs.

**Article 25 –** 1. Le transporteur n'aura pas le droit de se prévaloir des dispositions de la présente Convention qui excluent ou limitent sa responsabilité, si le dommage provient de son dol ou d'une faute qui, d'après la loi du tribunal saisi, est considérée comme équivalente au dol.

2. Ce droit lui sera également refusé si le dommage a été causé dans les mêmes conditions par un de ses préposés agissant dans l'exercice de ses fonctions.

**Article 26 –** 1. La réception des bagages et marchandises sans protestation par le destinataire constituera présomption, sauf preuve contraire, que les marchandises ont été livrées en bon état et conformément au titre de transport.

2. En cas d'avarie le destinataire doit adresser au transporteur une protestation immédiatement après la découverte de l'avarie et, au plus tard, dans un délai de trois jours pour les bagages et de sept jours pour les marchandises à dater de leur réception. En cas de retard, la protestation devra être faite au plus tard dans les quatorze jours à dater du jour où le bagage ou la marchandise auront été mis à sa disposition.

3. Toute protestation doit être faite par réserve inscrite sur le titre de transport ou par un autre écrit expédié dans le délai prévu pour cette protestation.

4. À défaut de protestation dans les délais prévus, toutes actions contre le transporteur sont irrecevables, sauf le cas de fraude de celui-ci.

**Article 27 –** En cas de décès du débiteur, l'action en responsabilité, dans les limites prévues par la présente Convention, s'exerce contre ses ayants droit.

**Article 28 –** 1. L'action en responsabilité devra être portée, au choix du demandeur, dans le territoire d'une des Hautes Parties Contractantes, soit devant le tribunal du domicile du transporteur, du siège principal de son exploitation ou du lieu où il possède un établissement par le soin duquel le contrat a été conclu, soit devant le tribunal du lieu de destination.

2. La procédure sera réglée par la loi du tribunal saisi.

**Article 29 –** 1. L'action en responsabilité doit être intentée, sous peine de déchéance, dans le délai de deux ans à compter de l'arrivée à destination ou du jour où l'aéronef aurait dû arriver, ou de l'arrêt du transport.

2. Le mode du calcul du délai est déterminé par la loi du tribunal saisi.

**Article 30 –** 1. Dans les cas de transport régis par la définition du troisième alinéa de l'article premier, à exécuter par divers transporteurs successifs, chaque transporteur acceptant des voyageurs, des bagages ou des marchandises est soumis aux règles établies par cette Convention, et est censé être une des parties contractantes du contrat de transport, pour autant que ce contrat ait trait à la partie du transport effectuée sous son contrôle.

2. Au cas d'un tel transport, le voyageur ou ses ayants droit ne pourront recourir que contre le transporteur ayant effectué le transport au cours duquel l'accident ou le retard s'est produit, sauf dans le cas où, par stipulation expresse, le premier transporteur aura assuré la responsabilité pour tout le voyage.

3. S'il s'agit de bagages ou de marchandises, l'expéditeur aura recours contre le premier transporteur et le destinataire qui a le droit à la délivrance contre le dernier, et l'un et l'autre pourront, en outre, agir contre le transporteur ayant effectué le transport au cours duquel la destruction, la perte, l'avarie ou le retard se sont produits. Ces transporteurs seront solidairement responsables envers l'expéditeur et le destinataire.

## CHAPITRE IV
## Dispositions relatives aux transports combinés

**Article 31 –** 1. Dans le cas de transports combinés effectués en partie par air et en partie par tout autre moyen de transport, les stipulations de la présente Convention ne s'appliquent qu'au transport aérien et si celui-ci répond aux conditions de l'article premier.

2. Rien dans la présente Convention n'empêche les parties, dans le cas de transports combinés, d'insérer dans le titre de transport aérien des conditions relatives à d'autres modes de transport, à condition que les stipulations de la présente Convention soient respectées en ce qui concerne le transport par air.

## CHAPITRE V
## Dispositions générales et finales

**Article 32 –** Sont nulles toutes clauses du contrat de transport et toutes conventions particulières antérieures au dommage par lesquelles les parties dérogeraient aux règles de la présente Convention soit par une détermination de la loi applicable, soit par une modification des règles de compétence. Toutefois, dans le transport des marchandises, les clauses d'arbitrage sont admises, dans les limites de la présente Convention, lorsque l'arbitrage doit s'effectuer dans les lieux de compétence des tribunaux prévus à l'article 28, alinéa 1.

**Article 33 –** Rien dans la présente Convention ne peut empêcher un transporteur de refuser la conclusion d'un contrat de transport ou de formuler des règlements qui ne sont pas en contradiction avec les dispositions de la présente Convention.

**Article 34 –** La présente Convention n'est applicable ni aux transports aériens internationaux exécutés à titre de premiers essais par des entreprises de navigation aérienne en vue de l'établissement de lignes régulières de navigation aérienne ni aux transports effectués dans des circonstances extraordinaires en dehors de toute opération normale de l'exploitation aérienne.

**Article 35 –** Lorsque dans la présente Convention il est question de jours, il s'agit de jours courants et non de jours ouvrables.

**Article 36 –** La présente Convention est rédigée en français en un seul exemplaire qui restera déposé aux archives du Ministère des Affaires Étrangères de Pologne, et dont une copie certifiée conforme sera transmise par les soins du Gouvernement polonais au Gouvernement de chacune des Hautes Parties Contractantes.

**Article 37 –** 1. La présente Convention sera ratifiée. Les instruments de ratification seront déposés aux archives du Ministère des Affaires Étrangères de Pologne, qui en notifiera le dépôt au Gouvernement de chacune des Hautes Parties Contractantes.

2. Dès que la présente Convention aura été ratifiée par cinq des Hautes Parties Contractantes, elle entrera en vigueur entre Elles le quatre-vingt-dixième jour après le dépôt de la cinquième ratification. Ultérieurement elle entrera en vigueur entre les Hautes Parties Contractantes qui l'auront ratifiée et la Haute Partie Contractante qui déposera son instrument de ratification le quatre-vingt-dixième jour après son dépôt.

3. Il appartiendra au Gouvernement de la République de Pologne de notifier au Gouvernement de chacune des Hautes Parties Contractantes la date de l'entrée en vigueur de la présente Convention ainsi que la date du dépôt de chaque ratification.

**Article 38 –** 1. La présente Convention, après son entrée en vigueur, restera ouverte à l'adhésion de tous les États.

2. L'adhésion sera effectuée par une notification adressée au Gouvernement de la République de Pologne, qui en fera part au Gouvernement de chacune des Hautes Parties Contractantes.

3. L'adhésion produira ses effets à partir du quatre-vingt-dixième jour après la notification faite au Gouvernement de la République de Pologne.

**Article 39 –** 1. Chacune des Hautes Parties Contractantes pourra dénoncer la présente Convention par une notification faite au Gouvernement de la République de Pologne, qui en avisera immédiatement le Gouvernement de chacune des Hautes Parties Contractantes.

2. La dénonciation produira ses effets six mois après la notification de la dénonciation et seulement à l'égard de la Partie qui y aura procédé.

**Article 40 –** 1. Les Hautes Parties Contractantes pourront, au moment de la signature, du dépôt des ratifications, ou de leur adhésion, déclarer que l'acceptation qu'Elles donnent à la présente Convention ne s'applique pas à tout ou partie de leurs colonies, protectorats, territoires sous mandat, ou tout autre territoire soumis à leur souveraineté ou à leur autorité, ou à tout autre territoire sous suzeraineté.

2. En conséquence, Elles pourront ultérieurement adhérer séparément au nom de tout ou partie de leurs colonies, protectorats, territoires sous mandat, ou tout autre territoire soumis à leur souveraineté ou à leur autorité, ou tout territoire sous suzeraineté ainsi exclus de leurs déclarations originelles.

3. Elles pourront aussi, en se conformant à ses dispositions, dénoncer la présente Convention séparément ou pour tout ou partie de leurs colonies, protectorats, territoires sous mandat, ou tout autre territoire soumis à leur souveraineté ou à leur autorité, ou tout autre territoire sous suzeraineté.

**Article 41 –** Chacune des Hautes Parties Contractantes aura la faculté au plus tôt deux ans après la mise en vigueur de la présente Convention de provoquer la réunion d'une nouvelle Conférence Internationale dans le but de rechercher les améliorations qui pourraient être apportées à la présente Convention. Elle s'adressera dans ce but au Gouvernement de la République Française qui prendra les mesures nécessaires pour préparer cette Conférence.

La présente Convention, faite à Varsovie le 12 octobre 1929 restera ouverte à la signature jusqu'au 31 janvier 1930.

« PROTOCOLE ADDITIONNEL

(*AD ARTICLE 2*)

Les Hautes Parties Contractantes se réservent le droit de déclarer au moment de la ratification ou de l'adhésion que l'article 2 alinéa premier, de la présente Convention ne s'appliquera pas aux transports internationaux aériens effectués directement par l'État, ses colonies, protectorats, territoires sous mandat ou tout autre territoire sous sa souveraineté, sa suzeraineté ou son autorité. »

# 51 Convention de Genève du 7 juin 1930 destinée à régler certains conflits de lois en matière de lettres de change et de billets à ordre

## En vigueur depuis le 27 avril 1936

Le Président du Reich Allemand; le Président Fédéral de la République d'Autriche; Sa Majesté le Roi des Belges; le Président de la République des États-Unis du Brésil; le Président de la République de Colombie; Sa Majesté le Roi de Danemark; le Président de la République de Pologne; pour la Ville libre de Dantzig; le Président de la République de l'Équateur; Sa Majesté le Roi d'Espagne; le Président de la République de Finlande; le Président de la République Française; le Président de la République Hellénique; Son Altesse Sérénissime le Régent du Royaume de Hongrie; Sa Majesté le Roi d'Italie; Sa Majesté l'Empereur du Japon; Son Altesse Royale la Grande-Duchesse de Luxembourg; Sa Majesté le Roi de Norvège; Sa Majesté la Reine des Pays-Bas; le Président de la République du Pérou; le Président de la République de Pologne; le Président de la République Portugaise; Sa Majesté le Roi de Suède; le Conseil Fédéral Suisse; le Président de la République Tchécoslovaque; le Président de la République Turque; Sa Majesté le Roi de Yougoslavie,

Désireux d'adopter des règles pour résoudre certains conflits de lois en matière de lettre de change et de billet à ordre, ont désigné pour leurs plénipotentiaires savoir :

(Suivent les noms des plénipotentiaires)

lesquels, après avoir communiqué leurs pleins pouvoirs, trouvés en bonne et due forme, sont convenus des dispositions suivantes :

**Article 1er –** Les Hautes Parties contractantes s'engagent, les unes vis-à-vis des autres, à appliquer pour la solution des conflits de lois ci-dessous énumérés, en matière de lettres de change et de billets à ordre, les règles indiquées dans les articles suivants.

**Article 2 –** La capacité d'une personne pour s'engager par lettre de change et billet à ordre est déterminée par sa loi nationale. Si cette loi nationale déclare compétente la loi d'un autre pays, cette dernière loi est appliquée.

La personne qui serait incapable, d'après la loi indiquée par l'alinéa précédent, est néanmoins valablement tenue, si la signature a été donnée sur le territoire d'un pays d'après la législation duquel la personne aurait été capable.

Chacune des Hautes Parties contractantes a la faculté de ne pas reconnaître la validité de l'engagement pris en matière de lettre de change et de billet à ordre par l'un de ses ressortissants et qui ne serait tenu pour valable dans le territoire des autres Parties contractantes que par application de l'alinéa précédent du présent article.

**Article 3 –** La forme des engagements pris en matière de lettre de change et de billet à ordre est réglée par la loi du pays sur le territoire duquel ces engagements ont été souscrits.

Cependant, si les engagements souscrits sur une lettre de change ou un billet à ordre ne sont pas valables d'après les dispositions de l'alinéa précédent, mais qu'ils soient conformes à la législation de l'État où un engagement ultérieur a été souscrit, la circonstance que les premiers engagements sont irréguliers en la forme n'infirme pas la validité de l'engagement ultérieur.

Chacune des Hautes Parties contractantes a la faculté de prescrire que les engagements pris en matière de lettre de change et de billet à ordre à l'étranger par un de ses ressortissants seront valables à l'égard d'un autre de ses ressortissants sur son territoire, pourvu qu'ils aient été pris dans la forme prévue par la loi nationale.

**Article 4 –** Les effets des obligations de l'accepteur d'une lettre de change et du souscripteur d'un billet à ordre sont déterminés par la loi du lieu où ces titres sont payables.

Les effets que produisent les signatures des autres obligés par lettre de change ou billet à ordre sont déterminés par la loi du pays sur le territoire duquel les signatures ont été données.

**Article 5 –** Les délais de l'exercice de l'action en recours restent déterminés pour tous les signataires par la loi du lieu de la création du titre.

**Article 6 –** La loi du lieu de la création du titre détermine si le porteur d'une lettre de change acquiert la créance qui a donné lieu à l'émission du titre.

**Article 7 –** La loi du pays où la lettre de change est payable règle la question de savoir si l'acceptation peut être restreinte à une partie de la somme ou si le porteur est tenu ou non de recevoir un paiement partiel.

La même règle s'applique quant au paiement en matière de billet à ordre.

**Article 8 –** La forme et les délais du protêt, ainsi que la forme des autres actes nécessaires à l'exercice ou à la conservation des droits en matière de lettre de change et de billet à ordre, sont réglés par les lois du pays sur le territoire duquel doit être dressé le protêt ou passé l'acte en question.

**Article 9 –** La loi du pays où la lettre de change ou le billet à ordre sont payables détermine les mesures à prendre en cas de perte ou de vol de la lettre de change ou du billet à ordre.

**Article 10 –** Chacune des Hautes Parties contractantes se réserve la faculté de ne pas appliquer les principes de droit international privé consacrés par la présente Convention en tant qu'il s'agit :

1°

D'un engagement pris hors du territoire d'une des Hautes Parties contractantes,

2°

D'une loi qui serait applicable d'après ces principes et qui ne serait pas celle d'une des Hautes Parties contractantes.

**Article 11 –** Dans le territoire de chacune des Hautes Parties contractantes, les dispositions de la présente Convention ne seront pas applicables aux lettres de change et aux billets à ordre déjà créés au moment de la mise en vigueur de la présente Convention.

**Article 12 –** La présente Convention, dont les textes français et anglais feront également foi, portera la date de ce jour.

Elle pourra être signée ultérieurement jusqu'au 6 septembre 1930 au nom de tout Membre de la Société des Nations et de tout État non membre.

**Article 13 –** La présente Convention sera ratifiée.

Les instruments de ratification seront déposés avant le 1er septembre 1932 auprès du Secrétaire général de la Société des Nations, qui en notifiera immédiatement la réception à tous les Membres de la Société des Nations et aux États non membres parties à la présente Convention.

**Article 14 –** À partir du 6 septembre 1930, tout Membre de la Société des Nations et tout État non membre pourront y adhérer.

Cette adhésion s'effectuera par une notification au Secrétaire général de la Société des Nations pour être déposée dans les archives du Secrétariat.

Le Secrétaire général notifiera ce dépôt immédiatement à tous ceux qui auront signé ou adhéré à la présente Convention.

**Article 15 –** La présente Convention n'entrera en vigueur que lorsqu'elle aura été ratifiée ou qu'il y aura été adhéré au nom de sept Membres de la Société des Nations ou États non membres, parmi lesquels devront figurer trois des Membres de la Société des Nations représentés d'une manière permanente au Conseil.

La date de l'entrée en vigueur sera le quatre-vingt-dixième jour qui suivra la réception par le Secrétaire général de la Société des Nations de la septième ratification ou adhésion, conformément à l'alinéa premier du présent article.

Le Secrétaire général de la Société des Nations, en faisant les notifications prévues aux articles 13 et 14, signalera spécialement que les ratifications ou adhésions visées à l'alinéa premier du présent article ont été recueillies.

**Article 16 –** Chaque ratification ou adhésion qui interviendra après l'entrée en vigueur de la Convention conformément à l'article 15 sortira ses effets dès le quatre-vingt-dixième jour qui suivra la date de sa réception par le Secrétaire général de la Société des Nations.

**Article 17 –** La présente Convention ne pourra être dénoncée avant l'expiration d'un délai de deux ans à partir de la date à laquelle elle sera entrée en vigueur pour ce Membre de la Société des Nations ou pour cet État non membre; cette dénonciation produira ses effets dès le quatre-vingt-dixième jour suivant la réception par le Secrétaire général de la notification à lui adressée.

Toute dénonciation sera communiquée immédiatement par le Secrétaire général de la Société des Nations à toutes les autres Hautes Parties contractantes.

Chaque dénonciation n'aura d'effet qu'en ce qui concerne la Haute Partie contractante au nom de laquelle elle aura été faite.

**Article 18 –** Tout Membre de la Société des Nations et tout État non membre à l'égard duquel la présente Convention est en vigueur pourra adresser au Secrétaire général de la Société des Nations, dès l'expiration de la quatrième année suivant l'entrée en vigueur de la Convention, une demande tendant à la revision de certaines ou de toutes les dispositions de cette Convention.

Si une telle demande, communiquée aux autres Membres de la Société des Nations ou États non membres entre lesquels la Convention est alors en vigueur, est appuyée dans un délai d'un an, par au moins six d'entre eux, le Conseil de la Société des Nations décidera s'il y a lieu de convoquer une Conférence à cet effet.

**Article 19 –** Les Hautes Parties contractantes peuvent déclarer au moment de la signature, de la ratification ou de l'adhésion que, par leur acceptation de la présente Convention, elles n'entendent assumer aucune obligation en ce qui concerne l'ensemble ou toute partie de leurs colonies, protectorats ou territoires placés sous leur suzeraineté ou mandat; dans ce cas, la présente Convention ne sera pas applicable aux territoires faisant l'objet de pareille déclaration.

Les Hautes Parties contractantes pourront, dans la suite, notifier au Secrétaire général de la Société des Nations qu'elles entendent rendre la présente Convention applicable à l'ensemble ou à toute partie de leurs territoires ayant fait l'objet de la déclaration prévue à l'alinéa précédent. Dans ce cas, la Convention s'appliquera aux territoires visés dans la notification quatre-vingt-dix jours après la réception de cette dernière par le Secrétaire général de la Société des Nations.

De même, les Hautes Parties contractantes peuvent à tout moment déclarer qu'elles entendent que la présente Convention cesse de s'appliquer à l'ensemble ou à toute partie de leurs colonies, protectorats ou territoires placés sous leur suzeraineté ou mandat; dans ce cas, la Convention cessera d'être applicable aux territoires faisant l'objet de pareille déclaration un an après la réception de cette dernière par le Secrétaire général de la Société des Nations.

**Article 20 –** La présente Convention sera enregistrée par le Secrétaire général de la Société des Nations dès son entrée en vigueur. Elle sera ultérieurement publiée aussitôt que possible au Recueil des Traités de la Société des Nations.

En foi de quoi, les Plénipotentiaires susnommés ont signé la présente Convention.

Fait à Genève le sept juin mil neuf cent trente, en simple expédition qui sera déposée dans les archives du Secrétariat de la Société des Nations; copie conforme en sera transmise à tous les Membres de la Société des Nations et à tous les États non membres représentés à la Conférence.

(Suivent les signatures)

# 52 Convention de Genève du 19 mars 1931 destinée à régler certains conflits de lois en matière de chèques

En vigueur depuis le 27 avril 1936

Le Président du Reich Allemand; le Président fédéral de la République d'Autriche; Sa Majesté le Roi des Belges; Sa Majesté le Roi de Danemark et d'Islande; le Président de la République de Pologne, pour la Ville libre de Dantzig; le Président de la République de l'Équateur; Sa Majesté le Roi d'Espagne; le Président de la République de Finlande; le Président de la République Française; le Président de la République Hellénique; Son Altesse Sérénissime le Régent du Royaume de Hongrie; Sa Majesté le Roi d'Italie; Sa Majesté l'Empereur du Japon; Son Altesse Royale la Grande-Duchesse de Luxembourg; le Président des États-Unis du Mexique; Son Altesse Sérénissime le Prince de Monaco; Sa Majesté le Roi de Norvège; Sa Majesté la Reine des Pays-Bas; le Président de la République de Pologne; le Président de la République Portugaise; Sa Majesté le Roi de Roumanie; Sa Majesté le Roi de Suède; le Conseil Fédéral Suisse; le Président de la République Tchécoslovaque; le Président de la République Turque; Sa Majesté le Roi de Yougoslavie,

Désireux d'adopter des règles pour résoudre certains conflits de lois en matière de chèques, ont désigné pour leurs plénipotentiaires, savoir :

(Suivent les noms des plénipotentiaires)

lesquels, après avoir communiqué leurs pleins pouvoirs, trouvés en bonne et due forme, sont convenus des dispositions suivantes :

**Article 1^er^ –** Les Hautes Parties contractantes s'engagent, les unes vis-à-vis des autres, à appliquer pour la solution des conflits de lois ci-dessous énumérés, en matière de chèques, les règles indiquées dans les articles suivants :

**Article 2 –** La capacité d'une personne pour s'engager par chèque est déterminée par sa loi nationale. Si cette loi nationale déclare compétente la loi d'un autre pays, cette dernière loi est appliquée.

La personne qui serait incapable, d'après la loi indiquée par l'alinéa précédent, est néanmoins valablement tenue, si la signature a été donnée sur le territoire d'un pays d'après la législation duquel la personne aurait été capable.

Chacune des Hautes Parties contractantes a la faculté de ne pas reconnaître la validité de l'engagement pris en matière de chèques par l'un de ses ressortissants et qui ne serait tenu pour valable dans le territoire des autres Hautes Parties contractantes que par application de l'alinéa précédent du présent article.

**Article 3 –** La loi du pays où le chèque est payable détermine les personnes sur lesquelles un chèque peut être tiré.

Si, d'après cette loi, le titre est nul comme chèque en raison de la personne sur laquelle il a été tiré, les obligations résultant des signatures y apposées dans d'autres pays dont les lois ne contiennent pas ladite disposition sont néanmoins valables.

**Article 4 –** La forme des engagements pris en matière de chèques est réglée par la loi du pays sur le territoire duquel ces engagements ont été souscrits. Toutefois, l'observation des formes prescrites par la loi du lieu du paiement suffit.

Cependant, si les engagements souscrits sur un chèque ne sont pas valables d'après les dispositions de l'alinéa précédent, mais qu'ils soient conformes à la législation du pays où un engagement ultérieur a été souscrit, la circonstance que les premiers engagements sont irréguliers en la forme n'infirme pas la validité de l'engagement ultérieur.

Chacune des Hautes Parties contractantes a la faculté de prescrire que les engagements pris en matière de chèques à l'étranger par un de ses ressortissants seront valables à l'égard d'un autre de ses ressortissants sur son territoire, pourvu qu'ils aient été pris dans la forme prévue par la loi nationale.

**Article 5 –** La loi du pays sur le territoire duquel les obligations résultant du chèque ont été souscrites règle les effets de ces obligations.

**Article 6 –** Les délais de l'exercice de l'action en recours sont déterminés pour tous les signataires par la loi du lieu de la création du titre.

**Article 7 –** La loi du pays où le chèque est payable détermine :

1° Si le chèque est nécessairement à vue ou s'il peut être tiré à un certain délai de vue et également quels sont les effets d'une postdate,

2° Le délai de présentation;

3° Si le chèque peut être accepté, certifié, confirmé ou visé et quels sont les effets de ces mentions;

4° Si le porteur peut exiger et s'il est tenu de recevoir un paiement partiel;

5° Si le chèque peut être barré ou être revêtu de la clause « à porter en compte » ou d'une expression équivalente et quels sont les effets de ce barrement ou de cette clause ou de cette expression équivalente;

6° Si le porteur a des droits spéciaux sur la provision et quelle est la nature de ceux-ci;

7° Si le tireur peut révoquer le chèque ou faire opposition au paiement de celui-ci;

8° Les mesures à prendre en cas de perte ou de vol du chèque;

9° Si un protêt ou une constatation équivalente est nécessaire pour conserver le droit de recours contre les endosseurs, le tireur et les autres obligés.

**Article 8 –** La forme et les délais du protêt, ainsi que la forme des autres actes nécessaires à l'exercice ou à la conservation des droits en matière de chèques, sont réglés par la loi du pays sur le territoire duquel doit être dressé le protêt ou passé l'acte en question.

**Article 9 –** Chacune des Hautes Parties contractantes se réserve la faculté de ne pas appliquer les principes de droit international privé consacrés par la présente Convention en tant qu'il s'agit :

1° D'un engagement pris hors du territoire d'une des Hautes Parties contractantes;

2° D'une loi qui serait applicable d'après ces principes et qui ne serait pas celle d'une des Hautes Parties contractantes.

**Article 10 –** Dans le territoire de chacune des Hautes Parties contractantes, les dispositions de la présente Convention ne seront pas applicables aux chèques déjà créés au moment de la mise en vigueur de la présente Convention.

**Article 11 –** La présente Convention, dont les textes français et anglais feront également foi, portera la date de ce jour.

Elle pourra être signée ultérieurement jusqu'au 15 juillet 1931 au nom de tout Membre de la Société des Nations et de tout État non membre.

**Article 12 –** La présente Convention sera ratifiée.

Les instruments de ratification seront déposés avant le 1er septembre 1933 auprès du Secrétaire général de la Société des Nations, qui en notifiera immédiatement la réception à tous les Membres de la Société des Nations et aux États non membres au nom desquels la présente Convention a été signée ou au nom desquels il y a été adhéré.

**Article 13 –** À partir du 15 juillet 1931, tout Membre de la Société des Nations et tout État non membre pourront y adhérer.

Cette adhésion s'effectuera par une notification au Secrétaire général de la Société des Nations pour être déposée dans les archives du Secrétariat.

Le Secrétaire général notifiera ce dépôt immédiatement à tous les Membres de la Société des Nations et aux États non membres au nom desquels la présente Convention aura été signée ou au nom desquels il y aura été adhéré.

**Article 14 –** La présente Convention n'entrera en vigueur que lorsqu'elle aura été ratifiée ou qu'il y aura été adhéré au nom de sept Membres de la Société des Nations ou États non membres, parmi lesquels devront figurer trois des Membres de la Société des Nations représentés d'une manière permanente au Conseil.

La date de l'entrée en vigueur sera le quatre-vingt-dixième jour qui suivra la réception par le Secrétaire général de la Société des Nations, de la septième ratification ou adhésion, conformément à l'alinéa premier du présent article.

Le Secrétaire général de la Société des Nations en faisant les notifications prévues aux articles 12 et 13, signalera spécialement que les ratifications ou adhésions visées à l'alinéa premier du présent article ont été recueillies.

**Article 15 –** Chaque ratification ou adhésion qui interviendra après l'entrée en vigueur de la Convention conformément à l'article 14 sortira ses effets dès le quatre-vingt-dixième jour qui suivra la date de sa réception par le Secrétaire général de la Société des Nations.

**Article 16 –** Sauf les cas d'urgence, la présente Convention ne pourra être dénoncée avant l'expiration d'un délai de deux ans à partir de la date à laquelle elle sera entrée en vigueur pour ce Membre de la Société des Nations ou pour cet État non membre; cette dénonciation produira ses effets dès le quatre-vingt-dixième jour suivant la réception par le Secrétaire général de la notification à lui adressée.

Toute dénonciation sera communiquée immédiatement par le Secrétaire général de la Société des Nations à tous les Membres de la Société des Nations et aux États non membres au nom desquels la présente Convention a été signée, ou au nom desquels il y a été adhéré.

Chaque dénonciation n'aura d'effet qu'en ce qui concerne le Membre de la Société des Nations ou l'État non membre au nom duquel elle aura été faite.

**Article 17 –** Tout Membre de la Société des Nations et tout État non membre à l'égard duquel la présente Convention est en vigueur pourra adresser au Secrétaire général de la Société des Nations, dès l'expiration de la quatrième année suivant l'entrée en vigueur de la Convention, une demande tendant à la revision de certaines ou de toutes les dispositions de cette Convention.

Si une telle demande, communiquée aux autres Membres ou États non membres entre lesquels la Convention est alors en vigueur, est appuyée dans un délai d'un an par au moins six d'entre eux, le Conseil de la Société des Nations décidera s'il y a lieu de convoquer une Conférence à cet effet.

**Article 18 –** Les Hautes Parties contractantes peuvent déclarer, au moment de la signature de la ratification ou de l'adhésion, que, par leur acceptation de la présente Convention, elles n'entendent assumer aucune obligation en ce qui concerne l'ensemble ou toute partie de leurs colonies, protectorats ou territoires placés sous leur suzeraineté ou mandat –, dans ce cas, la présente Convention ne sera pas applicable aux territoires faisant l'objet de pareille déclaration.

Les Hautes Parties contractantes pourront, dans la suite, notifier au Secrétaire général de la Société des Nations qu'elles entendent rendre la présente Convention applicable à l'ensemble ou à toute partie de leurs territoires ayant fait l'objet de la déclaration prévue à l'alinéa précédent. Dans ce cas, la Convention s'appliquera aux territoires visés dans la notification quatre-vingt-dix jours après la réception de cette dernière par le Secrétaire général de la Société des Nations.

De même, les Hautes Parties contractantes peuvent à tout moment déclarer qu'elles entendent que la présente Convention cesse de s'appliquer à l'ensemble ou à toute partie de leurs colonies, protectorats ou territoires placés sous leur suzeraineté ou mandat; dans ce cas, la Convention cessera d'être applicable aux territoires faisant l'objet de pareille déclaration un an après la réception de cette dernière par le Secrétaire général de la Société des Nations.

**Article 19 –** La présente Convention sera enregistrée par le Secrétaire général de la Société des Nations dès son entrée en vigueur.

En foi de quoi, les Plénipotentiaires susnommés ont signé la présente Convention.

Fait à Genève, le dix-neuf mars mil neuf cent trente et un, en simple expédition, qui sera déposée dans les archives du Secrétariat de la Société des Nations; copie conforme en sera transmise à tous les Membres de la Société des Nations et à tous les États non membres représentés à la Conférence.

(Suivent les signatures)

# 53 Convention universelle sur le droit d'auteur de Genève du 6 septembre 1952

## En vigueur depuis le 14 octobre 1955

*Les États contractants,*

**Animés** du désir d'assurer dans tous les pays la protection du droit d'auteur sur les œuvres littéraires, scientifiques et artistiques,

**Convaincus** qu'un régime de protection des droits des auteurs approprié à toutes les nations et exprimé dans une convention universelle, s'ajoutant aux systèmes internationaux déjà en vigueur, sans leur porter atteinte, est de nature à assurer le respect des droits de la personne humaine et à favoriser le développement des lettres, des sciences et des arts,

**Persuadés** qu'un tel régime universel de protection des droits des auteurs rendra plus facile la diffusion des œuvres de l'esprit et contribuera à une meilleure compréhension internationale,

**Sont convenus** de ce qui suit :

**Article I –** Chaque État contractant s'engage à prendre toutes dispositions nécessaires pour assurer une protection suffisante et efficace des droits des auteurs et de tous autres titulaires de ces droits sur les œuvres littéraires, scientifiques et artistiques, telles que les écrits, les œuvres musicales, dramatiques et cinématographiques, les peintures, gravures et sculptures.

**Article II –** 1. Les œuvres publiées des ressortissants de tout État contractant ainsi que les œuvres publiées pour la première fois sur le territoire d'un tel État jouissent, dans tout autre État contractant, de la protection que cet autre État accorde aux œuvres de ses ressortissants publiées pour la première fois sur son propre territoire.

2. Les œuvres non publiées des ressortissants de tout État contractant jouissent, dans tout autre État contractant, de la protection que cet autre État accorde aux œuvres non publiées de ses ressortissants.

3. Pour l'application de la présente Convention, tout État contractant peut, par des dispositions de sa législation interne, assimiler à ses ressortissants toute personne domiciliée sur le territoire de cet État.

**Article III –** 1. Tout État contractant qui, d'après sa législation interne, exige, à titre de condition de la protection des droits des auteurs, l'accomplissement de formalités telles que dépôt, enregistrement, mention, certificats notariés, paiement de taxes, fabrication ou publication sur le territoire national, doit considérer ces exigences comme satisfaites pour toute œuvre protégée aux termes de la présente Convention, publiée pour la première fois hors du territoire de cet État et dont l'auteur n'est pas un de ses ressortissants si, dès la première publication de cette œuvre tous les exemplaires de l'œuvre publiée avec l'autorisation de l'auteur ou de tout autre titulaire de ses droits portent le symbole © accompagné du nom du titulaire du droit d'auteur et de l'indication de l'année de première publication; le symbole, le nom et l'année doivent être apposés d'une manière et à une place montrant de façon nette que le droit d'auteur est réservé.

2. Les dispositions de l'alinéa premier du présent article n'interdisent pas à un État contractant de soumettre à certaines formalités ou à d'autres conditions, en vue d'assurer l'acquisition et la jouissance du droit d'auteur, les œuvres publiées pour la première fois sur son territoire, ou celles de ses ressortissants, quelque soit le lieu de la publication de ces œuvres.

3. Les dispositions de l'alinéa premier ci-dessus n'interdisent pas à un État contractant d'exiger d'une personne restant en justice qu'elle satisfasse, aux fins du procès, aux règles de procédure telles que l'assistance du demandeur par un avocat exerçant dans cet État ou le dépôt par le demandeur d'un exemplaire de l'œuvre auprès du tribunal ou d'un bureau administratif ou des deux à la fois. Toutefois, le fait de ne pas satisfaire à ces exigences n'affecte pas la validité du droit d'auteur. Aucune de ces exigences ne peut être imposée à un ressortissant d'un autre État contractant si elle ne l'est pas aux ressortissants de l'État dans lequel la protection est demandée.

4. Dans chaque État contractant doivent être assurés des moyens juridiques pour protéger sans formalités les œuvres non publiées des ressortissants des autres États contractants.

5. Si un État contractant accorde plus d'une seule période de protection et si la première est d'une durée supérieure à l'un des minimums de temps prévus à l'article IV de la présente Convention, cet État a la faculté de ne pas appliquer l'alinéa premier du présente article III en ce qui concerne la deuxième période de protection ainsi que pour les périodes suivantes.

**Article IV –** 1. La durée de la protection de l'œuvre est réglée par la loi de l'État contractant où la protection est demandée conformément aux dispositions de l'article II et aux dispositions ci-dessous.

2. La durée de protection pour les œuvres protégées par la présente Convention ne sera pas inférieure à une période comprenant la vie de l'auteur et 25 années après sa mort. Toutefois, l'État contractant qui, à la date de l'entrée en vigueur de la présente Convention sur son territoire, aura restreint ce délai, pour certaines catégories d'œuvres, à une période calculée à partir de la première publication de l'œuvre, aura la faculté de maintenir ces dérogations ou de les étendre à d'autres catégories. Pour toutes ces catégories, la durée de protection ne sera pas inférieure à 25 années à compter de la date de la première publication. Tout État contractant qui, à la date de l'entrée en vigueur de la Convention sur son territoire, ne calcule pas la durée de protection sur la base de la vie de l'auteur, aura la faculté de calculer cette durée de protection à compter de la première publication de l'œuvre ou, le cas échéant, de l'enregistrement de cette œuvre préalable à sa publication ; la durée de la protection ne sera pas inférieure à 25 années à compter de la date de la première publication ou, le cas échéant, de l'enregistrement de l'œuvre préalable à la publication. Si la législation de l'État contractant prévoit deux ou plusieurs périodes consécutives de protection, la durée de la première période ne sera pas inférieure à la durée de l'une des périodes minima déterminées ci-dessus.

3. Les dispositions du numéro 2 du présent article ne s'appliquent pas aux œuvres photographiques, ni aux œuvres des arts appliqués. Toutefois, dans les États contractants qui protègent les œuvres photographiques et, en tant qu'œuvres artistiques, les œuvres des arts appliqués, la durée de la protection ne sera pas, pour ces œuvres, inférieure à dix ans.

4. Aucun État contractant ne sera tenu d'assurer la protection d'une œuvre pendant une durée plus longue que celle fixée, pour la catégorie dont elle relève, s'il s'agit d'une œuvre non publiée, par la loi de l'État contractant dont l'auteur est ressortissant, et, s'il s'agit d'une œuvre publiée, par la loi de l'État contractant où cette œuvre a été publiée pour la première fois. Aux fins de l'application de la disposition précédente, si la législation d'un État contractant prévoit deux ou plusieurs périodes consécutives de protection, la durée de la protection accordée par cet État est considérée comme étant la somme de ces périodes. Toutefois, si pour une raison quelconque une œuvre déterminée n'est pas protégée par ledit État pendant la seconde période ou l'une des périodes suivantes, les autres États contractants ne sont pas tenus de protéger cette œuvre pendant cette seconde période ou les périodes suivantes.

5. Aux fins de l'application du numéro 4 de cet article, l'œuvre d'un ressortissant d'un État contractant publiée pour la première fois dans un État non contractant sera considérée comme ayant été publiée pour la première fois dans l'État contractant dont l'auteur est ressortissant.

6. Aux fins de l'application du numéro 4 susmentionné du présent article, en cas de publication simultanée dans deux ou plusieurs États contractants, l'œuvre sera considérée comme ayant été publiée pour la première fois dans l'État qui accorde la protection la moins longue. Est considérée comme publiée simultanément dans plusieurs pays toute œuvre qui à paru dans deux ou plusieurs pays dans les trente jours de sa première publication.

**Article V –** 1. Le droit d'auteur comprend le droit exclusif de faire, de publier et d'autoriser à faire et à publier la traduction des œuvres protégées aux termes de la présente Convention.

2. Toutefois, chaque État contractant peut, par sa législation nationale, restreindre, pour les écrits, le droit de traduction, mais en se conformant aux dispositions suivantes :

Lorsque, à l'expiration d'un délai de sept années à dater de la première publication d'un écrit, la traduction de cet écrit n'a pas été publiée dans la langue nationale ou, le cas échéant, dans l'une des langues nationales d'un État contractant par le titulaire du droit de traduction ou avec son autorisation, tout ressortissant de cet État contractant pourra obtenir de l'autorité compétente de cet État une licence non exclusive pour traduire l'œuvre et publier l'œuvre ainsi traduite dans la langue nationale en laquelle elle n'a pas été publiée.

Cette licence ne pourra être accordée que si le requérant, conformément aux dispositions en vigueur dans l'État où est introduite la demande, justifie avoir demandé au titulaire du droit de traduction l'autorisation de traduire et de publier la traduction et, après dues diligences de sa part, n'a pu atteindre le titulaire du droit d'auteur ou obtenir son autorisation. Aux mêmes conditions, la licence pourra également être accordée si, pour une traduction déjà publiée dans une langue nationale, les éditions sont épuisées.

Si le titulaire du droit de traduction n'a pu être atteint par le requérant, celui-ci doit adresser des copies de sa demande à l'éditeur dont le nom figure sur l'œuvre et au représentant diplomatique ou consulaire de l'État dont le titulaire du droit de traduction est ressortissant, lorsque la nationalité du titulaire du droit de traduction est connue, ou à l'organisme qui peut avoir été désigné par le gouvernement de cet État.

La licence ne pourra être accordée avant l'expiration d'un délai de deux mois à dater de l'envoi des copies de la demande.

La législation nationale adoptera les mesures appropriées pour assurer au titulaire du droit de traduction une rémunération équitable et conforme aux usages internationaux, ainsi que le paiement et le transfert de cette rémunération, et pour garantir une traduction correcte de l'œuvre.

Le titre et le nom de l'auteur de l'œuvre originale doivent être également imprimés sur tous les exemplaires de la traduction publiée. La licence ne sera valable que pour l'édition à l'intérieur du territoire de l'État contractant où cette licence est demandée. L'importation et la vente des exemplaires dans un autre État contractant sont possibles si cet État a la même langue nationale que celle dans laquelle l'œuvre a été traduite, si sa loi nationale admet la licence et si aucune des dispositions en vigueur dans cet État ne s'oppose à l'importation et à la vente ; l'importation et la vente sur le territoire de tout État contractant dans lequel les conditions précédentes ne peuvent jouer, sont réservées à la législation de cet État et aux accords conclus par lui. La licence ne pourra être cédée par son bénéficiaire.

La licence ne peut être accordée lorsque l'auteur a retiré de la circulation les exemplaires de l'œuvre.

**Article VI –** Par « publication » au sens de la présente Convention, il faut entendre la reproduction sous une forme matérielle et la mise à la disposition du public d'exemplaires de l'œuvre permettant de la lire ou d'en prendre connaissance visuellement.

**Article VII –** La présente Convention ne s'applique pas aux œuvres ou aux droits sur ces œuvres qui, lors de l'entrée en vigueur de la Convention dans l'État contractant où la protection est demandée, auraient cessé définitivement d'être protégées dans cet État ou ne l'auraient jamais été.

**Article VIII –** 1. La présente Convention, qui portera la date du 6 septembre 1952, sera déposée auprès du Directeur général de l'Organisation des Nations unies pour l'éducation, la science et la culture et restera ouverte à la signature de tous les États pendant une période de 120 jours à compter de sa date. Elle sera soumise à la ratification ou à l'acceptation des États signataires.

2. Tout État qui n'aura pas signé la présente Convention pourra y adhérer.

3. La ratification, l'acceptation ou l'adhésion sera opérée par le dépôt d'un instrument à cet effet, auprès du Directeur général de l'Organisation des Nations unies pour l'éducation, la science et la culture.

**Article IX –** 1. La présente Convention entrera en vigueur trois mois après le dépôt de douze instruments de ratification, d'acceptation ou d'adhésion y compris les instruments déposés par quatre États ne faisant pas partie de l'Union internationale pour la protection des œuvres littéraires et artistiques.

2. Par la suite, la Convention entrera en vigueur, pour chaque État, trois mois après le dépôt de l'instrument de ratification, d'acceptation ou d'adhésion spécial à cet État.

**Article X –** 1. Tout État partie à la présente Convention s'engage à adopter, conformément aux dispositions de sa Constitution, les mesures nécessaires pour assurer l'application de la présente Convention.

2. Il est entendu toutefois qu'au moment du dépôt de son instrument de ratification, d'acceptation ou d'adhésion tout État doit être en mesure, d'après sa législation nationale, d'appliquer les dispositions de la présente Convention.

**Article XI –** 1. Il est créé un Comité intergouvernemental ayant les attributions suivantes :

a. Étudier les problèmes relatifs à l'application et au fonctionnement de la présente Convention ;

b. Préparer les révisions périodiques de cette Convention ;

c. Étudier tout autre problème relatif à la protection internationale du droit d'auteur, en collaboration avec les divers organismes internationaux intéressés, notamment avec l'Organisation des Nations unies pour l'éducation, la science et la culture, l'Union internationale pour la protection des œuvres littéraires et artistiques et l'Organisation des États américains ;

d. Renseigner les États contractants sur ses travaux.

2. Le Comité est composé des représentants de douze États contractants désignés en tenant compte d'une équitable représentation géographique et conformément aux dispositions de la résolution concernant le présent article, annexée à la présente Convention. Le Directeur général de l'Organisation des Nations unies pour l'éducation, la science et la culture, le Directeur du Bureau de l'Union internationale pour la protection des œuvres littéraires et artistiques et le Secrétaire général de l'Organisation des États américains, ou leurs représentants, peuvent assister aux séances du Comité avec voix consultative.

**Article XII –** Le Comité intergouvernemental convoquera des conférences de révision chaque fois que cela lui semblera nécessaire ou si la convocation est demandée par au moins dix États contractants ou par la majorité des États contractants aussi longtemps que le nombre de ces derniers demeurera inférieur à vingt.

**Article XIII –** Tout État contractant peut, au moment du dépôt de l'instrument de ratification, d'acceptation ou d'adhésion, ou par la suite, déclarer, par une notification adressée au Directeur général de l'Organisation des Nations unies pour l'éducation, la science et la culture, que la présente Convention est applicable à tout ou partie des pays ou territoires dont il assure les relations extérieures ; la Convention s'appliquera alors aux pays ou territoires désignés dans la notification à partir de l'expiration du délai de trois mois prévu à l'article IX. À défaut de cette notification, la présente Convention ne s'appliquera pas à ces pays ou territoires.

**Article XIV –** 1. Tout État contractant aura la faculté de dénoncer la présente Convention en son nom propre ou au nom de tout ou partie des pays ou territoires qui auraient fait l'objet de la notification prévue à l'article XIII. La dénonciation s'effectuera par notification adressée au Directeur général de l'Organisation des Nations unies pour l'éducation, la science et la culture.

2. Cette dénonciation ne produira effet qu'à l'égard de l'État ou du pays ou territoire au nom duquel elle aura été faite et seulement douze mois après la date à laquelle la notification a été reçue.

**Article XV –** Tout différend entre deux ou plusieurs États contractants concernant l'interprétation ou l'application de la présente Convention qui ne sera pas réglé par voie de négociation sera porté devant la Cour internationale de justice pour qu'il soit statué par elle, à moins que les États en cause ne conviennent d'un autre mode de règlement.

**Article XVI –** 1. – La présente Convention sera établie en français, en anglais et en espagnol. Les trois textes seront signés et feront également foi.

2. Il sera établi des textes officiels de la présente Convention en allemand, en italien et en portugais.

Tout État contractant ou groupe d'États contractants pourra faire établir par le Directeur général de l'Organisation des Nations unies pour l'éducation, la science et la culture, en accord avec celui-ci, d'autres textes dans la langue de son choix.

Tous ces textes seront annexés au texte signé de la Convention.

**Article XVII –** 1. La présente Convention n'affecte en rien les dispositions de la Convention de Berne pour la protection des œuvres littéraires et artistiques ni l'appartenance à l'Union créée par cette dernière convention.

2. En vue de l'application de l'alinéa précédent, une déclaration est annexée au présent article. Cette déclaration fait partie intégrante de la présente Convention pour les États liés par la Convention de Berne au 1er janvier 1951 ou qui y auront adhéré ultérieurement. La signature de la présente Convention par les États mentionnés ci-dessus vaut également signature de la déclaration; toute ratification ou acceptation de la Convention, toute adhésion à celle-ci par ces États emportera également ratification, acceptation ou adhésion à la déclaration.

**Article XVIII –** La présente Convention n'infirme pas les conventions ou accords multilatéraux ou bilatéraux sur le droit d'auteur qui sont ou peuvent être mis en vigueur entre deux ou plusieurs républiques américaines mais exclusivement entre elles. En cas de divergences soit entre les dispositions d'une part de l'une de ces conventions ou de l'un de ces accords en vigueur et d'autre part les dispositions de la présente Convention, soit entre les dispositions de la présente Convention et celles de toute nouvelle convention ou de tout nouvel accord qui serait établi entre deux ou plusieurs républiques américaines après l'entrée en vigueur de la présente Convention, la convention ou l'accord le plus récemment établi prévaudra entre les parties. Il n'est pas porté atteinte aux droits acquis sur une œuvre, en vertu de conventions ou accords en vigueur dans l'un quelconque des États contractants antérieurement à la date de l'entrée en vigueur de la présente Convention dans cet État.

**Article XIX –** La présente Convention n'infirme pas les conventions ou accords multilatéraux ou bilatéraux sur le droit d'auteur en vigueur entre deux ou plusieurs États contractants. En cas de divergences entre les dispositions de l'une de ces conventions ou accords et les dispositions de la présente Convention, les dispositions de la présente Convention prévaudront. Ne seront pas affectés les droits acquis sur une œuvre en vertu de conventions ou accords en vigueur dans l'un des États contractants antérieurement à la date de l'entrée en vigueur de la présente Convention dans ledit État. Le présent article ne déroge en rien aux dispositions des articles XVII et XVIII de la présente Convention.

**Article XX –** Il n'est admis aucune réserve à la présente Convention.

**Article XXI –** Le Directeur général de l'Organisation des Nations unies pour l'éducation, la science et la culture enverra des copies dûment certifiées de la présente Convention aux États intéressés et au Conseil fédéral suisse ainsi qu'au Secrétaire général des Nations unies pour enregistrement par les soins de celui-ci. En outre, il informera tous les États intéressés du dépôt des instruments de ratification, d'acceptation ou d'adhésion, de la date d'entrée en vigueur de la présente Convention, des notifications prévues à l'article XIII de la présente Convention et des dénonciations prévues à l'article XIV.

**Déclaration annexe relative à l'article XVII –** Les États membres de l'Union internationale pour la protection des œuvres littéraires et artistiques, parties à la Convention universelle du droit d'auteur, désirant resserrer leurs relations mutuelles sur la base de ladite Union et éviter tout conflit pouvant résulter de la coexistence de la Convention de Berne et de la Convention universelle,

**Ont**, d'un commun accord, accepté les termes de la déclarations suivante :

a. Les œuvres qui, aux termes de la Convention de Berne, ont comme pays d'origine un pays ayant quitté, postérieurement au 1er janvier 1951, l'Union internationale créée par cette Convention, ne seront pas protégées par la Convention universelle du droit d'auteur dans les pays de l'Union de Berne;

b. La Convention universelle du droit d'auteur ne sera pas applicable, dans les rapports entre les pays liés par la Convention de Berne, en ce qui concerne la protection des œuvres qui, aux termes de cette Convention de Berne, ont comme pays d'origine l'un des pays de l'Union internationale créée par cette Convention.

# 54 Convention de La Haye du 15 juin 1955 sur la loi applicable aux ventes à caractère international d'objets mobiliers corporels

En vigueur depuis 1er septembre 1964

*Les États signataires de la présente Convention;*

Désirant établir des dispositions communes concernant la loi applicable aux ventes d'objets mobiliers corporels;

Ont résolu de conclure une Convention à cet effet et sont convenus des dispositions suivantes :

**Article premier –** La présente Convention est applicable aux ventes à caractère international d'objets mobiliers corporels.

Elle ne s'applique pas aux ventes de titres, aux ventes de navires et de bateaux ou d'aéronefs enregistrés, aux ventes par autorité de justice ou sur saisie. Elle s'applique aux ventes sur documents.

Pour son application sont assimilés aux ventes les contrats de livraison d'objets mobiliers corporels à fabriquer ou à produire, lorsque la partie qui s'oblige à livrer doit fournir les matières premières nécessaires à la fabrication ou à la production.

La seule déclaration des parties, relative à l'application d'une loi ou à la compétence d'un juge ou d'un arbitre, ne suffit pas à donner à la vente le caractère international au sens de l'alinéa premier du présent article.

**Article 2 –** La vente est régie par la loi interne du pays désigné par les parties contractantes.

Cette désignation doit faire l'objet d'une clause expresse, ou résulter indubitablement des dispositions du contrat.

Les conditions, relatives au consentement des parties quant à la loi déclarée applicable, sont déterminées par cette loi.

**Article 3 –** À défaut de loi déclarée applicable par les parties, dans les conditions prévues à l'article précédent, la vente est régie par la loi interne du pays où le vendeur a sa résidence habituelle au moment où il reçoit la commande. Si la commande est reçue par un établissement du vendeur, la vente est régie par la loi interne du pays où est situé cet établissement.

Toutefois, la vente est régie par la loi interne du pays où l'acheteur a sa résidence habituelle, ou dans lequel il possède l'établissement qui a passé la commande, si c'est dans ce pays que la commande a été reçue, soit par le vendeur, soit par son représentant, agent ou commis-voyageur.

S'il s'agit d'un marché de bourse ou d'une vente aux enchères, la vente est régie par la loi interne du pays où se trouve la bourse ou dans lequel sont effectuées les enchères.

**Article 4 –** À moins de clause expresse contraire, la loi interne du pays où doit avoir lieu l'examen des objets mobiliers corporels délivrés en vertu de la vente est applicable, en ce qui concerne la forme et les délais dans lesquels doivent avoir lieu l'examen et les notifications relatives à l'examen, ainsi que les mesures à prendre en cas de refus des objets.

**Article 5 –** La présente Convention ne s'applique pas :

1. à la capacité des parties ;
2. à la forme du contrat ;
3. au transfert de propriété, étant entendu toutefois que les diverses obligations des parties, et notamment celles qui sont relatives aux risques, sont soumises à la loi applicable à la vente en vertu de la présente Convention ;
4. aux effets de la vente à l'égard de toutes personnes autres que les parties.

**Article 6 –** Dans chacun des États contractants, l'application de la loi déterminée par la présente Convention peut être écartée pour un motif d'ordre public.

**Article 7 –** Les États contractants sont convenus d'introduire les dispositions des articles 1-6 de la présente Convention dans le droit national de leurs pays respectifs.

**Article 8 –** La présente Convention est ouverte à la signature des États représentés à la Septième session de la Conférence de La Haye de droit international privé.

Elle sera ratifiée et les instruments de ratification seront déposés auprès du Ministère des Affaires Étrangères des Pays-Bas.

Il sera dressé de tout dépôt d'instruments de ratification un procès-verbal, dont une copie, certifiée conforme, sera remise, par la voie diplomatique, à chacun des États signataires.

**Article 9 –** La présente Convention entrera en vigueur le soixantième jour à partir du dépôt du cinquième instrument de ratification prévu par l'article 8, alinéa 2.

Pour chaque État signataire, ratifiant postérieurement la Convention, celle-ci entrera en vigueur le soixantième jour à partir de la date du dépôt de son instrument de ratification.

**Article 10 –** La présente Convention s'applique de plein droit aux territoires métropolitains des États contractants.

Si un État contractant en désire la mise en vigueur dans tous les autres territoires, ou dans tels des autres territoires dont les relations internationales sont assurées par lui, il notifiera son intention à cet effet par un acte qui sera déposé auprès du Ministère des Affaires Étrangères des Pays-Bas. Celui-ci en enverra, par la voie diplomatique, une copie, certifiée conforme, à chacun des États contractants. La présente Convention entrera en vigueur pour ces territoires le soixantième jour après la date du dépôt de l'acte de notification mentionné ci-dessus.

Il est entendu que la notification, prévue par l'alinéa 2 du présent article, ne pourra avoir effet qu'après l'entrée en vigueur de la présente Convention en vertu de son article 9, alinéa premier.

**Article 11 –** Tout État, non représenté à la Septième session de la Conférence de La Haye de droit international privé, pourra adhérer à la présente Convention. L'État désirant adhérer notifiera son intention par un acte qui sera déposé auprès du Ministère des Affaires Étrangères des Pays-Bas. Celui-ci en enverra, par la voie diplomatique, une copie, certifiée conforme, à chacun des États contractants. La

Convention entrera en vigueur, pour l'État adhérant, le soixantième jour après la date du dépôt de l'acte d'adhésion.

Il est entendu que le dépôt de l'acte d'adhésion ne pourra avoir lieu qu'après l'entrée en vigueur de la présente Convention en vertu de l'article 9, alinéa premier.

**Article 12 –** La présente Convention aura une durée de cinq ans à partir de la date indiquée dans l'article 9, alinéa premier de la présente Convention. Ce terme commencera à courir dès cette date, même pour les États qui l'auront ratifiée ou y auront adhéré postérieurement.

La Convention sera renouvelée tacitement de cinq ans en cinq ans, sauf dénonciation.

La dénonciation devra, au moins six mois avant l'expiration du terme, être notifiée au Ministère des Affaires Étrangères des Pays-Bas, qui en donnera connaissance à tous les autres États contractants.

La dénonciation peut se limiter aux territoires, ou à certains des territoires indiqués dans une notification faite en vertu de l'article 10, alinéa 2.

La dénonciation ne produira son effet qu'à l'égard de l'État qui l'aura notifiée. La Convention restera en vigueur pour les autres États contractants.

En foi de quoi, les soussignés, dûment autorisés par leurs Gouvernements respectifs, ont signé la présente Convention.

# 55 Protocole de La Haye du 28 septembre 1955 portant modification de la Convention pour l'unification de certaines règles relatives au transport aérien international signée à Varsovie le 12 octobre 1929, signé à La Haye, le 28 septembre 1955

*Les gouvernements soussignés,*

Considérant qu'il est souhaitable d'amender la Convention pour l'unification de certaines règles relatives au transport aérien international signée à Varsovie le 12 octobre 1929,

*Sont convenus de ce qui suit :*

## CHAPITRE PREMIER
## Amendements à la convention

**Article premier –** À l'article premier de la Convention –

(a) l'alinéa 2 est supprimé et remplacé par la disposition suivante :

« 2. Est qualifié *transport international*, au sens de la présente Convention, tout transport dans lequel, d'après les stipulations des parties, le point de départ et le point de destination, qu'il y ait ou non interruption de transport ou transbordement, sont situés soit sur le territoire de deux Hautes Parties Contractantes, soit sur le territoire d'une seule Haute Partie Contractante si une escale est prévue sur le territoire d'un autre État, même si cet État n'est pas une Haute Partie Contractante. Le transport sans une telle escale entre deux points du territoire d'une seule Haute Partie Contractante n'est pas considéré comme international au sens de la présente Convention. »

(b) l'alinéa 3 est supprimé et remplacé par la disposition suivante :

« 3. Le transport à exécuter par plusieurs transporteurs par air successifs est censé constituer pour l'application de la présente Convention un transport unique lorsqu'il a été envisagé par les parties comme une seule opération, qu'il ait été conclu sous la forme d'un seul contrat ou d'une série de contrats, et il ne perd pas son caractère international par le fait qu'un seul contrat ou une série de contrats doivent être exécutés intégralement dans le territoire d'un même État. »

**Article II –** À l'article 2 de la Convention –

l'alinéa 2 est supprimé et remplacé par la disposition suivante :

« 2. La présente Convention ne s'applique pas au transport du courrier et des colis postaux. »

**Article III –** À l'article 3 de la Convention –

(a) l'alinéa 1$^{er}$ est supprimé et remplacé par la disposition suivante :

« 1. Dans le transport de passagers, un billet de passage doit être délivré, contenant :

(a) l'indication des points de départ et de destination;

(b) si les points de départ et de destination sont situés sur le territoire d'une même Haute Partie Contractante et qu'une ou plusieurs escales soient prévues sur le territoire d'un autre État, l'indication d'une de ces escales;

(c) un avis indiquant que si les passagers entreprennent un voyage comportant une destination finale ou une escale dans un pays autre que le pays de départ, leur transport peut être régi par la Convention de Varsovie qui, en général, limite la responsabilité du transporteur en cas de mort ou de lésion corporelle, ainsi qu'en cas de perte ou d'avarie des bagages. »

(b) l'alinéa 2 est supprimé et remplacé par la disposition suivante :

« 2. Le billet de passage fait foi, jusqu'à preuve contraire, de la conclusion et des conditions du contrat de transport. L'absence, l'irrégularité ou la perte du billet n'affecte ni l'existence ni la validité du contrat de transport, qui n'en sera pas moins soumis aux règles de la présente Convention. Toutefois, si, du consentement du transporteur, le passager s'embarque sans qu'un billet de passage ait été délivré, ou si le billet ne comporte pas l'avis prescrit à l'alinéa 1 (c) du présent article, le transporteur n'aura pas le droit de se prévaloir des dispositions de l'article 22. »

**Article IV –** À l'article 4 de la Convention –

(a) les alinéas 1, 2 et 3 sont supprimés et remplacés par la disposition suivante :

« 1. Dans le transport de bagages enregistrés, un bulletin de bagages doit être délivré qui, s'il n'est pas combiné avec un billet de passage conforme aux dispositions de l'article 3, alinéa 1er, ou n'est pas inclus dans un tel billet, doit contenir :

(a) l'indication des points de départ et de destination;

(b) si les points de départ et de destination sont situés sur le territoire d'une même Haute Partie Contractante et qu'une ou plusieurs escales soient prévues sur le territoire d'un autre État, l'indication d'une de ces escales;

(c) un avis indiquant que, si le transport comporte une destination finale ou une escale dans un pays autre que le pays de départ, il peut être régi par le Convention de Varsovie qui, en général, limite la responsabilité du transporteur en cas de perte ou d'avarie des bagages. »

(b) l'alinéa 4 est supprimé et remplacé par la disposition suivante :

« 2. Le bulletin de bagages fait foi, jusqu'à preuve contraire, de l'enregistrement des bagages et des conditions du contrat de transport. L'absence, l'irrégularité ou la perte du bulletin n'affecte ni l'existence ni la validité du contrat de transport, qui n'en sera pas moins soumis aux règles de la présente Convention. Toutefois, si le transporteur accepte la garde des bagages sans qu'un bulletin ait été délivré ou si, dans le cas où le bulletin n'est pas combiné avec un billet de passage conforme aux dispositions de l'article 3, alinéa 1 (c), ou n'est pas inclus dans un tel billet, il ne comporte pas l'avis prescrit à l'alinéa 1 (c) du présent article, le transporteur n'aura pas le droit de se prévaloir des dispositions de l'article 22, alinéa 2. »

**Article V –** À l'article 6 de la Convention –

l'alinéa 3 est supprimé et remplacé par la disposition suivante :

« 3. La signature du transporteur doit être apposée avant l'embarquement de la marchandise à bord de l'aéronef. »

**Article VI –** L'article 8 de la Convention est supprimé et remplacé par la disposition suivante :

« La lettre de transport aérien doit contenir :

(a) l'indication des points de départ et de destination;

(b) si les points de départ et de destination sont situés sur le territoire d'une même Haute Partie Contractante et qu'une ou plusieurs escales soient prévues sur le territoire d'un autre État, l'indication d'une de ces escales ;

(c) un avis indiquant aux expéditeurs que, si le transport comporte une destination finale ou une escale dans un pays autre que le pays de départ, il peut être régi par la Convention de Varsovie qui, en général, limite la responsabilité des transporteurs en cas de perte ou d'avarie des marchandises. »

**Article VII –** L'article 9 de la Convention est supprimé et remplacé par la disposition suivante :

« Si, du consentement du transporteur, des marchandises sont embarquées à bord de l'aéronef sans qu'une lettre de transport aérien ait été établie ou si celle-ci ne comporte pas l'avis prescrit à l'article 8, alinéa (c), le transporteur n'aura pas le droit de se prévaloir des dispositions de l'article 22, alinéa 2. »

**Article VIII –** À l'article 10 de la Convention –

l'alinéa 2 est supprimé et remplacé par la disposition suivante :

« 2. Il supportera la responsabilité de tout dommage subi par le transporteur ou par toute autre personne à l'égard de laquelle la responsabilité du transporteur est engagée à raison de ses indications et déclarations irrégulières, inexactes ou incomplètes. »

**Article IX –** À l'article 15 de la Convention –

l'alinéa suivant est inséré :

« 3. Rien dans la présente Convention n'empêche l'établissement d'une lettre de transport aérien négociable. »

**Article X –** L'alinéa 2 de l'article 20 de la Convention est supprimé.

**Article XI –** L'article 22 de la Convention est supprimé et remplacé par les dispositions suivantes :

**« Article 22 –** 1. Dans le transport des personnes, la responsabilité du transporteur relative à chaque passager est limitée à la somme de deux cent cinquante mille francs. Dans le cas où, d'après la loi du tribunal saisi, l'indemnité peut être fixée sous forme de rente, le capital de la rente ne peut dépasser cette limite. Toutefois par une convention spéciale avec le transporteur, le passager pourra fixer une limite de responsabilité plus élevée.

2. (a) Dans le transport de bagages enregistrés et de marchandises, la responsabilité du transporteur est limitée à la somme de deux cent cinquante francs par kilogramme, sauf déclaration spéciale d'intérêt à la livraison faite par l'expéditeur au moment de la remise du colis au transporteur et moyennant le paiement d'une taxe supplémentaire éventuelle. Dans ce cas, le transporteur sera tenu de payer jusqu'à concurrence de la somme déclarée, à moins qu'il ne prouve qu'elle est supérieure à l'intérêt réel de l'expéditeur à la livraison.

(b) En cas de perte, d'avarie ou de retard d'une partie des bagages enregistrés ou des marchandises, ou de tout objet qui y est contenu, seul le poids total du ou des colis dont il s'agit est pris en considération pour déterminer la limite de responsabilité du transporteur. Toutefois, lorsque la perte, l'avarie ou le retard d'une partie des bagages enregistrés ou des marchandises, ou d'un objet qui y est contenu, affecte la valeur d'autres colis couverts par le même bulletin de bagages ou la même lettre de transport aérien, le poids total de ces colis doit être pris en considération pour déterminer la limite de responsabilité.

3. En ce qui concerne les objets dont le passager conserve la garde, la responsabilité du transporteur est limitée à cinq mille francs par passager.

4. Les limites fixées par le présent article n'ont pas pour effet d'enlever au tribunal la faculté d'allouer en outre, conformément à sa loi, une somme correspondant à tout ou partie des dépens et autres frais du procès exposés par le demandeur. La disposition précédente ne s'applique pas lorsque le montant de l'indemnité allouée, non compris les dépens et autres frais de procès, ne dépasse pas la somme que le transporteur a offerte par écrit au demandeur dans un délai de six mois à dater du fait qui a causé le dommage ou avant l'introduction de l'instance si celle-ci est postérieure à ce délai.

5. Les sommes indiquées en francs dans le présent article sont considérées comme se rapportant à une unité monétaire constituée par soixante-cinq milligrammes et demi d'or au titre de neuf cents millièmes de fin. Ces sommes peuvent être converties dans chaque monnaie nationale en chiffres ronds. La conversion de ces sommes en monnaies nationales autres que la monnaie-or s'effectuera en cas d'instance judiciaire suivant la valeur-or de ces monnaies à la date du jugement. »

**Article XII –** À l'article 23 de la Convention, la disposition actuelle devient l'alinéa 1er, et l'alinéa 2 suivant est ajouté :

« 2. L'alinéa 1er du présent article ne s'applique pas aux clauses concernant la perte ou le dommage résultant de la nature ou du vice propre des marchandises transportées. »

**Article XIII –** À l'Article 25 de la Convention –

les alinéas 1 et 2 sont supprimés et remplacés par la disposition suivante :

« Les limites de responsabilité prévues à l'article 22 ne s'appliquent pas s'il est prouvé que le dommage résulte d'un acte ou d'une omission du transporteur ou de ses préposés fait, soit avec l'intention de provoquer un dommage, soit témérairement et avec conscience qu'un dommage en résultera probablement, pour autant que, dans le cas d'un acte ou d'une omission de préposés, la preuve soit également apportée que ceux-ci ont agi dans l'exercice de leurs fonctions. »

**Article XIV –** Après l'article 25 de la Convention, l'article suivant est inséré :

**« Article 25 A –** 1. Si une action est intentée contre un préposé du transporteur à la suite d'un dommage visé par la présente Convention, ce préposé, s'il prouve qu'il a agi dans l'exercice de ses fonctions, pourra se prévaloir des limites de responsabilité que peut invoquer ce transporteur en vertu de l'article 22.

2. Le montant total de la réparation qui, dans ce cas, peut être obtenu du transporteur et de ses préposés ne doit pas dépasser lesdites limites.

3. Les dispositions des alinéas 1 et 2 du présent article ne s'appliquent pas s'il est prouvé que le dommage résulte d'un acte ou d'une omission du préposé fait, soit avec l'intention de provoquer un dommage, soit témérairement et avec conscience qu'un dommage en résultera probablement. »

**Article XV –** À l'article 26 de la Convention –

l'alinéa 2 est supprimé et remplacé par la disposition suivante :

« 2. En cas d'avarie, le destinataire doit adresser au transporteur une protestation immédiatement après la découverte de l'avarie et, au plus tard, dans un délai de sept jours pour les bagages et de quatorze jours pour les marchandises à dater de leur réception. En cas de retard, la protestation devra être faite au plus tard dans les vingt et un jours à dater du jour où le bagage ou la marchandise auront été mis à sa disposition. »

**Article XVI –** L'article 34 de la Convention est supprimé et remplacé par la disposition suivante :

« Les dispositions des articles 3 à 9 inclus relatives aux titres de transport ne sont pas applicables au transport effectué dans des circonstances extraordinaires en dehors de toute opération normale de l'exploitation aérienne. »

**Article XVII –** Après l'article 40 de la Convention l'article suivant est inséré :

**« Article 40 A –** 1. À l'article 37, alinéa 2 et à l'article 40, alinéa 1er, l'expression *Haute Partie Contractante* signifie *État*. Dans tous les autres cas, l'expression *Haute Partie Contractante* signifie un État dont la ratification ou l'adhésion à la Convention a pris effet et dont la dénonciation n'a pas pris effet.

2. Aux fins de la Convention, le mot *territoire* signifie non seulement le territoire métropolitain d'un État, mais aussi tous les territoires qu'il représente dans les relations extérieures. »

CHAPITRE II

## Champ d'application de la convention amendée

**Article XVIII –** La Convention amendée par le présent protocole s'applique au transport international défini à l'article premier de la Convention lorsque les points de départ et de destination sont situés soit sur le territoire de deux États parties au présent protocole, soit sur le territoire d'un seul État partie au présent protocole si une escale est prévue sur le territoire d'un autre État.

CHAPITRE III

## Dispositions protocolaires

**Article XIX –** Entre les Parties au présent Protocole, la Convention et le Protocole seront considérés et interprétés comme un seul et même instrument et seront dénommés *Convention de Varsovie amendée à la Haye en 1955*.

**Article XX –** Jusqu'à sa date d'entrée en vigueur conformément aux dispositions de l'article XXII, alinéa 1er, le présent Protocole restera ouvert à la signature à tout État qui aura ratifié la Convention ou y aura adhéré, ainsi qu'à tout État ayant participé à la Conférence à laquelle ce Protocole a été adopté.

**Article XXI –** 1. Le présent Protocole sera soumis à la ratification des États signataires.

2. La ratification du présent Protocole par un État qui n'est pas partie à la Convention emporte adhésion à la Convention amendée par ce Protocole.

3. Les instruments de ratification seront déposés auprès du Gouvernement de la République Populaire de Pologne.

**Article XXII –** 1. Lorsque le présent Protocole aura réuni les ratifications de trente États signataires, il entrera en vigueur entre ces États le quatre-vingt-dixième jour après le dépôt du trentième instrument de ratification. À l'égard de chaque État qui le ratifiera par la suite, il entrera en vigueur le quatre-vingt-dixième jour après le dépôt de son instrument de ratification.

2. Dès son entrée en vigueur, le présent Protocole sera enregistré auprès de l'Organisation des Nations unies par le Gouvernement de la République Populaire de Pologne.

**Article XXIII –** 1. Après son entrée en vigueur, le présent Protocole sera ouvert à l'adhésion de tout État non signataire.

2. L'adhésion au présent Protocole par un État qui n'est pas partie à la Convention emporte adhésion à la Convention amendée par le présent Protocole.

3. L'adhésion sera effectuée par le dépôt d'un instrument d'adhésion auprès du Gouvernement de la République Populaire de Pologne et produira ses effets le quatre-vingt-dixième jour après ce dépôt.

**Article XXIV –** 1. Toute Partie au présent Protocole pourra le dénoncer par une notification faite au Gouvernement de la République Populaire de Pologne.

2. La dénonciation produira ses effets six mois après la date de réception par le Gouvernement de la République Populaire de Pologne de la notification de dénonciation.

3. Entre les parties au présent Protocole, la dénonciation de la Convention par l'une d'elles en vertu de l'article 39 ne doit pas être interprétée comme une dénonciation de la Convention amendée par le présent Protocole.

**Article XXV –** 1. Le présent Protocole s'appliquera à tous les territoires qu'un État partie à ce Protocole représente dans les relations extérieures, à l'exception des territoires à l'égard desquels une déclaration a été faite conformément à l'alinéa 2 du présent article.

2. Tout État pourra, au moment du dépôt de son instrument de ratification ou d'adhésion, déclarer que son acceptation du présent Protocole ne vise pas un ou plusieurs des territoires qu'il représente dans les relations extérieures.

3. Tout État pourra par la suite notifier au Gouvernement de la République Populaire de Pologne que le présent Protocole s'appliquera à un ou plusieurs des territoires ayant fait l'objet de la déclaration prévue à l'alinéa 2 du présent article. Cette notification produira ses effets le quatre-vingt-dixième jour après la date de sa réception par ce Gouvernement.

4. Tout État partie à ce Protocole pourra, conformément aux dispositions de l'article XXIV, alinéa 1er, dénoncer le présent Protocole séparément pour tous ou pour l'un quelconque des territoires qu'il représente dans les relations extérieures.

**Article XXVI –** Il ne sera admis aucune réserve au présent Protocole. Toutefois, un État pourra à tout moment déclarer par notification faite au Gouvernement de la République Populaire de Pologne que la Convention amendée par le présent Protocole ne s'appliquera pas au transport de personnes, de marchandises et de bagages effectué pour ses autorités militaires à bord d'aéronefs immatriculés dans ledit État et dont la capacité entière a été réservée par ces autorités ou pour le compte de celles-ci.

**Article XXVII** – Le Gouvernement de la République Populaire de Pologne notifiera immédiatement aux Gouvernements de tous les États signataires de la Convention ou du présent Protocole, de tous les États parties à la Convention ou au présent Protocole, et de tous les États membres de l'Organisation de l'aviation civile internationale ou de l'Organisation des Nations unies, ainsi qu'à l'Organisation de l'aviation civile internationale :

(a) toute signature du présent Protocole et la date de cette signature;

(b) le dépôt de tout instrument de ratification du présent Protocole ou d'adhésion à ce dernier et la date de ce dépôt;

(c) la date à laquelle le présent Protocole entre en vigueur conformément à l'alinéa 1er de l'article XXII;

(d) la réception de toute notification de dénonciation et la date de réception;

(e) la réception de toute déclaration ou notification faite en vertu de l'article XXV et la date de réception; et

(f) la réception de toute notification faite en vertu de l'article XXVI et la date de réception.

# 56 Convention de Genève du 19 mai 1956 relative au contrat de transport international de marchandises par route (CMR)

## En vigueur depuis le 2 juillet 1961



### PRÉAMBULE

*Les Parties contractantes,*

Ayant reconnu l'utilité de régler d'une manière uniforme les conditions du contrat de transport international de marchandises par route, particulièrement en ce qui concerne les documents utilisés pour ce transport et la responsabilité du transporteur,

*sont convenues de ce qui suit :*

### CHAPITRE PREMIER
### Champ d'application

**Article 1er –** 1. La présente Convention s'applique à tout contrat de transport de marchandises par route à titre onéreux au moyen de véhicules, lorsque le lieu de la prise en charge de la marchandise et le lieu prévu pour la livraison, tels qu'ils sont indiqués au contrat, sont situés dans deux pays différents dont l'un au moins est un pays contractant. Il en est ainsi quels que soient le domicile et la nationalité des parties.

2. Pour l'application de la présente Convention, il faut entendre par « véhicules » les automobiles, les véhicules articulés, les remorques et les semi-remorques, tels qu'ils sont définis par l'article 4 de la Convention sur la circulation routière en date du 19 septembre 1949.

3. La présente Convention s'applique même si les transports rentrant dans son champ d'application sont effectués par des États ou par des institutions ou organisations gouvernementales.

4. La présente Convention ne s'applique pas :

*a.* Aux transports effectués sous l'empire de conventions postales internationales;

*b.* Aux transports funéraires;

*c.* Aux transports de déménagement.

5. Les Parties contractantes s'interdisent d'apporter par voie d'accords particuliers conclus entre deux ou plusieurs d'entre elles toute modification à la présente Convention, sauf pour soustraire à son empire leur trafic frontalier ou pour autoriser dans les transports empruntant exclusivement leur territoire l'emploi de la lettre de voiture représentative de la marchandise.

**Article 2 –** 1. Si le véhicule contenant les marchandises est transporté par mer, chemin de fer, voie navigable intérieure ou air sur une partie du parcours, sans rupture de charge sauf, éventuellement, pour l'application des dispositions de l'article 14, la présente Convention s'applique, néanmoins, pour l'ensemble du transport. Cependant, dans la mesure où il est prouvé qu'une perte, une avarie ou un retard à la livraison de la marchandise qui est survenu au cours du transport par l'un des modes de transport autre que la route n'a pas été causé par un acte ou une omission du transporteur routier et qu'il convient d'un fait qui n'a pu se produire qu'au cours et en raison du transport non routier, la responsabilité du transporteur routier est déterminée non par la présente Convention, mais de la façon dont la responsabilité du transporteur non routier eût été déterminée si un contrat de transport avait été conclu entre l'expéditeur et le transporteur non routier pour le seul transport de la marchandise conformément aux dispositions impératives de la loi concernant le transport de marchandises par le mode de transport autre que la route. Toutefois, en l'absence de telles dispositions, la responsabilité du transporteur par route sera déterminée par la présente Convention.

2. Si le transporteur routier est en même temps le transporteur non routier, sa responsabilité est également déterminée par le paragraphe 1 comme si sa fonction de transporteur routier et sa fonction de transporteur non routier étaient exercées par deux personnes différentes.

## CHAPITRE II

## Personnes dont répond le transporteur

**Article 3 –** Pour l'application de la présente Convention, le transporteur répond, comme de ses propres actes et omissions, des actes et omissions de ses préposés et de toutes autres personnes aux services desquelles il recourt pour l'exécution du transport lorsque ces préposés ou ces personnes agissent dans l'exercice de leurs fonctions.

## CHAPITRE III

## Conclusion et exécution du contrat de transport

**Article 4 –** Le contrat de transport est constaté par une lettre de voiture. L'absence, l'irrégularité ou la perte de la lettre de voiture n'affectent ni l'existence ni la validité du contrat de transport qui reste soumis aux dispositions de la présente Convention.

**Article 5 –** 1. La lettre de voiture est établie en trois exemplaires originaux signés par l'expéditeur et par le transporteur, ces signatures pouvant être imprimées ou remplacées par les timbres de l'expéditeur et du transporteur si la législation du pays où la lettre de voiture est établie le permet. Le premier exemplaire est remis à l'expéditeur, le deuxième accompagne la marchandise et le troisième est retenu par le transporteur.

2. Lorsque la marchandise à transporter doit être chargée dans des véhicules différents, ou lorsqu'il s'agit de différentes espèces de marchandises ou de lots distincts, l'expéditeur ou le transporteur a le droit d'exiger l'établissement d'autant de lettres de voiture qu'il doit être utilisé de véhicules ou qu'il y a d'espèces ou de lots de marchandises.

**Article 6 –** 1. La lettre de voiture doit contenir les indications suivantes :

*a.* Le lieu et la date de son établissement ;

*b.* Le nom et l'adresse de l'expéditeur ;

*c.* Le nom et l'adresse du transporteur ;

*d.* Le lieu et la date de la prise en charge de la marchandise et le lieu prévu pour la livraison ;

*e.* Le nom et l'adresse du destinataire ;

*f.* La dénomination courante de la nature de la marchandise et le mode d'emballage et, pour les marchandises dangereuses, leur dénomination généralement reconnue ;

*g.* Le nombre des colis, leurs marques particulières et leurs numéros ;

*h.* Le poids brut ou la quantité autrement exprimée de la marchandise ;

*i.* Les frais afférents au transport (prix de transport, frais accessoires, droits de douane et autres frais survenant à partir de la conclusion du contrat jusqu'à la livraison) ;

*j.* Les instructions requises pour les formalités de douane et autres ;

*k.* L'indication que le transport est soumis, nonobstant toute clause contraire, au régime établi par la présente Convention.

2. Le cas échéant, la lettre de voiture doit contenir, en outre, les indications suivantes :

*a.* L'indication de transbordement ;

*b.* Les frais que l'expéditeur prend à sa charge ;

*c.* Le montant du remboursement à percevoir lors de la livraison de la marchandise ;

*d.* La valeur déclarée de la marchandise et la somme représentant l'intérêt spécial à la livraison ;

*e.* Les instructions de l'expéditeur au transporteur en ce qui concerne l'assurance de la marchandise ;

*f.* Le délai convenu dans lequel le transport doit être effectué ;

*g.* La liste des documents remis au transporteur.

3. Les parties peuvent porter sur la lettre de voiture toute autre indication qu'elles jugent utile.

**Article 7 –** 1. L'expéditeur répond de tous frais et dommages que supporterait le transporteur en raison de l'inexactitude ou de l'insuffisance :

*a.* Des indications mentionnées à l'article 6, paragraphe 1 *b, d, e, f, g, h* et *j* ;

*b*. Des indications mentionnées à l'article 6, paragraphe 2 ;

*c*. Dans toutes autres indications ou instructions qu'il donne pour l'établissement de la lettre de voiture ou pour y être reportées.

2. Si, à la demande de l'expéditeur, le transporteur inscrit sur la lettre de voiture les mentions visées au paragraphe 1 du présent article, il est considéré, jusqu'à preuve du contraire, comme agissant pour le compte de l'expéditeur.

3. Si la lettre de voiture ne contient pas la mention prévue à l'article 6, paragraphe 1 *k*, le transporteur est responsable de tous frais et dommages que subirait l'ayant droit à la marchandise en raison de cette omission.

**Article 8 –** 1. Lors de la prise en charge de la marchandise, le transporteur est tenu de vérifier :

*a*. L'exactitude des mentions de la lettre de voiture relatives au nombre de colis, ainsi qu'à leurs marques et numéros ;

*b*. L'état apparent de la marchandise et de son emballage.

2. Si le transporteur n'a pas de moyens raisonnables de vérifier l'exactitude des mentions visées au paragraphe 1 *a* du présent article, il inscrit sur la lettre de voiture des réserves qui doivent être motivées. Il doit de même motiver toutes les réserves qu'il fait au sujet de l'état apparent de la marchandise et de son emballage. Ces réserves n'engagent pas l'expéditeur, si celui-ci ne les a pas expressément acceptées sur la lettre de voiture.

3. L'expéditeur a le droit d'exiger la vérification par le transporteur du poids brut ou de la quantité autrement exprimée de la marchandise. Il peut aussi exiger la vérification du contenu des colis. Le transporteur peut réclamer le payement des frais de vérification. Le résultat des vérifications est consigné sur la lettre de voiture.

**Article 9 –** 1. La lettre de voiture fait foi, jusqu'à preuve du contraire, des conditions du contrat et de la réception de la marchandise par le transporteur.

2. En l'absence d'inscription sur la lettre de voiture de réserves motivées du transporteur, il y a présomption que la marchandise et son emballage étaient en bon état apparent au moment de la prise en charge par le transporteur et que le nombre des colis, ainsi que leurs marques et numéros, étaient conformes aux énonciations de la lettre de voiture.

**Article 10 –** L'expéditeur est responsable envers le transporteur des dommages aux personnes, au matériel ou à d'autres marchandises, ainsi que des frais, qui auraient pour origine la défectuosité de l'emballage de la marchandise, à moins que, la défectuosité étant apparente ou connue du transporteur au moment de la prise en charge, le transporteur n'ait pas fait de réserves à son sujet.

**Article 11 –** 1. En vue de l'accomplissement des formalités de douane et autres à remplir avant la livraison de la marchandise, l'expéditeur doit joindre à la lettre de voiture ou mettre à la disposition du transporteur les documents nécessaires et lui fournir tous renseignements voulus.

2. Le transporteur n'est pas tenu d'examiner si ces documents et renseignements sont exacts ou suffisants. L'expéditeur est responsable envers le transporteur de tous dommages qui pourraient résulter de l'absence, de l'insuffisance ou de l'irrégularité de ces documents et renseignements, sauf en cas de faute du transporteur.

3. Le transporteur est responsable au même titre qu'un commissionnaire des conséquences de la perte ou de l'utilisation inexacte des documents mentionnés sur

la lettre de voiture et qui accompagnent celle-ci ou qui sont déposés entre ses mains ; toutefois, l'indemnité à sa charge ne dépassera pas celle qui serait due en cas de perte de la marchandise.

**Article 12 –** 1. L'expéditeur a le droit de disposer de la marchandise, notamment en demandant au transporteur d'en arrêter le transport, de modifier le lieu prévu pour la livraison ou de livrer la marchandise à un destinataire différent de celui indiqué sur la lettre de voiture.

2. Ce droit s'éteint lorsque le deuxième exemplaire de la lettre de voiture est remis au destinataire ou que celui-ci fait valoir le droit prévu à l'article 13, paragraphe 1 ; à partir de ce moment, le transporteur doit se conformer aux ordres du destinataire.

3. Le droit de disposition appartient toutefois au destinataire dès l'établissement de la lettre de voiture si une mention dans ce sens est faite par l'expéditeur sur cette lettre.

4. Si, en exerçant son droit de disposition, le destinataire ordonne de livrer la marchandise à une autre personne, celle-ci ne peut pas désigner d'autres destinataires.

5. L'exercice du droit de disposition est subordonné aux conditions suivantes :

*a.* L'expéditeur ou, dans le cas visé au paragraphe 3 du présent article, le destinataire qui veut exercer ce droit doit présenter le premier exemplaire de la lettre de voiture, sur lequel doivent être inscrites les nouvelles instructions données au transporteur, et dédommager le transporteur des frais et du préjudice qu'entraîne l'exécution de ces instructions ;

*b.* Cette exécution doit être possible au moment où les instructions parviennent à la personne qui doit les exécuter et elle ne doit ni entraver l'exploitation normale de l'entreprise du transporteur, ni porter préjudice aux expéditeurs ou destinataires d'autres envois ;

*c.* Les instructions ne doivent jamais avoir pour effet de diviser l'envoi.

6. Lorsque, en raison des dispositions prévues au paragraphe 5 *b* du présent article, le transporteur ne peut exécuter les instructions qu'il reçoit, il doit en aviser immédiatement la personne dont émanent ces instructions.

7. Le transporteur qui n'aura pas exécuté les instructions données dans les conditions prévues au présent article ou qui se sera conformé à de telles instructions sans avoir exigé la présentation du premier exemplaire de la lettre de voiture sera responsable envers l'ayant droit du préjudice causé par ce fait.

**Article 13 –** 1. Après l'arrivée de la marchandise au lieu prévu pour la livraison, le destinataire a le droit de demander que le deuxième exemplaire de la lettre de voiture lui soit remis et que la marchandise lui soit livrée, le tout contre décharge. Si la perte de la marchandise est établie, ou si la marchandise n'est pas arrivée à l'expiration du délai prévu à l'article 19, le destinataire est autorisé à faire valoir en son propre nom vis-à-vis du transporteur les droits qui résultent du contrat de transport.

2. Le destinataire qui se prévaut des droits qui lui sont accordés aux termes du paragraphe 1 du présent article est tenu de payer le montant des créances résultant de la lettre de voiture. En cas de contestation à ce sujet, le transporteur n'est obligé d'effectuer la livraison de la marchandise que si une caution lui est fournie par le destinataire.

**Article 14 –** 1. Si, pour un motif quelconque, l'exécution du contrat dans les conditions prévues à la lettre de voiture est ou devient impossible avant l'arrivée de la marchandise au lieu prévu pour la livraison, le transporteur est tenu de demander des instructions à la personne qui a le droit de disposer de la marchandise conformément à l'article 12.

2. Toutefois, si les circonstances permettent l'exécution du transport dans des conditions différentes de celles prévues à la lettre de voiture et si le transporteur n'a pu obtenir en temps utile les instructions de la personne qui a le droit de disposer de la marchandise conformément à l'article 12, il prend les mesures qui lui paraissent les meilleures dans l'intérêt de la personne ayant le droit de disposer de la marchandise.

**Article 15 –** 1. Lorsque, après l'arrivée de la marchandise au lieu de destination il se présente des empêchements à la livraison, le transporteur demande des instructions à l'expéditeur. Si le destinataire refuse la marchandise, l'expéditeur a le droit de disposer de celle-ci sans avoir à produire le premier exemplaire de la lettre de voiture.

2. Même s'il a refusé la marchandise, le destinataire peut toujours en demander la livraison tant que le transporteur n'a pas reçu d'instructions contraires de l'expéditeur.

3. Si l'empêchement à la livraison se présente après que, conformément au droit qu'il détient en vertu de l'article 12, paragraphe 3, le destinataire a donné l'ordre de livrer la marchandise à une autre personne, le destinataire est substitué à l'expéditeur, et cette autre personne au destinataire, pour l'application des paragraphes 1 et 2 ci-dessus.

**Article 16 –** 1. Le transporteur a droit au remboursement des frais que lui cause sa demande d'instructions, ou qu'entraîne pour lui l'exécution des instructions reçues, à moins que ces frais ne soient la conséquence de sa faute.

2. Dans les cas visés à l'article 14, paragraphe 1, et à l'article 15, le transporteur peut décharger immédiatement la marchandise pour le compte de l'ayant droit; après ce déchargement, le transport est réputé terminé. Le transporteur assume alors la garde de la marchandise. Il peut toutefois confier la marchandise à un tiers et n'est alors responsable que du choix judicieux de ce tiers. La marchandise reste grevée des créances résultant de la lettre de voiture et de tous autres frais.

3. Le transporteur peut faire procéder à la vente de la marchandise sans attendre d'instructions de l'ayant droit lorsque la nature périssable ou l'état de la marchandise le justifie ou lorsque les frais de garde sont hors de proportion avec la valeur de la marchandise. Dans les autres cas, il peut également faire procéder à la vente lorsque, dans un délai raisonnable, il n'a pas reçu de l'ayant droit d'instructions contraires dont l'exécution puisse équitablement être exigée.

4. Si la marchandise a été vendue en application du présent article, le produit de la vente doit être mis à la disposition de l'ayant droit, déduction faite des frais grevant la marchandise. Si ces frais sont supérieurs au produit de la vente, le transporteur a droit à la différence.

5. La façon de procéder en cas de vente est déterminée par la loi ou les usages du lieu où se trouve la marchandise.

CHAPITRE IV

## Responsabilité du transporteur

**Article 17 –** 1. Le transporteur est responsable de la perte totale ou partielle, ou de l'avarie, qui se produit entre le moment de la prise en charge de la marchandise et celui de la livraison, ainsi que du retard à la livraison.

2. Le transporteur est déchargé de cette responsabilité si la perte, l'avarie ou le retard a eu pour cause une faute de l'ayant droit, un ordre de celui-ci ne résultant pas d'une faute du transporteur, un vice propre de la marchandise, ou des circonstances que le transporteur ne pouvait pas éviter et aux conséquences desquelles il ne pouvait pas obvier.

3. Le transporteur ne peut exciper, pour se décharger de sa responsabilité, ni des défectuosités du véhicule dont il se sert pour effectuer le transport, ni de fautes de la personne dont il aurait loué le véhicule ou des préposés de celle-ci.

4. Compte tenu de l'article 18, paragraphes 2 à 5, le transporteur est déchargé de sa responsabilité lorsque la perte ou l'avarie résulte des risques particuliers inhérents à l'un des faits suivants ou à plusieurs d'entre eux :

*a.* Emploi de véhicules ouverts et non bâchés, lorsque cet emploi a été convenu d'une manière expresse et mentionné dans la lettre de voiture ;

*b.* Absence ou défectuosité de l'emballage pour les marchandises exposées par leur nature à des déchets ou avaries quand elles ne sont pas emballées ou sont mal emballées ;

*c.* Manutention, chargement, arrimage ou déchargement de la marchandise par l'expéditeur ou le destinataire ou des personnes agissant pour le compte de l'expéditeur ou du destinataire ;

*d.* Nature de certaines marchandises exposées, par des causes inhérentes à cette nature même, soit à perte totale ou partielle, soit à avarie, notamment par bris, rouille, détérioration interne et spontanée, dessiccation, coulage, déchet normal ou action de la vermine et des rongeurs ;

*e.* Insuffisance ou imperfection des marques ou des numéros de colis ;

*f.* Transport d'animaux vivants.

5. Si, en vertu du présent article, le transporteur ne répond pas de certains des facteurs qui ont causé le dommage, sa responsabilité n'est engagée que dans la proportion où les facteurs dont il répond en vertu du présent article ont contribué au dommage.

**Article 18 –** 1. La preuve que la perte, l'avarie ou le retard a eu pour cause un des faits prévus à l'article 17, paragraphe 2, incombe au transporteur.

2. Lorsque le transporteur établit que, eu égard aux circonstances de fait, la perte ou l'avarie a pu résulter d'un ou de plusieurs des risques particuliers prévus à l'article 17, paragraphe 4, il y a présomption qu'elle en résulte. L'ayant droit peut toutefois faire la preuve que le dommage n'a pas eu l'un de ces risques pour cause totale ou partielle.

3. La présomption visée ci-dessus n'est pas applicable dans le cas prévu à l'article 17, paragraphe 4 *a,* s'il y a manquant d'une importance anormale ou perte de colis.

4. Si le transport est effectué au moyen d'un véhicule aménagé en vue de soustraire les marchandises à l'influence de la chaleur, du froid, des variations de température ou de l'humidité de l'air, le transporteur ne peut invoquer le bénéfice de l'article 17, paragraphe 4 *d,* que s'il fournit la preuve que toutes les mesures lui

incombant, compte tenu des circonstances, ont été prises en ce qui concerne le choix, l'entretien et l'emploi de ces aménagements et qu'il s'est conformé aux instructions spéciales qui ont pu lui être données.

5. Le transporteur ne peut invoquer le bénéfice de l'article 17, paragraphe 4 *f*, que s'il fournit la preuve que toutes les mesures lui incombant normalement, compte tenu des circonstances, ont été prises et qu'il s'est conformé aux instructions spéciales qui ont pu lui être données.

**Article 19 –** Il y a retard à la livraison lorsque la marchandise n'a pas été livrée dans le délai convenu ou, s'il n'a pas été convenu de délai, lorsque la durée effective du transport dépasse, compte tenu des circonstances, et notamment, dans le cas d'un chargement partiel, du temps voulu pour assembler un chargement complet dans des conditions normales, le temps qu'il est raisonnable d'allouer à des transporteurs diligents.

**Article 20 –** 1. L'ayant droit peut, sans avoir à fournir d'autres preuves, considérer la marchandise comme perdue quand elle n'a pas été livrée dans les trente jours qui suivent l'expiration du délai convenu ou, s'il n'a pas été convenu de délai, dans les soixante jours qui suivent la prise en charge de la marchandise par le transporteur.

2. L'ayant droit peut, en recevant le payement de l'indemnité pour la marchandise perdue, demander, par écrit, à être avisé immédiatement dans le cas où la marchandise serait retrouvée au cours de l'année qui suivra le payement de l'indemnité. Il lui est donné par écrit acte de cette demande.

3. Dans les trente jours qui suivent la réception de cet avis, l'ayant droit peut exiger que la marchandise lui soit livrée contre payement des créances résultant de la lettre de voiture et contre restitution de l'indemnité qu'il a reçue, déduction faite éventuellement des frais qui auraient été compris dans cette indemnité, et sous réserve de tous droits à l'indemnité pour retard à la livraison prévue à l'article 23 et, s'il y a lieu, à l'article 26.

4. À défaut soit de la demande prévue au paragraphe 2, soit d'instructions données dans le délai de trente jours prévu au paragraphe 3, ou encore si la marchandise n'a été retrouvée que plus d'un an après le payement de l'indemnité, le transporteur en dispose conformément à la loi du lieu où se trouve la marchandise.

**Article 21 –** Si la marchandise est livrée au destinataire sans encaissement du remboursement qui aurait dû être perçu par le transporteur en vertu des dispositions du contrat de transport, le transporteur est tenu d'indemniser l'expéditeur à concurrence du montant du remboursement sauf son recours contre le destinataire.

**Article 22 –** 1. Si l'expéditeur remet au transporteur des marchandises dangereuses il lui signale la nature exacte du danger qu'elles présentent et lui indique éventuellement les précautions à prendre. Au cas où cet avis n'a pas été consigné sur la lettre de voiture, il appartient à l'expéditeur ou au destinataire de faire la preuve, par tous autres moyens, que le transporteur a eu connaissance de la nature exacte du danger que présentait le transport desdites marchandises.

2. Les marchandises dangereuses qui n'auraient pas été connues comme telles par le transporteur dans les conditions prévues au paragraphe 1 du présent article, peuvent à tout moment et en tout lieu être déchargées, détruites ou rendues inoffensives par le transporteur, et ce sans aucune indemnité; l'expéditeur est en outre responsable de tous frais et dommages résultant de leur remise au transport ou de leur transport.

**Article 23 –** 1. Quand, en vertu des dispositions de la présente Convention, une indemnité pour perte totale ou partielle de la marchandise est mise à la charge du transporteur, cette indemnité est calculée d'après la valeur de la marchandise au lieu et à l'époque de la prise en charge.

2. La valeur de la marchandise est déterminée d'après le cours en bourse ou, à défaut, d'après le prix courant sur le marché ou, à défaut de l'un et de l'autre, d'après la valeur usuelle des marchandises de mêmes nature et qualité.

3. Toutefois, l'indemnité ne peut dépasser 25 F par kilogramme du poids brut manquant. Le franc s'entend du franc or, d'un poids de 10/31 de gramme au titre de 0,900.

4. Sont en outre remboursés le prix du transport, les droits de douane et les autres frais encourus à l'occasion du transport de la marchandise, en totalité en cas de perte totale, et au prorata en cas de perte partielle; d'autres dommages-intérêts ne sont pas dus.

5. En cas de retard, si l'ayant droit prouve qu'un préjudice en est résulté, le transporteur est tenu de payer pour ce préjudice une indemnité qui ne peut pas dépasser le prix du transport.

6. Des indemnités plus élevées ne peuvent être réclamées qu'en cas de déclaration de la valeur de la marchandise ou de déclaration d'intérêt spécial à la livraison, conformément aux articles 24 et 25.

**Article 24 –** L'expéditeur peut déclarer dans la lettre de voiture, contre payement d'un supplément de prix à convenir, une valeur de la marchandise excédant la limite mentionnée au paragraphe 3 de l'article 23 et, dans ce cas, le montant déclaré se substitue à cette limite.

**Article 25 –** 1. En cas d'avarie, le transporteur paye le montant de la dépréciation calculée d'après la valeur de la marchandise fixée conformément à l'article 23, paragraphes 1, 2 et 4.

2. Toutefois, l'indemnité ne peut dépasser :

*a.* Si la totalité de l'expédition est dépréciée par l'avarie, le chiffre qu'elle aurait atteint en cas de perte totale;

*b.* Si une partie seulement de l'expédition est dépréciée par l'avarie, le chiffre qu'elle aurait atteint en cas de perte de la partie dépréciée.

**Article 26 –** 1. L'expéditeur peut fixer, en l'inscrivant à la lettre de voiture, et contre payement d'un supplément de prix à convenir, le montant d'un intérêt spécial à la livraison, pour le cas de perte ou d'avarie et pour celui de dépassement du délai convenu.

2. S'il y a eu déclaration d'intérêt spécial à la livraison, il peut être réclamé, indépendamment des indemnités prévues aux articles 23, 24 et 25, et à concurrence du montant de l'intérêt déclaré, une indemnité égale au dommage supplémentaire dont la preuve est apportée.

**Article 27 –** 1. L'ayant droit peut demander les intérêts de l'indemnité. Ces intérêts, calculés à raison de 5 % l'an, courent du jour de la réclamation adressée par écrit au transporteur ou, s'il n'y a pas eu de réclamation, du jour de la demande en justice.

2. Lorsque les éléments qui servent de base au calcul de l'indemnité ne sont pas exprimés dans la monnaie du pays où le payement est réclamé, la conversion est faite d'après le cours du jour et du lieu du payement de l'indemnité.

**Article 28 –** 1. Lorsque, d'après la loi applicable, la perte, l'avarie ou le retard survenu au cours d'un transport soumis à la présente Convention peut donner lieu à une réclamation extracontractuelle, le transporteur peut se prévaloir des dispositions de la présente Convention qui excluent sa responsabilité ou qui déterminent ou limitent les indemnités dues.

2. Lorsque la responsabilité extracontractuelle pour perte, avarie ou retard d'une des personnes dont le transporteur répond aux termes de l'article 3 est mise en cause, cette personne peut également se prévaloir des dispositions de la présente Convention qui excluent la responsabilité du transporteur ou qui déterminent ou limitent les indemnités dues.

**Article 29 –** 1. Le transporteur n'a pas le droit de se prévaloir des dispositions du présent chapitre qui excluent ou limitent sa responsabilité ou qui renversent le fardeau de la preuve, si le dommage provient de son dol ou d'une faute qui lui est imputable et qui, d'après la loi de la juridiction saisie, est considérée comme équivalente au dol.

2. Il en est de même si le dol ou la faute est le fait des préposés du transporteur ou de toutes autres personnes aux services desquelles il recourt pour l'exécution du transport lorsque ces préposés ou ces autres personnes agissent dans l'exercice de leurs fonctions. Dans ce cas, ces préposés ou ces autres personnes n'ont pas davantage le droit de se prévaloir, en ce qui concerne leur responsabilité personnelle, des dispositions du présent chapitre visées au paragraphe premier.

## CHAPITRE V
## Réclamations et actions

**Article 30 –** 1. Si le destinataire a pris livraison de la marchandise sans qu'il en ait constaté l'état contradictoirement avec le transporteur ou sans qu'il ait, au plus tard au moment de la livraison s'il s'agit de pertes ou avaries apparentes, ou dans les sept jours à dater de la livraison, dimanche et jours fériés non compris, lorsqu'il s'agit de pertes ou avaries non apparentes, adressé des réserves au transporteur indiquant la nature générale de la perte ou de l'avarie, il est présumé, jusqu'à preuve contraire, avoir reçu la marchandise dans l'état décrit dans la lettre de voiture. Les réserves visées ci-dessus doivent être faites par écrit lorsqu'il s'agit de pertes ou avaries non apparentes.

2. Lorsque l'état de la marchandise a été constaté contradictoirement par le destinataire et le transporteur, la preuve contraire au résultat de cette constatation ne peut être faite que s'il s'agit de pertes ou avaries non apparentes et si le destinataire a adressé des réserves écrites au transporteur dans les sept jours, dimanche et jours fériés non compris, à dater de cette constatation.

3. Un retard à la livraison ne peut donner lieu à indemnité que si une réserve a été adressée par écrit dans le délai de vingt et un jours à dater de la mise de la marchandise à la disposition du destinataire.

4. La date de livraison ou, selon le cas, celle de la constatation ou celle de la mise à disposition n'est pas comptée dans les délais prévus au présent article.

5. Le transporteur et le destinataire se donnent réciproquement toutes facilités raisonnables pour les constatations et vérifications utiles.

**Article 31 –** 1. Pour tous litiges auxquels donnent lieu les transports soumis à la présente Convention, le demandeur peut saisir, en dehors des juridictions des pays contractants désignés d'un commun accord par les Parties, les juridictions du pays sur le territoire duquel :

*a.* Le défendeur a sa résidence habituelle, son siège principal ou la succursale ou l'agence par l'intermédiaire de laquelle le contrat de transport a été conclu, ou

*b.* Le lieu de la prise en charge de la marchandise ou celui prévu pour la livraison est situé,

et ne peut saisir que ces juridictions.

2. Lorsque dans un litige visé au paragraphe premier du présent article une action est en instance devant une juridiction compétente aux termes de ce paragraphe, ou lorsque dans un tel litige un jugement a été prononcé par une telle juridiction, il ne peut être intenté aucune nouvelle action pour la même cause entre les mêmes parties à moins que la décision de la juridiction devant laquelle la première action a été intentée ne soit pas susceptible d'être exécutée dans le pays où la nouvelle action est intentée.

3. Lorsque dans un litige visé au paragraphe premier du présent article un jugement rendu par une juridiction d'un pays contractant est devenu exécutoire dans ce pays, il devient également exécutoire dans chacun des autres pays contractants aussitôt après accomplissement des formalités prescrites à cet effet dans le pays intéressé. Ces formalités ne peuvent comporter aucune révision de l'affaire.

4. Les dispositions du paragraphe 3 du présent article s'appliquent aux jugements contradictoires, aux jugements par défaut et aux transactions judiciaires mais ne s'appliquent ni aux jugements qui ne sont exécutoires que par provision, ni aux condamnations en dommage et intérêts qui seraient prononcés en sus des dépens contre un demandeur en raison du rejet total ou partiel de sa demande.

5. Il ne peut être exigé de caution de ressortissants de pays contractants, ayant leur domicile ou un établissement dans un de ces pays, pour assurer le payement des dépens à l'occasion des actions en justice auxquelles donnent lieu les transports soumis à la présente Convention.

**Article 32 –** 1. Les actions auxquelles peuvent donner lieu les transports soumis à la présente Convention sont prescrites dans le délai d'un an. Toutefois, dans le cas de dol ou de faute considérée, d'après la loi de la juridiction saisie, comme équivalente au dol, la prescription est de trois ans, La prescription court :

*a.* Dans le cas de perte partielle, d'avarie ou de retard, à partir du jour où la marchandise a été livrée ;

*b.* Dans le cas de perte totale, à partir du trentième jour après l'expiration du délai convenu ou, s'il n'a pas été convenu de délai, à partir du soixantième jour après la prise en charge de la marchandise par le transporteur ;

*c.* Dans tous les autres cas, à partir de l'expiration d'un délai de trois mois à dater de la conclusion du contrat de transport.

Le jour indiqué ci-dessus comme point de départ de la prescription n'est pas compris dans le délai.

2. Une réclamation écrite suspend la prescription jusqu'au jour où le transporteur repousse la réclamation par écrit et restitue les pièces qui y étaient jointes. En cas d'acceptation partielle de la réclamation, la prescription ne reprend son cours que pour la partie de la réclamation qui reste litigieuse. La preuve de la réception de la réclamation ou de la réponse et de la restitution des pièces est à la charge de la partie qui invoque ce fait. Les réclamations ultérieures ayant le même objet ne suspendent pas la prescription.

3. Sous réserve des dispositions du paragraphe 2 ci-dessus, la suspension de la prescription est régie par la loi de la juridiction saisie. Il en est de même en ce qui concerne l'interruption de la prescription.

4. L'action prescrite ne peut plus être exercée, même sous forme de demande reconventionnelle ou d'exception.

**Article 33 –** Le contrat de transport peut contenir une clause attribuant compétence à un tribunal arbitral à condition que cette clause prévoie que le tribunal arbitral appliquera la présente Convention.

CHAPITRE VI

## Dispositions relatives au transport effectué par transporteurs successifs

**Article 34 –** Si un transport régi par un contrat unique est exécuté par des transporteurs routiers successifs, chacun de ceux-ci assume la responsabilité de l'exécution du transport total, le second transporteur et chacun des transporteurs suivants devenant, de par leur acceptation de la marchandise et de la lettre de voiture parties au contrat, aux conditions de la lettre de voiture.

**Article 35 –** 1. Le transporteur qui accepte la marchandise du transporteur précédent remet à celui-ci un reçu daté et signé. Il doit porter son nom et son adresse sur le deuxième exemplaire de la lettre de voiture. S'il y a lieu, il appose sur cet exemplaire, ainsi que sur le reçu, des réserves analogues à celles qui sont prévues à l'article 8, paragraphe 2.

2. Les dispositions de l'article 9 s'appliquent aux relations entre transporteurs successifs.

**Article 36 –** À moins qu'il ne s'agisse d'une demande reconventionnelle ou d'une exception formulée dans une instance relative à une demande fondée sur le même contrat de transport, l'action en responsabilité pour perte, avarie ou retard ne peut être dirigée que contre le premier transporteur, le dernier transporteur, ou le transporteur qui exécutait la partie du transport au cours de laquelle s'est produit le fait ayant causé la perte, l'avarie ou le retard; l'action peut être dirigée à la fois contre plusieurs de ces transporteurs.

**Article 37 –** Le transporteur qui a payé une indemnité en vertu des dispositions de la présente Convention a le droit d'exercer un recours en principal, intérêts et frais contre les transporteurs qui ont participé à l'exécution du contrat de transport, conformément aux dispositions suivantes :

*a.* Le transporteur par le fait duquel le dommage a été causé doit seul supporter l'indemnité, qu'il l'ait payée lui-même ou qu'elle ait été payée par un autre transporteur;

*b.* Lorsque le dommage a été causé par le fait de deux ou de plusieurs transporteurs, chacun d'eux doit payer un montant proportionnel à sa part de responsabilité; si l'évaluation des parts de responsabilité est impossible, chacun d'eux est responsable proportionnellement à la part de rémunération du transport qui lui revient;

*c.* Si l'on ne peut déterminer quels sont ceux des transporteurs auxquels la responsabilité est imputable, la charge de l'indemnité due est répartie, dans la proportion fixée en *b,* entre tous les transporteurs.

**Article 38 –** Si l'un des transporteurs est insolvable, la part lui incombant et qu'il n'a pas payée est répartie entre tous les autres transporteurs proportionnellement à leur rémunération.

**Article 39 –** 1. Le transporteur contre lequel est exercé un des recours prévus aux articles 37 et 38 n'est pas recevable à contester le bien-fondé du payement effectué par le transporteur exerçant le recours, lorsque l'indemnité a été fixée par décision de justice, pourvu qu'il ait été dûment informé du procès et qu'il ait été à même d'y intervenir.

2. Le transporteur qui veut exercer son recours peut le former devant le tribunal compétent du pays dans lequel l'un des transporteurs intéressés a sa résidence habituelle, son siège principal ou la succursale ou l'agence par l'entremise de laquelle le contrat de transport a été conclu. Le recours peut être dirigé dans une seule et même instance contre tous les transporteurs intéressés.

3. Les dispositions de l'article 31, paragraphes 3 et 4, s'appliquent aux jugements rendus sur les recours prévus aux articles 37 et 38.

4. Les dispositions de l'article 32 sont applicables aux recours entre transporteurs. La prescription court, toutefois, soit à partir du jour d'une décision de justice définitive fixant l'indemnité à payer en vertu des dispositions de la présente Convention, soit, au cas où il n'y aurait pas eu de telle décision, à partir du jour du payement effectif.

**Article 40 –** Les transporteurs sont libres de convenir entre eux de dispositions dérogeant aux articles 37 et 38.

CHAPITRE VII

## Nullité des stipulations contraires à la Convention

**Article 41 –** 1. Sous réserve des dispositions de l'article 40, est nulle et de nul effet toute stipulation qui, directement ou indirectement, dérogerait aux dispositions de la présente Convention. La nullité de telles stipulations n'entraîne pas la nullité des autres dispositions du contrat.

2. En particulier, seraient nulles toute clause par laquelle le transporteur se ferait céder le bénéfice de l'assurance de la marchandise ou tout autre clause analogue, ainsi que toute clause déplaçant le fardeau de la preuve.

CHAPITRE VIII

## Dispositions finales

**Article 42 –** 1. La présente Convention est ouverte à la signature ou à l'adhésion des pays membres de la commission économique pour l'Europe et des pays admis à la commission à titre consultatif conformément au paragraphe 8 du mandat de cette commission.

2. Les pays susceptibles de participer à certains travaux de la commission économique pour l'Europe en application du paragraphe 11 du mandat de cette commission peuvent devenir Parties contractantes à la présente Convention en y adhérant après son entrée en vigueur.

3. La Convention sera ouverte à la signature jusqu'au 31 août 1956 inclus. Après cette date, elle sera ouverte à l'adhésion.

4. La présente Convention sera ratifiée.

5. La ratification ou l'adhésion sera effectuée par le dépôt d'un instrument auprès du secrétaire général de l'Organisation des Nations unies.

**Article 43 –** 1. La présente Convention entrera en vigueur le quatre-vingt-dixième jour après que cinq des pays mentionnés au paragraphe premier de l'article 42 auront déposé leur instrument de ratification ou d'adhésion.

2. Pour chaque pays qui la ratifiera ou y adhérera après que cinq pays auront déposé leur instrument de ratification ou d'adhésion, la présente Convention entrera en vigueur le quatre-vingt-dixième jour qui suivra le dépôt de l'instrument de ratification ou d'adhésion dudit pays.

**Article 44 –** 1. Chaque Partie contractante pourra dénoncer la présente Convention par notification adressée au secrétaire général de l'Organisation des Nations unies.

2. La dénonciation prendra effet douze mois après la date à laquelle le secrétaire général en aura reçu notification.

**Article 45 –** Si, après l'entrée en vigueur de la présente Convention, le nombre de Parties contractantes se trouve, par suite de dénonciations, ramené à moins de cinq, la présente Convention cessera d'être en vigueur à partir de la date à laquelle la dernière de ces dénonciations prendra effet.

**Article 46 –** 1. Tout pays pourra, lors du dépôt de son instrument de ratification ou d'adhésion ou à tout moment ultérieur, déclarer, par notification adressée au secrétaire général de l'Organisation des Nations unies, que la présente Convention sera applicable à tout ou partie des territoires qu'il représente sur le plan international. La Convention sera applicable au territoire ou aux territoires mentionnés dans la notification à dater du quatre-vingt-dixième jour après réception de cette notification par le secrétaire général ou, si à ce jour la Convention n'est pas encore entrée en vigueur, à dater de son entrée en vigueur.

2. Tout pays qui aurait fait, conformément au paragraphe précédent, une déclaration ayant pour effet de rendre la présente Convention applicable à un territoire qu'il représente sur le plan international pourra, conformément à l'article 44, dénoncer la Convention en ce qui concerne ledit territoire.

**Article 47 –** Tout différend entre deux ou plusieurs Parties contractantes touchant l'interprétation ou l'application de la présente Convention que les parties n'auraient pu régler par voie de négociations ou par un autre mode de règlement pourra être porté, à la requête d'une quelconque des Parties contractantes intéressées, devant la cour internationale de justice, pour être tranché par elle.

**Article 48 –** 1. Chaque Partie contractante pourra, au moment où elle signera ou ratifiera la présente Convention ou y adhérera, déclarer qu'elle ne se considère pas liée par l'article 47 de la Convention. Les autres Parties contractantes ne seront pas liées par l'article 47 envers toute Partie contractante qui aura formulé une telle réserve.

2. Toute Partie contractante qui aura formule une réserve conformément au paragraphe premier pourra à tout moment lever cette réserve par une notification adressée au secrétaire général de l'Organisation des Nations unies.

3. Aucune autre réserve à la présente Convention ne sera admise.

**Article 49 –** Après que la présente Convention aura été en vigueur pendant trois ans, toute Partie contractante pourra, par notification adressée au secrétaire général de l'Organisation des Nations unies, demander la convocation d'une conférence à l'effet de réviser la présente Convention. Le secrétaire général notifiera cette demande à toutes les Parties contractantes et convoquera une conférence de révision si, dans un délai de quatre mois à dater de la notification adressée par lui, le quart au moins des Parties contractantes lui signifient leur assentiment à cette demande.

2. Si une conférence est convoquée conformément au paragraphe précédent, le secrétaire général en avisera toutes les Parties contractantes et les invitera à présenter, dans un délai de trois mois, les propositions qu'elles souhaiteraient voir examiner par la conférence. Le secrétaire général communiquera à toutes les Parties contractantes l'ordre du jour provisoire de la conférence, ainsi que le texte de ces propositions, trois mois au moins avant la date d'ouverture de la conférence.

3. Le secrétaire général invitera à toute conférence convoquée conformément au présent article tous les pays visés au paragraphe premier de l'article 42, ainsi que les pays devenus Parties contractantes en application du paragraphe 2 de l'article 42.

**Article 50 –** Outre les notifications prévues à l'article 49, le secrétaire général de l'Organisation des Nations unies notifiera aux pays visés au paragraphe premier de l'article 42, ainsi qu'aux pays devenus Parties contractantes en application du paragraphe 2 de l'article 42 :

*a.* Les ratifications et adhésions en vertu de l'article 42;

*b.* Les dates auxquelles la présente Convention entrera en vigueur conformément à l'article 43;

*c.* Les dénonciations en vertu de l'article 44;

*d.* L'abrogation de la présente Convention conformément à l'article 45;

*e.* Les notifications reçues conformément à l'article 46;

*f.* Les déclarations et notifications reçues conformément aux paragraphes premier et 2 de l'article 48.

**Article 51 –** Après le 31 août 1956, l'original de la présente Convention sera déposé auprès du secrétaire général de l'Organisation des Nations unies, qui en transmettra des copies certifiées conformes à chacun des pays visés aux paragraphes premier et 2 de l'article 42.

PROTOCOLE DE SIGNATURE

Au moment de procéder à la signature de la Convention relative au contrat de transport international de marchandises par route, les soussignés, dûment autorisés, sont convenus des déclarations et précisions suivantes :

1. La présente Convention ne s'applique pas aux transports entre le Royaume-Uni de Grande-Bretagne et d'Irlande du Nord et la République d'Irlande ;

2. *Ad* article 1er, paragraphe 4. – Les soussignés s'engagent à négocier des conventions sur le contrat de déménagement et le contrat de transport combiné.

# 57 Convention de Guadalajara du 18 septembre 1961, complémentaire à la Convention de Varsovie, pour l'unification de certaines règles relatives au transport aérien international effectué par une personne autre que le transporteur

En vigueur depuis le 1er mai 1964

*Les États signataires de la présente convention,*

Considérant que la Convention de Varsovie ne contient pas de disposition particulière relative au transport aérien international effectué par une personne qui n'est pas partie au contrat de transport,

Considérant qu'il est donc souhaitable de formuler des règles applicables à cette situation,

*Sont convenus de ce qui suit :*

**Article premier –** Dans la présente Convention :

(a) « Convention de Varsovie » signifie soit la Convention pour l'unification de certaines règles relatives au transport aérien international, signée à Varsovie le 12 octobre 1929, soit la Convention de Varsovie, amendée à la Haye en 1955, selon que le transport, aux termes du contrat visé à l'alinéa (b), est régi par l'une ou par l'autre ;

(b) « transporteur contractuel » signifie une personne partie à un contrat de transport régi par la Convention de Varsovie et conclu avec un passager ou un expéditeur ou avec une personne agissant pour le compte du passager ou de l'expéditeur ;

(c) « transporteur de fait » signifie une personne, autre que le transporteur contractuel, qui, en vertu d'une autorisation donnée par le transporteur contractuel, effectue tout ou partie du transport prévu à l'alinéa (b) mais n'est pas, en ce qui concerne cette partie, un transporteur successif au sens de la Convention de Varsovie. Cette autorisation est présumée, sauf preuve contraire.

**Article II –** Sauf disposition contraire de la présente Convention, si un transporteur de fait effectue tout ou partie du transport qui, conformément au contrat visé à l'article premier, alinéa (b), est régi par la Convention de Varsovie, le transporteur contractuel et le transporteur de fait sont soumis aux règles de la Convention de Varsovie, le premier pour la totalité du transport envisagé dans le contrat, le second seulement pour le transport qu'il effectue.

**Article III –** 1. Les actes et omissions du transporteur de fait ou de ses préposés agissant dans l'exercice de leurs fonctions, relatifs au transport effectué par le transporteur de fait, sont réputés être également ceux du transporteur contractuel.

2. Les actes et omissions du transporteur contractuel ou de ses préposés agissant dans l'exercice de leurs fonctions, relatifs au transport effectué par le transporteur de fait, sont réputés être également ceux du transporteur de fait. Toutefois, aucun de ces actes ou omissions ne pourra soumettre le transporteur de fait à une responsabilité dépassant les limites prévues à l'article 22 de la Convention de Varsovie. Aucun

accord spécial aux termes duquel le transporteur contractuel assume des obligations que n'impose pas la Convention de Varsovie, aucune renonciation à des droits prévus par ladite Convention ou aucune déclaration spéciale d'intérêt à la livraison, visée à l'article 22 de ladite Convention, n'auront d'effet à l'égard du transporteur de fait, sauf consentement de ce dernier.

**Article IV –** Les ordres ou protestations à notifier au transporteur, en application de la Convention de Varsovie, ont le même effet qu'ils soient adressés au transporteur contractuel ou au transporteur de fait. Toutefois, les ordres visés à l'article 12 de la Convention de Varsovie n'ont d'effet que s'ils sont adressés au transporteur contractuel.

**Article V –** En ce qui concerne le transport effectué par le transporteur de fait, tout préposé de ce transporteur ou du transporteur contractuel, s'il prouve qu'il a agi dans l'exercice de ses fonctions, peut se prévaloir des limites de responsabilité applicables, en vertu de la présente Convention, au transporteur dont il est le préposé, sauf s'il est prouvé qu'il a agi de telle façon que les limites de responsabilité ne puissent être invoquées aux termes de la Convention de Varsovie.

**Article VI –** En ce qui concerne le transport effectué par le transporteur de fait, le montant total de la réparation qui peut être obtenu de ce transporteur, du transporteur contractuel et de leurs préposés quand ils ont agi dans l'exercice de leurs fonctions, ne peut pas dépasser l'indemnité la plus élevée qui peut être mise à charge soit du transporteur contractuel, soit du transporteur de fait, en vertu de la présente Convention, sous réserve qu'aucune des personnes mentionnées dans le présent article ne puisse être tenue pour responsable au-delà de la limite qui lui est applicable.

**Article VII –** Toute action en responsabilité, relative au transport effectué par le transporteur de fait, peut être intentée, au choix du demandeur, contre ce transporteur ou le transporteur contractuel ou contre l'un et l'autre, conjointement ou séparément. Si l'action est intentée contre l'un seulement de ces transporteurs, ledit transporteur aura le droit d'appeler l'autre transporteur en intervention devant le tribunal saisi, les effets de cette intervention ainsi que la procédure qui lui est applicable étant réglés par la loi de ce tribunal.

**Article VIII –** Toute action en responsabilité, prévue à l'article VII de la présente Convention doit être portée au choix du demandeur soit devant l'un des tribunaux où une action peut être intentée au transporteur contractuel, conformément à l'article 28 de la Convention de Varsovie, soit devant le tribunal du domicile du transporteur de fait ou du siège principal de son exploitation.

**Article IX –** 1. Toute clause tendant à exonérer le transporteur contractuel ou le transporteur de fait de leur responsabilité en vertu de la présente Convention ou à établir une limite inférieure à celle qui est fixée dans la présente Convention est nulle et de nul effet, mais la nullité de cette clause n'entraîne pas la nullité du contrat qui reste soumis aux dispositions de la présente Convention.

2. En ce qui concerne le transport effectué par le transporteur de fait, le paragraphe précédent ne s'applique pas aux clauses concernant la perte ou le dommage résultant de la nature ou du vice propre des marchandises transportées.

3. Sont nulles toutes clauses du contrat de transport et toutes conventions particulières antérieures au dommage par lesquelles les parties dérogeraient aux règles de la présente Convention soit par une détermination de la loi applicable, soit par une modification des règles de compétence. Toutefois, dans le transport des marchandises, les clauses d'arbitrage sont admises, dans les limites de la présente Convention, lorsque l'arbitrage doit s'effectuer dans les lieux de compétence des tribunaux prévus à l'article VIII.

**Article X –** Sous réserve de l'article VII, aucune disposition de la présente Convention ne peut être interprétée comme affectant les droits et obligations existant entre les deux transporteurs.

**Article XI –** La présente Convention, jusqu'à la date de son entrée en vigueur dans les conditions prévues à l'article XIII, est ouverte à la signature de tout État qui, à cette date, sera membre de l'Organisation des Nations unies ou d'une institution spécialisée.

**Article XII –** 1. La présente Convention est soumise à la ratification des États signataires.

2. Les instruments de ratification seront déposés auprès du Gouvernement des États-Unis du Mexique.

**Article XIII –** 1. Lorsque la présente Convention aura réuni les ratifications de cinq États signataires, elle entrera en vigueur entre ces États le quatre-vingt-dixième jour après le dépôt du cinquième instrument de ratification. À l'égard de chaque État qui la ratifiera par la suite, elle entrera en vigueur le quatre-vingt-dixième jour après le dépôt de son instrument de ratification.

2. Dès son entrée en vigueur, la présente Convention sera enregistrée auprès de l'Organisation des Nations unies et de l'Organisation de l'aviation civile internationale par le Gouvernement des États-Unis du Mexique.

**Article XIV –** 1. La présente Convention sera ouverte, après son entrée en vigueur, à l'adhésion de tout État membre de l'Organisation des Nations unies ou d'une Institution spécialisée.

2. Cette adhésion sera effectuée par le dépôt d'un instrument d'adhésion auprès du Gouvernement des États-Unis du Mexique et prendra effet le quatre-vingt-dixième jour qui suivra la date de ce dépôt.

**Article XV –** 1. Tout État contractant peut dénoncer la présente Convention par une notification faite au Gouvernement des États-Unis du Mexique.

2. Cette dénonciation prendra effet six mois après la date de réception de la notification par le Gouvernement des États-Unis du Mexique.

**Article XVI –** 1. Tout État contractant peut, lors de la ratification de la présente Convention ou de l'adhésion à celle-ci ou ultérieurement, déclarer au moyen d'une notification adressée au Gouvernement des États-Unis du Mexique que la présente Convention s'étendra à l'un quelconque des territoires qu'il représente dans les relations extérieures.

2. Quatre-vingt-dix jours après la date de réception de ladite notification par le Gouvernement des États-Unis du Mexique, la présente Convention s'étendra aux territoires visés par la notification.

3. Tout État contractant peut, conformément aux dispositions de l'article XV, dénoncer la présente Convention séparément, pour tous ou pour l'un quelconque des territoires que cet État représente dans les relations extérieures.

**Article XVII –** Il ne sera admis aucune réserve à la présente Convention.

**Article XVIII –** Le Gouvernement des États-Unis du Mexique notifiera à l'Organisation de l'aviation civile internationale et à tous les États membres de l'Organisation des Nations unies ou d'une Institution spécialisée :

(a) toute signature de la présente Convention et la date de cette signature;

(b) le dépôt de tout instrument de ratification ou d'adhésion et la date de ce dépôt;

(c) la date à laquelle la présente Convention entre en vigueur conformément au premier paragraphe de l'article XIII;

(d) la réception de toute notification de dénonciation et la date de réception;

(e) la réception de toute déclaration ou notification faite en vertu de l'article XVI et la date de réception.

# 58 Convention de Rome du 26 octobre 1961 pour la protection des artistes interprètes ou exécutants, des producteurs de phonogrammes et des organismes de radiodiffusion

En vigueur depuis le 3 juillet 1987

*Les États contractants, animés du désir de protéger les droits des artistes interprètes ou exécutants, des producteurs de phonogrammes et des organismes de radiodiffusion,*

Sont convenus de ce qui suit :

## Article premier – Sauvegarde du droit d'auteur

La protection prévue par la présente Convention laisse intacte et n'affecte en aucune façon la protection du droit d'auteur sur les œuvres littéraires et artistiques. En conséquence, aucune disposition de la présente Convention ne pourra être interprétée comme portant atteinte à cette protection.

## Article 2 – Protection accordée par la Convention. Définition du traitement national

1. Aux fins de la présente Convention, on entend, par traitement national, le traitement que l'État contractant sur le territoire duquel la protection est demandée accorde, en vertu de sa législation nationale :

a) aux artistes interprètes ou exécutants, qui sont ses ressortissants, pour les exécutions qui ont lieu, sont fixées pour la première fois, ou sont radiodiffusées, sur son territoire;

b) aux producteurs de phonogrammes qui sont ses ressortissants, pour les phonogrammes qui sont, pour la première fois, publiés ou fixés sur son territoire;

c) aux organismes de radiodiffusion ayant leur siège social sur son territoire, pour les émissions radiodiffusées par des émetteurs situés sur ce territoire.

2. Le traitement national sera accordé, compte tenu de la protection expressément garantie et des limitations expressément prévues dans la présente Convention.

## Article 3 – Définitions : a) artistes interprètes ou exécutants; b) phonogramme; c) producteur de phonogrammes; d) publication; e) reproduction; f) émission de radiodiffusion; g) réémission

Aux fins de la présente Convention, on entend par :

a) « artistes interprètes ou exécutants », les acteurs, chanteurs, musiciens, danseurs et autres personnes qui représentent, chantent, récitent, déclament, jouent ou exécutent de toute autre manière des œuvres littéraires ou artistiques;

b) « phonogramme », toute fixation exclusivement sonore des sons provenant d'une exécution ou d'autres sons;

c) « producteur de phonogrammes », la personne physique ou morale qui, la première, fixe les sons provenant d'une exécution ou d'autres sons;

d) « publication », la mise à la disposition du public d'exemplaires d'un phonogramme en quantité suffisante;

e) « reproduction », la réalisation d'un exemplaire ou de plusieurs exemplaires d'une fixation;

f) « émission de radiodiffusion », la diffusion de sons ou d'images et de sons par le moyen des ondes radioélectriques, aux fins de réception par le public;

g) « réémission », l'émission simultanée par un organisme de radiodiffusion d'une émission d'un autre organisme de radiodiffusion.

### Article 4 – Exécutions protégées. Critères de rattachement pour les artistes

Chaque État contractant accordera le traitement national aux artistes interprètes ou exécutants toutes les fois que l'une des conditions suivantes se trouvera remplie :

a) l'exécution a lieu dans un autre État contractant;

b) l'exécution est enregistrée sur un phonogramme protégé en vertu de l'article 5 ci-dessous;

c) l'exécution non fixée sur phonogramme est diffusée par une émission protégée en vertu de l'article 6.

### Article 5 – Phonogrammes protégés : 1. Critères de rattachement pour les producteurs de phonogrammes; 2. Publication simultanée; 3. Faculté d'écarter l'application de certains critères

1. Chaque État contractant accordera le traitement national aux producteurs de phonogrammes toutes les fois que l'une des conditions suivantes se trouvera remplie :

a) le producteur de phonogrammes est le ressortissant d'un autre État contractant (critère de la nationalité);

b) la première fixation du son a été réalisée dans un autre État contractant (critère de la fixation);

c) le phonogramme a été publié pour la première fois dans un autre État contractant (critère de la publication).

2. Lorsque la première publication a eu lieu dans un État non contractant mais que le phonogramme a également été publié, dans les trente jours suivant la première publication, dans un État contractant (publication simultanée), ce phonogramme sera considéré comme ayant été publié pour la première fois dans l'État contractant.

3. Tout État contractant peut, par une notification déposée auprès du Secrétaire général de l'Organisation des Nations unies, déclarer qu'il n'appliquera pas, soit le critère de la publication, soit le critère de la fixation. Cette notification peut être déposée au moment de la ratification, de l'acceptation ou de l'adhésion, ou à tout autre moment; dans ce dernier cas, elle ne prendra effet que six mois après son dépôt.

### Article 6 – Émissions protégées : 1. Critères de rattachement pour les organismes de radiodiffusion; 2. Faculté de réserve

1. Chaque État contractant accordera le traitement national aux organismes de radiodiffusion toutes les fois que l'une des conditions suivantes se trouvera remplie :

a) le siège social de l'organisme de radiodiffusion est situé dans un autre État contractant;

b) l'émission a été diffusée par un émetteur situé sur le territoire d'un autre État contractant.

2. Tout État contractant peut, par une notification déposée auprès du Secrétaire général de l'Organisation des Nations unies, déclarer qu'il n'accordera de protection à des émissions que si le siège social de l'organisme de radiodiffusion est situé dans un autre État contractant et si l'émission a été diffusée par un émetteur situé sur le territoire du même État contractant. Cette notification peut être faite au moment de la ratification, de l'acceptation ou de l'adhésion, ou à tout autre moment; dans ce dernier cas, elle ne prendra effet que six mois après son dépôt.

### Article 7 – Protection minima des artistes interprètes ou exécutants : 1. Droits spécifiques; 2. Relations des artistes avec les organismes de radiodiffusion

1. La protection prévue par la présente Convention en faveur des artistes interprètes ou exécutants devra permettre de mettre obstacle :

a) à la radiodiffusion et à la communication au public de leur exécution sans leur consentement, sauf lorsque l'exécution utilisée pour la radiodiffusion ou la communication au public est elle-même déjà une exécution radiodiffusée ou est faite à partir d'une fixation;

b) à la fixation sans leur consentement sur un support matériel de leur exécution non fixée;

c) à la reproduction sans leur consentement d'une fixation de leur exécution :

(i) lorsque la première fixation a elle-même été faite sans leur consentement;

(ii) lorsque la reproduction est faite à des fins autres que celles pour lesquelles ils ont donné leur consentement;

(iii) lorsque la première fixation a été faite en vertu des dispositions de l'article 15 et a été reproduite à des fins autres que celles visées par ces dispositions.

2.

(1) Il appartient à la législation nationale de l'État contractant sur le territoire duquel la protection est demandée de pourvoir à la protection contre la réémission, la fixation aux fins de radiodiffusion et la reproduction d'une telle fixation aux fins de radiodiffusion, lorsque l'artiste interprète ou exécutant a consenti à la radiodiffusion.

(2) Les modalités d'utilisation par les organismes de radiodiffusion des fixations faites aux fins d'émissions radiodiffusées seront réglées selon la législation nationale de l'État contractant sur le territoire duquel la protection est demandée.

(3) Toutefois, la législation nationale, dans les cas visés aux alinéas (1) et (2) du présent paragraphe, ne saurait avoir pour effet de priver les artistes interprètes ou exécutants de la capacité de régler, par voie contractuelle, leurs relations avec les organismes de radiodiffusion.

### Article 8 – Exécutions collectives

Tout État contractant peut, par sa législation nationale, déterminer les modalités suivant lesquelles les artistes interprètes ou exécutants seront représentés, en ce qui concerne l'exercice de leurs droits, lorsque plusieurs d'entre eux participent à une même exécution.

### Article 9 – Artistes de variétés et de cirques

Tout État contractant peut, par sa législation nationale, étendre la protection prévue par la présente Convention à des artistes qui n'exécutent pas des œuvres littéraires ou artistiques.

### Article 10 – Droits de reproduction des producteurs de phonogrammes

Les producteurs de phonogrammes jouissent du droit d'autoriser ou d'interdire la reproduction directe ou indirecte de leurs phonogrammes.

### Article 11 – Formalités pour les phonogrammes

Lorsqu'un État contractant exige, en vertu de sa législation nationale, l'accomplissement « de formalités, à titre de condition de la protection, en matière de phonogrammes, des droits soit des producteurs de phonogrammes, soit des artistes interprètes ou exécutants, soit des uns et des autres, ces exigences seront considérées comme satisfaites si tous les exemplaires dans le commerce du phonogramme publié, ou l'étui le contenant, portent une mention constituée par le symbole (P) accompagné de l'indication de l'année de la première publication, apposée d'une manière montrant de façon nette que la protection est réservée. De plus, si les exemplaires ou leur étui ne permettent pas d'identifier le producteur du phonogramme ou le titulaire de la licence concédée par le producteur (au moyen du nom, de la marque ou de toute autre désignation appropriée), la mention devra comprendre également le nom du titulaire des droits du producteur du phonogramme. Enfin, si les exemplaires ou leur étui ne permettent pas d'identifier les principaux interprètes ou exécutants, la mention devra comprendre également le nom de la personne qui, dans le pays où la fixation a eu lieu, détient les droits de ces artistes.

### Article 12 – Utilisations secondaires de phonogrammes

Lorsqu'un phonogramme publié à des fins de commerce, ou une reproduction de ce phonogramme, est utilisé directement pour la radiodiffusion ou pour une communication quelconque au public, une rémunération équitable et unique sera versée par l'utilisateur aux artistes interprètes ou exécutants, ou aux producteurs de phonogrammes ou aux deux. La législation nationale peut, faute d'accord entre ces divers intéressés, déterminer les conditions de la répartition de cette rémunération.

### Article 13 – Protection minima des organismes de radiodiffusion

Les organismes de radiodiffusion jouissent du droit d'autoriser ou d'interdire :

a) la réémission de leurs émissions;

b) la fixation sur un support matériel de leurs émissions;

c) la reproduction :

(i) des fixations, faites sans leur consentement, de leurs émissions;

(ii) des fixations, faites en vertu des dispositions de l'article 15, de leurs émissions et reproduites à des fins autres que celles visées par lesdites dispositions;

d) la communication au public de leurs émissions de télévision, lorsqu'elle est faite dans des lieux accessibles au public moyennant paiement d'un droit d'entrée; il appartient à la législation nationale du pays où la protection de ce droit est demandée de déterminer les conditions d'exercice dudit droit.

### Article 14 – Durée minima de la protection

La durée de la protection à accorder en vertu de la présente Convention ne pourra pas être inférieure à une période de vingt années à compter de :

a) la fin de l'année de la fixation, pour les phonogrammes et les exécutions fixées sur ceux-ci ;

b) la fin de l'année où l'exécution a eu lieu, pour les exécutions qui ne sont pas fixées sur phonogrammes ;

c) la fin de l'année où l'émission a eu lieu, pour les émissions de radiodiffusion.

### Article 15 – Exceptions autorisées : 1. Limitations de la protection ; 2. Parallélisme avec le droit d'auteur

1. Tout État contractant a la faculté de prévoir dans sa législation nationale des exceptions à la protection garantie par la présente Convention dans les cas suivants :

a) lorsqu'il s'agit d'une utilisation privée ;

b) lorsqu'il y a utilisation de courts fragments à l'occasion du compte rendu d'un événement d'actualité ;

c) lorsqu'il y a fixation éphémère par un organisme de radiodiffusion par ses propres moyens et pour ses propres émissions ;

d) lorsqu'il y a utilisation uniquement à des fins d'enseignement ou de recherche scientifique.

2. Sans préjudice des dispositions du paragraphe 1 ci-dessus, tout État contractant a la faculté de prévoir dans sa législation nationale, en ce qui concerne la protection des artistes interprètes ou exécutants, des producteurs de phonogrammes et des organismes de radiodiffusion, des limitations de même nature que celles qui sont prévues dans cette législation en ce qui concerne la protection du droit d'auteur sur les œuvres littéraires et artistiques. Toutefois, des licences obligatoires ne peuvent être instituées que dans la mesure où elles sont compatibles avec les dispositions de la présente Convention.

### Article 16 – Réserves

1. En devenant partie à la présente Convention, tout État accepte toutes les obligations et est admis à tous les avantages qu'elle prévoit. Toutefois, un État pourra à tout moment spécifier, dans une notification déposée auprès du Secrétaire général de l'Organisation des Nations unies :

a) en ce qui concerne l'article 12 :

(i) qu'il n'appliquera aucune des dispositions de cet article ;

(ii) qu'il n'appliquera pas les dispositions de cet article en ce qui concerne certaines utilisations ;

(iii) qu'il n'appliquera pas les dispositions de cet article en ce qui concerne les phonogrammes dont le producteur n'est pas ressortissant d'un État contractant ;

(iv) qu'en ce qui concerne les phonogrammes dont le producteur est ressortissant d'un autre État contractant, il limitera l'étendue et la durée de la protection prévue à cet article, à celles de la protection que ce dernier État contractant accorde aux phonogrammes fixés pour la première fois par le ressortissant de l'État auteur de la déclaration ; toutefois, lorsque l'État contractant dont le producteur est un ressortissant n'accorde pas la protection au même bénéficiaire ou aux mêmes bénéficiaires que l'État contractant auteur de la déclaration, ce fait ne sera pas considéré comme constituant une différence quant à l'étendue de la protection ;

b) en ce qui concerne l'article 13, qu'il n'appliquera pas les dispositions de l'alinéa d) de cet article; si un État contractant fait une telle déclaration, les autres États contractants ne seront pas tenus d'accorder le droit prévu à l'alinéa d) de l'article 13 aux organismes de radiodiffusion ayant leur siège social sur le territoire de cet État.

2. Si la notification visée au paragraphe 1 du présent article est déposée à une date postérieure à celle du dépôt de l'instrument de ratification, d'acceptation ou d'adhésion, elle ne prendra effet que six mois après son dépôt.

### Article 17 – Pays appliquant le seul critère de la fixation

Tout État dont la législation nationale, en vigueur au 26 octobre 1961, accorde aux producteurs de phonogrammes une protection établie en fonction du seul critère de la fixation pourra, par une notification déposée auprès du Secrétaire général de l'Organisation des Nations unies en même temps que son instrument de ratification, d'acceptation ou d'adhésion, déclarer qu'il n'appliquera que ce critère de la fixation aux fins de l'article 5, et ce même critère de la fixation au lieu du critère de la nationalité du producteur aux fins du paragraphe 1, alinéa a) (iii) et (iv), de l'article 16.

### Article 18 – Modification ou retrait des réserves

Tout État qui a fait l'une des déclarations prévues à l'article 5, paragraphe 3, à l'article 6, paragraphe 2, à l'article 16, paragraphe 1, ou à l'article 17 peut, par une nouvelle notification adressée au Secrétaire général de l'Organisation des Nations unies, en réduire la portée ou la retirer.

### Article 19 – Protection des artistes interprètes ou exécutants dans les fixations d'images ou d'images et de sons

Nonobstant toutes autres dispositions de la présente Convention, l'article 7 cessera d'être applicable dès qu'un artiste interprète ou exécutant aura donné son consentement à l'inclusion de son exécution dans une fixation d'images ou d'images et de sons.

### Article 20 – Non-rétroactivité de la Convention

1. La présente Convention ne porte pas atteinte aux droits acquis dans l'un quelconque des États contractants antérieurement à la date de l'entrée en vigueur pour cet État de la Convention.

2. Aucun État contractant ne sera tenu d'appliquer les dispositions de la présente Convention à des exécutions, ou à des émissions de radiodiffusion ayant eu lieu, ou à des phonogrammes enregistrés, antérieurement à la date de l'entrée en vigueur pour cet État de la Convention.

### Article 21 – Autres sources de protection

La protection prévue par la présente Convention ne saurait porter atteinte à celle dont pourraient bénéficier autrement les artistes interprètes ou exécutants, les producteurs de phonogrammes et les organismes de radiodiffusion.

### Article 22 – Arrangements particuliers

Les États contractants se réservent le droit de prendre entre eux des arrangements particuliers, en tant que ces arrangements conféreraient aux artistes interprètes ou exécutants, aux producteurs de phonogrammes ou aux organismes de radiodiffusion des droits plus étendus que ceux accordés par la présente Convention ou qu'ils renfermeraient d'autres dispositions non contraires à celle-ci.

### Article 23 – Signature et dépôt de la Convention

La présente Convention sera déposée auprès du Secrétaire général de l'Organisation des Nations unies. Elle est ouverte, jusqu'à la date du 30 juin 1962, à la signature des États invités à la Conférence diplomatique sur la protection internationale des artistes interprètes ou exécutants, des producteurs de phonogrammes et des organismes de radiodiffusion, qui sont parties à la Convention universelle sur le droit d'auteur ou membres de l'Union internationale pour la protection des œuvres littéraires et artistiques.

### Article 24 – Accession à la Convention

1. La présente Convention sera soumise à la ratification ou à l'acceptation des États signataires.

2. La présente Convention sera ouverte à l'adhésion des États invités à la Conférence désignée à l'article 23, ainsi qu'à l'adhésion de tout État membre de l'Organisation des Nations unies, à condition que l'État adhérant soit partie à la Convention universelle sur le droit d'auteur ou membre de l'Union internationale pour la protection des œuvres littéraires et artistiques.

3. La ratification, l'acceptation ou l'adhésion se fera par le dépôt d'un instrument à cet effet auprès du Secrétaire général de l'Organisation des Nations unies.

### Article 25 – Entrée en vigueur de la Convention

1. La présente Convention entrera en vigueur trois mois après la date du dépôt du sixième instrument de ratification, d'acceptation ou d'adhésion.

2. Par la suite, la Convention entrera en vigueur pour chaque État, trois mois après la date du dépôt de son instrument de ratification, d'acceptation ou d'adhésion.

### Article 26 – Mise en application de la Convention par la législation interne

1. Tout État contractant s'engage à prendre, conformément aux dispositions de sa constitution, les mesures nécessaires pour assurer l'application de la présente Convention.

2. Au moment du dépôt de son instrument de ratification, d'acceptation ou d'adhésion, tout État doit être en mesure, conformément à sa législation nationale, d'appliquer les dispositions de la présente Convention.

### Article 27 – Applicabilité de la Convention à certains territoires

1. Tout État pourra, au moment de la ratification, de l'acceptation ou de l'adhésion, ou à tout moment ultérieur, déclarer par une notification adressée au Secrétaire général de l'Organisation des Nations unies, que la présente Convention s'étendra à l'ensemble ou à l'un quelconque des territoires dont il assure les relations internationales, à condition que la Convention universelle sur le droit d'auteur ou la Convention internationale pour la protection des œuvres littéraires et artistiques soit

applicable aux territoires dont il s'agit. Cette notification prendra effet trois mois après la date de sa réception.

2. Les déclarations et notifications visées à l'article 5, paragraphe 3, à l'article 6, paragraphe 2, à l'article 16, paragraphe 1, à l'article 17 ou à l'article 18, peuvent être étendues à l'ensemble ou à l'un quelconque des territoires visés au paragraphe qui précède.

### Article 28 – Cessation des effets de la Convention

1. Tout État contractant aura la faculté de dénoncer la présente Convention, soit en son nom propre, soit au nom de l'un quelconque ou de l'ensemble des territoires visés à l'article 27.

2. La dénonciation sera faite par une notification adressée au Secrétaire général de l'Organisation des Nations unies et prendra effet douze mois après la date à laquelle la notification aura été reçue.

3. La faculté de dénonciation prévue au présent article ne pourra être exercée par un État contractant avant l'expiration d'une période de cinq ans à compter de la date à partir de laquelle la Convention est entrée en vigueur à l'égard dudit État.

4. Tout État contractant cesse d'être partie à la présente Convention dès le moment où il ne serait plus ni partie à la Convention universelle sur le droit d'auteur ni membre de l'Union internationale pour la protection des œuvres littéraires et artistiques.

5. La présente Convention cesse d'être applicable à tout territoire visé à l'article 27, dès le moment où ni la Convention universelle sur le droit d'auteur ni la Convention internationale pour la protection des œuvres littéraires et artistiques ne s'appliquerait plus à ce territoire.

### Article 29 – Révision de la Convention

1. Après que la présente Convention aura été en vigueur pendant cinq ans, tout État contractant pourra, par une notification adressée au Secrétaire général de l'Organisation des Nations unies, demander la convocation d'une conférence à l'effet de réviser la Convention. Le Secrétaire général notifiera cette demande à tous les États contractants. Si, dans un délai de six mois à dater de la notification adressée par le Secrétaire général de l'Organisation des Nations unies, la moitié au moins des États contractants lui signifient leur assentiment à cette demande, le Secrétaire général en informera le Directeur général du Bureau international du Travail, le Directeur général de l'Organisation des Nations unies pour l'éducation, la science et la culture et le Directeur du Bureau de l'Union internationale pour la protection des œuvres littéraires et artistiques, qui convoqueront une conférence de révision en collaboration avec le Comité intergouvernemental prévu à l'article 32.

2. Toute révision de la présente Convention devra être adoptée à la majorité des deux tiers des États présents à la Conférence de révision à condition que cette majorité comprenne les deux tiers des États qui, à la date de la Conférence de révision, sont parties à la Convention.

3. Au cas où une nouvelle Convention portant révision totale ou partielle de la présente Convention serait adoptée, et à moins que la nouvelle Convention ne dispose autrement :

a) la présente Convention cessera d'être ouverte à la ratification, à l'acceptation ou à l'adhésion à partir de la date d'entrée en vigueur de la nouvelle Convention portant révision;

b) la présente Convention demeurera en vigueur en ce qui concerne les rapports avec les États contractants qui ne deviendront pas parties à la nouvelle Convention.

### Article 30 – Règlement des différends entre États contractants

Tout différend entre deux ou plusieurs États contractants concernant l'interprétation ou l'application de la présente Convention, qui ne sera pas réglé par voie de négociation, sera, à la requête de l'une des parties au différend, porté devant la Cour internationale de Justice pour qu'il soit statué par celle-ci, à moins que les États en cause ne conviennent d'un autre mode de règlement.

### Article 31 – Limites de la possibilité de faire des réserves

Sans préjudice des dispositions de l'article 5, paragraphe 3, de l'article 6, paragraphe 2, de l'article 16, paragraphe 1, et de l'article 17, aucune réserve n'est admise à la présente Convention.

### Article 32 – Comité intergouvernemental

1. Il est institué un Comité intergouvernemental ayant pour mission :

a) d'examiner les questions relatives à l'application et au fonctionnement de la présente Convention;

b) de réunir les propositions et de préparer la documentation concernant d'éventuelles révisions de la Convention.

2. Le Comité se composera de représentants des États contractants, choisis en tenant compte d'une répartition géographique équitable. Le nombre des membres du Comité sera de six si celui des États contractants est inférieur ou égal à douze, de neuf si le nombre des États contractants est de treize à dix-huit, et de douze si le nombre des États contractants dépasse dix-huit.

3. Le Comité sera constitué douze mois après l'entrée en vigueur de la Convention, à la suite d'un scrutin organisé entre les États contractants – lesquels disposeront chacun d'une voix – par le Directeur général du Bureau international du Travail, le Directeur général de l'Organisation des Nations unies pour l'éducation, la science et la culture, et le Directeur du Bureau de l'Union internationale pour la protection des œuvres littéraires et artistiques, conformément à des règles qui auront été approuvées au préalable par la majorité absolue des États contractants.

4. Le Comité élira son président et son bureau. Il établira un règlement intérieur portant en particulier sur son fonctionnement futur et sur son mode de renouvellement; ce règlement devra notamment assurer un roulement entre les divers États contractants.

5. Le secrétariat du Comité sera composé de fonctionnaires du Bureau international du Travail, de l'Organisation des Nations unies pour l'éducation, la science et la culture, et du Bureau de l'Union internationale pour la protection des œuvres littéraires et artistiques désignés respectivement par les Directeurs généraux et le Directeur des trois institutions intéressées.

6. Les réunions du Comité, qui sera convoqué chaque fois que la majorité de ses membres le jugera utile, se tiendront successivement aux sièges respectifs du Bureau international du Travail, de l'Organisation des Nations unies pour l'éducation, la science et la culture, et du Bureau de l'Union internationale pour la protection des œuvres littéraires et artistiques.

7. Les frais des membres du Comité seront à la charge de leurs gouvernements respectifs.

## Article 33 – Langues de la Convention

1. La présente Convention est établie en français, en anglais et en espagnol, ces trois textes faisant également foi.

2. Il sera, d'autre part, établi des textes officiels de la présente Convention en allemand, en italien et en portugais.

## Article 34 – Notifications

1. Le Secrétaire général de l'Organisation des Nations unies informera les États invités à la Conférence désignée à l'article 23 et tout État membre de l'Organisation des Nations unies, ainsi que le Directeur général du Bureau international du Travail, le Directeur général de l'Organisation des Nations unies pour l'éducation, la science et la culture, et le Directeur du Bureau de l'Union internationale pour la protection des œuvres littéraires et artistiques :

a) du dépôt de tout instrument de ratification, d'acceptation ou d'adhésion;

b) de la date d'entrée en vigueur de la Convention;

c) des notifications, déclarations et toutes autres communications prévues à la présente Convention;

d) de tout cas où se produirait l'une des situations envisagées aux paragraphes 4 et 5 de l'article 28.

2. Le Secrétaire général de l'Organisation des Nations unies informera également le Directeur général du Bureau international du Travail, le Directeur général de l'Organisation des Nations unies pour l'éducation, la science et la culture et le Directeur du Bureau de l'Union internationale pour la protection des œuvres littéraires et artistiques des demandes qui lui seront notifiées, aux termes de l'article 29, ainsi que de toute communication reçue des États contractants au sujet de la révision de la présente Convention.

Nations unies pour l'éducation, la science et la culture, et au Directeur du Bureau de l'Union internationale pour la protection des œuvres littéraires et artistiques.

1. Des titres ont été ajoutés aux articles afin d'en faciliter l'identification. Le texte signé (en français) ne comporte pas de titres (NDLR).

## 59 Protocole de Bruxelles du 23 février 1968 portant modification de la Convention internationale pour l'unification de certaines règles en matière de connaissement signée à Bruxelles le 25 août 1924 (Règles de Visby)

En vigueur depuis le 23 juin 1977

*Les Parties contractantes, considérant qu'il est souhaitable d'amender la Convention internationale pour l'unification de certaines règles en matière de connaissement, signée à Bruxelles le 25 août 1924, sont convenues des dispositions suivantes :*

**Article 1er –** 1. À l'article 3, paragraphe 4, il y a lieu d'ajouter le texte suivant :

« Toutefois, la preuve contraire n'est pas admise lorsque le connaissement a été transféré à un tiers porteur de bonne foi. »

2. À l'article 3, paragraphe 6, le quatrième alinéa sera supprimé et remplacé par la disposition suivante :

« Sous réserve des dispositions du paragraphe 6 *bis*, le transporteur et le navire seront en tout cas déchargés de toute responsabilité quelconque relativement aux marchandises, à moins qu'une action ne soit intentée dans l'année de leur délivrance ou de la date à laquelle elles eussent dû être délivrées. Ce délai peut toutefois être prolongé par un accord conclu entre les parties postérieurement à l'événement qui a donné lieu à l'action. »

3. À l'article 3 il y a lieu d'ajouter après le paragraphe 6 un paragraphe 6 *bis*, libellé comme suit :

« Les actions récursoires pourront être exercées même après l'expiration du délai prévu au paragraphe précédent, si elles le sont dans le délai déterminé par la loi du tribunal saisi de l'affaire. Toutefois, ce délai ne pourra être inférieur à trois mois à partir du jour où la personne qui exerce l'action récursoire a réglé la réclamation ou a elle-même reçu signification de l'assignation. »

**Article 2 –** L'article 4, paragraphe 5, sera supprimé et remplacé par le texte suivant :

« *a*) À moins que la nature et la valeur des marchandises n'aient été déclarées par le chargeur avant leur embarquement et que cette déclaration ait été insérée dans le connaissement, le transporteur, comme le navire, ne seront en aucun cas responsables des pertes ou dommages des marchandises ou concernant celles-ci pour une somme supérieure à l'équivalent de 10 000 F par colis ou unité ou 30 F par kilogramme de poids brut des marchandises perdues ou endommagées, la limite la plus élevée étant applicable.

*b*) La somme totale due sera calculée par référence à la valeur des marchandises au lieu et au jour où elles sont déchargées conformément au contrat, ou au jour et au lieu où elles auraient dû être déchargées.

La valeur de la marchandise est déterminée d'après le cours en Bourse, ou, à défaut, d'après le prix courant sur le marché ou, à défaut de l'un et de l'autre, d'après la valeur usuelle de marchandises de mêmes nature et qualité.

*c*) Lorsqu'un cadre, une palette ou tout engin similaire est utilisé pour grouper des marchandises, tout colis ou unité énuméré au connaissement comme étant inclus dans cet engin sera considéré comme un colis ou unité au sens de ce paragraphe. En dehors du cas prévu ci-dessus, cet engin sera considéré comme colis ou unité.

*d*) Par franc, il faut entendre une unité consistant en 65,5 milligrammes d'or, au titre de 900 millièmes de fin. La date de conversion de la somme accordée en monnaie nationale sera déterminée par la loi de la juridiction saisie du litige.

*e*) Ni le transporteur ni le navire n'auront le droit de bénéficier de la limitation de responsabilité établie par ce paragraphe s'il est prouvé que le dommage résulte d'un acte ou d'une omission du transporteur qui a eu lieu, soit avec l'intention de provoquer un dommage, soit témérairement et avec conscience qu'un dommage en résulterait probablement.

*f*) La déclaration mentionnée à l'alinéa *a* de ce paragraphe, insérée dans le connaissement constituera une présomption sauf preuve contraire, mais elle ne liera pas le transporteur qui pourra la contester.

*g*) Par convention entre le transporteur, capitaine ou agent du transporteur et le chargeur, d'autres sommes maxima que celles mentionnées à l'alinéa *a* de ce paragraphe peuvent être déterminées, pourvu que ce montant maximum conventionnel ne soit pas inférieur au montant maximum correspondant mentionné dans cet alinéa.

*h*) Ni le transporteur ni le navire ne seront en aucun cas responsables pour perte ou dommage causé aux marchandises ou les concernant si, dans le connaissement, le chargeur a fait sciemment une fausse déclaration de leur nature ou de leur valeur. »

**Article 3 –** Entre les articles 4 et 5 de la Convention est inséré un article 4 *bis* libellé comme suit :

« 1. Les exonérations et limitations prévues par la présente Convention sont applicables à toute action contre le transporteur en réparation de pertes ou dommages à des marchandises faisant l'objet d'un contrat de transport, que l'action soit fondée sur la responsabilité contractuelle ou sur une responsabilité extra-contractuelle.

2. Si une telle action est intentée contre un préposé du transporteur, ce préposé pourra se prévaloir des exonérations et des limitations de responsabilité que le transporteur peut invoquer en vertu de la Convention.

3. L'ensemble des montants mis à charge du transporteur et de ses préposés ne dépassera pas dans ce cas la limite prévue par la présente Convention.

4. Toutefois le préposé ne pourra se prévaloir des dispositions du présent article, s'il est prouvé que le dommage résulte d'un acte ou d'une omission de ce préposé qui a eu lieu soit avec l'intention de provoquer un dommage, soit témérairement et avec conscience qu'un dommage en résulterait probablement. »

**Article 4 –** L'article 9 de la Convention sera supprimé et remplacé par la disposition suivante :

« La présente Convention ne porte pas atteinte aux dispositions des Conventions internationales ou des lois nationales régissant la responsabilité pour dommages nucléaires. »

**Article 5 –** L'article 10 de la Convention sera supprimé et remplacé par la disposition suivante :

« Les dispositions de la présente Convention s'appliqueront à tout connaissement relatif à un transport de marchandises entre ports relevant de deux États différents, quand :

*a*) Le connaissement est émis dans un État contractant, ou

*b*) Le transport a lieu au départ d'un port d'un État contractant, ou

*c*) Le connaissement prévoit que les dispositions de la présente Convention ou de toute autre législation les appliquant ou leur donnant effet régiront le contrat, quelle que soit la nationalité du navire, du transporteur, du chargeur, du destinataire ou de toute autre personne intéressée.

Chaque État contractant appliquera les dispositions de la présente Convention aux connaissements mentionnés ci-dessus.

Le présent article ne porte pas atteinte au droit d'un État contractant d'appliquer les dispositions de la présente Convention aux connaissements non visés par les alinéas précédents ».

**Article 6 –** Entre les Parties au présent Protocole, la Convention et le Protocole seront considérés et interprétés comme un seul et même instrument.

Une Partie au présent Protocole ne se verra pas obligée d'appliquer les dispositions du présent Protocole aux connaissements délivrés dans un État Partie à la Convention mais n'étant pas Partie au présent Protocole.

**Article 7 –** Entre les Parties au présent Protocole, la dénonciation de la Convention par l'une d'elles en vertu de l'article 15 de celle-ci ne doit pas être interprétée comme une dénonciation de la Convention amendée par le présent Protocole.

**Article 8 –** Tout différend entre des Parties contractantes concernant l'interprétation ou l'application de la Convention, qui ne peut pas être réglé par voie de négociation, est soumis à l'arbitrage, à la demande de l'une d'entre elles. Si dans les six mois qui suivent la date de la demande d'arbitrage, les Parties ne parviennent pas à se mettre d'accord sur l'organisation de l'arbitrage, l'une quelconque d'entre elles peut soumettre le différend à la Cour internationale de justice, en déposant une requête conformément au statut de la Cour.

**Article 9 –** 1. Chaque Partie contractante pourra, au moment où elle signera ou ratifiera le présent Protocole ou y adhérera, déclarer qu'elle ne se considère pas liée par l'article 8 du présent Protocole. Les autres Parties contractantes ne seront pas liées par cet article envers toute Partie contractante qui aura formulé une telle réserve.

2. Toute Partie contractante qui aura formulé une réserve conformément au paragraphe précédent pourra à tout moment lever cette réserve par une notification adressée au Gouvernement belge.

**Article 10 –** Le présent Protocole sera ouvert à la signature des États qui, avant le 23 février 1908, ont ratifié la Convention ou qui y ont adhéré ainsi qu'à tout État représenté à la douzième session (1967-1968) de la Conférence diplomatique de droit maritime.

**Article 11. –** 1. Le présent Protocole sera ratifié.

2. La ratification du présent Protocole par un État qui n'est pas Partie à la Convention emporte adhésion à la Convention.

3. Les instruments de ratification seront déposés auprès du Gouvernement belge.

**Article 12 –** 1. Les États membres de l'Organisation des Nations unies ou des institutions spécialisées des Nations unies, non représentés à la douzième session de la Conférence diplomatique de droit maritime, pourront adhérer au présent Protocole.

2. L'adhésion au présent Protocole emporte adhésion à la Convention.

3. Les instruments d'adhésion seront déposés auprès du Gouvernement belge.

**Article 13 –** 1. Le présent Protocole entrera en vigueur trois mois après la date du dépôt de dix instruments de ratification ou d'adhésion, dont au moins cinq émanant d'États qui possèdent chacun un tonnage global égal ou supérieur à un million de tonneaux de jauge brute.

2. Pour chaque État ratifiant le présent Protocole ou y adhérant après la date du dépôt de l'instrument de ratification ou d'adhésion déterminant l'entrée en vigueur telle qu'elle est fixée au paragraphe 1 du présent article, le présent Protocole entrera en vigueur trois mois après le dépôt de son instrument de ratification ou d'adhésion.

**Article 14 –** 1. Chacun des États contractants pourra dénoncer le présent Protocole par notification au Gouvernement belge.

2. Cette dénonciation emportera dénonciation de la Convention.

3. La dénonciation prendra effet un an après la date de réception de la notification par le Gouvernement belge.

**Article 15 –** 1. Tout État contractant pourra, au moment de la signature, de la ratification, de l'adhésion, ou à tout moment ultérieur, notifier par écrit au Gouvernement belge quels sont parmi les territoires qui sont soumis à sa souveraineté ou dont il assure les relations internationales ceux auxquels s'applique le présent Protocole.

Le Protocole sera applicable auxdits territoires trois mois après la date de réception de cette notification par le Gouvernement belge, mais pas avant la date d'entrée en vigueur du présent Protocole à l'égard de cet État.

2. Cette extension vaudra également pour la Convention si celle-ci n'est pas encore applicable à ces territoires.

3. Tout État contractant qui a souscrit une déclaration au titre du paragraphe 1 du présent article, pourra, à tout moment, aviser le Gouvernement belge que le Protocole cesse de s'appliquer aux territoires en question. Cette dénonciation prendra effet un an après la date de réception par le Gouvernement belge de la notification de dénonciation; elle vaudra également pour la Convention.

**Article 16 –** Les Parties contractantes peuvent mettre le présent Protocole en vigueur soit en lui donnant force de loi, soit en incorporant dans leur législation de la manière propre à celle-ci les règles adoptées aux termes du présent Protocole.

**Article 17 –** Le Gouvernement belge notifiera aux États représentés à la douzième session (1967-1968) de la Conférence diplomatique de droit maritime, aux États qui adhèrent au présent Protocole, ainsi qu'aux États liés par la Convention :

1. Les signatures, ratifications et adhésions reçues en application des articles 10, 11 et 12;

2. La date à laquelle le présent Protocole entrera en vigueur en application de l'article 13;

3. Les notifications au sujet de l'application territoriale faites en exécution de l'article 15;

4. Les dénonciations reçues en application de l'article 14.

# 60 Convention de Paris du 14 novembre 1970 concernant les mesures à prendre pour interdire ou empêcher l'importation, l'exportation et le transfert de propriété illicites des biens culturels

Entrée en vigueur le 7 avril 1997

*La Conférence générale de l'Organisation des Nations unies pour l'éducation, la science et la culture, réunie à Paris, du 12 octobre au 14 novembre 1970 en sa seizième session,*

Rappelant l'importance des dispositions de la Déclaration des principes de la coopération culturelle internationale adoptée par la Conférence générale à sa quatorzième session,

Considérant que l'échange de biens culturels entre nations à des fins scientifiques, culturelles et éducatives approfondit la connaissance de la civilisation humaine, enrichit la vie culturelle de tous les peuples et fait naître le respect et l'estime mutuels entre les nations,

Considérant que les biens culturels sont un des éléments fondamentaux de la civilisation et de la culture des peuples, et qu'ils ne prennent leur valeur réelle que si leur origine, leur histoire et leur environnement sont connus avec la plus grande précision,

Considérant que chaque État a le devoir de protéger le patrimoine constitué par les biens culturels existant sur son territoire contre les dangers de vol, de fouilles clandestines et d'exportation illicite,

Considérant que, pour parer à ces dangers, il est indispensable que chaque État prenne davantage conscience des obligations morales touchant au respect de son patrimoine culturel comme de celui de toutes les nations,

Considérant que les musées, les bibliothèques et les archives, en tant qu'institutions culturelles, doivent veiller à ce que la constitution de leurs collections soit fondée sur des principes moraux universellement reconnus,

Considérant que l'importation, l'exportation et le transfert de propriété illicites des biens culturels entravent la compréhension mutuelle des nations que l'UNESCO a le devoir de favoriser, entre autres en recommandant aux États intéressés des conventions internationales à cet effet,

Considérant que, pour être efficace, la protection du patrimoine culturel doit être organisée tant sur le plan national qu'international et exige une étroite collaboration entre les États,

Considérant que la Conférence générale de l'UNESCO a déjà adopté, en 1964, une recommandation à cet effet,

Étant saisie de nouvelles propositions concernant les mesures à prendre pour interdire et empêcher l'importation, l'exportation et le transfert de propriété illicites des biens culturels, question qui constitue le point 19 de l'ordre du jour de la session, Après avoir décidé, lors de sa quinzième session, que cette question ferait l'objet d'une convention internationale, adopte, ce quatorzième jour de novembre 1970, la présente Convention.

**Article premier –** Aux fins de la présente Convention sont considérés comme biens culturels les biens qui, à titre religieux ou profane, sont désignés par chaque État comme étant d'importance pour l'archéologie, la préhistoire, l'histoire, la littérature, l'art ou la science, et qui appartiennent aux catégories ci-après :

(a) collections et spécimens rares de zoologie, de botanique, de minéralogie et d'anatomie; objets présentant un intérêt paléontologique;

(b) les biens concernant l'histoire, y compris l'histoire des sciences et des techniques, l'histoire militaire et sociale ainsi que la vie des dirigeants, penseurs, savants et artistes nationaux, et les événements d'importance nationale;

(c) le produit des fouilles archéologiques (régulières et clandestines) et des découvertes archéologiques; (d) les éléments provenant du démembrement de monuments artistiques ou historiques et des sites archéologiques;

(e) objets d'antiquité ayant plus de cent ans d'âge, tels qu'inscriptions, monnaies et sceaux gravés;

(f) le matériel ethnologique;

(g) les biens d'intérêt artistique tels que : (i) tableaux, peintures et dessins faits entièrement à la main sur tout support et en toutes matières (à l'exclusion des dessins industriels et des articles manufacturés à la main); (ii) productions originales de l'art statuaire et de la sculpture, en toutes matières;

(iii) gravures, estampes et lithographies originales;

(iv) assemblages et montages artistiques originaux, en toutes matières;

(h) manuscrits rares et incunables, livres, documents et publications anciens d'intérêt spécial (historique, artistique, scientifique, littéraire, etc.) isolés ou en collections;

(i) timbres-poste, timbres fiscaux et analogues, isolés ou en collections;

(j) archives, y compris les archives phonographiques, photographiques et cinématographiques;

(k) objets d'ameublement ayant plus de cent ans d'âge et instruments de musique anciens.

**Article 2 –** 1. Les États parties à la présente Convention reconnaissent que l'importation, l'exportation et le transfert de propriété illicites des biens culturels constituent l'une des causes principales de l'appauvrissement du patrimoine culturel des pays d'origine de ces biens, et qu'une collaboration internationale constitue l'un des moyens les plus efficaces de protéger leurs biens culturels respectifs contre tous les dangers qui en sont les conséquences.

2. À cette fin, les États parties s'engagent à combattre ces pratiques par les moyens dont ils disposent, notamment en supprimant leurs causes, en arrêtant leur cours et en aidant à effectuer les réparations qui s'imposent.

**Article 3 –** Sont illicites l'importation, l'exportation et le transfert de propriété des biens culturels, effectués contrairement aux dispositions prises par les États parties en vertu de la présente Convention.

**Article 4 –** Les États parties à la présente Convention reconnaissent qu'aux fins de ladite convention, les biens culturels appartenant aux catégories ci-après font partie du patrimoine culturel de chaque État :

(a) biens culturels nés du génie individuel ou collectif de ressortissants de l'État considéré et biens culturels importants pour l'État considéré, créés sur le territoire de cet État par des ressortissants étrangers ou par des apatrides résidant sur ce territoire;

(b) biens culturels trouvés sur le territoire national;

(c) biens culturels acquis par des missions archéologiques, ethnologiques ou de sciences naturelles, avec le consentement des autorités compétentes du pays d'origine de ces biens;

(d) biens culturels ayant fait l'objet d'échanges librement consentis;

(e) biens culturels reçus à titre gratuit ou achetés légalement avec le consentement des autorités compétentes du pays d'origine de ces biens.

**Article 5 –** Afin d'assurer la protection de leurs biens culturels contre l'importation, l'exportation et le transfert de propriété illicites, les États parties à la présente Convention s'engagent dans les conditions appropriées à chaque pays à instituer sur leur territoire, dans la mesure où ils n'existent pas déjà, un ou plusieurs services de protection du patrimoine culturel dotés d'un personnel qualifié et en nombre suffisant pour assurer de manière efficace les fonctions énumérées ci-dessous :

(a) contribuer à l'élaboration des projets de textes législatifs et réglementaires en vue de permettre la protection du patrimoine culturel, et notamment la répression des importations, exportations et transferts de propriété illicites des biens culturels importants;

(b) établir et tenir à jour, sur la base d'un inventaire national de protection, la liste des biens culturels importants, publics et privés, dont l'exportation constituerait un appauvrissement sensible du patrimoine culturel national;

(c) promouvoir le développement ou la création des institutions scientifiques et techniques (musées, bibliothèques, archives, laboratoires, ateliers, etc.) nécessaires pour assurer la conservation et la mise en valeur des biens culturels;

(d) organiser le contrôle des fouilles archéologiques, assurer la conservation « *in situ* » de certains biens culturels et protéger certaines zones réservées à des recherches archéologiques futures;

(e) établir, à l'intention des personnes intéressées (conservateurs, collectionneurs, antiquaires, etc.), des règles conformes aux principes éthiques formulés dans la présente Convention et veiller au respect de ces règles;

(f) exercer une action éducative afin d'éveiller et de développer le respect du patrimoine culturel de tous les États et diffuser largement la connaissance des dispositions de la présente Convention;

(g) veiller à ce qu'une publicité appropriée soit donnée à tout cas de disparition d'un bien culturel.

**Article 6 –** Les États parties à la présente Convention s'engagent :

(a) à instituer un certificat approprié par lequel l'État exportateur spécifierait que l'exportation du ou des biens culturels visés est autorisée par lui, ce certificat devant accompagner le ou les biens culturels régulièrement exportés;

(b) à interdire la sortie de leur territoire des biens culturels non accompagnés du certificat d'exportation visé ci-dessus;

(c) à porter de façon appropriée cette interdiction à la connaissance du public, et en particulier des personnes qui pourraient exporter ou importer des biens culturels.

**Article 7 –** Les États parties à la présente Convention s'engagent :

(a) à prendre toutes les mesures nécessaires, conformes à la législation nationale, pour empêcher l'acquisition, par les musées et autres institutions similaires situés sur leur territoire, de biens culturels en provenance d'un autre État partie à la Convention, biens qui auraient été exportés illicitement après l'entrée en vigueur de la Convention ; dans la mesure du possible, à informer l'État d'origine, partie à la présente Convention, des offres de tels biens culturels sortis illicitement du territoire de cet État après l'entrée en vigueur de la présente Convention, à l'égard des deux États en cause ;

(b) (i) à interdire l'importation des biens, culturels volés dans un musée ou un monument public civil ou religieux, ou une institution similaire, situés sur le territoire d'un autre État partie à la présente Convention après l'entrée en vigueur de celle-ci à l'égard des États en question, à condition qu'il soit prouvé que ce ou ces biens font partie de l'inventaire de cette institution ; (ii) à prendre des mesures appropriées pour saisir et restituer à la requête de l'État d'origine partie à la Convention tout bien culturel ainsi volé et importé après l'entrée en vigueur de la présente Convention à l'égard des deux États concernés, à condition que l'État requérant verse une indemnité équitable à la personne qui est acquéreur de bonne foi ou qui détient légalement la propriété de ce bien. Les requêtes de saisie et de restitution doivent être adressées à l'État requis par la voie diplomatique. L'État requérant est tenu de fournir, à ses frais, tout moyen de preuve nécessaire pour justifier sa requête de saisie et de restitution. Les États parties s'abstiennent de frapper de droits de douane ou d'autres charges les biens culturels restitués en conformité avec le présent article. Toutes les dépenses afférentes à la restitution du ou des biens culturels en question sont à la charge de l'État requérant.

**Article 8 –** Les États parties à la présente Convention s'engagent à frapper de sanctions pénales ou administratives toute personne responsable d'une infraction aux interdictions prévues aux articles 6 (b) et 7 (b) ci-dessus.

**Article 9 –** Tout État partie à la présente Convention et dont le patrimoine culturel est mis en danger par certains pillages archéologiques ou ethnologiques peut faire appel aux États qui sont concernés. Les États parties à la présente Convention s'engagent à participer à toute opération internationale concertée dans ces circonstances, en vue de déterminer et d'appliquer les mesures concrètes nécessaires, y compris le contrôle de l'exportation, de l'importation et du commerce international des biens culturels spécifiques concernés. En attendant un accord chaque État concerné prendra, dans la mesure du possible, des dispositions provisoires pour prévenir un dommage irrémédiable au patrimoine culturel de l'État demandeur.

**Article 10 –** Les États parties à la présente Convention s'engagent :

(a) à restreindre par l'éducation, l'information et la vigilance, les transferts de biens culturels illégalement enlevés de tout État partie à la présente Convention et, dans les conditions appropriées à chaque pays, à obliger, sous peine de sanctions pénales ou administratives, les antiquaires à tenir un registre mentionnant la provenance de chaque bien culturel, le nom et l'adresse du fournisseur, la description et le prix de chaque bien vendu, ainsi qu'à informer l'acheteur du bien culturel de l'interdiction d'exportation dont ce bien peut être l'objet ;

(b) à s'efforcer, par l'éducation, de créer et de développer dans le public le sentiment de la valeur des biens culturels et du danger que le vol, les fouilles clandestines et les exportations illicites représentent pour le patrimoine culturel.

**Article 11 –** Sont considérés comme illicites l'exportation et le transfert de propriété forcés de biens culturels résultant directement ou indirectement de l'occupation d'un pays par une puissance étrangère.

**Article 12 –** Les États parties à la présente Convention respecteront le patrimoine culturel dans les territoires dont ils assurent les relations internationales et prendront les mesures appropriées pour interdire et empêcher l'importation, l'exportation et le transfert de propriété illicites des biens culturels dans ces territoires.

**Article 13 –** Les États parties à la présente Convention s'engagent par ailleurs dans le cadre de la législation de chaque État :

(a) à empêcher, par tous moyens appropriés, les transferts de propriété de biens culturels tendant à favoriser l'importation ou l'exportation illicites de ces biens;

(b) à faire en sorte que leurs services compétents collaborent en vue de faciliter la restitution, à qui de droit, dans les délais les plus rapides des biens culturels exportés illicitement;

(c) à admettre une action de revendication de biens culturels perdus ou volés exercée par le propriétaire légitime ou en son nom;

(d) à reconnaître, en outre, le droit imprescriptible de chaque État partie à la présente Convention, de classer et déclarer inaliénables certains biens culturels qui, de ce fait, ne doivent pas être exportés, et à faciliter la récupération par l'État intéressé de tels biens au cas où ils auraient été exportés.

**Article 14 –** Pour prévenir les exportations illicites et faire face aux obligations qu'entraîne l'exécution des dispositions de la présente Convention, chaque État partie à ladite Convention devra, dans la mesure de ses moyens, doter les services nationaux de protection du patrimoine culturel d'un budget suffisant et, si nécessaire, pourra créer un fonds à cette fin.

**Article 15 –** Rien, dans la présente Convention, n'empêche les États qui y sont parties de conclure entre eux des accords particuliers ou de poursuivre la mise à exécution des accords déjà conclus concernant la restitution de biens culturels sortis de leur territoire d'origine, pour quelque raison que ce soit, avant l'entrée en vigueur de la présente Convention pour les États intéressés.

**Article 16 –** Les États parties à la présente Convention indiqueront dans des rapports périodiques qu'ils présenteront à la Conférence générale de l'Organisation des Nations unies pour l'éducation, la science et la culture, aux dates et sous la forme qu'elle déterminera, les dispositions législatives et réglementaires et les autres mesures qu'ils auront adoptées pour l'application de la présente Convention, ainsi que des précisions sur l'expérience qu'ils auront acquise dans ce domaine.

**Article 17 –** 1. Les États parties à la présente Convention peuvent faire appel au concours technique de l'Organisation des Nations unies pour l'éducation, la science et la culture, notamment en ce qui concerne :

(a) l'information et l'éducation;

(b) la consultation et l'expertise;

(c) la coordination et les bons offices.

2. L'Organisation des Nations unies pour l'éducation, la science et la culture peut, de sa propre initiative, entreprendre des recherches et publier des études sur les problèmes relatifs à la circulation illicite des biens culturels.

3. À cette fin, l'Organisation des Nations unies pour l'éducation, la science et la culture peut également recourir à la coopération de toute organisation non gouvernementale compétente.

4. L'Organisation des Nations unies pour l'éducation, la science et la culture est habilitée à faire, de sa propre initiative, des propositions aux États parties en vue de la mise en œuvre de la présente Convention.

5. À la demande d'au moins deux États parties à la présente Convention qu'oppose un différend relatif à la mise en œuvre de celle-ci, l'UNESCO peut offrir ses bons offices afin d'arriver à un accord entre eux.

**Article 18 –** La présente Convention est établie en anglais, en espagnol, en français et en russe, les quatre textes faisant également foi.

**Article 19 –** 1. La présente Convention sera soumise à la ratification ou à l'acceptation des États membres de l'Organisation des Nations unies pour l'éducation, la science et la culture, conformément à leurs procédures constitutionnelles respectives.

2. Les instruments de ratification ou d'acceptation seront déposés auprès du Directeur général de l'Organisation des Nations unies pour l'éducation, la science et la culture.

**Article 20 –** 1. La présente Convention est ouverte à l'adhésion de tout État non membre de l'Organisation des Nations unies pour l'éducation, la science et la culture, invité à y adhérer par le Conseil exécutif de l'Organisation.

2. L'adhésion se fera par le dépôt d'un instrument d'adhésion auprès du Directeur général de l'Organisation des Nations unies pour l'éducation, la science et la culture.

**Article 21 –** La présente Convention entrera en vigueur trois mois après la date de dépôt du troisième instrument de ratification, d'acceptation ou d'adhésion, mais uniquement à l'égard des États qui auront déposé leurs instruments respectifs de ratification, d'acceptation ou d'adhésion à cette date ou antérieurement. Elle entrera en vigueur pour chaque autre État trois mois après le dépôt de son instrument de ratification, d'acceptation ou d'adhésion.

**Article 22 –** Les États parties à la présente Convention reconnaissent que celle-ci est applicable non seulement à leurs territoires métropolitains mais aussi aux territoires dont ils assurent les relations internationales ; ils s'engagent à consulter, si nécessaire, les gouvernements ou autres autorités compétentes desdits territoires, au moment de la ratification, de l'acceptation ou de l'adhésion, ou auparavant, en vue d'obtenir l'application de la Convention à ces territoires, ainsi qu'à notifier au Directeur général de l'Organisation des Nations unies pour l'éducation, la science et la culture, les territoires auxquels la Convention s'appliquera, cette ratification devant prendre effet trois mois après la date de sa réception.

**Article 23 –** 1. Chacun des États parties à la présente Convention aura la faculté de dénoncer la présente Convention en son nom propre ou au nom de tout territoire dont il assure les relations internationales.

2. La dénonciation sera notifiée par un instrument écrit déposé auprès du Directeur général de l'Organisation des Nations unies pour l'éducation, la science et la culture.

3. La dénonciation prendra effet douze mois après réception de l'instrument de dénonciation.

**Article 24 –** Le Directeur général de l'Organisation des Nations unies pour l'éducation, la science et la culture informera les États membres de l'Organisation, les États non membres visés à l'article 20, ainsi que l'Organisation des Nations unies, du dépôt de tous les instruments de ratification, d'acceptation ou d'adhésion mentionnés aux articles 19 et 20, de même que des notifications et dénonciations respectivement prévues aux articles 22 et 23.

**Article 25 –** 1. La présente Convention pourra être révisée par la Conférence générale de l'Organisation des Nations unies pour l'éducation, la science et la culture. La révision ne liera cependant que les États qui deviendront parties à la Convention portant révision.

2. Au cas où la Conférence générale adopterait une nouvelle convention portant révision totale ou partielle de la présente Convention, et à moins que la nouvelle convention n'en dispose autrement, la présente Convention cesserait d'être ouverte à la ratification, à l'acceptation ou à l'adhésion, à partir de la date d'entrée en vigueur de la nouvelle convention portant révision.

**Article 26 –** Conformément à l'article 102 de la Charte des Nations unies, la présente Convention sera enregistrée au Secrétariat des Nations unies à la requête du Directeur général de l'Organisation des Nations unies pour l'éducation, la science et la culture.

Fait à Paris, ce dix-septième jour de novembre 1970, en deux exemplaires authentiques, portant la signature du Président de la Conférence générale, réunie en sa seizième session, et du Directeur général de l'Organisation des Nations unies pour l'éducation, la science et la culture, qui seront déposés dans les archives de l'Organisation des Nations unies pour l'éducation, la science et la culture, et dont des copies certifiées conformes seront remises à tous les États visés aux articles 19 et 20 ainsi qu'à l'Organisation des Nations unies.

# 61 Convention de La Haye du 4 mai 1971 sur la loi applicable en matière d'accidents de la circulation routière

## En vigueur depuis le 3 juin 1975

*Les États signataires de la présente Convention,*

Désirant établir des dispositions communes concernant la loi applicable à la responsabilité civile extra-contractuelle en matière d'accidents de la circulation routière,

Ont résolu de conclure une Convention à cet effet et sont convenus des dispositions suivantes :

**Article premier –** La présente Convention détermine la loi applicable à la responsabilité civile extra-contractuelle découlant d'un accident de la circulation routière, quelle que soit la nature de la juridiction appelée à en connaître.

Par accident de la circulation routière au sens de la présente Convention, on entend tout accident concernant un ou des véhicules, automoteurs ou non, et qui est lié à la circulation sur la voie publique, sur un terrain ouvert au public ou sur un terrain non public mais ouvert à un certain nombre de personnes ayant le droit de le fréquenter.

**Article 2 –** La présente Convention ne s'applique pas :

1. à la responsabilité des fabricants, vendeurs et réparateurs de véhicules;
2. à la responsabilité du propriétaire de la voie de circulation ou de toute autre personne tenue d'assurer l'entretien de la voie ou la sécurité des usagers;
3. aux responsabilités du fait d'autrui, à l'exception de celle du propriétaire du véhicule et de celle du commettant;
4. aux recours entre personnes responsables;
5. aux recours et aux subrogations concernant les assureurs;
6. aux actions et aux recours exercés par ou contre les organismes de sécurité sociale, d'assurance sociale ou autres institutions analogues et les fonds publics de garantie automobile, ainsi qu'aux cas d'exclusion de responsabilité prévus par la loi dont relèvent ces organismes.

**Article 3 –** La loi applicable est la loi interne de l'État sur le territoire duquel l'accident est survenu.

**Article 4 –** Sous réserve de l'article 5, il est dérogé à la disposition de l'article 3 dans les cas prévus ci-après :

*a)* Lorsqu'un seul véhicule est impliqué dans l'accident et qu'il est immatriculé dans un État autre que celui sur le territoire duquel l'accident est survenu, la loi interne de l'État d'immatriculation est applicable à la responsabilité

- envers le conducteur, le détenteur, le propriétaire ou toute autre personne ayant un droit sur le véhicule, sans qu'il soit tenu compte de leur résidence habituelle,
- envers une victime qui était passager, si elle avait sa résidence habituelle dans un État autre que celui sur le territoire duquel l'accident est survenu,
- envers une victime se trouvant sur les lieux de l'accident hors du véhicule, si elle avait sa résidence habituelle dans l'État d'immatriculation.

En cas de pluralité de victimes, la loi applicable est déterminée séparément à l'égard de chacune d'entre elles.

*b)* Lorsque plusieurs véhicules sont impliqués dans l'accident, les dispositions figurant sous lettre *a*) ne sont applicables que si tous les véhicules sont immatriculés dans le même État. *c)* Lorsque des personnes se trouvant sur les lieux de l'accident hors du ou des véhicules sont impliquées dans l'accident, les dispositions figurant sous lettres *a*) et *b*) ne sont applicables que si toutes ces personnes avaient leur résidence habituelle dans l'État d'immatriculation. Il en est ainsi, alors même qu'elles sont aussi victimes de l'accident.

**Article 5 –** La loi applicable en vertu des articles 3 et 4 à la responsabilité envers le passager régit aussi la responsabilité pour les dommages aux biens transportés dans le véhicule, qui appartiennent au passager ou qui lui ont été confiés.

La loi applicable en vertu des articles 3 et 4 à la responsabilité envers le propriétaire du véhicule régit la responsabilité pour les dommages aux biens transportés par le véhicule, autres que ceux visés à l'alinéa précédent.

La loi applicable à la responsabilité pour les dommages aux biens se trouvant hors du ou des véhicules est celle de l'État sur le territoire duquel l'accident est survenu. Toutefois, la responsabilité pour les dommages aux effets personnels de la victime se trouvant hors du ou des véhicules est soumise à la loi interne de l'État d'immatriculation, lorsqu'elle est applicable à la responsabilité envers la victime en vertu de l'article 4.

**Article 6 –** Pour les véhicules non immatriculés ou immatriculés dans plusieurs États, la loi interne de l'État du stationnement habituel remplace celle de l'État d'immatriculation. Il en est de même lorsque ni le propriétaire, ni le détenteur, ni le conducteur du véhicule n'avaient, au moment de l'accident, leur résidence habituelle dans l'État d'immatriculation.

**Article 7 –** Quelle que soit la loi applicable, il doit, dans la détermination de la responsabilité, être tenu compte des règles de circulation et de sécurité en vigueur au lieu et au moment de l'accident.

**Article 8 –** La loi applicable détermine notamment :

1. les conditions et l'étendue de la responsabilité ;
2. les causes d'exonération, ainsi que toute limitation et tout partage de responsabilité ;
3. l'existence et la nature des dommages susceptibles de réparation ;
4. les modalités et l'étendue de la réparation ;
5. la transmissibilité du droit à réparation ;
6. les personnes ayant droit à réparation du dommage qu'elles ont personnellement subi ;
7. la responsabilité du commettant du fait de son préposé ;
8. les prescriptions et les déchéances fondées sur l'expiration d'un délai, y compris le point de départ, l'interruption et la suspension des délais.

**Article 9 –** Les personnes lésées ont le droit d'agir directement contre l'assureur du responsable, si un tel droit leur est reconnu par la loi applicable en vertu des articles 3, 4 ou 5.

Si la loi de l'État d'immatriculation, applicable en vertu des articles 4 ou 5, ne connaît pas ce droit, il peut néanmoins être exercé s'il est admis par la loi interne de l'État sur le territoire duquel l'accident est survenu.

Si aucune de ces lois ne connaît ce droit, il peut être exercé s'il est admis par la loi du contrat d'assurance.

**Article 10 –** L'application d'un des lois déclarées compétentes par la présente Convention ne peut être écartée que si elle est manifestement incompatible avec l'ordre public.

**Article 11 –** L'application des articles 1 à 10 de la présente Convention est indépendante de toute condition de réciprocité. La Convention s'applique même si la loi applicable n'est pas celle d'un État contractant.

**Article 12 –** Toute unité territoriale faisant partie d'un État à système juridique non unifié est considérée comme un État pour l'application des articles 2 à 11, lorsqu'elle a son propre système de droit concernant la responsabilité civile extra-contractuelle en matière d'accidents de la circulation routière.

**Article 13 –** Un État à système juridique non unifié n'est pas tenu d'appliquer la présente Convention aux accidents survenus sur son territoire, lorsqu'ils concernent des véhicules qui ne sont immatriculés que dans les unités territoriales de cet État.

**Article 14 –** Un État à système juridique non unifié pourra, au moment de la signature, de la ratification ou de l'adhésion, déclarer que la présente Convention s'étendra à tous ses systèmes de droit ou seulement à un ou plusieurs d'entre eux et pourra à tout moment modifier cette déclaration en faisant une nouvelle déclaration.

Ces déclarations seront notifiées au Ministère des Affaires Étrangères des Pays-Bas et indiqueront expressément les systèmes de droit auxquels la Convention s'applique.

**Article 15 –** La présente Convention ne déroge pas aux conventions auxquelles les États contractants sont ou seront Parties et qui, dans des matières particulières, règlent la responsabilité civile extra-contractuelle découlant d'un accident de la circulation routière.

**Article 16 –** La présente Convention est ouverte à la signature des États représentés à la Onzième session de la Conférence de La Haye de droit international privé.

Elle sera ratifiée et les instruments de ratification seront déposés auprès du Ministère des Affaires Étrangères des Pays-Bas.

**Article 17 –** La présente Convention entrera en vigueur le soixantième jour après le dépôt du troisième instrument de ratification prévu par l'article 16, alinéa 2.

La Convention entrera en vigueur, pour chaque État signataire ratifiant postérieurement, le soixantième jour après le dépôt de son instrument de ratification.

**Article 18 –** Tout État non représenté à la Onzième session de la Conférence de La Haye de droit international privé qui est Membre de cette Conférence ou de l'Organisation des Nations unies ou d'une institution spécialisée de celle-ci ou Partie au Statut de la Cour internationale de Justice pourra adhérer à la présente Convention après son entrée en vigueur en vertu de l'article 17, alinéa premier.

L'instrument d'adhésion sera déposé auprès du Ministère des Affaires Étrangères des Pays-Bas.

La Convention entrera en vigueur, pour l'État adhérant, le soixantième jour après le dépôt de son instrument d'adhésion.

L'adhésion n'aura d'effet que dans les rapports entre l'État adhérant et les États contractants qui auront déclaré accepter cette adhésion.

Cette déclaration sera déposée auprès du Ministère des Affaires Étrangères des Pays-Bas; celui-ci en enverra, par la voie diplomatique, une copie certifiée conforme, à chacun des États contractants.

La Convention entrera en vigueur entre l'État adhérant et l'État ayant déclaré accepter cette adhésion soixante jours après le dépôt de la déclaration d'acceptation.

**Article 19 –** Tout État, au moment de la signature, de la ratification ou de l'adhésion, pourra déclarer que la présente Convention s'étendra à l'ensemble des territoires qu'il représente sur le plan international, ou à l'un ou plusieurs d'entre eux. Cette déclaration aura effet au moment de l'entrée en vigueur de la Convention pour ledit État.

Par la suite, toute extension de cette nature sera notifiée au Ministère des Affaires Étrangères des Pays-Bas.

La Convention entrera en vigueur, pour les territoires visés par l'extension, le soixantième jour après la notification mentionnée à l'alinéa précédent.

**Article 20 –** La présente Convention aura une durée de cinq ans à partir de la date de son entrée en vigueur conformément à l'article 17, alinéa premier, même pour les États qui l'auront ratifiée ou y auront adhéré postérieurement.

La Convention sera renouvelée tacitement de cinq en cinq ans, sauf dénonciation.

La dénonciation sera, au moins six mois avant l'expiration du délai de cinq ans, notifiée au Ministère des Affaires Étrangères des Pays-Bas.

Elle pourra se limiter à certains des territoires auxquels s'applique la Convention.

La dénonciation n'aura d'effet qu'à l'égard de l'État qui l'aura notifiée. La Convention restera en vigueur pour les autres États contractants.

**Article 21 –** Le Ministère des Affaires Étrangères des Pays-Bas notifiera aux États visés à l'article 16, ainsi qu'aux États qui auront adhéré conformément aux dispositions de l'article 18 :

*a)* les signatures et ratifications visées à l'article 16;

*b)* la date à laquelle la présente Convention entrera en vigueur conformément aux dispositions de l'article 17, alinéa premier;

*c)* les adhésions visées à l'article 18 et la date à laquelle elles auront effet;

*d)* les déclarations mentionnées aux articles 14 et 19;

*e)* les dénonciations visées à l'article 20, alinéa 3.

En foi de quoi, les soussignés, dûment autorisés, ont signé la présente Convention.

Fait à La Haye, le 4 mai 1971, en français et en anglais, les deux textes faisant également foi, en un seul exemplaire, qui sera déposé dans les archives du Gouvernement des Pays-Bas et dont une copie certifiée conforme sera remise, par la voie diplomatique, à chacun des États représentés à la Onzième session de la Conférence de La Haye de droit international privé.

# 62 Convention de La Haye du 2 octobre 1973 sur la loi applicable à la responsabilité du fait des produits

En vigueur depuis le 3 juin 1975

*Les États signataires de la présente Convention,*

Désirant établir des dispositions communes concernant la loi applicable, dans les relations internationales, à la responsabilité du fait des produits,

Ont résolu de conclure une Convention à cet effet et sont convenus des dispositions suivantes :

**Article premier –** La présente Convention détermine la loi applicable à la responsabilité des fabricants et autres personnes visées à l'article 3 pour les dommages causés par un produit, y compris les dommages résultant d'une description inexacte du produit ou de l'absence d'indication adéquate concernant ses qualités, ses caractères spécifiques ou son mode d'emploi.

Lorsque la propriété ou la jouissance du produit a été transférée à la personne lésée par celle dont la responsabilité est invoquée, la Convention ne s'applique pas dans leurs rapports respectifs.

La présente Convention s'applique quelle que soit la juridiction ou l'autorité appelée à connaître du litige.

**Article 2 –** Au sens de la présente Convention :

*a)* le mot « produit » comprend les produits naturels et les produits industriels, qu'ils soient bruts ou manufacturés, meubles ou immeubles; *b)* le mot « dommage » comprend tout dommage aux personnes ou aux biens, ainsi que la perte économique; toutefois le dommage causé au produit lui-même, ainsi que la perte économique qui en résulte, sont exclus, à moins qu'ils ne s'ajoutent à d'autres dommages; *c)* le mot « personne » vise les personnes morales aussi bien que les personnes physiques.

**Article 3 –** La présente Convention s'applique à la responsabilité des personnes suivantes :

1. les fabricants de produits finis ou de parties constitutives;
2. les producteurs de produits naturels;
3. les fournisseurs de produits;
4. les autres personnes, y compris les réparateurs et les entrepositaires, constituant la chaîne de préparation et de distribution commerciale des produits.

La présente Convention s'applique aussi à la responsabilité des agents ou préposés de l'une des personnes énumérées ci-dessus.

**Article 4 –** La loi applicable est la loi interne de l'État sur le territoire duquel le fait dommageable s'est produit, si cet État est aussi :

*a)* l'État de la résidence habituelle de la personne directement lésée, ou *b)* l'État de l'établissement principal de la personne dont la responsabilité est invoquée, ou *c)* l'État sur le territoire duquel le produit a été acquis par la personne directement lésée.

**Article 5 –** Nonobstant les dispositions de l'article 4, la loi applicable est la loi interne de l'État de la résidence habituelle de la personne directement lésée, si cet État est aussi :

*a)* l'État de l'établissement principal de la personne dont la responsabilité est invoquée, ou *b)* l'État sur le territoire duquel le produit a été acquis par la personne directement lésée.

**Article 6 –** Quand aucune des lois désignées aux articles 4 et 5 ne s'applique, la loi applicable est la loi interne de l'État du principal établissement de la personne dont la responsabilité est invoquée, à moins que le demandeur ne se fonde sur la loi interne de l'État sur le territoire duquel le fait dommageable s'est produit.

**Article 7 –** Ni la loi de l'État sur le territoire duquel le fait dommageable s'est produit, ni la loi de l'État de la résidence habituelle de la personne directement lésée, prévues par les articles 4, 5 et 6, ne sont applicables si la personne dont la responsabilité est invoquée établit qu'elle ne pouvait pas raisonnablement prévoir que le produit ou ses propres produits de même type seraient mis dans le commerce dans l'État considéré.

**Article 8 –** La loi applicable détermine notamment :

1. les conditions et l'étendue de la responsabilité ;
2. les causes d'exonération, ainsi que toute limitation et tout partage de responsabilité ;
3. la nature des dommages pouvant donner lieu à réparation ;
4. les modalités et l'étendue de la réparation ;
5. la transmissibilité du droit à réparation ;
6. les personnes ayant droit à réparation du dommage qu'elles ont personnellement subi ;
7. la responsabilité du commettant du fait de son préposé ;
8. le fardeau de la preuve, dans la mesure où les règles de la loi applicable à ce sujet font partie du droit de la responsabilité ;
9. les prescriptions et les déchéances fondées sur l'expiration d'un délai, y compris le point de départ, l'interruption et la suspension des délais.

**Article 9 –** L'application des articles 4, 5 et 6 ne fait pas obstacle à ce que soient prises en considération les règles de sécurité en vigueur dans l'État sur le territoire duquel le produit a été introduit sur le marché.

**Article 10 –** L'application d'une des lois déclarées compétentes par la présente Convention ne peut être écartée que si elle est manifestement incompatible avec l'ordre public.

**Article 11 –** L'application des précédents articles de la présente Convention est indépendante de toute condition de réciprocité. La Convention s'applique même si la loi applicable n'est pas celle d'un État contractant.

**Article 12 –** Lorsqu'un État comprend plusieurs unités territoriales dont chacune a ses propres règles en matière de responsabilité du fait des produits, chaque unité territoriale est considérée comme un État aux fins de la détermination de la loi applicable selon la Convention.

**Article 13 –** Un État dans lequel différentes unités territoriales ont leurs propres règles de droit en matière de responsabilité du fait des produits ne sera pas tenu d'appliquer la présente Convention lorsqu'un État dont le système de droit est unifié ne serait pas tenu d'appliquer la loi d'un autre État en vertu des articles 4 et 5 de la présente Convention.

**Article 14 –** Tout État contractant qui comprend deux ou plusieurs unités territoriales qui ont leurs propres règles de droit en matière de responsabilité du fait des produits pourra, au moment de la signature, de la ratification, de l'acceptation, de l'approbation ou de l'adhésion, déclarer que la présente Convention s'étendra à toutes ses unités territoriales ou seulement à une ou plusieurs d'entre elles, et pourra à tout moment modifier cette déclaration en faisant une nouvelle déclaration.

Ces déclarations seront notifiées au Ministère des Affaires Étrangères des Pays-Bas et indiqueront expressément les unités territoriales auxquelles la Convention s'applique.

**Article 15 –** La présente Convention ne déroge pas aux Conventions relatives à des matières particulières auxquelles les États contractants sont ou seront Parties et qui concernent la responsabilité du fait des produits.

**Article 16 –** Tout État contractant, au moment de la signature, de la ratification, de l'acceptation, de l'approbation ou de l'adhésion, pourra se réserver le droit :

1. de ne pas appliquer les dispositions de l'article 8, chiffre 9;
2. de ne pas appliquer la Convention aux produits agricoles bruts.

Aucune autre réserve ne sera admise.

Tout État contractant pourra également, en notifiant une extension de la Convention conformément à l'article 19, faire une ou plusieurs de ces réserves avec effet limité aux territoires ou à certains des territoires visés par l'extension.

Tout État contractant pourra à tout moment retirer une réserve qu'il aura faite; l'effet de la réserve cessera le premier jour du troisième mois du calendrier après la notification du retrait.

**Article 17 –** La présente Convention est ouverte à la signature des États qui étaient Membres de la Conférence de La Haye de droit international privé lors de sa Douzième session.

Elle sera ratifiée, acceptée ou approuvée et les instruments de ratification, d'acceptation ou d'approbation seront déposés auprès du Ministère des Affaires Étrangères des Pays-Bas.

**Article 18 –** Tout État qui n'est devenu Membre de la Conférence qu'après la Douzième session, ou qui appartient à l'Organisation des Nations unies ou à une institution spécialisée de celle-ci, ou est Partie au Statut de la Cour internationale de Justice, pourra adhérer à la présente Convention après son entrée en vigueur en vertu de l'article 20.

L'instrument d'adhésion sera déposé auprès du Ministère des Affaires Étrangères des Pays-Bas.

**Article 19 –** Tout État, au moment de la signature, de la ratification, de l'acceptation, de l'approbation ou de l'adhésion, pourra déclarer que la présente Convention s'étendra à l'ensemble des territoires qu'il représente sur le plan international, ou à l'un ou plusieurs d'entre eux.

Cette déclaration aura effet au moment de l'entrée en vigueur de la Convention pour ledit État.

Par la suite, toute extension de cette nature sera notifiée au Ministère des Affaires Étrangères des Pays-Bas.

**Article 20 –** La présente Convention entrera en vigueur le premier jour du troisième mois du calendrier suivant le dépôt du troisième instrument de ratification, d'acceptation ou d'approbation prévu par l'article 17, alinéa 2.

Ensuite, la Convention entrera en vigueur :

- pour chaque État signataire ratifiant, acceptant ou approuvant postérieurement, le premier jour du troisième mois du calendrier après le dépôt de son instrument de ratification, d'acceptation ou d'approbation;
- pour tout État adhérant, le premier jour du troisième mois du calendrier après le dépôt de son instrument d'adhésion;
- pour les territoires auxquels la Convention a été étendue conformément à l'article 19, le premier jour du troisième mois du calendrier après la notification visée dans cet article.

**Article 21 –** La présente Convention aura une durée de cinq ans à partir de la date de son entrée en vigueur conformément à l'article 20, alinéa premier, même pour les États qui l'auront postérieurement ratifiée, acceptée ou approuvée ou qui y auront adhéré.

La Convention sera renouvelée tacitement de cinq ans en cinq ans, sauf dénonciation.

La dénonciation sera, au moins six mois avant l'expiration du délai de cinq ans, notifiée au Ministère des Affaires Étrangères des Pays-Bas. Elle pourra se limiter à certains territoires auxquels s'applique la Convention.

La dénonciation n'aura d'effet qu'à l'égard de l'État qui l'aura notifiée. La Convention restera en vigueur pour les autres États contractants.

**Article 22 –** Le Ministère des Affaires Étrangères des Pays-Bas notifiera aux États Membres de la Conférence, ainsi qu'aux États qui auront adhéré conformément aux dispositions de l'article 18 :

1. les signatures, ratifications, acceptations et approbations, visées à l'article 17;
2. la date à laquelle la présente Convention entrera en vigueur conformément aux dispositions de l'article 20;
3. les adhésions visées à l'article 18 et la date à laquelle elles auront effet;
4. les extensions visées à l'article 19 et la date à laquelle elles auront effet;
5. les réserves, le retrait des réserves et les déclarations mentionnées aux articles 14, 16 et 19;
6. les dénonciations visées à l'article 21.

En foi de quoi, les soussignés, dûment autorisés, ont signé la présente Convention.

# 63 Convention de Munich du 5 octobre 1973 sur la délivrance de brevets européens, révisée

Version d'origine en vigueur depuis le 7 octobre 1977 ; la version révisée ici reproduite est en vigueur depuis le 13 décembre 2007

Les annexes à la Convention faisant partie de celle-ci, à savoir le règlement d'exécution de la Convention (adopté à Munich le 5 octobre 1973, révisé), le Protocole interprétatif de l'article 69, le Protocole sur la centralisation, le Protocole sur la compétence judiciaire et la reconnaissance de décisions portant sur le droit à l'obtention du brevet européen, et le Protocole sur les privilèges et immunités de juridiction, ne sont pas reproduits, mais peuvent être consultés sur le site de l'Office européen des brevets : http://www.epo.org/law-practice/legal-texts/html/epc/2010/f/index.html

*Les États contractants,*

Désireux de renforcer la coopération entre les États européens dans le domaine de la protection des inventions,

Désireux qu'une telle protection puisse être obtenue dans ces États par une procédure unique de délivrance de brevets et par l'établissement de certaines règles uniformes régissant les brevets ainsi délivrés,

Désireux, à ces fins, de conclure une convention qui institue une Organisation européenne des brevets et constitue un arrangement particulier au sens de l'article 19 de la Convention pour la protection de la propriété industrielle signée à Paris le 20 mars 1883 et révisée en dernier lieu le 14 juillet 1967 et un traité de brevet régional au sens de l'article 45, paragraphe 1, du Traité de Coopération en matière de brevets du 19 juin 1970,

*sont convenus des dispositions suivantes :*

PREMIÈRE PARTIE

# DISPOSITIONS GÉNÉRALES ET INSTITUTIONNELLES

CHAPITRE PREMIER

## Dispositions générales

### Article 1er – Droit européen en matière de délivrance de brevets

Il est institué par la présente Convention un droit commun aux États contractants en matière de délivrance de brevets d'invention.

### Article 2 – Brevet européen

(1) Les brevets délivrés en vertu de la présente Convention sont dénommés brevets européens.

(2) Dans chacun des États contractants pour lesquels il est délivré, le brevet européen a les mêmes effets et est soumis au même régime qu'un brevet national délivré dans cet État, sauf si la présente Convention en dispose autrement.

### Article 3 – Portée territoriale

La délivrance d'un brevet européen peut être demandée pour un ou plusieurs des États contractants.

### Article 4 – Organisation européenne des brevets

(1) Il est institué par la présente Convention une organisation européenne des brevets, ci-après dénommée l'Organisation. Elle est dotée de l'autonomie administrative et financière.

(2) Les organes de l'organisation sont :

a) L'Office européen des brevets;

b) Le Conseil d'administration.

(3) L'Organisation a pour tâche de délivrer des brevets européens. Cette tâche est exécutée par l'Office européen des brevets sous le contrôle du Conseil d'administration.

### Article 4 *bis* – Conférence des ministres des États contractants

Une conférence des ministres des États contractants compétents en matière de brevets se réunit au moins tous les cinq ans pour examiner les questions relatives à l'Organisation et au système du brevet européen.

CHAPITRE II

## L'Organisation européenne des brevets

### Article 5 – Statut juridique

(1) L'Organisation a la personnalité juridique.

(2) Dans chacun des États contractants, l'Organisation possède la capacité juridique la plus large reconnue aux personnes morales par la législation nationale; elle peut notamment acquérir ou aliéner des biens immobiliers et mobiliers et ester en justice.

(3) Le Président de l'Office européen des brevets représente l'Organisation.

### Article 6 – Siège

(1) L'Organisation a son siège à Munich.

(2) L'office européen des brevets est situé à Munich. Il a un département à La Haye.

### Article 7 – Agences de l'Office européen des brevets

Par décision du Conseil d'administration, des agences de l'Office européen des brevets peuvent être créées, en tant que de besoin, dans un but d'information ou de liaison, dans les États contractants ou auprès d'organisations intergouvernementales compétentes en matière de propriété industrielle, sous réserve du consentement de l'État contractant concerné ou de l'organisation concernée.

### Article 8 – Privilèges et immunités

Le protocole sur les privilèges et immunités annexé à la présente Convention définit les conditions dans lesquelles l'Organisation, les membres du Conseil d'administration, les agents de l'Office européen des brevets ainsi que toutes autres personnes mentionnées dans ce protocole et participant aux activités de l'Organisation jouissent, dans chaque État contractant, des privilèges et immunités nécessaires à l'accomplissement de leur mission.

### Art. 9 – Responsabilité

(1) La responsabilité contractuelle de l'Organisation est régie par la loi applicable au contrat en cause.

(2) La responsabilité non contractuelle de l'Organisation en ce qui concerne les dommages causés par elle ou par les agents de l'Office européen des brevets dans l'exercice de leurs fonctions est régie par la loi en vigueur en République fédérale d'Allemagne. Si les dommages ont été causés par le département de La Haye ou par une agence, ou par des agents relevant du département ou de cette agence, la loi applicable est celle de l'État contractant dans lequel le département ou l'agence est situé.

(3) La responsabilité personnelle des agents de l'Office européen des brevets envers l'Organisation est régie par leur statut ou le régime qui leur est applicable.

(4) Les juridictions compétentes pour régler les litiges visés aux par. 1 et 2 sont :

a) en ce qui concerne les litiges visés au par. 1, les juridictions de la République fédérale d'Allemagne, à défaut de la désignation d'une juridiction d'un autre État dans le contrat conclu entre les parties;

b) en ce qui concerne les litiges visés au par. 2, les juridictions de la République fédérale d'Allemagne ou de l'État dans lequel le département ou l'agence est situé.

CHAPITRE III

## L'Office européen des brevets

### Article 10 – Direction

(1) La direction de l'Office européen des brevets est assurée par le Président, qui est responsable de l'activité de l'Office devant le Conseil d'administration.

(2) À cette fin, le Président a notamment les fonctions et compétences suivantes :

a) il prend toutes mesures utiles, y compris l'adoption d'instructions administratives internes et l'information du public, en vue d'assurer le fonctionnement de l'Office européen des brevets;

b) il détermine, sauf si la présente Convention en dispose autrement, les actes qui doivent être accomplis respectivement auprès de l'Office européen des brevets à Munich ou de son département à la Haye;

c) il peut soumettre au Conseil d'administration toute proposition de modification de la présente Convention, de réglementation générale ou de décision qui relève de la compétence du Conseil d'administration;

d) il prépare et exécute le budget ainsi que tout budget modificatif ou additionnel;

e) il soumet annuellement un rapport d'activité au Conseil d'administration;

f) il exerce l'autorité hiérarchique sur le personnel;

g) sous réserve de l'Article 11, il nomme les agents et statue sur leur avancement;

h) il exerce le pouvoir disciplinaire sur les agents autres que ceux visés à l'art. 11 et peut proposer au Conseil d'administration des sanctions disciplinaires à l'encontre des agents visés à l'art. 11, par. 2 et 3 ;

i) il peut déléguer ses fonctions et compétences.

(3) Le Président est assisté de plusieurs Vice-Présidents. En cas d'absence ou d'empêchement du Président, un des Vice-Présidents exerce ses fonctions conformément à la procédure fixée par le Conseil d'administration.

## Article 11 – Nomination du personnel supérieur

(1) Le Président de l'Office européen des brevets est nommé par le Conseil d'administration.

(2) Les Vice-Présidents sont nommés par le Conseil d'administration, le Président de l'Office européen des brevets entendu.

(3) Les membres des chambres de recours et de la Grande Chambre de recours, y compris leurs présidents, sont nommés par le Conseil d'administration sur proposition du Président de l'Office européen des brevets. Ils peuvent être reconduits dans leurs fonctions par le Conseil d'administration, le Président de l'Office européen des brevets entendu.

(4) Le Conseil d'administration exerce le pouvoir disciplinaire sur les agents visés aux par. 1 à 3.

(5) Le Conseil d'administration peut, le Président de l'Office européen des brevets entendu, également nommer en qualité de membres de la Grande Chambre de recours des membres juristes des juridictions nationales ou des autorités quasi judiciaires des États contractants, qui peuvent continuer à exercer leurs fonctions judiciaires au niveau national. Ils sont nommés pour une période de trois ans et peuvent être reconduits dans leurs fonctions.

## Article 12 – Devoirs de la fonction

Les agents de l'Office européen des brevets sont tenus, même après la cessation de leurs fonctions, de ne pas divulguer ni utiliser les informations qui, par leur nature, sont couvertes par le secret professionnel.

## Article 13 – Litiges entre l'Organisation et les agents de l'Office européen des brevets

(1) Les agents ou les anciens agents de l'Office européen des brevets, ou leurs ayants droit, peuvent recourir au Tribunal administratif de l'Organisation internationale du Travail pour les litiges qui les opposent à l'Organisation européenne des brevets, conformément au statut dudit Tribunal et dans les limites et conditions déterminées par le statut des fonctionnaires, par le règlement de pensions ou résultant du régime applicable aux autres agents.

(2) Un recours n'est recevable que si l'intéressé a épuisé tous les moyens de recours qui lui sont ouverts par le statut des fonctionnaires, par le règlement de pensions ou par le régime applicable aux autres agents.

## Article 14 – Langues de l'Office européen des brevets, des demandes de brevet européen et d'autres pièces

(1) Les langues officielles de l'Office européen des brevets sont l'allemand, l'anglais et le français.

(2) Toute demande de brevet européen doit être déposée dans une des langues officielles ou, si elle est déposée dans une autre langue, traduite dans une des langues officielles, conformément au règlement d'exécution. Durant toute la procédure devant l'Office européen des brevets, cette traduction peut être rendue conforme au texte de la demande telle qu'elle a été déposée. Si la traduction requise n'a pas été produite dans les délais, la demande est réputée retirée.

(3) La langue officielle de l'Office européen des brevets dans laquelle la demande de brevet européen a été déposée ou traduite doit être utilisée comme langue de la procédure, sauf si le règlement d'exécution en dispose autrement, dans toutes les procédures devant l'Office européen des brevets.

(4) Les personnes physiques ou morales ayant leur domicile ou leur siège dans un État contractant ayant une langue autre que l'allemand, l'anglais ou le français comme langue officielle, et les nationaux de cet État ayant leur domicile à l'étranger peuvent produire, dans une langue officielle de cet État, des pièces devant être produites dans un délai déterminé. Toutefois, ils sont tenus de produire une traduction dans une langue officielle de l'Office européen des brevets conformément au règlement d'exécution. Si une pièce autre que les pièces composant de la demande de brevet européen n'est pas produite dans la langue prescrite ou si une traduction requise n'est pas produite dans les délais, la pièce est réputée n'avoir pas été produite.

(5) Les demandes de brevet européen sont publiées dans la langue de la procédure.

(6) Les fascicules de brevet européen sont publiés dans la langue de la procédure et comportent une traduction des revendications dans les deux autres langues officielles de l'Office européen des brevets.

(7) Sont publiés dans les trois langues officielles de l'Office européen des brevets :

a) le Bulletin européen des brevets;

b) le *Journal officiel* de l'Office européen des brevets.

(8) Les inscriptions au Registre européen des brevets sont effectuées dans les trois langues officielles de l'Office européen des brevets. En cas de doute, l'inscription dans la langue de la procédure fait foi.

### Article 15 – Instances chargées des procédures

Pour la mise en œuvre des procédures prévues par la présente Convention, il est institué à l'Office européen des brevets :

a) une section de dépôt;

b) des divisions de la recherche;

c) des divisions d'examen;

d) des divisions d'opposition;

e) une division juridique;

f) des chambres de recours;

g) une Grande Chambre de recours.

### Article 16 – Section de dépôt

La section de dépôt est compétente pour examiner les demandes de brevet européen lors du dépôt et quant aux exigences de forme.

## Article 17 – Divisions de la recherche

Les divisions de la recherche sont compétentes pour établir les rapports de recherche européenne.

## Article 18 – Divisions d'examen

(1) Les divisions d'examen sont compétentes pour examiner les demandes de brevet européen.

(2) Une division d'examen se compose de trois examinateurs techniciens. Toutefois, l'instruction de la demande de brevet européen est, en règle générale, confiée à l'un des membres de la division d'examen. La procédure orale se déroule devant la division d'examen elle-même. Si elle estime que la nature de la décision l'exige, la division d'examen est complétée par un examinateur juriste. En cas de partage égal des voix, la voix du président de la division d'examen est prépondérante.

## Article 19 – Divisions d'opposition

(1) Les divisions d'opposition sont compétentes pour examiner les oppositions aux brevets européens.

(2) Une division d'opposition se compose de trois examinateurs techniciens, dont deux au moins ne doivent pas avoir participé à la procédure de délivrance du brevet qui est l'objet de l'opposition. Un examinateur qui a participé à la procédure de délivrance du brevet européen ne peut exercer la présidence. La division d'opposition peut confier à l'un de ses membres l'instruction de l'opposition. La procédure orale se déroule devant la division d'opposition elle-même. Si elle estime que la nature de la décision l'exige, la division d'opposition est complétée par un examinateur juriste qui ne doit pas avoir participé à la procédure de délivrance du brevet. En cas de partage égal des voix, la voix du président de la division d'opposition est prépondérante.

## Article 20 – Division juridique

(1) La division juridique est compétente pour toute décision relative, d'une part, aux mentions à porter sur le Registre européen des brevets, d'autre part, à l'inscription sur la liste des mandataires agréés et à leur radiation de celle-ci.

(2) Les décisions de la division juridique sont rendues par un membre juriste.

## Article 21 – Chambres de recours

(1) Les chambres de recours sont compétentes pour examiner les recours formés contre les décisions de la section de dépôt, des divisions d'examen, des divisions d'opposition et de la division juridique.

(2) Dans le cas d'un recours formé contre une décision de la section de dépôt ou de la division juridique, la chambre de recours se compose de trois membres juristes.

(3) Dans le cas d'un recours formé contre une décision d'une division d'examen, la chambre de recours se compose de :

a) deux membres techniciens et un membre juriste lorsque la décision est relative au rejet d'une demande de brevet européen ou à la délivrance, la limitation ou la révocation d'un brevet européen et qu'elle a été rendue par une division d'examen composée de moins de quatre membres ;

b) trois membres techniciens et deux membres juristes lorsque la décision a été rendue par une division d'examen composée de quatre membres ou si la chambre de recours estime que la nature du recours l'exige;

c) trois membres juristes dans tous les autres cas.

(4) Dans le cas d'un recours formé contre une décision d'une division d'opposition, la chambre de recours se compose de :

a) deux membres techniciens et un membre juriste lorsque la décision a été rendue par une division d'opposition composée de trois membres;

b) trois membres techniciens et deux membres juristes lorsque la décision a été rendue par une division d'opposition composée de quatre membres ou si la chambre de recours estime que la nature du recours l'exige.

### Article 22 – Grande Chambre de recours

(1) La Grande Chambre de recours est compétente pour :

a) statuer sur les questions de droit qui lui sont soumises par les chambres de recours en vertu de l'article 112;

b) donner des avis sur les questions de droit qui lui sont soumises par le Président de l'Office européen des brevets en vertu de l'art. 112;

c) statuer sur les requêtes en révision des décisions des chambres de recours en vertu de l'article 112 *bis*.

(2) Dans les procédures prévues au par. 1 a) et b), la Grande Chambre de recours se compose de cinq membres juristes et de deux membres techniciens. Dans les procédures prévues au par. 1 c), la Grande Chambre de recours se compose de trois ou cinq membres, conformément au règlement d'exécution. Dans toutes les procédures, la présidence est assurée par un membre juriste.

### Article 23 – Indépendance des membres des chambres

(1) Les membres de la Grande Chambre de recours et des chambres de recours sont nommés pour une période de cinq ans et ne peuvent être relevés de leurs fonctions pendant cette période, sauf pour motifs graves et si le Conseil d'administration, sur proposition de la Grande Chambre de recours, prend une décision à cet effet. Nonobstant les dispositions de la première phrase, le mandat des membres des chambres de recours prend fin en cas de démission ou de mise à la retraite conformément au statut des fonctionnaires de l'Office européen des brevets.

(2) Les membres des chambres ne peuvent être membres de la section de dépôt, des divisions d'examen, des divisions d'opposition ou de la division juridique.

(3) Dans leurs décisions, les membres des chambres ne sont liés par aucune instruction et ne doivent se conformer qu'aux seules dispositions de la présente Convention.

(4) Les règlements de procédure des chambres de recours et de la Grande Chambre de recours sont arrêtés conformément au règlement d'exécution. Ils sont soumis à l'approbation du Conseil d'administration.

### Article 24 – Abstention et récusation

(1) Les membres d'une chambre de recours et de la Grande Chambre de recours ne peuvent participer au règlement d'une affaire s'ils y possèdent un intérêt personnel, s'ils y sont antérieurement intervenus en qualité de représentants de l'une des parties ou s'ils ont pris part à la décision qui fait l'objet du recours.

(2) Si, pour l'une des raisons mentionnées au par. 1 ou pour tout autre motif, un membre d'une chambre de recours ou de la Grande Chambre de recours estime ne pas pouvoir participer au règlement d'une affaire, il en avertit la chambre.

(3) Les membres d'une chambre de recours et de la Grande Chambre de recours peuvent être récusés par toute partie pour l'une des raisons mentionnées au par. 1 ou s'ils peuvent être soupçonnés de partialité. La récusation n'est pas recevable lorsque la partie en cause a accompli des actes de procédure bien qu'elle ait déjà eu connaissance du motif de récusation. La récusation ne peut être fondée sur la nationalité des membres.

(4) Les chambres de recours et la Grande Chambre de recours statuent, dans les cas visés aux par. 2 et 3, sans la participation du membre concerné. Pour prendre cette décision, le membre récusé est remplacé par son suppléant.

### Article 25 – Avis technique

À la requête de la juridiction nationale compétente saisie de l'action en contrefaçon ou en nullité, l'Office européen des brevets est tenu de fournir, contre paiement d'une redevance appropriée, un avis technique sur le brevet européen en cause. Les divisions d'examen sont compétentes pour la délivrance de ces avis.

CHAPITRE IV

## Le Conseil d'administration

### Article 26 – Composition

(1) Le Conseil d'administration se compose des représentants des États contractants et de leurs suppléants. Chaque État contractant a le droit de désigner un représentant au Conseil d'administration et un suppléant.

(2) Les membres du Conseil d'administration peuvent se faire assister de conseillers ou d'experts, conformément au règlement intérieur du Conseil d'administration.

### Article 27 – Présidence

(1) Le Conseil d'administration élit parmi les représentants des États contractants et leurs suppléants un Président et un Vice-Président. Le Vice-Président remplace de droit le Président en cas d'empêchement.

(2) La durée du mandat du Président et du Vice-Président est de trois ans. Ce mandat est renouvelale.

### Article 28 – Bureau

(1) Le Conseil d'administration peut instituer un Bureau composé de cinq de ses membres, dès lors que le nombre des États contractants est de huit au minimum.

(2) Le Président et le Vice-Président du Conseil d'administration sont de droit membres du Bureau ; les trois autres membres sont élus par le Conseil d'administration.

(3) La durée du mandat des membres élus par le Conseil d'administration est de trois ans. Ce mandat n'est pas renouvelable.

(4) Le Bureau exécute les tâches que le Conseil d'administration lui confie conformément au règlement intérieur.

### Article 29 – Sessions

(1) Le Conseil d'administration se réunit sur convocation de son Président.

(2) Le Président de l'Office européen des brevets prend part aux délibérations du Conseil d'administration.

(3) Le Conseil d'administration tient une session ordinaire une fois par an; en outre, il se réunit à l'initiative de son Président ou à la demande du tiers des États contractants.

(4) Le Conseil d'administration délibère sur la base d'un ordre du jour déterminé, conformément à son règlement intérieur.

(5) Toute question dont l'inscription à l'ordre du jour est demandée par un État contractant conformément au règlement intérieur est inscrite à l'ordre du jour provisoire.

### Article 30 – Participation d'observateurs

(1) L'Organisation Mondiale de la Propriété Intellectuelle est représentée aux sessions du Conseil d'administration, conformément à un accord entre l'Organisation et l'Organisation Mondiale de la Propriété Intellectuelle.

(2) D'autres organisations intergouvernementales chargées de la mise en œuvre de procédures internationales dans le domaine des brevets, avec lesquelles l'Organisation a conclu un accord, sont représentées aux sessions du Conseil d'administration, conformément à cet accord.

(3) Toute autre organisation intergouvernementale ou internationale non gouvernementale exerçant une activité intéressant l'Organisation peut être invitée par le Conseil d'administration à se faire représenter à ses sessions lors de toute discussion de questions d'intérêt commun.

### Article 31 – Langues du Conseil d'administration

(1) Les langues utilisées dans les délibérations du Conseil d'administration sont l'allemand, l'anglais et le français.

(2) Les documents soumis au Conseil d'administration et les procès-verbaux de ses délibérations sont établis dans les trois langues visées au par. 1.

### Article 32 – Personnel, locaux et matériel

L'Office européen des brevets met à la disposition du Conseil d'administration et des comités que celui-ci a institués le personnel, les locaux et les moyens matériels nécessaires à l'accomplissement de leur mission.

### Article 33 – Compétence du Conseil d'administration dans certains cas

(1) Le Conseil d'administration a compétence pour modifier :

a) la durée des délais fixés par la présente Convention;

b) les dispositions de la deuxième à la huitième partie ainsi que de la dixième partie de la présente Convention pour assurer leur conformité avec un traité international en matière de brevets ou la législation de la Communauté européenne en matière de brevets;

c) le règlement d'exécution.

(2) Le Conseil d'administration a compétence, conformément à la présente Convention, pour arrêter et modifier :

a) le règlement financier;

b) le statut des fonctionnaires et le régime applicable aux autres agents de l'Office européen des brevets, le barème de leurs rémunérations ainsi que la nature et les règles d'octroi des avantages accessoires;

c) le règlement de pensions et toute augmentation des pensions existantes correspondant aux relèvements des traitements;

d) le règlement relatif aux taxes;

e) son règlement intérieur.

(3) Nonobstant l'art. 18, par. 2, le Conseil d'administration a compétence pour décider, si l'expérience le justifie, que, dans certaines catégories de cas, les divisions d'examen se composent d'un seul examinateur technicien. Cette décision peut être rapportée.

(4) Le Conseil d'administration a compétence pour autoriser le Président de l'Office européen des brevets à négocier et, sous réserve de son approbation, à conclure, au nom de l'Organisation européenne des brevets, des accords avec des États ou des organisations intergouvernementales ainsi qu'avec des centres de documentation créés en vertu d'accords conclus avec ces organisations.

(5) Le Conseil d'administration ne peut prendre de décision en vertu du par. 1 b) :

– en ce qui concerne un traité international, avant son entrée en vigueur;
– en ce qui concerne un acte législatif de la Communauté européenne, avant son entrée en vigueur ou, lorsqu'il prévoit un délai pour sa transposition, avant l'expiration de ce délai.

### Article 34 – Droit de vote

(1) Les États contractants ont seuls droit de vote au Conseil d'administration.

(2) Sous réserve de l'application de l'art. 36, chaque État contractant dispose d'une voix.

### Article 35 – Votes

(1) Sous réserve des dispositions des par. 2 et 3, le Conseil d'administration prend ses décisions à la majorité simple des États contractants représentés et votants.

(2) Requièrent la majorité des trois quarts des États contractants représentés et votants les décisions relevant de la compétence du Conseil d'administration en vertu de l'art. 7, de l'art. 11, par. 1, de l'art. 33, par. 1 a) et c) et 2 à 4, de l'art. 39, par. 1, de l'art. 40, par. 2 et 4, de l'art. 46, de l'art. 134 *bis*, de l'art. 149 *bis*, par. 2, de l'art. 152, de l'art. 153, par. 7, de l'art. 166 et de l'art. 172.

(3) Requièrent l'unanimité des États contractants votants les décisions relevant de la compétence du Conseil d'administration en vertu de l'art. 33, par. 1 b). Le Conseil d'administration ne prend ces décisions que si tous les États contractants sont représentés. Une décision prise en vertu de l'art. 33, par. 1 b), ne prend pas effet si un État contractant déclare, dans un délai de douze mois à compter de la date de la décision, qu'il désire ne pas être lié par cette décision.

(4) L'abstention n'est pas considérée comme un vote.

### Article 36 – Pondération des voix

(1) Pour l'adoption et la modification du règlement relatif aux taxes ainsi que, si la charge financière des États contractants s'en trouve accrue, pour l'adoption du budget de l'Organisation et des budgets modificatifs ou additionnels, tout État contractant peut exiger, après un premier scrutin dans lequel chaque État contractant

dispose d'une voix et quel que soit le résultat de ce scrutin, qu'il soit procédé immédiatement à un second scrutin dans lequel les voix sont pondérées conformément aux dispositions du par. 2. La décision résulte de ce second scrutin.

(2) Le nombre de voix dont chaque État contractant dispose dans le nouveau scrutin se calcule comme suit :

a) le nombre correspondant au pourcentage qui résulte pour chaque État contractant de la clé de répartition des contributions financières exceptionnelles prévue à l'art. 40, par. 3 et 4, est multiplié par le nombre d'États contractants et divisé par cinq ;

b) le nombre de voix ainsi calculé est arrondi au nombre entier supérieur ;

c) à ce nombre de voix s'ajoutent cinq voix supplémentaires ;

d) toutefois, aucun État contractant ne peut disposer de plus de trente voix.

CHAPITRE V

## Dispositions financières

### Article 37 – Financement du budget

Le budget de l'Organisation est financé :

a) par les ressources propres de l'Organisation ;

b) par les versements des États contractants au titre des taxes de maintien en vigueur des brevets européens perçues dans ces États ;

c) si nécessaire, par des contributions financières exceptionnelles des États contractants ;

d) le cas échéant, par les recettes prévues à l'art. 146 ;

e) le cas échéant et exclusivement pour les immobilisations corporelles, par des emprunts contractés auprès de tiers et garantis par des terrains ou des bâtiments ;

f) le cas échéant, par des fonds provenant de tiers pour des projets spécifiques.

### Article 38 – Ressources propres de l'Organisation

Les ressources propres de l'Organisation comprennent :

a) toutes les recettes provenant des taxes et d'autres sources ainsi que des réserves de l'Organisation ;

b) les ressources du Fonds de réserve pour pensions, qui doit être considéré comme un patrimoine spécial de l'Organisation servant à assister son régime de pensions par la constitution de réserves appropriées.

### Article 39 – Versements des États contractants au titre des taxes de maintien en vigueur des brevets européens

(1) Chaque État contractant verse à l'Organisation, au titre de chaque taxe perçue pour le maintien en vigueur d'un brevet européen dans cet État, une somme dont le montant correspond à un pourcentage de cette taxe, à fixer par le Conseil d'administration, qui ne peut excéder 75 % et est uniforme pour tous les États contractants. Si ledit pourcentage correspond à un montant inférieur au minimum uniforme fixé par le Conseil d'administration, l'État contractant verse ce minimum à l'Organisation.

(2) Chaque État contractant communique à l'Organisation tous les éléments jugés nécessaires par le Conseil d'administration pour déterminer le montant de ces versements.

(3) La date à laquelle ces versements doivent être effectués est fixée par le Conseil d'administration.

(4) Si un versement n'est pas intégralement effectué à la date fixée, l'État contractant est redevable, à compter de cette date, d'un intérêt sur le montant impayé.

## Article 40 – Niveau des taxes et des versements – Contributions financières exceptionnelles

(1) Le montant des taxes et le pourcentage, visés respectivement aux art. 38 et 39, doivent être déterminés de manière que les recettes correspondantes permettent d'assurer l'équilibre du budget de l'Organisation.

(2) Toutefois, lorsque l'Organisation se trouve dans l'impossibilité de réaliser l'équilibre du budget dans les conditions prévues au par. 1, les États contractants versent à l'Organisation des contributions financières exceptionnelles, dont le montant est fixé par le Conseil d'administration pour l'exercice budgétaire considéré.

(3) Les contributions financières exceptionnelles sont déterminées pour chacun des États contractants sur la base du nombre des demandes de brevet déposées au cours de l'avant-dernière année précédant celle de l'entrée en vigueur de la présente Convention et selon la clé de répartition ci-après :

a) pour moitié, proportionnellement au nombre des demandes de brevet déposées dans l'État contractant concerné;

b) pour moitié, proportionnellement au nombre des demandes de brevet déposées par les personnes physiques et morales ayant leur domicile ou leur siège sur le territoire de cet État dans celui des autres États contractants placé en seconde position, dans l'ordre décroissant des dépôts effectués par lesdites personnes dans les autres États contractants.

Toutefois, les sommes mises à la charge des États dans lesquels le nombre des demandes de brevet déposées est supérieur à 25 000 sont reprises globalement et réparties à nouveau proportionnellement au nombre total des demandes de brevet déposées dans ces mêmes États.

(4) Lorsque le montant de la contribution d'un État contractant ne peut être déterminé dans les conditions prévues au par. 3, le Conseil d'administration fixe ce montant en accord avec l'État concerné.

(5) L'art. 39, par. 3 et 4, est applicable aux contributions financières exceptionnelles.

(6) Les contributions financières exceptionnelles sont remboursées avec un intérêt dont le taux est uniforme pour tous les États contractants. Les remboursements interviennent dans la mesure où il est possible de prévoir des crédits à cet effet dans le budget et le montant ainsi prévu sera réparti entre les États contractants en fonction de la clé de répartition visée aux par. 3 et 4.

(7) Les contributions financières exceptionnelles versées au cours d'un exercice déterminé sont intégralement remboursées avant qu'il ne soit procédé au remboursement total ou partiel de toute contribution exceptionnelle versée au cours d'un exercice ultérieur.

## Article 41 – Avances

(1) Sur demande du Président de l'Office européen des brevets, les États contractants consentent à l'Organisation des avances de trésorerie, à valoir sur leurs versements et contributions, dans la limite du montant fixé par le Conseil d'administration. Ces

avances sont réparties au prorata des sommes dues par les États contractants pour l'exercice considéré.

(2) L'art. 39, par. 3 et 4, est applicable aux avances.

### Article 42 – Budget

(1) Le budget de l'Organisation doit être équilibré. Il est établi selon les principes comptables généralement admis, tels que définis au règlement financier. En tant que de besoin, des budgets modificatifs ou additionnels peuvent être établis.

(2) Le budget est établi dans l'unité de compte fixée par le règlement financier.

### Article 43 – Autorisations de dépenses

(1) Les dépenses inscrites au budget sont autorisées pour la durée de l'exercice budgétaire, sauf si le règlement financier en dispose autrement.

(2) Conformément au règlement financier, les crédits qui ne sont pas utilisés à la fin de l'exercice budgétaire, à l'exception de ceux relatifs aux dépenses de personnel, peuvent faire l'objet d'un report qui sera limité au seul exercice suivant.

(3) Les crédits sont spécialisés par chapitres groupant les dépenses selon leur nature ou leur destination et subdivisés, en tant que de besoin, conformément au règlement financier.

### Article 44 – Crédits pour dépenses imprévisibles

(1) Des crédits pour dépenses imprévisibles peuvent être inscrits au budget de l'Organisation.

(2) L'utilisation de ces crédits par l'Organisation est subordonnée à l'autorisation préalable du Conseil d'administration.

### Article 45 – Exercice budgétaire

L'exercice budgétaire commence le 1er janvier et s'achève le 31 décembre.

### Article 46 – Préparation et adoption du budget

(1) Le Président de l'Office européen des brevets soumet le projet de budget au Conseil d'administration au plus tard à la date fixée par le règlement financier.

(2) Le budget ainsi que tout budget modificatif ou additionnel sont arrêtés par le Conseil d'administration.

### Article 47 – Budget provisoire

(1) Si, au début d'un exercice budgétaire, le budget n'a pas encore été arrêté par le Conseil d'administration, les dépenses pourront être effectuées mensuellement par chapitre ou par une autre division, conformément au règlement financier, dans la limite du douzième des crédits ouverts au budget de l'exercice précédent, sans que cette mesure puisse avoir pour effet de mettre à la disposition du Président de l'Office européen des brevets des crédits supérieurs au douzième de ceux prévus dans le projet de budget.

(2) Le Conseil d'administration peut, sous réserve que les autres conditions prévues au paragraphe premier soient respectées, autoriser les dépenses excédant le douzième.

(3) À titre provisionnel, les versements visés à l'art. 37 b) continueront à être effectués dans les conditions prévues à l'art. 39 pour l'exercice précédant celui auquel se rapporte le projet de budget.

(4) Les États contractants versent chaque mois, à titre provisionnel et conformément à la clé de répartition visée à l'art. 40, par. 3 et 4, toutes contributions financières exceptionnelles nécessaires en vue d'assurer l'application des par. 1 et 2. L'art. 39, par. 4, est applicable à ces contributions.

## Article 48 – Exécution du budget

(1) Le Président de l'Office européen des brevets exécute le budget ainsi que les budgets modificatifs ou additionnels, sous sa propre responsabilité et dans la limite des crédits alloués.

(2) À l'intérieur du budget, le Président de l'Office européen des brevets peut procéder, dans les limites et conditions fixées par le règlement financier, à des virements de crédits, soit de chapitre à chapitre, soit de subdivision à subdivision.

## Article 49 – Vérification des comptes

(1) Les comptes de la totalité des recettes et dépenses du budget, ainsi que le bilan de l'Organisation, sont examinés par des commissaires aux comptes offrant toutes les garanties d'indépendance, nommés par le Conseil d'administration pour une période de cinq ans qui peut être prolongée ou renouvelée.

(2) La vérification a lieu sur pièces et au besoin sur place. La vérification a pour objet de constater la légalité et la régularité des recettes et dépenses et de s'assurer de la bonne gestion financière. Les commissaires établissent après la clôture de chaque exercice un rapport qui contient une certification des comptes signée.

(3) Le Président de l'Office européen des brevets soumet chaque année au Conseil d'administration les comptes de l'exercice écoulé afférents aux opérations du budget, ainsi que le bilan de l'actif et du passif de l'Organisation, accompagnés du rapport des commissaires aux comptes.

(4) Le Conseil d'administration approuve le bilan annuel ainsi que le rapport des commissaires aux comptes et donne décharge au Président de l'Office européen des brevets pour l'exécution du budget.

## Article 50 – Règlement financier

Le règlement financier détermine notamment :

a) les modalités relatives à l'établissement et à l'exécution du budget ainsi qu'à la reddition et à la vérification des comptes;

b) les modalités et la procédure selon lesquelles les versements et contributions prévus à l'art. 37, ainsi que les avances prévues à l'art. 41, doivent être mis à la disposition de l'Organisation par les États contractants;

c) les règles et l'organisation du contrôle et la responsabilité des ordonnateurs et comptables;

d) les taux d'intérêts prévus aux art. 39, 40 et 47;

e) les modalités de calcul des contributions à verser au titre de l'art. 146;

f) la composition et les tâches d'une commission du budget et des finances qui devraient être instituées par le Conseil d'administration;

g) les principes comptables généralement admis sur lesquels se fondent le budget et les états financiers annuels.

### Article 51 – Taxes

(1) L'Office européen des brevets peut percevoir des taxes pour toute tâche ou procédure officielle exécutée en vertu de la présente Convention.

(2) Les délais de paiement des taxes autres que ceux fixés par la présente Convention sont prévus dans le règlement d'exécution.

(3) Lorsque le règlement d'exécution prescrit le paiement d'une taxe, il prévoit également les conséquences juridiques du défaut de paiement dans les délais.

(4) Le règlement relatif aux taxes fixe notamment le montant des taxes et leur mode de perception.

# DEUXIÈME PARTIE
# DROIT DES BREVETS

## CHAPITRE PREMIER
## Brevetabilité

### Article 52 – Inventions brevetables

(1) Les brevets européens sont délivrés pour toute invention dans tous les domaines technologiques, à condition qu'elle soit nouvelle, qu'elle implique une activité inventive et qu'elle soit susceptible d'application industrielle.

(2) Ne sont pas considérés comme des inventions au sens du par. 1 notamment :

a) les découvertes, les théories scientifiques et les méthodes mathématiques ;

b) les créations esthétiques ;

c) les plans, principes et méthodes dans l'exercice d'activités intellectuelles, en matière de jeu ou dans le domaine des activités économiques, ainsi que les programmes d'ordinateur ;

d) les présentations d'informations.

(3) Le paragraphe 2 n'exclut la brevetabilité des éléments qu'il énumère que dans la mesure où la demande de brevet européen ou le brevet européen concerne l'un de ces éléments, considéré en tant que tel.

### Article 53 – Exceptions à la brevetabilité

Les brevets européens ne sont pas délivrés pour :

a) les inventions dont l'exploitation commerciale serait contraire à l'ordre public ou aux bonnes mœurs, une telle contradiction ne pouvant être déduite du seul fait que l'exploitation est interdite, dans tous les États contractants ou dans plusieurs d'entre eux, par une disposition légale ou réglementaire ;

b) les variétés végétales ou les races animales ainsi que les procédés essentiellement biologiques d'obtention de végétaux ou d'animaux, cette disposition ne s'appliquant pas aux procédés microbiologiques et aux produits obtenus par ces procédés ;

c) les méthodes de traitement chirurgical ou thérapeutique du corps humain ou animal et les méthodes de diagnostic appliquées au corps humain ou animal, cette disposition ne s'appliquant pas aux produits, notamment aux substances ou compositions, pour la mise en œuvre d'une de ces méthodes.

## Article 54 – Nouveauté

(1) Une invention est considérée comme nouvelle si elle n'est pas comprise dans l'état de la technique.

(2) L'état de la technique est constitué par tout ce qui a été rendu accessible au public avant la date de dépôt de la demande de brevet européen par une description écrite ou orale, un usage ou tout autre moyen.

(3) Est également considéré comme compris dans l'état de la technique le contenu de demandes de brevet européen telles qu'elles ont été déposées, qui ont une date de dépôt antérieure à celle mentionnée au par. 2 et qui n'ont été publiées qu'à cette date ou à une date postérieure.

(4) Les par. 2 et 3 n'excluent pas la brevetabilité d'une substance ou composition comprise dans l'état de la technique pour la mise en œuvre d'une méthode visée à l'art. 53 c), à condition que son utilisation pour l'une quelconque de ces méthodes ne soit pas comprise dans l'état de la technique.

(5) Les par. 2 et 3 n'excluent pas non plus la brevetabilité d'une substance ou composition visée au par. 4 pour toute utilisation spécifique dans une méthode visée à l'art. 53 c), à condition que cette utilisation ne soit pas comprise dans l'état de la technique.

## Article 55 – Divulgations non opposables

(1) Pour l'application de l'art. 54, une divulgation de l'invention n'est pas prise en considération si elle n'est pas intervenue plus tôt que six mois avant le dépôt de la demande de brevet européen et si elle résulte directement ou indirectement :

a) d'un abus évident à l'égard du demandeur ou de son prédécesseur en droit ou

b) du fait que le demandeur ou son prédécesseur en droit a exposé l'invention dans des expositions officielles ou officiellement reconnues au sens de la Convention concernant les expositions internationales (1), signée à Paris le 22 novembre 1928 et révisée en dernier lieu le 30 novembre 1972.

(2) Dans le cas visé au par. 1 b), ce dernier n'est applicable que si le demandeur déclare, lors du dépôt de la demande de brevet européen, que l'invention a été réellement exposée et produit une attestation à l'appui de sa déclaration dans le délai et dans les conditions prévus par le règlement d'exécution.

## Article 56 – Activité inventive

Une invention est considérée comme impliquant une activité inventive si, pour un homme du métier, elle ne découle pas d'une manière évidente de l'état de la technique. Si l'état de la technique comprend également des documents visés à l'art. 54, par. 3, ils ne sont pas pris en considération pour l'appréciation de l'activité inventive.

## Article 57 – Application industrielle

Une invention est considérée comme susceptible d'application industrielle si son objet peut être fabriqué ou utilisé dans tout genre d'industrie, y compris l'agriculture.

---

(1) RS 0.945.11.

CHAPITRE II

## Personnes habilitées à demander et à obtenir un brevet européen – Désignation de l'inventeur

### Article 58 – Habilitation à déposer une demande de brevet européen

Toute personne physique ou morale et toute société assimilée à une personne morale en vertu du droit dont elle relève peut demander un brevet européen.

### Article 59 – Pluralité de demandeurs

Une demande de brevet européen peut être également déposée soit par des codemandeurs, soit par plusieurs demandeurs qui désignent des États contractants différents.

### Article 60 – Droit au brevet européen

(1) Le droit au brevet européen appartient à l'inventeur ou à son ayant cause. Si l'inventeur est un employé, le droit au brevet européen est défini selon le droit de l'État dans lequel l'employé exerce son activité principale ; si l'État dans lequel s'exerce l'activité principale ne peut être déterminé, le droit applicable est celui de l'État dans lequel se trouve l'établissement de l'employeur auquel l'employé est attaché.

(2) Si plusieurs personnes ont réalisé l'invention indépendamment l'une de l'autre, le droit au brevet européen appartient à celle dont la demande de brevet européen a la date de dépôt la plus ancienne, sous réserve que cette première demande ait été publiée.

(3) Dans la procédure devant l'Office européen des brevets, le demandeur est réputé habilité à exercer le droit au brevet européen.

### Article 61 – Demande de brevet européen déposée par une personne non habilitée

(1) Si une décision passée en force de chose jugée a reconnu le droit à l'obtention du brevet européen à une personne autre que le demandeur, cette personne peut, conformément au règlement d'exécution :

a) poursuivre, au lieu et place du demandeur, la procédure relative à la demande de brevet européen, en prenant cette demande à son compte,

b) déposer une nouvelle demande de brevet européen pour la même invention, ou

c) demander le rejet de la demande de brevet européen.

(2) L'art. 76, par. 1, est applicable à toute nouvelle demande de brevet européen déposée en vertu du par. 1 b).

### Article 62 – Droit de l'inventeur d'être désigné

L'inventeur a le droit, à l'égard du titulaire de la demande de brevet européen ou du brevet européen, d'être désigné en tant que tel auprès de l'Office européen des brevets.

CHAPITRE III

## Effets du brevet européen et de la demande de brevet européen

### Article 63 – Durée du brevet européen

(1) La durée du brevet européen est de vingt années à compter de la date de dépôt de la demande.

(2) Le par. 1 ne saurait limiter le droit d'un État contractant de prolonger la durée d'un brevet européen ou d'accorder une protection correspondante dès l'expiration de cette durée aux mêmes conditions que celles applicables aux brevets nationaux,

a) pour tenir compte d'un état de guerre ou d'un état de crise comparable affectant ledit État;

b) si l'objet du brevet européen est un produit ou un procédé de fabrication ou une utilisation d'un produit qui, avant sa mise sur le marché dans cet État, est soumis à une procédure administrative d'autorisation instituée par la loi.

(3) Les dispositions du par. 2 s'appliquent aux brevets européens délivrés conjointement pour tout groupe d'États contractants visé à l'art. 142.

(4) Tout État contractant qui prévoit une prolongation de la durée du brevet ou une protection correspondante conformément au par. 2 b) peut, sur la base d'un accord conclu avec l'Organisation, transférer à l'Office européen des brevets des tâches afférentes à l'application de ces dispositions.

### Article 64 – Droits conférés par le brevet européen

(1) Sous réserve du par. 2, le brevet européen confère à son titulaire, à compter de la date à laquelle la mention de sa délivrance est publiée au Bulletin européen des brevets et dans chacun des États contractants pour lesquels il a été délivré, les mêmes droits que lui conférerait un brevet national délivré dans cet État.

(2) Si l'objet du brevet européen porte sur un procédé, les droits conférés par ce brevet s'étendent aux produits obtenus directement par ce procédé.

(3) Toute contrefaçon du brevet européen est appréciée conformément à la législation nationale.

### Article 65 – Traduction du brevet européen

(1) Tout État contractant peut prescrire, lorsque le brevet européen délivré, maintenu tel que modifié ou limité par l'Office européen des brevets n'est pas rédigé dans l'une de ses langues officielles, que le titulaire du brevet doit fournir à son service central de la propriété industrielle une traduction du brevet tel que délivré, modifié ou limité dans l'une de ses langues officielles, à son choix, ou, dans la mesure où cet État a imposé l'utilisation d'une langue officielle déterminée, dans cette dernière langue. La traduction doit être produite dans un délai de trois mois à compter de la date de publication au Bulletin européen des brevets de la mention de la délivrance du brevet européen ou de son maintien tel qu'il a été modifié, ou de sa limitation, à moins que l'État considéré n'accorde un délai plus long.

(2) Tout État contractant qui a adopté des dispositions en vertu du par. 1 peut prescrire que le titulaire du brevet acquitte, dans un délai fixé par cet État, tout ou partie des frais de publication de la traduction.

(3) Tout État contractant peut prescrire que, si les dispositions adoptées en vertu des par. 1 et 2 ne sont pas observées, le brevet européen est, dès l'origine, réputé sans effet dans cet État.

### Article 66 – Valeur de dépôt national du dépôt européen

La demande de brevet européen à laquelle une date de dépôt a été accordée a, dans les États contractants désignés, la valeur d'un dépôt national régulier, compte tenu, le cas échéant, du droit de priorité invoqué à l'appui de la demande de brevet européen.

### Article 67 – Droits conférés par la demande de brevet européen après sa publication

(1) À compter de sa publication, la demande de brevet européen assure provisoirement au demandeur, dans les États contractants désignés dans la demande, la protection prévue à l'art. 64.

(2) Tout État contractant peut prévoir que la demande de brevet européen n'assure pas la protection prévue à l'art. 64. Toutefois, la protection attachée à la publication de la demande de brevet européen ne peut être inférieure à celle que la législation de l'État considéré attache à la publication obligatoire des demandes de brevet national non examinées. En tout état de cause, chaque État contractant doit au moins prévoir qu'à partir de la publication de la demande de brevet européen, le demandeur peut exiger une indemnité raisonnable, fixée suivant les circonstances, de toute personne ayant exploité, dans cet État contractant, l'invention objet de la demande de brevet européen, dans des conditions qui, selon le droit national, mettraient en jeu sa responsabilité s'il s'agissait d'une contrefaçon d'un brevet national.

(3) Tout État contractant qui n'a pas comme langue officielle la langue de la procédure peut prévoir que la protection provisoire visée aux par. 1 et 2 n'est assurée qu'à partir de la date à laquelle une traduction des revendications, soit dans l'une des langues officielles de cet État, au choix du demandeur, soit, dans la mesure où l'État en question a imposé l'utilisation d'une langue officielle déterminée, dans cette dernière langue :

a) a été rendue accessible au public dans les conditions prévues par sa législation nationale, ou

b) a été remise à la personne exploitant, dans cet État, l'invention objet de la demande de brevet européen.

(4) Les effets de la demande de brevet européen prévus aux par. 1 et 2 sont réputés nuls et non avenus lorsque la demande de brevet européen a été retirée, ou est réputée retirée, ou a été rejetée en vertu d'une décision passée en force de chose jugée. Il en est de même des effets de la demande de brevet européen dans un État contractant dont la désignation a été retirée ou est réputée retirée.

### Article 68 – Effets de la révocation ou de la limitation du brevet européen

La demande de brevet européen ainsi que le brevet européen auquel elle a donné lieu sont réputés n'avoir pas eu dès l'origine les effets prévus aux art. 64 et 67, dans toute la mesure où le brevet a été révoqué ou limité au cours d'une procédure d'opposition, de limitation ou de nullité.

### Article 69 – Étendue de la protection

(1) L'étendue de la protection conférée par le brevet européen ou par la demande de brevet européen est déterminée par les revendications. Toutefois, la description et les dessins servent à interpréter les revendications.

(2) Pour la période allant jusqu'à la délivrance du brevet européen, l'étendue de la protection conférée par la demande de brevet européen est déterminée par les revendications contenues dans la demande telle que publiée. Toutefois, le brevet européen tel que délivré ou tel que modifié au cours de la procédure d'opposition, de limitation ou de nullité détermine rétroactivement la protection conférée par la demande, pour autant que cette protection ne soit pas étendue.

### Article 70 – Texte de la demande de brevet européen ou du brevet européen faisant foi

(1) Le texte de la demande de brevet européen ou du brevet européen rédigé dans la langue de la procédure est le texte qui fait foi dans toutes les procédures devant l'Office européen des brevets et dans tous les États contractants.

(2) Toutefois, si la demande de brevet européen a été déposée dans une langue qui n'est pas une langue officielle de l'Office européen des brevets, ce texte constitue la demande telle qu'elle a été déposée, au sens de la présente Convention.

(3) Tout État contractant peut prévoir qu'une traduction dans une de ses langues officielles, prescrite par cet État en vertu de la présente Convention, est considérée dans cet État comme étant le texte qui fait foi, hormis les cas d'actions en nullité, si la demande de brevet européen ou le brevet européen dans la langue de la traduction confère une protection moins étendue que celle conférée par ladite demande ou par ledit brevet dans la langue de la procédure.

(4) Tout État contractant qui arrête une disposition en application du par. 3,

a) doit permettre au demandeur ou au titulaire du brevet de produire une traduction révisée de la demande de brevet européen ou du brevet européen. Cette traduction révisée n'a pas d'effet juridique aussi longtemps que les conditions fixées par l'État contractant en application de l'art. 65, par. 2, ou de l'art. 67, par. 3, n'ont pas été remplies;

b) peut prévoir que quiconque, dans cet État, a, de bonne foi, commencé à exploiter une invention ou a fait des préparatifs effectifs et sérieux à cette fin, sans que cette exploitation constitue une contrefaçon de la demande ou du brevet dans le texte de la traduction initiale, peut, après que la traduction révisée a pris effet, poursuivre à titre gratuit son exploitation dans son entreprise ou pour les besoins de celle-ci.

CHAPITRE IV

## De la demande de brevet européen comme objet de propriété

### Article 71 – Transfert et constitution de droits

La demande de brevet européen peut être transférée ou donner lieu à la constitution de droits pour un ou plusieurs des États contractants désignés.

### Article 72 – Cession

La cession de la demande de brevet européen doit être faite par écrit et requiert la signature des parties au contrat.

### Article 73 – Licence contractuelle

Une demande de brevet européen peut faire, en sa totalité ou en partie, l'objet de licences pour tout ou partie des territoires des États contractants désignés.

### Article 74 – Droit applicable

Sauf si la présente Convention en dispose autrement, la demande de brevet européen comme objet de propriété est soumise, dans chaque État contractant désigné et avec effet dans cet État, à la législation applicable dans ledit État aux demandes de brevet national.

TROISIÈME PARTIE

# LA DEMANDE DE BREVET EUROPÉENNE

CHAPITRE PREMIER

## Dépôt de la demande de brevet européen et exigences auxquelles elle doit satisfaire

### Article 75 – Dépôt de la demande de brevet européen

(1) La demande de brevet européen peut être déposée :

a) soit auprès de l'Office européen des brevets;

b) soit, si la législation d'un État contractant le permet, et sous réserve de l'art. 76, par. 1, auprès du service central de la propriété industrielle ou des autres autorités compétentes de cet État. Toute demande ainsi déposée a les mêmes effets que si elle avait été déposée à la même date à l'Office européen des brevets.

(2) Le par. 1 ne peut faire obstacle à l'application des dispositions législatives ou réglementaires qui, dans un État contractant :

a) régissent les inventions qui ne peuvent, en raison de leur objet, être communiquées à l'étranger sans autorisation préalable des autorités compétentes de cet État, ou

b) prescrivent que toute demande de brevet doit être initialement déposée auprès d'une autorité nationale, ou soumettent à une autorisation préalable le dépôt direct auprès d'une autre autorité.

### Article 76 – Demandes divisionnaires européennes

(1) Toute demande divisionnaire de brevet européen doit être déposée directement auprès de l'Office européen des brevets conformément au règlement d'exécution. Elle ne peut être déposée que pour des éléments qui ne s'étendent pas au-delà du contenu de la demande antérieure telle qu'elle a été déposée; dans la mesure où il est satisfait à cette exigence, la demande divisionnaire est réputée déposée à la date de dépôt de la demande antérieure et bénéficie du droit de priorité.

(2) Tous les États contractants désignés dans la demande antérieure lors du dépôt d'une demande divisionnaire de brevet européen sont réputés désignés dans la demande divisionnaire.

### Article 77 – Transmission des demandes de brevet européen

(1) Le service central de la propriété industrielle de l'État contractant transmet à l'Office européen des brevets les demandes de brevet européen déposées auprès dudit service ou auprès de toute autre autorité compétente de cet État, conformément au règlement d'exécution.

(2) Toute demande de brevet européen dont l'objet a été mis au secret n'est pas transmise à l'Office européen des brevets.

(3) Toute demande de brevet européen qui n'est pas transmise à l'Office européen des brevets dans les délais est réputée retirée.

### Article 78 – Exigences auxquelles doit satisfaire la demande de brevet européen

(1) La demande de brevet européen doit contenir :

a) une requête en délivrance d'un brevet européen;

b) une description de l'invention;

c) une ou plusieurs revendications;

d) les dessins auxquels se réfèrent la description ou les revendications;

e) un abrégé, et satisfaire aux exigences prévues par le règlement d'exécution.

(2) La demande de brevet européen donne lieu au paiement de la taxe de dépôt et de la taxe de recherche. Si la taxe de dépôt ou la taxe de recherche n'a pas été acquittée dans les délais, la demande est réputée retirée.

### Article 79 – Désignation des États contractants

(1) Tous les États contractants parties à la présente Convention lors du dépôt de la demande de brevet européen sont réputés désignés dans la requête en délivrance du brevet européen.

(2) La désignation d'un État contractant peut donner lieu au paiement d'une taxe de désignation.

(3) La désignation d'un État contractant peut être retirée à tout moment jusqu'à la délivrance du brevet européen.

### Article 80 – Date de dépôt

La date de dépôt d'une demande de brevet européen est celle à laquelle il est satisfait aux exigences prévues par le règlement d'exécution.

### Article 81 – Désignation de l'inventeur

La demande de brevet européen doit comprendre la désignation de l'inventeur. Si le demandeur n'est pas l'inventeur ou l'unique inventeur, cette désignation doit comporter une déclaration indiquant l'origine de l'acquisition du droit au brevet européen.

### Article 82 – Unité d'invention

La demande de brevet européen ne peut concerner qu'une seule invention ou une pluralité d'inventions liées entre elles de telle sorte qu'elles ne forment qu'un seul concept inventif général.

### Article 83 – Exposé de l'invention

L'invention doit être exposée dans la demande de brevet européen de façon suffisamment claire et complète pour qu'un homme du métier puisse l'exécuter.

### Article 84 – Revendications

Les revendications définissent l'objet de la protection demandée. Elles doivent être claires et concises et se fonder sur la description.

### Article 85 – Abrégé

L'abrégé sert exclusivement à des fins d'information technique; il ne peut être pris en considération pour aucune autre fin, notamment pour l'appréciation de l'étendue de la protection demandée et pour l'application de l'Article 54, par. 3.

### Article 86 – Taxes annuelles pour la demande de brevet européen

(1) Des taxes annuelles doivent, conformément au règlement d'exécution, être payées à l'Office européen des brevets pour toute demande de brevet européen. Ces taxes sont dues pour la troisième année, à compter de la date de dépôt de la demande, et pour chacune des années suivantes. Si une taxe annuelle n'a pas été acquittée dans les délais, la demande est réputée retirée.

(2) Aucune taxe annuelle n'est exigible après le paiement de celle qui doit être acquittée au titre de l'année au cours de laquelle la mention de la délivrance du brevet européen est publiée au Bulletin européen des brevets.

CHAPITRE II

## Priorité

### Article 87 – Droit de priorité

(1) Celui qui a régulièrement déposé, dans ou pour

a) un État partie à la Convention de Paris pour la protection de la propriété industrielle ou

b) un membre de l'Organisation mondiale du commerce, une demande de brevet d'invention, de modèle d'utilité ou de certificat d'utilité, ou son ayant cause, jouit, pour effectuer le dépôt d'une demande de brevet européen pour la même invention, d'un droit de priorité pendant un délai de douze mois à compter de la date de dépôt de la première demande.

(2) Est reconnu comme donnant naissance au droit de priorité tout dépôt ayant la valeur d'un dépôt national régulier en vertu de la législation nationale de l'État dans lequel il a été effectué ou d'accords bilatéraux ou multilatéraux, y compris la présente Convention.

(3) Par dépôt national régulier, on doit entendre tout dépôt qui suffit à établir la date à laquelle la demande a été déposée, quel que soit le sort ultérieur de cette demande.

(4) Est considérée comme première demande, dont la date de dépôt est le point de départ du délai de priorité, une demande ultérieure ayant le même objet qu'une première demande antérieure, déposée dans ou pour le même État, à la condition que cette demande antérieure, à la date de dépôt de la demande ultérieure, ait été retirée, abandonnée ou refusée, sans avoir été soumise à l'inspection publique et sans laisser

subsister de droits, et qu'elle n'ait pas encore servi de base pour la revendication du droit de priorité. La demande antérieure ne peut plus alors servir de base pour la revendication du droit de priorité.

(5) Si le premier dépôt a été effectué auprès d'un service de la propriété industrielle qui n'est pas lié par la Convention de Paris pour la protection de la propriété industrielle ou par l'Accord instituant l'Organisation mondiale du commerce, les par. 1 à 4 s'appliquent si, suivant une communication émanant du Président de l'Office européen des brevets, ce service reconnaît qu'un premier dépôt effectué auprès de l'Office européen des brevets donne naissance à un droit de priorité soumis à des conditions et ayant des effets équivalents à ceux prévus par la Convention de Paris.

### Article 88 – Revendication de priorité

(1) Le demandeur qui veut se prévaloir de la priorité d'un dépôt antérieur est tenu de produire une déclaration de priorité et tout autre document exigé, conformément au règlement d'exécution.

(2) Des priorités multiples peuvent être revendiquées pour une demande de brevet européen même si elles proviennent d'États différents. Le cas échéant, des priorités multiples peuvent être revendiquées pour une même revendication. Si des priorités multiples sont revendiquées, les délais qui ont pour point de départ la date de priorité sont calculés à compter de la date de la priorité la plus ancienne.

(3) Lorsqu'une ou plusieurs priorités sont revendiquées pour la demande de brevet européen, le droit de priorité ne couvre que les éléments de la demande de brevet européen qui sont contenus dans la demande ou dans les demandes dont la priorité est revendiquée.

(4) Si certains éléments de l'invention pour lesquels la priorité est revendiquée ne figurent pas parmi les revendications formulées dans la demande antérieure, il suffit, pour que la priorité puisse être accordée, que l'ensemble des pièces de la demande antérieure révèle d'une façon précise lesdits éléments.

### Article 89 – Effet du droit de priorité

Par l'effet du droit de priorité, la date de priorité est considérée comme celle du dépôt de la demande de brevet européen pour l'application de l'art. 54, par. 2 et 3, et de l'art. 60, par. 2.

## Quatrième partie

# PROCÉDURE JUSQU'À LA DÉLIVRANCE

### Article 90 – Examen lors du dépôt et quant aux exigences de forme

(1) L'Office européen des brevets examine conformément au règlement d'exécution si la demande satisfait aux exigences pour que lui soit accordée une date de dépôt.

(2) Si une date de dépôt ne peut être accordée après l'examen effectué au titre du par. 1, la demande n'est pas traitée en tant que demande de brevet européen.

(3) Si une date de dépôt a été accordée à la demande de brevet européen, l'Office européen des brevets examine conformément au règlement d'exécution s'il est satis-

fait aux exigences des art. 14, 78, 81 et, le cas échéant, de l'art. 88, par. 1, et de l'art. 133, par. 2, ainsi qu'à toute autre exigence prévue par le règlement d'exécution.

(4) Lorsque l'Office européen des brevets constate, lors de l'examen effectué au titre des par. 1 ou 3, l'existence d'irrégularités auxquelles il peut être remédié, il donne au demandeur la possibilité de remédier à ces irrégularités.

(5) Lorsqu'il n'est pas remédié à une irrégularité constatée lors de l'examen effectué au titre du par. 3, la demande de brevet européen est rejetée, à moins que la présente Convention ne prévoie une conséquence juridique différente. Lorsque l'irrégularité concerne le droit de priorité, elle entraîne la perte de ce droit pour la demande.

### Article 91 – Examen de la demande de brevet européen quant à certaines irrégularités

(supprimé)

### Article 92 – Établissement du rapport de recherche européenne

L'Office européen des brevets établit et publie, conformément au règlement d'exécution, un rapport de recherche européenne relatif à la demande de brevet européen sur la base des revendications, en tenant dûment compte de la description et des dessins existants.

### Article 93 – Publication de la demande de brevet européen

(1) L'Office européen des brevets publie la demande de brevet européen dès que possible

a) après l'expiration d'un délai de dix-huit mois à compter de la date de dépôt ou, si une priorité a été revendiquée, à compter de la date de priorité ou

b) avant l'expiration de ce délai sur requête du demandeur.

(2) La demande de brevet européen est publiée à la même date que le fascicule du brevet européen lorsque la décision relative à la délivrance du brevet européen prend effet avant l'expiration du délai visé au par. 1 a).

### Article 94 – Examen de la demande de brevet européen

(1) Sur requête, l'Office européen des brevets examine conformément au règlement d'exécution si la demande de brevet européen et l'invention qui en fait l'objet satisfont aux exigences prévues par la présente Convention. La requête n'est réputée présentée qu'après le paiement de la taxe d'examen.

(2) Lorsque la requête en examen n'est pas présentée dans les délais, la demande est réputée retirée.

(3) S'il résulte de l'examen que la demande ou l'invention qui en fait l'objet ne satisfait pas aux exigences prévues par la présente Convention, la division d'examen invite le demandeur, aussi souvent qu'il est nécessaire, à présenter ses observations et, sous réserve de l'article 123, par. 1, à modifier la demande.

(4) Si le demandeur ne répond pas dans les délais à une notification de la division d'examen, la demande est réputée retirée.

### Article 95 – Prorogation du délai de présentation de la requête en examen

(supprimé)

### Article 96 – Examen de la demande de brevet européen

(supprimé)

### Article 97 – Délivrance ou rejet

(1) Si la division d'examen estime que la demande de brevet européen et l'invention qui en fait l'objet satisfont aux exigences prévues par la présente Convention, elle décide de délivrer le brevet européen, pour autant que les conditions prévues par le règlement d'exécution soient remplies.

(2) Si la division d'examen estime que la demande de brevet européen ou l'invention qui en fait l'objet ne satisfait pas aux exigences prévues par la présente Convention, elle rejette la demande, à moins que la présente Convention ne prévoie une conséquence juridique différente.

(3) La décision relative à la délivrance du brevet européen prend effet à la date à laquelle la mention de la délivrance est publiée au Bulletin européen des brevets.

### Article 98 – Publication du fascicule du brevet européen

L'Office européen des brevets publie le fascicule du brevet européen dès que possible après la publication de la mention de la délivrance du brevet européen au Bulletin européen des brevets.

CINQUIÈME PARTIE

## PROCÉDURE D'OPPOSITION ET DE LIMITATION

### Article 99 – Opposition

(1) Dans un délai de neuf mois à compter de la publication de la mention de la délivrance du brevet européen au Bulletin européen des brevets, toute personne peut faire opposition à ce brevet auprès de l'Office européen des brevets, conformément au règlement d'exécution. L'opposition n'est réputée formée qu'après le paiement de la taxe d'opposition.

(2) L'opposition au brevet européen affecte ce brevet dans tous les États contractants dans lesquels il produit ses effets.

(3) Les opposants sont parties, avec le titulaire du brevet, à la procédure d'opposition.

(4) Si une personne apporte la preuve que, dans un État contractant, elle est inscrite au registre des brevets, en vertu d'une décision passée en force de chose jugée, au lieu et place du titulaire précédent, elle est, sur requête, substituée à ce dernier pour ledit État. Nonobstant l'art. 118, le titulaire précédent du brevet et la personne qui fait ainsi valoir ses droits ne sont pas considérés comme copropriétaires, à moins qu'ils ne demandent tous deux à l'être.

### Article 100 – Motifs d'opposition

L'opposition ne peut être fondée que sur les motifs suivants :

a) l'objet du brevet européen n'est pas brevetable en vertu des art. 52 à 57 ;

b) le brevet européen n'expose pas l'invention de façon suffisamment claire et complète pour qu'un homme du métier puisse l'exécuter ;

c) l'objet du brevet européen s'étend au-delà du contenu de la demande telle qu'elle a été déposée ou, si le brevet a été délivré sur la base d'une demande divisionnaire ou d'une nouvelle demande déposée en vertu de l'art. 61, au-delà du contenu de la demande antérieure telle qu'elle a été déposée.

### Article 101 – Examen de l'opposition – Révocation ou maintien du brevet européen

(1) Si l'opposition est recevable, la division d'opposition examine conformément au règlement d'exécution si au moins un motif d'opposition visé à l'art. 100 s'oppose au maintien du brevet européen. Au cours de cet examen, la division d'opposition invite les parties, aussi souvent qu'il est nécessaire, à présenter leurs observations sur les notifications qu'elle leur a adressées ou sur les communications qui émanent d'autres parties.

(2) Si la division d'opposition estime qu'au moins un motif d'opposition s'oppose au maintien du brevet européen, elle révoque le brevet. Dans le cas contraire, elle rejette l'opposition.

(3) Si la division d'opposition estime que, compte tenu des modifications apportées par le titulaire du brevet européen au cours de la procédure d'opposition, le brevet et l'invention qui en fait l'objet

a) satisfont aux exigences de la présente Convention, elle décide de maintenir le brevet tel qu'il a été modifié, pour autant que les conditions prévues par le règlement d'exécution soient remplies;

b) ne satisfont pas aux exigences de la présente Convention, elle révoque le brevet.

### Article 102 – Révocation ou maintien du brevet européen

(supprimé)

### Article 103 – Publication d'un nouveau fascicule du brevet européen

Si le brevet européen a été maintenu tel qu'il a été modifié en vertu de l'Article 101, par. 3 a), l'Office européen des brevets publie un nouveau fascicule du brevet européen dès que possible après la publication de la mention de la décision concernant l'opposition au Bulletin européen des brevets.

### Article 104 – Frais

(1) Chacune des parties à la procédure d'opposition supporte les frais qu'elle a exposés, à moins que la division d'opposition n'arrête, conformément au règlement d'exécution, une répartition différente des frais dans la mesure où l'équité l'exige.

(2) Le règlement d'exécution détermine la procédure de fixation des frais.

(3) Toute décision finale de l'Office européen des brevets fixant le montant des frais est, aux fins de son exécution dans les États contractants, réputée être une décision passée en force de chose jugée rendue par une juridiction civile de l'État dans lequel cette exécution doit avoir lieu. Le contrôle d'une telle décision ne peut porter que sur son authenticité.

### Article 105 – Intervention du contrefacteur présumé

(1) Tout tiers peut, après l'expiration du délai d'opposition, intervenir dans la procédure d'opposition conformément au règlement d'exécution, à condition qu'il apporte la preuve

a) qu'une action en contrefaçon fondée sur ce brevet a été introduite à son encontre, ou

b) qu'après avoir été requis par le titulaire du brevet de cesser la contrefaçon alléguée de ce brevet, il a introduit à l'encontre dudit titulaire une action tendant à faire constater qu'il n'est pas contrefacteur.

(2) Une intervention recevable est assimilée à une opposition.

### Article 105 *bis* – Requête en limitation ou en révocation

(1) Sur requête du titulaire du brevet, le brevet européen peut être révoqué ou être limité par une modification des revendications. La requête doit être présentée auprès de l'Office européen des brevets conformément au règlement d'exécution. Elle n'est réputée présentée qu'après le paiement de la taxe de limitation ou de révocation.

(2) La requête ne peut être présentée tant qu'une procédure d'opposition relative au brevet européen est en instance.

### Article 105 *ter* – Limitation ou révocation du brevet européen

(1) L'Office européen des brevets examine s'il est satisfait aux exigences prévues par le règlement d'exécution pour une limitation ou la révocation du brevet européen.

(2) Si l'Office européen des brevets estime que la requête en limitation ou en révocation du brevet européen satisfait à ces exigences, il décide, conformément au règlement d'exécution, de limiter ou de révoquer le brevet européen. Dans le cas contraire, il rejette la requête.

(3) La décision relative à la limitation ou à la révocation affecte le brevet européen avec effet dans tous les États contractants pour lesquels il a été délivré. Elle prend effet à la date à laquelle la mention de la décision est publiée au Bulletin européen des brevets.

### Article 105 *quater* – Publication du fascicule de brevet européen modifié

Lorsque le brevet européen a été limité en vertu de l'art. 105 ter, par. 2, l'Office européen des brevets publie le fascicule de brevet européen modifié dès que possible après la publication de la mention de la limitation au Bulletin européen des brevets.

SIXIÈME PARTIE

## PROCÉDURE DE RECOURS

### Article 106 – Décisions susceptibles de recours

(1) Les décisions de la section de dépôt, des divisions d'examen, des divisions d'opposition et de la division juridique sont susceptibles de recours. Le recours a un effet suspensif.

(2) Une décision qui ne met pas fin à une procédure à l'égard d'une des parties ne peut faire l'objet d'un recours qu'avec la décision finale, à moins que ladite décision ne prévoie un recours indépendant.

(3) Le droit de former recours contre des décisions portant sur la répartition ou la fixation des frais de la procédure d'opposition peut être limité dans le règlement d'exécution.

### Article 107 – Personnes admises à former le recours et à être parties à la procédure

Toute partie à la procédure aux prétentions de laquelle une décision n'a pas fait droit peut former un recours contre cette décision. Les autres parties à ladite procédure sont de droit parties à la procédure de recours.

### Article 108 – Délai et forme

Le recours doit être formé, conformément au règlement d'exécution, auprès de l'Office européen des brevets dans un délai de deux mois à compter de la signification de la décision. Le recours n'est réputé formé qu'après le paiement de la taxe de recours. Un mémoire exposant les motifs du recours doit être déposé dans un délai de quatre mois à compter de la signification de la décision, conformément au règlement d'exécution.

### Article 109 – Révision préjudicielle

(1) Si l'instance dont la décision est attaquée considère le recours comme recevable et fondé, elle doit y faire droit. Cette disposition ne s'applique pas lorsque la procédure oppose le requérant à une autre partie.

(2) S'il n'est pas fait droit au recours dans un délai d'un mois après réception du mémoire exposant les motifs, le recours doit être immédiatement déféré à la chambre de recours, sans avis sur le fond.

### Article 110 – Examen du recours

Si le recours est recevable, la chambre de recours examine s'il peut y être fait droit. L'examen du recours se déroule conformément au règlement d'exécution.

### Article 111 – Décision sur le recours

(1) À la suite de l'examen au fond du recours, la chambre de recours statue sur le recours. Elle peut soit exercer les compétences de l'instance qui a rendu la décision attaquée, soit renvoyer l'affaire à ladite instance pour suite à donner.

(2) Si la chambre de recours renvoie l'affaire pour suite à donner à l'instance qui a rendu la décision attaquée, cette instance est liée par les motifs et le dispositif de la décision de la chambre de recours pour autant que les faits de la cause soient les mêmes. Si la décision attaquée a été rendue par la section de dépôt, la division d'examen est également liée par les motifs et le dispositif de la décision de la chambre de recours.

### Article 112 – Décision ou avis de la Grande Chambre de recours

(1) Afin d'assurer une application uniforme du droit ou si une question de droit d'importance fondamentale se pose :

a) la chambre de recours, soit d'office, soit à la requête de l'une des parties, saisit en cours d'instance la Grande Chambre de recours lorsqu'elle estime qu'une décision est nécessaire à ces fins. Lorsque la chambre de recours rejette la requête, elle doit motiver son refus dans sa décision finale;

b) le Président de l'Office européen des brevets peut soumettre une question de droit à la Grande Chambre de recours lorsque deux chambres de recours ont rendu des décisions divergentes sur cette question.

(2) Dans les cas visés au par. 1 a), les parties à la procédure de recours sont parties à la procédure devant la Grande Chambre de recours.

(3) La décision de la Grande Chambre de recours visée au par. 1 a) lie la chambre de recours pour le recours en instance.

### Article 112 *bis* – Requête en révision par la Grande Chambre de recours

(1) Toute partie à une procédure de recours aux prétentions de laquelle la décision de la chambre de recours n'a pas fait droit peut présenter une requête en révision de la décision par la Grande Chambre de recours.

(2) La requête ne peut être fondée que sur les motifs suivants :

a) un membre de la chambre de recours a participé à la décision en violation de l'art. 24, par. 1, ou malgré son exclusion en vertu d'une décision prise conformément à l'art. 24, par. 4;

b) une personne n'ayant pas qualité de membre des chambres de recours a participé à la décision;

c) la procédure de recours a été entachée d'une violation fondamentale de l'art. 113;

d) la procédure de recours a été entachée d'un autre vice fondamental de procédure tel que défini dans le règlement d'exécution; ou

e) une infraction pénale établie dans les conditions prévues au règlement d'exécution a pu avoir une incidence sur la décision.

(3) La requête en révision n'a pas d'effet suspensif.

(4) La requête doit être présentée et motivée conformément au règlement d'exécution. Si la requête est basée sur le par. 2 a) à d), elle doit être présentée dans un délai de deux mois à compter de la signification de la décision de la chambre de recours. Si la requête est basée sur le par. 2 e), elle doit être présentée dans un délai de deux mois après que l'infraction pénale a été établie et en tout état de cause pas plus de cinq ans après la signification de la décision de la chambre de recours. La requête en révision n'est réputée présentée qu'après le paiement de la taxe prescrite.

(5) La Grande Chambre de recours examine la requête en révision conformément au règlement d'exécution. Si la requête est fondée, la Grande Chambre de recours annule la décision et rouvre, conformément au règlement d'exécution, la procédure devant les chambres de recours.

(6) Quiconque, dans un État contractant désigné, a, de bonne foi, dans la période entre la décision de la chambre de recours et la publication au Bulletin européen des brevets de la mention de la décision de la Grande Chambre de recours sur la requête en révision, commencé à exploiter ou a fait des préparatifs effectifs et sérieux pour exploiter l'invention qui fait l'objet d'une demande de brevet européen publiée ou d'un brevet européen, peut, à titre gratuit, poursuivre cette exploitation dans son entreprise ou pour les besoins de celle-ci.

SEPTIÈME PARTIE

# DISPOSITIONS COMMUNES

CHAPITRE PREMIER

## Dispositions générales de procédure

### Article 113 – Droit d'être entendu et fondement des décisions

(1) Les décisions de l'Office européen des brevets ne peuvent être fondées que sur des motifs au sujet desquels les parties ont pu prendre position.

(2) L'Office européen des brevets n'examine et ne prend de décision sur la demande de brevet européen ou le brevet européen que dans le texte proposé ou accepté par le demandeur ou par le titulaire du brevet.

### Article 114 – Examen d'office

(1) Au cours de la procédure, l'Office européen des brevets procède à l'examen d'office des faits ; cet examen n'est limité ni aux moyens invoqués ni aux demandes présentées par les parties.

(2) L'Office européen des brevets peut ne pas tenir compte des faits que les parties n'ont pas invoqués ou des preuves qu'elles n'ont pas produites en temps utile.

### Article 115 – Observations des tiers

Dans toute procédure devant l'Office européen des brevets, tout tiers peut, conformément au règlement d'exécution, présenter après la publication de la demande de brevet européen des observations sur la brevetabilité de l'invention objet de la demande ou du brevet. Le tiers n'acquiert pas la qualité de partie à la procédure.

### Article 116 – Procédure orale

(1) Il est recouru à la procédure orale soit d'office lorsque l'Office européen des brevets le juge utile, soit sur requête d'une partie à la procédure. Toutefois, l'Office européen des brevets peut rejeter une requête tendant à recourir à nouveau à la procédure orale devant la même instance pour autant que les parties ainsi que les faits de la cause soient les mêmes.

(2) Toutefois, il n'est recouru, sur requête du demandeur, à la procédure orale devant la section de dépôt que lorsque celle-ci le juge utile ou lorsqu'elle envisage de rejeter la demande de brevet européen.

(3) La procédure orale devant la section de dépôt, les divisions d'examen et la division juridique n'est pas publique.

(4) La procédure orale, y compris le prononcé de la décision, est publique devant les chambres de recours et la Grande Chambre de recours après la publication de la demande de brevet européen ainsi que devant les divisions d'opposition, sauf décision contraire de l'instance saisie, au cas où la publicité pourrait présenter, notamment pour une partie à la procédure, des inconvénients graves et injustifiés.

### Article 117 – Moyens de preuve et instruction

(1) Dans les procédures devant l'Office européen des brevets, les mesures d'instruction suivantes peuvent notamment être prises :

a) l'audition des parties ;

b) la demande de renseignements;
c) la production de documents;
d) l'audition de témoins;
e) l'expertise;
f) la descente sur les lieux;
g) les déclarations écrites faites sous la foi du serment.

(2) Le règlement d'exécution détermine la procédure relative à l'instruction.

## Article 118 – Unicité de la demande de brevet européen ou du brevet européen

Lorsque les demandeurs ou les titulaires d'un brevet européen ne sont pas les mêmes pour différents États contractants désignés, ils sont considérés comme codemandeurs ou comme copropriétaires aux fins de la procédure devant l'Office européen des brevets. L'unicité de la demande ou du brevet au cours de cette procédure n'en est pas affectée; en particulier, le texte de la demande ou du brevet doit être identique pour tous les États contractants désignés, sauf si la présente Convention en dispose autrement.

## Article 119 – Signification

Les décisions, citations, notifications et communications sont signifiées d'office par l'Office européen des brevets conformément au règlement d'exécution. Les significations peuvent être faites, lorsque des circonstances exceptionnelles l'exigent, par l'intermédiaire des services centraux de la propriété industrielle des États contractants.

## Article 120 – Délais

Le règlement d'exécution détermine :

a) les délais qui doivent être observés dans les procédures devant l'Office européen des brevets et qui ne sont pas fixés par la présente Convention;

b) le mode de calcul des délais ainsi que les conditions dans lesquelles ils peuvent être prorogés;

c) la durée minimale et maximale des délais qui sont impartis par l'Office européen des brevets.

## Article 121 – Poursuite de la procédure de la demande de brevet européen

(1) Lorsque le demandeur n'a pas observé un délai à l'égard de l'Office européen des brevets, il peut requérir la poursuite de la procédure relative à la demande de brevet européen.

(2) L'Office européen des brevets fait droit à la requête s'il est satisfait aux exigences prévues dans le règlement d'exécution. Dans le cas contraire, il rejette la requête.

(3) Lorsqu'il est fait droit à la requête, les conséquences juridiques de l'inobservation du délai sont réputées ne pas s'être produites.

(4) Sont exclus de la poursuite de la procédure les délais prévus à l'art. 87, par. 1, à l'art. 108 et à l'art. 112 *bis*, par. 4, ainsi que les délais de présentation de la requête en poursuite de la procédure et de la requête en *restitutio in integrum*. Le règlement d'exécution peut exclure d'autres délais de la poursuite de la procédure.

### Article 122 – *Restitutio in integrum*

(1) Le demandeur ou le titulaire d'un brevet européen qui, bien qu'ayant fait preuve de toute la vigilance nécessitée par les circonstances, n'a pas été en mesure d'observer un délai à l'égard de l'Office européen des brevets est, sur requête, rétabli dans ses droits si l'inobservation de ce délai a pour conséquence directe le rejet de la demande de brevet européen ou d'une requête, le fait que la demande est réputée retirée, la révocation du brevet européen, la perte de tout autre droit ou d'un moyen de recours.

(2) L'Office européen des brevets fait droit à la requête s'il est satisfait aux conditions requises au par. 1 et aux exigences prévues par le règlement d'exécution. Dans le cas contraire, il rejette la requête.

(3) Lorsqu'il est fait droit à la requête, les conséquences juridiques de l'inobservation du délai sont réputées ne pas s'être produites.

(4) Est exclu de la *restitutio in integrum* le délai de présentation de la requête en *restitutio in integrum*. Le règlement d'exécution peut exclure d'autres délais de la *restitutio in integrum*.

(5) Quiconque, dans un État contractant désigné, a, de bonne foi, dans la période entre la perte d'un droit visée au par. 1 et la publication au Bulletin européen des brevets de la mention du rétablissement dudit droit, commencé à exploiter ou a fait des préparatifs effectifs et sérieux pour exploiter l'invention qui fait l'objet d'une demande de brevet européen publiée ou d'un brevet européen, peut, à titre gratuit, poursuivre cette exploitation dans son entreprise ou pour les besoins de celle-ci.

(6) Le présent article n'affecte pas le droit pour un État contractant d'accorder la *restitutio in integrum* quant aux délais prévus par la présente Convention et à observer à l'égard des autorités de cet État.

### Article 123 – Modifications

(1) La demande de brevet européen ou le brevet européen peut être modifié dans les procédures devant l'Office européen des brevets conformément au règlement d'exécution. En tout état de cause, le demandeur peut, de sa propre initiative, modifier au moins une fois la demande.

(2) La demande de brevet européen ou le brevet européen ne peut être modifié de manière que son objet s'étende au-delà du contenu de la demande telle qu'elle a été déposée.

(3) Le brevet européen ne peut être modifié de façon à étendre la protection qu'il confère.

### Article 124 – Informations sur l'état de la technique

(1) L'Office européen des brevets peut inviter le demandeur, conformément au règlement d'exécution, à lui communiquer des informations sur l'état de la technique qui a été pris en considération dans des procédures de brevet nationales ou régionales et qui porte sur une invention faisant l'objet de la demande de brevet européen.

(2) Si le demandeur ne répond pas dans les délais à l'invitation visée au par. 1, la demande de brevet européen est réputée retirée.

### Article 125 – Référence aux principes généraux

En l'absence d'une disposition de procédure dans la présente Convention, l'Office européen des brevets prend en considération les principes généralement admis en la matière dans les États contractants.

## Article 126 – Fin des obligations financières

(supprimé)

CHAPITRE II

# Information du public et des autorités officielles

## Article 127 – Registre européen des brevets

L'Office européen des brevets tient un Registre européen des brevets, où sont inscrites toutes les indications mentionnées dans le règlement d'exécution. Aucune inscription n'est portée au Registre européen des brevets avant que la demande de brevet européen ait été publiée. Le Registre européen des brevets est ouvert à l'inspection publique.

## Article 128 – Inspection publique

(1) Les dossiers relatifs à des demandes de brevet européen qui n'ont pas encore été publiées ne peuvent être ouverts à l'inspection publique qu'avec l'accord du demandeur.

(2) Quiconque prouve que le demandeur s'est prévalu de sa demande de brevet européen à son encontre peut consulter le dossier dès avant la publication de cette demande et sans l'accord du demandeur.

(3) Lorsqu'une demande divisionnaire ou une nouvelle demande de brevet européen déposée en vertu de l'art. 61, par. 1, est publiée, toute personne peut consulter le dossier de la demande antérieure avant la publication de cette demande et sans l'accord du demandeur.

(4) Après la publication de la demande de brevet européen, les dossiers de la demande et du brevet européen auquel elle a donné lieu peuvent, sur requête, être ouverts à l'inspection publique, sous réserve des restrictions prévues par le règlement d'exécution.

(5) L'Office européen des brevets peut, avant même la publication de la demande de brevet européen, communiquer à des tiers ou publier les indications mentionnées dans le règlement d'exécution.

## Article 129 – Publications périodiques

L'Office européen des brevets publie périodiquement :

a) un Bulletin européen des brevets contenant les indications dont la publication est prescrite par la présente Convention, le règlement d'exécution ou le Président de l'Office européen des brevets ;

b) un *Journal officiel* contenant les communications et les informations d'ordre général émanant du Président de l'Office européen des brevets ainsi que toutes autres informations relatives à la présente Convention et à son application.

## Article 130 – Échange d'informations

(1) Sauf si la présente Convention ou la législation nationale en dispose autrement, l'Office européen des brevets et les services centraux de la propriété industrielle des États contractants se communiquent, sur requête, toutes informations utiles sur des demandes de brevets européens ou nationaux et des brevets européens ou nationaux ainsi que les procédures les concernant.

(2) Le par. 1 s'applique à l'échange d'informations, en vertu d'accords de travail, entre l'Office européen des brevets, d'une part, et, d'autre part :

a) les services centraux de la propriété industrielle d'autres États;

b) toute organisation intergouvernementale chargée de la délivrance de brevets;

c) toute autre organisation.

(3) Les communications d'informations faites conformément au par. 1 et au par. 2 a) et b) ne sont pas soumises aux restrictions prévues à l'art. 128. Le Conseil d'administration peut décider que les communications faites conformément au par. 2 c) ne sont pas soumises aux restrictions prévues à l'art. 128, à condition que l'organisation concernée traite les informations communiquées de manière confidentielle jusqu'à la date de publication de la demande de brevet européen.

**Article 131 Coopération administrative et judiciaire –** (1) Sauf si la présente Convention ou la législation nationale en dispose autrement, l'Office européen des brevets et les juridictions ou autres autorités compétentes des États contractants s'assistent mutuellement, sur demande, en se communiquant des informations ou des dossiers. Lorsque l'Office européen des brevets met des dossiers à la disposition des juridictions, des ministères publics ou des services centraux de la propriété industrielle à des fins de consultation, celle-ci n'est pas soumise aux restrictions prévues à l'art. 128.

(2) Sur requête de l'Office européen des brevets, les juridictions ou autres autorités compétentes des États contractants procèdent pour l'Office, dans les limites de leur compétence, aux mesures d'instruction ou autres actes juridictionnels.

### Article 132 – Échange de publications

(1) L'Office européen des brevets et les services centraux de la propriété industrielle des États contractants échangent sur requête, pour leurs propres besoins et gratuitement, un ou plusieurs exemplaires de leurs publications respectives.

(2) L'Office européen des brevets peut conclure des accords portant sur l'échange ou l'envoi de publications.

CHAPITRE III

## Représentation

### Article 133 – Principes généraux relatifs à la représentation

(1) Sous réserve des dispositions du par. 2, nul n'est tenu de se faire représenter par un mandataire agréé dans les procédures instituées par la présente Convention.

(2) Les personnes physiques et morales qui n'ont ni leur domicile ni leur siège dans un État contractant doivent être représentées par un mandataire agréé, et agir par son entremise, dans toute procédure instituée par la présente Convention, sauf pour le dépôt d'une demande de brevet européen; d'autres exceptions peuvent être prévues par le règlement d'exécution.

(3) Les personnes physiques et morales qui ont leur domicile ou leur siège dans un État contractant peuvent agir par l'entremise d'un employé dans toute procédure instituée par la présente Convention; cet employé, qui doit disposer d'un pouvoir conforme aux dispositions du règlement d'exécution, n'est pas tenu d'être un mandataire agréé. Le règlement d'exécution peut prévoir si et dans quelles conditions l'employé d'une personne morale peut également agir pour d'autres personnes

morales qui ont leur siège dans un État contractant et ont des liens économiques avec elle.

(4) Des dispositions particulières relatives à la représentation commune de parties agissant en commun peuvent être prévues dans le règlement d'exécution.

### Article 134 – Représentation devant l'Office européen des brevets

(1) La représentation de personnes physiques ou morales dans les procédures instituées par la présente Convention ne peut être assurée que par les mandataires agréés inscrits sur une liste tenue à cet effet par l'Office européen des brevets.

(2) Toute personne physique qui

a) possède la nationalité d'un État contractant,

b) a son domicile professionnel ou le lieu de son emploi dans un État contractant et

c) a satisfait aux épreuves de l'examen européen de qualification,

peut être inscrite sur la liste des mandataires agréés.

(3) Pendant une période d'un an à compter de la date à laquelle l'adhésion d'un État à la présente Convention prend effet, peut également demander à être inscrite sur la liste des mandataires agréés toute personne physique qui

a) possède la nationalité d'un État contractant,

b) a son domicile professionnel ou le lieu de son emploi dans l'État ayant adhéré à la convention et

c) est habilitée à représenter en matière de brevets d'invention des personnes physiques ou morales devant le service central de la propriété industrielle de cet État. Dans le cas où cette habilitation n'est pas subordonnée à l'exigence d'une qualification professionnelle spéciale, cette personne doit avoir agi dans cet État en tant que représentant à titre habituel pendant cinq ans au moins.

(4) L'inscription est faite sur requête accompagnée d'attestations indiquant que les conditions visées au par. 2 ou 3 sont remplies.

(5) Les personnes qui sont inscrites sur la liste des mandataires agréés sont habilitées à agir dans toute procédure instituée par la présente Convention.

(6) Aux fins d'agir en qualité de mandataire agréé, toute personne inscrite sur la liste des mandataires agréés est habilitée à avoir un domicile professionnel dans tout État contractant dans lequel se déroulent les procédures instituées par la présente Convention, compte tenu du protocole sur la centralisation annexé à la présente Convention. Les autorités de cet État ne peuvent retirer cette habilitation que dans des cas particuliers et en vertu de la législation nationale relative à l'ordre public et à la sécurité publique. Le Président de l'Office européen des brevets doit être consulté avant qu'une telle mesure soit prise.

(7) Le Président de l'Office européen des brevets peut consentir une dérogation :

a) à l'exigence visée au par. 2 a) ou au par. 3 a) dans des circonstances particulières ;

b) à l'exigence visée au par. 3 c), deuxième phrase, si le candidat apporte la preuve qu'il a acquis d'une autre manière les qualifications requises.

(8) La représentation au même titre qu'un mandataire agréé dans les procédures instituées par la présente Convention peut être assurée par tout avocat habilité à exercer dans l'un des États contractants et y possédant son domicile professionnel, dans la mesure où il peut agir dans cet État en qualité de mandataire en matière de brevets d'invention. Les dispositions du par. 6 sont applicables.

### Article 134 *bis* – Institut des mandataires agréés près l'Office européen des brevets

(1) Le Conseil d'administration a compétence pour arrêter et modifier des dispositions relatives :

a) à l'Institut des mandataires agréés près l'Office européen des brevets, ci-après dénommé l'Institut ;

b) à la qualification et à la formation exigées pour l'admission à l'examen européen de qualification et à l'organisation des épreuves de cet examen ;

c) au pouvoir disciplinaire de l'Institut ou de l'Office européen des brevets sur les mandataires agréés ;

d) à l'obligation de confidentialité du mandataire agréé et au droit du mandataire agréé de refuser de divulguer dans des procédures devant l'Office européen des brevets les communications échangées entre lui et son client ou toute autre personne.

(2) Toute personne inscrite sur la liste des mandataires agréés visée à l'art. 134, par. 1, est membre de l'Institut.

HUITIÈME PARTIE

# INCIDENCES SUR LE DROIT NATIONAL

CHAPITRE PREMIER

## Transformation en demande de brevet national

### Article 135 – Requête en transformation

(1) Le service central de la propriété industrielle d'un État contractant désigné engage, sur requête du demandeur ou du titulaire d'un brevet européen, la procédure de délivrance d'un brevet national dans les cas suivants :

a) si la demande de brevet européen est réputée retirée en vertu de l'art. 77, par. 3 ;

b) dans les autres cas prévus par la législation nationale où, en vertu de la présente Convention, la demande de brevet européen est soit rejetée, soit retirée, soit réputée retirée ou le brevet européen révoqué.

(2) Dans le cas visé au par. 1 a), la requête en transformation doit être présentée au service central national de la propriété industrielle auprès duquel la demande de brevet européen avait été déposée. Sous réserve des dispositions relatives à la défense nationale, ce service transmet directement la requête aux services centraux des États contractants qui y sont mentionnés.

(3) Dans les cas visés au par. 1 b), la requête en transformation doit être présentée à l'Office européen des brevets conformément au règlement d'exécution. Elle n'est réputée présentée qu'après le paiement de la taxe de transformation. L'Office européen des brevets transmet la requête aux services centraux de la propriété industrielle des États contractants qui y sont mentionnés.

(4) La demande de brevet européen cesse de produire les effets visés à l'art. 66 si la requête en transformation n'est pas transmise dans les délais.

### Art. 136 – Présentation et transmission de la requête

(supprimé)

### Article 137 – Conditions de forme de la transformation

(1) Une demande de brevet européen transmise conformément à l'art. 135, par. 2 ou 3, ne peut, quant à sa forme, être soumise par la loi nationale à des conditions différentes de celles qui sont prévues par la présente Convention ou à des conditions supplémentaires.

(2) Le service central de la propriété industrielle auquel la demande de brevet européen est transmise peut exiger que, dans un délai qui ne peut être inférieur à deux mois, le demandeur :

a) acquitte la taxe nationale de dépôt, et

b) produise, dans l'une des langues officielles de l'État concerné, une traduction du texte original de la demande de brevet européen ainsi que, le cas échéant, une traduction du texte modifié au cours de la procédure devant l'Office européen des brevets, sur la base duquel il désire que se déroule la procédure nationale.

CHAPITRE II

## Nullité et droits antérieurs

### Article 138 – Nullité des brevets européens

(1) Sous réserve de l'art. 139, le brevet européen ne peut être déclaré nul, avec effet pour un État contractant, que si :

a) l'objet du brevet européen n'est pas brevetable en vertu des art. 52 à 57;

b) le brevet européen n'expose pas l'invention de façon suffisamment claire et complète pour qu'un homme du métier puisse l'exécuter;

c) l'objet du brevet européen s'étend au-delà du contenu de la demande telle qu'elle a été déposée ou, lorsque le brevet a été délivré sur la base d'une demande divisionnaire ou d'une nouvelle demande déposée en vertu de l'art. 61, si l'objet du brevet s'étend au-delà du contenu de la demande antérieure telle qu'elle a été déposée;

d) la protection conférée par le brevet européen a été étendue; ou

e) le titulaire du brevet européen n'avait pas le droit de l'obtenir en vertu de l'art. 60, par. 1.

(2) Si les motifs de nullité n'affectent le brevet européen qu'en partie, celui-ci est limité par une modification correspondante des revendications et est déclaré partiellement nul.

(3) Dans les procédures devant la juridiction ou l'administration compétente concernant la validité du brevet européen, le titulaire du brevet est habilité à limiter le brevet en modifiant les revendications. Le brevet ainsi limité sert de base à la procédure.

### Article 139 – Droits antérieurs et droits ayant pris naissance à la même date

(1) Dans tout État contractant désigné, une demande de brevet européen ou un brevet européen est traité du point de vue des droits antérieurs, par rapport à une demande de brevet national ou à un brevet national, de la même manière que s'il s'agissait d'une demande de brevet national ou d'un brevet national.

(2) Une demande de brevet national ou un brevet national d'un État contractant est traité du point de vue des droits antérieurs, par rapport à un brevet européen qui désigne cet État contractant, de la même manière que si ce brevet européen était un brevet national.

(3) Tout État contractant demeure libre de décider si et dans quelles conditions peuvent être cumulées les protections assurées à une invention exposée à la fois dans une demande de brevet ou un brevet européen et dans une demande de brevet ou un brevet national ayant la même date de dépôt ou, si une priorité est revendiquée, la même date de priorité.

CHAPITRE III

## Autres incidences sur le droit national

### Article 140 – Modèles d'utilité et certificats d'utilité nationaux

Les art. 66, 124, 135, 137 et 139 sont applicables aux modèles d'utilité ou aux certificats d'utilité ainsi qu'aux demandes correspondantes, dans les États contractants dont la législation prévoit de tels titres de protection.

### Article 141 – Taxes annuelles pour le brevet européen

(1) Les taxes annuelles dues au titre du brevet européen ne peuvent être perçues que pour les années suivant celle qui est visée à l'art. 86, par. 2.

(2) Si des taxes annuelles dues au titre du brevet européen viennent à échéance dans les deux mois à compter de la date à laquelle la mention de la délivrance du brevet a été publiée au Bulletin européen des brevets, lesdites taxes annuelles sont réputées avoir été valablement acquittées sous réserve d'être payées dans le délai mentionné. Il n'est perçu aucune surtaxe prévue au titre d'une réglementation nationale.

NEUVIÈME PARTIE

# ACCORDS PARTICULIERS

### Article 142 – Brevet unitaire

(1) Tout groupe d'États contractants qui, dans un accord particulier, a disposé que les brevets européens délivrés pour ces États auront un caractère unitaire sur l'ensemble de leurs territoires, peut prévoir que les brevets européens ne pourront être délivrés que conjointement pour tous ces États.

(2) Les dispositions de la présente partie sont applicables lorsqu'un groupe d'États contractants a fait usage de la faculté visée au par. 1.

### Article 143 – Instances spéciales de l'Office européen des brevets

(1) Le groupe d'États contractants peut confier des tâches supplémentaires à l'Office européen des brevets.

(2) Il peut, pour l'exécution de ces tâches supplémentaires, être créé à l'Office européen des brevets des instances spéciales communes aux États appartenant à ce

groupe. Le Président de l'Office européen des brevets assure la direction de ces instances spéciales; les dispositions de l'art. 10, par. 2 et 3, sont applicables.

### Article 144 – Représentation devant les instances spéciales

Le groupe d'États contractants peut prévoir une réglementation spéciale pour la représentation des parties devant les instances visées à l'art. 143, par. 2.

### Article 145 – Comité restreint du Conseil d'administration

(1) Le groupe d'États contractants peut instituer un Comité restreint du Conseil d'administration afin de contrôler l'activité des instances spéciales créées en vertu de l'art. 143, par. 2; l'Office européen des brevets met à la disposition de ce Comité le personnel, les locaux et les moyens matériels nécessaires à l'accomplissement de sa mission. Le Président de l'Office européen des brevets est responsable des activités des instances spéciales devant le Comité restreint du Conseil d'administration.

(2) La composition, les compétences et les activités du Comité restreint sont déterminées par le groupe d'États contractants.

### Article 146 – Couverture des dépenses pour les tâches spéciales

Pour autant qu'un groupe d'États contractants ait attribué des tâches supplémentaires à l'Office européen des brevets au sens de l'art. 143, il prend à sa charge les frais qu'entraîne pour l'Organisation l'exécution de ces tâches. Si des instances spéciales ont été instituées au sein de l'Office européen des brevets pour l'exécution de ces tâches supplémentaires, le groupe d'États contractants prend à sa charge les dépenses de personnel, de locaux et de matériel imputables auxdites instances. Les art. 39, par. 3 et 4, 41 et 47 sont applicables.

### Article 147 – Versements au titre des taxes de maintien en vigueur du brevet unitaire

Si le groupe d'États contractants a établi un barème unique pour les taxes annuelles, le pourcentage visé à l'art. 39, par. 1, est calculé sur ce barème unique; le minimum visé à l'art. 39, par. 1, est également un minimum en ce qui concerne le brevet unitaire. L'art. 39, par. 3 et 4, est applicable.

### Article 148 – De la demande de brevet européen comme objet de propriété

(1) L'art. 74 est applicable lorsque le groupe d'États contractants n'a pas prévu d'autres dispositions.

(2) Le groupe d'États contractants peut prescrire que la demande de brevet européen, pour autant que ces États contractants sont désignés, ne peut être transférée, faire l'objet d'un nantissement ou d'une exécution forcée que pour tous ces États contractants et conformément aux dispositions de l'accord particulier.

### Article 149 – Désignation conjointe

(1) Le groupe d'États contractants peut prescrire que la désignation des États du groupe ne peut se faire que conjointement et que la désignation d'un ou de plusieurs États dudit groupe vaut désignation de l'ensemble de ceux-ci.

(2) Lorsque l'Office européen des brevets est l'office désigné au sens de l'art. 153, par. 1, le par. 1 du présent article est applicable si le demandeur fait connaître dans

la demande internationale qu'il entend obtenir un brevet européen pour les États du groupe qu'il a désignés ou pour l'un d'entre eux seulement. La présente disposition est également applicable lorsque le demandeur a désigné dans la demande internationale un État contractant appartenant à ce groupe, si la législation de cet État prévoit qu'une désignation dudit État a les effets d'une demande de brevet européen.

### Article 149 *bis* – Autres accords entre les États contractants

(1) La présente Convention ne saurait être interprétée en ce sens qu'elle limite le droit de tous les États contractants ou de plusieurs d'entre eux de conclure des accords particuliers sur des questions relatives aux demandes de brevet européen ou aux brevets européens qui, en vertu de la présente Convention, relèvent du droit national et sont régis par lui, comme notamment

a) un accord portant création d'une juridiction des brevets européens commune aux États contractants parties audit accord;

b) un accord portant création d'une entité commune aux États contractants parties audit accord qui donne, sur requête des juridictions ou autorités quasi judiciaires nationales, des avis sur des questions relatives au droit européen des brevets ou au droit national harmonisé avec celui-ci;

c) un accord aux termes duquel les États contractants parties audit accord renoncent en tout ou en partie aux traductions de brevets européens prévues à l'art. 65;

d) un accord aux termes duquel les États contractants parties audit accord prévoient que les traductions de brevets européens exigées conformément à l'art. 65 peuvent être produites auprès de l'Office européen des brevets et publiées par celui-ci.

(2) Le Conseil d'administration a compétence pour décider que

a) les membres des chambres de recours ou de la Grande Chambre de recours peuvent faire partie d'une juridiction des brevets européens ou d'une entité commune et prendre part aux procédures engagées devant cette juridiction ou cette entité conformément à un tel accord;

b) l'Office européen des brevets fournit à une entité commune le personnel de soutien, les locaux et les moyens matériels nécessaires à l'accomplissement de sa mission, et que l'Organisation prend en charge en tout ou en partie les frais liés à cette entité.

Dixième Partie Demandes internationales au sens du Traité de Coopération en matière de brevets – demandes EURO-PCT

### Article 150 – Application du Traité de Coopération en matière de brevets

(1) Le Traité de Coopération en matière de brevets du 19 juin 1970, ci-après dénommé PCT, s'applique conformément aux dispositions de la présente partie.

(2) Des demandes internationales déposées conformément au PCT peuvent faire l'objet de procédures devant l'Office européen des brevets. Dans ces procédures, les dispositions du PCT, de son règlement d'exécution et, à titre complémentaire, celles de la présente Convention sont applicables. Les dispositions du PCT ou de son règlement d'exécution prévalent en cas de divergence.

### Article 151 – L'Office européen des brevets, office récepteur

L'Office européen des brevets agit en qualité d'office récepteur au sens du PCT, conformément au règlement d'exécution. L'art. 75, par. 2, est applicable.

### Article 152 – L'Office européen des brevets, administration chargée de la recherche internationale ou administration chargée de l'examen préliminaire international

L'Office européen des brevets agit en qualité d'administration chargée de la recherche internationale et en qualité d'administration chargée de l'examen préliminaire international au sens du PCT, conformément à un accord conclu entre l'Organisation et le Bureau international de l'Organisation Mondiale de la Propriété Intellectuelle, pour les demandeurs qui soit ont la nationalité d'un État partie à la présente Convention, soit y ont leur domicile ou leur siège. Cet accord peut prévoir que l'Office européen des brevets agit aussi pour d'autres demandeurs.

### Article 153 – L'Office européen des brevets, office désigné ou office élu

(1) L'Office européen des brevets est

a) office désigné pour tout État partie à la présente Convention pour lequel le PCT est en vigueur, qui est désigné dans la demande internationale et pour lequel le demandeur souhaite obtenir un brevet européen, et

b) office élu, lorsque le demandeur a élu un État désigné conformément à la let. a).

(2) Une demande internationale pour laquelle l'Office européen des brevets est office désigné ou élu et à laquelle une date de dépôt internationale a été attribuée a la valeur d'une demande européenne régulière (demande euro-PCT).

(3) La publication internationale d'une demande euro-PCT dans une langue officielle de l'Office européen des brevets remplace la publication de la demande de brevet européen et elle est mentionnée au Bulletin européen des brevets.

(4) Si la demande euro-PCT est publiée dans une autre langue, une traduction dans une des langues officielles doit être produite auprès de l'Office européen des brevets, qui la publie. Sous réserve de l'art. 67, par. 3, la protection provisoire prévue à l'art. 67, par. 1 et 2, n'est assurée qu'à partir de la date de cette publication.

(5) La demande euro-PCT est traitée comme une demande de brevet européen et est considérée comme comprise dans l'état de la technique au sens de l'art. 54, par. 3, si les conditions prévues au par. 3 ou 4 et dans le règlement d'exécution sont remplies.

(6) Le rapport de recherche internationale relatif à une demande euro-PCT ou la déclaration qui le remplace et leur publication internationale remplacent le rapport de recherche européenne et la mention de sa publication au Bulletin européen des brevets.

(7) Il est procédé à l'établissement d'un rapport complémentaire de recherche européenne relatif à toute demande euro-PCT visée au par. 5. Le Conseil d'administration peut décider qu'il est renoncé à un rapport complémentaire de recherche ou que la taxe de recherche est réduite.

### Article 154 – L'Office européen des brevets, administration chargée de la recherche internationale

(supprimé)

### Article 155 – L'Office européen des brevets, administration chargée de l'examen préliminaire international

(supprimé)

### Article 156 – L'Office européen des brevets, Office élu

(supprimé)

### Article 157 – Rapport de recherche internationale

(supprimé)

### Article 158 – Publication de la demande internationale et communication à l'Office européen des brevets

(supprimé)

ONZIÈME PARTIE

## DISPOSITIONS TRANSITOIRES

(supprimées)

DOUZIÈME PARTIE

## DISPOSITIONS FINALES

### Article 164 – Règlement d'exécution et protocoles

(1) Le règlement d'exécution, le protocole sur la reconnaissance, le protocole sur les privilèges et immunités· le protocole sur la centralisation, le protocole interprétatif de l'art. 69 et le protocole sur les effectifs font partie intégrante de la présente Convention.

(2) En cas de divergence entre les dispositions de la présente Convention et celles du règlement d'exécution, les dispositions de la convention prévalent.

### Article 165 – Signature – Ratification

(1) La présente Convention est ouverte jusqu'au 5 avril 1974 à la signature des États qui ont participé à la Conférence intergouvernementale pour l'institution d'un système européen de délivrance de brevets ou qui ont été informés de la tenue de cette conférence et auxquels la faculté d'y participer a été offerte.

(2) La présente Convention est soumise à ratification; les instruments de ratification sont déposés auprès du gouvernement de la République fédérale d'Allemagne.

### Article 166 – Adhésion

(1) La présente Convention est ouverte à l'adhésion :

a)

des États visés à l'art. 165, par. 1;

b)
de tout autre État européen, sur l'invitation du Conseil d'administration.

(2) Tout État qui a été partie à la présente Convention et qui a cessé de l'être en application de l'art. 172, par. 4, peut à nouveau devenir partie à la convention en y adhérant.

(3) Les instruments d'adhésion sont déposés auprès du gouvernement de la République fédérale d'Allemagne.

### Article 167 – Réserves

(supprimé)

### Article 168 – Champ d'application territorial

(1) Tout État contractant peut déclarer, dans son instrument de ratification ou d'adhésion, ou à tout moment ultérieur, dans une notification adressée au gouvernement de la République fédérale d'Allemagne, que la convention est applicable à un ou plusieurs territoires pour lesquels il assume la responsabilité des relations extérieures. Les brevets européens délivrés pour cet État contractant ont également effet sur les territoires pour lesquels cette déclaration a pris effet.

(2) Si la déclaration visée au par. 1 est incluse dans l'instrument de ratification ou d'adhésion, elle prend effet à la même date que la ratification ou l'adhésion ; si la déclaration est faite dans une notification postérieure au dépôt de l'instrument de ratification ou d'adhésion, cette notification prend effet six mois après la date de sa réception par le gouvernement de la République fédérale d'Allemagne.

(3) Tout État contractant peut à tout moment déclarer que la convention cesse d'être applicable à certains ou à l'ensemble des territoires pour lesquels il a fait une déclaration en vertu du par. 1. Cette déclaration prend effet à l'expiration d'un délai d'une année à compter de la date à laquelle le gouvernement de la République fédérale d'Allemagne en a reçu notification.

### Article 169 – Entrée en vigueur

(1) La présente Convention entre en vigueur trois mois après le dépôt du dernier des instruments de ratification ou d'adhésion de six États sur le territoire desquels le nombre total de demandes de brevet déposées en 1970 s'est élevé à 180 000 au moins pour l'ensemble desdits États.

(2) Toute ratification ou adhésion postérieure à l'entrée en vigueur de la présente Convention prend effet le premier jour du troisième mois suivant le dépôt de l'instrument de ratification ou d'adhésion.

### Article 170 – Cotisation initiale

(1) Tout État qui ratifie la présente Convention ou y adhère après son entrée en vigueur verse à l'Organisation une cotisation initiale qui ne sera pas remboursée.

(2) La cotisation initiale est égale à 5 % du montant qui résulte, pour un tel État, de l'application, au montant total des sommes dues par les autres États contractants au titre des exercices budgétaires antérieurs, de la clé de répartition des contributions financières exceptionnelles prévue à l'art. 40, par. 3 et 4, telle qu'elle est en vigueur à la date à laquelle la ratification ou l'adhésion dudit État prend effet.

(3) Dans le cas où des contributions financières exceptionnelles n'ont pas été exigées pour l'exercice budgétaire qui précède celui où se situe la date visée au par. 2,

la clé de répartition visée dans ce paragraphe est celle qui aurait été applicable à l'État concerné pour le dernier exercice budgétaire au titre duquel des contributions financières exceptionnelles ont été appelées.

### Article 171 – Durée de la convention

La présente Convention est conclue sans limitation de durée.

### Article 172 – Révision

(1) La présente Convention peut être révisée par une conférence des États contractants.

(2) La conférence est préparée et convoquée par le Conseil d'administration. Elle ne délibère valablement que si les trois quarts au moins des États contractants y sont représentés. Pour être adopté, le texte révisé de la convention doit être approuvé par les trois quarts des États contractants représentés à la conférence et votants. L'abstention n'est pas considérée comme un vote.

(3) Le texte révisé de la convention entre en vigueur après le dépôt des instruments de ratification ou d'adhésion d'un nombre d'États contractants déterminé par la conférence et à la date qu'elle a fixée.

(4) Les États qui, à la date d'entrée en vigueur de la convention révisée, ne l'ont pas ratifiée ou n'y ont pas adhéré, cessent d'être parties à la présente Convention à compter de ladite date.

### Article 173 – Différends entre États contractants

(1) Tout différend entre États contractants qui concerne l'interprétation ou l'application de la présente Convention et n'a pas été réglé par voie de négociation est, sur demande de l'un des États en cause, soumis au Conseil d'administration qui s'emploie à faire intervenir un accord entre lesdits États.

(2) Si un tel accord n'est pas intervenu dans un délai de six mois à compter de la date à laquelle le Conseil d'administration a été saisi du différend, l'un quelconque des États en cause peut porter le différend devant la Cour internationale de Justice en vue d'une décision liant les parties en cause.

### Article 174 – Dénonciation

Tout État contractant peut à tout moment dénoncer la présente Convention. La dénonciation est notifiée au gouvernement de la République fédérale d'Allemagne. Elle prend effet à l'expiration du délai d'une année à compter de la date de réception de cette notification.

### Article 175 – Réserve des droits acquis

(1) Lorsqu'un État cesse d'être partie à la convention en vertu de l'art. 172, par. 4, ou de l'art. 174, il n'est pas porté atteinte aux droits acquis antérieurement en vertu de la présente Convention.

(2) Les demandes de brevet européen en instance à la date à laquelle un État désigné cesse d'être partie à la convention continuent à être instruites par l'Office européen des brevets, en ce qui concerne ledit État, comme si la convention, telle qu'elle est en vigueur après cette date, lui était applicable.

(3) Les dispositions du par. 2 sont applicables aux brevets européens à l'égard desquels, à la date mentionnée audit paragraphe, une opposition est en instance ou le délai d'opposition n'est pas expiré.

(4) Le présent article ne porte pas atteinte au droit d'un État qui a cessé d'être partie à la présente Convention d'appliquer aux brevets européens les dispositions du texte de la convention à laquelle il était partie.

## Article 176 – Droits et obligations en matière financière d'un État contractant ayant cessé d'être partie à la convention

(1) Tout État qui a cessé d'être partie à la présente Convention en application de l'art. 172, par. 4, ou de l'art. 174 n'est remboursé par l'Organisation des contributions financières exceptionnelles qu'il a versées au titre de l'art. 40, par. 2, qu'à la date et dans les conditions où l'Organisation rembourse les contributions financières exceptionnelles qui lui ont été versées par d'autres États au cours du même exercice budgétaire.

(2) Les sommes dont le montant correspond au pourcentage des taxes perçues pour le maintien en vigueur des brevets européens dans l'État visé au par. 1, telles qu'elles sont définies à l'art. 39, sont dues par cet État, alors même qu'il a cessé d'être partie à la présente Convention ; le montant de ces sommes est celui qui devait être versé par l'État en cause à la date à laquelle il a cessé d'être partie à la présente Convention.

## Article 177 – Langues de la convention

(1) La présente Convention est rédigée en un exemplaire en langues allemande, anglaise et française, qui est déposé aux archives du gouvernement de la République fédérale d'Allemagne, les trois textes faisant également foi.

(2) Les textes de la présente Convention établis dans des langues officielles des États contractants autres que celles visées au par. 1 et agréés par le Conseil d'administration sont considérés comme textes officiels. En cas de contestation sur l'interprétation des divers textes, les textes visés au par. 1 font foi.

## Article 178 – Transmissions et notifications

(1) Le gouvernement de la République fédérale d'Allemagne établit des copies certifiées conformes de la présente Convention et les transmet aux gouvernements de tous les États signataires ou adhérents.

(2) Le gouvernement de la République fédérale d'Allemagne notifie aux gouvernements des États visés au par. 1 :

a) le dépôt de tout instrument de ratification ou d'adhésion ;

b) toute déclaration ou notification reçue en application de l'art. 168 ;

c) toute dénonciation reçue en application de l'art. 174 et la date à laquelle la dénonciation prend effet.

(3) Le gouvernement de la République fédérale d'Allemagne fait enregistrer la présente Convention auprès du Secrétariat de l'Organisation des Nations unies.

# 64 Convention de La Haye du 14 mars 1978 sur la loi applicable aux contrats d'intermédiaires

En vigueur depuis le 1er mai 1992

*Les États signataires de la présente Convention,*

Désirant établir des dispositions communes concernant la loi applicable aux contrats d'intermédiaires et à la représentation,

Ont résolu de conclure une Convention à cet effet et sont convenus des dispositions suivantes :

CHAPITRE PREMIER

## Champ d'application de la convention

**Article premier –** La présente Convention détermine la loi applicable aux relations à caractère international se formant lorsqu'une personne, l'intermédiaire, a le pouvoir d'agir, agit ou prétend agir avec un tiers pour le compte d'une autre personne, le représenté.

Elle s'étend à l'activité de l'intermédiaire consistant à recevoir et à communiquer des propositions ou à mener des négociations pour le compte d'autres personnes.

La Convention s'applique, que l'intermédiaire agisse en son propre nom ou au nom du représenté et que son activité soit habituelle ou occasionnelle.

**Article 2 –** La Convention ne s'applique pas à :

a) la capacité des parties;

b) la forme des actes;

c) la représentation légale dans le droit de la famille, des régimes matrimoniaux et des successions;

d) la représentation en vertu d'une décision d'une autorité judiciaire ou administrative, ou s'exerçant sous le contrôle direct d'une telle autorité;

e) la représentation liée à une procédure de caractère judiciaire;

f) la représentation par le capitaine de navire agissant dans l'exercice de ses fonctions.

**Article 3 –** Aux fins de la présente Convention :

a) l'organe, le gérant ou l'associé d'une société, d'une association ou de toute autre entité légale, dotée ou non de la personnalité morale, n'est pas considéré comme l'intermédiaire de celle-ci, dans la mesure où, dans l'exercice de ses fonctions, il agit en vertu de pouvoirs conférés par la loi ou les actes constitutifs de cette entité légale;

b) le *trustee* n'est pas considéré comme un intermédiaire agissant pour le compte du trust, du constituant ou du bénéficiaire.

**Article 4 –** La loi désignée par la Convention s'applique même s'il s'agit de la loi d'un État non contractant.

CHAPITRE II

## Relations entre le représenté et l'intermédiaire

**Article 5 –** La loi interne choisie par les parties régit le rapport de représentation entre le représenté et l'intermédiaire.

Le choix de cette loi doit être exprès ou résulter avec une certitude raisonnable des dispositions du contrat et des circonstances de la cause.

**Article 6 –** Dans la mesure où elle n'a pas été choisie dans les conditions prévues à l'article 5, la loi applicable est la loi interne de l'État dans lequel, au moment de la formation du rapport de représentation, l'intermédiaire a son établissement professionnel ou, à défaut, sa résidence habituelle.

Toutefois, la loi interne de l'État dans lequel l'intermédiaire doit exercer à titre principal son activité est applicable, si le représenté a son établissement professionnel ou, à défaut, sa résidence habituelle dans cet État.

Lorsque le représenté ou l'intermédiaire a plusieurs établissements professionnels, le présent article se réfère à l'établissement auquel le rapport de représentation se rattache le plus étroitement.

**Article 7 –** Lorsque la création du rapport de représentation n'est pas l'objet exclusif du contrat, la loi désignée par les articles 5 et 6 ne s'applique que si :

a) la création de ce rapport est le principal objet du contrat, ou

b) ce rapport est séparable de l'ensemble du contrat.

**Article 8 –** La loi applicable en vertu des articles 5 et 6 régit la formation et la validité du rapport de représentation, les obligations des parties et les conditions d'exécution, les conséquences de l'inexécution et l'extinction de ces obligations.

Cette loi s'applique en particulier :

a) à l'existence, l'étendue, la modification et la cessation des pouvoirs de l'intermédiaire, ainsi qu'aux conséquences de leur dépassement ou de leur emploi abusif;

b) à la faculté pour l'intermédiaire de déléguer tout ou partie de ses pouvoirs et de désigner un intermédiaire additionnel;

c) à la faculté pour l'intermédiaire de conclure un contrat pour le compte du représenté, lorsqu'il existe un risque de conflit d'intérêts entre lui-même et le représenté;

d) à la clause de non-concurrence et à la clause de ducroire;

e) à l'indemnité de clientèle;

f) aux chefs de dommages pouvant donner lieu à réparation.

**Article 9 –** Quelle que soit la loi applicable au rapport de représentation, on aura égard en ce qui concerne les modalités d'exécution à la loi du lieu d'exécution.

**Article 10 –** Le présent chapitre ne s'applique pas lorsque le contrat créant le rapport de représentation est un contrat de travail.

CHAPITRE III

## Relations avec le tiers

**Article 11 –** Dans les rapports entre le représenté et le tiers, l'existence et l'étendue des pouvoirs de l'intermédiaire, ainsi que les effets des actes de l'intermédiaire dans l'exercice réel ou prétendu de ses pouvoirs, sont régis par la loi interne de l'État dans lequel l'intermédiaire avait son établissement professionnel au moment où il a agi.

Toutefois, la loi interne de l'État dans lequel l'intermédiaire a agi est applicable si :

a) le représenté a son établissement professionnel ou, à défaut, sa résidence habituelle dans cet État et que l'intermédiaire ait agi au nom du représenté ; ou

b) le tiers a son établissement professionnel ou, à défaut, sa résidence habituelle dans cet État ; ou

c) l'intermédiaire a agi en bourse ou pris part à une vente aux enchères ; ou

d) l'intermédiaire n'a pas d'établissement professionnel.

Lorsque l'une des parties a plusieurs établissements professionnels, le présent article se réfère à l'établissement auquel l'acte de l'intermédiaire se rattache le plus étroitement.

**Article 12 –** Aux fins de l'application de l'article 11, alinéa premier, lorsque l'intermédiaire agissant en vertu d'un contrat de travail le liant au représenté n'a pas d'établissement professionnel personnel, il est réputé avoir son établissement au lieu où est situé l'établissement professionnel du représenté auquel il est attaché.

**Article 13 –** Aux fins de l'application de l'article 11, alinéa 2, l'intermédiaire, lorsqu'il a communiqué avec le tiers d'un État à un autre par courrier, télégramme, télex, téléphone ou autres moyens similaires, est considéré comme ayant alors agi au lieu de son établissement professionnel ou, à défaut, de sa résidence habituelle.

**Article 14 –** Nonobstant l'article 11, lorsque la loi applicable aux questions couvertes par ledit article a fait l'objet, de la part du représenté ou du tiers, d'une désignation écrite acceptée expressément par l'autre partie, la loi ainsi désignée est applicable à ces questions.

**Article 15 –** La loi applicable en vertu du présent chapitre régit également les relations entre l'intermédiaire et le tiers dérivant du fait que l'intermédiaire a agi dans l'exercice de ses pouvoirs, au-delà de ses pouvoirs ou sans pouvoirs.

CHAPITRE IV

## Dispositions générales

**Article 16 –** Lors de l'application de la présente Convention, il pourra être donné effet aux dispositions impératives de tout État avec lequel la situation présente un lien effectif, si et dans la mesure où, selon le droit de cet État, ces dispositions sont applicables quelle que soit la loi désignée par ses règles de conflit.

**Article 17 –** L'application d'une des lois désignées par la présente Convention ne peut être écartée que si elle est manifestement incompatible avec l'ordre public.

**Article 18 –** Tout État contractant, au moment de la signature, de la ratification, de l'acceptation, de l'approbation ou de l'adhésion, pourra se réserver le droit de ne pas appliquer la Convention :

1. à la représentation exercée par une banque ou un groupe de banques en matière d'opération de banque ;

2. à la représentation en matière d'assurances;
3. aux actes d'un fonctionnaire public agissant dans l'exercice de ses fonctions pour le compte d'une personne privée.

Aucune autre réserve ne sera admise.

Tout État contractant pourra également, en notifiant une extension de la Convention conformément à l'article 25, faire une ou plusieurs de ces réserves avec effet limité aux territoires ou à certains des territoires visés par l'extension.

Tout État contractant pourra à tout moment retirer une réserve qu'il aura faite; l'effet de la réserve cessera le premier jour du troisième mois du calendrier après la notification du retrait.

**Article 19 –** Lorsqu'un État comprend plusieurs unités territoriales dont chacune a ses propres règles en matière de contrats d'intermédiaires et de représentation, chaque unité territoriale est considérée comme un État aux fins de la détermination de la loi applicable selon la Convention.

**Article 20 –** Un État dans lequel différentes unités territoriales ont leurs propres règles de droit en matière de contrats d'intermédiaires et de représentation ne sera pas tenu d'appliquer la présente Convention lorsqu'un État dont le système de droit est unifié ne serait pas tenu d'appliquer la loi d'un autre État en vertu de la présente Convention.

**Article 21 –** Un État contractant qui comprend deux ou plusieurs unités territoriales qui ont leurs propres règles de droit en matière de contrats d'intermédiaires et de représentation pourra, au moment de la signature, de la ratification, de l'acceptation, de l'approbation ou de l'adhésion, déclarer que la présente Convention s'étendra à toutes ces unités territoriales ou à une ou plusieurs d'entre elles, et pourra à tout moment modifier cette déclaration en faisant une nouvelle déclaration.

Ces déclarations seront notifiées au Ministère des Affaires Étrangères du Royaume des Pays-Bas et indiqueront expressément les unités territoriales auxquelles la Convention s'applique.

**Article 22 –** La Convention ne déroge pas aux instruments internationaux auxquels un État contractant est ou sera Partie et qui contiennent des dispositions sur les matières réglées par la présente Convention.

CHAPITRE V

## Clauses finales

**Article 23 –** La Convention est ouverte à la signature des États qui étaient Membres de la Conférence de La Haye de droit international privé lors de sa Treizième session.

Elle sera ratifiée, acceptée ou approuvée et les instruments de ratification, d'acceptation ou d'approbation seront déposés auprès du Ministère des Affaires Étrangères du Royaume des Pays-Bas.

**Article 24 –** Tout autre État pourra adhérer à la Convention.

L'instrument d'adhésion sera déposé auprès du Ministère des Affaires Étrangères du Royaume des Pays-Bas.

**Article 25 –** Tout État, au moment de la signature, de la ratification, de l'acceptation, de l'approbation ou de l'adhésion, pourra déclarer que la Convention s'étendra à l'ensemble des territoires qu'il représente sur le plan international ou à l'un ou plusieurs d'entre eux. Cette déclaration aura effet au moment où elle entre en vigueur pour cet État.

Cette déclaration, ainsi que toute extension ultérieure, seront notifiées au Ministère des Affaires Étrangères du Royaume des Pays-Bas.

**Article 26 –** La Convention entrera en vigueur le premier jour du troisième mois du calendrier après le dépôt du troisième instrument de ratification, d'acceptation, d'approbation ou d'adhésion prévu par les articles 23 et 24.

Par la suite, la Convention entrera en vigueur :

1. pour chaque État ratifiant, acceptant, approuvant ou adhérant postérieurement, le premier jour du troisième mois du calendrier après le dépôt de son instrument de ratification, d'acceptation, d'approbation ou d'adhésion;

2. pour les territoires auxquels la Convention a été étendue conformément aux articles 21 et 25, le premier jour du troisième mois du calendrier après la notification visée dans ces articles.

**Article 27 –** La Convention aura une durée de cinq ans à partir de la date de son entrée en vigueur conformément à l'article 26, alinéa premier, même pour les États qui l'auront postérieurement ratifiée, acceptée ou approuvée, ou qui y auront adhéré.

La Convention sera renouvelée tacitement de cinq ans en cinq ans, sauf dénonciation.

La dénonciation sera, au moins six mois avant l'expiration du délai de cinq ans, notifiée au Ministère des Affaires Étrangères du Royaume des Pays-Bas. Elle pourra se limiter à certains territoires ou unités territoriales auxquels s'applique la Convention.

La dénonciation n'aura d'effet qu'à l'égard de l'État qui l'aura notifiée. La Convention restera en vigueur pour les autres États contractants.

**Article 28 –** Le Ministère des Affaires Étrangères du Royaume des Pays-Bas notifiera aux États Membres de la Conférence, ainsi qu'aux États qui auront adhéré conformément aux dispositions de l'article 24 :

1. les signatures, ratifications, acceptations et approbations visées à l'article 23;
2. les adhésions visées à l'article 24;
3. la date à laquelle la Convention entrera en vigueur conformément aux dispositions de l'article 26;
4. les extensions visées à l'article 25;
5. les déclarations mentionnées à l'article 21;
6. les réserves et le retrait des réserves prévus à l'article 18;
7. les dénonciations visées à l'article 27.

En foi de quoi, les soussignés, dûment autorisés, ont signé la présente Convention.

Fait à La Haye, le 14 mars 1978, en français et en anglais, les deux textes faisant également foi, en un seul exemplaire, qui sera déposé dans les archives du Gouvernement du Royaume des Pays-Bas et dont une copie certifiée conforme sera remise, par la voie diplomatique, à chacun des États Membres de la Conférence de La Haye de droit international privé lors de sa Treizième session.

# 65 Protocole de Genève du 5 juillet 1978 additionnel à la Convention relative au contrat de transport international de marchandises par route (DTS)

En vigueur depuis le 13 juillet 1982

*Les parties au présent Protocole, étant parties à la Convention relative au contrat de transport international de marchandises par route (CMR), en date, à Genève, du 19 mai 1956, sont convenues de ce qui suit :*

**Article 1er –** Aux fins du présent Protocole, « Convention » signifie la Convention relative au contrat de transport international de marchandises par route (CMR).

**Article 2 –** L'article 23 de la Convention est modifié comme suit :

1. Le paragraphe 3 est remplacé par le texte suivant :

« 3. Toutefois, l'indemnité ne peut dépasser 8,33 unités de compte par kilogramme du poids brut manquant. »

2. À la fin de cet article, les paragraphes 7, 8 et 9 suivants sont ajoutés;

« 7. L'unité de compte mentionnée dans la présente Convention est le droit de tirage spécial tel que défini par le Fonds monétaire international. Le montant visé au paragraphe 3 du présent article est converti dans la monnaie nationale de l'État dont relève le tribunal saisi du litige sur la base de la valeur de cette monnaie à la date du jugement ou à la date adoptée d'un commun accord par les parties. La valeur, en droit de tirage spécial, de la monnaie nationale d'un État qui est membre du Fonds monétaire international, est calculée selon la méthode d'évaluation appliquée par le Fonds monétaire international à la date en question pour ses propres opérations et transactions. La valeur, en droit de tirage spécial, de la monnaie nationale d'un État qui n'est pas membre du Fonds monétaire international, est calculée de la façon déterminée par cet État.

« 8. Toutefois, un État qui n'est pas membre du Fonds monétaire international et dont la législation ne permet pas d'appliquer les dispositions du paragraphe 7 du présent article peut, au moment de la ratification du Protocole à la CMR ou de l'adhésion à celui-ci, ou à tout moment ultérieur, déclarer que la limite de la responsabilité prévue au paragraphe 3 du présent article et applicable sur son territoire est fixée à vingt-cinq unités monétaires. L'unité monétaire dont il est question dans le présent paragraphe correspond à dix trente et unièmes de gramme d'or au titre de 900 millièmes de fin. La conversion en monnaie nationale du montant indiqué dans le présent paragraphe s'effectue conformément à la législation de l'État concerné.

« 9. Le calcul mentionné à la dernière phrase du paragraphe 7 et la conversion mentionnée au paragraphe 8 du présent article doivent être faits de façon à exprimer en monnaie nationale de l'État la même valeur réelle, dans la mesure du possible, que celle exprimée en unités de compte au paragraphe 3 du présent article. Lors du dépôt d'un instrument visé à l'article 3 du Protocole à la CMR et chaque fois qu'un changement se produit dans leur méthode de calcul ou dans la valeur de leur monnaie nationale par rapport à l'unité de compte ou à l'unité monétaire, les États communiquent au Secrétaire général de l'Organisation des Nations unies leur méthode de calcul conformément au paragraphe 7, ou les résultats de la conversion conformément au paragraphe 8 du présent article, selon le cas. »

*Dispositions finales.*

**Article 3 –** 1. Le présent Protocole sera ouvert à la signature des États qui sont signataires de la Convention ou y ont adhéré et qui sont soit membres de la Commission économique pour l'Europe, soit admis à cette commission à titre consultatif conformément au paragraphe 8 du mandat de cette commission.

2. Le présent Protocole restera ouvert à l'adhésion de tout État visé au paragraphe 1 du présent article et qui est partie à la Convention.

3. Les États susceptibles de participer à certains travaux de la Commission économique pour l'Europe en application du paragraphe 11 du mandat de cette commission et qui ont adhéré à la Convention peuvent devenir Parties contractantes au présent Protocole en y adhérant après son entrée en vigueur.

4. Le présent Protocole sera ouvert à la signature à Genève du 1er septembre 1978 au 31 août 1979 inclus. Après cette date, il sera ouvert à l'adhésion.

5. Le présent Protocole est sujet à ratification après que l'État concerné aura ratifié la Convention ou y aura adhéré.

6. La ratification ou l'adhésion sera effectuée par le dépôt d'un instrument auprès du Secrétaire général de l'Organisation des Nations unies.

7. Tout instrument de ratification ou d'adhésion, déposé après l'entrée en vigueur d'un amendement au présent Protocole à l'égard de toutes les Parties contractantes ou après l'accomplissement de toutes les mesures requises pour l'entrée en vigueur de l'amendement à l'égard desdites parties, est réputé s'appliquer au Protocole modifié par l'amendement.

**Article 4 –** 1. Le présent Protocole entrera en vigueur le quatre-vingt-dixième jour après que cinq des États mentionnés aux paragraphes 1 et 2 de l'article 3 du présent Protocole auront déposé leur instrument de ratification ou d'adhésion.

2. Pour chaque État qui le ratifiera ou y adhérera après que cinq États auront déposé leur instrument de ratification ou d'adhésion, le présent Protocole entrera en vigueur le quatre-vingt-dixième jour qui suivra le dépôt de l'instrument de ratification ou d'adhésion dudit État.

**Article 5. –** 1. Chaque Partie contractante pourra dénoncer le présent Protocole par notification adressée au Secrétaire général de l'Organisation des Nations unies.

2. La dénonciation prendra effet douze mois après la date à laquelle le Secrétaire général en aura reçu notification.

3. Toute Partie contractante qui cessera d'être partie à la Convention cessera à la même date d'être partie au présent Protocole.

**Article 6 –** Si, après l'entrée en vigueur du présent Protocole, le nombre de Parties contractantes se trouve, par suite de dénonciations, ramené à moins de cinq, le présent Protocole cessera d'être en vigueur à partir de la date à laquelle la dernière de ces dénonciations prendra effet. Il cessera également d'être en vigueur à partir de la date à laquelle la Convention elle-même cessera d'être en vigueur.

**Article 7 –** 1. Tout État pourra, lors du dépôt de son instrument de ratification ou d'adhésion ou à tout moment ultérieur, déclarer, par notification adressée au Secrétaire général de l'Organisation des Nations unies, que le présent Protocole sera applicable à tout ou partie des territoires qu'il représente sur le plan international et pour lesquels il a fait une déclaration conformément à l'article 46 de la Convention. Le présent Protocole sera applicable au territoire ou aux territoires mentionnés dans la notification à dater du quatre-vingt-dixième jour après réception de cette notification par le Secrétaire général ou, si à ce jour le Protocole n'est pas encore entré en vigueur, à dater de son entrée en vigueur.

2. Tout État qui aura fait, conformément au paragraphe précédent, une déclaration ayant pour effet de rendre le présent Protocole applicable à un territoire qu'il représente sur le plan international pourra, conformément à l'article 5 ci-dessus, dénoncer le Protocole séparément en ce qui concerne ledit territoire.

**Article 8 –** Tout différend entre deux ou plusieurs Parties contractantes touchant l'interprétation ou l'application du présent Protocole que les parties n'auraient pu régler par voie de négociations ou par un autre mode de règlement pourra être porté, à la requête d'une quelconque des Parties contractantes intéressées, devant la Cour internationale de justice, pour être tranché par elle.

**Article 9 –** 1. Chaque Partie contractante pourra, au moment où elle signera ou ratifiera le présent Protocole ou y adhérera, déclarer par une notification adressée au Secrétaire général de l'Organisation des Nations unies, qu'elle ne se considère pas liée par l'article 8 du présent Protocole. Les autres Parties contractantes ne seront pas liées par l'article 8 envers toute Partie contractante qui aura formulé une telle réserve.

2. La déclaration visée au paragraphe 1 du présent article pourra être retirée à tout moment par une notification adressée au Secrétaire général de l'Organisation des Nations unies.

3. Aucune autre réserve au présent Protocole ne sera admise.

**Article 10 –** 1. Après que le présent Protocole aura été en vigueur pendant trois ans, toute Partie contractante pourra, par notification adressée au Secrétaire général de l'Organisation des Nations unies, demander la convocation d'une conférence à l'effet de réviser le présent Protocole. Le Secrétaire général notifiera cette demande à toutes les Parties contractantes et convoquera une conférence de révision si, dans un délai de quatre mois à dater de la notification adressée par lui, le quart au moins des Parties contractantes lui signifient leur assentiment à cette demande.

2. Si une conférence est convoquée conformément au paragraphe précédent, le Secrétaire général en avisera toutes les Parties contractantes et les invitera à présenter, dans un délai de trois mois, les propositions qu'elles souhaiteraient voir examiner par la conférence. Le Secrétaire général communiquera à toutes les Parties contractantes l'ordre du jour provisoire de la Conférence, ainsi que le texte de ces propositions, trois mois au moins avant la date d'ouverture de la Conférence.

3. Le Secrétaire général invitera à toute conférence convoquée conformément au présent article tous les États visés aux paragraphes 1 et 2 de l'article 3, ainsi que les États devenus Parties contractantes en application du paragraphe 3 de l'article 3 du présent Protocole.

**Article 11 –** Outre les notifications prévues à l'article 10, le Secrétaire général de l'Organisation des Nations unies notifiera aux États visés aux paragraphes 1 et 2 de l'article 3, ainsi qu'aux États devenus Parties contractantes en application du paragraphe 3 de l'article 3 du présent Protocole :

*a*) Les ratifications et adhésions en vertu de l'article 3;

*b*) Les dates auxquelles Je présent Protocole entrera en vigueur conformément à l'article 4;

*c*) Les communications reçues en vertu de l'alinéa 2 de l'article 2;

*d*) Les dénonciations en vertu de l'article 5;

*e*) L'abrogation du présent Protocole conformément à l'article 6;

*f*) Les notifications reçues conformément à l'article 7;

*g*) Les déclarations et notifications reçues conformément aux paragraphes 1 et 2 de l'article 9.

**Article 12 –** Après le 31 août 1979, l'original du présent Protocole sera déposé auprès du Secrétaire général de l'Organisation des Nations unies, qui en transmettra des copies certifiées conformes à chacun des États visés aux paragraphes 1, 2 et 3 de l'article 3 du présent Protocole.

# 66 Protocole de Bruxelles du 21 décembre 1979 portant modification de la Convention internationale pour l'unification de certaines règles en matière de connaissement du 25 août 1924, telle qu'amendée par le Protocole modificatif du 23 février 1968 (Protocole « DTS »)

En vigueur depuis le 18 février 1987

NOR : *MAEJ873001BD*

(*Journal officiel* du 5 avril 1987, page 3848)

*Les Parties contractantes au présent Protocole,*

Étant Parties à la Convention internationale pour l'unification de certaines règles en matière de connaissement faite à Bruxelles le 25 août 1924, telle qu'amendée par le Protocole portant modification de cette Convention, fait à Bruxelles le 23 février 1968,

Sont convenues de ce qui suit :

**Article 1er** – Aux fins du présent Protocole, il faut entendre par « Convention » la Convention internationale pour l'unification de certaines règles en matière de connaissement et son Protocole de signature faits à Bruxelles le 25 août 1924, telle qu'amendée par le Protocole fait à Bruxelles le 23 février 1968.

**Article 2** – (1) L'alinéa (a) du paragraphe 5 de l'article 4 de la Convention est remplacé par le texte suivant :

« *(a)* À moins que la nature et la valeur des marchandises n'aient été déclarées par le chargeur avant leur embarquement et que cette déclaration ait été insérée dans le connaissement, le transporteur, comme le navire, ne seront en aucun cas responsables des pertes ou dommages des marchandises ou concernant celles-ci pour une somme supérieure à 666,67 unités de compte par colis ou unité, ou 2 unités de compte par kilogramme de poids brut des marchandises perdues ou endommagées, la limite la plus élevée étant applicable. »

(2) L'alinéa *(d)* du paragraphe 5 de l'article 4 de la Convention est remplacé par le texte suivant :

« *(d)* L'unité de compte mentionnée dans le présent article est le Droit de Tirage Spécial tel que défini par le Fonds Monétaire International. La somme mentionnée à l'alinéa *(a)* de ce paragraphe sera convertie dans la monnaie nationale suivant la valeur de cette monnaie à une date qui sera déterminée par la loi de la juridiction saisie de l'affaire.

« La valeur en Droit de Tirage Spécial d'une monnaie nationale d'un État qui est membre du Fonds Monétaire International est calculée selon la méthode d'évaluation appliquée par le Fonds Monétaire International, à la date en question pour ses propres opérations et transactions. La valeur en Droit de Tirage Spécial d'une monnaie nationale d'un État non membre du Fonds Monétaire International est calculée de la façon déterminée par cet État.

« Toutefois, un État qui n'est pas membre du Fonds Monétaire International et dont la législation ne permet pas l'application des dispositions prévues aux phrases précédentes peut, au moment de la ratification du Protocole de 1979 ou de l'adhésion à celui-ci ou encore à tout moment par la suite, déclarer que les limites de la responsabilité prévues dans cette Convention et applicables sur son territoire sont fixées de la manière suivante :

« *(i)* En ce qui concerne la somme de 666,67 unités de compte mentionnée à l'alinéa *(a)* du paragraphe 5 du présent article, 10 000 unités monétaires;

« *(ii)* En ce qui concerne la somme de 2 unités de compte mentionnée à l'alinéa *(a)* du paragraphe 5 du présent article, 30 unités monétaires.

« L'unité monétaire à laquelle il est fait référence à la phrase précédente correspond à 65,5 milligrammes d'or au titre de 900 millièmes de fin. La conversion en monnaie nationale des sommes mentionnées dans cette phrase s'effectuera conformément à la législation de l'État en cause.

« Le calcul et la conversion mentionnés aux phrases précédentes seront faits de manière à exprimer en monnaie nationale de l'État, dans la mesure du possible, la même valeur réelle pour les sommes mentionnées à l'alinéa *(a)* du paragraphe 5 du présent article, que celle exprimée en unités de compte.

« Les États communiqueront au dépositaire leur méthode de calcul, ou les résultats de la conversion selon les cas, au moment du dépôt de l'instrument de ratification ou d'adhésion et chaque fois qu'un changement se produit dans leur méthode de calcul ou dans la valeur de leur monnaie nationale par rapport à l'unité de compte ou à l'unité monétaire. »

**Article 3 –** Tout différend entre les Parties concernant l'interprétation ou l'application du présent Protocole qui ne peut pas être réglé par voie de négociation, est soumis à l'arbitrage, à la requête de l'une d'entre elles. Si dans les six mois qui suivent la date de la demande d'arbitrage, les Parties ne parviennent pas à se mettre d'accord sur l'organisation de l'arbitrage, l'une quelconque d'entre elles peut soumettre le différend à la Cour Internationale de Justice, en déposant une requête conformément au Statut de la Cour.

**Article 4 –** (1) Chaque Partie contractante pourra, au moment de la signature ou de la ratification du présent Protocole ou au moment de l'adhésion, déclarer qu'elle ne se considère pas liée par l'article 3.

(2) Toute Partie contractante qui aura formulé une réserve conformément au paragraphe précédent pourra à tout moment lever cette réserve par une notification adressée au Gouvernement belge.

**Article 5 –** Le présent Protocole est ouvert à la signature des États qui ont signé la Convention du 25 août 1924 ou le Protocole du 23 février 1968 ou qui sont Parties à la Convention.

**Article 6 –** (1) Le présent Protocole sera ratifié.

(2) La ratification du présent Protocole par un État qui n'est pas Partie à la Convention vaut également pour la Convention.

(3) Les instruments de ratification seront déposés auprès du Gouvernement belge.

**Article 7 –** (1) Les États non visés à l'article 5 pourront adhérer au présent Protocole.

(2) L'adhésion au présent Protocole vaut également pour la Convention.

(3) Les instruments d'adhésion seront déposés auprès du Gouvernement belge.

**Article 8 –** (1) Le présent Protocole entrera en vigueur trois mois après la date du dépôt de cinq instruments de ratification ou d'adhésion.

(2) Pour chaque État ratifiant le présent Protocole ou y adhérant après le cinquième dépôt, le présent Protocole entrera en vigueur trois mois après le dépôt de son instrument de ratification ou d'adhésion.

**Article 9 –** (1) Les Parties contractantes pourront dénoncer le présent Protocole par notification au Gouvernement belge.

(2) La dénonciation prendra effet un an après la date de réception de la notification par le Gouvernement belge.

**Article 10 –** (1) Tout État pourra, au moment de la signature de la ratification, de l'adhésion ou à tout moment ultérieur, notifier par écrit au Gouvernement belge quels sont parmi les territoires dont il assure les relations internationales ceux auxquels s'applique le présent Protocole. Le Protocole sera applicable auxdits territoires trois mois après la date de réception de cette notification par le Gouvernement belge, mais pas avant la date d'entrée en vigueur du présent Protocole à l'égard de cet État.

(2) Cette extension vaudra également pour la Convention si celle-ci n'est pas encore applicable à ces territoires.

(3) Les Parties contractantes qui ont souscrit une déclaration au titre du paragraphe (1) du présent article pourront à tout moment aviser le Gouvernement belge que le Protocole cesse de s'appliquer aux territoires en question. Cette dénonciation prendra effet un an après la date de réception par le Gouvernement belge de la notification de dénonciation.

**Article 11 –** Le Gouvernement belge notifiera aux États signataires et adhérents :

1. Les signatures, ratifications et adhésions reçues en application des articles 5, 6 et 7.
2. La date à laquelle le présent Protocole entrera en vigueur en application de l'article 8.
3. Les notifications au sujet de l'application territoriale faites en exécution de l'article 10.
4. Les déclarations et communications faites en application de l'article 2.
5. Les déclarations faites en application de l'article 4.
6. Les dénonciations reçues en application de l'article 9.

# 67 Convention de Vienne du 11 avril 1980 sur les contrats de vente internationale de marchandises

## En vigueur depuis le 1er janvier 1988



**Préambule** – *Les États parties à la présente Convention*

Ayant présents à l'esprit les objectifs généraux inscrits dans les résolutions relatives à l'instauration d'un nouvel ordre économique international que l'Assemblée générale a adoptées à sa sixième session extraordinaire,

Considérant que le développement du commerce international sur la base de l'égalité et des avantages mutuels est un élément important dans la promotion de relations amicales entre les États,

Estimant que l'adoption de règles uniformes applicables aux contrats de vente internationale de marchandises et compatibles avec les différents systèmes sociaux, économiques et juridiques contribuera à l'élimination des obstacles juridiques aux échanges internationaux et favorisera le développement du commerce international,

*Sont convenus de ce qui suit :*

PREMIÈRE PARTIE

# CHAMP D'APPLICATION ET DISPOSITIONS GÉNÉRALES

CHAPITRE PREMIER

## Champ d'application

**Article premier –** 1) La présente Convention s'applique aux contrats de vente de marchandises entre des parties ayant leur établissement dans des États différents :

a) lorsque ces États sont des États contractants; ou

b) lorsque les règles du droit international privé mènent à l'application de la loi d'un État contractant.

2) Il n'est pas tenu compte du fait que les parties ont leur établissement dans des États différents lorsque ce fait ne ressort ni du contrat, ni de transactions antérieures entre les parties, ni de renseignements donnés par elles à un moment quelconque avant la conclusion ou lors de la conclusion du contrat.

3) Ni la nationalité des parties ni le caractère civil ou commercial des parties ou du contrat ne sont pris en considération pour l'application de la présente Convention.

**Article 2 –** La présente Convention ne régit pas les ventes :

a) de marchandises achetées pour un usage personnel, familial ou domestique, à moins que le vendeur, à un moment quelconque avant la conclusion ou lors de la conclusion du contrat, n'ait pas su et n'ait pas été censé savoir que ces marchandises étaient achetées pour un tel usage;

b) aux enchères;

c) sur saisie ou de quelque autre manière par autorité de justice;

d) de valeurs mobilières, effets de commerce et monnaies;

e) de navires, bateaux, aéroglisseurs et aéronefs;

f) d'électricité.

**Article 3 –** 1) Sont réputés ventes les contrats de fourniture de marchandises à fabriquer ou à produire, à moins que la partie qui commande celles-ci n'ait à fournir une part essentielle des éléments matériels nécessaires à cette fabrication ou production.

2) La présente Convention ne s'applique pas aux contrats dans lesquels la part prépondérante de l'obligation de la partie qui fournit les marchandises consiste en une fourniture de main-d'œuvre ou d'autres services.

**Article 4 –** La présente Convention régit exclusivement la formation du contrat de vente et les droits et obligations qu'un tel contrat fait naître entre le vendeur et l'acheteur. En particulier, sauf disposition contraire expresse de la présente Convention, celle-ci ne concerne pas :

a) la validité du contrat ni celle d'aucune de ses clauses non plus que celle des usages;

b) les effets que le contrat peut avoir sur la propriété des marchandises vendues.

**Article 5 –** La présente Convention ne s'applique pas à la responsabilité du vendeur pour décès ou lésions corporelles causés à quiconque par les marchandises.

**Article 6 –** Les parties peuvent exclure l'application de la présente Convention ou, sous réserve des dispositions de l'article 12, déroger à l'une quelconque de ses dispositions ou en modifier les effets.

CHAPITRE II

## Dispositions générales

**Article 7 –** 1) Pour l'interprétation de la présente Convention, il sera tenu compte de son caractère international et de la nécessité de promouvoir l'uniformité de son application ainsi que d'assurer le respect de la bonne foi dans le commerce international.

2) Les questions concernant les matières régies par la présente Convention et qui ne sont pas expressément tranchées par elle seront réglées selon les principes généraux dont elle s'inspire ou, à défaut de ces principes, conformément à la loi applicable en vertu des règles du droit international privé.

**Article 8 –** 1) Aux fins de la présente Convention, les indications et autres comportements d'une partie doivent être interprétés selon l'intention de celle-ci lorsque l'autre partie connaissait ou ne pouvait ignorer cette intention.

2) Si le paragraphe précédent n'est pas applicable, les indications et autres comportements d'une partie doivent être interprétés selon le sens qu'une personne raisonnable de même qualité que l'autre partie, placée dans la même situation, leur aurait donné.

3) Pour déterminer l'intention d'une partie ou ce qu'aurait compris une personne raisonnable, il doit être tenu compte des circonstances pertinentes, notamment des négociations qui ont pu avoir lieu entre les parties, des habitudes qui se sont établies entre elles, des usages et de tout comportement ultérieur des parties.

**Article 9 –** 1) Les parties sont liées par les usages auxquels elles ont consenti et par les habitudes qui se sont établies entre elles.

2) Sauf convention contraire des parties, celles-ci sont réputées s'être tacitement référées dans le contrat et pour sa formation à tout usage dont elles avaient connaissance ou auraient dû avoir connaissance et qui, dans le commerce international, est

largement connu et régulièrement observé par les parties à des contrats de même type dans la branche commerciale considérée.

**Article 10 –** Aux fins de la présente Convention :

a) si une partie a plus d'un établissement, l'établissement à prendre en considération est celui qui a la relation la plus étroite avec le contrat et son exécution eu égard aux circonstances connues des parties ou envisagées par elles à un moment quelconque avant la conclusion ou lors de la conclusion du contrat ;

b) si une partie n'a pas d'établissement, sa résidence habituelle en tient lieu.

**Article 11 –** Le contrat de vente n'a pas à être conclu ni constaté par écrit et n'est soumis à aucune autre condition de forme. Il peut être prouvé par tous moyens, y compris par témoins.

**Article 12 –** Toute disposition de l'article 11, de l'article 29 ou de la deuxième partie de la présente Convention autorisant une forme autre que la forme écrite, soit pour la conclusion ou pour la modification ou la résiliation amiable d'un contrat de vente, soit pour toute offre, acceptation ou autre manifestation d'intention, ne s'applique pas dès lors qu'une des parties a son établissement dans un État contractant qui a fait une déclaration conformément à l'article 96 de la présente Convention. Les parties ne peuvent déroger au présent article ni en modifier les effets.

**Article 13 –** Aux fins de la présente Convention, le terme « écrit » doit s'entendre également des communications adressées par télégramme ou par télex.

## DEUXIÈME PARTIE
## FORMATION DU CONTRAT

**Article 14 –** 1) Une proposition de conclure un contrat adressée à une ou plusieurs personnes déterminées constitue une offre si elle est suffisamment précise et si elle indique la volonté de son auteur d'être lié en cas d'acceptation. Une proposition est suffisamment précise lorsqu'elle désigne les marchandises et, expressément ou implicitement, fixe la quantité et le prix ou donne des indications permettant de les déterminer.

2) Une proposition adressée à des personnes indéterminées est considérée seulement comme une invitation à l'offre, à moins que la personne qui a fait la proposition n'ait clairement indiqué le contraire.

**Article 15 –** 1) Une offre prend effet lorsqu'elle parvient au destinataire.

2) Une offre, même si elle est irrévocable, peut être rétractée si la rétractation parvient au destinataire avant ou en même temps que l'offre.

**Article 16 –** 1) Jusqu'à ce qu'un contrat ait été conclu, une offre peut être révoquée si la révocation parvient au destinataire avant que celui-ci ait expédié une acceptation.

2) Cependant, une offre ne peut être révoquée :

a) si elle indique, en fixant un délai déterminé pour l'acceptation, ou autrement, qu'elle est irrévocable ; ou

b) s'il était raisonnable pour le destinataire de considérer l'offre comme irrévocable et s'il a agi en conséquence.

**Article 17 –** Une offre, même irrévocable, prend fin lorsque son rejet parvient à l'auteur de l'offre.

**Article 18 –** 1) Une déclaration ou autre comportement du destinataire indiquant qu'il acquiesce à une offre constitue une acceptation. Le silence ou l'inaction à eux seuls ne peuvent valoir acceptation.

2) L'acceptation d'une offre prend effet au moment où l'indication d'acquiescement parvient à l'auteur de l'offre. L'acceptation ne prend pas effet si cette indication ne parvient pas à l'auteur de l'offre dans le délai qu'il a stipulé ou, à défaut d'une telle stipulation, dans un délai raisonnable, compte tenu des circonstances de la transaction et de la rapidité des moyens de communication utilisés par l'auteur de l'offre. Une offre verbale doit être acceptée immédiatement, à moins que les circonstances n'impliquent le contraire.

3) Cependant, si, en vertu de l'offre, des habitudes qui se sont établies entre les parties ou des usages, le destinataire de l'offre peut indiquer qu'il acquiesce en accomplissant un acte se rapportant, par exemple, à l'expédition des marchandises ou au paiement du prix, sans communication à l'auteur de l'offre, l'acceptation prend effet au moment où cet acte est accompli, pour autant qu'il le soit dans les délais prévus par le paragraphe précédent.

**Article 19 –** 1) Une réponse qui tend à être l'acceptation d'une offre, mais qui contient des additions, des limitations ou autres modifications, est un rejet de l'offre et constitue une contre-offre.

2) Cependant, une réponse qui tend à être l'acceptation d'une offre, mais qui contient des éléments complémentaires ou différents n'altérant pas substantiellement les termes de l'offre, constitue une acceptation, à moins que l'auteur de l'offre, sans retard injustifié, n'en relève les différences verbalement ou n'adresse un avis à cet effet. S'il ne le fait pas, les termes du contrat sont ceux de l'offre, avec les modifications comprises dans l'acceptation.

3) Des éléments complémentaires ou différents relatifs notamment au prix, au paiement, à la qualité et à la quantité des marchandises, au lieu et au moment de la livraison, à l'étendue de la responsabilité d'une partie à l'égard de l'autre ou au règlement des différends, sont considérés comme altérant substantiellement les termes de l'offre.

**Article 20 –** 1) Le délai d'acceptation fixé par l'auteur de l'offre dans un télégramme ou une lettre commence à courir au moment où le télégramme est remis pour expédition ou à la date qui apparaît sur la lettre ou, à défaut, à la date qui apparaît sur l'enveloppe. Le délai d'acceptation que l'auteur de l'offre fixe par téléphone, par télex ou par d'autres moyens de communication instantanés commence à courir au moment où l'offre parvient au destinataire.

2) Les jours fériés ou chômés qui tombent pendant que court le délai d'acceptation sont comptés dans le calcul de ce délai. Cependant, si la notification ne peut être remise à l'adresse de l'auteur de l'offre le dernier jour du délai, parce que celui-ci tombe un jour férié ou chômé au lieu d'établissement de l'auteur de l'offre, le délai est prorogé jusqu'au premier jour ouvrable suivant.

**Article 21 –** 1) Une acceptation tardive produit néanmoins effet en tant qu'acceptation si, sans retard, l'auteur de l'offre en informe verbalement le destinataire ou lui adresse un avis à cet effet.

2) Si la lettre ou autre écrit contenant une acceptation tardive révèle qu'elle a été expédiée dans des conditions telles que, si sa transmission avait été régulière, elle serait parvenue à temps à l'auteur de l'offre, l'acceptation tardive produit effet en tant qu'acceptation à moins que, sans retard, l'auteur de l'offre n'informe verbalement le destinataire de l'offre qu'il considère que son offre avait pris fin ou qu'il ne lui adresse un avis à cet effet.

**Article 22 –** L'acceptation peut être rétractée si la rétractation parvient à l'auteur de l'offre avant le moment où l'acceptation aurait pris effet ou à ce moment.

**Article 23 –** Le contrat est conclu au moment où l'acceptation d'une offre prend effet conformément aux dispositions de la présente Convention.

**Article 24 –** Aux fins de la présente partie de la Convention, une offre, une déclaration d'acceptation ou toute autre manifestation d'intention « parvient » à son destinataire lorsqu'elle lui est faite verbalement ou est délivrée par tout autre moyen au destinataire lui-même, à son établissement, à son adresse postale ou, s'il n'a pas d'établissement ou d'adresse postale, à sa résidence habituelle.

## TROISIÈME PARTIE

## VENTE DE MARCHANDISES

### CHAPITRE PREMIER

### Dispositions générales

**Article 25 –** Une contravention au contrat commise par l'une des parties est essentielle lorsqu'elle cause à l'autre partie un préjudice tel qu'elle la prive substantiellement de ce que celle-ci était en droit d'attendre du contrat, à moins que la partie en défaut n'ait pas prévu un tel résultat et qu'une personne raisonnable de même qualité placée dans la même situation ne l'aurait pas prévu non plus.

**Article 26 –** Une déclaration de résolution du contrat n'a d'effet que si elle est faite par notification à l'autre partie.

**Article 27 –** Sauf disposition contraire expresse de la présente partie de la Convention, si une notification, demande ou autre communication est faite par une partie au contrat conformément à la présente partie et par un moyen approprié aux circonstances, un retard ou une erreur dans la transmission de la communication ou le fait qu'elle n'est pas arrivée à destination ne prive pas cette partie au contrat du droit de s'en prévaloir.

**Article 28 –** Si, conformément aux dispositions de la présente Convention, une partie a le droit d'exiger de l'autre l'exécution d'une obligation, un tribunal n'est tenu d'ordonner l'exécution en nature que s'il le ferait en vertu de son propre droit pour des contrats de vente semblables non régis par la présente Convention.

**Article 29 –** 1) Un contrat peut être modifié ou résilié par accord amiable entre les parties.

2) Un contrat écrit qui contient une disposition stipulant que toute modification ou résiliation amiable doit être faite par écrit ne peut être modifié ou résilié à l'amiable sous une autre forme. Toutefois, le comportement de l'une des parties peut l'empêcher d'invoquer une telle disposition si l'autre partie s'est fondée sur ce comportement.

CHAPITRE II

## Obligations du vendeur

**Article 30 –** Le vendeur s'oblige, dans les conditions prévues au contrat et par la présente Convention, à livrer les marchandises, à en transférer la propriété et, s'il y a lieu, à remettre les documents s'y rapportant.

*Section 1*

### Livraison des marchandises et remise des documents

**Article 31 –** Si le vendeur n'est pas tenu de livrer les marchandises en un autre lieu particulier, son obligation de livraison consiste :

a) lorsque le contrat de vente implique un transport des marchandises, à remettre les marchandises au premier transporteur pour transmission à l'acheteur;

b) lorsque, dans les cas non visés au précédent alinéa, le contrat porte sur un corps certain ou sur une chose de genre qui doit être prélevée sur une masse déterminée ou qui doit être fabriquée ou produite et lorsque, au moment de la conclusion du contrat, les parties savaient que les marchandises se trouvaient ou devaient être fabriquées ou produites en un lieu particulier, à mettre les marchandises à la disposition de l'acheteur en ce lieu;

c) dans les autres cas, à mettre les marchandises à la disposition de l'acheteur au lieu où le vendeur avait son établissement au moment de la conclusion du contrat.

**Article 32 –** 1) Si, conformément au contrat ou à la présente Convention, le vendeur remet les marchandises à un transporteur et si les marchandises ne sont pas clairement identifiées aux fins du contrat par l'apposition d'un signe distinctif sur les marchandises, par des documents de transport ou par tout autre moyen, le vendeur doit donner à l'acheteur avis de l'expédition en désignant spécifiquement les marchandises.

2) Si le vendeur est tenu de prendre des dispositions pour le transport des marchandises, il doit conclure les contrats nécessaires pour que le transport soit effectué jusqu'au lieu prévu, par les moyens de transport appropriés aux circonstances et selon les conditions usuelles pour un tel transport.

3) Si le vendeur n'est pas tenu de souscrire lui-même une assurance de transport, il doit fournir à l'acheteur, à la demande de celui-ci, tous renseignements dont il dispose qui sont nécessaires à la conclusion de cette assurance.

**Article 33 –** Le vendeur doit livrer les marchandises :

a) si une date est fixée par le contrat ou déterminable par référence au contrat, à cette date ;

b) si une période de temps est fixée par le contrat ou déterminable par référence au contrat, à un moment quelconque au cours de cette période, à moins qu'il ne résulte des circonstances que c'est à l'acheteur de choisir une date ; ou

c) dans tous les autres cas, dans un délai raisonnable à partir de la conclusion du contrat.

**Article 34 –** Si le vendeur est tenu de remettre les documents se rapportant aux marchandises, il doit s'acquitter de cette obligation au moment, au lieu et dans la forme prévus au contrat. En cas de remise anticipée, le vendeur conserve, jusqu'au moment prévu pour la remise, le droit de réparer tout défaut de conformité des documents, à condition que l'exercice de ce droit ne cause à l'acheteur ni inconvénients ni frais déraisonnables. Toutefois, l'acheteur conserve le droit de demander des dommages-intérêts conformément à la présente Convention.

*Section 2*

## Conformité des marchandises et droits ou prétentions de tiers

**Article 35 –** 1) Le vendeur doit livrer des marchandises dont la quantité, la qualité et le type répondent à ceux qui sont prévus au contrat, et dont l'emballage ou le conditionnement correspond à celui qui est prévu au contrat.

2) À moins que les parties n'en soient convenues autrement, les marchandises ne sont conformes au contrat que si :

a) elles sont propres aux usages auxquels serviraient habituellement des marchandises du même type ;

b) elles sont propres à tout usage spécial qui a été porté expressément ou tacitement à la connaissance du vendeur au moment de la conclusion du contrat, sauf s'il résulte des circonstances que l'acheteur ne s'en est pas remis à la compétence ou à l'appréciation du vendeur ou qu'il n'était pas raisonnable de sa part de le faire ;

c) elles possèdent les qualités d'une marchandise que le vendeur a présentée à l'acheteur comme échantillon ou modèle ;

d) elles sont emballées ou conditionnées selon le mode habituel pour les marchandises du même type ou, à défaut du mode habituel, d'une manière propre à les conserver et à les protéger.

3) Le vendeur n'est pas responsable, au regard des alinéas a) à d) du paragraphe précédent, d'un défaut de conformité que l'acheteur connaissait ou ne pouvait ignorer au moment de la conclusion du contrat.

**Article 36 –** 1) Le vendeur est responsable, conformément au contrat et à la présente Convention, de tout défaut de conformité qui existe au moment du transfert des risques à l'acheteur, même si ce défaut n'apparaît qu'ultérieurement.

2) Le vendeur est également responsable de tout défaut de conformité qui survient après le moment indiqué au paragraphe précédent et qui est imputable à l'inexécution de l'une quelconque de ses obligations, y compris à un manquement à une garantie que, pendant une certaine période, les marchandises resteront propres à leur

usage normal ou à un usage spécial ou conserveront des qualités ou caractéristiques spécifiées.

**Article 37 –** En cas de livraison anticipée, le vendeur a le droit, jusqu'à la date prévue pour la livraison, soit de livrer une partie ou une quantité manquante, ou des marchandises nouvelles en remplacement des marchandises non conformes au contrat, soit de réparer tout défaut de conformité des marchandises, à condition que l'exercice de ce droit ne cause à l'acheteur ni inconvénients ni frais déraisonnables. Toutefois, l'acheteur conserve le droit de demander des dommages-intérêts conformément à la présente Convention.

**Article 38 –** 1) L'acheteur doit examiner les marchandises ou les faire examiner dans un délai aussi bref que possible eu égard aux circonstances.

2) Si le contrat implique un transport des marchandises, l'examen peut être différé jusqu'à leur arrivée à destination.

3) Si les marchandises sont déroutées ou réexpédiées par l'acheteur sans que celui-ci ait eu raisonnablement la possibilité de les examiner et si, au moment de la conclusion du contrat, le vendeur connaissait ou aurait dû connaître la possibilité de ce déroutage ou de cette réexpédition, l'examen peut être différé jusqu'à l'arrivée des marchandises à leur nouvelle destination.

**Article 39 –** 1) L'acheteur est déchu du droit de se prévaloir d'un défaut de conformité s'il ne le dénonce pas au vendeur, en précisant la nature de ce défaut, dans un délai raisonnable à partir du moment où il l'a constaté ou aurait dû le constater.

2) Dans tous les cas, l'acheteur est déchu du droit de se prévaloir d'un défaut de conformité s'il ne le dénonce pas au plus tard dans un délai de deux ans à compter de la date à laquelle les marchandises lui ont été effectivement remises, à moins que ce délai ne soit incompatible avec la durée d'une garantie contractuelle.

**Article 40 –** Le vendeur ne peut pas se prévaloir des dispositions des articles 38 et 39 lorsque le défaut de conformité porte sur des faits qu'il connaissait ou ne pouvait ignorer et qu'il n'a pas révélés à l'acheteur.

**Article 41 –** Le vendeur doit livrer les marchandises libres de tout droit ou prétention d'un tiers, à moins que l'acheteur n'accepte de prendre les marchandises dans ces conditions. Toutefois, si ce droit ou cette prétention est fondé sur la propriété industrielle ou autre propriété intellectuelle, l'obligation du vendeur est régie par l'article 42.

**Article 42 –** 1) Le vendeur doit livrer les marchandises libres de tout droit ou prétention d'un tiers fondé sur la propriété industrielle ou autre propriété intellectuelle, qu'il connaissait ou ne pouvait ignorer au moment de la conclusion du contrat, à condition que ce droit ou cette prétention soit fondé sur la propriété industrielle ou autre propriété intellectuelle :

a) en vertu de la loi de l'État où les marchandises doivent être revendues ou utilisées, si les parties ont envisagé au moment de la conclusion du contrat que les marchandises seraient revendues ou utilisées dans cet État; ou

b) dans tous les autres cas, en vertu de la loi de l'État où l'acheteur a son établissement.

2) Dans les cas suivants, le vendeur n'est pas tenu de l'obligation prévue au paragraphe précédent :

a) au moment de la conclusion du contrat, l'acheteur connaissait ou ne pouvait ignorer l'existence du droit ou de la prétention ; ou

b) le droit ou la prétention résulte de ce que le vendeur s'est conformé aux plans techniques, dessins, formules ou autres spécifications analogues fournis par l'acheteur.

**Article 43 –** 1) L'acheteur perd le droit de se prévaloir des dispositions des articles 41 et 42 s'il ne dénonce pas au vendeur le droit ou la prétention du tiers, en précisant la nature de ce droit ou de cette prétention, dans un délai raisonnable à partir du moment où il en a eu connaissance ou aurait dû en avoir connaissance.

2) Le vendeur ne peut pas se prévaloir des dispositions du paragraphe précédent s'il connaissait le droit ou la prétention du tiers et sa nature.

**Article 44 –** Nonobstant les dispositions du paragraphe 1 de l'article 39 et du paragraphe 1 de l'article 43, l'acheteur peut réduire le prix conformément à l'article 50 ou demander des dommages-intérêts, sauf pour le gain manqué, s'il a une excuse raisonnable pour n'avoir pas procédé à la dénonciation requise.

## *Section 3*

## Moyens dont dispose l'acheteur en cas de contravention au contrat par le vendeur

**Article 45 –** 1) Si le vendeur n'a pas exécuté l'une quelconque des obligations résultant pour lui du contrat de vente ou de la présente Convention, l'acheteur est fondé à :

a) exercer les droits prévus aux articles 46 à 52 ;

b) demander les dommages-intérêts prévus aux articles 74 à 77.

2) L'acheteur ne perd pas le droit de demander des dommages-intérêts lorsqu'il exerce son droit de recourir à un autre moyen.

3) Aucun délai de grâce ne peut être accordé au vendeur par un juge ou par un arbitre lorsque l'acheteur se prévaut d'un des moyens dont il dispose en cas de contravention au contrat.

**Article 46 –** 1) L'acheteur peut exiger du vendeur l'exécution de ses obligations, à moins qu'il ne se soit prévalu d'un moyen incompatible avec cette exigence.

2) Si les marchandises ne sont pas conformes au contrat, l'acheteur ne peut exiger du vendeur la livraison de marchandises de remplacement que si le défaut de conformité constitue une contravention essentielle au contrat et si cette livraison est demandée au moment de la dénonciation du défaut de conformité faite conformément à l'article 39 ou dans un délai raisonnable à compter de cette dénonciation.

3) Si les marchandises ne sont pas conformes au contrat, l'acheteur peut exiger du vendeur qu'il répare le défaut de conformité, à moins que cela ne soit déraisonnable compte tenu de toutes les circonstances. La réparation doit être demandée au moment de la dénonciation du défaut de conformité faite conformément à l'article 39 ou dans un délai raisonnable à compte de cette dénonciation.

**Article 47 –** 1) L'acheteur peut impartir au vendeur un délai supplémentaire de durée raisonnable pour l'exécution de ses obligations.

2) À moins qu'il n'ait reçu du vendeur une notification l'informant que celui-ci n'exécuterait pas ses obligations dans le délai ainsi imparti, l'acheteur ne peut, avant l'expiration de ce délai, se prévaloir d'aucun des moyens dont il dispose en cas de contravention au contrat. Toutefois, l'acheteur ne perd pas, de ce fait, le droit de demander des dommages-intérêts pour retard dans l'exécution.

**Article 48 –** 1) Sous réserve de l'article 49, le vendeur peut, même après la date de la livraison, réparer à ses frais tout manquement à ses obligations, à condition que cela n'entraîne pas un retard déraisonnable et ne cause à l'acheteur ni inconvénients déraisonnables ni incertitude quant au remboursement par le vendeur des frais faits par l'acheteur. Toutefois, l'acheteur conserve le droit de demander des dommages-intérêts conformément à la présente Convention.

2) Si le vendeur demande à l'acheteur de lui faire savoir s'il accepte l'exécution et si l'acheteur ne lui répond pas dans un délai raisonnable, le vendeur peut exécuter ses obligations dans le délai qu'il a indiqué dans sa demande. L'acheteur ne peut, avant l'expiration de ce délai, se prévaloir d'un moyen incompatible avec l'exécution par le vendeur de ses obligations.

3) Lorsque le vendeur notifie à l'acheteur son intention d'exécuter ses obligations dans un délai déterminé, il est présumé demander à l'acheteur de lui faire connaître sa décision conformément au paragraphe précédent.

4) Une demande ou une notification faite par le vendeur en vertu des paragraphes 2 ou 3 du présent article n'a d'effet que si elle est reçue par l'acheteur.

**Article 49 –** 1) L'acheteur peut déclarer le contrat résolu :

a) si l'inexécution par le vendeur de l'une quelconque des obligations résultant pour lui du contrat ou de la présente Convention constitue une contravention essentielle au contrat; ou

b) en cas de défaut de livraison, si le vendeur ne livre pas les marchandises dans le délai supplémentaire imparti par l'acheteur conformément au paragraphe 1 de l'article 47 ou s'il déclare qu'il ne les livrera pas dans le délai ainsi imparti.

2) Cependant, lorsque le vendeur a livré les marchandises, l'acheteur est déchu du droit de déclarer le contrat résolu s'il ne l'a pas fait :

a) en cas de livraison tardive, dans un délai raisonnable à partir du moment où il a su que la livraison avait été effectuée;

b) en cas de contravention autre que la livraison tardive, dans un délai raisonnable :

i) à partir du moment où il a eu connaissance ou aurait dû avoir connaissance de cette contravention;

ii) après l'expiration de tout délai supplémentaire imparti par l'acheteur conformément au paragraphe 1 de l'article 47 ou après que le vendeur a déclaré qu'il n'exécuterait pas ses obligations dans ce délai supplémentaire; ou

iii) après l'expiration de tout délai supplémentaire indiqué par le vendeur conformément au paragraphe 2 de l'article 48 ou après que l'acheteur a déclaré qu'il n'accepterait pas l'exécution.

**Article 50 –** En cas de défaut de conformité des marchandises au contrat, que le prix ait été ou non déjà payé, l'acheteur peut réduire le prix proportionnellement à la différence entre la valeur que les marchandises effectivement livrées avaient au moment de la livraison et la valeur que des marchandises conformes auraient eue à ce moment. Cependant, si le vendeur répare tout manquement à ses obligations conformément à l'article 37 ou à l'article 48 ou si l'acheteur refuse d'accepter l'exécution par le vendeur conformément à ces articles, l'acheteur ne peut réduire le prix.

**Article 51 –** 1) Si le vendeur ne livre qu'une partie des marchandises ou si une partie seulement des marchandises livrées est conforme au contrat, les articles 46 à 50 s'appliquent en ce qui concerne la partie manquante ou non conforme.

2) L'acheteur ne peut déclarer le contrat résolu dans sa totalité que si l'inexécution partielle ou le défaut de conformité constitue une contravention essentielle au contrat.

**Article 52 –** 1) Si le vendeur livre les marchandises avant la date fixée, l'acheteur a la faculté d'en prendre livraison ou de refuser d'en prendre livraison.

2) Si le vendeur livre une quantité supérieure à celle prévue au contrat, l'acheteur peut accepter ou refuser de prendre livraison de la quantité excédentaire. Si l'acheteur accepte d'en prendre livraison en tout ou en partie, il doit la payer au tarif du contrat.

CHAPITRE III

## Obligations de l'acheteur

**Article 53 –** L'acheteur s'oblige, dans les conditions prévues au contrat et par la présente Convention, à payer le prix et à prendre livraison des marchandises.

*Section 1*

### Paiement du prix

**Article 54 –** L'obligation qu'a l'acheteur de payer le prix comprend celle de prendre les mesures et d'accomplir les formalités destinées à permettre le paiement du prix qui sont prévues par le contrat ou par les lois et les règlements.

**Article 55 –** Si la vente est valablement conclue sans que le prix des marchandises vendues ait été fixé dans le contrat expressément ou implicitement ou par une disposition permettant de le déterminer, les parties sont réputées, sauf indications contraires, s'être tacitement référées au prix habituellement pratiqué au moment de la conclusion du contrat, dans la branche commerciale considérée, pour les mêmes marchandises vendues dans des circonstances comparables.

**Article 56 –** Si le prix est fixé d'après le poids des marchandises, c'est le poids net qui, en cas de doute, détermine ce prix.

**Article 57 –** 1) Si l'acheteur n'est pas tenu de payer le prix en un autre lieu particulier, il doit payer le vendeur :

a) à l'établissement de celui-ci ; ou

b) si le paiement doit être fait contre la remise des marchandises ou des documents, au lieu de cette remise.

2) Le vendeur doit supporter toute augmentation des frais accessoires au paiement qui résultent de son changement d'établissement après la conclusion du contrat.

**Article 58 –** 1) Si l'acheteur n'est pas tenu de payer le prix à un autre moment déterminé, il doit le payer lorsque, conformément au contrat et à la présente Convention, le vendeur met à sa disposition soit les marchandises soit des documents représentatifs des marchandises. Le vendeur peut faire du paiement une condition de la remise des marchandises ou des documents.

2) Si le contrat implique un transport des marchandises, le vendeur peut en faire l'expédition sous condition que celles-ci ou les documents représentatifs ne seront remis à l'acheteur que contre paiement du prix.

3) L'acheteur n'est pas tenu de payer le prix avant d'avoir eu la possibilité d'examiner les marchandises, à moins que les modalités de livraison ou de paiement dont sont convenues les parties ne lui en laissent pas la possibilité.

**Article 59 –** L'acheteur doit payer le prix à la date fixée au contrat ou résultant du contrat et de la présente

Convention, sans qu'il soit besoin d'aucune demande ou autre formalité de la part du vendeur.

*Section 2*

### Prise de livraison

**Article 60 –** L'obligation de l'acheteur de prendre livraison consiste :

a) à accomplir tout acte qu'on peut raisonnablement attendre de lui pour permettre au vendeur d'effectuer la livraison; et

b) à retirer les marchandises.

*Section 3*

### Moyens dont dispose le vendeur en cas de contravention au contrat par l'acheteur

**Article 61 –** 1) Si l'acheteur n'a pas exécuté l'une quelconque des obligations résultant pour lui du contrat de vente ou de la présente Convention, le vendeur est fondé à :

a) exercer les droits prévus aux articles 62 à 65;

b) demander les dommages-intérêts prévus aux articles 74 à 77.

2) Le vendeur ne perd pas le droit de demander des dommages-intérêts lorsqu'il exerce son droit de recourir à un autre moyen.

3) Aucun délai de grâce ne peut être accordé à l'acheteur par un juge ou par un arbitre lorsque le vendeur se prévaut d'un des moyens dont il dispose en cas de contravention au contrat.

**Article 62 –** Le vendeur peut exiger de l'acheteur le paiement du prix, la prise de livraison des marchandises ou l'exécution des autres obligations de l'acheteur, à moins qu'il ne se soit prévalu d'un moyen incompatible avec ces exigences.

**Article 63 –** 1) Le vendeur peut impartir à l'acheteur un délai supplémentaire de durée raisonnable pour l'exécution de ses obligations.

2) À moins qu'il n'ait reçu de l'acheteur une notification l'informant que celui-ci n'exécuterait pas ses obligations dans le délai ainsi imparti, le vendeur ne peut, avant l'expiration de ce délai, se prévaloir d'aucun des moyens dont il dispose en cas de contravention au contrat. Toutefois, le vendeur ne perd pas, de ce fait, le droit de demander des dommages-intérêts pour retard dans l'exécution.

**Article 64 –** 1) Le vendeur peut déclarer le contrat résolu :

a) si l'inexécution par l'acheteur de l'une quelconque des obligations résultant pour lui du contrat ou de la présente Convention constitue une contravention essentielle au contrat; ou

b) si l'acheteur n'exécute pas son obligation de payer le prix ou ne prend pas livraison des marchandises

dans le délai supplémentaire imparti par le vendeur conformément au paragraphe 1 de l'article 63 ou s'il déclare qu'il ne le fera pas dans le délai ainsi imparti.

2) Cependant, lorsque l'acheteur a payé le prix, le vendeur est déchu du droit de déclarer le contrat résolu s'il ne l'a pas fait :

a) en cas d'exécution tardive par l'acheteur, avant d'avoir su qu'il y avait eu exécution; ou

b) en cas de contravention par l'acheteur autre que l'exécution tardive, dans un délai raisonnable :

i) à partir du moment où le vendeur a eu connaissance ou aurait dû avoir connaissance de cette contravention; ou

ii) après l'expiration de tout délai supplémentaire imparti par le vendeur conformément au paragraphe 1 de l'article 63 ou après que l'acheteur a déclaré qu'il n'exécuterait pas ses obligations dans ce délai supplémentaire.

**Article 65 –** 1) Si le contrat prévoit que l'acheteur doit spécifier la forme, la mesure ou d'autres caractéristiques des marchandises et si l'acheteur n'effectue pas cette spécification à la date convenue ou dans un délai raisonnable à compter de la réception d'une demande du vendeur, celui-ci peut, sans préjudice de tous autres droits qu'il peut avoir, effectuer lui-même cette spécification d'après les besoins de l'acheteur dont il peut avoir connaissance.

2) Si le vendeur effectue lui-même la spécification, il doit en faire connaître les modalités à l'acheteur et lui impartir un délai raisonnable pour une spécification différente. Si, après réception de la communication du vendeur, l'acheteur n'utilise pas cette possibilité dans le délai ainsi imparti, la spécification effectuée par le vendeur est définitive.

## CHAPITRE IV
## Transfert des risques

**Article 66 –** La perte ou la détérioration des marchandises survenue après le transfert des risques à l'acheteur ne libère pas celui-ci de son obligation de payer le prix, à moins que ces événements ne soient dus à un fait du vendeur.

**Article 67 –** 1) Lorsque le contrat de vente implique un transport des marchandises et que le vendeur n'est pas tenu de les remettre en un lieu déterminé, les risques sont transférés à l'acheteur à partir de la remise des marchandises au premier transporteur pour transmission à l'acheteur conformément au contrat de vente.

Lorsque le vendeur est tenu de remettre les marchandises à un transporteur en un lieu déterminé, les risques ne sont pas transférés à l'acheteur tant que les marchandises n'ont pas été remises au transporteur en ce lieu. Le fait que le vendeur soit autorisé à conserver les documents représentatifs des marchandises n'affecte pas le transfert des risques.

2) Cependant, les risques ne sont pas transférés à l'acheteur tant que les marchandises n'ont pas été clairement identifiées aux fins du contrat, que ce soit par l'apposition d'un signe distinctif sur les marchandises, par des documents de transport, par un avis donné à l'acheteur ou par tout autre moyen.

**Article 68 –** En ce qui concerne les marchandises vendues en cours de transport, les risques sont transférés à l'acheteur à partir du moment où le contrat est conclu. Toutefois, si les circonstances l'impliquent, les risques sont à la charge de l'acheteur à compter du moment où les marchandises ont été remises au transporteur qui a émis les documents constatant le contrat de transport. Néanmoins, si, au moment de la conclusion du contrat de vente, le vendeur avait connaissance ou aurait dû avoir connaissance du fait que les marchandises avaient péri ou avaient été détériorées et qu'il n'en a pas informé l'acheteur, la perte ou la détérioration est à la charge du vendeur.

**Article 69 –** 1) Dans les cas non visés par les articles 67 et 68, les risques sont transférés à l'acheteur lorsqu'il retire les marchandises ou, s'il ne le fait pas en temps voulu, à partir du moment où les marchandises sont mises à sa disposition et où il commet une contravention au contrat en n'en prenant pas livraison.

2) Cependant, si l'acheteur est tenu de retirer les marchandises en un lieu autre qu'un établissement du vendeur, les risques sont transférés lorsque la livraison est due et que l'acheteur sait que les marchandises sont mises à sa disposition en ce lieu.

3) Si la vente porte sur des marchandises non encore individualisées, les marchandises ne sont réputées avoir été mises à la disposition de l'acheteur que lorsqu'elles ont été clairement identifiées aux fins du contrat.

**Article 70 –** Si le vendeur a commis une contravention essentielle au contrat, les dispositions des articles 67, 68 et 69 ne portent pas atteinte aux moyens dont l'acheteur dispose en raison de cette contravention.

## CHAPITRE V

## Dispositions communes aux obligations du vendeur et de l'acheteur

### *Section 1*

### Contravention anticipée et contrats à livraisons successives

**Article 71 –** 1) Une partie peut différer l'exécution de ses obligations lorsqu'il apparaît, après la conclusion du contrat, que l'autre partie n'exécutera pas une partie essentielle de ses obligations du fait :

a) d'une grave insuffisance dans la capacité d'exécution de cette partie ou sa solvabilité ; ou

b) de la manière dont elle s'apprête à exécuter ou exécute le contrat.

2) Si le vendeur a déjà expédié les marchandises lorsque se révèlent les raisons prévues au paragraphe précédent, il peut s'opposer à ce que les marchandises soient remises à l'acheteur, même si celui-ci détient un document lui permettant de les obtenir. Le présent paragraphe ne concerne que les droits respectifs du vendeur et de l'acheteur sur les marchandises.

3) La partie qui diffère l'exécution, avant ou après l'expédition des marchandises, doit adresser immédiatement une notification à cet effet à l'autre partie, et elle doit procéder à l'exécution si l'autre partie donne des assurances suffisantes de la bonne exécution de ses obligations.

**Article 72 –** 1) Si, avant la date de l'exécution du contrat, il est manifeste qu'une partie commettra une contravention essentielle au contrat, l'autre partie peut déclarer celui-ci résolu.

2) Si elle dispose du temps nécessaire, la partie qui a l'intention de déclarer le contrat résolu doit le notifier à l'autre partie dans des conditions raisonnables pour lui permettre de donner des assurances suffisantes de la bonne exécution de ses obligations.

3) Les dispositions du paragraphe précédent ne s'appliquent pas si l'autre partie a déclaré qu'elle n'exécuterait pas ses obligations.

**Article 73 –** 1) Dans les contrats à livraisons successives, si l'inexécution par l'une des parties d'une obligation relative à une livraison constitue une contravention essentielle au contrat en ce qui concerne cette livraison, l'autre partie peut déclarer le contrat résolu pour ladite livraison.

2) Si l'inexécution par l'une des parties d'une obligation relative à une livraison donne à l'autre partie de sérieuses raisons de penser qu'il y aura contravention essentielle au contrat en ce qui concerne des obligations futures, elle peut déclarer le contrat résolu pour l'avenir, à condition de le faire dans un délai raisonnable.

3) L'acheteur qui déclare le contrat résolu pour une livraison peut, en même temps, le déclarer résolu pour les livraisons déjà reçues ou pour les livraisons futures si, en raison de leur connexité, ces livraisons ne peuvent être utilisées aux fins envisagées par les parties au moment de la conclusion du contrat.

## *Section 2*
## Dommages-intérêts

**Article 74 –** Les dommages-intérêts pour une contravention au contrat commise par une partie sont égaux à la perte subie et au gain manqué par l'autre partie par suite de la contravention. Ces dommages-intérêts ne peuvent être supérieurs à la perte subie et au gain manqué que la partie en défaut avait prévus ou aurait dû prévoir au moment de la conclusion du contrat, en considérant les faits dont elle avait connaissance ou aurait dû avoir connaissance, comme étant des conséquences possibles de la contravention au contrat.

**Article 75 –** Lorsque le contrat est résolu et que, d'une manière raisonnable et dans un délai raisonnable après la résolution, l'acheteur a procédé à un achat de remplacement ou le vendeur à une vente compensatoire, la partie qui demande des dommages-intérêts peut obtenir la différence entre le prix du contrat et le prix de l'achat de remplacement ou de la vente compensatoire ainsi que tous autres dommages-intérêts qui peuvent être dus en vertu de l'article 74.

**Article 76 –** 1) Lorsque le contrat est résolu et que les marchandises ont un prix courant, la partie qui demande des dommages-intérêts peut, si elle n'a pas procédé à un achat de remplacement ou à une vente compensatoire au titre de l'article 75, obtenir la différence entre le prix fixé dans le contrat et le prix courant au moment de la résolution ainsi que tous autres dommages-intérêts qui peuvent être dus au titre de l'article 74. Néanmoins, si la partie qui demande des dommages-intérêts a déclaré le contrat résolu après avoir pris possession des marchandises, c'est le prix courant au moment de la prise de possession qui est applicable et non pas le prix courant au moment de la résolution.

2) Aux fins du paragraphe précédent, le prix courant est celui du lieu où la livraison des marchandises aurait dû être effectuée ou, à défaut de prix courant en ce lieu, le prix courant pratiqué en un autre lieu qu'il apparaît raisonnable de prendre comme lieu de référence, en tenant compte des différences dans les frais de transport des marchandises.

**Article 77 –** La partie qui invoque la contravention au contrat doit prendre les mesures raisonnables, eu égard aux circonstances, pour limiter la perte, y compris le gain manqué, résultant de la contravention. Si elle néglige de le faire, la partie en défaut peut demander une réduction des dommages-intérêts égale au montant de la perte qui aurait dû être évitée.

### *Section 3*
### Intérêts

**Article 78 –** Si une partie ne paie pas le prix ou toute autre somme due, l'autre partie a droit à des intérêts sur cette somme, sans préjudice des dommages-intérêts qu'elle serait fondée à demander en vertu de l'article 74.

### *Section 4*
### Exonération

**Article 79 –** 1) Une partie n'est pas responsable de l'inexécution de l'une quelconque de ses obligations si elle prouve que cette inexécution est due à un empêchement indépendant de sa volonté et que l'on ne pouvait raisonnablement attendre d'elle qu'elle le prenne en considération au moment de la conclusion du contrat, qu'elle le prévienne ou le surmonte ou qu'elle en prévienne ou surmonte les conséquences.

2) Si l'inexécution par une partie est due à l'inexécution par un tiers qu'elle a chargé d'exécuter tout ou partie du contrat, cette partie n'est exonérée de sa responsabilité que dans le cas :

a) où elle l'est en vertu des dispositions du paragraphe précédent ; et

b) où le tiers serait lui aussi exonéré si les dispositions de ce paragraphe lui étaient appliquées.

3) L'exonération prévue par le présent article produit effet pendant la durée de l'empêchement.

4) La partie qui n'a pas exécuté doit avertir l'autre partie de l'empêchement et de ses effets sur sa capacité d'exécuter. Si l'avertissement n'arrive pas à destination dans un délai raisonnable à partir du moment où la partie qui n'a pas exécuté a connu ou aurait dû connaître l'empêchement, celle-ci est tenue à des dommages-intérêts du fait de ce défaut de réception.

5) Les dispositions du présent article n'interdisent pas à une partie d'exercer tous ses droits autres que celui d'obtenir des dommages-intérêts en vertu de la présente Convention.

**Article 80 –** Une partie ne peut pas se prévaloir d'une inexécution par l'autre partie dans la mesure où cette inexécution est due à un acte ou à une omission de sa part.

### *Section 5*
### Effets de la résolution

**Article 81 –** 1) La résolution du contrat libère les deux parties de leurs obligations, sous réserve des dommages-intérêts qui peuvent être dus. Elle n'a pas d'effet sur les stipulations du contrat relatives au règlement des différends ou aux droits et obligations des parties en cas de résolution.

2) La partie qui a exécuté le contrat totalement ou partiellement peut réclamer restitution à l'autre partie de ce qu'elle a fourni ou payé en exécution du contrat. Si les deux parties sont tenues d'effectuer des restitutions, elles doivent y procéder simultanément.

**Article 82 –** 1) L'acheteur perd le droit de déclarer le contrat résolu ou d'exiger du vendeur la livraison de marchandises de remplacement s'il lui est impossible de restituer les marchandises dans un état sensiblement identique à celui dans lequel il les a reçues.

2) Le paragraphe précédent ne s'applique pas :

a) si l'impossibilité de restituer les marchandises ou de les restituer dans un état sensiblement identique à celui dans lequel l'acheteur les a reçues n'est pas due à un acte ou à une omission de sa part;

b) si les marchandises ont péri ou sont détériorées, en totalité ou en partie, en conséquence de l'examen prescrit à l'article 36; ou

c) si l'acheteur, avant le moment où il a constaté ou aurait dû constater le défaut de conformité, a vendu tout ou partie des marchandises dans le cadre d'une opération commerciale normale ou a consommé ou transformé tout ou partie des marchandises conformément à l'usage normal.

**Article 83 –** L'acheteur qui a perdu le droit de déclarer le contrat résolu ou d'exiger du vendeur la livraison de marchandises de remplacement en vertu de l'article 82 conserve le droit de se prévaloir de tous les autres moyens qu'il tient du contrat et de la présente Convention.

**Article 84 –** 1) Si le vendeur est tenu de restituer le prix, il doit aussi payer des intérêts sur le montant de ce prix à compter du jour du paiement.

2) L'acheteur doit au vendeur l'équivalent de tout profit qu'il a retiré des marchandises ou d'une partie de celles-ci :

a) lorsqu'il doit les restituer en tout ou en partie; ou

b) lorsqu'il est dans l'impossibilité de restituer tout ou partie des marchandises ou de les restituer en tout ou en partie dans un état sensiblement identique à celui dans lequel il les a reçues et que néanmoins il a déclaré le contrat résolu ou a exigé du vendeur la livraison de marchandises de remplacement.

## *Section 6*
## Conservation des marchandises

**Article 85 –** Lorsque l'acheteur tarde à prendre livraison des marchandises ou qu'il n'en paie pas le prix, alors que le paiement du prix et la livraison doivent se faire simultanément, le vendeur, s'il a les marchandises en sa possession ou sous son contrôle, doit prendre les mesures raisonnables, eu égard aux circonstances, pour en assurer la conservation. Il est fondé à les retenir jusqu'à ce qu'il ait obtenu de l'acheteur le remboursement de ses dépenses raisonnables.

**Article 86 –** 1) Si l'acheteur a reçu les marchandises et entend exercer tout droit de les refuser en vertu du contrat ou de la présente Convention, il doit prendre les mesures raisonnables, eu égard aux circonstances, pour en assurer la conservation. Il est fondé à les retenir jusqu'à ce qu'il ait obtenu du vendeur le remboursement de ses dépenses raisonnables.

2) Si les marchandises expédiées à l'acheteur ont été mises à sa disposition à leur lieu de destination et si l'acheteur exerce le droit de les refuser, il doit en prendre possession pour le compte du vendeur à condition de pouvoir le faire sans paiement du prix et sans inconvénients ou frais déraisonnables. Cette disposition ne s'applique pas si le vendeur est présent au lieu de destination ou s'il y a en ce lieu une personne ayant qualité pour prendre les marchandises en charge pour son compte. Les droits et obligations de l'acheteur qui prend possession des marchandises en vertu du présent paragraphe sont régis par le paragraphe précédent.

**Article 87 –** La partie qui est tenue de prendre des mesures pour assurer la conservation des marchandises peut les déposer dans les magasins d'un tiers aux frais de l'autre partie, à condition que les frais qui en résultent ne soient pas déraisonnables.

**Article 88 –** 1) La partie qui doit assurer la conservation des marchandises conformément aux articles 85 ou 86 peut les vendre par tous moyens appropriés si l'autre partie a apporté un retard déraisonnable à prendre possession des marchandises ou à les reprendre ou à payer le prix ou les frais de leur conservation, sous réserve de notifier à cette autre partie, dans des conditions raisonnables, son intention de vendre.

2) Lorsque les marchandises sont sujettes à une détérioration rapide ou lorsque leur conservation entraînerait des frais déraisonnables, la partie qui est tenue d'assurer la conservation des marchandises conformément aux articles 85 ou 86 doit raisonnablement s'employer à les vendre. Dans la mesure du possible, elle doit notifier à l'autre partie son intention de vendre.

3) La partie qui vend les marchandises a le droit de retenir sur le produit de la vente un montant égal aux frais raisonnables de conservation et de vente des marchandises. Elle doit le surplus à l'autre partie.

QUATRIÈME PARTIE

# DISPOSITIONS FINALES

**Article 89 –** Le Secrétaire général de l'Organisation des Nations unies est désigné comme dépositaire de la présente Convention.

**Article 90 –** La présente Convention ne prévaut pas sur un accord international déjà conclu ou à conclure qui contient des dispositions concernant les matières régies par la présente Convention, à condition que les parties au contrat aient leur établissement dans des États parties à cet accord.

**Article 91 –** 1) La présente Convention sera ouverte à la signature à la séance de clôture de la Conférence des Nations unies sur les contrats de vente internationale de marchandises et restera ouverte à la signature de tous les États au Siège de l'Organisation des Nations unies, à New York, jusqu'au 30 septembre 1981.

2) La présente Convention est sujette à ratification, acceptation ou approbation par les États signataires.

3) La présente Convention sera ouverte l'adhésion de tous les États qui ne sont pas signataires, à partir de la date à laquelle elle sera ouverte à la signature.

4) Les instruments de ratification, d'acceptation, d'approbation ou d'adhésion seront déposés auprès du Secrétaire général de l'Organisation des Nations unies.

**Article 92 –** 1) Tout État contractant pourra, au moment de la signature, de la ratification, de l'acceptation, de l'approbation ou de l'adhésion, déclarer qu'il ne sera pas lié par la deuxième partie de la présente Convention ou qu'il ne sera pas lié par la troisième partie de la présente Convention.

2) Un État contractant qui fait, en vertu du paragraphe précédent, une déclaration à l'égard de la deuxième partie ou de la troisième partie de la présente Convention ne sera pas considéré comme étant un État contractant, au sens du paragraphe 1 de l'article premier de la Convention, pour les matières régies par la partie de la Convention à laquelle cette déclaration s'applique.

**Article 93 –** 1) Tout État contractant qui comprend deux ou plusieurs unités territoriales dans lesquelles, selon sa constitution, des systèmes de droit différents s'appliquent dans les matières régies par la présente Convention pourra, au moment de la signature, de la ratification, de l'acceptation, de l'approbation ou de l'adhésion, déclarer que la présente Convention s'appliquera à toutes ses unités territoriales ou seulement à l'une ou plusieurs d'entre elles et pourra à tout moment modifier cette déclaration en faisant une nouvelle déclaration.

2) Ces déclarations seront notifiées au dépositaire et désigneront expressément les unités territoriales auxquelles la Convention s'applique.

3) Si, en vertu d'une déclaration faite conformément au présent article, la présente Convention s'applique à l'une ou plusieurs des unités territoriales d'un État contractant, mais non pas à toutes, et si l'établissement d'une partie au contrat est situé dans cet État, cet établissement sera considéré, aux fins de la présente Convention, comme n'étant pas situé dans un État contractant, à moins qu'il ne soit situé dans une unité territoriale à laquelle la Convention s'applique.

4) Si un État contractant ne fait pas de déclaration en vertu du paragraphe 1 du présent article, la Convention s'appliquera à l'ensemble du territoire de cet État.

**Article 94 –** 1) Deux ou plusieurs États contractants qui, dans des matières régies par la présente Convention, appliquent des règles juridiques identiques ou voisines peuvent, à tout moment, déclarer que la Convention ne s'appliquera pas aux contrats de vente ou à leur formation lorsque les parties ont leur établissement dans ces États. De telles déclarations peuvent être faites conjointement ou être unilatérales et réciproques.

2) Un État contractant qui, dans des matières régies par la présente Convention, applique des règles juridiques identiques ou voisines de celles d'un ou de plusieurs États non contractants peut, à tout moment, déclarer que la Convention ne s'appliquera pas aux contrats de vente ou à leur formation lorsque les parties ont leur établissement dans ces États.

3) Lorsqu'un État à l'égard duquel une déclaration a été faite en vertu du paragraphe précédent devient par la suite un État contractant, la déclaration mentionnée aura, à partir de la date à laquelle la présente Convention entrera en vigueur à l'égard de ce nouvel État contractant, les effets d'une déclaration faite en vertu du paragraphe 1, à condition que le nouvel État contractant s'y associe ou fasse une déclaration unilatérale à titre réciproque.

**Article 95 –** Tout État peut déclarer, au moment du dépôt de son instrument de ratification, d'acceptation, d'approbation ou d'adhésion, qu'il ne sera pas lié par l'alinéa b) du paragraphe 1 de l'article premier de la présente Convention.

**Article 96 –** Tout État contractant dont la législation exige que les contrats de vente soient conclus ou constatés par écrit peut à tout moment déclarer, conformément à l'article 12, que toute disposition de l'article 11, de l'article 29 ou de la deuxième partie de la présente Convention autorisant une forme autre que la forme écrite pour la conclusion, la modification ou la résiliation amiable d'un contrat de vente, ou pour toute offre, acceptation ou autre manifestation d'intention, ne s'applique pas dès lors que l'une des parties a son établissement dans cet État.

**Article 97 –** 1) Les déclarations faites en vertu de la présente Convention lors de la signature sont sujettes à confirmation lors de la ratification, de l'acceptation ou de l'approbation.

2) Les déclarations, et la confirmation des déclarations, seront faites par écrit et formellement notifiées au dépositaire.

3) Les déclarations prendront effet à la date de l'entrée en vigueur de la présente Convention à l'égard de l'État déclarant. Cependant, les déclarations dont le dépositaire aura reçu notification formelle après cette date prendront effet le premier jour du mois suivant l'expiration d'un délai de six mois à compter de la date de leur réception par le dépositaire. Les déclarations unilatérales et réciproques faites en vertu de l'article 94 prendront effet le premier jour du mois suivant l'expiration d'une période de six mois après la date de la réception de la dernière déclaration par le dépositaire.

4) Tout État qui fait une déclaration en vertu de la présente Convention peut à tout moment la retirer par une notification formelle adressée par écrit au dépositaire. Ce retrait prendra effet le premier jour du mois suivant l'expiration d'une période de six mois après la date de réception de la notification par le dépositaire.

5) Le retrait d'une déclaration faite en vertu de l'article 94 rendra caduque, à partir de la date de sa prise d'effet, toute déclaration réciproque faite par un autre État en vertu de ce même article.

**Article 98 –** Aucune réserve n'est autorisée autre que celles qui sont expressément autorisées par la présente Convention.

**Article 99 –** 1) La présente Convention entrera en vigueur, sous réserve des dispositions du paragraphe 6 du présent article, le premier jour du mois suivant l'expiration d'une période de 12 mois après la date du dépôt du dixième instrument de ratification, d'acceptation, d'approbation ou d'adhésion, y compris tout instrument contenant une déclaration faite en vertu de l'article 92.

2) Lorsqu'un État ratifiera, acceptera ou approuvera la présente Convention ou y adhérera après le dépôt du dixième instrument de ratification, d'acceptation, d'approbation ou d'adhésion, la Convention, à l'exception de la partie exclue, entrera en vigueur à l'égard de cet État, sous réserve des dispositions du paragraphe 6 du présent article, le premier jour du mois suivant l'expiration d'une période de 12 mois après la date du dépôt de l'instrument de ratification, d'acceptation, d'approbation ou d'adhésion.

3) Tout État qui ratifiera, acceptera ou approuvera la présente Convention ou y adhérera et qui est partie à la Convention portant loi uniforme sur la formation des contrats de vente internationale des objets mobiliers corporels faite à La Haye le 1er juillet 1964 (Convention de La Haye de 1964 sur la formation) ou à la Convention portant loi uniforme sur la vente internationale des objets mobiliers corporels faite à La Haye le 1er juillet 1964 (Convention de La Haye de 1964 sur la vente), ou à ces deux conventions, dénoncera en même temps, selon le cas, la Convention de La Haye de 1964 sur la vente ou la Convention de La Haye sur la formation, ou ces deux conventions, en adressant une notification à cet effet au Gouvernement néerlandais.

4) Tout État partie à la Convention de La Haye de 1964 sur la vente qui ratifiera, acceptera ou approuvera la présente Convention ou y adhérera et qui déclarera ou aura déclaré en vertu de l'article 92 qu'il n'est pas lié par la deuxième partie de la Convention, dénoncera, au moment de la ratification, de l'acceptation, de l'approbation ou de l'adhésion, la Convention de La Haye de 1964 sur la vente en adressant une notification à cet effet au Gouvernement néerlandais.

5) Tout État partie à la Convention de La Haye de 1964 sur la vente qui ratifiera, acceptera ou approuvera la présente Convention ou y adhérera et qui déclarera ou aura déclaré en vertu de l'article 92 qu'il n'est pas lié par la troisième partie de la Convention, dénoncera, au moment de la ratification, de l'acceptation, de l'approbation ou de l'adhésion, la Convention de La Haye de 1964 sur la formation en adressant une notification à cet effet au Gouvernement néerlandais.

6) Aux fins du présent article, les ratifications, acceptations, approbations et adhésions effectuées à l'égard de la présente Convention par des États parties à la Convention de La Haye de 1964 sur la formation ou à la Convention de La Haye de 1964 sur la vente ne prendront effet qu'à la date à laquelle les dénonciations éventuellement requises de la part desdits États à l'égard de ces deux conventions auront elles-mêmes pris effet. Le dépositaire de la présente Convention s'entendra avec le Gouvernement néerlandais, dépositaire des conventions de 1964, pour assurer la coordination nécessaire à cet égard.

**Article 100 –** 1) La présente Convention s'applique à la formation des contrats conclus à la suite d'une proposition intervenue après l'entrée en vigueur de la Convention à l'égard des États contractants visés à l'alinéa a) du paragraphe 1 de l'article premier ou de l'État contractant visé à l'alinéa b) du paragraphe 1 de l'article premier.

2) La présente Convention s'applique uniquement aux contrats conclus après son entrée en vigueur à l'égard des États contractants visés à l'alinéa a) du paragraphe 1 de l'article premier ou de l'État contractant visé à l'alinéa b) du paragraphe 1 de l'article premier.

**Article 101 –** 1) Tout État contractant pourra dénoncer la présente Convention, ou la deuxième ou la troisième partie de la Convention, par une notification formelle adressée par écrit au dépositaire.

2) La dénonciation prendra effet le premier jour du mois suivant l'expiration d'une période de 12 mois après la date de réception de la notification par le dépositaire. Lorsqu'une période plus longue pour la prise d'effet de la dénonciation est spécifiée dans la notification, la dénonciation prendra effet à l'expiration de la période en question après la date de réception de la notification.

FAIT à Vienne, le onze avril mil neuf cent quatre-vingt, en un seul original, dont les textes anglais, arabe, chinois, espagnol, français et russe sont également authentiques.

# 68 Convention de Berne du 9 mai 1980 relative aux transports internationaux ferroviaires (COTIF)

En vigueur depuis le 1er janvier 1991

## TITRE PREMIER
## GÉNÉRALITÉS

### Article premier – Organisation intergouvernementale

§ 1 Les Parties à la présente Convention constituent, en tant qu'États membres, l'Organisation intergouvernementale pour les transports internationaux ferroviaires (OTIF), ci-après appelée « l'Organisation ».

§ 2 Le siège de l'Organisation est à Berne. L'Assemblée générale peut décider de le fixer à un autre endroit situé dans l'un des États membres.

§ 3 L'Organisation a la personnalité juridique. Elle a notamment la capacité de contracter, d'acquérir et d'aliéner des biens immobiliers et mobiliers ainsi que d'ester en justice.

§ 4 L'Organisation, les membres de son personnel, les experts auxquels elle fait appel et les représentants des États membres jouissent des privilèges et immunités nécessaires pour remplir leur mission, dans les conditions définies au Protocole sur les privilèges et immunités de l'Organisation, annexé à la Convention.

§ 5 Les relations entre l'Organisation et l'État du siège sont réglées dans un accord de siège.

§ 6 Les langues de travail de l'Organisation sont le français, l'allemand et l'anglais. L'Assemblée générale peut introduire d'autres langues de travail.

### Article 2 – But de l'Organisation

§ 1 L'Organisation a pour but de favoriser, d'améliorer et de faciliter, à tout point de vue, le trafic international ferroviaire, notamment

a) en établissant des régimes de droit uniforme dans les domaines juridiques suivants :

1. contrat concernant le transport de voyageurs et de marchandises en trafic international ferroviaire direct, y compris des transports complémentaires utilisant d'autres moyens de transport et faisant l'objet d'un seul contrat ;

2. contrat concernant l'utilisation de véhicules en tant que moyen de transport en trafic international ferroviaire ;

3. contrat concernant l'utilisation de l'infrastructure en trafic international ferroviaire ;

4. transport de marchandises dangereuses en trafic international ferroviaire ;

b) en contribuant, en tenant compte des intérêts publics particuliers, à la suppression, dans les meilleurs délais, des entraves au franchissement des frontières en trafic international ferroviaire, pour autant que les causes de ces entraves relèvent de la compétence des États ;

c) en contribuant à l'interopérabilité et à l'harmonisation technique dans le secteur ferroviaire par la validation de normes techniques et l'adoption de prescriptions techniques uniformes ;

d) en établissant une procédure uniforme pour l'admission technique de matériel ferroviaire destiné à être utilisé en trafic international ;

e) en veillant à l'application de toutes les règles et recommandations arrêtées au sein de l'Organisation ;

f) en développant les régimes de droit uniforme, règles et procédures visés aux lettres a) à e) compte tenu des évolutions juridique, économique et technique.

§ 2 L'Organisation peut

a) dans le cadre des buts visés au § 1 élaborer d'autres régimes de droit uniforme ;

b) constituer un cadre dans lequel les États membres peuvent élaborer d'autres conventions internationales ayant pour but de favoriser, d'améliorer et de faciliter le trafic international ferroviaire.

## Article 3 – Coopération internationale

§ 1 Les États membres s'engagent à concentrer, en principe, leur coopération internationale dans le domaine ferroviaire au sein de l'Organisation pour autant qu'il existe une cohérence avec les tâches qui lui sont attribuées conformément aux articles 2 et 4. Pour atteindre cet objectif les États membres prendront toutes les mesures nécessaires et utiles pour que soient adaptés les conventions et les accords internationaux multilatéraux dont ils sont parties contractantes, pour autant que ces conventions et accords concernent la coopération internationale dans le domaine ferroviaire et transfèrent, à d'autres organisations intergouvernementales ou non-gouvernementales, des compétences qui se recoupent avec les tâches attribuées à l'Organisation.

§ 2 Les obligations résultant du § 1 pour les États membres, qui sont également Membres des Communautés européennes ou États parties à l'Accord sur l'Espace économique européen, ne prévalent pas sur leurs obligations en tant que Membres des Communautés européennes ou États parties à l'Accord sur l'Espace économique européen.

## Article 4 – Reprise et transfert d'attributions

§ 1 Sur décision de l'Assemblée générale, l'Organisation est autorisée à reprendre, en conformité avec les buts définis à l'article 2, les attributions, ressources et obligations qui lui seraient transférées par d'autres organisations intergouvernementales en vertu d'accords conclus avec ces organisations.

§ 2 L'Organisation peut, sur décision de l'Assemblée générale, transférer à d'autres organisations intergouvernementales des attributions, ressources et obligations en vertu d'accords conclus avec ces organisations.

§ 3 L'Organisation peut, avec l'approbation du Comité administratif, prendre en charge des fonctions administratives ayant un lien avec ses buts et qui lui sont confiées par un État membre. Les dépenses de l'Organisation affectées à ces fonctions sont à la charge de l'État membre concerné.

### Article 5 – Obligations particulières des États membres

§ 1 Les États membres conviennent d'adopter toutes mesures appropriées afin de faciliter et d'accélérer le trafic international ferroviaire. À cet effet, chaque État membre s'engage, dans la mesure du possible, à :

a) éliminer toute procédure inutile,

b) simplifier et normaliser les formalités encore exigées,

c) simplifier les contrôles frontaliers.

§ 2 Afin de faciliter et d'améliorer le trafic international ferroviaire, les États membres conviennent de prêter leur concours pour rechercher la plus grande uniformité possible dans les règlements, standards, procédures et méthodes d'organisation relatifs aux véhicules ferroviaires, au personnel ferroviaire, à l'infrastructure ferroviaire et aux services auxiliaires.

§ 3 Les États membres conviennent de faciliter la conclusion d'accords entre gestionnaires d'infrastructure visant à optimiser le trafic international ferroviaire.

### Article 6 – Règles uniformes

§ 1 Le trafic international ferroviaire et l'admission de matériel ferroviaire à l'utilisation en trafic international sont régis, pour autant que des déclarations ou réserves n'aient pas été faites ou émises conformément à l'article 42, § 1, première phrase, par :

a) les « Règles uniformes concernant le contrat de transport international ferroviaire des voyageurs (CIV) », formant l'Appendice A à la Convention,

b) les « Règles uniformes concernant le contrat de transport international ferroviaire des marchandises (CIM) », formant l'Appendice B à la Convention,

c) le « Règlement concernant le transport international ferroviaire des marchandises dangereuses (RID) », formant l'Appendice C à la Convention,

d) les « Règles uniformes concernant les contrats d'utilisation de véhicules en trafic international ferroviaire (CUV) », formant l'Appendice D à la Convention,

e) les « Règles uniformes concernant le contrat d'utilisation de l'infrastructure en trafic international ferroviaire (CUI) », formant l'Appendice E à la Convention,

f) les « Règles uniformes concernant la validation de normes techniques et l'adoption de prescriptions techniques uniformes applicables au matériel ferroviaire destiné à être utilisé en trafic international (APTU) », formant l'Appendice F à la Convention,

g) les « Règles uniformes concernant l'admission technique de matériel ferroviaire utilisé en trafic international (ATMF) », formant l'Appendice G à la Convention,

h) d'autres régimes de droit uniforme élaborés par l'Organisation en vertu de l'article 2, § 2, lettre a) formant également des Appendices à la Convention.

§ 2 Les Règles uniformes, le Règlement et les régimes énumérés au § 1 y compris leurs Annexes, font partie intégrante de la Convention.

### Article 7 – Définition de la notion « Convention »

Dans les dispositions qui suivent, l'expression « Convention » couvre la Convention proprement dite, le Protocole visé à l'article premier, § 4, et les Appendices visés à l'article 6, y compris leurs Annexes.

## TITRE II
## DISPOSITIONS COMMUNES

### Article 8 – Droit national

§ 1 Dans l'interprétation et l'application de la Convention, il sera tenu compte de son caractère de droit international et de la nécessité de promouvoir l'uniformité.

§ 2 À défaut de stipulations dans la Convention, le droit national est applicable.

§ 3 On entend par droit national le droit de l'État où l'ayant droit fait valoir ses droits, y compris les règles relatives aux conflits de lois.

### Article 9 – Unité de compte

§ 1 L'unité de compte prévue par les Appendices est le Droit de tirage spécial tel que défini par le Fonds Monétaire International.

§ 2 La valeur, en Droit de tirage spécial, de la monnaie nationale d'un État membre qui est aussi Membre du Fonds Monétaire International est calculée selon la méthode appliquée par le Fonds Monétaire International pour ses propres opérations et transactions.

§ 3 La valeur, en Droit de tirage spécial, de la monnaie nationale d'un État membre qui n'est pas Membre du Fonds Monétaire International est calculée de la façon déterminée par cet État. Ce calcul doit exprimer en monnaie nationale une valeur réelle aussi proche que possible de celle qui résulterait de l'application du § 2.

§ 4 Pour un État Membre qui n'est pas Membre du Fonds Monétaire International, dont la législation ne permet pas d'appliquer le § 2 ou le § 3, l'unité de compte prévue par les Appendices est considérée comme étant égale à trois francs or. Le franc or est défini par 10/31 de gramme d'or au titre de 0,900. La conversion du franc or doit exprimer en monnaie nationale une valeur réelle aussi proche que possible de celle qui résulterait de l'application du § 2.

§ 5 Les États, dans les trois mois qui suivent la mise en vigueur de la Convention et chaque fois qu'un changement se produit dans leur méthode de calcul ou dans la valeur de leur monnaie nationale par rapport à l'unité de compte, communiquent au Secrétaire général leur méthode de calcul conformément au § 3 ou les résultats de la conversion conformément au § 4. Ce dernier notifie ces informations aux autres États membres.

§ 6 Un montant exprimé en unités de compte est converti dans la monnaie nationale de l'État du tribunal saisi. La conversion est effectuée conformément à la valeur de la monnaie correspondante le jour de la décision judiciaire ou le jour convenu par les parties.

### Article 10 – Dispositions complémentaires

§ 1 Deux ou plusieurs États membres ou deux ou plusieurs transporteurs peuvent convenir de dispositions complémentaires pour l'exécution des Règles uniformes CIV et des Règles uniformes CIM sans toutefois pouvoir déroger à ces Règles uniformes.

§ 2 Les dispositions complémentaires visées au § 1 sont mises en vigueur et publiées dans les formes prévues par les lois et prescriptions de chaque État. Les dispositions complémentaires des États et leur mise en vigueur sont communiquées au Secrétaire général de l'Organisation. Il notifie ces informations aux autres États membres.

### Article 11 – Caution judiciaire

La caution à fournir pour assurer le paiement des dépens ne peut être exigée à l'occasion des actions judiciaires fondées sur les Règles uniformes CIV, les Règles uniformes CIM, les Règles uniformes CUV ou les Règles uniformes CUI.

### Article 12 – Exécution de jugements. Saisies

§ 1 Lorsque les jugements prononcés en vertu des dispositions de la Convention, contradictoirement ou par défaut, par le juge compétent, sont devenus exécutoires d'après les lois appliquées par ce juge, ils acquièrent force exécutoire dans chacun des autres États membres après l'accomplissement des formalités prescrites dans l'État où l'exécution doit avoir lieu. La révision du fond de l'affaire n'est pas admise. Ces dispositions s'appliquent également aux transactions judiciaires.

§ 2 Le § 1 ne s'applique ni aux jugements qui ne sont exécutoires que provisoirement, ni aux condamnations à des dommages-intérêts qui seraient prononcées, en sus des dépens, contre un demandeur en raison du rejet de sa demande.

§ 3 Les créances nées d'un transport soumis aux Règles uniformes CIV ou aux Règles uniformes CIM, au profit d'une entreprise de transport sur une autre entreprise de transport qui ne relève pas du même État membre, ne peuvent être saisies qu'en vertu d'un jugement rendu par l'autorité judiciaire de l'État membre dont relève l'entreprise titulaire des créances à saisir.

§ 4 Les créances nées d'un contrat soumis aux Règles uniformes CUV ou aux Règles uniformes CUI ne peuvent être saisies qu'en vertu d'un jugement rendu par l'autorité judiciaire de l'État membre dont relève l'entreprise titulaire des créances à saisir.

§ 5 Les véhicules ferroviaires ne peuvent être saisis, sur un territoire autre que celui de l'État membre dans lequel le détenteur a son siège social, qu'en vertu d'un jugement rendu par l'autorité judiciaire de cet État. Le terme « détenteur » désigne celui qui exploite économiquement, de manière durable, un véhicule ferroviaire en tant que moyen de transport, qu'il en soit propriétaire ou qu'il en ait le droit de disposition.

## TITRE III
## STRUCTURE ET FONCTIONNEMENT

### Article 13 – Organes

§ 1 Le fonctionnement de l'Organisation est assuré par les organes ci-après :

a) l'Assemblée générale,

b) le Comité administratif,
c) la Commission de révision,
d) la Commission d'experts pour le transport des marchandises dangereuses (Commission d'experts du RID),
e) la Commission de la facilitation ferroviaire,
f) la Commission d'experts techniques,
g) le Secrétaire général.

§ 2 L'Assemblée générale peut décider la création à titre temporaire d'autres commissions pour des tâches spécifiques.

§ 3 Lors de la détermination du *quorum* à l'Assemblée générale et aux Commissions visées au § 1, lettres c) à f), les États membres qui n'ont pas le droit de vote (article 14, § 5, article 26, § 7 ou article 40, § 4) ne sont pas pris en compte.

§ 4 La présidence à l'Assemblée générale, la présidence au Comité administratif ainsi que la fonction de Secrétaire général doivent, en principe, être attribuées à des ressortissants d'États membres différents.

## Article 14 – Assemblée générale

§ 1 L'Assemblée générale se compose de tous les États membres.

§ 2 L'Assemblée générale :

a) établit son règlement intérieur;

b) désigne les membres du Comité administratif ainsi qu'un membre suppléant pour chacun d'eux et élit l'État membre qui en assurera la Présidence (article 15, §§ 1 à 3);

c) élit le Secrétaire général (article 21, § 2);

d) émet des directives concernant l'activité du Comité administratif et du Secrétaire général;

e) fixe, par période de six ans, le montant maximal que peuvent atteindre les dépenses de l'Organisation durant chaque période budgétaire (article 25); à défaut, elle émet, pour une période ne pouvant excéder six ans, des directives relatives à la limitation de ces dépenses;

f) décide si le siège de l'Organisation est fixé à un autre endroit (article premier, § 2);

g) décide de l'introduction d'autres langues de travail (article premier, § 6);

h) décide de la reprise d'autres attributions par l'Organisation (article 4, § 1) ainsi que du transfert d'attributions de l'Organisation à une autre organisation intergouvernementale (article 4, § 2);

i) décide, le cas échéant, la création à titre temporaire d'autres commissions pour des tâches spécifiques (article 13, § 2);

j) examine si l'attitude d'un État doit être considérée comme une dénonciation tacite (article 26, § 7);

k) décide de confier l'exécution de la vérification des comptes à un autre État membre que l'État de siège (article 27, § 1);

l) décide des propositions tendant à modifier la Convention (article 33, §§ 2 et 3);

m) décide des demandes d'adhésion qui lui sont soumises (article 37, § 4);

n) décide des conditions d'adhésion d'une organisation régionale d'intégration économique (article 38, § 1);

o) décide des demandes d'association qui lui sont soumises (article 39, § 1);

p) décide de la dissolution de l'Organisation et du transfert éventuel de ses attributions à une autre organisation intergouvernementale (article 43);

q) décide des autres questions inscrites à l'ordre du jour.

§ 3 Le Secrétaire général convoque l'Assemblée générale une fois tous les trois ans ou à la demande soit d'un tiers des États membres soit du Comité administratif, ainsi que dans les cas visés à l'article 33, §§ 2 et 3 et à l'article 37, § 4. Il adresse aux États membres le projet de l'ordre du jour, au plus tard trois mois avant l'ouverture de la session, dans les conditions définies par le règlement intérieur visé au § 2, lettre a).

§ 4 À l'Assemblée générale, le *quorum* (article 13, § 3) est atteint lorsque la majorité des États membres y sont représentés. Un État membre peut se faire représenter par un autre État membre; toutefois, un État ne peut représenter plus d'un autre État.

§ 5 En cas de vote de l'Assemblée générale concernant des modifications des Appendices à la Convention, les États membres qui ont fait, conformément à l'article 42, § 1, première phrase, une déclaration à l'Appendice concerné n'ont pas le droit de vote.

§ 6 L'Assemblée générale prend ses décisions à la majorité des États membres représentés lors du vote sauf dans les cas du § 2, lettres e), f), g), h), l) et p) ainsi que dans le cas de l'article 34, § 6, pour lesquels la majorité des deux tiers est requise. Toutefois, dans le cas du § 2, lettre l) une majorité des deux tiers n'est requise que lorsqu'il s'agit des propositions tendant à modifier la Convention proprement dite, à l'exception des articles 9 et 27, §§ 2 à 10, ainsi que le Protocole visé à l'article premier, § 4.

§ 7 Sur invitation du Secrétaire général, lancée en accord avec la majorité des États membres,

a) des États non membres de l'Organisation,

b) des organisations et associations internationales, compétentes pour des questions concernant les activités de l'Organisation ou s'occupant de problèmes inscrits à l'ordre du jour, peuvent participer, avec voix consultative, aux sessions de l'Assemblée générale.

### Article 15 – Comité administratif

§ 1 Le Comité administratif se compose d'un tiers des États membres.

§ 2 Les membres du Comité et un membre suppléant pour chacun d'eux ainsi que l'État membre qui préside sont désignés pour trois ans. La composition du Comité est déterminée pour chaque période, en tenant compte notamment d'une équitable répartition géographique. Un membre suppléant qui est devenu membre du Comité au cours d'une période, doit être désigné comme membre du Comité pour la période qui suit.

§ 3 En cas de vacance, de suspension du droit de vote d'un membre ou en cas d'absence d'un membre lors de deux sessions consécutives du Comité, sans qu'il se fasse représenter par un autre membre conformément au § 6, le membre suppléant désigné par l'Assemblée générale exerce les fonctions de celui-ci pour le reste de la période.

§ 4 Abstraction faite du cas visé au § 3, aucun État membre ne peut faire partie du Comité pendant plus de deux périodes consécutives et entières.

§ 5 Le Comité

a) établit son règlement intérieur;

b) conclut l'accord de siège;

c) établit le statut du personnel de l'Organisation;

d) nomme, en tenant compte de la compétence des candidats et d'une équitable répartition géographique, les hauts fonctionnaires de l'Organisation;

e) établit un règlement concernant les finances et la comptabilité de l'Organisation;

f) approuve le programme de travail, le budget, le rapport de gestion et les comptes de l'Organisation;

g) fixe, sur la base des comptes approuvés, les contributions définitives dues par les États membres conformément à l'article 26 pour les deux années civiles écoulées, ainsi que le montant de l'avance de trésorerie dû par les États membres conformément à l'article 26, § 5 pour l'année en cours et pour l'année civile suivante;

h) détermine les attributions de l'Organisation qui concernent tous les États membres ou seulement quelques-uns des États membres ainsi que les dépenses à supporter, en conséquence, par ces États membres (article 26, § 4);

i) fixe le montant des rémunérations spécifiques (article 26, § 11);

j) donne des directives spéciales concernant la vérification des comptes (article 27, § 1);

k) approuve la prise en charge de fonctions administratives par l'Organisation (article 4, § 3) et fixe les contributions spécifiques dues par l'État membre concerné;

l) communique aux États membres le rapport de gestion, le relevé des comptes ainsi que ses décisions et recommandations;

m) établit et communique aux États membres, en vue de l'Assemblée générale chargée de déterminer sa composition, au plus tard deux mois avant l'ouverture de la session, un rapport sur son activité ainsi que des propositions relatives à son renouvellement (article 14, § 2, lettre b));

n) contrôle la gestion du Secrétaire général;

o) veille à la bonne application, par le Secrétaire général, de la Convention ainsi qu'à l'exécution, par le Secrétaire général, des décisions prises par les autres organes; à cet effet, le Comité peut prendre toutes les mesures propres à améliorer l'application de la Convention et des décisions précitées;

p) donne des avis motivés sur les questions qui peuvent intéresser l'activité de l'Organisation et qui lui sont soumises par un État membre ou par le Secrétaire général;

q) tranche les différends entre un État membre et le Secrétaire général au regard de sa fonction comme dépositaire (article 36, § 2);

r) décide de demandes de suspension de la qualité de membre (article 40).

§ 6 Au Comité, le *quorum* est atteint lorsque deux tiers de ses membres y sont représentés. Un membre peut se faire représenter par un autre membre; toutefois, un membre ne peut représenter plus d'un autre membre.

§ 7 Le Comité prend ses décisions à la majorité des membres représentés lors du vote.

§ 8 Sauf décision contraire, le Comité se réunit au siège de l'Organisation. Les procès-verbaux des sessions sont envoyés à tous les États membres.

§ 9 Le président du Comité :

a) convoque le Comité au moins une fois par an ainsi qu'à la demande soit de quatre de ses membres, soit du Secrétaire général;

b) adresse aux membres du Comité le projet de l'ordre du jour;

c) traite, dans les limites et conditions définies au règlement intérieur du Comité, des questions urgentes soulevées dans l'intervalle des sessions;

d) signe l'accord de siège prévu au § 5, lettre b).

§ 10 Le Comité peut, dans les limites de ses propres compétences, charger le président d'exécuter certaines tâches spécifiques.

## Article 16 – Commissions

§ 1 Les Commissions visées à l'article 13, § 1, lettres c) à f) et § 2 se composent en principe de tous les États membres. Lorsque la Commission de révision, la Commission d'experts du RID ou la Commission d'experts techniques délibèrent et décident, dans le cadre de leurs compétences, des modifications des Appendices à la Convention, les États membres qui ont fait, conformément à l'article 42, § 1, première phrase, une déclaration portant sur les Appendices concernés ne sont pas membres de la Commission y relative.

§ 2 Le Secrétaire général convoque les Commissions soit de sa propre initiative, soit à la demande de cinq États membres, soit à la demande du Comité administratif. Le Secrétaire général adresse le projet d'ordre du jour aux États membres au plus tard deux mois avant l'ouverture de la session.

§ 3 Un État membre peut se faire représenter par un autre État membre; toutefois, un État ne peut représenter plus de deux autres États.

§ 4 Chaque État membre représenté a droit à une voix. Une proposition est adoptée si le nombre de voix positives est :

a) au moins égal au tiers du nombre des États membres représentés lors du vote et

b) supérieur au nombre des voix négatives.

§ 5 Sur invitation du Secrétaire général, lancée en accord avec la majorité des États membres,

a) des États non membres de l'Organisation,

b) des États membres qui ne sont cependant pas membres des Commissions concernées,

c) des organisations et associations internationales, compétentes pour des questions concernant les activités de l'Organisation ou s'occupant de problèmes inscrits à l'ordre du jour, peuvent participer, avec voix consultative, aux sessions des Commissions.

§ 6 Les Commissions élisent pour chaque session ou pour une période déterminée un président et un ou plusieurs vice-présidents.

§ 7 Les délibérations ont lieu dans les langues de travail. Les exposés faits en séance dans l'une des langues de travail sont traduits en substance dans les autres langues de travail, les propositions et les décisions sont traduites intégralement.

§ 8 Les procès-verbaux résument les délibérations. Les propositions et les décisions sont reproduites intégralement. En ce qui concerne les décisions, seul le texte français fait foi. Les procès-verbaux sont transmis à tous les États membres.

§ 9 Les Commissions peuvent créer des groupes de travail chargés de traiter des questions déterminées.

§ 10 Les Commissions se dotent d'un règlement intérieur.

## Article 17 – Commission de révision

§ 1 La Commission de révision :

a) décide, conformément à l'article 33, § 4, des propositions tendant à modifier la Convention;

b) examine les propositions à soumettre pour décision, conformément à l'article 33, § 2, à l'Assemblée générale.

§ 2 À la Commission de révision, le *quorum* (article 13, § 3) est atteint lorsque la majorité des États membres y sont représentés.

## Article 18 – Commission d'experts du RID

§ 1 La Commission d'experts du RID décide, conformément à l'article 33, § 5, des propositions tendant à modifier la Convention.

§ 2 À la Commission d'experts du RID, le *quorum* (article 13, § 3) est atteint lorsqu'un tiers des États membres y sont représentés.

## Article 19 – Commission de la facilitation ferroviaire

§ 1 La Commission de la facilitation ferroviaire :

a) se prononce sur toutes les questions visant à faciliter le franchissement des frontières en trafic international ferroviaire ;

b) recommande des standards, des méthodes, des procédures et des pratiques relatifs à la facilitation ferroviaire.

§ 2 À la Commission de la facilitation ferroviaire, le *quorum* (article 13, § 3) est atteint lorsqu'un tiers des États membres y sont représentés.

## Article 20 – Commission d'experts techniques

§ 1 La Commission d'experts techniques

a) décide, conformément à l'article 5 des Règles uniformes APTU, de la validation d'une norme technique relative au matériel ferroviaire destiné à être utilisé en trafic international ;

b) décide, conformément à l'article 6 des Règles uniformes APTU, de l'adoption d'une prescription technique uniforme relative à la construction, à l'exploitation, à la maintenance ou à une procédure concernant le matériel ferroviaire destiné à être utilisé en trafic international ;

c) veille à l'application des normes techniques et des prescriptions techniques uniformes relatives au matériel ferroviaire destiné à être utilisé en trafic international ferroviaire et examine leur développement en vue de leur validation ou adoption conformément aux procédures prévues aux articles 5 et 6 des Règles uniformes APTU ;

d) décide, conformément à l'article 33, § 6, des propositions tendant à modifier la Convention ;

e) traite de toutes les autres affaires qui lui sont attribuées conformément aux Règles uniformes APTU et aux Règles uniformes ATMF.

§ 2 À la Commission d'experts techniques, le *quorum* (article 13, § 3) est atteint lorsque la moitié des États membres au sens de l'article 16, § 1 y sont représentés. Lors de la prise de décisions concernant des dispositions des Annexes des Règles uniformes APTU, les États membres qui ont formulé une objection, conformément à l'article 35, § 4, à l'égard des dispositions concernées ou ont fait une déclaration, conformément à l'article 9, § 1 des Règles uniformes APTU, n'ont pas le droit de vote.

§ 3 La Commission d'experts techniques peut, soit valider des normes techniques ou adopter des prescriptions techniques uniformes, soit refuser de les valider ou de les adopter; elle ne peut en aucun cas les modifier.

## Article 21 – Secrétaire général

§ 1 Le Secrétaire général assume les fonctions de secrétariat de l'Organisation.

§ 2 Le Secrétaire général est élu par l'Assemblée générale pour une période de trois ans, renouvelable au maximum deux fois.

§ 3 Le Secrétaire général doit notamment :

a) assumer les fonctions de dépositaire (article 36) ;

b) représenter l'Organisation vers l'extérieur;

c) communiquer les décisions prises par l'Assemblée générale et par les Commissions aux États membres (article 34, § 1; article 35, § 1);

d) exécuter les tâches qui lui sont confiées par les autres organes de l'Organisation;

e) instruire les propositions des États membres tendant à modifier la Convention en ayant recours, le cas échéant, à l'assistance d'experts;

f) convoquer l'Assemblée générale et les Commissions (article 14, § 3; article 16, § 2);

g) adresser, en temps opportun, aux États membres les documents nécessaires aux sessions des divers organes;

h) élaborer le programme de travail, le projet de budget et le rapport de gestion de l'Organisation et les soumettre pour approbation au Comité administratif (article 25);

i) gérer les finances de l'Organisation dans le cadre du budget approuvé;

j) essayer, à la demande de l'une des parties en cause, en prêtant ses bons offices, de régler les différends entre elles nés de l'interprétation ou de l'application de la Convention;

k) émettre, à la demande de toutes les parties en cause, un avis sur les différends nés de l'interprétation ou de l'application de la Convention;

l) assumer les fonctions qui lui sont attribuées par le Titre V;

m) recevoir les communications faites par les États membres, les organisations et associations internationales visées à l'article 16, § 5 et par les entreprises (transporteurs, gestionnaires d'infrastructure, etc.) participant au trafic international ferroviaire et les notifier, s'il y a lieu, aux autres États membres, organisations et associations internationales ainsi qu'aux entreprises;

n) exercer la direction du personnel de l'Organisation;

o) informer, en temps utile, les États membres de toute vacance relative aux postes de l'Organisation;

p) tenir à jour et publier les listes des lignes visées à l'article 24.

§ 4 Le Secrétaire général peut présenter de sa propre initiative des propositions tendant à modifier la Convention.

### Article 22 – Personnel de l'Organisation

Les droits et les obligations du personnel de l'Organisation sont fixés par le statut du personnel établi par le Comité administratif conformément à l'article 15, § 5, lettre c).

### Article 23 – Bulletin

§ 1 L'Organisation édite un bulletin qui contient les communications officielles ainsi que celles nécessaires et utiles en vue de l'application de la Convention.

§ 2 Les communications incombant au Secrétaire général en vertu de la Convention peuvent, le cas échéant, être effectuées sous forme d'une publication dans le bulletin.

### Article 24 – Listes des lignes

§ 1 Les lignes maritimes et de navigation intérieure visées aux articles premiers des Règles uniformes CIV et des Règles uniformes CIM, sur lesquelles s'effectuent des transports, faisant l'objet d'un seul contrat de transport, en sus d'un transport ferroviaire, sont inscrites sur deux listes :

a) la liste des lignes maritimes et de navigation intérieure CIV,

b) la liste des lignes maritimes et de navigation intérieure CIM.

§ 2 Les lignes ferroviaires d'un État membre ayant émis une réserve conformément à l'article premier, § 6 des Règles uniformes CIV ou conformément à l'article premier, § 6 des Règles uniformes CIM sont inscrites sur deux listes conformément à cette réserve :

a) la liste des lignes ferroviaires CIV,

b) la liste des lignes ferroviaires CIM.

§ 3 Les États membres adressent au Secrétaire général leurs communications concernant l'inscription ou la radiation de lignes visées aux §§ 1 et 2. Les lignes maritimes et de navigation intérieure visées au § 1, dans la mesure où elles relient des États membres, ne sont inscrites qu'après accord de ces États; pour la radiation d'une telle ligne, la communication d'un seul de ces États suffit.

§ 4 Le Secrétaire général notifie l'inscription ou la radiation d'une ligne à tous les États membres.

§ 5 Les transports sur les lignes maritimes et de navigation intérieure visées au § 1 et les transports sur les lignes ferroviaires visées au § 2 sont soumis aux dispositions de la Convention à l'expiration d'un mois à compter de la date de la notification de l'inscription par le Secrétaire général. Une telle ligne cesse d'être soumise aux dispositions de la Convention à l'expiration de trois mois à compter de la date de la notification de la radiation par le Secrétaire général, sauf en ce qui concerne les transports en cours, qui doivent être achevés.

## TITRE IV
## FINANCES

### Article 25 – Programme de travail. Budget. Comptes. Rapport de gestion

§ 1 Le programme de travail, le budget et les comptes de l'Organisation couvrent une période de deux années civiles.

§ 2 L'Organisation édite, au moins tous les deux ans, un rapport de gestion.

§ 3 Le montant des dépenses de l'Organisation est arrêté, pour chaque période budgétaire, par le Comité administratif, sur proposition du Secrétaire général.

### Article 26 – Financement des dépenses

§ 1 Sous réserve des §§ 2 à 4, les dépenses de l'Organisation, non couvertes par d'autres recettes, sont supportées par les États membres pour deux cinquièmes sur la base de la clef de répartition des contributions du système des Nations unies, et pour trois cinquièmes proportionnellement à la longueur totale des infrastructures ferroviaires ainsi que des lignes maritimes et de navigation intérieure inscrites conformément à l'article 24, § 1. Toutefois, les lignes maritimes et de navigation intérieure ne sont comptées que pour la moitié de leurs longueurs.

§ 2 Lorsqu'un État membre a émis une réserve conformément à l'article premier, § 6 des Règles uniformes CIV ou conformément à l'article premier, § 6 des Règles uniformes CIM, la formule de contribution visée au § 1 s'applique comme suit :

a) au lieu de la longueur totale des infrastructures ferroviaires sur le territoire de cet État membre n'est prise en compte que la longueur des lignes ferroviaires inscrites conformément à l'article 24, § 2;

b) la part de la contribution selon le système des Nations unies est calculée au prorata de la longueur des lignes inscrites conformément à l'article 24, §§ 1 et 2 par rapport à la longueur totale des infrastructures ferroviaires sur le territoire de cet État membre et celle des lignes inscrites conformément à l'article 24, § 1; elle ne peut en aucun cas être inférieure à 0,01 pour cent.

§ 3 Chaque État membre supporte au moins 0,25 pour cent et au plus 15 pour cent des contributions.

§ 4 Le Comité administratif détermine les attributions de l'Organisation qui concernent :

a) tous les États membres d'une manière égale et les dépenses qui sont supportées par tous les États membres selon la formule visée au § 1;

b) seulement quelques-uns des États membres et les dépenses qui sont supportées par ces États membres selon la même formule.

Le § 3 s'applique par analogie. Ces dispositions ne portent pas atteinte à l'article 4, § 3.

§ 5 Les contributions des États membres aux dépenses de l'Organisation sont dues, sous forme d'avance de trésorerie payable en deux acomptes au plus tard jusqu'au 31 octobre de chacune des deux années que couvre le budget. L'avance de trésorerie est fixée sur la base des contributions des deux années précédentes définitivement dues.

§ 6 Lors de l'envoi aux États membres du rapport de gestion et du relevé des comptes, le Secrétaire général communique le montant définitif de la contribution des deux années civiles écoulées ainsi que le montant pour l'avance de trésorerie pour les deux années civiles à venir.

§ 7 Après le 31 décembre de l'année de la communication du Secrétaire général conformément au § 6, les sommes dues pour les deux années civiles écoulées portent intérêt à raison de cinq pour cent l'an. Si, un an après cette date, un État membre n'a pas payé sa part contributive, son droit de vote est suspendu jusqu'à ce qu'il ait satisfait à l'obligation de paiement. À l'expiration d'un délai supplémentaire de deux ans, l'Assemblée générale examine si l'attitude de cet État doit être considérée comme une dénonciation tacite de la Convention, en fixant, le cas échéant, la date d'effet.

§ 8 Les contributions échues restent dues dans les cas de dénonciation en vertu du § 7 ou de l'article 41 ainsi que dans les cas de suspension du droit de vote visé à l'article 40, § 4, lettre b).

§ 9 Les montants non recouvrés sont couverts par des ressources de l'Organisation.

§ 10 L'État membre qui a dénoncé la Convention peut devenir à nouveau État membre par adhésion, sous réserve qu'il ait payé les sommes dont il est débiteur.

§ 11 L'Organisation perçoit une rémunération pour couvrir les frais particuliers résultant des activités prévues à l'article 21, § 3, lettres j) à l). Dans les cas prévus à l'article 21, § 3, lettres j) et k), cette rémunération est fixée par le Comité administratif, sur proposition du Secrétaire général; dans le cas prévu à l'article 21, § 3, lettre l), l'article 31, § 3 est applicable.

### Article 27 – Vérification des comptes

§ 1 Sauf décision contraire de l'Assemblée générale prise en vertu de l'article 14, § 2, lettre k), la vérification des comptes est effectuée par l'État de siège selon les règles du présent article et, sous réserve de toutes directives spéciales du Comité administratif, en conformité avec le règlement concernant les finances et la comptabilité de l'Organisation (article 15, § 5, lettre e)).

§ 2 Le Vérificateur vérifie les comptes de l'Organisation, y compris tous les fonds fiduciaires et comptes spéciaux, comme il le juge nécessaire pour s'assurer :

a) que les états financiers sont conformes aux livres et écritures de l'Organisation;

b) que les opérations financières dont les états rendent compte ont été menées en conformité avec les règles et les règlements, les dispositions budgétaires et les autres directives de l'Organisation;

c) que les valeurs et le numéraire déposés en banque ou en caisse ont été soit vérifiés grâce à des certificats directement reçus des dépositaires, soit effectivement comptés;

d) que les contrôles intérieurs, y compris la vérification intérieure des comptes, sont adéquats;

e) que tous les éléments de l'actif et du passif ainsi que tous les excédents et déficits ont été comptabilisés selon des procédures qu'il juge satisfaisantes.

§ 3 Le Vérificateur est seul compétent pour accepter en tout ou en partie les attestations et justifications fournies par le Secrétaire général. S'il le juge opportun, il peut procéder à l'examen et à la vérification détaillée de toute pièce comptable relative soit aux opérations financières, soit aux fournitures et au matériel.

§ 4 Le Vérificateur a librement accès, à tout moment, à tous les livres, écritures, documents comptables et autres informations dont il estime avoir besoin.

§ 5 Le Vérificateur n'est pas compétent pour rejeter telle ou telle rubrique des comptes, mais il attire immédiatement l'attention du Secrétaire général sur toute opération dont la régularité ou l'opportunité lui paraît discutable, pour que ce dernier prenne les mesures voulues.

§ 6 Le Vérificateur présente et signe une attestation sur les états financiers dans les termes suivants : « J'ai examiné les états financiers de l'Organisation pour la période budgétaire qui s'est terminée le 31 décembre… L'examen a comporté une analyse générale des méthodes comptables et le contrôle des pièces comptables et d'autres justificatifs que j'ai jugé nécessaire dans la circonstance. » Cette attestation indique, selon le cas, que

a) les états financiers reflètent de façon satisfaisante la situation financière à la date d'expiration de la période considérée ainsi que les résultats des opérations menées durant la période qui s'est achevée à cette date;

b) les états financiers ont été établis conformément aux principes comptables mentionnés;

c) les principes financiers ont été appliqués selon des modalités qui concordaient avec celles adoptées pendant la période budgétaire précédente;

d) les opérations financières ont été menées en conformité avec les règles et les règlements, les dispositions budgétaires et les autres directives de l'Organisation.

§ 7 Dans son rapport sur les opérations financières, le Vérificateur mentionne :

a) la nature et l'étendue de la vérification à laquelle il a procédé;

b) les éléments qui ont un lien avec le caractère complet ou l'exactitude des comptes, y compris le cas échéant :

1. les informations nécessaires à l'interprétation et à l'appréciation correctes des comptes;

2. toute somme qui aurait dû être perçue mais qui n'a pas été passée en compte;

3. toute somme qui a fait l'objet d'un engagement de dépense régulier ou conditionnel et qui n'a pas été comptabilisée ou dont il n'a pas été tenu compte dans les états financiers;

4. les dépenses à l'appui desquelles il n'est pas produit de pièces justificatives suffisantes;

5. la tenue des livres de comptes en bonne et due forme; il y a lieu de relever les cas où la présentation matérielle des états financiers s'écarte des principes comptables généralement reconnus et constamment appliqués;

c) les autres questions sur lesquelles il y a lieu d'appeler l'attention du Comité administratif, par exemple :

1. les cas de fraude ou de présomption de fraude;

2. le gaspillage ou l'utilisation irrégulière de fonds ou d'autres avoirs de l'Organisation (quand bien même les comptes relatifs à l'opération effectuée seraient en règle);

3. les dépenses risquant d'entraîner ultérieurement des frais considérables pour l'Organisation;

4. tout vice, général ou particulier, du système de contrôle des recettes et des dépenses ou des fournitures et du matériel;

5. les dépenses non conformes aux intentions du Comité administratif, compte tenu des virements dûment autorisés à l'intérieur du budget;

6. les dépassements de crédits, compte tenu des modifications résultant de virements dûment autorisés à l'intérieur du budget;

7. les dépenses non conformes aux autorisations qui les régissent;

d) l'exactitude ou l'inexactitude des comptes relatifs aux fournitures et au matériel, établie d'après l'inventaire et l'examen des livres.

En outre, le rapport peut faire état d'opérations qui ont été comptabilisées au cours d'une période budgétaire antérieure et au sujet desquelles de nouvelles informations ont été obtenues ou d'opérations qui doivent être faites au cours d'une période budgétaire ultérieure et au sujet desquelles il semble souhaitable d'informer le Comité administratif par avance.

§ 8 Le Vérificateur ne doit en aucun cas faire figurer des critiques dans son rapport sans donner préalablement au Secrétaire général la possibilité de s'expliquer.

§ 9 Le Vérificateur communique au Comité administratif et au Secrétaire général les constatations faites lors de la vérification. Il peut, en outre, présenter tout commentaire qu'il juge approprié au sujet du rapport financier du Secrétaire général.

§ 10 Dans la mesure où le Vérificateur a procédé à une vérification sommaire ou n'a pas obtenu de justifications suffisantes, il doit le mentionner dans son attestation et son rapport, en précisant les raisons de ses observations ainsi que les conséquences qui en résultent pour la situation financière et les opérations financières comptabilisées.

TITRE V

# ARBITRAGE

## Article 28 – Compétence

§ 1 Les litiges entre États membres, nés de l'interprétation ou de l'application de la Convention ainsi que les litiges entre États membres et l'Organisation, nés de l'interprétation ou de l'application du Protocole sur les privilèges et immunités peuvent, à la demande d'une des parties, être soumis à un tribunal arbitral. Les parties déterminent librement la composition du tribunal arbitral et la procédure arbitrale.

§ 2 Les autres litiges nés de l'interprétation ou de l'application de la Convention et des autres conventions élaborées par l'Organisation conformément à l'article 2, § 2, s'ils n'ont pas été réglés à l'amiable ou soumis à la décision des tribunaux ordinaires, peuvent, par accord entre les parties intéressées, être soumis à un tribunal arbitral. Les articles 29 à 32 s'appliquent pour la composition du tribunal arbitral et la procédure arbitrale.

§ 3 Chaque État peut, lorsqu'il adresse une demande d'adhésion à la Convention, se réserver le droit de ne pas appliquer tout ou partie des §§ 1 et 2.

§ 4 L'État qui a émis une réserve en vertu du § 3 peut y renoncer, à tout moment, en informant le dépositaire. Cette renonciation prend effet un mois après la date à laquelle le dépositaire en donne connaissance aux États membres.

## Article 29 – Compromis. Greffe

Les parties concluent un compromis spécifiant en particulier :

a) l'objet du différend,

b) la composition du tribunal et les délais convenus pour la nomination du ou des arbitres,

c) le lieu convenu comme siège du tribunal.

Le compromis doit être communiqué au Secrétaire général qui assume les fonctions de greffe.

## Article 30 – Arbitres

§ 1 Une liste d'arbitres est établie et tenue à jour par le Secrétaire général. Chaque État membre peut faire inscrire sur la liste d'arbitres deux de ses ressortissants.

§ 2 Le tribunal arbitral se compose d'un, de trois ou de cinq arbitres, conformément au compromis. Les arbitres sont choisis parmi les personnes figurant sur la liste visée au § 1. Toutefois, si le compromis prévoit cinq arbitres, chacune des parties peut choisir un arbitre en dehors de la liste. Si le compromis prévoit un arbitre unique, celui-ci est choisi d'un commun accord par les parties. Si le compromis prévoit trois ou cinq arbitres, chacune des parties choisit un ou deux arbitres, selon le cas; ceux-ci désignent d'un commun accord le troisième ou le cinquième arbitre, qui préside le tribunal arbitral. En cas de désaccord entre les parties sur la désignation de l'arbitre unique ou entre les arbitres choisis sur celle du troisième ou du cinquième arbitre, cette désignation est faite par le Secrétaire général.

§ 3 L'arbitre unique, le troisième ou le cinquième arbitre doit être d'une nationalité autre que celle des parties, à moins que celles-ci ne soient de même nationalité.

§ 4 L'intervention au litige d'une tierce partie demeure sans effet sur la composition du tribunal arbitral.

### Article 31 – Procédure. Frais

§ 1 Le tribunal arbitral décide de la procédure à suivre en tenant compte notamment des dispositions ci-après :

a) il instruit et juge les causes d'après les éléments fournis par les parties, sans être lié, lorsqu'il est appelé à dire le droit, par les interprétations de celles-ci;

b) il ne peut accorder plus ou autre chose que ce qui est demandé dans les conclusions du demandeur, ni moins que ce que le défendeur a reconnu comme étant dû;

c) la sentence arbitrale, dûment motivée, est rédigée par le tribunal arbitral et notifiée aux parties par le Secrétaire général;

d) sauf disposition contraire de droit impératif du lieu où siège le tribunal arbitral, et sous réserve d'accord contraire des parties, la sentence arbitrale est définitive.

§ 2 Les honoraires des arbitres sont fixés par le Secrétaire général.

§ 3 La sentence arbitrale fixe les frais et dépens et décide de leur répartition entre les parties, ainsi que celle des honoraires des arbitres.

### Article 32 – Prescription. Force exécutoire

§ 1 La mise en œuvre de la procédure arbitrale a, quant à l'interruption de la prescription, le même effet que celui prévu par le droit matériel applicable pour l'introduction de l'action devant le juge ordinaire.

§ 2 La sentence du tribunal arbitral acquiert force exécutoire dans chacun des États membres après l'accomplissement des formalités prescrites dans l'État où l'exécution doit avoir lieu. La révision du fond de l'affaire n'est pas admise.

## TITRE VI
## MODIFICATION DE LA CONVENTION

### Article 33 – Compétence

§ 1 Le Secrétaire général porte immédiatement à la connaissance des États membres les propositions tendant à modifier la Convention qui lui ont été adressées par les États membres ou qu'il a lui-même élaborées.

§ 2 L'Assemblée générale décide des propositions tendant à modifier la Convention pour autant que les §§ 4 à 6 ne prévoient pas une autre compétence.

§ 3 Saisie d'une proposition de modification, l'Assemblée générale peut décider, à la majorité, prévue à l'article 14, § 6, qu'une telle proposition présente un caractère d'étroite connexité avec une ou plusieurs dispositions des Appendices à la Convention. Dans ce cas ainsi que dans les cas visés aux §§ 4 à 6, deuxièmes phrases, l'Assemblée générale est également habilitée à décider de la modification de cette ou de ces dispositions des Appendices.

§ 4 Sous réserve des décisions de l'Assemblée générale prises selon le § 3, première phrase, la Commission de révision décide des propositions tendant à modifier les :

a) articles 9 et 27, §§ 2 à 10;

b) Règles uniformes CIV, à l'exception des articles 1er, 2, 5, 6, 16, 26 à 39, 41 à 53 et 56 à 60;

c) Règles uniformes CIM, à l'exception des articles 1er, 5, 6, §§ 1 et 2, des articles 8, 12, 13, § 2, des articles 14, 15, §§ 2 et 3, de l'article 19, §§ 6 et 7, ainsi que des articles 23 à 27, 30 à 33, 36 à 41 et 44 à 48;

d) Règles uniformes CUV, à l'exception des articles 1er, 4, 5 et 7 à 12;

e) Règles uniformes CUI, à l'exception des articles 1er, 2, 4, 8 à 15, 17 à 19, 21, 23 à 25;

f) Règles uniformes APTU, à l'exception des articles 1er, 3 et 9 à 11 ainsi que des Annexes de ces Règles uniformes;

g) Règles uniformes ATMF, à l'exception des articles 1er, 3 et 9.

Lorsque des propositions de modification sont soumises à la Commission de révision conformément aux lettres a) à g), un tiers des États représentés dans la Commission peut exiger que ces propositions soient soumises à l'Assemblée générale pour décision.

§ 5 La Commission d'experts du RID décide des propositions tendant à modifier le Règlement concernant le transport international ferroviaire des marchandises dangereuses (RID). Lorsque de telles propositions sont soumises à la Commission d'experts du RID, un tiers des États représentés dans la Commission peut exiger que ces propositions soient soumises à l'Assemblée générale pour décision.

§ 6 La Commission d'experts techniques décide des propositions tendant à modifier les Annexes des Règles uniformes APTU. Lorsque de telles propositions sont soumises à la Commission d'experts techniques, un tiers des États représentés dans la Commission peut exiger que ces propositions soient soumises à l'Assemblée générale pour décision.

## Article 34 – Décisions de l'Assemblée générale

§ 1 Les modifications de la Convention décidées par l'Assemblée générale sont notifiées par le Secrétaire général aux États membres.

§ 2 Les modifications de la Convention proprement dite, décidées par l'Assemblée générale, entrent en vigueur, douze mois après leur approbation par les deux tiers des États membres, pour tous les États membres à l'exception de ceux qui, avant leur entrée en vigueur, ont fait une déclaration aux termes de laquelle ils n'approuvent pas lesdites modifications.

§ 3 Les modifications des Appendices à la Convention, décidées par l'Assemblée générale, entrent en vigueur, douze mois après leur approbation par la moitié des États n'ayant pas fait une déclaration conformément à l'article 42, § 1, première phrase, pour tous les États membres à l'exception de ceux qui, avant leur entrée en vigueur, ont fait une déclaration aux termes de laquelle ils n'approuvent pas lesdites modifications et de ceux qui ont fait une déclaration conformément à l'article 42, § 1, première phrase.

§ 4 Les États membres adressent, au Secrétaire général, leurs notifications concernant l'approbation des modifications de la Convention décidées par l'Assemblée générale ainsi que leurs déclarations aux termes desquelles ils n'approuvent pas ces modifications. Le Secrétaire général en informe les autres États membres.

§ 5 Le délai visé aux §§ 2 et 3 court à compter du jour de la notification du Secrétaire général que les conditions pour l'entrée en vigueur des modifications sont remplies.

§ 6 L'Assemblée générale peut spécifier, au moment de l'adoption d'une modification que celle-ci est d'une portée telle que tout État membre qui aura fait une déclaration visée au § 2 ou au § 3 et qui n'aura pas approuvé la modification dans le délai de dix-huit mois à dater de son entrée en vigueur cessera, à l'expiration de ce délai, d'être État membre de l'Organisation.

§ 7 Lorsque les décisions de l'Assemblée générale concernent les Appendices à la Convention, l'application de l'Appendice concerné est suspendue, dans son intégralité, dès l'entrée en vigueur des décisions, pour le trafic avec et entre les États membres qui se sont opposés, conformément au § 3, aux décisions dans les délais impartis. Le Secrétaire général notifie aux États membres cette suspension; elle prend fin à l'expiration d'un mois à compter de la date à laquelle le Secrétaire général a notifié aux autres États membres la levée de l'opposition.

## Article 35 – Décisions des Commissions

§ 1 Les modifications de la Convention, décidées par les Commissions, sont notifiées par le Secrétaire général aux États membres.

§ 2 Les modifications de la Convention elle-même, décidées par la Commission de révision, entrent en vigueur pour tous les États membres le premier jour du douzième mois suivant celui au cours duquel le Secrétaire général les a notifiées aux États membres. Les États membres peuvent formuler une objection dans les quatre mois à compter de la date de la notification. En cas d'objection d'un quart des États membres, la modification n'entre pas en vigueur. Si un État membre formule une objection contre une décision de la Commission de révision dans le délai de quatre mois et qu'il dénonce la Convention, la dénonciation prend effet à la date prévue pour l'entrée en vigueur de cette décision.

§ 3 Les modifications des Appendices à la Convention, décidées par la Commission de révision, entrent en vigueur pour tous les États membres, le premier jour du douzième mois suivant celui au cours duquel le Secrétaire général les a notifiées aux États membres. Les modifications décidées par la Commission d'experts du RID ou par la Commission d'experts techniques entrent en vigueur pour tous les États membres le premier jour du sixième mois suivant celui au cours duquel le Secrétaire général les a notifiées aux États membres.

§ 4 Les États membres peuvent formuler une objection dans un délai de quatre mois à compter du jour de la notification visée au § 3. En cas d'objection formulée par un quart des États membres, la modification n'entre pas en vigueur. Dans les États membres qui ont formulé une objection contre une décision dans les délais impartis, l'application de l'Appendice concerné est suspendue, dans son intégralité, pour le trafic avec et entre les États membres à compter du moment où les décisions prennent effet. Toutefois, en cas d'objection contre la validation d'une norme technique ou contre l'adoption d'une prescription technique uniforme, seules celles-ci sont suspendues en ce qui concerne le trafic avec et entre les États membres à compter du moment où les décisions prennent effet; il en est de même en cas d'objection partielle.

§ 5 Le Secrétaire général informe les États membres des suspensions visées au § 4; les suspensions sont levées à l'expiration d'un délai d'un mois à compter du jour où le Secrétaire général a notifié aux autres États membres le retrait d'une telle objection.

§ 6 Pour la détermination du nombre d'objections prévues aux §§ 2 et 4, ne sont pas pris en compte les États membres qui :

a) n'ont pas le droit de vote (article 14, § 5, article 26, § 7 ou article 40, § 4);

b) ne sont pas membres de la Commission concernée (article 16, § 1, deuxième phrase);

c) ont fait une déclaration conformément à l'article 9, § 1 des Règles uniformes APTU.

# TITRE VII

# DISPOSITIONS FINALES

## Article 36 – Dépositaire

§ 1 Le Secrétaire général est le dépositaire de la présente Convention. Ses fonctions en tant que dépositaire sont celles qui sont énoncées dans la Partie VII de la Convention de Vienne du 23 mai 1969 sur le droit des traités.

§ 2 Lorsqu'une divergence apparaît entre un État membre et le dépositaire au sujet de l'accomplissement des fonctions de ce dernier, le dépositaire ou l'État membre concerné doit porter la question à l'attention des autres États membres ou, le cas échéant, la soumettre à la décision du Comité administratif.

## Article 37 – Adhésion à la Convention

§ 1 L'adhésion à la Convention est ouverte à chaque État sur le territoire duquel est exploitée une infrastructure ferroviaire.

§ 2 Un État qui désire adhérer à la Convention adresse une demande au dépositaire. Le dépositaire la communique aux États membres.

§ 3 La demande est admise de plein droit trois mois après la communication visée au § 2, sauf opposition formulée auprès du dépositaire par cinq États membres. Le dépositaire en avise sans délai l'État demandeur ainsi que les États membres. L'adhésion prend effet le premier jour du troisième mois suivant cet avis.

§ 4 En cas d'opposition d'au moins cinq États membres dans le délai prévu au § 3, la demande d'adhésion est soumise à l'Assemblée générale qui en décide.

§ 5 Sous réserve de l'article 42, toute adhésion à la Convention ne peut concerner que la Convention dans sa version en vigueur au moment de la prise d'effet de l'adhésion.

## Article 38 – Adhésion d'organisations régionales d'intégration économique

§ 1 L'adhésion à la Convention est ouverte aux organisations régionales d'intégration économique ayant compétence pour adopter leur législation qui est obligatoire pour leurs membres, dans les matières couvertes par cette Convention et dont un ou plusieurs États membres sont membres. Les conditions de cette adhésion sont définies dans un accord conclu entre l'Organisation et l'organisation régionale.

§ 2 L'organisation régionale peut exercer les droits dont disposent ses membres en vertu de la Convention dans la mesure où ils couvrent des matières relevant de sa compétence. Ceci vaut de même pour les obligations incombant aux États membres en vertu de la Convention, abstraction faite des obligations financières visées à l'article 26.

§ 3 En vue de l'exercice du droit de vote et du droit d'objection prévu à l'article 35, §§ 2 et 4, l'organisation régionale dispose d'un nombre de voix égal à celui de ses membres qui sont également États membres de l'Organisation. Ces derniers ne peuvent exercer leurs droits, notamment de vote, que dans la mesure admise au § 2. L'organisation régionale ne dispose pas de droit de vote en ce qui concerne le Titre IV.

§ 4 Pour mettre fin à la qualité de membre, l'article 41 s'applique par analogie.

## Article 39 – Membres associés

§ 1 Tout État sur le territoire duquel est exploitée une infrastructure ferroviaire peut devenir membre associé de l'Organisation. L'article 37, §§ 2 à 5 s'applique par analogie.

§ 2 Un membre associé peut participer aux travaux des organes mentionnés à l'article 13, § 1, lettres a) et c) à f) uniquement avec voix consultative. Un membre associé ne peut pas être désigné comme membre du Comité administratif. Il contribue aux dépenses de l'Organisation avec 0,25 pour cent des contributions (article 26, § 3).

§ 3 Pour mettre fin à la qualité de membre associé, l'article 41 s'applique par analogie.

## Article 40 – Suspension de la qualité de membre

§ 1 Un État membre peut demander, sans dénoncer la Convention, une suspension de sa qualité de membre de l'Organisation, lorsque plus aucun trafic international ferroviaire n'est effectué sur son territoire pour des raisons non imputables à cet État membre.

§ 2 Le Comité administratif décide d'une demande de suspension de la qualité de membre. La demande doit être formulée auprès du Secrétaire général au plus tard trois mois avant une session du Comité.

§ 3 La suspension de la qualité de membre entre en vigueur le premier jour du mois suivant le jour de la notification du Secrétaire général aux États membres de la décision du Comité administratif. La suspension de la qualité de membre prend fin avec la notification par l'État membre de la reprise du trafic international ferroviaire sur son territoire. Le Secrétaire général le notifie, sans délai, aux autres États membres.

§ 4 La suspension de la qualité de membre a pour conséquence :

a) d'exonérer l'État membre de son obligation de contribuer au financement des dépenses de l'Organisation;

b) de suspendre le droit de vote dans les organes de l'Organisation;

c) de suspendre le droit d'objection en vertu de l'article 34, §§ 2 et 3, et de l'article 35, §§ 2 et 4.

## Article 41 – Dénonciation de la Convention

§ 1 La Convention peut, à tout moment, être dénoncée.

§ 2 Tout État membre qui désire procéder à une dénonciation en avise le dépositaire. La dénonciation prend effet le 31 décembre de l'année suivante.

## Article 42 – Déclarations et réserves à la Convention

§ 1 Chaque État membre peut déclarer, à tout moment, qu'il n'appliquera pas dans leur intégralité certains Appendices à la Convention. En outre, des réserves ainsi que des déclarations de ne pas appliquer certaines dispositions de la Convention proprement dite ou de ses Appendices ne sont admises que si de telles réserves et déclarations sont expressément prévues par les dispositions elles-mêmes.

§ 2 Les réserves ou les déclarations sont adressées au dépositaire. Elles prennent effet au moment où la Convention entre en vigueur pour l'État concerné. Toute déclaration faite après cette entrée en vigueur prend effet le 31 décembre de l'année qui suit cette déclaration. Le dépositaire en informe les États membres.

### Article 43 – Dissolution de l'Organisation

§ 1 L'Assemblée générale peut décider de la dissolution de l'Organisation et du transfert éventuel de ses attributions à une autre organisation intergouvernementale en fixant, le cas échéant, les conditions de ce transfert avec cette organisation.

§ 2 En cas de dissolution de l'Organisation, ses biens et avoirs sont attribués aux États membres ayant été membres de l'Organisation, sans interruption, durant les cinq dernières années civiles précédant celle de la décision en vertu du § 1, ceci proportionnellement au taux moyen du pourcentage auquel ils ont contribué aux dépenses de l'Organisation durant ces cinq années précédentes.

### Article 44 – Disposition transitoire

Dans les cas prévus à l'article 34, § 7, à l'article 35, § 4, à l'article 41, § 1 et à l'article 42, le droit en vigueur au moment de la conclusion des contrats soumis aux Règles uniformes CIV, aux Règles uniformes CIM, aux Règles uniformes CUV ou aux Règles uniformes CUI reste applicable aux contrats existants.

### Article 45 – Textes de la Convention

§ 1 La Convention est rédigée en langues française, allemande et anglaise. En cas de divergence, seul le texte français fait foi.

§ 2 Sur proposition de l'un des États concernés, l'Organisation publie des traductions officielles de la Convention dans d'autres langues, dans la mesure où l'une de ces langues est une langue officielle sur le territoire d'au moins deux États membres. Ces traductions sont élaborées en coopération avec les services compétents des États membres concernés.

# 69 Convention d'Ottawa du 28 mai 1988 sur l'affacturage international

En vigueur depuis le 1er mai 1995

*Les États parties à la présente convention,*

*Conscients* du fait que l'affacturage international a une fonction importante à remplir dans le développement du commerce international,

*Reconnaissant* en conséquence l'importance d'adopter des règles uniformes établissant un cadre juridique qui facilitera l'affacturage international et de veiller à l'équilibre entre les intérêts des différentes parties à l'opération d'affacturage,

*SONT CONVENUS de ce qui suit :*

CHAPITRE PREMIER

## Champ d'application et dispositions générales

**Article premier –** 1. – La présente Convention régit les contrats d'affacturage et les transferts de créances décrits dans le présent Chapitre.

2. – Au sens de la présente Convention, on entend par « contrat d'affacturage » un contrat conclu entre une partie (le fournisseur) et une autre partie (l'entreprise d'affacturage, ci-après dénommée le cessionnaire) en vertu duquel :

a) le fournisseur peut ou doit céder au cessionnaire des créances nées de contrats de vente de marchandises conclus entre le fournisseur et ses clients (débiteurs), à l'exclusion de ceux qui portent sur des marchandises achetées à titre principal pour leur usage personnel, familial ou domestique;

b) le cessionnaire doit prendre en charge au moins deux des fonctions suivantes :

– le financement du fournisseur, notamment le prêt ou le paiement anticipé;
– la tenue des comptes relatifs aux créances;
– l'encaissement de créances;
– la protection contre la défaillance des débiteurs;

c) la cession des créances doit être notifiée aux débiteurs.

3. – Dans la présente Convention, les dispositions qui s'appliquent aux marchandises et à leur vente s'appliquent également aux services et à leur prestation.

4. – Aux fins de la présente Convention :

a) une notification par écrit n'a pas besoin d'être signée, mais doit indiquer par qui ou au nom de qui elle est faite;

b) une « notification par écrit » comprend également les télégrammes, les télex ainsi que tout autre moyen de télécommunication de nature à laisser une trace matérielle;

c) une notification par écrit est donnée lorsqu'elle est reçue par le destinataire.

**Article 2 –** 1. – La présente Convention s'applique lorsque les créances cédées en vertu d'un contrat d'affacturage naissent d'un contrat de vente de marchandises entre un fournisseur et un débiteur qui ont leur établissement dans des États différents et que :

a) ces États ainsi que l'État où le cessionnaire a son établissement sont des États contractants; ou

b) que le contrat de vente de marchandises et le contrat d'affacturage sont régis par la loi d'un État contractant.

2. – L'établissement auquel il est fait référence dans la présente Convention désigne, si l'une des parties a plus d'un établissement, l'établissement qui a la relation la plus étroite avec le contrat en question et son exécution eu égard aux circonstances connues des parties ou envisagées par elles à un moment quelconque avant la conclusion ou lors de la conclusion de ce contrat.

**Article 3 –** 1. – L'application de la présente Convention peut être exclue :

a) par les parties au contrat d'affacturage; ou

b) par les parties au contrat de vente de marchandises à l'égard des créances nées soit au moment soit après que la notification par écrit de cette exclusion a été faite au cessionnaire

2. – Lorsque l'application de la présente Convention est exclue conformément au paragraphe précédent, cette exclusion ne peut porter que sur l'ensemble de la Convention

**Article 4 –** 1. – Pour l'interprétation de la présente Convention, il sera tenu compte de son objet, de ses buts tels qu'ils sont énoncés dans son préambule, de son caractère international et de la nécessité de promouvoir l'uniformité de son application ainsi que d'assurer le respect de la bonne foi dans le commerce international.

2. – Les questions concernant les matières régies par la présente Convention et qui ne sont pas expressément tranchées par elle seront réglées selon les principes généraux dont elle s'inspire ou, à défaut de ces principes, conformément à la loi applicable en vertu des règles du droit international privé.

CHAPITRE II

## Droits et obligations des parties

**Article 5 –** Dans les seuls rapports entre les parties au contrat d'affacturage :

a) une clause du contrat d'affacturage prévoyant la cession de créances existantes ou futures est valable, même en l'absence de leur désignation individuelle, si lors de la conclusion du contrat ou à leur naissance elles sont déterminables;

b) une clause du contrat d'affacturage en vertu de laquelle des créances futures sont cédées opère leur transfert au cessionnaire dès leur naissance, sans nécessité d'un nouvel acte de transfert

**Article 6 –** 1. – La cession de la créance par le fournisseur au cessionnaire peut être réalisée nonobstant toute convention entre le fournisseur et le débiteur prohibant une telle cession.

2. – Toutefois, ladite cession n'a pas d'effet à l'égard du débiteur qui, lors de la conclusion du contrat de vente de marchandises, a son établissement dans un État contractant qui a fait la déclaration prévue à l'article 18 de la présente Convention.

3. – Les dispositions du paragraphe 1 ne portent pas atteinte à toute obligation de bonne foi qui incombe au fournisseur envers le débiteur ou à toute responsabilité du fournisseur à l'égard du débiteur du chef d'une cession réalisée en contravention des termes du contrat de vente de marchandises.

**Article 7 –** Dans les seuls rapports entre les parties au contrat d'affacturage, le contrat peut valablement prévoir le transfert, directement ou par un nouvel acte, de tout ou partie des droits du fournisseur provenant de la vente de marchandises, y compris le bénéfice de toute disposition du contrat de vente de marchandises réservant au fournisseur la propriété des marchandises ou lui conférant toute autre garantie.

**Article 8 –** 1. – Le débiteur est tenu de payer le cessionnaire s'il n'a pas eu connaissance d'un droit préférable et si la notification par écrit de la cession :

a) a été donnée au débiteur par le fournisseur ou par le cessionnaire en vertu d'un pouvoir conféré par le fournisseur;

b) précise de façon suffisante les créances cédées et le cessionnaire à qui ou pour le compte de qui le débiteur doit faire le paiement; et

c) concerne des créances qui naissent d'un contrat de vente de marchandises qui a été conclu soit avant soit au moment où la notification est donnée.

2. – Le paiement par le débiteur au cessionnaire est libératoire s'il est fait conformément au paragraphe précédent, sans préjudice de toute autre forme de paiement également libératoire.

**Article 9 –** 1. – Au cas où le cessionnaire forme contre lui une demande en paiement d'une créance résultant du contrat de vente de marchandises, le débiteur peut invoquer contre le cessionnaire tous les moyens de défense dérivant du contrat qu'il aurait pu opposer si la demande avait été faite par le fournisseur.

2. – Le débiteur peut aussi exercer contre le cessionnaire tout droit à compensation relatif à des droits ou actions existants contre le fournisseur en faveur duquel la créance est née, et qu'il peut invoquer à l'époque où la notification par écrit de la cession a été donnée conformément aux dispositions du paragraphe 1 de l'article 8.

**Article 10 –** 1. – Sans préjudice des droits conférés au débiteur par l'article 9, l'inexécution ou l'exécution défectueuse ou tardive du contrat de vente de marchandises ne permet pas au débiteur de recouvrer le paiement qu'il a fait au cessionnaire, s'il dispose d'un recours en répétition des sommes payées au fournisseur.

2. – Néanmoins, le débiteur qui dispose d'un tel recours contre le fournisseur peut recouvrer le paiement qu'il a fait au cessionnaire dans la mesure où :

a) le cessionnaire ne s'est pas acquitté de son obligation de payer au fournisseur les créances cédées; ou

b) le cessionnaire a payé à un moment où il avait connaissance de l'inexécution ou de l'exécution défectueuse ou tardive par le fournisseur du contrat de vente ayant trait aux marchandises dont il a reçu paiement du débiteur.

CHAPITRE III

## Cessions successives

**Article 11 –** 1. – Lorsqu'une créance est cédée par un fournisseur à un cessionnaire en vertu d'un contrat d'affacturage régi par la présente Convention :

a) sous réserve des dispositions de l'alinéa b) du présent paragraphe, les règles énoncées dans les articles 5 à 10 s'appliquent à toute cession successive de la créance par le cessionnaire ou par un cessionnaire successif;

b) les dispositions des articles 8 à 10 s'appliquent comme si le cessionnaire successif était l'entreprise d'affacturage.

2. – Aux fins de la présente Convention, la notification au débiteur de la cession successive constitue également notification de la cession à l'entreprise d'affacturage.

**Article 12 –** La présente Convention ne s'applique pas à une cession successive interdite par le contrat d'affacturage.

CHAPITRE IV

## Dispositions finales

**Article 13 –** 1. – La présente Convention sera ouverte à la signature à la séance de clôture de la Conférence diplomatique pour l'adoption des projets de Conventions d'Unidroit sur l'affacturage international et sur le crédit-bail international et restera ouverte à la signature de tous les États à Ottawa jusqu'au 31 décembre 1990.

2. – La présente Convention est sujette à ratification, acceptation ou approbation par les États qui l'ont signée.

3. – La présente Convention sera ouverte à l'adhésion de tous les États qui ne sont pas signataires, à partir de la date à laquelle elle sera ouverte à la signature.

4. – La ratification, l'acceptation, l'approbation ou l'adhésion s'effectuent par le dépôt d'un instrument en bonne et due forme à cet effet auprès du dépositaire.

**Article 14 –** 1. – La présente Convention entre en vigueur le premier jour du mois suivant l'expiration d'une période de six mois après la date du dépôt du troisième instrument de ratification, d'acceptation, d'approbation ou d'adhésion.

2. – Pour tout État qui ratifie, accepte ou approuve la présente Convention ou y adhère après le dépôt du troisième instrument de ratification, d'acceptation, d'approbation ou d'adhésion, la Convention entre en vigueur à l'égard de cet État le premier jour du mois suivant l'expiration d'une période de six mois après la date du dépôt de l'instrument de ratification, d'acceptation, d'approbation ou d'adhésion.

**Article 15 –** La présente Convention ne prévaut pas sur un traité déjà conclu ou à conclure.

**Article 16 –** 1. – Tout État contractant qui comprend deux ou plusieurs unités territoriales dans lesquelles des systèmes de droit différents s'appliquent dans les matières régies par la présente Convention pourra, au moment de la signature, de la ratification, de l'acceptation, de l'approbation ou de l'adhésion, déclarer que la présente Convention s'appliquera à toutes ses unités territoriales ou seulement à l'une ou plusieurs d'entre elles et pourra à tout moment modifier cette déclaration par une nouvelle déclaration.

2. – Ces déclarations seront notifiées au dépositaire et désigneront expressément les unités territoriales auxquelles la Convention s'applique.

3. – Si en vertu d'une déclaration faite conformément au présent article, la présente Convention s'applique à l'une ou plusieurs des unités territoriales d'un État contractant, mais non pas à toutes et si l'établissement d'une partie est situé dans cet État, cet établissement sera considéré, aux fins de la présente Convention, comme n'étant pas situé dans un État contractant, à moins qu'il ne soit situé dans une unité territoriale à laquelle la Convention s'applique.

4. – Si un État contractant ne fait pas de déclaration en vertu du paragraphe 1, la Convention s'appliquera à l'ensemble du territoire de cet État.

**Article 17 –** 1. – Deux ou plusieurs États contractants qui, dans des matières régies par la présente Convention, appliquent des règles juridiques identiques ou voisines peuvent, à tout moment, déclarer que la Convention ne s'applique pas lorsque le fournisseur, le cessionnaire et le débiteur ont leur établissement dans ces États. De telles déclarations peuvent être faites conjointement ou être unilatérales et réciproques.

2. – Tout État contractant qui, dans des matières régies par la présente Convention, applique des règles juridiques identiques ou voisines de celles d'un ou de plusieurs États non contractants peut, à tout moment, déclarer que la Convention ne s'applique pas lorsque le fournisseur, le cessionnaire et le débiteur ont leur établissement dans ces États.

3. – Lorsqu'un État à l'égard duquel une déclaration a été faite en vertu du paragraphe précédent devient par la suite un État contractant, la déclaration mentionnée aura, à partir de la date à laquelle la présente Convention entrera en vigueur à l'égard de ce nouvel État contractant, les effets d'une déclaration faite en vertu du paragraphe 1, à condition que le nouvel État contractant s'y associe ou fasse une déclaration unilatérale à titre réciproque.

**Article 18 –** Un État contractant peut à tout moment déclarer, conformément au paragraphe 2 de l'article 6, qu'une cession en vertu du paragraphe 1 de l'article 6 n'a pas d'effet à l'égard du débiteur qui, lors de la conclusion du contrat de vente de marchandises, a son établissement dans cet État.

**Article 19 –** 1. – Les déclarations faites en vertu de la présente Convention lors de la signature sont sujettes à confirmation lors de la ratification, de l'acceptation ou de l'approbation.

2. – Les déclarations, et la confirmation des déclarations, seront faites par écrit et formellement notifiées au dépositaire.

3. – Les déclarations prendront effet à la date de l'entrée en vigueur de la présente Convention à l'égard de l'État déclarant. Cependant, les déclarations dont le dépositaire aura reçu notification formelle après cette date prendront effet le premier jour du mois suivant l'expiration d'une période de six mois à compter de la date de leur réception par le dépositaire. Les déclarations unilatérales et réciproques faites en vertu de l'article 17, prendront effet le premier jour du mois suivant l'expiration d'une période de six mois après la date de la réception de la dernière déclaration par le dépositaire.

4. – Tout État qui fait une déclaration en vertu de la présente Convention peut à tout moment la retirer par une notification formelle adressée par écrit au dépositaire. Ce retrait prendra effet le premier jour du mois suivant l'expiration d'une période de six mois après la date de réception de la notification par le dépositaire.

5. – Le retrait d'une déclaration faite en vertu de l'article 17 rendra caduque, à l'égard de l'État qui a fait le retrait, à partir de la date de sa prise d'effet, toute déclaration conjointe ou unilatérale et réciproque faite par un autre État en vertu de ce même article.

**Article 20 –** Aucune réserve n'est autorisée autre que celles qui sont expressément autorisées par la présente Convention.

**Article 21 –** La présente Convention s'applique lorsque des créances cédées en vertu d'un contrat d'affacturage naissent d'un contrat de vente de marchandises conclu après l'entrée en vigueur de la Convention dans les États contractants visés à l'alinéa a) du paragraphe 1 de l'article 2, ou dans l'État ou les États contractants visés à l'alinéa b) du paragraphe 1 dudit article, à condition que :

a) le contrat d'affacturage soit conclu après cette date ; ou que

b) les parties au contrat d'affacturage soient convenues que la Convention s'applique.

**Article 22 –** 1. – La présente Convention peut être dénoncée par l'un quelconque des États contractants à tout moment à compter de la date à laquelle elle entre en vigueur à l'égard de cet État.

2. – La dénonciation s'effectue par le dépôt d'un instrument à cet effet auprès du dépositaire.

3. – La dénonciation prend effet le premier jour du mois suivant l'expiration d'une période de six mois après la date du dépôt de l'instrument de dénonciation auprès du dépositaire. Lorsqu'une période plus longue pour la prise d'effet de la dénonciation est spécifiée dans l'instrument de dénonciation, celle-ci prend effet à l'expiration de la période en question après le dépôt de l'instrument de dénonciation auprès du dépositaire.

**Article 23 –** 1. – La présente Convention sera déposée auprès du Gouvernement du Canada.

2. – Le Gouvernement du Canada :

a) informe tous les États qui ont signé la présente Convention ou qui y ont adhéré et le Président de l'Institut international pour l'unification du droit privé (Unidroit) :

i) de toute signature nouvelle ou de tout dépôt d'instrument de ratification, d'acceptation, d'approbation ou d'adhésion et de la date à laquelle cette signature ou ce dépôt sont intervenus ;

ii) de toute déclaration, effectuée en vertu des articles 16, 17 et 18 ;

iii) du retrait de toute déclaration, effectué en vertu du paragraphe 4 de l'article 19 ;

iv) de la date d'entrée en vigueur de la présente Convention ;

v) du dépôt de tout instrument de dénonciation de la présente Convention, ainsi que de la date à laquelle ce dépôt est intervenu et de la date à laquelle la dénonciation prend effet ;

b) transmet des copies certifiées de la présente Convention à tous les États signataires et à tous les États qui y adhèrent, et au Président de l'Institut international pour l'unification du droit privé (Unidroit).

EN FOI DE QUOI les plénipotentiaires soussignés, dûment autorisés par leurs gouvernements respectifs, ont signé la présente Convention.

FAIT à Ottawa, le vingt-huit mai mil neuf cent quatre-vingt-huit, en un seul original, dont les textes anglais et français sont également authentiques.

# 70 Convention d'Ottawa du 28 mai 1988 sur le crédit-bail international

## En vigueur depuis le 1er mai 1995

*Les États parties à la présente convention,*

*Reconnaissant* l'importance d'éliminer certains obstacles juridiques au crédit-bail mobilier international, et de veiller à l'équilibre entre les intérêts des différentes parties à l'opération,

*Conscients* de la nécessité de rendre le crédit-bail international davantage accessible,

*Conscients* que les règles juridiques régissant habituellement le contrat de bail méritent d'être adaptées aux relations triangulaires caractéristiques qui naissent des opérations de crédit-bail,

*Reconnaissant* en conséquence l'utilité de fixer certaines règles uniformes relatives à l'opération de crédit-bail international en ses aspects relevant essentiellement du droit civil et commercial,

*SONT CONVENUS de ce qui suit :*

CHAPITRE PREMIER

## Champ d'application et dispositions générales

**Article premier –** 1. – La présente Convention régit l'opération de crédit-bail décrite au paragraphe 2, dans laquelle une partie (le crédit-bailleur)

a) conclut, sur l'indication d'une autre partie (le crédit-preneur), un contrat (le contrat de fourniture) avec une troisième partie (le fournisseur) en vertu duquel elle acquiert un bien d'équipement, du matériel ou de l'outillage (le matériel) dans des termes approuvés par le crédit-preneur pour autant qu'ils le concernent, et

b) conclut un contrat (le contrat de crédit-bail) avec le crédit-preneur donnant à celui-ci le droit d'utiliser le matériel moyennant le paiement de loyers.

2. – L'opération de crédit-bail visée au paragraphe précédent est une opération qui présente les caractéristiques suivantes :

a) le crédit-preneur choisit le matériel et le fournisseur sans faire appel de façon déterminante à la compétence du crédit-bailleur ;

b) l'acquisition du matériel incombe au crédit-bailleur en vertu d'un contrat de crédit-bail, conclu ou à conclure entre le crédit-bailleur et le crédit-preneur, dont le fournisseur a connaissance ;

c) les loyers stipulés au contrat de crédit-bail sont calculés pour tenir compte notamment de l'amortissement de la totalité ou d'une partie importante du coût du matériel.

3. – La présente Convention s'applique que le crédit-preneur ait ou qu'il n'ait pas, à l'origine ou par la suite, la faculté d'acheter le matériel ou de le louer à nouveau, même pour un prix ou un loyer symbolique.

4. – La présente Convention régit les opérations de crédit-bail portant sur tout matériel à l'exception de celui qui doit être utilisé par le crédit-preneur à titre principal pour son usage personnel, familial ou domestique.

**Article 2 –** Dans le cas d'une ou de plusieurs opérations de sous-crédit-bail ou de sous-location portant sur le même matériel, la présente Convention s'applique à chaque opération qui constitue une opération de crédit-bail et qui est régie par la présente Convention, comme si la personne de qui le premier crédit-bailleur (tel que défini au paragraphe 1 de l'article précédent) a acquis le matériel était le fournisseur, et comme si le contrat en vertu duquel le matériel a été ainsi acquis était le contrat de fourniture.

**Article 3 –** 1. – La présente Convention s'applique lorsque le crédit-bailleur et le crédit-preneur ont leur établissement dans des États différents et que :

a) ces États ainsi que l'État où le fournisseur a son établissement sont des États contractants; ou

b) que le contrat de fourniture et le contrat de crédit-bail sont régis par la loi d'un État contractant.

2. – L'établissement auquel il est fait référence dans la présente Convention désigne, si l'une des parties à l'opération de crédit-bail a plus d'un établissement, l'établissement qui a la relation la plus étroite avec le contrat en question et son exécution eu égard aux circonstances connues des parties ou envisagées par elles à un moment quelconque avant la conclusion ou lors de la conclusion de ce contrat.

**Article 4 –** 1. – Les dispositions de la présente Convention ne cessent pas de s'appliquer du simple fait de l'incorporation ou de la fixation du matériel à un immeuble.

2. – Les questions relatives à l'incorporation ou à la fixation du matériel à un immeuble, ainsi que les droits respectifs du crédit-bailleur et des titulaires d'un droit réel sur l'immeuble qui en résultent, sont régis par la loi de l'État de situation de cet immeuble.

**Article 5 –** 1. – L'application de la présente Convention ne peut être écartée que si chacune des parties au contrat de fourniture et chacune des parties au contrat de crédit-bail consent à son exclusion.

2. – Lorsque l'application de la présente Convention n'a pas été écartée conformément au paragraphe précédent, les parties peuvent, dans leurs relations mutuelles, déroger à l'une quelconque de ses dispositions ou en modifier les effets à l'exception de ce qui est prévu au paragraphe 3 de l'article 8, à l'alinéa b) du paragraphe 3, et au paragraphe 4 de l'article 13.

**Article 6 –** 1. – Pour l'interprétation de la présente Convention, il sera tenu compte de son objet, de ses buts tels qu'ils sont énoncés dans le préambule, de son caractère international et de la nécessité de promouvoir l'uniformité de son application ainsi que d'assurer le respect de la bonne foi dans le commerce international.

2. – Les questions concernant les matières régies par la présente Convention et qui ne sont pas expressément tranchées par elle seront réglées selon les principes généraux dont elle s'inspire ou, à défaut de ces principes, conformément à la loi applicable en vertu des règles du droit international privé.

CHAPITRE II

## Droits et obligations des parties

**Article 7 –** 1. – a) Les droits réels du crédit-bailleur sur le matériel sont opposables au syndic de faillite et aux créanciers du crédit-preneur, y compris aux créanciers porteurs d'un titre exécutoire définitif ou provisoire.

b) Aux fins du présent paragraphe, le terme « syndic de faillite » comprend le liquidateur, l'administrateur ou toute autre personne désignée pour gérer les biens du crédit-preneur dans l'intérêt des créanciers.

2. – Lorsque la loi applicable soumet l'opposabilité à une personne visée au paragraphe précédent des droits réels du crédit-bailleur sur le matériel au respect de règles de publicité, ces droits ne lui seront opposables que si les conditions fixées par ces règles ont été respectées.

3. – Aux fins du paragraphe précédent, la loi applicable est la loi de l'État qui, au moment où la personne visée au paragraphe 1 est en droit d'invoquer les règles visées au paragraphe 2, est :

a) en ce qui concerne les navires et les bateaux immatriculés, l'État dans lequel le navire ou le bateau est immatriculé au nom de son propriétaire. Aux fins du présent alinéa, l'affréteur coque nue n'est pas considéré comme un propriétaire ;

b) en ce qui concerne les aéronefs immatriculés conformément à la Convention relative à l'Aviation civile internationale faite à Chicago le 7 décembre 1944, l'État dans lequel l'aéronef est immatriculé ;

c) en ce qui concerne un autre matériel, appartenant à une catégorie de matériel qui peut être normalement déplacé d'un État à un autre, tel que les moteurs d'aéronefs, l'État de l'établissement principal du crédit-preneur ;

d) en ce qui concerne tout autre matériel, l'État où le matériel est situé.

4. – Le paragraphe 2 ne porte pas atteinte aux dispositions de tout autre traité qui obligent à reconnaître les droits réels du crédit-bailleur sur le matériel.

5. – Le présent article ne règle pas le rang des créanciers titulaires :

a) d'un privilège, ou d'une sûreté mobilière sur le matériel, constitués ou non en vertu d'un contrat, à l'exception de ceux qui dérivent d'un titre exécutoire définitif ou provisoire, ou

b) d'un droit de saisir, de retenir ou de disposer portant spécialement sur des navires, des bateaux ou des aéronefs, reconnu par une disposition de la loi applicable en vertu des règles du droit international privé.

**Article 8 –** 1. – a) Sous réserve des dispositions de la présente Convention ou des stipulations du contrat de crédit-bail, le crédit-bailleur est exonéré de toute responsabilité liée au matériel à l'égard du crédit-preneur sauf dans la mesure où le crédit-preneur a subi un préjudice résultant de son recours à la compétence du crédit-bailleur et de l'intervention de celui-ci dans le choix du matériel, de ses caractéristiques ou du fournisseur.

b) Le crédit-bailleur est exonéré, en sa qualité de crédit-bailleur, à l'égard des tiers, de toute responsabilité à raison du décès, des dommages aux personnes et aux biens causés par le matériel.

c) Les dispositions du présent paragraphe ne régissent pas la responsabilité du crédit-bailleur, pris en une autre qualité, telle que celle de propriétaire.

2. – Le crédit-bailleur garantit le crédit-preneur de l'éviction ou de tout trouble de jouissance du fait d'une personne ayant un droit de propriété ou un droit supé-

rieur, ou qui fait valoir un tel droit dans le cadre d'une procédure judiciaire, lorsque ce droit ou cette prétention ne résulte pas de l'acte ou de l'omission du crédit-preneur.

3. – Les parties ne peuvent déroger aux dispositions du paragraphe précédent ni en modifier les effets dès lors que le droit ou la prétention résulte de l'acte ou de l'omission intentionnel du crédit-bailleur, ou de sa faute lourde.

4. – Les dispositions des paragraphes 2 et 3 ne portent pas atteinte à toute obligation de garantie plus étendue contre l'éviction ou tout trouble de jouissance, incombant au crédit-bailleur conformément à la loi applicable en vertu des règles du droit international privé, et à laquelle il ne peut être dérogé.

**Article 9 –** 1. – Le crédit-preneur prend soin du matériel, l'utilise dans des conditions raisonnables et le maintient dans l'état où il a été livré, compte tenu de l'usure consécutive à un usage normal et de toute modification du matériel convenue par les parties.

2. – À la fin du contrat de crédit-bail, le crédit-preneur restitue le matériel au crédit-bailleur dans l'état décrit au paragraphe précédent, à moins qu'il ne l'ait acheté ou loué à nouveau.

**Article 10 –** 1. – Les obligations du fournisseur qui résultent du contrat de fourniture peuvent également être invoquées par le crédit-preneur comme s'il était lui-même partie à ce contrat et comme si le matériel devait lui être livré directement. Toutefois, le fournisseur n'est pas responsable à l'égard du crédit-bailleur et du crédit-preneur pour les mêmes dommages.

2. – Le présent article ne donne pas au crédit-preneur le droit de résilier ou d'annuler le contrat de fourniture sans le consentement du crédit-bailleur.

**Article 11 –** Il ne peut être porté atteinte aux droits du crédit-preneur, résultant du contrat de fourniture en vertu de la présente Convention, par une modification d'un terme quelconque du contrat de fourniture qu'il a préalablement approuvé, à moins qu'il n'ait consenti à cette modification.

**Article 12 –** 1. – À défaut de livraison, en cas de livraison tardive ou de livraison d'un matériel non conforme au contrat de fourniture :

a) le crédit-preneur a le droit, à l'égard du crédit-bailleur, de refuser le matériel ou de résilier le contrat de crédit-bail ; et

b) le crédit-bailleur a le droit de remédier à l'inexécution de son obligation de livrer le matériel conformément au contrat de fourniture,

comme si le crédit-preneur avait acheté le matériel au crédit-bailleur dans les termes mêmes du contrat de fourniture.

2. – Les droits prévus au paragraphe précédent s'exercent et se perdent dans les mêmes conditions que si le crédit-bailleur et le crédit-preneur avaient conclu un contrat de vente dans les termes mêmes du contrat de fourniture.

3. – Le crédit-preneur peut retenir les loyers stipulés au contrat de crédit-bail jusqu'à ce que le crédit-bailleur ait remédié à l'inexécution de son obligation de livrer le matériel conformément au contrat de fourniture, ou que le crédit-preneur ait perdu le droit de refuser le matériel.

4. – Lorsqu'il a résilié le contrat de crédit-bail, le crédit-preneur peut recouvrer tous les loyers et autres sommes payés à l'avance, diminués d'une somme raisonnable eu égard au profit qu'il a pu éventuellement retirer du matériel.

5. – Le crédit-preneur n'a d'autre action contre le crédit-bailleur du fait de l'absence de livraison, de la livraison tardive ou de la livraison d'un matériel non

conforme, que dans la mesure où elle résulte de l'acte ou de l'omission du crédit-bailleur.

6. – Le présent article ne porte pas atteinte aux droits reconnus au crédit-preneur par l'article 10 à l'encontre du fournisseur.

**Article 13 –** 1. – En cas de défaillance du crédit-preneur, le crédit-bailleur peut percevoir les loyers échus et impayés, ainsi que des intérêts moratoires et des dommages-intérêts.

2. – En cas de défaillance substantielle du crédit-preneur, et sous réserve du paragraphe 5, le crédit-bailleur peut également exiger le paiement anticipé de la valeur des loyers à échoir, lorsque le contrat de crédit-bail le prévoit, ou résilier le contrat de crédit-bail et, après la résiliation :

a) reprendre le matériel; et

b) percevoir les dommages-intérêts qui le placeraient dans la situation où il se serait trouvé si le crédit-preneur avait exécuté convenablement le contrat de crédit-bail.

3. – a) Le contrat de crédit-bail peut définir le mode de calcul des dommages-intérêts qui peuvent être perçus en vertu de l'alinéa b) du paragraphe 2.

b) Cette stipulation est valable entre les parties à moins qu'elle n'aboutisse à une indemnité excessive par rapport aux dommages-intérêts prévus à l'alinéa b) du paragraphe 2. Les parties ne peuvent déroger aux dispositions du présent alinéa ni en modifier les effets.

4. – Lorsque le crédit-bailleur a résilié le contrat de crédit-bail, il ne peut faire valoir une clause de ce contrat prévoyant le paiement anticipé de la valeur des loyers à échoir, mais la valeur de ces loyers peut être prise en considération pour le calcul des dommages-intérêts qui peuvent être perçus en vertu de l'alinéa b) du paragraphe 2, et du paragraphe 3. Les parties ne peuvent déroger aux dispositions du présent paragraphe ni en modifier les effets.

5. – Le crédit-bailleur ne peut exiger le paiement anticipé de la valeur des loyers à échoir ni résilier le contrat de crédit-bail en vertu du paragraphe 2 que s'il a offert au crédit-preneur une possibilité effective de remédier à sa défaillance, pour autant que ceci soit possible.

6. – Le crédit-bailleur ne peut percevoir de dommages-intérêts dans la mesure où il n'a pas pris toutes les précautions nécessaires pour limiter son préjudice.

**Article 14 –** 1. – Le crédit-bailleur peut consentir des sûretés sur le matériel ou céder tout ou partie de ses droits sur le matériel ou de ceux qu'il tient du contrat de crédit-bail. Une telle cession ne saurait libérer le crédit-bailleur d'aucune des obligations qui lui incombent au titre du contrat de crédit-bail ni dénaturer ce contrat, ni en modifier le régime juridique tel qu'il résulte de la présente Convention.

2. – Le crédit-preneur peut céder le droit à l'usage du matériel ou tout autre droit qu'il tient du contrat de crédit-bail, pourvu que le crédit-bailleur ait consenti à la cession, et sous réserve des droits des tiers.

CHAPITRE III

## Dispositions finales

**Article 15 –** 1. – La présente Convention sera ouverte à la signature à la séance de clôture de la Conférence diplomatique pour l'adoption des projets de Conventions d'Unidroit sur l'affacturage international et sur le crédit-bail international et restera ouverte à la signature de tous les États à Ottawa jusqu'au 31 décembre 1990.

2. – La présente Convention est sujette à ratification, acceptation ou approbation par les États qui l'ont signée.

3. – La présente Convention sera ouverte à l'adhésion de tous les États qui ne sont pas signataires, à partir de la date à laquelle elle sera ouverte à la signature.

4. – La ratification, l'acceptation, l'approbation ou l'adhésion s'effectuent par le dépôt d'un instrument en bonne et due forme à cet effet auprès du dépositaire.

**Article 16 –** 1. – La présente Convention entre en vigueur le premier jour du mois suivant l'expiration d'une période de six mois après la date du dépôt du troisième instrument de ratification, d'acceptation, d'approbation ou d'adhésion.

2. – Pour tout État qui ratifie, accepte ou approuve la présente Convention ou y adhère après le dépôt du troisième instrument de ratification, d'acceptation, d'approbation ou d'adhésion, la Convention entre en vigueur à l'égard de cet État le premier jour du mois suivant l'expiration d'une période de six mois après la date du dépôt de l'instrument de ratification, d'acceptation, d'approbation ou d'adhésion.

**Article 17 –** La présente Convention ne prévaut pas sur un traité déjà conclu ou à conclure; en particulier elle ne porte pas atteinte à la responsabilité qui pèse sur toute personne en vertu de traités existants ou futurs.

**Article 18 –** 1. – Tout État contractant qui comprend deux ou plusieurs unités territoriales dans lesquelles des systèmes de droit différents s'appliquent dans les matières régies par la présente Convention pourra, au moment de la signature, de la ratification, de l'acceptation, de l'approbation ou de l'adhésion, déclarer que la présente Convention s'appliquera à toutes ses unités territoriales ou seulement à l'une ou plusieurs d'entre elles et pourra à tout moment modifier cette déclaration par une nouvelle déclaration.

2. – Ces déclarations seront notifiées au dépositaire et désigneront expressément les unités territoriales auxquelles la Convention s'applique.

3. – Si en vertu d'une déclaration faite conformément au présent article, la présente Convention s'applique à l'une ou plusieurs des unités territoriales d'un État contractant, mais non pas à toutes et si l'établissement d'une partie est situé dans cet État, cet établissement sera considéré, aux fins de la présente Convention, comme n'étant pas situé dans un État contractant, à moins qu'il ne soit situé dans une unité territoriale à laquelle la Convention s'applique.

4. – Si un État contractant ne fait pas de déclaration en vertu du paragraphe 1, la Convention s'appliquera à l'ensemble du territoire de cet État.

**Article 19 –** 1. – Deux ou plusieurs États contractants qui, dans des matières régies par la présente Convention, appliquent des règles juridiques identiques ou voisines peuvent, à tout moment, déclarer que la Convention ne s'applique pas lorsque le fournisseur, le crédit-bailleur et le crédit-preneur ont leur établissement dans ces États. De telles déclarations peuvent être faites conjointement ou être unilatérales et réciproques.

2. – Tout État contractant qui, dans des matières régies par la présente Convention, applique des règles juridiques identiques ou voisines de celles d'un ou de plusieurs États non contractants peut, à tout moment, déclarer que la Convention ne

s'applique pas lorsque le fournisseur, le crédit-bailleur et le crédit-preneur ont leur établissement dans ces États.

3. – Lorsqu'un État à l'égard duquel une déclaration a été faite en vertu du paragraphe précédent devient par la suite un État contractant, la déclaration mentionnée aura, à partir de la date à laquelle la présente Convention entrera en vigueur à l'égard de ce nouvel État contractant, les effets d'une déclaration faite en vertu du paragraphe 1, à condition que le nouvel État contractant s'y associe ou fasse une déclaration unilatérale à titre réciproque.

**Article 20 –** Un État contractant peut, lors de la signature, de la ratification, de l'acceptation, de l'approbation ou de l'adhésion, déclarer qu'il substituera au paragraphe 3 de l'article 8 son droit interne si celui-ci ne permet pas au crédit-bailleur de s'exonérer de sa faute ou de sa négligence.

**Article 21 –** 1. – Les déclarations faites en vertu de la présente Convention lors de la signature sont sujettes à confirmation lors de la ratification, de l'acceptation ou de l'approbation.

2. – Les déclarations, et la confirmation des déclarations, seront faites par écrit et formellement notifiées au dépositaire.

3. – Les déclarations prendront effet à la date de l'entrée en vigueur de la présente Convention à l'égard de l'État déclarant. Cependant, les déclarations dont le dépositaire aura reçu notification formelle après cette date prendront effet le premier jour du mois suivant l'expiration d'une période de six mois à compter de la date de leur réception par le dépositaire. Les déclarations unilatérales et réciproques faites en vertu de l'article 19, prendront effet le premier jour du mois suivant l'expiration d'une période de six mois après la date de la réception de la dernière déclaration par le dépositaire.

4. – Tout État qui fait une déclaration en vertu de la présente Convention peut à tout moment la retirer par une notification formelle adressée par écrit au dépositaire. Ce retrait prendra effet le premier jour du mois suivant l'expiration d'une période de six mois après la date de réception de la notification par le dépositaire.

5. – Le retrait d'une déclaration faite en vertu de l'article 19 rendra caduque, à l'égard de l'État qui a fait le retrait, à partir de la date de sa prise d'effet, toute déclaration conjointe ou unilatérale et réciproque faite par un autre État en vertu de ce même article.

**Article 22 –** Aucune réserve n'est autorisée autre que celles qui sont expressément autorisées par la présente Convention.

**Article 23 –** La présente Convention s'applique à une opération de crédit-bail lorsque le contrat de crédit-bail et le contrat de fourniture sont tous deux conclus après l'entrée en vigueur de la Convention dans les États contractants visés à l'alinéa a) du paragraphe 1 de l'article 3, ou dans l'État ou les États contractants visés à l'alinéa b) du paragraphe 1 dudit article.

**Article 24 –** 1. – La présente Convention peut être dénoncée par l'un quelconque des États contractants à tout moment à compter de la date à laquelle elle entre en vigueur à l'égard de cet État.

2. – La dénonciation s'effectue par le dépôt d'un instrument à cet effet auprès du dépositaire.

3. – La dénonciation prend effet le premier jour du mois suivant l'expiration d'une période de six mois après la date du dépôt de l'instrument de dénonciation auprès du dépositaire. Lorsqu'une période plus longue pour la prise d'effet de la dénonciation est spécifiée dans l'instrument de dénonciation, celle-ci prend effet à l'expiration de la période en question après le dépôt de l'instrument de dénonciation auprès du dépositaire.

**Article 25 –** 1. – La présente Convention sera déposée auprès du Gouvernement du Canada.

2. – Le Gouvernement du Canada :

a) informe tous les États qui ont signé la présente Convention ou qui y ont adhéré et le Président de l'Institut international pour l'unification du droit privé (Unidroit) :

i) de toute signature nouvelle ou de tout dépôt d'instrument de ratification, d'acceptation, d'approbation ou d'adhésion et de la date à laquelle cette signature ou ce dépôt sont intervenus ;

ii) de toute déclaration, effectuée en vertu des articles 18, 19 et 20 ;

iii) du retrait de toute déclaration, effectué en vertu du paragraphe 4 de l'article 21 ;

iv) de la date d'entrée en vigueur de la présente Convention ;

v) du dépôt de tout instrument de dénonciation de la présente Convention, ainsi que de la date à laquelle ce dépôt est intervenu et de la date à laquelle la dénonciation prend effet ;

b) transmet des copies certifiées de la présente Convention à tous les États signataires et à tous les États qui y adhèrent, et au Président de l'Institut international pour l'unification du droit privé (Unidroit).

EN FOI DE QUOI les plénipotentiaires soussignés, dûment autorisés par leurs gouvernements respectifs, ont signé la présente Convention.

FAIT à Ottawa, le vingt-huit mai mil neuf cent quatre-vingt-huit, en un seul original, dont les textes anglais et français sont également authentiques.

# 71 Convention de Montréal du 28 mai 1999 pour l'unification de certaines règles relatives au transport aérien international

En vigueur depuis le 28 juin 2004



Reconnaissant l'importante contribution de la Convention pour l'unification de certains règles relatives au transport aérien international, signée à Varsovie le 12 octobre 1929, ci-après appelée la « Convention de Varsovie » et celle d'autres instruments connexes à l'harmonisation du droit aérien international privé,

Reconnaissant la nécessité de moderniser et de refondre la Convention de Varsovie et les instruments connexes,

Reconnaissant l'importance d'assurer la protection des intérêts des consommateurs dans le transport aérien international et la nécessité d'une indemnisation équitable fondée sur le principe de réparation,

Réaffirmant l'intérêt d'assurer le développement d'une exploitation ordonnée du transport aérien international et un acheminement sans heurt des passagers, des bagages et des marchandises, conformément aux principes et aux objectifs de la Convention relative à l'aviation civile internationale faite à Chicago le 7 décembre 1944,

Convaincus que l'adoption de mesures collectives par les États en vue d'harmoniser davantage et de codifier certaines règles régissant le transport aérien international est le meilleur moyen de réaliser un équilibre équitable des intérêts,

*Les États parties à la présente convention sont convenus de ce qui suit :*

## CHAPITRE PREMIER
## Généralités

### Article 1er – Champ d'application

1. La présente convention s'applique à tout transport international de personnes, bagages ou marchandises, effectué par aéronef contre rémunération. Elle s'applique

également aux transports gratuits effectués par aéronef par une entreprise de transport aérien.

2. Au sens de la présente convention, l'expression transport international s'entend de tout transport dans lequel, d'après les stipulations des parties, le point de départ et le point de destination, qu'il y ait ou non interruption de transport ou transbordement, sont situés soit sur le territoire de deux États parties, soit sur le territoire d'un seul État partie si une escale est prévue sur le territoire d'un autre État, même si cet État n'est pas un État partie. Le transport sans une telle escale entre deux points du territoire d'un seul État partie n'est pas considéré comme international au sens de la présente convention.

3. Le transport à exécuter par plusieurs transporteurs successifs est censé constituer pour l'application de la présente convention un transport unique lorsqu'il a été envisagé par les parties comme une seule opération, qu'il ait été conclu sous la forme d'un seul contrat ou d'une série de contrats, et il ne perd pas son caractère international par le fait qu'un seul contrat ou une série de contrats doivent être exécutés intégralement dans le territoire d'un même État.

4. La présente convention s'applique aussi aux transports visés au Chapitre V, sous réserve des dispositions dudit chapitre.

### Article 2 – Transport effectué par l'État et transport d'envois postaux

1. La présente convention s'applique aux transports effectués par l'État ou les autres personnes juridiques de droit public, dans les conditions prévues à l'article 1.

2. Dans le transport des envois postaux, le transporteur n'est responsable qu'envers l'administration postale compétente conformément aux règles applicables dans les rapports entre les transporteurs et les administrations postales.

3. Les dispositions de la présente convention autres que celles du paragraphe 2 ci-dessus ne s'appliquent pas au transport des envois postaux.

CHAPITRE II

## Documents et obligations des Parties relatifs au transport des passagers, des bagages et des marchandises

### Article 3 – Passagers et bagages

1. Dans le transport des passagers, un titre de transport individuel ou collectif doit être délivré contenant :

a) l'indication des points de départ et de destination;

b) si les points de départ et de destination sont situés sur le territoire d'un même État partie et si une ou plusieurs escales sont prévues sur le territoire d'un autre État, l'indication d'une de ces escales.

2. L'emploi de tout autre moyen constatant les indications qui figurent au paragraphe 1 peut se substituer à la délivrance du titre de transport mentionné dans ce paragraphe. Si un tel autre moyen est utilisé, le transporteur offrira de délivrer au passager un document écrit constatant les indications qui y sont consignées.

3. Le transporteur délivrera au passager une fiche d'identification pour chaque article de bagage enregistré.

4. Il sera donné au passager un avis écrit indiquant que, lorsque la présente convention s'applique, elle régit la responsabilité des transporteurs en cas de mort

ou de lésion ainsi qu'en cas de destruction, de perte ou d'avarie des bagages, ou de retard.

5. L'inobservation des dispositions des paragraphes précédents n'affecte ni l'existence ni la validité du contrat de transport, qui n'en sera pas moins soumis aux règles de la présente convention, y compris celles qui portent sur la limitation de la responsabilité.

### Article 4 – Marchandises

1. Pour le transport de marchandises, une lettre de transport aérien est émise.

2. L'emploi de tout autre moyen constatant les indications relatives au transport à exécuter peut se substituer à l'émission de la lettre de transport aérien. Si de tels autres moyens sont utilisés, le transporteur délivre à l'expéditeur, à la demande de ce dernier, un récépissé de marchandises permettant l'identification de l'expédition et l'accès aux indications enregistrées par ces autres moyens.

### Article 5 – Contenu de la lettre de transport aérien ou du récépissé de marchandises

La lettre de transport aérien ou le récépissé de marchandises contiennent :

a) l'indication des points de départ et de destination;

b) si les points de départ et de destination sont situés sur le territoire d'un même État partie et qu'une ou plusieurs escales sont prévues sur le territoire d'un autre État, l'indication d'une de ces escales;

c) La mention du poids de l'expédition.

### Article 6 – Document relatif à la nature de la marchandise

L'expéditeur peut être tenu pour accomplir les formalités nécessaires de douane, de police et d'autres autorités publiques d'émettre un document indiquant la nature de la marchandise. Cette disposition ne crée pour le transporteur aucun devoir, obligation ni responsabilité.

### Article 7 – Description de la lettre de transport aérien

1. La lettre de transport aérien est établie par l'expéditeur en trois exemplaires originaux.

2. Le premier exemplaire porte la mention « pour le transporteur »; il est signé par l'expéditeur. Le deuxième exemplaire porte la mention « pour le destinataire »; il est signé par l'expéditeur et le transporteur. Le troisième exemplaire est signé par le transporteur et remis par lui à l'expéditeur après acceptation de la marchandise.

3. La signature du transporteur et celle de l'expéditeur peuvent être imprimées ou remplacées par un timbre.

4. Si, à la demande de l'expéditeur, le transporteur établit la lettre de transport aérien, ce dernier est considéré, jusqu'à preuve du contraire, comme agissant au nom de l'expéditeur.

### Article 8 – Documents relatifs à plusieurs colis

Lorsqu'il y a plusieurs colis :

a) le transporteur de marchandises a le droit de demander à l'expéditeur l'établissement de lettres de transport aérien distinctes;

b) l'expéditeur a le droit de demander au transporteur la remise de récépissés de marchandises distincts, lorsque les autres moyens visés au paragraphe 2 de l'article 4 sont utilisés.

### Article 9 – Inobservation des dispositions relatives aux documents obligatoires

L'inobservation des dispositions des articles 4 à 8 n'affecte ni l'existence ni la validité du contrat de transport, qui n'en sera pas moins soumis aux règles de la présente convention, y compris celles qui portent sur la limitation de responsabilité.

### Article 10 – Responsabilité pour les indications portées dans les documents

1. L'expéditeur est responsable de l'exactitude des indications et déclarations concernant la marchandise inscrites par lui ou en son nom dans la lettre de transport aérien, ainsi que de celles fournies et faites par lui ou en son nom au transporteur en vue d'être insérées dans le récépissé de marchandises ou pour insertion dans les données enregistrées par les autres moyens prévus au paragraphe 2 de l'article 4. Ces dispositions s'appliquent aussi au cas où la personne agissant au nom de l'expéditeur est également l'agent du transporteur.

2. L'expéditeur assume la responsabilité de tout dommage subi par le transporteur ou par toute autre personne à l'égard de laquelle la responsabilité du transporteur est engagée, en raison d'indications et de déclarations irrégulières, inexactes ou incomplètes fournies et faites par lui ou en son nom.

3. Sous réserve des dispositions des paragraphes 1 et 2 du présent article, le transporteur assume la responsabilité de tout dommage subi par l'expéditeur ou par toute autre personne à l'égard de laquelle la responsabilité de l'expéditeur est engagée, en raison d'indications et de déclarations irrégulières, inexactes ou incomplètes insérées par lui ou en son nom dans le récépissé de marchandises ou dans les données enregistrées par les autres moyens prévus au paragraphe 2 de l'article 4.

### Article 11 – Valeur probante des documents

1. La lettre de transport aérien et le récépissé de marchandises font foi, jusqu'à preuve du contraire, de la conclusion du contrat, de la réception de la marchandise et des conditions du transport qui y figurent.

2. Les énonciations de la lettre de transport aérien et du récépissé de marchandises, relatives au poids, aux dimensions et à l'emballage de la marchandise ainsi qu'au nombre des colis, font foi jusqu'à preuve du contraire; celles relatives à la quantité, au volume et à l'état de la marchandise ne font preuve contre le transporteur que si la vérification en a été faite par lui en présence de l'expéditeur, et constatée sur la lettre de transport aérien, ou s'il s'agit d'énonciations relatives à l'état apparent de la marchandise.

### Article 12 – Droit de disposer de la marchandise

1. L'expéditeur a le droit, à la condition d'exécuter toutes les obligations résultant du contrat de transport, de disposer de la marchandise soit en la retirant à l'aéroport de départ ou de destination, soit en l'arrêtant en cours de route lors d'un atterrissage, soit en la faisant livrer au lieu de destination ou en cours de route à une personne autre que le destinataire initialement désigné, soit en demandant son

retour à l'aéroport de départ, pour autant que l'exercice de ce droit ne porte préjudice ni au transporteur ni aux autres expéditeurs et avec l'obligation de rembourser les frais qui en résultent.

2. Dans le cas où l'exécution des instructions de l'expéditeur est impossible, le transporteur doit l'en aviser immédiatement.

3. Si le transporteur exécute les instructions de disposition de l'expéditeur, sans exiger la production de l'exemplaire de la lettre de transport aérien ou du récépissé de la marchandise délivré à celui-ci, il sera responsable, sauf son recours contre l'expéditeur, du préjudice qui pourra être causé par ce fait à celui qui est régulièrement en possession de la lettre de transport aérien ou du récépissé de la marchandise.

4. Le droit de l'expéditeur cesse au moment où celui du destinataire commence, conformément à l'article 13. Toutefois, si le destinataire refuse la marchandise, ou s'il ne peut être joint, l'expéditeur reprend son droit de disposition.

## Article 13 – Livraison de la marchandise

1. Sauf lorsque l'expéditeur a exercé le droit qu'il tient de l'article 12, le destinataire a le droit, dès l'arrivée de la marchandise au point de destination, de demander au transporteur de lui livrer la marchandise contre le paiement du montant des créances et contre l'exécution des conditions de transport.

2. Sauf stipulation contraire, le transporteur doit aviser le destinataire dès l'arrivée de la marchandise.

3. Si la perte de la marchandise est reconnue par le transporteur ou si, à l'expiration d'un délai de sept jours après qu'elle aurait dû arriver, la marchandise n'est pas arrivée, le destinataire est autorisé à faire valoir vis-à-vis du transporteur les droits résultant du contrat de transport.

## Article 14 – Possibilité de faire valoir les droits de l'expéditeur et du destinataire

L'expéditeur et le destinataire peuvent faire valoir tous les droits qui leur sont respectivement conférés par les articles 12 et 13, chacun en son nom propre, qu'il agisse dans son propre intérêt ou dans l'intérêt d'autrui, à condition d'exécuter les obligations que le contrat de transport impose.

## Article 15 – Rapports entre l'expéditeur et le destinataire ou rapports entre les tierces parties

1. Les articles 12, 13 et 14 ne portent préjudice ni aux rapports entre l'expéditeur et le destinataire, ni aux rapports mutuels des tierces parties dont les droits proviennent de l'expéditeur ou du destinataire.

2. Toute clause dérogeant aux dispositions des articles 12, 13 et 14 doit être inscrite dans la lettre de transport aérien ou dans le récépissé de marchandises.

## Article 16 – Formalités de douane, de police ou d'autres autorités publiques

1. L'expéditeur est tenu de fournir les renseignements et les documents qui, avant la remise de la marchandise au destinataire, sont nécessaires à l'accomplissement des formalités de douane, de police ou d'autres autorités publiques. L'expéditeur est responsable envers le transporteur de tous dommages qui pourraient résulter de

l'absence, de l'insuffisance ou de l'irrégularité de ces renseignements et pièces, sauf le cas de faute de la part du transporteur ou de ses préposés ou mandataires.

2. Le transporteur n'est pas tenu d'examiner si ces renseignements et documents sont exacts ou suffisants.

CHAPITRE III

## Responsabilité du transporteur et étendue de l'indemnisation du préjudice

### Article 17 – Mort ou lésion subie par le passager – Dommage causé aux bagages

1. Le transporteur est responsable du préjudice survenu en cas de mort ou de lésion corporelle subie par un passager, par cela seul que l'accident qui a causé la mort ou la lésion s'est produit à bord de l'aéronef ou au cours de toutes opérations d'embarquement ou de débarquement.

2. Le transporteur est responsable du dommage survenu en cas de destruction, perte ou avarie de bagages enregistrés, par cela seul que le fait qui a causé la destruction, la perte ou l'avarie s'est produit à bord de l'aéronef ou au cours de toute période durant laquelle le transporteur avait la garde des bagages enregistrés.

Toutefois, le transporteur n'est pas responsable si et dans la mesure où le dommage résulte de la nature ou du vice propre des bagages. Dans le cas des bagages non enregistrés, notamment des effets personnels, le transporteur est responsable si le dommage résulte de sa faute ou de celle de ses préposés ou mandataires.

3. Si le transporteur admet la perte des bagages enregistrés ou si les bagages enregistrés ne sont pas arrivés à destination dans les vingt et un jours qui suivent la date à laquelle ils auraient dû arriver, le passager est autorisé à faire valoir contre le transporteur les droits qui découlent du contrat de transport.

4. Sous réserve de dispositions contraires, dans la présente convention le terme « bagages » désigne les bagages enregistrés aussi bien que les bagages non enregistrés.

### Article 18 – Dommage causé à la marchandise

1. Le transporteur est responsable du dommage survenu en cas de destruction, perte ou avarie de la marchandise par cela seul que le fait qui a causé le dommage s'est produit pendant le transport aérien.

2. Toutefois, le transporteur n'est pas responsable s'il établit, et dans la mesure où il établit, que la destruction, la perte ou l'avarie de la marchandise résulte de l'un ou de plusieurs des faits suivants :

a) la nature ou le vice propre de la marchandise;

b) l'emballage défectueux de la marchandise par une personne autre que le transporteur ou ses préposés ou mandataires;

c) un fait de guerre ou un conflit armé;

d) un acte de l'autorité publique accompli en relation avec l'entrée, la sortie ou le transit de la marchandise.

3. Le transport aérien, au sens du paragraphe 1 du présent article, comprend la période pendant laquelle la marchandise se trouve sous la garde du transporteur.

4. La période du transport aérien ne couvre aucun transport terrestre, maritime ou par voie d'eau intérieure effectué en dehors d'un aéroport. Toutefois, lorsqu'un tel

transport est effectué dans l'exécution du contrat de transport aérien en vue du chargement, de la livraison ou du transbordement, tout dommage est présumé, sauf preuve du contraire, résulter d'un fait survenu pendant le transport aérien. Si, sans le consentement de l'expéditeur, le transporteur remplace en totalité ou en partie le transport convenu dans l'entente conclue entre les parties comme étant le transport par voie aérienne, par un autre mode de transport, ce transport par un autre mode sera considéré comme faisant partie de la période du transport aérien.

### Article 19 – Retard

Le transporteur est responsable du dommage résultant d'un retard dans le transport aérien de passagers, de bagages ou de marchandises. Cependant, le transporteur n'est pas responsable du dommage causé par un retard s'il prouve que lui, ses préposés et mandataires ont pris toutes les mesures qui pouvaient raisonnablement s'imposer pour éviter le dommage, ou qu'il leur était impossible de les prendre.

### Article 20 – Exonération

Dans le cas où il fait la preuve que la négligence ou un autre acte ou omission préjudiciable de la personne qui demande réparation ou de la personne dont elle tient ses droits a causé le dommage ou y a contribué, le transporteur est exonéré en tout ou en partie de sa responsabilité à l'égard de cette personne, dans la mesure où cette négligence ou cet autre acte ou omission préjudiciable a causé le dommage ou y a contribué. Lorsqu'une demande en réparation est introduite par une personne autre que le passager, en raison de la mort ou d'une lésion subie par ce dernier, le transporteur est également exonéré en tout ou en partie de sa responsabilité dans la mesure où il prouve que la négligence ou un autre acte ou omission préjudiciable de ce passager a causé le dommage ou y a contribué. Le présent article s'applique à toutes les dispositions de la convention en matière de responsabilité, y compris le paragraphe 1 de l'article 21.

### Article 21 – Indemnisation en cas de mort ou de lésion subie par le passager

1. Pour les dommages visés au paragraphe 1 de l'article 17 et ne dépassant pas 100 000 droits de tirage spéciaux par passager, le transporteur ne peut exclure ou limiter sa responsabilité.

2. Le transporteur n'est pas responsable des dommages visés au paragraphe 1 de l'article 17 dans la mesure où ils dépassent 100 000 droits de tirage spéciaux par passager, s'il prouve :

a) que le dommage n'est pas dû à la négligence ou à un autre acte ou omission préjudiciable du transporteur, de ses préposés ou de ses mandataires, ou

b) que ces dommages résultent uniquement de la négligence ou d'un autre acte ou omission préjudiciable d'un tiers.

### Article 22 – Limites de responsabilité relatives aux retards, aux bagages et aux marchandises

1. En cas de dommage subi par des passagers résultant d'un retard, aux termes de l'article 19, la responsabilité du transporteur est limitée à la somme de 4 150 droits de tirage spéciaux par passager.

2. Dans le transport de bagages, la responsabilité du transporteur en cas de destruction, perte, avarie ou retard est limitée à la somme de 1 000 droits de tirage spéciaux par passager, sauf déclaration spéciale d'intérêt à la livraison faite par le passager au moment de la remise des bagages enregistrés au transporteur et moyennant le paiement éventuel d'une somme supplémentaire. Dans ce cas, le transporteur sera tenu de payer jusqu'à concurrence de la somme déclarée, à moins qu'il prouve qu'elle est supérieure à l'intérêt réel du passager à la livraison.

3. Dans le transport de marchandises, la responsabilité du transporteur, en cas de destruction, de perte, d'avarie ou de retard, est limitée à la somme de 17 droits de tirage spéciaux par kilogramme, sauf déclaration spéciale d'intérêt à la livraison faite par l'expéditeur au moment de la remise du colis au transporteur et moyennant le paiement d'une somme supplémentaire éventuelle. Dans ce cas, le transporteur sera tenu de payer jusqu'à concurrence de la somme déclarée, à moins qu'il prouve qu'elle est supérieure à l'intérêt réel de l'expéditeur à la livraison.

4. En cas de destruction, de perte, d'avarie ou de retard d'une partie des marchandises, ou de tout objet qui y est contenu, seul le poids total du ou des colis dont il s'agit est pris en considération pour déterminer la limite de responsabilité du transporteur. Toutefois, lorsque la destruction, la perte, l'avarie ou le retard d'une partie des marchandises, ou d'un objet qui y est contenu, affecte la valeur d'autres colis couverts par la même lettre de transport aérien ou par le même récépissé ou, en l'absence de ces documents, par les mêmes indications consignées par les autres moyens visés à l'article 4, paragraphe 2, le poids total de ces colis doit être pris en considération pour déterminer la limite de responsabilité.

5. Les dispositions des paragraphes 1 et 2 du présent article ne s'appliquent pas s'il est prouvé que le dommage résulte d'un acte ou d'une omission du transporteur, de ses préposés ou de ses mandataires, fait soit avec l'intention de provoquer un dommage, soit témérairement et avec conscience qu'un dommage en résultera probablement, pour autant que, dans le cas d'un acte ou d'une omission de préposés ou de mandataires, la preuve soit également apportée que ceux-ci ont agi dans l'exercice de leurs fonctions.

6. Les limites fixées par l'article 21 et par le présent article n'ont pas pour effet d'enlever au tribunal la faculté d'allouer en outre, conformément à sa loi, une somme correspondant à tout ou partie des dépens et autres frais de procès exposés par le demandeur, intérêts compris. La disposition précédente ne s'applique pas lorsque le montant de l'indemnité allouée, non compris les dépens et autres frais de procès, ne dépasse pas la somme que le transporteur a offerte par écrit au demandeur dans un délai de six mois à dater du fait qui a causé le dommage ou avant l'introduction de l'instance si celle-ci est postérieure à ce délai.

### Article 23 – Conversion des unités monétaires

1. Les sommes indiquées en droits de tirage spéciaux dans la présente convention sont considérées comme se rapportant au droit de tirage spécial tel que défini par le Fonds monétaire international. La conversion de ces sommes en monnaies nationales s'effectuera, en cas d'instance judiciaire, suivant la valeur de ces monnaies en droit de tirage spécial à la date du jugement. La valeur, en droit de tirage spécial, d'une monnaie nationale d'un État partie qui est membre du Fonds monétaire international, est calculée selon la méthode d'évaluation appliquée par le Fonds monétaire international à la date du jugement pour ses propres opérations et transactions. La valeur, en droit de tirage spécial, d'une monnaie nationale d'un État partie qui

n'est pas membre du Fonds monétaire international, est calculée de la façon déterminée par cet État.

2. Toutefois, les États qui ne sont pas membres du Fonds monétaire international et dont la législation ne permet pas d'appliquer les dispositions du paragraphe 1 du présent article, peuvent, au moment de la ratification ou de l'adhésion, ou à tout moment par la suite, déclarer que la limite de responsabilité du transporteur prescrite à l'article 21 est fixée, dans les procédures judiciaires sur leur territoire, à la somme de 1 500 000 unités monétaires par passager; 62 500 unités monétaires par passager pour ce qui concerne le paragraphe 1 de l'article 22; et 250 unités monétaires par kilogramme pour ce qui concerne le paragraphe 3 de l'article 22. Cette unité monétaire correspond à soixante-cinq milligrammes et demi d'or au titre de neuf cents millièmes de fin. Les sommes peuvent être converties dans la monnaie nationale concernée en chiffres ronds. La conversion de ces sommes en monnaie nationale s'effectuera conformément à la législation de l'État en cause.

3. Le calcul mentionné dans la dernière phrase du paragraphe 1 du présent article et la conversion mentionnée au paragraphe 2 du présent article sont effectués de façon à exprimer en monnaie nationale de l'État partie la même valeur réelle, dans la mesure du possible, pour les montants prévus aux articles 21 et 22, que celle qui découlerait de l'application des trois premières phrases du paragraphe 1 du présent article. Les États parties communiquent au dépositaire leur méthode de calcul conformément au paragraphe 1 du présent article ou les résultats de la conversion conformément au paragraphe 2 du présent article, selon le cas, lors du dépôt de leur instrument de ratification, d'acceptation ou d'approbation de la présente convention ou d'adhésion à celle-ci et chaque fois qu'un changement se produit dans cette méthode de calcul ou dans ces résultats.

### Article 24 – Révision des limites

1. Sans préjudice des dispositions de l'article 25 de la présente convention et sous réserve du paragraphe 2 ci-dessous, les limites de responsabilité prescrites aux articles 21, 22 et 23 sont révisées par le dépositaire tous les cinq ans, la première révision intervenant à la fin de la cinquième année suivant la date d'entrée en vigueur de la présente convention, ou si la convention n'entre pas en vigueur dans les cinq ans qui suivent la date à laquelle elle est pour la première fois ouverte à la signature, dans l'année de son entrée en vigueur, moyennant l'application d'un coefficient pour inflation correspondant au taux cumulatif de l'inflation depuis la révision précédente ou, dans le cas d'une première révision, depuis la date d'entrée en vigueur de la convention. La mesure du taux d'inflation à utiliser pour déterminer le coefficient pour inflation est la moyenne pondérée des taux annuels de la hausse ou de la baisse des indices de prix à la consommation des États dont les monnaies composent le droit de tirage spécial cité au paragraphe 1 de l'article 23.

2. Si la révision mentionnée au paragraphe précédent conclut que le coefficient pour inflation a dépassé 10 %, le dépositaire notifie aux États parties une révision des limites de responsabilité. Toute révision ainsi adoptée prend effet six mois après sa notification aux États parties. Si, dans les trois mois qui suivent cette notification aux États parties, une majorité des États parties notifie sa désapprobation, la révision ne prend pas effet et le dépositaire renvoie la question à une réunion des États parties. Le dépositaire notifie immédiatement à tous les États parties l'entrée en vigueur de toute révision.

3. Nonobstant le paragraphe 1 du présent article, la procédure évoquée au paragraphe 2 du présent article est applicable à tout moment, à condition qu'un tiers des États parties exprime un souhait dans ce sens et à condition que le coefficient pour inflation visé au paragraphe 1 soit supérieur à 30 % de ce qu'il était à la date de la révision précédente ou à la date d'entrée en vigueur de la présente convention s'il n'y a pas eu de révision antérieure. Les révisions ultérieures selon la procédure décrite au paragraphe 1 du présent article interviennent tous les cinq ans à partir de la fin de la cinquième année suivant la date de la révision intervenue en vertu du présent paragraphe.

### Article 25 – Stipulation de limites

Un transporteur peut stipuler que le contrat de transport peut fixer des limites de responsabilité plus élevées que celles qui sont prévues dans la présente convention, ou ne comporter aucune limite de responsabilité.

### Article 26 – Nullité des dispositions contractuelles

Toute clause tendant à exonérer le transporteur de sa responsabilité ou à établir une limite inférieure à celle qui est fixée dans la présente convention est nulle et de nul effet, mais la nullité de cette clause n'entraîne pas la nullité du contrat qui reste soumis aux dispositions de la présente convention.

### Article 27 – Liberté de contracter

Rien dans la présente convention ne peut empêcher un transporteur de refuser la conclusion d'un contrat de transport, de renoncer aux moyens de défense qui lui sont donnés en vertu de la présente convention ou d'établir des conditions qui ne sont pas en contradiction avec les dispositions de la présente convention.

### Article 28 – Paiements anticipés

En cas d'accident d'aviation entraînant la mort ou la lésion de passagers, le transporteur, s'il y est tenu par la législation de son pays, versera sans retard des avances aux personnes physiques qui ont droit à un dédommagement pour leur permettre de subvenir à leurs besoins économiques immédiats. Ces avances ne constituent pas une reconnaissance de responsabilité et elles peuvent être déduites des montants versés ultérieurement par le transporteur à titre de dédommagement.

### Article 29 – Principe des recours

Dans le transport de passagers, de bagages et de marchandises, toute action en dommages-intérêts, à quelque titre que ce soit, en vertu de la présente convention, en raison d'un contrat ou d'un acte illicite ou pour toute autre cause, ne peut être exercée que dans les conditions et limites de responsabilité prévues par la présente convention, sans préjudice de la détermination des personnes qui ont le droit d'agir et de leurs droits respectifs. Dans toute action de ce genre, on ne pourra pas obtenir de dommages-intérêts punitifs ou exemplaires ni de dommages à un titre autre que la réparation.

### Article 30 – Préposés, mandataires • Montant total de la réparation

1. Si une action est intentée contre un préposé ou un mandataire du transporteur à la suite d'un dommage visé par la présente convention, ce préposé ou mandataire,

s'il prouve qu'il a agi dans l'exercice de ses fonctions, pourra se prévaloir des conditions et des limites de responsabilité que peut invoquer le transporteur en vertu de la présente convention.

2. Le montant total de la réparation qui, dans ce cas, peut être obtenu du transporteur, de ses préposés et de ses mandataires, ne doit pas dépasser lesdites limites.

3. Sauf pour le transport de marchandises, les dispositions des paragraphes 1 et 2 du présent article ne s'appliquent pas s'il est prouvé que le dommage résulte d'un acte ou d'une omission du préposé ou du mandataire, fait soit avec l'intention de provoquer un dommage, soit témérairement et avec conscience qu'un dommage en résultera probablement.

### Article 31 – Délais de protestation

1. La réception des bagages enregistrés et des marchandises sans protestation par le destinataire constituera présomption, sauf preuve du contraire, que les bagages et marchandises ont été livrés en bon état et conformément au titre de transport ou aux indications consignées par les autres moyens visés à l'article 3, paragraphe 2, et à l'article 4, paragraphe 2.

2. En cas d'avarie, le destinataire doit adresser au transporteur une protestation immédiatement après la découverte de l'avarie et, au plus tard, dans un délai de sept jours pour les bagages enregistrés et de quatorze jours pour les marchandises à dater de leur réception. En cas de retard, la protestation devra être faite au plus tard dans les vingt et un jours à dater du jour où le bagage ou la marchandise auront été mis à sa disposition.

3. Toute protestation doit être faite par réserve écrite et remise ou expédiée dans le délai prévu pour cette protestation.

4. À défaut de protestation dans les délais prévus, toutes actions contre le transporteur sont irrecevables, sauf le cas de fraude de celui-ci.

### Article 32 – Décès de la personne responsable

En cas de décès de la personne responsable, une action en responsabilité est recevable, conformément aux dispositions de la présente convention, à l'encontre de ceux qui représentent juridiquement sa succession.

### Article 33 – Juridiction compétente

1. L'action en responsabilité devra être portée, au choix du demandeur, dans le territoire d'un des États Parties, soit devant le tribunal du domicile du transporteur, du siège principal de son exploitation ou du lieu où il possède un établissement par le soin duquel le contrat a été conclu, soit devant le tribunal du lieu de destination.

2. En ce qui concerne le dommage résultant de la mort ou d'une lésion corporelle subie par un passager, l'action en responsabilité peut être intentée devant l'un des tribunaux mentionnés au paragraphe 1 du présent article ou, eu égard aux spécificités du transport aérien, sur le territoire d'un État partie où le passager a sa résidence principale et permanente au moment de l'accident et vers lequel ou à partir duquel le transporteur exploite des services de transport aérien, soit avec ses propres aéronefs, soit avec les aéronefs d'un autre transporteur en vertu d'un accord commercial, et dans lequel ce transporteur mène ses activités de transport aérien à partir de locaux que lui-même ou un autre transporteur avec lequel il a conclu un accord commercial loue ou possède.

3. Aux fins du paragraphe 2 :

a) « accord commercial » signifie un accord autre qu'un accord d'agence conclu entre des transporteurs et portant sur la prestation de services communs de transport aérien de passagers ;

b) « résidence principale et permanente » désigne le lieu unique de séjour fixe et permanent du passager au moment de l'accident. La nationalité du passager ne sera pas le facteur déterminant à cet égard.

4. La procédure sera régie selon le droit du tribunal saisi de l'affaire.

## Article 34 – Arbitrage

1. Sous réserve des dispositions du présent article, les parties au contrat de transport de fret peuvent stipuler que tout différend relatif à la responsabilité du transporteur en vertu de la présente convention sera réglé par arbitrage. Cette entente sera consignée par écrit.

2. La procédure d'arbitrage se déroulera, au choix du demandeur, dans l'un des lieux de compétence des tribunaux prévus à l'article 33.

3. L'arbitre ou le tribunal arbitral appliquera les dispositions de la présente convention.

4. Les dispositions des paragraphes 2 et 3 du présent article seront réputées faire partie de toute clause ou de tout accord arbitral, et toute disposition contraire à telle clause ou à tel accord arbitral sera nulle et de nul effet.

## Article 35 – Délai de recours

1. L'action en responsabilité doit être intentée, sous peine de déchéance, dans le délai de deux ans à compter de l'arrivée à destination, ou du jour où l'aéronef aurait dû arriver, ou de l'arrêt du transport. 2. Le mode du calcul du délai est déterminé par la loi du tribunal saisi.

## Article 36 – Transporteurs successifs

1. Dans les cas de transport régis par la définition du paragraphe 3 de l'article 1er, à exécuter par divers transporteurs successifs, chaque transporteur acceptant des voyageurs, des bagages ou des marchandises est soumis aux règles établies par la présente convention, et est censé être une des parties du contrat de transport, pour autant que ce contrat ait trait à la partie du transport effectuée sous son contrôle.

2. Au cas d'un tel transport, le passager ou ses ayants droit ne pourront recourir que contre le transporteur ayant effectué le transport au cours duquel l'accident ou le retard s'est produit, sauf dans le cas où, par stipulation expresse, le premier transporteur aura assuré la responsabilité pour tout le voyage.

3. S'il s'agit de bagages ou de marchandises, le passager ou l'expéditeur aura recours contre le premier transporteur, et le destinataire ou le passager qui a le droit à la délivrance contre le dernier, et l'un et l'autre pourront, en outre, agir contre le transporteur ayant effectué le transport au cours duquel la destruction, la perte, l'avarie ou le retard se sont produits. Ces transporteurs seront solidairement responsables envers le passager, ou l'expéditeur ou le destinataire.

## Article 37 – Droit de recours contre des tiers

La présente convention ne préjuge en aucune manière la question de savoir si la personne tenue pour responsable en vertu de ses dispositions a ou non un recours contre toute autre personne.

CHAPITRE IV

## Transport intermodal

### Article 38 – Transport intermodal

1. Dans le cas de transport intermodal effectué en partie par air et en partie par tout autre moyen de transport, les dispositions de la présente convention ne s'appliquent, sous réserve du paragraphe 4 de l'article 18, qu'au transport aérien et si celui-ci répond aux conditions de l'article 1er.

2. Rien dans la présente convention n'empêche les parties, dans le cas de transport intermodal, d'insérer dans le titre de transport aérien des conditions relatives à d'autres modes de transport, à condition que les stipulations de la présente convention soient respectées en ce qui concerne le transport par air.

CHAPITRE V

## Transport aérien effectué par une personne autre que le transporteur contractuel

### Article 39 – Transporteur contractuel • Transporteur de fait

Les dispositions du présent chapitre s'appliquent lorsqu'une personne (ci-après dénommée « transporteur contractuel ») conclut un contrat de transport régi par la présente convention avec un passager ou un expéditeur ou avec une personne agissant pour le compte du passager ou de l'expéditeur, et qu'une autre personne (ci-après dénommée « transporteur de fait ») effectue, en vertu d'une autorisation donnée par le transporteur contractuel, tout ou partie du transport, mais n'est pas, en ce qui concerne cette partie, un transporteur successif au sens de la présente convention. Cette autorisation est présumée, sauf preuve contraire.

### Article 40 – Responsabilité respective du transporteur contractuel et du transporteur de fait

Sauf disposition contraire du présent chapitre, si un transporteur de fait effectue tout ou partie du transport qui, conformément au contrat visé à l'article 39, est régi par la présente convention, le transporteur contractuel et le transporteur de fait sont soumis aux règles de la présente convention, le premier pour la totalité du transport envisagé dans le contrat, le second seulement pour le transport qu'il effectue.

### Article 41 – Attribution mutuelle

1. Les actes et omissions du transporteur de fait ou de ses préposés et mandataires agissant dans l'exercice de leurs fonctions, relatifs au transport effectué par le transporteur de fait, sont réputés être également ceux du transporteur contractuel.

2. Les actes et omissions du transporteur contractuel ou de ses préposés et mandataires agissant dans l'exercice de leurs fonctions, relatifs au transport effectué par le transporteur de fait, sont réputés être également ceux du transporteur de fait. Toutefois, aucun de ces actes ou omissions ne pourra soumettre le transporteur de fait à une responsabilité dépassant les montants prévus aux articles 21, 22, 23 et 24. Aucun accord spécial aux termes duquel le transporteur contractuel assume des obligations que n'impose pas la présente convention, aucune renonciation à des droits ou moyens de défense prévus par la présente convention ou aucune déclara-

tion spéciale d'intérêt à la livraison, visée à l'article 22 de la présente convention, n'auront d'effet à l'égard du transporteur de fait, sauf consentement de ce dernier.

### Article 42 – Notification des ordres et protestations

Les instructions ou protestations à notifier au transporteur, en application de la présente convention, ont le même effet qu'elles soient adressées au transporteur contractuel ou au transporteur de fait. Toutefois, les instructions visées à l'article 12 n'ont d'effet que si elles sont adressées au transporteur contractuel.

### Article 43 – Préposés et mandataires

En ce qui concerne le transport effectué par le transporteur de fait, tout préposé ou mandataire de ce transporteur ou du transporteur contractuel, s'il prouve qu'il a agi dans l'exercice de ses fonctions, peut se prévaloir des conditions et des limites de responsabilité applicables, en vertu de la présente convention, au transporteur dont il est le préposé ou le mandataire, sauf s'il est prouvé qu'il a agi de telle façon que les limites de responsabilité ne puissent être invoquées conformément à la présente convention.

### Article 44 – Cumul de la réparation

En ce qui concerne le transport effectué par le transporteur de fait, le montant total de la réparation qui peut être obtenu de ce transporteur, du transporteur contractuel et de leurs préposés et mandataires quand ils ont agi dans l'exercice de leurs fonctions, ne peut pas dépasser l'indemnité la plus élevée qui peut être mise à charge soit du transporteur contractuel, soit du transporteur de fait, en vertu de la présente convention, sous réserve qu'aucune des personnes mentionnées dans le présent article ne puisse être tenue pour responsable au-delà de la limite applicable à cette personne.

### Article 45 – Notification des actions en responsabilité

Toute action en responsabilité, relative au transport effectué par le transporteur de fait, peut être intentée, au choix du demandeur, contre ce transporteur ou le transporteur contractuel ou contre l'un et l'autre, conjointement ou séparément. Si l'action est intentée contre l'un seulement de ces transporteurs, ledit transporteur aura le droit d'appeler l'autre transporteur en intervention devant le tribunal saisi, les effets de cette intervention ainsi que la procédure qui lui est applicable étant réglés par la loi de ce tribunal.

### Article 46 – Juridiction annexe

Toute action en responsabilité, prévue à l'article 45, doit être portée, au choix du demandeur, sur le territoire d'un des États parties, soit devant l'un des tribunaux où une action peut être intentée contre le transporteur contractuel, conformément à l'article 33, soit devant le tribunal du domicile du transporteur de fait ou du siège principal de son exploitation.

### Article 47 – Nullité des dispositions contractuelles

Toute clause tendant à exonérer le transporteur contractuel ou le transporteur de fait de leur responsabilité en vertu du présent chapitre ou à établir une limite inférieure à celle qui est fixée dans le présent chapitre est nulle et de nul effet, mais la nullité de cette clause n'entraîne pas la nullité du contrat qui reste soumis aux dispositions du présent chapitre.

### Article 48 – Rapports entre transporteur contractuel et transporteur de fait

Sous réserve de l'article 45, aucune disposition du présent chapitre ne peut être interprétée comme affectant les droits et obligations existant entre les transporteurs, y compris tous droits à un recours ou dédommagement.

CHAPITRE VI

## Autres dispositions

### Article 49 – Obligation d'application

Sont nulles et de nul effet toutes clauses du contrat de transport et toutes conventions particulières antérieures au dommage par lesquelles les parties dérogeraient aux règles de la présente convention soit par une détermination de la loi applicable, soit par une modification des règles de compétence.

### Article 50 – Assurance

Les États parties exigent que leurs transporteurs contractent une assurance suffisante pour couvrir la responsabilité qui leur incombe aux termes de la présente convention. Un transporteur peut être tenu, par l'État partie à destination duquel il exploite des services, de fournir la preuve qu'il maintient une assurance suffisante couvrant sa responsabilité au titre de la présente convention.

### Article 51 – Transport effectué dans des circonstances extraordinaires

Les dispositions des articles 3 à 5, 7 et 8 relatives aux titres de transport ne sont pas applicables au transport effectué dans des circonstances extraordinaires en dehors de toute opération normale de l'exploitation d'un transporteur.

### Article 52 – Définition du terme « jour »

Lorsque dans la présente convention il est question de jours, il s'agit de jours courants et non de jours ouvrables.

CHAPITRE VII

## Dispositions protocolaires

### Article 53 – Signature, ratification et entrée en vigueur

1. La présente convention est ouverte à Montréal le 28 mai 1999 à la signature des États participant à la Conférence internationale de droit aérien, tenue à Montréal du 10 au 28 mai 1999. Après le 28 mai 1999, la Convention sera ouverte à la signature de tous les États au siège de l'Organisation de l'aviation civile internationale à Montréal jusqu'à ce qu'elle entre en vigueur conformément au paragraphe 6 du présent article.

2. De même, la présente convention sera ouverte à la signature des organisations régionales d'intégration économique. Pour l'application de la présente convention, une « organisation régionale d'intégration économique » est une organisation constituée d'États souverains d'une région donnée qui a compétence sur certaines matières régies par la Convention et qui a été dûment autorisée à signer et à ratifier, accepter, approuver ou adhérer à la présente convention. Sauf au paragraphe 2 de l'article 1er, au paragraphe 1, alinéa b), de l'article 3, à l'alinéa b) de l'article 5, aux articles 23, 33, 46 et à l'alinéa b) de l'article 57, toute mention faite d'un « État partie » ou « d'États parties » s'applique également aux organisations régionales d'intégration économique. Pour l'application de l'article 24, les mentions faites d'« une majorité des États parties » et d'« un tiers des États parties » ne s'appliquent pas aux organisations régionales d'intégration économique.

3. La présente convention est soumise à la ratification des États et des organisations d'intégration économique qui l'ont signée.

4. Tout État ou organisation régionale d'intégration économique qui ne signe pas la présente convention peut l'accepter, l'approuver ou y adhérer à tout moment.

5. Les instruments de ratification d'acceptation, d'approbation ou d'adhésion seront déposés auprès de l'Organisation de l'aviation civile internationale, qui est désignée par les présentes comme dépositaire.

6. La présente convention entrera en vigueur le soixantième jour après la date du dépôt auprès du dépositaire du trentième instrument de ratification, d'acceptation, d'approbation ou d'adhésion et entre les États qui ont déposé un tel instrument. Les instruments déposés par les organisations régionales d'intégration économique ne seront pas comptées aux fins du présent paragraphe.

7. Pour les autres États et pour les autres organisations régionales d'intégration économique, la présente convention prendra effet soixante jours après la date du dépôt d'un instrument de ratification, d'acceptation, d'approbation ou d'adhésion.

8. Le dépositaire notifiera rapidement à tous les signataires et à tous les États parties :

a) chaque signature de la présente convention ainsi que sa date;

b) chaque dépôt d'un instrument de ratification, d'acceptation, d'approbation ou d'adhésion ainsi que sa date;

c) la date d'entrée en vigueur de la présente convention;

d) la date d'entrée en vigueur de toute révision des limites de responsabilité établies en vertu de la présente convention;

e) toute dénonciation au titre de l'article 54.

## Article 54 – Dénonciation

1. Tout État partie peut dénoncer la présente convention par notification écrite adressée au dépositaire.

2. La dénonciation prendra effet cent quatre-vingts jours après la date à laquelle le dépositaire aura reçu la notification.

## Article 55 – Relations avec les autres instruments de la Convention de Varsovie

La présente convention l'emporte sur toutes règles s'appliquant au transport international par voie aérienne :

1) entre États parties à la présente convention du fait que ces États sont communément parties aux instruments suivants :

a) Convention pour l'unification de certaines règles relatives au transport aérien international, signée à Varsovie le 12 octobre 1929 (appelée ci-après la Convention de Varsovie);

b) Protocole portant modification de la Convention pour l'unification de certaines règles relatives au transport aérien international signée à Varsovie le 12 octobre 1929, fait à La Haye le 28 septembre 1955 (appelé ci-après le Protocole de La Haye);

c) Convention complémentaire à la Convention de Varsovie, pour l'unification de certaines règles relatives au transport aérien international effectué par une personne autre que le transporteur contractuel, signée à Guadalajara le 18 septembre 1961 (appelée ci-après la Convention de Guadalajara);

d) Protocole portant modification de la Convention pour l'unification de certaines règles relatives au transport aérien international signée à Varsovie le 12 octobre 1929 amendée par le Protocole fait à La Haye le 28 septembre 1955, signée à Guatemala le 8 mars 1971 (appelé ci-après le Protocole de Guatemala);

e) Protocoles additionnels n$^{os}$ 1 à 3 et Protocole de Montréal n$^{o}$ 4 portant modification de la Convention de Varsovie amendée par le Protocole de La Haye ou par la Convention de Varsovie amendée par le Protocole de La Haye et par le Protocole de Guatemala, signés à Montréal le 25 septembre 1975 (appelés ci-après les Protocoles de Montréal);

ou

2) dans le territoire de tout État partie à la présente convention du fait que cet État est partie à un ou plusieurs des instruments mentionnés aux alinéas a) et e) ci-dessus.

## Article 56 – États possédant plus d'un régime juridique

1. Si un État comprend deux unités territoriales ou davantage dans lesquelles des régimes juridiques différents s'appliquent aux questions régies par la présente convention, il peut, au moment de la signature, de la ratification, de l'acceptation, de l'approbation ou de l'adhésion, déclarer que ladite convention s'applique à toutes ses unités territoriales ou seulement à l'une ou plusieurs d'entre elles et il peut à tout moment modifier cette déclaration en en soumettant une nouvelle.

2. Toute déclaration de ce genre est communiquée au dépositaire et indique expressément les unités territoriales auxquelles la Convention s'applique.

3. Dans le cas d'un État partie qui a fait une telle déclaration :

a) les références, à l'article 23, à la « monnaie nationale » sont interprétées comme signifiant la monnaie de l'unité territoriale pertinente dudit État;

b) à l'article 28, la référence à la « loi nationale » est interprétée comme se rapportant à la loi de l'unité territoriale pertinente dudit État.

## Article 57 – Réserves

Aucune réserve ne peut être admise à la présente convention, si ce n'est qu'un État partie peut à tout moment déclarer, par notification adressée au dépositaire, que la présente convention ne s'applique pas :

a) aux transports aériens internationaux effectués et exploités directement par cet État à des fins non commerciales relativement à ses fonctions et devoirs d'État souverain;

b) au transport de personnes, de bagages et de marchandises effectué pour ses autorités militaires à bord d'aéronefs immatriculés dans ou loués par ledit État partie et dont la capacité entière a été réservée par ces autorités ou pour le compte de celles-ci.

En foi de quoi les plénipotentiaires soussignés, dûment autorisés, ont signé la présente convention.

Fait à Montréal le 28e jour du mois de mai de l'an mil neuf cent quatre-vingt-dix-neuf dans les langues française, anglaise, arabe, chinoise, espagnole et russe, tous les textes faisant également foi. La présente convention restera déposée aux archives de l'Organisation de l'aviation civile internationale, et le dépositaire en transmettra des copies certifiées conformes à tous les États parties à la Convention de Varsovie, au Protocole de La Haye, à la Convention de Guadalajara, au Protocole de Guatemala et aux Protocoles de Montréal.

# 72 Protocole de Vilnius du 3 juin 1999, portant modification de la Convention relative aux transports internationaux ferroviaires (COTIF)

En vigueur depuis le 1er juillet 2006

## État des signatures, ratifications, acceptations, approbations, adhésions et entrée en vigueur :

**Déclarations et réserves –** En application des articles 6 et 19, § 2 de la Convention relative aux transports internationaux ferroviaires, signée à Berne, le 9 mai 1980, ci-après appelée « COTIF 1980 », la cinquième Assemblée générale de l'Organisation intergouvernementale pour les transports internationaux ferroviaires (OTIF) s'est tenue à Vilnius du 26 mai au 3 juin 1999.

- Convaincue de la nécessité et de l'utilité d'une organisation intergouvernementale qui traite dans la mesure du possible de tous les aspects du transport international ferroviaire à l'échelon des États,
- considérant qu'à cet effet et compte tenu de l'application de la COTIF 1980 par 39 États en Europe, en Asie et en Afrique ainsi que par les entreprises ferroviaires dans ces États, l'OTIF est l'Organisation la plus appropriée,
- considérant la nécessité de développer la COTIF 1980, notamment les Règles uniformes CIV et les Règles uniformes CIM, pour l'adapter aux besoins nouveaux des transports internationaux ferroviaires,
- considérant que la sécurité lors du transport de marchandises dangereuses en trafic international ferroviaire nécessite de transformer le RID en un régime de droit public, dont l'application ne dépend plus de la conclusion d'un contrat de transport soumis aux Règles uniformes CIM,
- considérant que, depuis la signature de la Convention, le 9 mai 1980, les changements politiques, économiques et juridiques intervenus dans un grand nombre des États membres impliquent d'établir et de développer des prescriptions uniformes couvrant d'autres domaines de droit qui sont importants pour le trafic international ferroviaire,
- considérant que les États devraient prendre, en tenant compte d'intérêts publics particuliers, des mesures plus efficaces pour éliminer les obstacles qui persistent lors du franchissement des frontières en trafic international ferroviaire,
- considérant que dans l'intérêt des transports internationaux ferroviaires, il importe d'actualiser les conventions et les accords internationaux multilatéraux existants dans le domaine ferroviaire et, le cas échéant, de les intégrer dans la Convention,

*l'Assemblée générale a décidé ce qui suit :*

### Article premier – Nouvelle teneur de la Convention

La COTIF 1980 est modifiée selon la teneur figurant en annexe qui fait partie intégrante du présent Protocole.

### Article 2 – Dépositaire provisoire

§ 1 Les fonctions du Gouvernement dépositaire, prévues aux articles 22 à 26 de la COTIF 1980, sont assumées par l'OTIF, comme Dépositaire provisoire, dès l'ouverture à la signature du présent Protocole et jusqu'à la date de son entrée en vigueur.

§ 2 Le Dépositaire provisoire avise les États membres :

a) des signatures du présent Protocole, et du dépôt des instruments de ratification, d'acceptation, d'approbation ou d'adhésion,

b) de la date à laquelle le présent Protocole entre en vigueur en application de son article 4,

et assume les autres fonctions de Dépositaire telles qu'elles sont énoncées dans la Partie VII de la Convention de Vienne du 23 mai 1969 sur le droit des traités.

### Article 3 – Signature. Ratification. Acceptation. Approbation. Adhésion

§ 1 Le présent Protocole demeure ouvert à la signature des États membres jusqu'au 31 décembre 1999. Cette signature s'effectue à Berne, auprès du Dépositaire provisoire.

§ 2 Conformément à l'article 20, § 1 de la COTIF 1980, le présent Protocole est soumis à ratification, acceptation ou approbation. Les instruments de ratification, d'acceptation ou d'approbation sont déposés le plus tôt possible auprès du Dépositaire provisoire.

§ 3 Les États membres qui n'ont pas signé le présent Protocole dans le délai prévu au § 1, ainsi que les États dont la demande d'adhésion à la COTIF 1980 a été admise de plein droit conformément à son article 23, § 2, peuvent, avant l'entrée en vigueur du présent Protocole, y adhérer en déposant un instrument d'adhésion auprès du Dépositaire provisoire.

§ 4 L'adhésion d'un État à la COTIF 1980 conformément à son article 23, dont la demande a été faite après l'ouverture à la signature du présent Protocole mais avant son entrée en vigueur, vaut tant pour la COTIF 1980 que pour la Convention dans la teneur de l'Annexe au présent Protocole.

### Article 4 – Entrée en vigueur

§ 1 Le présent Protocole entre en vigueur le premier jour du troisième mois suivant celui au cours duquel le Dépositaire provisoire aura notifié aux États membres le dépôt de l'instrument par lequel sont remplies les conditions de l'article 20, § 2 de la COTIF 1980. Sont considérés comme États membres au sens de cet article 20, § 2 les États, qui, au moment de la décision de la cinquième Assemblée générale, étaient des États membres et qui l'étaient encore au moment où les conditions pour l'entrée en vigueur du présent Protocole sont satisfaites.

§ 2 Toutefois, l'article 3 s'applique dès l'ouverture à la signature du présent Protocole.

### Article 5 – Déclarations et réserves

Les déclarations et réserves, prévues à l'article 42, § 1 de la Convention dans la teneur de l'Annexe au présent Protocole, peuvent être faites ou émises à tout moment, même avant l'entrée en vigueur du présent Protocole. Elles prennent effet au moment de l'entrée en vigueur du présent Protocole.

## Article 6 – Dispositions transitoires

§ 1 Au plus tard six mois après l'entrée en vigueur du présent Protocole, le Secrétaire général de l'OTIF convoque l'Assemblée générale afin :

a) de désigner les membres du Comité administratif pour la prochaine période (article 14, § 2, lettre b) de la COTIF dans la teneur de l'Annexe au présent Protocole) et, le cas échéant, de décider de la fin du mandat du Comité administratif en fonction,

b) de fixer, par période de six ans, le montant maximal que peuvent atteindre les dépenses de l'Organisation durant chaque période budgétaire (article 14, § 2, lettre e) de la COTIF dans la teneur de l'Annexe au présent Protocole), et

c) de procéder, le cas échéant, à l'élection du Secrétaire général (article 14, § 2, lettre c) de la COTIF dans la teneur de l'Annexe au présent Protocole).

§ 2 Au plus tard trois mois après l'entrée en vigueur du présent Protocole, le Secrétaire général de l'OTIF convoque la Commission d'experts techniques.

§ 3 Après l'entrée en vigueur du présent Protocole, le mandat du Comité administratif, déterminé conformément à l'article 6, § 2, lettre b) de la COTIF 1980, prend fin à la date fixée par l'Assemblée générale, laquelle doit coïncider avec le début du mandat des membres et membres suppléants du Comité administratif désignés par elle (article 14, § 2, lettre b) de la COTIF dans la teneur de l'Annexe au présent Protocole).

§ 4 Le mandat du Directeur général de l'Office central, en fonction au moment de l'entrée en vigueur du présent Protocole, prend fin à l'expiration de la période pour laquelle il a été nommé conformément à l'article 7, § 2, lettre d) de la COTIF 1980. À partir du moment de l'entrée en vigueur du présent Protocole, il exerce les fonctions de Secrétaire général.

§ 5 Même après l'entrée en vigueur du présent Protocole, les dispositions pertinentes des articles 6, 7 et 11 de la COTIF 1980 restent applicables en ce qui concerne :

a) la vérification des comptes et l'approbation des comptes annuels de l'Organisation,

b) la fixation des contributions définitives des États membres aux dépenses de l'Organisation,

c) le paiement des contributions,

d) le montant maximal que peuvent atteindre les dépenses de l'Organisation au cours d'une période quinquennale, fixé avant l'entrée en vigueur du présent Protocole.

Les lettres a) à c) se réfèrent à l'année au cours de laquelle le présent Protocole entre en vigueur ainsi qu'à celle qui précède cette année.

§ 6 Les contributions définitives des États membres, dues pour l'année au cours de laquelle le présent Protocole entre en vigueur, sont calculées sur la base de l'article 11, § 1 de la COTIF 1980.

§ 7 Sur demande de l'État membre dont la contribution calculée en vertu de l'article 26 de la Convention dans la teneur de l'Annexe au présent Protocole est supérieure à celle due pour l'année 1999, l'Assemblée générale peut fixer la contribution de cet État pour les trois années qui suivent l'année de l'entrée en vigueur du présent Protocole, en tenant compte des principes suivants :

a) la base de fixation de la contribution transitoire est la contribution minimale visée à l'article 26, § 3 susvisé ou la contribution due pour l'année 1999 si celle-ci est supérieure à la contribution minimale;

b) la contribution est adaptée progressivement en trois étapes au maximum pour arriver au montant de la contribution définitive calculée en vertu de l'article 26 susvisé.

Cette disposition ne s'applique pas aux États membres qui sont redevables de la contribution minimale qui, en tout état de cause, reste due.

§ 8 Les contrats de transport des voyageurs ou des marchandises en trafic international entre les États membres, conclus en vertu des Règles uniformes CIV 1980 ou des Règles uniformes CIM 1980, restent soumis aux Règles uniformes en vigueur au moment de la conclusion du contrat même après l'entrée en vigueur du présent Protocole.

§ 9 Les dispositions contraignantes des Règles uniformes CUV et des Règles uniformes CUI s'appliquent aux contrats conclus avant l'entrée en vigueur du présent Protocole un an après son entrée en vigueur.

### Article 7 – Textes du Protocole

§ 1 Le présent Protocole est conclu et signé en langues française, allemande et anglaise. En cas de divergence, seul le texte français fait foi.

§ 2 Sur proposition de l'un des États membres concernés, l'Organisation publie des traductions officielles du présent Protocole dans d'autres langues, dans la mesure où l'une de ces langues est une langue officielle sur le territoire d'au moins deux États membres. Ces traductions sont élaborées en coopération avec les services compétents des États membres concernés.

En foi de quoi, les plénipotentiaires soussignés dûment autorisés par leurs Gouvernements respectifs ont signé le présent Protocole.

*(Suivent les signatures)*

État des signatures, ratifications, acceptations, approbations, adhésions et entrée en vigueur

Déclarations et réserves

COTIF

## Convention relative aux transports internationaux ferroviaires du 9 mai 1980 dans la teneur du Protocole de modification du 3 juin 1999

TITRE PREMIER – GÉNÉRALITÉS

## TITRE PREMIER
## GÉNÉRALITÉS

### Article premier – Organisation intergouvernementale

§ 1 Les Parties à la présente Convention constituent, en tant qu'États membres, l'Organisation intergouvernementale pour les transports internationaux ferroviaires (OTIF), ci-après appelée « l'Organisation ».

§ 2 Le siège de l'Organisation est à Berne. L'Assemblée générale peut décider de le fixer à un autre endroit situé dans l'un des États membres.

§ 3 L'Organisation a la personnalité juridique. Elle a notamment la capacité de contracter, d'acquérir et d'aliéner des biens immobiliers et mobiliers ainsi que d'ester en justice.

§ 4 L'Organisation, les membres de son personnel, les experts auxquels elle fait appel et les représentants des États membres jouissent des privilèges et immunités nécessaires pour remplir leur mission, dans les conditions définies au Protocole sur les privilèges et immunités de l'Organisation, annexé à la Convention.

§ 5 Les relations entre l'Organisation et l'État du siège sont réglées dans un accord de siège.

§ 6 Les langues de travail de l'Organisation sont le français, l'allemand et l'anglais. L'Assemblée générale peut introduire d'autres langues de travail.

### Article 2 – But de l'Organisation

§ 1 L'Organisation a pour but de favoriser, d'améliorer et de faciliter, à tout point de vue, le trafic international ferroviaire, notamment

a) en établissant des régimes de droit uniforme dans les domaines juridiques suivants :

1. contrat concernant le transport de voyageurs et de marchandises en trafic international ferroviaire direct, y compris des transports complémentaires utilisant d'autres moyens de transport et faisant l'objet d'un seul contrat;

2. contrat concernant l'utilisation de véhicules en tant que moyen de transport en trafic international ferroviaire;

3. contrat concernant l'utilisation de l'infrastructure en trafic international ferroviaire;

4. transport de marchandises dangereuses en trafic international ferroviaire;

b) en contribuant, en tenant compte des intérêts publics particuliers, à la suppression, dans les meilleurs délais, des entraves au franchissement des frontières en trafic international ferroviaire, pour autant que les causes de ces entraves relèvent de la compétence des États;

c) en contribuant à l'interopérabilité et à l'harmonisation technique dans le secteur ferroviaire par la validation de normes techniques et l'adoption de prescriptions techniques uniformes;

d) en établissant une procédure uniforme pour l'admission technique de matériel ferroviaire destiné à être utilisé en trafic international;

e) en veillant à l'application de toutes les règles et recommandations arrêtées au sein de l'Organisation;

f) en développant les régimes de droit uniforme, règles et procédures visés aux lettres a) à e) compte tenu des évolutions juridique, économique et technique.

§ 2 L'Organisation peut

a) dans le cadre des buts visés au § 1 élaborer d'autres régimes de droit uniforme;

b) constituer un cadre dans lequel les États membres peuvent élaborer d'autres conventions internationales ayant pour but de favoriser, d'améliorer et de faciliter le trafic international ferroviaire.

### Article 3 – Coopération internationale

§ 1 Les États membres s'engagent à concentrer, en principe, leur coopération internationale dans le domaine ferroviaire au sein de l'Organisation pour autant qu'il existe une cohérence avec les tâches qui lui sont attribuées conformément aux articles 2 et 4. Pour atteindre cet objectif les États membres prendront toutes les mesures nécessaires et utiles pour que soient adaptés les conventions et les accords internationaux multilatéraux dont ils sont parties contractantes, pour autant que ces conventions et accords concernent la coopération internationale dans le domaine ferroviaire et transfèrent, à d'autres organisations intergouvernementales ou non-gouvernementales, des compétences qui se recoupent avec les tâches attribuées à l'Organisation.

§ 2 Les obligations résultant du § 1 pour les États membres, qui sont également Membres des Communautés européennes ou États parties à l'Accord sur l'Espace économique européen, ne prévalent pas sur leurs obligations en tant que Membres des Communautés européennes ou États parties à l'Accord sur l'Espace économique européen.

### Article 4 – Reprise et transfert d'attributions

§ 1 Sur décision de l'Assemblée générale, l'Organisation est autorisée à reprendre, en conformité avec les buts définis à l'article 2, les attributions, ressources et obligations qui lui seraient transférées par d'autres organisations intergouvernementales en vertu d'accords conclus avec ces organisations.

§ 2 L'Organisation peut, sur décision de l'Assemblée générale, transférer à d'autres organisations intergouvernementales des attributions, ressources et obligations en vertu d'accords conclus avec ces organisations.

§ 3 L'Organisation peut, avec l'approbation du Comité administratif, prendre en charge des fonctions administratives ayant un lien avec ses buts et qui lui sont confiées par un État membre. Les dépenses de l'Organisation affectées à ces fonctions sont à la charge de l'État membre concerné.

## Article 5 – Obligations particulières des États membres

§ 1 Les États membres conviennent d'adopter toutes mesures appropriées afin de faciliter et d'accélérer le trafic international ferroviaire. À cet effet, chaque État membre s'engage, dans la mesure du possible, à :

a) éliminer toute procédure inutile,

b) simplifier et normaliser les formalités encore exigées,

c) simplifier les contrôles frontaliers.

§ 2 Afin de faciliter et d'améliorer le trafic international ferroviaire, les États membres conviennent de prêter leur concours pour rechercher la plus grande uniformité possible dans les règlements, standards, procédures et méthodes d'organisation relatifs aux véhicules ferroviaires, au personnel ferroviaire, à l'infrastructure ferroviaire et aux services auxiliaires.

§ 3 Les États membres conviennent de faciliter la conclusion d'accords entre gestionnaires d'infrastructure visant à optimiser le trafic international ferroviaire.

## Article 6 – Règles uniformes

§ 1 Le trafic international ferroviaire et l'admission de matériel ferroviaire à l'utilisation en trafic international sont régis, pour autant que des déclarations ou réserves n'aient pas été faites ou émises conformément à l'article 42, § 1, première phrase, par :

a) les « Règles uniformes concernant le contrat de transport international ferroviaire des voyageurs (CIV) », formant l'Appendice A à la Convention,

b) les « Règles uniformes concernant le contrat de transport international ferroviaire des marchandises (CIM) », formant l'Appendice B à la Convention,

c) le « Règlement concernant le transport international ferroviaire des marchandises dangereuses (RID) », formant l'Appendice C à la Convention,

d) les « Règles uniformes concernant les contrats d'utilisation de véhicules en trafic international ferroviaire (CUV) », formant l'Appendice D à la Convention,

e) les « Règles uniformes concernant le contrat d'utilisation de l'infrastructure en trafic international ferroviaire (CUI) », formant l'Appendice E à la Convention,

f) les « Règles uniformes concernant la validation de normes techniques et l'adoption de prescriptions techniques uniformes applicables au matériel ferroviaire destiné à être utilisé en trafic international (APTU) », formant l'Appendice F à la Convention,

g) les « Règles uniformes concernant l'admission technique de matériel ferroviaire utilisé en trafic international (ATMF) », formant l'Appendice G à la Convention,

h) d'autres régimes de droit uniforme élaborés par l'Organisation en vertu de l'article 2, § 2, lettre a) formant également des Appendices à la Convention.

§ 2 Les Règles uniformes, le Règlement et les régimes énumérés au § 1 y compris leurs Annexes, font partie intégrante de la Convention.

## Article 7 – Définition de la notion « Convention »

Dans les dispositions qui suivent, l'expression « Convention » couvre la Convention proprement dite, le Protocole visé à l'article premier, § 4, et les Appendices visés à l'article 6, y compris leurs Annexes.

TITRE II

# DISPOSITIONS COMMUNES

## Article 8 – Droit national

§ 1 Dans l'interprétation et l'application de la Convention, il sera tenu compte de son caractère de droit international et de la nécessité de promouvoir l'uniformité.

§ 2 À défaut de stipulations dans la Convention, le droit national est applicable.

§ 3 On entend par droit national le droit de l'État où l'ayant droit fait valoir ses droits, y compris les règles relatives aux conflits de lois.

## Article 9 – Unité de compte

§ 1 L'unité de compte prévue par les Appendices est le Droit de tirage spécial tel que défini par le Fonds Monétaire International.

§ 2 La valeur, en Droit de tirage spécial, de la monnaie nationale d'un État membre qui est aussi Membre du Fonds Monétaire International est calculée selon la méthode appliquée par le Fonds Monétaire International pour ses propres opérations et transactions.

§ 3 La valeur, en Droit de tirage spécial, de la monnaie nationale d'un État membre qui n'est pas Membre du Fonds Monétaire International est calculée de la façon déterminée par cet État. Ce calcul doit exprimer en monnaie nationale une valeur réelle aussi proche que possible de celle qui résulterait de l'application du § 2.

§ 4 Pour un État Membre qui n'est pas Membre du Fonds Monétaire International, dont la législation ne permet pas d'appliquer le § 2 ou le § 3, l'unité de compte prévue par les Appendices est considérée comme étant égale à trois francs or. Le franc or est défini par 10/31 de gramme d'or au titre de 0,900. La conversion du franc or doit exprimer en monnaie nationale une valeur réelle aussi proche que possible de celle qui résulterait de l'application du § 2.

§ 5 Les États, dans les trois mois qui suivent la mise en vigueur de la Convention et chaque fois qu'un changement se produit dans leur méthode de calcul ou dans la valeur de leur monnaie nationale par rapport à l'unité de compte, communiquent au Secrétaire général leur méthode de calcul conformément au § 3 ou les résultats de la conversion conformément au § 4. Ce dernier notifie ces informations aux autres États membres.

§ 6 Un montant exprimé en unités de compte est converti dans la monnaie nationale de l'État du tribunal saisi. La conversion est effectuée conformément à la valeur de la monnaie correspondante le jour de la décision judiciaire ou le jour convenu par les parties.

## Article 10 – Dispositions complémentaires

§ 1 Deux ou plusieurs États membres ou deux ou plusieurs transporteurs peuvent convenir de dispositions complémentaires pour l'exécution des Règles uniformes CIV et des Règles uniformes CIM sans toutefois pouvoir déroger à ces Règles uniformes.

§ 2 Les dispositions complémentaires visées au § 1 sont mises en vigueur et publiées dans les formes prévues par les lois et prescriptions de chaque État. Les dispositions complémentaires des États et leur mise en vigueur sont communiquées au Secrétaire général de l'Organisation. Il notifie ces informations aux autres États membres.

### Article 11 – Caution judiciaire

La caution à fournir pour assurer le paiement des dépens ne peut être exigée à l'occasion des actions judiciaires fondées sur les Règles uniformes CIV, les Règles uniformes CIM, les Règles uniformes CUV ou les Règles uniformes CUI.

### Article 12 – Exécution de jugements. Saisies

§ 1 Lorsque les jugements prononcés en vertu des dispositions de la Convention, contradictoirement ou par défaut, par le juge compétent, sont devenus exécutoires d'après les lois appliquées par ce juge, ils acquièrent force exécutoire dans chacun des autres États membres après l'accomplissement des formalités prescrites dans l'État où l'exécution doit avoir lieu. La révision du fond de l'affaire n'est pas admise. Ces dispositions s'appliquent également aux transactions judiciaires.

§ 2 Le § 1 ne s'applique ni aux jugements qui ne sont exécutoires que provisoirement, ni aux condamnations à des dommages-intérêts qui seraient prononcées, en sus des dépens, contre un demandeur en raison du rejet de sa demande.

§ 3 Les créances nées d'un transport soumis aux Règles uniformes CIV ou aux Règles uniformes CIM, au profit d'une entreprise de transport sur une autre entreprise de transport qui ne relève pas du même État membre, ne peuvent être saisies qu'en vertu d'un jugement rendu par l'autorité judiciaire de l'État membre dont relève l'entreprise titulaire des créances à saisir.

§ 4 Les créances nées d'un contrat soumis aux Règles uniformes CUV ou aux Règles uniformes CUI ne peuvent être saisies qu'en vertu d'un jugement rendu par l'autorité judiciaire de l'État membre dont relève l'entreprise titulaire des créances à saisir.

§ 5 Les véhicules ferroviaires ne peuvent être saisis, sur un territoire autre que celui de l'État membre dans lequel le détenteur a son siège social, qu'en vertu d'un jugement rendu par l'autorité judiciaire de cet État. Le terme "détenteur" désigne celui qui exploite économiquement, de manière durable, un véhicule ferroviaire en tant que moyen de transport, qu'il en soit propriétaire ou qu'il en ait le droit de disposition.

## TITRE III
## STRUCTURE ET FONCTIONNEMENT

### Article 13 – Organes

§ 1 Le fonctionnement de l'Organisation est assuré par les organes ci-après :

a) l'Assemblée générale,

b) le Comité administratif,

c) la Commission de révision,

d) la Commission d'experts pour le transport des marchandises dangereuses (Commission d'experts du RID),

e) la Commission de la facilitation ferroviaire,

f) la Commission d'experts techniques,

g) le Secrétaire général.

§ 2 L'Assemblée générale peut décider la création à titre temporaire d'autres commissions pour des tâches spécifiques.

§ 3 Lors de la détermination du quorum à l'Assemblée générale et aux Commissions visées au § 1, lettres c) à f), les États membres qui n'ont pas le droit de vote (article 14, § 5, article 26, § 7 ou article 40, § 4) ne sont pas pris en compte.

§ 4 La présidence à l'Assemblée générale, la présidence au Comité administratif ainsi que la fonction de Secrétaire général doivent, en principe, être attribuées à des ressortissants d'États membres différents.

## Article 14 – Assemblée générale

§ 1 L'Assemblée générale se compose de tous les États membres.

§ 2 L'Assemblée générale :

a) établit son règlement intérieur;

b) désigne les membres du Comité administratif ainsi qu'un membre suppléant pour chacun d'eux et élit l'État membre qui en assurera la Présidence (article 15, §§ 1 à 3);

c) élit le Secrétaire général (article 21, § 2);

d) émet des directives concernant l'activité du Comité administratif et du Secrétaire général;

e) fixe, par période de six ans, le montant maximal que peuvent atteindre les dépenses de l'Organisation durant chaque période budgétaire (article 25); à défaut, elle émet, pour une période ne pouvant excéder six ans, des directives relatives à la limitation de ces dépenses;

f) décide si le siège de l'Organisation est fixé à un autre endroit (article premier, § 2);

g) décide de l'introduction d'autres langues de travail (article premier, § 6);

h) décide de la reprise d'autres attributions par l'Organisation (article 4, § 1) ainsi que du transfert d'attributions de l'Organisation à une autre organisation intergouvernementale (article 4, § 2);

i) décide, le cas échéant, la création à titre temporaire d'autres commissions pour des tâches spécifiques (article 13, § 2);

j) examine si l'attitude d'un État doit être considérée comme une dénonciation tacite (article 26, § 7);

k) décide de confier l'exécution de la vérification des comptes à un autre État membre que l'État de siège (article 27, § 1);

l) décide des propositions tendant à modifier la Convention (article 33, §§ 2 et 3);

m) décide des demandes d'adhésion qui lui sont soumises (article 37, § 4);

n) décide des conditions d'adhésion d'une organisation régionale d'intégration économique (article 38, § 1);

o) décide des demandes d'association qui lui sont soumises (article 39, § 1);

p) décide de la dissolution de l'Organisation et du transfert éventuel de ses attributions à une autre organisation intergouvernementale (article 43);

q) décide des autres questions inscrites à l'ordre du jour.

§ 3 Le Secrétaire général convoque l'Assemblée générale une fois tous les trois ans ou à la demande soit d'un tiers des États membres soit du Comité administratif, ainsi que dans les cas visés à l'article 33, §§ 2 et 3 et à l'article 37, § 4. Il adresse aux États membres le projet de l'ordre du jour, au plus tard trois mois avant l'ouverture de la session, dans les conditions définies par le règlement intérieur visé au § 2, lettre a).

§ 4 À l'Assemblée générale, le quorum (article 13, § 3) est atteint lorsque la majorité des États membres y sont représentés. Un État membre peut se faire représenter par un autre État membre; toutefois, un État ne peut représenter plus d'un autre État.

§ 5 En cas de vote de l'Assemblée générale concernant des modifications des Appendices à la Convention, les États membres qui ont fait, conformément à l'article 42, § 1, première phrase, une déclaration à l'Appendice concerné n'ont pas le droit de vote.

§ 6 L'Assemblée générale prend ses décisions à la majorité des États membres représentés lors du vote sauf dans les cas du § 2, lettres e), f), g), h), l) et p) ainsi que dans le cas de l'article 34, § 6, pour lesquels la majorité des deux tiers est requise. Toutefois, dans le cas du § 2, lettre l) une majorité des deux tiers n'est requise que lorsqu'il s'agit des propositions tendant à modifier la Convention proprement dite, à l'exception des articles 9 et 27, §§ 2 à 10, ainsi que le Protocole visé à l'article premier, § 4.

§ 7 Sur invitation du Secrétaire général, lancée en accord avec la majorité des États membres,

a) des États non membres de l'Organisation,

b) des organisations et associations internationales, compétentes pour des questions concernant les activités de l'Organisation ou s'occupant de problèmes inscrits à l'ordre du jour,

peuvent participer, avec voix consultative, aux sessions de l'Assemblée générale.

### Article 15 – Comité administratif

§ 1 Le Comité administratif se compose d'un tiers des États membres.

§ 2 Les membres du Comité et un membre suppléant pour chacun d'eux ainsi que l'État membre qui préside sont désignés pour trois ans. La composition du Comité est déterminée pour chaque période, en tenant compte notamment d'une équitable répartition géographique. Un membre suppléant qui est devenu membre du Comité au cours d'une période, doit être désigné comme membre du Comité pour la période qui suit.

§ 3 En cas de vacance, de suspension du droit de vote d'un membre ou en cas d'absence d'un membre lors de deux sessions consécutives du Comité, sans qu'il se fasse représenter par un autre membre conformément au § 6, le membre suppléant désigné par l'Assemblée générale exerce les fonctions de celui-ci pour le reste de la période.

§ 4 Abstraction faite du cas visé au § 3, aucun État membre ne peut faire partie du Comité pendant plus de deux périodes consécutives et entières.

§ 5 Le Comité

a) établit son règlement intérieur;

b) conclut l'accord de siège;

c) établit le statut du personnel de l'Organisation;

d) nomme, en tenant compte de la compétence des candidats et d'une équitable répartition géographique, les hauts fonctionnaires de l'Organisation;

e) établit un règlement concernant les finances et la comptabilité de l'Organisation;

f) approuve le programme de travail, le budget, le rapport de gestion et les comptes de l'Organisation;

g) fixe, sur la base des comptes approuvés, les contributions définitives dues par les États membres conformément à l'article 26 pour les deux années civiles écoulées, ainsi que le montant de l'avance de trésorerie dû par les États membres conformément à l'article 26, § 5 pour l'année en cours et pour l'année civile suivante;

h) détermine les attributions de l'Organisation qui concernent tous les États membres ou seulement quelques-uns des États membres ainsi que les dépenses à supporter, en conséquence, par ces États membres (article 26, § 4);

i) fixe le montant des rémunérations spécifiques (article 26, § 11);

j) donne des directives spéciales concernant la vérification des comptes (article 27, § 1);

k) approuve la prise en charge de fonctions administratives par l'Organisation (article 4, § 3) et fixe les contributions spécifiques dues par l'État membre concerné; l) communique aux États membres le rapport de gestion, le relevé des comptes ainsi que ses décisions et recommandations;

m) établit et communique aux États membres, en vue de l'Assemblée générale chargée de déterminer sa composition, au plus tard deux mois avant l'ouverture de la session, un rapport sur son activité ainsi que des propositions relatives à son renouvellement (article 14, § 2, lettre b));

n) contrôle la gestion du Secrétaire général;

o) veille à la bonne application, par le Secrétaire général, de la Convention ainsi qu'à l'exécution, par le Secrétaire général, des décisions prises par les autres organes; à cet effet, le Comité peut prendre toutes les mesures propres à améliorer l'application de la Convention et des décisions précitées;

p) donne des avis motivés sur les questions qui peuvent intéresser l'activité de l'Organisation et qui lui sont soumises par un État membre ou par le Secrétaire général;

q) tranche les différends entre un État membre et le Secrétaire général au regard de sa fonction comme dépositaire (article 36, § 2);

r) décide de demandes de suspension de la qualité de membre (article 40).

§ 6 Au Comité, le quorum est atteint lorsque deux tiers de ses membres y sont représentés. Un membre peut se faire représenter par un autre membre; toutefois, un membre ne peut représenter plus d'un autre membre.

§ 7 Le Comité prend ses décisions à la majorité des membres représentés lors du vote.

§ 8 Sauf décision contraire, le Comité se réunit au siège de l'Organisation. Les procès-verbaux des sessions sont envoyés à tous les États membres.

§ 9 Le président du Comité :

a) convoque le Comité au moins une fois par an ainsi qu'à la demande soit de quatre de ses membres, soit du Secrétaire général;

b) adresse aux membres du Comité le projet de l'ordre du jour;

c) traite, dans les limites et conditions définies au règlement intérieur du Comité, des questions urgentes soulevées dans l'intervalle des sessions;

d) signe l'accord de siège prévu au § 5, lettre b).

§ 10 Le Comité peut, dans les limites de ses propres compétences, charger le président d'exécuter certaines tâches spécifiques.

## Article 16 – Commissions

§ 1 Les Commissions visées à l'article 13, § 1, lettres c) à f) et § 2 se composent en principe de tous les États membres. Lorsque la Commission de révision, la Commission d'experts du RID ou la Commission d'experts techniques délibèrent et décident, dans le cadre de leurs compétences, des modifications des Appendices à la

Convention, les États membres qui ont fait, conformément à l'article 42, § 1, première phrase, une déclaration portant sur les Appendices concernés ne sont pas membres de la Commission y relative.

§ 2 Le Secrétaire général convoque les Commissions soit de sa propre initiative, soit à la demande de cinq États membres, soit à la demande du Comité administratif. Le Secrétaire général adresse le projet d'ordre du jour aux États membres au plus tard deux mois avant l'ouverture de la session.

§ 3 Un État membre peut se faire représenter par un autre État membre ; toutefois, un État ne peut représenter plus de deux autres États.

§ 4 Chaque État membre représenté a droit à une voix. Une proposition est adoptée si le nombre de voix positives est :

a) au moins égal au tiers du nombre des États membres représentés lors du vote et

b) supérieur au nombre des voix négatives.

§ 5 Sur invitation du Secrétaire général, lancée en accord avec la majorité des États membres,

a) des États non membres de l'Organisation,

b) des États membres qui ne sont cependant pas membres des Commissions concernées,

c) des organisations et associations internationales, compétentes pour des questions concernant les activités de l'Organisation ou s'occupant de problèmes inscrits à l'ordre du jour,

peuvent participer, avec voix consultative, aux sessions des Commissions.

§ 6 Les Commissions élisent pour chaque session ou pour une période déterminée un président et un ou plusieurs vice-présidents.

§ 7 Les délibérations ont lieu dans les langues de travail. Les exposés faits en séance dans l'une des langues de travail sont traduits en substance dans les autres langues de travail, les propositions et les décisions sont traduites intégralement.

§ 8 Les procès-verbaux résument les délibérations. Les propositions et les décisions sont reproduites intégralement. En ce qui concerne les décisions, seul le texte français fait foi. Les procès-verbaux sont transmis à tous les États membres.

§ 9 Les Commissions peuvent créer des groupes de travail chargés de traiter des questions déterminées.

§ 10 Les Commissions se dotent d'un règlement intérieur.

## Article 17 – Commission de révision

§ 1 La Commission de révision :

a) décide, conformément à l'article 33, § 4, des propositions tendant à modifier la Convention ;

b) examine les propositions à soumettre pour décision, conformément à l'article 33, § 2, à l'Assemblée générale.

§ 2 À la Commission de révision, le quorum (article 13, § 3) est atteint lorsque la majorité des États membres y sont représentés.

## Article 18 – Commission d'experts du RID

§ 1 La Commission d'experts du RID décide, conformément à l'article 33, § 5, des propositions tendant à modifier la Convention.

§ 2 À la Commission d'experts du RID, le quorum (article 13, § 3) est atteint lorsqu'un tiers des États membres y sont représentés.

### Article 19 – Commission de la facilitation ferroviaire

§ 1 La Commission de la facilitation ferroviaire :

a) se prononce sur toutes les questions visant à faciliter le franchissement des frontières en trafic international ferroviaire;

b) recommande des standards, des méthodes, des procédures et des pratiques relatifs à la facilitation ferroviaire.

§ 2 À la Commission de la facilitation ferroviaire, le quorum (article 13, § 3) est atteint lorsqu'un tiers des États membres y sont représentés.

### Article 20 – Commission d'experts techniques

§ 1 La Commission d'experts techniques

a) décide, conformément à l'article 5 des Règles uniformes APTU, de la validation d'une norme technique relative au matériel ferroviaire destiné à être utilisé en trafic international;

b) décide, conformément à l'article 6 des Règles uniformes APTU, de l'adoption d'une prescription technique uniforme relative à la construction, à l'exploitation, à la maintenance ou à une procédure concernant le matériel ferroviaire destiné à être utilisé en trafic international;

c) veille à l'application des normes techniques et des prescriptions techniques uniformes relatives au matériel ferroviaire destiné à être utilisé en trafic international ferroviaire et examine leur développement en vue de leur validation ou adoption conformément aux procédures prévues aux articles 5 et 6 des Règles uniformes APTU;

d) décide, conformément à l'article 33, § 6, des propositions tendant à modifier la Convention;

e) traite de toutes les autres affaires qui lui sont attribuées conformément aux Règles uniformes APTU et aux Règles uniformes ATMF.

§ 2 À la Commission d'experts techniques, le quorum (article 13, § 3) est atteint lorsque la moitié des États membres au sens de l'article 16, § 1 y sont représentés. Lors de la prise de décisions concernant des dispositions des Annexes des Règles uniformes APTU, les États membres qui ont formulé une objection, conformément à l'article 35, § 4, à l'égard des dispositions concernées ou ont fait une déclaration, conformément à l'article 9, § 1 des Règles uniformes APTU, n'ont pas le droit de vote.

§ 3 La Commission d'experts techniques peut, soit valider des normes techniques ou adopter des prescriptions techniques uniformes, soit refuser de les valider ou de les adopter; elle ne peut en aucun cas les modifier.

### Article 21 – Secrétaire général

§ 1 Le Secrétaire général assume les fonctions de secrétariat de l'Organisation.

§ 2 Le Secrétaire général est élu par l'Assemblée générale pour une période de trois ans, renouvelable au maximum deux fois.

§ 3 Le Secrétaire général doit notamment :

a) assumer les fonctions de dépositaire (article 36);

b) représenter l'Organisation vers l'extérieur;

c) communiquer les décisions prises par l'Assemblée générale et par les Commissions aux États membres (article 34, § 1; article 35, § 1);

d) exécuter les tâches qui lui sont confiées par les autres organes de l'Organisation;

e) instruire les propositions des États membres tendant à modifier la Convention en ayant recours, le cas échéant, à l'assistance d'experts;

f) convoquer l'Assemblée générale et les Commissions (article 14, § 3; article 16, § 2);

g) adresser, en temps opportun, aux États membres les documents nécessaires aux sessions des divers organes;

h) élaborer le programme de travail, le projet de budget et le rapport de gestion de l'Organisation et les soumettre pour approbation au Comité administratif (article 25);

i) gérer les finances de l'Organisation dans le cadre du budget approuvé;

j) essayer, à la demande de l'une des parties en cause, en prêtant ses bons offices, de régler les différends entre elles nés de l'interprétation ou de l'application de la Convention;

k) émettre, à la demande de toutes les parties en cause, un avis sur les différends nés de l'interprétation ou de l'application de la Convention;

l) assumer les fonctions qui lui sont attribuées par le Titre V;

m) recevoir les communications faites par les États membres, les organisations et associations internationales visées à l'article 16, § 5 et par les entreprises (transporteurs, gestionnaires d'infrastructure, etc.) participant au trafic international ferroviaire et les notifier, s'il y a lieu, aux autres États membres, organisations et associations internationales ainsi qu'aux entreprises;

n) exercer la direction du personnel de l'Organisation;

o) informer, en temps utile, les États membres de toute vacance relative aux postes de l'Organisation;

p) tenir à jour et publier les listes des lignes visées à l'article 24.

§ 4 Le Secrétaire général peut présenter de sa propre initiative des propositions tendant à modifier la Convention.

### Article 22 – Personnel de l'Organisation

Les droits et les obligations du personnel de l'Organisation sont fixés par le statut du personnel établi par le Comité administratif conformément à l'article 15, § 5, lettre c).

### Article 23 – Bulletin

§ 1 L'Organisation édite un bulletin qui contient les communications officielles ainsi que celles nécessaires et utiles en vue de l'application de la Convention.

§ 2 Les communications incombant au Secrétaire général en vertu de la Convention peuvent, le cas échéant, être effectuées sous forme d'une publication dans le bulletin.

### Article 24 – Listes des lignes

§ 1 Les lignes maritimes et de navigation intérieure visées aux articles premiers des Règles uniformes CIV et des Règles uniformes CIM, sur lesquelles s'effectuent des transports, faisant l'objet d'un seul contrat de transport, en sus d'un transport ferroviaire, sont inscrites sur deux listes :

a) la liste des lignes maritimes et de navigation intérieure CIV,

b) la liste des lignes maritimes et de navigation intérieure CIM.

§ 2 Les lignes ferroviaires d'un État membre ayant émis une réserve conformément à l'article premier, § 6 des Règles uniformes CIV ou conformément à l'article premier, § 6 des Règles uniformes CIM sont inscrites sur deux listes conformément à cette réserve :

a) la liste des lignes ferroviaires CIV,

b) la liste des lignes ferroviaires CIM.

§ 3 Les États membres adressent au Secrétaire général leurs communications concernant l'inscription ou la radiation de lignes visées aux §§ 1 et 2. Les lignes maritimes et de navigation intérieure visées au § 1, dans la mesure où elles relient des États membres, ne sont inscrites qu'après accord de ces États; pour la radiation d'une telle ligne, la communication d'un seul de ces États suffit.

§ 4 Le Secrétaire général notifie l'inscription ou la radiation d'une ligne à tous les États membres.

§ 5 Les transports sur les lignes maritimes et de navigation intérieure visées au § 1 et les transports sur les lignes ferroviaires visées au § 2 sont soumis aux dispositions de la Convention à l'expiration d'un mois à compter de la date de la notification de l'inscription par le Secrétaire général. Une telle ligne cesse d'être soumise aux dispositions de la Convention à l'expiration de trois mois à compter de la date de la notification de la radiation par le Secrétaire général, sauf en ce qui concerne les transports en cours, qui doivent être achevés.

## TITRE IV
## FINANCES

### Article 25 – Programme de travail. Budget. Comptes. Rapport de gestion

§ 1 Le programme de travail, le budget et les comptes de l'Organisation couvrent une période de deux années civiles.

§ 2 L'Organisation édite, au moins tous les deux ans, un rapport de gestion.

§ 3 Le montant des dépenses de l'Organisation est arrêté, pour chaque période budgétaire, par le Comité administratif, sur proposition du Secrétaire général.

### Article 26 – Financement des dépenses

§ 1 Sous réserve des §§ 2 à 4, les dépenses de l'Organisation, non couvertes par d'autres recettes, sont supportées par les États membres pour deux cinquièmes sur la base de la clef de répartition des contributions du système des Nations Unies, et pour trois cinquièmes proportionnellement à la longueur totale des infrastructures ferroviaires ainsi que des lignes maritimes et de navigation intérieure inscrites conformément à l'article 24, § 1. Toutefois, les lignes maritimes et de navigation intérieure ne sont comptées que pour la moitié de leurs longueurs.

§ 2 Lorsqu'un État membre a émis une réserve conformément à l'article premier, § 6 des Règles uniformes CIV ou conformément à l'article premier, § 6 des Règles uniformes CIM, la formule de contribution visée au § 1 s'applique comme suit :

a) au lieu de la longueur totale des infrastructures ferroviaires sur le territoire de cet État membre n'est prise en compte que la longueur des lignes ferroviaires inscrites conformément à l'article 24, § 2;

b) la part de la contribution selon le système des Nations Unies est calculée au prorata de la longueur des lignes inscrites conformément à l'article 24, §§ 1 et 2 par rapport à la longueur totale des infrastructures ferroviaires sur le territoire de cet

État membre et celle des lignes inscrites conformément à l'article 24, § 1 ; elle ne peut en aucun cas être inférieure à 0,01 pour cent.

§ 3 Chaque État membre supporte au moins 0,25 pour cent et au plus 15 pour cent des contributions.

§ 4 Le Comité administratif détermine les attributions de l'Organisation qui concernent :

a) tous les États membres d'une manière égale et les dépenses qui sont supportées par tous les États membres selon la formule visée au § 1 ;

b) seulement quelques-uns des États membres et les dépenses qui sont supportées par ces États membres selon la même formule.

Le § 3 s'applique par analogie. Ces dispositions ne portent pas atteinte à l'article 4, § 3.

§ 5 Les contributions des États membres aux dépenses de l'Organisation sont dues, sous forme d'avance de trésorerie payable en deux acomptes au plus tard jusqu'au 31 octobre de chacune des deux années que couvre le budget. L'avance de trésorerie est fixée sur la base des contributions des deux années précédentes définitivement dues.

§ 6 Lors de l'envoi aux États membres du rapport de gestion et du relevé des comptes, le Secrétaire général communique le montant définitif de la contribution des deux années civiles écoulées ainsi que le montant pour l'avance de trésorerie pour les deux années civiles à venir.

§ 7 Après le 31 décembre de l'année de la communication du Secrétaire général conformément au § 6, les sommes dues pour les deux années civiles écoulées portent intérêt à raison de cinq pour cent l'an. Si, un an après cette date, un État membre n'a pas payé sa part contributive, son droit de vote est suspendu jusqu'à ce qu'il ait satisfait à l'obligation de paiement. À l'expiration d'un délai supplémentaire de deux ans, l'Assemblée générale examine si l'attitude de cet État doit être considérée comme une dénonciation tacite de la Convention, en fixant, le cas échéant, la date d'effet.

§ 8 Les contributions échues restent dues dans les cas de dénonciation en vertu du § 7 ou de l'article 41 ainsi que dans les cas de suspension du droit de vote visé à l'article 40, § 4, lettre b).

§ 9 Les montants non recouvrés sont couverts par des ressources de l'Organisation.

§ 10 L'État membre qui a dénoncé la Convention peut devenir à nouveau État membre par adhésion, sous réserve qu'il ait payé les sommes dont il est débiteur.

§ 11 L'Organisation perçoit une rémunération pour couvrir les frais particuliers résultant des activités prévues à l'article 21, § 3, lettres j) à l). Dans les cas prévus à l'article 21, § 3, lettres j) et k), cette rémunération est fixée par le Comité administratif, sur proposition du Secrétaire général ; dans le cas prévu à l'article 21, § 3, lettre l), l'article 31, § 3 est applicable.

## Article 27 – Vérification des comptes

§ 1 Sauf décision contraire de l'Assemblée générale prise en vertu de l'article 14, § 2, lettre k), la vérification des comptes est effectuée par l'État de siège selon les règles du présent article et, sous réserve de toutes directives spéciales du Comité administratif, en conformité avec le règlement concernant les finances et la comptabilité de l'Organisation (article 15, § 5, lettre e)).

§ 2 Le Vérificateur vérifie les comptes de l'Organisation, y compris tous les fonds fiduciaires et comptes spéciaux, comme il le juge nécessaire pour s'assurer :

a) que les états financiers sont conformes aux livres et écritures de l'Organisation;

b) que les opérations financières dont les états rendent compte ont été menées en conformité avec les règles et les règlements, les dispositions budgétaires et les autres directives de l'Organisation;

c) que les valeurs et le numéraire déposés en banque ou en caisse ont été soit vérifiés grâce à des certificats directement reçus des dépositaires, soit effectivement comptés;

d) que les contrôles intérieurs, y compris la vérification intérieure des comptes, sont adéquats;

e) que tous les éléments de l'actif et du passif ainsi que tous les excédents et déficits ont été comptabilisés selon des procédures qu'il juge satisfaisantes.

§ 3 Le Vérificateur est seul compétent pour accepter en tout ou en partie les attestations et justifications fournies par le Secrétaire général. S'il le juge opportun, il peut procéder à l'examen et à la vérification détaillée de toute pièce comptable relative soit aux opérations financières, soit aux fournitures et au matériel.

§ 4 Le Vérificateur a librement accès, à tout moment, à tous les livres, écritures, documents comptables et autres informations dont il estime avoir besoin.

§ 5 Le Vérificateur n'est pas compétent pour rejeter telle ou telle rubrique des comptes, mais il attire immédiatement l'attention du Secrétaire général sur toute opération dont la régularité ou l'opportunité lui paraît discutable, pour que ce dernier prenne les mesures voulues.

§ 6 Le Vérificateur présente et signe une attestation sur les états financiers dans les termes suivants : « J'ai examiné les états financiers de l'Organisation pour la période budgétaire qui s'est terminée le 31 décembre… L'examen a comporté une analyse générale des méthodes comptables et le contrôle des pièces comptables et d'autres justificatifs que j'ai jugé nécessaire dans la circonstance. » Cette attestation indique, selon le cas, que

a) les états financiers reflètent de façon satisfaisante la situation financière à la date d'expiration de la période considérée ainsi que les résultats des opérations menées durant la période qui s'est achevée à cette date;

b) les états financiers ont été établis conformément aux principes comptables mentionnés;

c) les principes financiers ont été appliqués selon des modalités qui concordaient avec celles adoptées pendant la période budgétaire précédente;

d) les opérations financières ont été menées en conformité avec les règles et les règlements, les dispositions budgétaires et les autres directives de l'Organisation.

§ 7 Dans son rapport sur les opérations financières, le Vérificateur mentionne :

a) la nature et l'étendue de la vérification à laquelle il a procédé;

b) les éléments qui ont un lien avec le caractère complet ou l'exactitude des comptes, y compris le cas échéant :

1. les informations nécessaires à l'interprétation et à l'appréciation correctes des comptes;

2. toute somme qui aurait dû être perçue mais qui n'a pas été passée en compte;

3. toute somme qui a fait l'objet d'un engagement de dépense régulier ou conditionnel et qui n'a pas été comptabilisée ou dont il n'a pas été tenu compte dans les états financiers;

4. les dépenses à l'appui desquelles il n'est pas produit de pièces justificatives suffisantes;

5. la tenue des livres de comptes en bonne et due forme; il y a lieu de relever les cas où la présentation matérielle des états financiers s'écarte des principes comptables généralement reconnus et constamment appliqués;

c) les autres questions sur lesquelles il y a lieu d'appeler l'attention du Comité administratif, par exemple :

1. les cas de fraude ou de présomption de fraude;

2. le gaspillage ou l'utilisation irrégulière de fonds ou d'autres avoirs de l'Organisation (quand bien même les comptes relatifs à l'opération effectuée seraient en règle);

3. les dépenses risquant d'entraîner ultérieurement des frais considérables pour l'Organisation;

4. tout vice, général ou particulier, du système de contrôle des recettes et des dépenses ou des fournitures et du matériel;

5. les dépenses non conformes aux intentions du Comité administratif, compte tenu des virements dûment autorisés à l'intérieur du budget;

6. les dépassements de crédits, compte tenu des modifications résultant de virements dûment autorisés à l'intérieur du budget;

7. les dépenses non conformes aux autorisations qui les régissent;

d) l'exactitude ou l'inexactitude des comptes relatifs aux fournitures et au matériel, établie d'après l'inventaire et l'examen des livres.

En outre, le rapport peut faire état d'opérations qui ont été comptabilisées au cours d'une période budgétaire antérieure et au sujet desquelles de nouvelles informations ont été obtenues ou d'opérations qui doivent être faites au cours d'une période budgétaire ultérieure et au sujet desquelles il semble souhaitable d'informer le Comité administratif par avance.

§ 8 Le Vérificateur ne doit en aucun cas faire figurer des critiques dans son rapport sans donner préalablement au Secrétaire général la possibilité de s'expliquer.

§ 9 Le Vérificateur communique au Comité administratif et au Secrétaire général les constatations faites lors de la vérification. Il peut, en outre, présenter tout commentaire qu'il juge approprié au sujet du rapport financier du Secrétaire général.

§ 10 Dans la mesure où le Vérificateur a procédé à une vérification sommaire ou n'a pas obtenu de justifications suffisantes, il doit le mentionner dans son attestation et son rapport, en précisant les raisons de ses observations ainsi que les conséquences qui en résultent pour la situation financière et les opérations financières comptabilisées.

## TITRE V

## ARBITRAGE

### Article 28 – Compétence

§ 1 Les litiges entre États membres, nés de l'interprétation ou de l'application de la Convention ainsi que les litiges entre États membres et l'Organisation, nés de l'interprétation ou de l'application du Protocole sur les privilèges et immunités peuvent, à la demande d'une des parties, être soumis à un tribunal arbitral. Les parties déterminent librement la composition du tribunal arbitral et la procédure arbitrale.

§ 2 Les autres litiges nés de l'interprétation ou de l'application de la Convention et des autres conventions élaborées par l'Organisation conformément à l'article 2, § 2, s'ils n'ont pas été réglés à l'amiable ou soumis à la décision des tribunaux ordinaires, peuvent, par accord entre les parties intéressées, être soumis à un tribunal arbitral. Les articles 29 à 32 s'appliquent pour la composition du tribunal arbitral et la procédure arbitrale.

§ 3 Chaque État peut, lorsqu'il adresse une demande d'adhésion à la Convention, se réserver le droit de ne pas appliquer tout ou partie des §§ 1 et 2.

§ 4 L'État qui a émis une réserve en vertu du § 3 peut y renoncer, à tout moment, en informant le dépositaire. Cette renonciation prend effet un mois après la date à laquelle le dépositaire en donne connaissance aux États membres.

### Article 29 – Compromis. Greffe

Les parties concluent un compromis spécifiant en particulier :

a) l'objet du différend,

b) la composition du tribunal et les délais convenus pour la nomination du ou des arbitres,

c) le lieu convenu comme siège du tribunal.

Le compromis doit être communiqué au Secrétaire général qui assume les fonctions de greffe.

### Article 30 – Arbitres

§ 1 Une liste d'arbitres est établie et tenue à jour par le Secrétaire général. Chaque État membre peut faire inscrire sur la liste d'arbitres deux de ses ressortissants.

§ 2 Le tribunal arbitral se compose d'un, de trois ou de cinq arbitres, conformément au compromis. Les arbitres sont choisis parmi les personnes figurant sur la liste visée au § 1. Toutefois, si le compromis prévoit cinq arbitres, chacune des parties peut choisir un arbitre en dehors de la liste. Si le compromis prévoit un arbitre unique, celui-ci est choisi d'un commun accord par les parties. Si le compromis prévoit trois ou cinq arbitres, chacune des parties choisit un ou deux arbitres, selon le cas; ceux-ci désignent d'un commun accord le troisième ou le cinquième arbitre, qui préside le tribunal arbitral. En cas de désaccord entre les parties sur la désignation de l'arbitre unique ou entre les arbitres choisis sur celle du troisième ou du cinquième arbitre, cette désignation est faite par le Secrétaire général.

§ 3 L'arbitre unique, le troisième ou le cinquième arbitre doit être d'une nationalité autre que celle des parties, à moins que celles-ci ne soient de même nationalité.

§ 4 L'intervention au litige d'une tierce partie demeure sans effet sur la composition du tribunal arbitral.

### Article 31 – Procédure. Frais

§ 1 Le tribunal arbitral décide de la procédure à suivre en tenant compte notamment des dispositions ci-après :

a) il instruit et juge les causes d'après les éléments fournis par les parties, sans être lié, lorsqu'il est appelé à dire le droit, par les interprétations de celles-ci;

b) il ne peut accorder plus ou autre chose que ce qui est demandé dans les conclusions du demandeur, ni moins que ce que le défendeur a reconnu comme étant dû;

c) la sentence arbitrale, dûment motivée, est rédigée par le tribunal arbitral et notifiée aux parties par le Secrétaire général;

d) sauf disposition contraire de droit impératif du lieu où siège le tribunal arbitral, et sous réserve d'accord contraire des parties, la sentence arbitrale est définitive.

§ 2 Les honoraires des arbitres sont fixés par le Secrétaire général.

§ 3 La sentence arbitrale fixe les frais et dépens et décide de leur répartition entre les parties, ainsi que celle des honoraires des arbitres.

### Article 32 – Prescription. Force exécutoire

§ 1 La mise en œuvre de la procédure arbitrale a, quant à l'interruption de la prescription, le même effet que celui prévu par le droit matériel applicable pour l'introduction de l'action devant le juge ordinaire.

§ 2 La sentence du tribunal arbitral acquiert force exécutoire dans chacun des États membres après l'accomplissement des formalités prescrites dans l'État où l'exécution doit avoir lieu. La révision du fond de l'affaire n'est pas admise.

## TITRE VI
## MODIFICATION DE LA CONVENTION

### Article 33 – Compétence

§ 1 Le Secrétaire général porte immédiatement à la connaissance des États membres les propositions tendant à modifier la Convention qui lui ont été adressées par les États membres ou qu'il a lui-même élaborées.

§ 2 L'Assemblée générale décide des propositions tendant à modifier la Convention pour autant que les §§ 4 à 6 ne prévoient pas une autre compétence.

§ 3 Saisie d'une proposition de modification, l'Assemblée générale peut décider, à la majorité, prévue à l'article 14, § 6, qu'une telle proposition présente un caractère d'étroite connexité avec une ou plusieurs dispositions des Appendices à la Convention. Dans ce cas ainsi que dans les cas visés aux §§ 4 à 6, deuxièmes phrases, l'Assemblée générale est également habilitée à décider de la modification de cette ou de ces dispositions des Appendices.

§ 4 Sous réserve des décisions de l'Assemblée générale prises selon le § 3, première phrase, la Commission de révision décide des propositions tendant à modifier les

a) articles 9 et 27, §§ 2 à 10;

b) Règles uniformes CIV, à l'exception des articles 1er, 2, 5, 6, 16, 26 à 39, 41 à 53 et 56 à 60;

c) Règles uniformes CIM, à l'exception des articles 1er, 5, 6, §§ 1 et 2, des articles 8, 12, 13, § 2, des articles 14, 15, §§ 2 et 3, de l'article 19, §§ 6 et 7, ainsi que des articles 23 à 27, 30 à 33, 36 à 41 et 44 à 48;

d) Règles uniformes CUV, à l'exception des articles 1er, 4, 5 et 7 à 12;

e) Règles uniformes CUI, à l'exception des articles 1er, 2, 4, 8 à 15, 17 à 19, 21, 23 à 25;

f) Règles uniformes APTU, à l'exception des articles 1er, 3 et 9 à 11 ainsi que des Annexes de ces Règles uniformes;

g) Règles uniformes ATMF, à l'exception des articles 1er, 3 et 9.

Lorsque des propositions de modification sont soumises à la Commission de révision conformément aux lettres a) à g), un tiers des États représentés dans la Commission peut exiger que ces propositions soient soumises à l'Assemblée générale pour décision.

§ 5 La Commission d'experts du RID décide des propositions tendant à modifier le Règlement concernant le transport international ferroviaire des marchandises dangereuses (RID). Lorsque de telles propositions sont soumises à la Commission d'experts du RID, un tiers des États représentés dans la Commission peut exiger que ces propositions soient soumises à l'Assemblée générale pour décision.

§ 6 La Commission d'experts techniques décide des propositions tendant à modifier les Annexes des Règles uniformes APTU. Lorsque de telles propositions sont soumises à la Commission d'experts techniques, un tiers des États représentés dans la Commission peut exiger que ces propositions soient soumises à l'Assemblée générale pour décision.

### Article 34 – Décisions de l'Assemblée générale

§ 1 Les modifications de la Convention décidées par l'Assemblée générale sont notifiées par le Secrétaire général aux États membres.

§ 2 Les modifications de la Convention proprement dite, décidées par l'Assemblée générale, entrent en vigueur, douze mois après leur approbation par les deux tiers des États membres, pour tous les États membres à l'exception de ceux qui, avant leur entrée en vigueur, ont fait une déclaration aux termes de laquelle ils n'approuvent pas lesdites modifications.

§ 3 Les modifications des Appendices à la Convention, décidées par l'Assemblée générale, entrent en vigueur, douze mois après leur approbation par la moitié des États n'ayant pas fait une déclaration conformément à l'article 42, § 1, première phrase, pour tous les États membres à l'exception de ceux qui, avant leur entrée en vigueur, ont fait une déclaration aux termes de laquelle ils n'approuvent pas lesdites modifications et de ceux qui ont fait une déclaration conformément à l'article 42, § 1, première phrase.

§ 4 Les États membres adressent, au Secrétaire général, leurs notifications concernant l'approbation des modifications de la Convention décidées par l'Assemblée générale ainsi que leurs déclarations aux termes desquelles ils n'approuvent pas ces modifications. Le Secrétaire général en informe les autres États membres.

§ 5 Le délai visé aux §§ 2 et 3 court à compter du jour de la notification du Secrétaire général que les conditions pour l'entrée en vigueur des modifications sont remplies.

§ 6 L'Assemblée générale peut spécifier, au moment de l'adoption d'une modification que celle-ci est d'une portée telle que tout État membre qui aura fait une déclaration visée au § 2 ou au § 3 et qui n'aura pas approuvé la modification dans le délai de dix-huit mois à dater de son entrée en vigueur cessera, à l'expiration de ce délai, d'être État membre de l'Organisation.

§ 7 Lorsque les décisions de l'Assemblée générale concernent les Appendices à la Convention, l'application de l'Appendice concerné est suspendue, dans son intégralité, dès l'entrée en vigueur des décisions, pour le trafic avec et entre les États membres qui se sont opposés, conformément au § 3, aux décisions dans les délais impartis. Le Secrétaire général notifie aux États membres cette suspension; elle prend fin à l'expiration d'un mois à compter de la date à laquelle le Secrétaire général a notifié aux autres États membres la levée de l'opposition.

### Article 35 – Décisions des Commissions

§ 1 Les modifications de la Convention, décidées par les Commissions, sont notifiées par le Secrétaire général aux États membres.

§ 2 Les modifications de la Convention elle-même, décidées par la Commission de révision, entrent en vigueur pour tous les États membres le premier jour du douzième mois suivant celui au cours duquel le Secrétaire général les a notifiées aux États membres. Les États membres peuvent formuler une objection dans les quatre mois à compter de la date de la notification. En cas d'objection d'un quart des États membres, la modification n'entre pas en vigueur. Si un État membre formule une objection contre une décision de la Commission de révision dans le délai de quatre mois et qu'il dénonce la Convention, la dénonciation prend effet à la date prévue pour l'entrée en vigueur de cette décision.

§ 3 Les modifications des Appendices à la Convention, décidées par la Commission de révision, entrent en vigueur pour tous les États membres, le premier jour du douzième mois suivant celui au cours duquel le Secrétaire général les a notifiées aux États membres. Les modifications décidées par la Commission d'experts du RID ou par la Commission d'experts techniques entrent en vigueur pour tous les États membres le premier jour du sixième mois suivant celui au cours duquel le Secrétaire général les a notifiées aux États membres.

§ 4 Les États membres peuvent formuler une objection dans un délai de quatre mois à compter du jour de la notification visée au § 3. En cas d'objection formulée par un quart des États membres, la modification n'entre pas en vigueur. Dans les États membres qui ont formulé une objection contre une décision dans les délais impartis, l'application de l'Appendice concerné est suspendue, dans son intégralité, pour le trafic avec et entre les États membres à compter du moment où les décisions prennent effet. Toutefois, en cas d'objection contre la validation d'une norme technique ou contre l'adoption d'une prescription technique uniforme, seules celles-ci sont suspendues en ce qui concerne le trafic avec et entre les États membres à compter du moment où les décisions prennent effet; il en est de même en cas d'objection partielle.

§ 5 Le Secrétaire général informe les États membres des suspensions visées au § 4; les suspensions sont levées à l'expiration d'un délai d'un mois à compter du jour où le Secrétaire général a notifié aux autres États membres le retrait d'une telle objection.

§ 6 Pour la détermination du nombre d'objections prévues aux §§ 2 et 4, ne sont pas pris en compte les États membres qui :

a) n'ont pas le droit de vote (article 14, § 5, article 26, § 7 ou article 40, § 4);

b) ne sont pas membres de la Commission concernée (article 16, § 1, deuxième phrase);

c) ont fait une déclaration conformément à l'article 9, § 1 des Règles uniformes APTU.

## TITRE VII

## DISPOSITIONS FINALES

### Article 36 – Dépositaire

§ 1 Le Secrétaire général est le dépositaire de la présente Convention. Ses fonctions en tant que dépositaire sont celles qui sont énoncées dans la Partie VII de la Convention de Vienne du 23 mai 1969 sur le droit des traités.

§ 2 Lorsqu'une divergence apparaît entre un État membre et le dépositaire au sujet de l'accomplissement des fonctions de ce dernier, le dépositaire ou l'État membre concerné doit porter la question à l'attention des autres États membres ou, le cas échéant, la soumettre à la décision du Comité administratif.

### Article 37 – Adhésion à la Convention

§ 1 L'adhésion à la Convention est ouverte à chaque État sur le territoire duquel est exploitée une infrastructure ferroviaire.

§ 2 Un État qui désire adhérer à la Convention adresse une demande au dépositaire. Le dépositaire la communique aux États membres.

§ 3 La demande est admise de plein droit trois mois après la communication visée au § 2, sauf opposition formulée auprès du dépositaire par cinq États membres. Le dépositaire en avise sans délai l'État demandeur ainsi que les États membres. L'adhésion prend effet le premier jour du troisième mois suivant cet avis.

§ 4 En cas d'opposition d'au moins cinq États membres dans le délai prévu au § 3, la demande d'adhésion est soumise à l'Assemblée générale qui en décide.

§ 5 Sous réserve de l'article 42, toute adhésion à la Convention ne peut concerner que la Convention dans sa version en vigueur au moment de la prise d'effet de l'adhésion.

### Article 38 – Adhésion d'organisations régionales d'intégration économique

§ 1 L'adhésion à la Convention est ouverte aux organisations régionales d'intégration économique ayant compétence pour adopter leur législation qui est obligatoire pour leurs membres, dans les matières couvertes par cette Convention et dont un ou plusieurs États membres sont membres. Les conditions de cette adhésion sont définies dans un accord conclu entre l'Organisation et l'organisation régionale.

§ 2 L'organisation régionale peut exercer les droits dont disposent ses membres en vertu de la Convention dans la mesure où ils couvrent des matières relevant de sa compétence. Ceci vaut de même pour les obligations incombant aux États membres en vertu de la Convention, abstraction faite des obligations financières visées à l'article 26.

§ 3 En vue de l'exercice du droit de vote et du droit d'objection prévu à l'article 35, §§ 2 et 4, l'organisation régionale dispose d'un nombre de voix égal à celui de ses membres qui sont également États membres de l'Organisation. Ces derniers ne peuvent exercer leurs droits, notamment de vote, que dans la mesure admise au § 2. L'organisation régionale ne dispose pas de droit de vote en ce qui concerne le Titre IV.

§ 4 Pour mettre fin à la qualité de membre, l'article 41 s'applique par analogie.

### Article 39 – Membres associés

§ 1 Tout État sur le territoire duquel est exploitée une infrastructure ferroviaire peut devenir membre associé de l'Organisation. L'article 37, §§ 2 à 5 s'applique par analogie.

§ 2 Un membre associé peut participer aux travaux des organes mentionnés à l'article 13, § 1, lettres a) et c) à f) uniquement avec voix consultative. Un membre associé ne peut pas être désigné comme membre du Comité administratif. Il contribue aux dépenses de l'Organisation avec 0,25 pour cent des contributions (article 26, § 3).

§ 3 Pour mettre fin à la qualité de membre associé, l'article 41 s'applique par analogie.

### Article 40 – Suspension de la qualité de membre

§ 1 Un État membre peut demander, sans dénoncer la Convention, une suspension de sa qualité de membre de l'Organisation, lorsque plus aucun trafic international ferroviaire n'est effectué sur son territoire pour des raisons non imputables à cet État membre.

§ 2 Le Comité administratif décide d'une demande de suspension de la qualité de membre. La demande doit être formulée auprès du Secrétaire général au plus tard trois mois avant une session du Comité.

§ 3 La suspension de la qualité de membre entre en vigueur le premier jour du mois suivant le jour de la notification du Secrétaire général aux États membres de la décision du Comité administratif. La suspension de la qualité de membre prend fin avec la notification par l'État membre de la reprise du trafic international ferroviaire sur son territoire. Le Secrétaire général le notifie, sans délai, aux autres États membres.

§ 4 La suspension de la qualité de membre a pour conséquence :

a) d'exonérer l'État membre de son obligation de contribuer au financement des dépenses de l'Organisation;

b) de suspendre le droit de vote dans les organes de l'Organisation;

c) de suspendre le droit d'objection en vertu de l'article 34, §§ 2 et 3, et de l'article 35, §§ 2 et 4.

### Article 41 – Dénonciation de la Convention

§ 1 La Convention peut, à tout moment, être dénoncée.

§ 2 Tout État membre qui désire procéder à une dénonciation en avise le dépositaire. La dénonciation prend effet le 31 décembre de l'année suivante.

### Article 42 – Déclarations et réserves à la Convention

§ 1 Chaque État membre peut déclarer, à tout moment, qu'il n'appliquera pas dans leur intégralité certains Appendices à la Convention. En outre, des réserves ainsi que des déclarations de ne pas appliquer certaines dispositions de la Convention proprement dite ou de ses Appendices ne sont admises que si de telles réserves et déclarations sont expressément prévues par les dispositions elles-mêmes.

§ 2 Les réserves ou les déclarations sont adressées au dépositaire. Elles prennent effet au moment où la Convention entre en vigueur pour l'État concerné. Toute déclaration faite après cette entrée en vigueur prend effet le 31 décembre de l'année qui suit cette déclaration. Le dépositaire en informe les États membres.

### Article 43 – Dissolution de l'Organisation

§ 1 L'Assemblée générale peut décider de la dissolution de l'Organisation et du transfert éventuel de ses attributions à une autre organisation intergouvernementale en fixant, le cas échéant, les conditions de ce transfert avec cette organisation.

§ 2 En cas de dissolution de l'Organisation, ses biens et avoirs sont attribués aux États membres ayant été membres de l'Organisation, sans interruption, durant les cinq dernières années civiles précédant celle de la décision en vertu du § 1, ceci proportionnellement au taux moyen du pourcentage auquel ils ont contribué aux dépenses de l'Organisation durant ces cinq années précédentes.

### Article 44 – Disposition transitoire

Dans les cas prévus à l'article 34, § 7, à l'article 35, § 4, à l'article 41, § 1 et à l'article 42, le droit en vigueur au moment de la conclusion des contrats soumis aux Règles uniformes CIV, aux Règles uniformes CIM, aux Règles uniformes CUV ou aux Règles uniformes CUI reste applicable aux contrats existants.

### Article 45 – Textes de la Convention

§ 1 La Convention est rédigée en langues française, allemande et anglaise. En cas de divergence, seul le texte français fait foi.

§ 2 Sur proposition de l'un des États concernés, l'Organisation publie des traductions officielles de la Convention dans d'autres langues, dans la mesure où l'une de ces langues est une langue officielle sur le territoire d'au moins deux États membres. Ces traductions sont élaborées en coopération avec les services compétents des États membres concernés.

# 73 Convention de La Haye du 30 juin 2005 sur les accords d'élection de for

Signée par l'Union européenne le 1er avril 2009;
pas encore en vigueur

*Les États parties à la présente Convention,*

Désireux de promouvoir le commerce et les investissements internationaux en renforçant la coopération judiciaire,

Convaincus que cette coopération peut être renforcée par des règles uniformes sur la compétence et la reconnaissance et l'exécution des jugements étrangers en matière civile ou commerciale,

Convaincus que cette coopération renforcée nécessite en particulier un régime juridique international apportant la sécurité et assurant l'efficacité des accords exclusifs d'élection de for entre les parties à des opérations commerciales et régissant la reconnaissance et l'exécution des jugements rendus dans le cadre de procédures fondées sur de tels accords,

*Ont résolu de conclure la présente Convention et sont convenus des dispositions suivantes :*

CHAPITRE PREMIER

## Champ d'application et définitions

### Article premier – Champ d'application

1. La présente Convention s'applique, dans des situations internationales, aux accords exclusifs d'élection de for conclus en matière civile ou commerciale. 2. Aux fins du chapitre II, une situation est internationale sauf si les parties résident dans le même État contractant et si les relations entre les parties et tous les autres éléments pertinents du litige, quel que soit le lieu du tribunal élu, sont liés uniquement à cet État. 3. Aux fins du chapitre III, une situation est internationale lorsque la reconnaissance ou l'exécution d'un jugement étranger est requise.

### Article 2 – Exclusions du champ d'application

1. La présente Convention ne s'applique pas aux accords exclusifs d'élection de for :

*a*) auxquels une personne physique agissant principalement dans un but personnel, familial ou domestique (un consommateur) est partie;

*b*) relatifs aux contrats de travail, y compris les conventions collectives.

2. La présente Convention ne s'applique pas aux matières suivantes :

*a*) l'état et la capacité des personnes physiques;

*b*) les obligations alimentaires;

*c*) les autres matières du droit de la famille, y compris les régimes matrimoniaux et les autres droits ou obligations résultant du mariage ou de relations similaires;

*d*) les testaments et les successions;

*e*) l'insolvabilité, les concordats et les matières analogues;

*f*) le transport de passagers et de marchandises;

*g*) la pollution marine, la limitation de responsabilité pour des demandes en matière maritime, les avaries communes, ainsi que le remorquage et le sauvetage d'urgence; *h*) les entraves à la concurrence; *i*) la responsabilité pour les dommages nucléaires;

*j*) les demandes pour dommages corporels et moraux y afférents introduites par des personnes physiques ou en leur nom;

*k*) les demandes qui ne naissent pas d'une relation contractuelle et qui sont fondées sur la responsabilité délictuelle pour des dommages aux biens tangibles;

*l*) les droits réels immobiliers et les baux d'immeubles;

*m*) la validité, la nullité ou la dissolution d'une personne morale, et la validité des décisions de ses organes;

*n*) la validité des droits de propriété intellectuelle autres que les droits d'auteur et les droits voisins;

*o*) la contrefaçon des droits de propriété intellectuelle autres que les droits d'auteur et les droits voisins, à l'exception des litiges portant sur une contrefaçon fondés sur une violation du contrat entre les parties relatif à de tels droits, ou qui auraient pu être fondés sur une violation de ce contrat;

*p*) la validité des inscriptions sur les registres publics.

3. Nonobstant le paragraphe 2, un litige n'est pas exclu du champ d'application de la présente Convention lorsqu'une matière exclue en vertu de ce paragraphe est soulevée seulement à titre préalable et non comme un objet du litige. En particulier, le seul fait qu'une matière exclue en vertu du paragraphe 2 est soulevée à titre de défense n'exclut pas le litige du champ d'application de la Convention, si cette matière n'est pas un objet du litige.

4. La présente Convention ne s'applique pas à l'arbitrage et aux procédures y afférentes.

5. Le seul fait qu'un État, y compris un gouvernement, une agence gouvernementale ou toute personne agissant pour le compte d'un État, est partie à un litige n'exclut pas celui-ci du champ d'application de la présente Convention.

6. La présente Convention n'affecte pas les privilèges et immunités dont jouissent les États ou les organisations internationales, pour eux-mêmes et pour leurs biens.

## Article 3 – Accords exclusifs d'élection de for

Aux fins de la présente Convention :

*a*) un « accord exclusif d'élection de for » signifie un accord conclu entre deux ou plusieurs parties, qui est conforme aux exigences prévues au paragraphe *c*), et qui désigne, pour connaître des litiges nés ou à naître à l'occasion d'un rapport de droit déterminé, soit les tribunaux d'un État contractant, soit un ou plusieurs tribunaux particuliers d'un État contractant, à l'exclusion de la compétence de tout autre tribunal;

*b*) un accord d'élection de for qui désigne les tribunaux d'un État contractant, ou un ou plusieurs tribunaux particuliers d'un État contractant, est réputé exclusif sauf si les parties sont convenues expressément du contraire;

*c*) un accord exclusif d'élection de for doit être conclu ou documenté :

*i*) par écrit; ou

*ii*) par tout autre moyen de communication qui rende l'information accessible pour être consultée ultérieurement;

*d*) un accord exclusif d'élection de for faisant partie d'un contrat est considéré comme un accord distinct des autres clauses du contrat. La validité de l'accord exclusif d'élection de for ne peut être contestée au seul motif que le contrat n'est pas valable.

### Article 4 – Autres définitions

1. Au sens de la présente Convention, le terme « jugement » signifie toute décision sur le fond rendue par un tribunal, quelle que soit sa dénomination, telle qu'un arrêt ou une ordonnance, de même que la fixation des frais du procès par le tribunal (y compris le greffier du tribunal), à condition qu'elle ait trait à une décision sur le fond susceptible d'être reconnue ou exécutée en vertu de la présente Convention. Les mesures provisoires et conservatoires ne sont pas des jugements.

2. Aux fins de la présente Convention, une entité ou personne autre qu'une personne physique est réputée avoir sa résidence dans l'État :

*a*) de son siège statutaire;

*b*) selon le droit duquel elle a été constituée;

*c*) de son administration centrale; ou

*d*) de son principal établissement.

CHAPITRE II

## Compétence

### Article 5 – Compétence du tribunal élu

1. Le tribunal ou les tribunaux d'un État contractant désignés dans un accord exclusif d'élection de for sont compétents pour connaître d'un litige auquel l'accord s'applique, sauf si celui-ci est nul selon le droit de cet État. 2. Le tribunal ayant compétence en vertu du paragraphe premier ne peut refuser d'exercer sa compétence au motif qu'un tribunal d'un autre État devrait connaître du litige.

3. Les paragraphes précédents n'affectent pas les règles relatives :

*a*) à la compétence d'attribution ou à la compétence fondée sur le montant de la demande;

*b*) à la répartition interne de compétence parmi les tribunaux d'un État contractant. Toutefois, lorsque le tribunal élu dispose d'un pouvoir discrétionnaire de renvoyer l'affaire, le choix des parties est dûment pris en considération.

### Article 6 – Obligations du tribunal non élu

Tout tribunal d'un État contractant autre que celui du tribunal élu sursoit à statuer ou se dessaisit lorsqu'il est saisi d'un litige auquel un accord exclusif d'élection de for s'applique, sauf si :

*a*) l'accord est nul en vertu du droit de l'État du tribunal élu;

*b*) l'une des parties n'avait pas la capacité de conclure l'accord en vertu du droit de l'État du tribunal saisi;

*c*) donner effet à l'accord aboutirait à une injustice manifeste ou serait manifestement contraire à l'ordre public de l'État du tribunal saisi;

*d*) pour des motifs exceptionnels hors du contrôle des parties, l'accord ne peut raisonnablement être mis en œuvre; ou

*e*) le tribunal élu a décidé de ne pas connaître du litige.

### Article 7 – Mesures provisoires et conservatoires

Les mesures provisoires et conservatoires ne sont pas régies par la présente Convention. Celle-ci n'exige ni n'empêche l'octroi, le rejet ou la levée des mesures provisoires et conservatoires par un tribunal d'un État contractant. Elle n'affecte pas la possibilité pour une partie de demander de telles mesures, ni la faculté du tribunal d'accorder, de rejeter ou de lever de telles mesures.

CHAPITRE III

## Reconnaissance et exécution

### Article 8 – Reconnaissance et exécution

1. Un jugement rendu par un tribunal d'un État contractant désigné dans un accord exclusif d'élection de for est reconnu et exécuté dans les autres États contractants conformément au présent chapitre. La reconnaissance ou l'exécution peut être refusée aux seuls motifs énoncés dans la présente Convention. 2. Sans préjudice de ce qui est nécessaire à l'application des dispositions du présent chapitre, il n'est procédé à aucune révision au fond du jugement rendu par le tribunal d'origine. Le tribunal requis est lié par les constatations de fait sur lesquelles le tribunal d'origine a fondé sa compétence, sauf si le jugement a été rendu par défaut.

3. Un jugement n'est reconnu que s'il produit ses effets dans l'État d'origine et n'est exécuté que s'il est exécutoire dans l'État d'origine.

4. La reconnaissance ou l'exécution peut être différée ou refusée si le jugement fait l'objet d'un recours dans l'État d'origine ou si le délai pour exercer un recours ordinaire n'a pas expiré. Un tel refus n'empêche pas une demande ultérieure de reconnaissance ou d'exécution du jugement.

5. Cet article s'applique également à un jugement rendu par un tribunal d'un État contractant suite à un renvoi de l'affaire du tribunal élu dans cet État contractant comme prévu par l'article 5, paragraphe 3. Toutefois, lorsque le tribunal élu disposait d'un pouvoir discrétionnaire de renvoyer l'affaire devant un autre tribunal, la reconnaissance ou l'exécution du jugement peut être refusée à l'égard d'une partie qui s'était opposée au renvoi en temps opportun dans l'État d'origine.

### Article 9 – Refus de reconnaissance ou d'exécution

La reconnaissance ou l'exécution peut être refusée si :

*a*) l'accord était nul en vertu du droit de l'État du tribunal élu, à moins que celui-ci n'ait constaté que l'accord est valable;

*b*) l'une des parties n'avait pas la capacité de conclure l'accord en vertu du droit de l'État requis;

*c*) l'acte introductif d'instance ou un acte équivalent contenant les éléments essentiels de la demande :

*i*) n'a pas été notifié au défendeur en temps utile et de telle manière qu'il puisse organiser sa défense, à moins que le défendeur n'ait comparu et présenté sa défense sans contester la notification devant le tribunal d'origine, à condition que le droit de l'État d'origine permette de contester la notification; ou

*ii*) a été notifié au défendeur dans l'État requis de manière incompatible avec les principes fondamentaux de l'État requis relatifs à la notification de documents;

*d*) le jugement résulte d'une fraude relative à la procédure;

*e*) la reconnaissance ou l'exécution est manifestement incompatible avec l'ordre public de l'État requis, notamment dans les cas où la procédure aboutissant au jugement en l'espèce était incompatible avec les principes fondamentaux d'équité procédurale de cet État;

*f*) le jugement est incompatible avec un jugement rendu dans l'État requis dans un litige entre les mêmes parties; ou

*g*) le jugement est incompatible avec un jugement rendu antérieurement dans un autre État entre les mêmes parties dans un litige ayant le même objet et la même cause, lorsque le jugement rendu antérieurement réunit les conditions nécessaires à sa reconnaissance dans l'État requis.

### Article 10 – Questions préalables

1. Lorsqu'une matière exclue en vertu de l'article 2, paragraphe 2, ou en vertu de l'article 21 a été soulevée à titre préalable, la décision sur cette question n'est pas reconnue ou exécutée en vertu de la présente Convention.

2. La reconnaissance ou l'exécution d'un jugement peut être refusée si, et dans la mesure où, ce jugement est fondé sur une décision relative à une matière exclue en vertu de l'article 2, paragraphe 2.

3. Toutefois, dans le cas d'une décision sur la validité d'un droit de propriété intellectuelle autre qu'un droit d'auteur ou droit voisin, la reconnaissance ou l'exécution d'un jugement ne peut être refusée ou différée en vertu du paragraphe précédent que si :

*a*) cette décision est incompatible avec un jugement ou une décision d'une autorité compétente relatif à cette matière, rendu dans l'État du droit duquel découle ce droit de propriété intellectuelle; ou

*b*) une procédure sur la validité de ce droit de propriété intellectuelle est pendante dans cet État.

4. La reconnaissance ou l'exécution d'un jugement peut être refusée si, et dans la mesure où, ce jugement est fondé sur une décision relative à une matière exclue en vertu d'une déclaration faite par l'État requis au titre de l'article 21.

### Article 11 – Dommages et intérêts

1. La reconnaissance ou l'exécution d'un jugement peut être refusée si, et dans la mesure où, le jugement accorde des dommages et intérêts, y compris des dommages et intérêts exemplaires ou punitifs, qui ne compensent pas une partie pour la perte ou le préjudice réels subis.

2. Le tribunal requis prend en considération si, et dans quelle mesure, le montant accordé à titre de dommages et intérêts par le tribunal d'origine est destiné à couvrir les frais et dépens du procès.

### Article 12 – Transactions judiciaires

Les transactions homologuées par un tribunal d'un État contractant désigné dans un accord exclusif d'élection de for ou passées devant ce tribunal au cours d'une instance, et qui sont exécutoires au même titre qu'un jugement dans l'État d'origine, sont exécutées en vertu de la présente Convention aux mêmes conditions qu'un jugement.

### Article 13 – Pièces à produire

1. La partie qui requiert la reconnaissance ou qui demande l'exécution produit :

*a*) une copie complète et certifiée conforme du jugement;

*b*) l'accord exclusif d'élection de for, une copie certifiée de celui-ci ou une autre preuve de son existence;

*c*) s'il s'agit d'un jugement rendu par défaut, l'original ou une copie certifiée conforme du document attestant que l'acte introductif d'instance ou un acte équivalent a été notifié à la partie défaillante;

*d*) tout document nécessaire pour établir que le jugement produit ses effets dans l'État d'origine ou, le cas échéant, qu'il est exécutoire dans cet État;

*e*) dans le cas prévu à l'article 12, un certificat d'un tribunal de l'État d'origine attestant que la transaction judiciaire est exécutoire, en tout ou en partie, aux mêmes conditions qu'un jugement dans l'État d'origine.

2. Si le contenu du jugement ne permet pas au tribunal requis de vérifier que les conditions du présent chapitre sont remplies, ce tribunal peut exiger tout document nécessaire.

3. Une demande de reconnaissance ou d'exécution peut être accompagnée d'un document, délivré par un tribunal (y compris par une personne autorisée du tribunal) de l'État d'origine, sous la forme recommandée et publiée par la Conférence de La Haye de droit international privé. 4. Si les documents mentionnés dans le présent article ne sont pas rédigés dans une langue officielle de l'État requis, ils sont accompagnés d'une traduction certifiée dans une langue officielle, sauf si la loi de l'État requis en dispose autrement.

### Article 14 – Procédure

La procédure tendant à obtenir la reconnaissance, l'*exequatur* ou l'enregistrement aux fins d'exécution, et l'exécution du jugement, sont régies par le droit de l'État requis sauf si la présente Convention en dispose autrement. Le tribunal requis agit avec célérité.

### Article 15 – Divisibilité

La reconnaissance ou l'exécution d'une partie dissociable d'un jugement est accordée, si la reconnaissance ou l'exécution de cette partie est demandée ou si seule une partie du jugement peut être reconnue ou exécutée en vertu de la présente Convention.

CHAPITRE IV

## Clauses générales

### Article 16 – Dispositions transitoires

1. La présente Convention s'applique aux accords exclusifs d'élection de for conclus après son entrée en vigueur pour l'État du tribunal élu.

2. La présente Convention ne s'applique pas aux litiges engagés avant son entrée en vigueur pour l'État du tribunal saisi.

### Article 17 – Contrats d'assurance et de réassurance

1. Un litige en vertu d'un contrat d'assurance ou de réassurance n'est pas exclu du champ d'application de la présente Convention au motif que le contrat d'assurance ou de réassurance porte sur une matière à laquelle la Convention ne s'applique pas.

2. La reconnaissance et l'exécution d'un jugement relatif à la responsabilité en vertu d'un contrat d'assurance ou de réassurance ne peuvent pas être limitées ou refusées au motif que la responsabilité en vertu de ce contrat comprend celle d'indemniser l'assuré ou le réassuré à l'égard :

*a*) d'une matière à laquelle la présente Convention ne s'applique pas ; ou

*b*) d'une décision accordant des dommages et intérêts auxquels l'article 11 pourrait s'appliquer.

### Article 18 – Dispense de légalisation

Les documents transmis ou délivrés en vertu de la présente Convention sont dispensés de toute légalisation ou de toute formalité analogue, y compris une Apostille.

### Article 19 – Déclarations limitant la compétence

Un État peut déclarer que ses tribunaux peuvent refuser de connaître des litiges auxquels un accord exclusif d'élection de for s'applique s'il n'existe aucun lien, autre que le lieu du tribunal élu, entre cet État et les parties ou le litige.

### Article 20 – Déclarations limitant la reconnaissance et l'exécution

Un État peut déclarer que ses tribunaux peuvent refuser de reconnaître ou d'exécuter un jugement rendu par un tribunal d'un autre État contractant lorsque les parties avaient leur résidence dans l'État requis et que les relations entre les parties, ainsi que tous les autres éléments pertinents du litige, autres que le lieu du tribunal élu, étaient liés uniquement à l'État requis.

### Article 21 – Déclarations relatives à des matières particulières

1. Lorsqu'un État a un intérêt important à ne pas appliquer la présente Convention à une matière particulière, cet État peut déclarer qu'il n'appliquera pas la présente Convention à cette matière. L'État qui fait une telle déclaration s'assure que la portée de celle-ci n'est pas plus étendue que nécessaire et que la matière particulière exclue est définie de façon claire et précise.

2. À l'égard d'une telle matière, la Convention ne s'applique pas :

*a*) dans l'État contractant ayant fait la déclaration ;

*b*) dans les autres États contractants lorsqu'un accord exclusif d'élection de for désigne les tribunaux, ou un ou plusieurs tribunaux particuliers, de l'État ayant fait la déclaration.

### Article 22 – Déclarations réciproques sur les accords non exclusifs d'élection de for

1. Un État contractant peut déclarer que ses tribunaux reconnaîtront et exécuteront des jugements rendus par des tribunaux d'autres États contractants désignés dans un accord d'élection de for conclu entre deux ou plusieurs parties, qui est conforme aux exigences prévues à l'article 3, paragraphe *c),* et qui désigne, pour connaître des litiges nés ou à naître à l'occasion d'un rapport de droit déterminé, un

tribunal ou des tribunaux d'un ou plusieurs États contractants (un accord non exclusif d'élection de for).

2. Lorsque la reconnaissance ou l'exécution d'un jugement rendu dans un État contractant ayant fait une telle déclaration est requise dans un autre État contractant ayant fait une telle déclaration, le jugement est reconnu et exécuté en vertu de la présente Convention, si :

*a)* le tribunal d'origine était désigné dans un accord non exclusif d'élection de for;

*b)* il n'existe ni un jugement d'un autre tribunal devant lequel des procédures pourraient être engagées conformément à l'accord non exclusif d'élection de for, ni une procédure pendante entre les mêmes parties devant un tel autre tribunal ayant le même objet et la même cause; et

*c)* le tribunal d'origine était le premier tribunal saisi.

### Article 23 – Interprétation uniforme

Aux fins de l'interprétation de la présente Convention, il sera tenu compte de son caractère international et de la nécessité de promouvoir l'uniformité de son application.

### Article 24 – Examen du fonctionnement de la Convention

Le Secrétaire général de la Conférence de La Haye de droit international privé prend périodiquement des dispositions en vue de :

*a*) l'examen du fonctionnement pratique de la présente Convention, y compris de toute déclaration; et *b*) l'examen de l'opportunité d'apporter des modifications à la présente Convention.

### Article 25 – Systèmes juridiques non unifiés

1. Au regard d'un État contractant dans lequel deux ou plusieurs systèmes de droit ayant trait aux questions régies par la présente Convention s'appliquent dans des unités territoriales différentes :

*a*) toute référence à la loi ou à la procédure d'un État vise, le cas échéant, la loi ou la procédure en vigueur dans l'unité territoriale considérée;

*b*) toute référence à la résidence dans un État vise, le cas échéant, la résidence dans l'unité territoriale considérée;

*c*) toute référence au tribunal ou aux tribunaux d'un État vise, le cas échéant, le tribunal ou les tribunaux dans l'unité territoriale considérée;

*d*) toute référence au lien avec un État vise, le cas échéant, le lien avec l'unité territoriale considérée.

2. Nonobstant le paragraphe précédent, un État contractant qui comprend deux ou plusieurs unités territoriales dans lesquelles des systèmes de droit différents s'appliquent n'est pas tenu d'appliquer la présente Convention aux situations qui impliquent uniquement ces différentes unités territoriales.

3. Un tribunal dans une unité territoriale d'un État contractant qui comprend deux ou plusieurs unités territoriales dans lesquelles des systèmes de droit différents s'appliquent n'est pas tenu de reconnaître ou d'exécuter un jugement d'un autre État contractant pour le seul motif que le jugement a été reconnu ou exécuté dans une autre unité territoriale du même État contractant selon la présente Convention.

4. Cet article ne s'applique pas à une Organisation régionale d'intégration économique.

### Article 26 – Rapport avec d'autres instruments internationaux

1. La présente Convention doit être interprétée de façon à ce qu'elle soit, autant que possible, compatible avec d'autres traités en vigueur pour les États contractants, conclus avant ou après cette Convention.

2. La présente Convention n'affecte pas l'application par un État contractant d'un traité, que ce traité ait été conclu avant ou après cette Convention, lorsqu'aucune des parties ne réside dans un État contractant qui n'est pas Partie au traité.

3. La présente Convention n'affecte pas l'application par un État contractant d'un traité conclu avant l'entrée en vigueur de cette Convention pour cet État contractant, si l'application de cette Convention est incompatible avec les obligations de cet État contractant vis-à-vis de tout autre État non contractant. Le présent paragraphe s'applique aussi aux traités qui révisent ou se substituent à un traité conclu avant l'entrée en vigueur de cette Convention pour cet État contractant, sauf dans la mesure où la révision ou la substitution crée de nouvelles incompatibilités avec cette Convention.

4. La présente Convention n'affecte pas l'application par un État contractant d'un traité, que ce traité ait été conclu avant ou après cette Convention, afin d'obtenir la reconnaissance ou l'exécution d'un jugement rendu par un tribunal d'un État contractant qui est également Partie à ce traité. Toutefois, ce jugement ne doit pas être reconnu ou exécuté à un degré moindre qu'en vertu de cette Convention.

5. La présente Convention n'affecte pas l'application par un État contractant d'un traité qui, à l'égard d'une matière particulière, prévoit des règles relatives à la compétence ou la reconnaissance ou l'exécution des jugements, même si ce traité a été conclu après cette Convention et que tous les États concernés sont Parties à cette Convention. Ce paragraphe s'applique uniquement si l'État contractant a fait une déclaration à l'égard de ce traité en vertu du présent paragraphe. Dans le cas d'une telle déclaration, les autres États contractants ne sont pas tenus d'appliquer cette Convention à cette matière particulière dans la mesure de l'incompatibilité, lorsqu'un accord exclusif d'élection de for désigne les tribunaux, ou un ou plusieurs tribunaux particuliers, de l'État contractant ayant fait cette déclaration.

6. La présente Convention n'affecte pas l'application des règles d'une Organisation régionale d'intégration économique partie à cette Convention, que ces règles aient été adoptées avant ou après cette Convention :

*a*) lorsqu'aucune des parties ne réside dans un État contractant qui n'est pas un État membre de l'Organisation régionale d'intégration économique; *b*) en ce qui a trait à la reconnaissance ou l'exécution de jugements entre les États membres de l'Organisation régionale d'intégration économique.

CHAPITRE V

## Clauses finales

### Article 27 – Signature, ratification, acceptation, approbation ou adhésion

1. La présente Convention est ouverte à la signature de tous les États.

2. La présente Convention est sujette à la ratification, à l'acceptation ou à l'approbation des États signataires.

3. Tout État pourra adhérer à la présente Convention.

4. Les instruments de ratification, d'acceptation, d'approbation ou d'adhésion sont déposés auprès du Ministère des Affaires Étrangères du Royaume des Pays-Bas, dépositaire de la Convention.

### Article 28 – Déclarations relatives aux systèmes juridiques non unifiés

1. Un État qui comprend deux ou plusieurs unités territoriales dans lesquelles des systèmes de droit différents s'appliquent aux matières régies par la présente Convention peut, au moment de la signature, de la ratification, de l'acceptation, de l'approbation ou de l'adhésion, déclarer que la Convention s'appliquera à toutes ses unités territoriales ou seulement à l'une ou à plusieurs d'entre elles, et pourra à tout moment modifier cette déclaration en faisant une nouvelle déclaration.

2. Toute déclaration est notifiée au dépositaire et indique expressément les unités territoriales auxquelles la Convention s'applique.

3. Si un État ne fait pas de déclaration en vertu du présent article, la Convention s'applique à l'ensemble du territoire de cet État.

4. Le présent article ne s'applique pas à une Organisation régionale d'intégration économique.

### Article 29 – Organisations régionales d'intégration économique

1. Une Organisation régionale d'intégration économique constituée seulement par des États souverains et ayant compétence sur certaines ou toutes les matières régies par la présente Convention peut également signer, accepter ou approuver cette Convention ou y adhérer. En pareil cas, l'Organisation régionale d'intégration économique aura les mêmes droits et obligations qu'un État contractant, dans la mesure où cette Organisation a compétence sur des matières régies par cette Convention.

2. Au moment de la signature, de l'acceptation, de l'approbation ou de l'adhésion, l'Organisation régionale d'intégration économique notifie au dépositaire, par écrit, les matières régies par la présente Convention pour lesquelles ses États membres ont transféré leur compétence à cette Organisation. L'Organisation notifie aussitôt au dépositaire, par écrit, toute modification intervenue dans la délégation de compétence précisée dans la notification la plus récente faite en vertu du présent paragraphe.

3. Pour les fins de l'entrée en vigueur de la présente Convention, tout instrument déposé par une Organisation régionale d'intégration économique n'est pas compté, à moins que l'Organisation régionale d'intégration économique déclare, en vertu de l'article 30, que ses États membres ne seront pas Parties à cette Convention.

4. Toute référence à « État contractant » ou « État » dans la présente Convention s'applique également, le cas échéant, à une Organisation régionale d'intégration économique qui y est Partie.

### Article 30 – Adhésion par une Organisation régionale d'intégration économique sans ses États membres

1. Au moment de la signature, de l'acceptation, de l'approbation ou de l'adhésion, une Organisation régionale d'intégration économique peut déclarer qu'elle a compétence pour toutes les matières régies par la présente Convention et que ses États membres ne seront pas Parties à cette Convention mais y seront liés en raison

du fait de la signature, de l'acceptation, de l'approbation ou de l'adhésion de l'Organisation.

2. Lorsqu'une déclaration est faite par une Organisation régionale d'intégration économique en conformité avec le paragraphe premier, toute référence à « État contractant » ou « État » dans la présente Convention s'applique également, le cas échéant, aux États membres de l'Organisation.

## Article 31 – Entrée en vigueur

1. La présente Convention entrera en vigueur le premier jour du mois suivant l'expiration d'une période de trois mois après le dépôt du deuxième instrument de ratification, d'acceptation, d'approbation ou d'adhésion visé par l'article 27.

2. Par la suite, la présente Convention entrera en vigueur :

*a)* pour chaque État ou Organisation régionale d'intégration économique ratifiant, acceptant, approuvant ou y adhérant postérieurement, le premier jour du mois suivant l'expiration d'une période de trois mois après le dépôt de son instrument de ratification, d'acceptation, d'approbation ou d'adhésion;

*b)* pour les unités territoriales auxquelles la présente Convention a été étendue conformément à l'article 28, paragraphe premier, le premier jour du mois suivant l'expiration d'une période de trois mois après la notification de la déclaration visée par ledit article.

## Article 32 – Déclarations

1. Les déclarations visées aux articles 19, 20, 21, 22 et 26 peuvent être faites lors de la signature, de la ratification, de l'acceptation, de l'approbation ou de l'adhésion ou à tout moment ultérieur et pourront être modifiées ou retirées à tout moment.

2. Les déclarations, modifications et retraits sont notifiés au dépositaire.

3. Une déclaration faite au moment de la signature, de la ratification, de l'acceptation, de l'approbation ou de l'adhésion prendra effet au moment de l'entrée en vigueur de la Convention pour l'État concerné.

4. Une déclaration faite ultérieurement, ainsi qu'une modification ou le retrait d'une déclaration, prendra effet le premier jour du mois suivant l'expiration d'une période de trois mois après la date de réception de la notification par le dépositaire.

5. Une déclaration faite en vertu des articles 19, 20, 21 et 26 ne s'applique pas aux accords exclusifs d'élection de for conclus avant qu'elle ne prenne effet.

## Article 33 – Dénonciation

1. La présente Convention pourra être dénoncée par une notification écrite au dépositaire. La dénonciation pourra se limiter à certaines unités territoriales d'un système juridique non unifié auxquelles s'applique la présente Convention. 2. La dénonciation prendra effet le premier jour du mois suivant l'expiration d'une période de douze mois après la date de réception de la notification par le dépositaire. Lorsqu'une période plus longue pour la prise d'effet de la dénonciation est précisée dans la notification, la dénonciation prendra effet à l'expiration de la période en question après la date de réception de la notification par le dépositaire.

## Article 34 – Notifications par le dépositaire

Le dépositaire notifiera aux Membres de la Conférence de La Haye de droit international privé, ainsi qu'aux autres États et aux Organisations régionales d'intégration économique qui ont signé, ratifié, accepté, approuvé ou adhéré conformément aux articles 27, 29 et 30 les renseignements suivants :

*a)* les signatures, ratifications, acceptations, approbations et adhésions prévues aux articles 27, 29 et 30 ;

*b)* la date d'entrée en vigueur de la présente Convention conformément à l'article 31 ;

*c)* les notifications, les déclarations, et les modifications et retraits des déclarations prévues aux articles 19, 20, 21, 22, 26, 28, 29 et 30 ;

*d)* les dénonciations prévues à l'article 33.

# 74 Convention de Lugano du 30 octobre 2007 concernant la compétence judiciaire, la reconnaissance et l'exécution des décisions en matière civile et commerciale

En vigueur depuis le 1er janvier 2010

## PRÉAMBULE

*Les hautes parties contractantes à la présente convention*

*Déterminées* à renforcer sur leur territoire la protection juridique des personnes qui y sont établies,

*Estimant* qu'il importe à cette fin de déterminer la compétence de leurs juridictions dans l'ordre international, de faciliter la reconnaissance et d'instaurer une procédure rapide afin d'assurer l'exécution des décisions, des actes authentiques et des transactions judiciaires,

*Conscientes* des liens qui existent entre elles et qui ont été consacrés dans le domaine économique par les accords de libre-échange conclus entre la Communauté européenne et certains États membres de l'Association européenne de libre-échange,

*Prenant en considération* :
- la Convention de Bruxelles du 27 septembre 1968 concernant la compétence judiciaire et l'exécution des décisions en matière civile et commerciale, telle qu'adaptée par les conventions d'adhésion lors des élargissements successifs de l'Union européenne,
- la convention de Lugano du 16 septembre 1988 concernant la compétence judiciaire et l'exécution des décisions en matière civile et commerciale, qui étend l'application des dispositions de la convention de Bruxelles de 1968 à certains États membres de l'Association européenne de libre-échange,
- le règlement (CE) n° 44/2001 du Conseil du 22 décembre 2000 concernant la compétence judiciaire, la reconnaissance et l'exécution des décisions en matière civile et commerciale, qui a remplacé la convention de Bruxelles précitée,
- l'accord entre la Communauté européenne et le Royaume de Danemark sur la compétence judiciaire, la reconnaissance et l'exécution des décisions en matière civile et commerciale, signé à Bruxelles le 19 octobre 2005,

*Persuadées* que l'extension des principes énoncés dans le règlement (CE) n° 44/2001 aux parties contractantes au présent instrument renforcera la coopération juridique et économique,

*Désireuses* d'assurer une interprétation aussi uniforme que possible de celui-ci,

*ONT DÉCIDÉ, dans cet esprit, de conclure la présente convention, et*

*SONT CONVENUES DE CE QUI SUIT :*

TITRE PREMIER

## CHAMP D'APPLICATION

**Article 1er –** 1. La présente convention s'applique en matière civile et commerciale et quelle que soit la nature de la juridiction. Elle ne recouvre notamment pas les matières fiscales, douanières ou administratives.

2. Sont exclus de son application :

a) l'état et la capacité des personnes physiques, les régimes matrimoniaux, les testaments et les successions;

b) les faillites, concordats et autres procédures analogues;

c) la sécurité sociale;

d) l'arbitrage.

3. Dans la présente convention, on entend par « État lié par la présente convention » tout État qui est partie contractante à la présente convention ou tout État membre de la Communauté européenne. Ce terme peut également désigner la Communauté européenne.

TITRE II

## COMPÉTENCE

*Section 1*

### Dispositions générales

**Article 2 –** 1. Sous réserve des dispositions de la présente convention, les personnes domiciliées sur le territoire d'un État lié par la présente convention sont attraites (assignées), quelle que soit leur nationalité, devant les juridictions de cet État.

2. Les personnes qui ne possèdent pas la nationalité de l'État lié par la présente convention dans lequel elles sont domiciliées y sont soumises aux règles de compétence applicables aux nationaux.

**Article 3 –** 1. Les personnes domiciliées sur le territoire d'un État lié par la présente convention ne peuvent être attraites devant les tribunaux d'un autre État lié par la présente convention qu'en vertu des règles énoncées aux sections 2 à 7 du présent titre.

2. Ne peuvent être invoquées contre elles notamment les règles de compétence nationales figurant à l'annexe I.

**Article 4 –** 1. Si le défendeur n'est pas domicilié dans un État lié par la présente convention, la compétence est, dans chaque État lié par la présente convention, réglée par la loi de cet État, sous réserve de l'application des dispositions des articles 22 et 23.

2. Toute personne, quelle que soit sa nationalité, domiciliée sur le territoire d'un État lié par la présente convention, peut, comme les nationaux, y invoquer contre ce défendeur les règles de compétence qui y sont en vigueur et notamment celles prévues à l'annexe I.

*Section 2*

## Compétences spéciales

**Article 5 –** Une personne domiciliée sur le territoire d'un État lié par la présente convention peut être attraite, dans un autre État lié par la présente convention :

1. a) en matière contractuelle, devant le tribunal du lieu où l'obligation qui sert de base à la demande a été ou doit être exécutée;

b) aux fins de l'application de la présente disposition, et sauf convention contraire, le lieu d'exécution de l'obligation qui sert de base à la demande est :
– pour la vente de marchandises, le lieu d'un État lié par la présente convention où, en vertu du contrat, les marchandises ont été ou auraient dû être livrées,
– pour la fourniture de services, le lieu d'un État lié par la présente convention où, en vertu du contrat, les services ont été ou auraient dû être fournis;

c) le point a) s'applique si le point b) ne s'applique pas;

2. en matière d'obligation alimentaire,

a) devant le tribunal du lieu où le créancier d'aliments a son domicile ou sa résidence habituelle; ou

b) devant le tribunal compétent selon la loi du for pour connaître d'une demande accessoire à une action relative à l'état des personnes, sauf si cette compétence est uniquement fondée sur la nationalité d'une des parties; ou

c) devant le tribunal compétent selon la loi du for pour connaître d'une demande accessoire à une action relative à la responsabilité parentale, sauf si cette compétence est uniquement fondée sur la nationalité d'une des parties;

3. en matière délictuelle ou quasi délictuelle, devant le tribunal du lieu où le fait dommageable s'est produit ou risque de se produire;

4. s'il s'agit d'une action en réparation de dommage ou d'une action en restitution fondées sur une infraction, devant le tribunal saisi de l'action publique, dans la mesure où, selon sa loi, ce tribunal peut connaître de l'action civile;

5. s'il s'agit d'une contestation relative à l'exploitation d'une succursale, d'une agence ou de tout autre établissement, devant le tribunal du lieu de leur situation;

6. en sa qualité de fondateur, de *trustee* ou de bénéficiaire d'un trust constitué soit en application de la loi, soit par écrit ou par une convention verbale, confirmée par écrit, devant les tribunaux de l'État lié par la présente convention sur le territoire duquel le trust a son domicile;

7. s'il s'agit d'une contestation relative au paiement de la rémunération réclamé en raison de l'assistance ou du sauvetage dont a bénéficié une cargaison ou un fret, devant le tribunal dans le ressort duquel cette cargaison ou le fret s'y rapportant :

a) a été saisi pour garantir ce paiement; ou

b) aurait pu être saisi à cet effet, mais une caution ou une autre sûreté a été donnée;

cette disposition ne s'applique que s'il est prétendu que le défendeur a un droit sur la cargaison ou sur le fret ou qu'il avait un tel droit au moment de cette assistance ou de ce sauvetage.

**Article 6 –** Cette même personne peut aussi être attraite :

1. s'il y a plusieurs défendeurs, devant le tribunal du domicile de l'un d'eux, à condition que les demandes soient liées entre elles par un rapport si étroit qu'il y a intérêt à les instruire et à les juger en même temps afin d'éviter des solutions qui pourraient être inconciliables si les causes étaient jugées séparément;

2. s'il s'agit d'une demande en garantie ou d'une demande en intervention, devant le tribunal saisi de la demande originaire, à moins qu'elle n'ait été formée que pour traduire hors de son tribunal celui qui a été appelé;

3. s'il s'agit d'une demande reconventionnelle qui dérive du contrat ou du fait sur lequel est fondée la demande originaire, devant le tribunal saisi de celle-ci;

4. en matière contractuelle, si l'action peut être jointe à une action en matière de droits réels immobiliers dirigée contre le même défendeur, devant le tribunal de l'État lié par la présente convention où l'immeuble est situé.

**Article 7 –** Lorsque, en vertu de la présente convention, un tribunal d'un État lié par la présente convention est compétent pour connaître des actions en responsabilité du fait de l'utilisation ou de l'exploitation d'un navire, ce tribunal ou tout autre que lui substitue la loi interne de cet État connaît aussi des demandes relatives à la limitation de cette responsabilité.

## *Section 3*

## Compétence en matière d'assurances

**Article 8 –** En matière d'assurances, la compétence est déterminée par la présente section, sans préjudice des dispositions de l'article 4 et de l'article 5, paragraphe 5.

**Article 9 –** 1. L'assureur domicilié sur le territoire d'un État lié par la présente convention peut être attrait :

a) devant les tribunaux de l'État où il a son domicile; ou

b) dans un autre État lié par la présente convention, en cas d'actions intentées par le preneur d'assurance, l'assuré ou un bénéficiaire, devant le tribunal du lieu où le demandeur a son domicile; ou

c) s'il s'agit d'un coassureur, devant le tribunal d'un État lié par la présente convention saisi de l'action formée contre l'apériteur de la coassurance.

2. Lorsque l'assureur n'est pas domicilié sur le territoire d'un État lié par la présente convention, mais possède une succursale, une agence ou tout autre établissement dans un État lié par la présente convention, il est considéré pour les contestations relatives à leur exploitation comme ayant son domicile sur le territoire de cet État.

**Article 10 –** L'assureur peut, en outre, être attrait devant le tribunal du lieu où le fait dommageable s'est produit s'il s'agit d'assurance de responsabilité ou d'assurance portant sur des immeubles. Il en est de même si l'assurance porte à la fois sur des immeubles et des meubles couverts par une même police et atteints par le même sinistre.

**Article 11 –** 1. En matière d'assurance de responsabilité, l'assureur peut également être appelé devant le tribunal saisi de l'action de la personne lésée contre l'assuré, si la loi de ce tribunal le permet.

2. Les dispositions des articles 8, 9 et 10 sont applicables en cas d'action directe intentée par la victime contre l'assureur, lorsque l'action directe est possible.

3. Si la loi relative à cette action directe prévoit la mise en cause du preneur d'assurance ou de l'assuré, le même tribunal sera aussi compétent à leur égard.

**Article 12 –** 1. Sous réserve des dispositions de l'article 11, paragraphe 3, l'action de l'assureur ne peut être portée que devant les tribunaux de l'État lié par la présente convention sur le territoire duquel est domicilié le défendeur, qu'il soit preneur d'assurance, assuré ou bénéficiaire.

2. Les dispositions de la présente section ne portent pas atteinte au droit d'introduire une demande reconventionnelle devant le tribunal saisi de la demande originaire conformément à la présente section.

**Article 13 –** Il ne peut être dérogé aux dispositions de la présente section que par des conventions :

1. postérieures à la naissance du différend; ou

2. qui permettent au preneur d'assurance, à l'assuré ou au bénéficiaire de saisir d'autres tribunaux que ceux indiqués à la présente section; ou

3. qui, passées entre un preneur d'assurance et un assureur ayant, au moment de la conclusion du contrat, leur domicile ou leur résidence habituelle dans un même État lié par la présente convention, ont pour effet, alors même que le fait dommageable se produirait à l'étranger, d'attribuer compétence aux tribunaux de cet État, sauf si la loi de celui-ci interdit de telles conventions; ou

4. conclues par un preneur d'assurance n'ayant pas son domicile dans un État lié par la présente convention, sauf s'il s'agit d'une assurance obligatoire ou qui porte sur un immeuble situé dans un État lié par la présente convention; ou

5. qui concernent un contrat d'assurance en tant que celui-ci couvre un ou plusieurs des risques énumérés à l'article 14.

**Article 14 –** Les risques visés à l'article 13, paragraphe 5, sont les suivants :

1. tout dommage :

a) aux navires de mer, aux installations au large des côtes et en haute mer ou aux aéronefs, causé par des événements survenant en relation avec leur utilisation à des fins commerciales;

b) aux marchandises autres que les bagages des passagers, durant un transport réalisé par ces navires ou aéronefs soit en totalité, soit en combinaison avec d'autres modes de transport;

2. toute responsabilité, à l'exception de celle des dommages corporels aux passagers ou des dommages à leurs bagages :

a) résultant de l'utilisation ou de l'exploitation des navires, des installations ou des aéronefs, visés au paragraphe 1, point a), pour autant que, en ce qui concerne les derniers, la loi de l'État lié par la présente convention où l'aéronef a été immatriculé n'interdise pas les clauses attributives de juridiction dans l'assurance de tels risques;

b) du fait de marchandises durant un transport visé au paragraphe 1, point b);

3. toute perte pécuniaire liée à l'utilisation ou à l'exploitation des navires, des installations ou des aéronefs visés au paragraphe 1, point a), notamment celle du fret ou du bénéfice d'affrètement;

4. tout risque lié accessoirement à l'un de ceux visés aux paragraphes 1 à 3 énoncés ci-dessus;

5. sans préjudice des paragraphes 1 à 4, tous les « grands risques ».

*Section 4*

## Compétence en matière de contrats conclus par les consommateurs

**Article 15 –** 1. En matière de contrat conclu par une personne, le consommateur, pour un usage pouvant être considéré comme étranger à son activité professionnelle, la compétence est déterminée par la présente section, sans préjudice des dispositions de l'article 4 et de l'article 5, paragraphe 5 :

a) lorsqu'il s'agit d'une vente à tempérament d'objets mobiliers corporels;

b) lorsqu'il s'agit d'un prêt à tempérament ou d'une autre opération de crédit liés au financement d'une vente de tels objets;

c) lorsque, dans tous les autres cas, le contrat a été conclu avec une personne qui exerce des activités commerciales ou professionnelles dans l'État lié par la présente convention sur le territoire duquel le consommateur a son domicile ou qui, par tout moyen, dirige ces activités vers cet État ou vers plusieurs États, dont cet État, et que le contrat entre dans le cadre de ces activités.

2. Lorsque le cocontractant du consommateur n'est pas domicilié sur le territoire d'un État lié par la présente convention, mais possède une succursale, une agence ou tout autre établissement dans un État lié par la présente convention, il est considéré pour les contestations relatives à leur exploitation comme ayant son domicile sur le territoire de cet État.

3. La présente section ne s'applique pas aux contrats de transport autres que ceux qui, pour un prix forfaitaire, combinent voyage et hébergement.

**Article 16 –** 1. L'action intentée par un consommateur contre l'autre partie au contrat peut être portée soit devant les tribunaux de l'État lié par la présente convention sur le territoire duquel est domiciliée cette partie, soit devant le tribunal du lieu où le consommateur est domicilié.

2. L'action intentée contre le consommateur par l'autre partie au contrat ne peut être portée que devant les tribunaux de l'État lié par la présente convention sur le territoire duquel est domicilié le consommateur.

3. Les dispositions du présent article ne portent pas atteinte au droit d'introduire une demande reconventionnelle devant le tribunal saisi d'une demande originaire conformément à la présente section.

**Article 17 –** Il ne peut être dérogé aux dispositions de la présente section que par des conventions :

1. postérieures à la naissance du différend; ou

2. qui permettent au consommateur de saisir d'autres tribunaux que ceux indiqués dans la présente section; ou

3. qui, passées entre le consommateur et son cocontractant ayant, au moment de la conclusion du contrat, leur domicile ou leur résidence habituelle dans un même État lié par la présente convention, attribuent compétence aux tribunaux de cet État, sauf si la loi de celui-ci interdit de telles conventions.

*Section 5*

## Compétence en matière de contrats individuels de travail

**Article 18 –** 1. En matière de contrat individuel de travail, la compétence est déterminée par la présente section, sans préjudice de l'article 4 et de l'article 5, paragraphe 5.

2. Lorsqu'un travailleur conclut un contrat individuel de travail avec un employeur qui n'est pas domicilié dans un État lié par la présente convention mais possède une succursale, une agence ou tout autre établissement dans un État lié par la présente convention, l'employeur est considéré, pour les contestations relatives à leur exploitation, comme ayant son domicile dans cet État.

**Article 19 –** Un employeur ayant son domicile sur le territoire d'un État lié par la présente convention peut être attrait :

1. devant les tribunaux de l'État où il a son domicile; ou

2. dans un autre État lié par la présente convention :

a) devant le tribunal du lieu où le travailleur accomplit habituellement son travail ou devant le tribunal du dernier lieu où il a accompli habituellement son travail; ou

b) lorsque le travailleur n'accomplit pas ou n'a pas accompli habituellement son travail dans un même pays, devant le tribunal du lieu où se trouve ou se trouvait l'établissement qui a embauché le travailleur.

**Article 20 –** 1. L'action de l'employeur ne peut être portée que devant les tribunaux de l'État lié par la présente convention sur le territoire duquel le travailleur a son domicile.

2. Les dispositions de la présente section ne portent pas atteinte au droit d'introduire une demande reconventionnelle devant le tribunal saisi de la demande originaire conformément à la présente section.

**Article 21 –** Il ne peut être dérogé aux dispositions de la présente section que par des conventions attributives de juridiction :

1. postérieures à la naissance du différend; ou

2. qui permettent au travailleur de saisir d'autres tribunaux que ceux indiqués dans la présente section.

### *Section 6*

### Compétences exclusives

**Article 22 –** Sont seuls compétents, sans considération de domicile :

1. en matière de droits réels immobiliers et de baux d'immeubles, les tribunaux de l'État lié par la présente convention où l'immeuble est situé.

Toutefois, en matière de baux d'immeubles conclus en vue d'un usage personnel temporaire pour une période maximale de six mois consécutifs, sont également compétents les tribunaux de l'État lié par la présente convention dans lequel le défendeur est domicilié, à condition que le locataire soit une personne physique et que le propriétaire et le locataire soient domiciliés dans le même État lié par la présente convention;

2. en matière de validité, de nullité ou de dissolution des sociétés ou des personnes morales ayant leur siège sur le territoire d'un État lié par la présente convention, ou de validité des décisions de leurs organes, les tribunaux de cet État. Pour déterminer le siège, le juge applique les règles de son droit international privé;

3. en matière de validité des inscriptions sur les registres publics, les tribunaux de l'État lié par la présente convention sur le territoire duquel ces registres sont tenus;

4. en matière d'inscription ou de validité des brevets, des marques, des dessins et des modèles, et autres droits analogues donnant lieu à dépôt ou à un enregistrement,

que la question soit soulevée par voie d'action ou d'exception, les juridictions de l'État lié par la présente convention sur le territoire duquel le dépôt ou l'enregistrement a été demandé, a été effectué ou est réputé avoir été effectué aux termes d'un instrument communautaire ou d'une convention internationale.

Sans préjudice de la compétence de l'Office européen des brevets selon la convention sur la délivrance des brevets européens, signée à Munich le 5 octobre 1973, les juridictions de chaque État lié par la présente convention sont seules compétentes, sans considération de domicile, en matière d'inscription ou de validité d'un brevet européen délivré pour cet État, que la question soit soulevée par voie d'action ou d'exception ;

5. en matière d'exécution des décisions, les tribunaux de l'État lié par la présente convention du lieu de l'exécution.

*Section 7*

## Prorogation de compétence

**Article 23 –** 1. Si les parties, dont l'une au moins a son domicile sur le territoire d'un État lié par la présente convention, sont convenues d'un tribunal ou de tribunaux d'un État lié par la présente convention pour connaître des différends nés ou à naître à l'occasion d'un rapport de droit déterminé, ce tribunal ou les tribunaux de cet État sont compétents. Cette compétence est exclusive, sauf convention contraire des parties. Cette convention attributive de juridiction est conclue :

a) par écrit ou verbalement avec confirmation écrite ; ou

b) sous une forme qui soit conforme aux habitudes que les parties ont établies entre elles ; ou

c) dans le commerce international, sous une forme qui soit conforme à un usage dont les parties avaient connaissance ou étaient censées avoir connaissance et qui est largement connu et régulièrement observé dans ce type de commerce par les parties à des contrats du même type dans la branche commerciale considérée.

2. Toute transmission par voie électronique qui permet de consigner durablement la convention est considérée comme revêtant une forme écrite.

3. Lorsqu'une telle convention est conclue par des parties dont aucune n'a son domicile sur le territoire d'un État lié par la présente convention, les tribunaux des autres États liés par la présente convention ne peuvent connaître du différend tant que le tribunal ou les tribunaux désignés n'ont pas décliné leur compétence.

4. Le tribunal ou les tribunaux d'un État lié par la présente convention auxquels l'acte constitutif d'un trust attribue compétence sont exclusivement compétents pour connaître d'une action contre un fondateur, un *trustee* ou un bénéficiaire d'un trust, s'il s'agit des relations entre ces personnes ou de leurs droits ou obligations dans le cadre du trust.

5. Les conventions attributives de juridiction ainsi que les stipulations similaires d'actes constitutifs de trust sont sans effet si elles sont contraires aux dispositions des articles 13, 17 et 21 ou si les tribunaux à la compétence desquels elles dérogent sont exclusivement compétents en vertu de l'article 22.

**Article 24 –** Outre les cas où sa compétence résulte d'autres dispositions de la présente convention, le juge d'un État lié par la présente convention devant lequel le défendeur comparaît est compétent. Cette règle n'est pas applicable si la comparution a pour objet de contester la compétence, ou s'il existe une autre juridiction exclusivement compétente en vertu de l'article 22.

*Section 8*

## Vérification de la compétence et de la recevabilité

**Article 25 –** Le juge d'un État lié par la présente convention, saisi à titre principal d'un litige pour lequel une juridiction d'un autre État lié par la présente convention est exclusivement compétente en vertu de l'article 22, se déclare d'office incompétent.

**Article 26 –** 1. Lorsque le défendeur domicilié sur le territoire d'un État lié par la présente convention est attrait devant une juridiction d'un autre État lié par la présente convention et ne comparaît pas, le juge se déclare d'office incompétent si sa compétence n'est pas fondée aux termes de la présente convention.

2. Le juge est tenu de surseoir à statuer aussi longtemps qu'il n'est pas établi que ce défendeur a été mis à même de recevoir l'acte introductif d'instance ou un acte équivalent en temps utile pour se défendre ou que toute diligence a été faite à cette fin.

3. En lieu et place des dispositions du paragraphe 2, l'article 15 de la convention de La Haye du 15 novembre 1965 relative à la signification et à la notification à l'étranger des actes judiciaires et extrajudiciaires en matière civile et commerciale s'applique si l'acte introductif d'instance ou un acte équivalent a dû être transmis en exécution de cette convention.

4. Les États membres de la Communauté européenne liés par le règlement (CE) n° 1348/2000 du Conseil du 29 mai 2000 ou par l'accord entre la Communauté européenne et le Royaume de Danemark relatif à la signification et à la notification des actes judiciaires et extrajudiciaires en matière civile et commerciale, signé à Bruxelles le 19 octobre 2005, appliquent, dans le cadre de leurs relations mutuelles, les dispositions de l'article 19 de ce règlement si l'acte introductif d'instance ou un acte équivalent a dû être transmis en exécution de ce règlement ou de cet accord.

*Section 9*

## Litispendance et connexité

**Article 27 –** 1. Lorsque des demandes ayant le même objet et la même cause sont formées entre les mêmes parties devant des juridictions de différents États liés par la présente convention, la juridiction saisie en second lieu sursoit d'office à statuer jusqu'à ce que la compétence du tribunal premier saisi soit établie.

2. Lorsque la compétence du tribunal premier saisi est établie, le tribunal saisi en second lieu se dessaisit en faveur de celui-ci.

**Article 28 –** 1. Lorsque des demandes connexes sont pendantes devant des juridictions de différents États liés par la présente convention, la juridiction saisie en second lieu peut surseoir à statuer.

2. Lorsque ces demandes sont pendantes au premier degré, la juridiction saisie en second lieu peut également se dessaisir, à la demande de l'une des parties, à condition que le tribunal premier saisi soit compétent pour connaître des demandes en question et que sa loi permette leur jonction.

3. Aux fins du présent article, sont connexes les demandes liées entre elles par un rapport si étroit qu'il y a intérêt à les instruire et à les juger en même temps afin d'éviter des solutions qui pourraient être inconciliables si les causes étaient jugées séparément.

**Article 29 –** Lorsque les demandes relèvent de la compétence exclusive de plusieurs juridictions, le dessaisissement a lieu en faveur de la juridiction première saisie.

**Article 30 –** Aux fins de la présente section, une juridiction est réputée saisie :

1. à la date à laquelle l'acte introductif d'instance ou un acte équivalent est déposé auprès de la juridiction, à condition que le demandeur n'ait pas négligé par la suite de prendre des mesures qu'il était tenu de prendre pour que l'acte soit notifié ou signifié au défendeur ; ou
2. si l'acte doit être notifié ou signifié avant d'être déposé auprès de la juridiction, à la date à laquelle il est reçu par l'autorité chargée de la notification ou de la signification, à condition que le demandeur n'ait pas négligé par la suite de prendre les mesures qu'il était tenu de prendre pour que l'acte soit déposé auprès de la juridiction.

*Section 10*

## Mesures provisoires et conservatoires

**Article 31 –** Les mesures provisoires ou conservatoires prévues par la loi d'un État lié par la présente convention peuvent être demandées aux autorités judiciaires de cet État, même si, en vertu de la présente convention, une juridiction d'un autre État lié par la présente convention est compétente pour connaître du fond.

# TITRE III
# RECONNAISSANCE ET EXÉCUTION

**Article 32 –** Aux fins de la présente convention, on entend par « décision » toute décision rendue par une juridiction d'un État lié par la présente convention quelle que soit la dénomination qui lui est donnée, telle qu'arrêt, jugement, ordonnance ou mandat d'exécution, ainsi que la fixation par le greffier du montant des frais du procès.

*Section 1*

## Reconnaissance

**Article 33 –** 1. Les décisions rendues dans un État lié par la présente convention sont reconnues dans les autres États liés par la présente convention, sans qu'il soit nécessaire de recourir à aucune procédure.

2. En cas de contestation, toute partie intéressée qui invoque la reconnaissance à titre principal peut faire constater, selon les procédures prévues aux sections 2 et 3 du présent titre, que la décision doit être reconnue.

3. Si la reconnaissance est invoquée de façon incidente devant une juridiction d'un État lié par la présente convention, celle-ci est compétente pour en connaître.

**Article 34 –** Une décision n'est pas reconnue si :

1. la reconnaissance est manifestement contraire à l'ordre public de l'État requis ;

2. l'acte introductif d'instance ou un acte équivalent n'a pas été notifié ou signifié au défendeur défaillant en temps utile et de telle manière qu'il puisse se défendre, à moins qu'il n'ait pas exercé de recours à l'encontre de la décision alors qu'il était en mesure de le faire ;

3. elle est inconciliable avec une décision rendue entre les mêmes parties dans l'État requis ;

4. elle est inconciliable avec une décision rendue antérieurement dans un autre État lié par la présente convention ou dans un État tiers entre les mêmes parties dans un litige ayant le même objet et la même cause, lorsque la décision rendue antérieurement réunit les conditions nécessaires à sa reconnaissance dans l'État requis.

**Article 35 –** 1. En outre, les décisions ne sont pas reconnues si les dispositions des sections 3, 4 et 6 du titre II ont été méconnues, ainsi que dans le cas prévu à l'article 68. Une décision peut en outre faire l'objet d'un refus de reconnaissance dans tous les cas prévus à l'article 64, paragraphe 3, ou à l'article 67, paragraphe 4.

2. Lors de l'appréciation des compétences mentionnées au paragraphe précédent, l'autorité requise est liée par les constatations de fait sur lesquelles la juridiction de l'État d'origine a fondé sa compétence.

3. Sans préjudice des dispositions du paragraphe 1, il ne peut être procédé au contrôle de la compétence des juridictions de l'État d'origine. Le critère de l'ordre public visé à l'article 34, paragraphe 1, ne peut être appliqué aux règles de compétence.

**Article 36 –** En aucun cas, la décision étrangère ne peut faire l'objet d'une révision au fond.

**Article 37 –** 1. L'autorité judiciaire d'un État lié par la présente convention devant laquelle est invoquée la reconnaissance d'une décision rendue dans un autre État lié par la présente convention peut surseoir à statuer si cette décision fait l'objet d'un recours ordinaire.

2. L'autorité judiciaire d'un État lié par la présente convention devant laquelle est invoquée la reconnaissance d'une décision rendue en Irlande ou au Royaume-Uni, et dont l'exécution est suspendue dans l'État d'origine du fait de l'exercice d'un recours, peut surseoir à statuer.

## *Section 2*
## Exécution

**Article 38 –** 1. Les décisions rendues dans un État lié par la présente convention et qui y sont exécutoires sont mises à exécution dans un autre État lié par la présente convention après y avoir été déclarées exécutoires sur requête de toute partie intéressée.

2. Toutefois, au Royaume-Uni, ces décisions sont mises à exécution en Angleterre et au Pays de Galles, en Écosse ou en Irlande du Nord, après avoir été enregistrées en vue de leur exécution, sur requête de toute partie intéressée, dans l'une ou l'autre de ces parties du Royaume-Uni, suivant le cas.

**Article 39 –** 1. La requête est présentée à la juridiction ou à l'autorité compétente indiquée sur la liste figurant à l'annexe II.

2. La compétence territoriale est déterminée par le domicile de la partie contre laquelle l'exécution est demandée, ou par le lieu de l'exécution.

**Article 40 –** 1. Les modalités du dépôt de la requête sont déterminées par la loi de l'État requis.

2. Le requérant doit faire élection de domicile dans le ressort de la juridiction saisie. Toutefois, si la loi de l'État requis ne connaît pas l'élection de domicile, le requérant désigne un mandataire *ad litem*.

3. Les documents visés à l'article 53 sont joints à la requête.

**Article 41 –** La décision est déclarée exécutoire dès l'achèvement des formalités prévues à l'article 53, sans examen au titre des articles 34 et 35. La partie contre laquelle l'exécution est demandée ne peut, en cet état de la procédure, présenter d'observations.

**Article 42 –** 1. La décision relative à la demande de déclaration constatant la force exécutoire est aussitôt portée à la connaissance du requérant suivant les modalités déterminées par la loi de l'État requis.

2. La déclaration constatant la force exécutoire est signifiée ou notifiée à la partie contre laquelle l'exécution est demandée, accompagnée de la décision si celle-ci n'a pas encore été signifiée ou notifiée à cette partie.

**Article 43 –** 1. L'une ou l'autre partie peut former un recours contre la décision relative à la demande de déclaration constatant la force exécutoire.

2. Le recours doit être porté devant la juridiction indiquée sur la liste figurant à l'annexe III.

3. Le recours est examiné selon les règles de la procédure contradictoire.

4. Si la partie contre laquelle l'exécution est demandée ne comparaît pas devant la juridiction saisie du recours formé par le requérant, les dispositions de l'article 26, paragraphes 2 à 4, sont d'application, même si la partie contre laquelle l'exécution est demandée n'est pas domiciliée sur le territoire de l'un des États liés par la présente convention.

5. Le recours contre la déclaration constatant la force exécutoire doit être formé dans un délai d'un mois à compter de sa signification. Si la partie contre laquelle l'exécution est demandée est domiciliée sur le territoire d'un autre État lié par la présente convention que celui dans lequel la déclaration constatant la force exécutoire a été délivrée, le délai est de deux mois et court à compter du jour où la signification a été faite à personne ou à domicile. Ce délai ne comporte pas de prorogation à raison de la distance.

**Article 44 –** La décision rendue sur le recours ne peut faire l'objet que du recours visé à l'annexe IV.

**Article 45 –** 1. La juridiction saisie d'un recours prévu à l'article 43 ou 44 ne peut refuser ou révoquer une déclaration constatant la force exécutoire que pour l'un des motifs prévus aux articles 34 et 35. Elle statue à bref délai.

2. En aucun cas la décision étrangère ne peut faire l'objet d'une révision au fond.

**Article 46 –** 1. La juridiction saisie du recours prévu à l'article 43 ou 44 peut, à la requête de la partie contre laquelle l'exécution est demandée, surseoir à statuer, si la décision étrangère fait, dans l'État d'origine, l'objet d'un recours ordinaire ou si le délai pour le former n'est pas expiré; dans ce dernier cas, la juridiction peut impartir un délai pour former ce recours.

2. Lorsque la décision a été rendue en Irlande ou au Royaume-Uni, toute voie de recours prévue dans l'État d'origine est considérée comme un recours ordinaire pour l'application du paragraphe 1.

3. Cette juridiction peut également subordonner l'exécution à la constitution d'une garantie qu'elle détermine.

**Article 47 –** 1. Lorsqu'une décision doit être reconnue en application de la présente convention, rien n'empêche le requérant de demander qu'il soit procédé à des mesures provisoires, ou conservatoires, prévues par la loi de l'État requis, sans qu'il soit nécessaire que cette décision soit déclarée exécutoire au sens de l'article 41.

2. La déclaration constatant la force exécutoire emporte l'autorisation de procéder à des mesures conservatoires.

3. Pendant le délai du recours prévu à l'article 43, paragraphe 5, contre la déclaration constatant la force exécutoire et jusqu'à ce qu'il ait été statué sur celui-ci, il ne peut être procédé qu'à des mesures conservatoires sur les biens de la partie contre laquelle l'exécution est demandée.

**Article 48 –** 1. Lorsque la décision étrangère a statué sur plusieurs chefs de la demande et que la déclaration constatant la force exécutoire ne peut être délivrée pour le tout, la juridiction ou l'autorité compétente la délivre pour un ou plusieurs d'entre eux.

2. Le requérant peut demander que la déclaration constatant la force exécutoire soit limitée à certaines parties d'une décision.

**Article 49 –** Les décisions étrangères condamnant à une astreinte ne sont exécutoires dans l'État requis que si le montant en a été définitivement fixé par les tribunaux de l'État d'origine.

**Article 50 –** 1. Le requérant qui, dans l'État d'origine, a bénéficié en tout ou en partie de l'assistance judiciaire ou d'une exemption de frais et de dépens bénéficie, dans la procédure prévue à la présente section, de l'assistance la plus favorable ou de l'exemption la plus large prévue par le droit de l'État requis.

2. Cependant, le requérant qui demande l'exécution d'une décision rendue par une autorité administrative au Danemark, en Islande ou en Norvège en matière d'obligations alimentaires peut, dans l'État requis, prétendre aux avantages visés au paragraphe 1 s'il produit un document établi par le ministère danois, islandais ou norvégien de la justice attestant qu'il remplit les critères économiques pour pouvoir bénéficier en tout ou en partie de l'assistance judiciaire ou d'une exemption de frais et de dépens.

**Article 51 –** Aucune caution ni aucun dépôt, sous quelque dénomination que ce soit, ne peuvent être imposés en raison, soit de la qualité d'étranger, soit du défaut de domicile ou de résidence dans le pays, à la partie qui demande l'exécution dans un État lié par la présente convention d'une décision rendue dans un autre État lié par la présente convention.

**Article 52 –** Aucun impôt, droit ou taxe proportionnel à la valeur du litige n'est perçu dans l'État requis à l'occasion de la procédure tendant à la délivrance d'une déclaration constatant la force exécutoire.

### *Section 3*
### Dispositions communes

**Article 53 –** 1. La partie qui invoque la reconnaissance d'une décision ou sollicite la délivrance d'une déclaration constatant sa force exécutoire doit produire une expédition de celle-ci réunissant les conditions nécessaires à son authenticité.

2. La partie qui sollicite la délivrance d'une déclaration constatant la force exécutoire d'une décision doit aussi produire le certificat visé à l'article 54, sans préjudice de l'article 55.

**Article 54 –** La juridiction ou l'autorité compétente d'un État lié par la présente convention dans lequel une décision a été rendue délivre, à la requête de toute partie intéressée, un certificat en utilisant le formulaire dont le modèle figure à l'annexe V de la présente convention.

**Article 55 –** 1. À défaut de production du certificat visé à l'article 54, la juridiction ou l'autorité compétente peut impartir un délai pour le produire ou accepter un document équivalent ou, si elle s'estime suffisamment éclairée, en dispenser.

2. Il est produit une traduction des documents si la juridiction ou l'autorité compétente l'exige. La traduction est certifiée conforme par une personne habilitée à cet effet dans l'un des États liés par la présente convention.

**Article 56 –** Aucune légalisation ni formalité analogue n'est exigée en ce qui concerne les documents visés à l'article 53, ou à l'article 55, paragraphe 2, ou, le cas échéant, la procuration *ad litem*.

## TITRE IV
## ACTES AUTHENTIQUES ET TRANSACTIONS JUDICIAIRES

**Article 57 –** 1. Les actes authentiques reçus et exécutoires dans un État lié par la présente convention sont, sur requête, déclarés exécutoires dans un autre État lié par la présente convention, conformément à la procédure prévue aux articles 38 et suivants. La juridiction auprès de laquelle un recours est formé en vertu des articles 43 ou 44 ne refuse ou révoque une déclaration constatant la force exécutoire que si l'exécution de l'acte authentique est manifestement contraire à l'ordre public de l'État requis.

2. Sont également considérées comme des actes authentiques au sens du paragraphe 1, les conventions en matière d'obligations alimentaires conclues devant des autorités administratives ou authentifiées par elles.

3. L'acte produit doit réunir les conditions nécessaires à son authenticité dans l'État d'origine.

4. Les dispositions de la section 3 du titre III sont applicables, en tant que de besoin. L'autorité compétente de l'État lié par la présente convention dans lequel un acte authentique a été reçu établit, à la requête de toute partie intéressée, un certificat en utilisant le formulaire dont le modèle figure à l'annexe VI de la présente convention.

**Article 58 –** Les transactions conclues devant le juge au cours d'un procès et exécutoires dans l'État d'origine lié par la présente convention sont exécutoires dans l'État requis aux mêmes conditions que les actes authentiques. La juridiction ou l'autorité compétente d'un État lié par la présente convention dans lequel une transaction a été conclue délivre, à la requête de toute partie intéressée, un certificat en utilisant le formulaire dont le modèle figure à l'annexe V de la présente convention.

## TITRE V
## DISPOSITIONS GÉNÉRALES

**Article 59 –** 1. Pour déterminer si une partie a un domicile sur le territoire de l'État lié par la présente convention dont les tribunaux sont saisis, le juge applique sa loi interne.

2. Lorsqu'une partie n'a pas de domicile dans l'État dont les tribunaux sont saisis, le juge, pour déterminer si elle a un domicile dans un autre État lié par la présente convention, applique la loi de cet État.

**Article 60 –** 1. Pour l'application de la présente convention, les sociétés et les personnes morales sont domiciliées là ou est situé :

a) leur siège statutaire;

b) leur administration centrale; ou

c) leur principal établissement.

2. Pour le Royaume-Uni et l'Irlande, on entend par « siège statutaire » le *registered office* ou, s'il n'existe nulle part de *registered office*, le *place of incorporation* (le lieu d'acquisition de la personnalité morale) ou, s'il n'existe nulle part de lieu d'acquisition de la personnalité morale, le lieu selon la loi duquel la formation (la constitution) a été effectuée.

3. Pour déterminer si un trust a son domicile sur le territoire d'un État lié par la présente convention dont les tribunaux sont saisis, le juge applique les règles de son droit international privé.

**Article 61 –** Sans préjudice de dispositions nationales plus favorables, les personnes domiciliées sur le territoire d'un État lié par la présente convention et poursuivies pour une infraction involontaire devant les juridictions répressives d'un autre État lié par la présente convention dont elles ne sont pas les nationaux peuvent se faire défendre par les personnes habilitées à cette fin, même si elles ne comparaissent pas personnellement. Toutefois, la juridiction saisie peut ordonner la comparution personnelle; si celle-ci n'a pas eu lieu, la décision rendue sur l'action civile sans que la personne en cause ait eu la possibilité de se défendre pourra ne pas être reconnue ni exécutée dans les autres États liés par la présente convention.

**Article 62 –** Aux fins de la présente convention, l'expression « juridiction » inclut toute autorité désignée par un État lié par la présente convention comme étant compétente dans les matières relevant du champ d'application de celle-ci.

## TITRE VI
## DISPOSITIONS TRANSITOIRES

**Article 63 –** 1. Les dispositions de la présente convention ne sont applicables qu'aux actions judiciaires intentées et aux actes authentiques reçus postérieurement à son entrée en vigueur dans l'État d'origine et, s'il s'agit d'une requête en reconnaissance ou en exécution d'une décision ou d'un acte authentique, dans l'État requis.

2. Toutefois, si l'action dans l'État d'origine a été intentée avant la date d'entrée en vigueur de la présente convention, les décisions rendues après cette date sont reconnues et exécutées conformément aux dispositions du titre III :

a) dès lors que l'action dans l'État d'origine a été intentée après l'entrée en vigueur de la convention de Lugano du 16 septembre 1988, à la fois dans l'État d'origine et dans l'État requis;

b) dans tous les autres cas, dès lors que les règles de compétence appliquées sont conformes à celles prévues soit par le titre II, soit par une convention qui était en vigueur entre l'État d'origine et l'État requis au moment où l'action a été intentée.

## TITRE VII

## RELATIONS AVEC LE RÈGLEMENT (CE) N° 44/2001 DU CONSEIL ET LES AUTRES INSTRUMENTS

**Article 64 –** 1. La présente convention ne préjuge pas l'application par les États membres de la Communauté européenne du règlement (CE) n° 44/2001 du Conseil concernant la compétence judiciaire, la reconnaissance et l'exécution des décisions en matière civile et commerciale, et de toute modification apportée à celui-ci, de la convention concernant la compétence judiciaire et l'exécution des décisions en matière civile et commerciale, signée à Bruxelles le 27 septembre 1968, et du protocole concernant l'interprétation de cette convention par la Cour de justice des Communautés européennes, signé à Luxembourg le 3 juin 1971, tels qu'ils ont été modifiés par les conventions d'adhésion à ladite convention et audit protocole par les États adhérant aux Communautés européennes, ainsi que de l'accord entre la Communauté européenne et le Royaume de Danemark sur la compétence judiciaire, la reconnaissance et l'exécution des décisions en matière civile et commerciale, signé à Bruxelles le 19 octobre 2005.

2. Toutefois, la présente convention s'applique en tout état de cause :

a) en matière de compétence, lorsque le défendeur est domicilié sur le territoire d'un État où s'applique la présente convention, à l'exclusion des instruments visés au paragraphe 1, ou lorsque les articles 22 ou 23 de la présente convention confèrent une compétence aux tribunaux d'un tel État;

b) en matière de litispendance ou de connexité telles que prévues aux articles 27 et 28 de la présente convention, lorsque les demandes sont formées dans un État où s'applique la présente convention, à l'exclusion des instruments visés au paragraphe 1, et dans un État où s'appliquent la présente convention ainsi que l'un des instruments visés au paragraphe 1;

c) en matière de reconnaissance et d'exécution, lorsque soit l'État d'origine, soit l'État requis, n'applique aucun des instruments visés au paragraphe 1.

3. Outre les motifs faisant l'objet du titre III, la reconnaissance ou l'exécution peut être refusée si la règle de compétence sur la base de laquelle la décision a été rendue diffère de celle résultant de la présente convention et si la reconnaissance ou l'exécution est demandée contre une partie qui est domiciliée sur le territoire d'un État où s'applique la présente convention, à l'exclusion des instruments visés au

paragraphe 1, à moins que la décision puisse par ailleurs être reconnue ou exécutée selon le droit de l'État requis.

**Article 65 –** Sans préjudice des dispositions de l'article 63, paragraphe 2, et des articles 66 et 67, la présente convention remplace, entre les États qui sont liés par elle, les conventions conclues, dans ces mêmes matières, entre plusieurs d'entre eux. Elle remplace, en particulier, les conventions énumérées à l'annexe VII.

**Article 66 –** 1. Les conventions visées à l'article 65 continuent à produire leurs effets dans les matières auxquelles la présente convention n'est pas applicable.

2. Elles continuent à produire leurs effets en ce qui concerne les décisions rendues et les actes authentiques reçus avant l'entrée en vigueur de la présente convention.

**Article 67 –** 1. La présente convention n'affecte pas les conventions qui lient les parties contractantes et/ou les États liés par la présente convention et qui, dans des matières particulières, règlent la compétence judiciaire, la reconnaissance ou l'exécution des décisions. Sans préjudice des obligations découlant d'autres accords conclus entre certaines parties contractantes, la présente convention ne fait pas obstacle à ce que des parties contractantes puissent conclure de telles conventions.

2. La présente convention ne fait pas obstacle à ce que le tribunal d'un État lié par la présente convention et par une convention relative à une matière particulière puisse fonder sa compétence sur cette autre convention, même si le défendeur est domicilié sur le territoire d'un autre État lié par la présente convention qui n'est pas partie à cette autre convention. Le tribunal saisi applique, en tout cas, l'article 26 de la présente convention.

3. Les décisions rendues dans un État lié par la présente convention par un tribunal ayant fondé sa compétence sur une convention relative à une matière particulière sont reconnues et exécutées dans les autres États liés par la présente convention conformément à son titre III.

4. Outre les motifs prévus au titre III, la reconnaissance ou l'exécution peut être refusée si l'État requis n'est pas lié par la convention relative à une matière particulière et si la personne contre laquelle la reconnaissance ou l'exécution est demandée est domiciliée dans cet État, ou, si l'État requis est un État membre de la Communauté européenne et s'il s'agit de conventions à conclure par la Communauté européenne, dans l'un de ses États membres, sauf si la décision peut être reconnue ou exécutée au titre de toute autre règle de droit de l'État requis.

5. Si une convention relative à une matière particulière et à laquelle sont parties l'État d'origine et l'État requis détermine les conditions de reconnaissance et d'exécution des décisions, il est fait application de ces conditions. Il peut, en tout cas, être fait application des dispositions de la présente convention qui concernent les procédures relatives à la reconnaissance et à l'exécution des décisions.

**Article 68 –** 1. La présente convention n'affecte pas les accords par lesquels les États liés par la présente convention se sont engagés, avant l'entrée en vigueur de celle-ci, à ne pas reconnaître une décision rendue dans un autre État lié par la présente convention contre un défendeur qui a son domicile ou sa résidence habituelle dans un pays tiers lorsque, dans un cas prévu à l'article 4, la décision n'a pu être fondée que sur une compétence visée à l'article 3, paragraphe 2. Sans préjudice des obligations découlant d'autres accords conclus entre certaines parties contractantes, la présente convention ne fait pas obstacle à ce que des parties contractantes puissent conclure de telles conventions.

2. Toutefois, aucune partie contractante ne peut s'engager envers un État tiers à ne pas reconnaître une décision rendue dans un autre État lié par la présente convention par une juridiction dont la compétence est fondée sur l'existence dans cet État de biens appartenant au défendeur ou sur la saisie par le demandeur de biens qui y existent :

a) si la demande porte sur la propriété ou la possession desdits biens, vise à obtenir l'autorisation d'en disposer ou est relative à un autre litige les concernant; ou

b) si les biens constituent la garantie d'une créance qui fait l'objet de la demande.

## TITRE VIII

## DISPOSITIONS FINALES

**Article 69 –** 1. La convention est ouverte à la signature de la Communauté européenne, du Danemark et des États qui, à la date de l'ouverture à la signature, sont membres de l'Association européenne de libre-échange.

2. La présente convention sera soumise à la ratification des signataires. Les instruments de ratification seront déposés auprès du Conseil fédéral suisse, qui fera office de dépositaire de la présente convention.

3. À la date de la ratification, les parties contractantes peuvent présenter des déclarations conformément aux articles I, II et III du protocole n$^{o}$ 1.

4. La convention entrera en vigueur le premier jour du sixième mois après la date à laquelle la Communauté européenne et un membre de l'Association européenne de libre-échange auront déposé leurs instruments de ratification.

5. À l'égard de toute autre partie, la convention entrera en vigueur le premier jour du troisième mois qui suivra le dépôt de son instrument de ratification.

6. Sans préjudice de l'article 3, paragraphe 3, du protocole n$^{o}$ 2, la présente convention remplace, à la date de son entrée en vigueur conformément aux paragraphes 4 et 5, la convention concernant la compétence judiciaire et l'exécution des décisions en matière civile et commerciale, faite à Lugano le 16 septembre 1988. Toute référence, dans d'autres instruments, à la convention de Lugano de 1988 s'entend comme une référence à la présente convention.

7. Dans la mesure où les relations entre les États membres de la Communauté européenne et les territoires non européens visés à l'article 70, paragraphe 1, point b), sont concernées, la présente convention remplace la convention concernant la compétence judiciaire et l'exécution des décisions en matière civile et commerciale, signée à Bruxelles le 27 septembre 1968, et le protocole concernant l'interprétation de cette convention par la Cour de justice des Communautés européennes, signé à Luxembourg le 3 juin 1971, tels qu'ils ont été modifiés par les conventions d'adhésion à ladite convention et audit protocole par les États adhérant aux Communautés européennes, à la date de l'entrée en vigueur de la présente convention à l'égard de ces territoires conformément à l'article 73, paragraphe 2.

**Article 70 –** 1. Peuvent adhérer à la présente convention, après son entrée en vigueur :

a) les États qui, après l'ouverture de la présente convention à la signature, deviennent membres de l'Association européenne de libre-échange, dans les conditions fixées à l'article 71;

b) les États membres de la Communauté européenne agissant pour le compte de certains territoires non européens faisant partie de leur territoire ou dont les relations extérieures relèvent de leur responsabilité, dans les conditions fixées à l'article 71;

c) tout autre État, dans les conditions fixées à l'article 72.

2. Les États visés au paragraphe 1 souhaitant devenir partie contractante à la présente convention adressent leur demande au dépositaire. La demande, y compris les informations visées aux articles 71 et 72, est accompagnée d'une traduction en anglais et en français.

**Article 71 –** 1. Tout État visé à l'article 70, paragraphe 1, points a) et b), souhaitant devenir partie contractante à la présente convention :

a) communique les informations requises pour l'application de la présente convention;

b) peut présenter des déclarations conformément aux articles I et III du protocole n° 1.

2. Le dépositaire transmet toutes les informations reçues en application du paragraphe 1 aux autres parties contractantes, préalablement au dépôt de son instrument d'adhésion par l'État concerné.

**Article 72 –** 1. Tout État visé à l'article 70, paragraphe 1, point c), souhaitant devenir partie contractante à la présente convention :

a) communique les informations requises pour l'application de la présente convention;

b) peut présenter des déclarations conformément aux articles I et III du protocole n° 1; et

c) fournit au dépositaire des informations concernant notamment :

1) son système judiciaire, y compris les informations relatives à la nomination et à l'indépendance des juges;

2) les dispositions de son droit interne relatives à la procédure civile et à l'exécution des décisions; et

3) ses dispositions de droit international privé relatives à la procédure civile.

2. Le dépositaire transmet toutes les informations reçues en application du paragraphe 1 aux autres parties contractantes, avant d'inviter l'État concerné à adhérer à la présente convention conformément au paragraphe 3.

3. Sans préjudice du paragraphe 4, le dépositaire n'invite l'État concerné à adhérer à la présente convention qu'à la condition d'avoir obtenu l'accord unanime des parties contractantes. Les parties contractantes font en sorte de donner leur accord au plus tard dans un délai d'un an à compter de l'invitation adressée par le dépositaire.

4. La présente convention n'entre en vigueur qu'entre l'État adhérent et les parties contractantes qui ne se sont pas opposées à son adhésion avant le premier jour du troisième mois suivant le dépôt de son instrument d'adhésion.

**Article 73 –** 1. Les instruments d'adhésion sont déposés auprès du dépositaire.

2. À l'égard d'un État adhérent visé à l'article 70, la présente convention entre en vigueur le premier jour du troisième mois suivant le dépôt de son instrument d'adhésion. L'État adhérent est dès lors considéré comme partie contractante à la présente convention.

3. Toute partie contractante peut présenter au dépositaire un texte de la présente convention établi dans sa ou ses langues, qui ne fait foi qu'après accord des parties contractantes conformément à l'article 4 du protocole n° 2.

**Article 74 –** 1. La présente convention est conclue pour une durée illimitée.

2. Toute partie contractante peut, à tout moment, dénoncer la présente convention en adressant une notification au dépositaire.

3. La dénonciation prend effet à la fin de l'année civile qui suit l'expiration d'une période de six mois à compter de la date de réception de la notification de la dénonciation par le dépositaire.

**Article 75 –** Sont annexés à la présente convention :

– le protocole n° 1 relatif à certains problèmes de compétence, de procédure et d'exécution,

– le protocole n° 2 sur l'interprétation uniforme de la convention et sur le comité permanent,

– le protocole n° 3 relatif à l'application de l'article 67 de la convention,

– les annexes I à IV et l'annexe VII, contenant des informations relatives à l'application de la présente convention,

– les annexes V et VI, contenant les certificats visés aux articles 54, 58 et 57 de la présente convention,

– l'annexe VIII, énumérant les langues faisant foi visées à l'article 79 de la présente convention, et

– l'annexe IX, concernant l'application de l'article II du protocole n° 1.

Ces protocoles et annexes font partie intégrante de la présente convention.

**Article 76 –** Sans préjudice de l'article 77, toute partie contractante peut demander la révision de la présente convention. À cette fin, le dépositaire convoque le comité permanent, tel que prévu à l'article 4 du protocole n° 2.

**Article 77 –** 1. Les parties contractantes communiquent au dépositaire le texte de toute disposition légale modifiant les listes qui figurent aux annexes I à IV de même que toute suppression de la liste figurant à l'annexe VII ou tout ajout à cette dernière, ainsi que la date de leur entrée en vigueur. Cette communication est effectuée dans un délai raisonnable avant l'entrée en vigueur de la modification et est accompagnée d'une traduction en anglais et en français. Le dépositaire adapte les annexes concernées en conséquence, après avoir consulté le comité permanent conformément à l'article 4 du protocole n° 2. À cette fin, les parties contractantes fournissent une traduction des adaptations dans leurs langues respectives.

2. Toute modification des annexes V, VI, VIII et IX de la présente convention est adoptée par le comité permanent conformément à l'article 4 du protocole n° 2.

**Article 78 –** 1. Le dépositaire notifie aux parties contractantes :

a) le dépôt de tout instrument de ratification ou d'adhésion ;

b) les dates d'entrée en vigueur de la présente convention à l'égard des parties contractantes ;

c) toute déclaration reçue en application des articles I à IV du protocole n° 1 ;

d) toute communication effectuée en application de l'article 74, paragraphe 2, de l'article 77, paragraphe 1, et du point 4 du protocole n° 3.

2. Ces notifications seront accompagnées d'une traduction en anglais et en français.

**Article 79 –** La présente convention, rédigée en un exemplaire unique dans les langues énumérées à l'annexe VIII, tous les textes faisant également foi, est déposée dans les Archives fédérales suisses. Le Conseil fédéral suisse en remet une copie certifiée conforme à chaque partie contractante.

PROTOCOLE N° 1

## RELATIF À CERTAINS PROBLÈMES DE COMPÉTENCE, DE PROCÉDURE ET D'EXÉCUTION

*Les hautes parties contractantes sont convenues de ce qui suit :*

**Article I –** 1. Les actes judiciaires et extrajudiciaires dressés sur le territoire d'un État lié par la présente convention et qui doivent être notifiés ou signifiés à des personnes se trouvant sur le territoire d'un autre État lié par la présente convention sont transmis conformément aux procédures prévues dans les conventions et accords applicables entre ces États.

2. Sauf si la partie contractante de destination s'y oppose par déclaration faite au dépositaire, ces actes peuvent aussi être envoyés directement par les officiers ministériels de l'État où les actes sont dressés aux officiers ministériels de l'État sur le territoire duquel se trouve le destinataire de l'acte. Dans ce cas, l'officier ministériel de l'État d'origine transmet une copie de l'acte à l'officier ministériel de l'État requis, qui est compétent pour la remettre au destinataire. Cette remise est faite dans les formes prévues par la loi de l'État requis. Elle est constatée par une attestation envoyée directement à l'officier ministériel de l'État d'origine.

3. Les États membres de la Communauté européenne liés par le règlement (CE) n° 1348/2000 du Conseil du 29 mai 2000 ou par l'accord entre la Communauté européenne et le Royaume de Danemark relatif à la signification et à la notification des actes judiciaires et extrajudiciaires en matière civile et commerciale, signé à Bruxelles le 19 octobre 2005, appliquent, dans le cadre de leurs relations mutuelles, les dispositions de ce règlement et de cet accord.

**Article II –** 1. La compétence judiciaire prévue à l'article 6, paragraphe 2, et à l'article 11 pour la demande en garantie ou la demande en intervention ne peut pleinement être invoquée dans les États liés par la présente convention énumérés à l'annexe IX. Toute personne domiciliée sur le territoire d'un autre État lié par la présente convention peut être attraite devant les tribunaux de ces États en application des règles visées à l'annexe IX.

2. À la date de la ratification, la Communauté européenne peut déclarer que les demandes visées à l'article 6, paragraphe 2, et à l'article 11 ne peuvent être formées dans certains autres États membres et fournir des informations sur les règles applicables.

3. Les décisions rendues dans les autres États liés par la présente convention en vertu de l'article 6, paragraphe 2, et de l'article 11 sont reconnues et exécutées dans les États mentionnés aux paragraphes 1 et 2 conformément au titre III. Les effets

produits à l'égard des tiers, en application des paragraphes 1 et 2, par des décisions rendues dans ces États sont également reconnus dans les autres États liés par la présente convention.

**Article III –** 1. La Suisse se réserve le droit de déclarer à la date de la ratification qu'elle n'appliquera pas le passage suivant de l'article 34, paragraphe 2 :

« à moins qu'il n'ait pas exercé de recours à l'encontre de la décision alors qu'il était en mesure de le faire ».

Si la Suisse fait cette déclaration, les autres parties contractantes appliquent la même réserve à l'égard des décisions rendues par les tribunaux suisses.

2. À l'égard des décisions rendues dans un État adhérent visé à l'article 70, paragraphe 1, point c), les parties contractantes peuvent, par déclaration, se réserver :

a) le droit visé au paragraphe 1 ; et

b) le droit conféré à une autorité visée à l'article 39, sans préjudice des dispositions de l'article 41, d'examiner d'office s'il existe un motif de refus de reconnaissance et d'exécution de la décision considérée.

3. Si une partie contractante a émis une réserve visée au paragraphe 2 à l'égard d'un État adhérent, cet État adhérent peut, par déclaration, se réserver le même droit à l'égard des décisions rendues par les tribunaux de cette partie contractante.

4. À l'exception de la réserve visée au paragraphe 1, les déclarations sont valables pour une durée de cinq ans et sont renouvelables à la fin de cette période. La partie contractante notifie le renouvellement d'une déclaration visée au paragraphe 2, au plus tard six mois avant l'expiration des cinq ans. Un État adhérent ne peut renouveler sa déclaration faite en application du paragraphe 3 qu'après le renouvellement de la déclaration correspondante visée au paragraphe 2.

**Article IV –** Les déclarations visées dans le présent protocole peuvent, à tout moment, être retirées par notification au dépositaire. Les notifications sont accompagnées d'une traduction en anglais et en français. Les parties contractantes fournissent une traduction dans leurs langues respectives. Ces retraits prennent effet à compter du premier jour du troisième mois suivant la notification.

## PROTOCOLE N° 2

## SUR L'INTERPRÉTATION UNIFORME DE LA CONVENTION ET SUR LE COMITÉ PERMANENT

### PRÉAMBULE

*Les hautes parties contractantes,*

*Vu* l'article 75 de la présente convention,

*Considérant* le lien substantiel qui existe entre la présente convention, la convention de Lugano de 1988 et les instruments visés à l'article 64, paragraphe 1, de la présente convention,

*Considérant* que la Cour de justice des Communautés européennes est compétente pour statuer sur l'interprétation des dispositions des instruments visés à l'article 64, paragraphe 1, de la présente convention,

*Considérant* que la présente convention fait partie intégrante du droit communautaire et que la Cour de justice des Communautés européennes est par conséquent compétente pour statuer sur l'interprétation de ses dispositions quant à leur application par les tribunaux des États membres de la Communauté européenne,

*En pleine connaissance* des décisions rendues par la Cour de justice des Communautés européennes sur l'interprétation des instruments visés à l'article 64, paragraphe 1, de la présente convention jusqu'à la date de sa signature, et des décisions rendues par les tribunaux des parties contractantes à la convention de Lugano de 1988 relative à cette dernière jusqu'à la signature de la présente convention,

*Considérant* que la révision en parallèle de la convention de Bruxelles de 1968 et de celle de Lugano de 1988, qui a abouti à l'adoption d'un texte révisé de ces conventions, a essentiellement été fondée sur les décisions susmentionnées relatives à ces conventions,

*Considérant* que le texte révisé de la convention de Bruxelles a, après l'entrée en vigueur du traité d'Amsterdam, été intégré dans le règlement (CE) n° 44/2001,

*Considérant* que ce texte révisé a également servi de base au texte de la présente convention,

*Soucieuses*, dans le plein respect de l'indépendance des tribunaux, d'empêcher des interprétations divergentes et de parvenir à une interprétation aussi uniforme que possible des dispositions de la présente convention, de celles du règlement (CE) n° 44/2001 qui sont reproduites en substance dans la présente convention et de celles des autres instruments visés à l'article 64, paragraphe 1, de la présente convention,

*Sont convenues de ce qui suit :*

**Article 1er** – 1. Tout tribunal appliquant et interprétant la présente convention tient dûment compte des principes définis par toute décision pertinente rendue par les tribunaux des États liés par la présente convention et par la Cour de justice des Communautés européennes concernant la ou les dispositions en cause ou toute disposition similaire de la convention de Lugano de 1988 et des instruments visés à l'article 64, paragraphe 1, de la présente convention.

2. Pour les tribunaux des États membres de la Communauté européenne, l'obligation énoncée au paragraphe 1 s'applique sans préjudice des obligations qui leur incombent à l'égard de la Cour de justice des Communautés européennes en vertu du traité instituant la Communauté européenne ou de l'accord entre la Communauté européenne et le Royaume de Danemark sur la compétence judiciaire, la reconnaissance et l'exécution des décisions en matière civile et commerciale, signé à Bruxelles le 19 octobre 2005.

**Article 2** – Tout État lié par la présente convention qui n'est pas un État membre de la Communauté européenne a le droit de déposer, devant la Cour, des mémoires ou des observations écrites, conformément à l'article 23 du protocole sur le statut de la Cour de justice des Communautés européennes, lorsqu'une juridiction d'un État membre de la Communauté européenne demande à la Cour de justice de statuer à titre préjudiciel sur une question portant sur l'interprétation de la présente convention ou des instruments visés à son article 64, paragraphe 1.

**Article 3 –** 1. La Commission des Communautés européennes met en place un système d'échange d'informations concernant les décisions pertinentes rendues en application de la présente convention ainsi que celles rendues en application de la convention de Lugano de 1988 et des instruments visés à l'article 64, paragraphe 1, de la présente convention. Ce système est accessible au public et contient les décisions rendues par les tribunaux de dernière instance et par la Cour de justice des Communautés européennes ainsi que les décisions particulièrement importantes passées en force de chose jugée et rendues en application de la présente convention, de la convention de Lugano de 1988 et des instruments visés à l'article 64, paragraphe 1, de la présente convention. Ces décisions sont classées et accompagnées d'un résumé.

Ce système prévoit la transmission à la Commission, par les autorités compétentes des États liés par la présente convention, des décisions précitées rendues par les tribunaux de ces États.

2. Une sélection des affaires revêtant un intérêt particulier pour le bon fonctionnement de la présente convention est effectuée par le greffier de la Cour de justice des Communautés européennes, qui présente la jurisprudence sélectionnée à la réunion des experts conformément à l'article 5 du présent protocole.

3. Jusqu'à ce que le système prévu au paragraphe 1 soit mis en place par la Commission des Communautés européennes, la Cour de justice des Communautés européennes maintient le système d'échange d'informations établi par le protocole n° 2 de la convention de Lugano de 1988, pour les décisions rendues en application de la présente convention et de la convention de Lugano de 1988.

**Article 4 –** 1. Il est institué un comité permanent, composé des représentants des parties contractantes.

2. À la demande d'une partie contractante, le dépositaire de la convention convoque des réunions du comité dans les cas suivants :

- la consultation sur les relations entre la présente convention et d'autres instruments internationaux,
- la consultation sur l'application de l'article 67, y compris les projets d'adhésion à des instruments concernant des matières particulières conformément à l'article 67, paragraphe 1, et les propositions législatives conformément au protocole n° 3,
- l'examen des demandes d'adhésion de nouveaux États. En particulier, le comité peut poser aux États adhérents visés à l'article 70, paragraphe 1, point c), des questions sur leur système judiciaire et la mise en œuvre de la convention. Le comité peut également examiner les éventuelles adaptations à apporter à la présente convention pour permettre son application dans les États adhérents,
- l'acceptation de nouvelles versions linguistiques faisant foi conformément à l'article 73, paragraphe 3, de la présente convention et des modifications à apporter en conséquence à l'annexe VIII,
- la consultation sur une révision de la convention en application de l'article 76,
- la consultation sur les modifications à apporter aux annexes I à IV et à l'annexe VII en application de l'article 77, paragraphe 1,
- l'adoption des modifications à apporter aux annexes V et VI en application de l'article 77, paragraphe 2,
- le retrait des réserves et des déclarations des parties contractantes en application du protocole n° 1 et des modifications nécessaires de l'annexe IX.

3. Le comité définit son fonctionnement et son processus de prise de décision dans un règlement intérieur. Ce dernier prévoit la possibilité de mener des consultations et de prendre des décisions par procédure écrite.

**Article 5 –** 1. Le dépositaire peut, au besoin, convoquer une réunion d'experts pour procéder à un échange de vues sur le fonctionnement de la convention, en particulier sur l'évolution de la jurisprudence et les nouvelles dispositions législatives pouvant influer sur l'application de la présente convention.

2. Cette réunion rassemble des experts des parties contractantes, des États liés par la présente convention, de la Cour de justice des Communautés européennes et de l'Association européenne de libre-échange. Elle est ouverte à tout autre expert dont la présence est jugée utile.

3. Tout problème lié au fonctionnement de la convention peut être soumis au comité permanent visé à l'article 4 du présent protocole en vue d'y remédier.

PROTOCOLE N° 3

## RELATIF À L'APPLICATION DE L'ARTICLE 67 DE LA CONVENTION

*Les hautes parties contractantes sont convenues de ce qui suit :*

1. Aux fins de la convention, les dispositions qui dans des matières particulières régissent la compétence judiciaire, la reconnaissance ou l'exécution des décisions et qui sont ou seront contenues dans des actes des institutions des Communautés européennes sont traitées de la même manière que les conventions visées à l'article 67, paragraphe 1.

2. Si, de l'avis d'une partie contractante, une disposition contenue dans une proposition d'acte des institutions des Communautés européennes n'est pas compatible avec la convention, les parties contractantes envisagent sans délai d'amender celle-ci conformément à l'article 76, sans préjudice de l'application de la procédure prévue par le protocole n° 2.

3. Lorsqu'une ou plusieurs parties contractantes reprennent, en tout ou en partie, dans leur droit national des dispositions contenues dans des actes des institutions des Communautés européennes visés au paragraphe 1, ces dispositions de droit national sont traitées de la même manière que les conventions visées à l'article 67, paragraphe 1.

4. Les parties contractantes communiquent au dépositaire le texte des dispositions visées au paragraphe 3. Ces communications sont accompagnées d'une traduction en anglais et en français.

Annexe…

# II – Convention bilatérale

## 75 Convention bilatérale de Paris du 13 septembre 1950 relative à la faillite et à la liquidation judiciaire entre la France et la Principauté de Monaco

En vigueur depuis le 22 décembre 1952

Non reproduite. Consultable sur :
http://www.legifrance.gouv.fr/Droit-international/Traites

# SOUS-PARTIE III
# SOURCES INTERNES

## 76 Code civil



### Article 3

*Créé par Loi 1803-03-05 promulguée le 15 mars 1803*

Les lois de police et de sûreté obligent tous ceux qui habitent le territoire.

Les immeubles, même ceux possédés par des étrangers, sont régis par la loi française.

Les lois concernant l'état et la capacité des personnes régissent les Français, même résidant en pays étranger.

### Article 14

*Créé par Loi 1803-03-08 promulguée le 18 mars 1803*

L'étranger, même non résidant en France, pourra être cité devant les tribunaux français, pour l'exécution des obligations par lui contractées en France avec un Français; il pourra être traduit devant les tribunaux de France, pour les obligations par lui contractées en pays étranger envers des Français.

### Article 15

*Créé par Loi 1803-03-08 promulguée le 18 mars 1803*

Un Français pourra être traduit devant un tribunal de France, pour des obligations par lui contractées en pays étranger, même avec un étranger.

# 77 Code du commerce



## Article L. 229-1

*Créé par Loi n° 2005-842 du 26 juillet 2005 – art. 11 (V) JORF 27 juillet 2005*

Les sociétés européennes immatriculées en France au registre du commerce et des sociétés ont la personnalité juridique à compter de leur immatriculation.

La société européenne est régie par les dispositions du règlement (CE) n° 2157/2001 du Conseil du 8 octobre 2001 relatif au statut de la société européenne, celles du présent chapitre et celles applicables aux sociétés anonymes non contraires à celles-ci.

La société européenne est soumise aux dispositions de l'article L. 210-3. Le siège statutaire et l'administration centrale de la société européenne ne peuvent être dissociés.

## Article L. 229-2

*Modifié par loi n° 2008-649 du 3 juillet 2008 – art. 12*

Toute société européenne régulièrement immatriculée au registre du commerce et des sociétés peut transférer son siège dans un autre État membre de la Communauté européenne. Elle établit un projet de transfert. Ce projet est déposé au greffe du tribunal dans le ressort duquel la société est immatriculée et fait l'objet d'une publicité dont les modalités sont fixées par décret en Conseil d'État.

Le transfert de siège est décidé par l'assemblée générale extraordinaire dans les conditions prévues à l'article L. 225-96 et est soumis à la ratification des assemblées spéciales d'actionnaires mentionnées aux articles L. 225-99 et L. 228-35-6.

En cas d'opposition à l'opération, les actionnaires peuvent obtenir le rachat de leurs actions dans les conditions fixées par décret en Conseil d'État.

Le projet de transfert de siège est soumis aux assemblées spéciales des porteurs de certificats d'investissement statuant selon les règles de l'assemblée générale des actionnaires, à moins que la société n'acquière ces titres sur simple demande de leur part et que cette acquisition ait été acceptée par leur assemblée spéciale. L'offre d'acquisition est soumise à publicité dont les modalités sont fixées par décret en Conseil d'État. Tout porteur de certificats d'investissement qui n'a pas cédé ses titres dans le délai fixé par décret en Conseil d'État le demeure sous réserve d'un échange de ces certificats d'investissement et de droit de vote contre des actions.

Le projet de transfert est soumis à l'assemblée d'obligataires de la société, à moins que le remboursement des titres sur simple demande de leur part ne soit offert auxdits obligataires. L'offre de remboursement est soumise à publicité dont les modalités sont fixées par décret en Conseil d'État. Tout obligataire qui n'a pas demandé le remboursement dans le délai fixé par décret en Conseil d'État conserve sa qualité dans la société aux conditions fixées dans le projet de transfert.

Les créanciers non obligataires de la société transférant son siège et dont la créance est antérieure au transfert du siège peuvent former opposition à celui-ci dans le délai fixé par décret en Conseil d'État. Une décision de justice rejette l'opposition ou ordonne soit le remboursement des créances, soit la constitution de garanties si la société transférant son siège en offre et si elles sont jugées suffisantes. À défaut de remboursement des créances ou de constitution des garanties ordonnées, le transfert de siège est inopposable à ces créanciers. L'opposition formée par un créancier n'a pas pour effet d'interdire la poursuite des opérations de transfert. Les dispositions du présent alinéa ne mettent pas obstacle à l'application des conventions autorisant le créancier à exiger le remboursement immédiat de sa créance en cas de transfert de siège.

Un notaire délivre un certificat attestant de manière concluante l'accomplissement des actes et formalités préalables au transfert.

## Article L. 229-3

*Modifié par Loi n° 2009-526 du 12 mai 2009 – art. 46 (V)*

I. – Dans un délai fixé par voie réglementaire, le greffier du tribunal dans le ressort duquel la société participant à l'opération est immatriculée délivre, après avoir procédé à la vérification prévue à l'article L. 236-6, une attestation de conformité des actes et des formalités préalables à la fusion.

Un notaire ou le greffier du tribunal dans le ressort duquel la société issue de la fusion sera immatriculée contrôle, dans un délai fixé par voie réglementaire, la légalité de la réalisation de la fusion et de la constitution de la société nouvelle issue de la fusion.

À cette fin, chaque société qui fusionne remet au notaire ou au greffier le certificat visé à l'article 25 du règlement (CE) n° 2157 / 2001 du Conseil du 8 octobre 2001 précité dans un délai de six mois à compter de sa délivrance ainsi qu'une copie du projet de fusion approuvé par la société.

Le notaire ou le greffier contrôle en particulier que les sociétés qui fusionnent ont approuvé un projet de fusion dans les mêmes termes et que les modalités relatives à l'implication des salariés ont été fixées conformément aux chapitres Ier à III du titre V du livre II de la deuxième partie du code du travail.

Il contrôle en outre que la constitution de la société européenne formée par fusion correspond aux conditions fixées par les dispositions législatives françaises.

II. – Les causes de nullité de la délibération de l'une des assemblées qui ont décidé de l'opération de fusion conformément au droit applicable à la société anonyme ou les manquements au contrôle de légalité constituent une cause de dissolution de la société européenne.

Lorsqu'il est possible de porter remède à l'irrégularité susceptible d'entraîner la dissolution, le tribunal saisi de l'action en dissolution d'une société européenne créée par fusion accorde un délai pour régulariser la situation.

Les actions en dissolution de la société européenne se prescrivent par six mois à compter de la date de la dernière inscription au registre du commerce et des sociétés rendue nécessaire par l'opération.

Lorsque la dissolution de la société européenne est prononcée, il est procédé à sa liquidation conformément aux dispositions des statuts et du chapitre VII du titre III du présent livre.

Lorsqu'une décision judiciaire prononçant la dissolution d'une société européenne pour l'une des causes prévues au sixième alinéa du présent article est devenue définitive, cette décision fait l'objet d'une publicité dont les modalités sont fixées par décret en Conseil d'État.

## Article L. 229-4

*Modifié par Loi n° 2008-649 du 3 juillet 2008 – art. 12*

L'autorité compétente pour s'opposer, conformément aux dispositions du 14 de l'article 8 et de l'article 19 du règlement (CE) n° 2157/2001 du Conseil du 8 octobre 2001, précité, au transfert de siège social d'une société européenne immatriculée en France et dont résulterait un changement du droit applicable ainsi qu'à la constitution d'une société européenne par voie de fusion impliquant une société relevant du droit français, est le procureur de la République.

Il se saisit d'office ou est saisi par toute personne ou autorité qui estime qu'une telle opération est contraire à un intérêt public.

La décision du procureur de la République est susceptible de recours devant la cour d'appel de Paris.

## Article L. 229-5

*Créé par Loi n° 2005-842 du 26 juillet 2005 – art. 11 (V) JORF 27 juillet 2005*

Les sociétés promouvant l'opération de constitution d'une société européenne holding établissent un projet commun de constitution de la société européenne.

Ce projet est déposé au greffe du tribunal dans le ressort duquel lesdites sociétés sont immatriculées et fait l'objet d'une publicité dont les modalités sont fixées par décret en Conseil d'État.

Un ou plusieurs commissaires à la constitution d'une société européenne holding, désignés par décision de justice, établissent sous leur responsabilité un rapport destiné aux actionnaires de chaque société dont les mentions sont précisées par décret en Conseil d'État.

Par accord entre les sociétés qui promeuvent l'opération, le ou les commissaires peuvent établir un rapport écrit pour les actionnaires de l'ensemble des sociétés.

Les dispositions des troisième et quatrième alinéas de l'article L. 236-9 et des articles L. 236-13 et L. 236-14 sont applicables en cas de constitution d'une société européenne holding.

## Article L. 229-6

*Créé par Loi n° 2005-842 du 26 juillet 2005 – art. 11 (V) JORF 27 juillet 2005*

Par exception à la deuxième phrase de l'article L. 225-1, une société européenne peut constituer une société européenne dont elle est le seul actionnaire. Elle est soumise aux dispositions applicables à la société européenne et à celles relatives à la société à responsabilité limitée à associé unique édictées par les articles L. 223-5 et L. 223-31.

Dans cette hypothèse, l'actionnaire unique exerce les pouvoirs dévolus à l'assemblée générale.

En cas de société européenne unipersonnelle, les articles L. 225-25, L. 225-26, L. 225-72 et L. 225-73 ne s'appliquent pas aux administrateurs ou membres du conseil de surveillance de cette société.

## Article L. 229-7

*Créé par Loi n° 2005-842 du 26 juillet 2005 – art. 11 (V) JORF 27 juillet 2005*

La direction et l'administration de la société européenne sont régies par les dispositions de la section 2 du chapitre V du présent titre, à l'exception du premier alinéa des articles L. 225-37 et L. 225-82 et du quatrième alinéa de l'article L. 225-64.

Toutefois, par exception à l'article L. 225-62, en cas de vacance au sein du directoire, un membre du conseil de surveillance peut être nommé par ce conseil pour exercer les fonctions de membre du directoire pour une durée maximale fixée par décret en Conseil d'État. Pendant cette durée, les fonctions de l'intéressé au sein du conseil de surveillance sont suspendues.

Les dispositions du premier alinéa de l'article L. 225-17, du deuxième alinéa de l'article L. 225-22, de l'article L. 225-69 et du deuxième alinéa de l'article L. 225-79 ne peuvent faire obstacle à la participation des travailleurs définie à l'article L. 439-25 du code du travail.

Chaque membre du conseil de surveillance peut se faire communiquer par le président du directoire les documents qu'il estime nécessaires à l'accomplissement de sa mission.

La société européenne est dirigée par un directoire composé de sept membres au plus.

Les statuts doivent prévoir des règles similaires à celles énoncées aux articles L. 225-38 à L. 225-42 et L. 225-86 à L. 225-90. Toutefois, lorsqu'il s'agit d'une société visée à l'article L. 229-6, la mention au registre des délibérations vaut approbation de la convention.

## Article L. 229-8

*Créé par Loi n° 2005-842 du 26 juillet 2005 – art. 11 (V) JORF 27 juillet 2005*

Les assemblées générales de la société européenne sont soumises aux règles prescrites par la section 3 du chapitre V du présent titre dans la mesure où elles sont compatibles avec le règlement (CE) n° 2157/2001 du Conseil, du 8 octobre 2001, précité.

## Article L. 229-9

*Modifié par Loi n° 2008-649 du 3 juillet 2008 – art. 12*

Si la société européenne n'a plus son administration centrale en France, tout intéressé peut demander au tribunal la régularisation de la situation par le transfert du siège social ou le rétablissement de l'administration centrale au lieu du siège social en France, le cas échéant sous astreinte.

Le tribunal fixe une durée maximale pour cette régularisation.

À défaut de régularisation à l'issue de ce délai, le tribunal prononce la liquidation de la société dans les conditions prévues aux articles L. 237-1 à L. 237-31.

Ces décisions sont adressées par le greffe du tribunal au procureur de la République. Le juge indique dans sa décision que le jugement est transmis par le greffe.

En cas de constat de déplacement de l'administration centrale en France d'une société européenne immatriculée dans un autre État membre de la Communauté européenne, contrevenant à l'article 7 du règlement (CE) n° 2157 / 2001 du Conseil, du 8 octobre 2001, précité, le procureur de la République du tribunal de grande instance dans le ressort duquel l'administration centrale est installée doit informer sans délai l'État membre du siège statutaire.

En cas de constat de déplacement de l'administration centrale dans un autre État membre de la Communauté européenne d'une société européenne immatriculée en France, contrevenant à l'article 7 du règlement (CE) n° 2157 / 2001 du Conseil, du 8 octobre 2001, précité, les autorités de cet État membre doivent informer sans délai le procureur de la République du tribunal de grande instance dans le ressort duquel la société est immatriculée.

## Article L. 229-10

*Créé par Loi n° 2005-842 du 26 juillet 2005 – art. 11 (V) JORF 27 juillet 2005*

Toute société européenne peut se transformer en société anonyme si, au moment de la transformation, elle est immatriculée depuis plus de deux ans et a fait approuver le bilan de ses deux premiers exercices.

La société établit un projet de transformation de la société en société anonyme. Ce projet est déposé au greffe du tribunal du siège de la société et fait l'objet d'une publicité dont les modalités sont fixées par décret en Conseil d'État.

Un ou plusieurs commissaires à la transformation désignés par décision de justice établissent sous leur responsabilité un rapport destiné aux actionnaires de la société se transformant attestant que les capitaux propres sont au moins équivalents au capital social. Ils sont soumis aux incompatibilités prévues à l'article L. 822-11.

La transformation en société anonyme est décidée selon les dispositions prévues aux articles L. 225-96 et L. 225-99.

## Article L. 229-11

*Modifié par Ordonnance n° 2009-80 du 22 janvier 2009 – art. 7*

Les statuts d'une société européenne qui n'entend pas offrir au public ses actions peuvent soumettre tout transfert d'actions à des restrictions à la libre négociabilité sans que ces restrictions ne puissent avoir pour effet de rendre ces actions inaliénables pour une durée excédant dix ans.

Toute cession réalisée en violation de ces clauses statutaires est nulle. Cette nullité est opposable au cessionnaire ou à ses ayants droit. Elle peut être régularisée par une décision prise à l'unanimité des actionnaires non parties au contrat ou à l'opération visant à transférer les actions.

**Article L. 229-12**

*Modifié par Ordonnance nº 2009-80 du 22 janvier 2009 – art. 7*

Dans les conditions qu'ils déterminent, les statuts d'une société européenne qui n'entend pas offrir au public ses actions peuvent prévoir qu'un actionnaire peut être tenu de céder ses actions. Ils peuvent également prévoir la suspension des droits non pécuniaires de cet actionnaire tant que celui-ci n'a pas procédé à cette cession.

**Article L. 229-13**

*Modifié par Ordonnance nº 2009-80 du 22 janvier 2009 – art. 7*

Les statuts d'une société européenne qui n'entend pas offrir au public ses actions peuvent prévoir que la société actionnaire dont le contrôle est modifié au sens de l'article L. 233-16 doit, dès cette modification, en informer la société européenne. Celle-ci peut décider, dans les conditions fixées par les statuts, de suspendre l'exercice des droits non pécuniaires de cet actionnaire et de l'exclure.

Les dispositions du premier alinéa peuvent s'appliquer, dans les mêmes conditions, à l'actionnaire qui a acquis cette qualité à la suite d'une opération de fusion, de scission ou de dissolution.

**Article L. 229-14**

*Créé par Loi nº 2005-842 du 26 juillet 2005 – art. 11 (V) JORF 27 juillet 2005*

Si les statuts ne précisent pas les modalités d'évaluation du prix de cession des actions lorsque la société européenne met en œuvre une clause introduite en application des articles L. 229-11 à L. 229-13, ce prix est fixé par accord entre les parties ou, à défaut, déterminé dans les conditions prévues à l'article 1843-4 du code civil.

Lorsque les actions sont rachetées par la société européenne, celle-ci est tenue de les céder dans un délai de six mois ou de les annuler.

**Article L. 229-15**

*Créé par Loi nº 2005-842 du 26 juillet 2005 – art. 11 (V) JORF 27 juillet 2005*

Les clauses stipulées en application des articles L. 229-11 à L. 229-14 ne sont adoptées ou modifiées qu'à l'unanimité des actionnaires.

**Article L. 252-1 –** Les groupements européens d'intérêt économique immatriculés en France au registre du commerce et des sociétés ont la personnalité juridique dès leur immatriculation.

**Article L. 252-2 –** Les groupements européens d'intérêt économique ont un caractère civil ou commercial selon leur objet. L'immatriculation n'emporte pas présomption de commercialité d'un groupement.

**Article L. 252-3 –** Les droits des membres du groupement ne peuvent être représentés par des titres négociables.

**Article L. 252-4 –** Les décisions collégiales du groupement européen d'intérêt économique sont prises par l'assemblée des membres du groupement. Toutefois, les statuts peuvent stipuler que ces décisions, ou certaines d'entre elles, peuvent être prises sous forme de consultation écrite.

**Article L. 252-5 –** Le ou les gérants d'un groupement européen d'intérêt économique sont responsables, individuellement ou solidairement selon le cas, envers le groupement ou envers les tiers, soit des infractions aux dispositions législatives ou réglementaires applicables au groupement, soit des violations des statuts, soit de leurs fautes de gestion. Si plusieurs gérants ont coopéré aux mêmes faits, le tribunal détermine la part contributive de chacun dans la réparation du dommage.

**Article L. 252-6 –** Une personne morale peut être nommée gérant d'un groupement européen d'intérêt économique. Lors de sa nomination, elle est tenue de désigner un représentant permanent qui encourt les mêmes responsabilités civile et pénale que s'il était gérant en son nom propre, sans préjudice de la responsabilité solidaire de la personne morale qu'il représente.

**Article L. 252-7 –** Les dispositions du chapitre précédent applicables aux groupements d'intérêt économique de droit français relatives aux obligations comptables, au contrôle des comptes et à la liquidation sont applicables aux groupements européens d'intérêt économique.

**Article L. 252-8 –** Toute société ou association, tout groupement d'intérêt économique peut être transformé en un groupement européen d'intérêt économique sans donner lieu à dissolution ni à création d'une personne morale nouvelle.

Un groupement européen d'intérêt économique peut être transformé en un groupement d'intérêt économique de droit français ou une société en nom collectif, sans donner lieu à dissolution ni à création d'une personne morale nouvelle.

**Article L. 252-9 –** La nullité du groupement européen d'intérêt économique ainsi que des actes ou délibérations de celui-ci ne peut résulter que de la violation des dispositions impératives du règlement n° 2137-85 du 25 juillet 1985 du Conseil des Communautés européennes, ou des dispositions du présent chapitre ou de l'une des causes de nullité des contrats en général.

L'action en nullité est éteinte lorsque la cause de la nullité a cessé d'exister le jour où le tribunal statue sur le fond en première instance, sauf si cette nullité est fondée sur l'illicéité de l'objet du groupement.

Il est fait application des articles 1844-12 à 1844-17 du code civil.

**Article L. 252-10**

*Modifié par Ordonnance n° 2009-80 du 22 janvier 2009 – art. 8*

Les groupements européens d'intérêt économique ne peuvent, à peine de nullité des contrats conclus ou des titres émis, procéder à une offre au public de titres financiers

Est puni d'un emprisonnement de deux ans et d'une amende de 300 000 euros le fait, pour le ou les gérants d'un groupement européen d'intérêt économique ou le représentant permanent d'une personne morale gérant d'un groupement européen d'intérêt économique de procéder à une offre au public de titres financiers

**Article L. 252-11**

*Modifié par Loi n° 2012-387 du 22 mars 2012 – art. 22*

L'utilisation dans les rapports avec les tiers de tous actes, lettres, notes et documents similaires ne comportant pas les mentions relatives au groupement européen d'intérêt économique prescrites à l'article 25 du règlement (CEE) n° 2137/85 du Conseil du 25 juillet 1985 relatif à l'institution d'un groupement européen d'intérêt économique (GEIE) peut faire l'objet d'une injonction, le cas échéant sous astreinte, dans les conditions prévues à l'article L. 238-3.

**Article L. 252-12**

*Modifié par Loi n° 2012-387 du 22 mars 2012 – art. 22*

L'appellation : « groupement européen d'intérêt économique » et le sigle : « GEIE » ne peuvent être utilisés que par les groupements soumis au règlement (CEE) n° 2137/85 du Conseil du 25 juillet 1985 précité. Le ministère public ou toute personne intéressée peut demander au président du tribunal compétent statuant en référé d'interdire, le cas échéant sous astreinte, l'emploi illicite de cette appellation.

Le président du tribunal peut, en outre, ordonner la publication de la décision, son affichage dans les lieux qu'il désigne, son insertion intégrale ou par extraits dans les journaux et sa diffusion par un ou plusieurs services de communication au public en ligne qu'il indique, le tout aux frais des dirigeants du groupement ayant illégalement utilisé cette appellation ou ce sigle.

**Article R. 600-1 –** Sans préjudice des dispositions de l'article R. 662-7, le tribunal territorialement compétent pour connaître des procédures prévues par le livre VI de la partie législative du présent code est celui dans le ressort duquel le débiteur, personne morale, a son siège ou le débiteur, personne physique, a déclaré l'adresse de son entreprise ou de son activité. À défaut de siège en territoire français, le tribunal compétent est celui dans le ressort duquel le débiteur a le centre principal de ses intérêts en France.

Toutefois, en cas de changement de siège de la personne morale dans les six mois ayant précédé la saisine du tribunal, le tribunal dans le ressort duquel se trouvait le siège initial demeure seul compétent. Ce délai court à compter de l'inscription modificative au registre du commerce et des sociétés du siège initial.

# 78 Code de la consommation

## Article L. 141-5

*Créé par Loi nº 2009-526 du 12 mai 2009 – art. 24*

Le consommateur peut saisir à son choix, outre l'une des juridictions territorialement compétentes en vertu du code de procédure civile, la juridiction du lieu où il demeurait au moment de la conclusion du contrat ou de la survenance du fait dommageable.

# 79 Code de la propriété intellectuelle

# LIVRE PREMIER
# LE DROIT D'AUTEUR

## Article L. 111-4

*Créé par Loi 92-597 1992-07-01 annexe JORF 3 juillet 1992*

Sous réserve des dispositions des conventions internationales auxquelles la France est partie, dans le cas où, après consultation du ministre des Affaires étrangères, il est constaté qu'un État n'assure pas aux œuvres divulguées pour la première fois en France sous quelque forme que ce soit une protection suffisante et efficace, les œuvres divulguées pour la première fois sur le territoire de cet État ne bénéficient pas de la protection reconnue en matière de droit d'auteur par la législation française.

Toutefois, aucune atteinte ne peut être portée à l'intégrité ni à la paternité de ces œuvres.

Dans l'hypothèse prévue à l'alinéa 1er ci-dessus, les droits d'auteur sont versés à des organismes d'intérêt général désignés par décret.

## Article L. 111-5

*Créé par Loi 92-597 1992-07-01 annexe JORF 3 juillet 1992*

Sous réserve des conventions internationales, les droits reconnus en France aux auteurs de logiciels par le présent code sont reconnus aux étrangers sous la condition que la loi de l'État dont ils sont les nationaux ou sur le territoire duquel ils ont leur domicile, leur siège social ou un établissement effectif accorde sa protection aux logiciels créés par les nationaux français et par les personnes ayant en France leur domicile ou un établissement effectif.

LIVRE II

## LES DROITS VOISINS DU DROIT D'AUTEUR

### Article L. 211-5

*Créé par Loi n° 97-283 du 27 mars 1997 – art. 12 JORF 28 mars 1997 en vigueur le 1er juillet 1995*

Sous réserve des dispositions des conventions internationales auxquelles la France est partie, les titulaires de droits voisins qui ne sont pas ressortissants d'un État membre de la Communauté européenne bénéficient de la durée de protection prévue dans le pays dont ils sont ressortissants sans que cette durée puisse excéder celle prévue à l'article L. 211-4.

### Article 211-6

*Créé par Loi n° 2006-961 du 1er août 2006 – art. 4 JORF 3 août 2006*

Dès lors que la première vente d'un ou des exemplaires matériels d'une fixation protégée par un droit voisin a été autorisée par le titulaire du droit ou ses ayants droit sur le territoire d'un État membre de la Communauté européenne ou d'un autre État partie à l'accord sur l'Espace économique européen, la vente de ces exemplaires de cette fixation ne peut plus être interdite dans les États membres de la Communauté européenne et les États parties à l'accord sur l'Espace économique européen.

### Article L. 214-2

*Modifié par Loi n° 2006-961 du 1er août 2006 – art. 46 JORF 3 août 2006*

Sous réserve des conventions internationales, les droits à rémunération reconnus par les dispositions de l'article L. 214-1 sont répartis entre les artistes-interprètes et les producteurs de phonogrammes pour les phonogrammes fixés pour la première fois dans un État membre de la Communauté européenne.

LIVRE V

## LES DESSINS ET MODÈLES

### Article L. 511-11

*Créé par Ordonnance n° 2001-670 du 25 juillet 2001 – art. 1 JORF 28 juillet 2001*

Sous réserve des dispositions des conventions internationales auxquelles la France est partie, l'étranger qui n'est ni établi ni domicilié sur le territoire d'un État membre de la Communauté européenne ou d'un État partie à l'accord sur l'Espace économique européen bénéficie des dispositions du présent livre à condition que son pays accorde la réciprocité de la protection aux dessins ou modèles français.

LIVRE VI

## PROTECTION DES INVENTIONS ET CONNAISSANCES TECHNIQUES

### Article L. 611-1

*Modifié par Loi n° 2008-518 du 3 juin 2008 – art. 22*

Toute invention peut faire l'objet d'un titre de propriété industrielle délivré par le directeur de l'Institut national de la propriété industrielle qui confère à son titulaire ou à ses ayants cause un droit exclusif d'exploitation.

La délivrance du titre donne lieu à la diffusion légale prévue à l'article L. 612-21.

Sous réserve des dispositions des conventions internationales auxquelles la France est partie, les étrangers dont le domicile ou l'établissement est situé en dehors du territoire où le présent titre est applicable jouissent du bénéfice du présent titre, sous la condition que les Français bénéficient de la réciprocité de protection dans les pays dont lesdits étrangers sont ressortissants.

Sauf stipulation contraire d'un engagement international auquel la France est partie, les dispositions du présent article s'appliquent aux inventions réalisées ou utilisées dans l'espace extra-atmosphérique y compris sur les corps célestes ou dans ou sur des objets spatiaux placés sous juridiction nationale en application de l'article VIII du traité du 27 janvier 1967 sur les principes régissant les activités des États en matière d'exploration et d'utilisation de l'espace extra-atmosphérique, y compris la Lune et les autres corps célestes.

### Article L. 611-12

*Modifié par Loi n$^{o}$ 96-1106 du 18 décembre 1996 – art. 3 JORF 19 décembre 1996*

Si un premier dépôt a été effectué dans un État qui ne fait pas partie de l'Union de Paris ou de l'Organisation mondiale du commerce, un droit de priorité attaché à ce dépôt ayant des effets équivalents à ceux prévus par la Convention de Paris ne peut être accordé dans les mêmes conditions que dans la mesure où cet État accorde, sur la base d'un premier dépôt d'une demande de brevet français ou d'une demande internationale ou de brevet européen désignant la France, un droit de priorité équivalent.

### Article L. 614-1

*Créé par Loi 92-597 1992-07-01 annexe JORF 3 juillet 1992*

La présente section est relative à l'application de la convention faite à Munich le 5 octobre 1973, ci-après dénommée « Convention de Munich ».

*Paragraphe 1 : Dépôt des demandes de brevet européen*

### Article L. 614-2

*Créé par Loi 92-597 1992-07-01 annexe JORF 3 juillet 1992*

Toute demande de brevet européen peut être déposée auprès de l'Institut national de propriété industrielle soit à son siège, soit, en tant que de besoin, dans ses centres régionaux, selon des modalités qui sont précisées par voie réglementaire.

La demande doit être déposée auprès de l'Institut national de la propriété industrielle, lorsque le déposant a son domicile ou son siège en France et qu'il ne revendique pas la priorité d'un dépôt antérieur en France.

### Article L. 614-3

*Créé par Loi 92-597 1992-07-01 annexe JORF 3 juillet 1992*

Le ministre chargé de la défense est habilité à prendre connaissance auprès de l'Institut national de la propriété industrielle, à titre confidentiel, des demandes de brevet européen déposées à cet institut.

## Article L. 614-4

*Créé par Loi 92-597 1992-07-01 annexe JORF 3 juillet 1992*

Les inventions faisant l'objet de demandes de brevet européen, déposées à l'Institut national de la propriété industrielle, ne peuvent être divulguées et exploitées librement aussi longtemps qu'une autorisation n'a pas été accordée à cet effet.

Pendant cette période, les demandes ne peuvent être rendues publiques; aucune copie conforme ne peut être délivrée, sauf autorisation.

Les autorisations prévues aux premier et deuxième alinéas du présent article sont accordées par le ministre chargé de la propriété industrielle sur avis du ministre chargé de la défense.

L'autorisation prévue au premier alinéa peut être accordée à tout moment. Sous réserve des dispositions du premier alinéa de l'article L. 614-5, elle est acquise de plein droit au terme d'un délai de quatre mois à compter du dépôt de la demande ou, lorsqu'une priorité a été revendiquée, au terme d'un délai de quatorze mois à compter de la date de priorité.

## Article L. 614-5

*Créé par Loi 92-597 1992-07-01 annexe JORF 3 juillet 1992*

Avant le terme de l'un ou l'autre des délais mentionnés au dernier alinéa de l'article L. 614-4, les interdictions prévues audit article peuvent être prorogées, sur réquisition du ministre chargé de la défense pour une durée d'un an renouvelable. Dans ce cas, la demande n'est pas transmise à l'Office européen des brevets. Les interdictions prorogées peuvent être levées à tout moment.

Dans le cas de prorogation des interdictions, les dispositions des deuxième et troisième alinéas de l'article L. 612-10 du présent code sont applicables.

## Article L. 614-6

*Modifié par Loi n° 2008-776 du 4 août 2008 – art. 132*

Une demande de brevet européen ne peut être transformée en demande de brevet français que dans le cas prévu à l'article 135-1 (a) de la convention de Munich.

Dans ce cas et sous peine de rejet de sa demande de brevet français, le déposant doit satisfaire aux conditions qui sont fixées par voie réglementaire.

Si un rapport de recherche a été établi avant transformation de la demande, ce rapport tient lieu de rapport de recherche prévu à l'article L. 612-14.

### *Paragraphe 2 : Effets en France des brevets européens*

## Article L. 614-7

*Modifié par Loi n° 2007-1544 du 29 octobre 2007 – art. 10 JORF 30 octobre 2007*

Le texte de la demande de brevet européen ou du brevet européen rédigé dans la langue de procédure devant l'Office européen des brevets créé par la convention de Munich est le texte qui fait foi.

En cas de litige relatif à un brevet européen dont le texte n'est pas rédigé en français, le titulaire du brevet fournit, à ses frais, à la demande du présumé contrefacteur ou à la demande de la juridiction compétente, une traduction complète du brevet en français.

NOTA :

Loi 2007-1544 du 29 octobre 2007 art. 10 I : à compter de l'entrée en vigueur de l'accord sur l'application de l'article 65 de la convention sur la délivrance de brevets européens, l'article L. 614-7 du code de la propriété intellectuelle est ainsi rédigé.

## Article L. 614-8

*Créé par Loi 92-597 1992-07-01 annexe JORF 3 juillet 1992*

Dans les trois mois qui suivent la publication des demandes de brevets européens et lorsque la langue de la procédure n'est pas le français, l'Institut national de la propriété industrielle assure la traduction et la publicité en français des abrégés prévus à l'article 78, paragraphe 1-e, de la Convention de Munich.

## Article L. 614-9

*Créé par Loi 92-597 1992-07-01 annexe JORF 3 juillet 1992*

Les droits définis aux articles L. 613-3 à L. 613-7, L. 615-4 et L. 615-5 du présent code peuvent être exercés à compter de la date à laquelle une demande de brevet européen est publiée conformément aux dispositions de l'article 93 de la Convention de Munich.

Si la publication a été faite dans une langue autre que le français, les droits mentionnés à l'alinéa précédent ne peuvent être exercés qu'à compter de la date à laquelle une traduction en français des revendications a été publiée par l'Institut national de la propriété industrielle, sur réquisition du demandeur, dans les conditions fixées par décret en Conseil d'État, ou a été notifiée au contrefacteur présumé.

## Article L. 614-10

*Modifié par Loi n° 2007-1544 du 29 octobre 2007 – art. 10 JORF 30 octobre 2007*

Hormis les cas d'action en nullité et par dérogation au premier alinéa de l'article L. 614-7, lorsqu'une traduction en langue française a été produite dans les conditions prévues au second alinéa du même article L. 614-7 ou au second alinéa de l'article L. 614-9, cette traduction est considérée comme faisant foi si la demande de brevet européen ou le brevet européen confère dans le texte de la traduction une protection moins étendue que celle qui est conférée par ladite demande ou par ledit brevet dans la langue dans laquelle la demande a été déposée.

Toutefois, une traduction révisée peut être produite à tout moment par le titulaire de la demande ou du brevet. La traduction révisée des revendications ne prend cependant effet que lorsque les conditions prévues au second alinéa de l'article L. 614-9 ont été remplies.

Toute personne qui a, de bonne foi, commencé à exploiter une invention ou fait des préparatifs effectifs et sérieux à cette fin, sans que cette exploitation constitue une contrefaçon de la demande ou du brevet dans le texte de la traduction initiale, peut, dès que la traduction révisée a pris effet, poursuivre à titre gratuit son exploitation dans son entreprise ou pour les besoins de celle-ci.

NOTA :

Loi 2007-1544 du 29 octobre 2007 art. 10 II : À compter de l'entrée en vigueur de l'accord sur l'application de l'article 65 de la convention sur la délivrance de brevets européens, l'article L. 614-10 du même code est ainsi modifié.

## Article L. 614-11

*Créé par Loi 92-597 1992-07-01 annexe JORF 3 juillet 1992*

L'inscription au registre européen des brevets des actes transmettant ou modifiant les droits attachés à une demande de brevet européen ou à un brevet européen rend ces actes opposables aux tiers.

## Article L. 614-12

*Modifié par Loi n° 2008-776 du 4 août 2008 – art. 132*

La nullité du brevet européen est prononcée en ce qui concerne la France par décision de justice pour l'un quelconque des motifs visés à l'article 138, paragraphe 1, de la Convention de Munich.

Si les motifs de nullité n'affectent le brevet qu'en partie, la nullité est prononcée sous la forme d'une limitation correspondante des revendications.

Dans le cadre d'une action en nullité du brevet européen, son titulaire est habilité à limiter le brevet en modifiant les revendications conformément à l'article 105 *bis* de la convention de Munich; le brevet ainsi limité constitue l'objet de l'action en nullité engagée.

La partie qui, lors d'une même instance, procède à plusieurs limitations de son brevet de manière dilatoire ou abusive peut être condamnée à une amende civile d'un montant maximum de 3 000 euros, sans préjudice de dommages et intérêts qui seraient réclamés.

## Article L. 614-13

*Créé par Loi 92-597 1992-07-01 annexe JORF 3 juillet 1992*

Dans la mesure où un brevet français couvre une invention pour laquelle un brevet européen a été délivré au même inventeur ou à son ayant cause avec la même date de dépôt ou de priorité, le brevet français cesse de produire ses effets soit à la date à laquelle le délai prévu pour la formation de l'opposition au brevet européen est expiré sans qu'une opposition ait été formée, soit à la date à laquelle la procédure d'opposition est close, le brevet européen ayant été maintenu.

Toutefois, lorsque le brevet français a été délivré à une date postérieure à l'une ou l'autre, selon le cas, de celles qui sont fixées à l'alinéa précédent, ce brevet ne produit pas d'effet.

L'extinction ou l'annulation ultérieure du brevet européen n'affecte pas les dispositions prévues au présent article.

## Article L. 614-14

*Modifié par Loi n° 94-102 du 5 février 1994 – art. 27 JORF 8 février 1994; Modifié par Loi n° 94-102 du 5 février 1994 – art. 28 JORF 8 février 1994*

Une demande de brevet français ou un brevet français et une demande de brevet européen ou un brevet européen ayant la même date de dépôt ou la même date de priorité, couvrant la même invention et appartenant au même inventeur ou à son ayant cause, ne peuvent, pour les parties communes, faire l'objet indépendamment l'une de l'autre d'un transfert, gage, nantissement ou d'une concession de droits d'exploitation, à peine de nullité.

Par dérogation à l'article L. 613-9, le transfert ou la modification des droits attachés à la demande de brevet français ou au brevet français n'est rendu opposable aux tiers par son inscription au registre national des brevets que dans la mesure où le même transfert ou la même modification des droits attachés à la demande de brevet européen ou au brevet européen a été inscrit au registre européen des brevets.

La demande de brevet français ou le brevet français et le droit de priorité pour le dépôt d'une demande de brevet européen ne peuvent être transférés indépendamment l'un de l'autre.

## Article L. 614-15

*Modifié par Loi n° 94-102 du 5 février 1994 – art. 29 JORF 8 février 1994*

Le tribunal saisi d'une action en contrefaçon d'un brevet français qui couvre la même invention qu'un brevet européen demandé par le même inventeur ou délivré à celui-ci ou à son ayant cause avec la même date de priorité surseoit à statuer jusqu'à la date à laquelle le brevet français cesse de produire ses effets aux termes de l'article L. 614-13 ou jusqu'à la date à laquelle la demande de brevet européen est rejetée, retirée ou réputée retirée, ou le brevet européen révoqué.

Si l'action en contrefaçon a été engagée sur la base du seul brevet français, le demandeur peut, à la reprise de l'instance, poursuivre celle-ci en substituant le brevet européen au brevet français pour les faits postérieurs à la date à laquelle le brevet français cesse de produire ses effets et pour les parties communes.

Si une action en contrefaçon est intentée sur la base à la fois d'un brevet français et d'un brevet européen, ni les sanctions pénales ni les réparations civiles ne peuvent se cumuler.

Si l'action a été intentée sur la base de l'un seulement des deux brevets, une nouvelle action sur la base de l'autre brevet, pour les mêmes faits, ne peut être engagée par le même demandeur, à l'égard du même défendeur.

## Article L. 614-16

*Créé par Loi 92-597 1992-07-01 annexe JORF 3 juillet 1992*

Un décret en Conseil d'État déterminera les modalités d'application de la présente section, notamment en ce qui concerne l'application des dispositions de l'article 137-2 de la convention de Munich.

## Article L. 614-17

*Créé par Loi 92-597 1992-07-01 annexe JORF 3 juillet 1992*

La présente section est relative à l'application du traité de coopération en matière de brevets, fait à Washington le 19 juin 1970, ci-après dénommé « Traité de Washington ».

## Article L. 614-18

*Créé par Loi 92-597 1992-07-01 annexe JORF 3 juillet 1992*

Les demandes internationales de protection des inventions formulées par des personnes physiques ou morales ayant leur domicile ou leur siège en France doivent être déposées auprès de l'Institut national de la propriété industrielle lorsque la priorité d'un dépôt antérieur en France n'est pas revendiquée. L'Institut national de la propriété industrielle agit alors en qualité d'office récepteur au sens des articles 2-XV et 10 du traité de Washington.

## Article L. 614-19

*Créé par Loi 92-597 1992-07-01 annexe JORF 3 juillet 1992*

Le ministre chargé de la défense est habilité à prendre connaissance auprès de l'Institut national de la propriété industrielle, à titre confidentiel, des demandes internationales de protection des inventions déposées à cet institut.

## Article L. 614-20

*Créé par Loi 92-597 1992-07-01 annexe JORF 3 juillet 1992*

Les inventions faisant l'objet de demandes internationales déposées à l'Institut national de la propriété industrielle ne peuvent être divulguées et exploitées librement aussi longtemps qu'une autorisation n'a été accordée à cet effet.

Pendant cette période, les demandes ne peuvent être rendues publiques ; aucune copie conforme de la demande ne peut être délivrée, sauf autorisation.

Les autorisations prévues aux premier et deuxième alinéas du présent article sont accordées par le ministre chargé de la propriété industrielle sur avis du ministre de la Défense.

L'autorisation prévue au premier alinéa peut être accordée à tout moment. Sous réserve des dispositions du premier alinéa de l'article L. 614-21, elle est acquise de plein droit au terme d'un délai de cinq mois à compter du dépôt de la demande ou, lorsqu'une priorité a été revendiquée, au terme d'un délai de treize mois à compter de la date de priorité.

## Article L. 614-21

*Modifié par Loi nº 94-102 du 5 février 1994 – art. 30 JORF 8 février 1994*

Avant le terme de l'un ou de l'autre des délais mentionnés au dernier alinéa de l'article L. 614-20, les interdictions prévues audit article peuvent être prorogées, sur réquisition du ministre de la Défense, pour une durée d'un an renouvelable. Dans ce cas, la demande n'est pas transmise au bureau international institué par le traité de Washington. Les interdictions prorogées peuvent être levées à tout moment.

Dans le cas de prorogations des interdictions, les dispositions des deuxième, troisième et quatrième alinéas de l'article L. 612-10 sont applicables.

## Article L. 614-22

*Créé par Loi 92-597 1992-07-01 annexe JORF 3 juillet 1992*

Les dispositions des articles L. 614-19, L. 614-20 et L. 614-21 ne sont pas applicables lorsque, le déposant n'ayant pas son domicile ou son siège en France, l'Institut national de la propriété industrielle agit en tant qu'officier récepteur à la place de l'office national d'un autre État partie au traité de Washington, ou lorsqu'il a été désigné comme office récepteur par l'assemblée de l'union instituée par ledit traité.

## Article L. 614-23

*Créé par Loi 92-597 1992-07-01 annexe JORF 3 juillet 1992*

Un décret en Conseil d'État détermine les modalités d'application des dispositions de la présente section, en ce qui concerne notamment les conditions de réception de la demande internationale, la langue dans laquelle la demande doit être déposée, l'établissement d'une redevance pour services rendus dite taxe de transmission perçue au bénéfice de l'Institut national de la propriété industrielle et la représentation des déposants ayant leur domicile ou leur siège à l'étranger.

## Article L. 614-24

*Créé par Loi 92-597 1992-07-01 annexe JORF 3 juillet 1992*

Lorsqu'une demande internationale de protection des inventions formulée en application du traité de Washington comporte la désignation ou l'élection de la

France, cette demande est considérée comme tendant à l'obtention d'un brevet européen régi par les dispositions de la Convention de Munich.

### Article L. 614-25

*Créé par Loi 92-597 1992-07-01 annexe JORF 3 juillet 1992*

La présente section est relative à l'application de la convention relative au brevet européen pour le marché commun (convention sur le brevet communautaire), fait à Luxembourg le 15 décembre 1975, ci-après dénommée « Convention de Luxembourg ». Elle entrera en vigueur à la même date que la Convention de Luxembourg.

### Article L. 614-26

*Créé par Loi 92-597 1992-07-01 annexe JORF 3 juillet 1992*

Les articles L. 614-7 à L. 614-14 (premier et deuxième alinéas) ne sont pas applicables lorsque la demande de brevet européen désigne un État de la Communauté économique européenne et lorsque le brevet délivré est un brevet communautaire.

### Article L. 614-27

*Créé par Loi 92-597 1992-07-01 annexe JORF 3 juillet 1992*

Dans les trois mois qui suivent la publication des demandes de brevets communautaires et lorsque la langue de la procédure n'est pas le français, l'Institut national de la propriété industrielle assure la traduction et la publicité en français des abrégés prévus à l'article 78, paragraphe 1 e, de la Convention de Munich.

### Article L. 614-28

*Créé par Loi 92-597 1992-07-01 annexe JORF 3 juillet 1992*

Pour l'application, aux demandes de brevet et aux brevets mentionnés à l'article L. 614-26, de l'article L. 614-15 et de l'article L. 615-17, la référence faite par ces articles à l'article L. 614-13 est remplacée par une référence à l'article 80, paragraphe 1, de la Convention de Luxembourg.

### Article L. 614-29

*Créé par Loi 92-597 1992-07-01 annexe JORF 3 juillet 1992*

Un transfert, gage, nantissement ou une concession de droits d'exploitation d'une demande de brevet européen désignant un État de la Communauté économique européenne ou d'un brevet communautaire auquel cette demande a donné lieu emporte de plein droit, pour les parties communes, le même transfert, gage, nantissement ou la même concession de droits d'exploitation de la demande de brevet français ou du brevet français ayant la même date de dépôt ou la même date de priorité, couvrant la même invention et appartenant au même inventeur ou à son ayant cause.

Dans les mêmes conditions, la demande de brevet français ou le brevet français ne peut faire, à peine de nullité, l'objet d'un transfert, gage, nantissement ou d'une concession de droits d'exploitation indépendamment de la demande de brevet européen désignant un État de la communauté économique européenne ou du brevet communautaire auquel cette demande a donné lieu.

Par dérogation à l'article L. 613-20, ce transfert ou cette modification des droits attachés au brevet français ou à la demande de brevet français n'est rendu opposable aux tiers par son inscription au registre national des brevets que dans la mesure où le même transfert, ou la même modification des droits attachés à la demande de brevet européen désignant un État de la communauté économique européenne ou à un brevet communautaire auquel cette demande a donné lieu, a été inscrit, selon le cas, au registre européen des brevets ou au registre des brevets communautaires.

### Article L. 614-30

*Créé par Loi 92-597 1992-07-01 annexe JORF 3 juillet 1992*

Lorsque, par application de l'article 86, paragraphe 1er, de la Convention de Luxembourg, la requête en délivrance du brevet contient une déclaration selon laquelle le demandeur ne désire pas obtenir un brevet communautaire, les dispositions des articles L. 614-26 et L. 614-29 ne sont pas applicables.

Toutefois, dans ce cas, l'article L. 614-13 n'est pas applicable.

### Article L. 614-31

*Créé par Loi 92-597 1992-07-01 annexe JORF 3 juillet 1992*

Les Français peuvent revendiquer l'application à leur profit, en France, des dispositions de la convention internationale pour la protection de la propriété industrielle, signée à Paris, le 20 mars 1883, ainsi que des arrangements, actes additionnels et protocoles de clôture qui ont modifié ou modifieront ladite convention, dans tous les cas où ces dispositions sont plus favorables que la loi française pour protéger les droits dérivant de la propriété industrielle.

Aucune disposition du présent titre ne peut être interprétée comme retirant aux Français un droit qui leur est reconnu à l'alinéa précédent.

## LIVRE VII

## MARQUES DE FABRIQUE, DE COMMERCE OU DE SERVICE ET AUTRES SIGNES DISTINCTIFS

### Article L. 712-11

*Modifié par Loi n° 96-1106 du 18 décembre 1996 – art. 13 JORF 19 décembre 1996*

Sous réserve des dispositions des conventions internationales auxquelles la France est partie, l'étranger qui n'est ni établi ni domicilié sur le territoire national bénéficie des dispositions du présent livre aux conditions qu'il justifie avoir régulièrement déposé la marque ou obtenu son enregistrement dans le pays de son domicile ou de son établissement et que ce pays accorde la réciprocité de la protection aux marques françaises.

### Article L. 712-12

*Modifié par Loi n° 96-1106 du 18 décembre 1996 – art. 14 JORF 19 décembre 1996*

Le droit de priorité prévu à l'article 4 de la convention de Paris pour la protection de la propriété industrielle est étendu à toute marque préalablement déposée dans un pays étranger.

Sous réserve des dispositions des conventions internationales auxquelles la France est partie, le droit de priorité est subordonné à la reconnaissance par ledit pays du même droit lors du dépôt des marques françaises.

# 80 Code de procédure civile



## Article 42

*Modifié par Décret 81-500 1981-05-12 art. 7 JORF 14 mai 1981 rectificatif JORF 21 mai 1981*

La juridiction territorialement compétente est, sauf disposition contraire, celle du lieu où demeure le défendeur.

S'il y a plusieurs défendeurs, le demandeur saisit, à son choix, la juridiction du lieu où demeure l'un d'eux.

Si le défendeur n'a ni domicile ni résidence connus, le demandeur peut saisir la juridiction du lieu où il demeure ou celle de son choix s'il demeure à l'étranger.

**Article 43 –** Le lieu où demeure le défendeur s'entend :

- s'il s'agit d'une personne physique, du lieu où celle-ci a son domicile ou, à défaut, sa résidence,
- s'il s'agit d'une personne morale, du lieu où celle-ci est établie.

**Article 44 –** En matière réelle immobilière, la juridiction du lieu où est situé l'immeuble est seule compétente.

## Article 46

*Modifié par Décret 81-500 1981-05-12 art. 8 JORF 14 mai 1981 rectificatif JORF 21 mai 1981*

Le demandeur peut saisir à son choix, outre la juridiction du lieu où demeure le défendeur :

- en matière contractuelle, la juridiction du lieu de la livraison effective de la chose ou du lieu de l'exécution de la prestation de service;
- en matière délictuelle, la juridiction du lieu du fait dommageable ou celle dans le ressort de laquelle le dommage a été subi;
- en matière mixte, la juridiction du lieu où est situé l'immeuble;
- en matière d'aliments ou de contribution aux charges du mariage, la juridiction du lieu où demeure le créancier.

**Article 48 –** Toute clause qui, directement ou indirectement, déroge aux règles de compétence territoriale est réputée non écrite à moins qu'elle n'ait été convenue entre des personnes ayant toutes contracté en qualité de commerçant et qu'elle n'ait été spécifiée de façon très apparente dans l'engagement de la partie à qui elle est opposée.

**Article 333 –** Le tiers mis en cause est tenu de procéder devant la juridiction saisie de la demande originaire, sans qu'il puisse décliner la compétence territoriale de cette juridiction, même en invoquant une clause attributive de compétence.

**Article 880 –** Le tribunal paritaire de baux ruraux territorialement compétent est celui du lieu de la situation de l'immeuble.

# 81 Code des assurances



## Article L. 181-1

*Modifié par Loi nº 94-5 du 4 janvier 1994 – art. 36 JORF 5 janvier 1994 en vigueur le 1er juillet 1994; Modifié par Loi nº 94-5 du 4 janvier 1994 – art. 7 JORF 5 janvier 1994 en vigueur le 1er juillet 1994*

1° Lorsque le risque est situé au sens de l'article L. 310-4 sur le territoire de la République française et que le souscripteur y a sa résidence principale ou son siège de direction, la loi applicable est la loi française, à l'exclusion de toute autre.

2° Lorsque le risque est situé au sens de l'article L. 310-4 sur le territoire de la République française et que le souscripteur n'y a pas sa résidence principale ou son siège de direction, les parties au contrat d'assurance peuvent choisir d'appliquer soit la loi française, soit la loi du pays où le souscripteur a sa résidence principale ou son siège de direction.

De même, lorsque le souscripteur a sa résidence principale ou son siège de direction sur le territoire de la République française et que le risque n'y est pas situé au sens de l'article L. 310-4, les parties au contrat d'assurance peuvent choisir d'appliquer soit la loi française, soit la loi du pays où le risque est situé.

3° Lorsque le souscripteur exerce une activité commerciale, industrielle ou libérale et que le contrat couvre deux ou plusieurs risques relatifs à ces activités situés sur le territoire de la République française et dans un ou plusieurs autres États membres de l'Espace économique européen, les parties au contrat peuvent choisir la loi d'un des États où ces risques sont situés ou celle du pays où le souscripteur a sa résidence principale ou son siège de direction.

4° Lorsque la garantie des risques situés dans le ou les États mentionnés aux 1°, 2° et 3° ci-dessus est limitée à des sinistres qui peuvent survenir dans un autre État membre de l'Espace économique européen, les parties au contrat d'assurance peuvent choisir la loi de l'État où se produit le sinistre.

5° Pour les grands risques tels qu'ils sont définis à l'article L. 111-6, les parties ont le libre choix de la loi applicable au contrat.

Toutefois, le choix par les parties d'une loi autre que la loi française ne peut, lorsque tous les éléments du contrat sont localisés au moment de ce choix sur le territoire de la République française, faire obstacle à l'application des dispositions législatives et réglementaires auxquelles il ne peut être dérogé par contrat en application de l'article L. 111-2.

### Article L. 181-2

*Créé par Loi n° 89-1014 du 31 décembre 1989 – art. 2 JORF 3 janvier 1990 en vigueur le 1er juillet 1990; Modifié par Loi 92-665 1992-07-16 art. 17 I, II JORF 17 juillet 1992 en vigueur le 20 mai 1993; Modifié par Loi n° 92-665 du 16 juillet 1992 – art. 17 JORF 17 juillet 1992 en vigueur le 20 mai 1993; Modifié par Loi 94-5 1994-01-04 art. 36 I, III JORF 5 janvier 1994 en vigueur le 1er juillet 1994; Modifié par Loi n° 94-5 du 4 janvier 1994 – art. 36 JORF 5 janvier 1994 en vigueur le 1er juillet 1994*

Lorsque les parties ont à exercer le choix de la loi applicable dans l'un des cas visés par l'article L. 181-1, ce choix doit être exprès ou résulter de façon certaine des clauses du contrat ou des circonstances de la cause.

À défaut, le contrat est régi par la loi de celui, parmi les États qui entrent en ligne de compte aux termes de l'article précédent, avec lequel il présente les liens les plus étroits. Il est présumé que le contrat présente les liens les plus étroits avec l'État membre de l'Espace économique européen où le risque est situé. Si une partie du contrat est séparable du reste du contrat et présente un lien plus étroit avec un autre des pays qui entrent en ligne de compte conformément à l'article précédent, il pourra être fait application à cette partie du contrat de la loi de cet autre pays.

### Article L. 181-3

*Modifié par Loi 94-5 1994-01-04 art. 36 I, III JORF 5 janvier 1994 en vigueur le 1er juillet 1994; Modifié par Loi n° 94-5 du 4 janvier 1994 – art. 36 JORF 5 janvier 1994 en vigueur le 1er juillet 1994*

Les articles L. 181-1 et L. 181-2 ne peuvent faire obstacle aux dispositions d'ordre public de la loi française applicables quelle que soit la loi régissant le contrat.

Toutefois, le juge peut donner effet sur le territoire de la République française aux dispositions d'ordre public de la loi de l'État membre de l'Espace économique européen où le risque est situé ou d'un État membre qui impose l'obligation d'assurance, si, selon le droit de ces pays, ces dispositions sont applicables quelle que soit la loi régissant le contrat.

Lorsque le contrat couvre des risques situés dans plusieurs États membres de l'Espace économique européen, le contrat est considéré, pour l'application du présent article, comme constituant plusieurs contrats dont chacun ne se rapporte qu'à un seul État.

### Article L. 181-4

*Créé par Loi n° 89-1014 du 31 décembre 1989 – art. 2 JORF 3 janvier 1990 en vigueur le 1er juillet 1990; Modifié par Loi 92-665 1992-07-16 art. 17 I, II JORF 17 juillet 1992 en vigueur le 20 mai 1993; Modifié par Loi n° 92-665 du 16 juillet 1992 – art. 17 JORF 17 juillet 1992 en vigueur le 20 mai 1993; Modifié par Loi n° 94-5 du 4 janvier 1994 – art. 36 JORF 5 janvier 1994 en vigueur le 1er juillet 1994*

Sous réserve des dispositions des articles L. 181-1 à L. 181-3 et pour le surplus, les règles générales de droit international privé en matière d'obligations contractuelles sont applicables.

## Article L. 182-1

*Créé par Loi n° 89-1014 du 31 décembre 1989 – art. 2 JORF 3 janvier 1990 en vigueur le 1er juillet 1990; Modifié par Loi 92-665 1992-07-16 art. 17 I, III JORF 17 juillet 1992 en vigueur le 20 mai 1993; Modifié par Loi n° 92-665 du 16 juillet 1992 – art. 17 JORF 17 juillet 1992 en vigueur le 20 mai 1993; Modifié par Loi n° 94-5 du 4 janvier 1994 – art. 36 JORF 5 janvier 1994 en vigueur le 1er juillet 1994*

Les contrats destinés à satisfaire à une obligation d'assurance imposée par une loi française sont régis par le droit français.

## Article L. 183-1

*Modifié par Loi 94-5 1994-01-04 art. 7 III, art. 36 I, III JORF 5 janvier 1994 en vigueur le 1er juillet 1994; Modifié par Loi n° 94-5 du 4 janvier 1994 – art. 36 JORF 5 janvier 1994 en vigueur le 1er juillet 1994; Modifié par Loi n° 94-5 du 4 janvier 1994 – art. 7 JORF 5 janvier 1994 en vigueur le 1er juillet 1994*

Lorsque l'engagement est pris, au sens de l'article L. 310-5, sur le territoire de la République française, la loi applicable au contrat est la loi française, à l'exclusion de toute autre.

Toutefois, si le souscripteur est une personne physique et est ressortissant d'un autre État membre de l'Espace économique européen, les parties au contrat d'assurance peuvent choisir d'appliquer soit la loi française soit la loi de l'État dont le souscripteur est ressortissant.

## Article L. 183-2

*Créé par Loi n° 92-665 du 16 juillet 1992 – art. 17 JORF 17 juillet 1992 en vigueur le 20 mai 1993; Modifié par Loi 94-5 1994-01-04 art. 36 I, III JORF 5 janvier 1994 en vigueur le 1er juillet 1994; Modifié par Loi n° 94-5 du 4 janvier 1994 – art. 36 JORF 5 janvier 1994 en vigueur le 1er juillet 1994*

Les dispositions de l'article L. 183-1 ne peuvent faire obstacle aux dispositions d'ordre public de la loi française applicables quelle que soit la loi régissant le contrat.

Toutefois, le juge peut donner effet sur le territoire de la République française aux dispositions d'ordre public de la loi de l'État membre de l'engagement si le droit de cet État prévoit que ces dispositions sont applicables quelle que soit la loi régissant le contrat.

## Article R. 114-1

*Modifié par Décret n° 92-1356 du 22 décembre 1992 – art. 2 JORF 29 décembre 1992*

Dans toutes les instances relatives à la fixation et au règlement des indemnités dues, le défendeur est assigné devant le tribunal du domicile de l'assuré, de quelque espèce d'assurance qu'il s'agisse, sauf en matière d'immeubles ou de meubles par nature, auquel cas le défendeur est assigné devant le tribunal de la situation des objets assurés.

Toutefois, s'il s'agit d'assurances contre les accidents de toute nature, l'assuré peut assigner l'assureur devant le tribunal du lieu où s'est produit le fait dommageable.

# 82 Code du patrimoine

CHAPITRE 2

# Restitution des biens culturels

*Section 1*

## Biens culturels se trouvant en France et sortis illicitement d'un autre État membre de la Communauté européenne

*Sous-section 1 – Champ d'application*

**Article L. 112-1 –** Au sens de la présente section, un bien culturel est considéré comme sorti illicitement du territoire d'un autre État membre de la Communauté européenne lorsque, en violation de la législation de cet État membre en matière de protection des trésors nationaux ou en violation du règlement (CEE) n° 3911/92 du 9 décembre 1992, il en est sorti après le 31 décembre 1992.

**Article L. 112-2**

*Modifié par Loi n° 2004-1343 du 9 décembre 2004 – art. 78 (V) JORF 10 décembre 2004*

Les dispositions de la présente section s'appliquent aux biens culturels qui constituent, en vertu des règles en vigueur dans un autre État membre, des trésors nationaux au sens de l'article 36 devenu l'article 30 du traité instituant la Communauté européenne, que cette qualification leur ait été donnée avant ou après leur sortie illicite du territoire de cet État.

Ces biens doivent en outre :

1° Soit appartenir à l'une des catégories précisées par décret en Conseil d'État;

2° Soit faire partie :

a) Des collections publiques figurant sur les inventaires des musées, des archives et des fonds de conservation des bibliothèques;

b) Ou des inventaires des institutions ecclésiastiques.

*Sous-section 2 – Procédure administrative*

**Article L. 112-3 –** Lorsqu'il peut être présumé qu'un bien culturel se trouvant sur le territoire français relève du champ d'application des articles L. 112-1 et L. 112-2, l'autorité administrative en informe l'État membre intéressé.

**Article L. 112-4 –** Sur demande précise et circonstanciée d'un État membre, l'autorité administrative recherche ou fait rechercher sur le territoire français un bien culturel déterminé relevant du champ d'application des articles L. 112-1 et L. 112-2, ainsi que l'identité du propriétaire, du possesseur ou du détenteur du bien en cause.

*Sous-section 3 – Mesures conservatoires*

**Article L. 112-5 –** Avant même l'introduction de l'action mentionnée à l'article L. 112-6 tendant au retour d'un bien culturel dans un autre État membre, l'autorité administrative peut demander au président du tribunal de grande instance d'ordonner toute mesure conservatoire nécessaire lorsque la conservation matérielle du bien est en cause ou que le bien risque d'être soustrait à la procédure de retour dans l'État d'origine.

Les mesures conservatoires sont notifiées au propriétaire, au possesseur ou au détenteur du bien culturel.

Sans que puissent y faire obstacle les voies ordinaires de recours, les mesures conservatoires cessent de produire effet si l'action judiciaire définie au premier alinéa de l'article L. 112-6 n'a pas été introduite dans le délai d'un an à compter de la date à laquelle l'État membre a eu connaissance du lieu où se trouve le bien culturel et de l'identité de son possesseur ou de son détenteur, que ce soit à la suite de l'information prévue à l'article L. 112-3 ou de la communication par l'autorité administrative du résultat des recherches accomplies conformément à l'article L. 112-4.

Elles cessent également de produire effet si l'État membre requérant, informé conformément à l'article L. 112-3, n'a pas procédé à la vérification de la qualité de trésor national du bien ou n'a pas communiqué les résultats de cette vérification dans un délai de deux mois à compter de la notification des mesures conservatoires.

*Sous-section 4 – Procédure judiciaire*

**Article L. 112-6 –** L'action tendant au retour du bien est introduite par l'État membre requérant auprès du tribunal de grande instance contre la personne qui détient matériellement le bien pour son propre compte ou celle qui le détient pour le compte d'autrui.

Elle est irrecevable si la sortie du territoire de l'État membre requérant n'est plus illicite à la date à laquelle l'action est introduite.

Cette action s'exerce sans préjudice des autres actions, civiles ou pénales, dont disposent, le cas échéant, l'État membre intéressé et le propriétaire.

**Article L. 112-7 –** L'introduction de l'action mentionnée au premier alinéa de l'article L. 112-6, tendant au retour d'un bien culturel sur le territoire d'un État membre, est portée à la connaissance du public par l'autorité administrative.

**Article L. 112-8 du Code du patrimoine –** S'il est établi que le bien culturel relève du champ d'application des articles L. 112-1 et L. 112-2, le tribunal ordonne la remise de celui-ci à l'État membre requérant aux fins d'assurer le retour du bien sur son territoire.

Le tribunal accorde, en tenant compte des circonstances de l'espèce, au possesseur de bonne foi qui a exercé la diligence requise lors de l'acquisition du bien une indemnité équitable destinée à réparer son préjudice et qui est mise à la charge de l'État membre requérant.

En cas de donation ou de succession, le possesseur ne peut bénéficier de droits plus favorables que ceux dont peut se prévaloir la personne qui lui a transmis le bien.

**Article L. 112-9 –** Le retour du bien culturel intervient dès le paiement, par l'État membre requérant, de l'indemnité fixée par décision passée en force de chose jugée en vertu de l'article L. 112-8 ainsi que des frais occasionnés, d'une part, par l'exécution de la décision ordonnant le retour du bien et, d'autre part, par la mise en œuvre des mesures conservatoires mentionnées à l'article L. 112-5.

À défaut du paiement de ces sommes dans un délai de trois ans à compter de la notification de la décision ordonnant le retour, l'État membre requérant est réputé avoir renoncé au bénéfice de cette décision.

**Article L. 112-10**

*Modifié par Loi n° 2004-1343 du 9 décembre 2004 – art. 78 (V) JORF 10 décembre 2004*

L'action tendant au retour d'un bien culturel est prescrite à l'expiration d'un délai d'un an à compter de la date à laquelle l'État membre a eu connaissance du lieu où se trouve ce bien et de l'identité de son propriétaire, de son possesseur ou de son détenteur.

En tout état de cause, l'action se prescrit dans un délai de trente ans à compter de la date à laquelle le bien culturel est sorti illicitement du territoire de l'État membre requérant. Toutefois, l'action se prescrit dans un délai de soixante-quinze ans, ou demeure imprescriptible si la législation de l'État membre requérant le prévoit, pour les biens inventoriés dans les collections publiques, ainsi que pour les biens figurant sur les inventaires des autorités ecclésiastiques, lorsque la loi de l'État membre requérant accorde à ces biens une protection spécifique.

*Section 2*

## Biens culturels se trouvant sur le territoire d'un autre État membre de la Communauté européenne et sortis illicitement du territoire français

*Sous-section 1 – Champ d'application*

**Article L. 112-11 –** Sont considérés comme des biens culturels pour l'application de la présente section :

1° Les biens culturels qui, relevant des catégories définies par décret en Conseil d'État, sont :

a) Soit classés monuments historiques ou archives historiques en application du présent code ;

b) Soit considérés comme trésors nationaux par l'État après avis de la commission prévue à l'article L. 111-4 ;

2° Les biens culturels qui appartiennent à une personne publique et qui :

a) Soit figurent sur les inventaires des collections des musées de France et des autres musées ou des organismes qui remplissent des missions patrimoniales analogues, des archives ou des fonds de conservation des bibliothèques ;

b) Soit sont classés monuments historiques ou archives historiques en application du présent code ;

3° Les biens culturels qui, conservés dans les édifices affectés à l'exercice public d'un culte ou leurs dépendances, quel que soit leur propriétaire, ou dans les édifices utilisés par des communautés religieuses, sont classés monuments ou archives historiques ou sont considérés comme des trésors nationaux par l'État après avis de la commission prévue à l'article L. 111-4 ;

4° Les biens culturels figurant à l'inventaire des collections d'un musée de France relevant d'une personne morale de droit privé sans but lucratif.

**Article L. 112-12 –** Les dispositions de la présente section sont applicables aux biens présentant un intérêt historique, artistique ou archéologique sortis du territoire national après le 31 décembre 1992 :

a) Sans que l'autorisation temporaire de sortie prévue par les dispositions relatives à l'exportation des biens culturels ait été délivrée ou lorsque les conditions de cette autorisation n'ont pas été respectées, s'il s'agit d'un trésor national;

b) Ou sans que le certificat prévu à l'article L. 111-2 ou l'autorisation temporaire de sortie prévue par les dispositions du présent titre ait été accordé ou lorsque les conditions de l'autorisation temporaire de sortie n'ont pas été respectées, lorsqu'il ne s'agit pas d'un trésor national.

*Sous-section 2 – Procédure de retour des biens culturels*

**Article L. 112-13 –** L'autorité administrative :

a) Demande aux autres États membres de rechercher sur leur territoire les biens culturels relevant du champ d'application des articles L. 112-11 et L. 112-12;

b) Indique à l'État membre lui ayant notifié la présence sur son territoire d'un bien culturel présumé être sorti illicitement du territoire français si ce bien entre dans le champ d'application des mêmes articles.

**Article L. 112-14 –** L'action tendant au retour du bien culturel sur le territoire français est introduite par l'État auprès du tribunal compétent de l'État membre sur le territoire duquel se trouve le bien culturel. Cette action s'exerce sans préjudice des autres actions, civiles ou pénales, dont disposent, le cas échéant, l'État et le propriétaire.

**Article L. 112-15 –** L'introduction d'une action tendant au retour d'un bien culturel sur le territoire national est portée à la connaissance du public par l'autorité administrative. Est également portée à la connaissance du public la décision rendue par le tribunal de l'État membre saisi de cette action.

**Article L. 112-16 –** Lorsque le retour du bien culturel est ordonné et qu'une indemnité est allouée au possesseur, ce dernier la reçoit de l'État.

**Article L. 112-17 –** L'État devient dépositaire du bien restitué jusqu'à ce qu'il soit remis à son propriétaire après que, le cas échéant, il a été statué sur la propriété du bien.

L'État peut désigner un autre dépositaire.

Ce bien peut être exposé pendant toute la durée du dépôt.

*Sous-section 3 – Conditions de la restitution des biens*

**Article L. 112-18 –** Le bien culturel dont le retour a été ordonné revient de plein droit à son propriétaire sous réserve que celui-ci ait satisfait aux dispositions de l'article L. 112-19.

**Article L. 112-19 –** Lorsqu'il n'y a pas identité entre le propriétaire du bien et le possesseur indemnisé, l'État demande au propriétaire le remboursement de l'indemnité prévue à l'article L. 112-16 et des frais occasionnés par les mesures conservatoires, par l'exécution de la décision ordonnant la restitution et par le dépôt mentionné à l'article L. 112-17. Il peut accorder une remise de dette.

**Article L. 112-20 –** La propriété du bien culturel est dévolue à l'État lorsque le propriétaire du bien demeure inconnu à l'issue d'un délai de cinq ans à compter de la date à laquelle l'autorité administrative a informé le public de la décision ordonnant le retour du bien.

**Article L. 112-21 –** Lorsque le propriétaire est une personne publique, l'autorité administrative peut exiger, avant de lui restituer le bien, que les mesures nécessaires à la conservation et à la sécurité du bien soient prises. À défaut, après mise en demeure non suivie d'effet dans un délai fixé par décret en Conseil d'État, elle peut décider de placer le bien dans un lieu offrant les garanties nécessaires.

### *Section 3*
### Dispositions diverses

**Article L. 112-22 –** L'administration des douanes peut mettre en œuvre les dispositions des articles 60, 61, 63, 65 et 322 *bis* du code des douanes pour l'application des dispositions de la section 1.

**Article L. 112-23 –** La propriété du bien culturel ayant fait l'objet d'une procédure de retour sur le territoire d'un État membre est régie par la législation de l'État requérant.

**Article L. 112-24 –** L'État est autorisé à recourir à l'arbitrage pour mettre en œuvre la procédure de retour d'un bien culturel à condition que le propriétaire, le possesseur ou le détenteur ait donné son accord.

**Article L. 112-25 –** Un décret en Conseil d'État fixe les conditions d'application du présent chapitre.

# 83 Code du travail



## Article R. 1412-1

*Créé par Décret n° 2008-244 du 7 mars 2008 – art. (V)*

L'employeur et le salarié portent les différends et litiges devant le conseil de prud'hommes territorialement compétent.

Ce conseil est :

1° Soit celui dans le ressort duquel est situé l'établissement où est accompli le travail ;

2° Soit, lorsque le travail est accompli à domicile ou en dehors de toute entreprise ou établissement, celui dans le ressort duquel est situé le domicile du salarié.

Le salarié peut également saisir les conseils de prud'hommes du lieu où l'engagement a été contracté ou celui du lieu où l'employeur est établi.

## Article R. 1412-4

*Créé par Décret n° 2008-244 du 7 mars 2008 – art. (V)*

Toute clause d'un contrat qui déroge directement ou indirectement aux dispositions de l'article R. 1412-1, relatives aux règles de compétence territoriale des conseils de prud'hommes, est réputée non écrite.

## Article R. 1412-5

*Créé par Décret n° 2008-244 du 7 mars 2008 – art. (V)*

Lorsqu'un salarié est temporairement détaché sur le territoire national par une entreprise établie dans un autre État membre de la Communauté européenne, les contestations relatives aux droits reconnus dans les matières énumérées à l'article L. 1262-4 peuvent être portées devant le conseil de prud'hommes dans le ressort duquel la prestation est ou a été exécutée. Lorsque la prestation est ou a été exécutée dans le ressort de plusieurs conseils de prud'hommes, ces contestations sont portées devant l'une quelconque de ces juridictions.

# 84 Décret n° 66-1078 du 31 décembre 1966 sur les contrats d'affrètement et de transport maritimes, articles 54 et 73

## Article 54

*Créé par Décret 66-1078 1966-12-31 JORF 11 janvier 1967 rectificatif JORF 23 avril 1967 en vigueur le 11 avril 1967*

Les actions nées du contrat de transport de marchandises sont portées devant les juridictions compétentes selon les règles du droit commun.

Elles peuvent en outre être portées devant le tribunal du port de chargement ou devant le tribunal du port de déchargement, s'il est situé sur le territoire de la République française.

## Article 73

*Créé par Décret 66-1078 1966-12-31 JORF 11 janvier 1967 rectificatif JORF 23 avril 1967 en vigueur le 11 avril 1967*

Les règles de l'article 54 s'appliquent aux actions nées du contrat de transport de passagers.

Le tribunal compétent aux termes de l'alinéa 2 de cet article est celui du port d'embarquement ou celui du port de débarquement lorsqu'il est situé sur le territoire de la République française.

# Deuxième partie

# LE DROIT DES PERSONNES ET DE LA FAMILLE

SOUS-PARTIE I

# UNION EUROPÉENNE

# I – Règlements

## 85 Règlement (CE) n° 2201/2003 du Conseil du 27 novembre 2003, Bruxelles II *bis*, relatif à la compétence, la reconnaissance et l'exécution des décisions en matière matrimoniale et en matière de responsabilité parentale abrogeant le règlement (CE) n° 1347/2000 (règlement dit Bruxelles II *bis*)

Applicable depuis le 1er mars 2005



*Le Conseil de l'Union européenne,*

Vu le traité instituant la Communauté européenne, et notamment son article 61, point c), et son article 67, paragraphe 1,

Vu la proposition de la Commission (1),

Vu l'avis du Parlement européen (2),

(1) *JO* C 203 E du 27 août 2002, p. 155.

Vu l'avis du Comité économique et social européen (1),

Considérant ce qui suit :

(1) La Communauté européenne s'est donné pour objectif de créer un espace de liberté, de sécurité et de justice au sein duquel est assurée la libre circulation des personnes. À cette fin, la Communauté adopte, notamment, les mesures dans le domaine de la coopération judiciaire en matière civile nécessaires au bon fonctionnement du marché intérieur.

(2) Le Conseil européen de Tampere a approuvé le principe de la reconnaissance mutuelle des décisions judiciaires comme pierre angulaire de la création d'un véritable espace judiciaire, et a identifié le droit de visite comme une priorité.

(3) Le règlement (CE) n° 1347/2000 du Conseil du 29 mai 2000 (2) établit les règles régissant la compétence, la reconnaissance et l'exécution des décisions en matière matrimoniale et en matière de responsabilité parentale des enfants communs, rendues à l'occasion d'actions matrimoniales. Le contenu dudit règlement était largement repris de la convention du 28 mai 1998 ayant le même objet (3).

(4) Le 3 juillet 2000, la France a présenté une initiative en vue de l'adoption d'un règlement du Conseil relatif à l'exécution mutuelle des décisions concernant le droit de visite des enfants (4).

(5) En vue de garantir l'égalité de tous enfants, le présent règlement couvre toutes les décisions en matière de responsabilité parentale, y compris les mesures de protection de l'enfant, indépendamment de tout lien avec une procédure matrimoniale.

(6) Dès lors que l'application des règles en matière de responsabilité parentale intervient souvent dans le cadre d'actions matrimoniales, il est plus approprié d'avoir un seul instrument en matière de divorce et en matière de responsabilité parentale.

(7) Le champ d'application du présent règlement couvre les matières civiles, quelle que soit la nature de la juridiction.

(8) En ce qui concerne les décisions de divorce, de séparation de corps ou d'annulation du mariage, le présent règlement ne devrait s'appliquer qu'à la dissolution du lien matrimonial et ne devrait pas concerner des questions telles que les causes de divorce, les effets patrimoniaux du mariage ou autres mesures accessoires éventuelles.

(9) En ce qui concerne les biens de l'enfant, le présent règlement ne devrait s'appliquer qu'aux mesures de protection de l'enfant, c'est-à-dire : i) à la désignation et aux fonctions d'une personne ou d'un organisme chargé de gérer les biens de l'enfant, de le représenter et de l'assister et ii) aux mesures relatives à l'administration, à la conservation ou à la disposition des biens de l'enfant. Dans ce contexte et à titre d'exemple, le présent règlement devrait s'appliquer aux cas dans lesquels les parents sont en litige au sujet de l'administration des biens de l'enfant. Les mesures relatives aux biens de l'enfant qui ne concernent pas la protection de l'enfant devraient continuer à être régies par règlement (CE) n° 44/2001 du Conseil du

---

(2) Avis rendu le 20 sept. 2002.

(1) *JO* C 61 du 14 mars 2003, p. 76.

(2) *JO* L 160 du 30 juin 2000, p. 19.

(3) Lors de l'adoption du règlement (CE) n° 1347/2000, le Conseil avait pris acte du rapport explicatif relatif à la convention élaboré par madame le professeur Alegria Borras (*JO* C 221 du 16 juillet 1998, p. 27).

(4) (6) *JO* C 234 du 15 août 2000, p. 7.

22 décembre 2000 concernant la compétence judiciaire, la reconnaissance et l'exécution des décisions en matière civile et commerciale (1).

(10) Le présent règlement n'a pas vocation à s'appliquer à des matières telles que celles relatives à la sécurité sociale, aux mesures de droit public à caractère général en matière d'éducation et de santé, ni aux décisions relatives au droit d'asile et à l'immigration. En outre, il ne s'applique ni à l'établissement de la filiation qui est une question distincte de l'attribution de la responsabilité parentale, ni aux autres questions liées à l'état des personnes. Il ne s'applique pas non plus aux mesures prises à la suite d'infractions pénales commises par des enfants.

(11) Les obligations alimentaires sont exclues du champ d'application du présent règlement car elles sont déjà régies par le règlement (CE) n° 44/2001. Les juridictions compétentes en vertu du présent règlement seront généralement compétentes pour statuer en matière d'obligations alimentaires par application de l'article 5, paragraphe 2, du règlement (CE) n° 44/2001.

(12) Les règles de compétence établies par le présent règlement en matière de responsabilité parentale sont conçues en fonction de l'intérêt supérieur de l'enfant et en particulier du critère de proximité. Ce sont donc en premier lieu les juridictions de l'État membre dans lequel l'enfant a sa résidence habituelle qui devraient être compétentes, sauf dans certains cas de changement de résidence de l'enfant ou suite à un accord conclu entre les titulaires de la responsabilité parentale.

(13) Dans l'intérêt de l'enfant, le présent règlement permet à la juridiction compétente, à titre exceptionnel et dans certaines conditions, de renvoyer l'affaire à la juridiction d'un autre État membre si celle-ci est mieux placée pour connaître de l'affaire. Toutefois, dans ce cas, la juridiction deuxième saisie ne devrait pas être autorisée à renvoyer l'affaire à une troisième juridiction.

(14) Les effets du présent règlement ne devraient pas porter préjudice à l'application du droit international public en matière d'immunités diplomatiques. Si la juridiction compétente sur base du présent règlement ne peut exercer sa compétence en raison de l'existence d'une immunité diplomatique conforme au droit international, la compétence devrait être déterminée dans l'État membre dans lequel la personne concernée ne bénéficie d'aucune immunité, conformément à la loi de cet État.

(15) Le règlement (CE) n° 1348/2000 du Conseil du 29 mai 2000 relatif à la signification et à la notification dans les États membres des actes judiciaires et extrajudiciaires en matière civile et commerciale (2) est d'application pour la signification et la notification des actes dans le cadre d'une action judiciaire intentée en vertu du présent règlement.

(16) Le présent règlement ne fait pas obstacle à ce que les juridictions d'un État membre adoptent, en cas d'urgence, des mesures provisoires ou conservatoires relatives aux personnes ou aux biens présents dans cet État.

(17) En cas de déplacement ou de non-retour illicite d'un enfant, son retour devrait être obtenu sans délai et à ces fins la convention de La Haye du 25 octobre 1980 devrait continuer à s'appliquer telle que complétée par les dispositions de ce règlement et en particulier de l'article 11. Les juridictions de l'État membre dans lequel l'enfant a été déplacé ou retenu illicitement devraient être en mesure de

(1) *JO* L 12 du 16 janv. 2001, p. 1. Règlement modifié en dernier lieu par le règlement (CE) n° 1496/2002 de la Commission (*JO* L 225 du 22 août 2002, p. 13).

(2) *JO* L 160 du 30 juin 2000, p. 37.

s'opposer à son retour dans des cas précis, dûment justifiés. Toutefois, une telle décision devrait pouvoir être remplacée par une décision ultérieure de la juridiction de l'État membre de la résidence habituelle de l'enfant avant son déplacement ou non-retour illicites. Si cette décision implique le retour de l'enfant, le retour devrait être effectué sans qu'il soit nécessaire de recourir à aucune procédure pour la reconnaissance et l'exécution de ladite décision dans l'État membre où se trouve l'enfant enlevé.

(18) En cas de décision de non-retour rendue en vertu de l'article 13, de la convention de La Haye de 1980, la juridiction devrait en informer la juridiction compétente ou l'autorité centrale de l'État membre dans lequel l'enfant avait sa résidence habituelle avant son déplacement ou son non-retour illicites. Cette juridiction, si elle n'a pas encore été saisie, ou l'autorité centrale, devrait adresser une notification aux parties. Cette obligation ne devrait pas empêcher l'autorité centrale d'adresser également une notification aux autorités publiques concernées conformément au droit national.

(19) L'audition de l'enfant joue un rôle important dans l'application du présent règlement sans que cet instrument ait pour objet de modifier les procédures nationales applicables en la matière.

(20) L'audition d'un enfant dans un autre État membre peut être effectuée selon les modalités prévues par le règlement (CE) n° 1206/2001 du Conseil du 28 mai 2001 relatif à la coopération entre les juridictions des États membres dans le domaine de l'obtention des preuves en matière civile ou commerciale (1).

(21) La reconnaissance et l'exécution des décisions rendues dans un État membre devraient reposer sur le principe de la confiance mutuelle et les motifs de non-reconnaissance devraient être réduits au minimum nécessaire.

(22) Les actes authentiques et les accords entre parties qui sont exécutoires dans un État membre devraient être assimilés à des « décisions » aux fins de l'application des règles de reconnaissance et d'exécution.

(23) Le Conseil européen de Tampere a estimé en ses conclusions (point 34) que les décisions rendues dans les litiges relevant du droit familial devaient être « automatiquement reconnues dans l'ensemble de l'Union sans procédure intermédiaire ni motifs de refus d'exécution ». C'est pourquoi les décisions concernant le droit de visite et celles concernant le retour de l'enfant, qui ont été certifiées dans l'État membre d'origine conformément aux dispositions du présent règlement, devraient être reconnues et jouissent de la force exécutoire dans tous les autres États membres sans qu'aucune autre procédure ne soit requise. Les modalités relatives à l'exécution de ces décisions restent régies par le droit national.

(24) Le certificat délivré aux fins de faciliter l'exécution de la décision ne devrait être susceptible d'aucun recours. Il ne devrait donner lieu à une action en rectification qu'en cas d'erreur matérielle, c'est-à-dire si le certificat ne reflète pas correctement le contenu de la décision.

(25) Les autorités centrales devraient coopérer tant de manière générale que dans les cas particuliers, y compris en vue de favoriser le règlement à l'amiable des conflits familiaux en matière de responsabilité parentale. À cet effet, les autorités centrales participent au réseau judiciaire européen en matière civile et commerciale

(1) *JO* L 174 du 27 juin 2001, p. 1.

créé par la décision 2001/470/CE du Conseil du 28 mai 2001 relative à la création d'un réseau judiciaire européen en matière civile et commerciale (1).

(26) La Commission devrait rendre publiques et mettre à jour les listes de juridictions et de voies de recours transmises par les États membres.

(27) Il y a lieu d'arrêter les mesures nécessaires à la mise en œuvre du présent règlement en conformité avec la décision 1999/468/CE du Conseil du 28 juin 1999 fixant les modalités de l'exercice des compétences d'exécution conférées à la Commission (2).

(28) Le présent règlement remplace le règlement (CE) n$^{o}$ 1347/2000 qui est par conséquent abrogé.

(29) Il importe, en vue du bon fonctionnement du présent règlement, que la Commission en examine l'application en vue de proposer, le cas échéant, les modifications nécessaires.

(30) Le Royaume-Uni et l'Irlande, en vertu de l'article 3 du protocole sur la position du Royaume-Uni et de l'Irlande annexé au traité sur l'Union européenne et au traité instituant la Communauté européenne, ont notifié leur souhait de participer à l'adoption et à l'application du présent règlement.

(31) Le Danemark, conformément aux articles 1$^{er}$ et 2 du protocole sur la position du Danemark annexé au traité sur l'Union européenne et au traité instituant la Communauté européenne, ne participe pas à l'adoption du présent règlement et n'est donc pas lié par celui-ci ni soumis à son application.

(32) Étant entendu que les objectifs du présent règlement ne peuvent pas être réalisés de manière suffisante par les États membres et peuvent donc être mieux réalisés au niveau communautaire, la Communauté peut prendre des mesures conformément au principe de subsidiarité consacré à l'article 5 du traité. Conformément au principe de proportionnalité, tel qu'énoncé audit article, le présent règlement n'excède pas ce qui est nécessaire pour atteindre ces objectifs.

(33) Le présent règlement reconnaît les droits fondamentaux et observe les principes consacrés par la charte des droits fondamentaux de l'Union européenne. Il veille notamment à assurer le respect des droits fondamentaux de l'enfant tels qu'énoncés à l'article 24 de la charte des droits fondamentaux de l'Union européenne,

*A arrêté le présent règlement :*

## CHAPITRE PREMIER
## Champ d'application et définitions

### Article premier – Champ d'application

1. Le présent règlement s'applique, quelle que soit la nature de la juridiction, aux matières civiles relatives :

a) au divorce, à la séparation de corps et à l'annulation du mariage des époux ;

b) à l'attribution, à l'exercice, à la délégation, au retrait total ou partiel de la responsabilité parentale.

---

(1) *JO* L 174 du 27 juin 2001, p. 25.
(2) *JO* L 184 du 17 juill. 1999, p. 23.

2. Les matières visées au paragraphe 1, point b, concernent notamment :

a) le droit de garde et le droit de visite ;

b) la tutelle, la curatelle, et les institutions analogues ;

c) la désignation et les fonctions de toute personne ou organisme chargé de s'occuper de la personne ou des biens de l'enfant, de le représenter ou de l'assister ;

d) le placement de l'enfant dans une famille d'accueil ou dans un établissement ;

e) les mesures de protection de l'enfant liées à l'administration, à la conservation ou à la disposition de ses biens.

3. Le présent règlement ne s'applique pas :

a) à l'établissement et la contestation de la filiation ;

b) à la décision sur l'adoption et les mesures qui la préparent, ainsi que l'annulation et la révocation de l'adoption ;

c) aux noms et prénoms de l'enfant ;

d) à l'émancipation ;

e) aux obligations alimentaires ;

f) aux trusts et successions ;

g) aux mesures prises à la suite d'infractions pénales commises par des enfants.

## Article 2 – Définitions

Aux fins du présent règlement en entend par :

1) « juridiction » toutes les autorités compétentes des États membres dans les matières relevant du champ d'application du présent règlement en vertu de l'article 1er ;

2) « juge » le juge ou le titulaire de compétences équivalentes à celles du juge dans les matières relevant du champ d'application du présent règlement ;

3) « État membre » tous les États membres à l'exception du Danemark ;

4) « décision » toute décision de divorce, de séparation de corps ou d'annulation d'un mariage, ainsi que toute décision concernant la responsabilité parentale rendue par une juridiction d'un État membre, quelle que soit la dénomination de la décision, y compris les termes « arrêt », « jugement » ou « ordonnance » ;

5) « État membre d'origine » l'État membre dans lequel a été rendue la décision à exécuter ;

6) « État membre d'exécution » l'État membre dans lequel est demandée l'exécution de la décision ;

7) « responsabilité parentale » l'ensemble des droits et obligations conférés à une personne physique ou une personne morale sur la base d'une décision judiciaire, d'une attribution de plein droit ou d'un accord en vigueur, à l'égard de la personne ou des biens d'un enfant. Il comprend notamment le droit de garde et le droit de visite ;

8) « titulaire de la responsabilité parentale » toute personne exerçant la responsabilité parentale à l'égard d'un enfant ;

9) « droit de garde » les droits et obligations portant sur les soins de la personne d'un enfant, et en particulier le droit de décider de son lieu de résidence ;

10) « droit de visite » notamment le droit d'emmener l'enfant pour une période limitée dans un lieu autre que celui de sa résidence habituelle ;

11) « déplacement ou non-retour illicites d'un enfant » le déplacement ou le non-retour d'un enfant lorsque :

a) il a eu lieu en violation d'un droit de garde résultant d'une décision judiciaire, d'une attribution de plein droit ou d'un accord en vigueur en vertu du droit de l'État membre dans lequel l'enfant avait sa résidence habituelle immédiatement avant son déplacement ou son non-retour

et

b) sous réserve que le droit de garde était exercé effectivement, seul ou conjointement, au moment du déplacement ou du non-retour, ou l'eût été si de tels événements n'étaient survenus. La garde est considérée comme étant exercée conjointement lorsque l'un des titulaires de la responsabilité parentale ne peut, conformément à une décision ou par attribution de plein droit, décider du lieu de résidence de l'enfant sans le consentement d'un autre titulaire de la responsabilité parentale.

CHAPITRE II

# Compétence

*Section 1*

## Divorce, séparation de corps et annulation du mariage

### Article 3 – Compétence générale

1. Sont compétentes pour statuer sur les questions relatives au divorce, à la séparation de corps et à l'annulation du mariage des époux, les juridictions de l'État membre :

a) sur le territoire duquel se trouve :

– la résidence habituelle des époux, ou
– la dernière résidence habituelle des époux dans la mesure où l'un d'eux y réside encore, ou
– la résidence habituelle du défendeur, ou
– en cas de demande conjointe, la résidence habituelle de l'un ou l'autre époux, ou
– la résidence habituelle du demandeur s'il y a résidé depuis au moins une année immédiatement avant l'introduction de la demande, ou
– la résidence habituelle du demandeur s'il y a résidé depuis au moins six mois immédiatement avant l'introduction de la demande et s'il est soit ressortissant de l'État membre en question, soit, dans le cas du Royaume-Uni et de l'Irlande, s'il y a son « domicile » ;

b) de la nationalité des deux époux ou, dans le cas du Royaume-Uni et de l'Irlande, du « domicile » commun.

2. Aux fins du présent règlement, le terme « domicile » s'entend au sens des systèmes juridiques du Royaume-Uni et de l'Irlande.

### Article 4 – Demande reconventionnelle

La juridiction devant laquelle la procédure est pendante en vertu de l'article 3 est également compétente pour examiner la demande reconventionnelle, dans la mesure où celle-ci entre dans le champ d'application du présent règlement.

### Article 5 – Conversion de la séparation de corps en divorce

Sans préjudice de l'article 3, la juridiction de l'État membre qui a rendu une décision sur la séparation de corps est également compétente pour convertir cette décision en divorce, si la loi de cet État membre le prévoit.

### Article 6 – Caractère exclusif des compétences définies aux articles 3, 4 et 5

Un époux qui :

a) a sa résidence habituelle sur le territoire d'un État membre, ou

b) est ressortissant d'un État membre ou, dans le cas du Royaume-Uni et de l'Irlande, a son « domicile » sur le territoire de l'un de ces États membres,

ne peut être attrait devant les juridictions d'un autre État membre qu'en vertu des articles 3, 4 et 5.

### Article 7 – Compétences résiduelles

1. Lorsqu'aucune juridiction d'un État membre n'est compétente en vertu des articles 3, 4 et 5, la compétence est, dans chaque État membre, réglée par la loi de cet État.

2. Tout ressortissant d'un État membre qui a sa résidence habituelle sur le territoire d'un autre État membre peut, comme les nationaux de cet État, y invoquer les règles de compétence applicables dans cet État contre un défendeur qui n'a pas sa résidence habituelle dans un État membre et qui ou bien n'a pas la nationalité d'un État membre ou, dans le cas du Royaume-Uni et de l'Irlande, n'a pas son « domicile » sur le territoire de l'un de ces États membres.

## *Section 2*
## Responsabilité parentale

### Article 8 – Compétence générale

1. Les juridictions d'un État membre sont compétentes en matière de responsabilité parentale à l'égard d'un enfant qui réside habituellement dans cet État membre au moment où la juridiction est saisie.

2. Le paragraphe 1 s'applique sous réserve des dispositions des articles 9, 10 et 12.

### Article 9 – Maintien de la compétence de l'ancienne résidence habituelle de l'enfant

1. Lorsqu'un enfant déménage légalement d'un État membre dans un autre et y acquiert une nouvelle résidence habituelle, les juridictions de l'État membre de l'ancienne résidence habituelle de l'enfant gardent leur compétence, par dérogation à l'article 8, durant une période de trois mois suivant le déménagement, pour modifier une décision concernant le droit de visite rendue dans cet État membre avant que l'enfant ait déménagé, lorsque le titulaire du droit de visite en vertu de la décision concernant le droit de visite continue à résider habituellement dans l'État membre de l'ancienne résidence habituelle de l'enfant.

2. Le paragraphe 1 ne s'applique pas si le titulaire du droit de visite visé au paragraphe 1 a accepté la compétence des juridictions de l'État membre de la nouvelle résidence habituelle de l'enfant en participant à une procédure devant ces juridictions sans en contester la compétence

### Article 10 – Compétence en cas d'enlèvement d'enfant

En cas de déplacement ou de non-retour illicites d'un enfant, les juridictions de l'État membre dans lequel l'enfant avait sa résidence habituelle immédiatement avant son déplacement ou son non-retour illicites conservent leur compétence jusqu'au moment où l'enfant a acquis une résidence habituelle dans un autre État membre et que

a) toute personne, institution ou autre organisme ayant le droit de garde a acquiescé au déplacement ou au non-retour

ou

b) l'enfant a résidé dans cet autre État membre pendant une période d'au moins un an après que la personne, l'institution ou tout autre organisme ayant le droit de garde a eu ou aurait dû avoir connaissance du lieu où se trouvait l'enfant, que l'enfant s'est intégré dans son nouvel environnement et que l'une au moins des conditions suivantes est remplie :

i) dans un délai d'un an après que le titulaire d'un droit de garde a eu ou aurait dû avoir connaissance du lieu où se trouvait l'enfant, aucune demande de retour n'a été faite auprès des autorités compétentes de l'État membre où l'enfant a été déplacé ou est retenu;

ii) une demande de retour présentée par le titulaire d'un droit de garde a été retirée et aucune nouvelle demande n'a été présentée dans le délai fixé au point i);

iii) une affaire portée devant une juridiction de l'État membre dans lequel l'enfant avait sa résidence habituelle immédiatement avant son déplacement ou son non-retour illicites a été close en application de l'article 11, paragraphe 7;

iv) une décision de garde n'impliquant pas le retour de l'enfant a été rendue par les juridictions de l'État membre dans lequel l'enfant avait sa résidence habituelle immédiatement avant son déplacement ou son non-retour illicites.

## Article 11 – Retour de l'enfant

1. Lorsqu'une personne, institution ou tout autre organisme ayant le droit de garde demande aux autorités compétentes d'un État membre de rendre une décision sur la base de la convention de La Haye du 25 octobre 1980 sur les aspects civils de l'enlèvement international d'enfants (ci-après « la convention de La Haye de 1980 ») en vue d'obtenir le retour d'un enfant qui a été déplacé ou retenu illicitement dans un État membre autre que l'État membre dans lequel l'enfant avait sa résidence habituelle immédiatement avant son déplacement ou son non-retour illicites, les paragraphes 2 à 8 sont d'application.

2. Lors de l'application des articles 12 et 13 de la convention de La Haye de 1980, il y a lieu de veiller à ce que l'enfant ait la possibilité d'être entendu au cours de la procédure, à moins que cela n'apparaisse inapproprié eu égard à son âge ou à son degré de maturité.

3. Une juridiction saisie d'une demande de retour d'un enfant visée au paragraphe 1 agit rapidement dans le cadre de la procédure relative à la demande, en utilisant les procédures les plus rapides prévues par le droit national.

Sans préjudice du premier alinéa, la juridiction rend sa décision, sauf si cela s'avère impossible en raison de circonstances exceptionnelles, six semaines au plus tard après sa saisine.

4. Une juridiction ne peut pas refuser le retour de l'enfant en vertu de l'article 13, point b), de la convention de La Haye de 1980 s'il est établi que des dispositions adéquates ont été prises pour assurer la protection de l'enfant après son retour.

5. Une juridiction ne peut refuser le retour de l'enfant si la personne qui a demandé le retour de l'enfant n'a pas eu la possibilité d'être entendue.

6. Si une juridiction a rendu une décision de non-retour en vertu de l'article 13 de la convention de La Haye de 1980, cette juridiction doit immédiatement, soit direc-

tement soit par l'intermédiaire de son autorité centrale, transmettre une copie de la décision judiciaire de non-retour et des documents pertinents, en particulier un compte rendu des audiences, à la juridiction compétente ou à l'autorité centrale de l'État membre dans lequel l'enfant avait sa résidence habituelle immédiatement avant son déplacement ou son non-retour illicites, conformément à ce que prévoit le droit national. La juridiction doit recevoir tous les documents mentionnés dans un délai d'un mois à compter de la date de la décision de non-retour.

7. À moins que les juridictions de l'État membre dans lequel l'enfant avait sa résidence habituelle immédiatement avant son déplacement ou son non-retour illicites aient déjà été saisies par l'une des parties, la juridiction ou l'autorité centrale qui reçoit l'information visée au paragraphe 6 doit la notifier aux parties et les inviter à présenter des observations à la juridiction, conformément aux dispositions du droit national, dans un délai de trois mois à compter de la date de la notification, afin que la juridiction examine la question de la garde de l'enfant.

Sans préjudice des règles en matière de compétence prévues dans le présent règlement, la juridiction clôt l'affaire si elle n'a reçu dans le délai prévu aucune observation.

8. Nonobstant une décision de non-retour rendue en application de l'article 13 de la convention de La Haye de 1980, toute décision ultérieure ordonnant le retour de l'enfant rendue par une juridiction compétente en vertu du présent règlement est exécutoire conformément au chapitre III, section 4, en vue d'assurer le retour de l'enfant.

### Article 12 – Prorogation de compétence

1. Les juridictions de l'État membre où la compétence est exercée en vertu de l'article 3 pour statuer sur une demande en divorce, en séparation de corps ou en annulation du mariage des époux sont compétentes pour toute question relative à la responsabilité parentale liée à cette demande lorsque

a) au moins l'un des époux exerce la responsabilité parentale à l'égard de l'enfant et

b) la compétence de ces juridictions a été acceptée expressément ou de toute autre manière non équivoque par les époux et par les titulaires de la responsabilité parentale, à la date à laquelle la juridiction est saisie, et qu'elle est dans l'intérêt supérieur de l'enfant.

2. La compétence exercée conformément au paragraphe 1 prend fin dès que

a) soit la décision faisant droit à la demande en divorce, en séparation de corps ou en annulation du mariage ou la rejetant est passée en force de chose jugée ;

b) soit, dans le cas où une procédure relative à la responsabilité parentale est encore en instance à la date visée au point a), dès qu'une décision relative à la responsabilité parentale est passée en force de chose jugée ;

c) soit, dans les cas visés aux points a) et b), dès qu'il a été mis fin à la procédure pour une autre raison.

3. Les juridictions d'un État membre sont également compétentes en matière de responsabilité parentale dans des procédures autres que celles visées au paragraphe 1 lorsque

a) l'enfant a un lien étroit avec cet État membre du fait, en particulier, que l'un des titulaires de la responsabilité parentale y a sa résidence habituelle ou que l'enfant est ressortissant de cet État membre

et

b) leur compétence a été acceptée expressément ou de toute autre manière non équivoque par toutes les parties à la procédure à la date à laquelle la juridiction est saisie et la compétence est dans l'intérêt supérieur de l'enfant.

4. Lorsque l'enfant a sa résidence habituelle sur le territoire d'un État tiers, qui n'est pas partie contractante à la convention de La Haye du 19 octobre 1996 concernant la compétence, la loi applicable, la reconnaissance, l'exécution et la coopération en matière de responsabilité parentale et de mesures de protection des enfants, la compétence fondée sur le présent article est présumée être dans l'intérêt de l'enfant notamment lorsqu'une procédure s'avère impossible dans l'État tiers concerné.

### Article 13 – Compétence fondée sur la présence de l'enfant

1. Lorsque la résidence habituelle de l'enfant ne peut être établie et que la compétence ne peut être déterminée sur base de l'article 12, les juridictions de l'État membre dans lequel l'enfant est présent sont compétentes.

2. Le paragraphe 1 s'applique également aux enfants réfugiés ainsi qu'aux enfants qui, par suite de troubles prévalant dans leur pays, sont internationalement déplacés.

### Article 14 – Compétences résiduelles

Lorsqu'aucune juridiction d'un État membre n'est compétente en vertu des articles 8 à 13, la compétence est, dans chaque État membre, réglée par la loi de cet État.

### Article 15 – Renvoi à une juridiction mieux placée pour connaître de l'affaire

1. À titre d'exception, les juridictions d'un État membre compétentes pour connaître du fond peuvent, si elles estiment qu'une juridiction d'un autre État membre avec lequel l'enfant a un lien particulier est mieux placée pour connaître de l'affaire, ou une partie spécifique de l'affaire, et lorsque cela sert l'intérêt supérieur de l'enfant :

a) surseoir à statuer sur l'affaire ou sur la partie en question et inviter les parties à saisir d'une demande la juridiction de cet autre État membre conformément au paragraphe 4, ou

b) demander à la juridiction d'un autre État membre d'exercer sa compétence conformément au paragraphe 5.

2. Le paragraphe 1 est applicable

a) sur requête de l'une des parties ou

b) à l'initiative de la juridiction ou

c) à la demande de la juridiction d'un autre État membre avec lequel l'enfant a un lien particulier, conformément au paragraphe 3.

Le renvoi ne peut cependant être effectué à l'initiative de la juridiction ou à la demande de la juridiction d'un autre État membre que s'il est accepté par l'une des parties au moins.

3. Il est considéré que l'enfant a un lien particulier avec un État membre, au sens du paragraphe 1, si

a) après la saisine de la juridiction visée au paragraphe 1, l'enfant a acquis sa résidence habituelle dans cet État membre, ou

b) l'enfant a résidé de manière habituelle dans cet État membre, ou

c) l'enfant est ressortissant de cet État membre, ou

d) l'un des titulaires de la responsabilité parentale a sa résidence habituelle dans cet État membre, ou

e) le litige porte sur les mesures de protection de l'enfant liées à l'administration, à la conservation ou à la disposition de biens détenus par l'enfant et qui se trouvent sur le territoire de cet État membre.

4. La juridiction de l'État membre compétente pour connaître du fond impartit un délai durant lequel les juridictions de l'autre État membre doivent être saisies conformément au paragraphe 1.

Si les juridictions ne sont pas saisies durant ce délai, la juridiction saisie continue d'exercer sa compétence conformément aux articles 8 à 14.

5. Les juridictions de cet autre État membre peuvent, lorsque, en raison des circonstances spécifiques de l'affaire, cela est dans l'intérêt supérieur de l'enfant, se déclarer compétentes dans un délai de six semaines à compter de la date à laquelle elles ont été saisies sur base du paragraphe 1, point a) ou b). Dans ce cas, la juridiction première saisie décline sa compétence. Dans le cas contraire, la juridiction première saisie continue d'exercer sa compétence conformément aux articles 8 à 14.

6. Les juridictions coopèrent aux fins du présent article, par voie directe ou par l'intermédiaire des autorités centrales désignées conformément à l'article 53.

*Section 3*

## Dispositions communes

### Article 16 – Saisine d'une juridiction

1. Une juridiction est réputée saisie :

a) à la date à laquelle l'acte introductif d'instance ou un acte équivalent est déposé auprès de la juridiction, à condition que le demandeur n'ait pas négligé par la suite de prendre les mesures qu'il était tenu de prendre pour que l'acte soit notifié ou signifié au défendeur;

ou

b) si l'acte doit être notifié ou signifié avant d'être déposé auprès de la juridiction, à la date à laquelle il est reçu par l'autorité chargée de la notification ou de la signification, à condition que le demandeur n'ait pas négligé par la suite de prendre les mesures qu'il était tenu de prendre pour que l'acte soit déposé auprès de la juridiction.

### Article 17 – Vérification de la compétence

La juridiction d'un État membre saisie d'une affaire pour laquelle sa compétence n'est pas fondée aux termes du présent règlement et pour laquelle une juridiction d'un autre État membre est compétente en vertu du présent règlement se déclare d'office incompétente.

### Article 18 – Vérification de la recevabilité

1. Lorsque le défendeur qui a sa résidence habituelle dans un État autre que l'État membre où l'action a été intentée ne comparaît pas, la juridiction compétente est tenue de surseoir à statuer aussi longtemps qu'il n'est pas établi que ce défendeur a été mis à même de recevoir l'acte introductif d'instance ou un acte équivalent en temps utile afin de pourvoir à sa défense ou que toute diligence a été faite à cette fin.

2. L'article 19 du règlement (CE) n° 1348/2000 s'applique en lieu et place des dispositions du paragraphe 1 du présent article si l'acte introductif d'instance ou un

acte équivalent a dû être transmis d'un État membre à un autre en exécution dudit règlement.

3. Lorsque les dispositions du règlement (CE) n° 1348/2000 ne sont pas applicables, l'article 15 de la convention de La Haye du 15 novembre 1965 relative à la signification et à la notification à l'étranger des actes judiciaires et extrajudiciaires en matière civile ou commerciale s'applique si l'acte introductif d'instance ou un acte équivalent a dû être transmis à l'étranger en exécution de ladite convention.

### Article 19 – Litispendance et actions dépendantes

1. Lorsque des demandes en divorce, en séparation de corps ou en annulation du mariage sont formées entre les mêmes parties devant des juridictions d'États membres différents, la juridiction saisie en second lieu sursoit d'office à statuer jusqu'à ce que la compétence de la juridiction première saisie soit établie.

2. Lorsque des actions relatives à la responsabilité parentale à l'égard d'un enfant, ayant le même objet et la même cause, sont introduites auprès de juridictions d'États membres différents, la juridiction saisie en second lieu sursoit d'office à statuer jusqu'à ce que la compétence de la juridiction première saisie soit établie.

3. Lorsque la compétence de la juridiction première saisie est établie, la juridiction saisie en second lieu se dessaisit en faveur de celle-ci.

Dans ce cas, la partie ayant introduit l'action auprès de la juridiction saisie en second lieu peut porter cette action devant la juridiction première saisie.

### Article 20 – Mesures provisoires et conservatoires

1. En cas d'urgence, les dispositions du présent règlement n'empêchent pas les juridictions d'un État membre de prendre des mesures provisoires ou conservatoires relatives aux personnes ou aux biens présents dans cet État, prévues par la loi de cet État membre même si, en vertu du présent règlement, une juridiction d'un autre État membre est compétente pour connaître du fond.

2. Les mesures prises en exécution du paragraphe 1 cessent d'avoir effet lorsque la juridiction de l'État membre compétente en vertu du présent règlement pour connaître du fond a pris les mesures qu'elle estime appropriées.

CHAPITRE III

## Reconnaissance et exécution

*Section 1*

## Reconnaissance

### Article 21 – Reconnaissance d'une décision

1. Les décisions rendues dans un État membre sont reconnues dans les autres États membres sans qu'il soit nécessaire de recourir à aucune procédure.

2. En particulier, et sans préjudice du paragraphe 3, aucune procédure n'est requise pour la mise à jour des actes d'état civil d'un État membre sur la base d'une décision rendue dans un autre État membre en matière de divorce, de séparation de corps ou d'annulation du mariage, qui n'est plus susceptible de recours selon la loi de cet État membre.

3. Sans préjudice de la section 4, toute partie intéressée peut demander, selon les procédures prévues à la section 2, que soit prise une décision de reconnaissance ou de non-reconnaissance de la décision.

La compétence territoriale de la juridiction indiquée dans la liste communiquée par chaque État membre à la Commission conformément à l'article 68 est déterminée par la loi de l'État membre dans lequel la demande de reconnaissance ou de non-reconnaissance est présentée.

4. Si la reconnaissance d'une décision est invoquée de façon incidente devant une juridiction d'un État membre, celle-ci peut statuer en la matière.

### Article 22 – Motifs de non-reconnaissance des décisions de divorce, de séparation de corps ou d'annulation du mariage

Une décision rendue en matière de divorce, de séparation de corps ou d'annulation du mariage n'est pas reconnue :

a) si la reconnaissance est manifestement contraire à l'ordre public de l'État membre requis;

b) si l'acte introductif d'instance ou un acte équivalent n'a pas été signifié ou notifié au défendeur défaillant en temps utile et de telle manière qu'il puisse pourvoir à sa défense, à moins qu'il ne soit établi que le défendeur a accepté la décision de manière non équivoque;

c) si elle est inconciliable avec une décision rendue dans une instance opposant les mêmes parties dans l'État membre requis; ou

d) si elle est inconciliable avec une décision rendue antérieurement dans un autre État membre ou dans un État tiers dans une affaire opposant les mêmes parties, dès lors que cette première décision réunit les conditions nécessaires à sa reconnaissance dans l'État membre requis.

### Article 23 – Motifs de non-reconnaissance des décisions en matière de responsabilité parentale

Une décision rendue en matière de responsabilité parentale n'est pas reconnue :

a) si la reconnaissance est manifestement contraire à l'ordre public de l'État membre requis eu égard aux intérêts supérieurs de l'enfant;

b) si, sauf en cas d'urgence, elle a été rendue sans que l'enfant, en violation des règles fondamentales de procédure de l'État membre requis, ait eu la possibilité d'être entendu;

c) si l'acte introductif d'instance ou un acte équivalent n'a pas été signifié ou notifié à la personne défaillante en temps utile et de telle manière que celle-ci puisse pourvoir à sa défense, à moins qu'il ne soit établi que cette personne a accepté la décision de manière non équivoque;

d) à la demande de toute personne faisant valoir que la décision fait obstacle à l'exercice de sa responsabilité parentale, si la décision a été rendue sans que cette personne ait eu la possibilité d'être entendue;

e) si elle est inconciliable avec une décision rendue ultérieurement en matière de responsabilité parentale dans l'État membre requis;

f) si elle est inconciliable avec une décision rendue ultérieurement en matière de responsabilité parentale dans un autre État membre ou dans l'État tiers où l'enfant réside habituellement, dès lors que la décision ultérieure réunit les conditions nécessaires à sa reconnaissance dans l'État requis;

ou

g) si la procédure prévue à l'article 56 n'a pas été respectée.

### Article 24 – Interdiction du contrôle de la compétence de la juridiction d'origine

Il ne peut être procédé au contrôle de la compétence de la juridiction de l'État membre d'origine. Le critère de l'ordre public visé à l'article 22, point a), et à l'article 23, point a), ne peut être appliqué aux règles de compétence visées aux articles 3 à 14.

### Article 25 – Disparités entre les lois applicables

La reconnaissance d'une décision ne peut être refusée au motif que la loi de l'État membre requis ne permet pas le divorce, la séparation de corps ou l'annulation du mariage sur la base de faits identiques.

### Article 26 – Interdiction de la révision au fond

En aucun cas, une décision ne peut faire l'objet d'une révision au fond.

### Article 27 – Sursis à statuer

1. La juridiction d'un État membre saisie d'une demande de reconnaissance d'une décision rendue dans un autre État membre peut surseoir à statuer si cette décision fait l'objet d'un recours ordinaire.

2. La juridiction d'un État membre saisie d'une demande de reconnaissance d'une décision rendue en Irlande ou au Royaume-Uni et dont l'exécution est suspendue dans l'État membre d'origine du fait de l'exercice d'un recours peut surseoir à statuer.

*Section 2*

## Requête en déclaration de la force exécutoire

### Article 28 – Décisions exécutoires

1. Les décisions rendues dans un État membre sur l'exercice de la responsabilité parentale à l'égard d'un enfant, qui y sont exécutoires et qui ont été signifiées ou notifiées, sont mises en exécution dans un autre État membre après y avoir été déclarées exécutoires sur requête de toute partie intéressée.

2. Toutefois, au Royaume-Uni, ces décisions ne sont mises à exécution en Angleterre et au pays de Galles, en Écosse ou en Irlande du Nord qu'après avoir été enregistrées en vue de leur exécution, sur requête de toute partie intéressée, dans l'une ou l'autre de ces parties du Royaume-Uni, suivant le cas.

### Article 29 – Juridiction territorialement compétente

1. La requête en déclaration de constatation de la force exécutoire est présentée à la juridiction indiquée dans la liste communiquée par chaque État membre à la Commission conformément à l'article 68.

2. La compétence territoriale est déterminée par la résidence habituelle de la personne contre laquelle l'exécution est demandée ou par la résidence habituelle de tout enfant concerné par la requête.

Lorsqu'aucune des résidences visées au premier alinéa ne se trouve dans l'État membre d'exécution, la compétence territoriale est déterminée par le lieu d'exécution.

### Article 30 – Procédure

1. Les modalités de dépôt de la requête sont déterminées par la loi de l'État membre d'exécution.

2. Le requérant doit faire élection de domicile dans le ressort de la juridiction saisie. Toutefois, si la loi de l'État membre d'exécution ne connaît pas l'élection de domicile, le requérant désigne un mandataire *ad litem*.

3. Les documents mentionnés aux articles 37 et 39 sont joints à la requête.

### Article 31 – Décision rendue par la juridiction

1. La juridiction saisie de la requête statue à bref délai, sans que ni la personne contre laquelle l'exécution est demandée ni l'enfant ne puissent, à ce stade de la procédure, présenter d'observations.

2. La requête ne peut être rejetée que pour l'un des motifs prévus aux articles 22, 23 et 24.

3. En aucun cas, la décision ne peut faire l'objet d'une révision au fond.

### Article 32 – Notification de la décision

La décision rendue sur requête est aussitôt portée à la connaissance du requérant, à la diligence du greffier, suivant les modalités déterminées par la loi de l'État membre d'exécution.

### Article 33 – Recours

1. L'une ou l'autre partie peut former un recours contre la décision relative à la demande de déclaration constatant la force exécutoire.

2. Le recours est porté devant la juridiction indiquée dans la liste communiquée par chaque État membre à la Commission conformément à l'article 68.

3. Le recours est examiné selon les règles de la procédure contradictoire.

4. Si le recours est formé par la personne qui a demandé la déclaration constatant la force exécutoire, la partie contre laquelle l'exécution est demandée est appelée à comparaître devant la juridiction saisie du recours. En cas de défaut, les dispositions de l'article 18 s'appliquent.

5. Le recours contre la déclaration constatant la force exécutoire doit être formé dans un délai d'un mois à compter de sa signification. Si la partie contre laquelle l'exécution est demandée a sa résidence habituelle dans un État membre autre que celui dans lequel la déclaration constatant la force exécutoire a été délivrée, le délai est de deux mois et court à compter du jour où la signification a été faite à personne ou à domicile. Ce délai ne comporte pas de prorogation à raison de la distance.

### Article 34 – Juridictions de recours et voies de recours

La décision rendue sur le recours ne peut faire l'objet que du recours visé à la liste communiquée par chaque État membre à la Commission conformément à l'article 68.

### Article 35 – Sursis à statuer

1. La juridiction saisie du recours formé au titre de l'article 33 ou 34 peut, à la requête de la partie contre laquelle l'exécution est demandée, surseoir à statuer si la décision fait, dans l'État membre d'origine, l'objet d'un recours ordinaire, ou si le délai pour le former n'est pas expiré. Dans ce dernier cas, la juridiction peut impartir un délai pour former ce recours.

2. Lorsque la décision a été rendue en Irlande ou au Royaume-Uni, toute voie de recours prévue dans l'État membre d'origine est considérée comme un recours ordinaire aux fins de l'application du paragraphe 1.

### Article 36 – Exécution partielle

1. Lorsque la décision a statué sur plusieurs chefs de la demande et que l'exécution ne peut être autorisée pour le tout, la juridiction accorde l'exécution pour un ou plusieurs d'entre eux.

2. Le requérant peut demander une exécution partielle.

*Section 3*

## Dispositions communes aux sections 1 et 2

### Article 37 – Documents

1. La partie qui invoque ou conteste la reconnaissance d'une décision ou sollicite la délivrance d'une déclaration constatant sa force exécutoire doit produire :

a) une expédition de celle-ci réunissant les conditions nécessaires à son authenticité; et

b) le certificat visé à l'article 39.

2. En outre, s'il s'agit d'une décision par défaut, la partie qui invoque la reconnaissance ou sollicite la délivrance d'une déclaration constatant sa force exécutoire doit produire :

a) l'original ou une copie certifiée conforme du document établissant que l'acte introductif d'instance ou un acte équivalent a été signifié ou notifié à la partie défaillante; ou

b) tout document indiquant que le défendeur a accepté la décision de manière non équivoque.

### Article 38 – Absence de documents

1. À défaut de production des documents mentionnés à l'article 37, paragraphe 1, point b), ou paragraphe 2, la juridiction peut impartir un délai pour les produire ou accepter des documents équivalents ou, si elle s'estime suffisamment éclairée, en dispenser.

2. Il est produit une traduction des documents si la juridiction l'exige. La traduction est certifiée par une personne habilitée à cet effet dans l'un des États membres.

### Article 39 – Certificat concernant les décisions en matière matrimoniale et certificat concernant les décisions en matière de responsabilité parentale

La juridiction ou l'autorité compétente de l'État membre d'origine délivre, à la requête de toute partie intéressée, un certificat en utilisant le formulaire dont le modèle figure à l'annexe I (décisions en matière matrimoniale) ou à l'annexe II (décisions en matière de responsabilité parentale).

*Section 4*

## Force exécutoire de certaines décisions relatives au droit de visite et de certaines décisions ordonnant le retour de l'enfant

### Article 40 – Champ d'application

1. La présente section s'applique :

a) au droit de visite

et

b) au retour d'un enfant consécutif à une décision ordonnant le retour de l'enfant visée à l'article 11, paragraphe 8.

2. Les dispositions de la présente section n'empêchent pas un titulaire de la responsabilité parentale d'invoquer la reconnaissance et l'exécution d'une décision, conformément aux dispositions contenues dans les sections 1 et 2 du présent chapitre.

### Article 41 – Droit de visite

1. Le droit de visite visé à l'article 40, paragraphe 1, point a), accordé par une décision exécutoire rendue dans un État membre, est reconnu et jouit de la force exécutoire dans un autre État membre sans qu'aucune déclaration lui reconnaissant force exécutoire ne soit requise et sans qu'il soit possible de s'opposer à sa reconnaissance si la décision a été certifiée dans l'État membre d'origine conformément au paragraphe 2.

Même si le droit national ne prévoit pas la force exécutoire de plein droit, nonobstant un éventuel recours, d'une décision accordant un droit de visite, la juridiction d'origine peut déclarer la décision exécutoire.

2. Le juge d'origine ne délivre le certificat visé au paragraphe 1, en utilisant le formulaire dont le modèle figure à l'annexe III (certificat concernant le droit de visite), que si :

a) en cas de procédure par défaut, l'acte introductif d'instance ou un acte équivalent a été signifié ou notifié à la personne défaillante en temps utile et de telle manière que cette personne puisse pourvoir à sa défense, ou, s'il a été signifié ou notifié sans le respect de ces conditions, il est néanmoins établi qu'elle a accepté la décision de manière non équivoque ;

b) toutes les parties concernées ont eu la possibilité d'être entendues ;

et

c) l'enfant a eu la possibilité d'être entendu, à moins qu'une audition n'ait été jugée inappropriée eu égard à son âge ou à son degré de maturité.

Le certificat est rempli dans la langue de la décision.

3. Si le droit de visite concerne une situation ayant dès le prononcé de la décision un caractère transfrontière, le certificat est délivré d'office lorsque la décision devient exécutoire, y compris par provision. Si la situation n'acquiert un caractère transfrontière qu'ultérieurement, le certificat est délivré à la demande de l'une des parties.

### Article 42 – Retour de l'enfant

1. Le retour de l'enfant visé à l'article 40, paragraphe 1, point b), résultant d'une décision exécutoire rendue dans un État membre est reconnu et jouit de la force exécutoire dans un autre État membre sans qu'aucune déclaration lui reconnaissant force exécutoire ne soit requise et sans qu'il ne soit possible de s'opposer à sa reconnaissance si la décision a été certifiée dans l'État membre d'origine conformément au paragraphe 2.

Même si le droit national ne prévoit pas la force exécutoire de plein droit, nonobstant un éventuel recours, d'une décision ordonnant le retour de l'enfant visée à l'article 11, paragraphe 8, la juridiction d'origine peut déclarer la décision exécutoire.

2. Le juge d'origine qui a rendu la décision visée à l'article 40, paragraphe 1, point b), ne délivre le certificat visé au paragraphe 1 que si :

a) l'enfant a eu la possibilité d'être entendu, à moins qu'une audition n'ait été jugée inappropriée eu égard à son âge ou à son degré de maturité,

b) les parties ont eu la possibilité d'être entendues, et que

c) la juridiction a rendu sa décision en tenant compte des motifs et des éléments de preuve sur la base desquels avait été rendue la décision prise en application de l'article 13 de la convention de La Haye de 1980.

Au cas où la juridiction ou toute autre autorité prend des mesures en vue d'assurer la protection de l'enfant après son retour dans l'État de sa résidence habituelle, le certificat précise les modalités de ces mesures.

Le juge d'origine délivre de sa propre initiative ledit certificat, en utilisant le formulaire dont le modèle figure à l'annexe IV (certificat concernant le retour de l'enfant).

Le certificat est rempli dans la langue de la décision.

### Article 43 – Action en rectification

1. Le droit de l'État membre d'origine est applicable à toute rectification du certificat.

2. La délivrance d'un certificat au titre de l'article 41, paragraphe 1, ou de l'article 42, paragraphe 1, n'est par ailleurs susceptible d'aucun recours.

### Article 44 – Effets du certificat

Le certificat ne produit ses effets que dans les limites du caractère exécutoire du jugement.

### Article 45 – Documents

1. La partie qui demande l'exécution d'une décision doit produire :

a) une expédition de celle-ci réunissant les conditions nécessaires à son authenticité ; et

b) le certificat visé à l'article 41, paragraphe 1, ou à l'article 42, paragraphe 1.

2. Aux fins du présent article,

– le certificat visé à l'article 41, paragraphe 1, s'accompagne d'une traduction du point 12 relatif aux modalités d'exercice du droit de visite,
– le certificat visé à l'article 42, paragraphe 1, s'accompagne d'une traduction du point 14 relatif aux modalités des mesures prises en vue d'assurer le retour de l'enfant.

La traduction est effectuée dans la langue officielle ou l'une des langues officielles de l'État membre d'exécution ou dans toute autre langue que ce dernier a indiqué d'accepter. La traduction est certifiée par une personne habilitée à cet effet dans l'un des États membres.

*Section 5*

## Actes authentiques et accords

**Article 46 –** Les actes authentiques reçus et exécutoires dans un État membre ainsi que les accords entre parties exécutoires dans l'État membre d'origine sont reconnus et rendus exécutoires dans les mêmes conditions que des décisions.

Section 6 – Autres dispositions

### Article 47 – Procédure d'exécution

1. La procédure d'exécution est déterminée par le droit de l'État membre d'exécution.

2. Toute décision rendue par la juridiction d'un autre État membre et déclarée exécutoire conformément à la section 2 ou certifiée conformément à l'article 41, paragraphe 1, ou à l'article 42, paragraphe 1, est exécutée dans l'État membre d'exécution dans les mêmes conditions que si elle avait été rendue dans cet État membre.

En particulier, une décision certifiée conformément à l'article 41, paragraphe 1, ou à l'article 42, paragraphe 1, ne peut être exécutée si elle est inconciliable avec une décision exécutoire rendue ultérieurement.

### Article 48 – Modalités pratiques de l'exercice du droit de visite

1. Les juridictions de l'État membre d'exécution peuvent arrêter les modalités pratiques pour organiser l'exercice du droit de visite, si les modalités nécessaires n'ont pas été prévues ou ne l'ont pas été suffisamment dans la décision rendue par les juridictions de l'État membre compétentes pour connaître du fond, et pour autant que les éléments essentiels de ladite décision soient respectés.

2. Les modalités pratiques arrêtées conformément au paragraphe 1 cessent d'être applicables en exécution de la décision ultérieure rendue par les juridictions de l'État membre compétentes pour connaître du fond.

### Article 49 – Coûts

Les dispositions du présent chapitre, à l'exception de celles prévues à la section 4, sont aussi d'application pour la fixation du montant des frais du procès au titre des procédures engagées en vertu du présent règlement et pour l'exécution de tout jugement concernant de tels frais.

### Article 50 – Assistance judiciaire

Le requérant qui, dans l'État membre d'origine, a bénéficié en tout ou en partie de l'assistance judiciaire ou d'une exemption de frais et dépens bénéficie, dans la procédure prévue aux articles 21, 28, 41, 42 et 48, de l'assistance la plus favorable ou de l'exemption la plus large prévue par le droit de l'État membre d'exécution.

## Article 51 – Caution, dépôt

Aucune caution ni aucun dépôt, sous quelque dénomination que ce soit, ne peuvent être imposés à la partie qui demande l'exécution dans un État membre d'une décision rendue dans un autre État membre en raison :

a) du défaut de résidence habituelle dans l'État membre requis; ou

b) soit de sa qualité d'étranger, soit, lorsque l'exécution est demandée au Royaume-Uni ou en Irlande, du défaut de « domicile » dans l'un de ces États membres.

## Article 52 – Légalisation ou formalité analogue

Aucune légalisation ni formalité analogue n'est exigée en ce qui concerne les documents visés aux articles 37, 38 et 45 ou, le cas échéant, la procuration *ad litem*.

CHAPITRE IV

# Coopération entre les Autorités centrales en matière de responsabilité parentale

## Article 53 – Désignation

Chaque État membre désigne une ou plusieurs autorités centrales chargées de l'assister dans l'application du présent règlement et en précise les attributions territoriales ou matérielles. Lorsqu'un État membre a désigné plusieurs autorités centrales, les communications sont en principe adressées directement à l'autorité centrale compétente. Si une communication est adressée à une autorité centrale non compétente, celle-ci est chargée de la transmettre à l'autorité centrale compétente et d'en informer l'expéditeur.

## Article 54 – Fonctions générales

Les autorités centrales communiquent des informations sur les législations et procédures nationales et prennent des mesures pour améliorer l'application du présent règlement et renforcer leur coopération. À cette fin, il est fait usage du réseau judiciaire européen en matière civile et commerciale créé par la décision 2001/470/CE.

## Article 55 – Coopération dans le cadre d'affaires spécifiques à la responsabilité parentale

Les autorités centrales, à la demande d'une autorité centrale d'un autre État membre ou du titulaire de la responsabilité parentale, coopèrent dans des affaires déterminées pour réaliser les objectifs visés par le présent règlement. À cet effet, elles prennent, elles-mêmes ou par l'intermédiaire des pouvoirs publics ou autres organismes, toute mesure appropriée, conformément à la législation de cet État membre en matière de protection des données à caractère personnel, pour :

a) recueillir et échanger des informations :

i) sur la situation de l'enfant,

ii) sur toute procédure en cours, ou

iii) sur toute décision rendue concernant l'enfant;

b) fournir des informations et une assistance aux titulaires de la responsabilité parentale qui demandent la reconnaissance et l'exécution d'une décision sur leur territoire, en particulier en matière de droit de visite et de retour de l'enfant;

c) faciliter les communications entre les juridictions notamment pour l'application de l'article 11, paragraphes 6 et 7, et de l'article 15;

d) fournir toute information et aide utiles pour l'application par les juridictions de l'article 56;

e) faciliter la conclusion d'accords entre les titulaires de la responsabilité parentale en recourant à la médiation ou à d'autres moyens, et faciliter à cette fin la coopération transfrontalière.

### Article 56 – Placement de l'enfant dans un autre État membre

1. Lorsque la juridiction compétente en vertu des articles 8 à 15 envisage le placement de l'enfant dans un établissement ou dans une famille d'accueil et que ce placement aura lieu dans un autre État membre, elle consulte au préalable l'autorité centrale ou une autre autorité compétente de ce dernier État membre si l'intervention d'une autorité publique est prévue dans cet État membre pour les cas internes de placements d'enfants.

2. La décision sur le placement visé au paragraphe 1 ne peut être prise dans l'État membre requérant que si l'autorité compétente de l'État requis a approuvé ce placement.

3. Les modalités relatives à la consultation ou à l'approbation visées aux paragraphes 1 et 2 sont régies par le droit national de l'État membre requis.

4. Lorsque la juridiction compétente en vertu des articles 8 à 15 décide le placement de l'enfant dans une famille d'accueil, que ce placement aura lieu dans un autre État membre, et que l'intervention d'une autorité publique n'est pas prévue dans ce dernier État membre pour les cas internes de placement d'enfants, elle en avise l'autorité centrale ou une autorité compétente de cet État membre.

### Article 57 – Méthode de travail

1. Tout titulaire de la responsabilité parentale peut adresser à l'autorité centrale de l'État membre dans lequel il réside habituellement ou à l'autorité centrale de l'État membre dans lequel l'enfant a sa résidence habituelle ou est présent, une demande d'assistance conformément à l'article 55. D'une manière générale, la demande est accompagnée de toutes les informations disponibles pouvant en faciliter l'exécution. Si la demande d'assistance concerne la reconnaissance ou l'exécution d'une décision relative à la responsabilité parentale couverte par le champ d'application du présent règlement, le titulaire de la responsabilité parentale est tenu d'y joindre les certificats correspondants figurant aux articles 39, 41, paragraphe 1, ou 42, paragraphe 1.

2. Les États membres notifient à la Commission la ou les langues officielles des institutions de la Communauté autres que leur(s) propre(s) langue(s) dans lesquelles les communications peuvent être adressées aux autorités centrales.

3. L'assistance dispensée par les autorités centrales en vertu de l'article 55 est gratuite.

4. Chaque autorité centrale supporte ses propres frais.

### Article 58 – Réunions

1. Les autorités centrales, pour faciliter l'application du présent règlement, sont réunies régulièrement.

2. La convocation de ces réunions s'effectue conformément à la décision 2001/470/CE relative à la création d'un réseau judiciaire européen en matière civile et commerciale.

CHAPITRE V

## Relations avec d'autres instruments

### Article 59 – Relation avec d'autres instruments

1. Sans préjudice des articles 60, 63, 64 et du paragraphe 2 du présent article, le présent règlement remplace, pour les États membres, les conventions existant au moment de l'entrée en vigueur du présent règlement, qui ont été conclues entre deux ou plusieurs États membres et qui portent sur des matières réglées par le présent règlement.

2. a) La Finlande et la Suède ont la faculté de déclarer que la convention du 6 février 1931 entre le Danemark, la Finlande, l'Islande, la Norvège et la Suède comprenant des dispositions de droit international privé sur le mariage, l'adoption et la garde des enfants ainsi que son protocole final s'appliquent en tout ou en partie, dans leurs relations mutuelles, en lieu et place des règles du présent règlement. Ces déclarations sont publiées au *Journal officiel* de l'Union européenne en annexe du présent règlement. Lesdits États membres peuvent y renoncer, en tout ou en partie, à tout moment.

b) Le principe de la non-discrimination en raison de la nationalité entre citoyens de l'Union européenne est respecté.

c) Dans tout accord à conclure entre les États membres visés au point a), portant sur des matières réglées par le présent règlement, les règles de compétence sont alignées sur celles prévues par le présent règlement.

d) Les décisions rendues dans l'un des États nordiques qui a fait la déclaration visée au point a) en vertu d'un chef de compétence qui correspond à l'un de ceux prévus au chapitre II du présent règlement sont reconnues et exécutées dans les autres États membres conformément aux règles prévues au chapitre III du présent règlement.

3. Les États membres communiquent à la Commission :

a) une copie des accords et des lois uniformes les mettant en œuvre visés au paragraphe 2, points a) et c);

b) toute dénonciation ou modification de ces accords ou de ces lois uniformes.

### Article 60 – Relations avec certaines conventions multilatérales

Dans les relations entre les États membres, le présent règlement prévaut sur les conventions suivantes dans la mesure où elles concernent des matières réglées par le présent règlement :

a) convention de La Haye du 5 octobre 1961 concernant la compétence des autorités et la loi applicable en matière de protection des mineurs;

b) convention de Luxembourg du 8 septembre 1967 sur la reconnaissance des décisions relatives au lien conjugal;

c) convention de La Haye du 1^er^ juin 1970 sur la reconnaissance des divorces et des séparations de corps;

d) convention européenne du 20 mai 1980 sur la reconnaissance et l'exécution des décisions en matière de garde des enfants et le rétablissement de la garde des enfants;

et

e) convention de La Haye du 25 octobre 1980 sur les aspects civils de l'enlèvement international d'enfants;

### Article 61 – Relations avec la convention de La Haye du 19 octobre 1996 concernant la compétence, la loi applicable, la reconnaissance, l'exécution et la coopération en matière de responsabilité parentale et de mesures de protection des enfants

Dans les relations avec la convention de La Haye du 19 octobre 1996 concernant la compétence, la loi applicable, la reconnaissance, l'exécution et la coopération en matière de responsabilité parentale et de mesures de protection des enfants, le présent règlement s'applique

a) lorsque l'enfant concerné a sa résidence habituelle sur le territoire d'un État membre;

b) en ce qui concerne la reconnaissance et l'exécution d'une décision rendue par la juridiction compétente d'un État membre sur le territoire d'un autre État membre, même si l'enfant concerné a sa résidence habituelle sur le territoire d'un État non membre qui est partie contractante à ladite convention.

### Article 62 – Étendue des effets

1. Les accords et conventions visés à l'article 59, paragraphe 1, et aux articles 60 et 61 continuent à produire leurs effets dans les matières non réglées par le présent règlement.

2. Les conventions mentionnées à l'article 60, notamment la convention de La Haye de 1980, continuent à produire leurs effets entre les États membres qui en sont parties contractantes, dans le respect de l'article 60.

### Article 63 – Traités conclus avec le Saint-Siège

1. Le présent règlement est applicable sans préjudice du traité international (concordat) conclu entre le Saint-Siège et le Portugal, signé au Vatican le 7 mai 1940.

2. Toute décision relative à l'invalidité d'un mariage rendue en vertu du traité visé au paragraphe 1 est reconnue dans les États membres dans les conditions prévues au chapitre III, section 1.

3. Les dispositions des paragraphes 1 et 2 s'appliquent également aux traités internationaux (concordats) ci-après conclus avec le Saint-Siège :

a) « *Concordato lateranense* » du 11 février 1929 entre l'Italie et le Saint-Siège, modifié par l'accord, et son protocole additionnel, signé à Rome le 18 février 1984;

b) accord du 3 janvier 1979 entre le Saint-Siège et l'Espagne sur des questions juridiques.

4. En Italie ou en Espagne, la reconnaissance des décisions prévue au paragraphe 2 peut être soumise aux mêmes procédures et aux mêmes contrôles que ceux qui sont applicables aux décisions rendues par les juridictions ecclésiastiques conformément aux traités internationaux conclus avec le Saint-Siège et visés au paragraphe 3.

5. Les États membres communiquent à la Commission :
a) une copie des traités visés aux paragraphes 1 et 3;
b) toute dénonciation ou modification de ces traités.

CHAPITRE VI

## Dispositions transitoires

**Article 64 –** 1. Les dispositions du présent règlement ne sont applicables qu'aux actions judiciaires intentées, aux actes authentiques reçus et aux accords entre parties conclus postérieurement à la date de sa mise en application telle que prévue à l'article 72.

2. Les décisions rendues après la date de mise en application du présent règlement à la suite d'actions intentées avant cette date, mais après la date d'entrée en vigueur du règlement (CE) n° 1347/2000, sont reconnues et exécutées conformément aux dispositions du chapitre III du présent règlement, si les règles de compétence appliquées sont conformes à celles prévues soit par le chapitre II du présent règlement ou du règlement (CE) n° 1347/2000, soit par une convention qui était en vigueur entre l'État membre d'origine et l'État membre requis lorsque l'action a été intentée.

3. Les décisions rendues avant la date de mise en application du présent règlement à la suite d'actions intentées après la date d'entrée en vigueur du règlement (CE) n° 1347/2000 sont reconnues et exécutées conformément aux dispositions du chapitre III du présent règlement pour autant qu'il s'agisse d'une décision de divorce, de séparation de corps ou d'annulation du mariage, ou d'une décision relative à la responsabilité parentale des enfants communs rendue à l'occasion d'une telle action matrimoniale.

4. Les décisions rendues avant la date de mise en application du présent règlement, mais après la date d'entrée en vigueur du règlement (CE) n° 1347/2000, à la suite d'actions intentées avant la date d'entrée en vigueur du règlement (CE) n° 1347/2000 sont reconnues et exécutées conformément aux dispositions du chapitre III du présent règlement pour autant qu'il s'agisse d'une décision de divorce, de séparation de corps ou d'annulation du mariage, ou d'une décision relative à la responsabilité parentale des enfants communs rendue à l'occasion d'une telle action matrimoniale, et que les règles de compétence appliquées sont conformes à celles prévues soit par le chapitre II du présent règlement ou du règlement (CE) n° 1347/2000, soit par une convention qui était en vigueur entre l'État membre d'origine et l'État membre requis lorsque l'action a été intentée.

CHAPITRE VII

## Dispositions finales

### Article 65 – Réexamen

Au plus tard le 1er janvier 2012, et ensuite tous les cinq ans, la Commission présente au Parlement européen, au Conseil et au Comité économique et social européen, sur la base des informations fournies par les États membres, un rapport relatif à l'application du présent règlement, accompagné le cas échéant de propositions visant à l'adapter.

### Article 66 – États membres ayant deux ou plusieurs systèmes juridiques

Au regard d'un État membre dans lequel deux ou plusieurs systèmes de droit ou ensembles de règles ayant trait aux questions régies par le présent règlement s'appliquent dans des unités territoriales différentes :

a) toute référence à la résidence habituelle dans cet État membre vise la résidence habituelle dans une unité territoriale ;

b) toute référence à la nationalité ou, dans le cas du Royaume-Uni, au « domicile », vise l'unité territoriale désignée par la loi de cet État ;

c) toute référence à l'autorité d'un État membre vise l'autorité de l'unité territoriale concernée au sein de cet État ;

d) toute référence aux règles de l'État membre requis vise les règles de l'unité territoriale dans laquelle la compétence, la reconnaissance ou l'exécution sont invoquées.

### Article 67 – Informations relatives aux autorités centrales et aux langues acceptées

Les États membres notifient à la Commission dans un délai de trois mois à compter de l'entrée en vigueur du présent règlement :

a) les noms, adresses et moyens de communication des autorités centrales désignées conformément à l'article 53 ;

b) les langues acceptées pour les communications adressées aux autorités centrales conformément à l'article 57, paragraphe 2 ;

et

c) les langues acceptées pour le certificat concernant le droit de visite conformément à l'article 45, paragraphe 2.

Les États membres communiquent à la Commission toute modification apportée à ces informations.

La Commission met ces informations à la disposition du public.

### Article 68 – Informations relatives aux juridictions et aux voies de recours

Les États membres communiquent à la Commission les listes des juridictions et des voies de recours visées aux articles 21, 29, 33 et 34, ainsi que les modifications qui y sont apportées.

La Commission met ces informations à jour et les met à la disposition du public par voie de publication au *Journal officiel* de l'Union européenne et par tout autre moyen approprié.

### Article 69 – Modification des annexes

Toute modification apportée aux formulaires dont les modèles figurent aux annexes I à IV est adoptée selon la procédure visée à l'article 70, paragraphe 2.

### Article 70 – Comité

1. La Commission est assistée par un comité (ci-après, « le comité »).
2. Lorsqu'il est fait référence au présent paragraphe, les articles 3 et 7 de la décision 1999/468/CE s'appliquent.
3. Le comité adopte son règlement intérieur.

## Article 71 – Abrogation du règlement (CE) nº 1347/2000

1. Le règlement (CE) nº 1347/2000 est abrogé à compter de la date de mise en application du présent règlement.

2. Toute référence au règlement (CE) nº 1347/2000 s'entend comme faite au présent règlement conformément à la table de correspondance figurant à l'annexe V.

## Article 72 – Entrée en vigueur

Le présent règlement entre en vigueur le 1er août 2004.

Le présent règlement s'applique à compter du 1er mars 2005 à l'exception des articles 67, 68, 69 et 70, qui s'appliquent à compter du 1er août 2004.

Le présent règlement est obligatoire dans tous ses éléments et directement applicable dans les États membres conformément au traité instituant la Communauté européenne.

Annexes…

# 86 Règlement (CE) n° 4/2009 du Conseil du 18 décembre 2008 relatif à la compétence, la loi applicable, la reconnaissance et l'exécution des décisions et la coopération en matière d'obligations alimentaires

Applicable depuis le 18 juin 2011



*Le Conseil de l'Union européenne,*

Vu le traité instituant la Communauté européenne, et notamment son article 61, point c) et son article 67, paragraphe 2,

Vu la proposition de la Commission,

Vu l'avis du Parlement européen [1],

Vu l'avis du Comité économique et social européen [2],

Considérant ce qui suit :

(1) La Communauté s'est donné pour objectif de maintenir et de développer un espace de liberté, de sécurité et de justice au sein duquel est assurée la libre circulation des personnes. Pour la mise en place progressive de cet espace, la Communauté doit adopter, entre autres, des mesures relevant du domaine de la coopération judiciaire dans les matières civiles ayant des incidences transfrontalières, dans la mesure nécessaire au bon fonctionnement du marché intérieur.

(2) Conformément à l'article 65, point b), du traité, ces mesures doivent viser, entre autres, à favoriser la compatibilité des règles applicables dans les États membres en matière de conflits de lois et de compétence.

(3) À cet égard, la Communauté a déjà adopté, entre autres mesures, le règlement (CE) n° 44/2001 du Conseil du 22 décembre 2000 concernant la compétence judi-

ciaire, la reconnaissance et l'exécution des décisions en matière civile et commerciale [3], la décision 2001/470/CE du Conseil du 28 mai 2001 relative à la création d'un réseau judiciaire européen en matière civile et commerciale [4], le règlement (CE) n° 1206/2001 du Conseil du 28 mai 2001 relatif à la coopération entre les juridictions des États membres dans le domaine de l'obtention des preuves en matière civile et commerciale [5], la directive 2003/8/CE du Conseil du 27 janvier 2003 visant à améliorer l'accès à la justice dans les affaires transfrontalières par l'établissement de règles minimales communes relatives à l'aide judiciaire accordée dans le cadre de telles affaires [6], le règlement (CE) n° 2201/2003 du Conseil du 27 novembre 2003 relatif à la compétence, la reconnaissance et l'exécution des décisions en matière matrimoniale et en matière de responsabilité parentale [7], le règlement (CE) n° 805/2004 du Parlement européen et du Conseil du 21 avril 2004 portant création d'un titre exécutoire européen pour les créances incontestées [8] et le règlement (CE) n° 1393/2007 du Parlement européen et du Conseil du 13 novembre 2007 relatif à la signification et à la notification dans les États membres des actes judiciaires et extrajudiciaires en matière civile ou commerciale (« signification ou notification des actes ») [9].

(4) Le Conseil européen, réuni à Tampere les 15 et 16 octobre 1999, a invité le Conseil et la Commission à établir des règles de procédure communes spéciales en vue de simplifier et d'accélérer le règlement des litiges transfrontaliers concernant entre autres les créances alimentaires. Il a aussi appelé à la suppression des mesures intermédiaires requises pour permettre la reconnaissance et l'exécution dans l'État requis d'une décision rendue dans un autre État membre, notamment d'une décision concernant une créance alimentaire.

(5) Un programme de mesures sur la mise en œuvre du principe de reconnaissance mutuelle des décisions en matière civile et commerciale [10], commun à la Commission et au Conseil, a été adopté le 30 novembre 2000. Ce programme prévoit la suppression de la procédure d'*exequatur* pour les créances alimentaires dans le but de rendre plus efficaces les moyens dont les créanciers d'aliments disposent pour faire respecter leurs droits.

(6) Le Conseil européen, réuni à Bruxelles les 4 et 5 novembre 2004, a adopté un nouveau programme, intitulé « Le programme de La Haye : renforcer la liberté, la sécurité et la justice dans l'Union européenne » (ci-après dénommé « le programme de La Haye ») [11].

(7) Le Conseil a adopté, lors de sa session des 2 et 3 juin 2005, un plan d'action du Conseil et de la Commission [12] qui traduit le programme de La Haye en actions concrètes et qui mentionne la nécessité d'adopter des propositions sur les obligations alimentaires.

(8) Dans le cadre de la Conférence de La Haye de droit international privé, la Communauté et ses États membres ont participé à des négociations qui ont abouti le 23 novembre 2007 à l'adoption de la convention sur le recouvrement international des aliments destinés aux enfants et à d'autres membres de la famille (ci-après dénommée « la convention de La Haye de 2007 ») et du protocole sur la loi applicable aux obligations alimentaires (ci-après dénommé « le protocole de La Haye de 2007 »). Il convient, dès lors, de tenir compte de ces deux instruments dans le cadre du présent règlement.

(9) Un créancier d'aliments devrait être à même d'obtenir facilement, dans un État membre, une décision qui sera automatiquement exécutoire dans un autre État membre sans aucune autre formalité.

(10) Afin d'atteindre cet objectif, il est opportun de créer un instrument communautaire en matière d'obligations alimentaires regroupant les dispositions sur les conflits de juridictions, les conflits de lois, la reconnaissance et la force exécutoire, l'exécution, l'aide judiciaire et la coopération entre autorités centrales.

(11) Le champ d'application du présent règlement devrait s'étendre à toutes les obligations alimentaires découlant de relations de famille, de parenté, de mariage ou d'alliance, et ce afin de garantir une égalité de traitement entre tous les créanciers d'aliments. Aux fins du présent règlement, la notion d'« obligation alimentaire » devrait être interprétée de manière autonome.

(12) Afin de prendre en compte les différentes façons de régler les questions relatives aux obligations alimentaires dans les États membres, le présent règlement devrait s'appliquer tant aux décisions juridictionnelles qu'aux décisions rendues par des autorités administratives, pour autant que ces autorités offrent des garanties notamment en ce qui concerne leur impartialité et le droit des parties à être entendues. Ces autorités devraient dès lors appliquer toutes les règles du présent règlement.

(13) Pour les raisons énoncées ci-dessus, il convient également dans le présent règlement d'assurer la reconnaissance et l'exécution des transactions judiciaires et des actes authentiques, sans que cela n'affecte le droit de l'une ou l'autre partie à une telle transaction ou à un tel acte à contester de tels instruments devant une juridiction de l'État membre d'origine.

(14) Il convient de prévoir dans le présent règlement que le terme « créancier » inclut, aux fins d'une demande de reconnaissance et d'exécution d'une décision en matière d'obligations alimentaires, les organismes publics qui ont le droit d'agir en lieu et place d'une personne à laquelle des aliments sont dus ou de demander le remboursement de prestations fournies au créancier à titre d'aliments. Lorsqu'un organisme public agit en cette qualité, il devrait avoir droit aux mêmes services et à la même aide judiciaire qu'un créancier.

(15) Afin de préserver les intérêts des créanciers d'aliments et de favoriser une bonne administration de la justice au sein de l'Union européenne, les règles relatives à la compétence telles qu'elles résultent du règlement (CE) n° 44/2001 devraient être adaptées. La circonstance qu'un défendeur a sa résidence habituelle dans un État tiers ne devrait plus être de nature à exclure l'application des règles communautaires de compétence, et plus aucun renvoi aux règles de compétence du droit national ne devrait désormais être envisagé. Il y a donc lieu de déterminer dans le présent règlement les cas dans lesquels une juridiction d'un État membre peut exercer une compétence subsidiaire.

(16) Afin de remédier tout particulièrement à des situations de déni de justice, il y a lieu de prévoir dans le présent règlement un forum necessitatis permettant à une juridiction d'un État membre, dans des cas exceptionnels, de connaître d'un litige qui présente un lien étroit avec un État tiers. Un tel cas exceptionnel pourrait être constitué lorsqu'une procédure se révèle impossible dans l'État tiers concerné, par exemple en raison d'une guerre civile, ou lorsqu'on ne peut raisonnablement attendre du demandeur qu'il introduise ou conduise une procédure dans cet État. La compétence fondée sur le forum necessitatis ne pourrait cependant être exercée que si le litige présente un lien suffisant avec l'État membre de la juridiction saisie, comme par exemple la nationalité d'une des parties.

(17) Une règle de compétence supplémentaire devrait prévoir que, sauf conditions particulières, une procédure pour modifier une décision alimentaire existante

ou obtenir une nouvelle décision ne peut être introduite par le débiteur que dans l'État dans lequel le créancier avait sa résidence habituelle lorsque la décision a été rendue et dans lequel il continue à résider habituellement. Afin d'assurer une bonne articulation entre la convention de La Haye de 2007 et le présent règlement, il convient d'appliquer aussi cette règle aux décisions d'un État tiers partie à ladite convention, dans la mesure où celle-ci est en vigueur entre l'État concerné et la Communauté, et couvre les mêmes obligations alimentaires dans l'État concerné et dans la Communauté.

(18) Aux fins de l'application du présent règlement, il convient de prévoir qu'en Irlande, la notion de « nationalité » est remplacée par la notion de « domicile », de même qu'au Royaume-Uni, pour autant que le présent règlement soit applicable dans cet État membre en vertu de l'article 4 du protocole sur la position du Royaume-Uni et de l'Irlande annexé au traité sur l'Union européenne et au traité instituant la Communauté européenne.

(19) Afin d'accroître la sécurité juridique, la prévisibilité et l'autonomie des parties, le présent règlement devrait permettre aux parties de choisir d'un commun accord la juridiction compétente en fonction de facteurs de rattachement déterminés. Pour assurer la protection de la partie faible, une telle élection de for devrait être exclue pour les obligations alimentaires à l'égard d'un enfant de moins de dix-huit ans.

(20) Il convient de prévoir dans le présent règlement que, pour les États membres liés par le protocole de La Haye de 2007, les dispositions en matière de règles de conflit de lois applicables sont celles prévues par ledit protocole. À cet effet, une disposition qui renvoie audit protocole devrait être insérée. Le protocole de La Haye de 2007 sera conclu par la Communauté en temps utile pour permettre l'application du présent règlement. Pour tenir compte de l'hypothèse dans laquelle le protocole de La Haye de 2007 ne s'appliquerait pas à tous les États membres, il convient de distinguer aux fins de la reconnaissance, de la force exécutoire et de l'exécution de décisions, les États membres qui sont liés par le protocole de La Haye de 2007 de ceux qui ne le sont pas.

(21) Il convient de préciser dans le cadre du présent règlement que ces règles de conflit de lois ne déterminent que la loi applicable aux obligations alimentaires et ne déterminent pas la loi applicable à l'établissement des relations de famille sur lesquelles se fondent les obligations alimentaires. L'établissement des relations de famille continue à relever du droit national des États membres, en ce compris leurs règles de droit international privé.

(22) Afin d'assurer le recouvrement rapide et efficace d'une créance alimentaire et de prévenir les recours dilatoires, les décisions en matière d'obligations alimentaires rendues dans un État membre devraient, en principe, être assorties de la force exécutoire par provision. Il convient dès lors de prévoir dans le présent règlement que la juridiction d'origine devrait pouvoir déclarer la décision exécutoire par provision même si le droit national ne prévoit pas la force exécutoire de plein droit et même si un recours a été ou pourrait encore être formé contre la décision selon le droit national.

(23) Pour limiter les coûts liés aux procédures régies par le présent règlement, il serait utile d'avoir recours autant que possible aux technologies modernes de communication, notamment lors de l'audition des parties.

(24) Les garanties apportées par l'application des règles de conflit de lois devraient justifier que les décisions en matière d'obligations alimentaires rendues

dans un État membre lié par le protocole de La Haye de 2007 soient reconnues et jouissent de la force exécutoire dans tous les autres États membres sans qu'aucune procédure ne soit requise et sans qu'aucune forme de contrôle sur le fond ne soit effectuée dans l'État membre d'exécution.

(25) La reconnaissance dans un État membre d'une décision en matière d'obligations alimentaires a pour seul objet de permettre le recouvrement de la créance alimentaire déterminée dans la décision. Elle n'implique pas la reconnaissance par cet État membre des relations de famille, de parenté, de mariage ou d'alliance qui sont à l'origine des obligations alimentaires ayant donné lieu à la décision.

(26) Pour les décisions rendues dans un État membre non lié par le protocole de La Haye de 2007, il y a lieu de prévoir dans le présent règlement une procédure de reconnaissance et de déclaration constatant la force exécutoire. Cette procédure devrait s'inspirer de la procédure et des motifs de refus de reconnaissance prévus par le règlement (CE) n° 44/2001. Afin d'accélérer la procédure et de permettre au créancier de recouvrer rapidement sa créance, il convient de prévoir que la juridiction saisie devrait rendre sa décision dans des délais déterminés, sauf circonstances exceptionnelles.

(27) Il convient également de limiter le plus possible les formalités d'exécution de nature à alourdir les frais à la charge du créancier d'aliments. À cet effet, le présent règlement devrait prévoir que le créancier d'aliments n'est pas tenu d'avoir une adresse postale ni un représentant autorisé dans l'État membre d'exécution, sans qu'il soit par ailleurs porté atteinte à l'organisation interne des États membres en matière de procédures d'exécution.

(28) Afin de limiter les frais liés aux procédures d'exécution, aucune traduction ne devrait être requise, sauf si l'exécution est contestée et sans préjudice des règles applicables à la signification et à la notification des actes.

(29) Afin de garantir le respect des exigences du procès équitable, il y a lieu de prévoir dans le présent règlement le droit pour un défendeur qui n'aurait pas comparu devant la juridiction d'origine d'un État membre lié par le protocole de La Haye de 2007 de demander, au stade de l'exécution de la décision rendue contre lui, le réexamen de celle-ci. Toutefois, le défendeur devrait demander ce réexamen dans un délai déterminé qui devrait courir au plus tard à compter du jour où, au stade de la procédure d'exécution, ses biens sont rendus indisponibles pour la première fois en tout ou partie. Ce droit au réexamen devrait être un recours extraordinaire octroyé au défendeur défaillant, n'affectant pas l'exercice d'autres voies de recours extraordinaires prévues par le droit de l'État membre d'origine, pour autant que lesdites voies de recours ne soient pas incompatibles avec le droit au réexamen prévu par le présent règlement.

(30) Afin d'accélérer l'exécution d'une décision rendue dans un État membre lié par le protocole de La Haye de 2007 dans un autre État membre, il y a lieu de limiter les motifs de refus ou de suspension de l'exécution qui pourront être invoqués par le débiteur en raison du caractère transfrontalier de la créance alimentaire. Cette limitation ne devrait pas porter atteinte aux motifs de refus ou de suspension prévus par le droit national qui ne sont pas incompatibles avec ceux énumérés dans le présent règlement, tels que l'acquittement de la dette par le débiteur au moment de l'exécution ou la nature insaisissable de certains biens.

(31) Afin de faciliter le recouvrement transfrontalier de créances alimentaires, il convient de mettre en place un régime de coopération entre les autorités centrales désignées par les États membres. Ces autorités devraient prêter assistance aux

créanciers et aux débiteurs d'aliments pour faire valoir leurs droits dans un autre État membre par la présentation de demandes de reconnaissance, de constatation de la force exécutoire et d'exécution de décisions existantes, de modification de telles décisions ou d'obtention d'une décision. Elles devraient également échanger des informations aux fins de localiser les débiteurs et les créanciers et d'identifier leurs revenus et patrimoine en tant que de besoin. Elles devraient enfin coopérer entre elles en échangeant des informations d'ordre général et promouvoir la coopération entre les autorités compétentes de leur État membre.

(32) Une autorité centrale désignée en vertu du présent règlement devrait prendre en charge ses propres frais, sauf exceptions spécifiquement déterminées, et prêter assistance à tout demandeur ayant sa résidence dans son État membre. Le critère pour déterminer le droit d'une personne à demander assistance auprès d'une autorité centrale devrait être moins strict que le critère de rattachement de « résidence habituelle » utilisé ailleurs dans le présent règlement. Cependant, le critère de « résidence » devrait exclure la simple présence.

(33) Afin de pouvoir prêter pleinement assistance aux créanciers et aux débiteurs d'aliments et faciliter de façon optimale le recouvrement transfrontalier des aliments, les autorités centrales devraient pouvoir obtenir un certain nombre d'informations à caractère personnel. Le présent règlement devrait par conséquent obliger les États membres à veiller à ce que leurs autorités centrales aient accès à de telles informations auprès des autorités publiques ou administrations qui détiennent les informations concernées dans le cadre de leurs activités habituelles. Il convient cependant de laisser à chaque État membre le soin de déterminer les modalités de cet accès. Ainsi, un État membre devrait pouvoir désigner les autorités publiques ou administrations qui seront tenues de fournir les informations à l'autorité centrale conformément au présent règlement, y compris, le cas échéant, des autorités publiques ou des administrations déjà désignées dans le cadre d'autres régimes d'accès aux informations. Lorsqu'un État membre désigne des autorités publiques ou des administrations, il devrait veiller à ce que son autorité centrale soit en mesure d'accéder aux informations requises conformément au présent règlement détenues par celles-ci. Un État membre devrait aussi pouvoir permettre à son autorité centrale d'accéder aux informations requises auprès de toute autre personne morale qui les détient et qui est responsable de leur traitement.

(34) Dans le cadre de l'accès aux données à caractère personnel, de l'utilisation et de la transmission de celles-ci, il convient de respecter les exigences de la directive 95/46/CE du Parlement européen et du Conseil du 24 octobre 1995 relative à la protection des personnes physiques à l'égard du traitement des données à caractère personnel et à la libre circulation de ces données [13], telle que transposée dans le droit national des États membres.

(35) Il y a cependant lieu de définir les conditions spécifiques d'accès aux données à caractère personnel, de l'utilisation et de la transmission de celles-ci aux fins de l'application du présent règlement. Dans ce contexte, l'avis du Contrôleur européen de la protection des données [14] a été pris en considération. L'avis à la personne visée par la collecte des informations devrait être effectué conformément au droit national. Il convient cependant de prévoir la possibilité de différer cet avis pour empêcher le débiteur de transférer ses biens et de compromettre ainsi le recouvrement de la créance alimentaire.

(36) Compte tenu des frais de procédures, il convient de prévoir un régime d'aide judiciaire très favorable, à savoir la prise en charge totale des coûts liés aux procé-

dures concernant des obligations alimentaires à l'égard des enfants âgés de moins de 21 ans engagées par l'intermédiaire des autorités centrales. Les règles existantes en matière d'aide judiciaire au sein de l'Union européenne en vertu de la directive 2003/8/CE devraient par conséquent être complétées par des règles spécifiques créant ainsi un régime particulier d'aide judiciaire en matière d'obligations alimentaires. Dans ce cadre, l'autorité compétente de l'État membre requis devrait pouvoir, à titre exceptionnel, recouvrer les frais auprès d'un demandeur bénéficiaire de l'aide judiciaire gratuite qui succombe, pour autant que sa situation financière le permette. Cela serait notamment le cas d'une personne fortunée qui aurait agi de mauvaise foi.

(37) En outre, pour les obligations alimentaires autres que celles visées au précédent considérant, il y a lieu de garantir à toutes les parties le même traitement en termes d'aide judiciaire au moment de l'exécution d'une décision dans un autre État membre. Ainsi, les dispositions sur la continuité de l'aide judiciaire du présent règlement devraient être entendues comme octroyant également une telle aide à une partie qui, n'ayant pas bénéficié de l'aide judiciaire lors de la procédure visant à l'obtention ou la modification d'une décision dans l'État membre d'origine, en a ensuite bénéficié dans ce même État dans le cadre d'une demande visant à l'exécution de la décision. De même, une partie qui a bénéficié d'une procédure gratuite devant une autorité administrative énumérée à l'annexe X devrait, dans l'État membre d'exécution, se voir accorder le bénéfice de l'aide judiciaire la plus favorable ou de l'exemption de frais et dépens la plus large à condition de justifier qu'elle en aurait bénéficié dans l'État membre d'origine.

(38) Afin de réduire les frais de traduction de pièces justificatives, la juridiction saisie ne devrait exiger la traduction de ces pièces que lorsqu'une traduction est nécessaire, sans préjudice des droits de la défense et des règles applicables à la signification et à la notification des actes.

(39) Afin de faciliter l'application du présent règlement, il convient de prévoir une obligation pour les États membres de communiquer les noms et coordonnées de leurs autorités centrales ainsi que d'autres informations à la Commission. Ces informations devraient être mises à la disposition des praticiens et du public par voie de publication au *Journal officiel* de l'Union européenne ou d'accès électronique au moyen du réseau judiciaire européen en matière civile et commerciale créé par la décision 2001/470/CE. Par ailleurs, l'utilisation des formulaires prévus au présent règlement devrait faciliter et accélérer la communication entre autorités centrales et permettre la présentation de demandes par voie électronique.

(40) Il convient de régler la relation entre le présent règlement et les conventions et accords bilatéraux ou multilatéraux en matière d'obligations alimentaires auxquelles les États membres sont parties. Dans ce contexte, il y a lieu de prévoir que les États membres parties à la convention du 23 mars 1962 entre la Suède, le Danemark, la Finlande, l'Islande et la Norvège sur le recouvrement des créances alimentaires pourront continuer à appliquer celle-ci compte tenu du fait qu'elle contient des règles en matière de reconnaissance et d'exécution plus favorables que celles prévues par le présent règlement. S'agissant des accords bilatéraux futurs en matière d'obligations alimentaires avec des États tiers, les procédures et conditions dans lesquelles les États membres seraient autorisés à négocier et à conclure en leur propre nom de tels accords devraient être déterminées dans le cadre des discussions relatives à une proposition de la Commission sur ce sujet.

(41) Pour le calcul des périodes et délais prévus par le présent règlement, le règlement (CEE, Euratom) n° 1182/71 du Conseil du 3 juin 1971 portant détermination des règles applicables aux délais, aux dates et aux termes [15] devrait s'appliquer.

(42) Il y a lieu d'arrêter les mesures nécessaires pour la mise en œuvre du présent règlement en conformité avec la décision 1999/468/CE du Conseil du 28 juin 1999 fixant les modalités de l'exercice des compétences d'exécution conférées à la Commission [16].

(43) Il convient en particulier d'habiliter la Commission à adopter toute modification des formulaires prévus au présent règlement selon la procédure consultative prévue à l'article 3 de la décision 1999/468/CE. Pour l'établissement de la liste des autorités administratives entrant dans le champ d'application du présent règlement, ainsi que la liste des autorités compétentes en matière d'attestation du droit à l'aide judiciaire, il convient d'habiliter la Commission à agir selon la procédure de gestion prévue à l'article 4 de ladite décision.

(44) Le présent règlement devrait modifier le règlement (CE) n° 44/2001 en remplaçant les dispositions de celui-ci applicables en matière d'obligations alimentaires. Sous réserve des dispositions transitoires du présent règlement, les États membres devraient, en matière d'obligations alimentaires, appliquer les dispositions du présent règlement sur la compétence, sur la reconnaissance, la force exécutoire et l'exécution des décisions et sur l'aide judiciaire à la place de celles du règlement (CE) n° 44/2001 à compter de la date d'application du présent règlement.

(45) Étant donné que les objectifs du présent règlement, à savoir la mise en place d'une série de mesures permettant d'assurer le recouvrement effectif des créances alimentaires dans des situations transfrontalières et dès lors de faciliter la libre circulation des personnes au sein de l'Union européenne, ne peuvent pas être réalisés de manière suffisante par les États membres et peuvent donc, en raison des dimensions et des effets du présent règlement, être mieux réalisés au niveau communautaire, la Communauté peut prendre des mesures, conformément au principe de subsidiarité consacré à l'article 5 du traité. Conformément au principe de proportionnalité tel qu'énoncé audit article, le présent règlement n'excède pas ce qui est nécessaire pour atteindre ces objectifs.

(46) Conformément à l'article 3 du protocole sur la position du Royaume-Uni et de l'Irlande annexé au traité sur l'Union européenne et au traité instituant la Communauté européenne, l'Irlande a notifié son souhait de participer à l'adoption et à l'application du présent règlement.

(47) Conformément aux articles 1er et 2 du protocole sur la position du Royaume-Uni et de l'Irlande annexé au traité sur l'Union européenne et au traité instituant la Communauté européenne, le Royaume-Uni ne participe pas à l'adoption du présent règlement et n'est pas lié par celui-ci ni soumis à son application. Cela est toutefois sans préjudice de la possibilité pour le Royaume-Uni de notifier son intention d'accepter le présent règlement après son adoption conformément à l'article 4 dudit protocole.

(48) Conformément aux articles 1er et 2 du protocole sur la position du Danemark annexé au traité sur l'Union européenne et au traité instituant la Communauté européenne, le Danemark ne participe pas à l'adoption du présent règlement et n'est pas lié par celui-ci ni soumis à son application, sans préjudice de la possibilité pour le Danemark d'appliquer le contenu des modifications apportées au règlement (CE) n° 44/2001 en vertu de l'article 3 de l'accord du 19 octobre 2005 entre la Commu-

nauté européenne et le Royaume du Danemark sur la compétence judiciaire, la reconnaissance et l'exécution des décisions en matière civile et commerciale [17],

*A arrêté le présent règlement :*

CHAPITRE PREMIER

## Champ d'application et définitions

### Article premier – Champ d'application

1. Le présent règlement s'applique aux obligations alimentaires découlant de relations de famille, de parenté, de mariage ou d'alliance.

2. Dans le présent règlement, on entend par « État membre » tous les États membres auxquels le présent règlement s'applique.

### Article 2 – Définitions

1. Aux fins du présent règlement on entend par :

1) « décision » : une décision en matière d'obligations alimentaires rendue par une juridiction d'un État membre, quelle que soit la dénomination qui lui est donnée, telle qu'arrêt, jugement, ordonnance ou mandat d'exécution, ainsi qu'une décision du greffier fixant le montant des frais du procès. Aux fins des chapitres VII et VIII, on entend par « décision » également une décision en matière d'obligations alimentaires rendue dans un État tiers;

2) « transaction judiciaire » : une transaction en matière d'obligations alimentaires approuvée par une juridiction ou conclue devant une juridiction au cours d'une procédure;

3) « acte authentique » :

a) un acte en matière d'obligations alimentaires dressé ou enregistré formellement en tant qu'acte authentique dans l'État membre d'origine et dont l'authenticité :

i) porte sur la signature et le contenu de l'acte authentique, et

ii) a été établie par une autorité publique ou toute autre autorité habilitée à ce faire; ou

b) une convention en matière d'obligations alimentaires conclue avec des autorités administratives de l'État membre d'origine ou authentifiée par celles-ci;

4) « État membre d'origine » : l'État membre dans lequel, selon le cas, la décision a été rendue, la transaction judiciaire approuvée ou conclue et l'acte authentique établi;

5) « État membre d'exécution » : l'État membre dans lequel est demandée l'exécution de la décision, de la transaction judiciaire ou de l'acte authentique;

6) « État membre requérant » : l'État membre dont l'autorité centrale transmet une demande en vertu du chapitre VII;

7) « État membre requis » : l'État membre dont l'autorité centrale reçoit une demande en vertu du chapitre VII;

8) « État partie à la convention de La Haye de 2007 » : un État partie à la Convention de La Haye du 23 novembre 2007 sur le recouvrement international des aliments destinés aux enfants et à d'autres membres de la famille (ci-après dénommée « la convention de La Haye de 2007 »), dans la mesure où ladite convention s'applique entre la Communauté et cet État;

9) « juridiction d'origine » : la juridiction qui a rendu la décision à exécuter;

10) « créancier » : toute personne physique à qui des aliments sont dus ou sont allégués être dus ;

11) « débiteur » : toute personne physique qui doit des aliments ou dont il est allégué qu'elle doit des aliments.

2. Aux fins du présent règlement, la notion de « juridiction » inclut les autorités administratives des États membres compétentes en matière d'obligations alimentaires, pour autant que ces autorités offrent des garanties en ce qui concerne leur impartialité et le droit des parties à être entendues, et que les décisions qu'elles rendent conformément à la législation de l'État membre où elles sont établies

i) puissent faire l'objet d'un recours devant une autorité judiciaire ou d'un contrôle par une telle autorité, et

ii) aient une force et un effet équivalent à une décision d'une autorité judiciaire dans la même matière.

Ces autorités administratives sont énumérées à l'annexe X. Cette annexe est établie et modifiée selon la procédure de gestion visée à l'article 73, paragraphe 2, à la demande de l'État membre dans lequel est établie l'autorité administrative concernée.

3. Aux fins des articles 3, 4 et 6, la notion de « domicile » remplace celle de « nationalité » dans les États membres qui utilisent cette notion en tant que facteur de rattachement en matière familiale.

Aux fins de l'article 6, les parties qui ont leur « domicile » dans différentes unités territoriales d'un même État membre sont considérées comme ayant leur « domicile » commun dans cet État membre.

CHAPITRE II

## Compétence

### Article 3 – Dispositions générales

Sont compétentes pour statuer en matière d'obligations alimentaires dans les États membres :

a) la juridiction du lieu où le défendeur a sa résidence habituelle, ou

b) la juridiction du lieu où le créancier a sa résidence habituelle, ou

c) la juridiction qui est compétente selon la loi du for pour connaître d'une action relative à l'état des personnes lorsque la demande relative à une obligation alimentaire est accessoire à cette action, sauf si cette compétence est fondée uniquement sur la nationalité d'une des parties, ou

d) la juridiction qui est compétente selon la loi du for pour connaître d'une action relative à la responsabilité parentale lorsque la demande relative à une obligation alimentaire est accessoire à cette action, sauf si cette compétence est fondée uniquement sur la nationalité d'une des parties.

### Article 4 – Élection de for

1. Les parties peuvent convenir que la juridiction ou les juridictions ci-après d'un État membre sont compétentes pour régler les différends en matière d'obligations alimentaires nés ou à naître entre elles :

a) une juridiction ou les juridictions d'un État membre dans lequel l'une des parties a sa résidence habituelle ;

b) une juridiction ou les juridictions de l'État membre dont l'une des parties a la nationalité :

c) en ce qui concerne les obligations alimentaires entre époux ou ex-époux :

i) la juridiction compétente pour connaître de leurs différends en matière matrimoniale, ou

ii) une juridiction ou les juridictions de l'État membre qui a été celui de leur dernière résidence habituelle commune pendant au moins un an.

Les conditions visées aux points a), b) ou c) doivent être réunies au moment de la conclusion de la convention relative à l'élection de for ou au moment de l'introduction de l'instance.

La compétence attribuée par convention est exclusive, sauf si les parties en disposent autrement.

2. Une convention relative à l'élection de for est conclue par écrit. Toute transmission par voie électronique qui permet de consigner durablement la convention est considérée comme revêtant une forme écrite.

3. Le présent article n'est pas applicable dans un litige portant sur une obligation alimentaire à l'égard d'un enfant de moins de dix-huit ans.

4. Si les parties sont convenues d'attribuer une compétence exclusive à une juridiction ou aux juridictions d'un État partie à la convention concernant la compétence judiciaire, la reconnaissance et l'exécution des décisions en matière civile et commerciale [18], signée le 30 octobre 2007 à Lugano (ci-après dénommée « la convention de Lugano »), dès lors que celui-ci n'est pas un État membre, ladite convention s'applique sauf en ce qui concerne les litiges visés au paragraphe 3.

### Article 5 – Compétence fondée sur la comparution du défendeur

Outre les cas où sa compétence résulte d'autres dispositions du présent règlement, la juridiction d'un État membre devant laquelle le défendeur comparaît est compétente. Cette règle n'est pas applicable si la comparution a pour objet de contester la compétence.

### Article 6 – Compétence subsidiaire

Lorsqu'aucune juridiction d'un État membre n'est compétente en vertu des articles 3, 4 et 5, et qu'aucune juridiction d'un État partie à la convention de Lugano qui n'est pas un État membre n'est compétente en vertu des dispositions de ladite convention, les juridictions de l'État membre de la nationalité commune des parties sont compétentes.

### Article 7 – *Forum necessitatis*

Lorsqu'aucune juridiction d'un État membre n'est compétente en vertu des articles 3, 4, 5 et 6, les juridictions d'un État membre peuvent, dans des cas exceptionnels, connaître du litige si une procédure ne peut raisonnablement être introduite ou conduite, ou se révèle impossible dans un État tiers avec lequel le litige a un lien étroit.

Le litige doit présenter un lien suffisant avec l'État membre de la juridiction saisie.

### Article 8 – Limite aux procédures

1. Lorsqu'une décision a été rendue dans un État membre ou dans un État partie à la convention de La Haye de 2007 où le créancier a sa résidence habituelle, le débiteur ne peut introduire une procédure pour modifier la décision ou obtenir une

nouvelle décision dans un autre État membre tant que le créancier continue à résider habituellement dans l'État dans lequel la décision a été rendue.

2. Le paragraphe 1 ne s'applique pas :

a) lorsque les parties sont convenues, conformément à l'article 4, que les juridictions de cet autre État membre sont compétentes ;

b) lorsque le créancier se soumet à la compétence des juridictions de cet autre État membre en vertu de l'article 5 ;

c) lorsque l'autorité compétente de l'État d'origine partie à la convention de La Haye de 2007 ne peut ou refuse d'exercer sa compétence pour modifier la décision ou rendre une nouvelle décision, ou

d) lorsque la décision rendue dans l'État d'origine partie à la convention de La Haye de 2007 ne peut être reconnue ou déclarée exécutoire dans l'État membre dans lequel des procédures tendant à la modification de la décision ou à l'obtention d'une nouvelle décision sont envisagées.

### Article 9 – Saisine d'une juridiction

Aux fins du présent chapitre, une juridiction est réputée saisie :

a) à la date à laquelle l'acte introductif d'instance ou un acte équivalent est déposé auprès de la juridiction, à condition que le demandeur n'ait pas négligé par la suite de prendre les mesures qu'il était tenu de prendre pour que l'acte soit notifié ou signifié au défendeur, ou

b) si l'acte doit être notifié ou signifié avant d'être déposé auprès de la juridiction, à la date à laquelle il est reçu par l'autorité chargée de la notification ou de la signification, à condition que le demandeur n'ait pas négligé par la suite de prendre les mesures qu'il était tenu de prendre pour que l'acte soit déposé auprès de la juridiction.

### Article 10 – Vérification de la compétence

La juridiction d'un État membre saisie d'une affaire pour laquelle elle n'est pas compétente en vertu du présent règlement se déclare d'office incompétente.

### Article 11 – Vérification de la recevabilité

1. Lorsque le défendeur qui a sa résidence habituelle sur le territoire d'un État autre que l'État membre où l'action a été intentée ne comparaît pas, la juridiction compétente surseoit à statuer aussi longtemps qu'il n'est pas établi que le défendeur a été mis à même de recevoir l'acte introductif d'instance ou un acte équivalent en temps utile pour qu'il ait pu se défendre ou que toute diligence a été faite à cette fin.

2. L'article 19 du règlement (CE) n° 1393/2007 s'applique en lieu et place des dispositions du paragraphe 1 du présent article si l'acte introductif d'instance ou un acte équivalent a dû être transmis d'un État membre à un autre en exécution dudit règlement.

3. Lorsque les dispositions du règlement (CE) n° 1393/2007 ne sont pas applicables, l'article 15 de la convention de La Haye du 15 novembre 1965 relative à la signification et à la notification à l'étranger des actes judiciaires et extrajudiciaires en matière civile ou commerciale s'applique si l'acte introductif d'instance ou un acte équivalent a dû être transmis à l'étranger en exécution de cette convention.

### Article 12 – Litispendance

1. Lorsque des demandes ayant le même objet et la même cause sont formées entre les mêmes parties devant des juridictions d'États membres différents, la juridiction saisie en second lieu sursoit d'office à statuer jusqu'à ce que la compétence du tribunal premier saisi soit établie.

2. Lorsque la compétence du tribunal premier saisi est établie, le tribunal saisi en second lieu se dessaisit en faveur de celui-ci.

### Article 13 – Connexité

1. Lorsque des demandes connexes sont pendantes devant des juridictions d'États membres différents, la juridiction saisie en second lieu peut surseoir à statuer.

2. Lorsque ces demandes sont pendantes au premier degré, la juridiction saisie en second lieu peut également se dessaisir, à la demande de l'une des parties, à condition que le tribunal premier saisi soit compétent pour connaître des demandes en question et que sa loi permette leur jonction.

3. Sont connexes, au sens du présent article, les demandes liées entre elles par un rapport si étroit qu'il y a intérêt à les instruire et à les juger en même temps afin d'éviter des solutions qui pourraient être inconciliables si les causes étaient jugées séparément.

### Article 14 – Mesures provisoires et conservatoires

Les mesures provisoires ou conservatoires prévues par la loi d'un État membre peuvent être demandées aux autorités judiciaires de cet État, même si, en vertu du présent règlement, une juridiction d'un autre État membre est compétente pour connaître du fond.

## CHAPITRE III
## Loi applicable

### Article 15 – Détermination de la loi applicable

La loi applicable en matière d'obligations alimentaires est déterminée conformément au protocole de La Haye du 23 novembre 2007 sur la loi applicable aux obligations alimentaires (ci-après dénommé « le protocole de La Haye de 2007 ») pour les États membres liés par cet instrument.

## CHAPITRE IV
## Reconnaissance, force exécutoire et exécution des décisions

### Article 16 – Champ d'application du présent chapitre

1. Le présent chapitre régit la reconnaissance, la force exécutoire et l'exécution des décisions visées par le présent règlement.

2. La section 1 s'applique aux décisions rendues dans un État membre lié par le protocole de La Haye de 2007.

3. La section 2 s'applique aux décisions rendues dans un État membre non lié par le protocole de La Haye de 2007.

4. La section 3 s'applique à toutes les décisions.

*Section 1*

## Décisions rendues dans un État membre lié par le protocole de La Haye de 2007

### Article 17 – Suppression de l'*exequatur*

1. Une décision rendue dans un État membre lié par le protocole de La Haye de 2007 est reconnue dans un autre État membre sans qu'il soit nécessaire de recourir à aucune procédure et sans qu'il soit possible de s'opposer à sa reconnaissance.

2. Une décision rendue dans un État membre lié par le protocole de La Haye de 2007 qui est exécutoire dans cet État jouit de la force exécutoire dans un autre État membre sans qu'une déclaration constatant la force exécutoire soit nécessaire.

### Article 18 – Mesures conservatoires

Une décision exécutoire emporte de plein droit l'autorisation de procéder aux mesures conservatoires prévues par la loi de l'État membre d'exécution.

### Article 19 – Droit de demander un réexamen

1. Un défendeur qui n'a pas comparu dans l'État membre d'origine a le droit de demander le réexamen de la décision devant la juridiction compétente dudit État membre lorsque :

a) l'acte introductif d'instance ou un acte équivalent ne lui a pas été signifié ou notifié en temps utile et de telle manière qu'il ait pu se défendre, ou

b) il s'est trouvé dans l'impossibilité de contester la créance alimentaire pour cause de force majeure ou en raison de circonstances extraordinaires sans qu'il y ait eu faute de sa part,

à moins qu'il n'ait pas exercé de recours à l'encontre de la décision alors qu'il était en mesure de le faire.

2. Le délai pour demander le réexamen court à compter du jour où le défendeur a eu effectivement connaissance du contenu de la décision et où il a été en mesure d'agir, au plus tard à compter du jour de la première mesure d'exécution ayant pour effet de rendre ses biens indisponibles en tout ou partie. Le défendeur agit sans tarder et en tout état de cause dans un délai de 45 jours. Ce délai ne comporte pas de prorogation à raison de la distance.

3. Si la juridiction rejette la demande de réexamen visée au paragraphe 1 au motif qu'aucune des conditions de réexamen énoncées audit paragraphe n'est remplie, la décision reste valable.

Si la juridiction décide que le réexamen est justifié au motif que l'une des conditions énoncées au paragraphe 1 est remplie, la décision est nulle et non avenue. Toutefois, le créancier ne perd pas les avantages résultant de l'interruption des délais de prescription ou de déchéance ni le droit de demander rétroactivement des aliments qu'il aurait acquis par l'action initiale.

### Article 20 – Documents aux fins de l'exécution

1. Aux fins de l'exécution d'une décision dans un autre État membre, le demandeur fournit aux autorités compétentes chargées de l'exécution :

a) une copie de la décision réunissant les conditions nécessaires pour en établir l'authenticité ;

b) l'extrait de la décision délivré par la juridiction d'origine au moyen du formulaire dont le modèle figure à l'annexe I;

c) le cas échéant un document établissant l'état des arrérages et indiquant la date à laquelle le calcul a été effectué;

d) le cas échéant, la translittération ou la traduction du contenu du formulaire visé au point b) dans la langue officielle de l'État membre d'exécution ou, si cet État membre a plusieurs langues officielles, dans la ou l'une des langues officielles de la procédure judiciaire du lieu où l'exécution est demandée, conformément au droit de cet État membre, ou dans une autre langue que l'État membre d'exécution aura déclaré pouvoir accepter. Chaque État membre peut indiquer la ou les langues officielles des institutions de l'Union européenne, autres que la ou les siennes, dans laquelle ou lesquelles il accepte que le formulaire soit rempli.

2. Les autorités compétentes de l'État membre d'exécution ne peuvent exiger du demandeur qu'il fournisse une traduction de la décision. Une traduction peut cependant être exigée si l'exécution de la décision est contestée.

3. Une traduction au titre du présent article doit être faite par une personne habilitée à effectuer des traductions dans l'un des États membres.

### Article 21 – Refus ou suspension de l'exécution

1. Les motifs de refus ou de suspension de l'exécution prévus par la loi de l'État membre d'exécution s'appliquent pour autant qu'ils ne soient pas incompatibles avec l'application des paragraphes 2 et 3.

2. À la demande du débiteur, l'autorité compétente de l'État membre d'exécution refuse, intégralement ou partiellement, l'exécution de la décision de la juridiction d'origine lorsque le droit d'obtenir l'exécution de la décision de la juridiction d'origine est prescrit, aux termes de la loi de l'État membre d'origine ou de l'État membre d'exécution, le plus long délai de prescription étant retenu.

De plus, l'autorité compétente de l'État membre d'exécution peut, à la demande du débiteur, refuser, intégralement ou partiellement, l'exécution de la décision de la juridiction d'origine si celle-ci est inconciliable avec une décision rendue dans l'État membre d'exécution ou avec une décision rendue dans un autre État membre ou dans un État tiers, laquelle réunit les conditions nécessaires à sa reconnaissance dans l'État membre d'exécution.

Une décision ayant pour effet de modifier, en raison d'un changement de circonstances, une décision antérieure relative à des aliments n'est pas considérée comme une décision inconciliable au sens du deuxième alinéa.

3. À la demande du débiteur, l'autorité compétente de l'État membre d'exécution peut suspendre, intégralement ou partiellement, l'exécution de la décision de la juridiction d'origine lorsque la juridiction compétente de l'État membre d'origine est saisie d'une demande de réexamen de la décision de la juridiction d'origine conformément à l'article 19.

En outre, l'autorité compétente de l'État membre d'exécution suspend, à la demande du débiteur, l'exécution de la décision de la juridiction d'origine si la force exécutoire est suspendue dans l'État membre d'origine.

### Article 22 – Absence d'effet sur l'existence des relations de famille

La reconnaissance et l'exécution d'une décision en matière d'obligations alimentaires en vertu du présent règlement n'impliquent en aucune manière la reconnaissance des relations de famille, de parenté, de mariage ou d'alliance qui sont à l'origine des obligations alimentaires ayant donné lieu à la décision.

*Section 2*

## Décisions rendues dans un État membre non lié par le protocole de La Haye de 2007

### Article 23 – Reconnaissance

1. Les décisions rendues dans un État membre non lié par le protocole de La Haye de 2007 sont reconnues dans les autres États membres, sans qu'il soit nécessaire de recourir à aucune procédure.

2. En cas de contestation, toute partie intéressée qui invoque à titre principal la reconnaissance d'une décision peut faire constater, selon les procédures prévues dans la présente section, que la décision doit être reconnue.

3. Si la reconnaissance est invoquée de façon incidente devant une juridiction d'un État membre, celle-ci est compétente pour en connaître.

### Article 24 – Motifs de refus de reconnaissance

Une décision n'est pas reconnue si :

a) la reconnaissance est manifestement contraire à l'ordre public de l'État membre dans lequel la reconnaissance est demandée. Le critère de l'ordre public ne peut être appliqué aux règles de compétence;

b) l'acte introductif d'instance ou un acte équivalent n'a pas été signifié ou notifié au défendeur défaillant en temps utile et de telle manière qu'il ait pu se défendre, à moins qu'il n'ait pas exercé de recours à l'encontre de la décision alors qu'il était en mesure de le faire;

c) elle est inconciliable avec une décision rendue entre les mêmes parties dans l'État membre dans lequel la reconnaissance est demandée;

d) elle est inconciliable avec une décision rendue antérieurement dans un autre État membre ou dans un État tiers entre les mêmes parties dans un litige ayant le même objet et la même cause, lorsque la décision rendue antérieurement réunit les conditions nécessaires à sa reconnaissance dans l'État membre dans lequel la reconnaissance est demandée.

Une décision ayant pour effet de modifier, en raison d'un changement de circonstances, une décision antérieure relative à des aliments n'est pas considérée comme une décision inconciliable au sens des points c) ou d).

### Article 25 – Sursis à statuer

La juridiction d'un État membre devant laquelle est invoquée la reconnaissance d'une décision rendue dans un État membre non lié par le protocole de La Haye de 2007 surseoit à statuer si la force exécutoire de la décision est suspendue dans l'État membre d'origine du fait de l'exercice d'un recours.

### Article 26 – Force exécutoire

Une décision rendue dans un État membre non lié par le protocole de La Haye de 2007 et qui y est exécutoire est mise à exécution dans un autre État membre après y avoir été déclarée exécutoire sur demande de toute partie intéressée.

### Article 27 – Compétence territoriale

1. La demande de déclaration constatant la force exécutoire est présentée à la juridiction ou à l'autorité compétente de l'État membre d'exécution dont cet État membre a transmis le nom à la Commission conformément à l'article 71.

2. La compétence territoriale est déterminée par la résidence habituelle de la partie contre laquelle l'exécution est demandée, ou par le lieu de l'exécution.

### Article 28 – Procédure

1. La demande de déclaration constatant la force exécutoire est accompagnée des documents suivants :

a) une copie de la décision réunissant les conditions nécessaires pour en établir l'authenticité ;

b) un extrait de la décision délivré par la juridiction d'origine au moyen du formulaire dont le modèle figure à l'annexe II, sans préjudice de l'article 29 ;

c) le cas échéant, la translittération ou la traduction du contenu du formulaire visé au point b) dans la langue officielle de l'État membre d'exécution ou, si cet État membre a plusieurs langues officielles, dans la ou l'une des langues officielles de la procédure judiciaire du lieu où la demande est présentée, conformément au droit de cet État membre, ou dans une autre langue que l'État membre d'exécution aura déclaré pouvoir accepter. Chaque État membre peut indiquer la ou les langues officielles des institutions de l'Union européenne, autres que la ou les siennes, dans laquelle ou lesquelles il accepte que le formulaire soit rempli.

2. La juridiction ou l'autorité compétente saisie de la demande ne peut exiger du demandeur qu'il fournisse une traduction de la décision. Une traduction peut cependant être exigée dans le cadre du recours prévu aux articles 32 ou 33.

3. Une traduction au titre du présent article doit être faite par une personne habilitée à effectuer des traductions dans l'un des États membres.

### Article 29 – Défaut de production de l'extrait

1. À défaut de production de l'extrait visé à l'article 28, paragraphe 1, point b), la juridiction ou l'autorité compétente peut impartir un délai pour le produire ou accepter un document équivalent ou, si elle s'estime suffisamment éclairée, en dispenser.

2. Dans le cas visé au paragraphe 1, il est produit une traduction des documents si la juridiction ou l'autorité compétente l'exige. La traduction est faite par une personne habilitée à effectuer des traductions dans l'un des États membres.

### Article 30 – Déclaration constatant la force exécutoire

La décision est déclarée exécutoire sans examen au titre de l'article 24, dès l'achèvement des formalités prévues à l'article 28 et au plus tard dans les 30 jours suivant l'achèvement de ces formalités, sauf impossibilité due à des circonstances exceptionnelles. La partie contre laquelle l'exécution est demandée ne peut, à ce stade de la procédure, présenter d'observations.

### Article 31 – Communication de la décision relative à la demande de déclaration

1. La décision relative à la demande de déclaration constatant la force exécutoire est aussitôt portée à la connaissance du demandeur suivant les modalités déterminées par la loi de l'État membre d'exécution.

2. La déclaration constatant la force exécutoire est signifiée ou notifiée à la partie contre laquelle l'exécution est demandée, accompagnée de la décision si celle-ci n'a pas encore été signifiée ou notifiée à cette partie.

### Article 32 – Recours contre la décision relative à la demande de déclaration

1. L'une ou l'autre partie peut former un recours contre la décision relative à la demande de déclaration constatant la force exécutoire.

2. Le recours est porté devant la juridiction dont l'État membre concerné a transmis le nom à la Commission conformément à l'article 71.

3. Le recours est examiné selon les règles de la procédure contradictoire.

4. Si la partie contre laquelle l'exécution est demandée ne comparaît pas devant la juridiction saisie du recours formé par le demandeur, les dispositions de l'article 11 sont applicables, même si la partie contre laquelle l'exécution est demandée n'a pas sa résidence habituelle dans l'un des États membres.

5. Le recours contre la déclaration constatant la force exécutoire est formé dans un délai de 30 jours à compter de sa signification ou de sa notification. Si la partie contre laquelle l'exécution est demandée a sa résidence habituelle dans un autre État membre que celui dans lequel la déclaration constatant la force exécutoire a été délivrée, le délai est de 45 jours et court à compter du jour où la signification ou la notification a été faite à personne ou à domicile. Ce délai ne comporte pas de prorogation à raison de la distance.

### Article 33 – Pourvoi contre la décision rendue sur le recours

La décision rendue sur le recours ne peut faire l'objet d'un pourvoi qu'au moyen de la procédure que l'État membre concerné a communiquée à la Commission conformément à l'article 71.

### Article 34 – Refus ou révocation d'une déclaration constatant la force exécutoire

1. La juridiction saisie d'un recours prévu aux articles 32 ou 33 ne peut refuser ou révoquer une déclaration constatant la force exécutoire de la décision que pour l'un des motifs prévus à l'article 24.

2. Sous réserve de l'article 32, paragraphe 4, la juridiction saisie d'un recours prévu à l'article 32 statue dans un délai de 90 jours à compter de sa saisine, sauf impossibilité due à des circonstances exceptionnelles.

3. La juridiction saisie d'un recours prévu à l'article 33 statue à bref délai.

### Article 35 – Sursis à statuer

La juridiction saisie d'un recours prévu aux articles 32 ou 33 surseoit à statuer, à la demande de la partie contre laquelle l'exécution est demandée, si l'exécution de la décision est suspendue dans l'État membre d'origine du fait de l'exercice d'un recours.

### Article 36 – Mesures provisoires et conservatoires

1. Lorsqu'une décision doit être reconnue en application de la présente section, rien n'empêche le demandeur de demander qu'il soit procédé à des mesures provi-

soires, ou conservatoires, prévues par la loi de l'État membre d'exécution, sans qu'il soit nécessaire que cette décision soit déclarée exécutoire au sens de l'article 30.

2. La déclaration constatant la force exécutoire emporte de plein droit l'autorisation de procéder à des mesures conservatoires.

3. Pendant le délai prévu à l'article 32, paragraphe 5, pour former un recours contre la déclaration constatant la force exécutoire et jusqu'à ce qu'il ait été statué sur celui-ci, il ne peut être procédé qu'à des mesures conservatoires sur les biens de la partie contre laquelle l'exécution est demandée.

### Article 37 – Force exécutoire partielle

1. Lorsque la décision a statué sur plusieurs chefs de la demande et que la déclaration constatant la force exécutoire ne peut être délivrée pour le tout, la juridiction ou l'autorité compétente la délivre pour un ou plusieurs d'entre eux.

2. Le demandeur peut demander que la déclaration constatant la force exécutoire soit limitée à certaines parties d'une décision.

### Article 38 – Absence d'impôt, de droit ou de taxe

Aucun impôt, droit ou taxe proportionnel à la valeur du litige n'est perçu dans l'État membre d'exécution à l'occasion de la procédure tendant à la délivrance d'une déclaration constatant la force exécutoire.

*Section 3*

## Dispositions communes

### Article 39 – Force exécutoire par provision

La juridiction d'origine peut déclarer la décision exécutoire par provision, nonobstant un éventuel recours, même si le droit national ne prévoit pas la force exécutoire de plein droit.

### Article 40 – Invocation d'une décision reconnue

1. Une partie qui souhaite faire valoir dans un autre État membre une décision reconnue au sens de l'article 17, paragraphe 1, ou en vertu de la section 2, doit produire une copie de celle-ci réunissant les conditions nécessaires pour en établir l'authenticité.

2. Le cas échéant, la juridiction devant laquelle la décision reconnue est invoquée peut demander à la partie qui souhaite la faire valoir de produire un extrait délivré par la juridiction d'origine en utilisant le formulaire dont le modèle figure, selon le cas, à l'annexe I ou à l'annexe II.

La juridiction d'origine délivre cet extrait également à la demande de toute partie intéressée.

3. Le cas échéant, la partie invoquant la décision reconnue fournit une translittération ou une traduction du contenu du formulaire visé au paragraphe 2 dans la langue officielle de l'État membre concerné ou, si cet État membre a plusieurs langues officielles, dans la ou l'une des langues officielles de la procédure judiciaire du lieu où la décision reconnue est invoquée, conformément au droit de cet État membre, ou dans une autre langue que l'État membre concerné aura déclaré pouvoir accepter. Chaque État membre peut indiquer la ou les langues officielles des institu-

tions de l'Union européenne, autres que la ou les siennes, dans laquelle ou lesquelles il accepte que le formulaire soit rempli.

4. Une traduction au titre du présent article doit être faite par une personne habilitée à effectuer des traductions dans l'un des États membres.

### Article 41 – Procédure et conditions d'exécution

1. Sous réserve des dispositions du présent règlement, la procédure d'exécution des décisions rendues dans un autre État membre est régie par le droit de l'État membre d'exécution. Une décision rendue dans un État membre qui est exécutoire dans l'État membre d'exécution y est exécutée dans les mêmes conditions qu'une décision rendue dans cet État membre d'exécution.

2. La partie qui demande l'exécution d'une décision rendue dans un autre État membre n'est pas tenue d'avoir, dans l'État membre d'exécution, une adresse postale ni un représentant autorisé, sans préjudice des personnes compétentes en matière de procédure d'exécution.

### Article 42 – Absence de révision quant au fond

En aucun cas une décision rendue dans un État membre ne peut faire l'objet d'une révision quant au fond dans l'État membre dans lequel la reconnaissance, la force exécutoire ou l'exécution est demandée.

### Article 43 – Recouvrement non prioritaire des frais

Le recouvrement de tous frais encourus pour l'application du présent règlement n'a pas priorité sur le recouvrement des aliments.

## CHAPITRE V
## Accès à la justice

### Article 44 – Droit à l'aide judiciaire

1. Les parties à un litige relevant du présent règlement bénéficient d'un accès effectif à la justice dans un autre État membre, y compris dans le cadre des procédures d'exécution et des recours, selon les conditions définies dans le présent chapitre.

Dans les cas couverts par le chapitre VII, cet accès effectif est assuré par l'État membre requis à tout demandeur ayant sa résidence dans l'État membre requérant.

2. Pour assurer un tel accès effectif, les États membres fournissent une aide judiciaire conformément au présent chapitre, à moins que le paragraphe 3 ne s'applique.

3. Dans les cas couverts par le chapitre VII, un État membre n'est pas tenu de fournir une telle aide judiciaire si et dans la mesure où les procédures de cet État permettent aux parties d'agir sans avoir besoin d'aide judiciaire et que l'autorité centrale fournit gratuitement les services nécessaires.

4. Les conditions d'accès à l'aide judiciaire ne sont pas plus restrictives que celles fixées dans les affaires internes équivalentes.

5. Aucune caution ni aucun dépôt, sous quelque dénomination que ce soit, n'est imposé pour garantir le paiement des frais et dépens dans les procédures en matière d'obligations alimentaires.

## Article 45 – Contenu de l'aide judiciaire

L'aide judiciaire accordée au titre du présent chapitre désigne l'assistance nécessaire pour permettre aux parties de connaître et de faire valoir leurs droits et pour garantir que leurs demandes, présentées par l'intermédiaire des autorités centrales ou directement aux autorités compétentes, seront traitées de façon complète et efficace. Elle inclut le cas échéant les aspects suivants :

a) des conseils précontentieux en vue d'arriver à un règlement avant d'intenter une procédure judiciaire ;

b) l'assistance juridique en vue de saisir une autorité ou une juridiction, et la représentation en justice ;

c) l'exonération ou la prise en charge des frais de justice, et les honoraires des mandataires désignés pour accomplir des actes durant la procédure ;

d) dans les États membres où la partie qui succombe est condamnée à régler les frais de la partie adverse, si le bénéficiaire de l'aide judiciaire succombe, les frais de la partie adverse dès lors qu'elle aurait couvert ces frais si le bénéficiaire avait eu sa résidence habituelle dans l'État membre de la juridiction saisie ;

e) l'interprétation ;

f) la traduction des documents exigés par la juridiction ou l'autorité compétente et soumis par le bénéficiaire de l'aide judiciaire, qui sont nécessaires au règlement du litige ;

g) les frais de déplacement que le bénéficiaire de l'aide judiciaire doit exposer lorsque la loi ou la juridiction de l'État membre concerné exige la présence physique à l'audience des personnes concernées par l'introduction de la demande et lorsque la juridiction décide que les personnes concernées ne peuvent être entendues à sa satisfaction par aucun autre moyen.

## Article 46 – Aide judiciaire gratuite pour les demandes d'aliments destinés aux enfants introduites par l'intermédiaire des autorités centrales

1. L'État membre requis fournit une aide judiciaire gratuite pour toutes les demandes relatives aux obligations alimentaires découlant d'une relation parent-enfant envers une personne âgée de moins de 21 ans présentée par un créancier en vertu de l'article 56.

2. Nonobstant le paragraphe 1, l'autorité compétente de l'État membre requis peut, en ce qui a trait aux demandes autres que celles prévues à l'article 56, paragraphe 1, points a) et b), refuser l'octroi d'une aide judiciaire gratuite si elle considère que la demande ou quelque recours que ce soit est manifestement dépourvu de fondement.

## Article 47 – Cas ne relevant pas de l'article 46

1. Dans les cas ne relevant pas de l'article 46 et sous réserve des articles 44 et 45, l'aide judiciaire peut être accordée conformément au droit national, en particulier quant aux conditions de l'évaluation des ressources du demandeur ou du bien-fondé de la demande.

2. Nonobstant le paragraphe 1, une partie qui, dans l'État membre d'origine, a bénéficié en tout ou en partie de l'aide judiciaire ou d'une exemption de frais et dépens a droit, dans le cadre de toute procédure de reconnaissance, de force exécu-

toire ou d'exécution, à l'aide judiciaire la plus favorable ou à l'exemption la plus large prévue par le droit de l'État membre d'exécution.

3. Nonobstant le paragraphe 1, une partie qui, dans l'État membre d'origine, a bénéficié d'une procédure gratuite devant une autorité administrative énumérée à l'annexe X a droit, dans le cadre de toute procédure de reconnaissance, de force exécutoire ou d'exécution, à l'aide judiciaire conformément au paragraphe 2. À cet effet, elle produit un document établi par l'autorité compétente de l'État membre d'origine attestant qu'elle remplit les conditions économiques pour pouvoir bénéficier en tout ou en partie de l'aide judiciaire ou d'une exemption de frais et dépens.

Les autorités compétentes aux fins du présent paragraphe sont énumérées à l'annexe XI. Cette annexe est établie et modifiée selon la procédure de gestion visée à l'article 73, paragraphe 2.

CHAPITRE VI

## Transactions judiciaires et actes authentiques

### Article 48 – Application du présent règlement aux transactions judiciaires et aux actes authentiques

1. Les transactions judiciaires et les actes authentiques exécutoires dans l'État membre d'origine sont reconnus dans un autre État membre et y jouissent de la même force exécutoire que les décisions, conformément au chapitre IV.

2. Les dispositions du présent règlement sont applicables, en tant que de besoin, aux transactions judiciaires et aux actes authentiques.

3. L'autorité compétente de l'État membre d'origine délivre, à la demande de toute partie intéressée, un extrait de la transaction judiciaire ou de l'acte authentique au moyen du formulaire dont le modèle figure, selon le cas, aux annexes I et II ou aux annexes III et IV.

CHAPITRE VII

## Coopération entre autorités centrales

### Article 49 – Désignation des autorités centrales

1. Chaque État membre désigne une autorité centrale chargée de satisfaire aux obligations qui lui sont imposées par le présent règlement.

2. Un État membre fédéral, un État membre dans lequel plusieurs systèmes de droit sont en vigueur ou un État membre ayant des unités territoriales autonomes est libre de désigner plus d'une autorité centrale et spécifie l'étendue territoriale ou personnelle de leurs fonctions. L'État membre qui fait usage de cette faculté désigne l'autorité centrale à laquelle toute communication peut être adressée en vue de sa transmission à l'autorité centrale compétente au sein de cet État. Si une communication est envoyée à une autorité centrale qui n'est pas compétente, cette dernière est tenue de la transmettre à l'autorité centrale compétente et d'en informer l'expéditeur.

3. Chaque État membre informe la Commission, conformément à l'article 71, de la désignation de l'autorité centrale ou des autorités centrales ainsi que de leurs coordonnées et, le cas échéant, de l'étendue de leurs fonctions visées au paragraphe 2.

### Article 50 – Fonctions générales des autorités centrales

1. Les autorités centrales :

a) coopèrent entre elles, notamment en échangeant des informations, et promeuvent la coopération entre les autorités compétentes de leur État membre pour réaliser les objectifs du présent règlement;

b) recherchent, dans toute la mesure du possible, des solutions aux difficultés pouvant survenir dans le cadre de l'application du présent règlement.

2. Les autorités centrales prennent des mesures pour faciliter l'application du présent règlement et renforcer leur coopération. À cette fin, il est fait usage du réseau judiciaire européen en matière civile et commerciale créé par la décision 2001/470/CE.

### Article 51 – Fonctions spécifiques des autorités centrales

1. Les autorités centrales fournissent une assistance relative aux demandes prévues à l'article 56, notamment en :

a) transmettant et recevant ces demandes;

b) introduisant ou facilitant l'introduction de procédures relatives à ces demandes.

2. Concernant ces demandes, les autorités centrales prennent toutes les mesures appropriées pour :

a) accorder ou faciliter l'octroi d'une aide judiciaire, lorsque les circonstances l'exigent;

b) aider à localiser le débiteur ou le créancier, notamment en application des articles 61, 62 et 63;

c) faciliter la recherche des informations pertinentes relatives aux revenus et, si nécessaire, au patrimoine du débiteur ou du créancier, y compris la localisation des biens, notamment en application des articles 61, 62 et 63;

d) encourager les règlements amiables afin d'obtenir un paiement volontaire des aliments, lorsque cela s'avère approprié par le recours à la médiation, à la conciliation ou à d'autres modes analogues;

e) faciliter l'exécution continue des décisions en matière d'aliments, y compris les arrérages;

f) faciliter le recouvrement et le virement rapide des paiements d'aliments;

g) faciliter l'obtention d'éléments de preuve documentaire ou autre, sans préjudice du règlement (CE) n° 1206/2001;

h) fournir une assistance pour établir la filiation lorsque cela est nécessaire pour le recouvrement d'aliments;

i) introduire ou faciliter l'introduction de procédures afin d'obtenir toute mesure nécessaire et provisoire à caractère territorial et ayant pour but de garantir l'aboutissement d'une demande pendante d'aliments;

j) faciliter la signification et la notification des actes, sans préjudice du règlement (CE) n° 1393/2007.

3. Les fonctions conférées à l'autorité centrale en vertu du présent article peuvent être exercées, dans la mesure prévue par la loi de l'État membre concerné, par des organismes publics ou d'autres organismes soumis au contrôle des autorités compétentes de cet État membre. La désignation de tout organisme, public ou autre, ainsi que ses coordonnées et l'étendue de ses fonctions sont communiquées par l'État membre à la Commission conformément à l'article 71.

4. Le présent article et l'article 53 n'imposent en aucun cas à une autorité centrale l'obligation d'exercer des attributions qui relèvent exclusivement des autorités judiciaires selon la loi de l'État membre requis.

### Article 52 – Procuration

L'autorité centrale de l'État membre requis ne peut exiger une procuration du demandeur que si elle agit en son nom dans des procédures judiciaires ou dans des procédures engagées devant d'autres autorités ou afin de désigner un représentant à ces fins.

### Article 53 – Requêtes en vue de mesures spécifiques

1. Une autorité centrale peut, sur requête motivée, demander à une autre autorité centrale de prendre les mesures spécifiques appropriées prévues à l'article 51, paragraphe 2, points b), c), g), h), i) et j), lorsque aucune demande prévue à l'article 56 n'est pendante. L'autorité centrale requise prend les mesures s'avérant appropriées si elle considère qu'elles sont nécessaires pour aider un demandeur potentiel à présenter une demande prévue à l'article 56 ou à déterminer si une telle demande doit être introduite.

2. Lorsqu'une requête en vue de mesures prévues à l'article 51, paragraphe 2, points b) et c), est présentée, l'autorité centrale requise recherche les informations demandées, si nécessaire en application de l'article 61. Toutefois, les informations visées à l'article 61, paragraphe 2, points b), c) et d), ne peuvent être recherchées que si le créancier produit une copie d'une décision, d'une transaction judiciaire ou d'un acte authentique à exécuter, le cas échéant accompagnée de l'extrait prévu aux articles 20, 28 ou 48.

L'autorité centrale requise communique les informations obtenues à l'autorité centrale requérante. Lorsque ces informations ont été obtenues en application de l'article 61, cette communication ne porte que sur l'adresse du défendeur potentiel dans l'État membre requis. Dans le cadre d'une requête en vue d'une reconnaissance, d'une déclaration constatant la force exécutoire ou d'une exécution, la communication porte en outre sur la seule existence de revenus ou d'un patrimoine du débiteur dans cet État.

Si l'autorité centrale requise n'est pas en mesure de fournir les informations demandées, elle en informe sans délai l'autorité centrale requérante, en lui précisant les raisons de cette impossibilité.

3. Une autorité centrale peut également prendre des mesures spécifiques, à la requête d'une autre autorité centrale, dans une affaire de recouvrement d'aliments pendante dans l'État membre requérant et comportant un élément d'extranéité.

4. Pour les requêtes présentées en application du présent article, les autorités centrales utilisent le formulaire dont le modèle figure à l'annexe V.

### Article 54 – Frais de l'autorité centrale

1. Chaque autorité centrale prend en charge ses propres frais découlant de l'application du présent règlement.

2. Les autorités centrales ne peuvent mettre aucun frais à la charge du demandeur pour les services qu'elles fournissent en vertu du présent règlement, sauf s'il s'agit de frais exceptionnels découlant d'une requête de mesures spécifiques prévue à l'article 53.

Aux fins du présent paragraphe, les frais liés à la localisation du débiteur ne sont pas considérés comme exceptionnels.

3. L'autorité centrale requise ne peut pas recouvrer les frais exceptionnels mentionnés au paragraphe 2 sans avoir obtenu l'accord préalable du demandeur sur la fourniture de ces services à un tel coût.

### Article 55 – Demandes par l'intermédiaire des autorités centrales

Toute demande prévue au titre du présent chapitre est transmise à l'autorité centrale de l'État membre requis par l'intermédiaire de l'autorité centrale de l'État membre dans lequel le demandeur a sa résidence.

### Article 56 – Demandes disponibles

1. Un créancier qui poursuit le recouvrement d'aliments en vertu du présent règlement peut présenter les demandes suivantes :

a) la reconnaissance ou la reconnaissance et la déclaration constatant la force exécutoire d'une décision;

b) l'exécution d'une décision rendue ou reconnue dans l'État membre requis;

c) l'obtention d'une décision dans l'État membre requis lorsqu'il n'existe aucune décision, y compris l'établissement de la filiation si nécessaire;

d) l'obtention d'une décision dans l'État membre requis lorsque la reconnaissance et la déclaration constatant la force exécutoire d'une décision rendue dans un État autre que l'État membre requis n'est pas possible;

e) la modification d'une décision rendue dans l'État membre requis;

f) la modification d'une décision rendue dans un État autre que l'État membre requis.

2. Un débiteur à l'encontre duquel existe une décision en matière d'aliments peut présenter les demandes suivantes :

a) la reconnaissance d'une décision ayant pour effet de suspendre ou de restreindre l'exécution d'une décision antérieure dans l'État membre requis;

b) la modification d'une décision rendue dans l'État membre requis;

c) la modification d'une décision rendue dans un État autre que l'État membre requis.

3. Pour les demandes relevant du présent article, l'assistance et la représentation visées à l'article 45, point b) sont fournies par l'autorité centrale de l'État membre requis directement ou par l'intermédiaire d'autorités publiques ou d'autres organes ou personnes.

4. Sauf disposition contraire du présent règlement, les demandes visées aux paragraphes 1 et 2 sont traitées conformément au droit de l'État membre requis et sont soumises aux règles de compétence applicables dans cet État membre.

### Article 57 – Contenu de la demande

1. Toute demande prévue à l'article 56 est présentée au moyen du formulaire dont le modèle figure à l'annexe VI ou à l'annexe VII.

2. Toute demande prévue à l'article 56 comporte au moins :

a) une déclaration relative à la nature de la demande ou des demandes;

b) le nom et les coordonnées du demandeur, y compris son adresse et sa date de naissance;

c) le nom du défendeur et, lorsqu'elles sont connues, son adresse et sa date de naissance;

d) le nom et la date de naissance des personnes pour lesquelles des aliments sont demandés;

e) les motifs sur lesquels la demande est fondée;

f) lorsque la demande est formée par le créancier, les informations relatives au lieu où les paiements doivent être effectués ou transmis électroniquement;

g) les noms et coordonnées de la personne ou du service de l'autorité centrale de l'État membre requérant responsable du traitement de la demande.

3. Aux fins du paragraphe 2, point b), l'adresse personnelle du demandeur peut être remplacée par une autre adresse dans les cas de violences familiales, si le droit national de l'État membre requis n'exige pas, aux fins des procédures à engager, que le demandeur fournisse son adresse personnelle.

4. Au besoin, la demande comporte également les informations suivantes lorsqu'elles sont connues :

a) la situation financière du créancier;

b) la situation financière du débiteur, y compris le nom et l'adresse de l'employeur du débiteur, ainsi que la localisation et la nature des biens du débiteur;

c) toute autre information permettant de localiser le défendeur.

5. La demande est accompagnée de toute information ou tout document justificatif nécessaire, y compris, le cas échéant, pour établir le droit du demandeur à l'aide judiciaire. Les demandes prévues à l'article 56, paragraphe 1, points a) et b), et paragraphe 2, point a), ne sont accompagnées, selon le cas, que des documents énumérés aux articles 20, 28 ou 48 ou à l'article 25 de la convention de La Haye de 2007.

### Article 58 – Transmission, réception et traitement des demandes et des affaires par l'intermédiaire des autorités centrales

1. L'autorité centrale de l'État membre requérant assiste le demandeur afin que soient joints tous les documents et informations qui, à la connaissance de cette autorité, sont nécessaires à l'examen de la demande.

2. Après s'être assurée que la demande satisfait aux exigences du présent règlement, l'autorité centrale de l'État membre requérant la transmet à l'autorité centrale de l'État membre requis.

3. Dans un délai de 30 jours à compter de la date de réception de la demande, l'autorité centrale requise en accuse réception au moyen du formulaire dont le modèle figure à l'annexe VIII, avise l'autorité centrale de l'État membre requérant des premières démarches qui ont été ou qui seront entreprises pour traiter la demande et peut solliciter tout document ou toute information supplémentaire qu'elle estime nécessaire. Dans ce même délai de 30 jours, l'autorité centrale requise informe l'autorité centrale requérante des nom et coordonnées de la personne ou du service chargé de répondre aux questions relatives à l'état d'avancement de la demande.

4. Dans un délai de 60 jours suivant l'accusé de réception, l'autorité centrale requise informe l'autorité centrale requérante de l'état de la demande.

5. Les autorités centrales requérante et requise s'informent mutuellement :

a) de l'identité de la personne ou du service responsable d'une affaire particulière;

b) de l'état d'avancement de l'affaire,

et répondent en temps utile aux demandes de renseignements.

6. Les autorités centrales traitent une affaire aussi rapidement qu'un examen adéquat de son contenu le permet.

7. Les autorités centrales utilisent entre elles les moyens de communication les plus rapides et efficaces dont elles disposent.

8. Une autorité centrale requise ne peut refuser de traiter une demande que s'il est manifeste que les conditions requises par le présent règlement ne sont pas remplies. Dans ce cas, cette autorité centrale informe aussitôt l'autorité centrale requérante des motifs de son refus au moyen du formulaire dont le modèle figure à l'annexe IX.

9. L'autorité centrale requise ne peut rejeter une demande au seul motif que des documents ou des informations supplémentaires sont nécessaires. Elle peut toutefois demander à l'autorité centrale requérante de fournir ces documents ou ces informations supplémentaires. Si l'autorité centrale requérante ne les fournit pas dans un délai de 90 jours ou dans un délai plus long spécifié par l'autorité centrale requise, cette dernière peut décider de cesser de traiter la demande. Dans ce cas, elle informe aussitôt l'autorité centrale requérante au moyen du formulaire dont le modèle figure à l'annexe IX.

### Article 59 – Langues

1. Le formulaire de requête ou de demande est rempli dans la langue officielle de l'État membre requis ou, s'il existe plusieurs langues officielles dans cet État membre, dans la langue officielle ou l'une des langues officielles du lieu où est établie l'autorité centrale concernée, ou dans toute autre langue officielle des institutions de l'Union européenne que l'État membre requis aura indiqué pouvoir accepter, sauf dispense de traduction de l'autorité centrale de cet État membre.

2. Les documents accompagnant le formulaire de requête ou de demande ne sont traduits dans la langue déterminée conformément au paragraphe 1 que si une traduction est nécessaire pour fournir l'assistance demandée, sans préjudice des articles 20, 28, 40 et 66.

3. Toute autre communication entre les autorités centrales se fait dans la langue déterminée conformément au paragraphe 1, sauf si les autorités centrales en conviennent autrement.

### Article 60 – Réunions

1. Afin de faciliter l'application du présent règlement, les autorités centrales se réunissent régulièrement.

2. La convocation de ces réunions s'effectue conformément à la décision 2001/470/CE.

### Article 61 – Accès des autorités centrales aux informations

1. Dans les conditions prévues au présent chapitre et par exception à l'article 51, paragraphe 4, l'autorité centrale requise met en œuvre tous les moyens appropriés et raisonnables pour obtenir les informations visées au paragraphe 2 nécessaires pour faciliter, dans une affaire déterminée, l'obtention, la modification, la reconnaissance, la constatation de la force exécutoire ou l'exécution d'une décision.

Les autorités publiques ou les administrations qui, dans le cadre de leurs activités habituelles, détiennent, au sein de l'État membre requis, les informations visées au paragraphe 2 et qui sont responsables de leur traitement au sens de la directive 95/

46/CE fournissent, sous réserve des limitations justifiées par des raisons de sécurité nationale ou de sûreté publique, celles-ci à l'autorité centrale requise à sa demande dans les cas où cette dernière n'a pas accès directement à ces informations.

Les États membres peuvent désigner les autorités publiques ou les administrations à même de fournir à l'autorité centrale requise les informations visées au paragraphe 2. Lorsqu'un État membre procède à une telle désignation, il veille à ce que son choix des autorités et des administrations permette à son autorité centrale d'avoir accès, conformément au présent article, aux informations requises.

Toute autre personne morale qui détient, au sein de l'État membre requis, les informations visées au paragraphe 2 et qui est responsable de leur traitement au sens de la directive 95/46/CE fournit celles-ci à l'autorité centrale requise à sa demande si elle y est autorisée par le droit de l'État membre requis.

L'autorité centrale requise transmet, en tant que de besoin, les informations ainsi obtenues à l'autorité centrale requérante.

2. Les informations visées au présent article sont celles déjà détenues par les autorités, administrations ou personnes visées au paragraphe 1. Elles sont adéquates, pertinentes et non excessives, et concernent :

a) l'adresse du débiteur ou du créancier;

b) les revenus du débiteur;

c) l'identification de l'employeur du débiteur et/ou du/des compte(s) bancaire(s) dont le débiteur est titulaire;

d) le patrimoine du débiteur.

Pour obtenir ou modifier une décision, seules les informations visées au point a) peuvent être demandées par l'autorité centrale requise.

Pour faire reconnaître, déclarer exécutoire ou exécuter une décision, toutes les informations visées au premier alinéa peuvent être demandées par l'autorité centrale requise. Toutefois, les informations visées au point d) ne peuvent être demandées que si les informations visées aux points b) et c) sont insuffisantes pour permettre l'exécution de la décision.

## Article 62 – Transmission et utilisation des informations

1. Les autorités centrales transmettent au sein de leur État membre, selon le cas, les informations visées à l'article 61, paragraphe 2, aux juridictions compétentes, aux autorités compétentes chargées de signifier ou de notifier des actes et aux autorités compétentes chargées de l'exécution d'une décision.

2. Toute autorité ou juridiction à laquelle des informations ont été transmises en application de l'article 61 ne peut utiliser celles-ci que pour faciliter le recouvrement de créances alimentaires.

À l'exception des informations portant sur l'existence même d'une adresse, de revenus ou d'un patrimoine dans l'État membre requis, les informations visées à l'article 61, paragraphe 2 ne peuvent être divulguées à la personne qui a saisi l'autorité centrale requérante, sous réserve de l'application des règles de procédure devant une juridiction.

3. Toute autorité qui traite une information qui lui a été transmise en application de l'article 61 ne peut conserver cette information au-delà de la période nécessaire aux fins pour lesquelles elle a été transmise.

4. Toute autorité traitant des informations qui lui ont été communiquées en application de l'article 61 assure la confidentialité de ces informations, conformément au droit national.

### Article 63 – Avis à la personne visée par la collecte des informations

1. L'avis à la personne visée par la collecte des informations de la communication de tout ou partie de celles-ci, est effectué conformément au droit national de l'État membre requis.

2. Lorsque cet avis risque de porter préjudice au recouvrement effectif de la créance alimentaire, il peut être différé pour une durée qui ne saurait excéder 90 jours à compter de la date à laquelle les informations ont été fournies à l'autorité centrale requise.

CHAPITRE VIII

## Organismes publics

### Article 64 – Organismes publics en qualité de demandeurs

1. Aux fins d'une demande de reconnaissance et de déclaration constatant la force exécutoire de décisions ou aux fins de l'exécution de décisions, le terme « créancier » inclut un organisme public agissant à la place d'une personne à laquelle des aliments sont dus ou un organisme auquel est dû le remboursement de prestations fournies à titre d'aliments.

2. Le droit d'un organisme public d'agir à la place d'une personne à laquelle des aliments sont dus ou de demander le remboursement de prestations fournies au créancier à titre d'aliments est soumis à la loi qui régit l'organisme.

3. Un organisme public peut demander la reconnaissance et la déclaration constatant la force exécutoire ou demander l'exécution :

a) d'une décision rendue contre un débiteur à la demande d'un organisme public qui poursuit le paiement de prestations fournies à titre d'aliments;

b) d'une décision rendue entre un créancier et un débiteur, à concurrence des prestations fournies au créancier à titre d'aliments.

4. L'organisme public qui demande la reconnaissance et la déclaration constatant la force exécutoire ou qui sollicite l'exécution d'une décision, produit, sur demande, tout document de nature à établir son droit en application du paragraphe 2 et le paiement des prestations au créancier.

CHAPITRE IX

## Dispositions générales et finales

### Article 65 – Légalisation ou formalité analogue

Aucune légalisation ni formalité analogue n'est exigée dans le contexte du présent règlement.

### Article 66 – Traduction de pièces justificatives

Sans préjudice des articles 20, 28 et 40, la juridiction saisie ne peut demander aux parties de fournir une traduction des pièces justificatives établies dans une langue autre que la langue de procédure que si elle estime cette traduction nécessaire pour rendre sa décision ou pour respecter les droits de la défense.

### Article 67 – Recouvrement des frais

Sans préjudice de l'article 54, l'autorité compétente de l'État membre requis peut recouvrer les frais auprès de la partie perdante bénéficiaire de l'aide judiciaire gratuite en vertu de l'article 46, à titre exceptionnel et si la situation financière de cette dernière le permet.

### Article 68 – Relations avec d'autres instruments communautaires

1. Sous réserve de l'article 75, paragraphe 2, le présent règlement modifie le règlement (CE) n° 44/2001 en remplaçant les dispositions dudit règlement applicables en matière d'obligations alimentaires.

2. Le présent règlement remplace, en matière d'obligations alimentaires, le règlement (CE) n° 805/2004, sauf pour les titres exécutoires européens portant sur des obligations alimentaires délivrés dans un État membre non lié par le protocole de La Haye de 2007.

3. En matière d'obligations alimentaires, le présent règlement ne porte pas préjudice à l'application de la directive 2003/8/CE, sous réserve du chapitre V.

4. Le présent règlement ne porte pas préjudice à l'application de la directive 95/46/CE.

### Article 69 – Relations avec les conventions et accords internationaux existants

1. Le présent règlement n'affecte pas l'application des conventions et accords bilatéraux ou multilatéraux auxquels un ou plusieurs États membres sont parties lors de l'adoption du présent règlement et qui portent sur des matières régies par le présent règlement, sans préjudice des obligations des États membres en vertu de l'article 307 du traité.

2. Nonobstant le paragraphe 1 et sans préjudice du paragraphe 3, le présent règlement prévaut, entre les États membres, sur les conventions et accords qui portent sur des matières régies par le présent règlement et auxquels des États membres sont parties.

3. Le présent règlement ne fait pas obstacle à l'application de la convention du 23 mars 1962 entre la Suède, le Danemark, la Finlande, l'Islande et la Norvège sur le recouvrement des créances alimentaires par les États membres qui y sont parties compte tenu du fait que ladite convention prévoit en ce qui concerne la reconnaissance, la force exécutoire et l'exécution de décisions :

a) des procédures simplifiées et accélérées pour l'exécution de décisions en matière d'aliments, et

b) une aide judiciaire plus favorable que celle prévue au chapitre V du présent règlement.

Toutefois, l'application de ladite convention ne saurait priver le défendeur de la protection que lui offrent les articles 19 et 21 du présent règlement.

### Article 70 – Informations mises à disposition du public

Les États membres fournissent dans le cadre du réseau judiciaire européen en matière civile et commerciale créé par la décision 2001/470/CE les informations suivantes en vue de leur mise à disposition du public :

a) une description des législations et procédures nationales concernant les obligations alimentaires;

b) une description des mesures prises pour satisfaire aux obligations prévues à l'article 51 ;

c) une description de la manière dont l'accès effectif à la justice est assuré, comme l'exige l'article 44 ;

d) une description des règles et procédures nationales d'exécution, y compris des informations sur toutes les limites imposées dans ce domaine, en particulier les règles sur la protection du débiteur et sur les délais ou prescriptions.

Les États membres tiennent en permanence ces informations à jour.

### Article 71 – Informations concernant les coordonnées et les langues

1. Le 18 septembre 2010 au plus tard, les États membres communiquent à la Commission :

a) le nom et les coordonnées des juridictions ou autorités compétentes pour statuer sur les demandes de déclaration constatant la force exécutoire, conformément à l'article 27, paragraphe 1, et sur les recours formés contre les décisions rendues sur ces demandes, conformément à l'article 32, paragraphe 2 ;

b) les procédures de pourvoi visées à l'article 33 ;

c) la procédure de réexamen aux fins de l'application de l'article 19 ainsi que le nom et les coordonnées des juridictions compétentes ;

d) le nom et les coordonnées de leurs autorités centrales et, le cas échéant, de l'étendue de leurs fonctions, conformément à l'article 49, paragraphe 3 ;

e) le nom et les coordonnées de leurs organismes publics ou autres et, le cas échéant, l'étendue de leurs fonctions, conformément à l'article 51, paragraphe 3 ;

f) le nom et les coordonnées des autorités compétentes en matière d'exécution aux fins de l'article 21 ;

g) les langues acceptées pour la traduction des documents visés aux articles 20, 28 et 40 ;

h) les langues acceptées par leurs autorités centrales pour les communications, visées à l'article 59, avec les autres autorités centrales.

Les États membres communiquent à la Commission toute modification ultérieure de ces informations.

2. La Commission publie au *Journal officiel* de l'Union européenne les informations communiquées conformément au paragraphe 1, à l'exception des adresses et autres coordonnées des juridictions et autorités visées aux points a), c) et f).

3. La Commission tient toutes les informations communiquées conformément au paragraphe 1 à la disposition du public par tout autre moyen approprié, notamment par le biais du réseau judiciaire européen en matière civile et commerciale créé par la décision 2001/470/CE.

### Article 72 – Modification des formulaires

Toute modification des formulaires prévus au présent règlement est adoptée suivant la procédure consultative visée à l'article 73, paragraphe 3.

### Article 73 – Comité

1. La Commission est assistée par le comité institué par l'article 70 du règlement (CE) n° 2201/2003.

2. Dans le cas où il est fait référence au présent paragraphe, les articles 4 et 7 de la décision 1999/468/CE s'appliquent.

La période prévue à l'article 4, paragraphe 3, de la décision 1999/468/CE est fixée à trois mois.

3. Dans le cas où il est fait référence au présent paragraphe, les articles 3 et 7 de la décision 1999/468/CE s'appliquent.

## Article 74 – Clause de réexamen

Au plus tard cinq ans à compter de la date d'application déterminée conformément à l'article 76, troisième alinéa, la Commission présente au Parlement européen, au Conseil et au Comité économique et social européen un rapport sur l'application du présent règlement, y compris une évaluation des expériences pratiques en matière de coopération entre autorités centrales, notamment concernant l'accès de celles-ci aux informations détenues par les autorités publiques et les administrations, et une évaluation du fonctionnement de la procédure de reconnaissance, de déclaration de la force exécutoire et d'exécution applicable aux décisions rendues dans un État membre non lié par le protocole de La Haye de 2007. Le rapport est accompagné, le cas échéant, de propositions d'adaptation.

## Article 75 – Dispositions transitoires

1. Le présent règlement ne s'applique qu'aux procédures engagées, aux transactions judiciaires approuvées ou conclues et aux actes authentiques établis postérieurement à sa date d'application, sous réserve des paragraphes 2 et 3.

2. Les sections 2 et 3 du chapitre IV s'appliquent :

a) aux décisions rendues dans les États membres avant la date d'application du présent règlement pour lesquelles la reconnaissance et la déclaration constatant la force exécutoire sont demandées après cette date;

b) aux décisions rendues après la date d'application du présent règlement à la suite de procédures engagées avant cette date, dans la mesure où ces décisions relèvent, aux fins de la reconnaissance et de l'exécution, du champ d'application du règlement (CE) n° 44/2001.

Le règlement (CE) n° 44/2001 reste d'application aux procédures de reconnaissance et d'exécution en cours à la date d'application du présent règlement.

Le premier et le deuxième alinéa s'appliquent *mutatis mutandis* aux transactions judiciaires approuvées ou conclues et aux actes authentiques établis dans les États membres.

3. Le chapitre VII concernant la coopération entre autorités centrales s'applique aux requêtes et demandes reçues par l'autorité centrale à compter de la date d'application du présent règlement.

## Article 76 – Entrée en vigueur

Le présent règlement entre en vigueur le vingtième jour suivant celui de sa publication au *Journal officiel* de l'Union européenne.

L'article 2, paragraphe 2, l'article 47, paragraphe 3, et les articles 71, 72 et 73 s'appliquent à compter du 18 septembre 2010.

Le présent règlement s'applique, à l'exception des dispositions visées au deuxième alinéa, à compter du 18 juin 2011, sous réserve que le protocole de La Haye de 2007 soit applicable dans la Communauté à cette date. À défaut, le présent règlement s'applique à compter de la date d'application dudit protocole dans la Communauté.

Le présent règlement est obligatoire dans tous ses éléments et directement applicable dans les États membres conformément au traité instituant la Communauté européenne.

Références

[1] Avis rendu le 13 décembre 2007 (non encore paru au *Journal officiel*) et avis rendu le 4 décembre 2008 à la suite d'une nouvelle consultation (non encore paru au *Journal officiel*).
[2] Avis rendu à la suite d'une consultation non obligatoire (*JO* C 185 du 8 août 2006, p. 35).
[3] *JO* L 12 du 16 janv. 2001, p. 1.
[4] *JO* L 174 du 27 juin 2001, p. 25.
[5] *JO* L 174 du 27 juin 2001, p. 1.
[6] *JO* L 26 du 31 janv. 2003, p. 41.
[7] *JO* L 338 du 23 déc. 2003, p. 1.
[8] *JO* L 143 du 30 avr. 2004, p. 15.
[9] *JO* L 324 du 10 déc. 2007, p. 79.
[10] *JO* C 12 du 15 janv. 2001, p. 1.
[11] *JO* C 53 du 3 mars 2005, p. 1.
[12] *JO* C 198 du 12 août 2005, p. 1.
[13] *JO* L 281 du 23 nov. 1995, p. 31.
[14] *JO* C 242 du 7 oct. 2006, p. 20.
[15] *JO* L 124 du 8 juin 1971, p. 1.
[16] *JO* L 184 du 17 juill. 1999, p. 23.
[17] *JO* L 299 du 16 nov. 2005, p. 62.
[18] *JO* L 339 du 21 déc. 2007, p. 3.
[1] *JO* L 7 du 10 janv. 2009, p. 1.
[**] Les cases pertinentes devront être cochées et les documents numérotés dans l'ordre de leur annexion
[***] Si cette donnée est disponible.
[****] Dans les cas de violences familiales [voir article 57, paragraphe 3, du règlement (CE) nº 4/2009].
[*****] Si cette donnée est pertinente.
[******] Si ces données sont disponibles.
[] Si plus de trois personnes, joindre une feuille supplémentaire.
[] Par exemple, la personne exerçant la responsabilité parentale ou le tuteur d'un majeur protégé.
[] Si ces données sont disponibles et/ou pertinentes.

Annexes…

# 87 Règlement (UE) nº 1259/2010 du Conseil du 20 décembre 2010, Rome III mettant en œuvre une coopération renforcée dans le domaine de la loi applicable au divorce et à la séparation de corps

Applicable depuis le 21 juin 2012



*Le Conseil de l'Union européenne,*

Vu le Traité sur le fonctionnement de l'Union européenne, et notamment son article 81, paragraphe 3,

Vu la décision 2010/405/UE du Conseil du 12 juillet 2010 autorisant une coopération renforcée dans le domaine de la loi applicable au divorce et à la séparation de corps [1],

Vu la proposition de la Commission européenne,

Après transmission du projet d'acte législatif aux parlements nationaux,

Vu l'avis du Parlement européen,

Vu l'avis du Comité économique et social européen,

Statuant conformément à une procédure législative spéciale,

Considérant ce qui suit :

(1) L'Union s'est donné pour objectif de maintenir et de développer un espace de liberté, de sécurité et de justice au sein duquel est assurée la libre circulation des personnes. Pour la mise en place progressive de cet espace, l'Union doit adopter des mesures relevant du domaine de la coopération judiciaire dans les matières civiles ayant une incidence transfrontière, en particulier lorsque cela est nécessaire au bon fonctionnement du marché intérieur.

(2) Conformément à l'article 81 du traité sur le fonctionnement de l'Union européenne, parmi ces mesures figurent celles favorisant la compatibilité des règles applicables dans les États membres en matière de conflit de lois.

(3) La Commission a adopté, le 14 mars 2005, un livre vert sur le droit applicable et la compétence en matière de divorce. Ce livre vert a été le point de départ d'une large consultation publique sur les possibles solutions pouvant être apportées aux problèmes susceptibles de se poser dans la situation actuelle.

(4) La Commission a proposé, le 17 juillet 2006, un règlement modifiant le règlement (CE) nº 2201/2003 du Conseil [2] en ce qui concerne la compétence et instituant des règles relatives à la loi applicable en matière matrimoniale.

(5) Le Conseil, réuni à Luxembourg les 5 et 6 juin 2008, a conclu à l'absence d'unanimité sur la proposition et à l'existence de difficultés insurmontables rendant impossible, à ce moment et dans un avenir proche, toute unanimité. Il a constaté que les objectifs de la proposition ne pourraient être réalisés dans un délai raisonnable en appliquant les dispositions appropriées des traités.

(6) La Belgique, la Bulgarie, l'Allemagne, la Grèce, l'Espagne, la France, l'Italie, la Lettonie, le Luxembourg, la Hongrie, Malte, l'Autriche, le Portugal, la Roumanie et la Slovénie ont ultérieurement présenté à la Commission une demande indiquant qu'ils avaient l'intention d'instaurer entre eux une coopération renforcée dans le domaine de la loi applicable en matière matrimoniale. Le 3 mars 2010, la Grèce a retiré sa demande.

(7) Le Conseil a adopté, le 12 juillet 2010, la décision 2010/405/UE autorisant une coopération renforcée dans le domaine de la loi applicable au divorce et à la séparation de corps.

(8) En vertu de l'article 328, paragraphe 1, du traité sur le fonctionnement de l'Union européenne, lors de leur instauration, les coopérations renforcées sont ouvertes à tous les États membres, sous réserve de respecter les conditions éventuelles de participation fixées par la décision d'autorisation. Elles le sont également à tout autre moment, sous réserve de respecter, outre lesdites conditions, les actes déjà adoptés dans ce cadre. La Commission et les États membres participant à une coopération renforcée veillent à promouvoir la participation du plus grand nombre possible d'États membres. Le présent règlement ne devrait être obligatoire dans tous ses éléments et directement applicable que dans les États membres participants, conformément aux traités.

(9) Le présent règlement devrait créer un cadre juridique clair et complet dans le domaine de la loi applicable au divorce et à la séparation de corps dans les États membres participants, garantir aux citoyens des solutions appropriées en termes de sécurité juridique, de prévisibilité et de souplesse, et empêcher une situation dans laquelle l'un des époux demande le divorce avant l'autre pour faire en sorte que la procédure soit soumise à une loi donnée qu'il estime plus favorable à ses propres intérêts.

(10) Le champ d'application matériel et les dispositions du présent règlement devraient être cohérents par rapport au règlement (CE) n° 2201/2003. Toutefois, il ne devrait pas s'appliquer à l'annulation du mariage.

Le présent règlement ne devrait s'appliquer qu'à la dissolution ou au relâchement du lien matrimonial. La loi désignée par les règles de conflit de lois énoncées dans le présent règlement devrait s'appliquer aux causes de divorce et de séparation de corps.

Des questions préalables, telles que la capacité juridique et la validité du mariage, ainsi que les questions telles que les effets patrimoniaux du divorce ou de la séparation de corps, le nom, la responsabilité parentale, les obligations alimentaires ou autres mesures accessoires éventuelles devraient être réglées selon les règles de conflit de lois applicables dans l'État membre participant concerné.

(11) Afin de bien délimiter le champ d'application territorial du présent règlement, il convient de préciser quels sont les États membres qui participent à la coopération renforcée.

(12) Le présent règlement devrait présenter un caractère universel, c'est-à-dire qu'il devrait être possible, en ce qui concerne ses règles uniformes de conflit de lois,

de désigner la loi d'un État membre participant, la loi d'un État membre non participant, ou la loi d'un État non membre de l'Union européenne.

(13) Le présent règlement devrait s'appliquer quelle que soit la nature de la juridiction saisie. S'il y a lieu, une juridiction devrait être réputée saisie conformément au règlement (CE) n° 2201/2003.

(14) Pour offrir aux époux la liberté de désigner une loi applicable avec laquelle ils ont des liens étroits ou, à défaut de choix, pour que cette loi s'applique à leur divorce ou séparation de corps, celle-ci devrait s'appliquer même si elle n'est pas celle d'un État membre participant. En cas de désignation de la loi d'un autre État membre, le réseau créé par la décision 2001/470/CE du Conseil du 28 mai 2001 relative à la création d'un réseau judiciaire européen en matière civile et commerciale [3] pourrait jouer un rôle de soutien des juridictions sur le contenu de la loi étrangère.

(15) Accroître la mobilité des citoyens requiert davantage de souplesse et une plus grande sécurité juridique. Pour répondre à cet objectif, le présent règlement devrait renforcer l'autonomie des parties en matière de divorce et de séparation de corps en leur laissant une possibilité limitée de choisir la loi applicable à leur divorce ou à leur séparation de corps.

(16) Les époux devraient pouvoir choisir la loi d'un pays avec lequel ils ont des liens particuliers ou la loi du for comme loi applicable au divorce et à la séparation de corps. La loi choisie par les époux doit être conforme aux droits fondamentaux reconnus par les traités et la Charte des droits fondamentaux de l'Union européenne.

(17) Avant de désigner la loi applicable, il est important que les époux aient accès à des informations mises à jour concernant les aspects essentiels de la loi nationale et du droit de l'Union ainsi que des procédures en matière de divorce et de séparation de corps. Afin de garantir cet accès à des informations appropriées et de qualité, la Commission met ces dernières régulièrement à jour dans le système public d'information fondé sur l'internet créé par la décision 2001/470/CE.

(18) Le choix éclairé des deux conjoints est un principe essentiel du présent règlement. Chaque époux devrait savoir exactement quelles sont les conséquences juridiques et sociales du choix de la loi applicable. La possibilité de choisir d'un commun accord la loi applicable devrait être sans préjudice des droits et de l'égalité des chances des deux époux. À cet égard, les juges des États membres participants devraient être conscients de l'importance d'un choix éclairé des deux époux concernant les conséquences juridiques de la convention conclue sur le choix de la loi.

(19) Il convient de définir les règles relatives à la validité matérielle et formelle de manière à faciliter le choix éclairé des époux et assurer le respect de leur consentement, en vue de garantir la sécurité juridique ainsi qu'un meilleur accès à la justice. Pour ce qui est de la validité formelle, certaines garanties devraient être introduites afin de s'assurer que les époux sont conscients des conséquences de leur choix. La convention sur le choix de la loi applicable devrait au moins être formulée par écrit, datée et signée par les deux parties. Toutefois, si la loi de l'État membre participant dans lequel les deux époux ont leur résidence habituelle au moment de la conclusion de la convention prévoit des règles formelles supplémentaires, celles-ci devraient être respectées. Par exemple, ces règles formelles supplémentaires peuvent exister dans un État membre participant où la convention est insérée dans un contrat de mariage. Si, au moment de la conclusion de la convention, les époux ont leur résidence habituelle dans des États membres participants différents qui prévoient des

règles formelles supplémentaires, il suffirait que les règles formelles de l'un de ces États soient respectées. Si, au moment de la conclusion de la convention, seul l'un des époux a sa résidence habituelle dans un État membre participant qui prévoit des règles formelles supplémentaires, celles-ci devraient être respectées.

(20) Une convention désignant la loi applicable devrait pouvoir être conclue et modifiée au plus tard au moment de la saisine de la juridiction, et même au cours de la procédure si la loi du for le prévoit. Dans ce cas, il devrait suffire que la juridiction donne acte de la désignation conformément à la loi du for.

(21) À défaut de choix de la loi applicable, le présent règlement devrait instaurer des règles de conflit de lois harmonisées sur la base d'une échelle de critères de rattachement successifs fondés sur l'existence d'un lien étroit entre les époux et la loi concernée, en vue de garantir la sécurité juridique et la prévisibilité et d'empêcher une situation dans laquelle l'un des époux demande le divorce avant l'autre pour faire en sorte que la procédure soit soumise à une loi donnée qu'il estime plus favorable à ses propres intérêts. Ces critères de rattachement devraient être choisis de façon que la procédure de divorce ou de séparation de corps soit régie par une loi avec laquelle les époux ont des liens étroits.

(22) Lorsque, aux fins de l'application de la loi d'un État, le présent règlement fait de la nationalité un critère de rattachement, la gestion des cas de pluralité de nationalités devrait relever du droit national, dans le plein respect des principes généraux de l'Union européenne.

(23) Si une juridiction est saisie afin de convertir une séparation de corps en divorce et en l'absence de choix de la loi applicable par les parties, la loi qui a été appliquée à la séparation de corps devrait également s'appliquer au divorce. Une telle continuité favoriserait la prévisibilité pour les parties et renforcerait la sécurité juridique. Si la loi qui a été appliquée à la séparation de corps ne prévoit pas de conversion de la séparation de corps en divorce, le divorce devrait être régi par les règles de conflit de lois à défaut de choix. Cela ne devrait pas empêcher les époux de demander le divorce sur la base d'autres règles prévues dans le présent règlement.

(24) Dans certaines situations, la loi de la juridiction saisie devrait toutefois s'appliquer, comme lorsque la loi applicable ne prévoit pas le divorce ou lorsqu'elle n'accorde pas à l'un des époux, en raison de son appartenance à l'un ou l'autre sexe, une égalité d'accès au divorce ou à la séparation de corps. Cela ne devrait cependant pas porter atteinte à l'ordre public.

(25) Dans des circonstances exceptionnelles, des considérations d'intérêt public devraient donner aux juridictions des États membres la possibilité d'écarter une disposition de la loi étrangère lorsque son application dans un cas précis serait manifestement contraire à l'ordre public du for. Néanmoins, les juridictions ne devraient pas pouvoir appliquer l'exception d'ordre public pour écarter une disposition de la loi d'un autre État lorsque c'est contraire à la Charte des droits fondamentaux de l'Union européenne, en particulier à son article 21, qui interdit toute forme de discrimination.

(26) Lorsque le présent règlement se réfère au fait que la loi de l'État membre participant dont une juridiction est saisie ne prévoit pas le divorce, il conviendrait de l'interpréter comme le fait que la loi de cet État membre ne connaît pas l'institution du divorce. En pareil cas, la juridiction compétente ne devrait pas être tenue de prononcer un divorce en vertu du présent règlement.

Lorsque le présent règlement se réfère au fait que la loi de l'État membre participant dont une juridiction est saisie ne reconnaît pas la validité du mariage concerné aux fins de la procédure de divorce, il conviendrait de l'interpréter, notamment, comme le fait qu'un tel mariage n'existe pas dans la loi de cet État membre. En pareil cas, la juridiction compétente ne devrait pas être tenue de prononcer un divorce ou une séparation de corps en vertu du présent règlement.

(27) Comme il existe des États et des États membres participants dans lesquels coexistent deux ou plusieurs systèmes de droit ou ensembles de règles ayant trait aux questions régies par le présent règlement, il conviendrait de prévoir une disposition qui stipule dans quelle mesure le présent règlement s'applique dans les différentes unités territoriales de ces États et États membres participants ou aux différentes catégories de personnes de ces États et États membres participants.

(28) En l'absence de règles désignant la loi applicable, les parties qui choisissent la loi de l'État de la nationalité de l'un d'entre eux devraient préciser dans le même temps qu'elle est l'unité territoriale dont ils ont choisi la loi dans le cas où l'État dont la loi a été choisie comprend plusieurs unités territoriales ayant leur propre système de droit ou leur propre ensemble de règles en matière de divorce.

(29) Étant donné que les objectifs du présent règlement, à savoir le renforcement de la sécurité juridique, la prévisibilité et la souplesse dans les procédures matrimoniales internationales et dès lors la facilitation de la libre circulation des personnes à l'intérieur de l'Union, ne peuvent pas être réalisés de manière suffisante par les États membres et peuvent donc, en raison des dimensions et des effets du présent règlement, être mieux réalisés au niveau de l'Union, celle-ci peut prendre des mesures, au moyen d'une coopération renforcée le cas échéant, conformément au principe de subsidiarité consacré à l'article 5 du traité sur l'Union européenne. Conformément au principe de proportionnalité tel qu'énoncé audit article, le présent règlement n'excède pas ce qui est nécessaire pour atteindre ces objectifs.

(30) Le présent règlement respecte les droits fondamentaux et observe les principes reconnus par la Charte des droits fondamentaux de l'Union européenne, en particulier par son article 21, qui interdit toute discrimination fondée notamment sur le sexe, la race, la couleur, les origines ethniques ou sociales, les caractéristiques génétiques, la langue, la religion ou les convictions, les opinions politiques ou toute autre opinion, l'appartenance à une minorité nationale, la fortune, la naissance, un handicap, l'âge ou l'orientation sexuelle. Ce règlement devrait être appliqué par les juridictions des États membres participants dans le respect de ces droits et principes,

*A adopté le présent règlement :*

CHAPITRE PREMIER

## Champ d'application, relation avec le règlement (CE) nº 2201/2003, définitions et application universelle

### Article premier – Champ d'application

1. Le présent règlement s'applique, dans les situations impliquant un conflit de lois, au divorce et à la séparation de corps.

2. Le présent règlement ne s'applique pas aux questions suivantes, même si elles ne sont soulevées qu'en tant que questions préalables dans le cadre d'une procédure de divorce ou de séparation de corps :

a) la capacité juridique des personnes physiques;
b) l'existence, la validité ou la reconnaissance d'un mariage;
c) l'annulation d'un mariage;
d) le nom des époux;
e) les effets patrimoniaux du mariage;
f) la responsabilité parentale;
g) les obligations alimentaires;
h) les trusts et successions.

### Article 2 – Relation avec le règlement (CE) n° 2201/2003

Le présent règlement n'a pas d'incidence sur l'application du règlement (CE) n° 2201/2003.

### Article 3 – Définitions

Aux fins du présent règlement, on entend par :

1. « État membre participant » : un État membre qui participe à la coopération renforcée sur la loi applicable au divorce et à la séparation de corps en vertu de la décision 2010/405/UE, ou en vertu d'une décision adoptée conformément à l'article 331, paragraphe 1, deuxième ou troisième alinéa, du traité sur le fonctionnement de l'Union européenne;

2. « juridiction » : toutes les autorités des États membres participants compétentes dans les matières relevant du champ d'application du présent règlement.

### Article 4 – Application universelle

La loi désignée par le présent règlement s'applique même si cette loi n'est pas celle d'un État membre participant.

CHAPITRE II

## Règles uniformes sur la loi applicable au divorce et à la séparation de corps

### Article 5 – Choix de la loi applicable par les parties

1. Les époux peuvent convenir de désigner la loi applicable au divorce et à la séparation de corps, pour autant qu'il s'agisse de l'une des lois suivantes :

a) la loi de l'État de la résidence habituelle des époux au moment de la conclusion de la convention; ou

b) la loi de l'État de la dernière résidence habituelle des époux, pour autant que l'un d'eux y réside encore au moment de la conclusion de la convention; ou

c) la loi de l'État de la nationalité de l'un des époux au moment de la conclusion de la convention; ou

d) la loi du for.

2. Sans préjudice du paragraphe 3, une convention désignant la loi applicable peut être conclue et modifiée à tout moment, mais au plus tard au moment de la saisine de la juridiction.

3. Si la loi du for le prévoit, les époux peuvent également désigner la loi applicable devant la juridiction au cours de la procédure. Dans ce cas, la juridiction prend acte de la désignation conformément à la loi du for.

## Article 6 – Consentement et validité matérielle

1. L'existence et la validité d'une convention sur le choix de la loi ou de toute clause de celle-ci sont soumises à la loi qui serait applicable en vertu du présent règlement si la convention ou la clause était valable.

2. Toutefois, pour établir son absence de consentement, un époux peut se fonder sur la loi du pays dans lequel il a sa résidence habituelle au moment où la juridiction est saisie si les circonstances indiquent qu'il ne serait pas raisonnable de déterminer l'effet du comportement de cet époux conformément à la loi visée au paragraphe 1.

## Article 7 – Validité formelle

1. La convention visée à l'article 5, paragraphes 1 et 2, est formulée par écrit, datée et signée par les deux époux. Toute transmission par voie électronique qui permet de consigner durablement la convention est considérée comme revêtant une forme écrite.

2. Toutefois, si la loi de l'État membre participant dans lequel les deux époux ont leur résidence habituelle au moment de la conclusion de la convention prévoit des règles formelles supplémentaires pour ce type de convention, ces règles s'appliquent.

3. Si, au moment de la conclusion de la convention, les époux ont leur résidence habituelle dans des États membres participants différents et si les lois de ces États prévoient des règles formelles différentes, la convention est valable quant à la forme si elle satisfait aux conditions fixées par la loi de l'un de ces pays.

4. Si, au moment de la conclusion de la convention, seul l'un des époux a sa résidence habituelle dans un État membre participant et si cet État prévoit des règles formelles supplémentaires pour ce type de convention, ces règles s'appliquent.

## Article 8 – Loi applicable à défaut de choix par les parties

À défaut de choix conformément à l'article 5, le divorce et la séparation de corps sont soumis à la loi de l'État :

a) de la résidence habituelle des époux au moment de la saisine de la juridiction; ou, à défaut,

b) de la dernière résidence habituelle des époux, pour autant que cette résidence n'ait pas pris fin plus d'un an avant la saisine de la juridiction et que l'un des époux réside encore dans cet État au moment de la saisine de la juridiction; ou, à défaut,

c) de la nationalité des deux époux au moment de la saisine de la juridiction; ou, à défaut,

d) dont la juridiction est saisie.

## Article 9 – Conversion de la séparation de corps en divorce

1. En cas de conversion d'une séparation de corps en divorce, la loi applicable au divorce est la loi qui a été appliquée à la séparation de corps, sauf si les parties en sont convenues autrement conformément à l'article 5.

2. Toutefois, si la loi qui a été appliquée à la séparation de corps ne prévoit pas de conversion de la séparation de corps en divorce, l'article 8 s'applique, sauf si les parties en sont convenues autrement conformément à l'article 5.

## Article 10 – Application de la loi du for

Lorsque la loi applicable en vertu des articles 5 ou 8 ne prévoit pas le divorce ou n'accorde pas à l'un des époux, en raison de son appartenance à l'un ou l'autre sexe, une égalité d'accès au divorce ou à la séparation de corps, la loi du for s'applique.

### Article 11 – Exclusion du renvoi

Lorsque le présent règlement prescrit l'application de la loi d'un État, il entend les règles de droit en vigueur dans cet État à l'exclusion de ses règles de droit international privé.

### Article 12 – Ordre public

L'application d'une disposition de la loi désignée en vertu du présent règlement ne peut être écartée que si cette application est manifestement incompatible avec l'ordre public du for.

### Article 13 – Différences dans le droit national

Aucune disposition du présent règlement n'oblige les juridictions d'un État membre participant dont la loi ne prévoit pas le divorce ou ne considère pas le mariage en question comme valable aux fins de la procédure de divorce à prononcer un divorce en application du présent règlement.

### Article 14 – États ayant deux ou plusieurs systèmes de droit – conflits de lois territoriaux

Lorsqu'un État comprend plusieurs unités territoriales dont chacune a son propre système de droit ou son propre ensemble de règles ayant trait aux questions régies par le présent règlement :

a) toute référence à la loi de cet État est interprétée, aux fins de la détermination de la loi applicable selon le présent règlement, comme visant la loi en vigueur dans l'unité territoriale concernée;

b) toute référence à la résidence habituelle dans cet État est interprétée comme visant la résidence habituelle dans une unité territoriale;

c) toute référence à la nationalité vise l'unité territoriale désignée par la loi de cet État ou, en l'absence de règles applicables, l'unité territoriale choisie par les parties, ou en l'absence de choix, l'unité territoriale avec laquelle l'époux ou les époux présente(nt) les liens les plus étroits.

### Article 15 – États ayant deux ou plusieurs systèmes de droit – conflits de lois interpersonnels

Pour un État qui a deux ou plusieurs systèmes de droit ou ensembles de règles applicables à différentes catégories de personnes et ayant trait aux questions régies par le présent règlement, toute référence à la loi d'un tel État est interprétée comme visant le système de droit déterminé par les règles en vigueur dans cet État. En l'absence de telles règles, le système de droit ou l'ensemble de règles avec lequel l'époux ou les époux présente(nt) les liens les plus étroits s'applique.

### Article 16 – Non-application du présent règlement aux conflits de lois internes

Un État membre participant dans lequel différents systèmes de droit ou ensembles de règles s'appliquent aux questions régies par le présent règlement n'est pas tenu d'appliquer le présent règlement aux conflits de lois concernant uniquement ces systèmes de droit ou ensembles de règles.

CHAPITRE III

## Autres dispositions

### Article 17 – Informations fournies par les États membres participants

1. Au plus tard le 21 septembre 2011, les États membres participants communiquent à la Commission, le cas échéant, leurs dispositions nationales relatives :

a) aux exigences formelles applicables aux conventions sur le choix de la loi applicable conformément à l'article 7, paragraphes 2 à 4; et

b) à la possibilité de désigner la loi applicable conformément à l'article 5, paragraphe 3.

Les États membres participants informent la Commission de toute modification ultérieure de ces dispositions.

2. La Commission met à la disposition du public par des moyens appropriés, notamment le site internet du réseau judiciaire européen en matière civile et commerciale, toutes les informations communiquées conformément au paragraphe 1.

### Article 18 – Dispositions transitoires

1. Le présent règlement s'applique aux actions judiciaires engagées ainsi qu'aux conventions visées à l'article 5 conclues à compter du 21 juin 2012.

Toutefois, une convention sur le choix de la loi applicable conclue avant le 21 juin 2012 prend également effet, pour autant qu'elle soit conforme aux articles 6 et 7.

2. Le présent règlement s'applique sans préjudice des conventions sur le choix de la loi applicable conclues conformément à la loi de l'État membre participant dont la juridiction est saisie avant le 21 juin 2012.

### Article 19 – Liens avec les conventions internationales en vigueur

1. Sans préjudice des obligations incombant aux États membres participants conformément à l'article 351 du traité sur le fonctionnement de l'Union européenne, le présent règlement n'a pas d'incidence sur l'application des conventions internationales auxquelles un ou plusieurs États membres participants sont parties au moment de l'adoption du présent règlement ou lors de l'adoption de la décision conformément à l'article 331, paragraphe 1, deuxième ou troisième alinéa, du traité sur le fonctionnement de l'Union européenne et qui règlent les conflits de lois en matière de divorce ou de séparation de corps.

2. Toutefois, le présent règlement prévaut, entre les États membres participants, sur les conventions conclues exclusivement entre deux ou plusieurs d'entre eux dans la mesure où elles concernent des questions régies par le présent règlement.

### Article 20 – Clause de révision

1. Au plus tard le 31 décembre 2015, et ensuite tous les cinq ans, la Commission présente au Parlement européen, au Conseil et au Comité économique et social européen un rapport relatif à l'application du présent règlement. Ce rapport est accompagné, le cas échéant, de propositions visant à adapter le présent règlement.

2. À cette fin, les États membres participants informent la Commission des éléments pertinents concernant l'application du présent règlement par leurs juridictions.

CHAPITRE IV

## Dispositions finales

### Article 21 – Entrée en vigueur et date d'application

Le présent règlement entre en vigueur le jour suivant celui de sa publication au *Journal officiel* de l'Union européenne.

Il est applicable à partir du 21 juin 2012, à l'exception de l'article 17, qui est applicable à partir du 21 juin 2011.

Pour les États membres participant à une coopération renforcée en vertu d'une décision adoptée conformément à l'article 331, paragraphe 1, deuxième ou troisième alinéa, du traité sur le fonctionnement de l'Union européenne, le présent règlement est applicable à partir de la date indiquée dans la décision concernée.

Le présent règlement est obligatoire dans tous ses éléments et directement applicable dans les États membres participants, conformément aux traités.

Références

[1] *JO* L 189 du 22 juill. 2010, p. 12.

[2] Règlement (CE) n° 2201/2003 du Conseil du 27 novembre 2003 relatif à la compétence, la reconnaissance et l'exécution des décisions en matière matrimoniale et en matière de responsabilité parentale (*JO* L 338 du 23 déc. 2003, p. 1).

[3] *JO* L 174 du 27 juin 2001, p. 25.

# 88 Règlement nº 650/2012 du 4 juillet 2012 relatif à la compétence, la loi applicable, la reconnaissance et l'exécution des décisions et des actes authentiques en matière de successions et à la création d'un certificat successoral européen

Applicable à partir du 17 août 2015



*Le Parlement européen et le Conseil de l'Union européenne,*

Vu le traité sur le fonctionnement de l'Union européenne, et notamment son article 81, paragraphe 2,

Vu la proposition de la Commission européenne,

Vu l'avis du Comité économique et social européen [1],

Statuant conformément à la procédure législative ordinaire [2],

Considérant ce qui suit :

(1) L'Union s'est donné pour objectif de maintenir et de développer un espace de liberté, de sécurité et de justice au sein duquel est assurée la libre circulation des personnes. En vue de l'établissement progressif de cet espace, l'Union doit adopter des mesures relevant du domaine de la coopération judiciaire dans les matières civiles ayant une incidence transfrontière, notamment lorsque cela est nécessaire au bon fonctionnement du marché intérieur.

(2) Conformément à l'article 81, paragraphe 2, point c), du traité sur le fonctionnement de l'Union européenne, ces mesures peuvent comprendre des mesures visant à assurer la compatibilité des règles applicables dans les États membres en matière de conflits de lois et de compétence.

(3) Le Conseil européen, réuni à Tampere les 15 et 16 octobre 1999, a approuvé le principe de reconnaissance mutuelle des jugements et des autres décisions émanant des autorités judiciaires en tant que pierre angulaire de la coopération judiciaire en matière civile et a invité le Conseil et la Commission à adopter un programme de mesures destinées à mettre en œuvre ce principe.

(4) Un programme de mesures sur la mise en œuvre du principe de reconnaissance mutuelle des décisions en matière civile et commerciale [3], commun à la Commission et au Conseil, a été adopté le 30 novembre 2000. Ce programme décrit les mesures relatives à l'harmonisation des règles de conflits de lois comme des

mesures destinées à faciliter la reconnaissance mutuelle des décisions et prévoit l'élaboration d'un instrument en matière de testaments et successions.

(5) Le Conseil européen, réuni à Bruxelles les 4 et 5 novembre 2004, a adopté un nouveau programme, intitulé « Le programme de La Haye : renforcer la liberté, la sécurité et la justice dans l'Union européenne » [4]. Ce programme souligne la nécessité d'adopter un instrument en matière de successions, traitant notamment des questions de conflits de lois, de la compétence, de la reconnaissance mutuelle et de l'exécution des décisions dans le domaine des successions ainsi que d'un certificat successoral européen.

(6) Réuni à Bruxelles les 10 et 11 décembre 2009, le Conseil européen a adopté un nouveau programme pluriannuel intitulé « Le programme de Stockholm – une Europe ouverte et sûre qui sert et protège les citoyens » [5]. Dans ce programme, le Conseil européen estimait que la reconnaissance mutuelle devrait être étendue à des domaines encore non couverts mais essentiels pour la vie quotidienne, tels que les successions et les testaments, tout en tenant compte des systèmes juridiques des États membres, y compris en matière d'ordre public, et des traditions nationales dans ce domaine.

(7) Il y a lieu de faciliter le bon fonctionnement du marché intérieur en supprimant les entraves à la libre circulation de personnes confrontées aujourd'hui à des difficultés pour faire valoir leurs droits dans le contexte d'une succession ayant des incidences transfrontières. Dans l'espace européen de justice, les citoyens doivent être en mesure d'organiser à l'avance leur succession. Les droits des héritiers et légataires, des autres personnes proches du défunt ainsi que des créanciers de la succession doivent être garantis de manière effective.

(8) Afin d'atteindre ces objectifs, le présent règlement devrait regrouper les dispositions sur la compétence, la loi applicable, la reconnaissance – ou, le cas échéant, l'acceptation –, la force exécutoire et l'exécution des décisions, des actes authentiques et des transactions judiciaires ainsi que sur la création d'un certificat successoral européen.

(9) Le champ d'application du présent règlement devrait s'étendre à tous les aspects de droit civil d'une succession à cause de mort, à savoir tout mode de transfert de biens, de droits et d'obligations à cause de mort, qu'il s'agisse d'un acte volontaire de transfert en vertu d'une disposition à cause de mort ou d'un transfert dans le cadre d'une succession *ab intestat*.

(10) Le présent règlement ne devrait pas s'appliquer aux questions fiscales ni aux questions administratives relevant du droit public. Il appartient dès lors au droit national de déterminer, par exemple, comment sont calculés et payés les impôts et autres taxes, qu'il s'agisse d'impôts dus par la personne décédée au moment de son décès ou de tout type d'impôt lié à la succession dont doivent s'acquitter la succession ou les bénéficiaires. Il appartient également au droit national de déterminer si le transfert d'un bien successoral aux bénéficiaires en vertu du présent règlement ou l'inscription d'un bien successoral dans un registre peut, ou non, faire l'objet de paiement d'impôts.

(11) Le présent règlement ne devrait pas s'appliquer aux domaines du droit civil autres que les successions. Pour des raisons de clarté, le champ d'application du présent règlement devrait explicitement exclure une série de questions dont il pourrait être estimé qu'elles ont un lien avec les questions de succession.

(12) Ainsi, le présent règlement ne devrait pas s'appliquer aux questions ayant trait aux régimes matrimoniaux, y compris les conventions matrimoniales que

connaissent certains systèmes juridiques, dès lors que celles-ci ne traitent pas de questions successorales, ni aux régimes patrimoniaux applicables aux relations réputées avoir des effets comparables à ceux du mariage. Les autorités chargées d'une succession donnée en vertu du présent règlement devraient néanmoins, en fonction de la situation, prendre en compte la liquidation du régime matrimonial ou d'un régime patrimonial similaire du défunt lors du calcul de la masse successorale et des parts respectives des différents bénéficiaires.

(13) Il convient également d'exclure du champ d'application du présent règlement les questions liées à la constitution, au fonctionnement et à la dissolution de trusts. Cela ne devrait pas s'entendre comme une exclusion générale des trusts. Dans le cas où un trust est constitué en vertu d'un testament ou de la loi en lien avec une succession *ab intestat*, la loi applicable à la succession en vertu du présent règlement devrait s'appliquer s'agissant de la dévolution des biens et de la vocation successorale des bénéficiaires.

(14) Les droits et biens créés ou transférés autrement que par succession, par exemple au moyen de libéralités, devraient également être exclus du champ d'application du présent règlement. Néanmoins, c'est la loi désignée par le présent règlement comme étant la loi applicable à la succession qui précise s'il convient que les libéralités ou autres formes de dispositions entre vifs qui donnent naissance à un droit réel avant le décès fassent l'objet d'un rapport ou d'une réduction aux fins du calcul des parts des bénéficiaires conformément à la loi applicable à la succession.

(15) Le présent règlement devrait permettre la création ou le transfert par succession d'un droit mobilier ou immobilier tel que prévu par la loi applicable à la succession. Il ne devrait toutefois pas porter atteinte au nombre limité (« *numerus clausus* ») de droits réels que connaît le droit national de certains États membres. Un État membre ne devrait pas être tenu de reconnaître un droit réel en rapport avec des biens situés dans cet État membre, s'il ne connaît pas un tel droit réel dans son droit.

(16) Afin de permettre toutefois aux bénéficiaires de jouir, dans un autre État membre, des droits qui ont été créés ou leur ont été transférés par succession, il convient que le présent règlement prévoie l'adaptation d'un droit réel inconnu à son équivalent le plus proche en vertu du droit de cet autre État membre. Dans le cadre de cette adaptation, il y a lieu de tenir compte des objectifs et des intérêts poursuivis par le droit réel en question et des effets qui y sont liés. Pour déterminer l'équivalent le plus proche du droit réel dans le droit national, les autorités ou les personnes compétentes de l'État dont la loi s'applique à la succession peuvent être contactées afin d'obtenir des informations complémentaires sur la nature et les effets de ce droit. À cette fin, il serait possible d'avoir recours aux réseaux existants dans le domaine de la coopération judiciaire en matière civile et commerciale, ainsi qu'à tout autre moyen disponible permettant de comprendre plus facilement la loi étrangère.

(17) L'adaptation d'un droit réel inconnu, expressément prévu par le présent règlement, ne devrait pas empêcher d'autres formes d'adaptation dans le cadre de l'application de ce règlement.

(18) Les exigences relatives à l'inscription dans un registre d'un droit immobilier ou mobilier devraient être exclues du champ d'application du présent règlement. Par conséquent, c'est la loi de l'État membre dans lequel le registre est tenu (pour les biens immeubles, la *lex rei sitae*) qui devrait définir les conditions légales et les modalités de l'inscription, et déterminer quelles sont les autorités, telles que les res-

ponsables des cadastres ou les notaires, chargées de vérifier que toutes les exigences sont respectées et que les documents présentés ou établis sont suffisants ou contiennent les informations nécessaires. En particulier, les autorités peuvent vérifier que le droit du défunt sur les biens successoraux mentionnés dans le document présenté pour inscription est un droit qui est inscrit en tant que tel dans le registre ou qui a été attesté d'une autre manière conformément au droit de l'État membre dans lequel le registre est tenu. Afin d'éviter la duplication des documents, les autorités chargées de l'inscription devraient accepter les documents rédigés par les autorités compétentes d'un autre État membre, dont la circulation est prévue par le présent règlement. En particulier, le certificat successoral européen délivré en vertu du présent règlement devrait constituer un document valable pour l'inscription de biens successoraux dans le registre d'un État membre. Cela ne devrait pas empêcher les autorités chargées de l'inscription de solliciter de la personne qui demande l'inscription de fournir les informations supplémentaires ou présenter les documents complémentaires exigés en vertu du droit de l'État membre dans lequel le registre est tenu, par exemple les informations ou les documents concernant le paiement d'impôts. L'autorité compétente peut indiquer à la personne demandant l'inscription la manière dont elle peut se procurer les informations ou les documents manquants.

(19) Les effets de l'inscription d'un droit dans un registre devraient également être exclus du champ d'application du présent règlement. Par conséquent, c'est la loi de l'État membre dans lequel le registre est tenu qui devrait déterminer si l'inscription a un effet, par exemple, déclaratoire ou constitutif. Donc, dans le cas où, par exemple, l'acquisition d'un droit immobilier exige une inscription dans un registre en vertu du droit de l'État membre dans lequel le registre est tenu afin d'assurer l'effet *erga omnes* des registres ou de protéger les transactions juridiques, le moment de cette acquisition devrait être régi par le droit de cet État membre.

(20) Le présent règlement devrait respecter les différents systèmes de règlement des successions applicables dans les États membres. Aux fins du présent règlement, il convient dès lors de donner au terme « juridiction » un sens large permettant de couvrir, non seulement les juridictions au sens strict qui exercent des fonctions juridictionnelles, mais également les notaires ou les services de l'état civil dans certains États membres qui, pour certaines questions successorales, exercent des fonctions juridictionnelles au même titre que les juridictions, et les notaires et les professionnels du droit qui, dans certains États membres, exercent des fonctions juridictionnelles dans le cadre d'une succession donnée en vertu d'une délégation de pouvoirs accordée par une juridiction. Toutes les juridictions au sens du présent règlement devraient être liées par les règles de compétence prévues dans le présent règlement. Inversement, le terme « juridiction » ne devrait pas viser les autorités non judiciaires d'un État membre qui, en vertu du droit national, sont habilitées à régler les successions, telles que les notaires dans la plupart des États membres, lorsque, comme c'est généralement le cas, ils n'exercent pas de fonctions juridictionnelles.

(21) Le présent règlement devrait permettre à tous les notaires qui sont compétents en matière de successions dans les États membres d'exercer cette compétence. La question de savoir si les notaires d'un État membre donné sont ou non liés par les règles de compétence prévues dans le présent règlement devrait dépendre de la question de savoir s'ils relèvent ou non de la définition du terme « juridiction » aux fins du présent règlement.

(22) Les actes dressés par des notaires en matière de successions dans les États membres devraient circuler dans le cadre du présent règlement. Lorsque les notaires

exercent des fonctions juridictionnelles, ils sont liés par les règles de compétence, et les décisions qu'ils rendent devraient circuler conformément aux dispositions relatives à la reconnaissance, à la force exécutoire et à l'exécution des décisions. Lorsque les notaires n'exercent pas des fonctions juridictionnelles, ils ne sont pas liés par les règles de compétence juridictionnelle et les actes authentiques qu'ils dressent devraient circuler conformément aux dispositions relatives aux actes authentiques.

(23) Compte tenu de la mobilité croissante des citoyens et afin d'assurer une bonne administration de la justice au sein de l'Union et de veiller à ce qu'un lien de rattachement réel existe entre la succession et l'État membre dans lequel la compétence est exercée, le présent règlement devrait prévoir que le facteur général de rattachement aux fins de la détermination, tant de la compétence que de la loi applicable, est la résidence habituelle du défunt au moment du décès. Afin de déterminer la résidence habituelle, l'autorité chargée de la succession devrait procéder à une évaluation d'ensemble des circonstances de la vie du défunt au cours des années précédant son décès et au moment de son décès, prenant en compte tous les éléments de fait pertinents, notamment la durée et la régularité de la présence du défunt dans l'État concerné ainsi que les conditions et les raisons de cette présence. La résidence habituelle ainsi déterminée devrait révéler un lien étroit et stable avec l'État concerné, compte tenu des objectifs spécifiques du présent règlement.

(24) Dans certains cas, il peut s'avérer complexe de déterminer la résidence habituelle du défunt. Un tel cas peut se présenter, en particulier, lorsque, pour des raisons professionnelles ou économiques, le défunt était parti vivre dans un autre État pour y travailler, parfois pendant une longue période, tout en ayant conservé un lien étroit et stable avec son État d'origine. Dans un tel cas, le défunt pourrait, en fonction des circonstances de l'espèce, être considéré comme ayant toujours sa résidence habituelle dans son État d'origine, dans lequel se trouvait le centre des intérêts de sa vie familiale et sociale. D'autres cas complexes peuvent se présenter lorsque le défunt vivait de façon alternée dans plusieurs États ou voyageait d'un État à un autre sans s'être installé de façon permanente dans un État. Si le défunt était ressortissant de l'un de ces États ou y avait l'ensemble de ses principaux biens, sa nationalité ou le lieu de situation de ces biens pourrait constituer un critère particulier pour l'appréciation globale de toutes les circonstances de fait.

(25) En vue de déterminer la loi applicable à la succession, l'autorité chargée de la succession peut, dans des cas exceptionnels où, par exemple, le défunt s'était établi dans l'État de sa résidence habituelle relativement peu de temps avant son décès et que toutes les circonstances de la cause indiquent qu'il entretenait manifestement des liens plus étroits avec un autre État, parvenir à la conclusion que la loi applicable à la succession ne devrait pas être la loi de l'État de résidence habituelle du défunt mais plutôt celle de l'État avec lequel le défunt entretenait manifestement des liens plus étroits. Les liens manifestement les plus étroits ne devraient toutefois pas être invoqués comme facteur de rattachement subsidiaire dès que la détermination de la résidence habituelle du défunt au moment de son décès s'avère complexe.

(26) Aucune disposition du présent règlement ne devrait empêcher une juridiction d'appliquer les mécanismes destinés à lutter contre la fraude à la loi, par exemple dans le cadre du droit international privé.

(27) Les dispositions du présent règlement sont conçues pour assurer que l'autorité chargée de la succession en vienne, dans la plupart des cas, à appliquer son droit national. Le présent règlement prévoit dès lors une série de mécanismes qui entre-

raient en action dans les cas où le défunt avait choisi pour régir sa succession le droit d'un État membre dont il était un ressortissant.

(28) Parmi ces mécanismes devrait figurer celui permettant aux parties concernées de conclure un accord d'élection de for en faveur des juridictions de l'État membre de la loi choisie. Il faudrait préciser au cas par cas, en fonction notamment de la question couverte par l'accord d'élection de for, si l'accord devrait être conclu entre toutes les parties concernées par la succession ou si certaines d'entre elles pourraient accepter de soumettre une question spécifique à la juridiction choisie au cas où la décision de ladite juridiction sur ladite question n'affecterait pas les droits des autres parties à la succession.

(29) Si une procédure en matière de succession est engagée d'office par une juridiction, comme cela se produit dans certains États membres, cette juridiction devrait clore la procédure si les parties conviennent de régler la succession à l'amiable par voie extrajudiciaire dans l'État membre dont la loi avait été choisie. Lorsqu'une procédure en matière de succession n'est pas engagée d'office par une juridiction, le présent règlement ne devrait pas empêcher les parties de régler la succession à l'amiable par voie extrajudiciaire, par exemple devant un notaire, dans un État membre de leur choix, dans le cas où le droit de cet État membre le permet. Ce devrait être le cas même si la loi applicable à la succession n'est pas la loi de cet État membre.

(30) Afin de veiller à ce que les juridictions de tous les États membres puissent s'appuyer sur les mêmes motifs pour exercer leur compétence à l'égard de la succession de personnes n'ayant pas leur résidence habituelle sur le territoire d'un État membre au moment du décès, le présent règlement devrait dresser la liste exhaustive, dans l'ordre hiérarchique, des motifs pour lesquels cette compétence subsidiaire peut s'exercer.

(31) Afin de remédier tout particulièrement à des situations de déni de justice, il y a lieu de prévoir dans le présent règlement un *forum necessitatis* permettant à une juridiction d'un État membre, dans des cas exceptionnels, de statuer sur une succession qui présente un lien étroit avec un État tiers. Un tel cas exceptionnel pourrait exister lorsqu'une procédure se révèle impossible dans l'État tiers concerné, par exemple en raison d'une guerre civile, ou lorsqu'on ne peut raisonnablement attendre d'un bénéficiaire qu'il introduise ou conduise une procédure dans cet État. La compétence fondée sur le *forum necessitatis* ne pourrait cependant être exercée que si l'affaire présente un lien suffisant avec l'État membre de la juridiction saisie.

(32) Afin de faciliter la vie des héritiers et légataires résidant habituellement dans un autre État membre que celui dans lequel la succession est ou sera réglée, le présent règlement devrait permettre à toute personne ayant le droit, en vertu de la loi applicable à la succession, de faire des déclarations relatives à l'acceptation de la succession, d'un legs ou d'une réserve héréditaire ou à la renonciation à ceux-ci, ou une déclaration visant à limiter sa responsabilité à l'égard des dettes de la succession, de faire ces déclarations sous la forme prévue par la loi de l'État membre de sa résidence habituelle devant les juridictions dudit État membre. Cette disposition ne devrait pas empêcher de faire de telles déclarations devant d'autres autorités de cet État membre qui sont compétentes pour recevoir les déclarations en vertu du droit national. Les personnes qui choisissent de se prévaloir de la possibilité de faire une déclaration dans l'État membre de leur résidence habituelle devraient informer elles-mêmes la juridiction ou l'autorité qui est ou sera chargée de la succession de l'existence de telles déclarations dans le délai éventuellement fixé par la loi applicable à la succession.

(33) Une personne qui souhaite limiter sa responsabilité à l'égard des dettes de la succession ne devrait pas avoir la possibilité de le faire par une simple déclaration à cet effet devant les juridictions ou d'autres autorités compétentes de l'État membre de sa résidence habituelle lorsque la loi applicable à la succession exige qu'elle engage une procédure judiciaire spécifique, par exemple une procédure d'inventaire, devant la juridiction compétente. Une déclaration faite dans de telles circonstances par une personne dans l'État membre de sa résidence habituelle, sous la forme prévue par le droit de cet État membre, ne devrait dès lors pas être valable en la forme aux fins du présent règlement. De même, les actes introductifs d'instance ne devraient pas être considérés comme des déclarations aux fins du présent règlement.

(34) Dans l'intérêt du fonctionnement harmonieux de la justice, il conviendrait d'éviter que des décisions inconciliables soient rendues dans différents États membres. À cette fin, le présent règlement devrait prévoir des règles générales de procédure semblables à celles d'autres instruments de l'Union dans le domaine de la coopération judiciaire en matière civile.

(35) Parmi ces règles de procédure figure la règle de la litispendance qui entrera en jeu si la même affaire de succession est portée devant différentes juridictions de différents États membres. Cette règle déterminera alors la juridiction appelée à poursuivre le règlement de la succession.

(36) Étant donné que, dans certains États membres, les successions peuvent être réglées par des autorités non judiciaires telles que des notaires, qui ne sont pas liées par les règles de compétence en vertu du présent règlement, on ne peut exclure qu'une transaction extrajudiciaire à l'amiable et une procédure judiciaire ayant trait à la même succession ou deux transactions extrajudiciaires à l'amiable ayant trait à la même succession puissent être engagées parallèlement dans différents États membres. En pareil cas, il devrait appartenir aux parties impliquées, une fois qu'elles connaissent l'existence de procédures parallèles, de convenir entre elles de la manière de procéder. À défaut d'accord entre elles, il appartiendra aux juridictions compétentes en vertu du présent règlement de régler et de statuer sur la succession.

(37) Afin de permettre aux citoyens de profiter, en toute sécurité juridique, des avantages offerts par le marché intérieur, le présent règlement devrait leur permettre de connaître à l'avance la loi applicable à leur succession. Des règles harmonisées de conflits de lois devraient être introduites pour éviter des résultats contradictoires. La règle principale devrait assurer que la succession est régie par une loi prévisible, avec laquelle elle présente des liens étroits. Pour des raisons de sécurité juridique et afin d'éviter le morcellement de la succession, cette loi devrait régir l'ensemble de la succession, c'est-à-dire l'intégralité du patrimoine composant la succession, quelle que soit la nature des biens et indépendamment du fait que ceux-ci sont situés dans un autre État membre ou dans un État tiers.

(38) Le présent règlement devrait permettre aux citoyens d'organiser à l'avance leur succession en choisissant la loi applicable à leur succession. Ce choix devrait être limité à la loi d'un État dont ils possèdent la nationalité afin d'assurer qu'il existe un lien entre le défunt et la loi choisie et d'éviter que le choix d'une loi ne soit effectué avec l'intention de frustrer les attentes légitimes des héritiers réservataires.

(39) Le choix de la loi devrait être formulé de manière expresse dans une déclaration revêtant la forme d'une disposition à cause de mort ou résulter des termes d'une telle disposition. Le choix de la loi pourrait être considéré comme résultant d'une disposition à cause de mort dans le cas où, par exemple, dans sa disposition, le

défunt avait fait référence à des dispositions spécifiques de la loi de l'État de sa nationalité ou dans le cas où il avait mentionné cette loi d'une autre manière.

(40) Le choix de la loi en vertu du présent règlement devrait être valable même si la loi choisie ne prévoit pas de choix de la loi en matière de succession. Il devrait toutefois appartenir à la loi choisie de déterminer la validité au fond de l'acte d'élection de la loi, c'est-à-dire si l'on peut considérer que la personne qui a choisi la loi savait ce qu'elle faisait en faisant ce choix et qu'elle avait consenti à le faire. Il devrait en aller de même pour l'acte visant à modifier ou à révoquer un choix de loi.

(41) Aux fins de l'application du présent règlement, la détermination de la nationalité ou des différentes nationalités d'une personne devrait être réglée comme une question préliminaire. La question de savoir si une personne doit être considérée comme ressortissant d'un État n'entre pas dans le champ d'application du présent règlement et relève du droit national, y compris, le cas échéant, de conventions internationales, dans le plein respect des principes généraux de l'Union européenne.

(42) La loi désignée comme la loi applicable à la succession devrait régir la succession depuis son ouverture jusqu'au transfert de la propriété des biens composant la succession aux bénéficiaires, tel que déterminé par ladite loi. Elle devrait inclure les questions liées à l'administration de la succession et à la responsabilité à l'égard des dettes de la succession. L'apurement des dettes de la succession peut, en fonction notamment de la loi applicable à la succession, prévoir la prise en compte du rang spécifique des créanciers.

(43) Les règles de compétence établies par le présent règlement peuvent, dans certains cas, conduire à une situation où la juridiction compétente pour statuer sur la succession n'appliquera pas sa propre loi. Lorsqu'une telle situation survient dans un État membre dont la loi prévoit la nomination obligatoire d'un administrateur de la succession, le présent règlement devrait autoriser les juridictions de cet État membre, lorsqu'elles sont saisies, à nommer un ou plusieurs administrateurs en vertu de leur propre loi. Ceci est sans préjudice du choix fait par les parties de régler la succession à l'amiable par la voie extrajudiciaire dans un autre État membre lorsque cette option est possible en vertu de la loi de cet État membre. Afin d'assurer une bonne coordination entre la loi applicable à la succession et la loi de l'État membre de la juridiction de nomination, il convient que cette juridiction nomme la ou les personnes habilitées à administrer la succession en vertu de la loi applicable à la succession, comme, par exemple, l'exécuteur du testament du défunt ou les héritiers eux-mêmes ou, si la loi applicable à la succession le requiert, un tiers administrateur. Dans des cas particuliers où leur loi l'exige, les juridictions peuvent cependant nommer un tiers en qualité d'administrateur même si la loi applicable à la succession ne le prévoit pas. En cas de nomination d'un exécuteur testamentaire par le défunt, cette personne ne peut être dépossédée de ses pouvoirs, à moins que la loi applicable à la succession n'autorise qu'il soit mis fin à son mandat.

(44) Les pouvoirs exercés par les administrateurs nommés dans l'État membre de la juridiction saisie devraient être les pouvoirs d'administration qu'ils sont habilités à exercer en vertu de la loi applicable à la succession. Ainsi, par exemple, si l'héritier est nommé administrateur, il devrait avoir, pour administrer la succession, les pouvoirs que conférerait ladite loi à un héritier. Lorsque les pouvoirs d'administration susceptibles d'être exercés en vertu de la loi applicable à la succession ne suffisent pas à préserver les biens successoraux ou à protéger les droits des créanciers ou d'autres personnes ayant garanti les dettes du défunt, le ou les administrateurs nommés dans l'État membre de la juridiction saisie peuvent, sur une base résiduelle,

exercer les pouvoirs d'administration prévus à cette fin par la loi de cet État membre. Ces pouvoirs résiduels pourraient consister, par exemple, à établir la liste de l'actif et du passif de la succession, à informer les créanciers de l'ouverture de la succession et à les inviter à faire connaître leurs créances, ainsi qu'à prendre toutes les mesures provisoires ou conservatoires visant à préserver les biens successoraux. Les actes accomplis par un administrateur en vertu de ces pouvoirs résiduels devraient respecter la loi applicable à la succession en ce qui concerne le transfert de la propriété d'un bien successoral, y compris toute transaction conclue par les bénéficiaires avant la désignation de l'administrateur, la responsabilité à l'égard des dettes de la succession et les droits des bénéficiaires, y compris, le cas échéant, le droit d'accepter la succession ou d'y renoncer. Ces actes pourraient, par exemple, concerner uniquement l'aliénation des biens ou le paiement des dettes lorsque ces mesures sont autorisées en vertu de la loi applicable à la succession. Lorsqu'en vertu de la loi applicable à la succession, la nomination d'un tiers administrateur modifie la responsabilité des héritiers, il convient de respecter cette modification de responsabilité.

(45) Le présent règlement ne devrait pas empêcher les créanciers, par exemple par l'intermédiaire d'un représentant, d'entreprendre des démarches complémentaires comme pourrait le prévoir le droit national, le cas échéant, conformément aux instruments de l'Union applicables en la matière, afin de protéger leurs droits.

(46) Le présent règlement devrait permettre la communication d'informations sur l'ouverture de la succession aux créanciers potentiels se trouvant dans d'autres États membres où se situent des biens. Dans le cadre de l'application du présent règlement, il convient dès lors d'envisager la possibilité d'instaurer un mécanisme, le cas échéant via le portail « e-Justice » pour permettre aux créanciers se trouvant dans d'autres États membres d'avoir accès aux informations pertinentes de manière à leur permettre de déclarer leurs créances.

(47) La loi applicable à la succession devrait déterminer qui sont les bénéficiaires d'une succession donnée. Dans la plupart des ordres juridiques, le terme « bénéficiaires » tend à englober les héritiers et les légataires ainsi que les héritiers réservataires, bien que, par exemple, la situation juridique des légataires ne soit pas la même selon les ordres juridiques. En vertu de certains ordres juridiques, le légataire peut recevoir une part directe dans la succession, alors que selon d'autres ordres juridiques, le légataire ne peut acquérir qu'un droit à faire valoir à l'encontre des héritiers.

(48) Afin de garantir la sécurité juridique pour les personnes souhaitant planifier leur succession à l'avance, le présent règlement devrait fixer une règle spécifique de conflit de lois concernant la recevabilité et la validité au fond des dispositions à cause de mort. Pour assurer une application uniforme de cette règle, il convient que le présent règlement énumère les éléments à prendre en compte comme relevant de la validité au fond. L'examen de la validité au fond d'une disposition à cause de mort peut aboutir à la conclusion que cette disposition à cause de mort n'a pas d'existence juridique.

(49) Un pacte successoral est un type de disposition à cause de mort dont la recevabilité et l'acceptation varient d'un État membre à l'autre. En vue de faciliter l'acceptation dans les États membres de droits successoraux acquis du fait d'un pacte successoral, il convient que le présent règlement détermine quelle loi doit régir la recevabilité de tels pactes, leur validité au fond et leurs effets contraignants entre les parties, y compris les conditions de leur dissolution.

(50) La loi qui, en vertu du présent règlement, régira la recevabilité et la validité au fond d'une disposition à cause de mort ainsi que, en ce qui concerne les pactes successoraux, les effets contraignants d'un tel pacte entre les parties, devrait être sans préjudice des droits de toute personne qui, en vertu de la loi applicable à la succession, peut prétendre à une réserve héréditaire ou jouit d'un autre droit dont elle ne peut être privée par la personne dont la succession est concernée.

(51) Dans le cas où il est fait référence, dans le présent règlement, à la loi qui aurait été applicable à la succession de la personne qui dispose, si elle était décédée le jour, selon le cas, de l'établissement de la disposition à cause de mort, de la modification ou de la révocation de la disposition, cette référence doit s'entendre comme étant une référence soit à la loi de l'État de la résidence habituelle de la personne concernée ce jour-là, soit, si la personne avait fait un choix de loi en vertu du présent règlement, à la loi de l'État de sa nationalité ce jour-là.

(52) La validité quant à la forme de toutes les dispositions à cause de mort établies par écrit devrait être réglementée par le présent règlement au moyen de règles qui soient compatibles avec celles de la convention de La Haye du 5 octobre 1961 sur les conflits de lois en matière de forme des dispositions testamentaires. Lorsqu'elle détermine si une disposition à cause de mort est valable en la forme en vertu du présent règlement, l'autorité compétente ne devrait pas prendre en considération la création frauduleuse d'un élément international en vue de contourner les règles relatives à la validité quant à la forme.

(53) Aux fins du présent règlement, toute disposition légale limitant les formes admises pour les dispositions à cause de mort en faisant référence à certaines qualités personnelles de la personne qui dispose telles que son âge, par exemple, devrait être considérée comme relevant du domaine de la forme. Cela ne devrait pas s'interpréter comme signifiant que la loi applicable à la validité quant à la forme d'une disposition à cause de mort au titre du présent règlement devrait déterminer si un mineur a ou non la capacité de disposer à cause de mort. Cette loi devrait uniquement déterminer si une qualité personnelle telle que, par exemple, la minorité devrait empêcher une personne d'effectuer une disposition à cause de mort sous une forme donnée.

(54) En raison de leur destination économique, familiale ou sociale, certains biens immobiliers, certaines entreprises et d'autres catégories particulières de biens font l'objet, dans l'État membre de leur situation, de règles spéciales imposant des restrictions concernant la succession portant sur ces biens ou ayant une incidence sur celle-ci. Le présent règlement devrait assurer l'application de ces règles spéciales. Toutefois, cette exception à l'application de la loi applicable à la succession requiert une interprétation stricte afin de rester compatible avec l'objectif général du présent règlement. Dès lors, ne peuvent être considérées comme des dispositions spéciales imposant des restrictions concernant la succession portant sur certains biens ou ayant une incidence sur celle-ci ni les règles de conflits de lois soumettant les biens immobiliers à une loi différente de celle applicable aux biens mobiliers, ni les dispositions prévoyant une réserve héréditaire plus importante que celle prévue par la loi applicable à la succession en vertu du présent règlement.

(55) En vue d'assurer un traitement uniforme de la situation dans laquelle l'ordre de décès de deux ou plusieurs personnes dont la succession serait régie par des lois différentes n'est pas connu, le présent règlement devrait prévoir une règle prévoyant qu'aucune de ces personnes défuntes ne devrait avoir de droits dans la succession de l'autre ou des autres.

(56) Dans certains cas, une succession peut se retrouver en déshérence. Ces cas sont réglés différemment selon les ordres juridiques. Certains de ceux-ci prévoient que l'État pourra revendiquer la qualité d'héritier à la succession en déshérence, indépendamment du lieu où les biens sont situés. Dans d'autres ordres juridiques, l'État ne pourra appréhender que les biens situés sur son territoire. Il convient dès lors que le présent règlement fixe une règle prévoyant que l'application de la loi applicable à la succession ne devrait pas empêcher un État membre d'appréhender, conformément à son propre droit, les biens situés sur son territoire. Cependant, pour éviter que cette règle ne soit préjudiciable aux créanciers de la succession, il y a lieu de l'assortir d'une réserve donnant la possibilité aux créanciers de faire valoir leurs créances sur l'ensemble des biens successoraux, indépendamment du lieu où ils se situent.

(57) Les règles de conflit de lois énoncées dans le présent règlement peuvent conduire à l'application de la loi d'un État tiers. Dans un tel cas, il convient de tenir compte des règles de droit international privé dudit État. Si ces règles prévoient le renvoi à la loi d'un État membre ou à la loi d'un État tiers qui appliquerait sa propre loi à la succession, il y a lieu d'accepter ce renvoi afin de garantir une cohérence au niveau international. Il convient toutefois d'exclure le renvoi lorsque le défunt avait fait un choix de loi en faveur de la loi d'un État tiers.

(58) Dans des circonstances exceptionnelles, des considérations d'intérêt public devraient donner aux juridictions et aux autres autorités compétentes des États membres chargées du règlement des successions la possibilité d'écarter certaines dispositions d'une loi étrangère lorsque, dans un cas précis, l'application de ces dispositions serait manifestement incompatible avec l'ordre public de l'État membre concerné. Néanmoins, les juridictions ou autres autorités compétentes ne devraient pas pouvoir appliquer l'exception d'ordre public en vue d'écarter la loi d'un autre État membre ou refuser de reconnaître – ou, le cas échéant, d'accepter –, ou d'exécuter une décision rendue, un acte authentique ou une transaction judiciaire d'un autre État membre, lorsque ce refus serait contraire à la Charte des droits fondamentaux de l'Union européenne, en particulier à son article 21 qui interdit toute forme de discrimination.

(59) À la lumière de l'objectif général du présent règlement qui est la reconnaissance mutuelle des décisions rendues dans les États membres en matière de successions, indépendamment du fait que de telles décisions aient été rendues dans le cadre d'une procédure contentieuse ou gracieuse, le présent règlement devrait fixer des règles relatives à la reconnaissance, à la force exécutoire et à l'exécution des décisions qui soient semblables à celles d'autres instruments de l'Union adoptés dans le domaine de la coopération judiciaire en matière civile.

(60) Afin de prendre en compte les différents systèmes de règlement des successions dans les États membres, le présent règlement devrait assurer l'acceptation et la force exécutoire dans tous les États membres des actes authentiques en matière de succession.

(61) Les actes authentiques devraient avoir la même force probante dans un autre État membre que dans l'État membre d'origine ou les effets les plus comparables. Lors de la détermination de la force probante d'un acte authentique donné dans un autre État membre ou des effets les plus comparables, il convient de faire référence à la nature et à la portée de la force probante de l'acte authentique dans l'État membre d'origine. La force probante qu'un acte authentique donné devrait avoir dans un autre État membre dépendra dès lors de la loi de l'État membre d'origine.

(62) L'« authenticité » d'un acte authentique devrait être un concept autonome recouvrant des éléments tels que la véracité de l'acte, les exigences de forme qui lui sont applicables, les pouvoirs de l'autorité qui le dresse et la procédure suivie pour le dresser. Elle devrait également recouvrir les éléments factuels consignés dans l'acte authentique par l'autorité concernée, tels que le fait que les parties indiquées ont comparu devant ladite autorité à la date indiquée et qu'elles ont fait les déclarations qui y sont mentionnées. Une partie souhaitant contester l'authenticité d'un acte authentique devrait le faire devant la juridiction compétente de l'État membre d'origine de l'acte authentique en vertu de la loi dudit État membre.

(63) Les termes « actes juridiques ou relations juridiques consignés dans un acte authentique » devraient être interprétés comme faisant référence au contenu quant au fond consigné dans l'acte authentique. Les actes juridiques consignés dans un acte authentique pourraient être, par exemple, l'accord conclu entre les parties quant au partage ou à la répartition de la masse successorale, un testament, un pacte successoral ou toute autre déclaration de volonté. Les relations juridiques pourraient être, par exemple, la vocation successorale des héritiers et autres bénéficiaires établie au titre de la loi applicable à la succession, la détermination de leurs parts respectives, l'existence d'une réserve héréditaire ou tout autre élément établi au titre de la loi applicable à la succession. Une partie souhaitant contester les actes juridiques ou relations juridiques consignés dans un acte authentique devrait le faire devant les juridictions compétentes en vertu du présent règlement, qui devraient statuer sur cette contestation conformément à la loi applicable à la succession.

(64) Si une question relative aux actes juridiques ou relations juridiques consignés dans un acte authentique est soulevée de manière incidente dans le cadre d'une procédure devant une juridiction d'un État membre, celle-ci est compétente pour en connaître.

(65) Un acte authentique contesté ne devrait pas avoir de force probante dans un autre État membre que l'État membre d'origine tant que le recours est pendant. Si le recours ne concerne qu'un élément spécifique lié aux actes juridiques ou relations juridiques consignés dans l'acte authentique, l'acte authentique en question ne devrait pas avoir de force probante dans un autre État membre que l'État membre d'origine en ce qui concerne l'élément de la contestation, tant que le recours est pendant. Un acte authentique déclaré non valable à la suite d'un recours devrait cesser de produire toute force probante.

(66) Une autorité à laquelle seraient soumis deux actes authentiques incompatibles dans le cadre de l'application du présent règlement devrait examiner la question de savoir auquel, le cas échéant, il convient de donner la priorité, compte tenu des circonstances de l'espèce. Dans le cas où les circonstances ne permettent pas de déterminer à quel acte authentique il convient, le cas échéant, de donner la priorité, la question devrait être tranchée par les juridictions compétentes en vertu du présent règlement ou, lorsque la question est soulevée de manière incidente au cours d'une procédure, par la juridiction saisie de ladite procédure. En cas d'incompatibilité entre un acte authentique et une décision, il convient de tenir compte des motifs de non-reconnaissance des décisions prévus par le présent règlement.

(67) Afin de régler de manière rapide, aisée et efficace une succession ayant une incidence transfrontière au sein de l'Union, les héritiers, les légataires, les exécuteurs testamentaires ou les administrateurs de la succession devraient être à même de prouver facilement leur statut et/ou leurs droits et pouvoirs dans un autre État membre, par exemple dans un État membre où se trouvent des biens successoraux.

À cette fin, le présent règlement devrait prévoir la création d'un certificat uniforme, le certificat successoral européen (ci-après dénommé « certificat ») qui serait délivré en vue d'être utilisé dans un autre État membre. Afin de respecter le principe de subsidiarité, ce certificat ne devrait pas se substituer aux documents internes qui peuvent exister à des fins similaires dans les États membres.

(68) L'autorité qui délivre le certificat devrait tenir compte des formalités requises pour l'inscription des biens immobiliers dans l'État membre qui tient le registre. À cette fin, le présent règlement devrait prévoir un échange d'informations sur ces formalités entre les États membres.

(69) Le recours au certificat ne devrait pas être obligatoire. Cela signifie que les personnes en droit de déposer une demande de certificat ne devraient pas avoir l'obligation de le faire, mais devraient être libres de recourir aux autres instruments mis à disposition dans le présent règlement (décisions, actes authentiques ou transactions judiciaires). Cependant, aucune autorité ou personne devant laquelle serait produit un certificat délivré dans un autre État membre ne devrait être en droit de demander la production d'une décision, d'un acte authentique ou d'une transaction judiciaire en lieu et place du certificat.

(70) Le certificat devrait être délivré dans l'État membre dont les juridictions sont compétentes en vertu du présent règlement. Il devrait appartenir à chaque État membre de déterminer, dans son droit interne, quelles sont les autorités compétentes pour délivrer le certificat, qu'il s'agisse de juridictions telles que définies aux fins du présent règlement ou bien d'autres autorités compétentes en matière de succession telles que, par exemple, les notaires. Il devrait également appartenir à chaque État membre de déterminer, dans son droit interne, si l'autorité émettrice peut faire appel, durant le processus de délivrance, à d'autres services compétents, par exemple des services compétents pour recueillir des déclarations solennelles en lieu et place d'un serment. Les États membres devraient communiquer à la Commission les informations pertinentes relatives à leurs autorités émettrices, de manière que ces informations soient rendues publiques.

(71) Le certificat devrait produire les mêmes effets dans tous les États membres. Il ne devrait pas être, en tant que tel, un titre exécutoire mais devrait avoir une force probante et il devrait être présumé attester fidèlement de l'existence d'éléments qui ont été établis en vertu de la loi applicable à la succession ou en vertu de toute autre loi applicable à des éléments spécifiques, tels que la validité au fond des dispositions à cause de mort. La force probante du certificat ne devrait pas s'étendre aux éléments qui ne sont pas régis par le présent règlement comme la question de l'affiliation ou la question de l'appartenance d'un actif donné au défunt. Toute personne effectuant un paiement ou remettant un bien successoral à une personne indiquée dans le certificat comme étant en droit d'accepter ce paiement ou ce bien en qualité d'héritier ou de légataire devrait bénéficier d'une protection adéquate si elle a agi de bonne foi, en se fiant à l'exactitude des informations certifiées dans le certificat. La même protection devrait être accordée à toute personne qui, en se fiant à l'exactitude des informations certifiées dans le certificat, achète ou reçoit un bien successoral d'une personne indiquée dans le certificat comme étant en droit de disposer de ce bien. La protection devrait être assurée si des copies certifiées conformes toujours valables sont présentées. Il n'appartient pas au présent règlement de déterminer si l'acquisition de ce bien par un tiers est effective ou non.

(72) L'autorité compétente devrait délivrer le certificat sur demande. L'original du certificat devrait demeurer auprès de l'autorité émettrice, qui devrait en délivrer

une ou plusieurs copies certifiées conformes au demandeur ou à toute autre personne justifiant d'un intérêt légitime. Cela ne devrait pas empêcher un État membre, en vertu de sa réglementation nationale en matière d'accès du public aux documents, d'autoriser la délivrance au public de copies du certificat. Le présent règlement devrait prévoir des voies de recours contre les décisions de l'autorité de délivrance, y compris les décisions de refus de délivrance d'un certificat. Lorsque le certificat est rectifié, modifié ou retiré, l'autorité émettrice devrait informer les personnes auxquelles des copies certifiées conformes ont été délivrées de manière à éviter une utilisation abusive de ces copies.

(73) Le respect des engagements internationaux souscrits par les États membres justifie que le présent règlement n'affecte pas l'application des conventions internationales auxquelles un ou plusieurs États membres sont parties au moment de l'adoption du présent règlement. En particulier, les États membres qui sont parties à la convention de La Haye du 5 octobre 1961 sur les conflits de lois en matière de forme des dispositions testamentaires devraient pouvoir continuer à appliquer les dispositions de cette convention au lieu de celles du présent règlement pour ce qui est de la validité quant à la forme des testaments et des testaments conjonctifs. La cohérence avec les objectifs généraux du présent règlement commande toutefois que le règlement prévale entre États membres sur les conventions conclues exclusivement entre deux États membres ou plus, dans la mesure où ces conventions concernent des matières régies par le présent règlement.

(74) Le présent règlement ne devrait pas empêcher les États membres qui sont parties à la convention du 19 novembre 1934 conclue entre le Danemark, la Finlande, l'Islande, la Norvège et la Suède, qui comporte des dispositions de droit international privé relatives aux successions, aux testaments et à l'administration des successions, de continuer à appliquer certaines dispositions de ladite convention telle que révisée par l'accord intergouvernemental conclu entre les États parties à celle-ci.

(75) Afin de faciliter l'application du présent règlement, il convient de prévoir une obligation pour les États membres de communiquer certaines informations sur leur législation et leurs procédures concernant les successions dans le cadre du réseau judiciaire européen en matière civile et commerciale établi par la décision 2001/470/CE du Conseil [6]. Pour permettre la publication au *Journal officiel* de l'Union européenne, dans les délais impartis, de toutes les informations pertinentes pour l'application concrète du présent règlement, les États membres devraient également communiquer ces informations à la Commission avant que le règlement ne commence à s'appliquer.

(76) De la même manière, afin de faciliter l'application du présent règlement et pour permettre le recours aux technologies modernes de communication, il convient de prévoir des formulaires types pour les attestations à fournir en lien avec la demande de déclaration constatant la force exécutoire d'une décision, d'un acte authentique ou d'une transaction judiciaire et pour la demande d'un certificat successoral européen, ainsi que pour le certificat lui-même.

(77) Pour le calcul des périodes et délais prévus par le présent règlement, le règlement (CEE, Euratom) n° 1182/71 du Conseil du 3 juin 1971 portant détermination des règles applicables aux délais, aux dates et aux termes [7] devrait s'appliquer.

(78) Afin d'assurer des conditions uniformes d'exécution du présent règlement, il convient de conférer des compétences d'exécution à la Commission en ce qui concerne l'établissement et la modification ultérieure des attestations et des formu-

laires relatifs à la déclaration constatant la force exécutoire des décisions, des transactions judiciaires et des actes authentiques, ainsi qu'au certificat successoral européen. Ces compétences devraient être exercées en conformité avec le règlement (UE) n° 182/2011 du Parlement européen et du Conseil du 16 février 2011 établissant les règles et principes généraux relatifs aux modalités de contrôle par les États membres de l'exercice des compétences d'exécution par la Commission [8].

(79) Il convient d'avoir recours à la procédure consultative pour l'adoption d'actes d'exécution visant à établir et ensuite à modifier les attestations et les formulaires prévus au présent règlement conformément à la procédure prévue à l'article 4 du règlement (UE) n° 182/2011.

(80) Étant donné que les objectifs du présent règlement, à savoir la libre circulation des personnes, l'organisation à l'avance par les citoyens de leur succession dans le cadre de l'Union et la protection des droits des héritiers, des légataires et des autres personnes proches du défunt, ainsi que des créanciers de la succession, ne peuvent pas être atteints de manière suffisante par les États membres et peuvent donc, en raison des dimensions et des effets du présent règlement, être mieux atteints au niveau de l'Union, celle-ci peut prendre des mesures conformément au principe de subsidiarité consacré à l'article 5 du traité sur l'Union européenne. Conformément au principe de proportionnalité tel qu'énoncé audit article, le présent règlement n'excède pas ce qui est nécessaire pour atteindre ces objectifs.

(81) Le présent règlement respecte les droits fondamentaux et observe les principes consacrés par la Charte des droits fondamentaux de l'Union européenne. Ce règlement doit être appliqué par les juridictions et autres autorités compétentes des États membres dans le respect de ces droits et principes.

(82) Conformément aux articles 1er et 2 du protocole n° 21 sur la position du Royaume-Uni et de l'Irlande à l'égard de l'espace de liberté, de sécurité et de justice, annexé au traité sur l'Union européenne et au traité sur le fonctionnement de l'Union européenne, ces États membres ne participent pas à l'adoption du présent règlement et ne sont pas liés par celui-ci ni soumis à son application. Cela s'entend toutefois sans préjudice de la possibilité, pour le Royaume-Uni et l'Irlande, de notifier leur intention d'accepter le présent règlement après son adoption conformément à l'article 4 dudit protocole.

(83) Conformément aux articles 1er et 2 du protocole n° 22 sur la position du Danemark, annexé au traité sur l'Union européenne et au traité sur le fonctionnement de l'Union européenne, le Danemark ne participe pas à l'adoption du présent règlement et n'est pas lié par celui-ci ni soumis à son application,

*Ont adopté le présent règlement :*

CHAPITRE PREMIER

## Champ d'application et définitions

### Article premier – Champ d'application

1. Le présent règlement s'applique aux successions à cause de mort. Il ne s'applique pas aux matières fiscales, douanières et administratives.

2. Sont exclus du champ d'application du présent règlement :

a) l'état des personnes physiques ainsi que les relations de famille et les relations réputées avoir des effets comparables en vertu de la loi applicable;

b) la capacité juridique des personnes physiques, sans préjudice de l'article 23, paragraphe 2, point c), et de l'article 26;

c) les questions relatives à la disparition, à l'absence ou à la mort présumée d'une personne physique;

d) les questions liées aux régimes matrimoniaux et aux régimes patrimoniaux relatifs aux relations qui, selon la loi qui leur est applicable, sont réputées avoir des effets comparables au mariage;

e) les obligations alimentaires autres que celles résultant du décès;

f) la validité quant à la forme des dispositions à cause de mort formulées oralement;

g) les droits et biens créés ou transférés autrement que par succession, par exemple au moyen de libéralités, de la propriété conjointe avec réversibilité au profit du survivant, de plans de retraite, de contrats d'assurance et d'arrangements analogues, sans préjudice de l'article 23, paragraphe 2, point i);

h) les questions régies par le droit des sociétés, associations et personnes morales telles que les clauses contenues dans les actes constitutifs et dans les statuts de sociétés, d'associations et de personnes morales qui fixent le sort des parts à la mort de leurs membres;

i) la dissolution, l'extinction et la fusion de sociétés, d'associations et de personnes morales;

j) la constitution, le fonctionnement et la dissolution des trusts;

k) la nature des droits réels; et

l) toute inscription dans un registre de droits immobiliers ou mobiliers, y compris les exigences légales applicables à une telle inscription, ainsi que les effets de l'inscription ou de l'absence d'inscription de ces droits dans un registre.

### Article 2 – Compétences en matière de successions dans les États membres

Le présent règlement ne porte pas atteinte aux compétences des autorités des États membres en matière de règlement des successions.

### Article 3 – Définitions

1. Aux fins du présent règlement, on entend par :

a) « succession », la succession à cause de mort, ce terme recouvrant toute forme de transfert de biens, de droits et d'obligations à cause de mort, qu'il s'agisse d'un acte volontaire de transfert en vertu d'une disposition à cause de mort ou d'un transfert dans le cadre d'une succession *ab intestat*;

b) « pacte successoral », un accord, y compris un accord résultant de testaments mutuels, qui confère, modifie ou retire, avec ou sans contre-prestation, des droits dans la succession future d'une ou de plusieurs personnes parties au pacte;

c) « testament conjonctif », un testament établi par deux ou plusieurs personnes dans le même acte;

d) « disposition à cause de mort », un testament, un testament conjonctif ou un pacte successoral;

e) « État membre d'origine », l'État membre dans lequel, selon le cas, la décision a été rendue, la transaction judiciaire approuvée ou conclue, l'acte authentique établi ou le certificat successoral européen délivré;

f) « État membre d'exécution », l'État membre dans lequel est demandée la déclaration constatant la force exécutoire ou l'exécution de la décision, de la transaction judiciaire ou de l'acte authentique;

g) « décision », toute décision en matière de successions rendue par une juridiction d'un État membre, quelle que soit la dénomination qui lui est donnée, y compris une décision concernant la fixation par le greffier du montant des frais du procès;

h) « transaction judiciaire », une transaction en matière de successions approuvée par une juridiction ou conclue devant une juridiction au cours d'une procédure;

i) « acte authentique », un acte en matière de succession dressé ou enregistré formellement en tant qu'acte authentique dans un État membre et dont l'authenticité :

i) porte sur la signature et le contenu de l'acte authentique; et

ii) a été établie par une autorité publique ou toute autre autorité habilitée à le faire par l'État membre d'origine.

2. Aux fins du présent règlement, le terme « juridiction » désigne toute autorité judiciaire, ainsi que toute autre autorité et tout professionnel du droit compétents en matière de successions qui exercent des fonctions juridictionnelles ou agissent en vertu d'une délégation de pouvoirs d'une autorité judiciaire ou sous le contrôle d'une autorité judiciaire, pour autant que ces autres autorités et professionnels du droit offrent des garanties en ce qui concerne leur impartialité et le droit de toutes les parties à être entendues, et que les décisions qu'ils rendent en vertu du droit de l'État membre dans lequel ils exercent leurs fonctions :

a) puissent faire l'objet d'un recours devant une autorité judiciaire ou d'un contrôle par une telle autorité; et

b) aient une force et un effet équivalents à une décision rendue par une autorité judiciaire dans la même matière.

Les États membres notifient à la Commission les autres autorités et professionnels du droit visés au premier alinéa conformément à l'article 79.

CHAPITRE II

## Compétence

### Article 4 – Compétence générale

Sont compétentes pour statuer sur l'ensemble d'une succession les juridictions de l'État membre dans lequel le défunt avait sa résidence habituelle au moment de son décès.

### Article 5 – Accord d'élection de for

1. Lorsque la loi choisie par le défunt pour régir sa succession en vertu de l'article 22 est la loi d'un État membre, les parties concernées peuvent convenir que la ou les juridictions de cet État membre ont compétence exclusive pour statuer sur toute succession.

2. Cet accord d'élection de for est conclu par écrit, daté et signé par les parties concernées. Toute transmission par voie électronique qui permet de consigner durablement la convention est considérée comme revêtant une forme écrite.

### Article 6 – Déclinatoire de compétence en cas de choix de loi

Lorsque la loi choisie par le défunt pour régir sa succession en vertu de l'article 22 est la loi d'un État membre, la juridiction saisie en vertu de l'article 4 ou 10 :

a) peut, à la demande de l'une des parties à la procédure, décliner sa compétence si elle considère que les juridictions de l'État membre dont la loi a été choisie sont mieux placées pour statuer sur la succession compte tenu des circonstances pratiques de celle-ci, telles que la résidence habituelle des parties et la localisation des biens; ou

b) décline sa compétence si les parties à la procédure sont convenues, conformément à l'article 5, de conférer la compétence à la ou aux juridictions de l'État membre dont la loi a été choisie.

### Article 7 – Compétence en cas de choix de loi

Les juridictions d'un État membre dont la loi avait été choisie par le défunt en vertu de l'article 22 sont compétentes pour statuer sur la succession, à condition :

a) qu'une juridiction préalablement saisie ait décliné sa compétence dans la même affaire, en vertu de l'article 6;

b) que les parties à la procédure soient convenues, conformément à l'article 5, de conférer la compétence à la ou aux juridictions de cet État membre; ou

c) que les parties à la procédure aient expressément accepté la compétence de la juridiction saisie.

### Article 8 – Clôture de la procédure devant la juridiction saisie d'office en cas de choix de loi

Une juridiction qui a engagé d'office une procédure en matière de succession en vertu de l'article 4 ou 10 clôt la procédure si les parties à la procédure sont convenues de régler la succession à l'amiable par voie extrajudiciaire dans l'État membre dont la loi avait été choisie par le défunt en vertu de l'article 22.

### Article 9 – Compétence fondée sur la comparution

1. Lorsque, au cours de la procédure devant une juridiction d'un État membre exerçant la compétence en vertu de l'article 7, il apparaît que toutes les parties à ladite procédure n'étaient pas parties à l'accord d'élection de for, la juridiction continue d'exercer sa compétence si les parties à la procédure qui n'étaient pas parties à l'accord comparaissent sans contester la compétence de la juridiction.

2. Si la compétence de la juridiction visée au paragraphe 1 est contestée par des parties à la procédure qui n'étaient pas parties à l'accord, la juridiction décline sa compétence.

Dans ce cas, la compétence pour statuer sur la succession appartient aux juridictions compétentes en vertu de l'article 4 ou 10.

### Article 10 – Compétences subsidiaires

1. Lorsque la résidence habituelle du défunt au moment du décès n'est pas située dans un État membre, les juridictions de l'État membre dans lequel sont situés des biens successoraux sont néanmoins compétentes pour statuer sur l'ensemble de la succession dans la mesure où :

a) le défunt possédait la nationalité de cet État membre au moment du décès; ou, à défaut,

b) le défunt avait sa résidence habituelle antérieure dans cet État membre, pour autant que, au moment de la saisine de la juridiction, il ne se soit pas écoulé plus de cinq ans depuis le changement de cette résidence habituelle.

2. Lorsqu'aucune juridiction d'un État membre n'est compétente en vertu du paragraphe 1, les juridictions de l'État membre dans lequel sont situés des biens successoraux sont néanmoins compétentes pour statuer sur ces biens.

## Article 11 – *Forum necessitatis*

Lorsqu'aucune juridiction d'un État membre n'est compétente en vertu d'autres dispositions du présent règlement, les juridictions d'un État membre peuvent, dans des cas exceptionnels, statuer sur la succession si une procédure ne peut raisonnablement être introduite ou conduite, ou se révèle impossible dans un État tiers avec lequel l'affaire a un lien étroit.

L'affaire doit présenter un lien suffisant avec l'État membre dont relève la juridiction saisie.

## Article 12 – Limitation de la procédure

1. Lorsque la masse successorale comprend des biens situés dans un État tiers, la juridiction saisie pour statuer sur la succession peut, à la demande d'une des parties, décider de ne pas statuer sur l'un ou plusieurs de ces biens si l'on peut s'attendre à ce que la décision qu'elle rendrait sur les biens en question ne soit pas reconnue ou, le cas échéant, ne soit pas déclarée exécutoire dans ledit État tiers.

2. Le paragraphe 1 ne porte pas atteinte au droit des parties de limiter la portée de la procédure en vertu du droit de l'État membre dont la juridiction est saisie.

## Article 13 – Acceptation de la succession, d'un legs ou d'une réserve héréditaire, ou renonciation à ceux-ci

Outre la juridiction compétente pour statuer sur la succession au titre du présent règlement, les juridictions de l'État membre de la résidence habituelle de toute personne qui, en vertu de la loi applicable à la succession, peut faire une déclaration devant une juridiction concernant l'acceptation de la succession, d'un legs ou d'une réserve héréditaire ou la renonciation à ceux-ci, ou une déclaration visant à limiter la responsabilité de la personne concernée à l'égard des dettes de la succession, sont compétentes pour recevoir ce type de déclarations lorsque, en vertu de la loi de cet État membre, ces déclarations peuvent être faites devant une juridiction.

## Article 14 – Saisine d'une juridiction

Aux fins du présent chapitre, une juridiction est réputée saisie :

a) à la date à laquelle l'acte introductif d'instance ou un acte équivalent est déposé auprès de la juridiction, à condition que le demandeur n'ait pas négligé par la suite de prendre les mesures qu'il était tenu de prendre pour que l'acte soit notifié ou signifié au défendeur;

b) si l'acte doit être notifié ou signifié avant d'être déposé auprès de la juridiction, à la date à laquelle il est reçu par l'autorité chargée de la notification ou de la signification, à condition que le demandeur n'ait pas négligé par la suite de prendre les mesures qu'il était tenu de prendre pour que l'acte soit déposé auprès de la juridiction; ou

c) si la procédure est engagée d'office, à la date à laquelle la décision d'engager la procédure est prise par la juridiction, ou, si une telle décision n'est pas requise, à la date à laquelle l'affaire est enregistrée par la juridiction.

### Article 15 – Vérification de la compétence

La juridiction d'un État membre saisie d'une affaire de succession pour laquelle elle n'est pas compétente en vertu du présent règlement se déclare d'office incompétente.

### Article 16 – Vérification de la recevabilité

1. Lorsque le défendeur qui a sa résidence habituelle dans un État autre que l'État membre où l'action a été intentée ne comparaît pas, la juridiction compétente sursoit à statuer aussi longtemps qu'il n'est pas établi que le défendeur a été mis à même de recevoir l'acte introductif d'instance ou un acte équivalent en temps utile pour pouvoir se défendre ou que toute diligence a été faite à cette fin.

2. L'article 19 du règlement (CE) n° 1393/2007 du Parlement et du Conseil du 13 novembre 2007 relatif à la signification et à la notification dans les États membres des actes judiciaires et extrajudiciaires en matière civile et commerciale (signification ou notification des actes) [9] s'applique en lieu et place du paragraphe 1 du présent article si l'acte introductif d'instance ou un acte équivalent a dû être transmis d'un État membre à un autre en exécution dudit règlement.

3. Lorsque le règlement (CE) n° 1393/2007 n'est pas applicable, l'article 15 de la convention de La Haye du 15 novembre 1965 relative à la signification et à la notification à l'étranger des actes judiciaires et extrajudiciaires en matière civile ou commerciale s'applique si l'acte introductif d'instance ou un acte équivalent a dû être transmis à l'étranger en vertu de cette convention.

### Article 17 – Litispendance

1. Lorsque des demandes ayant le même objet et la même cause sont formées entre les mêmes parties devant des juridictions d'États membres différents, toute juridiction saisie en second lieu sursoit d'office à statuer jusqu'à ce que la compétence de la juridiction première saisie soit établie.

2. Lorsque la compétence de la juridiction première saisie est établie, la juridiction saisie en second lieu se dessaisit en faveur de celle-ci.

### Article 18 – Connexité

1. Lorsque des demandes connexes sont pendantes devant des juridictions d'États membres différents, la juridiction saisie en second lieu peut surseoir à statuer.

2. Lorsque ces demandes sont pendantes au premier degré, la juridiction saisie en second lieu peut également se dessaisir, à la demande de l'une des parties, à condition que la juridiction première saisie soit compétente pour connaître des demandes en question et que sa loi permette leur jonction.

3. Sont connexes, aux fins du présent article, les demandes liées entre elles par un rapport si étroit qu'il y a intérêt à les instruire et à les juger en même temps afin d'éviter des décisions qui pourraient être inconciliables si les causes étaient jugées séparément.

### Article 19 – Mesures provisoires et conservatoires

Les mesures provisoires et conservatoires prévues par la loi d'un État membre peuvent être demandées aux juridictions de cet État, même si, en vertu du présent règlement, les juridictions d'un autre État membre sont compétentes pour connaître du fond.

CHAPITRE III

## Loi applicable

### Article 20 – Application universelle

Toute loi désignée par le présent règlement s'applique même si cette loi n'est pas celle d'un État membre.

### Article 21 – Règle générale

1. Sauf disposition contraire du présent règlement, la loi applicable à l'ensemble d'une succession est celle de l'État dans lequel le défunt avait sa résidence habituelle au moment de son décès.

2. Lorsque, à titre exceptionnel, il résulte de l'ensemble des circonstances de la cause que, au moment de son décès, le défunt présentait des liens manifestement plus étroits avec un État autre que celui dont la loi serait applicable en vertu du paragraphe 1, la loi applicable à la succession est celle de cet autre État.

### Article 22 – Choix de loi

1. Une personne peut choisir comme loi régissant l'ensemble de sa succession la loi de l'État dont elle possède la nationalité au moment où elle fait ce choix ou au moment de son décès.

Une personne ayant plusieurs nationalités peut choisir la loi de tout État dont elle possède la nationalité au moment où elle fait ce choix ou au moment de son décès.

2. Le choix est formulé de manière expresse dans une déclaration revêtant la forme d'une disposition à cause de mort ou résulte des termes d'une telle disposition.

3. La validité au fond de l'acte en vertu duquel le choix de loi est effectué est régie par la loi choisie.

4. La modification ou la révocation du choix de loi satisfait aux exigences de forme applicables à la modification ou à la révocation d'une disposition à cause de mort.

### Article 23 – Portée de la loi applicable

1. La loi désignée en vertu de l'article 21 ou 22 régit l'ensemble d'une succession.

2. Cette loi régit notamment :

a) les causes, le moment et le lieu d'ouverture de la succession;

b) la vocation successorale des bénéficiaires, la détermination de leurs parts respectives et des charges qui peuvent leur être imposées par le défunt, ainsi que la détermination d'autres droits sur la succession, y compris les droits successoraux du conjoint ou du partenaire survivant;

c) la capacité de succéder;

d) l'exhérédation et l'indignité successorale ;

e) le transfert des biens, des droits et des obligations composant la succession aux héritiers et, selon le cas, aux légataires, y compris les conditions et les effets de l'acceptation de la succession ou du legs ou de la renonciation à ceux-ci ;

f) les pouvoirs des héritiers, des exécuteurs testamentaires et autres administrateurs de la succession, notamment en ce qui concerne la vente des biens et le paiement des créanciers, sans préjudice des pouvoirs visés à l'article 29, paragraphes 2 et 3 ;

g) la responsabilité à l'égard des dettes de la succession ;

h) la quotité disponible, les réserves héréditaires et les autres restrictions à la liberté de disposer à cause de mort ainsi que les droits que les personnes proches du défunt peuvent faire valoir à l'égard de la succession ou des héritiers ;

i) le rapport et la réduction des libéralités lors du calcul des parts des différents bénéficiaires ;

j) le partage successoral.

### Article 24 – Dispositions à cause de mort autres que les pactes successoraux

1. La recevabilité et la validité au fond d'une disposition à cause de mort autre qu'un pacte successoral sont régies par la loi qui, en vertu du présent règlement, aurait été applicable à la succession de la personne ayant pris la disposition si elle était décédée le jour de l'établissement de la disposition.

2. Nonobstant le paragraphe 1, une personne peut choisir comme loi régissant sa disposition à cause de mort, quant à sa recevabilité et à sa validité au fond, la loi que cette personne aurait pu choisir en vertu de l'article 22, selon les conditions qui y sont fixées.

3. Le paragraphe 1 s'applique, selon le cas, à la modification ou à la révocation d'une disposition à cause de mort autre qu'un pacte successoral. En cas de choix de loi effectué conformément au paragraphe 2, la modification ou la révocation est régie par la loi choisie.

### Article 25 – Pacte successoral

1. Un pacte successoral qui concerne la succession d'une seule personne est régi, quant à sa recevabilité, sa validité au fond et ses effets contraignants entre les parties, y compris en ce qui concerne les conditions de sa dissolution, par la loi qui, en vertu du présent règlement, aurait été applicable à la succession de cette personne si elle était décédée le jour où le pacte a été conclu.

2. Un pacte successoral qui concerne la succession de plusieurs personnes n'est recevable que s'il l'est en vertu de chacune des lois qui, conformément au présent règlement, aurait régi la succession de chacune des personnes concernées si elles étaient décédées le jour où le pacte a été conclu.

Un pacte successoral qui est recevable en vertu du premier alinéa est régi, quant à sa validité au fond et à ses effets contraignants entre les parties, y compris en ce qui concerne les conditions de sa dissolution, par celle des lois visées au premier alinéa avec laquelle il présente les liens les plus étroits.

3. Nonobstant les paragraphes 1 et 2, les parties peuvent choisir comme loi régissant leur pacte successoral, quant à sa recevabilité, sa validité au fond et ses effets contraignants entre les parties, y compris en ce qui concerne les conditions de sa

dissolution, la loi que la personne ou l'une des personnes dont la succession est concernée aurait pu choisir en vertu de l'article 22, selon les conditions qui y sont fixées.

### Article 26 – Validité au fond des dispositions à cause de mort

1. Aux fins des articles 24 et 25, les éléments ci-après relèvent de la validité au fond :

a) la capacité de la personne qui dispose à cause de mort de prendre une telle disposition;

b) les causes particulières qui empêchent la personne qui prend la disposition de disposer en faveur de certaines personnes ou qui empêchent une personne de recevoir des biens successoraux de la personne qui dispose;

c) l'admissibilité de la représentation aux fins de l'établissement d'une disposition à cause de mort;

d) l'interprétation de la disposition;

e) la fraude, la contrainte, l'erreur ou toute autre question relative au consentement ou à l'intention de la personne qui dispose.

2. Lorsqu'une personne a la capacité de disposer à cause de mort en vertu de la loi applicable conformément à l'article 24 ou 25, une modification ultérieure de la loi applicable n'affecte pas sa capacité de modifier ou de révoquer une telle disposition.

### Article 27 – Validité quant à la forme des dispositions à cause de mort établies par écrit

1. Une disposition à cause de mort établie par écrit est valable quant à la forme si celle-ci est conforme à la loi :

a) de l'État dans lequel la disposition a été prise ou le pacte successoral a été conclu;

b) d'un État dont le testateur ou au moins une des personnes dont la succession est concernée par un pacte successoral possédait la nationalité, soit au moment où la disposition a été prise ou le pacte conclu, soit au moment de son décès;

c) d'un État dans lequel le testateur ou au moins une des personnes dont la succession est concernée par un pacte successoral avait son domicile, soit au moment où la disposition a été prise ou le pacte conclu, soit au moment de son décès;

d) de l'État dans lequel le testateur ou au moins une des personnes dont la succession est concernée par un pacte successoral avait sa résidence habituelle, soit au moment de l'établissement de la disposition ou de la conclusion du pacte, soit au moment de son décès; ou

e) pour les biens immobiliers, de l'État dans lequel les biens immobiliers sont situés.

Pour déterminer si le testateur ou toute personne dont la succession est concernée par un pacte successoral avait son domicile dans un État particulier, c'est la loi de cet État qui s'applique.

2. Le paragraphe 1 s'applique également aux dispositions à cause de mort modifiant ou révoquant une disposition antérieure. La modification ou la révocation est également valable quant à la forme si elle est conforme à l'une des lois en vertu desquelles, conformément au paragraphe 1, la disposition à cause de mort modifiée ou révoquée était valable.

3. Aux fins du présent article, toute disposition légale qui limite les formes admises pour les dispositions à cause de mort en faisant référence à l'âge, à la nationalité ou à d'autres qualités personnelles du testateur ou des personnes dont la succession est concernée par un pacte successoral, est considérée comme relevant du domaine de la forme. Il en est de même des qualités que doit posséder tout témoin requis pour la validité d'une disposition à cause de mort.

### Article 28 – Validité quant à la forme de la déclaration concernant l'acceptation ou la renonciation

Une déclaration concernant l'acceptation de la succession, d'un legs ou d'une réserve héréditaire ou la renonciation à ceux-ci, ou une déclaration visant à limiter la responsabilité de la personne qui fait la déclaration est valable quant à la forme lorsqu'elle respecte les exigences :

a) de la loi applicable à la succession en vertu de l'article 21 ou 22; ou

b) de la loi de l'État dans lequel la personne qui fait la déclaration a sa résidence habituelle.

### Article 29 – Dispositions spéciales applicables, dans certains cas, à la nomination et aux pouvoirs de l'administrateur de la succession

1. Lorsque la nomination d'un administrateur est obligatoire ou obligatoire sur demande en vertu de la loi de l'État membre dont les juridictions sont compétentes pour statuer sur la succession en application du présent règlement et que la loi applicable à la succession est une loi étrangère, les juridictions de cet État membre peuvent, si elles sont saisies, nommer un ou plusieurs administrateurs de la succession en vertu de leur propre loi, sous réserve des conditions définies au présent article.

Les administrateurs nommés en vertu du présent paragraphe sont des personnes habilitées à exécuter le testament du défunt et/ou à administrer sa succession au titre de la loi applicable à la succession. Si ladite loi ne prévoit pas que la succession puisse être administrée par une personne autre qu'un bénéficiaire, les juridictions de l'État membre dans lequel un administrateur doit être nommé peuvent nommer à cet effet un administrateur tiers conformément à leur propre loi si celle-ci l'exige et s'il existe un grave conflit d'intérêt entre les bénéficiaires ou entre les bénéficiaires et les créanciers ou d'autres personnes ayant garanti les dettes du défunt, un désaccord entre les bénéficiaires sur l'administration de la succession ou si la succession est difficile à administrer en raison de la nature des biens.

Les administrateurs nommés en vertu du présent paragraphe sont les seules personnes habilitées à exercer les pouvoirs visés aux paragraphes 2 ou 3.

2. Les personnes nommées en qualité d'administrateurs en vertu du paragraphe 1 exercent les pouvoirs en matière d'administration de la succession qu'ils peuvent exercer conformément à la loi applicable à la succession. La juridiction procédant à la nomination peut fixer, dans sa décision, des modalités particulières d'exercice desdits pouvoirs en vertu de la loi applicable à la succession.

Si la loi applicable à la succession ne prévoit pas de pouvoirs suffisants pour préserver les biens successoraux ou pour protéger tant les droits des créanciers que ceux d'autres personnes ayant garanti les dettes du défunt, la juridiction procédant à la nomination peut décider de permettre aux administrateurs d'exercer, sur une base résiduelle, les pouvoirs prévus à cet effet dans sa propre loi et peut fixer dans sa décision des modalités particulières d'exercice desdits pouvoirs conformément à ladite loi.

Dans l'exercice de ces pouvoirs résiduels, les administrateurs respectent toutefois la loi applicable à la succession en ce qui concerne le transfert de la propriété du bien successoral, la responsabilité à l'égard des dettes de la succession, les droits des bénéficiaires, y compris, le cas échéant, le droit d'accepter ou de renoncer à la succession, ainsi que, le cas échéant, les pouvoirs de l'exécuteur testamentaire de la succession.

3. Nonobstant le paragraphe 2, la juridiction nommant un ou plusieurs administrateurs en vertu du paragraphe 1, peut, à titre dérogatoire, si la loi applicable à la succession est la loi d'un État tiers, décider de confier à ces administrateurs la totalité des pouvoirs d'administration prévus par la loi de l'État membre dans lequel ils sont nommés.

Toutefois, dans l'exercice de ces pouvoirs, les administrateurs respectent, en particulier, la vocation successorale des bénéficiaires et la détermination de leurs droits successoraux, y compris leurs droits à une réserve héréditaire ou leurs droits à l'égard de la succession ou des héritiers en vertu de la loi applicable à la succession.

### Article 30 – Dispositions spéciales imposant des restrictions concernant la succession portant sur certains biens ou ayant une incidence sur celle-ci

Lorsque la loi de l'État dans lequel sont situés certains biens immobiliers, certaines entreprises ou d'autres catégories particulières de biens comporte des dispositions spéciales qui, en raison de la destination économique, familiale ou sociale de ces biens, imposent des restrictions concernant la succession portant sur ces biens ou ayant une incidence sur celle-ci, ces dispositions spéciales sont applicables à la succession dans la mesure où, en vertu de la loi de cet État, elles sont applicables quelle que soit la loi applicable à la succession.

### Article 31 – Adaptation des droits réels

Lorsqu'une personne fait valoir un droit réel auquel elle peut prétendre en vertu de la loi applicable à la succession et que la loi de l'État membre dans lequel le droit est invoqué ne connaît pas le droit réel en question, ce droit est, si nécessaire et dans la mesure du possible, adapté au droit réel équivalent le plus proche en vertu de la loi de cet État en tenant compte des objectifs et des intérêts poursuivis par le droit réel en question et des effets qui y sont liés.

### Article 32 – Comourants

Lorsque deux ou plusieurs personnes dont les successions sont régies par des lois différentes décèdent dans des circonstances qui ne permettent pas de déterminer l'ordre des décès, et que ces lois règlent cette situation par des dispositions différentes ou ne la règlent pas du tout, aucune de ces personnes décédées n'a de droit dans la succession de l'autre ou des autres.

### Article 33 – Succession en déshérence

Dans la mesure où, en vertu de la loi applicable à la succession au titre du présent règlement, il n'y a pour aucun bien d'héritier ou de légataire institué par une disposition à cause de mort, ou de personne physique venant au degré successible, l'application de la loi ainsi déterminée ne fait pas obstacle au droit d'un État membre ou d'une institution désignée à cet effet par ledit État membre d'appréhender, en vertu de sa propre loi, les biens successoraux situés sur son territoire, pour autant que les créanciers soient habilités à faire valoir leurs créances sur l'ensemble des biens successoraux.

### Article 34 – Renvoi

1. Lorsque le présent règlement prescrit l'application de la loi d'un État tiers, il vise l'application des règles de droit en vigueur dans cet État, y compris ses règles de droit international privé, pour autant que ces règles renvoient :

a) à la loi d'un État membre ; ou

b) à la loi d'un autre État tiers qui appliquerait sa propre loi.

2. Aucun renvoi n'est applicable pour les lois visées à l'article 21, paragraphe 2, à l'article 22, à l'article 27, à l'article 28, point b), et à l'article 30.

### Article 35 – Ordre public

L'application d'une disposition de la loi d'un État désignée par le présent règlement ne peut être écartée que si cette application est manifestement incompatible avec l'ordre public du for.

### Article 36 – Systèmes non unifiés – conflits de lois territoriaux

1. Lorsque la loi désignée par le présent règlement est celle d'un État qui comprend plusieurs unités territoriales dont chacune a ses propres règles de droit en matière de succession, ce sont les règles internes de conflits de lois de cet État qui déterminent l'unité territoriale concernée dont les règles de droit doivent s'appliquer.

2. En l'absence de telles règles internes de conflits de lois :

a) toute référence à la loi de l'État mentionné au paragraphe 1 s'entend, aux fins de la détermination de la loi applicable en vertu des dispositions se référant à la résidence habituelle du défunt, comme faite à la loi de l'unité territoriale dans laquelle le défunt avait sa résidence habituelle au moment de son décès ;

b) toute référence à la loi de l'État mentionné au paragraphe 1 s'entend, aux fins de la détermination de la loi applicable en vertu des dispositions se référant à la nationalité du défunt, comme faite à la loi de l'unité territoriale avec laquelle le défunt présentait les liens les plus étroits ;

c) toute référence à la loi de l'État mentionné au paragraphe 1 s'entend, aux fins de la détermination de la loi applicable en vertu de toute autre disposition se référant à d'autres éléments comme facteurs de rattachement, comme faite à la loi de l'unité territoriale dans laquelle l'élément concerné est situé.

3. Nonobstant le paragraphe 2, toute référence à la loi de l'État mentionné au paragraphe 1 s'entend, aux fins de la détermination de la loi applicable en vertu de l'article 27, en l'absence de règles internes de conflit de lois dans ledit État, comme faite à la loi de l'unité territoriale avec laquelle le testateur ou les personnes dont la succession est concernée par le pacte successoral présentaient les liens les plus étroits.

### Article 37 – Systèmes non unifiés – conflits de lois interpersonnels

Lorsqu'un État a plusieurs systèmes de droit ou ensembles de règles applicables à différentes catégories de personnes en matière de succession, toute référence à la loi de cet État s'entend comme faite au système de droit ou à l'ensemble de règles déterminé par les règles en vigueur dans cet État. En l'absence de telles règles, le système de droit ou l'ensemble de règles avec lequel le défunt présentait les liens les plus étroits s'applique.

### Article 38 – Non-application du présent règlement aux conflits de lois internes

Un État membre qui comprend plusieurs unités territoriales dont chacune a ses propres règles de droit en matière de succession ne sera pas tenu d'appliquer le présent règlement aux conflits de lois qui surviennent uniquement entre ces unités.

## CHAPITRE IV
## Reconnaissance, force exécutoire et exécution des décisions

### Article 39 – Reconnaissance

1. Les décisions rendues dans un État membre sont reconnues dans les autres États membres, sans qu'il soit nécessaire de recourir à aucune procédure.

2. En cas de contestation, toute partie intéressée qui invoque à titre principal la reconnaissance d'une décision peut demander, conformément à la procédure prévue aux articles 45 à 58, que la décision soit reconnue.

3. Si la reconnaissance est invoquée de façon incidente devant une juridiction d'un État membre, celle-ci est compétente pour en connaître.

### Article 40 – Motifs de non-reconnaissance

Une décision rendue n'est pas reconnue :

a) si la reconnaissance est manifestement contraire à l'ordre public de l'État membre dans lequel la reconnaissance est demandée ;

b) dans le cas où elle a été rendue par défaut, si l'acte introductif d'instance ou un acte équivalent n'a pas été signifié ou notifié au défendeur en temps utile et de telle manière qu'il puisse se défendre, à moins qu'il n'ait pas exercé de recours à l'encontre de la décision alors qu'il était en mesure de le faire ;

c) si elle est inconciliable avec une décision rendue dans une procédure entre les mêmes parties dans l'État membre dans lequel la reconnaissance est demandée ;

d) si elle est inconciliable avec une décision, rendue antérieurement dans un autre État membre ou dans un État tiers entre les mêmes parties dans une procédure ayant le même objet et la même cause, lorsque la décision rendue antérieurement réunit les conditions nécessaires à sa reconnaissance dans l'État membre dans lequel la reconnaissance est demandée.

### Article 41 – Absence de révision quant au fond

En aucun cas, la décision rendue dans un État membre ne peut faire l'objet d'une révision quant au fond.

### Article 42 – Sursis à statuer

La juridiction d'un État membre saisie d'une demande de reconnaissance d'une décision rendue dans un autre État membre peut surseoir à statuer si cette décision fait l'objet d'un recours ordinaire dans l'État membre d'origine.

### Article 43 – Force exécutoire

Les décisions rendues dans un État membre qui sont exécutoires dans cet État sont exécutoires dans un autre État membre lorsque, à la demande de toute partie intéressée, elles y ont été déclarées exécutoires conformément à la procédure prévue aux articles 45 à 58.

### Article 44 – Détermination du domicile

Pour déterminer, aux fins de la procédure prévue aux articles 45 à 58, si une partie a un domicile dans l'État membre d'exécution, la juridiction saisie applique la loi interne de cet État membre.

### Article 45 – Compétence territoriale

1. La demande de déclaration constatant la force exécutoire est portée devant la juridiction ou à l'autorité compétente de l'État membre d'exécution dont cet État membre a communiqué le nom à la Commission conformément à l'article 78.

2. La compétence territoriale est déterminée par le domicile de la partie contre laquelle l'exécution est demandée, ou par le lieu de l'exécution.

### Article 46 – Procédure

1. La procédure de dépôt de la demande est régie par la loi de l'État membre d'exécution.

2. Le demandeur n'est pas tenu d'avoir, dans l'État membre d'exécution, une adresse postale ni un représentant autorisé.

3. La demande est accompagnée des documents suivants :

a) une copie de la décision réunissant les conditions nécessaires pour en établir l'authenticité;

b) l'attestation délivrée par la juridiction ou l'autorité compétente de l'État membre d'origine sous la forme du formulaire établi conformément à la procédure consultative visée à l'article 81, paragraphe 2, sans préjudice de l'article 47.

### Article 47 – Défaut de production de l'attestation

1. À défaut de production de l'attestation visée à l'article 46, paragraphe 3, point b), la juridiction ou l'autorité compétente peut impartir un délai pour la produire ou accepter un document équivalent ou, si elle s'estime suffisamment éclairée, en dispenser.

2. Il est produit une traduction des documents si la juridiction ou l'autorité compétente l'exige. La traduction est faite par une personne habilitée à effectuer des traductions dans l'un des États membres.

### Article 48 – Déclaration constatant la force exécutoire

La décision est déclarée exécutoire dès l'achèvement des formalités de l'article 46, sans examen au titre de l'article 40. La partie contre laquelle l'exécution est demandée ne peut, à ce stade de la procédure, présenter d'observations concernant la demande.

### Article 49 – Communication de la décision relative à la demande de déclaration constatant la force exécutoire

1. La décision relative à la demande de déclaration constatant la force exécutoire est aussitôt portée à la connaissance du demandeur conformément à la procédure fixée par la loi de l'État membre d'exécution.

2. La déclaration constatant la force exécutoire est signifiée ou notifiée à la partie contre laquelle l'exécution est demandée, accompagnée de la décision si celle-ci n'a pas encore été signifiée ou notifiée à cette partie.

### Article 50 – Recours contre la décision relative à la demande de déclaration constatant la force exécutoire

1. L'une ou l'autre partie peut former un recours contre la décision relative à la demande de déclaration constatant la force exécutoire.

2. Le recours est porté devant la juridiction dont l'État membre concerné a communiqué le nom à la Commission conformément à l'article 78.

3. Le recours est examiné selon les règles de la procédure contradictoire.

4. Si la partie contre laquelle l'exécution est demandée ne comparaît pas devant la juridiction saisie du recours formé par le demandeur, l'article 16 s'applique, même si la partie contre laquelle l'exécution est demandée n'est pas domiciliée dans l'un des États membres.

5. Le recours contre la déclaration constatant la force exécutoire est formé dans un délai de trente jours à compter de sa signification ou de sa notification. Si la partie contre laquelle l'exécution est demandée est domiciliée dans un autre État membre que celui dans lequel la déclaration constatant la force exécutoire a été délivrée, le délai de recours est de soixante jours et court à compter du jour où la signification ou la notification a été faite à personne ou à domicile. Ce délai ne comporte pas de prorogation à raison de la distance.

### Article 51 – Pourvoi contre la décision rendue sur le recours

La décision rendue sur le recours ne peut faire l'objet d'un pourvoi qu'au moyen de la procédure que l'État membre concerné a communiquée à la Commission conformément à l'article 78.

### Article 52 – Refus ou révocation d'une déclaration constatant la force exécutoire

La juridiction saisie d'un recours au titre de l'article 50 ou 51 ne peut refuser ou révoquer une déclaration constatant la force exécutoire que pour l'un des motifs prévus à l'article 40. Elle statue sans délai.

### Article 53 – Sursis à statuer

La juridiction saisie d'un recours prévu au titre de l'article 50 ou 51 sursoit à statuer, à la demande de la partie contre laquelle l'exécution est demandée, si la force exécutoire de la décision est suspendue dans l'État membre d'origine, du fait de l'exercice d'un recours.

### Article 54 – Mesures provisoires et conservatoires

1. Lorsqu'une décision doit être reconnue conformément au présent chapitre, rien n'empêche le demandeur de solliciter qu'il soit procédé à des mesures provisoires ou conservatoires, conformément au droit de l'État membre d'exécution, sans qu'il soit nécessaire qu'une déclaration constatant la force exécutoire de cette décision soit requise au titre de l'article 48.

2. La déclaration constatant la force exécutoire emporte de plein droit l'autorisation de procéder à des mesures conservatoires.

3. Pendant le délai du recours prévu à l'article 50, paragraphe 5, contre la déclaration constatant la force exécutoire et jusqu'à ce qu'il ait été statué sur celui-ci, il ne peut être procédé à aucune mesure d'exécution sur les biens de la partie contre laquelle l'exécution est demandée, hormis des mesures conservatoires.

### Article 55 – Force exécutoire partielle

1. Lorsque la décision rendue porte sur plusieurs chefs de la demande et que la déclaration constatant la force exécutoire ne peut être délivrée pour le tout, la juridiction ou l'autorité compétente la délivre pour un ou plusieurs d'entre eux.

2. Le demandeur peut demander que la déclaration constatant la force exécutoire soit limitée à certaines parties d'une décision.

### Article 56 – Aide judiciaire

Le demandeur qui, dans l'État membre d'origine, a bénéficié en tout ou en partie de l'aide judiciaire ou d'une exemption de frais et dépens a droit, dans le cadre de toute procédure visant à obtenir une déclaration constatant la force exécutoire, à l'aide judiciaire la plus favorable ou à l'exemption de frais et dépens la plus large prévue par le droit de l'État membre d'exécution.

### Article 57 – Caution ou dépôt

Aucune caution ni aucun dépôt, sous quelque dénomination que ce soit, n'est imposé à la partie qui demande dans un État membre la reconnaissance, la force exécutoire ou l'exécution d'une décision rendue dans un autre État membre en raison, soit de la qualité d'étranger, soit du défaut de domicile ou de résidence dans l'État membre d'exécution.

### Article 58 – Impôt, droit ou taxe

Aucun impôt, droit ou taxe proportionnel à la valeur de l'affaire n'est perçu dans l'État membre d'exécution à l'occasion de la procédure visant à obtenir une déclaration constatant la force exécutoire.

## CHAPITRE V

## Actes authentiques et transactions judiciaires

### Article 59 – Acceptation des actes authentiques

1. Les actes authentiques établis dans un État membre ont la même force probante dans un autre État membre que dans l'État membre d'origine ou y produisent les effets les plus comparables, sous réserve que ceci ne soit pas manifestement contraire à l'ordre public de l'État membre concerné.

Une personne souhaitant utiliser un acte authentique dans un autre État membre peut demander à l'autorité établissant l'acte authentique dans l'État membre d'origine de remplir le formulaire établi conformément à la procédure consultative visée à l'article 81, paragraphe 2, en décrivant la force probante de l'acte authentique dans l'État membre d'origine.

2. Les juridictions de l'État membre d'origine sont saisies de toute contestation portant sur l'authenticité d'un acte authentique et statuent sur celle-ci en vertu de la

loi de cet État. L'acte authentique contesté ne produit aucune force probante dans un autre État membre tant que le recours est pendant devant la juridiction compétente.

3. Les juridictions compétentes en vertu du présent règlement sont saisies de toute contestation relative aux actes juridiques ou relations juridiques consignés dans un acte authentique et statuent sur celle-ci en vertu de la loi applicable au titre du chapitre III. L'acte authentique contesté ne produit aucune force probante dans un autre État membre que l'État membre d'origine en ce qui concerne la question contestée tant que le recours est pendant devant la juridiction compétente.

4. Si un point relatif aux actes juridiques ou aux relations juridiques consignés dans un acte authentique en matière de successions est soulevé de façon incidente devant une juridiction d'un État membre, celle-ci est compétente pour en connaître.

### Article 60 – Force exécutoire des actes authentiques

1. Un acte authentique qui est exécutoire dans l'État membre d'origine est déclaré exécutoire dans un autre État membre, à la demande de toute partie intéressée, conformément à la procédure prévue aux articles 45 à 58.

2. Aux fins de l'article 46, paragraphe 3, point b), l'autorité ayant établi l'acte authentique délivre, à la demande de toute partie intéressée, une attestation sous la forme du formulaire établi conformément à la procédure consultative visée à l'article 81, paragraphe 2.

3. La juridiction auprès de laquelle un recours est formé en vertu de l'article 50 ou 51 ne refuse ou ne révoque une déclaration constatant la force exécutoire que si l'exécution de l'acte authentique est manifestement contraire à l'ordre public de l'État membre d'exécution.

### Article 61 – Force exécutoire des transactions judiciaires

1. Les transactions judiciaires qui sont exécutoires dans l'État membre d'origine sont déclarées exécutoires dans un autre État membre à la demande de toute partie intéressée, conformément à la procédure prévue aux articles 45 à 58.

2. Aux fins de l'article 46, paragraphe 3, point b), la juridiction qui a approuvé la transaction ou devant laquelle la transaction a été conclue délivre, à la demande de toute partie intéressée, une attestation sous la forme du formulaire établi conformément à la procédure consultative visée à l'article 81, paragraphe 2.

3. La juridiction auprès de laquelle un recours est formé en vertu de l'article 50 ou 51 ne refuse ou ne révoque une déclaration constatant la force exécutoire que si l'exécution de la transaction judiciaire est manifestement contraire à l'ordre public de l'État membre d'exécution.

## CHAPITRE VI

## Certificat successoral européen

### Article 62 – Création d'un certificat successoral européen

1. Le présent règlement crée un certificat successoral européen (ci-après dénommé « certificat »), qui est délivré en vue d'être utilisé dans un autre État membre et produit les effets énumérés à l'article 69.

2. Le recours au certificat n'est pas obligatoire.

3. Le certificat ne se substitue pas aux documents internes utilisés à des fins similaires dans les États membres. Toutefois, dès lors qu'il est délivré en vue d'être utilisé dans un autre État membre, le certificat produit également les effets énumérés à l'article 69 dans l'État membre dont les autorités l'ont délivré en vertu du présent chapitre.

### Article 63 – Finalité du certificat

1. Le certificat est destiné à être utilisé par les héritiers, les légataires ayant des droits directs à la succession et les exécuteurs testamentaires ou les administrateurs de la succession qui, dans un autre État membre, doivent respectivement invoquer leur qualité ou exercer leurs droits en tant qu'héritiers ou légataires, et/ou leurs pouvoirs en tant qu'exécuteurs testamentaires ou administrateurs de la succession.

2. Le certificat peut être utilisé, en particulier, pour prouver un ou plusieurs des éléments suivants :

a) la qualité et/ou les droits de chaque héritier ou, selon le cas, de chaque légataire mentionné dans le certificat et la quote-part respective leur revenant dans la succession;

b) l'attribution d'un bien déterminé ou de plusieurs biens déterminés faisant partie de la succession à l'héritier/aux héritiers ou, selon le cas, au (x) légataire(s) mentionné(s) dans le certificat;

c) les pouvoirs de l'exécuteur testamentaire ou de l'administrateur de la succession mentionné dans le certificat.

### Article 64 – Compétence pour délivrer le certificat

Le certificat est délivré dans l'État membre dont les juridictions sont compétentes en vertu de l'article 4, 7, 10 ou 11. L'autorité émettrice est :

a) une juridiction telle que définie à l'article 3, paragraphe 2; ou

b) une autre autorité qui, en vertu du droit national, est compétente pour régler les successions.

### Article 65 – Demande de certificat

1. Le certificat est délivré à la demande de toute personne visée à l'article 63, paragraphe 1 (ci-après dénommée « demandeur »).

2. Pour déposer une demande, le demandeur peut utiliser le formulaire établi conformément à la procédure consultative visée à l'article 81, paragraphe 2.

3. La demande contient les informations énumérées ci-après, pour autant que le demandeur en ait connaissance et que ces informations soient nécessaires pour que l'autorité émettrice puisse certifier les éléments que le demandeur souhaite voir certifier et est accompagnée, soit de l'original de tous les documents pertinents, soit de copies répondant aux conditions requises pour en établir l'authenticité, sans préjudice de l'article 66, paragraphe 2 :

a) les renseignements concernant le défunt : nom (le cas échéant, nom à la naissance), prénom(s), sexe, date et lieu de naissance, état civil, nationalité, numéro d'identification (le cas échéant), adresse au moment du décès, date et lieu du décès;

b) les renseignements concernant le demandeur : nom (le cas échéant, nom à la naissance), prénom(s), sexe, date et lieu de naissance, état civil, nationalité, numéro d'identification (le cas échéant), adresse et lien éventuel avec le défunt;

c) les renseignements concernant le représentant éventuel du demandeur : nom (le cas échéant, nom à la naissance), prénom(s), adresse et qualité de représentant;

d) les renseignements concernant le conjoint ou le partenaire du défunt et, le cas échéant, concernant le ou les ex-conjoints ou le ou les anciens partenaires : nom (le cas échéant, nom à la naissance), prénom(s), sexe, date et lieu de naissance, état civil, nationalité, numéro d'identification (le cas échéant) et adresse;

e) les renseignements concernant d'autres bénéficiaires éventuels en vertu d'une disposition à cause de mort et/ou en vertu de la loi : nom et prénom(s) ou raison sociale, numéro d'identification (le cas échéant) et adresse;

f) la finalité à laquelle est destiné le certificat conformément à l'article 63;

g) les coordonnées de la juridiction ou de l'autorité compétente qui règle ou a réglé la succession en tant que telle, le cas échéant;

h) les éléments sur lesquels le demandeur se fonde pour faire valoir, selon le cas, ses droits sur les biens successoraux en tant que bénéficiaire et/ou son droit d'exécuter le testament du défunt et/ou d'administrer la succession du défunt;

i) une indication concernant l'établissement ou non, par le défunt, d'une disposition à cause de mort; si ni l'original ni une copie ne sont joints, l'indication de la localisation de l'original;

j) une indication concernant la conclusion ou non, par le défunt, d'un contrat de mariage ou d'un contrat relatif à une relation pouvant avoir des effets comparables au mariage; lorsque ni l'original ni une copie du contrat ne sont joints, l'indication de la localisation de l'original;

k) une indication quant à la déclaration faite ou non par l'un des bénéficiaires concernant l'acceptation de la succession ou la renonciation à celle-ci;

l) une déclaration établissant que, à la connaissance du demandeur, aucun litige portant sur les éléments à certifier n'est pendant;

m) toute autre information que le demandeur considère utile aux fins de la délivrance du certificat.

## Article 66 – Examen de la demande

1. Dès réception de la demande, l'autorité émettrice vérifie les informations et les déclarations fournies par le demandeur ainsi que les documents et les autres moyens de preuve présentés par celui-ci. Elle mène les enquêtes nécessaires à cette vérification d'office, lorsque son droit national le prévoit ou l'autorise, ou invite le demandeur à fournir tout élément de preuve complémentaire qu'elle estime nécessaire.

2. Si le demandeur n'a pas pu produire des copies des documents pertinents répondant aux conditions requises pour en établir l'authenticité, l'autorité émettrice peut décider d'accepter d'autres moyens de preuve.

3. Si son droit national le prévoit et sous réserve des conditions qui y sont fixées, l'autorité émettrice peut demander que des déclarations soient faites sous serment ou sous forme d'une déclaration solennelle en lieu et place d'un serment.

4. L'autorité émettrice prend toutes les mesures nécessaires pour informer les bénéficiaires de la demande de certificat. Si cela est nécessaire aux fins de l'établissement des éléments à certifier, elle entend toute personne intéressée, ainsi que tout exécuteur ou administrateur, et procède à des annonces publiques visant à donner à d'autres bénéficiaires éventuels la possibilité de faire valoir leurs droits.

5. Aux fins du présent article, l'autorité compétente d'un État membre fournit, sur demande, à l'autorité émettrice d'un autre État membre les informations déte-

nues, notamment, dans les registres fonciers, les registres de l'état civil et les registres consignant les documents et les faits pertinents pour la succession ou pour le régime matrimonial ou un régime patrimonial équivalent du défunt, dès lors que cette autorité compétente est autorisée, en vertu du droit national, à fournir ces informations à une autre autorité nationale.

### Article 67 – Délivrance du certificat

1. L'autorité émettrice délivre sans délai le certificat conformément à la procédure fixée dans le présent chapitre lorsque les éléments à certifier ont été établis en vertu de la loi applicable à la succession ou de toute autre loi applicable à des éléments spécifiques. Elle utilise le formulaire établi conformément à la procédure consultative visée à l'article 81, paragraphe 2.

L'autorité émettrice ne délivre pas le certificat en particulier :

a) si les éléments à certifier sont contestés ; ou

b) si le certificat s'avère ne pas être conforme à une décision portant sur les mêmes éléments.

2. L'autorité émettrice prend toutes les mesures nécessaires pour informer les bénéficiaires de la délivrance du certificat.

### Article 68 – Contenu du certificat

Le certificat comporte les informations suivantes dans la mesure où elles sont nécessaires à la finalité pour laquelle il est délivré :

a) le nom et l'adresse de l'autorité émettrice ;

b) le numéro de référence du dossier ;

c) les éléments sur la base desquels l'autorité émettrice s'estime compétente pour délivrer le certificat ;

d) la date de délivrance ;

e) les renseignements concernant le demandeur : nom (le cas échéant, nom à la naissance), prénom(s), sexe, date et lieu de naissance, état civil, nationalité, numéro d'identification (le cas échéant), adresse et lien éventuel avec le défunt ;

f) les renseignements concernant le défunt : nom (le cas échéant, nom à la naissance), prénom(s), sexe, date et lieu de naissance, état civil, nationalité, numéro d'identification (le cas échéant), adresse au moment du décès, date et lieu du décès ;

g) les renseignements concernant les bénéficiaires : nom (le cas échéant, nom à la naissance), prénom(s) et numéro d'identification (le cas échéant) ;

h) les renseignements concernant un contrat de mariage conclu par le défunt ou, le cas échéant, un contrat passé par le défunt dans le cadre d'une relation qui, selon la loi qui lui est applicable, est réputée avoir des effets comparables au mariage et les renseignements concernant le régime matrimonial ou un régime patrimonial équivalent ;

i) la loi applicable à la succession et les éléments sur la base desquels cette loi a été déterminée ;

j) les renseignements permettant d'établir si la succession s'ouvre *ab intestat* ou en vertu d'une disposition à cause de mort, y compris les informations concernant les éléments donnant naissance aux droits et/ou pouvoirs des héritiers, légataires, exécuteurs testamentaires ou administrateurs de la succession ;

k) le cas échéant, la mention pour chaque bénéficiaire de la nature de l'acceptation de la succession ou de la renonciation à celle-ci ;

l) la part revenant à chaque héritier et, le cas échéant, la liste des droits et/ou des biens revenant à un héritier déterminé ;

m) la liste des droits et/ou des biens revenant à un légataire déterminé ;

n) les restrictions portant sur les droits de l'héritier ou des héritiers et, selon le cas, du ou des légataires en vertu de la loi applicable à la succession et/ou en vertu de la disposition à cause de mort ;

o) les pouvoirs de l'exécuteur testamentaire et/ou de l'administrateur de la succession et les restrictions portant sur ces pouvoirs en vertu de la loi applicable à la succession et/ou en vertu de la disposition à cause de mort.

## Article 69 – Effets du certificat

1. Le certificat produit ses effets dans tous les États membres, sans qu'il soit nécessaire de recourir à aucune procédure.

2. Le certificat est présumé attester fidèlement l'existence d'éléments qui ont été établis en vertu de la loi applicable à la succession ou en vertu de toute autre loi applicable à des éléments spécifiques. La personne désignée dans le certificat comme étant l'héritier, le légataire, l'exécuteur testamentaire ou l'administrateur de la succession est réputée avoir la qualité mentionnée dans ledit certificat et/ou les droits ou les pouvoirs énoncés dans ledit certificat sans que soient attachées à ces droits ou à ces pouvoirs d'autres conditions et/ou restrictions que celles qui sont énoncées dans le certificat.

3. Toute personne qui, agissant sur la base des informations certifiées dans un certificat, effectue des paiements ou remet des biens à une personne désignée dans le certificat comme étant habilitée à accepter des paiements ou des biens est réputée avoir conclu une transaction avec une personne ayant le pouvoir d'accepter des paiements ou des biens, sauf si elle sait que le contenu du certificat ne correspond pas à la réalité ou si elle l'ignore en raison d'une négligence grave.

4. Lorsqu'une personne désignée dans le certificat comme étant habilitée à disposer de biens successoraux dispose de ces biens en faveur d'une autre personne, cette autre personne, si elle agit sur la base des informations certifiées dans le certificat, est réputée avoir conclu une transaction avec une personne ayant le pouvoir de disposer des biens concernés, sauf si elle sait que le contenu du certificat ne correspond pas à la réalité ou si elle l'ignore en raison d'une négligence grave.

5. Le certificat constitue un document valable pour l'inscription d'un bien successoral dans le registre pertinent d'un État membre, sans préjudice de l'article 1er, paragraphe 2, points k) et l).

## Article 70 – Copies certifiées conformes du certificat

1. L'autorité émettrice conserve l'original du certificat et délivre une ou plusieurs copies certifiées conformes au demandeur et à toute personne justifiant d'un intérêt légitime.

2. L'autorité émettrice tient, aux fins de l'article 71, paragraphe 3, et de l'article 73, paragraphe 2, une liste des personnes qui se sont vu délivrer des copies certifiées conformes en application du paragraphe 1.

3. Les copies certifiées conformes délivrées ont une durée de validité limitée à six mois, qui doit être indiquée sur la copie concernée sous la forme d'une date d'expiration. Dans des cas exceptionnels dûment justifiés, l'autorité émettrice peut, à titre dérogatoire, décider d'allonger la durée de validité. Une fois ce délai expiré, toute personne en possession d'une copie certifiée conforme doit, afin de pouvoir

utiliser le certificat aux fins énoncées à l'article 63, demander une prorogation de la durée de validité de la copie certifiée conforme ou demander à l'autorité émettrice une nouvelle copie certifiée conforme.

## Article 71 – Rectification, modification ou retrait du certificat

1. À la demande de toute personne justifiant d'un intérêt légitime ou d'office, l'autorité émettrice rectifie le certificat en cas d'erreur matérielle.

2. À la demande de toute personne justifiant d'un intérêt légitime ou, lorsque le droit national le permet, d'office, l'autorité émettrice modifie le certificat ou procède à son retrait lorsqu'il a été établi que ledit certificat ou certains de ses éléments ne correspondent pas à la réalité.

3. L'autorité émettrice informe sans délai toutes les personnes qui se sont vu délivrer des copies certifiées conformes en application de l'article 70, paragraphe 1, de toute rectification, modification, ou de tout retrait du certificat.

## Article 72 – Voies de recours

1. Toute personne habilitée à présenter une demande de certificat peut former un recours contre toute décision rendue par l'autorité émettrice en application de l'article 67.

Toute personne justifiant d'un intérêt légitime peut former un recours contre toute décision prise par l'autorité émettrice en application de l'article 71 et de l'article 73, paragraphe 1, point a).

Le recours est formé devant une autorité judiciaire de l'État membre dont relève l'autorité émettrice conformément au droit de cet État.

2. Si, à la suite du recours visé au paragraphe 1, il est établi que le certificat délivré ne correspond pas à la réalité, l'autorité judiciaire compétente rectifie ou modifie le certificat, procède à son retrait ou veille à ce qu'il soit rectifié, modifié ou retiré par l'autorité émettrice.

Si, à la suite du recours visé au paragraphe 1, il est établi que le refus de délivrance du certificat est infondé, l'autorité judiciaire compétente délivre le certificat ou veille à ce que l'autorité émettrice réexamine le dossier et prenne une nouvelle décision.

## Article 73 – Suspension des effets du certificat

1. Les effets du certificat peuvent être suspendus par :

a) l'autorité émettrice, à la demande de toute personne justifiant d'un intérêt légitime, dans l'attente d'une modification ou d'un retrait du certificat en application de l'article 71 ; ou

b) l'autorité judiciaire, à la demande de toute personne habilitée à former un recours contre une décision prise par l'autorité émettrice en application de l'article 72, pendant l'exercice d'un tel recours.

2. L'autorité émettrice ou, le cas échéant, l'autorité judiciaire informe sans délai toutes les personnes qui se sont vu délivrer des copies certifiées conformes, en application de l'article 70, paragraphe 1, de toute suspension des effets du certificat.

Pendant la période de suspension des effets du certificat, aucune nouvelle copie certifiée conforme du certificat ne peut être délivrée.

CHAPITRE VII

# Dispositions générales et finales

## Article 74 – Légalisation ou formalité analogue

Aucune légalisation ni autre formalité analogue n'est exigée pour les documents délivrés dans un État membre dans le contexte du présent règlement.

## Article 75 – Relations avec les conventions internationales existantes

1. Le présent règlement n'affecte pas l'application des conventions internationales auxquelles un ou plusieurs États membres sont parties lors de l'adoption du présent règlement et qui portent sur des matières régies par le présent règlement.

En particulier, les États membres qui sont parties à la convention de La Haye du 5 octobre 1961 sur les conflits de lois en matière de forme des dispositions testamentaires continuent à appliquer les dispositions de cette convention au lieu de l'article 27 du présent règlement pour ce qui est de la validité quant à la forme des testaments et des testaments conjonctifs.

2. Nonobstant le paragraphe 1, le présent règlement prévaut, entre les États membres, sur les conventions conclues exclusivement entre deux ou plusieurs d'entre eux dans la mesure où ces conventions concernent des matières régies par le présent règlement.

3. Le présent règlement ne fait pas obstacle à l'application de la convention du 19 novembre 1934 conclue entre le Danemark, la Finlande, l'Islande, la Norvège et la Suède, qui comporte des dispositions de droit international privé relatives aux successions, aux testaments et à l'administration des successions, telle que révisée par l'accord intergouvernemental conclu entre lesdits États le 1er juin 2012, par les États membres qui y sont parties, dans la mesure où elle prévoit :

a) des règles relatives aux aspects procéduraux de l'administration des successions définies par la convention et une assistance en cette matière de la part des autorités des États qui sont parties contractantes à la convention; et

b) une simplification et une accélération des procédures de reconnaissance et d'exécution des décisions en matière de successions.

## Article 76 – Relation avec le règlement (CE) nº 1346/2000 du Conseil

Le présent règlement ne fait pas obstacle à l'application du règlement (CE) nº 1346/2000 du Conseil du 29 mai 2000 relatif aux procédures d'insolvabilité [10].

## Article 77 – Informations mises à la disposition du public

Les États membres fournissent à la Commission, en vue de la mise à la disposition de ces informations au public dans le cadre du réseau judiciaire européen en matière civile et commerciale, un résumé succinct de leur législation et de leurs procédures nationales relatives aux successions, y compris des informations concernant le type d'autorité compétente en matière de succession et des informations relatives au type d'autorité compétente pour recevoir les déclarations d'acceptation de la succession, d'un legs ou d'une réserve héréditaire ou de renonciation à ceux-ci.

Les États membres fournissent également des fiches descriptives énumérant tous les documents et/ou informations habituellement exigés aux fins de l'inscription de biens immobiliers situés sur leur territoire.

Les États membres tiennent en permanence ces informations à jour.

### Article 78 – Informations concernant les coordonnées et les procédures

1. Au plus tard le 16 janvier 2014, les États membres communiquent à la Commission :

a) le nom et les coordonnées des juridictions ou autorités compétentes pour statuer sur les demandes de déclaration constatant la force exécutoire, conformément à l'article 45, paragraphe 1, et sur les recours formés contre les décisions rendues sur ces demandes, conformément à l'article 50, paragraphe 2 ;

b) les procédures de pourvoi contre la décision rendue sur le recours visées à l'article 51 ;

c) les informations pertinentes relatives aux autorités compétentes aux fins de la délivrance du certificat en vertu de l'article 64 ; et

d) les procédures de recours visées à l'article 72.

Les États membres communiquent à la Commission toute modification ultérieure de ces informations.

2. La Commission publie au *Journal officiel* de l'Union européenne les informations communiquées conformément au paragraphe 1, à l'exception des adresses et autres coordonnées des juridictions et autorités visées au paragraphe 1, point a).

3. La Commission tient toutes les informations communiquées conformément au paragraphe 1 à la disposition du public par tout autre moyen approprié, notamment par le biais du réseau judiciaire européen en matière civile et commerciale.

### Article 79 – Établissement et modification ultérieure de la liste contenant les informations visées à l'article 3, paragraphe 2

1. Sur la base des informations communiquées par les États membres, la Commission établit la liste des autres autorités et professionnels du droit visée à l'article 3, paragraphe 2.

2. Les États membres notifient à la Commission toute modification ultérieure à apporter aux informations contenues dans ladite liste. La Commission modifie la liste en conséquence.

3. La Commission publie la liste et toute modification ultérieure au *Journal officiel* de l'Union européenne.

4. La Commission tient toutes les informations notifiées conformément aux paragraphes 1 et 2 à la disposition du public par tout autre moyen approprié, notamment par le biais du réseau judiciaire européen en matière civile et commerciale.

### Article 80 – Établissement et modification ultérieure des attestations et des formulaires visés aux articles 46, 59, 60, 61, 65 et 67

La Commission adopte des actes d'exécution établissant et modifiant ultérieurement les attestations et les formulaires visés aux articles 46, 59, 60, 61, 65 et 67. Ces actes d'exécution sont adoptés en conformité avec la procédure consultative visée à l'article 81, paragraphe 2.

### Article 81 – Comité

1. La Commission est assistée par un comité. Ledit comité est un comité au sens du règlement (UE) n° 182/2011.

2. Lorsqu'il est fait référence au présent paragraphe, l'article 4 du règlement (UE) n° 182/2011 s'applique.

### Article 82 – Réexamen

Au plus tard le 18 août 2025 la Commission présente au Parlement européen, au Conseil et au Comité économique et social européen un rapport relatif à l'application du présent règlement comprenant une évaluation de tout problème pratique rencontré dans le cadre de transactions extrajudiciaires en matière de successions intervenues parallèlement dans différents États membres ou d'une transaction extrajudiciaire intervenue dans un État membre parallèlement à une transaction conclue devant une juridiction d'un autre État membre. Ce rapport est accompagné, le cas échéant, de propositions de modifications.

### Article 83 – Dispositions transitoires

1. Le présent règlement s'applique aux successions des personnes qui décèdent le 17 août 2015 ou après le 17 août 2015.

2. Lorsque le défunt avait, avant le 17 août 2015, choisi la loi applicable à sa succession, ce choix est valable s'il remplit les conditions fixées au chapitre III ou s'il est valable en application des règles de droit international privé qui étaient en vigueur, au moment où le choix a été fait, dans l'État dans lequel le défunt avait sa résidence habituelle ou dans tout État dont il possédait la nationalité.

3. Une disposition à cause de mort prise avant le 17 août 2015 est recevable et valable quant au fond et à la forme si elle remplit les conditions prévues au chapitre III ou si elle est recevable et valable sur le fond et en la forme en application des règles de droit international privé qui étaient en vigueur, au moment où la disposition a été prise, dans l'État dans lequel le défunt avait sa résidence habituelle, dans tout État dont il possédait la nationalité ou dans l'État membre de l'autorité chargée de régler la succession.

4. Si une disposition à cause de mort, prise avant le 17 août 2015, est rédigée conformément à la loi que le défunt aurait pu choisir en vertu du présent règlement, cette loi est réputée avoir été choisie comme loi applicable à la succession.

### Article 84 – Entrée en vigueur

Le présent règlement entre en vigueur le vingtième jour suivant celui de sa publication au *Journal officiel* de l'Union européenne.

Il est applicable à partir du 17 août 2015, à l'exception des articles 77 et 78 qui sont applicables à partir du 16 janvier 2014 et des articles 79, 80 et 81 qui sont applicables à partir du 5 juillet 2012.

Le présent règlement est obligatoire dans tous ses éléments et directement applicable dans les États membres conformément aux traités.

## Références

[1] *JO* C 44 du 11 févr. 2011, p. 148.

[2] Position du Parlement européen du 13 mars 2012 (non encore parue au *Journal officiel*) et décision du Conseil du 7 juin 2012.

[3] *JO* C 12 du 15 janv. 2001, p. 1.

[4] *JO* C 53 du 3 mars 2005, p. 1.

[5] *JO* C 115 du 4 mai 2010, p. 1.

[6] *JO* L 174 du 27 juin 2001, p. 25.

[7] *JO* L 124 du 8 juin 1971, p. 1.

[8] *JO* L 55 du 28 févr. 2011, p. 13.

[9] *JO* L 324 du 10 déc. 2007, p. 79.

[10] *JO* L 160 du 30 juin 2000, p. 1.

# II – Décision

## 89 Décision 2012/714/UE de la commission du 21 novembre 2012 confirmant la participation de la Lituanie à la coopération renforcée dans le domaine de la loi applicable au divorce et à la séparation de corps

Applicable à partir du 22 mai 2014

Non reproduite. Consultable sur :
http://europa.eu/eu-law/legislation/index_fr.htm

# SOUS-PARTIE II

# CONVENTIONS INTERNATIONALES

# I – Conventions multilatérales

## 90 Convention CIEC n° 1 du 27 septembre 1956 relative à la délivrance de certains extraits d'actes de l'état civil destinés à l'étranger (signée à Paris)

En vigueur depuis le 15 mars 1958

*Les Gouvernements du Royaume de Belgique, de la République Française, du Grand-Duché de Luxembourg, du Royaume des Pays-Bas, de la Confédération Suisse et de la République Turque, membres de la Commission Internationale de l'État Civil, désireux d'établir des dispositions communes relatives à la délivrance de certains extraits d'actes de l'état civil destinés à l'étranger, ont décidé de conclure une Convention à cet effet et sont convenus des dispositions suivantes :*

**Article 1er –** Les extraits des actes de l'état civil constatant la naissance, le mariage ou le décès pourront, lorsque leur utilisation dans le pays où ils sont réclamés nécessite une traduction, être établis conformément à l'article 4 ci-après et aux formules A, B et C annexées à la présente Convention.

Ces extraits ne seront délivrés qu'aux personnes qui, d'après la loi interne du pays où l'acte a été dressé ou transcrit, ont qualité pour obtenir des copies littérales de cet acte.

Pour l'application de la présente Convention, les mentions marginales font partie des actes de l'état civil.

**Article 2 –** Dans chaque formule, les énonciations invariables, imprimées à l'avance, sont rédigées en sept langues : français, allemand, anglais, espagnole, italien, néerlandais et turc.

Toutes les formules précisent que l'extrait est délivré en application de la présente Convention.

**Article 3 –** Tout extrait est revêtu de la signature et du sceau de l'autorité qui l'a établi et porte la date de sa délivrance. Les renseignements à fournir sont inscrits dans la case correspondante de la formule, le texte en caractères latins et les dates en chiffres arabes; les mois sont indiqués par un chiffre arabe, d'après leur rang dans l'année. Si le libellé de l'acte de l'état civil ne permet pas de remplir une des cases de la formule, cette case est rendue inutilisable par des traits. Sont exclusivement utilisés les signes suivants :

*Pour indiquer le sexe :*

M = sexe masculin

F = sexe féminin

*Pour indiquer la dissolution ou l'annulation du mariage :*

Dm = décès du mari
Df = décès de la femme
Div = divorce
A = annulation

Ces derniers signes sont suivis de la mention de la date de la dissolution ou de l'annulation.

**Article 4 –** *L'extrait de l'acte de naissance énonce (Formule A) :*

a. le lieu de naissance
b. la date de naissance
c. le sexe de l'enfant
d. le nom de famille de l'enfant
e. les prénoms de l'enfant
f. le nom de famille du père
g. les prénoms du père
h. le nom de jeune fille de la mère
i. les prénoms de la mère

*L'extrait de l'acte de mariage énonce (Formule B) :*

a. le lieu du mariage
b. la date du mariage
c. le nom de famille du mari
d. les prénoms du mari
e. la date de naissance ou, à défaut, l'âge du mari
f. le lieu de naissance du mari
g. le nom de famille de la femme
h. les prénoms de la femme
i. la date de naissance ou à défaut, l'âge de la femme
j. le lieu de naissance de la femme
k. les mentions marginales concernant la dissolution ou l'annulation du mariage

*L'extrait de l'acte de décès énonce (Formule C) :*

a. le lieu de décès
b. la date de décès
c. le nom de famille du défunt
d. les prénoms du défunt
e. le sexe du défunt
f. la date de naissance ou, à défaut, l'âge du défunt
g. le lieu de naissance du défunt
h. le dernier domicile du défunt
i. les nom et prénoms du dernier conjoint du défunt
j. les nom et prénoms du père du défunt
k. les nom et prénoms de la mère du défunt

En outre, chaque État contractant a la faculté de compléter les formules-types par l'adjonction de cases supplémentaires indiquant d'autres énonciations de l'acte de l'état civil, à condition que le libellé en ait été préalablement approuvé par la Commission Internationale de l'État Civil.

**Article 5 –** Les extraits établis dans les conditions prévues aux articles précédents ont la même force probante que ceux délivrés conformément aux règles de droit interne en vigueur dans l'État dont ils émanent.

Ils sont acceptés sans légalisation sur le territoire de chacun des États contractants.

**Article 6 –** Sans préjudice des accords internationaux relatifs à la délivrance gratuite des actes de l'état civil, les extraits délivrés en application de la présente Convention donnent lieu à la perception des mêmes droits que les extraits établis en application de la législation interne en vigueur dans l'État dont les extraits émanent.

**Article 7 –** La présente Convention ne met pas obstacle à l'obtention d'expéditions littérales d'actes de l'état civil établies conformément à la législation du pays où ces actes ont été dressés ou transcrits.

**Article 8 –** La présente Convention sera ratifiée et les instruments de ratification seront déposés auprès du Conseil Fédéral Suisse.

Il sera dressé de tout dépôt d'instruments de ratification un procès-verbal, dont une copie, certifiée conforme, sera remise, par la voie diplomatique, à chacun des États signataires.

**Article 9 –** La présente Convention entrera en vigueur le trentième jour suivant la date du dépôt du deuxième instrument de ratification, prévu par l'article précédent.

Pour chaque État signataire, ratifiant postérieurement la Convention, celle-ci entrera en vigueur le trentième jour suivant la date du dépôt de son instrument de ratification.

**Article 10 –** La présente Convention s'applique de plein droit sur toute l'étendue du territoire métropolitain de chaque État contractant.

Tout État pourra, lors de la signature, de la ratification ou de l'adhésion ou à tout autre moment par la suite, déclarer par notification adressée au Conseil Fédéral Suisse, que les dispositions de la présente Convention seront applicables à l'un ou plusieurs de ses territoires extra-métropolitains, des États ou des territoires dont les relations internationales sont assurées par lui.

Le Conseil Fédéral Suisse enverra, par la voie diplomatique, une copie de cette notification, certifiée conforme, à chacun des États contractants. Les dispositions de la présente Convention deviendront applicables dans le ou les territoires désignés dans la notification, le soixantième jour suivant la date à laquelle le Conseil Fédéral Suisse aura reçu ladite notification.

Tout État qui a fait une déclaration conformément aux dispositions de l'alinéa 2 du présent article pourra, par la suite, déclarer à tout moment, par notification adressée au Conseil Fédéral Suisse, que la présente Convention cessera d'être applicable à l'un ou plusieurs des États ou territoires désignés dans la déclaration.

Le Conseil Fédéral Suisse enverra, par la voie diplomatique, une copie certifiée conforme de la nouvelle notification à chacun des États contractants. La Convention cessera d'être applicable au territoire visé le soixantième jour suivant la date à laquelle le Conseil Fédéral Suisse aura reçu ladite notification.

**Article 11 –** Tout État pourra adhérer à la présente Convention. L'État désirant adhérer notifiera son intention par un acte qui sera déposé auprès du Conseil Fédéral Suisse. Celui-ci en enverra, par la voie diplomatique, une copie, certifiée conforme, à chacun des États contractants. La Convention entrera en vigueur, pour l'État adhérant, le trentième jour suivant la date du dépôt de l'acte d'adhésion.

Le dépôt de l'acte d'adhésion ne pourra avoir lieu qu'après l'entrée en vigueur de la présente Convention en vertu de l'article 9, alinéa 1er.

**Article 12 –** La présente Convention peut être soumise à des révisions en vue d'y introduire des modifications de nature à la perfectionner.

La proposition de révision sera introduite auprès du Conseil Fédéral Suisse qui la notifiera aux divers États contractants ainsi qu'au Secrétaire Général de la Commission Internationale de l'État Civil.

**Article 13 –** La présente Convention aura une durée de dix ans à partir de la date indiquée dans l'article 9, alinéa 1er.

La Convention sera renouvelée tacitement de dix ans en dix ans, sauf dénonciation.

La dénonciation devra, au moins six mois avant l'expiration du terme, être notifiée au Conseil Fédéral Suisse, qui en donnera connaissance à tous les autres États contractants.

La dénonciation ne produira son effet qu'à l'égard de l'État qui l'aura notifiée. La Convention restera en vigueur pour les autres États contractants.

En foi de quoi, les représentants soussignés, dûment autorisés à cet effet, ont signé la présente Convention.

Fait à Paris, le vingt-sept septembre mil neuf cent cinquante-six, en un seul exemplaire qui sera déposé dans les archives du Conseil Fédéral Suisse et dont une copie certifiée conforme sera remise, par la voie diplomatique, à chacun des États contractants.

*Domaine territorial de la Convention*

***Au moment de la signature de la Convention***, le Gouvernement du ***Royaume des Pays-Bas*** a fait la déclaration suivante : Eu égard à l'égalité qui existe du point de vue du droit public entre les Pays-Bas, le Surinam et les Antilles néerlandaises, les termes « métropolitain » et « extra-métropolitain » mentionnés dans la Convention perdent leur sens initial en ce qui a trait au Royaume des Pays-Bas et seront en conséquence, en ce qui a trait au Royaume, considérés comme signifiant respectivement « européen » et « non-européen ».

*NDLR*

La *République Fédérale d'Allemagne* a déclaré *au moment de son adhésion à la Convention* que celle-ci est également applicable au « Land » de Berlin avec effet à partir du jour où elle entrera en vigueur pour la République Fédérale d'Allemagne.

Le *8 juin 1967*, la *République Socialiste Fédérative de Yougoslavie* a déposé auprès du Gouvernement de la Confédération de Suisse un instrument portant *adhésion* à la Convention (en vigueur pour la Yougoslavie depuis le 8 juillet 1967).

Le *1er décembre 1992*, le Ministère des Affaires étrangères de la *République de Slovénie* a déposé auprès du Département fédéral suisse des affaires étrangères un instrument d'*adhésion* à la Convention (en vigueur pour la Slovénie depuis le 31 décembre 1992).

Le *22 septembre 1993*, la *République de Croatie* a déposé auprès du Conseil fédéral suisse un instrument d'*adhésion* à la Convention (en vigueur pour la Croatie depuis le 22 octobre 1993).

Le *15 avril 1994, l'ex-République yougoslave de Macédoine* a déposé auprès du Conseil fédéral suisse une *déclaration de succession* pour la Convention. L'ex-République yougoslave de Macédoine est devenue partie à la Convention le 8 septembre 1991, date de son indépendance.

Le 11 octobre *1995, la République de Bosnie-Herzégovine* a déposé auprès du Conseil fédéral suisse une *déclaration de succession* pour la Convention. La République de Bosnie-Herzégovine est devenue partie à la Convention le 6 mars 1992, date de son indépendance.

# 91 Convention CIEC n° 3 du 4 septembre 1958 concernant l'échange international d'informations en matière d'état civil (signée à Istanbul)

## En vigueur depuis le 13 avril 1961

*Les Gouvernements de la République Fédérale d'Allemagne, du Royaume de Belgique, de la République Française, du Grand-Duché de Luxembourg, du Royaume des Pays-Bas, de la Confédération Suisse et de la République Turque, membres de la Commission Internationale de l'État Civil, désireux d'organiser d'un commun accord un échange international d'informations en matière d'état civil, sont convenus des dispositions suivantes :*

**Article 1er –** Tout officier de l'état civil exerçant ses fonctions sur le territoire de l'un des États contractants doit, lorsqu'il dresse ou transcrit un acte de mariage ou de décès, en donner avis à l'officier de l'état civil du lieu de naissance de chaque conjoint ou du défunt, si ce lieu est situé sur le territoire de l'un des autres États contractants.

Toutefois, chaque État a la faculté de subordonner l'envoi de cet avis à la condition qu'il concerne un ressortissant de l'État destinataire.

**Article 2 –** L'avis est établi conformément aux modèles annexés à la présente Convention.

Les renseignements à fournir sont inscrits dans les espaces réservés à cet effet sur la formule, le texte en caractères latins, les noms patronymiques et les noms de lieu en lettres capitales, les dates sont inscrites en chiffres arabes, les mois étant indiqués par un chiffre arabe, d'après leur rang dans l'année. Si l'autorité qui rédige l'avis ne possède pas le renseignement à fournir, l'espace correspondant est barré.

L'avis doit être signé par l'officier de l'état civil et revêtu de son sceau.

Dans les huit jours de l'établissement ou de la transcription de l'acte, cet avis est directement adressé par voie postale à l'officier de l'état civil destinataire.

**Article 3 –** L'avis est utilisé par le destinataire conformément aux lois et règlements de son pays.

**Article 4 –** Les dispositions des articles précédents ne font pas obstacle à la transmission aux autorités d'un État contractant, par la voie diplomatique ou autre voie prévue par une convention particulière, de tout acte ou décision concernant l'état civil d'une personne née sur le territoire de cet État.

**Article 5 –** La présente Convention sera ratifiée et les instruments de ratification seront déposés auprès du Conseil Fédéral Suisse. Celui-ci avisera les États contractants de tout dépôt d'instrument de ratification.

**Article 6 –** La présente Convention entrera en vigueur le trentième jour suivant la date du dépôt du deuxième instrument de ratification, prévu à l'article précédent.

Pour chaque État signataire, ratifiant postérieurement la Convention, celle-ci entrera en vigueur le trentième jour suivant la date du dépôt de son instrument de ratification.

**Article 7 –** La présente Convention s'applique de plein droit sur toute l'étendue du territoire métropolitain de chaque État contractant.

Tout État contractant pourra, lors de la signature, de la ratification, de l'adhésion ou ultérieurement, déclarer par notification adressée au Conseil Fédéral Suisse que les dispositions de la présente Convention seront applicables à l'un ou plusieurs de ses territoires extra-métropolitains, des États ou des territoires dont les relations internationales sont assurées par lui. Le Conseil Fédéral Suisse avisera de cette notification chacun des États contractants. Les dispositions de la présente Convention deviendront applicables dans le ou les territoires désignés dans la notification le soixantième jour suivant la date à laquelle le Conseil Fédéral Suisse aura reçu ladite notification.

Tout État qui a fait une déclaration, conformément aux dispositions de l'alinéa 2 du présent article, pourra, par la suite, déclarer à tout moment, par notification adressée au Conseil Fédéral Suisse, que la présente Convention cessera d'être applicable à l'un ou plusieurs des États ou territoires désignés dans la déclaration.

Le Conseil Fédéral Suisse avisera de la nouvelle notification chacun des États contractants.

La Convention cessera d'être applicable au territoire visé le soixantième jour suivant la date à laquelle le Conseil Fédéral Suisse aura reçu ladite notification.

**Article 8 –** Tout État membre de la Commission Internationale de l'État Civil pourra adhérer à la présente Convention. L'État désirant adhérer notifiera son intention par un acte qui sera déposé auprès du Conseil Fédéral Suisse. Celui-ci avisera chacun des États contractants de tout dépôt d'acte d'adhésion. La Convention entrera en vigueur, pour l'État adhérant, le trentième jour suivant la date du dépôt de l'acte d'adhésion.

Le dépôt de l'acte d'adhésion ne pourra avoir lieu qu'après l'entrée en vigueur de la présente Convention.

**Article 9 –** La présente Convention peut être soumise à des révisions.

La proposition de révision sera introduite auprès du Conseil Fédéral Suisse qui la notifiera aux divers États contractants ainsi qu'au Secrétaire Général de la Commission Internationale de l'État Civil.

**Article 10 –** La présente Convention aura une durée de dix ans à partir de la date indiquée à l'article 6, alinéa 1er.

La Convention sera renouvelée tacitement de dix ans en dix ans, sauf dénonciation.

La dénonciation devra, au moins six mois avant l'expiration du terme, être notifiée au Conseil Fédéral Suisse, qui en donnera connaissance à tous les autres États contractants.

La dénonciation ne produira son effet qu'à l'égard de l'État qui l'aura notifiée. La Convention restera en vigueur pour les autres États contractants.

*Domaine territorial de la Convention*

*Au moment de la signature de la Convention*, le Gouvernement du *Royaume des Pays-Bas* a fait la déclaration suivante : Eu égard à l'égalité qui existe du point de vue du droit public entre les Pays-Bas, le Surinam et les Antilles néerlandaises, les termes « métropolitain » et « extra-métropolitain » mentionnés dans la Convention perdent leur sens initial en ce qui a trait au Royaume des Pays-Bas et seront en conséquence, en ce qui a trait au Royaume, considérés comme signifiant respectivement « européen » et « non-européen ».

(*NDLR* : Depuis le 25 novembre 1975, date de l'indépendance du Surinam, la Convention ne s'applique plus dans ce dernier pays. Par « territoire non-européen » il faut actuellement entendre les Antilles néerlandaises, y compris Aruba.)

*NDLR* : s'agissant des traductions en langue italienne des modèles n° 1 et 2, un certain nombre d'observations ont été faites après la mise en œuvre de la Convention. L'Ambassade d'Italie à Paris a fait connaître au Ministère français des Affaires Étrangères qu'il convenait de lire *provincia* (et non *distretto*) *comune di* (et non *commune di*), *nomi* (et non *prenomi*), *timbro* (et non *stampiglio*), *cognome dello sposo/della sposa* (et non *nome dello sposo/della sposa*);

*NDLR*

La *République Fédérale d'Allemagne* a déclaré *au moment de la notification de ratification de la Convention* que celle-ci est également applicable au « Land » de Berlin avec effet à partir du jour où elle entrera en vigueur pour la République Fédérale d'Allemagne.

## 92 Convention CIEC n° 4 du 4 septembre 1958 relative aux changements de noms et de prénoms (signée à Istanbul)

En vigueur depuis le 24 décembre 1961

*Les Gouvernements de la République Fédérale d'Allemagne, du Royaume de Belgique, de la République Française, du Grand-Duché de Luxembourg, du Royaume des Pays-Bas, de la Confédération Suisse et de la République Turque, membres de la Commission Internationale de l'État Civil, désireux d'établir d'un commun accord des règles relatives aux changements de noms et de prénoms, sont convenus des dispositions suivantes :*

**Article 1er –** La présente Convention concerne les changements de noms ou de prénoms accordés par l'Autorité Publique compétente, à l'exclusion de ceux résultant d'une modification de l'état des personnes ou de la rectification d'une erreur.

**Article 2 –** Chaque État contractant s'engage à ne pas accorder de changements de noms ou de prénoms aux ressortissants d'un autre État contractant, sauf s'ils sont également ses propres ressortissants.

**Article 3 –** Sont exécutoires de plein droit sur le territoire de chacun des États contractants sous réserve qu'elles ne portent pas atteinte à son ordre public les décisions définitives intervenues dans un de ces États et accordant un changement de nom ou de prénoms, soit à ses ressortissants, soit lorsqu'ils ont leur domicile ou, à défaut de domicile, leur résidence sur son territoire, à des apatrides ou à des réfugiés au sens de la Convention de Genève du 28 juillet 1951.

Ces décisions sont, sans autre formalité, mentionnées en marge des actes de l'état civil des personnes qu'elles concernent.

**Article 4 –** Les dispositions de l'article précédent sont applicables aux décisions annulant ou révoquant un changement de nom ou de prénoms.

**Article 5 –** Par dérogation aux articles 3 et 4, tout État contractant peut subordonner à des conditions particulières de publicité et à un droit d'opposition dont il déterminera les modalités, les effets, sur son territoire, des décisions intervenues dans un autre État contractant, lorsque celles-ci concernent des personnes qui étaient également ses propres ressortissants au moment où elles sont devenues définitives.

**Article 6 –** La présente Convention sera ratifiée et les instruments de ratification seront déposés auprès du Conseil Fédéral Suisse.

Celui-ci avisera les États contractants de tout dépôt d'instrument de ratification.

**Article 7 –** La présente Convention entrera en vigueur le trentième jour suivant la date du dépôt du deuxième instrument de ratification, prévu à l'article précédent.

Pour chaque État signataire, ratifiant postérieurement la Convention, celle-ci entrera en vigueur le trentième jour suivant la date du dépôt de son instrument de ratification.

**Article 8 –** La présente Convention s'applique de plein droit sur toute l'étendue du territoire métropolitain de chaque État contractant.

Tout État contractant pourra, lors de la signature, de la ratification, de l'adhésion, ou ultérieurement, déclarer par notification adressée au Conseil Fédéral Suisse que les dispositions de la présente Convention seront applicables à l'un ou plusieurs de ses territoires extra-métropolitains, des États ou des territoires dont les relations internationales sont assurées par lui. Le Conseil Fédéral Suisse avisera de cette notification chacun des États contractants. Les dispositions de la présente Convention deviendront applicables dans le ou les territoires désignés dans la notification le soixantième jour suivant la date à laquelle le Conseil Fédéral Suisse aura reçu ladite notification.

Tout État qui fait une déclaration, conformément aux dispositions de l'alinéa 2 du présent article, pourra, par la suite, déclarer à tout moment, par notification adressée au Conseil Fédéral Suisse, que la présente Convention cessera d'être applicable à l'un ou plusieurs des États ou territoires désignés dans la déclaration.

Le Conseil Fédéral Suisse avisera de la nouvelle notification chacun des États contractants.

La Convention cessera d'être applicable au territoire visé le soixantième jour suivant la date à laquelle le Conseil Fédéral Suisse aura reçu ladite notification.

**Article 9 –** Tout État membre de la Commission Internationale de l'État Civil pourra adhérer à la présente Convention. L'État désirant adhérer notifiera son intention par un acte qui sera déposé auprès du Conseil Fédéral Suisse. Celui-ci avisera chacun des États contractants de tout dépôt d'acte d'adhésion. La Convention entrera en vigueur, pour l'État adhérant, le trentième jour suivant la date du dépôt de l'acte d'adhésion.

Le dépôt de l'acte d'adhésion ne pourra avoir lieu qu'après l'entrée en vigueur de la présente Convention.

**Article 10 –** La présente Convention peut-être soumise à des révisions.

La proposition de révision sera introduite auprès du Conseil Fédéral Suisse qui la notifiera aux divers États contractants ainsi qu'au Secrétaire Général de la Commission Internationale de l'État Civil.

**Article 11 –** La présente Convention aura une durée de dix ans à partir de la date indiquée à l'article 7, alinéa 1er.

La Convention sera renouvelée tacitement de dix ans en dix ans, sauf dénonciation. La dénonciation devra, au moins six mois avant l'expiration du terme, être notifiée au Conseil Fédéral Suisse, qui en donnera connaissance à tous les autres États contractants.

La dénonciation ne produira son effet qu'a l'égard de l'État qui l'aura notifiée. La Convention restera en vigueur pour les autres États contractants.

En foi de quoi les représentants soussignés, dûment autorisés à cet effet, ont signé la présente Convention.

Fait à Istanbul, le quatre septembre mil neuf cent cinquante-huit en un seul exemplaire qui sera déposé dans les archives du Conseil Fédéral Suisse et dont une copie certifiée conforme sera remise par la voie diplomatique à chacun des États contractants.

*Domaine territorial de la Convention*

*Au moment de la signature de la Convention*, le Gouvernement du *Royaume des Pays-Bas* a fait la déclaration suivante : Eu égard à l'égalité qui existe du point de vue du droit public entre les Pays-Bas, le Surinam et les Antilles néerlandaises, les termes « métropolitain » et « extra-métropolitain » mentionnés dans la Convention perdent leur sens initial en ce qui a trait au Royaume des Pays-Bas et seront en conséquence, en ce qui a trait au Royaume, considérés comme signifiant respectivement « européen » et « non européen ».

*(NDLR : Depuis le 25 novembre 1975, date de l'indépendance du Surinam, la Convention ne s'applique plus dans ce dernier pays. Par « territoire non-européen », il faut actuellement entendre les Antilles néerlandaises, y compris Aruba.)*

*NDLR*

La *République Fédérale d'Allemagne* a déclaré *au moment de la notification de ratification de la Convention* que celle-ci est également applicable au « Land » de Berlin avec effet à partir du jour où elle entrera en vigueur pour la République Fédérale d'Allemagne.

# 93 Convention CIEC n° 5 du 14 septembre 1961 portant extension de la compétence des autorités qualifiées pour recevoir les reconnaissances d'enfants naturels (signée à Rome)

En vigueur depuis le 29 juillet 1963

*Les Gouvernements de la République Fédérale d'Allemagne, de la République d'Autriche, du Royaume de Belgique, de la République Française, du Royaume de Grèce, de la République Italienne, du Grand-Duché de Luxembourg, du Royaume des Pays-Bas, de la Confédération Suisse et de la République Turque, membres de la Commission Internationale de l'État Civil, désireux de permettre aux ressortissants de leurs États respectifs de souscrire des reconnaissances d'enfants naturels sur le territoire des autres États contractants comme ils pourraient le faire sur le territoire de leur propre État, et de faciliter ainsi de telles reconnaissances, sont convenus des dispositions suivantes :*

**Article 1er –** Au sens de la présente Convention, l'acte par lequel une personne déclare être le père d'un enfant naturel, est désigné par les termes « reconnaissance avec filiation » ou par les termes « reconnaissance sans filiation », suivant que cette déclaration tend à établir ou non un lien juridique de filiation entre celui qui la souscrit et l'enfant naturel qui en est l'objet.

**Article 2 –** Sur le territoire des États contractants dont la législation ne prévoit que la reconnaissance sans filiation, les ressortissants des autres États contractants dont la législation prévoit la reconnaissance avec filiation, sont admis à souscrire une reconnaissance avec filiation.

**Article 3 –** Sur le territoire des États contractants dont la législation ne prévoit que la reconnaissance avec filiation, les ressortissants des autres États contractants dont la législation prévoit la reconnaissance sans filiation, sont admis à souscrire une reconnaissance sans filiation.

**Article 4 –** Les déclarations prévues aux articles 2 et 3 sont reçues par l'officier de l'état civil ou par toute autre autorité compétente, en la forme authentique déterminée par la loi locale, et doivent toujours mentionner la nationalité dont s'est prévalu le déclarant. Elles ont la même valeur que si elles avaient été souscrites devant l'autorité compétente du pays du déclarant.

**Article 5 –** Les expéditions ou extraits certifiés conformes des actes contenant les déclarations prévues aux articles 2 et 3 et revêtus de la signature et du sceau de l'autorité qui les a délivrés sont dispensés de légalisation sur le territoire des États contractants.

**Article 6 –** La présente Convention sera ratifiée et les instruments de ratification seront déposés auprès du Conseil Fédéral Suisse.

Celui-ci avisera les États contractants et le Secrétariat Général de la Commission Internationale de l'État Civil de tout dépôt d'instrument de ratification.

**Article 7 –** La présente Convention entrera en vigueur le trentième jour suivant la date du dépôt du deuxième instrument de ratification, prévu à l'article précédent.

Pour chaque État signataire, ratifiant postérieurement la Convention, celle-ci entrera en vigueur le trentième jour suivant la date du dépôt de son instrument de ratification.

**Article 8 –** La présente Convention s'applique de plein droit sur toute l'étendue du territoire métropolitain de chaque État contractant.

Tout État contractant pourra, lors de la signature, de la ratification, de l'adhésion, ou ultérieurement, déclarer par notification adressée au Conseil Fédéral Suisse que les dispositions de la présente Convention seront applicables à l'un ou plusieurs de ses territoires extra-métropolitains, des États ou des territoires dont les relations internationales sont assurées par lui. Le Conseil Fédéral Suisse avisera de cette notification chacun des États contractants et le Secrétariat Général de la Commission Internationale de l'État Civil. Les dispositions de la présente Convention deviendront applicables dans le ou les territoires désignés dans la notification le soixantième jour suivant la date à laquelle le Conseil Fédéral Suisse aura reçu ladite notification.

Tout État qui a fait une déclaration, conformément aux dispositions de l'alinéa 2 du présent article, pourra, par la suite, déclarer à tout moment, par notification adressée au Conseil Fédéral Suisse, que la présente Convention cessera d'être applicable à l'un ou plusieurs des États ou territoires désignés dans la déclaration.

Le Conseil Fédéral Suisse avisera de la nouvelle notification chacun des États contractants et le Secrétariat Général de la Commission Internationale de l'État Civil.

La Convention cessera d'être applicable au territoire visé le soixantième jour suivant la date à laquelle le Conseil Fédéral Suisse aura reçu ladite notification.

**Article 9 –** Tout État membre de la Commission Internationale de l'État Civil pourra adhérer à la présente Convention. L'État désirant adhérer notifiera son intention par un acte qui sera déposé auprès du Conseil Fédéral Suisse. Celui-ci avisera chacun des États contractants et le Secrétariat Général de la Commission Internationale de l'État Civil de tout dépôt d'acte d'adhésion. La Convention entrera en vigueur, pour l'État adhérant, le trentième jour suivant la date du dépôt de l'acte d'adhésion.

Le dépôt de l'acte d'adhésion ne pourra avoir lieu qu'après l'entrée en vigueur de la présente Convention.

**Article 10 –** La présente Convention peut être soumise à des révisions.

La proposition de révision sera introduite auprès du Conseil Fédéral Suisse qui la notifiera aux divers États contractants ainsi qu'au Secrétariat Général de la Commission Internationale de l'État Civil.

**Article 11 –** La présente Convention aura une durée de dix ans à partir de la date indiquée à l'article 7, alinéa 1$^{er}$.

La Convention sera renouvelée tacitement de dix ans en dix ans, sauf dénonciation.

La dénonciation devra, au moins six mois avant l'expiration du terme, être notifiée au Conseil Fédéral Suisse, qui en donnera connaissance à tous les autres États contractants et au Secrétariat Général de la Commission Internationale de l'État Civil.

La dénonciation ne produira son effet qu'à l'égard de l'État qui l'aura notifiée. La Convention restera en vigueur pour les autres États contractants.

En foi de quoi les représentants soussignés, dûment autorisés à cet effet, ont signé la présente Convention.

Fait à Rome, le 14 septembre 1961, en un seul exemplaire qui sera déposé dans les archives du Conseil Fédéral Suisse et dont une copie certifiée conforme sera remise par la voie diplomatique à chacun des États contractants et au Secrétariat Général de la Commission Internationale de l'État Civil.

*Domaine territorial de la Convention*

*Au moment de la signature de la Convention*, le Gouvernement du *Royaume des Pays-Bas* a fait la déclaration suivante : Eu égard à l'égalité qui existe du point de vue du droit public entre les Pays-Bas, le Surinam et les Antilles néerlandaises, les termes « métropolitain » et « extra-métropolitain » mentionnés dans la Convention perdent leur sens initial en ce qui a trait au Royaume des Pays-Bas et seront en conséquence, en ce qui a trait au Royaume, considérés comme signifiant respectivement « européen » et « non – européen ».

(*NDLR :* Depuis le 25 novembre 1975, date de l'indépendance du Surinam, la Convention ne s'applique plus dans ce dernier pays. Par « territoire non – européen », il faut actuellement entendre les Antilles néerlandaises, y compris Aruba.)

*Au moment du dépôt de l'instrument de ratification de la Convention*, l'Ambassade de la *République Fédérale d'Allemagne* à Berne a fait la déclaration suivante : « *Die Botschaft erklärt hierzu im Auftrage der deutschen Bundesregierung, dass das Übereinkommen mit Wirkung von dem Tage, an dem es für die Bundesrepublik Deutschland in Kraft treten wird, auch in dem Lande Berlin gilt* ».

# 94 Convention de La Haye du 5 octobre 1961 sur les conflits de lois en matière de forme des dispositions testamentaires

En vigueur depuis le 19 novembre 1967

*Les États signataires de la présente Convention,*

Désirant établir des règles communes de solution des conflits de lois en matière de forme des dispositions testamentaires,

Ont résolu de conclure une Convention à cet effet et sont convenus des dispositions suivantes :

**Article premier –** Une disposition testamentaire est valable quant à la forme si celle-ci répond à la loi interne :

*a)* du lieu où le testateur a disposé, ou

*b)* d'une nationalité possédée par le testateur, soit au moment où il a disposé, soit au moment de son décès, ou *c)* d'un lieu dans lequel le testateur avait son domicile, soit au moment où il a disposé, soit au moment de son décès, ou

*d)* du lieu dans lequel le testateur avait sa résidence habituelle, soit au moment où il a disposé, soit au moment de son décès, ou

*e)* pour les immeubles, du lieu de leur situation.

Aux fins de la présente Convention, si la loi nationale consiste en un système non unifié, la loi applicable est déterminée par les règles en vigueur dans ce système et, à défaut de telles règles, par le lien le plus effectif qu'avait le testateur avec l'une des législations composant ce système.

La question de savoir si le testateur avait un domicile dans un lieu déterminé est régie par la loi de ce même lieu.

**Article 2 –** L'article premier s'applique aux dispositions testamentaires révoquant une disposition testamentaire antérieure.

La révocation est également valable quant à la forme si elle répond à l'une des lois aux termes de laquelle, conformément à l'article premier, la disposition testamentaire révoquée était valable.

**Article 3 –** La présente Convention ne porte pas atteinte aux règles actuelles ou futures des États contractants reconnaissant des dispositions testamentaires faites en la forme d'une loi non prévue aux articles précédents.

**Article 4 –** La présente Convention s'applique également aux formes des dispositions testamentaires faites dans un même acte par deux ou plusieurs personnes.

**Article 5 –** Aux fins de la présente Convention, les prescriptions limitant les formes de dispositions testamentaires admises et se rattachant à l'âge, à la nationalité ou à d'autres qualités personnelles du testateur, sont considérées comme appartenant au domaine de la forme. Il en est de même des qualités que doivent posséder les témoins requis pour la validité d'une disposition testamentaire.

**Article 6 –** L'application des règles de conflits établies par la présente Convention est indépendante de toute condition de réciprocité. La Convention s'applique même si la nationalité des intéressés ou la loi applicable en vertu des articles précédents ne sont pas celles d'un État contractant.

**Article 7 –** L'application d'une des lois déclarées compétentes par la présente Convention ne peut être écartée que si elle est manifestement incompatible avec l'ordre public.

**Article 8 –** La présente Convention s'applique à tous les cas où le testateur est décédé après son entrée en vigueur.

**Article 9 –** Chaque État contractant peut se réserver, par dérogation à l'article premier, alinéa 3, le droit de déterminer selon la loi du for le lieu dans lequel le testateur avait son domicile.

**Article 10 –** Chaque État contractant peut se réserver de ne pas reconnaître les dispositions testamentaires faites, en dehors de circonstances extraordinaires, en la forme orale par un de ses ressortissants n'ayant aucune autre nationalité.

**Article 11 –** Chaque État contractant peut se réserver de ne pas reconnaître, en vertu de prescriptions de sa loi les visant, certaines formes de dispositions testamentaires faites à l'étranger, si les conditions suivantes sont réunies :

*a)* la disposition testamentaire n'est valable en la forme que selon une loi compétente uniquement en raison du lieu où le testateur a disposé,

*b)* le testateur avait la nationalité de l'État qui aura fait la réserve,

*c)* le testateur était domicilié dans ledit État ou y avait sa résidence habituelle, et

*d)* le testateur est décédé dans un État autre que celui où il avait disposé.

Cette réserve n'a d'effets que pour les seuls biens qui se trouvent dans l'État qui l'aura faite.

**Article 12 –** Chaque État contractant peut se réserver d'exclure l'application de la présente Convention aux clauses testamentaires qui, selon son droit, n'ont pas un caractère successoral.

**Article 13 –** Chaque État contractant peut se réserver, par dérogation à l'article 8, de n'appliquer la présente Convention qu'aux dispositions testamentaires postérieures à son entrée en vigueur.

**Article 14 –** La présente Convention est ouverte à la signature des États représentés à la Neuvième session de la Conférence de La Haye de droit international privé.

Elle sera ratifiée et les instruments de ratification seront déposés auprès du Ministère des Affaires Étrangères des Pays-Bas.

**Article 15 –** La présente Convention entrera en vigueur le soixantième jour après le dépôt du troisième instrument de ratification prévu par l'article 14, alinéa 2.

La Convention entrera en vigueur, pour chaque État signataire ratifiant postérieurement, le soixantième jour après le dépôt de son instrument de ratification.

**Article 16 –** Tout État non représenté à la Neuvième session de la Conférence de La Haye de droit international privé pourra adhérer à la présente Convention après son entrée en vigueur en vertu de l'article 15, alinéa premier. L'instrument d'adhésion sera déposé auprès du Ministère des Affaires Étrangères des Pays-Bas.

La Convention entrera en vigueur, pour l'État adhérant, le soixantième jour après le dépôt de son instrument d'adhésion.

**Article 17 –** Tout État, au moment de la signature, de la ratification ou de l'adhésion, pourra déclarer que la présente Convention s'étendra à l'ensemble des territoires qu'il représente sur le plan international, ou à l'un ou plusieurs d'entre eux. Cette déclaration aura effet au moment de l'entrée en vigueur de la Convention pour ledit État.

Par la suite, toute extension de cette nature sera notifiée au Ministère des Affaires Étrangères des Pays-Bas.

La Convention entrera en vigueur, pour les territoires visés par l'extension, le soixantième jour après la notification mentionnée à l'alinéa précédent.

**Article 18 –** Tout État pourra, au plus tard au moment de la ratification ou de l'adhésion, faire une ou plusieurs des réserves prévues aux articles 9, 10, 11, 12 et 13 de la présente Convention. Aucune autre réserve ne sera admise.

Chaque État contractant pourra également, en notifiant une extension de la Convention conformément à l'article 17, faire une ou plusieurs de ces réserves avec effet limité aux territoires ou à certains des territoires visés par l'extension.

Chaque État contractant pourra, à tout moment, retirer une réserve qu'il aura faite. Ce retrait sera notifié au Ministère des Affaires Étrangères des Pays-Bas.

L'effet de la réserve cessera le soixantième jour après la notification mentionnée à l'alinéa précédent.

**Article 19 –** La présente Convention aura une durée de cinq ans à partir de la date de son entrée en vigueur conformément à l'article 15, alinéa premier, même pour les États qui l'auront ratifiée ou y auront adhéré postérieurement.

La Convention sera renouvelée tacitement de cinq en cinq ans, sauf dénonciation.

La dénonciation sera, au moins six mois avant l'expiration du délai de cinq ans, notifiée au Ministère des Affaires Étrangères des Pays-Bas.

Elle pourra se limiter à certains des territoires auxquels s'applique la Convention.

La dénonciation n'aura d'effet qu'à l'égard de l'État qui l'aura notifiée. La Convention restera en vigueur pour les autres États contractants.

**Article 20 –** Le Ministère des Affaires Étrangères des Pays-Bas notifiera aux États visés à l'article 14, ainsi qu'aux États qui auront adhéré conformément aux dispositions de l'article 16 :

*a)* les signatures et ratifications visées à l'article 14;

*b)* la date à laquelle la présente Convention entrera en vigueur conformément aux dispositions de l'article 15, alinéa premier;

*c)* les adhésions visées à l'article 16 et la date à laquelle elles auront effet;

*d)* les extensions visées à l'article 17 et la date à laquelle elles auront effet;

*e)* les réserves et retraits de réserves visés à l'article 18;

*f)* les dénonciations visées à l'article 19, alinéa 3.

En foi de quoi, les soussignés, dûment autorisés, ont signé la présente Convention.

# 95 Convention de La Haye du 5 octobre 1961 concernant la compétence des autorités et la loi applicable en matière de protection des mineurs

En vigueur depuis le 10 novembre 1972

*Les États signataires de la présente Convention,*

Désirant établir des dispositions communes concernant la compétence des autorités et la loi applicable en matière de protection des mineurs,

Ont résolu de conclure une Convention à cet effet et sont convenus des dispositions suivantes :

**Article premier –** Les autorités, tant judiciaires qu'administratives, de l'État de la résidence habituelle d'un mineur sont, sous réserve des dispositions des articles 3, 4 et 5, alinéa 3, de la présente Convention, compétentes pour prendre des mesures tendant à la protection de sa personne ou de ses biens.

**Article 2 –** Les autorités compétentes aux termes de l'article premier prennent les mesures prévues par leur loi interne.

Cette loi détermine les conditions d'institution, modification et cessation desdites mesures. Elle régit également leurs effets tant en ce qui concerne les rapports entre le mineur et les personnes ou institutions qui en ont la charge, qu'à l'égard des tiers.

**Article 3 –** Un rapport d'autorité résultant de plein droit de la loi interne de l'État dont le mineur est ressortissant est reconnu dans tous les États contractants.

**Article 4 –** Si les autorités de l'État dont le mineur est ressortissant considèrent que l'intérêt du mineur l'exige, elles peuvent, après avoir avisé les autorités de l'État de sa résidence habituelle, prendre selon leur loi interne des mesures tendant à la protection de sa personne ou de ses biens.

Cette loi détermine les conditions d'institution, modification et cessation desdites mesures. Elle régit également leurs effets tant en ce qui concerne les rapports entre le mineur et les personnes ou institutions qui en ont la charge, qu'à l'égard des tiers.

L'application des mesures prises est assurée par les autorités de l'État dont le mineur est ressortissant.

Les mesures prises en vertu des alinéas précédents du présent article remplacent les mesures éventuellement prises par les autorités de l'État où le mineur a sa résidence habituelle.

**Article 5 –** Au cas de déplacement de la résidence habituelle d'un mineur d'un État contractant dans un autre, les mesures prises par les autorités de l'État de l'ancienne résidence habituelle restent en vigueur tant que les autorités de la nouvelle résidence habituelle ne les ont pas levées ou remplacées.

Les mesures prises par les autorités de l'État de l'ancienne résidence habituelle ne sont levées ou remplacées qu'après avis préalable auxdites autorités.

Au cas de déplacement d'un mineur qui était sous la protection des autorités de l'État dont il est ressortissant, les mesures prises par elles suivant leur loi interne restent en vigueur dans l'État de la nouvelle résidence habituelle.

**Article 6 –** Les autorités de l'État dont le mineur est ressortissant peuvent, d'accord avec celles de l'État où il a sa résidence habituelle ou possède des biens, confier à celles-ci la mise en œuvre des mesures prises.

La même faculté appartient aux autorités de l'État de la résidence habituelle du mineur à l'égard des autorités de l'État où le mineur possède des biens.

**Article 7 –** Les mesures prises par les autorités compétentes en vertu des articles précédents de la présente Convention sont reconnues dans tous les États contractants. Si toutefois ces mesures comportent des actes d'exécution dans un État autre que celui où elles ont été prises, leur reconnaissance et exécution sont réglées soit par le droit interne de l'État où l'exécution est demandée, soit par les conventions internationales.

**Article 8 –** Nonobstant les dispositions des articles 3, 4 et 5, alinéa 3, de la présente Convention, les autorités de l'État de la résidence habituelle d'un mineur peuvent prendre des mesures de protection pour autant que le mineur est menacé d'un danger sérieux dans sa personne ou ses biens.

Les autorités des autres États contractants ne sont pas tenues de reconnaître ces mesures.

**Article 9 –** Dans tous les cas d'urgence, les autorités de chaque État contractant sur le territoire duquel se trouvent le mineur ou des biens lui appartenant, prennent les mesures de protection nécessaires.

Les mesures prises en application de l'alinéa précédent cessent, sous réserve de leurs effets définitifs, aussitôt que les autorités compétentes selon la présente Convention ont pris les mesures exigées par la situation.

**Article 10 –** Autant que possible, afin d'assurer la continuité du régime appliqué au mineur, les autorités d'un État contractant ne prennent de mesures à son égard qu'après avoir procédé à un échange de vues avec les autorités des autres États contractants dont les décisions sont encore en vigueur.

**Article 11 –** Toutes les autorités qui ont pris des mesures en vertu des dispositions de la présente Convention en informent sans délai les autorités de l'État dont le mineur est ressortissant et, le cas échéant, celles de l'État de sa résidence habituelle.

Chaque État contractant désignera les autorités qui peuvent donner et recevoir directement les informations visées à l'alinéa précédent.

Il notifiera cette désignation au Ministère des Affaires Étrangères des Pays-Bas.

**Article 12 –** Aux fins de la présente Convention on entend par « mineur » toute personne qui a cette qualité tant selon la loi interne de l'État dont elle est ressortissante que selon la loi interne de sa résidence habituelle.

**Article 13 –** La présente Convention s'applique à tous les mineurs qui ont leur résidence habituelle dans un des États contractants.

Toutefois les compétences attribuées par la présente Convention aux autorités de l'État dont le mineur est ressortissant sont réservées aux États contractants.

Chaque État contractant peut se réserver de limiter l'application de la présente Convention aux mineurs qui sont ressortissants d'un des États contractants.

**Article 14 –** Aux fins de la présente Convention, si la loi interne de l'État dont le mineur est ressortissant consiste en un système non unifié, on entend par « loi interne de l'État dont le mineur est ressortissant » et par « autorités de l'État dont le mineur est ressortissant » la loi et les autorités déterminées par les règles en vigueur dans ce système et, à défaut de telles règles, par le lien le plus effectif qu'a le mineur avec l'une des législations composant ce système.

**Article 15 –** Chaque État contractant peut réserver la compétence de ses autorités appelées à statuer sur une demande en annulation, dissolution ou relâchement du lien conjugal entre les parents d'un mineur, pour prendre des mesures de protection de sa personne ou de ses biens.

Les autorités des autres États contractants ne sont pas tenues de reconnaître ces mesures.

**Article 16 –** Les dispositions de la présente Convention ne peuvent être écartées dans les États contractants que si leur application est manifestement incompatible avec l'ordre public.

**Article 17 –** La présente Convention ne s'applique qu'aux mesures prises après son entrée en vigueur.

Les rapports d'autorité résultant de plein droit de la loi interne de l'État dont le mineur est ressortissant sont reconnus dès l'entrée en vigueur de la Convention.

**Article 18 –** Dans les rapports entre les États contractants la présente Convention remplace la Convention pour régler la tutelle des mineurs signée à La Haye le 12 juin 1902.

Elle ne porte pas atteinte aux dispositions d'autres conventions liant au moment de son entrée en vigueur des États contractants.

**Article 19 –** La présente Convention est ouverte à la signature des États représentés à la Neuvième session de la Conférence de La Haye de droit international privé.

Elle sera ratifiée et les instruments de ratification seront déposés auprès du Ministère des Affaires Étrangères des Pays-Bas.

**Article 20 –** La présente Convention entrera en vigueur le soixantième jour après le dépôt du troisième instrument de ratification prévu par l'article 19, alinéa 2.

La Convention entrera en vigueur, pour chaque État signataire ratifiant postérieurement, le soixantième jour après le dépôt de son instrument de ratification.

**Article 21 –** Tout État non représenté à la Neuvième session de la Conférence de La Haye de droit international privé pourra adhérer à la présente Convention après son entrée en vigueur en vertu de l'article 20, alinéa premier. L'instrument d'adhésion sera déposé auprès du Ministère des Affaires Étrangères des Pays-Bas.

L'adhésion n'aura d'effet que dans les rapports entre l'État adhérant et les États contractants qui auront déclaré accepter cette adhésion. L'acceptation sera notifiée au Ministère des Affaires Étrangères des Pays-Bas.

La Convention entrera en vigueur, entre l'État adhérant et l'État ayant déclaré accepter cette adhésion, le soixantième jour après la notification mentionnée à l'alinéa précédent.

**Article 22 –** Tout État, au moment de la signature, de la ratification ou de l'adhésion, pourra déclarer que la présente Convention s'étendra à l'ensemble des territoires qu'il représente sur le plan international, ou à l'un ou plusieurs d'entre eux. Cette déclaration aura effet au moment de l'entrée en vigueur de la Convention pour ledit État.

Par la suite, toute extension de cette nature sera notifiée au Ministère des Affaires Étrangères des Pays-Bas.

Lorsque la déclaration d'extension sera faite par un État ayant signé et ratifié la Convention, celle-ci entrera en vigueur pour les territoires visés conformément aux dispositions de l'article 20. Lorsque la déclaration d'extension sera faite par un État ayant adhéré à la Convention, celle-ci entrera en vigueur pour les territoires visés conformément aux dispositions de l'article 21.

**Article 23 –** Tout État pourra, au plus tard au moment de la ratification ou de l'adhésion, faire les réserves prévues aux articles 13, alinéa 3, et 15, alinéa premier, de la présente Convention. Aucune autre réserve ne sera admise.

Chaque État contractant pourra également, en notifiant une extension de la Convention conformément à l'article 22, faire ces réserves avec effet limité aux territoires ou à certains des territoires visés par l'extension.

Chaque État contractant pourra, à tout moment, retirer une réserve qu'il aura faite. Ce retrait sera notifié au Ministère des Affaires Étrangères des Pays-Bas.

L'effet de la réserve cessera le soixantième jour après la notification mentionnée à l'alinéa précédent.

**Article 24 –** La présente Convention aura une durée de cinq ans à partir de la date de son entrée en vigueur conformément à l'article 20, alinéa premier, même pour les États qui l'auront ratifiée ou y auront adhéré postérieurement.

La Convention sera renouvelée tacitement de cinq en cinq ans, sauf dénonciation.

La dénonciation sera, au moins six mois avant l'expiration du délai de cinq ans, notifiée au Ministère des Affaires Étrangères des Pays-Bas.

Elle pourra se limiter à certains des territoires auxquels s'applique la Convention.

La dénonciation n'aura d'effet qu'à l'égard de l'État qui l'aura notifiée. La Convention restera en vigueur pour les autres États contractants.

**Article 25 –** Le Ministère des Affaires Étrangères des Pays-Bas notifiera aux États visés à l'article 19, ainsi qu'aux États qui auront adhéré conformément aux dispositions de l'article 21 :

*a)* les notifications visées à l'article 11, alinéa 2;

*b)* les signatures et ratifications visées à l'article 19;

*c)* la date à laquelle la présente Convention entrera en vigueur conformément aux dispositions de l'article 20, alinéa premier;

*d)* les adhésions et acceptations visées à l'article 21 et la date à laquelle elles auront effet;

*e)* les extensions visées à l'article 22 et la date à laquelle elles auront effet;

*f)* les réserves et retraits de réserves visés à l'article 23;

*g)* les dénonciations visées à l'article 24, alinéa 3.

## 96 Convention CIEC n° 9 du 10 septembre 1964 relative aux décisions de rectification d'actes de l'état civil (signée à Paris)

En vigueur depuis le 18 août 1983

*La République Fédérale d'Allemagne, la République d'Autriche, le Royaume de Belgique, la République Française, le Royaume de Grèce, la République Italienne, le Grand-Duché de Luxembourg, le Royaume des Pays-Bas, la Confédération Suisse et la République Turque, membres de la Commission Internationale de l'État Civil, désireux d'assurer l'efficacité et l'exécution sur le territoire de leurs États des décisions rendues en matière de rectification d'actes de l'état civil, sont convenus des dispositions suivantes :*

**Article 1er –** Au sens de la présente Convention, les termes « décision de rectification » désignent toute décision de l'autorité compétente qui, sans statuer sur une question relative à l'état des personnes ou sur le droit à une qualification nobiliaire ou honorifique, répare une erreur dans un acte de l'état civil.

**Article 2 –** L'autorité d'un des États contractants, compétente pour rendre une décision de rectification d'un acte de l'état civil dressé sur le territoire de cet État et comportant une erreur, est également compétente pour rectifier par cette décision la même erreur qui aurait été reproduite dans un acte concernant la même personne ou ses descendants, dressé ultérieurement sur le territoire d'un autre État contractant.

Cette décision est exécutoire sans formalité sur le territoire de cet autre État.

À cet effet, l'autorité compétente de l'État où la décision a été rendue est tenue d'adresser une expédition de cette décision et une expédition de l'acte rectifié à l'autorité compétente de l'État où ladite décision doit être également exécutée.

**Article 3 –** Lorsqu'une décision de rectification d'un acte de l'état civil a été rendue par l'autorité compétente d'un des États contractants, les transcriptions ou mentions de cet acte sur les registres de l'état civil d'un autre État contractant sont rectifiées en conséquence, sur simple présentation d'une expédition de la décision de rectification et d'une expédition de l'acte rectifié.

**Article 4 –** Lorsque la rectification excède les limites de la présente Convention ou constitue elle-même une erreur, son exécution peut, par dérogation aux dispositions des articles 2 et 3, être refusée par décision motivée de l'autorité judiciaire ou de l'autorité administrative supérieure désignée en annexe par chaque État contractant.

Ce refus est notifié à l'autorité de l'État où la décision de rectification a été rendue.

**Article 5 –** Les autorités habilitées à adresser ou recevoir les transmissions ou les notifications sont, pour chaque État contractant, désignées en annexe à la présente Convention.

Ces autorités peuvent correspondre directement.

**Article 6 –** Les États contractants notifieront au Conseil Fédéral Suisse l'accomplissement des procédures requises par leur Constitution pour rendre applicable sur leur territoire la présente Convention.

Le Conseil Fédéral Suisse avisera les États contractants et le Secrétaire Général de la Commission Internationale de l'État Civil de toute notification au sens de l'alinéa précédent.

**Article 7 –** La présente Convention entrera en vigueur à compter du trentième jour suivant la date du dépôt de la deuxième notification et prendra dès lors effet entre les deux États ayant accompli cette formalité.

Pour chaque État signataire, accomplissant postérieurement la formalité prévue à l'article précédent, la présente Convention prendra effet à compter du trentième jour suivant la date du dépôt de sa notification.

**Article 8 –** La présente Convention s'applique de plein droit sur toute l'étendue du territoire métropolitain de chaque État contractant.

Tout État contractant pourra, lors de la signature, de la notification prévue à l'article 6, de l'adhésion ou ultérieurement, déclarer par notification adressée au Conseil Fédéral Suisse que les dispositions de la présente Convention seront applicables à l'un ou plusieurs de ses territoires extra-métropolitains, des États ou des territoires dont il assume la responsabilité internationale. Le Conseil Fédéral Suisse avisera de cette dernière notification chacun des États contractants et le Secrétaire Général de la Commission Internationale de l'État Civil. Les dispositions de la présente Convention deviendront applicables dans le ou les territoires désignés dans la notification le soixantième jour suivant la date à laquelle le Conseil Fédéral Suisse aura reçu ladite notification.

Tout État qui a fait une déclaration conformément aux dispositions de l'alinéa 2 du présent article pourra, par la suite déclarer à tout moment, par notification adressée au Conseil Fédéral Suisse, que la présente Convention cessera d'être applicable à l'un ou plusieurs des États ou territoires désignés dans la déclaration.

Le Conseil Fédéral Suisse avisera de la nouvelle notification chacun des États contractants et le Secrétaire Général de la Commission Internationale de l'État Civil.

La Convention cessera d'être applicable au territoire visé le soixantième jour suivant la date à laquelle le Conseil Fédéral Suisse aura reçu ladite notification.

**Article 9 –** Tout État membre du Conseil de l'Europe ou de la Commission Internationale de l'État Civil pourra adhérer à la présente Convention. L'État désirant adhérer notifiera son intention par un acte qui sera déposé auprès du Conseil Fédéral Suisse. Celui-ci avisera chacun des États contractants et le Secrétaire Général de la Commission Internationale de l'État Civil de tout dépôt d'acte d'adhésion. La Convention entrera en vigueur, pour l'État adhérant, le trentième jour suivant la date du dépôt de l'acte d'adhésion.

Le dépôt de l'acte d'adhésion ne pourra avoir lieu qu'après l'entrée en vigueur de la présente Convention.

**Article 10 –** La présente Convention demeurera en vigueur sans limitation de durée. Chacun des États contractants aura toutefois la faculté de la dénoncer en tout temps au moyen d'une notification adressée par écrit au Conseil Fédéral Suisse qui en informera les autres États contractants et le Secrétaire Général de la Commission Internationale de l'État Civil.

Cette faculté de dénonciation ne pourra être exercée avant l'expiration d'un délai de cinq ans à compter de la date de la notification prévue à l'article 6 ou de l'adhésion.

La dénonciation produira effet à compter d'un délai de six mois après la date à laquelle le Conseil Fédéral Suisse aura reçu la notification prévue à l'alinéa premier de présent article.

En foi de quoi les représentants soussignés, dûment autorisés à cet effet, ont signé la présente Convention.

Fait à Paris, le 10 septembre 1964, en un seul exemplaire qui sera déposé dans les archives du Conseil Fédéral Suisse et dont une copie certifiée conforme sera remise par la voie diplomatique à chacun des États contractants et au Secrétaire Général de la Commission Internationale de l'État Civil.

*Domaine territorial de la Convention*

*Au moment de la notification de la ratification de la Convention,*

– l'Ambassade Royale des *Pays-Bas* à Berne a précisé que la mise en application de la Convention se rapporte exclusivement au territoire en Europe et au Surinam et par conséquent pas aux Antilles néerlandaises. (*NDLR :* Depuis le 25 novembre 1975, date de l'indépendance du Surinam, la Convention ne s'applique plus dans ce dernier pays.)

– l'Ambassade de la *République Fédérale d'Allemagne* à Berne a déclaré ce qui suit : « *Die Botschaft beehrt sich, im Zusammenhang mit der obigen Notifikation zu erklären, dass das vorgenannte Übereinkommen mit Wirkung von dem Tage, an dem es für die Bundesrepublik Deutschland in Kraft treten wird, auch für das Land Berlin gilt* ».

# 97 Convention CIEC n° 12 du 10 septembre 1970 sur la légitimation par mariage (signée à Rome)

## En vigueur depuis le 8 février 1976

*Les États signataires de la présente Convention, membres de la Commission Internationale de l'État Civil, désireux de favoriser par l'adoption de règles uniformes la légitimation des enfants naturels ainsi que la reconnaissance et la publicité des légitimations intervenues à l'étranger, sont convenus des dispositions suivantes :*

### TITRE PREMIER

**Article 1er –** Lorsque, selon les dispositions de droit interne de la loi nationale du père ou de la mère, le mariage de ceux-ci a pour conséquence la légitimation d'un enfant naturel, cette légitimation est valable dans les États contractants.

Cette règle s'applique tant aux légitimations résultant de la seule célébration du mariage qu'aux légitimations constatées ultérieurement par une décision judiciaire.

**Article 2 –** Toutefois lors de la signature, de la notification prévue à l'article 11 ou de l'adhésion, chaque État contractant pourra se réserver le droit de ne pas tenir la légitimation pour valable :

a) s'il est établi que l'enfant n'est pas né de ceux qui l'ont légitimé ;
b) si la loi ne reconnaît pas la validité du mariage célébré sur son territoire ;
c) si la loi ne reconnaît pas la validité du mariage de son ressortissant ;
d) ou si l'enfant né d'un de ses ressortissants est adultérin à l'égard de celui-ci.

Ce droit ne pourra pas être exercé dans le cas où la loi interne de cet État n'interdirait pas une telle légitimation.

**Article 3 –** La validité d'une légitimation conforme aux dispositions de droit interne de la loi nationale du père ou de la mère ne peut être déniée, même au nom de l'ordre public, dans d'autres conditions que celles prévues à l'article 2.

**Article 4 –** Les décisions intervenues dans les litiges engagés en application de l'article 2 ne peuvent être invoquées que sur le territoire de l'État contractant où elles ont été rendues.

**Article 5 –** Les dispositions qui précèdent sont applicables à l'égard de tous les États, mêmes non contractants. Elles ne mettent pas obstacle à l'application des règles en vigueur dans les États contractants qui seraient plus favorables à la légitimation.

**Article 6 –** Lorsque l'acte de naissance de l'enfant a été dressé ou transcrit par l'officier de l'état civil de l'un des États contractants, cet officier mentionne la légitimation dans ses registres après qu'il aura été vérifié par lui-même ou par l'autorité dont il dépend, que les conditions prévues par la présente Convention sont remplies.

Cette inscription ne peut être subordonnée à aucune procédure judiciaire préalable de reconnaissance. Il en est ainsi alors même qu'il s'agirait d'une légitimation constatée après mariage par décision judiciaire.

## TITRE II

**Article 7 –** Lorsqu'un mariage a été célébré dans l'un des États contractants et que les époux ont déclaré qu'ils avaient un ou des enfants communs dont l'acte de naissance a été dressé ou transcrit sur le territoire d'un autre État contractant, l'officier de l'état civil du lieu du mariage, ou toute autre autorité compétente, adresse directement, ou par la voie diplomatique, à l'officier de l'état civil du lieu où l'acte de naissance a été dressé ou transcrit un avis en vue de la mention de la légitimation qui pourrait résulter de ce mariage. À cet avis sont jointes les pièces justificatives dont il dispose. Quand la légitimation a été constatée après mariage par une décision judiciaire, l'avis est transmis à la diligence du ministère public ou de toute autre autorité publique compétente.

Les avis sont rédigés selon une formule plurilingue dont le modèle est annexé à la présente Convention. Ces avis ainsi que les pièces jointes sont dispensés de toute légalisation sur les territoires respectifs des États contractants.

**Article 8 –** Les extraits de l'acte de naissance d'un enfant légitimé doivent être établis comme s'ils concernaient un enfant légitime, sans faire apparaître la légitimation.

**Article 9 –** L'application du présent Titre n'est pas limitée aux ressortissants des États contractants.

## TITRE III

**Article 10 –** Au sens de la présente Convention il faut entendre par loi nationale d'une personne, la loi de l'État dont elle est ressortissante ou, s'il s'agit d'un réfugié ou d'un apatride, celle qui régit son statut personnel.

Pour l'application de la présente Convention sont assimilés aux ressortissants d'un État les réfugiés et les apatrides dont le statut personnel est régi par la loi dudit État.

**Article 11 –** Les États contractants notifieront au Conseil Fédéral Suisse l'accomplissement des procédures requises par leur Constitution pour rendre applicable sur leur territoire la présente Convention.

Le Conseil Fédéral Suisse avisera les États contractants et le Secrétaire Général de la Commission Internationale de l'État Civil de toute notification au sens de l'alinéa précédent.

**Article 12 –** La présente Convention entrera en vigueur à compter du trentième jour suivant la date du dépôt de la deuxième notification et prendra, dès lors, effet entre les deux États ayant accompli cette formalité.

Pour chaque État contractant, accomplissant postérieurement la formalité prévue à l'article précédent, la présente Convention prendra effet à compter du trentième jour suivant la date du dépôt de sa notification.

**Article 13 –** Chaque État pourra, lors de la signature, de la notification ou de l'adhésion, déclarer qu'il ne s'engage pas à appliquer les dispositions du Titre premier de la présente Convention.

Tout État, qui a fait une déclaration conformément aux dispositions de l'alinéa 1er du présent article, pourra, par la suite, déclarer à tout moment, par notification adressée au Conseil Fédéral Suisse, qu'il s'engage également à appliquer les dispositions du Titre premier de la présente Convention.

Le Conseil Fédéral Suisse avisera de cette notification chacun des États contractants et le Secrétaire Général de la Commission Internationale de l'État Civil.

La déclaration prévue à l'alinéa 2 du présent article produira effet à compter du trentième jour suivant la date à laquelle le Conseil Fédéral Suisse aura reçu ladite notification.

**Article 14 –** Les réserves visées à l'article 2 peuvent être retirées totalement ou partiellement à tout moment. Le retrait sera notifié au Conseil Fédéral Suisse.

Le Conseil Fédéral Suisse avisera les États contractants et le Secrétaire Général de la Commission Internationale de l'État Civil de toute notification au sens de l'alinéa précédent.

**Article 15 –** La présente Convention s'applique de plein droit sur toute l'étendue du territoire métropolitain de chaque État contractant.

Tout État contractant pourra, lors de la signature, de la notification, de l'adhésion ou ultérieurement, déclarer par notification adressée au Conseil Fédéral Suisse que les dispositions de la présente Convention seront applicables à l'un ou plusieurs de ses territoires extra-métropolitains, des États ou des territoires dont il assume la responsabilité internationale. Le Conseil Fédéral Suisse avisera de cette dernière notification chacun des États contractants et le Secrétaire Général de la Commission Internationale de l'État Civil. Les dispositions de la présente Convention deviendront applicables dans le ou les territoires désignés dans la notification le soixantième jour suivant la date à laquelle le Conseil Fédéral Suisse aura reçu ladite notification.Tout État qui a fait une déclaration, conformément aux dispositions de l'alinéa 2 du présent article, pourra, par la suite, déclarer à tout moment, par notification adressée au Conseil Fédéral Suisse, que la présente Convention cessera d'être applicable à l'un ou plusieurs des États ou territoires désignés dans la déclaration.

Le Conseil Fédéral Suisse avisera de la nouvelle notification chacun des États contractants et le Secrétaire Général de la Commission Internationale de l'État Civil.

La Convention cessera d'être applicable au territoire visé le soixantième jour suivant la date à laquelle le Conseil Fédéral Suisse aura reçu ladite notification.

**Article 16 –** Tout État membre du Conseil de l'Europe ou de la Commission Internationale de l'État Civil pourra adhérer à la présente Convention. L'acte d'adhésion sera déposé auprès du Conseil Fédéral Suisse. Celui-ci avisera chacun des États contractants et le Secrétaire Général de la Commission Internationale de l'État Civil de tout dépôt d'acte d'adhésion. La Convention entrera en vigueur, pour l'État adhérent, le trentième jour suivant la date du dépôt de l'acte d'adhésion.

Le dépôt de l'acte d'adhésion ne pourra avoir lieu qu'après l'entrée en vigueur de la présente Convention.

**Article 17 –** La présente Convention demeurera en vigueur sans limitation de durée. Chacun des États contractants aura toutefois la faculté de la dénoncer en tout temps au moyen d'une notification adressée par écrit au Conseil Fédéral Suisse, qui en informera les autres États contractants et le Secrétaire Général de la Commission Internationale de l'État Civil.

Cette faculté de dénonciation ne pourra être exercée avant l'expiration d'un délai d'un an à compter de la notification prévue à l'article 11 ou de l'adhésion.

La dénonciation produira effet à compter d'un délai de six mois après la date à laquelle le Conseil Fédéral Suisse aura reçu la notification prévue à l'alinéa premier du présent article.

*Déclarations de réserve*

La *République Fédérale d'Allemagne* déclare, aux termes de l'article 2, alinéas a) et b)*, qu'elle se réserve le droit de ne pas tenir la légitimation pour valable :

a) s'il est établi que l'enfant n'est pas né de ceux qui l'ont légitimé, mais seulement dans les cas où l'absence de filiation est constatée soit par une décision judiciaire allemande, soit par une décision judiciaire étrangère susceptible d'être reconnue en Allemagne;

b) *si selon la loi allemande, le mariage du ressortissant allemand est inexistant.

***(NDLR** :* au lieu de b), lire c).)*

La *République d'Autriche* déclare, en application de l'article 2, qu'elle se réserve le droit de ne pas tenir la légitimation pour valable :

a) s'il est établi que l'enfant n'est pas né de ceux qui l'ont légitimé;

b) si la loi autrichienne ne reconnaît pas la validité du mariage célébré sur le territoire autrichien;

c) si la loi autrichienne ne reconnaît pas la validité du mariage d'un ressortissant autrichien.*

*(* **NDLR** : texte de la réserve telle qu'elle a été formulée au moment de la notification de la ratification de la Convention.)*

*À l'occasion du dépôt de l'acte de ratification* de la Convention, *la République Hellénique* a confirmé les réserves formulées lors de la signature et visées à l'article 2, lettres a), b) et c) de la Convention.

La *République Italienne* déclare, aux termes de l'article 13, qu'elle ne s'engage pas à appliquer les dispositions du Titre premier de la présente Convention.

*À l'occasion du dépôt de l'acte de ratification pour le Royaume des Pays-Bas* (l'ensemble du Royaume), le Gouvernement des Pays-Bas a fait la réserve que, aux termes de l'article 2, lettres b et c, une légitimation qui satisfait aux dispositions internes de la loi nationale du père ou de la mère ne sera néanmoins pas tenue pour valable aux Pays-Bas et aux Antilles néerlandaises si l'une des parties au mariage qui a pour conséquence la légitimation est ressortissant néerlandais et si, dans le territoire concerné du Royaume, ledit mariage n'a pas été célébré devant l'officier de l'état civil, ou si, dans un pays étranger, ledit mariage n'a pas été célébré selon la loi de ce pays.

La *Confédération Suisse* déclare, en application de l'article 2, qu'elle se réserve le droit de ne pas tenir la légitimation pour valable :

a) s'il est établi que l'enfant n'est pas né de ceux qui l'ont légitimé;

b) si la loi suisse ne reconnaît pas la validité du mariage célébré sur le territoire suisse;

c) si la loi suisse ne reconnaît pas la validité du mariage d'un ressortissant suisse.

*Au moment de la notification de la ratification de la Convention*, la *République Turque* a déclaré, aux termes de l'article 2, alinéas a, b et c, qu'elle se réserve le droit de ne pas tenir la légitimation pour valable :

a) s'il est établi que l'enfant n'est pas né de ceux qui l'ont légitimé ;
b) si la loi turque ne reconnaît pas la validité du mariage célébré sur le territoire turc ;
c) si la loi turque ne reconnaît pas la validité du mariage d'un ressortissant turc.

*Domaine territorial de la Convention*

*Au moment de la notification de la ratification de la Convention*, l'Ambassade Royale des *Pays-Bas* à Berne a précisé que la Convention est applicable au Royaume des Pays-Bas en Europe et aux Antilles néerlandaises (*NDLR* : y compris Aruba).

*Au moment de la notification de la ratification de la Convention*, le Gouvernement de la *République Française* a déclaré, conformément à l'article 15, que les dispositions de la Convention sont applicables à l'ensemble du Territoire de la République Française.

Annexes…

## RAPPORT EXPLICATIF

## ADOPTÉ PAR L'ASSEMBLÉE GÉNÉRALE DE ROME LE 9 SEPTEMBRE 1970

L'objet de la présente Convention est de déterminer d'une part, la loi à laquelle la légitimation doit satisfaire pour être valable dans les États contractants ; de préciser, d'autre part, les diligences que doivent accomplir les officiers de l'état civil en vue de l'inscription des légitimations dans leurs registres et de l'établissement des extraits d'actes de naissance des enfants légitimés.

### I. CHAMP D'APPLICATION DE LA CONVENTION

#### *A. Légitimations visées par la convention*

La Convention s'applique uniquement à la légitimation par mariage, c'est-à-dire à celle qui – précédée ou non, selon les législations, d'une reconnaissance – résulte directement de la célébration du mariage, comme à celle qui, survenue après cette célébration, nécessite l'intervention d'une décision de justice qui se borne à constater que les conditions légales de la légitimation sont remplies. Dans cette seconde éventualité, il est indifférent pour l'application de la Convention, que la légitimation produise ses effets à partir du mariage ou à partir d'une autre date telle que celle du prononcé ou de la transcription de la décision. La Convention vise aussi bien la légitimation d'un enfant vivant que celle d'un enfant décédé mais qui laisse des descendants auxquels, dans certains pays, cette légitimation profite.

Est exclue du champ d'application de la Convention la légitimation prononcée par décision administrative. Il en est de même de la légitimation prononcée par décision judiciaire lorsqu'une telle décision ne se borne pas à constater un droit, mais implique l'appréciation par le juge de motifs d'opportunité : tel est le cas, dans certains États, des « légitimations par adoption » ou de celles prononcées, dans des circonstances exceptionnelles, au profit d'orphelins dont les parents n'étaient pas mariés et n'ont pu l'être, même à titre posthume.

### *B. Personnes et États concernés par la convention*

1° – Règles de fond (Articles 1er, 2, 3, 4, 5, et 10)

L'article 1er dispose que la légitimation est valable dans chacun des États contractants dès lors qu'elle est intervenue, selon les dispositions de droit interne de la loi nationale du père ou de la mère.

L'article 10 précise ce qu'il faut entendre par « Loi nationale » d'une personne : c'est de l'État dont elle est ressortissante ou, s'il s'agit d'un réfugié ou d'un apatride, celle qui régit son statut personnel (et qui est généralement la loi de son domicile). Les réfugiés et apatrides sont ceux définis comme tels, soit par les conventions internationales, soit par la loi interne ou l'usage du pays d'asile.

L'article 5 prévoit que les dispositions des articles précédents, relatives aux conditions dans lesquelles les légitimations devront être tenues pour valables, sont applicables à l'égard de tous les États, même non contractants. Il résulte de ce texte que les dispositions des articles 1er, 2, 3 et 4 de la Convention constituent désormais des règles de droit international privé uniformes, introduites dans la législation de chacun des États contractants et applicables à toute légitimation, indépendamment de la nationalité, du domicile et de la résidence du père, de la mère ou de l'enfant et quel que soit le lieu de naissance de cet enfant ou celui du mariage de ses parents. Le caractère de « loi uniforme » donné aux règles des articles 1er, 2, 3 et 4 fait disparaître l'illogisme qui consiste, dans un même pays, à faire dépendre la validité des légitimations de règles variables : on voit mal pour quelle raison la légitimation d'un enfant ayant une attache dans l'un des États contractants serait soumise à la loi nationale de son père ou de sa mère, alors que la légitimation d'un enfant n'ayant de lien avec aucun de ces États pourrait être régie par d'autres lois, par exemple celles applicables aux effets du mariage, ou bien encore la loi de l'enfant qui, dans certains cas, peut différer de celle de l'un ou de l'autre parent : dès lors qu'une règle de rattachement est apparue judicieuse, il convient de lui donner une portée générale.

Pour favoriser dans la plus large mesure possible les légitimations, l'article 5 précise que les dispositions de la Convention ne mettent pas obstacle à l'application de règles en vigueur dans les États contractants qui seraient plus favorables à la légitimation : continueront donc à être admises dans l'État où elles sont invoquées, les légitimations valables d'après la loi interne ou d'après le droit international privé de cet État, même si elles ne remplissent pas les conditions de validité requises par les lois nationales du père et de la mère. Ainsi, lorsque le droit d'un État soumet les conditions de la légitimation à la loi du domicile commun des parents et que, dans le cas d'espèce envisagé, cette loi admet la légitimation, celle-ci sera tenue pour valable, même si elle n'est admise ni par la loi du père ni par celle de la mère.

2° – Règles de forme (Articles 6, 7, 8 et 9)

Ces dispositions d'ordre technique comportent, par leur nature, un champ d'application plus limité que celui des règles de fond. L'article 6, qui oblige l'officier de l'état civil à mentionner la légitimation dans ses registres, suppose réunies deux conditions : que cet officier public soit celui d'un État contractant et que l'acte en marge duquel la mention doit être portée ait été dressé ou transcrit par lui ; l'article 7, relatif à la transmission des avis à fin de mention, n'est applicable qu'autant que l'acte de mariage des parents et l'acte de naissance de l'enfant ont été dressés ou transcrits dans deux États contractants; l'article 8, relatif au contenu des extraits de l'acte de naissance de l'enfant légitimé, n'oblige que les dépositaires exerçant leurs fonctions dans les États contractants.

## II. Règles de rattachement posées par la Convention

### *A. Le principe (article 1er)*

La Convention ayant pour objet de favoriser la validité des légitimations, une règle libérale a été posée à ce dessein : il suffit qu'une légitimation soit intervenue conformément à la loi nationale de l'un au moins des deux auteurs de l'enfant, pour qu'elle soit valable. La loi nationale de l'un des parents a été préférée à la loi qui régit les effets du mariage, celle-ci étant parfois difficile, en fait, à déterminer; il est apparu, en outre, inutile d'ajouter une troisième option, qui serait la loi nationale de l'enfant tant sont exceptionnels les cas où l'enfant a un statut personnel différent à la fois de celui de son père et de sa mère.

Le texte de l'article 1er, visant « les dispositions de droit interne de la loi nationale », exclut par là même l'application des règles de droit international privé. On évite ainsi le retour à une loi interne unique, qui pourrait être défavorable à la légitimation : il n'est pas rare, en effet, que la loi de l'un des parents (dont les dispositions internes admettent, par hypothèse, la légitimation), renvoie à la loi interne de l'autre parent, qui la prohibe.

L'examen de la validité d'une légitimation peut conduire à l'examen préalable de la validité des reconnaissances de paternité et de maternité (lorsqu'elles sont exigées), comme à celui de la validité (ou tout au moins du caractère putatif) du mariage des parents. On peut déduire de l'article 1er de la Convention que ces questions sont également régies par la loi nationale du père ou de la mère : il suffit donc que, d'après cette loi, le mariage et la filiation remplissent les conditions requises pour servir de base à une légitimation valable. Toutefois en raison du caractère préalable qu'ils attribuent à ces questions, certains pourront être amenés à considérer la loi nationale au sens large, c'est-à-dire en y comprenant les règles de droit international privé. De toute manière le but de la Convention est d'appliquer cette loi dans le sens le plus favorable à la légitimation.

Il convient de rappeler que, dans les pays où les reconnaissances, préalables ou concomitantes au mariage, sont obligatoires en vue de la légitimation, cette exigence constitue une question de fond de la légitimation. Un enfant ne serait donc pas légitimé, au sens de la Convention, à défaut de semblables reconnaissances qui seraient exigées aussi bien par la loi nationale de son père que par celle de sa mère. En revanche, la légitimation serait valable, même à défaut de reconnaissances expresses, dès lors que la loi nationale du père ou celle de la mère ignorerait cette condition.

La Convention ne contient aucune solution particulière de conflit relative aux conditions de forme et aux effets de la légitimation : le droit commun s'applique. Ainsi, les pays qui connaissent l'« acte de légitimation » continueront à établir cet acte, selon le « *lex loci actus* »; de même, l'indication de la légitimation dans les registres de l'état civil du lieu de naissance sera portée suivant les formes locales :

transcription de l'acte de légitimation, s'il en existe, ou simple mention en marge de l'acte de naissance, ou encore transcription et mention.

*B. Les limitations (Articles 2, 3 et 4)*

L'option très libérale proposée à l'article 1er appelait certains correctifs, qui sont énoncés à l'article 2.

Cette disposition permet aux États contractants de se réserver « le droit de ne pas tenir la légitimation pour valable » dans l'un ou certains des quatre cas énumérés par cet article, lorsque leur loi interne prohibe la légitimation dans le cas envisagé. Le sens de cette formule doit être précisé :

– Si l'État considéré n'exprime aucune réserve, ses autorités locales (tribunaux, administration, officiers de l'état civil…) devront reconnaître les légitimations dès lors qu'elles satisfont aux seules conditions posées à l'article 1er. Dans un tel État, par exemple, la légitimation d'un enfant adultérin ne pourra être écartée, même au nom de l'ordre public, si elle est valable d'après la loi nationale du père ou celle de la mère.
– Si l'État exprime une ou plusieurs réserves, il n'en résultera pas que les légitimations concernées par ces réserves devront, d'emblée et de manière inéluctable, être rejetées. Le texte, en effet, ne dispose pas que les États pourront déclarer qu'ils n'admettent pas les légitimations visées par leurs réserves : il leur offre seulement la possibilité de se ménager le droit de ne pas les admettre.

Les quatre cas dans lesquels des réserves peuvent être formulées sont limitatifs.

*a) L'enfant n'est pas né de ceux qui l'ont légitimé.*

Certains États admettent la légitimation d'enfant qui, biologiquement, ne sont pas issus de ceux qui les ont légitimés. Si la loi interne d'un État s'oppose à de telles légitimations, leur validité dans cet État peut être déniée, alors même qu'elles satisferaient aux conditions posées à l'article 1er. C'est d'après la loi interne de l'État considéré que sera examiné et décidé si l'enfant est ou non issu de ceux qui l'ont légitimé.

*b) Le mariage des parents, quelle que soit leur nationalité, célébré dans l'État où la légitimation est invoquée, est nul ou inexistant dans ledit État.*

Dans certains États contractants, l'annulation du mariage n'affecte pas la validité de la légitimation que l'union avait entraînée, même lorsque les deux époux étaient de mauvaise foi, dans d'autres l'« effet légitimant » du mariage ne subsiste que si l'un au moins des époux était de bonne foi. Il a paru nécessaire de permettre à ces derniers États de ne pas reconnaître une légitimation que l'annulation du mariage a fait disparaître, lors même que, d'après la loi nationale du père ou de la mère, cette légitimation subsisterait. Il en est de même lorsque le mariage est considéré comme nul de plein droit ou comme inexistant au regard de la loi du pays où il a été contracté.

*c) Le mariage des parents, dont l'un au moins est ressortissant de l'État où la légitimation est invoquée, est nul ou inexistant dans cet État.*

Si d'après la loi de l'État considéré, la nullité ou l'inexistence du mariage entraîne celle de la légitimation, celle-ci – bien que subsistant d'après la loi du père ou celle de la mère – pourra, comme dans le cas précédent, ne pas être reconnue par ledit État.

À la différence de la situation visée au paragraphe b), il est indispensable que l'un au moins des parents soit ressortissant de cet État : en effet, le mariage nul ayant été célébré à l'étranger, l'ordre public est moins directement intéressé à ce que la nullité du mariage entraîne celle de la légitimation; pour que l'atteinte à l'ordre public soit d'une gravité suffisante, il importe en ce cas que l'union concerne des nationaux, ou, à tout le moins, un national.

*d) L'enfant est adultérin à l'égard de l'un au moins de ses parents, qui se trouve être ressortissant de l'État où la légitimation est invoquée.*

Les lois de chacun des États contractants sont plus ou moins libérales en ce qui touche la possibilité de légitimer les enfants adultérins. Une légitimation, valable d'après la loi du père ou celle de la mère, pourra donc être déclarée non avenue dans l'État contractant où elle est invoquée et qui a exprimé la réserve, mais à une double condition (indépendamment de la condition générale que la loi interne de cet État prohibe la légitimation dans l'espèce envisagée) :

– que l'un au moins des auteurs de l'enfant soit ressortissant de cet État (il ne suffirait pas qu'il soit ressortissant d'un autre État, qui lui-même prohiberait la légitimation);
– que l'enfant soit adultérin par rapport à ce même auteur (ainsi ne pourrait être repoussée la légitimation d'un enfant adultérin « *a matre* » au motif que la loi interne prohibe, dans la situation juridique considérée, une semblable légitimation, si la mère adultère n'est pas ressortissante de l'État et alors même que le père est citoyen dudit État).

En vue d'assurer l'application effective de la Convention et d'écarter toute interprétation extensive de la notion d'ordre public, l'article 3 précise que la validité d'une légitimation conforme aux dispositions de l'article 1er ne pourra être déniée, « même au nom de l'ordre public » dans d'autres conditions que celles prévues par l'article 2.

La question de savoir si une légitimation sera ou non admise dans un État déterminé peut d'abord se poser lors d'une instance judiciaire, tendant à faire déclarer la validité ou la nullité de cette légitimation; mais il peut également s'agir d'une contestation s'élevant en dehors de tout procès : ainsi, lorsque l'officier de l'état civil invité à porter la mention de la légitimation, estime que celle-ci est manifestement irrégulière, il peut refuser de prêter son ministère sans être tenu de prendre l'initiative d'une instance. Qu'elle soit judiciaire ou extrajudiciaire, la contestation ne pourra, bien entendu, être soulevée que si la légitimation ne répond pas aux conditions posées à l'article 1er ou si l'on se trouve dans un cas de contestation prévu à l'article 2 et visé dans la « réserve ».

Enfin il convient de signaler qu'aux termes de l'article 4 de la Convention « les décisions intervenues dans les litiges engagés en application de l'article 2 » n'ont qu'une portée limitée, puisqu'elles « ne peuvent être invoquées que sur le territoire de l'État contractant où elles ont été rendues ». Cette disposition déroge à la règle habituelle d'après laquelle les États peuvent reconnaître, soit de plein droit, soit à la suite d'une procédure de reconnaissance ou d'*exequatur*, les décisions rendues à l'étranger. Une telle dérogation est favorable à l'efficacité des légitimations; elle est conforme à l'esprit de la Convention qui veut que soient en principe reconnues dans les États contractants les légitimations satisfaisant à la loi prévue à l'article 1er.

## III. Dispositions techniques de la Convention – Règles à observer par les officiers de l'état civil

### *A. Inscription des légitimations dans les registres de l'état civil (article 6)*

Il est très nettement indiqué, à l'article 6, que l'inscription ne peut être, d'une manière générale, subordonnée à aucune procédure judiciaire de « reconnaissance » de la légitimation (et encore moins à aucune décision d'*exequatur*). La légitimation ne résulte en effet ni d'un jugement, ni d'une décision administrative assimilable à un jugement, mais bien du seul mariage des parents d'un enfant naturel. Même lorsqu'il s'agit d'une légitimation « *post nuptias* », le jugement qui intervient alors n'opère pas légitimation : il se borne à la constater en vérifiant qu'elle remplit les conditions légales. En pareil cas, aucune « reconnaissance » du jugement ne peut donc être davantage exigée, préalablement à l'inscription de la légitimation. Il convient de signaler que dans l'hypothèse où l'officier de l'état civil refuserait d'opérer la mention d'une légitimation dont il contesterait – pour motif qu'il lui appartient de préciser – la validité, il serait loisible aux parties intéressées de l'assigner devant la juridiction compétente, qui déciderait alors s'il y a lieu ou non de tenir la légitimation pour valable et d'en opérer l'inscription sur les registres.

La légitimation répondant aux conditions prévues à l'article 1er doit (sous réserve de l'application de l'article 2) être inscrite sur les registres de l'état civil où l'acte de naissance de l'enfant à été dressé ou transcrit. Dans la plupart des États contractants, cette inscription se fera par voie de mention de la légitimation en marge de l'acte de naissance; dans d'autres, par voie de transcription d'un « acte de légitimation »; transcription et mention marginale pourront aussi se cumuler. La Convention, en tout cas, n'entend modifier en rien les formes à observer qui demeurent régies par la « *lex loci actus* ».

La procédure d'inscription varie selon l'étendue des pouvoirs reconnus aux officiers de l'état civil par les États membres.

Dans les États où l'officier de l'état civil procède aux inscriptions de sa propre autorité, il devra vérifier lui-même si la légitimation répond aux conditions posées à l'article 1er et n'est pas exclue par l'effet des réserves prévues à l'article 2. Le plus souvent, cette vérification ne présentera aucune difficulté (notamment, lorsque l'un des parents sera ressortissant de l'État où la légitimation doit être inscrite et que la loi interne de cet État permettra une telle légitimation). Si l'officier de l'état civil n'est pas certain de la validité de la légitimation, il en référera à son autorité de contrôle (parquet, juge des tutelles, autorité fédérale, etc.). Cette autorité sera à même – en consultant, notamment, le fichier de documentation de la CIEC – de vérifier si la légitimation répond ou non aux conditions posées par la Convention; au besoin (mais à titre exceptionnel) un certificat de coutume pourrait être réclamé.

Dans d'autres États membres, la vérification préalable sera faite par une autorité autre que l'officier de l'état civil : celui-ci se bornant alors à l'inscription matérielle. En vertu des règles de procédure interne, cette vérification incombe à une autorité judiciaire ou administrative. La décision de cette autorité ne constitue pas une procédure de reconnaissance selon l'alinéa 2 de l'article 6. En effet, ces autorités ne vérifient rien d'autre que ce que l'officier de l'état civil fait lui-même lorsqu'il agit de sa propre autorité.

*B. Avis aux fins de mention (article 7)*

Pour donner à la Convention une plus grande efficacité pratique, l'article 7 dispose que si le mariage des parents a été célébré et la naissance de l'enfant enregistrée dans des États contractants différents, l'officier de l'état civil du lieu du mariage (ou toute autre autorité locale compétente) devra, d'une manière systématique, envoyer à l'officier de l'état civil du lieu où l'acte de naissance de l'enfant a été dressé ou transcrit, un avis en vue de la mention de la légitimation.

Si l'acte de naissance a été dressé en un lieu et transcrit en un autre lieu, il convient que l'avis soit adressé aux deux administrations.

L'article 7 concerne aussi bien l'état civil local que l'état civil consulaire : si le mariage a été célébré au consulat, l'avis à fin de mention sera adressé par le consul.

La question s'est posée à la Commission de savoir si l'officier de l'état civil qui a célébré le mariage devait, avant d'envoyer l'avis, s'assurer que les conditions de la légitimation étaient remplies. Afin d'éviter un double contrôle – au départ et à l'arrivée – il a été décidé que la vérification serait faite seulement par l'officier de l'état civil où l'acte de naissance a été dressé ou transcrit. C'est en effet en ce lieu que la légitimation de l'enfant sera concrétisée par une mention qui modifiera les énonciations de son acte de naissance (articles 5 et 6 combinés). Lors du mariage, il suffira donc que les époux (à la demande, le cas échéant, de l'officier de l'état civil), déclarent qu'ils ont un ou des enfants communs, dont l'acte de naissance a été dressé ou transcrit dans un autre État contractant, pour que l'avis soit envoyé.

Les avis sont transmis, en principe, directement d'officier de l'état civil (ou autre autorité compétente) à officier de l'état civil par voie postale ou éventuellement par la voie diplomatique.

Les avis sont rédigés, d'une manière uniforme, sur une formule plurilingue dont le modèle est annexé à la Convention; pour éviter deux formules, il a paru plus simple d'employer l'unique formule plurilingue, même lorsque le pays d'envoi et celui de réception ont la même langue. Il est loisible à chaque État contractant d'ajouter, sur les formules, d'autres langues que celles des États membres de la CIEC.

Afin de faciliter le contrôle de la validité de la légitimation, l'officier de l'état civil qui envoie l'avis doit y joindre « les pièces justificatives dont il dispose ». Il s'agit de l'extrait de l'acte de mariage et des pièces annexées à l'acte de mariage (actes de naissance des époux, éventuellement actes de reconnaissance de l'enfant, certificats de nationalité, certificats de coutume, s'il y a lieu). La traduction de ces documents n'est pas exigée, mais il serait souhaitable que les extraits d'actes de naissance et de mariage fussent établis, conformément à la convention du 27 septembre 1956 conclue entre divers États membres de la Commission Internationale de l'État Civil, sur des formules plurilingues. Ces documents peuvent être envoyés en copies ou photocopies certifiées conformes, si l'officier de l'état civil ne doit pas se dessaisir des originaux.

*C. Rédaction des extraits d'actes de naissance des enfants légitimes (Article 2)*

Dans de nombreux États contractants, les actes de naissance donnent lieu à la délivrance de copies littérales et d'extraits. Les premières ne sont le plus souvent délivrées qu'à des personnes déterminées (enfants ou proches parents, autorité judiciaire, etc.) ou sur autorisation; les seconds (plus ou moins complets et qui, généralement, ne révèlent pas la nature de la filiation) sont en principe remis à tout intéressé. Il n'est pas souhaitable, en effet, que des tiers puissent, par la copie littérale des actes, découvrir la filiation naturelle de l'enfant. La Convention laisse à la loi interne de chaque État le soin de décider qui peut obtenir des copies littérales.

La Convention tient compte de cette distinction en ce qui touche la délivrance des copies et extraits de l'acte de naissance d'un enfant légitimé : les extraits, à la différence des copies littérales, devront être rédigés comme s'ils concernaient un enfant légitime (« X…né de Y et de Z son épouse » et non : « X…, né de Y et de Z, qui l'ont légitimé »).

# 98 Convention de La Haye du 2 octobre 1973 sur la loi applicable aux obligations alimentaires

## En vigueur depuis le 1er octobre 1977

*Les États signataires de la présente Convention,*

Désirant établir des dispositions communes concernant la loi applicable aux obligations alimentaires envers les adultes,

Désirant coordonner ces dispositions et celles de la Convention du 24 octobre 1956 sur la loi applicable aux obligations alimentaires envers les enfants,

Ont résolu de conclure une Convention à cet effet et sont convenus des dispositions suivantes :

CHAPITRE PREMIER

### Champ d'application de la convention

**Article premier –** La présente Convention s'applique aux obligations alimentaires découlant de relations de famille, de parenté, de mariage ou d'alliance, y compris les obligations alimentaires envers un enfant non légitime.

**Article 2 –** La Convention ne règle que les conflits de lois en matière d'obligations alimentaires.

Les décisions rendues en application de la Convention ne préjugent pas de l'existence d'une des relations visées à l'article premier.

**Article 3 –** La loi désignée par la Convention s'applique indépendamment de toute condition de réciprocité, même s'il s'agit de la loi d'un État non contractant.

CHAPITRE II

### Loi applicable

**Article 4 –** La loi interne de la résidence habituelle du créancier d'aliments régit les obligations alimentaires visées à l'article premier.

En cas de changement de la résidence habituelle du créancier, la loi interne de la nouvelle résidence habituelle s'applique à partir du moment où le changement est survenu.

**Article 5 –** La loi nationale commune s'applique lorsque le créancier ne peut obtenir d'aliments du débiteur en vertu de la loi visée à l'article 4.

**Article 6 –** La loi interne de l'autorité saisie s'applique lorsque le créancier ne peut obtenir d'aliments du débiteur en vertu des lois visées aux articles 4 et 5.

**Article 7 –** Dans les relations alimentaires entre collatéraux et entre alliés, le débiteur peut opposer à la prétention du créancier l'absence d'obligation à son égard suivant leur loi nationale commune ou, à défaut de nationalité commune, suivant la loi interne de sa résidence habituelle.

**Article 8 –** Par dérogation aux articles 4 à 6, la loi appliquée au divorce régit, dans l'État contractant où celui-ci est prononcé ou reconnu, les obligations alimentaires entre époux divorcés et la révision des décisions relatives à ces obligations.

L'alinéa qui précède s'applique également aux cas de séparation de corps, de nullité ou d'annulation du mariage.

**Article 9 –** Le droit d'une institution publique d'obtenir le remboursement de la prestation fournie au créancier est soumis à la loi qui régit l'institution.

**Article 10 –** La loi applicable à l'obligation alimentaire détermine notamment :

1. si, dans quelle mesure et à qui le créancier peut réclamer des aliments;
2. qui est admis à intenter l'action alimentaire et quels sont les délais pour l'intenter;
3. les limites de l'obligation du débiteur, lorsque l'institution publique qui a fourni des aliments au créancier demande le remboursement de sa prestation.

**Article 11 –** L'application de la loi désignée par la Convention ne peut être écartée que si elle est manifestement incompatible avec l'ordre public.

Toutefois, même si la loi applicable en dispose autrement, il doit être tenu compte des besoins du créancier et des ressources du débiteur dans la détermination du montant de la prestation alimentaire.

CHAPITRE III

## Dispositions diverses

**Article 12 –** La Convention ne s'applique pas aux aliments réclamés dans un État contractant pour la période antérieure à son entrée en vigueur dans cet État.

**Article 13 –** Tout État contractant pourra, conformément à l'article 24, se réserver le droit de n'appliquer la Convention qu'aux obligations alimentaires :

1. entre époux et ex-époux;
2. envers une personne âgée de moins de vingt et un ans et qui n'a pas été mariée.

**Article 14 –** Tout État contractant pourra, conformément à l'article 24, se réserver le droit de ne pas appliquer la Convention aux obligations alimentaires :

1. entre collatéraux;
2. entre alliés;
3. entre époux divorcés, séparés de corps, ou dont le mariage a été déclaré nul ou annulé, lorsque la décision de divorce, de séparation, de nullité ou d'annulation de mariage a été rendue par défaut dans un État où la partie défaillante n'avait pas sa résidence habituelle.

**Article 15 –** Tout État contractant pourra, conformément à l'article 24, faire une réserve aux termes de laquelle ses autorités appliqueront sa loi interne lorsque le créancier et le débiteur ont la nationalité de cet État, et si le débiteur y a sa résidence habituelle.

**Article 16 –** Si la loi d'un État qui connaît, en matière d'obligations alimentaires, deux ou plusieurs systèmes de droit d'application territoriale ou personnelle doit être prise en considération – comme en cas de référence à la loi de la résidence habituelle du créancier ou du débiteur ou à la loi nationale commune –, il y a lieu d'appliquer le système désigné par les règles en vigueur dans cet État ou, à défaut, le système avec lequel les intéressés ont les liens les plus étroits.

**Article 17 –** Un État contractant dans lequel différentes unités territoriales ont leurs propres règles de droit en matière d'obligations alimentaires n'est pas tenu d'appliquer la Convention aux conflits de lois intéressant uniquement ses unités territoriales.

**Article 18 –** La Convention remplace, dans les rapports entre les États qui y sont Parties, la Convention sur la loi applicable aux obligations alimentaires envers les enfants, conclue à La Haye, le 24 octobre 1956.

Toutefois, l'alinéa premier ne s'applique pas à l'État qui, par la réserve prévue à l'article 13, a exclu l'application de la présente Convention aux obligations alimentaires envers une personne âgée de moins de vingt et un ans et qui n'a pas été mariée.

**Article 19 –** La Convention ne déroge pas aux instruments internationaux auxquels un État contractant est ou sera Partie et qui contiennent des dispositions sur les matières réglées par la présente Convention.

## CHAPITRE IV
## Dispositions finales

**Article 20 –** La Convention est ouverte à la signature des États qui étaient Membres de la Conférence de La Haye de droit international privé lors de sa Douzième session.

Elle sera ratifiée, acceptée ou approuvée et les instruments de ratification, d'acceptation ou d'approbation seront déposés auprès du Ministère des Affaires Étrangères des Pays-Bas.

**Article 21 –** Tout État qui n'est devenu Membre de la Conférence qu'après la Douzième session, ou qui appartient à l'Organisation des Nations unies ou à une institution spécialisée de celle-ci, ou est Partie au Statut de la Cour internationale de Justice, pourra adhérer à la présente Convention après son entrée en vigueur en vertu de l'article 25, alinéa premier.

L'instrument d'adhésion sera déposé auprès du Ministère des Affaires Étrangères des Pays-Bas.

**Article 22 –** Tout État, au moment de la signature, de la ratification, de l'approbation, de l'acceptation ou de l'adhésion, pourra déclarer que la Convention s'étendra à l'ensemble des territoires qu'il représente sur le plan international, ou à l'un ou plusieurs d'entre eux. Cette déclaration aura effet au moment de l'entrée en vigueur de la Convention pour ledit État.

Par la suite, toute extension de cette nature sera notifiée au Ministère des Affaires Étrangères des Pays-Bas.

**Article 23 –** Tout État contractant qui comprend deux ou plusieurs unités territoriales dans lesquelles des systèmes de droit différents s'appliquent en matière d'obligations alimentaires pourra, au moment de la signature, de la ratification, de l'acceptation, de l'approbation ou de l'adhésion, déclarer que la présente Convention s'étendra à toutes ces unités territoriales ou seulement à l'une ou à plusieurs d'entre elles et pourra à tout moment modifier cette déclaration en faisant une nouvelle déclaration.

Ces déclarations seront notifiées au Ministère des Affaires Étrangères des Pays-Bas et indiqueront expressément l'unité territoriale à laquelle la Convention s'applique.

**Article 24 –** Tout État pourra, au plus tard au moment de la ratification, de l'acceptation, de l'approbation ou de l'adhésion, faire une ou plusieurs des réserves prévues aux articles 13 à 15. Aucune autre réserve ne sera admise.

Tout État pourra également, en notifiant une extension de la Convention conformément à l'article 22, faire une ou plusieurs de ces réserves avec effets limités aux territoires ou à certains des territoires visés par l'extension.

Tout État contractant pourra, à tout moment, retirer une réserve qu'il aura faite. Ce retrait sera notifié au Ministère des Affaires Étrangères des Pays-Bas.

L'effet de la réserve cessera le premier jour du troisième mois du calendrier après la notification mentionnée à l'alinéa précédent.

**Article 25 –** La Convention entrera en vigueur le premier jour du troisième mois du calendrier suivant le dépôt du troisième instrument de ratification, d'acceptation ou d'approbation prévu à l'article 20.

Ensuite, la Convention entrera en vigueur :

– pour chaque État signataire ratifiant, acceptant ou approuvant postérieurement, le premier jour du troisième mois du calendrier après le dépôt de son instrument de ratification, d'acceptation ou d'approbation ; – pour tout État adhérant, le premier jour du troisième mois du calendrier après le dépôt de son instrument d'adhésion ; – pour les territoires auxquels la Convention a été étendue conformément à l'article 22, le premier jour du troisième mois du calendrier après la notification visée dans cet article.

**Article 26 –** La Convention aura une durée de cinq ans à partir de la date de son entrée en vigueur conformément à l'article 25, alinéa premier, même pour les États qui l'auront postérieurement ratifiée, acceptée ou approuvée ou qui y auront adhéré.

La Convention sera renouvelée tacitement de cinq ans en cinq ans, sauf dénonciation.

La dénonciation sera, au moins six mois avant l'expiration du délai de cinq ans, notifiée au Ministère des Affaires Étrangères des Pays-Bas. Elle pourra se limiter à certains territoires auxquels s'applique la Convention.

La dénonciation n'aura d'effet qu'à l'égard de l'État qui l'aura notifiée. La Convention restera en vigueur pour les autres États contractants.

**Article 27 –** Le Ministère des Affaires Étrangères des Pays-Bas notifiera aux États Membres de la Conférence, ainsi qu'aux États qui auront adhéré conformément aux dispositions de l'article 21 :

1. les signatures, ratifications, acceptations et approbations visées à l'article 20 ;
2. la date à laquelle la présente Convention entrera en vigueur conformément aux dispositions de l'article 25 ;
3. les adhésions visées à l'article 21 et la date à laquelle elles auront effet ;
4. les extensions visées à l'article 22 et la date à laquelle elles auront effet ;
5. les déclarations mentionnées à l'article 23, ainsi que leurs modifications et la date à laquelle ces déclarations et ces modifications auront effet ;
6. les dénonciations visées à l'article 26 ;
7. les réserves prévues aux articles 13 à 15 et 24 et le retrait des réserves prévu à l'article 24.

# 99 Convention de La Haye du 2 octobre 1973 sur la reconnaissance et l'exécution des décisions relatives aux obligations alimentaires

## En vigueur depuis le 1er octobre 1977

*Les États signataires de la présente Convention,*

Désirant établir des dispositions communes pour régler la reconnaissance et l'exécution réciproques de décisions relatives aux obligations alimentaires envers les adultes,

Désirant coordonner ces dispositions et celles de la *Convention du 15 avril 1958 concernant la reconnaissance et l'exécution des décisions en matière d'obligations alimentaires envers les enfants*,

Ont résolu de conclure une Convention à cet effet et sont convenus des dispositions suivantes :

CHAPITRE PREMIER

### Champ d'application de la convention

**Article premier –** La présente Convention s'applique aux décisions en matière d'obligations alimentaires découlant de relations de famille, de parenté, de mariage ou d'alliance, y compris les obligations alimentaires envers un enfant non légitime, rendues par les autorités judiciaires ou administratives d'un État contractant entre :

1. un créancier et un débiteur d'aliments; ou 2. un débiteur d'aliments et une institution publique qui poursuit le remboursement de la prestation fournie à un créancier d'aliments.

Elle s'applique également aux transactions passées dans cette matière devant ces autorités et entre ces personnes.

**Article 2 –** La Convention s'applique aux décisions et aux transactions, quelle que soit leur dénomination.

Elle s'applique également aux décisions ou transactions modifiant une décision ou une transaction antérieure, même au cas où celle-ci proviendrait d'un État non contractant.

Elle s'applique sans égard au caractère international ou interne de la réclamation d'aliments et quelle que soit la nationalité ou la résidence habituelle des parties.

**Article 3 –** Si la décision ou la transaction ne concerne pas seulement l'obligation alimentaire, l'effet de la Convention reste limité à cette dernière.

CHAPITRE II

### Conditions de la reconnaissance et de l'exécution des décisions

**Article 4 –** La décision rendue dans un État contractant doit être reconnue ou déclarée exécutoire dans un autre État contractant :

1. si elle a été rendue par une autorité considérée comme compétente au sens des articles 7 ou 8; et

2. si elle ne peut plus faire l'objet d'un recours ordinaire dans l'État d'origine.

Les décisions exécutoires par provision et les mesures provisionnelles sont, quoique susceptibles de recours ordinaire, reconnues ou déclarées exécutoires dans l'État requis si pareilles décisions peuvent y être rendues et exécutées.

**Article 5 –** La reconnaissance ou l'exécution de la décision peut néanmoins être refusée :

1. si la reconnaissance ou l'exécution de la décision est manifestement incompatible avec l'ordre public de l'État requis; ou
2. si la décision résulte d'une fraude commise dans la procédure; ou
3. si un litige entre les mêmes parties et ayant le même objet est pendant devant une autorité de l'État requis, première saisie; ou
4. si la décision est incompatible avec une décision rendue entre les mêmes parties et sur le même objet, soit dans l'État requis, soit dans un autre État lorsque, dans ce dernier cas, elle réunit les conditions nécessaires à sa reconnaissance et à son exécution dans l'État requis.

**Article 6 –** Sans préjudice des dispositions de l'article 5, une décision par défaut n'est reconnue ou déclarée exécutoire que si l'acte introductif d'instance contenant les éléments essentiels de la demande a été notifié ou signifié à la partie défaillante selon le droit de l'État d'origine et si, compte tenu des circonstances, cette partie a disposé d'un délai suffisant pour présenter sa défense.

**Article 7 –** L'autorité de l'État d'origine est considérée comme compétente au sens de la Convention :

1. si le débiteur ou le créancier d'aliments avait sa résidence habituelle dans l'État d'origine lors de l'introduction de l'instance; ou
2. si le débiteur et le créancier d'aliments avaient la nationalité de l'État d'origine lors de l'introduction de l'instance; ou
3. si le défendeur s'est soumis à la compétence de cette autorité soit expressément, soit en s'expliquant sur le fond sans réserves touchant à la compétence.

**Article 8 –** Sans préjudice des dispositions de l'article 7, les autorités d'un État contractant qui ont statué sur la réclamation en aliments sont considérées comme compétentes au sens de la Convention si ces aliments sont dus en raison d'un divorce, d'une séparation de corps, d'une annulation ou d'une nullité de mariage intervenu devant une autorité de cet État reconnue comme compétente en cette matière, selon le droit de l'État requis.

**Article 9 –** L'autorité de l'État requis est liée par les constatations de fait sur lesquelles l'autorité de l'État d'origine a fondé sa compétence.

**Article 10 –** Lorsque la décision porte sur plusieurs chefs de la demande en aliments et que la reconnaissance ou l'exécution ne peut être accordée pour le tout, l'autorité de l'État requis applique la Convention à la partie de la décision qui peut être reconnue ou déclarée exécutoire.

**Article 11 –** Lorsque la décision a ordonné la prestation d'aliments par paiements périodiques, l'exécution est accordée tant pour les paiements échus que pour ceux à échoir.

**Article 12 –** L'autorité de l'État requis ne procède à aucun examen au fond de la décision, à moins que la Convention n'en dispose autrement.

CHAPITRE III

## Procédure de la reconnaissance et de l'exécution des décisions

**Article 13 –** La procédure de la reconnaissance ou de l'exécution de la décision est régie par le droit de l'État requis, à moins que la Convention n'en dispose autrement.

**Article 14 –** La reconnaissance ou l'exécution partielle d'une décision peut toujours être demandée.

**Article 15 –** Le créancier d'aliments qui, dans l'État d'origine, a bénéficié en tout ou en partie de l'assistance judiciaire ou d'une exemption de frais et dépens, bénéficie, dans toute procédure de reconnaissance ou d'exécution, de l'assistance la plus favorable ou de l'exemption la plus large prévue par le droit de l'État requis.

**Article 16 –** Aucune caution ni aucun dépôt, sous quelque dénomination que ce soit, ne peut être imposé pour garantir le paiement des frais et dépens dans les procédures visées par la Convention.

**Article 17 –** La partie qui invoque la reconnaissance ou qui demande l'exécution d'une décision doit produire :

1. une expédition complète et conforme de la décision;
2. tout document de nature à prouver que la décision ne peut plus faire l'objet d'un recours ordinaire dans l'État d'origine et, le cas échéant, qu'elle y est exécutoire;
3. s'il s'agit d'une décision par défaut, l'original ou une copie certifiée conforme du document de nature à prouver que l'acte introductif d'instance contenant les éléments essentiels de la demande a été régulièrement notifié ou signifié à la partie défaillante selon le droit de l'État d'origine;
4. le cas échéant, toute pièce de nature à prouver qu'elle a obtenu l'assistance judiciaire ou une exemption de frais et dépens dans l'État d'origine;
5. sauf dispense de l'autorité de l'État requis, la traduction certifiée conforme des documents mentionnés ci-dessus.

À défaut de production des documents mentionnés ci-dessus ou si le contenu de la décision ne permet pas à l'autorité de l'État requis de vérifier que les conditions de la Convention sont remplies, cette autorité impartit un délai pour produire tous documents nécessaires.

Aucune légalisation ni formalité analogue ne peut être exigée.

CHAPITRE IV

## Dispositions complémentaires relatives aux institutions publiques

**Article 18 –** La décision rendue contre un débiteur d'aliments à la demande d'une institution publique qui poursuit le remboursement de prestations fournies au créancier d'aliments est reconnue et déclarée exécutoire conformément à la Convention :

1. si ce remboursement peut être obtenu par cette institution selon la loi qui la régit ; et

2. si l'existence d'une obligation alimentaire entre ce créancier et ce débiteur est prévue par la loi interne désignée par le droit international privé de l'État requis.

**Article 19 –** Une institution publique peut, dans la mesure des prestations fournies au créancier, demander la reconnaissance ou l'exécution d'une décision rendue entre le créancier et le débiteur d'aliments si, d'après la loi qui la régit, elle est de plein droit habilitée à invoquer la reconnaissance ou à demander l'exécution de la décision à la place du créancier.

**Article 20 –** Sans préjudice des dispositions de l'article 17, l'institution publique qui invoque la reconnaissance ou qui demande l'exécution doit produire tout document de nature à prouver qu'elle répond aux conditions prévues par l'article 18, chiffre 1, ou par l'article 19, et que les prestations ont été fournies au créancier d'aliments.

CHAPITRE V

## Transactions

**Article 21 –** Les transactions exécutoires dans l'État d'origine sont reconnues et déclarées exécutoires aux mêmes conditions que les décisions, en tant que ces conditions leur sont applicables.

CHAPITRE VI

## Dispositions diverses

**Article 22 –** Les États contractants dont la loi impose des restrictions aux transferts de fonds accorderont la priorité la plus élevée aux transferts de fonds destinés à être versés comme aliments ou à couvrir des frais et dépens encourus pour toute demande régie par la Convention.

**Article 23 –** La Convention n'empêche pas qu'un autre instrument international liant l'État d'origine et l'État requis ou que le droit non conventionnel de l'État requis soient invoqués pour obtenir la reconnaissance ou l'exécution d'une décision ou d'une transaction.

**Article 24 –** La Convention est applicable quelle que soit la date à laquelle la décision a été rendue.

Lorsque la décision a été rendue avant l'entrée en vigueur de la Convention dans les rapports entre l'État d'origine et l'État requis, elle ne sera déclarée exécutoire dans ce dernier État que pour les paiements à échoir après cette entrée en vigueur.

**Article 25 –** Tout État contractant peut, à tout moment, déclarer que les dispositions de la Convention seront étendues, dans ses relations avec les États qui auront fait la même déclaration, à tout acte authentique dressé par-devant une autorité ou un officier public, reçu et exécutoire dans l'État d'origine, dans la mesure où ces dispositions peuvent être appliquées à ces actes.

**Article 26 –** Tout État contractant pourra, conformément à l'article 34, se réserver le droit de ne pas reconnaître ni déclarer exécutoires :

1. les décisions et les transactions portant sur les aliments dus pour la période postérieure au mariage ou au vingt-et-unième anniversaire du créancier par un débiteur autre que l'époux ou l'ex-époux du créancier ;

2. les décisions et les transactions en matière d'obligations alimentaires

*a)* entre collatéraux ;

*b)* entre alliés ;

3. les décisions et les transactions ne prévoyant pas la prestation d'aliments par paiements périodiques.

Aucun État contractant qui aura fait l'usage d'une réserve ne pourra prétendre à l'application de la Convention aux décisions et aux transactions exclues dans sa réserve.

**Article 27 –** Si un État contractant connaît, en matière d'obligations alimentaires, deux ou plusieurs systèmes de droit applicables à des catégories différentes de personnes, toute référence à la loi de cet État vise le système juridique que son droit désigne comme applicable à une catégorie particulière de personnes.

**Article 28 –** Si un État contractant comprend deux ou plusieurs unités territoriales dans lesquelles différents systèmes de droit s'appliquent en ce qui concerne la reconnaissance et l'exécution de décisions en matière d'obligations alimentaires :

1. toute référence à la loi, à la procédure ou à l'autorité de l'État d'origine vise la loi, la procédure ou l'autorité de l'unité territoriale dans laquelle la décision a été rendue ;

2. toute référence à la loi, à la procédure ou à l'autorité de l'État requis vise la loi, la procédure ou l'autorité de l'unité territoriale dans laquelle la reconnaissance ou l'exécution est invoquée ;

3. toute référence faite, dans l'application des chiffres 1 et 2, soit à la loi ou à la procédure de l'État d'origine, soit à la loi ou à la procédure de l'État requis, doit être interprétée comme comprenant tous les règles et principes légaux appropriés de l'État contractant qui régissent les unités territoriales qui le forment ;

4. toute référence à la résidence habituelle du créancier ou du débiteur d'aliments dans l'État d'origine vise sa résidence habituelle dans l'unité territoriale dans laquelle la décision a été rendue.

Tout État contractant peut, en tout temps, déclarer qu'il n'appliquera pas l'une ou plusieurs de ces règles à une ou plusieurs dispositions de la Convention.

**Article 29 –** La présente Convention remplace dans les rapports entre les États qui y sont Parties, la Convention concernant la reconnaissance et l'exécution des décisions en matière d'obligations alimentaires envers les enfants, conclue à La Haye le 15 avril 1958.

CHAPITRE VII

## Dispositions finales

**Article 30 –** La Convention est ouverte à la signature des États qui étaient Membres de la Conférence de La Haye de droit international privé lors de sa Douzième session.

Elle sera ratifiée, acceptée ou approuvée et les instruments de ratification, d'acceptation ou d'approbation seront déposés auprès du Ministère des Affaires Étrangères des Pays-Bas.

**Article 31 –** Tout État qui n'est devenu Membre de la Conférence qu'après la Douzième session, ou qui appartient à l'Organisation des Nations unies ou à une institution spécialisée de celle-ci, ou est Partie au Statut de la Cour internationale de Justice, pourra adhérer à la présente Convention après son entrée en vigueur en vertu de l'article 35, alinéa premier.

L'instrument d'adhésion sera déposé auprès du Ministère des Affaires Étrangères des Pays-Bas.

L'adhésion n'aura d'effet que dans les rapports entre l'État adhérant et les États contractants qui n'auront pas élevé d'objection à son encontre dans les douze mois après la réception de la notification prévue au chiffre 3 de l'article 37. Une telle objection pourra également être élevée par tout État membre au moment d'une ratification, acceptation ou approbation de la Convention, ultérieure à l'adhésion.

Ces objections seront notifiées au Ministère des Affaires Étrangères des Pays-Bas.

**Article 32 –** Tout État, au moment de la signature, de la ratification, de l'approbation, de l'acceptation ou de l'adhésion, pourra déclarer que la Convention s'étendra à l'ensemble des territoires qu'il représente sur le plan international, ou à l'un ou plusieurs d'entre eux. Cette déclaration aura effet au moment de l'entrée en vigueur de la Convention pour ledit État.

Par la suite, toute extension de cette nature sera notifiée au Ministère des Affaires Étrangères des Pays-Bas.

L'extension aura effet dans les rapports entre les États contractants qui, dans les douze mois après la réception de la notification prévue à l'article 37, chiffre 4, n'auront pas élevé d'objection à son encontre, et le territoire ou les territoires dont les relations internationales sont assurées par l'État en question, et pour lequel ou lesquels la notification aura été faite.

Une telle objection pourra également être élevée par tout État membre au moment d'une ratification, acceptation ou approbation ultérieure à l'extension.

Ces objections seront notifiées au Ministère des Affaires Étrangères des Pays-Bas.

**Article 33 –** Tout État contractant qui comprend deux ou plusieurs unités territoriales dans lesquelles des systèmes de droit différents s'appliquent en ce qui concerne la reconnaissance et l'exécution de décisions en matière d'obligations alimentaires pourra, au moment de la signature, de la ratification, de l'acceptation, de l'approbation ou de l'adhésion, déclarer que la présente Convention s'étendra à toutes ces unités territoriales ou seulement à l'une ou à plusieurs d'entre elles et pourra, à tout moment, modifier cette déclaration en faisant une nouvelle déclaration.

Ces déclarations seront notifiées au Ministère des Affaires Étrangères des Pays-Bas et indiqueront expressément l'unité territoriale à laquelle la Convention s'applique.

Les autres États contractants pourront refuser de reconnaître une décision en matière d'obligations alimentaires si, à la date à laquelle la reconnaissance est invoquée, la Convention n'est pas applicable à l'unité territoriale dans laquelle la décision a été obtenue.

**Article 34 –** Tout État pourra, au plus tard au moment de la ratification, de l'acceptation, de l'approbation ou de l'adhésion, faire une ou plusieurs des réserves prévues à l'article 26. Aucune autre réserve ne sera admise.

Tout État pourra également, en notifiant une extension de la Convention conformément à l'article 32, faire une ou plusieurs de ces réserves avec effet limité aux territoires ou à certains des territoires visés par l'extension.

Tout État contractant pourra, à tout moment, retirer une réserve qu'il aura faite. Ce retrait sera notifié au Ministère des Affaires Étrangères des Pays-Bas.

L'effet de la réserve cessera le premier jour du troisième mois du calendrier après la notification mentionnée à l'alinéa précédent.

**Article 35 –** La Convention entrera en vigueur le premier jour du troisième mois du calendrier suivant le dépôt du troisième instrument de ratification, d'acceptation ou d'approbation prévu par l'article 30.

Ensuite, la Convention entrera en vigueur :

– pour chaque État signataire ratifiant, acceptant ou approuvant postérieurement, le premier jour du troisième mois du calendrier après le dépôt de son instrument de ratification, d'acceptation ou d'approbation;
– pour tout État adhérant, le premier jour du troisième mois du calendrier après l'expiration du délai visé à l'article 31;
– pour les territoires auxquels la Convention a été étendue conformément à l'article 32, le premier jour du troisième mois du calendrier qui suit l'expiration du délai visé audit article.

**Article 36 –** La Convention aura une durée de cinq ans à partir de la date de son entrée en vigueur conformément à l'article 35, alinéa premier, même pour les États qui l'auront postérieurement ratifiée, acceptée ou approuvée ou qui y auront adhéré.

La Convention sera renouvelée tacitement de cinq ans en cinq ans, sauf dénonciation.

La dénonciation sera, au moins six mois avant l'expiration du délai de cinq ans, notifiée au Ministère des Affaires Étrangères des Pays-Bas. Elle pourra se limiter à certains territoires auxquels s'applique la Convention.

La dénonciation n'aura d'effet qu'à l'égard de l'État qui l'aura notifiée. La Convention restera en vigueur pour les autres États contractants.

**Article 37 –** Le Ministère des Affaires Étrangères des Pays-Bas notifiera aux États Membres de la Conférence, ainsi qu'aux États qui auront adhéré conformément aux dispositions de l'article 31 :

1. les signatures, ratifications, acceptations et approbations visées à l'article 30;

2. la date à laquelle la présente Convention entrera en vigueur conformément aux dispositions de l'article 35;

3. les adhésions visées à l'article 31 et la date à laquelle elles auront effet;

4. les extensions visées à l'article 32 et la date à laquelle elles auront effet;

5. les objections aux adhésions et aux extensions visées aux articles 31 et 32;

6. les déclarations mentionnées aux articles 25 et 32;

7. les dénonciations visées à l'article 36; 8. les réserves prévues aux articles 26 et 34, et le retrait des réserves prévu à l'article 34.

# 100 Convention de Washington du 26 octobre 1973 portant loi uniforme sur la forme d'un testament international

En vigueur depuis le 1er janvier 1994

*Les États signataires de la présente Convention,*

DÉSIRANT assurer dans une plus large mesure le respect des actes de dernière volonté par l'établissement d'une forme supplémentaire de testament appelée désormais « testament international » dont l'emploi réduirait la nécessité de la recherche de la loi applicable ;

ONT RÉSOLU de conclure une Convention à cet effet et sont convenus des dispositions suivantes :

**Article premier –** 1. Chacune des Parties Contractantes s'engage à introduire dans sa législation, au plus tard dans les six mois suivant l'entrée en vigueur de la présente Convention à son égard, les règles sur le testament international formant l'Annexe à la présente Convention.

2. Chacune des Parties Contractantes peut introduire les dispositions de l'Annexe dans sa législation, soit en reproduisant le texte authentique, soit en traduisant celui-ci dans sa ou ses langues officielles.

3. Chacune des Parties Contractantes peut introduire dans sa propre législation toutes les dispositions complémentaires qui seraient nécessaires pour que les dispositions de l'Annexe prennent pleinement effet sur son territoire.

4. Chacune des Parties Contractantes remettra au Gouvernement dépositaire le texte des règles introduites dans sa législation nationale afin d'appliquer les dispositions de la présente Convention.

**Article II –** 1. Chacune des Parties Contractantes complétera les dispositions de l'Annexe dans sa législation dans le délai prévu à l'article qui précède, par la désignation des personnes qui, sur son territoire, sont habilitées à instrumenter en matière de testaments internationaux. Elle peut aussi désigner en tant que personne habilitée à instrumenter à l'égard de ses ressortissants ses agents diplomatiques et consulaires à l'étranger, pour autant que la loi locale ne s'y oppose pas.

2. Elle notifiera cette désignation, ainsi que toute modification ultérieure de celle-ci, au Gouvernement dépositaire.

**Article III –** La qualité de la personne habilitée à instrumenter en matière de testament international conférée conformément à la loi d'une Partie Contractante est reconnue sur le territoire des autres Parties Contractantes.

**Article IV –** La valeur de l'attestation prévue à l'article 10 de l'Annexe est reconnue sur les territoires de toutes les Parties Contractantes.

**Article V –** 1. Les conditions requises pour être témoin d'un testament international sont régies par la loi en vertu de laquelle la personne habilitée a été désignée. Il en est de même à l'égard des interprètes éventuellement appelés à intervenir.

2. Toutefois la seule qualité d'étranger ne constitue pas un obstacle pour être témoin d'un testament international.

**Article VI –** 1. Les signatures du testateur, de la personne habilitée et des témoins, soit sur un testament international, soit sur l'attestation, sont dispensées de toute légalisation ou formalité analogue.

2. Toutefois, les autorités compétentes de toute Partie Contractante peuvent, le cas échéant, s'assurer de l'authenticité de la signature de la personne habilitée.

**Article VII –** La conservation du testament international est régie par la loi en vertu de laquelle la personne habilitée a été désignée.

**Article VIII –** Aucune réserve à la présente Convention ni à son Annexe n'est admise.

**Article IX –** 1. La présente Contention sera ouverte à la signature à Washington du 26 octobre 1973 au 31 décembre 1974.

2. La présente Convention sera soumise à ratification.

3. Les instruments de ratification seront déposés auprès du Gouvernement des États-Unis d'Amérique, qui sera le Gouvernement dépositaire.

**Article X –** 1. La présente Convention sera ouverte indéfiniment à l'adhésion.

2. Les instruments d'adhésion seront déposés auprès du Gouvernement dépositaire.

**Article XI –** 1. La présente Convention entrera en vigueur six mois après la date à laquelle le cinquième instrument de ratification ou d'adhésion aura été déposé auprès du Gouvernement dépositaire.

2. Pour chaque État qui la ratifiera ou y adhérera après que le cinquième instrument de ratification ou d'adhésion aura été déposé, la présente Convention entrera en vigueur six mois après le dépôt de son instrument de ratification ou d'adhésion.

**Article XII –** 1. Chacune des Parties Contractantes pourra dénoncer la présente Convention par une notification écrite adressée au Gouvernement dépositaire.

2. La dénonciation prendra effet douze mois après la date à laquelle le Gouvernement dépositaire aura reçu la notification, mais ladite dénonciation ne portera pas atteinte à la validité de tout testament fait la période durant laquelle la Convention était en vigueur pour l'État dénonçant.

**Article XIII –** 1. Chaque État pourra, lors du dépôt de son instrument de ratification ou d'adhésion ou à tout moment ultérieur, déclarer, par notification adressée au Gouvernement dépositaire, que la présente Convention sera applicable à tout ou partie des territoires dont il assure les relations internationales.

2. Cette déclaration aura effet six mois après la date à laquelle le Gouvernement dépositaire en aura reçu notification ou, si à la fin de ce délai la Convention n'est pas encore entrée en vigueur, à dater de l'entrée en vigueur de celle-ci.

3. Chacune des Parties Contractantes qui aura fait une déclaration conformément à l'alinéa 1er du présent article pourra, conformément à l'Article XII, dénoncer la Convention en ce qui concerne tout ou partie des territoires intéressés.

**Article XIV** – 1. Si un État est composé de deux ou plusieurs unités territoriales dans lesquelles différents systèmes de droit sont en vigueur en ce qui concerne les questions relatives à la forme des testaments, il peut, au moment de la signature, de la ratification ou de l'adhésion, déclarer que la présente Convention s'étend à toutes ses unités territoriales ou seulement à l'une ou plusieurs d'entre elles, et peut modifier sa déclaration en soumettant à tout moment une autre déclaration.

2. Ces déclarations sont communiqués au Gouvernement dépositaire et indiquent expressément les unités territoriales auxquelles la Convention s'applique.

**Article XV** – Si une Partie Contractante est composée de deux ou plusieurs unités territoriales dans lesquelles différents systèmes de droit sont en vigueur en ce qui concerne les questions relatives à la forme des testaments, toute référence à la loi interne de l'endroit où le testament est établi ou à la loi en vertu de laquelle la personne habilitée a été désignée pour instrumenter en matière de testaments internationaux sera interprétée conformément au système constitutionnel de la Partie considérée.

**Article XVI** – 1. L'original de la présente Convention, en langues anglaise, française, russe et espagnole, chaque texte faisant également foi, sera déposé auprès du Gouvernement des États-Unis d'Amérique qui en transmettra des copies certifiées conformes à chacun des États signataires et adhérents et à l'Institut international pour l'unification du droit privé.

2. Le Gouvernement dépositaire notifiera aux États signataires et adhérents et à l'Institut international pour l'unification du droit privé :

*a*) toute signature;

*b*) le dépôt de tout instrument de ratification ou d'adhésion;

*c*) toute date d'entrée en vigueur de la présente Convention, conformément à l'Article XI;

*d*) toute communication reçue conformément à l'article I, alinéa 4, de la présente Convention;

*e*) toute notification reçue conformément à l'article II, alinéa 2;

*f*) toute déclaration reçue conformément à l'article XIII, alinéa 2, et la date à laquelle la déclaration prendra effet;

*g*) toute dénonciation reçue conformément à l'article XII, alinéa 1er, ou à l'article XIII, alinéa 3, et la date à laquelle la dénonciation prendra effet;

*h*) toute déclaration reçue conformément à l'article XIV, alinéa 2, et la date à laquelle la déclaration prendra effet.

## ANNEXE

## LOI UNIFORME SUR LA FORME D'UN TESTAMENT INTERNATIONAL

**Article 1er** – 1. Un testament est valable, en ce qui concerne la forme, quels que soient notamment le lieu où il a été fait, la situation des biens, la nationalité, le domicile ou la résidence du testateur, s'il est fait dans la forme du testament international, conformément aux dispositions des articles 2 à 5 ci-après.

2. La nullité du testament en tant que testament international n'affecte pas sa validité éventuelle quant à la forme en tant que testament d'une autre espèce.

**Article 2 –** La présente loi ne s'applique pas aux formes des dispositions testamentaires faites dans un même acte par deux ou plusieurs personnes.

**Article 3 –** 1. Le testament doit être fait par écrit.

2. Il n'est pas nécessairement écrit par le testateur lui-même.

3. Il peut être écrit en une langue quelconque, à la main ou par un autre procédé.

**Article 4 –** 1. Le testateur déclare en présence de deux témoins et d'une personne habilitée à instrumenter à cet effet que le document est son testament et qu'il en connaît le contenu.

2. Le testateur n'est pas tenu de donner connaissance du contenu du testament aux témoins, ni à la personne habilitée.

**Article 5 –** 1. En la présence des témoins et de la personne habilitée, le testateur signe le testament ou, s'il l'a signé précédemment, reconnaît et confirme sa signature.

2. Si le testateur est dans l'incapacité de signer il en indique la cause à la personne habilitée qui en fait mention sur le testament. En outre, le testateur peut être autorisé par la loi en vertu de laquelle la personne habilitée a été désignée à demander à une autre personne de signer en son nom.

3. Les témoins et la personne habilitée apposent sur le champ leur signature sur le testament, en la présence du testateur.

**Article 6 –** 1. Les signataires doivent être apposées à la fin du testament.

2. Si le testament comporte plusieurs feuillets, chaque feuillet doit être signé par le testateur ou, s'il est dans l'incapacité de signer, par la personne signant en son nom ou, à défaut, par la personne habilitée. Chaque feuillet doit en outre être numéroté.

**Article 7 –** 1. La date du testament est celle de sa signature par la personne habilitée.

2. Cette date doit être apposée à la fin du testament par la personne habilitée.

**Article 8 –** En l'absence de règle obligatoire sur la conservation des testaments, la personne habilitée demande au testateur s'il désire faire une déclaration concernant la conservation de son testament. Dans ce cas, et à la demande expresse du testateur, le lieu où il a l'intention de faire conserver son testament sera mentionné dans l'attestation prévue à l'article 9.

**Article 9 –** La personne habilitée joint au testament une attestation conforme aux dispositions de l'article 10 établissant que les obligations prescrites par la présente loi ont été respectées.

**Article 10 –** L'attestation établie par la personne habilitée sera rédigée dans la forme suivante ou dans une forme équivalente :

ATTESTATION

(CONVENTION DU 26 OCTOBRE 1973)

1. Je… (nom, adresse et qualité) personne habilitée à instrumenter en matière de testament international

2. Atteste que le… (date) à… (lieu)

3. (testateur)……………… (nom, adresse, date et lieu de naissance) en ma présence et en celle des témoins

4. *a*)…………………… (nom, adresse, date et lieu de naissance)
*b*)……………………. (nom, adresse, date et lieu de naissance)
a déclaré que le document ci-joint est son testament et qu'il en connaît le contenu.

5. J'atteste en outre que :

6. *a*) en ma présence et en celle des témoins,

1. le testateur a signé le testament ou a reconnu et confirmé sa signature déjà apposée ; * 2. le testateur, ayant déclaré être dans l'impossibilité de signer lui-même son testament pour les raisons suivantes : ……………………………… – j'ai mentionné ce fait sur le testament * – la signature a été apposée par… (nom, adresse)

7. *b*) les témoins et moi-même avons signé le testament.

8. * *c*) Chaque feuillet du testament a été signé par… et numéroté.

9. *d*) Je me suis assuré de l'identité du testateur et des témoins désignés ci-dessus ;

10. *e*) Les témoins remplissaient les conditions requises selon la loi en vertu de laquelle j'instrumente.

11. * *f*) Le testateur a désiré faire la déclaration suivante concernant la conservation de son testament : ………………………………………………………….

12. LIEU

13. DATE

14. SIGNATURE et, le cas échéant, SCEAU

**Article 11 –** La personne habilitée conserve un exemplaire de l'attestation et en remet un autre au testateur.

**Article 12 –** Sauf preuve contraire, l'attestation de la personne habilitée est acceptée comme preuve suffisante de la validité formelle de l'instrument en tant que testament au sens de la présente loi.

**Article 13 –** L'absence ou l'irrégularité d'une attestation ne porte pas atteinte à la validité formelle d'un testament établi conformément à la présente loi.

**Article 14 –** Le testament international est soumis aux règles ordinaires de révocation des testaments.

**Article 15 –** Pour l'interprétation et l'application des dispositions de la présente loi, il sera tenu compte de son origine internationale et de la nécessité de son interprétation uniforme.

* *À compléter le cas échéant.*

# 101 Convention CIEC nº 16 du 8 septembre 1976 relative à la délivrance d'extraits plurilingues d'actes de l'état civil (signée à Vienne)

## En vigueur depuis le 16 janvier 1987

*Les États signataires de la présente Convention, désireux d'améliorer les règles relatives à la délivrance d'extraits plurilingues de certains actes de l'état civil, notamment lorsqu'ils sont destinés à servir à l'étranger, sont convenus des dispositions suivantes :*

**Article 1er –** Les extraits des actes de l'état civil constatant la naissance, le mariage ou le décès sont, lorsqu'une partie intéressée le demande ou lorsque leur utilisation nécessite une traduction, établis conformément aux formules A, B et C annexées à la présente Convention.

Dans chaque État contractant, ces extraits ne sont délivrés qu'aux personnes qui ont qualité pour obtenir des expéditions littérales.

**Article 2 –** Les extraits sont établis sur la base des énonciations originaires et des mentions ultérieures des actes.

**Article 3 –** Chaque État contractant a la faculté de compléter les formules annexées à la présente Convention par des cases et des symboles indiquant d'autres énonciations ou mentions de l'acte, à condition que le libellé en ait été préalablement approuvé par l'Assemblée Générale de la Commission Internationale de l'État Civil.

Toutefois chaque État contractant a la faculté d'adjoindre une case destinée à recevoir un numéro d'identification.

**Article 4 –** Toutes les inscriptions à porter sur les formules sont écrites en caractères latins d'imprimerie ; elles peuvent en outre être écrites dans les caractères de la langue qui a été utilisée pour la rédaction de l'acte auquel elles se réfèrent.

**Article 5 –** Les dates sont inscrites en chiffres arabes indiquant successivement, sous les symboles Jo, Mo et An, le jour, le mois et l'année. Le jour et le mois sont indiqués par deux chiffres, l'année par quatre chiffres. Les neuf premiers jours du mois et les neuf premiers mois de l'année sont indiqués par des chiffres allant de 01 à 09.

Le nom de tout lieu mentionné dans un extrait est suivi du nom de l'État où ce lieu est situé, chaque fois que cet État n'est pas celui où l'extrait est délivré.

Le numéro d'identification est précédé du nom de l'État qui l'a attribué.

Pour indiquer le sexe sont exclusivement utilisés les symboles suivants : M = masculin, F = féminin.

Pour indiquer le mariage, la séparation de corps, le divorce, l'annulation du mariage, le décès du titulaire de l'acte de naissance ainsi que le décès du mari ou de la femme, sont exclusivement utilisés les symboles suivants : Mar = mariage ; Sc = séparation de corps ; Div = divorce ; A = annulation ; D = décès ; Dm = décès du mari ; Df = décès de la femme. Ces symboles sont suivis de la date et du lieu de l'événement. Le symbole « Mar » est en outre suivi des nom et prénoms du conjoint.

**Article 6 –** Au recto de chaque extrait les formules invariables, à l'exclusion des symboles prévus à l'article 5 en ce qui concerne les dates, sont imprimées en deux langues au moins, dont la langue ou l'une des langues officielles de l'État où l'extrait est délivré et la langue française.

La signification des symboles doit y être indiquée au moins dans la langue ou l'une des langues officielles de chacun des États qui, au moment de la signature de la présente Convention, sont membres de la Commission Internationale de l'État Civil ou sont liés par la Convention de Paris du 27 septembre 1956 relative à la délivrance de certains extraits d'actes de l'état civil destinés à l'étranger, ainsi que dans la langue anglaise.

Au verso de chaque extrait doivent figurer :

- une référence à la Convention, dans les langues indiquées au deuxième alinéa du présent article,
- la traduction des formules invariables, dans les langues indiquées au deuxième alinéa du présent article, pour autant que ces langues n'ont pas été utilisées au recto,
- un résumé des articles 3, 4, 5 et 7 de la Convention, au moins dans la langue de l'autorité qui délivre l'extrait.

Chaque État qui adhère à la présente Convention communique au Conseil Fédéral Suisse, lors du dépôt de son acte d'adhésion, la traduction dans sa ou ses langues officielles des formules invariables et de la signification des symboles.

Cette traduction est transmise par le Conseil Fédéral Suisse aux États contractants et au Secrétaire Général de la Commission Internationale de l'État Civil.

Chaque État contractant aura la faculté d'ajouter cette traduction aux extraits qui seront délivrés par ses autorités.

**Article 7 –** Si le libellé de l'acte ne permet pas de remplir une case ou une partie de case de l'extrait, cette case ou partie de case est rendue inutilisable par des traits.

**Article 8 –** Les extraits portent la date de leur délivrance et sont revêtus de la signature et du sceau de l'autorité qui les a délivrés. Ils ont la même valeur que les extraits délivrés conformément aux règles de droit interne en vigueur dans l'État dont ils émanent.

Ils sont acceptés sans légalisation ou formalité équivalente sur le territoire de chacun des États liés par la présente Convention.

**Article 9 –** Sous réserve des accords internationaux relatifs à la délivrance gratuite des expéditions ou extraits d'actes de l'état civil, les extraits délivrés en application de la présente Convention ne peuvent donner lieu à la perception de droits plus élevés que les extraits établis en application de la législation interne en vigueur dans l'État dont ils émanent.

**Article 10 –** La présente Convention ne met pas obstacle à l'obtention d'expéditions littérales d'actes de l'état civil établies conformément aux règles de droit interne du pays où ces actes ont été dressés ou transcrits.

**Article 11 –** Chaque État contractant pourra, lors de la signature, de la notification prévue à l'article 12 ou de l'adhésion, déclarer qu'il se réserve la faculté de ne pas appliquer la présente Convention aux extraits d'actes de naissance concernant des enfants adoptés.

**Article 12 –** Les États contractants notifieront au Conseil Fédéral Suisse l'accomplissement des procédures requises par leur Constitution pour rendre applicable sur leur territoire la présente Convention.

Le Conseil Fédéral Suisse avisera les États contractants et le Secrétaire Général de la Commission Internationale de l'État Civil de toute notification au sens de l'alinéa précédent.

**Article 13 –** La présente Convention entrera en vigueur à compter du trentième jour suivant la date du dépôt de la cinquième notification et prendra dès lors effet entre les cinq États ayant accompli cette formalité.

Pour chaque État contractant, accomplissant postérieurement la formalité prévue à l'article précédent, la présente Convention prendra effet à compter du trentième jour suivant la date du dépôt de sa notification.

Dès l'entrée en vigueur de la présente Convention, le Gouvernement dépositaire en transmettra le texte au Secrétaire des Nations unies en vue de son enregistrement et de sa publication, conformément à l'article 102 de la Charte des Nations unies.

**Article 14 –** La Convention relative à la délivrance de certains extraits d'actes de l'état civil destinés à l'étranger, signée à Paris le 27 septembre 1956, cesse d'être applicable entre les États à l'égard desquels la présente Convention est entrée en vigueur.

**Article 15 –** La réserve visée à l'article 11 pourra à tout moment être retirée totalement ou partiellement. Le retrait sera notifié au Conseil Fédéral Suisse.

Le Conseil Fédéral Suisse avisera les États contractants et le Secrétaire Général de la Commission Internationale de l'État Civil de toute notification au sens de l'alinéa précédent.

**Article 16 –** La présente Convention s'applique de plein droit sur toute l'étendue du territoire métropolitain de chaque État contractant.

Tout État pourra, lors de la signature, de la notification, de l'adhésion ou ultérieurement, déclarer par notification adressée au Conseil Fédéral Suisse que les dispositions de la présente Convention seront applicables à l'un ou plusieurs de ses territoires extra-métropolitains, des États ou des territoires dont il assume la responsabilité internationale. Le Conseil Fédéral Suisse avisera de cette dernière notification chacun des États contractants et le Secrétaire Général de la Commission Internationale de l'État Civil. Les dispositions de la présente Convention deviendront applicables dans le ou les territoires désignés dans la notification le soixantième jour suivant la date à laquelle le Conseil Fédéral Suisse aura reçu ladite notification.

Tout État qui a fait une déclaration, conformément aux dispositions de l'alinéa 2 du présent article, pourra, par la suite, déclarer à tout moment, par notification adressée au Conseil Fédéral Suisse, que la présente Convention cessera d'être applicable à l'un ou plusieurs des États ou territoires désignés dans la déclaration.

Le Conseil Fédéral Suisse avisera de la nouvelle notification chacun des États contractants et le Secrétaire Général de la Commission Internationale de l'État Civil.

La Convention cessera d'être applicable au territoire visé le soixantième jour suivant la date à laquelle le Conseil Fédéral Suisse aura reçu ladite notification.

**Article 17 –** Tout État pourra adhérer à la présente Convention après l'entrée en vigueur de celle-ci. L'acte d'adhésion sera déposé auprès du Conseil Fédéral Suisse. Celui-ci avisera chacun des États contractants et le Secrétaire Général de la Commission Internationale de l'État Civil de tout dépôt d'acte d'adhésion. La Convention entrera en vigueur, pour l'État adhérent, le trentième jour suivant la date du dépôt de l'acte d'adhésion.

**Article 18 –** La présente Convention demeurera en vigueur sans limitation de durée. Chacun des États contractants aura toutefois la faculté de la dénoncer en tout temps au moyen d'une notification adressée par écrit au Conseil Fédéral Suisse, qui en informera les autres États contractants et le Secrétaire Général de la Commission Internationale de l'État Civil.

Cette faculté de dénonciation ne pourra être exercée par un État avant l'expiration d'un délai d'un an à compter de la date à laquelle la Convention est entrée en vigueur à son égard.

La dénonciation produira effet à compter d'un délai de six mois après la date à laquelle le Conseil Fédéral Suisse aura reçu la notification prévue à l'alinéa premier du présent article.

*Domaine territorial de la Convention*

*Au moment de la notification de la ratification de la Convention*, l'Ambassade des *Pays-Bas* à Berne a précisé que la Convention est applicable au Royaume en Europe.

*Déclaration de réserve*

*Au moment de la signature de la Convention*, la *Confédération Suisse* déclare, aux termes de l'article 11, qu'elle se réserve la faculté de ne pas appliquer la présente Convention aux extraits d'actes de naissance concernant les enfants adoptés dont la filiation d'origine subsiste.

*NDLR*

Le *20 juin 1990*, la *République Socialiste Fédérative de Yougoslavie* a notifié au Département fédéral suisse des affaires étrangères la ratification de la Convention (en vigueur pour la Yougoslavie depuis le 20 juillet 1990).

Le *1er décembre 1992*, le Ministère des Affaires étrangères de la *République de Slovénie* a déposé auprès du Département fédéral suisse des affaires étrangères un instrument d'*adhésion* à la Convention (en vigueur pour Slovénie depuis le 31 décembre 1992).

Le *22 septembre 1993*, la *République de Croatie* a déposé auprès du Conseil fédéral suisse un instrument d'*adhésion* à la Convention (en vigueur pour Slovénie depuis le 22 octobre 1993).

Le *15 avril 1994, l'ex-République yougoslave de Macédoine* a déposé auprès du Conseil fédéral suisse une *déclaration de succession* pour la Convention. L'ex-

République yougoslave de Macédoine est devenue partie à la Convention le 8 septembre 1991, date de son indépendance.

Le *11 octobre 1995, la République de Bosnie-Herzégovine* a déposé auprès du Conseil fédéral suisse une *déclaration de succession* pour la Convention. La République de Bosnie-Herzégovine est devenue partie à la Convention le 6 mars 1992, date de son indépendance.

## RAPPORT EXPLICATIF

## ADOPTÉ PAR L'ASSEMBLÉE GÉNÉRALE DE FRANCFORT LE 24 MARS 1976

### A. GÉNÉRALITÉS

La Convention relative à la délivrance de certains extraits d'actes de l'état civil destinés à l'étranger, signée à Paris le 27 septembre 1956, est en vigueur dans neuf États membres de la Commission Internationale de l'État Civil.

Rédigés en sept langues, les extraits délivrés en application de cette Convention sont acceptés dans de très nombreux pays et rendent notamment des services appréciables tant aux émigrants qu'aux autorités des pays d'immigration. Néanmoins il a paru nécessaire de modifier la Convention en raison d'une part de l'adhésion de nouveaux membres à la Commission Internationale de l'État Civil, de l'adhésion de la Yougoslavie à la Convention, ce qui implique l'utilisation de langues supplémentaires, et d'autre part l'opportunité de mettre les formules en harmonie avec celles du livret de famille international, institué par la Convention signée à Paris le 12 septembre 1974.

L'importance des modifications à apporter a conduit à l'élaboration d'une nouvelle Convention, de préférence à l'utilisation de la procédure de révision prévue à l'article 12 de la Convention de 1956.

### B. COMMENTAIRES DES ARTICLES

**Articles 1 et 2 –** Ces articles régissent les matières réglées par l'article 1er de la Convention de 1956. Celle-ci prévoyait une faculté – et non une obligation de délivrer des extraits plurilingues lorsque l'utilisation d'un extrait rédigé en une seule langue nécessitait une traduction. La nouvelle Convention prévoit l'obligation en ce cas ainsi que dans tous ceux où une partie le demande, de délivrer un extrait plurilingue. Cette modification répond à l'intérêt des parties, qui ne doit pas être laissé à l'appréciation de l'autorité détentrice de l'acte.

**Article 3 –** Cet article correspond à l'alinéa 2 de l'article 4 de la Convention de 1956.

Il permet toutefois d'ajouter aux formules, sans autorisation préalable, un numéro d'identification (*cf.* article 7, alinéa 2 de la Convention de 1974).

La nouvelle Convention n'énumère plus, comme celle de 1956, les mentions que doivent comporter les extraits. Cette énumération est désormais superflue puisque les modèles des extraits sont annexés à la Convention.

**Article 4 –** Cet article s'inspire des dispositions de l'article 6, alinéa 1, de la Convention de 1974.

**Article 5 –** La manière d'inscrire les dates et d'utiliser les symboles qui faisaient l'objet de l'article 3 de la Convention de 1956 est désormais conforme à celle prévue à l'article 7 de la Convention de 1974.

Les alinéas 2 et 3 précisent respectivement le mode de désignation des lieux et d'indication des numéros d'identification.

**Article 6 –** Cet article détermine les langues qui doivent être utilisées pour l'établissement des extraits.

Au recto, les formules invariables doivent être imprimées dans au moins deux langues, dont la langue ou l'une des langues officielles de l'État où l'extrait est délivré et la langue française (voir Convention de 1974, art. 8). Par contre la signification des symboles doit être indiquée dans au moins la ou l'une des langues officielles de chacun des États qui sont membres de la Commission Internationale de l'État Civil ou qui sont liés par la Convention de 1956. Si un État – par exemple la Yougoslavie – a plusieurs langues, il suffit d'utiliser une de ces langues. En outre la langue anglaise doit toujours être utilisée en raison de son emploi très répandu.

Au verso de l'extrait doit figurer d'abord une référence à la Convention, dans les langues prescrites pour indiquer la signification des symboles. Doit y figurer ensuite la traduction dans les mêmes langues des formules invariables, à l'exclusion des langues utilisées au recto pour l'impression de ces formules. Doit enfin y figurer un résumé des articles 3, 4, 5 et 7 de la Convention, qui contiennent les règles relatives à l'établissement de l'extrait. Dès lors que ces règles s'adressent à l'autorité qui délivre l'extrait, il suffit que ce résumé soit établi dans la langue de ladite autorité. Il n'est cependant pas interdit de l'établir également en d'autres langues.

**Articles 7 – 10 –** Ces articles s'inspirent des dispositions correspondantes des Conventions de 1956 (articles 3, 5, 6 et 7) et de 1974 (articles 10, 11 et 13). Alors que l'article 6 de la Convention de 1956 soumettait les extraits délivrés en application de cette Convention à la perception des mêmes droits que les extraits établis en application de la législation interne en vigueur dans l'État dont les extraits émanaient, l'article 9 de la présente Convention se borne à prescrire que les extraits délivrés en application de celle-ci ne peuvent donner lieu à la perception de droits plus élevés que ceux prévus par la législation interne. Il n'a pas été possible, en raison des exigences du droit fiscal dans un certain nombre d'États membres de la Commission Internationale de l'État Civil, de prescrire la gratuité des extraits délivrés en application de la Convention. Toutefois la Commission Internationale de l'État Civil, considérant que l'état civil est un service public, recommande cette gratuité et souhaite que, dans tous les États membres, la délivrance de copies ou d'extraits d'actes, que ce soit en application de la Convention ou conformément au droit interne, soit dispensée de tous droits fiscaux.

**Article 11 –** La réserve, prévue par cet article, pourra être faite par un État qui craint que l'utilisation des formules A ou C puisse révéler que l'extrait concerne un enfant adopté. Cette réserve pourra à tout moment être retirée totalement ou partiellement (article 15).

Un État contractant pourrait aussi faire cette réserve partiellement en la limitant par exemple aux enfants adoptés dont la filiation d'origine subsiste.

**Articles 12 – 18 –** Ces articles contiennent les clauses dites de style réglant la ratification de la Convention, son entrée en vigueur et sa durée. Contrairement aux autres conventions de la Commission Internationale de l'État Civil qui prévoient qu'elles entrent en vigueur après deux ratifications, la présente Convention dispose, en son article 13, qu'elle entrera en vigueur après cinq ratifications. Cette disposition a été prévue en raison du fait que la nouvelle Convention est appelée à remplacer celle de 1956 qui lie actuellement dix États.

La Convention de 1956, à moins qu'elle ne soit dénoncée, restera en vigueur entre deux États qui sont liés par elle, même si l'un d'eux a ratifié la seconde Convention, que celle-ci soit ou non entrée en vigueur.

Par contre, elle cessera d'être en vigueur entre deux États qui étaient liés par elle, mais qui ont l'un et l'autre ratifié la seconde, pour autant que cette dernière soit entrée en vigueur par suite de la ratification de cinq États. La nouvelle Convention, comme d'ailleurs celle de 1956, est une Convention ouverte, c'est-à-dire que tout État, qu'il soit ou non membre de la Commission Internationale de l'État Civil, pourra y adhérer après son entrée en vigueur.

# 102 Convention de La Haye du 14 mars 1978 sur la loi applicable aux régimes matrimoniaux

En vigueur depuis le 1er septembre 1992

*Les États signataires de la présente Convention,*

Désirant établir des dispositions communes concernant la loi applicable aux régimes matrimoniaux,

Ont résolu de conclure une Convention à cet effet et sont convenus des dispositions suivantes :

CHAPITRE PREMIER

## Champ d'application de la convention

**Article premier –** La présente Convention détermine la loi applicable aux régimes matrimoniaux.

Elle ne s'applique pas :

1. aux obligations alimentaires entre époux;
2. aux droits successoraux du conjoint survivant;
3. à la capacité des époux.

**Article 2 –** La Convention s'applique même si la nationalité ou la résidence habituelle des époux ou la loi applicable en vertu des articles ci-dessous ne sont pas celles d'un État contractant.

CHAPITRE II

## Loi applicable

**Article 3 –** Le régime matrimonial est soumis à la loi interne désignée par les époux avant le mariage.

Les époux ne peuvent désigner que l'une des lois suivantes :

1. la loi d'un État dont l'un des époux a la nationalité au moment de cette désignation;
2. la loi de l'État sur le territoire duquel l'un des époux a sa résidence habituelle au moment de cette désignation;
3. la loi du premier État sur le territoire duquel l'un des époux établira une nouvelle résidence habituelle après le mariage.

La loi ainsi désignée s'applique à l'ensemble de leurs biens.

Toutefois, que les époux aient ou non procédé à la désignation prévue par les alinéas précédents, ils peuvent désigner, en ce qui concerne les immeubles ou certains d'entre eux, la loi du lieu où ces immeubles sont situés. Ils peuvent également prévoir que les immeubles qui seront acquis par la suite seront soumis à la loi du lieu de leur situation.

**Article 4 –** Si les époux n'ont pas, avant le mariage, désigné la loi applicable à leur régime matrimonial, celui-ci est soumis à la loi interne de l'État sur le territoire duquel ils établissent leur première résidence habituelle après le mariage.

Toutefois, dans les cas suivants, le régime matrimonial est soumis à la loi interne de l'État de la nationalité commune des époux :

1. lorsque la déclaration prévue par l'article 5 a été faite par cet État et que son effet n'est pas exclu par l'alinéa 2 de cet article;

2. lorsque cet État n'est pas Partie à la Convention, que sa loi interne est applicable selon son droit international privé, et que les époux établissent leur première résidence habituelle après le mariage :

*a)* dans un État ayant fait la déclaration prévue par l'article 5, ou

*b)* dans un État qui n'est pas Partie à la Convention et dont le droit international privé prescrit également l'application de leur loi nationale;

3. lorsque les époux n'établissent pas sur le territoire du même État leur première résidence habituelle après le mariage.

À défaut de résidence habituelle des époux sur le territoire du même État et à défaut de nationalité commune, leur régime matrimonial est soumis à la loi interne de l'État avec lequel, compte tenu de toutes les circonstances, il présente les liens les plus étroits.

**Article 5 –** Tout État pourra, au plus tard au moment de la ratification, de l'acceptation, de l'approbation ou de l'adhésion, faire une déclaration entraînant l'application de sa loi interne, selon l'article 4, alinéa 2, chiffre 1.

Cette déclaration n'aura pas d'effet pour des époux qui conservent tous deux leur résidence habituelle sur le territoire de l'État où, au moment du mariage, l'un et l'autre avaient leur résidence habituelle depuis cinq ans au moins, sauf si cet État est un État contractant ayant fait la déclaration prévue par l'alinéa premier du présent article, ou un État non Partie à la Convention et dont le droit international privé prescrit l'application de la loi nationale.

**Article 6 –** Les époux peuvent, au cours du mariage, soumettre leur régime matrimonial à une loi interne autre que celle jusqu'alors applicable.

Les époux ne peuvent désigner que l'une des lois suivantes :

1. la loi d'un État dont l'un des époux a la nationalité au moment de cette désignation; 2. la loi de l'État sur le territoire duquel l'un des époux a sa résidence habituelle au moment de cette désignation.

La loi ainsi désignée s'applique à l'ensemble de leurs biens.

Toutefois, que les époux aient ou non procédé à la désignation prévue par les alinéas précédents ou par l'article 3, ils peuvent désigner, en ce qui concerne les immeubles ou certains d'entre eux, la loi du lieu où ces immeubles sont situés. Ils peuvent également prévoir que les immeubles qui seront acquis par la suite seront soumis à la loi du lieu de leur situation.

**Article 7 –** La loi compétente en vertu des dispositions de la Convention demeure applicable aussi longtemps que les époux n'en ont désigné aucune autre et même s'ils changent de nationalité ou de résidence habituelle.

Toutefois, si les époux n'ont ni désigné la loi applicable, ni fait de contrat de mariage, la loi interne de l'État où ils ont tous deux leur résidence habituelle devient applicable, aux lieu et place de celle à laquelle leur régime matrimonial était antérieurement soumis :

1. à partir du moment où ils y fixent leur résidence habituelle, si la nationalité de cet État est leur nationalité commune, ou dès qu'ils acquièrent cette nationalité, ou

2. lorsque, après le mariage, cette résidence habituelle a duré plus de dix ans, ou

3. à partir du moment où ils y fixent leur résidence habituelle, si le régime matrimonial était soumis à la loi de l'État de la nationalité commune uniquement en vertu de l'article 4, alinéa 2, chiffre 3.

**Article 8 –** Le changement de la loi applicable en vertu de l'article 7, alinéa 2, n'a d'effet que pour l'avenir, et les biens appartenant aux époux antérieurement à ce changement ne sont pas soumis à la loi désormais applicable.

Toutefois, les époux peuvent, à tout moment et dans les formes prévues à l'article 13, soumettre l'ensemble de leurs biens à la nouvelle loi, sans préjudice, en ce qui concerne les immeubles, des dispositions de l'article 3, alinéa 4, et de l'article 6, alinéa 4. L'exercice de cette faculté ne porte pas atteinte aux droits des tiers.

**Article 9 –** Les effets du régime matrimonial sur un rapport juridique entre un époux et un tiers sont soumis à la loi applicable au régime matrimonial en vertu de la Convention.

Toutefois, le droit d'un État contractant peut prévoir que la loi applicable au régime matrimonial ne peut être opposée par un époux à un tiers lorsque l'un ou l'autre a sa résidence habituelle sur son territoire, à moins :

1. que des conditions de publicité ou d'enregistrement prévues par ce droit aient été remplies, ou 2. que le rapport juridique entre cet époux et le tiers ait pris naissance alors que le tiers connaissait ou devait connaître la loi applicable au régime matrimonial.

Le droit de l'État contractant où un immeuble est situé peut prévoir une règle analogue pour les rapports juridiques entre un époux et un tiers concernant cet immeuble.

Tout État contractant a la possibilité de spécifier au moyen d'une déclaration la portée des alinéas 2 et 3 du présent article.

**Article 10 –** Les conditions relatives au consentement des époux quant à la loi déclarée applicable sont déterminées par cette loi.

**Article 11 –** La désignation de la loi applicable doit faire l'objet d'une stipulation expresse ou résulter indubitablement des dispositions d'un contrat de mariage.

**Article 12 –** Le contrat de mariage est valable quant à la forme si celle-ci répond soit à la loi interne applicable au régime matrimonial, soit à la loi interne en vigueur au lieu où le contrat a été passé. Il doit toujours faire l'objet d'un écrit daté et signé des deux époux.

**Article 13 –** La désignation par stipulation expresse de la loi applicable doit revêtir la forme prescrite pour les contrats de mariage, soit par la loi interne désignée, soit par la loi interne du lieu où intervient cette désignation. Elle doit toujours faire l'objet d'un écrit daté et signé des deux époux.

**Article 14 –** L'application de la loi déterminée par la Convention ne peut être écartée que si elle est manifestement incompatible avec l'ordre public.

CHAPITRE III

## Dispositions diverses

**Article 15 –** Aux fins de la Convention, une nationalité n'est considérée comme nationalité commune des époux que dans les cas suivants :

1. les deux époux avaient cette nationalité avant le mariage;
2. un époux a volontairement acquis la nationalité de l'autre au moment du mariage ou ultérieurement, soit par une déclaration prévue à cet effet, soit en ne déclinant pas cette acquisition alors qu'il savait que ce droit lui était ouvert;
3. les deux époux ont volontairement acquis cette nationalité après le mariage.

Sauf dans les cas visés par l'article 7, alinéa 2, chiffre 1, les dispositions se référant à la nationalité commune ne sont pas applicables lorsque les époux ont plus d'une nationalité commune.

**Article 16 –** Aux fins de la Convention, lorsqu'un État comprend deux ou plusieurs unités territoriales dans lesquelles des systèmes de droit différents s'appliquent en matière de régimes matrimoniaux, toute référence à la loi nationale d'un tel État est entendue comme visant le système déterminé par les règles en vigueur dans cet État.

À défaut de telles règles, on entend par État dont un époux a la nationalité, au sens des articles 3, alinéa 2, chiffre 1, et 6, alinéa 2, chiffre 1, l'unité territoriale où cet époux a eu en dernier lieu sa résidence habituelle; de même, pour l'application de l'article 4, alinéa 2, on entend par État de la nationalité commune des époux l'unité territoriale où l'un et l'autre a eu, en dernier lieu, une résidence habituelle.

**Article 17 –** Aux fins de la Convention, lorsqu'un État comprend deux ou plusieurs unités territoriales dans lesquelles des systèmes de droit différents s'appliquent en matière de régimes matrimoniaux, toute référence à la résidence habituelle dans un tel État est interprétée comme visant la résidence habituelle dans une unité territoriale de cet État.

**Article 18 –** Un État contractant qui comprend deux ou plusieurs unités territoriales dans lesquelles des systèmes de droit différents s'appliquent en matière de régimes matrimoniaux n'est pas tenu d'appliquer les règles de la Convention aux conflits entre les lois de ces unités, lorsque la loi d'aucun autre État n'est applicable en vertu de la Convention.

**Article 19 –** Aux fins de la Convention, lorsqu'un État connaît, en matière de régimes matrimoniaux, deux ou plusieurs systèmes de droit applicables à des catégories différentes de personnes, toute référence à la loi d'un tel État est entendue comme visant le système de droit déterminé par les règles en vigueur dans cet État.

À défaut de telles règles, la loi interne de l'État de la nationalité commune des époux s'applique dans le cas prévu à l'article 4, alinéa premier, et la loi interne de l'État dans lequel ils avaient tous deux leur résidence habituelle reste applicable dans le cas prévu à l'article 7, alinéa 2, chiffre 2. À défaut de nationalité commune des époux, l'article 4, alinéa 3, s'applique.

**Article 20 –** La Convention ne déroge pas aux instruments internationaux auxquels un État contractant est ou sera Partie et qui contiennent des dispositions sur les matières réglées par la présente Convention.

**Article 21 –** La Convention ne s'applique, dans chaque État contractant, qu'aux époux qui se sont mariés ou qui désignent la loi applicable à leur régime matrimonial après son entrée en vigueur pour cet État.

Tout État contractant pourra, par déclaration, étendre l'application de la Convention à d'autres époux.

CHAPITRE IV

## Clauses finales

**Article 22 –** La Convention est ouverte à la signature des États qui étaient Membres de la Conférence de La Haye de droit international privé lors de sa Treizième session.

Elle sera ratifiée, acceptée ou approuvée et les instruments de ratification, d'acceptation ou d'approbation seront déposés auprès du Ministère des Affaires Étrangères des Pays-Bas.

**Article 23 –** Tout autre État pourra adhérer à la Convention.

L'instrument d'adhésion sera déposé auprès du Ministère des Affaires Étrangères des Pays-Bas.

**Article 24 –** Tout État, au moment de la signature, de la ratification, de l'acceptation, de l'approbation ou de l'adhésion, pourra déclarer que la Convention s'étendra à l'ensemble des territoires qu'il représente sur le plan international ou à l'un ou plusieurs d'entre eux. Cette déclaration aura effet au moment où elle entre en vigueur pour cet État.

Cette déclaration, ainsi que toute extension ultérieure, seront notifiées au Ministère des Affaires Étrangères des Pays-Bas.

**Article 25 –** Un État contractant qui comprend deux ou plusieurs unités territoriales dans lesquelles des systèmes de droit différents s'appliquent en matière de régimes matrimoniaux pourra, au moment de la signature, de la ratification, de l'acceptation, de l'approbation ou de l'adhésion, déclarer que la Convention s'appliquera à toutes ses unités territoriales ou seulement à l'une ou à plusieurs d'entre elles, et pourra à tout moment étendre cette déclaration.

Ces déclarations seront notifiées au Ministère des Affaires Étrangères des Pays-Bas et indiqueront expressément l'unité territoriale à laquelle la Convention s'applique.

**Article 26 –** Un État contractant qui connaît, à la date de l'entrée en vigueur de la Convention pour cet État, un système complexe d'allégeance nationale peut spécifier à tout moment, par déclaration, comment une référence à sa loi nationale doit être entendue aux fins de la Convention.

**Article 27 –** Aucune réserve à la Convention n'est admise.

**Article 28 –** Tout État contractant qui désire faire l'une des déclarations prévues aux articles 5, 9, alinéas 4, 21 et 26 la notifiera au Ministère des Affaires Étrangères des Pays-Bas.

Toute modification ou retrait d'une déclaration sera notifié de la même manière.

**Article 29 –** La Convention entrera en vigueur le premier jour du troisième mois du calendrier après le dépôt du troisième instrument de ratification, d'acceptation, d'approbation ou d'adhésion prévu par les articles 22 et 23.

Par la suite, la Convention entrera en vigueur :

1. pour chaque État ratifiant, acceptant, approuvant ou adhérant postérieurement, le premier jour du troisième mois du calendrier après le dépôt de son instrument de ratification, d'acceptation, d'approbation ou d'adhésion; 2. pour les territoires auxquels la Convention a été étendue conformément à l'article 24, le premier jour du troisième mois du calendrier après la notification visée dans cet article.

**Article 30 –** La Convention aura une durée de cinq ans à partir de la date de son entrée en vigueur conformément à l'article 29, alinéa premier, même pour les États qui l'auront postérieurement ratifiée, acceptée ou approuvée, ou qui y auront adhéré.

La Convention sera renouvelée tacitement de cinq ans en cinq ans, sauf dénonciation.

La dénonciation sera, au moins six mois avant l'expiration du délai de cinq ans, notifiée au Ministère des Affaires Étrangères des Pays-Bas. Elle pourra se limiter à certains territoires ou unités territoriales auxquels s'applique la Convention.

La dénonciation n'aura d'effet qu'à l'égard de l'État qui l'aura notifiée. La Convention restera en vigueur pour les autres États contractants.

**Article 31 –** Le Ministère des Affaires Étrangères des Pays-Bas notifiera aux États Membres de la Conférence, ainsi qu'aux États qui auront adhéré conformément aux dispositions de l'article 23 :

1. les signatures, ratifications, acceptations et approbations visées à l'article 22;
2. les adhésions visées à l'article 23;
3. la date à laquelle la Convention entrera en vigueur conformément aux dispositions de l'article 29;
4. les extensions visées à l'article 24;
5. les dénonciations visées à l'article 30;
6. les déclarations mentionnées aux articles 25, 26 et 28.

# 103 Convention européenne de Luxembourg du 20 mai 1980 sur la reconnaissance et l'exécution des décisions en matière de garde des enfants et le rétablissement de la garde des enfants



*Les États membres du Conseil de l'Europe, signataires de la présente Convention,*

Reconnaissant que dans les États membres du Conseil de l'Europe la prise en considération de l'intérêt de l'enfant est d'une importance décisive en matière de décisions concernant sa garde;

Considérant que l'institution de mesures destinées à faciliter la reconnaissance et l'exécution des décisions concernant la garde d'un enfant aura pour effet d'assurer une meilleure protection de l'intérêt des enfants;

Estimant souhaitable, dans ce but, de souligner que le droit de visite des parents est le corollaire normal du droit de garde;

Constatant le nombre croissant de cas où des enfants ont été déplacés sans droit à travers une frontière internationale et les difficultés rencontrées pour résoudre de manière adéquate les problèmes soulevés par ces cas;

Désireux d'introduire des dispositions appropriées permettant le rétablissement de la garde des enfants lorsque cette garde a été arbitrairement interrompue;

Convaincus de l'opportunité de prendre, à cet effet, des mesures adaptées aux différents besoins et aux différentes circonstances;

Désireux d'établir des relations de coopération judiciaire entre leurs autorités,

Sont convenus de ce qui suit :

**Article 1er** – Aux fins de la présente Convention, on entend par :

a. *enfant* : une personne, quelle que soit sa nationalité, pour autant qu'elle n'a pas encore atteint l'âge de 16 ans et qu'elle n'a pas le droit de fixer ellemême sa résidence selon la loi de sa résidence habituelle ou de sa nationalité ou selon la loi interne de l'État requis;

b. *autorité* : toute autorité judiciaire ou administrative;

c. *décision relative à la garde* : toute décision d'une autorité dans la mesure où elle statue sur le soin de la personne de l'enfant, y compris le droit de fixer sa résidence, ainsi que sur le droit de visite;

d. *déplacement sans droit* : le déplacement d'un enfant à travers une frontière internationale en violation d'une décision relative à sa garde rendue dans un État contractant et exécutoire dans un tel État; est aussi considéré comme déplacement sans droit :

i. le nonretour d'un enfant à travers une frontière internationale, à l'issue de la période d'exercice d'un droit de visite relatif à cet enfant ou à l'issue de tout autre séjour temporaire dans un territoire autre que celui dans lequel s'exerce la garde;

ii. un déplacement déclaré ultérieurement comme illicite au sens de l'article 12.

## TITRE PREMIER
## AUTORITÉS CENTRALES

**Article 2 –** 1. Chaque État contractant désignera une autorité centrale qui exercera les fonctions prévues dans la présente Convention.

2. Les États fédéraux et les États dans lesquels plusieurs systèmes de droit sont en vigueur ont la faculté de désigner plusieurs autorités centrales dont ils déterminent les compétences.

3. Toute désignation effectuée en application du présent article doit être notifiée au Secrétaire Général du Conseil de l'Europe.

**Article 3 –** 1. Les autorités centrales des États contractants doivent coopérer entre elles et promouvoir une concertation entre les autorités compétentes de leurs pays respectifs. Elles doivent agir avec toute la diligence nécessaire.

2. En vue de faciliter la mise en œuvre de la présente Convention, les autorités centrales des États contractants :

a. assurent la transmission des demandes de renseignements émanant des autorités compétentes et qui concernent des points de droit ou de fait relatifs à des procédures en cours;

b. se communiquent réciproquement sur leur demande des renseignements concernant leur droit relatif à la garde des enfants et son évolution;

c. se tiennent mutuellement informées des difficultés susceptibles de s'élever à l'occasion de l'application de la Convention et s'emploient, dans toute la mesure du possible, à lever les obstacles à son application.

**Article 4 –** 1. Toute personne qui a obtenu dans un État contractant une décision relative à la garde d'un enfant et qui désire obtenir dans un autre État contractant la reconnaissance ou l'exécution de cette décision peut s'adresser, à cette fin, par requête, à l'autorité centrale de tout État contractant.

2. La requête doit être accompagnée des documents mentionnés à l'article 13.

3. L'autorité centrale saisie, si elle est autre que l'autorité centrale de l'État requis, transmet les documents à cette dernière par voie directe et sans délai.

4. L'autorité centrale saisie peut refuser son intervention lorsqu'il est manifeste que les conditions requises par la présente Convention ne sont pas remplies.

5. L'autorité centrale saisie informe sans délai le demandeur des suites de sa demande.

**Article 5 –** 1. L'autorité centrale de l'État requis prend ou fait prendre dans les plus brefs délais toutes dispositions qu'elle juge appropriées, en saisissant, le cas échéant, ses autorités compétentes, pour :

a. retrouver le lieu où se trouve l'enfant;

b. éviter, notamment par les mesures provisoires nécessaires, que les intérêts de l'enfant ou du demandeur ne soient lésés ;

c. assurer la reconnaissance ou l'exécution de la décision ;

d. assurer la remise de l'enfant au demandeur lorsque l'exécution de la décision est accordée ;

e. informer l'autorité requérante des mesures prises et des suites données.

2. Lorsque l'autorité centrale de l'État requis a des raisons de croire que l'enfant se trouve dans le territoire d'un autre État contractant, elle transmet les documents à l'autorité centrale de cet État, par voie directe et sans délai.

3. À l'exception des frais de rapatriement, chaque État contractant s'engage à n'exiger du demandeur aucun paiement pour toute mesure prise pour le compte de celui-ci en vertu du paragraphe 1 du présent article par l'autorité centrale de cet État, y compris les frais et dépens du procès et, lorsque c'est le cas, les frais entraînés par la participation d'un avocat.

4. Si la reconnaissance ou l'exécution est refusée et si l'autorité centrale de l'État requis estime devoir donner suite à la demande du requérant d'introduire dans cet État une action au fond, cette autorité met tout en œuvre pour assurer la représentation du requérant dans cette procédure dans des conditions non moins favorables que celles dont peut bénéficier une personne qui est résidente et ressortissante de cet État et, à cet effet, elle peut notamment saisir ses autorités compétentes.

**Article 6 –** 1. Sous réserve des arrangements particuliers conclus entre les autorités centrales intéressées et des dispositions du paragraphe 3 du présent article :

a. les communications adressées à l'autorité centrale de l'État requis sont rédigées dans la langue ou dans l'une des langues officielles de cet État ou accompagnées d'une traduction dans cette langue;

b. l'autorité centrale de l'État requis doit néanmoins accepter les communications rédigées en langue française ou anglaise ou accompagnées d'une traduction dans l'une de ces langues.

2. Les communications émanant de l'autorité centrale de l'État requis, y compris les résultats des enquêtes effectuées, peuvent être rédigées dans la ou dans l'une des langues officielles de cet État ou en français ou en anglais.

3. Tout État contractant peut exclure l'application en tout ou en partie des dispositions du paragraphe 1b du présent article. Lorsqu'un État contractant a fait cette réserve tout autre État contractant peut également l'appliquer à l'égard de cet État.

## TITRE II
## RECONNAISSANCE ET EXÉCUTION DES DÉCISIONS ET RÉTABLISSEMENT DE LA GARDE DES ENFANTS

**Article 7 –** Les décisions relatives à la garde rendues dans un État contractant sont reconnues et, lorsqu'elles sont exécutoires dans l'État d'origine, elles sont mises à exécution dans tout autre État contractant.

**Article 8 –** 1. En cas de déplacement sans droit, l'autorité centrale de l'État requis fera procéder immédiatement à la restitution de l'enfant :

a. lorsqu'au moment de l'introduction de l'instance dans l'État où la décision a été rendue ou à la date du déplacement sans droit, si celui-ci a eu lieu antérieurement, l'enfant ainsi que ses parents avaient la seule nationalité de cet État et que l'enfant avait sa résidence habituelle sur le territoire dudit État, et

b. qu'une autorité centrale a été saisie de la demande de restitution dans un délai de six mois à partir du déplacement sans droit.

2. Si, conformément à la loi de l'État requis, il ne peut être satisfait aux prescriptions du paragraphe 1 du présent article sans l'intervention d'une autorité judiciaire, aucun des motifs de refus prévus dans la présente convention ne s'appliquera dans la procédure judiciaire.

3. Si un accord homologué par une autorité compétente est intervenu entre la personne qui a la garde de l'enfant et une autre personne pour accorder à celle-ci un droit de visite et qu'à l'expiration de la période convenue l'enfant, ayant été emmené à l'étranger, n'a pas été restitué à la personne qui en avait la garde, il est procédé au rétablissement du droit de garde conformément aux paragraphe 1b et 2 du présent article. Il en est de même en cas de décision de l'autorité compétente accordant ce même droit à une personne qui n'a pas la garde de l'enfant.

**Article 9 –** 1. Dans les cas de déplacement sans droit autres que ceux prévus à l'article 8 et si une autorité centrale a été saisie dans un délai de six mois à partir du déplacement, la reconnaissance et l'exécution ne peuvent être refusées que :

a. si, lorsqu'il s'agit d'une décision rendue en l'absence du défendeur ou de son représentant légal, l'acte introductif d'instance ou un acte équivalent n'a pas été signifié ou notifié au défendeur régulièrement et en temps utile pour qu'il puisse se défendre; toutefois, cette absence de signification ou de notification ne saurait constituer une cause de refus de reconnaissance ou d'exécution lorsque la signification ou la notification n'a pas eu lieu parce que le défendeur a dissimulé l'endroit où il se trouve à la personne qui a engagé l'instance dans l'État d'origine;

b. si, lorsqu'il s'agit d'une décision rendue en l'absence du défendeur ou de son représentant légal, la compétence de l'autorité qui l'a rendue n'est pas fondée :

i. sur la résidence habituelle du défendeur, ou

ii. sur la dernière résidence habituelle commune des parents de l'enfant pour autant que l'un d'eux y réside encore habituellement, ou

iii. sur la résidence habituelle de l'enfant;

c. si la décision est incompatible avec une décision relative à la garde devenue exécutoire dans l'État requis avant le déplacement de l'enfant, à moins que l'enfant n'ait eu sa résidence habituelle sur le territoire de l'État requérant dans l'année précédant son déplacement.

2. Si aucune autorité centrale n'a été saisie, les dispositions du paragraphe 1 du présent article sont également applicables lorsque la reconnaissance et l'exécution sont demandées dans un délai de six mois à partir du déplacement sans droit.

3. En aucun cas, la décision ne peut faire l'objet d'un examen au fond.

**Article 10 –** 1. Dans les cas autres que ceux visés aux articles 8 et 9, la reconnaissance ainsi que l'exécution peuvent être refusées non seulement pour les motifs prévus à l'article 9, mais en outre pour l'un des motifs suivants :

a. s'il est constaté que les effets de la décision sont manifestement incompatibles avec les principes fondamentaux du droit régissant la famille et les enfants dans l'État requis;

b. s'il est constaté qu'en raison de changements de circonstances incluant l'écoulement du temps mais excluant le seul changement de résidence de l'enfant à la suite d'un déplacement sans droit, les effets de la décision d'origine ne sont manifestement plus conformes à l'intérêt de l'enfant;

c. si, au moment de l'introduction de l'instance dans l'État d'origine :

i. l'enfant avait la nationalité de l'État requis ou sa résidence habituelle dans cet État alors qu'aucun de ces liens de rattachement n'existait avec l'État d'origine;

ii. l'enfant avait à la fois la nationalité de l'État d'origine et de l'État requis et sa résidence habituelle dans l'État requis;

d. si la décision est incompatible avec une décision rendue, soit dans l'État requis, soit dans un État tiers tout en étant exécutoire dans L'État requis, à la suite d'une procédure engagée avant l'introduction de la demande de reconnaissance ou d'exécution, et si le refus est conforme à l'intérêt de l'enfant.

2. Dans les mêmes cas, la procédure en reconnaissance ainsi que la procédure en exécution peuvent être suspendues pour l'un des motifs suivants :

a. si la décision d'origine fait l'objet d'un recours ordinaire;

b. si une procédure concernant la garde de l'enfant, engagée avant que la procédure dans l'État d'origine n'ait été introduite, est pendante dans l'État requis;

c. si une autre décision relative à la garde de l'enfant fait l'objet d'une procédure d'exécution ou de toute autre procédure relative à la reconnaissance de cette décision.

**Article 11 –** 1. Les décisions sur le droit de visite et les dispositions des décisions relatives à la garde qui portent sur le droit de visite sont reconnues et mises à exécution dans les mêmes conditions que les autres décisions relatives à la garde.

2. Toutefois, l'autorité compétente de l'État requis peut fixer les modalités de la mise en œuvre et de l'exercice du droit de visite compte tenu notamment des engagements pris par les parties à ce sujet.

3. Lorsqu'il n'a pas été statué sur le droit de visite ou lorsque la reconnaissance ou l'exécution de la décision relative à la garde est refusée, l'autorité centrale de l'État requis peut saisir ses autorités compétentes pour statuer sur le droit de visite, à la demande de la personne invoquant ce droit.

**Article 12 –** Lorsqu'à la date à laquelle l'enfant est déplacé à travers une frontière internationale il n'existe pas de décision exécutoire sur sa garde rendue dans un État contractant, les dispositions de la présente Convention s'appliquent à toute décision ultérieure relative à la garde de cet enfant et déclarant le déplacement illicite, rendue dans un État contractant à la demande de toute personne intéressée.

## TITRE III

## PROCÉDURE

**Article 13 –** 1. La demande tendant à la reconnaissance ou l'exécution dans un autre État contractant d'une décision relative à la garde doit être accompagnée :

a. d'un document habilitant l'autorité centrale de l'État requis à agir au nom du requérant ou à désigner à cette fin un autre représentant;

b. d'une expédition de la décision réunissant les conditions nécessaires à son authenticité;

c. lorsqu'il s'agit d'une décision rendue en l'absence du défendeur ou de son représentant légal, de tout document de nature à établir que l'acte introductif d'instance ou un acte équivalent a été régulièrement signifié ou notifié au défendeur;

d. le cas échéant, de tout document de nature à établir que, selon la loi de l'État d'origine, la décision est exécutoire;

e. si possible, d'un exposé indiquant le lieu où pourrait se trouver l'enfant dans l'État requis;

f. de propositions sur les modalités du rétablissement de la garde de l'enfant.

2. Les documents mentionnés cidessus doivent, le cas échéant, être accompagnés d'une traduction selon les règles établies à l'article 6.

**Article 14 –** Tout État contractant applique à la reconnaissance et à l'exécution d'une décision relative à la garde une procédure simple et rapide. À cette fin, il veille à ce que la demande d'*exequatur* puisse être introduite sur simple requête.

**Article 15 –** 1. Avant de statuer sur l'application du paragraphe 1b de l'article 10, l'autorité relevant de l'État requis :

a. doit prendre connaissance du point de vue de l'enfant, à moins qu'il n'y ait une impossibilité pratique, eu égard notamment à l'âge et à la capacité de discernement de celui-ci; et

b. peut demander que des enquêtes appropriées soient effectuées.

2. Les frais des enquêtes effectuées dans un État contractant sont à la charge de l'État dans lequel elles ont été effectuées.

3. Les demandes d'enquête et leurs résultats peuvent être adressés à l'autorité concernée par l'intermédiaire des autorités centrales.

**Article 16 –** Aux fins de la présente Convention, aucune légalisation ni formalité analogue ne peut être exigée.

## TITRE IV
## RÉSERVES

**Article 17 –** 1. Tout État contractant peut faire la réserve selon laquelle, dans les cas prévus aux articles 8 et 9 ou à l'un de ces articles, la reconnaissance et l'exécution des décisions relatives à la garde pourront être refusées pour ceux des motifs prévus à l'article 10 qui seront indiqués dans la réserve.

2. La reconnaissance et l'exécution des décisions rendues dans un État contractant ayant fait la réserve prévue au paragraphe 1 du présent article peuvent être refusées dans tout autre État contractant pour l'un des motifs additionnels indiqués dans cette réserve.

**Article 18 –** Tout État contractant peut faire la réserve selon laquelle il n'est pas lié par les dispositions de l'article 12. Les dispositions de la présente Convention ne s'appliquent pas aux décisions visées à l'article 12 qui ont été rendues dans un État contractant qui a fait cette réserve.

## TITRE V
## AUTRES INSTRUMENTS

**Article 19 –** La présente Convention n'empêche pas qu'un autre instrument international liant l'État d'origine et l'État requis ou le droit non conventionnel de l'État requis soient invoqués pour obtenir la reconnaissance ou l'exécution d'une décision.

**Article 20 –** 1. La présente Convention ne porte pas atteinte aux engagements qu'un État contractant peut avoir à l'égard d'un État non contractant en vertu d'un instrument international portant sur des matières régies par la présente Convention.

2. Lorsque deux ou plusieurs États contractants ont établi ou viennent à établir une législation uniforme dans le domaine de la garde des enfants ou un système particulier de reconnaissance ou d'exécution des décisions dans ce domaine, ils auront la faculté d'appliquer entre eux cette législation ou ce système à la place de la présente Convention ou de toute partie de celle-ci. Pour se prévaloir de cette disposition, ces États devront notifier leur décision au Secrétaire Général du Conseil de l'Europe. Toute modification ou révocation de cette décision doit également être notifiée.

## TITRE VI
## CLAUSES FINALES

**Article 21 –** La présente Convention est ouverte à la signature des États membres du Conseil de l'Europe. Elle sera soumise à ratification, acceptation ou approbation. Les instruments de ratification, d'acceptation ou d'approbation seront déposés près le Secrétaire Général du Conseil de l'Europe.

**Article 22 –** 1. La présente Convention entrera en vigueur le premier jour du mois qui suit l'expiration d'une période de trois mois après la date à laquelle trois États membres du Conseil de l'Europe auront exprimé leur consentement à être liés par la Convention conformément aux dispositions de l'article 21.

2. Pour tout État membre qui exprimera ultérieurement son consentement à être lié par la Convention, celle-ci entrera en vigueur le premier jour du mois qui suit l'expiration d'une période de trois mois après la date du dépôt de l'instrument de ratification, d'acceptation ou d'approbation.

**Article 23 –** 1. Après l'entrée en vigueur de la présente Convention, le Comité des Ministres du Conseil de l'Europe pourra inviter tout État non membre du Conseil à adhérer à la présente Convention par une décision prise à la majorité prévue à l'article 20d du Statut, et à l'unanimité des représentants des États contractants ayant le droit de siéger au Comité.

2. Pour tout État adhérent, la Convention entrera en vigueur le premier jour du mois qui suit l'expiration d'une période de trois mois après la date du dépôt de l'instrument d'adhésion près le Secrétaire Général du Conseil de l'Europe.

**Article 24 –** 1. Tout État peut, au moment de la signature ou au moment du dépôt de son instrument de ratification, d'acceptation, d'approbation ou d'adhésion, désigner le ou les territoires auxquels s'appliquera la présente Convention.

2. Tout État peut, à tout autre moment par la suite, par une déclaration adressée au Secrétaire Général du Conseil de l'Europe, étendre l'application de la présente Convention à tout autre territoire désigné dans la déclaration. La Convention entrera en vigueur à l'égard de ce territoire le premier jour du mois qui suit l'expiration d'une période de trois mois après la date de réception de la déclaration par le Secrétaire Général.

3. Toute déclaration faite en vertu des deux paragraphes précédents pourra être retirée, en ce qui concerne tout territoire désigné dans cette déclaration, par notification adressée au Secrétaire Général. Le retrait prendra effet le premier jour du mois qui suit l'expiration d'une période de six mois après la date de réception de la notification par le Secrétaire Général.

**Article 25 –** 1. Un État qui comprend deux ou plusieurs unités territoriales dans lesquelles des systèmes de droit différents s'appliquent en matière de garde des enfants et de reconnaissance et d'exécution de décisions relatives à la garde peut, au moment du dépôt de son instrument de ratification, d'acceptation, d'approbation ou d'adhésion, déclarer que la présente Convention s'appliquera à toutes ces unités territoriales ou à une ou plusieurs d'entre elles.

2. Il peut, à tout autre moment par la suite, par une déclaration adressée au Secrétaire Général du Conseil de l'Europe, étendre l'application de la présente Convention à toute autre unité territoriale désignée dans la déclaration. La Convention entrera en vigueur à l'égard de cette unité territoriale le premier jour du mois qui suit l'expiration d'une période de trois mois après la date de réception de la déclaration par le Secrétaire Général.

3. Toute déclaration faite en vertu des deux paragraphes précédents pourra être retirée, en ce qui concerne toute unité territoriale désignée dans cette déclaration, par notification adressée au Secrétaire Général. Le retrait prendra effet le premier jour du mois qui suit l'expiration d'une période de six mois après la réception de la notification par le Secrétaire Général.

**Article 26 –** 1. Au regard d'un État qui, en matière de garde des enfants, a deux ou plusieurs systèmes de droit d'application territoriale :

a. la référence à la loi de la résidence habituelle ou de la nationalité d'une personne doit être entendue comme référence au système de droit déterminé par les règles en vigueur dans cet État ou, à défaut de telles règles, au système avec lequel la personne concernée a les liens les plus étroits;

b. la référence à l'État d'origine ou à l'État requis doit être entendue, selon le cas, comme référence à l'unité territoriale dans laquelle la décision a été rendue ou à l'unité territoriale dans laquelle la reconnaissance ou l'exécution de la décision ou le rétablissement de la garde est demandé.

2. Le paragraphe 1.a du présent article s'applique également *mutatis mutandis* aux États qui, en matière de garde des enfants, ont deux ou plusieurs systèmes de droit d'application personnelle.

**Article 27 –** 1. Tout État peut, au moment de la signature ou au moment du dépôt de son instrument de ratification, d'acceptation, d'approbation ou d'adhésion, déclarer faire usage d'une ou plusieurs réserves figurant au paragraphe 3 de l'article 6, à l'article 17 et à l'article 18 de la présente Convention. Aucune autre réserve n'est admise.

2. Tout État contractant qui a formulé une réserve en vertu du paragraphe précédent peut la retirer en tout ou en partie en adressant une notification au Secrétaire Général du Conseil de l'Europe. Le retrait prendra effet à la date de réception de la notification par le Secrétaire Général.

**Article 28 –** À l'issue de la troisième année qui suit la date d'entrée en vigueur de la présente Convention et, à son initiative, à tout autre moment après cette date, le Secrétaire Général du Conseil de l'Europe invitera les représentants des autorités centrales désignées par les États contractants à se réunir en vue d'étudier et de faciliter le fonctionnement de la Convention. Tout État membre du Conseil de l'Europe qui n'est pas partie à la Convention pourra se faire représenter par un observateur. Les travaux de chacune de ces réunions feront l'objet d'un rapport qui sera adressé pour information au Comité des Ministres du Conseil de l'Europe.

**Article 29 –** 1. Toute Partie peut, à tout moment, dénoncer la présente Convention en adressant une notification au Secrétaire Général du Conseil de l'Europe.

2. La dénonciation prendra effet le premier jour du mois qui suit l'expiration d'une période de six mois après la date de réception de la notification par le Secrétaire Général.

**Article 30 –** Le Secrétaire Général du Conseil de l'Europe notifiera aux États membres du Conseil et à tout État ayant adhéré à la présente Convention :

a. toute signature;

b. le dépôt de tout instrument de ratification, d'acceptation, d'approbation ou d'adhésion;

c. toute date d'entrée en vigueur de la présente Convention conformément à ses articles 22, 23, 24 et 25;

d. tout autre acte, notification ou communication ayant trait à la présente Convention.

En foi de quoi, les soussignés, dûment autorisés à cet effet, ont signé la présente Convention.

# 104 Convention de La Haye du 25 octobre 1980 sur les aspects civils de l'enlèvement international d'enfants

En vigueur depuis le 1^er^ décembre 1983

*Les États signataires de la présente Convention,*

Profondément convaincus que l'intérêt de l'enfant est d'une importance primordiale pour toute question relative à sa garde,

Désirant protéger l'enfant, sur le plan international, contre les effets nuisibles d'un déplacement ou d'un non-retour illicites et établir des procédures en vue de garantir le retour immédiat de l'enfant dans l'État de sa résidence habituelle, ainsi que d'assurer la protection du droit de visite,

Ont résolu de conclure une Convention à cet effet, et sont convenus des dispositions suivantes :

CHAPITRE PREMIER

## Champ d'application de la convention

**Article premier –** La présente Convention a pour objet :

*a)* d'assurer le retour immédiat des enfants déplacés ou retenus illicitement dans tout État contractant;

*b)* de faire respecter effectivement dans les autres États contractants les droits de garde et de visite existant dans un État contractant.

**Article 2 –** Les États contractants prennent toutes mesures appropriées pour assurer, dans les limites de leur territoire, la réalisation des objectifs de la Convention. À cet effet, ils doivent recourir à leurs procédures d'urgence.

**Article 3 –** Le déplacement ou le non-retour d'un enfant est considéré comme illicite :

*a)* lorsqu'il a lieu en violation d'un droit de garde, attribué à une personne, une institution ou tout autre organisme, seul ou conjointement, par le droit de l'État dans lequel l'enfant avait sa résidence habituelle immédiatement avant son déplacement ou son non-retour; et

*b)* que ce droit était exercé de façon effective seul ou conjointement, au moment du déplacement ou du non-retour, ou l'eût été si de tels événements n'étaient survenus.

Le droit de garde visé en *a)* peut notamment résulter d'une attribution de plein droit, d'une décision judiciaire ou administrative, ou d'un accord en vigueur selon le droit de cet État.

**Article 4 –** La Convention s'applique à tout enfant qui avait sa résidence habituelle dans un État contractant immédiatement avant l'atteinte aux droits de garde ou de visite. L'application de la Convention cesse lorsque l'enfant parvient à l'âge de 16 ans.

**Article 5 –** Au sens de la présente Convention :

*a)* le « droit de garde » comprend le droit portant sur les soins de la personne de l'enfant, et en particulier celui de décider de son lieu de résidence;

*b)* le « droit de visite » comprend le droit d'emmener l'enfant pour une période limitée dans un lieu autre que celui de sa résidence habituelle.

CHAPITRE II

## Autorités centrales

**Article 6 –** Chaque État contractant désigne une Autorité centrale chargée de satisfaire aux obligations qui lui sont imposées par la Convention.

Un État fédéral, un État dans lequel plusieurs systèmes de droit sont en vigueur ou un État ayant des organisations territoriales autonomes, est libre de désigner plus d'une Autorité centrale et de spécifier l'étendue territoriale des pouvoirs de chacune de ces Autorités. L'État qui fait usage de cette faculté désigne l'Autorité centrale à laquelle les demandes peuvent être adressées en vue de leur transmission à l'Autorité centrale compétente au sein de cet État.

**Article 7 –** Les Autorités centrales doivent coopérer entre elles et promouvoir une collaboration entre les autorités compétentes dans leurs États respectifs, pour assurer le retour immédiat des enfants et réaliser les autres objectifs de la présente Convention.

En particulier, soit directement, soit avec le concours de tout intermédiaire, elles doivent prendre toutes les mesures appropriées :

*a)* pour localiser un enfant déplacé ou retenu illicitement;

*b)* pour prévenir de nouveaux dangers pour l'enfant ou des préjudices pour les parties concernées, en prenant ou faisant prendre des mesures provisoires;

*c)* pour assurer la remise volontaire de l'enfant ou faciliter une solution amiable;

*d)* pour échanger, si cela s'avère utile, des informations relatives à la situation sociale de l'enfant;

*e)* pour fournir des informations générales concernant le droit de leur État relatives à l'application de la Convention;

*f)* pour introduire ou favoriser l'ouverture d'une procédure judiciaire ou administrative, afin d'obtenir le retour de l'enfant et, le cas échéant, de permettre l'organisation ou l'exercice effectif du droit de visite;

*g)* pour accorder ou faciliter, le cas échéant, l'obtention de l'assistance judiciaire et juridique, y compris la participation d'un avocat;

*h)* pour assurer, sur le plan administratif, si nécessaire et opportun, le retour sans danger de l'enfant;

*i)* pour se tenir mutuellement informées sur le fonctionnement de la Convention et, autant que possible, lever les obstacles éventuellement rencontrés lors de son application.

CHAPITRE III

## Retour de l'enfant

**Article 8 –** La personne, l'institution ou l'organisme qui prétend qu'un enfant a été déplacé ou retenu en violation d'un droit de garde peut saisir soit l'Autorité centrale de la résidence habituelle de l'enfant, soit celle de tout autre État contractant, pour que celles-ci prêtent leur assistance en vue d'assurer le retour de l'enfant.

La demande doit contenir :

*a)* des informations portant sur l'identité du demandeur, de l'enfant et de la personne dont il est allégué qu'elle a emmené ou retenu l'enfant;

*b)* la date de naissance de l'enfant, s'il est possible de se la procurer;

*c)* les motifs sur lesquels se base le demandeur pour réclamer le retour de l'enfant;

*d)* toutes informations disponibles concernant la localisation de l'enfant et l'identité de la personne avec laquelle l'enfant est présumé se trouver.

La demande peut être accompagnée ou complétée par :

*e)* une copie authentifiée de toute décision ou de tout accord utiles;

*f)* une attestation ou une déclaration avec affirmation émanant de l'Autorité centrale, ou d'une autre autorité compétente de l'État de la résidence habituelle, ou d'une personne qualifiée, concernant le droit de l'État en la matière;

*g)* tout autre document utile.

**Article 9 –** Quand l'Autorité centrale qui est saisie d'une demande en vertu de l'article 8 a des raisons de penser que l'enfant se trouve dans un autre État contractant, elle transmet la demande directement et sans délai à l'Autorité centrale de cet État contractant et en informe l'Autorité centrale requérante ou, le cas échéant, le demandeur.

**Article 10 –** L'Autorité centrale de l'État où se trouve l'enfant prendra ou fera prendre toute mesure propre à assurer sa remise volontaire.

**Article 11 –** Les autorités judiciaires ou administratives de tout État contractant doivent procéder d'urgence en vue du retour de l'enfant.

Lorsque l'autorité judiciaire ou administrative saisie n'a pas statué dans un délai de six semaines à partir de sa saisine, le demandeur ou l'Autorité centrale de l'État requis, de sa propre initiative ou sur requête de l'Autorité centrale de l'État requérant, peut demander une déclaration sur les raisons de ce retard. Si la réponse est reçue par l'Autorité centrale de l'État requis, cette Autorité doit la transmettre à l'Autorité centrale de l'État requérant ou, le cas échéant, au demandeur.

**Article 12 –** Lorsqu'un enfant a été déplacé ou retenu illicitement au sens de l'article 3 et qu'une période de moins d'un an s'est écoulée à partir du déplacement ou du non-retour au moment de l'introduction de la demande devant l'autorité judiciaire ou administrative de l'État contractant où se trouve l'enfant, l'autorité saisie ordonne son retour immédiat.

L'autorité judiciaire ou administrative, même saisie après l'expiration de la période d'un an prévue à l'alinéa précédent, doit aussi ordonner le retour de l'enfant, à moins qu'il ne soit établi que l'enfant s'est intégré dans son nouveau milieu.

Lorsque l'autorité judiciaire ou administrative de l'État requis a des raisons de croire que l'enfant a été emmené dans un autre État, elle peut suspendre la procédure ou rejeter la demande de retour de l'enfant.

**Article 13 –** Nonobstant les dispositions de l'article précédent, l'autorité judiciaire ou administrative de l'État requis n'est pas tenue d'ordonner le retour de l'enfant, lorsque la personne, l'institution ou l'organisme qui s'oppose à son retour établit :

*a)* que la personne, l'institution ou l'organisme qui avait le soin de la personne de l'enfant n'exerçait pas effectivement le droit de garde à l'époque du déplacement ou du non-retour, ou avait consenti ou a acquiescé postérieurement à ce déplacement ou à ce non-retour; ou

*b)* qu'il existe un risque grave que le retour de l'enfant ne l'expose à un danger physique ou psychique, ou de toute autre manière ne le place dans une situation intolérable.

L'autorité judiciaire ou administrative peut aussi refuser d'ordonner le retour de l'enfant si elle constate que celui-ci s'oppose à son retour et qu'il a atteint un âge et une maturité où il se révèle approprié de tenir compte de cette opinion.

Dans l'appréciation des circonstances visées dans cet article, les autorités judiciaires ou administratives doivent tenir compte des informations fournies par l'Autorité centrale ou toute autre autorité compétente de l'État de la résidence habituelle de l'enfant sur sa situation sociale.

**Article 14 –** Pour déterminer l'existence d'un déplacement ou d'un non-retour illicite au sens de l'article 3, l'autorité judiciaire ou administrative de l'État requis peut tenir compte directement du droit et des décisions judiciaires ou administratives reconnues formellement ou non dans l'État de la résidence habituelle de l'enfant, sans avoir recours aux procédures spécifiques sur la preuve de ce droit ou pour la reconnaissance des décisions étrangères qui seraient autrement applicables.

**Article 15 –** Les autorités judiciaires ou administratives d'un État contractant peuvent, avant d'ordonner le retour de l'enfant, demander la production par le demandeur d'une décision ou d'une attestation émanant des autorités de l'État de la résidence habituelle de l'enfant constatant que le déplacement ou le non-retour était illicite au sens de l'article 3 de la Convention, dans la mesure où cette décision ou cette attestation peut être obtenue dans cet État. Les Autorités centrales des États contractants assistent dans la mesure du possible le demandeur pour obtenir une telle décision ou attestation.

**Article 16 –** Après avoir été informées du déplacement illicite d'un enfant ou de son non-retour dans le cadre de l'article 3, les autorités judiciaires ou administratives de l'État contractant où l'enfant a été déplacé ou retenu ne pourront statuer sur le fond du droit de garde jusqu'à ce qu'il soit établi que les conditions de la présente Convention pour un retour de l'enfant ne sont pas réunies, ou jusqu'à ce qu'une période raisonnable ne se soit écoulée sans qu'une demande en application de la Convention n'ait été faite.

**Article 17 –** Le seul fait qu'une décision relative à la garde ait été rendue ou soit susceptible d'être reconnue dans l'État requis ne peut justifier le refus de renvoyer l'enfant dans le cadre de cette Convention, mais les autorités judiciaires ou administratives de l'État requis peuvent prendre en considération les motifs de cette décision qui rentreraient dans le cadre de l'application de la Convention.

**Article 18 –** Les dispositions de ce chapitre ne limitent pas le pouvoir de l'autorité judiciaire ou administrative d'ordonner le retour de l'enfant à tout moment.

**Article 19 –** Une décision sur le retour de l'enfant rendue dans le cadre de la Convention n'affecte pas le fond du droit de garde.

**Article 20 –** Le retour de l'enfant conformément aux dispositions de l'article 12 peut être refusé quand il ne serait pas permis par les principes fondamentaux de l'État requis sur la sauvegarde des droits de l'homme et des libertés fondamentales.

CHAPITRE IV
## Droit de visite

**Article 21 –** Une demande visant l'organisation ou la protection de l'exercice effectif d'un droit de visite peut être adressée à l'Autorité centrale d'un État contractant selon les mêmes modalités qu'une demande visant au retour de l'enfant.

Les Autorités centrales sont liées par les obligations de coopération visées à l'article 7 pour assurer l'exercice paisible du droit de visite et l'accomplissement de toute condition à laquelle l'exercice de ce droit serait soumis, et pour que soient levés, dans toute la mesure du possible, les obstacles de nature à s'y opposer.

Les Autorités centrales, soit directement, soit par des intermédiaires, peuvent entamer ou favoriser une procédure légale en vue d'organiser ou de protéger le droit de visite et les conditions auxquelles l'exercice de ce droit pourrait être soumis.

CHAPITRE V
## Dispositions générales

**Article 22 –** Aucune caution ni aucun dépôt, sous quelque dénomination que ce soit, ne peut être imposé pour garantir le paiement des frais et dépens dans le contexte des procédures judiciaires ou administratives visées par la Convention.

**Article 23 –** Aucune légalisation ni formalité similaire ne sera requise dans le contexte de la Convention.

**Article 24 –** Toute demande, communication ou autre document sont envoyés dans leur langue originale à l'Autorité centrale de l'État requis et accompagnés d'une traduction dans la langue officielle ou l'une des langues officielles de cet État ou, lorsque cette traduction est difficilement réalisable, d'une traduction en français ou en anglais.

Toutefois, un État contractant pourra, en faisant la réserve prévue à l'article 42, s'opposer à l'utilisation soit du français, soit de l'anglais, dans toute demande, communication ou autre document adressés à son Autorité centrale.

**Article 25 –** Les ressortissants d'un État contractant et les personnes qui résident habituellement dans cet État auront droit, pour tout ce qui concerne l'application de la Convention, à l'assistance judiciaire et juridique dans tout autre État contractant, dans les mêmes conditions que s'ils étaient eux-mêmes ressortissants de cet autre État et y résidaient habituellement.

**Article 26 –** Chaque Autorité centrale supportera ses propres frais en appliquant la Convention.

L'Autorité centrale et les autres services publics des États contractants n'imposeront aucun frais en relation avec les demandes introduites en application de la Convention. Notamment, ils ne peuvent réclamer du demandeur le paiement des frais et dépens du procès ou, éventuellement, des frais entraînés par la participation d'un avocat. Cependant, ils peuvent demander le paiement des dépenses causées ou qui seraient causées par les opérations liées au retour de l'enfant.

Toutefois, un État contractant pourra, en faisant la réserve prévue à l'article 42, déclarer qu'il n'est tenu au paiement des frais visés à l'alinéa précédent, liés à la participation d'un avocat ou d'un conseiller juridique, ou aux frais de justice, que dans la mesure où ces coûts peuvent être couverts par son système d'assistance judiciaire et juridique.

En ordonnant le retour de l'enfant ou en statuant sur le droit de visite dans le cadre de la Convention, l'autorité judiciaire ou administrative peut, le cas échéant, mettre à la charge de la personne qui a déplacé ou qui a retenu l'enfant, ou qui a empêché l'exercice du droit de visite, le paiement de tous frais nécessaires engagés par le demandeur ou en son nom, notamment des frais de voyage, des frais de représentation judiciaire du demandeur et de retour de l'enfant, ainsi que de tous les coûts et dépenses faits pour localiser l'enfant.

**Article 27 –** Lorsqu'il est manifeste que les conditions requises par la Convention ne sont pas remplies ou que la demande n'est pas fondée, une Autorité centrale n'est pas tenue d'accepter une telle demande. En ce cas, elle informe immédiatement de ses motifs le demandeur ou, le cas échéant, l'Autorité centrale qui lui a transmis la demande.

**Article 28 –** Une Autorité centrale peut exiger que la demande soit accompagnée d'une autorisation par écrit lui donnant le pouvoir d'agir pour le compte du demandeur, ou de désigner un représentant habilité à agir en son nom.

**Article 29 –** La Convention ne fait pas obstacle à la faculté pour la personne, l'institution ou l'organisme qui prétend qu'il y a eu une violation du droit de garde ou de visite au sens des articles 3 ou 21 de s'adresser directement aux autorités judiciaires ou administratives des États contractants, par application ou non des dispositions de la Convention.

**Article 30 –** Toute demande, soumise à l'Autorité centrale ou directement aux autorités judiciaires ou administratives d'un État contractant par application de la Convention, ainsi que tout document ou information qui y serait annexé ou fourni par une Autorité centrale, seront recevables devant les tribunaux ou les autorités administratives des États contractants.

**Article 31 –** Au regard d'un État qui connaît en matière de garde des enfants deux ou plusieurs systèmes de droit applicables dans des unités territoriales différentes :

*a)* toute référence à la résidence habituelle dans cet État vise la résidence habituelle dans une unité territoriale de cet État;

*b)* toute référence à la loi de l'État de la résidence habituelle vise la loi de l'unité territoriale dans laquelle l'enfant a sa résidence habituelle.

**Article 32 –** Au regard d'un État connaissant en matière de garde des enfants deux ou plusieurs systèmes de droit applicables à des catégories différentes de personnes, toute référence à la loi de cet État vise le système de droit désigné par le droit de celui-ci.

**Article 33 –** Un État dans lequel différentes unités territoriales ont leurs propres règles de droit en matière de garde des enfants ne sera pas tenu d'appliquer la Convention lorsqu'un État dont le système de droit est unifié ne serait pas tenu de l'appliquer.

**Article 34 –** Dans les matières auxquelles elle s'applique, la Convention prévaut sur la *Convention du 5 octobre 1961 concernant la compétence des autorités et la loi applicable en matière de protection des mineurs*, entre les États Parties aux deux Conventions. Par ailleurs, la présente Convention n'empêche pas qu'un autre instrument international liant l'État d'origine et l'État requis, ni que le droit non conventionnel de l'État requis, ne soient invoqués pour obtenir le retour d'un enfant qui a été déplacé ou retenu illicitement ou pour organiser le droit de visite.

**Article 35 –** La Convention ne s'applique entre les États contractants qu'aux enlèvements ou aux non-retours illicites qui se sont produits après son entrée en vigueur dans ces États.

Si une déclaration a été faite conformément aux articles 39 ou 40, la référence à un État contractant faite à l'alinéa précédent signifie l'unité ou les unités territoriales auxquelles la Convention s'applique.

**Article 36 –** Rien dans la Convention n'empêche deux ou plusieurs États contractants, afin de limiter les restrictions auxquelles le retour de l'enfant peut être soumis, de convenir entre eux de déroger à celles de ses dispositions qui peuvent impliquer de telles restrictions.

CHAPITRE VI

## Clauses finales

**Article 37 –** La Convention est ouverte à la signature des États qui étaient Membres de la Conférence de La Haye de droit international privé lors de sa Quatorzième session.

Elle sera ratifiée, acceptée ou approuvée et les instruments de ratification, d'acceptation ou d'approbation seront déposés auprès du Ministère des Affaires Étrangères du Royaume des Pays-Bas.

**Article 38 –** Tout autre État pourra adhérer à la Convention.

L'instrument d'adhésion sera déposé auprès du Ministère des Affaires Étrangères du Royaume des Pays-Bas.

La Convention entrera en vigueur, pour l'État adhérant, le premier jour du troisième mois du calendrier après le dépôt de son instrument d'adhésion.

L'adhésion n'aura d'effet que dans les rapports entre l'État adhérant et les États contractants qui auront déclaré accepter cette adhésion. Une telle déclaration devra également être faite par tout État membre ratifiant, acceptant ou approuvant la Convention ultérieurement à l'adhésion. Cette déclaration sera déposée auprès du Ministère des Affaires Étrangères du Royaume des Pays-Bas; celui-ci en enverra, par la voie diplomatique, une copie certifiée conforme, à chacun des États contractants.

La Convention entrera en vigueur entre l'État adhérant et l'État ayant déclaré accepter cette adhésion le premier jour du troisième mois du calendrier après le dépôt de la déclaration d'acceptation.

**Article 39 –** Tout État, au moment de la signature, de la ratification, de l'acceptation, de l'approbation ou de l'adhésion, pourra déclarer que la Convention s'étendra à l'ensemble des territoires qu'il représente sur le plan international ou à l'un ou plusieurs d'entre eux. Cette déclaration aura effet au moment où elle entre en vigueur pour cet État.

Cette déclaration, ainsi que toute extension ultérieure, seront notifiées au Ministère des Affaires Étrangères du Royaume des Pays-Bas.

**Article 40 –** Un État contractant qui comprend deux ou plusieurs unités territoriales dans lesquelles des systèmes de droit différents s'appliquent aux matières régies par cette Convention pourra, au moment de la signature, de la ratification, de l'acceptation, de l'approbation ou de l'adhésion, déclarer que la présente Convention s'appliquera à toutes ses unités territoriales ou seulement à l'une ou à plusieurs d'entre elles, et pourra à tout moment modifier cette déclaration en faisant une nouvelle déclaration.

Ces déclarations seront notifiées au Ministère des Affaires Étrangères du Royaume des Pays-Bas et indiqueront expressément les unités territoriales auxquelles la Convention s'applique.

**Article 41 –** Lorsqu'un État contractant a un système de gouvernement en vertu duquel les pouvoirs exécutif, judiciaire et législatif sont partagés entre des Autorités centrales et d'autres autorités de cet État, la signature, la ratification, l'acceptation ou l'approbation de la Convention, ou l'adhésion à celle-ci, ou une déclaration faite en vertu de l'article 40, n'emportera aucune conséquence quant au partage interne des pouvoirs dans cet État.

**Article 42 –** Tout État contractant pourra, au plus tard au moment de la ratification, de l'acceptation, de l'approbation ou de l'adhésion, ou au moment d'une déclaration faite en vertu des articles 39 ou 40, faire soit l'une, soit les deux réserves prévues aux articles 24 et 26, alinéa 3. Aucune autre réserve ne sera admise.

Tout État pourra, à tout moment, retirer une réserve qu'il aura faite. Ce retrait sera notifié au Ministère des Affaires Étrangères du Royaume des Pays-Bas.

L'effet de la réserve cessera le premier jour du troisième mois du calendrier après la notification mentionnée à l'alinéa précédent.

**Article 43 –** La Convention entrera en vigueur le premier jour du troisième mois du calendrier après le dépôt du troisième instrument de ratification, d'acceptation, d'approbation ou d'adhésion prévu par les articles 37 et 38.

Ensuite, la Convention entrera en vigueur :

1. pour chaque État ratifiant, acceptant, approuvant ou adhérant postérieurement le premier jour du troisième mois du calendrier après le dépôt de son instrument de ratification, d'acceptation, d'approbation ou d'adhésion ;

2. pour les territoires ou les unités territoriales auxquels la Convention a été étendue conformément à l'article 39 ou 40, le premier jour du troisième mois du calendrier après la notification visée dans ces articles.

**Article 44 –** La Convention aura une durée de cinq ans à partir de la date de son entrée en vigueur conformément à l'article 43, alinéa premier, même pour les États qui l'auront postérieurement ratifiée, acceptée ou approuvée ou qui y auront adhéré.

La Convention sera renouvelée tacitement de cinq ans en cinq ans, sauf dénonciation.

La dénonciation sera notifiée, au moins six mois avant l'expiration du délai de cinq ans, au Ministère des Affaires Étrangères du Royaume des Pays-Bas. Elle pourra se limiter à certains territoires ou unités territoriales auxquels s'applique la Convention.

La dénonciation n'aura d'effet qu'à l'égard de l'État qui l'aura notifiée. La Convention restera en vigueur pour les autres États contractants.

**Article 45 –** Le Ministère des Affaires Étrangères du Royaume des Pays-Bas notifiera aux États Membres de la Conférence, ainsi qu'aux États qui auront adhéré conformément aux dispositions de l'article 38 :

1. les signatures, ratifications, acceptations et approbations visées à l'article 37;
2. les adhésions visées à l'article 38;
3. la date à laquelle la Convention entrera en vigueur conformément aux dispositions de l'article 43;
4. les extensions visées à l'article 39;
5. les déclarations mentionnées aux articles 38 et 40;
6. les réserves prévues aux articles 24 et 26, alinéa 3, et le retrait des réserves prévu à l'article 42;
7. les dénonciations visées à l'article 44.

## 105 Convention CIEC n° 21 du 8 septembre 1982 relative à la délivrance d'un certificat de diversité de noms de famille (signée à La Haye)

En vigueur depuis le 1er juillet 1988

*Les États signataires de la présente Convention, membres de la Commission Internationale de l'État Civil, désireux d'atténuer les difficultés rencontrées par certaines personnes auxquelles est attribué d'après la loi d'un État un nom de famille autre que celui qui leur est reconnu dans un autre État, sont convenus des dispositions suivantes :*

**Article 1er –** 1. Le certificat de diversité de noms de famille institué par la présente Convention est destiné à faciliter la preuve de leur identité aux personnes qui, par suite de différences existant entre les législations de certains États, notamment en matière de mariage, de filiation ou d'adoption, ne sont pas désignées par le même nom de famille.

2. Ce certificat a pour seul objet de constater que les divers noms de famille par lui mentionnés désignent, selon des législations différentes, une même personne. Il ne peut avoir pour effet de faire échec aux dispositions légales régissant le nom.

**Article 2 –** Le certificat défini à l'article précédent doit, sur production des pièces justificatives, être délivré à tout intéressé soit par les autorités compétentes de l'État contractant dont il est ressortissant, soit par les autorités compétentes de l'État contractant selon la loi duquel lui a été attribué, bien qu'il soit ressortissant d'un autre État, un nom de famille différent de celui résultant de l'application de sa loi nationale.

**Article 3 –** Le certificat délivré conformément à la présente Convention est accepté dans chaque État contractant comme faisant foi, jusqu'à preuve du contraire, de l'exactitude de ses mentions relatives aux différents noms de famille de la personne désignée.

**Article 4 –** Pour l'application de la présente Convention, sont assimilés aux ressortissants d'un État contractant les réfugiés et les apatrides dont le statut personnel est régi par la loi de cet État.

**Article 5 –** Le certificat de diversité de noms de famille doit être conforme au modèle annexé à la présente Convention.

Aucune modification ne peut, sans approbation préalable de la Commission Internationale de l'État Civil, être apportée à ce modèle par un État contractant.

**Article 6 –** Toutes les inscriptions à porter sur le certificat sont écrites en caractères latins d'imprimerie; elles peuvent en outre être écrites dans les caractères de la langue de l'autorité qui délivre le certificat.

**Article 7 –** 1. Les dates sont inscrites en chiffres arabes indiquant successivement sous les symboles Jo, Mo et An le jour, le mois et l'année. Le jour et le mois sont indiqués par deux chiffres, l'année par quatre chiffres. Les neuf premiers jours du mois et les neuf premiers mois de l'année sont indiqués par des chiffres allant de 01 à 09.

2. Le nom de tout lieu mentionné dans le certificat est suivi du nom de l'État où ce lieu est situé, chaque fois que cet État n'est pas celui dont l'autorité délivre le certificat.

3. Sont exclusivement utilisés les symboles suivants :

– pour indiquer le sexe masculin, la lettre M, le sexe féminin, la lettre F,

– pour indiquer la nationalité, les lettres servant à désigner le pays en matière d'immatriculation de véhicules automobiles,

– pour indiquer la condition de réfugié, les lettres REF,

– pour indiquer la condition d'apatride, les lettres APA.

**Article 8 –** Si l'autorité compétente n'est pas en mesure de remplir une case ou une partie de case, cette case ou partie de case est rendue inutilisable par des traits.

**Article 9 –** 1. Au recto de chaque certificat les mentions invariables, à l'exclusion des symboles prévus à l'article 7 en ce qui concerne les dates, sont imprimées en deux langues au moins, dont la langue ou l'une des langues officielles de l'État où le certificat est délivré et la langue française.

2. La signification des symboles doit être indiquée au moins dans la langue ou l'une des langues officielles de chacun des États qui, au moment de la signature de la présente Convention, sont membres de la Commission Internationale de l'État Civil, ainsi que dans la langue anglaise.

3. Au verso de chaque certificat doivent figurer :

– une référence à la Convention, dans les langues indiquées au deuxième paragraphe du présent article;

– une traduction des mentions invariables, dans les langues indiquées au deuxième paragraphe du présent article, si ces langues n'ont pas été utilisées au recto;

– un résumé des articles 5, 6, 7 et 8 de la Convention, au moins dans la langue ou l'une des langues officielles de l'autorité qui délivre le certificat.

4. Toute traduction doit être approuvée par le Bureau de la Commission Internationale de l'État Civil.

**Article 10 –** 1. Les certificats sont datés et revêtus de la signature et du sceau de l'autorité qui les a délivrés.

2. Ils sont dispensés de légalisation ou de toute formalité équivalente sur le territoire des États contractants

**Article 11 –** 1. Lors de la signature de la présente Convention, de la ratification, de l'acceptation, de l'approbation ou de l'adhésion, chaque État contractant devra désigner les autorités compétentes pour délivrer le certificat.

2. Toute modification apportée ultérieurement à cette désignation sera notifiée au Conseil Fédéral Suisse.

**Article 12 –** La présente Convention sera ratifiée, acceptée ou approuvée et les instruments de ratification, d'acceptation ou d'approbation seront déposés auprès du Conseil Fédéral Suisse.

**Article 13 –** 1. La présente Convention entrera en vigueur le premier jour du troisième mois qui suit celui du dépôt du deuxième instrument de ratification, d'acceptation, d'approbation ou d'adhésion.

2. À l'égard de l'État qui ratifiera, acceptera, approuvera ou adhérera après son entrée en vigueur, la Convention prendra effet le premier jour du troisième mois qui suit celui du dépôt par cet État de l'instrument de ratification, d'acceptation, d'approbation ou d'adhésion.

**Article 14 –** Tout État membre de la Commission Internationale de l'État Civil, des Communautés Européennes ou du Conseil de l'Europe pourra adhérer à la présente Convention. L'instrument d'adhésion sera déposé auprès du Conseil Fédéral Suisse.

**Article 15 –** Aucune réserve à la présente Convention n'est admise.

**Article 16 –** 1. Tout État, au moment de la signature, de la ratification, de l'acceptation, de l'approbation ou de l'adhésion ou à tout autre moment par la suite, pourra déclarer que la présente Convention s'étendra à l'ensemble des territoires dont il assure les relations sur le plan international, ou à l'un ou plusieurs d'entre eux.

2. Cette déclaration sera notifiée au Conseil Fédéral Suisse et l'extension prendra effet au moment de l'entrée en vigueur de la Convention pour ledit État ou, ultérieurement, le premier jour du troisième mois qui suit celui de la réception de la notification.

3. Toute déclaration d'extension pourra être retirée par notification adressée au Conseil Fédéral Suisse et la Convention cessera d'être applicable au territoire désigné le premier jour du troisième mois qui suit celui de la réception de ladite notification.

**Article 17 –** 1. La présente Convention demeurera en vigueur sans limitation de durée.

2. Tout État partie à la présente Convention aura toutefois la faculté de la dénoncer à tout moment après l'expiration d'un délai d'un an à partir de l'entrée en vigueur de la Convention à son égard. La dénonciation sera notifiée au Conseil Fédéral Suisse et prendra effet le premier jour du sixième mois qui suit celui de la réception de cette notification. La Convention restera en vigueur entre les autres États.

**Article 18 –** 1. Le Conseil Fédéral Suisse notifiera aux États membres de la Commission Internationale de l'État Civil et à tout autre État ayant adhéré à la présente Convention :

a) le dépôt de tout instrument de ratification, d'acceptation, d'approbation ou d'adhésion;

b) toute date d'entrée en vigueur de la Convention;

c) toute déclaration concernant l'extension territoriale de la Convention ou son retrait, avec la date à laquelle elle prendra effet;

d) toute dénonciation de la Convention et la date à laquelle elle prendra effet;

e) toute désignation des autorités compétentes effectuée en application de l'article 11, alinéa 1, et toute modification faite en vertu du second alinéa de cet article.

2. Le Conseil Fédéral Suisse avisera le Secrétaire Général de la Commission Internationale de l'État Civil de toute notification faite en application du paragraphe 1.

3. Dès l'entrée en vigueur de la présente Convention, une copie certifiée conforme sera transmise par le Conseil Fédéral Suisse au Secrétaire Général des

Nations unies aux fins d'enregistrement et de publication, conformément à l'article 102 de la Charte des Nations unies.

*Domaine territorial de la Convention*

Au moment de l'acceptation de la Convention, le Royaume des Pays-Bas a déclaré que la Convention est applicable au Royaume en Europe.

*Déclarations faites en application de l'article 11 de la Convention*

*Le Royaume d'Espagne (au moment de la ratification de la Convention, le 7 avril 1988)* a fait la déclaration suivante : « *España designa a los efectos del artículo 2 del Convenio, como autoridad competente a : El Juez encargado del Registro Civil correspondiente.* »

*Pour la République Française* : Les certificats institués par l'article 1er seront délivrés sur le territoire national par les officiers français d'état civil et, à l'étranger, par ses représentants diplomatiques et consulaires.

*Pour la République d'Italie (au moment de la notification de ratification de la Convention, le 25 juillet 1989)*, « … l'autorité compétente à délivrer le certificat concernant la diversité des noms de famille qui fait l'objet de la Convention, est soit l'officier d'état civil du lieu de résidence en Italie de la personne concernée au cas où il y ait là des actes à son nom, ou, en son absence, l'officier d'état civil du lieu de naissance de ladite personne. L'autorité compétente pour les résidents à l'étranger est l'autorité consulaire de laquelle relève le territoire où des actes d'état civil existent au nom des personnes concernées. »

*Pour le Royaume des Pays-Bas (au moment de l'acceptation de la Convention, le 10 octobre 1989)*, les autorités nationales compétentes pour délivrer le certificat de diversité de noms de famille sont les officiers de l'état civil.

## RAPPORT EXPLICATIF

### ADOPTÉ PAR L'ASSEMBLÉE GÉNÉRALE DE LA HAYE LE 8 SEPTEMBRE 1982

### 1. GÉNÉRALITÉS

## PRÉAMBULE DE LA CONVENTION

Depuis longtemps déjà, des différences existant entre les législations nationales en matière de filiation, d'adoption ou de changement de noms aboutissaient en quelques cas relativement rares à ce qu'une même personne ne fût pas désignée, selon ces législations, par le même nom de famille. Mais le nombre des personnes ayant divers noms de famille est désormais appelé à s'accroître dans une plus large mesure depuis que certains États permettent aux époux de choisir comme nom de famille, au moment de leur mariage, le nom du mari ou celui de la femme et accordent ce choix aux résidents étrangers qui contractent mariage sur leur territoire. Pour prendre un exemple, un ressortissant français du nom de Dupont résidant en République Fédérale d'Allemagne y sera désigné légalement sous le nom de Schmitt s'il a choisi ce nom en épousant demoiselle Schmitt devant l'officier de l'état civil allemand mais n'aura néanmoins d'autre nom que celui de Dupont au regard de la loi française. Cette diversité de noms est évidemment de nature à créer pour l'intéressé des difficultés d'ordre administratif, fiscal ou bancaire, notamment s'il circule hors de la République Fédérale d'Allemagne, s'il dispose d'un patrimoine en France ou dans un pays tiers, ou s'il veut effectuer des transferts de fonds d'un État à l'autre. La réalité et l'importance de ces difficultés sont d'ailleurs attestées par les interventions qui se sont produites au sein du Parlement Européen pour demander qu'il y soit porté remède.

Après consultation de ses Sections nationales et examen approfondi de ce problème tant au sein de son Bureau qu'en Assemblée Générale, il est apparu à la Commission Internationale de l'État Civil que le moyen le plus pratique d'atténuer les difficultés signalées était de doter d'un document international, dit « Certificat de diversité de noms de famille », qui permettrait de les individualiser en dépit de leurs divers noms, les personnes auxquelles est attribué d'après la loi d'un État un nom de famille autre que celui qui leur est reconnu dans un autre État.

Certes la solution idéale eût consisté à supprimer les causes génératrices de la diversité de noms en décidant par un accord international d'un critère unique de rattachement. La Commission Internationale de l'État Civil s'est engagée dans cette voie en énonçant dans l'article premier de la « Convention sur la loi applicable aux noms et prénoms » ouverte à la signature des États le 5 septembre 1980 à Munich le principe de la compétence de la loi nationale. Ne pouvant toutefois faire abstraction des systèmes juridiques actuels des divers États qui demeurent fermement attachés à la loi de la résidence habituelle, la Commission a admis l'application éventuelle de cette loi par le jeu de la réserve prévue à l'article 6 de cette Convention. L'institution d'un « Certificat de diversité de noms de famille », loin de porter atteinte au principe énoncé dans l'article premier de la Convention de Munich, se borne à remédier à certaines discordances qui résultent de l'application par divers États de la loi de la résidence habituelle.

## 2. Commentaire des articles

**Article 1er** – Précisant que le certificat de diversité de noms de famille est destiné à faciliter la preuve de leur identité aux personnes qui « par suite de différences existant entre les législations de certains États » ne sont pas désignées par le même nom de famille, l'alinéa premier de cet article limite le domaine d'application de la Convention « *ratione materiae* », en réservant expressément la possibilité de délivrance du certificat aux seuls cas de diversité de noms résultant d'une application correcte de législations dissemblables. Sont exclus par là-même du bénéfice de la Convention tous les autres cas de diversité de noms, tels ceux qui pourraient résulter d'une application erronée de la loi, d'une confusion ou d'une erreur matérielle ayant modifié ou déformé le nom dans la rédaction d'un acte de l'état civil. Dans ces cas il incombe aux intéressés non de solliciter l'obtention d'un certificat de diversité de noms de famille mais de recourir aux procédures qui permettront de rectifier l'erreur commise.

La diversité de noms de famille résultera le plus souvent de différences de législation existant entre les États en matière de mariage, de filiation ou d'adoption. Néanmoins l'utilisation de l'adverbe « notamment » dans la rédaction de l'alinéa premier révèle que ces matières ne sont pas indiquées limitativement. C'est ainsi que la diversité de noms pourra résulter d'une procédure ou d'une décision de l'autorité portant légalement changement de nom dans un État mais non reconnue dans l'État dont l'intéressé est le ressortissant.

Le second alinéa de l'article premier indique que le certificat de diversité a « pour seul objet de constater que les divers noms de famille par lui mentionnés désignent, selon des législations différentes, une même personne ». Un objet ainsi délimité confère uniquement au certificat la portée d'un document de caractère complémentaire. En effet, pour reprendre l'exemple déjà cité du Français Dupont devenu Schmitt en République Fédérale d'Allemagne par suite de son mariage, le certificat de diversité établira que selon les législations française et allemande Dupont et Schmitt sont les appellations respectives d'un seul et même individu. Cela ne prouvera pas néanmoins que celui qui présentera ce certificat sera effectivement la personne à double dénomination, en l'espèce Dupont-Schmitt, visée dans le certificat. Le certificat est donc destiné à être présenté en annexe d'un autre document (carte d'identité, passeport, diplôme, etc.).

En énonçant, dans sa dernière phrase, que le certificat « ne peut avoir pour effet de faire échec aux dispositions légales régissant le nom » ce même second alinéa souligne qu'un tel certificat n'est pas de nature à apporter une quelconque dérogation aux dispositions légales qui, dans chacun des États concernés, régissent le nom. En effet, ce certificat est essentiellement destiné à apporter certaines facilités à son utilisateur pour lui permettre notamment d'obtenir sans difficultés tenant à sa diversité de noms le bénéfice dans un État des effets juridiques d'actes ou documents établis dans un autre État sous le nom reconnu par cet autre État. C'est ainsi que Dupont-Schmitt devra obligatoirement utiliser le nom de Dupont tant en France que dans les États qui respectent en matière de nom la loi nationale des étrangers, alors qu'en République Fédérale d'Allemagne il sera tenu d'utiliser le nom de Schmitt que lui reconnaissent les dispositions légales de cet État. Précisons enfin que par « dispositions légales » il ne faut pas, au sens de la Convention, comprendre les seules dispositions de caractère législatif mais au contraire l'ensemble du système juridique de l'État concerné, y inclus son droit international privé.

**Article 2 –** Cet article détermine en quelque sorte le domaine d'application de la Convention « *ratione personae* ». Des principes qu'il formule se dégagent essentiellement les règles pratiques suivantes :

**A)** Le certificat est uniquement délivré sur demande de la personne intéressée présentant les pièces justificatives requises. La nature de ces pièces a été laissée à la discrétion des autorités de l'État qui sera saisi de la demande, ce qui se justifie par le caractère « fermé » de la Convention. Bien entendu les pièces requises devront être de nature à révéler l'origine de la diversité de noms invoquée, pour qu'il soit permis d'apprécier si cette diversité résulte bien, comme l'exige l'article premier de la Convention, de différences existant entre des législations dissemblables.

**B)** Lorsqu'elle a la qualité de ressortissant d'un État contractant, la personne intéressée a le libre choix de saisir de sa demande soit les autorités compétentes de cet État, soit celles de l'État contractant selon la loi duquel lui a été attribué un nom de famille différent de celui résultant de l'application de sa loi nationale. Rien même ne lui interdit de saisir concurremment les autorités compétentes de ces deux États.

Le ressortissant d'un État tiers n'est pas, en raison de la portée générale des termes employés par la Convention, exclu du bénéfice de cette dernière. Toutefois ne pouvant s'adresser à cet État demeuré étranger à la Convention, il n'aura d'autre possibilité que de présenter sa demande de certificat aux autorités compétentes de l'État contractant selon la loi duquel lui a été attribué un nom de famille différent de celui résultant de l'application de sa loi nationale.

C) L'autorité compétente valablement saisie par l'intéressé d'une demande assortie de pièces justificatives qui en établissent le bien-fondé a l'obligation de lui délivrer un certificat de diversité de noms de famille conforme au modèle annexé à la Convention. Les autorités compétentes de l'État contractant dont l'intéressé est le ressortissant ne peuvent notamment refuser de lui délivrer ce certificat au motif que la diversité des noms résulte de l'application d'une loi étrangère, fût-ce celle d'un État tiers. Les autorités compétentes de l'État contractant selon la loi duquel a été attribué à l'intéressé un nom de famille différent de celui résultant de l'application de sa loi nationale ne peuvent lui refuser la délivrance du certificat au motif qu'il est le ressortissant d'un État tiers.

**Article 3 –** Aux termes de cet article, le certificat fait foi, jusqu'à preuve du contraire, « de l'exactitude de ses mentions relatives aux différents noms de famille de la personne désignée ». Il en résulte que les autres mentions ne figurent sur le certificat qu'à titre de simples renseignements destinés à faciliter l'identification de cette personne. C'est ainsi que le titulaire du certificat ne pourra pas l'utiliser comme moyen spécifique de preuve de sa date de naissance, de son sexe ou de sa nationalité. Cette limitation de la valeur probante de certaines de ses mentions confirme le caractère de document complémentaire qui s'attache au certificat et ne permet son utilisation que pour établir la réalité de la diversité de noms.

La valeur probante attribuée, jusqu'à preuve du contraire, aux mentions du certificat relatives à la diversité de noms de son titulaire s'impose à tous les États contractants. Dupont-Schmitt s'il vient à résider sur le territoire d'un État contractant autre que la France ou la République Fédérale d'Allemagne aura notamment la faculté d'y utiliser son certificat pour y percevoir, sans se heurter aux difficultés tenant à sa diversité de noms, les bénéfices, arrérages ou intérêts d'opérations commerciales ou de contrats civils qu'il avait conclus en France sous le nom de Dupont ou en République Fédérale d'Allemagne sous le nom de Schmitt.

**Article 4 –** Cet article reproduit les dispositions favorables aux réfugiés et aux apatrides, que l'on trouve déjà dans plusieurs Conventions élaborées à l'initiative de la Commission Internationale de l'État Civil.

**Articles 5 à 18 –** Ces articles n'appellent aucun commentaire particulier. Les articles 5 à 10 déterminent les énonciations ou symboles que doit comporter le modèle de certificat de diversité de noms de famille et les inscriptions qui devront y être portées par les soins des autorités compétentes désignées par les États en application de l'article 11. Selon le procédé plurilingue déjà plusieurs fois utilisé par la Commission Internationale de l'État Civil chaque mention qui figure au recto du certificat est assortie d'un numéro. C'est sous ce même numéro que se trouvent au verso les traductions de cette mention dans les langues des divers États membres et dans la langue anglaise. Enfin les articles 12 à 18 contiennent les clauses usuelles relatives notamment à la signature et à l'entrée en vigueur de la Convention, aux adhésions ainsi qu'aux éventuelles modifications ou dénonciations.

# 106 Convention CIEC n° 23 du 6 septembre 1989, protocole additionnel à la convention concernant l'échange international d'informations en matière d'état civil signée à Istanbul le 4 septembre 1958 (signé à Patras)

En vigueur depuis le 1er mars 1991

*Les États signataires du présent Protocole, membres de la Commission Internationale de l'État Civil et Parties contractantes à la Convention du 4 septembre 1958 concernant l'échange international d'informations en matière d'état civil,*

Tenant compte de l'évolution intervenue dans le domaine de l'information internationale en matière d'état civil, et désireux d'y adapter les avis requis en vertu de l'article 1er de la Convention du 4 septembre 1958,

Sont convenus des dispositions suivantes :

**Article 1er –** 1. En ce qui concerne la transmission de l'information relative aux actes visés à l'article 1er de la Convention du 4 septembre 1958, les États pourront utiliser soit les formules prévues à l'article 2 de cette Convention, soit les modèles d'extraits plurilingues des Conventions signées à Paris le 27 septembre 1956 et à Vienne le 8 septembre 1976, soit un autre modèle élaboré à cet effet par la Commission Internationale de l'État Civil.

2. Lors de l'utilisation de la voie postale, les avis sont transmis sous pli cacheté.

**Article 2 –** 1. Lorsque sont utilisées les formules prévues à l'article 2 de la Convention du 4 septembre 1958, celles-ci devront être complétées par les traductions en langues anglaise, espagnole, grecque et portugaise des modèles d'avis, telles qu'elles figurent en annexe au présent Protocole.

2. Lorsque sont utilisés les modèles d'extraits plurilingues des Conventions signées à Paris le 27 septembre 1956 et à Vienne le 8 septembre 1976, la mention suivante, rédigée dans les langues des énonciations invariables de l'extrait, doit apparaître : « *Cet extrait de l'acte de mariage / décès est transmis pour valoir avis au sens de l'article 1er de la Convention du 4 septembre 1958 concernant l'échange international d'informations en matière d'état civil* ». La mention peut soit être apposée directement sur le modèle d'extrait plurilingue utilisé, soit figurer sur une fiche annexe agrafée à l'extrait en cause.

**Article 3 –** Le présent Protocole sera ratifié, accepté ou approuvé, et les instruments de ratification, d'acceptation ou d'approbation seront déposés auprès du Conseil Fédéral Suisse.

**Article 4 –** 1. Le présent Protocole entrera en vigueur le premier jour du troisième mois qui suit celui du dépôt du deuxième instrument de ratification, d'acceptation, d'approbation ou d'adhésion.

2. À l'égard de l'État qui ratifiera, acceptera, approuvera ou adhèrera après son entrée en vigueur, le Protocole prendra effet le premier jour du troisième mois qui suit celui du dépôt par cet État de l'instrument de ratification, d'acceptation, d'approbation ou d'adhésion.

**Article 5 –** Tout État qui a ratifié, accepté ou approuvé la Convention du 4 septembre 1958, ou qui y a adhéré, pourra adhérer au présent Protocole. L'instrument d'adhésion sera déposé auprès du Conseil Fédéral Suisse.

**Article 6 –** Les dispositions de l'article 7 de la Convention du 4 septembre 1958 sont applicables, *mutatis mutandis*, à la détermination du domaine territorial du présent Protocole.

**Article 7 –** 1. Le présent Protocole demeurera en vigueur sans limitation de durée.

2. Pour l'État qui dénoncerait la Convention du 4 septembre 1958, le présent Protocole cessera d'être en vigueur simultanément avec la Convention.

**Article 8 –** 1. Le Conseil Fédéral Suisse notifiera aux États membres de la Commission Internationale de l'État Civil

a) le dépôt de tout instrument de ratification, d'acceptation, d'approbation ou d'adhésion;

b) toute date d'entrée en vigueur du Protocole;

c) toute déclaration concernant l'extension territoriale du Protocole ou son retrait, avec la date à laquelle elle prendra effet.

2. Le Conseil Fédéral Suisse avisera le Secrétaire Général de la Commission Internationale de l'État Civil de toute notification faite en application du paragraphe 1.

3. Dès l'entrée en vigueur du présent Protocole, une copie certifiée conforme sera transmise par le Conseil Fédéral Suisse au Secrétaire Général des Nations unies aux fins d'enregistrement et de publication, conformément à l'article 102 de la Charte des Nations unies.

*Domaine territorial de la Convention :*

Lors du dépôt de l'instrument d'acceptation du Protocole, l'Ambassade des Pays-Bas à Berne a précisé que le Protocole est applicable au Royaume en Europe et à Aruba.

## 107 Convention CIEC nº 24 du 5 septembre 1990 relative à la reconnaissance et à la mise à jour des livrets d'état civil (signée à Madrid)

En vigueur depuis le 1er juillet 1992

*Les États signataires de la présente Convention, membres de la Commission Internationale de l'État Civil, désireux de promouvoir et de faciliter la reconnaissance et la mise à jour de leurs livrets d'état civil, sont convenus des dispositions suivantes :*

**Article 1er –** 1. Au sens de la présente Convention, un livret d'état civil est un document délivré en vertu de la loi, émanant d'un officier de l'état civil et prévu pour contenir les énonciations originaires et les mentions ultérieures des actes de l'état civil concernant la naissance, le mariage et le décès.

2. Les énonciations et mentions d'état civil portées sur ces livrets sont datées et revêtues de la signature et du sceau ou timbre de l'autorité qui les a portées.

**Article 2 –** Chaque État contractant reconnaît, sans légalisation ou formalité équivalente, aux livrets visés à l'article 1er et délivrés dans un autre État contractant, la valeur probante qu'il reconnaît aux extraits d'actes de l'état civil délivrés dans ledit État.

**Article 3 –** Lorsque les livrets sont établis selon le modèle annexé à la Convention créant un livret de famille international signée à Paris le 12 septembre 1974 ou qu'ils contiennent les codes appartenant à une codification approuvée par la Commission Internationale de l'État Civil, aucune traduction ne peut en être exigée ; à défaut, une traduction peut être demandée par l'autorité devant laquelle ils sont produits.

**Article 4 –** Quand l'officier de l'état civil d'un des États contractants dresse un acte de l'état civil, il met à jour, sur la base de cet acte, lorsqu'ils lui sont présentés, les livrets établis par l'officier de l'état civil d'un autre État contractant.

**Article 5 –** 1. L'autorité à laquelle est présenté un livret peut en cas de doute portant sur la date, la signature, le sceau, le timbre ou la qualité du signataire, faire procéder aux vérifications nécessaires par l'autorité qui a délivré ou mis à jour le livret.

2. La demande de vérification peut être faite au moyen d'une formule plurilingue dont le modèle est annexé à la présente Convention.

3. Cette formule est envoyée directement soit à l'autorité qui a délivré ou mis à jour le livret à vérifier, soit à l'autorité centrale éventuellement indiquée par l'État signataire, et est accompagnée d'une copie de celui-ci ou, si nécessaire, de l'original.

4. La vérification est opérée gratuitement et la réponse peut être renvoyée directement, le cas échéant avec le livret original. Cette réponse est renvoyée le plus rapidement possible.

**Article 6 –** Pour l'application de la présente Convention, sont assimilés aux ressortissants d'un État contractant, les réfugiés et les apatrides dont le statut personnel est régi par la loi de cet État.

**Article 7 –** 1. Chaque État contractant, au moment de la signature, de la ratification, de l'acceptation, de l'approbation ou de l'adhésion dressera, s'il y a lieu, la liste des documents qu'il délivre et auxquels s'applique la présente Convention.

2. Toute liste établie postérieurement ou toute modification apportée à une liste sera notifiée au Conseil Fédéral Suisse.

**Article 8 –** La présente Convention sera ratifiée, acceptée ou approuvée et les instruments de ratification, d'acceptation ou d'approbation seront déposés auprès du Conseil Fédéral Suisse.

**Article 9 –** 1. La présente Convention entrera en vigueur le premier jour du troisième mois qui suit celui du dépôt du deuxième instrument de ratification, d'acceptation, d'approbation ou d'adhésion.

2. À l'égard de l'État qui ratifiera, acceptera, approuvera ou adhérera après son entrée en vigueur, la Convention prendra effet le premier jour du troisième mois qui suit celui du dépôt par cet État de l'instrument de ratification, d'acceptation, d'approbation ou d'adhésion.

**Article 10 –** Tout État membre de la Commission Internationale de l'État Civil, des Communautés Européennes ou du Conseil de l'Europe pourra adhérer à la présente Convention. L'instrument d'adhésion sera déposé auprès du Conseil Fédéral Suisse.

**Article 11 –** Chaque État contractant pourra, lors de la signature, de la ratification prévue à l'article 8 ou de l'adhésion, déclarer que ses officiers de l'état civil n'effectueront pas les mises à jour :

a) non prévues par sa loi interne ou
b) dont le contenu est contraire à son ordre public.

**Article 12 –** 1. Tout État, au moment de la signature, de la ratification, de l'acceptation, de l'approbation ou de l'adhésion ou à tout moment par la suite, pourra déclarer que la présente Convention s'étendra à l'ensemble des territoires dont il assure les relations sur le plan international, ou à l'un ou plusieurs d'entre eux.

2. Cette déclaration sera notifiée au Conseil Fédéral Suisse et l'extension prendra effet au moment de l'entrée en vigueur de la Convention pour ledit État ou, ultérieurement, le premier jour du troisième mois qui suit celui de la réception de la notification.

3. Toute déclaration d'extension pourra être retirée par notification adressée au Conseil Fédéral Suisse et la Convention cessera d'être applicable au territoire désigné le premier jour du troisième mois qui suit celui de la réception de ladite notification.

**Article 13 –** 1. La présente Convention demeurera en vigueur sans limitation de durée.

2. Tout État partie à la présente Convention aura toutefois la faculté de la dénoncer à tout moment après l'expiration d'un délai d'un an à partir de la date de l'entrée

en vigueur de la Convention à son égard. La dénonciation sera notifiée au Conseil Fédéral Suisse et prendra effet le premier jour du troisième mois qui suit celui de la réception de cette notification. La Convention restera en vigueur entre les autres États.

**Article 14 –** 1. Le Conseil Fédéral Suisse notifiera aux États membres de la Commission Internationale de l'État Civil et à tout autre État ayant adhéré à la présente Convention :

a) le dépôt de tout instrument de ratification, d'acceptation, d'approbation ou d'adhésion;

b) toute date d'entrée en vigueur de la Convention;

c) toute déclaration concernant l'extension territoriale de la Convention ou son retrait, avec la date à laquelle elle prendra effet;

d) toute dénonciation de la Convention et la date à laquelle elle prendra effet;

e) les listes des documents auxquels s'applique la Convention et prévues à l'article 7 et toute modification faite en vertu du second paragraphe de cet article.

2. Le Conseil Fédéral Suisse avisera le Secrétaire Général de la Commission Internationale de l'État Civil de toute notification faite en application du paragraphe 1.

3. Dès l'entrée en vigueur de la présente Convention, une copie certifiée conforme sera transmise par le Conseil Fédéral Suisse au Secrétaire Général des Nations unies aux fins d'enregistrement et de publication, conformément à l'article 102 de la Charte des Nations unies.

*Déclarations faites en application de l'article 7 de la Convention, lors de la signature :*

*Pour le Royaume d'Espagne* : La Convention s'appliquera exclusivement au livret de famille (« *Libro de Familia* ») délivré par le Ministère de la Justice espagnol.

*Pour la République du Portugal* : Le livret d'état civil individuel (« *Cédula pessoal* ») est le seul livret d'état civil que le Portugal délivre et auquel s'appliquera la présente Convention.

*Déclarations faites en application de l'article 11 de la Convention, lors de la signature :*

*Pour la République du Portugal* : Le Portugal déclare que ses officiers de l'état civil n'effectueront pas les mises à jour dont le contenu est contraire à son ordre public et qu'ils pourront ne pas effectuer les mises à jour non prévues par sa loi interne.

*Pour la République turque* : En application de l'article 11 de la présente Convention le Gouvernement de la République de Turquie déclare que ses officiers de l'état civil n'effectueront pas les mises à jour

a) non prévues par sa loi interne

b) dont le contenu est contraire à son ordre public.

*Déclarations faites en application de l'article 11 de la Convention, lors de la ratification :*

*L'Espagne* a déclaré : « *España, de conformidad con el articulo 11 del Acuerdo, declara que sus Encargados del Registro Civil no efectuarán las actualizaciones que no se hallen previstas por su ley interna o cuyo contenido sea contrario a su orden público.* »

*L'Italie* a déclaré : « *Il Governo italiano formula la riserva di cui all'articolo 11 della Convenzione, secondo la quale gli Ufficiali di stato civile non effettueranno gli aggiornamenti non previsti dalla legge interna o il cui contenuto sia contrario all'ordine pubblico.* »

## RAPPORT EXPLICATIF

## ADOPTÉ PAR L'ASSEMBLÉE GÉNÉRALE LE 7 SEPTEMBRE 1989 À PATRAS

### A. GÉNÉRALITÉS

La présente Convention a pour objectif de garantir la reconnaissance et de faciliter la mise à jour par les États contractants des livrets d'état civil délivrés dans un de ces États. Elle ne vise ni à couvrir les erreurs, ni à réparer les omissions que pourraient contenir les livrets, ces questions restant régies par la loi nationale.

Elle met ainsi à la disposition des usagers et de leurs familles dont la mobilité par-delà les frontières s'accroît, les moyens facilitant la preuve de leur état civil personnel et familial. Il leur suffit en effet de produire leur livret dont la valeur probante est reconnue par les États contractants (étant précisé que le terme « produire » est employé dans la Convention au sens, usité en France, de présenter à une fin déterminée).

Elle prévoit également la mise à jour du livret même en-dehors des frontières nationales et concourt ainsi à assurer la fiabilité du document.

Toutefois, aucune obligation de création de livret n'est mise à la charge d'un État.

La Convention complète le dispositif mis en place d'une part par la Convention signée à Paris le 12 septembre 1974 et créant un livret de famille international (Convention n° 15) et, d'autre part, par la Convention signée à Athènes le 15 septembre 1977 et portant dispense de légalisation pour certains actes et documents (Convention n° 17).

En effet, la Convention produit ses effets non seulement à l'égard des livrets nationaux établis par l'un des États contractants, mais également à l'égard du livret de famille international délivré par les États qui ont ratifié la Convention n° 15. Ce livret international sera, en conséquence, juridiquement reconnu non seulement par les États qui ont ratifié la Convention n° 15, mais également par ceux qui ratifieront la présente Convention sans que pour autant ils aient l'obligation de l'établir.

En outre, la Convention complète les effets de l'article 2 de la Convention n° 17 aux termes duquel sont reconnus sans légalisation ou formalité équivalente les documents se rapportant à l'état civil :

- elle précise en effet la valeur probante accordée aux livrets d'état civil en leur reconnaissant celle qu'accorde l'État où le livret est produit, aux extraits d'actes de l'état civil établis par l'État qui a délivré le livret;
- elle crée une obligation de mise à jour des livrets lorsqu'ils sont présentés à l'officier de l'état civil de l'un des États contractants et qui a dressé un acte, bien que le livret ait été délivré dans un autre État contractant.

## B. Commentaire des articles

**Article 1er –** *Cet article donne une définition du livret d'état civil au sens de la Convention. Ce document qui émane d'un officier de l'état civil se présente sous forme de recueil relié d'extraits d'actes de l'état civil. Ces extraits, conformément aux textes qui les définissent, contiennent certaines énonciations originaires et mentions ultérieures des actes d'état civil. Toutefois et en application de la loi d'un État contractant, le livret peut ne comprendre que les énonciations originaires inscrites aux extraits dont il est constitué.*

Il y a lieu de relever que les termes « officier de l'état civil » figurant au premier alinéa comprennent non seulement les officiers de l'état civil *stricto sensu* des différents États liés par la présente Convention, mais encore d'autres personnes compétentes selon les lois nationales, tels les agents consulaires, les capitaines de navires et, le cas échéant, les ministres du culte. Les termes « officier de l'état civil » doivent donc être entendus d'une façon large et comprendre toutes les autorités qui dans les différents pays ont compétence pour rédiger les actes d'état civil dont la relation devra figurer dans les livrets.

Enfin, la qualification de livret d'état civil au sens de la Convention suppose que le document ait été délivré en application de la loi d'un État contractant. Par le terme de « loi », il convient d'entendre l'ensemble des textes ayant valeur normative : convention ratifiée par un État, texte législatif au sens strict, décret, arrêté, règlement.

**Article 2 –** *Cet article règle le problème de la force probante reconnue par les États contractants aux livrets d'état civil établis par un autre État contractant.*

Ainsi les États contractants étendent aux livrets d'état civil qui sont des collections d'extraits, la valeur probante qu'ils reconnaissent aux extraits d'actes d'état civil établis dans un autre État contractant en excluant toute légalisation ou formalité équivalente.

En revanche, il appartient à chacun des États de régler dans sa législation nationale la question de savoir si un livret peut être admis comme mode de preuve de l'état civil dans le cadre de telle ou telle procédure se déroulant sur son territoire.

**Article 3 –** *Cet article propose des solutions utiles pour la compréhension des informations contenues dans le livret quel que soit l'État où il est produit.*

Il est ainsi possible pour les livrets d'état civil des personnes mariées, d'utiliser le modèle défini par la Convention n° 15 de la Commission Internationale de l'État Civil. Dans ce cas, ces livrets étant par hypothèse plurilingues, aucune traduction n'a évidemment lieu d'en être demandée.

Il convient toutefois de préciser que les livrets peuvent toujours revêtir la forme prévue par les textes nationaux. Dans ce cas, la Convention prévoit que l'autorité devant laquelle est produit un tel livret peut en exiger la traduction si celle-ci lui semble indispensable. Cependant dans la mesure où le livret, tout en étant rédigé dans la seule langue de l'État où il a été établi comporte une codification de ses mentions conforme à un modèle approuvé par la Commission Internationale de l'État Civil, l'effet de celle-ci étant de rendre aisément compréhensibles les mentions qui en font l'objet par la simple référence au code plurilingue-modèle, l'exigence d'une traduction n'est plus justifiée, ainsi que le prévoit l'article 3.

**Article 4 –** *Cet article crée pour l'officier de l'état civil d'un des États contractants qui dresse un acte, l'obligation de mettre à jour les livrets établis dans un autre État contractant, sans que les autorités compétentes de cet État soient pour autant privées de la possibilité d'effectuer elles-mêmes cette mise à jour.*

L'obligation prévue à l'article 4 ne porte que sur l'acte que l'officier de l'état civil a dressé. La mise à jour ne porte pas sur les actes d'état civil précédents.

La mise à jour est opérée par l'officier de l'état civil soit dans les formes prévues par la législation de l'État où l'acte est dressé, soit en complétant le modèle éventuellement contenu dans le livret qui lui est présenté, dans la mesure où le contenu de l'acte qu'il a dressé lui permet de le faire.

En tout état de cause, l'obligation de mise à jour est limitée à l'hypothèse où le livret est présenté par l'usager. On observe ainsi que la responsabilité d'assurer la fiabilité du livret incombe principalement au titulaire du livret.

**Article 5 –** *L'article 5 institue une possibilité de contrôle pour le cas où des doutes existeraient sur l'exactitude de la date, la véracité de la signature, l'authenticité du sceau ou du timbre ou la qualité du signataire. On ne devra cependant avoir recours à la vérification dont il s'agit qu'à titre exceptionnel.*

On peut observer que cette procédure reprend celle mise en place par l'article 3 de la Convention signée à Athènes le 15 septembre 1977.

La vérification doit être opérée dans les meilleurs délais. Aussi, la formule de vérification peut-elle être directement adressée à l'autorité qui a délivré ou mis à jour le livret à vérifier ou, le cas échéant, à l'autorité centrale désignée à cet effet par l'État contractant. Ce mode d'acheminement n'exclut toutefois pas la voie diplomatique, toujours ouverte.

**Article 6 –** *L'idée de l'assimilation aux ressortissants d'un État contractant des réfugiés et apatrides dont le statut personnel est régi par la loi de cet État, qui est exprimée dans cet article, se trouve dans d'autres accords internationaux.*

**Article 7 –** *Le dispositif prévu par l'article 7 complète celui de l'article 1er.*

Afin de faciliter la tâche des officiers de l'état civil, il est prévu que chaque État établira, s'il y a lieu, une liste des documents qu'il délivre et qu'il déclare conformes à la définition du livret d'état civil donnée à l'article 1er et, le cas échéant, la mettra à jour.

**Articles 8 – 9 – 10 – 12 – 13 – 14 –** *Ces articles contiennent les clauses de style réglant la ratification de la Convention, son entrée en vigueur et sa durée.*

La Convention est une Convention ouverte. En effet certains États, bien que non membres de la Commission Internationale de l'État Civil, pourront y adhérer après son entrée en vigueur (article 10).

**Article 11 –** *Les réserves prévues par cet article pourront être faites par l'État qui ne souhaite pas modifier la compétence habituelle de ses officiers de l'état civil ou qui souhaite rappeler ses règles d'ordre public.*

Ainsi les officiers de l'état civil ne feront sur les livrets établis par un autre État contractant que les mises à jour connues de leur droit interne. Une réserve peut également concerner les mises à jour dont le contenu serait contraire à l'ordre public d'un État.

# 108 Convention de La Haye du 29 octobre 1993 sur la protection des enfants et la coopération en matière d'adoption internationale

En vigueur depuis le 1er octobre 1998



*Les États signataires de la présente Convention,*

Reconnaissant que, pour l'épanouissement harmonieux de sa personnalité, l'enfant doit grandir dans un milieu familial, dans un climat de bonheur, d'amour et de compréhension,

Rappelant que chaque État devrait prendre, par priorité, des mesures appropriées pour permettre le maintien de l'enfant dans sa famille d'origine,

Reconnaissant que l'adoption internationale peut présenter l'avantage de donner une famille permanente à l'enfant pour lequel une famille appropriée ne peut être trouvée dans son État d'origine,

Convaincus de la nécessité de prévoir des mesures pour garantir que les adoptions internationales aient lieu dans l'intérêt supérieur de l'enfant et le respect de ses droits fondamentaux, ainsi que pour prévenir l'enlèvement, la vente ou la traite d'enfants,

Désirant établir à cet effet des dispositions communes qui tiennent compte des principes reconnus par les instruments internationaux, notamment par la *Convention des Nations unies sur les droits de l'enfant*, du 20 novembre 1989, et par la Déclaration des Nations unies sur les principes sociaux et juridiques applicables à la protection et au bien-être des enfants, envisagés surtout sous l'angle des pratiques en matière d'adoption et de placement familial sur les plans national et international (Résolution de l'Assemblée générale 41/85, du 3 décembre 1986),

Sont convenus des dispositions suivantes :

CHAPITRE PREMIER

## Champ d'application de la convention

**Article premier –** La présente Convention a pour objet :

*a)* d'établir des garanties pour que les adoptions internationales aient lieu dans l'intérêt supérieur de l'enfant et dans le respect des droits fondamentaux qui lui sont reconnus en droit international;

*b)* d'instaurer un système de coopération entre les États contractants pour assurer le respect de ces garanties et prévenir ainsi l'enlèvement, la vente ou la traite d'enfants;

*c)* d'assurer la reconnaissance dans les États contractants des adoptions réalisées selon la Convention.

**Article 2 –** 1. La Convention s'applique lorsqu'un enfant résidant habituellement dans un État contractant (« l'État d'origine ») a été, est ou doit être déplacé vers un autre État contractant (« l'État d'accueil »), soit après son adoption dans l'État d'origine par des époux ou une personne résidant habituellement dans l'État d'accueil, soit en vue d'une telle adoption dans l'État d'accueil ou dans l'État d'origine.

2. La Convention ne vise que les adoptions établissant un lien de filiation.

**Article 3 –** La Convention cesse de s'appliquer si les acceptations visées à l'article 17, lettre *c*), n'ont pas été données avant que l'enfant n'ait atteint l'âge de dix-huit ans.

CHAPITRE II

## Conditions des adoptions internationales

**Article 4 –** Les adoptions visées par la Convention ne peuvent avoir lieu que si les autorités compétentes de l'État d'origine :

*a)* ont établi que l'enfant est adoptable;

*b)* ont constaté, après avoir dûment examiné les possibilités de placement de l'enfant dans son État d'origine, qu'une adoption internationale répond à l'intérêt supérieur de l'enfant;

*c)* se sont assurées

1) que les personnes, institutions et autorités dont le consentement est requis pour l'adoption ont été entourées des conseils nécessaires et dûment informées sur les conséquences de leur consentement, en particulier sur le maintien ou la rupture, en raison d'une adoption, des liens de droit entre l'enfant et sa famille d'origine,

2) que celles-ci ont donné librement leur consentement dans les formes légales requises, et que ce consentement a été donné ou constaté par écrit,

3) que les consentements n'ont pas été obtenus moyennant paiement ou contrepartie d'aucune sorte et qu'ils n'ont pas été retirés, et

4) que le consentement de la mère, s'il est requis, n'a été donné qu'après la naissance de l'enfant; et

*d)* se sont assurées, eu égard à l'âge et à la maturité de l'enfant,

1) que celui-ci a été entouré de conseils et dûment informé sur les conséquences de l'adoption et de son consentement à l'adoption, si celui-ci est requis,

2) que les souhaits et avis de l'enfant ont été pris en considération,

3) que le consentement de l'enfant à l'adoption, lorsqu'il est requis, a été donné librement, dans les formes légales requises, et que son consentement a été donné ou constaté par écrit, et

4) que ce consentement n'a pas été obtenu moyennant paiement ou contrepartie d'aucune sorte.

**Article 5 –** Les adoptions visées par la Convention ne peuvent avoir lieu que si les autorités compétentes de l'État d'accueil :

*a)* ont constaté que les futurs parents adoptifs sont qualifiés et aptes à adopter;

*b)* se sont assurées que les futurs parents adoptifs ont été entourés des conseils nécessaires; et

*c)* ont constaté que l'enfant est ou sera autorisé à entrer et à séjourner de façon permanente dans cet État.

CHAPITRE III

## Autorités centrales et organismes agréés

**Article 6 –** 1. Chaque État contractant désigne une Autorité centrale chargée de satisfaire aux obligations qui lui sont imposées par la Convention.

2. Un État fédéral, un État dans lequel plusieurs systèmes de droit sont en vigueur ou un État ayant des unités territoriales autonomes est libre de désigner plus d'une Autorité centrale et de spécifier l'étendue territoriale ou personnelle de leurs fonctions. L'État qui fait usage de cette faculté désigne l'Autorité centrale à laquelle toute communication peut être adressée en vue de sa transmission à l'Autorité centrale compétente au sein de cet État.

**Article 7 –** 1. Les Autorités centrales doivent coopérer entre elles et promouvoir une collaboration entre les autorités compétentes de leurs États pour assurer la protection des enfants et réaliser les autres objectifs de la Convention.

2. Elles prennent directement toutes mesures appropriées pour :

*a)* fournir des informations sur la législation de leurs États en matière d'adoption et d'autres informations générales, telles que des statistiques et formules types;

*b)* s'informer mutuellement sur le fonctionnement de la Convention et, dans la mesure du possible, lever les obstacles à son application.

**Article 8 –** Les Autorités centrales prennent, soit directement, soit avec le concours d'autorités publiques, toutes mesures appropriées pour prévenir les gains matériels indus à l'occasion d'une adoption et empêcher toute pratique contraire aux objectifs de la Convention.

**Article 9 –** Les Autorités centrales prennent, soit directement, soit avec le concours d'autorités publiques ou d'organismes dûment agréés dans leur État, toutes mesures appropriées, notamment pour :

*a)* rassembler, conserver et échanger des informations relatives à la situation de l'enfant et des futurs parents adoptifs, dans la mesure nécessaire à la réalisation de l'adoption;

*b)* faciliter, suivre et activer la procédure en vue de l'adoption;

*c)* promouvoir dans leurs États le développement de services de conseils pour l'adoption et pour le suivi de l'adoption;

*d)* échanger des rapports généraux d'évaluation sur les expériences en matière d'adoption internationale;

*e)* répondre, dans la mesure permise par la loi de leur État, aux demandes motivées d'informations sur une situation particulière d'adoption formulées par d'autres Autorités centrales ou par des autorités publiques.

**Article 10 –** Peuvent seuls bénéficier de l'agrément et le conserver les organismes qui démontrent leur aptitude à remplir correctement les missions qui pourraient leur être confiées.

**Article 11 –** Un organisme agréé doit :

*a)* poursuivre uniquement des buts non lucratifs dans les conditions et limites fixées par les autorités compétentes de l'État d'agrément;

*b)* être dirigé et géré par des personnes qualifiées par leur intégrité morale et leur formation ou expérience pour agir dans le domaine de l'adoption internationale; et

*c)* être soumis à la surveillance d'autorités compétentes de cet État pour sa composition, son fonctionnement et sa situation financière.

**Article 12 –** Un organisme agréé dans un État contractant ne pourra agir dans un autre État contractant que si les autorités compétentes des deux États l'ont autorisé.

**Article 13 –** La désignation des Autorités centrales et, le cas échéant, l'étendue de leurs fonctions, ainsi que le nom et l'adresse des organismes agréés, sont communiqués par chaque État contractant au Bureau Permanent de la Conférence de La Haye de droit international privé.

CHAPITRE IV

## Conditions procédurales de l'adoption internationale

**Article 14 –** Les personnes résidant habituellement dans un État contractant, qui désirent adopter un enfant dont la résidence habituelle est située dans un autre État contractant, doivent s'adresser à l'Autorité centrale de l'État de leur résidence habituelle.

**Article 15 –** 1. Si l'Autorité centrale de l'État d'accueil considère que les requérants sont qualifiés et aptes à adopter, elle établit un rapport contenant des renseignements sur leur identité, leur capacité légale et leur aptitude à adopter, leur situation personnelle, familiale et médicale, leur milieu social, les motifs qui les animent, leur aptitude à assumer une adoption internationale, ainsi que sur les enfants qu'ils seraient aptes à prendre en charge.

2. Elle transmet le rapport à l'Autorité centrale de l'État d'origine.

**Article 16 –** 1. Si l'Autorité centrale de l'État d'origine considère que l'enfant est adoptable,

*a)* elle établit un rapport contenant des renseignements sur l'identité de l'enfant, son adoptabilité, son milieu social, son évolution personnelle et familiale, son passé médical et celui de sa famille, ainsi que sur ses besoins particuliers;

*b)* elle tient dûment compte des conditions d'éducation de l'enfant, ainsi que de son origine ethnique, religieuse et culturelle;

*c)* elle s'assure que les consentements visés à l'article 4 ont été obtenus; et

*d)* elle constate, en se fondant notamment sur les rapports concernant l'enfant et les futurs parents adoptifs, que le placement envisagé est dans l'intérêt supérieur de l'enfant.

2. Elle transmet à l'Autorité centrale de l'État d'accueil son rapport sur l'enfant, la preuve des consentements requis et les motifs de son constat sur le placement, en veillant à ne pas révéler l'identité de la mère et du père, si, dans l'État d'origine, cette identité ne peut pas être divulguée.

**Article 17 –** Toute décision de confier un enfant à des futurs parents adoptifs ne peut être prise dans l'État d'origine que

*a)* si l'Autorité centrale de cet État s'est assurée de l'accord des futurs parents adoptifs ;

*b)* si l'Autorité centrale de l'État d'accueil a approuvé cette décision, lorsque la loi de cet État ou l'Autorité centrale de l'État d'origine le requiert ;

*c)* si les Autorités centrales des deux États ont accepté que la procédure en vue de l'adoption se poursuive ; et

*d)* s'il a été constaté conformément à l'article 5 que les futurs parents adoptifs sont qualifiés et aptes à adopter et que l'enfant est ou sera autorisé à entrer et à séjourner de façon permanente dans l'État d'accueil.

**Article 18 –** Les Autorités centrales des deux États prennent toutes mesures utiles pour que l'enfant reçoive l'autorisation de sortie de l'État d'origine, ainsi que celle d'entrée et de séjour permanent dans l'État d'accueil.

**Article 19 –** 1. Le déplacement de l'enfant vers l'État d'accueil ne peut avoir lieu que si les conditions de l'article 17 ont été remplies.

2. Les Autorités centrales des deux États veillent à ce que ce déplacement s'effectue en toute sécurité, dans des conditions appropriées et, si possible, en compagnie des parents adoptifs ou des futurs parents adoptifs.

3. Si ce déplacement n'a pas lieu, les rapports visés aux articles 15 et 16 sont renvoyés aux autorités expéditrices.

**Article 20 –** Les Autorités centrales se tiennent informées sur la procédure d'adoption et les mesures prises pour la mener à terme, ainsi que sur le déroulement de la période probatoire, lorsque celle-ci est requise.

**Article 21 –** 1. Lorsque l'adoption doit avoir lieu après le déplacement de l'enfant dans l'État d'accueil et que l'Autorité centrale de cet État considère que le maintien de l'enfant dans la famille d'accueil n'est plus de son intérêt supérieur, cette Autorité prend les mesures utiles à la protection de l'enfant, en vue notamment :

*a)* de retirer l'enfant aux personnes qui désiraient l'adopter et d'en prendre soin provisoirement ;

*b)* en consultation avec l'Autorité centrale de l'État d'origine, d'assurer sans délai un nouveau placement de l'enfant en vue de son adoption ou, à défaut, une prise en charge alternative durable ; une adoption ne peut avoir lieu que si l'Autorité centrale de l'État d'origine a été dûment informée sur les nouveaux parents adoptifs ;

*c)* en dernier ressort, d'assurer le retour de l'enfant, si son intérêt l'exige.

2. Eu égard notamment à l'âge et à la maturité de l'enfant, celui-ci sera consulté et, le cas échéant, son consentement obtenu sur les mesures à prendre conformément au présent article.

**Article 22 –** 1. Les fonctions conférées à l'Autorité centrale par le présent chapitre peuvent être exercées par des autorités publiques ou par des organismes agréés conformément au chapitre III, dans la mesure prévue par la loi de son État.

2. Un État contractant peut déclarer auprès du dépositaire de la Convention que les fonctions conférées à l'Autorité centrale par les articles 15 à 21 peuvent aussi

être exercées dans cet État, dans la mesure prévue par la loi et sous le contrôle des autorités compétentes de cet État, par des organismes ou personnes qui :

*a)* remplissent les conditions de moralité, de compétence professionnelle, d'expérience et de responsabilité requises par cet État ; et

*b)* sont qualifiées par leur intégrité morale et leur formation ou expérience pour agir dans le domaine de l'adoption internationale.

3. L'État contractant qui fait la déclaration visée au paragraphe 2 informe régulièrement le Bureau Permanent de la Conférence de La Haye de droit international privé des noms et adresses de ces organismes et personnes.

4. Un État contractant peut déclarer auprès du dépositaire de la Convention que les adoptions d'enfants dont la résidence habituelle est située sur son territoire ne peuvent avoir lieu que si les fonctions conférées aux Autorités centrales sont exercées conformément au paragraphe premier.

5. Nonobstant toute déclaration effectuée conformément au paragraphe 2, les rapports prévus aux articles 15 et 16 sont, dans tous les cas, établis sous la responsabilité de l'Autorité centrale ou d'autres autorités ou organismes, conformément au paragraphe premier.

## CHAPITRE V
## Reconnaissance et effets de l'adoption

**Article 23 –** 1. Une adoption certifiée conforme à la Convention par l'autorité compétente de l'État contractant où elle a eu lieu est reconnue de plein droit dans les autres États contractants. Le certificat indique quand et par qui les acceptations visées à l'article 17, lettre *c*), ont été données.

2. Tout État contractant, au moment de la signature, de la ratification, de l'acceptation, de l'approbation ou de l'adhésion, notifiera au dépositaire de la Convention l'identité et les fonctions de l'autorité ou des autorités qui, dans cet État, sont compétentes pour délivrer le certificat. Il lui notifiera aussi toute modification dans la désignation de ces autorités.

**Article 24 –** La reconnaissance d'une adoption ne peut être refusée dans un État contractant que si l'adoption est manifestement contraire à son ordre public, compte tenu de l'intérêt supérieur de l'enfant.

**Article 25 –** Tout État contractant peut déclarer au dépositaire de la Convention qu'il ne sera pas tenu de reconnaître en vertu de celle-ci les adoptions faites conformément à un accord conclu en application de l'article 39, paragraphe 2.

**Article 26 –** 1. La reconnaissance de l'adoption comporte celle

*a)* du lien de filiation entre l'enfant et ses parents adoptifs ;

*b)* de la responsabilité parentale des parents adoptifs à l'égard de l'enfant ;

*c)* de la rupture du lien préexistant de filiation entre l'enfant et sa mère et son père, si l'adoption produit cet effet dans l'État contractant où elle a eu lieu.

2. Si l'adoption a pour effet de rompre le lien préexistant de filiation, l'enfant jouit, dans l'État d'accueil et dans tout autre État contractant où l'adoption est reconnue, des droits équivalents à ceux résultant d'une adoption produisant cet effet dans chacun de ces États.

3. Les paragraphes précédents ne portent pas atteinte à l'application de toute disposition plus favorable à l'enfant, en vigueur dans l'État contractant qui reconnaît l'adoption.

**Article 27 –** 1. Lorsqu'une adoption faite dans l'État d'origine n'a pas pour effet de rompre le lien préexistant de filiation, elle peut, dans l'État d'accueil qui reconnaît l'adoption conformément à la Convention, être convertie en une adoption produisant cet effet,

*a)* si le droit de l'État d'accueil le permet; et

*b)* si les consentements visés à l'article 4, lettres *c*) et *d*), ont été ou sont donnés en vue d'une telle adoption.

2. L'article 23 s'applique à la décision de conversion.

CHAPITRE VI

## Dispositions générales

**Article 28 –** La Convention ne déroge pas aux lois de l'État d'origine qui requièrent que l'adoption d'un enfant résidant habituellement dans cet État doive avoir lieu dans cet État ou qui interdisent le placement de l'enfant dans l'État d'accueil ou son déplacement vers cet État avant son adoption.

**Article 29 –** Aucun contact entre les futurs parents adoptifs et les parents de l'enfant ou toute autre personne qui a la garde de celui-ci ne peut avoir lieu tant que les dispositions de l'article 4, lettres *a*) à *c*), et de l'article 5, lettre *a*), n'ont pas été respectées, sauf si l'adoption a lieu entre membres d'une même famille ou si les conditions fixées par l'autorité compétente de l'État d'origine sont remplies.

**Article 30 –** 1. Les autorités compétentes d'un État contractant veillent à conserver les informations qu'elles détiennent sur les origines de l'enfant, notamment celles relatives à l'identité de sa mère et de son père, ainsi que les données sur le passé médical de l'enfant et de sa famille.

2. Elles assurent l'accès de l'enfant ou de son représentant à ces informations, avec les conseils appropriés, dans la mesure permise par la loi de leur État.

**Article 31 –** Sous réserve de l'article 30, les données personnelles rassemblées ou transmises conformément à la Convention, en particulier celles visées aux articles 15 et 16, ne peuvent être utilisées à d'autres fins que celles pour lesquelles elles ont été rassemblées ou transmises.

**Article 32 –** 1. Nul ne peut tirer un gain matériel indu en raison d'une intervention à l'occasion d'une adoption internationale.

2. Seuls peuvent être demandés et payés les frais et dépenses, y compris les honoraires raisonnables des personnes qui sont intervenues dans l'adoption.

3. Les dirigeants, administrateurs et employés d'organismes intervenant dans une adoption ne peuvent recevoir une rémunération disproportionnée par rapport aux services rendus.

**Article 33 –** Toute autorité compétente qui constate qu'une des dispositions de la Convention a été méconnue ou risque manifestement de l'être en informe aussitôt l'Autorité centrale de l'État dont elle relève. Cette Autorité centrale a la responsabilité de veiller à ce que les mesures utiles soient prises.

**Article 34 –** Si l'autorité compétente de l'État destinataire d'un document le requiert, une traduction certifiée conforme doit être produite. Sauf dispense, les frais de traduction sont à la charge des futurs parents adoptifs.

**Article 35 –** Les autorités compétentes des États contractants agissent rapidement dans les procédures d'adoption.

**Article 36 –** Au regard d'un État qui connaît, en matière d'adoption, deux ou plusieurs systèmes de droit applicables dans des unités territoriales différentes :

*a)* toute référence à la résidence habituelle dans cet État vise la résidence habituelle dans une unité territoriale de cet État;

*b)* toute référence à la loi de cet État vise la loi en vigueur dans l'unité territoriale concernée;

*c)* toute référence aux autorités compétentes ou aux autorités publiques de cet État vise les autorités habilitées à agir dans l'unité territoriale concernée;

*d)* toute référence aux organismes agréés de cet État vise les organismes agréés dans l'unité territoriale concernée.

**Article 37 –** Au regard d'un État qui connaît, en matière d'adoption, deux ou plusieurs systèmes de droit applicables à des catégories différentes de personnes, toute référence à la loi de cet État vise le système de droit désigné par le droit de celui-ci.

**Article 38 –** Un État dans lequel différentes unités territoriales ont leurs propres règles de droit en matière d'adoption ne sera pas tenu d'appliquer la Convention lorsqu'un État dont le système de droit est unifié ne serait pas tenu de l'appliquer.

**Article 39 –** 1. La Convention ne déroge pas aux instruments internationaux auxquels des États contractants sont Parties et qui contiennent des dispositions sur les matières réglées par la présente Convention, à moins qu'une déclaration contraire ne soit faite par les États liés par de tels instruments.

2. Tout État contractant pourra conclure avec un ou plusieurs autres États contractants des accords en vue de favoriser l'application de la Convention dans leurs rapports réciproques. Ces accords ne pourront déroger qu'aux dispositions des articles 14 à 16 et 18 à 21. Les États qui auront conclu de tels accords en transmettront une copie au dépositaire de la Convention.

**Article 40 –** Aucune réserve à la Convention n'est admise.

**Article 41 –** La Convention s'applique chaque fois qu'une demande visée à l'article 14 a été reçue après l'entrée en vigueur de la Convention dans l'État d'accueil et l'État d'origine.

**Article 42 –** Le Secrétaire général de la Conférence de La Haye de droit international privé convoque périodiquement une Commission spéciale afin d'examiner le fonctionnement pratique de la Convention.

CHAPITRE VII

## Clauses finales

**Article 43 –** 1. La Convention est ouverte à la signature des États qui étaient Membres de la Conférence de La Haye de droit international privé lors de sa Dix-septième session et des autres États qui ont participé à cette Session.

2. Elle sera ratifiée, acceptée ou approuvée et les instruments de ratification, d'acceptation ou d'approbation seront déposés auprès du Ministère des Affaires Étrangères du Royaume des Pays-Bas, dépositaire de la Convention.

**Article 44 –** 1. Tout autre État pourra adhérer à la Convention après son entrée en vigueur en vertu de l'article 46, paragraphe 1.

2. L'instrument d'adhésion sera déposé auprès du dépositaire.

3. L'adhésion n'aura d'effet que dans les rapports entre l'État adhérant et les États contractants qui n'auront pas élevé d'objection à son encontre dans les six mois après la réception de la notification prévue à l'article 48, lettre *b*). Une telle objection pourra également être élevée par tout État au moment d'une ratification, acceptation ou approbation de la Convention, ultérieure à l'adhésion. Ces objections seront notifiées au dépositaire.

**Article 45 –** 1. Un État qui comprend deux ou plusieurs unités territoriales dans lesquelles des systèmes de droit différents s'appliquent aux matières régies par cette Convention pourra, au moment de la signature, de la ratification, de l'acceptation, de l'approbation ou de l'adhésion, déclarer que la présente Convention s'appliquera à toutes ses unités territoriales ou seulement à l'une ou à plusieurs d'entre elles, et pourra à tout moment modifier cette déclaration en faisant une nouvelle déclaration.

2. Ces déclarations seront notifiées au dépositaire et indiqueront expressément les unités territoriales auxquelles la Convention s'applique.

3. Si un État ne fait pas de déclaration en vertu du présent article, la Convention s'appliquera à l'ensemble du territoire de cet État.

**Article 46 –** 1. La Convention entrera en vigueur le premier jour du mois suivant l'expiration d'une période de trois mois après le dépôt du troisième instrument de ratification, d'acceptation ou d'approbation prévu par l'article 43.

2. Par la suite, la Convention entrera en vigueur :

*a)* pour chaque État ratifiant, acceptant ou approuvant postérieurement, ou adhérant, le premier jour du mois suivant l'expiration d'une période de trois mois après le dépôt de son instrument de ratification, d'acceptation, d'approbation ou d'adhésion ;

*b)* pour les unités territoriales auxquelles la Convention a été étendue conformément à l'article 45, le premier jour du mois suivant l'expiration d'une période de trois mois après la notification visée dans cet article.

**Article 47 –** 1. Tout État Partie à la Convention pourra dénoncer celle-ci par une notification adressée par écrit au dépositaire.

2. La dénonciation prendra effet le premier jour du mois suivant l'expiration d'une période de douze mois après la date de réception de la notification par le dépositaire. Lorsqu'une période plus longue pour la prise d'effet de la dénonciation est spécifiée dans la notification, la dénonciation prendra effet à l'expiration de la période en question après la date de réception de la notification.

**Article 48 –** Le dépositaire notifiera aux États membres de la Conférence de La Haye de droit international privé, aux autres États qui ont participé à la Dix-septième session, ainsi qu'aux États qui auront adhéré conformément aux dispositions de l'article 44 ;

*a)* les signatures, ratifications, acceptations et approbations visées à l'article 43;

*b)* les adhésions et les objections aux adhésions visées à l'article 44;

*c)* la date à laquelle la Convention entrera en vigueur conformément aux dispositions de l'article 46;

*d)* les déclarations et les désignations mentionnées aux articles 22, 23, 25 et 45;

*e)* les accords mentionnés à l'article 39;

*f)* les dénonciations visées à l'article 47.

# 109 Convention de La Haye du 19 octobre 1996 concernant la compétence, la loi applicable, la reconnaissance, l'exécution et la coopération en matière de responsabilité parentale et de mesures de protection des enfants

En vigueur depuis le 1er février 2011



*Les États signataires de la présente Convention,*

Considérant qu'il convient de renforcer la protection des enfants dans les situations à caractère international,

Désirant éviter des conflits entre leurs systèmes juridiques en matière de compétence, loi applicable, reconnaissance et exécution des mesures de protection des enfants,

Rappelant l'importance de la coopération internationale pour la protection des enfants,

Confirmant que l'intérêt supérieur de l'enfant doit être une considération primordiale,

Constatant la nécessité de reviser la *Convention du 5 octobre 1961 concernant la compétence des autorités et la loi applicable en matière de protection des mineurs*,

Désirant établir des dispositions communes à cet effet, en tenant compte de la *Convention des Nations unies relative aux droits de l'enfant*, du 20 novembre 1989,

Sont convenus des dispositions suivantes :

CHAPITRE PREMIER

## Champ d'application de la convention

**Article premier –** 1. La présente Convention a pour objet :

*a.* de déterminer l'État dont les autorités ont compétence pour prendre des mesures tendant à la protection de la personne ou des biens de l'enfant;

*b.* de déterminer la loi applicable par ces autorités dans l'exercice de leur compétence;

*c.* de déterminer la loi applicable à la responsabilité parentale;

*d.* d'assurer la reconnaissance et l'exécution des mesures de protection dans tous les États contractants;

*e.* d'établir entre les autorités des États contractants la coopération nécessaire à la réalisation des objectifs de la Convention.

2. Aux fins de la Convention, l'expression « responsabilité parentale » comprend l'autorité parentale ou tout autre rapport d'autorité analogue déterminant les droits, les pouvoirs et les obligations des parents, d'un tuteur ou autre représentant légal à l'égard de la personne ou des biens de l'enfant.

**Article 2 –** La Convention s'applique aux enfants à partir de leur naissance et jusqu'à ce qu'ils aient atteint l'âge de 18 ans.

**Article 3 –** Les mesures prévues à l'article premier peuvent porter notamment sur :

*a.* l'attribution, l'exercice et le retrait total ou partiel de la responsabilité parentale, ainsi que la délégation de celle-ci;

*b.* le droit de garde, comprenant le droit portant sur les soins de la personne de l'enfant, et en particulier celui de décider de son lieu de résidence, ainsi que le droit de visite, comprenant le droit d'emmener l'enfant pour une période limitée dans un lieu autre que celui de sa résidence habituelle;

*c.* la tutelle, la curatelle et les institutions analogues;

*d.* la désignation et les fonctions de toute personne ou organisme chargé de s'occuper de la personne ou des biens de l'enfant, de le représenter ou de l'assister;

*e.* le placement de l'enfant dans une famille d'accueil ou dans un établissement, ou son recueil légal par *kafala* ou par une institution analogue;

*f.* la supervision par les autorités publiques des soins dispensés à l'enfant par toute personne ayant la charge de cet enfant;

*g.* l'administration, la conservation ou la disposition des biens de l'enfant.

**Article 4 –** Sont exclus du domaine de la Convention :

*a.* l'établissement et la contestation de la filiation;

*b.* la décision sur l'adoption et les mesures qui la préparent, ainsi que l'annulation et la révocation de l'adoption;

*c.* les nom et prénoms de l'enfant;

*d.* l'émancipation;

*e.* les obligations alimentaires;

*f.* les trusts et successions;

*g.* la sécurité sociale;

*h.* les mesures publiques de caractère général en matière d'éducation et de santé;

*i.* les mesures prises en conséquence d'infractions pénales commises par des enfants;

*j.* les décisions sur le droit d'asile et en matière d'immigration.

CHAPITRE II

## Compétence

**Article 5 –** 1. Les autorités, tant judiciaires qu'administratives, de l'État contractant de la résidence habituelle de l'enfant sont compétentes pour prendre des mesures tendant à la protection de sa personne ou de ses biens.

2. Sous réserve de l'article 7, en cas de changement de la résidence habituelle de l'enfant dans un autre État contractant, sont compétentes les autorités de l'État de la nouvelle résidence habituelle.

**Article 6 –** 1. Pour les enfants réfugiés et les enfants qui, par suite de troubles prévalant dans leur pays, sont internationalement déplacés, les autorités de l'État contractant sur le territoire duquel ces enfants sont présents du fait de leur déplacement exercent la compétence prévue au paragraphe premier de l'article 5.

2. La disposition du paragraphe précédent s'applique également aux enfants dont la résidence habituelle ne peut être établie.

**Article 7 –** 1. En cas de déplacement ou de non-retour illicite de l'enfant, les autorités de l'État contractant dans lequel l'enfant avait sa résidence habituelle immédiatement avant son déplacement ou son non-retour conservent leur compétence jusqu'au moment où l'enfant a acquis une résidence habituelle dans un autre État et que :

*a.* toute personne, institution ou autre organisme ayant le droit de garde a acquiescé au déplacement ou au non-retour ; ou

*b.* l'enfant a résidé dans cet autre État pour une période d'au moins un an après que la personne, l'institution ou tout autre organisme ayant le droit de garde a connu ou aurait dû connaître le lieu où se trouvait l'enfant, aucune demande de retour présentée pendant cette période n'est encore en cours d'examen, et l'enfant s'est intégré dans son nouveau milieu.

2. Le déplacement ou le non-retour de l'enfant est considéré comme illicite :

*a.* lorsqu'il a lieu en violation d'un droit de garde, attribué à une personne, une institution ou tout autre organisme, seul ou conjointement, par le droit de l'État dans lequel l'enfant avait sa résidence habituelle immédiatement avant son déplacement ou son non-retour, et

*b.* que ce droit était exercé de façon effective, seul ou conjointement, au moment du déplacement ou du non-retour, ou l'eût été si de tels événements n'étaient survenus.

Le droit de garde visé à la lettre *a* peut notamment résulter d'une attribution de plein droit, d'une décision judiciaire ou administrative, ou d'un accord en vigueur selon le droit de cet État.

3. Tant que les autorités mentionnées au paragraphe premier conservent leur compétence, les autorités de l'État contractant où l'enfant a été déplacé ou retenu ne peuvent prendre que les mesures urgentes nécessaires à la protection de la personne ou des biens de l'enfant, conformément à l'article 11.

**Article 8 –** 1. À titre d'exception, l'autorité de l'État contractant compétente en application des articles 5 ou 6, si elle considère que l'autorité d'un autre État contractant serait mieux à même d'apprécier dans un cas particulier l'intérêt supérieur de l'enfant, peut :

– soit demander à cette autorité, directement ou avec le concours de l'Autorité centrale de cet État, d'accepter la compétence pour prendre les mesures de protection qu'elle estimera nécessaires,

– soit surseoir à statuer et inviter les parties à saisir d'une telle demande l'autorité de cet autre État.

2. Les États contractants dont une autorité peut être requise ou saisie dans les conditions fixées au paragraphe précédent sont :

*a.* un État dont l'enfant possède la nationalité,

*b.* un État dans lequel sont situés des biens de l'enfant,

*c.* un État dont une autorité est saisie d'une demande en divorce ou séparation de corps des parents de l'enfant, ou en annulation de leur mariage,

*d.* un État avec lequel l'enfant présente un lien étroit.

3. Les autorités concernées peuvent procéder à un échange de vues.

4. L'autorité requise ou saisie dans les conditions prévues au paragraphe premier peut accepter la compétence, en lieu et place de l'autorité compétente en application des articles 5 ou 6, si elle considère que tel est l'intérêt supérieur de l'enfant.

**Article 9 –** 1. Les autorités des États contractants mentionnés à l'article 8, paragraphe 2, si elles considèrent qu'elles sont les mieux à même d'apprécier dans un cas particulier l'intérêt supérieur de l'enfant, peuvent

– soit demander à l'autorité compétente de l'État contractant de la résidence habituelle de l'enfant, directement ou avec le concours de l'Autorité centrale de cet État, de leur permettre d'exercer la compétence pour prendre les mesures de protection qu'elles estiment nécessaires,

– soit inviter les parties à présenter une telle demande devant les autorités de l'État contractant de la résidence habituelle de l'enfant.

2. Les autorités concernées peuvent procéder à un échange de vues.

3. L'autorité à l'origine de la demande ne peut exercer la compétence en lieu et place de l'autorité de l'État contractant de la résidence habituelle de l'enfant que si cette autorité a accepté la demande.

**Article 10 –** 1. Sans préjudice des articles 5 à 9, les autorités d'un État contractant, dans l'exercice de leur compétence pour connaître d'une demande en divorce ou séparation de corps des parents d'un enfant résidant habituellement dans un autre État contractant, ou en annulation de leur mariage, peuvent prendre, si la loi de leur État le permet, des mesures de protection de la personne ou des biens de l'enfant,

*a.* si, au commencement de la procédure, l'un des parents réside habituellement dans cet État et que l'un d'eux ait la responsabilité parentale à l'égard de l'enfant, et

*b.* si la compétence de ces autorités pour prendre de telles mesures a été acceptée par les parents, ainsi que par toute autre personne ayant la responsabilité parentale à l'égard de l'enfant et si cette compétence est conforme à l'intérêt supérieur de l'enfant.

2. La compétence prévue au paragraphe premier pour prendre des mesures de protection de l'enfant cesse dès lors que la décision faisant droit ou rejetant la demande en divorce, séparation de corps ou annulation du mariage est devenue définitive ou que la procédure a pris fin pour un autre motif.

**Article 11 –** 1. Dans tous les cas d'urgence, les autorités de chaque État contractant sur le territoire duquel se trouve l'enfant ou des biens lui appartenant sont compétentes pour prendre les mesures de protection nécessaires.

2. Les mesures prises en application du paragraphe précédent à l'égard d'un enfant ayant sa résidence habituelle dans un État contractant cessent d'avoir effet dès que les autorités compétentes en vertu des articles 5 à 10 ont pris les mesures exigées par la situation.

3. Les mesures prises en application du paragraphe premier à l'égard d'un enfant ayant sa résidence habituelle dans un État non contractant cessent d'avoir effet dans

chaque État contractant dès qu'y sont reconnues les mesures exigées par la situation, prises par les autorités d'un autre État.

**Article 12 –** 1. Sous réserve de l'article 7, les autorités d'un État contractant sur le territoire duquel se trouve l'enfant ou des biens lui appartenant sont compétentes pour prendre des mesures de protection de la personne ou des biens de l'enfant, ayant un caractère provisoire et une efficacité territoriale restreinte à cet État, pour autant que de telles mesures ne soient pas incompatibles avec celles déjà prises par les autorités compétentes en vertu des articles 5 à 10.

2. Les mesures prises en application du paragraphe précédent à l'égard d'un enfant ayant sa résidence habituelle dans un État contractant cessent d'avoir effet dès que les autorités compétentes en vertu des articles 5 à 10 se sont prononcées sur les mesures que pourrait exiger la situation.

3. Les mesures prises en application du paragraphe premier à l'égard d'un enfant ayant sa résidence habituelle dans un État non contractant cessent d'avoir effet dans l'État contractant où elles ont été prises dès qu'y sont reconnues les mesures exigées par la situation, prises par les autorités d'un autre État.

**Article 13 –** 1. Les autorités d'un État contractant qui sont compétentes selon les articles 5 à 10 pour prendre des mesures de protection de la personne ou des biens de l'enfant doivent s'abstenir de statuer si, lors de l'introduction de la procédure, des mesures correspondantes ont été demandées aux autorités d'un autre État contractant alors compétentes en vertu des articles 5 à 10 et sont encore en cours d'examen.

2. La disposition du paragraphe précédent ne s'applique pas si les autorités devant lesquelles la demande de mesures a été initialement présentée ont renoncé à leur compétence.

**Article 14 –** Les mesures prises en application des articles 5 à 10 restent en vigueur dans les limites qui sont les leurs, même lorsqu'un changement des circonstances a fait disparaître l'élément sur lequel était fondée la compétence, tant que les autorités compétentes en vertu de la Convention ne les ont pas modifiées, remplacées ou levées.

CHAPITRE III

## Loi applicable

**Article 15 –** 1. Dans l'exercice de la compétence qui leur est attribuée par les dispositions du chapitre II, les autorités des États contractants appliquent leur loi.

2. Toutefois, dans la mesure où la protection de la personne ou des biens de l'enfant le requiert, elles peuvent exceptionnellement appliquer ou prendre en considération la loi d'un autre État avec lequel la situation présente un lien étroit.

3. En cas de changement de la résidence habituelle de l'enfant dans un autre État contractant, la loi de cet autre État régit, à partir du moment où le changement est survenu, les conditions d'application des mesures prises dans l'État de l'ancienne résidence habituelle.

**Article 16 –** 1. L'attribution ou l'extinction de plein droit d'une responsabilité parentale, sans intervention d'une autorité judiciaire ou administrative, est régie par la loi de l'État de la résidence habituelle de l'enfant.

2. L'attribution ou l'extinction d'une responsabilité parentale par un accord ou un acte unilatéral, sans intervention d'une autorité judiciaire ou administrative, est régie par la loi de l'État de la résidence habituelle de l'enfant au moment où l'accord ou l'acte unilatéral prend effet.

3. La responsabilité parentale existant selon la loi de l'État de la résidence habituelle de l'enfant subsiste après le changement de cette résidence habituelle dans un autre État.

4. En cas de changement de la résidence habituelle de l'enfant, l'attribution de plein droit de la responsabilité parentale à une personne qui n'est pas déjà investie de cette responsabilité est régie par la loi de l'État de la nouvelle résidence habituelle.

**Article 17 –** L'exercice de la responsabilité parentale est régi par la loi de l'État de la résidence habituelle de l'enfant. En cas de changement de la résidence habituelle de l'enfant, il est régi par la loi de l'État de la nouvelle résidence habituelle.

**Article 18 –** La responsabilité parentale prévue à l'article 16 pourra être retirée ou ses conditions d'exercice modifiées par des mesures prises en application de la Convention.

**Article 19 –** 1. La validité d'un acte passé entre un tiers et une autre personne qui aurait la qualité de représentant légal selon la loi de l'État où l'acte a été passé ne peut être contestée, ni la responsabilité du tiers engagée, pour le seul motif que l'autre personne n'avait pas la qualité de représentant légal en vertu de la loi désignée par les dispositions du présent chapitre, sauf si le tiers savait ou devait savoir que la responsabilité parentale était régie par cette loi.

2. Le paragraphe précédent ne s'applique que dans le cas où l'acte a été passé entre personnes présentes sur le territoire d'un même État.

**Article 20 –** Les dispositions du présent chapitre sont applicables même si la loi qu'elles désignent est celle d'un État non contractant.

**Article 21 –** 1. Au sens du présent chapitre, le terme « loi » désigne le droit en vigueur dans un État, à l'exclusion des règles de conflit de lois.

2. Toutefois, si la loi applicable en vertu de l'article 16 est celle d'un État non contractant et que les règles de conflit de cet État désignent la loi d'un autre État non contractant qui appliquerait sa propre loi, la loi de cet autre État est applicable. Si la loi de cet autre État non contractant ne se reconnaît pas applicable, la loi applicable est celle désignée par l'article 16.

**Article 22 –** L'application de la loi désignée par les dispositions du présent chapitre ne peut être écartée que si cette application est manifestement contraire à l'ordre public, compte tenu de l'intérêt supérieur de l'enfant.

## CHAPITRE IV
## Reconnaissance et exécution

**Article 23 –** 1. Les mesures prises par les autorités d'un État contractant sont reconnues de plein droit dans les autres États contractants.

2. Toutefois, la reconnaissance peut être refusée :

*a.* si la mesure a été prise par une autorité dont la compétence n'était pas fondée sur un chef de compétence prévu au chapitre II ;

*b.* si la mesure a été prise, hors le cas d'urgence, dans le cadre d'une procédure judiciaire ou administrative, sans qu'ait été donnée à l'enfant la possibilité d'être entendu, en violation des principes fondamentaux de procédure de l'État requis;

*c.* à la demande de toute personne prétendant que cette mesure porte atteinte à sa responsabilité parentale, si cette mesure a été prise, hors le cas d'urgence, sans qu'ait été donnée à cette personne la possibilité d'être entendue;

*d.* si la reconnaissance est manifestement contraire à l'ordre public de l'État requis, compte tenu de l'intérêt supérieur de l'enfant;

*e.* si la mesure est incompatible avec une mesure prise postérieurement dans l'État non contractant de la résidence habituelle de l'enfant, lorsque cette dernière mesure réunit les conditions nécessaires à sa reconnaissance dans l'État requis;

*f.* si la procédure prévue à l'article 33 n'a pas été respectée.

**Article 24 –** Sans préjudice de l'article 23, paragraphe premier, toute personne intéressée peut demander aux autorités compétentes d'un État contractant qu'il soit statué sur la reconnaissance ou la non-reconnaissance d'une mesure prise dans un autre État contractant. La procédure est régie par la loi de l'État requis.

**Article 25 –** L'autorité de l'État requis est liée par les constatations de fait sur lesquelles l'autorité de l'État qui a pris la mesure a fondé sa compétence.

**Article 26 –** 1. Si les mesures prises dans un État contractant et qui y sont exécutoires comportent des actes d'exécution dans un autre État contractant, elles sont, dans cet autre État, déclarées exécutoires ou enregistrées aux fins d'exécution, sur requête de toute partie intéressée, selon la procédure prévue par la loi de cet État.

2. Chaque État contractant applique à la déclaration d'*exequatur* ou à l'enregistrement une procédure simple et rapide.

3. La déclaration d'*exequatur* ou l'enregistrement ne peuvent être refusés que pour l'un des motifs prévus à l'article 23, paragraphe 2.

**Article 27 –** Sous réserve de ce qui est nécessaire pour l'application des articles qui précèdent, l'autorité de l'État requis ne procédera à aucune revision au fond de la mesure prise.

**Article 28 –** Les mesures prises dans un État contractant, qui sont déclarées exécutoires ou enregistrées aux fins d'exécution dans un autre État contractant, y sont mises à exécution comme si elles avaient été prises par les autorités de cet autre État. La mise à exécution des mesures se fait conformément à la loi de l'État requis dans les limites qui y sont prévues, compte tenu de l'intérêt supérieur de l'enfant.

## CHAPITRE V
## Coopération

**Article 29 –** 1. Chaque État contractant désigne une Autorité centrale chargée de satisfaire aux obligations qui lui sont imposées par la Convention.

2. Un État fédéral, un État dans lequel plusieurs systèmes de droit sont en vigueur ou un État ayant des unités territoriales autonomes est libre de désigner plus d'une Autorité centrale et de spécifier l'étendue territoriale ou personnelle de leurs fonctions. L'État qui fait usage de cette faculté désigne l'Autorité centrale à laquelle

toute communication peut être adressée en vue de sa transmission à l'Autorité centrale compétente au sein de cet État.

**Article 30 –** 1. Les Autorités centrales doivent coopérer entre elles et promouvoir la coopération entre les autorités compétentes de leur État pour réaliser les objectifs de la Convention.

2. Elles prennent, dans le cadre de l'application de la Convention, les dispositions appropriées pour fournir des informations sur leur législation, ainsi que sur les services disponibles dans leur État en matière de protection de l'enfant.

**Article 31 –** L'Autorité centrale d'un État contractant prend soit directement, soit avec le concours d'autorités publiques ou d'autres organismes, toutes dispositions appropriées pour :

*a.* faciliter les communications et offrir l'assistance prévues aux articles 8 et 9 et au présent chapitre ;

*b.* faciliter par la médiation, la conciliation ou tout autre mode analogue, des ententes à l'amiable sur la protection de la personne ou des biens de l'enfant, dans les situations auxquelles s'applique la Convention ;

*c.* aider, sur demande d'une autorité compétente d'un autre État contractant, à localiser l'enfant lorsqu'il paraît que celui-ci est présent sur le territoire de l'État requis et a besoin de protection.

**Article 32 –** Sur demande motivée de l'Autorité centrale ou d'une autre autorité compétente d'un État contractant avec lequel l'enfant a un lien étroit, l'Autorité centrale de l'État contractant dans lequel l'enfant a sa résidence habituelle et dans lequel il est présent peut, soit directement, soit avec le concours d'autorités publiques ou d'autres organismes,

*a.* fournir un rapport sur la situation de l'enfant ;

*b.* demander à l'autorité compétente de son État d'examiner l'opportunité de prendre des mesures tendant à la protection de la personne ou des biens de l'enfant.

**Article 33 –** 1. Lorsque l'autorité compétente en vertu des articles 5 à 10 envisage le placement de l'enfant dans une famille d'accueil ou dans un établissement, ou son recueil légal par *kafala* ou par une institution analogue, et que ce placement ou ce recueil aura lieu dans un autre État contractant, elle consulte au préalable l'Autorité centrale ou une autre autorité compétente de ce dernier État. Elle lui communique à cet effet un rapport sur l'enfant et les motifs de sa proposition sur le placement ou le recueil.

2. La décision sur le placement ou le recueil ne peut être prise dans l'État requérant que si l'Autorité centrale ou une autre autorité compétente de l'État requis a approuvé ce placement ou ce recueil, compte tenu de l'intérêt supérieur de l'enfant.

**Article 34 –** 1. Lorsqu'une mesure de protection est envisagée, les autorités compétentes en vertu de la Convention peuvent, si la situation de l'enfant l'exige, demander à toute autorité d'un autre État contractant qui détient des informations utiles pour la protection de l'enfant de les lui communiquer.

2. Chaque État contractant pourra déclarer que les demandes prévues au paragraphe premier ne pourront être acheminées que par l'intermédiaire de son Autorité centrale.

**Article 35 –** 1. Les autorités compétentes d'un État contractant peuvent demander aux autorités d'un autre État contractant de prêter leur assistance à la mise en œuvre de mesures de protection prises en application de la Convention, en particulier pour assurer l'exercice effectif d'un droit de visite, ainsi que du droit de maintenir des contacts directs réguliers.

2. Les autorités d'un État contractant dans lequel l'enfant n'a pas sa résidence habituelle peuvent, à la demande d'un parent résidant dans cet État et souhaitant obtenir ou conserver un droit de visite, recueillir des renseignements ou des preuves et se prononcer sur l'aptitude de ce parent à exercer le droit de visite et sur les conditions dans lesquelles il pourrait l'exercer. L'autorité compétente en vertu des articles 5 à 10 pour statuer sur le droit de visite devra, avant de se prononcer, prendre en considération ces renseignements, preuves ou conclusions.

3. Une autorité compétente en vertu des articles 5 à 10 pour statuer sur le droit de visite peut suspendre la procédure jusqu'au terme de la procédure prévue au paragraphe 2, notamment lorsqu'elle est saisie d'une demande tendant à modifier ou supprimer le droit de visite conféré par les autorités de l'État de l'ancienne résidence habituelle.

4. Cet article n'empêche pas une autorité compétente en vertu des articles 5 à 10 de prendre des mesures provisoires jusqu'au terme de la procédure prévue au paragraphe 2.

**Article 36 –** Dans le cas où l'enfant est exposé à un grave danger, les autorités compétentes de l'État contractant dans lequel des mesures de protection de cet enfant ont été prises ou sont en voie de l'être, si elles sont informées du changement de résidence ou de la présence de l'enfant dans un autre État, avisent les autorités de cet État de ce danger et des mesures prises ou en cours d'examen.

**Article 37 –** Une autorité ne peut demander ou transmettre des informations en application de ce chapitre si elle est d'avis qu'une telle demande ou transmission pourrait mettre en danger la personne ou les biens de l'enfant, ou constituer une menace grave pour la liberté ou la vie d'un membre de sa famille.

**Article 38 –** 1. Sans préjudice de la possibilité de réclamer des frais raisonnables correspondant aux services fournis, les Autorités centrales et les autres autorités publiques des États contractants supportent leurs frais découlant de l'application des dispositions du présent chapitre.

2. Un État contractant peut conclure des accords avec un ou plusieurs autres États contractants sur la répartition des frais.

**Article 39 –** Tout État contractant pourra conclure avec un ou plusieurs autres États contractants des accords en vue de favoriser dans leurs rapports réciproques l'application du présent chapitre. Les États qui ont conclu de tels accords en transmettront une copie au dépositaire de la Convention.

CHAPITRE VI

## Dispositions générales

**Article 40 –** 1. Les autorités de l'État contractant de la résidence habituelle de l'enfant ou de l'État contractant où une mesure de protection a été prise peuvent délivrer au titulaire de la responsabilité parentale ou à toute personne à qui est confiée la protection de la personne ou des biens de l'enfant, à sa demande, un certificat indiquant sa qualité et les pouvoirs qui lui sont conférés.

2. La qualité et les pouvoirs indiqués par le certificat sont tenus pour établis, sauf preuve contraire.

3. Chaque État contractant désigne les autorités habilitées à établir le certificat.

**Article 41 –** Les données personnelles rassemblées ou transmises conformément à la Convention ne peuvent être utilisées à d'autres fins que celles pour lesquelles elles ont été rassemblées ou transmises.

**Article 42 –** Les autorités auxquelles des informations sont transmises en assurent la confidentialité conformément à la loi de leur État.

**Article 43 –** Les documents transmis ou délivrés en application de la Convention sont dispensés de toute légalisation ou de toute formalité analogue.

**Article 44 –** Chaque État contractant peut désigner les autorités à qui les demandes prévues aux articles 8, 9 et 33 doivent être envoyées.

**Article 45 –** 1. Les désignations mentionnées aux articles 29 et 44 sont communiquées au Bureau Permanent de la Conférence de La Haye de droit international privé.

2. La déclaration mentionnée à l'article 34, paragraphe 2, est faite au dépositaire de la Convention.

**Article 46 –** Un État contractant dans lequel des systèmes de droit ou des ensembles de règles différents s'appliquent en matière de protection de l'enfant et de ses biens n'est pas tenu d'appliquer les règles de la Convention aux conflits concernant uniquement ces différents systèmes ou ensembles de règles.

**Article 47 –** Au regard d'un État dans lequel deux ou plusieurs systèmes de droit ou ensembles de règles ayant trait aux questions régies par la présente Convention s'appliquent dans des unités territoriales différentes :

1. toute référence à la résidence habituelle dans cet État vise la résidence habituelle dans une unité territoriale;

2. toute référence à la présence de l'enfant dans cet État vise la présence de l'enfant dans une unité territoriale;

3. toute référence à la situation des biens de l'enfant dans cet État vise la situation des biens de l'enfant dans une unité territoriale;

4. toute référence à l'État dont l'enfant possède la nationalité vise l'unité territoriale désignée par la loi de cet État ou, en l'absence de règles pertinentes, l'unité territoriale avec laquelle l'enfant présente le lien le plus étroit;

5. toute référence à l'État dont une autorité est saisie d'une demande en divorce ou séparation de corps des parents de l'enfant, ou en annulation de leur mariage, vise l'unité territoriale dont une autorité est saisie d'une telle demande;

6. toute référence à l'État avec lequel l'enfant présente un lien étroit vise l'unité territoriale avec laquelle l'enfant présente ce lien;

7. toute référence à l'État où l'enfant a été déplacé ou retenu vise l'unité territoriale dans laquelle l'enfant a été déplacé ou retenu;

8. toute référence aux organismes ou autorités de cet État, autres que les Autorités centrales, vise les organismes ou autorités habilités à agir dans l'unité territoriale concernée;

9. toute référence à la loi, à la procédure ou à l'autorité de l'État où une mesure a été prise vise la loi, la procédure ou l'autorité de l'unité territoriale dans laquelle cette mesure a été prise;

10. toute référence à la loi, à la procédure ou à l'autorité de l'État requis vise la loi, la procédure ou l'autorité de l'unité territoriale dans laquelle la reconnaissance ou l'exécution est invoquée.

**Article 48 –** Pour identifier la loi applicable en vertu du chapitre III, lorsqu'un État comprend deux ou plusieurs unités territoriales dont chacune a son propre système de droit ou un ensemble de règles ayant trait aux questions régies par la présente Convention, les règles suivantes s'appliquent :

*a.* en présence de règles en vigueur dans cet État identifiant l'unité territoriale dont la loi est applicable, la loi de cette unité s'applique;

*b.* en l'absence de telles règles, la loi de l'unité territoriale définie selon les dispositions de l'article 47 s'applique.

**Article 49 –** Pour identifier la loi applicable en vertu du chapitre III, lorsqu'un État comprend deux ou plusieurs systèmes de droit ou ensembles de règles applicables à des catégories différentes de personnes pour les questions régies par la présente Convention, les règles suivantes s'appliquent :

*a.* en présence de règles en vigueur dans cet État identifiant laquelle de ces lois est applicable, cette loi s'applique;

*b.* en l'absence de telles règles, la loi du système ou de l'ensemble de règles avec lequel l'enfant présente le lien le plus étroit s'applique.

**Article 50 –** La présente Convention n'affecte pas la *Convention du 25 octobre 1980 sur les aspects civils de l'enlèvement international d'enfants*, dans les relations entre les Parties aux deux Conventions. Rien n'empêche cependant que des dispositions de la présente Convention soient invoquées pour obtenir le retour d'un enfant qui a été déplacé ou retenu illicitement, ou pour organiser le droit de visite.

**Article 51 –** Dans les rapports entre les États contractants, la présente Convention remplace la *Convention du 5 octobre 1961 concernant la compétence des autorités et la loi applicable en matière de protection des mineurs* et la *Convention pour régler la tutelle des mineurs*, signée à La Haye le 12 juin 1902, sans préjudice de la reconnaissance des mesures prises selon la Convention du 5 octobre 1961 précitée.

**Article 52 –** 1. La Convention ne déroge pas aux instruments internationaux auxquels des États contractants sont Parties et qui contiennent des dispositions sur les matières réglées par la présente Convention, à moins qu'une déclaration contraire ne soit faite par les États liés par de tels instruments.

2. La Convention n'affecte pas la possibilité pour un ou plusieurs États contractants de conclure des accords qui contiennent, en ce qui concerne les enfants habituellement résidents dans l'un des États Parties à de tels accords, des dispositions sur les matières réglées par la présente Convention.

3. Les accords à conclure par un ou plusieurs États contractants sur des matières réglées par la présente Convention n'affectent pas, dans les rapports de ces États avec les autres États contractants, l'application des dispositions de la présente Convention.

4. Les paragraphes précédents s'appliquent également aux lois uniformes reposant sur l'existence entre les États concernés de liens spéciaux, notamment de nature régionale.

**Article 53 –** 1. La Convention ne s'applique qu'aux mesures prises dans un État après l'entrée en vigueur de la Convention pour cet État.

2. La Convention s'applique à la reconnaissance et à l'exécution des mesures prises après son entrée en vigueur dans les rapports entre l'État où les mesures ont été prises et l'État requis.

**Article 54 –** 1. Toute communication à l'Autorité centrale ou à toute autre autorité d'un État contractant est adressée dans la langue originale et accompagnée d'une traduction dans la langue officielle ou l'une des langues officielles de cet État ou, lorsque cette traduction est difficilement réalisable, d'une traduction en français ou en anglais.

2. Toutefois, un État contractant pourra, en faisant la réserve prévue à l'article 60, s'opposer à l'utilisation soit du français, soit de l'anglais.

**Article 55 –** 1. Un État contractant pourra, conformément à l'article 60 :

*a.* réserver la compétence de ses autorités pour prendre des mesures tendant à la protection des biens d'un enfant situés sur son territoire;

*b.* se réserver de ne pas reconnaître une responsabilité parentale ou une mesure qui serait incompatible avec une mesure prise par ses autorités par rapport à ces biens.

2. La réserve pourra être restreinte à certaines catégories de biens.

**Article 56 –** Le Secrétaire général de la Conférence de La Haye de droit international privé convoque périodiquement une Commission spéciale afin d'examiner le fonctionnement pratique de la Convention.

CHAPITRE VII

## Clauses finales

**Article 57 –** 1. La Convention est ouverte à la signature des États qui étaient Membres de la Conférence de La Haye de droit international privé lors de sa Dix-huitième session.

2. Elle sera ratifiée, acceptée ou approuvée et les instruments de ratification, d'acceptation ou d'approbation seront déposés auprès du Ministère des Affaires Étrangères du Royaume des Pays-Bas, dépositaire de la Convention.

**Article 58 –** 1. Tout autre État pourra adhérer à la Convention après son entrée en vigueur en vertu de l'article 61, paragraphe 1.

2. L'instrument d'adhésion sera déposé auprès du dépositaire.

3. L'adhésion n'aura d'effet que dans les rapports entre l'État adhérant et les États contractants qui n'auront pas élevé d'objection à son encontre dans les six mois après la réception de la notification prévue à l'article 63, lettre *b.* Une telle objection pourra également être élevée par tout État au moment d'une ratification, acceptation ou approbation de la Convention, ultérieure à l'adhésion. Ces objections seront notifiées au dépositaire.

**Article 59 –** 1. Un État qui comprend deux ou plusieurs unités territoriales dans lesquelles des systèmes de droit différents s'appliquent aux matières régies par la présente Convention pourra, au moment de la signature, de la ratification, de l'acceptation, de l'approbation ou de l'adhésion, déclarer que la Convention s'appliquera à toutes ses unités territoriales ou seulement à l'une ou à plusieurs d'entre elles, et pourra à tout moment modifier cette déclaration en faisant une nouvelle déclaration.

2. Ces déclarations seront notifiées au dépositaire et indiqueront expressément les unités territoriales auxquelles la Convention s'applique.

3. Si un État ne fait pas de déclaration en vertu du présent article, la Convention s'appliquera à l'ensemble du territoire de cet État.

**Article 60 –** 1. Tout État contractant pourra, au plus tard au moment de la ratification, de l'acceptation, de l'approbation ou de l'adhésion, ou au moment d'une déclaration faite en vertu de l'article 59, faire soit l'une, soit les deux réserves prévues aux articles 54, paragraphe 2, et 55. Aucune autre réserve ne sera admise.

2. Tout État pourra, à tout moment, retirer une réserve qu'il aura faite. Ce retrait sera notifié au dépositaire.

3. L'effet de la réserve cessera le premier jour du troisième mois du calendrier après la notification mentionnée au paragraphe précédent.

**Article 61 –** 1. La Convention entrera en vigueur le premier jour du mois suivant l'expiration d'une période de trois mois après le dépôt du troisième instrument de ratification, d'acceptation ou d'approbation prévu par l'article 57.

2. Par la suite, la Convention entrera en vigueur :

*a.* pour chaque État ratifiant, acceptant ou approuvant postérieurement, le premier jour du mois suivant l'expiration d'une période de trois mois après le dépôt de son instrument de ratification, d'acceptation, d'approbation ou d'adhésion;

*b.* pour chaque État adhérant, le premier jour du mois suivant l'expiration d'une période de trois mois après l'expiration du délai de six mois prévu à l'article 58, paragraphe 3;

*c.* pour les unités territoriales auxquelles la Convention a été étendue conformément à l'article 59, le premier jour du mois suivant l'expiration d'une période de trois mois après la notification visée dans cet article.

**Article 62 –** 1. Tout État Partie à la Convention pourra dénoncer celle-ci par une notification adressée par écrit au dépositaire. La dénonciation pourra se limiter à certaines unités territoriales auxquelles s'applique la Convention.

2. La dénonciation prendra effet le premier jour du mois suivant l'expiration d'une période de douze mois après la date de réception de la notification par le dépositaire. Lorsqu'une période plus longue pour la prise d'effet de la dénonciation est spécifiée dans la notification, la dénonciation prendra effet à l'expiration de la période en question.

**Article 63 –** Le dépositaire notifiera aux États membres de la Conférence de La Haye de droit international privé, ainsi qu'aux États qui auront adhéré conformément aux dispositions de l'article 58 :

*a.* les signatures, ratifications, acceptations et approbations visées à l'article 57;

*b.* les adhésions et les objections aux adhésions visées à l'article 58;

*c.* la date à laquelle la Convention entrera en vigueur conformément aux dispositions de l'article 61 ;

*d.* les déclarations mentionnées aux articles 34, paragraphe 2, et 59 ;

*e.* les accords mentionnés à l'article 39 ;

*f.* les réserves visées aux articles 54, paragraphe 2, et 55 et le retrait des réserves prévu à l'article 60, paragraphe 2 ;

*g.* les dénonciations visées à l'article 62.

# 110 Convention CIEC n° 26 du 12 septembre 1997 concernant l'échange international d'informations en matière d'état civil (signée à Neuchâtel)

## En vigueur depuis le 1er décembre2004

*Les États signataires de la présente Convention, membres de la Commission Internationale de l'État Civil,*

Désireux de promouvoir et de faciliter leurs relations dans le domaine de l'état civil et d'organiser d'un commun accord un échange international d'informations afin notamment de rendre plus aisées les démarches administratives des personnes résidant sur leur territoire,

Sont convenus des dispositions suivantes :

**Article 1er –** Lorsqu'un officier de l'état civil d'un État contractant inscrit un mariage dans un registre de l'état civil, il envoie un extrait de l'acte de mariage à l'officier de l'état civil du lieu de naissance de chaque conjoint si ce lieu est situé sur le territoire d'un autre État contractant.

**Article 2 –** 1. Lorsqu'un officier de l'état civil d'un État contractant inscrit un divorce dans un registre de l'état civil, il envoie un avis de dissolution de mariage à l'officier de l'état civil du lieu de la célébration du mariage si celui-ci a été célébré sur le territoire d'un autre État contractant.

2. Lorsqu'un officier de l'état civil d'un État contractant inscrit un divorce dans un registre de l'état civil, il envoie un avis de dissolution de mariage à l'officier de l'état civil du lieu de naissance de chaque conjoint si ce lieu est situé sur le territoire d'un autre État contractant.

3. Les dispositions prévues aux alinéas 1 et 2 sont applicables lorsqu'un mariage a été annulé, déclaré nul, non existant ou dissous par une autre cause que le divorce.

**Article 3 –** Lorsqu'un officier de l'état civil d'un État contractant inscrit dans un registre de l'état civil la reconnaissance d'un enfant, il envoie un extrait de l'acte de reconnaissance à l'officier de l'état civil du lieu de naissance de l'enfant si ce lieu est situé sur le territoire d'un autre État contractant.

**Article 4 –** 1. Lorsqu'un officier de l'état civil d'un État contractant inscrit dans un registre de l'état civil un acte de décès, il envoie un extrait de cet acte à l'officier de l'état civil du lieu de naissance du défunt si ce lieu est situé sur le territoire d'un autre État contractant.

2. Lorsque la personne décédée était mariée, l'officier de l'état civil envoie un extrait de l'acte de décès à l'officier de l'état civil du lieu du mariage et à celui du lieu de naissance du conjoint lorsque le lieu du mariage ou celui de la naissance sont situés sur le territoire d'un autre État contractant.

**Article 5 –** 1. Lorsqu'un officier de l'état civil d'un État contractant inscrit dans un registre de l'état civil une rectification relative à un acte de mariage, de reconnaissance ou de décès, il envoie un extrait de l'acte rectifié à l'officier de l'état civil du lieu de naissance de la personne ou des personnes concernées si ce lieu est situé sur le territoire d'un autre État contractant.

2. Lorsqu'un officier de l'état civil d'un État contractant inscrit dans un registre de l'état civil une rectification relative à un acte de naissance, il envoie un extrait de l'acte rectifié à l'officier de l'état civil du lieu du mariage, de la reconnaissance ou du décès de la personne concernée si l'acte de mariage, de reconnaissance ou de décès a été établi sur le territoire d'un autre État contractant.

3. Au sens du présent article, le mot « rectification » s'entend de l'inscription dans un registre de l'état civil d'une décision émanant de l'autorité compétente qui, sans statuer sur une question relative à l'état des personnes ou sur le droit à une qualification nobiliaire ou honorifique, répare une erreur dans un acte de l'état civil.

**Article 6 –** La communication des avis et extraits prévue aux articles 1 à 5 ne préjuge pas de la nationalité des personnes concernées.

**Article 7 –** Les avis et extraits sont utilisés par les autorités de l'État destinataire conformément aux lois et règlements de cet État.

**Article 8 –** Lorsque la communication des avis et extraits concerne une personne née sur le territoire d'un État contractant dont la législation prévoit la tenue d'un registre de famille, l'officier de l'état civil communique si possible le lieu de dépôt et le numéro du registre de famille de la personne concernée.

**Article 9 –** 1. Les avis et extraits sont rédigés dans la langue de l'autorité qui les a établis conformément aux formules figurant à l'annexe 1 de la présente Convention.

2. Toutes les inscriptions à porter sur les formules sont écrites en caractères latins d'imprimerie; elles peuvent en outre être écrites dans les caractères de la langue de l'autorité qui délivre l'avis ou l'extrait.

**Article 10 –** 1. Les dates sont inscrites en chiffres arabes indiquant successivement, sous les symboles Jo, Mo et An, le jour, le mois et l'année. Le jour et le mois sont indiqués par deux chiffres, l'année par quatre chiffres. Les neuf premiers jours du mois et les neuf premiers mois de l'année sont indiqués par des chiffres allant de 01 à 09.

2. Le nom de tout lieu mentionné dans un avis ou extrait est suivi du nom de l'État où ce lieu est situé chaque fois que cet État n'est pas celui où l'avis ou l'extrait est délivré.

**Article 11 –** S'il n'est pas possible de remplir une case ou une partie de case, cette case ou partie de case est rendue inutilisable par des traits.

**Article 12 –** Au verso de chaque avis ou extrait doivent figurer :

1. une référence à la Convention, au moins dans la langue ou l'une des langues officielles de chacun des États qui, au moment de la signature de la présente Convention, sont membres de la Commission Internationale de l'État Civil,

2. un résumé des articles 9, alinéa 2, 10 et 11 de la Convention, au moins dans la langue de l'autorité qui délivre l'avis ou l'extrait.

**Article 13 –** La liste des termes utilisés et de leurs codes figure à l'annexe 2 de la présente Convention.

**Article 14 –** 1. Lors de la ratification de la présente Convention, de l'acceptation, de l'approbation ou de l'adhésion, chaque État contractant devra déposer auprès du Secrétariat Général de la Commission Internationale de l'État Civil la traduction dans sa ou ses langues officielles des termes inclus dans la liste figurant à l'annexe 2 de la présente Convention. Cette traduction devra être approuvée par le Bureau de la Commission Internationale de l'État Civil.

2. Toute modification apportée à cette traduction devra être déposée auprès du Secrétariat Général de la Commission Internationale de l'État Civil et approuvée par le Bureau de la Commission Internationale de l'État Civil.

**Article 15 –** 1. Le codage des énonciations contenues dans les formules figurant à l'annexe 1 et la liste des codes prévus à l'annexe 2 pourront être modifiés par une résolution votée à la majorité simple par les représentants des États membres de la Commission Internationale de l'État Civil et des États non membres parties à la Convention.

2. La résolution visée au premier alinéa sera déposée auprès du Conseil Fédéral Suisse et prendra effet, dans les rapports entre les États contractants, à compter du premier jour du septième mois suivant ce dépôt.

**Article 16 –** 1. La présente Convention remplace la Convention concernant l'échange international d'informations en matière d'état civil signée à Istanbul le 4 septembre 1958 dans les rapports entre les États qui seront parties aux deux Conventions.

2. Les dispositions des articles précédents ne font pas obstacle à la transmission aux autorités d'un État contractant, par la voie diplomatique ou autre voie prévue par une convention particulière, de tout acte ou décision concernant l'état civil d'une personne née sur le territoire de cet État.

**Article 17 –** L'échange d'informations prévu par la présente Convention ne s'applique pas aux transmissions aux officiers de l'état civil de l'État dont est originaire la personne concernée lorsque celle-ci a la qualité de réfugié.

**Article 18 –** La présente Convention sera ratifiée, acceptée ou approuvée et les instruments de ratification, d'acceptation ou d'approbation seront déposés auprès du Conseil Fédéral Suisse.

**Article 19 –** 1. La présente Convention entrera en vigueur le premier jour du septième mois qui suit celui du dépôt du deuxième instrument de ratification, d'acceptation, d'approbation ou d'adhésion.

2. À l'égard de l'État qui ratifiera, acceptera, approuvera ou adhérera après son entrée en vigueur, la Convention prendra effet le premier jour du septième mois qui suit celui du dépôt par cet État de l'instrument de ratification, d'acceptation, d'approbation ou d'adhésion.

**Article 20 –** Tout État membre de la Commission Internationale de l'État Civil, de l'Union européenne ou du Conseil de l'Europe pourra adhérer à la présente Convention. L'instrument d'adhésion sera déposé auprès du Conseil Fédéral Suisse.

**Article 21 –** 1. Tout État, au moment de la signature, de la ratification, de l'acceptation, de l'approbation ou de l'adhésion ou à tout moment par la suite, pourra déclarer que la présente Convention s'étendra à l'ensemble des territoires dont il assure les relations sur le plan international, ou à l'un ou plusieurs d'entre eux.

2. Cette déclaration sera notifiée au Conseil Fédéral Suisse et l'extension prendra effet au moment de l'entrée en vigueur de la Convention pour ledit État ou, ultérieurement, le premier jour du septième mois qui suit celui de la réception de la notification.

3. Toute déclaration d'extension pourra être retirée par notification adressée au Conseil Fédéral Suisse et la Convention cessera d'être applicable au territoire désigné le premier jour du septième mois qui suit celui de la réception de ladite notification.

**Article 22 –** 1. La présente Convention demeurera en vigueur sans limitation de durée.

2. Tout État partie à la présente Convention aura toutefois la faculté de la dénoncer à tout moment après l'expiration d'un délai d'un an à partir de la date de l'entrée en vigueur de la Convention à son égard. La dénonciation sera notifiée au Conseil Fédéral Suisse et prendra effet le premier jour du septième mois qui suit celui de la réception de cette notification. La Convention restera en vigueur entre les autres États.

**Article 23 –** 1. Le Conseil Fédéral Suisse notifiera aux États membres de la Commission Internationale de l'État Civil et à tout autre État ayant adhéré à la présente Convention :

a) le dépôt de tout instrument de ratification, d'acceptation, d'approbation ou d'adhésion;

b) toute date d'entrée en vigueur de la Convention;

c) toute déclaration concernant l'extension territoriale de la Convention ou son retrait, avec la date à laquelle elle prendra effet;

d) toute dénonciation de la Convention et la date à laquelle elle prendra effet;

e) toute résolution prise en application de l'article 15, avec la date à laquelle elle prendra effet.

2. Le Conseil Fédéral Suisse avisera le Secrétaire Général de la Commission Internationale de l'État Civil de toute notification faite en application du paragraphe 1.

3. Dès l'entrée en vigueur de la présente Convention, une copie certifiée conforme sera transmise par le Conseil Fédéral Suisse au Secrétaire Général des Nations unies aux fins d'enregistrement et de publication, conformément à l'article 102 de la Charte des Nations unies.

## RAPPORT EXPLICATIF

## ADOPTÉ PAR L'ASSEMBLÉE GÉNÉRALE LE 12 SEPTEMBRE 1996 À ROME, ET COMPLÉTÉ LE 11 SEPTEMBRE 1997 À NEUCHÂTEL

### A. GÉNÉRALITÉS

Parmi les problèmes qui ont occupé la Commission Internationale de l'État Civil, la communication des actes de l'état civil entre officiers de l'état civil des différents États membres est un des premiers à avoir retenu l'attention de la Commission.

C'est ainsi qu'après avoir élaboré sa première Convention « relative à la délivrance de certains extraits d'actes de l'état civil destinés à l'étranger », signée à Paris le 27 septembre 1956, et en avoir facilité l'application en adoptant la Convention n° 2 relative à la délivrance gratuite et à la dispense de légalisation des expéditions d'actes de l'état civil, signée à Luxembourg le 26 septembre 1957, la CIEC franchit très rapidement un pas supplémentaire en adoptant la Convention n° 3 concernant l'échange international d'informations en matière d'état civil.

Partant en effet du constat que plusieurs États membres de la CIEC étaient liés entre eux par des Conventions bilatérales prévoyant l'échange automatique d'informations en matière d'état civil, la Convention n° 3, signée à Istanbul le 4 septembre 1958, généralise aux États contractants un tel échange en prévoyant l'envoi automatique à l'officier de l'état civil du lieu de naissance de chaque conjoint ou du défunt d'un avis mentionnant la rédaction ou la transcription d'un acte de mariage ou de décès.

La Convention n° 3 fut complétée par un Protocole additionnel, introduit par la Convention n° 23, signée à Patras le 6 septembre 1989, qui d'une part introduit dans les modèles d'avis employés pour l'échange d'informations les traductions en anglais, en espagnol, en grec et en portugais, et d'autre part offre la possibilité d'utiliser soit les modèles d'avis originaires, soit les extraits plurilingues annexés à la Convention n° 1 susmentionnée ou à la Convention n° 16 relative à la délivrance d'extraits plurilingues de l'état civil, signée à Vienne le 8 septembre 1976.

La présente Convention est destinée à se substituer progressivement à la Convention n° 3.

Elle vise d'abord à élargir le champ d'application matériel de celle-ci, l'échange d'informations entre les États membres couvrant non seulement les mariages et les décès mais également les dissolutions du mariage et les reconnaissances. Ensuite elle tend, comme on le verra ci-après, à simplifier les formules utilisées pour l'envoi des informations en y introduisant le codage issu de la toute récente Convention n° 25, signée à Bruxelles le 6 septembre 1995. Enfin elle concerne l'ensemble des officiers de l'état civil d'un État contractant et non seulement ses officiers de l'état civil territoriaux.

## B. COMMENTAIRE DES ARTICLES

**Article 1er** – *Cet article régit l'échange des extraits d'actes de mariage. En employant les mots « lorsqu'un officier de l'état civil inscrit un mariage », cet article vise tous les mariages devant être inscrits dans le registre, que l'officier de l'état civil les ait lui-même célébrés ou non.*

Il est à noter que le texte s'adresse aux officiers de l'état civil d'un État contractant et non, comme à l'article 1er de la Convention n° 3, aux officiers de l'état civil exerçant leurs fonctions sur le territoire de l'un des États contractants. Il en résulte que les agents consulaires exerçant les fonctions d'officiers de l'état civil sont inclus dans le champ d'application de la présente disposition et sont soumis aux obligations de transmission des extraits qui en découlent.

Par ailleurs, on remarquera que la faculté laissée aux États par la Convention n° 3 de subordonner l'envoi de l'information à la condition qu'elle concerne un ressortissant de l'État destinataire a été supprimée car il a été considéré qu'elle n'avait plus guère de justification à une époque caractérisée par l'augmentation de la circulation des personnes au-delà des frontières, et par la multiplication des cas de bi- ou multinationalité.

**Article 2 –** *Cet article vise les mentions de divorce (alinéas 1 et 2), celles d'annulation ou d'inexistence du mariage ainsi que les autres modes de dissolution du mariage tel l'« Eheaufhebung » du droit allemand (alinéa 3) Le cas de la dissolution par décès est réglé à l'article 4, alinéa 2. Les avis prévus par cet article doivent être communiqués à l'officier de l'état civil du lieu de célébration du mariage et à celui du lieu de naissance de l'un ou des deux conjoints.*

**Article 3 –** *Les reconnaissances pouvant être inscrites par n'importe quel officier de l'état civil, même étranger, la communication d'un extrait de l'acte de reconnaissance à l'officier de l'état civil du lieu de naissance révèle toute l'utilité de la présente Convention.*

En revanche il a été décidé de ne pas prévoir un échange d'informations en matière de légitimation, l'institution même de la légitimation n'étant pas connue dans plusieurs de nos pays en raison de l'identité de statut des enfants légitimes et naturels. En outre, en l'absence d'acte de légitimation, il aurait été nécessaire pour l'officier de l'état civil d'interpréter la conséquence d'un événement d'état civil à la lumière d'un droit étranger, ce qui n'aurait pas manqué de susciter des difficultés génératrices d'erreurs. Il convient de rappeler que la Convention n° 12 de la Commission Internationale de l'État Civil du 10 septembre 1970 sur la légitimation par mariage a pour but de résoudre certains de ces problèmes et prévoit des échanges d'informations à ce sujet.

**Article 4 –** *La communication de l'extrait de l'acte de décès à l'officier de l'état civil du lieu de naissance du défunt a une grande importance pour les États dont l'acte de naissance d'une personne constitue la base de son état civil, tous les actes relatifs à son état ultérieur, reconnaissance, mariage, divorce, devant être mentionnés en marge de l'acte de naissance, y compris le décès.*

Cette communication est également faite, lorsque le défunt était marié, aux officiers de l'état civil du lieu du mariage et du lieu de naissance du conjoint.

**Article 5 –** *Cette disposition complète utilement la Convention n 9 relative aux décisions de rectification d'actes de l'état civil qui prévoit notamment les conditions dans lesquelles les décisions de rectification des actes de l'état civil sont portées à la connaissance des autres États contractants concernés.*

Sans préjuger de l'utilisation qui sera faite de l'acte rectifié par l'État destinataire, la présente Convention permettra la transmission automatique de la décision rectifiée aux officiers de l'état civil qui détiennent d'autres actes relatifs à la personne concernée.

Par « personnes concernées » l'article 5 vise non seulement la personne directement citée dans l'acte en cause mais aussi celles dont un acte de l'état civil peut être modifié ou complété par voie de conséquence. Par exemple, la rectification du nom de la personne objet d'un acte de mariage peut entraîner la modification du nom dans les divers actes de l'état civil de son conjoint ou de ses enfants qui sont dès lors des « personnes concernées ».

Comme dans la Convention n° 9, les décisions de rectification sont celles qui visent à réparer une erreur matérielle et non celles qui modifient l'état de la personne ou statuent sur le droit de porter un titre nobiliaire ou honorifique. S'agissant des titres nobiliaires, ceux-ci constituent un élément du nom dans certains États (Belgique); ils figurent alors dans les actes de l'état civil comme composant du nom et peuvent dans ce cas donner lieu à rectification et donc à application de l'article 5.

**Article 6 –** *Les communications prévues par la Convention sont faites entre officiers de l'état civil dépositaires d'actes relatifs à la personne concernée; elles ne tiennent donc pas compte de la nationalité de celle-ci. Il convient d'ailleurs de souligner que les officiers de l'état civil de la plupart des États membres de la CIEC n'ont pas de compétence en matière de nationalité pour les personnes figurant dans les actes qu'ils rédigent.*

Afin de lever toute difficulté d'interprétation, il a semblé opportun de préciser dans la Convention que la communication des avis et extraits d'actes ne préjuge pas de la nationalité des personnes concernées.

**Article 7 –** *La présente Convention règle uniquement l'échange d'informations en matière d'état civil et renvoie, quant à l'utilisation qui sera faite de ces informations, à la législation de l'État destinataire qui donnera à ses officiers de l'état civil les instructions nécessaires.*

Les informations reçues pourront donc, selon les États, être utilisées pour émarger un acte d'état civil ou au contraire comme simple renseignement.

Quant à la communication des données, elle pourra seulement s'effectuer dans les mêmes conditions que pour les données d'état civil déjà détenues dans le pays considéré, dans le respect de la confidentialité qui s'attache normalement à ce type de données.

**Article 8 –** *Pour les États dont la législation prévoit la tenue d'un registre de famille, il est important que l'officier de l'état civil de l'État destinataire d'un avis ou extrait visé aux articles 1 à 5 soit informé du lieu du dépôt et du numéro du registre de famille de la personne concernée, lorsque celle-ci est née sur le territoire de cet État.*

Ces informations n'étant pas toujours en possession de l'officier de l'état civil de l'État d'envoi, l'article 8 prévoit qu'il les communiquera uniquement si cela lui est possible.

Il appartiendra à chaque État de déterminer, conformément à sa législation, s'il lui est possible de recueillir ces informations auprès de la personne concernée, compte tenu notamment des documents d'identité en sa possession, ou par tout autre moyen approprié.

**Articles 9 à 13 –** *Comme d'autres Conventions de la CIEC, celle-ci établit le modèle des formules qui seront utilisées pour l'échange d'informations. Pour la première fois cependant, le recours à des formules plurilingues a été abandonné.*

L'augmentation du nombre des États membres de la CIEC et donc celui des langues utilisées aurait abouti à des formules difficilement exploitables si toutes ces langues devaient être mentionnées dans chaque formule. Il a dès lors paru préférable d'utiliser les acquis de la Convention n° 25 relative au codage des énonciations figurant dans les documents d'état civil, signée à Bruxelles le 6 septembre 1995.

Les formules seront rédigées dans la langue de l'autorité qui les a établies, les mentions fixes étant assorties d'un code calqué sur celui du lexique annexé à la Convention n° 25.

Pour les besoins de la présente Convention, huit formules ont dû être créées. Les officiers de l'état civil seront appelés à les compléter et les avis et extraits seront datés, comprendront le nom du signataire, sa signature ainsi que le sceau de l'autorité qui les délivre.

Il peut arriver qu'une législation nationale interdise certaines mentions alors que de telles énonciations sont prévues par les formules. Ainsi dans un des États membres de la CIEC, il n'est pas possible d'indiquer les noms des père et mère dans l'extrait d'acte de naissance. Dans une telle hypothèse, l'officier de l'état civil pourra s'abstenir de compléter la rubrique concernée.

De même, conformément à ce qui été dit à propos de l'article 8, la rubrique relative au registre de famille ne devra être complétée que si cela est possible dans l'État d'expédition de l'avis ou de l'extrait.

L'article 9, alinéa 2, et les articles 10 à 12 méritent peu de commentaires. Ces dispositions sont directement inspirées de celles qui figurent dans la Convention n° 16 relative à la délivrance d'extraits plurilingues d'actes de l'état civil, signée à Vienne le 8 septembre 1976. Quant à l'article 13, il se borne à prévoir la constitution d'une annexe comprenant la liste des termes utilisés et des codes correspondants.

**Article 14 –** *Comme c'est le cas pour la Convention n° 25 relative au codage des énonciations figurant dans les documents d'état civil, les États contractants devront déposer auprès du Secrétariat Général la traduction dans leur ou leurs langues officielles des termes inclus dans la liste des mentions figurant sur les formules et cette traduction devra être approuvée par le Bureau de la CIEC.*

Il va de soi que la plus grande cohérence sera assurée entre les traductions de ces mentions et celle des mentions similaires figurant en annexe de la Convention n° 25.

Dans son second alinéa cet article règle le problème de la procédure de modification d'une traduction.

**Article 15 –** *Cet article prévoit un mode simplifié de révision du codage des énonciations afin de ne pas rendre inutilement complexe une opération purement technique qui n'a pas d'incidence sur le fond de la Convention. Cette révision pourra être faite par une résolution votée à la majorité simple par les représentants des États membres de la Commission Internationale de l'État Civil et des États contractants non membres. Il va de soi que toute modification doit tenir compte des codes utilisés dans les autres Conventions de la Commission Internationale de l'État Civil.*

**Article 16 –** *La présente Convention est destinée à remplacer progressivement la Convention n° 3 concernant l'échange international d'informations en matière d'état civil ainsi que le Protocole additionnel à cette Convention signé à Patras le 6 septembre 1989; elle se substituera donc à ceux-ci dans les rapports entre les États ayant ratifié les deux Conventions.*

Par ailleurs, tout comme la Convention n° 3, elle ne fera pas obstacle aux transmissions de documents par la voie diplomatique ou par toute autre voie prévue dans une Convention particulière.

**Article 17 –** *Cet article pose le principe selon lequel, lorsque la personne concernée est un réfugié, aucune information d'état civil ne peut être communiquée, en application de la Convention, aux officiers de l'État d'origine du réfugié.*

Bien entendu les dispositions de ce texte, qui ne doit pas être interprété *a contrario*, n'ont pas pour effet de modifier les pratiques suivies en faveur des réfugiés dans l'application des autres Conventions de la CIEC.

**Articles 18 à 23 –** *Ces articles contiennent les clauses finales réglant la ratification de la Convention, son entrée en vigueur et sa durée.*

La Convention est une Convention semi-ouverte en ce sens que tout État membre de l'Union européenne ou du Conseil de l'Europe pourra y adhérer.

# 111 Convention de La Haye du 13 janvier 2000 sur la protection internationale des adultes

## En vigueur depuis le 1er janvier 2009



*Les États signataires de la présente Convention,*

Considérant qu'il convient d'assurer dans les situations à caractère international la protection des adultes qui, en raison d'une altération ou d'une insuffisance de leurs facultés personnelles, ne sont pas en état de pourvoir à leurs intérêts,

Désirant éviter des conflits entre leurs systèmes juridiques en matière de compétence, loi applicable, reconnaissance et exécution des mesures de protection des adultes,

Rappelant l'importance de la coopération internationale pour la protection des adultes,

Affirmant que l'intérêt de l'adulte ainsi que le respect de sa dignité et de sa volonté doivent être des considérations primordiales,

*Sont convenus des dispositions suivantes :*

CHAPITRE PREMIER

### Champ d'application de la convention

**Article premier –** 1. La présente Convention s'applique, dans les situations à caractère international, à la protection des adultes qui, en raison d'une altération ou d'une insuffisance de leurs facultés personnelles, ne sont pas en état de pourvoir à leurs intérêts.

2. Elle a pour objet :

*a*) de déterminer l'État dont les autorités ont compétence pour prendre des mesures tendant à la protection de la personne ou des biens de l'adulte ;

*b*) de déterminer la loi applicable par ces autorités dans l'exercice de leur compétence ;

*c*) de déterminer la loi applicable à la représentation de l'adulte ;

*d*) d'assurer la reconnaissance et l'exécution des mesures de protection dans tous les États contractants ;

*e*) d'établir entre les autorités des États contractants la coopération nécessaire à la réalisation des objectifs de la Convention.

**Article 2 –** 1. Au sens de la présente Convention, un adulte est une personne ayant atteint l'âge de 18 ans.

2. La Convention s'applique également aux mesures concernant un adulte qui n'avait pas atteint l'âge de 18 ans lorsqu'elles ont été prises.

**Article 3 –** Les mesures prévues à l'article premier peuvent porter notamment sur :

*a*) la détermination de l'incapacité et l'institution d'un régime de protection;

*b*) la mise de l'adulte sous la sauvegarde d'une autorité judiciaire ou administrative;

*c*) la tutelle, la curatelle et les institutions analogues;

*d*) la désignation et les fonctions de toute personne ou organisme chargé de s'occuper de la personne ou des biens de l'adulte, de le représenter ou de l'assister;

*e*) le placement de l'adulte dans un établissement ou tout autre lieu où sa protection peut être assurée;

*f*) l'administration, la conservation ou la disposition des biens de l'adulte;

*g*) l'autorisation d'une intervention ponctuelle pour la protection de la personne ou des biens de l'adulte.

**Article 4 –** 1. Sont exclus du domaine de la Convention :

*a*) les obligations alimentaires;

*b*) la formation, l'annulation et la dissolution du mariage ou d'une relation analogue ainsi que la séparation de corps;

*c*) les régimes matrimoniaux et les régimes de même nature applicables aux relations analogues au mariage;

*d*) les trusts et successions;

*e*) la sécurité sociale;

*f*) les mesures publiques de caractère général en matière de santé;

*g*) les mesures prises à l'égard d'une personne en conséquence d'infractions pénales commises par cette personne;

*h*) les décisions sur le droit d'asile et en matière d'immigration;

*i*) les mesures ayant pour seul objet de sauvegarder la sécurité publique.

2. Le paragraphe premier n'affecte pas, dans les matières qui y sont mentionnées, la qualité d'une personne à agir comme représentant de l'adulte.

## CHAPITRE II
## Compétence

**Article 5 –** 1. Les autorités, tant judiciaires qu'administratives, de l'État contractant de la résidence habituelle de l'adulte sont compétentes pour prendre des mesures tendant à la protection de sa personne ou de ses biens.

2. En cas de changement de la résidence habituelle de l'adulte dans un autre État contractant, sont compétentes les autorités de l'État de la nouvelle résidence habituelle.

**Article 6 –** 1. Pour les adultes qui sont réfugiés et ceux qui, par suite de troubles survenant dans leur pays, sont internationalement déplacés, les autorités de l'État contractant sur le territoire duquel ces adultes sont présents du fait de leur déplacement exercent la compétence prévue à l'article 5, paragraphe premier.

2. La disposition du paragraphe précédent s'applique également aux adultes dont la résidence habituelle ne peut être établie.

**Article 7 –** 1. Sauf pour les adultes qui sont réfugiés ou qui, par suite de troubles survenant dans l'État de leur nationalité, sont internationalement déplacés, les autorités d'un État contractant dont l'adulte possède la nationalité sont compétentes pour prendre des mesures tendant à la protection de sa personne ou de ses biens, si elles considèrent qu'elles sont mieux à même d'apprécier l'intérêt de l'adulte et après avoir avisé les autorités compétentes en vertu des articles 5 ou 6, paragraphe 2.

2. Cette compétence ne peut être exercée si les autorités compétentes en vertu des articles 5, 6, paragraphe 2, ou 8 ont informé les autorités de l'État national de l'adulte qu'elles ont pris toutes les mesures requises par la situation ou décidé qu'aucune mesure ne devait être prise ou qu'une procédure est pendante devant elles.

3. Les mesures prises en vertu du paragraphe premier cessent d'avoir effet dès que les autorités compétentes en vertu des articles 5, 6, paragraphe 2, ou 8 ont pris des mesures requises par la situation ou ont décidé qu'il n'y a pas lieu de prendre des mesures. Ces autorités en informent les autorités ayant pris les mesures en application du paragraphe premier.

**Article 8 –** 1. Les autorités de l'État contractant ayant compétence en vertu des articles 5 ou 6, si elles considèrent que tel est l'intérêt de l'adulte, peuvent, de leur propre initiative ou à la demande de l'autorité d'un autre État contractant, requérir les autorités de l'un des États mentionnés au paragraphe 2 de prendre des mesures tendant à la protection de la personne ou des biens de l'adulte. La requête peut porter sur tout ou partie de cette protection.

2. Les États contractants dont une autorité peut être requise dans les conditions fixées au paragraphe précédent sont :

*a*) un État dont l'adulte possède la nationalité ;

*b*) l'État de la précédente résidence habituelle de l'adulte ;

*c*) un État dans lequel sont situés des biens de l'adulte ;

*d*) l'État dont les autorités ont été choisies par écrit par l'adulte pour prendre des mesures tendant à sa protection ;

*e*) l'État de la résidence habituelle d'une personne proche de l'adulte disposée à prendre en charge sa protection ;

*f*) l'État sur le territoire duquel l'adulte est présent, en ce qui concerne la protection de sa personne.

3. Dans le cas où l'autorité désignée en vertu des dispositions des paragraphes précédents n'accepte pas sa compétence, les autorités de l'État contractant ayant compétence en vertu des articles 5 ou 6 conservent la compétence.

**Article 9 –** Les autorités d'un État contractant dans lequel se trouvent des biens de l'adulte sont compétentes pour prendre des mesures de protection relatives à ces biens, pour autant que ces mesures soient compatibles avec celles prises par les autorités compétentes en vertu des articles 5 à 8.

**Article 10 –** 1. Dans tous les cas d'urgence, les autorités de chaque État contractant sur le territoire duquel se trouvent l'adulte ou des biens lui appartenant sont compétentes pour prendre les mesures de protection nécessaires.

2. Les mesures prises en application du paragraphe précédent à l'égard d'un adulte ayant sa résidence habituelle dans un État contractant cessent d'avoir effet dès que les autorités compétentes en vertu des articles 5 à 9 ont pris les mesures exigées par la situation.

3. Les mesures prises en application du paragraphe premier à l'égard d'un adulte ayant sa résidence habituelle dans un État non contractant cessent d'avoir effet dans chaque État contractant dès qu'y sont reconnues les mesures exigées par la situation, prises par les autorités d'un autre État.

4. Les autorités ayant pris des mesures en application du paragraphe premier en informent, dans la mesure du possible, les autorités de l'État contractant de la résidence habituelle de l'adulte.

**Article 11 –** 1. À titre d'exception, les autorités d'un État contractant sur le territoire duquel l'adulte est présent sont compétentes pour prendre des mesures concernant la protection de la personne de l'adulte, ayant un caractère temporaire et une efficacité territoriale restreinte à cet État, pour autant que ces mesures soient compatibles avec celles déjà prises par les autorités compétentes en vertu des articles 5 à 8 et après avoir avisé les autorités compétentes en vertu de l'article 5.

2. Les mesures prises en application du paragraphe précédent à l'égard d'un adulte ayant sa résidence habituelle dans un État contractant cessent d'avoir effet dès que les autorités compétentes en vertu des articles 5 à 8 se sont prononcées sur les mesures que pourrait exiger la situation.

**Article 12 –** Sous réserve de l'article 7, paragraphe 3, les mesures prises en application des articles 5 à 9 restent en vigueur dans les limites qui sont les leurs, même lorsqu'un changement des circonstances a fait disparaître l'élément sur lequel était fondée la compétence, tant que les autorités compétentes en vertu de la Convention ne les ont pas modifiées, remplacées ou levées.

CHAPITRE III

## Loi applicable

**Article 13 –** 1. Dans l'exercice de la compétence qui leur est attribuée par les dispositions du chapitre II, les autorités des États contractants appliquent leur loi.

2. Toutefois, dans la mesure où la protection de la personne ou des biens de l'adulte le requiert, elles peuvent exceptionnellement appliquer ou prendre en considération la loi d'un autre État avec lequel la situation présente un lien étroit.

**Article 14 –** Lorsqu'une mesure prise dans un État contractant est mise en œuvre dans un autre État contractant, les conditions de son application sont régies par la loi de cet autre État.

**Article 15 –** 1. L'existence, l'étendue, la modification et l'extinction des pouvoirs de représentation conférés par un adulte, soit par un accord soit par un acte unilatéral, pour être exercés lorsque cet adulte sera hors d'état de pourvoir à ses intérêts, sont régies par la loi de l'État de la résidence habituelle de l'adulte au moment de l'accord ou de l'acte unilatéral, à moins qu'une des lois mentionnées au paragraphe 2 ait été désignée expressément par écrit.

2. Les États dont la loi peut être désignée sont les suivants :

*a*) un État dont l'adulte possède la nationalité;

*b*) l'État d'une résidence habituelle précédente de l'adulte;

*c*) un État dans lequel sont situés des biens de l'adulte, pour ce qui concerne ces biens.

3. Les modalités d'exercice de ces pouvoirs de représentation sont régies par la loi de l'État où ils sont exercés.

**Article 16 –** Les pouvoirs de représentation prévus à l'article 15, lorsqu'ils ne sont pas exercés de manière à assurer suffisamment la protection de la personne ou des biens de l'adulte, peuvent être retirés ou modifiés par des mesures prises par une autorité ayant compétence selon la Convention. Pour retirer ou modifier ces pouvoirs de représentation, la loi déterminée à l'article 15 doit être prise en considération dans la mesure du possible.

**Article 17 –** 1. La validité d'un acte passé entre un tiers et une autre personne qui aurait la qualité de représentant de l'adulte selon la loi de l'État où l'acte a été passé ne peut être contestée, ni la responsabilité du tiers engagée, pour le seul motif que l'autre personne n'avait pas la qualité de représentant en vertu de la loi désignée par les dispositions du présent chapitre, sauf si le tiers savait ou devait savoir que cette qualité était régie par cette loi.

2. Le paragraphe précédent ne s'applique que dans le cas où l'acte a été passé entre personnes présentes sur le territoire d'un même État.

**Article 18 –** Les dispositions du présent chapitre sont applicables même si la loi qu'elles désignent est celle d'un État non contractant.

**Article 19 –** Au sens du présent chapitre, le terme « loi » désigne le droit en vigueur dans un État, à l'exclusion des règles de conflit de lois.

**Article 20 –** Le présent chapitre ne porte pas atteinte aux dispositions de la loi de l'État dans lequel la protection de l'adulte doit être assurée, dont l'application s'impose quelle que soit la loi qui serait autrement applicable.

**Article 21 –** L'application de la loi désignée par les dispositions du présent chapitre ne peut être écartée que si cette application est manifestement contraire à l'ordre public.

## CHAPITRE IV
## Reconnaissance et exécution

**Article 22 –** 1. Les mesures prises par les autorités d'un État contractant sont reconnues de plein droit dans les autres États contractants.

2. Toutefois, la reconnaissance peut être refusée :

*a*) si la mesure a été prise par une autorité dont la compétence n'était pas fondée sur un chef de compétence prévu ou conforme aux dispositions du chapitre II;

*b*) si la mesure a été prise, hors le cas d'urgence, dans le cadre d'une procédure judiciaire ou administrative, sans qu'ait été donnée à l'adulte la possibilité d'être entendu, en violation des principes fondamentaux de procédure de l'État requis ;

*c*) si la reconnaissance est manifestement contraire à l'ordre public de l'État requis ou est contraire à une disposition de la loi de cet État dont l'application s'impose quelle que soit la loi qui serait autrement applicable ;

*d*) si la mesure est incompatible avec une mesure prise postérieurement dans un État non contractant qui aurait été compétent en vertu des articles 5 à 9, lorsque cette dernière mesure réunit les conditions nécessaires à sa reconnaissance dans l'État requis ;

*e*) si la procédure prévue à l'article 33 n'a pas été respectée.

**Article 23 –** Sans préjudice de l'article 22, paragraphe premier, toute personne intéressée peut demander aux autorités compétentes d'un État contractant qu'il soit statué sur la reconnaissance ou la non-reconnaissance d'une mesure prise dans un autre État contractant. La procédure est régie par la loi de l'État requis.

**Article 24 –** L'autorité de l'État requis est liée par les constatations de fait sur lesquelles l'autorité de l'État qui a pris la mesure a fondé sa compétence.

**Article 25 –** 1. Si les mesures prises dans un État contractant et qui y sont exécutoires comportent des actes d'exécution dans un autre État contractant, elles sont, dans cet autre État, déclarées exécutoires ou enregistrées aux fins d'exécution, sur requête de toute partie intéressée, selon la procédure prévue par la loi de cet État.

2. Chaque État contractant applique à la déclaration d'*exequatur* ou à l'enregistrement une procédure simple et rapide.

3. La déclaration d'*exequatur* ou l'enregistrement ne peuvent être refusés que pour l'un des motifs prévus à l'article 22, paragraphe 2.

**Article 26 –** Sous réserve de ce qui est nécessaire pour l'application des articles qui précèdent, l'autorité de l'État requis ne procédera à aucune révision au fond de la mesure prise.

**Article 27 –** Les mesures prises dans un État contractant, qui sont déclarées exécutoires ou enregistrées aux fins d'exécution dans un autre État contractant, y sont mises à exécution comme si elles avaient été prises par les autorités de cet autre État. La mise à exécution des mesures se fait conformément à la loi de l'État requis dans les limites qui y sont prévues.

CHAPITRE V

## Coopération

**Article 28 –** 1. Chaque État contractant désigne une Autorité centrale chargée de satisfaire aux obligations qui lui sont imposées par la Convention.

2. Un État fédéral, un État dans lequel plusieurs systèmes de droit sont en vigueur ou un État ayant des unités territoriales autonomes est libre de désigner plus d'une Autorité centrale et de spécifier l'étendue territoriale ou personnelle de leurs fonctions. L'État qui fait usage de cette faculté désigne l'Autorité centrale à laquelle

toute communication peut être adressée en vue de sa transmission à l'Autorité centrale compétente au sein de cet État.

**Article 29 –** 1. Les Autorités centrales doivent coopérer entre elles et promouvoir la coopération entre les autorités compétentes de leur État pour réaliser les objectifs de la Convention.

2. Elles prennent, dans le cadre de l'application de la Convention, les dispositions appropriées pour fournir des informations sur leur législation, ainsi que sur les services disponibles dans leur État en matière de protection de l'adulte.

**Article 30 –** L'Autorité centrale d'un État contractant prend, soit directement, soit avec le concours d'autorités publiques ou d'autres organismes, toutes dispositions appropriées pour :

*a*) faciliter les communications, par tous les moyens, entre les autorités compétentes dans les situations auxquelles s'applique la Convention;

*b*) aider, sur demande d'une autorité compétente d'un autre État contractant, à localiser l'adulte lorsqu'il paraît que celui-ci est présent sur le territoire de l'État requis et a besoin de protection.

**Article 31 –** Les autorités compétentes d'un État contractant peuvent encourager, soit directement, soit par l'entremise d'autres organismes, l'utilisation de la médiation, de la conciliation ou de tout autre mode analogue permettant les ententes à l'amiable sur la protection de la personne ou des biens de l'adulte, dans les situations auxquelles s'applique la Convention.

**Article 32 –** 1. Lorsqu'une mesure de protection est envisagée, les autorités compétentes en vertu de la Convention peuvent, si la situation de l'adulte l'exige, demander à toute autorité d'un autre État contractant qui détient des informations utiles pour la protection de l'adulte de les lui communiquer.

2. Chaque État contractant peut déclarer que les demandes prévues au paragraphe premier ne pourront être acheminées que par l'intermédiaire de son Autorité centrale.

3. Les autorités compétentes d'un État contractant peuvent demander aux autorités d'un autre État contractant de prêter leur assistance à la mise en œuvre de mesures de protection prises en application de la Convention.

**Article 33 –** 1. Lorsque l'autorité compétente en vertu des articles 5 à 8 envisage le placement de l'adulte dans un établissement ou tout autre lieu où sa protection peut être assurée, et que ce placement aura lieu dans un autre État contractant, elle consulte au préalable l'Autorité centrale ou une autre autorité compétente de ce dernier État. Elle lui communi-que à cet effet un rapport sur l'adulte et les motifs de sa proposition sur le placement.

2. La décision de placement ne peut être prise dans l'État requérant si l'Autorité centrale ou une autre autorité compétente de l'État requis manifeste son opposition dans un délai raisonnable.

**Article 34 –** Dans le cas où l'adulte est exposé à un grave danger, les autorités compétentes de l'État contractant dans lequel des mesures de protection de cet adulte ont été prises ou sont en voie de l'être, si elles sont informées du changement de résidence ou de la présence de l'adulte dans un autre État, avisent les autorités de cet État de ce danger et des mesures prises ou en cours d'examen.

**Article 35 –** Une autorité ne peut demander ou transmettre des informations en application de ce chapitre si elle est d'avis qu'une telle demande ou transmission pourrait mettre en danger la personne ou les biens de l'adulte, ou constituer une menace grave pour la liberté ou la vie d'un membre de sa famille.

**Article 36 –** 1. Sans préjudice de la possibilité de réclamer des frais raisonnables correspondant aux services fournis, les Autorités centrales et les autres autorités publiques des États contractants supportent leurs frais découlant de l'application des dispositions du présent chapitre.

2. Un État contractant peut conclure des accords avec un ou plusieurs autres États contractants sur la répartition des frais.

**Article 37 –** Tout État contractant pourra conclure avec un ou plusieurs autres États contractants des accords en vue de favoriser dans leurs rapports réciproques l'application du présent chapitre. Les États qui ont conclu de tels accords en transmettront une copie au dépositaire de la Convention.

## CHAPITRE VI
## Dispositions générales

**Article 38 –** 1. Les autorités de l'État contractant dans lequel une mesure de protection a été prise ou un pouvoir de représentation confirmé peuvent délivrer à toute personne à qui est confiée la protection de la personne ou des biens de l'adulte, à sa demande, un certificat indiquant sa qualité et les pouvoirs qui lui sont conférés.

2. La qualité et les pouvoirs indiqués par le certificat sont tenus pour établis, à la date du certificat, sauf preuve contraire.

3. Chaque État contractant désigne les autorités habilitées à établir le certificat.

**Article 39 –** Les données personnelles rassemblées ou transmises conformément à la Convention ne peuvent être utilisées à d'autres fins que celles pour lesquelles elles ont été rassemblées ou transmises.

**Article 40 –** Les autorités auxquelles des informations sont transmises en assurent la confidentialité conformément à la loi de leur État.

**Article 41 –** Les documents transmis ou délivrés en application de la Convention sont dispensés de toute légalisation ou de toute formalité analogue.

**Article 42 –** Chaque État contractant peut désigner les autorités à qui les demandes prévues aux articles 8 et 33 doivent être envoyées.

**Article 43 –** 1. Les désignations mentionnées aux articles 28 et 42 seront communiquées au Bureau Permanent de la Conférence de La Haye de droit international privé au plus tard à la date du dépôt de l'instrument de ratification, d'acceptation ou d'approbation de la Convention ou de l'adhésion à celle-ci. Les modifications de ces désignations seront également communiquées au Bureau Permanent.

2. La déclaration mentionnée à l'article 32, paragraphe 2, est faite au dépositaire de la Convention.

**Article 44 –** Un État contractant dans lequel des systèmes de droit ou des ensembles de règles différents s'appliquent en matière de protection de la personne ou des biens de l'adulte n'est pas tenu d'appliquer les règles de la Convention aux conflits concernant uniquement ces différents systèmes ou ensembles de règles.

**Article 45 –** Au regard d'un État dans lequel deux ou plusieurs systèmes de droit ou ensembles de règles ayant trait aux questions régies par la présente Convention s'appliquent dans des unités territoriales différentes :

*a*) toute référence à la résidence habituelle dans cet État vise la résidence habituelle dans une unité territoriale;

*b*) toute référence à la présence de l'adulte dans cet État vise la présence de l'adulte dans une unité territoriale;

*c*) toute référence à la situation des biens de l'adulte dans cet État vise la situation des biens de l'adulte dans une unité territoriale;

*d*) toute référence à l'État dont l'adulte possède la nationalité vise l'unité territoriale désignée par la loi de cet État ou, en l'absence de règles pertinentes, l'unité territoriale avec laquelle l'adulte présente le lien le plus étroit;

*e*) toute référence à l'État dont les autorités ont été choisies par l'adulte vise :
– l'unité territoriale si l'adulte a choisi les autorités de cette unité territoriale;
– l'unité territoriale d'un État avec laquelle l'adulte présente le lien le plus étroit si l'adulte a choisi les autorités de cet État sans spécifier l'unité territoriale dans l'État;

*f*) toute référence à la loi d'un État avec lequel la situation présente un lien étroit vise la loi d'une unité territoriale avec laquelle la situation présente un lien étroit;

*g*) toute référence à la loi, à la procédure ou à l'autorité de l'État où une mesure a été prise vise la loi ou la procédure en vigueur dans cette unité territoriale ou l'autorité de l'unité territoriale dans laquelle cette mesure a été prise;

*h*) toute référence à la loi, à la procédure ou à l'autorité de l'État requis vise la loi ou la procédure en vigueur dans cette unité territoriale ou l'autorité de l'unité territoriale dans laquelle la reconnaissance ou l'exécution est invoquée;

*i*) toute référence à l'État de la mise en œuvre de la mesure de protection vise l'unité territoriale de la mise en œuvre de la mesure;

*j*) toute référence aux organismes ou autorités de cet État, autres que les Autorités centrales, vise les organismes ou autorités habilités à agir dans l'unité territoriale concernée.

**Article 46 –** Pour identifier la loi applicable en vertu du chapitre III, lorsqu'un État comprend deux ou plusieurs unités territoriales dont chacune a son propre système de droit ou un ensemble de règles ayant trait aux questions régies par la présente Convention, les règles suivantes s'appliquent :

*a*) en présence de règles en vigueur dans cet État identifiant l'unité territoriale dont la loi est applicable, la loi de cette unité s'applique;

*b*) en l'absence de telles règles, la loi de l'unité territoriale définie selon les dispositions de l'article 45 s'applique.

**Article 47 –** Pour identifier la loi applicable en vertu du chapitre III, lorsqu'un État comprend deux ou plusieurs systèmes de droit ou ensembles de règles applicables à des catégories différentes de personnes pour les questions régies par la présente Convention, les règles suivantes s'appliquent :

*a*) en présence de règles en vigueur dans cet État identifiant laquelle de ces lois est applicable, cette loi s'applique;

*b*) en l'absence de telles règles, la loi du système ou de l'ensemble de règles avec lequel l'adulte présente le lien le plus étroit s'applique.

**Article 48 –** Dans les rapports entre les États contractants, la présente Convention remplace la Convention concernant l'interdiction et les mesures de protection analogues, signée à La Haye le 17 juillet 1905.

**Article 49 –** 1. La Convention ne déroge pas aux instruments internationaux auxquels des États contractants sont Parties et qui contiennent des dispositions sur les matières réglées par la présente Convention, à moins qu'une déclaration contraire ne soit faite par les États liés par de tels instruments.

2. La Convention n'affecte pas la possibilité pour un ou plusieurs États contractants de conclure des accords qui contiennent, en ce qui concerne les adultes résidant habituellement dans l'un des États Parties à de tels accords, des dispositions sur les matières réglées par la présente Convention.

3. Les accords à conclure par un ou plusieurs États contractants sur des matières réglées par la présente Convention n'affectent pas, dans les rapports de ces États avec les autres États contractants, l'application des dispositions de la présente Convention.

4. Les paragraphes précédents s'appliquent également aux lois uniformes reposant sur l'existence entre les États concernés de liens spéciaux, notamment de nature régionale.

**Article 50 –** 1. La Convention ne s'applique qu'aux mesures prises dans un État après l'entrée en vigueur de la Convention pour cet État.

2. La Convention s'applique à la reconnaissance et à l'exécution des mesures prises après son entrée en vigueur dans les rapports entre l'État où les mesures ont été prises et l'État requis.

3. La Convention s'applique à compter de son entrée en vigueur dans un État contractant aux pouvoirs de représentation conférés antérieurement dans des conditions correspondant à celles prévues à l'article 15.

**Article 51 –** 1. Toute communication à l'Autorité centrale ou à toute autre autorité d'un État contractant est adressée dans la langue originale et accompagnée d'une traduction dans la langue officielle ou l'une des langues officielles de cet État ou, lorsque cette traduction est difficilement réalisable, d'une traduction en français ou en anglais.

2. Toutefois, un État contractant pourra, en faisant une réserve conformément à l'article 56, s'opposer à l'utilisation soit du français, soit de l'anglais.

**Article 52 –** Le Secrétaire général de la Conférence de La Haye de droit international privé convoque périodiquement une Commission spéciale afin d'examiner le fonctionnement pratique de la Convention.

## CHAPITRE VII

## Clauses finales

**Article 53 –** 1. La Convention est ouverte à la signature des États qui étaient Membres de la Conférence de La Haye de droit international privé le 2 octobre 1999.

2. Elle sera ratifiée, acceptée ou approuvée et les instruments de ratification, d'acceptation ou d'approbation seront déposés auprès du Ministère des Affaires Étrangères du Royaume des Pays-Bas, dépositaire de la Convention.

**Article 54 –** 1. Tout autre État pourra adhérer à la Convention après son entrée en vigueur en vertu de l'article 57, paragraphe 1.

2. L'instrument d'adhésion sera déposé auprès du dépositaire.

3. L'adhésion n'aura d'effet que dans les rapports entre l'État adhérant et les États contractants qui n'auront pas élevé d'objection à son encontre dans les six mois après la réception de la notification prévue à l'article 59, lettre b). Une telle objection pourra également être élevée par tout État au moment d'une ratification, acceptation ou approbation de la Convention, postérieure à l'adhésion. Ces objections seront notifiées au dépositaire.

**Article 55 –** 1. Un État qui comprend deux ou plusieurs unités territoriales dans lesquelles des systèmes de droit différents s'appliquent aux matières régies par la présente Convention pourra, au moment de la signature, de la ratification, de l'acceptation, de l'approbation ou de l'adhésion, déclarer que la Convention s'appliquera à toutes ses unités territoriales ou seulement à l'une ou à plusieurs d'entre elles, et pourra à tout moment modifier cette déclaration en faisant une nouvelle déclaration.

2. Ces déclarations seront notifiées au dépositaire et indiqueront expressément les unités territoriales auxquelles la Convention s'applique.

3. Si un État ne fait pas de déclaration en vertu du présent article, la Convention s'appliquera à l'ensemble du territoire de cet État.

**Article 56 –** 1. Tout État contractant pourra, au plus tard au moment de la ratification, de l'acceptation, de l'approbation ou de l'adhésion, ou au moment d'une déclaration faite en vertu de l'article 55, faire la réserve prévue à l'article 51, paragraphe 2. Aucune autre réserve ne sera admise.

2. Tout État pourra, à tout moment, retirer la réserve qu'il aura faite. Ce retrait sera notifié au dépositaire.

3. L'effet de la réserve cessera le premier jour du troisième mois du calendrier après la notification mentionnée au paragraphe précédent.

**Article 57 –** 1. La Convention entrera en vigueur le premier jour du mois suivant l'expiration d'une période de trois mois après le dépôt du troisième instrument de ratification, d'acceptation ou d'approbation prévu par l'article 53.

2. Par la suite, la Convention entrera en vigueur :

*a*) pour chaque État ratifiant, acceptant ou approuvant postérieurement, le premier jour du mois suivant l'expiration d'une période de trois mois après le dépôt de son instrument de ratification, d'acceptation, d'approbation ou d'adhésion ;

*b*) pour chaque État adhérant, le premier jour du mois suivant l'expiration d'une période de trois mois après l'expiration du délai de six mois prévu à l'article 54, paragraphe 3 ;

*c*) pour les unités territoriales auxquelles la Convention a été étendue conformément à l'article 55, le premier jour du mois suivant l'expiration d'une période de trois mois après la notification visée dans cet article.

**Article 58 –** 1. Tout État Partie à la Convention pourra dénoncer celle-ci par une notification adressée par écrit au dépositaire. La dénonciation pourra se limiter à certaines unités territoriales auxquelles s'applique la Convention.

2. La dénonciation prendra effet le premier jour du mois suivant l'expiration d'une période de douze mois après la date de réception de la notification par le dépositaire. Lorsqu'une période plus longue pour la prise d'effet de la dénonciation est spécifiée dans la notification, la dénonciation prendra effet à l'expiration de la période en question.

**Article 59 –** Le dépositaire notifiera aux États membres de la Conférence de La Haye de droit international privé, ainsi qu'aux États qui auront adhéré conformément aux dispositions de l'article 54 :

*a*) les signatures, ratifications, acceptations et approbations visées à l'article 53;

*b*) les adhésions et les objections aux adhésions visées à l'article 54;

*c*) la date à laquelle la Convention entrera en vigueur conformément aux dispositions de l'article 57;

*d*) les déclarations mentionnées aux articles 32, paragraphe 2, et 55;

*e*) les accords mentionnés à l'article 37;

*f*) la réserve visée à l'article 51, paragraphe 2, et son retrait prévu à l'article 56, paragraphe 2;

*g*) les dénonciations visées à l'article 58.

En foi de quoi, les soussignés, dûment autorisés, ont signé la présente Convention.

Fait à La Haye, le 13 janvier 2000, en français et en anglais, les deux textes faisant également foi, en un seul exemplaire, qui sera déposé dans les archives du Gouvernement du Royaume des Pays-Bas et dont une copie certifiée conforme sera remise, par la voie diplomatique, à chacun des États membres de la Conférence de La Haye de droit international privé le 2 octobre 1999.

## 112 Convention de Lugano du 30 octobre 2007 concernant la compétence judiciaire, la reconnaissance et l'exécution des décisions en matière civile et commerciale

En vigueur depuis le 1er janvier 2010

Voir nº 74. ←

# 113 Protocole de La Haye du 23 novembre 2007 sur la loi applicable aux obligations alimentaires

## Applicable depuis le 18 juin 2011

*Les États signataires du présent Protocole,*

Désirant établir des dispositions communes concernant la loi applicable aux obligations alimentaires,

Souhaitant moderniser la *Convention de La Haye du 24 octobre 1956 sur la loi applicable aux obligations alimentaires envers les enfants* et la *Convention de La Haye du 2 octobre 1973 sur la loi applicable aux obligations alimentaires*,

Souhaitant développer des règles générales relatives à la loi applicable pouvant constituer un ajout utile à la *Convention de La Haye du 23 novembre 2007 sur le recouvrement international des aliments destinés aux enfants et à d'autres membres de la famille*,

*Ont résolu de conclure un Protocole à cet effet et sont convenus des dispositions suivantes :*

### Article premier – Champ d'application

1. Le présent Protocole détermine la loi applicable aux obligations alimentaires découlant de relations de famille, de filiation, de mariage ou d'alliance, y compris les obligations alimentaires envers un enfant indépendamment de la situation matrimoniale de ses parents.

2. Les décisions rendues en application du présent Protocole ne préjugent pas de l'existence de l'une des relations visées au paragraphe premier.

### Article 2 – Application universelle

Le présent Protocole est applicable même si la loi qu'il désigne est celle d'un État non contractant.

### Article 3 – Règle générale relative à la loi applicable

1. Sauf disposition contraire du Protocole, la loi de l'État de la résidence habituelle du créancier régit les obligations alimentaires.

2. En cas de changement de la résidence habituelle du créancier, la loi de l'État de la nouvelle résidence habituelle s'applique à partir du moment où le changement est survenu.

### Article 4 – Règles spéciales en faveur de certains créanciers

1. Les dispositions suivantes s'appliquent en ce qui concerne les obligations alimentaires :

*a*) des parents envers leurs enfants ;

*b*) de personnes, autres que les parents, envers des personnes âgées de moins de 21 ans à l'exception des obligations découlant des relations mentionnées à l'article 5 ; et

*c*) des enfants envers leurs parents.

2. La loi du for s'applique lorsque le créancier ne peut pas obtenir d'aliments du débiteur en vertu de la loi mentionnée à l'article 3.

3. Nonobstant l'article 3, la loi du for s'applique lorsque le créancier a saisi l'autorité compétente de l'État où le débiteur a sa résidence habituelle. Toutefois, la loi de l'État de la résidence habituelle du créancier s'applique lorsque le créancier ne peut pas obtenir d'aliments du débiteur en vertu de la loi du for.

4. La loi de l'État dont le créancier et le débiteur ont la nationalité commune, s'ils en ont une, s'applique lorsque le créancier ne peut pas obtenir d'aliments du débiteur en vertu des lois mentionnées à l'article 3 et aux paragraphes 2 et 3 du présent article.

### Article 5 – Règle spéciale relative aux époux et ex-époux

En ce qui concerne les obligations alimentaires entre des époux, des ex-époux ou des personnes dont le mariage a été annulé, l'article 3 ne s'applique pas lorsque l'une des parties s'y oppose et que la loi d'un autre État, en particulier l'État de leur dernière résidence habituelle commune, présente un lien plus étroit avec le mariage. Dans ce cas, la loi de cet autre État s'applique.

### Article 6 – Moyens de défense particuliers

En ce qui concerne les obligations alimentaires autres que celles envers les enfants découlant d'une relation parent-enfant et que celles visées à l'article 5, le débiteur peut opposer à la prétention du créancier qu'une telle obligation à son égard n'existe ni selon la loi de l'État de la résidence habituelle du débiteur, ni selon la loi de l'État de la nationalité commune des parties, si elles en ont une.

### Article 7 – Désignation de la loi applicable pour les besoins d'une procédure particulière (accord procédural)

1. Nonobstant les articles 3 à 6, le créancier et le débiteur d'aliments peuvent, uniquement pour les besoins d'une procédure particulière se déroulant dans un État donné, désigner expressément la loi de cet État pour régir une obligation alimentaire.

2. Une désignation antérieure à l'introduction de l'instance doit faire l'objet d'un accord, signé des deux parties, par écrit ou consigné sur tout support dont le contenu est accessible pour être consulté ultérieurement.

### Article 8 – Désignation de la loi applicable

1. Nonobstant les articles 3 à 6, le créancier et le débiteur d'aliments peuvent, à tout moment, désigner l'une des lois suivantes pour régir une obligation alimentaire :

*a)* la loi d'un État dont l'une des parties a la nationalité au moment de la désignation ;

*b)* la loi de l'État de la résidence habituelle de l'une des parties au moment de la désignation ;

*c)* la loi désignée par les parties pour régir leurs relations patrimoniales ou celle effectivement appliquée à ces relations ;

*d)* la loi désignée par les parties pour régir leur divorce ou leur séparation de corps ou celle effectivement appliquée à ce divorce ou cette séparation.

2. Un tel accord est établi par écrit ou consigné sur tout support dont le contenu est accessible pour être consulté ultérieurement et est signé des deux parties.

3. Le paragraphe premier ne s'applique pas aux obligations alimentaires concernant une personne âgée de moins de 18 ans ou un adulte qui, en raison d'une altération ou d'une insuffisance de ses facultés personnelles, n'est pas en mesure de pourvoir à ses intérêts.

4. Nonobstant la loi désignée par les parties en vertu du paragraphe premier, la loi de l'État de la résidence habituelle du créancier, au moment de la désignation, détermine si le créancier peut renoncer à son droit à des aliments.

5. À moins que les parties n'aient été pleinement informées et conscientes des conséquences de leur choix au moment de la désignation, la loi désignée ne s'applique pas lorsque son application entraînerait des conséquences manifestement inéquitables ou déraisonnables pour l'une ou l'autre des parties.

### Article 9 – « Domicile » au lieu de « nationalité »

Un État qui connaît le concept de « domicile » en tant que facteur de rattachement en matière familiale peut informer le Bureau Permanent de la Conférence de La Haye de droit international privé que, pour les besoins des affaires portées devant ses autorités, le mot « nationalité » aux articles 4 et 6 est remplacé par le mot « domicile » tel qu'il est entendu dans cet État.

### Article 10 – Organismes publics

Le droit d'un organisme public de demander le remboursement de la prestation fournie au créancier en lieu et place d'aliments est soumis à la loi qui régit cet organisme.

### Article 11 – Domaine de la loi applicable

La loi applicable à l'obligation alimentaire détermine notamment :

*a)* si, dans quelle mesure et à qui le créancier peut demander des aliments ;

*b)* la mesure dans laquelle le créancier peut demander des aliments rétroactivement ;

*c)* la base de calcul du montant des aliments et l'indexation ;

*d)* qui est admis à intenter l'action alimentaire, sous réserve des questions relatives à la capacité procédurale et à la représentation en justice ;

*e)* la prescription ou les délais pour intenter une action ;

*f)* l'étendue de l'obligation du débiteur d'aliments, lorsque l'organisme public demande le remboursement de la prestation fournie au créancier en lieu et place d'aliments.

### Article 12 – Exclusion du renvoi

Au sens du Protocole, le terme « loi » désigne le droit en vigueur dans un État, à l'exclusion des règles de conflit de lois.

### Article 13 – Ordre public

L'application de la loi désignée en vertu du Protocole ne peut être écartée que dans la mesure où ses effets sont manifestement contraires à l'ordre public du for.

## Article 14 – Fixation du montant des aliments

Même si la loi applicable en dispose autrement, il est tenu compte dans la fixation du montant des aliments, des besoins du créancier et des ressources du débiteur ainsi que de toute compensation accordée au créancier à la place d'un paiement périodique d'aliments.

## Article 15 – Non-application du Protocole aux conflits internes

1. Un État contractant dans lequel des systèmes de droit ou des ensembles de règles différents s'appliquent en matière d'obligations alimentaires n'est pas tenu d'appliquer les règles du Protocole aux conflits concernant uniquement ces différents systèmes ou ensembles de règles.

2. Cet article ne s'applique pas à une Organisation régionale d'intégration économique.

## Article 16 – Systèmes juridiques non unifiés à caractère territorial

1. Au regard d'un État dans lequel deux ou plusieurs systèmes de droit ou ensembles de règles ayant trait aux questions régies par le présent Protocole s'appliquent dans des unités territoriales différentes :

*a*) toute référence à la loi d'un État vise, le cas échéant, la loi en vigueur dans l'unité territoriale considérée ;

*b*) toute référence aux autorités compétentes ou organismes publics de cet État vise, le cas échéant, les autorités compétentes ou organismes publics habilités à agir dans l'unité territoriale considérée ;

*c*) toute référence à la résidence habituelle dans cet État vise, le cas échéant, la résidence habituelle dans l'unité territoriale considérée ;

*d*) toute référence à l'État dont les deux parties ont la nationalité commune vise l'unité territoriale désignée par la loi de cet État ou, en l'absence de règles pertinentes, l'unité territoriale avec laquelle l'obligation alimentaire présente le lien le plus étroit ;

*e*) toute référence à l'État dont une partie a la nationalité vise l'unité territoriale désignée par la loi de cet État ou, en l'absence de règles pertinentes, l'unité territoriale avec laquelle la personne présente le lien le plus étroit.

2. Pour identifier la loi applicable en vertu du Protocole, lorsqu'un État comprend deux ou plusieurs unités territoriales dont chacune a son propre système de droit ou un ensemble de règles ayant trait aux questions régies par le Protocole, les règles suivantes s'appliquent :

*a*) en présence de règles en vigueur dans cet État identifiant l'unité territoriale dont la loi est applicable, la loi de cette unité s'applique ;

*b*) en l'absence de telles règles, la loi de l'unité territoriale identifiée selon les dispositions du paragraphe premier s'applique.

3. Cet article ne s'applique pas à une Organisation régionale d'intégration économique.

## Article 17 – Systèmes juridiques non unifiés à caractère personnel

Pour identifier la loi applicable en vertu du Protocole, lorsqu'un État comprend deux ou plusieurs systèmes de droit ou ensembles de règles applicables à des catégories différentes de personnes pour les questions régies par le Protocole, toute référence à la loi d'un tel État est entendue comme visant le système de droit déterminé par les règles en vigueur dans cet État.

### Article 18 – Coordination avec les Conventions de La Haye antérieures en matière d'obligations alimentaires

Dans les rapports entre les États contractants, le présent Protocole remplace la *Convention de La Haye du 2 octobre 1973 sur la loi applicable aux obligations alimentaires* et la *Convention de La Haye du 24 octobre 1956 sur la loi applicable aux obligations alimentaires envers les enfants*.

### Article 19 – Coordination avec d'autres instruments

1. Le présent Protocole ne déroge pas aux instruments internationaux auxquels des États contractants sont ou seront parties et qui contiennent des dispositions sur les matières régies par le Protocole, à moins qu'une déclaration contraire ne soit faite par les États liés par de tels instruments.

2. Le paragraphe premier s'applique également aux lois uniformes reposant sur l'existence entre les États concernés de liens spéciaux, notamment de nature régionale.

### Article 20 – Interprétation uniforme

Pour l'interprétation du présent Protocole, il sera tenu compte de son caractère international et de la nécessité de promouvoir l'uniformité de son application.

### Article 21 – Examen du fonctionnement pratique du Protocole

1. Le Secrétaire général de la Conférence de La Haye de droit international privé convoque lorsque cela est nécessaire une Commission spéciale afin d'examiner le fonctionnement pratique du Protocole.

2. À cette fin, les États contractants collaborent avec le Bureau Permanent de la Conférence de La Haye de droit international privé afin de recueillir la jurisprudence relative à l'application du Protocole.

### Article 22 – Dispositions transitoires

Le présent Protocole ne s'applique pas aux aliments réclamés dans un État contractant pour une période antérieure à son entrée en vigueur dans cet État.

**Article 23 –** 1. Le présent Protocole est ouvert à la signature de tous les États.

2. Le présent Protocole est sujet à la ratification, à l'acceptation ou à l'approbation des États signataires.

3. Tout État peut adhérer au présent Protocole.

4. Les instruments de ratification, d'acceptation, d'approbation ou d'adhésion seront déposés auprès du Ministère des Affaires étrangères du Royaume des Pays-Bas, dépositaire du Protocole.

### Article 24 – Organisations régionales d'intégration économique

1. Une Organisation régionale d'intégration économique constituée uniquement d'États souverains et ayant compétence pour certaines ou toutes les matières régies par le Protocole peut également signer, accepter ou approuver le Protocole ou y adhérer. En pareil cas, l'Organisation régionale d'intégration économique aura les

mêmes droits et obligations qu'un État contractant, dans la mesure où cette Organisation a compétence sur des matières régies par le Protocole.

2. Au moment de la signature, de l'acceptation, de l'approbation ou de l'adhésion, l'Organisation régionale d'intégration économique notifie au dépositaire, par écrit, les matières régies par le Protocole pour lesquelles ses États membres ont transféré leur compétence à cette Organisation. L'Organisation notifie aussitôt au dépositaire, par écrit, toute modification intervenue dans la délégation de compétence précisée dans la notification la plus récente faite en vertu du paragraphe.

3. Au moment de la signature, de l'acceptation, de l'approbation ou de l'adhésion, une Organisation régionale d'intégration économique peut déclarer, conformément à l'article 28, qu'elle a compétence pour toutes les matières régies par le Protocole et que les États membres qui ont transféré leur compétence à l'Organisation régionale d'intégration économique dans ce domaine seront liés par le Protocole par l'effet de la signature, de l'acceptation, de l'approbation ou de l'adhésion de l'Organisation.

4. Aux fins de l'entrée en vigueur du Protocole, tout instrument déposé par une Organisation régionale d'intégration économique n'est pas compté, à moins que l'Organisation régionale d'intégration économique ne fasse une déclaration conformément au paragraphe 3.

5. Toute référence à un « État contractant » ou à un « État » dans le Protocole s'applique également, le cas échéant, à une Organisation régionale d'intégration économique qui y est Partie. Lorsqu'une déclaration est faite par une Organisation régionale d'intégration économique conformément au paragraphe 3, toute référence à un « État contractant » ou à un « État » dans le Protocole s'applique également, le cas échéant, aux États membres concernés de l'Organisation.

## Article 25 – Entrée en vigueur

1. Le Protocole entrera en vigueur le premier jour du mois suivant l'expiration d'une période de trois mois après le dépôt du deuxième instrument de ratification, d'acceptation, d'approbation ou d'adhésion prévu par l'article 23.

2. Par la suite, le Protocole entrera en vigueur :

*a*) pour chaque État ou Organisation régionale d'intégration économique au sens de l'article 24 ratifiant, acceptant ou approuvant le Protocole ou y adhérant postérieurement, le premier jour du mois suivant l'expiration d'une période de trois mois après le dépôt de son instrument de ratification, d'acceptation, d'approbation ou d'adhésion ;

*b*) pour les unités territoriales auxquelles le Protocole a été étendu conformément à l'article 26, le premier jour du mois suivant l'expiration d'une période de trois mois après la notification visée dans ledit article.

## Article 26 – Déclarations relatives aux systèmes juridiques non unifiés

1. Un État qui comprend deux ou plusieurs unités territoriales dans lesquelles des systèmes de droit différents s'appliquent aux matières régies par ce Protocole peut, au moment de la signature, de la ratification, de l'acceptation, de l'approbation ou de l'adhésion, déclarer, conformément à l'article 28, que le Protocole s'appliquera à toutes ses unités territoriales ou seulement à l'une ou à plusieurs d'entre elles et pourra à tout moment modifier cette déclaration en faisant une nouvelle déclaration.

2. Ces déclarations seront notifiées au dépositaire et indiqueront expressément les unités territoriales auxquelles le Protocole s'applique.

3. Si un État ne fait pas de déclaration en vertu du présent article, le Protocole s'appliquera à l'ensemble du territoire de cet État.

4. Le présent article ne s'applique pas à une Organisation régionale d'intégration économique.

### Article 27 – Réserves

Aucune réserve au présent Protocole n'est admise.

### Article 28 – Déclarations

1. Les déclarations visées aux articles 24 (3) et 26 (1) peuvent être faites lors de la signature, de la ratification, de l'acceptation, de l'approbation ou de l'adhésion ou à tout moment ultérieur et pourront être modifiées ou retirées à tout moment.

2. Les déclarations, modifications et retraits sont notifiés au dépositaire.

3. Une déclaration faite au moment de la signature, de la ratification, de l'acceptation, de l'approbation ou de l'adhésion prendra effet au moment de l'entrée en vigueur du présent Protocole pour l'État concerné.

4. Une déclaration faite ultérieurement, ainsi qu'une modification ou le retrait d'une déclaration, prendra effet le premier jour du mois suivant l'expiration d'une période de trois mois après la date de réception de la notification par le dépositaire.

### Article 29 – Dénonciation

1. Tout État contractant pourra dénoncer le présent Protocole par une notification écrite au dépositaire. La dénonciation pourra se limiter à certaines unités territoriales d'un État aux systèmes juridiques non unifiés auxquelles s'applique le Protocole.

2. La dénonciation prendra effet le premier jour du mois suivant l'expiration d'une période de 12 mois après la date de réception de la notification par le dépositaire. Lorsqu'une période plus longue pour la prise d'effet de la dénonciation est spécifiée dans la notification, la dénonciation prendra effet à l'expiration de la période en question après la date de réception de la notification par le dépositaire.

### Article 30 – Notification

Le dépositaire notifiera aux Membres de la Conférence de La Haye de droit international privé, ainsi qu'aux autres États et aux Organisations régionales d'intégration économique qui ont signé, ratifié, accepté, approuvé ou adhéré conformément aux articles 23 et 24, les renseignements suivants :

*a*) les signatures et ratifications, acceptations, approbations et adhésions prévues aux articles 23 et 24;

*b*) la date d'entrée en vigueur du présent Protocole conformément à l'article 25;

*c*) les déclarations visées aux articles 24 (3) et 26 (1);

*d*) les dénonciations visées à l'article 29.

# II – Conventions bilatérales

## 114 Accord France-Burkina Faso du 24 avril 1961 de coopération en matière de justice

Non reproduit. Consultable sur :
http://www.jafbase.fr/afrique.html

## 115 Accord franco-ivoirien du 24 avril 1961 de coopération en matière de justice

Non reproduit. Consultable sur :
http://www.jafbase.fr/afrique.html

## 116 Accord franco-mauritanien du 19 juin 1961 en matière de justice

Non reproduit. Consultable sur :
http://www.jafbase.fr/afrique.html

## 117 Accord franco-malien du 2 février 1962 de coopération en matière de justice

Non reproduit. Consultable sur :
http://www.jafbase.fr/afrique.html

## 118 Convention franco-gabonaise du 23 juillet 1963 d'aide mutuelle judiciaire, d'*exequatur* des jugements et d'extradition

Non reproduite. Consultable sur :
http://www.jafbase.fr/afrique.html

## 119 Accord France-Centrafrique du 18 janvier 1965 de coopération en matière de justice

Non reproduit. Consultable sur :
http://www.jafbase.fr/afrique.html

## 120 Convention franco-polonaise du 5 avril 1967 relative à la loi applicable, la compétence et l'*exequatur* dans le droit des personnes et de la famille

En vigueur depuis le 1er mars 1969

Non reproduite. Consultable sur :
http://www.jafbase.fr/afrique.html

## 121 Convention franco-yougoslave du 18 mai 1971 relative à la loi applicable et à la compétence en matière de droit des personnes et de la famille

En vigueur depuis le 1er décembre 1972

Applicable entre la France et la Slovénie, la Bosnie-Herzégovine, la Serbie, le Montenegro et le Kosovo

Non reproduite. Consultable sur :
http://www.jafbase.fr/afrique.html

## 122 Convention franco-malgache du 4 juin 1973 relative à l'entraide judiciaire, la compétence judiciaire, la reconnaissance et l'exécution des décisions et l'extradition simplifiée

Non reproduite. Consultable sur :
http://www.jafbase.fr/afrique.html

## 123 Convention franco-congolaise du 1er janvier 1974 de coopération en matière judiciaire

Non reproduite. Consultable sur :
http://www.jafbase.fr/afrique.html

## 124 Accord franco-camerounais du 21 février 1974 de coopération en matière de justice

Non reproduit. Consultable sur :
http://www.jafbase.fr/afrique.html

## 125 Convention franco-sénégalaise du 29 mars 1974 de coopération en matière judiciaire

Non reproduite. Consultable sur :
http://www.jafbase.fr/afrique.html

## 126 Accord franco-béninois du 27 février 1975 de coopération en matière de justice

Non reproduit. Consultable sur :
http://www.jafbase.fr/afrique.html

## 127 Accord franco-tchadien du 6 mars 1976 en matière judiciaire

Non reproduit. Consultable sur :
http://www.jafbase.fr/afrique.html

## 128 Convention judiciaire franco-togolaise du 23 mars 1976

Non reproduite. Consultable sur :
http://www.jafbase.fr/afrique.html

## 129 Convention franco-nigérienne du 19 février 1977 de coopération en matière judiciaire

Non reproduite. Consultable sur :
http://www.jafbase.fr/afrique.html

## 130 Convention franco-marocaine du 10 août 1981 relative au statut des personnes et de la famille et à la coopération judiciaire

En vigueur depuis le 13 mai 1984

*Le Président de la République,*

Sur le rapport du Premier ministre et du ministre des Relations extérieures,

Vu les articles 52 à 55 de la Constitution;

Vu le décret n° 60-11 du 12 janvier 1960 portant publication de la convention d'aide mutuelle judiciaire, d'*exequatur* des jugements et l'extradition du 5 octobre 1957;

Vu la loi n° 82-484 du 10 juin 1982 autorisant la ratification de la convention entre la République française et le Royaume du Maroc relative au statut des personnes et de la famille et à la coopération judiciaire, signée à Rabat le 10 août 1981;

Vu le décret n° 53-192 du 14 mars 1953 relatif à la ratification et à la publication des engagements internationaux souscrits par la France,

*Décrète :*

**Article 1er** – La convention entre la République française et le Royaume du Maroc relative au statut des personnes et de la famille, signée à Rabat le 10 août 1981, sera publiée au *Journal officiel* de la République française.

**Article 2** – Le Premier ministre et le ministre des Relations extérieures sont chargés de l'exécution du présent décret.

Référence :

Décret n° 83-435 du 27 mai 1983; cette convention est entrée en vigueur le 13 mai 1983, conformément aux dispositions de son article 29.

## CONVENTION

## ENTRE LA RÉPUBLIQUE FRANÇAISE ET LE ROYAUME DU MAROC RELATIVE AU STATUT DES PERSONNES ET DE LA FAMILLE ET À LA COOPÉRATION JUDICIAIRE

*Le Président de la République française,*

*Sa Majesté le Roi du Maroc,*

Constatant l'importance des relations personnelles et familiales entre les ressortissants des deux États et la nécessité de conserver aux personnes les principes fondamentaux de leur identité nationale;

Souhaitant, en conséquence, établir des règles communes de conflit de lois et de juridictions en ce qui concerne le statut des personnes et de la famille;

Désireux de renforcer les relations de coopération judiciaire entre les deux États pour mieux assurer la protection des enfants et des créanciers d'aliments,

ont décidé de conclure une convention.

À cette fin, ils ont désigné pour leurs plénipotentiaires :

Le Président de la République française :

M. Claude Cheysson, Ministre des Relations extérieures,

Sa Majesté le Roi du Maroc :

M. M'Hammed Boucetta, Ministre d'État, chargé des Affaires étrangères et de la Coopération,

*lesquels, après avoir présenté leurs pleins pouvoirs, reconnus en bonne et due forme, sont convenus des dispositions suivantes :*

## Dispositions générales

**Article 1er –** L'état et la capacité des personnes physiques sont régis par la loi de celui des deux États dont ces personnes ont la nationalité.

**Article 2 –** Le domicile d'une personne est le lieu où elle a sa résidence habituelle effective.

**Article 3 –** La référence à la loi de l'un des deux États s'entend de la loi interne de cet État à l'exclusion du système international de conflit de lois qui peut y être en vigueur.

**Article 4 –** La loi de l'un des deux États désignés par la présente Convention ne peut être écartée par les juridictions de l'autre État que si elle est manifestement incompatible avec l'ordre public.

CHAPITRE PREMIER

## Mariage

**Article 5 –** Les conditions de fond du mariage tels que l'âge matrimonial et le consentement de même que les empêchements, notamment ceux résultant des liens de parenté ou d'alliance, sont régies pour chacun des futurs époux par la loi de celui des deux États dont il a la nationalité.

**Article 6 –** Les conditions de forme du mariage sont régies par la loi de celui des deux États dont l'autorité célèbre le mariage.

Chaque État peut décider que le mariage dans l'autre État entre des époux qui possèdent tous deux sa nationalité sera célébré par ses fonctionnaires consulaires.

Le mariage sur le territoire français entre un époux de nationalité marocaine et un époux de nationalité française doit être célébré par un officier de l'état civil compétent selon la loi française. Pour la validité de cette union au regard de la loi marocaine, les fonctionnaires consulaires marocains compétents procèdent, après justification de la célébration, à l'enregistrement de ce mariage.

Le mariage sur le territoire marocain d'un époux de nationalité marocaine et d'un époux de nationalité française ne peut être célébré par les adouls que sur présentation par l'époux français du certificat de capacité matrimoniale délivré par les fonctionnaires consulaires français. Les adouls célèbrent le mariage selon les formes prescrites par le statut personnel du futur époux de nationalité marocaine. Lorsque l'épouse française n'a pas désigné de personne pouvant jouer le rôle de wali, ce rôle est rempli par le magistrat qui homologue le mariage. Dans tous les cas, le magistrat avise immédiatement du mariage les fonctionnaires consulaires français compétents.

**Article 7 –** Les effets personnels du mariage sont régis par la loi de celui des deux États dont les époux ont la nationalité.

Si l'un des époux a la nationalité de l'un des deux États et le second celle de l'autre, les effets personnels du mariage sont régis par la loi de celui des deux États sur le territoire duquel les époux ont leur domicile commun ou avaient leur dernier domicile commun.

Les obligations alimentaires entre époux sont réglées conformément aux dispositions du chapitre III de la présente Convention.

**Article 8 –** Les juridictions de celui des deux États sur le territoire duquel les époux ont leur domicile commun ou avaient leur dernier domicile commun peuvent être considérées comme compétentes au sens du paragraphe *a* de l'article 16 de la Convention d'aide mutuelle judiciaire et d'*exequatur* des jugements du 5 octobre 1957, pour connaître des litiges relatifs aux effets personnels du mariage.

Toutefois, au cas où les époux ont tous deux la nationalité de l'un des deux États, les juridictions de celui-ci peuvent être également compétentes quel que soit le domicile des époux au moment de l'introduction de l'action judiciaire.

Si une action judiciaire a été introduite devant une juridiction d'un des deux États et si une nouvelle action entre les parties et ayant le même objet est portée devant le tribunal de l'autre État, la juridiction saisie en second lieu doit surseoir à statuer.

CHAPITRE II

## Dissolution du mariage

**Article 9 –** La dissolution du mariage est prononcée selon la loi de celui des deux États dont les époux ont tous deux la nationalité à la date de la présentation de la demande.

Si à la date de la présentation de la demande, l'un des époux a la nationalité de l'un des deux États et le second celle de l'autre, la dissolution du mariage est prononcée selon la loi de l'État sur le territoire duquel les époux ont leur domicile commun ou avaient leur dernier domicile commun.

**Article 10 –** Les règles de conflit de lois définies à l'article précédent s'appliquent aux effets personnels qui découlent de la dissolution du mariage.

Les effets relatifs à la garde des enfants et aux pensions alimentaires qui leur sont dues relèvent des dispositions du chapitre III de la présente Convention.

**Article 11 –** Au sens de l'alinéa *a*) de l'article 16 de la Convention d'aide mutuelle judiciaire et d'*exequatur* des jugements du 5 octobre 1957, la dissolution du mariage peut être prononcée par les juridictions de celui des deux États sur le territoire duquel les époux ont leur domicile commun ou avaient leur dernier domicile commun.

Toutefois, au cas où les époux ont tous deux la nationalité de l'un des deux États, les juridictions de cet État peuvent être également compétentes, quel que soit le domicile des époux au moment de l'introduction de l'action judiciaire.

Si une action judiciaire a été introduite devant une juridiction de l'un des deux États, et si une nouvelle action entre les mêmes parties et ayant le même objet est portée devant le tribunal de l'autre État, la juridiction saisie en second lieu doit surseoir à statuer.

**Article 12 –** Les règles définies aux articles 9, 10 et 11 de la présente Convention s'appliquent à la séparation de corps lorsque celle-ci est prévue par la loi compétente de l'un des deux États.

**Article 13 –** Les actes constatant la dissolution du lien conjugal homologués par un juge au Maroc entre conjoints de nationalité marocaine dans les formes prévues par leur loi nationale produisent effet en France dans les mêmes conditions que les jugements de divorce prononcés à l'étranger.

Lorsqu'ils sont devenus irrévocables, les actes constatant la dissolution du lien conjugal selon la loi marocaine entre un mari de nationalité marocaine et son épouse de nationalité française, dressés et homologués par un juge au Maroc, produisent effet en France à la demande de la femme dans les mêmes conditions que les jugements de divorce.

**Article 14 –** Par l'exception à l'article 17 de la Convention d'aide mutuelle judiciaire et d'*exequatur* des jugements du 5 octobre 1957, en matière d'état des personnes les décisions en force de chose jugée peuvent être publiées ou transcrites sans *exequatur* sur les registres de l'état civil.

CHAPITRE III

## Garde des enfants, droit de visite et obligations alimentaires

*Section 1*

### Dispositions générales

**Article 15 –** Les autorités compétentes des deux États agissant dans les domaines de la garde des enfants, du droit de visite et des obligations alimentaires, s'engagent à s'accorder une entraide judiciaire mutuelle et à promouvoir leur coopération en ces domaines.

**Article 16 –** Les Ministères de la Justice des deux États sont désignés comme autorités centrales chargées de satisfaire aux obligations qui leur sont imposées par la présente Convention. À cet effet, ces autorités centrales communiquent directement entre elles et saisissent, le cas échéant, leurs autorités compétentes. L'intervention des autorités centrales est gratuite.

Il est créé une Commission mixte consultative, composée de représentants des Ministères des Affaires étrangères et de la Justice, qui se réunira périodiquement à la demande de l'un ou de l'autre État, afin de faciliter le règlement des problèmes les plus difficiles qui seront soumis aux autorités centrales.

**Article 17 –** Les autorités centrales peuvent, sauf si l'ordre public s'y oppose, s'adresser des demandes de renseignements ou d'enquête dans le cadre des procédures civiles, commerciales, administratives ou relatives au statut personnel dont leurs autorités judiciaires sont saisies. Elles donnent suite aux demandes qu'elles s'adressent mutuellement tendant à la délivrance sans frais de copies de documents publics, notamment, de copies de décisions judiciaires, d'actes de l'état civil ou d'actes relatifs au statut personnel. Elles se fournissent mutuellement, sur leur demande, des renseignements concernant les lois en vigueur sur le territoire de l'État dont elles relèvent, afin d'en faciliter la preuve devant les autorités judiciaires ainsi que sur leur organisation judiciaire.

La même forme d'assistance peut être apportée au moyen des renseignements fournis par les autorités consulaires intéressées.

**Article 18 –** La partie qui invoque en application du titre II de la Convention d'aide mutuelle judiciaire et d'*exequatur* des jugements du 5 octobre 1957, l'autorité d'une décision judiciaire, rendue en matière de garde d'enfants, de droit de visite et d'aliments ou qui en demande l'exécution, doit produire un certificat du greffier constatant seulement que la décision est exécutoire dans l'État où elle a été rendue, nonobstant les dispositions des paragraphes *c*) de l'article 16 et *c*) de l'article 21 de la même Convention.

*Section 2*

## Garde des enfants et droit de visite

**Article 19 –** Les deux États se garantissent réciproquement, sur leur territoire, sous le contrôle de leurs autorités judiciaires, le libre exercice du droit de garde sur l'enfant mineur sous la seule condition de l'intérêt de l'enfant, sans autre restriction tirée de leur droit interne, ainsi que le libre exercice du droit de visite. Ils se garantissent mutuellement la bonne exécution des décisions de justice rendues par l'autre État dans ce domaine.

**Article 20 –** Les autorités centrales se prêtent mutuellement leur concours pour la recherche sur leur territoire et la localisation des enfants déplacés dont le droit de garde est contesté ou méconnu. Elles satisfont aux demandes de renseignements concernant la situation matérielle et morale de ces enfants.

Les autorités centrales prennent ou font prendre toute mesure propre à assurer la remise volontaire des enfants ou à faciliter une solution amiable. Elles font prendre, dans les cas d'urgence, toute mesure provisoire qui semble utile pour prévenir de nouveaux dangers pour l'enfant ou d'autres préjudices pour les parties concernées. Elles donnent des informations de portée générale sur le contenu de leur droit pour l'application des présentes dispositions et établissent, le cas échéant, des attestations concernant la teneur de leurs dispositions législatives sur le droit de garde et le droit de visite.

Les autorités centrales prennent ou font prendre toute mesure propre à faciliter l'exercice du droit de visite. Elles coopèrent pour que soit organisé sur le territoire des deux États, un droit de visite et d'hébergement au profit de celui des parents qui n'a pas la garde et pour que soit levé tout obstacle juridique de nature à s'y opposer. Elles coopèrent également pour que soient respectées les conditions posées par leurs autorités respectives pour la mise en œuvre et le libre exercice de ce droit ainsi que les engagements pris par les parties à son sujet.

En matière de garde d'enfants et d'exercice du droit de visite, les décisions judiciaires rendues sur le territoire de l'un des deux États peuvent être déclarées opposables sur le territoire de l'autre par les juridictions de cet État conformément aux dispositions des paragraphes *a*), *b*) et *d*) de l'article 16 et de l'article 17 de la Convention du 5 octobre 1957. Les autorités centrales saisissent directement leurs autorités judiciaires compétentes pour statuer sur ces demandes.

**Article 21 –** À défaut de remise volontaire, les autorités centrales se prêtent mutuellement leur concours pour faciliter l'exécution des décisions de justice relatives au droit de garde et au droit de visite lorsqu'elles sont exécutoires dans l'État requérant.

**Article 22 –** Les autorités centrales doivent saisir, dans les meilleurs délais, par la voie du ministère public institué auprès des juridictions agissant en matière civile, leurs autorités judiciaires compétentes, soit pour rendre exécutoires dans l'État requis les décisions exécutoires dans l'État requérant, soit pour faire statuer sur la demande de remise dont l'enfant fait l'objet.

Les autorités centrales doivent saisir également leurs autorités judiciaires des demandes visant à fixer ou à protéger l'exercice du droit de visite et d'hébergement de l'enfant dans l'un ou l'autre État, au profit de celui des parents qui n'a pas la garde.

**Article 23 –** Les autorités judiciaires des deux États une fois saisies doivent statuer d'urgence. Si ces autorités n'ont pas statué dans un délai de six semaines à partir de leur saisine, l'autorité centrale de l'État requis doit informer l'autorité centrale de l'État requérant du déroulement de la procédure.

Les autorités centrales veillent à l'exécution rapide des commissions rogatoires en cette matière qui pourront être utilisées pour recueillir toutes les informations nécessaires.

**Article 24 –** En matière de garde d'enfants, et au sens des dispositions des articles 16 et 17 de la Convention du 5 octobre 1957, la reconnaissance ou l'exécution d'une décision rendue dans l'un des deux États ne peut être refusée par l'autre État dans les cas suivants :

1. Lorsque le tribunal de l'État qui a rendu la décision est celui :

– de la résidence commune effective des parents;

– ou de la résidence du parent avec lequel l'enfant vit habituellement.

2. Lorsque le tribunal de l'État qui a rendu la décision a appliqué :

*a)* Si les parents sont de même nationalité, leur loi nationale commune;

*b)* En l'absence de nationalité commune des parents :

– soit la loi de leur résidence commune effective;

– soit la loi de la résidence du parent avec lequel l'enfant vit habituellement.

Lors de l'appréciation de la compétence territoriale du tribunal de l'État qui a rendu la décision, l'autorité requise de l'autre État est liée par les constatations de fait sur lesquelles ce tribunal a fondé sa compétence, à moins qu'il ne s'agisse d'une décision par défaut.

**Article 25 –** Le juge de l'État où l'enfant a été déplacé ou retenu doit ordonner, à titre conservatoire, la remise immédiate de l'enfant, à moins que la personne qui a déplacé ou retenu l'enfant n'établisse :

1. Qu'à l'époque de la violation invoquée, la personne à qui la garde avait été confiée avant le déplacement n'exerçait pas effectivement ou de bonne foi le droit de garde sur l'enfant, ou :

2. Que la remise de l'enfant serait de nature à mettre gravement en cause sa santé ou sa sécurité en raison de la survenance d'un événement de gravité exceptionnelle depuis l'attribution de la garde.

Dans l'appréciation des circonstances visées ci-dessus, les autorités judiciaires prennent en considération les informations fournies par l'autorité centrale de l'État de la résidence habituelle de l'enfant, notamment sur sa situation sociale et sur la teneur des dispositions législatives concernant le droit de garde dans cet État.

Une décision sur le retour de l'enfant ne préjuge pas du fond du droit de garde.

Lorsqu'elles sont saisies d'une action en modification de l'attribution du droit de garde d'un enfant déplacé ou retenu en violation d'une décision sur la garde rendue par la juridiction de l'un des deux États compétents en vertu de l'alinéa 1, de l'article 24 ci-dessus et d'une demande de remise de l'enfant émanant de la personne qui bénéficie du droit de garde, les juridictions de l'autre État doivent statuer en priorité sur la demande de remise de l'enfant, aux conditions du présent article.

### *Section 3*
### Obligations alimentaires

**Article 26 –** Les autorités centrales peuvent, le cas échéant, saisir directement et selon une procédure d'urgence leurs autorités judiciaires compétentes aux fins de rendre exécutoires les décisions rendues en matière d'aliments, sans préjudice des fonctions dévolues aux autorités expéditrices et aux institutions intermédiaires par la Convention de New York du 20 juin 1956 sur le recouvrement des aliments à l'étranger, à laquelle la France et le Maroc sont parties.

**Article 27. –** En matière d'aliments et au sens des dispositions des articles 16 et 17 de la Convention du 5 octobre 1957, la reconnaissance ou l'exécution de la décision rendue dans l'un des deux États ne peut être refusée par l'autre État dans les cas suivants :

1. Lorsque le tribunal de l'État, qui a rendu la décision, s'est déclaré compétent parce que la résidence habituelle du créancier d'aliments se trouvait sur son territoire.
2. Lorsque le tribunal de l'État, qui a rendu la décision, a appliqué la loi de la résidence habituelle du créancier d'aliments.

Lors de l'appréciation de la compétence territoriale du tribunal de l'État, qui a rendu la décision, l'autorité requise de l'autre État est liée par les constatations de fait sur lesquelles le tribunal a fondé sa compétence, à moins qu'il ne s'agisse d'une décision par défaut.

## CHAPITRE IV
## Dispositions finales

**Article 28 –** La présente Convention sera ratifiée.

**Article 29 –** Elle entrera en vigueur le jour de l'échange des instruments de ratification qui aura lieu à Paris aussitôt que faire se pourra.

**Article 30 –** Chacune des hautes Parties contractantes pourra dénoncer la présente Convention à n'importe quel moment en adressant à l'autre, par la voie diplomatique, un avis écrit de dénonciation; dans ce cas, la dénonciation prendra effet un an après la date de réception dudit avis.

En foi de quoi les plénipotentiaires ont signé la présente Convention et y ont apposé leur sceau.

## 131 Convention franco-égyptienne du 15 mars 1982 sur la coopération judiciaire en matière civile, y compris le statut personnel, et en matière sociale, commerciale et administrative

En vigueur depuis le 7 août 1983

Non reproduite. Consultable sur :
http://www.jafbase.fr/afrique.html

## 132 Convention franco-tunisienne du 18 mars 1982 relative à l'entraide judiciaire en matière de droit de garde des enfants, de droit de visite et d'obligations alimentaires

En vigueur depuis le 1er juillet 1983

Non reproduite. Consultable sur :
http://www.jafbase.fr/afrique.html

## 133 Convention France-Djibouti du 27 septembre 1986, de coopération judiciaire en matière civile, y compris le statut personnel

En vigueur depuis le 1er août 1992

Non reproduite. Consultable sur :
http://www.jafbase.fr/afrique.html

## 134 Convention franco-algérienne du 21 juin 1988 relative aux enfants issus de couples mixtes séparés franco-algériens

En vigueur depuis le 1er août 1988

Non reproduite. Consultable sur :
http://www.jafbase.fr/afrique.html

## 135 Convention France-Émirats arabes unis du 9 septembre 1991 relative à l'entraide judiciaire, la reconnaissance et l'exécution des décisions en matière civile et commerciale

Non reproduite. Consultable sur :
http://www.jafbase.fr/afrique.html

## 136 Convention franco-brésilienne du 28 mai 1996, d'entraide judiciaire en matière civile

En vigueur depuis le 1er octobre 2000

Non reproduite. Consultable sur :
http://www.jafbase.fr/ameriques.html

## 137 Convention franco-vietnamienne du 24 février 1999 relative à l'entraide judiciaire en matière civile

En vigueur depuis le 1er mai 2001

Non reproduite. Consultable sur :
http://www.legifrance.gouv.fr

## 138 Accord franco-libanais du 12 juillet 1999 concernant la coopération en certaines matières familiales

En vigueur depuis le 1er mars 2000

# SOUS-PARTIE III

# SOURCES INTERNES

## 139 Code civil



### Article 3

*Créé par Loi 1803-03-05 promulguée le 15 mars 1803*

Les lois de police et de sûreté obligent tous ceux qui habitent le territoire.

Les immeubles, même ceux possédés par des étrangers, sont régis par la loi française.

Les lois concernant l'état et la capacité des personnes régissent les Français, même résidant en pays étranger.

## Article 16-7

*Créé par Loi n° 94-653 du 29 juillet 1994 – art. 3 JORF 30 juillet 1994*

Toute convention portant sur la procréation ou la gestation pour le compte d'autrui est nulle.

## Article 16-9

*Créé par Loi n° 94-653 du 29 juillet 1994 – art. 3 JORF 30 juillet 1994*

Les dispositions du présent chapitre sont d'ordre public.

## Article 47

*Modifié par Loi n° 2006-1376 du 14 novembre 2006 – art. 7 JORF 15 novembre 2006*

Tout acte de l'état civil des Français et des étrangers fait en pays étranger et rédigé dans les formes usitées dans ce pays fait foi, sauf si d'autres actes ou pièces détenus, des données extérieures ou des éléments tirés de l'acte lui-même établissent, le cas échéant après toutes vérifications utiles, que cet acte est irrégulier, falsifié ou que les faits qui y sont déclarés ne correspondent pas à la réalité.

## Article 171-1

*Créé par Loi n° 2006-1376 du 14 novembre 2006 – art. 3 JORF 15 novembre 2006 en vigueur le 1er mars 2007*

Le mariage contracté en pays étranger entre Français, ou entre un Français et un étranger, est valable s'il a été célébré dans les formes usitées dans le pays de célébration et pourvu que le ou les Français n'aient point contrevenu aux dispositions contenues au chapitre Ier du présent titre.

Il en est de même du mariage célébré par les autorités diplomatiques ou consulaires françaises, conformément aux lois françaises.

Toutefois, ces autorités ne peuvent procéder à la célébration du mariage entre un Français et un étranger que dans les pays qui sont désignés par décret.

## Article 171-2

*Créé par Loi n° 2006-1376 du 14 novembre 2006 – art. 3 JORF 15 novembre 2006 en vigueur le 1er mars 2007*

Lorsqu'il est célébré par une autorité étrangère, le mariage d'un Français doit être précédé de la délivrance d'un certificat de capacité à mariage établi après l'accomplissement, auprès de l'autorité diplomatique ou consulaire compétente au regard du lieu de célébration du mariage, des prescriptions prévues à l'article 63.

Sous réserve des dispenses prévues à l'article 169, la publication prévue à l'article 63 est également faite auprès de l'officier de l'état civil ou de l'autorité diplomatique ou consulaire du lieu où le futur époux français a son domicile ou sa résidence.

## Article 171-3

*Créé par Loi n° 2006-1376 du 14 novembre 2006 – art. 3 JORF 15 novembre 2006 en vigueur le 1er mars 2007*

À la demande de l'autorité diplomatique ou consulaire compétente au regard du lieu de célébration du mariage, l'audition des futurs époux prévue à l'article 63 est réalisée par l'officier de l'état civil du lieu du domicile ou de résidence en France du ou des futurs conjoints, ou par l'autorité diplomatique ou consulaire territorialement compétente en cas de domicile ou de résidence à l'étranger.

## Article 171-4

*Créé par Loi nº 2006-1376 du 14 novembre 2006 – art. 3 JORF 15 novembre 2006 en vigueur le 1er mars 2007*

Lorsque des indices sérieux laissent présumer que le mariage envisagé encourt la nullité au titre des articles 144, 146, 146-1, 147, 161, 162, 163, 180 ou 191, l'autorité diplomatique ou consulaire saisit sans délai le procureur de la République compétent et en informe les intéressés.

Le procureur de la République peut, dans le délai de deux mois à compter de la saisine, faire connaître par une décision motivée, à l'autorité diplomatique ou consulaire du lieu où la célébration du mariage est envisagée et aux intéressés, qu'il s'oppose à cette célébration.

La mainlevée de l'opposition peut être demandée, à tout moment, devant le tribunal de grande instance conformément aux dispositions des articles 177 et 178 par les futurs époux, même mineurs.

## Article 171-5

*Créé par Loi nº 2006-1376 du 14 novembre 2006 – art. 3 JORF 15 novembre 2006 en vigueur le 1er mars 2007*

Pour être opposable aux tiers en France, l'acte de mariage d'un Français célébré par une autorité étrangère doit être transcrit sur les registres de l'état civil français. En l'absence de transcription, le mariage d'un Français, valablement célébré par une autorité étrangère, produit ses effets civils en France à l'égard des époux et des enfants.

Les futurs époux sont informés des règles prévues au premier alinéa à l'occasion de la délivrance du certificat de capacité à mariage.

La demande de transcription est faite auprès de l'autorité consulaire ou diplomatique compétente au regard du lieu de célébration du mariage.

## Article 171-6

*Créé par Loi nº 2006-1376 du 14 novembre 2006 – art. 3 JORF 15 novembre 2006 en vigueur le 1er mars 2007*

Lorsque le mariage a été célébré malgré l'opposition du procureur de la République, l'officier de l'état civil consulaire ne peut transcrire l'acte de mariage étranger sur les registres de l'état civil français qu'après remise par les époux d'une décision de mainlevée judiciaire.

## Article 171-7

*Créé par Loi nº 2006-1376 du 14 novembre 2006 – art. 3 JORF 15 novembre 2006 en vigueur le 1er mars 2007*

Lorsque le mariage a été célébré en contravention aux dispositions de l'article 171-2, la transcription est précédée de l'audition des époux, ensemble ou séparément, par l'autorité diplomatique ou consulaire. Toutefois, si cette dernière dispose d'informations établissant que la validité du mariage n'est pas en cause au regard des articles 146 et 180, elle peut, par décision motivée, faire procéder à la transcription sans audition préalable des époux.

À la demande de l'autorité diplomatique ou consulaire compétente au regard du lieu de célébration du mariage, l'audition est réalisée par l'officier de l'état civil du lieu du domicile ou de résidence en France des époux, ou par l'autorité diplomatique ou consulaire territorialement compétente si les époux ont leur domicile ou résidence à l'étranger. La réalisation de l'audition peut être déléguée à un ou plusieurs fonctionnaires titulaires chargés de l'état civil ou, le cas échéant, aux fonctionnaires dirigeant une chancellerie détachée ou aux consuls honoraires de nationalité française compétents.

Lorsque des indices sérieux laissent présumer que le mariage célébré devant une autorité étrangère encourt la nullité au titre des articles 144, 146, 146-1, 147, 161, 162, 163, 180 ou 191, l'autorité diplomatique ou consulaire chargée de transcrire l'acte en informe immédiatement le ministère public et sursoit à la transcription.

Le procureur de la République se prononce sur la transcription dans les six mois à compter de sa saisine.

S'il ne s'est pas prononcé à l'échéance de ce délai ou s'il s'oppose à la transcription, les époux peuvent saisir le tribunal de grande instance pour qu'il soit statué sur la transcription du mariage. Le tribunal de grande instance statue dans le mois. En cas d'appel, la cour statue dans le même délai.

Dans le cas où le procureur de la République demande, dans le délai de six mois, la nullité du mariage, il ordonne que la transcription soit limitée à la seule fin de saisine du juge. Jusqu'à la décision de celui-ci, une expédition de l'acte transcrit ne peut être délivrée qu'aux autorités judiciaires ou avec l'autorisation du procureur de la République.

## Article 171-8

*Créé par Loi n° 2006-1376 du 14 novembre 2006 – art. 3 JORF 15 novembre 2006 en vigueur le 1er mars 2007*

Lorsque les formalités prévues à l'article 171-2 ont été respectées et que le mariage a été célébré dans les formes usitées dans le pays, il est procédé à sa transcription sur les registres de l'état civil à moins que des éléments nouveaux fondés sur des indices sérieux laissent présumer que le mariage encourt la nullité au titre des articles 144, 146, 146-1, 147, 161, 162, 163, 180 ou 191.

Dans ce dernier cas, l'autorité diplomatique ou consulaire, après avoir procédé à l'audition des époux, ensemble ou séparément, informe immédiatement le ministère public et sursoit à la transcription.

À la demande de l'autorité diplomatique ou consulaire compétente au regard du lieu de célébration du mariage, l'audition est réalisée par l'officier de l'état civil du lieu du domicile ou de résidence en France des époux, ou par l'autorité diplomatique ou consulaire territorialement compétente si les époux ont leur domicile ou résidence à l'étranger. La réalisation de l'audition peut être déléguée à un ou plusieurs fonctionnaires titulaires chargés de l'état civil ou, le cas échéant, aux fonctionnaires dirigeant une chancellerie détachée ou aux consuls honoraires de nationalité française compétents.

Le procureur de la République dispose d'un délai de six mois à compter de sa saisine pour demander la nullité du mariage. Dans ce cas, les dispositions du dernier alinéa de l'article 171-7 sont applicables.

Si le procureur de la République ne s'est pas prononcé dans le délai de six mois, l'autorité diplomatique ou consulaire transcrit l'acte. La transcription ne fait pas obstacle à la possibilité de poursuivre ultérieurement l'annulation du mariage en application des articles 180 et 184.

## Article 171-9

*Créé par Loi n° 2013-404 du 17 mai 2013 – art. 6*

Par dérogation aux articles 74 et 165, lorsque les futurs époux de même sexe, dont l'un au moins a la nationalité française, ont leur domicile ou leur résidence dans un pays qui n'autorise pas le mariage entre deux personnes de même sexe et dans lequel les autorités diplomatiqdues et consulaires françaises ne peuvent procéder à sa célébration, le mariage est célébré publiquement par l'officier de l'état civil de la commune de naissance ou de dernière résidence de l'un des époux ou de la commune dans laquelle l'un de leurs parents a son domicile ou sa résidence établie dans les conditions prévues à l'article 74. À défaut, le mariage est célébré par l'officier de l'état civil de la commune de leur choix.

La compétence territoriale de l'officier de l'état civil de la commune choisie par les futurs époux résulte du dépôt par ceux-ci d'un dossier constitué à cette fin au moins un mois avant la publication prévue à l'article 63. L'officier de l'état civil peut demander à l'autorité diplomatique ou consulaire territorialement compétente de procéder à l'audition prévue à ce même article 63.

## Article 202-1

*Créé par Loi n° 2013-404 du 17 mai 2013 – art. 1*

Les qualités et conditions requises pour pouvoir contracter mariage sont régies, pour chacun des époux, par sa loi personnelle.

Toutefois, deux personnes de même sexe peuvent contracter mariage lorsque, pour au moins l'une d'elles, soit sa loi personnelle, soit la loi de l'État sur le territoire duquel elle a son domicile ou sa résidence le permet.

## Article 202-2

*Créé par Loi n° 2013-404 du 17 mai 2013 – art. 1*

Le mariage est valablement célébré s'il l'a été conformément aux formalités prévues par la loi de l'État sur le territoire duquel la célébration a eu lieu.

## Article 311-14

*Modifié par Ordonnance n° 2005-759 du 4 juillet 2005 – art. 3 JORF 6 juillet 2005 en vigueur le 1er juillet 2006*

La filiation est régie par la loi personnelle de la mère au jour de la naissance de l'enfant; si la mère n'est pas connue, par la loi personnelle de l'enfant.

## Article 311-15

*Modifié par Ordonnance n° 2005-759 du 4 juillet 2005 – art. 3 JORF 6 juillet 2005 en vigueur le 1er juillet 2006*

*Modifié par Ordonnance n° 2005-759 du 4 juillet 2005 – art. 6 JORF 6 juillet 2005 en vigueur le 1er juillet 2006*

Toutefois, si l'enfant et ses père et mère ou l'un d'eux ont en France leur résidence habituelle, commune ou séparée, la possession d'état produit toutes les conséquences qui en découlent selon la loi française, lors même que les autres éléments de la filiation auraient pu dépendre d'une loi étrangère.

### Article 311-17

*Modifié par Ordonnance n° 2005-759 du 4 juillet 2005 – art. 3 JORF 6 juillet 2005 en vigueur le 1er juillet 2006*

La reconnaissance volontaire de paternité ou de maternité est valable si elle a été faite en conformité, soit de la loi personnelle de son auteur, soit de la loi personnelle de l'enfant.

### Article 370-3

*Créé par Loi n° 2001-111 du 6 février 2001 – art. 2*

Les conditions de l'adoption sont soumises à la loi nationale de l'adoptant ou, en cas d'adoption par deux époux, par la loi qui régit les effets de leur union. L'adoption ne peut toutefois être prononcée si la loi nationale de l'un et l'autre époux la prohibe.

L'adoption d'un mineur étranger ne peut être prononcée si sa loi personnelle prohibe cette institution, sauf si ce mineur est né et réside habituellement en France.

Quelle que soit la loi applicable, l'adoption requiert le consentement du représentant légal de l'enfant. Le consentement doit être libre, obtenu sans aucune contrepartie, après la naissance de l'enfant et éclairé sur les conséquences de l'adoption, en particulier, s'il est donné en vue d'une adoption plénière, sur le caractère complet et irrévocable de la rupture du lien de filiation préexistant.

### Article 370-4

*Créé par Loi n° 2001-111 du 6 février 2001 – art. 2*

Les effets de l'adoption prononcée en France sont ceux de la loi française.

### Article 370-5

*Créé par Loi n° 2001-111 du 6 février 2001 – art. 2*

L'adoption régulièrement prononcée à l'étranger produit en France les effets de l'adoption plénière si elle rompt de manière complète et irrévocable le lien de filiation préexistant. À défaut, elle produit les effets de l'adoption simple. Elle peut être convertie en adoption plénière si les consentements requis ont été donnés expressément en connaissance de cause.

### Article 515-7-1

*Créé par Loi n° 2009-526 du 12 mai 2009 – art. 1*

Les conditions de formation et les effets d'un partenariat enregistré ainsi que les causes et les effets de sa dissolution sont soumis aux dispositions matérielles de l'État de l'autorité qui a procédé à son enregistrement.

### Article 1397-2

*Créé par Loi n° 97-987 du 28 octobre 1997 – art. 2 JORF 29 octobre 1997*

Lorsque les époux désignent la loi applicable à leur régime matrimonial en vertu de la convention sur la loi applicable aux régimes matrimoniaux, faite à La Haye le 14 mars 1978, il est fait application des dispositions des articles 1397-3 et 1397-4.

## Article 1397-3

*Modifié par Loi n° 2007-1787 du 20 décembre 2007 – art. 26 (V)*

Lorsque la désignation de la loi applicable est faite avant le mariage, les futurs époux présentent à l'officier de l'état civil soit l'acte par lequel ils ont opéré cette désignation, soit un certificat délivré par la personne compétente pour établir cet acte. Le certificat énonce les noms et prénoms des futurs époux, le lieu où ils demeurent, la date de l'acte de désignation, ainsi que les nom, qualité et résidence de la personne qui l'a établi.

Lorsque la désignation de la loi applicable est faite au cours du mariage, les époux font procéder aux mesures de publicité relatives à la désignation de la loi applicable dans les conditions et formes prévues au code de procédure civile. S'ils ont passé un contrat de mariage, mention de la loi applicable ainsi désignée est portée sur la minute de celui-ci.

À l'occasion de la désignation de la loi applicable, avant le mariage ou au cours de celui-ci, les époux peuvent désigner la nature du régime matrimonial choisi par eux.

## Article 1397-4

*Créé par Loi n° 97-987 du 28 octobre 1997 – art. 2 JORF 29 octobre 1997*

Lorsque la désignation de la loi applicable est faite au cours du mariage, cette désignation prend effet entre les parties à compter de l'établissement de l'acte de désignation et, à l'égard des tiers, trois mois après que les formalités de publicité prévues à l'article 1397-3 auront été accomplies.

Toutefois, en l'absence d'accomplissement de ces formalités, la désignation de la loi applicable est opposable aux tiers si, dans les actes passés avec eux, les époux ont déclaré la loi applicable à leur régime matrimonial.

# 140 Code de l'organisation judiciaire



## Article L. 211-12

*Créé par Ordonnance nº 2006-673 du 8 juin 2006 – art. 1 (V) JORF 9 juin 2006*

Des tribunaux de grande instance spécialement désignés connaissent des actions engagées sur le fondement des dispositions des instruments internationaux et communautaires relatives au déplacement illicite international d'enfants.

## Article D. 211-9

*Créé par Décret nº 2008-522 du 2 juin 2008 – art. (V)*

Le siège et le ressort des tribunaux de grande instance compétents pour connaître des actions engagées sur le fondement des dispositions des instruments internationaux et communautaires relatives au déplacement illicite international d'enfants sont fixés conformément au tableau VII annexé au présent code.

Il n'existe qu'un tribunal compétent par cour d'appel.

(TABLEAU VII ANNEXÉ NON REPRODUIT)

## Article L. 312-6

*Créé par Ordonnance nº 2006-673 du 8 juin 2006 – art. 1 (V) JORF 9 juin 2006*

Un magistrat qui prend le nom de délégué à la protection de l'enfance est désigné au sein de chaque cour d'appel.

Ce magistrat préside la chambre spéciale des mineurs ou y exerce les fonctions de rapporteur.

Il siège comme membre de la chambre de l'instruction dans les cas mentionnés à l'article 23 de l'ordonnance nº 45-174 du 2 février 1945.

Il siège également dans la formation de la cour d'appel qui statue sur les recours formés contre les décisions rendues en première instance sur le fondement des dispositions des instruments internationaux et communautaires relatives au déplacement illicite international d'enfants.

# 141 Code de procédure civile



**Article 45 –** En matière de succession, sont portées devant la juridiction dans le ressort de laquelle est ouverte la succession jusqu'au partage inclusivement :
– les demandes entre héritiers;
– les demandes formées par les créanciers du défunt;
– les demandes relatives à l'exécution des dispositions à cause de mort.

## Article 46

*Modifié par Décret 81-500 1981-05-12 art. 8 JORF 14 mai 1981 rectificatif JORF 21 mai 1981*

Le demandeur peut saisir à son choix, outre la juridiction du lieu où demeure le défendeur :
– en matière contractuelle, la juridiction du lieu de la livraison effective de la chose ou du lieu de l'exécution de la prestation de service ;
– en matière délictuelle, la juridiction du lieu du fait dommageable ou celle dans le ressort de laquelle le dommage a été subi ;
– en matière mixte, la juridiction du lieu où est situé l'immeuble ;
– en matière d'aliments ou de contribution aux charges du mariage, la juridiction du lieu où demeure le créancier.

## Article 425

*Modifié par Décret n° 2012-98 du 27 janvier 2012 – art. 2*

Le ministère public doit avoir communication :

1° Des affaires relatives à la filiation, à l'organisation de la tutelle des mineurs, à l'ouverture ou à la modification des mesures judiciaires de protection juridique des majeurs ainsi que des actions engagées sur le fondement des dispositions des instruments internationaux et européens relatives au déplacement illicite international d'enfants ;

2° Des procédures de sauvegarde, de redressement judiciaire et de liquidation judiciaire, des causes relatives à la responsabilité pécuniaire des dirigeants sociaux et des procédures de faillite personnelle ou relatives aux interdictions prévues par l'article L. 653-8 du code de commerce.

Le ministère public doit également avoir communication de toutes les affaires dans lesquelles la loi dispose qu'il doit faire connaître son avis.

## Article 509

*Modifié par Décret n° 2004-836 du 20 août 2004 – art. 17 JORF 22 août 2004 en vigueur le 1er janvier 2005*

Les jugements rendus par les tribunaux étrangers et les actes reçus par les officiers étrangers sont exécutoires sur le territoire de la République de la manière et dans les cas prévus par la loi.

## Article 509-1

*Modifié par Décret n° 2011-1043 du 1er septembre 2011 – art. 5*

Les requêtes aux fins de certification des titres exécutoires français en vue de leur reconnaissance et de leur exécution à l'étranger en application du règlement (CE) du Conseil n° 44/2001 du 22 décembre 2000 concernant la compétence judiciaire, la reconnaissance et l'exécution des décisions en matière civile et commerciale, de l'article 39 du règlement (CE) n° 2201/2003 du Conseil du 27 novembre 2003 relatif à la compétence, la reconnaissance et l'exécution des décisions en matière matrimoniale et de responsabilité parentale, du règlement (CE) n° 805/2004 du Parlement européen et du Conseil du 21 avril 2004 portant création d'un titre exécutoire européen pour les créances incontestées et de la convention concernant la compétence judiciaire, la reconnaissance et l'exécution des décisions en matière civile et commerciale, faite à Lugano le 30 octobre 2007, sont présentées au greffier en chef de la juridiction qui a rendu la décision ou homologué la convention.

Les requêtes aux fins de certification des titres exécutoires français en vue de leur reconnaissance et de leur exécution à l'étranger en application des articles 41 et 42 du règlement (CE) n° 2201/2003 du Conseil du 27 novembre 2003 susmentionné, ainsi que les requêtes aux fins d'obtention d'un extrait d'une décision présentées en application de l'article 20, paragraphe 1, du règlement (CE) n° 4/2009 du Conseil du 18 décembre 2008 relatif à la compétence, la loi applicable, la reconnaissance et l'exécution des décisions et la coopération en matière d'obligations alimentaires sont présentées au juge qui a rendu la décision ou homologué la convention. Elles sont dispensées du ministère d'avocat.

## Article 509-2

*Modifié par Décret n° 2011-1043 du 1er septembre 2011 – art. 5*

Les requêtes aux fins de reconnaissance ou de constatation de la force exécutoire, sur le territoire de la République, des titres exécutoires étrangers, en application du règlement (CE) du Conseil n° 44/2001 du 22 décembre 2000 concernant la compétence judiciaire, la reconnaissance et l'exécution des décisions en matière civile et commerciale et de la convention concernant la compétence judiciaire, la reconnaissance et l'exécution des décisions en matière civile et commerciale, faite à Lugano le 30 octobre 2007, sont présentées au greffier en chef du tribunal de grande instance.

Les requêtes aux fins de reconnaissance ou de constatation de la force exécutoire, sur le territoire de la République, des titres exécutoires étrangers, en application du règlement (CE) n° 2201/2003 du Conseil du 27 novembre 2003 relatif à la compétence, la reconnaissance et l'exécution des décisions en matière matrimoniale et de responsabilité parentale et en application des articles 26 et 27 du règlement (CE) du Conseil n° 4/2009 du 18 décembre 2008 relatif à la compétence, la loi applicable, la reconnaissance et l'exécution des décisions et la coopération en matière d'obligations alimentaires, sont présentées au président du tribunal de grande instance ou à son délégué. Elles sont dispensées du ministère d'avocat.

## Article 509-3

*Modifié par Décret n° 2011-1043 du 1er septembre 2011 – art. 5*

Par dérogation aux articles 509-1 et 509-2, les requêtes aux fins de certification, de reconnaissance ou de constatation de la force exécutoire des actes authentiques notariés, en application des règlements précités des 22 décembre 2000 et 18 décembre 2008, ainsi que de la convention précitée du 30 octobre 2007, sont présentées au président de la chambre des notaires ou, en cas d'absence ou d'empêchement, à son suppléant désigné parmi les membres de la chambre.

Pour l'application du règlement précité du 22 décembre 2000, ainsi que de la convention précitée du 30 octobre 2007, l'élection de domicile est faite dans le ressort de la cour d'appel où siège la chambre des notaires.

Par dérogation à l'article 509-1, les requêtes aux fins de certification des actes authentiques notariés en vue de leur exécution à l'étranger en application du règlement (CE) n° 805 / 2004 du Parlement européen et du Conseil du 21 avril 2004 portant création d'un titre exécutoire européen pour les créances incontestées sont présentées au notaire ou à la personne morale titulaire de l'office notarial conservant la minute de l'acte reçu.

### Article 509-4

*Créé par Décret n° 2004-836 du 20 août 2004 – art. 17 JORF 22 août 2004 en vigueur le 1er janvier 2005*

La requête est présentée en double exemplaire. Elle doit comporter l'indication précise des pièces invoquées.

### Article 509-5

*Créé par Décret n° 2004-836 du 20 août 2004 – art. 17 JORF 22 août 2004 en vigueur le 1er janvier 2005*

La décision rejetant la requête aux fins de constatation de la force exécutoire est motivée.

### Article 509-6

*Créé par Décret n° 2004-836 du 20 août 2004 – art. 17 JORF 22 août 2004 en vigueur le 1er janvier 2005*

Le certificat, ou la décision relative à la demande de reconnaissance ou de constatation de la force exécutoire, est remis au requérant contre émargement ou récépissé, ou lui est notifié par lettre recommandée avec demande d'avis de réception.

Le double de la requête ainsi que du certificat ou de la décision sont conservés au secrétariat.

### Article 509-7

*Créé par Décret n° 2004-836 du 20 août 2004 – art. 17 JORF 22 août 2004 en vigueur le 1er janvier 2005*

S'il n'émane du juge, le refus de délivrance du certificat peut être déféré au président du tribunal de grande instance. Ce dernier statue en dernier ressort sur requête, le requérant et l'autorité requise entendus ou appelés.

### Article 1046

*Modifié par Décret n° 2004-836 du 20 août 2004 – art. 14 JORF 22 août 2004 en vigueur le 1er janvier 2005*

Le procureur de la République territorialement compétent pour procéder à la rectification administrative des erreurs et omissions purement matérielles des actes de l'état civil est :

- le procureur de la République du lieu où l'acte a été dressé ou transcrit ;
- le procureur de la République du lieu où est établi le service central de l'état civil du ministère des Affaires étrangères, pour les actes détenus par ce service ;
- le procureur de la République près le tribunal de grande instance de Paris pour les pièces tenant lieu d'actes d'état civil à un réfugié ou à un apatride.

Toutefois, la demande peut toujours être présentée au procureur de la République du lieu où demeure l'intéressé afin d'être transmise au procureur de la République territorialement compétent.

### Article 1047

*Modifié par Décret nº 2004-836 du 20 août 2004 – art. 14 JORF 22 août 2004 en vigueur le 1er janvier 2005*

Le président du tribunal de grande instance a compétence pour connaître de la rectification des actes de l'état civil ou des pièces en tenant lieu.

Le tribunal de grande instance a compétence pour connaître de l'annulation des actes de l'état civil, de leurs énonciations ou des pièces en tenant lieu, et de la rectification des jugements déclaratifs ou supplétifs d'actes de l'état civil.

### Article 1048

*Modifié par Décret nº 2004-836 du 20 août 2004 – art. 14 JORF 22 août 2004 en vigueur le 1er janvier 2005*

La juridiction territorialement compétente est la juridiction du lieu où demeure la personne dont l'état civil est en cause ou, si elle demeure hors de France, le tribunal de grande instance de Paris ou son président. Peuvent également être saisies la juridiction du lieu où l'acte d'état civil a été dressé ou transcrit, ou la juridiction qui a rendu le jugement déféré.

Sont toutefois seuls compétents :

– la juridiction du lieu d'établissement du service central d'état civil du ministère des Affaires étrangères, pour les actes détenus par ce service;
– le tribunal de grande instance de Paris ou son président, pour les pièces tenant lieu d'acte d'état civil à un réfugié ou un apatride.

### Article 1055-1

*Créé par Décret nº 93-1091 du 16 septembre 1993 – art. 2 JORF 17 septembre 1993*

La demande en changement de prénom est présentée au juge dans le ressort duquel l'acte de naissance de l'intéressé a été dressé ou du lieu où demeure celui-ci.

Lorsque l'acte de naissance de l'intéressé est détenu par le service central de l'état civil du ministère des Affaires étrangères, la demande peut aussi être présentée au juge du lieu où est établi ce service.

### Article 1056-2

*Créé par Décret nº 2012-66 du 20 janvier 2012 – art. 39*

Le procureur de la République territorialement compétent pour s'opposer à la célébration d'un mariage d'un Français à l'étranger est celui du lieu où est établi le service central d'état civil du ministère des Affaires étrangères.

Il est également seul compétent pour se prononcer sur la transcription de l'acte de mariage étranger sur les registres de l'état civil français et pour poursuivre l'annulation de ce mariage.

Il est également seul compétent, lorsque l'acte de mariage étranger a été transcrit sur les registres consulaires français, pour poursuivre l'annulation du mariage, même s'il n'a pas été saisi préalablement à la transcription.

### Article 1058

*Modifié par Décret nº 2004-836 du 20 août 2004 – art. 52 (V) JORF 22 août 2004 en vigueur le 1er janvier 2005*

Le classement et la conservation des extraits sont assurés par le greffe du tribunal de grande instance dans le ressort duquel est née la personne concernée et par le service central d'état civil pour les personnes nées à l'étranger.

## Article 1070

*Modifié par Décret n° 2004-1158 du 29 octobre 2004 – art. 3 JORF 31 octobre 2004 en vigueur le 1er janvier 2005*

*Modifié par Décret n° 2004-1158 du 29 octobre 2004 – art. 4 JORF 31 octobre 2004 en vigueur le 1er janvier 2005*

Le juge aux affaires familiales territorialement compétent est :

- le juge du lieu où se trouve la résidence de la famille ;
- si les parents vivent séparément, le juge du lieu de résidence du parent avec lequel résident habituellement les enfants mineurs en cas d'exercice en commun de l'autorité parentale, ou du lieu de résidence du parent qui exerce seul cette autorité ;
- dans les autres cas, le juge du lieu où réside celui qui n'a pas pris l'initiative de la procédure.

En cas de demande conjointe, le juge compétent est, selon le choix des parties, celui du lieu où réside l'une ou l'autre.

Toutefois, lorsque le litige porte seulement sur la pension alimentaire, la contribution à l'entretien et l'éducation de l'enfant, la contribution aux charges du mariage ou la prestation compensatoire, le juge compétent peut être celui du lieu où réside l'époux créancier ou le parent qui assume à titre principal la charge des enfants, même majeurs.

La compétence territoriale est déterminée par la résidence au jour de la demande ou, en matière de divorce, au jour où la requête initiale est présentée.

## Article 1166

*Créé par Décret n° 81-500 du 12 mai 1981 – art. 5 et 52 JORF 14 mai 1981 rectificatif JORF 21 mai 1981 en vigueur le 1er janvier 1982*

La demande aux fins d'adoption est portée devant le tribunal de grande instance.

Le tribunal compétent est :

- le tribunal du lieu où demeure le requérant lorsque celui-ci demeure en France ;
- le tribunal du lieu où demeure la personne dont l'adoption est demandée lorsque le requérant demeure à l'étranger ;
- le tribunal choisi en France par le requérant lorsque celui-ci et la personne dont l'adoption est demandée demeurent à l'étranger.

## Article 1210-4

*Modifié par Décret n° 2012-98 du 27 janvier 2012 – art. 1*

Les actions engagées sur le fondement des dispositions des instruments internationaux et européens relatives au déplacement illicite international d'enfants sont portées devant le juge aux affaires familiales du tribunal de grande instance territorialement compétent en application de l'article L. 211-12 du code de l'organisation judiciaire.

## Article 1210-5

*Créé par Décret n° 2004-1158 du 29 octobre 2004 – art. 12 JORF 31 octobre 2004 en vigueur le 1er mars 2005*

La demande aux fins d'obtenir le retour de l'enfant, en application de la convention du 25 octobre 1980 sur les aspects civils de l'enlèvement international d'enfants, est formée, instruite et jugée en la forme des référés.

### Article 1210-6

*Modifié par Décret nº 2012-98 du 27 janvier 2012 – art. 1*

En l'absence d'exécution volontaire de la décision de retour, le procureur de la République compétent en application de l'article 12-1 de la loi nº 91-650 du 9 juillet 1991 pour requérir directement la force publique afin de faire exécuter la décision est celui près le tribunal de grande instance spécialement désigné en application de l'article L. 211-12 du code de l'organisation judiciaire, dans le ressort duquel se trouve l'enfant. Il informe, s'il y a lieu, le procureur de la République près le tribunal de grande instance dans le ressort duquel se trouve l'enfant de son intention de requérir la force publique pour faire exécuter la décision de retour et peut recueillir de ce dernier toutes informations utiles, notamment au regard des risques que l'exécution de la décision pourrait entraîner.

### Article 1210-7

*Créé par Décret nº 2012-98 du 27 janvier 2012 – art. 1*

Dès qu'il est informé de la décision de retour, le procureur de la République chargé de son exécution peut procéder ou faire procéder à l'audition de la personne chez qui se trouve l'enfant qui fait l'objet de cette décision.

### Article 1210-8

*Créé par Décret nº 2012-98 du 27 janvier 2012 – art. 1*

Afin de déterminer les modalités d'exécution de la décision de retour les plus adaptées aux circonstances de l'espèce, le procureur de la République chargé de son exécution peut :

– s'attacher les services de toute personne qualifiée aux fins de favoriser l'exécution amiable de la décision et de déterminer les modalités du retour de l'enfant;
– requérir toute personne qualifiée afin de vérifier la situation matérielle, familiale et sociale de l'enfant faisant l'objet de la décision de retour;
– faire procéder à tout examen médical, psychiatrique et psychologique de l'enfant qu'il estime nécessaire.

### Article 1210-9

*Créé par Décret nº 2012-98 du 27 janvier 2012 – art. 1*

La décision de non-retour de l'enfant rendue à l'étranger ainsi que les documents qui l'accompagnent, transmis à l'autorité centrale française en application du 6 de l'article 11 du règlement (CE) nº 2201/2003 du Conseil du 27 novembre 2003 relatif à la compétence, la reconnaissance et l'exécution des décisions en matière matrimoniale et en matière de responsabilité parentale, sont communiqués au ministère public près le tribunal de grande instance visé à l'article 1210-4, qui en saisit le juge aux affaires familiales par requête.

Nonobstant les articles 100 et 101 du présent code, les autres juges aux affaires familiales saisis du même litige, ou de litiges connexes, se dessaisissent à son profit.

### Article 1259-3

*Modifié par Décret nº 2010-1647 du 28 décembre 2010 – art. 15*

La saisine du juge sur le fondement des articles 479, 480, 484 ou 493 du code civil s'effectue par requête remise ou adressée au greffe. La requête indique les nom, prénom et adresse du mandant ou du bénéficiaire du mandat lorsque celui-ci n'est pas le mandant et du mandataire.

Le juge territorialement compétent est celui de la résidence habituelle du mandant ou du bénéficiaire du mandat lorsque celui-ci n'est pas le mandant.

Dans les quinze jours de la requête, le greffe adresse une convocation à l'audience au mandant ou au bénéficiaire du mandat lorsque celui-ci n'est pas le mandant et au mandataire par lettre recommandée avec demande d'avis de réception, à laquelle est jointe une copie de la requête.

Toutefois, lorsqu'il résulte de celle-ci que seule la dernière adresse du mandant ou du bénéficiaire du mandat lorsque celui-ci n'est pas le mandant ou du mandataire est connue, le greffe invite le requérant à procéder par voie de signification.

Le greffe convoque également le requérant par lettre simple ou verbalement, contre émargement.

Les parties se défendent elles-mêmes; elles ont la faculté de se faire assister ou représenter par un avocat.

La procédure est orale.

Les dispositions des articles 1231 et 1239 sont applicables.

## Article 1300-4

*Modifié par Décret n<sup>o</sup> 2012-66 du 20 janvier 2012 – art. 42*

La demande d'homologation d'un changement de régime matrimonial est portée devant le juge aux affaires familiales de la résidence de la famille.

Un extrait de la demande est transmis par l'avocat des demandeurs aux greffes des tribunaux de grande instance dans le ressort desquels sont nés l'un et l'autre des époux, à fin de conservation au répertoire civil et de publicité par mention en marge de l'acte de naissance selon les modalités prévues au chapitre III du titre I$^{er}$ du présent livre.

## Article 1303-1

*Créé par Décret n$^{o}$ 98-508 du 23 juin 1998 – art. 1 JORF 25 juin 1998*

Lorsque l'acte de mariage est conservé par une autorité française, celle-ci mentionne en marge de cet acte, à la demande des époux ou de l'un d'eux, l'acte portant désignation de la loi applicable au régime matrimonial, dont la publication est prévue au deuxième alinéa de l'article 1397-3 du code civil.

En l'absence d'acte de mariage conservé par une autorité française, et si l'acte portant désignation de la loi applicable au régime matrimonial a été établi en France en la forme authentique ou si l'un des époux est français, ledit acte ou le certificat délivré par la personne compétente pour l'établir est, à la demande des époux ou de l'un deux, inscrit aux fins de conservation au répertoire civil annexe mentionné à l'article 4-1 du décret n$^{o}$ 65-422 du 1$^{er}$ juin 1965 portant création d'un service central d'état civil au ministère des Affaires étrangères.

## Article 1303-2

*Créé par Décret n$^{o}$ 98-508 du 23 juin 1998 – art. 1 JORF 25 juin 1998*

Lorsqu'un contrat de mariage a été passé en France, les époux ou l'un d'eux adressent au notaire détenteur de la minute du contrat, par lettre recommandée avec demande d'avis de réception, copie de l'acte portant désignation de la loi applicable au régime matrimonial. Si le contrat de mariage a été reçu par un agent diplomatique ou consulaire français, les époux ou l'un d'eux avisent le ministre des Affaires étrangères.

Le notaire, l'agent diplomatique ou consulaire français ou le ministre des Affaires étrangères fait mention de la loi applicable ainsi désignée sur la minute du contrat de mariage et ne doit plus en délivrer aucune copie ou extrait sans reproduire cette mention.

### Article 1303-3

*Créé par Décret n° 98-508 du 23 juin 1998 – art. 1 JORF 25 juin 1998*

Lorsque l'acte de mariage est conservé par une autorité française, le changement de régime matrimonial obtenu en application de la loi étrangère régissant les effets de l'union est mentionné en marge de cet acte.

En l'absence d'acte de mariage conservé par une autorité française, ce changement de régime matrimonial, s'il a donné lieu à une décision d'un tribunal français ou à un acte établi en France en la forme authentique ou si l'un des époux est français, est inscrit aux fins de conservation au répertoire civil annexe mentionné à l'article 4-1 du décret n° 65-422 du 1er juin 1965 portant création d'un service central d'état civil au ministère des Affaires étrangères.

### Article 1303-4

*Créé par Décret n° 98-508 du 23 juin 1998 – art. 1 JORF 25 juin 1998*

Si ce changement a donné lieu à une décision d'un tribunal français, la mention en marge de l'acte de mariage ou l'inscription au répertoire civil annexe est faite conformément aux deuxième, troisième et quatrième alinéas de l'article 1294. Dans les autres cas, le procureur de la République du lieu où est conservé l'acte de mariage ou le répertoire civil annexe fait procéder à cette mention ou à cette inscription, à la demande des époux ou de l'un d'eux.

### Article 1303-5

*Créé par Décret n° 98-508 du 23 juin 1998 – art. 1 JORF 25 juin 1998*

Lorsqu'un contrat de mariage a été passé en France, les époux ou l'un d'eux adressent au notaire détenteur de la minute du contrat, par lettre recommandée avec demande d'avis de réception, une copie ou un extrait de l'acte de mariage mis à jour conformément aux articles 1303-3 et 1303-4 ou un certificat d'inscription au répertoire civil annexe mentionné à l'article 4-1 du décret du 1er juin 1965 précité. Si le contrat de mariage a été reçu par un agent diplomatique ou consulaire français, les époux ou l'un deux avisent le ministre des Affaires étrangères.

Le notaire, l'agent diplomatique ou consulaire français ou le ministre des Affaires étrangères fait mention du changement du régime matrimonial sur la minute du contrat de mariage et ne doit plus en délivrer aucune copie ou extrait sans reproduire cette mention.

### Article 1303-6

*Créé par Décret n° 98-508 du 23 juin 1998 – art. 1 JORF 25 juin 1998*

Les mesures de publicité prévues au paragraphe 2 s'appliquent également en cas de changement de régime matrimonial intervenu à l'étranger en application de la loi française.

# 142 Circulaire du 25 janvier 2013, ministère de la Justice : délivrance des certificats de nationalité française – Conventions de mère porteuse – État civil étranger (Circulaire Taubira)

Applicable depuis le 25 janvier 2013

NOR : JUSC1301528C

*La garde des Sceaux, ministre de la Justice,*
à
*Mesdames et messieurs les procureurs généraux près les cours d'appel*
*et le procureur près le tribunal supérieur d'appel*
*Mesdames et messieurs les procureurs de la République*
*Mesdames et messieurs les greffiers en chef des tribunaux d'instance*
(Hexagone et Outre-mer)
Pour attribution

**Textes sources** : Loi n° 95-125 du 8 février 1995 – articles 30 et suivants du code civil – article 47 du code civil

**Date d'application** : immédiate

L'attention de la chancellerie a été appelée sur les conditions de délivrance des certificats de nationalité française (CNF) aux enfants nés à l'étranger de Français, lorsqu'il apparaît, avec suffisamment de vraisemblance, qu'il a été fait recours à une convention portant sur la procréation ou la gestation pour le compte d'autrui.

Vous veillerez, dans l'hypothèse où de telles demandes seraient formées, et sous réserve que les autres conditions soient remplies, à ce qu'il soit fait droit à celles-ci dès lors que le lien de filiation avec un Français résulte d'un acte d'état civil étranger probant au regard de l'article 47 du code civil selon lequel « tout acte de l'état civil des Français et des étrangers fait en pays étranger et rédigé dans les formes usitées dans ce pays fait foi, sauf si d'autres actes ou pièces détenus, des données extérieures ou des éléments tirés de l'acte lui-même établissent, le cas échéant, après toutes vérifications utiles, que cet acte est irrégulier, falsifié ou que les faits qui y sont déclarés ne correspondent pas à la réalité ».

À l'inverse, face à un acte d'état civil étranger non probant, le greffier en chef du tribunal d'instance, sera fondé, après consultation préalable du bureau de la nationalité, à refuser la délivrance d'un CNF.

J'appelle votre attention sur le fait que le seul soupçon du recours à une telle convention conclue à l'étranger ne peut suffire à opposer un refus aux demandes de CNF dès lors que les actes de l'état civil local attestant du lien de filiation avec un Français, légalisés ou apostillés sauf dispositions conventionnelles contraires, sont probants au sens de l'article 47 précité.

Dans tous les cas, le bureau de la nationalité sera destinataire d'une copie du dossier et du certificat de nationalité française délivré ou du refus de délivrance opposé.

Vous veillerez, par ailleurs, à informer le bureau de la nationalité de toutes difficultés liées à l'application de la présente circulaire.

*Le directeur des affaires civiles et du sceau,*

Laurent VALLÉE

**Référence**

Circulaire JUSC9520374 C du 5 mai 1995 relative à la délivrance des certificats de nationalité française

# TROISIÈME PARTIE

# PROCÉDURE ET COOPÉRATION D'AUTORITÉS

AVERTISSEMENT

De nombreux règlements et conventions sur la compétence internationale et les effets des jugements incluent des règles de procédure et/ou de coopération d'autorités. Ces textes ayant été présentés, selon la matière couverte, dans la première partie relative à la matière civile et commerciale ou dans la deuxième partie sur le droit des personnes et de la famille, ils ne sont pas mentionnés et reproduits dans la présente section.

# SOUS-PARTIE I
# UNION EUROPÉENNE

# I – Conventions

## 143 Convention de Bruxelles du 25 mai 1987 relative à la suppression de la légalisation d'actes dans les États membres des communautés européennes

En vigueur depuis le 12 mars 1992

*Les États membres des Communautés européennes,*

Convaincus de l'opportunité d'assurer entre eux la libre circulation d'actes,

Désireux d'adopter à cette fin des règles uniformes concernant la suppression de toute forme de légalisation d'actes,

*sont convenus de ce qui suit :*

**Article 1er –** 1. La présente Convention s'applique aux actes publics qui, établis sur le territoire d'un État contractant, doivent être produits sur le territoire d'un autre État contractant ou devant des agents diplomatiques ou consulaires d'un autre État contractant, alors même que ces agents exercent leurs fonctions sur le territoire d'un État qui n'est pas partie à la présente Convention.

2. Sont considérés comme actes publics :

a) Les documents qui émanent d'une autorité ou d'un fonctionnaire relevant d'une juridiction de l'État, y compris ceux qui émanent du ministère public, d'un greffier ou d'un huissier de justice;

b) Les documents administratifs;

c) Les actes notariés;

d) Les déclarations officielles telles que mentions d'enregistrement, visas pour date certaine et certifications de signature, apposés sur un acte sous seing privé.

3. La présente Convention s'applique également aux actes établis en leur qualité officielle par les agents diplomatiques ou consulaires d'un État contractant qui exercent leurs fonctions sur le territoire de tout État,

lorsque ces actes doivent être produits sur le territoire d'un autre État contractant ou devant des agents diplomatiques ou consulaires d'un autre État contractant, exerçant leurs fonctions sur le territoire d'un État qui n'est pas partie à la présente Convention.

**Article 2 –** Chaque État contractant dispense de toute forme de légalisation ou de toute autre formalité équivalente ou analogue les actes auxquels s'applique la présente Convention.

**Article 3 –** La légalisation au sens de la présente Convention ne recouvre que la formalité par laquelle est attestée la véracité de la signature, la qualité dans laquelle le signataire de l'acte a agi et, le cas échéant, l'identité du sceau ou du timbre dont l'acte est revêtu.

**Article 4 –** 1. Si les autorités de l'État sur le territoire duquel l'acte est produit ont des doutes graves et fondés sur la véracité de la signature, sur la qualité dans laquelle le signataire de l'acte a agi, ou sur l'identité du sceau ou du timbre, elles peuvent demander des informations directement à l'autorité centrale compétente, désignée conformément à l'article 5, de l'État duquel provient l'acte ou le document. Les demandes d'information doivent se limiter aux cas exceptionnels et doivent toujours être motivées.

2. Les demandes d'information sont dans la mesure du possible accompagnées de l'original ou d'une photocopie de l'acte. Les demandes et les réponses ne sont redevables d'aucun impôt, droit ou frais.

**Article 5 –** Chaque État contractant désignera, au moment de la signature, de la ratification, de l'acceptation ou de l'approbation de la présente Convention, l'autorité centrale chargée de recevoir et de transmettre les demandes d'information visées à l'article 4. Il indique la ou les langues dans lesquelles cette autorité accepte les demandes d'information.

**Article 6 –** 1. La présente Convention est ouverte à la signature des États membres. Elle sera soumise à ratification, acceptation ou approbation. Les instruments de ratification, d'acceptation ou d'approbation seront déposés près le ministère des Affaires étrangères de Belgique.

2. La Convention entrera en vigueur quatre-vingt-dix jours après la date du dépôt des instruments de ratification, d'acceptation ou d'approbation, par tous les États membres des Communautés européennes à la date de l'ouverture à la signature.

3. Jusqu'à l'entrée en vigueur de la présente Convention, chaque État peut, lors du dépôt de son instrument de ratification, d'acceptation ou d'approbation ou à tout moment ultérieur, déclarer que la Convention est applicable à son égard dans ses rapports avec les États qui auront fait la même déclaration, quatre-vingt-dix jours après la date du dépôt.

**Article 7 –** 1. La présente Convention est ouverte à l'adhésion de tout État qui devient membre des Communautés européennes. Les instruments d'adhésion seront déposés près le ministère des Affaires étrangères de Belgique.

2. Elle entrera en vigueur à l'égard de tout État qui y adhérera quatre-vingt-dix jours après la date du dépôt de son instrument d'adhésion.

**Article 8 –** 1. Tout État membre peut, au moment de la signature ou au moment du dépôt de son instrument de ratification, d'acceptation ou d'approbation, désigner le ou les territoires auxquels s'appliquera la présente Convention.

2. Tout État membre peut, au moment du dépôt de son instrument de ratification, d'acceptation ou d'approbation ou à tout autre moment par la suite, étendre l'application de la présente Convention par déclaration adressée au ministère des Affaires étrangères de Belgique, à tout autre territoire désigné dans la déclaration et dont il assure les relations internationales ou pour lequel il est habilité à stipuler.

3. Toute déclaration faite en vertu du paragraphe 2 peut être retirée, en ce qui concerne tout territoire désigné dans cette déclaration, par notification adressée au ministère des Affaires étrangères de Belgique.

Le retrait prendra effet immédiatement ou à une date ultérieure précisée dans la notification.

**Article 9 –** Le ministère des Affaires étrangères de Belgique notifie à tous les États membres toute signature, dépôt d'instruments, déclaration ou notification.

**Article 10 –** La présente Convention remplace entre les États contractants les dispositions des autres Traités, Conventions ou Accords qui sont relatifs à la simplification ou la suppression de la légalisation des actes sauf dans la mesure où ces Traités, Conventions ou Accords concernent des actes :

a) Qui ne sont pas visés par la présente Convention;

b) Qui ont été établis sur des territoires auxquels la présente Convention n'est pas applicable.

Le ministère des Affaires étrangères de Belgique enverra copie certifiée conforme au Gouvernement de chaque État membre.

*Déclarations*

« Conformément à l'article 5, le Gouvernement de la République française désigne le bureau de droit international et de l'entraide judiciaire internationale en matière civile et commerciale, service des Affaires européennes et internationales, ministère de la Justice, 57, rue Saint-Roch, 75001 Paris, en tant qu'autorité centrale chargée de recevoir et de transmettre les demandes d'information visées à l'article 4. Ces demandes doivent être rédigées en français. »

« Conformément à l'article 6, paragraphe 3, le Gouvernement de la République française déclare que la Convention est applicable à son égard dans ses rapports avec les États qui ont fait la même déclaration, 90 jours après la date du dépôt. »

## 144 Convention du 10 mars 1995 établie sur la base de l'article K. 3 du Traité sur l'Union européenne, relative à la procédure simplifiée d'extradition entre les États membres de l'Union européenne (signée à Bruxelles)

En vigueur depuis le 1er juillet 2005

Non reproduite. Consultable sur :
http://europa.eu/eu-law/legislation/index_fr.htm

## 145 Convention du 27 septembre 1996 établie sur la base de l'article K. 3 du Traité sur l'Union européenne, relative à l'extradition entre les États membres de l'Union européenne Déclaration commune liée au droit d'asile – Déclaration du Danemark, de la Finlande et de la Suède relative à l'article 7 de la présente convention – Déclaration relative à la notion de « nationaux » – Déclaration de la Grèce relative à l'article 5 – Déclaration du Conseil relative au suivi de la convention

En vigueur depuis le 1er juillet 2005

Non reproduite. Consultable sur :
http://europa.eu/eu-law/legislation/index_fr.htm

## 146 Convention du 29 mai 2000 établie par le Conseil conformément à l'article 34 du traité sur l'Union européenne, relative à l'entraide judiciaire en matière pénale entre les États membres de l'Union européenne (signée à Bruxelles)

En vigueur depuis le 23 août 2005

Non reproduite. Consultable sur :
http://europa.eu/eu-law/legislation/index_fr.htm

## 147 Protocole du 16 octobre 2001 à la convention relative à l'entraide judiciaire en matière pénale entre les États membres de l'Union européenne, établi par le Conseil conformément à l'article 34 du traité sur l'Union européenne (signé à Luxembourg)

En vigueur depuis le 5 octobre 2005

Non reproduit. Consultable sur :
http://eur-lex.europa.eu/fr/index.htm

# II – Règlements

## 148 Règlement (CE) n° 1346/2000 du Conseil du 29 mai 2000 relatif aux procédures d'insolvabilité

Applicable depuis le 31 mai 2002

Voir n° 3 ←

## 149 Règlement (CE) n° 1206/2001 du Conseil du 28 mai 2001 relatif à la coopération entre les juridictions des États membres dans le domaine de l'obtention des preuves en matière civile ou commerciale

Applicable depuis le 1er janvier 2004

*Le Conseil de l'Union européenne,*

Vu le traité instituant la Communauté européenne, et notamment son article 61, point c), et son article 67, paragraphe 1,

Vu l'initiative de la République fédérale d'Allemagne (1),

Vu l'avis du Parlement européen (2),

Vu l'avis du Comité économique et social (3),

Considérant ce qui suit :

(1) L'Union européenne s'est fixé pour objectif de maintenir et de développer un espace de liberté, de sécurité et de justice au sein duquel est assurée la libre circulation des personnes. Pour mettre progressivement en place un tel espace, la Communauté adopte, entre autres, les mesures dans le domaine de la coopération judiciaire en matière civile nécessaires au bon fonctionnement du marché intérieur.

(2) Le bon fonctionnement du marché intérieur exige d'améliorer, et en particulier de simplifier et d'accélérer, la coopération entre les juridictions des États membres dans le domaine de l'obtention de preuves.

(3) Le Conseil européen, réuni à Tampere les 15 et 16 octobre 1999, a rappelé la nécessité d'élaborer de nouvelles dispositions de droit procédural dans les affaires transfrontières, et notamment en matière d'obtention de preuves.

(4) Cette matière relève de l'article 65 du traité.

(5) Étant donné que les objectifs du présent règlement ne peuvent pas être réalisés de manière suffisante par les États membres et peuvent donc mieux être réalisés au niveau communautaire, la Communauté peut prendre des mesures, conformément au principe de subsidiarité consacré à l'article 5 du traité. Conformément au prin-

cipe de proportionnalité tel qu'énoncé audit article du traité, le présent règlement n'excède pas ce qui est nécessaire pour atteindre ces objectifs.

(6) Jusqu'à présent, aucun acte juridique contraignant n'est en vigueur entre tous les États membres dans le domaine de l'obtention de preuves. La convention de La Haye du 18 mars 1970, sur l'obtention des preuves à l'étranger en matière civile ou commerciale n'est en vigueur qu'entre onze États membres de l'Union européenne.

(7) Étant donné que, en matière civile et commerciale, pour statuer sur une affaire engagée devant une juridiction d'un État membre, il est souvent nécessaire de procéder à des actes d'instruction dans un autre État membre, l'action de la Communauté ne peut se limiter au domaine de la transmission des actes judiciaires et extrajudiciaires, couvert par le règlement (CE) n° 1348/2000 du Conseil du 29 mai 2000 relatif à la signification et à la notification dans les États membres des actes judiciaires et extrajudiciaires en matière civile et commerciale (4). Il est donc nécessaire de continuer à améliorer la coopération entre les juridictions des États membres dans le domaine de l'obtention de preuves.

(8) Pour qu'une procédure judiciaire en matière civile ou commerciale soit utile, il faut que la transmission et le traitement des demandes visant à faire procéder à un acte d'instruction se fassent de manière directe et par les moyens les plus rapides entre les juridictions des États membres.

(9) La rapidité de la transmission des demandes visant à faire procéder à un acte d'instruction justifie l'utilisation de tout moyen approprié, tout en respectant certaines conditions quant à la lisibilité et à la fidélité du document reçu. Pour garantir un degré maximal de clarté et de sécurité juridique, les demandes visant à faire procéder à un acte d'instruction doivent être transmises au moyen d'un formulaire à remplir dans la langue de l'État membre de la juridiction requise ou dans une autre langue acceptée par cet État membre. Pour les mêmes raisons, il convient, dans la mesure du possible, d'utiliser des formulaires également pour les autres communications entre les juridictions concernées.

(10) Il est nécessaire qu'une demande visant à faire procéder à un acte d'instruction soit exécutée rapidement. Si elle ne peut pas être exécutée dans un délai de quatre-vingt-dix jours après sa réception par la juridiction requise, celle-ci est tenue d'en informer la juridiction requérante en précisant les raisons qui empêchent une exécution rapide de la demande.

(11) Afin d'assurer l'efficacité du présent règlement, la possibilité de refuser l'exécution d'une demande visant à faire procéder à un acte d'instruction doit être limitée à des situations exceptionnelles étroitement définies.

(12) Il y a lieu que la juridiction requise exécute la demande conformément au droit de l'État membre dont elle relève.

(13) Il y a lieu que les parties et, le cas échéant, leurs représentants puissent être présents lors de l'exécution de l'acte d'instruction, si cela est prévu par le droit de l'État membre dont relève la juridiction requérante, afin de pouvoir suivre la procédure dans des conditions analogues à celles qui existeraient si l'exécution de l'acte avait lieu dans l'État membre dont relève la juridiction requérante. Il convient également qu'ils aient le droit de demander à participer à l'exécution de l'acte, de manière à avoir un rôle plus actif dans le processus d'obtention des preuves. Néanmoins, il importe que les conditions de leur participation soient fixées par la juridiction requise conformément au droit de l'État membre dont elle relève.

(14) Il y a lieu que les représentants de la juridiction requérante puissent être présents lors de l'exécution de l'acte d'instruction, si cela est compatible avec le droit de l'État membre dont relève la juridiction requérante, afin de mieux pouvoir évaluer les preuves. Il convient également qu'ils aient le droit de demander à participer à l'exécution de l'acte, dans les conditions fixées par la juridiction requise, conformément au droit de l'État membre dont elle relève, de manière à avoir un rôle plus actif dans le processus d'obtention des preuves.

(15) Afin de faciliter l'obtention des preuves, il importe qu'une juridiction d'un État membre puisse, conformément au droit de l'État membre dont elle relève, procéder directement à un acte d'instruction dans un autre État membre, si ce dernier l'accepte, et dans les conditions définies par l'organisme central ou l'autorité compétents de l'État membre requis.

(16) Conformément à l'article 10, l'exécution de la demande ne devrait donner lieu à aucune demande de remboursement des taxes de frais. Toutefois, si la juridiction requise demande le remboursement, il n'y a pas lieu que les honoraires versés aux experts et aux interprètes, tout comme les frais résultant de l'application de l'article 10, paragraphes 3 et 4, soient supportés par cette juridiction. Dans un tel cas, la juridiction requérante doit prendre les mesures nécessaires afin d'assurer le remboursement sans délai. Lorsque l'avis d'un expert est requis, la juridiction requise peut, avant d'exécuter la demande, demander à la juridiction requérante une consignation ou avance adéquate par rapport aux frais nécessaires.

(17) Il y a lieu que le présent règlement prévale sur les dispositions visant la matière qu'il couvre contenues dans des conventions internationales conclues par les États membres. Il ne fait pas obstacle à la conclusion entre États membres d'accords ou d'arrangements visant à améliorer davantage la coopération dans le domaine de l'obtention de preuves.

(18) Il importe que les données transmises en application du présent règlement bénéficient d'un régime de protection. Étant donné que la directive 95/46/CE du Parlement européen et du Conseil du 24 octobre 1995 relative à la protection des personnes physiques à l'égard du traitement des données à caractère personnel et à la libre circulation de ces données (5) et la directive 97/66/CE du Parlement européen et du Conseil du 15 décembre 1997 concernant le traitement des données à caractère personnel et la protection de la vie privée dans le secteur des télécommunications (6) sont applicables, il n'est pas nécessaire de prévoir des dispositions spécifiques dans le présent règlement.

(19) Les mesures nécessaires pour la mise en œuvre du présent règlement sont arrêtées en conformité avec la décision 1999/468/CE du Conseil du 28 juin 1999 fixant les modalités de l'exercice des compétences d'exécution conférées à la Commission (7).

(20) Il importe, en vue du bon fonctionnement du présent règlement, que la Commission en examine l'application en vue de proposer, le cas échéant, les modifications nécessaires.

(21) En conformité avec l'article 3 du protocole sur la position du Royaume-Uni et de l'Irlande annexé au traité sur l'Union européenne et au traité instituant la Communauté européenne, le Royaume-Uni et l'Irlande ont notifié leur souhait de participer à l'adoption et à l'application du présent règlement.

(22) Le Danemark, conformément aux articles 1$^{er}$ et 2 du protocole sur la position du Danemark annexé au traité sur l'Union européenne et au traité instituant la Com-

munauté européenne, ne participe pas à l'adoption du présent règlement, lequel ne lie donc pas le Danemark et n'est pas applicable à son égard,

*A arrêté le présent règlement :*

CHAPITRE PREMIER

## Dispositions générales

### Article premier – Champ d'application

1. Le présent règlement est applicable en matière civile ou commerciale, lorsqu'une juridiction d'un État membre, conformément aux dispositions de sa législation, demande :

a) à la juridiction compétente d'un autre État membre de procéder à un acte d'instruction ou

b) à procéder directement à un acte d'instruction dans un autre État membre.

2. La demande ne doit pas viser à obtenir des moyens de preuve qui ne sont pas destinés à être utilisés dans une procédure judiciaire qui est engagée ou envisagée.

3. Dans le présent règlement, les termes « État membre désignent les États membres à l'exception du Danemark.

### Article 2 – Communication directe entre les juridictions

1. Les demandes visées à l'article 1er, paragraphe 1, point a), ci-après dénommées « demandes », sont transmises directement par la juridiction devant laquelle la procédure est engagée ou devant laquelle il est envisagé de l'engager, ci-après dénommée « juridiction requérante », à la juridiction compétente d'un autre État membre, ci-après dénommée « juridiction requise », en vue de faire procéder à l'acte d'instruction demandé.

2. Chaque État membre établit une liste des juridictions compétentes pour procéder à des actes d'instruction conformément au présent règlement. Cette liste indique également la compétence territoriale et, le cas échéant, la compétence spéciale desdites juridictions.

### Article 3 – Organisme central

1. Chaque État membre désigne un organisme central chargé :

a) de fournir des informations aux juridictions;

b) de rechercher des solutions aux difficultés qui peuvent se présenter à l'occasion d'une demande;

c) de faire parvenir, dans des cas exceptionnels, à la requête d'une juridiction requérante, une demande à la juridiction compétente.

2. Les États fédéraux, les États dans lesquels plusieurs systèmes juridiques sont en vigueur et les États ayant des unités territoriales autonomes ont la faculté de désigner plusieurs organismes centraux.

3. Chaque État membre charge également l'organisme central visé au paragraphe 1 de statuer sur les demandes relevant de l'article 17, ou désigne à cette fin une ou plusieurs autorités compétentes.

CHAPITRE II

## Transmission et exécution des demandes

*Section 1*

## Transmission de la demande

### Article 4 – Forme et contenu de la demande

1. La demande est établie au moyen du formulaire type A ou, le cas échéant, du formulaire type I figurant en annexe. Elle contient les indications suivantes :

a) la juridiction requérante et, le cas échéant, la juridiction requise;

b) les nom et adresse des parties et, le cas échéant, de leurs représentants;

c) la nature et l'objet de l'instance et un exposé sommaire des faits;

d) l'acte d'instruction demandé;

e) s'il s'agit d'une demande visant à l'audition d'une personne :

– les nom et adresse des personnes à entendre,

– les questions à poser aux personnes à entendre ou les faits sur lesquels elles doivent être entendues,

– le cas échéant, la mention d'un droit de refus de témoigner prévu par la législation de l'État membre dont relève la juridiction requérante,

– le cas échéant, la demande de déposition sous serment ou de déclaration sur l'honneur et, le cas échéant, l'indication de la forme spéciale à utiliser,

– le cas échéant, toute autre information jugée nécessaire par la juridiction requérante;

f) s'il s'agit d'une demande relative à un autre acte d'instruction, les pièces ou autres objets à examiner le cas échéant;

g) le cas échéant, la demande visée à l'article 10, paragraphes 3 et 4, et aux articles 11 et 12 ainsi que les renseignements nécessaires à l'application de ces dispositions;

2. La demande ainsi que toutes les pièces jointes à celle-ci sont dispensées de légalisation et de toute formalité équivalente.

3. Les pièces que la juridiction requérante estime nécessaire de joindre à la demande pour l'exécution de celle-ci doivent être accompagnées d'une traduction dans la langue dans laquelle la demande a été formulée.

### Article 5 – Langues

La demande et les communications visées dans le présent règlement sont formulées dans la langue officielle de l'État membre requis ou, s'il existe plusieurs langues officielles dans cet État membre, dans la langue officielle ou dans une des langues officielles du lieu où il doit être procédé à l'acte d'instruction demandé ou dans toute autre langue que l'État membre requis aura indiqué pouvoir accepter. Chaque État membre indique la ou les langues officielles des institutions de la Communauté européenne, autres que la sienne ou les siennes, dans laquelle ou lesquelles il accepte que le formulaire soit complété.

### Article 6 – Transmission des demandes et des autres communications

Les demandes ainsi que les communications visées dans le présent règlement sont transmises par le moyen le plus rapide que l'État membre requis a déclaré pouvoir accepter. Il peut être fait usage de tout moyen approprié, sous réserve que le contenu du document reçu reflète fidèlement celui du document expédié et que toutes les mentions qu'il comporte soient lisibles.

*Section 2*
## Réception de la demande

### Article 7 – Réception de la demande

1. La juridiction requise compétente adresse, au moyen du formulaire type B figurant en annexe, un accusé de réception à la juridiction requérante dans les sept jours qui suivent la réception de la demande. Si celle-ci ne remplit pas les conditions prévues à l'article 5 et à l'article 6, la juridiction requise en fait mention dans l'accusé de réception.

2. Si l'exécution d'une demande établie au moyen du formulaire type A figurant en annexe et remplissant les conditions visées à l'article 5 ne relève pas de la compétence de la juridiction à laquelle elle a été transmise, celle-ci transmet la demande à la juridiction compétente de l'État membre dont elle relève et en informe la juridiction requérante au moyen du formulaire type A figurant en annexe.

### Article 8 – Demande incomplète

1. Si la demande ne peut être exécutée parce qu'elle ne contient pas toutes les indications nécessaires visées à l'article 4, la juridiction requise en informe la juridiction requérante sans tarder et, au plus tard, dans les trente jours suivant la réception de la demande au moyen du formulaire type C figurant en annexe et lui demande de lui transmettre les indications manquantes, en les mentionnant de manière aussi précise que possible.

2. Si la demande ne peut être exécutée parce qu'une consignation ou une avance est nécessaire, conformément à l'article 18, paragraphe 3, la juridiction requise en informe la juridiction requérante sans tarder et, au plus tard dans les trente jours suivant la réception de la demande au moyen du formulaire type C figurant en annexe, informe la juridiction requérante de la manière de procéder à la consignation ou à l'avance; la juridiction requise accuse réception de la consignation ou de l'avance sans tarder, au plus tard dans les dix jours suivant la réception de la consignation ou de l'avance en utilisant le formulaire type D.

### Article 9 – Demande complétée

1. Lorsque, conformément à l'article 7, paragraphe 1, la juridiction requise a mentionné, dans l'accusé de réception, que la demande ne remplit pas les conditions visées à l'article 5 et à l'article 6, ou lorsqu'elle a informé la juridiction requérante, conformément à l'article 8, que la demande ne peut être exécutée parce qu'elle ne contient pas toutes les indications nécessaires visées à l'article 4, le délai visé à l'article 10, paragraphe 1, commence à courir à compter de la réception, par la juridiction requise, de la demande dûment complétée.

2. Lorsque la juridiction requise a demandé une consignation ou une avance conformément à l'article 18, paragraphe 3, ledit délai commence à courir à compter du moment où la consignation ou l'avance est effectuée.

*Section 3*

## Exécution de l'acte d'instruction par la juridiction requise

### Article 10 – Dispositions générales relatives à l'exécution de la demande

1. La juridiction requise exécute la demande sans tarder et, au plus tard, dans les quatre-vingt-dix jours suivant la réception de la demande.

2. La juridiction requise exécute la demande conformément au droit de l'État membre dont cette juridiction relève.

3. La juridiction requérante peut demander que la demande soit exécutée selon une forme spéciale prévue par le droit de l'État membre dont elle relève, au moyen du formulaire type A figurant en annexe. La juridiction requise défère à cette demande, à moins que la forme demandée ne soit pas compatible avec le droit de l'État membre dont elle relève ou en raison de difficultés pratiques majeures. Si la juridiction requise, pour l'une des raisons susmentionnées, ne défère pas à la demande, elle en informe la juridiction requérante au moyen du formulaire type D figurant en annexe.

4. La juridiction requérante peut demander à la juridiction requise de recourir aux technologies de communication modernes pour procéder à l'acte d'instruction, en particulier à la vidéoconférence et à la téléconférence.

La juridiction requise défère à cette demande, à moins que cela ne soit incompatible avec le droit de l'État membre dont elle relève ou en raison de difficultés pratiques majeures.

Si la juridiction requise, pour l'une des raisons susmentionnées, ne défère pas à cette demande, elle en informe la juridiction requérante au moyen du formulaire type D figurant en annexe.

Si les moyens techniques visés ci-dessus ne sont pas accessibles dans la juridiction requérante ou dans la juridiction requise, les juridictions peuvent d'un commun accord les rendre disponibles.

### Article 11 – Exécution en présence et avec la participation des parties

1. Si cela est prévu par le droit de l'État membre dont relève la juridiction requérante, les parties et, le cas échéant, leurs représentants ont le droit d'être présents lorsque la juridiction requise procède à l'acte d'instruction.

2. Dans sa demande, la juridiction requérante informe la juridiction requise de la présence des parties et, le cas échéant, de leurs représentants ainsi que, s'il y a lieu, du fait que leur participation est demandée, au moyen du formulaire type A figurant en annexe. Cette information peut également être fournie à tout autre moment opportun.

3. Si la participation des parties et, le cas échéant, de leurs représentants à l'exécution de l'acte d'instruction est demandée, la juridiction requise détermine, en conformité avec l'article 10, les conditions de leur participation.

4. La juridiction requise informe les parties et, le cas échéant, leurs représentants du moment et du lieu où aura lieu la procédure et, s'il y a lieu, des conditions de leur participation, en utilisant le formulaire type E figurant en annexe.

5. Les paragraphes 1 à 4 ne font pas obstacle à ce que la juridiction requise puisse demander aux parties et, le cas échéant, à leurs représentants d'être présents

ou de participer à l'exécution de l'acte d'instruction, si cette possibilité est prévue par le droit de l'État membre dont elle relève.

### Article 12 – Exécution en présence et avec la participation de représentants de la juridiction requérante

1. Si cela est compatible avec le droit de l'État membre dont relève la juridiction requérante, des représentants de cette dernière ont le droit d'être présents lorsque la juridiction requise procède à l'acte d'instruction.

2. Aux fins du présent article, le terme « représentants » englobe les magistrats désignés par la juridiction requérante, conformément au droit de l'État membre dont elle relève. La juridiction requérante peut aussi désigner, conformément au droit de l'État membre dont elle relève, toute autre personne, par exemple un expert.

3. Dans sa demande, la juridiction requérante informe la juridiction requise de la présence de ses représentants et, s'il y a lieu, du fait que leur participation est demandée, au moyen du formulaire type A figurant en annexe. Cette information peut également être fournie à tout autre moment opportun.

4. Si la participation des représentants de la juridiction requérante à l'exécution de l'acte d'instruction est demandée, la juridiction requise détermine, en conformité avec l'article 10, les conditions de leur participation.

5. La juridiction requise informe la juridiction requérante, au moyen du formulaire type F figurant en annexe, du moment et du lieu où aura lieu l'acte d'instruction et, s'il y a lieu, des conditions de la participation.

### Article 13 – Mesures coercitives

Si nécessaire, la juridiction requise applique les mesures coercitives requises pour l'exécution de la demande dans les cas et dans la mesure où le droit de l'État membre dont relève la juridiction requise le prévoit pour l'exécution d'une demande aux mêmes fins émanant d'une autorité nationale ou d'une des parties concernées.

### Article 14 – Cas de refus d'exécution

1. Une demande visant à l'audition d'une personne n'est pas exécutée si la personne invoque le droit de refuser de déposer ou une interdiction de déposer :

a) en vertu du droit de l'État membre dont relève la juridiction requise ou

b) en vertu du droit de l'État membre dont relève la juridiction requérante, lorsque cela a été indiqué dans la demande ou, le cas échéant, confirmé par la juridiction requérante à la demande de la juridiction requise.

2. Outre les motifs prévus au paragraphe 1, l'exécution d'une demande ne peut être refusée que si :

a) la demande sort du champ d'application du présent règlement défini à l'article 1er, ou

b) l'exécution de la demande, selon le droit de l'État membre dont relève la juridiction requise, n'entre pas dans les attributions du pouvoir judiciaire, ou

c) la juridiction requérante n'a pas déféré à la requête de la juridiction requise de compléter sa demande conformément à l'article 8 dans les trente jours suivant la requête, ou

d) une consignation ou une avance demandée conformément à l'article 18, paragraphe 3, n'a pas été effectuée dans les soixante jours suivant la demande, par la juridiction requise, de consignation ou de versement d'avance.

3. L'exécution ne peut être refusée au seul motif que la juridiction requise oppose, en vertu du droit de l'État membre dont elle relève, la compétence exclusive d'une juridiction dudit État dans l'affaire en cause ou soutient que sa législation n'admet pas le droit d'action visée par la demande.

4. Si l'exécution de la demande est refusée pour l'un des motifs visés au paragraphe 2, la juridiction requise en informe la juridiction requérante, au moyen du formulaire type H figurant en annexe, dans les soixante jours suivant la réception de la demande par la juridiction requise.

### Article 15 – Avis de retard

Si la juridiction requise n'est pas en mesure d'exécuter la demande dans les quatre-vingt-dix jours suivant sa réception, elle en informe la juridiction requérante au moyen du formulaire type G figurant en annexe, en précisant les raisons du retard et en indiquant le délai nécessaire, selon ses estimations, pour exécuter la demande.

### Article 16 – Procédure suivant l'exécution de la demande

La juridiction requise transmet sans tarder les pièces attestant l'exécution de la demande à la juridiction requérante et lui renvoie, le cas échéant, les pièces qu'elle lui a envoyées. Les pièces sont accompagnées d'une confirmation d'exécution, établie au moyen du formulaire type H figurant en annexe.

## *Section 4*

## Exécution directe de l'acte d'instruction par la juridiction requérante

**Article 17 –** 1. Lorsqu'une juridiction souhaite procéder directement à un acte d'instruction dans un autre État membre, elle présente une demande à l'organisme central ou à l'autorité compétente de cet État, visés à l'article 3, paragraphe 3, au moyen du formulaire type I figurant en annexe.

2. L'exécution directe de l'acte d'instruction n'est possible que si elle peut avoir lieu sur une base volontaire, sans qu'il soit nécessaire de recourir à des mesures coercitives.

Lorsque, dans le cadre de l'exécution directe d'un acte d'instruction, une personne est entendue, la juridiction requérante informe cette personne que l'acte sera exécuté sur une base volontaire.

3. L'acte d'instruction est exécuté par un magistrat ou par toute autre personne, par exemple un expert, désignés conformément au droit de l'État membre dont relève la juridiction requérante.

4. Dans un délai de trente jours à compter de la réception de la demande, l'organisme central ou l'autorité compétente de l'État membre requis indiquent à la juridiction requérante, au moyen du formulaire type J, s'il est déféré à cette demande et, le cas échéant, dans quelles conditions, conformément à la loi de l'État membre dont ils relèvent, l'acte doit être exécuté.

En particulier, l'organisme central ou l'autorité compétente peuvent charger une juridiction de l'État membre dont ils relèvent de participer à l'exécution de l'acte d'instruction afin de veiller à la bonne application du présent article et des conditions qui ont été fixées.

L'organisme central ou l'autorité compétente encouragent le recours aux technologies de communication, telles que la vidéoconférence et la téléconférence.

5. L'organisme central ou l'autorité compétente ne peuvent refuser l'exécution directe de la mesure d'instruction que si :

a) la demande sort du champ d'application du présent règlement tel que défini à l'article 1er, ou

b) la demande ne contient pas toutes les informations nécessaires en vertu de l'article 4, ou

c) l'exécution directe demandée est contraire aux principes fondamentaux du droit de l'État membre dont ils relèvent.

6. Sous réserve des conditions fixées conformément au paragraphe 4, la juridiction requérante exécute la demande conformément au droit de l'État membre dont elle relève.

*Section 5*

### Frais

**Article 18 –** 1. L'exécution d'une demande conformément à l'article 10 ne peut donner lieu au remboursement de taxes ou de frais.

2. Toutefois, si la juridiction requise en fait la demande conformément au droit de l'État membre dont elle relève, la juridiction requérante, sous réserve de l'obligation des parties de supporter les frais conformément au droit de l'État membre dont elle relève, s'assure sans délai du remboursement :

– des honoraires versés aux experts et aux interprètes et

– des frais résultant de l'application de l'article 10, paragraphes 3 et 4.

L'obligation, pour les parties, de supporter ces honoraires ou frais est régie par le choix de l'État membre de la juridiction requérante.

3. Lorsque l'avis d'un expert est requis, la juridiction requise peut, avant d'exécuter la demande, demander à la juridiction requérante une consignation ou avance adéquate par rapport aux frais nécessaires. Dans tous les autres cas, la consignation ou l'avance n'est pas une condition de l'exécution de la demande.

La consignation ou l'avance est effectuée par les parties si cela est prévu par la législation de l'État membre de la juridiction requérante.

CHAPITRE III

## Dispositions finales

### Article 19 – Modalités d'application

1. La Commission établit et met régulièrement à jour un manuel, également disponible sous forme électronique, contenant les informations communiquées par les États membres conformément à l'article 22 ainsi que la liste des accords ou arrangements en vigueur, conformément à l'article 21.

2. La mise à jour ou la modification technique des formulaires types figurant en annexe sont effectuées en conformité avec la procédure consultative visée à l'article 20, paragraphe 2.

## Article 20 – Comité

1. La Commission est assistée par un comité.

2. Dans le cas où il est fait référence au présent paragraphe, les articles 3 et 7 de la décision 1999/468/CE s'appliquent.

3. Le comité adopte son règlement intérieur.

## Article 21 – Relation avec des accords ou arrangements auxquels les États membres sont ou seront parties

1. Pour la matière couverte par son champ d'application, le présent règlement prévaut, dans les rapports entre les États membres qui y sont parties, sur les dispositions contenues dans des accords ou arrangements bilatéraux ou multilatéraux conclus par les États membres, et en particulier la convention de La Haye du 1er mars 1954 relative à la procédure civile et la convention de La Haye du 18 mars 1970 sur l'obtention des preuves à l'étranger en matière civile ou commerciale.

2. Le présent règlement ne fait pas obstacle au maintien ou à la conclusion par les États membres d'accords ou d'arrangements entre deux ou plusieurs d'entre eux visant à faciliter davantage l'obtention de preuves, pour autant qu'ils soient compatibles avec le présent règlement.

3. Les États membres transmettent à la Commission :

a) au plus tard le 1er juillet 2003, une copie des accords ou arrangements maintenus entre les États membres dont il est question au paragraphe 2 ;

b) une copie des accords ou arrangements, visés au paragraphe 2, conclus entre les États membres ainsi que les projets d'accords ou d'arrangements qu'ils ont l'intention d'arrêter, et

c) toute dénonciation ou modification de ces accords ou arrangements.

## Article 22 – Communication

Chaque État membre communique à la Commission au plus tard le 1er juillet 2003 :

1) la liste visée à l'article 2, paragraphe 2, comportant l'indication de la compétence territoriale et, le cas échéant, de la compétence spéciale des juridictions ;

2) les noms et adresses des organismes centraux et des autorités compétentes visés à l'article 3 ainsi qu'une indication de leur compétence territoriale ;

3) les moyens techniques dont les juridictions figurant sur la liste visée à l'article 2, paragraphe 2, disposent pour assurer la réception des demandes ;

4) les langues qui peuvent être utilisées pour la demande visée à l'article 5.

Les États membres communiquent à la Commission toute modification ultérieure de ces informations.

## Article 23 – Réexamen

Au plus tard le 1er janvier 2007, et ensuite tous les cinq ans, la Commission présente au Parlement européen, au Conseil et au Comité économique et social un rapport relatif à l'application du présent règlement, portant notamment sur l'application pratique de l'article 3, paragraphe 1, point c), et paragraphe 3, ainsi que sur les articles 17 et 18.

## Article 24 – Entrée en vigueur

1. Le présent règlement entre en vigueur le 1er juillet 2001.

2. Le présent règlement s'applique à dater du 1er janvier 2004, à l'exception des articles 19, 21 et 22, qui s'appliquent à dater du 1er juillet 2001.

Le présent règlement est obligatoire dans tous ses éléments et directement applicable dans les États membres conformément au traité instituant la Communauté européenne.

## Références

(1) *JO* C 314 du 3 nov. 2000, p. 1.

(2) Avis rendu le 14 mars 2001 (non encore paru au *Journal officiel*).

(3) Avis rendu le 28 février 2001 (non encore paru au *Journal officiel*).

(4) *JO* L 160 du 30 juin 2000, p. 37.

(5) *JO* L 281 du 23 nov. 1995, p. 31.

(6) *JO* L 24 du 30 janv. 1998, p. 1.

(7) *JO* L 184 du 17 juill. 1999, p. 23.

# 150 Règlement (CE) n° 743/2002 du Conseil du 25 avril 2002 établissant un cadre général communautaire d'activités en vue de faciliter la coopération judiciaire en matière civile

Applicable depuis le 1er mai 2002

*Le Conseil de l'Union européenne,*

Vu le traité instituant la Communauté européenne, et notamment son article 61, point c), et son article 67, paragraphe 1,

Vu la proposition de la Commission (1),

Vu l'avis du Parlement européen (2),

Vu l'avis du Comité économique et social (3),

Considérant ce qui suit :

(1) L'Union européenne s'est fixé pour objectif de maintenir et de développer un espace de liberté, de sécurité et de justice au sein duquel est assurée la libre circulation des personnes. À cette fin, la Communauté doit adopter, entre autres, les mesures qui, dans le domaine de la coopération judiciaire en matière civile, sont nécessaires au bon fonctionnement du marché intérieur.

(2) Le 3 décembre 1998, le Conseil a adopté un plan d'action du Conseil et de la Commission concernant les modalités optimales de mise en œuvre des dispositions du traité d'Amsterdam relatives à l'établissement d'un espace de liberté, de sécurité et de justice (4) (ci-après dénommé « plan d'action de Vienne »).

(3) Le Conseil européen réuni à Tampere les 15 et 16 octobre 1999 a adopté des conclusions intitulées « Vers une union de liberté, de sécurité et de justice : les jalons posés à Tampere ».

(4) Le 30 novembre 2000, le Conseil a adopté un programme des mesures sur la mise en œuvre du principe de reconnaissance mutuelle des décisions en matière civile et commerciale (5), élaboré en commun par le Conseil et la Commission.

(5) L'action commune 96/636/JAI (6) a établi, pour la période 1996-2000, un programme d'encouragement et d'échanges destiné aux praticiens de la justice (Grotius).

(6) Par le règlement (CE) n° 290/2001 (7), le programme d'encouragement et d'échanges destiné aux praticiens de la justice dans le domaine du droit civil (Grotius civil) a été renouvelé pour une période transitoire d'une année seulement, en attendant les résultats d'une réflexion approfondie sur l'avenir des actions et du financement communautaires.

(7) La décision n° 1496/98/CE du Parlement européen et du Conseil (8) a établi un programme d'action pour l'amélioration de la sensibilisation des professions juridiques au droit communautaire (action Robert Schuman) pour une durée de trois ans.

(8) Pour pouvoir réaliser les objectifs ambitieux fixés par le traité, par le plan d'action de Vienne et par les conclusions de Tampere, il y a lieu d'établir un cadre général communautaire d'activités souple et efficace dans le domaine du droit civil.

(9) Ce cadre général communautaire d'activités doit prévoir la prise d'initiatives par la Commission, conformément au principe de subsidiarité, des actions de sou-

tien d'organisations qui encouragent et facilitent la coopération judiciaire en matière civile, ainsi que des actions de soutien de projets spécifiques.

(10) Un certain nombre d'actions étant nécessaires pour obtenir des avancées dans la mise en œuvre de la coopération judiciaire en matière civile, elles doivent être entreprises dans le cadre d'un programme communautaire d'activités. Le regroupement de ces actions dans un cadre général communautaire d'activités sera un atout pour leur planification et leur mise en œuvre.

(11) Les actions menées par la Commission pourraient consister en des actions spécifiques telles que : études, recherches, séminaires, conférences, réunions d'experts, publications, manuels, bases de données et/ou sites Internet, ainsi que les mesures prises pour diffuser les résultats des projets cofinancés au titre du cadre général communautaire d'activités.

(12) Un cadre général communautaire d'activités destiné à améliorer la compréhension réciproque des systèmes juridiques et judiciaires des États membres permettra de réduire les obstacles à la coopération judiciaire en matière civile et contribuera, par conséquent, au bon fonctionnement du marché intérieur.

(13) Des mesures sont nécessaires pour assurer une bonne utilisation des instruments communautaires dans le domaine de la coopération judiciaire en matière civile. Elles seront plus efficaces si elles sont coordonnées dans un cadre général communautaire d'activités.

(14) Étant donné que les objectifs de l'action envisagée ne peuvent pas être réalisés de manière suffisante par les États membres et peuvent donc, en raison de la dimension européenne indispensable à leur réalisation, des économies d'échelle attendues et des effets cumulatifs des actions envisagées, être mieux réalisés au niveau communautaire, la Communauté peut prendre des mesures conformément au principe de subsidiarité consacré à l'article 5 du traité. Conformément au principe de proportionnalité tel qu'énoncé audit article, le présent règlement n'excède pas ce qui est nécessaire pour atteindre ces objectifs.

(15) La participation des pays candidats à l'adhésion à l'Union européenne à ce cadre général communautaire d'activités contribuera utilement à leur préparation à l'adhésion, en particulier en ce qui concerne leur capacité d'appliquer l'acquis communautaire.

(16) Il est nécessaire de prévoir certains principes concernant des sanctions à prendre lorsqu'on constate qu'il existe des irrégularités ou en cas de non-respect des obligations découlant de la convention de subvention entre la Commission et les bénéficiaires.

(17) Il y a lieu d'arrêter les mesures nécessaires pour la mise en œuvre du présent règlement en conformité avec la décision 1999/468/CE du Conseil du 28 juin 1999 fixant les modalités de l'exercice des compétences d'exécution conférées à la Commission (9).

(18) Le programme de travail annuel est adopté selon la procédure du comité de gestion de façon à assurer un certain équilibre institutionnel, en tenant notamment compte du fait que les actions spécifiques prévues à l'article 3, point 1, sont menées par la Commission.

(19) Le Royaume-Uni et l'Irlande, conformément à l'article 3 du protocole sur la position du Royaume-Uni et de l'Irlande annexé au traité sur l'Union européenne, et au traité instituant la Communauté européenne, ont notifié leur souhait de participer à l'adoption et à l'application du présent règlement.

(20) Le Danemark, conformément aux articles 1er et 2 du protocole sur la position du Danemark annexé au traité sur l'Union européenne, et au traité instituant la Communauté européenne, ne participe pas à l'adoption du présent règlement, lequel ne lie pas le Danemark et n'est pas applicable à son égard,

*A arrêté le présent règlement :*

CHAPITRE PREMIER

## Objectifs et activités

### Article premier – Objet

1. Le présent règlement établit, pour la période du 1er janvier 2002 au 31 décembre 2006, un cadre général communautaire d'activités destiné à faciliter la mise en œuvre de la coopération judiciaire en matière civile (ci-après dénommé « cadre général »).

2. Le présent règlement ne s'applique pas au Danemark.

### Article 2 – Objectifs

Les objectifs du présent cadre général sont les suivants :

1) encourager la coopération judiciaire en matière civile, dans le but notamment :

a) d'assurer la sécurité juridique et d'améliorer l'accès à la justice;

b) de promouvoir la reconnaissance mutuelle des décisions judiciaires et des jugements;

c) de favoriser le rapprochement nécessaire des législations, ou

d) d'éliminer les obstacles que créent les disparités en matière de droit civil et de procédure civile;

2) améliorer la connaissance réciproque des systèmes juridiques et judiciaires des États membres en matière civile;

3) permettre la mise en œuvre et l'application correcte des instruments communautaires dans le domaine de la coopération judiciaire en matière civile, et

4) améliorer l'information du public sur l'accès à la justice, la coopération judiciaire et les systèmes juridiques des États membres en matière civile.

### Article 3 – Types d'activités

Les activités financées ou réalisées au titre du présent cadre général doivent poursuivre au moins l'un des objectifs visés à l'article 2 et comprendre :

1) des actions spécifiques menées par la Commission, ou

2) des actions de financement de projets spécifiques d'intérêt communautaire, dans les conditions prévues à l'article 5, ou

3) des actions accordant un soutien financier aux activités des organisations non gouvernementales, dans les conditions prévues à l'article 6.

### Article 4 – Participation de pays tiers

Le présent cadre général est ouvert à la participation des pays suivants :

1) les pays candidats de l'Europe centrale et orientale (PECO), conformément aux conditions fixées dans les accords européens, dans leurs protocoles additionnels et dans les décisions des conseils d'association respectifs;

2) Chypre, Malte et la Turquie, sur la base d'accords bilatéraux à conclure avec ces pays;

3) d'autres pays, lorsque des accords et des procédures le permettent.

## Article 5 – Projets spécifiques

1. Les projets spécifiques visés à l'article 3, point 2, comportent une ou plusieurs des actions suivantes :

a) formation;

b) échanges et stages;

c) études et recherches;

d) rencontres et séminaires;

e) circulation d'informations.

2. Les projets peuvent être présentés par des institutions et des organismes publics ou privés, notamment des organisations professionnelles, des instituts de recherche et des instituts dispensant une formation initiale et continue, dans les domaines juridique et judiciaire, aux praticiens de la justice.

La notion de praticien de la justice vise, entre autres, les juges, les procureurs, les avocats, les avoués, le personnel académique et scientifique, les fonctionnaires ministériels, les auxiliaires de la justice, les huissiers, les interprètes judiciaires et les autres professions associées à la justice dans le domaine du droit civil.

3. Pour être éligibles à un cofinancement, les projets doivent réunir au moins trois pays participant au présent cadre général.

Peuvent aussi être associés aux projets, des praticiens du Danemark, des États candidats à l'adhésion en vue de contribuer à préparer leur adhésion ou d'autres pays tiers ne participant pas au présent cadre général lorsque cela s'avère utile aux finalités des projets.

## Article 6 – Activités des organisations non gouvernementales

Un financement au titre des actions visées à l'article 3, point 3, peut être accordé afin de soutenir les activités prévues dans les programmes annuels d'activités des organisations non gouvernementales qui remplissent les critères suivants :

1) être des organisations sans but lucratif;

2) être constituées conformément à la loi de l'un des États membres;

3) exercer des activités de dimension européenne en associant, d'une manière générale, au moins la moitié des États membres, et

4) avoir parmi les buts de leurs activités un ou plusieurs des objectifs prévus à l'article 2.

CHAPITRE II

## Financement, mise en œuvre et procédures

## Article 7 – Financement

1. Le cofinancement d'activités au titre du présent cadre général est exclusif de tout autre financement par un autre programme financé par le budget général de l'Union européenne.

2. Les actions visées à l'article 3, point 1, d'une part, et celles visées à l'article 3, points 2 et 3, d'autre part, font l'objet d'une répartition équitable du montant annuel.

3. L'intervention financière à charge du budget général de l'Union européenne ne peut, en principe, dépasser 60 % du coût des actions visées à l'article 3, point 2, ou à l'article 3, point 3. Toutefois, dans des circonstances exceptionnelles, l'intervention financière peut atteindre 80 %.

### Article 8 – Mise en œuvre du cadre d'activité

1. La Commission publie chaque année, si possible avant le 30 juin, un programme de travail annuel :

a) fixant les objectifs et types d'activités prioritaires pour l'année suivante ;

b) décrivant les actions visées à l'article 3, point 1, que la Commission a l'intention de mener, et

c) décrivant les critères de sélection et d'attribution ainsi que les procédures de présentation et d'approbation des propositions des actions visées à l'article 3, points 2 et 3.

2. La Commission adopte le programme de travail annuel conformément à la procédure prévue à l'article 13, paragraphe 2.

3. La Commission accorde une attention particulière aux critères suivants lors de l'évaluation et de la sélection des propositions :

a) capacité de contribuer à la réalisation des objectifs énoncés à l'article 2 ;

b) projets ayant vocation à résoudre des problèmes ;

c) dimension européenne ;

d) mesures prévues pour assurer la diffusion des résultats ;

e) complémentarité avec d'autres activités passées, en cours ou à venir ;

f) importance de l'action, notamment sous l'angle des économies d'échelle et du rapport coût-efficacité.

4. La Commission instruit chacun des projets d'action qui lui sont soumis, visés à l'article 3, points 2 et 3. Les décisions relatives à ces actions sont adoptées conformément à la procédure prévue à l'article 12, paragraphe 2.

### Article 9 – Décisions de financement

1. Les décisions de financement que prend la Commission au titre de l'article 3, points 2 et 3, donnent lieu à l'établissement de conventions de subvention entre la Commission et les bénéficiaires.

2. Les décisions de financement et les conventions de subvention qui en découlent sont soumises au contrôle financier de la Commission et aux vérifications de la Cour des comptes.

### Article 10 – Surveillance

1. La Commission veille au suivi et au contrôle réguliers de la mise en œuvre des activités financées par la Communauté. Le suivi et le contrôle ont lieu sur la base de rapports établis selon les procédures convenues entre la Commission et le bénéficiaire. Ils peuvent comporter également des contrôles sur place par la méthode d'échantillonnage.

2. Les bénéficiaires soumettent un rapport à la Commission pour chaque action dans un délai de trois mois à compter du terme de celle-ci. La Commission détermine la forme du rapport, notamment le type de renseignements qu'il doit contenir.

3. Les bénéficiaires de l'aide financière gardent à la disposition de la Commission tous les justificatifs des dépenses pendant une période de cinq ans à compter du dernier paiement concernant une action.

## Article 11 – Diffusion de l'information

1. La Commission procède à la publication annuelle d'une liste des bénéficiaires et des activités financées au titre du présent cadre général, en indiquant le montant de l'aide financière.

2. Lorsque des projets financés au titre de l'article 3, point 2, ne prévoient pas la diffusion des résultats et que celle-ci contribuerait à la réalisation de l'un des objectifs visés à l'article 2, des mesures peuvent être prises à cet égard par la Commission.

3. Au début de chaque année, la Commission communique au comité de l'article 12 des informations sur les activités menées au titre de l'article 3, point 1, au cours de l'année précédente.

## Article 12 – Comité consultatif

1. La Commission est assistée par un comité (ci-après dénommé « comité de l'article 12 »).

2. Dans le cas où il est fait référence au présent paragraphe, les articles 3 et 7 de la décision 1999/468/CE s'appliquent.

3. Le comité adopte son règlement intérieur.

## Article 13 – Comité de gestion

1. La Commission est assistée par un comité (dénommé « comité de l'article 13 »).

2. Dans le cas où il est fait référence au présent paragraphe, les articles 4 et 7 de la décision 1999/468/CE s'appliquent.

La période prévue à l'article 4, paragraphe 3, de la décision 1999/468/CE est fixée à trois mois.

3. Le comité adopte son règlement intérieur.

## Article 14 – Sanctions

1. Les sanctions sont réglées dans la convention de subvention dans le respect du présent règlement.

2. La Commission peut mettre fin à la convention de subvention conclue dans le cadre d'activités dans le cas où elle constate des irrégularités ou en cas de non-respect des obligations découlant de la convention de subvention.

Si des irrégularités sont constatées ou si des obligations de la convention de subvention ne sont pas respectées, la Commission peut suspendre le paiement du solde du soutien financier. La Commission invite le bénéficiaire à s'en expliquer ou à régulariser la situation dans un délai raisonnable qu'elle fixe.

Si la réponse n'est pas satisfaisante ou si la situation n'est pas régularisée, la Commission peut mettre fin à la convention de subvention et demander le remboursement des montants déjà versés majoré du paiement d'intérêts moratoires.

3. En cas de non-respect partiel des obligations découlant de la convention de subvention, la Commission peut réduire le solde du soutien financier et demander à recouvrer une partie de toute somme déjà versée, majorée d'intérêts moratoires.

### Article 15 – Rapports et évaluation

1. La Commission fait rapport au Parlement européen et au Conseil au plus tard le 30 juin 2004 sur la mise en œuvre du présent cadre général, notamment sur les résultats du contrôle, les rapports et la surveillance des activités.

2. La Commission présente au Parlement européen et au Conseil, en temps utile pour permettre un éventuel renouvellement du présent cadre général ou au plus tard le 31 décembre 2005, un rapport d'évaluation du présent cadre général. Ce rapport comprend une évaluation du rapport coût-efficacité et détermine, à l'aide d'indicateurs de performances, si les objectifs ont été atteints.

### Article 16 – Entrée en vigueur

Le présent règlement entre en vigueur le jour de sa publication au *Journal officiel* des Communautés européennes.

Le présent règlement est obligatoire dans tous ses éléments et directement applicable dans les États membres conformément au traité instituant la Communauté européenne.

Références

(1) *JO* C 213 E du 31 juill. 2001, p. 271.
(2) Avis rendu le 12 mars 2002 (non encore paru au *Journal officiel*).
(3) *JO* C 36 du 8 févr. 2002, p. 77.
(4) *JO* C 19 du 23 janv. 1999, p. 1.
(5) *JO* C 12 du 15 janv. 2001, p. 1.
(6) *JO* L 287 du 8 nov. 1996, p. 3.
(7) *JO* L 43 du 14 févr. 2001, p. 1.
(8) *JO* L 196 du 14 juill. 1998, p. 24.
(9) *JO* L 184 du 17 juill. 1999, p. 23.

# 151 Règlement (CE) n° 805/2004 du Parlement européen et du Conseil du 21 avril 2004 portant création d'un titre exécutoire européen pour les créances incontestées

Applicable depuis le 21 octobre 2005



*Le Parlement européen et le Conseil de l'Union européenne,*

Vu le traité instituant la Communauté européenne, et notamment son article 61, point c), et son article 67, paragraphe 5, deuxième tiret,

Vu la proposition de la Commission (1),

Vu l'avis du Comité économique et social européen (2),

statuant conformément à la procédure visée à l'article 251 du traité (3),

considérant ce qui suit :

(1) La Communauté s'est donné pour objectif de maintenir et de développer un espace de liberté, de sécurité et de justice, au sein duquel la libre circulation des personnes est assurée. À cette fin, la Communauté doit notamment adopter, dans le domaine de la coopération judiciaire en matière civile, les mesures qui sont nécessaires au bon fonctionnement du marché intérieur.

(2) Le 3 décembre 1998, le Conseil a adopté un plan d'action du Conseil et de la Commission concernant les modalités optimales de mise en œuvre des dispositions du traité d'Amsterdam relatives à l'établissement d'un espace de liberté, de sécurité et de justice (4) (plan d'action de Vienne).

(3) Lors de sa réunion de Tampere des 15 et 16 octobre 1999, le Conseil européen a approuvé le principe de la reconnaissance mutuelle des décisions judiciaires en tant que pierre angulaire de la création d'un véritable espace judiciaire.

(4) Le 30 novembre 2000, le Conseil a adopté un programme relatif à des mesures de mise en œuvre du principe de reconnaissance mutuelle des décisions en matière civile et commerciale (5). Ce programme prévoit dans une première phase la sup-

pression de l'*exequatur*, c'est-à-dire la création d'un titre exécutoire européen, pour les créances incontestées.

(5) La notion de « créances incontestées » devrait recouvrir toutes les situations dans lesquelles un créancier, en l'absence établie de toute contestation du débiteur quant à la nature et au montant d'une créance pécuniaire, a obtenu soit une décision judiciaire contre ce débiteur soit un acte exécutoire nécessitant une acceptation expresse du débiteur, qu'il s'agisse d'une transaction judiciaire ou d'un acte authentique.

(6) L'absence d'objections de la part du débiteur telle qu'elle est prévue à l'article 3, paragraphe 1, point b), peut prendre la forme d'un défaut de comparution à une audience ou d'une suite non donnée à l'invitation faite par la juridiction de notifier par écrit l'intention de défendre l'affaire.

(7) Le présent règlement devrait s'appliquer aux décisions, aux transactions judiciaires et aux actes authentiques portant sur des créances incontestées et aux décisions rendues à la suite de recours formés contre des décisions, des transactions judiciaires et des actes authentiques certifiés comme étant des titres exécutoires européens.

(8) Dans les conclusions de sa réunion de Tampere, le Conseil européen a estimé qu'il convenait d'accélérer et de simplifier l'exécution dans un État membre autre que celui dans lequel la décision a été rendue en supprimant toutes les mesures intermédiaires à prendre avant l'exécution dans l'État membre où elle est demandée. Une décision qui a été certifiée en tant que titre exécutoire européen par la juridiction d'origine devrait être traitée, aux fins de l'exécution, comme si elle avait été rendue dans l'État membre dans lequel l'exécution est demandée. Par exemple, au Royaume-Uni, l'inscription d'une décision étrangère certifiée se fera donc selon les mêmes règles que celles qui régissent l'inscription d'une décision rendue dans une autre partie du Royaume-Uni et ne devra pas comporter de réexamen au fond de la décision étrangère. Les modalités relatives à l'exécution de ces décisions devraient rester régies par le droit national.

(9) Une telle procédure devrait présenter des avantages importants par rapport à la procédure d'*exequatur* prévue par le règlement (CE) n° 44/2001 du Conseil du 22 décembre 2000 concernant la compétence judiciaire, la reconnaissance et l'exécution des décisions en matière civile et commerciale (6), car elle permettra de se dispenser de l'assentiment des autorités judiciaires d'un deuxième État membre avec les retards et les frais qui en résultent.

(10) Lorsqu'une juridiction d'un État membre a rendu une décision au sujet d'une créance incontestée en l'absence de participation du débiteur à la procédure, la suppression de tout contrôle dans l'État membre d'exécution est indissolublement liée et subordonnée à la garantie suffisante du respect des droits de la défense.

(11) Le présent règlement vise à promouvoir les droits fondamentaux et tient compte des principes qui sont reconnus notamment par la Charte des droits fondamentaux de l'Union européenne. En particulier, il vise à assurer le plein respect du droit à accéder à un tribunal impartial, reconnu par l'article 47 de la Charte.

(12) Il convient d'établir les normes minimales auxquelles doit satisfaire la procédure conduisant à la décision, afin de garantir que le débiteur soit informé, en temps utile et de telle manière qu'il puisse organiser sa défense, de l'action en justice intentée contre lui, des conditions de sa participation active à la procédure pour contester la créance en cause et des conséquences d'une absence de participation.

(13) Eu égard aux différences entre les États membres en ce qui concerne les règles de procédure civile, notamment celles qui régissent la signification et la notification des actes, il y a lieu de donner une définition précise et détaillée de ces normes minimales. En particulier, un mode de signification ou de notification fondé sur une fiction juridique en ce qui concerne le respect de ces normes minimales ne peut être jugé suffisant aux fins de la certification d'une décision en tant que titre exécutoire européen.

(14) Tous les modes de signification et notification visés aux articles 13 et 14 se caractérisent soit par une certitude absolue (article 13) soit par un très haut degré de probabilité (article 14) que l'acte signifié ou notifié est parvenu à son destinataire. Dans le second cas, une décision ne devrait être certifiée en tant que titre exécutoire européen que si l'État membre d'origine dispose d'un mécanisme approprié permettant au débiteur de demander un réexamen complet de la décision dans les conditions prévues à l'article 19, dans les cas exceptionnels où, bien que les dispositions de l'article 14 aient été respectées, l'acte n'est pas parvenu au destinataire.

(15) La notification ou signification à personne à des personnes autres que le débiteur, conformément à l'article 14, paragraphe 1, points a) et b), ne devrait être réputée conforme aux exigences de ces dispositions que si lesdites personnes ont effectivement accepté/reçu l'acte en question.

(16) L'article 15 ne devrait s'appliquer qu'aux situations dans lesquelles le débiteur ne peut pas se représenter lui-même en justice, par exemple dans le cas d'une personne morale, et une personne physique appelée à le représenter est désignée par la loi, ainsi qu'aux situations dans lesquelles le débiteur a autorisé une autre personne, notamment un avocat, à le représenter dans la procédure judiciaire proprement dite.

(17) Les juridictions compétentes pour l'examen du plein respect des normes minimales de procédure devraient, si elles sont respectées, délivrer un certificat de titre exécutoire européen normalisé rendant cet examen et ses résultats transparents.

(18) La confiance mutuelle dans l'administration de la justice dans les États membres fait en sorte qu'une juridiction d'un État membre peut considérer que toutes les conditions de la certification en tant que titre exécutoire européen sont remplies pour permettre l'exécution d'une décision dans tous les autres États membres, sans contrôle juridictionnel de l'application correcte des normes minimales de procédure dans l'État membre où la décision doit être exécutée.

(19) Le présent règlement n'impose pas aux États membres l'obligation d'adapter leur législation nationale aux normes minimales de procédure qu'il prévoit. Il les y incite en ne permettant une exécution plus efficace et plus rapide des décisions dans les autres États membres que si ces normes minimales sont respectées.

(20) La demande de certification en tant que titre exécutoire européen pour les créances incontestées devrait être facultative pour le créancier, qui peut également opter pour le système de reconnaissance et d'exécution prévu par le règlement (CE) n$^{o}$ 44/2001 ou par d'autres instruments communautaires.

(21) Lorsqu'un acte doit être transmis d'un État membre à un autre pour que ce dernier procède à la signification ou à la notification, le présent règlement et notamment les règles relatives à la signification et à la notification qui y sont contenues devraient s'appliquer de même que le règlement (CE) n$^{o}$ 1348/2000 du Conseil du 29 mai 2000 relatif à la signification et à la notification dans les États membres des actes judiciaires et extrajudiciaires en matière civile et commerciale (7) et, notam-

ment, son article 14 en liaison avec les communications faites par les États membres en vertu de son article 23.

(22) Étant donné que les objectifs de l'action envisagée ne peuvent pas être réalisés de manière suffisante par les États membres et peuvent donc, en raison des dimensions ou effets de l'action, être mieux réalisés au niveau communautaire, la Communauté peut prendre des mesures, conformément au principe de subsidiarité consacré à l'article 5 du traité. Conformément au principe de proportionnalité tel qu'énoncé audit article, le présent règlement n'excède pas ce qui est nécessaire pour atteindre ces objectifs.

(23) Il y a lieu d'arrêter les mesures nécessaires pour la mise en œuvre du présent règlement en conformité avec la décision 1999/468/CE du Conseil du 28 juin 1999 fixant les modalités de l'exercice des compétences d'exécution conférées à la Commission (8).

(24) Conformément à l'article 3 du protocole sur la position du Royaume-Uni et de l'Irlande annexé au traité sur l'Union européenne et au traité instituant la Communauté européenne, le Royaume-Uni et l'Irlande ont notifié leur souhait de participer à l'adoption et à l'application du présent règlement.

(25) Conformément aux articles 1er et 2 du protocole sur la position du Danemark annexé au traité sur l'Union européenne et au traité instituant la Communauté européenne, le Danemark ne participe pas à l'adoption du présent règlement et n'est pas lié par celui-ci ni soumis à son application.

(26) En vertu de l'article 67, paragraphe 5, deuxième tiret, du traité, la procédure de codécision s'applique à compter du 1er février 2003 aux mesures prévues par le présent règlement,

*Ont arrêté le présent règlement :*

CHAPITRE PREMIER

## Objet, champ d'application et définitions

### Article premier – Objet

Le présent règlement a pour objet de créer un titre exécutoire européen pour les créances incontestées en vue, grâce à l'établissement de normes minimales, d'assurer la libre circulation des décisions, des transactions judiciaires et des actes authentiques dans tous les États membres, sans qu'il soit nécessaire de recourir à une procédure intermédiaire dans l'État membre d'exécution préalablement à la reconnaissance et à l'exécution.

### Article 2 – Champ d'application

1. Le présent règlement s'applique en matière civile et commerciale et quelle que soit la nature de la juridiction. Il ne recouvre notamment pas les matières fiscales, douanières ou administratives, ni la responsabilité de l'État pour des actes ou des omissions commis dans l'exercice de la puissance publique (« *acta jure imperii* »).

2. Sont exclus de l'application du présent règlement :

a) l'état et la capacité des personnes physiques, les régimes matrimoniaux, les testaments et les successions;

b) les faillites, concordats et autres procédures analogues;

c) la sécurité sociale;

d) l'arbitrage.

3. Dans le présent règlement, on entend par « État membre », tous les États membres à l'exception du Danemark.

## Article 3 – Titres exécutoires devant être certifiés en tant que titre exécutoire européen

1. Le présent règlement s'applique aux décisions, transactions judiciaires et actes authentiques portant sur des créances incontestées.

Une créance est réputée incontestée :

a) si le débiteur l'a expressément reconnue en l'acceptant ou en recourant à une transaction qui a été approuvée par une juridiction ou conclue devant une juridiction au cours d'une procédure judiciaire; ou

b) si le débiteur ne s'y est jamais opposé, conformément aux règles de procédure de l'État membre d'origine, au cours de la procédure judiciaire; ou

c) si le débiteur n'a pas comparu ou ne s'est pas fait représenter lors d'une audience relative à cette créance après l'avoir initialement contestée au cours de la procédure judiciaire, pour autant que sa conduite soit assimilable à une reconnaissance tacite de la créance ou des faits invoqués par le créancier en vertu du droit de l'État membre d'origine; ou

d) si le débiteur l'a expressément reconnue dans un acte authentique.

2. Le présent règlement s'applique également aux décisions rendues à la suite de recours formés contre des décisions, des transactions judiciaires ou des actes authentiques certifiés comme étant des titres exécutoires européens.

## Article 4 – Définitions

Aux fins du présent règlement, les définitions suivantes s'appliquent :

1. « décision » : toute décision rendue par une juridiction d'un État membre, quelle que soit la dénomination qui lui est donnée, telle qu'arrêt, jugement, ordonnance ou mandat d'exécution, ainsi que la fixation par le greffier du montant des frais du procès;

2. « créance » : un droit à une somme d'argent déterminée qui est devenue exigible ou dont la date d'échéance a été indiquée dans la décision, la transaction judiciaire ou l'acte authentique;

3. « acte authentique » :

a) un acte dressé ou enregistré formellement en tant qu'acte authentique et dont l'authenticité :

i) porte sur la signature et le contenu de l'acte authentique, et

ii) a été établie par une autorité publique ou toute autre autorité habilitée à ce faire par l'État membre d'origine;

ou

b) une convention en matière d'obligations alimentaires conclue avec des autorités administratives ou authentifiée par celles-ci;

4. « État membre d'origine » : l'État membre dans lequel la décision, la transaction judiciaire ou l'acte authentique à certifier en tant que titre exécutoire européen a été respectivement rendue, approuvée ou conclue, ou dressé ou enregistré;

5. « État membre d'exécution » : l'État membre dans lequel l'exécution de la décision, de la transaction judiciaire ou de l'acte authentique à certifier en tant que titre exécutoire européen est demandée;

6. « juridiction d'origine » : la juridiction saisie de l'action au moment où les conditions visées à l'article 3, paragraphe 1, points a), b) ou c) ont été remplies;

7. en Suède, dans les procédures sommaires concernant les injonctions de payer (*betalningsföreläggande*), les termes « juge », « tribunal » et « juridiction » comprennent le service public suédois de recouvrement forcé (*kronofogdemyndighet*).

CHAPITRE II

## Titre exécutoire européen

### Article 5 – Suppression de l'*exequatur*

Une décision qui a été certifiée en tant que titre exécutoire européen dans l'État membre d'origine est reconnue et exécutée dans les autres États membres, sans qu'une déclaration constatant la force exécutoire soit nécessaire et sans qu'il soit possible de contester sa reconnaissance.

### Article 6 – Conditions de la certification en tant que titre exécutoire européen

1. Une décision relative à une créance incontestée rendue dans un État membre est, sur demande adressée à tout moment à la juridiction d'origine, certifiée en tant que titre exécutoire européen si les conditions suivantes sont remplies :

a) la décision est exécutoire dans l'État membre d'origine;

b) la décision n'est pas incompatible avec les dispositions en matière de compétence figurant dans les sections 3 et 6 du chapitre II du règlement (CE) n° 44/2001;

c) la procédure judiciaire dans l'État membre d'origine a satisfait aux exigences énoncées au chapitre III dans le cas d'une créance incontestée au sens de l'article 3, paragraphe 1, point b) ou c); et

d) la décision a été rendue dans l'État membre où le débiteur a son domicile au sens de l'article 59 du règlement (CE) n° 44/2001, dans le cas :

– où il s'agit d'une créance incontestée au sens de l'article 3, paragraphe 1, point b) ou c) du présent règlement; et
– où elle se rapporte à un contrat conclu par une personne, le consommateur, pour un usage pouvant être considéré comme étranger à son activité professionnelle; et
– où le débiteur est le consommateur.

2. Lorsqu'une décision certifiée en tant que titre exécutoire européen a cessé d'être exécutoire ou que son caractère exécutoire a été suspendu ou limité, un certificat indiquant la suspension ou la limitation de la force exécutoire est délivré, sur demande adressée à tout moment à la juridiction d'origine, au moyen du formulaire type figurant à l'annexe IV.

3. Sans préjudice de l'article 12, paragraphe 2, lorsqu'il a été statué à la suite d'un recours formé contre une décision certifiée en tant que titre exécutoire européen conformément au paragraphe 1 du présent article, un certificat de remplacement est délivré, sur demande adressée à tout moment, au moyen du formulaire type figurant à l'annexe V, si ladite décision rendue sur le recours est exécutoire dans l'État membre d'origine.

### Article 7 – Frais de justice

Lorsqu'une décision comprend une décision exécutoire sur le montant des frais de justice, y compris les taux d'intérêts, elle est certifiée en tant que titre exécutoire européen également en ce qui concerne les frais à moins que, durant la procédure en justice, le débiteur ne se soit spécifiquement opposé à son obligation d'assumer lesdits frais, conformément à la législation de l'État membre d'origine.

### Article 8 – Certificat de titre exécutoire européen partiel

Si seules certaines parties de la décision sont conformes aux exigences du présent règlement, un certificat de titre exécutoire européen partiel est délivré pour ces parties.

### Article 9 – Délivrance du certificat de titre exécutoire européen

1. Le certificat de titre exécutoire européen est délivré au moyen du formulaire type figurant à l'annexe I.

2. Le certificat de titre exécutoire européen est rempli dans la langue de la décision.

### Article 10 – Rectification ou retrait du certificat de titre exécutoire européen

1. Le certificat de titre exécutoire européen donne lieu, sur demande adressée à la juridiction d'origine,

a) à rectification dans les cas où, suite à une erreur matérielle, il existe une divergence entre la décision et le certificat;

b) à retrait s'il est clair que le certificat a été délivré indûment, eu égard aux conditions prévues dans le présent règlement.

2. Le droit de l'État membre d'origine est applicable à la rectification et au retrait du certificat de titre exécutoire européen.

3. La rectification ou le retrait d'un certificat de titre exécutoire européen peut être demandé au moyen du formulaire type figurant à l'annexe VI.

4. La délivrance d'un certificat de titre exécutoire européen n'est par ailleurs pas susceptible de recours.

### Article 11 – Effets du certificat de titre exécutoire européen

Le certificat de titre exécutoire européen ne produit ses effets que dans les limites de la force exécutoire de la décision.

CHAPITRE III

## Normes minimales applicables aux procédures relatives aux créances incontestées

### Article 12 – Champ d'application des normes minimales

1. Une décision relative à une créance incontestée au sens de l'article 3, paragraphe 1, point b) ou c), ne peut être certifiée en tant que titre exécutoire européen que si la procédure judiciaire dans l'État membre d'origine a satisfait aux conditions de procédure visées dans le présent chapitre.

2. Les mêmes conditions s'appliquent à la délivrance du certificat de titre exécutoire européen ou du certificat de remplacement au sens de l'article 6, paragraphe 3, d'une décision rendue à la suite d'un recours formé contre une autre décision dans le cas où, au moment où la décision sur recours a été prise, les conditions énoncées à l'article 3, paragraphe 1, point b) ou c), étaient remplies.

### Article 13 – Signification ou notification assortie de la preuve de sa réception par le débiteur

1. L'acte introductif d'instance ou un acte équivalent peut avoir été signifié ou notifié au débiteur par l'un des modes suivants :

a) signification ou notification à personne, le débiteur ayant signé un accusé de réception portant la date de réception ;

b) signification ou notification à personne au moyen d'un document signé par la personne compétente qui a procédé à la signification ou à la notification, spécifiant que le débiteur a reçu l'acte ou qu'il a refusé de le recevoir sans aucun motif légitime, ainsi que la date à laquelle l'acte a été signifié ou notifié ;

c) signification ou notification par voie postale, le débiteur ayant signé et renvoyé un accusé de réception portant la date de réception ;

d) signification ou notification par des moyens électroniques comme la télécopie ou le courrier électronique, le débiteur ayant signé et renvoyé un accusé de réception portant la date de réception.

2. Toute citation à comparaître peut avoir été signifiée ou notifiée au débiteur conformément au paragraphe 1 ou oralement au cours d'une audience précédente concernant la même créance et consignée dans le procès-verbal de cette audience.

### Article 14 – Signification ou notification non assortie de la preuve de sa réception par le débiteur

1. L'acte introductif d'instance ou d'un acte équivalent ainsi que de toute citation à comparaître peut également avoir été signifié ou notifié au débiteur par l'un des modes suivants :

a) notification ou signification à personne, à l'adresse personnelle du débiteur, à des personnes vivant à la même adresse que celui-ci ou employées à cette adresse ;

b) si le débiteur est un indépendant ou une personne morale, signification ou notification à personne, dans les locaux commerciaux du débiteur, à des personnes employées par le débiteur ;

c) dépôt de l'acte dans la boîte aux lettres du débiteur ;

d) dépôt de l'acte dans un bureau de poste ou auprès d'une autorité publique compétente et communication écrite de ce dépôt dans la boîte aux lettres du débiteur, à condition que la communication écrite mentionne clairement la nature judiciaire de l'acte ou le fait qu'elle vaut notification ou signification et a pour effet de faire courir les délais ;

e) par voie postale non assortie de l'attestation visée au paragraphe 3, lorsque le débiteur a une adresse dans l'État membre d'origine ;

f) par des moyens électroniques avec accusé de réception automatique, à condition que le débiteur ait expressément accepté à l'avance ce mode de signification ou de notification.

2. Aux fins du présent règlement, la signification ou la notification au titre du paragraphe 1 n'est pas admise si l'adresse du débiteur n'est pas connue avec certitude.

3. La signification ou la notification d'un acte en application du paragraphe 1, points a) à d), est attestée par :

a) un acte signé par la personne compétente ayant procédé à la signification ou à la notification mentionnant les éléments suivants :

i) le mode de signification ou de notification utilisé ;

ii) la date de la signification ou de la notification, et

iii) lorsque l'acte a été signifié ou notifié à une personne autre que le débiteur, le nom de cette personne et son lien avec le débiteur,

ou

b) un accusé de réception émanant de la personne qui a reçu la signification ou la notification, pour l'application du paragraphe 1, points a) et b).

### Article 15 – Signification ou notification aux représentants du débiteur

La signification ou notification en application de l'article 13 ou de l'article 14 peut aussi avoir été faite à un représentant du débiteur.

### Article 16 – Information en bonne et due forme du débiteur sur la créance

Afin de garantir que le débiteur est dûment informé de la créance, l'acte introductif d'instance ou l'acte équivalent doit contenir les indications suivantes :

a) les noms et les adresses des parties;

b) le montant de la créance;

c) si des intérêts sont exigés, le taux d'intérêt et la période pour laquelle ces intérêts sont exigés, sauf si des intérêts légaux sont automatiquement ajoutés au principal en vertu du droit de l'État membre d'origine;

d) une indication de la cause de la demande.

### Article 17 – Information en bonne et due forme du débiteur sur les formalités procédurales à accomplir pour contester la créance

Les éléments suivants doivent ressortir clairement de l'acte introductif d'instance, de l'acte équivalent, de toute citation à comparaître ou des documents les accompagnant :

a) les exigences de procédure à respecter pour contester la créance, y compris les délais prévus pour la contester par écrit ou, le cas échéant, la date de l'audience, le nom et l'adresse de l'institution à laquelle il convient d'adresser la réponse ou, le cas échéant, devant laquelle comparaître, ainsi que la nécessité d'être représenté par un avocat lorsque cela est obligatoire;

b) les conséquences de l'absence d'objection ou de la non-comparution, notamment, le cas échéant, la possibilité d'une décision ou d'une procédure d'exécution de celle-ci contre le débiteur et la charge des frais de justice;

### Article 18 – Moyens de remédier au non-respect des normes minimales

1. Si la procédure dans l'État membre d'origine n'a pas satisfait aux exigences énoncées aux articles 13 à 17, il est remédié au non-respect de ces exigences et une décision peut être certifiée en tant que titre exécutoire européen si les conditions suivantes sont remplies :

a) la décision a été signifiée ou notifiée au débiteur dans le respect de l'article 13 ou de l'article 14;

b) le débiteur a eu la possibilité de contester la décision par un recours prévoyant un réexamen complet et il a été dûment informé dans la décision ou dans un document l'accompagnant des exigences de procédure relatives au recours, y compris les nom et adresse de l'institution auprès de laquelle le recours doit être formé et, le cas échéant, les délais ; et

c) le débiteur a omis de former un recours à l'encontre de la décision conformément aux règles de procédure pertinentes.

2. Si la procédure dans l'État membre d'origine n'a pas satisfait aux exigences énoncées à l'article 13 ou à l'article 14, il est remédié au non-respect de ces exigences s'il est prouvé par le comportement du débiteur au cours de la procédure judiciaire qu'il a reçu personnellement l'acte devant être signifié ou notifié, en temps utile pour pouvoir préparer sa défense.

### Article 19 – Normes minimales pour un réexamen dans des cas exceptionnels

1. Sans préjudice des articles 13 à 18, une décision ne peut être certifiée en tant que titre exécutoire européen que si le débiteur a droit, en vertu de la loi de l'État membre d'origine, de demander un réexamen de la décision en question, lorsque les conditions suivantes sont remplies :

a) i) l'acte introductif d'instance ou un acte équivalent ou, le cas échéant, la citation à comparaître a été signifié ou notifié par l'un des modes prévus à l'article 14, et

ii) la signification ou la notification n'est pas intervenue en temps utile pour lui permettre de préparer sa défense sans qu'il y ait eu faute de sa part ;

ou

b) le débiteur a été empêché de contester la créance pour des raisons de force majeure ou par suite de circonstances extraordinaires, sans qu'il y ait eu faute de sa part,

à condition qu'il agisse rapidement dans les deux cas.

2. Le présent article ne porte pas atteinte à la possibilité qu'ont les États membres d'autoriser un réexamen de la décision dans des conditions plus favorables que celles visées au paragraphe 1.

CHAPITRE IV

## Exécution

### Article 20 – Procédure d'exécution

1. Sans préjudice des dispositions du présent chapitre, les procédures d'exécution sont régies par la loi de l'État membre d'exécution.

Une décision certifiée en tant que titre exécutoire européen est exécutée dans les mêmes conditions qu'une décision rendue dans l'État membre d'exécution.

2. Le créancier est tenu de fournir aux autorités chargées de l'exécution dans l'État membre d'exécution :

a) une expédition de la décision, réunissant les conditions nécessaires pour en établir l'authenticité ;

b) une expédition du certificat de titre exécutoire européen, réunissant les conditions nécessaires pour en établir l'authenticité ; et

c) au besoin, une transcription du certificat de titre exécutoire européen ou une traduction de celui-ci dans la langue officielle de l'État membre d'exécution ou, si ledit État membre a plusieurs langues officielles, dans la langue officielle ou dans l'une des langues officielles de la procédure judiciaire du lieu où l'exécution est demandée, conformément à la législation de cet État membre, ou dans une autre langue que l'État membre d'exécution aura déclaré pouvoir accepter. Chaque État membre peut indiquer la ou les langue(s) officielle(s) des institutions de la Communauté européenne, autres que la ou les sienne(s), dans lesquelles il accepte que le certificat soit rempli. La traduction est certifiée conforme par une personne habilitée à cet effet dans l'un des États membres.

3. Aucune caution ni aucun dépôt, sous quelque dénomination que ce soit, ne peuvent être imposés en raison, soit de la qualité de ressortissant d'un État tiers, soit du défaut de domicile ou de résidence dans l'État membre d'exécution, à la partie qui demande l'exécution dans un État membre d'une décision certifiée en tant que titre exécutoire européen dans un autre État membre.

### Article 21 – Refus d'exécution

1. Sur demande du débiteur, l'exécution est refusée par la juridiction compétente dans l'État membre d'exécution si la décision certifiée en tant que titre exécutoire européen est incompatible avec une décision rendue antérieurement dans tout État membre ou dans un pays tiers lorsque :

a) la décision antérieure a été rendue entre les mêmes parties dans un litige ayant la même cause; et que

b) la décision antérieure a été rendue dans l'État membre d'exécution ou réunit les conditions nécessaires à sa reconnaissance dans l'État membre d'exécution; et que

c) l'incompatibilité des décisions n'a pas été et n'aurait pas pu être invoquée au cours de la procédure judiciaire dans l'État membre d'origine.

2. La décision ou sa certification en tant que titre exécutoire européen ne peut en aucun cas faire l'objet d'un réexamen au fond dans l'État membre d'exécution.

### Article 22 – Accords avec les pays tiers

Le présent règlement n'affecte pas les accords par lesquels les États membres se sont engagés, avant l'entrée en vigueur du règlement (CE) n° 44/2001, en vertu de l'article 59 de la convention de Bruxelles concernant la compétence judiciaire et l'exécution des décisions en matières civile et commerciale, à ne pas reconnaître une décision rendue, notamment dans un autre État contractant à ladite convention, contre un défendeur qui a son domicile ou sa résidence habituelle dans un pays tiers lorsque, dans un cas prévu à l'article 4 de cette convention, la décision n'a pu être fondée que sur une compétence visée à l'article 3, deuxième alinéa, de cette même convention.

### Article 23 – Suspension ou limitation de l'exécution

Lorsque le débiteur a :

– formé un recours à l'encontre d'une décision certifiée en tant que titre exécutoire européen, y compris une demande de réexamen au sens de l'article 19, ou

– demandé la rectification ou le retrait d'un certificat de titre exécutoire européen conformément à l'article 10,

la juridiction ou l'autorité compétente dans l'État membre d'exécution peut, à la demande du débiteur :

a) limiter la procédure d'exécution à des mesures conservatoires; ou

b) subordonner l'exécution à la constitution d'une sûreté qu'elle détermine; ou

c) dans des circonstances exceptionnelles, suspendre la procédure d'exécution.

CHAPITRE V

## Transactions judiciaires et actes authentiques

### Article 24 – Transactions judiciaires

1. Une transaction relative à une créance au sens de l'article 4, paragraphe 2, approuvée par une juridiction ou conclue devant une juridiction au cours d'une procédure judiciaire et exécutoire dans l'État membre dans lequel elle a été approuvée ou conclue, est, sur demande adressée à la juridiction par laquelle elle a été approuvée ou devant laquelle elle a été conclue, certifiée en tant que titre exécutoire européen au moyen du formulaire type figurant à l'annexe II.

2. Une transaction certifiée en tant que titre exécutoire européen dans l'État membre d'origine est exécutée dans les autres États membres sans qu'une déclaration constatant la force exécutoire soit nécessaire et sans qu'il soit possible de s'opposer à sa force exécutoire.

3. Les dispositions du chapitre II, à l'exception de l'article 5, de l'article 6, paragraphe 1, et de l'article 9, paragraphe 1, de l'article 7, paragraphe 1, et du chapitre IV, à l'exception de l'article 21, paragraphe 1, et de l'article 22, s'appliquent en tant que de besoin.

### Article 25 – Actes authentiques

1. Un acte authentique relatif à une créance au sens de l'article 4, paragraphe 2, exécutoire dans un État membre, est, sur demande adressée à l'autorité désignée par l'État membre d'origine, certifié en tant que titre exécutoire européen en utilisant le formulaire type figurant à l'annexe III.

2. Un acte authentique certifié en tant que titre exécutoire européen dans l'État membre d'origine est exécuté dans les autres États membres sans qu'une déclaration constatant la force exécutoire soit nécessaire et sans qu'il soit possible de s'opposer à son exécution.

3. Les dispositions du chapitre II, à l'exception de l'article 5, de l'article 6, paragraphe 1, et de l'article 9, paragraphe 1, et du chapitre IV, à l'exception de l'article 21, paragraphe 1, et de l'article 22, s'appliquent en tant que de besoin.

CHAPITRE VI

## Disposition transitoire

### Article 26 – Disposition transitoire

Le présent règlement n'est applicable qu'aux décisions rendues, aux transactions judiciaires approuvées ou conclues et aux actes authentiques dressés ou enregistrés postérieurement à l'entrée en vigueur du présent règlement.

CHAPITRE VII

## Relations avec d'autres instruments communautaires

### Article 27 – Relation avec le règlement (CE) n° 44/2001

Le présent règlement n'affecte pas la possibilité de demander la reconnaissance et l'exécution, conformément au règlement (CE) n° 44/2001, d'une décision, d'une transaction judiciaire ou d'un acte authentique portant sur une créance incontestée.

### Article 28 – Relation avec le règlement (CE) n° 1348/2000

Le présent règlement ne porte pas atteinte à l'application du règlement (CE) n° 1348/2000.

## CHAPITRE VIII
## Dispositions finales et générales

### Article 29 – Informations relatives aux procédures d'exécution et aux autorités

Les États membres collaborent en vue d'assurer l'information du public et des milieux professionnels concernant :

a) les modes et procédures d'exécution dans les États membres; et

b) les autorités compétentes en matière d'exécution dans les États membres,

notamment via le réseau judiciaire européen en matière civile et commerciale établi conformément à la décision 2001/470/CE (9).

### Article 30 – Informations relatives aux procédures de recours, aux langues et aux autorités

1. Les États membres notifient à la Commission :

a) les procédures de rectification et de retrait prévues à l'article 10, paragraphe 2, et la procédure de réexamen prévue à l'article 19, paragraphe 1;

b) les langues acceptées en vertu de l'article 20, paragraphe 2, point c);

c) les listes des autorités visées à l'article 25;

et toutes modifications ultérieures de celles-ci.

2. La Commission tient les informations notifiées conformément au paragraphe 1 à la disposition du public par voie de publication au *Journal officiel* de l'Union européenne et par tout autre moyen approprié.

### Article 31 – Modifications des annexes

Toute modification des formulaires types figurant dans les annexes est adoptée suivant la procédure de consultation visée à l'article 32, paragraphe 2.

### Article 32 – Comité

1. La Commission est assistée par le comité institué par l'article 75 du règlement (CE) n° 44/2001.

2. Dans le cas où il est fait référence au présent paragraphe, l'article 3 et l'article 7 de la décision 1999/468/CE s'appliquent, dans le respect des dispositions de l'article 8 de celle-ci.

3. Le comité adopte son règlement intérieur.

**Article 33 – Entrée en vigueur –** Le présent règlement entre en vigueur le 21 janvier 2005.

Il est applicable à partir du 21 octobre 2005, à l'exception des articles 30, 31 et 32, qui sont applicables à partir du 21 janvier 2005.

Le présent règlement est obligatoire dans tous ses éléments et directement applicable dans les États membres conformément au traité instituant la Communauté européenne.

Références

(1) *JO* C 203 E du 27 août 2002, p. 86.
(2) *JO* C 85 du 8 avr. 2003, p. 1.
(3) Avis du Parlement européen du 8 avril 2003 (*JO* C 64 E du 12 mars 2004, p. 79), position commune du Conseil du 6 février 2004 (non encore parue au *Journal officiel*) et position du Parlement européen du 30 mars 2004 (non encore parue au *Journal officiel*).
(4) *JO* C 19 du 23 janv. 1999, p. 1.
(5) *JO* C 12 du 15 janv. 2001, p. 1.
(6) *JO* L 12 du 16 janv. 2001, p. 1. Règlement modifié en dernier lieu par le règlement (CE) n° 1496/2002 de la Commission (*JO* L 225 du 22 août 2002, p. 13).
(7) *JO* L 160 du 30 juin 2000, p. 37.
(8) *JO* L 184 du 17 juill. 1999, p. 23.
(9) *JO* L 174 du 27 juin 2001, p. 25.

# 152 Règlement (CE) nº 2006/2004 du Parlement européen et du Conseil du 27 octobre 2004 relatif à la coopération entre les autorités nationales chargées de veiller à l'application de la législation en matière de protection des consommateurs (« règlement relatif à la coopération en matière de protection des consommateurs »)

Applicable depuis le 29 décembre 2005



*Le Parlement européen et le Conseil de l'Union européenne,*

Vu le traité instituant la Communauté européenne, et notamment son article 95,

Vu la proposition de la Commission,

Vu l'avis du Comité économique et social européen [1],

Après consultation du Comité des régions,

Statuant conformément à la procédure visée à l'article 251 du traité [2],

*Considérant* ce qui suit :

(1) La résolution du Conseil du 8 juillet 1996 sur la coopération entre administrations pour l'application de la légalisation relative au marché intérieur [3] a reconnu la nécessité de déployer des efforts constants pour améliorer la coopération entre administrations et a invité les États membres et la Commission à examiner, de manière prioritaire, la possibilité de renforcer la coopération administrative dans l'application de la législation.

(2) Les dispositions nationales en vigueur relatives à l'application des lois protégeant les intérêts des consommateurs ne sont pas adaptées aux problèmes posés par l'application de la législation dans le marché intérieur et une coopération efficace et rationnelle en cette matière s'avère impossible. Ces difficultés font obstacle à une coopération des autorités publiques chargées de l'application de la législation pour détecter les infractions intracommunautaires aux lois protégeant les intérêts des consommateurs, pour enquêter sur ces infractions et pour les faire cesser ou les interdire. L'application déficitaire de la législation sur le plan transfrontalier qui en résulte, permet aux vendeurs et aux fournisseurs de se soustraire à l'application de la législation en délocalisant leurs activités au sein de la Communauté. Cela engendre une concurrence déloyale pour les vendeurs et les fournisseurs respectueux de la loi qui exercent leurs activités soit à l'échelle nationale, soit sur le plan transfrontalier. En outre, les difficultés à garantir le respect de la législation sur le

plan transfrontalier dissuadent les consommateurs d'accepter des offres commerciales transfrontalières, ce qui a pour effet de miner leur confiance dans le marché intérieur.

(3) Il convient par conséquent, d'une part, de faciliter la coopération entre les autorités publiques chargées de l'application de la législation en matière de protection des consommateurs lorsqu'elles sont confrontées à des infractions intracommunautaires et, d'autre part, de contribuer au bon fonctionnement du marché intérieur, à la qualité et à la cohérence de l'application de la législation en matière de protection des consommateurs et à la surveillance de la protection des intérêts économiques des consommateurs.

(4) La législation communautaire comporte des réseaux de coopération destinés à assurer le respect de celle-ci afin de protéger les consommateurs au-delà de leurs intérêts économiques, en particulier en ce qui concerne la santé. Il conviendrait de procéder à un échange des meilleures pratiques entre les réseaux établis au titre du présent règlement et les réseaux visés ci-dessus.

(5) Le champ d'application des dispositions prévues par le présent règlement en matière d'assistance mutuelle devrait être limité aux infractions intracommunautaires à la législation communautaire relative à la protection des consommateurs. L'efficacité avec laquelle les infractions sont poursuivies au niveau national devrait garantir l'absence de discrimination entre transactions nationales et intracommunautaires. Le présent règlement ne porte pas atteinte aux compétences de la Commission en ce qui concerne les infractions à la législation communautaire commises par les États membres. Il ne confère pas non plus à la Commission des pouvoirs lui permettant de faire cesser les infractions intracommunautaires définies dans le présent règlement.

(6) La protection des consommateurs contre les infractions intracommunautaires requiert la mise en place d'un réseau d'autorités publiques chargées de l'application de la législation dans l'ensemble de la Communauté. Ces autorités doivent disposer d'un minimum de pouvoirs communs d'enquête et d'exécution de la législation, afin d'appliquer le présent règlement de manière efficace et de dissuader les vendeurs ou les fournisseurs de commettre des infractions intracommunautaires.

(7) La capacité des autorités compétentes à coopérer librement sur une base réciproque pour échanger des informations, détecter et enquêter sur des infractions intracommunautaires et prendre des mesures afin d'y mettre un terme ou de les interdire est indispensable pour garantir le bon fonctionnement du marché intérieur et la protection des consommateurs.

(8) Lorsqu'elles reçoivent une demande d'assistance mutuelle, les autorités compétentes devraient également recourir à d'autres pouvoirs ou mesures qui sont à leur disposition au niveau national, y compris le pouvoir d'engager des poursuites ou de renvoyer les affaires au pénal afin de faire cesser ou d'interdire sans retard les infractions intracommunautaires, le cas échéant.

(9) Pour faire en sorte que les enquêtes ne soient pas compromises ou que la réputation des vendeurs ou des fournisseurs ne soit pas injustement entachée, les informations échangées entre les autorités compétentes devraient bénéficier des garanties de confidentialité et de secret professionnel les plus rigoureuses. La directive 95/46/CE du Parlement européen et du Conseil du 24 octobre 1995 relative à la protection des personnes physiques à l'égard du traitement des données à caractère personnel et à la libre circulation de ces données [4] et le règlement (CE) n° 45/2001 du Parlement européen et du Conseil du 18 décembre 2000 relatif à la protection des per-

sonnes physiques à l'égard du traitement des données à caractère personnel par les institutions et organes communautaires et à la libre circulation de ces données [5] devraient s'appliquer dans le contexte du présent règlement.

(10) Les problèmes existants concernant l'application de la législation dépassent les frontières de l'Union européenne et il convient de protéger les intérêts des consommateurs communautaires contre les agissements des opérateurs commerciaux malhonnêtes établis dans des pays tiers. Des accords internationaux doivent donc être négociés avec ces pays dans le domaine de l'assistance mutuelle pour l'application des lois protégeant les intérêts des consommateurs. Il convient de négocier ces accords internationaux au niveau communautaire dans les domaines régis par le présent règlement, afin de garantir une protection optimale des consommateurs communautaires et le bon fonctionnement de la coopération avec les pays tiers concernant l'application de la législation.

(11) Il est opportun de coordonner à l'échelle communautaire les activités des États membres concernant l'application de la législation, pour ce qui est des infractions intracommunautaires, afin d'améliorer l'application du présent règlement et de contribuer à la qualité et la cohérence de l'application de la législation.

(12) Il est opportun de coordonner à l'échelle communautaire les activités de coopération administrative des États membres, pour ce qui est de leurs aspects intracommunautaires, afin de mieux appliquer la législation relative à la protection des consommateurs. Du reste, cette coordination a déjà pris forme à travers la mise en place du réseau extrajudiciaire européen.

(13) Lorsque la coordination des activités des États membres prévue par le présent règlement requiert l'aide financière de la Communauté, l'octroi de cette aide est décidé conformément aux procédures prévues par la décision n° 20/2004/CE du Parlement européen et du Conseil du 8 décembre 2003 établissant un cadre général pour financer les activités communautaires à mener à l'appui de la politique des consommateurs pendant les années 2004 à 2007 [6], en particulier les actions 5 et 10 visées à son annexe, et par les décisions futures.

(14) Les organisations de consommateurs jouent un rôle essentiel en termes d'information et d'éducation des consommateurs ainsi qu'en ce qui concerne la protection des intérêts des consommateurs, y compris le règlement des litiges, et elles devraient être encouragées à coopérer avec les autorités compétentes afin de renforcer l'application du présent règlement.

(15) Les mesures nécessaires à la mise en œuvre du présent règlement devraient être adoptées conformément à la décision 1999/468/CE du Conseil du 28 juin 1999 fixant les modalités de l'exercice des compétences d'exécution conférées à la Commission [7].

(16) Afin de surveiller efficacement la mise en œuvre du présent règlement et de protéger effectivement les consommateurs, les États membres sont tenus de présenter des rapports périodiques.

(17) Le présent règlement respecte les droits fondamentaux et observe les principes consacrés notamment par la charte des droits fondamentaux de l'Union européenne [8]. Par conséquent, il convient de l'interpréter et de l'appliquer conformément à ces droits et principes.

(18) Étant donné que l'objectif du présent règlement, soit la coopération entre les autorités nationales chargées de l'application de la législation en matière de protection des consommateurs, ne peut pas être réalisé de manière suffisante par les États membres en raison de l'impossibilité dans leur chef d'assurer une coopération et

une coordination en agissant de manière isolée, et peut donc être mieux réalisé au niveau communautaire, la Communauté peut prendre des mesures, conformément au principe de subsidiarité consacré à l'article 5 du traité. Conformément au principe de proportionnalité tel qu'énoncé audit article, le présent règlement n'excède pas ce qui est nécessaire pour atteindre cet objectif,

*Ont arrêté le présent règlement :*

CHAPITRE PREMIER

## Dispositions introductives

### Article premier – Objectif

Le présent règlement fixe les conditions dans lesquelles les autorités compétentes des États membres, désignées comme responsables de l'application des lois protégeant les intérêts des consommateurs, coopèrent entre elles et avec la Commission afin de garantir le respect de ces lois et le bon fonctionnement du marché intérieur et afin d'améliorer la protection des intérêts économiques des consommateurs.

### Article 2 – Champ d'application

1. Les dispositions en matière d'assistance mutuelle énoncées aux chapitres II et III s'appliquent aux infractions intracommunautaires.

2. Le présent règlement est sans préjudice des règles communautaires de droit international privé, notamment celles relatives à la compétence judiciaire et au droit applicable.

3. Le présent règlement est sans préjudice de l'application, dans les États membres, des mesures relatives à la coopération judiciaire en matière pénale et civile, en particulier le fonctionnement du réseau judiciaire européen.

4. Le présent règlement est sans préjudice du respect par les États membres de toute autre obligation en matière d'assistance mutuelle en ce qui concerne la protection des intérêts économiques collectifs des consommateurs, y compris en matière pénale, découlant d'autres actes juridiques, y compris des accords bilatéraux ou multilatéraux.

5. Le présent règlement est sans préjudice de la directive 98/27/CE du Parlement européen et du Conseil du 19 mai 1998 relative aux actions en cessation en matière de protection des intérêts des consommateurs [9].

6. Le présent règlement est sans préjudice de la législation communautaire relative au marché intérieur, en particulier des dispositions relatives à la libre circulation des biens et services.

7. Le présent règlement est sans préjudice de la législation communautaire relative aux services de radiodiffusion télévisuelle.

### Article 3 – Définitions

Aux fins du présent règlement, on entend par :

a) « lois protégeant les intérêts des consommateurs », les directives telles qu'elles ont été transposées dans l'ordre juridique interne des États membres, et les règlements énumérés à l'annexe ;

b) « infraction intracommunautaire », tout acte ou toute omission contraire aux lois protégeant les intérêts des consommateurs, telles qu'elles sont définies au point a), qui porte ou est susceptible de porter atteinte aux intérêts collectifs des consommateurs résidant dans un ou plusieurs États membres autres que celui où l'acte ou l'omission en question a son origine ou a eu lieu, ou sur le territoire duquel le vendeur ou le fournisseur responsable est établi, ou dans lequel se trouvent des preuves ou des actifs en rapport avec l'acte ou l'omission ;

c) « autorité compétente », toute autorité publique établie au niveau national, régional ou local et dotée de compétences spécifiques pour assurer le respect des lois protégeant les intérêts des consommateurs ;

d) « bureau de liaison unique », l'autorité publique de chaque État membre désignée comme responsable de la coordination de l'application du présent règlement dans l'État membre en question ;

e) « agent habilité », un agent d'une autorité compétente désignée comme responsable de l'application du présent règlement ;

f) « autorité requérante », l'autorité compétente qui formule une demande d'assistance mutuelle ;

g) « autorité requise », l'autorité compétente qui reçoit une demande d'assistance mutuelle ;

h) « vendeur ou fournisseur », toute personne physique ou morale qui, eu égard aux lois protégeant les intérêts des consommateurs, agit à des fins qui entrent dans le cadre de son activité commerciale, libérale, artisanale ou professionnelle ;

i) « activités de surveillance du marché », les actions d'une autorité compétente chargée de déterminer si des infractions intracommunautaires ont eu lieu sur son territoire ;

j) « réclamation d'un consommateur », une déclaration, étayée par des preuves suffisantes, selon laquelle un vendeur ou un fournisseur a commis ou est susceptible de commettre une infraction aux lois protégeant les intérêts des consommateurs ;

k) « intérêts collectifs des consommateurs », les intérêts d'un certain nombre de consommateurs qui ont subi ou sont susceptibles de subir un préjudice du fait d'une infraction.

### Article 4 – Autorités compétentes

1. Chaque État membre désigne les autorités compétentes et le bureau de liaison unique responsables de l'application du présent règlement.

2. Chaque État membre peut, s'il le juge nécessaire pour se conformer aux obligations qui lui incombent en vertu du présent règlement, désigner d'autres autorités publiques. Il peut aussi désigner des organismes ayant un intérêt légitime à voir cesser ou interdire les infractions intracommunautaires, conformément à l'article 8, paragraphe 3.

3. Chaque autorité compétente dispose, sans préjudice du paragraphe 4, des pouvoirs d'enquête et d'exécution nécessaires à l'application du présent règlement et les exerce conformément à la législation nationale.

4. Les autorités compétentes peuvent exercer les pouvoirs visés au paragraphe 3 conformément à la législation nationale soit :

a) directement sous leur propre autorité ou sous le contrôle des autorités judiciaires, soit

b) en demandant aux juridictions compétentes de rendre la décision nécessaire, y compris, le cas échéant, en formant un recours si cette demande n'aboutit pas.

5. Dans la mesure où les autorités compétentes exercent leurs pouvoirs en faisant appel aux juridictions conformément au paragraphe 4, point b), ces juridictions sont compétentes pour prendre les décisions nécessaires.

6. Les pouvoirs visés au paragraphe 3 ne sont exercés que lorsqu'il y a de bonnes raisons de soupçonner une infraction intracommunautaire et ils comprennent au moins le droit :

a) d'avoir accès à tout document pertinent, sous quelque forme que ce soit, ayant trait à l'infraction intracommunautaire;

b) d'exiger de toute personne qu'elle communique des informations utiles relatives à l'infraction intracommunautaire;

c) de mener les inspections nécessaires sur place;

d) de demander par écrit que le vendeur ou le fournisseur concerné mette fin à l'infraction intracommunautaire;

e) d'obtenir du vendeur ou du fournisseur responsable de l'infraction intracommunautaire l'engagement de mettre fin à l'infraction et, le cas échéant, de rendre public cet engagement;

f) d'exiger la cessation ou l'interdiction de toute infraction intracommunautaire et, le cas échéant, de rendre publiques les décisions qui en découlent;

g) d'exiger de la partie perdante qu'elle dédommage l'État ou le bénéficiaire désigné ou prévu par la législation nationale, en cas de non-exécution de la décision.

7. Les États membres veillent à ce que les autorités compétentes disposent des ressources nécessaires à l'application du présent règlement. Les agents habilités satisfont à des normes professionnelles et sont soumis à des procédures ou à des règles de conduite internes appropriées, garantissant notamment la protection des personnes physiques à l'égard du traitement des données à caractère personnel, l'équité des procédures et le respect voulu des dispositions prévues à l'article 13 en matière de confidentialité et de secret professionnel.

8. Chaque autorité compétente rend publics les droits et compétences qui lui sont reconnus en vertu du présent règlement et désigne les agents habilités.

### Article 5 – Listes

1. Chaque État membre communique à la Commission et aux autres États membres l'identité des autorités compétentes, des autres autorités publiques et des organismes ayant un intérêt légitime à voir cesser ou interdire les infractions intracommunautaires, ainsi que du bureau de liaison unique.

2. La Commission publie et met à jour la liste des bureaux de liaison uniques et des autorités compétentes au *Journal officiel* de l'Union européenne.

## CHAPITRE II
## Assistance mutuelle

### Article 6 – Échange d'informations sur demande

1. À la demande de l'autorité requérante, l'autorité requise fournit sans retard, conformément à l'article 4, toute information pertinente requise pour établir si une infraction intracommunautaire s'est produite ou s'il y a de bonnes raisons de soupçonner qu'une telle infraction est susceptible de se produire.

2. L'autorité requise procède, si nécessaire avec le concours d'autres autorités publiques, aux enquêtes appropriées ou prend toute autre mesure nécessaire ou appropriée, conformément à l'article 4, pour réunir les informations requises.

3. À la demande de l'autorité requérante, l'autorité requise peut autoriser un agent habilité de l'autorité requérante à accompagner les agents de l'autorité requise au cours de leurs enquêtes.

4. Les mesures nécessaires à la mise en œuvre du présent article sont adoptées conformément à la procédure visée à l'article 19, paragraphe 2.

## Article 7 – Échange d'informations sans demande préalable

1. Lorsqu'une autorité compétente a connaissance d'une infraction intracommunautaire ou a de bonnes raisons de soupçonner qu'une telle infraction est susceptible de se produire, elle en informe les autorités compétentes d'autres États membres ainsi que la Commission, en fournissant sans retard toutes les informations nécessaires.

2. Lorsqu'une autorité compétente prend des mesures d'exécution supplémentaires ou reçoit des demandes d'assistance mutuelle en ce qui concerne l'infraction intracommunautaire, elle en informe les autorités compétentes d'autres États membres et la Commission.

3. Les mesures nécessaires à la mise en œuvre du présent article sont adoptées conformément à la procédure visée à l'article 19, paragraphe 2.

## Article 8 – Demandes de mesures d'exécution

1. À la demande de l'autorité requérante, l'autorité requise prend toutes les mesures d'exécution nécessaires pour faire cesser ou interdire sans retard l'infraction intracommunautaire.

2. Afin de remplir les obligations qui lui incombent en vertu du paragraphe 1, l'autorité requise exerce les pouvoirs visés à l'article 4, paragraphe 6, et tout autre pouvoir qui lui est reconnu en vertu de la législation nationale. L'autorité requise détermine, si nécessaire avec le concours d'autres autorités publiques, les mesures d'exécution à prendre pour faire cesser ou interdire l'infraction intracommunautaire d'une manière proportionnée, rationnelle et efficace.

3. L'autorité requise peut également remplir les obligations qui lui incombent en vertu des paragraphes 1 et 2 en chargeant un organisme désigné conformément à l'article 4, paragraphe 2, deuxième phrase, comme ayant un intérêt légitime à voir cesser ou interdire les infractions intracommunautaires de prendre toutes les mesures d'exécution nécessaires mises à sa disposition par la législation nationale pour faire cesser ou interdire l'infraction intracommunautaire au nom de l'autorité requise. Si cet organisme ne parvient pas à faire cesser ou à interdire l'infraction intracommunautaire dans les meilleurs délais, l'autorité requise demeure tenue de remplir les obligations qui lui incombent en vertu des paragraphes 1 et 2.

4. L'autorité requise ne peut prendre les mesures visées au paragraphe 3 que si, après consultation de l'autorité requérante concernant le recours auxdites mesures, cette dernière et elle-même conviennent que :

– le recours aux mesures visées au paragraphe 3 pour faire cesser ou interdire l'infraction intracommunautaire sera vraisemblablement au moins aussi efficace qu'une action de l'autorité requise,

et

– le fait de charger l'organisme désigné par la législation nationale de prendre lesdites mesures ne donne pas lieu à la divulgation, à cet organisme, d'informations protégées en vertu de l'article 13.

5. Si l'autorité requérante estime que les conditions prévues au paragraphe 4 ne sont pas remplies, elle en informe par écrit l'autorité requise, motifs à l'appui. Si l'autorité requérante et l'autorité requise sont en désaccord, l'autorité requise peut saisir la Commission, qui rend un avis conformément à la procédure visée à l'article 19, paragraphe 2.

6. L'autorité requise peut consulter l'autorité requérante lorsqu'elle adopte les mesures d'exécution visées aux paragraphes 1 et 2. L'autorité requise informe sans retard l'autorité requérante, les autorités compétentes d'autres États membres et la Commission des mesures prises et de leur effet sur l'infraction intracommunautaire, en indiquant notamment si celle-ci a cessé.

7. Les mesures nécessaires à la mise en œuvre du présent article sont adoptées conformément à la procédure visée à l'article 19, paragraphe 2.

## Article 9 – Coordination des activités de surveillance du marché et d'exécution de la législation

1. Les autorités compétentes coordonnent leurs activités de surveillance du marché et d'exécution de la législation. Elles échangent toutes les informations nécessaires à cette fin.

2. Lorsque des autorités compétentes ont connaissance d'une infraction intracommunautaire portant préjudice aux intérêts de consommateurs dans plus de deux États membres, elles coordonnent leurs mesures d'exécution et leurs demandes d'assistance mutuelle par l'intermédiaire du bureau de liaison unique. Elles s'efforcent en particulier de mener des enquêtes et de prendre des mesures d'exécution de façon simultanée.

3. Les autorités compétentes informent préalablement la Commission de cette coordination et peuvent inviter les agents et les autres personnes les accompagnant autorisées par la Commission à y participer.

4. Les mesures nécessaires à la mise en œuvre du présent article sont adoptées conformément à la procédure visée à l'article 19, paragraphe 2.

## Article 10 – Base de données

1. La Commission gère une base de données électronique, dans laquelle elle stocke et traite les informations qu'elle reçoit en vertu des articles 7, 8 et 9. La base de données est mise uniquement à la disposition des autorités compétentes à des fins de consultation. En ce qui concerne l'obligation qui leur incombe de notifier les informations à stocker dans la base de données et le traitement de données à caractère personnel que cela suppose, les autorités compétentes sont considérées comme responsables du traitement conformément à l'article 2, point d), de la directive 95/46/CE. En ce qui concerne les obligations qui lui incombent en vertu du présent article et le traitement de données à caractère personnel que cela suppose, la Commission est considérée comme responsable du traitement conformément à l'article 2, point d), du règlement (CE) n° 45/2001.

2. Lorsqu'une autorité compétente établit que la notification d'une infraction intracommunautaire qu'elle a effectuée en vertu de l'article 7 s'est ultérieurement révélée infondée, elle retire la notification et la Commission supprime sans délai

l'information de la base de données. Lorsqu'une autorité requise notifie à la Commission en vertu de l'article 8, paragraphe 6, qu'une infraction intracommunautaire a cessé, les données stockées au sujet de ladite infraction sont supprimées cinq ans après la notification.

3. Les mesures nécessaires à la mise en œuvre du présent article sont adoptées conformément à la procédure visée à l'article 19, paragraphe 2.

CHAPITRE III

## Conditions générales régissant l'assistance mutuelle

### Article 11 – Compétences générales

1. Les autorités compétentes remplissent leurs obligations au titre du présent règlement comme si elles agissaient dans l'intérêt des consommateurs de leur pays, soit de leur propre initiative, soit à la demande d'une autre autorité compétente de leur pays.

2. Les États membres prennent toutes les mesures nécessaires pour garantir, par l'intermédiaire du bureau de liaison unique, une coordination efficace de l'application du présent règlement par les autorités compétentes, les autres autorités publiques, les organismes ayant un intérêt légitime à voir cesser ou interdire les infractions intracommunautaires qu'ils auront désignés, ainsi que par les juridictions compétentes.

3. Les États membres encouragent la coopération entre les autorités compétentes et tous les autres organismes ayant un intérêt légitime, en vertu du droit national, à ce que les infractions intracommunautaires cessent ou soient interdites, afin de faire en sorte que les infractions intracommunautaires potentielles soient notifiées sans délai aux autorités compétentes.

### Article 12 – Procédures relatives aux demandes d'assistance mutuelle et aux échanges d'informations

1. L'autorité requérante veille à ce que toute demande d'assistance mutuelle contienne des informations suffisantes pour permettre à l'autorité requise de donner suite à la demande, y compris toute preuve nécessaire qui ne peut être obtenue que sur le territoire de l'autorité requérante.

2. Les demandes sont transmises par l'autorité requérante au bureau de liaison unique de l'autorité requise, via le bureau de liaison unique de l'autorité requérante. Elles sont adressées sans délai par le bureau de liaison unique de l'autorité requise à l'autorité compétente concernée.

3. Les demandes d'assistance et toutes les transmissions d'informations se font par écrit au moyen d'un formulaire standard et sont transmises par voie électronique, via la base de données visée à l'article 10.

4. Les autorités compétentes concernées conviennent des langues à utiliser pour les demandes et les transmissions d'informations avant la présentation des demandes. Faute d'accord, les demandes sont communiquées dans la ou les langues officielles de l'État membre de l'autorité requérante et les réponses dans la ou les langues officielles de l'État membre de l'autorité requise.

5. Les informations transmises à la suite d'une demande sont communiquées directement et simultanément à l'autorité requérante et aux bureaux de liaison uniques de l'autorité requérante et de l'autorité requise.

6. Les mesures nécessaires à la mise en œuvre du présent article sont adoptées conformément à la procédure visée à l'article 19, paragraphe 2.

## Article 13 – Utilisation des informations et protection des données à caractère personnel ainsi que du secret professionnel et commercial

1. Les informations fournies peuvent uniquement être utilisées pour assurer le respect des lois protégeant les intérêts des consommateurs.

2. Les autorités compétentes peuvent invoquer comme moyen de preuve des informations, des documents, des constatations, des déclarations, des copies certifiées conformes ou des renseignements transmis, au même titre que des documents analogues obtenus dans leur propre pays.

3. Les informations communiquées, sous quelque forme que ce soit, à des personnes travaillant pour les autorités compétentes, les juridictions, d'autres autorités publiques et la Commission, y compris des informations notifiées à la Commission et enregistrées dans la base de données visée à l'article 10, dont la divulgation porterait atteinte :

– à la protection de la vie privée et de l'intégrité de l'individu, notamment en conformité avec la législation communautaire relative à la protection des données à caractère personnel,
– aux intérêts commerciaux d'une personne physique ou morale, y compris en ce qui concerne la propriété intellectuelle,
– aux procédures juridictionnelles et aux avis juridiques,
ou
– aux objectifs des activités d'inspection ou d'enquête,

sont confidentielles et soumises à l'obligation du secret professionnel, sauf si leur divulgation est nécessaire pour faire cesser ou interdire une infraction intracommunautaire et si l'autorité qui communique les informations consent à les divulguer.

4. Aux fins de l'application du présent règlement, les États membres adoptent les mesures législatives nécessaires pour restreindre en tant que de besoin les droits et les obligations prévus aux articles 10, 11 et 12 de la directive 95/46/CE afin de protéger les intérêts visés à l'article 13, paragraphe 1, points d) et f), de ladite directive. La Commission peut restreindre les droits et les obligations visés à l'article 4, paragraphe 1, à l'article 11, à l'article 12, paragraphe 1, aux articles 13 à 17 et à l'article 37, paragraphe 1, du règlement (CE) n° 45/2001 si cette restriction constitue une mesure nécessaire pour protéger les intérêts visés à l'article 20, paragraphe 1, points a) et e), dudit règlement.

5. Les mesures nécessaires à la mise en œuvre du présent article sont adoptées conformément à la procédure visée à l'article 19, paragraphe 2.

## Article 14 – Échange d'informations avec des pays tiers

1. Lorsqu'une autorité compétente reçoit des informations d'une autorité d'un pays tiers, elle les transmet aux autorités compétentes concernées d'autres États membres, dans la mesure où les accords d'assistance bilatéraux conclus avec le pays tiers en question l'y autorisent et conformément à la législation communautaire relative à la protection des personnes physiques à l'égard du traitement des données à caractère personnel.

2. Une autorité compétente peut également transmettre à l'autorité d'un pays tiers, dans le cadre d'un accord bilatéral d'assistance conclu avec ledit pays, des informations transmises en application du présent règlement, dès lors que l'autorité

compétente qui a initialement fourni l'information y consent et conformément à la législation communautaire relative à la protection des personnes physiques à l'égard du traitement des données à caractère personnel.

### Article 15 – Conditions

1. Les États membres renoncent à toute demande de remboursement des frais supportés en application du présent règlement. Cependant, lorsque des mesures sont jugées infondées par une juridiction, l'État membre de l'autorité requérante reste responsable, vis-à-vis de l'État membre de l'autorité requise, de tout coût supporté et de toute perte subie de ce fait, pour tout ce qui a trait au fond de l'infraction intracommunautaire.

2. L'autorité requise peut refuser de donner suite à une demande de mesures d'exécution présentée en application de l'article 8, à la suite d'une consultation avec l'autorité requérante si :

a) une procédure judiciaire a déjà été engagée ou un jugement définitif a déjà été rendu à l'égard des mêmes infractions intracommunautaires et à l'encontre des mêmes vendeurs ou fournisseurs par les autorités judiciaires de l'État membre de l'autorité requise ou de l'autorité requérante;

b) à son avis, après enquête appropriée de l'autorité requise, il est établi qu'aucune infraction intracommunautaire n'a eu lieu,

ou

c) à son avis, l'autorité requérante n'a pas fourni assez d'informations conformément à l'article 12, paragraphe 1, sauf lorsque l'autorité requise a déjà refusé de donner suite à une demande en vertu du paragraphe 3, point c), en ce qui concerne la même infraction intracommunautaire.

3. L'autorité requise peut refuser de donner suite à une demande d'informations présentée en application de l'article 6 si :

a) à son avis, à la suite d'une consultation avec l'autorité requérante, il s'avère que cette dernière n'a pas besoin des informations demandées pour établir si une infraction intracommunautaire s'est produite ou s'il y a de bonnes raisons de soupçonner qu'une telle infraction est susceptible de se produire;

b) l'autorité requérante estime que les informations ne sont pas soumises aux dispositions concernant la confidentialité et le secret professionnel énoncées à l'article 13, paragraphe 3,

ou

c) une enquête criminelle ou une procédure judiciaire a déjà été engagée ou un jugement définitif a déjà été rendu à l'égard des mêmes infractions intracommunautaires et à l'encontre des même vendeurs ou fournisseurs par les autorités judiciaires de l'État membre de l'autorité requise ou de l'autorité requérante.

4. L'autorité requise peut décider de ne pas se conformer aux obligations qui lui incombent en vertu de l'article 7 si une enquête criminelle ou une procédure judiciaire a déjà été engagée ou si un jugement définitif a déjà été rendu à l'égard des mêmes infractions intracommunautaires et à l'encontre des même vendeurs ou fournisseurs par les autorités judiciaires de l'État membre de l'autorité requise ou de l'autorité requérante.

5. L'autorité requise informe l'autorité requérante et la Commission des motifs du rejet de la demande d'assistance. L'autorité requérante peut saisir la Commission, qui rend un avis conformément à la procédure visée à l'article 19, paragraphe 2.

6. Les mesures nécessaires à la mise en œuvre du présent article sont adoptées conformément à la procédure visée à l'article 19, paragraphe 2.

CHAPITRE IV

## Activités communautaires

### Article 16 – Coordination de l'application de la législation

1. Dans la mesure nécessaire à la réalisation des objectifs du présent règlement, les États membres s'informent mutuellement et informent la Commission de leurs activités présentant un intérêt communautaire dans des domaines tels que :

a) la formation de leurs agents chargés de veiller à l'application de la législation en matière de protection des consommateurs, y compris la formation linguistique et l'organisation de séminaires de formation ;

b) la collecte et le classement des réclamations de consommateurs ;

c) la mise en place de réseaux d'agents habilités, spécialisés par secteur ;

d) la mise au point d'outils d'information et de communication ;

e) l'élaboration de normes, de méthodologies et de lignes directrices en matière de protection des consommateurs destinées aux agents chargés de veiller à l'application de la législation ;

f) l'échange de leurs agents.

Les États membres peuvent, en coopération avec la Commission, mener des activités communes dans les domaines visés aux points a) à f). Les États membres élaborent, en coopération avec la Commission, un cadre commun pour le classement des réclamations des consommateurs.

2. Les autorités compétentes peuvent échanger des agents habilités afin d'améliorer la coopération. Elles prennent les mesures nécessaires pour que les agents habilités faisant l'objet d'un échange jouent un rôle actif dans les activités de l'autorité compétente. À cette fin, lesdits agents sont autorisés à accomplir les tâches qui leur sont confiées par l'autorité compétente d'accueil, dans le respect des lois de l'État membre concerné.

3. Pendant la durée de l'échange, la responsabilité civile et pénale de l'agent habilité est soumise aux mêmes conditions que celle des agents de l'autorité compétente d'accueil. Les agents habilités faisant l'objet d'un échange satisfont à des normes professionnelles et sont soumis aux règles de conduite internes appropriées de l'autorité compétente d'accueil, qui garantissent notamment la protection des personnes physiques à l'égard du traitement des données à caractère personnel, l'équité des procédures et le respect adéquat des dispositions prévues à l'article 13 en matière de confidentialité et de secret professionnel.

4. Les mesures communautaires nécessaires à la mise en œuvre du présent article, y compris les modalités de mise en œuvre des activités communes, sont adoptées conformément à la procédure visée à l'article 19, paragraphe 2.

### Article 17 – Coopération administrative

1. Dans la mesure nécessaire à la réalisation des objectifs du présent règlement, les États membres s'informent mutuellement et informent la Commission de leurs activités présentant un intérêt communautaire dans des domaines tels que :

a) la fourniture d'informations et de conseils aux consommateurs ;

b) le soutien des activités des représentants des consommateurs ;

c) le soutien des activités des organismes chargés du règlement extrajudiciaire des litiges de consommation;

d) l'aide apportée aux consommateurs en matière d'accès à la justice;

e) la collecte de statistiques, des résultats de recherches ou d'autres informations relatives au comportement et à l'attitude des consommateurs ainsi qu'aux conséquences pour eux.

Les États membres peuvent, en coopération avec la Commission, mener des activités communes dans les domaines visés aux points a) à e). Les États membres élaborent, en coopération avec la Commission, un cadre commun pour les activités visées au point e).

2. Les mesures communautaires nécessaires à la mise en œuvre du présent article, y compris les modalités de mise en œuvre des activités communes, sont adoptées conformément à la procédure visée à l'article 19, paragraphe 2.

### Article 18 – Accords internationaux

La Communauté coopère avec les pays tiers et les organisations internationales compétentes dans les domaines couverts par le présent règlement afin d'améliorer la protection des intérêts économiques des consommateurs. Les modalités de la coopération, y compris la mise en place de dispositifs d'assistance mutuelle, peuvent faire l'objet d'accords entre la Communauté et les pays tiers concernés.

## CHAPITRE V
## Dispositions finales

### Article 19 – Comité

1. La Commission est assistée par un comité.

2. Lorsqu'il est fait référence au présent paragraphe, les articles 5 et 7 de la décision 1999/468/CE s'appliquent, dans le respect des dispositions de l'article 8 de celle-ci.

La période visée à l'article 5, paragraphe 6, de la décision 1999/468/CE est fixée à trois mois.

3. Le comité adopte son règlement intérieur.

### Article 20 – Mandat du comité

1. Le comité peut examiner toute question relative à l'application du présent règlement soulevée par son président, soit à l'initiative de ce dernier, soit à la demande d'un représentant d'un État membre.

2. En particulier, il examine et évalue le fonctionnement des dispositions en matière de coopération prévues par le présent règlement.

### Article 21 – Rapports

1. Les États membres communiquent à la Commission le texte de toute disposition de droit national qu'ils adoptent ou des accords, autres que ceux traitant de cas individuels, qu'ils concluent dans les matières couvertes par le présent règlement.

2. Tous les deux ans à compter de la date d'entrée en vigueur du présent règlement, les États membres font rapport à la Commission sur l'application du présent règlement. La Commission rend publics ces rapports.

3. Les rapports présentent :

a) toute nouvelle information sur l'organisation, les pouvoirs, les ressources ou les responsabilités des autorités compétentes ;

b) toute information concernant des tendances, moyens ou méthodes relatifs à la commission des infractions intracommunautaires, en particulier celles qui ont mis en lumière des insuffisances ou des lacunes dans le présent règlement ou les lois protégeant les intérêts des consommateurs ;

c) toute information sur les techniques d'exécution de la législation qui ont prouvé leur efficacité ;

d) des statistiques récapitulatives sur les activités des autorités compétentes telles que les actions menées au titre du présent règlement, les réclamations reçues, les mesures d'exécution et les décisions rendue.

## 153 Règlement (CE) n° 1869/2005 de la Commission du 16 novembre 2005 remplaçant les annexes du règlement (CE) n° 805/2004 du Parlement européen et du Conseil portant création d'un titre exécutoire européen pour les créances incontestées

Applicable depuis le 24 novembre 2005

Non reproduit. Consultable sur :
http://europa.eu/eu-law/legislation/index_fr.htm

## 154 Règlement (CE) n° 1896/2006 du Parlement européen et du Conseil du 12 décembre 2006 instituant une procédure européenne d'injonction de payer

Applicable depuis le 12 décembre 2008

*Le Parlement européen et le Conseil de l'Union européenne,*

Vu le traité instituant la Communauté européenne, et notamment son article 61, point c),

Vu la proposition de la Commission,

Vu l'avis du Comité économique et social européen [1],

statuant conformément à la procédure visée à l'article 251 du traité [2],

Considérant ce qui suit :

(1) La Communauté s'est donné pour objectif de maintenir et de développer un espace de liberté, de sécurité et de justice au sein duquel la libre circulation des personnes est assurée. Pour la mise en place progressive de cet espace, la Communauté doit adopter, entre autres, des mesures relevant du domaine de la coopération judiciaire dans les matières civiles ayant une incidence transfrontalière et qui sont nécessaires au bon fonctionnement du marché intérieur.

(2) Selon l'article 65, point c), du traité, ces mesures doivent viser à éliminer les obstacles au bon déroulement des procédures civiles, au besoin en favorisant la compatibilité des règles de procédure civile applicables dans les États membres.

(3) Le Conseil européen réuni à Tampere les 15 et 16 octobre 1999 a invité le Conseil et la Commission à élaborer de nouvelles dispositions législatives concernant les éléments qui contribuent à faciliter la coopération judiciaire et à améliorer l'accès au droit et, dans ce contexte, a expressément fait mention des injonctions de payer.

(4) Le 30 novembre 2000, le Conseil a adopté, en commun avec la Commission, un programme de mesures sur la mise en œuvre du principe de reconnaissance mutuelle des décisions en matière civile et commerciale [3]. Dans certains domaines, notamment celui des créances incontestées, ce programme prévoit la possibilité d'instaurer dans la Communauté une procédure spécifique, uniforme ou

harmonisée, en vue d'obtenir une décision judiciaire. Il y a été donné suite avec le programme de La Haye, adopté par le Conseil européen le 5 novembre 2004, qui préconise que les travaux sur la procédure européenne d'injonction de payer soient poursuivis avec détermination.

(5) Le 20 décembre 2002, la Commission a adopté un Livre vert sur une procédure européenne d'injonction de payer et sur des mesures visant à simplifier et à accélérer le règlement des litiges portant sur des montants de faible importance. La publication de ce Livre vert a marqué le lancement d'une consultation sur les objectifs et caractéristiques que devrait avoir une procédure européenne uniforme ou harmonisée de recouvrement des créances incontestées.

(6) Le recouvrement rapide et efficace des créances qui ne font l'objet d'aucune contestation juridique revêt une importance primordiale pour les opérateurs économiques de l'Union européenne, car les retards de paiement sont une des principales causes d'insolvabilité, qui menace la pérennité des entreprises, en particulier les petites et moyennes entreprises, et qui provoque de nombreuses pertes d'emplois.

(7) Tous les États membres cherchent à résoudre le problème des multiples recouvrements de créances incontestées, la plupart en élaborant une procédure simplifiée d'injonction de payer, mais le contenu de la législation interne et l'efficacité des procédures nationales varient considérablement d'un État membre à l'autre. De surcroît, les procédures actuelles sont souvent soit irrecevables, soit impraticables dans des litiges transfrontaliers.

(8) Les entraves à l'accès à une justice efficace qui en résultent dans les litiges transfrontaliers, ainsi que les distorsions de concurrence au sein du marché intérieur causées par l'inégale efficacité des outils procéduraux mis à la disposition des créanciers dans les différents États membres, rendent nécessaire la mise en place d'une législation communautaire garantissant des conditions identiques aux créanciers et débiteurs dans l'ensemble de l'Union européenne.

(9) Le présent règlement a pour objet de simplifier, d'accélérer et de réduire les coûts de procédure dans les litiges transfrontaliers concernant des créances pécuniaires incontestées en instituant une procédure européenne d'injonction de payer, et d'assurer la libre circulation des injonctions de payer européennes au sein de l'ensemble des États membres en établissant des normes minimales dont le respect rend inutile toute procédure intermédiaire dans l'État membre d'exécution préalablement à la reconnaissance et à l'exécution.

(10) La procédure instituée par le présent règlement devrait constituer un instrument complémentaire et facultatif pour le demandeur, qui demeure libre de recourir à une procédure prévue par le droit national. En conséquence, le présent règlement ne remplace ni n'harmonise les mécanismes de recouvrement de créances incontestées prévus par le droit national.

(11) La procédure devrait se fonder, dans toute la mesure du possible, sur l'utilisation de formulaires types pour toute communication entre la juridiction et les parties afin d'en faciliter le déroulement et de permettre l'utilisation de l'informatique.

(12) Lorsqu'ils décident des juridictions compétentes pour délivrer une injonction de payer européenne, les États membres devraient tenir dûment compte de la nécessité de garantir l'accès à la justice.

(13) Le demandeur devrait être tenu de fournir, dans la demande d'injonction de payer européenne, des informations suffisamment précises pour identifier et justifier clairement la créance afin de permettre au défendeur de décider en connaissance de cause soit de s'y opposer, soit de ne pas la contester.

(14) Dans ce cadre, le demandeur devrait être tenu de fournir une description des éléments de preuve à l'appui de la créance. À cet effet, le formulaire de demande devrait comporter une liste aussi exhaustive que possible des éléments de preuve habituellement produits à l'appui de créances pécuniaires.

(15) L'introduction d'une demande d'injonction de payer européenne devrait entraîner le paiement de tous les frais de justice applicables.

(16) La juridiction devrait examiner la demande, y compris la question de la compétence et la description des éléments de preuve, sur la base des informations fournies dans le formulaire de demande. Elle devrait ainsi être en mesure d'examiner *prima facie* le bien-fondé de la demande et notamment de rejeter les demandes manifestement non fondées ou irrecevables. Cet examen ne devrait pas nécessairement être effectué par un juge.

(17) Le rejet de la demande n'est pas susceptible de recours. Cela n'exclut toutefois pas un éventuel réexamen de la décision rejetant la demande au même degré de juridiction conformément au droit national.

(18) L'injonction de payer européenne devrait informer le défendeur qu'il peut payer au demandeur le montant fixé, ou former opposition dans un délai de trente jours s'il entend contester la créance. Outre qu'il devrait recevoir des informations complètes relatives à la créance fournies par le demandeur, le défendeur devrait être averti de l'importance en droit de l'injonction de payer européenne et, notamment, des conséquences qu'aurait le fait de ne pas contester la créance.

(19) Eu égard aux différences entre les règles de procédure civile des États membres et notamment celles qui régissent la signification et la notification des actes, il y a lieu de donner une définition précise et détaillée des normes minimales qui devraient s'appliquer dans le cadre de la procédure européenne d'injonction de payer. En particulier, en ce qui concerne le respect de ces normes, un mode de signification ou de notification de l'injonction de payer européenne qui serait fondé sur une fiction juridique ne devrait pas pouvoir être jugé suffisant.

(20) Tous les modes de signification et notification visés aux articles 13 et 14 se caractérisent soit par une certitude absolue (article 13) soit par un très haut degré de probabilité (article 14) que l'acte signifié ou notifié est parvenu à son destinataire.

(21) La notification ou signification à personne adressée à des personnes autres que le défendeur, conformément à l'article 14, paragraphe 1, points a) et b), ne devrait être réputée conforme aux exigences de ces dispositions que si lesdites personnes ont effectivement accepté/reçu l'injonction de payer européenne.

(22) L'article 15 devrait s'appliquer aux situations dans lesquelles le défendeur ne peut pas se représenter lui-même en justice, par exemple dans le cas d'une personne morale, et dans lesquelles une personne habilitée à le représenter est désignée par la loi, ainsi qu'aux situations dans lesquelles le défendeur a autorisé une autre personne, notamment un avocat, à le représenter dans la procédure judiciaire en question.

(23) Pour former opposition, le défendeur peut utiliser le formulaire type établi par le présent règlement. Toutefois, les juridictions devraient tenir compte de toute autre forme écrite d'opposition si celle-ci est clairement exprimée.

(24) Une opposition formée dans le délai imparti devrait mettre un terme à la procédure européenne d'injonction de payer et entraîner le passage automatique du litige à la procédure civile ordinaire, sauf si le demandeur a expressément demandé l'arrêt de la procédure dans cette éventualité. Aux fins du présent règlement, le concept de « procédure civile ordinaire » ne devrait pas nécessairement être interprété au sens du droit national.

(25) Après l'expiration du délai prévu pour former opposition, le défendeur devrait avoir le droit, dans certains cas exceptionnels, de demander un réexamen de l'injonction de payer européenne. Le droit de demander un réexamen dans des circonstances exceptionnelles ne devrait pas signifier que le défendeur dispose d'une deuxième possibilité de s'opposer à la créance. Au cours de la procédure de réexamen, l'évaluation du bien-fondé de la créance devrait se limiter à l'examen des moyens découlant des circonstances exceptionnelles invoquées par le défendeur. Les autres circonstances exceptionnelles pourraient notamment désigner le cas où l'injonction de payer européenne était fondée sur de fausses informations fournies dans le formulaire de demande.

(26) Les frais de justice visés à l'article 25 ne devraient pas comprendre, par exemple, les honoraires d'avocat ou les frais de signification ou de notification des documents lorsque celle-ci est effectuée par une entité autre qu'une juridiction.

(27) Une injonction de payer européenne délivrée dans un État membre et devenue exécutoire devrait être traitée, aux fins de l'exécution, comme si elle avait été délivrée dans l'État membre dans lequel l'exécution est demandée. La confiance mutuelle dans l'administration de la justice dans les États membres fait qu'une juridiction d'un État membre peut considérer que toutes les conditions de délivrance d'une injonction de payer européenne sont remplies pour permettre l'exécution de l'injonction dans tous les autres États membres, sans contrôle juridictionnel de l'application correcte des normes minimales de procédure dans l'État membre où l'injonction doit être exécutée. Sans préjudice des dispositions du présent règlement, en particulier des normes minimales établies à l'article 22, paragraphes 1 et 2, et à l'article 23, les procédures d'exécution de l'injonction de payer européenne devraient continuer à être régies par le droit national.

(28) Aux fins du calcul des délais, le règlement (CEE, Euratom) n° 1182/71 du Conseil du 3 juin 1971 portant détermination des règles applicables aux délais, aux dates et aux termes [4] devrait être applicable. Il conviendrait d'en informer le défendeur et de ce qu'il sera tenu compte des jours fériés dans l'État membre dans lequel la juridiction qui délivre l'injonction de payer européenne est située.

(29) Étant donné que l'objectif du présent règlement, à savoir l'instauration d'un mécanisme rapide et uniforme de recouvrement des créances pécuniaires incontestées dans l'ensemble de l'Union européenne, ne peut pas être réalisé de manière suffisante par les États membres et peut donc, en raison des dimensions ou des effets du règlement, être mieux réalisé au niveau communautaire, la Communauté peut prendre des mesures, conformément au principe de subsidiarité consacré à l'article 5 du traité. Conformément au principe de proportionnalité tel qu'énoncé audit article, le présent règlement n'excède pas ce qui est nécessaire pour atteindre cet objectif.

(30) Les mesures nécessaires pour la mise en œuvre du présent règlement devraient être arrêtées en conformité avec la décision 1999/468/CE du Conseil du 28 juin 1999 fixant les modalités de l'exercice des compétences d'exécution conférées à la Commission [5].

(31) Conformément à l'article 3 du protocole sur la position du Royaume-Uni et de l'Irlande annexé au traité sur l'Union européenne et au traité instituant la Communauté européenne, le Royaume-Uni et l'Irlande ont notifié leur souhait de participer à l'adoption et à l'application du présent règlement.

(32) Conformément aux articles 1er et 2 du protocole sur la position du Danemark annexé au traité sur l'Union européenne et au traité instituant la Communauté euro-

péenne, le Danemark ne participe pas à l'adoption du présent règlement et n'est pas lié par celui-ci ni soumis à son application,

*Ont arrêté le présent règlement :*

## Article premier – Objet

1. Le présent règlement a pour objet :

a) de simplifier, d'accélérer et de réduire les coûts de règlement dans les litiges transfrontaliers concernant des créances pécuniaires incontestées en instituant une procédure européenne d'injonction de payer;

et

b) d'assurer la libre circulation des injonctions de payer européennes au sein de l'ensemble des États membres en établissant des normes minimales dont le respect rend inutile toute procédure intermédiaire dans l'État membre d'exécution préalablement à la reconnaissance et à l'exécution.

2. Le présent règlement n'empêche pas le demandeur de faire valoir une créance au sens de l'article 4 en recourant à une autre procédure prévue par le droit d'un État membre ou par le droit communautaire.

## Article 2 – Champ d'application

1. Le présent règlement s'applique en matière civile et commerciale dans les litiges transfrontaliers, quelle que soit la nature de la juridiction. Il ne recouvre notamment pas les matières fiscales, douanières ou administratives, ni la responsabilité de l'État pour des actes ou des omissions commis dans l'exercice de la puissance publique (« *acta jure imperii* »).

2. Sont exclus de l'application du présent règlement :

a) les régimes matrimoniaux, les testaments et les successions;

b) les faillites, concordats et autres procédures analogues;

c) la sécurité sociale;

d) les créances découlant d'obligations non contractuelles, à moins

i) qu'elles aient fait l'objet d'un accord entre les parties ou qu'il y ait eu une reconnaissance de dette;

ou

ii) qu'elles concernent des dettes liquides découlant de la propriété conjointe d'un bien.

3. Dans le présent règlement, on entend par « État membre » tous les États membres à l'exception du Danemark.

## Article 3 – Litiges transfrontaliers

1. Aux fins du présent règlement, un litige transfrontalier est un litige dans lequel au moins une des parties a son domicile ou sa résidence habituelle dans un État membre autre que l'État membre de la juridiction saisie.

2. Le domicile est déterminé conformément aux articles 59 et 60 du règlement (CE) n° 44/2001 du Conseil du 22 décembre 2000 concernant la compétence judiciaire, la reconnaissance et l'exécution des décisions en matière civile et commerciale [6].

3. Le moment auquel s'apprécie le caractère transfrontalier d'un litige est celui où la demande d'injonction de payer européenne est introduite conformément au présent règlement.

### Article 4 – Procédure européenne d'injonction de payer

Il est créé une procédure européenne d'injonction de payer pour le recouvrement de créances pécuniaires liquides et exigibles à la date à laquelle la demande d'injonction de payer européenne est introduite.

### Article 5 – Définitions

Aux fins du présent règlement, on entend par :

1) « État membre d'origine », l'État membre dans lequel une injonction de payer européenne est délivrée ;

2) « État membre d'exécution », l'État membre dans lequel l'exécution d'une injonction de payer européenne est demandée ;

3) « juridiction », toute autorité d'un État membre ayant compétence en ce qui concerne les injonctions de payer européennes ou dans toute autre matière connexe ;

4) « juridiction d'origine », la juridiction qui délivre une injonction de payer européenne.

### Article 6 – Compétence

1. Aux fins de l'application du présent règlement, la compétence est déterminée conformément aux règles de droit communautaire applicables en la matière, notamment au règlement (CE) n° 44/2001.

2. Toutefois, si la créance se rapporte à un contrat conclu par une personne, le consommateur, pour un usage pouvant être considéré comme étranger à son activité professionnelle et si le défendeur est le consommateur, la compétence appartient aux seules juridictions de l'État membre où le défendeur a son domicile, au sens de l'article 59 du règlement (CE) n° 44/2001.

### Article 7 – Demande d'injonction de payer européenne

1. Une demande d'injonction de payer européenne est introduite au moyen du formulaire type A figurant à l'annexe I.

2. La demande comprend les éléments suivants :

a) le nom et l'adresse des parties, et le cas échéant de leurs représentants, ainsi que de la juridiction saisie de la demande ;

b) le montant de la créance, notamment le principal et, le cas échéant, les intérêts, les pénalités contractuelles et les frais ;

c) si des intérêts sont réclamés sur la créance, le taux d'intérêt et la période pour laquelle ces intérêts sont réclamés, sauf si des intérêts légaux sont automatiquement ajoutés au principal en vertu du droit de l'État membre d'origine ;

d) la cause de l'action, y compris une description des circonstances invoquées en tant que fondement de la créance et, le cas échéant, des intérêts réclamés ;

e) une description des éléments de preuve à l'appui de la créance ;

f) les chefs de compétence ;

et

g) le caractère transfrontalier du litige au sens de l'article 3.

3. Dans la demande, le demandeur déclare qu'à sa connaissance les informations fournies sont exactes et reconnaît que toute fausse déclaration intentionnelle risque d'entraîner les sanctions prévues par le droit de l'État membre d'origine.

4. Le demandeur peut informer la juridiction, dans un appendice joint à la demande, qu'il s'oppose au passage à la procédure civile ordinaire au sens de l'article 17 en cas d'opposition formée par le défendeur. Le demandeur garde la

possibilité d'en informer la juridiction ultérieurement, mais en tout état de cause avant la délivrance de l'injonction de payer.

5. La demande est introduite sur support papier ou par tout autre moyen de communication accepté par l'État membre d'origine et utilisable par la juridiction d'origine, y compris par voie électronique.

6. La demande est signée par le demandeur ou, le cas échéant, par son représentant. Lorsque la demande est introduite par voie électronique conformément au paragraphe 5, elle est signée conformément à l'article 2, paragraphe 2, de la directive 1999/93/CE du Parlement européen et du Conseil du 13 décembre 1999 sur un cadre communautaire pour les signatures électroniques [7]. Cette signature est reconnue dans l'État membre d'origine sans qu'il soit possible de la soumettre à des conditions supplémentaires.

Néanmoins, cette signature électronique n'est pas nécessaire si et dans la mesure où les juridictions de l'État membre d'origine sont dotées d'un autre système de communication électronique accessible à un groupe donné d'utilisateurs certifiés préalablement inscrits et permettant une identification sûre de ces utilisateurs. Les États membres informent la Commission de l'existence de tels systèmes.

### Article 8 – Examen de la demande

La juridiction saisie d'une demande d'injonction de payer européenne examine, dans les meilleurs délais et en se fondant sur le formulaire de demande, si les conditions énoncées aux articles 2, 3, 4, 6 et 7 sont réunies et si la demande semble fondée. Cet examen peut être effectué au moyen d'une procédure automatisée.

### Article 9 – Compléments et rectifications

1. Si les conditions énoncées à l'article 7 ne sont pas réunies, la juridiction met le demandeur en mesure de compléter ou de rectifier la demande, à moins que celle-ci soit manifestement non fondée ou irrecevable. La juridiction utilise à cet effet le formulaire type B figurant dans l'annexe II.

2. Lorsque la juridiction demande au demandeur de compléter ou de rectifier la demande, elle fixe un délai qu'elle estime approprié au vu des circonstances. La juridiction peut proroger ce délai si elle le juge utile.

### Article 10 – Modification de la demande

1. Si les conditions visées à l'article 8 ne sont réunies que pour une partie de la demande, la juridiction en informe le demandeur au moyen du formulaire type C figurant dans l'annexe III. Le demandeur est invité à accepter ou à refuser une proposition d'injonction de payer européenne portant sur le montant que la juridiction a fixé et est informé des conséquences de sa décision. Le demandeur répond en renvoyant le formulaire type C que lui a adressé la juridiction dans un délai fixé par celle-ci conformément à l'article 9, paragraphe 2.

2. Si le demandeur accepte la proposition de la juridiction, la juridiction délivre une injonction de payer européenne, conformément à l'article 12, pour la partie de la demande qui a été acceptée par le demandeur. Les conséquences qui en résultent pour le reliquat de la demande initiale sont régies par le droit national.

3. Si le demandeur n'envoie pas sa réponse dans le délai fixé par la juridiction ou s'il refuse la proposition faite par celle-ci, la juridiction rejette l'intégralité de la demande d'injonction de payer européenne.

## Article 11 – Rejet de la demande

1. La juridiction rejette la demande si :

a) les conditions énoncées aux articles 2, 3, 4, 6 et 7 ne sont pas réunies;

ou

b) la demande est manifestement non fondée;

ou

c) le demandeur omet d'envoyer sa réponse dans le délai fixé par la juridiction en vertu de l'article 9, paragraphe 2;

ou

d) le demandeur omet d'envoyer sa réponse dans le délai fixé par la juridiction ou s'il refuse la proposition de la juridiction, conformément à l'article 10.

Le demandeur est informé des motifs du rejet au moyen du formulaire type D figurant dans l'annexe IV.

2. Le rejet de la demande n'est pas susceptible de recours.

3. Le rejet de la demande n'empêche pas le demandeur de faire valoir la créance au moyen d'une nouvelle demande d'injonction de payer européenne ou de toute autre procédure prévue par le droit d'un État membre.

## Article 12 – Délivrance d'une injonction de payer européenne

1. Si les conditions visées à l'article 8 sont réunies, la juridiction délivre l'injonction de payer européenne dans les meilleurs délais et en principe dans un délai de trente jours à compter de l'introduction de la demande, au moyen du formulaire type E figurant dans l'annexe V.

Le calcul du délai de trente jours ne comprend pas le délai nécessaire au demandeur pour compléter, rectifier ou modifier la demande.

2. L'injonction de payer européenne est délivrée conjointement avec une copie du formulaire de demande. Elle ne comporte pas les informations fournies par le demandeur dans les appendices 1 et 2 du formulaire type A.

3. Dans l'injonction de payer européenne, le défendeur est informé de ce qu'il a la possibilité :

a) de payer au demandeur le montant figurant dans l'injonction de payer;

ou

b) de s'opposer à l'injonction de payer en formant opposition auprès de la juridiction d'origine, qui doit être envoyée dans un délai de trente jours à compter de la signification ou de la notification de l'injonction qui lui aura été faite.

4. Aux termes de l'injonction de payer européenne, le défendeur est informé que :

a) l'injonction a été délivrée sur le seul fondement des informations fournies par le demandeur et n'a pas été vérifiée par la juridiction;

b) l'injonction deviendra exécutoire à moins qu'il ait été formé opposition auprès de la juridiction conformément à l'article 16;

c) lorsqu'il a été formé opposition, la procédure se poursuit devant les juridictions compétentes de l'État membre d'origine conformément aux règles de la procédure civile ordinaire, sauf si le demandeur a expressément demandé qu'il soit mis un terme à la procédure dans ce cas.

5. La juridiction veille à ce que l'injonction de payer soit signifiée ou notifiée au défendeur conformément au droit national, selon des modalités conformes aux normes minimales établies aux articles 13, 14 et 15.

## Article 13 – Signification ou notification assortie de la preuve de sa réception par le défendeur

L'injonction de payer européenne peut être signifiée ou notifiée au défendeur, conformément au droit national de l'État dans lequel la signification ou la notification doit être effectuée, par l'un des modes suivants :

a) signification ou notification à personne, le défendeur ayant signé un accusé de réception portant la date de réception;

b) signification ou notification à personne au moyen d'un document signé par la personne compétente qui a procédé à la signification ou à la notification, spécifiant que le défendeur a reçu l'acte ou qu'il a refusé de le recevoir sans aucun motif légitime, ainsi que la date à laquelle l'acte a été signifié ou notifié;

c) signification ou notification par voie postale, le défendeur ayant signé et renvoyé un accusé de réception portant la date de réception;

d) signification ou notification par des moyens électroniques, comme la télécopie ou le courrier électronique, le défendeur ayant signé et renvoyé un accusé de réception portant la date de réception.

## Article 14 – Signification ou notification non assortie de la preuve de sa réception par le défendeur

1. L'injonction de payer européenne peut également être signifiée ou notifiée au défendeur conformément au droit national de l'État dans lequel la signification ou la notification doit être effectuée, par l'un des modes suivants :

a) signification ou notification à personne, à l'adresse personnelle du défendeur, à des personnes vivant à la même adresse que celui-ci ou employées à cette adresse;

b) si le défendeur est un indépendant ou une personne morale, signification ou notification à personne, dans les locaux commerciaux du défendeur, à des personnes employées par le défendeur;

c) dépôt de l'injonction dans la boîte aux lettres du défendeur;

d) dépôt de l'injonction dans un bureau de poste ou auprès d'une autorité publique compétente et communication écrite de ce dépôt dans la boîte aux lettres du défendeur, à condition que la communication écrite mentionne clairement la nature judiciaire de l'acte ou le fait qu'elle vaut notification ou signification et a pour effet de faire courir les délais;

e) par voie postale non assortie de l'attestation visée au paragraphe 3, lorsque le défendeur a son adresse dans l'État membre d'origine;

f) par des moyens électroniques avec accusé de réception automatique, à condition que le défendeur ait expressément accepté à l'avance ce mode de signification ou de notification.

2. Aux fins du présent règlement, la signification ou la notification au titre du paragraphe 1 n'est pas admise si l'adresse du défendeur n'est pas connue avec certitude.

3. La signification ou la notification en application du paragraphe 1, points a), b), c) et d), est attestée par :

a) un acte signé par la personne compétente ayant procédé à la signification ou à la notification mentionnant les éléments suivants :

i) le mode de signification ou de notification utilisé,

et

ii) la date de la signification ou de la notification,

et

iii) lorsque l'injonction de payer a été signifiée ou notifiée à une personne autre que le défendeur, le nom de cette personne et son lien avec le défendeur,

ou

b) un accusé de réception émanant de la personne qui a reçu la signification ou la notification, pour l'application du paragraphe 1, points a) et b).

### Article 15 – Signification ou notification à un représentant

La signification ou la notification en application des articles 13 ou 14 peut aussi être faite à un représentant du défendeur.

### Article 16 – Opposition à l'injonction de payer européenne

1. Le défendeur peut former opposition à l'injonction de payer européenne auprès de la juridiction d'origine au moyen du formulaire type F figurant dans l'annexe VI, qui lui est transmis en même temps que l'injonction de payer européenne.

2. L'opposition est envoyée dans un délai de trente jours à compter de la signification ou de la notification de l'injonction au défendeur.

3. Le défendeur indique dans l'opposition qu'il conteste la créance, sans être tenu de préciser les motifs de contestation.

4. L'opposition est introduite sur support papier ou par tout autre moyen de communication accepté par l'État membre d'origine et utilisable par la juridiction d'origine, y compris par voie électronique.

5. L'opposition est signée par le défendeur ou, le cas échéant, par son représentant. Lorsque l'opposition est introduite par voie électronique conformément au paragraphe 4, elle est signée conformément à l'article 2, paragraphe 2, de la directive 1999/93/CE. La signature est reconnue dans l'État membre d'origine sans qu'il soit possible de la soumettre à des conditions supplémentaires.

Néanmoins, cette signature électronique n'est pas nécessaire si et dans la mesure où les juridictions de l'État membre d'origine sont dotées d'un autre système de communication électronique accessible à un groupe donné d'utilisateurs certifiés préalablement inscrits et permettant une identification sûre de ces utilisateurs. Les États membres informent la Commission de l'existence de tels systèmes.

### Article 17 – Effets de l'opposition

1. Si une opposition est formée dans le délai prévu à l'article 16, paragraphe 2, la procédure se poursuit devant les juridictions compétentes de l'État membre d'origine conformément aux règles de la procédure civile ordinaire, sauf si le demandeur a expressément demandé qu'il soit mis un terme à la procédure dans ce cas.

Lorsque le demandeur a fait valoir sa créance en recourant à la procédure européenne d'injonction de payer, aucune disposition du droit national ne porte atteinte à sa position lors de la procédure civile ordinaire ultérieure.

2. Le passage à la procédure civile ordinaire au sens du paragraphe 1 est régi par le droit de l'État membre d'origine.

3. Le demandeur est informé de toute opposition formée par le défendeur et de tout passage à la procédure civile ordinaire.

### Article 18 – Force exécutoire

1. Si, dans le délai prévu à l'article 16, paragraphe 2, compte tenu d'un délai supplémentaire nécessaire à l'acheminement de l'opposition, aucune opposition n'a été

formée auprès de la juridiction d'origine, la juridiction d'origine déclare sans tarder l'injonction de payer européenne exécutoire, au moyen du formulaire type G figurant dans l'annexe VII. La juridiction vérifie la date à laquelle l'injonction de payer a été signifiée ou notifiée.

2. Sans préjudice du paragraphe 1, les conditions formelles d'acquisition de la force exécutoire sont régies par le droit de l'État membre d'origine.

3. La juridiction envoie l'injonction de payer européenne exécutoire au demandeur.

### Article 19 – Suppression de l'*exequatur*

Une injonction de payer européenne devenue exécutoire dans l'État membre d'origine est reconnue et exécutée dans les autres États membres sans qu'une déclaration constatant la force exécutoire soit nécessaire et sans qu'il soit possible de contester sa reconnaissance.

### Article 20 – Réexamen dans des cas exceptionnels

1. Après expiration du délai prévu à l'article 16, paragraphe 2, le défendeur a le droit de demander le réexamen de l'injonction de payer européenne devant la juridiction compétente de l'État membre d'origine si :

a) i) l'injonction de payer a été signifiée ou notifiée selon l'un des modes prévus à l'article 14;

et

ii) la signification ou la notification n'est pas intervenue en temps utile pour lui permettre de préparer sa défense, sans qu'il y ait faute de sa part,

ou

b) le défendeur a été empêché de contester la créance pour cause de force majeure ou en raison de circonstances extraordinaires, sans qu'il y ait faute de sa part,

pour autant que, dans un cas comme dans l'autre, il agisse promptement.

2. Après expiration du délai prévu à l'article 16, paragraphe 2, le défendeur a également le droit de demander le réexamen de l'injonction de payer européenne devant la juridiction compétente de l'État membre d'origine lorsqu'il est manifeste que l'injonction de payer a été délivrée à tort, au vu des exigences fixées par le présent règlement, ou en raison d'autres circonstances exceptionnelles.

3. Si la juridiction rejette la demande du défendeur au motif qu'aucune des conditions de réexamen énoncées aux paragraphes 1 et 2 n'est remplie, l'injonction de payer européenne reste valable.

Si la juridiction décide que le réexamen est justifié au motif que l'une des conditions énoncées aux paragraphes 1 et 2 est remplie, l'injonction de payer européenne est nulle et non avenue.

### Article 21 – Exécution

1. Sans préjudice des dispositions du présent règlement, les procédures d'exécution sont régies par le droit de l'État membre d'exécution.

L'injonction de payer européenne devenue exécutoire est exécutée dans les mêmes conditions qu'une décision exécutoire rendue dans l'État membre d'exécution.

2. Aux fins de l'exécution dans un autre État membre, le demandeur fournit aux autorités compétentes de cet État membre chargées de l'exécution :

a) une copie de l'injonction de payer européenne, telle que déclarée exécutoire par la juridiction d'origine, et réunissant les conditions nécessaires pour en établir l'authenticité;

et

b) le cas échéant, la traduction de l'injonction de payer européenne dans la langue officielle de l'État membre d'exécution ou, si cet État membre a plusieurs langues officielles, dans la langue officielle ou dans l'une des langues officielles de la procédure judiciaire du lieu où l'exécution est demandée, conformément au droit de cet État membre, ou dans une autre langue que l'État membre d'exécution aura déclaré pouvoir accepter. Chaque État membre peut indiquer la ou les langues officielles des institutions de l'Union européenne, autres que la sienne, qu'il peut accepter pour une injonction de payer européenne. La traduction est certifiée par une personne habilitée à cet effet dans l'un des États membres.

3. Aucune caution ni aucun dépôt, sous quelque dénomination que ce soit, ne peuvent être imposés en raison, soit de la qualité de ressortissant étranger, soit du défaut de domicile ou de résidence dans l'État membre d'exécution, au demandeur qui, dans un État membre, demande l'exécution d'une injonction de payer européenne délivrée dans un autre État membre.

### Article 22 – Refus d'exécution

1. Sur demande du défendeur, l'exécution est refusée par la juridiction compétente dans l'État membre d'exécution si l'injonction de payer européenne est incompatible avec une décision rendue ou une injonction délivrée antérieurement dans tout État membre ou dans un pays tiers lorsque :

a) la décision rendue ou l'injonction délivrée antérieurement l'a été entre les mêmes parties dans un litige ayant la même cause ;

et que

b) que la décision rendue ou l'injonction délivrée antérieurement réunit les conditions nécessaires à sa reconnaissance dans l'État membre d'exécution ;

et que

c) l'incompatibilité n'aurait pas pu être invoquée au cours de la procédure judiciaire dans l'État membre d'origine.

2. L'exécution est également refusée, sur demande, si et dans la mesure où le défendeur a payé au demandeur le montant fixé dans l'injonction de payer européenne.

3. Une injonction de payer européenne ne peut en aucun cas faire l'objet d'un réexamen au fond dans l'État membre d'exécution.

### Article 23 – Suspension ou limitation de l'exécution

Lorsque le défendeur a demandé le réexamen conformément à l'article 20, la juridiction compétente dans l'État membre d'exécution peut, à la demande du défendeur :

a) limiter la procédure d'exécution à des mesures conservatoires ;

ou

b) subordonner l'exécution à la constitution d'une sûreté qu'elle détermine ;

ou

c) dans des circonstances exceptionnelles, suspendre la procédure d'exécution.

### Article 24 – Représentation en justice

La représentation par un avocat ou un autre professionnel du droit n'est obligatoire :

a) ni pour le demandeur en ce qui concerne la demande d'injonction de payer européenne ;

b) ni pour le défendeur en ce qui concerne l'opposition à une injonction de payer européenne.

### Article 25 – Frais de justice

1. La somme des frais de justice afférents à une procédure européenne d'injonction de payer et à la procédure civile ordinaire qui y fait suite en cas d'opposition à l'injonction de payer européenne dans un État membre n'excède pas les frais de justice induits par une procédure civile ordinaire non précédée d'une procédure européenne d'injonction de payer dans ledit État membre.

2. Aux fins du présent règlement, les frais de justice comprennent les frais et les droits à verser à la juridiction, dont le montant est fixé conformément au droit national.

### Article 26 – Relation avec le droit procédural national

Toute question procédurale non expressément réglée par le présent règlement est régie par le droit national.

### Article 27 – Relation avec le règlement (CE) n° 1348/2000

Le présent règlement ne porte pas atteinte à l'application du règlement (CE) n° 1348/2000 du Conseil du 29 mai 2000 relatif à la signification et à la notification dans les États membres des actes judiciaires et extrajudiciaires en matière civile et commerciale [8].

### Article 28 – Informations relatives aux frais de signification ou de notification et à l'exécution

Les États membres collaborent en vue d'assurer l'information du public et des milieux professionnels concernant :

a) les frais de signification ou de notification des documents;

et

b) les autorités compétentes pour l'exécution aux fins de l'application des articles 21, 22 et 23,

notamment via le réseau judiciaire européen en matière civile et commerciale établi conformément à la décision 2001/470/CE du Conseil du 28 mai 2001 [9].

### Article 29 – Informations relatives à la compétence, aux procédures de réexamen, aux moyens de communication et aux langues

1. Le 12 juin 2008 au plus tard, les États membres informent la Commission :

a) des juridictions compétentes pour délivrer une injonction de payer européenne;

b) de la procédure de réexamen et des juridictions compétentes aux fins de l'application de l'article 20;

c) des moyens de communication acceptés aux fins de la procédure européenne d'injonction de payer et utilisables par les juridictions;

d) des langues acceptées aux termes de l'article 21, paragraphe 2, point b).

Les États membres communiquent à la Commission toute modification ultérieure de ces informations.

2. La Commission met les informations notifiées conformément au paragraphe 1 à la disposition du public par voie de publication au *Journal officiel* de l'Union européenne et par tout autre moyen approprié.

### Article 30 – Modifications apportées aux annexes

Les formulaires types qui figurent dans les annexes sont mis à jour ou font l'objet d'une adaptation technique, dans le respect des dispositions du présent règlement, conformément à la procédure prévue à l'article 31, paragraphe 2.

## Article 31 – Comité

1. La Commission est assistée par le comité institué par l'article 75 du règlement (CE) n° 44/2001.

2. Dans le cas où il est fait référence au présent paragraphe, l'article 5 *bis*, paragraphes 1 à 4, et l'article 7 de la décision 1999/468/CE s'appliquent, dans le respect des dispositions de l'article 8 de celle-ci.

3. Le comité adopte son règlement intérieur.

## Article 32 – Réexamen

Le 12 décembre 2013 au plus tard, la Commission présente au Parlement européen, au Conseil et au Comité économique et social européen un rapport détaillé réexaminant l'application de la procédure européenne d'injonction de payer. Ce rapport comporte une évaluation de l'application de la procédure et une étude d'impact élargie pour chaque État membre.

À cette fin et afin de veiller à ce que les meilleures pratiques au sein de l'Union européenne soient dûment prises en compte et soient conformes aux principes de l'amélioration de la législation, les États membres informent la Commission de l'application de la procédure européenne d'injonction de payer au niveau transfrontalier. Ces informations portent sur les frais de justice, la rapidité de la procédure, l'efficacité, la facilité d'utilisation et les procédures internes d'injonction de payer des États membres.

Le rapport de la Commission est accompagné, le cas échéant, de propositions d'adaptation.

## Article 33 – Entrée en vigueur

Le présent règlement entre en vigueur le jour suivant celui de sa publication au *Journal officiel* de l'Union européenne.

Il est applicable à partir du 12 décembre 2008, à l'exception des articles 28, 29, 30 et 31, qui sont applicables à partir du 12 juin 2008.

Le présent règlement est obligatoire dans tous ses éléments et directement applicable dans les États membres conformément au traité instituant la Communauté européenne.

# 155 Règlement (CE) n° 861/2007 du Parlement européen et du Conseil du 11 juillet 2007 instituant une procédure européenne de règlement des petits litiges

## Applicable depuis le 1er janvier 2009



*Le Parlement européen et le Conseil de l'Union européenne,*

Vu le traité instituant la Communauté européenne, et notamment son article 61, point c), et son article 67,

Vu la proposition de la Commission,

Vu l'avis du Comité économique et social européen [1],

Statuant conformément à la procédure visée à l'article 251 du traité [2],

Considérant ce qui suit :

(1) La Communauté s'est donné pour objectif de maintenir et de développer un espace de liberté, de sécurité et de justice au sein duquel la libre circulation des personnes est assurée. Pour la mise en place progressive de cet espace, la Communauté doit adopter, entre autres, des mesures relevant du domaine de la coopération judiciaire dans les matières civiles ayant une incidence transfrontalière et qui sont nécessaires au bon fonctionnement du marché intérieur.

(2) Selon l'article 65, point c), du traité, ces mesures doivent viser à éliminer les obstacles au bon déroulement des procédures civiles, au besoin en favorisant la compatibilité des règles de procédure civile applicables dans les États membres.

(3) À cet égard, la Communauté a déjà, parmi d'autre mesures, adopté le règlement (CE) n° 1348/2000 du Conseil du 29 mai 2000 relatif à la signification et à la notification dans les États membres des actes judiciaires et extrajudiciaires en matière civile et commerciale [3], le règlement (CE) n° 44/2001 du Conseil du 22 décembre 2000 concernant la compétence judiciaire, la reconnaissance et l'exécution des décisions en matière civile et commerciale [4], la décision 2001/470/CE du Conseil du 28 mai 2001 relative à la création d'un réseau judiciaire européen en matière civile et commerciale [5], le règlement (CE) n° 805/2004 du Parlement européen et du Conseil du 21 avril 2004 portant création d'un titre exécutoire européen pour les créances incontestées [6] et le règlement (CE) n° 1896/2006 du Parlement européen et du Conseil du 12 décembre 2006 instituant une procédure européenne d'injonction de payer [7].

(4) Le Conseil européen, réuni à Tampere les 15 et 16 octobre 1999, a invité le Conseil et la Commission à établir des règles de procédure communes en vue de simplifier et d'accélérer le règlement des litiges transfrontaliers concernant les

demandes de faible importance en matière de droits des consommateurs et en matière commerciale.

(5) Le 30 novembre 2000, le Conseil a adopté un programme de mesures – élaboré conjointement par le Conseil et la Commission – sur la mise en œuvre du principe de reconnaissance mutuelle des décisions en matière civile et commerciale [8]. Ce programme prévoit de simplifier et d'accélérer le règlement des litiges transfrontaliers de faible importance. Il y a été donné suite avec le programme de La Haye [9], adopté par le Conseil européen le 5 novembre 2004, qui préconise que les travaux sur les petites créances soient poursuivis avec détermination.

(6) Le 20 décembre 2002, la Commission a adopté un Livre vert sur une procédure européenne d'injonction de payer et sur des mesures visant à simplifier et à accélérer le règlement des litiges portant sur des montants de faible importance. La publication de ce livre vert a marqué le lancement d'une consultation sur les mesures relatives à la simplification et à l'accélération du règlement des litiges portant sur des montants de faible importance.

(7) De nombreux États membres ont introduit des procédures civiles simplifiées de règlement des petits litiges, eu égard au fait que les frais, les retards et la complexité liés aux litiges ne diminuent pas toujours proportionnellement au montant de la demande. Les obstacles à l'obtention d'une décision rapide et peu coûteuse augmentent dans les litiges transfrontaliers. Il est par conséquent nécessaire d'instituer une procédure européenne visant à régler les petits litiges, ci-après dénommée « procédure européenne de règlement des petits litiges ». Celle-ci devrait avoir pour objectif de faciliter l'accès à la justice. En raison des distorsions de concurrence créées au sein du marché intérieur par les déséquilibres en termes d'efficacité des outils procéduraux mis à la disposition des créanciers dans les différents États membres, il est nécessaire de disposer d'une législation communautaire garantissant des conditions identiques aux créanciers et aux débiteurs dans l'ensemble de l'Union européenne. Il convient de tenir compte des principes de simplicité, de rapidité et de proportionnalité lors de la fixation des frais de gestion d'une demande relevant de la procédure européenne de règlement des petits litiges. Les détails relatifs aux frais exigibles devraient être rendus publics, et les modalités de fixation de ces frais devraient être transparentes.

(8) La procédure européenne de règlement des petits litiges devrait simplifier et accélérer le règlement des petits litiges transfrontaliers et en réduire les coûts, en proposant un instrument facultatif venant s'ajouter aux possibilités offertes par les législations des États membres, qui ne seront pas affectées. Le présent règlement devrait aussi faciliter la reconnaissance et l'exécution dans un État membre des jugements rendus dans le cadre de la procédure européenne de règlement des petits litiges dans un autre État membre.

(9) Le présent règlement vise à promouvoir les droits fondamentaux et tient compte, notamment, des principes reconnus par la Charte des droits fondamentaux de l'Union européenne. La juridiction devrait respecter le droit à un procès équitable et le principe du contradictoire, notamment lorsqu'elle se prononce sur la nécessité d'une audience, sur les moyens d'obtention des preuves et sur l'étendue de l'obtention des preuves.

(10) Afin de faciliter le calcul du montant d'une demande, il ne devrait être tenu compte d'aucun intérêt, frais ni débours. Cela ne devrait pas porter atteinte à la faculté qu'a la juridiction d'accorder ceux-ci dans la décision qu'elle rendra, ni aux règles nationales relatives au calcul des intérêts.

(11) Afin de faciliter le déclenchement de la procédure européenne de règlement des petits litiges, il convient que le demandeur introduise une demande en complétant un formulaire de demande et l'adresse à la juridiction. Un formulaire de demande ne devrait être adressé qu'à une juridiction compétente.

(12) Le formulaire de demande devrait être accompagné, le cas échéant, de toutes les pièces justificatives utiles. Cependant, cela n'empêche pas le demandeur de présenter, le cas échéant, des éléments de preuve complémentaires au cours de la procédure. Le même principe devrait s'appliquer à la réponse du défendeur.

(13) Les notions de « manifestement non fondée » et « irrecevable », en ce qui concerne le rejet de la demande, devraient être déterminées conformément au droit national.

(14) La procédure européenne de règlement des petits litiges devrait être écrite, sauf si la juridiction estime qu'une audience est nécessaire ou si l'une des parties en fait la demande. La juridiction peut rejeter une telle demande. Ce rejet ne peut être contesté séparément.

(15) Les parties ne devraient pas être obligées d'être représentées par un avocat ou un autre professionnel du droit.

(16) La notion de « demande reconventionnelle » devrait s'entendre au sens de l'article 6, paragraphe 3, du règlement (CE) n° 44/2001, à savoir une demande dérivant du contrat ou du fait sur lequel est fondée la demande initiale. Il y a lieu d'appliquer les articles 2 et 4, l'article 5, paragraphes 3, 4 et 5, *mutatis mutandis* aux demandes reconventionnelles.

(17) Lorsque le défendeur argue d'un droit de compensation au cours de la procédure, cette demande ne devrait pas constituer une demande reconventionnelle aux fins du présent règlement. Par conséquent, le défendeur ne devrait pas être tenu d'utiliser le formulaire type A figurant à l'annexe I pour invoquer ce droit.

(18) Aux fins de l'application de l'article 6, l'État requis est l'État membre dans lequel il doit être procédé à la signification, à la notification, ou à la transmission d'une pièce. En vue de réduire les frais et retards, les actes devraient être principalement signifiés ou notifiés aux parties par voie postale avec accusé de réception indiquant également la date de réception.

(19) Une partie peut refuser d'accepter une pièce au moment de sa signification ou de sa notification, ou en retournant la pièce dans un délai d'une semaine si elle n'est pas rédigée, ou accompagnée d'une traduction, dans la langue officielle de l'État membre requis (ou, s'il existe plusieurs langues officielles dans cet État membre, dans la langue officielle ou l'une des langues officielles du lieu où il doit être procédé à la signification, à la notification, ou à la transmission de la pièce), ou dans une langue que le destinataire comprend.

(20) En ce qui concerne les auditions et l'obtention des preuves, les États membres devraient encourager l'utilisation des technologies modernes de communication, en application du droit national de l'État membre du for. La juridiction devrait retenir le moyen d'obtention des preuves le plus simple et le moins onéreux.

(21) L'assistance pratique qui doit être mise à la disposition des parties devrait comprendre des informations techniques relatives à la disponibilité des formulaires et à la manière de les remplir.

(22) Les informations concernant des questions de procédure peuvent également être données par le personnel de la juridiction, conformément au droit national.

(23) L'objectif du présent règlement étant de simplifier et d'accélérer le règlement des petits litiges transfrontaliers, la juridiction devrait agir dès que possible,

même lorsque le présent règlement ne fixe pas de délai à une étape spécifique de la procédure.

(24) Aux fins du calcul des délais dans le présent règlement, le règlement (CEE, Euratom) nº 1182/71 du Conseil du 3 juin 1971 portant détermination des règles applicables aux délais, aux dates et aux termes [10] devrait être applicable.

(25) Afin d'accélérer le recouvrement de créances de faible montant, la décision devrait être immédiatement exécutoire, nonobstant tout recours éventuel et sans qu'il y ait obligation de constituer une sûreté, sauf exceptions prévues par le présent règlement.

(26) Toute référence à un recours faite dans le présent règlement devrait s'entendre comme renvoyant à toutes les voies de recours possibles prévues par le droit national.

(27) La juridiction doit comprendre une personne apte à exercer des fonctions de juge selon les règles du droit national.

(28) Lorsque la juridiction est tenue de fixer un délai, la partie concernée devrait être informée des conséquences du non-respect de ce délai.

(29) La partie qui succombe devrait supporter les frais de procédure. Les frais de procédure devraient être fixés conformément au droit national. Eu égard aux objectifs de simplicité et d'efficacité par rapport au coût, la juridiction ne devrait condamner la partie qui succombe qu'au paiement des frais de procédure. Ceci comprend, par exemple, les frais de représentation de la partie adverse par un avocat ou un autre professionnel du droit, ou les frais de signification ou de notification ou de traduction des pièces, qui sont proportionnés au montant de la demande ou dont l'engagement a été indispensable.

(30) Afin de faciliter la reconnaissance et l'exécution des décisions, une décision rendue dans un État membre dans le cadre de la procédure européenne de règlement des petits litiges devrait être reconnue et exécutoire dans un autre État membre sans qu'une déclaration constatant la force exécutoire soit nécessaire et sans qu'il soit possible de s'opposer à sa reconnaissance.

(31) Il convient de prévoir des normes minimales pour le réexamen d'une décision dans les cas où le défendeur n'a pas pu contester la demande.

(32) Eu égard aux objectifs de simplicité et d'efficacité par rapport au coût, la partie qui demande l'exécution d'une décision ne devrait pas être tenue d'avoir un représentant autorisé ou une adresse postale dans l'État membre d'exécution, en dehors des agents compétents pour la procédure d'exécution conformément au droit national dudit État membre.

(33) Il y a lieu également d'appliquer le chapitre III du présent règlement à la fixation des frais et des dépenses engagés par les agents compétents pour la procédure d'exécution du fait d'une décision rendue conformément à la procédure prévue par le présent règlement.

(34) Il y a lieu d'arrêter les mesures nécessaires pour la mise en œuvre du présent règlement en conformité avec la décision 1999/468/CE du Conseil du 28 juin 1999 fixant les modalités de l'exercice des compétences d'exécution conférées à la Commission [11].

(35) Il convient en particulier d'habiliter la Commission à adopter les mesures nécessaires à la mise à jour et aux modifications techniques à apporter aux formulaires qui figurent aux annexes. Ces mesures ayant une portée générale et ayant pour objet de modifier des éléments non essentiels du présent règlement, elles doivent être arrêtées selon la procédure de réglementation avec contrôle prévue à l'article 5 *bis* de la décision 1999/468/CE.

(36) Étant donné que les objectifs du présent règlement, à savoir l'institution d'une procédure permettant de simplifier et d'accélérer le règlement des petits litiges transfrontaliers et d'en réduire les coûts, ne peuvent pas être réalisés de manière suffisante par les États membres et peuvent donc, en raison des dimensions ou des effets du présent règlement, être mieux réalisés au niveau communautaire, la Communauté peut prendre des mesures, conformément au principe de subsidiarité consacré à l'article 5 du traité. Conformément au principe de proportionnalité, tel qu'énoncé audit article, le présent règlement n'excède pas ce qui est nécessaire pour atteindre ces objectifs.

(37) Conformément à l'article 3 du protocole sur la position du Royaume-Uni et de l'Irlande annexé au traité sur l'Union européenne et au traité instituant la Communauté européenne, le Royaume-Uni et l'Irlande ont notifié leur souhait de participer à l'adoption et à l'application du présent règlement.

(38) Conformément aux articles 1er et 2 du protocole sur la position du Danemark annexé au traité sur l'Union européenne et au traité instituant la Communauté européenne, le Danemark ne participe pas à l'adoption du présent règlement et n'est pas lié par celui-ci ni soumis à son application,

*Ont arrêté le présent règlement :*

CHAPITRE PREMIER

## Objet et champ d'application

### Article premier – Objet

Le présent règlement établit une procédure européenne visant à régler les petits litiges, ci-après dénommée « procédure européenne de règlement des petits litiges », en vue de simplifier et d'accélérer le règlement des petits litiges transfrontaliers et d'en réduire les coûts. La procédure européenne de règlement des petits litiges est à la disposition des justiciables parallèlement aux procédures prévues par les législations des États membres.

Le présent règlement supprime par ailleurs les procédures intermédiaires nécessaires pour qu'une décision rendue dans un État membre dans le cadre de la procédure européenne de règlement des petits litiges soit reconnue et exécutée dans un autre État membre.

### Article 2 – Champ d'application

1. Le présent règlement s'applique en matière civile et commerciale dans les litiges transfrontaliers, quelle que soit la nature de la juridiction, lorsque le montant d'une demande ne dépasse pas 2 000 EUR au moment de la réception du formulaire de demande par la juridiction compétente, hors intérêts, frais et débours. Il ne recouvre notamment pas les matières fiscales, douanières ou administratives ni la responsabilité de l'État pour des actes ou des omissions commis dans l'exercice de la puissance publique (« acta jure imperii »).

2. Sont exclus de l'application du présent règlement :

a) l'état et la capacité des personnes physiques ;

b) les régimes matrimoniaux, obligations alimentaires, testaments et successions ;

c) les faillites, concordats et autres procédures analogues ;

d) la sécurité sociale ;

e) l'arbitrage ;
f) le droit du travail ;
g) les baux d'immeubles, exception faite des procédures relatives à des demandes pécuniaires ;
h) les atteintes à la vie privée et aux droits de la personnalité, y compris la diffamation.

3. Dans le présent règlement, on entend par « État membre » tous les États membres, à l'exception du Danemark.

### Article 3 – Litiges transfrontaliers

1. Aux fins du présent règlement, un litige transfrontalier est un litige dans lequel au moins une des parties a son domicile ou sa résidence habituelle dans un État membre autre que l'État membre de la juridiction saisie.
2. Le domicile est déterminé conformément aux articles 59 et 60 du règlement (CE) n° 44/2001.
3. Le moment auquel s'apprécie le caractère transfrontalier d'un litige est celui de la date de réception du formulaire de demande par la juridiction compétente.

CHAPITRE II

## La procédure européenne de règlement des petits litiges

### Article 4 – Engagement de la procédure

1. Le demandeur introduit la procédure européenne de règlement des petits litiges en remplissant le formulaire type A figurant à l'annexe I, et en l'adressant directement à la juridiction compétente par voie postale ou par tout autre moyen de communication, comme la télécopie ou le courrier électronique, admis par l'État membre dans lequel la procédure est engagée. Le formulaire de demande comporte une description des éléments de preuve à l'appui de la demande et est accompagné, le cas échéant, de toute pièce justificative utile.
2. Les États membres informent la Commission des moyens de communication qu'ils acceptent. La Commission met ces informations à la disposition du public.
3. Lorsqu'une demande ne relève pas du champ d'application du présent règlement, la juridiction en informe le demandeur. À moins que le demandeur ne retire sa demande, la juridiction donne suite à celle-ci conformément au droit procédural applicable dans l'État membre où la procédure se déroule.
4. Lorsque la juridiction estime que les informations fournies par le demandeur manquent de clarté, ou sont insuffisantes, ou que le formulaire de demande n'a pas été dûment rempli, et sauf si la demande apparaît manifestement non fondée ou irrecevable, la juridiction met le demandeur en mesure de compléter ou de rectifier le formulaire de demande ou de fournir toutes informations ou pièces complémentaires ou de retirer la demande, dans le délai qu'elle précise. La juridiction utilise à cet effet le formulaire type B figurant à l'annexe II.

Lorsque la demande apparaît manifestement non fondée ou irrecevable, ou lorsque le demandeur ne complète pas ni ne rectifie le formulaire de demande dans le délai indiqué, la demande est rejetée.

5. Les États membres veillent à ce que le formulaire de demande puisse être obtenu auprès de toutes les juridictions devant lesquelles la procédure européenne de règlement des petits litiges peut être engagée.

## Article 5 – Déroulement de la procédure

1. La procédure européenne de règlement des petits litiges est une procédure écrite. La juridiction tient une audience si elle le juge nécessaire ou si l'une des parties le demande. Elle peut rejeter cette demande si elle estime que, compte tenu des particularités de l'espèce, une audience est manifestement inutile pour garantir le déroulement équitable de la procédure. Ce refus est motivé par écrit. Le refus ne peut pas être contesté séparément.

2. Après réception du formulaire de demande dûment rempli, la juridiction complète la partie I du formulaire type de réponse C figurant à l'annexe III.

Une copie du formulaire de demande et, le cas échéant, des pièces justificatives, accompagnée du formulaire de réponse ainsi complété, est signifiée ou notifiée au défendeur conformément à l'article 13. L'expédition de ces pièces doit intervenir dans un délai de quatorze jours à compter de la réception du formulaire de demande dûment rempli.

3. Le défendeur répond dans un délai de trente jours à compter de la date à laquelle les formulaires de demande et de réponse lui ont été signifiés ou notifiés en remplissant la partie II du formulaire type de réponse C, accompagné, le cas échéant, de toutes pièces justificatives utiles, et en le renvoyant à la juridiction, ou par tout autre moyen adapté n'impliquant pas l'utilisation du formulaire de réponse.

4. Dans un délai de quatorze jours à compter de la réception de la réponse du défendeur, la juridiction transmet au demandeur une copie de la réponse accompagnée de toute pièce justificative utile.

5. Si un défendeur estime, dans sa réponse, que le montant d'une demande non pécuniaire dépasse la limite fixée à l'article 2, paragraphe 1, la juridiction décide, dans un délai de trente jours à compter de la transmission de la réponse au demandeur, si la demande relève du champ d'application du présent règlement. Cette décision ne peut être contestée séparément.

6. Toute demande reconventionnelle, qui est présentée au moyen du formulaire type A, et toute pièce justificative éventuelle sont signifiées ou notifiées au demandeur conformément à l'article 13. Ces pièces sont transmises dans un délai de quatorze jours à compter de leur réception.

Le demandeur dispose d'un délai de trente jours pour répondre à toute demande reconventionnelle, à compter de sa signification ou de sa notification.

7. Si la demande reconventionnelle dépasse la limite fixée à l'article 2, paragraphe 1, la demande et la demande reconventionnelle ne relèvent pas de la procédure européenne de règlement des petits litiges mais sont traitées conformément au droit procédural applicable dans l'État membre où la procédure se déroule.

Les articles 2 et 4 et les paragraphes 3, 4 et 5 du présent article s'appliquent, *mutatis mutandis*, aux demandes reconventionnelles.

## Article 6 – Langues

1. Le formulaire de demande, la réponse, toute demande reconventionnelle, toute réponse à une demande reconventionnelle et tout descriptif des pièces justificatives sont présentés dans la ou l'une des langues de la juridiction.

2. Si l'une des autres pièces reçues par la juridiction est rédigée dans une langue autre que la langue de procédure, la juridiction ne peut en demander une traduction que si elle semble nécessaire pour lui permettre de rendre sa décision.

3. Lorsqu'une partie a refusé d'admettre une pièce parce qu'elle n'est pas rédigée :

a) dans la langue officielle de l'État membre requis ou, s'il existe plusieurs langues officielles dans cet État membre, la langue officielle ou l'une des langues officielles du lieu où il doit être procédé à la signification, à la notification, ou à la transmission de la pièce ; ou

b) dans une langue que le destinataire comprend,

la juridiction en informe l'autre partie afin que cette partie fournisse une traduction de la pièce.

### Article 7 – Conclusion de la procédure

1. Dans un délai de trente jours à compter de la réception par la juridiction des réponses du défendeur ou du demandeur dans les délais fixés à l'article 5, paragraphes 3 ou 6, la juridiction rend une décision, ou :

a) demande aux parties de fournir des renseignements complémentaires au sujet de la demande dans un certain délai, qui n'est pas supérieur à trente jours ;

b) obtient des preuves conformément à l'article 9 ; ou

c) convoque les parties à comparaître à une audience, qui doit se tenir dans un délai de trente jours à compter de la convocation.

2. La juridiction rend sa décision dans un délai de trente jours après une audience ou après réception de toutes les informations nécessaires pour statuer. La décision est signifiée ou notifiée aux parties conformément à l'article 13.

3. Si la juridiction n'a pas reçu de réponse de la partie concernée dans les délais fixés à l'article 5, paragraphes 3 ou 6, elle rend une décision sur la demande ou sur la demande reconventionnelle.

### Article 8 – Audience

La juridiction peut tenir une audience par vidéoconférence ou par toute autre technologie de communication si les moyens techniques sont disponibles.

### Article 9 – Obtention des preuves

1. La juridiction détermine les moyens d'obtention des preuves et l'étendue des preuves indispensables à sa décision dans le cadre des règles applicables à l'admissibilité de la preuve. Elle peut admettre l'obtention de preuves par déclarations écrites de témoins, d'experts ou de parties. Elle peut également l'admettre par vidéoconférence ou par toute autre technologie de communication si les moyens techniques sont disponibles.

2. La juridiction ne peut obtenir des preuves par expertise ou témoignage oral que si elles sont nécessaires à sa décision. La juridiction tient compte des coûts lorsqu'elle en décide.

3. La juridiction opte pour le moyen d'obtention des preuves le plus simple et le moins contraignant.

### Article 10 – Représentation des parties

La représentation par un avocat ou un autre professionnel du droit n'est pas obligatoire.

### Article 11 – Assistance des parties

Les États membres veillent à ce que les parties puissent bénéficier d'une aide pratique pour remplir les formulaires.

### Article 12 – Rôle de la juridiction

1. La juridiction n'oblige pas les parties à assortir la demande d'une qualification juridique.

2. En cas de besoin, la juridiction informe les parties sur les questions de procédure.

3. Le cas échéant, la juridiction cherche à amener les parties à un accord amiable.

### Article 13 – Signification ou notification des actes

1. Les actes sont signifiés ou notifiés par service postal avec accusé de réception indiquant la date de réception.

2. Si la signification ou la notification n'est pas possible conformément au paragraphe 1, celle-ci peut se faire par toute autre méthode prévue aux articles 13 et 14 du règlement (CE) n° 805/2004.

### Article 14 – Délais

1. Dans les cas où la juridiction fixe un délai, la partie concernée est informée des conséquences du non-respect de ce délai.

2. Dans des circonstances exceptionnelles, la juridiction peut proroger les délais prévus à l'article 4, paragraphe 4, à l'article 5, paragraphes 3 et 6, et à l'article 7, paragraphe 1, si cela se révèle nécessaire pour préserver les droits des parties.

3. Si, dans des circonstances exceptionnelles, la juridiction se trouve dans l'impossibilité de respecter les délais prévus à l'article 5, paragraphes 2 à 6, et à l'article 7, elle prend les mesures exigées par ces dispositions dès que possible.

### Article 15 – Force exécutoire de la décision

1. La décision est exécutoire nonobstant tout recours éventuel. La constitution d'une sûreté n'est pas obligatoire.

2. L'article 23 s'applique également lorsque la décision doit être exécutée dans l'État membre dans lequel elle a été rendue.

### Article 16 – Frais

La partie qui succombe supporte les frais de la procédure. Toutefois, la juridiction n'accorde pas à la partie qui a eu gain de cause le remboursement des dépens qui n'étaient pas indispensables ou qui étaient disproportionnés au regard du litige.

### Article 17 – Recours

1. Les États membres font savoir à la Commission si leur droit procédural prévoit une voie de recours contre une décision rendue dans le cadre de la procédure européenne de règlement des petits litiges et dans quel délai le recours doit être formé. La Commission met ces informations à la disposition du public.

2. L'article 16 est applicable à tout recours.

### Article 18 – Normes minimales pour le réexamen de la décision

1. Le défendeur peut demander un réexamen de la décision rendue dans le cadre de la procédure européenne de règlement des petits litiges à la juridiction compétente de l'État membre dans lequel la décision a été rendue lorsque :

a) i) le mode de signification ou de notification du formulaire de demande ou de la citation à comparaître à une audience n'est pas assorti de la preuve de la réception par le défendeur en personne, prévue à l'article 14 du règlement (CE) n° 805/2004; et

ii) la signification ou la notification n'a pas été effectuée en temps utile pour lui permettre de préparer sa défense, sans qu'il y ait eu faute de sa part;

ou

b) le défendeur s'est trouvé dans l'impossibilité de contester la demande pour des raisons de force majeure ou par suite de circonstances extraordinaires, sans qu'il y ait eu faute de sa part,

pour autant que, dans un cas comme dans l'autre, il agisse promptement.

2. Si la juridiction refuse le réexamen au motif qu'aucun des motifs visés au paragraphe 1 ne s'applique, la décision reste exécutoire.

Si la juridiction décide que le réexamen est justifié pour l'un des motifs énoncés au paragraphe 1, la décision rendue dans le cadre de la procédure européenne de règlement des petits litiges est nulle et non avenue.

### Article 19 – Droit de la procédure applicable

Sous réserve des dispositions du présent règlement, la procédure européenne de règlement des petits litiges est régie par le droit procédural de l'État membre dans lequel la procédure se déroule.

## CHAPITRE III
## Reconnaissance et exécution dans un autre état membre

### Article 20 – Reconnaissance et exécution

1. Une décision rendue dans un État membre dans le cadre de la procédure européenne de règlement des petits litiges est reconnue et exécutée dans un autre État membre sans qu'une déclaration constatant sa force exécutoire soit nécessaire et sans qu'il soit possible de s'opposer à sa reconnaissance.

2. À la demande d'une des parties, la juridiction délivre, sans frais supplémentaires, le certificat relatif à une décision rendue dans le cadre de la procédure européenne de règlement des petits litiges, au moyen du formulaire type D figurant à l'annexe IV.

### Article 21 – Procédure d'exécution

1. Sans préjudice des dispositions du présent chapitre, les procédures d'exécution sont régies par le droit de l'État membre d'exécution.

Une décision rendue dans le cadre de la procédure européenne de règlement des petits litiges est exécutée dans les mêmes conditions qu'une décision rendue dans l'État membre d'exécution.

2. La partie qui demande l'exécution produit :

a) une copie de la décision, réunissant les conditions nécessaires pour en établir l'authenticité; et

b) une copie du certificat visé à l'article 20, paragraphe 2, et, au besoin, une traduction de celui-ci dans la langue officielle de l'État membre d'exécution ou, si ledit État membre a plusieurs langues officielles, dans la langue officielle ou dans l'une des langues officielles de la procédure judiciaire du lieu où l'exécution est demandée, conformément au droit de cet État membre, ou dans une autre langue que l'État membre d'exécution aura déclaré pouvoir accepter. Chaque État membre peut indiquer la ou les langue(s) officielle(s) des institutions de l'Union européenne, autres que la ou les sienne(s), qu'il peut accepter pour la procédure européenne de règlement des petits litiges. Le contenu du formulaire D, figurant à l'annexe IV, doit être traduit par une personne habilitée à effectuer des traductions dans l'un des États membres.

3. La partie qui demande l'exécution d'une décision rendue dans le cadre de la procédure européenne de règlement des petits litiges dans un autre État membre n'est pas tenue d'avoir :

a) un représentant autorisé ; ou

b) une adresse postale

dans l'État membre d'exécution, en dehors des agents compétents pour la procédure d'exécution.

4. Aucune garantie, ni aucune caution ni aucun dépôt, sous quelque dénomination que ce soit, ne peut être exigé, en raison soit de la qualité de ressortissant étranger, soit du défaut de domicile ou de résidence dans l'État membre d'exécution, de la partie qui demande l'exécution dans un État membre d'une décision rendue dans le cadre de la procédure européenne de règlement des petits litiges dans un autre État membre.

### Article 22 – Refus d'exécution

1. Sur demande de la personne à l'encontre de laquelle l'exécution est demandée, la juridiction compétente dans l'État membre d'exécution refuse l'exécution d'une décision rendue dans le cadre de la procédure européenne de règlement des petits litiges qui est incompatible avec une décision rendue antérieurement dans tout État membre ou dans un pays tiers, lorsque :

a) la décision antérieure a été rendue entre les mêmes parties dans un litige ayant la même cause ;

b) la décision antérieure a été rendue dans l'État membre d'exécution ou réunit les conditions nécessaires à sa reconnaissance dans l'État membre d'exécution ; et que

c) l'incompatibilité des décisions n'a pas été et n'aurait pas pu être invoquée au cours de la procédure judiciaire dans l'État membre dans lequel la décision dans le cadre de la procédure européenne de règlement des petits litiges a été rendue.

2. La décision rendue dans le cadre de la procédure européenne de règlement des petits litiges ne peut en aucun cas faire l'objet d'un réexamen au fond dans l'État membre d'exécution.

### Article 23 – Suspension ou limitation de l'exécution

Lorsqu'une partie a formé un recours à l'encontre d'une décision rendue dans le cadre de la procédure européenne de règlement des petits litiges, ou lorsqu'un tel recours est encore possible, ou lorsqu'une partie a demandé le réexamen au sens de l'article 18, la juridiction ou l'autorité compétente dans l'État membre d'exécution peut, à la demande de la partie à l'encontre de laquelle l'exécution a été demandée :

a) limiter la procédure d'exécution à des mesures conservatoires ;

b) subordonner l'exécution à la constitution d'une sûreté qu'elle détermine ; ou

c) dans des circonstances exceptionnelles, suspendre la procédure d'exécution.

## CHAPITRE IV
## Dispositions finales

### Article 24 – Information

Les États membres collaborent pour faire en sorte que le grand public et les professionnels soient informés de la procédure européenne de règlement des petits litiges, y compris des frais y afférents, notamment par l'intermédiaire du réseau judiciaire européen en matière civile et commerciale créé conformément à la décision 2001/470/CE.

### Article 25 – Informations relatives à la compétence, aux moyens de communication et aux recours

1. Le 1er janvier 2008 au plus tard, les États membres communiquent à la Commission :

a) quelles sont les juridictions compétentes pour rendre une décision dans le cadre de la procédure européenne de règlement des petits litiges;

b) quels sont les moyens de communication acceptés aux fins de la procédure européenne de règlement des petits litiges et dont les juridictions disposent conformément à l'article 4, paragraphe 1;

c) s'il est possible d'exercer un recours dans le cadre de leur droit procédural conformément à l'article 17 et auprès de quelle juridiction il peut être formé;

d) quelles sont les langues acceptées en vertu de l'article 21, paragraphe 2, point b); et

e) quelles sont les autorités compétentes en ce qui concerne l'exécution et quelles sont les autorités compétentes aux fins de l'application de l'article 23.

Les États membres communiquent à la Commission toute modification ultérieure de ces informations.

2. La Commission met les informations notifiées à la disposition du public, conformément au paragraphe 1, par voie de publication au *Journal officiel* de l'Union européenne et par tout autre moyen approprié.

### Article 26 – Mesures d'exécution

Les mesures visant à modifier des éléments non essentiels du présent règlement, notamment en le complétant, concernant la mise à jour ou la modification technique des formulaires figurant aux annexes, sont arrêtées conformément à la procédure de réglementation avec contrôle visée à l'article 27, paragraphe 2.

### Article 27 – Comité

1. La Commission est assistée par un comité.

2. Dans le cas où il est fait référence au présent paragraphe, l'article 5 *bis*, paragraphes 1 à 4, et l'article 7 de la décision 1999/468/CE s'appliquent, dans le respect des dispositions de l'article 8 de celle-ci.

### Article 28 – Réexamen

Le 1er janvier 2014 au plus tard, la Commission présente au Parlement européen, au Conseil et au Comité économique et social européen un rapport détaillé réexaminant l'application de la procédure européenne de règlement des petits litiges, y compris concernant la limite du montant du litige visée à l'article 2, paragraphe 1. Ce rapport comporte une évaluation de l'application de la procédure et une étude d'impact élargie pour chaque État membre.

À cette fin et afin de veiller à ce que les meilleures pratiques au sein de l'Union européenne soient dûment prises en compte et soient conformes aux principes de l'amélioration de la législation, les États membres donnent à la Commission des informations sur l'application transfrontalière de la procédure européenne de règlement des petits litiges. Ces informations portent sur les frais de justice, la rapidité de la procédure, l'efficacité, la facilité d'utilisation et les procédures internes des États membres de règlement des petits litiges.

Le rapport de la Commission est accompagné, le cas échéant, de propositions d'adaptation.

### Article 29 – Entrée en vigueur

Le présent règlement entre en vigueur le jour suivant celui de sa publication au *Journal officiel* de l'Union européenne.

Il est applicable à partir du 1er janvier 2009, à l'exception de l'article 25, qui est applicable à partir du 1er janvier 2008.

Le présent règlement est obligatoire dans tous ses éléments et directement applicable dans les États membres conformément au traité instituant la Communauté européenne.

Références

[1] *JO* C 88 du 11 avr. 2006, p. 61.

[2] Avis du Parlement européen du 14 décembre 2006 (non encore paru au *Journal officiel*) et décision du Conseil du 13 juin 2007.

[3] *JO* L 160 du 30 juin 2000, p. 37.

[4] *JO* L 12 du 16 janv. 2001, p. 1. Règlement modifié par le règlement (CE) n° 1791/2006 (*JO* L 363 du 20 déc. 2006, p. 1).

[5] *JO* L 174 du 27 juin 2001, p. 25.

[6] *JO* L 143 du 30 avr. 2004, p. 15. Règlement modifié par le règlement (CE) n° 1869/2005 de la Commission (*JO* L 300 du 17 nov. 2005, p. 6).

[7] *JO* L 399 du 30 déc. 2006, p. 1.

[8] *JO* C 12 du 15 janv. 2001, p. 1.

[9] *JO* C 53 du 3 mars 2005, p. 1.

[10] *JO* L 124 du 8 juin 1971, p. 1.

[11] *JO* L 184 du 17 juill. 1999, p. 23. Décision modifiée par la décision 2006/512/CE (*JO* L 200 du 22 juill. 2006, p. 11).

# 156 Règlement (CE) n° 1393/2007 du Parlement européen et du Conseil du 13 novembre 2007, dit « signification ou notification des actes » relatif à la signification et à la notification dans les États membres des actes judiciaires et extrajudiciaires en matière civile ou commerciale, et abrogeant le règlement (CE) n° 1348/2000 du Conseil

Applicable depuis le 13 novembre 2008

*Le Parlement européen et le Conseil de l'Union européenne,*

Vu le traité instituant la Communauté européenne, et notamment son article 61, point c), et son article 67, paragraphe 5, second tiret,

Vu la proposition de la Commission,

Vu l'avis du Comité économique et social européen [1],

Statuant conformément à la procédure visée à l'article 251 du traité [2],

Considérant ce qui suit :

(1) L'Union s'est fixé pour objectif de maintenir et de développer un espace de liberté, de sécurité et de justice au sein duquel est assurée la libre circulation des personnes. Pour mettre progressivement en place un tel espace, la Communauté adopte, entre autres, les mesures dans le domaine de la coopération judiciaire en matière civile nécessaires au bon fonctionnement du marché intérieur.

(2) Le bon fonctionnement du marché intérieur exige d'améliorer et d'accélérer la transmission entre les États membres des actes judiciaires et extrajudiciaires en matière civile ou commerciale aux fins de signification ou de notification.

(3) Le Conseil, par un acte du 26 mai 1997 [3], a établi une convention relative à la signification et à la notification dans les États membres de l'Union européenne des actes judiciaires et extrajudiciaires en matière civile ou commerciale et en a recommandé l'adoption par les États membres selon leurs règles constitutionnelles respectives. Cette convention n'est pas entrée en vigueur. Il y a lieu d'assurer la continuité des résultats obtenus dans le cadre de la conclusion de la convention.

(4) Le 29 mai 2000, le Conseil a adopté le règlement (CE) n° 1348/2000 relatif à la signification et à la notification dans les États membres des actes judiciaires et extrajudiciaires en matière civile et commerciale [4]. Ledit règlement se fonde, pour l'essentiel, sur la convention.

(5) Le 1er octobre 2004, la Commission a adopté un rapport sur l'application du règlement (CE) n° 1348/2000. Ce rapport conclut que, depuis son entrée en vigueur en 2001, l'application du règlement (CE) n° 1348/2000 a, d'une manière générale, amélioré et accéléré la transmission et la signification ou la notification des actes entre les États membres, mais que, néanmoins, l'application de certaines dispositions dudit règlement n'est pas totalement satisfaisante.

(6) L'efficacité et la rapidité des procédures judiciaires en matière civile impliquent que la transmission des actes judiciaires et extrajudiciaires soit effectuée directement et par des moyens rapides entre les entités locales désignées par les États membres. Les États membres peuvent indiquer leur intention de ne désigner qu'une

entité d'origine ou une entité requise ou une seule entité chargée des deux fonctions pendant cinq ans. Ce mandat est cependant renouvelable tous les cinq ans.

(7) La rapidité de la transmission justifie l'utilisation de tout moyen approprié, pour autant que soient respectées certaines conditions quant à la lisibilité et à la fidélité du document reçu. La sécurité de la transmission exige que l'acte à transmettre soit accompagné d'un formulaire type devant être rempli dans la langue officielle ou l'une des langues officielles du lieu où la signification ou la notification doit être effectuée ou dans une autre langue acceptée par l'État membre concerné.

(8) Le présent règlement ne devrait pas s'appliquer à la signification et à la notification d'un acte au représentant mandaté d'une partie dans l'État membre où l'instance a lieu, quel que soit le lieu de résidence de cette partie.

(9) La signification ou la notification d'un acte devraient être effectuées dans les meilleurs délais, et, en tout état de cause, dans un délai d'un mois à compter de la réception par l'entité requise.

(10) Afin d'assurer l'efficacité du règlement, la possibilité de refuser la signification ou la notification des actes devrait être limitée à des situations exceptionnelles.

(11) Afin de faciliter la transmission et la signification ou la notification des actes entre États membres, les formulaires types figurant aux annexes du présent règlement devraient être utilisés.

(12) L'entité requise devrait informer le destinataire par écrit, au moyen du formulaire type, qu'il peut refuser de recevoir l'acte à signifier ou à notifier, soit au moment de la signification ou de la notification, soit en retournant l'acte à l'entité requise dans un délai d'une semaine, s'il n'est pas rédigé dans une langue que le destinataire comprend ou dans la langue officielle ou l'une des langues officielles du lieu de la signification ou de la notification. Cette règle devrait également s'appliquer aux significations et notifications ultérieures, après que le destinataire a exercé son droit de refus. Ces règles relatives au refus devraient également s'appliquer à la signification ou à la notification effectuée par l'intermédiaire des agents diplomatiques ou consulaires, ou des services postaux, ou effectuée directement. Il convient de prévoir la possibilité de remédier à une situation de refus de recevoir un acte en signifiant ou en notifiant au destinataire une traduction de l'acte.

(13) La rapidité de la transmission justifie que la signification ou la notification de l'acte ait lieu dans les jours qui suivent la réception de l'acte. Toutefois, si au bout d'un mois la signification ou la notification n'a pas pu avoir lieu, il importe que l'entité requise en informe l'entité d'origine. L'expiration de ce délai ne devrait pas impliquer que la demande soit retournée à l'entité d'origine, lorsqu'il apparaît que la signification ou la notification est possible dans un délai raisonnable.

(14) L'entité requise devrait continuer à prendre toutes les mesures nécessaires pour signifier ou notifier l'acte également dans les cas où la signification ou la notification n'a pu être effectuée dans le délai d'un mois, par exemple parce que le défendeur était absent de son domicile pour cause de vacances ou de son lieu de travail pour affaires. Cependant, afin d'éviter que l'entité requise ne soit tenue, sans limite dans le temps, de prendre les mesures nécessaires pour signifier ou notifier un acte, l'entité d'origine devrait être à même d'indiquer sur le formulaire type le délai au-delà duquel la signification ou notification n'est plus requise.

(15) Compte tenu des différences existant entre les États membres quant à leurs règles de procédure, la date prise en compte aux fins de la signification ou de la notification varie d'un État membre à l'autre. Dans ces conditions, et compte tenu des difficultés qui pourraient surgir, il convient que le présent règlement prévoie que

c'est la législation de l'État membre requis qui détermine la date de signification ou de notification. Toutefois, lorsque, conformément à la législation d'un État membre, un acte doit être signifié ou notifié dans un délai déterminé, la date à prendre en considération à l'égard du requérant devrait être celle fixée par la législation de cet État membre. Ce système de double date ne n'existe que dans un nombre restreint d'États membres. Les États membres qui appliquent ce système devraient en informer la Commission, qui devrait publier cette information au *Journal officiel* de l'Union européenne et la rendre disponible au sein du réseau judiciaire européen en matière civile et commerciale, établi par la décision 2001/470/CE du Conseil [5].

(16) Afin de faciliter l'accès à la justice, les frais occasionnés par l'intervention d'un officier ministériel ou d'une personne compétente selon la loi de l'État membre requis devraient correspondre à un droit forfaitaire unique dont le montant est fixé à l'avance par cet État membre et qui respecte les principes de proportionnalité et de non-discrimination. L'exigence d'un droit forfaitaire unique ne devrait cependant pas priver les États membres de la faculté de prévoir des droits différents pour différents types de notification ou de signification, à condition de respecter ces principes.

(17) Tout État membre devrait avoir la faculté de procéder directement par l'intermédiaire des services postaux, par lettre recommandée avec accusé de réception ou envoi équivalent, à la signification ou à la notification des actes aux personnes résidant dans un autre État membre.

(18) Toute personne intéressée à une instance judiciaire devrait avoir la possibilité de faire procéder à la signification ou à la notification d'actes directement par les soins des officiers ministériels, fonctionnaires ou autres personnes compétentes de l'État membre requis, lorsque cette notification ou signification directe est autorisée par la loi de cet État membre.

(19) Il convient que la Commission élabore un manuel reprenant les informations utiles pour la bonne application du présent règlement, manuel qui devrait être mis à disposition au sein du réseau judiciaire européen en matière civile et commerciale. La Commission et les États membres devraient mettre tout en œuvre pour faire en sorte que ces informations soient actuelles et complètes, notamment en ce qui concerne les coordonnées des entités requises et des entités d'origine.

(20) Pour le calcul des périodes et délais prévus par le présent règlement, le règlement (CEE, Euratom) n° 1182/71 du Conseil du 3 juin 1971 portant détermination des règles applicables aux délais, aux dates et aux termes [6] devrait s'appliquer.

(21) Il y a lieu d'arrêter les mesures nécessaires à la mise en œuvre du présent règlement en conformité avec la décision 1999/468/CE du Conseil du 28 juin 1999 fixant les modalités de l'exercice des compétences d'exécution conférées à la Commission [7].

(22) Il convient en particulier d'habiliter la Commission à mettre à jour les formulaires types figurant aux annexes ou à y apporter des modifications techniques. Ces mesures ayant une portée générale et ayant pour objet de modifier ou de supprimer des éléments non essentiels du présent règlement, elles doivent être arrêtées selon la procédure de réglementation avec contrôle prévue à l'article 5 *bis* de la décision 1999/468/CE.

(23) Le présent règlement prévaut, dans les rapports entre les États membres qui y sont parties, sur les dispositions contenues dans des accords ou arrangements bilatéraux ou multilatéraux ayant le même champ d'application, conclus par les États membres, notamment le protocole annexé à la convention de Bruxelles du

27 septembre 1968 [8] et la convention de La Haye du 15 novembre 1965 [9]. Il ne fait pas obstacle au maintien ou à la conclusion par les États membres d'accords ou d'arrangements visant à accélérer ou à simplifier la transmission des actes, pour autant qu'ils soient compatibles avec le présent règlement.

(24) Il importe que les données transmises en vertu du présent règlement bénéficient d'un régime de protection approprié. La matière relève du champ d'application de la directive 95/46/CE du Parlement européen et du Conseil du 24 octobre 1995 relative à la protection des personnes physiques à l'égard du traitement des données à caractère personnel et à la libre circulation de ces données [10], et de la directive 2002/58/CE du Parlement européen et du Conseil du 12 juillet 2002 concernant le traitement des données à caractère personnel et la protection de la vie privée dans le secteur des télécommunications (directive vie privée et communications électroniques) [11].

(25) Au plus tard le 1er juin 2011, et ensuite tous les cinq ans, la Commission devrait examiner l'application du présent règlement en vue de proposer, le cas échéant, les modifications nécessaires.

(26) Étant donné que les objectifs du présent règlement ne peuvent pas être réalisés de manière suffisante par les États membres et peuvent donc, en raison de la dimension et des effets de l'action, être mieux réalisés au niveau communautaire, la Communauté peut prendre des mesures, conformément au principe de subsidiarité consacré à l'article 5 du traité. Conformément au principe de proportionnalité tel qu'énoncé audit article, le présent règlement n'excède pas ce qui est nécessaire pour atteindre ces objectifs.

(27) Pour rendre les dispositions applicables plus aisément accessibles et plus lisibles, le règlement (CE) nº 1348/2000 devrait être abrogé et remplacé par le présent règlement.

(28) Conformément à l'article 3 du protocole sur la position du Royaume-Uni et de l'Irlande annexé au traité sur l'Union européenne et au traité instituant la Communauté européenne, le Royaume-Uni et l'Irlande participent à l'adoption et à l'application du présent règlement.

(29) Conformément aux articles 1er et 2 du protocole sur la position du Danemark annexé au traité sur l'Union européenne et au traité instituant la Communauté européenne, le Danemark ne participe pas à l'adoption du présent règlement, lequel ne le lie pas et ne lui est pas applicable,

*Ont arrêté le présent règlement :*

CHAPITRE PREMIER

## Dispositions générales

### Article premier – Champ d'application

1. Le présent règlement est applicable en matière civile et commerciale, lorsqu'un acte judiciaire ou extrajudiciaire doit être transmis d'un État membre à un autre pour y être signifié ou notifié. Il ne couvre notamment pas les matières fiscales, douanières ou administratives, ni la responsabilité de l'État pour des actes ou des omissions commis dans l'exercice de la puissance publique (« acta jure imperii »).

2. Le présent règlement ne s'applique pas lorsque l'adresse du destinataire de l'acte n'est pas connue.

3. Aux fins du présent règlement, on entend par « État membre », les États membres, à l'exception du Danemark.

### Article 2 – Entités d'origine et entités requises

1. Chaque État membre désigne les officiers ministériels, autorités ou autres personnes, ci-après dénommés « entités d'origine », compétents pour transmettre les actes judiciaires ou extrajudiciaires aux fins de signification ou de notification dans un autre État membre.

2. Chaque État membre désigne les officiers ministériels, autorités ou autres personnes, ci-après dénommés « entités requises », compétents pour recevoir les actes judiciaires ou extrajudiciaires en provenance d'un autre État membre.

3. Tout État membre peut désigner soit une seule entité d'origine et une seule entité requise, soit une seule entité chargée des deux fonctions. Tout État fédéral, tout État dans lequel plusieurs systèmes juridiques sont en vigueur et tout État ayant des unités territoriales autonomes a la faculté d'en désigner plusieurs. Cette désignation est valable pendant une période de cinq ans et peut être renouvelée tous les cinq ans.

4. Chaque État membre fournit à la Commission les informations suivantes :

a) les noms et adresses des entités requises visées aux paragraphes 2 et 3;

b) l'indication de leur ressort de compétence territoriale;

c) les moyens de réception des actes dont ces entités disposent; et

d) les langues qui peuvent être utilisées pour compléter le formulaire type figurant à l'annexe I.

Les États membres notifient à la Commission toute modification ultérieure de ces informations.

### Article 3 – Entité centrale

Chaque État membre désigne une entité centrale chargée :

a) de fournir des informations aux entités d'origine;

b) de rechercher des solutions aux difficultés qui peuvent se présenter à l'occasion de la transmission des actes aux fins de signification ou de notification;

c) de faire parvenir, dans des cas exceptionnels, à la requête de l'entité d'origine, une demande de signification ou de notification à l'entité requise compétente.

Les États fédéraux, les États dans lesquels plusieurs systèmes juridiques sont en vigueur et les États ayant des unités territoriales autonomes ont la faculté de désigner plusieurs entités centrales.

## CHAPITRE II
## Actes judiciaires

### *Section 1*
### Transmission et signification ou notification des actes judiciaires

### Article 4 – Transmission des actes

1. Les actes judiciaires sont transmis directement et dans les meilleurs délais entre les entités désignées en vertu de l'article 2.

2. La transmission des actes, demandes, confirmations, accusés de réception, attestations et de toute autre pièce entre les entités d'origine et les entités requises peut être effectuée par tout moyen approprié, sous réserve que le contenu de l'acte reçu soit fidèle et conforme à celui de l'acte expédié et que toutes les mentions qu'il comporte soient aisément lisibles.

3. L'acte à transmettre est accompagné d'une demande établie au moyen du formulaire type figurant à l'annexe I. Ce formulaire est complété dans la langue officielle de l'État membre requis ou, s'il existe plusieurs langues officielles dans cet État membre, dans la langue officielle ou l'une des langues officielles du lieu où il doit être procédé à la signification ou à la notification, ou dans toute autre langue dont l'État membre requis aura indiqué qu'il peut l'accepter. Chaque État membre indique la ou les langues officielles des institutions de l'Union européenne, autres que la sienne ou les siennes, dans laquelle ou lesquelles il accepte que le formulaire soit complété.

4. Les actes ainsi que toutes les pièces transmises sont dispensés de légalisation et de toute formalité équivalente.

5. Lorsque l'entité d'origine souhaite que lui soit retourné un exemplaire de l'acte avec l'attestation visée à l'article 10, elle adresse l'acte à signifier ou à notifier en double exemplaire.

## Article 5 – Traduction de l'acte

1. Le requérant est avisé par l'entité d'origine à laquelle il remet l'acte aux fins de transmission que le destinataire peut refuser de l'accepter s'il n'est pas établi dans l'une des langues indiquées à l'article 8.

2. Le requérant prend en charge les éventuels frais de traduction préalables à la transmission de l'acte, sans préjudice d'une éventuelle décision ultérieure de la juridiction ou de l'autorité compétente sur la prise en charge de ces frais.

## Article 6 – Réception de l'acte par l'entité requise

1. À la réception de l'acte, l'entité requise adresse par les moyens de transmission les plus rapides un accusé de réception à l'entité d'origine, dans les meilleurs délais et, en tout état de cause, dans les sept jours qui suivent cette réception en utilisant le formulaire type figurant à l'annexe I.

2. Si la demande de signification ou de notification ne peut aboutir en l'état des informations ou des pièces transmises, l'entité requise se met en relation, par les moyens les plus rapides, avec l'entité d'origine afin d'obtenir les informations ou les pièces qui font défaut.

3. Si la demande de signification ou de notification ne rentre manifestement pas dans le champ d'application du présent règlement ou si le non-respect des conditions de forme imposées rend impossible la signification ou la notification, la demande et les actes transmis sont retournés, dès leur réception, à l'entité d'origine, accompagnés de l'avis de retour dont le formulaire type figure à l'annexe I.

4. L'entité requise qui reçoit un acte pour la signification ou la notification duquel elle n'est pas territorialement compétente transmet cet acte, ainsi que la demande, à l'entité requise territorialement compétente du même État membre si la demande remplit les conditions prévues à l'article 4, paragraphe 3, et elle en informe l'entité d'origine au moyen du formulaire type figurant à l'annexe I. L'entité requise territorialement compétente avise l'entité d'origine de la réception de l'acte selon les modalités prévues au paragraphe 1.

### Article 7 – Signification ou notification des actes

1. L'entité requise procède ou fait procéder à la signification ou à la notification de l'acte soit conformément à la législation de l'État membre requis, soit selon le mode particulier demandé par l'entité d'origine, sauf si ce mode est incompatible avec la loi de cet État membre.

2. L'entité requise prend toutes les mesures nécessaires pour assurer la signification ou la notification de l'acte dans les meilleurs délais et, en tout état de cause, dans un délai d'un mois à compter de la réception. S'il n'a pas été possible de procéder à la signification ou à la notification dans un délai d'un mois à compter de la réception, l'entité requise :

a) en informe immédiatement l'entité d'origine au moyen de l'attestation dont le formulaire type figure à l'annexe I, qui doit être établie conformément aux conditions visées à l'article 10, paragraphe 2; et

b) continue à prendre toutes les mesures nécessaires pour assurer la signification ou la notification de l'acte, sauf indication contraire de l'entité d'origine, lorsque la signification ou la notification semble possible dans un délai raisonnable.

### Article 8 – Refus de réception de l'acte

1. L'entité requise informe le destinataire, au moyen du formulaire type figurant à l'annexe II, qu'il peut refuser de recevoir l'acte à signifier ou à notifier, au moment de la signification ou de la notification ou en retournant l'acte à l'entité requise dans un délai d'une semaine, si celui-ci n'est pas rédigé ou accompagné d'une traduction dans l'une des langues suivantes :

a) une langue comprise du destinataire ou

b) la langue officielle de l'État membre requis ou, s'il existe plusieurs langues officielles dans cet État membre, la langue officielle ou l'une des langues officielles du lieu où il doit être procédé à la signification ou à la notification.

2. Si l'entité requise est informée que le destinataire refuse de recevoir l'acte conformément au paragraphe 1, elle en informe immédiatement l'entité d'origine au moyen de l'attestation prévue à l'article 10 et lui retourne la demande ainsi que les actes dont la traduction est demandée.

3. Si le destinataire a refusé de recevoir l'acte en vertu du paragraphe 1, il est possible de remédier à la situation qui en résulte en signifiant ou en notifiant au destinataire, conformément aux dispositions du présent règlement, l'acte accompagné d'une traduction dans l'une des langues visées au paragraphe 1. Dans ce cas, la date de signification ou de notification de l'acte est celle à laquelle l'acte accompagné de la traduction a été signifié ou notifié conformément à la législation de l'État membre requis. Toutefois, lorsque, conformément à la législation d'un État membre, un acte doit être signifié ou notifié dans un délai déterminé, la date à prendre en considération à l'égard du requérant est celle de la signification ou de la notification de l'acte initial, fixée conformément à l'article 9, paragraphe 2.

4. Les paragraphes 1, 2 et 3 s'appliquent également aux modes de transmission et de signification ou de notification d'actes judiciaires prévus à la section 2.

5. Aux fins du paragraphe 1, les agents diplomatiques ou consulaires, lorsque la signification ou la notification est effectuée conformément à l'article 13, ou l'autorité ou la personne, lorsque la signification ou la notification est effectuée conformément à l'article 14, informent le destinataire qu'il peut refuser de recevoir l'acte et que tout acte refusé doit être envoyé à ces agents ou à cette autorité ou personne, selon le cas.

### Article 9 – Date de la signification ou de la notification

1. Sans préjudice de l'article 8, la date de la signification ou de la notification d'un acte effectuée en application de l'article 7 est celle à laquelle l'acte a été signifié ou notifié conformément à la législation de l'État membre requis.

2. Toutefois, lorsque, conformément à la législation d'un État membre, un acte doit être signifié ou notifié dans un délai déterminé, la date à prendre en considération à l'égard du requérant est celle fixée par la législation de cet État membre.

3. Les paragraphes 1 et 2 s'appliquent également aux modes de transmission et de signification ou de notification d'actes judiciaires prévus à la section 2.

### Article 10 – Attestation de signification ou de notification et copie de l'acte signifié ou notifié

1. Lorsque les formalités relatives à la signification ou à la notification de l'acte ont été accomplies, une attestation le confirmant est établie au moyen du formulaire type figurant à l'annexe I et elle est adressée à l'entité d'origine, avec une copie de l'acte signifié ou notifié lorsqu'il a été fait application de l'article 4, paragraphe 5.

2. L'attestation est complétée dans la langue officielle ou l'une des langues officielles de l'État membre d'origine ou dans une autre langue que l'État membre d'origine aura indiqué qu'il peut l'accepter. Chaque État membre indique la ou les langues officielles des institutions de l'Union européenne, autres que la sienne ou les siennes, dans laquelle ou lesquelles il accepte que le formulaire soit complété.

### Article 11 – Frais de signification ou de notification

1. Les significations ou notifications d'actes judiciaires en provenance d'un autre État membre ne peuvent donner lieu au paiement ou au remboursement de taxes ou de frais pour les services rendus par l'État membre requis.

2. Toutefois, le requérant est tenu de payer ou de rembourser les frais occasionnés par :

a) l'intervention d'un officier ministériel ou d'une personne compétente selon la loi de l'État membre requis;

b) le recours à un mode particulier de signification ou de notification.

Les frais occasionnés par l'intervention d'un officier ministériel ou d'une personne compétente selon la loi de l'État membre requis correspondent à un droit forfaitaire unique dont le montant est fixé à l'avance par cet État membre et qui respecte les principes de proportionnalité et de non-discrimination. Les États membres communiquent le montant de ce droit forfaitaire à la Commission.

## *Section 2*
## Autres moyens de transmission et de signification ou de notification des actes judiciaires

### Article 12 – Transmission par voie consulaire ou diplomatique

Tout État membre a la faculté, en cas de circonstances exceptionnelles, d'utiliser la voie consulaire ou diplomatique pour transmettre, aux fins de signification ou de notification, des actes judiciaires aux entités d'un autre État membre désignées en application de l'article 2 ou de l'article 3.

### Article 13 – Signification ou notification par les agents diplomatiques ou consulaires

1. Tout État membre a la faculté de faire procéder directement et sans contrainte par les soins de ses agents diplomatiques ou consulaires à la signification ou à la notification d'actes judiciaires aux personnes résidant sur le territoire d'un autre État membre.

2. Tout État membre peut faire savoir, conformément à l'article 23, paragraphe 1, qu'il est opposé à l'usage de cette faculté sur son territoire, sauf pour les actes devant être signifiés ou notifiés à des ressortissants de l'État membre d'origine.

### Article 14 – Signification ou notification par l'intermédiaire des services postaux

Tout État membre a la faculté de procéder directement par l'intermédiaire des services postaux, par lettre recommandée avec accusé de réception ou envoi équivalent, à la signification ou à la notification des actes judiciaires aux personnes résidant dans un autre État membre.

### Article 15 – Signification ou notification directe

Toute personne intéressée à une instance judiciaire peut faire procéder à la signification ou à la notification d'actes judiciaires directement par les soins des officiers ministériels, fonctionnaires ou autres personnes compétentes de l'État membre requis, lorsqu'une telle signification ou notification directe est autorisée par la loi de cet État membre.

CHAPITRE III

## Actes extrajudiciaires

### Article 16 – Transmission

Les actes extrajudiciaires peuvent être transmis aux fins de signification ou de notification dans un autre État membre conformément aux dispositions du présent règlement.

CHAPITRE IV

## Dispositions finales

### Article 17 – Modalités d'application

Les mesures visant à modifier des éléments non essentiels du présent règlement et concernant la mise à jour ou la modification technique des formulaires types figurant aux annexes I et II sont arrêtées en conformité avec la procédure de réglementation avec contrôle visée à l'article 18, paragraphe 2.

### Article 18 – Comité

1. La Commission est assistée par un comité.

2. Dans le cas où il est fait référence au présent paragraphe, l'article 5 *bis*, paragraphes 1 à 4, et l'article 7 de la décision 1999/468/CE s'appliquent, dans le respect des dispositions de l'article 8 de celle-ci.

### Article 19 – Défendeur non comparant

1. Lorsqu'un acte introductif d'instance ou un acte équivalent a dû être transmis dans un autre État membre aux fins de signification ou de notification, selon les dispositions du présent règlement, et que le défendeur ne comparaît pas, le juge est tenu de surseoir à statuer aussi longtemps qu'il n'est pas établi :

a) ou bien que l'acte a été signifié ou notifié selon un mode prescrit par la loi de l'État membre requis pour la signification ou la notification des actes dressés dans ce pays et qui sont destinés aux personnes se trouvant sur son territoire;

b) ou bien que l'acte a été effectivement remis au défendeur ou à sa résidence selon un autre mode prévu par le présent règlement;

et que, dans chacune de ces éventualités, soit la signification ou la notification, soit la remise a eu lieu en temps utile pour que le défendeur ait pu se défendre.

2. Chaque État membre peut faire savoir, conformément à l'article 23, paragraphe 1, que ses juges, nonobstant les dispositions du paragraphe 1, peuvent statuer si toutes les conditions ci-après sont réunies, même si aucune attestation constatant soit la signification ou la notification, soit la remise n'a été reçue :

a) l'acte a été transmis selon un des modes prévus par le présent règlement;

b) un délai, que le juge appréciera dans chaque cas particulier et qui sera d'au moins six mois, s'est écoulé depuis la date d'envoi de l'acte;

c) aucune attestation n'a pu être obtenue nonobstant toutes les démarches effectuées auprès des autorités ou entités compétentes de l'État membre requis.

3. Les paragraphes 1 et 2 ne font pas obstacle à ce que, en cas d'urgence, le juge ordonne toute mesure provisoire ou conservatoire.

4. Lorsqu'un acte introductif d'instance ou un acte équivalent a dû être transmis dans un autre État membre aux fins de signification ou de notification, selon les dispositions du présent règlement, et qu'une décision a été rendue contre un défendeur qui n'a pas comparu, le juge a la faculté de relever le défendeur de la forclusion résultant de l'expiration des délais de recours, si les conditions ci-après sont réunies :

a) le défendeur, sans qu'il y ait eu faute de sa part, n'a pas eu connaissance dudit acte en temps utile pour se défendre, ou connaissance de la décision en temps utile pour exercer un recours; et

b) les moyens du défendeur n'apparaissent pas dénués de tout fondement.

La demande tendant au relevé de la forclusion doit être formée dans un délai raisonnable à partir du moment où le défendeur a eu connaissance de la décision.

Chaque État membre a la faculté de préciser, conformément à l'article 23, paragraphe 1, que cette demande est irrecevable si elle n'est pas formée dans un délai qu'il indiquera dans sa communication, ce délai ne pouvant toutefois être inférieur à un an à compter du prononcé de la décision.

5. Le paragraphe 4 ne s'applique pas aux décisions concernant l'état ou la capacité des personnes.

### Article 20 – Relation avec des accords ou arrangements auxquels les États membres sont parties

1. Pour la matière couverte par son champ d'application, le présent règlement prévaut sur les dispositions contenues dans des accords ou arrangements bilatéraux ou multilatéraux conclus par les États membres, notamment l'article IV du proto-

cole annexé à la convention de Bruxelles de 1968 et la convention de La Haye du 15 novembre 1965.

2. Le présent règlement ne fait pas obstacle au maintien ou à la conclusion par les États membres d'accords ou d'arrangements visant à accélérer ou à simplifier la transmission des actes, pour autant qu'ils soient compatibles avec le présent règlement.

3. Les États membres transmettent à la Commission :

a) une copie des accords ou arrangements, visés au paragraphe 2, conclus entre les États membres ainsi que les projets d'accords ou arrangements qu'ils entendent conclure ; et

b) toute dénonciation ou modification de ces accords ou arrangements.

### Article 21 – Assistance judiciaire

Le présent règlement ne porte pas atteinte à l'application, dans les relations entre les États membres parties à ces conventions, de l'article 23 de la convention du 17 juillet 1905 relative à la procédure civile, de l'article 24 de la convention du 1er mars 1954 relative à la procédure civile ni de l'article 13 de la convention du 25 octobre 1980 tendant à faciliter l'accès international à la justice.

### Article 22 – Protection des informations transmises

1. Les informations, notamment les données à caractère personnel, transmises dans le cadre de l'application du présent règlement ne peuvent être utilisées par les entités requises qu'aux fins pour lesquelles elles ont été transmises.

2. Les entités requises assurent la confidentialité de ces informations, conformément à leur législation nationale.

3. Les paragraphes 1 et 2 n'affectent pas les dispositions nationales permettant aux personnes concernées d'être informées de l'usage qui a été fait des informations transmises en application du présent règlement.

4. Le présent règlement ne préjuge pas l'application des directives 95/46/CE et 2002/58/CE.

### Article 23 – Communication et publication

1. Les États membres communiquent à la Commission les informations visées aux articles 2, 3, 4, 10, 11, 13, 15 et 19. Les États membres font savoir à la Commission si, conformément à leur législation, un document doit être signifié ou notifié dans un délai déterminé comme indiqué à l'article 8, paragraphe 3, et à l'article 9, paragraphe 2.

2. La Commission publie, au *Journal officiel* de l'Union européenne, les informations communiquées conformément au paragraphe 1, à l'exception des adresses et autres coordonnées des entités d'origine et requises et des entités centrales ainsi que de leurs ressorts de compétence territoriale.

3. La Commission établit et met régulièrement à jour un manuel, contenant les informations visées au paragraphe 1, également disponible sous forme électronique, notamment au sein du réseau judiciaire européen en matière civile et commerciale.

### Article 24 – Réexamen

Au plus tard le 1er juin 2011, et ensuite tous les cinq ans, la Commission présente au Parlement européen, au Conseil et au Comité économique et social européen un rapport relatif à l'application du présent règlement, portant spécialement sur l'efficacité des entités désignées en application de l'article 2 ainsi que sur l'application pratique de l'article 3, point c), et de l'article 9. Ce rapport est accompagné, le cas échéant, de propositions visant à adapter le présent règlement à l'évolution des systèmes de notification.

### Article 25 – Abrogation

1. Le règlement (CE) n° 1348/2000 est abrogé à partir de la date d'application du présent règlement.

2. Les références faites au règlement abrogé s'entendent comme faites au présent règlement et sont à lire selon le tableau de correspondance figurant à l'annexe III.

### Article 26 – Entrée en vigueur

Le présent règlement entre en vigueur le vingtième jour suivant celui de sa publication au *Journal officiel* de l'Union européenne.

Il est applicable à partir du 13 novembre 2008, à l'exception de l'article 23 qui est applicable à partir du 13 août 2008.

Le présent règlement est obligatoire dans tous ses éléments et directement applicable dans les États membres conformément au traité instituant la Communauté européenne.

Références

[1] *JO* C 88 du 11 avr. 2006, p. 7.

[2] Avis du Parlement européen du 4 juillet 2006 (*JO* C 303 E du 13 déc. 2006, p. 69), position commune du Conseil du 28 juin 2007 (*JO* C 193 E du 21 août 2007, p. 13) et position du Parlement européen du 24 octobre 2007.

[3] *JO* C 261 du 27 août 1997, p. 1. Le même jour que celui où la convention a été établie, le Conseil a pris acte du rapport explicatif relatif à la convention, lequel figure à la page 26 du *Journal officiel* précité.

[4] *JO* L 160 du 30 juin 2000, p. 37.

[5] *JO* L 174 du 27 juin 2001, p. 25.

[6] *JO* L 124 du 8 juin 1971, p. 1.

[7] *JO* L 184 du 17 juill. 1999, p. 23. Décision modifiée par la décision 2006/512/CE (*JO* L 200 du 22 juill. 2006, p. 11).

[8] Convention de Bruxelles du 27 septembre 1968 concernant la compétence judiciaire et l'exécution des décisions en matière civile et commerciale (*JO* L 299 du 31 déc. 1972, p. 32. version consolidée : *JO* C 27 du 26 janv. 1998, p. 1).

[9] Convention de La Haye du 15 novembre 1965 relative à la signification et à la notification à l'étranger des actes judiciaires et extrajudiciaires en matière civile ou commerciale.

[10] *JO* L 281 du 23 nov. 1995, p. 31. Directive modifiée par le règlement (CE) n° 1882/2003 (*JO* L 284 du 31 oct. 2003, p. 1).

[11] *JO* L 201 du 31 juill. 2002, p. 37. Directive modifiée par la directive 2006/24/CE (*JO* L 105 du 13 avr. 2006, p. 54).

# 157 Règlement (UE) n° 954/2011 du Parlement européen et du Conseil du 14 septembre 2011 modifiant le règlement (CE) n° 2006/2004 relatif à la coopération entre les autorités nationales chargées de veiller à l'application de la législation en matière de protection des consommateurs

Applicable depuis le 7 octobre 2011

*Le Parlement européen et le Conseil de l'Union européenne,*

Vu le traité sur le fonctionnement de l'Union européenne, et notamment son article 114,

Vu la proposition de la Commission européenne,

Après transmission du projet d'acte législatif aux parlements nationaux,

Vu l'avis du Comité économique et social européen [1],

Après consultation du Comité des régions,

Statuant conformément à la procédure législative ordinaire [2],

Considérant ce qui suit :

(1) Le règlement (CE) n° 2006/2004 [3] fixe les conditions selon lesquelles les autorités compétentes des États membres désignées comme responsables de l'application des lois protégeant les intérêts des consommateurs doivent coopérer entre elles et avec la Commission afin de garantir le respect de ces lois et le bon fonctionnement du marché intérieur et afin d'améliorer la protection des intérêts économiques des consommateurs.

(2) Aux termes de l'article 3, point a), du règlement (CE) n° 2006/2004, on entend par « lois protégeant les intérêts des consommateurs », les directives telles qu'elles ont été transposées dans l'ordre juridique interne des États membres et les règlements énumérés à l'annexe dudit règlement (ci-après dénommée « ANNEXE »).

(3) Depuis l'entrée en vigueur du règlement (CE) n° 2006/2004, plusieurs actes législatifs énumérés dans l'annexe ont été abrogés et de nouveaux actes ont été adoptés.

(4) La directive 84/450/CEE [4] a été abrogée et remplacée par la directive 2006/114/CE [5]. Il y a donc lieu de retirer de l'annexe la référence à la directive 84/450/CEE et de la remplacer par une référence aux articles spécifiques de la directive 2006/114/CE qui visent à protéger les intérêts des consommateurs.

(5) Alors que la directive 87/102/CEE [6] a été abrogée et remplacée par la directive 2008/48/CE [7], la directive 2008/48/CE ne prévoit pas expressément que les références à la directive 87/102/CEE abrogée doivent s'entendre comme faites à la directive 2008/48/CE. Pour des raisons de sécurité juridique, la référence à la directive 87/102/CEE figurant dans l'annexe devrait donc être remplacée par une référence à la directive 2008/48/CE.

(6) La directive 89/552/CEE [8] a été abrogée et remplacée par la directive 2010/13/UE [9]. En vertu de l'article 34, deuxième alinéa, de la directive 2010/13/UE, les références faites à la directive 89/552/CEE doivent s'entendre comme faites à la directive 2010/13/UE. Toutefois, par souci de clarté, il convient de remplacer la

référence à la directive 89/552/CEE figurant dans l'annexe par une référence aux articles pertinents de la directive 2010/13/UE.

(7) La directive 93/13/CEE [10] n'a pas été modifiée par la décision 2002/995/CE [11]. Il y a donc lieu de supprimer la référence à ladite décision dans l'annexe.

(8) La directive 94/47/CE [12] a été abrogée et remplacée par la directive 2008/122/CE [13]. En vertu de l'article 18, deuxième alinéa, de la directive 2008/122/CE, les références faites à la directive 94/47/CE doivent s'entendre comme faites à la directive 2008/122/CE. Toutefois, par souci de clarté, il convient de remplacer la référence à la directive 94/47/CE figurant dans l'annexe par une référence à la directive 2008/122/CE.

(9) La directive 97/55/CE [14] modifie la directive 84/450/CEE, qui a été abrogée. Il y a donc lieu de supprimer la référence à la directive 97/55/CE dans l'annexe.

(10) Il y a lieu de modifier l'annexe en conséquence.

(11) Il est nécessaire d'évaluer l'efficacité et les mécanismes de fonctionnement du règlement (CE) n° 2006/2004 et d'analyser de façon approfondie l'inclusion éventuelle, dans l'annexe, d'actes législatifs supplémentaires protégeant les intérêts des consommateurs, en vue d'une révision éventuelle dudit règlement visant à doter les autorités nationales chargées de veiller à l'application de la législation de moyens accrus pour déceler, de façon efficace, les infractions qui portent atteinte aux intérêts collectifs des consommateurs dans des situations transfrontalières, enquêter sur ces infractions et veiller à leur suppression ou à leur interdiction. Pour ce faire, la Commission devrait présenter au Parlement européen et au Conseil, dans les meilleurs délais et au plus tard avant la fin de l'année 2014, un rapport accompagné, le cas échéant, d'une proposition législative,

*Ont adopté le présent règlement :*

**Article premier –** Le règlement (CE) n° 2006/2004 est modifié comme suit :

1) L'article suivant est inséré :

**« Article 21 *bis* – Révision**

Au plus tard le 31 décembre 2014, la Commission présente au Parlement européen et au Conseil un rapport qui évalue l'efficacité et les mécanismes de fonctionnement du présent règlement et procède à une analyse approfondie de l'inclusion éventuelle, dans l'annexe, d'actes législatifs supplémentaires qui protègent les intérêts des consommateurs. Ce rapport se fonde sur une évaluation externe et une large consultation de toutes les parties concernées, et est accompagné, le cas échéant, d'une proposition législative. »

2) L'annexe est modifiée conformément à l'annexe du présent règlement.

**Article 2 –** Le présent règlement entre en vigueur le troisième jour suivant celui de sa publication au *Journal officiel* de l'Union européenne.

Le présent règlement est obligatoire dans tous ses éléments et directement applicable dans tout État membre.

Références

[1] *JO* C 218 du 23 juill. 2011, p. 69.

[2] Position du Parlement européen du 5 juillet 2011 (non encore parue au *Journal officiel*) et décision du Conseil du 27 juillet 2011.

[3] Règlement (CE) n° 2006/2004 du Parlement européen et du Conseil du 27 octobre 2004 relatif à la coopération entre les autorités nationales chargées de veiller à l'application de la législation en matière de protection des consommateurs (« Règlement relatif à la coopération en matière de protection des consommateurs ») (*JO* L 364 du 9 déc. 2004, p. 1).

[4] Directive 84/450/CEE du Conseil du 10 septembre 1984 en matière de publicité trompeuse et de publicité comparative (*JO* L 250 du 19 sept. 1984, p. 17).

[5] Directive 2006/114/CE du Parlement européen et du Conseil du 12 décembre 2006 en matière de publicité trompeuse et de publicité comparative (*JO* L 376 du 27 déc. 2006, p. 21).

[6] Directive 87/102/CEE du Conseil du 22 décembre 1986 relative au rapprochement des dispositions législatives, réglementaires et administratives des États membres en matière de crédit à la consommation (*JO* L 42 du 12 févr. 1987, p. 48).

[7] Directive 2008/48/CE du Parlement européen et du Conseil du 23 avril 2008 concernant les contrats de crédit aux consommateurs et abrogeant la directive 87/102/CEE du Conseil (*JO* L 133 du 22 mai 2008, p. 66).

[8] Directive 89/552/CEE du Parlement européen et du Conseil du 3 octobre 1989 visant à la coordination de certaines dispositions législatives, réglementaires et administratives des États membres relatives à la fourniture de services de médias audiovisuels (directive « Services de médias audiovisuels ») (*JO* L 298 du 17 oct. 1989, p. 23).

[9] Directive 2010/13/UE du Parlement européen et du Conseil du 10 mars 2010 visant à la coordination de certaines dispositions législatives, réglementaires et administratives des États membres relatives à la fourniture de services de médias audiovisuels (directive « Services de médias audiovisuels ») (*JO* L 95 du 15 avr. 2010, p. 1).

[10] Directive 93/13/CEE du Conseil du 5 avril 1993 concernant les clauses abusives dans les contrats conclus avec les consommateurs (*JO* L 95 du 21 avr. 1993, p. 29).

[11] Décision 2002/995/CE de la Commission du 9 décembre 2002 établissant des mesures de sauvegarde provisoires concernant les importations de produits d'origine animale destinés à la consommation personnelle (*JO* L 353 du 30 déc. 2002, p. 1).

[12] Directive 94/47/CE du Parlement européen et du Conseil du 26 octobre 1994 concernant la protection des acquéreurs pour certains aspects des contrats portant sur l'acquisition d'un droit d'utilisation à temps partiel de biens immobiliers (*JO* L 280 du 29 oct. 1994, p. 83).

[13] Directive 2008/122/CE du Parlement européen et du Conseil du 14 janvier 2009 relative à la protection des consommateurs en ce qui concerne certains aspects des contrats d'utilisation de biens à temps partagé, des contrats de produits de vacances à long terme et des contrats de revente et d'échange (*JO* L 33 du 3 févr. 2009, p. 10).

[14] Directive 97/55/CE du Parlement européen et du Conseil du 6 octobre 1997 modifiant la directive 84/450/CEE sur la publicité trompeuse afin d'y inclure la publicité comparative (*JO* L 290 du 23 oct. 1997, p. 18).

## ANNEXE

L'annexe du règlement (CE) n° 2006/2004 est modifiée comme suit :

1) La note 1 de bas de page est remplacée par le texte suivant :

« (1) Les directives visées aux points 6), 8) et 13) comportent des dispositions spécifiques. »

2) Le point 1 est remplacé par le texte suivant :

« 1) Directive 2006/114/CE du Parlement européen et du Conseil du 12 décembre 2006 en matière de publicité trompeuse et de publicité comparative (*JO* L 376 du 27 déc. 2006, p. 21) : article 1er, article 2, point c), et articles 4 à 8. »

3) Les points 3) et 4) sont remplacés par le texte suivant :

« 3) Directive 2008/48/CE du Parlement européen et du Conseil du 23 avril 2008 concernant les contrats de crédit aux consommateurs et abrogeant la directive 87/102/CEE du Conseil (*JO* L 133 du 22 mai 2008, p. 66).

4) Directive 2010/13/UE du Parlement européen et du Conseil du 10 mars 2010 visant à la coordination de certaines dispositions législatives, réglementaires et administratives des États membres relatives à la fourniture de services de médias audiovisuels (directive “Services de médias audiovisuels”) (*JO* L 95 du 15 avr. 2010, p. 1) : articles 9, 10 et 11 et articles 19 à 26. »

4) Les points 6) et 7) sont remplacés par le texte suivant :

« 6) Directive 93/13/CEE du Conseil du 5 avril 1993 concernant les clauses abusives dans les contrats conclus avec les consommateurs (*JO* L 95 du 21 avr. 1993, p. 29).

7) Directive 2008/122/CE du Parlement européen et du Conseil du 14 janvier 2009 relative à la protection des consommateurs en ce qui concerne certains aspects des contrats d’utilisation de biens à temps partagé, des contrats de produits de vacances à long terme et des contrats de revente et d’échange (*JO* L 33 du 3 févr. 2009, p. 10). »

5) Le point 9) est supprimé.

# 158 Règlement (UE) nº 524/2013 du Parlement européen et du Conseil du 21 mai 2013 relatif au règlement en ligne des litiges de consommation et modifiant le règlement (CE) nº 2006/2004 et la directive 2009/22/CE (règlement relatif au RLLC)

Applicable à partir du 9 janvier 2016



*Le Parlement européen et le Conseil de l'Union européenne,*

Vu le traité sur le fonctionnement de l'Union européenne, et notamment son article 114,

Vu la proposition de la Commission européenne,

Après transmission du projet d'acte législatif aux parlements nationaux,

Vu l'avis du Comité économique et social européen [1],

Statuant conformément à la procédure législative ordinaire [2],

Considérant ce qui suit :

(1) L'article 169, paragraphe 1 et paragraphe 2, point a), du traité sur le fonctionnement de l'Union européenne dispose que l'Union contribue à assurer un niveau élevé de protection des consommateurs par les mesures qu'elle adopte en application de l'article 114 du traité sur le fonctionnement de l'Union européenne. L'article 38 de la Charte des droits fondamentaux de l'Union européenne dispose qu'un niveau élevé de protection des consommateurs est assuré dans les politiques de l'Union.

(2) Conformément à l'article 26, paragraphe 2, du traité sur le fonctionnement de l'Union européenne, le marché intérieur doit comporter un espace sans frontières intérieures dans lequel la libre circulation des biens et des services est assurée. Pour avoir confiance dans la dimension numérique du marché intérieur et pouvoir en bénéficier, il est nécessaire que les consommateurs aient accès à des moyens simples, efficaces, rapides et peu onéreux de règlement des litiges nés de la vente de biens ou de la prestation de services en ligne. Cet aspect revêt une importance particulière lorsque les consommateurs effectuent des achats transfrontaliers.

(3) Dans sa communication du 13 avril 2011 intitulée « L'Acte pour le marché unique – Douze leviers pour stimuler la croissance et renforcer la confiance – Ensemble pour une nouvelle croissance », la Commission considère la législation sur le règlement extrajudiciaire des litiges (REL), qui comprend un volet sur le commerce électronique, comme l'un des douze leviers pour stimuler la croissance et renforcer la confiance dans le marché unique.

(4) Le cloisonnement du marché intérieur freine les efforts visant à stimuler la compétitivité et la croissance. En outre, les disparités au sein de l'Union en ce qui concerne l'existence, la qualité et la connaissance de moyens simples, efficaces, rapides et peu onéreux de résoudre les litiges résultant de la vente de biens ou de la prestation de services constituent un obstacle au sein du marché intérieur, qui sape la confiance des consommateurs et des professionnels en matière d'achat et de vente au-delà des frontières.

(5) Dans ses conclusions des 24 et 25 mars et celles du 23 octobre 2011, le Conseil européen a invité le Parlement européen et le Conseil à adopter, d'ici la fin de 2012, un premier train de mesures prioritaires afin d'imprimer un nouvel élan au marché unique.

(6) Le marché intérieur est une réalité dans la vie quotidienne des consommateurs lorsqu'ils voyagent, font des achats et effectuent des paiements. Les consommateurs sont des acteurs essentiels du marché intérieur dont ils devraient, par conséquent, constituer l'élément central. La dimension numérique du marché intérieur devient essentielle tant pour les consommateurs que pour les professionnels. De plus en plus de consommateurs effectuent des achats en ligne et les professionnels sont toujours plus nombreux à vendre sur l'internet. Les consommateurs et les professionnels devraient pouvoir réaliser des transactions en ligne en toute confiance, c'est pourquoi il est essentiel de supprimer les obstacles existants et de stimuler la confiance des consommateurs. Un système fiable et efficace de règlement en ligne des litiges (RLL) pourrait apporter une contribution notable à la réalisation de cet objectif.

(7) La possibilité de parvenir à régler un litige de façon simple et peu onéreuse peut stimuler la confiance des consommateurs et des professionnels dans le marché unique numérique. Toutefois, les consommateurs et les professionnels ont encore des difficultés à trouver des solutions extrajudiciaires, en particulier à leurs litiges nés de transactions transfrontalières en ligne. Actuellement, de tels litiges restent donc souvent sans solution.

(8) Le RLL apporte une solution extrajudiciaire simple, efficace, rapide et peu onéreuse aux litiges nés de transactions en ligne. Pour l'heure, aucun mécanisme ne permet cependant aux consommateurs et aux professionnels de résoudre de tels litiges par des moyens électroniques; cela nuit aux consommateurs, fait obstacle, en particulier, aux transactions transfrontalières en ligne, crée des conditions de concurrence inéquitables pour les professionnels et entrave par conséquent le développement du commerce en ligne d'une manière générale.

(9) Le présent règlement devrait s'appliquer au règlement extrajudiciaire des litiges qui sont introduits par des consommateurs résidant dans l'Union à l'encontre de professionnels établis dans l'Union et qui relèvent de la directive 2013/11/UE du Parlement européen et du Conseil du 21 mai 2013 relative au règlement extrajudiciaire des litiges de consommation (directive relative au RELC) [3].

(10) Pour garantir que la plateforme de RLL puisse aussi être utilisée pour les procédures de REL qui permettent aux professionnels de déposer des plaintes à l'encontre de consommateurs, le présent règlement devrait également s'appliquer au règlement extrajudiciaire des litiges introduits par des professionnels contre des consommateurs, pour lesquels les procédures de REL applicables sont proposées par les entités de REL dont la liste est établie conformément à l'article 20, paragraphe 2, de la directive 2013/11/UE. L'application du présent règlement à de tels litiges ne devrait imposer aux États membres aucune obligation d'assurer que les entités de REL proposent de telles procédures.

(11) Si ce sont avant tout les consommateurs et les professionnels effectuant des transactions transfrontalières en ligne qui tireraient profit de la plateforme de RLL, le présent règlement devrait également s'appliquer aux transactions nationales en ligne afin d'assurer l'égalité des conditions dans le domaine du commerce en ligne.

(12) Le présent règlement devrait être sans préjudice de la directive 2008/52/CE du Parlement européen et du Conseil du 21 mai 2008 sur certains aspects de la médiation en matière civile et commerciale [4].

(13) La définition de « consommateur » devrait englober les personnes physiques qui agissent à des fins qui n'entrent pas dans le cadre de leur activité commerciale, industrielle, artisanale ou libérale. Cependant, si le contrat est conclu à des fins qui n'entrent qu'en partie dans le cadre de l'activité professionnelle de l'intéressé (contrats à double finalité) et si la finalité professionnelle est limitée à tel point qu'elle n'est pas prédominante dans le contexte global de la fourniture, cette personne devrait également être considérée comme un consommateur.

(14) Par « contrat de vente ou de service en ligne », il convient d'entendre un contrat de vente ou de service par lequel le professionnel, ou son intermédiaire, propose, sur un site internet ou par d'autres moyens électroniques, des biens ou des services que le consommateur commande sur le même site internet ou par d'autres moyens électroniques. Il y a lieu également d'inclure dans cette définition les cas où le consommateur a accès au site internet ou à un autre service de la société de l'information à l'aide d'un appareil électronique mobile tel qu'un téléphone portable.

(15) Le présent règlement ne devrait pas s'appliquer aux litiges entre consommateurs et professionnels résultant de contrats de vente ou de service conclus hors ligne, ni aux litiges entre professionnels.

(16) Il convient de considérer le présent règlement en liaison avec la directive 2013/11/UE par laquelle les États membres sont tenus de veiller à ce que l'ensemble des litiges entre des consommateurs résidant dans l'Union et des professionnels établis dans l'Union, nés de la vente de biens ou de la prestation de services, puissent être soumis à une entité de REL.

(17) Avant de soumettre leur plainte à une entité de REL au moyen de la plateforme de RLL, les consommateurs devraient être encouragés par les États membres à prendre contact avec le professionnel par tout moyen approprié, en vue de rechercher une solution amiable.

(18) Le présent règlement vise à mettre sur pied une plateforme de RLL à l'échelle de l'Union. La plateforme de RLL devrait prendre la forme d'un site internet interactif offrant un guichet unique aux consommateurs et aux professionnels souhaitant résoudre, par voie extrajudiciaire, des litiges nés de transactions en ligne. La plateforme de RLL devrait fournir des informations générales sur le règlement extrajudiciaire des litiges contractuels découlant de contrats de vente ou de service en ligne entre consommateurs et professionnels. Elle devrait permettre aux consommateurs et aux professionnels de déposer des plaintes en remplissant un formulaire électronique de plainte disponible dans toutes les langues officielles des institutions de l'Union et de joindre des pièces pertinentes. Elle devrait transmettre les plaintes à une entité de REL compétente pour traiter le litige. La plateforme de RLL devrait proposer gratuitement un outil de gestion électronique des affaires qui permette aux entités de REL de mener la procédure de règlement des litiges avec les parties par l'intermédiaire de la plateforme de RLL. Les entités de REL ne devraient pas être tenues de recourir à l'outil de gestion des affaires.

(19) La Commission devrait être responsable du développement, du fonctionnement et de la maintenance de la plateforme de RLL et fournir tous les moyens techniques nécessaires à son fonctionnement. La plateforme de RLL devrait offrir une fonction de traduction électronique permettant aux parties et à l'entité de REL d'obtenir, au besoin, la traduction des informations échangées via la plateforme de RLL et nécessaires au règlement du litige. Cette fonction devrait permettre d'effectuer toutes les traductions nécessaires et s'appuyer sur une intervention humaine si nécessaire. Sur la plateforme de RLL, la Commission devrait également fournir aux plaignants des informations concernant la possibilité de demander une assistance aux points de contact pour le RLL.

(20) La plateforme de RLL devrait permettre de procéder à des échanges sécurisés de données avec les entités de REL et respecter les principes sous-jacents du cadre d'interopérabilité européen adopté en vertu de la décision 2004/387/CE du Parlement européen et du Conseil du 21 avril 2004 relative à la fourniture interopérable de services paneuropéens d'administration en ligne aux administrations publiques, aux entreprises et aux citoyens (IDABC) [5].

(21) La plateforme de RLL devrait être accessible notamment via le portail « L'Europe est à vous » créé conformément à l'annexe II de la décision 2004/387/CE, qui permet aux entreprises et aux citoyens de l'Union d'accéder à des services paneuropéens interactifs et d'information en ligne multilingues. La plateforme de RLL devrait être bien visible sur le portail « L'Europe est à vous ».

(22) Une plateforme de RLL à l'échelon de l'Union devrait s'appuyer sur les entités de REL existantes dans les États membres et respecter les traditions juridiques de ces derniers. Les entités de REL destinataires d'une plainte via la plateforme de RLL devraient donc appliquer leurs propres règles de procédure, y compris en matière de coût. Le présent règlement vise toutefois à établir certaines règles communes applicables à ces procédures, qui préserveront leur efficacité. Ces règles devraient notamment prévoir que le règlement des litiges ne nécessite pas la présence physique des parties ou de leurs représentants devant l'entité de REL, à moins que ses règles de procédure prévoient cette possibilité et que les parties en conviennent.

(23) Veiller à ce que toutes les entités de REL dont la liste est établie conformément à l'article 20, paragraphe 2, de la directive 2013/11/UE soient enregistrées auprès de la plateforme de RLL devrait permettre la prise en compte complète des litiges nés de contrats de vente ou de service en ligne dans le cadre du règlement extrajudiciaire des litiges en ligne.

(24) Le présent règlement ne devrait pas faire obstacle au fonctionnement de toute entité de règlement des litiges fonctionnant en ligne ou de tout mécanisme de RLL existant dans l'Union. Le présent règlement n'empêche pas les entités ou mécanismes de règlement des litiges de traiter les litiges en ligne qui leur ont été soumis directement.

(25) Chaque État membre devrait désigner des points de contact pour le RLL comprenant au moins deux conseillers en la matière. Les points de contact pour le RLL devraient aider les parties à un litige soumis via la plateforme de RLL, sans être tenus de traduire les pièces afférentes audit litige. Les États membres devraient pouvoir confier la responsabilité des points de contacts pour le RLL à leurs centres membres du réseau des Centres européens des consommateurs. Les États membres devraient recourir à cette possibilité pour permettre aux points de contact pour le RLL de tirer pleinement parti de l'expérience des centres membres du réseau des

Centres européens des consommateurs aux fins du règlement des litiges entres consommateurs et professionnels. La Commission devrait créer un réseau des points de contact pour le RLL, afin de faciliter leur coopération et leur travail, et dispenser une formation appropriée aux points de contact pour le RLL, en coopération avec les États membres.

(26) Le droit à un recours effectif et le droit à un procès équitable sont des droits fondamentaux définis par l'article 47 de la Charte des droits fondamentaux de l'Union européenne. Le RLL n'a pas pour vocation de se substituer aux procédures judiciaires et ne peut pas être conçu à cet effet; en outre, il ne saurait priver les consommateurs ou les professionnels de leurs droits à former un recours devant les tribunaux. Par conséquent, le présent règlement ne saurait empêcher les parties d'exercer leur droit d'accès au système judiciaire.

(27) Il convient que le traitement des informations en vertu du présent règlement soit soumis à des garanties strictes de confidentialité et respecte les règles sur la protection des données à caractère personnel énoncées dans la directive 95/46/CE du Parlement européen et du Conseil du 24 octobre 1995 relative à la protection des personnes physiques à l'égard du traitement des données à caractère personnel et à la libre circulation de ces données [6] ainsi que dans le règlement (CE) n° 45/2001 du Parlement européen et du Conseil du 18 décembre 2000 relatif à la protection des personnes physiques à l'égard du traitement des données à caractère personnel par les institutions et organes communautaires et à la libre circulation de ces données [7]. Il importe que ces règles s'appliquent au traitement des données à caractère personnel effectué en vertu du présent règlement par les différents acteurs de la plateforme de RLL, intervenant à titre individuel ou en collaboration avec ces acteurs.

(28) Les personnes concernées devraient être averties que leurs données à caractère personnel seront traitées sur la plateforme de RLL, consentir à ce traitement, et être informées de leurs droits y afférents à l'aide d'une note d'information complète sur la protection de la vie privée qui sera rendue publique par la Commission et qui décrira, de façon claire et simple, les opérations de traitement réalisées sous la responsabilité des différents acteurs de la plateforme, conformément aux articles 11 et 12 du règlement (CE) n° 45/2001 et à la législation nationale adoptée en application des articles 10 et 11 de la directive 95/46/CE.

(29) Le présent règlement devrait être sans préjudice des dispositions en matière de confidentialité prévues par la législation nationale pour ce qui est du REL.

(30) Pour mieux faire connaître la plateforme de RLL auprès des consommateurs, les professionnels établis dans l'Union participant à des contrats de vente ou de service en ligne devraient inclure, dans leur site internet, un lien électronique vers la plateforme de RLL. Les professionnels devraient en outre communiquer leur adresse électronique, de façon à ce que les consommateurs disposent d'un premier point de contact. Une proportion importante des contrats de vente ou de service en ligne sont conclus en utilisant des places de marché en ligne, qui mettent en contact les consommateurs et les professionnels ou qui facilitent les transactions en ligne. Les places de marché en ligne sont des plateformes en ligne qui permettent aux professionnels de mettre leurs produits et leurs services à la disposition des consommateurs. Ces places de marché en ligne devraient par conséquent être soumises à cette obligation de fournir un lien électronique vers la plateforme de RLL. Cette obligation devrait être sans préjudice de l'article 13 de la directive 2013/11/UE relatif à l'exigence pour les professionnels d'informer les consommateurs au sujet des pro-

cédures de REL auxquelles ces derniers sont soumis et de l'engagement qu'ils prennent ou non de recourir à des moyens de REL les opposant à des consommateurs. Par ailleurs, il convient que cette obligation soit sans préjudice de l'article 6, paragraphe 1, point t), et de l'article 8 de la directive 2011/83/UE du Parlement européen et du Conseil du 25 octobre 2011 relative aux droits des consommateurs [8]. L'article 6, paragraphe 1, point t), de la directive 2011/83/UE prévoit que, pour les contrats de consommation conclus à distance ou hors établissement, avant que le consommateur ne soit lié par le contrat, le professionnel doit l'informer de la possibilité de recourir à une procédure extrajudiciaire de plainte et de recours à laquelle le professionnel est soumis et des modalités d'accès à celle-ci. Pour les mêmes motifs de sensibilisation des consommateurs, les États membres devraient encourager les associations de consommateurs et les organisations professionnelles à fournir un lien électronique vers le site internet de la plateforme de RLL.

(31) Afin de prendre en compte les critères selon lesquels les entités de REL définissent leur domaine de compétence respectif, il convient de déléguer à la Commission le pouvoir d'adopter des actes conformément à l'article 290 du traité sur le fonctionnement de l'Union européenne pour adapter les informations qu'un plaignant doit mentionner sur le formulaire de plainte électronique disponible sur la plateforme de RLL. Il importe particulièrement que la Commission procède aux consultations appropriées durant son travail préparatoire, y compris au niveau des experts. Il convient que, lorsqu'elle prépare et élabore des actes délégués, la Commission veille à ce que les documents pertinents soient transmis simultanément, en temps utile et de façon appropriée, au Parlement européen et au Conseil.

(32) Afin d'assurer des conditions uniformes d'exécution du présent règlement, il convient de conférer des compétences d'exécution à la Commission en ce qui concerne le fonctionnement de la plateforme de RLL, les modalités de transmission d'une plainte et la coopération au sein du réseau des points de contact pour le RLL. Ces compétences devraient être exercées en conformité avec le règlement (UE) n° 182/2011 du Parlement européen et du Conseil du 16 février 2011 établissant les règles et principes généraux relatifs aux modalités de contrôle par les États membres de l'exercice des compétences d'exécution par la Commission [9]. Il convient d'avoir recours à la procédure consultative pour l'adoption d'actes d'exécution portant sur le formulaire de plainte électronique étant donné son caractère purement technique. Il convient d'avoir recours à la procédure d'examen pour l'adoption des règles relatives aux modalités de coopération entre les membres du réseau des points de contact pour le RLL.

(33) Pour l'application du présent règlement, la Commission devrait consulter, au besoin, le Contrôleur européen de la protection des données.

(34) Étant donné que l'objectif du présent règlement, à savoir la mise en place d'une plateforme européenne de RLL pour des litiges en ligne régie par des règles communes, ne peut pas être atteint de manière suffisante par les États membres et peut donc, en raison des dimensions et des effets de l'action, l'être mieux au niveau de l'Union, celle-ci peut prendre des mesures conformément au principe de subsidiarité consacré à l'article 5 du traité sur l'Union européenne. Conformément au principe de proportionnalité tel qu'énoncé audit article, le présent règlement n'excède pas ce qui est nécessaire pour atteindre cet objectif.

(35) Le présent règlement respecte les droits fondamentaux et observe les principes reconnus notamment par la Charte des droits fondamentaux de l'Union européenne, plus particulièrement par ses articles 7, 8, 38 et 47.

(36) Le Contrôleur européen de la protection des données a été consulté conformément à l'article 28, paragraphe 2, du règlement (CE) n° 45/2001 et a rendu un avis le 12 janvier 2012 [10],

*Ont adopté le présent règlement :*

CHAPITRE PREMIER

## Dispositions générales

### Article premier – Objet

Le présent règlement a pour objectif, en assurant un niveau élevé de protection des consommateurs, de contribuer au bon fonctionnement du marché intérieur, et notamment de sa dimension numérique, par la mise en place d'une plateforme européenne de RLL (ci-après dénommée « plateforme de RLL ») facilitant le règlement indépendant, impartial, transparent, efficace, rapide et équitable, par voie extrajudiciaire, des litiges en ligne entre consommateurs et professionnels.

### Article 2 – Champ d'application

1. Le présent règlement s'applique au règlement extrajudiciaire de litiges concernant des obligations contractuelles découlant de contrats de vente ou de service en ligne entre un consommateur résidant dans l'Union et un professionnel établi dans l'Union, par l'intermédiaire d'une entité de REL figurant sur la liste établie conformément à l'article 20, paragraphe 2, de la directive 2013/11/UE et au moyen de la plateforme de RLL.

2. Le présent règlement s'applique au règlement extrajudiciaire de litiges visés au paragraphe 1, introduits par un professionnel contre un consommateur, dans la mesure où la législation de l'État membre dans lequel le consommateur réside habituellement permet que de tels litiges soient résolus par l'intermédiaire d'une entité de REL.

3. Les États membres indiquent à la Commission si leur législation permet ou non de résoudre les litiges visés au paragraphe 1, introduits par un professionnel contre un consommateur, par l'intermédiaire d'une entité de REL. Lorsqu'elles communiquent la liste visée à l'article 20, paragraphe 2, de la directive 2013/11/UE, les autorités compétentes indiquent à la Commission quelles sont les entités de REL chargées de traiter des litiges de ce type.

4. L'application du présent règlement aux litiges visés au paragraphe 1, introduits par un professionnel contre un consommateur, n'impose aux États membres aucune obligation d'assurer que des entités de REL proposent des procédures pour le règlement extrajudiciaire de tels litiges.

### Article 3 – Relation avec d'autres actes juridiques de l'Union

Le présent règlement est sans préjudice de la directive 2008/52/CE.

### Article 4 – Définitions

1. Aux fins du présent règlement, on entend par :

a) « consommateur », un consommateur au sens de l'article 4, paragraphe 1, point a), de la directive 2013/11/UE ;

b) « professionnel », un professionnel au sens de l'article 4, paragraphe 1, point b), de la directive 2013/11/UE ;

c) « contrat de vente », un contrat de vente au sens de l'article 4, paragraphe 1, point c), de la directive 2013/11/UE;

d) « contrat de service », un contrat de service au sens de l'article 4, paragraphe 1, point d), de la directive 2013/11/UE;

e) « contrat de vente ou de service en ligne », un contrat de vente ou de service par lequel le professionnel ou son intermédiaire propose, sur un site internet ou par d'autres moyens électroniques, des biens ou des services que le consommateur commande sur le même site internet ou par d'autres moyens électroniques;

f) « place de marché en ligne », un prestataire de services, au sens de l'article 2, point b), de la directive 2000/31/CE du Parlement européen et du Conseil du 8 juin 2000 relative à certains aspects juridiques des services de la société de l'information, et notamment du commerce électronique, dans le marché intérieur (« directive sur le commerce électronique ») [11], qui permet aux consommateurs et aux professionnels de conclure des contrats de vente ou de service en ligne sur le site internet de la place de marché en ligne;

g) « moyens électroniques », des équipements électroniques de traitement (y compris la compression numérique) et de stockage des données, qui sont entièrement transmises, acheminées et reçues par câble, par radio, par des moyens optiques ou par d'autres moyens électromagnétiques;

h) « procédure de règlement extrajudiciaire des litiges » ou « procédure de REL », la procédure visant à régler en dehors du cadre juridictionnel les litiges visés à l'article 2 du présent règlement;

i) « entité de règlement extrajudiciaire des litiges » ou « entité de REL », une entité de REL au sens de l'article 4, paragraphe 1, point h), de la directive 2013/11/UE;

j) « plaignant », le consommateur ou le professionnel ayant introduit une plainte via la plateforme de RLL;

k) « défendeur », le consommateur ou le professionnel à l'encontre duquel une plainte a été introduite via la plateforme de RLL;

l) « autorité compétente », une autorité publique au sens de l'article 4, paragraphe 1, point i), de la directive 2013/11/UE;

m) « données à caractère personnel », toute information concernant une personne physique identifiée ou identifiable (ci-après dénommée « personne concernée »); est réputée identifiable une personne qui peut être identifiée, directement ou indirectement, notamment par référence à un numéro d'identification ou à un ou plusieurs éléments spécifiques, propres à l'identité physique, physiologique, psychique, économique, culturelle ou sociale de cette personne.

2. Le lieu d'établissement du professionnel et de l'entité de REL est déterminé, respectivement, conformément à l'article 4, paragraphes 2 et 3, de la directive 2013/11/UE.

CHAPITRE II

## Plateforme de RLL

### Article 5 – Mise en place de la plateforme de RLL

1. La Commission développe la plateforme de RLL et est responsable de son fonctionnement, y compris de toutes les fonctions de traduction nécessaires aux fins du présent règlement, ainsi que de sa maintenance, de son financement et de la sécurité des données. La plateforme de RLL est conviviale. Il convient de veiller à ce

que le développement, le fonctionnement et la maintenance de la plateforme de RLL se fassent dans le respect de la vie privée des utilisateurs dès la phase de la conception (protection intégrée de la vie privée) et à ce que la plateforme de RLL soit accessible à tous et utilisable par tous, y compris les utilisateurs vulnérables (conception universelle), dans la mesure du possible.

2. La plateforme de RLL est un guichet unique pour les consommateurs et les professionnels souhaitant régler, par voie extrajudiciaire, des litiges relevant du présent règlement. Elle consiste en un site internet interactif accessible en ligne et gratuitement dans toutes les langues officielles des institutions de l'Union.

3. La Commission donne accès, s'il y a lieu, à la plateforme de RLL via ses sites internet qui fournissent des informations aux citoyens et aux entreprises de l'Union, notamment via le portail « L'Europe est à vous » créé conformément à la décision 2004/387/CE.

4. La plateforme de RLL a pour fonctions :

a) de fournir un formulaire de plainte électronique pouvant être rempli par le plaignant conformément à l'article 8;

b) d'informer le défendeur qu'une plainte a été introduite;

c) d'identifier la ou les entités de REL compétentes et de transmettre la plainte à l'entité de REL à laquelle les parties sont convenues de recourir, conformément à l'article 9;

d) de proposer un outil gratuit de gestion électronique des dossiers qui permette aux parties et à l'entité de REL de mener en ligne la procédure de règlement des litiges par l'intermédiaire de la plateforme de RLL;

e) de fournir aux parties et à l'entité de REL la traduction des informations nécessaires au règlement du litige et échangées via la plateforme de RLL;

f) de fournir un formulaire électronique à l'aide duquel les entités de REL transmettent les informations visées à l'article 10, point c);

g) de fournir un système de retour d'informations permettant aux parties de donner leur avis sur le fonctionnement de la plateforme de RLL et sur l'entité de REL qui a traité le litige;

h) de mettre à la disposition du public les éléments suivants :

i) des informations à caractère général sur le REL en tant que moyen de résolution extrajudiciaire des litiges;

ii) des informations relatives aux entités de REL figurant sur la liste établie conformément à l'article 20, paragraphe 2, de la directive 2013/11/UE qui sont compétentes pour traiter les litiges relevant du présent règlement;

iii) un guide en ligne sur la manière d'introduire une plainte via la plateforme de RLL;

iv) des informations, y compris les coordonnées, concernant les points de contact pour le RLL désignés par les États membres conformément à l'article 7, paragraphe 1, du présent règlement;

v) des données statistiques sur l'issue des litiges transmis aux entités de REL via la plateforme de RLL.

5. La Commission veille à ce que les informations visées au paragraphe 4, point h), soient exactes, tenues à jour et fournies de manière claire, compréhensible et aisément accessible.

6. Les entités de REL figurant sur la liste établie conformément à l'article 20, paragraphe 2, de la directive 2013/11/UE qui sont compétentes pour traiter les

litiges relevant du présent règlement sont enregistrées par voie électronique sur la plateforme de RLL.

7. La Commission adopte, par voie d'actes d'exécution, des mesures portant sur les modalités d'exercice des fonctions prévues au paragraphe 4 du présent article. Ces actes d'exécution sont adoptés en conformité avec la procédure d'examen visée à l'article 16, paragraphe 3, du présent règlement.

## Article 6 – Tests de la plateforme de RLL

1. Au plus tard le 9 janvier 2015, la Commission teste les fonctionnalités techniques et la convivialité de la plateforme de RLL et du formulaire de plainte, y compris en ce qui concerne la traduction. Les tests sont effectués et évalués en coopération avec des experts en RLL des États membres et des représentants des consommateurs et des professionnels. La Commission présente au Parlement européen et au Conseil un rapport sur le résultat des tests et prend les mesures appropriées pour régler les éventuels problèmes afin d'assurer le fonctionnement effectif de la plateforme de RLL.

2. Dans le rapport visé au paragraphe 1 du présent article, la Commission décrit aussi les mesures techniques et organisationnelles qu'elle entend prendre pour que la plateforme de RLL satisfasse aux exigences en matière de respect de la vie privée énoncées dans le règlement (CE) n° 45/2001.

## Article 7 – Réseau de points de contact pour le RLL

1. Chaque État membre désigne un point de contact pour le RLL et communique son nom et ses coordonnées à la Commission. Les États membres peuvent conférer la responsabilité des points de contact pour le RLL à leurs centres membres du réseau des Centres européens des consommateurs, à des associations de consommateurs ou à tout autre organisme. Chaque point de contact pour le RLL comprend au moins deux conseillers pour le RLL.

2. Les points de contact pour le RLL apportent leur aide pour le règlement de litiges portant sur des plaintes introduites via la plateforme de RLL en s'acquittant des fonctions suivantes :

a) faciliter, sur demande, la communication entre les parties et l'entité de REL compétente, ce qui consiste, notamment, à :

i) aider à introduire la plainte et, le cas échéant, à transmettre les documents pertinents ;

ii) fournir aux parties et aux entités de REL des informations générales sur les droits des consommateurs relatifs aux contrats de vente et de service qui s'appliquent dans l'État membre du point de contact pour le RLL disposant du conseiller concerné pour le RLL ;

iii) fournir des informations sur le fonctionnement de la plateforme de RLL ;

iv) fournir aux parties des explications sur les règles de procédure appliquées par les entités de REL identifiées ;

v) informer le plaignant des autres moyens de recours lorsqu'un litige ne peut être résolu via la plateforme de RLL ;

b) présenter tous les deux ans à la Commission et aux États membres un rapport d'activité reposant sur l'expérience pratique tirée de l'exercice de leurs fonctions.

3. Le point de contact pour le RLL n'est pas tenu d'assumer les fonctions énumérées au paragraphe 2 dans le cas de litiges dans lesquels les parties résident habituellement dans le même État membre.

4. Nonobstant le paragraphe 3, les États membres peuvent décider, compte tenu des circonstances nationales, que le point de contact pour le RLL assume une ou plusieurs des fonctions énumérées au paragraphe 2 dans le cas de litiges dans lesquels les parties résident habituellement dans le même État membre.

5. La Commission met en place un réseau de points de contact (ci-après dénommé « réseau des points de contact pour le RLL ») qui permet une coopération entre les points de contact et contribue à l'accomplissement des fonctions énumérées au paragraphe 2.

6. Au moins deux fois par an, la Commission réunit les membres du réseau de points de contact pour le RLL afin de permettre l'échange des meilleures pratiques et l'examen de tout problème récurrent survenu dans le fonctionnement de la plateforme de RLL.

7. La Commission adopte, par voie d'actes d'exécution, les règles relatives aux modalités de la coopération entre les points de contact pour le RLL. Ces actes d'exécution sont adoptés en conformité avec la procédure d'examen visée à l'article 16, paragraphe 3.

## Article 8 – Introduction d'une plainte

1. Afin d'introduire une plainte sur la plateforme de RLL, le plaignant remplit un formulaire de plainte électronique. Le formulaire de plainte est facile d'utilisation et aisément accessible sur la plateforme de RLL.

2. Les informations transmises par le plaignant suffisent à déterminer l'entité de REL compétente. Ces informations sont énumérées à l'annexe du présent règlement. À l'appui de sa plainte, le plaignant peut joindre tout document.

3. Afin de prendre en compte les critères selon lesquels les entités de REL, qui sont énumérées conformément à l'article 20, paragraphe 2, de la directive 2013/11/UE et qui traitent les litiges relevant du présent règlement, définissent leurs domaines de compétences respectifs, la Commission est habilitée à adopter des actes délégués en conformité avec l'article 17 du présent règlement pour adapter les informations figurant à l'annexe du présent règlement.

4. La Commission définit les règles relatives aux modalités du formulaire de plainte électronique par voie d'actes d'exécution. Ces actes d'exécution sont adoptés en conformité avec la procédure consultative visée à l'article 16, paragraphe 2.

5. Seules les données précises, pertinentes et non disproportionnées par rapport aux objectifs pour lesquels elles sont collectées sont traitées via le formulaire de plainte électronique et ses pièces jointes.

## Article 9 – Traitement et transmission d'une plainte

1. Une plainte introduite sur la plateforme de RLL est traitée si toutes les rubriques nécessaires du formulaire de plainte électronique ont été remplies.

2. Si le formulaire de plainte n'est pas intégralement rempli, le plaignant est informé que la plainte ne peut pas être traitée à moins que les informations manquantes ne soient fournies.

3. À la réception du formulaire de plainte intégralement rempli, la plateforme de RLL transmet au défendeur, sous une forme facilement compréhensible, sans délai et dans une des langues officielles des institutions de l'Union choisie par cette partie, la plainte accompagnée des données suivantes :

a) la nécessité pour les parties de convenir d'une entité de REL à laquelle la plainte doit être transmise et, si elles ne parviennent pas à un accord ou si aucune entité de REL compétente n'est identifiée, l'abandon de la procédure;

b) des informations sur l'entité ou les entités de REL compétentes pour traiter la plainte si elles sont mentionnées dans le formulaire de plainte électronique ou identifiées par la plateforme de RLL sur la base des informations fournies dans ce formulaire;

c) dans le cas où le défendeur est un professionnel, une demande l'invitant à indiquer dans un délai de dix jours calendaires :

– s'il prend l'engagement ou est tenu de recourir à une entité spécifique de REL pour résoudre des litiges avec des consommateurs, et
– à moins qu'il ne soit tenu de recourir à une entité spécifique de REL, s'il est disposé à recourir à une ou des entités de REL visées au point b);

d) dans le cas où le défendeur est un consommateur et où le professionnel est tenu de recourir à une entité spécifique de REL, une demande l'invitant à accepter dans un délai de dix jours calendaires de recourir à cette entité de REL, ou dans le cas où le professionnel n'est pas tenu de recourir à une entité spécifique de REL, une demande l'invitant à choisir une ou plusieurs des entités de REL visées au point b);

e) le nom et les coordonnées du point de contact de RLL de l'État membre où le défendeur est établi ou réside habituellement, ainsi qu'une brève description des fonctions visées à l'article 7, paragraphe 2, point a);

4. À la réception des informations visées au paragraphe 3, point c) ou d), que le défendeur lui a transmises, la plateforme de RLL communique au plaignant, sous une forme facilement compréhensible, sans délai et dans une des langues officielles des institutions de l'Union choisie par cette partie, les informations suivantes :

a) les informations visées au paragraphe 3, point a);

b) dans le cas où le plaignant est un consommateur, des informations sur l'entité ou les entités de REL indiquées par le professionnel conformément au paragraphe 3, point c), et une demande l'invitant à accepter dans un délai de dix jours calendaires de recourir à une entité de REL;

c) dans le cas où le plaignant est un professionnel et qu'il n'est pas tenu de recourir à une entité spécifique de REL, les informations sur l'entité ou les entités de REL indiquées par le consommateur conformément au paragraphe 3, point d), et une demande l'invitant à accepter dans un délai de dix jours calendaires de recourir à une entité de REL;

d) le nom et les coordonnées du point de contact de RLL de l'État membre où le plaignant est établi ou réside habituellement, ainsi qu'une brève description des fonctions visées à l'article 7, paragraphe 2, point a).

5. Les informations visées au paragraphe 3, point b), et au paragraphe 4, points b) et c), comportent une description des caractéristiques ci-après de chaque entité de REL :

a) le nom, les coordonnées et l'adresse du site internet de l'entité de REL;

b) les frais de la procédure de REL, le cas échéant;

c) la ou les langues dans lesquelles la procédure de REL peut se dérouler;

d) la durée moyenne de la procédure de REL;

e) la nature contraignante ou non de l'issue de la procédure de REL;

f) les motifs pour lesquels l'entité de REL peut refuser de traiter un litige donné conformément à l'article 5, paragraphe 4, de la directive 2013/11/UE.

6. La plateforme de RLL transmet automatiquement et sans délai la plainte à l'entité de REL à laquelle les parties sont convenues de recourir conformément aux paragraphes 3 et 4.

7. L'entité de REL à laquelle la plainte a été transmise fait savoir sans délai aux parties si elle accepte ou refuse de traiter le litige conformément à l'article 5, paragraphe 4, de la directive 2013/11/UE. L'entité de REL qui a accepté de traiter le litige communique aussi aux parties ses règles de procédure et, le cas échéant, les coûts de la procédure de règlement des litiges concernée.

8. Lorsque les parties ne parviennent pas, dans les trente jours calendaires suivant l'introduction du formulaire de plainte, à convenir d'une entité de REL ou si l'entité de REL refuse de traiter le litige, la plainte est abandonnée. Le plaignant est informé qu'il peut se mettre en rapport avec un conseiller pour le RLL afin d'obtenir des informations générales sur d'autres voies de recours.

## Article 10 – Règlement du litige

Une entité de REL qui a accepté de traiter un litige conformément à l'article 9 du présent règlement :

a) clôture la procédure de REL dans le délai visé à l'article 8, point e), de la directive 2013/11/UE;

b) n'exige pas la présence physique des parties ou de leurs représentants, à moins que ses règles de procédure prévoient cette possibilité et que les parties en conviennent;

c) communique sans délai les informations suivantes à la plateforme de RLL :

i) la date de réception du dossier de plainte;

ii) l'objet du litige;

iii) la date de clôture de la procédure de REL;

iv) l'issue de la procédure de REL;

d) n'est pas tenu de mener une procédure de REL via la plateforme de RLL.

## Article 11 – Base de données

La Commission prend les mesures nécessaires pour constituer et tenir à jour une base de données électronique contenant les informations traitées conformément à l'article 5, paragraphe 4, et à l'article 10, point c), en tenant dûment compte de l'article 13, paragraphe 2.

## Article 12 – Traitement des données à caractère personnel

1. L'accès aux informations, y compris aux données à caractère personnel, liées à un litige et stockées dans la base de données visée à l'article 11 est uniquement accordé, aux fins prévues à l'article 10, à l'entité de REL à laquelle le litige a été transmis conformément à l'article 9. L'accès à ces informations est également accordé aux points de contact pour le RLL, dans la mesure où cela est nécessaire, aux fins visées à l'article 7, paragraphes 2 et 4.

2. La Commission a accès aux informations traitées conformément à l'article 10 pour assurer le suivi de l'utilisation et du fonctionnement de la plateforme de RLL et pour rédiger les rapports visés à l'article 21. Elle traite les données à caractère personnel des utilisateurs de la plateforme de RLL dans la mesure où cela est nécessaire au fonctionnement et à la maintenance de la plateforme de RLL, y compris pour assurer le suivi de l'utilisation de la plateforme de RLL par les entités de REL et les points de contact pour le RLL.

3. Les données à caractère personnel se rapportant à un litige ne sont conservées dans la base de données visée au paragraphe 1 du présent article que pour la durée nécessaire à la réalisation des objectifs pour lesquels elles ont été collectées et pour permettre aux personnes concernées d'accéder à leurs données à caractère personnel afin d'exercer leurs droits et elles sont automatiquement supprimées au plus tard six mois après la date de clôture du litige transmise à la plateforme de RLL conformément à l'article 10, point c) iii). Cette période de conservation s'applique également aux données à caractère personnel incluses dans les dossiers nationaux par l'entité de REL ou le point de contact pour le RLL qui a traité le litige concerné, sauf si les règles de procédure appliquées par l'entité de REL ou toute disposition spécifique du droit national prévoient une période de conservation plus longue.

4. Chaque conseiller pour le RLL est considéré comme responsable du traitement, conformément à l'article 2, point d), de la directive 95/46/CE, en ce qui concerne ses propres activités de traitement des données réalisées au titre du présent règlement et est chargé de veiller à ce que ces activités soient conformes à la législation nationale adoptée en vertu de la directive 95/46/CE dans l'État membre du point de contact pour le RLL disposant du conseiller pour le RLL.

5. Chaque entité de REL est considérée comme responsable du traitement, conformément à l'article 2, point d), de la directive 95/46/CE, en ce qui concerne ses propres activités de traitement des données réalisées au titre du présent règlement et est chargée de veiller à ce que ces activités soient conformes à la législation nationale adoptée en vertu de la directive 95/46/CE dans l'État membre dans lequel l'entité de REL est établie.

6. En ce qui concerne les responsabilités qui lui incombent en vertu du présent règlement et le traitement des données à caractère personnel que cela suppose, la Commission est considérée comme responsable du traitement conformément à l'article 2, point d), du règlement (CE) n° 45/2001.

### Article 13 – Confidentialité et sécurité des données

1. Les points de contact pour le RLL sont soumis aux règles du secret professionnel ou autres obligations équivalentes de confidentialité définies par la législation de l'État membre concerné.

2. Pour garantir la sécurité des informations traitées en vertu du présent règlement, la Commission prend les mesures techniques et organisationnelles appropriées, dont un contrôle approprié de l'accès aux données, un plan de sécurité et la gestion des incidents de sécurité, conformément à l'article 22 du règlement (CE) n° 45/2001.

### Article 14 – Information des consommateurs

1. Les professionnels établis dans l'Union participant à des contrats de vente ou de service en ligne et les places de marché en ligne établies dans l'Union incluent, sur leur site internet, un lien électronique vers la plateforme de RLL. Ce lien est aisément accessible aux consommateurs. Les professionnels établis dans l'Union participant à des contrats de vente ou de service en ligne indiquent aussi leur adresse électronique.

2. Les professionnels établis dans l'Union, participant à des contrats de vente ou de service en ligne, qui prennent l'engagement ou sont tenus de recourir à une ou plusieurs entités de REL pour résoudre des litiges avec des consommateurs informent les consommateurs de l'existence de la plateforme de RLL et de la possibilité

d'y recourir pour régler leurs litiges. Ils fournissent un lien électronique vers la plateforme de RLL sur leur site internet et, si l'offre est faite par courrier électronique, dans ce courrier électronique. Ces informations sont aussi fournies, le cas échéant, dans les conditions générales applicables aux contrats de vente et de service en ligne.

3. Les paragraphes 1 et 2 du présent article sont sans préjudice de l'article 13 de la directive 2013/11/UE et des dispositions relatives à l'information des consommateurs sur les procédures de recours extrajudiciaires figurant dans d'autres actes juridiques de l'Union, qui s'appliquent en plus du présent article.

4. La liste des entités de REL visées à l'article 20, paragraphe 4, de la directive 2013/11/UE et ses mises à jour sont publiées sur la plateforme de RLL.

5. Les États membres veillent à ce que les entités de REL, les centres membres du réseau des Centres européens des consommateurs, les autorités compétentes définies à l'article 18, paragraphe 1, de la directive 2013/11/UE et, le cas échéant, les organismes désignés conformément à l'article 14, paragraphe 2, de la directive 2013/11/UE fournissent un lien électronique vers la plateforme de RLL.

6. Les États membres encouragent les associations de consommateurs et les associations professionnelles à fournir un lien électronique vers la plateforme de RLL.

7. Lorsque les professionnels sont tenus de fournir des informations conformément aux paragraphes 1 et 2 et aux dispositions visées au paragraphe 3, ils les fournissent si possible en une fois.

### Article 15 – Rôle des autorités compétentes

L'autorité compétente de chaque État membre évalue si les entités de REL établies dans cet État membre se conforment aux obligations énoncées dans le présent règlement.

CHAPITRE III

## Dispositions finales

### Article 16 – Comité

1. La Commission est assistée par un comité. Ledit comité est un comité au sens du règlement (UE) n° 182/2011.

2. Lorsqu'il est fait référence au présent paragraphe, l'article 4 du règlement (UE) n° 182/2011 s'applique.

3. Lorsqu'il est fait référence au présent paragraphe, l'article 5 du règlement (UE) n° 182/2011 s'applique.

4. Lorsque l'avis du comité visé aux paragraphes 2 et 3 doit être obtenu par procédure écrite, ladite procédure est close sans résultat lorsque, dans le délai fixé pour émettre un avis, le président du comité le décide ou la majorité simple des membres du comité le demandent.

### Article 17 – Exercice de la délégation

1. Le pouvoir d'adopter des actes délégués conféré à la Commission est soumis aux conditions fixées au présent article.

2. Le pouvoir d'adopter des actes délégués visé à l'article 8, paragraphe 3, est conféré pour une durée indéterminée à compter du 8 juillet 2013.

3. La délégation de pouvoir visée à l'article 8, paragraphe 3, peut être révoquée à tout moment par le Parlement européen ou le Conseil. La décision de révocation met fin à la délégation de pouvoir qui y est précisée. La révocation prend effet le jour suivant celui de la publication de ladite décision au *Journal officiel* de l'Union européenne ou à une date ultérieure qui est précisée dans ladite décision. Elle ne porte pas atteinte à la validité des actes délégués déjà en vigueur.

4. Aussitôt qu'elle adopte un acte délégué, la Commission le notifie au Parlement européen et au Conseil simultanément.

5. Un acte délégué adopté en vertu de l'article 8, paragraphe 3, n'entre en vigueur que si le Parlement européen ou le Conseil n'a pas exprimé d'objections dans un délai de deux mois à compter de la notification de cet acte au Parlement européen ou si, avant l'expiration de ce délai, le Parlement européen et le Conseil ont tous deux informé la Commission de leur intention de ne pas exprimer d'objections. Ce délai est prolongé de deux mois à l'initiative du Parlement européen ou du Conseil.

## Article 18 – Sanctions

Les États membres déterminent le régime des sanctions applicables aux violations du présent règlement et prennent toutes les mesures nécessaires pour assurer la mise en œuvre de ce régime. Les sanctions ainsi prévues doivent être effectives, proportionnées et dissuasives.

## Article 19 – Modification du règlement (CE) n° 2006/2004

Dans l'annexe du règlement (CE) n° 2006/2004 du Parlement européen et du Conseil [12], le point suivant est ajouté :

« 21. Règlement (UE) n° 524/2013 du Parlement européen et du Conseil du 21 mai 2013 relatif au règlement en ligne des litiges de consommation (règlement relatif au RLLC) (LO L 165 du 18 juin 2013, p. 1) : l'article 14. »

## Article 20 – Modification de la directive 2009/22/CE

La directive 2009/22/CE du Parlement européen et du Conseil [13] est modifiée comme suit.

1) À l'article 1er, paragraphes 1 et 2, et à l'article 6, paragraphe 2, point b), les termes « directives énumérées à l'annexe I » sont remplacés par les termes « actes de l'Union énumérés à l'annexe I ».

2) Dans l'intitulé de l'annexe I, les termes « LISTE DES DIRECTIVES » sont remplacés par les termes « LISTE DES ACTES DE L'UNION ».

3) Dans l'annexe I, le point suivant est ajouté :

« 15. Règlement (UE) n° 524/2013 du Parlement européen et du Conseil du 21 mai 2013 relatif au règlement en ligne des litiges de consommation (règlement relatif au RLLC) (*JO* L 165 du 18 juin 2013, p. 1) : l'article 14. »

## Article 21 – Rapports

1. La Commission fait rapport au Parlement européen et au Conseil sur le fonctionnement de la plateforme de RLL chaque année et pour la première fois un an après qu'elle est devenue opérationnelle.

2. Au plus tard le 9 juillet 2018 et ensuite tous les trois ans, la Commission présente au Parlement européen et au Conseil un rapport sur l'application du présent règlement, en particulier sur la convivialité du formulaire de plainte et sur la néces-

sité éventuelle d'adapter la liste des informations figurant dans l'annexe du présent règlement. Ce rapport est assorti, le cas échéant, de propositions de modification du présent règlement.

3. Lorsque les rapports visés aux paragraphes 1 et 2 doivent être présentés la même année, seul un rapport conjoint est présenté.

### Article 22 – Entrée en vigueur

1. Le présent règlement entre en vigueur le vingtième jour suivant celui de sa publication au *Journal officiel* de l'Union européenne.

2. Le présent règlement est applicable à partir du 9 janvier 2016, à l'exception des dispositions suivantes :

– l'article 2, paragraphe 3, et l'article 7, paragraphes 1 et 5, qui sont applicables à partir du 9 juillet 2015,

– l'article 5, paragraphes 1 et 7, l'article 6, l'article 7, paragraphe 7, l'article 8, paragraphes 3 et 4, et les articles 11, 16 et 17 qui sont applicables à partir du 8 juillet 2013.

Le présent règlement est obligatoire dans tous ses éléments et directement applicable dans tout État membre.

Références

[1] *JO* C 181 du 21 juin 2012, p. 99.

[2] Position du Parlement européen du 12 mars 2013 (non encore parue au *Journal officiel*) et décision du Conseil du 22 avril 2013.

[3] Voir page 63 du présent *Journal officiel*.

[4] *JO* L 136 du 24 mai 2008, p. 3.

[5] *JO* L 144 du 30 avr. 2004, p. 62.

[6] *JO* L 281 du 23 nov. 1995, p. 31.

[7] *JO* L 8 du 12 janv. 2001, p. 1.

[8] *JO* L 304 du 22 nov. 2011, p. 64.

[9] *JO* L 55 du 28 févr. 2011, p. 13.

[10] *JO* C 136 du 11 mai 2012, p. 1.

[11] *JO* L 178 du 17 juill. 2000, p. 1.

[12] *JO* L 364 du 9 déc. 2004, p. 1.

[13] *JO* L 110 du 1er mai 2009, p. 30.

ANNEXE

Informations à fournir lors de l'introduction d'une plainte

1) Qualité du plaignant (consommateur ou professionnel).

2) Nom, adresse électronique et adresse du consommateur.

3) Nom, adresse électronique, adresse du site internet et adresse du professionnel.

4) Nom, adresse électronique et adresse du représentant du plaignant, le cas échéant.

5) La ou les langues du plaignant ou de son représentant, le cas échéant.

6) Langue du défendeur, si elle est connue.

7) Type de biens ou de services concernés par la plainte.

8) Le bien ou le service a-t-il été proposé par le professionnel et a-t-il fait l'objet d'une commande par le consommateur sur un site internet ou par un autre moyen électronique ?

9) Prix du bien ou du service acheté.

10) Date d'achat du bien ou du service par le consommateur.

11) Le consommateur a-t-il pris directement contact avec le professionnel ?

12) Le litige est-il ou a-t-il été précédemment examiné par une entité de REL ou une juridiction ?

13) Type de plainte.

14) Description de la plainte.

15) Si le plaignant est un consommateur, les entités de REL auxquelles le professionnel est tenu de recourir ou s'est engagé à recourir conformément à l'article 13, paragraphe 1, de la directive 2013/11/UE, si elles sont connues.

16) Si le plaignant est un professionnel, l'entité ou les entités de REL auxquelles il s'engage à recourir ou est tenu de recourir.

# III – Directives

## 159 Directive du Conseil, du 27 janvier 2003, visant à améliorer l'accès à la justice dans les affaires transfrontalières par l'établissement de règles minimales communes relatives à l'aide judiciaire accordée dans le cadre de telles affaires

En vigueur depuis le 31 janvier 2003

*Le Conseil de l'Union européenne,*

Vu le traité instituant la Communauté européenne, et notamment son article 61, point c), et son article 67,

Vu la proposition de la Commission (1),

Vu l'avis du Parlement européen (2),

Vu l'avis du Comité économique et social (3),

Considérant ce qui suit :

(1) L'Union européenne s'est donné pour objectif de maintenir et de développer un espace de liberté, de sécurité et de justice au sein duquel est assurée la libre circulation des personnes. Pour mettre en place progressivement cet espace, la Communauté doit adopter, entre autres, les mesures qui touchent à la coopération judiciaire en matière civile ayant des aspects transfrontaliers et qui sont nécessaires au bon fonctionnement du marché intérieur.

(2) L'article 65, point c), du traité prévoit, entre autres, des mesures qui visent à éliminer les obstacles au bon déroulement des procédures civiles, au besoin en favorisant la compatibilité des règles de procédure civile applicables dans les États membres.

(3) Le Conseil européen, réuni à Tampere les 15 et 16 octobre 1999, a invité le Conseil à établir des normes minimales garantissant un niveau approprié d'aide juridique pour les affaires transfrontalières dans l'ensemble de l'Union.

(4) Tous les États membres sont parties à la Convention européenne de sauvegarde des droits de l'homme et des libertés fondamentales du 4 novembre 1950. Les matières traitées dans la présente directive le seront dans le respect de ladite convention et en particulier du principe de l'égalité des deux parties à un litige.

(5) La présente directive vise à promouvoir l'octroi d'une aide judiciaire pour les litiges transfrontaliers à toute personne qui ne dispose pas de ressources suffisantes lorsque cette aide est nécessaire pour assurer un accès effectif à la justice. L'accès à la justice est un droit généralement reconnu qui est aussi réaffirmé à l'article 47 de la Charte des droits fondamentaux de l'Union européenne.

(6) Le manque de ressources d'une personne partie à un litige, qu'elle soit demanderesse ou défenderesse, pas plus que les difficultés induites par le caractère transfrontalier d'un litige, ne devraient constituer des obstacles à un accès effectif à la justice.

(7) Étant donné que les objectifs de la présente directive ne peuvent pas être réalisés de manière suffisante par les États membres et peuvent donc être mieux réalisés au niveau communautaire, la Communauté peut prendre des mesures, conformément au principe de subsidiarité consacré à l'article 5 du traité. Conformément au principe de proportionnalité tel qu'énoncé audit article, la présente directive n'excède pas ce qui est nécessaire pour atteindre ces objectifs.

(8) La présente directive a pour principal objectif de garantir un niveau approprié d'aide judiciaire dans les litiges transfrontaliers, par l'établissement de certaines normes minimales communes relatives à l'aide judiciaire qui soient applicables en cas de litige de cette nature. Une directive du Conseil est l'instrument législatif le mieux approprié pour atteindre cet objectif.

(9) La présente directive s'applique en cas de litige transfrontalier, aux matières civiles et commerciales.

(10) Toute personne intervenant dans un litige en matière civile ou commerciale relevant de la présente directive doit pouvoir faire valoir ses droits en justice même si sa situation financière personnelle l'empêche de pouvoir faire face aux frais de justice. L'aide judiciaire est considérée comme appropriée quand elle permet au bénéficiaire d'accéder effectivement à la justice dans les conditions prévues par la présente directive.

(11) L'aide judiciaire devrait couvrir les conseils précontentieux afin de parvenir à un règlement avant d'engager une procédure judiciaire, une assistance juridique pour saisir un tribunal et une représentation en justice ainsi que la prise en charge ou l'exonération des frais de justice.

(12) Il revient au droit national de l'État membre du for ou dans lequel la décision doit être exécutée de déterminer si les frais de justice peuvent inclure les dépens de la partie adverse auxquels le bénéficiaire de l'aide judiciaire est condamné.

(13) Tous les citoyens de l'Union, où que soit situé leur domicile ou leur résidence habituelle sur le territoire d'un État membre, doivent pouvoir prétendre au bénéfice de l'aide judiciaire dans les litiges transfrontaliers s'ils remplissent les conditions prévues par la présente directive. Il en va de même pour les ressortissants de pays tiers qui ont leur résidence habituelle et sont en situation régulière de séjour sur le territoire d'un État membre.

(14) Il convient de laisser aux États membres la liberté d'établir des seuils au-dessus desquels une personne serait présumée pouvoir faire face aux frais de justice, dans les conditions définies par la présente directive. Ces seuils sont établis en prenant en compte différents éléments objectifs tels que les revenus, le capital détenu ou la situation familiale.

(15) L'objectif de la présente directive ne pourrait toutefois pas être atteint si la possibilité n'était pas laissée aux candidats à l'aide judiciaire d'apporter la preuve qu'ils ne peuvent faire face aux frais de justice même si leurs ressources dépassent le seuil établi par l'État membre du for. Lorsqu'elles apprécient si l'aide judiciaire doit être accordée sur cette base, les autorités de l'État membre du for peuvent tenir compte d'éléments indiquant que le demandeur remplit les critères d'admissibilité financière dans l'État membre où il a son domicile ou sa résidence habituelle.

(16) La possibilité, en l'espèce, de recourir à d'autres mécanismes qui assurent l'accès effectif à la justice n'est pas une forme d'aide judiciaire. Cette possibilité peut cependant conduire à présumer que la personne concernée peut faire face aux frais de justice malgré sa situation financière défavorable.

(17) Il convient de ménager la possibilité pour les États membres de rejeter les demandes d'aide judiciaire relatives à des actions manifestement non fondées ou pour des motifs liés à leur bien-fondé, pour autant que des conseils précontentieux soient offerts et que l'accès à la justice soit garanti. En statuant sur le bien-fondé d'une demande, les États membres peuvent rejeter toute demande d'aide judiciaire lorsque le demandeur réclame des dommages et intérêts pour atteinte à sa réputation alors qu'il n'a subi aucun préjudice matériel ou financier ou s'il s'agit d'une revendication découlant directement des activités commerciales du demandeur ou de ses activités en tant que travailleur indépendant.

(18) La complexité et les différences des systèmes judiciaires des États membres, ainsi que les coûts inhérents au caractère transfrontalier des litiges, ne devraient pas entraver l'accès à la justice. Il convient donc que l'aide judiciaire couvre les coûts directement liés au caractère transfrontalier d'un litige.

(19) Pour déterminer s'il est nécessaire qu'une personne soit présente physiquement à l'audience, les juridictions d'un État membre devraient tenir compte de l'ensemble des avantages qu'offrent les possibilités prévues par le règlement (CE) n° 1206/2001 du Conseil du 28 mai 2001 relatif à la coopération entre les juridictions des États membres dans le domaine de l'obtention des preuves en matière civile ou commerciale (4).

(20) Si l'aide judiciaire est accordée, elle doit couvrir toute la procédure, y compris les frais exposés pour qu'un jugement soit déclaré exécutoire ou soit exécuté. Le bénéficiaire devrait continuer à percevoir cette aide si un appel est formé soit contre lui, soit par lui, pour autant que les conditions liées aux ressources financières et au fond du litige continuent à être remplies.

(21) L'aide judiciaire doit être accordée aux mêmes conditions, qu'il s'agisse de procédures judiciaires traditionnelles ou de procédures extrajudiciaires telles que la médiation, dès lors que la loi fait obligation d'y recourir ou qu'un tribunal y renvoie les parties.

(22) L'aide judiciaire devrait aussi être accordée pour l'exécution des actes authentiques dans un autre État membre dans les conditions définies par la présente directive.

(23) L'aide judiciaire étant accordée par l'État membre du for ou dans lequel la décision doit être exécutée, à l'exception de l'aide précontentieuse si le candidat à l'aide n'a pas son domicile ou sa résidence habituelle dans l'État membre du for, celui-ci doit appliquer sa propre législation, dans le respect des principes de la présente directive.

(24) Il y a lieu que l'aide judiciaire soit accordée ou refusée par l'autorité compétente de l'État membre du for ou dans lequel la décision doit être exécutée. Tel est le cas à la fois quand la juridiction statue au fond et lorsqu'elle est appelée en premier lieu à se prononcer sur sa compétence.

(25) Il convient d'organiser la coopération judiciaire en matière civile entre les États membres, en vue de favoriser l'information du public et des professionnels et de simplifier et d'accélérer la transmission des demandes d'aide judiciaire d'un État membre à l'autre.

(26) Les mécanismes de notification et de transmission prévus par la présente directive s'inspirent directement de ceux qui sont institués par l'accord européen sur la transmission des demandes d'assistance judiciaire signé à Strasbourg le 27 janvier 1977, ci-après dénommé « accord de 1977 ». Un délai, non prévu par l'accord de 1977, est fixé pour la transmission des demandes d'aide judiciaire. La fixation d'un délai relativement court contribue au bon fonctionnement de la justice.

(27) Les informations communiquées en application de la présente directive doivent bénéficier d'une protection. Étant donné que la directive 95/46/CE du Parlement européen et du Conseil du 24 octobre 1995 relative à la protection des personnes physiques à l'égard du traitement des données à caractère personnel et à la libre circulation de ces données (5) et la directive 97/66/CE du Parlement européen et du Conseil du 15 décembre 1997 concernant le traitement des données à caractère personnel et la protection de la vie privée dans le secteur des télécommunications (6) sont applicables, il n'y a pas lieu de prévoir dans la présente directive des dispositions particulières en matière de protection des données.

(28) La création d'un formulaire standard pour les demandes d'aide judiciaire et la transmission des demandes d'aide judiciaire dans les cas de litiges transfrontaliers rendra les procédures plus aisées et plus rapides.

(29) En outre, ces formulaires de demande ainsi que les formulaires de demande nationaux devraient être mis à la disposition du public au niveau européen par l'intermédiaire du système d'information du réseau judiciaire européen établi conformément à la décision 2001/470/CE (7).

(30) Il y a lieu d'arrêter les mesures nécessaires pour la mise en œuvre de la présente directive en conformité avec la décision 1999/468/CE du Conseil du 28 juin 1999 fixant les modalités de l'exercice des compétences d'exécution conférées à la Commission (8).

(31) Il convient de préciser que l'établissement de normes minimales pour les litiges transfrontaliers ne fait pas obstacle à ce que les États membres prévoient des dispositions plus favorables pour les personnes candidates à l'aide judiciaire et les bénéficiaires de cette aide.

(32) L'accord de 1977, et le protocole additionnel à l'accord européen sur la transmission des demandes d'assistance judiciaire signé à Moscou en 2001, restent applicables aux relations entre les États membres et les pays tiers parties à l'accord de 1977 ou à ce protocole. En revanche, la présente directive prévaut sur les dispositions de l'accord de 1977 et du protocole en ce qui concerne les relations entre États membres.

(33) Le Royaume-Uni et l'Irlande, conformément à l'article 3 du protocole sur la position du Royaume-Uni et de l'Irlande annexé au traité sur l'Union européenne et au traité instituant la Communauté européenne, ont notifié leur souhait de participer à l'adoption et à l'application de la présente directive.

(34) Le Danemark, conformément aux articles 1er et 2 du protocole sur la position du Danemark annexé au traité sur l'Union européenne et au traité instituant la Communauté européenne, ne participe pas à l'adoption de la présente directive et n'est donc pas lié par celle-ci ni soumis à son application,

*A arrêté la présente directive :*

CHAPITRE PREMIER

## Champ d'application et définitions

### Article premier – Objectifs et champ d'application

1. La présente directive vise à améliorer l'accès à la justice dans les affaires transfrontalières par l'établissement de règles minimales communes en matière d'aide judiciaire dans le cadre de telles affaires.

2. Elle vise, dans les affaires transfrontalières, toute procédure en matière civile et commerciale, quelle que soit la nature de la juridiction. Elle ne recouvre notamment pas les matières fiscales, douanières ou administratives.

3. Aux fins de la présente directive, on entend par « État membre » : tout État membre, à l'exception du Danemark.

### Article 2 – Litiges transfrontaliers

1. Aux fins de la présente directive, on entend par « litige transfrontalier » : tout litige dans lequel la partie qui présente une demande d'aide judiciaire au titre de la présente directive a son domicile ou sa résidence habituelle dans un État membre autre que l'État du for ou que l'État dans lequel la décision doit être exécutée.

2. L'État membre dans lequel une partie a son domicile est déterminé conformément à l'article 59 du règlement (CE) n° 44/2001 du Conseil du 22 décembre 2000 concernant la compétence judiciaire, la reconnaissance et l'exécution des décisions en matière civile et commerciale (9).

3. Le moment pertinent pour déterminer si l'on est en présence d'un litige transfrontalier est le moment auquel la demande est introduite conformément à la présente directive.

CHAPITRE II

## Droit à l'aide judiciaire

### Article 3 – Droit à l'aide judiciaire

1. Toute personne physique partie à un litige qui relève de la présente directive a le droit de bénéficier d'une aide judiciaire appropriée destinée à lui garantir un accès effectif à la justice, selon les conditions définies par la présente directive.

2. L'aide judiciaire est considérée comme appropriée lorsqu'elle garantit :

a) des conseils précontentieux en vue d'arriver à un règlement avant d'intenter une procédure judiciaire;

b) une assistance juridique et une représentation en justice, ainsi que l'exonération ou la prise en charge des frais de justice du bénéficiaire, y compris les frais visés à l'article 7 et les honoraires des mandataires que le juge désigne pour accomplir des actes durant la procédure.

Dans les États membres où la partie qui succombe est condamnée à régler les frais de la partie adverse, l'aide judiciaire couvre, si le bénéficiaire succombe, les frais de la partie adverse dès lors qu'elle aurait couvert ces frais si le bénéficiaire avait eu son domicile ou sa résidence habituelle dans l'État membre du for.

3. Les États membres ne sont pas tenus de fournir une assistance judiciaire ou d'assurer la représentation en justice dans le cadre de procédures spécialement destinées à permettre aux plaideurs de faire valoir en personne leurs moyens de défense, à moins que le juge ou toute autre autorité compétente n'en décide autrement pour garantir l'égalité entre les parties ou en raison de la complexité de l'affaire.

4. Les États membres peuvent demander aux bénéficiaires de l'aide judiciaire une contribution raisonnable aux frais de justice en tenant compte des conditions visées à l'article 5.

5. Les États membres peuvent prévoir que l'autorité compétente peut décider que le bénéficiaire de l'aide judiciaire doit rembourser celle-ci, en tout ou en partie, si sa

situation financière s'est entre-temps sensiblement améliorée ou si l'octroi de l'aide judiciaire a été décidé sur la base d'informations inexactes fournies par le bénéficiaire.

### Article 4 – Non-discrimination

Les États membres accordent le bénéfice de l'aide judiciaire, sans discrimination, aux citoyens de l'Union et aux ressortissants de pays tiers en situation régulière de séjour dans l'un des États membres.

CHAPITRE III

## Conditions et étendue de l'aide judiciaire

### Article 5 – Conditions de ressources financières

1. Les États membres accordent l'aide judiciaire aux personnes visées à l'article 3, paragraphe 1, qui sont dans l'incapacité totale ou partielle de faire face aux frais de justice visés à l'article 3, paragraphe 2, en raison de leur situation économique, en vue de leur garantir un accès effectif à la justice.

2. La situation économique d'une personne est évaluée par l'autorité compétente de l'État membre du for, en tenant compte de différents éléments objectifs tels que les revenus, le capital détenu ou la situation familiale, y compris par une évaluation des ressources des personnes qui dépendent financièrement du demandeur.

3. Les États membres peuvent établir des seuils au-dessus desquels le candidat à l'aide judiciaire est présumé pouvoir faire face à tout ou partie des frais de justice visés à l'article 3, paragraphe 2. Ces seuils sont définis sur la base des critères définis au paragraphe 2 du présent article.

4. Les seuils définis conformément au paragraphe 3 du présent article ne peuvent empêcher les candidats à l'aide judiciaire dont les ressources dépassent les seuils de bénéficier de l'aide judiciaire s'ils apportent la preuve qu'ils ne pourraient pas faire face aux frais de justice visés à l'article 3, paragraphe 2, en raison de la différence du coût de la vie entre l'État membre de domicile ou de résidence habituelle et l'État du for.

5. L'aide judiciaire peut ne pas être accordée au demandeur s'il a, dans le cas concerné, un accès effectif à d'autres mécanismes par lesquels les frais de justice visés à l'article 3, paragraphe 2, sont pris en charge.

### Article 6 – Conditions liées au fond du litige

1. Les États membres peuvent prévoir que les demandes d'aide judiciaire relatives à une action paraissant manifestement non fondée peuvent être rejetées par les autorités compétentes.

2. Si des conseils précontentieux sont offerts, l'octroi de toute aide judiciaire supplémentaire peut être refusé ou supprimé pour des raisons liées au bien-fondé de l'affaire, pour autant que l'accès à la justice soit garanti.

3. En statuant sur le bien-fondé d'une demande, et sans préjudice de l'article 5, les États membres tiennent compte de l'importance de l'affaire en cause pour le demandeur. Ils peuvent toutefois aussi tenir compte de la nature de l'affaire lorsque le demandeur réclame des dommages et intérêts pour atteinte à sa réputation alors qu'il n'a subi aucun préjudice matériel ou financier ou lorsqu'il s'agit d'une reven-

dication découlant directement des activités commerciales du demandeur ou de ses activités en tant que travailleur indépendant.

### Article 7 – Frais liés au caractère transfrontalier de la procédure

L'aide judiciaire accordée dans l'État du for inclut les frais ci-après directement liés au caractère transfrontalier du litige :

a) l'interprétation;

b) la traduction des documents exigés par la juridiction ou l'autorité compétente et soumis par le bénéficiaire, qui sont nécessaires au règlement du litige, et

c) les frais de déplacement que le demandeur doit exposer lorsque la loi ou le juge de cet État membre exige la présence physique à l'audience des personnes concernées par l'introduction de la demande et lorsque le juge décide que les personnes concernées ne peuvent être entendues à sa satisfaction par aucun autre moyen.

### Article 8 – Frais à la charge de l'État membre du domicile ou de la résidence habituelle

L'État membre dans lequel le candidat à l'aide judiciaire a son domicile ou sa résidence habituelle fournit l'aide judiciaire visée à l'article 3, paragraphe 2, qui est nécessaire pour couvrir :

a) les frais exposés dans ledit État membre au titre de l'assistance d'un avocat local ou de toute autre personne habilitée par la loi pour fournir des conseils juridiques, jusqu'à ce que la demande d'aide judiciaire ait été reçue, conformément à la présente directive, dans l'État membre du for;

b) la traduction de la demande et des documents connexes nécessaires, lorsque la demande est introduite auprès des autorités dudit État membre.

### Article 9 – Continuité de l'aide judiciaire

1. L'aide judiciaire continue à être accordée en totalité ou en partie au bénéficiaire en vue de couvrir les frais exposés pour obtenir qu'un jugement soit exécuté dans l'État membre du for.

2. Un bénéficiaire qui a reçu une aide judiciaire dans l'État membre du for reçoit l'aide judiciaire prévue par la législation de l'État membre dans lequel la décision doit être reconnue, déclarée exécutoire ou exécutée.

3. L'aide judiciaire continue d'être mise à disposition au cas où une voie de recours est exercée soit par, soit contre, le bénéficiaire, sous réserve des articles 5 et 6.

4. Les États membres peuvent prévoir que la demande peut faire l'objet d'un nouvel examen au regard de l'article 3, paragraphes 3 et 5, de l'article 5 et de l'article 6 à tous les stades de la procédure, y compris ceux visés aux paragraphes 1, 2 et 3 du présent article.

### Article 10 – Procédures extrajudiciaires

Le bénéfice de l'aide judiciaire est également étendu aux procédures extrajudiciaires, dans les conditions définies par la présente directive, lorsque la loi fait obligation aux parties de recourir à celles-ci ou lorsque les parties en litige y sont renvoyées par le juge.

### Article 11 – Actes authentiques

L'aide judiciaire est accordée, dans les conditions définies par la présente directive, pour l'exécution des actes authentiques dans un autre État membre.

CHAPITRE IV

## Procédure

### Article 12 – Autorité accordant l'aide judiciaire

L'aide judiciaire est accordée ou refusée par l'autorité compétente de l'État membre du for, sans préjudice de l'article 8.

### Article 13 – Introduction et transmission des demandes d'aide judiciaire

1. Les demandes d'aide judiciaire peuvent être soumises soit :

a) à l'autorité compétente de l'État membre dans lequel le demandeur a son domicile ou sa résidence habituelle (l'autorité expéditrice), soit

b) à l'autorité compétente de l'État membre du for ou de celui dans lequel la décision doit être exécutée (l'autorité réceptrice).

2. Les demandes d'aide judiciaire sont établies, et les documents connexes sont traduits :

a) dans la langue officielle ou dans l'une des langues de l'État membre de l'autorité réceptrice compétente, qui correspond à l'une des langues des institutions de la Communauté ; ou

b) dans toute autre langue que cet État membre a indiqué pouvoir accepter conformément à l'article 14, paragraphe 3.

3. Les autorités expéditrices compétentes peuvent décider de refuser de transmettre une demande au cas où celle-ci est manifestement :

a) non fondée, ou

b) hors du champ d'application de la présente directive.

L'article 15, paragraphes 2 et 3, est applicable à ces décisions.

4. L'autorité expéditrice compétente aide le demandeur en veillant à ce que la demande soit accompagnée de tous les documents connexes qu'elle sait être requis pour que la demande soit traitée. Elle aide aussi le demandeur à fournir les traductions nécessaires de ces documents, conformément à l'article 8, point b).

L'autorité expéditrice compétente transmet la demande à l'autorité réceptrice compétente de l'autre État membre dans un délai de 15 jours à compter de la date de réception de la demande dûment établie dans une des langues visées au paragraphe 2 et des documents connexes traduits, le cas échéant, dans l'une de ces langues.

5. Les documents transmis en application de la présente directive sont dispensés de la légalisation et de toute formalité analogue.

6. Aucune rémunération ne peut être perçue par les États membres pour les services rendus conformément au paragraphe 4. Les États membres dans lesquels le demandeur d'aide judiciaire a son domicile ou sa résidence habituelle peuvent prévoir que ce dernier doit rembourser les frais de traduction exposés par l'autorité expéditrice compétente si l'autorité compétente rejette la demande d'aide judiciaire.

### Article 14 – Autorités compétentes et régime linguistique

1. Les États membres désignent la ou les autorités compétentes pour l'expédition (ci-après dénommées « autorités expéditrices ») ou la réception (ci-après dénommées « autorités réceptrices ») de la demande.

2. Chaque État membre fournit à la Commission les informations suivantes :

– les noms et adresses des autorités réceptrices ou expéditrices compétentes visées au paragraphe 1,

– les zones géographiques relevant de leur compétence,
– les moyens de réception dont elles disposent pour recevoir les demandes, et
– les langues qui peuvent être utilisées pour établir la demande.

3. Les États membres notifient à la Commission la ou les langues officielles des institutions de la Communauté autres que leur(s) propre(s) langue(s) que les autorités réceptrices compétentes peuvent accepter pour les demandes d'aide judiciaire qui seront reçues conformément à la présente directive.

4. Les États membres communiquent à la Commission les informations visées aux paragraphes 2 et 3 avant le 30 novembre 2004. Toute modification ultérieure de ces informations est notifiée à la Commission au plus tard deux mois après son entrée en vigueur dans l'État membre concerné.

5. Les informations visées aux paragraphes 2 et 3 sont publiées au *Journal officiel* des Communautés européennes.

### Article 15 – Traitement des demandes

1. Les autorités nationales compétentes pour statuer sur les demandes d'aide judiciaire veillent à ce que le demandeur soit pleinement informé du traitement de la demande.

2. En cas de rejet total ou partiel de la demande, les motifs du rejet sont indiqués.

3. Les États membres garantissent la possibilité d'une révision ou d'un appel contre une décision de rejet de la demande d'aide judiciaire. Les États membres peuvent prévoir une exception pour les cas où la demande d'aide judiciaire est rejetée par une juridiction dont la décision sur le fond ne peut faire l'objet d'un appel en droit national ou par une juridiction d'appel.

4. Lorsque les recours formés contre une décision de refus ou de suppression de l'aide judiciaire rendue en vertu de l'article 6 revêtent un caractère administratif, ils peuvent toujours faire l'objet en dernier ressort d'un contrôle juridictionnel.

### Article 16 – Formulaire standard

1. Dans le but de faciliter la transmission, un formulaire standard pour les demandes d'aide judiciaire et pour la transmission de ces demandes est établi selon la procédure prévue à l'article 17, paragraphe 2.

2. Le formulaire standard pour la transmission des demandes d'aide judiciaire est créé au plus tard le 30 mai 2003.

Le formulaire standard pour les demandes d'aide judiciaire est créé au plus tard le 30 novembre 2004.

## CHAPITRE V

## Dispositions finales

### Article 17 – Comité

1. La Commission est assistée par un comité.

2. Dans le cas où il est fait référence au présent paragraphe, les articles 3 et 7 de la décision 1999/468/CE s'appliquent.

3. Le comité adopte son règlement intérieur.

### Article 18 – Information

Les autorités nationales compétentes collaborent en vue d'assurer l'information du public et des milieux professionnels quant aux différents systèmes d'aide judiciaire, notamment via le réseau judiciaire européen établi conformément à la décision 2001/470/CE.

### Article 19 – Dispositions favorables

La présente directive ne fait pas obstacle à ce que les États membres prévoient des dispositions plus favorables pour les personnes candidates à l'aide judiciaire et les bénéficiaires de cette aide.

### Article 20 – Relations avec les autres instruments

En ce qui concerne les relations entre les États membres et pour toute matière à laquelle s'applique la présente directive, les dispositions de cette dernière priment sur les dispositions contenues dans les accords bilatéraux et multilatéraux conclus entre les États membres, y compris :

a) l'accord européen sur la transmission des demandes d'assistance judiciaire signé à Strasbourg le 27 janvier 1977, tel que modifié par le protocole additionnel à l'accord européen sur la transmission des demandes d'assistance judiciaire, signé à Moscou en 2001 ;

b) la convention de La Haye du 25 octobre 1980 tendant à faciliter l'accès international à la justice.

### Article 21 – Transposition en droit national

1. Les États membres mettent en vigueur les dispositions législatives, réglementaires et administratives nécessaires pour se conformer à la présente directive au plus tard le 30 novembre 2004, à l'exception de l'article 3, paragraphe 2, point a), pour lequel la transposition de la présente directive en droit national aura lieu au plus tard le 30 mai 2006. Ils en informent immédiatement la Commission.

Lorsque les États membres adoptent ces dispositions, celles-ci contiennent une référence à la présente directive ou sont accompagnées d'une telle référence lors de leur publication officielle. Les modalités de cette référence sont arrêtées par les États membres.

2. Les États membres communiquent à la Commission le texte des dispositions essentielles de droit interne qu'ils adoptent dans le domaine régi par la présente directive.

### Article 22 – Entrée en vigueur

La présente directive entre en vigueur le jour de sa publication au *Journal officiel* des Communautés européennes.

### Article 23 – Destinataires

Les États membres sont destinataires de la présente directive, conformément au traité instituant la Communauté européenne.

Références

(1) *JO* C 103 E du 30 avr. 2002, p. 368.

(2) Avis rendu le 25 septembre 2002 (non encore paru au *Journal officiel*).

(3) *JO* C 221 du 17 sept. 2002, p. 64.

(4) *JO* L 174 du 27 juin 2001, p. 1.

(5) *JO* L 281 du 23 nov. 1995, p. 31.

(6) *JO* L 24 du 30 janv. 1998, p. 1.

(7) *JO* L 174 du 27 juin 2001, p. 25.

(8) *JO* L 184 du 17 juill. 1999, p. 23.

(9) *JO* L 12 du 16 janv. 2001, p. 1. Règlement modifié par le règlement (CE) n° 1496/2002 de la Commission (*JO* L 225 du 22 août 2002, p. 13).

# 160 Directive 2008/52/CE du Parlement européen et du Conseil du 21 mai 2008 sur certains aspects de la médiation en matière civile et commerciale

## En vigueur depuis le 12 juin 2008

*Le Parlement européen et le Conseil de l'Union européenne,*

Vu le traité instituant la Communauté européenne, et notamment son article 61, point c), et son article 67, paragraphe 5, second tiret,

Vu la proposition de la Commission,

Vu l'avis du Comité économique et social européen [1],

Statuant conformément à la procédure visée à l'article 251 du traité [2],

Considérant ce qui suit :

(1) La Communauté s'est donné pour objectif de maintenir et de développer un espace de liberté, de sécurité et de justice, dans lequel est assurée la libre circulation des personnes. À cet effet, la Communauté doit adopter, entre autres, dans le domaine de la coopération judiciaire en matière civile les mesures qui sont nécessaires au bon fonctionnement du marché intérieur.

(2) Le principe de l'accès à la justice est fondamental et, en vue de faciliter un meilleur accès à la justice, le Conseil européen réuni à Tampere les 15 et 16 octobre 1999 a invité les États membres à créer des procédures de substitution extrajudiciaires.

(3) En mai 2000, le Conseil a adopté des conclusions sur les modes alternatifs de règlement des conflits relevant du droit civil et commercial et a déclaré que l'établissement de principes fondamentaux dans ce domaine constituait un pas essentiel pour permettre le développement et le fonctionnement appropriés de procédures extrajudiciaires concernant le règlement des conflits en matière civile et commerciale de façon à simplifier et améliorer l'accès à la justice.

(4) En avril 2002, la Commission a présenté un livre vert sur les modes alternatifs de résolution des conflits relevant du droit civil et commercial, qui dressait un bilan de la situation actuelle en ce qui concerne les modes alternatifs de résolution des conflits dans l'Union européenne et engageait une vaste consultation auprès des États membres et des personnes concernées sur les mesures pouvant être mises en œuvre pour encourager le recours à la médiation.

(5) L'objectif de garantir un meilleur accès à la justice, qui fait partie de la politique de l'Union européenne visant à établir un espace de liberté, de sécurité et de justice, devrait englober l'accès aux modes de résolution des litiges tant judiciaires qu'extrajudiciaires. La présente directive devrait contribuer au bon fonctionnement du marché intérieur, notamment en ce qui concerne la possibilité de disposer de services de médiation.

(6) La médiation peut apporter une solution extrajudiciaire économique et rapide aux litiges en matière civile et commerciale au moyen de processus adaptés aux besoins des parties. Les accords issus de la médiation sont susceptibles d'être respectés volontairement et de préserver une relation amiable et durable entre les parties. Ces avantages sont plus marqués encore dans des situations comportant des éléments transfrontaliers.

(7) Pour encourager davantage le recours à la médiation et faire en sorte que les parties qui y recourent puissent se fonder sur un cadre juridique prévisible, il est nécessaire d'établir une législation-cadre qui porte en particulier sur les aspects essentiels de la procédure civile.

(8) Les dispositions de la présente directive ne devraient s'appliquer qu'à la médiation des litiges transfrontaliers, mais rien ne devrait empêcher les États membres de les appliquer également aux processus de médiation internes.

(9) La présente directive ne devrait nullement empêcher le recours aux techniques modernes de communication dans le cadre des processus de médiation.

(10) La présente directive devrait s'appliquer aux processus dans lesquels deux parties ou plus à un litige transfrontalier tentent par elles-mêmes, volontairement, de parvenir à un accord à l'amiable sur la résolution de leur litige avec l'aide d'un médiateur. Elle devrait s'appliquer aux matières civiles et commerciales, sans pouvoir néanmoins s'appliquer aux droits et obligations dont les parties ne peuvent disposer par elles-mêmes en vertu de la législation pertinente applicable. De tels droits et obligations sont particulièrement fréquents en droit de la famille et en droit du travail.

(11) La présente directive ne devrait pas s'appliquer aux pourparlers précontractuels ni aux processus quasi judiciaires tels que certaines procédures judiciaires de conciliation, les plaintes de consommateurs, l'arbitrage et les décisions d'expert ou aux processus dans lesquels des personnes ou des instances émettent une recommandation formelle, contraignante ou non, quant à la solution du litige.

(12) La présente directive devrait également s'appliquer aux cas dans lesquels une juridiction renvoie les parties à la médiation ou à ceux dans lesquels le droit national la prescrit. En outre, lorsque le droit national permet au juge d'agir en qualité de médiateur, la présente directive devrait également s'appliquer à la médiation menée par un juge qui n'est en charge d'aucune procédure judiciaire ayant trait à l'objet du litige. La présente directive ne devrait pas, toutefois, couvrir les tentatives faites par la juridiction ou le juge saisi pour résoudre un litige au cours de la procédure judiciaire relative audit litige, ni les cas dans lesquels la juridiction ou le juge saisi demande l'assistance ou les conseils d'une personne compétente.

(13) La médiation prévue par la présente directive devrait être un processus volontaire en ce sens que les parties elles-mêmes sont responsables du processus et peuvent l'organiser comme elles l'entendent et y mettre un terme à tout moment. Néanmoins, en vertu du droit national, les juridictions devraient avoir la possibilité de limiter le processus de médiation dans le temps. En outre, les juridictions devraient pouvoir attirer l'attention des parties sur la possibilité d'une médiation chaque fois qu'elle est appropriée.

(14) Aucune disposition de la présente directive ne devrait affecter une législation nationale rendant le recours à la médiation obligatoire ou soumis à des incitations ou à des sanctions, pour autant qu'une telle législation n'empêche pas les parties d'exercer leur droit d'accès au système judiciaire. De même, aucune disposition de la présente directive ne devrait affecter des systèmes autorégulés de médiation existants, dans la mesure où ils portent sur des aspects ne relevant pas de la présente directive.

(15) Afin d'assurer la sécurité juridique, la présente directive devrait indiquer la date qu'il convient de prendre en considération pour déterminer si un litige que les parties tentent de régler par la médiation est un litige transfrontalier ou non. En l'absence d'accord écrit, les parties devraient être réputées consentir à la médiation

dès l'instant où elles effectuent une démarche spécifique visant à entamer un processus de médiation.

(16) Pour assurer la confiance réciproque nécessaire en ce qui concerne la confidentialité, les effets sur les délais de prescription ainsi que la reconnaissance et l'exécution des accords issus de la médiation, les États membres devraient encourager, par tout moyen qu'ils jugent approprié, la formation des médiateurs et la mise en place de mécanismes efficaces de contrôle de la qualité relatifs à la fourniture des services de médiation.

(17) Les États membres devraient définir de tels mécanismes, qui peuvent inclure le recours à des solutions commerciales, et ne devraient pas être tenus de les financer. Ces mécanismes devraient viser à préserver la souplesse du processus de médiation et l'autonomie des parties et veiller à ce que la médiation soit menée avec efficacité, impartialité et compétence. L'existence du code de conduite européen pour les médiateurs devrait être signalée aux médiateurs, ce code devant aussi être accessible au public sur l'internet.

(18) Dans le domaine de la protection des consommateurs, la Commission a adopté une recommandation [3] qui établit les critères minimaux de qualité que les instances extrajudiciaires chargées de la résolution consensuelle des litiges de consommation doivent offrir à leurs utilisateurs. Tout médiateur ou tout organisme entrant dans le champ d'application de cette recommandation devrait être encouragé à en respecter les principes. Afin de faciliter la diffusion des informations relatives à de telles instances, la Commission devrait constituer une base de données des systèmes extrajudiciaires que les États membres jugent conformes aux principes de ladite recommandation.

(19) La médiation ne devrait pas être considérée comme une solution secondaire par rapport aux procédures judiciaires au motif que le respect des accords issus de la médiation dépendrait de la bonne volonté des parties. Les États membres devraient donc veiller à ce que les parties à un accord écrit issu de la médiation puissent obtenir que son contenu soit rendu exécutoire. Un État membre ne devrait pouvoir refuser de rendre un accord exécutoire que si le contenu de l'accord est contraire à son droit, y compris son droit international privé, ou si son droit ne prévoit pas la possibilité de rendre le contenu de l'accord en question exécutoire. Tel pourrait être le cas si l'obligation énoncée dans l'accord ne pouvait, par nature, recevoir la force exécutoire.

(20) Le contenu d'un accord issu de la médiation qui est rendu exécutoire dans un État membre devrait être reconnu et déclaré exécutoire dans les autres États membres, conformément au droit communautaire ou national applicable, par exemple sur la base du règlement (CE) n° 44/2001 du Conseil du 22 décembre 2000 concernant la compétence judiciaire, la reconnaissance et l'exécution des décisions en matière civile et commerciale [4] ou du règlement (CE) n° 2201/2003 du Conseil du 27 novembre 2003 relatif à la compétence, la reconnaissance et l'exécution des décisions en matière matrimoniale et en matière de responsabilité parentale [5].

(21) Le règlement (CE) n° 2201/2003 prévoit expressément que, pour être exécutoire dans un autre État membre, tout accord entre les parties doit être exécutoire dans l'État membre dans lequel il a été conclu. Par conséquent, si le contenu d'un accord issu de la médiation dans le domaine du droit de la famille n'est pas exécutoire dans l'État membre où il a été conclu et où la demande visant à le rendre exécutoire est formulée, la présente directive ne devrait pas encourager les parties à contourner la loi de l'État membre en question en faisant en sorte que l'accord soit rendu exécutoire dans un autre État membre.

(22) La présente directive ne devrait pas porter atteinte aux règles des États membres concernant l'exécution des accords issus de la médiation.

(23) La confidentialité est importante dans le cadre du processus de médiation et la présente directive devrait par conséquent prévoir un degré minimum de compatibilité entre les règles de procédure civile concernant les modalités de protection de la confidentialité de la médiation dans toute procédure ultérieure, qu'il s'agisse d'une procédure judiciaire civile ou commerciale ou d'un arbitrage.

(24) Pour encourager les parties à recourir à la médiation, les États membres devraient veiller à ce que leurs règles de prescription n'empêchent pas les parties de saisir une juridiction ou un arbitre si leur tentative de médiation échoue. Les États membres devraient s'assurer que tel est le cas même si la présente directive n'harmonise pas les règles nationales sur les délais de prescription. Les dispositions relatives aux délais de prescription prévus dans des accords internationaux applicables dans les États membres, par exemple dans le domaine du droit des transports, ne devraient pas être affectées par la présente directive.

(25) Les États membres devraient encourager la mise à la disposition du public d'informations sur la manière de contacter les médiateurs et les organismes fournissant des services de médiation. Les États membres devraient également encourager les praticiens de la justice à informer leurs clients des possibilités de médiation.

(26) Conformément au point 34 de l'accord interinstitutionnel « Mieux légiférer » [6], les États membres sont encouragés à établir, pour eux-mêmes et dans l'intérêt de la Communauté, leurs propres tableaux, qui illustrent, dans la mesure du possible, la concordance entre la présente directive et les mesures de transposition, et à les rendre publics.

(27) La présente directive vise à promouvoir les droits fondamentaux et tient compte des principes qui sont reconnus notamment par la charte des droits fondamentaux de l'Union européenne.

(28) Étant donné que l'objectif de la présente directive ne peut pas être réalisé de manière suffisante par les États membres et peut donc, en raison des dimensions ou des effets de l'action, être mieux réalisé au niveau communautaire, la Communauté peut prendre des mesures conformément au principe de subsidiarité consacré à l'article 5 du traité. Conformément au principe de proportionnalité tel qu'énoncé audit article, la présente directive n'excède pas ce qui est nécessaire pour atteindre cet objectif.

(29) Conformément à l'article 3 du protocole sur la position du Royaume-Uni et de l'Irlande, annexé au traité sur l'Union européenne et au traité instituant la Communauté européenne, le Royaume-Uni et l'Irlande ont notifié leur souhait de participer à l'adoption et à l'application de la présente directive.

(30) Conformément aux articles 1$^{er}$ et 2 du protocole sur la position du Danemark, annexé au traité sur l'Union européenne et au traité instituant la Communauté européenne, le Danemark ne participe pas à l'adoption de la présente directive et n'est pas lié par celle-ci, ni soumis à son application,

*Ont arrêté la présente directive :*

## Article premier – Objet et champ d'application

1. La présente directive a pour objet de faciliter l'accès à des procédures alternatives de résolution des litiges et de favoriser le règlement amiable des litiges en

encourageant le recours à la médiation et en garantissant une articulation satisfaisante entre la médiation et les procédures judiciaires.

2. La présente directive s'applique, dans les litiges transfrontaliers, aux matières civiles et commerciales, à l'exception des droits et obligations dont les parties ne peuvent disposer en vertu de la législation pertinente applicable. Elle ne s'applique notamment ni aux matières fiscale, douanière ou administrative, ni à la responsabilité de l'État pour des actes ou des omissions commis dans l'exercice de la puissance publique (« *acta jure imperii* »).

3. Aux fins de la présente directive, on entend par « État membre », tout État membre autre que le Danemark.

## Article 2 – Litiges transfrontaliers

1. Aux fins de la présente directive, on entend par « litige transfrontalier », tout litige dans lequel une des parties au moins est domiciliée ou a sa résidence habituelle dans un État membre autre que l'État membre de toute autre partie à la date à laquelle :

a) les parties conviennent de recourir à la médiation après la naissance du litige;

b) la médiation est ordonnée par une juridiction;

c) une obligation de recourir à la médiation prend naissance en vertu du droit national; ou

d) les parties sont invitées à recourir à la médiation aux fins de l'article 5.

2. Nonobstant le paragraphe 1, aux fins des articles 7 et 8, on entend également par « litige transfrontalier », tout litige dans lequel des procédures judiciaires ou d'arbitrage suivant une médiation entre les parties sont entamées dans un État membre autre que celui dans lequel les parties sont domiciliées ou ont leur résidence habituelle à la date visée au paragraphe 1, point a), b) ou c).

3. Aux fins des paragraphes 1 et 2, le domicile est déterminé conformément aux articles 59 et 60 du règlement (CE) n° 44/2001.

## Article 3 – Définitions

Aux fins de la présente directive, on entend par :

a) « médiation », un processus structuré, quelle que soit la manière dont il est nommé ou visé, dans lequel deux ou plusieurs parties à un litige tentent par elles-mêmes, volontairement, de parvenir à un accord sur la résolution de leur litige avec l'aide d'un médiateur. Ce processus peut être engagé par les parties, suggéré ou ordonné par une juridiction ou prescrit par le droit d'un État membre.

Elle inclut la médiation menée par un juge qui n'est chargé d'aucune procédure judiciaire ayant trait au litige en question. Elle exclut les tentatives faites par la juridiction ou le juge saisi d'un litige pour résoudre celui-ci au cours de la procédure judiciaire relative audit litige;

b) « médiateur », tout tiers sollicité pour mener une médiation avec efficacité, impartialité et compétence, quelle que soit l'appellation ou la profession de ce tiers dans l'État membre concerné et quelle que soit la façon dont il a été nommé pour mener ladite médiation ou dont il a été chargé de la mener.

## Article 4 – Qualité de la médiation

1. Les États membres encouragent, par tout moyen qu'ils jugent approprié, l'élaboration de codes volontaires de bonne conduite et l'adhésion à ces codes, par les médiateurs et les organismes fournissant des services de médiation, ainsi que

d'autres mécanismes efficaces de contrôle de la qualité relatifs à la fourniture de services de médiation.

2. Les États membres promeuvent la formation initiale et continue de médiateurs afin de veiller à ce que la médiation soit menée avec efficacité, compétence et impartialité à l'égard des parties.

### Article 5 – Recours à la médiation

1. Une juridiction saisie d'une affaire peut, le cas échéant et compte tenu de toutes les circonstances de l'espèce, inviter les parties à recourir à la médiation pour résoudre le litige. La juridiction peut également inviter les parties à assister à une réunion d'information sur le recours à la médiation pour autant que de telles réunions soient organisées et facilement accessibles.

2. La présente directive s'applique sans préjudice de toute législation nationale rendant le recours à la médiation obligatoire ou le soumettant à des incitations ou des sanctions, que ce soit avant ou après le début de la procédure judiciaire, pour autant qu'une telle législation n'empêche pas les parties d'exercer leur droit d'accès au système judiciaire.

### Article 6 – Caractère exécutoire des accords issus de la médiation

1. Les États membres veillent à ce que les parties, ou l'une d'entre elles avec le consentement exprès des autres, puissent demander que le contenu d'un accord écrit issu d'une médiation soit rendu exécutoire. Le contenu d'un tel accord est rendu exécutoire, sauf si, en l'espèce, soit ce contenu est contraire au droit de l'État membre dans lequel la demande est formulée, soit le droit de cet État membre ne prévoit pas la possibilité de le rendre exécutoire.

2. Le contenu de l'accord peut être rendu exécutoire par une juridiction ou une autre autorité compétente au moyen d'un jugement ou d'une décision ou dans un acte authentique, conformément au droit de l'État membre dans lequel la demande est formulée.

3. Les États membres communiquent à la Commission le nom des juridictions ou autres autorités compétentes pour recevoir une demande conformément aux paragraphes 1 et 2.

4. Aucune disposition du présent article n'affecte les règles applicables à la reconnaissance et à l'exécution dans un autre État membre d'un accord qui a été rendu exécutoire conformément au paragraphe 1.

### Article 7 – Confidentialité de la médiation

1. Étant donné que la médiation doit être menée de manière à préserver la confidentialité, les États membres veillent à ce que, sauf accord contraire des parties, ni le médiateur ni les personnes participant à l'administration du processus de médiation ne soient tenus de produire, dans une procédure judiciaire civile ou commerciale ou lors d'un arbitrage, des preuves concernant les informations résultant d'un processus de médiation ou en relation avec celui-ci, excepté :

a) lorsque cela est nécessaire pour des raisons impérieuses d'ordre public dans l'État membre concerné, notamment pour assurer la protection des intérêts primordiaux des enfants ou empêcher toute atteinte à l'intégrité physique ou psychologique d'une personne; ou

b) lorsque la divulgation du contenu de l'accord issu de la médiation est nécessaire pour mettre en œuvre ou pour exécuter ledit accord.

2. Aucune disposition du paragraphe 1 n'empêche les États membres d'appliquer des mesures plus strictes en vue de préserver la confidentialité de la médiation.

### Article 8 – Effets de la médiation sur les délais de prescription

1. Les États membres veillent à ce que les parties qui choisissent la médiation pour tenter de résoudre un litige ne soient pas empêchées par la suite d'entamer une procédure judiciaire ou une procédure d'arbitrage concernant ce litige du fait de l'expiration des délais de prescription pendant le processus de médiation.

2. Le paragraphe 1 s'entend sans préjudice des dispositions sur les délais de prescription figurant dans les accords internationaux auxquels les États membres sont parties.

### Article 9 – Information du public

Les États membres encouragent, par tout moyen qu'ils jugent approprié, la mise à la disposition du public, notamment sur internet, d'informations sur la manière de contacter les médiateurs et les organismes fournissant des services de médiation.

### Article 10 – Informations sur les autorités et les juridictions compétentes

La Commission met à la disposition du public, par tout moyen approprié, les informations sur les autorités ou les juridictions compétentes qui sont communiquées par les États membres conformément à l'article 6, paragraphe 3.

### Article 11 – Révision

Au plus tard le 21 mai 2016, la Commission présente au Parlement européen, au Conseil et au Comité économique et social européen un rapport relatif à l'application de la présente directive. Ce rapport examine l'évolution de la médiation dans l'ensemble de l'Union européenne et l'incidence de la présente directive dans les États membres. Il est accompagné, si nécessaire, de propositions visant à adapter la présente directive.

### Article 12 – Transposition

1. Les États membres mettent en vigueur les dispositions législatives, réglementaires et administratives nécessaires pour se conformer à la présente directive avant le 21 mai 2011, à l'exception de l'article 10, pour lequel la mise en conformité a lieu au plus tard le 21 novembre 2010. Ils en informent immédiatement la Commission.

Lorsque les États membres adoptent ces dispositions, celles-ci contiennent une référence à la présente directive ou sont accompagnées d'une telle référence lors de leur publication officielle. Les modalités de cette référence sont arrêtées par les États membres.

2. Les États membres communiquent à la Commission le texte des dispositions essentielles de droit interne qu'ils adoptent dans le domaine régi par la présente directive.

### Article 13 – Entrée en vigueur

La présente directive entre en vigueur le vingtième jour suivant celui de sa publication au *Journal officiel* de l'Union européenne.

## Article 14 – Destinataires

Les États membres sont destinataires de la présente directive.

Références

[1] *JO* C 286 du 17 nov. 2005, p. 1.

[2] Avis du Parlement européen du 29 mars 2007 (*JO* C 27 E du 31 janv. 2008, p. 129), position commune du Conseil du 28 février 2008 (non encore parue au *Journal officiel*) et position du Parlement européen du 23 avril 2008 (non encore parue au *Journal officiel*).

[3] Recommandation 2001/310/CE de la Commission du 4 avril 2001 relative aux principes applicables aux organes extrajudiciaires chargés de la résolution consensuelle des litiges de consommation (*JO* L 109 du 19 avr. 2001, p. 56).

[4] *JO* L 12 du 16 janv. 2001, p. 1. Règlement modifié en dernier lieu par le règlement (CE) n° 1791/2006 (*JO* L 363 du 20 déc. 2006, p. 1).

[5] *JO* L 338 du 23 déc. 2003, p. 1. Règlement modifié par le règlement (CE) n° 2116/2004 (*JO* L 367 du 14 déc. 2004, p. 1).

[6] *JO* C 321 du 31 déc. 2003, p. 1.

# 161 Directive 2013/11/UE du Parlement européen et du Conseil du 21 mai 2013 relative au règlement extrajudiciaire des litiges de consommation et modifiant le règlement (CE) n° 2006/2004 et la directive 2009/22/CE (directive relative au RELC)

En vigueur depuis le 8 juillet 2013



*Le Parlement européen et le Conseil de l'Union européenne,*

Vu le traité sur le fonctionnement de l'Union européenne, et notamment son article 114,

Vu la proposition de la Commission européenne,

après transmission du projet d'acte législatif aux parlements nationaux,

Vu l'avis du Comité économique et social européen [1],

Statuant conformément à la procédure législative ordinaire [2],

Considérant ce qui suit :

(1) L'article 169, paragraphe 1 et paragraphe 2, point a), du traité sur le fonctionnement de l'Union européenne dispose que l'Union contribue à assurer un niveau élevé de protection des consommateurs par les mesures qu'elle adopte en application de l'article 114 du traité sur le fonctionnement de l'Union européenne. L'article 38 de la Charte des droits fondamentaux de l'Union européenne dispose qu'un niveau élevé de protection des consommateurs est assuré dans les politiques de l'Union.

(2) Conformément à l'article 26, paragraphe 2, du traité sur le fonctionnement de l'Union européenne, le marché intérieur comporte un espace sans frontières intérieures dans lequel la libre circulation des marchandises et des services est assurée. Le marché intérieur devrait apporter aux consommateurs une valeur ajoutée sous la forme d'une qualité accrue, d'une plus grande variété, de prix raisonnables et de normes de sécurité élevées pour les biens et les services, ce qui devrait favoriser un niveau élevé de protection des consommateurs.

(3) Le cloisonnement du marché intérieur nuit à la compétitivité, à la croissance et à la création d'emplois dans l'Union. Aux fins de l'achèvement du marché intérieur, il est essentiel de supprimer les obstacles directs et indirects au bon fonctionnement du marché intérieur et de renforcer la confiance des citoyens.

(4) Assurer un accès à des moyens simples, efficaces, rapides et peu onéreux de résoudre les litiges nationaux et transfrontaliers résultant de la vente de marchandises ou de la prestation de services devrait profiter aux consommateurs et donc renforcer leur confiance dans le marché. Cet accès devrait valoir aussi bien pour les transactions en ligne que pour les transactions hors ligne et revêt une importance particulière lorsque les consommateurs font des achats dans un autre pays.

(5) Le règlement extrajudiciaire des litiges (REL) permet d'offrir une solution simple, rapide et peu onéreuse aux litiges entre consommateurs et professionnels sans qu'ils aient à intenter une action en justice. Or, le REL n'est pas encore suffisamment ni systématiquement développé dans l'Union. Il est regrettable que, malgré la recommandation 98/257/CE de la Commission du 30 mars 1998 concernant les principes applicables aux organes responsables pour la résolution extrajudiciaire des litiges de consommation [3] et la recommandation 2001/310/CE de la Commission du 4 avril 2001 relative aux principes applicables aux organes extrajudiciaires chargés de la résolution consensuelle des litiges de consommation [4], le REL n'ait pas été correctement mis en place et ne fonctionne pas de manière satisfaisante dans l'ensemble des zones géographiques ou des secteurs d'activité de l'Union. Les consommateurs et les professionnels ne sont toujours pas au courant des mécanismes existants en matière de recours extrajudiciaire, seul un faible pourcentage de citoyens sachant comment porter plainte devant une entité de REL. La qualité des procédures de REL, quand elles existent, varie considérablement d'un État membre à l'autre et, souvent, les litiges transfrontaliers ne sont pas traités efficacement par les entités de REL.

(6) Les disparités en termes de couverture, de qualité et de sensibilisation qui existent entre les États membres en ce qui concerne le REL constituent un obstacle au marché intérieur et font partie des raisons pour lesquelles de nombreux consommateurs s'abstiennent de faire des achats dans un autre pays et n'ont pas la certitude que les litiges éventuels avec des professionnels peuvent être réglés facilement, rapidement et à moindre coût. Pour des raisons similaires, les professionnels pourraient s'abstenir de vendre à des consommateurs d'autres États membres où il n'y a pas un accès suffisant à des procédures de REL de grande qualité. En outre, les professionnels établis dans un État membre où il n'existe pas suffisamment de procédures de REL de grande qualité pâtissent d'un désavantage concurrentiel par rapport à ceux qui ont accès à ce type de procédures et peuvent ainsi régler plus rapidement et de manière moins onéreuse les litiges de consommation.

(7) Afin que les consommateurs puissent tirer pleinement parti des possibilités du marché intérieur, le REL devrait s'appliquer à tous les types de litiges nationaux et transfrontaliers relevant de la présente directive, les procédures de REL devraient être conformes à des exigences de qualité cohérentes applicables dans toute l'Union, et les consommateurs et les professionnels devraient connaître l'existence de ces procédures. Compte tenu de l'augmentation des échanges transfrontaliers et de la circulation transfrontalière des personnes, il importe également que les entités de REL traitent efficacement les litiges transfrontaliers.

(8) Comme le Parlement européen l'a préconisé dans sa résolution du 25 octobre 2011 sur les modes alternatifs de résolution des conflits dans les affaires civiles, commerciales et familiales et dans celle du 20 mai 2010 sur « Donner un marché unique aux consommateurs et aux citoyens », toute approche globale du marché unique en faveur de ses citoyens devrait en priorité développer un système de recours simple, abordable, pratique et accessible.

(9) Dans sa communication du 13 avril 2011 intitulée « l'Acte pour le marché unique – Douze leviers pour stimuler la croissance et renforcer la confiance » – « Ensemble pour une nouvelle croissance », la Commission a mentionné la législation sur le REL, qui comprend un volet sur le commerce électronique, comme l'un des douze leviers permettant de stimuler la croissance, de renforcer la confiance et de progresser vers l'achèvement du marché unique.

(10) Dans ses conclusions des 24 et 25 mars et celles du 23 octobre 2011, le Conseil européen a invité le Parlement européen et le Conseil à adopter, avant la fin de 2012, un premier train de mesures prioritaires afin d'imprimer un nouvel élan au marché unique. Par ailleurs, dans ses conclusions du 30 mai 2011 sur les priorités pour relancer le marché unique, le Conseil de l'Union européenne a souligné l'importance du commerce électronique et est convenu que les dispositifs de REL de consommation peuvent offrir aussi bien aux consommateurs qu'aux professionnels un moyen de recours peu onéreux, simple et rapide. Le succès de la mise en œuvre de ces dispositifs nécessite un engagement politique soutenu et l'appui de tous les acteurs, sans nuire au caractère abordable, à la transparence, à la souplesse, à la vitesse et à la qualité de la prise de décisions par les entités de REL relevant du champ d'application de la présente directive.

(11) Compte tenu de l'importance croissante du commerce en ligne, et en particulier des échanges transfrontaliers, en tant que pilier de l'activité économique de l'Union, un système de REL pour les litiges de consommation fonctionnant bien et un cadre bien intégré de règlement en ligne des litiges (RLL) de consommation résultant de transactions en ligne sont nécessaires pour réaliser l'objectif de l'Acte pour le marché unique consistant à renforcer la confiance des citoyens dans le marché intérieur.

(12) La présente directive et le règlement (UE) n° 524/2013 du Parlement européen et du Conseil du 21 mai 2013 relatif au règlement en ligne des litiges de consommation [5] sont deux instruments législatifs liés et complémentaires. Le règlement (UE) n° 524/2013 prévoit l'établissement d'une plate-forme de RLL qui offre aux consommateurs et aux professionnels un guichet unique pour le règlement extrajudiciaire des litiges en ligne par l'intermédiaire d'entités de REL qui sont liées à cette plate-forme et offrent un mode de REL au moyen de procédures de REL de qualité. La disponibilité d'entités de REL de qualité dans toute l'Union constitue donc un préalable indispensable au bon fonctionnement de la plate-forme de RLL.

(13) La présente directive ne devrait pas s'appliquer aux services d'intérêt général non économiques. Les services non économiques sont des services qui ne sont pas fournis à des fins économiques. C'est pourquoi les services d'intérêt général non économiques fournis par l'État ou pour le compte de l'État, sans rémunération, ne devraient pas relever de la présente directive quelle que soit la forme juridique sous laquelle ces services sont fournis.

(14) La présente directive ne devrait pas s'appliquer aux soins de santé, tels qu'ils sont définis à l'article 3, point a), de la directive 2011/24/UE du Parlement européen et du Conseil du 9 mars 2011 relative à l'application des droits des patients en matière de soins de santé transfrontaliers [6].

(15) La mise en place d'un système de REL fonctionnant bien dans l'Union est nécessaire pour renforcer la confiance des consommateurs dans le marché intérieur, y compris dans le domaine du commerce en ligne, et pour réaliser le potentiel du commerce transfrontalier et électronique et saisir les opportunités en la matière. Un tel processus devrait s'appuyer sur les procédures de REL existant dans les États

membres et respecter les traditions juridiques nationales. Les entités de règlement des litiges fonctionnant bien, tant existantes que nouvellement créées, répondant aux critères de qualité énoncés dans la présente directive devraient être considérées comme des « entités de REL » au sens de la présente directive. La diffusion des procédures de REL peut en outre se révéler importante dans les États membres qui ont un important arriéré d'affaires en souffrance devant les tribunaux, ce qui empêche les citoyens de l'Union d'exercer leur droit à un procès équitable dans un délai raisonnable.

(16) La présente directive devrait s'appliquer aux litiges entre des consommateurs et des professionnels concernant les obligations contractuelles découlant des contrats de vente ou de service, tant en ligne que hors ligne, dans tous les secteurs économiques, autres que les secteurs exemptés. Cela devrait inclure des litiges survenant à la suite de la vente ou de la fourniture, contre rémunération, de contenus numériques. La présente directive devrait s'appliquer aux plaintes introduites par des consommateurs contre des professionnels. Elle ne devrait pas s'appliquer aux plaintes introduites par des professionnels contre des consommateurs ni aux litiges entre professionnels. Toutefois, elle ne devrait pas empêcher les États membres d'adopter ou de maintenir en vigueur des dispositions sur les procédures de résolution extrajudiciaire de ce type de litiges.

(17) Les États membres devraient être autorisés à maintenir ou introduire des dispositions nationales portant sur des procédures ne relevant pas de la présente directive, telles que les procédures internes de traitement des plaintes gérées par le professionnel. Ce type de procédures internes peut constituer un moyen efficace de régler à un stade précoce les litiges de consommation.

(18) La définition de « consommateur » devrait englober les personnes physiques qui agissent à des fins qui n'entrent pas dans le cadre de leur activité commerciale, industrielle, artisanale ou libérale. Cependant, si le contrat est conclu à des fins qui n'entrent qu'en partie dans le cadre de l'activité professionnelle de l'intéressé (contrats à double finalité) et si la finalité professionnelle est limitée à tel point qu'elle n'est pas prédominante dans le contexte global de la fourniture, cette personne devrait également être considérée comme un consommateur.

(19) Certains actes juridiques de l'Union contiennent déjà des dispositions concernant le REL. Afin d'assurer la sécurité juridique, il y a lieu de prévoir que, en cas de conflit, c'est la présente directive qui prime, sauf si elle en dispose expressément autrement. La présente directive devrait notamment être sans préjudice de la directive 2008/52/CE du Parlement européen et du Conseil du 21 mai 2008 sur certains aspects de la médiation en matière civile et commerciale [7], qui instaure déjà un cadre pour les systèmes de médiation au niveau de l'Union pour les litiges transfrontaliers, sans préjudice de son application aux systèmes internes de médiation. La présente directive a vocation à s'appliquer de manière horizontale à tous les types de procédure de REL, y compris aux procédures de REL relevant de la directive 2008/52/CE.

(20) Les organes de REL diffèrent fortement dans l'Union ainsi qu'à l'intérieur d'un même État membre. La présente directive devrait couvrir toute entité qui est établie durablement, qui propose le règlement d'un litige entre un consommateur et un professionnel par une procédure de REL et qui figure sur la liste établie conformément à la présente directive. La présente directive peut aussi s'appliquer, si les États membres le décident, aux entités de règlement des litiges qui imposent des solutions contraignantes aux parties. Cependant, une procédure extrajudiciaire *ad*

*hoc* créée pour un litige particulier entre un consommateur et un professionnel ne devrait pas être considérée comme une procédure de REL.

(21) De même, les procédures de REL diffèrent fortement dans l'Union ainsi qu'à l'intérieur d'un même État membre. Elles peuvent prendre la forme de procédures dans lesquelles l'entité de REL rapproche les parties dans le but de faciliter une solution amiable, de procédures dans lesquelles l'entité de REL propose une solution ou de procédures dans lesquelles l'entité de REL impose une solution. Elles peuvent aussi prendre la forme d'une combinaison de deux de ces procédures ou plus. La présente directive devrait être sans préjudice de la forme adoptée par les procédures de REL dans les États membres.

(22) Les procédures qui se déroulent devant des entités de règlement des litiges au sein desquelles les personnes physiques chargées du règlement des litiges sont employées ou rémunérées exclusivement par le professionnel sont exposées au risque de conflit d'intérêts. En conséquence, ces procédures devraient, en principe, être exclues du champ d'application de la présente directive, à moins qu'un État membre ne décide que ce type de procédure peut être reconnu comme une procédure de REL en vertu de la présente directive et pour autant que ces entités se conforment en tous points aux exigences spécifiques en matière d'indépendance et d'impartialité énoncées dans la présente directive. Les entités de REL proposant un règlement des litiges par l'intermédiaire de telles procédures devraient être soumises à une évaluation régulière de leur conformité avec les exigences de qualité énoncées par la présente directive, y compris les exigences spécifiques supplémentaires garantissant leur indépendance.

(23) La présente directive ne devrait s'appliquer ni aux procédures des systèmes de traitement des plaintes gérés par les professionnels ni aux négociations directes entre les parties. De plus, elle ne devrait pas s'appliquer aux tentatives faites par le juge saisi d'un litige pour régler celui-ci au cours de la procédure judiciaire.

(24) Les États membres devraient veiller à ce que les litiges relevant de la présente directive puissent être soumis à une entité de REL qui est conforme aux exigences fixées par la présente directive et qui est reprise sur une liste conformément à celle-ci. Pour satisfaire à cette obligation, les États membres devraient avoir la possibilité de tirer parti des entités de REL qui existent déjà et qui fonctionnent bien, en ajustant leur champ d'application, le cas échéant, ou de prévoir la création de nouvelles entités de REL. La présente directive ne devrait pas empêcher le fonctionnement des entités de résolution des litiges existantes qui opèrent dans le cadre des autorités nationales chargées de la protection des consommateurs dans les États membres où le règlement des litiges est du ressort de fonctionnaires de l'État. Ces fonctionnaires devraient être considérés comme des représentants des intérêts tant des consommateurs que des professionnels. La présente directive ne devrait pas obliger les États membres à créer une entité de REL spécifique pour chaque secteur du commerce de détail. Si nécessaire, afin d'assurer une couverture sectorielle et géographique totale et un accès universel au REL, les États membres devraient avoir la possibilité de prévoir la création d'une entité de REL résiduelle, traitant les litiges pour lesquels aucune entité spécifique de REL n'est compétente. Les entités de REL résiduelles sont destinées à assurer une protection aux consommateurs et aux professionnels en veillant à ce qu'il n'y ait pas de défaillance dans l'accès à une entité de REL.

(25) La présente directive ne devrait pas empêcher les États membres de maintenir ou d'introduire une législation sur les procédures de règlement extrajudiciaire

des litiges de nature contractuelle dans le domaine de la consommation qui soit conforme aux exigences énoncées dans la présente directive. Par ailleurs, afin de garantir le fonctionnement efficace des entités de REL, ces entités devraient avoir la possibilité de maintenir ou d'introduire, conformément aux lois de l'État membre dans lequel elles sont établies, des règles de procédure leur permettant de refuser de traiter un litige dans des circonstances particulières, par exemple lorsqu'un litige est trop complexe et serait mieux réglé par la voie judiciaire. Toutefois, des règles de procédure autorisant des entités de REL à refuser de traiter un litige ne devraient pas entraver considérablement l'accès des consommateurs aux procédures de REL, notamment dans le cas de litiges transfrontaliers. Par conséquent, en prévoyant un seuil financier, les États membres devraient toujours prendre en compte le fait que la valeur réelle d'un litige peut varier d'un État membre à l'autre et que donc la fixation d'un seuil excessivement élevé dans un État membre pourrait entraver l'accès de consommateurs d'autres États membres aux procédures de REL. Les États membres ne devraient pas être tenus de faire en sorte que le consommateur puisse soumettre sa plainte à une autre entité de REL lorsqu'une entité de REL auprès de laquelle la plainte avait été introduite en premier lieu a refusé de traiter celle-ci en raison de ses règles de procédure. Dans de tels cas, les États membres devraient être réputés avoir rempli l'obligation qui leur incombe de veiller à la couverture totale des entités de REL.

(26) La présente directive devrait permettre aux professionnels établis dans un État membre d'être couverts par une entité de REL qui est établie dans un autre État membre. Afin d'améliorer la couverture et l'accès des consommateurs au REL dans l'ensemble de l'Union, les États membres devraient avoir la possibilité de décider de recourir à des entités de REL établies dans un autre État membre ou à des entités de REL régionales, transnationales ou paneuropéennes au sein desquelles les professionnels originaires de différents États membres relèvent de la même entité de REL. Le recours à des entités de REL établies dans un autre État membre ou à des entités de REL transnationales ou paneuropéennes ne devrait cependant pas affecter la responsabilité qu'ont les États membres d'assurer une couverture totale et un accès universel aux entités de REL.

(27) La présente directive devrait être sans préjudice du maintien ou de l'introduction par les États membres de procédures de REL qui traitent conjointement des litiges identiques ou similaires entre un professionnel et plusieurs consommateurs. Des analyses d'impact approfondies devraient être effectuées au sujet des règlements extrajudiciaires collectifs avant que de tels règlements ne soient proposés au niveau de l'Union. Un système effectif de plaintes collectives et le recours aisé au REL devraient être complémentaires et ces procédures ne devraient pas s'exclure mutuellement.

(28) Il convient que le traitement des informations afférentes aux litiges relevant de la présente directive respecte les règles de protection des données à caractère personnel énoncées par les dispositions législatives, réglementaires et administratives que les États membres ont adoptées en application de la directive 95/46/CE du Parlement européen et du Conseil du 24 octobre 1995 relative à la protection des personnes physiques à l'égard du traitement des données à caractère personnel et à la libre circulation de ces données [8].

(29) La confidentialité et la vie privée devraient être respectées à tout moment pendant la procédure de REL. Les États membres devraient être encouragés à proté-

ger la confidentialité des procédures de REL dans toute procédure ultérieure, qu'il s'agisse d'une procédure judiciaire ou d'un arbitrage civil ou commercial.

(30) Les États membres devraient néanmoins veiller à ce que les entités de REL rendent publics les problèmes systématiques ou importants qui se posent fréquemment et qui sont à l'origine de litiges entre consommateurs et professionnels. Les informations communiquées à ce sujet pourraient être assorties de recommandations sur la façon dont de tels problèmes peuvent être évités ou réglés à l'avenir, afin d'améliorer les normes des professionnels et de faciliter les échanges d'informations et de bonnes pratiques.

(31) Les États membres devraient veiller à ce que les entités de REL règlent les litiges de manière équitable, pratique et proportionnée tant pour les consommateurs que pour les professionnels, sur la base d'une évaluation objective des conditions dans lesquelles une plainte a été introduite et tenant dûment compte des droits des parties.

(32) L'indépendance et l'intégrité des entités de REL sont essentielles pour que les citoyens de l'Union soient assurés que les mécanismes de REL leur offriront une issue équitable et indépendante. La personne physique ou l'organe collégial chargés du REL devraient être indépendants de tous ceux qui pourraient être intéressés par l'issue du litige et ne devraient connaître aucun conflit d'intérêts susceptible de les empêcher de prendre une décision de manière équitable, impartiale et indépendante.

(33) Les personnes physiques chargées du REL ne devraient être considérées comme impartiales que si elles ne peuvent pas faire l'objet de pressions qui pourraient influencer leur disposition à l'égard du litige. Afin de garantir l'indépendance de leurs actions, il conviendrait par ailleurs que ces personnes soient nommées pour une durée suffisante et qu'elles ne reçoivent aucune instruction de l'une ou l'autre partie ni de leur représentant.

(34) Afin d'éviter tout conflit d'intérêts, les personnes physiques chargées du REL devraient communiquer toute circonstance qui pourrait affecter leur indépendance et leur impartialité ou donner lieu à un conflit d'intérêts avec l'une ou l'autre partie au litige qu'elles sont chargées de régler. Il pourrait s'agir d'un intérêt financier, direct ou indirect, dans l'issue de la procédure de REL ou d'une relation personnelle ou commerciale établie avec une ou plusieurs des parties au cours des trois années précédant la prise de fonctions, y compris si la personne concernée a agi à un autre titre que pour les besoins du REL pour une ou plusieurs des parties, pour une organisation ou une fédération professionnelle dont une des parties est membre ou pour un autre membre de celle-ci.

(35) Il est particulièrement nécessaire de garantir l'absence de telles pressions lorsque les personnes physiques chargées du REL sont employées ou rémunérées par le professionnel. Aussi des exigences particulières devraient-elles être prévues dans le cas où les États membres décident que, dans ces cas-là, les procédures de règlement des litiges peuvent constituer des procédures de REL au sens de la présente directive. Lorsque des personnes physiques chargées du REL sont employées ou rémunérées exclusivement par une organisation ou une fédération professionnelle dont le professionnel est membre, elles devraient disposer d'un budget distinct et spécifique suffisant pour leur permettre de s'acquitter de leur mission.

(36) Il est essentiel, en vue d'assurer le succès du REL, notamment pour garantir que les procédures de REL jouissent de la confiance nécessaire, que les personnes physiques chargées du REL possèdent les compétences nécessaires, y compris une compréhension générale du droit. Ces personnes devraient, en particulier, posséder

des connaissances générales suffisantes des questions de droit, qui leur permettent de saisir les implications juridiques du litige, sans devoir être juristes de formation.

(37) L'applicabilité de certains principes de qualité aux procédures de REL renforce la confiance tant des consommateurs que des professionnels dans ces procédures. Ces principes de qualité ont été développés pour la première fois au niveau de l'Union dans la recommandation 98/257/CE et dans la recommandation 2001/310/CE. En donnant une valeur contraignante à certains des principes établis dans ces recommandations de la Commission, la présente directive établit un ensemble d'exigences de qualité qui s'appliquent à toutes les procédures de REL ayant fait l'objet d'une notification à la Commission.

(38) La présente directive devrait établir des exigences de qualité pour les entités de REL qui devraient garantir le même niveau de protection et de droits pour les consommateurs, que ce soit dans le cadre de litiges nationaux ou de litiges transfrontaliers. La présente directive ne devrait pas empêcher les États membres d'adopter ou de maintenir des règles allant au-delà de ce qui est prévu dans la présente directive.

(39) Les entités de REL devraient être accessibles et transparentes. Pour assurer la transparence des entités de REL et des procédures de REL, il est nécessaire que les parties reçoivent, sous une forme claire et accessible, les informations dont elles ont besoin pour prendre une décision en connaissance de cause avant d'engager une procédure de REL. La communication de ce type d'informations aux professionnels ne devrait pas être exigée lorsque leur participation aux procédures de REL revêt un caractère obligatoire en vertu du droit national.

(40) Une entité de REL fonctionnant bien devrait clore les procédures de résolution des litiges en ligne et hors ligne de manière rapide dans un délai de 90 jours calendaires débutant à la date de réception du dossier complet de plainte – contenant tous les documents utiles en rapport avec cette plainte – par l'entité de REL et se terminant à la date à laquelle l'issue de la procédure de REL est communiquée. L'entité de REL qui a reçu une plainte devrait informer les parties après avoir reçu tous les documents nécessaires pour mener à bien la procédure de REL. Dans certains cas exceptionnels de nature extrêmement complexe, y compris lorsqu'une des parties est incapable pour des motifs justifiés de prendre part à la procédure de REL, les entités de REL devraient pouvoir prolonger le délai afin de procéder à l'examen du cas en question. Les parties devraient être informées de toute prolongation du délai et de la durée nécessaire approximative prévue pour la conclusion du litige.

(41) Les procédures de REL devraient de préférence être gratuites pour le consommateur. Si des frais sont appliqués, la procédure de REL devrait être accessible, attrayante et peu onéreuse pour les consommateurs. Dans cette optique, le coût ne devrait pas dépasser une somme modique.

(42) Les procédures de REL devraient être équitables, de sorte que les parties à un litige soient pleinement informées de leurs droits et des conséquences des choix qu'elles font dans le cadre d'une procédure de REL. Les entités de REL devraient informer les consommateurs de leurs droits avant que ceux-ci acceptent ou suivent la solution proposée. Les deux parties devraient également pouvoir transmettre leurs informations et éléments de preuve sans être physiquement présentes.

(43) Un accord entre un consommateur et un professionnel prévoyant la soumission des plaintes à une entité de REL ne devrait pas revêtir une valeur contraignante pour le consommateur si cet accord a été conclu avant la survenance du litige et s'il a comme effet de priver le consommateur de son droit de saisir les juridictions compétentes pour le règlement du litige. Par ailleurs, dans les procédures de REL visant

à régler les litiges en imposant une solution, il convient que la solution imposée ne soit contraignante à l'égard des parties que si celles-ci ont été préalablement informées de sa nature contraignante et l'ont expressément acceptée. L'acceptation expresse du professionnel ne devrait pas être requise si les règles nationales prévoient que ces solutions sont contraignantes pour les professionnels.

(44) Dans les procédures de REL qui visent à résoudre le litige en imposant une solution au consommateur, en l'absence de conflit de lois, la solution imposée ne devrait pas avoir pour conséquence de priver le consommateur de la protection que lui assurent les dispositions auxquelles il ne peut être dérogé par accord en vertu de la loi de l'État membre dans lequel le consommateur et le professionnel ont leur résidence habituelle. En cas de conflit de lois, lorsque la loi applicable au contrat de vente ou de service est déterminée conformément à l'article 6, paragraphes 1 et 2, du règlement (CE) n° 593/2008 du Parlement européen et du Conseil du 17 juin 2008 sur la loi applicable aux obligations contractuelles (Rome I) [9], la solution imposée par une entité de REL ne devrait pas avoir pour conséquence de priver le consommateur de la protection que lui assurent les dispositions auxquelles il ne peut être dérogé par accord en vertu de la loi de l'État membre dans lequel le consommateur a sa résidence habituelle. En cas de conflit de lois, lorsque la loi applicable au contrat de vente ou de service est déterminée conformément à l'article 5, paragraphes 1 à 3, de la convention de Rome du 19 juin 1980 sur la loi applicable aux obligations contractuelles [10], la solution imposée par une entité de REL ne devrait pas avoir pour conséquence de priver le consommateur de la protection que lui assurent les dispositions impératives de la loi de l'État membre dans lequel le consommateur a sa résidence habituelle.

(45) Le droit à un recours effectif et le droit à un procès équitable sont des droits fondamentaux définis par l'article 47 de la Charte des droits fondamentaux de l'Union européenne. C'est pourquoi les procédures de REL ne devraient pas être conçues pour se substituer aux procédures judiciaires et ne sauraient priver les consommateurs ou les professionnels de leurs droits à former un recours devant les tribunaux. La présente directive ne saurait empêcher les parties d'exercer leur droit d'accès au système judiciaire. Dans les cas où un litige n'a pas pu être résolu par une procédure de REL donnée dont l'issue n'est pas contraignante, il convient de ne pas empêcher les parties d'engager par la suite une action en justice en rapport avec ce litige. Les États membres devraient être libres de choisir les moyens appropriés pour atteindre cet objectif. Ils devraient avoir la possibilité de prévoir, entre autres, que les délais de prescription n'expirent pas pendant une procédure de REL.

(46) Afin qu'elles puissent fonctionner efficacement, les entités de REL devraient disposer de ressources humaines, matérielles et financières suffisantes. Les États membres devraient arrêter une formule de financement appropriée des entités de REL sur leur territoire, sans restreindre le financement des entités déjà opérationnelles. La présente directive devrait être sans préjudice de la question de savoir si les entités de REL sont financées par des fonds publics ou privés ou par une combinaison de fonds publics et privés. Toutefois, les entités de REL devraient être encouragées à faire appel spécifiquement à des formes de financement privé et à faire usage de fonds publics uniquement à la discrétion des États membres. La présente directive ne devrait pas porter atteinte à la possibilité, pour les entreprises ou pour les organisations ou fédérations professionnelles, de financer des entités de REL.

(47) Quand un litige survient, il est nécessaire que les consommateurs soient en mesure d'identifier rapidement quelles entités de REL sont compétentes pour traiter

leur plainte et si le professionnel concerné participera à une procédure soumise à une entité de REL. Les professionnels qui s'engagent à recourir aux entités de REL pour résoudre leurs litiges avec les consommateurs devraient communiquer aux consommateurs l'adresse et le site internet de l'entité ou des entités de REL dont ils relèvent. Ces informations devraient être claires, compréhensibles et aisément accessibles sur le site internet du professionnel, quand il en a un, et, le cas échéant, figurer dans les conditions générales des contrats de vente ou de service entre le professionnel et le consommateur. Les professionnels devraient avoir la possibilité de faire figurer sur leurs sites internet, ainsi que dans les conditions générales des contrats concernés, toute information supplémentaire sur leurs procédures internes de traitement des plaintes ou sur tout autre moyen d'entrer directement en contact avec eux en vue de régler un litige survenu avec un consommateur sans saisir une entité de REL. Lorsque le litige ne peut pas être réglé directement, le professionnel devrait communiquer au consommateur, sur papier ou sur un autre support durable, les informations relatives aux entités de REL compétentes et préciser s'il y aura recours.

(48) Il convient que l'obligation incombant aux professionnels de donner aux consommateurs des informations sur les entités de REL dont les professionnels relèvent est sans préjudice des dispositions relatives à l'information des consommateurs sur les procédures de recours extrajudiciaires figurant dans d'autres actes juridiques de l'Union, qui devraient s'appliquer en plus de l'obligation d'information prévue par la présente directive.

(49) La présente directive ne devrait pas exiger que la participation des professionnels à des procédures de REL soit obligatoire, ni qu'il leur incombe de respecter l'issue de ces procédures en cas de plainte introduite contre eux par un consommateur. Toutefois, de façon à garantir que les consommateurs aient accès à des recours et ne soient pas contraints de renoncer à leurs plaintes, il convient d'encourager les professionnels, dans la mesure du possible, à participer aux procédures de REL. En conséquence, la présente directive devrait être sans préjudice des dispositions du droit national rendant la participation des professionnels à ces procédures obligatoire ou la soumettant à des incitations ou à des sanctions, ou rendant son issue contraignante, pour autant que cette législation n'empêche pas les parties d'exercer leur droit d'accès à la justice, prévu à l'article 47 de la Charte des droits fondamentaux de l'Union européenne.

(50) Afin d'éviter d'imposer des charges inutiles aux entités de REL, les États membres devraient encourager les consommateurs à contacter le professionnel pour tenter de régler le problème de façon bilatérale avant d'introduire une plainte auprès d'une entité de REL. Dans de nombreux cas, les consommateurs parviendraient ainsi à régler leurs litiges rapidement et à un stade précoce.

(51) Les États membres devraient associer les représentants des organisations ou fédérations professionnelles et des associations de consommateurs lors de l'élaboration du REL, notamment en ce qui concerne les principes d'impartialité et d'indépendance.

(52) Les États membres devraient veiller à ce que les entités de REL collaborent en vue du règlement des litiges transfrontaliers.

(53) Il convient de renforcer dans l'Union les réseaux des entités de REL, comme le réseau pour la résolution des litiges financiers « FIN-NET » dans le secteur des services financiers. Les États membres devraient inciter les entités de REL à faire partie de ces réseaux.

(54) Une coopération étroite entre les entités de REL et les autorités nationales devrait renforcer l'application effective des actes juridiques de l'Union en matière de protection des consommateurs. La Commission et les États membres devraient faciliter la coopération entre les entités de REL, afin d'encourager les échanges de bonnes pratiques et de compétences techniques et de discuter des problèmes qui pourraient se poser dans le fonctionnement des procédures de REL. Cette coopération devrait être appuyée, entre autres, par le futur programme « Consommateurs » de l'Union.

(55) Il convient de surveiller étroitement les entités de REL pour s'assurer de leur bon fonctionnement et de leur efficacité. À cette fin, chaque État membre devrait désigner une autorité compétente ou des autorités compétentes qui seraient chargées de cette tâche. La Commission et les autorités compétentes au titre de la présente directive devraient publier et tenir à jour une liste des entités de REL qui satisfont à la présente directive. Il conviendrait que les États membres veillent à ce que les entités de REL, le réseau des Centres européens des consommateurs et, le cas échéant, les organismes désignés conformément à la présente directive, publient cette liste sur leur site internet en incluant un lien vers le site internet de la Commission et, dans la mesure du possible, la présentent sur un support durable dans leurs locaux. Par ailleurs, les États membres devraient également encourager les associations de consommateurs et les organisations professionnelles concernées à publier la liste. Les États membres devraient aussi veiller à la diffusion appropriée d'informations relatives aux démarches à entreprendre par les consommateurs en cas de litige avec un professionnel. En outre, les autorités compétentes devraient publier régulièrement des rapports sur l'évolution et le fonctionnement des entités de REL dans leur État membre. Les entités de REL devraient transmettre aux autorités compétentes les informations spécifiques sur lesquelles ces rapports devraient être fondés. Les États membres devraient inciter les entités de REL à transmettre ces informations en appliquant la recommandation 2010/304/UE de la Commission du 12 mai 2010 relative à l'utilisation d'une méthode harmonisée pour classer les réclamations et demandes des consommateurs et communiquer les données y afférentes [11].

(56) Il est nécessaire que les États membres fixent des règles relatives aux sanctions applicables en cas de violation des dispositions nationales adoptées pour se conformer à la présente directive et veillent à ce que ces règles soient mises en œuvre. Les sanctions devraient être efficaces, proportionnées et dissuasives.

(57) Il convient de modifier le règlement (CE) n$^{o}$ 2006/2004 du Parlement européen et du Conseil du 27 octobre 2004 relatif à la coopération entre les autorités nationales chargées de veiller à l'application de la législation en matière de protection des consommateurs (règlement relatif à la coopération en matière de protection des consommateurs) [12] pour ajouter dans son annexe une référence à la présente directive, de manière à renforcer la coopération transfrontalière pour ce qui concerne l'application de la présente directive.

(58) Il convient de modifier la directive 2009/22/CE du Parlement européen et du Conseil du 23 avril 2009 relative aux actions en cessation en matière de protection des intérêts des consommateurs [13] (directive relative aux actions en cessation) pour ajouter dans son annexe une référence à la présente directive, de manière à assurer la protection des intérêts collectifs des consommateurs établis par la présente directive.

(59) Conformément à la déclaration politique commune du 28 septembre 2011 des États membres et de la Commission sur les documents explicatifs [14], les États

membres se sont engagés à joindre à la notification de leurs mesures de transposition, dans les cas où cela se justifie, un ou plusieurs documents expliquant le lien entre les éléments d'une directive et les parties correspondantes des instruments nationaux de transposition. En ce qui concerne la présente directive, le législateur estime que la transmission de ces documents est justifiée.

(60) Étant donné que l'objectif de la présente directive, à savoir contribuer, par la mise en place d'un niveau élevé de protection du consommateur et sans limiter l'accès des consommateurs aux tribunaux, au bon fonctionnement du marché intérieur, ne peut pas être atteint de manière suffisante par les États membres et peut donc l'être mieux au niveau de l'Union, celle-ci peut prendre des mesures conformément au principe de subsidiarité consacré à l'article 5 du traité sur l'Union européenne. Conformément au principe de proportionnalité tel qu'énoncé audit article, la présente directive n'excède pas ce qui est nécessaire pour atteindre cet objectif.

(61) La présente directive respecte les droits fondamentaux et observe les principes reconnus notamment par la Charte des droits fondamentaux de l'Union européenne, plus particulièrement par ses articles 7, 8, 38 et 47.

(62) Le Contrôleur européen de la protection des données a été consulté conformément à l'article 28, paragraphe 2, du règlement (CE) n° 45/2001 du Parlement européen et du Conseil du 18 décembre 2000 relatif à la protection des personnes physiques à l'égard du traitement des données à caractère personnel par les institutions et organes communautaires et à la libre circulation de ces données [15] et a rendu un avis le 12 janvier 2012 [16],

*Ont adopté la présente directive :*

CHAPITRE PREMIER

## Dispositions générales

### Article premier – Objet

La présente directive a pour objectif, en assurant un niveau élevé de protection des consommateurs, de contribuer au bon fonctionnement du marché intérieur, en faisant en sorte que les consommateurs puissent, à titre volontaire, introduire des plaintes contre des professionnels auprès d'entités appliquant des procédures de règlement extrajudiciaire des litiges indépendantes, impartiales, transparentes, efficaces, rapides et équitables. La présente directive est sans préjudice d'une législation nationale rendant obligatoire la participation à de telles procédures, pour autant qu'une telle législation n'empêche pas les parties d'exercer leur droit d'accès à la justice.

### Article 2 – Champ d'application

1. La présente directive s'applique aux procédures de règlement extrajudiciaire des litiges nationaux et transfrontaliers concernant les obligations contractuelles découlant de contrats de vente ou de service conclus entre un professionnel établi dans l'Union et un consommateur résidant dans l'Union, qui font intervenir une entité de REL, laquelle propose ou impose une solution, ou réunit les parties en vue de faciliter la recherche d'une solution amiable.

2. La présente directive ne s'applique pas :

a) aux procédures se déroulant devant des entités de règlement des litiges au sein desquelles les personnes physiques chargées du règlement des litiges sont employées ou rémunérées exclusivement par le professionnel concerné, sauf si les États membres décident d'autoriser de telles procédures en les considérant comme des procédures de REL en vertu de la présente directive et si les exigences fixées au chapitre II, y compris les exigences particulières d'indépendance et de transparence énoncées à l'article 6, paragraphe 3, sont réunies;

b) aux procédures se déroulant dans le cadre de systèmes de traitement des plaintes gérés par le professionnel;

c) aux services d'intérêt général non économiques;

d) aux litiges entre professionnels;

e) aux négociations directes entre le consommateur et le professionnel;

f) aux tentatives faites par le juge saisi d'un litige pour régler celui-ci au cours de la procédure judiciaire;

g) aux procédures introduites par un professionnel contre un consommateur;

h) aux services de santé fournis par des professionnels de la santé aux patients pour évaluer, maintenir ou rétablir leur état de santé, y compris la prescription, l'administration et la fourniture de médicaments et de dispositifs médicaux;

i) aux prestataires publics de l'enseignement postsecondaire ou de l'enseignement supérieur.

3. La présente directive établit des exigences de qualité harmonisées pour les entités de REL et les procédures de REL afin de garantir qu'après sa mise en œuvre, les consommateurs aient accès à des mécanismes extrajudiciaires de règlement des litiges transparents, efficaces, équitables et de grande qualité, quel que soit leur lieu de résidence dans l'Union. Afin de garantir un niveau plus élevé de protection des consommateurs, les États membres peuvent maintenir ou introduire des règles qui vont au-delà de celles établies par la présente directive.

4. La présente directive reconnaît aux États membres la compétence de déterminer si les entités de REL établies sur leur territoire doivent avoir le pouvoir d'imposer une solution.

### Article 3 – Relation avec d'autres actes juridiques de l'Union

1. Sauf dispositions contraires énoncées dans la présente directive, si une disposition de la présente directive est en conflit avec une disposition figurant dans un autre acte juridique de l'Union et concernant les procédures de recours extrajudiciaires introduites par un consommateur contre un professionnel, la disposition de la présente directive prime.

2. La présente directive est sans préjudice de la directive 2008/52/CE.

3. L'article 13 de la présente directive est sans préjudice des dispositions relatives à l'information des consommateurs sur les procédures de recours extrajudiciaires figurant dans d'autres actes juridiques de l'Union, qui s'appliquent en plus dudit article.

### Article 4 – Définitions

1. Aux fins de la présente directive, on entend par :

a) « consommateur », toute personne physique qui agit à des fins qui n'entrent pas dans le cadre de son activité commerciale, industrielle, artisanale ou libérale;

b) « professionnel », toute personne physique ou toute personne morale, qu'elle soit publique ou privée, qui agit, y compris par l'intermédiaire d'une personne agissant en son nom ou pour son compte, aux fins qui entrent dans le cadre de son activité commerciale, industrielle, artisanale ou libérale;

c) « contrat de vente », tout contrat en vertu duquel le professionnel transfère ou s'engage à transférer la propriété des biens au consommateur et le consommateur paie ou s'engage à payer le prix de ceux-ci, y compris les contrats ayant à la fois pour objet des biens et des services ;

d) « contrat de service », tout contrat autre qu'un contrat de vente en vertu duquel le professionnel fournit ou s'engage à fournir un service au consommateur et le consommateur paie ou s'engage à payer le prix de celui-ci ;

e) « litige national », un litige de nature contractuelle découlant d'un contrat de vente ou de service, lorsque le consommateur, au moment de sa commande de biens ou de services, réside dans le même État membre que celui du lieu d'établissement du professionnel ;

f) « litige transfrontalier », un litige de nature contractuelle découlant d'un contrat de vente ou de service, lorsque le consommateur, au moment de sa commande de biens ou de services, réside dans un État membre autre que celui du lieu d'établissement du professionnel ;

g) « procédure de REL », une procédure, visée à l'article 2, qui satisfait aux exigences énoncées dans la présente directive et est mise en œuvre par une entité de REL ;

h) « entité de REL », toute entité, quelle que soit la façon dont elle est appelée ou citée, qui est durablement établie et propose de régler un litige par une procédure de REL et qui figure sur la liste établie conformément à l'article 20, paragraphe 2 ;

i) « autorité compétente », toute autorité publique désignée par un État membre aux fins de la présente directive et établie au niveau national, régional ou local.

2. Un professionnel est établi :

- au lieu de son activité s'il s'agit d'une personne physique,
- à son siège social, son administration centrale ou au lieu de son activité, y compris une succursale, une agence ou tout autre établissement, s'il s'agit d'une société ou d'une autre personne morale ou d'une association de personnes physiques ou morales.

3. Une entité de REL est établie :

- si son fonctionnement est assuré par une personne physique, au lieu où elle exerce ses activités de REL,
- si son fonctionnement est assuré par une personne morale ou une association de personnes physiques ou morales, au lieu où la personne morale ou l'association de personnes physiques ou morales exerce ses activités de REL ou a son siège statutaire,
- si son fonctionnement est assuré par une autorité ou un autre organisme public, au lieu où cette autorité ou cet autre organisme public a son siège.

CHAPITRE II

## Accès au REL et exigences applicables aux entités de REL et aux procédures de REL

### Article 5 – Accès aux entités de REL et aux procédures de REL

1. Les États membres facilitent l'accès des consommateurs aux procédures de REL et font en sorte que les litiges relevant de la présente directive et impliquant un professionnel établi sur leur territoire respectif puissent être soumis à une entité de REL se conformant aux exigences fixées par la présente directive.

2. Les États membres veillent à ce que les entités de REL :

a) tiennent à jour un site internet qui fournisse aux parties un accès aisé aux informations concernant la procédure de REL et qui permette aux consommateurs d'introduire une plainte et de soumettre les justificatifs nécessaires en ligne;

b) fournissent aux parties, si elles en font la demande, les informations visées au point a) sur un support durable;

c) le cas échéant, permettent au consommateur d'introduire une plainte hors ligne;

d) permettent l'échange d'informations entre les parties par voie électronique ou, s'il y a lieu, par voie postale;

e) traitent à la fois les litiges nationaux et les litiges transfrontaliers, et notamment les litiges relevant du règlement (UE) n° 524/2013; et

f) prennent les mesures nécessaires, quand elles traitent des litiges relevant de la présente directive, pour garantir que le traitement des données à caractère personnel respecte les règles de protection des données à caractère personnel établies par la législation nationale transposant la directive 95/46/CE dans l'État membre dans lequel l'entité de REL est établie.

3. Les États membres peuvent satisfaire à l'obligation établie au paragraphe 1 en assurant l'existence d'une entité de REL résiduelle, compétente pour traiter les litiges mentionnés audit paragraphe qui ne relèvent d'aucune entité de REL existante. Les États membres peuvent également s'acquitter de cette obligation en recourant à des entités de REL établies dans un autre État membre ou à des entités de règlement des litiges régionales, transnationales ou paneuropéennes au sein desquelles les professionnels originaires d'États membres différents relèvent de la même entité de REL, sans porter atteinte à la responsabilité qui leur incombe d'assurer une couverture totale et un accès universel aux entités de REL.

4. Les États membres peuvent, s'ils le souhaitent, autoriser les entités de REL à maintenir et introduire des règles de procédure qui leur permettent de refuser de traiter un litige donné, au motif que :

a) le consommateur n'a pas tenté de contacter le professionnel concerné afin de discuter de sa plainte et de chercher, dans un premier temps, à résoudre le problème directement avec celui-ci;

b) le litige est fantaisiste ou vexatoire;

c) le litige a été précédemment ou est actuellement examiné par une autre entité de REL ou par une juridiction;

d) la plainte porte sur une valeur qui est inférieure ou supérieure à un seuil financier prédéterminé;

e) le consommateur n'a pas introduit de plainte auprès de l'entité de REL dans le délai imparti, qui ne doit pas être inférieur à un an à compter de la date à laquelle le consommateur a introduit une plainte auprès du professionnel;

f) le traitement d'un litige de ce type entraverait sinon gravement le fonctionnement effectif de l'entité de REL.

Lorsque, conformément à ses règles de procédure, une entité de REL n'est pas en mesure de traiter un litige qui lui a été soumis, elle fournit aux deux parties une explication circonstanciée des raisons pour lesquelles elle n'a pas accepté de traiter le litige dans les trois semaines qui suivent la réception du dossier de plainte.

Ces règles de procédure ne doivent pas entraver considérablement l'accès des consommateurs aux procédures de REL, notamment dans le cas de litiges transfrontaliers.

5. Les États membres veillent à ce que, lorsque des entités de REL sont autorisées à établir des seuils financiers prédéterminés afin de limiter l'accès aux procédures de REL, ces seuils ne soient pas fixés à un niveau où ils entraveraient considérablement l'accès des consommateurs aux entités de REL pour le traitement des plaintes.

6. Lorsque, en application des règles de procédure visées au paragraphe 4, une entité de REL n'est pas en mesure de traiter une plainte qui lui a été soumise, un État membre n'est pas tenu de faire en sorte que le consommateur puisse soumettre sa plainte à une autre entité de REL.

7. Lorsqu'une entité de REL chargée des litiges dans un secteur économique particulier est compétente pour connaître des litiges liés à un professionnel qui exerce dans ledit secteur mais qui n'est pas membre de l'organisation ou de la fédération composant ou finançant l'entité de REL, l'État membre concerné est réputé avoir rempli l'obligation qui lui incombe en vertu du paragraphe 1 également en ce qui concerne les litiges impliquant ce professionnel.

### Article 6 – Compétences, indépendance et impartialité

1. Les États membres veillent à ce que les personnes physiques chargées du REL aient les compétences nécessaires et soient indépendantes et impartiales. Ils s'assurent à cet effet que ces personnes :

a) possèdent les connaissances et les aptitudes nécessaires dans le domaine du règlement extrajudiciaire ou judiciaire des litiges de consommation, ainsi que d'une compréhension générale du droit;

b) soient nommées pour une durée suffisante pour assurer l'indépendance de leurs actions et qu'elles ne soient pas susceptibles d'être relevées de leurs fonctions sans juste motif;

c) ne reçoivent pas d'instructions de l'une des parties ou des représentants de celles-ci;

d) soient rémunérées d'une façon qui n'a pas de rapport avec le résultat de la procédure;

e) communiquent sans tarder à l'entité de REL toute circonstance susceptible d'affecter ou d'être considérée comme affectant leur indépendance et leur impartialité ou de donner lieu à un conflit d'intérêts avec l'une ou l'autre partie au litige qu'elles sont chargées de résoudre. L'obligation de communiquer ces circonstances est une obligation permanente tout au long de la procédure de REL. Elle n'est pas applicable lorsque l'entité de REL n'est composée que d'une personne physique.

2. Les États membres veillent à ce que les entités de REL se soient dotées de procédures pour faire en sorte que, si les circonstances visées au paragraphe 1, point e), se présentent :

a) la personne physique concernée soit remplacée par une autre personne physique qui sera chargée de mener la procédure de REL; ou, à défaut,

b) la personne physique concernée s'abstienne de mener la procédure de REL et, dans la mesure du possible, l'entité de REL propose aux parties de soumettre le litige à une autre entité de REL compétente pour traiter le litige; ou, à défaut,

c) les circonstances soient communiquées aux parties et la personne physique concernée soit autorisée à continuer de mener la procédure de REL uniquement si les parties n'y ont pas fait objection après avoir été informées des circonstances et de leur droit d'opposition.

Le présent paragraphe est sans préjudice de l'article 9, paragraphe 2, point a).

Lorsque l'entité de REL n'est composée que d'une personne physique, seuls les points b) et c) du présent paragraphe, premier alinéa, sont applicables.

3. Lorsque les États membres décident d'autoriser les procédures visées à l'article 2, paragraphe 2, point a), en les considérant comme des procédures de REL en vertu de la présente directive, ils veillent à ce que ces procédures, outre les exigences générales définies aux paragraphes 1 et 5, soient conformes aux exigences particulières suivantes :

a) les personnes physiques chargées du règlement des litiges sont désignées par un organe collégial, ou font partie d'un tel organe, composé d'un nombre égal de représentants des associations de consommateurs et de représentants du professionnel et sont désignées à l'issue d'une procédure transparente ;

b) les personnes physiques chargées du règlement des litiges disposent d'un mandat d'une durée minimale de trois ans pour garantir l'indépendance de leur action ;

c) les personnes physiques chargées du règlement des litiges s'engagent à ne pas travailler pour le professionnel, une organisation ou une fédération professionnelle dont le professionnel est membre pendant une période de trois ans qui suit la cessation de la fonction qu'elles ont occupée au sein de l'entité de règlement des litiges ;

d) l'entité de règlement des litiges n'a pas de lien hiérarchique ou fonctionnel avec le professionnel, est clairement séparée des organes opérationnels du professionnel et dispose d'un budget suffisant pour l'exécution de ses tâches, distinct du budget général du professionnel.

4. Lorsque les personnes physiques chargées du REL sont employées ou rémunérées exclusivement par une organisation ou une fédération professionnelle dont le professionnel est membre, les États membres veillent, en plus des exigences générales visées aux paragraphes 1 et 5, à ce que ces personnes disposent d'un budget distinct et spécifique suffisant pour s'acquitter de leur mission.

Le présent paragraphe n'est pas applicable si les personnes physiques concernées appartiennent à un organe collégial composé d'un nombre égal de représentants de l'organisation ou la fédération professionnelle qui les emploient ou les rémunèrent et de représentants des associations de consommateurs.

5. Quand les personnes physiques chargées du règlement des litiges au sein d'une entité de REL forment un organe collégial, les États membres veillent à ce que l'entité de REL prévoie un nombre égal de représentants des intérêts des consommateurs et de représentants des intérêts des professionnels au sein de l'organe collégial.

6. Aux fins du paragraphe 1, point a), les États membres encouragent les entités de REL à assurer la formation des personnes physiques chargées du REL. Si une telle formation est dispensée, les autorités compétentes supervisent les programmes de formation mis en place par les entités de REL, sur la base des informations qui leur sont communiquées conformément à l'article 19, paragraphe 3, point g).

## Article 7 – Transparence

1. Les États membres veillent à ce que les entités de REL mettent à la disposition du public, sur leur site internet, sur un support durable sur demande, et par tout autre moyen qu'ils jugent approprié, des informations claires et facilement compréhensibles sur :

a) leurs coordonnées, y compris les adresses postale et électronique ;

b) le fait que les entités de REL figurent sur une liste établie conformément à l'article 20, paragraphe 2;

c) les personnes physiques chargées du REL, les modalités de leur nomination et la durée de leur mandat;

d) les compétences, l'impartialité et l'indépendance des personnes physiques chargées du REL, si elles sont employées ou rémunérées exclusivement par le professionnel;

e) leur appartenance à des réseaux d'entités de REL facilitant le règlement des litiges transfrontaliers, le cas échéant;

f) les types de litiges relevant de leur compétence, y compris, le cas échéant, le seuil éventuellement fixé;

g) les règles de procédure applicables au règlement des litiges et les motifs pour lesquels l'entité de REL peut refuser de traiter un litige particulier conformément à l'article 5, paragraphe 4;

h) les langues dans lesquelles les plaintes peuvent être soumises aux entités de REL et dans lesquelles la procédure de REL se déroule;

i) les types de règles sur lesquelles l'entité de REL peut se fonder pour régler les litiges (par exemple, dispositions juridiques, considérations d'équité, codes de conduite);

j) toutes les exigences préalables que les parties peuvent avoir à remplir avant qu'une procédure de REL puisse être ouverte, y compris l'obligation pour le consommateur de tenter de résoudre le litige directement avec le professionnel;

k) la possibilité pour les parties de se retirer de la procédure;

l) les frais éventuels à la charge des parties, y compris les règles concernant l'adjudication des frais à l'issue de la procédure;

m) la durée moyenne de la procédure de REL;

n) les conséquences juridiques de la solution résultant de la procédure de REL, y compris les sanctions en cas de non-respect dans le cas où une décision a un effet contraignant sur les parties, le cas échéant;

o) le caractère exécutoire de la décision de REL, s'il y a lieu.

2. Les États membres veillent à ce que les entités de REL mettent à la disposition du public, sur leur site internet, sur un support durable sur demande, et par tout autre moyen qu'ils jugent approprié, leurs rapports d'activité annuels. Ces rapports comprennent les informations suivantes, relatives aux litiges nationaux et transfrontaliers :

a) le nombre de litiges dont elles ont été saisies et les types de plaintes auxquelles ils se rapportent;

b) les problèmes systématiques ou importants qui se posent fréquemment et qui sont à l'origine de litiges entre les consommateurs et les professionnels; ces informations peuvent être accompagnées de recommandations sur la façon dont de tels problèmes peuvent être évités ou résolus à l'avenir, afin d'améliorer les normes des professionnels et de faciliter les échanges d'informations et de bonnes pratiques;

c) la proportion de litiges que l'entité de REL a refusé de traiter et la part en pourcentage des différents types de motifs de refus visés à l'article 5, paragraphe 4;

d) dans le cas des procédures visées à l'article 2, paragraphe 2, point a), les parts en pourcentage de solutions proposées ou imposées en faveur du consommateur et du professionnel et de litiges résolus à l'amiable;

e) la part en pourcentage de procédures de REL qui ont été interrompues et les raisons de cette interruption, si ces raisons sont connues;

f) le laps de temps moyen nécessaire à la résolution des litiges;

g) s'il est connu, le taux de respect des solutions issues des procédures de REL;

h) des informations sur la coopération des entités de REL au sein de réseaux d'entités de REL qui facilitent le règlement des litiges transfrontaliers, le cas échéant.

## Article 8 – Efficacité

Les États membres veillent à ce que les procédures de REL soient efficaces et satisfassent aux exigences suivantes :

a) la procédure de REL est disponible et aisément accessible en ligne et hors ligne aux deux parties, quel que soit l'endroit où elles se trouvent;

b) les parties ont accès à la procédure sans devoir faire appel à un avocat ou un conseiller juridique, mais la procédure ne prive pas les parties de leur droit à un avis indépendant ni de leur droit de se faire représenter ou assister par un tiers à tous les stades de la procédure;

c) la procédure de REL est gratuite ou disponible à un coût modique pour les consommateurs;

d) l'entité de REL qui a été saisie d'une plainte notifie le litige aux parties dès réception de tous les documents comportant les informations pertinentes relatives à la plainte;

e) l'issue de la procédure de REL est communiquée dans un délai de 90 jours calendaires à compter de la date de réception du dossier complet de plainte par l'entité de REL. L'entité de REL compétente peut, si elle le juge utile, prolonger ce délai en cas de litige hautement complexe. Les parties sont informées de toute prolongation de ce délai et de la durée nécessaire approximative prévue pour la clôture du litige.

## Article 9 – Équité

1. Les États membres veillent à ce que, dans les procédures de REL :

a) chaque partie ait la possibilité, dans un délai raisonnable, d'exprimer son point de vue, de recevoir de l'entité de REL les arguments, les éléments de preuve, les documents et les faits avancés par l'autre partie, toute déclaration faite et tout avis rendu par des experts, et de formuler des observations à leur propos;

b) chaque partie soit informée du fait qu'elle n'est pas tenue de faire appel à un avocat ou un conseiller juridique mais qu'elle peut solliciter un avis indépendant ou se faire représenter ou assister par un tiers à tous les stades de la procédure;

c) les parties soient informées de l'issue de la procédure de REL par écrit ou sur un autre support durable, et reçoivent une déclaration exposant les motifs sur lesquels la solution est fondée.

2. Dans les procédures de REL qui visent à régler un litige en proposant une solution, les États membres veillent à ce que :

a) les parties aient la possibilité de se retirer de la procédure à tout moment si elles sont insatisfaites du déroulement ou du fonctionnement de la procédure. Ce droit leur est notifié avant le début de la procédure. Lorsque les règles nationales prévoient la participation obligatoire des professionnels aux procédures de REL, le présent point s'applique uniquement au consommateur;

b) les parties, avant d'accepter ou de suivre la solution proposée, soient informées :

i) qu'elles ont la possibilité d'accepter, de refuser ou de suivre la solution proposée;

ii) que la participation à la procédure n'exclut pas la possibilité de former un recours par le biais des procédures judiciaires;

iii) que la solution proposée pourrait être différente de la décision d'un tribunal appliquant les dispositions légales;

c) les parties, avant d'accepter ou de suivre la solution proposée, soient informées des conséquences juridiques liées au fait d'accepter ou de suivre cette solution;

d) les parties disposent d'un délai de réflexion raisonnable avant d'indiquer qu'elles acceptent la solution proposée ou un accord à l'amiable.

3. Lorsque, conformément au droit national, les procédures de REL prévoient que leur issue devient contraignante pour le professionnel à partir du moment où le consommateur a accepté la solution proposée, l'article 9, paragraphe 2, s'entend comme étant uniquement applicable au consommateur.

## Article 10 – Liberté

1. Les États membres veillent à ce qu'un accord entre un consommateur et un professionnel prévoyant la soumission des plaintes à une entité de REL ne soit pas contraignant pour le consommateur si cet accord a été conclu avant la survenance du litige et s'il a comme effet de priver le consommateur de son droit de saisir les juridictions compétentes pour le règlement du litige.

2. Les États membres veillent à ce que, dans les procédures de REL visant à régler les litiges en imposant une solution, la solution imposée ne puisse être contraignante à l'égard des parties que si celles-ci ont été préalablement informées de sa nature contraignante et l'ont expressément acceptée. L'acceptation expresse du professionnel n'est pas requise si les règles nationales prévoient que les solutions sont contraignantes pour les professionnels.

## Article 11 – Légalité

1. Les États membres veillent à ce que dans les procédures de REL qui visent à régler un litige en imposant une solution au consommateur :

a) en l'absence de conflit de lois, la solution imposée n'ait pas pour conséquence de priver le consommateur de la protection que lui assurent les dispositions auxquelles il ne peut être dérogé par accord en vertu de la loi de l'État membre dans lequel le consommateur et le professionnel ont leur résidence habituelle;

b) en cas de conflit de lois, lorsque la loi applicable au contrat de vente ou de service est déterminée conformément à l'article 6, paragraphes 1 et 2, du règlement (CE) n° 593/2008, la solution imposée par une entité de REL n'ait pas pour conséquence de priver le consommateur de la protection que lui assurent les dispositions auxquelles il ne peut être dérogé par accord en vertu de la loi de l'État membre dans lequel il a sa résidence habituelle;

c) en cas de conflit de lois, lorsque la loi applicable au contrat de vente ou de service est déterminée conformément à l'article 5, paragraphes 1 à 3, de la convention de Rome du 19 juin 1980 sur la loi applicable aux obligations contractuelles, la solution imposée par une entité de REL n'ait pas pour conséquence de priver le consommateur de la protection que lui assurent les dispositions impératives de la loi de l'État membre dans lequel il a sa résidence habituelle.

2. Aux fins du présent article, la « résidence habituelle » est déterminée conformément au règlement (CE) n° 593/2008.

### Article 12 – Incidence des procédures de REL sur les délais de prescription

1. Les États membres veillent à ce que les parties qui, pour tenter de régler un litige, ont recours à des procédures de REL dont l'issue n'est pas contraignante, ne soient pas empêchées par la suite d'engager une action en justice en rapport avec ce litige en raison de l'expiration du délai de prescription au cours de la procédure de REL.

2. Le paragraphe 1 est sans préjudice des dispositions sur la prescription figurant dans les accords internationaux auxquels les États membres sont parties.

CHAPITRE III

## Information et coopération

### Article 13 – Informations dont la communication aux consommateurs incombe aux professionnels

1. Les États membres veillent à ce que les professionnels établis sur leur territoire fournissent aux consommateurs des informations sur l'entité ou les entités de REL dont ces professionnels relèvent, lorsque ces professionnels s'engagent à recourir à ces entités ou sont tenus d'y recourir pour résoudre les litiges avec les consommateurs. Ces informations comprennent l'adresse du site internet de l'entité ou des entités de REL concernées.

2. Les informations visées au paragraphe 1 sont claires, compréhensibles et aisément accessibles sur le site internet du professionnel, quand il en a un, et, le cas échéant, dans les conditions générales des contrats de vente ou de service conclus entre le professionnel et le consommateur.

3. Les États membres veillent à ce que, dans le cas où un litige entre un consommateur et un professionnel établi sur leur territoire n'a pas pu être réglé après qu'une plainte a été introduite directement par le consommateur auprès du professionnel, le professionnel fournisse au consommateur les informations visées au paragraphe 1, en précisant s'il aura recours aux entités de REL compétentes pour régler le litige. Ces informations sont fournies sur support papier ou sur un autre support durable.

### Article 14 – Assistance aux consommateurs

1. Les États membres veillent à ce que, en cas de litige relatif à des contrats de vente ou de service transfrontaliers, les consommateurs puissent bénéficier d'une assistance destinée à les orienter vers l'entité de REL située dans un autre État membre qui est compétente pour traiter leur litige transfrontalier.

2. Les États membres délèguent la responsabilité de la mission visée au paragraphe 1 à leurs centres membres du réseau des Centres européens des consommateurs, à des associations de consommateurs ou à tout autre organisme.

### Article 15 – Informations générales

1. Les États membres veillent à ce que les entités de REL, les centres membres du réseau des Centres européens des consommateurs et, le cas échéant, les organismes désignés conformément à l'article 14, paragraphe 2, mettent à la disposition du public, sur leur site internet en fournissant un lien vers le site internet de la Com-

mission, et dans la mesure du possible sur un support durable dans leurs locaux, la liste des entités de REL visée à l'article 20, paragraphe 4.

2. Les États membres encouragent les associations de consommateurs et les organisations professionnelles concernées à mettre à la disposition du public, sur leur site internet et par tout autre moyen qu'elles jugent approprié, la liste des entités de REL visée à l'article 20, paragraphe 4.

3. La Commission et les États membres assurent la diffusion appropriée d'informations sur les modalités d'accès aux procédures de REL dont peuvent disposer les consommateurs pour résoudre les litiges relevant de la présente directive.

4. La Commission et les États membres prennent des mesures d'accompagnement pour encourager les associations de consommateurs et les organisations professionnelles, au niveau de l'Union et à l'échelle nationale, à mener des actions de sensibilisation concernant les entités de REL et leurs procédures et à promouvoir le recours au REL par les commerçants et les consommateurs. Ces organismes sont également encouragés à fournir aux consommateurs des informations concernant les entités de REL compétentes lorsqu'ils reçoivent des plaintes émanant de consommateurs.

### Article 16 – Coopération et échange d'expérience entre les entités de REL

1. Les États membres veillent à ce que les entités de REL coopèrent au règlement des litiges transfrontaliers et procèdent à des échanges réguliers de bonnes pratiques en ce qui concerne le règlement de litiges tant transfrontaliers que nationaux.

2. La Commission appuie et facilite la constitution de réseaux d'entités de REL nationaux et l'échange et la diffusion de leurs bonnes pratiques et de leurs expériences.

3. Lorsqu'il existe dans l'Union un réseau d'entités de REL facilitant le règlement des litiges transfrontaliers survenant dans un secteur donné, les États membres encouragent les entités de REL qui traitent les litiges survenant dans ce secteur à s'affilier à ce réseau.

4. La Commission publie une liste indiquant les noms et les coordonnées des réseaux visés au paragraphe 3. La Commission met cette liste à jour, quand il y a lieu.

### Article 17 – Coopération entre les entités de REL et les autorités nationales chargées de l'application des actes juridiques de l'Union en matière de protection des consommateurs

1. Les États membres veillent à ce que les entités de REL et les autorités nationales chargées de l'application des actes juridiques de l'Union en matière de protection des consommateurs coopèrent.

2. Cette coopération prend notamment la forme d'un échange d'informations sur les pratiques de certains secteurs d'activité à propos desquelles des consommateurs ont à plusieurs reprises déposé des plaintes. Elle implique également que les autorités nationales précitées fournissent aux entités de REL l'évaluation technique et les informations qui se révèlent nécessaires pour traiter un litige et qui sont déjà disponibles.

3. Les États membres veillent à ce que la coopération et les échanges d'informations visés aux paragraphes 1 et 2 respectent les règles de protection des données à caractère personnel prévues par la directive 95/46/CE.

4. Le présent article est sans préjudice des dispositions relatives au secret professionnel et commercial qui s'appliquent aux autorités nationales chargées de l'application des actes juridiques de l'Union en matière de protection des consommateurs. Les entités de REL sont soumises aux règles du secret professionnel ou aux autres obligations équivalentes de confidentialité définies par la législation de l'État membre où elles sont établies.

CHAPITRE IV

## Rôle des autorités compétentes et de la commission

### Article 18 – Désignation des autorités compétentes

1. Chaque État membre désigne une autorité compétente qui assume les fonctions prévues aux articles 19 et 20. Chaque État membre peut désigner plusieurs autorités compétentes. Dans ce cas, l'État membre détermine, parmi les autorités compétentes désignées, celle qui est le point de contact unique de la Commission. Chaque État membre notifie à la Commission l'autorité compétente ou, le cas échéant, les autorités compétentes, y compris le point de contact unique, qu'il a désignées.

2. La Commission dresse une liste des autorités compétentes, y compris, le cas échéant, le point de contact unique, dont la désignation lui a été notifiée conformément au paragraphe 1, et la publie au *Journal officiel* de l'Union européenne.

### Article 19 – Informations dont la notification aux autorités compétentes incombe aux entités de règlement des litiges

1. Les États membres veillent à ce que les entités de règlement des litiges établies sur leur territoire, qui entendent prétendre à la qualité d'entités de REL en vertu de la présente directive et figurer sur la liste établie conformément à l'article 20, paragraphe 2, notifient à l'autorité compétente les informations suivantes :

a) leur nom, leurs coordonnées et l'adresse de leur site internet;

b) des informations sur leur structure et leur financement, y compris des informations sur les personnes physiques chargées du règlement des litiges, sur leur financement, sur le niveau des rémunérations et la durée du mandat de ces personnes ainsi que sur leur employeur;

c) leurs règles de procédure;

d) leurs tarifs, le cas échéant;

e) la durée moyenne de la procédure de règlement des litiges;

f) la ou les langues dans lesquelles les plaintes peuvent être introduites et dans lesquelles les procédures de règlement des litiges peuvent se dérouler;

g) une déclaration sur les types de litiges régis par la procédure de règlement des litiges;

h) les motifs pour lesquels l'entité de règlement des litiges peut refuser de traiter un litige particulier conformément à l'article 5, paragraphe 4;

i) une déclaration motivée indiquant si l'entité peut prétendre à la qualité d'entité de REL relevant de la présente directive et satisfait aux exigences de qualité établies au chapitre II.

Si les informations mentionnées aux points a) à h) font l'objet de changements, les entités de REL notifient sans tarder ces changements à l'autorité compétente.

2. Lorsque les États membres décident d'autoriser les procédures visées à l'article 2, paragraphe 2, point a), ils veillent à ce que les entités de REL qui les appliquent notifient à l'autorité compétente, outre les informations et les déclarations visées au paragraphe 1, les informations nécessaires à l'évaluation de leur respect des exigences spécifiques supplémentaires d'indépendance et de transparence énoncées à l'article 6, paragraphe 3.

3. Les États membres veillent à ce que les entités de REL transmettent tous les deux ans aux autorités compétentes des informations sur :

a) le nombre de litiges dont ils ont été saisis et les types de plaintes auxquelles ils sont liés;

b) la part en pourcentage de procédures de REL qui ont été interrompues avant d'avoir abouti;

c) le laps de temps moyen nécessaire au règlement des litiges traités;

d) le taux de respect des solutions issues des procédures de REL, s'il est connu;

e) les problèmes systématiques ou importants qui se posent fréquemment et qui sont à l'origine de litiges entre les consommateurs et les professionnels. Les informations communiquées à cet égard peuvent être assorties de recommandations quant à la manière d'éviter ou de résoudre de tels problèmes à l'avenir;

f) le cas échéant, une évaluation de l'efficacité de leur coopération au sein des réseaux d'entités de REL qui facilitent le règlement des litiges transfrontaliers;

g) le cas échéant, la formation dispensée aux personnes physiques chargées du REL conformément à l'article 6, paragraphe 6;

h) une évaluation de l'efficacité de la procédure de REL proposée par l'entité et des moyens envisageables pour améliorer ses résultats.

## Article 20 – Rôle des autorités compétentes et de la Commission

1. Chaque autorité compétente évalue, en particulier sur la base des informations qu'elle a reçues conformément à l'article 19, paragraphe 1, si les entités de règlement des litiges qui lui ont été notifiées peuvent prétendre à la qualité d'entité de REL relevant de la présente directive et satisfont aux exigences de qualité fixées au chapitre II ainsi que dans les dispositions nationales qui la mettent en œuvre, y compris celles qui vont au-delà des exigences prévues par la présente directive, conformément au droit de l'Union.

2. Chaque autorité compétente dresse, sur la base de l'évaluation visée au paragraphe 1, une liste de toutes les entités de REL qui lui ont été notifiées et qui satisfont aux conditions fixées au paragraphe 1.

Cette liste contient les informations suivantes :

a) le nom, les coordonnées et l'adresse du site internet des entités de REL visées au premier alinéa;

b) leurs tarifs, le cas échéant;

c) la ou les langues dans lesquelles les plaintes peuvent être introduites et dans lesquelles les procédures de REL peuvent se dérouler;

d) les types de litiges régis par la procédure de REL;

e) les secteurs et les catégories de litiges relevant de chaque entité de REL;

f) la nécessité de la présence physique des parties ou de leurs représentants, le cas échéant, y compris une déclaration de l'entité de REL précisant si la procédure de REL se déroule ou peut se dérouler oralement ou par écrit;

g) la nature contraignante ou non de l'issue de la procédure ; et

h) les motifs pour lesquels l'entité de REL peut refuser de traiter un litige particulier conformément à l'article 5, paragraphe 4.

Chaque autorité compétente notifie la liste visée au premier alinéa du présent paragraphe à la Commission. Si des changements sont notifiés à l'autorité compétence conformément à l'article 19, paragraphe 1, deuxième alinéa, cette liste est mise à jour sans tarder et les informations pertinentes sont notifiées à la Commission.

Si une entité de règlement des litiges figurant sur la liste des REL en vertu de la présente directive ne satisfait plus aux exigences visées au paragraphe 1, l'autorité compétente concernée entre en contact avec cette entité de règlement des litiges, lui indique quelles exigences elle ne respecte plus et lui demande de se mettre immédiatement en conformité. Si, à l'expiration d'un délai de trois mois, l'entité de règlement des litiges ne satisfait toujours pas aux exigences visées au paragraphe 1, l'autorité compétente la retire de la liste visée au premier alinéa du présent paragraphe. Cette liste est mise à jour sans tarder et les informations pertinentes sont notifiées à la Commission.

3. Si un État membre a désigné plusieurs autorités compétentes, la liste et ses mises à jour visées au paragraphe 2 sont notifiées à la Commission par le point de contact unique visé à l'article 18, paragraphe 1. Cette liste et ces mises à jour portent sur toutes les entités de REL établies dans cet État membre.

4. La Commission dresse une liste des entités de REL qui lui ont été notifiées conformément au paragraphe 2 et met à jour cette liste chaque fois que des changements lui sont notifiés. La Commission met à la disposition du public cette liste, ainsi que ses mises à jour, sur son site internet et sur un support durable. La Commission transmet cette liste et ses mises à jour aux autorités compétentes. Lorsqu'un État membre a désigné un point de contact unique conformément à l'article 18, paragraphe 1, la Commission transmet cette liste et ses mises à jour au point de contact unique.

5. Chaque autorité compétente met à la disposition du public la liste actualisée des entités de REL visée au paragraphe 4 sur son site internet en fournissant un lien vers le site internet concerné de la Commission. En outre, chaque autorité compétente met à la disposition du public cette liste actualisée sur un support durable.

6. Au plus tard le 9 juillet 2018 et ensuite tous les quatre ans, chaque autorité compétente publie un rapport sur l'évolution et le fonctionnement des entités de REL et l'envoie à la Commission. Plus particulièrement, ce rapport :

a) recense les bonnes pratiques des entités de REL ;

b) relève, à l'aide de statistiques, les lacunes qui nuisent au fonctionnement des entités de REL pour les litiges nationaux et transfrontaliers, s'il y a lieu ;

c) présente des recommandations sur la manière d'améliorer le fonctionnement effectif et l'efficacité des entités de REL, s'il y a lieu.

7. Si un État membre a désigné plusieurs autorités compétentes conformément à l'article 18, paragraphe 1, le rapport visé au paragraphe 6 du présent article est publié par le point de contact unique visé à l'article 18, paragraphe 1. Ce rapport porte sur toutes les entités de REL établies dans cet État membre.

CHAPITRE V

## Dispositions finales

### Article 21 – Sanctions

Les États membres déterminent le régime des sanctions applicables aux violations des dispositions nationales adoptées, en particulier, en vertu de l'article 13 et prennent toutes les mesures nécessaires pour assurer la mise en œuvre de ce régime. Les sanctions ainsi prévues sont effectives, proportionnées et dissuasives.

### Article 22 – Modification du règlement (CE) n° 2006/2004

Dans l'annexe du règlement (CE) n° 2006/2004, le point suivant est ajouté :

« 20. Directive 2013/11/UE du Parlement européen et du Conseil du 21 mai 2013 relative au règlement extrajudiciaire des litiges de consommation (*JO* L 165 du 18 juin 2013, p. 63) : l'article 13. »

### Article 23 – Modification de la directive 2009/22/CE

Dans l'annexe I de la directive 2009/22/CE, le point suivant est ajouté :

« 14. Directive 2013/11/UE du Parlement européen et du Conseil du 21 mai 2013 relative au règlement extrajudiciaire des litiges de consommation (*JO* L 165 du 18 juin 2013, p. 63) : l'article 13. »

### Article 24 – Communication

1. Au plus tard le 9 juillet 2015, les États membres communiquent à la Commission :

a) le cas échéant, les noms et les coordonnées des organismes désignés conformément à l'article 14, paragraphe 2; et

b) le nom des autorités compétentes, y compris, lorsqu'il y a lieu, le point de contact unique, désignées conformément à l'article 18, paragraphe 1.

Les États membres communiquent à la Commission tout changement ultérieur de ces informations.

2. Au plus tard le 9 janvier 2016, les États membres communiquent à la Commission la première liste visée à l'article 20, paragraphe 2.

3. La Commission communique aux États membres les informations visées au paragraphe 1, point a).

### Article 25 – Transposition

1. Les États membres mettent en vigueur les dispositions législatives, réglementaires et administratives nécessaires pour se conformer à la présente directive au plus tard le 9 juillet 2015. Ils communiquent immédiatement à la Commission le texte de ces dispositions.

Lorsque les États membres adoptent ces dispositions, celles-ci contiennent une référence à la présente directive ou sont accompagnées d'une telle référence lors de leur publication officielle. Les modalités de cette référence sont arrêtées par les États membres.

2. Les États membres communiquent à la Commission le texte des dispositions essentielles de droit interne qu'ils adoptent dans le domaine régi par la présente directive.

### Article 26 – Rapport

Au plus tard le 9 juillet 2019 et ensuite tous les quatre ans, la Commission présente au Parlement européen, au Conseil et au Comité économique et social européen un rapport relatif à l'application de la présente directive. Ce rapport examine l'évolution et l'utilisation des entités de REL et l'incidence de la présente directive sur les consommateurs et les professionnels, en particulier sur la sensibilisation des consommateurs et le niveau d'adoption parmi les professionnels. Ce rapport est assorti, le cas échéant, de propositions de modification de la présente directive.

### Article 27 – Entrée en vigueur

La présente directive entre en vigueur le vingtième jour suivant celui de sa publication au *Journal officiel* de l'Union européenne.

### Article 28 – Destinataires

Les États membres sont destinataires de la présente directive.

Références

[1] *JO* C 181 du 21 juin 2012, p. 93.

[2] Position du Parlement européen du 12 mars 2013 (non encore parue au *Journal officiel*) et décision du Conseil du 22 avril 2013.

[3] *JO* L 115 du 17 avr. 1998, p. 31.

[4] *JO* L 109 du 19 avr. 2001, p. 56.

[5] Voir page 1 du présent *Journal officiel*.

[6] *JO* L 88 du 4 avr. 2011, p. 45.

[7] *JO* L 136 du 24 mai 2008, p. 3.

[8] *JO* L 281 du 23 nov. 1995, p. 31.

[9] *JO* L 177 du 4 juill. 2008, p. 6.

[10] *JO* L 266 du 9 oct. 1980, p. 1.

[11] *JO* L 136 du 2 juin 2010, p. 1.

[12] *JO* L 364 du 9 déc. 2004, p. 1.

[13] *JO* L 110 du 1er mai 2009, p. 30.

[14] *JO* C 369 du 17 déc. 2011, p. 14.

[15] *JO* L 8 du 12 janv. 2001, p. 1.

[16] *JO* C 136 du 11 mai 2012, p. 1.

# IV – Décisions

## 162 Décision n° 2001/470/CE du Conseil du 28 mai 2001 relative à la création d'un réseau judiciaire européen en matière civile et commerciale

Voir n° 46 ←

## 163 Décision-cadre 2002/584/JAI du Conseil du 13 juin 2002 relative au mandat d'arrêt européen et aux procédures de remise entre États membres

En vigueur depuis le 7 août 2002

Non reproduite. Consultable sur :
http://europa.eu/eu-law/legislation/index_fr.htm

## 164 Décision-cadre 2009/299/JAI du Conseil du 26 février 2009 portant modification des décisions-cadres 2002/584/JAI, 2005/214/JAI, 2006/783/JAI, 2008/909/JAI et 2008/947/JAI, renforçant les droits procéduraux des personnes et favorisant l'application du principe de reconnaissance mutuelle aux décisions rendues en l'absence de la personne concernée lors du procès

En vigueur depuis le 28 mars 2009

Non reproduite. Consultable sur :
http://eur-lex.europa.eu/fr/index.htm

# SOUS-PARTIE II

# CONVENTIONS INTERNATIONALES

# I – Conventions multilatérales

## 165 Convention de La Haye du 1er mars 1954 relative à la procédure civile

En vigueur depuis le 22 juin 1959

*Les États signataires de la présente Convention;*

Désirant apporter à la Convention du 17 juillet 1905, relative à la procédure civile, les améliorations suggérées par l'expérience;

*Ont résolu de conclure une nouvelle Convention à cet effet et sont convenus des dispositions suivantes :*

*I. Communication d'actes judiciaires et extrajudiciaires*

**Article premier –** En matière civile ou commerciale, les significations d'actes à destination de personnes, se trouvant à l'étranger, se feront dans les États contractants, sur une demande du consul de l'État requérant, adressée à l'autorité qui sera désignée par l'État requis. La demande, contenant l'indication de l'autorité de qui émane l'acte transmis, le nom et la qualité des parties, l'adresse du destinataire, la nature de l'acte dont il s'agit, doit être rédigée dans la langue de l'autorité requise. Cette autorité enverra au consul la pièce prouvant la signification ou indiquant le fait qui l'a empêchée.

Toutes les difficultés, qui s'élèveraient à l'occasion de la demande du consul, seront réglées par la voie diplomatique.

Chaque État contractant peut déclarer, par une communication adressée aux autres États contractants, qu'il entend que la demande de signification à faire sur son territoire, contenant les mentions indiquées à l'alinéa premier, lui soit adressée par la voie diplomatique.

Les dispositions qui précèdent ne s'opposent pas à ce que deux États contractants s'entendent pour admettre la communication directe entre leurs autorités respectives.

**Article 2 –** La signification se fera par les soins de l'autorité compétente selon les lois de l'État requis. Cette autorité, sauf les cas prévus dans l'article 3, pourra se borner à effectuer la signification par la remise de l'acte au destinataire qui l'accepte volontairement.

**Article 3 –** La demande sera accompagnée de l'acte à signifier en double exemplaire.

Si l'acte à signifier est rédigé, soit dans la langue de l'autorité requise, soit dans la langue convenue entre les deux États intéressés, ou s'il est accompagné d'une traduction dans l'une de ces langues, l'autorité requise, au cas où le désir lui en serait exprimé dans la demande, fera signifier l'acte dans la forme prescrite par sa législation intérieure pour l'exécution de significations analogues, ou dans une forme spéciale, pourvu qu'elle ne soit pas contraire à cette législation. Si un pareil désir n'est pas exprimé, l'autorité requise cherchera d'abord à effectuer la remise dans les termes de l'article 2.

Sauf entente contraire, la traduction, prévue dans l'alinéa précédent, sera certifiée conforme par l'agent diplomatique ou consulaire de l'État requérant ou par un traducteur assermenté de l'État requis.

**Article 4 –** L'exécution de la signification, prévue par les articles 1, 2 et 3, ne pourra être refusée que si l'État, sur le territoire duquel elle devrait être faite, la juge de nature à porter atteinte à sa souveraineté ou à sa sécurité.

**Article 5 –** La preuve de la signification se fera au moyen, soit d'un récépissé daté et légalisé du destinataire, soit d'une attestation de l'autorité de l'État requis, constatant le fait, la forme et la date de la signification.

Le récépissé ou l'attestation doit se trouver sur l'un des doubles de l'acte à signifier ou y être annexé.

**Article 6 –** Les dispositions des articles qui précèdent ne s'opposent pas :

1. à la faculté d'adresser directement, par la voie de la poste, des actes aux intéressés se trouvant à l'étranger;

2. à la faculté, pour les intéressés, de faire faire des significations directement, par les soins des officiers ministériels ou des fonctionnaires compétents du pays de destination;

3. à la faculté, pour chaque État, de faire faire directement, par les soins de ses agents diplomatiques ou consulaires, les significations destinées aux personnes se trouvant à l'étranger.

Dans chacun de ces cas, la faculté prévue n'existe que si des Conventions intervenues entre les États intéressés l'admettent ou si, à défaut de Conventions, l'État, sur le territoire duquel la signification doit être faite, ne s'y oppose pas. Cet État ne pourra s'y opposer lorsque, dans les cas de l'alinéa premier, numéro 3, l'acte doit être signifié sans contrainte à un ressortissant de l'État requérant.

**Article 7 –** Les significations ne pourront donner lieu au remboursement de taxes ou de frais de quelque nature que ce soit.

Toutefois, sauf entente contraire, l'État requis aura le droit d'exiger de l'État requérant le remboursement des frais occasionnés par l'intervention d'un officier ministériel ou par l'emploi d'une forme spéciale dans les cas de l'article 3.

### *II. Commissions rogatoires*

**Article 8 –** En matière civile ou commerciale, l'autorité judiciaire d'un État contractant pourra, conformément aux dispositions de sa législation, s'adresser, par commission rogatoire, à l'autorité compétente d'un autre État contractant pour lui demander de faire, dans son ressort, soit un acte d'instruction, soit d'autres actes judiciaires.

**Article 9 –** Les commissions rogatoires seront transmises par le consul de l'État requérant à l'autorité qui sera désignée par l'État requis. Cette autorité enverra au consul la pièce constatant l'exécution de la commission rogatoire ou indiquant le fait qui en a empêché l'exécution.

Toutes les difficultés, qui s'élèveraient à l'occasion de cette transmission, seront réglées par la voie diplomatique.

Chaque État contractant peut déclarer, par une communication adressée aux autres États contractants, qu'il entend que les commissions rogatoires, à exécuter sur son territoire, lui soient transmises par la voie diplomatique.

Les dispositions qui précèdent ne s'opposent pas à ce que deux États contractants s'entendent pour admettre la transmission directe des commissions rogatoires entre leurs autorités respectives.

**Article 10 –** Sauf entente contraire, la commission rogatoire doit être rédigée, soit dans la langue de l'autorité requise, soit dans la langue convenue entre les deux États intéressés, ou bien elle doit être accompagnée d'une traduction, faite dans une de ces langues et certifiée conforme par un agent diplomatique ou consulaire de l'État requérant ou par un traducteur assermenté de l'État requis.

**Article 11 –** L'autorité judiciaire, à laquelle la commission rogatoire est adressée, sera obligée d'y satisfaire en usant des mêmes moyens de contrainte que pour l'exécution d'une commission des autorités de l'État requis ou d'une demande formée à cet effet par une partie intéressée. Ces moyens de contrainte ne sont pas nécessairement employés, s'il s'agit de la comparution des parties en cause.

L'autorité requérante sera, si elle le demande, informée de la date et du lieu où il sera procédé à la mesure sollicitée, afin que la partie intéressée soit en état d'y assister.

L'exécution de la commission rogatoire ne pourra être refusée que :

1. si l'authenticité du document n'est pas établie ;

2. si, dans l'État requis, l'exécution de la commission rogatoire ne rentre pas dans les attributions du pouvoir judiciaire ;

3. si l'État, sur le territoire duquel l'exécution devrait avoir lieu, la juge de nature à porter atteinte à sa souveraineté ou à sa sécurité.

**Article 12 –** En cas d'incompétence de l'autorité requise, la commission rogatoire sera transmise d'office à l'autorité judiciaire compétente du même État, suivant les règles établies par la législation de celui-ci.

**Article 13 –** Dans tous les cas où la commission rogatoire n'est pas exécutée par l'autorité requise, celle-ci en informera immédiatement l'autorité requérante, en indiquant, dans le cas de l'article 11, les raisons pour lesquelles l'exécution de la commission rogatoire a été refusée et, dans le cas de l'article 12, l'autorité à laquelle la commission est transmise.

**Article 14 –** L'autorité judiciaire, qui procède à l'exécution d'une commission rogatoire, appliquera les lois de son pays, en ce qui concerne les formes à suivre.

Toutefois, il sera déféré à la demande de l'autorité requérante, tendant à ce qu'il soit procédé suivant une forme spéciale, pourvu que cette forme ne soit pas contraire à la législation de l'État requis.

**Article 15 –** Les dispositions des articles qui précèdent n'excluent pas la faculté, pour chaque État, de faire exécuter directement, par ses agents diplomatiques ou consulaires, les commissions rogatoires, si des Conventions intervenues entre les États intéressés l'admettent ou si l'État, sur le territoire duquel la commission rogatoire doit être exécutée, ne s'y oppose pas.

**Article 16 –** L'exécution des commissions rogatoires ne pourra donner lieu au remboursement de taxes ou de frais, de quelque nature que ce soit.

Toutefois, sauf entente contraire, l'État requis aura le droit d'exiger de l'État requérant le remboursement des indemnités payées aux témoins ou aux experts, ainsi que des frais occasionnés par l'intervention d'un officier ministériel, rendue nécessaire parce que les témoins n'ont pas comparu volontairement, ou des frais résultant de l'application éventuelle de l'article 14, alinéa 2.

### *III. Caution* judicatum solvi

**Article 17 –** Aucune caution ni dépôt, sous quelque dénomination que ce soit, ne peut être imposé, à raison, soit de leur qualité d'étrangers, soit du défaut de domicile ou de résidence dans le pays, aux nationaux d'un des États contractants, ayant leur domicile dans l'un de ces États, qui seront demandeurs ou intervenants devant les tribunaux d'un autre de ces États.

La même règle s'applique au versement, qui serait exigé des demandeurs ou intervenants, pour garantir les frais judiciaires.

Les Conventions, par lesquelles des États contractants auraient stipulé pour leurs ressortissants la dispense de la caution *judicatum solvi* ou du versement des frais judiciaires sans condition de domicile, continueront à s'appliquer.

**Article 18 –** Les condamnations aux frais et dépens du procès, prononcées dans un des États contractants contre le demandeur ou l'intervenant dispensé de la caution, du dépôt ou du versement en vertu, soit de l'article 17, alinéas 1 et 2, soit de la loi de l'État où l'action est intentée, seront, sur une demande, faite par la voie diplomatique, rendues gratuitement exécutoires par l'autorité compétente, dans chacun des autres États contractants.

La même règle s'applique aux décisions judiciaires par lesquelles le montant des frais du procès est fixé ultérieurement.

Les dispositions qui précèdent ne s'opposent pas à ce que deux États contractants s'entendent pour permettre que la demande d'*exequatur* soit aussi faite directement par la partie intéressée.

**Article 19 –** Les décisions relatives aux frais et dépens seront déclarées exécutoires sans entendre les parties, mais sauf recours ultérieur de la partie condamnée, conformément à la législation du pays où l'exécution est poursuivie.

L'autorité, compétente pour statuer sur la demande d'*exequatur*, se bornera à examiner :

1. si, d'après la loi du pays où la condamnation a été prononcée, l'expédition de la décision réunit les conditions nécessaires à son authenticité ;
2. si, d'après la même loi, la décision est passée en force de chose jugée ;
3. si le dispositif de la décision est rédigé, soit dans la langue de l'autorité requise, soit dans la langue convenue entre les deux États intéressés, ou bien s'il est accompagné d'une traduction, faite dans une de ces langues et, sauf entente contraire,

certifiée conforme par un agent diplomatique ou consulaire de l'État requérant ou par un traducteur assermenté de l'État requis.

Pour satisfaire aux conditions, prescrites par l'alinéa 2, numéros 1 et 2, il suffira, soit d'une déclaration de l'autorité compétente de l'État requérant constatant que la décision est passée en force de chose jugée, soit de la présentation des pièces dûment légalisées de nature à établir que la décision est passée en force de chose jugée. La compétence de l'autorité ci-dessus mentionnée sera, sauf entente contraire, certifiée par le plus haut fonctionnaire préposé à l'administration de la Justice dans l'État requérant. La déclaration et le certificat, dont il vient d'être parlé doivent être rédigés ou traduits conformément à la règle contenue dans l'alinéa 2, numéro 3.

L'autorité, compétente pour statuer sur la demande d'*exequatur*, évaluera, pourvu que la partie le demande en même temps, le montant des frais d'attestation, de traduction et de légalisation visés à l'alinéa 2, numéro 3. Ces frais seront considérés comme des frais et dépens du procès.

### *IV. Assistance judiciaire gratuite*

**Article 20 –** En matière civile et commerciale, les ressortissants de chacun des États contractants seront admis dans tous les autres États contractants au bénéfice de l'assistance judiciaire gratuite, comme les nationaux eux-mêmes, en se conformant à la législation de l'État où l'assistance judiciaire gratuite est réclamée.

Dans les États où existe l'assistance judiciaire en matière administrative, les dispositions, édictées dans l'alinéa ci-dessus, s'appliqueront également aux affaires, portées devant les tribunaux compétents en cette matière.

**Article 21 –** Dans tous les cas, le certificat ou la déclaration d'indigence doit être délivré ou reçue par les autorités de la résidence habituelle de l'étranger, ou, à défaut de celles-ci, par les autorités de sa résidence actuelle. Dans le cas où ces dernières autorités n'appartiendraient pas à un État contractant et ne recevraient pas ou ne délivreraient pas des certificats ou des déclarations de cette nature, il suffira d'un certificat ou d'une déclaration délivré ou reçue par un agent diplomatique ou consulaire du pays auquel l'étranger appartient.

Si le requérant ne réside pas dans le pays où la demande est formulée, le certificat ou la déclaration d'indigence sera légalisé gratuitement par un agent diplomatique ou consulaire du pays où le document doit être produit.

**Article 22 –** L'autorité, compétente pour délivrer le certificat ou recevoir la déclaration d'indigence, pourra prendre des renseignements sur la situation de fortune du requérant auprès des autorités des autres États contractants.

L'autorité, chargée de statuer sur la demande d'assistance judiciaire gratuite, conserve, dans les limites de ses attributions, le droit de contrôler les certificats, déclarations et renseignements qui lui sont fournis et de se faire donner, pour s'éclairer suffisamment, des informations complémentaires.

**Article 23 –** Lorsque l'indigent se trouve dans un pays autre que celui, dans lequel l'assistance judiciaire gratuite doit être demandée, sa demande tendant à obtenir l'assistance judiciaire, accompagnée des certificats, déclarations d'indigence et, le cas échéant, d'autres pièces justificatives, utiles à l'instruction de la demande, pourra être transmise, par le consul de son pays, à l'autorité compétente pour statuer sur ladite demande, ou à l'autorité désignée par l'État où la demande doit être instruite.

Les dispositions, contenues dans l'article 9, alinéas 2, 3 et 4 et dans les articles 10 et 12 ci-dessus concernant les commissions rogatoires, sont applicables à la transmission des requêtes en obtention de l'assistance judiciaire gratuite et de leurs annexes.

**Article 24 –** Si le bénéfice de l'assistance judiciaire a été accordé à un ressortissant d'un des États contractants, les significations, quelle qu'en soit la forme, relatives à son procès, et qui seraient à faire dans un autre de ces États, ne donneront lieu à aucun remboursement de frais par l'État requérant à l'État requis.

Il en sera de même des commissions rogatoires, exception faite des indemnités payées à des experts.

### *V. Délivrance gratuite d'extraits des actes de l'état civil*

**Article 25 –** Les indigents ressortissants d'un des États contractants pourront, dans les mêmes conditions que les nationaux, se faire délivrer gratuitement des extraits des actes de l'état civil. Les pièces nécessaires à leur mariage seront légalisées sans frais par les agents diplomatiques ou consulaires des États contractants.

### *VI. Contrainte par corps*

**Article 26 –** La contrainte par corps, soit comme moyen d'exécution, soit comme mesure simplement conservatoire, ne pourra pas, en matière civile ou commerciale, être appliquée aux étrangers, appartenant à un des États contractants, dans le cas où elle ne serait pas applicable aux ressortissants du pays. Un fait, qui peut être invoqué par un ressortissant domicilié dans le pays, pour obtenir la levée de la contrainte par corps, doit produire le même effet au profit du ressortissant d'un État contractant, même si ce fait s'est produit à l'étranger.

### *VII. Dispositions finales*

**Article 27 –** La présente Convention est ouverte à la signature des États représentés à la Septième session de la Conférence de droit international privé.

Elle sera ratifiée et les instruments de ratification seront déposés auprès du Ministère des Affaires Étrangères des Pays-Bas.

Il sera dressé de tout dépôt d'instruments de ratification un procès-verbal, dont une copie, certifiée conforme, sera remise, par la voie diplomatique, à chacun des États signataires.

**Article 28 –** La présente Convention entrera en vigueur le soixantième jour à partir du dépôt du quatrième instrument de ratification prévu par l'article 27, alinéa 2.

Pour chaque État signataire, ratifiant postérieurement, la Convention entrera en vigueur le soixantième jour à partir de la date du dépôt de son instrument de ratification.

**Article 29 –** La présente Convention remplacera, dans les rapports entre les États qui l'auront ratifiée, la Convention relative à la procédure civile, signée à La Haye, le 17 juillet 1905.

**Article 30 –** La présente Convention s'applique de plein droit aux territoires métropolitains des États contractants.

Si un État contractant en désire la mise en vigueur dans tous les autres territoires ou dans tels des autres territoires dont les relations internationales sont assurées par lui, il notifiera son intention à cet effet par un acte qui sera déposé auprès du Ministère des Affaires Étrangères des Pays-Bas. Celui-ci en enverra, par la voie diplomatique, une copie, certifiée conforme, à chacun des États contractants.

La Convention entrera en vigueur dans les rapports entre les États, qui n'élèveront pas d'objection dans les six mois de cette communication, et le territoire ou les territoires dont les relations internationales sont assurées par l'État en question, et pour lequel ou lesquels la notification aura été faite.

**Article 31 –** Tout État, non représenté à la Septième session de la Conférence, est admis à adhérer à la présente Convention, à moins qu'un État ou plusieurs États ayant ratifié la Convention ne s'y opposent, dans un délai de six mois à dater de la communication faite par le Gouvernement néerlandais, de cette adhésion. L'adhésion se fera de la manière prévue par l'article 27, alinéa 2.

Il est entendu que les adhésions ne pourront avoir lieu qu'après l'entrée en vigueur de la présente Convention, en vertu de l'article 28, alinéa premier.

**Article 32 –** Chaque État contractant, en signant ou ratifiant la présente Convention ou en y adhérant, peut se réserver de limiter l'application de l'article 17 aux nationaux des États contractants ayant leur résidence habituelle sur son territoire.

L'État, qui aura fait usage de la faculté, prévue à l'alinéa précédent, ne pourra prétendre à l'application de l'article 17 par les autres États contractants qu'au bénéfice de ses nationaux ayant leur résidence habituelle sur le territoire de l'État contractant, devant les tribunaux duquel ils sont demandeurs ou intervenants.

**Article 33 –** La présente Convention aura une durée de cinq ans à partir de la date indiquée dans l'article 28, alinéa premier, de la présente Convention.

Ce terme commencera à courir de cette date, même pour les États qui l'auront ratifiée ou y auront adhéré postérieurement.

La Convention sera renouvelée tacitement de cinq ans en cinq ans, sauf dénonciation. La dénonciation devra, au moins six mois avant l'expiration du terme, être notifiée au Ministère des Affaires Étrangères des Pays-Bas, qui en donnera connaissance à tous les autres États contractants.

La dénonciation peut se limiter aux territoires ou à certains des territoires indiqués dans une notification, faite conformément à l'article 30, alinéa 2.

La dénonciation ne produira son effet qu'à l'égard de l'État qui l'aura notifiée. La Convention restera en vigueur pour les autres États contractants.

# 166 Convention CIEC n° 2 du 26 septembre 1957 relative à la délivrance gratuite et à la dispense de légalisation des expéditions d'actes de l'état civil (signée à Luxembourg)

En vigueur depuis le 3 janvier 1960

*Les Gouvernements de la République Fédérale d'Allemagne, du Royaume de Belgique, de la République Française, du Grand-Duché du Luxembourg, du Royaume des Pays-Bas, de la Confédération Suisse et de la République Turque, membres de la Commission Internationale de l'État Civil, désireux de régler d'un commun accord certaines questions relatives à la délivrance et à la légalisation des expéditions d'actes de l'état civil, sont convenus des dispositions suivantes :*

**Article 1er –** Sans préjudice de l'application de conventions bilatérales existantes ou qui viendraient à être conclues entre deux États parties à la présente Convention, chaque État contractant s'engage à délivrer sans frais aux autres États contractants des expéditions littérales ou des extraits des actes de l'état civil dressés sur son territoire et concernant les ressortissants du Gouvernement requérant, lorsque la demande en est faite dans un intérêt administratif ou en faveur d'indigents.

**Article 2 –** La demande est faite par la mission diplomatique ou les consuls à l'autorité qualifiée désignée par chaque État contractant dans l'annexe à la présente Convention ; elle spécifie sommairement le motif, « intérêt administratif » ou « indigence du requérant ».

**Article 3 –** Le fait de la délivrance d'une expédition d'un acte de l'état civil ne préjuge pas la nationalité de l'intéressé.

**Article 4 –** Sont dispensés de légalisation, sur les territoires respectifs des États contractants, les expéditions littérales ou les extraits des actes de l'état civil revêtus de la signature et du sceau de l'autorité qui les a délivrés.

**Article 5 –** Par actes de l'état civil au sens des articles 1, 3 et 4, il faut entendre :
- les actes de naissance ;
- les actes de déclaration d'un enfant sans vie,
- les actes de reconnaissance des enfants naturels dressés ou transcrits par les officiers de l'état civil,
- les actes de mariage,
- les actes de décès,
- les actes de divorce ou les transcriptions des jugements ou arrêts de divorce,
- les transcriptions des ordonnances ou jugements ou arrêts en matière d'état civil.

**Article 6 –** La présente Convention sera ratifiée et les instruments de ratification seront déposés auprès du Conseil Fédéral Suisse.

Il sera dressé de tout dépôt d'instrument de ratification un procès-verbal, dont une copie, certifiée conforme, sera remise, par la voie diplomatique, à chacun des États signataires.

**Article 7 –** La présente Convention entrera en vigueur le trentième jour suivant la date du dépôt du deuxième instrument de ratification, prévu à l'article précédent.

Pour chaque État signataire, ratifiant postérieurement la Convention, celle-ci entrera en vigueur le trentième jour suivant la date du dépôt de son instrument de ratification.

**Article 8 –** La présente Convention s'applique de plein droit sur toute l'étendue du territoire métropolitain de chaque État contractant.

Tout État pourra, lors de la signature, de la ratification ou de l'adhésion, ou à tout autre moment par la suite, déclarer par notification adressée au Conseil Fédéral Suisse que les dispositions de la présente Convention seront applicables à l'un ou plusieurs de ses territoires extra-métropolitains, des États ou des territoires dont les relations internationales sont assurées par lui. Le Conseil Fédéral Suisse enverra, par la voie diplomatique, une copie de cette notification certifiée conforme, à chacun des États contractants. Les dispositions de la présente Convention deviendront applicables dans le ou les territoires désignés dans la notification le soixantième jour suivant la date à laquelle le Conseil Fédéral Suisse aura reçu ladite notification.

Tout État qui a fait une déclaration, conformément aux dispositions de l'alinéa 2 du présent article, pourra, par la suite, déclarer à tout moment, par notification adressée au Conseil Fédéral Suisse, que la présente Convention cessera d'être applicable à l'un ou plusieurs des États ou territoires désignés dans la déclaration.

Le Conseil Fédéral Suisse enverra, par la voie diplomatique, une copie certifiée conforme de la nouvelle notification à chacun des États contractants.

La Convention cessera d'être applicable au territoire visé le soixantième jour suivant la date à laquelle le Conseil Fédéral Suisse aura reçu ladite notification.

**Article 9 –** Tout État pourra adhérer à la présente Convention. L'État désirant adhérer notifiera son intention par un acte qui sera déposé auprès du Conseil Fédéral Suisse. Celui-ci enverra, par la voie diplomatique, une copie certifiée conforme à chacun des États contractants. La Convention entrera en vigueur, pour l'État adhérant, le trentième jour suivant la date du dépôt de l'acte d'adhésion.

Le dépôt de l'acte d'adhésion ne pourra avoir lieu qu'après l'entrée en vigueur de la présente Convention en vertu de l'article 7, alinéa 1er.

**Article 10 –** La présente Convention peut être soumise à des révisions en vue d'y introduire des modifications de nature à la perfectionner.

La proposition de révision sera introduite auprès du Conseil Fédéral Suisse qui la notifiera aux divers États contractants ainsi qu'au Secrétaire Général de la Commission Internationale de l'État Civil.

**Article 11 –** La présente Convention aura une durée de dix ans à partir de la date indiquée à l'article 7, alinéa 1er.

La Convention sera renouvelée tacitement de dix ans en dix ans, sauf dénonciation.

La dénonciation devra, au moins six mois avant l'expiration du terme, être notifiée au Conseil Fédéral Suisse, qui en donnera connaissance à tous les autres États contractants.

La dénonciation ne produira son effet qu'à l'égard de l'État qui l'aura notifiée. La Convention restera en vigueur pour les autres États contractants.

En foi de quoi les représentants soussignés, dûment autorisés à cet effet ont signé la présente Convention.

Fait à Luxembourg, le 26 septembre 1957, en un seul exemplaire qui sera déposé dans les archives du Conseil Fédéral Suisse et dont une copie certifiée conforme sera remise par la voie diplomatique à chacun des États contractants.

*Domaine territorial de la Convention*

Au moment de la signature de la Convention, le Gouvernement du Royaume des Pays-Bas a fait la déclaration suivante : eu égard à l'égalité qui existe du point de vue du droit public entre les Pays-Bas, le Surinam et les Antilles néerlandaises, les termes « métropolitain » et « extra-métropolitain » mentionnés dans la Convention perdent leur sens initial en ce qui a trait au Royaume des Pays-Bas et seront en conséquence, en ce qui a trait au Royaume, considérés comme signifiant respectivement « européen » et « non-européen ».

(NDLR : depuis le 25 novembre 1975, date de l'indépendance du Surinam, la Convention ne s'applique plus dans ce dernier pays. Par « territoire non-européen » il faut actuellement entendre les Antilles néerlandaises, y compris Aruba.)

*NDLR*

La *République Fédérale d'Allemagne* a déclaré *au moment de la notification de ratification de la Convention* que celle-ci est également applicable au « Land » de Berlin avec effet à partir du jour où elle entrera en vigueur pour la République Fédérale d'Allemagne.

ANNEXE

Sous réserve de l'application de conventions particulières désignant une autre autorité, l'autorité qualifiée prévue à l'article 2 de la présente Convention est :

– Pour la République Fédérale d'Allemagne, l'officier de l'état civil détenteur de l'acte.
– Pour le Royaume de Belgique, l'officier de l'état civil détenteur de l'acte.
– Pour la République Française, l'officier de l'état civil détenteur de l'acte.
– Pour le Grand-Duché de Luxembourg, l'officier de l'état civil détenteur de l'acte.
– Pour le Royaume des Pays-Bas, l'officier de l'état civil détenteur de l'acte.
– Pour la Confédération Suisse, le Service Fédéral de l'état civil à Berne.
– Pour la République Turque, l'officier de l'état civil détenteur de l'acte.

*Après le dépôt de la Convention auprès du Conseil Fédéral Suisse, d'autres États ont adhéré à cette Convention et ont désigné l'autorité qualifiée, prévue à l'article 2, suivante :*

– Pour la République d'Autriche, le Ministère de l'Intérieur.
– Pour la République Italienne, les officiers de l'état civil.
– Pour la République Portugaise, l'officier de l'état civil détenteur de l'acte.

## 167 Convention européenne de Paris du 13 décembre 1957 d'extradition

Non reproduite. Consultable sur :
http://conventions.coe.int/

## 168 Convention européenne de Strasbourg du 20 avril 1959 d'entraide judiciaire en matière pénale

En vigueur depuis le 21 août 1967

Non reproduite. Consultable sur :
http://conventions.coe.int/

## 169 Convention de Vienne du 18 avril 1961 sur les relations diplomatiques

En vigueur depuis le 30 janvier 1971
(Extraits : dispositions relatives aux immunités)

**Article 22 –** 1. Les locaux de la mission sont inviolables. Il n'est pas permis aux agents de l'État accréditaire d'y pénétrer, sauf avec le consentement du chef de la mission.

2. L'État accréditaire a l'obligation spéciale de prendre toutes mesures appropriées afin d'empêcher que les locaux de la mission ne soient envahis ou endommagés, la paix de la mission troublée ou sa dignité amoindrie.

3. Les locaux de la mission, leur ameublement et les autres objets qui s'y trouvent, ainsi que les moyens de transport de la mission, ne peuvent faire l'objet d'aucune perquisition, réquisition, saisie ou mesure d'exécution.

**Article 23 –** 1. L'État accréditant et le chef de la mission sont exempts de tous impôts et taxes nationaux, régionaux ou communaux, au titre des locaux de la mission dont ils sont propriétaires ou locataires, pourvu qu'il ne s'agisse pas d'impôts ou taxes perçus en rémunération de services particuliers rendus.

2. L'exemption fiscale prévue dans le présent article ne s'applique pas à ces impôts et taxes lorsque, d'après la législation de l'État accréditaire, ils sont à la charge de la personne qui traite avec l'État accréditant ou avec le chef de la mission.

**Article 24 –** Les archives et documents de la mission sont inviolables à tout moment et en quelque lieu qu'ils se trouvent.

**Article 27 –** 1. L'État accréditaire permet et protège la libre communication de la mission pour toutes fins officielles. En communiquant avec le gouvernement ainsi qu'avec les autres missions et consulats de l'État accréditant, où qu'ils se trouvent, la mission peut employer tous les moyens de communication appropriés, y compris les courriers diplomatiques et les messages en code ou en chiffre. Toutefois, la mission ne peut installer et utiliser un poste émetteur de radio qu'avec l'assentiment de l'État accréditaire.

2. La correspondance officielle de la mission est inviolable. L'expression « correspondance officielle » s'entend de toute la correspondance relative à la mission et à ses fonctions.

3. La valise diplomatique ne doit être ni ouverte ni retenue.

4. Les colis constituant la valise diplomatique doivent porter des marques extérieures visibles de leur caractère et ne peuvent contenir que des documents diplomatiques ou des objets à usage officiel.

5. Le courrier diplomatique, qui doit être porteur d'un document officiel attestant sa qualité et précisant le nombre de colis constituant la valise diplomatique, est, dans l'exercice de ses fonctions, protégé par l'État accréditaire. Il jouit de l'inviolabilité de sa personne et ne peut être soumis à aucune forme d'arrestation ou de détention.

6. L'État accréditant, ou la mission, peut nommer des courriers diplomatiques *ad hoc*. Dans ce cas, les dispositions du par. 5 du présent article seront également applicables, sous réserve que les immunités qui y sont mentionnées cesseront de s'appliquer dès que le courrier aura remis au destinataire la valise diplomatique dont il a la charge.

7. La valise diplomatique peut être confiée au commandant d'un aéronef commercial qui doit atterrir à un point d'entrée autorisé. Ce commandant doit être porteur d'un document officiel indiquant le nombre de colis constituant la valise, mais il n'est pas considéré comme un courrier diplomatique. La mission peut envoyer un de ses membres prendre, directement et librement, possession de la valise diplomatique des mains du commandant de l'aéronef.

**Article 28 –** Les droits et redevances perçus par la mission pour des actes officiels sont exempts de tous impôts et taxes.

**Article 29 –** La personne de l'agent diplomatique est inviolable. Il ne peut être soumis à aucune forme d'arrestation ou de détention. L'État accréditaire le traite avec le respect qui lui est dû, et prend toutes mesures appropriées pour empêcher toute atteinte à sa personne, sa liberté et sa dignité.

**Article 30 –** 1. La demeure privée de l'agent diplomatique jouit de la même inviolabilité et de la même protection que des locaux de la mission.

2. Ses documents, sa correspondance et, sous réserve du par. 3 de l'art. 31, ses biens jouissent également de l'inviolabilité.

**Article 31 –** 1. L'agent diplomatique jouit de l'immunité de la juridiction pénale de l'État accréditaire. Il jouit également de l'immunité de sa juridiction civile et administrative, sauf s'il s'agit :

a. D'une action réelle concernant un immeuble privé situé sur le territoire de l'État accréditaire, à moins que l'agent diplomatique ne le possède pour le compte de l'État accréditant aux fins de la mission;

b. D'une action concernant une succession, dans laquelle l'agent diplomatique figure comme exécuteur testamentaire, administrateur, héritier ou légataire, à titre privé et non pas au nom de l'État accréditant;

c. D'une action concernant une activité professionnelle ou commerciale, quelle qu'elle soit, exercée par l'agent diplomatique dans l'État accréditaire en dehors de ses fonctions officielles.

2. L'agent diplomatique n'est pas obligé de donner son témoignage.

3. Aucune mesure d'exécution ne peut être prise à l'égard de l'agent diplomatique, sauf dans les cas prévus aux al. a, b, et c du par. 1 du présent article, et pourvu que l'exécution puisse se faire sans qu'il soit porté atteinte à l'inviolabilité de sa personne ou de sa demeure.

4. L'immunité de juridiction d'un agent diplomatique dans l'État accréditaire ne saurait exempter cet agent de la juridiction de l'État accréditant.

**Article 32 –** 1. L'État accréditant peut renoncer à l'immunité de juridiction des agents diplomatiques et des personnes qui bénéficient de l'immunité en vertu de l'art. 37.

2. La renonciation doit toujours être expresse.

3. Si un agent diplomatique ou une personne bénéficiant de l'immunité de juridiction en vertu de l'art. 37 engage une procédure, il n'est plus recevable à invoquer l'immunité de juridiction à l'égard de toute demande reconventionnelle directement liée à la demande principale.

4. La renonciation à l'immunité de juridiction pour une action civile ou administrative n'est pas censée impliquer la renonciation à l'immunité quant aux mesures d'exécution du jugement, pour lesquelles une renonciation distincte est nécessaire.

**Article 33 –** 1. Sous réserve des dispositions du par. 3 du présent article l'agent diplomatique est, pour ce qui est des services rendus à l'État accréditant, exempté des dispositions de sécurité sociale qui peuvent être en vigueur dans l'État accréditaire.

2. L'exemption prévue au par. 1 du présent article s'applique également aux domestiques privés qui sont au service exclusif de l'agent diplomatique, à condition :

a. Qu'ils ne soient pas ressortissants de l'État accréditaire ou n'y aient pas leur résidence permanente; et

b. Qu'ils soient soumis aux dispositions de sécurité sociale qui peuvent être en vigueur dans l'État accréditant ou dans un État tiers.

3. L'agent diplomatique qui a à son service des personnes auxquelles l'exemption prévue au par. 2 du présent article ne s'applique pas doit observer les obligations que les dispositions de sécurité sociale de l'État accréditaire imposent à l'employeur.

4. L'exemption prévue aux par. 1 et 2 du présent article n'exclut pas la participation volontaire au régime de sécurité sociale de l'État accréditaire pour autant qu'elle est admise par cet État.

5. Les dispositions du présent article n'affectent pas les accords bilatéraux ou multilatéraux relatifs à la sécurité sociale qui ont été conclus antérieurement et elles n'empêchent pas la conclusion ultérieure de tels accords.

**Article 34 –** L'agent diplomatique est exempt de tous impôts et taxes, personnels ou réels, nationaux, régionaux ou communaux, à l'exception :

a. Des impôts indirects d'une nature telle qu'ils sont normalement incorporés dans le prix des marchandises ou des services;

b. Des impôts et taxes sur les biens immeubles privés situés sur le territoire de l'État accréditaire, à moins que l'agent diplomatique ne les possède pour le compte de l'État accréditant, aux fins de la mission;

c. Des droits de succession perçus par l'État accréditaire, sous réserve des dispositions du par. 4 de l'art. 39;

d. Des impôts et taxes sur les revenus privés qui ont leur source dans l'État accréditaire et des impôts sur le capital prélevés sur les investissements effectués dans des entreprises commerciales situées dans l'État accréditaire;

e. Des impôts et taxes perçus en rémunération de services particuliers rendus;

f. Des droits d'enregistrement, de greffe, d'hypothèque et de timbre en ce qui concerne les biens immobiliers, sous réserve des dispositions de l'art. 23.

**Article 35 –** L'État accréditaire doit exempter les agents diplomatiques de toute prestation personnelle, de tout service public de quelque nature qu'il soit et des charges militaires telles que les réquisitions, contributions et logements militaires.

**Article 36 –** 1. Suivant les dispositions législatives et réglementaires qu'il peut adopter, l'État accréditaire accorde l'entrée et l'exemption de droits de douane, taxes et autres redevances connexes autres que frais d'entreposage, de transport et frais afférents à des services analogues sur :

a. Les objets destinés à l'usage officiel de la mission;

b. Les objets destinés à l'usage personnel de l'agent diplomatique ou des membres de sa famille qui font partie de son ménage, y compris les effets destinés à son installation.

2. L'agent diplomatique est exempté de l'inspection de son bagage personnel, à moins qu'il n'existe des motifs sérieux de croire qu'il contient des objets ne bénéficiant pas des exemptions mentionnées au par. 1 du présent article, ou des objets dont l'importation ou l'exportation est interdite par la législation ou soumise aux règlements de quarantaine de l'État accréditaire. En pareil cas, l'inspection ne doit se faire qu'en présence de l'agent diplomatique ou de son représentant autorisé.

**Article 37 –** 1. Les membres de la famille de l'agent diplomatique qui font partie de son ménage bénéficient des privilèges et immunités mentionnés dans les art. 29 à 36, pourvu qu'ils ne soient pas ressortissants de l'État accréditaire.

2. Les membres du personnel administratif et technique de la mission, ainsi que les membres de leurs familles qui font partie de leurs ménages respectifs, bénéficient, pourvu qu'ils ne soient pas ressortissants de l'État accréditaire ou n'y aient pas leur résidence permanente, des privilèges et immunités mentionnés dans les art. 29 à 35, sauf que l'immunité de la juridiction civile et administrative de l'État accréditaire mentionnée au par. 1 de l'art. 31 ne s'applique pas aux actes accomplis en dehors de l'exercice de leurs fonctions.

Ils bénéficient aussi des privilèges mentionnés au par. 1 de l'art. 36 pour ce qui est des objets importés lors de leur première installation.

3. Les membres du personnel de service de la mission qui ne sont pas ressortissants de l'État accréditaire ou n'y ont pas leur résidence permanente bénéficient de

l'immunité; pour les actes accomplis dans l'exercice de leurs fonctions, et de l'exemption des impôts et taxes sur les salaires qu'ils reçoivent du fait de leurs services, ainsi que de l'exemption prévue à l'art. 33.

4. Les domestiques privés des membres de la mission qui ne sont pas ressortissants de l'État accréditaire ou n'y ont pas leur résidence permanente sont exemptés des impôts et taxes sur les salaires qu'ils reçoivent du fait de leurs services. À tous autres égards, ils ne bénéficient des privilèges et immunités que dans la mesure admise par l'État accréditaire. Toutefois, l'État accréditaire doit exercer sa juridiction sur ces personnes de façon à ne pas entraver d'une manière excessive l'accomplissement des fonctions de la mission.

**Article 38 –** 1. À moins que des privilèges et immunités supplémentaires n'aient été accordés par l'État accréditaire, l'agent diplomatique qui a la nationalité de l'État accréditaire ou y a sa résidence permanente ne bénéficie de l'immunité de juridiction et de l'inviolabilité que pour les actes officiels accomplis dans l'exercice de ses fonctions.

2. Les autres membres du personnel de la mission et les domestiques privés qui sont ressortissants de l'État accréditaire ou qui y ont leur résidence permanente ne bénéficient des privilèges et immunités que dans la mesure où cet État les leur reconnaît. Toutefois, l'État accréditaire doit exercer sa juridiction sur ces personnes de façon à ne pas entraver d'une manière excessive l'accomplissement des fonctions de la mission.

**Article 39 –** 1. Toute personne ayant droit aux privilèges et immunités en bénéficie dès qu'elle pénètre sur le territoire de l'État accréditaire pour gagner son poste ou, si elle se trouve déjà sur ce territoire, dès que sa nomination a été notifiée au Ministère des Affaires étrangères ou à tel autre ministère dont il aura été convenu.

2. Lorsque les fonctions d'une personne bénéficiant des privilèges et immunités prennent fin, ces privilèges et immunités cessent normalement au moment où cette personne quitte le pays, ou à l'expiration d'un délai raisonnable qui lui aura été accordé à cette fin, mais ils subsistent jusqu'à ce moment, même en cas de conflit armé. Toutefois, l'immunité subsiste en ce qui concerne les actes accomplis par cette personne dans l'exercice de ses fonctions comme membre de la mission.

3. En cas de décès d'un membre de la mission, les membres de sa famille continuent de jouir des privilèges et immunités dont ils bénéficient, jusqu'à l'expiration d'un délai raisonnable leur permettant de quitter le territoire de l'État accréditaire.

4. En cas de décès d'un membre de la mission qui n'est pas ressortissant de l'État accréditaire ou n'y a pas sa résidence permanente ou d'un membre de sa famille qui fait partie de son ménage, l'État accréditaire permet le retrait des biens meubles du défunt, à l'exception de ceux qui auront été acquis dans le pays et qui font l'objet d'une prohibition d'exportation au moment de son décès. Il ne sera pas prélevé de droits de succession sur les biens meubles dont la présence dans l'État accréditaire était due uniquement à la présence dans cet État du défunt en tant que membre de la mission ou membre de la famille d'un membre de la mission.

**Article 40 –** 1. Si l'agent diplomatique traverse le territoire ou se trouve sur le territoire d'un État tiers, qui lui a accordé un visa de passeport au cas où ce visa est requis, pour aller assumer ses fonctions ou rejoindre son poste, ou pour rentrer dans son pays, l'État tiers lui accordera l'inviolabilité et toutes autres immunités nécessaires pour permettre son passage ou son retour. Il fera de même pour les membres de sa famille bénéficiant des privilèges et immunités qui accompagnent l'agent diplomatique ou qui voyagent séparément pour le rejoindre ou pour rentrer dans leur pays.

2. Dans des conditions similaires à celles qui sont prévues au par. 1 du présent article, les États tiers ne doivent pas entraver le passage sur leur territoire des membres du personnel administratif et technique ou de service de la mission et des membres de leur famille.

3. Les États tiers accordent à la correspondance et aux autres communications officielles en transit, y compris les messages en code ou en chiffre, la même liberté et protection que l'État accréditaire. Ils accordent aux courriers diplomatiques, auxquels un visa de passeport a été accordé si ce visa était requis, et aux valises diplomatiques en transit la même inviolabilité et la même protection que l'État accréditaire est tenu de leur accorder.

4. Les obligations des États tiers en vertu des par. 1, 2 et 3 du présent article s'appliquent également aux personnes respectivement mentionnées dans ces paragraphes, ainsi qu'aux communications officielles et aux valises diplomatiques lorsque leur présence sur le territoire de l'État tiers est due à la force majeure.

**Article 41 –** 1. Sans préjudice de leurs privilèges et immunités, toutes les personnes qui bénéficient de ces privilèges et immunités ont le devoir de respecter les lois et règlements de l'État accréditaire. Elles ont également le devoir de ne pas s'immiscer dans les affaires intérieures de cet État.

2. Toutes les affaires officielles traitées avec l'État accréditaire, confiées à la mission par l'État accréditant, doivent être traitées avec le Ministère des Affaires étrangères de l'État accréditaire ou par son intermédiaire, ou avec tel autre ministère dont il aura été convenu.

3. Les locaux de la mission ne seront pas utilisés d'une manière incompatible avec les fonctions de la mission telles qu'elles sont énoncées dans la présente Convention, ou dans d'autres règles du droit international général, ou dans les accords particuliers en vigueur entre l'État accréditant et l'État accréditaire.

**Article 42 –** L'agent diplomatique n'exercera pas dans l'État accréditaire une activité professionnelle ou commerciale en vue d'un gain personnel.

**Article 44 –** L'État accréditaire doit, même en cas de conflit armé, accorder des facilités pour permettre aux personnes bénéficiant des privilèges et immunités, autres que les ressortissants de l'État accréditaire, ainsi qu'aux membres de la famille de ces personnes, quelle que soit leur nationalité, de quitter son territoire dans les meilleurs délais. Il doit en particulier, si besoin est, mettre à leur disposition les moyens de transport nécessaires pour eux-mêmes et pour leurs biens.

**Article 45 –** En cas de rupture des relations diplomatiques entre deux États, ou si une mission est rappelée définitivement ou temporairement :

a. L'État accréditaire est tenu, même en cas de conflit armé, de respecter et de protéger les locaux de la mission, ainsi que ses biens et ses archives;

b. L'État accréditant peut confier la garde des locaux de la mission, avec les biens qui s'y trouvent, ainsi que les archives, à un État tiers acceptable pour l'État accréditaire;

c. L'État accréditant peut confier la protection de ses intérêts et de ceux de ses ressortissants à un État tiers acceptable pour l'État accréditaire.

# 170 Convention de La Haye du 5 octobre 1961 supprimant l'exigence de la légalisation des actes publics étrangers

## En vigueur depuis le 24 janvier 1965

*Les États signataires de la présente Convention,*

Désirant supprimer l'exigence de la légalisation diplomatique ou consulaire des actes publics étrangers,

*Ont résolu de conclure une Convention à cet effet et sont convenus des dispositions suivantes :*

**Article premier –** La présente Convention s'applique aux actes publics qui ont été établis sur le territoire d'un État contractant et qui doivent être produits sur le territoire d'un autre État contractant.

Sont considérés comme actes publics, au sens de la présente Convention :

*a)* les documents qui émanent d'une autorité ou d'un fonctionnaire relevant d'une juridiction de l'État, y compris ceux qui émanent du ministère public, d'un greffier ou d'un huissier de justice;

*b)* les documents administratifs;

*c)* les actes notariés;

*d)* les déclarations officielles telles que mentions d'enregistrement, visas pour date certaine et certifications de signature, apposées sur un acte sous seing privé.

Toutefois, la présente Convention ne s'applique pas :

*a)* aux documents établis par des agents diplomatiques ou consulaires;

*b)* aux documents administratifs ayant trait directement à une opération commerciale ou douanière.

**Article 2 –** Chacun des États contractants dispense de légalisation les actes auxquels s'applique la présente Convention et qui doivent être produits sur son territoire. La légalisation au sens de la présente Convention ne recouvre que la formalité par laquelle les agents diplomatiques ou consulaires du pays sur le territoire duquel l'acte doit être produit attestent la véracité de la signature, la qualité en laquelle le signataire de l'acte a agi et, le cas échéant, l'identité du sceau ou timbre dont cet acte est revêtu.

**Article 3 –** La seule formalité qui puisse être exigée pour attester la véracité de la signature, la qualité en laquelle le signataire de l'acte a agi et, le cas échéant, l'identité du sceau ou timbre dont cet acte est revêtu, est l'apposition de l'apostille définie à l'article 4, délivrée par l'autorité compétente de l'État d'où émane le document.

Toutefois la formalité mentionnée à l'alinéa précédent ne peut être exigée lorsque soit les lois, règlements ou usages en vigueur dans l'État où l'acte est produit, soit une entente entre deux ou plusieurs États contractants l'écartent, la simplifient ou dispensent l'acte de légalisation.

**Article 4 –** L'apostille prévue à l'article 3, alinéa premier, est apposée sur l'acte lui-même ou sur une allonge; elle doit être conforme au modèle annexé à la présente Convention.

Toutefois elle peut être rédigée dans la langue officielle de l'autorité qui la délivre. Les mentions qui y figurent peuvent également être données dans une deuxième langue. Le titre « Apostille (Convention de La Haye du 5 octobre 1961) » devra être mentionné en langue française.

**Article 5 –** L'apostille est délivrée à la requête du signataire ou de tout porteur de l'acte.

Dûment remplie, elle atteste la véracité de la signature, la qualité en laquelle le signataire de l'acte a agi et, le cas échéant, l'identité du sceau ou timbre dont cet acte est revêtu.

La signature, le sceau ou timbre qui figurent sur l'apostille sont dispensés de toute attestation.

**Article 6 –** Chaque État contractant désignera les autorités prises ès qualités, auxquelles est attribuée compétence pour délivrer l'apostille prévue à l'article 3, alinéa premier.

Il notifiera cette désignation au Ministère des Affaires Étrangères des Pays-Bas au moment du dépôt de son instrument de ratification ou d'adhésion ou de sa déclaration d'extension. Il lui notifiera aussi toute modification dans la désignation de ces autorités.

**Article 7 –** Chacune des autorités désignées conformément à l'article 6 doit tenir un registre ou fichier dans lequel elle prend note des apostilles délivrées en indiquant :

*a)* le numéro d'ordre et la date de l'apostille,

*b)* le nom du signataire de l'acte public et la qualité en laquelle il a agi, ou, pour les actes non signés, l'indication de l'autorité qui a apposé le sceau ou timbre.

À la demande de tout intéressé l'autorité qui a délivré l'apostille est tenue de vérifier si les inscriptions portées sur l'apostille correspondent à celles du registre ou du fichier.

**Article 8 –** Lorsqu'il existe entre deux ou plusieurs États contractants un traité, une convention ou un accord, contenant des dispositions qui soumettent l'attestation de la signature, du sceau ou timbre à certaines formalités, la présente Convention n'y déroge que si lesdites formalités sont plus rigoureuses que celle prévue aux articles 3 et 4.

**Article 9 –** Chaque État contractant prendra les mesures nécessaires pour éviter que ses agents diplomatiques ou consulaires ne procèdent à des légalisations dans les cas où la présente Convention en prescrit la dispense.

**Article 10 –** La présente Convention est ouverte à la signature des États représentés à la Neuvième session de la Conférence de La Haye de droit international privé, ainsi qu'à celle de l'Irlande, de l'Islande, du Liechtenstein et de la Turquie.

Elle sera ratifiée et les instruments de ratification seront déposés auprès du Ministère des Affaires Étrangères des Pays-Bas.

**Article 11 –** La présente Convention entrera en vigueur le soixantième jour après le dépôt du troisième instrument de ratification prévu par l'article 10, alinéa 2.

La Convention entrera en vigueur, pour chaque État signataire ratifiant postérieurement, le soixantième jour après le dépôt de son instrument de ratification.

**Article 12 –** Tout État non visé par l'article 10 pourra adhérer à la présente Convention après son entrée en vigueur en vertu de l'article 11, alinéa premier. L'instrument d'adhésion sera déposé auprès du Ministère des Affaires Étrangères des Pays-Bas.

L'adhésion n'aura d'effet que dans les rapports entre l'État adhérant et les États contractants qui n'auront pas élevé d'objection à son encontre dans les six mois après la réception de la notification prévue à l'article 15, litt. *d*). Une telle objection sera notifiée au Ministère des Affaires Étrangères des Pays-Bas.

La Convention entrera en vigueur, entre l'État adhérant et les États n'ayant pas élevé d'objection contre l'adhésion, le soixantième jour après l'expiration du délai de six mois mentionné à l'alinéa précédent.

**Article 13 –** Tout État, au moment de la signature, de la ratification ou de l'adhésion, pourra déclarer que la présente Convention s'étendra à l'ensemble des territoires qu'il représente sur le plan international, ou à l'un ou plusieurs d'entre eux. Cette déclaration aura effet au moment de l'entrée en vigueur de la Convention pour ledit État.

Par la suite, toute extension de cette nature sera notifiée au Ministère des Affaires Étrangères des Pays-Bas.

Lorsque la déclaration d'extension sera faite par un État ayant signé et ratifié la Convention, celle-ci entrera en vigueur pour les territoires visés conformément aux dispositions de l'article 11. Lorsque la déclaration d'extension sera faite par un État ayant adhéré à la Convention, celle-ci entrera en vigueur pour les territoires visés conformément aux dispositions de l'article 12.

**Article 14 –** La présente Convention aura une durée de cinq ans à partir de la date de son entrée en vigueur conformément à l'article 11, alinéa premier, même pour les États qui l'auront ratifiée ou y auront adhéré postérieurement.

La Convention sera renouvelée tacitement de cinq en cinq ans, sauf dénonciation.

La dénonciation sera, au moins six mois avant l'expiration du délai de cinq ans, notifiée au Ministère des Affaires Étrangères des Pays-Bas.

Elle pourra se limiter à certains des territoires auxquels s'applique la Convention.

La dénonciation n'aura d'effet qu'à l'égard de l'État qui l'aura notifiée. La Convention restera en vigueur pour les autres États contractants.

**Article 15 –** Le Ministère des Affaires Étrangères des Pays-Bas notifiera aux États visés à l'article 10, ainsi qu'aux États qui auront adhéré conformément aux dispositions de l'article 12 :

*a)* les notifications visées à l'article 6, alinéa 2;

*b)* les signatures et ratifications visées à l'article 10;

*c)* la date à laquelle la présente Convention entrera en vigueur conformément aux dispositions de l'article 11, alinéa premier;

*d)* les adhésions et objections visées à l'article 12 et la date à laquelle les adhésions auront effet;

*e)* les extensions visées à l'article 13 et la date à laquelle elles auront effet;

*f)* les dénonciations visées à l'article 14, alinéa 3.

# 171 Convention de Vienne du 24 avril 1963 sur les relations consulaires

## En vigueur depuis le 30 janvier 1971
## (Extraits : dispositions relatives aux immunités)



### Article 27 – Protection des locaux et archives consulaires et des intérêts de l'État d'envoi dans des circonstances exceptionnelles

1. En cas de rupture des relations consulaires entre deux États :

a. L'État de résidence est tenu, même en cas de conflit armé, de respecter et de protéger les locaux consulaires, ainsi que les biens du poste consulaire et les archives consulaires;

b. L'État d'envoi peut confier la garde des locaux consulaires, ainsi que des biens qui s'y trouvent et des archives consulaires, à un État tiers acceptable pour l'État de résidence;

c. L'État d'envoi peut confier la protection de ses intérêts et de ceux de ses ressortissants à un État tiers acceptable pour l'État de résidence.

2. En cas de fermeture temporaire ou définitive d'un poste consulaire, les dispositions de l'al. a du par. 1 du présent article sont applicables. En outre,

a. Lorsque l'État d'envoi, bien que n'étant pas représenté dans l'État de résidence par une mission diplomatique, a un autre poste consulaire sur le territoire de l'État de résidence, ce poste consulaire peut être chargé de la garde des locaux du poste consulaire qui a été fermé, des biens qui s'y trouvent et des archives consulaires, ainsi que, avec le consentement de l'État de résidence, de l'exercice des fonctions consulaires dans la circonscription de ce poste consulaire; ou

b. Lorsque l'État d'envoi n'a pas de mission diplomatique ni d'autre poste consulaire dans l'État de résidence, les dispositions des al. b et c du par. 1 du présent article sont applicables.

CHAPITRE II

## Facilités, privilèges et immunités concernant les postes consulaires, les fonctionnaires consulaires de carrière et les autres membres d'un poste consulaire

*Section 1*

## Facilités, privilèges et immunités concernant le poste consulaire

### Article 28 – Facilités accordées au poste consulaire pour son activité

L'État de résidence accorde toutes facilités pour l'accomplissement des fonctions du poste consulaire.

### Article 29 – Usage des pavillon et écusson nationaux

1. L'État d'envoi a le droit d'utiliser son pavillon national et son écusson aux armes de l'État dans l'État de résidence conformément aux dispositions du présent article.

2. Le pavillon national de l'État d'envoi peut être arboré et l'écusson aux armes de l'État placé sur le bâtiment occupé par le poste consulaire et sur sa porte d'entrée, ainsi que sur la résidence du chef de poste consulaire et sur ses moyens de transport lorsque ceux-ci sont utilisés pour les besoins du service.

3. Dans l'exercice du droit accordé par le présent article, il sera tenu compte des lois, règlements et usages de l'État de résidence.

### Article 30 – Logement

1. L'État de résidence doit, soit faciliter l'acquisition sur son territoire, dans le cadre de ses lois et règlements, par l'État d'envoi des locaux nécessaires au poste consulaire, soit aider l'État d'envoi à se procurer des locaux d'une autre manière.

2. Il doit également, s'il en est besoin, aider le poste consulaire à obtenir des logements convenables pour ses membres.

### Article 31 – Inviolabilité des locaux consulaires

1. Les locaux consulaires sont inviolables dans la mesure prévue par le présent article.

2. Les autorités de l'État de résidence ne peuvent pénétrer dans la partie des locaux consulaires que le poste consulaire utilise exclusivement pour les besoins de son travail, sauf avec le consentement du chef de poste consulaire, de la personne désignée par lui ou du chef de la mission diplomatique de l'État d'envoi. Toutefois, le consentement du chef de poste consulaire peut être présumé acquis en cas d'incendie ou autre sinistre exigeant des mesures de protection immédiates.

3. Sous réserve des dispositions du par. 2 du présent article, l'État de résidence a l'obligation spéciale de prendre toutes mesures appropriées pour empêcher que les locaux consulaires ne soient envahis ou endommagés et pour empêcher que la paix du poste consulaire ne soit troublée ou sa dignité amoindrie.

4. Les locaux consulaires, leur ameublement et les biens du poste consulaire, ainsi que ses moyens de transport, ne peuvent faire l'objet d'aucune forme de réquisition à des fins de défense nationale ou d'utilité publique. Au cas où une expropria-

tion serait nécessaire à ces mêmes fins, toutes dispositions appropriées seront prises afin d'éviter qu'il soit mis obstacle à l'exercice des fonctions consulaires et une indemnité prompte, adéquate et effective sera versée à l'État d'envoi.

## Article 32 – Exemption fiscale des locaux consulaires

1. Les locaux consulaires et la résidence du chef de poste consulaire de carrière dont l'État d'envoi ou toute personne agissant pour le compte de cet État est propriétaire ou locataire sont exempts de tous impôts et taxes de toute nature, nationaux, régionaux ou communaux, pourvu qu'il ne s'agisse pas de taxes perçues en rémunération de services particuliers rendus.

2. L'exemption fiscale prévue au par. 1 du présent article ne s'applique pas à ces impôts et taxes lorsque, d'après les lois et règlements de l'État de résidence, ils sont à la charge de la personne qui a contracté avec l'État d'envoi ou avec la personne agissant pour le compte de cet État.

## Article 33 – Inviolabilité des archives et documents consulaires

Les archives et documents consulaires sont inviolables à tout moment et en quelque lieu qu'ils se trouvent.

## Article 34 – Liberté de mouvement

Sous réserve de ses lois et règlements relatifs aux zones dont l'accès est interdit ou réglementé pour des raisons de sécurité nationale, l'État de résidence assure la liberté de déplacement et de circulation sur son territoire à tous les membres du poste consulaire.

## Article 35 – Liberté de communication

1. L'État de résidence permet et protège la liberté de communication du poste consulaire pour toutes fins officielles. En communiquant avec le gouvernement, les missions diplomatiques et les autres postes consulaires de l'État d'envoi, où qu'ils se trouvent, le poste consulaire peut employer tous les moyens de communication appropriés, y compris les courriers diplomatiques ou consulaires, la valise diplomatique ou consulaire et les messages en code ou en chiffre. Toutefois, le poste consulaire ne peut installer et utiliser un poste émetteur de radio qu'avec l'assentiment de l'État de résidence.

2. La correspondance officielle du poste consulaire est inviolable. L'expression « correspondance officielle » s'entend de toute la correspondance relative au poste consulaire et à ses fonctions.

3. La valise consulaire ne doit être ni ouverte ni retenue. Toutefois, si les autorités compétentes de l'État de résidence ont de sérieux motifs de croire que la valise contient d'autres objets que la correspondance, les documents et les objets visés au par. 4 du présent article, elles peuvent demander que la valise soit ouverte en leur présence par un représentant autorisé de l'État d'envoi. Si les autorités dudit État opposent un refus à la demande, la valise est renvoyée à son lieu d'origine.

4. Les colis constituant la valise consulaire doivent porter des marques extérieures visibles de leur caractère et ne peuvent contenir que la correspondance officielle, ainsi que des documents ou objets destinés exclusivement à un usage officiel.

5. Le courrier consulaire doit être porteur d'un document officiel attestant sa qualité et précisant le nombre de colis constituant la valise consulaire. À moins que l'État de résidence n'y consente, il ne doit être ni un ressortissant de l'État de résidence, ni, sauf s'il est ressortissant de l'État d'envoi, un résident permanent de l'État de résidence. Dans l'exercice de ses fonctions, ce courrier est protégé par l'État de résidence. Il jouit de l'inviolabilité de sa personne et ne peut être soumis à aucune forme d'arrestation ou de détention.

6. L'État d'envoi, ses missions diplomatiques et ses postes consulaires peuvent désigner des courriers consulaires *ad hoc*. Dans ce cas, les dispositions du par. 5 du présent article sont également applicables, sous réserve que les immunités qui y sont mentionnées cesseront de s'appliquer dès que le courrier aura remis au destinataire la valise consulaire dont il a la charge.

7. La valise consulaire peut être confiée au commandant d'un navire ou d'un aéronef commercial qui doit arriver à un point d'entrée autorisé. Ce commandant doit être porteur d'un document officiel indiquant le nombre de colis constituant la valise, mais il n'est pas considéré comme un courrier consulaire. À la suite d'un arrangement avec les autorités locales compétentes, le poste consulaire peut envoyer un de ses membres prendre, directement et librement, possession de la valise des mains du commandant du navire ou de l'aéronef.

## Article 36 – Communication avec les ressortissants de l'État d'envoi

1. Afin que l'exercice des fonctions consulaires relatives aux ressortissants de l'État d'envoi soit facilité :

a. Les fonctionnaires consulaires doivent avoir la liberté de communiquer avec les ressortissants de l'État d'envoi et de se rendre auprès d'eux. Les ressortissants de l'État d'envoi doivent avoir la même liberté de communiquer avec les fonctionnaires consulaires et de se rendre auprès d'eux;

b. Si l'intéressé en fait la demande, les autorités compétentes de l'État de résidence doivent avertir sans retard le poste consulaire de l'État d'envoi lorsque, dans sa circonscription consulaire, un ressortissant de cet État est arrêté, incarcéré ou mis en état de détention préventive ou toute autre forme de détention. Toute communication adressée au poste consulaire par la personne arrêtée, incarcérée ou mise en état de détention préventive ou toute autre forme de détention doit également être transmise sans retard par lesdites autorités. Celles-ci doivent sans retard informer l'intéressé de ses droits aux termes du présent alinéa;

c. Les fonctionnaires consulaires ont le droit de se rendre auprès d'un ressortissant de l'État d'envoi, qui est incarcéré, en état de détention préventive ou toute autre forme de détention, de s'entretenir et de correspondre avec lui et de pourvoir à sa représentation en justice. Ils ont également le droit de se rendre auprès d'un ressortissant de l'État d'envoi qui, dans leur circonscription, est incarcéré ou détenu en exécution d'un jugement. Néanmoins, les fonctionnaires consulaires doivent s'abstenir d'intervenir en faveur d'un ressortissant incarcéré ou mis en état de détention préventive ou toute autre forme de détention lorsque l'intéressé s'y oppose expressément.

2. Les droits visés au par. 1 du présent article doivent s'exercer dans le cadre des lois et règlements de l'État de résidence, étant entendu, toutefois, que ces lois et règlements doivent permettre la pleine réalisation des fins pour lesquelles les droits sont accordés en vertu du présent article.

*Section 2*

## Facilités, privilèges et immunités concernant les fonctionnaires consulaires de carrière et les autres membres du poste consulaire

### Article 40 – Protection des fonctionnaires consulaires

L'État de résidence traitera les fonctionnaires consulaires avec le respect qui leur est dû et prendra toutes mesures appropriées pour empêcher toute atteinte à leur personne, leur liberté et leur dignité.

### Article 41 – Inviolabilité personnelle des fonctionnaires consulaires

1. Les fonctionnaires consulaires ne peuvent être mis en état d'arrestation ou de détention préventive qu'en cas de crime grave et à la suite d'une décision de l'autorité judiciaire compétente.

2. À l'exception du cas prévu au par. 1 du présent article, les fonctionnaires consulaires ne peuvent pas être incarcérés ni soumis à aucune autre forme de limitation de leur liberté personnelle, sauf en exécution d'une décision judiciaire définitive.

3. Lorsqu'une procédure pénale est engagée contre un fonctionnaire consulaire, celui-ci est tenu de se présenter devant les autorités compétentes. Toutefois, la procédure doit être conduite avec les égards qui sont dus au fonctionnaire consulaire en raison de sa position officielle et, à l'exception du cas prévu au par. 1 du présent article, de manière à gêner le moins possible l'exercice des fonctions consulaires. Lorsque, dans les circonstances mentionnées au par. 1 du présent article, il est devenu nécessaire de mettre un fonctionnaire consulaire en état de détention préventive, la procédure dirigée contre lui doit être ouverte dans le délai le plus bref.

### Article 42 – Notification des cas d'arrestation, de détention ou de poursuite

En cas d'arrestation, de détention préventive d'un membre du personnel consulaire ou de poursuite pénale engagée contre lui, l'État de résidence est tenu d'en prévenir au plus tôt le chef de poste consulaire. Si ce dernier est lui-même visé par l'une de ces mesures, l'État de résidence doit en informer l'État d'envoi par la voie diplomatique.

### Article 43 – Immunité de juridiction

1. Les fonctionnaires consulaires et les employés consulaires ne sont pas justiciables des autorités judiciaires et administratives de l'État de résidence pour les actes accomplis dans l'exercice des fonctions consulaires.

2. Toutefois, les dispositions du par. 1 du présent article ne s'appliquent pas en cas d'action civile :

a. Résultant de la conclusion d'un contrat passé par un fonctionnaire consulaire ou un employé consulaire qu'il n'a pas conclu expressément ou implicitement en tant que mandataire de l'État d'envoi; ou

b. Intenté par un tiers pour un dommage résultant d'un accident causé dans l'État de résidence par un véhicule, un navire ou un aéronef.

### Article 44 – Obligation de répondre comme témoin

1. Les membres d'un poste consulaire peuvent être appelés à répondre comme témoins au cours de procédures judiciaires et administratives. Les employés consulaires et les membres du personnel de service ne doivent pas refuser de répondre comme témoins, si ce n'est dans les cas mentionnés au par. 3 du présent article. Si un fonctionnaire consulaire refuse de témoigner, aucune mesure coercitive ou autre sanction ne peut lui être appliquée.

2. L'autorité qui requiert le témoignage doit éviter de gêner un fonctionnaire consulaire dans l'accomplissement de ses fonctions. Elle peut recueillir son témoignage à sa résidence ou au poste consulaire, ou accepter une déclaration écrite de sa part, toutes les fois que cela est possible.

3. Les membres d'un poste consulaire ne sont pas tenus de déposer sur des faits ayant trait à l'exercice de leurs fonctions et de produire la correspondance et les documents officiels y relatifs. Ils ont également le droit de refuser de témoigner en tant qu'experts sur le droit national de l'État d'envoi.

### Article 45 – Renonciation aux privilèges et immunités

1. L'État d'envoi peut renoncer à l'égard d'un membre du poste consulaire aux privilèges et immunités prévus aux art. 41, 43 et 44.

2. La renonciation doit toujours être expresse, sous réserve des dispositions du par. 3 du présent article, et doit être communiquée par écrit à l'État de résidence.

3. Si un fonctionnaire consulaire ou un employé consulaire, dans une matière où il bénéficierait de l'immunité de juridiction en vertu de l'art. 43, engage une procédure, il n'est pas recevable à invoquer l'immunité de juridiction à l'égard de toute demande reconventionnelle directement liée à la demande principale.

4. La renonciation à l'immunité de juridiction pour une action civile ou administrative n'est pas censée impliquer la renonciation à l'immunité quant aux mesures d'exécution du jugement, pour lesquelles une renonciation distincte est nécessaire.

### Article 46 – Exemption d'immatriculation des étrangers et de permis de séjour

1. Les fonctionnaires consulaires et les employés consulaires, ainsi que les membres de leur famille vivant à leur foyer, sont exempts de toutes les obligations prévues par les lois et règlements de l'État de résidence en matière d'immatriculation des étrangers et de permis de séjour.

2. Toutefois, les dispositions du par. 1 du présent article ne s'appliquent ni à l'employé consulaire qui n'est pas un employé permanent de l'État d'envoi ou qui exerce une activité privée de caractère lucratif dans l'État de résidence, ni à un membre de sa famille.

### Article 47 – Exemption de permis de travail

1. Les membres du poste consulaire sont, en ce qui concerne les services rendus à l'État d'envoi, exempts des obligations que les lois et règlements de l'État de résidence relatifs à l'emploi de la main-d'œuvre étrangère imposent en matière de permis de travail.

2. Les membres du personnel privé des fonctionnaires consulaires et employés consulaires, s'ils n'exercent aucune autre occupation privée de caractère lucratif

dans l'État de résidence, sont exempts des obligations visées au par. 1 du présent article.

### Article 48 – Exemption du régime de sécurité sociale

1. Sous réserve des dispositions du par. 3 du présent article, les membres du poste consulaire, pour ce qui est des services qu'ils rendent à l'État d'envoi, et les membres de leur famille vivant à leur foyer, sont exemptés des dispositions de sécurité sociale qui peuvent être en vigueur dans l'État de résidence.

2. L'exemption prévue au par. 1 du présent article s'applique également aux membres du personnel privé qui sont au service exclusif des membres du poste consulaire, à condition :

a. Qu'ils ne soient pas ressortissants de l'État de résidence ou n'y aient pas leur résidence permanente ; et

b. Qu'ils soient soumis aux dispositions de sécurité sociale qui sont en vigueur dans l'État d'envoi ou dans un État tiers.

3. Les membres du poste consulaire qui ont à leur service des personnes auxquelles l'exemption prévue au par. 2 du présent article ne s'applique pas doivent observer les obligations que les dispositions de sécurité sociale de l'État de résidence imposent à l'employeur.

4. L'exemption prévue aux par. 1 et 2 du présent article n'exclut pas la participation volontaire au régime de sécurité sociale de l'État de résidence, pour autant qu'elle est admise par cet État.

### Article 49 – Exemption fiscale

1. Les fonctionnaires consulaires et les employés consulaires ainsi que les membres de leur famille vivant à leur foyer sont exempts de tous impôts et taxes, personnels ou réels, nationaux, régionaux et communaux, à l'exception :

a. Des impôts indirects d'une nature telle qu'ils sont normalement incorporés dans le prix des marchandises ou des services ;

b. Des impôts et taxes sur les biens immeubles privés situés sur le territoire de l'État de résidence, sous réserve des dispositions de l'art. 32 ;

c. Des droits de succession et de mutation perçus par l'État de résidence, sous réserve des dispositions de l'al. b de l'art. 51 ;

d. Des impôts et taxes sur les revenus privés, y compris les gains en capital, qui ont leur source dans l'État de résidence, et des impôts sur le capital prélevés sur les investissements effectués dans des entreprises commerciales ou financières situées dans l'État de résidence ;

e. Des impôts et taxes perçus en rémunération de services particuliers rendus ;

f. Des droits d'enregistrement, de greffe, d'hypothèque et de timbre, sous réserve des dispositions de l'art. 32.

2. Les membres du personnel de service sont exempts des impôts et taxes sur les salaires qu'ils reçoivent du fait de leurs services.

3. Les membres du poste consulaire qui emploient des personnes dont les traitements ou salaires ne sont pas exemptés de l'impôt sur le revenu dans l'État de résidence doivent respecter les obligations que les lois et règlements dudit État imposent aux employeurs en matière de perception de l'impôt sur le revenu.

## Article 50 – Exemption des droits de douane et de la visite douanière

1. Suivant les dispositions législatives et réglementaires qu'il peut adopter, l'État de résidence autorise l'entrée et accorde l'exemption de tous droits de douane, taxes et autres redevances connexes autres que frais d'entrepôt, de transport et frais afférents à des services analogues, pour :

a. Les objets destinés à l'usage officiel du poste consulaire ;

b. Les objets destinés à l'usage personnel du fonctionnaire consulaire et des membres de sa famille vivant à son foyer, y compris les effets destinés à son établissement. Les articles de consommation ne doivent pas dépasser les quantités nécessaires pour leur utilisation directe par les intéressés.

2. Les employés consulaires bénéficient des privilèges et exemptions prévus au par. 1 du présent article pour ce qui est des objets importés lors de leur première installation.

3. Les bagages personnels accompagnés des fonctionnaires consulaires et des membres de leur famille vivant à leur foyer sont exemptés de la visite douanière. Ils ne peuvent être soumis à la visite que s'il y a de sérieuses raisons de supposer qu'ils contiennent des objets autres que ceux mentionnés à l'al. b du par. 1 du présent article ou des objets dont l'importation ou l'exportation est interdite par les lois et règlements de l'État de résidence ou soumise à ses lois et règlements de quarantaine. Cette visite ne peut avoir lieu qu'en présence du fonctionnaire consulaire ou du membre de sa famille intéressé.

## Article 51 – Succession d'un membre du poste consulaire ou d'un membre de sa famille

En cas de décès d'un membre du poste consulaire ou d'un membre de sa famille qui vivait à son foyer, l'État de résidence est tenu :

a. De permettre l'exportation des biens meubles du défunt, à l'exception de ceux qui ont été acquis dans l'État de résidence et qui font l'objet d'une prohibition d'exportation au moment du décès ;

b. De ne pas prélever de droits nationaux, régionaux ou communaux de succession ni de mutation sur les biens meubles dont la présence dans l'État de résidence était due uniquement à la présence dans cet État du défunt en tant que membre du poste consulaire ou membre de la famille d'un membre du poste consulaire.

## Article 52 – Exemption des prestations personnelles

L'État de résidence doit exempter les membres du poste consulaire et les membres de leur famille vivant à leur foyer de toute prestation personnelle et de tout service d'intérêt public, de quelque nature qu'il soit, et des charges militaires telles que les réquisitions, contributions et logements militaires.

## Article 53 – Commencement et fin des privilèges et immunités consulaires

1. Tout membre du poste consulaire bénéficie des privilèges et immunités prévus par la présente Convention dès son entrée sur le territoire de l'État de résidence pour gagner son poste ou, s'il se trouve déjà sur ce territoire, dès son entrée en fonctions au poste consulaire.

2. Les membres de la famille d'un membre du poste consulaire vivant à son foyer, ainsi que les membres de son personnel privé, bénéficient des privilèges et

immunités prévus dans la présente Convention à partir de la dernière des dates suivantes : celle à partir de laquelle ledit membre du poste consulaire jouit des privilèges et immunités conformément au par. 1 du présent article, celle de leur entrée sur le territoire de l'État de résidence ou celle à laquelle ils sont devenus membres de ladite famille ou dudit personnel privé.

3. Lorsque les fonctions d'un membre du poste consulaire prennent fin, ses privilèges et immunités, ainsi que ceux des membres de sa famille vivant à son foyer ou des membres de son personnel privé, cessent normalement à la première des dates suivantes : au moment où la personne en question quitte le territoire de l'État de résidence, ou à l'expiration d'un délai raisonnable qui lui aura été accordé à cette fin, mais ils subsistent jusqu'à ce moment, même en cas de conflit armé. Quant aux personnes visées au par. 2 du présent article, leurs privilèges et immunités cessent dès qu'elles-mêmes cessent d'appartenir au foyer ou d'être au service d'un membre du poste consulaire, étant toutefois entendu que, si ces personnes ont l'intention de quitter le territoire de l'État de résidence dans un délai raisonnable, leurs privilèges et immunités subsistent jusqu'au moment de leur départ.

4. Toutefois, en ce qui concerne les actes accomplis par un fonctionnaire consulaire ou un employé consulaire dans l'exercice de ses fonctions, l'immunité de juridiction subsiste sans limitation de durée.

5. En cas de décès d'un membre du poste consulaire, les membres de sa famille vivant à son foyer continuent de jouir des privilèges et immunités dont ils bénéficient, jusqu'à la première des dates suivantes : celle où ils quittent le territoire de l'État de résidence, ou à l'expiration d'un délai raisonnable qui leur aura été accordé à cette fin.

### Article 54 – Obligations des États tiers

1. Si le fonctionnaire consulaire traverse le territoire ou se trouve sur le territoire d'un État tiers, qui lui a accordé un visa au cas où ce visa est requis, pour aller assumer ses fonctions ou rejoindre son poste, ou pour rentrer dans l'État d'envoi, l'État tiers lui accordera les immunités prévues dans les autres articles de la présente Convention, qui peuvent être nécessaires pour permettre son passage ou son retour. L'État tiers fera de même pour les membres de la famille vivant à son foyer et bénéficiant des privilèges et immunités qui accompagnent le fonctionnaire consulaire ou qui voyagent séparément pour le rejoindre ou pour rentrer dans l'État d'envoi.

2. Dans les conditions similaires à celles qui sont prévues au par. 1 du présent article, les États tiers ne doivent pas entraver le passage sur leur territoire des autres membres du poste consulaire et des membres de leur famille vivant à leur foyer.

3. Les États tiers accorderont à la correspondance officielle et aux autres communications officielles en transit, y compris les messages en code ou en chiffre, la même liberté et la même protection que l'État de résidence est tenu d'accorder en vertu de la présente Convention. Ils accorderont aux courriers consulaires, auxquels un visa a été accordé s'il était requis, et aux valises consulaires en transit, la même inviolabilité et la même protection que l'État de résidence est tenu d'accorder en vertu de la présente Convention.

4. Les obligations des États tiers en vertu des par. 1, 2 et 3 du présent article s'appliquent également aux personnes mentionnées respectivement dans ces paragraphes, ainsi qu'aux communications officielles et aux valises consulaires, lorsque leur présence sur le territoire de l'État tiers est due à un cas de force majeure.

### Article 55 – Respect des lois et règlements de l'État de résidence

1. Sans préjudice de leurs privilèges et immunités, toutes les personnes qui bénéficient de ces privilèges et immunités ont le devoir de respecter les lois et règlements de l'État de résidence. Elles ont également le devoir de ne pas s'immiscer dans les affaires intérieures de cet État.

2. Les locaux consulaires ne seront pas utilisés d'une manière incompatible avec l'exercice des fonctions consulaires.

3. Les dispositions du par. 2 du présent article n'excluent pas la possibilité d'installer, dans une partie du bâtiment où se trouvent les locaux du poste consulaire, les bureaux d'autres organismes ou agences, à condition que les locaux affectés à ces bureaux soient séparés de ceux qui sont utilisés par le poste consulaire. Dans ce cas, lesdits bureaux ne sont pas considérés, aux fins de la présente Convention, comme faisant partie des locaux consulaires.

### Article 56 – Assurance contre les dommages causés aux tiers

Les membres du poste consulaire doivent se conformer à toutes les obligations imposées par les lois et règlements de l'État de résidence en matière d'assurance de responsabilité civile pour l'utilisation de tout véhicule, bateau ou aéronef.

### Article 57 – Dispositions spéciales relatives à l'occupation privée de caractère lucratif

1. Les fonctionnaires consulaires de carrière n'exerceront dans l'État de résidence aucune activité professionnelle ou commerciale pour leur profit personnel.

2. Les privilèges et immunités prévus au présent chapitre ne sont pas accordés :

a. Aux employés consulaires et aux membres du personnel de service qui exercent dans l'État de résidence une occupation privée de caractère lucratif ;

b. Aux membres de la famille d'une personne mentionnée à l'al. a du présent paragraphe et aux membres de son personnel privé ;

c. Aux membres de la famille d'un membre du poste consulaire qui exercent eux-mêmes dans l'État de résidence une occupation privée de caractère lucratif.

CHAPITRE III

## Régime applicable aux fonctionnaires consulaires honoraires et aux postes consulaires dirigés par eux

### Article 58 – Dispositions générales concernant les facilités, privilèges et immunités

1. Les art. 28, 29, 30, 34, 35, 36, 37, 38 et 39, le par. 3 de l'art. 54 et les par. 2 et 3 de l'art. 55 s'appliquent aux postes consulaires dirigés par un fonctionnaire consulaire honoraire. En outre, les facilités, privilèges et immunités de ces postes consulaires sont réglés par les art. 59, 60, 61 et 62.

2. Les art. 42 et 43, le par. 3 de l'art. 44, les art. 45 et 53 et le par. 1 de l'art. 55 s'appliquent aux fonctionnaires consulaires honoraires. En outre, les facilités, privilèges et immunités de ces fonctionnaires consulaires sont réglés par les art. 63, 64, 65, 66 et 67.

3. Les privilèges et immunités prévus dans la présente Convention ne sont pas accordés aux membres de la famille d'un fonctionnaire consulaire honoraire ou

d'un employé consulaire qui est employé dans un poste consulaire dirigé par un fonctionnaire consulaire honoraire.

4. L'échange de valises consulaires entre deux postes consulaires situés dans des pays différents et dirigés par des fonctionnaires consulaires honoraires n'est admis que sous réserve du consentement des deux États de résidence.

### Article 59 – Protection des locaux consulaires

L'État de résidence prend les mesures nécessaires pour protéger les locaux consulaires d'un poste consulaire dirigé par un fonctionnaire consulaire honoraire et empêcher qu'ils ne soient envahis ou endommagés et que la paix du poste consulaire ne soit troublée ou sa dignité amoindrie.

### Article 60 – Exemption fiscale des locaux consulaires

1. Les locaux consulaires d'un poste consulaire dirigé par un fonctionnaire consulaire honoraire, dont l'État d'envoi est propriétaire ou locataire, sont exempts de tous impôts et taxes de toute nature, nationaux, régionaux ou communaux, pourvu qu'il ne s'agisse pas de taxes perçues en rémunération de services particuliers rendus.

2. L'exemption fiscale prévue dans le par. 1 du présent article ne s'applique pas à ces impôts et taxes lorsque, d'après les lois et règlements de l'État de résidence, ils sont à la charge de la personne qui a contracté avec l'État d'envoi.

### Article 61 – Inviolabilité des archives et documents consulaires

Les archives et documents consulaires d'un poste consulaire dirigé par un fonctionnaire consulaire honoraire sont inviolables à tout moment et en quelque lieu qu'ils se trouvent, à condition qu'ils soient séparés des autres papiers et documents et, en particulier, de la correspondance privée du chef de poste consulaire et de toute personne travaillant avec lui, ainsi que des biens, livres ou documents se rapportant à leur profession ou à leur commerce.

### Article 62 – Exemption douanière

Suivant les dispositions législatives et réglementaires qu'il peut adopter, l'État de résidence accorde l'entrée ainsi que l'exemption de tous droits de douane, taxes et autres redevances connexes autres que frais d'entrepôt, de transport et frais afférents à des services analogues, pour les objets suivants, à condition qu'ils soient destinés exclusivement à l'usage officiel d'un poste consulaire dirigé par un fonctionnaire consulaire honoraire : les écussons, pavillons, enseignes, sceaux et cachets, livres, imprimés officiels, le mobilier de bureau, le matériel et les fournitures de bureau, et les objets analogues fournis au poste consulaire par l'État d'envoi sur sa demande.

### Article 63 – Procédure pénale

Lorsqu'une procédure pénale est engagée contre un fonctionnaire consulaire honoraire, celui-ci est tenu de se présenter devant les autorités compétentes. Toutefois, la procédure doit être conduite avec les égards qui sont dus au fonctionnaire consulaire honoraire en raison de sa position officielle et, sauf si l'intéressé est en état d'arrestation ou de détention, de manière à gêner le moins possible l'exercice des fonctions consulaires. Lorsqu'il est devenu nécessaire de mettre un fonctionnaire consulaire honoraire en état de détention préventive, la procédure dirigée contre lui doit être ouverte dans le délai le plus bref.

### Article 64 – Protection du fonctionnaire consulaire honoraire

L'État de résidence est tenu d'accorder au fonctionnaire consulaire honoraire la protection qui peut être nécessaire en raison de sa position officielle.

### Article 65 – Exemption d'immatriculation des étrangers et de permis de séjour

Les fonctionnaires consulaires honoraires, à l'exception de ceux qui exercent dans l'État de résidence une activité professionnelle ou commerciale pour leur profit personnel, sont exempts de toutes les obligations prévues par les lois et règlements de l'État de résidence en matière d'immatriculation des étrangers et de permis de séjour.

### Article 66 – Exemption fiscale

Le fonctionnaire consulaire honoraire est exempt de tous impôts et taxes sur les indemnités et les émoluments qu'il reçoit de l'État d'envoi en raison de l'exercice des fonctions consulaires.

### Article 67 – Exemption des prestations personnelles

L'État de résidence doit exempter les fonctionnaires consulaires honoraires de toute prestation personnelle et de tout service d'intérêt public, de quelque nature qu'il soit, ainsi que des charges militaires telles que les réquisitions, contributions et logements militaires.

### Article 68 – Caractère facultatif de l'institution des fonctionnaires consulaires honoraires

Chaque État est libre de décider s'il nommera ou recevra des fonctionnaires consulaires honoraires.

CHAPITRE IV

## Dispositions générales

### Article 69 – Agents consulaires non chefs de poste consulaire

1. Chaque État est libre de décider s'il établira ou admettra des agences consulaires gérées par des agents consulaires n'ayant pas été désignés comme chefs de poste consulaire par l'État d'envoi.

2. Les conditions dans lesquelles les agences consulaires au sens du par. 1 du présent article peuvent exercer leur activité, ainsi que les privilèges et immunités dont peuvent jouir les agents consulaires qui les gèrent, sont fixés par accord entre l'État d'envoi et l'État de résidence.

### Article 70 – Exercice de fonctions consulaires par une mission diplomatique

1. Les dispositions de la présente Convention s'appliquent également, dans la mesure où le contexte le permet, à l'exercice de fonctions consulaires par une mission diplomatique.

2. Les noms des membres de la mission diplomatique attachés à la section consulaire ou autrement chargés de l'exercice des fonctions consulaires de la mission sont

notifiés au ministère des Affaires étrangères de l'État de résidence ou à l'autorité désignée par ce ministère.

3. Dans l'exercice de fonctions consulaires, la mission diplomatique peut s'adresser :

a. Aux autorités locales de la circonscription consulaire;

b. Aux autorités centrales de l'État de résidence si les lois, règlements et usages de l'État de résidence ou les accords internationaux en la matière le permettent.

4. Les privilèges et immunités des membres de la mission diplomatique, mentionnés au par. 2 du présent article, demeurent déterminés par les règles du droit international concernant les relations diplomatiques.

## Article 71 – Ressortissants ou résidents permanents de l'État de résidence

1. À moins que des facilités, privilèges et immunités supplémentaires n'aient été accordées par l'État de résidence, les fonctionnaires consulaires qui sont ressortissants ou résidents permanents de l'État de résidence ne bénéficient que de l'immunité de juridiction et de l'inviolabilité personnelle pour les actes officiels accomplis dans l'exercice de leurs fonctions et du privilège prévu au par. 3 de l'art. 44. En ce qui concerne ces fonctionnaires consulaires, l'État de résidence est également tenu par l'obligation prévue à l'art. 42. Lorsqu'une action pénale est engagée contre un tel fonctionnaire consulaire, la procédure doit être conduite, sauf si l'intéressé est en état d'arrestation ou de détention, de manière à gêner le moins possible l'exercice des fonctions consulaires.

2. Les autres membres du poste consulaire qui sont ressortissants ou résidents permanents de l'État de résidence et les membres de leur famille, ainsi que les membres de la famille des fonctionnaires consulaires visés au par. 1 du présent article, ne bénéficient des facilités, privilèges et immunités que dans la mesure où cet État les leur reconnaît. Les membres de la famille d'un membre du poste consulaire et les membres du personnel privé qui sont eux-mêmes ressortissants ou résidents permanents de l'État de résidence ne bénéficient également des facilités, privilèges et immunités que dans la mesure où cet État les leur reconnaît. Toutefois, l'État de résidence doit exercer sa juridiction sur ces personnes de façon à ne pas entraver d'une manière excessive l'exercice des fonctions du poste consulaire.

## Article 72 – Non-discrimination

1. En appliquant les dispositions de la présente Convention, l'État de résidence ne fera pas de discrimination entre les États.

2. Toutefois, ne seront pas considérés comme discriminatoires :

a. Le fait pour l'État de résidence d'appliquer restrictivement l'une des dispositions de la présente Convention parce qu'elle est ainsi appliquée à ses postes consulaires dans l'État d'envoi;

b. Le fait pour des États de se faire mutuellement bénéficier, par coutume ou par voie d'accord, d'un traitement plus favorable que ne le requièrent les dispositions de la présente Convention.

# 172 Convention de La Haye du 15 novembre 1965 relative à la signification et à la notification à l'étranger des actes judiciaires et extrajudiciaires en matière civile ou commerciale

En vigueur depuis le 1er septembre 1972

*Les États signataires de la présente Convention,*

Désirant créer les moyens appropriés pour que les actes judiciaires et extrajudiciaires qui doivent être signifiés ou notifiés à l'étranger soient connus de leurs destinataires en temps utile,

Soucieux d'améliorer à cette fin l'entraide judiciaire mutuelle en simplifiant et en accélérant la procédure,

*Ont résolu de conclure une Convention à ces effets et sont convenus des dispositions suivantes :*

**Article premier –** La présente Convention est applicable, en matière civile ou commerciale, dans tous les cas où un acte judiciaire ou extrajudiciaire doit être transmis à l'étranger pour y être signifié ou notifié.

La Convention ne s'applique pas lorsque l'adresse du destinataire de l'acte n'est pas connue.

## CHAPITRE PREMIER
## Actes judiciaires

**Article 2 –** Chaque État contractant désigne une Autorité centrale qui assume, conformément aux articles 3 à 6, la charge de recevoir les demandes de signification ou de notification en provenance d'un autre État contractant et d'y donner suite.

L'Autorité centrale est organisée selon les modalités prévues par l'État requis.

**Article 3 –** L'autorité ou l'officier ministériel compétents selon les lois de l'État d'origine adresse à l'Autorité centrale de l'État requis une demande conforme à la formule modèle annexée à la présente Convention, sans qu'il soit besoin de la légalisation des pièces ni d'une autre formalité équivalente.

La demande doit être accompagnée de l'acte judiciaire ou de sa copie, le tout en double exemplaire.

**Article 4 –** Si l'Autorité centrale estime que les dispositions de la Convention n'ont pas été respectées, elle en informe immédiatement le requérant en précisant les griefs articulés à l'encontre de la demande.

**Article 5 –** L'Autorité centrale de l'État requis procède ou fait procéder à la signification ou à la notification de l'acte :

*a)* soit selon les formes prescrites par la législation de l'État requis pour la signification ou la notification des actes dressés dans ce pays et qui sont destinés aux personnes se trouvant sur son territoire, *b)* soit selon la forme particulière demandée par le requérant, pourvu que celle-ci ne soit pas incompatible avec la loi de l'État requis.

Sauf le cas prévu à l'alinéa premier, lettre *b*), l'acte peut toujours être remis au destinataire qui l'accepte volontairement.

Si l'acte doit être signifié ou notifié conformément à l'alinéa premier, l'Autorité centrale peut demander que l'acte soit rédigé ou traduit dans la langue ou une des langues officielles de son pays.

La partie de la demande conforme à la formule modèle annexée à la présente Convention, qui contient les éléments essentiels de l'acte, est remise au destinataire.

**Article 6 –** L'Autorité centrale de l'État requis ou toute autorité qu'il aura désignée à cette fin établit une attestation conforme à la formule modèle annexée à la présente Convention.

L'attestation relate l'exécution de la demande; elle indique la forme, le lieu et la date de l'exécution ainsi que la personne à laquelle l'acte a été remis. Le cas échéant, elle précise le fait qui aurait empêché l'exécution.

Le requérant peut demander que l'attestation qui n'est pas établie par l'Autorité centrale ou par une autorité judiciaire soit visée par l'une de ces autorités.

L'attestation est directement adressée au requérant.

**Article 7 –** Les mentions imprimées dans la formule modèle annexée à la présente Convention sont obligatoirement rédigées soit en langue française, soit en langue anglaise. Elles peuvent, en outre, être rédigées dans la langue ou une des langues officielles de l'État d'origine.

Les blancs correspondant à ces mentions sont remplis soit dans la langue de l'État requis, soit en langue française, soit en langue anglaise.

**Article 8 –** Chaque État contractant a la faculté de faire procéder directement, sans contrainte, par les soins de ses agents diplomatiques ou consulaires, aux significations ou notifications d'actes judiciaires aux personnes se trouvant à l'étranger.

Tout État peut déclarer s'opposer à l'usage de cette faculté sur son territoire, sauf si l'acte doit être signifié ou notifié à un ressortissant de l'État d'origine.

**Article 9 –** Chaque État contractant a, de plus, la faculté d'utiliser la voie consulaire pour transmettre, aux fins de signification ou de notification, des actes judiciaires aux autorités d'un autre État contractant que celui-ci a désignées.

Si des circonstances exceptionnelles l'exigent, chaque État contractant a la faculté d'utiliser, aux mêmes fins, la voie diplomatique.

**Article 10 –** La présente Convention ne fait pas obstacle, sauf si l'État de destination déclare s'y opposer :

*a)* à la faculté d'adresser directement, par la voie de la poste, des actes judiciaires aux personnes se trouvant à l'étranger, *b*) à la faculté, pour les officiers ministériels, fonctionnaires ou autres personnes compétents de l'État d'origine, de faire procéder à des significations ou notifications d'actes judiciaires directement par les soins des officiers ministériels, fonctionnaires ou autres personnes compétents de l'État de destination, *c)* à la faculté, pour toute personne intéressée à une instance judiciaire, de faire procéder à des significations ou notifications d'actes judiciaires directement par les soins des officiers ministériels, fonctionnaires ou autres personnes compétents de l'État de destination.

**Article 11 –** La présente Convention ne s'oppose pas à ce que des États contractants s'entendent pour admettre, aux fins de signification ou de notification des actes judiciaires, d'autres voies de transmission que celles prévues par les articles qui précèdent et notamment la communication directe entre leurs autorités respectives.

**Article 12 –** Les significations ou notifications d'actes judiciaires en provenance d'un État contractant ne peuvent donner lieu au paiement ou au remboursement de taxes ou de frais pour les services de l'État requis.

Le requérant est tenu de payer ou de rembourser les frais occasionnés par :

*a)* l'intervention d'un officier ministériel ou d'une personne compétente selon la loi de l'État de destination, *b)* l'emploi d'une forme particulière.

**Article 13 –** L'exécution d'une demande de signification ou de notification conforme aux dispositions de la présente Convention ne peut être refusée que si l'État requis juge que cette exécution est de nature à porter atteinte à sa souveraineté ou à sa sécurité.

L'exécution ne peut être refusée pour le seul motif que la loi de l'État requis revendique la compétence judiciaire exclusive dans l'affaire en cause ou ne connaît pas de voie de droit répondant à l'objet de la demande.

En cas de refus, l'Autorité centrale en informe immédiatement le requérant et indique les motifs.

**Article 14 –** Les difficultés qui s'élèveraient à l'occasion de la transmission, aux fins de signification ou de notification, d'actes judiciaires seront réglées par la voie diplomatique.

**Article 15 –** Lorsqu'un acte introductif d'instance ou un acte équivalent a dû être transmis à l'étranger aux fins de signification ou de notification, selon les dispositions de la présente Convention, et que le défendeur ne comparaît pas, le juge est tenu de surseoir à statuer aussi longtemps qu'il n'est pas établi :

*a)* ou bien que l'acte a été signifié ou notifié selon les formes prescrites par la législation de l'État requis pour la signification ou la notification des actes dressés dans ce pays et qui sont destinés aux personnes se trouvant sur son territoire, *b)* ou bien que l'acte a été effectivement remis au défendeur ou à sa demeure selon un autre procédé prévu par la présente Convention,

et que, dans chacune de ces éventualités, soit la signification ou la notification, soit la remise a eu lieu en temps utile pour que le défendeur ait pu se défendre.

Chaque État contractant a la faculté de déclarer que ses juges, nonobstant les dispositions de l'alinéa premier, peuvent statuer si les conditions suivantes sont réunies, bien qu'aucune attestation constatant soit la signification ou la notification, soit la remise, n'ait été reçue :

*a)* l'acte a été transmis selon un des modes prévus par la présente Convention,

*b)* un délai que le juge appréciera dans chaque cas particulier et qui sera d'au moins six mois, s'est écoulé depuis la date d'envoi de l'acte,

*c)* nonobstant toutes diligences utiles auprès des autorités compétentes de l'État requis, aucune attestation n'a pu être obtenue.

Le présent article ne fait pas obstacle à ce qu'en cas d'urgence, le juge ordonne toutes mesures provisoires ou conservatoires.

**Article 16 –** Lorsqu'un acte introductif d'instance ou un acte équivalent a dû être transmis à l'étranger aux fins de signification ou de notification, selon les dispositions de la présente Convention, et qu'une décision a été rendue contre un défendeur qui n'a pas comparu, le juge a la faculté de relever ce défendeur de la forclusion résultant de l'expiration des délais de recours, si les conditions suivantes sont réunies :

*a)* le défendeur, sans qu'il y ait eu faute de sa part, n'a pas eu connaissance en temps utile dudit acte pour se défendre et de la décision pour exercer un recours, *b)* les moyens du défendeur n'apparaissent pas dénués de tout fondement.

La demande tendant au relevé de la forclusion est irrecevable si elle n'est pas formée dans un délai raisonnable à partir du moment où le défendeur a eu connaissance de la décision.

Chaque État contractant a la faculté de déclarer que cette demande est irrecevable si elle est formée après l'expiration d'un délai qu'il précisera dans sa déclaration, pourvu que ce délai ne soit pas inférieur à un an à compter du prononcé de la décision.

Le présent article ne s'applique pas aux décisions concernant l'état des personnes.

CHAPITRE II

## Actes extrajudiciaires

**Article 17 –** Les actes extrajudiciaires émanant des autorités et officiers ministériels d'un État contractant peuvent être transmis aux fins de signification ou de notification dans un autre État contractant selon les modes et aux conditions prévus par la présente Convention.

CHAPITRE III

## Dispositions générales

**Article 18 –** Tout État contractant peut désigner, outre l'Autorité centrale, d'autres autorités dont il détermine les compétences.

Toutefois, le requérant a toujours le droit de s'adresser directement à l'Autorité centrale.

Les États fédéraux ont la faculté de désigner plusieurs Autorités centrales.

**Article 19 –** La présente Convention ne s'oppose pas à ce que la loi interne d'un État contractant permette d'autres formes de transmission non prévues dans les articles précédents, aux fins de signification ou de notification, sur son territoire, des actes venant de l'étranger.

**Article 20 –** La présente Convention ne s'oppose pas à ce que des États contractants s'entendent pour déroger :

*a)* à l'article 3, alinéa 2, en ce qui concerne l'exigence du double exemplaire des pièces transmises,

*b)* à l'article 5, alinéa 3, et à l'article 7, en ce qui concerne l'emploi des langues,

*c)* à l'article 5, alinéa 4,

*d)* à l'article 12, alinéa 2.

**Article 21 –** Chaque État contractant notifiera au Ministère des Affaires Étrangères des Pays-Bas soit au moment du dépôt de son instrument de ratification ou d'adhésion, soit ultérieurement :

*a)* la désignation des autorités prévues aux articles 2 et 18,

*b)* la désignation de l'autorité compétente pour établir l'attestation prévue à l'article 6,

*c)* la désignation de l'autorité compétente pour recevoir les actes transmis par la voie consulaire selon l'article 9.

Il notifiera, le cas échéant, dans les mêmes conditions :

*a)* son opposition à l'usage des voies de transmission prévues aux articles 8 et 10,

*b)* les déclarations prévues aux articles 15, alinéa 2, et 16, alinéa 3,

*c)* toute modification des désignations, opposition et déclarations mentionnées ci-dessus.

**Article 22 –** La présente Convention remplacera dans les rapports entre les États qui l'auront ratifiée, les articles 1 à 7 des Conventions relatives à la procédure civile, respectivement signées à La Haye, le 17 juillet 1905 et le premier mars 1954, dans la mesure où lesdits États sont parties à l'une ou à l'autre de ces Conventions.

**Article 23 –** La présente Convention ne porte pas atteinte à l'application de l'article 23 de la Convention relative à la procédure civile, signée à La Haye, le 17 juillet 1905, ni de l'article 24 de celle signée à La Haye, le premier mars 1954.

Ces articles ne sont toutefois applicables que s'il est fait usage de modes de communication identiques à ceux prévus par lesdites Conventions.

**Article 24 –** Les accords additionnels auxdites Conventions de 1905 et de 1954, conclus par les États contractants, sont considérés comme également applicables à la présente Convention à moins que les États intéressés n'en conviennent autrement.

**Article 25 –** Sans préjudice de l'application des articles 22 et 24, la présente Convention ne déroge pas aux Conventions auxquelles les États contractants sont ou seront Parties et qui contiennent des dispositions sur les matières réglées par la présente Convention.

**Article 26 –** La présente Convention est ouverte à la signature des États représentés à la Dixième session de la Conférence de La Haye de droit international privé.

Elle sera ratifiée et les instruments de ratification seront déposés auprès du Ministère des Affaires Étrangères des Pays-Bas.

**Article 27 –** La présente Convention entrera en vigueur le soixantième jour après le dépôt du troisième instrument de ratification prévu par l'article 26, alinéa 2.

La Convention entrera en vigueur, pour chaque État signataire ratifiant postérieurement, le soixantième jour après le dépôt de son instrument de ratification.

**Article 28 –** Tout État non représenté à la Dixième session de la Conférence de La Haye de droit international privé pourra adhérer à la présente Convention après son entrée en vigueur en vertu de l'article 27, alinéa premier. L'instrument d'adhésion sera déposé auprès du Ministère des Affaires Étrangères des Pays-Bas.

La Convention n'entrera en vigueur pour un tel État qu'à défaut d'opposition de la part d'un État ayant ratifié la Convention avant ce dépôt, notifiée au Ministère des Affaires Étrangères des Pays-Bas dans un délai de six mois à partir de la date à laquelle ce Ministère lui aura notifié cette adhésion.

À défaut d'opposition, la Convention entrera en vigueur pour l'État adhérant le premier jour du mois qui suit l'expiration du dernier des délais mentionnés à l'alinéa précédent.

**Article 29 –** Tout État, au moment de la signature, de la ratification ou de l'adhésion, pourra déclarer que la présente Convention s'étendra à l'ensemble des territoires qu'il représente sur le plan international, ou à l'un ou plusieurs d'entre eux. Cette déclaration aura effet au moment de l'entrée en vigueur de la Convention pour ledit État.

Par la suite, toute extension de cette nature sera notifiée au Ministère des Affaires Étrangères des Pays-Bas.

La Convention entrera en vigueur, pour les territoires visés par l'extension, le soixantième jour après la notification mentionnée à l'alinéa précédent.

**Article 30 –** La présente Convention aura une durée de cinq ans à partir de la date de son entrée en vigueur conformément à l'article 27, alinéa premier, même pour les États qui l'auront ratifiée ou y auront adhéré postérieurement.

La Convention sera renouvelée tacitement de cinq en cinq ans, sauf dénonciation.

La dénonciation sera, au moins six mois avant l'expiration du délai de cinq ans, notifiée au Ministère des Affaires Étrangères des Pays-Bas.

Elle pourra se limiter à certains des territoires auxquels s'applique la Convention.

La dénonciation n'aura d'effet qu'à l'égard de l'État qui l'aura notifiée. La Convention restera en vigueur pour les autres États contractants.

**Article 31 –** Le Ministère des Affaires Étrangères des Pays-Bas notifiera aux États visés à l'article 26, ainsi qu'aux États qui auront adhéré conformément aux dispositions de l'article 28 :

*a)* les signatures et ratifications visées à l'article 26;

*b)* la date à laquelle la présente Convention entrera en vigueur conformément aux dispositions de l'article 27, alinéa premier;

*c)* les adhésions visées à l'article 28 et la date à laquelle elles auront effet;

*d)* les extensions visées à l'article 29 et la date à laquelle elles auront effet;

*e)* les désignations, opposition et déclarations mentionnées à l'article 21;

*f)* les dénonciations visées à l'article 30, alinéa 3.

**NB** Le 25 octobre 1980 la Quatorzième session a adopté une Recommandation sur les informations destinées à accompagner les documents judiciaires et extrajudiciaires en matière civile ou commerciale transmis, signifiés ou notifiés à l'étranger (*Actes et documents de la Quatorzième session (1980)*, Tome I, *Matières diverses*, p. 67; *idem*, Tome IV, *Entraide judiciaire*, p. 339; *Manuel pratique sur le fonctionnement de la Convention Notification de La Haye*, Annexe 3, p. 139).

# 173 Convention européenne de Londres du 7 juin 1968 dans le domaine de l'information sur le droit étranger

En vigueur depuis le 11 juillet 1972

## Préambule

*Les États membres du Conseil de l'Europe, signataires de la présente Convention,*

Considérant que le but du Conseil de l'Europe est de réaliser une union plus étroite entre ses membres ;

Convaincus que l'établissement d'un système d'entraide internationale en vue de faciliter l'obtention par les autorités judiciaires d'informations sur le droit étranger contribuerait à la réalisation de ce but,

*Sont convenus de ce qui suit :*

### Article 1er – Champ d'application de la Convention

1. Les Parties contractantes s'engagent à se fournir, selon les dispositions de la présente Convention, des renseignements concernant leur droit dans le domaine civil et commercial, ainsi que dans le domaine de la procédure civile et commerciale et de l'organisation judiciaire.

2. Toutefois, deux ou plusieurs Parties contractantes pourront convenir d'étendre, en ce qui les concerne, le champ d'application de la présente Convention à des domaines autres que ceux indiqués dans le paragraphe précédent. Le texte de l'accord intervenu sera communiqué au Secrétaire Général du Conseil de l'Europe.

### Article 2 – Organes nationaux de liaison

1. Pour l'application de la présente Convention, chaque Partie contractante créera ou désignera un organe unique (ciaprès dénommé « organe de réception ») qui sera chargé :

a. de recevoir les demandes de renseignements visés au paragraphe 1 de l'article 1er, qui proviennent d'une autre Partie contractante ;

b. de donner suite à ces demandes, conformément à l'article 6.

Cet organe devra être un service ministériel ou un autre organe étatique.

2. Chaque Partie contractante aura la faculté de créer ou désigner un ou plusieurs organes (ciaprès dénommés « organes de transmission ») chargés de recevoir les demandes de renseignements provenant de ses autorités judiciaires et de les transmettre à l'organe de réception étranger compétent. La tâche dévolue à l'organe de transmission pourra être confiée à l'organe de réception.

3. Chaque Partie contractante communiquera au Secrétaire Général du Conseil de l'Europe la dénomination et l'adresse de son organe de réception et, s'il y a lieu, de son ou de ses organes de transmission.

### Article 3 – Autorités habilitées à formuler la demande de renseignements

1. La demande de renseignements devra toujours émaner d'une autorité judiciaire, même si elle n'est pas formulée par celle-ci. Elle ne pourra être formée qu'à l'occasion d'une instance déjà engagée.

2. Toute Partie contractante pourra, si elle n'a pas créé ou désigné d'organes de transmission, indiquer, par déclaration adressée au Secrétaire Général du Conseil de l'Europe, celles de ses autorités qu'elle considérera comme une autorité judiciaire au sens du paragraphe précédent.

3. Deux ou plusieurs Parties contractantes pourront convenir d'étendre, en ce qui les concerne, l'application de la présente Convention à des demandes émanant d'autorités autres que les autorités judiciaires. Le texte de l'accord intervenu sera communiqué au Secrétaire Général du Conseil de l'Europe.

### Article 4 – Contenu de la demande de renseignements

1. La demande de renseignements devra indiquer l'autorité judiciaire dont elle émane ainsi que la nature de l'affaire. Elle devra préciser, d'une façon aussi exacte que possible, les points sur lesquels l'information concernant le droit de l'État requis est demandée et, dans le cas où il existerait plusieurs systèmes juridiques dans le pays requis, le système au sujet duquel les renseignements sont demandés.

2. La demande sera accompagnée de l'exposé des faits nécessaire tant pour la bonne compréhension que pour la formulation d'une réponse exacte et précise; des copies de pièces pourront être jointes dans la mesure où elles seront nécessaires pour préciser la portée de la demande.

3. La demande pourra porter, à titre complémentaire, sur des points concernant des domaines autres que ceux visés à l'article 1er, paragraphe 1, lorsqu'ils présenteront un lien de connexité avec les points principaux de la demande.

4. Lorsque la demande ne sera pas formulée par une autorité judiciaire, elle sera accompagnée de la décision de celle-ci l'ayant autorisée.

### Article 5 – Transmission de la demande de renseignements

La demande de renseignements sera adressée directement à l'organe de réception de l'État requis par un organe de transmission ou, à défaut d'un tel organe, par l'autorité judiciaire dont elle émane.

### Article 6 – Autorités habilitées à répondre

1. L'organe de réception saisi d'une demande de renseignements pourra, soit formuler lui-même la réponse, soit transmettre la demande à un autre organe étatique ou officiel qui formulera la réponse.

2. L'organe de réception pourra, dans les cas appropriés ou pour des raisons d'organisation administrative, transmettre la demande à un organisme privé ou à un juriste qualifié qui formulera la réponse.

3. Lorsque l'application du paragraphe précédent est de nature à entraîner des frais, l'organe de réception, avant d'effectuer la transmission visée audit paragraphe, indiquera à l'autorité dont émane la demande, l'organisme privé ou le ou les juristes à qui la demande serait transmise; dans ce cas, il l'informera, dans la mesure du possible, de l'importance des frais envisagés, et demandera son agrément.

### Article 7 – Contenu de la réponse

La réponse devra avoir pour but d'informer d'une façon objective et impartiale sur le droit de l'État requis l'autorité dont émane la demande. Elle comportera, selon le cas, la fourniture de textes législatifs et réglementaires et de décisions jurisprudentielles. Elle sera assortie, dans la mesure jugée nécessaire à la bonne information du demandeur, de documents complémentaires tels que des extraits d'ouvrage doctrinaux et travaux préparatoires. Elle pourra éventuellement être accompagnée de commentaires explicatifs.

### Article 8 – Effets de la réponse

Les renseignements contenus dans une réponse ne lient pas l'autorité judiciaire dont émane la demande.

### Article 9 – Communication de la réponse

La réponse sera adressée par l'organe de transmission, si la demande a été transmise par celui-ci, ou à l'autorité judiciaire, si celle-ci l'a saisi directement.

### Article 10 – Obligation de répondre

1. L'organe de réception saisi d'une demande de renseignements a, sous réserve des dispositions de l'article 11, l'obligation d'y donner suite, conformément aux dispositions de l'article 6.

2. Lorsque la réponse n'est pas formulée par l'organe de réception lui-même, celui-ci restera notamment tenu de veiller à ce qu'une réponse soit fournie dans les conditions prévues à l'article 12.

### Article 11 – Exceptions à l'obligation de répondre

L'État requis pourra refuser de donner suite à la demande de renseignements lorsque ses intérêts sont affectés par le litige à l'occasion duquel la demande a été formulée ou lorsqu'il estime que la réponse serait de nature à porter atteinte à sa souveraineté ou à sa sécurité.

### Article 12 – Délai de la réponse

La réponse à une demande de renseignements devra être fournie aussi rapidement que possible. Toutefois, si l'élaboration de la réponse exige un long délai, l'organe de réception en avisera l'autorité étrangère qui l'a saisi, en précisant, si possible, la date à laquelle la réponse pourra vraisemblablement être communiquée.

### Article 13 – Informations complémentaires

1. L'organe de réception ainsi que l'organe ou la personne qu'il aura, conformément à l'article 6, chargés de répondre, pourront demander à l'autorité dont émane la demande les informations complémentaires qu'ils estiment nécessaires pour l'élaboration de la réponse.

2. La demande d'informations complémentaires sera transmise par l'organe de réception conformément à la voie prévue à l'article 9 pour la communication de la réponse.

### Article 14 – Langues

1. La demande de renseignements et ses annexes seront rédigées dans la langue ou dans une des langues officielles de l'État requis ou accompagnées d'une traduction dans cette langue. La réponse sera rédigée dans la langue de l'État requis.

2. Toutefois, deux ou plusieurs Parties contractantes pourront convenir de déroger, entre elles, aux dispositions du paragraphe précédent.

### Article 15 – Frais

1. La réponse ne pourra donner lieu au remboursement de taxes ou de frais, de quelque nature que ce soit, à l'exception de ceux visés au paragraphe 3 de l'article 6 qui seront à la charge de l'État dont émane la demande.

2. Toutefois, deux ou plusieurs Parties contractantes pourront convenir de déroger, entre elles, aux dispositions du paragraphe précédent.

### Article 16 – États fédéraux

Dans un État fédéral, les fonctions exercées par l'organe de réception autres que celles prévues à l'alinéa a du paragraphe 1 de l'article 2 pourront, pour des raisons d'ordre constitutionnel, être attribuées à d'autres organes étatiques.

### Article 17 – Entrée en vigueur de la Convention

1. La présente Convention est ouverte à la signature des États membres du Conseil de l'Europe. Elle sera ratifiée ou acceptée. Les instruments de ratification ou d'acceptation seront déposés près le Secrétaire Général du Conseil de l'Europe.

2. La Convention entrera en vigueur trois mois après la date du dépôt du troisième instrument de ratification ou d'acceptation.

3. Elle entrera en vigueur à l'égard de tout État signataire qui la ratifiera ou l'acceptera ultérieurement, trois mois après la date du dépôt de son instrument de ratification ou d'acceptation.

### Article 18 – Adhésion d'un État non membre du Conseil de l'Europe

1. Après l'entrée en vigueur de la présente Convention, le Comité des Ministres du Conseil de l'Europe pourra inviter tout État non membre du Conseil à adhérer à la présente Convention.

2. L'adhésion s'effectuera par le dépôt, près le Secrétaire Général du Conseil de l'Europe, d'un instrument d'adhésion qui prendra effet trois mois après la date de son dépôt.

### Article 19 – Portée territoriale de la Convention

1. Toute Partie contractante peut, au moment de la signature, ou au moment du dépôt de son instrument de ratification, d'acceptation ou d'adhésion, désigner le ou les territoires auxquels s'appliquera la présente Convention.

2. Toute Partie contractante peut, au moment du dépôt de son instrument de ratification, d'acceptation ou d'adhésion ou à tout autre moment par la suite, étendre l'application de la présente Convention, par déclaration adressée au Secrétaire Général du Conseil de l'Europe, à tout autre territoire désigné dans la déclaration et dont elle assure les relations internationales ou pour lequel elle est habilitée à stipuler.

3. Toute déclaration faite en vertu du paragraphe précédent pourra être retirée, en ce qui concerne tout territoire désigné dans cette déclaration, aux conditions prévues par l'article 20 de la présente Convention.

### Article 20 – Durée de la Convention et dénonciation

1. La présente Convention demeurera en vigueur sans limitation de durée.

2. Toute Partie contractante pourra, en ce qui la concerne, dénoncer la présente Convention en adressant une notification au Secrétaire Général du Conseil de l'Europe.

3. La dénonciation prendra effet six mois après la date de la réception de la notification par le Secrétaire Général.

### Article 21 – Fonctions du Secrétaire Général du Conseil de l'Europe

Le Secrétaire Général du Conseil de l'Europe notifiera aux États membres du Conseil de l'Europe et à tout État ayant adhéré à la présente Convention :

a. toute signature;

b. le dépôt de tout instrument de ratification, d'acceptation ou d'adhésion;

c. toute date d'entrée en vigueur de la présente Convention conformément à son article 17;

d. toute notification reçue en application des dispositions du paragraphe 2 de l'article 1er, du paragraphe 3 de l'article 2, du paragraphe 2 de l'article 3 et des paragraphes 2 et 3 de l'article 19;

e. toute notification reçue en application des dispositions de l'article 20 et la date à laquelle la dénonciation prendra effet.

En foi de quoi, les soussignés dûment autorisés à cet effet, ont signé la présente Convention.

Fait à Londres, le 7 juin 1968, en français et en anglais, les deux textes faisant également foi, en un seul exemplaire qui sera déposé dans les archives du Conseil de l'Europe. Le Secrétaire Général du conseil de l'Europe en communiquera copie certifiée conforme à chacun des États signataires et adhérents.

# 174 Convention européenne de Londres du 7 juin 1968 relative à la suppression de la légalisation des actes établis par les agents diplomatiques ou consulaires

## En vigueur depuis le 14 août 1970

*Les États membres du Conseil de l'Europe, signataires de la présente Convention,*

Considérant que le but du Conseil de l'Europe est de réaliser une union plus étroite entre ses membres;

Considérant que les relations entre les États membres ainsi qu'entre leurs agents diplomatiques ou consulaires, sont de plus en plus fondées sur une confiance réciproque;

Considérant que la suppression de la légalisation tend à renfoncer les liens entre les États membres en permettant l'utilisation de documents étrangers au même titre que ceux qui émanent des autorités nationales;

Convaincus de la nécessité de supprimer l'exigence de la légalisation des actes établis par leurs agents diplomatiques ou consulaires,

*Sont convenus de ce qui suit :*

**Article 1er –** La légalisation, au sens de la présente Convention, ne recouvre que la formalité destinée à attester la véracité de la signature apposée sur un acte, la qualité en laquelle le signataire de l'acte a agi et, le cas échéant, l'identité du sceau ou timbre dont cet acte est revêtu.

**Article 2 –** 1. La présente Convention s'applique aux actes établis en leur qualité officielle par les agents diplomatiques ou consulaires d'une Partie contractante exerçant leurs fonctions sur le territoire de tout État et qui doivent être produits :

a. sur le territoire d'une autre Partie contractante, ou

b. devant des agents diplomatiques ou consulaires d'une autre Partie contractante, exerçant leurs fonctions sur le territoire d'un État qui n'est pas partie à la présente Convention.

2. Elle s'applique également aux déclarations officielles, telles que mentions d'enregistrement, visas pour date certaine et certifications de signature, apposés par les agents diplomatiques ou consulaires sur des actes autres que ceux visés au paragraphe précédent.

**Article 3 –** Chacune des Parties contractantes dispense de légalisation les actes auxquels s'applique la présente Convention.

**Article 4 –** 1. Chacune des Parties contractantes prendra les mesures nécessaires pour éviter que ses autorités ne procèdent à la légalisation dans les cas où la présente Convention en prescrit la suppression.

2. Elle assurera la vérification, en cas de nécessité, de l'origine des actes auxquels s'applique la présente Convention. Cette vérification ne donnera lieu au paiement d'aucune taxe ou frais quelconque et devra être opérée le plus rapidement possible.

**Article 5 –** La présente Convention prévaudra, dans les relations entre les Parties contractantes, sur les dispositions des traités, conventions ou accords qui soumettent ou soumettront à la légalisation la véracité de la signature des agents diplomatiques ou consulaires, la qualité en laquelle le signataire d'un acte a agi et, le cas échéant, l'identité du sceau ou du timbre dont cet acte est revêtu.

**Article 6 –** 1. La présente Convention est ouverte à la signature des États membres du Conseil de l'Europe. Elle sera ratifiée ou acceptée. Les instruments de ratification ou d'acceptation seront déposés près le Secrétaire Général du Conseil de l'Europe.

2. La Convention entrera en vigueur trois mois après la date du dépôt du troisième instrument de ratification ou d'acceptation.

3. Elle entrera en vigueur à l'égard de tout État signataire qui la ratifiera ou l'acceptera ultérieurement, trois mois après la date du dépôt de son instrument de ratification ou d'acceptation.

**Article 7 –** 1. Après l'entrée en vigueur de la présente Convention, le Comité des Ministres du Conseil de l'Europe pourra inviter tout État non membre du Conseil à adhérer à la présente Convention.

2. L'adhésion s'effectuera par le dépôt, près le Secrétaire Général du Conseil de l'Europe, d'un instrument d'adhésion qui prendra effet trois mois après la date de son dépôt.

**Article 8 –** 1. Toute Partie contractante peut, au moment de la signature ou au moment du dépôt de son instrument de ratification, d'acceptation ou d'adhésion, désigner le ou les territoires auxquels s'appliquera la présente Convention.

2. Toute Partie contractante peut, au moment du dépôt de son instrument de ratification, d'acceptation ou d'adhésion, ou à tout autre moment par la suite, étendre l'application de la présente Convention, par déclaration adressée au Secrétaire Général du Conseil de l'Europe, à tout autre territoire désigné dans la déclaration et dont elle assure les relations internationales ou pour lequel elle est habilitée à stipuler.

3. Toute déclaration faite en vertu du paragraphe précédent pourra être retirée, en ce qui concerne tout territoire désigné dans cette déclaration, aux conditions prévues par l'article 9 de la présente Convention.

**Article 9 –** 1. La présente Convention demeurera en vigueur sans limitation de durée.

2. Toute Partie contractante pourra, en ce qui la concerne, dénoncer la présente Convention en adressant une notification au Secrétaire Général du Conseil de l'Europe.

3. La dénonciation prendra effet six mois après la date de la réception de la notification par le Secrétaire Général.

**Article 10 –** Le Secrétaire Général du Conseil de l'Europe notifiera aux États membres du Conseil et à tout État ayant adhéré à la présente Convention :

a. toute signature;

b. le dépôt de tout instrument de ratification, d'acceptation ou d'adhésion;

c. toute date d'entrée en vigueur de la présente Convention;

d. toute déclaration reçue en application des dispositions de l'article 8;

e. toute notification reçue en application des dispositions de l'article 9 et la date à laquelle la dénonciation prendra effet.

# 175 Convention de La Haye du 18 mars 1970 sur l'obtention des preuves à l'étranger en matière civile ou commerciale

## En vigueur depuis le 6 octobre 1974

*Les États signataires de la présente Convention,*

Désirant faciliter la transmission et l'exécution des commissions rogatoires et promouvoir le rapprochement des diverses méthodes qu'ils utilisent à ces fins,

Soucieux d'accroître l'efficacité de la coopération judiciaire mutuelle en matière civile ou commerciale,

*Ont résolu de conclure une Convention à ces effets et sont convenus des dispositions suivantes :*

### CHAPITRE PREMIER
### Commissions rogatoires

**Article premier –** En matière civile ou commerciale, l'autorité judiciaire d'un État contractant peut, conformément aux dispositions de sa législation, demander par commission rogatoire à l'autorité compétente d'un autre État contractant de faire tout acte d'instruction, ainsi que d'autres actes judiciaires.

Un acte d'instruction ne peut pas être demandé pour permettre aux parties d'obtenir des moyens de preuves qui ne soient pas destinés à être utilisés dans une procédure engagée ou future.

L'expression « autres actes judiciaires » ne vise ni la signification ou la notification d'actes judiciaires, ni les mesures conservatoires ou d'exécution.

**Article 2 –** Chaque État contractant désigne une Autorité centrale qui assume la charge de recevoir les commissions rogatoires émanant d'une autorité judiciaire d'un autre État contractant et de les transmettre à l'autorité compétente aux fins d'exécution. L'Autorité centrale est organisée selon les modalités prévues par l'État requis.

Les commissions rogatoires sont transmises à l'Autorité centrale de l'État requis sans intervention d'une autre autorité de cet État.

**Article 3 –** La commission rogatoire contient les indications suivantes :

*a)* l'autorité requérante et, si possible, l'autorité requise;

*b)* l'identité et l'adresse des parties et, le cas échéant, de leurs représentants;

*c)* la nature et l'objet de l'instance et un exposé sommaire des faits;

*d)* les actes d'instruction ou autres actes judiciaires à accomplir.

Le cas échéant, la commission rogatoire contient en outre :

*e)* les nom et adresse des personnes à entendre;

*f)* les questions à poser aux personnes à entendre ou les faits sur lesquels elles doivent être entendues;

*g)* les documents ou autres objets à examiner;

*h)* la demande de recevoir la déposition sous serment ou avec affirmation et, le cas échéant, l'indication de la formule à utiliser;

*i)* les formes spéciales dont l'application est demandée conformément à l'article 9.

La commission rogatoire mentionne aussi, s'il y a lieu, les renseignements nécessaires à l'application de l'article 11.

Aucune légalisation ni formalité analogue ne peut être exigée.

**Article 4 –** La commission rogatoire doit être rédigée dans la langue de l'autorité requise ou accompagnée d'une traduction faite dans cette langue.

Toutefois, chaque État contractant doit accepter la commission rogatoire rédigée en langue française ou anglaise, ou accompagnée d'une traduction dans l'une de ces langues, à moins qu'il ne s'y soit opposé en faisant la réserve prévue à l'article 33.

Tout État contractant qui a plusieurs langues officielles et ne peut, pour des raisons de droit interne, accepter les commissions rogatoires dans l'une de ces langues pour l'ensemble de son territoire, doit faire connaître, au moyen d'une déclaration, la langue dans laquelle la commission rogatoire doit être rédigée ou traduite en vue de son exécution dans les parties de son territoire qu'il a déterminées. En cas d'inobservation sans justes motifs de l'obligation découlant de cette déclaration, les frais de la traduction dans la langue exigée sont à la charge de l'État requérant.

Tout État contractant peut, au moyen d'une déclaration, faire connaître la ou les langues autres que celles prévues aux alinéas précédents dans lesquelles la commission rogatoire peut être adressée à son Autorité centrale.

Toute traduction annexée à une commission rogatoire doit être certifiée conforme, soit par un agent diplomatique ou consulaire, soit par un traducteur assermenté ou juré, soit par toute autre personne autorisée à cet effet dans l'un des deux États.

**Article 5 –** Si l'Autorité centrale estime que les dispositions de la Convention n'ont pas été respectées, elle en informe immédiatement l'autorité de l'État requérant qui lui a transmis la commission rogatoire, en précisant les griefs articulés à l'encontre de la demande.

**Article 6 –** En cas d'incompétence de l'autorité requise, la commission rogatoire est transmise d'office et sans retard à l'autorité judiciaire compétente du même État suivant les règles établies par la législation de celui-ci.

**Article 7 –** L'autorité requérante est, si elle le demande, informée de la date et du lieu où il sera procédé à la mesure sollicitée, afin que les parties intéressées et, le cas échéant, leurs représentants puissent y assister.

Cette communication est adressée directement auxdites parties ou à leurs représentants, lorsque l'autorité requérante en a fait la demande.

**Article 8 –** Tout État contractant peut déclarer que des magistrats de l'autorité requérante d'un autre État contractant peuvent assister à l'exécution d'une commission rogatoire. Cette mesure peut être soumise à l'autorisation préalable de l'autorité compétente désignée par l'État déclarant.

**Article 9 –** L'autorité judiciaire qui procède à l'exécution d'une commission rogatoire, applique les lois de son pays en ce qui concerne les formes à suivre.

Toutefois, il est déféré à la demande de l'autorité requérante tendant à ce qu'il soit procédé suivant une forme spéciale, à moins que celle-ci ne soit incompatible avec la loi de l'État requis, ou que son application ne soit pas possible, soit en raison des usages judiciaires de l'État requis, soit de difficultés pratiques.

La commission rogatoire doit être exécutée d'urgence.

**Article 10 –** En exécutant la commission rogatoire, l'autorité requise applique les moyens de contrainte appropriés et prévus par sa loi interne dans les cas et dans la même mesure où elle y serait obligée pour l'exécution d'une commission des autorités de l'État requis ou d'une demande formulée à cet effet par une partie intéressée.

**Article 11 –** La commission rogatoire n'est pas exécutée pour autant que la personne qu'elle vise invoque une dispense ou une interdiction de déposer, établies :

*a)* soit par la loi de l'État requis; ou

*b)* soit par la loi de l'État requérant et spécifiées dans la commission rogatoire ou, le cas échéant, attestées par l'autorité requérante à la demande de l'autorité requise.

En outre, tout État contractant peut déclarer qu'il reconnaît de telles dispenses et interdictions établies par la loi d'autres États que l'État requérant et l'État requis, dans la mesure spécifiée dans cette déclaration.

**Article 12 –** L'exécution de la commission rogatoire ne peut être refusée que dans la mesure où :

*a)* l'exécution, dans l'État requis, ne rentre pas dans les attributions du pouvoir judiciaire; ou

*b)* l'État requis la juge de nature à porter atteinte à sa souveraineté ou à sa sécurité.

L'exécution ne peut être refusée pour le seul motif que la loi de l'État requis revendique une compétence judiciaire exclusive dans l'affaire en cause ou ne connaît pas de voies de droit répondant à l'objet de la demande portée devant l'autorité requérante.

**Article 13 –** Les pièces constatant l'exécution de la commission rogatoire sont transmises par l'autorité requise à l'autorité requérante par la même voie que celle utilisée par cette dernière.

Lorsque la commission rogatoire n'est pas exécutée en tout ou en partie, l'autorité requérante en est informée immédiatement par la même voie et les raisons lui en sont communiquées.

**Article 14 –** L'exécution de la commission rogatoire ne peut donner lieu au remboursement de taxes ou de frais, de quelque nature que ce soit.

Toutefois, l'État requis a le droit d'exiger de l'État requérant le remboursement des indemnités payées aux experts et interprètes et des frais résultant de l'application d'une forme spéciale demandée par l'État requérant, conformément à l'article 9, alinéa 2.

L'autorité requise, dont la loi laisse aux parties le soin de réunir les preuves et qui n'est pas en mesure d'exécuter elle-même la commission rogatoire, peut en charger une personne habilitée à cet effet, après avoir obtenu le consentement de l'autorité requérante. En demandant celui-ci, l'autorité requise indique le montant approximatif des frais qui résulteraient de cette intervention. Le consentement implique pour l'autorité requérante l'obligation de rembourser ces frais. À défaut de celui-ci, l'autorité requérante n'est pas redevable de ces frais.

CHAPITRE II

## Obtention des preuves par des agents diplomatiques ou consulaires et par des commissaires

**Article 15 –** En matière civile ou commerciale, un agent diplomatique ou consulaire d'un État contractant peut procéder, sans contrainte, sur le territoire d'un autre État contractant et dans la circonscription où il exerce ses fonctions, à tout acte d'instruction ne visant que les ressortissants d'un État qu'il représente et concernant une procédure engagée devant un tribunal dudit État.

Tout État contractant a la faculté de déclarer que cet acte ne peut être effectué que moyennant l'autorisation accordée sur demande faite par cet agent ou en son nom par l'autorité compétente désignée par l'État déclarant.

**Article 16 –** Un agent diplomatique ou consulaire d'un État contractant peut en outre procéder, sans contrainte, sur le territoire d'un autre État contractant et dans la circonscription où il exerce ses fonctions, à tout acte d'instruction visant les ressortissants de l'État de résidence ou d'un État tiers, et concernant une procédure engagée devant un tribunal d'un État qu'il représente :

*a)* si une autorité compétente désignée par l'État de résidence a donné son autorisation, soit d'une manière générale, soit pour chaque cas particulier, et

*b)* s'il respecte les conditions que l'autorité compétente a fixées dans l'autorisation.

Tout État contractant peut déclarer que les actes d'instruction prévus ci-dessus peuvent être accomplis sans son autorisation préalable.

**Article 17 –** En matière civile ou commerciale, toute personne régulièrement désignée à cet effet comme commissaire, peut procéder, sans contrainte, sur le territoire d'un État contractant à tout acte d'instruction concernant une procédure engagée devant un tribunal d'un autre État contractant :

*a)* si une autorité compétente désignée par l'État de l'exécution a donné son autorisation, soit d'une manière générale, soit pour chaque cas particulier; et *b)* si elle respecte les conditions que l'autorité compétente a fixées dans l'autorisation.

Tout État contractant peut déclarer que les actes d'instruction prévus ci-dessus peuvent être accomplis sans son autorisation préalable.

**Article 18 –** Tout État contractant peut déclarer qu'un agent diplomatique ou consulaire ou un commissaire, autorisé à procéder à un acte d'instruction conformément aux articles 15, 16 et 17, a la faculté de s'adresser à l'autorité compétente désignée par ledit État, pour obtenir l'assistance nécessaire à l'accomplissement de cet acte par voie de contrainte. La déclaration peut comporter toute condition que l'État déclarant juge convenable d'imposer.

Lorsque l'autorité compétente fait droit à la requête, elle applique les moyens de contrainte appropriés et prévus par sa loi interne.

**Article 19 –** L'autorité compétente, en donnant l'autorisation prévue aux articles 15, 16 et 17 ou dans l'ordonnance prévue à l'article 18, peut déterminer les conditions qu'elle juge convenables, relatives notamment aux heure, date et lieu de l'acte d'instruction. Elle peut de même demander que ces heure, date et lieu lui soient notifiés au préalable et en temps utile; en ce cas, un représentant de ladite autorité peut être présent à l'acte d'instruction.

**Article 20 –** Les personnes visées par un acte d'instruction prévu dans ce chapitre peuvent se faire assister par leur conseil.

**Article 21 –** Lorsqu'un agent diplomatique ou consulaire ou un commissaire est autorisé à procéder à un acte d'instruction en vertu des articles 15, 16 et 17 :

*a)* il peut procéder à tout acte d'instruction qui n'est pas incompatible avec la loi de l'État de l'exécution ou contraire à l'autorisation accordée en vertu desdits articles et recevoir, dans les mêmes conditions, une déposition sous serment ou avec affirmation; *b)* à moins que la personne visée par l'acte d'instruction ne soit ressortissante de l'État dans lequel la procédure est engagée, toute convocation à comparaître ou à participer à un acte d'instruction est rédigée dans la langue du lieu où l'acte d'instruction doit être accompli, ou accompagnée d'une traduction dans cette langue; *c)* la convocation indique que la personne peut être assistée de son conseil, et, dans tout État qui n'a pas fait la déclaration prévue à l'article 18, qu'elle n'est pas tenue de comparaître ni de participer à l'acte d'instruction; *d)* l'acte d'instruction peut être accompli suivant les formes prévues par la loi du tribunal devant lequel la procédure est engagée, à condition qu'elles ne soient pas interdites par la loi de l'État de l'exécution; *e)* la personne visée par l'acte d'instruction peut invoquer les dispenses et interdictions prévues à l'article 11.

**Article 22 –** Le fait qu'un acte d'instruction n'ait pu être accompli conformément aux dispositions du présent chapitre en raison du refus d'une personne d'y participer, n'empêche pas qu'une commission rogatoire soit adressée ultérieurement pour le même acte, conformément aux dispositions du chapitre premier.

CHAPITRE III

## Dispositions générales

**Article 23 –** Tout État contractant peut, au moment de la signature, de la ratification ou de l'adhésion, déclarer qu'il n'exécute pas les commissions rogatoires qui ont pour objet une procédure connue dans les États du *Common Law* sous le nom de « *pre-trial discovery of documents* ».

**Article 24 –** Tout État contractant peut désigner, outre l'Autorité centrale, d'autres autorités dont il détermine les compétences. Toutefois, les commissions rogatoires peuvent toujours être transmises à l'Autorité centrale.

Les États fédéraux ont la faculté de désigner plusieurs Autorités centrales.

**Article 25 –** Tout État contractant, dans lequel plusieurs systèmes de droit sont en vigueur, peut désigner les autorités de l'un de ces systèmes, qui auront compétence exclusive pour l'exécution des commissions rogatoires en application de la présente Convention.

**Article 26 –** Tout État contractant, s'il y est tenu pour des raisons de droit constitutionnel, peut inviter l'État requérant à rembourser les frais d'exécution de la commission rogatoire et concernant la signification ou la notification à comparaître, les indemnités dues à la personne qui fait la déposition et l'établissement du procès-verbal de l'acte d'instruction.

Lorsqu'un État a fait usage des dispositions de l'alinéa précédent, tout autre État contractant peut inviter cet État à rembourser les frais correspondants.

**Article 27 –** Les dispositions de la présente Convention ne font pas obstacle à ce qu'un État contractant :

*a)* déclare que des commissions rogatoires peuvent être transmises à ses autorités judiciaires par d'autres voies que celles prévues à l'article 2;

*b)* permette, aux termes de sa loi ou de sa coutume interne, d'exécuter les actes auxquels elle s'applique dans des conditions moins restrictives;

*c)* permette, aux termes de sa loi ou de sa coutume interne, des méthodes d'obtention de preuves autres que celles prévues par la présente Convention.

**Article 28 –** La présente Convention ne s'oppose pas à ce que des États contractants s'entendent pour déroger :

*a)* à l'article 2, en ce qui concerne la voie de transmission des commissions rogatoires;

*b)* à l'article 4, en ce qui concerne l'emploi des langues;

*c)* à l'article 8, en ce qui concerne la présence de magistrats à l'exécution des commissions rogatoires;

*d)* à l'article 11, en ce qui concerne les dispenses et interdictions de déposer;

*e)* à l'article 13, en ce qui concerne la transmission des pièces constatant l'exécution;

*f)* à l'article 14, en ce qui concerne le règlement des frais;

*g)* aux dispositions du chapitre II.

**Article 29 –** La présente Convention remplacera, dans les rapports entre les États qui l'auront ratifiée, les articles 8 à 16 des Conventions relatives à la procédure civile, respectivement signées à La Haye le 17 juillet 1905 et le premier mars 1954, dans la mesure où lesdits États sont Parties à l'une ou l'autre de ces Conventions.

**Article 30 –** La présente Convention ne porte pas atteinte à l'application de l'article 23 de la Convention de 1905, ni de l'article 24 de celle de 1954.

**Article 31 –** Les accords additionnels aux Conventions de 1905 et de 1954, conclus par les États contractants, sont considérés comme également applicables à la présente Convention, à moins que les États intéressés n'en conviennent autrement.

**Article 32 –** Sans préjudice de l'application des articles 29 et 31, la présente Convention ne déroge pas aux conventions auxquelles les États contractants sont ou seront Parties et qui contiennent des dispositions sur les matières réglées par la présente Convention.

**Article 33 –** Tout État, au moment de la signature, de la ratification ou de l'adhésion, a la faculté d'exclure en tout ou en partie l'application des dispositions de l'alinéa 2 de l'article 4, ainsi que du chapitre II. Aucune autre réserve ne sera admise.

Tout État contractant pourra, à tout moment, retirer une réserve qu'il aura faite; l'effet de la réserve cessera le soixantième jour après la notification du retrait.

Lorsqu'un État aura fait une réserve, tout autre État affecté par celle-ci peut appliquer la même règle à l'égard de l'État qui a fait la réserve.

**Article 34 –** Tout État peut à tout moment retirer ou modifier une déclaration.

**Article 35 –** Tout État contractant indiquera au Ministère des Affaires Étrangères des Pays-Bas, soit au moment du dépôt de son instrument de ratification ou d'adhésion, soit ultérieurement, les autorités prévues aux articles 2, 8, 24 et 25.

Il notifiera, le cas échéant, dans les mêmes conditions :

*a)* la désignation des autorités auxquelles les agents diplomatiques ou consulaires doivent s'adresser en vertu de l'article 16 et de celles qui peuvent accorder l'autorisation ou l'assistance prévues aux articles 15, 16 et 18;

*b)* la désignation des autorités qui peuvent accorder au commissaire l'autorisation prévue à l'article 17 ou l'assistance prévue à l'article 18;

*c)* les déclarations visées aux articles 4, 8, 11, 15, 16, 17, 18, 23 et 27;

*d)* tout retrait ou modification des désignations et déclarations mentionnées ci-dessus;

*e)* tout retrait de réserves.

**Article 36 –** Les difficultés qui s'élèveraient entre les États contractants à l'occasion de l'application de la présente Convention seront réglées par la voie diplomatique.

**Article 37 –** La présente Convention est ouverte à la signature des États représentés à la Onzième session de la Conférence de La Haye de droit international privé.

Elle sera ratifiée et les instruments de ratification seront déposés auprès du Ministère des Affaires Étrangères des Pays-Bas.

**Article 38 –** La présente Convention entrera en vigueur le soixantième jour après le dépôt du troisième instrument de ratification prévu par l'article 37, alinéa 2.

La Convention entrera en vigueur, pour chaque État signataire ratifiant postérieurement, le soixantième jour après le dépôt de son instrument de ratification.

**Article 39 –** Tout État non représenté à la Onzième session de la Conférence de La Haye de droit international privé qui est Membre de la Conférence ou de l'Organisation des Nations unies ou d'une institution spécialisée de celle-ci ou Partie au Statut de la Cour internationale de Justice pourra adhérer à la présente Convention après son entrée en vigueur en vertu de l'article 38, alinéa premier.

L'instrument d'adhésion sera déposé auprès du Ministère des Affaires Étrangères des Pays-Bas.

La Convention entrera en vigueur, pour l'État adhérant, le soixantième jour après le dépôt de son instrument d'adhésion.

L'adhésion n'aura d'effet que dans les rapports entre l'État adhérant et les États contractants qui auront déclaré accepter cette adhésion. Cette déclaration sera déposée auprès du Ministère des Affaires Étrangères des Pays-Bas; celui-ci en enverra, par la voie diplomatique, une copie certifiée conforme, à chacun des États contractants.

La Convention entrera en vigueur entre l'État adhérant et l'État ayant déclaré accepter cette adhésion soixante jours après le dépôt de la déclaration d'acceptation.

**Article 40 –** Tout État, au moment de la signature, de la ratification ou de l'adhésion, pourra déclarer que la présente Convention s'étendra à l'ensemble des territoires qu'il représente sur le plan international, ou à l'un ou plusieurs d'entre eux. Cette déclaration aura effet au moment de l'entrée en vigueur de la Convention pour ledit État.

Par la suite, toute extension de cette nature sera notifiée au Ministère des Affaires Étrangères des Pays-Bas.

La Convention entrera en vigueur, pour les territoires visés par l'extension, le soixantième jour après la notification mentionnée à l'alinéa précédent.

**Article 41 –** La présente Convention aura une durée de cinq ans à partir de la date de son entrée en vigueur, conformément à l'article 38, alinéa premier, même pour les États qui l'auront ratifiée ou y auront adhéré postérieurement.

La Convention sera renouvelée tacitement de cinq en cinq ans, sauf dénonciation.

La dénonciation sera, au moins six mois avant l'expiration du délai de cinq ans, notifiée au Ministère des Affaires Étrangères des Pays-Bas.

Elle pourra se limiter à certains des territoires auxquels s'applique la Convention.

La dénonciation n'aura d'effet qu'à l'égard de l'État qui l'aura notifiée. La Convention restera en vigueur pour les autres États contractants.

**Article 42 –** Le Ministère des Affaires Étrangères des Pays-Bas notifiera aux États visés à l'article 37, ainsi qu'aux États qui auront adhéré conformément aux dispositions de l'article 39 :

*a)* les signatures et ratifications visées à l'article 37;

*b)* la date à laquelle la présente Convention entrera en vigueur conformément aux dispositions de l'article 38, alinéa premier;

*c)* les adhésions visées à l'article 39 et la date à laquelle elles auront effet;

*d)* les extensions visées à l'article 40 et la date à laquelle elles auront effet;

*e)* les désignations, réserves et déclarations mentionnées aux articles 33 et 35;

*f)* les dénonciations visées à l'article 41, alinéa 3.

# 176 Accord européen de Strasbourg du 27 janvier 1977 sur la transmission des demandes d'assistance judiciaire

*Les États membres du Conseil de l'Europe, signataires du présent Accord,*

Considérant que le but du Conseil de l'Europe est de réaliser une union plus étroite entre ses membres;

Considérant qu'il est souhaitable d'éliminer les obstacles économiques entravant l'accès à la justice civile et de permettre à des personnes économiquement défavorisées de mieux faire valoir leurs droits dans les États membres;

Convaincus que l'instauration d'un système de transmission des demandes d'assistance judiciaire adéquat contribuerait à atteindre ce but,

*Sont convenus de ce qui suit :*

**Article 1er –** Toute personne, ayant sa résidence habituelle sur le territoire d'une des Parties contractantes, qui désire demander l'assistance judiciaire en matière civile, commerciale ou administrative sur le territoire d'une autre Partie contractante peut présenter sa demande dans l'État de sa résidence habituelle. Cet État est tenu de transmettre la demande à l'autre État.

**Article 2 –** 1. Chaque Partie contractante désigne une ou plusieurs autorités expéditrices chargées de transmettre directement les demandes d'assistance judiciaire à l'autorité étrangère désignée ci-après.

2. Chaque Partie contractante désigne également une autorité centrale réceptrice chargée de recevoir les demandes d'assistance judiciaire provenant d'une autre Partie contractante et d'y donner suite.

Les États fédéraux et les États dans lesquels plusieurs systèmes de droit sont en vigueur ont la faculté de désigner plusieurs autorités centrales.

**Article 3 –** 1. L'autorité expéditrice assiste le demandeur afin que tous les documents qui, à la connaissance de cette autorité, sont nécessaires à l'appréciation de la demande soient joints à celleci. Elle assiste également le demandeur pour la traduction éventuellement nécessaire des documents.

Elle peut refuser de transmettre la demande au cas où celleci lui apparaît manifestement téméraire.

2. L'autorité centrale réceptrice transmet le dossier à l'autorité compétente pour statuer sur la demande. Elle informe l'autorité expéditrice de toutes difficultés relatives à l'examen de la demande ainsi que de la décision prise par l'autorité compétente.

**Article 4 –** Les documents transmis en application du présent Accord sont dispensés de la légalisation et de toute formalité analogue.

**Article 5 –** Aucune rémunération ne peut être perçue par les Parties contractantes pour les services rendus conformément au présent Accord.

**Article 6 –** 1. Sous réserve des arrangements particuliers conclus entre les autorités intéressées des Parties contractantes et des dispositions des articles 13 et 14 :

a. la demande d'assistance judiciaire et les documents joints ainsi que toutes autres communications sont rédigés dans la langue ou dans l'une des langues officielles de l'autorité réceptrice ou accompagnés d'une traduction dans cette langue;

b. chaque Partie contractante doit néanmoins accepter la demande d'assistance judiciaire et les documents joints ainsi que toutes communications lorsqu'ils sont rédigés en langue anglaise ou française, ou lorsqu'ils sont accompagnés d'une traduction dans l'une de ces langues.

2. Les communications émanant de l'État de l'autorité réceptrice peuvent être rédigées dans la langue ou dans l'une des langues officielles de cet État, ou en anglais ou français.

**Article 7 –** En vue de faciliter l'application du présent Accord, les autorités centrales des Parties contractantes se tiennent mutuellement informées de l'état de leur droit en matière d'assistance judiciaire.

**Article 8 –** Les autorités visées à l'article 2 sont désignées au moyen d'une déclaration adressée au Secrétaire Général du Conseil de l'Europe au moment où l'État concerné devient partie à l'Accord conformément aux dispositions des articles 9 et 11. Tout changement quant à la compétence de ces autorités fera également l'objet d'une déclaration adressée au Secrétaire Général du Conseil de l'Europe.

**Article 9 –** 1. Le présent Accord est ouvert à la signature des États membres du Conseil de l'Europe qui peuvent y devenir parties par :

a. la signature sans réserve de ratification, d'acceptation ou d'approbation ;

b. la signature sous réserve de ratification, d'acceptation ou d'approbation, suivie de ratification, d'acceptation ou d'approbation.

2. Les instruments de ratification, d'acceptation ou d'approbation seront déposés près le Secrétaire Général du Conseil de l'Europe.

**Article 10 –** 1. Le présent Accord entrera en vigueur un mois après la date à laquelle deux États membres du Conseil de l'Europe seront devenus parties à l'Accord conformément aux dispositions de l'article 9.

2. Pour tout État membre qui le signera ultérieurement sans réserve de ratification, d'acceptation ou d'approbation, ou le ratifiera, l'acceptera ou l'approuvera, l'Accord entrera en vigueur un mois après la date de la signature ou du dépôt de l'instrument de ratification, d'acceptation ou d'approbation.

**Article 11 –** 1. Après l'entrée en vigueur du présent Accord, le Comité des Ministres du Conseil de l'Europe pourra inviter tout État non membre du Conseil à adhérer au présent Accord.

2. L'adhésion s'effectuera par le dépôt, près le Secrétaire Général du Conseil de l'Europe, d'un instrument d'adhésion qui prendra effet un mois après la date de son dépôt.

**Article 12 –** 1. Tout État peut, au moment de la signature ou au moment du dépôt de son instrument de ratification, d'acceptation, d'approbation ou d'adhésion, désigner le ou les territoires auxquels s'appliquera le présent Accord.

2. Tout État peut, au moment du dépôt de son instrument de ratification, d'acceptation, d'approbation ou d'adhésion, ou à tout autre moment par la suite, étendre l'application du présent Accord, par déclaration adressée au Secrétaire Général du Conseil de l'Europe, à tout autre territoire désigné dans la déclaration et dont il assure les relations internationales ou pour lequel il est habilité à stipuler. L'extension prend effet un mois après la date de la réception de la déclaration.

3. Toute déclaration faite en vertu du paragraphe précédent pourra être retirée, en ce qui concerne tout territoire désigné dans cette déclaration, par notification adressée au Secrétaire Général du Conseil de l'Europe. Le retrait prendra effet six mois après la date de réception de la notification par le Secrétaire Général du Conseil de l'Europe.

**Article 13 –** 1. Tout État peut, au moment de la signature ou au moment du dépôt de son instrument de ratification, d'acceptation, d'approbation ou d'adhésion, déclarer exclure l'application en tout ou en partie des dispositions de l'article 6, paragraphe 1.*b*. Aucune autre réserve n'est admise au présent Accord.

2. Toute Partie contractante peut retirer en tout ou en partie la réserve qu'elle a faite, au moyen d'une déclaration adressée au Secrétaire Général du Conseil de l'Europe. L'effet de la réserve cessera à la date de la réception de la déclaration.

3. Lorsqu'une Partie contractante fait une réserve, toute autre Partie peut appliquer la même réserve à l'égard de cette Partie.

**Article 14 –** 1. Toute Partie contractante ayant plusieurs langues officielles peut, pour les besoins de l'application de l'article 6, paragraphe 1.*a*, faire connaître, au moyen d'une déclaration, la langue dans laquelle la demande et les documents joints doivent être rédigés ou traduits en vue de leur transmission dans les parties de son territoire qu'elle a déterminées.

2. La déclaration prévue au paragraphe précédent sera adressée au Secrétaire Général du Conseil de l'Europe au moment de la signature de l'Accord par l'État intéressé ou au moment du dépôt de son instrument de ratification, d'acceptation, d'approbation ou d'adhésion. La déclaration peut être retirée ou modifiée à tout moment par la suite selon la même procédure.

**Article 15 –** 1. Toute Partie contractante pourra, en ce qui la concerne, dénoncer le présent Accord en adressant une notification au Secrétaire Général du Conseil de l'Europe.

2. La dénonciation prendra effet six mois après la date de la réception de la notification par le Secrétaire Général.

**Article 16 –** Le Secrétaire Général du Conseil de l'Europe notifiera aux États membres du Conseil et à tout État ayant adhéré au présent Accord :

a. toute signature sans réserve de ratification, d'acceptation ou d'approbation ;

b. toute signature sous réserve de ratification, d'acceptation ou d'approbation ;

c. le dépôt de tout instrument de ratification, d'acceptation, d'approbation ou d'adhésion ;

d. toute déclaration reçue en application des dispositions de l'article 8 ;

e. toute date d'entrée en vigueur du présent Accord, conformément à son article 10 ;

f. toute déclaration reçue en application des dispositions des paragraphes 2 et 3 de l'article 12 ;

g. toute réserve faite en application des dispositions du paragraphe 1 de l'article 13 ;

h. le retrait de toute réserve effectué en application des dispositions du paragraphe 2 de l'article 13 ;

i. toute déclaration reçue en application des dispositions de l'article 14 ;

j. toute notification reçue en application des dispositions de l'article 15 et la date à laquelle la dénonciation prendra effet.

# 177 Convention CIEC nº 17 du 15 septembre 1977 portant dispense de légalisation pour certains actes et documents (signée à Athènes)

En vigueur depuis le 1er août 1982

*Les États signataires de la présente Convention, membres de la Commission Internationale de l'État Civil, désireux de dispenser entre les États parties à cette Convention certains actes ou documents de la légalisation ou de toute formalité équivalente, sont convenus des dispositions suivantes :*

**Article 1er** – La légalisation, au sens de la présente Convention, ne recouvre que la formalité destinée à attester la véracité de la signature apposée sur un acte ou document, la qualité en laquelle le signataire de l'acte ou du document a agi et, le cas échéant, l'identité du sceau ou timbre dont cet acte ou document est revêtu.

**Article 2** – Chaque État contractant accepte sans légalisation ou formalité équivalente, à condition qu'ils soient datés et revêtus de la signature et, le cas échéant, du sceau ou timbre de l'autorité d'un autre État contractant qui les a délivrés :

1. Les actes et documents se rapportant à l'état civil, à la capacité ou à la situation familiale des personnes physiques, à leur nationalité, à leur domicile ou à leur résidence, quel que soit l'usage auquel ils sont destinés,
2. tous autres actes et documents lorsqu'ils sont produits en vue de la célébration du mariage ou de l'établissement d'un acte de l'état civil.

**Article 3** – Lorsqu'un acte ou document visé à l'article 2 n'a pas été transmis par la voie diplomatique ou une autre voie officielle, l'autorité à laquelle il est présenté peut, en cas de doute grave, portant soit sur la véracité de la signature, soit sur l'identité du sceau ou du timbre, soit sur la qualité du signataire, le faire vérifier par l'autorité qui l'a délivré.

**Article 4** – La demande de vérification peut être faite au moyen d'une formule plurilingue dont le modèle est annexé à la présente Convention. Cette formule est envoyée, en double exemplaire directement à l'autorité qui a délivré l'acte ou le document à vérifier, et est accompagnée de celui-ci.

**Article 5** – Chaque vérification est opérée gratuitement et la réponse est renvoyée avec l'acte ou le document le plus rapidement possible soit directement soit par la voie diplomatique.

**Article 6** – La présente Convention sera ratifiée, acceptée ou approuvée et les instruments de ratification, d'acceptation ou d'approbation seront déposés auprès du Conseil Fédéral Suisse.

**Article 7** – La présente Convention entrera en vigueur le premier jour du troisième mois qui suit celui du dépôt du deuxième instrument de ratification, d'acceptation ou d'approbation.

À l'égard de l'État signataire qui l'aura ratifiée, acceptée ou approuvée après son entrée en vigueur, la Convention prendra effet le premier jour du troisième mois qui suit celui du dépôt par cet État de l'instrument de ratification, d'acceptation ou d'approbation.

**Article 8 –** Tout État membre de la Commission Internationale de l'État Civil n'ayant pas signé la présente Convention et tout État membre du Conseil de l'Europe pourra adhérer à la présente Convention après son entrée en vigueur. L'instrument d'adhésion sera déposé auprès du Conseil Fédéral Suisse. La Convention prendra effet, pour l'État adhérent, le premier jour du troisième mois qui suit celui du dépôt de l'instrument d'adhésion.

**Article 9 –** Aucune réserve à la présente Convention n'est admise.

**Article 10 –** Tout État, au moment de la signature, de la ratification, de l'acceptation, de l'approbation ou de l'adhésion ou à tout autre moment par la suite, pourra déclarer que la présente Convention s'étendra à l'ensemble des territoires dont il assure les relations sur le plan international, ou à l'un ou plusieurs d'entre eux.

Cette déclaration sera notifiée au Conseil Fédéral Suisse et l'extension prendra effet au moment de l'entrée en vigueur de la Convention pour ledit État ou, ultérieurement, le premier jour du troisième mois qui suit celui de la réception de la notification.

Toute déclaration d'extension pourra être retirée par notification adressée au Conseil Fédéral Suisse et la Convention cessera d'être applicable au territoire désigné le premier jour du troisième mois qui suit celui de la réception de ladite notification.

**Article 11 –** La présente Convention demeurera en vigueur sans limitation de durée.

Tout État partie à la présente Convention aura toutefois la faculté de la dénoncer à tout moment après l'expiration d'un délai d'un an à partir de la date de l'entrée en vigueur de la Convention à son égard. La dénonciation sera notifiée au Conseil Fédéral Suisse et prendra effet le premier jour du sixième mois qui suit celui de la réception de cette notification. La Convention restera en vigueur entre les autres États.

**Article 12 –** Le Conseil Fédéral Suisse notifiera aux États membres de la Commission Internationale de l'État Civil et à tout autre État ayant adhéré à la présente Convention :

a) le dépôt de tout instrument de ratification, d'acceptation, d'approbation ou d'adhésion;

b) toute date d'entrée en vigueur de la Convention;

c) toute déclaration concernant l'extension territoriale de la Convention ou son retrait, avec la date à laquelle elle prendra effet;

d) toute dénonciation de la Convention et la date à laquelle elle prendra effet.

Le Conseil Fédéral Suisse avisera le Secrétaire Général de la Commission Internationale de l'État Civil de toute notification faite en application du paragraphe I.

Dès l'entrée en vigueur de la présente Convention, une copie certifiée conforme sera transmise par le Conseil Fédéral Suisse au Secrétaire Général des Nations unies aux fins d'enregistrement et de publication, conformément à l'article 102 de la Charte des Nations unies.

En foi de quoi, les soussignés, dûment autorisés à cet effet, ont signé la présente Convention.

## RAPPORT EXPLICATIF

### ADOPTÉ PAR L'ASSEMBLÉE GÉNÉRALE DE STRASBOURG LE 23 MARS 1977

En vertu de la réglementation ou des usages, l'utilisation par une autorité publique d'un document émanant d'une autorité étrangère est fréquemment subordonnée à sa légalisation, c'est-à-dire à une procédure administrative qui a pour effet de certifier la qualité du signataire et la véracité de sa signature, ou éventuellement, l'identité du sceau ou du timbre de l'autorité qui a établi le document.

L'amélioration continue de l'organisation administrative a, dans bien des cas, rendu superflue la garantie offerte par la légalisation, ce qui a permis de la supprimer progressivement pour certaines pièces officielles, en particulier pour les actes de l'état civil. De nombreuses conventions internationales, qu'elles soient bilatérales ou multilatérales, dispensent de la légalisation soit une catégorie de documents déterminée, sans considération de l'usage auquel ils sont destinés, soit tous les documents produits en vue d'un but précis, en matière de procédure judiciaire ou de sécurité sociale par exemple.

La Commission Internationale de l'État Civil a élaboré plusieurs conventions prévoyant la dispense de la légalisation de certains actes de l'état civil (Convention relative à la délivrance de certains extraits d'actes de l'état civil destinés à l'étranger, signée à Paris, le 27 septembre 1956; Convention relative à la délivrance gratuite et à la dispense de légalisation des expéditions d'actes de l'état civil, signée à Luxembourg, le 26 septembre 1957; Convention portant extension de la compétence des autorités qualifiées pour recevoir les reconnaissances d'enfants naturels, signée à Rome, le 14 septembre 1961; Convention relative à la délivrance d'extraits plurilingues d'actes de l'état civil, signée à Vienne, le 8 septembre 1976), ainsi qu'une convention prévoyant notamment une telle dispense pour les avis de légitimation et les pièces justificatives qui y sont jointes (Convention sur la légitimation par mariage, signée à Rome, le 10 septembre 1970).

D'autre part, une convention supprimant l'exigence de la légalisation des actes publics étrangers a été signée à La Haye, le 5 octobre 1961, laquelle permet de remplacer la légalisation traditionnelle par une apostille « *ad hoc* », tandis qu'une Convention Européenne relative à la suppression de la légalisation des actes établis par les agents diplomatiques et consulaires a été conclue à Strasbourg, le 7 juin 1968.

Malgré l'existence de ces divers actes multilatéraux et de nombreux accords bilatéraux, il est apparu que de nombreux documents, dont l'utilisation est cependant fréquente, sont encore soumis à la légalisation ou à une formalité équivalente. Tel est le cas d'actes ou de documents se rapportant à l'état civil, à la capacité, à la situation familiale, au domicile, à la résidence, à la nationalité des personnes physiques. Tel est également le cas des documents administratifs, judiciaires, notariés, qui sont produits en vue de la célébration d'un mariage ou de l'établissement d'un acte de l'état civil.

La présente convention tend à combler ces lacunes et à simplifier et faciliter, dans les cas qu'elle envisage, les démarches que les particuliers ont à accomplir auprès des administrations publiques lorsqu'ils doivent produire des actes et des documents à l'étranger. L'article 1<sup>er</sup> précise tout d'abord ce qu'il y a lieu d'entendre par « légalisation ». Cette définition, empruntée aux conventions précitées des 5 octobre 1961 et 7 juin 1968, est généralement acceptée sur le plan international. Comme on l'a rappelé plus haut, la légalisation consiste uniquement à attester la véracité de la signature apposée sur un acte ou document, la qualité en laquelle le signataire a agi et, le cas échéant, l'identité du sceau ou timbre dont cet acte ou document est revêtu. En pratique, la certification du sceau ou du timbre n'a lieu que lorsqu'il est matériellement impossible de certifier la véracité de la signature, soit qu'il s'agisse d'un document fort ancien, soit que la signature dont il est revêtu n'ait pu être identifiée.

La légalisation ne certifie pas l'exactitude des renseignements que renferme le document ni que l'autorité qui l'a délivré a agi dans les limites de sa compétence; elle n'influe pas davantage sur la force probante du document.

L'article 2 supprime, dans les États contractants, la nécessité de la légalisation comme toute formalité telle que l'apostille prévue par la Convention de La Haye du 5 octobre 1961, d'une part pour les actes et documents se rapportant à l'état civil, à la capacité ou à la situation familiale des personnes physiques, à leur nationalité, à leur domicile ou à leur résidence quel que soit l'usage auquel ils sont destinés (1°) et, d'autre part, pour tous les autres documents produits en vue de la célébration d'un mariage ou de l'établissement d'un acte de l'état civil (2°). Il importe toutefois que l'acte ou le document réunisse certaines conditions considérées comme essentielles pour justifier l'abandon de la garantie que constitue la légalisation telle qu'elle est définie à l'article 1<sup>er</sup>. D'une part, l'acte ou le document doit avoir été délivré par une autorité d'un des États contractants, d'autre part il doit être revêtu de la signature de cette autorité et des on sceau ou timbre; enfin, il doit porter la date de sa délivrance.

On sait que le terme « acte » est utilisé en matière d'état civil dans des acceptations différentes selon les États; pour certains, il s'agit de l'acte original inscrit dans les registres, qualifié ailleurs d'inscription; pour d'autres, l'acte est la copie de l'original ou même l'extrait qui en est tiré. La Convention emploie ce mot dans ces derniers sens et vise donc à la fois les copies ou expéditions littérales et les extraits des actes inscrits dans les registres.

Par le mot « document » la convention entend toute autre pièce officielle telle que certificat, jugement ou ordonnance, arrêté, décision, autorisation, dispense, acte de consentement, procuration, attestation.

La dispense de légalisation s'étend également aux traductions de ces actes ou documents, à condition qu'elles émanent d'une autorité qualifiée pour procéder à de telles traductions.

Il convient toutefois que l'acte ou le document concerne essentiellement (et non pas de façon purement incidente ou accessoire) l'état civil, la capacité, la situation familiale, la nationalité, le domicile ou la résidence.

Les actes et documents doivent émaner d'une « autorité » d'un État contractant, qu'elle soit administrative, judiciaire ou autre. Bien que les notaires et les huissiers ne soient pas généralement considérés comme des « autorités », leurs actes entrent dans le champ de l'article 2 de la convention et doivent être également dispensés de la légalisation. Ces officiers publics sont en effet compétents soit pour dresser des procurations, des actes de notoriété, des actes de consentement, soit pour signifier des actes ou des jugements en matière d'état et de capacité notamment.

L'article 3 institue une possibilité de contrôle pour le cas où des doutes graves existeraient soit en ce qui concerne la véracité de la signature, l'identité du sceau ou du timbre, soit en ce qui concerne la qualité de signataire. On ne devra cependant avoir recours à la vérification dont il s'agit que dans des cas exceptionnels et en principe pas lorsque le document a été transmis par la voie diplomatique ou consulaire ou encore lorsque l'autorité de délivrance l'a fait parvenir par une autre voie officielle à l'autorité étrangère. Si un contrôle ou une vérification devait être demandé sur d'autres points (compétence de l'autorité ou exactitude du contenu du document par exemple), il y aurait lieu de recourir à la pratique existante et non à la procédure particulière prévue par l'article 3.

*L'article 4 prévoit, afin de faciliter et d'accélérer la correspondance directe entre les deux autorités intéressées, que la demande de vérification peut être faite au moyen d'une formule plurilingue dont le modèle est annexé à la convention. Cette formule, accompagnée du document contesté, sera envoyée à l'autorité de délivrance. Cette procédure est facultative et ne s'oppose pas à ce qu'une vérification soit demandée selon l'usage traditionnel (commission rogatoire, démarche par la voie consulaire, correspondance directe).*

*Aux termes de l'article 5, la vérification, qu'elle ait ou non été demandée au moyen de la formule visée à l'article 4, sera faite gratuitement et la réponse de l'autorité requise sera envoyée le plus rapidement possible, accompagnée de l'acte ou du document soumis à vérification.*

*La convention ne prévoit pas de franchise postale pour les communications échangées entre autorités visées. L'autorité requérante pourra joindre à sa demande de vérification un coupon réponse international permettant l'affranchissement de la réponse; sinon, la transmission de celle-ci pourra toujours se faire par la voie diplomatique ou consulaire.*

# 178 Convention européenne de Strasbourg du 24 novembre 1977 sur la notification à l'étranger des documents en matière administrative

## En vigueur depuis le 11 novembre 1982

### Préambule

*Les États membres du Conseil de l'Europe, signataires de la présente Convention,*

Considérant que le but du Conseil de l'Europe est de réaliser une union plus étroite entre ses membres, dans le respect notamment de la prééminence du droit ainsi que des droits de l'homme et des libertés fondamentales ;

Convaincus que la création de moyens appropriés d'entraide administrative contribue à atteindre cet objectif ;

Considérant l'importance que revêt la notification à l'étranger des documents en matière administrative dont il importe que la connaissance soit portée en temps utile à leurs destinataires,

*Sont convenus de ce qui suit :*

## TITRE PREMIER
## DISPOSITIONS GÉNÉRALES

### Article 1er – Champ d'application de la Convention

1. Les États contractants s'engagent à s'accorder mutuellement assistance pour la notification des documents en matière administrative.

2. La présente Convention ne s'applique pas en matière fiscale, ni en matière pénale. Toutefois, chaque État peut, lors de la signature ou du dépôt de son instrument de ratification, d'acceptation, d'approbation ou d'adhésion, ou à tout moment ultérieur, faire connaître, par déclaration adressée au Secrétaire Général du Conseil de l'Europe, que la présente Convention s'applique, pour les demandes qui lui sont adressées, en matière fiscale ainsi qu'à toute procédure visant des infractions dont la répression n'est pas, au moment où l'entraide est demandée, de la compétence de ses autorités judiciaires. Cet État pourra indiquer, dans sa déclaration, qu'il se prévaudra du défaut de réciprocité.

3. Chaque État peut, lors de la signature ou du dépôt de son instrument de ratification, d'acceptation, d'approbation ou d'adhésion, ou à tout moment dans les cinq ans qui suivront l'entrée en vigueur de la présente Convention à son égard, faire connaître, par déclaration adressée au Secrétaire Général du Conseil de l'Europe, les matières administratives pour lesquelles il n'appliquera pas la présente Convention. Tout autre État contractant pourra se prévaloir du défaut de réciprocité.

4. Les déclarations prévues aux paragraphes 2 et 3 de cet article prendront effet, selon le cas, au moment de l'entrée en vigueur de la Convention a l'égard de l'État qui les a formulées, ou trois mois après leur réception par le Secrétaire Général du Conseil de l'Europe. Elles pourront être retirées en tout ou en partie par déclaration

adressée au Secrétaire Général du Conseil de l'Europe. Le retrait prendra effet trois mois après la date de réception de cette déclaration.

### Article 2 – Autorité centrale

1. Chaque État contractant désigne une autorité centrale chargée de recevoir les demandes de notification de documents en matière administrative en provenance d'autorités d'autres États contractants et d'y donner suite. Les États fédéraux ont la faculté de désigner plusieurs autorités centrales.

2. Chaque État contractant a la faculté de désigner d'autres autorités ayant les mêmes fonctions que l'autorité centrale; il en déterminera la compétence territoriale. Toutefois, l'autorité requérante a toujours le droit de s'adresser directement à l'autorité centrale.

3. Chaque État contractant a la faculté, en outre, de désigner une autorité expéditrice chargée de centraliser les demandes de notification provenant de ses autorités et de les transmettre à l'autorité centrale étrangère compétente. Les États fédéraux ont la faculté de désigner plusieurs autorités expéditrices.

4. Les autorités susmentionnées doivent être des services ministériels ou d'autres services officiels.

5. Chaque État contractant communiquera, par déclaration adressée au Secrétaire Général du Conseil de l'Europe, la dénomination et l'adresse des autorités désignées conformément aux dispositions de cet article.

### Article 3 – Demande de notification

Toute demande de notification est adressée à l'autorité centrale de l'État requis. Elle doit se faire conformément à la formule modèle annexée à la présente Convention, accompagnée du document à notifier. Ces pièces sont transmises en double exemplaire; l'inexécution de cette formalité ne saurait justifier un refus de donner suite à la demande.

### Article 4 – Dispense de légalisation

La demande de notification et ses annexes transmises en application de la présente Convention sont dispensées de légalisation, d'apostille et de toute formalité équivalente.

### Article 5 – Régularité de la demande

Si l'autorité centrale de l'État requis estime que les dispositions de la présente Convention n'ont pas été respectées, elle en informe immédiatement l'autorité requérante en précisant les griefs articulés à l'encontre de la demande.

### Article 6 – Modes de notification

1. L'autorité centrale de l'État requis procède, aux termes de la présente Convention, à la notification :

a. soit selon les formes prescrites par la législation de l'État requis pour la notification des documents dressés dans cet État et qui sont destinés aux personnes se trouvant sur son territoire,

b. soit selon la forme particulière demandée par l'autorité requérante, pourvu que cette forme ne soit pas incompatible avec la loi de l'État requis.

2. Sauf le cas prévu au paragraphe 1, alinéa b, du présent article, le document peut toujours être remis au destinataire qui l'accepte volontairement.

3. Lorsque l'autorité requérante demande que la notification soit effectuée dans un délai déterminé, l'autorité centrale de l'État requis accède à cette demande si ce délai peut être respecté.

### Article 7 – Langues

1. Lorsqu'un document étranger doit être notifié conformément à l'article 6, paragraphe 1, alinéa a, et paragraphe 2, de la présente Convention, sa traduction n'est pas exigée.

2. Toutefois, en cas de refus de la notification du document par son destinataire pour le motif qu'il ne connaît pas la langue dans laquelle il est établi, l'autorité centrale de l'État requis fait effectuer la traduction du document dans la langue officielle ou l'une des langues officielles de cet État. Elle peut également demander à l'autorité requérante que le document soit traduit ou accompagné d'une traduction dans la langue officielle ou l'une des langues officielles de l'État requis.

3. Lorsqu'un document étranger doit être notifié conformément à l'article 6, paragraphe 1, alinéa b, et que l'autorité centrale de l'État requis le réclame, ce document est traduit ou accompagné d'une traduction dans la langue officielle ou l'une des langues officielles de l'État requis.

### Article 8 – Attestation

1. L'autorité centrale de l'État requis ou l'autorité qui a effectué la notification établit une attestation conforme à la formule modèle annexée à la présente Convention. Cette attestation relate l'exécution de la demande. Le cas échéant, elle précise le fait qui a empêché l'exécution.

2. L'attestation est adressée directement à l'autorité requérante par l'autorité qui l'a établie.

3. L'autorité requérante peut demander à l'autorité centrale de l'État requis de viser une attestation qui n'a pas été établie par cette autorité centrale lorsque l'authenticité de cette attestation est contestée.

### Article 9 – Formules de demande et d'attestation

1. Les mentions imprimées dans la formule modèle annexée à la présente Convention sont obligatoirement rédigées dans l'une des langues officielles du Conseil de l'Europe. Elles peuvent, en outre, être rédigées dans la langue officielle ou l'une des langues officielles de l'État de l'autorité requérante.

2. Les blancs correspondant à ces mentions sont remplis soit dans la langue officielle ou l'une des langues officielles de l'État requis, soit dans l'une des langues officielles du Conseil de l'Europe.

### Article 10 – Notification par les fonctionnaires consulaires

1. Tout État contractant a la faculté de faire procéder directement et sans contrainte, par ses fonctionnaires consulaires ou, si les circonstances l'exigent, par ses agents diplomatiques, aux notifications de documents des personnes se trouvant sur le territoire d'autres États contractants.

2. Chaque État peut, lors de la signature ou du dépôt de son instrument de ratification, d'acceptation, d'approbation ou d'adhésion, s'opposer, par déclaration

adressée au Secrétaire Général du Conseil de l'Europe, à l'usage de cette faculté sur son territoire dans le cas où un document doit être notifié à l'un de ses ressortissants ou à un ressortissant d'un État tiers ou à un apatride. Tout autre État contractant pourra se prévaloir du défaut de réciprocité.

3. La déclaration prévue au paragraphe 2 de cet article prendra effet au moment de l'entrée en vigueur de la présente Convention à l'égard de l'État qui l'a formulée. Elle pourra être retirée par déclaration adressée au Secrétaire Général du Conseil de l'Europe. Le retrait prendra effet trois mois après la date de réception de cette déclaration.

### Article 11 – Notification par la voie de la poste

1. Tout État contractant a la faculté de faire procéder directement par la voie de la poste aux notifications de documents à des personnes se trouvant sur le territoire d'autres États contractants.

2. Chaque État peut, lors de la signature ou du dépôt de l'instrument de ratification, d'acceptation, d'approbation ou d'adhésion, ou à tout moment dans les cinq ans qui suivront l'entrée en vigueur de la présente Convention à son égard, s'opposer, par déclaration adressée au Secrétaire Général du Conseil de l'Europe, d'une façon générale ou partielle, soit en raison de la nationalité du destinataire, soit pour des catégories de documents déterminés, à l'usage de cette faculté sur son territoire. Tout autre État contractant pourra se prévaloir du défaut de réciprocité.

3. La déclaration prévue au paragraphe 2 de cet article prendra effet, selon le cas, au moment de l'entrée en vigueur de la présente Convention à l'égard de l'État qui l'a formulée, ou trois mois après sa réception par le Secrétaire Général du Conseil de l'Europe. Elle pourra être retirée en tout ou en partie par déclaration adressée au Secrétaire Général du Conseil de l'Europe. Le retrait prendra effet trois mois après la date de réception de cette déclaration.

### Article 12 – Autres voies de transmission

1. Tout État contractant a la faculté d'utiliser la voie diplomatique ou consulaire pour requérir la notification de documents.

2. La présente Convention ne s'oppose pas à ce que des États contractants s'entendent pour admettre, aux fins de notification, d'autres voies de transmission que celles prévues par les articles qui précèdent et notamment la communication directe entre leurs autorités respectives.

### Article 13 – Frais

1. Lorsque la notification d'un document étranger est effectuée conformément à l'article 6, paragraphe 1, alinéa a, et paragraphe 2, de la présente Convention, elle ne peut donner lieu au paiement ou au remboursement de taxes ou de frais pour les services de l'État requis.

2. L'autorité requérante est tenue de payer ou de rembourser les frais occasionnés par l'emploi de la forme de notification qu'elle a demandée conformément à l'article 6, paragraphe 1, alinéa b.

### Article 14 – Refus d'exécution

1. L'autorité centrale de l'État requis saisie d'une demande de notification peut refuser d'y donner suite :

a. lorsqu'elle estime que la matière sur laquelle porte le document à notifier n'est pas une matière administrative au sens de l'article 1 de la présente Convention ;

b. lorsqu'elle estime que son exécution est de nature à porter atteinte à la souveraineté, à la sécurité, à l'ordre public ou à d'autres intérêts essentiels de cet État ;

c. lorsque le destinataire n'est pas trouvé à l'adresse indiquée par l'autorité requérante et que son adresse ne peut être facilement déterminée.

2. En cas de refus, l'autorité centrale de l'État requis en informe immédiatement l'autorité requérante et lui indique les motifs.

### Article 15 – Délais

Lorsqu'un document est transmis pour notification sur le territoire d'un autre État contractant, le destinataire, dans le cas où cette notification fait courir un délai à son endroit, doit disposer d'un laps de temps raisonnable dont l'appréciation relève de l'État requérant, à compter de la remise du document, pour être présent, représenté ou procéder à toute diligence nécessaire selon le cas.

### Article 16 – Autres accords ou arrangements internationaux

Aucune disposition de la présente Convention ne portera atteinte aux accords internationaux et aux autres arrangements et pratiques qui existent ou qui pourront exister entre des États contractants dans des matières faisant l'objet de la présente Convention.

## TITRE II

## DISPOSITIONS FINALES

### Article 17 – Entrée en vigueur de la Convention

1. La présente Convention est ouverte à la signature des États membres du Conseil de l'Europe. Elle sera soumise à leur ratification, acceptation ou approbation. Les instruments de ratification, d'acceptation ou d'approbation seront déposés près le Secrétaire Général du Conseil de l'Europe.

2. La Convention entrera en vigueur le premier jour du mois qui suit l'expiration d'une période de trois mois après la date du dépôt du troisième instrument de ratification, d'acceptation ou d'approbation.

3. Elle entrera en vigueur à l'égard de tout État signataire qui la ratifiera, l'acceptera ou l'approuvera ultérieurement, le premier jour du mois qui suit l'expiration d'une période de trois mois après la date du dépôt de son instrument de ratification, d'acceptation ou d'approbation.

### Article 18 – Révision de la Convention

À la demande d'un État contractant ou après la troisième année qui suit l'entrée en vigueur de la présente Convention, les États contractants procéderont à une consultation multilatérale, à laquelle tout autre État membre du Conseil de l'Europe pourra se faire représenter par un observateur, en vue d'examiner son application, ainsi que l'opportunité de sa révision ou d'un élargissement de certaines de ses dispositions. Cette consultation aura lieu au cours d'une réunion convoquée par le Secrétaire Général du Conseil de l'Europe.

### Article 19 – Adhésion d'un État non membre du Conseil de l'Europe

1. Après l'entrée en vigueur de la présente Convention, le Comité des Ministres du Conseil de l'Europe pourra inviter tout État non membre à adhérer à la présente Convention, par une décision prise à la majorité des deux tiers des voix exprimées y compris l'unanimité des États contractants.

2. L'adhésion s'effectuera par le dépôt, près le Secrétaire Général du Conseil de l'Europe, d'un instrument d'adhésion qui prendra effet trois mois après la date de son dépôt.

### Article 20 – Portée territoriale de la Convention

1. Tout État peut, au moment de la signature ou au moment du dépôt de son instrument de ratification, d'acceptation, d'approbation ou d'adhésion, désigner le ou les territoires auxquels s'appliquera la présente Convention.

2. Tout État peut, au moment du dépôt de son instrument de ratification, d'acceptation, d'approbation ou d'adhésion, ou à tout autre moment par la suite, étendre l'application de la présente Convention, par déclaration adressée au Secrétaire Général du Conseil de l'Europe, à tout autre territoire désigné dans la déclaration et dont il assure les relations internationales ou pour lequel il est habilité à stipuler.

3. Toute déclaration faite en vertu du paragraphe précédent pourra être retirée, en ce qui concerne tout territoire désigné dans cette déclaration, par notification adressée au Secrétaire Général du Conseil de l'Europe. Le retrait prendra effet six mois après la date de réception de la notification par le Secrétaire Général du Conseil de l'Europe.

### Article 21 – Réserves à la Convention

Aucune réserve ne sera admise à la présente Convention.

### Article 22 – Dénonciation de la Convention

1. Tout État contractant pourra, en ce qui le concerne, dénoncer la présente Convention en adressant une notification au Secrétaire Général du Conseil de l'Europe.

2. La dénonciation prendra effet le premier jour du mois qui suit l'expiration d'une période de six mois après la date de la réception de la notification par le Secrétaire Général. Toutefois, la Convention continuera à s'appliquer aux demandes de notification reçues avant l'expiration de ce délai.

### Article 23 – Fonctions du dépositaire de la Convention

Le Secrétaire Général du Conseil de l'Europe notifiera aux États membres du Conseil et à tout État ayant adhéré à la présente Convention :

a. toute signature;

b. le dépôt de tout instrument de ratification, d'acceptation, d'approbation ou d'adhésion;

c. toute date d'entrée en vigueur de la présente Convention conformément à son article 17, paragraphes 2 et 3;

d. toute déclaration reçue en application des dispositions de l'article 1, paragraphes 2, 3 et 4;

e. toute déclaration reçue en application des dispositions de l'article 2, paragraphe 5;

f. toute déclaration reçue en application des dispositions de l'article 10, paragraphes 2 et 3 ;

g. toute déclaration reçue en application des dispositions de l'article 11, paragraphes 2 et 3 ;

h. toute déclaration ou notification reçue en application des dispositions de l'article 20, paragraphes 2 et 3 ;

i. toute notification reçue en application des dispositions de l'article 22, paragraphe 1, et la date à laquelle la dénonciation prendra effet.

Annexe…

# 179 Protocole de Strasbourg du 15 mars 1978 additionnel à la Convention européenne dans le domaine de l'information sur le droit étranger

En vigueur depuis le 23 décembre 1983

*Les États membres du Conseil de l'Europe, signataires du présent Protocole,*

Vu les dispositions de la Convention européenne dans le domaine de l'information sur le droit étranger, ouverte à la signature à Londres le 7 juin 1968, (ci-après nommée « la Convention »);

Considérant qu'il est opportun d'étendre le système d'entraide internationale établi par cette Convention au domaine pénal et de la procédure pénale, et ce dans un cadre multilatéral ouvert à toutes les Parties contractantes à la Convention;

Considérant qu'en vue d'éliminer les obstacles de nature économique qui empêchent l'accès à la justice et de permettre à des personnes économiquement défavorisées de mieux faire valoir leurs droits dans les États membres, il est également souhaitable d'étendre le système établie par la Convention au domaine de l'assistance judiciaire et de la consultation juridique en matière civile et commerciale;

Constatant que l'article 1, paragraphe 2, de la Convention prévoit que deux ou plusieurs Parties contractantes pourront convenir d'étendre, en ce qui les concerne, le champ d'application de la présente Convention à des domaines autre que ceux indiqués dans la Convention;

Constatant que l'article 3, paragraphe 3, de la Convention prévoit que deux ou plusieurs Parties contractantes pourront convenir d'étendre, en ce qui les concerne, l'application de la Convention à des demandes émanant d'autorités autres que les autorités judiciaires,

*Sont convenus de ce qui suit :*

## CHAPITRE PREMIER

**Article 1er –** Les Parties contractantes s'engagent à fournir, selon les dispositions de la Convention, des renseignements concernant leur droit matériel et procédural, leur organisation judiciaire dans le domaine pénal, y compris le ministère public, ainsi que le droit relatif à l'exécution des mesures pénales. Cet engagement s'applique à toute procédure visant des infractions dont la répression est, au moment où les renseignements sont demandés, de la compétence des autorités judiciaires de la Partie requérante.

**Article 2 –** Une demande de renseignements sur des points concernant les domaines visés à l'article 1 peut :

a. émaner, outre d'un tribunal, de toute autorité judiciaire compétente en matière de poursuite ou d'exécution des sentences définitives et ayant force de la chose jugée; et

b. être formée, non seulement à l'occasion d'une instance déjà engagée, mais aussi lorsqu'il est envisagé d'engager une poursuite.

CHAPITRE II

**Article 3 –** Dans le cadre de l'engagement découlant de l'article 1, paragraphe 1, de la Convention, les Parties contractantes conviennent que la demande de renseignements peut :

a. émaner, outre d'une autorité judiciaire, de toute autorité ou personne agissant dans le cadre d'un système officiel d'assistance judiciaire ou de consultation juridique pour le compte de personnes économiquement défavorisées; et

b. être formée, non seulement à l'occasion d'une instance déjà engagée, mais aussi lorsqu'il est envisagé d'engager une instance.

**Article 4 –** 1. Toute Partie contractante qui n'a pas créé ou désigné un ou plusieurs organes de transmission conformément à l'article 2, paragraphe 2 de la Convention, doit créer ou désigner un tel ou de tels organes chargés de transmettre à l'organe de réception étranger compétent toute demande de renseignements formée en vertu de l'article 3 du présent protocole.

2. Toute Partie contractante communiquera au Secrétaire Général du Conseil de l'Europe la dénomination et l'adresse de l'organe ou des organes de transmission créés ou désignés en application du paragraphe précédent.

CHAPITRE III

**Article 5 –** 1. Tout État peut, au moment de la signature ou du dépôt de son instrument de ratification, d'acceptation, d'approbation ou d'adhésion, déclarer qu'il ne sera lié que par les dispositions du chapitre I ou par celles du chapitre II du présent Protocole.

2. Tout État ayant fait une telle déclaration pourra ultérieurement à tout moment déclarer par voie de notification adressée au Secrétaire Général du Conseil de l'Europe qu'il sera lié par l'ensemble des dispositions des chapitres I et II. Cette notification prendra effet à la date de sa réception.

3. Toute Partie contractante qui est liée par l'ensemble des dispositions des chapitres I et II pourra à tout moment déclarer par voie de notification adressée au Secrétaire Général du Conseil de l'Europe qu'elle ne sera liée que par les dispositions du chapitre I ou par celles du chapitre II. Cette notification prendra effet six mois après la date de sa réception.

4. Les dispositions du chapitre I ou du chapitre II ne sont applicables qu'entre les Parties contractantes qui sont liées respectivement par les dispositions du même chapitre.

**Article 6 –** 1. Le présent Protocole est ouvert à la signature des États membres du Conseil de l'Europe, signataires de la Convention, qui peuvent devenir parties au Protocole par :

a. la signature sans réserve de ratification, d'acceptation ou d'approbation;

b. la signature sous réserve de ratification, d'acceptation ou d'approbation, suivie d'une ratification, acceptation ou approbation.

2. Les instruments de ratification, d'acceptation ou d'approbation seront déposés près le Secrétaire Général du Conseil de l'Europe.

3. Aucun État membre du Conseil de l'Europe ne pourra signer le présent Protocole sans réserve de ratification, d'acceptation ou d'approbation, ou le ratifier, accep-

ter ou approuver, sans avoir simultanément ou antérieurement ratifié ou accepté la Convention.

**Article 7 –** 1. Le présent Protocole entrera en vigueur trois mois après la date à laquelle trois États membres du Conseil de l'Europe seront devenus parties au Protocole conformément aux dispositions de l'article 6.

2. Pour tout État membre qui le signera ultérieurement sans réserve de ratification, d'acceptation ou d'approbation ou le ratifiera, l'acceptera ou l'approuvera, le Protocole entrera en vigueur trois mois après la date de la signature ou du dépôt de l'instrument de ratification, d'acceptation ou d'approbation.

**Article 8 –** 1. Après l'entrée en vigueur du présent Protocole, tout État qui a adhéré à la Convention ou qui aura été invité à y adhérer, pourra être invité par le Comité des Ministres à adhérer également au présent Protocole.

2. L'adhésion s'effectuera par le dépôt, près le Secrétaire Général du Conseil de l'Europe, d'un instrument d'adhésion qui prendra effet trois mois après la date de son dépôt.

**Article 9 –** 1. Tout État peut, au moment de la signature ou au moment du dépôt de son instrument de ratification, d'acceptation, d'approbation ou d'adhésion, désigner le ou les territoires auxquels s'appliquera le présent Protocole.

2. Tout État peut, au moment du dépôt de son instrument de ratification, d'acceptation, d'approbation ou d'adhésion ou à tout autre moment par la suite, étendre l'application du présent Protocole, par déclaration adressée au Secrétaire Général du Conseil de l'Europe, à tout autre territoire désigné dans la déclaration et dont il assure les relations internationales ou pour lequel il est habilité à stipuler.

3. Toute déclaration faite en vertu du paragraphe précédent pourra être retirée, en ce qui concerne tout territoire désigné dans cette déclaration, par notification adressée au Secrétaire Général du Conseil de l'Europe. Le retrait prendra effet six mois après la date de réception de la notification par le Secrétaire Général du Conseil de l'Europe.

**Article 10 –** 1. Toute Partie contractante pourra, en ce qui la concerne, dénoncer le présent Protocole en adressant une notification au Secrétaire Général du Conseil de l'Europe.

2. La dénonciation prendra effet six mois après la date de la réception de la notification par le Secrétaire Général du Conseil de l'Europe.

3. La dénonciation de la Convention entraîne automatiquement la dénonciation du présent Protocole.

**Article 11 –** Le Secrétaire Général du Conseil de l'Europe notifiera aux États membres du Conseil et à tout État ayant adhéré à la Convention :

a. toute signature sans réserve de ratification, d'acceptation ou d'approbation ;

b. toute signature sous réserve de ratification, d'acceptation ou d'approbation ;

c. le dépôt de tout instrument de ratification, d'acceptation, d'approbation ou d'adhésion ;

d. toute date d'entrée en vigueur du présent Protocole conformément à son article 7 ;

e. toute notification reçue en application des dispositions de l'article 4 ;

f. toute déclaration ou notification reçue en application des dispositions de l'article 5 ;

g. toute déclaration reçue en application des dispositions de l'article 9 et tout retrait d'une telle déclaration ;

h. toute notification reçue en application des dispositions de l'article 10 et la date à laquelle la dénonciation prendra effet.

## 180 Protocole de Strasbourg du 17 mars 1978 additionnel à la convention européenne d'entraide judiciaire en matière pénale

En vigueur depuis le 2 mai 1991

Non reproduit. Consultable sur :
http://conventions.coe.int/

## 181 Convention de La Haye du 25 octobre 1980 tendant à faciliter l'accès international à la justice

En vigueur depuis le 1er mai 1988



*Les États signataires de la présente Convention,*

Désirant faciliter l'accès international à la justice,

*Ont résolu de conclure une Convention à cet effet et sont convenus des dispositions suivantes :*

CHAPITRE PREMIER

### Assistance judiciaire

**Article premier –** Les ressortissants d'un État contractant, ainsi que les personnes ayant leur résidence habituelle dans un État contractant, sont admis au bénéfice de l'assistance judiciaire en matière civile et commerciale dans chaque État contractant dans les mêmes conditions que s'ils étaient eux-mêmes ressortissants de cet État et y résidaient habituellement.

Les personnes auxquelles les dispositions de l'alinéa précédent ne s'appliquent pas, mais qui ont eu leur résidence habituelle dans un État contractant dans lequel une procédure judiciaire est ou sera engagée, seront néanmoins admises au bénéfice de l'assistance judiciaire aux conditions prévues à l'alinéa précédent, si la cause de l'action découle de cette ancienne résidence habituelle.

Dans les États où l'assistance judiciaire existe en matière administrative, sociale ou fiscale, les dispositions du présent article s'appliquent aux affaires portées devant les tribunaux compétents en ces matières.

**Article 2 –** L'article premier s'applique à la consultation juridique, à la condition que le requérant soit présent dans l'État où la consultation est demandée.

**Article 3 –** Chaque État contractant désigne une Autorité centrale chargée de recevoir les demandes d'assistance judiciaire qui lui sont présentées conformément à la présente Convention et d'y donner suite.

Les États fédéraux et les États dans lesquels plusieurs systèmes de droit sont en vigueur ont la faculté de désigner plusieurs Autorités centrales. En cas d'incompétence de l'Autorité centrale saisie, celle-ci transmet la demande à l'Autorité centrale compétente du même État contractant.

**Article 4 –** Chaque État contractant désigne une ou plusieurs autorités expéditrices chargées de transmettre les demandes d'assistance judiciaire à l'Autorité centrale compétente dans l'État requis.

Les demandes d'assistance judiciaire sont transmises, sans intervention d'aucune autre autorité, à l'aide de la formule modèle annexée à la présente Convention.

Chaque État contractant a la faculté d'utiliser aux mêmes fins la voie diplomatique.

**Article 5 –** Lorsqu'il n'est pas présent dans l'État requis, le demandeur à l'assistance judiciaire peut, sans préjudice de toute autre voie par laquelle il pourrait soumettre sa demande à l'autorité compétente de cet État, présenter sa demande à une autorité expéditrice de l'État contractant où il a sa résidence habituelle.

La demande est établie conformément à la formule modèle annexée à la présente Convention. Elle est accompagnée de tous les documents nécessaires, sous réserve du droit pour l'État requis de demander des informations ou des documents complémentaires dans les cas appropriés.

Chaque État contractant a la faculté de faire connaître que son Autorité centrale réceptrice peut être saisie par toute autre voie ou moyen.

**Article 6 –** L'autorité expéditrice assiste le demandeur afin que soient joints tous les documents et informations qui, à la connaissance de cette autorité, sont nécessaires à l'appréciation de la demande. Elle vérifie leur régularité formelle.

Elle peut refuser de transmettre la demande au cas où celle-ci lui paraît manifestement mal fondée.

Le cas échéant, elle assiste le demandeur pour une traduction sans frais des documents.

Elle répond aux demandes de renseignements complémentaires qui émanent de l'Autorité centrale réceptrice de l'État requis.

**Article 7 –** Les demandes d'assistance judiciaire, les documents à l'appui, ainsi que les communications en réponse aux demandes de renseignements complémentaires, doivent être rédigés dans la langue ou dans l'une des langues officielles de l'État requis ou accompagnés d'une traduction faite dans l'une de ces langues.

Toutefois, lorsque dans l'État requérant l'obtention d'une traduction dans la langue de l'État requis est difficilement réalisable, ce dernier doit accepter que ces pièces soient rédigées en langue française ou anglaise ou accompagnées d'une traduction dans l'une de ces langues.

Les communications émanant de l'Autorité centrale réceptrice peuvent être rédigées dans la langue ou dans l'une des langues officielles de cet État, en anglais ou en français. Toutefois, lorsque la demande transmise par l'autorité expéditrice est rédigée en français ou en anglais ou accompagnée d'une traduction dans l'une de ces langues, les communications émanant de l'Autorité centrale réceptrice sont également rédigées dans l'une de ces langues.

Les frais de traductions entraînés par l'application des alinéas précédents demeurent à la charge de l'État requérant. Toutefois, les traductions opérées, le cas échéant, par l'État requis demeurent à sa charge.

**Article 8 –** L'Autorité centrale réceptrice statue sur la demande d'assistance judiciaire ou prend les mesures nécessaires pour qu'il soit statué sur celle-ci par l'autorité compétente de l'État requis.

Elle transmet les demandes de renseignements complémentaires à l'autorité expéditrice et l'informe de toute difficulté relative à l'examen de la demande, ainsi que de la décision prise.

**Article 9 –** Lorsqu'il ne réside pas dans un État contractant, le demandeur à l'assistance judiciaire peut, sans préjudice de toute autre voie par laquelle il pourrait soumettre sa demande à l'autorité compétente de l'État requis, transmettre sa demande par la voie consulaire.

Chaque État contractant a la faculté de faire connaître que son Autorité centrale réceptrice peut être saisie par tous autres voie ou moyen.

**Article 10 –** Les documents transmis en application du présent chapitre sont dispensés de toute légalisation et de toute formalité analogue.

**Article 11 –** L'intervention des autorités compétentes pour transmettre, recevoir ou statuer sur les demandes d'assistance judiciaire en vertu du présent chapitre est gratuite.

**Article 12 –** L'instruction des demandes d'assistance judiciaire est effectuée d'urgence.

**Article 13 –** Lorsque l'assistance judiciaire a été accordée en application de l'article premier, les notifications et significations, quelle qu'en soit la forme, relatives au procès du bénéficiaire et qui seraient à faire dans un autre État contractant, ne peuvent donner lieu à aucun remboursement. Il en va de même des commissions rogatoires et enquêtes sociales, à l'exception des indemnités payées aux experts et aux interprètes.

Lorsqu'une personne a été admise, en application de l'article premier, au bénéfice de l'assistance judiciaire dans un État contractant à l'occasion d'une procédure ayant donné lieu à une décision, elle bénéficie, sans nouvel examen, de l'assistance judiciaire dans tout autre État contractant où elle sollicite la reconnaissance ou l'exécution de cette décision.

CHAPITRE II

## Caution *judicatum solvi* et *exequatur* des condamnations aux frais et dépens

**Article 14 –** Aucune caution ni aucun dépôt, sous quelque dénomination que ce soit, ne peut être exigé en raison de leur seule qualité d'étranger ou de leur seul défaut de domicile ou de résidence dans l'État où l'action est intentée, des personnes, physiques ou morales, ayant leur résidence habituelle dans l'un des États contractants qui seront demandeurs ou intervenants devant les tribunaux d'un autre État contractant.

La même règle s'applique au versement qui serait exigé des demandeurs ou des intervenants pour garantir les frais judiciaires.

**Article 15 –** Les condamnations aux frais et dépens du procès, prononcées dans l'un des États contractants contre toute personne dispensée de la caution, du dépôt ou du versement en vertu soit de l'article 14, soit de la loi de l'État où l'action est intentée, seront, à la demande du créancier, rendues gratuitement exécutoires dans tout autre État contractant.

**Article 16 –** Chaque État contractant désigne une ou plusieurs autorités expéditrices chargées de transmettre les demandes d'*exequatur* visées par l'article 15 à l'Autorité centrale compétente dans l'État requis.

Chaque État contractant désigne une Autorité centrale chargée de recevoir les demandes et de prendre les mesures appropriées pour qu'une décision définitive soit prise à cet égard.

Les États fédéraux et les États dans lesquels plusieurs systèmes de droit sont en vigueur ont la faculté de désigner plusieurs Autorités centrales. En cas d'incompétence de l'Autorité centrale saisie, celle-ci transmet la demande à l'Autorité centrale compétente dans l'État requis.

Les demandes sont transmises sans intervention d'aucune autre autorité. Cependant, chaque État contractant a la faculté d'utiliser aux mêmes fins la voie diplomatique.

À moins que l'État requis n'ait déclaré s'y opposer, les dispositions qui précèdent ne font pas obstacle à ce que la demande d'*exequatur* soit présentée directement par le créancier.

**Article 17 –** Les demandes d'*exequatur* doivent être accompagnées :

*a)* d'une expédition conforme de la partie de la décision faisant apparaître les noms et qualités des parties, ainsi que le dispositif se rapportant aux frais et dépens ;

*b)* de tout document de nature à prouver que la décision ne peut plus faire l'objet d'un recours ordinaire dans l'État d'origine et qu'elle y est exécutoire ;

*c)* d'une traduction certifiée conforme de ces documents dans la langue de l'État requis, lorsqu'ils ne sont pas rédigés dans cette langue.

L'autorité compétente de l'État requis statue sur les demandes d'*exequatur* sans entendre les parties. Elle se borne à vérifier que les pièces ont été produites. À la requête du demandeur, elle évalue le montant des frais d'attestation, de traduction et de certification, qui sont assimilés aux frais et dépens du procès. Aucune légalisation ou formalité analogue ne peut être imposée.

Les parties n'ont d'autres recours contre la décision rendue par l'autorité compétente que ceux qui leur sont ouverts par la législation de l'État requis.

CHAPITRE III

## Copies d'actes et de décisions de justice

**Article 18 –** En matière civile ou commerciale, les ressortissants d'un État contractant, ainsi que les personnes ayant leur résidence habituelle dans un État contractant, peuvent, dans les mêmes conditions que les nationaux, se faire délivrer et, le cas échéant, faire légaliser des copies ou des extraits de registres publics ou de décisions de justice dans un autre État contractant.

CHAPITRE IV

## Contrainte par corps et sauf-conduit

**Article 19 –** La contrainte par corps, soit comme moyen d'exécution, soit comme mesure simplement conservatoire, ne pourra pas, en matière civile ou commerciale, être appliquée aux ressortissants d'un État contractant ou aux personnes ayant leur résidence habituelle dans un État contractant dans le cas où elle ne serait pas applicable aux ressortissants de cet État. Tout fait qui pourrait être invoqué par un ressortissant ayant sa résidence habituelle dans cet État pour obtenir la levée de la contrainte par corps doit produire le même effet au profit d'un ressortissant d'un État contractant ou d'une personne ayant sa résidence habituelle dans un État contractant, même si ce fait s'est produit à l'étranger.

**Article 20 –** Lorsqu'un témoin ou un expert, ressortissant d'un État contractant ou ayant sa résidence habituelle dans un État contractant, est cité nommément par un tribunal ou par une partie avec l'autorisation d'un tribunal à comparaître devant les tribunaux d'un autre État contractant, il ne peut être poursuivi, détenu ou soumis à une restriction quelconque de sa liberté individuelle sur le territoire de cet État pour des condamnations ou des faits antérieurs à son entrée sur le territoire de l'État requérant.

L'immunité prévue à l'alinéa précédent commence sept jours avant la date fixée pour l'audition du témoin ou de l'expert et prend fin lorsque le témoin ou l'expert, ayant eu la possibilité de quitter le territoire pendant sept jours consécutifs après que les autorités judiciaires l'auront informé que sa présence n'était plus requise, sera néanmoins demeuré sur ce territoire ou y sera revenu volontairement après l'avoir quitté.

CHAPITRE V

## Dispositions générales

**Article 21 –** Sous réserve des dispositions de l'article 22, aucune disposition de la présente Convention ne sera interprétée comme limitant les droits relatifs aux matières réglées par celle-ci qui pourraient être reconnus à une personne conformément aux lois d'un État contractant ou conformément à toute autre convention à laquelle cet État est ou sera partie.

**Article 22 –** La présente Convention remplace, dans les rapports entre les États qui l'auront ratifiée, les articles 17 à 24 de la *Convention relative à la procédure civile*, signée à La Haye le 17 juillet 1905, ou les articles 17 à 26 de la *Convention relative à la procédure civile*, signée à La Haye le premier mars 1954, pour les États qui sont Parties à l'une ou l'autre de ces Conventions, même si la réserve du deuxième alinéa de l'article 28, lettre *c)* est faite.

**Article 23 –** Les accords additionnels aux Conventions de 1905 et de 1954, conclus par les États contractants, sont considérés comme également applicables à la présente Convention, dans la mesure où ils sont compatibles avec celle-ci, à moins que les États intéressés n'en conviennent autrement.

**Article 24 –** Tout État contractant peut, au moyen d'une déclaration, faire connaître la ou les langues autres que celles prévues aux articles 7 et 17 dans lesquelles les documents qui seront adressés à son Autorité centrale peuvent être rédigés ou traduits.

**Article 25 –** Tout État contractant qui a plusieurs langues officielles et qui ne peut, pour des raisons de droit interne, accepter pour l'ensemble de son territoire les documents visés aux articles 7 et 17 d'assistance judiciaire dans l'une de ces langues, doit faire connaître au moyen d'une déclaration la langue dans laquelle ceux-ci doivent être rédigés ou traduits en vue de leur présentation dans les parties de son territoire qu'il a déterminées.

**Article 26 –** Un État contractant qui comprend deux ou plusieurs unités territoriales dans lesquelles des systèmes de droit différents s'appliquent aux matières régies par cette Convention pourra, au moment de la signature, de la ratification, de l'acceptation, de l'approbation ou de l'adhésion, déclarer que la présente Convention s'appliquera à toutes ses unités territoriales ou seulement à l'une ou à plusieurs d'entre elles, et pourra à tout moment modifier cette déclaration en faisant une nouvelle déclaration.

Ces déclarations seront notifiées au Ministère des Affaires Étrangères du Royaume des Pays-Bas et indiqueront expressément les unités territoriales auxquelles la Convention s'applique.

**Article 27 –** Lorsqu'un État contractant a un système de gouvernement en vertu duquel les pouvoirs exécutif, judiciaire et législatif sont partagés entre des Autorités centrales et d'autres autorités de cet État, la signature, la ratification, l'acceptation ou l'approbation de la Convention, ou l'adhésion à celle-ci, ou une déclaration faite en vertu de l'article 26, n'emportera aucune conséquence quant au partage interne des pouvoirs dans cet État.

**Article 28 –** Tout État contractant pourra, au moment de la signature, de la ratification, de l'acceptation, de l'approbation ou de l'adhésion se réserver le droit d'exclure l'application de l'article premier aux personnes qui ne sont pas ressortissantes d'un État contractant, mais qui ont leur résidence habituelle dans un État contractant autre que celui qui a fait la réserve ou qui ont eu leur résidence habituelle dans l'État qui a fait la réserve, s'il n'existe aucune réciprocité entre l'État qui a fait la réserve et l'État dont le demandeur à l'assistance judiciaire est le ressortissant.

Tout État contractant pourra, au moment de la signature, de la ratification, de l'acceptation, de l'approbation ou de l'adhésion, se réserver le droit d'exclure :

*a)* l'usage de l'anglais, du français, ou de ces deux langues, tel que prévu à l'alinéa 2 de l'article 7 ;

*b)* l'application des dispositions de l'alinéa 2 de l'article 13 ;

*c)* l'application des dispositions du chapitre II ;

*d)* l'application de l'article 20.

Lorsqu'un État :

*e)* aura exclu l'usage des langues anglaise et française en faisant la réserve prévue à la lettre *a)* de l'alinéa précédent, tout autre État affecté par celle-ci pourra appliquer la même règle à l'égard de l'État qui aura fait la réserve ;

*f)* aura fait la réserve prévue à la lettre *b)* de l'alinéa précédent, tout autre État pourra refuser d'appliquer l'alinéa 2 de l'article 13 aux ressortissants de l'État qui aura fait la réserve, ainsi qu'aux personnes ayant leur résidence habituelle dans cet État ;

*g)* aura fait la réserve prévue à lettre *c)* de l'alinéa précédent, tout autre État pourra refuser d'appliquer les dispositions du chapitre II aux ressortissants de l'État qui aura fait la réserve, ainsi qu'aux personnes ayant leur résidence habituelle dans cet État.

Aucune autre réserve ne sera admise.

Tout État contractant pourra, à tout moment, retirer une réserve qu'il aura faite. Ce retrait sera notifié au Ministère des Affaires Étrangères du Royaume des Pays-Bas. L'effet de la réserve cessera le premier jour du troisième mois du calendrier après cette notification.

**Article 29 –** Tout État contractant indiquera au Ministère des Affaires Étrangères du Royaume des Pays-Bas, soit au moment du dépôt de son instrument de ratification, d'acceptation, d'approbation ou d'adhésion, soit ultérieurement, les autorités prévues aux articles 3, 4 et 16.

Il notifiera, le cas échéant, dans les mêmes conditions :

*a)* les déclarations visées aux articles 5, 9, 16, 24, 25, 26 et 33 ;

*b)* tout retrait et toute modification des désignations et déclarations mentionnées ci-dessus ;

*c)* le retrait de toute réserve.

**Article 30 –** Les formules modèles annexées à la présente Convention pourront être amendées par décision d'une Commission spéciale à laquelle seront invités tous les États contractants et tous les États Membres de la Conférence de La Haye et qui sera convoquée par le Secrétaire général de la Conférence de La Haye. La proposition d'amender les formules devra être portée à l'ordre du jour qui sera joint à la convocation.

Les amendements seront adoptés par la Commission spéciale à la majorité des États contractants présents et prenant part au vote. Ils entreront en vigueur pour tous les États contractants le premier jour du septième mois après la date à laquelle le Secrétaire général les aura communiqués à tous les États contractants.

Au cours du délai prévu à l'alinéa précédent, tout État contractant pourra notifier par écrit au Ministère des Affaires Étrangères du Royaume des Pays-Bas qu'il entend faire une réserve à cet amendement. L'État qui aura fait une telle réserve sera traité, en ce qui concerne cet amendement, comme s'il n'était pas Partie à la présente Convention jusqu'à ce que la réserve ait été retirée.

## CHAPITRE VI
## Clauses finales

**Article 31 –** La Convention est ouverte à la signature des États qui étaient Membres de la Conférence de La Haye de droit international privé lors de sa Quatorzième session, ainsi que des États non-Membres invités à son élaboration.

Elle sera ratifiée, acceptée ou approuvée et les instruments de ratification, d'acceptation ou d'approbation seront déposés auprès du Ministère des Affaires Étrangères du Royaume des Pays-Bas.

**Article 32 –** Tout autre État pourra adhérer à la Convention.

L'instrument d'adhésion sera déposé auprès du Ministère des Affaires Étrangères du Royaume des Pays-Bas.

L'adhésion n'aura d'effet que dans les rapports entre l'État adhérant et les États contractants qui n'auront pas élevé d'objection à son encontre dans les douze mois après la réception de la notification prévue au chiffre 2 de l'article 36. Une telle objection pourra également être élevée par tout État Membre au moment d'une ratification, acceptation ou approbation de la Convention, ultérieure à l'adhésion. Ces objections seront notifiées au Ministère des Affaires Étrangères du Royaume des Pays-Bas.

**Article 33 –** Tout État, au moment de la signature, de la ratification, de l'acceptation, de l'approbation ou de l'adhésion, pourra déclarer que la Convention s'étendra à l'ensemble des territoires qu'il représente sur le plan international ou à l'un ou plusieurs d'entre eux. Cette déclaration aura effet au moment où elle entre en vigueur pour cet État.

Cette déclaration, ainsi que toute extension ultérieure, seront notifiées au Ministère des Affaires Étrangères du Royaume des Pays-Bas.

**Article 34 –** La Convention entrera en vigueur le premier jour du troisième mois du calendrier après le dépôt du troisième instrument de ratification, d'acceptation, d'approbation ou d'adhésion prévu par les articles 31 et 32.

Ensuite, la Convention entrera en vigueur :

1. pour chaque État ratifiant, acceptant, approuvant ou adhérant postérieurement le premier jour du troisième mois du calendrier après le dépôt de son instrument de ratification, d'acceptation, d'approbation ou d'adhésion;

2. pour les territoires ou les unités territoriales auxquels la Convention a été étendue conformément à l'article 26 ou 33, le premier jour du troisième mois du calendrier après la notification visée dans ces articles.

**Article 35 –** La Convention aura une durée de cinq ans à partir de la date de son entrée en vigueur conformément à l'article 34, alinéa premier, même pour les États qui l'auront postérieurement ratifiée, acceptée ou approuvée ou qui y auront adhéré.

La Convention sera renouvelée tacitement de cinq ans en cinq ans, sauf dénonciation.

La dénonciation sera, au moins six mois avant l'expiration du délai de cinq ans, notifiée au Ministère des Affaires Étrangères du Royaume des Pays-Bas. Elle pourra se limiter à certains territoires ou unités territoriales auxquels s'applique la Convention.

La dénonciation n'aura d'effet qu'à l'égard de l'État qui l'aura notifiée. La Convention restera en vigueur pour les autres États contractants.

**Article 36 –** Le Ministère des Affaires Étrangères du Royaume des Pays-Bas notifiera aux États Membres de la Conférence, ainsi qu'aux États qui auront adhéré conformément aux dispositions de l'article 32 :

1. les signatures, ratifications, acceptations et approbations visées à l'article 31 ;
2. les adhésions et les objections aux adhésions visées à l'article 32;
3. la date à laquelle la Convention entrera en vigueur conformément aux dispositions de l'article 34;
4. les déclarations mentionnées aux articles 26 et 33;
5. les réserves et le retrait des réserves prévus aux articles 28 et 30;
6. les communications notifiées en application de l'article 29;
7. les dénonciations visées à l'article 35.

## ANNEXE À LA CONVENTION

### FORMULE DE TRANSMISSION DE DEMANDE D'ASSISTANCE JUDICIAIRE

Convention tendant à faciliter l'accès international à la justice, signée à La Haye, le 25 octobre 1980.

Identité et adresse de l'autorité expéditrice

Adresse de l'Autorité centrale réceptrice

L'autorité expéditrice soussignée a l'honneur de faire parvenir ci-joint à l'Autorité centrale réceptrice la demande d'assistance judiciaire ainsi que son annexe (déclaration concernant la situation économique du demandeur), aux effets du chapitre I de la Convention précitée.

Observations éventuelles se rapportant à la demande et à la déclaration :

Autres observations :

Fait à…, le…

Signature et/ou cachet

FORMULE ANNEXÉE À LA CONVENTION
DEMANDE D'ASSISTANCE JUDICIAIRE

Convention tendant à faciliter l'accès international à la justice, signée à La Haye, le 25 octobre 1980.

1. Nom et adresse du demandeur d'assistance judiciaire

2. Juridiction où le litige a été ou doit être introduit (si connue)

3. *a)* Objet(s) du litige; montant du litige, le cas échéant

*b)* Le cas échéant, énumération des pièces à l'appui relatives au litige introduit ou envisagé*

*c)* Nom et adresse de la partie adverse*

4. Tous délais ou dates relatifs au litige entraînant des conséquences juridiques pour le demandeur, justifiant une urgence particulière dans le traitement de la demande*

5. Toute autre information utile*

6. Fait à…, le…

7. Signature du demandeur

* Rayer les mentions inutiles.

ANNEXE À LA DEMANDE D'ASSISTANCE JUDICIAIRE
(NON REPRODUITE)

## 182 Convention de Strasbourg du 21 mars 1983 sur le transfèrement des personnes condamnées

En vigueur depuis le 17 juillet 1985

Non reproduite. Consultable sur :
http://www.coe.int/fr/web/portal/france

## 183 Deuxième protocole de Strasbourg du 8 novembre 2001 additionnel à la convention européenne d'entraide judiciaire en matière pénale

En vigueur depuis le 1er juin 2012

Non reproduit. Consultable sur :
http://conventions.coe.int/

## 184 Convention de La Haye du 30 juin 2005 sur les accords d'élection de for

Signée par l'Union européenne le 1er avril 2009; pas encore en vigueur

Voir nº 54 ←

## II – Conventions bilatérales

### 185 Accord France-Burkina Faso du 24 avril 1961 de coopération en matière de justice

Non reproduit. Consultable sur :
http://www.jafbase.fr/afrique.html

### 186 Accord franco-ivoirien du 24 avril 1961 de coopération en matière de justice

Non reproduit. Consultable sur :
http://www.jafbase.fr/afrique.html

### 187 Accord franco-mauritanien du 19 juin 1961 en matière de justice

Non reproduit. Consultable sur :
http://www.jafbase.fr/afrique.html

### 188 Accord franco-malien du 2 février 1962 de coopération en matière de justice

Non reproduit. Consultable sur :
http://www.jafbase.fr/afrique.html

### 189 Convention franco-gabonaise du 23 juillet 1963 d'aide mutuelle judiciaire, d'*exequatur* des jugements et d'extradition

Non reproduite. Consultable sur :
http://www.jafbase.fr/afrique.html

## 190 Accord France-Centrafrique du 18 janvier 1965 de coopération en matière de justice

Non reproduit. Consultable sur :
http://www.jafbase.fr/afrique.html

## 191 Convention franco-malgache du 4 juin 1973 relative à l'entraide judiciaire, la compétence judiciaire, la reconnaissance et l'exécution des décisions et l'extradition simplifiée

Non reproduite. Consultable sur :
http://www.jafbase.fr/afrique.html

## 192 Convention franco-congolaise du 1er janvier 1974 de coopération en matière judiciaire

Non reproduite. Consultable sur :
http://www.jafbase.fr/afrique.html

## 193 Accord franco-camerounais du 21 février 1974 de coopération en matière de justice

Non reproduit. Consultable sur :
http://www.jafbase.fr/afrique.html

## 194 Convention franco-sénégalaise du 29 mars 1974 de coopération en matière judiciaire

Non reproduite. Consultable sur :
http://www.jafbase.fr/afrique.html

## 195 Accord franco-béninois du 27 février 1975 de coopération en matière de justice

Non reproduit. Consultable sur :
http://www.jafbase.fr/afrique.html

## 196 Accord franco-tchadien du 6 mars 1976 en matière judiciaire

Non reproduit. Consultable sur :
http://www.jafbase.fr/afrique.html

## 197 Convention judiciaire franco-togolaise du 23 mars 1976

Non reproduite. Consultable sur :
http://www.jafbase.fr/afrique.html

## 198 Convention franco-nigérienne du 19 février 1977 de coopération en matière judiciaire

Non reproduite. Consultable sur :
http://www.jafbase.fr/afrique.html

## 199 Convention franco-marocaine du 10 août 1981 relative au statut des personnes et de la famille et à la coopération judiciaire

En vigueur depuis le 13 mai 1984

Voir n° 130 ←

## 200 Convention franco-égyptienne du 15 mars 1982 sur la coopération judiciaire en matière civile, y compris le statut personnel, et en matière sociale, commerciale et administrative

En vigueur depuis le 7 août 1983

Voir n° 131 ←

## 201 Convention franco-tunisienne du 18 mars 1982 relative à l'entraide judiciaire en matière de droit de garde des enfants, de droit de visite et d'obligations alimentaires

En vigueur depuis le 1er juillet 1983

Voir n° 132 ←

## 202 Convention France-Djibouti du 27 septembre 1986, de coopération judiciaire en matière civile, y compris le statut personnel

En vigueur depuis le 1er août 1992

Voir n° 133 ←

## 203 Convention France-Émirats arabes unis du 9 septembre 1991 relative à l'entraide judiciaire, la reconnaissance et l'exécution des décisions en matière civile et commerciale

Non reproduite. Consultable sur :
http://www.jafbase.fr/afrique.html

## 204 Convention franco-brésilienne du 28 mai 1996 d'entraide judiciaire en matière civile

En vigueur depuis le 1er octobre 2000

Non reproduite. Consultable sur :
http://www.jafbase.fr/ameriques.html

## 205 Convention franco-vietnamienne du 24 février 1999 relative à l'entraide judiciaire en matière civile

En vigueur depuis le 1er mai 2001

Non reproduite. Consultable sur :
http://www.legifrance.gouv.fr

## 206 Accord franco-libanais du 12 juillet 1999 concernant la coopération en certaines matières familiales

En vigueur depuis le 1er mars 2000

Voir no 138 ←

## 207 Accord franco-chinois du 18 avril 2005 d'entraide judiciaire en matière pénale

En vigueur depuis le 20 septembre 2007

Non reproduit. Consultable sur :
http://www.senat.fr/leg/pjl06-052.html

# SOUS-PARTIE III
# SOURCES INTERNES

## 208 Code civil



### Articles 14 et 15

Voir n° 76 ←

### Article 102

*Modifié par Loi n° 69-3 du 3 janvier 1969 – art. 13 (V) JORF 5 janvier 1969 en vigueur le 1er janvier 1970*

Le domicile de tout Français, quant à l'exercice de ses droits civils, est au lieu où il a son principal établissement.

Les bateliers et autres personnes vivant à bord d'un bateau de navigation intérieure immatriculé en France, qui n'ont pas le domicile prévu à l'alinéa précédent ou un domicile légal, sont tenus de choisir un domicile dans l'une des communes dont le nom figure sur une liste établie par arrêté du garde des Sceaux, ministre de la Justice, du ministre de l'Intérieur et du ministre des Travaux publics, des transports et du tourisme. Toutefois, les bateliers salariés et les personnes vivant à bord avec eux peuvent se domicilier dans une autre commune à condition que l'entreprise qui exploite le bateau y ait son siège ou un établissement; dans ce cas, le domicile est fixé dans les bureaux de cette entreprise; à défaut de choix par eux exercé, ces bateliers et personnes ont leur domicile au siège de l'entreprise qui exploite le bateau et, si ce siège est à l'étranger, au bureau d'affrètement de Paris.

### Article 103

*Créé par Loi 1803-03-14 promulguée le 24 mars 1803*

Le changement de domicile s'opérera par le fait d'une habitation réelle dans un autre lieu, joint à l'intention d'y fixer son principal établissement.

### Article 104

*Créé par Loi 1803-03-14 promulguée le 24 mars 1803*

La preuve de l'intention résultera d'une déclaration expresse, faite tant à la municipalité du lieu que l'on quittera, qu'à celle du lieu où on aura transféré son domicile.

### Article 105

*Créé par Loi 1803-03-14 promulguée le 24 mars 1803*

À défaut de déclaration expresse, la preuve de l'intention dépendra des circonstances.

### Article 108

*Créé par Loi 1803-03-14 promulguée le 24 mars 1803; Modifié par Loi 75-617 1975-07-11 art. 2 JORF 12 juillet 1975 en vigueur le 1er juillet 1976*

Le mari et la femme peuvent avoir un domicile distinct sans qu'il soit pour autant porté atteinte aux règles relatives à la communauté de la vie.

Toute notification faite à un époux, même séparé de corps, en matière d'état et de capacité des personnes, doit également être adressée à son conjoint, sous peine de nullité.

### Article 108-1

*Créé par Loi 75-617 1975-07-11 art. 2 JORF 12 juillet 1975 en vigueur le 1er juillet 1976*

La résidence séparée des époux, au cours de la procédure de divorce ou de séparation de corps, entraîne de plein droit domicile distinct.

### Article 108-2

*Créé par Loi 75-617 1975-07-11 art. 2 JORF 12 juillet 1975 en vigueur le 1er juillet 1976*

Le mineur non émancipé est domicilié chez ses père et mère.

Si les père et mère ont des domiciles distincts, il est domicilié chez celui des parents avec lequel il réside.

### Article 108-3

*Créé par Loi 75-617 1975-07-11 art. 2 JORF 12 juillet 1975 en vigueur le 1er juillet 1976*

Le majeur en tutelle est domicilié chez son tuteur.

## Article 111

*Modifié par Loi nº 2007-1787 du 20 décembre 2007 – art. 26 (V)*

Lorsqu'un acte contiendra, de la part des parties ou de l'une d'elles, élection de domicile pour l'exécution de ce même acte dans un autre lieu que celui du domicile réel, les significations, demandes et poursuites relatives à cet acte pourront être faites au domicile convenu, et, sous réserve des dispositions de l'article 48 du code de procédure civile, devant le juge de ce domicile.

## 209 Code de procédure civile

**Article 12 –** Le juge tranche le litige conformément aux règles de droit qui lui sont applicables.

Il doit donner ou restituer leur exacte qualification aux faits et actes litigieux sans s'arrêter à la dénomination que les parties en auraient proposée.

Toutefois, il ne peut changer la dénomination ou le fondement juridique lorsque les parties, en vertu d'un accord exprès et pour les droits dont elles ont la libre disposition, l'ont lié par les qualifications et points de droit auxquels elles entendent limiter le débat.

Le litige né, les parties peuvent aussi, dans les mêmes matières et sous la même condition, conférer au juge mission de statuer comme amiable compositeur, sous réserve d'appel si elles n'y ont pas spécialement renoncé.

## Articles 42 à 46

Voir n° 80 ←

## Article 92

*Modifié par Décret 76-1236 1976-12-28 art. 2 JORF 30 décembre 1976*

L'incompétence peut être prononcée d'office en cas de violation d'une règle de compétence d'attribution lorsque cette règle est d'ordre public ou lorsque le défendeur ne comparaît pas. Elle ne peut l'être qu'en ces cas.

Devant la cour d'appel et devant la Cour de cassation, cette incompétence ne peut être relevée d'office que si l'affaire relève de la compétence d'une juridiction répressive ou administrative ou échappe à la connaissance de la juridiction française

**Article 100 –** Si le même litige est pendant devant deux juridictions de même degré également compétentes pour en connaître, la juridiction saisie en second lieu doit se dessaisir au profit de l'autre si l'une des parties le demande. À défaut, elle peut le faire d'office.

**Article 101 –** S'il existe entre des affaires portées devant deux juridictions distinctes un lien tel qu'il soit de l'intérêt d'une bonne justice de les faire instruire et juger ensemble, il peut être demandé à l'une de ces juridictions de se dessaisir et de renvoyer en l'état la connaissance de l'affaire à l'autre juridiction.

## Article 178-1

*Créé par Décret n° 2004-836 du 20 août 2004 – art. 15 JORF 22 août 2004 en vigueur le 1er janvier 2005*

Lorsqu'une mesure d'instruction ordonnée à l'étranger en application du règlement (CE) n° 1206/2001 du Conseil du 28 mai 2001, relatif à la coopération entre les juridictions des États membres dans le domaine de l'obtention des preuves en matière civile et commerciale, occasionne des frais pour la traduction des formulaires qui doivent être adressés à la juridiction requise, le juge ordonne le versement d'une provision à valoir sur ces frais, dont le montant est fixé en application du tarif prévu à l'article R. 122 du code de procédure pénale. Le juge désigne la ou les parties qui devront verser la provision au greffe de la juridiction dans le délai qu'il détermine suivant les modalités prévues par les articles 270 et 271 du présent code.

Dès réception de la traduction, le greffe verse sa rémunération au traducteur.

## Article 178-2

*Créé par Décret n° 2004-836 du 20 août 2004 – art. 15 JORF 22 août 2004 en vigueur le 1er janvier 2005*

Lorsqu'une mesure d'instruction ordonnée à l'étranger en application du règlement mentionné à l'article 178-1 est susceptible d'engendrer des frais d'interprétariat lors de son exécution par la juridiction requise, le juge fixe le montant de la provision à valoir sur ces frais suivant les modalités prévues par les articles 269, 270 et 271 du présent code.

Dès réception de la demande de remboursement du montant des frais d'interprétariat par la juridiction requérante, le greffe procède au règlement jusqu'à concurrence des sommes consignées.

### Article 509 à 509-7

→ Voir n° 141 ←

### Article 643

*Modifié par Décret n° 2008-452 du 13 mai 2008 – art. 22*

Lorsque la demande est portée devant une juridiction qui a son siège en France métropolitaine, les délais de comparution, d'appel, d'opposition, de recours en révision et de pourvoi en cassation sont augmentés de :

1. Un mois pour les personnes qui demeurent en Guadeloupe, en Guyane, à la Martinique, à La Réunion, à Mayotte, à Saint-Barthélemy, à Saint-Martin, à Saint-Pierre-et-Miquelon, en Polynésie française, dans les îles Wallis et Futuna, en Nouvelle-Calédonie et dans les Terres australes et antarctiques françaises;
2. Deux mois pour celles qui demeurent à l'étranger.

### Article 644

*Modifié par Décret n° 2008-452 du 13 mai 2008 – art. 23*

Lorsque la demande est portée devant une juridiction qui a son siège en Guadeloupe, en Guyane, à la Martinique, à La Réunion, à Mayotte, à Saint-Barthélemy, à Saint-Martin, à Saint-Pierre-et-Miquelon et dans les îles Wallis et Futuna, les délais de comparution, d'appel, d'opposition et de recours en révision, sont augmentés d'un mois pour les personnes qui ne demeurent pas dans la collectivité territoriale dans le ressort de laquelle la juridiction a son siège et de deux mois pour les personnes qui demeurent à l'étranger.

**Article 645 –** Les augmentations de délais prévues aux articles 643 et 644 s'appliquent dans tous les cas où il n'y est pas expressément dérogé.

Les délais de recours judiciaires en matière d'élections ne font l'objet de prorogation que dans les cas spécifiés par la loi.

**Article 646 –** Les dispositions qui précèdent ne font pas obstacle au pouvoir des juges, en cas d'urgence, d'abréger les délais de comparution ou de permettre de citer à jour fixe.

**Article 647 –** Lorsqu'un acte destiné à une partie domiciliée en un lieu où elle bénéficierait d'une prorogation de délai est notifié à sa personne en un lieu où ceux qui y demeurent n'en bénéficieraient point, cette notification n'emporte que les délais accordés à ces derniers.

### Article 647-1

*Modifié par Décret n° 2010-1647 du 28 décembre 2010 – art. 15*

La date de notification, y compris lorsqu'elle doit être faite dans un délai déterminé, d'un acte judiciaire ou extrajudiciaire, en Polynésie française, dans les îles Wallis et Futuna, en Nouvelle-Calédonie et dans les Terres australes et antarctiques françaises ainsi qu'à l'étranger est, à l'égard de celui qui y procède, la date d'expédition de l'acte par l'huissier de justice ou le greffe, ou, à défaut, la date de réception par le parquet compétent.

### Article 683

*Modifié par Décret nº 2005-1678 du 28 décembre 2005 – art. 66 JORF 29 décembre 2005 en vigueur le 1er mars 2006*

Sous réserve de l'application des règlements communautaires et des traités internationaux, la transmission des actes judiciaires et extrajudiciaires à l'étranger est faite par voie de notification ou de signification internationales dans les conditions prévues par la présente sous-section.

### Article 684

*Modifié par Décret nº 2005-1678 du 28 décembre 2005 – art. 66 JORF 29 décembre 2005 en vigueur le 1er mars 2006*

L'acte destiné à être notifié à une personne ayant sa résidence habituelle à l'étranger est remis au parquet, sauf dans les cas où un règlement communautaire ou un traité international autorise l'huissier de justice ou le greffe à transmettre directement cet acte à son destinataire ou à une autorité compétente de l'État de destination.

L'acte destiné à être notifié à un État étranger, à un agent diplomatique étranger en France ou à tout autre bénéficiaire de l'immunité de juridiction est remis au parquet et transmis par l'intermédiaire du ministre de la Justice aux fins de signification par voie diplomatique, à moins qu'en vertu d'un règlement communautaire ou d'un traité international la transmission puisse être faite par une autre voie.

Le parquet auquel la remise doit être faite est, selon le cas, celui de la juridiction devant laquelle la demande est portée, celui de la juridiction qui a statué ou celui de la juridiction dans le ressort de laquelle demeure le requérant. S'il n'existe pas de parquet près la juridiction, l'acte est remis au parquet du tribunal de grande instance dans le ressort duquel cette juridiction a son siège.

### Article 684-1

*Créé par Décret nº 2012-366 du 15 mars 2012 – art. 18*

L'huissier de justice ou le greffier relate dans l'acte les modalités de son expédition, de sa transmission ou de sa remise.

### Article 685

*Modifié par Décret nº 2005-1678 du 28 décembre 2005 – art. 66 JORF 29 décembre 2005 en vigueur le 1er mars 2006*

L'autorité chargée de la notification remet deux copies de l'acte au procureur de la République qui vise l'original.

Le procureur de la République fait parvenir sans délai les copies de l'acte au ministre de la Justice aux fins de transmission ou à l'autorité désignée en vertu du règlement communautaire ou du traité international applicable.

Il y joint une ordonnance du juge prescrivant la transmission de l'acte lorsque l'intervention du juge est exigée par le pays destinataire.

### Article 686

*Modifié par Décret nº 2012-366 du 15 mars 2012 – art. 19*

À moins que la notification ait pu être faite par voie postale, l'autorité chargée de la notification doit, le jour même ou, au plus tard, le premier jour ouvrable suivant, expédier au destinataire, par lettre recommandée avec demande d'avis de réception, une copie certifiée conforme de l'acte à notifier indiquant de manière très apparente qu'elle en constitue une simple copie.

### Article 687

*Modifié par Décret n° 2005-1678 du 28 décembre 2005 – art. 66 JORF 29 décembre 2005 en vigueur le 1er mars 2006*

Le procureur de la République informe l'autorité requérante des diligences faites; il lui transmet, le cas échéant, tout procès-verbal ou récépissé constatant la remise de la copie de l'acte, pour être annexé au premier original. Si la notification a été requise par un huissier de justice, celui-ci tient ces documents à la disposition de la juridiction.

### Article 687-1

*Créé par Décret n° 2012-366 du 15 mars 2012 – art. 20*

S'il ressort des éléments transmis par l'autorité requise ou les services postaux que le destinataire n'habite pas à l'adresse indiquée et que celui-ci n'a plus ni domicile ni résidence connus, l'huissier de justice relate dans l'acte les indications ainsi fournies et procède à la signification comme il est dit aux alinéas 2 à 5 de l'article 659.

### Article 688

*Modifié par Décret n° 2012-366 du 15 mars 2012 – art. 21*

La juridiction est saisie de la demande formée par assignation par la remise qui lui est faite de l'acte complété par les indications prévues à l'article 684-1 ou selon le cas, à l'article 687-1, le cas échéant accompagné des justificatifs des diligences accomplies en vue de sa notification au destinataire.

S'il n'est pas établi que le destinataire d'un acte en a eu connaissance en temps utile, le juge saisi de l'affaire ne peut statuer au fond que si les conditions ci-après sont réunies :

1° L'acte a été transmis selon les modes prévus par les règlements communautaires ou les traités internationaux applicables ou, à défaut de ceux-ci, selon les prescriptions des articles 684 à 687;

2° Un délai d'au moins six mois s'est écoulé depuis l'envoi de l'acte;

3° Aucun justificatif de remise de l'acte n'a pu être obtenu nonobstant les démarches effectuées auprès des autorités compétentes de l'État où l'acte doit être remis.

Le juge peut prescrire d'office toutes diligences complémentaires, notamment donner commission rogatoire à toute autorité compétente aux fins de s'assurer que le destinataire a eu connaissance de l'acte et de l'informer des conséquences d'une abstention de sa part.

Toutefois, le juge peut ordonner immédiatement les mesures provisoires ou conservatoires nécessaires à la sauvegarde des droits du demandeur.

### Article 688-1

*Créé par Décret n° 76-1236 1976-12-28 art. 16 JORF 30 décembre 1976*

Les actes en provenance d'un État étranger dont la notification est demandée par les autorités de cet État sont notifiés par voie de simple remise ou de signification.

### Article 688-2

*Modifié par Décret n° 2012-366 du 15 mars 2012 – art. 22*

Le ministre de la Justice transmet les actes qui lui sont adressés au ministère public près le tribunal de grande instance dans le ressort duquel ils doivent être notifiés ou à la chambre nationale des huissiers de justice, à moins qu'en vertu d'un traité la transmission puisse être effectuée directement par les autorités étrangères au ministère public ou à la chambre nationale des huissiers de justice et sous réserve de tous autres modes de notification. Il peut également notifier ces actes à leur destinataire par lettre recommandée avec demande d'avis de réception.

### Article 688-3

*Créé par Décret n° 76-1236 1976-12-28 art. 16 JORF 30 décembre 1976*

Lorsque la notification est faite par les soins du ministère public, elle a lieu par voie de simple remise et sans frais.

### Article 688-4

*Créé par Décret n° 76-1236 1976-12-28 art. 16 JORF 30 décembre 1976*

La chambre nationale des huissiers de justice transmet les actes qui lui sont adressés à un huissier de justice territorialement compétent pour les signifier.

### Article 688-5

*Créé par Décret n° 76-1236 1976-12-28 art. 16 JORF 30 décembre 1976*

La partie requérante est tenue de faire l'avance des frais de signification sous réserve des conventions internationales existantes.

### Article 688-6

*Créé par Décret n° 76-1236 1976-12-28 art. 16 JORF 30 décembre 1976*

L'acte est notifié dans la langue de l'État d'origine.

Toutefois le destinataire qui ne connaît pas la langue dans laquelle l'acte est établi peut en refuser la notification et demander que celui-ci soit traduit ou accompagné d'une traduction en langue française, à la diligence et aux frais de la partie requérante.

### Article 688-7

*Créé par Décret n° 76-1236 1976-12-28 art. 16 JORF 30 décembre 1976*

Les pièces constatant l'exécution ou le défaut d'exécution des demandes de notification ou de signification sont transmises en retour selon les mêmes voies que celles par lesquelles les demandes avaient été acheminées.

### Article 688-8

*Créé par Décret n° 76-1236 1976-12-28 art. 16 JORF 30 décembre 1976*

L'exécution d'une demande de notification ou de signification peut être refusée par l'autorité française si elle est de nature à porter atteinte à la souveraineté ou à la sécurité de l'État. Elle peut également être refusée si la demande n'est pas présentée conformément aux dispositions du présent code.

**Article 695**

*Modifié par Décret nº 2012-98 du 27 janvier 2012 – art. 3*

Les dépens afférents aux instances, actes et procédures d'exécution comprennent :

1° Les droits, taxes, redevances ou émoluments perçus par les secrétariats des juridictions ou l'administration des impôts à l'exception des droits, taxes et pénalités éventuellement dus sur les actes et titres produits à l'appui des prétentions des parties ;

2° Les frais de traduction des actes lorsque celle-ci est rendue nécessaire par la loi ou par un engagement international ;

3° Les indemnités des témoins ;

4° La rémunération des techniciens ;

5° Les débours tarifés ;

6° Les émoluments des officiers publics ou ministériels ;

7° La rémunération des avocats dans la mesure où elle est réglementée y compris les droits de plaidoirie ;

8° Les frais occasionnés par la notification d'un acte à l'étranger ;

9° Les frais d'interprétariat et de traduction rendus nécessaires par les mesures d'instruction effectuées à l'étranger à la demande des juridictions dans le cadre du règlement (CE) nº 1206/2001 du Conseil du 28 mai 2001 relatif à la coopération entre les juridictions des États membres dans le domaine de l'obtention des preuves en matière civile et commerciale ;

10° Les enquêtes sociales ordonnées en application des articles 1072, 1171 et 1221 ;

11° La rémunération de la personne désignée par le juge pour entendre le mineur, en application de l'article 388-1 du code civil ;

12° Les rémunérations et frais afférents aux mesures, enquêtes et examens requis en application des dispositions de l'article 1210-8.

**Article 733 –** Le juge peut, à la demande des parties, ou d'office, faire procéder dans un État étranger aux mesures d'instruction ainsi qu'aux autres actes judiciaires qu'il estime nécessaires en donnant commission rogatoire soit à toute autorité judiciaire compétente de cet État, soit aux autorités diplomatiques ou consulaires françaises.

**Article 734 –** Le secrétaire de la juridiction commettante adresse au ministère public une expédition de la décision donnant commission rogatoire accompagnée d'une traduction établie à la diligence des parties.

**Article 735 –** Le ministère public fait aussitôt parvenir la commission rogatoire au ministre de la Justice aux fins de transmission, à moins qu'en vertu d'un traité la transmission puisse être faite directement à l'autorité étrangère.

**Article 736 –** Le ministre de la Justice transmet au ministère public dans le ressort duquel elles doivent être exécutées les commissions rogatoires qui lui sont adressées par les États étrangers.

**Article 737 –** Le ministère public fait aussitôt parvenir la commission rogatoire à la juridiction compétente aux fins d'exécution.

**Article 738 –** Dès réception de la commission rogatoire, il est procédé aux opérations prescrites à l'initiative de la juridiction commise ou du juge que le président de cette juridiction désigne à cet effet.

**Article 739 –** La commission rogatoire est exécutée conformément à la loi française à moins que la juridiction étrangère n'ait demandé qu'il y soit procédé selon une forme particulière.

Si demande en est faite dans la commission rogatoire, les questions et les réponses sont intégralement transcrites ou enregistrées.

**Article 740 –** Les parties et leurs défenseurs, même s'ils sont étrangers, peuvent, sur autorisation du juge, poser des questions; celles-ci doivent être formulées ou traduites en langue française; il en est de même des réponses qui leur sont faites.

**Article 741 –** Le juge commis est tenu d'informer la juridiction commettante qui en fait la demande des lieu, jour et heure auxquels il sera procédé à l'exécution de la commission rogatoire; le juge étranger commettant peut y assister.

**Article 742 –** Le juge ne peut pas refuser d'exécuter une commission rogatoire au seul motif que la loi française revendique une compétence exclusive, ou qu'elle ne connaît pas de voie de droit répondant à l'objet de la demande portée devant la juridiction commettante, ou qu'elle n'admet pas le résultat auquel tend la commission rogatoire.

**Article 743 –** Le juge commis peut refuser, d'office ou à la demande de toute personne intéressée, l'exécution d'une commission rogatoire s'il estime qu'elle ne rentre pas dans ses attributions. Il doit la refuser si elle est de nature à porter atteinte à la souveraineté ou à la sécurité de l'État français.

Les personnes intéressées peuvent également, dans ces mêmes cas, demander au juge commis de rapporter les mesures qu'il a déjà prises et d'annuler les actes constatant l'exécution de la commission rogatoire.

**Article 744 –** Le ministère public doit s'assurer du respect des principes directeurs du procès dans l'exécution des commissions rogatoires.

En cas de violation de ces principes, le ministère public ou la partie intéressée peut demander au juge commis de rapporter les mesures qu'il a prises ou d'annuler les actes constatant l'exécution de la commission rogatoire.

**Article 745 –** Si la commission rogatoire a été transmise irrégulièrement, le juge commis peut d'office ou à la demande du ministère public refuser de l'exécuter; il peut également, à la demande du ministère public, rapporter les mesures qu'il a déjà prises et annuler les actes constatant l'exécution de la commission rogatoire.

**Article 746 –** La décision par laquelle le juge refuse d'exécuter une commission rogatoire, annule les actes constatant son exécution, rapporte les mesures qu'il a prises, ou refuse de les rapporter, doit être motivée.

Les parties et le ministère public peuvent interjeter appel de la décision.

Le délai d'appel est de quinze jours; il n'est pas augmenté en raison des distances.

**Article 747 –** Les actes constatant l'exécution de la commission rogatoire ou la décision par laquelle le juge refuse de l'exécuter, sont transmis à la juridiction commettante selon les mêmes voies que celles par lesquelles la commission rogatoire a été transmise à la juridiction requise.

**Article 748 –** L'exécution des commissions rogatoires a lieu sans frais ni taxes.

Toutefois, les sommes dues aux témoins, aux experts, aux interprètes ainsi qu'à toute personne prêtant son concours à l'exécution de la commission rogatoire sont à la charge de l'autorité étrangère. Il en est de même des frais résultant de l'application d'une forme particulière de procéder à la demande de la juridiction commettante.

**Article 1382**

*Créé par Décret n° 2008-1346 du 17 décembre 2008 – art. 3*

Le présent chapitre est relatif à la procédure européenne de règlement des petits litiges prévue par le règlement (CE) n° 861 / 2007 du Parlement européen et du Conseil du 11 juillet 2007 instituant une procédure européenne de règlement des petits litiges.

Lorsque le règlement (CE) n° 44 / 2001 du Conseil du 22 décembre 2000 concernant la compétence judiciaire, la reconnaissance et l'exécution des décisions en matière civile et commerciale désigne les juridictions d'un État membre sans autre précision, la juridiction territorialement compétente est celle du lieu où demeure le ou l'un des défendeurs.

**Article 1383**

*Créé par Décret n° 2008-1346 du 17 décembre 2008 – art. 3*

Le formulaire de demande est remis ou adressé par voie postale au greffe de la juridiction.

**Article 1384**

*Créé par Décret n° 2008-1346 du 17 décembre 2008 – art. 3*

Si, au vu du formulaire de demande qui lui est présenté, il apparaît au tribunal que l'affaire ne relève pas du champ d'application de la procédure européenne de règlement des petits litiges, il en avise le demandeur par lettre recommandée avec demande d'avis de réception. Il lui impartit un délai pour se désister de sa demande et l'informe, qu'à défaut, l'affaire sera instruite et jugée selon la procédure au fond applicable devant lui.

À l'expiration de ce délai, si le demandeur ne s'est pas désisté de sa demande, le tribunal constate que le litige ne relève pas de la procédure européenne de règlement des petits litiges et invite le demandeur à faire citer le défendeur par voie de signification. Cette décision est une mesure d'administration judiciaire. À la diligence du greffe, elle est notifiée au demandeur par lettre recommandée avec demande d'avis de réception.

Le tribunal qui a renvoyé l'affaire pour qu'il soit statué selon la procédure au fond applicable devant lui peut se déclarer incompétent dans les conditions prévues par le présent code.

## Article 1385

*Créé par Décret nº 2008-1346 du 17 décembre 2008 – art. 3*

Lorsque le tribunal rejette la demande au motif que celle-ci apparaît manifestement non fondée ou irrecevable ou que le demandeur n'a pas complété ou rectifié le formulaire de demande dans le délai qui lui a été fixé, la décision rendue est insusceptible de recours. Le demandeur peut toutefois procéder selon les voies de droit commun.

## Article 1386

*Créé par Décret nº 2008-1346 du 17 décembre 2008 – art. 3*

Lorsqu'une demande reconventionnelle ne relève pas du champ d'application de la procédure européenne de règlement des petits litiges, le tribunal en avise les parties par lettre recommandée avec demande d'avis de réception. Il les informe qu'à moins que le demandeur reconventionnel ne se désiste de sa demande dans un délai qui lui est imparti, l'affaire sera instruite et jugée selon la procédure au fond applicable devant lui. À l'expiration de ce délai, si le demandeur ne s'est pas désisté de sa demande, le tribunal constate que le litige ne relève pas de la procédure européenne de règlement des petits litiges.

Lorsque le tribunal décide, d'office ou à la demande d'une partie, que le litige ne relève pas de la procédure européenne de règlement des petits litiges au motif qu'une demande reconventionnelle ne relève pas du champ d'application de cette procédure, il ordonne le renvoi de l'affaire à une audience pour qu'il soit statué selon la procédure au fond applicable devant lui. À la diligence du greffe, les parties sont avisées de cette décision et sont convoquées à l'audience par lettre recommandée avec demande d'avis de réception.

Le tribunal qui a renvoyé l'affaire pour qu'il soit statué selon la procédure au fond applicable devant lui peut se déclarer incompétent dans les conditions prévues par le présent code.

## Article 1387

*Créé par Décret nº 2008-1346 du 17 décembre 2008 – art. 3*

En cas de retour au greffe d'une lettre de notification dont l'avis de réception n'a pas été signé dans les conditions prévues à l'article 670, la notification est faite par acte d'huissier de justice, à la diligence du greffe. L'avance des frais de signification est à la charge du Trésor public.

## Article 1388

*Créé par Décret nº 2008-1346 du 17 décembre 2008 – art. 3*

Lorsque le tribunal décide de tenir une audience en application de la procédure européenne de règlement des petits litiges, il connaît du litige conformément à la procédure au fond applicable devant lui.

## Article 1389

*Créé par Décret nº 2008-1346 du 17 décembre 2008 – art. 3*

Les dispositions de l'article 1387 ne sont pas applicables à la notification aux parties de la décision rendue. Cette notification est faite, à la diligence du greffe, par lettre recommandée avec demande d'avis de réception.

## Article 1390

*Créé par Décret nº 2008-1346 du 17 décembre 2008 – art. 3*

À la demande qui lui en est faite, le greffe délivre le certificat relatif à une décision rendue dans le cadre de la procédure européenne de règlement des petits litiges.

## Article 1391

*Créé par Décret nº 2010-433 du 29 avril 2010 – art. 4*

Le droit à réexamen prévu par l'article 18 du règlement (CE) nº 861/2007 du Parlement européen et du Conseil du 11 juillet 2007 instituant une procédure européenne de règlement des petits litiges s'exerce selon la procédure de l'opposition, lorsque celle-ci est ouverte, ou, dans le cas contraire, selon des modalités procédurales similaires.

## Article 1424-1

*Créé par Décret nº 2008-1346 du 17 décembre 2008 – art. 5*

La présente section est relative à la procédure européenne d'injonction de payer prévue par le règlement (CE) nº 1896 / 2006 du Parlement européen et du Conseil du 12 décembre 2006 instituant une procédure européenne d'injonction de payer.

Lorsque le règlement (CE) nº 44 / 2001 du Conseil du 22 décembre 2000 concernant la compétence judiciaire, la reconnaissance et l'exécution des décisions en matière civile et commerciale désigne les juridictions d'un État membre sans autre précision, la juridiction territorialement compétente est celle du lieu où demeure le ou l'un des défendeurs.

## Article 1424-2

*Créé par Décret nº 2008-1346 du 17 décembre 2008 – art. 5*

Le formulaire de demande d'injonction de payer européenne est remis ou adressé par voie postale au greffe de la juridiction.

## Article 1424-3

*Créé par Décret nº 2008-1346 du 17 décembre 2008 – art. 5*

Le juge peut délivrer une injonction de payer européenne pour partie de la demande, après que le demandeur a accepté la proposition en ce sens qu'il lui a faite. Dans ce cas, le demandeur ne peut plus agir en justice pour réclamer le reliquat, sauf à ne pas signifier l'ordonnance et à procéder selon les voies de droit commun.

## Article 1424-4

*Créé par Décret nº 2008-1346 du 17 décembre 2008 – art. 5*

L'injonction de payer européenne ou la décision de rejet d'une demande d'injonction de payer européenne ainsi que le formulaire de demande sont conservés à titre de minute au greffe.

## Article 1424-5

*Créé par Décret nº 2008-1346 du 17 décembre 2008 – art. 5*

Une copie certifiée conforme du formulaire de demande et de la décision est signifiée, à l'initiative du demandeur, à chacun des défendeurs. Le formulaire d'opposition à injonction de payer européenne est annexé à l'acte de signification.

À peine de nullité, l'acte de signification contient, outre les mentions prescrites pour les actes d'huissier de justice, l'indication du tribunal devant lequel l'opposition doit être portée, du délai imparti et des formes selon lesquelles elle doit être faite.

Sous la même sanction, l'acte de signification :

– avertit le défendeur qu'à défaut d'opposition dans le délai indiqué, calculé en application du règlement (CEE, EURATOM) n° 1182 / 71 du Conseil du 3 juin 1971 portant détermination des règles applicables aux délais, aux dates et aux termes, il pourra être contraint par toutes voies de droit de payer les sommes réclamées;
– informe le défendeur de son droit de demander le réexamen de l'injonction de payer européenne devant la juridiction qui l'a rendue, après l'expiration du délai d'opposition, dans les cas exceptionnels prévus à l'article 20 du règlement (CE) n° 1896 / 2006 du Parlement européen et du Conseil du 12 décembre 2006 instituant une procédure européenne d'injonction de payer.

## Article 1424-6

*Modifié par Décret n° 2012-366 du 15 mars 2012 – art. 11*

Si la signification est faite à la personne du défendeur et à moins qu'elle ne soit effectuée par voie électronique, l'huissier de justice doit porter verbalement à sa connaissance les informations qualifiées d'importantes par le formulaire d'injonction de payer européenne ainsi que les indications mentionnées à l'article 1424-5. L'accomplissement de cette formalité est mentionné dans l'acte de signification.

## Article 1424-7

*Créé par Décret n° 2008-1346 du 17 décembre 2008 – art. 5*

L'huissier de justice adresse une copie de l'acte de signification à la juridiction qui a rendu l'injonction.

## Article 1424-8

*Créé par Décret n° 2008-1346 du 17 décembre 2008 – art. 5*

L'opposition est portée devant la juridiction dont émane l'injonction de payer européenne.

Elle est formée au greffe soit par déclaration contre récépissé, soit par lettre recommandée.

## Article 1424-9

*Créé par Décret n° 2008-1346 du 17 décembre 2008 – art. 5*

Le tribunal statue sur la demande en recouvrement.

Il connaît, dans les limites de sa compétence d'attribution, de la demande initiale et de toutes les demandes incidentes et défenses au fond.

En cas de décision d'incompétence, l'affaire est renvoyée devant la juridiction compétente selon les règles prévues à l'article 97.

## Article 1424-10

*Créé par Décret n° 2008-1346 du 17 décembre 2008 – art. 5*

Le greffier convoque les parties à l'audience par lettre recommandée avec demande d'avis de réception.

La convocation est adressée à toutes les parties, même à celles qui n'ont pas formé opposition.

La convocation contient :

1° Sa date ;

2° L'indication de la juridiction devant laquelle l'opposition est portée ;

3° L'indication de la date de l'audience à laquelle les parties sont convoquées ;

4° Les conditions d'assistance et de représentation des parties.

La convocation adressée au défendeur précise en outre que, faute de comparaître, il s'expose à ce qu'un jugement soit rendu contre lui sur les seuls éléments fournis par son adversaire.

Ces mentions sont prescrites à peine de nullité.

## Article 1424-11

*Créé par Décret n° 2008-1346 du 17 décembre 2008 – art. 5*

Si aucune des parties ne se présente, le tribunal constate l'extinction de l'instance. Celle-ci rend non avenue l'injonction de payer européenne.

## Article 1424-12

*Créé par Décret n° 2008-1346 du 17 décembre 2008 – art. 5*

Le jugement du tribunal se substitue à l'injonction de payer européenne.

## Article 1424-13

*Créé par Décret n° 2008-1346 du 17 décembre 2008 – art. 5*

Le tribunal statue à charge d'appel lorsque le montant de la demande excède le taux de sa compétence en dernier ressort.

## Article 1424-14

*Créé par Décret n° 2008-1346 du 17 décembre 2008 – art. 5*

Lorsqu'aucune opposition n'a été formée dans le délai imparti et après prise en compte d'un délai supplémentaire de dix jours nécessaire à l'acheminement du recours, le greffier déclare l'injonction de payer européenne exécutoire au moyen du formulaire prévu à cet effet et appose sur l'injonction de payer européenne la formule exécutoire.

## Article 1424-15

*Créé par Décret n° 2008-1346 du 17 décembre 2008 – art. 5*

La procédure de réexamen dans des cas exceptionnels est régie par les articles 1424-8 à 1424-13.

## Article 1424-16

*Créé par Décret n° 2011-1202 du 28 septembre 2011 – art. 8*

Le requérant justifie de l'acquittement de la contribution prévue par l'article 1635 *bis* Q du code général des impôts, selon le cas, lors de la demande d'apposition de la formule exécutoire sur l'ordonnance portant injonction de payer, lors de l'envoi à la juridiction de la copie de la signification de l'ordonnance portant injonction de payer européenne ou, en cas d'opposition antérieure, dans le mois suivant la convocation adressée au créancier par le greffe de la juridiction. À défaut, l'ordonnance portant injonction de payer est non avenue.

Il n'est pas dû de nouvelle contribution en cas d'opposition à l'injonction.

### Article 1425

*Modifié par Décret n^o^ 2008-1346 du 17 décembre 2008 – art. 7*

Devant le tribunal de commerce, les frais de la procédure sont avancés par le demandeur et consignés au greffe au plus tard dans les quinze jours de la demande, faute de quoi celle-ci sera caduque.

L'opposition est reçue sans frais par le greffier. Celui-ci invite sans délai le demandeur, par lettre recommandée avec demande d'avis de réception, à consigner les frais de l'opposition au greffe dans le délai de quinze jours à peine de caducité de la demande.

Toutefois, la caducité n'est pas encourue en cas de procédure d'injonction de payer européenne.

### Article 1535

*Créé par Décret n^o^ 2012-66 du 20 janvier 2012 – art. 2*

Lorsque l'accord issu de la médiation a été rendu exécutoire par une juridiction ou une autorité d'un autre État membre de l'Union européenne dans les conditions prévues par les dispositions de l'article 6 de la directive 2008/52/CE du 21 mai 2008 du Parlement européen et du Conseil sur certains aspects de la médiation en matière civile et commerciale, il est reconnu et déclaré exécutoire en France dans les conditions prévues par les articles 509-2 à 509-7.

## 210 Circulaire interministérielle du 4 mai 1981 relative à la procédure simplifiée de légalisation des actes et documents administratifs destinés à être produits à l'étranger

En vigueur depuis le 15 juin 1981

Dans le cadre du cinquième programme de simplifications administratives, le Gouvernement a décidé de généraliser, sous réserve des traités ou accords internationaux en vigueur, à l'ensemble des actes et documents administratifs destinés à être produits devant une autorité étrangère la procédure simplifiée de légalisation sur visa de conformité. Cette procédure s'applique déjà aux actes et documents administratifs établis par les préfets, les sous-préfets, les maires et les commissaires de police (circulaire du 6 octobre 1976) ainsi qu'aux actes de l'état civil, aux actes notariés et aux actes judiciaires.

Cette procédure simplifiée, qui offre toute garantie d'authenticité, n'a donné lieu jusqu'ici dans la pratique à aucune difficulté. Sa généralisation à l'ensemble du domaine administratif permet de réaliser la nécessaire uniformisation du régime de la légalisation de tous les actes publics qui avait été entreprise dès 1965 pour les actes de l'état civil. Désormais, les actes publics, quelle que soit leur nature, qu'il s'agisse des actes de l'état civil, des actes notariés, des actes judiciaires ou des actes administratifs, seront soumis à la règle uniforme de la légalisation sur visa de conformité. La simplification ainsi réalisée doit faciliter à la fois les démarches des usagers ainsi que la solution plus rapide des affaires dans les domaines économique et commercial.

La procédure simplifiée de légalisation qui, dorénavant, concerne tous les actes émanant des administrations, s'applique, également, à la traduction officielle de ceux-ci ainsi qu'aux actes sous seing privé lorsque ceux-ci sont revêtus par l'autorité administrative d'une mention officielle comme, notamment, celle relative à l'enregistrement, au visa pour date certaine ou à la certification de signature et qui, de ce fait, sont assimilés à des actes publics.

Le visa de conformité est délivré par le bureau de légalisation du ministère des Affaires étrangères (34, rue La Pérouse, 75775 Paris Cedex 16).

La formule du visa de conformité apposée par le ministère des Affaires étrangères constate, pour les actes publics, « que le présent acte public a été établi dans les formes prévues par la loi française » et, pour les attestations officielles figurant sur des actes sous seing privé, « que la présente attestation a été effectuée conformément à la loi française ».

Pour être admis au visa du ministère des Affaires étrangères, les actes et documents administratifs doivent satisfaire à certaines conditions de présentation formelle et être revêtus des mentions suivantes :

1° De la signature manuscrite de l'autorité administrative signataire à l'exclusion de sa griffe ;

2° De la mention du nom et de la qualité de l'autorité signataire ;

3° Du sceau, du cachet ou du timbre du service dont relève l'autorité signataire.

Ces nouvelles dispositions entreront en application le 15 juin 1981.

Vous voudrez bien porter ces indications à la connaissance des services placés sous votre autorité.

# 211 Loi n° 2005-750 du 4 juillet 2005 portant diverses dispositions d'adaptation au droit communautaire dans le domaine de la justice

(Extraits)

CHAPITRE PREMIER

## Transposition de la directive 2003/8/CE du Conseil de l'Union européenne, du 27 janvier 2003, visant à améliorer l'accès à la justice dans les affaires transfrontalières par l'établissement de règles minimales communes relatives à l'aide judiciaire accordée dans le cadre de telles affaires

### Article 1er – A modifié les dispositions suivantes :

*Loi n° 91-647 du 10 juillet 1991 – art. 10 (V)*

L'aide juridictionnelle est accordée en matière gracieuse ou contentieuse, en demande ou en défense devant toute juridiction ainsi qu'à l'occasion de la procédure d'audition du mineur prévue par l'article 388-1 du code civil et de la procédure de comparution sur reconnaissance préalable de culpabilité prévue par les articles 495-7 et suivants du code de procédure pénale.

Elle peut être accordée pour tout ou partie de l'instance ainsi qu'en vue de parvenir à une transaction avant l'introduction de l'instance.

Elle peut également être accordée à l'occasion de l'exécution sur le territoire français, d'une décision de justice ou de tout autre titre exécutoire, y compris s'ils émanent d'un autre État membre de l'Union européenne à l'exception du Danemark.

*Crée Loi n° 91-647 du 10 juillet 1991 – art. 3-1 (M)*

Par dérogation aux deuxième et troisième alinéas de l'article 2 et à l'article 3, et pour l'application de la directive 2003/8/CE du Conseil, du 27 janvier 2003, visant à améliorer l'accès à la justice dans les affaires transfrontalières par l'établissement de règles minimales communes relatives à l'aide judiciaire accordée dans le cadre de telles affaires, l'aide juridictionnelle est accordée dans les litiges transfrontaliers en matière civile ou commerciale, et dans cette même matière définie au titre II, aux personnes qui, quelle que soit leur nationalité, sont en situation régulière de séjour et résident habituellement dans un État membre de l'Union européenne, à l'exception du Danemark, ou y ont leur domicile.

Le litige transfrontalier est celui dans lequel la partie qui sollicite l'aide a sa résidence habituelle ou son domicile dans un État membre autre que celui où siège la juridiction compétente sur le fond du litige ou que celui dans lequel la décision doit être exécutée. Cette situation s'apprécie au moment où la demande d'aide est présentée.

L'aide juridictionnelle n'est pas accordée lorsque les frais couverts par cette aide sont pris en charge, soit au titre d'un contrat d'assurance, soit par d'autres systèmes de protection.

*Crée Loi n° 91-647 du 10 juillet 1991 – art. 40-1 (V)*

Dans les litiges transfrontaliers mentionnés à l'article 3-1, l'aide juridictionnelle couvre les frais de traduction de sa demande et des documents exigés pour son instruction avant transmission de cette demande à l'État de la juridiction compétente sur le fond. En cas de rejet de cette demande, les frais de traduction peuvent être recouvrés par l'État.

L'aide juridictionnelle couvre pour les mêmes litiges, lorsque l'instance se déroule en France, les frais d'interprète, les frais de traduction des documents que le juge a estimé indispensable d'examiner pour apprécier les moyens soulevés par le bénéficiaire de l'aide, ainsi que les frais de déplacement des personnes dont la présence à l'audience est requise par le juge.

*Modifie Loi n° 91-647 du 10 juillet 1991 – art. 6 (V)*

L'aide juridictionnelle peut, à titre exceptionnel, être accordée aux personnes ne remplissant pas les conditions fixées à l'article 4 lorsque leur situation apparaît particulièrement digne d'intérêt au regard de l'objet du litige ou des charges prévisibles du procès ou, dans les litiges transfrontaliers mentionnés à l'article 3-1, si elles rapportent la preuve qu'elles ne pourraient faire face aux dépenses visées à l'article 24 en raison de la différence du coût de la vie entre la France et l'État membre où elles ont leur domicile ou leur résidence habituelle.

*Crée Loi n° 91-647 du 10 juillet 1991 – art. 61 (V)*

Dans les litiges transfrontaliers mentionnés à l'article 3-1, la consultation d'un avocat, préalablement à la réception de la demande d'aide juridictionnelle par l'État de la juridiction compétente sur le fond, a lieu au titre de l'aide à l'accès au droit mise en œuvre en application de la deuxième partie de la présente loi.

# 212 Décret nº 2005-1470 du 29 novembre 2005 relatif à l'aide juridictionnelle accordée dans les litiges transfrontaliers en matière civile ou commerciale et modifiant le décret nº 91-1266 du 19 décembre 1991

(Extraits)

## Article 2

*Modifie Décret nº 91-1266 du 19 décembre 1991 – art. 34 (M)*

Le requérant doit joindre à cette demande : (…)

8° Lorsque l'aide juridictionnelle est demandée dans les litiges transfrontaliers en application de l'article 3-1 de la loi du 10 juillet 1991, les pièces et documents sous le couvert desquels il est autorisé à résider dans un État membre de l'Union européenne, ainsi qu'une justification de son domicile ou du caractère habituel de cette résidence, et le cas échéant, copie de tout contrat d'assurance ou acte relatif à un autre système de protection permettant la prise en charge des frais de procédure.

Si le requérant bénéficie de l'allocation supplémentaire du Fonds national de solidarité ou du revenu minimum d'insertion, la déclaration de ressources prévue au 1° du présent article est remplacée par tout document justifiant de la perception de la prestation. Il en est de même pour le demandeur d'asile bénéficiant de l'allocation d'insertion prévue à l'article L. 351-9 du code du travail.

## Article 3

*Modifie Décret nº 91-1266 du 19 décembre 1991 – art. 51 (M)*

Copie des décisions du bureau, de la section du bureau ou de leur président prononçant l'admission à l'aide juridictionnelle est adressée sans délai par le secrétaire : (…)

6° Lorsque l'aide juridictionnelle est accordée dans un litige transfrontalier mentionné à l'article 3-1 de la loi du 10 juillet 1991, à l'autorité réceptrice et expéditrice désignée par la France conformément à l'article 14 de la directive 2003/8/CE du Conseil du 27 janvier 2003 visant à améliorer l'accès à la justice dans les affaires transfrontalières par l'établissement de règles minimales communes relatives à l'aide judiciaire accordée dans le cadre de telles affaires.

## Article 4

*Crée Décret nº 91-1266 du 19 décembre 1991 – art. 119-1 (V)*

Lorsque l'aide juridictionnelle est accordée dans un litige transfrontalier en application de l'article 3-1 de la loi du 10 juillet 1991, et que l'instance se déroule en France, les frais d'interprète, les frais de traduction des documents que le juge a estimé indispensable d'examiner pour apprécier les moyens soulevés par le bénéficiaire de l'aide, ainsi que les frais de déplacement des personnes dont la présence à l'audience est requise par le juge, sont avancés par l'État selon les modalités prévues au troisième alinéa de l'article 119.

Lorsque l'instance ne se déroule pas en France, les frais de traduction de la demande d'aide et des documents exigés pour son instruction avant transmission de cette demande à l'État de la juridiction compétente sur le fond sont avancés par l'État au vu d'une ordonnance émise par le garde des Sceaux, ministre de la Justice.

La rémunération des traducteurs et interprètes est fixée conformément aux dispositions de l'article R. 122 du code de procédure pénale.

Les frais de déplacement des personnes dont la présence à l'audience en France est requise par le juge sont couverts, sur justificatif, par une indemnité égale à celle attribuée aux témoins par l'article R. 133 du code de procédure pénale. Cette indemnité est versée au vu de l'état récapitulatif visé par le greffier en chef, accompagné des pièces justificatives, selon les modalités prévues au troisième alinéa de l'article 119.

## Article 5

*Modifie Décret n° 91-1266 du 19 décembre 1991 – art. 124 (M)*

(…) Dans les litiges transfrontaliers mentionnés à l'article 3-1 de la loi du 10 juillet 1991, si la demande d'aide transmise à l'État de la juridiction compétente sur le fond est rejetée, les frais de traduction de cette demande et des documents exigés pour son instruction sont recouvrés contre le demandeur de l'aide par un comptable public conformément aux dispositions prévues aux articles 80 et suivants du décret du 29 décembre 1962 susvisé, au vu d'un titre de perception établi par le garde des Sceaux et d'un justificatif de la décision de rejet.

## Article 6

*Crée Décret n° 91-1266 du 19 décembre 1991 – art. 153-1 (V)*

Lorsque l'aide juridictionnelle est accordée dans un litige transfrontalier en application de l'article 3-1 de la loi du 10 juillet 1991 et que l'instance se déroule dans les départements du Bas-Rhin, du Haut-Rhin ou de la Moselle, les frais de traduction et d'interprète mentionnés au premier alinéa de l'article 119-1 sont couverts dans les conditions prévues au premier alinéa de l'article 4 de la loi locale du 30 juin 1878 relative aux indemnités accordées aux témoins et experts.

# 213 Circulaire du 29 mars 2006 du Service de l'accès au droit et à la justice et de la politique de la ville présentant les dispositions de la loi nº 2005-750 du 4 juillet 2005 portant diverses dispositions d'adaptation au droit communautaire dans le domaine de la justice et du décret nº 2005-1470 du 29 novembre 2005 relatif à l'aide juridictionnelle dans les litiges transfrontaliers en matière civile ou commerciale et modifiant le décret nº 91-1266 du 19 décembre 1991



NOR : JUSJ0690002C

## AIDE JUDICIAIRE, AIDE JURIDICTIONNELLE, LITIGE TRANSFRONTALIER EN MATIÈRE CIVILE OU COMMERCIALE

*Destinataires*

*Vice-président du Conseil d'État – Premier président de la Cour de cassation – Premiers Présidents des cours d'appel – Procureurs généraux près les cours d'appel – Présidents des cours administratives d'appel – Présidents des tribunaux administratifs – Directeur de l'École nationale de la magistrature – Directeur de l'École nationale des greffes – Président du Conseil national des barreaux – Président de la Conférence des bâtonniers – Président de l'UNCA – Bâtonniers des ordres des avocats*

TEXTES SOURCES : Directive 2003/8/CE du Conseil de l'Union européenne du 27 janvier 2003, loi n° 91-647 du 10 juillet 1991 relative à l'aide juridique et son décret d'application.

La transposition de la directive n° 2003/8/CE du Conseil du 27 janvier 2003 (annexe n° 1), visant à améliorer l'accès à la justice dans les affaires transfrontalières par l'établissement de règles minimales communes relatives à l'aide judiciaire (1) accordée dans le cadre de telles affaires, effectuée par la loi n° 2005-750 du 4 juillet 2005 (annexe n° 2), est parachevée depuis l'entrée en vigueur du décret n° 2005-1470 du 29 novembre 2005 (annexe n° 3).

La présente circulaire a pour objet de présenter ce nouveau dispositif, transposé en droit interne, qui permet à un justiciable résidant dans un pays étranger, membre de l'Union européenne, de demander le bénéfice de l'aide juridictionnelle pour un litige qui se déroule en France, ou à un résident en France de bénéficier de l'aide judiciaire pour un litige civil ou commercial qui a lieu dans un État membre de l'Union européenne.

## I. – Champ d'application du nouveau dispositif

1. Champ d'application géographique

Le dispositif est applicable à l'ensemble des litiges transfrontaliers, définis au point 3.1., opposant tout justiciable résidant habituellement ou domicilié dans l'un des États membres de l'Union européenne, à l'exception du Danemark :

| | | | |
|---|---|---|---|
| Allemagne | Finlande | Lettonie | Portugal |
| Autriche | France (2) | Lituanie | République Tchèque |
| Belgique | Grèce | Luxembourg | Royaume-Uni |
| Chypre | Hongrie | Malte | Slovaquie |
| Espagne | Irlande | Pays-Bas | Slovénie |
| Estonie | Italie | Pologne | Suède |

Cependant, il importe de retenir que le droit communautaire ne s'applique pas à l'intégralité des territoires de certains de ces États.

Ainsi, ce dispositif ne s'applique pas :

– **pour la France,** aux territoires ultramarins suivants : Saint-Pierre et Miquelon, Nouvelle Calédonie et Dépendances, Polynésie Française, Mayotte, îles Wallis-et-Futuna ;

– **pour les Pays-Bas,** aux territoires ultramarins suivants : Aruba, Antilles néerlandaises (Bonaire, Curaçao, Saba, Saint-Eustache, Saint-Martin) ;

– **pour le Royaume-Uni de Grande-Bretagne et d'Irlande du Nord,** aux territoires ultramarins suivants : Anguilla, Bermudes, Îles Vierges Britanniques, Îles Caïmans, Îles Falkland, Guernesey, Île de Man, Jersey, Montserrat, Pitcairn, Sainte Hélène, Îles Turks et Caïcosâ.

---

(1) L'aide judiciaire mentionnée dans la directive est intitulée « aide juridictionnelle et accès au droit » dans le dispositif français.

(2) Y compris les départements d'outre-mer (Guyane, Réunion, Guadeloupe, Martinique).

En application de l'article 20 de la directive, le dispositif ainsi transposé en droit interne prévaut, dans les rapports entre les États membres, sur les accords bilatéraux et multilatéraux conclus entre les États membres antérieurement; il s'applique donc aux lieu et place de l'accord européen sur la transmission des demandes d'assistance judiciaire signé à Strasbourg le 27 janvier 1977 et de la convention de La Haye du 25 octobre 1980 tendant à faciliter l'accès international à la justice.

2. Personnes éligibles

Ce dispositif est applicable aux personnes qui résident habituellement, ou sont domiciliées, dans un État membre de l'Union européenne.

Il est également applicable aux personnes non ressortissantes d'un État membre lorsqu'elles résident habituellement, ou sont domiciliées, dans un État membre de l'Union européenne et qu'elles sont en situation régulière de séjour.

Il convient de préciser que seules les personnes physiques sont concernées par ce nouveau dispositif. Ainsi les personnes morales, qu'elles soient à but lucratif ou non, ne peuvent présenter une demande d'aide judiciaire dans de tels litiges.

3. La notion de litige transfrontalier

3.1. Caractère transfrontalier du litige

En vertu de l'article 1er de la loi du 4 juillet 2005, le litige transfrontalier est celui dans lequel le demandeur à l'aide judiciaire a sa résidence habituelle ou son domicile dans un État membre de l'Union européenne autre que :

– celui où siège la juridiction compétente sur le fond du litige;

– ou celui dans lequel la décision doit être exécutée.

3.1.1. Le demandeur à l'aide judiciaire ne réside pas dans l'État où siège la juridiction compétente sur le fond du litige

Le nouveau dispositif s'applique exclusivement au demandeur à l'aide judiciaire qui ne réside pas habituellement ou n'est pas domicilié dans l'État où la procédure doit être engagée.

Il en va ainsi de la personne domiciliée en France qui sollicite le bénéfice de l'aide judiciaire pour engager une procédure en Belgique, ou de la personne domiciliée en Allemagne qui sollicite l'aide juridictionnelle pour engager une procédure en France.

En revanche, lorsque le demandeur à l'aide réside ou est domicilié en France et doit faire appeler devant une juridiction française un défendeur, résidant ou domicilié dans un autre État membre de l'Union, le litige ne présente pas de caractère transfrontalier au sens de la directive. En effet, le demandeur a son domicile ou sa résidence dans l'État membre de la juridiction compétente sur le fond du litige.

Dès lors, la prise en charge des frais liés à l'intervention dans un autre État membre, d'un officier ministériel ou d'une personne (1) chargée de notifier un acte judiciaire sur le territoire de cet État, ne peut se faire au titre du dispositif instauré par la directive du Conseil n° 2003/8 du 27 janvier 2003, ni même au titre de l'aide juridictionnelle française dans la mesure où la loi ne prévoit pas expressément la possibilité de choisir ou désigner un huissier de justice compétent hors de France.

Il appartient au demandeur de vérifier si une convention d'entraide judiciaire permet, dans le pays considéré, de bénéficier de l'assistance judiciaire pour prendre en

(1) À ce jour, la notification délivrée dans les conditions du règlement (CE) n° 1348/2000 du 29 mai 2000, est effectuée en Belgique, au Luxembourg, aux Pays-Bas et en Écosse par un huissier de justice.

charge le coût de l'assignation (1) L'ensemble de ces informations est disponible sur le site intranet de la Direction des affaires civiles et du Sceau (http://www.justice.gouv.fr/applications/int/pays/).

3.1.2. Le demandeur à l'aide judiciaire ne réside pas dans l'État dans lequel la décision doit être exécutée

Par « décision », on entend toute décision juridictionnelle ou tout acte authentique devant être reconnu, déclaré exécutoire ou exécuté dans un État membre autre que celui dans lequel réside habituellement ou est domicilié le bénéficiaire de l'aide.

Deux hypothèses sont à envisager :

a) L'aide judiciaire a été accordée pour l'obtention d'une décision dans l'État de la juridiction compétente sur le fond où le demandeur a son domicile

*L'aide judiciaire pourra être accordée afin de faire reconnaître et exécuter la décision dans un autre État.*

Par exemple, le bénéficiaire de l'aide, résidant ou domicilié en France, a obtenu un jugement en France et doit le signifier ou l'exécuter en Italie. Il devra solliciter l'aide judiciaire en Italie.

b) L'aide judiciaire a été accordée pour l'obtention d'une décision dans l'État de la juridiction compétente sur le fond qui n'est pas l'État du domicile du demandeur

*L'aide judiciaire pourra être accordée si la reconnaissance et l'exécution de cette décision sont recherchées dans un troisième État.*

Par exemple, le bénéficiaire de l'aide, résidant en Italie, a obtenu un jugement en Allemagne et doit le faire signifier et exécuter en Espagne. Il devra solliciter l'aide judiciaire en Espagne.

À noter :

Si une décision a été obtenue sans aide judiciaire dans l'État de la juridiction compétente sur le fond qui n'est pas l'État du domicile du demandeur, et si sa reconnaissance et son exécution sont recherchées dans l'État du domicile du demandeur, alors cette hypothèse est celle d'une situation interne relevant du droit national de l'aide judiciaire.

Par exemple, un résident français, qui a obtenu un jugement en Allemagne sans le bénéfice de l'aide judiciaire allemande, pourra solliciter l'aide juridictionnelle en France pour faire exécuter ce jugement en France.

3.2. Champ matériel du litige

Le champ d'application matériel du litige transfrontalier concerne la matière civile et commerciale, quelle que soit la nature de la juridiction saisie. Telle qu'interprétée par la jurisprudence de la Cour de justice des Communautés européennes, la matière civile et commerciale couvre le droit social et le droit public, à l'exclusion des cas où l'autorité publique agit dans l'exercice de la puissance publique.

Il ne s'étend pas aux instances portées devant les juridictions pénales, ni aux contentieux relevant de la matière fiscale, douanière ou administrative. Toutefois,

(1) La Belgique, la France, le Luxembourg et les Pays-Bas ont ratifié la convention du 1er mars 1954 relative à la procédure civile dont l'article 20 dispose : « En matière civile et commerciale, les ressortissants de chacun des États contractants seront admis dans tous les autres États contractants au bénéfice de l'assistance judiciaire gratuite, comme les nationaux eux-mêmes, en se conformant à la législation de l'État où l'assistance judiciaire gratuite est réclamée. » En revanche, l'Écosse n'a pas signé cette convention.

dans ce type de contentieux, il peut être fait application de conventions internationales prévoyant l'admission de ressortissants d'un autre État au bénéfice de l'aide judiciaire. À cet effet, il conviendra de se reporter au site intranet de la Direction des affaires civiles et du Sceau (rappelé ci-dessus) pour vérifier l'existence de telles conventions.

Par ailleurs, la notion de procédure doit être entendue dans un sens large comme recouvrant les instances gracieuses ou contentieuses, ainsi que les pourparlers transactionnels.

## II. – DEMANDE D'AIDE JURIDICTIONNELLE RELATIVE À UN LITIGE SE DÉROULANT EN FRANCE

1. – Instruction et traitement de la demande

1.1. – Réception par le ministère de la Justice de la demande d'aide juridictionnelle en provenance des États membres de l'Union européenne

En application de l'article 13 de la directive du 27 janvier 2003, « les demandes d'aide judiciaire (1) » présentées, par les justiciables résidant dans les États membres de l'Union européenne, sont soumises soit à l'autorité expéditrice compétente dans leur pays, soit directement à l'autorité réceptrice compétente en France.

Pour la France, l'autorité désignée est le Ministère de la Justice, direction des affaires civiles et du Sceau, bureau de l'entraide civile et commerciale internationale (BECCI) – 13 place Vendôme 75042 Paris CEDEX 01.

Ces demandes d'aide juridictionnelle sont formalisées à l'aide d'un imprimé élaboré par la Commission européenne (*cf.* annexe n° 5) (2), disponible en ligne aux adresses suivantes : http://www.ccbe.org/doc/Fr/formulaire_standard_demandes_aide_judiciaire_fr.pdf http://europa.eu.int/comm/justice_home/judicialatlascivil/html/la_fillingforms_fr_fr.htm

1.2. – Saisine des bureaux d'aide juridictionnelle

1.2.1. – Saisine du bureau d'aide juridictionnelle compétent par l'autorité française désignée

L'autorité française désignée procède à un examen formel de la demande d'aide et des pièces justificatives jointes traduites en français (*cf.* annexe n° 4) et transmet la demande au bureau d'aide juridictionnelle compétent.

Les bureaux d'aide juridictionnelle n'ont pas à informer l'autorité expéditrice de la transmission de la demande; cette formalité est effectuée par l'autorité française désignée.

La compétence du bureau d'aide juridictionnelle est appréciée au regard de la juridiction compétente pour statuer sur le fond de l'affaire (*cf. infra* 1.3.1).

Si le bureau ou la section du bureau se déclare incompétent, il renvoie, en application de l'article 32 du décret du 19 décembre 1991, la demande par décision motivée devant le bureau ou la section compétente de bureau qu'il désigne.

---

(1) *Cf.* note 1.

(2) Le dépôt d'un dossier à l'aide d'un autre imprimé ne constitue pas un cas de rejet dès lors qu'il contient les renseignements demandés dans le formulaire officiel.

1.2.2. – Saisine directe du bureau d'aide juridictionnelle par le demandeur

Le demandeur peut aussi adresser directement son dossier au bureau d'aide juridictionnelle qu'il estime compétent; ce bureau devra alors instruire sa demande ou l'adresser au bureau d'aide juridictionnelle compétent.

Si le dossier et les pièces ne sont pas traduits en français, le dossier est retourné à l'expéditeur aux fins de traduction. Le bureau d'aide juridictionnelle ne peut en effet faire traduire ni la demande, ni les pièces jointes, puisque les textes ne prévoient pas cette possibilité.

Le demandeur pourra toutefois saisir l'autorité expéditrice compétente du pays de sa résidence ou de son domicile pour une prise en charge de ces frais de traduction.

Par ailleurs, si le dossier est incomplet, le demandeur devra faire parvenir au bureau d'aide juridictionnelle dans le délai imparti par celui-ci, les pièces complémentaires demandées, rédigées ou traduites en français.

Dans les deux cas, qu'il soit saisi par l'autorité française désignée ou par le demandeur à l'aide, le bureau d'aide juridictionnelle doit immédiatement aviser la juridiction devant laquelle l'instance est déjà engagée, en application de l'article 43 du décret du 19 décembre 1991, sous réserve des dispositions de l'article 41 de ce décret relatives à l'admission provisoire.

1.3. – Instruction par le bureau d'aide juridictionnelle

Les règles générales prévues par la loi du 10 juillet 1991 et le décret du 19 décembre 1991 reçoivent application sous réserve de spécificités découlant de la nature transfrontalière du litige introduite par la loi du 4 juillet 2005.

Lorsque la demande porte soit sur l'intervention d'un avocat en vue de parvenir à une transaction ou d'être assisté au cours d'une procédure, soit sur l'exécution d'une décision de justice ou d'un acte authentique, le secrétaire doit procéder dès réception de la demande à son enregistrement informatique (1).

La date qui doit être prise en compte pour déterminer le point de départ du délai de traitement de la demande, et apprécier l'interruption des délais de procédure, est celle de l'envoi postal par le demandeur figurant sur le cachet du bureau de poste d'émission (article 40 du décret du 19 décembre 1991).

À défaut de pouvoir déterminer cette date d'envoi lorsque, par exemple, l'enveloppe expéditrice du demandeur n'est pas jointe, le bureau d'aide juridictionnelle prendra en considération le cachet de réception du ministère de la Justice.

L'instruction de la demande d'aide juridictionnelle nécessite de la part du bureau d'aide juridictionnelle ou de la section, outre l'enregistrement informatique d'une telle demande de vérifier :

- la compétence du bureau pour statuer;
- les mentions portées dans la demande;
- les documents joints.

S'agissant d'une demande d'aide juridictionnelle relative à un litige transfrontalier, il convient de vérifier plus particulièrement que les documents joints sont traduits en langue française.

1.3.1. – Compétence du bureau d'aide juridictionnelle

Dans la mesure où le demandeur à l'aide ne demeure pas en France, il convient de faire application des dispositions de l'article 27 du décret du 19 décembre 1991.

---

(1) *Cf.* point IV. « Modalités d'enregistrement dans AJWIN », page 16.

Ainsi, le bureau compétent est toujours celui établi au siège du tribunal de grande instance dans le ressort duquel :

– la juridiction, statuant en première instance et qui doit être saisie au fond, a son siège ;
– la décision doit être exécutée.

Lorsque l'affaire doit être portée devant une juridiction du second degré, le bureau compétent est, en application de l'article 26 du décret du 19 décembre 1991, celui établi au siège du tribunal de grande instance dans le ressort duquel cette juridiction a son siège.

Enfin, lorsque l'affaire doit être portée devant la Cour de cassation ou le Conseil d'État, le bureau compétent est celui établi près ces juridictions.

1.3.2. – Examen des mentions portées sur la demande

Le bureau d'aide juridictionnelle effectue un examen des mentions portées sur la demande. Il peut solliciter du demandeur des explications complémentaires.

1.3.3. – Vérification des pièces justificatives fournies par le demandeur

Le requérant doit justifier, conformément aux dispositions de l'article 34 8° du décret du 19 décembre 1991, de sa résidence dans l'un des pays membres de l'Union européenne par des pièces et documents sous le couvert desquels il est autorisé à résider dans ce pays (passeport, carte de résident ou toute autre pièce officielle) ; le demandeur doit justifier, quelle que soit sa nationalité, du caractère habituel de sa résidence et, lorsqu'il n'est pas ressortissant d'un pays membre, de la régularité de son titre de séjour.

Les autres justificatifs (ressources, charges, état civil, pièces de procédure concernant le litige) doivent être produits comme pour toute demande d'aide juridictionnelle.

La liste des pièces à fournir, prévue par l'imprimé français, s'applique également pour les demandes d'aide relatives aux litiges transfrontaliers relevant de la compétence des bureaux français ; le cas échéant, il convient d'y ajouter le justificatif du contrat d'assurance de protection juridique ou de tout autre système de protection permettant la prise en charge des frais afférents aux instances, procédures ou actes (*cf.* annexe n° 4).

Si les ressources sont libellées dans une autre monnaie que l'euro, leur conversion en euro devra être opérée avant enregistrement informatique des montants dans le logiciel AJWIN.

Cette conversion doit être effectuée à la date de l'acte concerné (par exemple, date de l'avis d'imposition, date des bulletins de paie) ; pour connaître les taux de change, les bureaux pourront consulter le site http://www.finances.gouv.fr, rubrique « Taux de chancellerie ».

En cours d'instruction, le bureau d'aide juridictionnelle a la faculté de réclamer à l'autorité expéditrice qui a transmis la demande d'aide, ou au demandeur si ce dernier a saisi directement le bureau d'aide juridictionnelle, une traduction des pièces justificatives.

1.4. – Décision relative à la demande d'aide juridictionnelle

Le bureau d'aide juridictionnelle doit apprécier le caractère transfrontalier du litige au moment de la demande d'aide.

L'aide juridictionnelle ayant un caractère subsidiaire dans les litiges transfrontaliers, il doit s'assurer que le demandeur bénéficie à titre personnel d'une assurance de protection juridique. La demande d'aide pourra être rejetée si le bureau d'aide juridictionnelle constate que le demandeur dispose d'une assurance de nature à couvrir les frais de la procédure pour laquelle l'aide est demandée.

Il convient de souligner qu'un tempérament à la condition de ressources a été introduit à l'article 6 de la loi du 10 juillet 1991 au profit des personnes qui, dans un litige transfrontalier, rapportent la preuve qu'elles ne pourraient faire face aux dépenses visées à l'article 24 de la loi du 10 juillet 1991 en raison de la différence du coût de la vie entre la France et l'État membre où elles ont leur domicile ou leur résidence habituelle. La charge de la preuve incombe au demandeur à l'aide juridictionnelle.

1.5. – Effets de la décision relative à la demande d'aide juridictionnelle

En cas d'admission à l'aide juridictionnelle, le bureau procède à la désignation de l'avocat si le demandeur n'en a pas choisi un; il est rappelé que le principe du libre choix de l'avocat s'applique pour autant qu'il soit inscrit dans un barreau français et, en cas de postulation obligatoire, dans le barreau du ressort de la juridiction compétente.

Il en va de même pour la désignation des autres auxiliaires de justice (huissiers, notaires, commissaires priseurs, avoués…) qui doivent nécessairement être inscrits auprès d'un ordre ou d'une chambre professionnelle français.

La notification de la décision d'admission est faite à l'intéressé par lettre simple.

En cas de rejet, la copie intégrale de la décision doit être notifiée au demandeur par lettre recommandée avec accusé de réception.

En outre, le secrétaire adressera, systématiquement, une copie des décisions d'admission ou de rejet à l'autorité française désignée.

2. – L'avance des frais de procédure liés au caractère transfrontalier du litige

Ces frais, pris en charge au titre de l'aide juridictionnelle, sont les suivants :

2.1. – Frais de traduction et d'interprète

Pour que les frais de traduction soient pris en charge au titre de l'aide juridictionnelle, la décision de faire traduire certaines pièces de la procédure devra être prise par le juge lorsque ce dernier estime leur examen indispensable pour apprécier les moyens soulevés par le bénéficiaire de l'aide.

De même, la décision de recourir aux services d'un interprète devra être prise par le juge tout particulièrement lorsqu'il requiert le déplacement à l'audience du bénéficiaire de l'aide juridictionnelle, résidant dans un autre État membre de l'Union européenne (1).

Il convient de préciser que devant certaines juridictions la comparution personnelle des parties à l'audience est requise par les textes (2). Dans ce cas le greffier pourra être utilement avisé par l'avocat intervenant au titre de l'aide juridictionnelle de la nécessité de recourir aux services d'un interprète, si la partie n'est pas en mesure de s'exprimer en français, dont la désignation par le juge pourra être régularisée avant ou pendant l'audience.

---

(1) Toutefois, en application de l'article 23 du NCPC, le juge n'est pas tenu de recourir à un interprète lorsqu'il connaît la langue dans laquelle s'expriment les parties.

(2) La comparution personnelle des parties est obligatoire dans les procédures suivantes : audience de conciliation devant le conseil des prud'hommes (article R. 516-4 du code du travail), tentative de conciliation en matière de divorce (article 252-1 du code civil), divorce par consentement mutuel (article 1099 du NCPC), assistance éducative (article 1189 du NCPC), tutelle et curatelle (article 1246 du NCPC).

En application de l'article 119-1 du décret du 19 décembre 1991, les frais de traduction et d'interprète sont fixés conformément aux dispositions de l'article R. 122 du code de procédure pénale.

Les interprètes et traducteurs déposent leur mémoire d'aide juridictionnelle auprès du greffe de la juridiction saisie et utilisent les modèles prévus à cet effet (*cf.* imprimés figurant en annexes n° 7 et n° 8).

Le mémoire doit préciser notamment la date et le numéro de la décision d'aide juridictionnelle, la nature de l'affaire pour laquelle l'aide a été accordée et l'indication de la juridiction qui a requis l'interprète ou le traducteur.

Il doit être accompagné d'une copie de la décision qui a ordonné l'intervention de l'interprète ou du traducteur.

Après avoir vérifié l'exactitude des sommes réclamées, le greffier de la juridiction certifie le mémoire.

Lorsque l'instance se déroule dans les départements du Bas-Rhin, du Haut-Rhin ou de la Moselle, les frais de traduction et d'interprète sont fixés dans les conditions prévues au premier alinéa de l'article 4 de la loi locale du 30 juillet 1878 relative aux indemnités accordées aux témoins et experts.

Ces frais seront réglés par le comptable assignataire, après transmission par le greffe concerné au service administratif régional et mandatement par ce dernier. Sur les modalités de transmission, il convient de se référer à la circulaire de la Chancellerie du 9 décembre 2005 relative à l'ordonnancement de la dépense en matière d'aide juridictionnelle.

2.2. – Frais de déplacement des personnes convoquées à l'audience

Il s'agit des frais exposés par les personnes dont le juge exige la comparution à l'audience. Tel est notamment le cas de la convocation adressée par le juge aux affaires familiales aux époux pour leur audition ou la tentative de conciliation en matière de divorce (articles 1092 et 1107 du nouveau code de procédure civile).

Il est alloué à ces personnes, sur justificatif, une indemnité de transport égale à celle allouée aux témoins selon les modalités prévues par l'article R. 133 du code de procédure pénale.

La demande d'indemnité, préparée par le greffier, est calculée suivant le modèle prévu pour le remboursement des frais des techniciens et autres personnes en matière d'aide juridictionnelle (*cf.* imprimé figurant en annexe n° 9) ; elle est accompagnée des originaux de la convocation en justice et du titre de transport.

Le mémoire de frais doit préciser la date et le numéro de la décision d'aide juridictionnelle, la nature de l'affaire pour laquelle l'aide a été accordée, la date de la décision de la juridiction et l'indication de la nature transfrontalière du litige.

Il doit être accompagné d'une copie de la décision ordonnant la comparution à l'audience (1).

Après avoir vérifié l'exactitude des sommes réclamées, le greffier de la juridiction certifie le mémoire de frais.

Ces indemnités de transport seront réglées par le comptable assignataire, après transmission par le greffe concerné au service administratif régional et mandatement par ce dernier.

---

(1) En matière de divorce, il s'agit de la convocation adressée par le JAF (articles 1092 et 1107 du NCPC).

## III. – Demande d'aide judiciaire relative à un litige se déroulant dans un pays membre de l'Union européenne autre que la France

La directive permet à toute personne physique résidant régulièrement ou domiciliée en France, ainsi qu'à toute personne non ressortissant d'un pays membre de l'Union européenne disposant d'un titre de séjour régulier en France, de solliciter le bénéfice de l'aide judiciaire si elle est partie à un litige ayant lieu dans un autre pays membre de l'Union européenne à l'exception du Danemark, ou si elle doit y faire exécuter une décision de justice ou un acte authentique.

1. – Retrait, transmission et traitement des dossiers de demandes d'aide judiciaire

1.1. – Lieu de retrait du formulaire

L'imprimé de demande d'aide judiciaire pour les litiges transfrontaliers (1) est largement accessible puisqu'il peut être retiré :

– dans les palais de justice;

– en ligne aux adresses suivantes :

http://www.ccbe.org/doc/Fr/formulaire_standard_demandes_aide_judiciaire_fr.pdf

http://www.justice.gouv.fr/vosdroit/cerfa1.htm

http://www.cerfa.gouv.fr/cerfa/vigueur.nsf/DTPart?OpenView

– dans les mairies;

– dans les maisons de justice et du droit;

– dans tout point d'accès au droit.

1.2. – Transmission du dossier d'aide judiciaire

1.2.1. – À l'autorité expéditrice française

Le demandeur transmet son dossier à l'autorité expéditrice française compétente au moyen de l'imprimé rempli si possible dans la langue acceptée par l'État membre destinataire (2), ou à défaut en français.

Les dossiers doivent être envoyés à l'adresse suivante (3) :

*Ministère de la Justice*

*Direction des affaires civiles et du Sceau*

*Bureau de l'entraide civile et commerciale internationale*

*13, place Vendôme*

*75042 PARIS CEDEX 01*

Lorsqu'un bureau d'aide juridictionnelle est saisi directement d'une telle demande, il la transmet à l'autorité française désignée qui en accusera réception au requérant.

---

(1) Vous trouverez en annexe 5 de cette circulaire l'imprimé correspondant.

(2) Vous trouverez la liste des langues acceptées par les différents pays membres de l'Union européenne à l'adresse suivante : http://europa.eu.int/comm/justice_home/judicialatlascivil/html/index.htm.

(3) En annexe 6 de la circulaire figure un imprimé, à joindre au formulaire de demande d'aide judiciaire, précisant à qui doit être envoyé le dossier d'aide judiciaire.

1.2.2. – À l'autorité réceptrice étrangère

Le dossier d'aide judiciaire peut être directement transmis par le demandeur à l'autorité réceptrice étrangère (1). Dans ce cas, l'intéressé présente son dossier dans la langue acceptée par l'État de la juridiction compétente sur le fond; à défaut, le dossier peut lui être renvoyé aux fins de traduction.

1.3. – Traitement du dossier d'aide judiciaire par l'autorité expéditrice française

Dès réception, l'autorité française désignée vérifie, au vu de la liste de pièces figurant à l'annexe n° 4, que le dossier de demande d'aide judiciaire est complet.

Elle enregistre la demande et en accuse réception auprès de l'intéressé. Si la demande d'aide judiciaire est adressée par voie postale, sa date est celle de l'expédition de la lettre; c'est-à-dire celle figurant sur le cachet du bureau de poste d'émission. Si la demande est déposée directement au ministère de la Justice ou auprès d'un bureau d'aide juridictionnelle, sa date sera celle figurant sur le cachet du ministère ou du bureau d'aide juridictionnelle.

Tout dossier incomplet est renvoyé au demandeur avec l'énumération des pièces manquantes.

L'autorité française désignée se charge, si nécessaire, de la traduction de la demande d'aide et des documents exigés pour son instruction; cette traduction se fait dans une des langues acceptées par l'État de la juridiction compétente sur le fond.

Enfin, elle transmet, dans les 15 jours de sa réception, la demande à l'autorité réceptrice étrangère.

2. – L'avance et le recouvrement des frais de traduction liés au caractère transfrontalier du litige

2.1. – Avance des frais de traduction

Les frais de traduction de la demande d'aide et des documents exigés pour son instruction, avant transmission de cette demande à l'État de la juridiction compétente sur le fond, sont avancés par l'État français au vu d'une ordonnance émise par le Garde des Sceaux.

Les frais de traduction sont payés, sur présentation d'un mémoire établi par le traducteur, par le Service de l'accès au droit et à la justice et de la politique de la ville du ministère de la Justice, conformément aux modalités définies à l'article R. 122 du code de procédure pénale (c'est-à-dire 11,13 euros la page de texte français, majorés de 25 % si les documents doivent être traduits dans une langue dite « rare » (2)), accompagné du bon de commande correspondant et du relevé d'identité postale ou bancaire du traducteur.

2.2. – Recouvrement des frais de traduction

Les frais liés à la traduction de la demande d'aide judiciaire et des documents exigés pour son instruction, qui sont avancés par l'État français, peuvent être recouvrés contre le demandeur de l'aide si sa demande est rejetée par l'autorité étrangère.

L'éventualité de ce recouvrement est portée à la connaissance de la personne sollicitant l'aide judiciaire en bas de l'imprimé figurant à l'annexe n° 4.

---

(1) Les coordonnées des autorités réceptrices étrangères sont consultables sur le site de la Commission européenne à l'adresse suivante : http://europa.eu.int/comm/justice_home/judicialatlascivil/html/index.htm.

(2) Sont considérées comme langues rares les langues autres que l'anglais, l'allemand, l'espagnol ou l'italien.

Le recouvrement des sommes avancées est effectué, au vu d'un titre de perception établi par le garde des Sceaux et d'un justificatif de la décision de rejet, par l'autorité étrangère.

3. – L'exécution des décisions de justice françaises ou actes authentiques dans un pays membre de l'union

Comme il a été rappelé (*cf. supra* I. 2.1.2), l'article 3-1 de la loi du 10 juillet 1991 qualifie de « litige transfrontalier », celui dans lequel « la partie qui sollicite l'aide a sa résidence habituelle ou son domicile dans un État membre […] autre que celui dans lequel la décision doit être exécutée ».

Ainsi, un justiciable peut bénéficier de l'aide judiciaire afin de faire procéder à l'exécution d'une décision juridictionnelle obtenue en France ou d'un acte authentique dressé dans un pays membre de l'Union européenne par un notaire français. À cet effet, il sera procédé dans les mêmes conditions qu'exposées aux points 1 et 2 ci-dessus.

Si l'autorité étrangère compétente, après instruction de sa demande, lui accorde le bénéfice de l'aide judiciaire, alors les frais de signification de la décision ou de l'acte authentique ainsi que, le cas échéant, les frais liés à sa traduction seront pris en charge au titre de l'aide judiciaire du pays concerné.

## IV. – Modalités d'enregistrement dans AJWIN (1)

Actuellement, le logiciel AJWIN ne permet pas un enregistrement spécifique pour ce type de procédure et il sera, pour l'instant, impossible d'en obtenir des extractions statistiques, sauf à les comptabiliser manuellement.

Dès lors, en attendant la livraison de la future version AJWIN qui tiendra compte, entre autre, de cette évolution, nous vous proposons de suivre les instructions suivantes afin de vous permettre de pouvoir localiser ce type de dossier.

**1)** Dans l'onglet « Demande », saisir l'adresse et la ville dans les deux lignes concernant l'adresse, puis saisir le nom du pays dans le champ concernant la ville.

Adresse : 153 *ter*, grande rue royale
Immeuble Paola – Bruxelles
CP/Ville : BELGIQUE
Exemple de fusion :
TRIBUNAL DE GRANDE INSTANCE DE GAP

Décision du : 28/02/2006

Bureau d'Aide Juridictionnelle
Place Saint Arnoux
05007 GAP CEDEX
04 92 40 70 00
*À RAPPELER DANS TOUTE CORRESPONDANCE*

Numéro BAJ : 2006/000004

Monsieur WECBENRG Pier
153 *ter*, grande rue royale
Immeuble Paola – Bruxelles
BELGIQUE

(1) Dans le logiciel AJWIN, le module « commission d'office » ne doit pas être utilisé puisqu'il ne peut s'agir que d'un litige en matière civile ou commerciale à l'exclusion de la matière pénale.

Section – Division : 1 – 01
Date de la demande : 10/20/2006
Numéro R.G. :
Avocat : Me
DÉCISION DU BUREAU D'AIDE JURIDICTIONNELLE

**2)** Le numéro du BECCI peut être saisi dans le champ « n° RG ou BO » de l'onglet « Demande », en faisant précéder le numéro des termes « n° BECCI ».

n° RG ou BO : n° BECCI : 2006/3544

**3)** Afin de savoir, lors de la consultation d'un dossier, s'il s'agit d'un litige transfrontalier, il est possible de saisir ces données à plusieurs endroits :

– le terme « litige transfrontalier » peut-être saisi dans le bouton « Mémo » <ATTimage>

Cependant, le « mémo » n'étant utilisé que comme « historique » du dossier, il ne sera pas possible d'obtenir la fusion dans les imprimés des données inscrites dans ce « mémo ».

– le terme « litige transfrontalier » peut-être saisi dans le champ « Divers » de l'onglet « Demande ».

Il n'est cependant pas possible d'obtenir la fusion de ce champ dans les imprimés.

Divers : litige transfrontalier

– le terme « litige transfrontalier » peut-être saisi, entre parenthèses, dans le champ « Objet » de l'onglet « Demande ».

Dans ce cas, la fusion s'effectuera dans les imprimés et le terme « litige transfrontalier » apparaîtra après la nature de la procédure.

Objet : = (litige tranfrontalier)

**4)** Afin de pouvoir fusionner avec des imprimés adaptés à ce type de litige, il est possible de modifier les trames nationales en les réenregistrant dans « Édition_L » afin d'intégrer (en le saisissant manuellement) le terme de litige transfrontalier.

ANNEXES

1. Directive 2003/8/CE du Conseil de l'Union européenne du 27 janvier 2003 visant à améliorer l'accès à la justice dans les affaires transfrontalières par l'établissement de règles minimales communes relatives à l'aide judiciaire accordée dans le cadre de telles affaires
2. Article 1er de la loi n° 2005-750 du 4 juillet 2005 portant diverses dispositions d'adaptation au droit communautaire
3. Décret n° 2005-1470 du 29 novembre 2005 relatif à l'aide juridictionnelle accordée dans les litiges transfrontaliers en matière civile ou commerciale et modifiant le décret n° 91-1266 du 19 décembre 1991
4. Liste des pièces à fournir à l'appui d'une demande d'aide judiciaire dans le cadre d'un litige transfrontalier en matière civile et commerciale
5. Imprimé de demande d'aide judiciaire établi par la Commission européenne
6. Fiche concernant l'envoi des demandes d'aide judiciaire relatives à un litige se déroulant dans un pays membre de l'Union européenne autre que la France
7. État des frais de déplacement des personnes dont la présence à l'audience est requise par le juge
8. État de frais des traducteurs
9. État de frais des interprètes

## 214 Circulaire de la DACS du 26 mai 2009 relative à l'application du règlement (CE) nº 861/2007 du Parlement européen et du Conseil du 11 juillet 2007 instituant une procédure européenne de règlement des petits litiges

NOR : JUS C 0911133C

EXÉCUTION, PETIT LITIGE,
PROCÉDURE EUROPÉENNE, RECONNAISSANCE

*La garde des Sceaux, ministre de la Justice à Mesdames et Messieurs les premiers présidents des cours d'appel; Mesdames et Messieurs les procureurs généraux près lesdites cours; Mesdames et Messieurs les présidents des tribunaux de grande instance; Mesdames et Messieurs les procureurs près les tribunaux de grande instance (pour attribution); Monsieur le premier président de la Cour de cassation; Monsieur le procureur général de ladite Cour; Monsieur le directeur de l'École nationale de la magistrature; Monsieur le directeur de l'École nationale des greffes (pour information)*

*Résumé :*

Le règlement (CE) nº 861/2007 du Parlement européen et du Conseil du 11 juillet 2007 instituant une procédure européenne de règlement des petits litiges est applicable depuis le 1er janvier 2009.

Il crée une procédure commune à l'ensemble des États membres, qui s'applique aux litiges transfrontaliers lorsque le montant de la demande n'excède pas 2 000 euros. Ce règlement ne se substitue pas aux procédures nationales existantes.

Cette procédure est régie par les dispositions de ce règlement et celles des articles 1382 et suivants du code de procédure civile, issues du décret nº 2008-1346 du 17 décembre 2008 relatif aux procédures européennes d'injonction de payer et de règlement des petits litiges.

La procédure est en principe écrite, les parties transmettant leurs prétentions et pièces justificatives à la juridiction, qui les communique à leur adversaire. Le juge peut statuer sans tenir d'audience.

La décision rendue est exécutée directement dans tout État membre de l'Union européenne, sans aucune procédure de reconnaissance ou d'*exequatur*.

Le règlement (CE) nº 861/2007 du Parlement européen et du Conseil du 11 juillet 2007 instituant une procédure européenne de règlement des petits litiges a été publié au *Journal officiel de l'Union européenne* du 31 juillet 2007. Il est applicable depuis le 1er janvier 2009.

Le décret nº 2008-1346 du 17 décembre 2008 relatif aux procédures européennes d'injonction de payer et de règlement des petits litiges prévoit les mesures d'adaptation de droit interne nécessaires à l'application de ce texte.

1. Objet

Le texte a pour objet de simplifier et d'accélérer le règlement des litiges transfrontaliers portant sur des créances pécuniaires d'un faible montant et de réduire le coût de traitement de ces différends en créant une procédure commune à l'ensemble des États membres et en prévoyant que la décision rendue à l'issue de cette procédure pourra être exécutée directement dans n'importe quel État membre, sans aucune procédure préalable de reconnaissance ou d'*exequatur*.

Le règlement comprend en annexe quatre formulaires standard, disponibles dans toutes les langues de l'Union européenne.

2. Champ d'application

2.1. États et territoires concernés

Le règlement concerne tous les États membres de l'Union européenne, à l'exception du Danemark.

Par conséquent, les juridictions des États suivants pourront connaître de la procédure prévue par ce texte : Allemagne, Autriche, Belgique, Bulgarie, Chypre, Espagne, Estonie, Finlande, France, Grèce, Hongrie, Irlande, Italie, Lettonie, Lituanie, Luxembourg, Malte, Pays-Bas, Pologne, Portugal, Roumanie, Royaume-Uni de Grande-Bretagne et d'Irlande du Nord, Slovaquie, Slovénie, Suède et République tchèque.

S'agissant de la France, le règlement ne s'applique pas dans les collectivités d'outre-mer (1) et en Nouvelle-Calédonie.

2.2. Matières couvertes et créances pouvant faire l'objet d'une demande au titre de la procédure européenne de règlement des petits litiges

Le champ du règlement est commun à celui des autres instruments communautaires qui ne concernent pas le droit de la famille (2). Il s'agit de la matière civile et commerciale, au sens du droit communautaire (3).

Le règlement exclut de son champ d'application les matières suivantes :

- fiscale, douanière, administrative, et responsabilité de l'État du fait de l'exercice de la puissance publique ;
- état et capacité des personnes physiques ;
- régimes matrimoniaux, obligations alimentaires, testaments et successions ;
- faillites, concordats et procédures analogues ;
- sécurité sociale ;
- arbitrage.

---

(1) Pour mémoire : Mayotte ; Polynésie française ; îles Wallis et Futuna et Saint-Pierre-et-Miquelon.

(2) *Cf.* : convention de Bruxelles du 27 septembre 1968 concernant la compétence judiciaire et l'exécution des décisions en matière civile et commerciale et Règlement (CE) du Conseil n° 44/2001 du 22 décembre 2000 concernant la compétence judiciaire, la reconnaissance et l'exécution des décisions en matière civile et commerciale.

(3) Dans un arrêt du 14 octobre 1976 rendu dans l'affaire 29-76 (LTU Lufttransportunternehmen GmbH & Co KG v Eurocontrol, Recueil 1976, p. 1541), la Cour de justice des Communautés européennes a dit que la notion de « matière civile et commerciale » devait être interprétée de façon autonome en se référant aux objectifs et au système de la convention concernée [la convention de Bruxelles du 27 septembre 1968] et aux principes généraux qui se dégagent de l'ensemble des systèmes de droit nationaux. La Cour a posé deux critères pertinents pour déterminer la nature « civile et commerciale » du litige. Elle a ainsi dit qu'un litige opposant une autorité publique à une personne privée ne relevait pas de la matière civile et commerciale lorsque l'autorité publique a agi dans l'exercice de la puissance publique.

De plus, le règlement prévoit que la procédure européenne de règlement des petits litiges ne peut être utilisée dans les litiges relatifs :
– au droit du travail;
– aux baux d'immeubles, à l'exception des demandes pécuniaires;
– aux atteintes à la vie privée et aux droits de la personnalité, y compris la diffamation.

Le règlement restreint enfin la procédure aux demandes dont le principal ne dépasse pas 2 000 euros. Il peut s'agir de demandes d'un montant déterminé ou de demandes indéterminées dont le montant estimé n'excède pas 2 000 euros.

2.3. Notion de litiges transfrontaliers et compétence territoriale du tribunal

Les traités européens ne donnant pas compétence au législateur communautaire pour modifier le droit interne des États membres, la procédure européenne de règlement des petits litiges n'est applicable qu'en matière transfrontalière, c'est-à-dire lorsqu'au moins deux États membres sont concernés.

L'article 3 du règlement définit les litiges transfrontaliers comme les litiges dans lesquels au moins une des parties a son domicile ou sa résidence habituelle dans un État membre autre que l'État membre de la juridiction saisie.

La compétence est déterminée conformément aux règles applicables à la matière du litige, notamment celles prévues par le règlement (CE) n° 44/2001 du Conseil du 22 décembre 2000 concernant la compétence judiciaire, la reconnaissance et l'exécution des décisions en matière civile et commerciale (1).

Dans l'hypothèse où les dispositions de ce règlement ne désignent pas la juridiction nationale territorialement compétente, le juge compétent est celui du lieu où demeure le ou l'un des défendeurs.

Il résulte de la combinaison de ces dispositions que la juridiction saisie sera généralement celle du lieu du domicile du défendeur, du lieu de l'exécution de l'obligation, du lieu du fait dommageable ou du lieu de situation de l'immeuble. Ainsi, la plupart des demandes soumises aux juridictions françaises en application du règlement seront introduites par un ressortissant d'un autre État membre contre une personne domiciliée dans le ressort de la juridiction saisie.

Néanmoins, dans certaines hypothèses, un demandeur demeurant à l'étranger pourra saisir une juridiction française d'une demande dirigée contre un ressortissant d'un autre État membre en invoquant un critère de rattachement à la compétence de la juridiction française, tel que le lieu de situation de l'immeuble.

3. Procédure

3.1. Juridictions matériellement compétentes pour connaître de la demande

Les juridictions compétentes sont les juridictions de proximité et, pour les créances de nature commerciale, les tribunaux de commerce.

3.2. Caractéristiques de la procédure et rôle de la juridiction

3.2.1. Procédure écrite et caractère facultatif de l'audience

La procédure est organisée autour d'échanges écrits, selon un calendrier de procédure fixé par le règlement.

En application de l'article 5 § 1 du règlement, le juge statue en principe sans tenir d'audience, à moins qu'il ne l'estime nécessaire ou qu'une des parties ne le demande.

---

(1) Une présentation synthétique de ce règlement ainsi que le texte de celui-ci sont accessibles sur le portail de l'Union européenne, à l'adresse suivante : http://europa.eu/scadplus/leg/fr/lvb/l33054.htm

Il peut rejeter la demande d'une partie tendant à la tenue d'une audience, par décision motivée, lorsqu'une audience est « manifestement inutile pour garantir le déroulement équitable de la procédure ».

3.2.2. Procédure simplifiée sans représentation obligatoire

Les parties ne sont pas tenues de constituer avocat. Elles peuvent se faire assister ou représenter selon les règles applicables devant la juridiction saisie.

Elles ne sont pas tenues de qualifier juridiquement leur demande.

La juridiction informe en tant que de besoin les parties sur les questions de procédure. Cette information peut être dispensée par le greffe de la juridiction. Toutefois, aucun conseil ne saurait être donné aux parties, cette activité étant réservée aux avocats.

Le juge doit chercher à amener les parties à trouver une solution amiable à leur différend.

3.2.3. Notification des actes de procédure

Il incombe au greffe de notifier à la partie adverse les éléments qu'une partie lui a transmis. En application de l'article 13 du règlement, cette notification s'effectue par lettre recommandée avec demande d'avis de réception. Les dispositions des articles 665 et suivants du code de procédure civile sont applicables à l'acte de notification.

En application de l'article 1387 du code de procédure civile, lorsque la lettre recommandée n'a pas touché son destinataire, le greffe fait procéder à la signification de l'acte par huissier de justice. Les frais de signification sont avancés au titre des frais de justice. Ils sont inclus dans les dépens, et pourront par conséquent être recouvrés à l'encontre de la partie condamnée aux dépens. Il convient de relever qu'en application des articles 13 et 14 du règlement (CE) n° 805-2004 du Parlement européen et du Conseil du 21 avril 2004 instituant un titre exécutoire européen pour les créances incontestées (1) auquel renvoie le règlement, la signification ne peut être effectuée selon les modalités prévues à l'article 659 du code de procédure civile.

3.2.4. Délais de procédure

Les délais prévus par le règlement sont calculés en application du règlement (CEE, EURATOM) n° 1182/71 du Conseil du 3 juin 1971 portant détermination des règles applicables aux délais, aux dates et aux termes (2). Les règles de computation des délais prévues par ce texte sont similaires à celles des articles 641 et 642 du code de procédure civile.

En application de l'article 14 du règlement, les délais de procédure peuvent être prorogés par le tribunal, dans des circonstances exceptionnelles, si cela se révèle nécessaire pour préserver les droits des parties.

3.2.5. Langue

En application de l'article 6 du règlement, les prétentions des parties doivent être formulées dans une langue acceptée par la juridiction.

Par conséquent, pour la France, les formulaires devront être remplis en français. Les juridictions peuvent admettre un formulaire standard rédigé dans une langue étrangère, à condition qu'il soit complété en français.

---

(1) *Cf.* Circulaire du 26 mai 2006. N° NOR : JUS C 06 20 384 C http://intranet.justice.gouv.fr/site/dacs/index.php?rubrique=1731&ssrubrique=1808

(2) Accessible sur le portail de l'Union européenne à l'adresse suivante : http://eur-lex.europa.eu/LexUriServ/LexUriServ.do?uri=CELEX:31971R1182:FR:HTML

Les pièces peuvent toutefois être produites en langue étrangère, sauf si la juridiction en estime nécessaire la traduction ou si une partie en formule la demande.

3.3. Introduction de la demande

La demande est formée au moyen du formulaire A, annexé au règlement et disponible dans toutes les langues de l'Union européenne. Ce formulaire reprend chacun des éléments que doit comporter l'acte de saisine de la juridiction. Des instructions aident le demandeur à le compléter.

Ce formulaire, dûment rempli, peut être adressé par voie postale. Dans les conditions prévues par les articles 748-1 et suivants du code de procédure civile, il peut également l'être par voie électronique. Une circulaire complémentaire à l'ouverture du portail grand public d'accès à la justice viendra préciser les modalités de saisine en ligne. Il convient de rappeler qu'une juridiction française n'est pas valablement saisie d'une demande qui lui est adressée par télécopie.

3.3.1. Compétence territoriale et caractère transfrontalier du litige

Le demandeur doit préciser le fondement de la compétence de la juridiction et du caractère transfrontalier du litige, afin que la juridiction soit en mesure de vérifier que la demande entre bien dans le champ d'application de la procédure, au regard des règles posées par le règlement (CE) n° 44/2001 du Conseil du 22 décembre 2000 concernant la compétence judiciaire, la reconnaissance et l'exécution des décisions en matière civile et commerciale (1).

S'agissant de la compétence territoriale, le formulaire de demande énumère les critères de compétence qui peuvent être invoqués : lieu du domicile du défendeur, lieu d'exécution de l'obligation, lieu de situation de l'immeuble… (2)

S'agissant du caractère transfrontalier du litige, le demandeur doit indiquer l'État où il a son domicile, celui du domicile du défendeur ainsi que l'État membre de la juridiction saisie.

3.3.2. Objet de la demande

À la rubrique 7 du formulaire de demande, le demandeur doit préciser si la demande porte sur une somme d'argent (rubrique 7.1.) ou une obligation de faire dont il doit estimer le montant (rubrique 7.2.).

La créance comporte le principal, les intérêts et les frais de procédure. La prétention peut être formulée dans toute monnaie ayant cours (3).

Le demandeur doit motiver sommairement sa demande. Il n'est pas tenu de la qualifier juridiquement.

Le demandeur doit également indiquer les éléments de preuve sur lesquels sa demande est fondée.

3.3.3. Demande de tenue d'une audience et demande de certificat pour l'exécution de la décision

Le demandeur peut solliciter la tenue d'une audience. Il est averti que la procédure est en principe écrite et que la juridiction peut refuser d'organiser une audience.

---

(1) Une présentation synthétique de ce règlement ainsi que le texte de celui-ci sont accessibles sur le portail de l'Union européenne, à l'adresse suivante : http://europa.eu/scadplus/leg/fr/lvb/l33054.htm

(2) Le site de l'Atlas judiciaire européen en matière civile peut aider le demandeur à déterminer la juridiction compétente http://ec.europa.eu/justice_home/judicialatlascivil/html/index_fr.htm

(3) Pour mémoire, au 1er janvier 2009, 16 États faisaient partie de la zone monétaire de l'euro : Allemagne, Autriche, Belgique, Chypre, Espagne, Finlande, France, Grèce, Irlande, Italie, Luxembourg, Malte, Pays-Bas, Portugal, Slovaquie et Slovénie.

La demande de tenue d'une audience peut également être formée en cours de procédure.

Le demandeur peut aussi solliciter la délivrance, à l'issue de la procédure, d'un certificat permettant l'exécution de la décision dans les États membres de l'Union européenne autres que celui de la juridiction.

3.3.4. Rubriques facultatives du formulaire de demande

Le formulaire de demande contient une rubrique 6 facultative qui permet au demandeur d'indiquer ses coordonnées bancaires aux fins de payer les frais de greffe et de permettre au débiteur de lui régler par virement bancaire les sommes qu'il réclame.

Il comprend également un appendice qui, contrairement au reste du formulaire de demande, ne doit pas être communiqué au défendeur. Le demandeur n'est tenu de le compléter qu'aux fins du paiement des frais dus à la juridiction.

3.3.5. Pièces à joindre au formulaire de demande

Le demandeur doit joindre au formulaire de demande les pièces de nature à justifier le bien-fondé de ses prétentions. Il peut produire des pièces complémentaires en cours de procédure.

3.4. Déroulement de la procédure

3.4.1. Demande n'entrant pas dans le champ d'application du règlement

En application des articles 4 § 3 du règlement et 1384 du code de procédure civile, lorsque la demande n'entre pas dans le champ d'application du règlement, le tribunal en avise le demandeur. À moins que celui-ci ne se désiste dans le délai imparti par le tribunal, il est invité par lettre recommandée avec demande d'avis de réception à faire citer le défendeur à comparaître devant la juridiction. L'affaire est instruite et jugée selon les règles de la procédure ordinaire.

Après ce renvoi, la juridiction saisie pourra se déclarer incompétente, dans les conditions prescrites par le code de procédure civile, si l'affaire ne relève pas de sa compétence matérielle ou territoriale.

3.4.2. Rectification de la demande

En application de l'article 4 § 4 du règlement, la juridiction saisie d'une requête incomplète ou rédigée en langue étrangère doit demander au requérant de rectifier sa demande au moyen du formulaire standard B, à moins qu'elle n'estime celle-ci manifestement non fondée ou irrecevable.

Ce formulaire doit être rempli en français par la juridiction.

La juridiction est tenue d'impartir un délai au demandeur pour compléter ou rectifier la demande. Si le demandeur ne respecte pas ce délai, la juridiction rejette la demande.

3.4.3. Communication des prétentions et pièces des parties

En application de l'article 5 § 2 du règlement, le tribunal vérifie que le formulaire de demande est complet puis transmet au défendeur :

- une copie du formulaire de demande (sans l'appendice relatif aux renseignements bancaires aux fins du paiement des frais de justice) et, le cas échéant, des pièces justificatives ;
- le formulaire standard C, destiné à permettre au défendeur de répondre aux prétentions adverses. La partie I de ce document doit être complétée par la juridiction.

La juridiction adresse ces pièces par lettre recommandée avec demande d'avis de réception au défendeur dans un délai de quatorze jours à compter de la date de réception du formulaire de demande dûment rempli.

Le défendeur dispose d'un délai de trente jours pour répliquer. Ce délai court à compter de la date de notification des formulaires de demande et de réponse.

Le défendeur réplique soit au moyen du formulaire de réponse standard C, soit par tout autre moyen. Il peut former une demande reconventionnelle au moyen du formulaire standard A.

La juridiction est tenue de transmettre au demandeur les prétentions et pièces du défendeur, par lettre recommandée avec demande d'avis de réception, dans un délai de quatorze jours à compter de leur réception.

3.4.4. Moyens de défense du défendeur et demande reconventionnelle

Si le défendeur prétend que la demande formée à son encontre excède la somme de 2 000 euros, la juridiction statue sur l'applicabilité au litige de la procédure européenne de règlement des petits litiges. Elle statue dans un délai de trente jours à compter de la transmission au demandeur des prétentions de son adversaire.

S'il décide que le litige ne relève pas de la procédure européenne de règlement des petits litiges, le tribunal ordonne le renvoi de l'affaire à une audience pour qu'il soit statué selon la procédure au fond applicable devant lui.

Le défendeur peut former une demande reconventionnelle, au moyen du formulaire standard A. Le considérant 16 du règlement précise que la notion de « demande reconventionnelle » s'entend au sens de l'article 6 § 3 du règlement (CE) n° 44/2001 du Conseil du 22 décembre 2000 concernant la compétence judiciaire, la reconnaissance et l'exécution des décisions en matière civile et commerciale (1), à savoir une demande dérivant du contrat ou du fait sur lequel est fondée la demande initiale.

L'article 5 § 7 du règlement prévoit que les dispositions applicables à la demande initiale s'appliquent *mutatis mutandis* à la demande reconventionnelle.

En conséquence, en application de l'article 1386 du code de procédure civile, lorsqu'une demande reconventionnelle n'entre pas dans le champ d'application du règlement, le tribunal en informe les parties. Si le demandeur reconventionnel ne se désiste pas de sa demande, le tribunal dit que le litige ne relève pas de la procédure européenne de règlement des petits litiges et ordonne le renvoi de l'affaire à une audience pour qu'il soit statué selon la procédure de droit commun. Les parties sont convoquées à l'audience par lettre recommandée avec demande d'avis de réception à la diligence du greffe.

Le tribunal peut également demander au demandeur reconventionnel de rectifier sa demande au moyen du formulaire standard B si celle-ci est incomplète ou rédigée en langue étrangère.

Il peut enfin la rejeter si celle-ci apparaît manifestement non fondée ou irrecevable.

Le demandeur principal dispose d'un délai de trente jours pour adresser à la juridiction sa réponse à la demande reconventionnelle, au moyen du formulaire standard C, ou par tout moyen approprié. Il joint toutes pièces justificatives à l'appui de ses prétentions.

Le tribunal est tenu de transmettre au demandeur reconventionnel les prétentions et pièces de son adversaire dans un délai de quatorze jours à compter de leur réception.

---

(1) Une présentation synthétique de ce règlement ainsi que le texte de celui-ci sont accessibles sur le portail de l'Union européenne, à l'adresse suivante : http//europa.eu/scadplus/leg/fr/lvb/l33054.htm

Si le demandeur principal estime que la demande reconventionnelle excède la somme de 2 000 euros, le tribunal statue sur l'applicabilité au litige de la procédure européenne de règlement des petits litiges. Il statue dans un délai de trente jours à compter de la transmission au demandeur reconventionnel des prétentions de son adversaire. S'il décide que le litige ne relève pas de la procédure européenne de règlement des petits litiges, le tribunal ordonne le renvoi de l'affaire à une audience pour qu'il soit statué selon la procédure au fond applicable devant lui. Les parties en sont avisées et sont convoquées à l'audience par lettre recommandée avec demande d'avis de réception.

3.4.5. Pouvoirs du tribunal

En application de l'article 7 du règlement, à l'expiration des délais impartis aux parties pour transmettre leurs pièces et prétentions, le tribunal peut trancher le litige, ou :

– demander aux parties des renseignements complémentaires dans un délai qu'il leur impartit et qui ne peut être supérieur à trente jours;
– convoquer les parties à comparaître à une audience dans les trente jours de la convocation. Cette audience peut se tenir par visioconférence;
– procéder à une mesure d'instruction, dans un délai de trente jours.

3.5. Décision rendue par le tribunal à l'issue de la procédure

Aux termes de l'article 7 du règlement, le tribunal statue dans un délai de trente jours à compter de la fin des échanges écrits ou de la date de l'audience.

Cette décision prend la forme d'un jugement, dans le respect des formes prescrites par le code de procédure civile. Il doit être motivé.

Le greffier en chef appose sur la décision la formule exécutoire prévue au décret n° 47-1047 du 12 juin 1947 relatif à la formule exécutoire.

3.6. Notification de la décision

En application de l'article 1389 du code de procédure civile, la décision rendue est notifiée aux parties à la diligence du greffe, par lettre recommandée avec demande d'avis de réception.

Les dispositions des articles 665 et suivants du code de procédure civile sont applicables à cette notification.

Conformément à l'article 670-1 du code de procédure civile, en cas de retour d'une lettre de notification dont l'avis de réception n'a pas été signé par son destinataire ou une personne habilitée par lui, les parties seront invitées par le greffe à procéder par voie de signification.

3.7. Voies de recours

Aux termes de l'article 17 du règlement, les voies de recours sont déterminées par les règles de droit national.

Les parties peuvent donc exercer les voies de recours prévues par le droit commun à l'encontre des décisions rendues en dernier ressort.

En application de l'article 18 du règlement, le défendeur dispose d'un droit à réexamen de la décision lorsque celle-ci a été rendue dans des conditions laissant supposer qu'il n'a pas été en mesure de se défendre dans la procédure introduite à son encontre. Ces conditions sont reprises de l'article 19 du règlement (CE) n° 805-2004 du Parlement européen et du Conseil du 21 avril 2004 instituant un titre exécutoire européen pour les créances incontestées (1).

---

(1) *Cf.* circulaire du 26 mai 2006. n° NOR : JUS C 06 20 384 C http://intranet.justice.gouv.fr/site/dacs/index.php?rubrique=1731&ssrubrique=1808

Lorsque le jugement est rendu par défaut, la partie défaillante dispose d'un droit d'opposition, dans les conditions prévues par les articles 571 et suivants du code de procédure civile.

Lorsque le jugement est réputé contradictoire, un droit au réexamen est également ouvert au défendeur qui s'est trouvé dans l'impossibilité de contester la demande pour des raisons de force majeure ou par suite de circonstances extraordinaires, sans qu'il y ait eu faute de sa part. Ce droit s'exerce par la voie d'une action en justice autonome, dirigée contre le demandeur.

4. Exécution de la décision

4.1. Caractère exécutoire de la décision rendue

Conformément à l'article 503 du code de procédure civile, la décision rendue ne peut être exécutée qu'après avoir été notifiée à la partie à laquelle elle est opposée.

En application de l'article 15 § 1 du règlement, l'exercice d'un recours n'a pas d'effet suspensif.

4.2. Circulation de la décision au sein de l'Union européenne

En application de l'article 20 du règlement, la décision rendue peut être exécutée dans n'importe quel État membre sans procédure de reconnaissance ou d'*exequatur*.

À cette fin, le certificat prévu dans le formulaire standard D constitue pour la décision de justice une sorte de passeport, qui l'autorise à circuler vers n'importe quel État membre où elle doit être exécutée et la met, dans cet État membre, à égalité avec tout titre émanant d'une autorité compétente nationale. La délivrance de ce certificat incombe au greffe.

Le créancier doit s'adresser aux autorités chargées de l'exécution dans l'État membre dans lequel il souhaite faire exécuter le titre – en France, l'huissier de justice – auxquelles il devra fournir :

– une copie de la décision ainsi que le certificat permettant son exécution dans tout État membre (formulaire D);
– si nécessaire, la traduction de ce certificat dans la langue officielle de l'État membre d'exécution ou de toute autre langue que cet État aura déclaré accepter pour les décisions en provenance des autres États membres dont l'exécution est souhaitée sur son territoire.

À ce titre, la France a déclaré accepter les certificats en français, anglais, allemand, espagnol et italien.

4.3. Exécution du titre

Aux termes de l'article 21 du règlement, les procédures d'exécution sont régies par la loi de l'État membre d'exécution.

Les compétences du juge de l'exécution sont limitées par le principe de l'intangibilité du titre exécutoire. Par conséquent, de même que pour toute décision nationale, ce magistrat ne peut connaître des demandes tendant à remettre en cause le titre exécutoire. Il ne peut donc trancher une contestation soulevée par le débiteur sur le principe de la créance constatée dans le jugement ou sur les conditions dans lesquelles cette décision a été déclarée exécutoire.

4.4. Refus, suspension ou limitation de l'exécution du titre

Le juge de l'exécution peut être saisi aux fins de refus, suspension ou limitation de l'exécution dans les conditions prévues aux articles 22 et 23 du règlement.

Les compétences conférées par ces articles au juge de l'exécution français sont plus étendues que celles qui lui sont dévolues par la loi n° 91-650 du 9 juillet 1991 portant réforme des procédures civiles d'exécution et le décret n° 92-755 du 31 juillet 1992 pris pour son application.

4.4.1. Refus d'exécution

Aux termes de l'article 22, la juridiction d'exécution peut refuser l'exécution, sur demande du débiteur, lorsque la décision prononcée à l'issue de la procédure est incompatible avec une décision de justice antérieure émanant d'un État membre ou d'un pays tiers si celle-ci a été rendue entre les mêmes parties, a la même cause et peut être reconnue dans l'État membre d'exécution. Il faut également qu'il n'ait pas été possible d'invoquer cette incompatibilité au cours de la procédure européenne de règlement des petits litiges.

Le certificat permettant la circulation de la décision (formulaire D) est délivré sans que le débiteur ait pu faire valoir ses observations. Le règlement prévoit qu'un éventuel conflit entre deux décisions sera réglé au stade de l'exécution.

Le règlement met sur un pied d'égalité toutes les décisions, qu'elles proviennent d'un État membre de l'Union européenne, d'un État tiers ou de l'État d'exécution, et donne la priorité à la première décision rendue.

Le règlement fixe cependant des conditions. Tout d'abord, la première décision doit remplir les conditions pour être reconnue dans le pays d'exécution ou avoir été rendue dans le pays d'exécution. Il faut également qu'il n'ait pas été possible d'invoquer l'incompatibilité de la décision rendue avec une précédente décision au cours de la procédure européenne de règlement des petits litiges.

4.4.2. Limitation et suspension de l'exécution

En application de l'article 23 du règlement, lorsqu'une partie a formé un recours à l'encontre de la décision rendue devant une juridiction de l'État membre d'origine ou est encore en droit de former un tel recours, la juridiction de l'État membre d'exécution peut :

• limiter l'exécution à la prise de mesures conservatoires;
• subordonner l'exécution à la constitution d'une sûreté qu'elle détermine;
• « dans des circonstances exceptionnelles », suspendre la procédure d'exécution.

## 215 Ordonnance n° 2011-1540 du 16 novembre 2011 portant transposition de la directive 2008/52/CE du Parlement européen et du Conseil du 21 mai 2008 sur certains aspects de la médiation en matière civile et commerciale

En vigueur depuis le 18 novembre 2011

*Le Président de la République*

Sur le rapport du Premier ministre et du garde des Sceaux, ministre de la Justice et des Libertés,

Vu la Constitution, notamment son article 38;

Vu la directive 2008/52/CE du Parlement européen et du Conseil du 21 mai 2008 sur certains aspects de la médiation en matière civile et commerciale;

Vu le code de justice administrative;

Vu la loi n° 68-1250 du 31 décembre 1968 modifiée relative à la prescription des créances sur l'État, les départements, les communes et les établissements publics;

Vu la loi n° 91-647 du 10 juillet 1991 modifiée relative à l'aide juridique;

Vu la loi n° 91-650 du 9 juillet 1991 modifiée portant réforme des procédures civiles d'exécution, notamment son article 3;

Vu la loi n° 95-125 du 8 février 1995 modifiée relative à l'organisation des juridictions et à la procédure civile, pénale et administrative;

Vu la loi n° 2011-525 du 17 mai 2011 de simplification et d'amélioration de la qualité du droit, notamment son article 198;

Vu l'avis du Conseil supérieur de la prud'homie en date du 9 septembre 2011;

Le Conseil d'État entendu;

Le Conseil des ministres entendu,

*Ordonne :*

**Article 1er –** Le chapitre Ier du titre II de la loi du 8 février 1995 susvisée est remplacé par le chapitre suivant :

« Chapitre Ier

« La médiation

« Section 1

« Dispositions générales

« Article 21. – La médiation régie par le présent chapitre s'entend de tout processus structuré, quelle qu'en soit la dénomination, par lequel deux ou plusieurs parties tentent de parvenir à un accord en vue de la résolution amiable de leurs différends, avec l'aide d'un tiers, le médiateur, choisi par elles ou désigné, avec leur accord, par le juge saisi du litige.

« Article 21-1. – La médiation est soumise à des règles générales qui font l'objet de la présente section, sans préjudice de règles complémentaires propres à certaines médiations ou à certains médiateurs.

« Article 21-2. – Le médiateur accomplit sa mission avec impartialité, compétence et diligence.

« Article 21-3. – Sauf accord contraire des parties, la médiation est soumise au principe de confidentialité.

« Les constatations du médiateur et les déclarations recueillies au cours de la médiation ne peuvent être divulguées aux tiers ni invoquées ou produites dans le cadre d'une instance judiciaire ou arbitrale sans l'accord des parties.

« Il est fait exception aux alinéas précédents dans les deux cas suivants :

« a) En présence de raisons impérieuses d'ordre public ou de motifs liés à la protection de l'intérêt supérieur de l'enfant ou à l'intégrité physique ou psychologique de la personne ;

« b) Lorsque la révélation de l'existence ou la divulgation du contenu de l'accord issu de la médiation est nécessaire pour sa mise en œuvre ou son exécution.

« Lorsque le médiateur est désigné par un juge, il informe ce dernier de ce que les parties sont ou non parvenues à un accord.

« Article 21-4. – L'accord auquel parviennent les parties ne peut porter atteinte à des droits dont elles n'ont pas la libre disposition.

« Article 21-5. – L'accord auquel parviennent les parties peut être soumis à l'homologation du juge, qui lui donne force exécutoire.

« Section 2

« La médiation judiciaire

« Article 22. – Le juge peut désigner, avec l'accord des parties, un médiateur judiciaire pour procéder à une médiation, en tout état de la procédure, y compris en référé. Cet accord est recueilli dans des conditions prévues par décret en Conseil d'État.

« Article 22-1. – Un médiateur ne peut être désigné par le juge pour procéder aux tentatives préalables de conciliation prescrites par la loi en matière de divorce et de séparation de corps.

« Dans les autres cas de tentative préalable de conciliation prescrite par la loi, le juge peut, s'il n'a pas recueilli l'accord des parties, leur enjoindre de rencontrer un médiateur qu'il désigne et qui répond aux conditions prévues par décret en Conseil d'État. Celui-ci informe les parties sur l'objet et le déroulement d'une mesure de médiation.

« Article 22-2. – Lorsque les frais de la médiation sont à la charge des parties, celles-ci déterminent librement entre elles leur répartition.

« À défaut d'accord, ces frais sont répartis à parts égales, à moins que le juge n'estime qu'une telle répartition est inéquitable au regard de la situation économique des parties.

« Lorsque l'aide juridictionnelle a été accordée à l'une des parties, la répartition de la charge des frais de la médiation est établie selon les règles prévues à l'alinéa précédent. Les frais incombant à la partie bénéficiaire de l'aide juridictionnelle sont à la charge de l'État, sous réserve des dispositions de l'article 50 de la loi du 10 juillet 1991 relative à l'aide juridique.

« Le juge fixe le montant de la provision à valoir sur la rémunération du médiateur et désigne la ou les parties qui consigneront la provision dans le délai qu'il détermine. La désignation du médiateur est caduque à défaut de consignation dans le délai et selon les modalités impartis. L'instance est alors poursuivie.

« Article 22-3. – La durée de la mission de médiation est fixée par le juge, sans qu'elle puisse excéder un délai déterminé par décret en Conseil d'État.

« Le juge peut toutefois renouveler la mission de médiation. Il peut également y mettre fin, avant l'expiration du délai qu'il a fixé, d'office ou à la demande du médiateur ou d'une partie.

« Section 3

« Dispositions finales

« Article 23. – Les dispositions du présent chapitre ne sont pas applicables aux procédures pénales.

« Article 24. – Les dispositions des articles 21 à 21-5 ne s'appliquent à la médiation conventionnelle intervenant dans les différends qui s'élèvent à l'occasion d'un contrat de travail que lorsque ces différends sont transfrontaliers.

« Est transfrontalier, au sens du présent article, le différend dans lequel, à la date où il est recouru à la médiation, une des parties au moins est domiciliée ou a sa résidence habituelle dans un État membre de l'Union européenne autre que la France et une autre partie au moins est domiciliée ou a sa résidence habituelle en France.

« Le différend transfrontalier s'entend également du cas où une instance judiciaire ou arbitrale est introduite en France entre des parties ayant recouru préalablement à une médiation et étant toutes domiciliées ou ayant toutes leur résidence habituelle dans un autre État membre de l'Union européenne à la date à laquelle elles ont recouru à la médiation.

« Article 25. – Un décret en Conseil d'État détermine les conditions d'application du présent chapitre. »

**Article 2 –** Dans le titre VII du livre VII de la partie législative du code de justice administrative, il est inséré un chapitre I^er^ *ter* ainsi rédigé :

« Chapitre I^er^ *ter*

« La médiation

« Article L. 771-3. – Les différends transfrontaliers relevant de la compétence du juge administratif, à l'exclusion de ceux qui concernent la mise en œuvre par l'une des parties de prérogatives de puissance publique, peuvent faire l'objet d'une médiation dans les conditions prévues aux articles 21, 21-2 à 21-4 de la loi n° 95-125 du 8 février 1995 relative à l'organisation des juridictions et à la procédure civile, pénale et administrative.

« Est transfrontalier, au sens du présent article, le différend dans lequel, à la date où il est recouru à la médiation, une des parties au moins est domiciliée ou a sa résidence habituelle dans un État membre de l'Union européenne autre que la France et une autre partie au moins est domiciliée ou a sa résidence habituelle en France.

« Le différend transfrontalier s'entend également du cas où une instance juridictionnelle ou arbitrale est introduite en France entre des parties ayant recouru préalablement à une médiation et étant toutes domiciliées en ayant toutes leur résidence habituelle dans un autre État membre de l'Union européenne à la date à laquelle elles ont recouru à la médiation.

« Article L. 771-3-1. – Les juridictions régies par le présent code, saisies d'un litige, peuvent, dans les cas prévus à l'article L. 771-3 et après avoir obtenu l'accord des parties, ordonner une médiation pour tenter de parvenir à un accord entre celles-ci.

« Article L. 771-3-2. – Saisie de conclusions en ce sens, la juridiction peut, dans tous les cas où un processus de médiation a été engagé en application du présent chapitre, homologuer et donner force exécutoire à l'accord issu de la médiation. »

**Article 3 –** Après l'article 2 de la loi du 31 décembre 1968 relative à la prescription des créances sur l'État, les départements, les communes et les établissements publics, est inséré un article 2-1 ainsi rédigé :

« Article 2-1. – La prescription est suspendue à compter du jour où, après la survenance d'un litige, les parties conviennent de recourir à la médiation ou, à défaut d'accord écrit, à compter de la première réunion de médiation.

« La suspension de la prescription ne peut excéder une durée de six mois.

« Les délais de prescription courent à nouveau, pour une durée qui ne peut être inférieure à six mois, à compter de la date à laquelle soit l'une au moins des parties, soit le médiateur déclare que la médiation est terminée.

« Le présent article ne s'applique qu'aux médiations intervenant dans les cas prévus à l'article L. 771-3 du code de justice administrative. »

**Article 4 –** Le 1° de l'article 3 de la loi du 9 juillet 1991 susvisée est remplacé par les dispositions suivantes :

« 1° Les décisions des juridictions de l'ordre judiciaire ou de l'ordre administratif lorsqu'elles ont force exécutoire ainsi que les accords auxquels ces juridictions ont conféré force exécutoire; ».

**Article 5 –** Les accords passés à l'issue d'une médiation engagée entre le 21 mai 2011 et l'entrée en vigueur de l'ordonnance n° 2011-1540 du 16 novembre 2011 portant transposition de la directive 2008/52/CE du Parlement européen et du Conseil du 21 mai 2008 sur certains aspects de la médiation en matière civile et commerciale et qui répondent aux conditions prévues aux articles 21-2 à 21-4 de la loi du 8 février 1995 susvisée dans leur rédaction issue de cette ordonnance peuvent faire l'objet d'une homologation.

**Article 6 –** Le Premier ministre et le garde des Sceaux, ministre de la Justice et des libertés, sont responsables, chacun en ce qui le concerne, de l'application de la présente ordonnance, qui sera publiée au *Journal officiel* de la République française.

# Quatrième partie

# ARBITRAGE

# SOUS-PARTIE I

# CONVENTIONS INTERNATIONALES

## 216 Convention de New York du 10 juin 1958 pour la reconnaissance et l'exécution des sentences arbitrales étrangères

En vigueur depuis le 24 septembre 1959

**Article premier –** 1. La présente Convention s'applique à la reconnaissance et à l'exécution des sentences arbitrales rendues sur le territoire d'un État autre que celui où la reconnaissance et l'exécution des sentences sont demandées, et issues de différends entre personnes physiques ou morales. Elle s'applique également aux sentences arbitrales qui ne sont pas considérées comme sentences nationales dans l'État où leur reconnaissance et leur exécution sont demandées.

2. On entend par « sentences arbitrales » non seulement les sentences rendues par des arbitres nommés pour des cas déterminés, mais également celles qui sont rendues par des organes d'arbitrage permanents auxquels les parties se sont soumises.

3. Au moment de signer ou de ratifier la présente Convention, d'y adhérer ou de faire la notification d'extension prévue à l'article X, tout État pourra, sur la base de la réciprocité, déclarer qu'il appliquera la Convention à la reconnaissance et à l'exécution des seules sentences rendues sur le territoire d'un autre État contractant. Il pourra également déclarer qu'il appliquera la Convention uniquement aux différends issus de rapports de droit, contractuels ou non contractuels, qui sont considérés comme commerciaux par sa loi nationale.

**Article II –** 1. Chacun des États contractants reconnaît la convention écrite par laquelle les parties s'obligent à soumettre à un arbitrage tous les différends ou certains des différends qui se sont élevés ou pourraient s'élever entre elles au sujet d'un rapport de droit déterminé, contractuel ou non contractuel, portant sur une question susceptible d'être réglée par voie d'arbitrage.

2. On entend par « convention écrite » une clause compromissoire insérée dans un contrat, ou un compromis, signés par les parties ou contenus dans un échange de lettres ou de télégrammes.

3. Le tribunal d'un État contractant, saisi d'un litige sur une question au sujet de laquelle les parties ont conclu une convention au sens du présent article, renverra les parties à l'arbitrage, à la demande de l'une d'elles, à moins qu'il ne constate que ladite convention est caduque, inopérante ou non susceptible d'être appliquée.

**Article III –** Chacun des États contractants reconnaîtra l'autorité d'une sentence arbitrale et accordera l'exécution de cette sentence conformément aux règles de procédure suivies dans le territoire où la sentence est invoquée, aux conditions établies dans les articles suivants. Il ne sera pas imposé, pour la reconnaissance ou l'exécution des sentences arbitrales auxquelles s'applique la présente Convention, de conditions sensiblement plus rigoureuses, ni de frais de justice sensiblement plus élevés, que ceux qui sont imposés pour la reconnaissance ou l'exécution des sentences arbitrales nationales.

**Article IV –** 1. Pour obtenir la reconnaissance et l'exécution visées à l'article précédent, la partie qui demande la reconnaissance et l'exécution doit fournir, en même temps que la demande :

*a*) L'original dûment authentifié de la sentence ou une copie de cet original réunissant les conditions requises pour son authenticité ;

*b*) L'original de la convention visée à l'article II, ou une copie réunissant les conditions requises pour son authenticité.

2. Si ladite sentence ou ladite convention n'est pas rédigée dans une langue officielle du pays où la sentence est invoquée, la partie qui demande la reconnaissance et l'exécution de la sentence aura à produire une traduction de ces pièces dans cette langue. La traduction devra être certifiée par un traducteur officiel ou un traducteur juré ou par un agent diplomatique ou consulaire.

**Article V –** 1. La reconnaissance et l'exécution de la sentence ne seront refusées, sur requête de la partie contre laquelle elle est invoquée, que si cette partie fournit à l'autorité compétente du pays où la reconnaissance et l'exécution sont demandées la preuve :

*a*) Que les parties à la convention visée à l'article II étaient, en vertu de la loi à elles applicable, frappées d'une incapacité, ou que ladite convention n'est pas valable en vertu de la loi à laquelle les parties l'ont subordonnée ou, à défaut d'une indication à cet égard, en vertu de la loi du pays où la sentence a été rendue ; ou

*b*) Que la partie contre laquelle la sentence est invoquée n'a pas été dûment informée de la désignation de l'arbitre ou de la procédure d'arbitrage, ou qu'il lui a été impossible, pour une autre raison, de faire valoir ses moyens ; ou

*c*) Que la sentence porte sur un différend non visé dans le compromis ou n'entrant pas dans les prévisions de la clause compromissoire, ou qu'elle contient des décisions qui dépassent les termes du compromis ou de la clause compromissoire ; toutefois, si les dispositions de la sentence qui ont trait à des questions soumises à l'arbitrage peuvent être dissociées de celles qui ont trait à des questions non soumises à l'arbitrage, les premières pourront être reconnues et exécutées ; ou

*d*) Que la constitution du tribunal arbitral ou la procédure d'arbitrage n'a pas été conforme à la convention des parties, ou, à défaut de convention, qu'elle n'a pas été conforme à la loi du pays où l'arbitrage a eu lieu ; ou

*e*) Que la sentence n'est pas encore devenue obligatoire pour les parties ou a été annulée ou suspendue par une autorité compétente du pays dans lequel, ou d'après la loi duquel, la sentence a été rendue.

2. La reconnaissance et l'exécution d'une sentence arbitrale pourront aussi être refusées si l'autorité compétente du pays où la reconnaissance et l'exécution sont requises constate :

*a*) Que, d'après la loi de ce pays, l'objet du différend n'est pas susceptible d'être réglé par voie d'arbitrage; ou

*b*) Que la reconnaissance ou l'exécution de la sentence serait contraire à l'ordre public de ce pays.

**Article VI –** Si l'annulation ou la suspension de la sentence est demandée à l'autorité compétente visée à l'article V, paragraphe 1, *e*, l'autorité devant qui la sentence est invoquée peut, si elle l'estime approprié, surseoir à statuer sur l'exécution de la sentence; elle peut aussi, à la requête de la partie qui demande l'exécution de la sentence, ordonner à l'autre partie de fournir des sûretés convenables.

**Article VII –** 1. Les dispositions de la présente Convention ne portent pas atteinte à la validité des accords multilatéraux ou bilatéraux conclus par les États contractants en matière de reconnaissance et d'exécution de sentences arbitrales et ne privent aucune partie intéressée du droit qu'elle pourrait avoir de se prévaloir d'une sentence arbitrale de la manière et dans la mesure admises par la législation ou tes traités du pays où la sentence est invoquée.

2. Le Protocole de Genève de 1923 relatif aux clauses d'arbitrage et la Convention de Genève de 1927 pour l'exécution des sentences arbitrales étrangères cesseront de produire leurs effets entre les États contractants du jour, et dans la mesure, où ceux-ci deviendront liés par la présente Convention.

**Article VIII –** 1. La présente Convention est ouverte jusqu'au 31 décembre 1958 à la signature de tout État Membre des Nations unies, ainsi que de tout autre État qui est, ou deviendra par la suite, membre d'une ou plusieurs institutions spécialisées des Nations unies ou partie au Statut de la Cour internationale de Justice, ou qui aura été invité par l'Assemblée générale des Nations unies.

2. La présente Convention doit être ratifiée et les instruments de ratification déposés auprès du Secrétaire général de l'Organisation des Nations unies.

**Article IX –** 1. Tous les États visés à l'article VIII peuvent adhérer à la présente Convention.

2. L'adhésion se fera par le dépôt d'un instrument d'adhésion auprès du Secrétaire général de l'Organisation des Nations unies.

**Article X –** 1. Tout État pourra, au moment de la signature, de la ratification ou de l'adhésion, déclarer que la présente Convention s'étendra à l'ensemble des territoires qu'il représente sur le plan international, ou à l'un ou plusieurs d'entre eux. Cette déclaration produira ses effets au moment de l'entrée en vigueur de la Convention pour ledit État.

2. Par la suite, toute extension de cette nature se fera par notification adressée au Secrétaire général de l'Organisation des Nations unies et produira ses effets à partir du quatre-vingt-dixième jour qui suivra la date à laquelle le Secrétaire général de l'Organisation des Nations unies aura reçu la notification, ou à la date d'entrée en vigueur de la Convention pour ledit État si cette dernière date est postérieure.

3. En ce qui concerne les territoires auxquels la présente Convention ne s'applique pas à la date de la signature, de la ratification ou de l'adhésion, chaque État intéressé examinera la possibilité de prendre les mesures voulues pour étendre la Convention à ces territoires, sous réserve le cas échéant, lorsque des motifs constitutionnels l'exigeront, de l'assentiment des gouvernements de ces territoires.

**Article XI –** Les dispositions ci-après s'appliqueront aux États fédératifs ou non unitaires :

*a*) En ce qui concerne les articles de la présente Convention qui relèvent de la compétence législative du pouvoir fédéral, les obligations du gouvernement fédéral seront les mêmes que celles des États contractants qui ne sont pas des États fédératifs ;

*b*) En ce qui concerne les articles de la présente Convention qui relèvent de la compétence législative de chacun des États ou provinces constituants, qui ne sont pas, en vertu du système constitutionnel de la fédération, tenus de prendre des mesures législatives, le gouvernement fédéral portera le plus tôt possible, et avec son avis favorable, lesdits articles à la connaissance des autorités compétentes des États ou provinces constituants ;

*c*) Un État fédératif Partie à la présente Convention communiquera, à la demande de tout autre État contractant qui lui aura été transmise par l'intermédiaire du Secrétaire général de l'Organisation des Nations unies, un exposé de la législation et des pratiques en vigueur dans la fédération et ses unités constituantes, en ce qui concerne telle ou telle disposition de la Convention, indiquant la mesure dans laquelle effet a été donné, par une action législative ou autre, à ladite disposition.

**Article XII –** 1. La présente Convention entrera en vigueur le quatre-vingt-dixième jour qui suivra la date du dépôt du troisième instrument de ratification ou d'adhésion.

2. Pour chacun des États qui ratifieront la Convention ou y adhéreront après le dépôt du troisième instrument de ratification ou d'adhésion, elle entrera en vigueur le quatre-vingt-dixième jour qui suivra la date du dépôt par cet État de son instrument de ratification ou d'adhésion.

**Article XIII –** 1. Tout État contractant pourra dénoncer la présente Convention par notification écrite adressée au Secrétaire général de l'Organisation des Nations unies. La dénonciation prendra effet un an après la date où le Secrétaire général de l'Organisation des Nations unies aura reçu la notification.

2. Tout État qui aura fait une déclaration ou une notification conformément à l'article X pourra notifier ultérieurement au Secrétaire général de l'Organisation des Nations unies que la Convention cessera de s'appliquer au territoire en question un an après la date à laquelle le Secrétaire général aura reçu cette notification.

3. La présente Convention demeurera applicable aux sentences arbitrales au sujet desquelles une procédure de reconnaissance ou d'exécution aura été entamée avant l'entrée en vigueur de la dénonciation.

**Article XIV –** Un État contractant ne peut se réclamer des dispositions de la présente Convention contre d'autres États contractants que dans la mesure où il est lui-même tenu d'appliquer cette convention.

**Article XV –** Le Secrétaire général de l'Organisation des Nations unies notifiera à tous les États visés à l'article VIII :

*a*) Les signatures et ratifications visées à l'article VIII ;

*b*) Les adhésions visées à l'article IX ;

*c*) Les déclarations et notifications visées aux articles premier, X et XI ;

*d*) La date où la présente Convention entrera en vigueur, en application de l'article XII ;

*e*) Les dénonciations et notifications visées à l'article XIII.

**Article XVI –** 1. La présente Convention, dont les textes anglais, chinois, espagnol, français et russe font également foi, sera déposée dans les archives de l'Organisation des Nations unies.

2. Le Secrétaire général de l'Organisation des Nations unies remettra une copie certifiée conforme de la présente Convention aux États visés à l'article VIII.

# 217 Convention européenne de Genève du 21 avril 1961 sur l'arbitrage commercial international

Publiée le 26 janvier 1968

*Les soussignés, dûment autorisés, réunis sous les auspices de la commission économique pour l'Europe de l'Organisation des Nations unies,*

Ayant constaté que le 10 juin 1958, à l'issue de la Conférence des Nations unies sur l'arbitrage commercial international, a été signée à New York une convention pour la reconnaissance et l'exécution des sentences arbitrales étrangères,

Désireux, pour contribuer au développement du commerce européen, d'écarter, dans la mesure du possible, certaines difficultés susceptibles d'entraver l'organisation et le fonctionnement de l'arbitrage commercial international dans les relations entre personnes physiques ou morales des pays différents de l'Europe, sont convenus des dispositions suivantes :

## Article 1er – Champ d'application de la convention

1. La présente convention s'applique :

*a.* Aux conventions d'arbitrage conclues, pour le règlement de litiges nés ou à naître d'opérations de commerce international, entre personnes physiques ou morales ayant, au moment de la conclusion de la convention, leur résidence habituelle ou leur siège dans des États contractants différents ;

*b.* Aux procédures et aux sentences arbitrales fondées sur les conventions visées au paragraphe 1 (*a*) de cet article.

2. Aux fins de la présente convention, on entend par :

*a.* « Convention d'arbitrage », soit une clause compromissoire insérée dans un contrat, soit un compromis, contrat ou compromis signés par les parties ou contenus dans un échange de lettres, de télégrammes ou de communications pour téléscripteur, et, dans les rapports entre pays dont les lois n'imposent pas la forme écrite à la convention d'arbitrage, toute convention conclue dans les formes permises par ces lois ;

*b.* « Arbitrage », le règlement de litiges non seulement par des arbitres nommés pour des cas déterminés (arbitrage *ad hoc*), mais également par des institutions d'arbitrage permanentes ;

*c.* « Siège », le lieu où est situé l'établissement qui a conclu la convention d'arbitrage.

## Article 2 – Capacité des personnes morales de droit public de se soumettre à l'arbitrage

1. Dans les cas visés à l'article 1er, paragraphe 1, de la présente convention, les personnes morales qualifiées, par la loi qui leur est applicable, de « personnes morales de droit public » ont la faculté de conclure valablement des conventions d'arbitrage.

2. Au moment de signer ou de ratifier la présente convention ou d'y adhérer, tout État pourra déclarer qu'il limite cette faculté dans les conditions précisées dans sa déclaration.

### Article 3 – Capacité des étrangers d'être arbitres

Dans les arbitrages soumis à la présente convention, les étrangers peuvent être désignés comme arbitres.

### Article 4 – Organisation de l'arbitrage

1. Les parties à une convention d'arbitrage sont libres de prévoir :

*a.* Que leurs litiges seront soumis à une institution permanente d'arbitrage; dans ce cas, l'arbitrage se déroulera conformément au règlement de l'institution désignée; ou

*b.* Que leurs litiges seront soumis à une procédure arbitrale *ad hoc*; dans ce cas, les parties auront notamment la faculté :

i. De désigner les arbitres ou d'établir les modalités suivant lesquelles les arbitres seront désignés en cas de litige;

ii. De déterminer le lieu de l'arbitrage;

iii. De fixer les règles de procédure à suivre par les arbitres.

2. Si les parties ont entendu soumettre le règlement de leurs litiges à un arbitrage *ad hoc* et que, dans un délai de trente jours à dater de la notification de la demande d'arbitrage au défendeur, l'une des parties n'a pas désigné son arbitre, celui-ci sera désigné, sauf convention contraire, sur demande de l'autre partie, par le président de la chambre de commerce compétente du pays dans lequel la partie en défaut a, au moment de l'introduction de la demande d'arbitrage, sa résidence habituelle ou son siège. Le présent paragraphe s'applique également au remplacement d'arbitres désignés par une partie ou par le président de la chambre de commerce ci-dessus visée.

3. Si les parties ont entendu soumettre le règlement de leurs litiges à un arbitrage *ad hoc* par un ou plusieurs arbitres sans que la convention d'arbitrage contienne d'indication sur les mesures nécessaires à l'organisation de l'arbitrage telles que celles qui sont visées au paragraphe 1 du présent article, ces mesures seront prises, si les parties ne s'entendent pas à ce sujet et sous réserve du cas visé au paragraphe 2 ci-dessus, par le ou les arbitres déjà désignés. À défaut d'accord entre les parties sur la désignation de l'arbitre unique ou à défaut d'accord entre les arbitres sur les mesures à prendre, le demandeur pourra s'adresser, pour que ces mesures soient prises, si les parties sont convenues du lieu de l'arbitrage, à son choix, soit au président de la chambre de commerce compétente du pays où se trouve le lieu choisi par les parties, soit au président de la chambre de commerce compétente du pays dans lequel le défendeur a, au moment de l'introduction de la demande d'arbitrage, sa résidence habituelle ou son siège; si les parties ne sont pas convenues du lieu de l'arbitrage, le demandeur pourra s'adresser, à son choix, soit au président de la chambre de commerce compétente du pays dans lequel le défendeur a, au moment de l'introduction de la demande d'arbitrage, sa résidence habituelle ou son siège, soit au comité spécial dont la composition et les modalités de fonctionnement sont déterminées par l'annexe à la présente convention. Si le demandeur n'exerce pas les droits qui lui sont accordés par le présent paragraphe, ces droits pourront être exercés par le défendeur ou par les arbitres.

4. Le président ou le comité spécial saisis pourront procéder, selon le cas :

*a.* À la désignation de l'arbitre unique, de l'arbitre président, du superarbitre ou du tiers arbitre;

*b.* Au remplacement d'un ou de plusieurs arbitres désignés selon une procédure autre que celle prévue au paragraphe 2 du présent article;

*c.* À la détermination du lieu de l'arbitrage, étant entendu que les arbitres peuvent choisir un autre lieu d'arbitrage;

*d.* À la fixation directe ou par référence au règlement d'une institution arbitrale permanente des règles de procédure qui devront être observées par les arbitres, si les arbitres n'ont pas fixé leurs règles de procédure à défaut d'accord entre les parties à ce sujet.

5. Si les parties ont entendu soumettre le règlement de leurs litiges à une institution arbitrale permanente sans désigner cette institution et ne s'accordent pas sur cette désignation, le demandeur pourra requérir cette désignation conformément à la procédure prévue au paragraphe 3 ci-dessus.

6. Si la convention d'arbitrage ne contient aucune indication sur le mode d'arbitrage (arbitrage par une institution permanente d'arbitrage ou arbitrage *ad hoc*) auquel les parties ont entendu soumettre leur litige et si les parties ne s'accordent pas sur cette question, le demandeur aura la faculté de recourir à ce sujet à la procédure prévue au paragraphe 3 ci-dessus. Le président de la chambre de commerce compétente ou le comité spécial pourront soit renvoyer les parties à une institution permanente d'arbitrage, soit inviter les parties à désigner leurs arbitres dans un délai qu'ils leur auront fixé et à convenir dans le même délai des mesures nécessaires au fonctionnement de l'arbitrage. Dans ce dernier cas, seront applicables les paragraphes 2, 3 et 4 du présent article.

7. Si, dans un délai de soixante jours à partir du moment où il aura été saisi d'une des requêtes énumérées aux paragraphes 2, 3, 4, 5 et 6 de cet article, le président de la chambre de commerce désignée en vertu d'un de ces paragraphes n'a pas donné suite à la requête, le requérant pourra s'adresser au comité spécial afin qu'il assume les fonctions qui n'ont pas été remplies.

## Article 5 – Déclinatoire de compétence arbitrale

1. La partie qui entend soulever une exception prise de l'incompétence de l'arbitre doit, lorsqu'il s'agit d'exceptions fondées sur l'inexistence, la nullité ou la caducité de la convention d'arbitrage, le faire dans la procédure arbitrale au plus tard au moment de présenter ses défenses sur le fond et, lorsqu'il s'agit d'exceptions prises de ce que la question litigieuse excéderait les pouvoirs de l'arbitre, aussitôt que sera soulevée, dans la procédure arbitrale, la question qui excéderait ces pouvoirs. Lorsque le retard des parties à soulever l'exception est dû à une cause jugée valable par l'arbitre, celui-ci déclare l'exception recevable.

2. Les exceptions d'incompétence visées au paragraphe 1 ci-dessus et qui n'auraient pas été soulevées dans les délais fixés à ce paragraphe 1 ne pourront plus l'être dans la suite de la procédure arbitrale s'il s'agit d'exceptions qu'en vertu du droit applicable par l'arbitre les parties ont seules la faculté d'invoquer, ni au cours d'une procédure judiciaire ultérieure sur le fond ou l'exécution de la sentence s'il s'agit d'exceptions laissées à la faculté des parties en vertu de la loi déterminée par la règle de conflit du tribunal judiciaire saisi du fond ou de l'exécution de la sentence. Le juge pourra toutefois contrôler la décision par laquelle l'arbitre aura constaté la tardivité de l'exception.

3. Sous réserve des contrôles judiciaires ultérieurs prévus par la loi du for, l'arbitre, dont la compétence est contestée, ne doit pas se dessaisir de l'affaire; il a le pouvoir de statuer sur sa propre compétence et sur l'existence ou la validité de la convention d'arbitrage ou du contrat dont cette convention fait partie.

## Article 6 – Compétence judiciaire

1. L'exception prise de l'existence d'une convention d'arbitrage et présentée devant le tribunal judiciaire saisi par une des parties à la convention d'arbitrage doit être soulevée par le défendeur à peine de forclusion avant ou au moment de présenter ses défenses sur le fond selon que la loi du tribunal saisi considère l'exception d'incompétence comme une question de procédure ou de fond.

2. Quand ils auront à se prononcer sur l'existence ou la validité d'une convention d'arbitrage, les tribunaux des États contractants statueront en ce qui concerne la capacité des parties selon la loi qui leur est applicable et en ce qui concerne les autres questions :

*a.* Selon la loi à laquelle les parties ont soumis la convention d'arbitrage;

*b.* À défaut d'une indication à cet égard, selon la loi du pays où la sentence doit être rendue;

*c.* À défaut d'indication sur la loi à laquelle les parties ont soumis la convention et, si au moment où la question est soumise à un tribunal judiciaire il n'est pas possible de prévoir quel sera le pays où la sentence sera rendue, selon la loi compétente en vertu des règles de conflit du tribunal saisi.

Le juge saisi pourra ne pas reconnaître la convention d'arbitrage si, selon la loi du for, le litige n'est pas susceptible d'arbitrage.

3. Lorsque, avant tout recours à un tribunal judiciaire, une procédure d'arbitrage aura été introduite, les tribunaux judiciaires des États contractants, saisis ultérieurement d'une demande portant sur le même différend entre les mêmes parties ou d'une demande en constatation de l'inexistence, de la nullité ou de la caducité de la convention d'arbitrage, sursoiront, sauf motifs graves, à statuer sur la compétence de l'arbitre jusqu'au prononcé de la sentence arbitrale.

4. Une demande de mesures provisoires ou conservatoires adressée à une autorité judiciaire ne doit pas être considérée comme incompatible avec la convention d'arbitrage, ni comme une soumission de l'affaire quant au fond au tribunal judiciaire.

## Article 7 – Droit applicable

1. Les parties sont libres de déterminer le droit que les arbitres devront appliquer au fond du litige. À défaut d'indication par les parties du droit applicable, les arbitres appliqueront la loi désignée par la règle de conflit que les arbitres jugeront appropriée en l'espèce. Dans les deux cas les arbitres tiendront compte des stipulations du contrat et des usages du commerce.

2. Les arbitres statueront en « amiables compositeurs » si telle est la volonté des parties et si la loi régissant l'arbitrage le permet.

## Article 8 – Motifs de la sentence

Les parties sont présumées avoir entendu que la sentence arbitrale soit motivée, sauf :

*a.* Si les parties ont déclaré expressément que la sentence ne doit pas l'être, ou

*b.* Si elles se sont soumises à une procédure arbitrale dans le cadre de laquelle il n'est pas d'usage de motiver les sentences et pour autant, dans ce cas, que les parties ou l'une d'elles ne demandent pas expressément avant la fin de l'audience, ou s'il n'y a pas eu d'audience, avant la rédaction de la sentence, que la sentence soit motivée.

### Article 9 – L'annulation de la sentence arbitrale

1. L'annulation dans un État contractant d'une sentence arbitrale régie par la présente convention ne constituera une cause de refus de reconnaissance ou d'exécution dans un autre État contractant que si cette annulation a été prononcée dans l'État dans lequel ou d'après la loi duquel la sentence a été rendue et ce pour une des raisons suivantes :

*a.* Les parties à la convention d'arbitrage étaient, en vertu de la loi qui leur est applicable, frappées d'une incapacité ou ladite convention n'est pas valable en vertu de la loi à laquelle les parties l'ont soumise ou, à défaut d'indication à cet égard, en vertu de la loi du pays où la sentence a été rendue; ou

*b.* La partie qui demande l'annulation n'a pas été dûment informée de la désignation de l'arbitre ou de la procédure d'arbitrage, ou il lui a été impossible, pour une autre raison, de faire valoir ses moyens; ou

*c.* La sentence porte sur un différend non visé dans le compromis ou n'entrant pas dans les prévisions de la clause compromissoire; ou contient des décisions qui dépassent les termes du compromis ou de la clause compromissoire; toutefois, si les dispositions de la sentence qui ont trait à des questions soumises à l'arbitrage peuvent être dissociées de celles qui ont trait à des questions non soumises à l'arbitrage, les premières pourront ne pas être annulées : ou

*d.* La constitution du tribunal arbitral ou la procédure d'arbitrage n'a pas été conforme à la convention des parties ou, à défaut de convention, aux dispositions de l'article 4 de la présente convention.

2. Dans les rapports entre États contractants également parties à la convention de New York du 10 juin 1958 sur la reconnaissance et l'exécution des sentences arbitrales étrangères, le paragraphe 1 du présent article a pour effet de limiter aux seules causes d'annulation qu'il énumère l'application de l'article 5, paragraphe 1 (*e*), de la convention de New York.

### Article 10 – Dispositions finales

1. La présente convention est ouverte à la signature ou à l'adhésion des pays membres de la commission économique pour l'Europe et des pays admis à la commission à titre consultatif conformément au paragraphe 8 du mandat de cette commission.

2. Les pays susceptibles de participer à certains travaux de la commission économique pour l'Europe en application du paragraphe 11 du mandat de cette commission peuvent devenir parties contractantes à la présente convention en y adhérant après son entrée en vigueur.

3. La convention sera ouverte à la signature jusqu'au 31 décembre 1961 inclus. Après cette date, elle sera ouverte à l'adhésion.

4. La présente convention sera ratifiée.

5. Les instruments de ratification ou d'adhésion seront déposés auprès du secrétaire général de l'Organisation des Nations unies.

6. En signant la présente convention, en la ratifiant ou en y adhérant, les parties contractantes communiqueront au secrétaire général de l'Organisation des Nations unies la liste des chambres de commerce ou autres institutions de leur pays dont les présidents assumeront les fonctions confiées par l'article 4 de la présente convention aux présidents des chambres de commerce compétentes.

7. Les dispositions de la présente convention ne portent pas atteinte à la validité des accords multilatéraux ou bilatéraux conclus ou à conclure par des États contractants en matière d'arbitrage.

8. La présente convention entrera en vigueur le quatre-vingt-dixième jour après que cinq des pays mentionnés au paragraphe 1 du présent article auront déposé leur instrument de ratification ou d'adhésion. Pour chaque pays qui la ratifiera ou y adhérera ultérieurement, la présente convention entrera en vigueur le quatre-vingt-dixième jour qui suivra le dépôt de l'instrument de ratification ou d'adhésion dudit pays.

9. Chaque partie contractante pourra dénoncer la présente convention par notification adressée au secrétaire général de l'Organisation des Nations unies. La dénonciation prendra effet douze mois après la date à laquelle le secrétaire général en aura reçu notification.

10. Si, après l'entrée en vigueur de la présente convention, le nombre de parties contractantes se trouve, par suite de dénonciations, ramené à moins de cinq, la présente convention cessera d'être en vigueur à partir de la date à laquelle la dernière de ces dénonciations prendra effet.

11. Le secrétaire général de l'Organisation des Nations unies notifiera aux pays visés au paragraphe 1, ainsi qu'aux pays devenus parties contractantes en application du paragraphe 2 du présent article :

*a.* Les déclarations faites en vertu du paragraphe 2 de l'article 2 ;

*b.* Les ratifications et adhésions en vertu des paragraphes 1 et 2 du présent article ;

*c.* Les communications reçues conformément au paragraphe 6 du présent article ;

*d.* Les dates auxquelles la présente convention entrera en vigueur conformément au paragraphe 8 du présent article ;

*e.* Les dénonciations en vertu du paragraphe 9 du présent article ;

*f.* L'abrogation de la présente convention conformément au paragraphe 10 du présent article.

12. Après le 31 décembre 1961, l'original de la présente convention sera déposé auprès du secrétaire général de l'Organisation des Nations unies, qui en transmettra des copies certifiées conformes à chacun des pays visés aux paragraphes 1 et 2 du présent article.

En foi de quoi les soussignés, à ce dûment autorisés, ont signé la présente convention.

## ANNEXE

### COMPOSITION ET MODALITÉS DE FONCTIONNEMENT DU COMITÉ SPÉCIAL VISÉ À L'ARTICLE 4 DE LA CONVENTION

1. Le comité spécial visé à l'article 4 de la convention sera composé de deux membres titulaires et d'un président. L'un des membres titulaires sera élu par les chambres de commerce ou autres institutions désignées, conformément à l'article 10, paragraphe 6, de la convention, par les États dans lesquels, au moment de l'ouverture de la convention à la signature, il existe des comités nationaux de la chambre de commerce internationale et qui, au moment de l'élection, seront parties à la convention. L'autre membre sera élu par les chambres de commerce ou autres institutions désignées, conformément à l'article 10, paragraphe 6, de la convention, par les États

dans lesquels, au moment de l'ouverture de la convention à la signature, il n'existe pas de comités nationaux de la chambre de commerce internationale et qui, au moment de l'élection, seront parties à la convention.

2. Les personnes appelées à exercer, dans les conditions prévues au paragraphe 7 ci-dessous, les fonctions de président du comité spécial, seront également élues par les chambres de commerce ou autres institutions comme prévu au paragraphe 1 de la présente annexe.

3. Les chambres de commerce ou autres institutions visées au paragraphe 1 de la présente annexe éliront, en même temps et dans les mêmes conditions que les présidents et les membres titulaires, des suppléants pour le cas d'empêchement temporaire desdits présidents ou membres titulaires. En cas d'empêchement permanent ou de démission d'un président ou d'un membre titulaire, le suppléant élu pour le remplacer devient, selon le cas, président ou membre titulaire, le suppléant élu pour le remplacer devient, selon le cas, président ou membre titulaire et le groupe de chambres de commerce ou autres institutions qui avait élu le suppléant devenu président ou membre titulaire procédera à l'élection d'un nouveau suppléant.

4. Les premières élections du comité auront lieu dans les quatre-vingt-dix jours qui suivent le dépôt du cinquième instrument de ratification ou d'adhésion. Pourront également participer à ces élections les chambres de commerce ou autres institutions désignées par les États qui étant signataires ne sont pas encore parties à la convention. S'il n'est pas possible de procéder à des élections dans le délai indiqué, l'application des paragraphes 3 à 7 de l'article 4 de la convention sera suspendue jusqu'à ce qu'il soit procédé à des élections dans les conditions prévues ci-dessus.

5. Sous réserve des dispositions du paragraphe 7 ci-dessous, les membres du comité spécial seront élus pour une période de quatre ans. De nouvelles élections devront avoir lieu dans les premiers six mois de la quatrième année à partir des élections précédentes. Si une nouvelle procédure d'élection des membres du comité spécial n'a pu donner de résultats, les membres précédemment élus continueront à exercer leurs fonctions jusqu'à l'élection de nouveaux membres.

6. Les résultats des élections des membres du comité spécial seront communiqués au secrétaire général de l'Organisation des Nations unies qui les notifiera aux États visés au paragraphe 1 de l'article 10 de la présente convention ainsi qu'aux États devenus parties contractantes en application du paragraphe 2 de l'article 10, Le secrétaire général notifiera également aux mêmes États la suspension éventuelle et la mise en application des paragraphes 3 à 7 de l'article 4 de la convention en vertu du paragraphe 4 de la présente annexe.

7. Les personnes élues à titre de président exerceront leurs fonctions, à tour de rôle, chacune pendant deux ans. L'attribution des fonctions de la présidence à l'une de ces deux personnes pendant la première période de deux ans après l'entrée en vigueur de la convention sera déterminée par tirage au sort. La présidence sera ensuite attribuée chaque fois, pour une nouvelle période de deux ans, à la personne élue à titre de président par le groupe de pays autre que celui par lequel aura été élu le président ayant exercé ses fonctions pendant la période de deux ans immédiatement précédente.

8. Les requêtes au comité spécial prévues aux paragraphes 3 à 7 de l'article 4 de la convention seront adressées au secrétaire exécutif de la commission économique pour l'Europe. Le secrétaire exécutif en saisira d'abord le membre du comité spécial élu par le groupe de pays autre que celui par lequel aura été élu le président en exercice au moment de l'introduction de la requête. La solution proposée par le membre

saisi en premier lieu sera transmise par le secrétaire exécutif à l'autre membre du comité et, si celui-ci l'accepte, cette solution sera considérée comme décision du comité et communiquée en tant que telle par le secrétaire exécutif au requérant.

9. Si les deux membres du comité spécial saisis par le secrétaire exécutif n'arrivent pas à s'entendre sur une solution par voie de correspondance, le secrétaire exécutif convoquera une réunion du comité spécial à Genève afin d'essayer d'aboutir à une décision unanime sur la requête. À défaut d'unanimité, la décision du comité sera prise à la majorité des voix et communiquée par le secrétaire exécutif au requérant.

10. Les frais liés à l'intervention du comité spécial dans un litige soumis à la présente convention seront avancés par le requérant et employés par lui en frais de procédure.

## ARRANGEMENT

## RELATIF À L'APPLICATION DE LA CONVENTION EUROPÉENNE SUR L'ARBITRAGE COMMERCIAL INTERNATIONAL

*Les gouvernements signataires des États membres du Conseil de l'Europe,*

Considérant qu'une convention européenne sur l'arbitrage commercial international a été ouverte à la signature à Genève le 21 avril 1961;

Considérant toutefois que certaines mesures relatives à l'organisation de l'arbitrage prévues à l'article 4 de la convention ne se recommandent qu'en cas de différends entre personnes physiques ou morales ayant leur résidence habituelle ou leur siège, les unes dans les États contractants où, selon les termes de l'annexe à la convention, il existe des comités nationaux de la chambre de commerce internationale, et les autres dans des États où il n'existe pas de tels comités;

Considérant qu'aux termes du paragraphe 7 de l'article 10 de ladite convention, les dispositions de celle-ci ne portent pas atteinte à la validité d'accord multilatéraux ou bilatéraux conclus ou à conclure, en matière d'arbitrage, par des États qui y sont parties;

Sans préjuger l'intervention d'une convention portant loi uniforme sur l'arbitrage actuellement en voie d'élaboration au sein du Conseil de l'Europe,

sont convenus de ce qui suit :

**Article 1er –** Dans les relations entre personnes physiques ou morales ayant leur résidence habituelle ou leur siège dans les États parties au présent arrangement, les paragraphes 2 à 7 de l'article 4 de la convention européenne sur l'arbitrage commercial international ouverte à la signature à Genève le 21 avril 1961 sont remplacés par la disposition suivante :

*« Si la convention d'arbitrage ne contient pas d'indication sur l'ensemble ou sur une partie des mesures visées au paragraphe 1 de l'article 4 de la convention européenne sur l'arbitrage commercial international, les difficultés qui se présenteraient quant à la constitution ou au fonctionnement de la juridiction arbitrale seront réglées par l'autorité judiciaire compétente à la requête de la partie la plus diligente. »*

**Article 2 –** 1. Le présent arrangement est ouvert à la signature des États membres du Conseil de l'Europe. Il sera ratifié ou accepté. Les instruments de ratification ou d'acceptation seront déposés près le secrétaire général du Conseil de l'Europe.

2. Sous réserve des dispositions de l'article 4, l'arrangement entrera en vigueur trente jours après la date du dépôt du deuxième instrument de ratification ou d'acceptation.

3. Sous réserve des dispositions de l'article 4, il entrera en vigueur à l'égard de tout gouvernement signataire qui le ratifiera ou l'acceptera ultérieurement trente jours après la date du dépôt de son instrument de ratification ou d'acceptation.

**Article 3 –** 1. Après l'entrée en vigueur du présent arrangement, le comité des ministres du Conseil de l'Europe pourra inviter tout État non membre du Conseil dans lequel existe un comité national de la chambre de commerce internationale à adhérer au présent arrangement.

2. L'adhésion s'effectuera par le dépôt, près le secrétaire général du Conseil de l'Europe, d'un instrument d'adhésion qui prendra effet, sous réserve des dispositions de l'article 4, trente jours après la date de son dépôt.

**Article 4 –** L'entrée en vigueur du présent arrangement à l'égard de tout État qui l'aura ratifié, accepté ou y aura adhéré, conformément aux dispositions des articles 2 et 3, est subordonnée à l'entrée en vigueur de la convention européenne sur l'arbitrage commercial international à l'égard dudit État.

**Article 5 –** Toute partie contractante pourra, en ce qui la concerne, dénoncer le présent arrangement en adressant une notification au secrétaire général du Conseil de l'Europe. Cette dénonciation prendra effet six mois après la date de la réception de sa notification par le secrétaire général du Conseil.

**Article 6 –** Le secrétaire général du Conseil de l'Europe notifiera aux États membres du Conseil et au gouvernement de tout État ayant adhéré au présent arrangement :

*a.* Toute signature;

*b.* Le dépôt de tout instrument de ratification, d'acceptation ou d'adhésion;

*c.* Toute date d'entrée en vigueur;

*d.* Toute notification reçue en application des dispositions de l'article 5.

En foi de quoi les soussignés, dûment autorisés à cet effet, ont signé le présent arrangement.

# 218 Convention de Washington du 18 mars 1965 pour le règlement des différents relatifs aux investissements entre États et ressortissants d'autres États (CIRDI)



## PRÉAMBULE

*Les États contractants,*

Considérant la nécessité de la coopération internationale pour le développement économique, et le rôle joué dans ce domaine par les investissements privés internationaux ;

Ayant présent à l'esprit que des différends peuvent surgir à toute époque au sujet de tels investissements entre États contractants et ressortissants d'autres États contractants;

Reconnaissant que si ces différends doivent normalement faire l'objet de recours aux instances internes, des modes de règlement internationaux de ces différends peuvent être appropriés dans certains cas;

Attachant une importance particulière à la création de mécanismes pour la conciliation et l'arbitrage internationaux auxquels les États contractants et les ressortissants d'autres États contractants puissent, s'ils le désirent, soumettre leurs différends;

Désirant établir ces mécanismes sous les auspices de la Banque internationale pour la reconstruction et le développement;

Reconnaissant que le consentement mutuel des parties de soumettre ces différends à la conciliation ou à l'arbitrage, en ayant recours auxdits mécanismes, constitue un accord ayant force obligatoire qui exige en particulier que toute recommandation des conciliateurs soit dûment prise en considération et que toute sentence arbitrale soit exécutée; et

Déclarant qu'aucun État contractant, par le seul fait de sa ratification, de son acceptation ou de son approbation de la présente Convention et sans son consentement, ne sera réputé avoir assumé aucune obligation de recourir à la conciliation ou à l'arbitrage, en aucun cas particulier,

Sont convenus de ce qui suit :

CHAPITRE PREMIER

## Le Centre international pour le règlement des différends relatifs aux investissements

*Section 1*

### Création et organisation

**Article 1^er^ –** (1) Il est institué, en vertu de la présente Convention, un Centre international pour le règlement des différends relatifs aux investissements (ci-après dénommé le Centre).

(2) L'objet du Centre est d'offrir des moyens de conciliation et d'arbitrage pour régler les différends relatifs aux investissements opposant des États contractants à des ressortissants d'autres États contractants, conformément aux dispositions de la présente Convention.

**Article 2 –** Le siège du Centre est celui de la Banque internationale pour la reconstruction et le développement (ci-après dénommée la Banque). Le siège peut être transféré en tout autre lieu par décision du Conseil administratif prise à la majorité des deux tiers de ses membres.

**Article 3 –** Le Centre se compose d'un Conseil administratif et d'un Secrétariat. Il tient une liste de conciliateurs et une liste d'arbitres.

*Section 2*

## Du Conseil administratif

**Article 4 –** (1) Le Conseil administratif comprend un représentant de chaque État contractant. Un suppléant peut agir en qualité de représentant si le titulaire est absent d'une réunion ou empêché.

(2) Sauf désignation différente, le gouverneur et le gouverneur suppléant de la Banque nommés par l'État contractant remplissent de plein droit les fonctions respectives de représentant et de suppléant.

**Article 5 –** Le Président de la Banque est de plein droit Président du Conseil administratif (ci-après dénommé le Président) sans avoir le droit de vote. S'il est absent ou empêché ou si la présidence de la Banque est vacante, la personne qui le remplace à la Banque fait fonction de Président du Conseil administratif.

**Article 6 –** (1) Sans préjudice des attributions qui lui sont dévolues par les autres dispositions de la présente Convention, le Conseil administratif :

(a) adopte le règlement administratif et le règlement financier du Centre ;

(b) adopte le règlement de procédure relatif à l'introduction des instances de conciliation et d'arbitrage ;

(c) adopte les règlements de procédure relatifs aux instances de conciliation et d'arbitrage (ci-après dénommés le Règlement de conciliation et le Règlement d'arbitrage) ;

(d) approuve tous arrangements avec la Banque en vue de l'utilisation de ses locaux et de ses services administratifs ;

(e) détermine les conditions d'emploi du Secrétaire général et des Secrétaires généraux adjoints ;

(f) adopte le budget annuel des recettes et dépenses du Centre ;

(g) approuve le rapport annuel sur les activités du Centre.

Les décisions visées aux alinéas (a), (b), (c) et (f) ci-dessus sont prises à la majorité des deux tiers des membres du Conseil administratif.

(2) Le Conseil administratif peut constituer toute commission qu'il estime nécessaire.

(3) Le Conseil administratif exerce également toutes autres attributions qu'il estime nécessaires à la mise en œuvre des dispositions de la présente Convention.

**Article 7 –** (1) Le Conseil administratif tient une session annuelle et toute autre session qui aura été soit décidée par le Conseil, soit convoquée par le Président, soit convoquée par le Secrétaire général sur la demande d'au moins cinq membres du Conseil.

(2) Chaque membre du Conseil administratif dispose d'une voix et, sauf exception prévue par la présente Convention, toutes les questions soumises au Conseil sont résolues à la majorité des voix exprimées.

(3) Dans toutes les sessions du Conseil administratif, le *quorum* est la moitié de ses membres plus un.

(4) Le Conseil administratif peut adopter à la majorité des deux tiers de ses membres une procédure autorisant le Président à demander au Conseil un vote par correspondance. Ce vote ne sera considéré comme valable que si la majorité des membres du Conseil y ont pris part dans les délais impartis par ladite procédure.

**Article 8 –** Les fonctions de membres du Conseil administratif et de Président ne sont pas rémunérées par le Centre.

*Section 3*

## Du Secrétariat

**Article 9 –** Le Secrétariat comprend un Secrétaire général, un ou plusieurs Secrétaires généraux adjoints et le personnel.

**Article 10 –** (1) Le Secrétaire général et les Secrétaires généraux adjoints sont élus, sur présentation du Président, par le Conseil administratif à la majorité des deux tiers de ses membres pour une période ne pouvant excéder six ans et sont rééligibles. Le Président, après consultation des membres du Conseil administratif, présente un ou plusieurs candidats pour chaque poste.

(2) Les fonctions de Secrétaire général et de Secrétaire général adjoint sont incompatibles avec l'exercice de toute fonction politique. Sous réserve de dérogation accordée par le Conseil administratif, le Secrétaire général et les Secrétaires généraux adjoints ne peuvent occuper d'autres emplois ou exercer d'autres activités professionnelles.

(3) En cas d'absence ou d'empêchement du Secrétaire général ou si le poste est vacant, le Secrétaire général adjoint remplit les fonctions de Secrétaire général. S'il existe plusieurs Secrétaires généraux adjoints, le Conseil administratif détermine à l'avance l'ordre dans lequel ils seront appelés à remplir lesdites fonctions.

**Article 11 –** Le Secrétaire général représente légalement le Centre, il le dirige et est responsable de son administration, y compris le recrutement du personnel, conformément aux dispositions de la présente Convention et aux règlements adoptés par le Conseil administratif. Il remplit la fonction de greffier et a le pouvoir d'authentifier les sentences arbitrales rendues en vertu de la présente Convention et d'en certifier copie.

*Section 4*

## Des listes

**Article 12 –** La liste de conciliateurs et la liste d'arbitres sont composées de personnes qualifiées, désignées comme il est dit ci-dessous et acceptant de figurer sur ces listes.

**Article 13 –** (1) Chaque État contractant peut désigner pour figurer sur chaque liste quatre personnes qui ne sont pas nécessairement ses ressortissants.

(2) Le Président peut désigner dix personnes pour figurer sur chaque liste. Les personnes ainsi désignées sur une même liste doivent toutes être de nationalité différente.

**Article 14 –** (1) Les personnes désignées pour figurer sur les listes doivent jouir d'une haute considération morale, être d'une compétence reconnue en matière juridique, commerciale, industrielle ou financière et offrir toute garantie d'indépendance dans l'exercice de leurs fonctions. La compétence en matière juridique des personnes désignées pour la liste d'arbitres est particulièrement importante.

(2) Le Président, dans ses désignations, tient compte en outre de l'intérêt qui s'attache à représenter sur ces listes les principaux systèmes juridiques du monde et les principaux secteurs de l'activité économique.

**Article 15 –** (1) Les désignations sont faites pour des périodes de six ans renouvelables.

(2) En cas de décès ou de démission d'une personne figurant sur l'une ou l'autre liste, l'autorité ayant nommé cette personne peut désigner un remplaçant pour la durée du mandat restant à courir.

(3) Les personnes portées sur les listes continuent d'y figurer jusqu'à désignation de leur successeur.

**Article 16 –** (1) Une même personne peut figurer sur les deux listes.

(2) Si une personne est désignée pour figurer sur une même liste par plusieurs États contractants, ou par un ou plusieurs d'entre eux et par le Président, elle sera censée l'avoir été par l'autorité qui l'aura désignée la première; toutefois, si cette personne est le ressortissant d'un État ayant participé à sa désignation, elle sera réputée avoir été désignée par ledit État.

(3) Toutes les désignations sont notifiées au Secrétaire général et prennent effet à compter de la date de réception de la notification.

*Section 5*

## Du financement du Centre

**Article 17 –** Si les dépenses de fonctionnement du Centre ne peuvent être couvertes par les redevances payées pour l'utilisation de ses services ou par d'autres sources de revenus, l'excédent sera supporté par les États contractants membres de la Banque proportionnellement à leur souscription au capital de celle-ci et par les États qui ne sont pas membres de la Banque conformément aux règlements adoptés par le Conseil administratif.

*Section 6*

## Statut, immunités et privilèges

**Article 18 –** Le Centre a la pleine personnalité juridique internationale. Il a, entre autres, capacité :

(a) de contracter;

(b) d'acquérir des biens meubles et immeubles et d'en disposer;

(c) d'ester en justice.

**Article 19 –** Afin de pouvoir remplir ses fonctions, le Centre jouit, sur le territoire de chaque État contractant, des immunités et des privilèges définis à la présente Section.

**Article 20 –** Le Centre, ses biens et ses avoirs, ne peuvent faire l'objet d'aucune action judiciaire, sauf s'il renonce à cette immunité.

**Article 21 –** Le Président, les membres du Conseil administratif, les personnes agissant en qualité de conciliateurs, d'arbitres ou de membres du Comité prévu à l'article 5, alinéa (3), et les fonctionnaires et employés du Secrétariat :

(a) ne peuvent faire l'objet de poursuites en raison d'actes accomplis par eux dans l'exercice de leurs fonctions, sauf si le Centre lève cette immunité;

(b) bénéficient, quand ils ne sont pas ressortissants de l'État où ils exercent leurs fonctions, des mêmes immunités en matière d'immigration, d'enregistrement des étrangers, d'obligations militaires ou de prestations analogues et des mêmes facilités en matière de change et de déplacements, que celles accordées par les États contractants aux représentants, fonctionnaires et employés de rang comparable d'autres États contractants.

**Article 22 –** Les dispositions de l'article 21 s'appliquent aux personnes participant aux instances qui font l'objet de la présente Convention en qualité de parties, d'agents, de conseillers, d'avocats, de témoins ou d'experts, l'alinéa (b) ne s'appliquant toutefois qu'à leurs déplacements et à leur séjour dans le pays où se déroule la procédure.

**Article 23 –** (1) Les archives du Centre sont inviolables où qu'elles se trouvent.

(2) Chaque État contractant accorde au Centre pour ses communications officielles un traitement aussi favorable qu'aux autres institutions internationales.

**Article 24 –** (1) Le Centre, ses avoirs, ses biens et ses revenus ainsi que ses opérations autorisées par la présente Convention sont exonérés de tous impôts et droits de douane. Le Centre est également exempt de toute obligation relative au recouvrement ou au paiement d'impôts ou de droits de douane.

(2) Aucun impôt n'est prélevé sur les indemnités payées par le Centre au Président ou aux membres du Conseil administratif ou sur les traitements, émoluments ou autres indemnités payés par le Centre aux fonctionnaires ou employés du Secrétariat, sauf si les bénéficiaires sont ressortissants du pays où ils exercent leurs fonctions.

(3) Aucun impôt n'est prélevé sur les honoraires ou indemnités versés aux personnes agissant en qualité de conciliateurs, d'arbitres ou de membres du Comité prévu à l'article 52, alinéa (3), dans les instances qui font l'objet de la présente Convention, si cet impôt n'a d'autre base juridique que le lieu où se trouve le Centre, celui où se déroule l'instance ou celui où sont payés lesdits honoraires ou indemnités.

CHAPITRE II

## De la compétence du Centre

**Article 25 –** (1) La compétence du Centre s'étend aux différends d'ordre juridique entre un État contractant (ou telle collectivité publique ou tel organisme dépendant de lui qu'il désigne au Centre) et le ressortissant d'un autre État contractant qui sont en relation directe avec un investissement et que les parties ont consenti par écrit à soumettre au Centre. Lorsque les parties ont donné leur consentement, aucune d'elles ne peut le retirer unilatéralement.

(2) « Ressortissant d'un autre État contractant » signifie :

(a) toute personne physique qui possède la nationalité d'un État contractant autre que l'État partie au différend à la date à laquelle les parties ont consenti à soumettre le différend à la conciliation ou à l'arbitrage ainsi qu'à la date à laquelle la requête a été enregistrée conformément à l'article 28, alinéa (3), ou à l'article 36, alinéa (3), à l'exclusion de toute personne qui, à l'une ou à l'autre de ces dates, possède également la nationalité de l'État contractant partie au différend ;

(b) toute personne morale qui possède la nationalité d'un État contractant autre que l'État partie au différend à la date à laquelle les parties ont consenti à soumettre le différend à la conciliation ou à l'arbitrage et toute personne morale qui possède la nationalité de l'État contractant partie au différend à la même date et que les parties sont convenues, aux fins de la présente Convention, de considérer comme ressortissant d'un autre État contractant en raison du contrôle exercé sur elle par des intérêts étrangers.

(3) Le consentement d'une collectivité publique ou d'un organisme dépendant d'un État contractant ne peut être donné qu'après approbation par ledit État, sauf si celui-ci indique au Centre que cette approbation n'est pas nécessaire.

(4) Tout État contractant peut, lors de sa ratification, de son acceptation ou de son approbation de la Convention ou à toute date ultérieure, faire connaître au Centre la ou les catégories de différends qu'il considèrerait comme pouvant être soumis ou non à la compétence du Centre. Le Secrétaire général transmet immédiatement la notification à tous les États contractants. Ladite notification ne constitue pas le consentement requis aux termes de l'alinéa (1).

**Article 26 –** Le consentement des parties à l'arbitrage dans le cadre de la présente Convention est, sauf stipulation contraire, considéré comme impliquant renonciation à l'exercice de tout autre recours. Comme condition à son consentement à l'arbitrage dans le cadre de la présente Convention, un État contractant peut exiger que les recours administratifs ou judiciaires internes soient épuisés.

**Article 27 –** (1) Aucun État contractant n'accorde la protection diplomatique ou ne formule de revendication internationale au sujet d'un différend que l'un de ses ressortissants et un autre État contractant ont consenti à soumettre ou ont soumis à l'arbitrage dans le cadre de la présente Convention, sauf si l'autre État contractant ne se conforme pas à la sentence rendue à l'occasion du différend.

(2) Pour l'application de l'alinéa (1), la protection diplomatique ne vise pas les simples démarches diplomatiques tendant uniquement à faciliter le règlement du différend.

## CHAPITRE III
## De la conciliation

### *Section 1*
### De la demande en conciliation

**Article 28 –** (1) Un État contractant ou le ressortissant d'un État contractant qui désire entamer une procédure de conciliation doit adresser par écrit une requête à cet effet au Secrétaire général, lequel en envoie copie à l'autre partie.

(2) La requête doit contenir des informations concernant l'objet du différend, l'identité des parties et leur consentement à la conciliation conformément au règlement de procédure relatif à l'introduction des instances de conciliation et d'arbitrage.

(3) Le Secrétaire général doit enregistrer la requête sauf s'il estime au vu des informations contenues dans la requête que le différend excède manifestement la compétence du Centre. Il doit immédiatement notifier aux parties l'enregistrement ou le refus d'enregistrement.

*Section 2*

## De la constitution de la Commission de conciliation

**Article 29 –** (1) La Commission de conciliation (ci-après dénommée la Commission) est constituée dès que possible après enregistrement de la requête conformément à l'article 28.

(2) (a) La Commission se compose d'un conciliateur unique ou d'un nombre impair de conciliateurs nommés conformément à l'accord des parties.

(b) À défaut d'accord entre les parties sur le nombre de conciliateurs et leur mode de nomination, la Commission comprend trois conciliateurs; chaque partie nomme un conciliateur et le troisième, qui est le président de la Commission, est nommé par accord des parties.

**Article 30 –** Si la Commission n'a pas été constituée dans les 90 jours suivant la notification de l'enregistrement de la requête par le Secrétaire général conformément à l'article 28, alinéa (3) ou dans tout autre délai convenu par les parties, le Président, à la demande de la partie la plus diligente et, si possible, après consultation des parties, nomme le conciliateur ou les conciliateurs non encore désignés.

**Article 31 –** (1) Les conciliateurs peuvent être pris hors de la liste des conciliateurs, sauf au cas de nomination par le Président prévu à l'article 30.

(2) Les conciliateurs nommés hors de la liste des conciliateurs doivent posséder les qualités prévues à l'article 14, alinéa (1).

*Section 3*

## De la procédure devant la Commission

**Article 32 –** (1) La Commission est juge de sa compétence.

(2) Tout déclinatoire de compétence soulevé par l'une des parties et fondé sur le motif que le différend n'est pas de la compétence du Centre ou, pour toute autre raison, de celle de la Commission doit être examiné par la Commission qui décide s'il doit être traité comme une question préalable ou si son examen doit être joint à celui des questions de fond.

**Article 33 –** Toute procédure de conciliation est conduite conformément aux dispositions de la présente section et, sauf accord contraire des parties, au Règlement de conciliation en vigueur à la date à laquelle elles ont consenti à la conciliation. Si une question de procédure non prévue par la présente section ou le Règlement de conciliation ou tout autre règlement adopté par les parties se pose, elle est tranchée par la Commission.

**Article 34 –** (1) La Commission a pour fonction d'éclaircir les points en litige entre les parties et doit s'efforcer de les amener à une solution mutuellement acceptable. À cet effet, la Commission peut à une phase quelconque de la procédure et à plusieurs reprises recommander aux parties les termes d'un règlement. Les parties doivent collaborer de bonne foi avec la Commission afin de lui permettre de remplir ses fonctions et doivent tenir le plus grand compte de ses recommandations.

(2) Si les parties se mettent d'accord, la Commission rédige un procès-verbal faisant l'inventaire des points en litige et prenant acte de l'accord des parties. Si à une phase quelconque de la procédure, la Commission estime qu'il n'y a aucune possibilité d'accord entre les parties, elle clôt la procédure et dresse un procès-verbal constatant que le différend a été soumis à la conciliation et que les parties n'ont pas abouti à un accord. Si une des parties fait défaut ou s'abstient de participer à la procédure, la Commission clôt la procédure et dresse un procès-verbal constatant qu'une des parties a fait défaut ou s'est abstenue de participer à la procédure.

**Article 35 –** Sauf accord contraire des parties, aucune d'elles ne peut, à l'occasion d'une autre procédure se déroulant devant des arbitres, un tribunal ou de toute autre manière, invoquer les opinions exprimées, les déclarations ou les offres de règlement faites par l'autre partie au cours de la procédure non plus que le procès-verbal ou les recommandations de la Commission.

## CHAPITRE IV
## De l'arbitrage

### *Section 1*
### De la demande d'arbitrage

**Article 36 –** (1) Un État contractant ou le ressortissant d'un État contractant qui désire entamer une procédure d'arbitrage doit adresser par écrit une requête à cet effet au Secrétaire général, lequel en envoie copie à l'autre partie.

(2) La requête doit contenir des informations concernant l'objet du différend, l'identité des parties et leur consentement à l'arbitrage conformément au règlement de procédure relatif à l'introduction des instances de conciliation et d'arbitrage.

(3) Le Secrétaire général doit enregistrer la requête sauf s'il estime au vu des informations contenues dans la requête que le différend excède manifestement la compétence du Centre. Il doit immédiatement notifier aux parties l'enregistrement ou le refus d'enregistrement.

### *Section 2*
### De la constitution du Tribunal

**Article 37 –** (1) Le Tribunal arbitral (ci-après dénommé le Tribunal) est constitué dès que possible après enregistrement de la requête conformément à l'article 36.

(2) (a) Le Tribunal se compose d'un arbitre unique ou d'un nombre impair d'arbitres nommés conformément à l'accord des parties.

(b) À défaut d'accord entre les parties sur le nombre des arbitres et leur mode de nomination, le Tribunal comprend trois arbitres; chaque partie nomme un arbitre et le troisième, qui est le président du Tribunal, est nommé par accord des parties.

**Article 38 –** Si le Tribunal n'a pas été constitué dans les 90 jours suivant la notification de l'enregistrement de la requête par le Secrétaire général conformément à l'article 36, alinéa (3) ou dans tout autre délai convenu par les parties, le Président, à la demande de la partie la plus diligente et, si possible, après consultation des parties, nomme l'arbitre ou les arbitres non encore désignés. Les arbitres nommés par le Président conformément aux dispositions du présent article ne doivent pas être ressortissants de l'État contractant partie au différend ou de l'État contractant dont le ressortissant est partie au différend.

**Article 39 –** Les arbitres composant la majorité doivent être ressortissants d'États autres que l'État contractant partie au différend et que l'État contractant dont le ressortissant est partie au différend; étant entendu néanmoins que cette disposition ne s'applique pas si, d'un commun accord, les parties désignent l'arbitre unique ou chacun des membres du Tribunal.

**Article 40 –** (1) Les arbitres peuvent être pris hors de la liste des arbitres, sauf au cas de nomination par le Président prévu à l'article 38.

(2) Les arbitres nommés hors de la liste des arbitres doivent posséder les qualités prévues à l'article 14, alinéa (1).

*Section 3*

## Des pouvoirs et des fonctions du Tribunal

**Article 41 –** (1) Le Tribunal est juge de sa compétence.

(2) Tout déclinatoire de compétence soulevé par l'une des parties et fondé sur le motif que le différend n'est pas de la compétence du Centre ou, pour toute autre raison, de celle du Tribunal doit être examiné par le Tribunal qui décide s'il doit être traité comme question préalable ou si son examen doit être joint à celui des questions de fond.

**Article 42 –** (1) Le Tribunal statue sur le différend conformément aux règles de droit adoptées par les parties. Faute d'accord entre les parties, le Tribunal applique le droit de l'État contractant partie au différend – y compris les règles relatives aux conflits de lois – ainsi que les principes de droit international en la matière.

(2) Le Tribunal ne peut refuser de juger sous prétexte du silence ou de l'obscurité du droit.

(3) Les dispositions des alinéas précédents ne portent pas atteinte à la faculté pour le Tribunal, si les parties en sont d'accord, de statuer *ex aequo* et *bono*.

**Article 43 –** Sauf accord contraire des parties, le Tribunal s'il l'estime nécessaire, peut à tout moment durant les débats :

(a) demander aux parties de produire tous documents ou autres moyens de preuve, et

(b) se transporter sur les lieux et y procéder à telles enquêtes qu'il estime nécessaires.

**Article 44 –** Toute procédure d'arbitrage est conduite conformément aux dispositions de la présente section et, sauf accord contraire des parties, au Règlement d'arbitrage en vigueur à la date à laquelle elles ont consenti à l'arbitrage. Si une question de procédure non prévue par la présente section ou le Règlement d'arbitrage ou tout autre règlement adopté par les parties se pose, elle est tranchée par le Tribunal.

**Article 45 –** (1) Si l'une des parties fait défaut ou s'abstient de faire valoir ses moyens, elle n'est pas pour autant réputée acquiescer aux prétentions de l'autre partie.

(2) Si l'une des parties fait défaut ou s'abstient de faire valoir ses moyens à tout moment de la procédure, l'autre partie peut demander au Tribunal de considérer les chefs de conclusions qui lui sont soumises et de rendre sa sentence. Le Tribunal doit, en notifiant à la partie défaillante la demande dont il est saisi, accorder à celle-ci un délai de grâce avant de rendre sa sentence, à moins qu'il ne soit convaincu que ladite partie n'a pas l'intention de comparaître ou de faire valoir ses moyens.

**Article 46 –** Sauf accord contraire des parties, le Tribunal doit, à la requête de l'une d'elles, statuer sur toutes demandes incidentes, additionnelles ou reconventionnelles se rapportant directement à l'objet du différend, à condition que ces demandes soient couvertes par le consentement des parties et qu'elles relèvent par ailleurs de la compétence du Centre.

**Article 47 –** Sauf accord contraire des parties, le Tribunal peut, s'il estime que les circonstances l'exigent, recommander toutes mesures conservatoires propres à sauvegarder les droits des parties.

## *Section 4*
## De la sentence

**Article 48 –** (1) Le Tribunal statue sur toute question à la majorité des voix de tous ses membres.

(2) La sentence est rendue par écrit; elle est signée par les membres du Tribunal qui se sont prononcés en sa faveur.

(3) La sentence doit répondre à tous les chefs de conclusions soumises au Tribunal et doit être motivée.

(4) Tout membre du Tribunal peut faire joindre à la sentence soit son opinion particulière – qu'il partage ou non l'avis de la majorité – soit la mention de son dissentiment.

(5) Le Centre ne publie aucune sentence sans le consentement des parties.

**Article 49 –** (1) Le Secrétaire général envoie sans délai aux parties copies certifiées conformes de la sentence. La sentence est réputée avoir été rendue le jour de l'envoi desdites copies.

(2) Sur requête d'une des parties, à présenter dans les 45 jours de la sentence, le Tribunal peut, après notification à l'autre partie, statuer sur toute question sur laquelle il aurait omis de se prononcer dans la sentence et corriger toute erreur matérielle contenue dans la sentence. Sa décision fait partie intégrante de la sentence et est notifiée aux parties dans les mêmes formes que celle-ci. Les délais prévus à l'article 51, alinéa (2) et à l'article 52, alinéa (2) courent à partir de la date de la décision correspondante.

*Section 5*

## De l'interprétation, de la révision et de l'annulation de la sentence

**Article 50 –** (1) Tout différend qui pourrait s'élever entre les parties concernant le sens ou la portée de la sentence peut faire l'objet d'une demande en interprétation adressée par écrit au Secrétaire général par l'une ou l'autre des parties.

(2) La demande est, si possible, soumise au Tribunal qui a statué. En cas d'impossibilité, un nouveau Tribunal est constitué conformément à la section 2 du présent chapitre. Le Tribunal peut, s'il estime que les circonstances l'exigent, décider de suspendre l'exécution de la sentence jusqu'à ce qu'il se soit prononcé sur la demande en interprétation.

**Article 51 –** (1) Chacune des parties peut demander, par écrit, au Secrétaire général la révision de la sentence en raison de la découverte d'un fait de nature à exercer une influence décisive sur la sentence, à condition qu'avant le prononcé de la sentence ce fait ait été inconnu du Tribunal et de la partie demanderesse et qu'il n'y ait pas eu, de la part de celle-ci, faute à l'ignorer.

(2) La demande doit être introduite dans les 90 jours suivant la découverte du fait nouveau et, en tout cas, dans les trois ans suivant la date de la sentence.

(3) La demande est, si possible, soumise au Tribunal ayant statué. En cas d'impossibilité, un nouveau Tribunal est constitué conformément à la section 2 du présent chapitre.

(4) Le Tribunal peut, s'il estime que les circonstances l'exigent, décider de suspendre l'exécution de la sentence jusqu'à ce qu'il se soit prononcé sur la demande en révision. Si, dans sa demande, la partie en cause requiert qu'il soit sursis à l'exécution de la sentence, l'exécution est provisoirement suspendue jusqu'à ce que le Tribunal ait statué sur ladite requête.

**Article 52 –** (1) Chacune des parties peut demander, par écrit, au Secrétaire général l'annulation de la sentence pour l'un quelconque des motifs suivants :

(a) vice dans la constitution du Tribunal;

(b) excès de pouvoir manifeste du Tribunal;

(c) corruption d'un membre du Tribunal;

(d) inobservation grave d'une règle fondamentale de procédure;

(e) défaut de motifs.

(2) Toute demande doit être formée dans les 120 jours suivant la date de la sentence, sauf si l'annulation est demandée pour cause de corruption, auquel cas ladite demande doit être présentée dans les 120 jours suivant la découverte de la corruption et, en tout cas, dans les trois ans suivant la date de la sentence.

(3) Au reçu de la demande, le Président nomme immédiatement parmi les personnes dont les noms figurent sur la liste des arbitres, un Comité *ad hoc* de trois membres. Aucun membre dudit Comité ne peut être choisi parmi les membres du Tribunal ayant rendu la sentence, ni posséder la même nationalité qu'un des membres dudit Tribunal ni celle de l'État partie au différend ou de l'État dont le ressortissant est partie au différend, ni avoir été désigné pour figurer sur la liste des arbitres par l'un desdits États, ni avoir rempli les fonctions de conciliateur dans la

même affaire. Le Comité est habilité à annuler la sentence en tout ou en partie pour l'un des motifs énumérés à l'alinéa (1) du présent article.

(4) Les dispositions des articles 41-45, 48, 49, 53 et 54 et des chapitres VI et VII s'appliquent *mutatis mutandis* à la procédure devant le Comité.

(5) Le Comité peut, s'il estime que les circonstances l'exigent, décider de suspendre l'exécution de la sentence jusqu'à ce qu'il se soit prononcé sur la demande en annulation. Si, dans sa demande, la partie en cause requiert qu'il soit sursis à l'exécution de la sentence, l'exécution est provisoirement suspendue jusqu'à ce que le Comité ait statué sur ladite requête.

(6) Si la sentence est déclarée nulle, le différend est, à la requête de la partie la plus diligente, soumis à un nouveau Tribunal constitué conformément à la section 2 du présent chapitre.

## *Section 6*
## De la reconnaissance et de l'exécution de la sentence

**Article 53 –** (1) La sentence est obligatoire à l'égard des parties et ne peut être l'objet d'aucun appel ou autre recours, à l'exception de ceux prévus à la présente Convention. Chaque partie doit donner effet à la sentence conformément à ses termes, sauf si l'exécution en est suspendue en vertu des dispositions de la présente Convention.

(2) Aux fins de la présente section, une « sentence » inclut toute décision concernant l'interprétation, la révision ou l'annulation de la sentence prise en vertu des articles 50, 51 ou 52.

**Article 54 –** (1) Chaque État contractant reconnaît toute sentence rendue dans le cadre de la présente Convention comme obligatoire et assure l'exécution sur son territoire des obligations pécuniaires que la sentence impose comme s'il s'agissait d'un jugement définitif d'un tribunal fonctionnant sur le territoire dudit État. Un État contractant ayant une constitution fédérale peut assurer l'exécution de la sentence par l'entremise de ses tribunaux fédéraux et prévoir que ceux-ci devront considérer une telle sentence comme un jugement définitif des tribunaux de l'un des États fédérés.

(2) Pour obtenir la reconnaissance et l'exécution d'une sentence sur le territoire d'un État contractant, la partie intéressée doit en présenter copie certifiée conforme par le Secrétaire général au tribunal national compétent ou à toute autre autorité que ledit État contractant aura désigné à cet effet. Chaque État contractant fait savoir au Secrétaire général le tribunal compétent ou les autorités qu'il désigne à cet effet et le tient informé des changements éventuels.

(3) L'exécution est régie par la législation concernant l'exécution des jugements en vigueur dans l'État sur le territoire duquel on cherche à y procéder.

**Article 55 –** Aucune des dispositions de l'article 54 ne peut être interprétée comme faisant exception au droit en vigueur dans un État contractant concernant l'immunité d'exécution dudit État ou d'un État étranger.

CHAPITRE V

## Du remplacement et de la récusation des conciliateurs et des arbitres

**Article 56 –** (1) Une fois qu'une Commission ou un Tribunal a été constitué et la procédure engagée, sa composition ne peut être modifiée. Toutefois, en cas de décès, d'incapacité ou de démission d'un conciliateur ou d'un arbitre, il est pourvu à la vacance selon les dispositions du chapitre III, section 2 ou du chapitre IV, section 2.

(2) Tout membre d'une Commission ou d'un Tribunal continue à remplir ses fonctions en cette qualité nonobstant le fait que son nom n'apparaisse plus sur la liste.

(3) Si un conciliateur ou un arbitre nommé par une partie démissionne sans l'assentiment de la Commission ou du Tribunal dont il est membre, le Président pourvoit à la vacance en prenant un nom sur la liste appropriée.

**Article 57 –** Une partie peut demander à la Commission ou au Tribunal la récusation d'un de ses membres pour tout motif impliquant un défaut manifeste des qualités requises par l'article 14, alinéa (1). Une partie à une procédure d'arbitrage peut, en outre, demander la récusation d'un arbitre pour le motif qu'il ne remplissait pas les conditions fixées à la section 2 du chapitre IV pour la nomination au Tribunal arbitral.

**Article 58 –** Les autres membres de la Commission ou du Tribunal, selon le cas, se prononcent sur toute demande en récusation d'un conciliateur ou d'un arbitre. Toutefois, en cas de partage égal des voix, ou si la demande en récusation vise un conciliateur ou un arbitre unique ou une majorité de la Commission ou du Tribunal, la décision est prise par le Président. Si le bien-fondé de la demande est reconnu, le conciliateur ou l'arbitre visé par la décision est remplacé conformément aux dispositions du chapitre III, section 2 ou du chapitre IV, section 2.

CHAPITRE VI

## Des frais de procédure

**Article 59 –** Les redevances dues par les parties pour l'utilisation des services du Centre sont fixées par le Secrétaire général conformément aux règlements adoptés en la matière par le Conseil administratif.

**Article 60 –** (1) Chaque Commission et chaque Tribunal fixe les honoraires et frais de ses membres dans les limites qui sont définies par le Conseil administratif et après consultation du Secrétaire général.

(2) Nonobstant les dispositions de l'alinéa précédent, les parties peuvent fixer par avance, en accord avec la Commission ou le Tribunal, les honoraires et frais de ses membres.

**Article 61 –** (1) Dans le cas d'une procédure de conciliation les honoraires et frais des membres de la Commission ainsi que les redevances dues pour l'utilisation des services du Centre sont supportés à parts égales par les parties. Chaque partie supporte toutes les autres dépenses qu'elle expose pour les besoins de la procédure.

(2) Dans le cas d'une procédure d'arbitrage le Tribunal fixe, sauf accord contraire des parties, le montant des dépenses exposées par elles pour les besoins de la procédure et décide des modalités de répartition et de paiement desdites dépenses, des honoraires et frais des membres du Tribunal et des redevances dues pour l'utilisation des services du Centre. Cette décision fait partie intégrante de la sentence.

CHAPITRE VII

## Du lieu de la procédure

**Article 62 –** Les procédures de conciliation et d'arbitrage se déroulent au siège du Centre, sous réserve des dispositions qui suivent.

**Article 63 –** Si les parties en décident ainsi, les procédures de conciliation et d'arbitrage peuvent se dérouler :

(a) soit au siège de la Cour permanente d'arbitrage ou de toute autre institution appropriée, publique ou privée, avec laquelle le Centre aura conclu des arrangements à cet effet;

(b) soit en tout autre lieu approuvé par la Commission ou le Tribunal après consultation du Secrétaire général.

CHAPITRE VIII

## Différends entre États contractants

**Article 64 –** Tout différend qui pourrait surgir entre les États contractants quant à l'interprétation ou l'application de la présente Convention et qui ne serait pas résolu à l'amiable est porté devant la Cour internationale de Justice à la demande de toute partie au différend, à moins que les États intéressés ne conviennent d'une autre méthode de règlement.

CHAPITRE IX

## Amendements

**Article 65 –** Tout État contractant peut proposer des amendements à la présente Convention. Tout texte d'amendement doit être communiqué au Secrétaire général 90 jours au moins avant la réunion du Conseil administratif au cours de laquelle ledit amendement doit être examiné, et doit être immédiatement transmis par lui à tous les membres du Conseil administratif.

**Article 66 –** (1) Si le Conseil administratif le décide à la majorité des deux tiers de ses membres, l'amendement proposé est distribué à tous États contractants aux fins de ratification, d'acceptation ou d'approbation. Chaque amendement entre en vigueur 30 jours après l'envoi par le dépositaire de la présente Convention d'une notice adressée aux États contractants les informant que tous les États contractants ont ratifié, accepté ou approuvé l'amendement.

(2) Aucun amendement ne peut porter atteinte aux droits et obligations d'un État contractant, d'une collectivité publique ou d'un organisme dépendant de lui ou d'un de ses ressortissants, aux termes de la présente Convention qui découlent d'un

consentement à la compétence du Centre donné avant la date d'entrée en vigueur dudit amendement.

CHAPITRE X

## Dispositions finales

**Article 67 –** La présente Convention est ouverte à la signature des États membres de la Banque. Elle est également ouverte à la signature de tout autre État partie au Statut de la Cour internationale de Justice que le Conseil administratif, à la majorité des deux tiers de ses membres, aura invité à signer la Convention.

**Article 68 –** (1) La présente Convention est soumise à la ratification, à l'acceptation ou à l'approbation des États signataires conformément à leurs procédures constitutionnelles.

(2) La présente Convention entrera en vigueur 30 jours après la date du dépôt du vingtième instrument de ratification, d'acceptation ou d'approbation. À l'égard de tout État déposant ultérieurement son instrument de ratification, d'acceptation ou d'approbation, elle entrera en vigueur 30 jours après la date dudit dépôt.

**Article 69 –** Tout État contractant doit prendre les mesures législatives ou autres qui seraient nécessaires en vue de donner effet sur son territoire aux dispositions de la présente Convention.

**Article 70 –** La présente Convention s'applique à tous les territoires qu'un État contractant représente sur le plan international, à l'exception de ceux qui sont exclus par ledit État par notification adressée au dépositaire de la présente Convention soit au moment de la ratification, de l'acceptation ou de l'approbation soit ultérieurement.

**Article 71 –** Tout État contractant peut dénoncer la présente Convention par notification adressée au dépositaire de la présente Convention. La dénonciation prend effet six mois après réception de ladite notification.

**Article 72 –** Aucune notification par un État contractant en vertu des articles 70 et 71 ne peut porter atteinte aux droits et obligations dudit État, d'une collectivité publique ou d'un organisme dépendant de lui ou d'un de ses ressortissants, aux termes de la présente Convention qui découlent d'un consentement à la compétence du Centre donné par l'un d'eux antérieurement à la réception de ladite notification par le dépositaire.

**Article 73 –** Les instruments de ratification, d'acceptation ou d'approbation de la présente Convention et de tous amendements qui y seraient apportés seront déposés auprès de la Banque, laquelle agira en qualité de dépositaire de la présente Convention. Le dépositaire transmettra des copies de la présente Convention certifiées conformes aux États membres de la Banque et à tout autre État invité à signer la Convention.

**Article 74 –** Le dépositaire enregistrera la présente Convention auprès du Secrétariat des Nations unies conformément à l'article 102 de la Charte des Nations unies et aux Règlements y afférents adoptés par l'Assemblée générale.

**Article 75 –** Le dépositaire donnera notification à tous les États signataires des informations concernant :

(a) les signatures conformément à l'article 67;

(b) le dépôt des instruments de ratification, d'acceptation ou d'approbation conformément à l'article 73;

(c) la date d'entrée en vigueur de la présente Convention conformément à l'article 68;

(d) les exclusions de l'application territoriale conformément à l'article 70;

(e) la date d'entrée en vigueur de tout amendement à la présente Convention conformément à l'article 66;

(f) les dénonciations conformément à l'article 71.

# SOUS-PARTIE II
# SOURCES INTERNES

## 219 Code de procédure civile : dispositions propres à l'arbitrage international (articles 1504 à 1527)

### Article 1504

*Modifié par Décret n° 2011-48 du 13 janvier 2011 – art. 2*

Est international l'arbitrage qui met en cause des intérêts du commerce international.

### Article 1505

*Modifié par Décret n° 2011-48 du 13 janvier 2011 – art. 2*

En matière d'arbitrage international, le juge d'appui de la procédure arbitrale est, sauf clause contraire, le président du tribunal de grande instance de Paris lorsque :

1° L'arbitrage se déroule en France ou

2° Les parties sont convenues de soumettre l'arbitrage à la loi de procédure française ou

3° Les parties ont expressément donné compétence aux juridictions étatiques françaises pour connaître des différends relatifs à la procédure arbitrale ou

4° L'une des parties est exposée à un risque de déni de justice.

NOTA : Décret n° 2011-48 du 13 janvier 2011 article 3 1° : Les dispositions du 2° et du 3° s'appliquent lorsque la convention d'arbitrage a été conclue après le 1er mai 2011.

### Article 1506

*Modifié par Décret n° 2011-48 du 13 janvier 2011 – art. 2*

À moins que les parties en soient convenues autrement et sous réserve des dispositions du présent titre, s'appliquent à l'arbitrage international les articles :

1° 1446, 1447, 1448 (alinéas 1 et 2) et 1449, relatifs à la convention d'arbitrage ;

2° 1452 à 1458 et 1460, relatifs à la constitution du tribunal arbitral et à la procédure applicable devant le juge d'appui ;

3° 1462, 1463 (alinéa 2), 1464 (alinéa 3), 1465 à 1470 et 1472 relatifs à l'instance arbitrale ;

4° 1479, 1481, 1482, 1484 (alinéas 1 et 2), 1485 (alinéas 1 et 2) et 1486 relatifs à la sentence arbitrale ;

5° 1502 (alinéas 1 et 2) et 1503 relatifs aux voies de recours autres que l'appel et le recours en annulation.

CHAPITRE PREMIER

## La convention d'arbitrage international

### Article 1507

*Modifié par Décret n° 2011-48 du 13 janvier 2011 – art. 2*

La convention d'arbitrage n'est soumise à aucune condition de forme.

### Article 1508

*Modifié par Décret nº 2011-48 du 13 janvier 2011 – art. 2*

La convention d'arbitrage peut, directement ou par référence à un règlement d'arbitrage ou à des règles de procédure, désigner le ou les arbitres ou prévoir les modalités de leur désignation.

CHAPITRE II

## L'instance et la sentence arbitrales

### Article 1509

*Modifié par Décret nº 2011-48 du 13 janvier 2011 – art. 2*

La convention d'arbitrage peut, directement ou par référence à un règlement d'arbitrage ou à des règles de procédure, régler la procédure à suivre dans l'instance arbitrale. Dans le silence de la convention d'arbitrage, le tribunal arbitral règle la procédure autant qu'il est besoin, soit directement, soit par référence à un règlement d'arbitrage ou à des règles de procédure.

### Article 1510

*Modifié par Décret nº 2011-48 du 13 janvier 2011 – art. 2*

Quelle que soit la procédure choisie, le tribunal arbitral garantit l'égalité des parties et respecte le principe de la contradiction.

### Article 1511

*Modifié par Décret nº 2011-48 du 13 janvier 2011 – art. 2*

Le tribunal arbitral tranche le litige conformément aux règles de droit que les parties ont choisies ou, à défaut, conformément à celles qu'il estime appropriées.

Il tient compte, dans tous les cas, des usages du commerce.

### Article 1512

*Modifié par Décret nº 2011-48 du 13 janvier 2011 – art. 2*

Le tribunal arbitral statue en amiable composition si les parties lui ont confié cette mission.

### Article 1513

*Modifié par Décret nº 2011-48 du 13 janvier 2011 – art. 2*

Dans le silence de la convention d'arbitrage, la sentence est rendue à la majorité des voix. Elle est signée par tous les arbitres.

Toutefois, si une minorité d'entre eux refuse de la signer, les autres en font mention dans la sentence.

À défaut de majorité, le président du tribunal arbitral statue seul. En cas de refus de signature des autres arbitres, le président en fait mention dans la sentence qu'il signe alors seul.

La sentence rendue dans les conditions prévues à l'un ou l'autre des deux alinéas précédents produit les mêmes effets que si elle avait été signée par tous les arbitres ou rendue à la majorité des voix.

*NOTA : Décret n° 2011-48 du 13 janvier 2011 article 3 2° : Ces dispositions s'appliquent lorsque le tribunal a été constitué postérieurement au 1er mai 2011.*

CHAPITRE III

## La reconnaissance et l'exécution des sentences arbitrales rendues à l'étranger ou en matière d'arbitrage international

### Article 1514

*Modifié par Décret n° 2011-48 du 13 janvier 2011 – art. 2*

Les sentences arbitrales sont reconnues ou exécutées en France si leur existence est établie par celui qui s'en prévaut et si cette reconnaissance ou cette exécution n'est pas manifestement contraire à l'ordre public international.

### Article 1515

*Modifié par Décret n° 2011-48 du 13 janvier 2011 – art. 2*

L'existence d'une sentence arbitrale est établie par la production de l'original accompagné de la convention d'arbitrage ou des copies de ces documents réunissant les conditions requises pour leur authenticité.

Si ces documents ne sont pas rédigés en langue française, la partie requérante en produit une traduction. Elle peut être invitée à produire une traduction établie par un traducteur inscrit sur une liste d'experts judiciaires ou par un traducteur habilité à intervenir auprès des autorités judiciaires ou administratives d'un autre État membre de l'Union européenne, d'un État partie à l'accord sur l'Espace économique européen ou de la Confédération suisse.

### Article 1516

*Modifié par Décret n° 2011-48 du 13 janvier 2011 – art. 2*

La sentence arbitrale n'est susceptible d'exécution forcée qu'en vertu d'une ordonnance d'*exequatur* émanant du tribunal de grande instance dans le ressort duquel elle été rendue ou du tribunal de grande instance de Paris lorsqu'elle a été rendue à l'étranger.

La procédure relative à la demande d'*exequatur* n'est pas contradictoire.

La requête est déposée par la partie la plus diligente au greffe de la juridiction accompagnée de l'original de la sentence et d'un exemplaire de la convention d'arbitrage ou de leurs copies réunissant les conditions requises pour leur authenticité.

### Article 1517

*Modifié par Décret n° 2011-48 du 13 janvier 2011 – art. 2*

L'*exequatur* est apposé sur l'original ou, si celui-ci n'est pas produit, sur la copie de la sentence arbitrale répondant aux conditions prévues au dernier alinéa de l'article 1516.

Lorsque la sentence arbitrale n'est pas rédigée en langue française, l'*exequatur* est également apposé sur la traduction opérée dans les conditions prévues à l'article 1515.

L'ordonnance qui refuse d'accorder l'*exequatur* à la sentence arbitrale est motivée.

*Section 1*

## Sentences rendues en France

### Article 1518

*Modifié par Décret nº 2011-48 du 13 janvier 2011 – art. 2*

La sentence rendue en France en matière d'arbitrage international ne peut faire l'objet que d'un recours en annulation.

### Article 1519

*Modifié par Décret nº 2011-48 du 13 janvier 2011 – art. 2*

Le recours en annulation est porté devant la cour d'appel dans le ressort de laquelle la sentence a été rendue.

Ce recours est recevable dès le prononcé de la sentence. Il cesse de l'être s'il n'a pas été exercé dans le mois de la notification de la sentence.

La notification est faite par voie de signification à moins que les parties en conviennent autrement.

### Article 1520

*Créé par Décret nº 2011-48 du 13 janvier 2011 – art. 2*

Le recours en annulation n'est ouvert que si :

1° Le tribunal arbitral s'est déclaré à tort compétent ou incompétent ou

2° Le tribunal arbitral a été irrégulièrement constitué ou

3° Le tribunal arbitral a statué sans se conformer à la mission qui lui avait été confiée ou

4° Le principe de la contradiction n'a pas été respecté ou

5° La reconnaissance ou l'exécution de la sentence est contraire à l'ordre public international.

### Article 1521

*Créé par Décret nº 2011-48 du 13 janvier 2011 – art. 2*

Le premier président ou, dès qu'il est saisi, le conseiller de la mise en état peut conférer l'*exequatur* à la sentence.

### Article 1522

*Créé par Décret nº 2011-48 du 13 janvier 2011 – art. 2*

Par convention spéciale, les parties peuvent à tout moment renoncer expressément au recours en annulation.

Dans ce cas, elles peuvent toujours faire appel de l'ordonnance d'*exequatur* pour l'un des motifs prévus à l'article 1520.

L'appel est formé dans le délai d'un mois à compter de la notification de la sentence revêtue de l'*exequatur*. La notification est faite par voie de signification à moins que les parties en conviennent autrement.

*NOTA : Décret nº 2011-48 du 13 janvier 2011 article 3 2° : Ces dispositions s'appliquent lorsque le tribunal a été constitué postérieurement au 1er mai 2011.*

### Article 1523

*Créé par Décret nº 2011-48 du 13 janvier 2011 – art. 2*

La décision qui refuse la reconnaissance ou l'*exequatur* d'une sentence arbitrale internationale rendue en France est susceptible d'appel.

L'appel est formé dans le délai d'un mois à compter de la signification de la décision.

Dans ce cas, la cour d'appel connaît, à la demande d'une partie, du recours en annulation à l'encontre de la sentence à moins qu'elle ait renoncé à celui-ci ou que le délai pour l'exercer soit expiré.

### Article 1524

*Créé par Décret nº 2011-48 du 13 janvier 2011 – art. 2*

L'ordonnance qui accorde l'*exequatur* n'est susceptible d'aucun recours sauf dans le cas prévu au deuxième alinéa de l'article 1522.

Toutefois, le recours en annulation de la sentence emporte de plein droit, dans les limites de la saisine de la cour, recours contre l'ordonnance du juge ayant statué sur l'*exequatur* ou dessaisissement de ce juge.

## *Section 2*
## Sentences rendues à l'étranger

### Article 1525

*Créé par Décret nº 2011-48 du 13 janvier 2011 – art. 2*

La décision qui statue sur une demande de reconnaissance ou d'*exequatur* d'une sentence arbitrale rendue à l'étranger est susceptible d'appel.

L'appel est formé dans le délai d'un mois à compter de la signification de la décision.

Les parties peuvent toutefois convenir d'un autre mode de notification lorsque l'appel est formé à l'encontre de la sentence revêtue de l'*exequatur.*

La cour d'appel ne peut refuser la reconnaissance ou l'*exequatur* de la sentence arbitrale que dans les cas prévus à l'article 1520.

## *Section 3*
## Dispositions communes aux sentences rendues en France et à l'étranger

### Article 1526

*Créé par Décret nº 2011-48 du 13 janvier 2011 – art. 2*

Le recours en annulation formé contre la sentence et l'appel de l'ordonnance ayant accordé l'*exequatur* ne sont pas suspensifs.

Toutefois, le premier président statuant en référé ou, dès qu'il est saisi, le conseiller de la mise en état peut arrêter ou aménager l'exécution de la sentence si cette exécution est susceptible de léser gravement les droits de l'une des parties.

*NOTA : Décret nº 2011-48 du 13 janvier 2011 article 3 3° : ces dispositions s'appliquent aux sentences arbitrales rendues après 1er mai 2011.*

## Article 1527

*Créé par Décret n° 2011-48 du 13 janvier 2011 – art. 2*

L'appel de l'ordonnance ayant statué sur l'*exequatur* et le recours en annulation de la sentence sont formés, instruits et jugés selon les règles relatives à la procédure contentieuse prévues aux articles 900 à 930-1.

Le rejet de l'appel ou du recours en annulation confère l'*exequatur* à la sentence arbitrale ou à celles de ses dispositions qui ne sont pas atteintes par la censure de la cour.

## 220 Code de procédure civile : dispositions de l'arbitrage interne, rendues applicables à l'arbitrage international par renvoi de l'article 1506

### Article 1446

*Modifié par Décret n° 2011-48 du 13 janvier 2011 – art. 2*

Les parties peuvent compromettre même au cours d'une instance déjà engagée devant une juridiction.

### Article 1447

*Modifié par Décret n° 2011-48 du 13 janvier 2011 – art. 2*

La convention d'arbitrage est indépendante du contrat auquel elle se rapporte. Elle n'est pas affectée par l'inefficacité de celui-ci.

Lorsqu'elle est nulle, la clause compromissoire est réputée non écrite.

### Article 1448

*Modifié par Décret n° 2011-48 du 13 janvier 2011 – art. 2*

Lorsqu'un litige relevant d'une convention d'arbitrage est porté devant une juridiction de l'État, celle-ci se déclare incompétente sauf si le tribunal arbitral n'est pas encore saisi et si la convention d'arbitrage est manifestement nulle ou manifestement inapplicable.

La juridiction de l'État ne peut relever d'office son incompétence.

*(al. 3 non applicable à l'arbitrage international)*

### Article 1449

*Modifié par Décret n° 2011-48 du 13 janvier 2011 – art. 2*

L'existence d'une convention d'arbitrage ne fait pas obstacle, tant que le tribunal arbitral n'est pas constitué, à ce qu'une partie saisisse une juridiction de l'État aux fins d'obtenir une mesure d'instruction ou une mesure provisoire ou conservatoire.

Sous réserve des dispositions régissant les saisies conservatoires et les sûretés judiciaires, la demande est portée devant le président du tribunal de grande instance ou de commerce, qui statue sur les mesures d'instruction dans les conditions prévues à l'article 145 et, en cas d'urgence, sur les mesures provisoires ou conservatoires sollicitées par les parties à la convention d'arbitrage.

CHAPITRE II

## Le tribunal arbitral

### Article 1452

*Modifié par Décret n° 2011-48 du 13 janvier 2011 – art. 2*

En l'absence d'accord des parties sur les modalités de désignation du ou des arbitres :

1° En cas d'arbitrage par un arbitre unique, si les parties ne s'accordent pas sur le choix de l'arbitre, celui-ci est désigné par la personne chargée d'organiser l'arbitrage ou, à défaut, par le juge d'appui ;

2° En cas d'arbitrage par trois arbitres, chaque partie en choisit un et les deux arbitres ainsi choisis désignent le troisième; si une partie ne choisit pas d'arbitre dans un délai d'un mois à compter de la réception de la demande qui lui en est faite par l'autre partie ou si les deux arbitres ne s'accordent pas sur le choix du troisième dans un délai d'un mois à compter de l'acceptation de leur désignation, la personne chargée d'organiser l'arbitrage ou, à défaut, le juge d'appui procède à cette désignation.

## Article 1453

*Modifié par Décret n° 2011-48 du 13 janvier 2011 – art. 2*

Lorsque le litige oppose plus de deux parties et que celles-ci ne s'accordent pas sur les modalités de constitution du tribunal arbitral, la personne chargée d'organiser l'arbitrage ou, à défaut, le juge d'appui, désigne le ou les arbitres.

## Article 1454

*Modifié par Décret n° 2011-48 du 13 janvier 2011 – art. 2*

Tout autre différend lié à la constitution du tribunal arbitral est réglé, faute d'accord des parties, par la personne chargée d'organiser l'arbitrage ou, à défaut, tranché par le juge d'appui.

## Article 1455

*Modifié par Décret n° 2011-48 du 13 janvier 2011 – art. 2*

Si la convention d'arbitrage est manifestement nulle ou manifestement inapplicable, le juge d'appui déclare n'y avoir lieu à désignation.

## Article 1456

*Modifié par Décret n° 2011-48 du 13 janvier 2011 – art. 2*

Le tribunal arbitral est constitué lorsque le ou les arbitres ont accepté la mission qui leur est confiée. À cette date, il est saisi du litige.

Il appartient à l'arbitre, avant d'accepter sa mission, de révéler toute circonstance susceptible d'affecter son indépendance ou son impartialité. Il lui est également fait obligation de révéler sans délai toute circonstance de même nature qui pourrait naître après l'acceptation de sa mission.

En cas de différend sur le maintien de l'arbitre, la difficulté est réglée par la personne chargée d'organiser l'arbitrage ou, à défaut, tranchée par le juge d'appui, saisi dans le mois qui suit la révélation ou la découverte du fait litigieux.

*NOTA : Décret n° 2011-48 du 13 janvier 2011 article 3 2° : ces dispositions s'appliquent lorsque le tribunal a été constitué postérieurement au 1er mai 2011.*

## Article 1457

*Modifié par Décret n° 2011-48 du 13 janvier 2011 – art. 2*

Il appartient à l'arbitre de poursuivre sa mission jusqu'au terme de celle-ci à moins qu'il justifie d'un empêchement ou d'une cause légitime d'abstention ou de démission.

En cas de différend sur la réalité du motif invoqué, la difficulté est réglée par la personne chargée d'organiser l'arbitrage ou, à défaut, tranchée par le juge d'appui saisi dans le mois qui suit l'empêchement, l'abstention ou la démission.

*NOTA : Décret n° 2011-48 du 13 janvier 2011 article 3 2° : ces dispositions s'appliquent lorsque le tribunal a été constitué postérieurement au 1er mai 2011.*

## Article 1458

*Modifié par Décret n° 2011-48 du 13 janvier 2011 – art. 2*

L'arbitre ne peut être révoqué que du consentement unanime des parties. À défaut d'unanimité, il est procédé conformément aux dispositions du dernier alinéa de l'article 1456.

*NOTA : Décret n° 2011-48 du 13 janvier 2011 article 3 2° : ces dispositions s'appliquent lorsque le tribunal a été constitué postérieurement au 1er mai 2011.*

## Article 1460

*Modifié par Décret n° 2011-48 du 13 janvier 2011 – art. 2*

Le juge d'appui est saisi soit par une partie, soit par le tribunal arbitral ou l'un de ses membres.

La demande est formée, instruite et jugée comme en matière de référé.

Le juge d'appui statue par ordonnance non susceptible de recours. Toutefois, cette ordonnance peut être frappée d'appel lorsque le juge déclare n'y avoir lieu à désignation pour une des causes prévues à l'article 1455.

CHAPITRE III

# L'instance arbitrale

## Article 1462

*Modifié par Décret n° 2011-48 du 13 janvier 2011 – art. 2*

Le litige est soumis au tribunal arbitral soit conjointement par les parties, soit par la partie la plus diligente.

## Article 1463

*Modifié par Décret n° 2011-48 du 13 janvier 2011 – art. 2*

*(al. 1 non applicable à l'arbitrage international)*

Le délai légal ou conventionnel peut être prorogé par accord des parties ou, à défaut, par le juge d'appui.

## Article 1464

*Modifié par Décret n° 2011-48 du 13 janvier 2011 – art. 2*

*(al. 1 et 2 non applicables à l'arbitrage international)*

Les parties et les arbitres agissent avec célérité et loyauté dans la conduite de la procédure.

Sous réserve des obligations légales et à moins que les parties n'en disposent autrement, la procédure arbitrale est soumise au principe de confidentialité.

## Article 1465

*Modifié par Décret n° 2011-48 du 13 janvier 2011 – art. 2*

Le tribunal arbitral est seul compétent pour statuer sur les contestations relatives à son pouvoir juridictionnel.

## Article 1466

*Modifié par Décret n° 2011-48 du 13 janvier 2011 – art. 2*

La partie qui, en connaissance de cause et sans motif légitime, s'abstient d'invoquer en temps utile une irrégularité devant le tribunal arbitral est réputée avoir renoncé à s'en prévaloir.

## Article 1467

*Modifié par Décret n° 2011-48 du 13 janvier 2011 – art. 2*

Le tribunal arbitral procède aux actes d'instruction nécessaires à moins que les parties ne l'autorisent à commettre l'un de ses membres.

Le tribunal arbitral peut entendre toute personne. Cette audition a lieu sans prestation de serment.

Si une partie détient un élément de preuve, le tribunal arbitral peut lui enjoindre de le produire selon les modalités qu'il détermine et au besoin à peine d'astreinte.

## Article 1468

*Modifié par Décret n° 2011-48 du 13 janvier 2011 – art. 2*

Le tribunal arbitral peut ordonner aux parties, dans les conditions qu'il détermine et au besoin à peine d'astreinte, toute mesure conservatoire ou provisoire qu'il juge opportune. Toutefois, la juridiction de l'État est seule compétente pour ordonner des saisies conservatoires et sûretés judiciaires.

Le tribunal arbitral peut modifier ou compléter la mesure provisoire ou conservatoire qu'il a ordonnée.

## Article 1469

*Modifié par Décret n° 2011-48 du 13 janvier 2011 – art. 2*

Si une partie à l'instance arbitrale entend faire état d'un acte authentique ou sous seing privé auquel elle n'a pas été partie ou d'une pièce détenue par un tiers, elle peut, sur invitation du tribunal arbitral, faire assigner ce tiers devant le président du tribunal de grande instance aux fins d'obtenir la délivrance d'une expédition ou la production de l'acte ou de la pièce.

La compétence territoriale du président du tribunal de grande instance est déterminée conformément aux articles 42 à 48.

La demande est formée, instruite et jugée comme en matière de référé.

Le président, s'il estime la demande fondée, ordonne la délivrance ou la production de l'acte ou de la pièce, en original, en copie ou en extrait, selon le cas, dans les conditions et sous les garanties qu'il fixe, au besoin à peine d'astreinte.

Cette décision n'est pas exécutoire de plein droit.

Elle est susceptible d'appel dans un délai de quinze jours suivant la signification de la décision.

## Article 1470

*Modifié par Décret nº 2011-48 du 13 janvier 2011 – art. 2*

Sauf stipulation contraire, le tribunal arbitral a le pouvoir de trancher l'incident de vérification d'écriture ou de faux conformément aux dispositions des articles 287 à 294 et de l'article 299.

En cas d'inscription de faux incident, il est fait application de l'article 313.

## Article 1472

*Modifié par Décret nº 2011-48 du 13 janvier 2011 – art. 2*

Le tribunal arbitral peut, s'il y a lieu, surseoir à statuer. Cette décision suspend le cours de l'instance pour le temps ou jusqu'à la survenance de l'événement qu'elle détermine.

Le tribunal arbitral peut, suivant les circonstances, révoquer le sursis ou en abréger le délai.

CHAPITRE IV

# La sentence arbitrale

## Article 1479

*Modifié par Décret nº 2011-48 du 13 janvier 2011 – art. 2*

Les délibérations du tribunal arbitral sont secrètes.

## Article 1481

*Modifié par Décret nº 2011-48 du 13 janvier 2011 – art. 2*

La sentence arbitrale contient l'indication :

1° Des nom, prénoms ou dénomination des parties ainsi que de leur domicile ou siège social;

2° Le cas échéant, du nom des avocats ou de toute personne ayant représenté ou assisté les parties;

3° Du nom des arbitres qui l'ont rendue;

4° De sa date;

5° Du lieu où la sentence a été rendue.

## Article 1482

*Modifié par Décret nº 2011-48 du 13 janvier 2011 – art. 2*

La sentence arbitrale expose succinctement les prétentions respectives des parties et leurs moyens.

Elle est motivée.

## Article 1484

*Modifié par Décret nº 2011-48 du 13 janvier 2011 – art. 2*

La sentence arbitrale a, dès qu'elle est rendue, l'autorité de la chose jugée relativement à la contestation qu'elle tranche.

Elle peut être assortie de l'exécution provisoire.

*(al. 3 non applicable à l'arbitrage international)*

### Article 1485

*Modifié par Décret n° 2011-48 du 13 janvier 2011 – art. 2*

La sentence dessaisit le tribunal arbitral de la contestation qu'elle tranche.

Toutefois, à la demande d'une partie, le tribunal arbitral peut interpréter la sentence, réparer les erreurs et omissions matérielles qui l'affectent ou la compléter lorsqu'il a omis de statuer sur un chef de demande. Il statue après avoir entendu les parties ou celles-ci appelées.

*(al. 3 non applicable à l'arbitrage international)*

### Article 1486

*Modifié par Décret n° 2011-48 du 13 janvier 2011 – art. 2*

Les demandes formées en application du deuxième alinéa de l'article 1485 sont présentées dans un délai de trois mois à compter de la notification de la sentence.

Sauf convention contraire, la sentence rectificative ou complétée est rendue dans un délai de trois mois à compter de la saisine du tribunal arbitral. Ce délai peut être prorogé conformément au second alinéa de l'article 1463.

La sentence rectificative ou complétée est notifiée dans les mêmes formes que la sentence initiale.

*NOTA : Décret n° 2011-48 du 13 janvier 2011 article 3 2° : ces dispositions s'appliquent lorsque le tribunal a été constitué postérieurement au 1er mai 2011.*

*Section 5*

## Autres voies de recours

### Article 1502

*Modifié par Décret n° 2011-48 du 13 janvier 2011 – art. 2*

Le recours en révision est ouvert contre la sentence arbitrale dans les cas prévus pour les jugements à l'article 595 et sous les conditions prévues aux articles 594, 596, 597 et 601 à 603.

Le recours est porté devant le tribunal arbitral.

*(al. 3 non applicable à l'arbitrage international)*

*NOTA : Décret n° 2011-48 du 13 janvier 2011 article 3 2° : ces dispositions s'appliquent lorsque le tribunal a été constitué postérieurement au 1er mai 2011.*

### Article 1503

*Modifié par Décret n° 2011-48 du 13 janvier 2011 – art. 2*

La sentence arbitrale n'est pas susceptible d'opposition et de pourvoi en cassation.

# Index thématique

*(Les numéros renvoient aux textes)*

## A

## O

## P

## Q

## R

## V

# LIENS VERS LES SITES DES INSTITUTIONS ET DES ÉTATS DES RATIFICATIONS

**AELE**

http://www.efta.int

**Conférence internationale de La Haye**

http://www.hcch.net

http://www.hcch.net/upload/statmtrx_f.pdf

**Commission des Nations Unies pour le droit commercial international (CNUDCI)**

http://www.uncitral.org/uncitral/fr/uncitral_texts.html

**Commission internationale de l'état civil**

http://www.ciec1.org/

http://ciec1.org/SignatRatif.htm

**Conseil de l'Europe : http://www.conventions.coe.int**

http://www.conventions.coe.int/Treaty/Commun/ListeTraites.asp?CM=8&CL=FRE

**Europa**

http://europa.eu/index_fr.htm

http://europa.eu/eu-law/legislation/index_fr.htm

**France Diplomatie (base des traités liant la France)**

http://basedoc.diplomatie.gouv.fr/Traites/Accords_Traites.php

**Institut du droit international des transports**

http://www.idit.asso.fr/sommaire.php

http://www.idit.asso.fr/legislation/index.php?lib=ETAT%20DES%20RATIFICATIONS

**Office européen des brevets**

http://www.epo.org

**Organisation des Nations unies : Collection des traités**

http://treaties.un.org/Pages/DB.aspx?path=DB/MTDSG/page1_fr.xml

**Organisation mondiale de la propriété intellectuelle**

http://www.wipo.int

**Unidroit**

http://www.unidroit.org/

http://www.unidroit.org/french/implement/i-main.htm

PHOTOCOMPOSITION
**SCM** • Toulouse

*Achevé d'imprimer sur les presses de*
DRUCKEREI C. H. BECK
Nördlingen, Allemagne
713478 - 713824 (I) OFM 40g SCM (JOE)
Dépôt légal: février 2014
*Imprimé en Allemagne*